추 천 사

오늘날 라틴어를 일상 언어로 사용하고 있는 나라는 없다고 해야 하겠지만, 라틴어는 로마제국 500년간의 공식 언어였고, 그 뒤를 이은 그리스도교 중세 1000년간의 유일한 생활 언어였으며, 근대 이후 각 민족 언어가 생겨난 다음에도 가톨릭 교회에서는 1960년 제2차 바티칸 공의회까지 공식적으로 사용된 공용어이다. 이런 간단한 사실 확인을 통해서도 우리는 인류 문화사 전체에서 라틴어가 차지하는 비중을 능히 짐작할 수 있다. 더구나 오늘날 널리 통용되고 있는 서구 언어 가운데 주종을 이루는 소위 '라틴 민족'의 언어들(이탈리아어, 프랑스어, 스페인어, 포르투갈어, 루마니아어)은 기껏 라틴어를 조금씩 단순화시킨 것에 지나지 않는다고 보아도 무방할 정도이고, 라틴어로부터 비교적 멀다고 하는 게르만계와 앵글로계의 언어들(독어, 영어 등)조차도 어휘의 40-50%의 뿌리를 라틴어에 두고 있다는 사실을 잊어서는 안 될 것이다. 그도 그럴 것이, 현대 국가들이, 단일 언어와 사상으로 서구 1천년을 지배해 온 그리스도교 세계라는 모체에서부터 분가하여 나왔기 때문에, 다양한 그들 언어의 공동 뿌리도 역시 중세의 라틴어일 수밖에 없었던 것이다.

우리 나라에 라틴어가 전해진 것은 西學 즉 천주교가 전해지는 것과 때를 같이 한다. 100년에 가까운 오랜 박해시기가 끝나고 교회가 정비되면서, 1891년 처음으로 『羅鮮小辭典』(*Parvum Vocabularium Latino-Coreanum*)이 파리외방선교사들에 의해 홍콩에서 발행되어 아쉬운 대로나마 가톨릭 신학생 교육에 활용되어 오다가, 1936년에 윤을수(尹乙洙) 신부님(1907-1971)이 『소사전』의 미비점을 보완하여 『羅韓辭典』(경향잡지사)을 발간하게 됨으로써 신학교와 대학 및 전문 연구기관들에서 널리 활용할 수 있게 되었다. 그리고 해방 이후부터는 거의 모든 서양 언어의 근간을 이루고 있는 라틴어 공부의 중요성에 대한 인식의 폭이 점차 넓어짐에 따라, 라틴어 문법책들도 상당수가 출판되게 되었다. 그러나 그러면 그럴수록 보다 충실하고 완벽한 라틴어 사전이 절실히 요구되게 되었다.

이런 요청에 부응해서, 평생을 신학생들 라틴어 교육에만 헌신해 오신 허창덕((許昌德) 신부님(1919-1992)께서 용단을 내려 1971년부터 『라틴-한글 사전』 편찬 작업에 착수하셨다. 홀로 고군분투하셨으나, 너무도 방대한 작업인지라 무리에 무리를 거듭하시는 동안 건강을 해치시고 급기야는 1992년 7월 15일 숙원이던 사전 작업을 미완으로 남긴 채 주님 품에 선종하셨다.

허 신부님이 못다 정리하시고 자료 수집만 해 놓으셨던 나머지 부분들(S항 Sordesco 이하)을 가톨릭대학교 신학대학의 고전라틴어연구소 소장 백민관(白敏寬) 신부님(1927生)을 비롯한 편찬위원들이 2년여 동안 총력을 기울여 마침내 빛을 볼 수 있게 된 것이다. 고전라틴어연구소에 깊이 감사드린다.

이렇게 해서 드디어 고(故) 허창덕 신부님께서 필생의 사업으로 작업해 오신 『라틴-한글 사전』이 출판되게 되었으니, 참으로 경사가 아닐 수 없다. 실로 20여 년간의 각고의 결실이고, 윤을수 신부님의 『羅韓辭典』이 출판된 지 60년 만의 일이다.

허 신부님의 필생의 업적인 이 사전을 그분 영전에 바쳐 드린다. 허창덕 신부님의 피땀어린 각고의 결실인 이 사전의 출판을 기해, 그분이 소망하셨던 대로, 이 땅에 보다 힘차고 건실한 학문 발전의 기틀이 마련될 수 있으리라 믿어 의심치 않는다.

1995년 4월 25일

가톨릭대학교 신학대학
학장 박준영 신부

라틴-한글 사전을 내면서

나의 선배 고 허창덕(許昌德) 신부님은 성직생활을 아무 분심 없이 오로지 라틴어에만 헌신하였다.

생시에 신부님은 어떤 학자가 라틴어에 몸바쳐 일하다가 힘에 부치는 것을 느끼고 명사의 속격(屬格, 2격)에만 전념하였다는 일화를 가끔 이야기하곤 했는데 허 신부님이야말로 40년 동안 신학교에서 학생들을 가르치면서 그 흔한 보직을 한 번도 맡지 않고 라틴어 교육에만 전념한 라틴어의 화신이라고 해도 무방할 것이다.

1950년까지만 해도 신학교에서 철학과 신학을 모두 라틴어로 강의하고 라틴어로 시험쳤고, 1967년까지 미사와 기타 모든 전례를 라틴어로 하는 등 라틴어는 가톨릭 교회 성직자들의 생활언어였음에도 우리 나라에는 1936년 출판된 윤을수 신부님의 『라한 소사전』 하나로 만족할 수밖에 없었다. 이 사전은 사전이라기보다는 단어장이라고 하는 것이 옳을 정도로 내용이 간단하였다.

전 한국 성직자들의 열렬한 요청으로(이 요청은 서울 대신학교에 압력과도 같이 조여들었다), 1971년 허창덕 신부님은 당시의 가톨릭대학(대신학교) 학장이었던 김창렬 신부와 교학처장이었던 백민관 신부를 협력자로 셋이서 라틴어 사전을 편찬하기로 뜻을 모았다. 그 후 김창렬 신부는 학장직에 바빴고 나는 직무도 직무려니와 신·구교 성서 공동번역에 주력하게 되어 실제로는 허창덕 신부님이 혼자서 사전 편찬에 몰두하게 되었다. 사전 일에 몰두하느라고 건강은 날로 악화되고 급기야는 허 신부님은 암과 투병하다가 1992년 7월 사전을 마치지 못하고 별세하게 되었다. 투병생활을 하면서도 알파벳 A에서부터 S항 후반부(sordesco)까지 사전의 4분의 3을 완성한 것이 1985년이었다. 만년에 허 신부님은 사람들이 자기만 보면 사전이 언제 나오느냐고 묻는데 그 질문을 받을 때마다 괴롭다고 말하곤 하였다. 나는 농담으로 사전은 신부님이 돌아가셔야 나올거라고 하며 서로 웃었는데 몇년 후에 그 말이 진담이 되고 말았다.

허 신부님 별세 후, 그 사업은 나에게 돌아왔다. 최승룡 신부(동성중학교 교장), 장익 신부(현 춘천교구 주교), 성염 교수(서강대) 세 분을 새로운 편찬위원으로 모시고 공동작업을 하여 근 2년 동안 허 신부님이 남긴 부분을 완성하여 마침내 햇빛을 보게 되었다. 허 신부님의 모습이 눈앞에 아물거린다.

이 사전을 내면서 참고한 외국 사전들을 소개한다:

Forcellini와 계승자 Furlanetto, *Léxicon Totíus Latinitátis*, 1994, 4 vols.

Forcellini와 계승자 Furlanetto, *Léxicon Totíus Latinitátis*, Onomásticon, 1940, 2 vols.

E. Benoist & H. Goelzer, *Nouveau Dictionnaire Latin-Français*, 1892.

Felix Gaffiot, *Dictionnaire Abrégé Latin-Français*, 1936.

田中秀央, *Léxicon Latíno-Japónicum*, 1952.

Glare, *Oxford Latin Dictionary*, 1982.

Lewis & Short, *A Latin Dictionary*, 1879.

완벽하지 못한 점은 후학들에게 보완을 맡기고 그 동안 총무를 맡아 수고하신 정의철 신부, 이 사전을 작성하는 동안 원고정리와 교정작업을 맡아 수고하신 주호식·변승식 두 신부님께 감사하고 오랜 동안 까다로운 인쇄와 출판 과정을 성심껏 담당하신 분도인쇄소에도 감사드린다. 이 사전 편찬 작업 초기에 용기를 준 다음 후원자들에게도 감사드린다.

1974-1975	문교부 보조금	₩8,000,000
1976-1977	서울·원주·수원·안동·제주 교구	₩2,800,000
1977	독일 Missio	₩3,314,456
	Opus S. Petri	₩2,420,000

그리고 라틴어 문법에 관하여는 허창덕 신부님이 지은 『초급 라틴어』, 『중급 라틴어』, 『라틴어 문장론』을 참고하시기 바란다.

1994년 12월 1일

가톨릭대학교 고전라틴어연구소
소장 백민관 신부

일러두기

사전 보는 방법

condicíllus, i, *m. dim.* [codex]　*m.*은 masculínum; *dim.*은 diminutívum; [codex] 안은 어원.

Cóeo, cóii〔ívi〕, cóitum, coíre, *anom.* [cum + eo] 1. *intr.*　cóii〔ívi〕는 cóii 또는 coívi; *anom*은 anomalum; *intr.*는 intransitívum.

문법 약호

(ABBREVIATIONES GRAMMATICAE)

abl.　(casus) ablatívus　탈격, 5격
absol.　absolúte　절대용법
A.C.　Ante Christum　기원전
acc.　(casus) accusatívus　대격, 4격
acc. c. inf.　accusatívus cum infinitivo　4격 부정법(不定法)
acc.　exclam.　accusatívus exclamatiónis　감탄 4격
acc. præd.　accusatívus prædicatívus　설명어적 4격
adj.　adjectívum　형용사
adv.　advérbium　부사
adv. relat. indef.　advérbium relatívum indefinítum　미한정관계부사
adv. superl.　advérbium superlatívum　최상급부사
alci　alícui　áliquis의 3격
alcjs　alicujus　áliquis의 2격
alqa re　áliqua re　áliquæ res의 5격
alqd　alíquid,　áliquis의 4격
alqm　alíquem(–quam)　áliquis의 4격
alqo　áliquo　áliquis, áliquid의 5격
anom. 또는 *anomal.*　(verbum) anómalum　변칙동사
antiq.　(datívus) antíquus　옛 (3격)
a.p.　adjectívus participiális　형용사화한 분사
arch.　archáicus　고어(古語)

c.　círciter　(연도 표기시) 약, 경
c.　cum　…와 함께
can.　canon　교회법 조문
card. 또는 *cardin.*　(numerália) cardinália　기본수사
cf.　confer　참조하라
comm.　(adjectívum) commune　공통(형용사)
comp.　(gradus) comparatívus　비교급
concess.　(conjúnctio) concessíva　양보(접속사)
conj.　conjúnctio　접속사
consecut.　(conjúnctio) consecutíva　결과(접속사)
coord.　(conjúnctio) coordinatiónis　동등(접속사)
correlat.　correlatívus, correlatíve　상관(대명사), 상관적 용법으로

dat.　(casus) datívus　여격, 3격
dat. antiq.　datívus antíquus　3격 고청
dat. final.　datívus finális　목적 3격
dat. poetic.　datívus poéticus　시어(詩語) 3격
decl.　declinábile　변화사(變化詞)
def. 또는 *defect.*　(verbum) defectívum　부족동사, 불비동사

demonstr. (pronómen) demonstratívum 지시(대명사)
dep. (verbum) depónens 탈형동사
deriv. derivátum 파생(어)
desid. (verbum) desideratívum 욕구표시(동사)
dim. diminutívum 지소어(指少語), 축소어
distr. 또는 *distrib.* (numerália) distributíva 분배(수사)
dupl. acc. duplex accusatívus 2중 4격
dir. (objéctum) diréctum 직접목적어, 직접객어

e.g. exémpli grátia 예를 들면
etc. et cétera 기타, 등등
exact. (futúrum) exáctum (미래)완료
exclam. exclamatívum, (accusatívus) exclamatiónis 감탄어(문), 감탄 4격

f. (genus) feminínum 여성
final. (datívus) finális 목적 3격
finit. (verbum) finítum 종결동사
freq. (verbum) frequentatívum 반복(동사)
fut. futúrum 미래
fut. exact. futúrum exáctum 미래완료

gen. (casus) genitívus 속격, 2격
gen. loc. genitívus locatívus 장소 2격
gen. obj. genitívus objectívus 객어적 2격
gen. partit. genitívus partitívus 분할 2격
gen. poetic. genitívus poéticus 시어 2격
gen. pretii genitívus prétii 가치 2격
gen. qualit. genitívus qualitátis 성질 2격
gen. subjectiv. genitívus subjectívus 주어적 2격
gerundiv. gerundívum 수동당위분사
Gr. 또는 *Græc.* (accusatívus, genitívus) Græcus 희랍어적 4격, 2격

imper. 또는 *imperat.* (modus) imperatívus 명령법
impers. impersonále, impersonáliter 비인칭(적으로)
impf. imperféctum 반과거
inch. (verbum) inchoatívum 기동(起動)동사
indecl. indeclinábile 불변화어
indef. (pronómen) indefinítum 미한정(대명사)
ind 또는 *indic.* (modus) indicatívus 직설법
indir. (objéctum) indiréctum 간접(목적어), 간접(객어)
inf. (modus) infinitívus 부정법
instrum. (casus) intrumentális 도구격(道具格), 수단격
intens. (verbum) intensívum 강세(强勢)동사
interj. interjéctio 감탄사
interr. (pronómen) interrogatívum 의문(대명사)
intr. (verbum) intransitívum 자동사
inusit. inusitátum 폐기된 단어
irreg. irreguláris 불규칙, 변칙

m. (genus) masculínum 남성
metonym. metonýmice 환유적(換喩的)으로

n. (genus) néutrum 중성
nom. (casus) nominatívus 주격(主格), 1격
nom. c. inf. nominatívus cum infinitívo 1격 부정법(不定法)
num. numerália 수사

obj. objéctum 목적어, 객어
objectiv. (genitívus) objectívus 객어적 (2격)
obsolet. obsolétum 폐기된 단어
opp. oppósitum 반대말
ordin. (numcrália) ordinália 순서(수사)

partic. partícula 접두어, 접미어
partit. (genitívus) partitívus 분할 (2격)
pass. passívum 수동형
P.C. Post Christum 기원후 = A.D. Anno Dómini
pers. 또는 *person.* personále, personáliter 인칭(적으로)
pf. perféctum 전과거(全過去)
pl. plurális 복수
plqpf. plusquamperféctum 대과거
poet. (accusatívus, genitívus) poéticus 시어 4격, 2격
poss. (pronómen) possesívum 소유(대명사)
p.p. participium perféctum 과거분사
præd. prædicátum, (accusatívus) prædicatívus 설명어, 설명어적 4격
p.præs. participium præsens 현재분사
pr. objectiv. propositio objectíva 객어문, 목적어문
præp. præpositio 전치사
præs. præsens 현재
præt. prætéritum 과거
pron. pronómen, pronominále 대명사(적)
pr. 또는 *prop.* propositio 문장

qualit. (genitívus) qualitátis 성질(형용사, 2격)

refl. (pronómen) reflexívum 재귀(대명사)
relat. (pronómen, advérbium) relatívum 관계(대명사, 부사)

sæc. sǽculum 세기
sc. scílicet 즉
semidep. (verbum) semidepónens 반탈형동사(半脫形動詞)
sg. 또는 *sing.* singuláris 단수
subj. (modus) subjunctívus 접속법, 종속법(接續法, 從屬法)
subjectiv. (genitívus) subjectívus 주어적 2격
subord. (conjúnctio) subordinatiónis 종속접속사
subst. substantívum 실명사, 명사
suffix. (partícula) suffixa 접미어(接尾語)
superl. (gradus) superlatívus 최상급
supin. supínum 동명사, 목적분사

tr. (verbum) transitívum 타동사
tt. tantum 다만

v. verbum 동사
V. Vide …를(을) 보라
v.g. verbi grátia 예를들면
voc. (casus) vocatívus 호격

저자와 문헌약호

(ABBREVIATIONES AUCTORUM ET OPERUM)

Acc. Lúcius **Accius** 비극시인(기원전 2세기)
Æsópus **Æsópus** Cícero의 친구, 비극배우
Africánus **Africánus** 법률학자(2세기)
Ambr. **Ambrósius** 주교 성 암브로시오(4세기)
Amm. **Ammiánus** Marcellínus 사가(4세기)
Ampel. Lúcius **Ampélius** 사가(2세기)
Apul. Lúcius **Ap[p]uléius** 아프리카출신 플라톤학파 학자(2세기)
Aristoteles Aristóteles 그리스 철학가 (기원전 384-322)
Arn. **Arnóbius** Afer 아프리카출신 호교가, 수사학자(4세기)
Ascon. **Ascónius** Pediánus 문법학자(1세기)
Atta. T. Quínctius **Atta** 희곡시인(기원전 2세기)
Auct. B. Afr. **Auctor de Bello Africo** "아프리카 전쟁"의 저자
Auct. B. Al. **Auctor de Bello Alexandríno** "알렉산드리아 전쟁"의 저자
Auct. B. Hisp. **Auctor de Bello Hispaniénse** "스페인 전쟁"의 저자
Aug. Aurélius **Augustínus** 주교 성 아우구스티노(4세기)
Aur. Vict. **Aurélius Victor** 역사가(5세기)
Aus. 혹은 *Auson.* Décimus Magnus **Ausónius** 시인, 수사학자(4세기)
Avien. Rufus Festus **Aviénus** 교육자, 시인(4세기)

Bacch. **Bacchýlides** 그리스의 서정시인(기원전 5세기)
Boeth. Anícius Mánlius Torquátus **Boéthius** 철학자, 정치가(5세기)
Brut. Marcus Iúnius **Brutus** Cícero와 서신상 친구, 정치가

C. Marcus Túllius **Cícero** 로마의 최대 웅변가, 저술가, 정치가(기원전 1세기)
Cæl. Aur. **Cælius Aureliánus** 의사(5세기)
Cæs. Cáius Iúlius **Cæsar** 로마의 장군, Gállia 정복자, 기원전 44년 Brutus에게 살해됨
Caj. **Cajetánus** 또는 **Cajus** Hadriánus 황제의 법률고문(2세기)
Callistrat. **Callistrátus** 법률학자(2세기)
Calp. **Calpúrnius** Sículus 시인(1세기)
Capell. **Capélla** 애가시인(哀歌詩人)
Capitol. **Capitolínus** Iulius Augústus 황제 전기작가(4세기)
Cass. **Cassiánus** 수도자(5세기)
Cassiod. Magnus Aurélius **Cassiodórus** 사가(6세기)
Cato Marcus Pórcius **Cato** 로마의 감찰관(200년경)
Catull. Cáius Valérius **Catúllus** 로마의 서정시인(기원전 1세기)
Cels. Aurélius Cornélius **Celsus** 의사, Augustus 황제시대
C.I.C. ***Codex Iuris Canónici*** 1917 년 교회법전(1983년에 대폭 개정됨)
C.I.L. ***Corpus Inscriptiónum Latinárum*** 라틴어 비문집(碑文集), 베를린 한림원 출간
Claud. **Claudiánus** 시인(4세기)
Cod. Theod. ***Codex Theodosiánus*** 로마 황제 Theodósius 2세가 Constantínus 황제 이후 반포된 법령들을 종합한(439) 테오도시우스 법전
Col. Lúcius Iúnius Moderátus **Columélla** 농학자(1세기)
Conséntius **Conséntius** 문법학자(5세기)
Cœlius Symposius **Cœlius Sympósius** 시인(4세기)
Curt. Quintus **Cúrtius** Rufus 사가(1세기)
Cypr. Thásius Cæcílius **Cypriánus** 카르타고의 주교 성 치프리아노(3세기)

Descartes René **Descartes** 철학자, 수학자(1596-1650)
Dig. ***Digestórum*** *Libri L* 6세기에 로마 황제 Justiniánus 1세의 명으로 편집된 로마법전 50권 (ed. P. Krüger와 Th. Mommsen, Berlin, 1867-1870에 간행)
Diom. **Diomédes** 문법학자(4세기)

En. Quintus **Ennius** 시인(기원전 2세기)

Eum. 혹은 *Eumen.* **Euménius** 수사학자(3세기)
Eutr. **Eutrópius** 사가(4세기)

Fest. Sextus Pompéius **Festus** 라틴 문법학자(4세기)
Flor. Lúcius Annæus **Florus** 사가(2세기)
Fronto Marcus Cornélius **Fronto** 웅변가(2세기)
Fulg. Fábius Planciádes **Fulgéntius** 문법학자(6세기), *Mythológicon libri tres*의 저자.

Gai. **Gáius** 법률학자(2세기)
Gell. Aulus **Géllius** 철학자(2세기)
Grat. Falíscus **Grátius** 시인, Augústus 황제시대

H. Quintus **Horátius** Flaccus 시인, Augústus 황제시대
Her. *Rhetórica ad* ***Herénnium*** Herénnius 연설문, Cícero의 저서
Hier. **Hierónymus** 성 예레니모(4세기)
Hirt. **Hírtius** 사가, Cícero와 동시대
Hyg. Cáius Iúlius **Hýginus** 문법학자, 우화작가, Augústus 황제시대

Id. **Idácius** 주교(5세기)
Intpr. Iren. ***Interpretatiónes Irenéi*** Lyon의 주교 Irenéus(2세기)의 저서 *Adversus Hæreses*의 5권의 라틴어 역(1817년 A. Mai, Mediolani 출간)
Isid. **Isidórus** Hispaniénsis Sevilla의 성 이시도로, 교회저술가(7세기)
Itin. Alex. ***Itinerárium Alexándri*** *Magni* Alexánder 대왕의 출정기 (A. Mai가 1817년 발간)

Jct. **Jurisconsúlti** 법령집
Js. **Justus** 주교(6세기)
Just. 혹은 *Justin.* Marcus Iuniánus **Iustínus** 사가(4세기)
Juv. Décimus Iúnius **Iuvenális** 시인(1세기)

L. Titus **Lívius** 사가, Augústus 황제시대
Lact. Cælius **Lactántius** Firmiánus 교회저술가(3세기)
Lampr. Aelius **Lamprídius** 사가(4세기)
Lucan. Marcus Annæus **Lucánus** 시인(1세기)
Lucil. Caius **Lucílius** 시인(기원전 2세기)
Lucr. Titus **Lucrétius** Carus 시인(기원전 1세기)

Macr. Ambrósius Theodósius **Macróbius** 주석학자(4-5세기)
Manil. Marcus **Manílius** 시인, 천문학자, Augústus 황제시대
Marc. **Marcéllus** 법률학자(2세기)
Marc. Emp. **Marcéllus Empíricus** 의사(5세기)
Mart. Marcus Valérius **Martiális** 시인(1세기)
Mela Pompónius **Mela** 지리학자(1세기)
Murat. Lodovico Antonio **Muratori** 이탈리아 신부, 고고학자(1672-1750)

N. Cornélius **Nepos** 사가, Cícero와 동시대
Næv. Cnæus **Nævius** 희비극시인(기원전 3세기)
Nemes. **Nemesiánus** 교육시인(1세기)
Novius **Nóvius** 고대로마희극 *Atellána*의 저자(기원전 2세기)

Ov. Públius **Ovídius** Naso 시인, Augústus 황제시대

Pal. Rutílius Taurus Aemiliánus **Palládius** 시인(4세기)
Pap. Aemílius **Papiniánus** 법률학자(2세기)
Paul. Iúlius **Paulus** 부제, 역사가이며 학자(8세기)
Pers. **Pérsius** 라틴풍자시인(1세기)
Petr. Cáius **Petrónius** Arbiter 라틴시인, Nero 황제의 고문관

Phædr. Titus **Phædrus** 우화작가(1세기)
Pl. Titus Máccius **Plautus** 라틴희극작가(3세기)
Plin. **Plínius** Minor, **Plínius** Cæcílius Secúndus Plínius Major의 조카(1세기)
Pollio Asínius **Póllio** 웅변가, 사가, Augústus 황제의 친구
Polycárpus **Polycárpus** Smyrna의 주교, 순교자(2세기)
Prisc. **Prisciánus** 문법학자(6세기)
Prop. Sextus **Propértius** 시인, Augústus 황제시대
Prud. Aurélius **Prudéntius** Clemens 교회시인(4세기)

Q. Marcus Fábius **Quintiliánus** 수사학 교수, Plínius Minor과 Juvenális의 스승(1세기)
Quadrig. Cláudius **Quadrigárius** 사가(1세기)

Rutil. **Rutílius** Namatiánus 시인(5세기)

Sall. Cáius **Sallústius** Crispus 사가, Cícero와 동시대
Scævola **Scævola** 법률학자(기원전 1세기)
Scipio **Scípio** Cícero의 *Respública* 제 6권에 나오는 Scípio의 꿈, 이 꿈이야기에서 Scípio Æmiliánus가 지구의 껍질을 벗기는 영혼들 중에 낀다
Scrib. **Scribónius** Largus 의사(1세기)
Sen. **Séneca** Minor, Lúcius Annæus **Séneca** 철학자(1세기)
Seren. Sam. **Serénus Sammónicus** 의사(3세기)
Serv. **Sérvius** Honorátus 문법학자, Vergílius의 주석학자(4세기)
Sever. **Sevérus** 로마황제(5세기)
Sidon. **Sidónius** Apollináris Clermont의 주교(5세기)
Sil. **Sílius** Itálicus 시인(1세기)
Sol. Cáius Iúlius **Sólinus** 지리학자(3세기)
Spart. **Spartianus** 사가(3세기)
Spinoza Baruch **Spinoza** 네델란드의 철학자(1632-1677)
Stat. Públius Papínius **Státius** 시인(1세기)
Suet. Cáius **Suetónius** Tranquíllus 사가(2세기)
Symm. 혹은 *Symmach.* Quintus Aurélius **Symmáchus** 로마의 정치가(4세기)

T. Públius **Teréntius** Afer 희극시인(기원전 2세기)
Ta. Cornélius **Tácitus** 사가(1세기)
Tertull. Quintus Septímius Florens **Tertulliánus** 교부(160-240)
Tib. Albius **Tibúllus** 시인, Augústus 황제시대
Trebellius **Trebéllius** Póllio 사가(3세기)

Ulp. Domítius **Ulpiánus** 법률학자(3세기)

V. Publius **Vergílius** Maro 라틴시의 왕자, Augústus 황제시대
Val. **Valeriánus** 문법학자(2세기)
Val. Cato **Valérius Cato** 문법학자이고 시인, Sulla와 동시대인
Val. Fl. Balbus Sétinus **Valérius Flaccus** 서정시인(1세기)
Val. Max. **Valérius Máximus** 사가(1세기)
Valg. **Válgius** Rufus 시인, Augústus 황제시대
Var. Marcus Teréntius **Varro** 로마의 장군(기원전 3세기)
Vatinius **Vatínius** Cícero와 동시대
Veget. Flavius **Vegétius** Renátus 군사저술가(4세기)
Vell. Públius **Velléius** Patérculus 사가(1세기)
Ven. Fort. **Venátius Fortunátus** 시인(6세기)
Vitr. **Vitrúvius** Póllio 건축가, Augústus 황제시대
Vulg. **Vulgáta** 성 예로니모가 교회용으로 번역한 라틴어성서

성서 약호

(Vulgáta에 의함, 한글명은 공동번역을 따름)

Abd. **Abdias** 오바디야
Act. **Actus** Apostolórum 사도행전
Agg. **Aggǽus** 하깨
Am. **Amos** 아모스
Apoc. **Apocalýpsis** B. Ioánnis Apóstoli 요한의 묵시록
Bar. **Baruch** 바룩
Cant. **Cánticum** Canticórum 아가
Col. Epístola B. Pauli ad **Colosséneses** 골로사이인들에게 보낸 편지
I Cor. Epístola B. Pauli ad **Corínthios I** 고린토인들에게 보낸 첫째 편지
II Cor. Epístola B. Pauli ad **Corínthios II** 고린토인들에게 보낸 둘째 편지
Dan. **Dániel** 다니엘
Deut. **Deuteronómium** 신명기
Eccl. **Ecclesiástes** 전도서
Eccli. **Ecclesiásticus** 집회서
Eph. Epístola B. Pauli ad **Ephésios** 에페소인들에게 보낸 편지
I. Esdr. **Esdras** 또는 **I Esdræ** 에즈라
II. Esdr. **Nehémias** 또는 **II Esdræ** 느헤미야
Esth. **Esther** 에스델
Ex. **Exŏdus** 출애굽기
Ez. **Ezéchiel** 에제키엘
Gal. Epístola B. Pauli ad **Gálatas** 갈라디아인들에게 보낸 편지
Gen. **Génesis** 창세기
Hab. **Hábacuc** 하바꾹
Hebr. Epístola B. Pauli ad **Hebrǽos** 히브리인들에게 보낸 편지
Is. **Isaías** 이사야
Jac. Epístola cathólica B. **Jacóbi** 야고보의 편지
Jer. **Jeremías** 예레미야
Jo. Evangélium secúndum **Joánnem** 요한의 복음서
I Joan. Epístola **I** B. **Joánnis** 요한의 첫째 편지
II Joan. Epístola **II** B. **Joánnis** 요한의 둘째 편지
III Joan. Epístola **III** B. **Joánnis** 요한의 셋째 편지
Job **Job** 욥기
Joel **Joel** 요엘
Jon. **Jonas** 요나
Jos. **Jósue** 여호수아
Jud. **Júdices** 판관기
Judæ Epístola cathólica B. **Judæ** 유다의 편지
Judith **Júdith** 유딧
Lam. **Lamentatiónes** 애가
Lev. 또는 *Levit.* **Levíticus** 레위기
Luc. Evangélium secúndum **Lucam** 루가의 복음서
I Mach. **I Machabæórum** 마카베오 상권
II Mach. **II Machabæórum** 마카베오 하권
Mal. **Malachías** 말라기
Matth. 또는 *Mt.* Evangélium secúndum **Matthǽum** 마태오의 복음서
Mc. Evangélium secúndum **Marcum** 마르코의 복음서
Mich. **Michǽa** 미가
Nal. **Nahum** 나훔
Num. **Númeri** 민수기
Os. **Osee** 호세아
I Par. **I Paralipómenon** 역대기 상권
II Par. **II Paralipómenon** 역대기 하권
I Petr. Epístola **I** B. **Petri** 베드로의 첫째 편지

II Petr. Epístola **II** B. **Petri** 베드로의 둘째 편지
Phil. Epístola B. Pauli ad **Philippénses** 필립비인들에게 보낸 편지
Philem. 또는 *Phm.* Epístola B. Pauli ad **Philémonem** 필레몬에게 보낸 편지
Prov. **Provérbia** 잠언
Ps. **Psalmi** 시편
III Reg. **III Regum** 열왕기 상권
IV Reg. **IV Regum** 열왕기 하권
Rom. Epístola B. Pauli ad **Romános** 로마인들에게 보낸 편지
Ruth **Ruth** 룻기
I Sam. **I Samuélis** 또는 **I Regum** 사무엘 상권
II Sam. **II Samuélis** 또는 **II Regum** 사무엘 하권
Sap. **Sapiéntia** 지혜서
Soph. **Sophónias** 스바니야
I Thess. Epístola B. Pauli ad **Thessalonicénses I** 데살로니카인들에게 보낸 첫째 편지
II Thess. Epístola B. Pauli ad **Thessalonicénses II** 데살로니카인들에게 보낸 둘째 편지
I Tim. Epístola B. Pauli ad **Timótheum I** 디모테오에게 보낸 첫째 편지
II Tim. Epístola B. Pauli ad **Timótheum II** 디모테오에게 보낸 둘째 편지
Tit. Epístola B. Pauli ad **Titum** 디도에게 보낸 편지
Tob. **Tóbias** 토비트
Zach. **Zachárias** 즈가리야

학문용어 약호

(가) 가톨릭 용어
(가古) 가톨릭 옛용어
(建) 건축(학)
(古) 옛 용어
(鑛) 광업
(敎法) 교회법
(敎史) 교회사
(軍) 군사(학)
(幾) 기하학
(論) 논리학
(動) 동물(학)
(文) 문학
(文法) 문법
(物) 물리학
(法) 법률(법학)
(生) 생물학
(生理) 생리학
(生化) 생화학
(聖) 성서
(修) 수사학
(數) 수학
(獸醫) 수의학
(植) 식물(학)
(神) 신학
(神話) 신화
(心) 심리학
(略) 약자(약어)
(藥) 약학
(魚) 어류
(言) 언어학
(Etruria어) 에트루리아어
(料) 요리
(倫神) 윤리신학
(音) 음악
(醫) 의학
(伊) 이탈리아어
(電氣) 전기
(占術) 점술
(宗) 종교(학)
(地) 지리학
(天) 천문학
(哲) 철학
(測) 측량
(켈트어) 켈트어
(Persia어) 페르시아어
(解) 해부학
(헤브라이어) 히브리어
(化) 화학
(希) 희랍어, 그리스어
(稀) 드문 용어(희어)

라틴어 글자 및 발음

1. 오늘날 사용되고 있는 라틴 글자는 스물 다섯자로서, 이것을 라틴어의 알파벳(*alphabétum*)이라고 하며, 각각 대문자(大文字)와 소문자(小文字)로 구별되어 있다. 그 글자들의 이름은 다음과 같다.

대문자	소문자	글자이름	대문자	소문자	글자이름
A	a	아(a)	N	n	엔(en)
B	b	베(be)	O	o	오(o)
C	c	체 또는 케(ce)	P	p	뻬 또는 페(pe)
D	d	데(de)	Q	q	꾸 또는 쿠(cu)
E	e	에(e)	R	r	에르(er)
F	f	에프(ef)	S	s	에스(es)
G	g	제 또는 게(ge)	T	t	떼 또는 테(te)
H	h	하(ha)	U	u	우(u)
I	i	이(i)	V	v	브우(vu)
J	j	욛(iod)	X	x	익쓰(ix)
K	k	깝빠(kappa)	Y	y	입실론(ipsilon, i Graecum)
L	l	엘(el)			
M	m	엠(em)	Z	z	제따(zeta)

2. 라틴어 자모와 발음 및 강음

이상 25자 중에서 a, e, i, o, u 및 y의 6자는 모음(母音)이고, 나머지 19자는 자음(子音)이며, 발음은 대체로 로마자 발음대로 한다. 라틴어는 로마계통 언어학군(philología romána)의 모체로서 사어(死語)이지만 학문과 교회의 전례로 고대로마에서 오늘날까지 그 사용이 이어져 왔다. 이것을 교회 라틴어라고 하는데, c와 g의 발음이 고대 로마인들의 발음과 약간 차이가 있다. 교회 라틴어에서는 시대적 변천을 겪으면서 c 뒤에 a, o, u가 오면 "ㄲ"과 "ㄱ"의 발음(예: ca 까; ga 가)을, e, i, y가 오면 "ㅊ"과 "ㅈ"의 발음(예: ce 체; ge 제)을 한다. 그러나 고전 라틴어에서는 뒤따르는 모음과 상관없이 언제나 "ㅋ"과 "ㄱ"의 발음을 한다(예: cicero 키케로). 그 밖의 특이한 발음은 다음과 같다.

- 중모음(重母音) ae "애"와 "에"의 중간 발음; oe는 "외."
- 서로 다른 자음이 겹친 중자음(重子音) gn은 gna(ㄱ냐), gne(ㄱ네), gni(ㄱ니), gno(ㄱ뇨), gnu(ㄱ뉴)로, 희랍어에서 온 ch, ph, th, rh는 각각 "ㅋ·ㅍ·ㅌ·ㄹ"로 발음하고, sc는 a, o, u 앞에서 "스카, 스코, 스쿠"로 i, e 앞에서 "싀, 셰"로 발음한다.

- -ti 다음에 모음이 따르면 -tia "시아", -tie "시에", -tii "시이", -tio "시오"로 발음하지만 -tí에 액센트가 붙을 때와 -ti 앞에 s, x, t가 오면 본 발음대로 "ㄸ" 또는 "ㅌ"로 발음한다(예: bestia, totíus).

악첸뚜스(accéntus)

- 단음절 단어는 그 음절이 강음.
- 2음절 단어는 끝에서 두 번째 음절이 강음.
- 3음절 이상일 때는 끝에서 두 번째 음절이 장음(長音)이면 두 번째 음절이 강음이고, 두 번째 음절이 단음(短音)이면 끝에서 세 번째 음절이 강음이다.

A

A, a[1], *f.*, *n.* 라틴 자모의 첫 글자: 〈아〉[ā].
A., a[2]., 《略》 **1. A.** = Aulus(인명). **2.** 《法》 **A.** = Absólvo.(고대 *Roma* 법정 판사들의 투표판에 새겨진 글자) 《나는 사면(赦免)한다.》 **3. A.** = Antíquo. (고대 *Roma* 입법기관인 국민회의에서) 《나는 거부한다, 폐기한다.》 **4. a.d.** = ante diem (*Roma* 력〈曆〉 용어): 전날(前日). **5. a. u. c.** = ab urbe cónditā. *Roma* 창건 이래 / **A. U. C.** = anno urbis cónditæ. *Roma* 기원(紀元). **6. A.** = audítor 듣는 사람, 청중. **7.** 《論》 **A** = Affírmo. 〈전칭긍정(全稱肯定)〉의 기호.
ā[3], *interj.* 아!
ā[4], **ăb, abs,** *præp. c. abl.* 〔일반적으로 a는 (h자 이외의) 자음으로 시작하는 단어 앞에 쓰고, ab은 모음이나 h자로 시작하는 단어 앞에 쓰며, abs는 abs te(너한테)의 경우에 쓴다. 고대 *Latin*어에서는 ab도 c, ch, d, l, m, n, q, rh, t 따위 자음 앞에 쓰인 경우가 있다.〕
I. 〔장소부사어(*adverbiále loci*)〕 **1.** 〔출발점(*términus a quo*)〕 **에서, 로부터**: réditus in pátriam a bello 전장으로부터의 귀국 / Vénio a venatióne. 나는 사냥하다 돌아오는 길이다. **2.** 〔출발점이 사람일 경우에는 가끔 그의 집도 뜻한다〕 **에게서부터, 한테서, 누구의 집으로부터**: Vénio a patre. 나는 아버지한테서 오는 길이다 / Si a me discéssit umquam,*(C.)* 그가 일찌기 나한테서[내 집에서] 떠나 갔다면. **3.** 〔넓은 의미의 기원·시작·출처; 판단·인식의 근거〕 **에서부터, 에게서, 한테서**: Belgæ orti sunt a Germánis. *Bélgium* 인들은 *Gremánia*인들의 후예다 / oriúndus a Syracúsis. *Syracúsæ* 태생·출신 / id fácinus natum a cupiditáte *(C.)* 탐욕에서부터 생겨난 그 악행 / ab imo ad summum*(H.)* 밑에서부터 꼭대기까지 / dícere *alqd* ab *alqā re (Plin.)* 무엇을 어떤 것부터 말하다 / poténtiā secúndus a rege *(Auct. B. Al.)* 권력에 있어서 왕 버금가는 사람 / accípere *alqd* ab *alqo* 누구한테서 무엇을 받다 / cognóscere *alqd* ab *alqā re (Cæs.)* 어떤 일에서 무엇을 알다. **4.** 〔거리·간격·표준기점〕 **로부터, 에(게)서부터**: ab óppido... abésse*(Cæs.)* 도시로부터… 떨어져 있다 / Insŭla distat a continénte pássibus mille.*(Plin.)* 그 섬은 육지로부터 1천 *passus* (약 *1.5km*) 떨어져 있다 / prope a meis ǽdibus*(C.)* 내 집 가까이에 / procul a pátriā*(V.)* 조국으로부터 멀리 떨어진 곳에서. **5.** 〔소재지·위치·방면〕 **에, 에서**: a fronte 전면[정면]에(서) / a latéribus 양쪽 옆에(서) / a sinístrā (parte) 왼편에(서) / ab omni parte, ab ómnibus pártibus 모든 면에서 / a posterióri 《論·哲》 후천적, 후험적 / a prióri 《論·哲》 선천적, 선험적 / surgens a puppi ventus*(V.)* 고물에서 이는 바람 / a mendácio contra verum stare*(C.)* 진실을 거슬러 거짓말 편에 서다. **6.** 〔제한·관점〕 **관해서, 면에서, 점에서**: Sumus flagitióse imparáti cum a milítibus tum a pecúniā. *(C.)* 부끄럽게도 우리는 군대도 돈도 준비되어 있지 않다 / bis perire a re atque ab ánimo simul*(Pl.)* 물질과 정신면에서 두번 망해버리다. **7.** 〔소속·직책〕 **에게 속하는 [속한], …학파에 속하는, …직책의**: Ab Andrĭa est ancílla hæc.*(T.)* 이 하녀는 *Andrĭa*의 하녀이다 / qui sunt ab eā disciplínā. *(C.)* 그 학파에 속하는 사람들 / servus a pédibus*(C.)* 발시중 드는 종(신발 간수하는 종) / médicus ab óculis 안과 의사.
II. 〔분리·격리·공백·탈취·해방·방어·절제·중지·제지·청구·획득 따위의 기점(起点 *términus a quo*)〕 **에서, 한테서, 로부터**: abstinére cupiditátem ab argénto*(C.)* 돈에 대한 욕망을 끊어버리다 / Nihil a me aliénum est. 나와 관련없는 것은 아무 것도 없다 / cessáre a prœ́liis*(L.)* 전투를 중지하다 / impetráre *alqd* ab *alqo(C.)* 아무한테서 무엇을 얻어내다 / Líbera nos a malo. 우리를 악[불행]에서 구하소서 / postuláre *alqd* ab *alqo* *(C.)* 무엇을 아무한테서 요구하다 / vacuum a defensóribus óppidum*(Cæs.)* 방어하는 사람들이 없는 도시.
III. 〔시간부사어(*adverbiále témporis*)〕 **1. 부터, 이래**(以來): a mane usque ad vésperam 아침부터 저녁까지 / ab inítio 처음부터, 시작[시초]부터 / a púero, a puerítiā 소년시절부터, 어릴 때부터 / ab ineúnte adulescéntiā 청년시기에 들면서부터 / Homérus, qui re-

cens ab illórum ætáte fuit.*(C.)* 그들의 시대보다 나중에 있은 *Homérus* / inde a 이래로, 때부터 / jam a, jam inde a 때부터 이미. **2.** 하자 곧, 직후부터, 와 동시에: conféstim a prælio *(L.)* 전투가 끝나자 곧 / a cenā dormíre 저녁식사 후 곧 자다.

IV. 〔능동주 부사어(能動主 副詞語 *adverbiále agéntis, ~auctóris*)〕 **1.** 〔타동사의 피동에서 능동의 행동주가 신·사람·동물 등의 유생명사(有生名詞 *res animáta*)이거나, 의인법(擬人法 *prosopopœia, personificátio*)으로 쓴 사물명사일 경우〕 **에게, 한테, 로부터, 에 의해서:** Urbs a milítibus custodítur. 도시가 군인들에 의해서 수비되고 있다 / a re públicā *(C.)* 국가로부터, 국가에 의해서 / a natúrā *(C.)* 자연에 의해서, 자연으로부터. **2.** 〔수동의 뜻을 지닌 자동사와 함께〕 **에게, 한테, …에 의해서:** a paucis interíre *(C.)* 몇 명 안되는 사람들 한테 죽다 / Si quid ei a Cǽsare grávius accidísset,*(Cæs.)* *Cæsar*에 의해서 그에게 만일 더 혹독한 일이 닥쳤더라면.

V. 〔원인·이유〕 **때문에, 로 말미암아, …한 나머지:** caléscere ab *(C.)* …에 몸이 녹다, 더워지다 / zona tórrida semper ab igni (=igne)*(V.)* 불 때문에 언제나 뜨거운 지대[지역] / ab irā 화가 치밀어서 / ab ódio plebis an a servíli fraude?*(L.)* 백성에 대한 증오때문에냐, 혹은 노예들의 배신때문에냐?

VI. 〔드물게는 비교탈격(*abl. comparatiónis*) 앞에, 또는 전치사 præ(앞에, 보다) 대신에〕 **…보다, 에 비해서:** dúlcior ab hāc voce 이 음성보다 더 감미로운 / plus ab eo 그 사람보다 더 많이.

ā-[5], **ăb-,** *præfíxa* **1.** 접두사로서 합성된 단어에 **《분리, 후퇴, 제거, 탈취》** 따위의 뜻을 준다. **2.** m, v자로 시작되는 단어와 spernor 앞에서는 a-로 쓰고; fui, futúrus, fore 앞에서 ab- 또는 a-로쓰며; c, t, q자 앞에서는 abs-로 쓴다. pello, porto 동사 앞에서는 as-로 바뀌며, fero, fúgio 동사 앞에서는 au-로 바뀐다. 기타는 ab-이다. **3.《결여·부정·반대》** 따위의 뜻을 드러내는 희랍어적 접두사 a-는 라틴어의 전치사가 아니다. 이것은 모음 앞에서는 an-으로 쓴다. **4.** 전치사 ad-이 접두사로 쓰일 때 a-로 생략되는 수도 있으므로, 여기의 a-와 혼동하지 말 것.

A. A. S. = Acta Apostólicæ Sedis 교황청 공보.

abáctus[1], a, um, *p.p.* [ábigo].

abáctus[2], us, *m.* [ábigo] 가축·선박·즙기 등의 탈취, 노획.

ábăcus, i, *m.* **1.** 선반, 대(臺). **2.** 주판. **3.** 놀잇상. **4.** 벽에 장식한 대리석판. **5.** 《建》(둥근 기둥 머리에 얹어 놓은) 관판(冠板).

abălĭéno, ávi, átum, áre, *tr.* [ab+aliéno] **1.** 남의 것이 되게 하다, (재산·소유를) 양도하다, 넘기다, 명의변경하다, 팔다. **2.** 〔*alqm, alqd* ab *alqo,* ab *alqā re*〕 멀어지게 하다, 떼어놓다, 갈라놓다, 딴 데로 가게 하다, 적의나 불만을 품게 하다: Nisi mors meum ánimum abs te abalienáverit,*(Pl.)* 죽음이 내 마음을 너한테서 갈라 놓지 않는다면 / Nonne a te júdices abaliénes?*(C.)* 너는 재판관들로 하여금 네게 대해서 적의를 품게 하는 것이 아닐까? **3.** 〔*alqm re*〕 박탈하다; 구해내다: ablienáti jure cívium *(L.)* 시민권을 박탈당한 사람들 / ~ *alqm* metu 아무를 공포에서 구해내다. **4.** 마비시키다, 잠들게 하다: Opium sensus abaliénat.*(Scrib.)* 아편은 감각을 마비시킨다.

abámĭta, æ, *f.* [avus+ámita] 고조부의 자매.

abánte, *præp. c. acc.* & *abl.* 앞에: ~eum 그 사람 앞에 / ~óculis 눈 앞에.

Abantéus, a, um, *adj. Abas*의.

Abantĭádes, æ, *m. Abas*의 남계자손(男系子孫), 특히 *Abas*의 아들인 *Acrísius* 및 *Abas*의 증손인 *Perseus.*

abárcĕo, ére, *tr.* 금지하다.

Abăris, ĭdis, *m. Phíneus*의 동료.

abarticulaméntum, i, *n.* 《解》 관절.

Abās, ántis, *m. Lýnceus*와 *Hypermnéstra*의 아들로서, *Argos*의 제12대 왕.

abásĭa, æ, *f.* 보행 불능, 실각(失脚).

abávĭa, æ, *f.* [avus+ávia] 고조 할머니; 증조부나 증조모의 어머니.

abavúncŭlus, i, *m.* [avus+avúnculus] 고조 할머니의 남자형제.

ábăvus, i, *m.* [avi+avus] **1.** 고조 할아버지; 증조부나 증조모의 아버지. **2.** *pl.* 선조, 조상.

abba, *indecl.* 아버지, 사부(師父).

abbas, átis, *m.* 대수도원장.

abbātéĭa = abbátia.

abbátĭa, æ, *f.* 대수도원, 자치수도원.

abbatĭális, e, *adj.* 대수도원의.

abbatíŏla, æ, *f. dim.* [abbátia] 소수도원.

abbatíssa, æ, *f.* [abbas] 여자 대수도원장.

abbrĕvĭátĭo, ónis, *f.* [abbrévio] **1.** 생략, 간략, 단축. **2.** 약자, 약어(略語).

abbrévĭo, ávi, átum, áre, *tr.* 줄이다, 단축하다.

abcído, abcíse, *etc. V.* abscído, abscíse, *etc.*

Abdéra, æ, *f.* [~, órum, *n. pl.*] *Thrácia* 해안도시.

Abdērita, æ, *m. Abdéra* 사람, 특히 철학자 *Demócritus.*

Abdērītánus, a, um, *adj. Abdéra*의.

Abdērítes, æ, *m.* = Abderíta.

abdĭcátĭo, ónis, *f.* [ábdico[1]] **1.** 자진사퇴, 사임, 퇴직, 포기: ~tutélæ 후견직 사퇴 / ~tutóris 후견인 사임. **2.** (부자관계 따위의) 법적 단절.

abdĭcatíve, *adv.* 부인하여, 부정적으로.

abdicátrix, ícis, *f.* [ábdico¹] (여자)퇴직자; 거부자(拒否者).
ábdĭco¹, ávi, átum, áre, *tr.* **1.** [*alqd, alqm*] 거부하다, 부인하다, 배척하다, 끊어버리다, (부자관계 따위를 법적으로) 끊다. **2.** [*se alqā re; alqd; absol.*] (법정기한 전에 관직 따위를) 사퇴하다, 사임하다, 포기하다: se non modo consulátu, sed étiam libertáte ~ *(C.)* 집정관직 뿐 아니라, 자유까지도 포기하다 / ~ consulátum *(L.)* 집정관직을 사임하다 / Abdicavérunt cónsules. *(C.)* 집정관들은 자기 직무를 포기했다.
abdíco², díxi, díctum, ĕre, *tr.* 《法·占術》 인정하지 않다, 거부하다, 금하다, 반대를 표명하다.
ábdĭdi, *pf.* [abdo].
ábdĭte, *adv.* [ábditus] 비밀히, 깊숙이.
abditívus, a, um, *adj.* [abdo] 숨겨진, 격리된, 동떨어진.
ábdĭtum, i, *n.* [ábditus] 숨은 곳, 비밀 장소, 깊은 곳: ex ábdito *(C.)* 출처가 비밀인 / in ábdito *(Plin., Sen.)* 비밀 장소에서, 비밀리에 / terræ ábdita *(Pl., Lucr.)* 땅속 깊은 곳.
ábdĭtus, a, um, *p.p., a.p.* [abdo] 감추어진, 숨겨진, 숨은, 잠복한; 비밀의: vis ábdita quædam *(Lucr.)* 어떤 신비스러운 힘 / ábditi sensus *(Sen.)* 가슴속 깊이 품고 있는 생각[감정].
abdo, dĭdi, dĭtum, ĕre, *tr.* [a, ex *abl.* – in *acc.*, in *abl.*, sub *acc.*, sub *abl.*, inter, intra *acc.*; *dat.*, *abl.*] **1.** 치우다, 옮기다, 이동시키다: cópiæ paulum ab eo loco ábditæ *(Cæs.)* 그 곳에서부터 약간 이동한 군대. **2.** **숨겨 놓다,** 안보이게 하다, 가리우다: impediménta in silvas ~ *(Cæs.)* 보급부대를 숲속에 숨겨두다 / Culter, quem sub veste ábditum habébat. *(L.)* 그가 옷 밑에 숨겨가지고 있던 칼 / Caput abdíderat cásside. *(Ov.)* 그는 머리에 철제투구를 썼었다. **3.** [*pass. refl.*] **abdi, se ábdere** a) 가다, 물러가다, 도피하다, 숨다: ~ se in silvas 숲속에 숨다 / ~ se in suis tectis 자기들 집에 몸을 숨기다. b) [in *acc.*; *dat.*] **몰두하다, 열중하다, 전념하다:** ~ se in lítteras(또는 lítteris) 문학에 몰두하다, 열중하다 / Abdo me in bibliothécam. *(C.)* 나는 서재에 파묻혀 있다.
abdómen, mĭnis, *n.* **1.** 배(腹), 아랫배, 복부. **2.** 식도락. **3.** 육욕.
abdúco, dúxi, dúctum, dúcĕre, *tr.* [ab+duco] **1.** 데리고 가다, 인솔하다; 끌어가다, 끌어내다: ~ cohórtes secum *(Cæs.)* 보병대를 인솔하다. **2.** 떼어놓다, 이탈시키다, 떠나게 하다: Abdúco me ab omni reipúblicæ curā dedóque lítteris. *(C.)* 나는 국가의 모든 직책에서 떠나 문학에 몸을 바치고 있다. **3.** 가져가다, 앗아가다, 탈취하다: Omnia abdúcet secum vetústas. *(Sen.)* (흘러간) 시대는 자기와 더불어 모든 것을 앗아갈 것이다.
abdúctus, a, um, *p.p.* [abdúco].
abdúxi, *pf.* [abdúco].
abégi, *pf.* [ábigo].
Abélla, æ, *f.* *Campánia*의 도시 (지금의 *Avélla*).
ábĕo, ívi[ii], ĭtum, íre, *anómal. intr.* [ab+eo] **1.** 가다, **가버리다,** 물러가다, 떠나가다: ~ ab his regiónibus *(Pl.)* 이들 지방에서 떠나가다 / de provínciā clam~ *(C.)* 주(州)에서 몰래 떠나가다 / Prófugus ex Afrĭcā abíerat. *(Sall.)* 그 도망자는 *Africa*에서 떠나가 버렸(었)다 / hāc urbe~ *(Pl.)* 이 도시에서 떠나가다 / Illuc, unde ábii, rédeo. *(H.)* 나는 출발점[원점]으로 다시 돌아온다. **2.** **없어지다, 사라지다,** 지나가다; 죽다: Sensus ábiit. *(C.)* 감각이 없어졌다 / Abiit illud tempus. *(C.)* 그 시간은 지나가 버렸다 / Cato sic ábiit e vitā. *(C.)* *Cato*는 이렇게 죽고 말았다. **3.** [*abl.*] 사직하다, 떠나다, 물러나다: magistrátu ~, consultátu ~ *(C., L.)* 지방 장관직을, 집정관직을 떠나다. **4.** 피하다, 도피하다, 포기하다, 멀리하다: ab jure ~ *(C.)* 권리를 포기하다 / Abeámus a fábulis. *(C.)* 전설같은 이야기는 집어치우자. **5.** [ad, in *abl.*] 옮아가다, 다른 상태로 변하다[넘어가다], 이르다: Oppidum nunc in villam ábiit. *(Plin.)* 그 도시는 지금 시골로 변해 버렸다 / in vanum ~ *(Sen.)* 수포로 돌아가다 / Abi in malam rem! 벼락맞아 버려라! **6.** [*c. adv.*] 되다, 되어가다: bene [male] ~ 잘[잘못]되다. 「말타고 떠나다.
abéquĭto, ávi, átum, áre, *intr.* [ab+équito]
aberrátĭo, ónis, *f.* [abérro] 제거, 해방; 기분전환: ~ a dolóre *(C.)* 고통에서의 해방.
abérro, ávi, átum, áre, *intr.* [ab+erro] **1.** 길을 잃다, 방황하다: aberrántes ex ágmine naves *(L.)* 함대에서 낙오된 배들 / pécore ~ *(L.)* 가축떼에서 떨어져 방황하다. **2.** 멀리 떨어지다, 벗어나다, 빗나가다: ab *alqā re* ~ *(C.)* 어떤 (연설)내용에서 벗어져 나가다.
abésse, *inf.* [absum].
ăbhinc, *adv.* **1.** [장소]: [ad *acc.*; *abl.*] 여기서부터: Cécidit ille abhinc ad décimum passum (혹 décimo passu). 그는 여기서부터 *10 passus(15m)* 떨어진 곳에서 전사했다. **2.** [시간]: [*acc.*, *abl.*] 지금으로부터 …전에, 이제부터 …후에: Abhinc annos prope trecéntos fuit. *(C.)* 그는 지금으로부터 근 300년 전에 있었다 / ~ annis quíndecim *(C.)* 지금으로부터 15년 전에 / próximā ~ æstáte *(Symmach.)* 이제 돌아오는 여름에.
abhórrens, éntis, *p.præs.*, *a. p.* [abhórreo] **1.** [ab *abl.*] 서먹서먹한, 외면하는, 지겨워하는; 빗나간. **2.** [*abl.*, *dat.*] 부적당한, 맞지 않는, 융합될 수 없는.
abhórrĕo, ŭi, ére, *intr.* (간혹 *tr.*) [ab+hór-

reo] **1.** [a *re; abl.*]싫어하다, 기피하다, 어려워하다, 악감을 품다, 지겨워하다: ~ a dolóre *(C.)* 고통이 지긋지긋해지다. **2.** 거역하다, 거부하다, 적개심을 품다. **3.** [a *re; abl., dat.*] 맞지 않다, 일치하지 않다, 용납하지 않다, 상충(相衝)하다, 모순되다: Hoc fácinus ab eo non abhórret.*(C.)* 이 범죄는 그 사람답지 않은 것이 아니다 / Oratiónes abhórrent inter se.*(L.)* 그 연설들은 서로 모순된다.

abícĭo = abjício.

abiegínĕus, a, um, *adj.* = abiégneus, a, um.

abiégnĕus, a, um, *adj.* = abiégnus, a, um.

abiégnus, a, um, *adj.* [ábies] 전나무의.

ábĭens, abeúntis, *p. præs.* [ábeo].

ábĭes, ĕtis, *f.* **1.** 《植》전나무. **2.** 전나무 제품; 선박, 창(槍).

ábĭgo, égi, áctum, ĕre, *tr.* [ab+ago] **1.** 멀리 밀쳐버리다, 쫓아내다: *alqm* ab ǽdibus ~ *(Pl.)* 집에서 쫓아내다. **2.** 몰고 가다, (양이나 가축을) 훔쳐가다: a stábulo ~ dómitum pecus *(Callistrat.)* 길든 가축을 외양간에서 훔쳐가다. **3.** (피곤·욕심·근심 따위를) 몰아내다, 제거하다; (약품으로) 임신을 중

ábĭi = abívi, *pf.* [ábeo]. [절시키다.

abítĭo, ónis, *f.* [ábeo] **1.** 출발, 외출. **2.** 사망(死亡). 「나가 버리다.

ābíto, ĕre, *intr.* [ab+beto] 나가다, 훌쩍 떠

ábĭtus, us, *m.* [ábeo] **1.** 떠나가 있음, 퇴거. **2.** 출구.

abjéci, *pf.* [abjício]. 「여.

abjécte, *adv.* 비천[비열]하게, 의기소침하

abjéctĭo, ónis, *f.* [abjício] **1.** 낙심, 낙담, 실망, 무기력. **2.** 소홀.

abjéctus, a, um, *p.p., a.p.* [abjício] **1.** 내던져진, 내버려진. **2.** 평범한, 낮은, 천한, 값없는; 멸시받은. **3.** 낙심하는, 활기 없는.

abjício, jéci, jéctum, jícĕre, *tr.* **1.** 멀리 던지다, 내던지다: pilis abjéctis *(L.)* 창을 멀리 던져서. **2.** 내리 던지다, 내동댕이 치다: e muro se ~ in mare *(C.)* 성위에서 바다로 몸을 던지다 / se humi ~ *(Plin.)* 땅바닥에 엎드리다 / se ~ ad pedes *alcjs (C.)* 누구의 발아래에 엎드리다. **3.** (기억·희망·계획·사업 따위를) 버리다, 포기하다; 소홀히 하다: consílium ædificándi ~ *(C.)* 건축계획을 포기하다. **4.** 때려 눕히다, 거꾸러뜨리다, 쓰러뜨리다: ad terram virgis abjéctus *(C.)* 매를 맞고 땅에 쓰러진. **5.** (사기를) 저하시키다, 떨어뜨리다, 약화시키다, 깎아내리다, 비굴하게 만들다; 경시하다: Mæror mentes ábjicit.*(Sen.)* 비탄은 정신을 약해지게 한다 / se ~ *(C.)* 자포자기하다, 사기가 떨어지다.

abjúdĭco, ávi, átum, áre, *tr.* **1.** [*alqd* ab *alqo; alqd alci*] (공식 재판으로) 소유권을 박탈하다, 기각판결하다: Alexandríam a pópulo Románo ~ *(C.)* *Alexandría*가 *Roma* 국민의 소유가 아니라고 판결하다. **2.** (소유·권리를) 부인하다, 부정하다: ~ *alqd* ab *alqo (C.)* 어떤 것이 아무의 소유라는 것을 부정하다.

abjúnctus, a, um, *p.p.* [abjúngo].

abjúngo, júnxi, júnctum, ĕre, *tr.* **1.** 멍에를 벗기다, 짐을 내려주다, (수레·쟁기에서) 말이나 소를 풀어주다. **2.** 떼어 놓다.

abjurátĭo, ónis, *f.* **1.** 거짓맹세로 (빚·보관품을) 부인함. **2.** 《가》 이단페기(異端廢棄) 선서.

abjúro, ávi, átum, áre, *tr.* 위증(僞證)으로 부인하다: pecúniam ~ *(Pl.)* 거짓맹세로 빚친 돈을 부인하다.

ablactátĭo, ónis, *f.* 젖뗌, 이유(離乳).

ablácto, ávi, átum, áre, *tr.* 젖을 떼다, 젖떨어지게 하다.

ablăqueátĭo, ónis, *f.* 뿌리자르기.

abláquĕo, ávi, átum, áre, *tr.* 뿌리자르다 (나무 밑을 파서 쓸데없는 뿌리를 자르고 물을 고이게 함).

ablatívus[1], a, um, *adj.* [áufero] 《文法》 탈격(奪格)의: præpositio ablatíva 탈격지배 전치사.

ablatívus[2], i, *m.* (*sc.* casus) 《文法》 탈격(奪格): ~ *prétii* (가치탈격): magno 비싸게, 비싼 값으로 / ~ *qualitátis* (형용탈격): puer flavis capíllis 노랑머리 소년 / ~ *absolútus* (자립탈격): sole orto, 해가 뜬 다음.

ablátus, a, um, *p.p.* [áufero].

ablegátĭo, ónis, *f.* [ablégo] **1.** 멀리 보냄, 격리. **2.** 제거, 추방.

ablégo, ávi, átum, áre, *tr.* **1.** 멀리 보내다, 멀리하다, 격리시키다, 떼어놓다: ~ ab *alqo,* ab *alqā re* 누구에게서, 어떤 일에서 떼어놓다 / hinc adolescéntem péregre ~ *(Pl.)* 젊은이를 여기서 외국에 보내버리다 / Púeros venátum ablegávit.*(L.)* 그는 아이들을 사냥 내보냈다. **2.** 추방하다, 귀양보내다.

ablepsía, æ, *f.* 맹목, 실명(失明).

áblĕvo, áre, *tr.* 가볍게 하다, 덜어주다.

abligú(r)rĭo, ívi, ítum, íre, *tr.* 핥다, 다 먹어버리다, 다 써버리다: ~ patrimónium (물려받은) 재산을 탕진하다. 「다.

áblŏco, ávi, átum, áre, *tr.* 빌려주다, 세놓

ablúdo, lúsi, lúsum, ĕre, *intr.* [ab *abl.*] 맞지[일치하지 · 어울리지] 않다, 다르다, 틀리다: Hæc a te non multum ablúdit imágo. *(H.)* 이 초상(肖像)은 너하고 크게 틀리지는 않는다.

áblŭo, ŭi, útum (abluitúrus), lúĕre, *tr.* **1.** 씻어버리다, 깨끗이 씻다, (피·땀을) 닦다, (머리)감다; 씻어 지우다, 지워 없애다: ~ máculas e veste *(Plin.)* 옷의 얼룩을 지우다. **2.** 속죄하다, 죄를 씻다: Ablue prætériti perjúria témporis.*(Ov.)* 지난 날의 위증들을

깨끗이 속죄해라. **3.**《가》(물로) 세례를 주다.

ablútĭo, ónis, *f.* [ábluo] **1.** 씻음, 세척, 목욕. **2.**《가》세례; 미사 때 성작(聖爵)을 물로 부시는 것.

ablútus, a, um, *p.p.* [ábluo].

abmatértĕra, æ, *f.* 고조모의 자매.

ábnăto, áre, *intr.* 헤엄쳐서 도망가다.

abnegátĭo, ónis, *f.* [ábnego] **1.** 부인(否認), 부정(否定). **2.**《가》극기(克己), 제욕(制慾).

ábnĕgo, ávi, átum, áre, *tr.* **1.** 〔*alqd - alci*〕 단호히 부인하다, 거절하다; 끊어버리다: se ~ 자신을 버리다, 극기하다. **2.** 기탁물 인도를 거부하다. 「증손의 아들.

ábnĕpos, ótis, *m.* 현손(玄孫), 고손(高孫),

abnéptis, is, *f.* 현손녀. 「다, 외박하다.

abnócto, ávi, átum, áre, *intr.* 집 밖에서 자

abnódo, ávi, átum, áre, *tr.* 나무의 매듭진 곳을 자르다, 엉킨 덩굴을 자르다.

abnórmis, e, *adj.* [ab+norma] 규칙에 어긋나는, 규모를 벗어난; 학파(學派)가 없는.

abnórmĭtas, átis, *f.* [abnórmis] 변칙, 파격.

abnuéntĭa, æ, *f.* 부인, 거절, 기각, 각하(却下).

abnuitúrus, a, um, *p. fut.* [ábnuo].

ábnŭo, ŭi, úĭtum[útum], úĕre, *tr.* **1.** (머리나 눈이나 손이나 몸짓으로) 싫다는 표시를 하다, 찬동하지 않다. **2.** 〔*alqd - alci; acc. c. inf.*〕 거절하다, 부인하다, 반대하다, 거부하다, 허락하지 않다; 방해하다: Nihil unquam ábnuit stúdio meo volúntas tua. *(C.)* 너의 뜻은 일찌기 아무 것도 나의 노력에 반대하지 않았다 / Abnuit, a se commíssum esse fácinus. *(C.)* 그는 자기가 그 범행을 저질렀다는 것을 부인하였다 / 〔*pass. impers.*〕 Nec abnúitur ita fuísse. *(L.)* 그러했다는 것을 사람들은 부인하지 않는다.

abnúto, ávi, átum, áre, *tr. freq.* [ábnuo] 연거푸(머리나 손을 저어 또는 눈짓 등으로) 거절하다, 말리다. 「키다; 폐지하다.

abolefácĭo, féci, fáctum, fácĕre, *tr.* 전멸시

abólĕo, évi, lĭtum, ére, *tr.* **1.** 멸하다, 파괴하다, 없애버리다. **2.** 폐지하다, (풍습·법률·예식 따위를) 폐기하다, 지워버리다: memóriam flagítii *(L.)* 치욕의 추억을 지워버리다/ *alci* magistrátum *(L.)* 누구에게서 관직을 박탈하다. 「다, 소멸(消滅)하다.

abolésco, évi, ĕre, *intr.* 없어지다, 사라지

abolítĭo, ónis, *f.* [abóleo] **1.** 폐기, 폐지, 제거, 취소. **2.** 사면(赦免): ~ infámiæ 명예

abólĭtus, a, um, *p.p.* [abóleo]. ⌊회복.

abólla, æ, *f.* 양모제(羊毛製) 외투.

abominábĭlis, e, *adj.* [abóminor] 가증스러운, 지긋지긋한, 징그러운, 지겨운.

abominándus, a, um, *gerundív.* [abóminor] 가공스러운, 가증스러운, 지긋지긋한.

abominátĭo, ónis, *f.* [abóminor] **1.** 증오, 혐오. **2.** 가증스러운 것, 흉측한 것.

abómĭno, ávi, átum, áre, *tr.* [ab+omen] 몹시 싫어하다.

abómĭnor, átus sum, ári, *dep. tr.* [ab+omen] **1.** (무엇을) 흉조(凶兆)로 물리치다: quod abóminor! *(Ov.)* 하느님 맙소사! **2.** 몹시 싫어[미워]하다, 지겨워하다, 가증스러운 것으로 물리치다, 저주하다: quod abominándum est. *(L.)* 가증스러운 것.

abominósus, a, um, *adj.* 흉조(凶兆)로 가득찬, 불길한, 끔찍한.

aboríĝĭnes[1], um, *m.pl.* 원주민, 토착민.

Aboríĝĭnes[2], um, *m.pl.* *Itália*의 원주민으로서 *Roma*인들의 선조.

aborigínĕus, a, um, *adj.* 원주민의.

abórĭor, *(rĕris, rĭtur),* órtus sum, íri, *dep. intr.* **1.** 멸망하다, 죽다, 소멸하다, 사라지다: Vox abóritur. *(Lucr.)* (공포에 질려) 목소리가 나오지 않는다. **2.** 유산(流產)

abórsus, us, *m.* = abórtus[2]. ⌊하다.

abórtĭo[1], ívi, ítum, íre, *intr.* 유산하다.

abórtĭo[2], ónis, *f.* 유산(流產), 낙태; 조산(早產).

abortívum, i, *n.* 낙태약. 「의.

abortívus, a, um, *adj.* 조산(早產)의, 유산

abórto, ávi, átum, áre, *intr., tr.* 유산하다; 낙태시키다.

abórtus[1], a, um, *p.p.* [abórior].

abórtus[2], us, *m.* 유산(流產), 인공유산, 낙

abósus, a, um, *adj.* 미운. ⌊태, 임신중절.

abpátrŭus, i, *m.* 고조부의 형제.

abra, æ, *f.* 여종, 하녀.

abrádo, rási, rásum, dĕre, *tr.* **1.** (날 있는 연장으로) 밀어 없애다, 면도질하다, 베다(刈). **2.** 강제로 빼어내다.

abrásĭo, ónis, *f.* **1.** 박탈. **2.** 찰과상(擦過傷).

abrásus, a, um, *p.p.* [abrádo]. 「다.

abrelégo, ávi, átum, áre, *tr.* 멀리 쫓아버리

abrenuntĭátĭo, ónis, *f.* 《가》(세례 받을 때 마귀와 그 행실을 끊어버리는) 선서.

abrenúntĭo, ávi, átum, áre, *intr.* 〔*dat.*〕 버리다, 그만두다, 포기하다, 단념하다: Abrenuntiátis sátanæ et ómnibus opéribus ejus? 여러분은 마귀와 그의 모든 행실을 끊어버립니까?

abréptus, a, um, *p.p.* [abrípio].

abrípĭo, rípŭi, réptum, pĕre, *tr.* [ab+rápio] **1.** 〔*alqm, alqd* a, de, ex *abl.; abl.*〕 잡아채다, 빼앗다, 떼어놓다; 건져내다: ~ *alqm* de convívio in víncula *(C.)* 아무를 연회장에서 감옥으로 연행해 가다 / virgo a compléxu patris abrépta *(C.)* 아버지의 품에서 떼어낸 처녀 / Tempestáte abréptus est unus. *(C.)* 폭풍에 한 사람을 빼기고 말았다. **2. se**~ 도망하다, 몸을 피하다: Vix foras me abrípui. *(Pl.)* 나는 간신히 밖으로 도망쳐 나왔다.

abródo, rósi, rósum, ĕre, *tr.* [ab+rodo] 갉다, 갉아 없애다, 쏠아 끊다.
abrogátĭo, ónis, *f.* [ábrogo] 폐지, 철회 : ~ legis 법의 전면폐지(全面廢止).
ábrŏgo, ávi, átum, áre, *tr.* **1.** [*alqd - alci*] (신용·평판 따위를) 떨어뜨리다, 몰수하다, 박탈하다: fidem ~ oratóri *(C.)* 연설가에게서 신용을 떨어뜨리다 / ~ magistrátum *alci* 아무에게서 관직을 박탈하다 / potestátem intercedéndi collégæ ~ *(C.)* 동료의 중재권을 박탈하다.
abrósi, *pf.* [abródo].
abrúmpo, rúpi, rúptum, ĕre, *tr.* **1.** 찢다, 찢어내다; 끊다, 터뜨리다; (속박·구속을) 깨뜨리고 나오다, 벗어나게 하다, (음모를) 때려부수다: Víncula abrúmpit equus.*(En.)* 말이 고삐들을 끊어버리곤 한다 / ~ dissimulatiónem *(Ta.)* 가장된 것을 분쇄하다 / ~ se ab omni honésto vitæ génere *(Val. Max.)* 온갖 단정한 생활양식에서 벗어나다. **2.** 깨뜨리다, 산란(散亂)케 하다; 중단하다, 끝내버리다; 갈라놓다, 분리시키다: médium sermónem ~ *(V.)* 연설을 도중에서 중단하다 / somnos ~ *(V.)* 잠을 깨(우)다 / abrúptæ procéllæ *(V.)* 광란하는 폭풍우 / abrúpta a céteris ágmina *(Curt.)* 다른 대열에서 떨어져 나간 군중.
abrúpte, *adv.* [abrúptus] **1.** 갑자기, 돌연, 불쑥: ~ cádere in oratiónem 불쑥 본론으로 들어가다. **2.** 함부로, 경솔하게: ~ ágere 경거망동하다.
abrúptĭo, ónis, *f.* [abrúmpo] 파열, 결렬; 파경, 이혼.
abrúptum, i, *n.* [abrúptus] **1.** 심연, 구렁텅이; 낭떠러지, 벼랑: in abrúptum ferri [trahi] 구렁텅이로 이끌려 들다 / móntium abrúpta *(Plin.)* 깎아지른 듯한 길없는 산비탈. **2.** 위험, 파멸: per abrúpta *(Ta.)* 험난한 여러 위험들을 거쳐 / In novíssimo fati stamus abrúpto.*(Q.)* 우리는 운명의 마지막 고비[파멸 직전]에 서 있다.
abrúptus, a, um, *p.p., a.p.* [abrúmpo] **1.** 찢어진, 터진, 깨어진, 갈라진, 중단된, 단절된. **2.** 깎아지른 듯한, 가파른. **3.** 성급한, 경솔한, 거친, 다루기 힘든: ~ homo 급하고 거친 사람. **4.** (문장이 급전하여) 연락이 끊긴.
abs, *præp. c. abl.* = a, ab.
abscédo, céssi, céssum, ĕre, *intr.* **1.** 멀리 떠나가다, 가버리다, 물러가다: Abscéde hinc.*(Pl.)* 썩 물러가거라 / ~ a córpore *(Ta.)* 죽다 / longe in altum ~ *(Pl.)* 멀리 깊은 바다로 가버리다. **2.** 사라지다, 없어지다, 소멸되다: abscedénte usufrúctu *(Dig.)* 용익권(用益權)이 소멸되므로. **3.** [*abl.*, ab *abl.*] (관직이나 시작한 것을) 포기하다, 버리다, 중지하다: ~ obsidióne, ab obsidióne *(L.)* 포위망을 풀다 / civílibus munéribus ~ *(L.)* 시민의 임무를 벗다. **4.** 지나가 버리다, 도피하다: Cito ab eo hæc ira abscédet.*(T.)* 그의 이 분노는 곧 가실 것이다.
abscéssĭo, ónis, *f.* [abscédo] 퇴거, 물러감.
abscéssus[1], a, um, *p.p.* [abscédo].
abscéssus[2], us, *m.* **1.** 멀리 떠나감, 퇴거; 퇴직. **2.** 부재. **3.** 《醫》 농양(膿瘍).
abscídi[1], *pf.* [abscído].
ábscĭdi[2], *pf.* [abscíndo].
abscído, scídi, scísum, ĕre, *tr.* [abs+cædo] **1.** 잘라내다, 베어내다, 떼어내다: ~ bráchium *(L.)* 팔을 자르다 / ~ truncos árborum et ramos *(Cæs.)* 나무 줄기와 가지를 잘라내다. **2.** 중단하다, 중지하다. **3.** [*alqd alci*] 없애다, 제거하다, 뺏다: ~ *alci* spem *(L.)* 아무에게서 희망을 뺏다 / Nos ómnium rerum respéctum, prætérquam victóriæ, nobis abscidámus.*(L.)* 우리는 승리 이외의 일에 대한 고려는 모두 접어두자.
abscíndo, scĭdi, scíssum, ĕre, *tr.* **1.** [*alqd* a, de *abl.*; *alci*] 찢어내다, 잘라내다, 떼어내다, 잡아[쥐어]뜯다: túnicam ejus a péctore ~ *(C.)* 그의 가슴에서 겉옷을 찢어내다 / ~ linguam *alci* *(Pl.)* 아무에게서 혀를 잘라내다 / plantas abscíndens de córpore matrum *(V.)* 모체에서 태아를 떼어내는(자) / abscíssa comas *(V.)* 머리채를 쥐어뜯긴 여자. **2.** 갈라놓다, 떼어놓다: abscíssus in duas partes exércitus *(Cæs.)* 두 동강이 난 군대. **3.** 방해하다, 침해하다: ~ réditus dulces *(H.)* 재미보는 수입을 막다/ ~ jus *(Dig.)* 권리를 침해하다.
abscíse, *adv.* [abscísus] 간결하게.
abscísĭo, ónis, *f.* [abscído] **1.** 절단. **2.** 거두절미.
abscíssus, a, um, *p.p.* [abscíndo].
abscísus, a, um, *p.p., a.p.* [abscído] **1.** 잘라진, 절단된. **2.** 깎아지른, 가파른. **3.** 간추린, 간결한. **4.** 딱딱한, 엄격한: abscísior justítia *(Val. Max.)* 너무나 엄격한 정의.
abscóndi, abscóndĭdi, *pf.* [abscóndo].
abscóndĭte, *adv.* [abscónditus] **1.** 가려져, 숨은 상태로. **2.** 모호하게. **3.** 심오하게, 깊이 있게.
abscóndĭtum, i, *n.* [abscónditus] 감춰진 것.
abscóndĭtus, a, um, *p.p., a.p.* [abscóndo] **1.** 숨겨진, 가려진, 보이지 않는. **2.** 알려지지 않은, 비밀의, 심오한.
abscóndo, cóndĭdi [cóndi], cóndĭtum [cónsum], ĕre, *tr.* **1.** 감추어[숨겨] 놓다, 보이지 않게 하다, 가리우다: ~ in terram *(Col.)* 땅속에 숨기다 / abscóndi in domo matris *(Curt.)* 어머니 집에 숨다. **2.** [장소] 어떤 곳에서 멀어지다, 시야에서 벗어나다, 보이지 않다: Phæácum abscóndimus arces.*(V.)* *Phæácia* 인들의 요새는 우리의 시야에서 벗어났다. **3.** *pass.* **abscóndi**

(별들이 져가면서) 시야에서 사라지다. 4. 위장하다, 은폐하다: ~paucitátem mílitum (Curt.) 병력이 소수임을 은폐하다.

abscónsĭo, ónis, *f.* [abscóndo] 숨겨놓음; 보이지 않음.

abscónsus, a, um, *p.p.* [abscóndo].

absens, éntis, *p.præs., a.p.* [absum] **1.** 부재(不在)의, 결석한, 없는. **2.** 부재자.

abséntĭa, æ, *f.* [absens] 부재, 결석.

absentívus, a, um, *adj.* [abséntо] 오랫동안 결석한, 부재중에 있는.

abséntо, ávi, átum, áre, **1.** *tr.* 결석시키다, 멀리 보내버리다; 멀리하다. **2.** *intr.* 오래도록 결석하다, 부재 중에 있다.

absílĭo, sílŭi[lívi, lĭi], íre, *intr.* [ab+sálio] 훌쩍 뛰어 달아나다.

absímĭlis, e, *adj.* 〔*gen., dat.*〕 같지 않은, 「다른, 틀린.

absínthĭum, i, *n.* [**-sínthĭus,** i, *m.*] 쓴쑥.

absis, ídis, *f.* 궁형(弓形), 둥근 천장, 궁륭(穹窿), 반달형의 덮개.

absísto, stĭti, ĕre, *intr.* **1.** 〔ab *abl.*; *abl.*〕 물러가다, 퇴거하다: ~vestigíis*(abl.)* hostis *(L.)* 적군의 발자국에서 멀어지다, 발자국을 잃다. **2.** 〔*abl., inf.*〕 그만두다, 중지하다, 포기하다: oppugnatióne ~*(L.)* 공격을 중지하다 / Absíste morári.*(V.)* 그만 머뭇거려라.

absolúte, *adv.* [absolútus] **1.** 완전하게, 절대적으로, 정확하게. **2.** 《文法》 독립적으로, 격지배없이.

absolútĭo, ónis, *f.* [absólvo] **1.** 사면, 면제, 석방, 무죄판결; 《가》 (성사로써) 죄를 사해줌: ~ generális 총사면(總赦免); 사도예식(赦禱禮式). **2.** 완성, 종료(終了).

absolutórĭus, a, um, *adj.* 사면의, 사면에 관한.

absolútus, a, um, *p.p., a.p.* [absólvo] **1.** 사면된, 면제된, 탕감받은, 죄사함을 받은. **2.** 완성된, 완결된. **3.** 절대적인, 무조건의.

absólvo, sólvi, solútum, ĕre, *tr.* **1.** 풀어주다, 장애물을 제거하다, 해방시키다: ~ *alqm* a peccátis 아무의 죄를 사해주다 / ~ *alqm* curā*(Sall.)* 아무를 걱정거리에서 해방시키다 / Nostrórum absólve víncula peccatórum. 우리 죄의 사슬을 풀어주소서. **2.** 사면하다, 면제해주다, 죄를 사하다: ómnibus senténtiis absólvi*(C.)* 만장일치로 무죄석방되다 / majestátis(=crímine majestátis) absólvi*(C.)* (폐하에 대한) 불경죄에서 사면되다 / de prævaricatióne absolútus*(C.)* 직무유기죄에서 사면된. **3.** 완성하다: Catóne absolúto*(C.)* (나의 저서) *Cato(=De senectúte)*를 완성하고 / paucis verum ~ *(Sall.)* 몇 마디 말로 진리를 말하다. **4.** (설명 · 논술 따위를) 끝내다, 하던 일을 마치다.

ábsŏnans, ántis, *a.p.* [ábsono] 일치하지[조화되지] 않는, 틀리는.

ábsŏno, sónŭi, áre, *intr.* 맞지않는[틀리는] 소리내다.

ábsŏnus, a, um, *adj.* **1.** 〔*dat.,* ab *abl.*〕 소리가 맞지 않는, 불협화음의, 틀린 소리내는. **2.** 맞지 않는, 조화되지 않는.

absórbĕo, bŭi, sórptum, bére, *tr.* **1.** 빨아들이다, 흡수하다, 삼켜버리다, 집어 삼키다. **2.** (주의·정열·시간을) 뺏다, 전념[골몰]케 하다.

absórpsi, (간혹 쓰이는) *pf.* [absórbeo].

absórptĭo, ónis, *f.* [absórbeo] 빨아들임, 흡수; 마셔댐.

absórptus, a, um, *p.p.* [absórbeo].

absp... *V.* asp...

absque, *præp. c. abl.* 없이, 제외하고, 그만두고; 아니(더)라면, 없더라면: ~ præjudício *(Gell.)* 선입견 없이 / ~ paucíssimis *(Claud.)* 극소수의 사람들을 제외하고는 / ~ te esset*(Pl.)* 네가 아니더라면, 없더라면.

abstántĭa, æ, *f.* 거리(距離), 원격.

abstémĭus, a, um, *adj.* **1.** 술을 삼가는, 못 마시는. **2.** 절제하는, 자제하는, 〔술·음식에 대해서는 *gen.*〕: mulíeres vini abstémiæ*(Plin.)* 술을 절제하는 부인들.

absténtĭo, ónis, *f.* [abstíneo] 억제, 제지.

absténtus, a, um, *p.p.* [abstíneo].

abstérgĕo, térsi, térsum, gére, *tr.* **1.** (피·땀·눈물·먼지를) 씻다, 닦아내다, 지우다, 말리다(乾). **2.** 〔*alci alqd*〕 (고통·권태·공포) 제거하다, 없애다, 몰아내다. **3.** (배의 장비를) 떼내다: Abstergéri ínvicem remi cœpérunt.*(Curt.)* (배들이 충돌해서) 노들이 서로 떨어져 나가기 시작했다.

abstérgo, térsi, térsum, gĕre, =abstérgeo.

abstérrĕo, ŭi, ĭtum, ére, *tr.* **1.** 〔*alqm* ab *abl., abl.*〕 위협하여 방향을 바꾸게 하다, 추방하다, 쫓아버리다: *alqm* ab *alqā re* 아무로 하여금 무슨 일에서 손떼게 하다 / ancíllam vúlnere ~ *(Ta.)* 하녀를 창으로 위협하여 다른 길로 가게 하다. **2.** 막다, 방해하다: non ~, quin... *(Val. Max.)* …하는것을 막지 않다.

abstérrĭtus, a, um, *p.p.* [abstérreo].

abstérsi, *pf.* [abstérgeo].

abstérsĭo, ónis, *f.* [abstérgeo] 닦아냄, 깨끗이 함.

ábstĭnens, éntis, *p.præs., a.p.* [abstíneo] **1.** 삼가는, 절제하는, 조심하는. **2.** 억제하는, 금욕의, 정숙한. **3.** 〔*gen.*〕 욕심 없는: ~ pecúniæ*(H.)* 돈욕심이 없는.

abstinénter, *adv.* [ábstinens] **1.** 욕심없이, 탐내지 않고. **2.** 절제하여.

abstinéntĭa, æ, *f.* **1.** 절제, 삼감, 끊는 일: ~vini*(Plin.)* 절주. **2.** 금욕, 억제. **3.** 절식, 단식, 재계: Vitam abstinéntiā finívit.*(Ta.)* 그는 단식하다가 굶어 죽었다. **4.** 《가》 소재(小齋), 금육재.

abstínĕo, ŭi, téntum, ére,[abs+téneo] **I.** *tr.*

1. [*alqm abl.*, ab *abl.*] 금하다, 제어하다, 삼가(게 하)다, 멀리하게 하다: ~ ab *alqo* [ab *alqā re*] manus(*C.*) 누구에게 [어떤 것에] 손대지 않다. 2. [*pass. refl.*] 자제하다, 삼가다, 멀리하다, 물리치다, 끊어버리다: A quibus ne tu quidem jam te ábstines.(*C.*) 너조차도 이미 그것들을 삼가지 않고 있다/ ~ se scélere(*C.*) 범행을 더 이상 하지 않다. II. *intr.* [*abl.*, ab *abl.*] 조심하다, 멀리하다, 억제하다, 그만 두다; 기권하다: prœlio ~ (*Cæs.*) 전투를 그만 두다 / ~ ne a legátis quidem violándis(*L.*) 사절들을 학대하는 것조차 서슴치 않다 / non ~, quin(또는 quóminus) …하기를 서슴치 않다.

ábstĭti, *pf.* [absísto, absto].

absto, stĭti, áre, *intr.* 멀어져 있다.

abstráctĭo, ónis, *f.* [ábstraho] 1. 떼어 놓음, 빼냄. 2. 추상(抽象), 추상작용. 3. 추출(抽出).

abstráctus, a, um, *p.p.*, *a.p.* [ábstraho] 1. 끌어 내려진, 떼어 놓아진. 2. 추상적(抽象的)인.

ábstrăho, áxi, áctum, hĕre, *tr.* 1. [*alqm [alqd]* – a, de, ex *abl.*; *abl.*] 떼어 놓다, 갈라놓다, 뽑아[빼]내다, 끌어내다: Mors nos a malis abstraxísset.(*C.*) 죽음이 우리를 여러 불행에서 건져 주었을 것이다 / de matris ampléxu *alqm* ~ (*C.*) 어머니의 품에서 누구를 떼어내다 / e sinu pátriæ ~ (*C.*) 조국의 품에서 떼어놓다 / fruménto ac commeátu abstráctus(*Cæs.*) 식량과 보급을 받지 못하게 된(군대) / se ~ 빠져 나오다, 물러가다. 2. [*alqm* – ab *abl.*, *abl.*] 못하게 하다, 말리다, 방해하다, 손떼게 하다: Major cura ducem miscéndis ábstrahit armis.(*Lucan.*) 더 큰 걱정이 장군으로 하여금 교전을 못하게 한다. 3. 이끌고 가다, 유도하다, 전환시키다: ~ *alqm* a bono in pravum(*Sall.*) 선에서 악으로 전락시키다 / ~ in capitále supplícium(*Curt.*) 사형장으로 이끌고 가다.

abstráxe = abstraxísse, *inf. præt.* [ábstraho].

abstráxi, *pf.* [ábstraho].

abstrúdo, trúsi, trúsum, dĕre, *tr.* [*alqm [alqd]* in *acc.*, in *abl.*] 숨기다, 감추다, 보이지 않게 하다: Me in silvam abstrúsi densam.(*C.*) 나는 빽빽한 숲속에 잠복하였다 / Natúra in profúndo veritátem abstrúsit.(*C.*) 자연은 진실을 깊숙이 숨겨두었다.

abstrúsus, a, um, *p.p.*, *a.p.* [abstrúdo] 1. 숨겨진, 감추어진: abstrúsus ánimi dolor (*C.*) 드러내지 않은 마음 고통 / in abstrúso esse 알려져 있지 않다. 2. 알기 어려운, 난해(難解)의, (학문) 깊은, 해박한: disputátio copiósa quidem, sed paulo abstrúsior (*C.*) 내용은 풍부하나 약간 알아듣기 힘든 토론.

ábstŭli, *pf.* [áufero].

absum, ábfŭi[áfŭi], abésse, *anom. intr.* 1. 이 자리에 없다, 있지 않다, 결석하다, 멀리 가 있다: Dum abs te absum,(*C.*) 내가 너의 집에 있지 않는 동안 / Nunquam ex urbe is áfuit.(*C.*) 그는 한번도 *Roma*를 떠나가 있지 않았다 / te præsénte absénte(*T.*) 네가 (집에) 있든 없든. 2. [가끔 거리나 간격 표시의 *acc.*, *abl.* 또는 longe, procul, prope, alte 등의 부사와 함께] 떨어져 있다, 거리가 있다: ~ a Laríno decem mília pássuum(*C.*) *Larínum*에서 1만 *passus*(*15 km*) 떨어져 있다 / sex diérum navigatióne ~(*Plin.*) 엿새 동안의 항해 거리에 있다 / ~ non longe a Tolosátium fínibus(*Cæs.*) *Tolósa*인들의 지방에서 멀리 떨어져 있지 않다 / Procul áberam ab re ipsa et a locis. (*C.*) 나는 그 일과 그 곳에서 멀리 떨어져 있었다 / Altíssime absunt stellæ.(*Plin.*) 별들이 하늘 높이 까마득하게 있다. 3. [*dat.*] 없다, 결여하다: Hoc unum illi áfuit. (*C.*) 이 한 가지가 그에게 결핍되어 있었다 / Absit invídia verbo.(*L.*) 말에 악의가 없기를 바란다. 4. [*dat.*] 도와 주지 않다, 도움이 되지 않다: Nec dextræ erránti deus áfuit.(*V.*) 방황하는 오른편 군인들에게 신의 도움이 없지 않았다 / Ne longe tibi Júpiter absit.(*Ov.*) *Júpiter* 신의 가호가 네게 있기를! 5. [*abl.*; ab *abl.*; *dat.*] 관여[참가]하지 않다: ~ bello(*Cæs.*) 전쟁에 참가하지 않다. 6. 면제되다, 매이지 않다, (관련이) 없다: ~ a culpā(*C.*) 탓이 없다. 7. 다르다, 달리하다, 거리가 멀다: Neque lóngius ábsumus a natúrā ferárum.(*C.*) 우리는 야수들의 성품과 별로 다를 바 없다/ Abésse plúrimum a saltatóre debet orátor. (*Q.*) 연설가는 무용가와 크게 다른 점이 있어야 한다 / Tantum absum ab istā senténtiā, ut...(*C.*) 나는[내 생각은] 그 의견과는 너무나 거리가 멀어서… / Ille longe áberit, ut credat.(*C.*) 그가 믿으려면 아직 멀 것이다. 8. 맞지[적합하지] 않다: Fállere certe abest a tuā fide.(*C.*) 속인다는 것은 확실히 너의 신용과 어울리지 않는다 / Nihil a me ábest lóngius crudelitáte.(*C.*) 나의 성품에 잔악성보다 더 안맞는 것은 아무것도 없다. 9. 못하다, 뒤떨어져 있다: Multum ab his áberat Fúfius.(*C.*) *Fúfius*는 이들보다 훨씬 못하다. 10. [*fórmula impersonális*]: tantum abest ut ..., ut ... …하기는 커녕 오히려, …는 고사하고 도리어 / Tantum abest, ut... velim.(*C.*) 내가 원하다니, 천만의 말씀이다 / non multum [haud procul, non longe, paulum, mínimum, nihil] abest, quin ... 할뻔하다 / Paulum áfuit, quin Varum interfíceret.(*Cæs.*) 그는 *Varus*를 죽일 뻔 하였다 / longe abest, quin ... 하기에는 어림도 없다, 아직 멀었다 / Quid abest,

quin ...? 하기에 무엇이 부족하냐?
absūmédo, dĭnis, *f.* [absúmo] 소비.
absúmo, súmpsi, súmptum, ĕre, *tr.* **1.** (음식·재산·힘 따위를) 써버리다, **소비하다,** 먹어버리다, 탕진하다: ~ vires*(Ov.)* 힘을 빼다, 낭비하다. **2.** 〔시간〕 다 보내다, **낭비하다:** ~ quáttuor horas dicéndo*(L.)* 말하다가 네 시간이나 ~. **3.** 죽이다, 없애버리다; 기진맥진하게 만들다: Prœlium multos utrímque absúmpsit.*(L.)* 전투가 쌍방에서 많은 전사자를 내게 했다. **4.** (불로) 소멸하다, 파괴하다: ~ urbem flammis *(L.)* 화염으로 도시를 불질러 버리다. **5.** 가져가다, 빼앗다: absúmptā hāc observatióne*(Plin.)* 이 관찰을 제거할 것 같으면.
absúmptĭo, ónis, *f.* [absúmo] **1.** 소비. **2.** 절멸(絕滅).
absúmptus, a, um, *p.p.* [absúmo].
absúrde, *adv.* [absúrdus] **1.** 소리가 맞지 않게. **2.** 제 자리에 맞지 않게, 어울리지 않게. **3. 이치에 맞지 않게,** 터무니 없이, 몰상식하게.
absúrdĭtas, átis, *f.* [absúrdus] **1.** 소리맞지 않음. **2.** 부조리, **불합리;** 어리석음.
absúrdus, a, um, *adj.* **1.** 제 소리가 나지 않는, 거슬리는, **불유쾌한:** Est hoc áuribus hóminum absúrdum.*(C.)* 이것은 사람들 귀에 거슬리는 것이다. **2.** 어울리지 않는, 적당치 않은, 제격이 아닌, 어리석은(일): ætáti utriúsque non absúrdum*(Ta.)* 두 사람 나이에 제법 어울리는. **3.** 〔생각·말〕 부조리한, **불합리한,** 우스꽝스러운: absúrdum est 조리에 맞지 않는다.
Absýrtus, i, *m.* *Colchis*의 왕 *Æétes*의 아들, 그 누이 *Médea*한테 살해되었음.
ăbúndans, ántis, *p. præs., a.p.* [abúndo] 〔*abl., gen.*〕 **1.** 넘쳐 흐르는, 철철 넘치는. **2.** 많은, 풍부한, 남아 돌아갈만한: via ómnium rerum ~*(N.)* 모든 것을 풍족하게 제공하는 길 / abundantíssima cœna*(Suet.)* 진수성찬으로 차린 만찬 / ~ super necessitátem orátio*(Q.)* 필요 이상으로 내용이 웅대한 연설 / ex abundánti 필요 이상으로, 남아 돌아갈 정도로.
ăbundánter, *adv.* [abúndans] **1.** 풍부[풍성]하게, 넘치게, 충족하게. **2.** (연설·문체) 웅대하게.
ăbundántĭa, æ, *f.* [abúndo] **1.** 넘쳐흐름. **2.** 많음, 풍부, 풍요, 윤택, 다량: in ómnium rerum ~ vívere*(C.)* 없는 것 없이 윤택하게 살다 / ~ amóris erga te*(C.)* 너에 대한 넘치는 사랑. **3.** 과잉, 장황.
ăbundátĭo, ónis, *f.* [abúndo] 홍수, 범람.
ăbúnde, *adv.* [abúndus] **1.** 풍부[풍족]하게, 넘치게: abúnde pulchrum*(Plin.)* 굉장히 아름다운 것. **2.** 충분하게, 넉넉하게: Mihi abúnde est ...*(Plin.)* 내게는 족하다 / poténtiæ*(gen.)* ~ adéptus*(Suet.)* 권력을 충분히 잡은.
ăbúndo, ávi, átum, áre, *intr.* 〔*absol.; abl.*〕 **1.** 철철 넘치다, 넘쳐 흐르다, 범람하다. **2.** 풍부[풍성]하다, 넘치나, 많나, 부유하다: Abúndat pectus lætítiā.*(Pl.)* 가슴은 기쁨에 넘쳐 있다 / Ubi abundávit delíctum, superabundávit grátia.*(Rom. 5,20)* 죄가 많은 곳에 은총이 더욱 풍성하게 내렸다.
ăbúsĭo, ónis, *f.* [abútor] 용어의 오용(誤用), 비유의 남용. 「붙여서, 적절하지 않게.
ăbusíve, *adv.* [abusívus] 말을 억지로 갖다
ăbusívus, a, um, *adj.* [abúsio] 말을 오용[남용]하는, 적절하지 않은.
ăbúsque, *præp. c. abl.*(= usque ab) 부터 시작하여 계속: abúsque mane ad vésperum *(Pl.)* 아침부터 저녁까지.
ăbúsus[1], a, um, *p.p.* [abútor].
ăbúsus[2], us, *m.* [abútor] 남용, 악용.
ăbútor, *(tĕris, tĭtur),* úsus sum, úti, *dep.* **I.** *tr.* 써버리다, 소비하다: ~ rem pátriam*(Pl.)* 유산을 탕진하다.
II. *intr.* 〔*abl.*〕 **1.** 활용하다, 유익하게 쓰다, 자유롭게 쓰다: ~ ótio*(C.)* 한가한 시간을 마음껏 누리다. **2.** 이용하다, 선용하다: Sagacitáte canum ad utilitátem nostram ~ *(C.)* 개의 영리함을 우리의 이익이 되도록 이용하다. **3. 남용하다,** 악용하다, 오용하다: ~ aliéno nómine ad suos quæstus*(C.)* 남의 이름을 사칭하여 자기 이득을 피하다.
Abȳdénus[1], a, um, *adj.* *Abýdus*의.
Abȳdénus[2], i, *m.* **1.** *Abýdus* 사람. **2.** 여제관 *Hero*의 애인 *Leánder.*
Abýdus, i, *f.*[**-dum,** i, *n.*] **1.** 소아시아 *Mýsia*주의 도시. **2.** 이집트 중부에 있었던 옛 도시. 「한, 무극(無極).
abýssus, i, *f.* **1.** 심연(深淵), 지옥. **2.** 무
ac, *conj.* (= atque) 그리고, 또.
A.C. = ante Christum. 서력 기원전.
acácĭa, æ, *f.* (植)아카시아.
Academía, æ, *f.* **1.** 아카데미아*(Athénæ* 근처 한 공원에 있던 *Académus* 학원, *Platon*이 여기서 제자들을 가르쳤음), 학술원, 학사원. **2.** *Cícero*의 학원*(Túsculum* 별장에 있었음). **3.** *Platon* 학파: vetus ~*(C.)* 옛 *Academía* = *Platon* 학파 / recens 혹은 recéntior ~*(C.)* 새 *Academía* = 신 *Platon* 학파.
Académĭcus, a, um, *adj.* 학술원의, *Platon* 학파의: Académici libri, 혹은 Académica *(C.)* *Cícero*의 저서명 / *m. pl.* Académici *(C.)* *Platon* 학파들, 학술원 회원들.
Académus, i, *m.* *Attĭca*의 영웅신*(Platon* 학원 *Academíă*는 여기서 유래함).
acalánthis, ĭdis, *f.* 방울새의 일종.
Acámas, ántis, *m.* *Théseus*와 *Phædra*의 아

들로서 *Troja* 전쟁의 용사.
ácănos, i, *m.* 엉겅퀴속 식물.
acanthíllis, ĭdis, *f.* 《植》야생 아스파라거스.
acanthínus, a, um, *adj.* **1.** (식물이름인) acánthion의, 엉겅퀴로 만든. **2.** =acánthius.
acánthĭon, i, *n.* 엉겅퀴의 일종.
acánthis, ĭdis, *f.* =acalánthis.
acánthĭus, a, um, *adj.* acánthus의.
acánthus, i, **1.** *m.* 가시돋힌 풀의 일반 명칭이기도 하나 특히 어캔더스(그 잎은 건축장식의 도안으로 쓰임). **2.** *f.* 이집트의 가시달린 상록수, 이집트 아카시아.
acanthýllis, ĭdis, *f.* 《動》검은 방울새.
Acárnan, ánis, *m.* *Acarnánia*인.
Acarnánĭa, æ, *f.* 희랍 서부에 있던 나라.
Acarnánĭcus, a, um, *adj.* *Acarnánia*의.
Acarnánus, a, um, *adj.* =Acarnánicus.
Acástus, i, *m.* **1.** *Pelías*의 아들로서 *Grǽcia* 북동 지방 *Thessália*의 왕. **2.** *Cícero*의 노예.
acathólĭcus[1], a, um, *adj.* 비(非)가톨릭의.
acathólĭcus[2], i, *m.* 비가톨릭신자.
acátĭum, i, *n.* 작고 빠른 돛단배.
acaŭstus[-os], um[on], *adj.* 불붙지 않는, 불연소(不燃燒)의. 「방적 칭호.
Acbărus, i, *m.* *Edéssa*의 *Arábia* 왕들의 지
Acca, æ, *f.* **1.** *Virgílius*의 서사시 *Ænéis*에 나오는 *Camílla*의 동료. **2.** Acca Laréntia, 목동 *Fáustŭlus*의 아내로서 *Rómŭlus*와 *Remus*를 양육한 유모.
Accálĭa, ĭum, *n.pl.* *Acca Laréntia*의 축제.
áccăno, ĕre, *intr.* [ad+cano] 맞추어 노래하다.
accánto, ávi, átum, áre, *intr.* [ad+canto] 맞추어 노래하다, 옆에서 노래하다.
accédo, céssi, céssum, cédĕre, [ad+cedo] **I.** *intr.* **1.** 〔*absol.*; ad *acc.*; *dat.*〕 **가까이 가다**[오다], 접근하다, 다가서다, 나아가다[오다]: ~ *alci* ad aures(*C.*) 아무의 귀에 바싹 다가서다 / ~ ad manum 손에 키스하러 다가서다 / mélior fíeri, accedénte senéctā(*H.*) 노년기에 접어들면서 더 착해지다. **2.** 〔in *acc.*〕 들어가다, 다가가다, 끼다, 참석하다: ~ in funus(*C.*) 장례식에 참석하다. **3.** 자주 다니다: ~ad *alqm*(*C.*), ~ *alci*(*Q.*) 누구의 집에 자주 드나들다. **4.** 친하게 지내다; 편들다, 편이 되다, 지지하다; 찬동하다, 동감이다: Accédam Ciceróni.(*Q.*) 나는 *Cícero*의 의견에 찬동하련다 / ~ ad (혹 in) senténtiam *alcjs* 아무의 의견에 찬동하다. **5.** 종사하다, 몰두하다; 공직을 맡다, 떠맡다, 받아들이다, 하기로 하다, 착수하다; 무릅쓰다: Ad hastam nunquam accéssit.(*N.*) 그는 한번도 경매장에 나가지 않았다 / Nondum ad rempúblicam accéssi.(*C.*) 나는 아직 나라 일을 맡아보지 않았다/ ~ ad causam(*C.*) 소송사건을 떠맡다. **6.** 〔ad *acc.*; *dat.*〕 비슷해지다, 닮다; 가까와지다: ad deos ~(*C.*) 신들과 비슷해지다 / ad veritátem ~(*Q.*) 진실에 가까와지다. **7.** 〔*dat.*〕 (감정이) 일어나다, 생기다, 닥치다, 차지가 되다: Tibi aut stultítia accéssit aut ...(*Pl.*) 너는 어리석어졌거나 아니면 … / Dolor accéssit bonis viris.(*C.*) 착한 사람들에게 고통이 닥쳐왔다. **8.** 증가되다, 늘어나다, 많아지다: Cássio ánimus accéssit.(*C.*) *Cássius*에게 용기가 많이 생겼다. **9.** 보태어지다, 덧붙여지다; **도 또 있다,** … **하기도 하다**: Ad hæc mala hoc mihi accédit.(*T.*) 내게는 이러한 여러가지 불행에다 이것까지 겹치고 있다 / Accédet ei cura.(*C.*) 그에게는 걱정거리가 하나 더 생길 것이다/ accédit, quod ...; accédit, ut ... 게다가 …하기까지 하다, …하는 일도 또 있다.
II. *tr.* **1.** 〔주로 장소적〕 가까이 가다, 도착하다, 들어가다: Africam ~(*N.*) *Afrĭca*에 접근해가다 / Accédi cleménter loca póterant.(*Ta.*) 그 곳들은 가파르지 않아서 접근할 수 있었다 / ~ perículum(*Pl.*) 위험을 무릅쓰다. **2.** 이야기하러 다가서다, 찾아가다. **3.** 편이 되다, 동맹하다: Societátem nostram accessérunt.(*Ta.*) 그들은 우리와 동맹관계를 맺고 있었다. 「속, 촉진.
acceleratĭo, ónis, *f.* [accélero] 서둘음, 가
accelerátor, óris, *m.* [accélero] 촉진체(促進體), 가속장치.
accélĕro, ávi, átum, áre, [ad+célero] **1.** *tr.* 서둘게 하다, 독려하다, 촉진시키다: ~ iter(*Cæs.*) 길을 재촉하다, 빨리가게 하다. **2.** *intr.* 서둘다, 열심히 하다.
accéndo, di, sum, ĕre, *tr.* **1.** 불을 붙이다[놓다], 불켜다: ~ lucérnam(*Phædr.*) 등잔불을 켜다 / ignem~(*V.*) 불을 놓다. **2.** 뜨겁게 하다, 가열하다, 빛나게 하다: ~ harénas(*Curt.*) (광야의) 모래를 뜨겁게 하다 / luna rádiis solis accénsa(*C.*) 태양광선에 빛나는 달. **3.** 자극하다, 선동하다, 열중시키다, (감정을) 일으키다, 도발하다: prœ́lium ~(*L.*) 전투를 도발하다 / ~ad pugnam (*Curt.*) 선동하여 싸우게 하다 / in rábiem accénsi(*L.*) 화가 나서 미쳐버린. **4.** 더하게 하다, 늘리다, 증가시키다, 부채질하다: ~ fidúciam(*Curt.*) 용기를 북돋다 / ~ dolórem(*Ta.*) 고통을 증가시키다.
accénsĕo, sŭi, sĭtum[sum], ére, *tr.* [ad+cénseo] 축에 끼워주다, 가입시키다, 간주하다: Accénseor illi (dóminæ). (*Ov.*) 나는 그 귀부인의 수행원으로 있다.
accénsus[1], a, um, **1.** *p.p.* [accéndo]. **2.** *p.p.* [accénseo].
accénsus[2], i, *m.* [accénseo] **1.** (고대 *Roma* 법정의) 정리(廷吏), 집달리. **2. accénsi,** órum, *pl.* 보충병, 예비군, 재향군인: accénsi veláti(*C.*) 무장하지 않은 예비군.

accénsus³, us, *m.* [accéndo] 점화, 점등.
accéntus, us, *m.* 말의 강세, 음조의 강세, 악센트.
accépi, *pf.* [accípio].
acceptábĭlis, e, *adj.* [accípio, accépto] 받아들일 수 있는, 수락할 수 있는; 기꺼이 받아들일 만한.
acceptátĭo, ónis, *f.* [accépto] 수락, 승락, 받아들임; 가납(嘉納).
acceptátor, óris, *m.* [accépto] 받아 들이는 사람; 수락자, 가납자.
acceptĭlátĭo, ónis, *f.* [accípio+fero] (부채를 청산해 주는) 수납 기입, 수입란 기재.
accéptĭo, ónis, *f.* [accípio] **1.** 받음, 받아들임, 수납(受納), 인수. **2.** (질문에 대한) 인정, 동의. **3.** (듣는 입장에서 말의) 해석, 알아들음. **4.** 평가, 존중, 대우: ~ personárum 인간차별, 편파적 대우.
accépto, ávi, átum, áre, *tr. freq.* [accípio] **1.** 받다, 자주 받다: ~ usúras *(Dig.)* 이자를 또박또박 받다. **2.** 받아들이다, 수락하다; 환영하다: ~ jugum *(Sil.)* 멍에를 감수하다.
accéptor, óris, *m.* [accípio] **1.** 받는 사람, 인수인. **2.** 인정하는 사람: Illórum verbis falsis accéptor fui. *(Pl.)* 나는 그들의 거짓말들을 인정하는 자가 되고 말았다. **3.** personárum ~ 인간 차별자.
accéptrix, trícis, *f.* [accéptor] 받는 여자.
accéptum, i, *n.* [accéptus] 받은 것, 수입(收入): codex accépti et expénsi *(C.)* 금전출납부 / rátio acceptórum et datórum *(C.)* 주고 받는 것의 수지계산 / in accéptum reférre 수입란에 기입하다.
accéptus, a, um, *p.p., a.p.* [accípio] **1.** 받은, 들어온: *alqd* accéptum ferre[reférre] *alci* 무엇을 누구의 수입란에 기재하다, 누구의 구좌에 넣다 / virtútem deo accéptam reférre *(C.)* 덕망을 지닌 것이 하느님의 덕분이라고 인정하다. **2.** 환영받는, 좋아하는, 바람직한, 잘 보인, 마음에 드는: máxime plebi ~ *(Cæs.)* 대중의 환영을 크게 받은 / res senátui grata accéptaque *(C.)* 원로원이 좋아하고 환영하는 일 / apud te servus acceptíssimus *(Pl.)* 네 마음에 썩 드는 종.
accers... *V.* arcess...
accéssi, *pf.* [accédo].
accessíbĭlis, e, *adj.* 가까이 갈 수 있는, 접근할 수 있는.
accessibílĭtas, átis, *f.* 가까이[접근]할 수 있음, 가까이 하기 쉬움.
accéssĭo, ónis, *f.* [accédo] **1.** 가까이 감, 접근. **2.** 성장, 증가, 증대, 연장; 병세의 악화, 더함: paucórum annórum ~ *(C.)* 수개년 연장. **3.** 보탬, 첨가, 추가, 가산: Virtus non ~ est, sed ... *(Gell.)* 덕은 어떤 보탬이 아니고…. **4.** 덤, 수당, 추가물, 부가금품. **5.** 부속물, 부수적인 사람 또는 사물.
accessórĭe, *adv.* [accessórius] 추가하여, 보조적으로, 종속적으로.
accessórĭum, i, *n.* [accessórius] 종속물, 부속물.
accessórĭus, a, um, *adj.* [accédo] 부속적, 종속적, 부대적인: petítio accessória 부대요구, 추가채권(債權).
accéssus¹, a, um, *p.p.* [accédo].
accéssus², us, *m.* [accédo] **1.** 접근, 근접, 도달. **2.** 밀물. **3.** 접근하는 길·방도·자리. **4.** 증가, 증대. **5.** 병걸림. **6.** 《法》(교황선거 때 2차 이후의 투표에서 다른 후보에게로) 걸어서 다가섬으로 이루어지는 선출: ~ judiciális 재판관의 임검(臨檢).
accéstis=accessístis, *pf.* [accédo].
Acciánus, a, um, *adj.* (시인) *Accius*의.
áccĭdens¹, éntis, *a.p.* [áccido¹] 우연의.
áccĭdens², éntis, *n.* **1.** 일이 일어나는 양상, 부수(附隨)사정. **2.** 우연의 사건; 참사, 사고, 재앙: per ~ 우연히, 우연한 사건으로. **3.** 《哲》 우유(偶有).
accidentális, e, *adj.* [áccido¹] 우연의; 《哲》 우유적(偶有的); 비본질적.
accidentálĭter, *adv.* [accidentális] 우연히.
accidénter, *adv.* [áccidens] 우연히.
accidéntĭa, æ, *f.* [áccidens] **1.** 일어난 일, 우발사건, 사고. **2.** 《哲》 우유성(偶有性), 부수성(附隨性).
áccĭdi¹, *pf.* [áccĭdo¹].
accídi², *pf.* [accído²].
áccĭdo¹, cĭdi, ĕre, *intr.* **1.** 〔ad, in *acc.*; *dat.*; *absol.*〕 떨어지다, 낙하하다, 엎드리다: ~ de cælo ad terram *(Pl.)* 하늘에서 땅으로 내려오다 / Tela ab omni parte accidébant. *(L.)* 창들이 사방에서 (날아와) 떨어졌다 / ~ génibus *alcjs* *(L.)*, ~ ad génua *(T.)* 누구 앞에 엎드리다. **2.** 《軍》 만나다, 조우(遭遇)하다. **3.** 〔ad *acc.*; *dat.*; *absol.*; *tr.*〕 áuribus [ad aures] ~ *(C.)* 귀에 들려오다 / ad óculos animúmque ~ *(C.)* 눈길과 주의를 끌다 / Nihil áccidet ánimo novum. *(T.)* 아무 것도 새롭게 느껴지지 않을 것이다 / clamor novus áccidens *(L.)* 들려오는 새로운 함성 / Fama áccidit, classem adventáre. *(L.)* 함대가 다가온다는 소문이 들려왔다 / Vox áccidit aures. *(Val. Fl.)* 목소리가 귀에 들려왔다. **4.** 우연히 일어나다, **생기다**, 발생하다; (어떤 일, 특히 불행한 일이) **닥치다**: Si quid áccidat Románis, *(Cæs.)* 어떤 불행이 *Roma*인들에게 닥친다면. **5.** 결과가 되다, 결과를 가져오다, (어떻게) 끝나다: Consílium incómmode áccidit. *(Cæs.)* 계획했던 일이 불행한 결과를 내었다 / Pejus victóribus Sequánis quam Ædŭis victis áccidit. *(Cæs.)* 전쟁의 결과는 진 *Ædŭi*인들보다도 이긴 *Sequána*인들에게 더 불행스러웠다. **6.** 〔*impersonáliter*: 〈결과 ut〉이나 〈사실 quod〉을 쓴 주어문을 동반하면서〕 …게 되다, …한 일이 **일어나다**, 생기다, 결과가 **되다**: Magno áccidit casu, ut ...

(Cæs.) 뜻밖에도 …일이 일어났다 / Mihi áccidit, ut péterem.*(C.)* 나는 요청하게 되었다 / Accĭdit perincómmode, quod eum nusquam vidísti.*(C.)* 매우 불운하게도 너는 그를 아무데서도 보지 못하게 되었다.

accído², cídi, císum, ĕre, *tr.* [ad+cædo] **1.** 자르다, 베다, 벌채하다: ~ árbores *(Cæs.)* 나무들을 벌채하다 / accísis crínibus *(Ta.)* (여자의) 머리를 잘라버리고. **2.** 베어 넘어뜨리다; 때려 눕히다, 분쇄하다, 상처입히다, 망치다, 쇠약하게 만들다, 끝장내다: accísis dápibus *(V.)* 요리를 다 먹어치우고 나서. 「다, 소환하다.

accíĕo, ére, *tr.* [ad+cíeo] 불러오다, 호출하

accínctus, a, um, *p.p.*, *a.p.* [accíngo] **1.** 두른, 찬(佩); 무장한. **2.** 태세를 갖춘, 채비한, 소홀히 하지 않은, 긴장한: accínctus miles 무장하고 전투태세를 갖춘 병사.

accíngo, cínxi, cínctum, ĕre, *tr.* [ad+cingo] **1.** 띠로 묶다, 졸라매다, 두르다; 차다(佩): Láteri accínxerat ensem.*(V.)* 그는 옆구리에 칼을 차고 있었다. **2.** 〔*pass. refl.*〕 두르다, 걸치다; 무장하다: accíngi ferro, armis *(Ta., V.)* 무장하다 / gládiis accíncti *(L.)* 군도로 무장한 군인들. **3.** 〔주로 *pass. refl.*〕 **accíngi, se** ~ 〔ad, in *acc.*; *dat.*; *inf.*〕 갖추다, 준비태세를 갖추다, 채비하다: Británnia tot accíncta pórtubus *(Eumen.)* 이렇게 많은 항구들을 구비한 *Británnia* / ~ ad consulátum *(L.)* 집정관직에 오를 준비를 하다 / Illi se prædæ accíngunt.*(V.)* 그들은 약탈할 채비를 하였다.

áccĭno, ĕre, *intr.* [ad+cano] 맞추어 노래하다, 노래로 가락에 맞추다.

accínxi, *pf.* [accíngo].

áccĭo, ívi[ii], ítum, íre, *tr.* [ad+cio, cíeo] 불러오다, 불러내다, 초청하다: Mortem lætus accívit.*(Flor.)* 그는 기뻐하며 자살하였다.

accípĭo, cépi, céptum, cípere, *tr.*[ad+cápio] **1.** 받다, 영수하다, 입수(入手)하다: ore ~ *(C.)* (음식을) 입으로 받다 / Epístolam hanc a me áccipe.*(Pl.)* 나한테서 이 편지를 받아라. **2.** 받아들이다, 용납하다, 수용하다: ~ armátos in arcem *(L.)* 무장군인들을 요새 안으로 들어오게 하다 / Amnis fugiéntes accépit.*(L.)* 도망자들이 강에 뛰어 들었다. **3.** 〔*alqm* in *acc.*, in *abl.*, *abl.*〕 영접하다, 맞아 들이다, 기꺼이 받아 들이다: ~ *alqm* in civitátem *(L.)* 도시 안으로 맞아 들이다 / ~ *alqm* in amicítiam suam *(C.)* 친구로 받아 들이다 / ~ *alqm* hospítio *(Pl., Var., C., L.)* 정중히 모시다, 환대하다. **4.** 다루다, 대우하다: Léniter hóminem ~ *(C.)* 사람을 부드럽게 다루다 / ~ *alqm* male verbis *(T.)* 꾸짖다, 욕을 퍼붓다. **5.** (감각기관으로) 파악하다, 듣다, 들어서 알다, 보다: res, quæ sensu accipiúntur *(C.)* 감각으로 파악되는 것들 / ~ *alqd* áuribus *(C., L., Nep.)* 귀로 듣다 / ~ óculis *(C.)* 눈으로 보다 / áccipe, accípite.*(C.)* 들어라 / memóriā ~ 들어서 기억하다. **6.** 배우다: Hic puer, quæ tradúntur, non difficúlter accípiet.*(Q.)* 이 아이는 전수(傳授)해 받는 것들을 어렵지 않게 배울 것이다. **7.** 알아듣다, 파악하다, 알다, 깨닫다; 여기다, 해석하다, 받아들이다: ~ *alqm* bene[male] 누구의 말을 제대로[잘못] 알아듣다 / in bonam partem ~ *(C.)* 선의로 해석하다 · 받아 들이다. **8.** 용인하다, 시인하다, 인정하다, 만족하게 여기다: Accípio.*(H.)* ("너는 야생말을 닮았구나" 하는 *Sarméntus*의 말에, *Méssius*의 대답) 그래 그렇다, 인정한다. **9.** 맡다, 떠맡다, 인수하다; (억지로 혹은 기쁘게) 받아들이다, 당하다: ~ *alcjs* causam *(T.)* 누구의 소송사건을 떠맡다 / ~ conditiónem *(Cæs.)* 조건을 받아들이다 / ~ dolórem *(C.)* 고통을 당하다 / ~ detriméntum *(Cæs.)* 손해를 보다. 「2. 수전노(守錢奴).

accípĭter, tris, *m.* **1.** 매의 일종, 사냥매.

accípĭtro, ávi, átum, áre, *tr.* [accípiter] 매처럼 날쌔게 잡아채서 찢다.

accísus, a, um, *p.p.* [accído²]. 「러대다.

accíto, ávi, átum, áre, *tr.* [áccio] 부르다, 불

accítus¹, a, um, *p.p.*, *a.p.* [áccio] 외국산의, 수입한.

accítus², us, *m.* 부름, 불러냄, 호출, 소환.

Accĭus, i, *m.* **1.** *Roma* 시인 *L. Accĭus*(170 A.C. 출생). **2.** *Cluéntius*를 고발한 *T. Accĭus(C.)*.

acclamátĭo, ónis, *f.* [acclámo] **1.** 환성, 환호성. **2.** 《가》 미사 중의 환호; (교황선거 때) 전원추거(全員推擧). **3.** 고함, 야유.

acclámo, ávi, átum, áre, *intr.* [ad+clamo] **1.** 향하여 소리지르다, 환호하다; (반대, 배척하는 뜻으로) 고함지르다: Acclamátur. *(C.)* 반대하는 소리를 지르다 / ~ *alci* 누구에게 항의하여 소리지르다. **2.** 소리질러 대답하다; …라고 소리지르다: ~ *alqm* servatórem liberatorémque *(L.)* 아무를 구세주이며 해방자라고 환성을 올리다.

accláro, ávi, átum, áre, *tr.* [ad+claro] 밝히다, 명백히 보여주다.

acclínis, e, *adj.* [ad+clino] 〔*dat.*〕 기댄, 의지한, 기울어진: acclínis falsis ánimus *(H.)* 오류에 빠진 정신.

acclíno, ávi, átum, áre, *tr.* 〔ad, in *acc.*; *dat.*〕 기대게 하다, 기울게 하다: se ~ ad *alqm (Ov.)* 누구에게 기대다 / castra túmulo acclináta *(L.)* 언덕을 배경으로 한 진지.

acclívis, e, *adj.* [ad+clivus] 치받이의, 오르막의, 올라가는, 상승의; 가파른.

acclívĭtas, átis, *f.* 치받이, 치받이 경사; 가파른 곳.

acclívus, a, um, *adj.* =acclívis.
accognósco, nóvi, cógnĭtum, ĕre, *tr.* [ad+cognósco] 잘 알다, 인지하다.
áccŏla, æ, *m.* [áccolo] 이웃에 사는 사람.
áccŏlo, cólui, cúltum, ĕre, *tr.* [ad+colo] 근처에 살다: Qui Tíberim áccolunt.*(L.) Tíberis* 강가에 사는 사람들.
accommodáte, *adv.* [accommodátus] 적응하여, 알맞게, 적합하게: dícere ad veritátem ~*(C.)* 진실에 맞추어서 말하다.
accommodátĭo, ónis, *f.* [accómmodo] 1. 적응, 순응, 조정, 조절, 알맞음; (포교지방에서의) 관습적응. 2. 친절, 배려, 존중. 3. 성서의 차의적(借意的) 응용.
accommodátus, a, um, *p.p., a.p.* [accómmodo] [ad *acc.; dat.*] 맞추어진, 적응한, 알맞는, 적합한, 적절한: orátio ad persuadéndum accommodáta*(C.)* 설복시키기에 적절한 연설.
accómmŏdo, ávi, átum, áre, *tr.* [ad+cómmodo] 1. [ad *acc.; dat.*] 맞추다, 알맞게 만들다, 어울리게 하다, 적응시키다. 2. [ad, in, secúndum *acc.*] 맞게 하다, 둘러맞추다, 갖다대다, 응용하다, 적용하다: tempus ad voluntátem *alcjs(C.)* 시간을 누구의 뜻에 맞도록 배정하다 / In omnem evéntum consília accommodabántur.*(L.)* 그 계획들은 모든 사태에 적용되고 있었다. 3. [*refl.*] se ~ [ad *acc.; dat.*] 맡기다, 내맡기다: ab *alcjs* arbítrium totum se ~*(C.)* 아무의 재량에 자기를 온전히 내맡기다.
accómmŏdus, a, um, *adj.* [accómmodo] [*dat.*] 적당한, 적합한, 알맞는.
accórpŏro, ávi, átum, áre, *tr.* [ad+corpus] 붙이다; (토지·재산) 편입시키다, 합병하다.
accrédo, crédidi, créditum, ĕre, *tr., intr.*[ad+credo] 말을 전폭적으로 믿다, 신용하다.
accrédŭas=accrédas, *præs. subj.* [accrédo].
accrésco, crévi, crétum, ĕre, *intr.* [ad+cresco] 1. 커지다, 자라나다, 성장하다, 붙어나다; 증대되다: Accréscere puer íncipit. *(Ov.)* 소년이 성장하기 시작한다 / Flumen súbito accrévit.*(C.)* 강(물)이 갑자기 불어났다. 2. [*dat.*] 첨가되다, 덧붙다, 보태어지다, 겹치다, 취득되다, 돌아가다: Vetéribus negótiis nova accréscunt.*(Plin.)* 묵은 일에 새일들이 또 겹친다.
accrétĭo, ónis, *f.* [accrésco] 성장, 증가, 증대, 첨가; 달이 차면서 둥글어짐.
accrétus, a, um, *p.p.* [accrésco].
accrévi, *pf.* [accrésco].
accubátĭo=accubítio.
accubítĭo, ónis, *f.* [accúmbo] 1. 비스듬히 눕는 동작; 식탁에 둘러 앉음. 2. 식탁 주위에 둘러앉는 반원형 안락의자.
accubitórĭum, i, *n.* [accubitórius] (죽은 사람에게 음식을 차려놓기 위해서) 무덤 옆에 붙여 지은 집.
accubitórĭus, a, um, *adj.* [accúmbo] 식탁에 관계되는, 식사 때 쓰는: vestiménta accubitória*(Petr.)* 식탁에 앉을 때 입는 옷.
accúbĭtus, us, *m.* [áccubo, accúmbo] 누움; 식탁 앞에 비스듬히 기대어 앉음.
áccŭbo, áre, *intr.* [ad+cubo] 1. [*dat.*] 가로 눕다, 옆에 눕다, 비스듬히 기대어 앉다. 2. 식탁 앞에 기대앉다, 다가앉다.
accúbŭi, *pf.* [accúmbo].
accúbŭo, *adv.* [áccubo] 옆에 누워서.
accúdo, ĕre, *tr.* [ad+cudo] (동전·은화 등) 돈을 두들겨서 만들다.
accúmbo, cúbui, cúbĭtum, ĕre, *intr.*, (간혹 *tr.*) [ad+cumbo] 1. 눕다, 옆에 눕다; 자다. 2. 식탁에 자리잡다, 둘러 앉다.
accumuláte, *adv.* [accúmulo] 풍부하게, 충분하게.
accumulátĭo, ónis, *f.* [accúmulo] 나무를 북돋움.
accumulátor, óris, *m.* [accúmulo] 축적자, 쌓아 올리는 자.
accúmŭlo, ávi, átum, áre, *tr.* [ad+cúmulo] 1. 쌓아 올리다; (머리를) 틀어 올리다. 2. 나무를 북돋우어주다. 3. 거듭하다, 증가[증대]시키다, 축적하다: cædem cæde ~ *(Lucr.)* 살육에 살육을 거듭하다.
accuráte, *adv.* [accurátus] 정성들여서, 신중하게, 정확하게, 정밀하게, 상세하게.
accurátĭo, ónis, *f.* [accúro] 신중, 정성들임, 정확히 함, 정밀, 면밀.
accurátus, a, um, *p.p., a.p.* [accúro] 정성들인, 정확하게 한, 정밀한, 상세한.
accúro, ávi, átum, áre, *tr.* [ad+curo] 정성들여 하다, 정확하게 준비하다, 면밀하게 하다.
accúrro, cúrri[cucúrri], cúrsum, ĕre, *intr.* [ad+curro] 향해 달려가다[오다], 급히 달려가다[오다], 애써 (누구한테로) 가다[오다]: Contínuo accúrrit ad me.*(T.)* 그는 연방 나한테 달려오곤 한다.
accúrsus, us, *m.* [accúrro]급히 달려감[달려옴].
accusábĭlis, e, *adj.* [accúso] 문책당할 만한, 고문당할 만한.
accusátĭo, ónis, *f.* [accúso] 1. 고발, 문책, 비난. 2. 《法》 고소, 기소, 소송; 고소장; 논고: ~ criminális 형사소송 / Catónis(=*gen. subjectív.*) ~*(C.) Cato*가 제기한 고소 / subscríbere accusatiónibus Hannníbalis(=*gen. objectív.*) *(L.) Hánnibal*에 대한 고소장에 서명하다.
accusatívus[1], a, um, *adj.* [accúso] 1. 고발에 관한. 2. 《文法》 대격(對格)의, 4격의: præpositio accusativa 대격지배 전지사.
accusatívus[2], i, *m.* (*sc.* casus) 《文法》 대격(對格), 제4격: ~ Græcus 희랍(어적) 4격, *e.g.* vírgines longam indútæ vestem (=longā veste)*(L.)* 긴 옷을 입은 처녀들 / húmeros

(=húmeris) deo símilis *(V.)* 어깨가 신을 닮은 자 / nuda pedes (=pédibus)*(Ov.)* 발 벗은 여자. 「자, (직업적)공소자.
accusátor, óris, *m.* [accúso] 고발자, 비난
accusatórĭe, *adv.* [accusatórius] 고발자 모양으로, 격렬하게.
accusatórĭus, a, um, *adj.* [accusátor] **1.** 고발자의, 고발에 관한, 비난의: accusatória consuetúdo *(C.)* 고발하는 관습, 고발자들의 통상적 방법. **2.** 탄핵적, 규탄의.
accusátrix, ícis, *f.* [accusátor] 여자 고발인.
accusátus, a, um, *p.p.* [accúso] 고발당한; *m.(f.)* 피고인.
accúso, ávi, átum, áre, *tr.* [ad+causo] **1.** 탓을 돌리다, 나무라다, 비난하다; 문책하다, 문제삼다: ~ deos hominésque *(L.)* 신과 인간들을 비난하다 / ~ luxúriem *(C.)* 사치를 나무라다. **2.** 〔*acc. persónæ; abl. legis aut críminis; gen. críminis;* de *abl.*, inter *acc.;* quod *causále; inf.*〕 **고발하다, 고소하다,** 소송을 제기하다: Suis eum certis crimínibus accusábo. *(C.)* 나는 그의 확실한 여러가지 죄목을 들어 그를 고소하리라 / ~ *alqm* probri *(Pl.)* 파렴치죄로 고발하다 / ~ *alqm* de vi 폭력죄로 기소하다 / Accusátus est, quod corrúmperet juventútem. 그는 청년들을 부패시킨다는 죄로 기소되었다 / accusátus, fecísse ...*(Ta.)* …했다고 고발당한.
acédĭa, æ, *f.* 《倫神》 (신자의 본분을 다하기 싫어하는) 나태, 해태(懈怠), 태만.
áceo, ŭi, ére, *intr.* [acer[2]] **1.** 시어지다, 신맛을 내다. **2.** 마음에 들지 않다, 시큰둥하다.
acéphălos[-us], i, *m.* **1.** 《詩》 첫째 음절을 빼버린 시 귀절. **2.** 우두머리 없는 자.
ăcer[1], ácĕris, *n.* 《植》단풍나무.
ācer[2], cris, cre, *adj.* **1. 뾰족한, 날카로운,** 찌르는, 예리한: ferrum acre *(Ta.)* 뾰족한 쇠붙이(무기). **2.** (감각을) 모질게 자극하는; 매운, 내운, 코찌르는, 눈이 부신, 따가운, 쏘는, 따끔한, 쑤시는, 타는 듯한, 심한, 지독한, 신랄한: ácria ut est cepa, állium *(Var.)* 파, 마늘 따위 같이 매운 것 / acétum acre *(Cato)* 톡 쏘는 신맛 / suavitáte acérrimā *(C.)* 코를 찌르는 향수냄새로 / sitis acris *(Tib.)* 목이 타는 듯한 갈증 / acre frigus *(Lucr.)* 혹한. **3.** 약효가 강한, 독한: acrióribus remédiis *(C.)* 효력이 더 강한 약으로. **4.** 예민한, 투철한, 통찰력 있는; 열렬한, 치열한, 격렬한, 저돌적인, 격정적인, 활기 있는: sensus acérrimus *(C.)* 대단히 예민한 감각 / bellum acérrimum *(C.)* 치열한 전쟁. **5.** 거친, 가혹한, 잔혹한, 엄격한, 혹독한: uxor acérrima *(Pl.)* 극성스러운 아내.
acérbe, *adv.* [acérbus] **1.** 호되게, 모질게, 격렬하게, 심하게, 몹시, 가차없이, 엄중히. **2.** 고통스럽게, 쓰라리게, 이를 악물고, 지독하게: acérbe ferre *alqd (C.)* 이를 악물고 견디어 내다.
acérbĭtas, átis, *f.* [acérbus] **1.** 떫음, 익지 않은 과일 맛. **2.** 신랄, 격렬, 조잡. **3.** 무뚝뚝함, 불친절; 완고, 엄격, 가혹. **4.** 고통, 곤경, 재앙, 가혹한 운명: omnes acerbitátes perférre *(C.)* 온갖 가혹한 운명을 참아받다.
acérbo, áre, *tr.* [acérbus] **1.** 고통스럽게 만들다, 쓰라리게 하다, 악화시키다, 더욱 심해지게 하다. **2.** (죄과를) 과장하여 확대시키다, 가중하다.
acérbum, i, *n.* [acérbus] **1.** 역경, 불행, 재앙. **2.** *pl.acc.*: acérba = acérbe.
acérbus, a, um, *adj.* [acer[2]] **1.** 떫은, 떨떠름한, 아린; 아니꼬운; 빠드득 또는 삐걱삐걱 소리나는, 뚝배기 깨지는 소리의, 귀에 거슬리는. **2.** 덜익은, 설익은. **3.** 덜된, 미완성의, 미숙한, 너무 이른: res acérbæ *(C.)* 미완성의 일 / acérba mors *(Curt.)* 일찍 죽음, 요절. **4.** 어려운, 된, 고통스러운, 쓰라린, 쓴, 원통한: acérba fortúna *(C.)* 쓰라린 운명. **5.** 신랄한, 인정사정없는, 가차없는, 가혹한, 혹독한; 기막힌; 엄격한: supplícium acérbum *(C.)* 혹독한 형벌 / Acérbæ linguæ fuit. *(L.)* 그의 말은 가혹할 만큼 신랄하였다. 「풍나무로 만든.
acérnus, a, um, *adj.* [acer[1]] 단풍나무의, 단
acérra, æ, *f.* 작은 분향(焚香)상자.
Acérræ, árum, *f.pl.* *Campánia* 중앙부에 있던 도시(지금의 *Acérra*).
Acerráni, órum, *m. pl.* *Acérræ*의 주민.
acersécŏmes, æ, *m.* 삭발하지 않은 젊은이.
acérus, a, um, *adj.* [a+cera] 밀 성분이 섞이지 않은 (꿀), 순수한 (꿀).
acervális, e, *adj.* [acérvus] **1.** 퇴적(堆積)의. **2.** 《論》 arguméntátio ~ 적첩식(積疊式), 연쇄식.
acervátim, *adv.* [acérvo] **1.** 무더기로 쌓아 올려서, 산더미로. **2.** 총괄적으로, 개괄적으로, 간결하게, 대체적으로, 대강.
acervátĭo, ónis, *f.* [acérvo] 쌓아올림, 퇴적, 축적.
acérvo, ávi, átum, áre, *tr.* [acérvus] **1.** 쌓아올리다, 축적 [저축]하다. **2.** 개괄적으로 모아놓다.
acérvus, i, *m.* **1.** 쌓아올린 것, 무더기, 더미, 덩어리, 뭉치. **2.** 《論》 연쇄식.
acésco, ácui, ĕre, *intr.* [áceo] 시어지다, 초가되다; 격렬하여지다.
Acesínes, is, *m.* *Indus*강의 주요한 지류.
Acésta, æ, *f.* *Sicília*섬 서북방의 도시 (옛 *Egésta*, 후에 *Segésta*).
Acestǽus, a, um, *adj.* *Acésta*의.
Acesténsis, e, *adj.* *Acésta*의.
Acéstes, æ, *m.* *Sicília*의 왕, 하신(河神) *Cri-*

*nísus*의 아들, *Ænéas*를 후대함.

acētābŭlum, i, *n.* [acétum] **1.** 식초 종지. **2.** 여러가지 가정용 그릇; 공기; 요술사의 종지; 꽃병. **3.** 액체 용량 측정 단위 그릇 (약 *125ml*). **4.** 《解》관골구(髖骨臼), 비구(髀臼). **5.** 흡반(吸盤), 빨판.

acētārĭa, órum, *n. pl.* [acétum] 식초에 무친 채소, 샐러드. 「비판, 예리한 기지.

acétum, i, *n.* [áceo] **1.** 식초. **2.** 신랄한

Achǽi, órum, *m.pl.* **1.** *Acháia*인들. **2.** 희랍인들을 높여 하는 명칭. **3.** *Roma* 통치하의 희랍인들. 「서 *Cyrus*의 조부.

Achæménes, is, *m.* *Pérsia*의 초대왕으로

Achæménĭdes, is, *m.* *Ulíxes*의 동료.

Achæménĭus, a, um, *adj.*(=Pérsicus) *Pérsia*의.

Achǽus, a, um, *adj.* *Acháia*의, 희랍의.

Acháĭa, æ, *f.* **1.** *Pĕlopŏnnésus*반도 북부의 *Acháia*지방. **2.** *Roma* 통치하에 들었던 희랍 전토.

Acháĭas, ădis, *f.* *Acháia*여자, 희랍여자.

Acháĭcus, a, um, *adj.* **1.** *Acháia*의. **2.** 희랍의. **3.** *m.*: *Roma* 치하의 희랍인. **4.** *m.*: *Corínthus*시의 파괴자인 *Roma*사람 *Múmmius*의 별명.

Acháĭi, órum, *m.pl.* 희랍인.

Acháis, ĭdis, *f.* **1.** *Acháia*여자, 희랍여자. **2.** *Achǽa,* 희랍.

Acháĭus, a, um, *adj.* =Acháicus.

Achárnæ, árum, *f.* *Attĭca*의 한 지역.

Acharnánus, a, um, *adj.* *Achárnæ*의.

Acháṭes, æ, *m.* *Troja*인, *Ænéas*의 용감한 동반자.

Achelóĭas, ădis, *f.* **1.** 강의 신(江神) *Achĕlóus*의 딸. **2.** *pl.* 샘물의 여신, 물귀신 =*Siréne* 여신.

Achelóis, ĭdis, *f.* =Achelóias.

Achelóĭus, a, um, *adj.* *Achĕlóus*신의.

Achĕlóus, i, *m.* **1.** 희랍 최대의 강. **2.** 강의 신 *Achelóus.*

Acheménĭdes, æ, *m.* =Achæménides.

Achĕron, óntis, *m.* **1.** *Epírus*에 있는 강. **2.** 고대 이태리의 남부 *Brúttium* 지방의 강. **3.** 지하세계의 강 (죽은 영혼·사람이 나룻배 사공 *Charon*의 배를 타고 건넌다 함).

Achĕruns, úntis, *m.* *Achĕron*의 *Latin*화된 명칭; *Achĕron*강, 지하세계의 강.

Acherúsĭa, æ, *f.* **1.** *Epírus*의 늪지대, ~소택지(沼澤地). **2.** *Itália* 서남부 *Campánia* 지방의 호수. **3.** 고대 소아시아 *Bithýnia*의 동굴, 지하세계의 관문.

Acherúsĭus, a, um, *adj.* **1.** *Acherúsia*의. **2.** *Achĕron*의. **3.** 지옥의, 지하세계의.

áchĕta, æ, *m.* 《動》매미.

Achíllas, æ, *m.* *Pompéjus*의 시해자.

Achílles, is, *m.* **1.** *Troja* 전쟁에서 희랍군의 가장 유명한 영웅, *Thessália*의 왕 *Péleus*와 바다의 여신 *Thetis*의 아들. **2.** 용감한 사람의 대명사. 「와 같은.

Achíllēus, a, um, *adj.* *Achílles*의, *Achílles*

Achívi, órum, *m. pl.* 희랍인들.

Achívus, a, um, *adj.* *Acháia*인의, 희랍인의(특히 *Troja* 전쟁 때의).

Achradína, æ, *f.* *Syracúsæ*시의 한 구역.

a. Chr. n. =ante Christum natum. 그리스도 강생전, 서력 기원전.

Acidálĭa, æ, *f.* *Bœótia*의 *Orchómenos*에 있는 샘 (이 샘에서 *Venus* 여신이 미녀들과 목욕했다함), *Venus* 여신의 별명.

Acidálĭus, a, um, *adj.* *Acidália* 샘의, *Venus* 여신의. 「는.

acídŭlus, a, um, *adj.* [ácidus] 좀 신맛이 있

ácĭdum, i, *n.* [ácidus] 산(酸): ~ acéticum glaciále 빙초산, ~ bóricum 붕산, ~ cítricum 구연산, ~ sulfúricum 유산(硫酸).

ácĭdus, a, um, *adj.* [áceo] **1.** 신, 시큼한, 신맛의; 산(酸)의, 산성의. **2.** 귀청이 멀어져 나갈 듯한(소리). **3.** 신랄한, 날카로운, 퉁명스런, 거칠은: homo ácidæ linguæ *(Sen.)*독설가. **4.** 귀찮은, 비위에 거슬리는, 불쾌한.

ácĭes, éi, *f.* [acer] **1.** (칼·도끼 따위의) 날, 칼끝, 날카로운 연장 끝; 첨단, 뾰족한 끝. **2.** ~ mera 강철. **3.** 형안(炯眼), 꿰뚫어봄, 통찰력; 시선, 눈길; 눈동자: **áciem** inténdere*(C.)* 응시하다. **4.** 천체의 섬광; 권력의 칼. **5.** **전선**(戰線), 일선, **전열**(戰列), 진열(陣列), 대열, 정열(整列); 태세를 갖춘 군대[함대]: prima ~ 제1전선 / triplex ~ 3중 전열 / áciem instrúere[instituere] 전열을 가다듬다, 전선을 정비하다. **6.** 전투, 군사충돌; 전장: ~ Pharsálica*(C.)* *Pharsálus* 전투. **7.** 논쟁, 토론회.

Aciliánus, a, um, *adj.* *Acílius*의.

Acílĭus, i, *m.* *Roma*인의 씨족명; 유명한 인물로서 호민관(護民官) *M.* ~ *Glábrio*와 역사가 *C.* ~ *Glábrio*가 있음.

ácĭna, æ, *f.* =ácĭnus.

acínăces, is, *m.* *Pérsia*인의 짧은 칼, 단검.

acinósus, a, um, *adj.* [ácinus] 포도알 모양

ácĭnum, i, *n.* =ácĭnus. ⌊의.

ácĭnus, i, *m.* **1.** 장과(漿果), 산딸기·머루·포도 종류. **2.** 포도알.

acipénser, ĕris, *m.* 바다 물고기의 일종(고대 *Roma* 인들에게 진미의 생선이었음).

acipénsis, is, *m.* =acipénser.

Acis, ĭdis[is], *m.* 〔*voc.*: Aci; *acc.*: Acin〕 **1.** *Sicília*의 강명 (*Faunus*의 아들로서 바다의 여신 *Galatéa*의 사랑을 받고, 죽은 후 *Acis* 강이 됐다 함). **2.** 목동.

āclis, ĭdis, *f.* =āclys.

āclys, ўdis, *f.* 가죽끈을 단 작은 창.

Acmon, ónis, *m.* **1.** *Troja* 인, *Ænéas*의

동료. 2. *Diomédes*의 동료.
Acmonénsis, e, *adj.* 1. *Acmónia*의. 2. *m. Acmónia*인.
Acmónĭa, æ, *f.* 대 *Phrýgia*의 도시.
Acmónĭdes, æ, *m.* *Ambósses*의 아들, 화산신 *Vulcánus*의 직공의 하나.
ăcœnŏnŏétus, i, *m.* 몰상식한 사람.
Acœ́tes, æ, *m.* 1. 신화의 인물, *Ænéas*의 동료. 2. *Evánder*의 갑옷을 들고다니던 인물.
acolȳthátus, i, *m.* 《가》 시종직. 「자.
acólȳthus, i, *m.* 《가》 시종, 시종품 받은
aconítum, i, *n.* 《植》 1. 바곳, 바꽃 (유독식물로서 뿌리나 잎에서 진통제를 뽑아냄). 2. 독약, 유독물.
ăcor, óris, *m.* [áceo] 1. 신맛, 산패(酸敗)한 맛, 시어진 술맛. 2. 새콤한 맛. 「論).
acosmísmus, i, *m.* 《哲》 무우주론(無宇宙
acquiescéntĭa, æ, *f.* 1. 응락, 승락, 납득. 2. 평정(平靜), 만족한 마음.
acquiésco, évi, étum, éscĕre, *intr.* [ad+quiésco] 1. 쉬다, 휴식하다, 한숨돌리다; 하던 일을 중지하다, 멈추다; 자다. 2. 죽다, 영면하다; (비문같은 데) 고이 쉬고 있다, 잠들다. 3. 가시다, 가셔지다, 그치다: Dolor acquiéscit.*(Plin.)* 아픔이 가신다. 4. 〔*absol.; in abl.; dat.*〕 마음놓고 있다, 마음이 편하다, 안정되어 있다, 평온 속에 있다, 안주(安住)하다; 만족하다, 기분좋다, 즐겁다: In tuis lítteris acquiésco. *(C.)* 나는 네 편지를 읽으면서 마음이 흐뭇해진다. 5. 마음놓고 믿다, 순종하다.
acquíro, quisívi, quisítum, ĕre, *tr.* [ad+quæro] 1. 첨가하다, 덧붙이다, 보태다, 더 얻다; 재산을 늘리다: ~ *alqd* ad *alqd* *(C.)* 어떤 것에 무엇을 더 보태다 / ~ novos amícos*(Sall.)* 새로운 친구들을 더 얻다 / ~ ad fidem*(C.)* 신용을 더 얻다. 2. 얻다, 벌다, 획득하다, 습득(習得)하다: adquiréndæ pecúniæ brévius iter*(Ta.)* 돈 버는 더 가까운 길. 「quisíta 습득(習得)된 덕.
acquisítus, a, um, *p.p.* [acquíro] virtus ac-
acra, órum, *n. pl.* 정상, 꼭대기.
Acradína, æ, *f.* =Achradína.
Acrăgas, ántis, *m.* 1. *Sicília*의 서남 해안에 있는 산. 2. *Acrăgas*산 가까이 있는 도시(지금의 *Girgénti*). 「작은 항아리.
acratophórum, i, *n.* 순수한 포도주 담는
acrédo, dĭnis, *f.* [acer²] 시큼한 맛.
acrédŭla, æ, *f.* 1. 개구리의 일종. 2. 올빼미의 일종. 「신경질의, 약간 격한.
acrícŭlus, a, um, *adj.* [acer²] 조금 신랄한,
acrimónĭa, æ, *f.* [acer²] 1. 시큼한 맛; (겨자 따위) 쏘는 맛, 찌르는 맛. 2. 예리함, 신랄함. 3. 날카로운 성격, 단호한 성격; 결단력.
Acrisióne, es, *f.* *Acrísius*의 딸 *Dánăë*.
Acrisióněus, a, um, *adj.* 1. *Acrísius*의. 2. *Argos*의. 「*năë*의 아들 *Pérseus*).
Acrisioníădes, æ, *m.* *Acrísius*의 후손(*Dá-*
Acrísĭus, i, *m.* *Argos*의 왕, *Dánăë*의 아버지(외손자 *Pérseus*에 의해서 잘못 살해됨).
ácrĭter, *adv.* [acer²] 1. 날카롭게, 예리하게, 신랄하게. 2. 격렬하게, 치열하게, 활기있게, 힘차게; 엄하게, 호되게, 잔인하게: ~ pugnáre*(Cæs.)* 격렬하게 전투하다.
acroáma, mătis, *n.* 1. 귀를 즐겁게 하는 것; 여흥반주. 2. 음악 연주가, 가수, 배우, 만담가, 낭독자. 「聽); 강연회.
acroásis, is, *f.* 강연·토론·낭독의 시청(試
acrobátĭcus, a, um, *adj.* 1. 올라가기에 적합한, (높은 곳의 작업을 위한 시설) 비계의. 2. 줄타기의, 곡예의.
Acroceráunĭa, órum, *n. pl.* *Epírus* 서해안에 있는 높은 산맥.
Acroceráunĭus, a, um, *adj.* *Acroceráunia* 산의; 위험한, 험난한. 「砦).
Acrocorínthus, i, *f.* *Corínthus*의 성채(城
acrómĭon, i, *n.* 《解》 견갑골(肩胛骨)의 바깥쪽 끝.
acronýchus, a, um, *adj.* =acronýctus.
acronýctus, a, um, *adj.* 해질 무렵의, 저녁때의: acronýctæ stellæ 초저녁 별.
acropódĭum, i, *n.* 조각상의 대좌(臺坐), 받침돌. 「*gríppa*라고도 함).
Acrŏta, æ, *m.* 신화의 인물, *Alba*의 왕(*A-*
acrotérĭa, órum, *n. pl.* 1. 돌출부, 첨단. 2. 《建》 주랑(柱廊)의 기둥 위에 얹어놓은 장식품·조각품. 「간.
acrozýmus, a, um, *adj.* 누룩이 살짝 들어
acrum = ácriter.
ac si, *conj.* …기나 하는[한] 듯이: ac si esset res mea, (그렇지도 않은데) 나의 일이기나 한 듯이.
ácsŭlus, i, *m.* =áxulus.
Act. 《略》= Actus Apostolórum. 사도행전.
acta¹, æ, *f.* 1. 해변, 경치좋은 바닷가. 2. *pl.* 해변의 휴가생활: in actis esse 유흥·향락속에서 지내다.
acta², órum, *n.pl.* [ago] 1. 이루어진 일들; 행위, 행적, 사실: ~ mártyrum 순교록. 2. 결의사항, 법령, 명령. 3. 재판기록, 등록부, 법적 처분 기록. 4. 일보(日報), 관보: ~ Apostólicæ Sedis 교황청 공보.
Actǽa¹ =Orithýia.
actǽa², æ, *f.* 《植》 말오줌나무.
Actǽi, órum, *m. pl.* *Attĭca*인, *Athénæ*인.
Actǽon, ónis, *m.* *Cadmus*의 손자, 사냥의 여신 *Diána*의 노염을 사서 사슴으로 변신되어 자기 개에게 잡혀 먹혔음.
Actǽus¹, a, um, *adj.* *Attĭca*의, *Athénæ*의.
actǽus², a, um, *adj.* [acta¹] 해변의.
Acte, es, *f.* 1. *Attĭca*의 고대명칭. 2. *Nero* 한테서 노예해방된 여자.

Actĭăcus, a, um, *adj.* *Actĭum*의.
Actĭăs, ădis, *adj. f.* *Attĭca*의, *Actĭum*의.
actínĭa, æ, *f.* 《動》 말미잘.
actiniárĭa, órum, *n. pl.* 《動》 말미잘.
áctĭo, ónis, *f.* [ago] **1.** 행동, 행위, 활동, 동작, 작용; 어떤 일의 완성: gratiárum ~ *(C.)* (말로 표시하는) 감사; 감사기도 / honésta ~ *(C.)* 존경 받을 만한 행위 / ~ illárum rerum apérta *(C.)* 대낮에 이루어진 일 / 《가》 áctio cathólica 가톨릭 운동(평신도가 교회의 지도와 위임에 바탕하여 성직자의 사도직을 돕는 일). **2.** (연설의) 어조, 몸짓, 태도; (배우의) 연기; 연주, 공연. **3.** 관리의 직무수행(토의·보고·제안·조처등): actiónes tribuníciæ *(L.)* 호민관의 개입 / Nulla erat consuláris ~. *(L.)* 집정관의 아무런 조처도 없었다. **4.** 소송, 소장, 소권(訴權), 소청(訴請); 분리심의(分離審議): actiónem perduelliónis inténdĕre *(C.)* 반역죄로 고소하다 / ~ in persónam 대인소권(對人訴權). **5.** 소장낭독, 공소사실에 대한 논고, 변론.
áctĭto, ávi, átum, áre, *tr. freq.* [ago] 상습적으로 하다, 자주 실행하다: causas ~ *(C.)* 소송사건을 늘 변론하다 / ~ tragœdias *(C.)* 늘 비극을 연출하다.
Actĭum, i, *n.* *Acarnánia*의 반도, 기원전 31년 *Octávius*가 *Antónius*와 *Cleopátra*의 해군을 무찌른 전쟁으로 유명.
actiúncŭla, æ, *f.* 재판의 소(小)변론.
Actĭus, a, um, *adj.* *Actĭum*의.
actívĭtas, átis, *f.* [actívus] 능동성, 행동성, 작용성; 활동, 활동력, 활발, 활기.
actívus, a, um, *adj.* [actus²] **1.** 활동적인, 활발한, 민활한; 능동적인. **2.** 《文法》 능동의, 타동(사)의: genus actívum 능동형[태] / verbum actívum 타동사.
actor¹, óris, *m.* [ago] **1.** 전진하게 하는 자, 진행을 재촉하는 자: ~ pécoris *(Ov.)* 가축인도자, 목자. **2.** 실행자, 처리자: Auctor, ~ illárum rerum fuit. *(C.)* 그는 그 모든 것의 창시자이며 실천자였다. **3.** 강연낭독자, 연사(演士). **4.** 출연자, 연기자, 배우: suórum cárminum ~ *(L.)* 자작시의 낭독자. **5.** 원고(原告); 〔드물게는〕 변호인; 사건 변론인. **6.** 법정대리인, 법률고문. **7.** 재산관리인, 회계: ~ públicus 해방된 노예로서 공금 회계를 맡은 사람.
Actor², óris, *m.* *Ænéas*의 동료.
Actórĭdes, æ, *m.* *Actor*의 아들 *Menœtius* 및 손자 *Pátroclus*.
actrix, trícis, *f.* **1.** 여자원고, 소청인. **2.** 가계관리인. **3.** 여배우.
actuális, e, *adj.* 활발한, 현재 활동하고 있는; 현행의, 목하의, 실제적인; 현재의.
actuárĭa, æ, *f.* [actuárius¹] 쾌속범선(帆船).
actuaríŏla, æ, *f.* 작은 쾌속선.
actuaríŏlum, i, *n.* 작은 쾌속선.
actuárĭus¹, a, um, *adj.* [actus², ago] **1.** 움직이기 쉬운, 가볍고 빠른: actuária navis *(C.)* 가볍고 빠른 배. **2.** actuárius limes 우미지 통행이 가능한 길.
actuárĭus², i, *m.* [actus²] **1.** 서기(書記), 속기사, 필생(筆生), 기록관(記錄官). **2.** (군대의) 판무보좌관.
actum, i, *n.* [actus²] 행적, 행위. *V.* acta.
actuóse, *adv.* [actuósus] 활동적으로, 능동적으로, 활기있게, 활발하게, 민활하게, 기운차게, 맹렬하게, 정열적으로.
actuósus, a, um, *adj.* [actus²] **1.** 활동성 있는, 활력있는, 힘차게 움직이는, 능동적인, 행동 위주의: actuósa vita *(Sen.)* 활기있는 생활. **2.** 열렬한, 정열적인.
actus¹, a, um, *p.p., a.p.* [ago] 된, 이루어진, 지나간: actam rem [actum, acta] ágere 이미 된 일을 되풀이하다, 다시 처리하다; 지나간 일을 뒤늦게 처리하다 / actum habére, quod égeri(n)t. 사후에 승인하다·인정하다.
actus², us, *m.* [ago] **1.** 몰기, 몰아나감, 몰아치는 세력, 구사(驅使); 추진력, 돌진. **2.** 우마차 통행권, 방목권(放牧權). **3.** (연설가, 무용가, 배우의) 거동, 움직임, 몸짓, 손짓; 낭독. **4.** (연극의) 막: primus ~ vitæ *(C.)* 인생의 제1막. **5.** 공직, 직책, 직무, 관리(管理). **6.** 실제, 실질. **7.** 실행, 실천, 일이나 사건의 처리. **8.** 행동, 활동, 동태(動態), 행적, 업적, 역사: Actus *(pl.)* Apostolórum 사도행전 / ad speculándos actus Hannibalis *(Justin.)* *Hánnibal*의 동태를 살피기 위해서. **9.** 행위: ~ humánus (사려와 자유를 갖춘) 인간(적) 행위 / ~ hóminis (자유의지에 속하지 않은) 인간의 행위, 동작. **10.** 《哲》 현실유(現實有), 현실태(現實態).
actútum, *adv.* 즉시, 곧, 당장, 그 자리에서, 얼마 안가서 곧.
ácŭi, *pf.* [áceo, acésco, ácuo].
acúĭtas, átis, *f.* [acus²] (첨단의) 날카로움, 「총명.
ácŭla, æ, *f.* (=áquula) 졸졸 흐르는 물.
aculeátus, a, um, *adj.* [acúleus] **1.** 쏘는 살 가진, 찌르는, 가시돋친. **2.** 신랄한, 날카로운. **3.** 섬세한, 교묘한, 정교한, 치밀한, 빈틈없는: aculeáta sophísmata *(C.)* 치밀한 궤변.
acúlĕus, i, *m.* [acus²] **1.** 가시, 침, 살, 가시털, 동식물의 찌르거나 쏘는 돌출부; 찌르는 쇠붙이, 핀: apis ~ *(C.)* 벌침 / ~ sagíttæ *(L.)* 화살촉. **2.** 깊은 감명. **3.** 찌르는 힘, 날카로움; 자극, 격려, 박차. **4.** 마음의 아픔, 고통. **5.** 신랄함, 통렬함, 꼬집음; 풍자, 가시돋친 말.
acúmen, mĭnis, *m.* [ácuo] **1.** 뾰족한 끝; 창[검]끝, 정점(頂点), 정상, 극치: ~ nasi *(Lucr.)* 코끝 / ~ pulchritúdinis *(Arn.)* 미의

극치 / ~ stili *(C.)* 붓끝. **2.** 〔감각〕 날카로움, 예민: ~ sapóris 매운 맛, 콕 쏘는 맛. **3.** 〔지성·비판력·성격·재능〕 날카로움, 예리함; 날카로운 관찰(력), 재치: ~ habére *(C.)* 날카로운 지성[비판력·성격]을 가지다. **4.** 솜씨좋음, 능란함; 간교: meretrícis acúmina *(H.)* 창녀의 간교. **5.** 정교하고 섬세한 문체(文体) 또는 말솜씨.

ácŭo, ŭi, útum, ĕre, *tr.* **1.** 뾰족하게 만들다, 예리하게 하다, 날을 세우다, 갈다, 벼리다. **2.** 연마하다: ~ ingénium *(C.)* 재능을 연마하다. **3.** (어떤 음절에) 정확하게 악센트를 붙이다, 말을 정확하게 하다. **4.** 자극하다, 분기시키다, 분발시키다, 유발시키다: ~ *alqm* ad crudelitátem *(C.)* 아무를 잔인해 지도록 만들다. **5.** (감정 따위를) 증대시키다, 돋우다.

acupíctus, a, um, *adj.* [acus² + pictus] 수놓은.

ăcus¹, ĕris, *n.* 왕겨, 밀껍질.

ăcus², us, *f.* 바늘, 핀, 머리핀; 침: acu píngere *(Ov.)* 수놓다 / acu rem tángere 핵심을 찌르다, 똑바로 맞추다 / Tetigísti acu. *(Pl.)* 똑바로 맞추었다.

acústĭcus, a, um, *adj.* 청각상의, 청신경의; 음향학의, 음향이 좋은.

acúte, *adv.* [acútus] 날카롭게, 예리하게, 찌르듯이.

acútŭlus, a, um, *adj. dim.* [acútus] 좀 예리한, 좀 똑똑한.

acútum¹, i, *n.* 위험한 고비: acúta belli *(H.)* 전쟁의 위기, 판가름.

acútum², *adv.* [acútus] 날카롭게.

acútus, a, um, *p.p., a.p.* [ácuo] **1.** 뾰족한, 날카로운, 예리한; 오뚝한: acúta falx *(Ov.)* 날이 잘 선 낫 / acútus nasus *(Pl.)* 오뚝한 코. **2.** 〔감각〕 (맛·추위) 매운; 코를 찌르는; (빛깔) 강열한; (소리) 날카로운, 높은; (더위) 찌는 듯한: sonus acútus 높은 음, 고음 (sonus gravis 저음) / vox acúta, gravis *(C.)* 높은 목소리, 굵은 목소리 / acúta sýllaba 악센트 받는 음절. **3.** 《醫》 급성의: morbus acútus *(H.)* 급성병. **4.** 〔정신·재능·성격〕 날카로운, 예리한, 통찰력 있는, 이해가 빠른, 간파력 있는, 총명한, 재치있는: ~ ad excogitándum *(C.)* 상상력이 날카로운 / ~ in cogitándo *(C.)* 생각이 날카로운. **5.** 〔문체·연설〕 섬세한, 정교한, 짜임새 있는.

ad¹, *præp. c. acc.* **I.** 〔장소 부사어 *(adverbiále loci)*〕 **1.** 〔움직임의 도달점·귀착점 *(términus ad quem)*〕 **에, 으로; 에까지;** (사람)**에게로, 한테로:** Veni ad me. 나한테 오너라 / Omnes ad eam domum proféctì sunt. *(C.)* 모두 그 집으로 떠나갔다 / Ut a fábulis ad facta veniámus, *(C.)* 꾸며낸 이야기에서 실제 사실로 말머리를 돌리자면 / ad Urbem advéntus *(C.)* *Roma* 도착. **2.** 〔도달점이 인칭대명사로 표시될 경우에는 그 집도 뜻한다; 그리고 신(神)의 고유명사 속격이 나올 적에는 가끔 ædes, templum 등 명사가 생략되기도 한다〕 Ite ad vos. *(Pl.)* 집으로들 돌아가거라 / ad Diánæ veníre (*sc.* templum) *Diána* 여신의 신전에 오다. **3.** 〔장소의 고유명사와 함께 쓰이면〕 **부근에, 가까이(로), 근처에[로]:** pirátas ad Sicíliam esse ventúros *(C.)* 해적들이 *Sicília* 섬 근처에 집결하리라(는 말을 들었다). **4.** 〔기착·넓은 의미의 부가·부착점〕 **에, …가에; 에다, 에 더하여, 에 붙여:** ad terram naves deligáre *(Cæs.)* 육지에 배들을 대다 / ad saxa inhǽrens *(C.)* 바위에 붙어있는 / ad naves vigínti quinque *(L.)* 25척의 배 외에 또 / ad hæc *(Var., L.)*, ad hoc *(Sall.)*, ad id *(L.)* 그 뿐 아니라, 게다가. **5.** 〔움직임의 방향, 전달이나 행동이 미치는 대상〕 **…로, …에, 에게, 한테, 향하여, 에 대한:** ómnium méntibus ad pugnam inténtis *(Cæs.)* 모든 이의 정신이 전투에 쏠렸을 때 / Res clamat ad dóminum. 물건은 주인을 향해 소리 지른다(주인에게 귀속되어야 한다) / ad hostes conténdere *(Cæs.)* 적진을 향해 돌진하다 / ad solem versus 태양을 향하여, 해를 쳐다보며 / epístula C. Verris ad Nerónem *(C.)* *Nero*에게 보낸 *C. Verres*의 편지 / respónsio ad …에 대한 대답 / via ad …로 가는 길. **6.** 〔넓은 의미로 포함의 범위·한계〕 **까지, 에 이르기까지:** usque ad últimas terras *(C.)* 땅끝까지 / ad númerum *(Cæs.)* 일정한 수까지 / Ædem Junónis ad partem dimídiam détĕgit. *(L.)* 그는 *Juno* 여신의 신전 지붕을 절반이나 벗겨놓고 있다 / omnes ad unum *(C.)* 최후의 한 사람까지 모두 / ómnibus návibus ad unam incolúmibus *(Cæs.)* 배들이 하나도 빠짐없이 무사한 가운데 / ab hómine usque ad pecus 사람을 위시하여 가축에 이르기까지 / ad máximum 최대한, 많아야. **7.** 〔움직임의 뜻 없이 표시되는 위치·지점·방향·인근(隣近)〕 **옆에, 편에, 한테, 곳에서; 가까이, 부근에; 향하여:** Fuit ad me sane diu. *(C.)* 그는 내 집에 꽤 오래 머물러 있었다 / ad déxteram *(C.)* 오른편에[으로] / victória ad Cannas *(L.)* *Cannæ* 부근(전투)에서의 승리 / ad Urbem esse, stare *(C.)* (사령관, 황제가) *Roma* 시 가까이에 체류하다 / Eórum una pars vergit ad septemtriónes. *(Cæs.)* 그들의 일부는 북쪽을 향하고 있다 / ad décimum abhinc passum(혹 ad decem abhinc passus) 여기서 *10 passus(15m)* 떨어진 곳에(서) / fácie ad fáciem 얼굴을 맞대고, 직접 대면하여, 서로 마주보며 / ad manum esse *(L.)*, ad manum habére *(Q.)* 손 가까이에[손아귀에] 있다, 준비되어 있다 / ad vinum *(C.)* 술좌석에서, 술마시면서.

II. 〔시간부사어 *(adverbiále témporis)*〕 **1.**

〔기한(期限)〕 **까지**: a mane usque ad vésperum 아침부터 저녁까지 / hic te ad mensem Januárium exspectáre*(C.)* 여기서 너를 정월달까지 기다리다. **2.** 〔기간〕 **동안**: ad quoddam tempus*(C.)* 얼마동안/ ad tempus 한동안, 일시; 임시로[의], 정해진 시간까지. **3.** 〔드물게는〕 **이내에; 후에**: ad annum*(C.)* 1년 이내에 / ad annos *(C.)* 수년 후에. **4.** 〔어림〕 **쯤에, 무렵에**: ad vésperum*(C.)* 저녁때 쯤 / ad extrémam oratiónem 연설이 끝날 무렵. **5.** 〔정확한 날짜〕 **…에**: ad diem*(C., Cæs.)* 정한 날에/ ad Idus*(Cæs.)* 보름날에(달따라 13일 또는 15일).

III. 〔제한·관점·관계·비교〕 **관해서는, 로 말하면, 에 있어서, 에 대해서; 에 비해서** [비하면]: quod áttinet ad …에 관해서는, …로 말하면 / vir ad perícula fortis*(C.)* 위험에 용감한 사나이 / Quid id ad rem?*(C.)* 그것이 이 일과 무슨 상관이냐? / nihil ad nostram formam*(T.)* 그것은 우리 꼴에 비하면 아무 것도 아니다.

IV. 〔적합·일치·순응·수반(隨伴)〕 **따라, 맞추어, 의거하여, 순응하여**: ad natúram*(C.)* 자연에 순응하여 / ad perpendículum*(C.)* 수직선으로 / ad normam*(C.)* 규범에 따라/ ad nutum*(C.)* 뜻을 받들어 / ad hunc modum*(C.)* 이 모양으로 / ad líbitum 마음대로, 임의로 / Ad clamórem convenérunt. *(Cæs.)* 고함소리를 신호로 모여들었다 / ad hæc audíta*(L.)* 이 말을 듣고나서.

V. 〔목적을 유발하는 원인을 포함한 목적부사어*(adverbiále finis seu finále)*; 용도·직책·결과〕 **위하여, 위한, 때문에, 대비하여, …(하)기에**: liber ad stúdium necessárius 연구에 필요한 책 / exíre ad bellum*(C.)* 전쟁하러 (싸움터로) 나가다 / ad famam belli *(L.)* 전쟁 소문 때문에 / ad omnes casus *(Cæs.)* 모든 경우에 대비해서 / servus ad manum 서기[비서]로 쓰는 종 / Vin'(=Visne) ad te ad cœnam véniam?*(Pl.)* 나 너의 집에 저녁 먹으러 갈까? / accommodáta ad persuadéndum orátio*(C.)* 설복하기에 알맞는 연설 / naves factæ ad quamvis vim perferéndam*(Cæs.)* 어떤 공격이라도 견디어 내도록 건조된 함정들.

VI. 〔대략적인 수〕 **약(約), 대개, 가량**: **1.** 〔*præp. c. acc.*〕 Sane frequéntes fúimus ad ducéntos.*(C.)* 우리는 꽤 많았으니, 한 200명 가량 되었다. **2.** 〔순전히 부사적으로〕 ad duo míllia trecénti occísi*(L.)* 약 2,300명의 전사자.

VII. 〔수단탈격*(abl. instruménti)* 대신에〕 **로써, …을 가지고**: ad spóngiam detergére *(Veget.)* 해면으로 닦다.

ad-², *præfíxa* **1.** 접두사 ad-은 그 합성된 단어(주로 동사)에 전치사로서의 ad이 가지는 뜻을 부여하거나 (ádamo와 같이) 동사의 뜻을 강화해 주거나 하며, 때로는 행동의 시작을 표시하기도 한다. **2.** c, f, g, l, n, p, r, s, t 자로 시작되는 단어 앞에서는 ad-이 d자가 이들 글자에 동화하여 일반석으로 ac-, af-, ag-, al-, an-, ap-, ar-, as-, at-으로 바뀌지만, ad- 그대로 남아있는 경우도 있으므로 결국 같은 단어가 두 가지로 표기되는 수가 있다. **3.** q 자 앞에서는 ac-으로 바뀐다. **4.** sc, scr, sp, st 앞에서는 d를 떼어버리고(aspício와 같이) a-로 합성되는 것이 통례이다. 그리고 agnósco의 경우에도 d를 잃어버린 것으로 설명되고 있다.

A.D. 《略》= Anno Dómini. 서기, 서력 기원…년에.

adáctĭo, ónis, *f.* [ádigo] 강제, 의무부과.

adáctus¹, a, um, *p.p.* [ádigo] vulnus longe adáctum 중상(重傷).

adáctus², us, *m.* [ádigo] 몰고 감; 강제.

adæquátĭo, ónis, *f.* [adǽquo] 부합, 적합, 합치.

adæquátus, a, um, *p.p., a.p.* [adǽquo] 적합한, 적절한, 타당한, 충분한: 《哲》 cognítio adæquáta (대상을 그 모든 관계에 있어서 아는) 적합인식 / objéctum adæquátum 적합 대상(어떤 능력의 실질적 대상의 전체).

adǽque, *adv.* [ad+æque] 똑같게.

adǽquo, ávi, átum, áre, *tr.* **1.** 〔*alqm* cum *alqo, alci; alqd* cum *abl., dat.*〕 같게 만들다, 동등하게 하다. **2.** 동렬에 놓다, 비교하다. **3.** 따라가게 하다, 필적하게 하다; 이르다, 다다르다, 달하다: ~ equórum cursum*(Cæs.)* 말들을 같이 뛰게하다 / famam atque glóriam majórum*(Sall.)* 조상들의 명예와 영광에 달하다.

adærátĭo, ónis, *f.* 값 매김, 평가, 감정(鑑定).

adǽro, ávi, átum, áre, *tr.* 값을 매기다, 평가하다, 감정하다.

adǽstŭo, áre, *intr.* 물이 끓어 오르면서[끓어 오르듯] 역류하다.

adággĕro, ávi, átum, áre, *tr.* 쌓아올리다: terram circa árborem ~ 나무 주위에 흙을 북돋아 주다.

adágĭo, ónis, *f.* = adágium.

adágĭum, i, *n.* [ad+aio] 격언, 옛말, 속담, 금언.

adállĭgo, ávi, átum, áre, *tr.* 〔*alqd* ad *acc., dat.*〕 처매다; 붙들어 매다, 동여매다.

adamantéus, a, um, *adj.* 강철같은, 견고한.

adamantínus, a, um, *adj.* = adamantéus.

ádămas, ántis, *m.* 〔*acc.* -mánta〕 **1.** 강철; 금강석. **2.** 냉혹한 사람, 냉혈한(冷血漢).

adamátor, óris, *m.* [ádămo] 열렬하게 사랑하는 자, 반한 사람.

ádămo, ávi, átum, áre, *tr.* 몹시 좋아하다, 애모하다, 사랑에 빠지다, 연모하다, 반하다.

Adámus, i, *m.* 인류의 원조 *Adam.*

adamússim, *adv.* [ad+amússis] 정확하게, 꼭맞게, 조금도 틀림없이; 에누리 없이.

adapérĭo, pérui, pértum, ĕríre, *tr.* **1.** 활짝 열다, 개방하다. **2.** (감추어진 것을) 찾아내다, 발견하다, 드러내다; 벗기다.

adapértĭlis, e, *adj.* [adapério] 열릴 수 있는, 들여다 볼 수 있게 열리는.

adapérŭi, *pf.* [adapério].

adaptátĭo, ónis, *f.* [adápto] 적응, 순응; (포교지에 있어서의) 관습순응.

adaptátus, a, um, *p.p., a.p.* [adápto] 적합해진, 적응한.

adápto, ávi, átum, áre, *tr.* 맞추다, 적합시키다, 적응시키다.

ádăquo, ávi, átum, áre, *tr.* (식물에) 물 주다, 물 대다; 가축에게 물 먹이다.

adárca, æ, [**adárce,** es,] *f.* (갯벌이나 갈밭같은데) 엉겨붙은 물거품.

adáuctus[1]**,** a, um, *p.p.* [adáugeo].

adáuctus[2]**,** us, *m.* 증가, 증대, 붙어남.

adáugĕo, áuxi, áuctum, ére, *tr.* [ad+áugeo] 커지게 하다, 증가시키다, 늘리다, 불리다.

adaugésco, ĕre, *intr. inch.* [adáugeo] 커지다, 자라나다.

adáugmen, mĭnis, *n.* 증가, 증대, 성장.

adáxint = adégerint, *pf. subj.* [ádigo].

ádbĭbo, bĭbi, bíbĭtum, ĕre, *tr.* **1.** 쭉 마시다, 마셔 없애다. **2.** 삼켜버리다; 감명깊게 듣다.

adc... *V.* acc...

áddĕcet, cébat, cére, *impers.* 〔*acc. persónæ*〕 적합하다, 알맞다, 어울리다: Ut matrem áddĕcet famílias,*(Pl.)* 가정주부에게 어울리는 바와 같이.

addénsĕo, ŭi, ére, *tr.* 조밀하게 하다, 촘촘히 만들다, 빽빽하게 하다, 짙어지게 하다.

addénso, ávi, átum, áre, *tr.* = addénseo.

addéxtro, ávi, átum, áre, *intr., tr.* **1.** 오른편에 나타나다, 길한 징조를 보이다. **2.** 공약(公約)하다.

addíco, díxi, díctum, cĕre, *tr.* [ad+dico] **1.** (어떤 일을 …에게) 돌리다. **2.** 《占術》(새를 통해서) 좋게 말하다, 마음에 드는 말을 하다. **3.** 판결해 주다, 판결을 내리다, 선고하다: *alqd alci (C.,L.)* 누구에게 물권을 인정해 주다. **4.** 〔*alqm dat.*〕 단죄하다, 결정[확정]하다, 확증하다, 지정하다, 당하게 하다: *alqm* perpétuæ servitúti*(Cæs.)* 아무를 종신 노예신분에 확정하다 / morti addíctus*(C.)* 죽을 것으로 결정된. **5.** 최고 입찰자에게 낙찰시키다, 돈을 가장 많이 내는 사람에게 내어주다: múlier addícta atque addúcta*(Pl.)* 입찰되어 팔려간 여자. **6.** (약속과 의무에 의해서) 팔다, 넘기다; 매매해서는 안되는 것을 팔다: ~bona *alcjs* in público*(Cæs.)* 아무의 재산을 몰수하다 / ~ *alqm* in servitútem*(L.)* 아무를 종으로 팔아넘기다 / Antónius regna addíxit pecúniā.*(C.)* *Antónius*는 돈 얼마에 나라 땅을 팔아 먹었다. **7.** 〔주로 *refl.*〕 바치다, 맡기다, 헌신하다, 헌납하다: ~ ánimum *alci (Sen.)* 아무에게 마음을 바치다 / ~ se uni*(C.)* 한 사람에게만 헌신하다 / ~ se opéribus natúræ*(Val.)* 자연계 탐구에 몸바치다 / mathemáticæ addíctus*(Suet.)* 수학에 몸바친.

addíctĭo, ónis, *f.* 판정, 승인, 판결; 선고, 지정: ~ in diem 기일지정 판결.

addíctus[1]**,** a, um, *p.p., a.p.* [addíco] **1.** 결정된, 확정된. **2.** 헌신한, 바친. **3.** 골똘한, 탐닉한.

addíctus[2]**,** i, *m.* [addíco] (빚 청산할 때까지) 노예로 판결된 채무자.

áddĭdi, *pf.* [addo].

addísco, addídici, díscere, *tr.* **1.** 더 배우다, 지식을 얻다. **2.** 들어 알다.

additāméntum, i, *n.* [addo] 부가, 부록.

additícĭus[**additítĭus**]**,** a, um, *adj.* 부가적인, 첨가되는, 추가의.

addítĭo, ónis, *f.* [addo] **1.** 첨가하는 행위; 부가, 첨가. **2.** 더하기, 덧셈, 가산법. **3.** 덧붙인 것, 부가물.

additívus, a, um, *adj.* =additícius.

áddĭtus, a, um, *p.p.* [addo].

addo, dĭdi, dĭtum, dĕre, *tr.* **1.** 〔*alqd alci,* in *acc.*〕 주다, 넣다, 넣어 주다, 담다, 놓다, 붙여 주다: ~ glandem in dólium*(Var.)* 도토리를 통에 넣다 / ~ frena equis*(V.)* 말들에게 재갈을 물리다 / ~ finem lítibus 말다툼을 끝내다 / ~ ánimum[ánimos] *alci (C.)* 용기를 북돋아 주다. **2.** 〔*absol.; alqd* ad *alqd, alqd alci rei*〕 가(加)하다, 첨가[첨부]하다, 보태다, 더하다, 덧붙이다, 부가하다, 추가하다: Nihil addo.*(C.)* 나는 보탤 것이 없다 / ~ gradum*(Pl., L.)* 발걸음을 재촉하다, 빨리 걷다 / áddită ætáte *(Plin.)* 나이가 많아지면. **3.** 부언(附言)하다, 덧붙여 말하다: Pauca addit.*(Cæs.)* 그는 몇마디 덧붙인다 / Addit étiam illud, equos non óptimos fuísse.*(C.)* 그는 말들이 썩 좋지는 않았다는 그 말까지 더 하고 있다 / Adde huc, si placet, saltatóres.*(C.)* 덧붙여 무용가들까지도 고려하시라.

addócĕo, ére, *tr.* 가르치다, 덧붙여 가르치다.

addormísco, ĕre, *intr.* 잠깐 눈을 붙이다.

Addŭa[**Adŭa**]**,** æ, *m.* *Padus(Po)*강의 지류.

addúbĭto, ávi, átum, áre, *intr.* 〔de *abl.*〕, *tr.* 의심을 품다, 의심이 가다: addubitáto augúrio*(C.)* 조짐에 대한 의심이 생겨서.

addúco, dúxi, dúctum, cĕre, *tr.* **1.** 데려오다[가다], 끌고가다, 인솔하다, (사람을) 끌어대다, 불러대다: secum ~ 대동하다 / mecum addúctus 내가 데려온 사람 / ad ægros médicos ~ 병자들에게 의사들을 불러대다. **2.** (법정에) 소환하다, 출두시키다; 불러내다: ~ in judícium, ad tribúnal

(C.) 법정에 출두시키다 / ~ ad pópulum *(C.)* 백성 앞에 불러내다. **3.** 이끌어 오다, 잡아당기다: ~ óstium *(Petr.)* 문을 당겨서 닫다 / ~ ramum *(C.)* 나무가지를 앞으로 잡아당기다 / addúctā sagíttā *(V.)* 화살을 뒤로 잡아당긴 다음. **4.** (근육을) 수축시키다, 찌푸리다, 찡그리다: ~ frontem *(Sen.)* 이맛살을 찌푸리다. **5.** 어떤 상태에 이르게 하다; 끌어넣다, 몰아넣다; …게 하다; (마음을) 움직이게 하다; 납득시키다: ~ *alqm* ad desperatiónem *(N.)* 실망에 빠뜨리다 / ~ *alqm* in spem *(C.)* 희망을 갖게 하다 / ~ *alqm* in sermónem *(C.)* 연설속에 끌어넣다 / précibus addúctus *(Cæs.)* 간청에 못이겨서 / Addúcor, ut credam. 나는 (결국) 믿게 된다.

addúcte, *adv.* [addúctus] **1.** 엄하게. **2.** 〔*comp.*〕 addúctius 더 팽팽하게.

addúctĭo, ónis, *f.* [addúco] **1.** 잡아당김, 끌어당김. **2.** 경련.

addúctus, a, um, *p.p., a.p.* [addúco] **1.** 죄어진, 당겨진, 찌푸려진, 수축된. **2.** 팽팽한. **3.** 엄격한.

addúxi, addúxti = adduxísti, *pf.* [addúco].

ádĕdo, édi, ésum, ĕre, *tr.* **1.** 이로 갈라먹다, 갉아먹다, 쏠아먹다. **2.** 〔물·불에 대해서〕 침수하다, 불이 붙어 들어오다.

adégi, *pf.* [ádigo].

Adélphi[Adélphœ], órum, *m. pl.* 형제들 *(Teréntius*의 희극명).

adémi, *pf.* [ádimo].

adém(p)tĭo, ónis, *f.* [ádimo] 제거, 탈취, 박탈: ~ civitátis *(C.)* 시민권 박탈.

adémptus, a, um, *p.p.* [ádimo].

ádĕo[1], *adv.* **I.** 〔장소적〕 **거기까지, 그곳까지**: Adeo res rédiit. *(T.)* 일이 거기까지 이르렀다.

II. 〔시간적〕 **그토록 오래, 오래도록**: usque ádeo dum[donec, quoad] *(Pl., T., Cato, V., C.)* …할 때까지 오래.

III. 〔정도〕 **1.** 〔드물게는 동등의 정도 표시로 비교 접속사 ut, quasi, tamquam 앞에〕 **…만큼, 와 같이, 마찬가지로.** **2.** 〔결과문 앞에〕 **할 정도로, 정도까지, 할 만큼**: Nemo ádeo ferus est, ut ... *(H.)* 아무도 …할 정도로까지는 사납지 않다 / Rempúblicam fúnditus amísimus, ádeo ut Cato vix vivus effúgeret. *(C.)* 우리는 *Cato*가 겨우 살아서 도망칠 정도로 공화국을 송두리째 잃고 말았다 / ádeo non ..., ut contra *(L.)* …하기는 커녕 오히려. **3.** 〔단순히 정도 표시〕 **그렇게, 그토록, 그 정도로까지**: Nec sum ádeo infórmis. *(V.)* 나도 그렇게까지는 못생기지 않았다. **4.** 〔결론부사〕 **이렇게 해서, 이리하여.** **5. 하물며, 더구나, 더욱; 뿐 아니라, 오히려**: Sanctus, nullíus repentíni honóris, ádeo non principátus áppetens *(Ta.)* 군자는 갑작스런 영예도 탐내지 않거니와 최고의 지위는 더더구나 탐내지 않는다 / atque ádeo 뿐 아니라 더욱; 그 외에 또. **6.** 〔강조〕 **특히, 과연, 실로, 사실**: ea símia ádeo *(Pl.)* 과연 그 원숭이가 / tuque ádeo *(V., Cæs.)* 특히 너도 / id ádeo *(C., Cæs.)* 특히 그것.

ádĕo[2], ívi[ii], ĭtum, íre, *anom.* **I.** *intr.* **1. …로 가다[오다], 가까이 가다; 찾아가다,** 방문하다; 진격하다: ~ ad *alqm* 누구를 만나러 가다 / ~ ad libros Sibyllínos *(C.)* 무당의 책을 보러 가다 / ~ in fundum *(C.)* 농장으로 가다 / ~ in jus *(C., Cæs.)* 소송하러 가다. **2.** 떠맡다, 종사하다, 시작하다, 당하다, 무릅쓰다: ~ ad rem públicam *(C.)* 공무를 보기 시작하다 / ~ ad extrémum perículum *(Cæs.)* 최대의 위험을 무릅쓰다.

II. *tr.* **1. 찾아가다,** 방문하다, 부탁하러 가다; (신에게나 신전으로) 기도하러[물어보러]가다: ~ *alqm,* 찾아가다, 말하러 가다 / ~ vates *(V.)* 점장이를 찾아가다 / ~ oráculum *(L.)* 신탁을 물어보다. **2.** 진격하다, 습격하다. **3.** (도시나 지방을 구경하러 또는 시찰하러) 돌아다니다, 찾아가다. **4.** 떠맡다, 당하다, 무릅쓰다: ~ perículum cápitis *(C.)* 사형당할 위험을 무릅쓰다 / ómnia, quæ adeúnda erant. *(L.)* 손대야 할 모든 일. **5.** 상속권을 찾다: ~ hereditátem 유산 상속자가 되다 / hereditátem non ~ *(C.)* 상속권을 거부하다.

adeps, dĭpis, *m., f.* **1.** 지방(脂肪), 기름, 비계. **2.** 비옥한 땅, 이회토(泥灰土). **3.** 비대한 사람.

adéptĭo, ónis, *f.* [adipíscor] 획득, 습득(習得), 도달, 성취.

adéptus, a, um, *p.p.* [adipíscor] 얻은, 습득한: adéptā libertáte *(Sall.)* 자유를 얻고 나서.

adéquĭto, ávi, átum, áre, *intr.* **1.** 〔ad, in *acc.; dat.*〕 말타고 어디로 가다[오다]: ~ ad nostros *(Cæs.)* 말을 타고 우리 쪽으로 오다. **2.** 나란히 말타고 가다.

adérro, áre, *intr.* 근처에서 길을 잃다, 가다가 길을 잃고 헤매다.

adésse, *inf. præs.* [adsum].

adesúrĭo, ívi, íre, *intr.* 몹시 굶주리다, 배고프다.

adésus, a, um, *p.p.* [ádedo] 쏠아진, 갉아진, 침식된.

adeúndus, a, um, *gerundív.* [ádeo²].

adf... *V.* aff...

adg... *V.* agg...

adhærĕo, hǽsi, hǽsum, rére, *intr.* **1.** 〔*dat.;* ad, in *acc.;* in *abl.*〕 붙다, 달라붙다, 붙어있다: Cráteræ limus adhǽsit. *(H.)* 물통에 진흙이 달라붙었다. **2.** 〔*dat.*〕 가까이 있다, 옆에 붙어있다, 잇따르다; 늘 머물러 있다: ~ castris *(Ta.)* 막사에 계속 머물러 있다. **3.** 〔*dat.*〕 붙어다니다. **4.** 〔*dat.*〕 집착[고

집]하다, 고수[견지]하다.
adhærésco, scĕre, *intr.*〔*dat.*; ad, in *acc.*; in *abl.*〕 **1.** 달라붙다, 붙어있다, 부착되어 있다. **2.** 밀접하게 속하다, 달려 있다: ad vestrum stúdium ~ *(C.)* 너희 노력에 달려 있다. **3.** 계속 머물러 있다: in his locis ~ *(C.)* 이 지방에 눌어붙다.
adhǽsĭo, ónis, *f.* [adhǽreo] 부착, 부속.
adhǽsus, us, *m.* 부착, 고착, 점착.
Adhérbal, ălis, *m.* *Micípsa*의 아들로서 *Numídia*의 수령, *Jugúrtha*에게 살해됨.
adhíbĕo, ŭi, bĭtum, ére, *tr.* [ad + hábeo] **1.** 갖다놓다, 갖다대다; 돌리다, 기울이다: Ad me vultus adhibéte.*(Ov.)* 나한테 얼굴들을 돌려다오 / ~ ánimum 정신[마음·주의력]을 기울이다. **2.**〔ad *acc.*; *dat.*; in *abl.*〕 사용하다, 쓰다, 응용하다, 이용하다: ~ prudéntiam ad omnes res *(C.)* 만사에 현명하게 대처하다 / modum ~ 절도를 지키다. **3.** 관여시키다, 참여케 하다; 불러대다, 채용하다, 의뢰하다: ~ *alqm* in consílium 아무의 의견을 묻다, 아무와 의논하다. **4.** 다루다, 접대하다: Quintum fílium sevérius adhibébo.*(C.)* 다섯째 아들 녀석을 더 엄하게 다루겠다 / *alqm* ducem *(C.)* 아무를 수령으로 모시다. **5.** 갖다주다; 보이다, 드러내다: ~ crudelitátem in *alqm* *(C.)* 누구에게 대해서 잔인성을 드러내다 /〔*refl.*〕 **se** ~ 태도를 취하다, 행동하다.
adhibítĭo, ónis, *f.* [adhíbeo] **1.** 초청, 초빙. **2.** 약품 사용.
adhíbĭtus, a, um, *p.p.* [adhíbeo].
adhínnĭo, ívi[ĭi], ítum, íre, *intr.* **1.** 말 울음소리를 내다. **2.**〔ad, in *acc.*; *dat.*〕 추파를 던지다; 욕망을 드러내다; (쾌감에) 흐뭇해 하다.
adhortátĭo, ónis, *f.* 격려, 고무; 장려, 권고.
adhortátor, óris, *m.* 격려자, 고무자.
adhórtor, átus sum, ári, *dep. tr.* **1.** 권고하다. **2.** 격려하다, 고무하다, 용기를 북돋우다: ~ *alqm* ad rem, ad rem faciéndam *(C.)* 어떤 일을 하도록 격려하다 / ~, ut … 하도록 격려하다, 고무하여 …하게 하다 / ~, ne … 못하게 말리다.
ădhuc, *adv.* **1.** 지금까지, 아직까지, 아직도 여전히, 여태. **2.** 그래도. **3.** 더 이상, 그밖에 또. **4.**〔아주 드물게〕 여기까지.
Adiabéna, æ, *f.* = Adiabéne.
Adiabéne, es, *f.* *Assýria*의 북부지방.
Adiabénus, a, um, *adj.* **1.** *Adiabéne*의. **2.** *m. pl.* *Adiabéne* 사람들[주민].
adiáphŏra, órum, *n. pl.* 가하지도 불가하지도 않은 아무래도 좋은 행위[의견].
adiaphorísmus, i, *m.* 자유재량설.
adíbĭlis, e, *adj.* 갈 수 있는 (곳).
adícĭo = adjício.
ádĭens, adeúntis, *p. præs.* [ádeo²].
ádĭgo, égi, áctum, ĕre, *tr.* [ad + ago] **1.** (어디로) 밀다, 몰다, 쫓다: Quis has huc oves adégit?*(Pl.)* 누가 이 양들을 여기로 몰아왔느냐? / pécore e vicis adácto *(Cæs.)* 가축을 동네에서 쫓아내고 / Quis deus Itáliam *(acc. poétic.)* vos adégit?*(V.)* 어떤 신이 너희를 *Itália*로 오게 했느냐? / ~ classem e … 함대를 …에서 몰아내다. **2.** 박다: ~ cúneum árbori [clavum in árborem] *(Plin.)* 쐐기를 [못을] 나무에 박다. **3.** 창을 던져 박다 · 꽂다: Ex inferióre loco tela ádigi non possunt.*(Cæs.)* 밑에서 던진 창은 목표에 가 박히지 못한다. **4.** (어디로) 몰고가다, 어떤 **결과에 이르게 하다**, 하도록 **강요하다**; 맹세[서약]하게 하다, (서약을) 요구하다: ~ ad insániam *(T.)* 미치게 만들다 / (ad) jusjurándum *alqm* ~ *(C.)* 맹세하게 하다.
ádĭi, *pf.* [ádeo²].
ádĭmo, émi, émptum, ĕre, *tr.*〔*alqm, alqd* - *alci*〕 **1.** 뺏다, 탈취하다, 떼내주다, 제거하다, 없애주다, 박탈하다: ~ vitam *alci* *(C.)* 아무에게서 생명을 뺏다 / ~ dolóres *(C.)* 고통을 제거해 주다. **2.** 납치하다, (사람을) 뺏어가다: Hanc nisi mors mihi ádimet nemo.*(T.)* 죽음이 아니고서는 아무도 이 여자를 내게서 뺏어가지 못할 것이다 / adémptus 죽음이 데려간, 죽은.
adímplĕo, évi, étum, ére, *tr.* **1.** 가득 채우다. **2.** 다하다, 이행하다; 지키다. **3.** 성취시키다, 성취하다.
adinvénĭo, véni, véntum, íre, *tr.* 발견하다.
adinvéntĭo, ónis, *f.* 발견, 발견물.
adínvĭcem, *adv.* 서로 (*V.* ínvicem).
adipális, e, *adj.* 지방질의, 비대한.
adipátus, a, um, *adj.* **1.** 지방질의, 지방분 많은; 비대한. **2.** 번지르르한, 과장된.
adipíscor, *(scĕris, scĭtur),* adéptus sum, písci, *dep. tr.* **1.** 에 이르다, 도달하다, 쫓아가 붙잡다: ~ senectútem *(C.)* 노경에 이르다. **2.** 얻다, 획득하다;〔*pass.*〕 얻어지다: Non ætáte adipíscitur sapiéntia. *(Pl.)* 지혜는 나이로 얻어지는 것이 아니다.
aditiális, e, *adj.* (연회·만찬) 성대한, 푸짐하게 차린.
adítĭo, ónis, *f.* **1.** 찾아감, (용건을 가지고) 부탁하러 감. **2.** ~ hereditátis 상속 받음.
ádĭtus¹, a, um, *p.p.* [ádeo²].
ádĭtus², us, *m.* [ádeo²] **1.** 가까이 감, 접근: ~ líttoris *(C.)* 해변 접근 / ~ ad *alqm* *(C.)* 누구를 만나봄. **2.** 입장(入場), 입장허가. **3.** 입구, 들어가는 길; 돌파구. **4.** 기회, 방법, 가능성: áditus ad aures *alcjs* *(C.)* 누구에게 이야기 할 기회 / sermónis áditus c. *alqo* *(Cæs.)* 협상; 타협 가능성.
ádjăcens, éntis, *p. præs.*, *a.p.* [adjáceo] **1.** 인접한: adjacéntes pópuli *(Ta.)* 인접 국민. **2. adjacéntĭa,** ĭum, *n. pl.* 인근, 근방.

adjácĕo, cŭi, ére, *intr.* **1.** 〔*dat.*〕 옆에 눕다, 옆에 있다: ~ fóribus *(Col.)* 문간에 누워있다. **2.** 〔장소·지방·민족에 대해서는 *acc.*; ad *acc.*; *dat.*〕 옆에 위치하다, 인접해 있다: Gentes, quæ mare illud ádjacent, *(N.)* 그 바다에 인접한 민족들.

adjéci, *pf.* [adjício].

adjéctĭo, ónis, *f.* [adjício] **1.** 첨부, 부가, 추가, 가산. **2.** 가격 인상. **3.** 말의 응수; 수사학적 반복. 「*n.* 형용사.

adjectívus, a, um, *adj.* [adjício] 형용사의;

adjéctus, a, um, *p.p.* [adjício].

adjícĭo, jéci, jéctum, jícĕre, *tr.* [ad+jácio] **1.** …로 던지다, 던져 보내다. **2.** 향하다, 돌리다: ~ óculos ad *alqd, alci rei (Pl., C.)* 무엇에 눈을 돌리다. **3.** 〔*dat.*; ad, in *acc.*〕 …에 덧붙이다, 첨부[첨가]하다, 보태다, 더하다: ~ latitúdinem ággeri *(Curt.)* 제방의 폭을 넓히다 / Adjícitur cibo piscículus. *(Cels.)* 음식에 작은 생선 한 마리가 더 나온다 / se ~ sócium 동료로 끼다. **4.** (말·글) 덧붙이다, 덧붙여 말하다. **5.** 값을 올리다.

adjudicátĭo, ónis, *f.* [adjúdico] 판결, 판정.

adjúdĭco, ávi, átum, áre, *tr.* 〔*alqd alci*〕 **1.** 판결을 내리다, 판결에 의해 돌려주다, 승인하다. **2.** 돌리다: Mihi salútem impérii adjudicávit. *(C.)* 그는 나라를 구한 공을 나에게 돌렸다.

adjúĕro = adjúvero, *fut. exáct.* [ádjŭvo].

adjuméntum, i, *n.* [ádjŭvo] 도움, 원조, 구조, 부축: adjuménto esse *alci (C.)* 누구에게 도움이 되다.

adjúnctĭo, ónis, *f.* [adjúngo] **1.** 결합, 연결, 관련. **2.** 부가, 첨가. **3.** 《修》 한정, 부가조건; 어순(語順)에서 종결동사를 첫 머리에 또는 맨 끝에 놓는 문장 양식.

adjúnctor, óris, *m.* 결합시키는 자, 연결자.

adjúnctum, i, *n.* [adjúnctus] **1.** 첨가물, 자연스러우며 특징적인 것. **2.** 부수 사정, 형편. **3.** 《修》 조건명제.

adjúnctus, a, um, *p.p.*, *a.p.* [adjúngo] **1.** 결합된, 결부된, 밀접한; 인접한: mare adjúnctum *(Curt.)* 인접한 바다. **2.** 특색있는, 독특한.

adjúngo, júnxi, júnctum, ĕre, *tr.* **1.** 〔*dat.*〕 (겨릿소처럼) 가축을 짝지어 놓다. **2.** 〔*dat.*; ad *acc.*〕 연결시키다, 결합시키다, 둘을 하나로 만들다, 붙이다: ulmis ~ vites *(V.)* 포도나무를 느릅나무에 접목하다 / legióni legiónem ~ *(Cæs.)* 두 군단을 합치다. **3.** (뜻·마음의 연결로) 결합하다, 친하게 만들다, 맺다: *alqm* sibi sócium *(C.)* 누구를 자기 동료로 삼다 / *alqm* ad amicítiam *(C.)* 아무와 우정을 맺다 / *alqm* ad suam causam *(C.)* 분쟁에서 자기 편에 들게 하다/〔*refl.*〕 **se** ~ 편이 되다, 가입하다. **4.** ~ **sibi** *alqd* 마련하다, 얻다. **5.** 부언하다, (말을) 첨가하다.

adjurátĭo, ónis, *f.* **1.** (명령이나 청원을 확고히 실현하기 위해 하느님의 이름을 불러 하는) 선서, 맹세. **2.** ~ dæmonum 구마식(驅魔式).

adjúro[1], ávi, átum, áre, *tr.* **1.** 덧붙여 서약하다, 맹세하다. **2.** 맹세로써 주장하다, 확약하다. **3.** 〔*poët.*〕 ~ *alcjs* caput *(Catull.)* 목숨을 걸고 맹세하다. **4.** *alqm* ~ 맹세하면서 누구에게 간청하다, 명하다. **5.** 하느님의 이름으로 마귀를 내쫓다.

ádjŭro[2] = adjúvero, *fut. exáct.* [ádjuvo].

adjúto, ávi, átum, áre, *tr. freq.* [ádjuvo] 열심히 도와주다.

adjútor, óris, *m.* [ádjuvo] **1.** 돕는 자, 부조자, 원조자; 조수. **2.** 부관, 보좌관.

adjutórĭum, i, *n.* [ádjuvo] 도움, 원조, 보호.

adjútrix, ícis, *f.* 돕는 여자, 여자 조수.

adjútus, a, um, *p.p.* [ádjuvo].

ádjŭvo, júvi, jútum, áre, *tr.* **1.** 돕다, 거들다: *alqm alqā re (C.)* 누구를 무엇으로 ~ / *alqm* in *alqā re (C.)* 누구를 무슨 일에 ~ / ~ *rem (C.)* 무슨 일을 돕다 / ~, ut *(C.)* …하도록 돕다. **2.** 격려하다, 고무하다. **3.** 도움이 되다, 유익하다, 이바지하다: Nihil ádjuvat procédĕre. *(C.)* 앞으로 나아가는 것은 아무 소용이 없다.

adl... *V.* all...

admatúro, áre, *tr.* 더 한층 촉진하다.

admétĭor, ménsus sum, íri, *dep. tr.* **1.** 측정하다, 재어보다, 되다. **2.** 〔*passive*〕 측정되다. **3.** 측정해서 나눠주다, 분배하다.

Admétus, i, *m.* **1.** *Thessália*지방 *Phĕræ*의 왕. **2.** *Molóssi*인들의 왕, *Themístocles*를 보호하였음.

adminícŭlo, ávi, átum, áre, *tr.* [adminículum] **1.** (포도나무를) 버티어 주다. **2.** 지탱하다, 지지하다, 원조하다.

adminícŭlum, i, *n.* [ad+manus] **1.** 버팀목, 받침대, 지주; 지탱. **2.** 원조, 보조.

adminíster, tri, *m.* **1.** 협력자, 협조자, 보조원, 보좌관. **2.** 앞잡이.

adminístra, æ, *f.* 여자 협력자; 하녀.

administrátĭo, ónis, *f.* **1.** 협조, 협력, 조력. **2.** 관리, 처리, 통치. **3.** 지도, 일의 처리, 책임 맡음: ~ rei públicæ *(C.)* 국사를 맡아 처리함 / ~ belli *(C.)* 전쟁의 수행.

administrátor, óris, *m.* 책임맡은 자, 관리자; 지배인: ~ belli geréndi *(C.)* 전쟁수행의 책임자 / ~ Apostólicus 교황청 임명의 교구 임시 관리자.

administratórĭus, a, um, *adj.* 심부름 직책 맡은, 시중드는.

adminístro, ávi, átum, áre, **I.** *intr.* 〔*alci*〕 협조하다, 보좌하다, 섬기다.

II. *tr.* 1. 시중들다, (음식을) 내놓다. 2. 일의 책임을 맡다, 직책을 다하다, 종사하다, 지휘하다. 3. 관리하다, 처리하다; 돌보다, 보살피다: ~ rem familiárem *(C.)* 가사를 돌보다.

admirábĭlis, e, *adj.* 놀라운, 훌륭한, 감탄할 만한, 신기한, 기묘한, 경탄할: O admirábilem impudéntiam! *(C.)* 놀라운 파렴치여!

admirabílĭtas, átis, *f.* 감탄할 만한 일, 감탄.

admirabílĭter, *adv.* 놀랍게, 훌륭하게; 기묘하게.

admirándus, a, um, *gerundív.* [admíror] 감탄할 만한: admirándum in modum *(N.)* 놀라운 방법으로.

admirátĭo, ónis, *f.* 1. 감탄, 찬탄, 경탄. 2. 놀라움, 깜짝 놀람.

admirátor, óris, *m.* 경탄하는 자, 감탄자.

admíror, átus sum, ári, *dep. tr.* 1. 경탄하다, 놀라다, 놀란 눈으로 보다. 2. 감탄하다, 탄복하다, 감탄하여 바라보다.

admíscĕo, míscui, míxtum[místum], ére, *tr.* 1. 〔*alqd dat.; in acc.; abl.;* cum *abl.*〕 혼합하다, 섞다. 2. 〔*dat.;* in *acc.; abl.*〕 포함시키다, 편입시키다: His Antoniános mílites ~ *(Cæs.)* 이 군대에 *Antónius*의 군대를 편입시키다. 3. 〔*abl.;* in, cum *abl.;* ad *acc.*〕 (흔히 나쁜 일에) 끌어 넣다, 끼어들게 하다, 말려들게 하다; 〔*refl.*〕 **se** ~, admiscéri 끼어들다, 말려들다.

admísi, *pf.* [admítto].

admissárĭus, i, *m.* 1. (말·당나귀의) 종마. 2. 호색한.

admísse = admisísse, *inf. præt.* [admítto].

admíssĭo, ónis, *f.* [admítto] 1. (입학·입회·입장·가입) 허가, 인허(認許). 2. 알현, 알현 허락, 접견, 면회허락.

admíssum, i, *n.* [admíssus] 저지른 잘못, 나쁜 행실; 악행, 범행.

admíssus, a, um, *p.p.* [admítto].

admístĭo = admíxtio.

admístus = admíxtus.

admítto, mísi, míssum, ĕre, *tr.* 1. (어디로) 가게[오게]하다, 가도록[오도록] 내버려두다, (말을) 달리게 하다: ~ sibi áspidem *(Eutr.)* 살무사가 자기에게 오도록 내버려 두다 / in hostes equos ~ *(L.)* 적진으로 말들을 달리다 / admíssis equis *(Cæs.)* 말들을 달려서. 2. (동물의 자웅을) 접근시키다; 받아주다. 3. (사람을) 가까이 오게 하다, 면회를 허락하다, 만나주다: Admíssi audítique sunt. *(L.)* 그들은 면회허락을 받고 접견되었다. 4. 영접하다, 맞이하다, 받아들이다, 들여놓다: Neque domum ad se fílium admísit. *(N.)* 그는 아들을 자기 집에 들여놓지도 않았다 / ~ legátos in cubículum *(C.)* 사신들을 거실로 영접하다. 5. (공무의 의논·수행을 위해) 만나다; 참석[참가]시키다, 관여시키다; 가입시키다, 명부에 올리다, 임명하다: admítti ad consílium *(C.)* 회의에 참석하다. 6. 들어주다, 승락하다; 인정하다, 시인하다: ~ precatiónem *(L.)* 간청을 들어주다. 7. 용인하다, 방임하다, 말리지 않다: non ~ litem *(C.)* 논쟁을 내버려 두지 않다. 8. 〔가끔 in *acc.*〕 저지르다, (죄를) 범하다, 감행하다: Quid admísi in te? *(Pl.)* 내가 너한테 뭘 잘못했니? / ~ in se culpam castigábilem *(Pl.)* 스스로 벌받을 잘못을 저지르다.

admíxtĭo, ónis, *f.* [admísceo] 혼합, 첨가.

admíxtus, a, um, *p.p.* [admísceo].

ádmŏdum, *adv.* 1. 완전히, 아주, 한껏, 충분히; 적어도: ~ adoléscens *(C.)* 아주 젊은이. 2. 대단히, 극도로, 참으로, 정말: ~ nihil, nihil ~ *(C.)* 정말 아무것도 …아니 / irátus ~ *(T.)* 화가 잔뜩 나서 / non ~ 별로 …아니. 3. 〔숫자〕 정확히, 꼭: post menses ~ septem *(Justin.)* 꼭 일곱 달 후에. 4. 〔대답으로〕 그렇구 말구, 물론이다, 확실히 그렇다.

admónĕo, ŭi, ĭtum, ére, *tr.* 1. 〔*alqm* de *alqā re, alcjs rei*〕 (아무에게 무엇을) 생각나게 하다, 상기시키다. 2. 〔미래 일에 대해서는 그 내용이 ut, ne, *inf.* 등으로 표시된다〕 주의시키다, 조심시키다, 일깨워주다, 알려주다: Prodígiis a dis admonémur. *(C.)* 우리는 여러가지 이적으로 신들의 경고를 받는다 / ~ *alqm* de *alqā re* *(C.)* 무엇에 대하여 아무에게 주의를 환기시키다 / Quæ eum tantum ad aures admonuérunt, ut ... *(C.)* 그 여자들은 그에게 (조심하라고) 귀뜸만 해주었다. 3. 〔ut; ne〕 재촉하다, 하도록[말도록] 권고하다, 충고하다, 훈계하다, 타이르다. 4. 〔사람·동물을〕 바로잡아주다, 징계하다: ~ líberos verbéribus *(Sen.)* 매질로 자녀들을 징계하다.

admonítĭo, ónis, *f.* [admóneo] 1. 상기시킴, 회상. 2. 권고, 충고, 훈계; 책망, 징계. 3. 주의, 경고.

admónĭtor, óris, *m.* [admóneo] 상기시키는 자; 훈계자, 경고자, 독촉자.

admónĭtum, i, *n.* [admónitus[1]] 경고, 충고.

admónĭtus[1], a, um, *p.p.* [admóneo].

admónĭtus[2], us, *m.* 〔실제로는 *abl.*만〕 admónitu 충고로, 격려로, 상기시켜 줌으로.

admóram, admórim = admóvĕram, admóvĕrim, *plqpf., pf. subj.* [admóveo].

admótĭo, ónis, *f.* [admóveo] 1. 갖다 댐; 적용, 운용. 2. 운지법(運指法).

admóvĕo, móvi, mótum, ére, *tr.* 1. 〔ad, in *acc.; dat.*〕 가까이 갖다놓다, 갖다대다, 접근시키다; (가까이) 이동시키다: ~ scalas ad mœ́nia, mœ́nibus *(L., Ta.)* 사다리를 성벽에 갖다대다 / ~ manus péctori *(Q.)* 두 손을 가슴에 갖다대다 / ~ manum[manus] *alci rei* 만지다, 손을 대다. **2.** 향하게 하다, 돌리다: ~ vultum ad auditóres *(C.)* 얼굴을 청중에게로 돌리다 / ~ aurem[aures] 정신차려 듣다 / ~ mentem ad *alqd* 정신을 어디로 돌리다. **3.** 사용하다, 응용하다, 원용하다: ~curatiónem *alci (C.)* 치료하다, 약을 쓰다 / stímulos *alci (C.)* 자극을 주다. **4.** (공포·희망 등을) 일으켜주다, 안겨주다. **5.** 끌어 들이다, 들여 놓다: ~ *alqm* in convívium *(Suet.)* 연회장에 들여놓다.

admúgĭo, ívi[ĭi], íre, *intr.* [*dat.*] 응답하여 소리내다, (소가) 마주 울다.

admurmurátĭo, ónis, *f.* (비난 또는 칭찬·찬성의 뜻을 드러내는) 중얼거림.

admúrmŭro, ávi, átum, áre, *intr.* (불평 표시로 또는 찬성하여) 중얼거리다.

admútĭlo, ávi, átum, áre, *tr.* **1.** (털·머리) 깎다. **2.** 잘라[떼어] 먹다, 속여뺏다.

adnáscor = agnáscor.

adn... *V.* ann... 「버리다, 파묻다.

adóbrŭo, rŭi, rŭtum, ĕre, *tr.* 흙으로 덮어

adólĕo, évi, adúltum, ére, *tr.* **1.** [*alqd alqā re*] 제헌의 뜻으로 불태워 연기나 김을 피어오르게 하다, 연기로 덮다: ~ flammis penátes *(V.)* 신성한 터를 희생물 태우는 불길로 덮다. **2.** 제사를 바쳐 공경하다: ~ cruóre captívo aras *(Ta.)* 포획물의 피를 흘려서 제단에 바치다. **3.** 불태우다, 불살라 버리다: ~stípulas *(Ov.)* 밀짚을 태우다.

adoléscens[1]**,** scéntis, *p. præs.* [adolésco[1]] **1.** 성장한. **2.** 젊은, 청년의. 「은 여자.

adoléscens[2]**,** scéntis, *m., f.* 젊은이, 청년; 젊

adolescéntĭa, æ, *f.* 청년시대, 청춘.

adolescéntŭla, æ, *f.* 아주 젊은 여자, 어린 여자.

adolescéntŭlus, i, *m.* 아주 젊은 청년.

adolescentúrĭo, íre, *intr.* 젊은이 행세하다.

adolésco[1]**,** évi, adúltum, ĕre, *intr.* 성장하다, 커지다.

adolésco[2]**,** ĕre, *intr. inch.* [adóleo] 연기나 김으로 변하다, 불타오르다.

Adōn, ónis, *m.* = Adónis.

Adónis, is[ĭdis], *m. Cyprus*의 왕 *Cínyras*의 아들로서 *Venus*여신의 사랑을 받은 미모의 사냥꾼.

adopérĭo, érui, értum, íre, *tr.* **1.** 덮다, 씌우다, 가리다. **2.** 닫다, 막다.

adopértum, i, *n.* [adopértus] 신비.

adopértus, a, um, *p.p., a.p.* [adopério] **1.** 덮인, 가려진: adopérta lúmina somno *(Ov.)* 잠이 와서 거슴츠레해진 눈. **2.** 닫힌.

adoptátĭo, ónis, *f.* **1.** 양자 결연, 양자녀로 삼음. **2.** 채용. 「부.

adoptátor, óris, *m.* 양자를 맞는 사람, 양

adóptĭo, ónis, *f.* [adópto] **1.** 양자녀로 삼음, 양자 결연. **2.** 채용, 입용: fílium in adoptiónem dare *(L.)* 자기 아들을 양자로 주다.

adoptívus, a, um, *adj.* [adópto] 양자가 된, 양자의; 양자관계의, 결연 관계의: fílius ~ 양자 / pater ~ 양부.

adópto, ávi, átum, áre, *tr.* **1.** 끌라잡다, 선택하다; 채용하다: ~*alqm* sibi patrónum *(C.)* 자기의 보호자로 삼다. **2.** 양자로 삼다, 입양시키다: ~sibi fílium *(C.)* 양자로 삼다.

ador, óris, *n.* 밀의 일종, 스펠트 밀(미개량 종의 밀).

adorátĭo, ónis, *f.* [adóro] **1.** 경배, 숭배, 합장배례. **2.** 애모. **3.** 《가》 흠숭(하느님께만 드리는 최고 예배).

adorátor, óris, *m.* [adóro] 경배자, 예배자.

adórĕa, æ, *f.* **1.** 사병에게 상으로 주는 밀. **2.** 군인의 영예.

adórĕus, a, um, *adj.* **1.** 밀의, 양곡의. **2.** *n.* 양곡, 밀, 곡식.

adórĭa = adórea.

adórĭor, *(rĕris, rĭtur),* órtus sum, íri, *dep. tr.* **1.** 공격하다, 습격하다, 기습하다: ~ *alqm* gládiis, fústibus *(C.)* 칼과 몽둥이로 누구를 공격하다. **2.** 일을 시작하다, 착수하다, 하려고 하다.

adórno, ávi, átum, áre, *tr.* **1.** 장비하다, 정비하다, 준비하다, 갖추다: ~ naves onerárias *(Cæs.)* 화물선을 정비하다 / ~ accusatiónem *(C.)* 고발을 준비하다. **2.** 장식하다.

adóro, ávi, átum, áre, *tr.* **1.** 향해서 말하다, 기도하다. **2.** 애원하다, 간구하다: ~ pacem deórum *(L.)* 신들의 가호를 간구하다. **3.** 숭배하다, 절하다, 조배하다; 제사지내다; 《가》 (하느님께만 드리는 최고 예배로) 흠숭하다: ~ Cǽsarem ut deum *(Suet.)* *Cæsar*를 신으로 숭배하다 / ~ virtútem *(Sen.)* 덕행을 숭상하다.

adórtus, a, um, *p.p.* [adórior].

adp... *V.* app...

adq... *V.* acq...

adr... *V.* arr... [다음 몇몇 단어는 그대로!]

adrádo, rási, rásum, ĕre, *tr.* **1.** (털·머리·수염 따위를) 바싹 깎다, 밀다. **2.** (나무가지나 잎을) 자르다, 베다.

Adramytténus, i, *m. Adramyttéum* 사람.

Adramyttéum, i, *n. Mýsia*의 해안 도시.

Adrána, æ, *f. Germánia*의 강(지금의 *Eder*).

adrápĭdus, a, um, *adj.* 대단히 빠른.

Adrastéa[-tía], æ, *f.* 《神話》 *Júpiter*신과 *Necéssitas* 여신 사이의 딸로서, 사람들을 그 행실에 따라 상과 벌을 주는 여신.

Adrástus, i, *m.* *Argos*의 왕, *Týdeus*와 *Polyníces*의 의부.

adrásus, a, um, *p.p.* [adrádo].

adrémĭgo, ávi, átum, áre, *intr.* [ad+rémigo] (어디로) 노질하여 가다.

adrépo, psi, ptum, pĕre, *intr.* [ad+repo] **1.**

기어 다가가다[오다], 슬슬 기어들다. 2. 몰래 들어가다, 살금살금 다가가다.
adrépto, áre, *intr. freq.* [adrépo] 살금살금 기어가다·다가가다.
adréptus, us, *m.* [adrépo] 기어 다가감.
Adr... *V.* Hadr...
ads... *V.* ass...
adsc..., **adsp**... *V.* asc..., asp...
adst... *V.* ast...
adstríngens, éntis, *n.* 수렴제.
adsum, áffui[ádfui], adésse, *intr.* [ad+sum] 1. 〔*absol.; dat.;* ad, ante *acc.;* in, coram *abl.*〕 이[그] 자리에 **있다,** 출석해 있다, 출석하다, 참석하다: Adsum. (호명할 때) 예·여기 있오 / ad portam ~ *(C.)* 성문간에 있다 / Contínuo hic adsum.*(T.)* 나는 계속 여기 있다. 2. (누구에게) 있다, (존재하여) 있다, 갖추어[가지고] 있다: Quantus sudor adest equis!*(H.)* 말들이 어떻게나 땀을 흘리는지! / Vis nulla áderat.*(Vell.)* 아무런 힘도 없었다. 3. **와 있다, 오다:** Ecce adest.*(Ov.)* 봐라, 그가 와 있다 / Huc ades.*(V.)* 이리 오너라. 4. 〔시간〕 다가오다, 되다, 접어들다: Jam áderit tempus.*(Pl.)* 이제 곧 때가 될 것이다 / Aderat judício dies.*(L.)* 재판날이 돌아왔(었)다. 5. 〔*alci*〕 **도와주다,** 편들다; (신의) 가호가 있다: amíco ~ 친구를 도와주다 / ~ *alci* in consílio 아무의 자문에 응하다, 조언하다. 6. (어떤 계획을 세우고) 하려 하다, 마음을 정하다: Advérsus hostes áderant.*(Sall.)* 그들은 적들과 대항하고 있었다 / Non ... delére áderam.*(Sil.)* 나는 없애버릴 생각은 아니었다. 7. 〔*alci*〕 변호하다: Adsum amícis.*(C.)* 나는 친구들을 변호한다 / ~ in *alqā* causā, ad defendéndam causam 무슨 사건을 변호하다 / ~ in foro*(L.)* 법정에서 변호하다. 8. ~ in judício, ad judícium 법정에 출두하다. 9. ~ ánimo[ánimis] 정신차리다, 주의하다; 용기를 가지다: Adestóte omnes ánimis.*(C.)* 모두들 정신차려라 / Ades ánimo et omítte timórem.*(C.)* 용기를 가지고 공포심을 버려라.
adt... *V.* att...
Aduátŭca, æ, *f. Eburónes*인들의 요새(지금 「의 *Tongres*).
Aduátŭci, órum, *m. pl. Gállia Bélgica*의 *Cimbri*계 주민들.
adulábĭlis, e, *adj.* [adúlor] 다정스러운, 환심사는, 애교떠는.
adúlans, ántis, *p. præs.* 아양떠는, 아첨하 「는.
adulátĭo, ónis, *f.* [adúlor] 1. (동물이) 꼬리침, 아양떪음. 2. 아부, 아첨, 아첨하여 부복함. 3. 노예적 추종.
adulátor, óris, *m.* [adúlor] 알랑거리는 사람, 아첨자; 맹목적 추종자; 간신배.
adulatórĭus, a, um, *adj.* 굽실거리는, 알랑거리는, 아부의, 아첨의.
aduléscēns, éntis, 1. *p. præs.* [aduléscо] 젊은. 2. *m., f.* 청소년, (남·녀) 젊은이.
adulescéntĭa, æ, *f.* 청년시대, 청춘.
adulescéntŭla, æ, *f.* 아주 젊은 여자, 어린 여자.
adulescéntŭlus[1], a, um, *adj. dim.* [adolé- 「scens] 아주 젊은, 어린.
adulescéntŭlus[2], i, *m.* 아주 젊은 청년.
aduléscо = adolésco[1].
adúlo, ávi, átum, áre, *tr.* 1. (동물 특히 강아지가) 꼬리치다, 아양떨다. 2. 잔잔한 강물이 기슭에 찰싹거리다. 3. 아첨[아부]하다, 알랑거리다.
adúlor, átus sum, ári, *dep.* I. *tr.* 1. 꼬리치다, 아양떨다: Mites canes furem quoque adulántur.*(Col.)* 순한 개들은 도둑놈보고도 꼬리친다. 2. 쓰다듬어 주다, 가려운데를 긁어주다. 3. 아첨하다, 아부하다, 아양떨다; 비위를 맞추다, 사실보다 더 높이다. II. *intr.* 〔*dat.*〕 아첨하다, 발라맞추다.
adúlter[1], ĕra, ĕrum, *adj.* [ad+alter] 1. 간음의, 행실이 나쁜, 정숙하지 못한. 2. 변질된, 부패한, 거짓된, 위조된.
adúlter[2], ĕri, *m.* 간통한 사내, 간부(姦夫), 정부(情夫).
adúltĕra, æ, *f.* 간통한 계집, 정부(情婦).
adulterátĭo, ónis, *f.* [adúltero] (품질) 부패, 변질, 위조, 조악품 혼합. 「한; 혼혈의.
adulterátus, a, um, *p.p.* [adúltero] 간통
adulterínus, a, um, *adj.*[adúlter[1]] 1. 간음에서 난; 순종(純種)이 아닌. 2. 모조(模造)의, 위조의. 3. 불순물이 섞인, 순수하지 않은.
adultérĭum, i, *n.* [adúlter[1]] 1. 간통, 간통죄. 2. (동물) 잡종교배, (식물)접목. 3. 불순물 혼합.
adúltĕro, ávi, átum, áre, *tr.*[adúlter[1]] 1. 외간남자[유부녀]와 간음하다, 간통하다, 간통죄를 범하다. 2. 〔때로는 cum *abl.*〕 간통하다. 3. 동물의 순종 아닌 교배를 시키다: nidus adulterátus*(Plin.)* 남의 알이나 새끼를 품고 있는 보금자리. 4. 위조하다, 모조품을 만들다; 불순물을 섞다.
adúltus, a, um, *p.p., a.p.* [adolésco[1]] 1. 크게 자란, 성장한; 성년에 이른, 어른이 된; *m., f.* 어른, 성년자. 2. 성숙한, 원숙한; (감정·질병 따위) 오랫동안 계속된: hæc tam adúlta pestis*(C.)* 이미 많이 퍼진 흑사병.
adumbrátim, *adv.* [adúmbro] 어렴풋이.
adumbrátĭo, ónis, *f.* 초벌그림, 스케치, 초안, 초고, 약도, 윤곽.
adumbrátus, a, um, *p.p., a.p.* [adúmbro] 1. 초벌그린, 초안잡은. 2. 희미한, 불명료한: adumbráta imágo glóriæ*(C.)* 영광의 희미한 그림자. 3. 거짓의, 가상적, 허구의; 겉보기만의.
adúmbro, ávi, átum, áre, *tr.* 1. 그늘지게

하다, 그림자지게 하다, 어둡게 하다, 가리다. **2.** 초벌잡다, 윤곽잡다. **3.** 흉내내다, 모방하다, 복사하다.

adunátĭo, ónis, *f.* [adúno] **1.** 하나로 합침, 통심. **2.** 집합.

adúncĭtas, átis, *f.* [adúncus] 굽음, 만곡.

adúncus, a, um, *adj.* 갈구리모양으로 구부러진. 「합시키다; 모으다.

adúno, ávi, átum, áre, *tr.* 하나로 묶다, 결

adúrgĕo, ére, *tr.* 재촉하다, 빨리하게 하다, 압박하다, 추적하다.

adúro, ússi, ústum, ĕre, *tr.* **1.** 그슬리다, 그을게 하다, 지지다; 굽다: ~ sibi capíllum *(C.)* 머리를 지지다. **2.** 불태우다, 태우다: sine gémitu adurúntur *(C.)* 신음도 없이 몸을 불태우다. **3.** 쪼글쪼글하게 말리다, (열·마찰로) 굳어지게 하다, (추위로) 동상입히다. 「que ad 까지.

adúsque[1] **[ad usque],** *præp. c. acc.* = us-

adúsque[2], *adv.* 도처에; 철저히, 밑바닥까지. 「치욕, 불명예.

adústĭo, ónis, *f.* [adúro] **1.** 태움; 화상. **2.**

adústus, a, um, *p.p., a.p.* [adúro] **1.** 햇볕에 그을린, 검게 탄: adustióris colóris esse *(L.)* 더 검게 탄 피부색이다. **2.** 〔*n. pl.*〕 화상(입은 자리), 동상.

advectícĭus, a, um, *adj.* [ádveho] 밖에서 들여온, 외래의, 수입한. 「급.

advéctĭo, ónis, *f.* [ádveho] 수송, 운반; 공

advécto, áre, *tr. freq.* [ádveho] 계속 수송하다, 운반하다, 나르다.

advéctus[1], a, um, *p.p.* [ádveho].

advéctus[2], us, *m.* 수송, 운반; 수입.

ádvĕho, véxi, véctum, ĕre, *tr.* **1.** (수레·배·말 따위로) 나르다, 운반하다. **2.** 수입하다, 도입하다: advécta relígio *(Ta.)* 도입한 종교. **3.** 〔*pass.*〕 (수레·배·말) 타고 가다, 항행하다; 이르다.

advélo, áre, *tr.* 가리다, 덮다, 싸다; 화환따위로 장식하다: ~ témpora lauro *(V.)* 월계관으로 관자놀이[옆이마]를 장식하다.

ádvĕna[1], æ, *m., f.* [advénio] 외국인, 외국에서 온 사람, 나그네, 낯선 사람.

ádvĕna[2], æ, *adj.* 외국의; 떠돌이의, 낯선: vólucres ádvenæ *(Var.)* 후조, 철새.

advénĭo, véni, véntum, íre, *intr.* **1.** 도착하다, 오다, 이르다, 도래하다: Dies advénit. *(C.)* 그 날이 왔다. **2.** (뜻하지 않게) 나타나다, 생기다, 일어나다.

adventícĭus[-tĭus], a, um, *adj.* [advénio] **1.** 밖에서 오는, 외래의, 외국의; 외면적, 외부의: nullo adventício pulsu *(C.)* 외부로부터의 아무런 충동도 받지않고 / adventícium auxílium *(C.)* 외부의 원조. **2.** 생각지 않게 닥치는, 우발적인: pecúnia adventícia *(C.)* 예기치 않았던 돈.

advénto, ávi, átum, áre, *intr. freq.* [advénio] **1.** 도착하려 하다; 점점 가까와지다, 가까이 오다[가다]: ~ ad Itáliam *(C.)* 이태리에 가까이 오다 / advéntans senéctus *(C.)* 점점 가까와지는 노년기. **2.** 임박하다, 다가오다: Jam tempus advéntat. *(C.)* 벌써 때가 다가온다.

advéntor, óris, *m.* [advénio] 손님, 방문객.

advéntus, us, *m.* [advénio] **1.** 다가옴, 가까와짐, 도착, 도래. **2.** 《가》 그리스도의 내림(來臨): tempus ~ 대림시기. **3.** 진군, 군대의 습격.

advérbĕro, áre, *tr.* 내려치다, 때리다.

adverbiális, e, *adj.* [advérbium] **1.** 부사적(副詞的). **2.** adverbiále, *n.* 부사어: ~ agéntis 능동주(能動主) 부사어: Urbs **a mílitibus** custodítur. 도시가 군인들에 의해 수비되고 있다.

adverbiálĭter, *adv.* 부사적으로.

advérbĭum, i, *n.* 부사. 「다.

advérro, ĕre, *tr.* 쓸다, 소제하다, 일소하

advérsa, órum, *n.pl.* [advérsum[3]] **1.** 불행, 불운, 역경, 재난. **2.** 반대되는 것들.

adversárĭa[1], æ, *f.* 여자 적대자.

adversárĭa[2], órum, *n.pl.* **1.** 임시 일기장, 비망록, 메모 수첩. **2.** 반대자의 주장[언설], 말썽; 안개.

adversárĭus[1], a, um, *adj.*[advérsus[2]] 〔*dat.*〕 앞에 가로놓인, 대립하는, 거스르는, 반대의, 적대하는: res adversária hómini *(C.)* 사람에게 장애가 되는 일.

adversárĭus[2], i, *m.* 반대자, 적대자, 적수.

adversátor, óris, *m.* [advérsor] 반대자, 적

adversátrix, ícis, *f.* 여자 반대자. ⌊대자.

advérse, *adv.* [advérsus[2]] 모순되게, 반대되게. 「향, 의향.

advérsĭo, ónis, *f.* [advérto] 진로, 방향, 경

advérsĭtas, átis, *f.* [advérsus[3]] 불행, 재난.

advérsor, átus sum, ári, *dep. intr.* 〔*dat.*〕 반대하다, 대립하다, 거스르다: Noli adversári mihi. *(T.)* 나를 반대하지 마라 / adversánte fortúnā *(C.)* 운이 나빠서.

advérsum[1], *adv.* = advérsus[1].

advérsum[2], *præp.* = advérsus[2].

advérsum[3], i, *n.* [advérsus[3]] **1.** 반대편, 반대방향, 역행: Hic ventus ~ tenet. *(N.)* 이 바람은 역풍이다 / in ~ 반대방향으로 / ex advérso 반대편에(서), 맞은편에(서), 정면대립하여. **2.** 〔단수는 *gen. partitívus*로 쓰일 정도임〕 재난, 재앙, 불운.

advérsus[1], *adv.* **1.** 반대하여. **2.** 맞은편으로, 정면으로.

advérsus[2], *præp. c. acc.* 〔대명사일 경우에는 그 뒤에도 놓인다〕 **1.** 맞은 편에[으로], 전방에[으로]; 향하여: Impetum ~ montem fáciunt. *(Cæs.)* 산쪽으로 공격을 퍼부었다. **2.** (누구) 앞에서, 면전에서, 맞대놓고. **3.** **거슬러, 위반하여, 반대하여, 반대로,** 거

꾸로; 모순되게: ~ legem *(C.)* 법률에 위반되게. 4. 〔호의적·적대적〕 대하여[대한], 향하여; 대항하여, 대립하여, 에게 손해되게: summa fides ~ *alqm (C., L.)* 아무에게 대한 최고도의 신용 / ~ *alqm* bellum gérere *(N.)* 대항하여 전쟁하다.

advérsus[3], a, um, *p.p., a.p.* [advérto] 1. 〔*dat.*〕 앞에 있는, 전면(前面)의, 대립해 있는, 맞은 편에 있는, 향해 있는: Naves nostris advérsæ constitérunt.*(Cæs.)* 적함들이 우리 군함들과 대치하여 정박하였다 / sol advérsus 마주 앉은 해. 2. 신체 앞부분의: dentes advérsi *(C.)* 앞니. 3. 거스르는, 반대하는; 적대하는, 적의, 원수진: advérsa pars *(Q.)* 반대편 / advérsis áuribus mílitum *(L.)* 군인들 귀에 거슬리게 / vento advérso *(C.)* 역풍을 만나서 / in advérsum flumen *(Lucr.)* 강물을 거슬러 / advérso flúmine *(Cæs.)* 물길을 거슬러. 4. 불행한, 역경의: res advérsæ *(C.)* 역경.

advérto, vérti, vérsum, ĕre, *tr.* 〔ad, in *acc.; acc.; dat.*〕 1. …로 향하게 하다, 방향잡다, 돌리다: urbi agmen ~ *(V.)* 도시로 군대를 향하게 하다 / ~ óculos *(Curt.)* 눈을 돌리다 / ~ aures ad vocem *(Ov.)* 말소리에 귀를 기울이다. 2. 〔선박〕 항행하다, 키를 어느 방향으로 잡다. 3. ánimum [ánimos, mentem] ~ 마음[정신]을 돌리다, 주의를 기울이다, 정신차리다: Huc advértite mentem.*(V.)* 마음을 이쪽으로 돌려라, 내 말을 정신차려 들어라. 4. ánimum ~ (= animadvérto) 깨닫다, 알아차리다, 주의하다. 5. 관찰하다: ~ ánimis[ánimo] 주의깊게 살피다. 6. 주의를 환기시키다, 정신차리게 하다. 7. 〔in *alqm*〕 벌하다, 견책하다.

advesperáscit, rávit, ráscere, *impers.* [ad + vesper] 저녁이 되다, 날이 저물다.

advéxi, *pf.* [ádveho].

advígĭlo, ávi, áre, *intr.* 〔ad *acc.; dat.*〕 …에 조심하다, 정신차려 지키다, 망보다; 깨어 돌보다.

advívo, víxi, ĕre, *intr.* 1. 살아 있다, 생존해 있다. 2. 〔*dat.*〕 함께 살다.

advocáta, æ, *f.* 여자 변호인; 여자 조수.

advocátĭo, ónis, *f.* [ádvoco] 1. 중대 국사 자문회의. 2. 법률 고문들의 요청에 의해 소집된 회합. 3. 변호사와 협의하기 위한 유예, 유예기간, 연기. 4. 변호사직, 법률 고문.

advocátus[1], a, um, *p.p.* [ádvoco] 불러댄.

advocátus[2], i, *m.* [ádvoco] 1. 법률 고문. 2. 변호인, 변호사. 3. 조수. 4. 《가》 ~ Dei 시성(諡聖) 신청인; ~ diáboli 시성·시복 조사 심문 검사(별명).

ádvŏco, ávi, átum, áre, *tr.* 1. 〔*absol.;* in, ad *acc.; dat.*〕 의견·도움·사건처리를 위해 부르다, 초빙하다, 소집하다. 2. 법률 고문으로 부르다; 변호인으로 부르다, 변호인과 상의하다; (친척 등을) 증인으로 부르다. 3. 조력자로 부르다, 도움을 청하다; 이용하다, 활용하다: ~ noctem *(Sil.)* 밤을 이용하다. 4. (신에게) 호소하다, 도움을 청하다.

ádvŏlo, ávi, átum, áre, *intr.* 1. …로 날아가다, 가까이 날아가다. 2. 빨리 달려가다[오다], 돌진하다.

advolútus, a, um, *p.p.* [advólvo].

advólvo, vólvi, volútum, ĕre, *tr.* 1. 굴려 가져오다. 2. 〔*pass. refl.*〕 **advólvi, se~** 엎드리다, 부복하다, 무릎을 꿇다; 누구 앞에 몸을 던지다, 항복하다.

advor... *V.* adver...

ádўtum, i, *n.* 1. 지성소(至聖所), 고대 신전의 안채. 2. 가장 깊숙한 곳.

Æa, æ, *f. Colchis*의 반도(그 주위를 *Phasis* 강이 흘렀다).

Æacidéĭus, a, um, *adj. Æácĭdes*의: Æacidéia regna *(Ov.)* *Æăcus*의 자손들의 왕국.

Æácĭdes, æ, *m.* *Æăcus*의 남계 자손. 1. *Æăcus*의 아들 *Péleus.* 2. 그 손자 *Achílles.* 3. 그 증손이며 *Achílles*의 아들 *Pyrrhus.* 4. 그의 후손이며 *Epírus*의 왕 *Pyrrhus.* 5. *Macedónia*의 왕 *Pérseus.*

Æăcus, i, *m.* *Ægína* 섬의 왕 *Achílles*의 할아버지, 그의 선정으로 죽은 후에 *Minos*와 *Rhadamánthus*와 더불어 지하세계 재판관이 됨.

Ææa, æ, [**Ææe,** es,] *f. Circe* 마녀가 살았다는 전설적인 섬.

Ææus, a, um, *adj.* *Ææa*의, 마녀 *Circe*의 (별명).

Æas, ántis, *m. Epírus*의 강.

ædes, is, *f.* 1. 〔드물게〕 공동주택의 한 가족용 거처, 방. 2. 집, 가옥, 공동주택; 〔흔히 *pl.*〕 저택, 호화주택. 3. 〔*sg., pl.*〕 신전, 예배소. 4. 묘소. 5. 벌통, 벌집.

ædícŭla, æ, *f. dim.* [ædes] 1. 〔*sg.*〕 작은 방; 〔*pl.*〕 작은 집. 2. 자그마한 신전, 사당; (성인들의 유해나 유물을 모신) 소성당.

ædificátĭo, ónis, *f.* [ædífico] 1. 건축, 집짓기; 건설. 2. 건물.

ædificatiúncŭla, æ, *f.* 작은 건축.

ædificátor, óris, *m.* 건축자, 건축업가, 건설자; 건축광(狂).

ædifícĭum, i, *n.* 건축물, 건물.

ædífico, ávi, átum, áre, *tr.* [ædes + fácio] 1. 집짓다, 토목공사를 하다; 건축하다, 짓다, 건설하다, (다리를) 가설하다, (선박) 건조하다, (담·벽) 쌓다. 2. 기초를 놓다, 기초공사하다: ~ locum *(C.)* 터를 닦다. 3. 형성하다, 만들다: ~ mundum *(C.)* 세상을 창조하다.

ædilícĭus, a, um, *adj.* 토목건축을 관리하는.

ædílis, is, *m.* [ædes] 고대 *Roma*의 토목건축 관리관.

ædílĭtas, átis, *f.* 토목건축 관리관직.
ædis, is, *f.* = ædes.
ædítim... *V.* ædítum...
ædítŭa, æ, *f.* 여자 신전지기, 경비자.
ædítŭens, éntis, *m.* [ædes+túeor] 신전 관리자. 「다, 신전을 지키다.
ædítŭmor, ári, *dep. intr.* 신전 관리자로 있
ædítŭmus[-tĭmus], i, *m.* 신전 관리자.
ædítŭus, *m.* = ædítŭmus (*Cícero* 때부터 ædítumus보다 ædítuus를 더 잘 씀).
Ædŭi[Hædŭi], órum, *m. pl.* *Gállia Céltica*의 유력한 지방주민[종족].
Ædŭus, a, um, *adj.* *Ædui* 사람의.
Æéta[-es], æ, *m.* *Colchis*의 왕.
Æétĭas, ădis, *f.* *Æétes*의 딸(=Médea).
Æfŭla, æ, *f.* 동북 *Látium* 의 촌락.
Æfulánus, a, um, *adj.* **1.** *Æfŭla*의. **2.** ⌊*m.* ~사람.
Æfŭlum, i, *n.* = Æfŭla.
Ægǽon, ónis, *m.* [*acc.* -óna] **1.** 100 개의 팔을 가진 괴물거인 *Briáreus*의 별명. **2.** 바다 신 이름.
Ægǽum, i, *n.* (sc. mare) 희랍해안에서 동쪽 소아시아에 이르는 바다.
Ægǽus, a, um, *adj.* *Ægǽum* 바다의.
Ægátæ, árum, *f.pl.* = Ægátes.
Ægátes, ĭum[um], *f. pl.* *Sicília* 서쪽에 있는 세개의 군도.
æger, gra, grum, *adj.* **1.** [물리적] 아픈, 앓는, 고생하는, 병든; 병자: ægro córpore esse(*C.*) 몸이 아프다 / æger vulnéribus(*N.*) 상처로 인하여 앓는 / ~ óculis(*L.*) 눈을 앓는 / ægro adhibére medicínam(*C.*) 병자에게 약을 쓰다 / seges ægra(*V.*) 병든 농작물. **2.** [정신적] (마음이) 병든, 슬퍼하는, 괴로와하는, 걱정하는, 불행한: ánimo magis quam córpore æger(*L.*) 몸보다 마음이 병든 / ~ ánimus(*Sall.*) 병든 마음, 고통받는 마음 / mortáles ægri(*Lucr.*) 불행한 인간들. **3.** 고통스러운, 견디기 어려운: æger anhélitus(*V.*) 고통스러운 호흡. **4.** (마음의) 고통·괴로움·어려움을 가져오는: noctes ægræ(*Sil.*) 고통스러운 밤. **5.** ægrum, i, *n.* 마음의 고통을 가져오는 것, 마음을 괴롭히는 것.
Ægéum Mare = Ægǽum.
Ægéus[1], a, um, *adj.* = Ægǽus. 「버지.
Ægĕus[2], i, *m.* *Athénæ*의 왕, *Théseus*의 아
Ægídes, æ, *m.* *Ægĕus*[2]의 아들(=Théseus).
Ægiénsis, e, *adj.* *Ægĭon*의; *m. pl.* *Ægĭum*의 주민.
Ægína, æ, *f.* **1.** *Attica*(*Athénæ*)부근의 섬. **2.** *Asópus*의 딸이며 *Æăcus*의 어머니.
Æginénses, ĭum,[**-nétæ,** árum,] *m.pl.* *Ægí-*
Æginénsis, e, *adj.* *Ægína*의. ⌊*na* 주민.
Æginéta[-tes], æ, *m.* *Ægína*의 토착민, 그 곳 주민. 「*Ægína*인의.
Æginétĭcus, a, um, *adj.* **1.** *Ægína*의. **2.**

Æginiénses, ĭum, *m.pl.* *Ægínium* 주민.
Ægínĭum, i, *n.* 서북 *Thessália*의 요새, *Macedónia*의 도시.
Ægĭon[-gĭum], i, *n.* *Achája*의 항구도시.
ægis, ĭdis, *f.* **1.** *Pallas*(*Minérva*)가 가지고 있던 방패(*Medúsa*신의 머리가 새겨져 있었음). **2.** *Júpiter*신의 방패. **3.** 방패, 보호.
Ægísos, i, *f.* *Mœ́sia*의 옛도시.
Ægísthus, i, *m.* *Thyéstes*의 아들(*Agamémnon*이 *Troja*원정 중에 있을 때 그의 아내 *Clytæmnéstra*와 통하다가 *Agamémnon*이 귀국하는 것을 보고 그를 죽였다. 후에 *Agamémnon*의 아들 *Oréstes*에게 살해됨).
Ægĭum = *Ægĭon*.
Ægíus, a, um, *adj.* (=Ægiénsis) *Ægĭon*의.
Ægos flumen, *n.* *Chersonésus Thrácia*에 있는 강, 그 부근에서 기원전 405년 *Sparta*의 장군 *Lysánder*가 *Athénæ*군을 쳐부셨음.
ægre, *adv.* [æger] **1.** 고통스럽게, 어렵게: Qui id ~ ínvenit.(*Pl.*) 그것[먹을 것]을 어렵게 얻는 사람. **2.** 겨우, 간신히: ~ portas tuéri(*Cæs.*) 성문을 지키기가 몹시 힘들다 / ægérrime(*Cæs.*) 무척 힘들게. **3.** 싫은 마음으로, 억지로: ~ id passus(*C.*) 하기 싫은 일을 당하여 / ~ ferre, 억지로 참다, 불쾌하게 여기다 / ~ fácere *alci* 누구의 감정을 상하다 / ~ est mihi[ánimo meo] 나는 불쾌하다, 귀찮다.
ǽgrĕo, ére, *intr.* 앓다.
ægrésco, ĕre, *intr.* **1.** 병 걸리다, 쇠약해지다. **2.** 악화되다. **3.** 짜증나다, 약오르다, 싫증나다, 신경질나다. 「마음 아픔.
ægrimónĭa, æ, *f.* 고민, 슬픔, 비탄, 비통,
ægritúdo, dĭnis, *f.* **1.** 몸이 편찮음; 병, 질환. **2.** 마음이 편찮음; 근심, 걱정.
ægrotátĭo, ónis, *f.* 병 앓음; 병, 병적 상태: ~ ánimi(*C.*) 마음의 병.
ægróto, ávi, átum, áre, *intr.* [ægrótus] 앓다, 병들다: gráviter ~(*C.*) 몹시 앓다.
ægrótus[1], a, um, *adj.* [비교급, 최상급 없음] **1.** 병든, 앓는; 허약한. **2.** [*c. inf.*] 슬퍼하는, 싫어하는.
ægrótus[2], i, *m.* 병자.
Ægyptĭăcus, a, um, *adj.* 이집트의.
Ægýptĭus, a, um, *adj.* 이집트(인)의.
Ægýptus[1] **[-tos],** i, *f.* 이집트. 「형제.
Ægýptus[2], i, *m.* *Belus*의 아들, *Dánaus*의
Aéllo, us, *f.* **1.** *Harpýĭæ*의 한사람. **2.** *Actǽon*의 개. 「부의 유명한 도로.
Æmílĭa, æ, *f.* (= Æmília via) 이태리 북
Æmiliánus, a, um, *adj.* **1.** *Æmílius*의[에게 속한]. **2.** *m.* (*L. Æmílius Paulus*의 아들로서 *Scípio Afr. major*의 양자가 된) *Scípio Africánus minor*의 별명.
Æmílĭus, i, *m.* *Roma*의 유명한 씨족이름 (*L. Æmílius Paulus*가 유명); [*adj.*]: **-lĭus,** ⌊a, um.
ǽmŭla, æ, *f.* (여자) 연적(戀敵).

æmulátĭo, ónis, *f.* [ǽmulor] **1.** 경쟁(심), 겨룸. **2.** 질투, 시기.

æmulátor, óris, *m.* **1.** 경쟁자. **2.** 모방자.

æmulátrix, ícis, *f.* 여성 경쟁자, 모방자.

æmulátus, us, *m.* 경쟁, 대항, 시기(猜忌).

ǽmŭlor, átus sum, ári, *dep.* [ǽmulus] **1.** *tr.* 경쟁하다, 겨루다, 버티다, 지지 않으려고[이기려고] 애쓰다: ~ *alqm(N.)* 누구와 ~ / ~ *alqd(C.)* 무엇을 가지고 겨루다. **2.** *intr.* 〔*dat.;* cum *abl.*〕 경쟁하다; 〔*dat.*〕 질투하다, 시기하다.

ǽmŭlus, a, um, *adj.* **1.** 〔*dat., gen.*〕 필적하는; 경쟁하는, 겨루는, 같아지려고 하는: Cæsar summis oratóribus ǽmulus *(Ta.)* 대웅변가들과 어깨를 겨루는 *Cæsar*. **2.** 〔*acc.*〕 모방하는. **3.** 〔*gen., dat.*〕 시기하는, 질투하는, 샘내는; 부러워하는, 지지않으려고 하는; 적수의. **4.** 〔*m., f.* 명사적〕 경쟁자, 상대자, 적수, 연적(戀敵).

Ænárĭa, æ, *f.* *Ænéas*가 상륙한 *Campánia*의 해안에 있는 섬(지금의 *Ischia*).

Ænéa, æ, *f.* *Macedónia*의 해안도시.

Ænéădæ, árum[um], *m.pl.* *Troja*인; *Roma*인.

Ænéădes, æ, *m.* *Ænéas*의 자손·후손.

Ænéas, æ, *m.* *Venus* 여신과 영웅 *Anchíses*의 아들, *Troja*의 용사(*Virgílius*의 서사시 *Ænéis*의 주인공으로 유명하며, *Roma* 인들의 건국시조라고 생각함).

Æneátes, um, *m. pl.* *Ænéa*의 주민.

æneátor, óris, *m.* 나팔수.

Ænéĭs, ĭdis[ĭdos], *f.* *Virgílius*의 서사시 이름, 그 주인공은 *Ænéas.*

Ænéĭus, a, um, *adj.* *Ænéas*의.

ăénĕus, a, um, *adj.* **1.** 구리로 만든, 동제의; 구리색의. **2.** 청동과 같이 견고한, 영구한; 청동시대의. **3.** *n.* 청동기.

Ænídes, æ, *m.* = Ænéădes.

ænígma, ătis, *n.* **1.** 수수께끼. **2.** 알듯 모를듯한 말; 모호한 비유. **3.** 은어(隱語).

ænigmátĭcus, a, um, *adj.* 수수께끼 같은, 애매(曖昧)한, 모호한.

Ænii, órum, *m. pl.* *Ænus*의 주민.

ăénĭpes, pĕdis, *adj.* 구리다리를 가진.

ăénum, i, *n.* 구리그릇, 구리솥.

ăénus[1], a, um, *adj.* 구리의, 동제의: ăéna corda *(Stat.)* 청동같이 굳은 마음.

Ænus[2], i, **1.** *f.* *Thrácia*의 도시. **2.** *m.* *Vindelícia*와 *Nóricum* 사이에 있는 강 (지금의 *Inn*강).

Æŏles, um, *m.pl.* 희랍의 4대 종족의 하나로 본토 및 소아시아 서해안 북부에 살던 종족.

Æólĭa, æ, *f.* **1.** 소아시아 서해안 북부지방. **2.** 바람의 신 *Æŏlus*가 사는 곳.

Æólĭæ, árum, *f. pl.* (sc. ínsulæ) *Sicília* 북해안에 있는 군도.

Æólĭcus, a, um, *adj.* **1.** *Æŏlus*의. **2.** *Æólia*의.

Æólĭdes, æ, *m. pl.* *Æŏlus*의 자손, 특히 그의 아들 *Sísyphus.*

Æólĭi, órum, *m. pl.* = Æŏles.

Æŏlis, ĭdis, *f.* **1.** *Æŏlus*의 딸(*Canáce; Alcýŏne).* **2.** *Æólia*의 여자, *Thessália*의 여자. **3.** *Æŏles*인이 살던 소아시아 북부지방.

Æólĭus, a, um, *adj.* **1.** *Æólia*인들의, 그 식민지의. **2.** 바람의 신 *Æŏlus*의.

Æŏlus[-os], i, *m.* *Júpiter*신의 아들로서 바람의 신.

æquábĭlis, e, *adj.* [æquo] **1.** 동등한, 같은, 평등한. **2.** 공정한, 공평한, 편파적이 아닌: jus æquábile *(C.)* 모든 이에게 공정한 법 / ~ in suos *(Ta.)* 수하사람들에게 공평한. **3.** 일정한, 규칙적인, 한결같은: æquábile genus oratiónis *(C.)* 같은 연설조.

æquabílĭtas, átis, *f.* [æquábilis] **1.** 평등, 동등; 일정함. **2.** 불편부당, 공평. **3.** 한결같음: ~ in omni vitā *(C.)* 평생동안 한결같은 성격.

æquabílĭter, *adv.* 같은 모양으로, 일정하게, 골고루, 공평하게.

æquǽvus, a, um, *adj.* [æquus + ævum] 같은 나이의, 같은 연대의.

æquális[1], e, *adj.* [æquus] **1.** 〔*absol.; dat., gen.;* inter *acc.;* cum *abl.*〕 (모양·크기·품질·정도·범위·지위·기간 따위) 같은, 동등한; 평등한. **2.** 〔*absol.; gen.; dat.;* cum *abl.*〕 나이가 같은, 동년배의; 동시대의: soror ~ *(N.)* 같은 나이의 누이 / ~ tempóribus illis scriptor *(L.)* 같은 그 시대의 저자. **3.** 한결같은, 고른; 균형잡힌: æquáli ictu *(Ov.)* 일률적으로 때려서 / ~ cursus *(Sen.)* 같은 보조로 뜀. **4.** 평평한, 평탄한: loca æquália *(Sall.)* 평탄한 곳.

æquális[2], is, *m. f.* [æquális[1]] **1.** 같은 시대 사람; 같은 연배 사람. **2.** 어려서부터의 친구, 소꿉동무.

æquálĭtas, átis, *f.* [æquális[1]] **1.** (모양·성질) 같음, 동양(同樣). **2.** 같은 나이[연배]; 친구들. **3.** 동등, 동일. **4.** 평등, 균등. **5.** 한결같음, 고른 모양.

æquálĭter, *adv.* [æquális[1]] **1.** 같게, 동등하게, 공평하게, 균등하게, 골고루: collis ab summo ~ declívis *(Cæs.)* 꼭대기서부터 고르게 경사진 산. **2.** 한결같이.

æquanímĭtas, átis, *f.* [æquus + ánimus] **1.** 호의, 친절. **2.** 마음의 유장함; 서두르지 않고 참을성 있음, 침착, 태연.

æquanímĭter, *adv.* 침착하게, 태연하게.

æquánĭmus, a, um, *adj.* [æquus + ánimus] 침착한, 태연한, 유장한.

æquátĭo, ónis, *f.* [æquo] 동등하게 함, 대등하게 함, 등분.

æque, *adv.* [æquus] **1.** 같게, 같이, 똑같이, 동등하게, 같은 정도로: duæ trabes ~ longæ *(Cæs.)* 같은 길이의 두개의 들보 / ~

ac[atque] 와 똑같이. **2.** 공정하게, 정당하게: æquíssime*(C.)* 대단히 공정하게.
Æqui, órum, *m.pl.* 고대 *Roma* 부근 *Látium*의 호전적 민족.
Æquícŭli[-cŭli], órum, *m.pl.* *Æqui*족 중에서 제일 북쪽에 살던 사람들.
Æquícŭlus, a, um, *adj.* *Æqui*족의.
Æquĭcus, a, um, *adj.* *Æqui*족의.
æquidístans, ántis, *adj.* 거리가 같은.
æquilíbris, e, *adj.* [æquus+libra] 평형의, 균형잡힌.
æquilíbrĭtas, átis, *f.* 평형, 균형.
æquilíbrĭum, i, *n.* **1.** 평형, 균형, 수평, 양쪽이 같음: ad ~ esse 수평이 맞다. **2.** 상쇄, 같은 방법의 복수.
Æquimǽlĭum, i, *n.* *Capitólium* 언덕 기슭에 있는 *Roma*의 광장. 「춘분·추분의.
æquinoctiális, e, *adj.* 주야 평분(平分)의,
æquinóctĭum, i, *n.* [æquus+nox] 주야 평분시(平分時), 춘[추]분.
æquiparábĭlis, e, *adj.* [æquíparo] 필적하는, 견줄 수 있는. 「줌.
æquiparátĭo, ónis, *f.* [æquíparo] 비교, 견
æquípăro, ávi, átum, áre, *tr.* **1.** 〔ad *acc.*; *dat.*; cum *abl.*〕 같게 하다, 같은 수준으로 만들다; 비교하다. **2.** 〔자동사적 의미로〕 …와 같이 되다, 수준에 도달하다, 필적하다: ~ *alqd, alqm(N., L.)* 무엇과, 누구와 같이 되다.
æquípĕro = æquípăro. 「等), 동의(同義).
æquipolléntĭa, æ, *f.* 등가(等價), 대등(對
æquipóndĭum, i, *n.* [æquus+pondus] 같은 무게; 평형추, 분동(分銅). 「설(蓋然說).
æquiprobabilísmus, i, *m.* 《倫》 동등 개연
ǽquĭtas, átis, *f.* **1.** 평면. **2.** 균형, (좌우의) 대칭. **3.** 동등, 평등. **4.** 공정, 공평, 공명정대; 형평; 불편부당. **5.** (마음의) 차분함, 평정(平靜), 침착; 무사무욕; 일관성. 「다.
æquiválĕo, ére, *intr.* 힘이 같다, 가치가 같
æquivocátĭo, ónis, *f.* [æquívocus] 동어이의(同語異義), 일어다의(一語多義), 다의개념; 모호한[애매한] 말.
æquivócĭtas, átis, *f.* 다의성(多義性).
æquívŏcus, a, um, *adj.* [æquus+vox] (말이) 애매한, 모호한; 다의(多義)의, 양의(兩義)의: 《論》 términus ~ 일어다의 명사(名辭).
æquo, ávi, átum, áre, *tr.* **1.** 평평[평탄]하게 하다: ~ áream*(V.)* 마당을 평평하게 하다 / ~ stércora*(Col.)* 거름을 골고루 펴주다. **2.** 〔*dat.*; cum *abl.*〕 같게 하다, 동등하게 하다, 동렬에 놓다; 조정하다, 능분하다: ~ certámen*(L.)* 양편의 세력을 같아지게 하다 / ~ ludum nocti*(V.)* 밤새도록 노름하다 / cælo ~ *alqm* láudibus*(V.)* 아무를 칭찬하여 하늘까지 치켜올리다. **3.** 도달하다, 미치다, 같아지다, 비견하다: Flúminis altitúdo equórum péctora adæquábat.*(Curt.)* 강물이 말들 가슴까지 찼다 / ~ glóriam *alcjs(L.)* 아무와 같은 영광을 얻다. **4.** 비교하다.
æquor, ŏris, *n.* [æquus] **1.** 평면, 평지; 반듯한 표면. **2.** 평야, 평원. **3.** 잔잔한 수면(水面), 해면: aráre vastum maris ~ *(V.)* 황량한 바다의 수면을 헤치며 가다.
æquórĕus, a, um, *adj.* [æquor] 바다의, 바다에 관한: æquóreum genus*(V.)* 어족(魚族).
æquum, i, *n.* [æquus] **1.** 평지, 평야. **2.** 평등, 동등; 동권(同權): ex æquo 동등하게, 똑같이 / in æquo pónĕre *alci* 누구와 동렬에[동등한 지위에] 놓다 / in æquo stare [esse *alci*] 누구와 동등하다, 같은 수준에 있다. **3.** 지당(至當), 정당; 공정, 공명정대: æquum et bonum 올바른 것, 정당한 것 / æqui boníque*(gen. prétii)* fácere 정당한 것으로 인정하다, 만족해하다.
æquus, a, um, *adj.* **1.** 평평한, 평탄한. **2.** 〔가끔 atque, et, quam; cum *abl.*; *dat.* 등과 함께 쓰이면서〕 (와)같은, 동등한; 평등한: æqua libértas*(L.)* 평등한 자유 / triángula æquis latéribus*(Q.)* 이등변 삼각형; 정삼각형 / condiciónes pacis æquæ victis ac victóribus*(L.)* 승자에게나 패자에게나 같은 조건의 평화 / æquo cum cívibus jure vívere*(C.)* 시민들과 같은 권리를 가지고 살다 / ex loco æquo (동등한 자리에서의 뜻으로) 원로원에서 (발언하다). **3.** 《軍》 (지형이) 유리한: æquióre loco*(Cæs.)* 더 유리한 지점에서. **4.** 마음의 동요가 없는, 평온한, 침착한, 태연한: æquo ánimo*(C.)* 침착한 마음으로. **5.** 호의적인, 친절한, 상냥한, 부드러운, 고마운: Adéste æquo ánimo.*(T.)* 호의를 가지고 참석들 하라 / æquis óculis*(V.)* 부드러운 눈길로 / Æqua Venus Teucris, Pallas iníqua fuit.*(Ov.)* *Troja*인들에게 *Venus*는 호의적이었으나 *Pallas*는 적의를 품었었다 / *m. pl.*: æqui et iníqui*(C.)* 친구와 원수. **6.** 공정한, 공평한; 정당한, 합당한, 마땅한: æquam senténtiam pronuntĭáre*(C.)* 공정한 판결을 선포하다.
āĕr, áĕris, *m.* 〔*acc.* áĕrem & áĕra〕 **1.** 공기, 대기; 분위기. **2.** 하늘, 공간, 공중: summus ~ árboris*(V.)* 나무 꼭대기. **3.** 〔시문〕 구름, 안개. **4.** 일기, 기후. 「호.
æra, æ, *f.* **1.** 가라지, 독보리. **2.** 숫자표시기
æraméntum, i, *n.* [æs] 청동기, 동으로 만
æráría, æ, *f.* 동광산. ㄴ든 것.
ærárĭum, i, *n.* [æs] **1.** 국고, 나라금고; 공문서고: ~ militáre, 군대금고; 군사비. **2.** 국고금, 공금; 국가 특별 예비금.
ærárĭus[1], a, um, *adj.* [æs] **1.** 청동의, 구리로 된: faber ~ *(L.)* 구리 공인(工人). **2.**

돈의, 화폐에 관한: æráriaratio(C.) 화폐 환율 / tribúni ærárii(C.) 회계, 출납관.
ærárĭus², i, *m.* **1.** 구리 공인. **2.** *Roma*의 최하시민(투표권이 없고 *æs* 즉 인두세만 부과당함).
ærátus, a, um, *adj.* [æs] **1.** 동을 입힌, 동으로 씌운: naves ærátæ(*Cæs.*) 뱃머리를 동판으로 덮은 배 / ærátæ ácies(*V.*) 무장한 군대. **2.** 청동제의, 청동으로 된: æráta secúris(*V.*) 청동 도끼. **3.** 돈많은(부자).
æréus¹, a, um, *adj.* [æs] **1.** 동으로 만든, 청동의. **2.** 청동으로 장식된. **3.** 청동과 같은. **4.** ⌊*subst.*⌋ **æreus**, i, *m.* 동전.
āérĕus², a, um, *adj.* = āérius.
ærĭfer, fĕra, fĕrum, *adj.* [æs+fero] 청동 바라(심벌즈)를 잡은.
ærĭpes, ĕdis, *adj.* [æs+pes] 청동으로 만든 발의, 청동발을 가진.
āérĭus, a, um, *adj.* [āër] **1.** 공기의, 공중의: āérium mel(*V.*) 하늘에서 내린 꿀. **2.** 하늘높이 있는: āériæ Alpes(*V.*) 하늘 속에 묻힌 알프스산.
Aérŏpa[-rŏpe], æ, *f.* *Atreus*왕의 왕비(*Agamémnon*과 *Meneláus*의 어머니).
aëroplánum, i, *n.* 비행기.
ærósus, a, um, *adj.* [æs] 동이 많은, 동이 섞인.
ærŭca, æ, *f.* 녹청(綠靑), 녹.
ærúgĭno, ávi, áre, *intr.* [ærúgo] 녹슬다.
æruginósus, a, um, *adj.* **1.** 녹이 잔뜩 슨. **2.** 녹슨 빛을 띤.
ærúgo, gĭnis, *f.* [æs] **1.** 녹청, 구리에 슨 녹. **2.** 질투, 샘. **3.** (마음을 좀먹는) 탐욕, 돈 독. **4.** 돈.
ærúmna, æ, *f.* 간난신고, 고통, 환란, 비참, 시련.
ærumnósus, a, um, *adj.* [ærúmna] 간난신고에 가득찬, 재난이 많은, 비참한.
æs, æris, *n.* **1.** 청동, 동, 구리. **2.** 동기구(銅器具); 구리로(가끔 아연·주석 등과의 합금인 놋쇠 따위로) 만든 물건; 동판, 동상, (방패·갑옷·투구 따위)동제 무기, (나팔·바라 따위)악기: in ~ incídere(*C.*) 동판에 새기다 / Æra sudant.(*V.*) 동상들이 땀흘린다 / telum ære repúlsum(*V.*) 청동방패에 튕겨난 창 / ære ciére viros(*V.*) 나팔소리로 병사들을 출동시키다 / æra(*V., H., Ov.*) 심벌즈 / ~ sonans(*Ov.*) 울리는 꽹과리. **3.** 화폐 단위로서의 구리 덩어리; 동화(銅貨): ~ rude, inféctum, 미가공의 동 덩어리 / ~ signátum (양·소 등을 새긴 일정한 무게의) 동괴, 동화 / æs, æs grave = as librális *Roma*의 *1 as* 동전. **4.** 돈, 화폐; 재산: ~ aliénum 부채, 빚 / ~ suum 받을 돈, 꾸어준 돈 / ~ mútuum 꾼 돈. **5.** 임금, 급료; *pl.* 병역의 복무 연한: ~ militáre, 군인 봉급 / æra mílitum 복무 연한. **6.** 값, 평가.
Æsăcus[-cos], i, *m.* *Príămus*왕의 아들.
Æsăr, ăris, *m.* 이태리 남단 *Brúttium* 지방의 강.
Æsárĕus, a, um, *adj.* *Æsăr*강의.
Æschĭnes, is, *m.* *Athénæ*의 유명한 웅변가(c. 350 A.C.), *Demósthenes*의 정적.
Æschyléus, a, um, *adj.* *Æschўlus*의.
Æschўlus, i, *m.* 희랍의 3대 비극시인 중 최연장자(c. 480 A.C.).
Æsculápĭum, i, *n.* *Æsculápĭus*의 신전.
Æsculápĭus, i, *m.* 의학의 신, *Apóllo*신과 요정 *Corónis*의 아들.
æsculétum, i, *n.* 떡갈나무 숲.
æscúlĕus, a, um, *adj.* 떡갈나무의.
æscŭlus, i, *f.* 떡갈나무 (*Júpiter*신에게 바쳐진 떡갈나무).
Æsérnĭa, æ, *f.* *Sámnium*의 도시.
Æserninus, a, um, *adj.* *Æsérnia*의; *m.* ~인.
Æson, ŏnis, *m.* *Thessália*의 왕자, *Pélias*왕의 형제, *Jason*의 아버지.
Æsónĭdes, æ, *m.* *Æson*의 후예, 즉 *Jason*.
Æsónĭus, a, um, *adj.* *Æson*의.
Æsópēus[-pĭus], a, um, *adj.* *Æsópus*(이솝)의; 이솝 우화같은.
Æsópus, i, *m.* **1.** *Phrýgia* 태생의 희랍 우화작가. **2.** 비극배우로서 *Cícero*의 친구.
æstas, átis, *f.* **1.** 여름. **2.** 여름철 더위; 〔시문〕 맑은 여름공기. **3.** (여행·전쟁·탐험·농사·수영 등을 하는) 일년 내내의 시간: quæ duábus æstátibus gesta(*Ta.*) 2년에 걸쳐 이루어진 역사.
æsthétĭca, æ, *f.* 미학, 심미학.
æstĭfer, ĕra, ĕrum, *adj.* [æstus+fero] **1.** 더위를 가져오는, 폭서를 몰고오는. **2.** 더위 먹는.
æstimábĭlis, e, *adj.* 평가할만한, 가치있는.
æstimátĭo, ónis, *f.* [æstimo] **1.** 평가, 가격 매김; 값, 가치: ~ possessiónum et rerum 토지 및 재산의 평가, 가격 사정(査定). **2.** 고려할 가치, 가치 인정, 존중. **3.** 판단, 측정. **4.** 벌과금.
æstimátor, óris, *m.* [æstimo] 평가자; 판단자; 사정자.
æstimatórĭus, a, um, *adj.* 평가의, 판정의, 사정(査定)하는.
æstĭmo, ávi, átum, áre, *tr.* **1.** 〔*absol.; alqm, alqd c. gen., abl. prétii*〕 값을 매기다, 값을 놓다, **평가하다**: Id quanti æstimábat, tanti véndidit.(*C.*) 그는 그것을 자기가 평가한 가격에 팔았다 / Pluris, minóris ~(*C.*) 더 고가로, 더 염가로 평가하다 / *alqd* magno ~(*C.*) 비싸게 값 매기다, 고가로 평가하다. **2.** 벌금을 결정하다: ~ litem[lites, nómina] *alci* 누구에게 벌금을 부과하다. **3.** 〔*absol.; alqm, alqd c. gen. prétii; abl.; de, ex abl.*〕 **여기다**, 인정하다, **평가하다**, 판단하다: magni ~ 높이 평가하다, 중히 여기다 / parvi ~ 경히 여기다, 경시하다.
æstíva, órum, *n.* [æstívus] **1.** 여름 별장, 여름 목장. **2.** 고지대 목장의 가축. **3.**

하기 병영: æstíva ágere(*L.*) 하기 야영을 하다. **4.** 하계 공세(攻勢), 하계 출정: æstívis conféctis(*C.*) 하계 공세를 끝내고. **5.** 여름철. 「을 지내다, 피서하다.

æstívo, ávi, átum, áre, *intr.* [æstívus] 여름

æstívus, a, um, *adj.* [æstas] 여름의, 하계의: témpora æstíva(*C.*) 여름철. 「는.

ǽstŭans, ántis, *p. præs.* [ǽstuo] 끓어 오르

æstuárĭum, i, *n.* [æstus] **1.** (바닷물이 들락날락하는) 해변 늪지대, 개펄. **2.** 해안에 부딪는 파도. **3.** 해안에 만들어 놓은 양어장.

æstumátĭo, ónis, *f.* = æstimátio.

ǽstŭmo = ǽstimo.

ǽstŭo, ávi, átum, áre, *intr.* [æstus] **1.** (기온·운동·병 등으로) 뜨거워지다, 몹시 덥다, 달다, 열이 나다: Tempus, quo tórridus ǽstuat aër.(*Prop.*) 뜨거운 공기가 달아오르는 계절. **2.** 불길이 타오르다. **3.** 끓어 오르다, 부글거리다; 크게 출렁거리다: Semper ǽstuat unda.(*H.*) 파도가 끊임없이 요란스럽게 출렁거린다. **4.** (욕망·사랑) 타오르다. **5.** 흔들리다, 동요하다: Æstuábat dubitatióne.(*C.*) 그는 우유부단하여 늘 동요하였다.

æstuóse, *adv.* [æstuósus] **1.** 뜨겁게, 열렬히. **2.** 곤두박질하는 바닷물결처럼.

æstuósus, a, um, *adj.* [æstus] **1.** 뜨거운, 작열하는, 불타는; 끓는. **2.** (거센 바람에) 물결치는, 출렁이는.

æstus, us, *m.* **1.** 더위, 염열, 폭서; 여름더위; 여름: æstu magno(*C.*) 폭서때문에. **2.** (병의) 열, 신열. **3.** 비등, 끓어 오름. **4.** 바닷 물결의 출렁댐; 조수(潮水), 밀물, 썰물: ventum et æstum nactus secúndum (*Cæs.*) 바람과 조수가 유리해서. **5.** 격정, 격앙, 격렬; 마음의 동요, 불안, 망설임: Magno irárum flúctuat æstu.(*V.*) 격렬한 노기로 마음이 안정되지 않는다.

ætas, átis, *f.* [ǽvitas] **1.** (유년기·청년시기·노년시기 따위)인생의 **연기**(年紀); 세대(世代): ætátem ágere, dégere(*C.*) 인생의 어떤 시기를 살다, 생애를 지내다 / primā ætáte(*C.*) 인생의 초기에. **2.** **나이**, 연령; 살아온 나이, 생애, 수명: Quā ætáte es? 너 몇살이냐? / ~ puerílis(*C.*) 어린 나이 / ~ confirmáta, constans(*C.*) 성숙한 나이, 적령 / hómines ómnium ætátum(*C.*) 모든 연령층의 사람들 / média Falérni ~ (*Plin.*) *Falérnus*산(産) 포도주의 중간 연령 / ætátem ferre 어떤 물건이 보존되어 오래 가다[되다]. **3.** 〔경우에 따라〕 젊음, 늙음: ætátis excusátio(*Cæs.*) 늙은 나이를 핑계함. **4.** 어떤 나이 또는 시대의 사람: tua ~ = tu; ~ illíus = ille / Heródŏtus et éadem ~ (*C.*) *Heródŏtus* 및 같은 시대 사람들. **5.** 시간; **시대**, 시기, 세기: Volat ~.(*C.*) 시간은 빨리 지나간다 / usque ad nostram ætátem 우리 시대까지 / ~ áurea(*Ov.*) 황금시대.

ætátŭla, æ, *f.* 유년, 어린 나이.

æternális, e, *adj.* [ætérnus] 영구한.

ætérnĭtas, átis, *f.* [ætérnus] **1.** 영원, 영구, 영세: omni æternitáte, ex æternitáte, ab omni æternitáte(*C.*) 영원으로부터. **2.** 불사, 불멸; 영원한 기간: ~ animórum(*C.*) 영혼의 영원한 삶.

ætérno[1], *adv.* [ætérnus] 영원히.

ætérno[2], ávi, átum, áre, *tr.* 영원한 것으로 만들다, 영원히 가게 하다, 불멸하게 하다.

ætérnum, i, *n.* **1.** 영원, 영구성: in ætérnum 영원히, 영원토록, 언제나 끝없이. **2.** 〔*acc.: adv.*〕 영원히, 끝없이.

ætérnus, a, um, *adj.* [ævitérnus] **영원한**, 끝없는: Ætérni patris 〈영원한 아버지〉, *Leo* 13세 교황의 회칙.

æther, ĕris, *m.* 〔*acc.* -ĕra〕 **1.** 에테르(대기권을 덮고 있는 상공의 영기〈靈氣〉, 불로 되어 있으며 천체의 양식으로 생각했음). **2.** 하늘, 천공, 공중: sublátus ad ǽthera clamor(*V.*) 하늘까지 치솟는 소리. **3.** 신들의 거처, 하늘나라: rex ǽthĕris(*V.*) 하늘의 왕. **4.** 순수한 공기: secáre ǽthera pennis(*V.*) 날개로 공기를 가르다. **5.** 지상(地上)세계. **6.** 《醫》 에테르.

æthérĕus, a, um, *adj.* = æthérius.

æthérĭus, a, um, *adj.* **1.** 에테르의. **2.** 상공의, 하늘의; 천상의: sedes æthériæ(*Ov.*) 하늘나라 거처. **3.** 공기의, 공기세계의. **4.** (지하세계와의 대조로) 지상세계의.

Æthíŏpes, um, *m.pl.* 〔*acc.* -as〕 에디오피아인들.

Æthiópĭa, æ, *f.* 에디오피아.

Æthiópĭcus, a, um, *adj.* 에디오피아의, 에디오피아적.

Æthĭops, ŏpis, *m.* 에디오피아 사람.

æthra[1], æ, *f.* **1.** 맑은 상공, 천공; 천체들의 거처인 상공. **2.** 하늘.

Æthra[2], æ, *f.* **1.** *Océanus*와 *Tethys* 사이의 딸. **2.** *Pitthéus*왕의 딸이며 *Théseus*의 어머니.

Ætna, æ, [-e, es,] *f.* **1.** *Sicília*의 *Ætna* 화산. **2.** *Ætna*산 기슭의 도시.

Ætnǽus, a, um, *adj.* **1.** *Ætna*의. **2.** *m. pl.* *Ætna*의 주민.

Ætnénsis, e, *adj.* **1.** *Ætna* 도시의. **2.** *m. pl.* *Ætna*의 주민.

Ætóli, órum, *m. pl.* 희랍의 한 지방인 *Ætólia* 사람들.

Ætólĭa, æ, *f.* *Locri*와 *Acarnánia* 사이에 있는 희랍의 한 지방.

Ætólĭcus, a, um, *adj.* *Ætólia*의.

Ætólis, ĭdis, *f.* *Ætólia* 여자.

Ætólĭus, a, um, *adj.* *Ætólia*의.

Ætólus, a, um, *adj.* **1.** *Ætólia*의. **2.** *m.* 그곳 사람.

ǽvĭtas, átis, *f.* [ævum] = ætas.

ævitérnus, a, um, *adj.* [ǽvitas] = ætérnus.

ævom = ævum.

ævum, i, *n.* **1.** 영속적인 기간, 끝없는 시간; 영세, 영원: posséssio omnis ævi *(Sen.)* 영원한 시간의 소유. **2.** 생애, 사는 시간; 온 기간: ævo sempitérno frui *(C.)* 영원한 생애를 누린다. **3.** 연령; 인생의 연기(年紀): æquáli ævo *(V.)* 같은 또래의 / óbsĭtus ævo *(V.)* 해묵은. **4.** 시대, 세기(世期): omnis ævi clari viri *(L.)* 모든 세기의 위인들 / médium ~ 중세기 / ævi prudéntia nostri *(Ov.)* 우리 시대의 지혜. **5.** 기간 한 토막, 기간: speráre, perbrévis ævi Carthágaginem esse *(L.)* *Carthágo*의 통치가 짧은 기간동안이기를 바라다.

Afer, fra, frum, *adj.* **1.** *Africa*의. **2.** *m.*

aff... = adf... ⌊*pl. Africa* 주민.

áffăber, bra, brum, *adj.* [ad+faber] **1.** 정교한, 솜씨좋은. **2.** 예술적인.

affábĭlis, e, *adj.* [ad+fari] 더불어 말할 만한, 붙임성있는, 상냥한, 사귀기 쉬운, 사근사근한.

affabílĭtas, átis, *f.* [affábilis] 상냥함, 친절.

affabílĭter, *adv.* [affábilis] 상냥하게, 친절하게. 「으로, 정교하게.

áffăbre, *adv.* [áffăber] 예술적으로, 기술적

affámen, mĭnis, *n.* [affor] 상냥하게 말 붙임[말 건넴]; 담화.

affánĭæ, árum, *f. pl.* 시시한 것 [일], 보잘 것 없는 것; 농담.

áffătim[ádfătim], *adv.* **1.** 실컷, 충분히, 풍부하게, 넘치게. **2.** 〔*gen. partitívus*를 동반하는 명사적 용법〕 áffatim pecúniæ *(L.)* 충분한 돈. 「건.

affátus¹, a, um, *p.p.* [affor] 상냥하게 말을

affátus², us, *m.* **1.** 말 건넴, 친절한 말. **2.** 친근한 사람에게 보내는 편지.

afféci, *pf.* [affício].

affectátĭo, ónis, *f.* 갈망, 열망, 욕망, 추구: Philosophía sapiéntiæ amor est et ~. *(Sen.)* 철학이란 예지에 대한 사랑과 추구이다. 「자.

affectátor, óris, *m.* 갈망하는 자, 추구하는

afféctĭo, ónis, *f.* [affício] **1.** 작용, 영향, 감명. **2.** (작용받은)성질, 상태. **3.** 감정, 정신적·육체적 상태, 마음 자세. **4.** 정서 상태, 분위기, 기분; 의사, 의향: lætas inter audiéntium affectiónes *(Ta.)* 청중의 유쾌한 분위기 속에서. **5.** 애착, 애호.

affécto, ávi, átum, áre, *tr. freq.* [affício] **1.** (목적 달성을 위한) 길·방법을 마련하다, 강구하다: ~ viam[iter] ad *alqd* (또는 ut...) …에 접근해 오다[가다], 하려고 노력하다, 획책하다 / ~ viam Olýmpo *(V.)* *Olýmpus*로 가려고 애쓰다. **2.** 얻으려고 노력하다, 열망하다, 욕망을 품다; 추구하다, 시도하다: ~ Ætolórum amicítiam *(L.)* *Ætólia* 인들과의 친선을 도모하다 / ~ sidéreas tángere sedes *(Ov.)* 별나라 자리를 차지하려는 욕망을 품다 / ~ ad *alqd* 열망[갈망]하다. **3.** 매달리다, 달라붙다, (놓지 않으려고) 꼭 붙잡다, 꽉 쥐다, 손아귀에 넣다, (질병이) 엄습하다; 집착하다, 애착을 느끼다: ~ navem dextrā *(V.)* 오른손으로 배를 꼭 붙잡다. 「정넘치게, 정답게.

affectuóse, *adv.* [affectuósus] 자애롭게, 애

affectuósus, a, um, *adj.* [afféctus²] 애정깊은, 자애로운, 정다운, 상냥한.

afféctus¹, a, um, *p.p., a.p.* [affício] **1.** 〔*abl.*〕 갖춘, 비치한, 마련된, 장비된, 지니고 있는; 얻은: vítiis, virtútibus ~ *(C.)* 악습, 덕성을 지니고 있는 / ~ honóre *(C.)* 영예를 얻은. **2.** 상태에 있는, 준비가 되어있는, (…할) 마음이 생긴, 어떤 마음가짐이 된, 마음이 내키게 된: Oculus conturbátus non est probe ~ ad suum munus fungéndum. *(C.)* 당황한 눈은 자기 기능을 제대로 발휘할 태세를 갖추지 못했다 / Várie sum ~ tuis lítteris. *(C.)* 네 편지를 받고 내 심경은 착잡해졌다. **3.** (병에) 걸린, 에 빠진, 잠긴; 약해진, 추서지 못한; 좌절된: morbo ~ *(Col.)* 병에 걸린 / amíco gráviter affécto *(C.)* 중병에 걸린 친구에게 / desperatióne ~ *(C.)* 실망에 잠긴. **4.** 거의 다 끝나가는, 다 돼가는, 기울어진 상태의: afTécta ætas *(C.)* 만년(晩年).

afféctus², us, *m.* 감정, 기분, 정서; 욕정.

áffĕro, áttuli, allátum, afférre, *anom. tr.* [ad+fero] **1.** 가져오다[가다], 가져다 주다, 운반해 오다; 초래하다: Affer mihi. *(T.)* 내게 가져오너라 / Pacem ad vos áffero. *(Pl.)* 너희에게 평화를 가져다 주노라 / ~ adjuméntum *alci (C.)* 아무를 보살펴 주다 / se ~, pedem ~, afférri 가다[오다]. **2.** 끼치다, 가하다: ~ mortem *alci* uno ictu *(C.)* 일격을 가하여 아무를 죽게 하다/ manus ~ *alci* 손을 대다, 폭행하다; 빼다/ manus ~ aliénis bonis *(C.)* 남의 재산을 탈취하다 / manus sibi ~ 자살하다 / dentes~ in *alqm* (개가) 이빨을 드러내고 덤벼들다/ vim ~ 폭력을 가하다, 폭행하다. **3.** 이바지하다, 기여하다; 이용하다: ad beáte vivéndum *alqd* ~ 잘 사는 데에 어떤 기여를 하다. **4.** 변질케 하다, 달라지게 하다: Vetústas óleo tǽdium affert. *(Pl.)* 오래된 기름은 맛이 나빠진다. **5.** 알려 주다, 일러 주다, (소식) 전하다: inimíco núntium ~ *(C.)* 적에게 소식을 ~ / Allátum est de temeritáte eórum. *(C.)* 그들의 무모한 짓에 대한 통보가 왔다. **6.** (증거·이유 따위를) 대다, 제시하다; 진술하다, 말하다: causam, ratiónem ~ 이유를 제시하다 / Ad ea quæ dixi, affer, si quid habes. *(C.)* 내가 말한 것에 대해서 할 말이 있거든 해봐라.

affícĭo, féci, féctum, ĕre, *tr.* [ad+fácio] **1.** 〔*alqm alqā re*〕 (아무에게 무엇을) 끼치다,

당하게 하다, 주다; 장식하다: *alqm* pœnā ~*(C.)* 벌주다 / ~ *alqm* dolóre 고통 끼치다/ ~ *alqm* laude*(C.)* 칭찬하다 / ~ vultum medicámine*(Ov.)* 얼굴화장 하다. **2.** 어떤 상태에 이르게 하다, 다루다; 어떤 느낌을 갖게 하다, 어떤 감정으로 사로잡다: Fílium pater male contra pietátem afficiébat.*(Pap.)* 아버지가 아버지답지 않게 자식을 학대하였다 / Ne mórtuo quidem (fílio) affĕctus est.*(Suet.)* 아들이 죽었어도 그는 슬퍼하지 않았다. **3.** 약하게 하다, 병 걸리게 하다: Exércitum fames affécit.*(L.)* 기근이 군대를 약화시켰다 / morbo áffici 병
affíctus, a, um, *p.p.* [affíngo]. ㄴ에 걸리다.

affígo, fíxi, fíxum, fígere, *tr.* [ad+figo] **1.** 〔*alqd, alqm dat.*, ad *acc.*〕 고착시키다, 붙들어매다; 꿰어 박다: ~*alqm* cruci*(L., Ta.)* 십자가에 달아매다. **2.** 붙어 다니게 하다; 〔*pass.*〕 붙어다니다, 달라붙다: affíxus láteri*(V.)* 그림자처럼 붙어다니는. **3.** 박아넣다, 마음에 새겨놓다: *alqd* ánimo ~ *(Sen.)* 마음속에 꼭 간직하다 / ~ *alqd* memóriæ*(Q.)* 기억에서 사라지지 않도록 하다 / ~ líttteras púeris*(C.)* 애들 머리속에 글을 새겨 넣다.

affiliátĭo, ónis, *f.* [ad+fílius] 양자결연.

affiliátus, a, um, *adj.* [ad+fílius] 양자로 들어간.

affíngo, fínxi, fíctum, fíngĕre, *tr.* [ad+fingo] **1.** 〔*alqd alci rei*〕 형성하여 맞추다, 맞추어 붙이다, 바르다, 첨가하다. **2.** 뒤집어 씌우다, 거짓·탓·잘못을 남에게 돌리다, 꾸며대다: ~ novum crimen *alci (Ta.)* 새로운 범죄를 누구에게 뒤집어 씌우다. **3.** 상상으로 덧붙이다.

affínis[1], e, *adj.* [ad+finis] **1.** 〔*dat.*〕 인근의, 인접한, 가까운 데 있는: regiónes affínes bárbaris*(L.)* 야만인들이 사는 곳 가까이에 있는 지방. **2.** 〔*dat., gen.*〕 관여한, 참가한, 관계한, 알고 있는: ~ scéleri*(C.)* 범죄를 공모한. **3.** 인척관계에 있는.

affínis[2], is, *m.f.* [affínis[1]] **1.** (장인·장모·사위·며느리·처남·매부·사돈 등) 인척관계에 있는 사람. **2.** 의형제.

affinítas, átis, *f.* [affínis[1]] **1.** 이웃 관계, 인접해 있는 사이; 이웃. **2.** 인척관계. **3.** 의형제 관계. **4.** 가까운 사이, 밀접한 관
affínxi, *pf.* [affíngo]. ㄴ련.

affirmáte, *adv.* [affirmátus, affírmo] 단언하여, 단정적으로. 「장, 긍정, 보증.
affirmátĭo, ónis, *f.* [affírmo] 단언, 확언, 주
affirmatívus, a, um, *adj.* [affírmo] 긍정적, 단언적. 「보증하는 사람.
affirmátor, óris, *m.* **1.** 단언자. **2.** 말을
affírmo, ávi, átum, áre, *tr.* [ad+firmo] **1.** (생각·감정을) 굳히다. **2.** 단언[주장]하다, 확실한 것으로 주장하다, 보증하다.

affíxĭo, ónis, *f.* [affígo] 결합, 고착.

affíxus, a, um, *p.p., a.p.* [affígo] 고착된, 고정된; 붙어다니는: anus fóribus affíxa *(Tib.)* 문간에서 떠나지 않고 있는 노파 / pensis affíxa puélla*(Tib.)* 숙제에 매달린 소녀.

afflátus, us, *m.* [afflo] **1.** 불어오는 바람, 입김 불음. **2.** 불·태양의 열기. **3.** 내쉬는 숨: ambústi afflátu vapóris*(L.)* 뜨거운 김에 덴. **4.** 영기(靈氣), 영감.

áfflĕo, ére, *intr.* 울다, 앞에 놓고 울다, 함께 울다. 「고통; 고문.
afflictátĭo, ónis, *f.* [afflícto] 괴롭힘, 병고,
afflíctĭo, ónis, *f.* [afflígo] 고생, 괴로움, 학대; 비애.

afflícto, ávi, átum, áre, *tr. freq.* [afflígo] **1.** 격렬히 때리다, 부딪게 하다, 세게 치다; 이리저리 떠밀어 넘어뜨리다: Tempéstas afflictábat naves.*(Cæs.)* 폭풍이 배들을 강타했다. **2.** 손상시키다. **3.** 학대하다, 괴롭히다, 시달리게 하다: se ~ *(Sall.)* 제 가슴을 쥐어뜯다, 한탄하다 / afflictári 마음 괴로와 하다. 「파괴자, 비방자.
afflíctor, óris, *m.* [afflígo] 둘러 메치는 자,
afflíctus, a, um, *p.p., a.p.* [afflígo] **1.** 내동댕이 쳐진, 때려 눕혀진, 상처입은. **2.** 곤궁에 빠진, 비참한, 불행한. **3.** 용기를 꺾인, 절망에 빠진: rebus afflíctis*(C.)* 절망상태에서.

afflígo, flíxi, flíctum, ĕre, *tr.* [ad+fligo] **1.** 〔*alqd[alqm]* ad *acc., dat.*〕 부딪게 하다; 때리다, 치다: ad scópulos afflícta navis*(C.)* 암초에 부딪친 배 / Caput saxo afflíxit.*(Ta.)* 머리를 바위에 짓이겼다. **2.** 땅에 내던지다, 둘러 메치다, 때려눕히다: Cátuli monuméntum afflíxit. *(C.) Cátulus*의 기념비를 거꾸러뜨렸다 / victum erígere, ~ victórem *(L.)* 패자를 일으키고 승자를 넘어뜨리다. **3.** 파멸시키다, 불행하게 만들다: Tu me afflixísti. *(C.)* 네가 내게 파멸을 가져왔다. **4.** 굴복시키다, 억압하다. **5.** 힘을 분쇄하다, 약화시키다; 실망에 빠뜨리다, 위기에 몰아넣다. **6.** **괴롭히다,** 시달리게 하다, **학대하다,** 고생시키다. **7.** (풍속 따위를) 퇴패(頹敗)하게 하다.

afflo, ávi, átum, áre, **I.** *intr.* 숨쉬다; 바람 불다, 불어오다; 풍겨오다.
II. *tr.* **1.** 불어보내다, (어디로) 불다, 불어오다: terga afflánte vento*(L.)* 등뒤로 바람이 불어와서. **2.** (불·벼락 따위를) 가 닿게 하다: affláti incéndio*(L.)* 불길이 와 닿은 그들 / afflátus sole*(Claud.)* 햇볕에 더위먹은 / fúlminis affláti telis*(Ov.)* 벼락에 얻어맞은. **3.** 입김·기운을 가 닿게 하다, 기운에 쏘이게 하다: affláta ursi hálitu*(Pl.)* 곰의 입김이 와 닿은 여자. **4.** 풍기다, 풍겨 보내다; 퍼지게 하다: Odóres afflántur

ex flóribus.*(C.)* 꽃에서 향기가 풍겨온다. **5.** 영감을 불어 넣다, 영감을 주다; (신의) 계시(啓示)를 받게 하다: Divíno afflánte Spíritu. *Pius XII*세의 성서연구에 관한 회칙(回勅).

áfflŭens, éntis, *p.præs., a.p.* [áfflŭo] **1.** 〔*abl.*〕 넘쳐흐르는, 풍부한, 충분한, 윤택한: homo bonitáte áfflŭens*(C.)* 착하디 착한 사람. **2.** 수확이 많은, 풍요한.

affluénter, *adv.* [áfflŭens] 풍부히, 충분히.

affluéntĭa, æ, *f.* [áfflŭo] 풍부, 풍성, 풍요, 다량; 윤택; 과잉.

áfflŭo, flúxi, flúxum, ĕre, *intr.* [ad+fluo] **1.** 〔*absol.; alqd; dat.*〕 …로 흐르다, 흘러들다: Aufidus amnis utrísque castris áffluens *(L.)* 양쪽 진영으로 흘러 드는 *Aufidus*강 / Nihil ex istis locis litterárum afflúxit. *(C.)* 그곳에서는 편지 한 장도 오지 않았다. **2.** 몰려오다, 떼지어오다: affluéntibus úndique bárbaris*(L.)* 야만인들이 사방에서 몰려들 때. **3.** 풍부하다, 넘치도록 있다, 남아 돌아가도록 있다: Afflŭunt opes. *(L.)* 재산이 남아 돌아간다 / miser, si... afflúeret voluptátibus*(=abl.)*. *(C.)* 쾌락이 넘친다 하더라 「도 가련한 사람.

afflúxi, *pf.* [áffluo].

affor, fátus sum, fári, *def. dep. tr.* [ad+for] **1.** 친절히 말을 걸다, 〔*alqm*〕 정답게 말을 걸다. **2.** 고별 인사하다, 작별 인사하다: *alqm* ~ extrémum*(V.)* 마지막 고별 인사를 하다. **3.** 애원하다.

affóre = affutúrum esse, *inf. fut.* [adsum].

affórem = adéssem, *impf. subj.* [adsum].

afformído, áre, *tr.* [ad+formído[1]] 몹시 무서워하다, 걱정하다.

affrángo, frégi, fráctum, ĕre, *tr.* 부수다, 쳐 「부수다, 깨뜨리다.

áffrĕmo, ĕre, *intr.* 〔*dat.*〕 격노하다, 무섭게 야단치다; 미친듯이 날뛰다.

affricátĭo, ónis, *f.* [áffrico] **1.** 비벼댐, 문지름. **2.** 문지를 때 떨어지는 부스러기.

áffrĭco, frícui, fríctum, áre, *tr.* [ad+frico] 〔*alqd dat.*〕 비비다, 문지르다.

affríctĭo, ónis, *f.* [áffrico] 비빔, 문지르기.

affríctus, us, *m.* [áffrico] 마찰, 문지르기.

affríngo = affrángo.

affúdi, *pf.* [affúndo].

áffui, *pf.* [adsum].

affúlgĕo, fúlsi, ére, *intr.* [ad+fúlgeo] **1.** 빛내며 나타나다, 빛나다, 반짝이다, 보이다: Non Venus affúlsit.*(Ov.)* 찬란한 금성이 나타나지 않았다. **2.** (희망의) 서광이 비치다: Spes affúlsit.*(L.)* 희망의 빛이 보였다 / Mihi fortúna affúlsit.*(L.)* 나에게 행운이 비쳐왔다.

affúndo, fúdi, fúsum, ĕre, *tr.* [ad+fundo[2]] **1.** 붓다, 쏟다, 따르다: ~ vinum árbori *(Plin.)* 나무에 술을 붓다. **2.** 〔*alqd alqā re*〕 뿌리다, 살포하다. **3.** 〔*alci alqd*〕 부어 넣다, 쏟아 넣다, 투입하다: ~ *alci* vim vitálem*(Ta.)* 누구에게 활력을 부어넣다. **4.** 〔*pass.*〕 affúndi 엎드리다, 부복하다: Affúsæ jacent túmulo.*(Ov.)* 여자들이 무덤 주위에 엎드려 있다.

affúsus, a, um, *p.p., a.p.* [affúndo] **1.** 부어진, 쏟아진. **2.** 엎드린.

afóre = afutúrum esse, *inf. fut.* [absum].

afórem = abéssem, *impf. subj.* [absum].

Afránĭa, æ, *f.* **1.** *Licínii Bucciónis* 상원의원의 아내로서 수치심을 모르는 여자였음. **2.** 넉살좋고 점잖지 못한 부인들을 *Afrániæ* 라 함.

Afraniánus, a, um, *adj.* **1.** *Afránius*의. **2.** *m. pl. Afránius*의 병사들.

Afránĭus, i, *m.* **1.** *Roma*인의 씨족명; 특히 유명한 희극 시인 *Lúcius* ~. **2.** *Pompéjus*의 부하 장군.

Afri, órum, *m. pl. Afrĭca*인들.

Afrĭca, æ, *f.* **1.** 본래는 *Roma*인들이 정복한 *Cartházgo*의 영토에 붙였던 명칭. **2.** *Afrĭca* 대륙. 「수(사자·표범).

Africánæ, árum, *f.pl.* (*sc.* feræ) *Afrĭca* 맹

Africánus, a, um, *adj.* **1.** *Afrĭca*의. **2.** *m. Carthágo*를 정복한 두 *Scípio*의 별명.

Afrĭcus[1], a, um, *adj. Afrĭca*의.

Afrĭcus[2], i, *m.* (~ ventus) 서남풍.

ágăga, æ, *m.* 뚜쟁이; 망할 녀석, 몹쓸 놈.

Agamédes, is, *m. Orchómĕnus* 사람(자기 형제 *Trophónius*와 함께 *Delphi*의 *Apóllo* 신전을 건립하였음).

Agamémnon, ónis, *m. Atrĕus*의 아들로서 *Mycénæ*의 왕(*Troja* 전쟁에서 *Græcia* 군의 총수, 귀국 후 아내에게 살해됨).

Agamemnónĭdes, æ, *m. Agamémnon*의 후손, 특히 아들 *Oréstes.*

Agamemnónĭus, a, um, *adj. Agamémnon*의: puélla -nónĭa = Iphigénia. 「신자.

ágămus, i, *m.* (한번도 결혼 안한) 절대 독

Aganíppe, es, *f. Bœótia*의 *Hélicon* 산기슭에 있는 샘(*Musæ* 여신에게 바쳐졌음).

Aganippéus, a, um, *adj. Aganíppe*의.

Aganíppis, pĭdis, *f. Aganíppe*의 여자.

ágăpē, ēs, *f.* **1.** 애찬(愛餐: 초대 그리스도교 신자들이 최후의 만찬을 추모하며 형제적 결합과 사랑을 표현하여 빈자들과 함께 한 식사). **2.** 사랑; 죄인에 대한 하느님의 사랑.

agapétæ, árum, *m. pl.* (초대 교회시대에 열심한 종교 생활을 내걸고 순수하며 거룩한 사랑만으로 결합되었다는) 여자들과 공동생활하던 성직자·수도자.

agáso, ónis, *m.* 마부, 말구종.

Agáthŏcles, is[i], *m.* **1.** *Sicília*의 왕(*Carthágo*인과 *Sicília* 섬 쟁탈전을 했음). **2.** 희랍의 역사가. **3.** 희랍의 철학자.

Agathýrna, æ, *f. Sicília*의 북해안 도시.

Agathýrsi, órum, *m. pl. Scýthia*인들.
Agáve[Agáue], es, *f. Cadmus*의 딸로서 *Thebæ*의 왕 *Echíon*의 아내; *Péntheus*의 어머니.
age, ágĕdum, *interj.* [ago] 〔명령형에서 감탄사로 된 것이며 다른 명령·권유·양보 따위와 함께 재촉을 표시한다〕 자! 그래: Age vero, respónde.*(C.)* 자! 대답해라! / Age, age, exponámus.*(C.)* 자! 이제 설명합시다.
Agedíncum, i, *m. Gállia Lugdunénsis*의 *Senónes*족의 수도(지금의 *Sens*).
ágĕdum, *interj.* = age.
agelástus, a, um, *adj.* **1.** 절대로 웃지 않는. **2. Agelástus,** i, *m. M. Crassus*의 별명.
agéllŭlus, i, *m.* 아주 작은 밭, 작은 땅.
agéllus, i, *m. dim.* [ager] 작은 밭, 밭뙈기; 작은 땅.
agéma, ătis, *n.* 정예군 (특히 *Macedónia*군의).
agénda, órum, *n. pl.* [ago] **1.** 협의사항, 의사일정, 안건. **2.** 용무순서 기입수첩. **3.** 《가》 제식서(祭式書).
agenealogétus[-logítus], a, um, *adj.* 부모나 조상을 지정할 수 없는, 족보없는.
agennésĭa, æ, *f.* 《神》 (삼위일체의 성부에 대한) 비피생성(非被生性), 원생성(原生性).
Agénor, ŏris, *m. Cadmus*와 *Európa*의 아버지인 *Phœnícia*의 왕, *Dido*의 선조; Agénoris urbs *(V.)* *Carthágo.*
Agenórĕus, a, um, *adj. Agénor*의.
Agenórĭdæ, árum, *m. pl. Agénor*의 후예, *Carthágo*인들.
Agenórĭdes, æ, *m. Agénor*의 자손, 특히 그 아들 *Cadmus.*
agens¹, éntis, *p. præs., a.p.* [ago] 활발한, 기운찬.
agens², éntis, *m.* [ago] **1.** 작용자, 행동자; 《文法》 *adverbiále agéntis* 능동주(能動主) 부사어: Fília vituperáta est *a matre suā.* 딸이 자기 어머니한테 꾸지람 들었다. **2.** 《法》 = actor. **3.** 고대 *Roma* 황제의 정보 보좌관. **4.** 토지측량사.
ager, agri, *m.* **1.** 밭, 전야, 전답; 땅. **2.** 전원, 잔디밭; *pl.* 평지. **3.** 지방, 시골, 변두리: ~ Campánus *(C.)* *Campánia* 지방. **4.** 공유지(公有地): ~ públicus *(C.)* 국유지. **5.** 〔측량〕 in agrum, in agro 안쪽에 [으로]; in fronte *(H.)* 바깥쪽에[으로].
Agesiláus, i, *m. Sparta*의 유명한 왕(c. 400 A. C.).
Agesímbrŏtus, i, *m. Rhodus*섬의 해군 사령관.
Agesípŏlis, lĭdis, *m. Sparta*의 왕(c. 210 A.C.).
ággĕmo, ĕre, *intr.* [ad+gemo] 옆에서 함께 울다, 탄식하다.
agger, ĕris, *m.* **1.** 쌓아놓은 것, 쌓아올린 것, 퇴적, 흙더미, 돌무더기; 더미: Fossam ággere explent.*(Cæs.)* 도랑을 흙더미로 채운다 / ággeres nívei *(V.)* 눈더미. **2.** 둑, 축대, **제방**; 토담. **3.** 보루, **방축**; 성벽, 토루(土壘): ággerem ac vallum exstrúere *(Cæs.)* 방축과 방어 울타리를 쌓다. **4.** 항구의 해안도로.
ággĕro¹, ávi, átum, áre, *tr.* [agger] **1.** 쌓아올리다, 퇴적해 올리다; 제방을 쌓다. **2.** 흙을 북돋다: ~ árborem, circa árborem terram ~ 나무에 흙을 북돋아주다. **3.** 길을 깔다, 부설하다. **4.** 크게 만들다, 증가시키다: ~ iras *(V.)* 화를 돋구다.
ággĕro², géssi, géstum, gérĕre, *tr.* [ad+gero] **1.** 가져오다, 날라오다, 날라다 쌓다: Terra aggésta flumínibus *(Pl.)* 강물로 퇴적된 흙. **2.** 쌓아올리다, 증가시키다. **3.** 말로써 주워섬기다, 무더기로 나쁘게 제시하다.
aggéstus¹, a, um, *p.p.* [ággero²].
aggéstus², us, *m.* [ággero²] 가져옴, 날라옴, 운반.
agglómĕro, ávi, átum, áre, *tr.* [ad+glómero] 둥글게 감다, 덩어리로 뭉치다; 꼭 붙이다, 가담시키다: Se láteri agglómerant nostro.*(V.)* 그들이 우리 옆에 바싹 붙는다.
agglútĭno, ávi, átum, áre, *tr.* [ad+glútino] 아교로 붙이다, 들러붙게 하다, 접합하다, 용접하다.
aggravátĭo, ónis, *f.* [ággravo] 가중(加重), 과중; 악화.
aggravésco, ĕre, *intr.* 더 무거워지다, (병이) 악화하다.
ággrăvo, ávi, átum, áre, *tr.* **1.** 〔*alqm, alqd - alqā re*〕 더[너무] 무겁게 하다, 가중하다. **2.** 악화시키다: bello res aggravátæ *(L.)* 전쟁으로 악화된 상태. **3.** 힘을 더 내게 하다. **4.** 괴롭히다.
aggrédĭor, *(dĕris, dĭtur),* gréssus sum, grĕdi, *dep.* [ad+grádior] **I.** *intr.* **1.** 가다, 향하여 가다, 가까이 가다: siléntio aggréssi *(Cæs.)* 가만히 접근하여. **2.** 착수하다, 시작하다: ~ ad causam *(C.)* 사건에 손대다. **II.** *tr.* **1.** 향해가다, (말을 걸려고 또는 무슨 다른 목적을 가지고) 접근하다, 다가가다: ~ *alqm* pecúniā 돈으로 누구를 매수하다. **2. 공격하다,** 습격하다: álteram navem aggréssus *(Cæs.)* 두번째 배를 공격하고 / abséntem ággredi *(N.)* 그가 없는 동안 그를 공격하다·비난하다. **3. 착수하다,** 일을 시작하다, 기도하다: ~ causam *(C.)* 소송변론을 시작하다 / óppidum oppugnáre aggréssus *(Cæs.)* 도시를 포위하려고 기도하여.
aggregátum, i, *n.* [ággrego] 집합체.
ággrĕgo, ávi, átum, áre, *tr.* [ad+grego] **1.** …에 붙이다, 끼게 하다, 수에 집어 넣다, 합동시키다: te in nostrum númerum ~ 너를 우리 중의 하나로 간주하다. **2.** 〔*pass. refl.*〕 끼어들다, 편이 되다: se ad amicítiam *alcjs* ~ *(Cæs.)* 누구의 친구가 되다 / *alci* se ~ *(L.)* 누구와 동맹하다.
aggréssĭo, ónis, *f.* [aggrédior] **1.** 습격, 공격. **2.** 말의 서두.

aggréssor, óris, *m.* [aggrédior] 공격자, 침입자; 약탈자.
aggréssus[1], a, um, *p.p.* [aggrédior]. 「시도.
aggréssus[2], us, *m.* 습격, 침입; 기도(企圖),
ágĭlis, e, *adj.* [ago] **1.** 재빠른, 빨리 움직이는, 경쾌한; 민첩한, 기민한, 민활한. **2.** 활기있는, 활발한, 활동적인.
agílĭtas, átis, *f.* **1.** 재빠름, 민첩, 민활, 기민성, 기동성. **2.** 《神》(부활한 육체의 속성으로서의) 신속성.
agílĭter, *adv.* [ágilis] 재빠르게, 민첩하게.
agitábĭlis, e, *adj.* [ágito] 기민한, 기동성 있는; 움직이기 쉬운.
agitátĭo, ónis, *f.* [ágito] **1.** 운동, 동요, 진동; 뒤흔듬, 흔들거림, 출렁거림, 나불거림, 휘저음: agitatiónes flúctuum *(C.)* 파도의 동요. **2.** 활동: mentis agitátio *(C.)* 정신 활동. **3.** 선동. **4.** 흥분. **5.** 실천, 실행, 수행; 경영: ~ virtútum *(Sen.)* 덕행의 실천.
agitátor, óris, *m.* [ágito] **1.** 움직이는 사람, 부리는 사람, 조종하는 사람. **2.** 가축 몰이꾼, 마차꾼. **3.** 전투용 마차 경기자.
agitátus, a, um, *p.p., a.p.* [ágito] **1.** 빨리 움직이는; 흔들리는. **2.** 흥분한. **3.** 괴롭혀진, 괴로와하는, 불안한.
ágĭte, agítĕdum, *interj. pl.* 자! *V.* age.
ágĭto, ávi, átum, áre, *tr. freq.* [ago] **1.** (가축이나 마차 따위를) 부리다, 몰다, 구사하다, 박차를 가하다, 이끌어가다: ~ quadrígas 4두 2륜 마차를 몰고 달리다. **2.** (맹금이나 사냥꾼이) 짐승을 쫓다, 추적하다: áquila aves ágitans *(C.)* 새들을 쫓는 독수리. **3.** 적을 추격하다. **4. 흔들다,** 흔들어대다, 동요시키다, **일게 하다,** 까불다; 젓다, 휘젓다, 휘두르다, 뒤섞어 놓다: córpora huc et illuc ~ *(Sall.)* 몸들을 이리 저리 흔들다 / mária agitáta ventis *(C.)* 바람으로 물결이 이는 바다. **5. 자극하다,** 선동하다, 흥분시키다. **6. 괴롭히다,** 못살게 굴다, 고생시키다, 걱정시키다: ~ ánimum 마음을 괴롭히다. **7.** 훈련시키다, 연마하다: agitátus in armis *(Ov.)* 전투훈련을 받은. **8.** 하려고 애쓰다, 자주 하다, 많이 하다, 실행하다, 행사하다: Agitáto hic custódiam.*(Pl.)* 여기서 잘 지키고 있어라 / Miscent inter se inimicítias agitántes. *(En.)* 그들은 툭하면 원수지다가도 서로 어울리곤 한다 / præcépta patris ~ 아버지의 훈계들을 실천하다. **9.** 거행하다, 개최하다, 베풀다: ~ convívia *(C.)* 연회를 베풀다. **10.** 시간보내다, 지내다, 살다, 체류하다: ævum ~ *(En., V.)* 살다, 생애를 지내다 / noctem ~ *(Sall.)* 밤을 지내다. **11. 논하다,** 논의하다, 토의하다, 토론하다, 다루다. **12.** 비난하다, 책망하다, 추궁하다. **13. 곰곰히 생각하다,** 이리 저리 궁리하다; 음미하다, 검토하다, 조사하다, 탐구하다: hoc unum ~ *(C.)* 이것만 생각하다 / in corde[mente, ánimo] ~, mente[ánimo] ~ 곰곰히 생각하다, 심사숙고하다 / secum ~ 혼자 궁리하다.
agmen, mĭnis, *n.* [ago] **1.** (줄지어 움직이는) **무리, 떼, 대열,** 집단; 짐승·곤충떼: ingens mulíerum ~ *(L.)* 떼지어 다니는 수많은 부인네들 / nigrum ~ (*sc.* formicárum) *(V.)* 개미떼 / Agmen ad ópera procéssit. *(Plin.)* 벌떼가 일하러 줄지어 나갔다. **2.** 군대 행진, 진군: ire ágmine ad Urbem *(L.)* 수도를 향하여 행진하다 / concitáto ágmine *(L.)* 대열의 보무도 당당하게. **3.** 행군 대열, 행진하는 군대; 군부대: primum ~ *(Cæs.)* 선봉부대, 전위대 / ~ médium *(Cæs.)* 중심 부대, 중견 부대 / ~ novíssimum *(Cæs.)* 후미부대, 후속 부대 / ~ equéstre, ~ équitum *(Curt., L.)* 기병 부대. **4.** 흐름, 움직임; 밀려옴: Leni fluit ágmine Thybris.*(V.)* *Tíberis*강은 유유히 흐르고 있다 / ágmine remórum céleri *(V.)* 노들을 빨리 저어서 / ~ oratiónis crispum *(Gell.)* 잔잔한 물결의 흐름같은 연설 / ~ occupatiónum *(Plin.)* 밀려 닥치는 일들.
agna, æ, *f.* [agnus] 어린 암양.
agnáscor, nátus sum, násci, *dep. intr.* [ad + nascor] **1.** 옆에·위에 나다, 덧붙어 나다, 얹혀 생기다. **2.** 유복(遺腹) 자녀로 나다; 유언장 작성후에 나다.
agnátĭo, ónis, *f.* [agnáscor] **1.** 유복자녀로 또는 유언 작성후 태어남. **2.** 부계(父系) 혈족관계.
agnátus, a, um, *p.p.* [agnáscor] **1.** 덧붙어 난. **2.** *m.f.* 유복자녀. **3.** 부계친척.
agnéllus, i, *m. dim.* [agnus] 작은 어린 양.
agnésĭa, æ, *f.* 《神》 자유성(自有性), 자존성(自存性), 비피조성(非被造性).
agnícŭlus, i, *m.* = agnéllus.
agnína, æ, *f.* (*sc.* caro) 어린 양고기.
agnínus, a, um, *adj.* [agnus] 어린 양의.
agnítĭo, ónis, *f.* [agnósco] **1.** 인식, 지식; 알아봄. **2. 인정**(認定), 승인.
ágnĭtor, óris, *m.* [agnósco] 알아보는 자.
ágnĭtus, a, um, *p.p.* [agnósco].
agnómen, mĭnis, *m.* [ad + nomen] (개인에게 붙은) 별명, 별호, 이명(異名): prænómen, nomen, cognómen, **agnómen,** ut Públius Cornélius Scípio Africánus. 앞 이름(개인명), 이름(씨족명), 성(가문명), **별호,** 예컨대 *Públius Cornélius Scípio* Africánus.
agnósco, nóvi, nĭtum, ĕre, *tr.* [ad + gnosco, nosco] **1. 알아보다,** 알아차리다: Neque me quisquam agnóvit.*(C.)* 아무도 나를 알아보지 못했다. **2. 알다,** 인식하다: deum ~ ex opéribus ejus *(C.)* 하느님을 그의 업적으로 알다. **3. 인정하다,** 시인하다, 승인

하다; 인지(認知)하다. 「論).

agnosticísmus, i, *m.* 《哲》 불가지론(不可知

agnus, i, *m.* (한살 미만의) 어린 양: 《가》 Agnus Dei. 하느님의 어린 양(그리스도의 호칭); 미사 중의 *Agnus Dei* 송(誦).

ago, egi, actum, ágere, *tr.* **1.** 앞으로 가게 하다, 몰고 가다, 끌고 가다, 데리고 가다: ~ aséllum *(C.)* 나귀새끼를 몰고 가다/〔*pass. refl.*〕 **se ~, agi** 앞으로 가다, 나아가다, 떠나가다[오다], 이동하다. **2.** 몰아넣다; 쫓다, 쫓아다니다; 내쫓다, 내몰다; …로 보내다: in exílium ~ *(L.)* 귀양보내다 / ad mortem ~ *(Ta.)* 사지로 몰아넣다 / ~ ad certámen *(L.)* 싸움터로 내보내다 / lapídibus ~ *alqm (Cæs.)* 돌로 쳐서 내쫓다. **3.** 출동시키다, 진격시키다: ~ exércitum *(Sil.)* 군대를 출동시키다. **4.** 탈취하다, 뺏어가다, 훔쳐가다, 납치하다: ~ prædam 약탈하다 / ferre atque ~ 약탈하다. **5.** 쫓아가다, 추적하다, 추격하다; 사냥하다: apros ~ *(V.)* 산돼지 사냥을 하다. **6.** 운전하다, 조종하다, (차 따위를) 몰다: In littus passim naves egérunt. *(L.)* 사방에서 해변으로 배들을 몰고 왔다 / ~ ratem in amnem *(Ov.)* 뗏목을 강으로 띄워가다. **7.** 뚫다, 파다: cunículum ~ *(L.)* 땅굴을 파다 / occúltas vias ~ *(V.)* 비밀통로를 뚫다. **8.** 깊이 박다, 박아넣다, 꽂다: fugiéntis ~ costis telum *(Sil.)* 도망자의 옆구리에 창을 꽂다. **9.** 뿌리를 박다: radíces in profúndum ~ *(Plin.)* 뿌리를 깊이 내리다 / Vera glória radíces agit. *(C.)* 참된 영광은 뿌리를 박는다. **10.** 체내에서 내보내다, 몰아내다: spumas ~ *(C., V.)* 거품을 내뿜다 / ~ vocem *(C.)* 소리를 내다 / Agitur largus sudor. *(Sil.)* 땀이 흥건히 흐르고 있다 / ánimam ~ *(C.)* 빈사상태에 있다. **11.** (바람·파도·강 따위가) 밀어 보내다, 몰아오다, 가져오다, 작용하다: agéntes frígora venti *(V.)* 추위를 몰아오는 바람. **12.** (몸의 부분을) 흔들다, 돌리다: caudam ~ *(Col.)* 꼬리를 흔들다. **13.** (어떤 정신·심리 상태에) 이르게 하다: ~ *alqm* in insániam *(Q.)* 미치게 하다 / in admiratiónem ánimum ~ *(Plin.)* 감탄을 금치 못하게 하다. **14.** 자극하다, 격려하다, 충동하다, 어떻게 만들다, 마음을 끌다: Spes agit mentem. *(Claud.)* 희망이 정신을 자극한다 / agi irā *(Curt.)* 분노에 이끌리다 / Me amor lassum agit. *(Pl.)* 사랑이 나를 지치게 한다. **15. 시간 보내다, 지내다**; 기간을 채우다; **몇살이다**: vitam ~ in ótio *(T.)* 한가하게 살다 / Quotum annum agis? 몇 살이냐? / annum agens sextum décimum *(Cæs.)* 열 여섯 살 되어서 / 〔*pass.*〕 **agi** 시간이 얼마 되다, 지나다, 경과하다: Alter agebátur mensis. *(Ov.)* 둘째 달이 경과하고 있었다. **16.** 살다, 머물다; 군에 복무하다: Qui tum agébant. *(Ta.)* 그 당시 살던 사람들. **17. 하다, 행하다, 활동하다**; 시작하다, 해보다, 획책하다: tantam rem tam negligénter ~ *(T.)* 이렇게 큰 일을 그렇게 소홀히 하다 / agéndi tempus *(C.)* 활동하는 시간 / Quid agis? 1) 어떻게 지내고 있느냐? 2) = Vide, quid agas. 무슨 짓을 하고 있느냐? **18. 이루다, 수행[이행]하다,** 완성하다, 실현하다, 처리하다; 얻다, 이르다; 공직에 종사하다: Nihil agis. *(C., T., H.)* 너는 아무것도 이루지 못한다 / bellum ~ *(Cæs.)* 전쟁을 수행하다 / forum ~ *(C.)* 재판하다 / honórem ~ *(L.)* 영예로운 공직에 오르다 / públicum ~ *(Suet.)* 국고금을 관리하다. **19.** (축제 따위를) **거행하다,** 개최하다, 베풀다: triúmphum de *alqo* ~ 누구에 대한 개선 축하식을 거행하다. **20.** 힘을 기울이다, 노력을 들이다, 열심히 하다: Age, si quid agis. *(Pl.)* 하려거든 정신차려 열심히 해라 / id ~ 전력을 기울이다 / ~, ut...; id ~, ut... 하려고 무척 애를 쓰다. **21.** 배역을 맡다, 출연하다; 흉내내다, 재연하다: ~ partes *alcjs,* ~ *alqm* 누구 역을 맡다, 누구로[무엇으로] 출연하다. **22.** 〔*alqm*〕 다루다, 대하다; 〔*refl.*〕 **se ~** 어떻게 **행동하다,** 태도를 취하다: se ~ pro victóre 승리자 행세를 하다. **23.** *intr.* 〔cum *abl.*〕 행동하다, 다루다; 태도를 가지다: bene ~ cum iis *(C.)* 그들을 잘 다루다; 〔*pass. impers.*〕 되어가다, 되다: Intelléget, secum actum esse péssime. *(C.)* 자기 일이 매우 나쁘게 되었다는 것을 그는 깨달을 것이다. **24.** (연설·낭독 등에서) 여러가지 거동[동작]을 하다. **25.** (말·글로) **표시하다, 드러내다**: grátias ~ *alci* 감사하다 / laudes gratésque ~ *alci* 찬미하다, 찬양하다. **26.** 흥정하다, **담판**하다, 교섭하다: ~ *alqd* cum *alqo* 무엇을 누구와 ~. **27. 논하다, 다루다, 문제로 삼다**: ~ de *alqā re* cum *alqo* 누구와 더불어 무엇에 대해 논하다 / Agĭtur *alqd.* 무엇을 논하다 / 〔*impers.*〕 Agĭtur de *alqā re.* 무엇에 대해 논하다, 문제로 다루다. **28.** (원로원·국민회의 등에서) 공식적으로 연설하다·발언하다: in senátu ~ 원로원에서 발언하다 / ~ cum pópulo 국민회의에서 투표로 결정해 주기를 요청하다. **29. 변론하다, 사건을 다루다, 고소[호소]하다; 변호하다**: causam ~, rem ~ 사건을 변론하다, 변호하다; 소송을 제기하다 / jure ~, lege ~ 법으로 해결하다; 법에 따라 집행하다 / ~ advérsus *alqm,* ~ in *alqm* 항변하다, 반대변론을 하다 / ~ *alqm* reum 아무를 죄인으로 고발하다 / furti *(gen. críminis)* ~ 절도죄로 고발하다 / actum est [res acta est] 사건은[일은] 끝났다 / Actum hódie est de me. *(Pl.)* 나는 오늘 망했다. **30.** age, ágite:

1) ágere의 명령법 *sg., pl.* 2인칭. 2) 〔다른 명령·권유를 재촉할 때, 또는 양보 따위를 표시할 때 감탄사적으로 쓰며, 1·3인칭에 대해서도 씀〕 **자! 그래!**: Age fiat.*(T.)* 자! 되어라! / Age hoc agitémus convívium. *(Pl.)* 자! 이 연회를 진행시키자.

agógæ, árum, *f. pl.* 광석 세척용 수로.

agōn, ónis, *m.* 시합, 경기. 「제.

Agonálĭa, ĭum[órum], *n.pl.* *Janus* 신의 축

Agonális, e, *adj.* **1.** 시합의, 경기의. **2.** *Agonália*의. 「통; 격심한 고통.

agónĭa[1], æ, *f.* 단말마의 고통, 죽음의 고

Agónĭa[2], órum, *n.pl.* **1.** 특히 *Janus*신의 축제일에 잡는 희생동물. **2.** = Agonália.

agonísta, æ, *m.* 시합자, 경기자. 「기의.

agonístĭcus, a, um, *adj.* [agon] 시합의, 경

Agónĭum, i, *n.* *Agonália* 축제일; 그 축제일의 경기. 「심한 고통을 당하다.

agōnízo, áre, *intr.* 죽음의 고통을 겪다, 격

agoránŏmus, i, *m.* 시장(市場)감독.

agoraphóbĭa, æ, *f.* 광장 공포증.

agrárĭa, æ, *f.*(*sc.* lex) [agrárius] 농지법.

agrárĭi, órum, *m.pl.* 농민당, 토지분할 제안자들.

agrárĭus, a, um, *adj.* [ager] 토지의, 밭의, 농사의: lex agrária 농지법 / res ~ 토지분할 / triúmvir agrárius *(L.)* 국유지 분할을 맡은 3인 위원.

agréstis[1], e, *adj.* [ager] **1.** 전야의, 전원의; 농촌의, 농업의, 농사의, 밭의: vita ~*(C.)* 농촌 생활. **2.** 토지에 관한. **3.** 야성의, 교양없는, 촌스러운, 무뚝뚝한.

agréstis[2], is, *m.* 시골사람, 시골뜨기*(C.)*.

agrícŏla[1], æ, *m.* [ager+colo] 농부, 경작자.

Agrícŏla[2], æ, *m.* *Tácitus*의 장인, *Roma*의 장군 *Cnæus Július Agrícola* (c. 80 P.C.).

agrícŏlor, ári, *dep. intr.* 농사짓다.

agricúltĭo, ónis, *f.* 농사지음, 경작.

agricúltor, óris, *m.* 농사꾼, 농경자.

agricultúra, æ, *f.* 농사, 농업.

Agrigentínus, a, um, *adj.* **1.** *Agrigéntum*의. **2.** *m.pl.* *Agrigéntum* 주민. 「도시.

Agrigéntum, i, *n.* (= Acrăgas) *Sicília*의

agrípĕta, æ, *m.* [ager+peto] 식민지인, 이민.

Agríppa, æ, *m.* **1.** *Roma* 인의 가문명: 1) *Menénius* ~ (귀족과 평민의 불화 분렬 때 평민을 설득하여 성공한 사람). 2) Marcus Vipsánius ~, *Augústus*의 사위. **2.** *Judæa*의 왕 *Heródes*의 이름 *(Heródes ~ I* et *II)*.

Agrippína, æ, *f.* *Roma*인의 여자이름. **1.** *Attĭcus*의 손녀, *Tibérius* 황제의 아내. **2.** *Vipsánius Agríppa*와 *Júlia*의 딸 즉 *Augústus* 황제의 손녀로서 *Germánicus*의 아내, *Calígula* 황제의 어머니. **3.** *Germánicus*의 딸이며 *Cnæus Domítius Ahenobárbarus*의 아내, *Nero* 황제의 어머니.

Agrippinénses, ĭum, *m. pl.* *Colónia Agrippína*의 주민.

Agrippinénsis, e, *adj.* *Agrippína*의: Colónia Agrippinénsis, *Agrippína*(3)의 식민지 (지금의 *Köln*).

Agyíĕus, ĕi[eos], *m.* 가로(街路) 수호신으로서의 *Apóllo*의 별명. 「불렀음.

Agýlla, æ, *f.* *Etrúria*의 도시, 후에 *Cære*라

Agyllíni, órum, *m.pl.* *Agýlla*의 주민.

Agyllínus, a, um, *adj.* **1.** *Agýlla*의. **2.** *m.* *Agýlla* 사람.

Agyrinénsis, e, *adj.* **1.** *Agýrium*의. **2.** *m.* *Agýrium* 사람.

Agýrĭum, i, *n.* *Sicília*섬의 내륙 도시.

ah, *interj.* 〔고통·기쁨·놀람·분노의 표시〕 아!

Ahála, æ, *m.* *Servília*족의 가문명; 특히 임시 집정관 *Cincinnátus*의 기병총감 *Cajus Servílius Ahála*가 유명함.

Ahárna, æ, *f.* *Umbrĭa*의 도시.

ahénĕus, a, um, *adj.* = ăénĕus.

ahénum, i, *n.* (= ăénum) 구리그릇, 남비.

ahénus, a, um, *adj.* = ăénus[1].

ai, *interj.* 〔아픔·비통·비탄의 표시〕 아이구!

āĭens[ājens], éntis, *p. præs.* [aio].

ain' = aísne? 그게 정말이냐?

āio[ājo], āis, āit, āiunt[ājunt], *defect. tr.* **1.** (부정에 대립하여) 긍정하다, "예"라고 하다: Diógenes ait, Antípater negat.*(C.) Diógenes*는 긍정하는데 *Antípater*는 부인한다. **2.** 말하다, 주장하다, 단언하다, 보증하다: Quid ait?*(C.)* 그가 뭐라고 하느냐? / Ut ait Homérus.*(C.) Homérus*가 말하듯이 / O fortunáti mercatóres! gravis annis miles ait. *(H.)* "오, 행복한 장사치들이여!" 하고 늙은 병정은 말했다 / Ajunt, hóminem respondísse.*(C.)* 그들은 이 사람이 (그렇게) 대답했다고 주장한다. **3.** 남들이 그렇게 말한다: Ita ajunt. 그렇게들 말한다 / Hódie uxórem ducis? — Ajunt. *(T.)* "너 오늘 장가드느냐?" "남들이 그런다." **4.** ajunt, ut ajunt, quod ajunt, 속담에 있듯이, …라는 말이 있듯이. **5.** Quid ais? 뭐라고? 〔감탄의 뜻도 포함함〕 **6.** Aísne? Ain? ain tu? ain vero? 그게 정말이냐?

Aius Locútius[Loquens], i[éntis], *m.* 기원전 390년경 *Roma*인들에게 *Gállia*인들의 내습을 일러주었다는 신; 그 목소리. 「과).

aizoácĕæ, árum, *f. pl.* 《植》 석류풀과(번행

aizóon[aizóum], i, *n.* 《植》 가는 기린초.

Ajax, ácis, *m.* **1.** *Télamon*의 아들 ~ *Telamónius,* 대 *Ajax*라는 칭호를 받은 용사 (*Achílles*의 무기를 얻으려고 *Ulíxes*와 경쟁, 실패하고 미쳐 자살함). **2.** *Oíleus*의 아들 *Ajax Oíleus,* 소 *Ajax*라 함, *Locri*인들의 왕.

āla, æ, *f.* **1.** **날개**; (사람의) 어깨, 겨드랑

이; (네발동물의) 허벅지, 살; 가지나 잎새가 줄기에 붙은 우묵한 곳. **2.** 《軍》 기병대; 우군, 동맹군: ~ dextra *(L.) Roma* 군단 우측 기병대. **3.** 건물 본채에서 양쪽으로 뻗어나간 부분. 「시.

Alabánda, æ, *f.* [órum, *n. pl.*] *Cária*의 도

Alabandéni, órum, *m. pl. Alabánda*의 주민.

Alabandénsis, e, *adj.* **1.** *Alabánda*의. **2.** *m. Alabánda* 사람.

Alabándĕus, a, um, *adj.* = Alabandénsis.

alabárches[ara-], æ, *m.* 이집트의 세관리 (수입되는 가축담당). 「꽃봉오리.

alabáster, tri, *m.* **1.** 작은 향합. **2.** 장미

alabástrum, i, *n.* = alabáster.

álăcer, cris, e, *adj.* **1.** 민첩한, 활발한, 활기찬, 발랄한, 재빠른. **2.** 즐거운, 기꺼이 하는, 유쾌한.

álăcre, *adv.* = alácriter.

álăcris, e, *adj.* = álacer.

alácrĭtas, átis, *f.* [álacer] **1.** 열심, 열성, 활발; 민활, 재빠름; 발랄. **2.** 즐거움, 유쾌, 환희.

alácrĭter, *adv.* [álacer] 열성적으로; 기꺼이.

Alamánni, órum, *m. pl.* = Alemánni.

álăpa, æ, *f.* **1.** 따귀 때림, 뺨을 침: álapam dare *alci,* álapis cædere *alqm* 따귀를 때리다. **2.** 노예해방의 표시로 주인이 살짝 뺨쳐주는 형식절차.

alapízo, áre, *tr.* 뺨치다.

álăpor, ári, *dep. tr.* 모욕적으로 따귀를 때리다, 그렇게 위협하다.

aláres, ĭum, *m.pl.* = alárii. 「대.

alárii, órum, *m. pl.* 증원부대, 동맹군 기병

aláris, e, *adj.* = alárius.

alárĭus, a, um, *adj.* [ala] **1.** *Roma*군단 좌·우측 부대의(흔히 기병대). **2.** 우군의, 연합군의, 동맹군의. 「는.

alátus, a, um, *adj.* [ala] 날개달린, 날개있

aláŭda[1], æ, *f.* 《動》 종달새.

Aláŭda[2], æ, *m. Cæsar*가 *Gállia*에서 징집한 *Aláuda*(종달새) 군단의 병사.

Alba[1], æ, *f.* **1.** Alba Longa, *Roma*시의 모체인 도시로서 *Látium*에 있으며, *Ænéas*의 아들 *Ascánius*가 창설한 것으로 전함. **2.** Alba Fucéntia, *Maris*족의 옛 도시.

alba[2], æ, *f.* **1.** 《가》 성직자용 장백의(長白衣). **2.** 백 진주.

Albáni, órum, *m.pl.* **1.** *Alba Longa*의 주민. **2.** *Albánia*의 주민. 「*Asĭa*의 한 나라.

Albánĭa, æ, *f.* 카스피해(海) 서부에 있는

Albánus, a, um, *adj.* **1.** *Alba (Longa)*의. **2.** *m. Alba*사람. **3.** *Albánia*의.

albárĭum, i, *n.* 치장벽토(흔히 횟가루를 풀어놓은 것).

albárĭus, a, um, *adj.* [albus] **1.** 벽 치장하는, 벽을 흰 칠하는: albárium opus 치장벽토 **2.** *m.* 미장이.

albátus, a, um, *adj.* [albus] (기쁨의 표시로) 흰옷입은, 백의의.

albédo, dĭnis, *f.* 흰빛, 백색.

albens, éntis, *p. præs.* [álbeo] 흰.

Albénses, ĭum, *m. Alba Fucéntia*사람.

álbĕo, ēre, *intr.* [albus] 〔현재분사 albens를 많이 씀〕 희다: albénte cælo *(Cæs.)* 날이 훤해 질 때에 / albéntes equi *(Curt.)* 흰 말.

albésco, ĕre, *intr. inch.* [álbeo] **1.** 희어지다, 밝아지다. **2.** 빛나다.

Albiánus, a, um, *adj. Albĭus*의.

albicerátus, a, um, *adj.* = albicérus.

albicéris, e, *adj.* = albicérus.

albicérus, a, um, *adj.* 누르스름한. 「주민.

Albíci, órum, *m. pl. Gállia Narbonénsis*의

álbĭco, áre, [albus] **1.** *tr.* 희어지게 하다. **2.** *intr.* 희어지다, 희끔하여지다.

álbĭdus, a, um, *adj.* [albus] 흰빛을 띈, 희끄무레한. 「주민.

Albingáuni, órum, *m. pl. Albingáunum*의

Albingáunum, i, *n. Ingáuni*족의 수도.

Albinovánus, i, *m. Roma*인 씨족명. **1.** C. ~ Pedo, *Ovídius*의 친구인 서사시인. **2.** ~ Celsus, *Horátius*의 친구.

albínus[1], i, *m.* 회벽 미장이.

Albínus[2], i, *m. Roma*인의 가문명.

Albĭon, ónis, *f. Británnia*의 옛 명칭.

Albis, is, *m. Germánia*의 강(지금의 *Elbe*강).

albitúdo, dĭnis, *f.* 흼, 흰빛.

Albĭus, i, *m. Roma*인 씨족명; 특히 유명한 애가시인 *A. Tibúllus*(c. 50 A.C.).

albo, áre, *tr.* 희게 하다. 「머리 비듬.

albúgo, gĭnis, *f.* **1.** 각막백반(角膜白斑). **2.**

Albŭla, æ, *f.* (*sc.* aqua) *Tíberis*강의 옛 이름.

Albŭlæ, árum, *f. pl. Tíbur* 근처의 유황분 있는 샘.

álbŭlus, a, um, *adj.* 흰빛을 띈, 약간 흰.

album, i, *n.* [albus] **1.** 흰색, 백색; 흰 부분: ~ óculi *(Cels.)* 눈 흰자위 / ~ ovi *(Plin.)* 계란 흰자위. **2.** 석회; 흰 도료. **3.** 흰색 게시판; 공시용 백판(白板). **4.** 표, 명단.

albúmen, mĭnis, *n.* 계란 흰 자위; 단백.

Albúna = Albúnea.

Albúnĕa, æ, *f. Tibur* 근처의 샘.

Albúrnus, i, *m. Lucánia*의 산.

albus, a, um, *adj.* **1.** 흰, 은백색의, 회백색의. **2.** 창백한. **3.** 희귀한, 공백의: alba avis 흰새; 희귀한 일 / corvo rárior albo 흰 까마귀보다 더 드문 / albā líneā signáre 흰 먹줄을 치다, 분별없이 경솔하게 행동하다. **4.** 흰 옷을 차려입은. **5.** 밝은, 맑은, 투명한, 빛나는: album an atrum vinum? *(Pl.)* 맑은 술 혹은 흐린 술?/ sol albus *(C.)* 빛나는 태양. **6.** 다행스런, 상서로운, 고마운: alba stella *(H.)* (사공들에게 좋은 날씨를 예고하는) 고마운 별 /

album cálculum adjícere *alci rei (Plin.)* 어떤 일에 흰 조약돌을 던지다; 승인하다.
Alcǽus, i, *m.* *Lesbos*섬 *Mityléne*의 유명한 서정시인(c. 600 A.C.).
Alcáĭcus, a, um, *adj.* **1.** *Alcǽus*의. **2.** *n.* 11음절의 시구(詩句).
alcalóĭdum ópii hydrochlórium, i, *n.* 《藥》 아편 알칼로이드 염산염(극약).
Alcáměnes, is, *m.* *Athénæ*의 조각가, *Phídias*의 제자.
Alcáthŏē, ēs, *f.* **1.** *Mégara*의 성채. **2.** *Mégara* 도시.
Alcáthŏus, i, *m.* **1.** *Pelops*의 아들로서 *Creta*인들에 의해 파괴된 *Mégara*의 재건자. **2.** *Troja*인, *Ænéas*의 동료.
Alcē, ēs, *f.* 중부 서반아 *Celtibéri*족의 도시.
alcédo, dĭnis, *f.* 《動》 물총새, 쇠새.
alcedónĭa, órum, *n. pl.* 물총새의 부화시기(이 14일간은 겨울 바다가 아주 잔잔하다고 함). **2.** 평온(함).
alces, is, *f.* 《動》 큰 사슴; 고라니.
Alcéstē, ēs, *f.* = Alcéstis.
Alcéstis, is[tĭdis], *f.* *Pélias*의 딸, *Pheræ*의 왕 *Admétus*의 아내(남편을 대신해서 죽은 것으로 유명함).
Alcéus, i, *m.* *Pérseus*의 아들이며 *Amphítryo*의 아버지이고, 영웅 *Hércules*의 할아버지.
Alcibíădes, is, *m.* (기원전 5세기 후반 *Peloponnésus* 전쟁때의) *Athénæ*의 유명한 장군·정치가.
Alcídămas, ántis, *m.* **1.** *Ceos*인, *Ctesýlla*의 아버지. **2.** *Elǽa*의 수사학자, *Górgias*의 제자.
alcidémos[1], i, *f.* *adj.* 민력(民力)의.
Alcidémos[2], i, *f.* *Minérva* 여신의 별명.
Alcídes, æ, *m.* *Alcéus*의 후손, 특히 대영웅 *Hércules*. 「머니.
Alcímĕdē, ēs, *f.* *Æson*의 아내, *Jason*의 어
Alcínŏus, i, *m.* *Phæácia*인들의 왕(*Ulíxes*가 표류하다가 그에게로 가서 그의 배로 본국으로 송환되었음).
Alcíthŏē, ēs, *f.* *Thebæ*시의 *Mínyas*의 딸(*Bacchus* 신을 조소한 탓으로 박쥐로 화해버렸음). 「*phýle*의 아들.
Alcmǽo(n), ónis, *m.* *Amphiărăus*와 *Eri-*
Alcmæónĭus, a, um, *adj.* *Alcmǽon*의.
Alcména, æ, *f.* *Amphítryo*의 아내, *Júpiter* 신에 의하여 *Hércules*의 어머니가 됨.
Alcménē, ēs, *f.* = Alcména.
álcŏhol, hólis, *m.* 알콜, 주정.
alcohólĭcus, a, um, *adj.* 알콜성의; 주정(酒精) 음료의.
alcoholísmus, i, *m.* 알콜 중독, 음주벽.
Alco(n), ónis, *m.* **1.** *Atrĕus*의 아들. **2.** *Bœótia*의 *Hylæ*의 조각가.
Alcuména, æ, *f.* = Alcména.
álcўon, ŏnis, *f.* 《動》 물총새, 쇠새.
Alcýŏnē, ēs, *f.* *Æŏlus*의 딸, *Cēÿx*의 아내(물총새로 화해버렸음).
alcyŏnéus[-nĭus], a, um, *adj.* 쇠새의, 물총새의.
álĕa, æ, *f.* **1.** 주사위, 주사위 놀이; 운수놀이; 노름, 도박: áleā lúdere *(C.)* 주사위 놀이를 하다(통속어에는 áleam lúdere도 있음) / áleā lúdere de *alqā re* 무엇을 걸고 내기하다 / in áleā *alqd* pérdere *(C.)* 노름에서 무엇을 잃다. **2.** 운수, 재수, 요행수; 모험, 투기; 불확실한 것: Jacta est álea.[Jacta ~ est.]*(Cæs.)* 주사위는 던져졌다(일은 이미 벌어졌다, 운명은 결정되었다)/ émĕre álĕam 불확실한 것을 사다. 「노름꾼, 도박꾼.
aleátor, óris, *m.* [álea] 주사위 노는 사람;
aleatórĭus, a, um, *adj.* 노름의, 도박의, 요행을 노리는; 노름꾼의.
ālēc = allec. 「의 하나.
Aléctō[Alléctо], *f.* *indecl.* *Fúriæ* 3여신중
Aléĭus campus, i, *m.* *Cilícia*의 곡창지대.
Alemánni, órum, *m.pl.* 상부 *Rhenus* 강변에 있던 *Germánia*인의 한 종족.
Alemánnĭa, æ, *f.* *Alemánni*인들의 나라.
Alémōn, ónis, *m.* *Croton*의 건축가, *Mýscelus*의 아버지.
Alemónĭdes, æ, *m.* *Alémon*의 아들.
álĕo, ónis, *m.* 《古》 노름꾼, 도박꾼.
āles[1], lĭtis, *adj.* [ala] **1.** 날개 달린, 날개있는. **2.** 재빠른, 민첩한.
āles[2], lĭtis, *m., f.* **1.** 새. **2.** (신화에서) 각 신의 고유한 새: Junónia ~ *(Ov.) Juno* 여신의 새인 공작 / Jovis ~ *(V.)* 독수리. **3.** (날개와 날아가는 모양으로) 점쳐주는 새. **4.** 조짐, 길조(吉兆) 또는 흉조.
Alésa, æ, *f.* = Halésa.
alésco, ĕre, *intr.* [alo] (동·식물이) 자라다, 커지다, 성장하다. 「점령했었음).
Alésĭa, æ, *f.* *Gállia*의 도시(*Cæsar*가 포위
Alésus = Halésus.
Aletrínās, átis, *adj.* **1.** *Alétrium*의. **2.** *m.* *Alétrium*인.
Aletrinénsis, e, *adj.* *Alétrium*의. 「도시.
Alétrĭum, i, *n.* 동부 *Látium*의 *Hérnici*족의
Aléus, a, um, *adj.* = Aléius (campus).
Alexánder, dri, *m.* **1.** *Macedónia*의 왕 *Philíppus II*와 *Olýmpias*의 아들인 *Alexánder*대왕(*sæc.* 4 A.C.). **2.** *Macedónia*의 왕 *Pérseus*의 아들. **3.** *Thessália*의 *Pheræ*의 독재군주. **4.** *Príămus*왕의 아들 *Paris*의 별명.
Alexandría[-éa], æ, *f.* **1.** 이집트의 *Nilus* 강구(江口)에 있는 대도시(*Alexánder* 대왕 창건). **2.** 그 밖의 여러 동명의 도시.
Alexandrínus, a, um, *adj.* *Alexandría*의; 그곳 출신의.
Aléxis, ĭdis, *m.* **1.** *Attĭcus*의 피해방 자유인. **2.** *Asínius Póllio*의 노예.

Alfénus, i, *m.* *Cremóna* 출신의 유명한 법률가(c. 50 A.C.). 「물건.

alga, æ, *f.* **1.** 《植》해조(海藻). **2.** 하찮은

álgĕo, alsi, ére, *intr.* **1.** 춥다, 시리다, 추위타다. **2.** 냉담하다, 무시하다.

algésco, alsi, ĕre, *intr. inch.* [álgeo] 오싹오싹 춥다, 감기걸리다.

Algĭdum, i, *n.* *Algĭdus* 산위의 도시.

álgĭdus[1]**,** a, um, *adj.* [álgeo] 찬, 추운.

Algĭdus[2]**,** a, um, *adj.* **1.** *Algĭdus* 산의. **2.** *m.* (*sc.* mons) *Roma* 부근에 있는 산.

algíficus, a, um, *adj.* [álgeo+fácio] 어는, 추위를 가져오는. 「미는 추위.

algor, óris, *m.* [álgeo] 한기, 냉기, 뼈에 스

algósus, a, um, *adj.* [alga] 해초로 덮인.

álĭā, *adv.* (*sc.* viā) [álius] 다른 길로, 다른 방법으로.

álĭās, *adv.* [álius] **1.** 딴 때에, 다른 기회에: Plura scribémus álias.*(C.)* 다른 기회에 우리는 더 많이 저술할 것이다 / sæpe ~ *(C.)* 다른 때에 가끔 / álias... álias, 어떤 때는… 어떤 때는, 혹은 … 혹은 / ~ álius 어떤 때는 이 사람, 어떤 때는 저 사람. **2.** **달리, 다른 방법으로; 그렇지 않으면**: non ~ quam, non ~ nisi 아니고서는 달리 아니, 아니고서는 다른… 아니[없·못] / non ~ quam simulatióne mortis*(Curt.)* 죽음을 가장하는 방법 외에는 달리 아니. **3.** 다른 데에, **다른 데로**.

álĭbi, *adv.* **1.** 다른 곳에(서): ~ quam (어디가) 아닌 다른 곳에 / non ~ quam ... 다른 곳 아닌 바로 …에 / ~, ... ~ 여기에(서)는 … 저기에서는 / álius ~ 한 사람은 여기에, 다른 사람은 저기에. **2.** 다른 것에(서), 다른 점에(서), 다른 기회에. **3.** 현장 부재증명, 알리바이. 「밀.

álĭca[hálĭca], æ, *f.* 미개량종 밀, 스펠트

alicárĭus, a, um, *adj.* **1.** 스펠트 밀에 관한. **2.** *m.* 스펠트 밀 제분업자, 그 빵 제조자. **3.** *f. pl.* 제분공장 주위의 창녀들.

alícŭbi, *adv.* 어딘가에, 어떤 곳에.

alícŭla, æ, *f.* 짧은 상의; 사냥복.

alĭcúnde, *adv.* 어떤 곳에서부터; 어떤 사람에게서부터.

aliēnátĭo, ónis, *f.* [aliéno] **1.** 양도, 처분, 처분권. **2.** 단념, 포기. **3.** 소원(疎遠), 소외, 따돌림; 이간, 배반. **4.** 제정신이 아님: ~ mentis 정신장애, 발광.

aliēnígĕna, æ, *m.* [aliénus+gigno] 외국인, 이방인.

aliēnígĕnus, a, um, *adj.* [aliénus+gigno] **1.** 여러가지 성분으로 이루어진. **2.** 외국인의, 외국의.

ălĭéno, ávi, átum, áre, *tr.* [aliénus] **1.** 남의 손에 넘기다, **소유권을 양도하다**; 팔아넘기다. **2.** 남이[다른 것이] 되게 하다, **소외하다**, 따돌리다, 멀리하다: Tu me alienábis numquam.*(C.)* 너는 나를 언제든지 소외하지 못할 것이다. **3.** 〔*alqm[alqd]* ab *abl.*〕 떼어[갈라] 놓다, 떨어져 나가게 하다, 분리시키다, 이간시키다; 관계를[인연을] 끊게 하다, 원수지게 하다: Ira alienávit a dictatóre mílitum ánimos.*(L.)* 그 분노는 병사들의 마음을 총통에게서부터 떨어져 나가게 했다 / Alienátus est ab *alqo.(C.)* 그는 누구와 관계를 끊었다. **4.** 예속시키다; 빼앗다: urbs máxima alienáta*(Sall.)* 외국세력에 예속된 대도시. **5.** 감각을 마비시키다; (육체적·정신적) 능력·기능을 뺏다: in córpore alienáto*(Sen.)* 감각이 마비된 육체에 / mentem ~*(L.)* 미치게 하다 / alienátā mente*(Cæs., L.)* 미친 정신으로. **6.** 포기하다, 단념하다.

aliénus, a, um, *adj.* [álius+geno] **1.** 다른 사람의, 남의: aliénæ ædes*(T.)* 남의 집 / æs aliénum 빚. **2.** 외국의, 타향의. **3.** 알지 못하는, 낯선[낯모르는], 생소한. **4.** 〔*abl.*; ab *abl.*; *gen.*〕 관련[관계·상관]없는: Homo sum; humáni nihil a me aliénum puto.*(T.)* 나는 사람이다; 그러므로 사람에 관한 것으로 나와 관계없는 것은 아무 것도 없다고 생각한다. **5.** 〔ab *abl.*; *gen.*; *dat.*〕 불친절한, 적의[악의]를 품은: ánimus aliénus ab *alqo(C.)* 누구에게 대한 적개심. **6.** 불리한, 형편이 나쁜: aliéno témpore*(C.)* 불리한 때에 / aliéno loco *(Cæs.)* 불리한 장소에서. **7.** 〔ab *abl.*; *abl.*; *dat.*; *gen.*〕 어울리지 않는, 맞지 않는, 적당치 않은: aliénum a vitā meā*(T.)* 내 생활과는 맞지 않는 것. **8.** *m.* 아무 관계도 없는 남; 외국인. **9.** *n.* 남의 것, 남의 재산.

alíĕtas, átis, *f.* [álius] 《哲》 타성(他性).

álĭfer[-ger], ĕra, ĕrum, *adj.* [ala+fero, gero] **1.** 날개있는, 날개 달린. **2.** 매우 빠른. 「식의, 식량에 관한.

alimentárĭus, a, um, *adj.* [aliméntum] 양

aliméntum, i, *n.* [alo] **1.** 〔흔히 *pl.*로〕 식량, 양식, 식품; 영양물. **2.** 생활필수품. **3.** 양육비. **4.** 〔불에 대해서〕 연료. 「육.

alimónĭa, æ, *f.* **1.** 영양물, 식품. **2.** 양

alimónĭum, i, *n.* = alimónia.

álĭo, *adv.* [álius] **1.** 다른 곳으로, 다른 데로: ~ … ~, 한 곳으로는 … 다른 곳으로는 / céteri álius ~*(C.)* 남은 자들은 각각 다른 곳으로. **2.** 다른 사람에게로; 다른 것에로. **3.** 다른 목적으로.

alióqui(n), *adv.* **1.** 다른 관점에서, 그 밖의 다른 점에서는; 그리고 또. **2.** 그렇지 않아도, 하여간. **3.** 그렇지 않다면, 그렇지 않고(서야). **4.** 달리 어떤 모양으로.

aliórsum[-sus], *adv.* **1.** 다른 곳으로, 다른 방향으로. **2.** 다른 사람에게로. **3.** 다른 방법으로, 다른 의미로.

álĭpes, ĕdis, *adj.* [ala+pes] **1.** 발에 날개달린. **2.** 발이 빠른.

Aliphéra, æ, *f.* 서남 *Afrĭca*의 요새도시.

alípĭlus, i, *m.* [ala+pilus] 목욕하는 사람의 겨드랑 털 따위를 뽑아주는 노예.

alípta[-es], æ, *m.* (시합장이나 목욕탕에서) 안마해 주는 사람, 기름발라 주는 사람.

álĭquā, *adv.* (*sc.* viā, parte) **1.** 어떤 곳을 통하여, 어떤 길로 해서. **2.** 어떤 방법으로.

aliquámdĭu[-quándĭu], *adv.* 꽤 오랫동안, 한 동안.

aliquammúltum, *adv.* 〔시간·장소〕 꽤 많이.

aliquammúltus, a, um, *adj.* 꽤 많은.

aliquándo, *adv.* **1.** 언젠가, 장차, 어떤 때, 한 때, 어느날; 일찌기: Illucéscet ~ ille dies.*(C.)* 언젠가는 그 날이 밝아 올 것이다. **2.** 마침내, 결국 언젠가는, 어느 때고 한번. **3.** 가끔, 이따금.

aliquantíllus, a, um, *adj. dim.* [aliquántulus] 아주 적은[작은].

aliquantísper, *adv.* 잠시, 잠깐.

aliquánto, *adv.* = aliquántum(*4*).

aliquántŭlum, *adv. dim.* [aliquántum] 조금, 약간.

aliquántŭlus, a, um, *adj. dim.* [aliquántus] **1.** 상당히 작은[적은]. **2.** *n.* 소량: ~ fimi *(Plin.)* 소량의 비료.

aliquántum, i, *n.* **1.** 상당량, 꽤 많은 양. **2.** 꽤 되는 거리: aliquántum itíneris progréssi *(Cæs.)* 꽤 많이 진격해서. **3.** 〔*abl. comparatiónis*〕 aliquánto 꽤: ~ ante *(C.)* 꽤 오래 전에. **4.** *adv.* 꽤, 어느 정도.

aliquántus, a, um, *adj.* [alis+quantus] 꽤[어느 정도] 큰·많은: timor ~ *(Sall.)* 어느 정도 큰 공포 / aliquántum iter *(L.)* 거리가 꽤 되는 길.

aliquátĕnus, *adv.* 어느 정도까지, 어느 점까지.

álĭqui[1], qua, quod, 〔*m. sg. nom.*로. áliquis를 쓰는 수도 있음〕 *pron. indef. adj.* [álius+qui] **1.** 어떤, 무슨; 특정되지 않은: deus áliqui *(C.)* 어떤 신 / áliquis dolor *(C.)* 어떤 고통 / áliquod malum *(C.)* 어떤 불행. **2.** 〔가끔 álius를 동반하면서〕 (같은 종류의) 다른 어떤: non álio áliquo, sed eo ipso crímine *(C.)* 다른 어떤 죄목이 아니고 바로 이 죄목으로. **3.** 어떤 중요한: sine áliquo quæstu *(C.)* 어떤 중요한 이익을 취하지 않고. **4.** 〔개략적 수〕 대개, 약, 쯤: tres áliqui aut quátuor *(C.)* 세 명이나 네 명쯤. **5.** 〔단수의 áliqui를 áliquis로, 즉 명사적으로 쓴 경우도 간혹 있음〕 Vellem áliqui ex vobis suscepísset.*(C.)* 너희 중에서 누가 하나 맡아주었더라면 좋았을 것을.

álĭquī[2], *adv.* [áliqui[1]] = áliquo modo. (다른) 어떤 방법으로, 어떤 모양으로, 어떻게든, 어느 모로.

álĭquid, *adv.* [áliquis] 다소간, 얼마만큼, 좀: perlúcens jam ~ *(L.)* 이미 다소간 빛나기 시작은 했으나.

álĭquis, (qua), quid, *pron. indef.* [álius+quis] **1.** 〔특정되지 않은 뜻으로〕 *m.* 누가, 누군가; *n.* 어떤 것, 무엇, 무엇인가: Dicet áliquis.*(C.)* 혹 누가 말하리라 / áliquis unus 어떤 한 사람 / áliquid unum 어떤 것 하나. **2.** 어떤 다른 사람; 뭔가 다른 것. **3.** (특정의) 어떤 사람; 무엇: si te áliqui timuérunt,*(C.)* 어떤 사람들이 너를 무서워하였다면. **4.** 몇몇, 일부; 약간: áliqui 몇몇 사람들 / áliquid loci *(Pl.)* 약간의 자리. **5.** 가치·중요성·자격·적합성·유용성을 지닌 사람·존재·일: Si vis esse áliquis,*(Juven.)* 네가 중요한 인물이 되려거든 / Ego quoque áliquid sum.*(C.)* 나도 어느 정도 가치있는 존재이다 / Est hoc áliquid.*(C.)* 이것도 가치있는 일이다. **6.** 〔겹쳐 쓸 때〕 더러는…더러는, 일부는…일부는: áliquid illi, áliquid huic 일부는 저 사람에게, 일부는 이 사람에게 / áliquæ (gallinárum) quotídie, áliquæ bis die *(Plin.)* 암탉들이 더러는 날마다 더러는 하루에 두번 (알을 낳는다). **7.** *n.* (막연하나마) 어떻게 될 것: Mane, áliquid fiet. *(Pl.)* 남아 있어라, 어떻게 될거다. **8.** *f.* 〔áliqua는 아주 드물게만 나타남〕 Fórsitan audíeris, áliquam velóces superásse viros. *(Ov.)* 어떤 여자가 (경주에서) 빠른 남자들을 이겼다는 말을 네가 혹 듣게 될지도 모르겠다.

aliquíspĭam, -quǽpiam, -quódpiam & -quídpiam, *pron. indef.* 어떤, 다른 어떤.

álĭquo, *adv.* [áliquis] 어떤 곳으로, 어디론가.

álĭquot, *num. indef. indecl.* [álius+quot] 〔*pl.*로만 다룸〕 **1.** *adj.* 몇, 몇몇, 약간의: ~ epístolæ *(C.)* 몇 장의 편지 / ~ diérum iter *(C.)* 며칠 걸리는 여행. **2.** 〔명사적〕 몇몇, 몇 사람: Aliquot me adiére.*(T.)* 몇 사람이 나를 찾아왔다 / ~ ex vetéribus *(C.)* 몇몇 노장들.

aliquótĭe(n)s, *adv.* 몇번, 수삼차, 가끔.

aliquōvórsum, *adv.* 어딘가를 향하여.

alis, alid, *adj.* = álius, áliud의 옛 형태.

álĭter, *adv.* [alis+iter] **1.** 다르게, 달리: Fíeri ~ non potest.*(T.)* 달리 될 수 없다 / ~ ac jússerat,*(C.)* 그가 명령했던 것과는 달리 / non ~ quam *(C.)* …와 다르지 않게, 같이 / ~ esse 다르다, 달리 되어 있다. **2.** 그렇지 않으면, 그렇지 않고서는. **3.** 〔겹쳐쓰거나 álius 등과 함께〕 달리… 달리…, 제가끔 달리: Aliter cum tyránno, ~ cum amíco vívitur.*(C.)* 폭군과 사는 것이 다르고, 친구와 사는 것이 다르다 / ~ cum áliis loqui *(C.)* 이 사람들과는 이렇게 말하고 저 사람들과는 저렇게 말한다.

álĭtus, a, um, *p.p.* [alo].

ălíŭbi, *adv.* [alis+ubi] 다른 어떤 곳에: ~ ··· ~, ~ atque ~ 이곳에(서)는··· 저곳에(서)는.

álĭum, i, *n.* (= állium) 마늘.

ălĭúnde, *adv.* [alis+unde] **1.** 다른 데서부터: ~ quam prídie *(Plin.)* 전날과는 다른 데서. **2.** 〔álius 등과 함께〕 저마다 다른 데서부터: Aliis ~ est perículum.*(T.)* 사람마다 각각 다른 데서부터 오는 위험을 받고 있다. **3.** 〔겹쳐 쓸 때〕 여기로부터는··· 저기로부터는.

álĭus, a, ud, 〔*gen.* alíus 또는 alteríus; *dat.* álii〕 *adj. pronom.* **1. 다른, 딴, 별개의:** álii *(C.)* 다른 사람들 / Aliud mélius fuit.*(C.)* 다른 것이 더 좋았다 / álius ac [atque, et, quam] ···와 다른, ···보다 다른 / Quod est áliud melle, *(Var.)* 꿀과는 다른 것 / nihil áliud quam[nisi] ... *(C.)* 다름아닌···, 오직 ···일 따름 / *alqm* álium fácere 누구를 딴 사람으로 만들다 / Hómines álii facti sunt.*(C.)* 사람들이 달라졌다(달리 생각하게 되었다)/ Alia cura.*(Pl.)*; Aliud cura.*(T.)* 딴 일이나 해라. **2.** 〔열거할 때〕 **다른 하나, 또 하나, 둘째의. 3.** 〔같은 격으로 겹쳐 쓸 때〕 **어떤 ··· 어떤, 하나는 ··· 다른 하나는; 서로 다른:** álii statim, álii diu, álii semper *(C.)* 어떤 이들은 즉시, 어떤 이들은 오래, 어떤 이들은 항상 / Aliud est maledícere, áliud accusáre.*(C.)* 욕설하는 것이 다르고, 고발하는 것이 다르다. **4.** 〔álius를 겹치는 대신 pars나 partim을 쓰기도 함〕 **어떤 ··· 어떤, 더러는 ··· 더러는:** álii superstántes, pars intus occúlti *(Ta.)* 더러는 위에 서서, 더러는 안에 숨어서. **5.** 〔같은 격을 atque, -que; deínde, (부사로서의) post 따위로 연결시켜 줄 때〕 **이 ··· 저, 이런 ··· 저런; 서로 다른:** ália atque ália loca *(L.)*; ália, deínde ália loca *(Sall.)* 이곳 저곳 / áliis, post áliis minitári 이 사람 저 사람 협박하다. **6.** 〔격을 달리하여 겹쳐쓰거나, 같은 계열의 다른 말과 함께〕 **저마다 각각 다른, 서로 다른:** Alius áliud dicit. 저마다 다른 말을 한다 / Alius álium percontámur.*(Pl.)* 우리는 서로 물어본다 / álii áliter 저마다 서로 달리들; 이 사람은 이렇게, 저 사람은 저렇게 / Mater ancíllas jubet áliam aliórsum ire.*(Pl.)* 주부가 하녀들에게 각각 다른 데로 가라고 명한다 / áliud ex álio, áliud post áliud 한가지가 다른 한가지 다음에, 뒤를 이어 / álius ex álio 차례로, 한 사람 한 사람. **7. 그 밖의, 나머지:** áliæ naves *(V.)* 나머지 배들.

alĭúsmŏdi[alíus modi], *gen. qualit.* 〔형용사적으로 쓰는 것이며, ac이나 atque로 다음 말과 이어줌〕 다른, 다른 성질의, 다른 형태의: Res aliúsmodi est, ac putátur.*(C.)* 사정이 생각과는 다르다.

all... = adl...

allábor, *(ĕris, ĭtur),* lápsus sum, lábi, *dep. intr.* [ad+labor] 〔ad *acc.; dat.; tr.: acc.*〕 미끄러져 들다, 빠지다, 흘러들다; 도달하다: ad exta angues allápsi*(L.)* 뱀들이 동물 내장 있는 데로 기어가서 / allapsus génibus *(Sen.)* 엎드려 / Fama allápsa est aures *alcjs.* 소문이 누구의 귀에까지 들어갔다.

allabóro, ávi, átum, áre, *tr.* [ad+labóro] 수고하여 보태다.

allácrĭmans, ántis, *p. præs.* [*inusit.* allácrimo] ···에 우는, 눈물흘리는.

allámbo, ĕre, *tr.* [ad+lambo] 핥다.

allápsus, us, *m.* [allábor] 미끄러져 들어감[옴], 흘러들어감.

allátro, ávi, átum, áre, *tr.* [ad+latro] **1.** ···를 보고 짖다, 향해 짖다. **2.** 파도가 해안에 부딪치며 철썩거리다. **3.** 욕설하다, 못마땅하여 소리지르다, 조롱하다.

allátus, a, um, *p.p.* [áfferо].

allaudábĭlis, e, *adj.* 칭찬할 만한, 칭송할, 기특한, 갸륵한.

alláŭdo, áre, *tr.* 칭찬하다, 찬미하다.

allēc, écis, *n.* 어즙(魚汁).

allécta, æ, *f.* [állĕgo²] 희극배우협회 여자 회원.

allectátĭo, ónis, *f.* [allécto] 얼러주기, 달램.

alléctĭo¹, ónis, *f.* [allício] = allectátio.

alléctĭo², ónis, *f.* [állĕgo²] 선거, 임명.

allécto, ávi, átum, áre, *tr.* [allício] 끌어들이다, 유인하다, 부추기다.

alléctor¹, óris, *m.* [allécto] 끌어들이는 사람, 유인자.

alléctor², óris, *m.* [allégo¹] **1.** 파견권을 가진 사람. **2.** 지방에 파견된 국세 징수관.

alléctus¹, a, um, *p.p.* [állĕgo², allício].

alléctus², i, *m.* [állĕgo²] 희극 배우 협회원.

allegátĭo, ónis, *f.* [allégo¹] **1.** 파견, 사람을 보냄. **2.** 인증(引證).

allegátus, us, *m.* [allégo¹] 사람을 보냄, 파견.

allégo¹, ávi, átum, áre, *tr.* **1.** (사사로운 사명을 띄워) 파견하다, 심부름 보내다. **2.** (증거 또는 예증으로서) 제시하다, 인증(引證)하다; (변명으로) 내세우다.

állĕgo², légi, léctum, ĕre, *tr.* 뽑다, 단체의 일원으로 선택하다, 가입시키다: ~ in senátum *(Suet.)* 원로원 의원으로 받아들이다.

allegoría, æ, *f.* 비유, 풍유(諷喩), 우언(寓言).

allegórĭcus, a, um, *adj.* 비유의, 풍유의.

allelúja, *indecl.* **1.** 기쁨이나 감사를 나타내는 헤브라이어의 할렐루야: "주님을 찬미들 하라." **2.** 《가》 알렐루야 송(誦).

allevāméntum, i, *n.* [állĕvo¹] 좀 가벼워짐, 쾌유, 완화; 위안.

allevátĭo, ónis, *f.* [állevo¹] **1.** 치켜올림, 들어올림. **2.** 경감(輕減), 완화; 위안.

allévi, *pf.* [állino].

allévĭo, ávi, átum, áre, *tr.* [ad+levis] 가볍게 하다; 들어올리다.

állĕvo¹, ávi, átum, áre, *tr.* [ad+levo] **1.** 들

어 올리다, 일으키다, 높이다: se ~ 일어서다. **2.** 치켜 올리다, 치켜세우다, 칭찬하다. **3.** 가볍게 하다, 추서게 하다, 완화하다, 경감하다, 덜다, 거들어 주다: onus ~ *(C.)* 짐을 거들다 / 〔*pass. refl.*〕 **se ~, alleváre** 회복되다, 추서다 / Allĕvor.*(C.)* 기운이 좀 난다. **4.** 위안을 주다, 위로하다: Ubi (illa) se állevat, ibi me állevat.*(Pl.)* 그 여자가 회복되는 것이 곧 나를 위로해 주는 것이다.

allévo² **[allǽvo],** ávi, átum, áre, *tr.* [ad+lēvo] 매끈하게[매끈매끈하게]하다.

allex, lĭcis, *m.* 엄지 발가락.

alléxi, *pf.* [allício].

Allĭa, æ, *f.* *Roma* 북방의 강 (*Tíberis*강 지류; 여기서 *Roma*인들이 *Gállia*군에게 패했음. 390 A.C.).

allĭcĕfácĭo, féci, fáctum, ĕre, *tr.* 이끌다, 유인하다.

allícĭo, léxi, léctum, lícĕre, *tr.* [ad+lácio] 끌어들이다, **피어내다, 유인하다,** 유도하다; 끌다, 쏠리게 하다: ~ suis offíciis benevoléntiam *alcjs (C.)* 봉사로써 아무의 호의를 사다 / ~ ad recte faciéndum *(C.)* 올바로 하도록 유도하다.

allído, lísi, lísum, dĕre, *tr.* [ad+lædo] **1.** 내던지다, 충돌시키다, 부딪치게 하다: ad scópulos allídi *(Cæs.)* 암초에 부딪다. **2.** 생명의 위험이나 손해나 변을 당하게 하다; 〔흔히 *pass.*〕 위험·변을 당하다.

Alliénsis, e, *adj.* *Allĭa*의.

Allífæ, árum, *f.pl.* *Sámnium*의 도시.

Allifána, órum, *n.pl.* (*sc.* pócula) *Allífæ* 산의 사기 술잔.

allĭgátĭo, ónis, *f.* [állĭgo] **1.** 포도나무 등을 묶어줌. **2.** 묶는 끈.

allĭgátor, óris, *m.* 묶는 자.

allĭgātúra, æ, *f.* 포도나무 묶는 작업, 거기에 쓰는 끈.

állĭgo, ávi, átum, áre, *tr.* **1.** …에 비끌어매다, 붙들어[동여]매다, 결박하다: ~ *alqm* ad palum *(C.)* 아무를 처벌하기 위해 말뚝에 ~. **2.** 묶다, 졸라매다. **3.** 처매다, 싸매다, 붕대를 감다. **4.** 엉기게 하다. **5.** 속박하다, 구속하다: Lex omnes mortáles álligat.*(C.)* 법은 모든 사람에게 구속력이 있다. **6.** 의무지우다, 얽어매다, 매이게 하다; 예속시키다: benefício alligári *(C.)* 국록에 매이다. **7.** 〔*pass. refl.*〕 **se ~, alligári** 연루되다, 관련되다.

állĭno, lévi, lĭtum, ĕre, *tr.* **1.** 바르다, 발라 씌우다, 칠하다. **2.** 〔*alqd alci rei*〕 지우다; 표해놓다.

allísĭo, ónis, *f.* [allído] 내동댕이침.

állĭum, i, *n.* 마늘.

Allóbrŏges, um, *m.pl.* *Gállia*의 *Rhódănus*강과 *Isăra* 강 사이에 살던 주민(121 A.C.에 *Q. Fábĭus Máxĭmus*에게 정복됨).

Allobrógĭcus, a, um, *adj.* *Allóbrŏges*의.

allocútĭo, ónis, *f.* [állŏquor] **1.** 연설, 담화, 훈시. **2.** 위로의 말. **3.** 격려사.

allophílus[-fílus], a, um, *adj.* 다른 인종의, 이민족의; 외국인의.

allóquĭum, i, *n.* [állŏquor] **1.** 훈시, 담화; 격려. **2.** 위로의 말, 권유하는 말.

állŏquor, *(quĕris, quĭtur),* locútus sum, lŏqui, *dep. tr.* **1.** 〔*alqm*〕(…에게) 이야기하다, 말을 걸다. **2.** 연설하다, 훈화하다. **3.** 위로하는 말을 하다. **4.** (군인들을) 격려하다. **5.** (신에게) 감사하다, 기구하다.

allúcĕo, lúxi, ére, *intr.* [ad+lúceo] 밝게 비치다, 비쳐오다: 〔*impers.*〕 Nobis allúxit. *(Suet.)* 우리에게 빛이 비쳐왔다(길조가 보인다).

allúcĭnor = alúcinor.

allúdo, lúsi, lúsum, dĕre, *intr., tr.* [ad+ludo] **1.** 스스럼 없이 접근하다; 서로 놀다, 장난치다, 희롱하다, 농담하다. **2.** 물결이 찰싹찰싹 드나들다; 휘날리다. **3.** 넌지시 말하다, 빗대어 말하다, 시사하다.

állŭo, lŭi, lúĕre, *tr.* [ad+luo] 물에 잠기게 하다, 적시다; 어디로 흘러들게 하다.

allúsĭo, ónis, *f.* [allúdo] **1.** 함께 노는 것; 희롱, 장난스러운 접근. **2.** (간접적인) 언급, 암시; 풍자; 《修》 인유(引喩).

allúvĭes, éi, *f.* [ad+luo] (말랐던 땅에 밀어닥치는) 홍수, 범람.

allúvĭo, ónis, *f.* [ad+luo] **1.** 홍수, 범람. **2.** 물가에 생기는 땅, 충적지(冲積地).

allúvĭum, i, *n.* 충적지; 충적층(冲積層).

allúvĭus ager, -vĭi -gri, *m.* 강물에 의해 생겨난 밭.

almíficus, a, um, *adj.* 축복해 주는.

Almĭtas, átis, *f.* [almus] *Ravénna* 주교에게 붙여졌던 존경의 칭호.

Almo, ónis, *m.* *Tíberis* 강의 작은 지류.

ălmus, a, um, *adj.* [alo] **1.** 〔인간에게 생명·생활의 혜택을 준다고 생각되는 신이나 땅·빛·낮 그밖의 여러가지에 대해서 고마움과 존경의 표시로 쓰기도 하는 말〕 **생명을 주는,** 생명을 길러주는, 자양분을 주는: alma parens *(V.)* *Venus* 여신 / alma mater terra *(Lucr.)* 몸담아 살게 해주는 어머니인 대지(大地) / Alma Mater 모교(母校); 출신교 교가. **2.** 결실 풍부한, 다산의: almus ager *(V.)* 수확많은 밭. **3.** 친절한, 인자한, 자비로운, 너그러운, 고마운. **4. 축복받은; 거룩한;** 우아한, 아름다운: Alma Redemptóris Mater. 구세주의 거룩하신 어머님(성모 마리아 송가의 하나).

álnĕus, a, um, *adj.* 오리나무로 만든.

ălnus, i, *f.* **1.** 오리나무. **2.** 오리나무로 만든 것, 특히 배.

ălo, álŭi, altum [álĭtum], ĕre, *tr.* **1. 기르다,** 사육하다, 양육하다, 치다; 영양을 주다, 먹여 살리다; 육성하다. **2.** 유지하다, 지속하다, 지탱하다, 지원(支援)하다, 뒤를 대

주다: exércitum ~ (C.) 군대를 유지하다. **3.** 커지게 하다, 자라게 하다, 발전시키다, 증진시키다: lacte ali (C.) 우유로 자라다 / Hóminis mens discéndo álitur. (C.) 사람의 지능은 배우면서 발전한다.

álŏë, ēs, *f.* **1.** 노회(蘆薈: 백합과에 속하는 상록 다년생 식물); 용설란. **2.** 쓴맛.

Alóĕus, i, *m.* *Neptúnus*의 거인(巨人). 아들

ălŏgía, æ, *f.* **1.** 정신나간 말이나 행동, 어리석은 말. **2.** (옛 교회학자들의 용어로서) 강론없는 회식. 「먹는.

ălógus, a, um, *adj.* **1.** 정신나간. **2.** 엇

Alōídæ, árum, *m.pl.* *Alóĕus*의 두 아들(역시 거인들인 *Otus*와 *Ephiáltes*).

Alŏpē, ēs, *f.* **1.** *Cércўo*의 딸(샘으로 변함). **2.** *Lŏcris*의 도시. 「된 자리.

alopécĭa, æ, *f.* **1.** 탈모증. **2.** *pl.* 대머리

Alpēs, ĭum, *f.pl.* **1.** *Alpes* 산맥. **2.** [a-] 알프스 버들.

ălpha, *indecl.* **1.** *Grǽcĭa* 자모의 첫글자. **2.** 일등 차지한 남자. **3.** 처음, 시작.

alphăbétum, i, *n.* 알파벳.

Alphéĭas, ădis, *f.* *Alphéus*강의 애인으로 샘이 되어버린 *Arethúsa*의 별명. 「큰 강.

Alphéus[1] **[-os],** i, *m.* *Pĕlŏponnésus*의 제일

Alphéus[2]**,** a, um, *adj.* *Alphéus*의.

Alpĭcus, a, um, *adj.* = Alpínus.

Alpínus, a, um, *adj.* **1.** *Alpes*의. **2.** *m. pl.*

Alpis, is, *f.* = Alpes. ⌊*Alpes* 주민.

Alsiénsis, e, *adj.* **1.** *Alsĭum*의. **2.** *n.* *Alsĭum*에 있던 *Pompéjus*의 별장.

alsiósus, a, um, *adj.* [álgeo] 추위타는.

Alsĭum, i, *n.* *Etrúrĭa*의 도시.

álsĭus, a, um, *adj.* [álgeo] 추위타는, 추위를 느끼는; 찬, 시린. 「한.

ălsus, a, um, *adj.* [álgeo] 찬, 시원한, 상쾌

altánus, i, *m.* 바다에서 불어오는 바람.

ăltár(e), táris, *n.* **1.** 제단, 제대. **2.** *n. pl.* 제물을 불로 태워 바치는 높은 제단. **3.** *n. pl.* 큰 보통제단.

altárĭum, i, *n.* = altáre.

ălte, *adv.* [altus[2]] **1.** 높이, 높은 곳에, 높은 곳에서: ~ spectáre (C.) 높은 곳을 쳐다보다 / ~ cádere (C.) 높은 곳에서 떨어지다. **2.** 깊이: caro ~ vulneráta (*Cels.*) 깊은 상처를 입은 살. **3.** 멀리서: ~ rádians arcus (*Stat.*) 멀리서 빛을 보내는 태양.

ălter, ĕra, ĕrum, 〔*gen.* alteríus, *dat.* álteri〕 *adj. pron.* **1. 둘 중 하나, 다른 하나, 또 하나의; 제2, 둘째:** claudus áltero pede (*N.*) 한쪽 발을 저는 / alter ambóve (C.) 둘째 사람이나 혹은 둘다 / alter Themístŏcles (C.) 제2의 *Themístŏcles* / alter ego 다른 나, 제2의 나, 분신(分身) / unus aut alter[unus altérve] dies (C.) 하루나 이틀. **2.** 〔단수로든 복수로든 겹쳐 쓸 때〕 **첫째는 … 둘째는, 하나는 … 다른 하나는; 한쪽은 … 다른 쪽은, 어떤 … 어떤:** Cónsulum alter …, alter… (C.) 두 집정관 중 하나는 …, 다른 하나는…. **3.** 〔격을 달리하면서 겹쳐 쓸 때〕 **서로, 상대방의:** Alter alteríus judícium reprehéndit. (C.) 두 사람은 서로 상대방의 판단을 비난하였다 / Alter álteri displicétis. (*L.*) 너희 둘은 서로 못마땅해 한다. **4. 다른, 비슷하지 않은; 타인, 남; 반대편의:** Qui nihil alteríus causā facit. (C.) 다른 사람을 위해서는 아무 것도 안하는 사람.

áltĕras, *adv.* = álĭas.

altĕrátĭo, ónis, *f.* **1.** 변경, 개조. **2.** 변질. **3.** 고친 곳, 달라진 곳. **4.** 《哲》 우유적(偶有的) 변화. **5.** = iterátio.

altercábĭlis, e, *adj.* 논쟁으로 가득찬.

altercátĭo, ónis, *f.* 말다툼, 논쟁, 언쟁, 격론.

altercátor, óris, *m.* (법정에서 원고나 변호인 편드는) 논쟁자.

altérco = altércor.

altércor, átus sum, ári, *dep. intr.* [alter] **1.** 논쟁하다, 다투다; 티격 태격하다: ~ cum *alqo* (*Cæs.*) 아무와 논쟁하다 / mulíerum ritu inter nos altercántes (*L.*) 우리는 여자들처럼 말다툼하면서. **2.** (법정에서 질문이나 답변에 대해서) 상대방 변호사와 논쟁하다.

altérĭtas, átis, *f.* 《哲》 타성(他性).

altérna, *adv.* [*n. pl. acc.* altérnus] 번차례로, 번갈아.

alternátim, *adv.* [altérno] 교대로.

alternátĭo, ónis, *f.* [altérno] 번갈음, 갈마듦, 교대, 교체; 겨끔내기.

alternatívus, a, um, *adj.* 양자택일의, 어느 한쪽의, 대신의, 대안(代案)의.

altérnis, *adv.* [*abl. pl.* altérnus] 교대로, 차례로, 번갈아; 엇갈리어; 하나 걸러서: ~ …, ~ 어떤 때는 … 또 어떤 때는.

altérno, ávi, átum, áre, [alter] **1.** *tr.* 번갈아하다; 이것을 하다가 저것을 하다가 하다: Altérnant spesque timórque fidem. (*Ov.*) 희망은 신뢰심을 가져오고 공포는 뺏어간다. **2.** *intr.* 〔*absol.*; *abl.*; cum *abl.*〕 변덕부리다, 자주 바꾸다. **3.** 이럴까 저럴까 망설이다.

altérnus, a, um, *adj.* [alter] **1.** 차례 차례 번갈아하는, 갈마드는, 교대교대로 하는; …건너끔: altérnā vice (*En.*), vícibus altérnis (*Sen.*) 번차례로 / altérnis annis (*Cato, Plin.*) 한 해 건너끔. **2.** 《詩》 장단 대련(長短對聯)의. **3.** 서로 오가는[주고 받는], 상호의, 서로 관계있는: rejéctio júdicum alternórum (C.) 원고·피고 양쪽에서 재판관을 기피함 / in hoc altérno pavóre (*L.*) 양쪽이 서로 겪은 공포속에서. **4.** 호생(互生)의

áltĕro[1]**,** *adv.* 둘째로.

áltĕro[2]**,** ávi, átum, áre, *tr.* (다른 것과 비교해서) 달라지게 하다, 못해지게 하다.

altérŭter, tra, trum, 〔*gen.* -utríus, *dat.*

-útri] *adj. pron.* 둘 중 하나, 이것이나 저것, 어느 하나. 「각 둘 다.
altĕrŭtérque, útrăque, utrúmque, *pron.* 각
Althǽa, æ, *f. Cálȳdon*의 왕 *Œnĕus*의 아내, *Meleáger*의 어머니.
alticínctus, a, um, *adj.* [alte+cinctus[1]] **1.** 띠를 높이 맨, 바지를 치켜올린. **2.** 바쁜, 활발한.
áltĭlis, e, *adj.* [alo] **1.** 살찐, 가두어 키워 살찌게 한. **2.** (야채) 탐스럽게 된, 굵은. **3.** 돈 많은, 부유한, 풍족한, 윤택한. **4.** *f.* 살찐 닭; 가금(家禽).
Altinátes, ĭum, *m. pl. Altínum*의 주민.
Altínum, i, *n.* 북부 *Itálĭa*의 도시.
altísŏnus, a, um, *adj.* [alte+sonus] **1.** 높은 소리의, 높은 데서 소리내는. **2.** 어마어마한, 야단스러운. **3.** 장엄한, 웅대한, 숭고한; 뛰어난, 고상한.
altítŏnans, ántis, *adj.* [alte+tono] 높은 곳에서 큰 소리나는.
altĭtúdo, dĭnis, *f.* [altus[2]] **1.** 높이, 고도; 높은 곳. **2.** 깊이, 심도: ~flúminis *(Cæs.)* 강물의 깊이. **3.** 절정, 극치; 고상함: ~ glóriæ *(C.)* 영광의 절정 / ~ ánimi *(C.)* 용감한 마음; 관대한 마음. **4.** 심오, 심원; 의뭉: ~ ánimi 시치미 뗌. 「은.
altĭúscŭlus, a, um, *adj. dim.*[altus[2]] 약간 높
altívŏlans, ántis, *adj.* [alte+volo] **1.** 높이 나는. **2.** *f. pl.* 새.
altívŏlus, a, um, *adj.* = altívolans.
altor, óris, *m.* [alo] 부양자, 양육자, 사육자, 기르는 사람.
altrínsĕcus, *adv.* [alter+secus] 다른 쪽에서; 양쪽 각각 다에서.
ăltrix, ícis, *f.* [altor] 양육자; 유모, 보모.
altrōvórsum, *adv.* [alter+versum] 다른 편을 향하여. 「타주의.
altruísmus, i, *m.* 이타주의(利他主義), 애
altum, i, *n.* [altus[2]] **1.** 높은 곳; 우뚝 솟은 곳. **2.** 원해(遠海), 난바다. **3.** 먼곳; 오래된 시간: ex alto repétere 처음부터 다시 장황하게 말하다. **4.** 깊은 곳. **5.** *adv.* 높이; 깊이.
altus[1]**[álitus],** a, um, *p.p.* [alo].
altus[2], a, um, *adj.* [alo] **1. 높은,** 우뚝 솟은, 고도의: ~ gradus dignitátis 높은 지위/ altum siléntium 절대 침묵. **2. 깊은:** mare altum 해안에서 멀리 떨어진 바다, 깊은 바다, 난바다 / altum vulnus *(V.)* 깊은 상처/ somnus ~ *(L.)* 깊은 잠. **3.** 고귀한, 고상한, 고결한, 숭고한. **4.** 깊숙한, 심오한, 심원한. **5.** 멀리 떨어진 곳의. **6.** 오래된, 고대의, 까마득한. **7.** 가려진, 속 모를.
alucinátĭo[halluci-], ónis, *f.* [alúcinor] 환각; 환영, 환상, 망상.
alúcĭnor, átus sum, ári, *dep. intr.* **1.** 꿈같은 생각 속에서 헤매다, 환상에 사로 잡히다[잠기다]; 헛된 상상에 속다: alúcinans pastor *(Col.)* 환상에 잠긴 목동. **2.** 우스꽝스럽게 속임수를 쓰다. **3.** 되는 대로 지껄이다, 횡설수설하다, 데데한 소리를 하다.
álŭi, *pf.* [alo]. 「stum 백반.
alúmen, mĭnis, *n.* 《化》 명반(明礬): ~ u-
alumínĭum, i, *n.* 《化》 알루미늄: ~ sulfúricum 유산 알루미늄.
alúmna, æ, *f.* [alúmnus] **1.** 양육되는 계집애, 양녀. **2.** 주워다 기른 딸. **3.** 여학생.
alumnátĭcum, i, *n.* 교구신학생 유지비.
alúmnus, a, um, *adj.* [alo, almus] 〔흔히 명사적으로 씀〕 **1.** 유모에게 양육되는 어린 것, 젖먹이, 소중히 길러낸 것. **2.** 부모가 버린 것을 주워다 기른 아이. **3.** 무슨 지방의 출신. **4.** *m.* 생도, 학생, 신학생. **5.** 제자, 문하생.
Aluntínus, a, um, *adj. Alúntium*의.
Alúntĭum, i, *n. Sicília*의 도시.
alúta, æ, *f.* **1.** 연한 가죽. **2.** 구두, 지갑.
alvĕáre, is, *n.* = alveárium.
alvĕárĭum, i, *n.* [álveus] 벌집, 벌통.
alvĕátus, a, um, *adj.* [álveus] 우묵한, 움푹파인.
alvéŏlus, i, *m. dim.* [álveus] **1.** 작은 그릇, 작은 통; 화분. **2.** 작은 놀잇상; 장기판. **3.** 작은 하상(河床).
álvĕus, i, *m.* [alvus] **1.** 구멍난 곳, 파인 곳; 공동(空洞). **2.** 통, 물통; 함지. **3.** 선창; 카누우. **4.** 주사위 놀잇상, 장기판; 장기, 주사위 놀이. **5.** 욕조(浴槽). **6.** 하상(河床). **7.** 벌집, 벌통.
alvus, i, *f.* **1.** 배, 아랫배. **2.** 위. **3.** 배설물. **4.** 벌집. **5.** 선창. 「버지.
Alyáttes, is, *m. Lýdia*의 왕, *Crœsus*의 아
Alýcĭa, æ, *f. Acarnánia*의 소도시. 「에.
A.M[1]. 《略》 = Anno Mundi. 천지 개벽…년
a.m., A.M[2]. 《略》 = ante merídiem. 오전, 상오.
amábĭlis, e, *adj.* [amo] **1.** 사랑스러운. **2.** 친절한, 상냥한, 호의를 가진. **3.** 아름다운, 귀여운; 훌륭한, 멋진, 아주 즐거운.
amabílĭtas, átis, *f.* [amábĭlis] **1.** 사랑스러움. **2.** 애정, 호의, 친절.
Amádrȳas = Hamádrȳas.
Amalthéa[1], æ, *f. Creta*섬의 *Melíssus* 왕의 딸인 요정(염소젖으로 어린 *Júpiter*신을 양육했다 함).
Amalthéa[2], æ, *f.* [**-éum,** i, *n.*] *Epírus*의 *Thȳămis* 강변에 있던 *Attĭcus*의 별장.
amamínĭa, órum, *n. pl.* 《動》 양막(羊膜)없는 동물. 「추방, 유배.
āmandátĭo, ónis, *f.* [amándo] 퇴거 명령,
āmándo, ávi, átum, áre, *tr.* [a+mando] 퇴거시키다, 쫓아보내다, 추방하다. 「덕길.
Amánĭcæ Pȳlæ, árum, *f. Amánus* 산의 언
Amánĭcus, a, um, *adj. Amánus*의.

Amānĭénses, ĭum, *m. pl.* *Amánus* 산의 주민.

amans, ántis, *p. præs., a.p.* [amo] **1.** 〔영속적인 상태·성질·습관을 표시할 때 *c. gen.*〕 사랑하는, 좋아하는, 호의를 가진, 자애로운: ~ pátriæ *(C.)* 조국을 사랑하는/tui amántior *(C.)* 너를 더 좋아하는 / amantíssimus ótii *(C.)* 휴식을 아주 좋아하는. **2.** 친절한, 상냥한; 정다운: amantíssimis verbis *(C.)* 상냥한 말로써. **3.** *m., f.* 사랑하는 사람, 애인.

amánter, *adv.* [amans] 사랑을 가지고, 다정하게, 상냥하게, 친절하게.

Amántĭa, æ, *f.* **1.** *Epírus*의 서북부 지역. **2.** *Illýrĭa* 나라의 한 도시.

Amantínus, i, *m.* *Amántia* 사람.

āmănŭénsis, is, *m.* [a+manu] 비서, 서기.

Amánus, i, *m.* *Sýria*와 *Cilícia* 사이에 있는 산맥.

amára, órum, *n. pl.* [amárus] 쓴 맛, 고배.

amarácĭnus, a, um, *adj.* *amáracus*로 만든: unguéntum amarácinum, *amáracus* 향료·향유.

amárăcus[-um], i, *m. f. [n.]* 마요라나 또는 *sampsúchum* 풀(특히 향료로 쓰임).

ămărántus, i, *m.* **1.** (전설의) 영원히 시들지 않는 꽃. **2.** 맨드라미(의 일종).

ămáre, *adv.* 쓰라리게, 뼈저리게, 비통하게, 가혹하게, 신랄하게.

ămārésco, ĕre, *intr.* [amárus] 써지다(苦).

ămárĭco, ávi, átum, áre, *tr.* [amárus] **1.** 쓰게 만들다. **2.** 도발하다, 화나게하다, 격분시키다. 「게.

ămárĭter, *adv.* [amárus] 통절하게, 비통하

ămārítĭes, ĕi, *f.* [amárus] = amaritúdo.

ămārĭtúdo, dĭnis, *f.* [amárus] **1.** 쓴 맛. **2.** 쓰라림, 고초. **3.** 신랄, 가혹.

ămáro, áre, *tr.* 쓰게(苦) 하다.

ămáror, óris, *m.* [amárus] **1.** 쓴 맛. **2.** 쓰라림, 슬픔, 고통.

ămārŭléntus, a, um, *adj.* [amárus] **1.** 쓴 맛으로 가득찬. **2.** 신랄한, 욕설적인.

amárus, a, um, *adj.* **1.** 쓴, 쓰라린. **2.** 불유쾌한. **3.** 힘든, 싫증나게 하는, 음울한: *n. pl.* amára *(H.)* 힘든 일. **4.** 까다로운, 앙심품은; 찌푸린, 거슬리는. **5.** 가혹한, 신랄한, 조소하는. 「즉 *Diána*의 별명.

Amărýnthis, ĭdis, *f.* *Amarýnthus*의 여자,

Amărýnthus, i, *f.* *Eubœa*의 한 지방.

Amasénus, i, *m.* *Látĭum*의 강.

amásĭa, æ, *f.* [amásĭus] 연인, 애인.

amásĭus, i, *m.* [amo] 연인, 애인.

Amastríăcus, a, um, *adj.* *Amástris*의.

Amástris, is[ĭdis], *f.* *Paphlăgónĭa*의 도시.

Amáta[1], æ, *f.* *Lauréntum*의 *Latínus*왕의 아내.

ămáta[2], æ, *f.* [amo] 연인, 사랑받는 여자.

Amăthus, úntis, *f.* *Cyprus*섬의 도시(*Venus* 신전으로 유명).

Amăthúsĭa, æ, *f.* *Amăthus*의 여신 *Venus.*

Amathusíăcus[-sĭus], a, um, *adj.* *Amăthus*의.

ămátor, óris, *m.* [amo] **1.** 사랑하는 남자, 연모자; 애호가. **2.** 친우. **3.** 숭배자. **4.** 호색가. 「는 애호가.

ămātórcŭlus, i, *m. dim.* [amátor] 보잘것 없

amatórĭus, a, um, *adj.* [amátor] **1.** 사랑하는, 연애의, 연모하는, 연정적인; 사랑에 빠진. **2.** 호색적인, 음분한; 요염한.

ămátrĭx, rícis, *f.* [amátor] **1.** 연모하는 여자; 애호가. **2.** 친우.

Amázōn, ŏnis, *f.* 〔흔히 *pl.*〕 흑해 동남해안 *Thermódon* 강변에 사는 여장부종족, 아마조네스.

Amazónĭcus, a, um, *adj.* *Amázon*의.

Amázŏnis, ĭdis, *f.* = Amázon.

Amazónĭus, a, um, *adj.* *Amázon*의.

amb ... *V.* ambi ...

ambáctus, i, *m.* 종, 하인.

ambáges[1], is, *f.* [amb+ago] **1.** 에움길, 돌아서 가는 길; 우회, 곡절; 미로, 미궁. **2.** 애매, 모호; 암수(暗數).

ambáges[2], um, *f.pl.* [ambáges[1]] **1.** 에둘러하는 말, 장황한 말, 얼버무림. **2.** 애매, 불분명: per ambáges *(L.)* 우물쭈물 넘겨, 얼버무려. **3.** 회피하는 말. 「사.

ambar(a)vále, is, *n.* 전답을 돌며 바치는 제

Ambárri, órum, *m. pl.* *Gállia*의 *Lyon* 사람들(*Arar*강 양편에 있던 *Celtæ*족). 「축제.

Ambarválĭa, ĭum, *n. pl.* 곡물의 여신 *Ceres*

ambe ... *V.* ambi...

ámbĕdo, édi, ésum, édĕre, *tr.* **1.** 돌려가며(갉아)먹다. **2.** 다 먹어버리다; 낭비하다.

ambéstrix, rícis, *f.* [ámbedo] 낭비하는 여자.

ambi-, amb- 〔am-, an-으로 넘어가면서 뜻이 약화되는 접두어〕 양편에, 주위에.

Ambiáni, órum, *m. pl.* *Gállĭa Bélgĭca*의 주민들. 「*tæ*족.

Ambibárĭi, órum, *m. pl.* 북쪽 *Gállĭa*의 *Cel-*

ambígĕnus, a, um, *adj.* [ambi+gigno] 두 종류로 이루어진.

ámbĭgo, ĕre, *intr., tr.* [ambi+ago] **1.** *tr.* 주위를 돌다. **2.** 어느 것을 할지 망설이다, 우유부단하다, 확신이 없다; 둘 다 불확실하여 문제가 되다, 결정을 못 내리다. a) 〔*tr. pass. tt.*〕 Ambígitur *alqd.* 무엇이 문제로 등장한다, 문제가 된다 / quæ ambigúntur. *(C.)* 문제가 되는 것들. b) *intr.* ámbĭgens Nero, quonam modo ...*(Ta.)* 어떻게 할지를 몰라서 망설이는 *Nero*/〔*impers.*〕 ambígitur. 어찌할 바를 모르고 있다. **3.** 〔*intr.*; de *abl.*〕 논쟁하다, 토론하다: de *alqā re* cum vicíno ~ *(Ta.)* 무슨 일에 대해서 이웃과 논

쟁하다 / Illud ipsum, de quo ambigebátur. *(C.)* 쟁점이 되면 바로 그것.

ambigúĭtas, átis, *f.* [ambígŭus] 두가지 뜻, 애매함, 모호함, 불명확; 불확실; 다의성(多義性).

ambígŭum, i, *n.* (= ambigúĭtas) spes et prǽmia in ambígŭo *(Ta.)* 희망과 포상이 확실치 않았다.

ambígŭus, a, um, *adj.* [ámbĭgo] **1.** 두 가지 뜻으로 해석되는; **모호한,** 석연치 않은, 불명확한, (사실 따위가) 의심스러운, 불확실한: orácula ambígŭa *(C.)* 애매한 신탁 / victória ambígŭa *(L.)* 의심스러운 승리. **2.** 〔*gen.*〕 **망설이는, 어찌 할 바를 모르는,** 자신없는, 이것 같기도 하고 저것 같기도 한: ~ consílii *(Ta.)* 어찌할 바를 모르는 / ~ vitæ *(Claud.)* 죽었는지 살았는지 모를 사람 / ~ imperándi *(Ta.)* 명령해야 할지 안해야 할지 망설이는. **3.** 믿지 못할, 신뢰하지 못할, 확신을 가질 수 없는: domus ambígua *(V.)* 믿지 못할 사람들의 집 / puer ingénii ambígui *(Plin.)* 잘될지 잘못될지 모를 아이. **4.** 변덕스러운, 본연의 것이 아닌: vultu ambíguo puer *(H.)* 계집애 같이도 보이는 사내애. 「주민.

Ambiliáti, órum, *m. pl.* 북부 *Gállĭa*에 살던

ámbĭo, ívi[ĭi], ítum, íre, *tr.* [ambi+eo] 〔정규적인 제4 활용동사, *imperféctum*만 ambíbam 또는 ambiébam〕 **1.** 돌아 다니다, 순회하다. **2.** 둘러 싸다, 두르다, 휘감다[휘감기다]. **3.** 찾아다니며(자기에게 투표해 주기를) 부탁하다, 청하다, 얻으려고 애쓰다: Ambiúntur, rogántur (cives).*(C.)* 시민들이 투표청탁을 받는다. 「수령.

Ambíŏrix, rígis, *m. Gállia*의 *Eburónes* 족의

ambítĭo, ónis, *f.* [ámbĭo] **1.** (*Roma* 관직의) 입후보자가 표를 얻기 위한 일주작전, 선거운동. **2.** 아부, 추종, 환심사려는 노력, 인기작전. **3. 야망, 야심, 야욕;** 공명심. **4.** 호화·호사·영화에 대한 욕망[욕구·추구], 허영심, 과시(誇示): fúnerum nulla ~ *(Ta.)* 장례에는 어떤 과시도 없다. **5.** 편들기, 정실(情實).

ambĭtĭósus, a, um, *adj.* [ámbĭo] **1.** 휘감기는, 에워싸는. **2.** 인망을 얻으려고 노력하는, 환영받으려 하는, 환심사려는, 회유하는: in *alqm* ~ *(C., L.)* 누구의 환심을 사려고 하는. **3.** 〔사물에 대해서〕 인기있는, 타산적인: ars ambitiósa *(Plin.)* 인기있는 기술 / rumóres ambitiósi *(Plin.)* 계획적으로 퍼뜨린 소문. **4. 야심적인,** 대망[야망]을 품은, 공명심이 대단한, 패기만만한; 영예를 추구하는. **5.** 허세부리는, 뽐내는, 과시하는, 잘난체 하는.

ámbĭtus, us, *m.* [ámbĭo] **1.** 회전운동, (천체의) 운행. **2. 둘레, 주위;** 우회. **3.** 순회로; (건물) 둘레의 공지. **4. 범위,** 울안, 구내. **5.** 변두리, 가장자리: ~ castrórum *(Ta.)* 병영의 울안. **6.** (문법상의) 완전문. **7.** 용장(冗長), 장광설. **8.** 부정수단에 의한 관직획득. **9.** 야망, 공명심, 영예욕; 허영심, 허세. 「있던 *Celtæ*족.

Ambĭvaréti, órum, *m.pl. Gállia Céltica*에

Ambĭvaríti, órum, *m.pl. Gállia Bélgica*의 한 종족.

ambívĭum, i, *n.* 두 갈래 길, 갈림길.

Ambívĭus, i, *m. Teréntĭus* 시대의 유명한 배우.

ămbō[1], ambæ, ambō, *adj. pl. tt.* 〔duo와 같이 변화함〕 둘 다, 양쪽 다. 「단.

ambo[2], ónis, *m.* 성당의 성서 낭독대; 설교

Ambrácĭa, æ, *f. Epírus*의 도시.

Ambraciénsis, e, *adj.* **1.** *Ambrácia*의. **2.** *m. Ambrácia*인.

Ambracióta[-es], æ, *m. Ambrácia*인.

Ambrácĭus, a, um, *adj.* = Ambraciénsis.

Ambrónes, um, *m. pl. Celtæ*종족의 하나.

ambrósĭa, æ, *f.* **1.** 신(神)들의 음식. **2.** 신들의 말이 먹는 양식. **3.** 신들이 바르는 향유; 고약.

ambrósĭus, a, um, *adj.* **1.** 신들이 먹는 음식의. **2.** 신들의 향유 또는 고약의. **3.** 아주 맛 좋은, 향기로운. **4.** 신다운, 불사불멸의; 대단히 아름다운.

Ambrýsus, i, *f. Phocis*의 도시.

ambūbája, æ, *f. Roma*에서 직업적으로 피리[퉁소]를 불던 *Sýria* 여자.

ambŭlácrum, i, *n.* [ámbŭlo] 집 주위의 나무심은 산책 길.

ambŭlátĭo, ónis, *f.* [ámbŭlo] **1.** 산책. **2.** 산책하는 곳, 산책 길. 「소.

ambŭlātĭúncŭla, æ, *f.* 간단한 산책, 그 장

ambŭlátor, óris, *m.* [ámbŭlo] **1.** 산책하는 사람, 빈둥빈둥 거니는 사람. **2.** 도부 장사, 행상인.

ambŭlātórĭus, a, um, *adj.* [ámbŭlo] **1.** 여기 저기 다니는; 움직이는, 이동되는, 이동식의. **2.** 산책하도록 마련된. **3.** (마음·형편 따위) 바뀌는, 변하는.

ambŭlátrix, trícis, *f.* 나다니는 여자, (오락·자극을 찾아) 돌아다니는 여자.

ámbŭlo, ávi, átum, áre, *dim.* [ámbĭo] **I.** *intr.* **1.** 왔다 갔다 하다, 걷다, 걸어다니다, **거닐다,** 산책하다. **2.** 여행하다: Bene ámbula (et reámbula). 잘 다녀 오너라, 여행중 안녕히! **3.** ~ in jus 법정으로 재판하러 가다. **4.** 《軍》 행군하다, 행진하다. **5.** 〔무생명사·추상명사〕 왕래하다; 넘어가다, 따라다니다: amnis, qua naves ámbulant.*(Cato)* 배들이 왕래하는 강 / Emptĭo ámbulat per plures persónas.*(Caj.)* 구매(購買)는 여러 사람을 거쳐간다.
II. *tr.* (마냥) 걷다, 돌아다니다: mária ~ *(C.)* 여러 바다를 돌아다니다 / ~ vias *(Ov.)*

길들을 마냥 걷다.
ambúro, ússi, ústum, ĕre, *tr.* [ambi+uro] **1.** 돌려가며 태우다; 그을게 하다; 화상 입히다, 눋게하다; 태워버리다: ambústi hómines *(L.)* 타버린 사람들. **2.** 동상입히다; 〔*pass.*〕 얼어서 감각이 없어지다.
ambústĭo, ónis, *f.* [ambúro] 화상(火傷); 동상(凍傷).
ambústus, a, um, *p.p.* [ambúro] **1.** 탄, 그을은, 눌은, 데인. **2.** 동상입은. **3.** 어떤 위험은 벗어났어도 크게 상처입은, 타격받은. **4.** *n.* 〔흔히 *pl.*〕 화상; 동상(凍傷).
A.M.D.G. = Ad majórem Dei glóriam. 하느님의 더 큰 영광을 위하여(예수회 표어).
améllus, i, *m.* 《植》 자주빛 별꽃.
āmēn, *adv.* 〔*vox Hebráica*〕 **1.** 참으로, 진실로. **2.** 〔맺는 말로서는〕 그렇게 되소서!
Amĕnánus, i, *m.* *Sicílĭa* 동해안의 강.
āméndo = amándo.
āmens, éntis, *adj.* [a+mens] **1.** 〔*absol.; gen.; abl.*〕 미친, 제 정신이 아닌; 정신 빠진, 얼빠진: ~ metu *(L.)* 공포에 질려 정신 나간. **2.** 엉뚱한, 몰상식한, 지각없는, 미련한: amentíssimum consílium *(C.)* 몰상식하기 그지없는 의견[계획].
āmentátus, a, um, *p.p., a.p.* [aménto] 가죽끈을 단, 던져질 채비가 돼있는(창 따위).
āméntĭa, æ, *f.* [amens] **1.** 정신 이상, 미친 짓, 광기, 실성. **2.** 어리석음, 우매.
āménto, ávi, átum, áre, *tr.* [améntum] **1.** (더 힘차고 더 멀리 가도록) 손잡이 가죽고리로 창을 던지다. **2.** 창을 목표물에 던지다.
āméntum, i, *n.* **1.** (창에 달린) 가죽끈, 가죽고리. **2.** 투창. **3.** 샌들끈.

AMENTUM 1

Amérĭa, æ, *f.* *Umbrĭa*의 도시.
Amérĭca, æ, *f.* 아메리카: ~ septentrionális 북미대륙, 북미주 / ~ meridionális 남미.
Amerínus, a, um, *adj.* **1.** *Amérĭa*의. **2.** *m. pl.* *Amérĭa* 주민.
Amĕriŏla, æ, *f. dim.* [Améria] *Sabíni*인들의 작은 도시.
ămes, mĭtis, *m.* **1.** 가랑이 장대, 막대기; 새 그물을 펼쳐 거는 막대기. **2.** 길마의 긴 막대. **3.** 울타리 빗장 막대.
Amestrătínus, a, um, *adj.* **1.** *Améstrătus*의. **2.** *m.* *Améstrătus* 사람.
Améstrătus, i, *f.* *Sicílĭa* 중부 도시.
ămĕthystĭnátus, a, um, *adj.* 자수정 빛 옷 입은.
ămĕthýstĭnus, a, um, *adj.* 자수정의; 자수정 빛깔의; 자수정으로 장식한; 〔*subst.*〕 *n. pl.* 자수정 빛의 옷.
ămĕthýstus[-os], i, *f.* 자수정.
amfráctus = anfráctus.
ămiántus, i, *m.* **1.** 석면. **2.** 섬유모양의 사문석(蛇紋石).
ămíca, æ, *f.* 여자친구.
ămīcābĭlis, e, *adj.* [amícus] 친한, 친숙한.
ămícĭo, ícŭi[íxi], íctum, íre, *tr.* [am(b)+jácio] 〔*alqm[alqd]-abl.*〕 **1.** 두르다, 둘러 싸다, (둘선을) 감싸다, 뒤덮다: nube amíctus *(V.)* 구름에 싸인. **2.** 둘러 입히다, 걸치게 하다; 〔흔히 *pass. refl.*〕 **se ~, amicíri** 입다, 걸치다: pállio amíctus *(C.)* 망토를 걸친.
ămíciter, *adv.* [amícus] 친하게, 다정하게.
ămīcítĭa, æ, *f.* [amícus] **1.** 우정, 우애, 친교, 우의. **2.** 우호관계, 수호동맹. **3.** 친구들.
amíctus[1], a, um, *p.p., a.p.* [amícĭo] **1.** 〔*abl.*〕 입은, 두른, 걸친. **2.** 싸인.
amíctus[2], us, *m.* [amício] **1.** 포장, 덮개. **2.** 겉옷, toga, 망토, 외투. **3.** 옷맵시, 옷입은 모양. **4.** 《가》 (alba 밑에 걸치는) 어깨 덮개, 개두포(蓋頭布).
ămícŭla, æ, *f. dim.* [amíca] 연인.
ămícŭlum, i, *n.* [amício] **1.** 덮개. **2.** 작은 겉옷, 망토, 외투.
ămícŭlus, i, *m. dim.* [amícus] 작은 친구, 친구 녀석.
ămícus[1], a, um, *adj.* **1.** 〔*absol.; dat.;* erga, inter *acc.*〕 친구의, 친밀한, 친근한, 친절한, 다정한, 상냥한, 우호적인: hómines mihi amicíssimi *(C.)* 나와 친밀한 사람들. **2.** 마음에 드는, 사랑스러운, 좋은.
ămícus[2], i, *m.* [amícus[1]] **1.** 친구: ~ veritátis *(C.)* 진리의 친구. **2.** (왕의) 심복부하, 충성스러운 신하. **3.** 우호국, 동맹국.
āmígro, ávi, áre, *intr.* 이주하다, 방황하다.
Amílcar, *m.* (= Hamílcar) *Carthágo*의 명장.
Amīnǽa, æ, *f.* 포도재배로 유명한 *Picénum*의 한 지방.
Aminǽus, a, um, *adj.* *Aminǽa*의.
aminopyrínum, i, *n.* 《藥》 아미노피린.
Amīsénus, i, *m.* *Amísus* 사람.
āmísi, *pf.* [amítto].
Amísĭa, æ, *m.* 북부 *Germánia*의 강.
āmíssĭo, ónis, *f.* [amítto] **1.** 분실, 유실; 상실, 손실. **2.** 파멸.
āmíssum, i, *n.* [amítto] 손실, 잃어버린 것.
amíssus, us, *m.* = amíssio.
Amísus, i, *f.* *Pontus*의 도시.
ámĭta, æ, *f.* 고모, 아버지의 누이.
Amĭternínus, a, um, *adj.* **1.** *Amitérnum*의. **2.** *m.* *Amitérnum* 사람.
Amitérnum, i, *n.* *Sabíni*인들의 도시, *Sallústĭus*의 출생지.
Amĭtérnus, a, um, *adj.* = Amiternínus.
ămĭtína, æ, *f.* [amitínus] 고모의 딸, 고종사촌 자매.
ămĭtínus, i, *m.* [ámĭta] 고모의 아들, 고종사촌 형제.
amitósis, is, *f.* 《生》 (핵의) 무사분열(無糸分裂).
āmítto, mísi, míssum, ĕre, *tr.* **1.** 멀리 보내

다, 가게 하다; 떠나가게 하다. **2.** 포기하다, 버리다: ~ fidem *(N.)* 식언하다, 약속을 깨다 / ~ nóxiam *(T., Pl.)* 용서하다, 벌주려다가 그만두다. **3.** 잃다, 놓치다; 벗어나다, 모면하다: ~ occasiónem[tempus] *(C.)* 기회를 놓치다. **4.** 손해입다, **잃어버리다,** 분실하다: ~ vitam *(C.)* 생명을 잃다 / ~ civitátem *(C.)* 시민권을 잃다.

amíxi = amícŭi, *pf.* [amício].

amméntum = améntum.

Ammiánus Marcellínus, i, *m.* 4세기의 *Latin* 역사가.

Ammōn[Hammōn], ónis, *m.* *Æthiópĭa*의 신(*Júpiter*와 동일시되었음).

ammónĭum, i, *n.* 《化》 암모니움.

amnésĭa, æ, *f.* 건망증; 기억 상실증.

amnéstĭa, æ, *f.* **1.** 대사(大赦). **2.** 지난 잘못을 불문에 붙임, 사면(赦免).

amnícŏla, æ, *m.f.* [amnis+colo] 강변에 사는 사람.

amnícŭlus, i, *m.* [amnis] 작은 강.

amnióta, órum, *n. pl.* 양막(羊膜)있는 동물류.

amnis, is, *m.(f.)* **1.** 풍부하게 흐르는 물, 강물; 바닷물, 조류(潮流). **2.** 액체의 흐름: vúlneris ~ *(Seren. Sam.)* 상처에서 흐르는 피. **3.** 급류, 격류. **4.** (바다로 흘러들어가는) 큰 강. **5.** 《詩》 물.

ămo, ávi, átum, áre, *tr.* **1. 사랑하다, 좋아하다,** 마음에 들어하다: se ~ 스스로 만족하다, 자부하다, 이기적이다. **2.** 사랑에 빠지다. **3.** 〔신을 주어로 해서〕 신의 가호·자비가 있기를 바라다: Ita [sic] me dii ament [amábunt]! 이렇게 내게 신의 가호가 있으라! / Dii te ament! 그대에게 신의 축복이 있기를 바라노라. **4.** 〔부탁·간청의 표시로 si me와 함께 현재 2인칭〕 나를 사랑하거든 제발, 부디, 미안하지만: Cave, si me amas.*(T.)* 제발 조심해라. **5.** 〔특수표현〕 amábo te, amábo: a) 〔정중한 명령표시〕 제발, 죄송하지만: Amábo te, ádvola.*(C.)* 제발 빨리 가주시오 / Fac, amábo. *(T.)* 제발 해주시오. b) 〔정중한 물음〕 Quis hic, amábo, est? *(Pl.)* 이 사람은 누군가요? c) 〔권고·요청〕 제발, 청컨대, 청하다: Amábo te, ut illuc tránseas.*(T.)* 청컨대 저리로 옮겨가 주시오 / Amábo te, ne... *(C.)* 제발 …하지 말아다오 / Amáre ait te multum, ut ... *(Pl.)* 그는 너한테 …해주기를 청한다고 한다. **6.** 〔*alqm* - de, in *alqā re; alqm,* quod〕 고맙게 생각하다, 감사하다, 만족해 하다: Amo te.*(Pl.)* 고맙구나 / Nimis in isto Brutum amásti.*(C.)* 너는 그 일에 *Brutus*를 너무 고마와 했다 / Te multum amámus, quod ... *(C.)* …한 것을 우리는 네게 감사한다. **7.** 〔*inf.*〕 …**하기를 좋아하다,** 곧잘 …하다, **늘 …하다.**

āmóbĭlis, e, *adj.* [móveo] 움직일 수 있는, 불안정한, 전임(轉任)될 수 있는.

āmŏbílĭtas, átis, *f.* [amóbilis] **1.** 움직일 수 있음. **2.** 파면.

ámŏdo, *adv.* 금후, 이제부터는, 앞으로는.

amœ́ba, æ, *f.* 《動》 아메바.

amœ́bĭna, órum, *n. pl.* 《動》 변형충류(變形虫類).

amœ́na, órum, *n. pl.* [amœ́nus] 경치좋은 곳, 경승지(景勝地).

amœ́ne, *adv.* [amœ́nus] 기분좋게, 유쾌하게, 즐겁게.

amœ́nĭtas, átis, *f.* [amœ́nus] **1.** 유쾌함, 쾌적, 매력; 경치좋음, 경관(景觀). **2.** (정신·연설·공부) 우아, 흥미, 감미.

amœ́no, ávi, átum, áre, *tr.* [amœ́nus] **1.** 즐겁게 하다. **2.** 경치좋게 만들다.

amœ́nus, a, um, *adj.* **1.** 유쾌한, 쾌적한, 매혹적인, 매력있는; 경치[경관] 좋은: amœ́ni hómines *(Gell.)* 매력있는 사람들 / amœ́na urbs *(C.)* 경관좋은 도시 / vita amœ́na *(Ta.)* 쾌적한 생활. **2.** 우미한, 멋있는, 웅장한, 훌륭한, 고운: amœníssimi sermónes *(Gell.)* 대단히 훌륭한 연설.

āmólĭor, ítus sum, íri, *dep. tr.* **1.** 애써 멀리하다, 피하다, 면하다, 벗어나다. **2.** 치워 버리다, 떼어 버리다, (무엇을) 제거하다. **3.** 집어 치우다, 걷어 치우다. **4.** 다른 데로 보내다.

ămómum[-on], i, *n.* **1.** 향료 덤불. **2.** *bálsamum* 향유.

ămor, óris, *m.* **1.** 사랑, **애정**: ~ in *alqm,* ~ erga *alqm,* ~ *alcjs (C.)* 누구에 대한 사랑 / ~ fati 운명감수(甘受) / ~ in pátriam, ~ pátriæ *(C.)* 애국심. **2.** 본능적 사랑, 색정; (동물의) 발정. **3.** 사랑의 대상자, 애인. **4.** 욕망, 열망, 애착심: ~ consulátus *(C.)* 집정관직에 대한 애착심. **5.** [A-] 연애의 신(神).

amortizátĭo, ónis, *f.* **1.** (교회·법인에 대한) 부동산 기부. **2.** 연부 상환.

amos, 《古》 = amor.

āmótĭo, ónis, *f.* [amóveo] **1.** 이동, 격리. **2.** 면직.

āmóvĕo, móvi, mótum, ére, *tr.* **1.** 멀리하다, 옮기다, 멀어버리다, **치워버리다,** 집어치우다, 따돌리다: se ~ 피하다, 빠지다, 물러가다. **2.** (집안 식구나 가까운 사람이 물건을 몰래) 빼돌리다, 써버리다: ~ fruméntum *(C.)* 곡식을 빼돌리다. **3.** 추방하다, 없애다, 제거하다. **4.** 면직하다, **직위해제하다.**

Amphĭăráus, i, *m.* *Grǽcia*의 유명한 예언자, *Alcmǽon*과 *Amphílocus*의 아버지.

Amphĭărēíădes, æ, *m.* *Amphiaráus*의 아들(= Alcmǽon).

amphĭarthrósis, is, *f.* 《解》 반관절(半關節).

amphĭáster, ĕris, *m.* 《生》 (세포핵 분열에 있어서의) 쌍성(双星).

amphíbălum, i, *n.* 외투의 일종.

amphíbĭa, órum, *n. pl.* 《動》 양서류.

amphĭbólĭa, æ, *f.* 두 가지 뜻이 있는 말,

애매, 모호. 「(多義性).

amphĭbŏlŏgía, æ, *f.* 모호한 말투, 다의성

Amphictўŏnes, um, *m.* *Græcia*의 몇몇 도시의 대의원들(처음에는 *Thermóphylæ*에서, 나중에는 *Delphi*에서 회의를 열었음).

Amphílŏchi, órum, *m.pl.* *Amphilóchia*주민.

Amphĭlóchĭa, æ, *f.* *Acarnánia*의 작은 지방. 「合); 양성생식.

amphĭmíxis, is, *f.* 《生》 양성혼합(兩性混

Amphíon, ónis, *m.* lyra 현금 악기 소리로 바위를 움직여서 *Thebæ* 시를 건설한 왕; Amphiónis arces = *Thebæ*시. 「類) 동물.

amphípŏda, órum, *n. pl.* 《動》 이각류(異脚

Amphípŏlis, is, *f.* *Macedónia*의 도시.

Amphĭpŏlítes, æ, *m.* *Amphípolis* 시민.

amphĭprostýlos, i, *m.* 전후 양면에 원주(圓柱)가 네개 있는 신전. 「의 일종.

amphisbǽna, æ, *f.* 앞뒤로 길 수 있는 뱀

Amphíssa, æ, *f.* *Locri Ozŏlæ*의 수도.

amphĭthĕātrális, e, *adj.* 원형극장의. 「의.

amphĭthĕātrĭcus, a, um, *adj.* 원형 극장

amphĭthĕātrum, i, *n.* 원형극장, 원형경기장.

Amphĭtríte, es, *f.* 바다의 여신, 바다의 신 *Neptúnus*의 아내. 「*méne*의 남편.

Amphítrўo(n), ónis, *m.* *Thebæ*의 왕, *Alc-*

Amphĭtrўōnĭădes, æ, *m.* *Amphítrўo*의 아들 *Hércules*.

ámphŏra, æ, *f.* 1. 양쪽에 손잡이가 달린 병·단지·항아리(술·기름·꿀 따위 저장용). 2. 액체 용량단위(그릇), 약 20리터. 3. *80 pondo*의 중량(= 약 *26 kg*); 배의 톤수 단위.

AMPHORÆ

amphŏrális, e, *adj.* *ámphora*들이의.

Amphrýsĭus, a, um, *adj.* 1. *Amphrýsus*의. 2. *Apóllo*의, *Sibýlla*의.

Amphrýsus[-os], i, *m.* *Phthiótis*의 강(그 강변에서 *Apóllo*가 *Admétus*의 가축을 먹였음).

Ampĭus, i, *m.* *Roma*인의 씨족명. ⌊였음).

ampléctor, *(ĕris, ĭtur),* pléxus sum, plécti, *dep. tr.* [am + plecto] 1. 둘러 싸다, 에워싸다; 감싸다, 덮다. 2. 포함하다, 함유하다, 포용하다, 망라하다. 3. 껴안다, 포옹하다. 4. 사랑하다, 애착하다, 애호하다; 존중하다, 귀하게 여기다. 5. 반겨맞다, 영접하다. 6. 포괄하여 말하다, 총괄하여 설명하다. 7. 이해하다, 파악하다.

ampléxo, ávi, átum, áre, *tr.* = ampléxor.

ampléxor, átus sum, ári, *dep. tr. intens.* [ampléctor] 1. 꼭 껴안다, 꼭 붙들다; 감싸다. 2. 무척 좋아하다, 사랑하다, 애착하다, 귀하게 여기다. 「에워쌈.

ampléxus, us, *m.* [ampléctor] 껴안음, 포옹;

amplĭātĭo, ónis, *f.* [ámplio] 1. 확대. 2. 공판 연기. 「대, 확장.

amplĭficátĭo, ónis, *f.* [amplífico] 증대, 확

amplĭficátor, óris, *m.* 증대·확대·확장시키는 자 또는 기구.

amplífico, ávi, átum, áre, *tr.* [amplum + fácio] 1. 확대하다, 증대시키다, 크게 하다, 넓히다, 확장하다, 확충하다, 퍼뜨리다. 2. 과상하다.

amplíficus, a, um, *adj.* [amplum + fácio] 호화로운, 찬란한; 굉장한.

ámplĭo, ávi, átum, áre, *tr.* [amplus] 1. 넓히다, 커지게 하다, 확대하다, 불리다, 늘리다: ~ rem *(H.)* 재산을 늘리다. 2. 영광을 더하다, 저명하게 하다. 3. 공판 연기하다.

amplĭtúdo, dĭnis, *f.* [amplus] 1. 넓이, 폭, 크기; 광대함, 광활, 웅대, 웅장. 2. 위대함, 고귀, 숭고, 관대, 존엄; 위풍, 위엄, 탁월: ~ ánimi *(C.)* 아량. 3. (연설·문장 따위의) 웅장, 풍부한 내용.

ámplĭus[1], *adv. comp.* [amplus] 1. 더 넉넉히, 더 많이, 더 오래, 더 이상: non ~ 더는 아니, 그 이상 아니 / nihil ~ 그만. 2. 한층 더 높이, 더 강하게. 3. 더욱, 그 밖에 더, 그 이상 또: Quid est, quod jam ~ exspéctes? *(C.)* 네가 이제 더 이상 기대할 것이 무엇이냐? 4. 〔수에 대해서〕 이상: Pugnátum (est) ~ duábus horis. *(L.)* 두 시간 이상 전투하였다 / horam ~ *(C.)* 한 시간 이상을 더.

ámplĭus[2], *n.* 〔명사적으로〕 1. 더 많음, 더 이상의 것: hoc ~ 그 외에 또 첨부할 것은. 2. 증거보충, 증인신문: "ámplius" pronuntiáre *(C.)* 《증거보충》의 판결을 내리다.

amplus, a, um, *adj.* 1. 널찍한, 드넓은, 충분히 여유있는, 활짝 틘: ampla domus *(C.)* 드넓은 집. 2. 큰, 커다란, 거대한, 광대한; 중요한: ampla cívitas *(C.)* 중요한 도시. 3. 훌륭한, 웅장한; 화려한, 굉장한; 영광스러운; 도도한(연설): amplíssima dígnitas *(C.)* 아주 높은 지위. 4. 〔사람〕 위대한, 높은, 훌륭한, 존경할 만한, 유명한, 장한.

Ampsánctus, i, *m.* (sc. lacus) *Itália*의 *Sámnium*에 있는 호수(그 수증기에 전염성이 있어 위험하다고 생각하였음).

ampúlla, æ, *f.* 1. 플라스크; (물·술·초·기름 따위의 용기로 모가지가 가는) 배불뚝이 병. 2. 허풍, 과장된 말, 호언장담.

ampullácĕus, a, um, *adj.* [ampúlla] 배불뚝이 병의. 「말하다, 호언장담하다.

ampúllor, ári, *dep. intr.* [ampúlla] 과장하여

ampŭtátĭo, ónis, *f.* [ámputo] 1. 잘라냄, 절단; (나무의) 가지치기. 2. 잘라낸 것 [가지]. 3. 목소리 잠김.

ámpŭto, ávi, átum, áre, *tr.* [am + puto] 1. 잘라 내다, 가지를 치다, 잘라 다듬다, 절단하다. 2. 삭제하다, 제거하다; 줄이다, 작게 하다.

Ampўcus, i, *m.* 1. *Jápĕtus*의 아들 (가수겸

제관). 2. *Lápĭthæ*족의 한 사람, *Mopsus*의 아버지.
Ampyx, ўcis, *m. Phíneus*의 동료 영웅.
amulétum, i, *n.* 부적, 호부(護符).
Amúlĭus, i, *m. Alba*의 왕, *Rómulus*와 *Remus*를 *Tíberis* 강에 던지라고 명령하였음.
amúrca, æ, *f.* 기름거품.
ămússis, is, *f.* (목수·석공의) 자, 줄, 직각자: ad amússim (= adamússim) 정확하게, 잰듯이, 꼭, 조금도 틀림없이.
ămussĭtátus, a, um, *adj.* 정확한, 완벽한.
Amýclæ, árum, *f.* 1. *Lacónia*의 도시, *Castor*와 *Pollux*의 출생지, *Apóllo*의 신전으로 유명. 2. *Látium*의 도시.
Amyclǽus, a, um, *adj. Amýclæ*의.
Amýclas, æ, *m. Amýclæ*의 창건자.
Amyclídes, æ, *m. Amýclas*의 아들(=Hyacínthus). 「2. 편도선.
ămýgdăla, æ, *f.* 1. 편도(扁桃)나무; 편도.
ămygdálĭnus, a, um, *adj.* 편도의, 편도나무의; 편도 비슷한. 「편도선.
ămýgdălum, i, *n.* 1. 편도, 편도나무. 2.
ámўlum, i, *n.* 앙금, 녹말, 전분; 전분으로 만든 풀. 「*pus* 2세의 아버지.
Amýntas, æ, *m. Macedónia*의 왕, *Philíp-*
Amyntíădes, æ, *m. Amýntas*의 아들(= Philíppus 2세).
Amýntor, óris, *m. Dólŏpes*인의 왕. 「*nix*).
Amyntórĭdes, æ, *m. Amýntor*의 아들(*Phœ-*
ămýstis, ĭdis, *f.* 단숨에 쭉 들이마심. 「들.
Amytháon, ŏnis, *m.* 바람의 신 *Æólis*의 아
Amythaónĭus, a, um, *adj. Amytháon*의.
an, *conj.* (의문 접속사) **I. 직접의문.** 1. 〔선언(選言)·분립(分立) 의문〕 a) 〔첫 물음은 utrum이나 -ne나 간혹 num으로, 또는 아무 것도 없이 표시하고; 둘째(이하의) 물음에는 an을, 간혹 anne를 씀〕 (그렇지 않으면, 혹은) …**이냐**?: Utrum ea vestra, an nostra culpa est? *(C.)* 그것이 너희 잘못이냐 우리 잘못이냐? / Hæc vera an falsa sunt? *(C.)* 이것들이 진실이냐 거짓이냐? b) 〔둘째 물음이 첫째의 부정일 적에는 an non? [annon?], necne?를 씀〕 **혹은 아니냐**?: Potéstne hoc fíeri, an non? *(T.)* 이 일이 될 수 있느냐 없느냐? 2. 〔단순 의문에서 의문을 강화할 때〕 a) 〔대략 num과 같은 뜻으로〕 …(일이) 있느냐? …**단 말이냐? 설마 … 아니겠지**: An unquam talis dux fuit? 일찌기 이런 장군이 있었느냐? / An tu esse me tristem putas? *(Pl.)* 너는 내가 쓸쓸할 거라고 생각한단 말이냐? (설마 … 생각하지 않겠지). b) 〔an non에서 non이 빠진 것으로 알아들어야 할 경우, 즉 nonne?의 뜻으로〕 … **아니냐? 않겠느냐? …지 않을까?**: Quidnam fácere debémus? An imitári ...? 우리는 무엇을 해야 할 것이냐? … 본받아야 하지 않겠느냐? c) 〔정상적인 물음 다음에 특별한 주의를 환기시키면서 또 하나의 물음을 끌어들일 때〕 (아마도) …**이냐**?: Quid causæ est? an quia deléctat Ennĭus? *(C.)* 무슨 이유이냐? *Ennĭus*가 즐겁게 해주기 때문이냐? 3. 〔aut, vel, -ve의 뜻으로 쓰일 때도 있음〕 혹은, 또는, 그 보다는, …**인가 …인가**: lítteris ex Epíro an Athénis datis *(C.) Epírus*에서인가 *Athénæ*에서인가 보내준 편지로써.

II. 간접의문. 1. 〔일반적 간접의문에서는 an은 그 용법·뜻에 있어서 I.의 각 항과 같음; 간접 의문문의 접속법 요구조건에 유의!〕 Nihil ínterest nostra, vacémus an cruciémur dolóre.*(C.)* 우리가 고통없이 지내는지 혹은 고통에 시달리는지 하는 것은 별로 중대한 문제가 아니다. 2. 〔의혹이나 불확실 따위를 표시하는 동사에 속하면서 조심스러운 표현으로〕 …**나 아닐까, 아닐는지, 아마 그러하리라**: Haud scio, an áliter séntias.*(C.)* 네가 달리 생각할는지도 모르겠다 / Quis scit, an ...? (=Nemo scit.) 누가 안단 말이냐? 3. 〔질문동사 quǽrere, interrogáre; 숙고·주저·의논동사 deliberáre, cunctári, consúlere 등의 내용 표시로도 an을 간접 의문적으로 쓴다〕 Quæro, an vívere velítis.*(Curt.)* 살고 싶으냐고 너희에게 묻는거다.
anabaptísmus, i, *m.* 재세례(再洗禮).
anabaptístæ, árum, *m.pl.* 재세례파(再洗禮派). 「석.
anabáthrum, i, *n.* 높이 만들어 놓은 관람
anacantíni, órum, *m. pl.* 《動》 (명태·대구 등) 무극류(無棘類). 「식물.
anacardiácĕæ, árum, *f. pl.* 《植》 옻나무과
Anáces, um, *m.pl. Dioscúri (Castor*와 *Pollux).* 「의 유명한 철인(哲人).
Anăchársis, ĭdis, *m. Solon* 시대의 *Scýthia*
ănăchōréta, æ, *m.* 은수사(隱修士), 외톨이로 살던 수도자. 「시인(*c. sæc.* 6 A.C.).
Anácrĕon, óntis, *m. Teos*섬의 유명한 서정
anadéma, ătis, *n.* 머리나 왕관의 장식 리본.
anǽmĭa, æ, *f.* 《醫》 빈혈, 빈혈증.
anaëróbĭum, i, *n.* 《生》 혐기성(嫌氣性) 생물(주로 세균류).
anæsthésĭa, æ, *f.* 1. 결핍. 2. 《藥》 무감각, 감각상실. 3. 《醫》 마취법.
anæsthétĭca, órum, *n. pl.* 《藥》 마취제.
Anágnĭa, æ, *f. Látium*의 도시, *Hérnĭci*인들의 수도.
Anagnínus, a, um, *adj. Anágnia*의.
ănagnóstes, æ, *m.* 1. 낭독자. 2. 책 읽어주는 종. 「적 해석.
ănăgōgía, æ, *f.* 《神》 (성서의) 신비의 상징
ănăgógĭcus, a, um, *adj.* anagogía의, 신비 상징적 해석의. 「예.
ănălécta[1], æ, *m.* 먹다 남은 것을 모으는 노
ănălécta[2], órum, *n. pl.* 먹다 남은 것; 땅바

닥에 떨어진 빵조각·부스러기 따위.

ănălŏgía, æ, *f.* **1.** 비유, 비교, 유사. **2.** 《哲》 유비(類比), 유추(類推): ~ entis 유(有)[존재]의 유비[유추]. **3.** [A-] *Cæsar*의 지시명. 「의. **2.** 유비의, 유추적인.

ănălógĭcus, a, um, *adj.* **1.** 비유의, 유사

ănălógĭum, i, *n.* 낭독대[단].

ănálŏgus, a, um, *adj.* 유사한, 비슷한; 《論》 유비적(類比的).

ănălýsis, is, *f.* 분해, 분석, 해석(解析): 《神》 ~ fídei 신앙의 분석(신앙의 신학 인식론적 구명).

ănălýtĭcus, a, um, *adj.* 분해적인, 분석적, 해석(解析)의: Analýtica. *Aristóteles*의 분석론.

anamnésis, is, *f.* **1.** 추억, 상기, 회상, 회고. **2.** 《가》 미사 중 성체축성 후의 기도, 기념송. 「膜類).

anámnĭa, órum, *n. pl.* 《動》 무양막류(無羊

ănancæum, i, *n.* (내기할 때 쓰던) 큰 술잔, 왕대포잔.

ănăpæstĭcus, a, um, *adj.* = anapæstus.

ănăpæstum, i, *n.* 《詩》 단단장(短短長)격의 시; 약약강(弱弱强)격의 시.

ănăpæstus, a, um, *adj.* 《詩》 **1.** 단단장격의; 약약강 격의. **2.** *m.* 단단장 격의 시. 「섬.

Anăphe, es, *f.* *Thera* 섬 동쪽 다도해의 한

ănáphŏra, æ, *f.* **1.** 천체의 상승, 떠오름. **2.** 《修》 첫 머리말[처음 말마디]의 반복. **3.** 음악의 악절(樂節)반복. **4.** 동방전례의 미사 제2부. 「성.

ănăphyláxĭa, æ, *f.* 과민증, (동물의) 과민

anaphyláxis, is, *f.* 《醫》 과민증(혈청이나 단백질 주사 뒤에 일어나는 현상).

Anápus, i, *m.* *Sicília*의 *Syracúsæ* 근방의 강.

ănarchía, æ, *f.* 무정부(상태).

ănarchísmus, i, *f.* 무정부주의.

ănarchísta, æ, *m.* 무정부주의자.

Anártes, ĭum, *m. pl.* *Dácia*의 한 종족.

ănăs[1], ătis[ĭtis], *f.* 《動》오리, 집오리.

ănās[2], átis, *f.* 노파병(病). 「*diána*).

Anās[3], æ, *f.* *Hispánia*의 강(지금의 *Gua-*

ănastásĭa, æ, *f.* 부활.

ănástăsis, is, *f.* 부활. 「문(破門). **3.** 저주.

ănăthéma, ătis, *n.* **1.** 이단 배척. **2.** 파

ănăthĕmătízo, ávi, átum, áre, *tr.* **1.** 배척하다. **2.** 파문하다. **3.** 저주하다.

ănătícŭla, æ, *f.* [anas[1]] 오리새끼,

ănătŏcísmus, i, *m.* 복리(複利).

ănătŏmía, æ, *f.* **1.** 해부, 분해. **2.** 해부학, 해부술. 「인; 해부학상의.

anatomicus, a, um, *adj.* 해부의, 해부적

Anaxágŏras, æ, *m.* *Græcia*의 *Clazómenæ*의 유명한 철학자(*sæc.* 5 A.C.), *Perícles*와 *Eurípides*의 스승.

Anaxárchus, i, *m.* *Abdéra*의 철학자(*sæc.* 4 A.C.), *Demócritus*의 제자. 「(*sæc.*6 A.C.).

Anaxĭmánder, dri, *m.* *Milétus*의 철학자

Anaxímĕnes, is, *m.* *Milétus*의 철학자(*sæc.* 6 A.C.).

Ancalítes, um, *m. pl.* *Británnia*의 한 종족.

anceps, cípĭtis, *adj.* [amb+caput] **1.** 머리가 둘인; 2명의 우두머리가 있는. **2.** 양면의, 2면을 가진; 쌍날의: secúris ~ *(Pl.)* 양쪽 날이 있는 도끼 / ancípiti prœlio*(Cæs.)* 양면 전투로. **3.** 애매한, 모호한, 두가지 뜻이 있는: ~ respónsum *(L.)* 애매한 대답. **4.** 망설이는, 결단성이 없는: ánimus ~ inter ... *(L.)* …사이에서 망설이는 마음. **5.** 불확실한, 확고하지 못한, 불안정한. **6.** 위험한, 위태로운. **7.** *n.* 위험, 위기, 분기점: in ancípiti esse *(Ta.)* 위험중에 있다.

Anchíălos[-us], i, *f.* 흑해 연안에 있는 *Thrácia*의 도시.

Anchísa[-ses], æ, *m.* *Capys*의 아들로 *Venus*의 사랑을 받고 *Ænéas*의 아버지가 됨.

Anchísĕus, a, um, *adj.* *Anchísa*의. 「néas).

Anchisíădes, æ, *m.* *Anchísa*의 아들(=*Æ-*

ánchŏra, æ, *f.* = áncŏra.

ancíle, is, *n.* **1.** *Numa*왕 때에 하늘에서 내려온 신성한 방패. **2.** 계란형의 방패.

ancílla, æ, *f. dim.* [áncula] 하녀, 여자하인, 여종; 여자노예.

ancillaríŏlus, i, *m.* 하녀를 연모하는 남자.

ancilláris, e, *adj.* [ancílla] 하녀의, 여종의.

ancíllor, átus sum, ári, *dep. intr.* 〔*dat.*〕 섬기다, 시중들다. 「잘것없는 여종.

ancíllŭla, æ, *f. dim.* [ancílla] 꼬마 여종; 보

anclo, ávi, átum, áre, *tr.* 〔*alqd*〕 (무슨) 심부름하다, 시중들다; 허리굽혀 물을 떠주다 [길어주다]. 「척.

ancōn[1], ónis, *m.* **1.** 팔꿈치. **2.** 곱자, 곡

Ancōn[2], ónis, *f.* *Adria* 해안 *Picénum*의 도시. 「*m.* *Ancon*인.

Anconĭtánus, a, um, *adj.* **1.** *Ancon*의. **2.**

áncŏra, æ, *f.* **1.** 닻: consístere ad áncoras *(Cæs.)* 정박하다 / áncoram sólvere *(C.)* 닻을 걷다·올리다. **2.** 희망, 피난처, 의지할 곳. 「닻줄.

ancŏrális, e, *adj.* [áncora] **1.** 닻의. **2.** *n.*

ancŏrárĭus, a, um, *adj.* [áncora] 닻의.

áncŭla, æ, *f.* 하녀, 계집 하인.

áncŭlo, ávi, átum, áre, *tr.* = anclo.

áncŭlus, i, *m.* 하인.

Ancus, i, *m.* ~ Mártius, *Roma*의 제4대왕.

Ancýra, æ, *f.* *Galátia*의 수도.

andábăta, æ, *m.* 눈가리는 투구를 쓴 검투사(劍鬪士).

Andánĭa, æ, *f.* 북부 *Messénia*의 도시.

Andecávi[-gávi], órum, *m. pl.* *Gállia*의 한 지방(지금의 *Anjou*) 종족.

Andes[1], ĭum, *m. pl.* = Andecávi.

Andes[2], ĭum, *f. pl.* *Mántua* 지방의 촌락, 시

인 *Virgílius*의 출생지. 「(c. 430 A.C.).
Andócĭdes, is, *m.* *Athénæ*의 연설가·정치가
Andræ̆mon, ŏnis, *m.* **1.** *Amphíssus*의 아버지. **2.** *Thoas*의 아버지, *Cálydon*의 왕.
Andrĭa, æ, *f.* **1.** *Andros*섬 여자. **2.** *Teréntius*의 희극시 제명. 「*m. Andros* 사람.
Andrĭus, a, um, *adj.* **1.** *Andros*섬의. **2.**
Andrŏclus, i, *m.* *Roma*의 노예 이름(사자의 발에서 가시를 빼준 일이 있어 잡아 먹히지 않았음).
andrœ́cēum, i, *n.* 《植》 수술, 웅예(雄蕊).
androgénĕsis, is, *f.* 《植》 웅핵발생(雄核發生), 웅성전핵(雄性前核) 생식.
Androgeonéus, a, um, *adj.* *Andrógeos*의.
Andrógēos[-gēus], i, *m.* *Crete*섬의 왕 *Minos*의 아들.
andrógȳnus, i, *m.* 남녀 양성 소유자, 반양음; 《植》 자웅 양화 구유(雌雄兩花具有).
Andrómăchē, es, *f.* *Eétion*왕의 딸, *Hector*의 유명한 아내.
Andrómĕda[-e], æ[es], *f.* *Æthiópia*의 왕 *Cépheus*와 *Cassíope*[1]의 딸, 어머니 불경죄로 바다 짐승에게 던져졌으나 영웅 *Pérseus*에게 구조되어 그 아내가 됨.
andrŏn, ónis, *m.* 낭하, 복도.
Andrŏnícus, i, *m.* *Roma*인 가문명(cognómen); 특히 극시인이며 서사시인인 *L. Lívius* ~ 가 유명함.
Andros[-us], i, *f.* *Cýclades* 군도의 큰 섬.
anéllus, i, *m. dim.* [ánulus] 작은 반지.
ănémĭa, æ, *f.* 《醫》 빈혈, 빈혈증.
ănĕmóne, es, *f.* 《植》 아네모네(꽃). 「물).
ănéthum, i, *n.* 《植》 나도고수(미나리과 식
ăneurísmus, i, *m.* **1.** 《醫》 동맥류(動脈瘤). **2.** 이상증대.
ăneurýsma, ătis, *n.* = aneurísmus.
anfráctum, i, *n.* 굴곡, 만곡(灣曲).
anfractuósus, a, um, *adj.*[anfráctus[1]] 꾸불꾸불한, 꼬불꼬불한; 에둘러(말)하는.
anfráctus[1], a, um, *adj.* [am+frango] 꾸불꾸불한, 꼬불꼬불한, 굴곡많은, 울퉁불퉁한.
anfráctus[2]**[am-],** us, *m.* **1.** 굴곡, 꾸불꾸불함, 만곡(灣曲); 휘어짐. **2.** 길의 우회. **3.** 되돌아옴; 회귀(回歸). **4.** 에둘러하는 말, 완곡한 표현; 장황, 지루함. **5.** 뒤얽힘. 「용; 징발.
angárĭa, æ, *f.* 부역(賦役), 강제봉사, 징
angárĭo, ávi, átum, áre, *tr.* 징발하다, 징용하다.
angélĭcus, a, um, *adj.* [ángelus] 천사의, 천사적; 천사다운: salutátio angélica 성모송.
angéllus, i, *m. dim.* [ángelus] 작은 천사.
angĕlología, æ, *f.* 《神》 천사(신)학.
ángĕlus, i, *m.* **1.** 천사, 천신: ~ custos 수호천사. **2.** 사자(使者). **3.** 《가》 Angĕlus 삼종기도.

angína, æ, *f.* [ango] **1.** 《醫》 목아픔, 편도선염, 인후염, 앙기나. **2.** ~ péctoris 협심증.
angiología, æ, *f.* 《醫》 맥관학(脈管學).
angiospérmæ, árum, *f. pl.* 《植》 피자(被子) 식물.
angiotomía, æ, *f.* 《醫》 맥관 절개.
angĭpórtum, i, *n.* [**-us,** us, *m.*] 작은 사잇골목; 막다른 골목.
Angítĭa, æ, *f.* *Médea*와 *Circe*자매 (*Marsi*인들 사이에서 신으로 모셔졌음).
Angli, órum, *m.* **1.** *Germánia*의 여러 종족 중의 하나. **2.** 영국인.
Anglĭa, æ, *f.* 영국; 잉글란드.
Anglicánus, a, um, *adj.* 영국 교회의, 그 계통의; 그 신자의.
Anglĭce, *adv.* 영어로, 영어식으로.
Anglĭcus, a, um, *adj.* 영국의.
Anglĭi, órum, *m. pl.* = Angli.
Anglus, i, *m.* 영국인.
ango, anxi, anctum, ĕre, *tr.* **1.** 죄다, 조르다; 질식시키다: guttur ~ *(V.)* 목 조르다. **2.** 좁히다, 압축하다, 압박하다. **3.** 마음 졸이다, 괴롭히다, 불안하게 하다: ~ *alqm,* [pectus, ánimum *alcjs*] 누구를[가슴·마음을] 괴롭히다 / 〔*pass. refl.*〕 **se ~, angi** 괴롭다, 괴로움 당하다, 압박을 느끼다 / ánimo *(C.)* 마음이 괴롭다 / angi *alqā re* [de *re,* propter rem] *(C.)* …일로[…때문에] 괴로움 당하다.
angor, óris, *m.* [ango] **1.** 죔, 목조름, 질식시킴. **2.** 마음 고통, 괴로움; 근심걱정; 불안. 「종족.
Angrivárĭi, órum, *m. pl.* *Germánia*의 한
anguícŏmus, a, um, *adj.* [anguis+coma] 뱀으로 된 머리카락을 가진.
anguícŭlus, i, *m. dim.* [anguis] 작은 뱀.
ánguĭfer, fĕra, fĕrum, *adj.*[anguis+fero] 뱀을 가지고 다니는, 뱀을 그려붙인. 「서 난.
anguígĕna, æ, *m. f.* [anguis+geno] 뱀에게
anguílla, æ, *f.* [anguis] **1.** 《動》 뱀장어. **2.** 뱀장어 가죽 채찍.
anguímănus, a, um, *adj.* [anguis+manus] 자유자재로 움직여 돌리는(코끼리의 코를 뜻함). 「의.
anguínĕus[-nus], a, um, *adj.* [anguis] 뱀
ánguĭpes, ĕdis, *adj. (m. f.)* [anguis+pes] **1.** 발끝이 뱀처럼 된. **2.** *m. pl.* 거인.
anguis, is, *m.* **1.** 뱀. **2.** 뱀같이 징그러운 것. **3.** 《天》 용성좌(龍星座); 해사좌(海蛇座); 뱀성좌.
Anguítĕnens, éntis, *m.* 《天》 뱀좌(蛇座).
Anguítĭa = Angítia.
angŭláris, e, *adj.* 모퉁이를 가진, 모퉁이의, 각(角)의, 모난.
angŭlátus, a, um, *adj.* 모난, 각이 있는.
ángŭlus, i, *m.* **1.** 모퉁이, 모. **2.** 각(角), 각도. **3.** 구석. **4.** 해만(海灣). **5.** 공부

방, 교실.

angústĭæ, árum, *f. pl.* [angústus] 〔단수는 드물게만〕 **1. 협소, 좁음, 옹색**; 좁은 장소, 좁은 길, 골짜기 길: ~ loci *(Cæs.)*, ~ locórum *(C.)* 옹색한 자리. **2. 빠듯한 시간**, 시간의 짧음; 숨가쁨: ~ témporis *(C.)* 짧은 기간. **3. 궁색, 궁핍,** 결핍, 빈궁, 빈곤: ~ rei frumentáriæ *(Cæs.)* 비축 양식의 궁핍. **4.** 곤란, **곤경,** 난처, 궁지, 애로: in angústiis esse[versári] *(C.)* 곤궁에 처해 있다. **5.** 좁은 **마**음. **6.** (연설의) 간결.

angusticlávĭus, a, um, *adj.* [angústus+clavus] 좁은 자색 헝겊으로 가장자리에 줄무늬를 두른 옷을 입은. 「롭히다.

angústĭo, ávi, átum, áre, *tr.* [angústus] 괴

angústo, ávi, átum, áre, *tr.* [angústus] **1.** 좁게 하다, 좁히다; 죄어매다. **2.** 제한하다, 견제하다, 억제하다; 막다.

angústum, i, *n.* [angústus] **1.** 옹색한 장소; 제한된 범위. **2.** 난관, 곤경: Res in angústo est.*(Cæs.)* 일이 매우 어렵게 되었다.

angústus, a, um, *adj.* [ango] **1. 좁은,** 꼭 끼는, 옹색한, 빽빽한. **2.** 짧은(시간), **빠듯한,** 숨가쁜. **3.** 궁핍한, 여유없는, 제한된. **4.** 곤란한, 곤경의, 애로 많은; 급박한. **5.** 간결한, 요약된. **6.** (마음이) 좁은, 옹색한, 인색한. 「거림.

anhēlátĭo, ónis, *f.* [anhélo] 숨가쁨, 헐떡

anhēlátor, óris, *m.* 숨을 잘 못쉬는 사람, 숨가쁜 사람.

anhélĭtus, us, *m.* [anhélo] **1.** 숨가쁨, 헐떡거림, 숨참; 천식. **2.** 숨쉼, 호흡. **3.** 증기, 증발기체.

anhélo, ávi, átum, áre, [an+halo] **I.** *intr.* **1.** 어렵게 숨쉬다, 가빠지다, 숨이 차다, 할딱거리다. **2.** 기체(氣體)가 뿜어나오다; 불이 세차게 타오르다.

II. *tr.* **1.** 헐떡거리며 무엇을 말하다; 뿜어내다. **2.** 헐떡거리며(생각하고 계획하는 것을) 드러내다, 해치우다.

anhélus, a, um, *adj.* [anhélo] **1.** 헐떡거리는, 숨가쁜. **2.** 호흡을 곤란하게 하는, 숨막히는. 「나는 식물).

anicétum, i, *n.* 《植》 아니스(지중해 지방에

Aniciánus, a, um, *adj. Anícius*의.

Anícĭus, i, *m. Roma*인의 씨족명.

anícŭla, æ, *f. dim.* [anus²] 노파, 할머니.

Anĭen, énis, *m. Tíberis*강의 지류. 「의.

Aniénus, a, um, [**-énsis,** e,] *adj. Anĭo*강

Anígrus, i, *m. Elis*의 강.

anílis, e, *adj.* [anus²] **1.** 노파의. **2.** 노파 같은, 노파다운. 「파됨.

anílĭtas, átis, *f.* [anílis] 여자의 노년기, 노

anílĭter, *adv.* 노파처럼.

ánĭma, æ, *f.* **1.** 공기: reciprocáre ánimam *(L.)* 공기를 호흡하다. **2.** 바람, 미풍. **3.** 숨, 숨결: continénda ánima *(C.)* 숨을 죽여야 한다. **4. 생명, 목숨, 혼**; 생명력: ánimam édere[effláre, emíttere, exhaláre, exspiráre] 숨을 거두다, 죽다 /ánimam ágere 죽어가다, 빈사상태에 있다. **5. 영혼**(육신의 반대): immortálitas ánimæ *(C.)* 영혼의 불멸성. **6.** 정신(= ánimus), 마음. **7.** 생명체, 생물; 사람. **8.** 생명처럼 귀한 것: vos, meæ caríssimæ ánimæ *(C.)* 나에게 생명처럼 귀한 존재들인 너희.

ănĭmábĭlis, e, *adj.* [ánimo] 생기를 넣어주는, 숨쉴 수 있는 (공기).

ănĭmadvérsĭo, ónis, *f.* [animadvérto] **1.** 주의, 착심. **2.** 음미, 관찰. **3.** 주의 줌, 조심시킴, 견책, 책망.

ănĭmadvérsor, óris, *m.* [animadvérto] 관찰자, 감시자, 감독.

ănĭmadvérto, vérti, vérsum, ĕre, *tr.* [ánimum+advérto] **1.** 〔*absol.; acc.;* ad *acc.*〕 알아차리다, **착심하다,** 주의를 기울이다, 주시하다; 〔ut, ne〕 주의하다, 조심하다. **2.** 알아 보다, 관찰하다, 음미하다, 확인하다, 잘보다; **깨닫다. 3.** 조심시키다; 비난하다. **4.** 처벌하다, 견책하다: in *alqm* ~ *(C., Cæs.)* 책벌하다, 견책하다, 엄하게 다루다. 「는 것. **2. 동물,** 짐승.

ánĭmal, ális, *n.* [ánima] **1.** 생물, 살아있

ănĭmális, e, *adj.* [ánima] **1.** 공기의. **2.** 생기있는, 생명있는, 살아있는, 활력있는. **3.** 생명주는, 활기를 주는. **4.** 동물의.

ánĭmans, ántis, *p. præs., a. p.* [ánimo] **1.** 생명있는, 살아있는, 활기를 주는. **2.** *m. f. n.* 생물, 동물; 생명있는 것.

ănĭmátĭo, ónis, *f.* [ánimo] **1.** 생명을 불어넣음. **2.** 생명있는 존재. **3.** 못마땅히 여김.

ănĭmátus, a, um, *p.p., a.p.* [ánimo] **1.** 혼이 있는, 생명있는, 생기있는, 활기찬; 숨쉬는. **2.** 마음 정한, …생각을 가진, 마음 준비가 된: bene ~ *(N.)* 마음이 잘 준비 된 / ~ erga *alqm,* in *alqm (C.)* 봉사할 마음을 가진. **3.** 용기있는, 원기왕성한.

ănĭmísmus, i, *m.* **1.** 《哲》 물활설(物活說). **2.** 정령론(精靈論), 정령신앙.

ánĭmo, ávi, átum, áre, *tr.* [ánima, ánimus] **1.** 생명을 넣어주다, 생기를 넣어주다, 활기띠게 하다, 소생시키다. **2.** 고무하다, 용기를 주다. **3.** 〔*alqd* in *alqd*〕 (생명을 주어) 무엇으로 변하게 하다. **4.** 무슨 감정이 일어나게 하다. **5.** (내)불다.

ănĭmósĭtas, átis, *f.* [animósus] **1.** 용기. **2.** 격정. **3.** 원한, 적의; 노여움.

ănĭmósus, a, um, *adj.* [ánimus] **1.** 용기있는, 꿋꿋한, 씩씩한; 마음이 철석같은, 박력있는. **2.** 세찬 (바람), 거센. **3.** 〔*abl.*〕 뽐내는, 자랑하는, 자랑으로 여기는, 긍지

를 가진. **4.** 열렬한, 열정적인. **5.** (목적 달성을 위해) 돈을 아끼지 않는. 「생물.

ănímŭla, æ, *f. dim.* [ánima] 작은 혼; 작은

ănímŭlus, i, *m. dim.* 조그마한 마음.

ánĭmus, i, *m.* **1. 정신.** **2. 마음.** **3.** 영혼, 혼백, 얼. **4.** 생명력, 생명. **5.** 지력(知力), 이해력, 사고(력), 파악, 사유(思惟); 관찰력, 재질. **6.** 기억(력), 회상; 상상. **7.** 의식, 생각. **8.** 의견, 판단: ánimo meo 내 생각에는. **9.** 신념, 자신. **10. 뜻,** 의지, 의사, 의도, 의향, 결의(決意), 결심; 욕망; **생각,** 마음, **작정**: Mihi erat in ánimo ire... *(C.)* 나는 …로 갈 작정이었다 / In ánimo hábeo fácere *alqd.(C.)* 무엇을 할 작정이다. **11.** 느낌, 감정, 호감, 사랑; 미움, 분노, 공포: bono ánimo esse in *alqm(Cæs.)* 누구에게 대하여 호감을 가지다. **12.** 기질, 성격, 성질: malus ~ 나쁜 마음씨, 성격. **13.** 기분; 기호, 취미, 재미: ánimi causā[grátiā] *(C.,Pl.)* 취미로, 재미로. **14. 용기,** 사기, 힘, 희망: *alci* ánimum afférre *(C.)* 용기를 북돋아 주다 / Anĭmos mihi addidísti.*(C.)* 너는 내게 용기와 희망을 불어넣어 주었다. **15.** 거만, 불손, 자만, 자부심, 자존심; 만용, 대담성; 끈질김: Pone ánimos.*(V.)* 만용을 버려라. **16.** 열정, 격정. **17.** 절제, 중용; 침착; 만족. **18.** 〔*gen. locatívus*〕 **ánimi** 마음에, 마음 속에; 마음으로(= ánimo): Quid illam míseram ánimi excrúcias? *(Pl.)* 왜 그 불쌍한 여자에게 정신적 고문을 가하느냐? / Anĭmi péndeo et de te et de me. *(C.)* 나는 너도 나도 걱정스럽다.

Anĭo, ónis, *m. Tíberis*강의 지류.

anísum, i, *n.* 《植》 **1.** (=anicétum) 아니스. **2.** (미나리과의) 궁궁이.

Anĭus, i, *m. Delos*섬의 왕겸 *Apóllo*신의 제관(*Ænéas*를 후대하였음).

ann... = adn...

Anna Perénna, æ, *f. Itália* 본래의 여신.

Annǽus, i, *m. Roma*인의 씨족명.

annális, e, *adj.* [annus] **1.** 해(年)의, 연한에 관한: ~ lex 관직취임자격 연한에 관한 법. **2.** *m.*(= ~ liber) 연감. **3.** *m. pl.* 연대기(年代記), 연대사, 연감. **4.** *m. pl.* 역사기록, 보고; *Latin* 역사가들의 문집: ~ nostrórum labórum *(V.)* 우리의 여러 업적의 역사적 기록. 「도 헌납금.

annáta, æ, *f.* [annus] 성직록(聖職祿) 초년

ánnăto, áre, *intr.* [ad+nato] 헤엄쳐 가다[오다]. 「go] 항해하여 가다[오다].

annávĭgo, ávi, átum, áre, *intr.* [ad+návi-

anne, *adv. interr.* = an.

annécto, néxui, néxum, ĕre, *tr.* [ad+necto] **1.** 에 붙들어 매다, 비끄러 매다, 연결시키다; 덧붙이다. **2.** 덧붙여 말하다.

annélĭda, órum, *n. pl.* 《動》 환형(環形) 동물, 환충류.

annéllus = anéllus.

annéxĭo, ónis, *f.* 연결. 「합.

annéxus, us, *m.* [annécto] 연결, 연합, 결

Anniánus, a, um, *adj. Annĭus*의.

Annĭbal, ălis, *m.* = Hánnĭbal.

Annicérĭi, órum, *m. pl. Anníceris*가 창설한 철학파. 「*mǽus* 1세 시대).

Annícĕris, ĭdis, *m. Cyréne*의 철학자(*Ptole-*

anníŭlus, a, um, *adj.* [annus] 일년의, 일년짜리, 한해 묵은, 한살난.

ánnĭfer, ĕra, ĕrum, *adj.* [annus+fero] 일년내내 열매맺는, 연중결실하는.

annĭhĭlátĭo, ónis, *f.* [anníhilo] **1.** 절멸, 소멸. **2.** 《哲》 허무화(虛無化), 무화귀멸(無化歸滅). 「무로 돌아가게 하다.

anníhĭlo, ávi, átum, áre, *tr.* 절멸시키다;

annísus, us, *m.* [annítor] 노력.

annítor, *(ĕris, ĭtur)*, nísus[níxus] sum, ti, *dep. intr.* [ad+nitor] **1.** 〔ad *acc.*; *dat.*〕 의지하다, 기대다: hasta anníxa colúmnæ *(V.)* 기둥에 기대세워놓은 창. **2.** 〔*absol.*; *alqd*; pro *alqo*; de *abl.*; ut, ne; *inf.*〕 노력하다, 애쓰다, 온갖 힘을 다 기울이다.

Annĭus, i, *m. Roma*인 씨족명; 특히 *Cícero*가 변호한 *T.* ~ *Milo*가 유명함.

anniversárĭus, a, um, *adj.* [annus+verto] **1.** 매년 돌아오는, 매년 있는; 주년(周年)의, 돐의. **2.** *n.* (해마다의) 기념일.

anno[1], ávi, átum, áre, *intr.* [ad+nare] **1.** 헤엄쳐 다가오다[가다], 물을 건너오다. **2.** 가까이서 나란히 헤엄치다. **3.** 항행하여 가다. 「지내다.

anno[2], áre, *intr.* 해(年)를 보내다, 한해를

Anno[3] = Hanno.

annóna[1], æ, *f.* [annus] **1.** 그 해 소출, 추수액, 수확고, 농산품 수확량. **2.** 군대의 일년분 비축식품. **3.** *pl.* 노임대신 주는 식량. **4.** 곡물가격, 시장가격; 물가앙등: vílitas annónæ *(C.)* 곡가의 하락. **5.** 값, 가격: Vilis amicórum est annóna.*(H.)* 친구 사귀는 댓가는 싸다.

Annóna[2], æ, *f.* 곡물의 여신.

annósus, a, um, *adj.* [annus] 해묵은, 여러 해 된; 나이먹은, 고령의.

annŏtāméntum, i, *n.* 주의, 비고, 주(註).

annŏtátĭo, ónis, *f.* [ánnoto] **1.** 주의(注意) 환기; 비고. **2.** 단평, 소견. **3.** 주석을 붙임; 주석, 주해. 「주.

annŏtatĭúncŭla, æ, *f.* 약주(略註), 짧은

annŏtátor, óris, *m.* 주 다는 사람; 주석자.

annótĭnus, a, um, *adj.* [annus+ diútinus] 한해묵은, 지난 해의.

ánnŏto, ávi, átum, áre, *tr.* [ad+noto] **1.** 주의사항을 적다, 밑줄치다; 처벌내용을 적어주다; 죄수 명단에 기입하다. **2.** 간단하게 논평하다. **3.** 주석을 붙이다. **4.** 주

목하다, 눈여겨 보아두다.
ánnŭa, órum, *n. pl.* [annus] 연금(年金).
annŭális, e, *adj.* [annus] 해마다의; 한해
annŭátim, *adv.* [annus] 해마다. └의.
annŭláta, órum, *n. pl.* 《動》 환형(環形) 동물, 환충류(지렁이, 거머리 따위).
annŭlátus, a, um, *adj.* [ánnulus] **1.** 반지 낀; 고리가 있는. **2.** 윤행(輪行)하는.
annúllo, áre, *tr.* [ad+nullus] 절멸시키다,
ánnŭlus, i, *m.* 반지; 고리. └무효케 하다.
annúmĕro, ávi, átum, áre, *tr.* [ad+número] **1.** **세어넣다, 가산하다,** 계산에 넣다, 끼어주다, 보태어 넣다, 장부에 써넣다. **2.** 고려에 넣다.
annuntiătio, ónis, *f.* [annúntio] 알림, 고지(告知), 소식 전달. 「람, 소식 전달자.
annuntiător, óris, *m.* [annúntio] 알리는 사
annúntĭo, ávi, átum, áre, *tr.* [ad+núntio] 알리다, 통고하다, 소식전하다; 공표하다.
ánnŭo, nŭi, nútum, ĕre, *intr., tr.* [ad+nuo] **1.** 고개를 끄덕이다. **2.** 〔*absol.; dat.; acc. c. inf.*〕 (끄덕여서 또는 눈짓·손짓·말기타 무슨 방법으로든) **시인하다, 찬성하다,** 동의하다: Annŭe cœptis.*(V.)* 우리가 시작한 일을 미소로써 인정하시라. **3.** 〔*alqm*〕 끄덕여(눈짓·손짓으로) 가리키다, 지정하다. **4.** 〔*alqd alci*〕 승낙하다, 허락하다, 약속하다.
annus, i, *m.* **1. 해, 년**(年); 1년, 연도(年度): ~ bissextílis 윤년 / ~ litúrgicus 전례력년 / ~ sanctus 성년(聖年) / Anno Dómini 그리스도 기원 …년에, 서력 …년에 / ad annum 앞으로 1년간; 1년 후 / in annum 향후 1년간, 내년 한해 동안 / anno 1년에, 1년 내내, 1년이나; 지난 해에 / bis in anno*(C.)* 1년에 두번씩 / tres in anno dies*(T.)* 1년에 사흘 / síngulis annis 해마다. **2. 나이,** 살(歲): Quot annos natus es? Quotum annum agis? 몇살이냐? / anno ætátis suæ …살에, 향년 …세에. **3.** 관직 취임의 법정연령: ~ meus [tuus] 나의[너의] 취임 적령. **4.** (전쟁·휴전·질병 따위) 그 해 사건. **5.** 계절, 철: frígidus ~ 겨울. **6.** 1년 수확고. 「이다.
annúto, áre, *intr. freq.* [ánnuo] 자주 끄덕
annútrĭo, íre, *tr.* [ad+nútris] 양육하다, 기르다, 자양분을 주다.
ánnŭus, a, um, *adj.* [annus] **1. 일년의,** (일)년간의. **2.** 해마다 있는, 매년의, **연례의,** 예년의. **3.** *n.* 연금(年金).
anœ́strum[-us], i, *n.[m.]* (동물의) 발정 휴지기(간).
ănōmălia, æ, *f.* 변칙, 이례적인 것, 파격.
ănómălus, a, um, *adj.* 변칙의; 이례적인: 《文法》 verbum anómălum 변칙동사.
ănómŭra, órum, *n. pl.* 《動》 단미류(短尾類) 동물.
ănónўmus, a, um, *adj.* 무명(無名)의, 익명의, 서명하지 않은; 가명의.
ănŏplocéphălus, i, *m.* 《動》 촌충(寸虫).
ănŏréxĭa, æ, *f.* 《醫》 식욕감퇴.
anquíro, quisívi, quisítum, ĕre, *tr.* [ambi, an+quæro] **1.** 사방 찾다, 두루찾다. **2.** 조사하다, 음미하다; 연구하다, 탐구하다. **3.** 심문하다, 취조하다: De morte *alcjs* anquíritur.*(Ta.)* 아무의 죽음에 대한 심문을 한다.
anquisítĭo, ónis, *f.* [anquíro] 조사, 심문.
ansa, æ, *f.* **1. 손잡이, 자루**(柄); 들쇠, 문고리. **2. 기회, 구실,** 계기.
ansátus, a, um, *adj.* [ansa] 손잡이 달린, 자루달린.
anser[1]**,** ĕris, *m.* 《動》 거위; 기러기.
Anser[2]**,** ĕris, *m. Antónius*의 친구 시인.
ansércŭlus, i, *m. dim.* [anser] 거위새끼.
anserĭfórmes, ĭum, *m. f. pl.* 《動》 거위·기러기·물오리 종류.
anserínus, a, um, *adj.* 거위의; 기러기의.
ánsŭla, æ, *f. dim.* [ansa] **1.** 작은 손잡이, 자루. **2.** 작은 쇠고리. **3.** 샌들 끈.
antæ, árum, *f. pl.* 출입문 옆의 돌기둥.
Antǽus, i, *m. Lýbia*의 거인, *Hércules*에게 살해됨.
Antándrĭus, a, um, *adj. Antándros*의.
Antándros[-us], i, *f. Ida* 산 기슭에 있는 *Mýsia*의 해안도시.
ante[1]**,** *adv.* **1.** 〔장소〕 앞에, 전방에. **2.** 〔시간〕 이전에, 전에: paulo ~, multo ~, 조금 전에, 훨씬 오래전에 / paucis annis~ *(C.)* 몇년 전에.
ante[2]**,** *præp. c. acc.* **1.** 〔장소〕 **앞에, 앞으로, 전방으로:** ~ óculos 눈앞에 / ~ me 내 앞에. **2.** 〔시간〕 **전에, 이전에:** ~ paucos dies*(L.)* 며칠 전에 / ~lucem*(C.)* 날이 새기 전에 / ~ me*(C.)* 나 이전에 / ~ diem quintum Idus Quintíles*(C.)* 7월 11일(에). **3.** 〔우월〕 **우선, 보다 더, 중에서 더, 이상으로, 초월하여:** longe ~ álios acceptíssimus *(L.)* 다른 사람들보다 훨씬 더 사랑받는 / esse ~ *alqm* 누구보다 뛰어나다, 낫다 / ~ ómnia*(V.)* 무엇보다도 우선.
ante-[3]**,** *præfíxa* **1.《앞에, 앞으로, 앞서》** 따위의 장소적인 뜻으로 합성단어를 이룬다. **2.《먼저, 미리, 앞서》** 따위의 시간적인 뜻으로 합성단어를 이룬다.
ántĕā, *adv.* [ante+eā] 전에, 이전에, 일찌기: ántea quam = ántequam.
anteáctus, a, um, *p. p.* [antéago] **1.** 이전에 된, 전에 이루어진, 지나간: anteáctum tempus 지나간 시간. **2.** *n.* 이전[지난] 행위.
antéăgo, égi, áctum, ĕre, *tr.* [ante+ago] 예전에 하다, 이전에 지내다: vita anteácta *(C.)* 지나간 생애.

antĕámbŭlo, ónis, *m.* **1.** 길라잡이, 길앞잡이, 선구자. **2.** 앞장 서가는 높은 사람.
antĕáquam = ántĕquam.
antĕbrachĭális, e, *adj.* 《解》 전박(前膊)의.
antĕbráchĭum, i, *n.* 《解》 전박(前膊).
Antécănis, is, *m.* 《天》 소견(성)좌(小犬星座).
antĕcápĭo, cépi, cáptum[céptum], ĕre, *tr.* **1.** 먼저 잡다, 선취하다, 미리 점유하다: ~ locum *(Sall.)* 자리를 먼저 차지하다. **2.** 예행(豫行)하다, 미리 사용하다; 앞당겨하다: ~ noctem *(Sall.)* 예행하다, 하루 밤 먼저 행하다. **3.** 예기하다.
antĕcédens, déntis, *p. præs.*, *a.p.* [antecédo] **1.** 먼저 가는[오는]; 전제되는, 선행하는; 사전(事前)의. **2.** *n.* 《論》 전건(前件). **3.** *n.* 《文法》 선행사.
antĕcédo, céssi, céssum, ĕre, *tr.*, *intr.* **1.** 앞서가다, 앞으로 가다. **2.** 먼저가다, 먼저 도착하다, 추월하다, 앞지르다. **3.** (지위·명예·시간 따위에 있어서) 이기다, 낫다, 앞서다, 초월하다, 월등하다: ~ *alqm alqā re (Cæs.)*, in *alqā re (N.)* 무슨 일에 있어서 누구보다 낫다. **4.** 〔*intr. dat.*〕 앞서다, 낫다, 초월하다: Natúra hóminis pecúdibus antecédit.*(C.)* 인간의 본성은 짐승들을 초월한다.
antĕcéllo, ére, *intr.*, *tr.* **1.** 돌출하다, 높이 솟아있다. **2.** 〔*absol.; dat., acc.*〕 보다 낫다, 뛰어나다, 초월하다.
antĕcéssĭo, ónis, *f.* [antecédo] **1.** 선행, 앞섬. **2.** 앞서는 일, 선행조건; 선행 원인·이유.
antecéssor, óris, *m.* [antecédo] **1.** 앞서가는 등불잡이, 안내자. **2.** 선임자. **3.** 선발대.
antĕcúrsor, óris, *m.* [ante+curro] **1.** 앞서서 뛰는 자, 선구자, 개척자. **2.** 선발대.
antéĕo, ívi[ii], ĭtum, íre, *anom. intr.*, *tr.* 〔*absol.; dat., acc.*〕 **1.** 앞서가다, 앞지르다; 먼저가다. **2.** (위험·불행 제거를 위해) 앞질러 처리하다, 미리하다, 예방하다. **3.** 앞서 있다, 낫다, 우월하다, 능가하다.
antĕfátus, a, um, *p.p.*, *a.p.*[*inusit.* antefári] 앞서 말한, 위에서 말한.
antéfĕro, tŭli, látum, férre, *anom. tr.* **1.** 앞에서 들고 가다. **2.** 〔*alqm[alqd] alci (rei)*〕 **낫게 여기다, 더 중히 여기다,** 더 좋아하다.
antĕfíxus, a, um, *adj.* [ante+figo] **1.** 앞에다 걸어놓은, 꽂아놓은. **2.** *n. pl.* 건물 특히 신전 앞 지붕 장식물.

ANTEFIXA

antĕgrédĭor, *(dĕris, dĭtur)*, gréssus sum, grĕdi, *dep. tr.* [ante+grádior] 앞에 가다, 앞서 가다, 먼저 가다.
antĕhábĕo, ŭi, ĭtum, ére, *tr.* 〔*alqd[alqm] alci*〕 더 좋아하다, 더 낫게 여기다.
ántĕhāc, *adv.* 지금까지, 전에, 이전에.
antĕídĕa = antídea = ántea.
Antéĭus, i, *m.* *Roma*인의 씨족명.
antĕlógĭum, i, *n.* 머리말, 서언.
antĕlūcánus, a, um, *adj.* [ante+lux] **1.** 해뜨기 전의, 날이 새기전까지의, 새벽의. **2.** *n.* 서광. 「오의.
antĕmĕrīdĭánus, a, um, *adj.* 오전의, 상
antĕmítto, mísi, míssum, ĕre, *tr.* 미리 보내다, 앞으로 보내다.
antémna, æ, *f.* = anténna.
Antémnæ, árum, *f. pl.* *Sabíni*인의 도시.
Antémnas, átis, *m.* *Antémnæ*인.
antĕmūrále, is, *n.* 앞면의 벽. 「각(觸角).
anténna, æ, *f.* **1.** 삼각돛의 활대. **2.** 촉
Antēnŏr, ŏris, *m.* *Troja*의 장군, *Troja* 함락후 *Itália*로 도피하여 *Patávium* 도시를 창건함.
Antēnórĭdes, æ, *m.* *Anténor*의 자손.
antĕoccŭpátĭo, ónis, *f.* 선수를 침.
antĕpagméntum, i, *n.* 《建》 문설주.
antĕpéndĭum, i, *n.* 제단앞 현수포(懸垂布).
antépes, pĕdis, *m.* **1.** 앞발. **2.** *pl.* 길라잡이.
antĕpīlánus, i, *m.* **1.** (고대 *Roma*의) 최전선에서 싸우는 군인; 투사, 우승자. **2.** *pl.* 제3 전열(piláni, triárii) 앞에서 싸우는 제1·2 전열의 군인.
antĕpóno, pósui, pósitum, ére, *tr.* **1.** 앞에 놓다. **2.** 〔*alqm[alqd] alci*〕 …보다 낫게[중히] 여기다, 더 좋아하다.
antépŏtens, éntis, *adj.* 남보다 뛰어난, 대단히 힘있는, 강한. 「준비한.
antĕpræpărătórĭus, a, um, *adj.* 미리부터
ántĕquam, *conj.*〔ante와 quam을 갈라 쓰기도 함〕 **…하기 전에**: Veréri non ante désinam, quam ...cognóvero.*(C.)* 나는 …알기 전에는 두려움이 끊이지 않을 것이다.
antérĭor, ĭus, (*gen.* óris), *adj. comp.* [ante] **1.** 앞의, 전방의, 전면(前面)의. **2.** 이전의, 옛; 먼저 있는.
Antĕrōs, ótis, *m.* *Eros*[1]의 형제; 보답되지 않는 사랑의 복수(復讐)신.
antes, ĭum, *m. pl.* **1.** 줄지어선 열. **2.** 기병대 전열. **3.** (나무·포도·꽃 따위의) 배열된 줄.
antĕsignánus, i, *m.* **1.** 군기 앞에서 싸운 정예군사, 일선에 선 병정. **2.** 부대장.
antésto = antísto. 「부르다.
antéstor, átus sum, ári, *dep. tr.* 증인으로
antĕvénĭo, véni, véntum, íre, *tr.*, *intr.* **1.** 앞에 오다, 먼저 오다, 앞서다; 선수치다, (방해하여) 못하게 하다, 예방하다. **2.** 능가하다, 앞지르다.
antĕvérto, vérti, vérsum, ĕre, *intr.*, *tr.* **1.**

〔*dat.*〕앞서가다, 먼저 이르다. **2.** 앞당겨 하다, 먼저 하다; 선수치다. **3.** 앞지르다, 능가하다. **4.** 〔*alqd alci rei*〕더 낫게 여기다, 우선적으로 하다, 선택하다.
Anthédon, ónis, *f.* *Bœótia*의 항구도시.
ánthĕmis, ĭdis, *f.* 《植》 카밀레. 「의 도시.
Anthemúsĭa[-ĭas], æ[ădis], *f.* *Mesopotámia*
antherídĭum, i, *n.* 《植》 (은화식물의) 수술에 해당하는 부분, 조정기(造精器).
anthŏlógía, æ, *f.* **1.** 화보(花譜). **2.** 선집(選集), 문집(文集). **3.** 비잔틴 전례(典禮)의 성무일과(聖務日課) 책. 「집(文集).
anthŏlógĭca, órum, *n. pl.* 선집(選集), 문
anthŏzóa, órum, *n. pl.* 《動》 화충류(花虫類: 산호·말미잘 따위).
anthrácĭtis, ĭdis, *f.* 무연탄.
anthrax, ácis, *f.* 《醫》 탄저병(炭疽病).
anthrōpógrăphus, i, *m.* (인물) 초상화.
anthrōpŏlŏgía, æ, *f.* 인류학, 인간학.
anthrōpŏmorphísmus, i, *m.* 의인론(擬人論), 신인동형론(神人同形論).
anthrōpóphăgus, i, *m.* 식인종.
anthrōpŏsophía, æ, *f.* 인지학(人智學).
anti-, *præfíxa* **1.** **《앞에; 먼저, 미리》** 따위의 뜻을 드러내는 접두사. **2.** 희랍어의 anti (= contra)로서는 **《반(反)-, 비(非)-, 역(逆)-, 대립적》** 따위의 뜻을 드러낸다.
Antiánus, a, um, *adj.* = Antĭas.
Antĭas, átis, *adj.* **1.** *Antĭum*의. **2.** *m.* *Antĭum* 사람.
antĭbráchĭum, i, *n.* 전완(前腕).
antĭcathólĭcus, a, um, *adj.* 반(反) 가톨릭주의의.
Antícăto, ónis, *m.* *Cæsar*의 두 작품 이름.
antĭchrístus, i, *m.* 그리스도의 적(敵); 가(假) 그리스도, 반(反) 그리스도.
antíchthŏnes, um, *m.pl.* = antípodes.
antĭcĭpátĭo, ónis, *f.* [antícipo] **1.** 예비개념, 사전지식, 선입견. **2.** 《修》 예변법(豫辯法: 반대론을 예기하고 미리 예방선을 쳐두는 방법). **3.** 예도(豫禱), 앞당겨 지냄.
antícĭpo, ávi, átum, áre, *tr.* [ante+cápio] **1.** 미리 얻다, 미리 차지하다; 앞당겨 하다[지내다]. **2.** 미리 알다, 예상하다. **3.** (길 따위를) 질러가다. 「*líxes*의 어머니.
Antĭcléa[-ía], æ, *f.* *Laërtes*의 아내이며 *U-*
antĭclerĭcalísmus, i, *m.* 반(反) 성직자주의, 교권반대.
antícus, a, um, *adj.* **1.** 앞쪽의, 앞에 있는; 오른 쪽의; 남쪽하늘의, 남쪽의, 양지바른. **2.** = antíquus.
Antícўra, æ, *f.* **1.** *Phocis*의 도시. **2.** *Thessália*의 도시. **3.** *Locris*의 도시.
antídĕa, *adv.* 《古》 = ántea.
antídŏtum, i, *n.* 해독제.
antídŏtus, i, *f.* 《藥》 해독제.
Antiénsis, e, *adj.* *Antĭum*의. 「군.
Antígĕnēs, is, *m.* *Alexánder*대왕 막하의 장
Antígŏnē[-a], es[æ], *f.* **1.** *Œdĭpus*의 딸. **2.** *Laómĕdon*의 딸, *Príamus*왕의 자매.
Antigonéa, æ, *f.* **1.** *Epirus*의 도시. **2.** *Macedónia*의 도시.
Antigonénsis, e, *adj.* *Antigonéa*의.
Antígŏnus, i, *m.* *Macedónia*의 여러 왕 이름, 특히 *Alexánder* 대왕의 장군으로 그 후계자가 된 왕. 「산맥과 병행.
Antĭlíbanus, i, *m.* *Sýria*의 산맥, *Líbanus*
Antílŏchus, i, *m.* *Nestor*의 아들(*Troja*에서 *Memnon*에게 살해됨). 「순.
antĭlogía, æ, *f.* 자기모순, (말의) 전후 모
Antímăchus, i, *m.* 희랍 *Claros*의 시인 (*Plato*와 동시대인). 「포(聖體布).
antĭménsĭum, i, *n.* (희랍 정교회의) 성체
antimónĭum, i, *n.* 《化》 안티몬.
antĭnŏmía, æ, *f.* 《論》 이율배반(二律背反).
Antĭŏchénsis, e, *adj.* **1.** *Antiochía*의. **2.** *m.* 그곳 주민.
Antiochénus, a, um, *adj.* *Antiochía*의.
Antĭŏchía, æ, *f.* **1.** *Oróntes* 강변의 도시로서 *Sýria*의 수도(지금의 *Antakía*). **2.** *Cária*의 도시. **3.** *Phrýgia*의 도시.
Antíŏchus, i, *m.* *Sýria*의 여러 왕 이름.
Antíŏpa[-e], æ[es], *f.* *Thebæ*의 왕 *Lycus*의 왕비, *Amphíon*과 *Zethus*의 어머니.
Antípăter, tri, *m.* **1.** *Alexánder* 대왕의 장군으로 그 후계자의 한 사람. **2.** *Grǽcia*의 여러 철학자 이름.
antĭpăthía, æ, *f.* 반감, 혐오.
Antíphătes, æ, *m.* **1.** *Læstrýgones*족의 왕. **2.** *Troja* 인으로 *Ænéas*의 동료.
antĭphóna, æ, *f.* 교송(交誦); 응답송가.
antípŏdes, um, *m. pl.* **1.** 대척지(對蹠地: 지구상의 정반대쪽 지점), 대극, 정반대쪽; 정반대(의 사물). **2.** 대척지점의 사람들.
Antípŏlis, is, *f.* *Gállia*의 도시(현 *Antibes*).
antĭquárĭus, a, um, *adj.* [antíquus] **1.** 옛, 골동품의, 고서의. **2.** *m. f.* 옛것을 숭상하는 사람, 골동품 애호가·수집가.
antíquĭtas, átis, *f.* [antíquus] **1.** 고대, 옛날. **2.** 고사, 고대사, 옛날에 있은 일; *pl.* 고대 유물. **3.** 고대인, 옛날 사람. **4.** (순박한) 옛 풍속. 「**2.** 고대에, 옛날에.
antíquĭtus, *adv.* [antíquus] **1.** 예로부터.
antíquo, ávi, átum, áre, *tr.* [antíquus] **1.** 옛[낡은] 것이 되게 하다. **2.** (법률을) 폐기하다, (청원을) 각하하다.
antíquus, a, um, *adj.* [ante] **1.** 〔비교급·최상급으로〕(품위·가치가) 중요한, 으뜸가는, 뛰어난: nihil vitā antíquius existimáre *(C.)* 생명을 가장 귀하게 여기다 / nihil antíquius habére quam …보다 더 중요하지 않다 / antiquíssimum est,... *(L.)* …하는 것이 가장 중요하다. **2.** 〔시간〕**옛, 지난 날**

의; 아득한 옛날의; 오래된, 고대의. **3.** 순박한, 고결한: Vir sanctus, ~ *(Pl.)* 성스럽고 순박한 사람. **4.** *m. pl.* 옛날 사람들, 옛 어른들. **5.** *n.* 옛 풍습, 고풍.

Antíssa, æ, *f. Lesbos*섬 서해안 도시.

Antissǽi, órum, *m. pl. Antíssa* 주민.

antístes, stĭtis, *m. f.* [antísto] **1.** 우두머리, 장(長), 책임자. **2.** 신전 관리자, 신관; 제관장; 《가》 주교. **3.** 대가(大家), 거장(巨匠).

Antísthĕnes, is[æ], *m. Sócrătes*의 제자이며 *Diógĕnes*의 스승, 견유학파의 창설자 (*sæc.* 5 A.C.).

antístĭta, æ, *f.* 여제관.

antísto, stĕti, stáre, *intr.* [ante+sto] **1.** 앞에 서다. **2.** 뛰어나다, 위에 있다, 능가하다, 초월하다.

antíthĕsis, is, *f.* **1.** 《修》 대조법, 대귀(對句). **2.** 《哲》 반립(反立), 반립 명제; 반정립(反定立).

antíthĕton[-um], i, *n.* 대조, 대귀, 반대.

antítrăgus, i, *m.* 《解》 외이돌기(外耳突起).

antítўpus, i, *m.* 《神》 전조(前兆)·예표(豫表)의 성취로서의 대형(對型), 원형.

Antĭum, i, *n. Látium*의 도시, *Fortúna* 여신의 신전으로 유명하였음.

ántlĭa, æ, *f.* 양수기, 펌프.

Antónĭa, æ, *f.* 3두정치가 *Antónius*의 딸.

Antōnĭánæ, árum, *f. Antónius*를 공박하는 *Cícero*의 연설집.

Antōnĭánus, a, um, *adj.* **1.** *Antónius*의. **2.** *m. pl. Antónius*의 부하들. 「자.

Antōnĭáster, tri, *m. Antónius*의 연설 모방

Antónĭus[1], i, *m. Roma*인 씨족명; **1.** M. ~, *Roma*의 3두정치가의 한 사람. **2.** C. ~, 집정관으로서 *Cícero*의 동료.

Antónĭus[2], a, um, *adj. Antónius*의.

antŏnŏmásĭa, æ, *f.* 《修》 환칭(換稱: 고유명사 대신에 쓰는 비유적인 말, *e.g.* "*Carthágo* 정복자"는 *Scípio*를 지칭하는 따위).

antrum, i, *n.* **1.** 굴, 동굴, 동혈(洞穴). **2.** 나무의 속빈 구멍, 공동(空洞).

Anúbis, is[ĭdis], *m.* 개 머리를 가지고 있는 이집트의 신.

ANUBIS

anulárĭus, a, um, *adj.* [ánulus] **1.** 가락지의, 반지의; 고리의. **2.** *m.* 반지 제조자.

anulátus, a, um, *adj.* [ánulus] 반지낀; 고리를 단.

anúlla, æ, *f. dim.* [anus[2]] 자그마한 할머니.

ánŭlus, i, *m.* [anus[1]] **1. 반지,** 가락지; 고리. **2.** 도장. **3.** 기사(騎士)의 표시로 낀 금반지, 기사계급. **4.** 곱슬머리.

ānus[1], i, *m.* **1.** 작은 고리; 반지, 가락지. **2.** 항문(肛門).

ănus[2], us, *f.* **1.** 할머니. **2.** 〔*adj.*〕 늙은; 낡은, 옛: ~ matróna *(Suet.)* 늙은 귀부인 / ~ charta *(Catull.)* 옛 문서.

anxíĕtas, átis, *f.* [ánxius] **1.** 근심, 걱정, 불안, 안절부절 못함, 조바심, 안달, 고민. **2.** 늘 마음씀, 염려.

ánxĭfer, ĕra, ĕrum, *adj.* [ánxius+fero] 불안케하는, 심려를 끼치는.

ánxĭo, ávi, átum, áre, *tr.* 근심·걱정끼치다, 불안하게 하다, 고민하게 하다.

anxiósus, a, um, *adj.* 근심하는, 걱정하는, 불안해하는.

anxitúdo, dĭnis, *f.* = anxíetas.

ánxĭus, a, um, *adj.* [ango] **1.** 〔*absol.; gen., abl.*〕 불안한, 불안해하는, 걱정하는, 안절부절 못하는, 안타까운, 조바심하는, 고민하는: ánimus futúri ~ *(Sen.)* 장래에 대하여 불안해하는 마음. **2.** 쉬지 못하는, 신경쓰는, 경계하는. **3.** 쓰라린, 고통스러운, 마음아픈: ánxiæ curæ *(L.)* 괴로운 걱정.

Anxŭr[1], ŭris, *n. Látium*의 도시(후에 *Terracína*라 함).

Anxŭr[2], ŭris, *m. Turnus*의 동료. 「*piter*신.

Anxŭrus, i, *m. Anxur*[1]에서 공경하던 *Jú-*

Aon, ŏnis, *m.* **1.** *Poséidon*의 아들, *Bœótia*의 영웅. **2.** *pl. Bœótia*주민.

Aónĭa, æ, *f. Bœótia*의 신화적 명칭.

Aónĭdes, um, *f.pl. Musæ* 여신들(예술의 9 여신).

Aŏnis, ĭdis, *f. Bœótia* 여인.

Aónĭus, a, um, *adj. Aónia*의; *Bœótia*인의.

Aórnos, i, *m. Campánia*의 *Avérnus*호수.

ăpăgĕ, *interj. c. acc.* 집어 치워라, 멀리 가라: Apăge te a me! *(Pl.)* 내게서 멀리 가라.

apágĕsis, *interj.* **1.** 가거라. **2.** 제발.

Apaméa[-ía], æ, *f.* **1.** *Sýria*의 도시. **2.** *Phrýgia*의 도시. **3.** *Bithýnia*의 도시.

Apaménus, a, um, *adj.* **1.** *Apaméa*의. **2.** *m.* 그곳 사람.

ăpăthía, æ, *f.* 무감동; 무신경, 냉담.

Apélles, is, *m. Grǽcia*의 유명한 화가(*Alexánder* 대왕의 친구). 「주민.

Apennīnícŏla, æ, *m. f. Apennínus* 산맥의

Apennīnígĕna, æ, *m. f. Apennínus* 산맥의 태생. 「산맥.

Apennínus, i, *m.* (이태리의) *Appennínus*

aper[1], pri, *m.* 《動》 산돼지, 멧돼지.

Aper[2], pri, *m. Roma*인의 이름; *Tácitus*의 《연설가들의 대화》에 나오는 인물.

apérĭo, pérui, pértum, íre, *tr.* **1.** 개봉하다, **열다**; (눈)뜨다, (입)벌리다. **2.** 개척하다, 뚫다, 개통시키다: ~ viam, vias, iter *(Sall., L.)* 길을 개척하다·뚫다. **3.** 파다, 파서 만들다: ~subterráneos specus *(Ta.)* 지하 피난처를 파서 만들다. **4.** 벗기다, 제막하다, 드러내다, 나타내다: ~ caput *(C.)* 모자를 벗다 / 〔*pass. refl.*〕 **se ~, aperíri** *(Sen.)* 드러나다, 나타나다. **5.** (계획·애매한 것

따위를) 밝히다; 열어 놓다, 공개하다, 개방하다, 터놓다: ~ ánimam 흉금을 터놓다. **6.** (돈) 내놓다.

apértĭo, ónis, *f.* [apério] 열기; 시작, 개시, 개통; 《醫》 절개(切開).

apértum, i, *n.* [apértus] **1.** 옥외, 야외; 드러난 곳[것], 노출된 곳: in apérto *(L.)* 밖에서 / ex apérto *(L.)* 노골적으로, 드러내놓고. **2.** 공개, 쉬움: in apérto esse *(Ta.)* 공개되어 있다.

apertúra, æ, *f.* [apério] **1.** 입구, 문; 아가리, 구멍, 틈. **2.** 열어놓음.

apértus, a, um, *p. p., a. p.* [apério] **1.** 열린, 가리지[숨기지] 않은, 벗은; 공개된, 개방된, 폐쇄되지 않은. **2.** 드러난, 노출된, 들킨: apértum scelus *(C.)* 대낮에 저지른 범죄. **3.** 맑은, 트인; 솔직한: homo ~ *(C.)* 솔직한 사람. **4.** 숨김없는, 명백한: senténtiæ apértæ *(C.)* 숨김없는 생각. **5.** 다가갈 수 있는, 접근할 수 있는.

apes, is, *f.* = apis.

apex, pĭcis, *m.* **1.** 정상(頂上), 정점, 꼭대기, 뾰족한 끝; 절정, 극치: ad ápicem juris 법의 준엄에 비추어. **2.** *Roma* 제관들의 끝이 뾰족한 모자. **3.** 3중관, 왕관; *Pérsia*왕 모자. **4.** 명예 표시의 깃털달린 모자. **5.** 붓, 펜. **6.** (글자의) 획. **7.** *pl.* 편지; 문서. 「밀.

aphærĕma, ătis, *n.* 굵은 겨[외피]만 벗겨낸

Aphareĭus, a, um, *adj.* *Apháreus*의.

Apháreus, i, *m.* *Messénia*의 고대 왕.

aphásĭa, æ, *f.* 《醫》 실어증(失語症).

aphonítrum, i, *n.* 초석(硝石).

aphráctum[-us], i, *n.[f.]* 갑판없는 긴 배.

aphrásĭa, æ, *f.* 《醫》 언어실조(失調).

aphrŏdísĭa, órum, *n. pl.* **1.** *Venus* 여신의 축제일. **2.** 성욕과잉.

aphrŏdisĭăce, es, *f.* 연분홍색 보석의 일종.

Aphrodísĭas, ădis, *f.* *Phrýgia*와 *Cária*의 경계선에 있는 도시. 「당하는 희랍의 여신.

Aphrodíta[-e], æ[es], *f.* *Venus* 여신에 해

apĭánus, a, um, *adj.* [apis] 벌의: apiána uva, 벌들이 좋아하는 무스캍 포도.

apĭárĭus, a, um, *adj.* **1.** 벌의, 벌에 관한. **2.** *m.* 벌치는 사람, 양봉가. **3.** *n.* 벌통.

ăpĭástrum, i, *n.* 향수 박하. 「방울 무늬의.

ăpĭátus, a, um, *adj.* 반점무늬의, 작은 물

ăpĭcátus, a, um, *adj.* [apex] 제관모를 쓴.

Apícĭus, i, *m.* *Augústus* 황제 시대의 유명한 식도락가.

apícŭla, æ, *f. dim.* [apis] 작은 벌.

Apídănus, i, *m.* *Thessália*의 강(*Péneus* 강으로 흘러듦).

ápĭo, ĕre, *tr.* = apo.

Apíŏlæ, árum, *f. pl.* *Látium*의 도시.

Apīōn, ónis, *m.* *Cyréne*의 왕 *Ptolemǽus*의 별명.

apis[1], is, *f.* [*pl. gen.* -ium, apum] 벌, 꿀벌.

Apis[2], is, *m.* [*acc.* Apim] 이집트의 소 모양의 신(神).

apíscor, *(ĕris, ĭtur)*, aptus sum, sci, *dep. tr.* **1.** 다다르다, 닿다. **2.** 파악하다. **3.** 얻다.

ápĭum, i, *n.* [apis] 《植》 셀러리의 일종, 파아슬리.

aplúda, æ, *f.* 지푸라기; 깍지, 밀기울.

aplústre, is, *n.* (지느러미 모양으로 만들어진) 배의 고물 장식.

apo, aptum, ĕre, *tr.* 붙들어매다, 동여매다.

Apocalýpsis, is[ĕos], *f.* 요한 사도의 묵시록, 계시록.

APLUSTRE

ápŏcha, æ, *f.* 영수증.

ăpŏcléti, órum, *m. pl.* *Ætólia* 동맹의 상설위원회.

ăpócŏpo, áre, *tr.* 찢어내다, 잘라내다; 어미(語尾)의 글자·음절을 생략하다.

ăpŏcrĭsĭárĭus, i, *m.* 동 *Roma* 황제에게 파견된 교황사절. 「전(外典)의.

ăpócrȳphus, a, um, *adj.* 위경(僞經)의, 외

ăpŏcynacéæ, árum, *f. pl.* 《植》 개 정향(丁香) 풀과의 식물.

ápŏdes, um, *m. pl.* 《動》 무족류(無足類).

ăpŏdíctĭcus, a, um, *adj.* **1.** 《論》 명증적(明證的), 필연적(논증). **2.** 아주 명백한, 의심할 여지가 없는. 「장.

apŏdytérĭum, i, *n.* 목욕탕의 탈의실, 탈의

ăpógrăphum, i, *n.* 복사(複寫). 「다.

ăpŏlactízo, áre, *tr.* 발로 차버리다; 멸시하

Apollĭnáris, e, *adj.* **1.** *Apóllo*신에게 바쳐진: ludi Apollináres *(C.)* *Apóllo* 기념경기. **2.** *n.* *Apóllo* 신에게 바쳐진 장소.

Apollínĕus, a, um, *adj.* *Apóllo*의.

Apóllō, lĭnis[lónis], *m.* *Apóllo*신; *Júpiter*와 *Latóna*의 아들, *Diána* 여신의 형제, 후에 태양신.

Apollŏdórus, i, *m.* **1.** *Pérgamum*의 수사학가(*Augústus*의 선생). **2.** *Athénæ*의 문법학자.

Apollónĭa, æ, *f.* **1.** *Ætólia*, *Macedónia*, *Illýria*, *Crete* 등에 있는 도시 이름. **2.** 가톨릭 성녀 이름.

Apollónĭas, átis, *m.* *Apollónia* 사람.

Apolloníděa, æ, *f.* = Apollónis.

Apolloniénsis, e, *adj.* **1.** *Apollónia*의. **2.** *m. pl.* *Apollónia* 주민.

Apollónis, ĭdis, *f.* *Lýdia*의 도시.

Apollónĭus Rhódĭus, i, *m.* 서사시 *Argonáutica*의 작자로서 *Rhodus*섬의 희랍인.

ăpŏlŏgétæ, árum, *m. pl.* 호교론자(護敎論者). 「**2.** *f.* 호교(신)학, 기초신학.

ăpŏlŏgétĭcus, a, um, *adj.* **1.** 호교(護敎)의.

ăpŏlŏgía, æ, *f.* 자기 변호, 변명, 변론서; 호교: Apología pro vitā suā. *Newman* 추기경의 저서 《자기 생애의 변명》.

ăpólŏgo, ávi, áre, *tr.* 물리치다.
apólŏgus, i, *m.* **1.** 옛말, 동화. **2.** 우화(寓話): ~ Æsópi 이솝우화.
apóphăsis, is, *f.* 《修》 형식적 부정, 언급을 피한다고 하면서 슬쩍 암시하는 말.
ăpŏphŏréta, órum, *n. pl.* 손님에게 싸 들려보내는 작은 선물(특히 *Saturnália* 축제 일에). 「격언.
apóphthĕgma, ătis, *n.* 경구(警句), 금언,
ăpŏpléctĭcus, a, um, *adj.* 중풍의, 졸도의.
ăpŏpléxĭa[-is], æ[is], *f.* 《醫》 중풍; 졸도.
ăpŏprŏégmĕna, órum, *n. pl.* 〔스토아철학〕 거부해야[물리쳐야] 할 것. 「지다.
ăpórĭor, átus sum, ári, *dep. intr.* 곤경에 빠
ăposphrágĭsma, ătis, *n.* 반지인장(印章).
ăpostásĭa[-sía], æ, *f.* 배교(背敎).
ăpóstăta, æ, *m.* 배교자; 변절자, 탈당자.
ăpostátĭcus, a, um, *adj.* 배교의, 배교자의; 변절한, 배신의, 탈당의.
ăpostátrix, ícis, *f.* 여자 배교자, 변절자.
ăpostŏlátus, us, *m.* **1.** 사도직. **2.** 포교, 포교사업. **3.** 사도회(使徒會).
ăpostŏlícĭtas, átis, *f.* 사도전승성(使徒傳承性), 사도 전래성(傳來性).
ăpostólĭcus, a, um, *adj.* **1.** 사도의, 사도적: apostólicum(= sýmbolum apostolórum) 사도신경. **2.** 교황의.
ăpóstŏlus, i, *m.* 사도, 종도.
ăpóstrŏpha, æ, [-e, es,] *f.* 《修》 돈호법(頓呼法: 연설이나 시문 중도에서 갑자기 다른 인물이나 사물로 표현[방향]을 바꾸는 것).
ăpóstrŏphos[-us], i, *m.* (주로 단어의 자음 꼭뒤에 붙여서 그 뒷 모음이 생략되었음을 표시하는) 생략부호('): Tanton' crímine ...? = Tantóne ...? 이렇게 큰 죄목으로?
ăpŏthéca, æ, *f.* 저장실, 창고, 포도주 창고.
ăpŏthĕósis, is, *f.* 신격화(神格化), 신의 대열에 올려놓음.
Apoxyómĕnos, i, *m.* (고대 희랍의 조각가 *Lysíppus*가 제작한) 때를 밀고 있는 유명한 조각상.
ăpózĕma, ătis, *n.* (약따위) 달인 물[것]; 삶은 물.
apparátĭo, ónis, *f.* [ápparo] **1.** 준비, 마련, 잘 갖춰진 준비. **2.** 조달, 공급. **3.** 복선(伏線).
apparátus[1], a, um, *p. p., a. p.* [ápparo] **1.** 잘 준비된, 마련된, 장비된: domus apparátior *(C.)* 비교적 잘 꾸며진 집. **2.** 호화로운, 사치스러운, 비용많이 들인. **3.** 할 용의가 있는, 각오한.
apparátus[2], us, *m.* **1.** 준비, 마련. **2.** (어떤 목적에 쓰이는) 기구, (가구·기계·기구·가방 등) 장비품; 장치. **3.** 호사, 호화찬란, 사치: epulárum~ *(C.)* 호화로운 잔치. **4.** (연구)자료: ~ críticus (문서의) 연구자료.

appárens, éntis, *p.præs., a.p.* [appáreo] **1.** 명백한; 분명한, 판연한. **2.** 겉보기의, 외견상의. 「발로. **2.** 겉보기, 외견.
apparéntĭa, æ, *f.* **1.** 나타남, 출현, 발현,
appárĕo, ŭi, ĭtum, ére, *intr.* [ad + páreo] **1.** 〔*dat.*〕 나타나다, 보이다, 발현하다. **2.** 분명하다, 드러나다, 확실하다: Appáret, servum hunc esse dómini páuperis.*(T.)* 이 종은 가난한 주인에게 속해있는 것이 분명하다. **3.** 〔*dat.*〕 (시중들기·보좌·섬김 따위 목적으로) 대령하다, 모시다, 보좌하다, 비서노릇하다: Lictóres consúlibus appárent. *(L.)* 호위병들이 집정관들의 앞장을 서서 간다.
appārítĭo, ónis, *f.* [appáreo] **1.** 시중들기, 보좌 직책, 봉사; 호위: in longā apparitióne *(C.)* (통역으로서의 그의) 오랜 봉사기간동안에. **2.** 부하, 하인. **3.** 출현(出現).
appárĭtor, óris, *m.* [appáreo] (고대 *Roma*의) 장관의 호위관; 보좌관, 비서.
appārĭtúra, æ, *f.* 비서직, 호위관 직책.
ápparo, ávi, átum, áre, *tr.* [ad + paro] **1.** 준비하다, 차리다, 마련하다, 장식하다: cœnam ~ *(T.)* 저녁 준비하다. **2.** (계획·설계) 작성하다, 작정하다, 계획하다: Hoc fácere noctu apparábant.*(Cæs.)* 그들은 밤에 이 계획을 이행하려고 작정하였다.
appéllans, ántis, *m.* [appéllo[1]] 상고자(上告者).
appellátĭo, ónis, *f.* [appéllo[1]] **1.** 말건넴; 불러냄. **2.** 명칭, 칭호, 통칭, 이름; 명사(名詞). **3.** 발음: ~litterárum *(C.)* 글자들의 발음. **4.** 호소, 탄원. **5.** 상소, 상고, 공소(控訴): ~ tribunórum *(C.)* 호민관에의 상소.
appellātívus, a, um, *adj.* **1.** 명명(命名)의. **2.** 《文法》 총칭적인, 통칭적인: nomen appellatívum 보통 명사. 「소인.
appellátor, óris, *m.* [appéllo[1]] 상고인, 공
appellātórĭus, a, um, *adj.* 상소[상고·공소]의: libéllus ~ 공소장/ appellatória témpora 공소 기간. 「늘 부르다, 부르곤하다.
appéllĭto, ávi, átum, áre, *tr. freq.* [appéllo[1]]
appéllo[1], ávi, átum, áre, *tr.* **1.** 말 건네다, 말을 붙이다; 인사하다; 손님을 끌다. **2.** 〔*alqm* de *alqā re*〕 (보호·도움·의견 따위를) 청하다, 이름 부르면서 간청하다; 청구하다; 제안하다. **3.** 빚을 갚도록 독촉하다, 지불 권고하다: Appellátus es de pecúniā. *(C.)* 너는 빚독촉을 받았다/Mercédem appéllas.*(Juv.)* 너는 품삯을 요구한다. **4.** 호소하다: ~ tribúnos *(C.)* 호민관에게 호소하다 / ~in *alqā re (C.)*, de *alqā re (Cæs.)* 무슨 일에 대해서 호소하다. **5.** 공소하다, 상고하다. **6.** 법정에 출두시키다, 호출하다. **7.** 선언하다, 언명하다, 단언하다: ~ *alqm* de proditióne *(L.)* 아무를 반역자로 선

언하다. **8.** 〔*alqm[alqd] - acc. præd.*〕 **부르다, 명칭붙이다, 이름짓다, 칭호를 주다:** Te sapiéntem appéllant.*(C.)* 사람들이 너를 현자라고 부른다. **9.** 〔*acc.*〕 언급하다, 지적하다. **10.** 발음하다, 음독(音讀)하다.

appéllo², pŭli, púlsum, ĕre, *tr.* [ad + pello] **1.** …로 몰고 가다, …로 움직여 가게 하다, 향하게 하다: ad bibéndum oves ~ *(Var.)* 양들을 물먹이러 몰고가다. **2.** 〔*alqd[alqm]* ad, in *acc.; dat.*〕 (해변에) **대다, 착륙시키다, 상륙시키다:** appúlsæ líttori naves *(Ta.)* 해변에 닿은 배들 / appúlsi navígiis *(C.)* 배로 상륙한 사람들. **3. 상륙하다, 착륙하다:** Navis Dertósam áppulit.*(Suet.)* 그 배는 *Dertósa*에 착륙했다. **4.** 억지로 가게 하다, 강제로 당하게 하다; (마음·정신을 어디로) 돌리다, (어디에) 쏟다: ad ignótum me appéllis,*(Pl.)* 너는 나를 알지도 못하는 사람한테 억지로 가게 하지만 / ~ *alqm* ad mortem *(Pl.)* 아무를 사지로 몰아넣다.

appendĕo, appéndi, appénsum, ére, **I.** *tr.* = appéndo. **II.** *intr.* **1.** 어디에 달리다, 붙어 있다. **2.** 불확실하다, 의심스럽다.

appendícĭum, i, *n.* [appéndo] 추가, 부록.

appendícŭla, æ, *f. dim.* [appéndix] 조그마한 추가, 작은 부속물.

appéndix, ícis, *f.* **1.** 부록, 추가; 부가물, 부속물. **2.** 보조부대, 증원부대. **3.** 《解》 (맹장의) 충양돌기.

appéndo, di, sum, ĕre, *tr.* [ad + pendo] **1.** 저울에 달다, 달아서 나누다. **2.** (형식적인 고려는 않고) 무게있는 말을 하다.

Appennīnícŏla, æ, *m. f. Appennínus* 산맥의 주민들.

Appennīnígĕna, æ, *m. f.* *Appennínus* 산맥의 출생.

Appennínus, i, *m.* *Itália*의 큰 산맥.

apperceptĭo, ónis, *f.* 통각(統覺).

áppĕtens, éntis, *p. præs., a.p.* [áppeto] 〔*absol.; gen.*〕 탐하는, 탐욕있는, 욕심많은, 얻으려고 노력하는, 갈망하는.

appĕténtĭa, æ, *f.* [áppeto] 욕망, 욕구, 갈망; 동경, 소원; 본능적 욕망.

appĕtíbĭlis, e, *adj.* 탐낼만한, 바람직한; 있으면 싶은.

appĕtítĭo, ónis, *f.* [áppeto] 〔*gen.*〕 **1.** 잡으려는 행동. **2.** 차지하려는 욕망, 갈망, 동경; 탐욕: ~ aliéni *(C.)* 남의 것에 대한 탐욕 / frígidi potus ~ *(Cœl.)* 시원한 음료에 대한 갈망. **3.** 자연적인 경향, 욕구.

appĕtítor, óris, *m.* [áppeto] 갈망하는 사람; 탐욕자.

appetítus, us, *m.* [áppeto] **1.** 침입, 침공. **2.** 자연적 욕망, 충동; 식욕. **3.** 탐욕; 욕구, 열망, 동경.

áppĕto, ívi[ĭi], títum, ĕre, [ad + peto] **I.** *intr.* **1.** 〔시간〕 가까와지다, 다가오다, 이르다: Jam áppetit merídies.*(Pl.)* 벌써 정오가 되어온다. **2.** 〔ad *alqm*〕 (누구에게) 속하다, 관계되다.
II. *tr.* **1.** 다가가다[오다], 향해 가다, 이동하다: Európam ~ *(C.)* 유럽으로 향해 오나. **2.** 잡으려고 가까이 가다, 손을 뻗다: mammam áppetens *(C.)* (엄마의) 젖을 손으로 더듬는. **3.** (존경·자애의 표시로) 다가가서 바른 손을 잡다. **4.** 공격하다, 습격하다, 덤벼[달려]들다. **5. 몹시 원하다,** 동경하다, **추구하다,** 찾다; **탐내다, 노리다, 얻으려고 노력하다.**

Appĭa (Via), æ, *f.* *Roma*에서 남쪽으로 *Cápua*를 거쳐 *Brundísium*에 이르는 국도(*Appĭus Cláudius Cæcus*가 건설함).

Appĭánus, a, um, *adj.* *Appĭus*의.

Appĭas, ădis, *f.* **1.** *Appĭa*샘에 있는 요정상(妖精像). **2.** *Minérva*의 별명.

Appíĕtas, átis, *f.* *Appĭus Cláudius*가 뽐낸 그 가문의 오랜 귀족성 (*Cícero*가 만들어낸 말).

「도시로서 *Via Appĭa*에 있었음.

Appĭi Forum, i, *n.* *Látium*의 작은 상업

appíngo, pínxi, píctum, ĕre, *tr.* [ad + pingo] **1.** …에 그리다, 써넣다. **2.** (장식으로) 걸어놓다.

Appíŏlæ, árum, *f. pl.* *Látium*의 도시.

Appĭus¹, i, *m.* *Roma*인의 이름, 특히 *Cláudia* 씨족에 많음.

Appĭus², a, um, *adj.* *Appĭus*의: Aqua Appĭa, *Appĭus Cláudius*가 만든 수도.

appláudo, pláusi, pláusum, dĕre, [ad + plaudo] **1.** *tr.* 소리나도록 부딪치다, 때리다. **2.** *intr.* 손뼉치다, **박수갈채하다,** 성원을 보내다: Nobis appláudite.*(Pl.)* 우리에게 갈채를 보내다오.

appláusus, us, *m.* 박수, 갈채.

applĭcábĭlis, e, *adj.* [ápplĭco] 대어붙일 수 있는; 적용할 수 있는, 응용되는; 알맞는.

applĭcátĭo, ónis, *f.* [ápplĭco] **1.** 정신적 연결; 사교본능. **2.** 관계(특히 귀족과 그 피보호자인 평민과의 관계). **3. 적용, 응용,** 사용.

applicátus, a, um, *p.p., a.p.* [ápplico] **1.** 결부된, 첨부한, 덧붙인. **2.** 기울어진, 향해진: ~ ad se diligéndum *(C.)* 스스로의 사랑에 기울어진.

ápplĭco, ávi[ŭi], átum[ĭtum], áre, *tr.* [ad + plico] **1.** 〔*absol.; alqd[alqm] dat.*, ad *acc.*〕 갖다대다, 곁에 놓다, 붙이다, 기대게 하다: ad árbores se ~ *(Cæs.)* 나무에 기대다. **2.** 〔*alqd[alqm]* ad, in *acc.; dat.*〕(배를) 착륙시키다, 대다; 상륙시키다: Applĭcor in terras. *(Ov.)* 나는 상륙한다. **3.** 결합시키다, 연결하다, 보태다. **4.** 〔*alqd alci*, ad *acc.*〕 **적용하다, 응용하다,** 맞추다: ~ *alci* crímina *(Pl.)* 누구에게 죄목을 적용하다. **5.** 〔*alqm alci rei*〕 감독하게 하다, 직책을 맡기다. **6.** 바치다: juvéntam frugalitáti ~

(Sen.) 청년시대를 검소한 생활에 바치다; [refl.] se ~ (몸을) 바치다, 맡기다, 붙다, (마음·정신·주의력 따위를) 기울이다, 전념하다; 문하생이 되다, 끼어들다: ~ se in itínere (C.) 동행이 되다 / se ad alqm ~ (T., C.) 자신을 누구에게 내맡기다, 아무의 문하생이 되다 / ad stúdium se ~ (T.) 공부에 전념하다.

applódo, lósi, lósum, ĕre, tr. = appláudo.

applóro, ávi, átum, áre, intr. [ad+ploro] 슬퍼하다, 애통해 하다; 울다.

applúda, æ, f. = aplúda.

applumbátĭo, ónis, f. 납땜.

applumbátus, a, um, adj. 납땜한.

appódĭo, áre, tr. 버티어 놓다, 기대어 놓다.

appóno, pósŭi, pósĭtum, ĕre, tr. [ad+pono] 1. [absol.; alqd ad acc., dat.] 옆에 놓다, 대어 놓다, **붙여 놓다, 갖다대다**: ~ notam ad malum versum (C.) 잘못된 시 구절에 표시를 해놓다 / cúcumam foco ~ (Petron.) 남비를 화덕에 갖다 놓다. 2. (음식·상) **차려놓다, 내놓다,** 대접하다: Púeri, mensam appónite. (Pl.) 얘들아, 상차려라 / vina appósita (L.) (상에) 나온 술. 3. 약을 쓰다, 바르다. 4. (사람을) **곁에 두다, 붙여주다,** 임명하다, 지정하다, 채용하다: ~ alqm alci 아무를 누구 곁에 두다 / ~ alqm custódem alci (C.) 아무를 누구의 경비원으로 붙여주다 / ~ alqm alci pro janitóre (Suet.) 아무를 누구의 문지기로 두다. 5. 무엇을 하도록 시키다; 매수하여 위증케 하다; 감시하게[엿보게] 하다: Appósitus erat Venuléjus, qui émeret.(C.) Venuléjus란 사람이 사오도록 책임맡았었다 / Calumniatóres appósuit, qui dícerent ... (C.) 그는 모함하는 자들을 시켜서 …라고 말하게 하였다. 6. **부가[첨부]하다,** 보태다, 붙이다, 달다; (음식에 양념을) 치다: ~ labórem ad damnum (Pl.) 손해본데다가 수고까지 보태다.

appórto, ávi, átum, áre, tr. [ad+porto] 가지고 가다, 운반해 가다[오다], (소식·불행 따위를) 가져오다.

appósco, ĕre, tr. 더욱 요구하다.

appositĭo, ónis, f. [appóno] 1. 첨부, 부가. 2. 《文法》 동격(어).

appósĭtum, i, n. 1. 첨가물, 부가물. 2. 수식적 용법의 형용사.

appósĭtus, a, um, p.p., a.p. [appóno] 1. 곁에 있는, 옆에 놓인; 부속된, 이웃의. 2. 알맞는, 적합한, 적당한, 제격인.

appótus, a, um, adj. [ad+potus] 실컷[잘] 마신, 취하도록 마신.

ápprĕcor, átus sum, ári, dep. tr. [ad+precor] (주로 신에게) 청하다, 간청하다.

apprehéndo, di, sum, ĕre, tr. [ad+prehéndo] 1. 붙잡다, 쥐다. 2. (사랑의 표시로) 손을 부여잡다, 부둥켜안다, 끌어안다. 3. 포로로 잡다; 점령하다. 4. 차지하다, 확보하다, 손에 넣다. 5. 우겨대다, 내세우다, 강경히 주장하다. 6. 파악하다, 이해하다.

apprehénsĭo, ónis, f. [apprehéndo] 포착, 붙잡음; 이해, (추리에 의하지 않은) 파악.

apprétĭo, ávi, átum, áre, tr. [ad+prétium] 1. 평가하다, 값을 놓다[매기다]. 2. 자기 것으로 만들다.

appríme, adv. [ad+primus] 우선, 특히, 각별히, 그 중에도.

ápprĭmo, préssi, préssum, mĕre, tr. [ad+premo] 누르다, 밀착시키다.

approbátĭo, ónis, f. [ápprobo] 1. 승인, 시인, 찬동, 인가. 2. 증명. 3. (교회의) 출판허가. 4. ~ cónsĕquens libri inspiráti 성서 영감(靈感)의 추인(사후승락).

approbátor, óris, m. 승인자, 찬동자, 인가자.

ápprŏbē, adv. [ad+probe] 썩 잘.

ápprŏbo, ávi, átum, áre, tr. 1. **승인하다, 인정[찬성·시인]하다, 인가하다.** 2. 축복하다: Dii ápprŏbent! (C.) 신들의 축복이 있으라! 3. 증명하다. 4. 찬동하게 하다, 승인·인정을 얻어내다, 받아들이게 하다.

apprōmíssor, óris, m. [appromítto] 보증인.

apprōmítto, mísi, míssum, ĕre, tr. [ad+promítto] 다른 사람을 위해서 약속하다, 보증하다.

appróпĕro, ávi, átum, áre, 1. tr. 빨리(하게) 하다, 서두르(게 하)다; 재촉하다, 몰아세우다. 2. intr. 바쁘다, 서두르다, 급히 가버리다.

apprŏpinquátĭo, ónis, f. 접근.

apprŏpínquo, ávi, átum, áre, intr. [ad+propínquo] 1. [ad acc.; dat.] 가까이 가다[오다], **접근하다.** 2. [시간] 가까와 지다, **다가오다,** 임박하다. 3. [dat.] 가까이 있다. 4. [ut] 바야흐로 …하려하다.

appróрĭo, intr. = appropínquo.

apprŏprĭátĭo, ónis, f. 《神》 귀속(歸屬: 삼위일체 교리에 있어서 삼위에 공통된 속성 또는 활동을 어떤 의미에 있어서 한 persóna에게 돌리는 일).

appróprĭo, ávi, átum, áre, tr. [ad+próprium] 자기 것으로 만들다.

appróxĭmo, ávi, átum, áre, tr. [ad+próximus] 최대한으로 가까이 가다.

appúgno, áre, tr. [ad+pugno] 덤벼들다, 습격하다.

Appulejánus, Appuléjus = Apuléjus.

Appuli... V. Apuli...

appúlsus, us, m. [appéllo²] 1. 접근. 2. 근접, (배를) 댐, 착륙, 상륙. 3. 근접에서 오는 영향, 작용, 감화.

apra, æ, f. [aper] 암산돼지.

aprīcátĭo, ónis, f. [aprícor] 햇볕 쪼임.

aprícĭtas, átis, *f.* [aprícus] 햇볕드는 곳, 양지; 따뜻한 기온. 「햇볕쪼이다.
apricor, átus sum, ári, *dep. intr.* [aprícus]
aprícus, a, um, *adj.* **1.** 햇볕이 잘드는, 양지바른; 햇빛에 드러난. **2.** 햇빛 좋아하는, 햇볕 쪼이는. **3.** (날씨) 맑은, 따뜻한. **4.** *n.* 햇볕 잘드는 곳, 양지.
Aprílis, e, *adj.* **1.** 4월의: Nonis Aprílibus *(C.)* 4월 5일에. **2.** *m.* (*sc.* mensis) 4월.
aprínus, a, um, *adj.* [aper] 산돼지의.
Apronĭánus, a, um, *adj.* *Aprónius*의.
Aprónĭus, i, *m.* *Roma*인의 씨족명.
aprúnus, a, um, *adj.* 산돼지의.
apsi... *V.* absi...
Apsus, i, *m.* 남부 *Illýria*의 강.
aptátor, óris, *m.* [apto] 정돈자, 설립자.
aptátus, a, um, *p.p.*, *a.p.* [apto] 적합한.
apterygogénĕa, órum, *n. pl.* 《動》 무시류(無翅類). 「수한) 재능.
aptĭtúdo, dĭnis, *f.* 적합성, 적성(適性); (특
apto, ávi, átum, áre, *tr.* [aptus] **1.** 〔*alqd dat.*, ad *acc.*, in *acc.*, in *abl.*〕 맞게 하다, **맞추**다, 적응시키다. **2.** 〔*alqd[alqm] - abl.*, *dat.*, ad *acc.*〕 준비하다, 태세를 갖추다, 장비하다: ~ se armis *(abl.)* *(L.)* 무장하다 / sarcínas itíneri ~ *(Curt.)* 짐을 꾸려 행군할 채비를 하다. **3.** 〔*alqd* ad *acc.*, *dat.*〕 딱 들어맞게 하다, 적절하게 만들다: Hoc verbum est ad id aptátum.*(C.)* 이 말은 그것에 꼭 들어맞았다.
aptus, a, um, *p.p.*, *a.p.* [apo] **I.** *p.p.* **1.** 동여매인. **2.** 〔ex *abl.*〕 달려있는, 매달린: gládius e lacunári aptus *(C.)* 천정에 매달려 있는 검. **3.** 밀착된, 고착된, 밀접히 연결된, 속해있는: res inter se aptæ *(C.)* 서로 밀접히 연결된 것. **4.** 정비된, 정돈된, 갖추어진: ómnia ad bellum apta ac paráta *(Cæs.)* 전쟁을 위한 모든 준비는 다 잘 되었다. **5.** 〔*abl.*〕 갖춘, 장식된.
II. *adj.* 〔*dat.*, ad *acc.*〕 **적합한, 적당한, 합당한,** 쓸모있는, 편리한; 자격있는; 잘맞는, **알맞는**; 특유의: res apta ætáti *(C.)* 나이에 알맞는 일 / cálcei apti ad pedem *(C.)* 발에 잘맞는 구두 / apta dies *(Ov.)* 적당한 날.
apud, *præp. c. acc.* **1.** 〔장소〕 **옆에,** 가까이, 가에: ~ focum *(C.)* 난로 옆에. **2.** 에(서): ~ urbem(= in urbe) *Roma*시에 / ~ forum *(T.)* 법정에서. **3.** (사건 발생의 도시·섬·지방·강) **근처에, 부근에(서),** …에(서): pugna ~ Cannas facta *Cannæ* 부근 전투. **4.** (누구) 가까이에, **곁에; 집에;** 수하에, 문하에; 있는 데서; 신전에(서): hic ~ me *(Pl.)* 여기 내 집에서 / ~ deos 신전에서 / ~ súperos 하늘 나라에. **5.** 〔국민·민족〕 **에게 있어서,** 중에서: ~ Romános *(C.)* *Roma*인들에게 있어서. **6.** 〔집단〕 에(서): esse ~ exércitum *(C.)* 군대에 있다.
7. (누구) **앞에(서),** 면전에서: ~ herum *(Pl.)* 상전 앞에서. **8.** (관계되는 사람) **에게, 한테는; 에 의해서:** Divítiæ ~ illos sunt.*(Sall.)* 재산이 그들에게 있다 / Apud nostros(= a nostris) justítia culta est.*(C.)* 우리 조상들은 정의를 숭상하였다. **9.** (누구의) 기록에, **저서에, 책에:** ~ Platónem *(C.)* *Platon*의 저서에. **10.** 소견으로는, 판단에 의하면, 한테는: ~ me *(C.)* 나한테는. **11.** ~ **se esse** 제정신이다, 자신을 통제하다: Non sum ~ me.*(T.)* 나는 내 정신이 아니다.
Apulejánus, a, um, *adj.* *Apuléjus*의.
Apuléjus, i, *m.* *Roma*인의 씨족명.
Apúlĭa, æ, *f.* *Itália*의 동남부 지방.
Apúlĭcus, a, um, *adj.* *Apúlia*의.
Apŭlus, a, um, *adj.* **1.** *Apúlia*의. **2.** *m. pl.* *Apúlia*인들.
ăqua, æ, *f.* **1. 물:** dare aquam mánibus 식사 전에 손 씻도록 물을 주다 / aquam præbére 만찬에 초대하다 / Aqua hæret.*(C.)* 난처하게 되었다 / bíbere aquam servam [líberam] 노예신분이다[자유인이다] / aquam et terram ab *alqo* pétere *(L.)* (*Pérsia*의 관습: 물과 땅을 요구하다) 항복을 요구하다. **2.** 비, 빗물; 바다; 호수; 강. **3.** *pl.* 대량의 물, 홍수. **4.** 수도: ~ Appia, ~ Márcia, ~ Cláudia, ~ Virgo 각각 수도 이름. **5.** *pl.* 온천, 목욕탕. **6.** 물시계, 제한된 시간: aquam dare *(Plin.)* 물시계로 변호인의 발언시간을 정하다. **7.** 눈물. **8.** 수종(水腫). **9.** 《藥》 물, 액체, 용액: ~ ammóniæ 암모니아수 / ~ chloráta 염소수(鹽素水) / ~ commúnis 상수(常水) / ~ cresólica 크레졸수 / ~ distilláta 증류수 / ~ régia 왕수(王水: 試藥) / ~ rosæ 장미향수.
ăquædúctus[aquæ ductus], us, *m.* **1.** 수도, 수로, 고가식 수도. **2.** 수도 설비.
ăquālícŭlus, i, *m.* **1.** 위. **2.** (대·소장이 있는) 아랫 배.
ăquális, e, *adj.* **1.** 물의: ~ pœna *(Sidon.)* 물에 잠그는 벌. **2.** 물기있는, 수분많은; 비가 올 듯한. **3.** *m.* 물병, 물통.
ăquárĭus[1], a, um, *adj.* **1.** 물의, 물에 관한. **2.** *n.* 어항; 수족관.
ăquárĭus[2], i, *m.* **1.** 물 긷는 사람·노예. **2.** 수도 감독관. **3.** 《天》 보병궁(寶瓶宮).
ăquátĭcus, a, um, *adj.* **1.** 물속이나 물주위에 사는, 물에서 나는. **2.** 습기있는, 물기 있는; 비가 올 듯한 (구름·바람).
ăquátĭlis, e, *adj.* **1.** 물에 사는, 물에서 나는. **2.** 물기있는, 수분많은. **3.** *n. pl.* 수서(水棲) 동물.
ăquátĭo, ónis, *f.* **1.** 물공급, 물운반, 물사용. **2.** 가축 물먹이는 샘·못. **3.** (자연적으로나 인공적으로 된) 풍부한 수량.
ăquátor, óris, *m.* [aquor] 물 공급자.

ăquátus, a, um, *adj.* **1.** 물 머금은, 수분 많은. **2.** 물섞인. 「과 식물.
aquifoliácĕæ, árum, *f. pl.* 《植》 감탕나무
aquífŭga, æ, *m. f.* 공수병 환자. 「原).
aquiherbósa, æ, *f.* 《植》 수생초원(水生草
áquĭla, æ, *f.* **1.** 독수리. **2.** *Júpiter*의 번개를 지니고 다닌 독수리. **3.** *Roma* 군단의 독수리 군기; *Roma*군단. **4.** 《天》 독수리 성좌. **5.** 물고기의 일종.
Aquĭléja, æ, *f.* *Venétia*의 수도.
Aquĭlejénsis, e, *adj.* **1.** *Aquiléja*의. **2.** *m.* *Aquiléja*인.
áquĭlex, lĕgis[lĭcis], *m.* [aqua+lego] (우물·수도를 위한) 수맥(水脈) 찾는 기술자.
Aquilĭánus, a, um, *adj.* *Aquílius*의.
ăquílĭfer, fĕri, *m.* [áquila+fero] 독수리 휘장 기수, *Roma*군단 기수. 「독수리 같은.
ăquĭlínus, a, um, *adj.* [áquila] 독수리의;
ăquílĭus, a, um, *adj.* 거무스름한, 거무튀튀한.
Aquíl(l)ĭus, i, *m.* *Roma*인의 씨족명. 「북녘.
áquĭlo¹, ónis, *m.* **1.** 북풍. **2.** 폭풍. **3.**
Aquĭlo², ónis, *m.* 북풍의 신(*Orithýia*의 남편, *Cálais*와 *Zetes*의 아버지).
ăquĭlonáris, e, *adj.* = aquilónius.
Aquĭlónĭa, æ, *f.* 동남 *Sámnium*의 도시.
aquĭlónĭus¹, a, um, *adj.* 북풍의; 북쪽(으로부터)의. 「lónia proles. *Aquĭlo*의 자식.
Aquilónĭus², a, um, *adj.* *Aquĭlo*의: Aqui-
áquĭlus, a, um, *adj.* 거무스름한, 검은 빛의. 「*Aquínum* 사람.
Aquínas, átis, *adj.* **1.** *Aquínum*의. **2.** *m.*
Aquínĭus, i, *m.* *Roma*의 엉터리 시인 이름.
Aquínum, i, *n.* *Látium*의 도시 (지금의 *Aquíno*).
Aquĭtánĭa, æ, *f.* 남부 *Gállia* 지방.
Aquitánĭcus, a, um, *adj.* *Aquitánia*의.
Aquitánus, a, um, *adj.* **1.** *Aquitánia*의. **2.** *m.* *Aquitánia* 사람.
ăquo, ávi, átum, áre, *tr.* [*pass.* aquári로만 씀] 급수되다, 물이 가득차다.
ăquor, átus sum, ári, *dep. intr.* [aqua] 물을 길어오다: miles aquátum egréssus *(Sall.)* 물 길으러 나간 병정.
ăquósus, a, um, *adj.* [aqua] **1.** 물많은, 물이 가득찬. **2.** 습기많은, 비를 몰아오는.
áquŭla, æ, *f. dim.* [aqua] **1.** 소량의 물. **2.** 졸졸 흐르는 시냇물.
āra, æ, *f.* **1.** 제단, 제대. **2.** 화장용(火葬用) 장작더미. **3.** 묘석(墓石); 기념탑, 유적. **4.** 피난처, 보호처(*cf.* asýlum). **5.** 《天》 (남반구의) 제단좌.
ărăbárches, æ, *m.* *Ægýptus*의 세관리.
Arăbes, um, *m. pl.* *Arábia*인들.
Arăbi, órum, *m. pl.* *Arábia*인들.
Arábĭa, æ, *f.* 아라비아.
Arábĭcus[-bĭus], a, um, *adj.* *Arábia*의, *Arábia*적[식의]: Arábica (gemma), *Arábia* 보석.
ărābĭlis, e, *adj.* [aro] 경작할 만한.
Arăbis, is, *m.* *Arábia*인.
Arabítæ, árum, *m. pl.* *Arăbus²* 강변의 주민.
Arabs, ăbis, *adj.* **1.** *Arábia*의. **2.** *m.* *Arábia*인. 「*Arábia*인.
Arăbus¹, a, um, *adj.* **1.** *Arábia*의. **2.** *m.*
Arăbus², i, *m.* *Gedrósia*의 강.
Aráchne, es, *f.* *Lýdia*국의 처녀, *Minérva* 신과의 베짜기 내기에서 져서 그 벌로 거미가 되었음. 「類), 거미류.
arachnóĭda, órum, *n. pl.* 《動》 지주류(蜘蛛
arachnoídĕa, æ, *f.* 《解》 지망막(蜘網膜).
arachnŏlŏgía, æ, *f.* 《動》 거미학(學), 지주학(蜘蛛學).
Arachósĭa, æ, *f.* 동부 *Pérsia* 지방.
Arachósĭi, órum, *m. pl.* *Arachósia* 주민.
Arachótæ[-i], árum[órum], *m. pl.* = Arachósii.
Aráchthus, i, *m.* *Epírus*의 강. 「산.
Aracýnthus, i, *m.* *Bœótia*와 *Attĭca* 국경의
Arădus[-dos], i, *f.* *Phœnícia*의 항구.
Arádĭus, a, um, *adj.* **1.** *Arădus*의. **2.** *m. pl.* *Arădus*의 주민.
Aræ, árum, *f. pl.* [ara] *Sicília*와 *Carthágo* 사이 바다에 있는 제단모양의 암초[암벽].
ărānĕa, æ, *f.* **1.** 거미. **2.** 거미줄. **3.** 아주 가는 실. 「正蜘蛛類).
ărānéĭda, órum, *n. pl.* 《動》 진정지주류(眞
ărānĕŏla, æ, *f. dim.* [aránea] 작은 거미.
ărānéŏlus, i, *m. dim.* [aráneus] 작은 거미.
ărānĕósus, a, um, *adj.* **1.** 거미줄 투성이의. **2.** 거미줄과 비슷한.
ăránĕus, a, um, *adj.* **1.** 거미의. **2.** *m.* 거미. **3.** *n.* 거미줄. 「*ŏne*).
Arar, ăris, *m.* *Gállia*의 강이름(지금의 *Sa-*
Arăris, is, *m.* = Arar.
Aratéus[-íus], a, um, *adj.* *Arátus*의.
ărātĭo, ónis, *f.* [aro] **1.** 농사, 경작. **2.** 경작지. **3.** *pl.* (도지로 주던) 국유지.
ărātĭúncŭla, æ, *f. dim.* [arátio] 작은 경작지. 「국유지 경작자.
ărátor, óris, *m.* [aro] **1.** 경작자, 농부. **2.**
ărátrum, i, *n.* [aro] 쟁기.
Arátthus = Aráchthus.
Arátus¹, i, *m.* **1.** *Cilícia*의 *Soli* 태생인 희랍시인(*sæc.* 3 A.C.). **2.** *Sícyon* 사람, *Achæa* 동맹의 창시자로 유명한 장군.
ărátus², us, *m.* 농사, 경작.
Aráusĭo, ónis, *f.* 중부 *Gállia*의 도시.
Aráxes, is, *m.* **1.** *Arménia*의 강. **2.** *Pérsia*의 강.
Arbăces, is, *m.* *Média*의 초대 왕.
Arbéla, órum, *n. pl.* *Assýria*의 도시(여기서 *Alexánder* 대왕이 *Pérsia*의 왕 *Daríus*를 이겼음, 331 A.C.).

árbĭter, tri, *m.* **1.** 목격자, 방청자, 증인; 심사원. **2.** 심복, 믿음직한 사람: secretórum ómnium ~ *(Curt.)* 모든 비밀을 털어 놓을 수 있는 믿음직한 사람. **3. 중재인,** 중재판단을 내리는 사람. **4.** 판정자, 심판원; 판별자: ~ elegántiæ[-árum] *(Ta.)* 취미·예의 범절의 비판자. **5. 재판관. 6.** 주인, 지배자: ~ bibéndi *(H.)* 연객들에게 음주규칙을 정해 주는 사람.

árbĭtra, æ, *f.* **1.** 여자 증인, 방청자; 믿을 만한 여자. **2.** 여자 중재인.

arbitrárĭus, a, um, *adj.* [árbiter] **1.** 중재하는, 재정(裁定)의. **2.** 재량의, 임의의. **3.** 인위적인, 불확실한. 「2. 중재자.

arbitrátor, óris, *m.* [árbitror] **1.** 판단자.

arbitrátus, us, *m.* **1.** 판단; 의견, 생각. **2.** 자유재량, 임의, 의사: suo arbitrátu *(C.)* 자기 마음대로.

arbítrĭum, i, *n.* [árbiter] **1.** 목격, 방청. **2.** 중재판결, 심판, 판단: Res est in arbítrio. 중재인 판결을 기다리는 중이다 / recípere ~ (중재인이) 사건처리에 나서다. **3.** 할권한, **임의,** 뜻, **자유재량:** líberum ~ 자유의사 / ágere ~ *alcjs rei* 일을 자유재량으로 처리하다 / multitúdinis arbítrio *(C.)* 중의에 따라.

árbĭtro, ávi, átum, áre, *tr.* = árbitror.

árbĭtror, átus sum, ári, *dep. tr.* [árbiter] **1.** 목격하다, 방청하다. **2.** 중재판결을 내리다, 심판하다. **3. 생각하다, 여기다,** 믿다; 숙고하다: ut árbitror *(C.)* 내 생각에는.

arbor, ŏris, *f.* **1.** 나무, 수목: ~ fici *(C.)* 무화과 나무 / 《論》 ~ porphyriána *Porphýrios*의 나무. **2.** 신에게 바쳐진 나무: ~ Jovis *(Ov.)* *Júpiter*의 나무, 떡갈나무 / ~ Phœbi *(Ov.)* 월계수 / ~ Pálladis *(Ov.)* 올리브 나무 / ~ Hercúlea *(V.)* 포플라 나무. **3.** 나무로 만든 물건: 돛대, 노, 배; 형구(刑具): ~ mali *(V.)* 돛대 / ~ infélix *(C.)* 십자가, 교수대.

arbŏrárĭus, a, um, *adj.* 나무에 관계되는.

arbŏrátor, óris, *m.* [arbor] 가지 자르는 사람. 「나무로 자라다.

arbŏrésco, ĕre, *intr.* [arbor] 나무가 되다,

arbórĕus, a, um, *adj.* [arbor] **1.** 나무의. **2.** 나무모양의, 가지있는.

arbŏrĭcultúra, æ, *f.* 수목재배.

arbos, ŏris, *f.* = arbor.

arbúscŭla[1], æ, *f.* 관목, 작은 나무. 「배우.

Arbúscŭla[2], æ, *f.* *Cícero* 당시의 유명한 여

arbustívus, a, um, *adj.* [arbústum] **1.** 나무 심은, 나무가 있는 **2.** 포도나무 버티는 (나무의).

arbústo, áre, *tr.* [arbústum] 나무심다.

arbústum, i, *n.* **1.** 나무 많이 난 곳[심은 곳]; 포도나무 버팀목 재배지. **2.** *pl.* 나무, 관목, 덤불.

arbústus, a, um, *adj.* 나무 많이 심은, 나무가 무성한: arbústa vitis *(Plin.)* 다른 나무에 기대어 오른 포도나무.

arbútĕus, a, um, *adj.* 월귤나무의. 「나무.

árbŭtum, i, *n.* **1.** 월귤나무 열매. **2.** 월귤

árbŭtus, i, *f.* 《植》 월귤나무의 일종.

arca, æ, *f.* **1.** 궤, 곽, 상자: 《宗》 ~ fœ́dĕris 계약의 궤. **2.** 돈궤, 금고. **3.** 관(棺). **4.** 좁은 감방. **5.** 《聖》 노아의 방주.

Arcădes, um, *m.pl.* *Arcádia* 인들: ~ ambo 둘다 *Arcádia*인, 그놈이 그놈인 두 바보·악당; 취미·성질이 같은 두 사람.

Arcádĭa, æ, *f.* *Pĕlŏponnésus*의 내륙지방.

Arcádĭ(c)us, a, um, *adj.* *Arcádia*의.

arcáno, *adv.* [arcánus] 비밀히, 몰래.

Arcánum, i, *n.* *Arpínum* 남쪽에 있던 *Cícero*의 별장.

arcánus, a, um, *adj.* [arca] **1.** 말없는, 믿음직한; 조용한. **2.** 숨겨진, 비밀의, 은밀한; 신비로운. **3.** *n.* 비밀; 비방약(秘方藥).

arcárĭus, a, um, *adj.* **1.** 상자의, 상자에 들어있는. **2.** *m.* 회계 맡아보는 사람, 회계관.

Arcas, ădis, *m.* **1.** *Júpiter*와 *Callísto* 소녀 사이의 아들, *Arcádia*인의 조상. **2.** *Arcádia*인.

arcélla, æ, *f.* 작은 상자.

árcĕo, ŭi, ére, *tr.* **1.** 막다, 둘러 막다, 둘러 싸다; 가두다: Alvus arcet et cóntinet, quod récipit. *(C.)* 위장은 받아들인 것을 가두어 막는다. **2.** 단속하다. **3.** 〔*absol.; alqm [alqd]* - ab *abl.*; *abl.*; ne〕 가까이 오지 못하게 하다, **말리다, 금하다;** 멀리 떼어놓다; 미리 막다: ~ *alqm* ab urbe *(C.)* 아무를 *Roma*에 오지 못하게 하다 / ~, ne ... *(L.)* 못하게 금하다 / non ~, quin ... *(L.)* … 하는 것을 말리지 않다. **4.** 보호하다, 지키다: ~ *alqm* perículis *(V.)* 아무를 위험에서 보호하다.

Arcésĭlas, æ, *m.* *Pítăne* 출신의 희랍 철학자 (316–241 A.C.), "Unum scio, quod nihil scio." 《나는 아무 것도 모른다는 이 한 가지를 알 뿐이다》라는 유명한 말을 남겼음.

Arcĕsĭláus, i, *m.* = Arcésilas.

Arcésĭus, i, *m.* *Júpiter*의 아들로서 *Laértes*의 아버지이며 *Ulíxes*의 할아버지.

arcessítĭo, ónis, *f.* [arcésso] 불러옴, 호출, 소환; 초대. 「원고, 고발인.

arcessítor, óris, *m.* [arcésso] **1.** 호출인. **2.**

arcessítus[1], a, um, *p.p.*, *a. p.* [arcésso] 장황하게 늘어놓은 (말), 너무 감정적인, 새삼스러운, 견강부회의.

arcessítus[2], us, *m.* [arcésso] 호출; 초대[초청]: 〔*abl. tt.*〕 *alcjs* arcessítu *(C.)* 누구의 초대로.

arcésso, ívi[ĭi], ítum, ĕre[íre], *tr.* **1.** 오게 하다, 소환하다, 불러오다, 불러내다, 데려오다, 초청하다: ~ *alqm* lítteris Cápuā *(C.)* 편지로 *Cápua*에서 아무를 초빙해오다 / ~ auxília ab *alqo (Cæs.)* 아무에게서 증원군을 불러오다. **2.** 〔사법동사〕 소환하다, 고소하다: judício *alqm* ~ 법정으로 소환하다 / ~ *alqm* cápitis *(C.)* 아무를 사형 죄인으로 고소하다. **3.** 장만하다, 가져오다, 자기 것으로 만들다; 꾸어오다; 손에 넣다, 붙잡다, 얻다. **4.** (죽음·불행·손해 따위를) 초래하다. 「서 고고학.

archæŏlŏgía, æ, *f.* 고고학: ~ bíblica 성

archǽus, a, um, *adj.* 옛, 고대의, 고풍(古風)의.

archángĕlus, i, *m.* 대천사.

arche[1], es[énis], *f.* 시작, 기원. 「중 하나.

Arche[2], es, *f.* 네명의 *Musæ*(예술의 여신)

archegónĭum, i, *n.* 《植》 (고사리·이끼 등 양치류의) 장란기(藏卵器).

Archĕláus, i, *m.* **1.** *Miléton* 출생의 희랍 철학자. **2.** *Macedónia*의 왕. **3.** *Cappadócia*의 왕. **4.** *Mithridátes*의 장군.

archespórĭum, i, *n.* 《植》 포원세포군(胞原細胞群).

archétўpum, i, *n.* 원형(原型), 본; 원본.

archétўpus, a, um, *adj.* 원형(原型)의, 원본의.

archi-, 〔접두어〕 우두머리인·두목의·제일의·큰·대(大); 원(原·元)… 따위의 뜻.

archĭábbas, átis, *m.* 대수도원 총장.

Archĭácus, a, um, *adj.* *Archĭas*의.

archĭannelída, órum, *n. pl.* 《動》 원환충류(原環虫類).

Archĭas, æ, *m.* *Antiochía*의 희랍시인(그의 *Roma* 시민권에 대해 *Cícero*의 변호를 받았음).

archĭbasílĭca, æ, *f.* 수위(首位) 대성당.

archĭcancellárĭus, i, *m.* 대재상(大宰相).

archĭdiácŏnus, i, *m.* (주교좌 성당) 부제장(副祭長).

archĭdiœcésis, is, *f.* 대교구.

árchĭdux, úcis, *f.* 대공작(大公爵).

archĭĕpíscŏpus, i, *m.* 《가》 대주교.

archĭgállus, i, *m.* *Cýbele* 여신의 대제관.

Archĭlŏchíus, a, um, *adj.* *Archílochus*의.

Archílŏchus, i, *m.* *Paros*섬의 희랍시인, ĭámbus(단장격)시의 창시자(*sæc.* 7 A.C.).

archĭmagírus, i, *m.* 주방장.

archĭmandríta, æ, *m.* 대수도원장.

Archimédes, is, *m.* *Syracúsæ* 출신의 가장 유명한 희랍인 수학자·물리학자(*sæc.* 3 A.C.), *Roma*의 장군 *Marcéllus*의 *Syracúsæ* 공략 때 한 병사에 의해 살해됨, 이때 그는 수학문제를 풀고 있었다.

archĭpiráta, æ, *m.* 해적두목. 「祭).

archĭprésbўter, ĕri, *m.* 수석사제(首席司

archipterúgĭum, i, *n.* 《動》 원시 지느러미.

archĭsynăgógus, i, *m.* 유태교회당장.

archĭtécta, æ, *m.* 건축가.

archĭtécton, ŏnis, *m.* **1.** 건축기사. **2.** 교활한 책략가.

archĭtectónĭce, es, *f.* 건축술, 건축학.

archĭtectónĭcus, a, um, *adj.* **1.** 건축에 관한, 건축술의. **2.** 조직적인, 구조적인, 구성적인. **3.** 건축양식의.

archĭtéctor, átus sum, ári, *dep. tr.* **1.** 건축하다, 집짓다. **2.** 고안하다, 마련하다: ~ voluptátes 오락극을 창안하다.

archĭtectúra, æ, *f.* [architéctus] 건축, 건축술: ~ ecclesiástica 교회 건축.

archĭtéctus,-i, *m.* **1.** 건축가, 건축기사. **2.** 발명가, 창시자, 창조자, 고안자; 장본인.

archivísta, æ, *m.* [archívum] 서류 보관인.

archívum, i, *n.* (문서보관) 문고: ~ diœcesánum 교구 기록문고 / ~ Vaticánum 바티칸 기록문고. 「집정관.

archon, óntis, *m.* **1.** *Athénæ*의 집정관. **2.**

Archýtas, æ, *m.* *Taréntum*의 *Pythágoras*파의 철학자(*sæc.* 4 A.C.), *Platon*의 친구.

arcítĕnens[1], éntis, *m.* [arcus+téneo] 활을 든 자.

Arcítĕnens[2], éntis, *m.* **1.** *Apóllo*와 *Diána*의 형용어(늘 활을 잡고있는 그림 때문). **2.** 《天》 사수(성)좌(射手星座).

arcosólĭum, i, *n.* (*Catacúmba* 안의) 궁륭형으로 움푹 파인 묘소. 「게.

arcte, *adv.* 좁게; 밀접히; 단단히, 빽빽하

árctĭcus, a, um, *adj.* 북쪽의; 곰 성좌(星座)

arcto = arto. 「의: Círculus ~ 북극권.

arctóphўlax, ácis, *m.* 《天》 목동(성)좌.

Arctos[-us], i, *f.* **1.** 《天》대웅좌, 소웅좌. **2.** 북극. **3.** 북방, 북쪽나라. **4.** 밤.

arctóus, a, um, *adj.* 북극의, 북쪽의.

Arctúrus, i, *m.* 《天》 목동성좌; 이 성좌의 일등성인 대각성(大角星).

arctus, a, um, *adj.* = artus[1].

arcŭátim, *adv.* 활모양으로, 궁륭형으로.

arcŭátus, a, um, *p.p.* [árcuo] 활모양으로 휜, 궁륭형의.

arcŭballísta, æ, *f.* 작은 노포(弩砲)·쇠뇌.

ARCUBALLISTA

árcŭla, æ, *f. dim.* [arca] **1.** 손궤, 작은 상자; 옷상자. **2.** 그림물감 상자. **3.** 화장품곽·상자. **4.** 창(槍)집. **5.** 작은 돈궤. **6.** 작은 무덤.

arcŭlárĭus, i, *m.* 화장품 상자 제조인.

árcŭo, ávi, átum, áre, *tr.* [arcus] 활모양으로 휘게하다; 〔*pass.*〕 활모양으로 굽다, 휘다.

arcus, us, *m.* 〔*pl. dat., abl.* -ŭbus〕 **1.** 활. **2.** 무지개. **3.** 둥근 천장, 궁륭. **4.** 홍

예; 활모양으로 세운 개선문; 반원형의 덮개; 반원형 아아치. **5.** 만곡(灣曲).

ardálĭo, ónis, *m.* = ardélio.

árdĕa[1], æ, *f.* 《動》 왜가리, 해오라기.

Ardĕa[2], æ, *f.* *Roma* 남쪽에 있는 *Latium*의 도시.

Ardĕas, átis, *adj.* *Ardĕa*의.

Ardĕātínus, a, um, *adj.* *Ardĕa*의.

ardélĭo, ónis, *m.* 무사분주한 사람, 무슨 일에나 참견하며 다 아는 체 하는 사람.

Ardénna = Arduénna.

ardens, éntis, *p. præs.*, *a.p.* [árdeo] **1.** 불타는, 뜨거운: sol ardentíssimus *(Sen.)* 작렬하는 태양 / ardéntes láminæ *(C.)* 벌겋게 단 칼날. **2.** 번쩍이는: ardéntes clípei *(V.)* 번쩍이는 방패. **3.** 태우는 힘을 가진. **4.** 열렬한, 격렬한, 열화같은: ~ orátio *(C.)* 열화같은 연설.

ardénter, *adv.* 뜨겁게, 열렬히: ~ cúpere *(C.)* 열렬히 원하다.

árdĕo, arsi, arsum, ére, *intr.* **1.** 불타다, 타오르다, 불붙다; 달다. **2.** 빛나다, 번쩍이다, 불꽃 튕기다: Campi armis ardent. *(V.)* 들판이 무기로 번쩍인다. **3.** 뜨겁다, 열이 있다, 타다: ~ siti *(L.)* 갈증으로 목이 타다. **4.** 속이 달다; 어떤 감정으로 격해 있다; 욕망으로 불타다; 〔*tr.*〕 열렬히 사랑하다: amóre ~ *(L., C.)* 사랑에 불타다 / *alqm* ~ 아무를 열렬히 사랑하다. **5.** (음모·전쟁 따위) 돌발하다, 터지다.

ardésco, arsi, ĕre, *intr. inch.* [árdeo] **1.** 불붙기 시작하다, 불타다; 달아오르다. **2.** 빛나다, 번쩍이다. **3.** 속타다, 격앙하다, 몹시 흥분하다, 뜨거워지다. **4.** 치열해지다.

ardor, óris, *m.* [árdeo] **1.** 화염, 열화; 화재; 뜨거움. **2.** 빛남, 번쩍임: ~ oculórum *(C.)* 눈의 광채. **3.** 정열, 열성; 열망; 격앙: ~ amóris *(C.)* 정열적인 사랑. **4.** 사랑; 사랑하는 여자: ~ puéllæ cándidæ *(H.)* 청순한 소녀에 대한 사랑.

Arduénna, æ, *f.* (sc. silva) *Cæsar* 시대에 *Gállia*에서 제일 큰 숲.

ardúĭtas, átis, *f.* [árduus] 험준, 험난.

árdŭum, i, *n.* [árduus] **1.** 험준한 곳: árdua terrárum *(V.)* 험준한 산악지대. **2.** 난관, 곤란.

árdŭus, a, um, *adj.* **1.** 가파른, 험준한: ~ ascénsus *(C.)* 험준한 산. **2.** 우뚝 솟은, 하늘을 찌를 듯한. **3.** 험난한, 어려운, 벅찬; 위험한; 귀찮은, 괴로운, 힘드는: opus árduum *(C.)* 벅찬 일 / rebus in árduis *(H.)* 역경 속에서.

ārĕa, æ, *f.* **1.** 마당, 타작마당; 터, 집터, 빈터, 평탄한 장소, 지면. **2.** 뜰, 안뜰, 중정(中庭). **3.** 광장; 운동장, 경기장, (원형극장 중앙에 모래를 깐) 투기장, 경마장. **4.** (모이 뿌려서 하는) 새 사냥터. **5.** 묘지. **6.** (기하학적) 평면. **7.** (머리에 생기는) 버짐. **8.** 구역; 분야(分野), 영역: ánimo ~ digna meo *(Ov.)* 내 소질에 맞는 분야. **9.** 인생역정: vitæ tribus árcis peráctis *(Ov.)* 소년기·장년기·노년기의 세 인생 역정을 다 마치고.

areāla, æ, *f. dim.* [área] 작은 터; 작은 안뜰.

Arectǽus, a, um, *adj.* **1.** *Assýria*의 도시 *Arek*의. **2.** *Bábylon*의.

ārĕfácĭo, féci, fáctum, ĕre, *tr.* [áreo + fácio] 마르게 하다, 말리다.

ārĕfío, fáctus sum, fíĕri, *pass.* [arefácio] 마르다.

Arĕlas, átis, *f.* 남부 *Gállia*의 도시(지금의 *Arles*).

Aremórĭca, æ, *f.* 서북 *Gállia*의 해안지방.

Aremórĭcus, a, um, *adj.* *Aremórica*의.

ărēna, æ, *f.* **1.** 모래. **2.** 모래사장. **3.** 해변가. **4.** 사막. **5.** 반원형극장의 사장; 경기장. **6.** 검투사의 시합장. **7.** 싸움터, 전장.

ărēnácĕus, a, um, *adj.* [aréna] 모래의; 모래 많은; 모래같은.

ărēnárĭus, a, um, *adj.* [aréna] **1.** 모래의. **2.** (반원형 극장의) 모래 경기장의. **3.** *m.* 산수(셈법) 선생. **4.** *f.* 모래 채취장.

ărēnátĭo, ónis, *f.* [aréna] 석회와 모래를 섞어 바름, 초벽 바름.

ărēnátus, a, um, *adj.* [aréna] **1.** 모래섞은. **2.** *n.* (*sc.* opus) 석회와 모래를 섞어 바르는 일.

ărēnósus, a, um, *adj.* [aréna] **1.** 모래투성이의, 모래가 많은. **2.** *n.* 모래 많은 땅.

ārens, éntis, *p. præs.* [áreo] **1.** 마른, 바싹 마른, 시든. **2.** 목마른.

ărénŭla, æ, *f.* [aréna] 잘고 고운 모래, 모새.

ārĕo, ŭi, ére, *intr.* **1.** 마르다, 시들다; 변색하다. **2.** 목마르다.

ārĕŏla, æ, *f.* [área] 작은 빈터, 소광장; 작은 화단.

ārĕŏláris, e, *adj.* 극히 작은 틈의, 그물코 모양의.

Arēŏpăgíta[-es], æ, *m.* *Areópagus* 최고법원의 일원(一員).

Arēŏpăgus, i, *m.* *Athénæ*의 최고법원(본래는 언덕이름).

Ares, is, *m.* 희랍의 군신(軍神: *Roma* 신화의 *Mars*에 해당).

arésco, ĕre, *intr.* [áreo] 바싹 말라버리다, 시들다; 목마르다.

Arestórĭdes, æ, *m.* *Aréstor*의 아들(=Argus).

ărētálŏgus, i, *m.* 도덕에 대해서 익살맞게 지껄이는 사람.

Arēte, es, *f.* *Syracúsæ*의 폭군 *Dionýsius*의 딸.

Arĕthúsa, æ, *f.* *Syracúsæ*에 있는 샘; *Diána* 여신의 시녀 요정.

Arethúsis, ĭdis, *adj.* *Arethúsa*의.

Aretínus, a, um, *adj.* **1.** *Arétium*의. **2.** *m. pl.* *Arétium*의 주민.

Arétĭum, i, *n.* *Etrúria*의 도시 (지금의 *Arezzo*).

Aréus, a, um, *adj.* *Areópagus*의.

Arganthónĭus, i, *m.* *Tartéssus*의 왕(c. 600 A.C.), 120세까지 살았다 함.
Argánthus, i, *m.* 서부 *Bithýnia*의 산.
Argéi, órum, *m.pl.* **1.** *Roma*시의 성역(聖域). **2.** (매년 *Tíberis*강에 던져넣어 제사지내던) 짚으로 만든 인형.
Argénta, æ, *f.* *Thessália*의 성채.
Argentánum, i, *n.* *Brúttium*의 도시.
ăргentárĭa, æ, *f.* **1.** 은광. **2.** 은행; 환전상. **3.** 환전업.
ărgentárĭus, a, um, *adj.* [argéntum] **1.** 은의: argentária metálla 은광. **2.** 돈의, 돈에 관한: tabérna argentária *(L.)* 환전상. **3.** *m.* 은세공업자. **4.** *m.* 환전상, 은행가.
ărgentátus, a, um, *adj.* [argéntum] 은도금한, 은으로 장식한: argentáti mílites *(L.)* 은방패를 가진 병사들.
ărgéntĕus, a, um, *adj.* **1.** 은의, 은으로 만든. **2.** 은으로 장식한. **3.** 은빛의, 은처럼 흰. **4.** 은전의: Amíca tua facta est argéntea. *(Pl.)* 네 여자 친구가 팔려 갔다. **5.** *m.* (*sc.* denárius) 은화, 은전.
ărgentĭfŏdínă, æ, *f.* [argéntum + fodína] 「은광.
Argentŏrátus, i, *f.* *Gállia*의 도시 (지금의 *Strasbourg*).
ărgentósus, a, um, *adj.* 은섞인, 은이 많 「이 포함되어 있는.
ărgéntum, i, *n.* **1.** 은(銀): ~ inféctum *(L.)* 은괴 / ~ factum *(C.)* 은조각품. **2.** 은붙이, 은패물, 은제품. **3.** 은화, 은전; 화폐. **4.** ~ vivum, 수은.
ărgentumextĕrĕbrónĭdes, æ, *m.* 금전 사 └취자.
ărgéstes, æ, *m.* 서남서풍.
Argéus, a, um, *adj.* *Argos*의.
Argi, órum, *m. pl.* = Argos.
Argīlētánus, a, um, *adj.* *Argilétum*의.
Argīlétum, i, *n.* *Roma*시의 한 구역.
ărgíllă, æ, *f.* 찰흙, 점토, 백점토.
ărgillácĕus, a, um, *adj.* [argílla] 점토질의, 찰흙같은.
ărgillósus, a, um, *adj.* 점토분이 많은.
Arginús(s)æ, árum, *f.* *Ægǽum* 바다에 있는 *Lesbos*섬 부근의 세개의 작은 섬; *Athénæ*의 장군 *Conon*이 *Sparta*군을 쳐이긴 곳으로 유명.
ărgítis, is, *f.* 백포도 나무.
Argí(v)us, a, um, *adj.* **1.** *Argos*의. **2.** *m. pl.* *Argívus*인들, 희랍인들.
Argo, us, *f.* 〔*acc.* Argo〕 **1.** 희랍의 영웅들이 *Jason*의 지휘로 황금의 양모피를 구하러 *Colchis*에 갈 때 탔던 배. **2.** 《天》 남쪽하늘의 *Argo* 성좌.
Argólĭcus, a, um, *adj.* *Argos*의.
Argŏlis, ĭdis, *f.* **1.** *adj.* *Argos*의. **2.** *subst.* *Argŏlis* 나라.
Argŏnáutæ, árum, *m. pl.* *Argo*선(船)에 탔 「던 영웅들.
Argos, *n.* 〔*nom., acc. tt.*〕 **1.** *Pĕlŏponnésus* 반도에 있던 *Argŏlis*국의 수도. **2.** = Gráecia.
Argóŭs, a, um, *adj.* *Argo* 선(船)의.
ărgūmentátĭo, ónis, *f.* [arguméntor] 논증, 논거, 증명.
ărgūméntor, átus sum, ári, *dep.* [arguméntum] **1.** *intr.* 증거를 대다, 증거를 근거로 추리하다, 논증하다. **2.** *tr.* (무엇을) 증거로 대다, 증거를 제시하다.
ărgūmentósus, a, um, *adj.* **1.** 내용 풍부한. **2.** 근면한, 열심한.
ărguméntum, i, *n.* [árguo] **1.** **논증**, 증명; **논거**: ~ ad hóminem 대인논증(對人論證) / ~ ad báculum 위력[폭력]에 호소하는 논증 / ~ ad rem 논점[사건]에 대한 논증. **2.** 증명된 사실. **3.** (조각·회화 등에서) 표현의 대상, **소재**; **내용**; (극·연설의) **주제**; **요지**, 이야기 줄거리: ~ comœ́diæ *(Pl.)* 희극의 주제 / ~ epístulæ *(C.)* 편지 내용. **4.** 극본; 극(자체). **5.** 실질, 의의.
árgŭo, ŭi, útum, ĕre, *tr.* **1.** 〔*alqd; acc. c. inf.*〕 증명하다, 명시하다, 드러내다: Virtus argúitur malis. *(Ov.)* 덕행은 불행속에서 드러난다. **2.** (거짓·오류·불확실을) 폭로하다, 밝히다. **3.** 〔*acc.; alqm alcjs rei, re, de re; acc. c. inf.*〕 증거를 제시하여 견책하다, 탓하다, 비난하다, 고발하다, 유죄를 증명하다.
Argus, i, *m.* 백개의 눈을 가진 괴물거인(*Júpiter*가 사랑하던 처녀 *Iō*가 *Juno* 여신의 분노로 암송아지로 변한 후, 그 감시 책임을 맡았다가 *Júpiter*의 명으로 그 하수인 *Mercúrius*에게 살해됨).

ARGUS

argūtátĭo, ónis, *f.* [argútor] 삐걱거림.
argútĭæ, árum, *f.pl.* [argútus] **1.** 생생한 표현, 풍부한 표정. **2.** 정밀, 정교, 예민. **3.** 솜씨, 재치, 기지; 교활.
argutíŏla, æ, *f.* 잔재주; 섬세한 해석.
ărgúto, áre, *tr.* 재잘거리다, 수다멸다.
ărgútor, átus sum, ári, *dep. intr.* [argútus] **1.** 재빠른 동작을 하다. **2.** 지껄이다, 재잘거리다.
ărgútŭlus, a, um, *adj.* 좀 두드러진, 좀 정교한.
argútus, a, um, *adj.(p.p.)* [árguo] **1.** 활발히 움직이는; 날카로운 소리의, 살랑거리는; 코를 찌르는; (혀끝이) 알알한. **2.** 생생한; 표정 풍부한; 표현력있는. **3.** 섬세한, 재치있는, 예리한, 꿰뚫는. **4.** 말 잘하는; 수다떠는. **5.** 교활한, 간사한.
argyráspĭdes, um, *m. pl.* (*Alexánder* 시대의) 은 방패 부대.
Argýrĭpă, æ, *f.* *Apúlia*의 도시. 「옛이름.
Aríă, æ, *f.* **1.** *Pérsia*의 지방명. **2.** *Thrácia*의
Ariădnæus, a, um, *adj.* *Ariádna*의.

Ariádne[-ă], es[æ], *f. Crete*섬의 *Minos*왕의 딸; *Théseus*를 도와서 같이 고국을 떠났다가 *Théseus*의 버림을 받고, 술의 신 *Bacchus*의 사랑을 받았으나 나중에 다시 버림받고 천상에 가서 *Coróna*란 별이 됨.
Ariána, æ, *f. Pérsia*에 예속됐던 *Asĭa* 지방(*Aría* 남쪽).
Ariánus, a, um, *adj.* **1.** *Aría*의; *Ariána*의. **2.** 《敎史》 이단자 *Aríus*의, *Aríus*파의.
Ariáspæ = Arimáspi.
Arícĭa, æ, *f.* **1.** *Látium*의 도시. **2.** *Athénæ*의 공주, *Théseus*의 아들 *Hippólÿtus*의 아내. 「*pl. Arícia*의 주민.
Aricínus, a, um, *adj.* **1.** *Arícia*의. **2.** *m.*
ărídĭtās, átis, *f.* [áridus] **1.** 메마름, 건조함; 불모(不毛). **2.** 무미건조. 「른.
ărídŭlus, a, um, *adj. dim.* [áridus] 다소 마
árĭdus, a, um, *adj.* [áreo] **1.** (토지 따위가) 습기 없는, 메마른, 바싹 마른, 건조한; 불모의, 황폐한. **2.** 빈약한; 깡마른, 여윈, 앙상한. **3.** 인색한. **4.** 무미건조한. **5.** *f.* (*sc.* terra) 마른 땅, 육지. **6.** *n.* (바다나 강에 대해서) 마른 땅, 육지.
árĭes, ĕtis, *m.* **1.** 《動》숫양. **2.** 파벽차(破壁車), 파성추(破城槌). **3.** 지주(支柱), 살대. **4.** 《天》 모양좌(牡羊座); 백양궁(白羊宮). 「**2.** 숫양같은.

ARIES 2

ărĭĕtínus, a, um, *adj.* [áries] **1.** 숫양의.
ărĭĕto, ávi, átum, áre, [áries] **I.** *intr.* **1.** 뿔로 받다. **2.** 박치기하다, 충격주다. **3.** 〔in *acc.*〕 부딪다, 돌격하다.
II. *tr.* 부딪다, 부딪쳐 넘어뜨리다.
Arĭi, órum, *m. pl.* **1.** *Aría*의 주민. **2.** *Germánia*의 종족.
ărillus, i, *m.* 《植》 가종피(假種皮).
Arimáspi, órum, *m. pl. Pérsia*의 *Drangiána* 지방의 기마종족. 「**-nénsis,** e.
Arímĭnum, i, *n. Umbrĭa*의 도시; 〔*adj.*〕
Ariŏbărzánes, is, *m. Cappadócia*의 왕.
aríŏl... *V.* haríŏl...
Arío(n), ŏnis, *m.* **1.** *Lesbos*섬의 유명한 서정시인(*sæc.* 6 A.C.), 돌고래에게 구원된 일화가 있음; 〔*adj.*〕 **-ónĭus,** a, um. **2.** *Platon*시대의 *Pythágoras*파 철학자.
Ariŏpăgíta, Ariópăgus = Areopagíta, Areópagus. 「의 수령.
Ariovístus, i, *m. Cæsar*시대의 *Germáni* 족
Arísba, æ, *f. Troas*의 도시.
arísta, æ, *f.* **1.** 꺼끄러기, 곡식수염. **2.** 이삭. **3.** 곡식. **4.** 물고기 가시. **5.** 터럭.
Aristǽus, i, *m. Apóllo*와 요정 *Cyréne*의 아들로서 유명한 목동(목축, 올리브농사, 양봉등을 사람에게 가르쳤다 함).
Aristánder, dri, *m. Alexánder* 대왕의 점
Aristárchus, i, *m. Alexandría*의 「장이. 유명한 문헌학자·비평가(*sæc.* 2 A.C.).
Aristídes, is, *m. Athénæ*의 정치가, 정직함으로 유명, *Themístocles*의 정적이며 경쟁자(*sæc.* 5 A.C.). 「학자(c. 400 A.C.).
Aristíppus, i, *m. Afrĭca*의 *Cyréne* 출신의 철
Arístĭus, i, *m. Roma*인의 씨족명.
Arísto, ónis, *m.* **1.** *Chios* 출신의 희랍인 철학자(*sæc.* 3 A.C.). **2.** *Ceos*섬 출신의 희랍인 철학자(*sæc.* 3 A.C.).
aristŏcrátĭa, æ, *f.* **1.** 귀족정치, 귀족정부. **2.** 귀족의 총칭, 귀족사회.
Aristŏdémus, i, *m.* **1.** *Metapóntum* 출생의 유명한 배우(350 A.C.). **2.** *Cumæ*의 독재자.
Aristŏgíton, ŏnis, *m. Athénæ*인, 친구 *Harmódius*와 함께 *Pisistrátus*의 아들들의 폭정에 반대하여 그들을 살해함.
aristŏlóchĭa, æ, *f.* 《植》 쥐방울.
Aristómăche, es, *f.* 폭군 대 *Dionýsius*의 셋째 아내, *Dion*의 자매.
Aristómĕnes, is, *m. Messénia*의 왕, *Lacedæmónia*인들과의 싸움으로 유명.
Aristŏnícus, i, *m.* **1.** *Pérgamum*의 왕. **2.** *Lesbos*의 폭군.
Aristóphănes, is, *m.* **1.** *Athénæ*의 유명한 희극시인(*sæc.* 5 A.C.); 〔*adj.*〕 **-néus,** a, um. **2.** *Byzántium*의 유명한 희랍문법가(*sæc.* 3 A.C.).
Aristótĕles, is, *m. Macedónia*의 *Stagíra* 출신의 유명한 철학자, *Platon*의 제자이며 *Alexánder* 대왕의 스승(384–322 A.C.); 〔*adj.*〕 **-léus,** a, um; **-líus,** a, um; **-télĭcus,** a, um. 「의 제자.
Aristóxĕnus, i, *m. Taréntum*인, *Aristóteles*
Arístus, i, *m. Athénæ*의 *Academía* 학파 철학자, *Cícero*의 친구. 「법.
ărithmétĭca[1], æ, [**-e,** es,] *f.* 산수, 산술, 셈
ărithmétĭca[2], órum, *n. pl.* 산술.
ărithmétĭcus, a, um, *adj.* **1.** 산수의, 산술의. **2.** *m.* 산수가, 수학가.
ărithmomanía, æ, *f.* 《醫》 계산증(計算症).
Ariúsĭa, æ, *f. Chios*섬의 한 지방, 포도주로 유명; 〔*adj.*〕 **-sĭus,** a, um.
arma, órum, *n.* **1.** 도구, 기구(器具), 공구·농기구·선박용 기구. **2. 무기, 병기:** ~ atque tela 방어무기와 공격무기 / ~ prudéntiæ (*C.*) 지혜의 무기. **3.** 무장한 사람, 군대. **4.** 병력. **5.** 전쟁, 전투. **6.** 방어수단.
armămáxa, æ, *f. Pérsia*의 여객마차.
armāménta, órum, *n. pl.* [arma] **1.** 각종 공구, 기구. **2.** 선구, 배의 장비구(노·돛·돛대·닻 등).
armamĕntárĭum, i, *n.* 병기창; 무기고.
armárĭum, i, *n.* [arma] 옷장, 찬장; 책장.

armātúra, æ, *f.* [armo] **1.** 무장, 무기. **2.** 무장군인.
armátus[1], a, um, *p. p., a. p.* [armo] **1.** 무장한, 전투장비를 갖춘. **2.** 대비한, 태세를 갖춘. **3.** *m. pl.* 군대, 무장군인.
armátus[2], us, *m.* = armatúra.
Arménĭa, æ, *f.* 서부 *Asĭa*의 나라; 〔*adj.*〕 **-níăcus[-nĭus],** a, um.
armĕníăca, æ, *f.* 살구나무.
armĕníăcum, i, *n.* 《植》살구.
arménĭum, i, *n.* **1.** 청색염료. **2.** 살구.
armentális, e, *adj.* [arméntum] 떼를 이룬(가축), 가축 떼의.
armentárĭus, a, um, *adj.* [arméntum] **1.** 가축의. **2.** *m.* 가축떼 지키는 목동, 목축하는 자. 「이 많은.
armentósus, a, um, *adj.* [arméntum] 가축
arméntum, i, *n.* **1.** (소·말 따위)대가축. **2.** 가축 떼; 소떼, 말떼.
ármĭfer, ĕra, ĕrum, *adj.* [arma+fero] **1.** 무기잡은, 무장한. **2.** 전쟁의, 호전적.
ármĭger[1], ĕra, ĕrum, *adj.* [arma+gero] **1.** 무장한. **2.** 호전적. **3.** 주인·상관의 무기를 들고다니는.
ármĭger[2], ĕri, *m.* **1.** 기사의 종자(從者), 상관의 (칼·창·방패·투구 따위) 무기를 들고 다니는 사람. **2.** 심복(부하). **3.** 친위병.
armígĕra, æ, *f.* [ármiger[2]] 주인의 무기를 들고 다니는 여자.
armílla, æ, *f.* [armus] 팔찌.
armillátus, a, um, *adj.* [armílla] 팔찌 낀.
armilústrĭum, i, *n.* *Roma*에서 거행된 무기축제.
Armilústrum, i, *n.* 매년 10월 19일 무기봉납식이 거행되던 *Roma*시내의 장소.
Armínĭus, i, *m.* *Germánia*의 수령 (*Roma*의 장군 *Varus*를 격파하여 *Germánia*를 구하였음).
armípŏtens, éntis, *adj.* [arma+potens] 강력한 무기를 가진; 용감한, 호전적인.
armísŏnus, a, um, *adj.* [arma+sono] 무기의 소리가 울리는.
armo, ávi, átum, áre, *tr.* [arma] **1.** 무장시키다[하다]: ~ naves *(Cæs.)* 군함들을 무장하다 / ~ mílites armis *(C.)* 군인들을 무장시키다. **2.** 출범준비를 시키다, 배를 의장(艤裝)하다. **3.** 방비하다, 대비하다: urbs armáta muris *(C.)* 성벽들로 둘러막은 도시. **4.** 갖추다, 장비하다, 설비하다: ~ se eloquéntiā *(C.)* 웅변을 갖추다. **5.** 자극하다, 일으키다, 부추기다: ~ plebem irā *(L.)* 대중에게 분노를 일으키도록 자극하다 / ~ se irā *(Ov.)* 화를 내다. 「성한) 야생 무우.
armŏrácĕa[-ĭa], æ, *f.* (뿌리보다 잎새가 무
Armórĭcæ, árum, *f. pl.* *Gállia* 북부의 한 지방.
armus, i, *m.* **1.** (어깨로부터 팔꿈치까지의) 상박; 견갑골. **2.** (동물의) 어깻죽지. **3.** *pl.* (말 따위의)옆구리. 「sis, e.
Arnus, i, *m.* *Etrúria*의 강; 〔*adj.*〕 **-nién-**
ăro, ávi, átum, áre, *tr.* **1.** 밭갈다, 경작하다, 농사짓다: ~ littus (해변을 갈다) 헛수고하다. **2.** 국유지를 (빌려)경작하다, 밭일구다. **3.** 순항(巡航)하다, 파도를 일으키며 나아가다. **4.** 주름살[꾸김살] 잡히게 하다: ~frontem rugis *(V.)* 이마에 주름살을 짓다.
ăróma, ătis, *n.* 향료.
ărōmătárĭus, i, *m.* [aróma] 약제사.
ărōmátĭcus, a, um, *adj.* [aróma] 향료의.
ărōmătízo, ávi, átum, áre, *intr.* [aróma] 좋은 향기나다.
Arpi, órum, *m.* *Apúlia*의 도시.
Arpínas, átis, *adj.* **1.** *Arpínum*의. **2.** *m.* *Arpínum*사람. **3.** *n.* *Arpínum*에 있던 *Cícero*의 별장.
Arpínum, i, *n.* *Látium*의 도시, *Márius*와 *Cícero*의 출신지. 「*Arpi* 주민.
Arpínus[1], a, um, *adj.* **1.** *Arpi*의. **2.** *m. pl.*
Arpínus[2], a, um, *adj.* **1.** *Arpínum*의. **2.** *Cícero*의.
arquítĕnens = arcítenens.
arquo, áre, = árcuo.
arquus, i[us], *m.* = arcus.
arra, æ, *f.* 보증금, 계약금, 약조금. 「담보.
árrăbo, ónis, *m.* 보증금, 계약금, 약조금;
arréctus, a, um, *p. p., a.p.* [árrigo] **1.** 일으켜 세워진, 높여진. **2.** 가파른, 깎아지른 듯 한. 「걸린, 광신적, 신들린.
arreptícĭus, a, um, *adj.* [arrípio] 광기(狂氣)
arréptus, a, um, *p.p.* [arrípio].
Arrétĭum = Arétium.
arrha, æ, *f.* 보증금, 계약금.
árrhăbo, ónis, *m.* 보증금, 계약금, 담보.
Arrhĭdæus, i, *m.* *Alexánder* 대왕의 이복동생.
arrídĕo, rísi, rísum, ére, [ad+rídeo] **I.** *intr.* **1.** 향해 웃다, 함께 웃다, 따라 웃다: ridéntibus~ *(H.)* 웃음을 웃음으로 받다. **2.** 〔*absol.; dat.*〕 미소짓다, 미소로 호의를 보이다. **3.** 〔*dat. persónæ*〕 마음에 들다: Res mihi arríserat. *(C.)* 일이 내 마음에 들었다. **4.** (일이) 순조롭다, 다행스럽다: Tempéstas arrídet. *(Lucr.)* 일기가 순조롭다.
II. *tr.* **1.** 미소로 환영하다. **2.** 웃음으로 (무엇을) 무시하다.
árrĭgo, réxi, réctum, ĕre, *tr.* [ad+rego] **1.** 일으켜 세우다, 우뚝 세우다, 똑바로[곧추] 세우다; 들어 올리다: ~ aures 귀를 쫑긋이 세우다, 정신차려 듣다. **2.** 분발시키다, 용기를 북돋다; 자극하다, 흥분시키다.
arrípĭo, pŭi, réptum, ĕre, *tr.* [ad+rápio] **1.** 잡아[끌어]당기다, 잡아채다. **2.** 꽉잡다, 끌어 안다, 껴안다, 붙잡다; 체포하다: ~

médium *alqm (T.)* 누구의 허리를 꼭 껴안다. **3.** (기회 따위를) 재빨리 잡다, 포착하다. **4.** 법정으로 끌고가다, 고발하다; 검거하다. **5.** 뺏다, 강탈하다; 점령하다, 침입하다: ~ naves *(Ta.)* 배를 나포하여 거기에 올라타다. **6.** 열심히 배우다, (뜻을) 파악하다, 이해하다.

arrísĭo, ónis, *f.* [arrídeo] 찬의(贊意)를 표시하는 미소.

arrísor, óris, *m.* 시인하여 웃는 자; 아부하는 자.

Arrĭus, i, *m.* *Roma*인의 씨족명.

arródo, rósi, rósum, ĕre, *tr.* [ad+rodo] 쏠다, 쏠아 끊다, 돌아가며 쏠다, 갉아 없애다.

árrŏgans, ántis, *p. præs., a.p.* [árrogo] 불손한, 거만한, 안하무인의, 건방진, 무례한.

arrŏgántĭa, æ, *f.* 거만, 오만, 불손, 참월, 무례, 건방짐: arrogántĭā uti *(Cæs.)* 건방지게 굴다.

arrŏgátĭo, ónis, *f.* [árrogo] 자권자 입양(自權者入養).

arrŏgátor, óris, *m.* [árrogo] 자권자(自權者)를 양자로 맞는 사람.

árrŏgo, ávi, átum, áre, *tr.* [ad+rogo] **1.** 추가로 더 청하다. **2.** (당연한 권리로서) 요구하다, 청구하다. **3.** 〔*alqm*〕 자권자(自權者)를 양자로 삼다. **4.** ~ **sibi** *alqd* 자기 것으로 만들다, 부당한 것을 자부하다: ~ sibi sapiéntiam *(C.)* 지혜가 있다고 자부하다. **5.** 〔*alqd alci*〕 주다, 수여하다.

arrósor, óris, *m.* [arródo] 갉아먹는 자, 기식자, 소비자.

Arrūns, úntis, *m.* *Roma* 최후의 왕; *Tarquínius Supérbus*의 아들.

Arrúntĭus, i, *m.* *Roma*인의 씨족명.

ars, artis, *f.* **1. 기술,** 기능, 기교, **솜씨,** 숙련, 노련; **요령:** ~ mágica *(V.)* 마술 / ~ aurífica 금 세공술 / arte cánere *(Ov.)* 솜씨 좋게 노래부르다. **2. 재주,** 재능, 자질, 소질: ~ dicéndi, ~ eloquéntiæ *(C., Q.)* 말재주, 웅변술. **3.** 직종, 전문직: artes sórdidæ [húmiles] *(C.)* (노예들이나 하는) 천직 / artes honéstæ [ingénuæ, liberáles] *(C., Ov., Pl.)* 미술·예술·학예·학술따위 교양과목 / ~ medéndi *(Ov., Pl.)* 의술. **4. 미술, 예술:** ~ doméstica 향토 예술. **5.** (체계적) 지식, 이론, 원리, 법칙; 학문, …학, …론: mathemáticæ artes *(Pl.)* 수학 / médicæ artes *(Ov.)*, ~ medicína *(Var.)* 의학 / ~ rhetórica *(C., Q.)* 수사학 / ex arte dícere *(C.)* 법칙대로 말하다. **6.** 학술서: artes grammáticæ *(Serv.)* 문법서. **7.** 예술품, 작품: ~ et manus 수공예품 / dives ártium *(H.)* 소장 예술품이 많은. **8.** 수단, 수법, 방법, 기법; 책략, 행동원칙. **9.** (윤리적) 성격·특성; 덕성; 악습, 사기, 꾀.

Arsăces, is, *m.* *Párthia*인의 최초의 왕.

Arsácĭdæ, árum, *m.pl.* *Arsăces*의 자손.

Arsamósăta, æ, *f.* 대 *Phrígia*의 도시.

Arsánĭas, æ, *m.* *Euphrátes*강의 원류(源流).

arsénĭcum, i, *n.* 《化》비소(砒素); 비석(砒石).

Arsĭa silva, æ, *f.* *Etrúria*의 숲.

Arsínŏē, es, *f.* **1.** 희랍인의 여자 이름. **2.** *Cleopátra*의 여동생. **3.** *Ætólia*의 도시.

Artăbánus, i, *m.* **1.** *Xerxes*왕의 장군. **2.** 많은 *Pérsia*인들의 이름.

Artăbázus, i, *m.* *Pérsia*의 장군.

Artaphérnes, is, *m.* *Pérsia*의 귀족.

Artăvásdes, is, *m.* **1.** *Arménia*의 여러 왕 이름. **2.** *Média*의 왕.

Artáxăta, æ, *f.* [órum, *n. pl.*] 대 *Arménia*의 수도.

Artaxérxes, is, *m.* *Pérsia*의 3명의 왕 이름.

arte, *adv.* [artus[1]] **1.** 밀착하여, 꼭 끼어, 붙어서, 촘촘히, 단단히. **2.** 좁게, 빽빽하게, 여유없이; 긴밀하게; (잠을) 깊이; 엄격하게. **3.** 마음으로부터, 친밀하게.

Artĕmis, ĭdis, *f.* *Diána* 여신에 해당하는 희랍 여신, 사냥의 여신, 후에 달의 여신도 됨.

artemísĭa[1], æ, *f.* 《植》 쑥 속의 식물.

Artĕmísĭa[2], æ, *f.* *Cária*의 왕 *Mausólus*의 아내, 남편의 기념으로 유명한 사당을 세움.

Artĕmísĭum, i, *n.* *Eubœa* 북단의 작은 반도 및 그 도시.

ártĕmon, ónis, *m.* 돛.

artérĭa, æ, *f.* **1.** 기관(氣管), 기도. **2.** 동맥.

artērĭŏla, æ, *f.* 《解》 소동맥.

arthrítĭcus, a, um, *adj.* 관절염의.

arthrítis, ĭdis, *f.* 《醫》 관절염.

arthrópŏda, órum, *n. pl.* 《動》절족동물.

artĭcŭláris, e, *adj.* [artículus] 관절의: ~ morbus *(Suet.)* 관절염, 풍증, 신경통.

artĭcŭlárĭus, a, um, *adj.* 관절의.

artĭcŭláta, órum, *n. pl.* 《動》 체절(體節)동물, 환형(環形)동물.

artĭcŭlátæ, árum, *f. pl.* 《植》 속새류 식물.

artĭcŭláte, *adv.* 또박또박, 분명하게.

artĭcŭlátim, *adv.* **1.** 토막토막, 조각조각. **2.** 한조목 한조목, 분명하게, 상세하게.

artĭcŭlátĭo, ónis, *f.* [artículo] **1.** (식물이) 마디마디 자람. **2.** 포도나무의 마디 병.

artícŭlo, ávi, átum, áre, *tr.* [artículus] 한마디 한마디 똑똑히 말하다, 똑똑히 발음하다.

articulósus, a, um, *adj.* [artículus] **1.** 마디 많은[투성이의]. **2.** 지나치게 세분한(연설).

artícŭlus, i, *m.* [artus] **1. 마디,** 관절. **2.** 손가락마디, 손가락, 손, 손목; 손발: molli artículo tractáre *alqm (Q.)* 아무에게 살짝 손대다. **3.** 식물의 마디, 포도나무의 햇가지. **4.** 말이나 문장의 **부분, 구분,** 항목, **절(節);** 조목, 조항, **항(項),** 개조(箇條): ~ fídei 신조, 신앙 개조. **5.** 《文法》 대명사, 접속사, 관사. **6.** 소논문, 논설. **7.**

시점, **순간**, 계기; 위기, 전환기: in artículo mortis 임종 때에, 죽는 순간에.

ártĭfex[1], fícis, *adj.* **1.** 숙련된, 능란한, 능숙한, 노련한, 솜씨좋은. **2.** 정교하게 만들어진.

ártĭfex[2], fĭcis, *m.* (*f.*) [ars+fácio] **1.** 예술가, 미술가, 거장(巨匠): artífices scénici 배우 / ~ statuárum 조각가. **2.** 세공인(細工人); 숙련공, 기능공; 전문가, 기술자. **3.** 제작인, 작가. **4.** 사기한, 잔꾀부리는 사람.

artĭficĭális, e, *adj.* **인공적**, 인위적.

artĭficĭósus, a, um, *adj.* **1.** 기법에 의하여 된, 정교한, 교묘한. **2.** 예술법칙에 맞는; **예술적**.

artĭfícĭum, i, *n.* [ars+fácio] **1.** 기능직, 전문직. **2.** 기술, 기교; 공예, 세공(細工), 수공업; 정교한 솜씨, 숙련. **3.** 특수 기술·지식; 이론, 체계. **4.** 술책, 교활, 잔꾀.

artíficus, a, um, *adj.* = artificiósus.

ártĭo, ívi, ítum, íre, *tr.* 꽉 끼워놓다, 꽂다.

artĭŏdáctÿla, órum, *n. pl.* 《動》 우제류(偶蹄類).

arto[arcto], ávi, átum, áre, *tr.* **1.** 좁히다, 수축시키다, 죄다. **2.** 제한하다. **3.** (시간따위) 단축하다.

artŏlágănus, i, *m.* 빵과자, 케익.

artópta, æ, *f.* 케익굽는 남비.

artum, i, *n.* **1.** 협소; 좁은 장소. **2.** 궁핍, 곤궁. **3.** 궁지, 난처함.

artus[1], a, um, *adj.* **1.** 죈, 압축된; **긴밀한**; 밀접한; 친밀한: artíssĭmum vínculum (*C.*) 긴밀한 유대. **2.** **좁은**, 비좁은; 붐비는: ~ áditus (*Curt.*) 좁은 입구. **3.** 깊이 든(잠): ártior somnus (*C.*) 꽤 깊이 든 잠. **4.** 빡빡한, 여유없는, 한정된. **5.** 긴박한, 긴장된; 난처한.

artus[2], us, *m.* 〔*pl. dat., abl.* -ŭbus〕 **1.** 관절. **2.** *pl.* 사지. **3.** 포도나무가지.

árŭla, æ, *f.* [ara] 작은 제단.

arúndĭfer, ĕra, ĕrum, *adj.* [arúndo+ fero] 갈대를 지닌, 갈대로 꾸며진.

arundinácĕus, a, um, *adj.* 갈대와 같은.

arundinétum, i, *n.* [arúndo] 갈대밭.

arundínĕus, a, um, *adj.* [arúndo] **1.** 갈대의, 갈대로 만든. **2.** 갈대 같은.

arundinósus, a, um, *adj.* 갈대가 많은.

arúndo, dĭnis, *f.* **1.** 갈대. **2.** 갈대로 만든 것: 피리, 낚시대, 과일쪼개는 꼬챙이, 새잡는 끈끈이 장대, 회초리, 갈대펜, 바디, 화살, 갈대비. 「**-pínus,** a, um.

Arúpĭum, i, *n.* *Illýria*의 북부 도시; 〔*adj.*〕

arúsp... *V.* harúsp...

arva, æ, *f.* (*sc.* terra) 경작지.

arválís, e, *adj.* [arvum] 밭의, 밭에 관한.

Arvérni, órum, *m. pl.* *Gállia*의 주민 (지금의 *Auvergne*의).

arvína, æ, *f.* 지방(脂肪); 돼지 기름.

arvum, i, *n.* [arvus] **1.** 경작지, 밭. **2.** 곡물, 농작물. **3.** 해변. **4.** 목장. **5.** 땅, 지방; 평원: arva Neptúnia (*V.*) *Neptúnus*의 평원 즉 바다.

arvus, a, um, *adj.* 경작할 만한; 갈아놓은.

arx, arcis, *f.* **1.** 산이나 하늘의 높은 곳, 정상; 고지. **2.** **요새, 성채; 포대; 아성**: 〔속담〕 arcem ex cloácā fácere (하수도로 요새를 만들다·삼다) 형편없는 것을 가지고 침소봉대하여 떠들어대다. **3.** *Roma*시의 언덕 특히 *Capitólium* 언덕(신전과 더불어 요새가 있었음). **4.** *Roma*시; (일반적으로) 도시: arces Románæ 모든 방어시설을 포함한 *Roma*시 / arx Minérvæ = *Minérvium* = 남부 *Calábria*의 도시. **5.** arces sacræ 신전. **6.** 절정, 꼭대기; 머리(頭). **7.** 안전한 곳, 피난처. **8.** 왕좌, 권좌; 폭력, 폭정.

as, assis, *m.* **1.** (12로 나눌 수 있는 어떤 것 전체에 대한 측정·중량·가치의) 한 단위; 전체, 전부: *1 as = 12 únciæ;* úncia = 12분의1; sextans = 6분의1; quadrans = 4분의1; triens = 3분의1; quincunx = 12분의5; semis, semíssis = 2분의1; septunx = 12분의7; bes, bessis = 3분의2; dodrans = 4분의3 / in assem, in asse 전체(로, 를) / ex asse 전부, 전체, 전적으로. **2.** 〔유산〕 전부, 전재산: heres ex asse 전체 유산 상속인. **3.** 〔전답면적단위〕 *as* = 800평 가량의 밭. **4.** 〔중량단위〕 *as* = 약 *340gr.* **5.** (화폐단위로서의) *as* (처음에는 1파운드 무게 상당의 동의 가치였으나 점차 줄어 들어서 마침내 36분의1 상당의 가치에 이르렀음). **6.** 동전 한푼; 주화: pérdere ómnia ad assem (*H.*) 마지막 한푼까지 잃다 / non assis fácere *alqd* (*Catull.*) 대단치 않게 여기다. **7.** as [~ públicus] 세금.

asa[1], æ, *f.* 《古》 = ara.

asa[2] **fœtĭda,** æ, *f.* 《植》 아위(阿魏: 이란·아프가니스탄 원산의 미나리과 식물, 약재로 씀). 「는 천, (석면 따위로 만든) 옷감.

asbéstĭnum, i, *n.* (*sc.* linum) 불에 타지 않

asbéstos, i, *m.* 석면(石綿).

Ascálăphus, i, *m.* *Achĕron*의 아들, *Prosérpina*에 의해서 부엉이로 변함. 「종.

ascálĭa, æ, *f.* 《植》 (구라파산) 엉겅퀴의 일

Ascălo(n), ónis, *f.* *Palæstína*의 도시.

Ascánĭus, i, *m.* *Ænéas*와 *Cresúa*와의 아들, *Alba Longa*의 창건자, *Lulus*라고도 함.

ascárĭda, æ, *f.* 《動》 회충.

ascărĭdíăsis, is, *f.* 《醫》 회충병.

áscĕa = áscĭa.

ascélla = axílla.

ascéndo, scéndi, scénsum, ĕre, *intr.*, *tr.* [ad+scando] **1.** **오르다, 올라가다,** 기어오르

다; (배·말 따위)타다: ~ in cælum *(C.)* 하늘로 올라가다 / ~ in equum *(C.)*, ~ equum *(Suet.)* 말타다 / ~ murum *(Cæs.)* 성벽을 기어오르다. **2.** …에 이르다, 달하다, 오르다: ~ in altiórem locum[gradum] *(C.)* 더 높은 자리[지위]에 오르다 / ~ ad honóres *(C.)* 높은 관직에 오르다.

ascénsĭo, ónis, *f.* [ascéndo] **1.** 오름, 올라감; 상승, 등반; 승천: Ascénsio Dómini 주님의 승천. **2.** 향상, 진보. 「람.

ascénsor, óris, *m.* 오르는 사람; 말타는 사

ascénsus, us, *m.* [ascéndo] **1.** 올라감, 등반, 기어오름. **2.** 오르막길. **3.** 승격, 상승.

ascētérĭum, i, *n.* (수도원 비슷하게) 명상하는 집.

ascétĭca, æ, *f.*(theología~) 수덕(신)학.

ascétĭcus, a, um, *adj.* 극기(克己)의, 수덕(修德)의, 고행의, 수도하는.

ascētísmus, i, *m.* 수덕(주의), 고행; 금욕.

áscĭa, æ, *f.* **1.** 도끼, 자귀. **2.** (미장이용) 삽. 「명 (지금의 *Asburg*).

Ascibúrgĭum, i, *n. Germánia Bélgica*의 지

ascidiácĕa, órum, *n. pl.* 《動》 멍게류.

áscĭo[1], áre, *tr.* **1.** 자귀질하다. **2.** 삽으로 회반죽을 이기다.

áscĭo[2], íre, *tr.* 오게 하다, 받아 들이다, 끼게 하다: Trojános ~ sócios *(V.)* *Troja*인들을 동맹군으로 받아 들이다.

ascísco, scívi, ítum, ĕre, *tr.* [ad+scisco] **1.** 참가시키다, 끌어넣다, 받아들이다 / ~*alqm* civem *(C.)* 누구를 시민으로 받아 들이다 / ~*alqm* in civitátem Románam *(Ta.)* 누구에게 *Roma* 시민권을 취득케 하다 / ~ sibi óppidum *(C.)* 도시를 자기 편으로 끌어 넣다. **2.** 채용[채택]하다, 따라가다: ~ consuetúdinem *(C.)* 풍습을 받아들이다. **3.** 자기 것으로 만들다; 참칭(僭稱)하다: ~ sibi prudéntiam *(C.)* 현명한 사람으로 자처하다. **4.** 시인하다, 인정하다, 승인하다, 찬동하다.

ascítus[1], a, um, *p. p., a.p.* [ascísco] 다른 데서 구해온, 외래의: ascítas dapes pétere *(Ov.)* 외국 요리를 찾다 / ascíta proles *(Stat.)* 양자로 받아 들인 자식.

ascítus[2], us, *m.* 받아 들임. 「과 식물.

asclepiadácĕæ, árum, *f. pl.* 《植》 박주가리

Asclēpĭădes, is[æ], *m.* **1.** *Samos*섬 출신의 희랍인 서정시인, *Isócrates*의 제자. **2.** *Bithýnia*의 유명한 의사 겸 웅변가.

Asclēpĭădéus, a, um, *adj.* 시인 *Asclepíades*의: Asclēpĭădéum metrum 그가 즐겨 쓴 시격, 주 spondéus (장장· — —), choriámbus (장단단장: — ⌣ ⌣ —) 및 iámbus(단장: ⌣ —)으로 이루어지는 시격.

asclépĭas, ădis, *f.* 《植》 박주가리의 일종.

ascogónĭum, i, *n.* 《植》 자낭균(子囊菌)류의 자성(雌性) 생식세포.

ascomycétes, ĭum, *f. pl.* 《植》 자낭균류.

Ascra, æ, *f. Bœótia*의 *Hélicon* 산록의 촌락, 시인 *Hesíodus*의 탄생지.

Ascræ̃us, a, um, *adj.* **1.** *Ascra*의; *Ascra*인. **2.** *Hesíodus*의: Ascræum carmen *(V.)* *Hesíodus*의 농사에 관한 시.

ascríbo, scrípsi, scríptum, ĕre, *tr.* [ad+scribo] **1.** 덧붙여 쓰다, 추가하여 쓰다: ~ diem in epístulā *(C.)* 편지에 날짜를 추가 기입하다. **2.** 명단에 기입하다, **명부에 올리다**: ~ *alqm* in civitátem *(C.)* 시민 명부에 등록하다. **3.** (서면으로) 임명하다, 지명하다, 지정하다: ~ *alqm* tutórem líberis *(C.)* 아이들의 보호자로 지정하다. **4.** 가산하다, **가입시키다**, 축에 끼게 하다, 수에 집어 넣다: Ascríbe me talem in númerum. *(C.)* 나를 이 사람들 축에 끼워다오. **5.** 귀속시키다, 돌리다.

ascriptícĭus, a, um, *adj.* [ascríbo] **1.** 명부에 등록된: ~ civis (그곳 태생 아닌 사람으로) 명부에 등록된 시민. **2.** *m. pl.* (*sc.* servi, colóni) 이민으로 들어온 노예·농부.

ascríptĭo, ónis, *f.* 추가 기재; 등록, 가입.

ascriptívus, a, um, *adj.* 정원 외의, 여분의; 보충의: ascriptívi mílites 보충병.

ascríptor, óris, *m.* [ascríbo] 연서자, 추가 서명자; 찬동자, 지지자.

Asculánus, a, um, *adj.* **1.** *Ascŭlum*의. **2.** *m.* *Ascŭlum* 사람.

Ascŭlum, i, *n.* **1.** 중부 *Itália*의 *Picénum*의 수도(지금의 *Ascoli*). **2.** 서북 *Apúlia*의 도

ascus, i, *m.* 《植》 자낭(子囊). ⌊시.

Asdrŭbal = Hásdrŭbal. 「성(自有性).

aséĭtas, átis, *f.* 《哲》 자존성(自存性), 자유

asélla, æ, *f. dim.* [ásina] 새끼 암나귀.

aséllus, i, *m. dim.* [ásinus] 새끼 당나귀.

ásĭa[1], æ, *f.* 호밀.

Asĭa[2], æ, *f.* **1.** *Lýdia*의 도시, 그 주위지방. **2.** *Troja*의 왕국. **3.** *Roma*의 *Asĭa* 주(州)로서 *Mýsia, Lýdia, Cária, Phrýgia*를 포함. **4.** 소아시아. **5.** *Pérgămus* 왕국. **6. 아시아 대륙.** 「명.

Asiágĕnes, is, *m. L. Cornélius Scípio*의 별

Asiánus, a, um, *adj.* **1.** 아시아의. **2.** *m. pl.* 아시아 주민.

Asiátĭcus, a, um, *adj.* 아시아의.

ásĭda, æ, *f.* 《動》 소리개의 일종.

asílus, i, *m.* 《動》 등에.

ásĭna, æ, *f.* [ásinus] 암나귀.

asinárĭus, a, um, *adj.* **1.** 나귀의: mola asinária 연자매. **2.** *m.* 나귀몰이꾼.

asinínus, a, um, *adj.* 나귀의.

Asínĭus, i, *m.* *Roma*인 씨족명; 특히 C. ~ Póllio, *Augústus*의 친구, *Vergílius*의 보호자.

ásĭnus, i, *m.* **1.** 당나귀. **2.** 바보, 어리석은 사람; 고집센 사람; 당나귀 같은 놈(멍

청하고 느리고 완고한 사람을 욕하는 말).

Asis, ĭdis, *f.* 〔*acc.* -ĭda도 있음〕 = Asĭa.

Asĭus, a, um, *adj.* **1.** = Asiáticus. **2.** *Lýdia*의, *Asĭa* 지방의.

Asōpĭădes, æ, *m. Asópus*의 자손, *Æăcus.*

Asópis, ĭdis, *f.* **1.** *Asópus*의 딸, *Ægína.* **2.** *Eubœa*섬의 옛 이름.

Asópus[-os], i, *m.* **1.** *Océanus*와 *Tethys*의 아들로서 *Bœótia*의 옛 왕; *Júpiter*신에 의하여 강으로 변신됨. **2.** *Bœótia*의 강, 기타 여러 지방의 강 이름.

asótus, i, *m.* 미식가, 낭비자, 도락가.

Aspar, ăris, *m. Numídia*의 왕인 *Jugúrtha*의 친구.

Aspărágĭum, i, *n. Illýria*국의 도시.

aspárăgus, i, *m.* 《植》 아스파라거스.

aspárgo = aspérgo. 「C.) 유명한 회랍 부인.

Aspásĭa, æ, *f. Perícles* 시대의(*sæc.* 5 A.

aspectábĭlis, e, *adj.* [aspécto] 눈에 보이는; 바라볼 만한.

aspécto, ávi, átum, áre, *tr. freq.* [aspício] **1.** 자주 바라보다, 주시하다; 감탄하며[놀라며] 쳐다보다. **2.** 주의를 기울이다. **3.** (어느쪽을) 향해있다, 면해있다, 바라다보다: collis, qui advérsas aspéctat arces.*(V.)* 맞은편 성채를 바라다보는 언덕.

aspéctus, us, *m.* [aspício] **1.** 바라봄, 쳐다봄, 자세히 봄; 관(觀); 눈길: terríbilis aspéctu*(C.)* 보기에도 무서운 / uno aspéctu *(C.)* 첫눈에 / aspéctum hóminum vitáre *(C.)* 사람들의 눈을 피하다 / ~ vitæ humánæ 인생관. **2.** 시야: sub aspéctum cádere 시야에 들어오다. **3.** 시력. **4.** 외관, 면모, 모습.

aspéllo, pŭli, púlsum, ĕre, *tr.* [abs+pello] 밀어내다, 쫓아버리다, 멀리가게 하다.

Aspéndum, i, *n.* = Aspéndus.

Aspéndus[-os], i, *f. Pamphýlia*의 도시; 〔*adj.*〕 **-dĭus,** a, um.

asper, ĕra, ĕrum, *adj.* **1.** (표면이) 고르지 못한, 거칠거칠한, 껄껄한, 울퉁불퉁한: nummus ~ *(Suet.)* 새 동전. **2.** (일기·바다)궂은, 거센, 사나운, 모진, 험악한. **3.** (맛)쓴, 신, 아린, 떫은, 매운; (냄새) 고약한; (소리)거센, 거친, 쉰. **4.** (문장·연설따위)다듬어지지 않은, 거친, 고르지 못한, 조잡한. **5.** (말·성격따위)난폭한, 사나운, 불친절한, 인정없는, 까다로운, 거친; 딱딱한, 엄격한. **6.** (일·형편)어려운, 힘든, 곤란한, 고된, 까다로운, 위태로운: res áspĕræ *(C.)* 까다로운 일 / in rebus áspĕris *(C.)* 역경에서. 「거센 풍파. **3.** 역경.

áspĕra, órum, *n. pl.* [asper] **1.** 험한 곳. **2.**

áspĕre, *adv.* [asper] **1.** 거칠게, 거세게. **2.** 엄격하게, 신랄하게, 호되게: ~ accípere *(C.)* 역정을 내면서 받아들이다.

aspergíllum, i, *n.* 《가》 성수 뿌리는 기구, 성수 채(솔이나 작은 구멍이 뚫린 용기).

aspergíllus, i, *m.* 누룩곰팡이의 각종 균.

aspérgo[1], gĭnis, *f.* **1.** 뿌림, 살포. **2.** 물보라, 비말(飛沫).

aspérgo[2], spérsi, spérsum, ĕre, *tr.* [ad+spargo] **1.** 뿌리다; 퍼뜨리다: pécori ~ virus *(V.)* 가축에게 독을 퍼뜨리다. **2.** 〔*alqm [alqd] alqā re*〕 누구에게 무엇을 뿌리다, 치다: ~ aram sánguine *(C.)* 제단에 피를 뿌리다. **3.** 살짝 섞다, 몰래 집어넣다, 슬쩍 보태다. **4.** 더럽히다.

aspérĭtas, átis, *f.* [asper] **1.** 껄껄함, 거칠음, 거셈, 험난: saxórum asperitátes *(C.)* 울퉁불퉁한 바위. **2.** (미각·청각·시각에) 거슬림, 고약함. **3.** 심함, 신랄, 가혹, 냉담: ~ frígoris *(Ov.)* 심한 추위. **4.** 난폭, 사나움, 까다로움, 딱딱함. **5.** 조잡. **6.** 난관, 역경.

aspernátĭo, ónis, *f.* [aspérnor] 경멸, 멸시, 무시, 모욕; 멀리함.

aspernátor, óris, *f.* [aspérnor] 경멸하는 사람, 얕보는 사람.

aspérnor, átus sum, ári, [ad+sperno] **I.** *dep. tr.* **1.** 멀리하다, 튀기다, 물리치다, 거절하다. **2.** 무시하다, 경멸하다.
II. 〔마치 aspérno의 *pass.* 처럼 쓰이는 수 있음〕 무시[멸시]당하다; 거절당하다: Intelléxit, regem vagum ab ómnibus aspernári. *(Auct. B. Afr.)* 그는 방랑하는 왕이 모든 사람한테 멸시당하는 것을 깨달았다.

áspĕro, ávi, átum, áre, *tr.* [asper] **1.** 껄껄하게 하다, 거칠게 만들다: ~ undas*(V.)* 파도를 일으키다. **2.** 날카롭게 하다, 갈다. **3.** 격렬하게 만들다, 더 어렵게 만들다, 자극하다. 「**2.** 《가》 성수뿌리는 예식.

aspérsĭo, ónis, *f.* [aspérgo] **1.** 뿌림, 살포.

aspersórĭum, i, *n.* 《가》 출입 문간에 비치된 성수 그릇.

aspérsus, us, *m.* 물뿌림, 살포.

Asphaltítes, æ, *m.* (*sc.* lacus) 사해(死海).

aspháltus, i, *m.* 역청, 아스팔트.

asphódĕlus, i, *m.* **1.** 수선화. **2.** 무릇난속의 식물. **3.** 시들지 않는 꽃.

aspícĭo, spéxi, spéctum, ĕre, *tr.* [ad+spécio] **1.** 보다, 바라보다, 자세히 보다, (감탄하며·놀라며) 쳐다보다: ~ ad *alqm (C.)* 아무를 바라보다. **2.** 자애로운 눈길로 바라보다, 호의를 보이다. **3.** 똑바로 쳐다보다, 맞서다. **4.** 보고 알다, 알아 보다. **5.** (어느 쪽을)향해 있다, 면(面)해 있다, 바라보다. **6.** 살펴보다, 관찰하다, 조사하다, 검사하다. **7.** 생각해 보다, 고찰하다, 음미하다.

aspīrátĭo, ónis, *f.* [aspíro] **1.** 숨을 내쉼, 호기(呼氣); 호흡; (공기·향기 따위의) 떠돎, 풍김; 산들바람. **2.** 발산, 증발. **3.** 기식음(氣息音: h자) 발성. **4.** 동경, 열

망, 바람(望), 희망함.
aspirínum, i, *n.* 《藥》 아스피린.
aspíro, ávi, átum, áre, [ad+spiro] **I.** *intr.* **1.** …에다 내뿜다, (바람·기운따위가) 불다: Pulmónes se cóntrahunt aspirántes.*(C.)* 폐는 숨을 내쉬면서 수축된다. **2.** 기식음(氣息音)을 발성하다. **3.** 호의적인 입김을 불어주다, 도와주다: Aspírat primo fortúna labóri.*(V.)* 운명은 우리의 첫 노력을 도와준다. **4.** 얻으려고 힘쓰다; 지망하다, 갈망하다, 동경하다; 접근하여 가다: ad laudem ~ *(C.)* 영광을 갈망하다.
II. *tr.* **1.** (바람·입김따위를) 불어보내다. **2.** 불어넣다, 스며들게 하다; 고취하다, 고무하다.
aspis, ĭdis, *f.* 《動》살무사.
asportátĭo, ónis, *f.* [aspórto] 수송, 이송, (배나 수레에)실어 가져감.
aspórto, ávi, átum, áre, *tr.* [abs+porto] 운반해 가다, 옮겨 가져가다, 실어내다.
asprétum, i, *n.* [asper] 울퉁불퉁한 곳, 돌이나 가시덩쿨 따위가 많은 곳.
assa, órum, *n. pl.* [assus] 불고기, 구운고기.
Assáră̆cus, i, *m. Phrýgia*의 왕, *Anchíses*의 조부: gens Assáraci *(V.)* *Roma* 민족.
assatúra, æ, *f.* 굽거나 말린 음식물·육류.
ássĕcla, æ, *m.* [ássĕquor] **1.** 수행원, 동반자. **2.** 추종자, 동조자; 제자.
assectátĭo, ónis, *f.* 수행, 동반; 추종, 맹종.
assectátor, óris, *m.* **1.** 수행원, 동반자; (취임 부탁을 위해) 충실히 좇아다니는 사람. **2.** 추종자, 동조자. **3.** 제자, 신봉자. **4.** 얻으려고 노력하는 자.
asséctor, sectátus sum, ári, *dep. tr.* [ad+sector] **1.** 끈덕지게 따라 다니다. **2.** (가끔 친구로서 또는 취임 부탁을 목적으로) 수행하다, 모시고 다니다. **3.** 획득하다, 도달하다.
assécŭla = ássĕcla.
assecurátĭo, ónis, *f.* 보험: ~ vitæ 생명보험.
assecútĭo, ónis, *f.* [ássequor] 획득.
assecútor, óris, *m.* 동반자, 수행자.
assédi, *pf.* [assídeo, assído].
assénsĭo, ónis, *f.* [asséntio] **1.** 찬성, 동의, 동감, 승인. **2.** 감각현상에 굴복하여 그것을 사실로 인정함; 신념, 확신.
asséNsor, óris, *m.* 찬동자, 승인하는 자, 추종자.
asséNsus, us, *m.* **1.** 찬동, 동의, 승인; 인가: asséNsu ómnium, cum asséNsu ómnium *(C.)* 모든 사람의 찬동을 받고 / ~ theológicus 신학적 승인. **2.** 반향, 산울림.
assentátĭo, ónis, *f.* [asséntor] 이해타산으로 하는 찬동, 아첨, 추종.
assentātĭúncŭla, æ, *f.* 작은 아첨, 귀여운 아첨.
assentátor, óris, *m.* 아첨자, 타산적인 찬동자, 추종자.
assentatórĭe, *adv.* 아첨하여.
asséntĭo, sénsi, sénsum, íre, *intr.* [ad+séntio] = asséntior.
asséntĭor, sénsus sum, tíri, *dep. intr.* [*alci*] 찬성[찬동]하다, 동의하다: Hoc tibi asséntĭor.*(C.)* 이 점에서 나는 너와 동감이다.
asséntor, átus sum, ári, *dep. intr.* [*dat.*] 언제나 동의하다, 열심히 따르다, 추종하다; 아첨하다, 비위를 맞추다: Tibi assentábor. *(Pl.)* 네 말대로 하겠다 / [*refl.*] sibi ~ 자신에게 허용하다, 자신을 속이다.
ássĕquor, *(ĕris, ĭtur)*, secútus sum, sĕqui, *tr.* **1.** 도달하다, 좇아가다[오다]: Jam me ássequi non potes.*(C.)* 너는 이제 나를 따라올 수 없다. **2.** (누구·무엇을 목표로)따라가다; 이르다: *alcjs* ingénium ~ 아무의 재능을 따라가다. **3.** [*alqd;* ut, ne] …하는데 성공하다, 성취하다; 얻다, 획득하다; 필적하다, 동등하다: ~ immortalitátem *(C.)* 불사불멸의 신이 되다. **4.** 알아듣다, 이해하다.
asser, ĕris, *m.* 서까래; 장대; 말뚝.
ássĕro[1], sérŭi, sértum, ĕre, *tr.* [ad+sero[1]] **1.** (법정에서) 손잡아 줌으로 해방되었음을 드러내다: ~ *alqm* liberáli causā manu [liberáli manu, manu, in liberáli causā], ~ *alqm* (주인이)노예의 손을 잡음으로써 그의 해방을 선언하다 / ~ *alqm* in libertátem[in ingenuitátem, ingenuitáti] 자유인으로 만들어 주다[선언하다], 노예 신분에서 해방시켜 주다. **2.** (법정에서)노예에 대한 소유권을 주장하다: ~ *alqm* in servitútem 아무를 노예로 끌어가다, 노예로 요구하다. **3.** 자기 것으로 만들다; (권리를)주장하다, (당연한 권리로서) 요구[청구]하다: ~laudes *alcjs (Ov.)* 남의 영광을 가로채다 / ~*alqd* sibi 무엇을 제 것으로 만들다. **4.** 지키다, 수호하다, 구해내다: se a mortalitáte ~ *(Plin.)* 죽음의 처지에서 해방되다. **5.** (어떤 것을 진실 또는 사실이라고)말하다, 주장하다: ut ipsi ásserunt, 그들이 주장하는 바와 같이.
ássĕro[2], sévi, sĭtum, ĕre, *tr.* [ad+sero[2]] 옆에 심다, 가까이 심다.
assértĭo, ónis, *f.* [ássero[1]] **1.** 노예에 대한 자유 해방 선언. **2.** 주장.
assértor, óris, *m.* **1.** (노예를 해방시켜 그가)자유인임을 선언하는 자. **2.** (일반적으로) 수호자, 해방자.
assertórĭus, a, um, *adj.* 《哲》 확설적(確說的), 확연적(確然的).
assértum, i, *n.* [ássero[1]] 주장, 단언; 증거(가 될만한 것).
asservátĭo, ónis, *f.* [assérvo] **1.** 보존, 보관. **2.** 《가》 모심, 안치: ~ sanctíssimæ Eucharistíæ 성체를 감실에 모셔둠.
assérvĭo, íre, *intr.* [ad+sérvio] [*dat.*] 거들다, 돕다.
assérvo, ávi, átum, áre, *tr.* [ad+ servo] **1.** 간직하다, 보존하다, 보관하다. **2.** 감시

하다, 지켜보다, 살피다: ~ portas murósque (*Cæs.*) 성문과 성벽을 감시하다.
assĕssĭo, ónis, *f.* [assídeo] **1.** (위로하려고) 옆에 있음. **2.** 배석.
asséssor, óris, *m.* [assídeo] **1.** (거들기 위해) 옆에 앉은 사람, 보좌인. **2.** 《法》 배석인, 배석판사.
assessórĭus, a, um, *adj.* 배석하는.
asséssus, us, *m.* = asséssio.
asséstrix, ícis, *f.* 여자조수, 거드는 여자, 보조자; 조산원(助産員).
assĕvēránter, *adv.* [assevéro] 진지하게, 본심으로부터; 강조하여.
assĕvērāte, *adv.* = asseveránter.
assĕvērātĭo, ónis, *f.* [assevéro] **1.** 진지함, 정색한 표정. **2.** 진지한 주장·단언.
assĕvéro, ávi, átum, áre, *tr.* [ad+sevérus] **1.** 진지하게 만들다. **2.** 진지하게 주장하다, 확언하다, 단언하다. **3.** …임을 드러내다, 증명하다: Magni artus Germánicam oríginem assevérant.(*Ta.*) (그들의) 큰 골격이 게르만족임을 증명해 준다.
assíbĭlo, áre, [ad+síbilo] **1.** *intr.* …를 향해 휘파람 불다. **2.** *tr.* 휘파람 소리 내며 내불다; 마찰음으로 발음하다. 「하다.
assícco, ávi, átum, áre, *tr.* 말리다, 마르게
assídĕo, sédi, séssum, ére, *intr.,(tr.)* [ad+sédeo] **1.** 〔*absol.; dat.*〕 옆에 앉(아 있)다; (간호·위로·조력을 위해)옆에 붙어있다; 자리잡다. **2.** 〔*dat., acc.*〕 돌보다, 간호하다; 보살피다; 도와주다. **3.** 〔*dat.*〕 (법정에)배석하다, 배석원 노릇하다, 보좌하다. **4.** 〔*dat.*〕 (무엇에)힘쓰다, 꾸준히 하다: philosophíæ ~ (*Sen.*) 철학연구에 몰두하다. **5.** (군대가)주둔하다; 〔*dat., acc.*〕 포위하다. 「자리잡다.
assído, sédi, séssum, ĕre, *intr.* 앉(아 있)다,
assĭdúĭtas, átis, *f.* [assíduus] **1.** 곁을 떠나지 않고 있음, 늘 붙어있음; (관직 지원자의) 빠짐없는 출석. **2.** 끈기, 꾸준함; 인내, 근면. **3.** 집요, 끈질김, 지속, 빈번한 반복: ~molestiárum (*C.*) 귀찮은 일이 늘 있음. 「런히 하다.
assídŭo[1], ávi, átum, áre, *tr.* 끈기있게 부지
assídŭo[2], *adv.* 끈기있게, 끈질기게, 꾸준히, 마냥.
assídŭus, a, um, *adj.* [assídeo] **1.** 늘 옆에 있는, 붙어다니는; 빠짐없이 출석하는. **2.** 꾸준히 한 자리에 있는, 정주(定住)하는: ~ Romæ (*C.*) 늘 *Roma*시에 사는. **3.** 끈기있는, 끈질긴, 꾸준히 힘쓰는, 부지런한. **4.** 계속적인, 끊이지 않는: ~ labor (*Cæs.*) 쉴새없는 일. **5.** 부유층에 속하는; 납세의무를 지닌 시민의.
assignátĭo, ónis, *f.* 지정, 배정; 할당, 분배, 지정 구역: ~ agrórum (*C.*) 경작지 분배.
assígno, ávi, átum, áre, *tr.* **1.** 봉인하다. **2.** (법적으로)지정하다, 배정하다, 분배하다: ~ cólonis agros (*C.*) 식민지인들에게 농토를 분배하다. **3.** 맡기다, 넘겨주다. **4.** (탓·원인·영광따위를)돌리다.
assílĭo, sílŭi, súltum, íre, *intr.,* (*tr.*) [ad+sálio] 〔*absol.; dat.;* in *acc.; acc.*〕 **1.** 덤벼들다, 뛰어들다, 달려들다. **2.** 비약하다, 비약이 있다.
assĭmĭlátĭo, ónis, *f.* **1.** 닮게 함, 같게 함. **2.** 동화(同化), 동화작용: 《文法》 ~ modi 법(法)의 동화. 「비슷한, 아주 닮은.
assímĭlis, e, *adj.* [ad+símilis] 〔*dat., gen.*〕
assímĭlo = assímulo.
assĭmŭlátĭo, ónis, *f.* **1.** 비슷해지게 함, 유사하게 만듦. **2.** 동화(同化), 동화작용. **3.** 비교.
assímŭlo, ávi, átum, áre, *tr.* [ad+símulo] **1.** 〔*alqd dat.*〕 같게 하다, 비슷하게 만들다, 흉내내서 만들다, 복사하다: lítteræ assimulátæ (*C.*) 복사한 편지 / móntibus (*dat.*) assimuláta núbila (*Lucr.*) 산처럼 생긴 구름. **2.** 비교하다, 견주다. **3.** 겉꾸미다, 가장[위장]하다, …체 하다; 위조하다.
assis[1] = as의 변형.
assis[2], is, *m.* [= axis[2]] 널판대기.
assístens, éntis, *p. præs.* [assísto] **1.** 보좌하는, 보조하는. **2.** *m.* 조수, 보조자, 보좌역: 《가》 assístentes epíscopi (주교 서품식에서) 주례 주교를 보좌하는 주교 / assístentes in missa 미사 때 보좌하는 성직자.
assisténtĭa, æ, *f.* **1.** 보좌. **2.** 참석, 입회(立會).
assísto, ástĭti, ĕre, *intr.* [ad+sisto] 〔*absol.; dat.;* ad *acc.*〕 **1. 옆에 서다,** 자리잡다, 가까이 가 멈춰서다: ~ fóribus (*Plin.*), ~ ad fores (*C.*) 문간에 서있다. **2.** 참석하다, 입회(立會)하다. **3.** 곁에 서 있다, **옆에서 모시다. 4. 옆에서 거들다,** 도와주다, 보좌하다.
assístrix, ícis, *f.* = asséstrix. 「다.
asso, ávi, átum, áre, *tr.* 굽다, 그슬리다, 볶
assŏcĭátĭo, ónis, *f.* [assócio] **1.** 회, 협회; 조합, 단체, 연합, 연맹; 결사(結社): ~ pro missiónibus 포교사업 후원회. **2.** 연상(聯想): ~ ideárum 관념 연합, 연상.
assócĭo, ávi, átum, áre, *tr.* [ad+sócio] **1.** …에 가입시키다, 동료로 삼다, 어울리게 하다; 연합하다, 제휴하다. **2.** 결합시키다, 연결시키다. 「어울리는.
assócĭus, a, um, *adj.* [ad+sócius] 동료의,
assólĕo, ére, *intr.* [ad+sóleo] **1.** 〔3인칭만 있음〕 ássolet, ássolent. 늘… 한다, …하는 습관이 있다. **2.** 〔*impers.*〕 ut ássolet, 습관에 따라, 평소와 같이, 늘 하는 대로.
ássŏno, áre, *intr.* 소리로 응답하다, 공명하

다, 메아리치다.
Assórum[-us], i, *n.[f.]* *Sicília* 내륙 마을; 〔*adj.*〕 **-rínus,** a, um.
assŭdésco, ĕre, *intr. inch.* [ad+sudo] 땀나기[땀이 배기] 시작하다.
assuefácĭo, féci, fáctum, ĕre, *tr.* [assuésco+fácio] **1.** 〔*alqm re; alqm* ad *alqd, dat.; inf.*〕 익숙해지게 하다, 습관되게 하다, 길들이다. **2.** 〔*pass.*〕 assuefíeri 익숙해지다, 습관되다.
assuésco, suévi, suétum, ĕre, **I.** *intr.* **1.** 〔*alqā re;* ad, in *alqd; dat.; inf.*〕 습관이나 경험으로 배우다, 익숙해 지다, 친숙해 지다. **2.** 〔*dat., abl.*〕 좋아지다.
II. *tr.* = assuefácio.
assuetúdo, dĭnis, *f.* [assuétus] **1.** 습관, 버릇; 관습, 관례: ~ furándi 훔치는 버릇. **2.** 교제; 음탕한 사귐.
assuétus, a, um, *p.p., a. p.* [assuésco] 〔*abl., dat.;* ad, in *alqd; inf.*〕 **1.** 익숙된, 버릇된, 재미들린; 정통한. **2.** 낯익은; 통례의: assuéta óculis régio *(L.)* 낯익은 지방. **3.** *n. abl.*: assuéto 평소보다, 여느 때보다.
ássŭla, æ, *f.* **1.** 대팻밥, 나무조각, 나무부스러기. **2.** 돌 특히 대리석 부스러기. **3.** 음식 부스러기. 「로, 부스러기로.
assulátim, *adv.* [ássula] 조각 조각, 조각으
assúltim, *adv.* [assúltus] 튀어 오르며, 도약적으로.
assúlto, ávi, átum, áre, *intr. intens.*[assílio] **1.** 〔*dat.*〕 힘껏 덤벼들다, 달려들다. **2.** 〔*absol.; dat., acc.*〕 (보병·기병으로) 달려가 공격하다, 습격하다: látera et frontem ~ *(Ta.)* 양 측면과 정면을 공격하다.
assúltus, us, *m.* [assílio] 돌격, 맹렬한 공격.
assum[1] = adsum. 「2. 한증막.
assum[2], i, *n.* [assus] **1.** 구운 음식; 불고기.
assúmo, súmpsi, súmptum, ĕre, *tr.* [ad+sumo] **1.** 자기한테로 가져오다[데려오다], 받아 가지다, 받아[맞아] 들이다, 취(取)하다, 채택하다; 섭취하다, 먹다, 마시다: novas húmeris ~ alas *(Ov.)* 어깨에 새 날개를 갖추어 가지다 / ~ cibum *(Cels.)* 음식을 먹다 / ~ *alqm* amícum *(H.)* 누구를 친구로 받아 들이다 / ~ *alqm* in nomen *(Pl.)* 양자로 삼다 / ~ *alqam* in matrimónium 아내로 맞다. **2.** (어떤 목적으로) 끌어 들이다, 규합하다: ~ *alqm* in societátem consílii *(L.)* 누구를 어떤 모의에 끌어 들이다. **3.** 이용하다, 차용하다, 따오다: verba assúmpta *(Q.)* 다른 데서 따온 말 / 《文法》 assúmpta verba *(C.)* 형용사, 형용어구. **4.** 자기 것으로 만들다, 자기에게 귀속시키다·돌리다; 자기 것으로 요구하다: ~ sibi laudem *(C.)* 영광을 자기에게 돌리다 / regis nomen ~ *(Curt.)* 왕의 명칭을 참칭하다. **5.** 더 보태어 가지다, 있는 것에 덧붙이다. **6.** (삼단논법의) 소전제로 만들다.
assúmptĭo, ónis, *f.* [assúmo] **1.** 취득, 떠맡음; 채택; 취임: ~ cultúræ *(Pal.)* 경작지 취득. **2.** 자기에게 귀속시킴, 찬탈; 주제넘음, 외람. **3.** (삼단논법의 증명되어야 할) 소전제. **4.** (문장의) 형용어구. **5.** (육체의) 승천: 《가》 ~ B.M.V. 성모 (몽소) 승천(蒙召昇天: 8월 15일 축일).
assumptívus, a, um, *adj.* 가정적(假定的)인; 외적 사정에 의하여 변호되는.
ássŭo, sŭi, sútum, ĕre, *tr.* [ad+suo] 꿰매 붙이다, 덧깁다.
assúrgo, surréxi, surréctum, ĕre, *intr.* [ad+surgo] **1.** 일어나다, 일어서다: ~ ex morbo *(Ta.)* 앓다가 추서다 / ~ *alci* *(C.)* 존경의 표시로 일어서다. **2.** (산·건물따위가) 우뚝 서 있다, 솟아 있다, 눈앞에 나타나다; (별이) 돋다. **3.** (식물·종기·맥박따위가) 자라다, 커지다, 높아지다, 붓다. **4.** (용기·감정따위가) 일어나다, 북받쳐 오르다, 치솟다, 치밀다, 부풀어 오르다. **5.** 두각을 나타내다.
Assúrĭa = Assýria.
assus, a, um, *adj.* **1.** 구운, 그슬린. **2.** (물기·땀따위 없이) 마른, 햇볕에 쪼인, 그을린: ~ sol 맨살로 쪼이는 햇볕, (기름 바르지 않고 하는) 일광욕 / assæ sudatiónes (목욕 안하고) 그냥 땀흘림 / assa cella, assum 한증막 / assi lápides 돌각담. **3.** assa nutrix (젖은 먹이지 않는) 유모. **4.** (아무 것도 섞이지 않고 그것 뿐인 뜻을 나타내는) 맨.
Assýrĭa, æ, *f.* 서남 아시아에 있던 고대 왕국; 〔*adj.*〕 **-ĭus,** a, um.
ast, *conj.* = at.
asta[1], æ, *f.* = hasta.
Asta[2], æ, *f.* *Hispánia Bǽtica*의 도시.
Astăpa, æ, *f.* *Hispánia Bǽtica*의 도시.
Astapénses, ĭum, *m. pl.* *Astăpa*의 주민.
Astárte, es, *f.* *Sýria-Phœnícia*의 여신.
Asténsis, e, *adj.* *Asta*의.
aster, ĕris, *m.* **1.** 별. **2.** ~ Attĭcus *(Plin.)* 은방울꽃. **3.** 《生》 핵분열의 성상체(星狀體).
Astérĭa, æ, *f.* *Cœus*와 *Phœbe*의 딸, *Latóna*의 자매, *Perses*의 아내; 바다에 빠져 마침내 *Delos*섬이 됨.
astĕrīscus, i, *m.* 작은 별, 별표(*).
astérno, strávi, strátum, ĕre, *tr.* [ad+sterno] **1.** 너저분하게 깔다. **2.** 〔*pass.*〕 (군인으로) 모집되어 오다, 명부에 오르다.
astĕroídĕa, órum, *n. pl.* 《動》 불가사리류.
asthénĭa, æ, *f.* 《醫》 허약, 쇠약.
asthenópĭa, æ, *f.* 《醫》 약시(弱視).
asthma, ătis, *n.* 《醫》 천식, 숨찬 병.
asthmátĭcus, a, um, *adj.* 천식의, 천식성의; 천식병을 앓고 있는. 「*m.* 시민.
ástĭcus, a, um, *adj.* **1.** 도시의, 수도의. **2.**

astigmatísmus, i, *m.* 《醫》 난시(亂視).

astĭpŭlátĭo, ónis, *f.* [astípulor] 견해의 완전한 일치, 동의, 찬동; 추종.

astĭpŭlátor, óris, *m.* [astípulor] **1.** 계약 보증인. **2.** 찬동자, 추종자.

astípŭlor, átus sum, ári, *dep. intr.* **1.** 구두로 (남의) 계약을 보증하다. **2.** 〔*alci*〕 찬동하다, 추종하다.

ástĭti, *pf.* [assísto, asto].

astítŭo, ŭi, útum, ĕre, *tr.* [ad+státuo] (어떤 위치에) 놓다, 설치하다.

asto, stĭti, áre, *intr.* [ad+sto] 〔*absol.; dat.*〕 서있다, 곁에 서있다, 참석하다: astánte ipso *(Cæs.)* 그가 있는 데서. **2.** 우뚝 서있다, 솟아있다: squamis astántibus *(V.)* 비늘을 곤두세우고. **3.** 〔*alci*〕 돕다, 거들다.

Astræ̆a, æ, *f. Zeus*와 *Themis*의 딸로서 정의의 여신. 「지.

Astræ̆us, i, *m. Crius*의 아들, 바람의 아버

astrágălus, i, *m.* **1.** 《解》 복사뼈, 거골(距骨). **2.** 《建》 구슬선(기둥뿌리·기둥머리 기타 부분의 장식), 복사뼈처럼 생긴 장식; 쇠시리. **3.** 《植》 황기, 자운영(紫雲英).

ástrĕpo, pŭi, pĭtum, ĕre, [ad+strepo] **I.** *intr.* **1.** 향해서 떠들어대다, 시끄러운 소리내다. **2.** 〔*alci*〕 환성을 올리다, 고함소리로 찬동하다. 「다.

II. *tr.* 〔*alqd*〕 소리질러 말하다, 되풀이 하

astríctĭo, ónis, *f.* [astríngo] 수렴(작용), 변비; 죄어듦; 제한, 속박.

astríctus, a, um, *p.p., a.p.* [astríngo] **1.** 단단히 묶인, 좁은, 죄어든; 제한된; 수렴된; 변비가 생긴: frons ~ 주름살 잡힌 이마 / venter ~ 변비 일으킨 배. **2.** 인색한, 구두쇠의, 절약하는. **3.** (말·문장) 간결한; 짜임새 있는.

ástrĭfer, ĕra, ĕrum, *adj.* [astrum+fero] **1.** 천체를 지탱하는[운반하는]. **2.** 별세계에 옮겨져간[자리잡은]. 「체를 지니고 있는.

ástrĭger, ĕra, ĕrum, *adj.* [astrum+gero] 천

astríngo, ínxi, stríctum, ĕre, *tr.* [ad+stringo] **1.** 비끄러 매다, 동여 매다, 단단히 묶다: *alqm* ~ ad colúmnam *(Pl.)* 누구를 기둥에 붙들어 매다. **2.** 좁히다, 졸라 매다, (아가리를) 막다, 닫다, 꼭끼게 하다, 빠듯하게 하다; 켕기게 하다; 쥐어 짜다: limen astríctum *(Ov.)* 단단히 잠긴 문. **3.** 수렴시키다, 변비를 일으키다. **4.** (신맛·떫은 과일따위가 이·혀·입 속을)시게 하다, 죄어들게 하다; 말라들게 하다. **5.** (추위·찬 것으로) 몸을 죄어들게 하다, 굳어지게 하다, 위축시키다; 식게 하다, 얼게 하다; 〔*pass.*〕 몸을 식히다. **6.** 〔*abl., gen.;* ad, in *acc.*〕 속박하다, 묶어 놓다, 강제하다, 헤어나지 못하게 하다, 의무 지우다: Tibi meam astríngo fidem. *(T.)* 네게 굳게 약속한다/ 〔*pass. refl.*〕 ~ se (혹 astríngi) scélere, 죄를 범하다, 죄에 관련되다, 죄인이 되다. **7.** 요약해서 말하다, 간결하게 하다.

astrŏlŏgía, æ, *f.* **1.** 원시 천문학, 성학(星學). **2.** 점성술. 「가.

astrólŏgus, i, *m.* **1.** 천문학자. **2.** 점성

astrŏnŏmía, æ, *f.* 천문학. 「학적.

astrŏnómĭcus, a, um, *adj.* 천문학의, 천문

astrónŏmus, i, *m.* 천문학자.

astrŏphobía, æ, *f.* 천재(天災)공포증.

astrúctĭo, ónis, *f.* **1.** (연설가가 제시하는) 증명; 음악적 구성. **2.** 윤회(輪廻).

astrum, i, *n.* **1.** 성좌; 천체, 별. **2.** *pl.* 하늘, 하늘 높은 곳; 불멸, 최고의 영광·명예: Sic itur ad astra. *(V.)* 이렇게 별나라에 올라간다, 불멸의 존재가 된다.

ástrŭo, strúxi, strúctum, ĕre, *tr.* [ad+struo] **1.** 〔*alqd alci rei*〕 높이 구축하다; 증축하다, 덧붙여 짓다: ~ recens ædifícium véteri *(Col.)* 낡은 집에 새 건물을 덧붙여 짓다. **2.** 〔*alqd alci rei*〕 추가하다, 첨가하다, 보태다. **3.** 〔*alqd alci*〕 한층 더 보태어주다: ~ nobilitátem *alci (Ta.)* 아무에게 고귀함을 더해주다. **4.** 〔*alqm alci rei*〕 (누구에게) 공로[죄]를 돌리다, 뒤집어 씌우다, 몰아넣다. 「*Athénæ.*

astu, *n. indecl.* (희랍의 대표적인) 도시 즉

ástŭla, æ, *f.* = ássula.

astúpĕo, ŭi, ére, *intr.* [ad+stúpeo] 〔*dat.; absol.*〕 보고[듣고] 크게 놀라다.

Astŭra, æ, *f. Látium*의 강.

Astŭres, um, *m. pl. Astúria* 주민.

Astúrĭa, æ, *f. Hispánia*의 *Tárraco* 지방.

astus, us, *m.* **1.** 〔*abl. sing.*로 씀〕 교활하게, 간사하게, 술책으로. **2.** 책략, 교묘.

astútĭa, æ, *f.* 교활, 기교, 술책, 간사함, 깜찍함; 능란, 솜씨좋음; 영리함.

astútus, a, um, *adj.* [astus] 교활한, 간사한, 깜찍한; 능란한, 영리한.

Astȳ̆ages, is, *m.* **1.** *Média*의 왕, *Mandáne*의 아버지이며 대 *Cyrus*의 조부. **2.** *Phíneus*의 동료로서 *Gorgo*를 본 다음 대리석으로 굳어져 버렸음.

Astȳ̆ănax, áctis, *m. Hector*와 *Andromáche*의 아들, 어렸을 때에 희랍인에게 살해됨.

Astȳ̆pălæ̆a, æ, *f. Crete* 섬부근의 섬; 〔*adj.*〕 **-læénsis,** e; **-léĭus,** a, um.

ăsúmbŏlus = asýmbolus.

ăsȳ̆lum, i, *n.* (범죄자가 숨을 수 있는 신전 따위)피신처, 피난처, 불가침의 장소: jus asýli (교회, 수도원, 병원 등의) 비호권(庇護權).

ăsýmbŏlus, a, um, *adj.* 추렴하지 않은, 회식 때 회비내지 않은.

at, *conj.* **1.** 〔앞에 나온 것에 대한 반대·반박으로〕 **그러나, 그렇지만, 하지만:** Tibi ita hoc vidétur, at ego... *(T.)* 네게는 그렇게 생각되는 모양이지만, (그러나) 나는…/

"Edĕpol, fácinus ímprobum." "At jam ante álii fecérunt idem." *(Pl.)* 《그건 확실히 뻔뻔스러운 짓이야!》《하지만 다른 사람들도 벌써 이전에 그랬는걸.》/ At étiam maledícis? *(Pl.)* 하지만 네가 욕까지 한단 말이냐? / at enim 그러나 사실은 / 〔긍정문 앞에서〕 at vero, at pol, at édĕpol 그렇지만. **2.** 〔대조적으로〕 **…이지만 그러나…는[은]**: Déxtera (via)…, at læva … *(V.)* 오른편 길은 …이지만 왼편 길은 … / at contra 그러나 그와 반대로. **3.** 〔이야기의 전개·진전; 청중의 기대에 부응; 주의 촉구〕 **그런데, 한편, 그러자**: at domus intérior gémitu … *(V.)* 그러자 집안에서는 신음 소리로… / at(=atqui) 그런데. **4.** 〔양보·조건문 다음에 주문을 유도할 때〕 **그러나 적어도, …지만 그래도**: Parum procédit, quod ago; at fácio sédulo. *(T.)* 내가 하는 일이 조금밖에는 진전이 없지만 그래도 열심히는 하고있다 / Si non eo die, at postrídie. *(Cato)* 그날 아니면 적어도 다음날에. **5.** 〔말 도중에 감정이 북받쳐서〕 **그렇지만, 어떻든, 하여간; 아이쿠!**: At quæ mater! *(C.)* 하여간 얼마나 훌륭한 어머니냐! **6.** 〔충고 표시〕 **제발, 어서**: At vide … *(C.)* 제발 …보아라. **7.** 〔축원·저주 표시의 감탄사 처럼〕 **부디, 바라건대**: At tibi di benefáciant! *(Pl.)* 신들의 가호가 네게 있기를! / At te di perdant. *(T.)* 망할 녀석 같으니라구!

ătábŭlus, i, *m. Apúlia* 지방의 남동풍, 북부 *Afrĭca*에서 지중해로 부는 모래 섞인 열풍 (동지 때 불어오면 모든 것을 말려 죽임).

Atălánta, æ, *f. Bœótia*의 *Schœneus*왕의 딸, 빨리 뛰기로 유명, 많은 구혼자가 있었으나 마침내 *Milánion*의 아내가 되었음.

atat, atáttătæ, *interj.* = attat.

ătăvísmus, i, *m.* 《生》 격세유전, 간헐유전 (間歇遺傳). 「지. **2.** 조상, 선조.

átăvus, i, *m.* [avus] **1.** 고조부[모]의 아버

Atax, ăcis, *m. Gállia Narbonénsis*의 강; 〔*adj*〕 **-cínus,** a, um.

Atéĭus, i, *m. Roma*인의 씨족명.

Atélla, æ, *f. Campánia*의 옛 도시; 〔*adj.*〕 **-lánus,** a, um, *Atélla*의; *m. Atellána* 광대극 배우. 「고대 *Roma*의 대중 광대극·희극.

Atellána (fábula), æ, *f. Atélla*에서 시작된

Atellánĭcus[-ĭus], a, um, *adj. Atellána* 광대극의.

āter, tra, trum, *adj.* **1.** 검은, 거무칙칙한; 어두운: alba et atra discérnere *(C.)* 흑백을 가리다 / atra fera 코끼리. **2.** 침울한, 음울한, 음산한, 슬픈, 비통한, 불행한: ~ dies 불길한 날. **3.** 추한, 보기흉한. **4.** 악의있는, 심술궂은; 독살스러운. **5.** 애매한, 알아들기 힘든.

Atéste, *n. indecl. Venétia*의 도시; 〔*adj.*〕 **-tínus,** a, um.

Athămánes, um, *m. pl. Athamánia*의 주민.

Athămánĭa, æ, *f. Epírus*의 지방.

Athămánis, ĭdis, *f. Athamánia*의 여자.

Athămantĭades, æ, *m. Athamas*의 아들, 즉 바다의 신 *Palæmon.*

Athamántis, ĭdis, *f. Athămas*의 딸 *(Helle)*.

Athămas, ántis, *m. Thessália*의 왕 *(Æŏlus*의 아들이며 *Hellen*의 손자; *Helle*와 *Phrixus*의 아버지); 〔*adj.*〕 **-téus,** a, um.

ăthĕísmus, i, *m.* 무신론.

ăthĕísta, æ, *m.(f.)* 무신론자. 「자적.

ăthĕístĭcus, a, um, *adj.* 무신론적, 무신론

Athénæ, árum, *f. pl. Attĭca*의 수도, 희랍 문명의 중심지로 유명했던 도시; 〔*adj.*〕 **-næus,** a, um; **-niénsis,** e, *Athénæ*의, *Athénæ*인의.

Athēnǽum[1], i, *n.* **1.** *Athamánia*의 성시(城市). **2.** *Athénæ*의 신전(희랍의 시인·학자들이 모여 시도 낭송하고 연설도 하며 철학토론도 하던 곳). **3.** *Hadriánus* 황제가 *Athénæ*의 것을 본따 *Roma*에 창설한 고등교육 시설 (*Capitólium*에 있었던 것으로 보임). 「학.

athēnǽum[2], i, *n.* 고등 교육 시설; 단과대

Athēnáĭs, ĭdis, *f. Arĭŏbarzánes* 2세의 왕비.

Athéne, es, *f.* = Minérva.

Athénĭo, ónis, *m.* 104–99 A.C.에 발생한 *Sicília*의 노예반란 지도자.

Athēnŏdórus, i, *m. Tarsus* 출생의 *Stoa* 학파의 철학자, *Octaviánus*의 사우(師友).

Athĕsis, is, *m.* 북부 이태리의 강(지금의 *Adige*).

áthĕus[-os], i, *m.* 무신론자.

āthléta, æ, *m.* 경기자, 투기자(鬪技者).

āthlétĭca, æ, *f.* 경기 기술.

athlétĭcus, a, um, *adj.* 경기자의, 경기자에 관한; 〔*adv.*〕 **-tĭce,** 경기자 모양으로.

Atho(n), ónis, *m.* = Athos.

Athos, (*gen. dat. abl.* -o, *acc.* -o & -on), *m. Macedónia*의 아주 높은 바위 산.

Atílĭus, i, *m. Roma*인의 씨족명; 〔*adj.*〕 **-liánus,** a, um. 「들의 도시.

Atína, æ, *f.* 동남 *Látium*에 있던 *Volsci*인

Atínas, átis, *adj.* **1.** *Atína*의. **2.** *m. Atína* 사람.

Atínĭus, i, *m. Roma*인의 씨족명.

Atintánĭa, æ, *f.* 서북 *Epírus*의 지방.

Atĭus, i, *m. Roma*인의 씨족명.

Atlantéus, a, um, *adj. Atlas*의; *Líbya*의.

Atlantíăcus, a, um, *adj.* = Atlánticus.

Atlantíădes, æ, *m.* **1.** *Atlas*의 손자 *Mercúrius* (*Atlas*의 딸인 *Maja* 여신의 아들). **2.** *Atlas*의 증손자 *Hermaphrodítus.*

Atlántĭas, ădis, *f. Atlas*의 딸[후손녀].

Atlántĭcus, a, um, *adj. Atlas*산에 관계되는; 대서양의: Mare Atlánticum 대서양.

Atlántis, ĭdis, *f. Atlas*의 딸[손녀].

Atlas[Atlans], ántis, *m.* **1.** 어깨에 하늘을

메고 있던 거인 *Titan*. **2.** *Afrĭca*의 서북단에 있는 *Atlas*산, 원래 *Afrĭca*의 *Mauritánia*의 전설적인 왕, 영웅 *Pérseus*가 그를 돌로 만들어 산이 되었다 함.

ătŏmísmus, i, *m.* 《哲》 원자론.

átŏmus¹, a, um, *adj.* 나누이지 않는.

átŏmus², i, *f.* 아톰, 원자.

atque, *conj.* 〔자음으로 시작되는 단어 앞에서는 ac으로 쓴다〕 **1.** 〔어떤 것에 설명적으로 덧보태는 뜻으로〕 **그리고, 그리고 또, 그것도**: Ego illud ita feci ac lubens.*(T.)* 나는 그것을 이렇게 했으며 그리고 기꺼이 했다 / ... tempus, ~ id eréptum e summis occupatiónibus*(C.)* …시간, 그것도 대단히 바쁜 중에서 쪼개낸 시간. **2.** 〔뒤에 오는 말에 강세를 줄 때〕 **더우기, 더구나, 게다가 또, 까지도, 그리고 특히, …하되**(어떻게…): res diffícilis, ~ ómnium difficíllima *(C.)* 어려운 일, 더구나 제일 어려운 일 / ~ étiam 더우기 (…하기도 하다). **3.** 〔서로 비슷한 말·반대말·대조되는 말 또는 문장을 et과 비슷하게 그러나 좀더 긴밀하게 이어줌; 그리고 새로운 장절(章節)로 넘어갈 때 가끔 그 첫머리에 쓰는 수가 많음〕 **와, 과, 그리고**: Etiam ~ étiam*(C.)* 재삼(再三) / oráre ~ obsecráre 청하고 또 간청하다 / ad frígora ~ æstus vitándos*(C.)* 추위와 그리고 (그에 못지 않게) 더위를 피하기 위해 / Atque ut veniámus ad illud. 그리고 다음과 같은 것도 다루기로 하자 / Ac ne illud quidem neglegéndum est. 그리고 다음과 같은 것도 소홀히 해서는 안될 것이다. **4.** 〔드물게는 tamen의 뜻으로〕 **그렇지만, 그러나**: Néscio, quid tibi sum oblítus hódie, ac vólui dícere.*(T.)* 잊어버려서 생각이 안 난다만 네게 오늘 말을 하려고 했다 / ac tamen 그러나. **5.** 〔부정 다음에 긍정을, 긍정 다음에 부정을 이어주면서〕 **…라기보다는 오히려, 차라리**: Non est ita, ac pótius ignorátio est.*(C.)* 그렇지 않고 그것은 오히려 무지(無知)인 것이다 / Decípiam, ac non véniam.*(T.)* 나는 속이겠다기 보다는 차라리 안오겠다. **6.** 〔비슷함·같음·다름·반대 따위를 표시하는 말뒤에 비교 접속사의 뜻으로〕 **와, 과, (누구·무엇) 하고**: áliter ~ [ac] …와 달리 / idem ~ [ac] …와[하고] 같은 / contra ~ [ac] …와는 반대로 / ac si … 이기나 한듯이 / simul ac[atque] …하자마자, …함과 동시에.

atqui, *conj.* **1.** 그렇지만, …에도 불구하고. **2.** 〔양보〕 그래, 과연, 참, 확실히. **3.** 〔삼단논법 소전제 유도〕 그런데.

atquin = atqui.

Atrácĭdes, æ, *m.* *Atrax*의 아들(= *Thessália*인 *Cǽneus*).

Atrăcis, ĭdis, *f.* *Atrax*의 딸(=Hippodámia), *Thessália*의 여자.

ātrāméntum, i, *n.* [ater] **1.** 검은 색 액체. **2.** 잉크, 먹; 검은 페인트. **3.** 가죽 염색용 유산염[황산염].

ātrátus, a, um, *adj.* [ater] **1.** 검어진; 어두어진. **2.** 검은 상복입은.

Atrax, ăcis, *m.* **1.** *Thessália*의 왕, *Penéus*의 아들. **2.** *Thessália*의 강 또는 도시.

Atrébătes, um, *m. pl.* *Gállia Bélgica*의 주민.

Atrĕus, i, *m.* *Argos, Mycénæ*를 포함한 전 *Pĕlŏponnésus*의 왕, *Agămémnon*과 *Mĕnĕláus*의 아버지.

atrĭárĭus, i, *m.* 현관 수위.

Atrída[-es], æ, *m.* *Atrĕus*의 아들, 즉 *Agamémnon*이나 *Meneláus*.

Atrídæ, árum, *m. pl.* *Atrĕus*의 자손들, 특히 *Agămémnon*과 *Mĕnĕláus*.

atrĭénsis, e, *adj.* [átrium] **1.** 대응접실의, 큰 현관의. **2.** *m.* 현관지기, 집사.

atrĭŏlum, i, *n.* [átrium] 현관 옆방, 옷 벗어거는 방.

átrĭtas, átis, *f.* 검은 빛깔, 검정색.

átrĭum, i, *n.* **1.** 안뜰이 달린 큰 현관, 대응접실. **2.** 집, 저택. **3.** 신전의 대 현관. **4.** 경매장(큰 방). **5.** 《解》 심방(心房); 심이(心耳); (귀의) 고실(鼓室).

atrócĭtas, átis, *f.* [atrox] **1.** 잔인성, 잔학성, 포악, 흉악, 가혹, 만행. **2.** 난폭한 성격, 거친 성격.

atróphĭa, æ, *f.* 《醫》 (영양부족 따위로 생기는) 위축증, 소모증(消耗症); 《生》 (생물 기능의) 쇠퇴, (형태의) 퇴화.

átrŏphus, a, um, *adj.* **1.** 위축성의. **2.** 위축증에 걸린.

Atrŏpos, i, *f.* 세 운명의 여신 *(Parcæ)* 중의 하나.

atrox, ócis, *adj.* [ater] **1.** 포악한, 잔인한, 무자비한, 냉혹한; 가차없는, 가혹한, 지독한: ~ fortúna*(C.)* 가혹한 운명. **2.** 거친, 야만적인; 굴하지 않는; 험상궂은: fília longo dolóre ~ *(T.)* 오랜 고통에 험상궂어진 딸. **3.** 참혹한, 끔찍한, 처참한, 몸서리쳐지는, 소름끼치는.

atta¹, æ, *m.* **1.** (발바닥의 병 때문에) 발끝으로 깡충깡충 뛰다싶이 걷는 사람. **2.** 어리광으로 노인·아버지·할아버지를 atta하고 부르는 말.

Atta², æ, *m.* 약간의 *Roma*인에게 붙여졌던 별명.

attáctus, us, *m.* [attíngo] 접촉, 닿음, 촉감.

áttăgen, énis, *m.* 뇌조(雷鳥), 들꿩; 멧닭.

attagéna, æ, *f.* 《動》 뇌조, 들꿩; 멧닭.

Attálĭa, æ, *f.* *Pamphýlia*의 항구도시; 〔*adj.*〕 **-lénsis,** e.

Attálĭca, órum, *n. pl.* 금실을 섞어 짠 옷.

Attálĭcus, a, um, *adj.* **1.** *Attălus*의. **2.** *Attălus*같은; 호화찬란한: Attálicæ vestes 금실을 섞어 짠 옷.

Attălis, ĭdis, *f.* *Athénæ*의 한 종족, *Attălus* 왕에 대한 기념으로 이렇게 불렸음.

Attălus, i, *m.* *Pérgamos*의 몇명의 왕 이름; 특히 *Attălus* 3세가 *Roma*인을 자기 후계자로 정하여 유명함.

áttămen, *conj.* [at+tamen] 그러나, 그러면서도, 그럼에도 불구하고.

attámĭno, ávi, átum, áre, *tr.* [ad+tágmino] 욕되게 하다, 치욕을 주다, 더럽히다.

attat, *interj.* 〔뜻밖의 일에 놀라거나 미쳐 몰랐던 일을 깨닫거나 무서운 생각이 들 때 나오는 감탄사〕 어! 어마! 아차! 아이쿠!: Attat, oblítus sum.*(Pl.)* 아차! 깜빡 잊었군 / Atat(= Attat), périi ego miser.*(Pl.)* 아이쿠! 난 이제 망했다.

attégĭa, æ, *f.* 오두막집.

attempĕráte, *adv.* [attémpero] 마침, 알맞게.

attémpĕro, ávi, átum, áre,*tr.* [ad+témpero] 알맞게 하다, (바르게) 맞추다.

attémpto, ávi, átum, áre, *tr.*[ad+tempto] **1.** (나쁜 일을) 해보다, 시도하다, 기도하다. **2.** (함락시키려고) 습격하다, 공격하다. **3.** 착수하다; 시작해보다, 떠보다, 유혹하다.

atténdo, téndi, téntum, ĕre, *tr.*[ad+tendo] **1.** (어디로) 향하게 하다, 내뻗다, 펴다, 벌리다; (활따위를) 잡아당기다. **2. ánimum [ánimos]** ~ **주의를 기울이다,** 주목하다, **정신차리다,** 명심하다, 마음쓰다: Atténdite ánimos ad ea.*(C.)* 그것들에 마음들을 써라. **3.** 〔ánimum 없이〕 주의를 기울이다, 정신차리다, 마음 쓰다; 조심하다: Atténde, ut scias.*(C.)* 주의를 기울여 알도록 해라 / Me dicéntem atténdite.*(C.)* 내가 하는 말을 정신들 차려 들어라. **4.** 할 생각을 가지다, 얻으려고 하다, 찾다: Ne atténderis pétere a me. 나한테 청할 생각은 하지마라. **5.** 〔*alci rei*〕 힘쓰다, 주력하다: ~eruditióni, eloquéntiæ.*(Suet.)* 교양과 웅변에 힘쓰다.

attentátĭo, ónis, *f.* [atténto] 시도.

atténtĭo, ónis, *f.* **1.** 열성, 정성: ~ ánimi 심혈을 기울임. **2. 주의,** 유의, 조심, **정신차림,** 착심.

atténto = attémpto.

atténtus[1], a, um, *p.p., a.p.* [atténdo] **1.** 〔ad *acc.*; *dat.*〕 주의 깊은, 조심성 있는. **2.** 긴장한, 정신차리고 있는, 명심하는. **3.** 근면한, 부지런한. **4.** 절약하는.

atténtus[2], a, um, *p. p.* [attíneo].

attĕnŭátĭo, ónis, *f.* [atténuo] **1.** 감소, 축소, 감퇴, 쇠약. **2.** 단순한 문체.

attĕnŭátus, a, um, *p.p.,a.p.* [atténuo] **1.** 가늘어진, 줄어든; 약해진, 축소된; 날카롭게 높아진(목소리). **2.** (말·글따위가) 단순한, 빈약한, 간소한, 꾸밈새없는, 소박한.

atténŭo, ávi, átum, áre, *tr.* [ad+ténuis] **1.** 가늘어지게 하다, 얇아지게 하다, 닳게 하다: attenuáta cacúmine sagítta*(L.)* 활촉끝이 닳아버린 화살. **2.** 줄어들게 하다, 감축시키다; 쇠약해지게 하다: légio prælii attenuáta*(Cæs.)* 많은 전투로 (병력이) 줄어든 군단. **3.** 낮추다, 줄이다, 감소시키다; (연설·문체따위를) 빈약하게 하다.

áttĕro, trívi[térui], trítum[téritum], ere, *tr.* [ad+tero] **1.** 대고 문지르다. **2.** 닳게 하다; 소모하다; 헐어지게 하다: attríta ansa *(V.)* 닳아버린 자루(柄). **3.** 약화시키다; 줄어들게 하다; 무너뜨리다; 망쳐놓다, 부수다, 바수다; 황폐케 하다.

attestátĭo, ónis, *f.* [attéstor] 증명, 증명서: attestatiónem exaráre[confícere] 증명서를 작성하다.

attéstor, átus sum, ári, *dep. tr.* [ad+testor] 증명하다.

attéxo, téxui, téxtum, ĕre, *tr.* [ad+texo] **1.** 짜다, 짜넣다, 뜨개질하여 붙이다. **2.** 〔*alqd* ad *alqd; alqd dat.*〕 밀착시키다, 결합시키다; 엮어넣다.

Atthis, ĭdis, *f.* **1.** 〔지명〕 *Attĭca.* **2.** 〔인명〕 *Athénæ*의 *Cránaus*왕의 딸. **3.** *Athénæ*의 *Pandíon*왕의 딸 *Phĭlŏméla*가 변신한 꾀꼬리; *Phĭlŏméla*의 자매 *Progne*가 변신한 제비.

Attĭca, æ, *f.* *Grǽcia*의 가장 유명한 지방으로서 *Athénæ*가 그 수도임.

Attĭce, *adv.* (연설을) *Attĭca* 식으로, *Athénæ*식으로.

Attĭcísmus, i, *m.* **1.** *Athénæ* 문학의 우아한 특성. **2.** *Athénæ* 말씨.

attĭcísso, áre, *intr.* *Athénæ* 식으로 행동하다, *Attĭca*인을 모방하다[흉내내다].

Attĭcus[1], a, um, *adj.* **1.** *Attĭca*의. **2.** *Athénæ*의. **3.** *Attĭca*인의, *Athénæ*인의.

Attĭcus[2], i, *m.* *Cícero*의 친구인 *Titus Pompónius Attĭcus.*

Attílĭus = Atílius.

attínĕo, tínui, téntum, ére, [ad+téneo] **I.** *tr.* **1.** 붙잡아 두다, 머물러 두다, 오래 끌다; 보존하다, 간직하다. **2.** 매이게 하다, 분주하게 만들다, 재미 붙이게 하다; 확보하다.

II. *intr.* **1.** …까지 이르다, 다다르다. **2.** 〔3인칭만씀; ad *acc.*〕 에 **관계되다, 상관되다,** 관련되다: Nunc nihil ad me áttinet. *(C.)* 지금은 그것이 나와 상관 없다 / quod ad me áttinet,*(C.)* 나에 관한 한(限), 나로 말하면. **3.** 소용있다, 필요가 있다; 문제가 되다: Quid áttinet dícere? *(C.)* 말해봐야 무슨 소용이 있느냐?

attíngo, tĭgi, táctum, ĕre, *tr.* [ad+tango] **1. 손대다,** 만지다, 갖다대다; 닿다. **2. 다다르다,** 이르다, 가닿다, 미치다(及): Sonus áttigit aurem. 소리가 귀에 들려왔다. **3.** …와 인접하다, 붙어 있다: Una pars attíngit flumen Rhenum.*(Cæs.)* 일부는 *Rhenus*강과 인접해 있다. **4.** 손대다, 훔치다; 입에 대다, 먹다: nullos ~cibos*(Ta.)* 아무 음식도 입에 대지 않다. **5.** 손찌검하다. **6.** (여자와) 관계하다, 건드리다. **7.** (재해·불행·적따위가) **닥치다, 엄습하다;** 습격하다.

8. 만나다, 마주치다. **9.** 관계되다, 상관되다[있다], 관련이 있다, 속하다: sapiéntem non ~ *(C.)* 현자와 관계없다 / ~ *alqm* cognatióne *(C.)* 아무와 친척관계에 있다. **10.** 손에 넣다, 얻다: ~ gáudia 즐거움을 누리다. **11.** (일에)손대다, 착수하다, 건드리다, 종사하다, (일에)나아가다, 전념하다: ~ Græcas lítteras *(C.)* 희랍문학에 손대기 시작하다. **12.** (무엇에)언급하다, 짤막하
Attínĭus = Atínius. ⌊게 다루다.
Attis, ĭdis, *m. Phrýgia*의 젊은 목동, *Cýbĕle* 여신의 사랑을 받아 그 신관(神官)이 되었다가 나중에 발광하여 스스로 거세함.
attĭtúdo, dĭnis, *f.* 태도, 자세, 몸가짐, 마음가짐. ⌈**-ĭánus,** a, um.
Attĭus, i, *m. Roma*인의 씨족명; 〔*adj.*〕
attóllo, ĕre, *tr.* [ad + tollo] **1. 높이 쳐들다,** 들어 올리다, **추켜들다;** 일으켜 세우다, 높여 주다. **2.** 세우다, 축조하다, 치솟게 하다, 달아 올리다, 나타나게[보이게] 하다: malos ~ *(V.)* 돛들을 달아 올리다 / Mare ventis attóllitur. *(Ta.)* 바람에 바다가 솟아오르다. **3.** (감정따위)일어나게 하다, 일으키다, 분발시키다: ~ ánimos *(V.)* 사기를 높여주다. **4.** 돋보이게 하다, 치켜 세우다, 찬양하다, 드높이다. **5.** 〔*pass. refl.*〕 **~ se, attólli** 일어나다, 일어서다, 올라가다, 끝게 성장하다, 부흥하다: ~ sese in equos *(Ov.)* 말에 올라 타다.
attóndĕo, tóndi, tónsum, ére, *tr.* [ad + tóndeo] **1.** (털·머리·풀 따위를)깎다, 자르다; 가지를 쳐내다: ~ ad cutem *(Scrib.)* 백호치다. **2.** 풀 뜯어 먹다. **3.** 줄어들게 하다, 깎아 내리다.
attónĭtus[1], a, um, *p. p., a. p.* [attóno] **1.** 벼락맞은, 얼빠진, 망연자실한. **2.** 크게 놀란, 대경실색한. **3.** 무감각 상태에 빠진; 신 들린. **4.** 입이 쩍 벌어진, 생각에 잠긴, 초조한: Omnes candidáti attóniti vocem præcónis exspéctant. *(Sen.)* 모든 응시자들이 전령의 음성을 초조하게 기다리고 있다. **5.** 어쩔 줄 모르고 날뛰는.
attónĭtus[2], us, *m.* 경악.
attóno, tónui, tónĭtum, áre, *tr.* [ad + tono] **1.** 벼락치는 소리로 얼빠지게 하다. **2.** 크게 놀라게 하다, 간담을 서늘케 하다; 정신을 잃게 하다. ⌈다, 휘두르다.
attórquĕo, ére, *tr.* [ad + tórqueo] 빙빙 돌리
attráctĭo, ónis, *f.* [áttraho] **1.** 수축. **2.** 끌어당김; 매력. **3.** 《文法》 성·수·법의 동화.
attractívus, a, um, *adj.* **1.** 인력있는, 끌어 당기는. **2.** 매력있는. ⌈당기는.
attractórĭus, a, um, *adj.* 인력있는, 끌어
attráctus, a, um, *p. p., a. p.* [áttraho] 수축된, 당겨진: attráctis supercíliis *(Sen.)* 이맛살을 찌푸리고.
áttrăho, tráxi, tráctum, ĕre, *tr.* [ad + traho] **1. 끌어 당기다,** 끌다, 끌어 오다; 이끌어 오다. **2.** 오게 하다, 불러 오다; 끌어 들이다. **3.** 꾀어서 자기 쪽으로 오게 하다.
attrectátĭo, ónis, *f.* [attrécto] 손으로 만짐, 손댐, 더듬음.
attrectátus, us, *m.* = attrectátio.
attrécto, ávi, átum, áre, *tr.* [ad + tracto] **1. 만지다,** 손대다, **더듬다. 2.** 손에 넣다, 움켜잡다; 훔치거나 뺏으려고 손대다. **3.** 일에 손대다, 종사하다, 관계하다.
áttrĕmo, ĕre, *intr.* [ad + tremo] 〔*dat.*〕 소리에 떨다; …앞에서 떨다. ⌈걸어가다.
attrépĭdo, áre, *intr.* [ad + trépido] 어정어정
attríbŭo, ŭi, útum, ĕre, *tr.* [ad + tríbuo] **1.** 주다, 맡겨 주다, **지정해 주다,** 책임지우다: ~ servis equos *(Cæs.)* 종들에게 말들을 지정해 주다. **2.** 나누어 주다, 분배하다, 할당하다. **3.** (국고금을) 신탁하다, 사용을 지정하다, 환어음을 **발행하다;** 대여하다. **4.** 통치를 위탁하다, (누구에게) 속하게 하다. **5.** (성질·속성으로) **부여하다,** 덧붙여 주다. **6.** (공로·영광·탓·원인을) **돌리다.**
attrĭbútĭo, ónis, *f.* **1.** 지정, 부여. **2.** 환어음. **3.** 《文法》 부가어, 수식어, 형용어.
attrĭbútum, i, *n.* **1.** 공용(公用)으로 위탁한 국고금. **2.** 《文法》 속성·성질을 나타내는 말(**수식어**로 쓰인 형용사따위), 부가어(附加語). **3. 속성;** 특성, 특질; 부수물.
attrítĭo, ónis, *f.* [áttero] **1.** 바숨, 분쇄. **2.** 문지름, 비벼댐. **3.** 뉘우침, 《가》 (벌받을 것을 무서워하여 뉘우치는) 불완전한 통회(痛悔).
attrítus[1], a, um, *p.p., a.p.* [áttero] **1.** 문질러 닳아진, 해진, 갈린. **2.** 소모된.
attrítus[2], us, *m.* [áttero] **1.** 마찰, 마멸. **2.**
attrívi, *pf.* [áttero]. ⌊찰과상.
áttŭli, *pf.* [áfferо]. ⌈다.
attúmŭlo, áre, *tr.* [ad + túmulus] 덮어 감추
Attus Návĭus, i, *m. Tarquínius Priscus* 시대의 유명한 점장이(600 A.C.).
Atuátŭca, æ, *f. Eburónes*족의 요새.
Atuátŭci, órum, *m. pl. Gállia Bélgica*의 *Germánia* 종족.
Atys, ўos, *m.* **1.** *Hércules*와 *Omphále*의 아들, *Lýdia*왕의 시조. **2.** *Latíni*족의 시조
au, *interj.* 아아! 어어! ⌊인 *Troja*인.
auca, æ, *f.* **1.** 새. **2.** 기러기.
aucélla, æ, *f. dim.* 작은 새.
aucellátor, óris, *m.* 매 사냥꾼.
auceps, áucŭpis, *m.* [avis + cápio] **1.** 들새 잡는 사람, 새 사냥꾼. **2.** 새 장수. **3.** 잠복하여 대기하는 사람. ⌈경매품.
áuctĭo, ónis, *f.* [áugeo] **1.** 경매, 공매. **2.**
auctĭōnárĭus, a, um, *adj.* [áuctio] 경매의.
auctĭónor, átus sum, ári, *intr., tr.* [áuctio] 경매하다, 경매에 붙이다.

áuctĭto, áre, *tr. freq.* [aucto] (힘을 기울여) 커지게 하다, 증가시키다, 확대시키다.
aucto, áre, *tr. freq.* [áugeo] 크게 증가시키다, 늘리다.
auctor, óris, *m. f.* [áugeo] 1. **창조자,** 세작자. 2. **창건자,** 건설자, 창작자, 발명자. 3. **시조(始祖).** 4. **설립자,** 창립자, 만든 이, 창시자, 창안자; 발기인. 5. **발설자,** 믿을만한 소식통, 통보자. 6. **권위자,** 태두; 스승, 지도자; 모범: auctórem *alqm* habére in *alqā re (Var.)* 무슨 일에 누구를 본보기로 삼다. 7. 탐구자, 연구자. 8. 역사가; 역사의 증인: ~ rerum Romanárum *(C.) Roma* 역사를 엮은 사람. 9. **저자,** 저작자, 저술가, 작가; 기초인(起草人); 명명인. 10. **장본인, 주동자,** 제안자, 단안자; 권고자, 충고자, 조언자, 간청자, 추천자: auctóre *alqo* fácere *alqd* 아무의 권위 있는 충고로 무엇을 하다 / auctor esse *alci [alcjs rei;* ad *alqd;* de *alqā re]* 누구에게 하도록 의견을 주다, 자기 의견의 권위로써 무엇을 하게 하다. 11. 입법자, 제정인, (원로원에서 법률안·결의안의)제출자·지지자·인준자: ~legis 법제정인, 법안 가결자 / auctóres fíeri 원로원 의원들이(patres) 법률안을 인준하다 · 가결하다. 12 권한을 가진 책임자. 13. 보증인, 증인, 책임보장자. 14. (재산) 매도인, 양도인. 15. (어린이나 부녀자의) 후견인, 보호자.
auctorális, e, *adj.* 주시(注視)의, 통찰의: ~ vigor 주시력, 통찰력.
auctōrāméntum, i, *n.* [auctóro] 1. 책임짐, 의무지님. 2. 계약금, 임차료(賃借料); 상여금.
auctōrátus, a, um, *p. p.* [auctóro] 팔린, 고용된.
auctórĭtas, átis, *f.* [auctor] 1. 효력발생, 소유권: usus et ~ fundi 시효에 의하여 얻은 토지 소유권. 2. **권위, 신빙성,** (믿을만한)근거, 보증, 책임; 확실한 출처. 3. 본보기, 모범; 창시(創始). 4. 영향력, 충고. 5. **권세, 권력, 권력기관,** 권능, 권한, 권위; (위임된·부여된) **전권.** 6. 후견인의 권한·동의. 7. (원로원·국민따위의) 의사, 의견; 인준판결, 재가, 결정, 명령, 지시, 포고: senátus ~ 원로원의 의견, 포고 / ~ príncipis 황제의 재가. 8. 인품, 인망; 관록, 세력, 위엄; **권위자,** 대가, 태두. 9. (사물의) 중요성, 가치.
auctóro, ávi, átum, áre, *tr.* [auctor] 1. 〔*pass.*〕 책임지다, 보증하다. 2. 팔다, 양도하다; 임대하다; **se** ~ 고용되다, 고용살이하다.
auctumn... *V.* autumn...
auctus, us, *m.* [áugeo] 1. 증가, 증대. 2. 팽창. 3. 성장, 진보.
aucŭpatórĭus, a, um, *adj.* [áucupor] 새사냥에 쓰이는.
aucúpĭum, i, *n.* [auceps] 1. 새사냥. 2. 새사냥 도구. 3. 사냥으로 잡은 것. 4. 정신차려 포착함, 파악함; 문귀 따지기. 5. 추구, 노력.
áucŭpor, átus sum, ári, *tr.* [auceps] 1. 새사냥 하다. 2. 엿보다, 잠복하다. 3. 얻으려고 노력하며, 찾아 다니다.
audácĭa, æ, *f.* [audax] 1. **과감,** 용감, 용기, **담대함.** 2. 무모함, 만용; 몰염치.
audácter, *adv.* [audax] 1. 대담하게, 용감하게, 과감하게. 2. 무모하게, 만용으로.
audax, ácis, *adj.* [áudeo] 1. 대담한, 과감한, 담대한. 2. 무모한; 넉살좋은, 뱃심좋은.
Audéna, æ, *f. Ligúria*의 강.
audens, éntis, *p. præs., a.p.*[áudeo] 감행하는, 과감한, 용감한: Audéntes fortúna juvat.*(V.)* 천운은 과감한 자들을 돕는다.
audéntĭa, æ, *f.* [audens] 과감, 감행, 용감; 무모.
áudĕo, ausus sum, audére, *semidep. tr.* 1. 〔*alqd, inf.*〕 감히 하다, **감행**하다, 용기를 내어 하다: Audĕo dícere.*(C.)* 나는 감히 말하는 바이다. 2. 모험하다, 과감히 해보다.
áudĭens, éntis, *p. præs., a.p.* [áudio] 1. 경청하는, 복종하는: dicto ~ *(C., Cæs.)* 말씀[명령]에 복종하는 자. 2. *m.* 듣는 사람.
audĭéntĭa, æ, *f.* [áudio] 1. 귀 기울임, 경청: audiéntĭam fácere *(L.)* 경청하게 하다, 조용히 듣게 하다, 떠들지 못하게 하다. 2. (사건 경위의) 심문. 3. dicto ~ 복종, 순종. 4. **알현,** 공식 회견.
áudĭo, ívi[ĭi], ítum, íre, *tr.* 1. **듣다,** (누구의)말을 듣다; 경청하다, 귀를 기울이다: Qui vos audit, me audit.*(Luc. 10,16)* 너희 말을 듣는 자는 내 말을 듣는 것이다 / ex *alqo,* ab *alqo* ~ *(C.)* 누구한테서 듣다 / in aure ~ 귀에 대고 속삭이는 말을 듣다. 2. 〔*acc. c. inf.*〕 말[소문]을 듣다, 듣고 알다: Urbem Syracúsas maximam esse Græcárum, audístis.*(C.)* 너희는 *Syracúsæ*가 희랍의 제일 큰 도시라는 말을 들었을 것이다. 3. 〔*alqm*〕 스승의 가르침을 듣다, (누구의) 문하생이 되다. 4. 들어 주다, 청을 받아들이다. 5. …로 알아듣다. 6. bene[male] ~ 좋은[나쁜] 평을 듣다, 평판이 좋다[나쁘다], 칭찬듣다[욕먹다]: bene ~ ab *alqo (C.)* 누구에게 칭찬받다 / male ~ in *alqā* mulíere 어떤 여자와 좋지 못한 교제를 하다. 7. …라고 불리우다, …라는 칭호를 듣다: Pater audísti.*(H.)* 너는 아버지라고 불렸다. 8. 동의하다, 시인하다: Audio. 좋다. 9. (누구의)뜻을 따르다, 순종하다: Si me áudiet,*(C.)* 그가 내 말대로 한다면 / áudiens dicto fília *(Pl.)* 말 잘 듣는 딸. 10. 보다: Audi de minúsculā.*(C.)* 짤막한 이 편지에서 보아다오. 11. 〔*alqm*〕 심문하다, 물어 보다; 〔de *re*〕 조사하다.
audítĭo, ónis, *f.* [áudio] 1. 들음, 청취, 경

청. **2.** 소문, 평판: ~ mala 나쁜 소문·소식. 「짤막한 교훈, 간단한 강의.
audītiúncŭla, æ, *f. dim.* [audítio] 스승의
audītívus, a, um, *adj.* 귀의, 청각의, 청감의.
audítor, óris, *m.* [áudio] **1.** 듣는 사람, 경청자; 청중(의 한 사람), 방청인. **2.** 제자, 문하생; 청강생.
audītórĭum, i, *n.* **1.** 강당, 강연장; 대강의실. **2.** 법정. **3.** 회견실, 접견실. **4.** 청중. 「려진. **2.** *n.* 소문, 평판; 소식.
audítus¹, a, um, *p. p.* [áudio] **1.** 들린, 알
audítus², us, *m.* [áudio] **1.** 청각, 듣는 기관. **2.** 들음, 듣고 앎. **3.** 소문. **4.** 강의 내용, 연설 내용.
áufĕro, ábstuli, ablátum, auférre, *anom. tr.* [ab+fero] **1.** **가져가다,** 운반해 가다. **2.** (지형을)갈라 놓다. **3.** 〔*pass. refl.*〕 **auférri, se auférre** 물러가다, 떠나가다, 사라지다: Aufer te hinc.*(Pl., T.)* 여기서 물러가거라. **4.** 〔*alqd alci,* ab *abl.*〕 **탈취하다, 빼앗아 가다,** 채가다; 훔치다, 뺏어내다: ~ vitam *alci (C.)* 누구에게서 목숨을 뺏다. **5.** 〔*alqm alqā re*〕 이끌다, 말려들게 하다, 현혹시키다, 유혹하다, (마음을) 사로잡다: Auférimur cultu.*(Ov.)* 우리는 (그 여자들의) 몸치장에 현혹된다 / admiratióne auférri *(Q.)* 감탄하여 마지않다. **6.** 없어지게[사라지게]하다, **제거하다,** (죽음이)데려가다. **7.** 떼어[뜯어]내다, 떼어 놓다, 거두어 가다. **8.** 얻다, 달성하다, 얻어내다, 손에 넣다; 횡령하다: ~ respónsum ab *alqo (C.)* 아무한테서 회답을 받아내다 / Tantum ábstulit, quantum pétiit.*(C.)* 그는 청한 만큼 얻어갔다. **9.** 〔명령법〕 그만 두어라, 집어치워라, 그쳐라: Aufer abhinc lácrimas.*(Lucr.)* 이제 그만 눈물을 거두어라. 「시.
Aufidéna, æ, *f. Sámnium* 북부에 있는 도
Aufídĭus, i, *m. Roma*인의 씨족명; 〔*adj.*〕 **-ĭánus,** a, um.
Aufidus, i, *m. Apúlia*의 강.
aufúgĭo, fúgi, ĕre, *intr., tr.* [ab+fúgio] 도망치다, 달아나다, 피하다, 피신하다.
Augéas, æ, *m. Elis*의 왕, 그의 마구간을 *Hércules*가 청소하였음.
áugĕo, auxi, auctum, ére, *tr.* **1.** 자라게 하다, **증가시키다,** 불어나게 하다, 커지게 하다; 〔*pass.*〕 성장하다, 증가하다. **2.** 더 강하게 하다, 더 발전시키다, 더 짙게 하다, 도를 더하다; 과장하다: suspiciónem ~ *(C.)* 혐의를 더 굳히다 / rem ~ laudándo *(C.)* 일을 찬양하여 과대선전하다. **3.** 〔*alqm alqā re*〕 많아지게 해주다, 보태어 주다, 높여 주다, 북돋아 주다: ~ *alqm* divítiis *(C.)* 아무의 재산을 더 많아지게 하다 / múlier aucta pecúniā 돈이 불어난 여자.
augésco, ĕre, *intr. inch.* [áugeo] 커지기 시작하다, 자라나다; 번창해 지다.
augmen, mĭnis, *n.* [áugeo] 증가, 증대.
augménto, áre, *tr.* 증가시키다.
augméntum, i, *n.* [áugeo] 증가, 증대.
augur, ŭris, *m.* **1.** 조점사(鳥占師: 새의 나는 모양·먹는 모양·울음소리 따위로 미래를 점치던 신관), 신탁관(神託官). **2.** *m. f.* 점장이, 복술가; 예언자, 해몽가: noctúrnæ imáginis ~ *(Ov.)* 해몽하는 사람.
augŭrále, is, *n.* [augurális] **1.** 장군의 야영천막 바른쪽. **2.** 새점치는 막대기.
augurális, e, *adj.* [augur] 새점장이의, 새점에 관한. 「새점(鳥占).
augŭrátĭo, ónis, *f.* [áuguro] 예언, 점술;
augŭráto, *adv.* 새점을 치고 나서, 신들의 승인을 받고.
augurátus, us, *m.* 새점치는 관직[직책].
augúrĭum, i, *n.* [augur] **1.** 징조의 관찰·해석; (엄밀하게는 새의 나는 모양·먹는 모양·울음소리 따위로, 넓게는 다른 짐승들의 관찰 또는 천둥·번개·벼락 등으로 길흉을 판단하는) 미래 일에 대한 점: ~ ágere *(C.)*, ~ cápere *(L.)* 점치다. **2.** 점술. **3.** 징후, 징조, 전조. **4.** 예언; 예견, 예감.
augúrĭus, a, um, *adj.* = augurális.
áugŭro, ávi, átum, áre, *tr.* [augur] **1.** 점치다, 새로써 점치다; 미래일을 판단하다: salútem pópuli ~ *(C.)* 백성의 안녕에 대해서 점치다 / in illo auguráto templo *(C.)* 정당하게 점쳐진 그 신전에서 / augurátum est, …라고 점괘가 나왔다. **2.** 〔*absol.; acc.;* de *abl.*〕 예언하다, 예견하다, 추측하다.
áugŭror, átus sum, ári, *dep. tr.* [augur] **1.** 점을 쳐서 미래 일을 알다. **2.** 〔*alqd alci,* de *alqo*〕 예언하다, 알리다, 추측하다, …로 판단하다.
Augústa, æ, *f.* **1.** (*Roma* 황제 시대에) 황제의 어머니·아내·딸·자매 등에 대한 존칭. **2.** 많은 도시 이름; 예컨대 ~ Taurinórum, 북부 이태리의 *Taurini* 인의 도시*(Torino)*.
Augustáles, ĭum, *m. pl.* 황제의 제관들.
Augustális, e, *adj. Augústus*의: Augustáles ludi[Augustália] *Augústus*황제에 대한 존경의 행사로서의 경기. 「성하게.
augúste, *adv.* [augústus] 의례를 갖추어, 신
Augustĭáni, órum, *m. pl.* **1.** 황제 친위기병. **2.** *Augústa* 이름이 붙는 도시의 주민.
Augustínus, a, um, *adj. Augústus*의.
augústo, ávi, átum, áre, *tr.* **1.** 황제로 승격시켜 존경하다, 영광스럽게 하다. **2.** 신성화하다. 「의 *Æduī* 족의 수도.
Augustŏdúnum, i, *n. Gállia Lugdunénsis*
augústus¹, a, um, *adj.* **1.** 성스러운, 신성한. **2.** 숭고한, 엄위한, 위엄있는, 지존한, 존엄한.
Augústus², i, *m.* **1.** *Octaviánus*가 *Roma* 최

초의 황제가 되었을 때 원로원에서 붙여준 별호; 그 후 모든 *Roma* 황제의 별호가 됨. 2. 8월. 「2. 황제의. 3. 8월의.

Augústus³, a, um, *adj.* 1. *Augústus*의.

aula¹, æ, *f.* 1. 저택의 내정, 안뜰; 큰 현관, 대응접실. 2. 저택; 궁전, 궁정, 조정. 3. 궁정에서 일보는 사람; 궁중 노예; 시종. 4. 왕위(王位), 왕의 신분. 5. 강당, **응접실**; 초대 성당의 신자석; **실**(室): ~ commúnis 공동 휴게실 / ~ magna 대강 └의실.

aula², æ, *f.* 남비.

auléum, i, *n.* 1. 휘장, 장식용 융단. 2. 극장의 막: ~ tóllitur *(C.)* 막을 내리다·닫다(*Roma*인들은 연극 끝에 막을 올려서 닫았음) / ~ míttitur *(Phædr.)* 막을 올리다·열다(막을 내려서 열었음). 「*Lyon*)의 주민.

Aulérci, órum, *m. pl. Gállia Céltica* (지금의

Auléstes, is, *m. Tyrrhénia*인.

Aulétes, æ, *m.* 피리 부는 자, 추방된 *Ægýptus*¹의 *Ptolemǽus*왕의 별명.

áulĭcus, a, um, *adj.* [aula¹] 1. 궁전의, 궁정의, 군주의. 2. *m. pl.* 궁중노예·시종, 궁정에서 일보는 사람, 조신(朝臣).

Aulis, ĭdis, *f. Bœótia*의 항구, 여기서 *Græcia* 함대가 *Troja*로 출범하면서 공주 *Iphĭgĕnía*를 희생물로 *Diána* 여신에게 바쳤음. 「부르는 사람.

aulœ́dus, i, *m.* 퉁수[피리]에 맞추어 노래

Aulon, ónis, *m. Calábria*의 포도를 산출하는 산.

áulŭla, æ, *f. dim.* [aula²] 작은 남비. 「명.

Aululárĭa (fábula), æ, *f. Plautus*의 희극

Aulus, i, *m. Roma*인의 이름 (《略》 A.).

aura, æ, *f.* 1. **미풍, 산들바람.** 2. 바람. 3. 입김. 4. 공기. 5. *pl.* 하늘, 공중. 6. *pl.* 햇빛, (밝은) 세상. 7. 광채, 번쩍임: ~ auri *(V.)* 금의 광채. 8. 풍겨지는 향기; 증기, 더운 기운. 9. 반향, 산울림. 10. 순경(順境), 행운. 11. **인기, 인심**; 분위기: ~ populáris 대중의 인기, 민심.

aurántĭum, i, *n.* 《植》 광귤(나무).

aurárĭa, æ, *f.* [aurárius] 금광.

aurárĭus, a, um, *adj.* [aurum] 금의.

aurātúra, æ, *f.* 금박, 도금.

aurátus, a, um, *p.p., a.p.*[auro] 1. 도금한, 금칠한, 금장식한. 2. 금빛의; 금의.

Aurélĭus, i, *m. Roma*인의 씨족명; 〔*adj.*〕 **-lĭus,** a, um.

auréŏla, æ, *f.* 1. (금관의 뜻으로서) 동정(童貞)·순교 등 지상에서의 특별한 공에 대한 천국의 상, 영관(榮冠). 2. (전신을 비추는) 후광(後光).

auréŏlus, a, um, *adj. dim.* [áureus] 1. 금으로 된: ~ anéllus *(Pl.)* 작은 금반지. 2. 금장식한. 3. 황금빛의. 4. 아름다운.

áurĕus, a, um, *adj.* [aurum] 1. 금의; 금으로 만든: nummus ~ *(L.)* 금화. 2. 도금한, 금장식한. 3. 금빛의. 4. 금처럼 아름다운, 찬란한: áurea ætas *(Ov.)* 황금시대. 5. *m.* 금화(폐).

aurĭchálcum, i, *n.* 놋쇠, 황동. 「은 귀.

aurĭcílla, æ, *f. dim.*[aurícula] 깜찍하게 작

aurícŏmus, a, um, *adj.* [aurum+coma] 1. 금발의. 2. 금빛 잎의.

aurícŭla, æ, *f. dim.* [auris] 1. 귓바퀴, 외이(外耳): ~ ínfima 귓불. 2. 작은 귀, 귀여운 귀. 3. (듣는 기관으로서의) 귀. 4. 《解》 (심장의) 심이(心耳). 「耳)버섯 종류.

aurĭcŭlarĭacéæ, árum, *f. pl.* 《植》 목이(木

aurĭcŭláris, e, *adj.* 1. 귀의, 청각에 의한. 2. 귀를 가진. 3. 귀엣말의.

aurĭcŭlotempŏrális, e, *adj.* 귀쪽에 있는 관자놀이의.

áurĭfer, ĕra, ĕrum, *adj.* [aurum+fero] 금을 산출하는, 금을 포함한: aurífĕra arbor *(C.)* (샛별의 딸들인) *Hespérĭdes*의 정원에 있는 금사과 달리는 나무. 「인.

áurĭfex, ficis, *m.* [aurum+fácio] 금 세공

aurĭfŏdína, æ, *f.* [aurum+fodína] 금광.

auríga, æ, *m. f.* 1. **마부,** 말구종; 마차꾼. 2. **마전차(馬戰車) 조종자·경기자.** 3. 기병. 4. 《天》 마차꾼(성)좌. 5. (배의) 키잡이. 6. 남을 조종하는 사람.

aurĭgárĭus, i, *m.* [auríga] 마전차 조종자.

aurĭgátĭo, ónis, *f.* [aurígo] 1. 경기마차를 부림. 2. 돌고래를 타고 달림.

Aurígĕna, æ, *m. f.* [aurum+gigno] 금에서 태어난 자, 금의 자식(용사 *Pérseus*의 형용어). 「áurifer.

áurĭger, ĕra, ĕrum, *adj.* [aurum+gero¹] =

aurígo, ávi, átum, áre, *intr.* [auríga] 1. 경기 마차를 부리다, 마전차 경기하다. 2. 조종하다, 지배하다; 키를 잡다. 「른.

aurĭphrygiátus, a, um, *adj.* 금테[금줄] 두

auris, is, *f.* 1. 귀: erígere aures *(C.)* 귀를 세우다, 정신차려 듣다 / dare aures *alci (C.)* 누구의 말에 귀를 기울이다 / in aurem[in aure, ad aurem] dícere *alqd* 귀에 대고 속삭이다 / dormíre in utrámvis aurem 〔속담〕 다리뻗고 자다 / tenére áuribus lupum 호미난방. 2. *pl.* 청각. 3. 식별력, 말귀: res digna áuribus erudítis *(C.)* 식별력있는 사람이 귀를 기울일 만한 일. 4. *pl.* 보습의 양쪽 볏.

aurítŭlus, i, *m. dim.* [aurítus] 당나귀.

aurítus, a, um, *adj.* [auris] 1. 긴 귀를 가진. 2. 듣고 있는, 정신차려 듣는. 3. 귀에 들려온. 4. 귀모양의; 귀모양의 손잡이가 달린. 「다; 금으로 장식하다.

auro, ávi, átum, áre, *tr.* 도금하다, 금칠하

auróra¹, æ, *f.* 1. 서광, 여명; 동트기. 2. 동쪽, 동방.

Auróra², æ, *f.* 여명(黎明)의 여신(희랍 신화의 *Eos*에 해당), *Tithónus*의 아내.

aurúgĭno[-rígĭno], áre, *intr.* 황달병 앓다.
aurúgo[-rígo], gĭnis, *f.* 《醫》황달.
áurŭla, æ, *f. dim.* [aura] 미풍, 산들바람.
aurum, i, *n.* **1.** 금. **2.** 금제품; 금제기구; (목걸이·귀고리·팔찌·반지따위) 금제장신구: libáre auro *(V.)* 금잔으로 제주를 바치다. **3.** 금화; 돈, 화폐: amóre auri cæcus *(V.)* 돈에 대한 애착에 눈먼 자. **4.** 광채, 찬란한 금빛. **5.** 황금시대.
Aurúnca, æ, *f. Campánia*의 도시, 풍자시인 *Lucílius*의 출생지; 〔*adj.*〕 **-cus,** a, um.
Aurunculéjus, i, *m. Roma*인의 씨족명.
Ausa, æ, *f. Hispánia Tarraconénsis*의 도시.
Ausci, órum, *m. pl.* 서남 *Gállia*의 한 종족.
áuscŭlor = ósculor. 「엿들음; 듣고 따름.
auscultátĭo, ónis, *f.* [auscúlto] 들음; 경청;
auscultátor, óris, *m.* [auscúlto] 듣는 자, 경청자; 청종자.
auscúlto, ávi, átum, áre, *tr., intr.* [auris+colo] **1.** 주의깊게 듣다, 경청하다. **2.** 〔*dat.*〕 청종하다, 복종하다: Mihi auscúlta. *(C.)* 내 말을 들어라, 내 말대로 해라.
ausi, -ísti, 《古》=ausus sum, es, *pf.* [áudeo].
Ausŏna, æ, *f. Mintúrnæ* 부근에 있던 *Ausŏnes*인의 도시. 「랜 주민.
Ausŏnes, um, *m. pl.* 중부 *Itália*의 아주 오
Ausónĭa, æ, *f.* **1.** *Itália*의 일부지방. **2.** *Itália.* 「*Itália*인.
Ausónĭdæ, árum[um], *m. pl. Ausónia* 주민,
Ausónĭi, órum, *m. pl.* = Ausónĭdæ.
Ausŏnis, ĭdis, *f. Ausónia*의, *Itália*의.
Ausónĭus, a, um, *adj. Ausónia*의, *Itália*의; *Roma*의.
auspex, pĭcis, *m. f.* [avis+spécio] **1.** 새의 날음·울음·먹음새를 보고 신의 뜻을 해석하며 미래를 예언하는 자, 조점사(鳥占師). **2.** 점쳐주는 새. **3.** 중매인. **4.** 지휘자, 지도자; 가호자(加護者): dis auspícibus *(V.)* 신들의 가호로.
auspĭcáto, *adv.(abl.)* [auspicátus] **1.** 점을 보고서. **2.** 길조(吉兆)로.
auspĭcátus, a, um, *p.p., a.p.* [áuspico] **1.** 점치는데 봉헌된, 신성한. **2.** 길조의, 상서로운.
auspícĭum, i, *n.* [auspex] **1.** 새점(鳥占). **2.** 조점권: auspícia habére 조점권을 가지고 있다. **3.** 군대의 최고 지휘권. **4.** 권력, 명령. **5.** 보호, 가호; 지시, 지도, 인도. **6.** (일의 상서로운) 시작, 개시. **7.** 징조, 조짐, 전조.
áuspĭco, ávi, átum, áre, *intr., tr.* 새점을 치다, 새를 보고서 장래의 길흉을 점치다.
áuspĭcor, átus sum, ári, *dep. tr.* [auspex] **1.** 새점을 치다. **2.** 길조를 보고 일을 시작하다, **경사롭게 시작하다**: ~ regnum *(Ta.)* 왕국을 창건하다 / Auspicátus est cantáre. *(Suet.)* 그는 노래하기 시작하였다.

auster, stri, *m.* **1.** 남풍(특히 *Afrĭca*에서 지중해로 불어오는 습기있는 열풍). **2.** 남쪽, 남방: in austri pártibus *(C.)* 남부 지방에. 「떨떠름한 맛. **2.** 엄격, 준엄, 근엄.
austérĭtas, átis, *f.* [austérus] **1.** 시큼한 맛,
austérus, a, um, *adj.* **1.** 신, 시큼한. **2.** (냄새가) 고약한, 코를 찌르는. **3.** (빛깔이) 침침한, 우중충한. **4.** 엄한, 준엄한, 근엄한. **5.** 고된; 딱딱한, 아무 재미도 ⌊없는.
Austrálĭa, æ, *f.* 호주.
austrális, e, *adj.* [auster] 남쪽의, 남풍의.
Austrĭa, æ, *f.* 오지리, 오스트리아.
austrínus, a, um, *adj.* [auster] 남쪽의, 남풍의.
austroáfrĭcus, i, *m.* 남서풍.
ausum, i, *n.* [áudeo] **1.** 감행하는 일; 모험적인 계획, 기도. **2.** 중죄, 흉악죄.
ausus[1], a, um, *p. p.* [áudeo].
ausus[2], us, *m.* = ausum.
aut, *conj.* **1.** …**든지**[거나] **혹은**, 또는, 아니면: hódie ~ heri *(Pl.)* 오늘이나 혹은 어제. **2.** 그렇지 않으면: Effodiúntur bulbi ante ver; ~ deterióres íllico fiunt. *(Pl.)* 양파는 봄이 되기 전에 캐낸다, 그렇지 않으면 즉시 못쓰게 **된**다. **3.** 〔an과 같은 뜻으로 둘째 의문 앞에〕 Utrum ..., aut...? …냐 **혹은** …냐? **4.** 〔둘 이상 중에서 하나를 택할 경우〕 aut ... aut …**든지** 아니면 …**든지**, 혹은 …**거**나 아니면 …거나: Aut disce, aut discéde. 공부하든지 (그렇지 않으면) 가든지 해라. **5.** 〔다른 접속사 또는 부사와 함께〕 ~ étiam 그 뿐 아니라 또한 / ~ pótius 또는 오히려, 더 정확하게는 / ~ omníno 어떻든 또 / ~ dénique 그리고…도 / ~ certe, ~ saltem 혹은 적어도 / ~ vero (비꼬는 뜻의) 혹은 …라도. 「한 종족.
Autărĭátæ, árum, *m. pl. Illýria* 내륙지방의
Autárĭus, a, um, *adj. Illýria*의.
autem, *conj.* **1.** 〔약한 대조의 뜻으로 둘째 자리에〕 그러나, …**는**[**은**]; 한편 …는[은]: adulescéntes..., senes ~ *(C.)* 청년들은…, 노인들은… **2.** 〔열거하다가 역설 또는 주의환기가 필요한 대목에〕 **그리고.** **3.** 〔여담이나 삽입구 다음에〕 그런데, 그래서. **4.** 〔첨가〕 **그런데 더**, 그밖에: Quid ~ tam necessárium quam ...? *(C.)* 그런데 그 이상 뭐가 더 필요하단 말인가? **5.** 〔삼단 논법 소전제에〕 그런데. 「없는 권위자.
authénta, æ, *m.* 자주적인 주인; 침범될 수
authéntĭa, æ, *f.* 원저성(原著性).
authéntĭce, *adv.* [authénticus] 합법적으로, 유권적으로.
authentícĭtas, átis, *f.* [authénticus] 믿기에 충분한 근거있음, 출처의 확실성; 정명성(正銘性), 진정성(眞正性).
authéntĭcum[1], i, *n.* [authénticus] 원본.
Authéntĭcum[2], i, *n.* 칙법적요(勅法摘要:

Justiniánus 황제의 새 칙법 *Novéllæ*를 수록한 것).

authéntĭcus, a, um, *adj.* **1.** 진정(眞正)한, 순수한, 진짜의, 원(原); 인증(認證)된: testaméntum authénticum 유언의 원문 / authéntici(scriptóres) 원저자. **2.** 공권적, 유권적; 권위에 의한: interpretátio authéntica 공권적 해석, 유권 해석.

authentízo, ávi, átum, áre, *tr.* **1.** 진정(眞正)하다고 말하다. **2.** 인증(認證)하다.

authépsa, æ, *f.* (위는 남비, 아래는 풍로 ⌊로 된) 취사도구.

author = auctor.

autobiográphĭa, æ, *f.* 자서전.

autobiográphĭcus, a, um, *adj.* 자서전의.

autóchthon, ónis, *m.* 토착인, 토착민.

autocrátĭa, æ, *f.* 군주 독재정치, 전제정치; 독재권. 「독재자.

autócrător, óris, *m.* **1.** 독재[전제]군주. **2.**

autógrăphum, i, *n.* **1.** 자필. **2.** 원본.

autógrăphus, a, um, *adj.* 자필의, 자작의.

Autólȳcus, i, *m.* *Mercúrius*신의 아들, *Odýsseus*의 조부, 유명한 날도둑.

autŏlýsis, is, *f.* 《生化》 (효소 작용에 의한 동식물 조직의) 자기분해, 자기 소화.

autŏmătárĭum, i, *n.* 자동기계.

automatárĭus, a, um, *adj.* [autómatus] 자동기계의, 자동기계에 관한. 「인.

autŏmátĭcus, a, um, *adj.* 자동의, 자동적

autómăton, i, *n.* 자동기계(장치).

autŏmătŏpœétus, a, um, *adj.* 자동의.

autómătus, a, um, *adj.* 자동의; 스스로[자발적으로] 하는. 「*chílles*의 전차 조종사.

Autómĕdon, óntis, *m.* *Dióres*의 아들, *A*-

autŏmóbĭlis, e, *adj.* 스스로 움직이는, 자동차(의): (currus) ~ 자동차.

Autónŏē, es, *f.* *Thebæ*의 창건자인 *Cadmus*의 딸, *Actǽon*의 어머니; 〔*adj.*〕 **-éjus,** a, um.

autŏnomía, æ, *f.* **1.** 자치, 자치권. **2.** 《哲》 자율. **3.** 주체성. **4.** 《生》 개체화(個體化). 「**2.** 해부, 분석.

autopsía, æ, *f.* **1.** 검시(檢屍), 검시해부.

autor, autórĭtas = auctor, auctóritas.

autŏsuggéstĭo, ónis, *f.* 《心》 자기 암시.

autŏsynápsis, is, *f.* 《動》 동질접합(同質接 ⌊合).

autŏsyndésis = autosynápsis.

Autrónĭus, i, *m.* *Roma*인의 씨족명; 〔*adj.*〕 **-ĭánus,** a, um.

autumnális, e, *adj.* 가을(의).

autúmnĭtas, átis, *f.* [autúmnus²] **1.** 가을철. **2.** 가을철 산물.

autúmno, áre, *intr.* 가을(철)이 되다.

autúmnum, i, *n.* 가을.

autúmnus¹, a, um, *adj.* 가을의.

autúmnus², i, *m.* **1.** 가을. **2.** 연(年), 해.

áutŭmo, ávi, átum, áre, *tr.* **1.** 말하다, 주장하다. **2.** …라고 하다. **3.** 여기다, 생각하다.

auxi, *pf.* [áugeo].

auxĭlĭáris, e, *adj.* [auxílium] **1.** 도움의, 도움이 되는, 기꺼이 돕는: dea ~ *(Ov.)* 도움의 여신. **2.** 보조의: 《文法》 verbum auxiliáre 조동사. **3.** 원군(援軍)의, 연합군의; *m. pl.* 원군, 연합군.

auxĭlĭárĭus, a, um, *adj.* [auxílium] **1.** 도와주는, 보좌하는, 보필하는. **2.** 원군의, 연합군의; 보조의. 「원조.

auxĭlĭátĭo, ónis, *f.* [auxílior] 구조, 부조,

auxĭlĭátor, óris, *m.* [auxílior] 원조자, 지원자(支援者), 보조자.

auxĭlĭátus, us, *m.* = auxílium.

auxílĭo, ávi, átum, áre, *intr., tr.* 〔*dat., acc.*〕 = auxílior.

auxílĭor, átus sum, ári, *dep. intr.* [auxílium] 〔*dat.*〕 **1.** 도와주다, 원조하다; 보좌하다. **2.** (부담·고통을) 덜어주다, (병에) 도움이 되다, 약이 되다, 치료하다.

auxílĭum, i, *n.* [áugeo] **1.** 도움, 원조, 지원: auxílio esse *alci (C.)* 누구에게 도움이 되다; 도와주다: veníre auxílio *alci (Cæs.)* 누구를 도우러 오다. **2.** 치료법. **3.** *pl.* 증원군, 연합군; 병력, 군대. **4.** 원조 자원(資源), 방책(方策), 구조책, 보조수단.

Auxĭmátes, um, *m.pl.* *Auxĭmum*의 주민.

Auxĭmum, i, *n.* 북부 *Picénum*의 도시(지 ⌊금의 *Osimo*).

ava, æ, *f.* = ávia¹.

Avárĭcum, i, *n.* *Gállia*의 *Bitúriges*인의 수도(지금의 *Bourges*); 〔*adj.*〕 **-cénsis,** e.

avárĭter, *adv.* 탐내어, 욕심많게, 인색하게.

avarítĭa, æ, [-tĭes, éi,] *f.* [avárus] **1.** 탐욕, 강한 욕심. **2.** 재물욕; 인색.

avárus, a, um, *adj.* [áveo¹] **1.** 〔*gen.*〕 욕심많은, 탐욕적인, 탐내는; 갈망하는: laudis ~ *(H.)* 영광을 탐내는. **2.** 재물욕 있는, 인색한; 만족할 줄 모르는.

ăve, *imper. s.* 2. [áveo²] **1.** 〔만날 때·헤어질 때의 인사로〕 안녕하십니까? 안녕히 가십시요!: Ave María. 성모송. **2.** 〔묘비에〕 고이 잠드시라.

ávĕho, véxi, véctum, ĕre, *tr.* [ab+veho] **1.** 멀리 가져가다, 운반하여 가다, 실어가다, 태워가다: ~ fruméntum návibus *(Cæs.)* 곡식을 배로 실어 가다. **2.** 〔*pass. refl.*〕 ávehi (말·배) 타고 떠나가다, 물러가다.

avellána, æ, *f.* 작은 호도의 일종.

avéllo, vúlsi[vólsi, vélli], vúlsum[vólsum], ĕre, *tr.* [ab+vello] **1.** 억지로 떼어내다, 잡아뜯다, 찢어내다; 잡아빼다[뽑다]: Poma ex arbóribus, si cruda sunt, vi avellúntur. *(C.)* 실과들이 익지않았을 때는 나무에서 억지로 비틀어 따게 된다. **2.** 〔*alqm* ab, ex *abl.*; *abl.*; *alci*〕 떼어 놓다, 빼내다, 뺏다: ~ ab erróre *alqm (C.)* 오류에서 아무를 떼어 놓다 / fílii sinu matris avúlsi *(Sen.)* 어머니 품에서 떼어낸 자식들.

ăvéna, æ, *f.* **1.** 《植》 귀리, 연맥(燕麥); 메귀리. **2.** 짚, 풀줄기; 귀리줄기. **3.** 목동의 피리; 갈대피리.

ăvēnácĕus, a, um, *adj.* [avéna] 귀리의, 귀리로 만든.

ăvēnárĭus, a, um, *adj.* [avéna] 귀리의, 귀리에 속한.

avens, éntis, *p. præs.* [áveo²] 기뻐하는, 즐거워 하는.

Avéntĭcum, i, *n. Helvétii*족의 수도(지금의 *Avenches*).

Aventínum, i, *n.* = Aventínus².

Aventínus¹, a, um, *adj. Aventínus* 언덕의.

Aventínus², i, *m.* (*sc.* mons) **1.** *Roma* 일곱 언덕의 하나. **2.** *Hércules*의 아들.

ávĕo¹, ére, *tr.* 〔*alqd; inf.*〕 무슨 일에 호기심을 가지다, 하고 싶어 못견디다.

ávĕo², ere, **1.** *intr.* 〔《기쁘다·잘 지내다》의 뜻으로서 서로 만났을 때·헤어질 때 일반적으로 명령법 및 부정법을 인사말로 씀〕 Ave, avéto, avéte. 안녕(들)하십니까! 안녕히 가십시오!: Avére te júbeo. 문안드립니다. **2.** *tr.* 〔*absol.; acc.; acc. c. inf.*〕 (무슨 일에) 대단히 기쁘다, 기뻐하다, 즐겁다: Avĕo genus legatiónis (*C.*) 나는 이런 종류의 사명을 기뻐한다.

Avérna, órum, *n. pl.* **1.** *Avérnus* 호수 부근지방. **2.** 지하세계, 지옥. **3.** 〔*adj.*〕 **-nális,** e; **-nus,** a, um. 지옥같은.

avernális, e, *adj.* **1.** 무서운, 끔찍한. **2.**

Avérnus, i, *m.* (*sc.* lacus) **1.** *Campánia*에 있는 *Cumæ* 도시 부근의 호수(시인들은 이 호수가 지옥에 들어가는 문 중의 하나라고 함). **2.** 지옥.

āvérro, vérri, vérsum, ĕre, *tr.* [ab+verro] 휩쓸어 가져가다.

āverrúnco, ávi, áre, *tr.* [ab+verrúnco (= verto)] 《宗》 불행을 몰아내다, 액땜하다: ~ iram deum (*L.*) 신들의 분노를 끄다 / Dii averrúncent! (*C.*) 신들은 이 불행을 거두시라!

āvérsa, órum, *n. pl.* 등뒤, 뒤편.

āversábĭlis, e, *adj.* [avérsor¹] 피해야 할, 지긋지긋한, 지겨운. 기피.

āversátĭo, ónis, *f.* [avérsor¹] 혐오, 멀리 함,

āversātívus, a, um, *adj.* 혐오하는, 도피하는: appetítus ~ 도피 욕구.

āversátor, óris, *m.* 혐오하는 사람, 적.

āversátrix, trícis, *f.* 혐오[미워]하는 여자.

āvérsĭo¹, ónis, *f.* [avérto] **1.** (얼굴을) 딴 데로 돌림, 외면함; 등 돌림; 쫓아버림: ex aversióne 등뒤로부터. **2.** 기피, 도피, 싫음, 혐오.

āvérsĭo², ónis, *f.* [avérro] 모개흥정.

āvérso, ávi, átum, áre, *tr.* 멀리하다.

āvérsor¹, átus sum, ári, *dep. tr. freq.* [avérto] **1.** 넌더리 나도록 싫어하다, 혐오하다, 기피하다, 도피하다, 외면하다. **2.** 쫓아버리다, 물리치다, 거절하다.

āvérsor², óris, *m.* [avérto] 횡령자, 착복한 사람: ~ pecúniæ públicæ (*C.*) 공금 횡령자.

āvérsum, i, *n.* 뒤쪽, 반대쪽: per avérsa urbis (*L.*) 성뒤로.

āvérsus, a, um, *p.p., a.p.* [avérto] **1.** 돌려진; 뒤를 향한, 등을 돌린, 등뒤의, 외면한, 역행하는: Et advérsus et ~ impúdicus es. (*C.*) 너는 앞뒤 어느 모로나 뻔뻔스럽다. **2.** 등진, 적대의, 혐오의 대상이 되는; 미워하는: ~ a Musis (*C.*) *Musæ*신의 미움을 산.

avérto, vérti, vérsum, ĕre, *tr.* [ab+verto] **1.** 딴 데로 돌리다, 딴 곳을 향하게 하다, 비끼게 하다: ~ flúmina (*C.*) 물길을 돌리다 / ab *alqā re* óculos ~ (*L.*) 무엇에서 눈을 돌리다, 외면하다 / 〔*pass. refl.*〕 **avérti, se avértere** (*C.*) 돌아서다, 다른 데로 향해 가다. **2.** 〔*pass.*〕 **avérti** *alqd* (*acc.*) 무엇을 (싫증나서) 외면하다: Equus fontes avértitur. (*V.*) 말이 샘물을 외면하고 있다. **3.** 돌아서다, 방향을 바꾸다: Prora avértit. (*V.*) 뱃머리가 방향을 바꾸었다. **4.** (정신·주의·생각·말머리 따위를) 돌리다, 바꾸(게하)다, 전환시키다; 쏠리게 하다. **5.** 떼어 놓다, 이간시키다, 멀어지게 하다: ~ *alqm* ab amóre (*C.*) 아무를 사랑에서 떼어 놓다. **6.** (적·위험·불행·재난·병 따위를) 물리치다, 몰아내다, 쫓아버리다, 제거하다; 방지하다. **7.** (탓을 남에게) 돌리다, 전가시키다: ~ culpam in álium (*Q.*) 탓을 (자기 한테서) 남에게로 돌리다. **8.** 횡령하다, 탈취하다: pecúniam públicam ~ (*C.*) 공금을 횡령하다.

ăvéte, *imper. pl. 2.* [áveo²] *V.* ave.

avéxi, *pf.* [áveho].

ávĭa¹, æ, *f.* [avus] 할머니; 외할머니.

ávĭa², órum, *n. pl.* [ávius] 인적이 드문 곳, 황야, 다닐 수 없는 곳.

ăvĭárĭum, i, *n.* [aviárius] **1.** 새장, 닭장, 비둘기장, 둥우리; 조류 사육장. **2.** 숲속의 새집.

aviárĭus, a, um, *adj.* [avis] **1.** 새의, 조류의. **2.** *m.* 새기르는 사람, 닭치는 사람.

ăvĭátĭcus, a, um, *adj.* 조부모의, 조부모에 관한.

ăvícŭla, æ, *f. dim.* [avis] 작은 새, 새새끼.

ăvĭcŭlárĭus, i, *m.* 새기르는 사람.

ávĭde, *adv.* [ávidus] 욕심내어, 게걸스럽게, 탐욕적으로; 갈망하여, 열심히, 간절하게.

ăvídĕo, ére, *tr.* 열망하다.

ăvídĭtas, átis, *f.* [ávidus] **1.** 갈망, 열망, 욕망: legéndi ~ (*C.*) 독서열. **2.** 욕심, 탐욕.

ávĭdus, a, um, *adj.* [áveo¹] **1.** 〔*gen.;* ad, in *acc.; inf.*〕 열망하는, 갈망하는, 희구하는: ~ cibi (*T.*) 음식을 몹시 탐하는 / glóriæ avídior (*C.*) 영광을 더 탐하는 / ávidi commíttere pugnam (*Ov.*) 전투를 갈망하는 자들. **2.** 몹시 하고 싶어하는, 만족할 줄 모르는: ávidæ aures (*C.*) 몹시 듣고 싶어하

는 귀 / ávidi óculi (*Pl.*) 몹시 보고 싶어하는 눈. **3.** 구두쇠의, 돈에 인색한, 돈 욕심이 많은, 이득에 급급한; *m.* 구두쇠, 수전노. **4.** 탐식하는, 게걸스러운, 마구 먹어[마셔]대는; 처먹는, 피에 굶주린(야수); 삼켜버리는. **5.** 야망 많은, 정열적인. **6.** 굉장히 넓은, 광대한.

ăvis, is, *f.* **1.** 새: ~ alba (*C.*) (흰새가 드물다 하여) 보기 드문 일, 희귀한 일. **2.** 징조: secúndis ávibus (*L.*) 길조(吉鳥)가 나타나서.

ăvítus, a, um, *adj.* [avus] **1.** 조부모의. **2.** 조상에게서 오는, 대대로 내려오는, 유전의. **3.** 대단히 오래된.

ávĭum, i, *n.* 무인지경, 외딴 곳.

ávĭus, a, um, *adj.* [ab+via] **1.** 길 없는, 다닐 수 없는, 발길이 닿지 않은; 외딴: ávia commeátibus loca (*L.*) 보급품을 가지고 갈 수 없는 곳. **2.** 길잃은, 길을 벗어난; 정처없는. **3.** 정도에서 벗어난, 빗나간, 길을 잘못 든: ~ a vera ratióne (*Lucr.*) 올바른 이성을 잃은.

āvŏcāméntum, i, *n.* [ávoco] 기분전환, 긴장을 푸는 일, 오락.

āvŏcátĭo, ónis, *f.* [ávoco] 오락, 긴장해소, 기분전환.

ávŏco, ávi, átum, áre, *tr.* [ab+voco] **1.** …에서 불러오다[가다], 소환하다. **2.** 돌아가게 하다, 물러나게 하다; 빼내다, 제거하다, 멀어지게 하다: a prœ́liis ~ (*C.*) 전투에서 물러나게 하다. **3.** 정신을 다른 데로 쏠리게 하다; 기분전환시키다; (걱정·고통따위를)벗어나게 하다. **4.** 다른 데로 가져가다, 돌리다; 뺏어가다. **5.** 철회하다.

āvŏlátĭo, ónis, *f.* [ávolo] 날아가 버림; 도피, 도망.

ávŏlo, ávi, átum, áre, *intr.* [ab+volo] **1.** 날아가 버리다. **2.** 급히 떠나가다, 훌쩍 떠나다: Citátis equis ávolant Romam. (*L.*) 그들은 말을 달려 *Roma*로 급히가고 있다.

avórto = avérto.

avúlsĭo, ónis, *f.* [avéllo] **1.** (나무에서 새 가지를) 비틀어 뜯어냄. **2.** 떼어 놓음.

ăvúncŭlus, i, *m.* [avus] **1.** 외삼촌. **2.** 할머니의 남자형제. **2.** *pl.* 조상.

ăvus, i, *m.* **1.** 할아버지: ~ matérnus 외할아버지.

áxĕnus[1], a, um, *adj.* (손님을) 푸대접하는, 냉대하는.

Axĕnus[2], i, *m.* 흑해의 옛 이름.

Axĭa, æ, *f.* *Etrúria*의 성채.

axícĭa, æ, *f.* 머리가위.

axífĕra, órum, *n. pl.* 《動》 유축류(有軸類).

axílla, æ, *f.* 겨드랑이, 액와(腋窩).

axilláris, e, *adj.* 겨드랑이의.

áxĭnus = áxĕnus.

áxĭo, ónis, *f.* 《動》 부엉이.

axĭología, æ, *f.* 가치론(價値論).

axĭóma, mătis, *n.* **1.** 명제, 원리; 자명(自明)한 이치. **2.** 《論·數》 공리(公理). **3.** 격언.

axis[1], is, *m.* **1.** 굴대, 차축, 축(軸). **2.** 수레, 마차. **3.** 지축(地軸). **4.** 극, 북극. **5.** 하늘의 일부, 지방; 기후, 풍토: ~ boréus (*Ov.*) 북극지방 / exústus sidéribus ~ (*Pl.*) 열대. **6.** 하늘: sub axe (*V.*) 노천에서, 한데에서. **7.** 《解》 제2 경추(頸椎).

axis[2], is, *m.* 널판대기.

axítĭo, ónis, *f.* 공모, 작당.

axĭtĭósus, a, um, *adj.* [ago] 작당한, 반란에 가담한.

Axĭus, i, *m.* *Macedónia*의 큰 강(지금의 *Vardar*).

Axŏna, æ, *m.* *Gállia Bélgica*의 강(지금의 *Aisne*).

axúngĭa, æ, *f.* [axis+ungo] **1.** 묵은 돼지기름. **2.** 굴대에 쓰는 반고체 윤활유.

Azórus, i, *f.* *Thessália*의 도시.

Azótus, i, *f.* *Palæstína*에 있던 요새도시.

ázўma, órum, *n. pl.* 효모를 섞지 않은 빵.

ázўmus, a, um, *adj.* 효모를 쓰지 않은, 누룩들지 않은.

B

B[1], b, *f.,n.* 라틴 자모의 둘째 글자; 〈베〉[bē].

B[2]., 《略》 **1. B.** = bene: B.M. = bene merens 유공자(有功者). **2. B.** = bonus, a, um: B.D. = bona dea 좋은 여신; B.M. = a) bonæ memóriæ 기억에 남는, 추모되는. b) bonā mente 똑바른 정신으로. **3. B.**[BF.] = beneficiárius 특전받은 병사. **4.** 《가》 **B.** = Beátus[-a], *pl.* **BB.** = Beáti 복자(福者); **B.M.V.** = Beáta María Virgo 복되신 동정녀 마리아.

Băal, *m. indecl.* [*decl.* -hal, lis,] *Sýria*의 신.

băbæ [papæ], *interj.* 어어! 어머! 어렵쇼!

babǽcălus, i, *m.* 도락자, 한량.
bábŭlus, i, *m.* 바보, 멍청이.
Bábўlo, ónis, *m. Bábylon* 사람.
Bábўlon, ónis, *f. Babylónia*의 수도.
Babylónĭa, æ, *f.* **1.** *Mesopotámia* 남부에 있던 고대의 대제국. **2.** = Bábylon.
Babylónĭcus, a, um, *adj.* **1.** *Bábylon*의. **2.** *n. pl. Babylónia* 수놓은 옷.
Babylónĭus, a, um, *adj.* **1.** *Bábylon*의. **2.**
bāca, æ, *f.* = bacca. ⌊*m. Bábylon* 사람.
bacálĭa, æ, *f.* [baca] 《植》 월계수의 일종.
bacátus, a, um, *adj.* = baccátus.
Bacáŭdæ, árum, *m. pl.* = Bagáudæ.
bacca, æ, *f.* **1.** (포도·딸기 따위) 장과(漿果). **2.** 동그스름한 열매(특히 올리브열매). **3.** 진주. **4.** 끈의 매듭. **5.** 염소똥. 「업사 칭호(得業士稱號).
baccalaureátus, us, *m.* 학사(學士)학위, 득
baccaláurĕus, i, *m.* 학사(學士), 득업사(得
baccar, ăris, *n.* 《植》 쥐오줌풀. ⌊業士).
báccăris, is, *f.* = baccar. 「식한.
baccátus, a, um, *adj.* 진주달린, 진주로 장
Baccha, æ, *f.* **1.** 술의 신 *Bacchus*의 여신도. **2.** *Hispánia*산 술이름. **3.** 암멧돼지.
bacchabúndus, a, um, *adj.* [bacchor] **1.** 주신(酒神) *Bacchus* 같은. **2.** 마시고 떠들어대는, 광란하는.
Bacchánal, ális, *n.* **1.** *Bacchus*의 여신도들이 축제를 지내러 모이던 곳. **2.** = Bacchanália.
Bacchanális, e, *adj.* **1.** *Bacchus* 신 축제의. **2.** *n. pl.* **Bacchanálĭa,** *Bacchus*신의 제전(祭典)·축제. 「떠들어대는, 광적인.
bacchans, ántis, *p. præs.* [bacchor] 마시고
Bacchántes, ĭum[um], *f.pl. Bacchus*신의 여신도. 「주연(酒宴)의 광란.
bacchátĭo, ónis, *f.* 주신 *Bacchus*의 축제;
bacchátus, a, um, *p.p., a.p.* [bacchor] *Bacchus* 축제를 지낸 (장소).
Bacché(j)us, a, um, *adj. Bacchus*의.
Bacchíădæ, árum, *m.pl. Corínthus*의 아득한 고대의 왕가, *Cýpsĕlus*에 의해 왕위를 뺏긴 후 *Sicília*에 옮겨가서, *Syracúsæ*시를 창설하였음(734 A.C.). 「*chus*의 여신도의.
Bácchĭ(c)us, a, um, *adj. Bacchus*의; *Bac-*
Bacchis, ĭdis, *f.* **1.** = Baccha. **2.** *Bacchus*의 여자신관(神官).
bacchor, átus sum, ári, *dep. intr.* **1.** *Bacchus* 축제를 거행하다. **2.** 마시고 떠들다. **3.** 광란하다, 미쳐 날뛰다. **4.** *tr.* 떠들썩하게 축제 소리지르다, 떠들어대다; 환락에 빠지다.
Bacchus, i, *m.* **1.** *Júpiter* 대신(大神)과 *Sémele* 사이의 아들로서 포도재배법을 가르친 술의 신(희랍신화의 *Dionýsos*신에 해당함). **2.** 포도나무; 포도주.
baccína, æ, *f.* 《植》 배풍등.
Bacénis, is, *f.* (*sc.* silva) 중부 및 동부 *Ger-*
bacéŏlus, i, *m.* 바보. ⌊*mánia*의 큰 숲.
bácĭfer, fĕra, fĕrum, *adj.* [baca+fero] 장과(漿果) 열매맺는; 야생올리브의.
bacíllum, i, *n. dim.* [báculum] **1.** 작은 막대기, 지팡이. **2.** (장관호위병들이 가지고 다니던) 곤봉, 막대기 묶음.
bacíllus, i, *m. dim.* [báculus] **1.** 작은 막대기. **2.** 《醫》 간균(桿菌), 간상균.
baco, ónis, *m.* **1.** 살찐 돼지. **2.** 햄.
bactérĭa, órum, *n.pl.* = bactérium.
bactērĭología, æ, *f.* 세균학.
bactérĭum, i, *n.* 《醫》세균, 분열균(分裂菌).
Bactra, órum, *n. pl.* **1.** *Báctria* 지방의 수도(지금의 *Balkh*). **2.** *Bactra* 주(州).
Bactri, órum, *m.pl. Bactra*의 주민.
Báctrĭa, æ, *f.* 고대 *Pérsia*제국의 한 지방.
Bactriánus, a, um, *adj.* **1.** *Bactra*의. **2.**
Báctrĭus = Bactriánus. ⌊*Bactra* 사람의.
Bactrus, i, *m. Bactra* 부근의 강.
bácŭlum[-us], i, *n.[m.]* 지팡이, 막대기: ~ pastorális 목자의 지팡이.
badísso, áre, *intr.* 걷다, 행진하다.
badítis, tĭdis, *f.* 《植》 수련(睡蓮).
Baduhénnæ lucus, i, *m. Germánia* 북부에
Bǽbĭus, i, *m. Roma*인의 씨족명. ⌊있는 숲.
Bǽcŭla, æ, *f. Hispánia Bǽtica*의 도시(지금
Bǽtĭca, æ, *f. Bǽtica* 주(州). ⌊의 *Baylen*).
Bǽtĭcus, a, um, *adj. Bætis*의.
Bætis, is, *m.* 남부 *Hispánia*의 강 (지금의 *Guadalquivir*). 「방.
Bætúrĭa, æ, *f. Hispánia Bǽtica*의 서북부지
Bagáŭdæ, árum, *m. pl. Gállia*의 농민 집단(*Diocletiánus* 황제 때 약탈과 살상 끝에 여러 도시를 공략하려다가 *Maximiánus*에게 평정되었음). 「官); 여자 숙소 관리자.
Bagóus[-as], i[æ], *m. Pérsia* 궁정의 환관(宦
Bágrăda, æ, *m. Africa*의 *Zeugitána*의 강.
Bajæ, árum, *f. pl. Campánia*의 작은 해안
Bajánus, a, um, *adj. Bajæ*의. ⌊도시.
bájŏlus = bájulus.
bajulátĭo, ónis, *f.* [bájulo] 짐을 져나르기.
bájŭlo, áre, *tr.* [bájulus] (짐을) 져나르다.
bájŭlus, i, *m.* 짐져나르는 사람.
balǽna, æ, *f.* 《動》 고래. 「뿌린.
bălānátus, a, um, *adj.* (발삼 따위의) 향유
bālántes, um, *f. pl.* [balo] 《動》 양(羊).
bálănus, i, *f.* **1.** 《植》 떡갈나무·가시나무·참나무 따위의 열매·도토리. **2.** 서양 고추냉이의 열매. **3.** 좌약(坐藥).
bálătro, ónis, *m.* 광대, 익살꾼. 「소리.
balátus, us, *m.* [balo] 양이나 염소의 울음
balbe, *adv.* [balbus] **1.** 말을 더듬거리며. **2.** 알아듣지 못하게.
balbus[1], a, um, *adj.* 말더듬이의.
Balbus[2], i, *m. Roma*인의 가문명, 성(姓).
balbútĭo, íre, *intr., tr.* [balbus] **1.** 말을 더

듬다; 더듬거리며 말하다, (입안에서) 중얼거리다. **2.** (어떤 일에 관해서) 애매하게 말하다.

baldachínus, i, *m.* 《가》 (성체행렬 때 들고 다니거나 또는 제단·주교좌석 위에 있는) 천개(天蓋).

Baliáres, ĭum, **1.** *f. pl.* 지중해에 있는 군도(群島); 그 주요섬인 *Majórca*와 *Minórca.* **2.** *m. pl. Baliáres* 도서 주민.

Baliárĭcus, a, um, *adj.* = Baliáris.

Baliáris, e, *adj. Baliáres* 군도의.

balínĕæ, árum, *f.pl.* **1.** 목욕탕. **2.** 목욕: a balíneis 목욕하고 나서. 「관한.

balineárĭus, a, um, *adj.* 목욕탕의; 목욕에

balínĕum, i, *n.* **1.** 목욕탕, 욕실; 욕조.

balísta = ballísta. ⌊**2.** 목욕.

ballátĭo, ónis, *f.* 무용, 무도. 「가.

ballátor, óris, *m.* [ballo] 춤추는 사람; 무용

ballēmátĭa, æ, *f.* 춤추는 동작, 무도, 무용.

ballēmátĭcus, a, um, *adj.* 무용의, 무도의.

ballétus = bolétus.

Bállĭo, ónis, *m.* **1.** *Plautus*의 희극 *Pséudulus*에 나오는 창녀 돌보던 사람. **2.** 보잘것 없는 사나이.

ballísta, æ, *f.* **1.** 큰 돌덩이를 발사하던 기계, 암석투척기. **2.** (여러 개의 화살을 쏘아 한꺼번에 나가게 하는) 노포(弩砲), 쇠뇌. **3.** 화살.

BALLISTA

ballistárĭum, i, *n.* **1.** = ballísta. **2.** ballísta 창고. 「노래.

ballístĕa, órum, *n.pl.* 무용 반주음악 또는

ballístĭa, æ, *f.* = ballístea. 「다.

ballo, áre, *intr.* 춤추다, 무도하다, 무용하

ballóte, es, *f.* 《植》 개석잠풀.

ballúca[**ballux**], æ[úcis], *f.* 사금(砂金).

bálnĕa, órum, *n.pl.* [-**ĕæ,** árum, *f.pl.*] 목욕탕; 목욕. 「욕실; 목욕.

balnĕárĭa, órum, *n.pl.* [balneárius] 목욕탕;

balnĕáris, e, *adj.* **1.** 목욕탕의, 목욕에 관한. **2.** *n.* 목욕세(沐浴稅).

balnĕárĭus, a, um, *adj.* [bálneum] 목욕탕의; 목욕에 관한.

balneátor, óris, *m.* [bálneum] 목욕탕 주인.

bálnĕo, áre, *intr.* [bálneum] 목욕하다.

balnéŏlæ, árum, *f.pl. dim.* [bálneæ] 작은 목욕탕. 「욕탕.

balnéŏlum, i, *n. dim.* [bálneum] 작은 목

bálnĕum, i, *n.* 목욕실; 욕조.

bālo, ávi, átum, áre, *intr.* **1.** (양·염소·송아지 따위가) 매애매애 울다. **2.** 시끄럽게 지껄이다, 재잘거리다. **3.** 엉터리없는 소리하다.

balsámĕus, a, um, *adj.* 발삼의. 「식물.

balsămĭnácĕæ, árum, *f.pl.* 《植》 봉선화과

balsămĭnínĕæ, árum, *f.pl.* 《植》 봉선화 아목(亞目). 「의.

balsámĭnus, a, um, *adj.* 발삼의, 발삼성분

bálsămum, i, *n.* **1.** 《植》 발삼나무(발삼을 분비하는 각종나무), 발삼전나무. **2.** 발삼액체 수지(樹脂)·향유.

báltĕum[**-ĕus**], i, *n.*[*m.*] **1.** 띠, 벨트, 끈. **2.** 견대(肩帶), 검대(劍帶). **3.** 가죽채찍.

bālux, úcis, *f.* 금을 함유하고 있는 모래, 사금(砂金). 「멸의 뜻이 많음).

bambálĭo, ónis, *m.* 말더듬이, 반벙어리(경

Bandúsĭa, æ, *f. Horátius*의 탄생지인 *Venúsia* 부근에 있는 아름다운 샘. 「고·공시.

banna, órum, *n.pl.* 공고(公告), 특히 혼인공

bannum, i, *n.* (신하에 대한 군주의) 일정

bannus, i, *m.* 금령(禁令). ⌊한 권리.

Bántĭa, æ, *f. Apúlia*의 도시(지금의 *Banzi*).

Bantínus, a, um, *adj. Bántia*의.

baphíum, i, *n.* 염색공장. 「《宗》 세례.

baptísma, ătis, *n.* **1.** 물에 담금, 씻음. **2.**

baptismális, e, *adj.* [baptísma] 세례의.

baptísmus, i, *m.* 세례: ~ parvulórum 유아세례 / ~ fláminis 화세(火洗) / ~ sánguinis 혈세(血洗), 피의 세례(순교).

baptísta, æ, *m.* 세례자; [B-] 세례자 요한.

baptistérĭum, i, *n.* **1.** 《가》 (성대한 세례 예식을 거행하는) 세례당, 세례대(洗禮台); (세례성수를 보존하는) 세례반(洗禮盤). **2.** 욕조(浴槽). 「람.

baptizándus, i, *m.* [baptízo] 세례받을 사

baptízans, ántis, *p. præs.* [baptízo] 세례주는 사람, 세례 거행자. 「례줌.

baptizátĭo, ónis, *f.* [baptízo] 세례 수여, 세

baptizátor, óris, *m.* [baptízo] 세례주는 사람.

baptízo, ávi, átum, áre, *tr.* **1.** 《宗》 세례주다. **2.** 물에 담그다·씻다, 물뿌리다.

bárăthro, ónis, *m.* 꾸역꾸역 한없이 먹어삼키는 사람. 「진 독같은 배·위장.

bárăthrum, i, *n.* **1.** 심연(深淵). **2.** 밑빠

barba, æ, *f.* **1.** 수염, 턱수염, 구레나룻. **2.** 동물의 수염(같은 털). **3.** (나무나 풀 꼭대기의) 잔잔한 가지 잎새들. 「국여자.

bárbăra, æ, *f.* [bárbarus] 야만인(여자), 외

bárbăre, *adv.* [bárbarus] 난폭하게, 야만스럽게; *Roma*식이 아닌 미개한 외국식으로.

bárbări, órum, *m.pl.* **1.** 야만인. **2.** 외국인.

barbárĭa, æ, *f.* [bárbarus] **1.** 미개지, 이국(異國), 야만국. **2.** 야만, 조야함, 세련되지 못함; 촌스러움.

barbárĭce, *adv.* [barbáricus] 야만적으로.

barbárĭcum, i, *n.* **1.** *Roma*인에게 정복되지 않은 외국땅. **2.** 군대의 야만스러운 고함소리.

barbárĭcus, a, um, *adj.* = bárbarus.

barbárĭes, éi, *f.* = barbária.

barbărísmus, i, *m.* **1.** 국어의 불완전한 발음, 국어문법에 어긋나는 표현. **2.** ~ morum 예의범절에 어긋남, 무례.
barbărízo, áre, *intr.* [bárbarus] 다른 나라 사람처럼 말하다.
barbărŏléxis, ĕos, *f.* 외국어의 오용(誤用).
bárbărus, a, um, *adj.* **1.** 야만의, 미개한. **2.** 외국의, 이국의. **3.** 미숙한. **4.** 무지의, 예의없는. **5.** 거칠은. **6.** 잔인한, 광폭한.
barbáscŭlus, i, *m. dim.* [bárbarus] 반미개인.
barbátŭlus, a, um, *adj.* [barbátus[1]] 구레나룻이나 코밑수염을 약간 기른.
barbátus[1], a, um, *adj.* [barba] **1.** 수염있는, 수염기른. **2.** 완전히 성장한, 완숙한.
barbátus[2], i, *m.* **1.** 고대 *Roma* 사람 (수염도 머리도 깎지 않았으므로). **2.** 철학자 (수염을 길렀음). **3.** 숫염소.
bárbĭger, gĕra, gĕrum, *adj.* [barba+gero[1]] (주로 동물에 대해서) 수염있는, 수염많은.
bárbĭo, ívi, íre, *intr.* 수염나다.
barbitálĭum, i, *n.* 《藥》 바르비탈 (= ácidum diæthylbarbitúricum).
bárbĭton[-os], i, *n.[m. f.]* 비파(琵琶).
bárbŭla, æ, *f.* [barba] 짧게 기른 코밑수염; 솜털.
bárbŭlus, i, *m.* 《動》 미꾸라지; 뱀장어.
barbus, i, *m.* [barba] 《動》 뱅어.
barca[1], æ, *f.* 작은 배.
Barca[2], æ, *f.* *Cyréne*지방의 도시
Barca[3], æ, *m.* = Barcas.
Barcǽi, órum, *m. pl.* *Barca*[2]의 주민.
Barcáni, órum, *m.pl.* 카스피해의 동남안에 살던 한 *Párthia* 족 (= Hyrcáni).
Barcas, æ, *m.* *Carthágo*의 유명한 집안의 선조 (*Hamílcar*와 *Hánnibal*도 이 집안의 인물이었음).
Barce, es, *f.* = Barca[2].
Barcínus, a, um, *adj.* **1.** *Barcas*의. **2.** *m. pl.* *Barcas*의 자손.
Bardǽi, órum, *m.pl.* *Illýria*의 한 종족.
bardítus = barrítus.
bardŏcŭcúllus, i, *m.* (농부·군인·종들이 비올 때 쓰던) 두건달린 값싼 모직망토.
bardus, a, um, *adj.* 우둔한, 어리석은.
Bargúsii, órum, *m.pl.* *Hispánia Tarraconénsis*(북부 서반아)의 한 종족.
Bargylétæ, árum, *m.pl.* *Bargýliæ*의 주민.
Bargýlĭæ, árum, *f.pl.* *Cária*의 항구.
Bargylĭéticus, a, um, *adj.* *Bargýliæ*의.
barínŭlæ, árum, *m.pl.* 물길 찾는 복술가 (일종의 기술자).
baris, ĭdis[ĭdos], *f.* 작은 배, 거룻배.
barítus = barrítus.
Bárĭum[1], i, *n.* *Adria* 바다에 면한 *Apúlia*의 도시(지금의 *Bari*).
bárĭum[2] sulfúricum, i, *n.* 《化》 유산(硫酸)바리움.
bāro, ónis, *m.* 바보, 얼간이.
barósus, a, um, *adj.* [baro] 어리석은; 품행이 방종한.
barratátor, óris, *m.* 사기꾼.
barrínus, a, um, *adj.* 코끼리의.
barrítus, us, *m.* **1.** *Germánia* 사람의(코끼리같이) 외치는 소리. **2.** (전장에서 군인들이 지르는 따위의) 함성(喊聲).
barrus, i, *m.* 《動》 코끼리.
basális, e, *adj.* [basis] 기초의, 기초적인, 기본적인.
bascáuda, æ, *f.* **1.** 음식담는 작은 바구니. **2.** 잔·접시·그릇 따위의 받침.
basĭátĭo, ónis, *f.* [básio] 입맞춤.
basidĭomycétes, ĭum, *f.pl.* 《植》 담자균(擔子菌)류에 속하는 식물.
băsílĭca[1], æ, *f.* [basílicus] **1.** (고대희랍·로마의 재판·상품거래·진열따위에 쓰던) 공회당. **2.** 《가》 대성당, 대성전.
Băsílĭca[2], æ, *f.* [basílicus] 동(東) *Roma* 황제 *Leo* 6세 때 편찬된 희랍어 법전(法典); 개정 희랍초역(抄譯), *Roma*법 대전(大全).
băsílĭce, es, *f.* **1.** 전당, 궁전: ~ major 대전(大殿) / ~ minor 소전(小殿). **2.** (장방형의) 대성당.
băsĭlícŭla, æ, *f. dim.* [basílica[1]] 작은 성당.
băsílĭcus, a, um, *adj.* **1.** 왕의, 왕다운. **2.** 찬란한, 호화로운. **3.** *n.* 호화찬란한 옷.
băsĭlíscus, i, *m.* **1.** (*Afrĭca* 북부지방에 서식하며 머리에 흰 반점의 지느러미 같은 것이 달린) 도마뱀의 일종 (그 기운에 쏘이면 식물도 말라버리고 바위도 깨져버린다는 전설이 있었음). **2.** (열대 *América*산의) 등지느러미 도마뱀. **3.** 작은 왕.
băsĭlíum, i, *n.* 왕관, 왕이나 왕후의 머리장식품.
básĭo, ávi, átum, áre, *tr.* 정답게 입맞추다.
băsis, is, *f.* **1.** 기초, 토대, 기반, 기저(基底); 바탕. **2.** 받침돌, 대석(臺石); 발, 발바닥. **3.** 《數》 저변(底邊): ~ triánguli 삼각형의 밑변. **4.** 《文法》 어근(語根). **5.** 근거.
básĭum, i, *n.* 입맞춤.
basivertebrális, e, *adj.* [basis+vertébra] 《解》 추체(椎体)의.
Bassánĭa, æ, *f.* 동북 *Illýria*의 도시(지금의 *Elbassan*).
Bassanítæ, árum, *m.pl.* *Bassánia*의 주민.
Bassárĕus, i, *m.* *Bacchus*의 별명.
Bassárĭcus, a, um, *adj.* = Bácchicus.
Bassus, i, *m.* *Roma* 여러 씨족의 가문명[성].
Bastárnæ, árum, *m.pl.* *Danúbius*강 하구 가까이에 있던 *Germánia*의 한 종족.
bastérna, æ, *f.* 옛날 부인용 수레의 한 가지(가마같이 생겼으며, 두필의 가축이 끌었음).
Bastérnæ = Bastárnæ.
bastum, i, *n.* 지팡이, 막대기.
bat, *interj.* 허어, 그래?
Batávi, órum, *m.pl.* *Batávia*의 주민.
Batávĭa, æ, *f.* 지금의 화란(네델란드)에 해당하는 나라.
Batávus, a, um, *adj.* **1.** *Batávia*의. **2.** *Batávia*인의.
bathrum, i, *n.* 기초, 토대, 바닥.

Bathýllus, i, *m.* **1.** *Samos*섬 태생의 미소년으로 *Anácreon*에게 사랑받았음. **2.** *Alexandría* 태생의 사람으로 *Mæcénas*로부터 해방된 자유인.
batíllum, i, *n.* (= vatíllum) 삽.
batíŏla, æ, *f.* 작은 술잔.
bătis, is[ĭdis], *f.* **1.** 《動》가자미, 넙치의 일종. **2.** 미나리의 일종; *Gállia* 아스파라거스.
batlínĕa, æ, *f.* 요위에 까는 천.
batrăchĭum[-on], i, *n.* 《植》 미나리 아재
bátrăchus, i, *m.* 《動》 개구리의 일종. ⌊비.
Battíădes, æ, *m.* *Battus*의 자손 (*Cyréne* 사람 *Callímachus*).
báttŭo, ŭi, ĕre, *tr., intr.* **1.** 두드리다, 때리다, 치다. **2.** 〔cum *alqo*〕 (검투사가 시합에서) 공격하여 치다, 싸우다. 「자.
Battus, i, *m.* *Afrĭca*의 *Cyréne* 도시의 창설
Bátŭlum, i, *n.* *Campánia*의 도시.
bátŭo = báttuo.
bătus, i, *f.* 《植》 나무딸기.
baubor, ári, *dep. intr.* (개가 성나서가 아니고) 원망스러운 듯 멍멍 짓다.
Baucis, ĭdis, *f.* *Philémon*의 아내, 그들 부부는 *Júpiter* 대신(大神)과 사신(使神) *Mercúrius*가 인간의 모습을 하고 *Phrýgia*에 왔을 때, 그 두 신들을 후대하였기 때문에 크게 그 보답을 받았음.
Bauli, órum, *m.pl.* *Campánia*의 지명(지금의 *Bacolo* 마을). 「서투른 시인.
Bávĭus, i, *m.* *Virgílius*시대 (*sæc.* 1 A.C.)의
báxĕa[baxa], æ, *f.* 샌들의 일종 (철학도들이 많이 신었음).
bdéllĭum, i, *n.* **1.** 《植》 아라비아 고무나무의 일종: ~ Arábicum *Arábia* 고무. **2.** bdéllium 나무의 방향수지(芳香樹脂)로 만든 향유.
beábĭlis, e, *adj.* [beo] 행복해질 수 있는.
beáte, *adv.* [beátus] 행복하게, 복되게.
beatificátĭo, ónis, *f.* [beatífico] **1.** 복되게 만듦. **2.** 《가》 시복(諡福), 시복식.
beatificátor, óris, *m.* [beatífico] 행복을 주는 사람, 행복하게 하는 사람.
beatífico, ávi, átum, áre, *tr.*[beátus + fácio] **1.** 행복을 주다, 복되게 하다. **2.** 《가》 복자로 선언하다, 시복(諡福)하다, 시복식을 거행하다.
beatíficus, a, um, *adj.* 복되게 해주는, 복을 주는; 지복(至福)의: 《神》 vísio beatífica 지복직관(至福直觀).
beátĭtas, átis, *f.* [beátus] 지복(의 느낌), 희열, 행복, 행복한 생활.
beatitúdo, dĭnis, *f.* [beátus] **1.** 행복한 생활, 행복, 복락, 복됨. **2.** 지복(至福), 진복(眞福), 영복(永福): beatitúdines 진복팔단(眞福八端: *Matth. 5, 3–11*). **3.** 주교나 교황에 대한 옛 존칭.
beátum, i, *n.* [beátus] 행복.
beátus[1], a, um, *p.p.,a.p.* [beo] **1.** 축복받은, 복된; 은혜받은, 행복한. **2.** 풍족한, 부유한, 유복한; 번영하는, 잘되는, 다행한. **3.** 훌륭한, 찬란한. **4.** (죽은 사람에 관해서) 천국에 있는. 「B.
Beátus[2], i, *m.* 《가》 복자(칭호를 받은), 《略》
beber, bri, *m.* 《動》 해리(海狸), 바다삵.
bebrínus, a, um, *adj.* [beber] 해리(海狸)의.
Bebrýces, um, *m.pl.* *Bebrýcia* 국민.
Bebrýcĭa, æ, *f.* *Bebrýces*인들의 나라 (= Bithýnia). 「인의.
Bebrýcĭus, a, um, *adj.* *Bebrýcia*의; *Bebrýcia*
bēccus[1], i, *m.* 부리, 닭주둥이.
bĕccus[2], i, *m.* 숫염소. 「침을 진정시키는.
béchĭcus, a, um, *adj.* 기침에 효과있는, 기
béchĭon, i, *n.* 《植》 개미취.
bedélla, æ, *f.* 일종의 수지(樹脂: 나무 자른 자리나 껍질에서 생기는 진), 송진.
Bēdriacénsis, e, *adj.* *Bedríacum*의.
Bēdríăcum, i, *n.* 북부 *Itália*의 마을.
begónĭa, æ, *f.* 《植》 추해당(秋海棠).
begoniácĕæ, árum, *f.pl.* 《植》 추해당과(秋海棠科) 식물. 「짐승. **2.** 하마.
behemōth, *m. indecl.* 《헤브라이어》 **1.** 물
Bélĕna = Hélena.
Belgæ, árum, *m.pl.* **1.** *Gállĭa Bélgĭca*에 있던 용감한 국민. **2.** *Bélgĭum*국민.
Bélgĭcus, a, um, *adj.* *Belgæ*의; *Bélgĭum*의.
Bélgĭum, i, *n.* *Belgæ*족의 나라, *Bélgĭum.*
Bélĭal, *m. indecl.* 《헤브라이어》 지극히 흉악한 것, 악마. 「Ægýptus).
Belídes[1], æ, *m.* *Belus*의 자손 (= Dánaus,
Bélĭdes[2], um, *f.pl.* *Belus*의 딸·손녀들(= ⌊Danáides).
Bella = Abélla.
bellárĭa[1], órum, *n.pl.* [bellus] 식사 끝에 나오는 과일·과자·달콤한 술 따위, 디저어트.
bellárĭa[2], órum, *n.pl.* [bellum] 무기, 전쟁용 기구. 「사; 호전적인 사람.
bellátor[1], óris, *m.* [bello] 군인, 투사, 용
bellátor[2], óris, *adj.* 용감한, 전투적인, 잘 싸우는, 호전적인. 「이 있는, 전쟁용의.
bellatórĭus, a, um, *adj.* [bellátor[1]] 전투력
bellátrix[1], ícis, *f.* [bellátor[1]] 여자 투사, 여자 용사. 「는, 용감한.
bellátrix[2], ícis, *adj. f.* 호전적인, 잘 싸우
bellátŭlus, a, um, *adj. dim.* [bellus] 귀여운, 예쁜, 상냥한.
bellax, ácis, *adj.* 호전적인.
belle, *adv.* [bellus] 멋지게, 아름답게, 우아하게, 예쁘게, 보기좋게, 솜씨좋게; 편리하게; 살짝, 사뿐사뿐.
Bellérŏphon, óntis, *m.* *Glaucus*의 아들, 천마(天馬) *Pégasus*를 타고 괴수(怪獸) *Chimæra*를 물리쳤음.
Bellerophóntes, æ, *m.* = Bellérophon. 「의.
Bellerophontéus, a, um, *adj.* *Bellérophon*
belliátŭlus = bellátulus.

belliátus, a, um, *adj.* [bellus] 귀여운, 상냥한.

bellicósus, a, um, *adj.* [béllicus] **1.** 전쟁 많은: ~ annus 전쟁 많은 해. **2.** 호전적인, 용감한, 전쟁 좋아하는. 「춤의.

bellícrĕpus, a, um, *adj.* 전쟁놀이의, 전투

béllĭcus, a, um, *adj.* [bellum] **1.** 전쟁의, 전쟁에 관한. **2.** = bellicósus. **3.** *n.* 진군 나팔(신호): ~ cánere 진격[전투개시]의 신호나팔을 불다.

béllĭfer, fĕra, fĕrum, *adj.* [bellum+fero] 전쟁을 일으키는, 호전적.

bellíficor, átus sum, ári, *dep. intr.* [bellus] 〔*dat.*〕 누구에게 상냥하게 하다.

béllĭger, gĕra, gĕrum, *adj.* [bellum+gero] 전쟁하는, 호전적인, 도전적.

bellĭgĕrátĭo, ónis, *f.* [bellígero] 적대행위로 나옴, 교전(交戰). 「교전자(交戰者).

bellĭgĕrátor, óris, *m.* [bellígero] 전사(戰士),

bellígĕro, ávi, átum, áre, *intr.* [bellum+gero] 〔cum *alqo*〕 전쟁하다, 싸우다.

bellígĕror, átus sum, ári, *dep.* = bellígero.

béllĭo, ónis, *f.* 《植》 노란 국화의 일종.

bellípŏtens, éntis, *adj.* [bellum+potens] **1.** 전쟁에 강한. **2.** *m.* 군신(軍神).

bellis, ĭdis, *f.* 《植》 들국화.

bellísŏnus, a, um, *adj.* [bellum+sono] 전투하는 소리나는.

bellĭtúdo, dĭnis, *f.* [bellus] 우아함, 아담함.

bello, ávi, átum, áre, *intr.* [bellum] 〔cum *alqo*, advérsus *alqm*〕 전쟁하다, 싸우다.

Bellóna, æ, *f.* 전쟁의 여신, 군신(軍神) *Mars*

bellóne, es, *f.* 바늘. └의 자매.

bellor, ári, *dep.* = bello. 「2. 호전적.

bellósus, a, um, *adj.* [bellum] **1.** 전쟁의.

Bellóvăci, órum, *m.pl.* *Gállia Bélgica*의 한

béllŭa, æ, *f.* = bélua. └종족.

bellŭínus, a, um, *adj.* [béllua] 짐승의; 짐승같은. 「한, 귀여운.

béllŭlus, a, um, *adj.* [bellus] 우아한, 상냥

bellum, i, *n.* 〔옛적에는 duéllum이라고 했음〕 **1. 전쟁:** in bello 전시에, 전장에서, 전쟁에서 / domi bellíque 평화시에나 전시에나 / ~ civíle 내란. **2.** 교전. **3.** 무기; 군인. **4.** 불목, 싸움, 미움, 적개심.

bellus, a, um, *adj.* **1.** 사랑스러운, 귀여운, 예쁜; 상냥한. **2.** 품위있는, 세련된, 우아한; 아담한. **3.** 안녕한, 건전한; 발랄한. **4.** 쾌적한. **5.** 감칠맛 있는.

belóăcos, i, *f.* 《植》 백선(白鮮).

belóne, es, *f.* = bellóne. 「물.

bélŭa, æ, *f.* **1.** 짐승, 야수, 맹수. **2.** 괴

belŭális, e, *adj.* [bélua] 사나운 짐승의.

belŭátus, a, um, *adj.* [bélua] 짐승의 형상

belŭínus, a, um, *adj.* 짐승의. └으로 꾸민.

beluósus, a, um, *adj.* [bélua] 짐승이 많은;

bēlus[1], i, *m.* 묘안석(猫眼石). └괴물이 많은.

Bēlus[2], i, *m.* **1.** *Bábylon*의 건설자. **2.** *India*의 신. **3.** *Tyrus*의 왕, *Dido*의 아버지. **4.** *Ægýptus*의 옛날 왕, *Dánaus* 및 *Ægýptus*의 아버지.

Benácus, i, *m.* 북부 *Itália*의 호수(지금의 *Lago di Garda*).

Bendidíus, a, um, *adj.* *Bendis*의.

Bendis, is, *f.* *Thrácia*의 달의 여신(=Diána).

bĕnĕ, *adv.* [benus = bonus] 〔*comp.* mélius, *superl.* óptime〕 **1.** 〔흔히 동사와 함께〕 **잘, 훌륭하게, 좋게, 착하게,** 바르게, 옳게; 다행스럽게, 행복하게; 알맞게, 적절히, 제대로; 편리하게, 이롭게: ~ ágere 잘하다; 법대로 공정하게 하다 / ~ ágere cum *alqo* 누구를 후대하다 / ~ audíre 좋은 평을 듣다, 칭찬받다 / ~ crédere 믿어서 낭패하지[속지] 않다 / ~ dícere 잘[훌륭하게 · 바르게 · 좋게] 말하다; 찬미하다, 축복하다 / ~ émere (이 남도록) 싸게 사다 / ~véndere 비싸게 팔다 / ~ fácere 잘[훌륭하게 · 바르게 · 착하게] 행하다; (남에게) 좋은 일을 하다, 은혜 베풀다 / ~ facis[fecísti] 잘해줘서 고맙다 / ~ factum 선행 / ~ habére *alqm* 누구를 잘 대우하다 / ~ habére, ~ se habére 잘지내다, 잘있다 / ~ habet *alqd alci.* 누구에게 무슨 일이 잘된다, 성과가 좋다 / ~ vívere 착하게 살다; 잘[행복하게 · 다행하게 · 호화롭게] 살다 / ~ adésse, ~advenire 마침 잘오다/~[óptime] vidére *alqm* 제 때에(필요한 때에) 누구를 마침 잘 만나다. **2.** 〔*impers.*〕 **Bene est.** 좋다, (일이) 잘되었다, 다행이다: Si vales, bene est.*(C.)* 네가 잘 있으면 다행이다 / *Alci alqā re* ~ est. 누가 무슨 일의 혜택을 받고 있다, 누구에게 무엇이 풍성히 있다 / ~ [óptime] habet. = ~ [óptime] est. 좋다, (썩) 잘 되었다. **3.** 〔est 없이도 쓰며, 특히 축배들 때 *c. dat., acc.*〕 좋다, 잘되었다; 누구의 건강[다행·성공]을 위해서!: Si perfíciunt, óptime.*(C.)* 그들이 완성한다면 썩 잘된 일이다 / Bene mihi, ~ vobis!*(Pl.)* 나와 여러분에게 행복이 있기를! / Bene vos, ~ nos [~ te, ~ me]!*(Pl.)* 여러분과 우리[너와 나] 모두 다행하기를 위해서! **4.** 〔*c. adj., adv.*〕 꽤, 무던히도, **상당히,** 좋이, 크게, 충분히, 전적으로: ~ sanus 대단히 건강한 / sermo ~ longus*(C.)* 상당히 긴 연설 / ~ sæpe*(En.)* 꽤 가끔 / ~mane*(C.)* 상당히 이른 아침에. 「하게.

bĕnĕdíce, *adv.* 공손하게, 은근하게, 친절

bĕnĕdicíbĭlis, e, *adj.* [benedíco] 축복받을.

bĕnĕdíco, díxi, díctum, ĕre, *intr., tr.* [bene+dico] **1.** 잘[바르게·좋게] 말하다; **찬미하다. 2. 축복하다,** 강복(降福)하다. **3. 거룩하게 하다,** 축성(祝聖)하다. **4.** 저주하다, 욕설하다.

Bĕnĕdictínus, i, *m.* *Benedíctus* 수도회원.

bĕnĕdíctĭo, ónis, *f.* [benedíco] **1.** 찬미; 축복, 강복(降福). **2.** 은혜. **3.** 《가》 강복식(降福式), 축성(祝聖). 「복.

bĕnĕdíctum, i, *n.* [benedíco] 좋은 말, 축

bĕnĕfácĭo, féci, fáctum, cĕre, *intr.*, *tr.* ⌊bene + fácio] **1.** 잘[바르게·옳게]하다·행동하다. **2.** **좋은 일을 하다, 은혜를 베풀다;** 공헌하다. 「함, 선행(善行), 자선, 은혜.

bĕnĕfáctĭo, ónis, *f.* [benfácio] 좋은 일을

bĕnĕfáctor, óris, *m.* [benfácio] 은인, 자선가; 선행자(善行者).

bĕnĕfáctrix, trícis, *f.* [benefáctor] 선행자(善行者); 자선가, 은인(女).

bĕnĕfáctum, i, *n.* [benfácio] 〔흔히 *pl.*〕 **1.** 훌륭한 일·사실·업적; 선행. **2.** 은혜.

bĕnĕficéntĭa, æ, *f.* [benéficus] 선행, 자선; 친절, 자애; 아량.

bĕnĕficéntĭor, ĭus, *comp. adj.* [benéficus].

bĕnĕficentíssĭmus, a, um, *superl. adj.* [benéficus]. 「의. **2.** 특권이 부여된.

bĕnĕficĭális, e, *adj.* [benefícium] **1.** 은혜

bĕnĕficĭárĭus, a, um, *adj.* **1.** 은혜의, 은혜스러운. **2.** 특권이 부여된. **3.** *m.* 특전받은 병사. **4.** *m.* 《가》 (교회법상) 교회록(敎會祿) 붙은 사람.

bĕnĕficĭátus, i, *m.* **1.** 봉건(封建)신하, 녹을 받는 신하. **2.** = beneficiárius(4).

bĕnĕficĭéntĭa = beneficéntia.

bĕnĕficíŏlum, i, *n. dim.* [benefícium] 조그마한 은혜, 총애.

bĕnĕfícĭum, i, *n.* [bene+fácio] **1.** 남에게 좋은 일을 함, **선행.** **2.** **은혜,** 은총; 호의 표시, 총애: *alci* ~ dare[tribúere], *alqm* benefício affícere[ornáre]*(C.)* 누구에게 은혜를 베풀다 / ~ accípere*(C.)* 은혜를 받다·입다. **3.** 진력, 수고; 도움, 신세, 알선; 덕택, 덕분, 때문: benefício tuo*(C.)* 네 덕에. **4.** 편들어 줌, 지지: ~ pópuli*(C.)* 국민의 지지. **5.** 혜택; 특전, 특권; 권리, 권한; 승진 추천. **6.** 이익, 이점(利点), 유리함. **7.** 《가》 교회록(敎會祿), 성직록.

bĕnéficus, a, um, *adj.* [bene+fácio] 〔*comp.* beneficéntior, *superl.* -centíssimus〕 남에게 잘해 주는, 자선심 많은, 자비로운; 관후한.

bĕnĕplácĕo, cŭi, cĭtum, ére, *intr.* [bene+pláceo] 〔*dat.*〕 (누구에게) 대단히 마음에 들다, 매우 기쁘게 하다.

bĕnĕplácĭtum, i, *n.* [benepláceo] **1.** 기쁘게 해주는 것, 마음에 드는 일; 쾌락. **2.** 은혜.

bĕnésŏnans, ántis, *adj.* 좋은 소리가 나는.

bĕnésŏnus, a, um, *adj.* 좋은 소리가 나는.

bĕnĕvénĭo, íre, *intr.* 환영 받다, 호감이 가다. 「의. **2.** *m.* *Beneventum* 사람.

Bĕnĕventánus, a, um, *adj.* **1.** *Benevéntum*

Bĕnĕvéntum, i, *n.* *Sámnium*의 도시(지금의 *Benevénto*). 「적으로.

benévŏle, *adv.* [benévolus] 친절하게, 호의

bĕnévŏlens, éntis, *adj.* 호의적인, 친절한; 자애로운, 인정많은, 인자한.

bĕnĕvŏléntĭa, æ, *f.* [benévolus] 호의, 친절, 환심, 인정 많음; 사랑, 자애; 어진 마음.

bĕnévŏlus, a, um, *adj.* [bene+volo] 〔*comp.*, *superl.*는 benévolens에서; 용법: *absol.*; erga *acc.*; *dat.*〕 호의적인, 친절한, 인정많은, 호의를 가진.

bĕnígne, *adv.* [benígnus] **1.** 호의를 갖고, 인자하게, 친절하게; 너그럽게, 기꺼이; 온화하게: ~ fácere *alci* 아무에게 친절을 다하다. **2.** 고맙게; 〔감사하면서 거절할 때〕 고맙지만: Benígne! 고맙다! / 〔상대방 말에 고마움을 표시하는 대답으로〕 ~ dicis *(Pl., T.)* 고맙습니다. **3.** 풍성하게; 많이.

benígnĭtas, átis, *f.* [benígnus] **1.** 호의, 친절; 인자, 자애; 온정, 인정 많음. **2.** 관후함, 너그러움.

benígnĭter, *adv.* = benígne.

benígnus, a, um, *adj.* [bene+gigno] **1.** 〔*absol.*; in *acc.*, *abl.*〕 **호의를 가진, 친절한, 인정많은.** **2.** 〔*absol.*; erga *alqm*; *alci*〕 관후한, 너그러운; 남을 잘 돌봐주는, 인자한, 어진. **3.** 〔*gen.*〕 즐기는, 탐닉하는: vini somníque ~*(H.)* 술과 잠을 몹시 즐기는. **4.** 풍성한, 풍부한, 결실많은, 비옥한. **5.** 길(吉)한, 즐거운: benígna nox ⌊즐거운 밤.

benivol... *V.* benevol...

benzidínum, i, *n.* 《化》 벤진.

benzólum, i, *n.* 《化》 벤졸.

bĕo, ávi, átum, áre, *tr.* **1.** 행복하게 하다, 복되게 하다, 기쁘게 하다. **2.** 가멸지게 하다, (누구의) 재물을 많게 하다, 부자되게 하다. 「과 식물.

berberidácĕæ, árum, *f. pl.* 《植》 매자나무

berbex = vervex.

Berecýntæ[-es], árum[um], *m.pl.* [Berecýntus] *Phrýgia*의 옛 종족. 「*Cýbĕle.*

Berecýntĭa, æ, *f.* *Berecýntus*의 여신, 즉

Berecýntĭus, a, um, *adj.* *Berecýntus*의.

Berecýntus, i, *m.* *Phrýgia*의 산, *Cýbĕle* 여신에게 봉헌된 산.

Bereníce, es, *f.* **1.** 여자이름, 특히 a) *Judǽa*의 왕 *Agríppa* 1세의 딸. b) 이집트왕 *Ptolemǽus* 3세의 아내(남편의 행복을 위해서 아름다운 머리를 신들에게 바쳤음). **2.** 여러 도시 이름.

Berenicéus, a, um, *adj.* *Bereníce*의.

Bérgŏmum, i, *n.* *Gállia Transpadána*의 도시(지금의 *Bergamo*).

beribérĭa, æ, *f.* 《醫》 각기(脚氣).

bero, ónis, *m.* 자루(袋).

Béroe, es, *f.* 전설상의 많은 여자 이름.

Berœa, æ, *f.* *Macedónia*의 도시(지금의 *Ver-*

ria).
Berœǽus, a, um, *adj.* **1.** *Berœa*의. **2.** *m.* *Berœa* 사람.
Berœénsis, is, *m.* *Berœa* 사람. 「족.
Berónes, um, *m.pl.* 북부 *Hispánia*의 켈트
berso = birso. 「보석의 한 가지).
bērýllus[-os], i, *m.* 《鑛》 녹주석(綠柱石:
Bērýtus, i, *f.* *Phœnícia*의 항구(지금의 *Beirut*). 「besses usúræ 연(年) 8부 이자.
bēs, bessis, *m.* [*cf.* as] 12분의8 = 3분의2:
bes(s)ális, e, *adj.* 8의 수를 포함한; *8 úncia*
Bessi, órum, *m.pl.* *Thrácia*의 한 종족. ⌊의.
Béssĭcua, a, um, *adj.* *Bessi*인의.
béstĭa, æ, *f.* **1.** 짐승. **2.** 맹수(猛獸).
bestĭális, e, *adj.* [béstia] 짐승의, 야수의, 야수와 같은. 「행(淫行), 수간(獸姦).
bestĭálĭtas, átis, *f.* [bestiális] 짐승과의 음
bestiárĭus, a, um, *adj.* [béstia] **1.** 짐승[맹수]에 관한. **2.** *n.* (인간 풍자의) 동물 우화집. **3.** *m.* 투우사; (소 아닌 다른 짐승과도 싸우는) 맹수 투사. **4.** *m.* (맨손으로 싸우도록) 맹수형에 처해진 사람.
bestíŏla, æ, *f.* *dim.* [béstia] (곤충 기타 온갖 동물을 포함하여) 작은 짐승.
béstŭla, æ, *f.* *dim.* [béstia] 작은 짐승.
bēta[1]**,** æ, *f.* 《植》 근대, 첨채(菾菜).
bēta[2]**,** *n. indecl.* 희랍 문자의 둘째 글자 *B.*
bētácĕus, a, um, *adj.* [beta[1]] 《植》 **1.** 근대의, 근대에 속한. **2.** *m.* 작은 근대; 근대 뿌리. 「(방부제·색소원료).
betanáphthŏlum, i, *m.* 《化》 베타나프톨
bētísso[-tízo], áre, *intr.* 연하다, 힘이 빠져 있다, 유약하다, 무력하다.
bēto, ĕre, *intr.* 가다.
Betríăcum = Bedríacum.
bētúla, æ, *f.* 《植》 자작나무.
bi-, 〔불분리 접두어〕 (= bis).
bĭárchĭa, æ, *f.* 식량 조달직.
bĭárchus, i, *m.* 《軍》 식량 조달 감독.
Bĭas, ántis, *m.* *Priéne*의 희랍철학자, 희랍 7현인의 한 사람(*sæc.* 6 A.C.).
Bĭbácŭlus, i, *m.* *Roma*인의 가문명, 성(姓).
bĭbárĭa, æ, *f.* 간이 음식점.
bĭbax, ácis, *m.f.* [bibo[2]] 술꾼.
bibíbĭlis = bíbilis. 「수 있는.
bíbĭlis, e, *adj.* [bibo[1]] 음료에 적합한, 마실
bíbĭo, ónis, *m.* 술에 생기는 작은 파리.
bíblĭa, æ, *f.* 책, 서적: ~ sacra 성서 / ~ illustráta 그림넣은 성서, 도해(圖解) 성서.
bíblĭcus, a, um, *adj.* [bíblia] 성서의.
biblĭográphĭa[-ía], æ, *f.* **1.** 서지학(書誌學). **2.** 서적목록, 관계서지, 참고서 일람.
biblĭográphus, i, *m.* 서지학자(書誌學者).
biblĭopóla, æ, *m.* 서적상인.
biblĭothéca, æ, *f.* **1.** 책장, 서가. **2.** 서재, 도서실; 서고. **3.** 도서관.
biblĭothēcális, e, *adj.* 도서관의, 문고의, 서재의, 장서의.
biblĭothēcárĭus, i, *m.* 사서(司書).
biblĭothéce, es, *f.* = bibliothéca.
biblĭothécŭla, æ, *f.* *dim.* [bibliothéca] 작은 도서관, 작은 서재.
biblos[-us], i, *m.* 제지용 papýrus.
bĭbo[1]**,** bĭbi, bíbĭtum[potum], ĕre, *tr.* **1.** 마시다: ~ aquam (*C.*) 물을 마시다 / dare bíbere 마실 것을 주다 / ~ flumen[aquam *alqam*] 강가에[무슨 물있는 지방에] 살다. **2.** 주연을 베풀다, 술마시다: ~ pro summo 잔을 비우다 / ~ nomen *alcjs* (남녀가 어울린 술좌석에서 누구의 이름을 불러놓고) 이름의 글자수 대로 마시다 / Septem cýathis Justína bibátur.*(Martiális)* (일곱잔으로 *Justína*를) *J.*의 이름으로 일곱잔을 마시자 / ~ mandáta (*Pl.*) (부탁·명령까지 마셔버리다) 술을 너무 마시고 부탁·명령을 잊어버리다 / Aut bibat, aut ábeat. 마시든지 (때와 장소에 적응하든지) 아니면 떠나가든지 해라. **3.** (땅·초목 따위가) 빨아들이다, 흡수하다. **4.** 염색되다, 물이 들다: Lanárum nigræ nullum colórem bibunt.*(Plin.)* 검은 양털은 어떤 물도 들지 않는다. **5.** (감정 따위에) 젖어들다, 빠지다; 동화하다: ~ amórem (*V.*) 사랑에 빠지다. **6.** aure ~ *alqd* 열심히 듣다.
bĭbo[2]**,** ónis, *m.* 술꾼.
bibósus, a, um, *adj.* 술 많이 마시는.
Bibrácte, is, *n.* *Gállia*의 *Ædŭi*족의 수도, 후에 *Augustodúnum*이라고 불림(지금의 *Autun*).
Bibrax, ăctis, *f.* *Gállia Bélgica*의 도시.
Bibróci, órum, *m.pl.* 동남 *Británnia*의 한 종족.
bíbŭlus[1]**,** a, um, *adj.* [bibo[1]] **1.** 〔*gen.*〕 마시기 좋아하는, 계속 마시는. **2.** (물·물감을) 빨아들이는, (물기 따위가) 스며든; 젖은.
Bíbŭlus[2]**,** i, *m.* *Roma*인의 가문명; 특히 *Cæsar*의 동료 집정관이던 *M. Calpúrnius* ~ (59 A.C.).
bĭcămĕrátus, a, um, *adj.* 2층으로 된.
bĭcápĭtus, a, um, *adj.* [bis+caput] 머리 둘 있는.
bĭceps, cípĭtis, *adj.* [bis+caput] **1.** 머리 둘 가진: 《解》 ~ músculus 이두근(二頭筋) / ~ bráchii 이두박근(二頭膊筋). **2.** 둘로 나누인: arguméntum ~ = dilémma.
bĭclínĭum, i, *n.* 2인용 긴 식탁 의자.
bĭcŏlor, óris, *adj.* [bis+color] **1.** 2색의, 두 빛깔의. **2.** 얼룩빛깔의.
bĭcŏlórus, a, um, *adj.* = bícolor.
bĭcórnĭger, gĕra, gĕrum, *adj.* **1.** 뿔 두개 가진. **2.** 끝이 둘로 갈라진.
bĭcórnis, e, *adj.* [bis+cornu] **1.** 뿔 둘 가진. **2.** 끝이 둘로 갈라진, 두 갈래의. **3.**

m.pl. 제단 앞에 선 소·염소. 「몸을 가진.
bĭcórpor, ŏris, *adj.* [bis+corpus] 두개의
bĭcorpórĕus, a, um, *adj.* = bicórpor.
bĭcŭbĭtális, e, *adj.* [bis+cúbitus] 2완척(腕尺)의, 약 1미터 길이의. 「두 끝을 가진.
bĭcuspĭdális, e, *adj.* [bis+cuspis] 뾰족한
bĭdens[1]**,** éntis, *adj.* [bis+dens] **1.** 이(齒) 두개 가진. **2.** 두개의 날(刃)을 가진(가위 따위). **2.** *m.* (두 가닥으로 된) 곡괭이.
bĭdens[2]**,** éntis, *f.* 양, (특히 제사에 쓰는) 두살짜리 양: more bidéntium 양처럼.
bĭdéntal, ális, *n.* (양을 희생으로 바치기 위해 벼락 떨어진 자리에 판자나 천으로 둘러막은) 작은 신전.
Bidínus, a, um, *adj.* *Bidis*의.
Bidis, is, *f.* *Sicília*의 도시(지금의 *S. Giovanni di Bidini*).
bīdŭánus, a, um, *adj.* 이틀된, 2일간의.
bídŭum, i, *n.* [bis+dies] **1.** 이틀: bíduo post 이틀 후에. **2.** 이틀 걸리는 거리.
bídŭus, a, um, *adj.* [bis+dies] 이틀의, 2일간의. 「마다의.
bĭennális, e, *adj.* [biénnium] 2년간의; 2년
bĭénnis, e, *adj.* [bis+annus] 2년의.
bĭénnĭum, i, *n.* [bis+annus] 2년, 2년의 기간.
bĭfárĭam, *adv.* [bifárius] **1.** 두편으로, 두부분으로; 둘로. **2.** 두가지로, 2중으로.
bĭfárĭe, *adv.* = bifáriam. 「의, 2중의.
bĭfárĭus, a, um, *adj.* 두 부분의; 두 가지
bĭfĕr, fĕra, fĕrum, *adj.* [bis+fero] (1년에) 두번 결실하는 (나무); 두번 꽃피는, 이모작의. 「진·갈라진, 두 갈래가 된.
bĭfidátus, a, um, *adj.* [bífidus] 둘로 쪼개
bífidus, a, um, *adj.* [bis+findo] 둘로 쪼개진·갈라진, 두 조각이 난, 두 갈래가 된.
bĭfílum, i, *n.* [bis+filum] 겹실(二重糸).
bífŏris, e, *adj.* [bis+foris] **1.** 쌍문짝의, 두개의 문을 가진; 두개의 구멍이 있는. **2.** 두가지 다른 소리내는 (피리).
bĭformátus, a, um, *adj.* = bifórmis.
bĭfórmis, e, *adj.* [bis+forma] 두 가지 형태를 가진, 두 모양의. 「면[얼굴]을 가진.
bifrons, óntis, *adj.* [bis+frons] 두개의 전
bĭfurcátĭo, ónis, *f.* [bifúrcus] 분기(分岐), 분기점. 「로 된, 두 갈래의.
bĭfurcátus, a, um, *adj.* [bifúrcus] 두 갈래
bĭfúrcus, a, um, *adj.* [bis+furca] 두가닥의, 두갈래의. 「쌍두마차.
bīga, æ, *f.* [주로 *pl.*] (나란히 메운) 쌍두마;
bĭgámĭa, æ, *f.* 이중 결혼, 중혼(重婚): ~ successíva 재혼.
bígămus, a, um, *adj.* **1.** 중혼(重婚)한, 재혼한. **2.** *m.* 중혼자, 재혼자.
bīgárĭus, i, *m.* 쌍두마차부 (모는 사람).
bīgátus, a, um, *adj.* [biga] **1.** 쌍두마의. **2.** *m.* (쌍두마가 조각된) 고대 *Roma*의 은화.

bĭgémĭnus, a, um, *adj.* 두쌍의. 「보석의.
bĭgémmis, e, *adj.* 두 알맹이의; 쌍으로 된
bígĕner, nĕra, nĕrum, *adj.* [bis+genus] 두개의 다른 종류로 된, 잡종의. 「의 도시.
Bigérra, æ, *f.* *Hispánia Tarraconénsis* 남부
Bĭgerriónes, um, *m.pl.* *Aquitánia*의 *Gállia* 족. 「식물.
bignoniácĕæ, árum, *f.pl.* 《植》 능소화과
bígrădus, a, um, *adj.* 두 계급이 있는.
bíjŭgi, órum, *m.pl.* [bíjugis] (나란히 메운) 쌍두마.
bíjŭgis, e, *adj.* [bis+jugum] 쌍두마의.
bíjŭgus, a, um, *adj.* [bis+jugum] **1.** (나란히 메운) 쌍두(마)의. **2.** *n.* 쌍두마차, (고대의) 전차. 「진. **2.** *f.* 천칭 저울.
bĭlanx, láncis, *adj.* **1.** 두개의 저울판을 가
bilătĕrális, e, *adj.* [bis+latus] 양측(兩側)의, 쌍방의, 쌍무적(雙務的)인.
Bílbĭlis, is, *f.* *Hispánia Tarraconénsis*의 도시, *Salo* 강변에 있었으며, 시인 *Martiális*의 출생지. 「약 *327 gr.*)의 무게.
bĭlíbra, æ, *f.* [bis+libra] *2 libra*(*pondo* =
bĭlíbris, e, *adj.* [bilíbra] **1.** *2 libra*의. **2.** 두 *libra* 들이의. 「형성하는.
bīlífĕrus, a, um, *adj.* [bilis+fero] 담즙을
bĭlínguis, e, *adj.* [bis+lingua] **1.** 두 혀의. **2.** 두가지 언어를 아는[말하는]. **3.** 애매하게 말하는. **4.** 표리부동하게 말하는, 딴속셈의.
bīlĭósus, a, um, *adj.* [bilis] 담즙 많은.
bīlis, is, *f.* **1.** 담즙: ~ suffúsa *(Plin.)*, bilis suffúsio 황달 / bile suffúsus *(Plin.)* 황달병 환자. **2.** 분통, 분노, 역정. **3.** 우울. **4.** atra[nigra] ~ 검은 담즙; 광기(옛 의학에서는 신장의 분비물로 간주되었으며, 이것이 과다하면 우울증이나 광기가 생긴다고 생각하였음). 「짠(織).
bīlix, lícis, *adj.* [bis+lícium] 겹실의, 두번
bilocátĭo, ónis, *f.* 동시에 두 장소에 있음, 동시 이처존재(二處存在). 「가진·
bilóngus, a, um, *adj.* 두개의 긴 음절을
bilóquĭum, i, *n.* [bis+loquor] 애매한 말, 간계. 「되는, 10년간의.
bĭlústris, e, *adj.* [bis+lustrum] 10년 계속
bĭlústrum, i, *n.* 10년간.
bĭmámmĭus, a, um, *adj.* [bis+mamma] 유방만큼 큰 두 송이의 포도를 내는.
bímăris, e, *adj.* [bis+mare] 두 바다에 위치한, 두 해양 사이의.
bĭmărítus, i, *m.* 두 아내를 가진 남편.
bĭmáter, tris, *m.* (*Bacchus* 처럼) 두 어머니를 가진 자.
bĭmátus[1]**,** a, um, *adj.* 두살 짜리의.
bĭmátus[2]**,** us, *m.* [bimus] 두살(나이).
bĭmémbris, e, *adj.* [bis+membrum] **1.** 두가지 사지(四肢)를 가진. **2.** *m.* 반인반마(半人半馬)의 괴물 *Centáurus*.

bĭménsis, is, *m.* 두달. 「개월의.
bĭménstrŭus, a, um, *adj.* [bis+mensis] 2
bĭméstris, e, *adj.* [bis+mensis] **1.** 2개월의. **2.** 2개월마다의.
bímŭlus, a, um, *adj.* [bimus] 겨우 두살의.
bīmus, a, um, *adj.* [bis+annus] 2년의, 2년된; 두살의. 「진, 2중의.
bīnárĭus, a, um, *adj.* [bini] 두개로 이루어
bīnátim, *adv.* [bini] 둘씩. 「드림.
bīnátĭo, ónis, *f.* 《가》 (하루에) 미사 두번
Bíngĭum, i, *n.* *Rhenus* 강변에 있던 *Gállia*의 도시.
bīni, æ, a, *num. distrib.* **1.** 둘씩. **2.** 〔복수형 명사의 기본수로〕 두, 두개의. **3.** 한쌍의.
bīno, áre, *intr.* 하루에 미사 두번 드리다.
bĭnóctĭum, i, *n.* [bis+nox] 이틀밤, 두 밤.
bĭnómĭnis, e, *adj.* [bis+nomen] 두 이름의, 두 이름 가진.
bĭnónĭus, a, um, *adj.* = binóminis.
bĭnúbus, i, *m.* [bis+nubo] 두번 결혼한 자, 재혼자.
bĭŏchemía, æ, *f.* 생화학, 생물화학.
bĭŏcœnósis, is, *f.* 생활군(生活群).
bĭŏcōlýta, æ, *m.* 난폭한 행위를 단속하는 관리[경관·헌병]. 「(活体學).
bĭŏdynámĭca, æ, *f.* 생물 기능학, 활체학
bĭŏënergétĭca, æ, *f.* 세력설(勢力說).
bĭŏgénĕsis, is, *f.* 《生》 생물 발생(설).
bĭŏgráphĭa[-phía], æ, *f.* 전기(傳記), 일대기(一代記); 전기 문학.
bĭŏlogía, æ, *f.* 생물학.
biologísmus, i, *m.* 《哲》 생물학주의(主義).
bĭŏmagnetísmus, i, *m.* 생물 자기(磁氣).
Bĭōn, ónis, *m.* **1.** *Smyrna*의 목가시인(*sæc.* 3 A.C.). **2.** 격렬한 풍자가.
Bĭōnéus, a, um, *adj.* *Bion*의.
bĭŏs, i, *m.* **1.** 생명; 효모의 번식에 필요한 미소 물질. **2.** 희랍의 유명한 포도주의 하나.
bĭŏstátĭca, æ, *f.* 생물 정학(靜學).
bĭŏthánătus, a, um, *adj.* 난폭하게 살해된.
bĭótĭcus, a, um, *adj.* 일상 생활의, 평상(平常)의, 보통의.
bĭŏtŏmía, æ, *f.* 생체 해부학.
bĭpálĭum, i, *n.* [bis+pala] 곡괭이의 일종.
bĭpálmis, e, *adj.* [bis+palmus] 두 뼘의.
bĭpártĭo, ívi, ítum, íre, *tr.* 둘로 나누다, 양분하다. 「다.
bĭpártĭor, ítus sum, íri, *dep. tr.* 둘로 나누
bĭpartíte, *adv.* [bipartítus, bĭpártĭo] 둘로 나누어, 두 부분으로, 두 방면으로.
bĭpartítĭo, ónis, *f.* 둘로 나눔, 양분.
bĭpartíto, *adv.* [bipartítus, bĭpártĭo] 둘로 나누어, 두방면으로. 「산(解產)한.
bĭpártus, a, um, *adj.* [bis+pário] 두번 해
bípătens, éntis, *adj.* [bis+páteo] 양쪽으로 열리는; 입구가 둘인.
bĭpĕdális, e, *adj.* [bis+pes] **1.** 두 자 되는, 2 피이트의. **2.** 발 둘 있는.
bĭpĕdánĕus, a, um, *adj.* = bipedális.
bípĕdes, um, *m.pl.* [bipes] (모욕하는 뜻으로) 두 발 가진 놈들. 「날개의.
bĭpennátus, a, um, *adj.* [bis+penna] 쌍
bĭpénnĭfer, fĕra, fĕrum, *adj.* [bipénnis+fero] 쌍날(刃) 도끼 가진.
bĭpénnis, e, *adj.* [bis+penna, pennis] **1.** 쌍날개의, 양쪽에 날개 둘씩 가진. **2.** 쌍날(刃)의. **3.** *f.* 쌍날 도끼.
bipértĭo = bipártio.
bĭpes, pĕdis, *adj.* [bis+pes] 두 발 가진, 두 발의: ~ asĕllus (두 발 나귀새끼) 어리석은 사람.
bĭrémis, e, *adj.* [bis+remus] **1.** 두 개의 노를 가진; 이열(二列) 노의. **2.** *f.* 노 두개 있는 배; 여러 노를 두 줄로 배치하여 젓는 배. 「자. **2.** 전없는 모자.
birétum, i, *n.* **1.** 《가》 성직자용 사각형모
birrus, a, um, *adj.* 불그스름한. 「버리다.
birso, áre, *tr.* **1.** 말 못하게 하다. **2.** 쫓아
bĭs, *adv. num.* **1.** 두번: ~ de eádem re ne sit áctio. 동일한 사실에 대해서 두번 소송하지 못한다, 일사 부재리(一事不再理). **2.** 갑절로, 2곱하기: ~ bina sunt quáttuor. $2 \times 2 = 4$. 「*tia*에 거주한 *Thrácia*의 주민.
Bĭsáltæ, árum, *m.pl.* *Strymon* 강변의 *Bisál-*
Bĭsáltes, æ, *m.* *Eisáltæ*족의 영웅.
Bĭsáltĭ(c)a, æ, *f.* *Chalcídice*와 *Strymon* 사이의 한 지방. 「ne).
Bĭsáltis, ĭdis, *f.* *Bisáltes*의 딸 (= Theópha-
Bĭsánthe, es, *f.* *Propóntis*의 *Thrácia*의 도시.
bĭséllĭum, i, *n.* 두 사람이 앉을 만한 의자 (실제로는 지위 높은 사람이 혼자 앉음), 호화로운 고급의자.
biséni, æ, a, *num. adj.* 열둘.
bĭséxtus, a, um, *adj.* [bis+sextus] **1.** 윤일의. **2.** *n.* 윤달에 집어넣는 날, 윤일 (옛적에는 윤년의 2월 25일을 윤일이라 하였 ㄴ음).
bismútum, i, *n.* 《化》 창연(蒼鉛).
bisómum, i, *n.*(*sc.* sepúlchrum) **1.** 두 사람이 묻힌 무덤. **2.** 두 동강이 난 무덤.
bisómus locus, i, *m.* = bisómum.
bĭson, óntis, *m.* 《動》 들소.
bispéllĭo, ónis, *m.* 교활[간교]한 사람, 속임수 쓰는 사기꾼.
bĭssextílis, e, *adj.* 윤년의, 윤일의.
Bĭstŏnes, um, *m.pl.* *Thrácia*의 주민.
Bĭstŏnis[1], ĭdis, *adj. f.* *Thrácia*의: ~ ales *Thrácia*의 새, 즉 *Thrácia*의 왕 *Téreus*의 아내로서 제비로 변한 *Procne*.
Bĭstŏnis[2], ĭdis, *f.* *Thrácia* 여자, *Thrácia*의 *Bacchus* 여신도. 「의.
Bistónĭus, a, um, *adj.* *Bístones*의, *Thrácia*
bĭsúlcis, e, *adj.* 둘로 갈라진, 두 갈래의.

bĭsúlcum, i, *n.* **1.** 〔흔히 *pl.*〕 우제류(偶蹄類) 동물. **2.** 가위.
bĭsúlcus, a, um, *adj.* [bis+sulcus] **1.** 둘로 갈라진. **2.** 발굽이 두쪽으로 갈라진, 우제류의.
bĭsýllăbus, a, um, *adj.* 이음절(二音節)의.
Bīthýni, órum, *m.pl. Bithýnia*의 주민.
Bīthýnĭa, æ, *f. Propóntis*와 흑해 사이에 있던 소아시아의 나라.
Bīthýnĭcus, a, um, *adj. Bithýnia*의.
Bīthýnis, ĭdis, *f. Bithýnia* 여자.
bīto = bēto.
Bĭto(n), ónis, *m. Argos*의 여신관(女神官) *Cydíppe*의 아들, *Cléobis*의 형제.
bĭtúmen, mĭnis, *n.* 《鑛》 역청(瀝青), 아스팔트.
bĭtūmínĕus, a, um, *adj.* 역청의, 역청질의, 아스팔트의.
bĭtúmĭno, áre, *tr.* 역청을 바르다.
bĭtūmĭnósus, a, um, *adj.* 역청질의, 역청이 많은.
Bĭturíges, um, *m.pl. Aquitánia*의 주민, 그들의 수도는 *Burdígala* (지금의 *Bordeaux*).
bĭvéntus, a, um, *adj.* 배(腹) 둘 있는.
bĭvértex, tĭcis, *adj.* 꼭대기 둘 있는 (산).
bívĭra, æ, *f.* 과부로서 개가한 여자.
bívĭus, a, um, *adj.* [bis+via] **1.** 두 갈래 길의. **2.** *n.* 두갈래 길목, 기로(岐路).
blachnon, i, *n.* 《植》 고사리 종류.
blæsus, a, um, *adj.* 말더듬는; 혀짧은 발음하는, 혀가 잘 안도는, 혀짤배기의.
Blandæ, árum, *f.pl. Lucánia* 서해안의 도시.
Blandénus, a, um, *adj. Blandus*의.
blandídĭcus, a, um, *adj.* [blandus+dico]아첨하는, 아부하는.
blandílŏquens, éntis, *adj.* [blandus+loquor] 아첨하여 말하는.
blandiloquéntĭa, æ, *f.* 아첨하는 말.
blandĭlŏquéntŭlus, a, um, *adj. dim.*[blandíloquens] 아첨하여 말하는, 아양떠는.
blandílŏquus, a, um, *adj.* 아첨하여 말하는, 아양떠는.
blandīméntum, i, *n.* **1.** 아첨, 아양, 알랑거림. **2.** 달램, 감언이설. **3.** 유혹, 매력, 쾌감. **4.** 양념.
blándĭor, ítus sum, íri, *dep. intr.* [blandus] 〔*dat.*〕 **1.** 아첨하다, 아부하다, 알랑거리다, 아양떨다: sibi ~ 스스로 달래다. **2.** (사물이) 유혹하다, 매혹시키다.
blándĭter, *adv.* 아첨하여, 아부하여.
blandítĭa, æ, *f.* [blandus] **1.** 아첨, 아양, 알랑거림. **2.** 유혹, 매혹.
blandítus, a, um, **1.** *p.p.* [blándior]. **2.** *adj.* = blandus[1].
blándŭlus, a, um, *adj. dim.* [blandus] **1.** 아첨하는. **2.** 기분좋게 하는.
blandus[1], a, um, *adj.* **1.** 〔*dat.*〕 아첨하는, 아양떠는; 달래는. **2.** 상냥한; 공손한, 친절한, 얌전한; 우아한. **3.** 매혹적인.
Blandus[2], i, *f.* 대 *Phrýgia*의 도시.
blasphēmábĭlis, e, *adj.* [blasphémo] 욕먹을, 비난받을.
blasphēmátĭo, ónis, *f.* [blasphémo] 비난, 불경스러운 말을 함; 모독.
blasphémĭa, æ, *f.* **1.** 비난, 욕설, 저주. **2.** 《宗》 모독, 하느님을 모독하는 말: ~ imprecatíva 하느님께 대한 저주, 저주적 모독 / ~ dishonestíva 명예훼손적 저주.
blasphémo, ávi, átum, áre, *tr.* **1.** 욕설하다, 말로 남의 명예를 훼손하다. **2.** 말로 하느님을 모독하다, 저주하다.
blasphémus, a, um, *adj.* **1.** (말로) 명예훼손하는, 욕설하는, 저주하는. **2.** 하느님에게 대해 모독적인.
blastéma, ătis, *n.* 《生》 포배(胞胚).
blaterátus, us, *m.* [blátero[1]] 수다, 요설(饒舌), 허튼 소리.
blátĕro[1], ávi, átum, áre, *tr.* 수다 떨다, 허튼 소리하다, 실없는 말하다.
blátĕro[2], ónis, *m.* 수다쟁이, 허튼[실없는] 소리하는 사람.
blátĭo, íre, *tr.* 수다 떨다.
blatta[1], æ, *f.* 좀벌레; 진디.
blatta[2], æ, *f.* 짙은 다홍빛 천.
blatta[3], æ, *f.* 응혈(凝血), 엉긴 피.
blattárĭus, a, um, *adj.* [blatta[1]] 좀벌레의; 진디의.
bláttĕus, a, um, *adj.* [blatta[2]] 짙은 다홍빛의.
blattínus, a, um, *adj.* [blatta[2]] 다홍빛의, 심홍색의.
Blaudénus, a, um, *adj. Blaudus*의.
Blaudus, i, *f. Mýsia*의 도시.
blēchon, ónis, *m.* 《植》야생 박하(薄荷).
blennorrhœ́a, æ, *f.* 《醫》 농루안(膿漏眼).
blennus, a, um, *adj.* 우둔한, 어리석은, 바보(의).
blítĕus, a, um, *adj.* **1.** 싱거운. **2.** 어리석은, 멍청한.
blĭtum, i, *n.* 싱거운 야채의 일종.
Blósĭus, i, *m. Roma*인의 씨족명.
B.M.V. = Beata María Virgo 복되신 동정녀 마리아.
bŏa, æ, *f.* 《動》 이무기 (소젖과 피를 빨아먹는 거대한 뱀).
Boadicéa, æ, *f. Icéni*족의 여왕.
boárĭus, a, um, *adj.* [bos] 소(牛)의.
boátus, us, *m.* [bŏo] 영각; 소울음.
bobus, *dat., abl. pl.* [bos].
Bocc(h)ar, ăris, *m. Mauritánia*의 왕 (=Bucar).
Bocchus, i, *m. Mauritánia*의 왕, *Jugúrtha*의 의부였으나 그에게 배신 당함.
bócŭla, æ, *f.* 어린 암소.
Bodótrĭa, æ, *f. Eritánnia* 동해안 깊숙이 들어간 해안.
Bœbē, ēs, *f.* 동부 *Thessália*의 호수 및 그곳 동네.
Bœbéis, ĭdis[ĭdos], *m.* (*sc.* lacus) *Bœbe* 호수.
Bœōtárches, æ, *m. Bœótia*의 우두머리.
Bœóti[-tii], órum, *m.pl. Bœótia*의 주민.
Bœótĭa, æ, *f.* 중부 희랍에 있던 나라, *The-*

*bœ*가 그 수도였음.
Bœótĭcus, a, um, *adj. Bœótia*인들의.
Bœótĭus[-tus], a, um, *adj. Bœótia*의.
Bŏéthus, i, *m. Carthágo*의 유명한 조각가.
Bōgud, ŭdis, *m. Mauretánia*의 왕.
Bŏĭa, æ, *f. Bóii*인들의 나라.
Boihémum, i, *n. Bóii* 인들의 나라.
Bŏĭi, órum, *m.pl. Gállia*· 북부 *Itália*· *Germánia*의 각 일부에 있던 종족.
Bŏĭus, a, um, *adj. Bóii*인의.
bōjæ, árum, *f. pl.* 죄인에게 씌워 그 목을 끼워놓는 (형구로서의) 칼.
Bōla[-æ], æ[árum], *f. [pl.] Látium*의 *Æqui* 인들의 옛 도시(지금의 *Lugnano*). 「*Bōla*인.
Bolánus, a, um, *adj.* **1.** *Bōla*의. **2.** *m.*
bólbĭtum, i, *n.* 쇠똥(牛糞).
bolétus, i, *m.* 《植》 그물버섯의 일종.
bŏlis, ĭdis, *f.* **1.** 던지는 창. **2.** *pl.* 유성(流星).
bolónæ, árum, *m.(f.) pl.* 어물[생선] 도매상.
Bolschevísmus, i, *m.* 볼셰비즘.
bŏlus[1], i, *m.* **1.** 던짐. **2.** 그물던짐; 한번 그물에 걸린 고기. **3.** 번 것; 이익, 이문.
bōlus[2], i, *m.* 순대의 일종.
bombácĭum, i, *n.* 솜, 목면.
bombax, *interj.* 〔놀람·경멸 등을 표시할 때〕 어머! 저런! 「내다.
bómbĭco, áre, *intr.* (벌 따위가) 붕붕 소리
bómbĭcum, i, *n.* 붕붕대는 소리; 웅성거리는 소리.
bómbĭlo, áre, *intr.* = bómbico.
bombus, i, *m.* 낮고 맑지 못한 소리; (벌들의) 붕붕대는 소리; 웅성거리는 소리.
bombýcĭnus, a, um, *adj.* [bombyx] **1.** 명주의, 명주로 만든. **2.** *n.pl.* 명주옷.
bombýlis, is[ĭdis], *f.* [bombyx] 누에, 누에 번데기. 「명주옷.
bombyx, ýcis, *m.(f.)* **1.** 누에. **2.** 명주실;
bomíscus, i, *m.* 작은 제단.
bŏna, órum, *n.pl.* [bonum] 재산: ~ ecclesiástica 교회재산 / ~ mobília 동산 / ~ immobília 부동산 / ~fiduciária 신탁재산.
Bŏna dĕa, æ, *f.* 좋은 여신, 고대 *Itália*의 풍요의 여신. 「mória] 즐거운 추억의.
bŏnĕmĕmórĭus, a, um, *adj.* [bonus+me-
bŏnĭlóquĭum, i, *n.* [bonus+loquor] 좋은 말; 꾀는 말, 감언이설.
bónĭtas, átis, *f.* [bonus] **1.** 선(善), 선성(善性): ~ Dei 하느님의 전선(全善). **2.** 좋음, 훌륭함, 우수. **3.** 착함, 선량, 정직, 덕; 인자, 너그러움, 어짐.
Bonna, æ, *f.* 북부 *Germánia*의 *Ubĭi*족의 요충도시(지금의 *Bonn*).
Bonnénsis, e, *adj. Bonna*의.
Bonónĭa, æ, *f. Gállia Cisalpína*의 도시(지금의 *Bologna*).
Bononiénsis, e, *adj. Bonónia*의.
bŏnum, i, *n.* [bonus] **1.** 선(善), 좋은 것[일]: ~ commúne 공동선, 공공복리 / ~ spirituále 영적(靈的)선 / ~ temporále 현세적 선, 잠시(暫時)선 / ~ álteri 이타선(利他善) / ~ sibi 이기선(利己善) / summum ~ 최고선 / ~ et æquum 선과 형평 / Bonum mentis est virtus.*(C.)* 정신적 선은 덕이다. **2.** 행복, 다행, (신·자연의) 은혜·혜택, 타고난 복; 복지, 안녕: ~ públicum 공공 복지, 공안(公安) / bona pacis *(Ta.)* 평화의 혜택. **3.** 이익, 편익, 편의, 유리함: bono esse *alci* 누구에게 이롭다, 편리하다. **4.** *pl.* 재산, 자산; 상속 재산: esse in possessióne bonórum, in bonis *(C.)* 재산을 소유하고 있다 / bona consumptíva 소비재(消費財) / bona ecclesiástica 교회재산. **5.** *pl.* 행복한 처지, 안락.
bŏnus, a, um, *adj.* 〔*comp.* mélior, *superl.* óptimus〕 **1.** 좋은, 훌륭한: bona ætas *(C.)* 좋은 나이, 한창 나이, 젊은 시절 / in bonam partem accípere *(C.)* 좋게 받아들이다·해석하다 / mélior fíeri (윤리적으로도) 나아지다, 좋아지다, 건강을 회복하다. **2.** 착한, 선량한: boni mores 미풍양속 / bona fides 선의 / vir bonus 선량한 사람, 덕망있는 인사; 좋은 남편. **3.** 인정많은, 친절한, 잘해주는, 호의의; 〔비꼬아서〕 마음좋은 (그러나 좀 미련한) / bono ánimo esse in *alqm* *(Cæs.)* 누구에게 대하여 호의를 가지다 / bonā véniā *(L., T.)* 죄송하지만; 너그러이 양해하시어. **4.** 적합한, 쓸모있는, 유능한, 능숙한; 편리한, 유익한. **5.** 유복한, 부유한; 고귀한, 존귀한: bono génere natus *(Pl., C.)* 귀족출신 / óptimi = optimátes*(C.)* 양반, 귀족. **6.** 씩씩한, 꿋꿋한, 용감한(군인): Bono ánimo es! *(T.)* 마음 단단히 먹어라. **7.** 다행한, 행복한, 상서로운: bona mors *(C., Pl.)* 행복한 죽음 / Quod bonum, felix, fáustum fortunatúmque sit! *(C.)* 〔행사 전의 축원하는 말〕 이 일이 잘되고 무사하고 다행하여 좋은 결과를 가져오기를! **8.** 충성스런, 애국심 있는; 보수적인. **9.** 〔존경·친밀의 표시〕 존경할; 어진, 좋은: O bone Deus! 어지신 하느님! / O bone, bone 여보게. **10.** 〔숙어〕 Jure óptimo (esse) 법적 예외규정이 인정되지 않는 것이다, 침해될 수 없다. **11.** *m.* 착한 사람, 선인; 애국자; 귀족당, 보수주의자. 「마한 재산.
bonúscŭla, órum, *n.pl. dim.* [bonum] 자그
bónzĭus, i, *m.* 우상숭배자.
bŏo, áre, *intr.* **1.** 부르짖다. **2.** 소리가 되울려 나오다, 메아리치다.
Bŏótes, æ, *m.* 《天》 목동좌.
Bora, æ, *m. Macedónia*의 산.
borax, ácis, *m.* 《化》 붕사(硼砂).
bŏrĕális, e, *adj.* [bóreas] 북쪽의.
bórĕas, æ, *m.* **1.** 북풍. **2.** 북, 북방. **3.**

북풍의 신.
bŏrĕótis, ĭdis, *adj. f.* 북쪽의, 북방의. 「의.
bŏréus, a, um, *adj.* [bóreas] 북쪽의, 북방
bŏrith, *n. indecl.* 잿물 만들던 풀, 잿물.
bor(r)aginácĕæ, árum, *f.pl.* 《植》 지치과 식물. 「해로 흘러듬(지금의 *Dnieper*).
Bŏrýsthĕnes, is, *m. Sarmátia*의 큰 강, 흑
Borysthénĭdæ, árum, *m. pl. Borýsthenes* 강변 주민.
bōs, bŏvis, *m.f.* 〔*pl. gen.:* boum[bovum]; *dat., abl.:* bōbus[būbus]〕 **1.** 소: 〔속담〕 bovi clitéllas impónere (소등에 안장을 얹어놓다) 어울리지 않는 직책을 맡기다. **2.** ~ Lucas 코끼리. **3.** 물고기 이름. 「종.
boscas[boscis], ădis[ĭdis], *f.* 물오리의 일
Bosphoránus, a, um, *adj. Bósphorus*의.
Bósp(h)ŏrus, i, *m.* **1.** *Bósphorus Thrácius*는 흑해와 *Propóntis*를 연결시키는 해협. **2.** *Bósphorus Cimmérius*는 *Azov*해와 흑해를 연결시키는 해협.
bostar, ăris, *n.* 소 외양간, 우사(牛舍).
bóstrȳchus, a, um, *adj.* 곱슬곱슬한.
botánĭca, æ, *f.* 식물학.
botánĭcum, i, *n.* 여물창고.
botánĭcus, a, um, *adj.* 식물학의, 식물학적.
botanísmus, i, *m.* **1.** 식물채집. **2.** 식물
botanísta, æ, *m.* 식물학자. ∟학.
botéllus, i, *m.* [bótulus] 순대.
botruósus, a, um, *adj.* [botrus] 송이를 이룬, (포도) 송이의.
botrus, i, *f.* 포도송이.
botrys, ўos, *f.* **1.** 포도송이. **2.** 《植》 쑥.
Bottĭǽa, æ, *f. Macedónia*의 한 지방.
botulárĭus, i, *m.* [bótulus] 순대장수.
bótŭlŭs, i, *m.* 순대.
bŏva = boa.
bovárĭus, a, um, *adj.* = boárius.
bovátim, *adv.* [bos] 소처럼.
Bŏvĭánum, i, *n. Sámnium*의 도시.
bovíle, is, *n.* 소 외양간.
bovílis, e, *adj.* 소의, 소에 관한.
Bovíllæ, árum, *f.pl.* **1.** *Via Appĭa* 연도에 있는 *Látium*의 도시, 그 부근에서 *Clódius*가 살해됨. **2.** *Arpínum* 지방에 있는 동남 *Látium*의 한 지명.
Bovillánus, a, um, *adj. Bovíllæ* (1)의.
bovíllus[-vínus], a, um, *adj.* 소의, 소에 관한.
brabéum, i, *n.* 경기 우승자가 받는 상품.
brabéŭta, æ, *m.* 경기 심판 겸 시상자.
brācæ, árum, *f.pl.* 가랑이 넓은 바지.
bracátus, a, um, *adj.* [bracæ] **1.** 바지입은. **2.** 이국(異國)의. **3.** *Alpes*산 저편의. **4.** 유약한.
brāchĭális, e, *adj.* **1.** 팔의. **2.** 《醫》 상박(上膊)의. **3.** *n.* 팔가락지, 팔찌.
brāchĭátus, a, um, *adj.* 가지 많은, 가지가 무성한. 「가는 팔.
brāchíŏlum, i, *n. dim.* [bráchium] 작은 팔,
brāchĭópŏda, órum, *n.pl.* 《動》 완족류.
bráchĭum, i, *n.* **1.** 전박(前膊), 팔꿈치부터 손목까지의 부분(해부학적으로 상박·위팔을 뜻하는 때도 있음). **2.** 팔(전체). **3.** 포옹, 껴안음. **4.** 팔짓, 팔의 율동: levi bráchio ágere *(C.)* 경솔하게 행동하다. **5.** (게·가재 따위의) 집게발. **6.** (나무의) 가지, 가는 가지. **7.** 만(灣), 포구(浦口); 가지처럼 뻗은 육지. **8.** 돛대의 활대. **9.** 완목(腕木), 횡목. **10.** 양각기(兩脚器)의 다리. **11.** 뻗어나간 제방; 도랑. **12.** 능력, 권력: ~ sæculáre 속권(俗權).
brachyúra, órum, *n.pl.* 《動》 (게 따위) 단
bráctĕa = bráttea. ∟미류(短尾類).
bractéŏla, æ, *f. dim.* [bráctea] 금박; 얇은
brado, ónis, *f.* 햄. ∟나무 박편(薄片).
Brahmanísmus, i, *m.* 바라문교(婆羅門敎).
bránchĭæ, árum, *f.pl.* 아가미. 「鰓動物).
branchĭáta, órum, *n.pl.* 《動》 유새동물(有
Bránchĭdæ, árum, *m.pl. Apóllo*의 아들인 예언자 *Branchus*의 자손.
branchos, i, *m.* 쉰 목소리, 잠긴 목소리.
brándĕum, i, *n.* 유물(遺物)의 비단보.
Brannovíces, um, *m.pl. Gállia*의 종족인 *Aulérci*의 한 부족. 「였던 *Celtæ*족.
Brannóvĭi, órum, *m.pl. Ædui*족에 예속되
brasmátĭæ, árum, *f.pl.* 용암분출.
bráassĭca, æ, *f.* 《植》 양배추. 「목재박편.
bráttĕa[-ĭa], æ, *f.* 금속 박편, 금박, 은박;
brattĕátus, a, um, *adj.* 금박입힌.
brattéŏla, æ, *f.* 작은 금박.
Bratuspántĭum, i, *n. Gállia Bélgica*의 *Bellóvaci*족의 요새도시.
bravíum, i, *n.* 경기[투기] 우승상.
Brennus, i, *m.* **1.** *Gállia*의 *Sénones*인 장군, *Allĭa*에서 *Roma*군을 격파(390 A.C.). **2.** *Gállia*의 장군, *Macedónia*에 침입(280 A.C.). 「아원.
brĕphŏtrŏphéum[-íum], i, *n.* 육아원, 고
Breuni, órum, *m.pl. Rhǽtia*의 주민.
brĕve, is, *n.* [brevis] **1.** 작은 것, 간단한 것. **2.** *pl.* (*sc.* vada) (걸어서 건널 수 있는) 물이 얕은 곳, 여울목. **3.** 《가》 교황의 소교서(小敎書), 소칙서. 「구에.
brĕvi, *adv.* (*sc.* tèmpore) 오래지 않아, 미
brĕvĭárĭum, i, *n.* [brevis] **1.** 개략, 개요, 초록(抄錄): ~ Alariciánum (또는 Alaríci) *Alarícus*왕의 일과경전. **2.** 《가》 성무일과 기도서. 「결한.
brĕvĭárĭus, a, um, *adj.* [brevis] 요약된, 간
brĕvĭátim, *adv.* [brevis] 줄여서, 간단하게.
brĕvĭátĭo, ónis, *f.* [brevis] 줄임, 단축; 적요(摘要).
brevícŭlus, a, um, *adj. dim.* [brevis] **1.** 상당히 짧은·작은, 간단한. **2.** *n.* 작은문서.

brĕvílŏquens, éntis, *adj.* [brevis+loquor] 간단히 말하는, 요점만 말하는.
brĕvĭlŏquéntĭa, æ, *f.* 짧은 말, 몇마디 말.
brévĭo, ávi, átum, áre, *tr.* [brevis] 짧게 만들다, 줄이다, 단축하다.
brĕvis, e, *adj.* **1.** 짧은. **2.** 작은, 좁은. **3.** 얇은. **4.** 얼마 안되는. **5.** 간결한, 간단한, 간이(簡易)의, 약식(略式)의: brevi manu tradítio 간이인도(簡易引渡). **6.** 잠간의, 잠시의: brevi (témpore) 오래지 않아.
brévĭtas, átis, *f.* [brevis] **1.** 짧음, 간단; 간결. **2.** 짧은 시간. **3.** 단음절(短音節).
Brĭárĕus, i, *m.* 팔(또는 손) 백개 가진 거인, *Ægǽon*이라고도 함.
bridus, i, *m.* 주방 기구. ⌈던 종족.
Brigántes, um, *m.pl.* 북부 *Británnia*에 있
Brigántĭcus, a, um, *adj.* *Brigántes*의.
Brīmō, us, *f.* *Hécăte* 여신의 별명.
Brĭnĭátes, um, *m.pl.* 동부 *Ligúria*의 한 종
brīsa, æ, *f.* 포도주 재강·지게미. ⌊족.
Brīséis, ĭdis, *f.* *Brises*의 딸이란 뜻, 이름은 *Hippodámia* (*Achílles*가 사랑한 포로였으나 *Agamémnon* 왕에게 뺏겼음).
brīso, ávi, átum, áre, *tr.* 포도(주)를 짜다.
Brĭtánnĭa, æ, *f.* *Británnia*섬; 영국.
Brĭtánnĭcus[1], a, um, *adj.* **1.** *Británnia*의. **2.** ~ herba 《植》 소루쟁이. ⌈*sar*의 별명.
Brĭtánnĭcus[2], i, *m.* *Tibérius Cláudius Cæ-*
Británnus, a, um, *adj.* **1.** *Británnia*의. **2.**
Bríttĭi = Brúttii. ⌊*m.* *Británnia*인.
Brixéllum, i, *n.* *Gállia Cisalpína*의 도시.
Bríxĭa, æ, *f.* 북부 *Itália*의 도시(지금의 *Brescia*).
bró(c)chĭtas, átis, *f.* [brochus] 뻐드렁니.
bro(c)chus, a, um, *adj.* 뻐드렁니의, 뻐드
bródĭum, i, *n.* 서양 간장. ⌊렁니를 가진.
Brogítărus, i, *m.* *Dejótarus*의 사위.
bromatología, æ, *f.* 식품학. ⌈梨科) 식물.
bromeliácĕæ, árum, *f.pl.* 《植》 봉리과(鳳
Brómĭus, i, *m.* *Bacchus*신의 별명.
brōmósĭtas, átis, *f.* 나쁜 냄새, 악취.
brōmósus, a, um, *adj.* 나쁜 냄새나는.
bromum, i, *n.* 《化》 브롬, 취소(臭素).
bromus[-os], i, *f.* 《植》 귀리 연맥(燕麥).
brónchĭa, órum, *n. pl.* 《解》 기관지.
bronchĭális, e, *adj.* 《解》 기관지의.
bronchíŏli, órum, *m.pl.* *dim.* 《解》 세기관지(細氣管支).
bronchítis, tĭdis, *f.* 《醫》 기관지염.
bronchomedĭastĭnális, e, *adj.* 《解》 기관지 종격막(縱隔膜)의.
bronchus, i, *m.* 《解》 기관지; 인후. ⌈종.
brūchus, i, *m.* 《動》 (날개없는) 메뚜기의 일
Brúctĕri, órum, *m.pl.* 서북 *Germánia*의 한 종족.
brūma, æ, *f.* **1.** 연중 가장 짧은 날, 동지. **2.** 겨울; 겨울 추위. **3.** 해(年).
brūmális, e, *adj.* [bruma] **1.** 동지의. **2.** 겨울의.
brumósus, a, um, *adj.* 나쁜 냄새나는.
Brundĭsínus, a, um, *adj.* **1.** *Brundísium*의. **2.** *m.* *Brundísium*인.
Brundísĭum[-dúsĭum], i, *n.* *Calábria*주의 *Adrĭa* 해안에 있는 항구도시(지금의 *Brin-*
brunéllus, i, *m.* 당나귀. ⌊*disi*).
brunéttum, i, *n.* 다갈색 천.
bruscum, i, *n.* 단풍나무에 생기는 혹.
brūtális, e, *adj.* [brutus] **1.** 짐승의. **2.** *n.pl.* 이성없는 짐승.
brūtésco, ĕre, *intr.* [brutus] 짐승처럼 되다; 이성을 잃다, 무감각해지다.
Brutínus, a, um, *adj.* *Brutus*[2]의.
Brúttĭi, órum, *m.pl.* *Brúttium*의 주민.
Brúttĭum, i, *n.* *Itália* 남단 지방. ⌈수.
brūtum, i, *n.* [brutus] 야수(野獸), 짐승, 금
brūtus[1], a, um, *adj.* **1.** 무거운, 묵직한. **2.** 굼뜬, 우둔한. **3.** 무지근한; 무감각의, 마비된; 이성없는.
Brūtus[2], i, *m.* **1.** *Június*씨족 *Roma*인의 가문명; 특히 *L. Június* ~ (510 A.C.에 왕의 악정에서 *Roma*를 구했다 함). **2.** *Cæsar*의 암살자인 *M. Június* ~.
brȳa, æ, *f.* 《植》 위성류(渭城柳).
bryología, æ, *f.* 선태학(蘚苔學).
brȳon, i, *n.* **1.** 이끼; 나무에 끼는 곰팡이. **2.** 백양나무의 꽃송이.
bryónĭa[-nĭas], æ[ădis], *f.* 《植》 브리오니아 (유럽산 박과의 만초〈蔓草〉). ⌈類)식물.
bryóphȳta, órum, *n.pl.* 《植》 선태류(蘚苔
būbálĭon, i, *n.* 야생 오이.
búbălus, i, *m.* **1.** (북 *Africa*산) 큰 영양(羚羊)의 일종. **2.** 물소.
Búbăsis, ĭdis, *f.* *Búbassus*의.
Bubássĭus, a, um, *adj.* *Búbassus*의.
Búbăs(s)us, i, *f.* *Cária*의 도시.
Būbástis, is, *f.* **1.** *Ægýptus*의 여신(*Diána* 여신에 해당함). **2.** *Ægýptus*의 도시 이름.
bubíle, is, *n.* [bos] 소외양간, 우사(牛舍).
būbo, ónis, *m.(f.)* 수리부엉이.
búbsĕqua, æ, *m.* 소몰이꾼.
búbŭla, æ, *f.* [búbulus] 쇠고기.
bubúlcĭto, ávi, áre, *intr.* [bubúlcus] **1.** 소를 기르다, 소몰이 하다. **2.** 소몰이꾼처럼 소리지르다.
bubúlcus, i, *m.* [bos, búbulus] 소몰이꾼, 소목동; 밭갈이하는 사람, (소를 부려) 쟁기질 하는 사람.
búbŭlus, a, um, *adj.* [bos] 소의, 소에 관한.
bucǽda, æ, *m.* [bos+cædo] 소가죽 채찍으로 얻어맞는 노예. ⌈*Syphax*왕의 장군.
Būcar, ăris, *m.* **1.** *Mauretánia*의 왕. **2.**
bucca, æ, *f.* **1.** 뺨, 볼; 구강(口腔): infláre buccas.(*Pl.*) 화가나서 잔뜩 부어있다. **2.** (장터에서 처럼) 시끄럽게 외치는 사람; 호

언장담하는 사람. **3.** 트럼펫 부는 사람.

búccĕa, æ, *f.* 한입(잘되는 분량).

buccélla, æ, *f. dim.*[búccea] **1.** 한입(에 먹을 수 있는 것). **2.** 작은 도너츠.

buccinátor, óris, *m.* 볼[뺨] 근육.

buccin... *V.* bucin... 「미련퉁이.

bucco, ónis, *m.* **1.** 수다스러운 사람. **2.**

buccósus, a, um, *adj.* [bucca] 큰 입의.

búccŭla, æ, *f. dim.* [bucca] **1.** 작은 볼·뺨. **2.** (양쪽 볼을 가려주는) 투구의 턱받이.

bucculéntus, a, um, *adj.* [búccŭla] 볼이 불룩한.

Būcéphăla[-e], æ[es], *f.* 명마(名馬) *Eucéphalas*를 기념하여 세운 *India*의 도시.

Būcéphălas, æ, *m. Alexánder* 대왕의 애마(愛馬).

būcéphălus, a, um, *adj.* 소머리의.

búcĕras, ătis, *n.* 《植》 호로파(胡蘆巴).

būcérĭus, a, um, *adj.* 소뿔의, 소뿔가진.

búcĕrus, a, um, *adj.* 소뿔의, 뿔가진.

búcĭna, æ, *f.* **1.** 구불텅한 뿔나팔. **2.** 목동의 각적(角笛). **3.** (군대의) 신호나팔. **4.** 시간 신호. **5.** 소라고동.

būcĭnátor, óris, *m.*[búcino] **1.** 신호 나팔수. **2.** 허풍선이.

BUCINATOR

būcínĭum, i, *n.* 나팔.

búcĭno, ávi, átum, áre, *intr.* [búcina] 나팔불다.

búcĭnum, i, *n.* [búcina] **1.** 나팔소리. **2.** 소라, 우렁이.

búcĭnus, i, *m.* 신호 나팔수.

būcólĭca, órum, *n.pl.* [bucólicus] (*Virgílius*의) 목가(牧歌), 전원시.

bucólĭcus, a, um, *adj.* **1.** 양치기의. **2.** 전원 생활의, 시골풍의. **3.** 목가적인, 목가의, 전원시의. **4.** *n.* 목동천막.

būcŏlísta, æ, *m.* 전원 생활하는 사람.

būcránĭum, i, *n.* 소대가리.

búcŭla, æ, *f. dim.* [bos] 어린 암소.

bŭda, æ, *f.* 《植》 등심초, 골풀의 일종.

Buddhísmus, i, *m.* 불교.

buddhísta, æ, *m.* 불교 신자; 불교학자.

būfo, ónis, *m.* 《動》 두꺼비.

bŭgíllo, ónis, *m.* 《植》 금란초. 「풀.

būglóssa, æ, *f.* 《植》 소 혓바닥(처럼 생긴)

bulbíne, es, *f.* 양파의 일종. 「있는.

bulbósus, a, um, *adj.* [bulbus] 구근(球根)

bulbus, i, *m.* **1.** 양파; 구근식물. **2.** ~ óculi 안구(眼球).

būle, es, *f.* 시의회(市議會).

búleuta, æ, *m.* 시의회 의원, 시참사 회원.

buleutérĭum, i, *n.* 시의회 의사당, 회의실.

bulga, æ, *f.* 가죽부대.

bulímĭa, æ, *f.* 《醫》 식욕 과다증, (먹어도 먹어도 배고픈) 대식증; 게걸.

būlimíăcus, a, um, *adj.* [bulímia] 식욕 과다증의, 게걸들린.

būlimĭósus, a, um, *adj.* [bulímia] 식욕 과다증에 걸린. 「걸리다.

būlímo, ávi, átum, áre, *intr.* 식욕 과다증에

bulla, æ, *f.* **1.** 수포(水泡), 비누 거품, 비누 방울. **2.** (대문 같은데 박아놓는) 봉그란 장식용 징; 장식용 단추. **3.** 귀족집 아이들 목에 걸어주던 작은 호부(護符) 달린 금패물: bullā dignus 어린애다운. **4.** 《가》 (봉랍 또는 금속으로 봉인된) **교황의 대교서(大敎書), 대칙서:** ~ cruciáta 십자군 대칙서. 「集).

bullárĭum, i, *n.* [bulla] 교황 칙서집(勅書

bullátus, a, um, *adj.* [bulla] **1.** 거품처럼 사라지는, 과장된. **2.** 동그랗고 도도록한 것으로 장식한. **3.** 호부(護符)주머니 달린

bullésco, ĕre, *intr.* = búllio. ⌊목걸이를 한.

Bulli(d)énses, ĭum; **Bullíni,** órum, *m.pl.* *Eullis*의 주민. 「치다, 부글부글 끓다.

búllĭo, ívi, ítum, íre, *intr.* 거품이 일어 넘

Bullis, ĭdis, *f. Illýria*의 해안 도시.

bullítus, us, *m.* [búllio] 거품이 일어 넘침; 부글부글 끓어 오름. 「넘치다.

bullo, áre, *intr.* 끓어 오르다; 거품이 일어

búllŭla, æ, *f. dim.* [bulla] 작은 거품.

bumásta, æ, *f.* 굵은 송아리 포도.

bumástus, i, *f.* 굵은 송아리 포도나무. 「종.

búnĭas, ădis, *f.* 《植》 순무, 만청(蔓菁)의 일

būpǽda, æ, *m.* 나이든 청년.

Búpălus, i, *m. Chios*의 조각가.

buphthálmos, i, *m.* 《植》 꿩의 비름과 식물의 일종.

bupréstis, is, *f.* 《動》 비단벌레과의 곤충 (특히 소를 해치는 독충).

būra, æ, *f.* 쟁깃술(쟁기의 술).

Burdígăla, æ, *f. Garúmna* 강변에 있던 *Bitúriges*족의 도시(지금의 *Bordeaux*).

burdo, ónis, *m.* 노새 (숫말과 암나귀 사이의 잡종; 암말과 숫나귀 사이의 잡종은 mulus).

burdúncŭlus, i, *m.* **1.** 《植》 lingua bovis (소혓바닥)이라고도 하는 풀. **2.** 새끼 노

burgénsis, is, *m.* 성곽도시 주민. ⌊새.

burg(g)rávĭus, i, *m.* 성주(城主). 「도시.

burgus, i, *m.* **1.** 작은 성곽. **2.** 성곽있는

Būri, órum, *m.pl. Oder*강 상류지방에 있던 *Germánia*의 한 종족.

būris[1], is, *m.* 쟁기의 술(쟁깃술).

Būris[2], is, *f. Acháia*의 항구도시.

burmanniácĕæ, árum, *f.pl.* 《植》 병아리

búrrĭc(h)us, i, *m.* 조랑말. ⌊석장과 식물.

burrus, a, um, *adj.* 불그스름한.

bursa, æ, *f.* **1.** 주머니, 호주머니; 《解·動》 낭(囊): ~ mucósæ 점액낭. **2.** 《가》 성체포 접어넣는 빳빳한 주머니.

búsĕqua, æ, *m.* 소몰이꾼.

Busíris, rĭdis, *m.* 고대 *Ægýptus*의 왕, 자기 나라에 온 외국인들을 붙잡아 신에게 희생

으로 바쳤음, 자신은 *Hércules*에게 살해됨.
bustar, áris, *n.* [bustum] 화장터.
bustĭcétum, i, *n.* 화형장; 묘지.
bústĭo, ónis, *f.* 태워버림.
bustírăpus, i, *m.* [bustum+rápio] (장작이나 음식을 훔치는) 화장터 도둑.
bustuárĭus, a, um, *adj.* [bustum] **1.** 화장터의: ~ gladiátor *(C.)* 화장터 장작더미에서 죽은 사람의 명예를 위해 싸우는 검객. **2.** *n.* 화장제단.
bustum, i, *m.* **1.** 화장터. **2.** 화장한 사람 무덤. **3.** 화장할 때 쌓아 올린 장작더미. **4.** 죽거나 망한 자리. **5.** 망쳐놓는 사람.
bútĕo[-ĭo], ónis, *m.* 매의 일종.
Buthrótĭus, a, um, *adj.* **1.** *Buthrótum*의. **2.** *m. Buthrótum*인.
Buthrótum, i, *n. Epírus*의 항구도시.
būthýsĭa, æ, *f.* 많은 소를 잡아 지내던 제사.
butícŭla, æ, *f.* **1.** 단지, 동이. **2.** 병.
Butrótus, i, *m.* 남부 *Brúttium*의 강.
butubátta, *interj.* 에 시시하다!
būtýrum, i, *n.* 버터, 우락(牛酪).
Buxéntum, i, *n. Lucánia*의 서해안 항구(지금의 *Policastro*).
buxétum, i, *n.* [buxus] 회양목 숲.
búxĕus, a, um, *adj.* [buxus] 회양목의; 회양목 빛깔의.
búxĭfer, fĕra, fĕrum, *adj.* [buxus+fero] 회양목을 생산하는.
buxum[-us], i, *n.[f.]* **1.** 회양목. **2.** 회양목나무[목재]. **3.** (회양목으로 만든) 피리; 팽이; 빗.
Byblis, ĭdis, *f. Milétus*와 *Cyánee* 사이의 딸, 오빠를 연모하다 거절 당하고 샘으로 변했음.
Byblos, i, *f. Phœnícia*의 옛 도시.
Byllis, ĭdis, *f.* = Bullis.
byrsa[1], æ, *f.* 짐승가죽.
Byrsa[2], æ, *f. Carthágo*의 성채.
býssĭnus, a, um, *adj.* **1.** 고운 아마포의; 고급 옷감으로 만든. **2.** *n.* 고운 아마포; 고운 모시옷.
byssus, i, *f.* **1.** 아마(亞麻), 모시풀의 일종. **2.** (옛날의) 고운 아마포; 값비싼 옷. **3.** 《動》 족사(足糸).
Byzantĭnísmus, i, *m.* 비잔틴 주의; 비잔틴식 전례 양식(典禮樣式), 비잔틴 양식 예술; 동 *Roma* 제국의 황제 교황주의.
Byzantínus, a, um, *adj. Byzántium*의; 비잔틴식의: ars Byzantína 비잔틴예술 / liturgía Byzantína 비잔틴식 전례(典禮).
Byzántĭum, i, *n. Thrácia* 지방의 유명한 도시(*Bósporus* 해협 왼쪽 해안에 있음; 구명 *Constantinópolis,* 지금의 *Istanbul).*
Byzántĭus, a, um, *adj.* **1.** *Byzántium*의. **2.** *m. Byzántium*인.

C

C, c[1], *f.,n. indecl.* 라틴 자모의 세째 글자: 〈체〉, 〔고전 라틴어〕 〈께(케)〉 [cē].
C., c[2]., 《略》 **1. C.** = Cajus=Gajus; Ɔ= Caja=Gaja. **2. C.** = condémno. «단죄 하는 바이다» (이뜻의 C는 *líttera tristis*라 하고, 반대로 A. = absólvo는 *líttera salutáris*라 함). **3. C** = centum, 100; **IƆ** = 500; **CIƆ** =1,000. **4. c.** =círciter, circa 대략, 약, 경(頃).
căbálla, æ, *f.* [cabállus] 값싼 암말.
căballárĭus, i, *m.* [cabállus] 기사의 시종, 마부(馬夫).
căballĭcátĭo, ónis, *f.* [cabállio] 승마(乘馬).
căbállĭco, áre, *intr.* 말타고 가다.
căballínus, a, um, *adj.* [cabállus] 말(馬)의.
căbállĭo, ónis, *m. dim.* [cabállus] 조랑말.
cabállus, i, *m.* 짐끄는 말, 복마(卜馬), 늙어빠진 말, 별로 쓸모없는 숫말.
cabánna, æ, *f.* 오두막집, 작은집, 움막; 마굿간.
cabátor, óris, *m.* 보석 조각사.
Cabillónum, i, *n. Gállia Lugdunénsis*의 도시 (지금의 *Chalons–sur–Saône).*
Cabíra, órum, *n.pl. Pontus*의 소도시, *Mithridátes*들이 살던 곳.
Cabíri, órum, *n.pl. Pelásgi* 족이 숭배한 제신(諸神).
Cabírus, i, *m. Macedónia*의 지방신.
căbus, i, *m.* 말(斗)·되 같은 도량단위.
cacábŭlus, i, *m.* 작은 남비.
cácăbus, i, *m.* 남비, 솥, 취사도구.
căcātúrĭo, íre, *intr.* [caco] 변소에 가고싶다, 대변이나 소변이 마렵다.
cáccăbus = cácabus.
căchécta[-es], æ, *m.* 악액질(惡液質)환자; 폐병환자, 괴혈병환자.
căchéctĭcus, a, um, *adj.* 악액질(惡液質)의,

괴혈병에 걸린, 폐병에 걸린.
căchéxĭa, æ, *f.* **1.** 악액질(惡液質: 암·결핵·매독같은 만성 질환에 의한 불건강상태). **2.** 불건전한 정신 상태, 도덕의 타락.
căchinnátĭo, ónis, *f.* [cachínno] 대소(大笑), 폭소(爆笑), 크게 웃음.
căchínno, áre, *intr.* 크게 웃다, 폭소하다, 웃음보를 터뜨리다.
căchínnor, ári, *dep. intr.*=cachínno.
căchinnósus, a, um, *adj.* 잘 웃는.
căchínnus, i, *m.* [cachínno] 대소(大笑), 크게 웃음, 폭소(爆笑), 홍소(哄笑): cachínnum *alcjs* commovére(*C.*) 누구를 웃기다.
căco, ávi, átum, áre, *intr., tr.* **1.** 대변보다; 더럽히다. **2.** 〔*acc.*〕 방출하다, 배설하다: ~ sánguinem 피를 쏟다. 「깨비.
căcodǽmon, ŏnis, *m.* 유령, 악마, 악귀, 도
căcŏéthes, is, *n.* (억제할 수 없는)나쁜 습관; 만성 질병: scribéndi~저작광(著作狂).
căcŏlŏgía, æ, *f.* 그릇된 말이나 발음.
căcomnémon, ŏnis, *m.* 기억력이 좋지 못한 사람. 「잡소리.
căcóphăton, i, *n.* 귀에 거슬리는 말[발음],
căcŏphémĭa, æ, *f.* 적절하지 못한 표현.
căcŏphónĭa[-ía], æ, *f.*불협화음, 불쾌한소
căcŏstómăchos, i, *m.* 위가 약한 사람. 〔리.
căcŏsýnthĕton, i, *n.* 《文法》 문법을 벗어난 구문.
căcŏzélĭa, æ, *f.* (서투른) 모방, 흉내.
căcŏzélus, i, *m.* 함부로 흉내내는 사람, (대작가의 서투른) 모방자.
cactus[-os], i, *m.* 《植》 선인장(仙人掌).
cácŭla, æ, *m.* 당번병, 전령.
căcúmen, mĭnis, *m.* 꼭대기, 우듬지; **정상**(頂上), 정점(頂点); 극치(極致).
căcúmĭno, ávi, átum, áre, *tr.* [cacúmen] **1.** 뾰족하게 하다. **2.** 날카롭게하다.
Căcus, i, *m.* 불의 신 *Vulcánus*의 아들, *Aventínus* 언덕에 살며 입에서 불을 뿜어 사람들을 해치고 있었으나, 후에 *Hércules*에게 살해 당함.
cădáver, ĕris, *n.* [cado] **1.** 시체, 주검, 송장. **2.** 썩은 고기. **3.** 폐허.
cădāvĕrínus, a, um, *adj.* [cadáver] 시체의, 송장의, 시체에서 썩은 냄새가 나는.
cădāverósus, a, um, *adj.* [cadáver] **1.** 시체의, 송장의. **2.** 시체와 같은, 파랗게 질린.
cadĭális, e, *adj.* 항아리의, 단지의, 술병의.
cadívus, a, um, *adj.* [cado] (과일 따위가) 저절로 떨어지는. 「의 성채(城砦).
Cadméa, æ, *f.* (*sc.* arx) [Cadmus] *Thebæ*시
Cadméis[1], ĭdis, *adj.* **1.** *Cadmus*의. **2.** *Thebæ*의. 「*(Sémele, Ino, Agáve)*.
Cadméis[2], ĭdis, *f.* [Cadmus] *Cadmus*의 딸
Cadméĭus[-éus], a, um, *adj.* *Cadmus*의, *Thebæ*의.
Cadmus, i, *m.* **1.** *Phœnícia*의 왕 *Agénor*의 아들로서 *Európa*의 오빠이며, *Harmónia*의 남편이고 *Polydórus, Ino, Sémele, Autónoē, Agáve*의 아버지(*Bœótia*의 *Thebæ*시의 창설자). **2.** *Horátius* 시대(*sæc.* 1 A.C.)의 사형 집행인.
cădo, cécĭdi, casum, ĕre, *intr.* **1.** (아래로) **떨어지다,** 낙하하다; 넘어지다, 자빠지다: ~ex equo(*C.*) 말에서 떨어지다 / Cadunt altis de móntibus umbræ.*(V.)* 높은 산에서 그늘이 져 내려온다. **2.** (비·눈·물 따위가) **내리다,** 흘러 내리다, 흘러 떨어지다, 흐르다: Amnis cadit in sinum maris.*(L.)* 강이 바다로 흘러든다. **3.** (이·털·잎·과일 따위가) **빠지다, 떨어지다,** 물러나다. **4.** (말이) 새어나오다. **5.** (해·달·별이) **지다,** 떨어지다, (서쪽으로) 넘어가다. **6.** (벼락이) 치다, 떨어지다. **7.** (바람이) 자다, 잔잔해지다: cadénte euro(*L.*) 남동풍이 자기 시작할 때. **8.** (탄환·화살 따위가) 적중하다, 맞다. **9.** (음성·말·철자·숫자 따위가) 끝나다, 맞아 떨어지다: ~in sýllabam longam 장음절로 끝나다. **10.** **죽다, 쓰러지다, 전사하다:** Non telis nostris cecidérunt. *(Ta.)* 그들은 우리 화살에 쓰러진 것이 아니다 / ab *alqo*~*(Ov., Ta.)* 누구에게 맞아죽다, 누구의 손에 죽다. **11.** (희생 짐승이)도살되다, 쓰러지다. **12.** 눕혀져 밑에 깔리다. **13. 패망하다,** 지다; **실패하다:** in judício~(*C.*) 재판에 지다. **14.** 사라지다, 없어지다, (사기가)떨어지다, 쇠하다: Cecidére illis ánimi.*(Ov.)* 그들의 사기는 떨어지고 말았다 / ánimo~용기를 잃다. **15.** (도시·영토 따위)점령되다, 무너지다, 함락하다, 떨어지다, 전복하다. **16.** 〔in, sub *acc.*〕 **빠지다,** 빠져들다, **걸리다,** 걸려들다; 지배[통치]밑에 들다, 속하다; (무슨 일을) 당하다·받다, 어떤 처지·형편·상태에 놓이다: ~in morbum (*C.*) 병에 걸리다 / ~in suspiciónem(*N.*) 혐의를 받다 / Cadit in *alqm* suspício. (*C.*) 누구에게 혐의가 돌아간다 / sub leges ~ *(Lucr.)* 법의 적용 범위에 들다. **17.** 〔in *acc.*〕 (해야 할) 시기에 이르다, 때를 맞추다; (돈)지불기한이 차다·되다: ~ in eam diem(*C.*)그 날로 만기가 되다 / Ne in alieníssimum tempus cadat advéntus tuus. (*C.*) 너는 엉뚱한 시간에 도착하지 않도록 해야 한다. **18.** 〔in, sub *acc.*〕 (감각·지각의 대상으로서)… **에 들어오다,** 대상이되다: ~ sub aspéctum[óculos] (*C.*) 시야에 들어오다, 보이다, 눈에 띄다 / ~ in deliberatiónem(*C.*)숙고의 대상이 되다. **19.** 〔in *acc.*〕 맞다, 적합하다, 어울리다: in consuetúdinem nostram non ~ (*C.*) 우리의 언어풍습에 맞지 않다. **20.** 〔*absol.; c. adv., adj.; dat.*

persónæ] (우연히) 생기다, **되다, 일어나다,** (어떤)결과를 가져오다; (비·불행 따위가)누구에게 떨어지다, 돌아오다, 닥치다: Nihil mihi optátius ~ potest. *(C.)* 내게는 이 이상 더 바랄 수 있는 일이 있을 수 없다 / Nímia illa libértas in nímiam servitútem cadit.*(C.)* 그 지나친 자유는 과도한 속박의 결과를 초래한다 / ~ in[ad] írritum *(Ta.)* 수포로 돌아가다. 「의.

căducárĭus, a, um, *adj.* [cadúcus] 간질병

cādūcĕátor, óris, *m.* [cadúceus] 군사(軍使), 전령관(傳令官), 휴전 또는 평화교섭 사절.

cādúcĕus[-um], i, *m.* (*sc.* scípio 또는 báculus) 평화의 기장(旗章), 평화를 상징하는 표지로 *Mercúrius* 신이 잡고있던 지팡이.

cādúcĭfer, fĕra, fĕrum, *adj.* [cadúceus+fero] **1.** 평화의 기장(旗章)을 든. **2.** *m.* 평화의 기장(旗章)을 든 사람, *Mercúrius*신의 별명.

cadúcĭter, *adv.* [cadúcus] 급히, 황급히.

cădúcus, a, um, *adj.* [cado] **1.** 넘어지는, 넘어진, 넘어질; 떨어지는, 떨어지기 쉬운: ~ morbus 간질병. **2. 잠시 지나가는,** 쉬 없어지는; 죽을, 꺼져 버릴; 덧없는, 무상한, 공허한. **3.** 소용없는, 속절없는, 헛수고의. **4.** 《法》 소유주가 없는, 상속인도 권리주장인도 없는.

Cadúrci, órum, *m. pl. Aquitánia*에 있던 *Celtæ* 종족의 하나.

cadúrcum, i, *n.* 침대, 침상, 침대를 덮는 것 일체(이불·모포·홑이불 등).

cădus, i, *m.* **1.** (포도주·액체·꿀 따위를 담아 두는) 항아리, 단지, 병; 큰 포도주 잔. **2.** 과일 담는 그릇. **3.** 포도주. **4.** 유골단지.

Cadúsĭa, æ, *f.* 카스피해안의 한 지방.

Cadúsĭi, órum, *m.pl.* 카스피해안의 서남지방에 살던 *Média*의 주민. 「림.

cæcátĭo, ónis, *f.* [cæco] 막아 버림, 메워버

cǽcĭas, æ, (*acc.* an), *m.* 북동풍.

cæcígĕna, æ, *m.f.* 태생 소경.

cæcígĕnus, a, um, *adj.* [cæcus+gigno] 선천적으로 장님인, 태어날 때부터 눈이 먼.

Cæcílĭus, i, *m. Roma*인의 씨족명; 특히 *Roma*의 희극시인 ~ *Státius.*

Cæcína, æ, *m. Licínia*족의 가문명(성:姓).

cǽcĭtas, átis, *f.* [cæcus] **1.** 실명, 눈멈; 야맹증. **2.** 문맹, 무분별, 맹목, 장님.

cǽcĭtis, tĭdis, *f.* 《醫》 맹장염. 「게 하다.

cǽcĭto, áre, *tr.* [cæcus] 실명시키다, 눈멀

cæcitúdo, dĭnis, *f.* [cæcus] (일시적으로) 소경이 됨, 실명.

cæco, ávi, átum, áre, *tr.* [cæcus] **1.** 눈멀게 하다, 실명케 하다. **2.** 눈부시게 하다, 현혹시키다, 맹목적으로 만들다. **3.** 어둡게 하다, 희미하게 하다: celeritáte cæcáta orátio *(C.)* 너무 빨라서 알아 들을수 없는 연설.

Cǽcŭbum[1], i, *n.* = Cǽcubus ager.

Cǽcŭbum[2], i, *n.* (*sc.* vinum) *Cǽcubus*의 포도주. 「(포도주로 유명함).

Cǽcŭbus, i, *m.*(*sc.* ager) *Látium*의 한 지방

cæcum, i, *n.* 맹장: ~ intestínum 맹장.

cæcus[1], a, um, *adj.* **1.** 소경의, 눈먼; *m.* 소경, 장님. **2.** (정신적·윤리적인 면에서) 눈먼, 눈이 어두워진, 맹목적, 사리를 분별못하는: ~ cupiditáte*(C.)* 탐욕에 눈이 어두워진 / cæca obœdiéntia 맹목적 순종, 맹종. **3.** 빛이 없어진, 어두운, 캄캄한, 침침한: cæcæ látĕbræ *(Lucr.)* 은둔 생활. **4.** 숨겨진, 감추어진, 보이지않는, 위장한, 뚜렷하지 않은, 비밀의, 은닉한: cæcæ fores *(V.)* 비밀 통로. **5. 불명확한, 불확실한,** 의심스러운, (깊이를) 헤아릴 수 없는, 탐구하기 어려운: cæca múrmura*(V.)* 무슨 소리인지 알 수 없는 불평.

Cæcus[2], i, *m.* 노년기에 소경이 된 *Appĭus Cláudĭus*의 별명.

cæcútĭo, ívi, ítum, íre, *intr.* [cæcus[1]] 눈이 멀다, 소경이 되다; 잘못보다.

cædēs[-is], is, *f.* [cædo] **1.** 베어[찍어] 넘어뜨림, 타도(打倒). **2.** 때림, 매질. **3.** 살육, 도살, 학살, 살해. **4.** 살해된 사람(시체). **5.** 유혈(流血): ablútā cæde *(V.)* 피를 씻고.

cædo, cĕcídi, cæsum, ĕre, *tr.* **1. 베다,** 베어 넘어뜨리다, 찍다, 찍어 넘기다; **자르다,** 잘라내다, 절단하다. **2.** 패다, 쪼개다, 빼개다, 갈라놓다, 토막내다; 썰다, 깎다, 다듬다: ~ murum*(L.)* 성밑을 파서 무너뜨리다 / ~ pígnora 저당잡힌 재산을 푼푼히 다 까먹다. **3. 후려치다,** 때리다, 매질하다, 두들기다; 찌르다. **4.** (흉기·무기 따위로) **죽이다,** 살육하다, 학살하다. **5.** 도살하다, 희생(동물)을 잡아 (신에게)바치다. 「벌채에 적당한, 자르기 좋은.

cǽdŭus, a, um, *adj.* [cædo] 벌채할 만한,

cælámen, mĭnis, *n.* [cælo] 돋을 새김, 양각(陽刻), 부조(浮彫).

cælátor, óris, *m.* [cælo] 조각가, 금속조각가, 돋을 새김하는 사람. 「동판의)조각.

cælatúra, æ, *f.* [cælo] 조각술, (목판이나

cælebs, lĭbis, *adj.* **1.** 미혼의, 독신의. **2.** 고독한.

cælĕs, lĭtis, *adj.* [cælum[2]] **1.** 〔주격은 나오지 않음〕 하늘의, 천상의, 천계(天界)의, 천국에 있는. **2.** *m.* 신; 천국 시민[거주자].

cæléstes, ĭum, *m.pl.* [cæléstis] 신(神)들.

cæléstĭa, ĭum, *n.pl.* [cæléstis] **1.** 천체(天体); 천문학. **2.** 신적인 것.

cælestínus, a, um, *adj.* = cæléstis.

cæléstis, e, *adj.* [cælum[2]] **1.** 하늘의, 하늘에 있는, 천상의, 천계(天界)의. **2.** 천상에서 온, 천상적. **3.** 신과 같은, 우아한, 변할 수 없는, 뛰어난. **4.** *m.* 〔흔히 *pl.*로〕

신(神).

cælĭbális, e, *adj*. [cælebs] 독신의, 독신생활의. 「독신제도.

cælĭbátus, us, *m*. [cælebs] 미혼; 독신생활;

cælícŏla, æ, *m*.[cælum[2] + colo] **1.** 천국에서 사는 자; *pl*. 신(神)들. **2.** 하늘(天空)을 최고 신으로 숭배하던 일부 유태인 이단자.

Cælícŭlus, i, *m*. *Cǽlius* 언덕 동쪽의 높은

cǽlĭcus, a, um, *adj*. = cæléstis. ㄴ곳.

cǽlĭfer, fĕra, fĕrum, *adj*.[cælum[2] + fero] 하늘을 양어깨에 메고 있는, 하늘을 양어깨로 떠받치고 있는 (*Atlas*를 말함).

cælíflŭus, a, um, *adj*. [cælum[2] + fluo] 하늘에서 흘러내리는.

cælígĕnus, a, um, *adj*. [cælum[2] + gigno] 하늘에서 난(生), 하늘에서 내려온.

Cælimóntĭum, i, *n*. *Cǽlius* 언덕을 포함한 *Roma*의 한 지역; 〔*adj*.〕 **-tánus,** a, um.

cælípŏtens, éntis, *adj*. [cælum[2]] **1.** 하늘에서 세력있는. **2.** *m*. 하늘의 권력자·실권자; 하느님.

cǽlĭtes, um, *m.pl*. 신; 천국 시민[거주자].

cǽlĭtus, *adv*. 하늘로부터.

Cǽlĭus, i, *m*. **1.** *Roma*의 7 언덕의 하나: ~ mons, *Cǽlius* 언덕(지금의 *Monte Celio*). **2.** *Roma*인의 씨족명. **3.** 〔*adj*.〕 **-ĭánus,** a, um.

cælo, ávi, átum, áre, *tr*.[cælum[1]] **1.** (금속에 양각으로) 새기다. **2.** (나무·돌·유리 따위에) 부조세공(浮彫細工)하다. **3.** 장식하

cælum[1], i, *n*. [cædo] (조각용)끌,조각칼. ㄴ다.

cælum[2], i, *n*. **1.** **하늘**, 창공, 대공(大空); de cælo percússus, e cælo ictus(*C*.) 벼락맞은 / de cælo serváre 하늘의 징후를 관찰하다 / cælo albénte(*Cæs*.) 날이 샐 무렵 / toto cælo erráre 엄청나게 잘못하다·틀리다 / ~ attíngere 기뻐서 어쩔 줄을 모르다 / Quid si nunc ~ ruat? 당장 하늘이 무너진다면 어쩔테냐? 그것은 기우(杞憂)에 지나지 않는 거다. **2.** 신들의 거처: de cælo delápsus(*C*.) 하늘이 보낸 사람. **3.** 공기, 대기; **일기**, 천기; 기후, 풍토: crasso cælo uti (*C*.) 공기가 풍부한데서 살다. **4.** 높은 곳, 높은 자리; (행복·영예·찬미의)절정: In ~ Cato tóllitur.(*C*.) *Cato*를 크게 치켜 세운다. **5.** **천국**. **6.** 불사(不死), 불멸, 영원.

cælus[1], i, *m*. **1.** (동방·희랍 등에서 가장 오래된)신, 상제(上帝), 하느님. **2.** 〔흔히 *pl*.로〕 하늘나라, 신의 거처.

Cælus[2], i, *m*. 천상의 신; *Satúrnus, Vulcánus, Mercúrius* 등의 아버지.

cæmentárĭus, i, *m*. [cæméntum] 벽일을 하는 사람, 벽돌 쌓는 사람; 석공.

cæméntum, i, *n*. [cædo] 자른 돌, 건축석재, 벽돌; 모르타르, 석회, 시멘트, 양회.

cæna, cænácŭlum = cœna, cœnáculum.

Cǽnĕus, i, *m*. *Lápithæ* 족의 한 사람인 *Elătus*의 딸, *Cænis*란 이름으로 출생하였으나 *Neptúnus* 신에 의해 소년으로 변하여 *Thessália*의 용사가 됨.

Cænína, æ, *f*. *Látium*의 소도시; 〔*adj*.〕 **-ínus,** a, um; **-ninénsis,** e; *m. pl*. 그곳 주민.

Cænis, ĭdis, *f*. [*cf*. Cǽneus] *Elătus*의 딸, 후에 소년 *Cǽnĕus*로 변함.

cæno = cœno.

cænogénĕsis, is, *f*. 《生》 새로운 발생(개체발생 과정에서 조상에는 없었던 형태·특질이 새로 나타나는 일; 그 반대는 palingénesis). 「진흙투성이의.

cænósus, a, um, *adj*. [cænum] 진흙탕의,

cænum, i, *n*. **1.** 시궁창 흙, 진창. **2.** 쓰레기, 오물, 불결물. **3.** 천하고 불결한 생활조건·환경; 하층민. **4.** 〔욕설〕 인간 쓰레기.

cæpa, æ, *f*. 《植》 양파. 「는 사람.

cæpárĭus, i, *m*. **1.** 파 장수. **2.** 파 좋아하

cæpe, is, *n*. 〔단수 *nom., acc*. 만〕 = cæpa.

cæpétum, i, *n*. [cæpa] 양파밭. 「문명.

Cǽpĭo, ónis, *m*. *Fáunia*족 · *Servília*족의 가

cæpúlla, æ, *f*. (작은)양파.

Cærĕ, *n. indecl*. *Etrúrĭa*의 도시, 이전에는 *Agýlla*라고 했음(지금의 *Cervetri*).

cærefólĭum, i, *n*. 야채의 일종(잎은 셀러리 비슷하고 뿌리는 흰빛).

cærĕmónĭa, æ, *f*. **1.** 종교적 예식, 전례의식(典禮儀式), 제식(祭式). **2.** 경외심. **3.** 신성함. 「書), 예식서.

cærémōnĭále, is, *n*. 전례의식서(典禮儀式

cærĕmōnĭális, e, *adj*. 경신(敬神)의, 예식의, 예절의. 「전 담당관.

cærĕmōnĭárĭus, i, *m*. 《宗》 예절부장, 예

Cærēs, ĭtis [étis], *f*. = Cære.

cærimonia... *V*. cæremonia...

cærĭmónĭor, ári, *dep. intr., tr*. [cærimónia] 종교적 의식으로 신에게 예배드리다.

cærĭmónĭum, i, *n*. = cærimónia. 「종족.

Cærǿesi, órum, *m.pl*. *Gállia Bélgica*의 한

cǽrŭla, órum, *n.pl*. [cærúleus] **1.** 푸른색, 청색, 검푸른색. **2.** 푸른 바다; 창공; 산꼭대기의 푸르름.

cærúlĕum, i, *n*. 하늘색, 푸른색, 청색.

cærúlĕus, a, um, *adj*. **1.** 푸른색의, 하늘빛의. **2.** 짙푸른: Flúvius Cærúleus 양자강(揚子江). **3.** 어두운 색의, 컴컴한 색의.

cǽrŭlus = cærúleus.

cæsa, æ, *f*. 칼의 타격, 날선 연장으로 벰.

Cæsăr[1], ăris, *m*. *Júlia* 씨족의 가문명; 특히 유명한 것은 *C. Július Cæsar* (100-44 A.C.: *Gállia* 전쟁의 개선장군·웅변가·정치가, 문인으로서도 유명함. 44 A.C.에 *Brutus*와 *Cássĭus* 일당에게 암살당함).

Cæsăr[2], ăris, *m*. [Cæsar[1]] (*Roma*의)황제, 원

수(*Adriánus* 때부터 세습 황제의 명칭이 됨). 「의 도시(지금의 *Saragossa*).

Cæsăraugústa, æ, *f.* *Hispánia*의 *Ebro*강변

Cæsărēa, æ, *f.* **1.** *Palæstina*의 도시(지금의 *Kaisariyeh*). **2.** *Cappadócia*의 도시. **3.** *Mauretánia*의 수도. **4.** 〔*adj.*〕 **-riénsis,** e.

Cæsárĕus, a, um, *adj.*[Cæsar[1]] *Július Cæsar*의; 황제의, 제왕의: operátio Cæsárea(=séctio Cæsárea) 제왕절개(수술).

Cæsariánus, a, um, *adj.* [Cæsar] **1.** *Cæsar*의. **2.** *m.* *Cæsar*파 사람.

cæsărĭátus, a, um, *adj.* [cæsáries] 머리숱 많은, 긴 머리가 수북한; 잎이 무성한.

cæsárĭes, éi, *f.* **1.** (가리마 탈 수 있는)머리(털), 두발(頭髮). **2.** 〔드물게는〕수염. **3.** (말·사자 등의)갈기.

Cæsărínus = Cæsariánus.

cæsarísmus, i, *m.* 제왕[황제] 정치주의, 제국주의, 전제군주제. 「들.

Cæsárĭo, ónis, *m.* *Cæsar*와 *Cleopátra*의 아

cæsăropapísmus, i, *m.* (*Roma* 황제의) 황제 교황주의, 정교합일주의(政敎合一主義).

Cæséna, æ, *f.* *Gállia Cispadána*의 도시.

Cæsénnĭus, i, *m.* *Roma*인의 씨족명.

Cǽsĭa silva, æ, *f.* 서북 *Germánia*의 숲.

cæsim, *adv.* [cædo] **1.** 베어, (칼로)내리쳐. **2.** 짧은 문장으로. 「재단; 후려침.

cǽsĭo, ónis, *f.* [cædo] 벰(베는 행동), 절단,

cǽsĭus[1], a, um, *adj.* **1.** 청회색(靑灰色)의. **2.** 푸르스름한 회색 눈을 가진.

Cǽsĭus[2] **Bassus,** i, *m.* 서정시인, *Pérsius*의 친구(c. 70 P.C.).

Cæso, ónis, *m.* *Fábia*씨족의 가문명.

Cæsónĭus, i, *m.* *Roma*인의 씨족명.

cæsŏr, óris, *m.* 베는 사람, 깎는 사람.

cæspĕs, pĭtis, *m.* [cædo] **1.** 잔디; 뗏장. **2.** 떼입힌 제단; 잔디로 덮은 오두막. **3.** 잔디밭, 풀밭.

cǽspĭto, áre, *tr.* **1.** 걸려 비트적 거리다. **2.** (돌부리 따위에) 채어 넘어지다.

cæspósus, a, um, *adj.* 잔디 많은.

cæstŭs, us, *m.* [cædo] **1.** (갑옷에 딸린) 목이 긴 장갑, (승마·검도용의) 긴 장갑. **2.** (가죽끈으로 얽어만든) 권투장갑, 글러브.

cæsum, i, *n.* 짧은 삽입구, 추가구(追加句).

cæsúra, æ, *f.* [cædo] **1.** 벌목, 벌채. **2.** (나무의) 절단부, 벤 자리. **3.** 시구절이 끊어지는 자리, 중간휴지(中間休止).

cæsurátim, *adv.* 짤막한 구절로.

cæsus, us, *m.* [cædo] 베임, 끊어 자름.

cǽtĕra = cétera.

cætra, æ, *f.* 간편한 가죽방패, 작은 방패.

cætrátus, a, um, *adj.* cætra로 무장한.

Caícus, i, *m.* **1.** *Mýsia*의 강. **2.** *Ænéas*의 동료.

căja, æ, *f.* [cajo] 곤봉.

Cajéta[-e], æ[es], *f.* **1.** *Látium*의 항구도시(지금의 *Gæta*). **2.** *Ænéas*의 유모(乳母). 「따위로) 때리다·징계하다.

căjo, áre, *intr.* 매질하다, (막대기·몽둥이

Căjus, i, *m.* (=Gajus) *Roma*인의 이름(prænómen).

Calábrĭa, æ, *f.* **1.** *Itália* 동남단 지방(지금의 *Terra d'Otranto*). **2.** 〔*adj.*〕 **-lăber,** bra, brum; *m.pl.* *Calábria*의 주민.

Calácte, es, *f.* *Sicilia* 북해안의 중부도시; 〔*adj.*〕 **-tínus,** a, um.

Calagúrris, is, *f.* 북부 *Hispánia*의 도시.

Cálăis, ĭdis, *m.* *Bóreas*신과 *Orīthyía*의 아들, *Zetes*의 형제.

călămárĭus, a, um, *adj.* [cálamus] 글쓰는 갈대의, 붓의: calamária theca 붓상자, 벼룻집. 「의)마른 가지.

calaméntum, i, *n.* 장작, (특히 포도나무

călămínthe, es, *f.* 《植》 박하류.

calămínus, a, um, *adj.* [cálamus] 갈대의.

Cálămis, ĭdis, *m.* *Athénæ*의 조각가(c. 460 A.C.).

călămíster, tri, *m.* [cálamus] **1.** (머리를 곱슬 곱슬하게 지지는)인두. **2.** (말·글의) 화려한 표현, 미사여구.

călămistrátus, a, um, *adj.* [calamíster] (불에 달군 쇠로) 지진 머리의, 파아마한.

călamístrum, i, *n.* = calamíster.

călámĭtas, átis, *f.* **1.** 재난, 재앙; 손해, 화(禍), 불행, 환난. **2.** 패전(敗戰), 상실. **3.** 흉작.

călămítes, æ, *m.* **1.** 청개구리. **2.** (고생대의 화석 속새류인) 노목(蘆木).

calamitósus, a, um, *adj.* [calámitas] **1.** 불행을 초래하는, 손해를 입히는, 재앙[재난]을 일으키는; 흉작을 가져오는. **2.** 불행한, 비참한, 불운에 시달리는.

cálămo, áre, *tr.* 쓰다(書).

cálămus, i, *m.* **1.** 갈대, (등나무·대나무·종려·사탕수수 따위의)줄기. **2.** 갈대 펜, 펜: lapsus cálami 오서(誤書) / cálamum súmere(*C.*) 붓[펜]을 들다. **3.** 갈대피리. **4.** 화살. **5.** 낚싯대. **6.** (여러가지 용도의)막대기. 「의 철학자.

Calánus, i, *m.* *Alexánder* 대왕 때의 *India*

calăthíscus, i, *m.* *dim.* [cálathus] 작은 바구니, 작은 채롱.

cálăthus, i, *m.* **1.** 바구니, 채롱; 과일 광주리. **2.** 사발, 주발; 우유대접, 큰 술잔.

Calátĭa, æ, *f.* 북부 *Campánia*의 도시; 〔*adj.*〕 **-tínus,** a, um; *m.pl.* *Calátia*주민.

calátĭo, ónis, *f.* [calo[1]] **1.** 부름, 호칭. **2.** (회의나 의회의) 소집.

calátor, óris, *m.* [calo[1]] **1.** 부르는 사람. **2.** 사환(使喚); 제관(祭官)의 심부름 다니던 하인. 「환의, 심부름꾼의.

calatórĭus, a, um, *adj.* 부르러 다니는, 사

Calauréa[-ía], æ, *f.* *Argŏlis* 해안에 있는 섬.

caláutĭca[-lvátĭca], æ, *f.* 머리 처네.

calcábĭlis, e, *adj.* [calco] **1.** 밟을 수 있는, 밟고 다닐 수 있을 정도로 단단한. **2.** 굳은 땅의.

calcánĕum[-us], i, *n.[m.]* **1.** 발뒤꿈치. **2.** 배반자. **3.** 《解》 근골(跟骨), 종골(踵骨).

calcar, áris, *n.* [calx[1]] **1.** 박차(拍車): concitáre equum calcáribus *(L.)* 말에 박차를 가하다 / ~ áureum 금박차훈장(金拍車勳章: 교황훈장의 한 가지). **2.** (새나 닭의)며느리 발톱. **3.** 자극, 충동: [속담] áddere calcária sponte currénti 이미 자발적으로 하고 있는 사람을 격려하고 자극하다, 주마가편(走馬加鞭).

calcárĕa, órum, *n. pl.* 《動》 석회해면류(石灰海綿類).

calcárĭa, æ, *f.* 석회굽는 가마.

calcárĭa hydráta, æ, *f.* 소석회(消石灰).

calcárĭa usta, æ, *f.* 생석회(生石灰).

calcārĭénsis, is, *m.* 석회 제조인.

calcárĭus, a, um, *adj.* [calx[2]] 석회의, 석회질의, 석회성의; *m.* 석회 굽는 사람.

calcátor, óris, *m.* [calco] **1.** 짓밟는 사람. **2.** (즙을 내기 위해) 포도를 짓밟는 사람.

calcātórĭum, i, *n.* [calco] 포도를 짓밟아 짜는 주조(酒槽).

calcátrix, ícis, *f.* [calcátor] 짓밟는 여자; 경멸(輕蔑)하는 여자.

calcātúra, æ, *f.* [calco] 밟음, 짓밟음, 압착.

calcátus, us, *m.* = calcatúra.

calcĕámen, mĭnis, *n.* = calceaméntum.

calcĕāmentárĭus, i, *m.* 제화공(製靴工); 구두 상인.

calcĕāméntum, i, *n.* [cálceo] 신, 구두.

calcĕárĭa, æ, *f.* [cálceus] 양화점, 구둣방.

calceárĭum, i, *n.* (군인들에게 지급되는)구두 대금(代金)

calcĕátor, óris, *m.* 신을 신기는 사람; (말·소에) 편자를 박아 붙이는 사람.

calcĕátus[1], a, um, *p.p.* [cálceo] 신 신은, 구두 신은.

calcĕátus[2], us, *m.* 신, 구두.

Calcédon = Calchédon.

cálcĕo, ávi, átum, áre, *tr.* [cálceus] **1.** 신을 신기다; 신을 공급하다. **2.** (말이나 소의 발에 일종의)신을 신기다; 편자를 대어 붙이다.

calcĕŏlárĭa, æ, *f.* 남미 원산인 현삼과(玄參科)의 관상식물.

calcĕŏlárĭus, i, *m. dim.* [cálceus] 제화공, 구두만드는 사람.

calcéŏlus, i, *m. dim.* [cálceus] 작은 신, 작은 구두.

cálcĕus, i, *m.* [calx[1]] 신, 구두, 반장화, 단화: cálceos mutáre (다른 구두로 바꿔 신다)원로원 의원이 되다 / cálceos póscere(신을 청하다) 연회석에서 일어나다.

Calchās, ántis, *m.* *Thestor*의 아들, *Troja*전쟁때 희랍군의 가장 저명한 예언자.

Calchédon, ŏnis, *f.* *Bithýnia*의 도시; 〔*adj.*〕 **-nĭus,** a, um; *m.pl.* *Calchédonĭi*의 주민.

calcia... *V.* calcea...

calcífrăga, æ, *f.* 《植》 범의귀과에 속하는풀.

cálcĭo = cálceo.

calcĭtrátus, us, *m.* [cálcitro[1]] 걷어 참, 뒷발질.

cálcĭtro[1], ávi, átum, áre, *intr.* [calx[2]] **1.** 뒷발질하다, (말이)날뛰다. **2.** 몹시 반항하다, 반대하다. **3.** 다루기 힘들다.

calcítro[2], ónis, *m.* [cálcitro[1]] 발길질 하는 자, 날뛰는 사람; 반항자.

calcĭtrósus, a, um, *adj.* [cálcitro[1]] 걷어 차는, 발길질 잘하는.

cálcĭum, i, *n.* 칼슘, 석회: ~ carbónicum 탄산석회 / ~ carbónicum præcipitátum 침전(沈澱)탄산석회 / ~ chlorátum 염화칼슘 / ~ lácticum 유산석회(乳酸石灰) / ~ sulfúricum ustum 소석고(燒石膏=gypsum ustum).

calco, ávi, átum, áre, *tr.* [calx[2]] **1.** 밟다, 짓밟다; (포도즙 따위를)밟아서 짜다. **2.** 다지다, 다져넣다, 밟아 밀어넣다, 쑤셔넣다; 가득 채워넣다. **3.** (어떤 곳으로) 찾아가다, 지나가다; 밟고 지나가다. **4.** 짓밟아 누르다, 밟아 뭉개다, 유린하다; 경멸[무시]하다.

calcŭlárĭus, a, um, *adj.* **1.** 계산의, 계산상의. **2.** *m.* 회계, 계산자.

calcŭlátĭo[1], ónis, *f.* [cálculo[1]] **1.** 계산, 셈. **2.** 《建》 구조계산.

calcŭlátĭo[2], ónis, *f.* [cálculus] 《醫》 결석병(結石病).

calcŭlátor, óris, *m.* [cálculo[1]] **1.** 계산하는 사람; 치부계원, 회계원. **2.** 계산기; 계산표.

calcŭlātórĭus, a, um, *adj.* 회계하는, 계산하는.

calcŭlátrix, ícis, *f.* [calculátor] 여자계산자.

calcŭlénsis, e, *adj.* [cálculus] 조약돌의.

cálcŭlo[1], ávi, átum, áre, *tr.* [cálculus] 세다, 계산하다; 평가하다.

cálcŭlo[2], ónis, *m.* 산수선생, 계산의 대가.

calcŭlósus, a, um, *adj.* [cálculus] **1.** 조약돌 많은, 자갈 투성이의. **2.** 결석병에 걸린.

cálcŭlus, i, *m. dim.* [calx[1]] **1.** 조약돌, 작은 돌; 자갈. **2.** *Roma*식 고누의 말. **3.** 셈돌, 계산용 조약돌; 계산, 셈: ad cálculos *alqd* vocáre *(C.)* 무엇을 에누리 없이 계산하다·셈하다. **4.** 투표용 조약돌, 판결표시의 돌(흰돌은 찬성 또는 사면의 표시였고, 검은 돌은 반대 또는 단죄의 표시였음): album cálculum adjícere *alci rei* *(Plin.)* 무슨 일에 찬표를 던지다. **5.** 《醫》 결석(結石); 담석, 방광석, 신석(腎石).

calda, æ, *f.* (=cálida) 더운 물.

caldāméntum, i, *n.* [cálidus[1]] 온증요법(溫蒸療法), 더운물찜질.

caldárĭa, æ, *f.* [caldárius] **1.** 온수욕탕. **2.** 가마솥.

caldārĭŏla, æ, *f.* 작은 솥.

caldárĭum, i, *n.* [caldárius] 목욕탕.
caldárĭus, a, um, *adj.* [calda] 데우는; 더워지는; 온탕의.
caldo, áre, *tr.* 뜨겁게 하다, 끓이다.
caldor, óris, *m.* [caldus] 더위, 열.
caldus = cálidus[1]. 더운.
Calédŏnes, um, *m.pl.* *Caledónia* 주민.
Caledónĭa, æ, *f.* **1.** *Británnia*의 북부. **2.** *Scotland*의 고원지대; 〔*adj.*〕 **-ĭus,** a, um.
cālĕfácĭo, féci, fáctum, cĕre, *tr.* [cáleo+fácio] **1.** 따뜻하게 하다, 뜨겁게 하다, 데우다; (얼었던 것을)녹이다. **2.** 흥분시키다, 열올리게 하다, 감동시키다; 선동하다, 자극하다.
cālĕfáctĭo, ónis, *f.* 덥게 함, 가열.
cālĕfácto, áre, *tr.* [calefácio] 따뜻하게 하다, 데우다, 가열하다, 뜨겁게 하다.
cālĕfactórĭus, a, um, *adj.* 덥게 하는, 뜨겁게 하는. 「더워지다.
cālĕfío, fáctus sum, fíeri, *pass.* [calefácio]
Călĕndæ, árum, *f.pl.* **1.** (*Roma* 달력의)초하루. **2.** 달(曆月).
călendális, e, *adj.* [caléndæ] 초하루의.
călendárĭum, i, *n.* **1.** 달력, 책력, 일력. **2.** 《宗》 축일표. **3.** (지불의) 계산장부, 각서(覺書); 재산. **4.** 연감(年鑑).
cálĕo, ŭi, itúrus, ére, *intr.* **1.** 뜨겁다, 덥다, 따뜻하게 느끼다. **2.** 흥분하다, 열중하다, 열렬하다, 열이 올라있다. **3.** 가열되다, 무르익다, 한창이다, 열광상태에 있다, 빗발치듯 하다. **4.** 생생하다, 새롭다.
Cālēs, ĭum, *f.pl.* *Campánia*의 도시, 포도주로 유명함; 〔*adj.*〕 **-énus,** a, um.
calésco, cálui, ĕre, *intr.* [cáleo] **1.** 더워지다, 뜨거워지다. **2.** (사랑에)불타다, 고조에 달하다. 「*gica*의 한 종족.
Calétes, um,[**-ti,** órum,] *m. pl.* *Gállia Bél-*
calfácĭo = calefácio.
caliándrum, i, *n.* = caliéndrum.
călĭcéllus, i, *n.* [calículus] 아주 작은 잔, 작은 컵. 「다.
cálĭco, áre, *tr.* 술 마시다, 홀짝 홀짝 마시
călícŭlus, i, *m.* [calix] 작은 잔, 작은 컵.
cálĭda, æ, *f.* 온탕, 더운물. 「질.
călĭdāméntum, i, *n.* 온증요법, 더운물 찜
călĭdárĭus, a, um, *adj.* 데우는; 더워지는; 온탕의. 「운.
călĭdátĭo, ónis, *f.* [cálidus[1]] 더위, 더운 기
Calídĭus, i, *m.* *Roma*인의 씨족명; 〔*adj.*〕 **-dĭánus,** a, um.
cálĭdum, i,*n.* [cálidus[1]] 따끈한 술·음료[물].
cálĭdus[1], a, um, *adj.* [cáleo] **1.** 따뜻한, 더운, 뜨거운. **2.** 열렬한, 격정적인. **3.** 경솔한, 지각없는, 성급한; 불쑥 떠오르는.
cálĭdus[2], i, *m.* [cálidus[1]] 열혈한(熱血漢);성급한 사람; 경솔한 사람, 지각없는 사람.
călĭéndrum, i, *n.* 가발; 옛날 여자들이 쓰던 높은 모자.
cálĭga, æ, *f.* [calx[2]] 반장화; 군화(軍靴).
călĭgáris, e, *adj.* [cáliga] 신의, 군화의.
cālĭgátĭo, ónis, *f.* [calígo[2]] 어둡게 함; (눈이) 어두워짐.
călĭgátus, a, um, *adj.* [cáliga] **1.** 군화를 신은. **2.** *m.* 군화 신은 사람; 군인,병사.
cālĭgínĕus, a, um, *adj.* [calígo[1]] 어두운, 희미한. 「을 가리다, 감추다.
calígĭno, áre, *tr.* [calígo[1]] 어둡게 하다, 빛
cālĭgĭnósus, a, um, *adj.* [calígo[1]] 어두운, 희미한, 안개로 덮인, 불투명한; 우울한.
cālígo[1], gĭnis, *f.* **1.** 짙은 안개·구름, 연무(煙霧). **2.** (눈앞이) 희미함, 흐릿함, 몽롱, 현기(증). **3.** 어두움, 오리무중; 우매함. **4.** 침울, 우울.
cālígo[2], ávi, átum, áre, *intr.* **1.** 짙은 연기나 안개가 끼어 어두워지다; 어둡다, 어둠에 싸이다; 김이 서리다. **2.** 희미해 지다, 눈이 흐릿하다, 눈이 멀다: ~ in sole *(Q.)* 눈이 부시어 보이지 않다; 눈뜨고 더듬다. **3.** 현혹되다. **4.** 침울하다. 「장화.
călígŭla[1], æ, *f. dim.* [cáliga] 군화(軍靴), 반
Calígŭla[2], æ, *m.* *Roma* 제3대 황제 *Cajus Cæsar*에게 병사들이 붙여준 별명.
calíptra, æ, *f.* (고대 희랍과 이태리 지방의)부인용 면사포.
călix, lĭcis, *m.* **1.** 잔, 컵; 《가》 성작(聖爵). **2.** 끓이는 그릇.
calláĭnus, a, um, *adj.* 청록색의.
callens, éntis, *p. præs., a.p.* [cálleo] 경험많은, 전문지식을 가진, (무엇을)잘아는; 숙련된, 능숙한, 솜씨있는.
cállĕo, ŭi, ére, *intr., tr.* [callum] **1.** 피부가 굳어지다, 굳은 살이 생기다, 손·발에 못이 박히다. **2.** 〔in *abl.; abl.*〕 …에 경험이 많다, 숙련되어 있다, 능숙하다. **3.** *tr.* 전문지식을 가지고 있다, 잘 배워 알고 있다, 이해하다, 경험으로 알고 있다; …할 줄 알다.
callibléphărum, i, *n.* 눈썹 먹, 마스카라.
Callicrátĭdas, æ, *m.* *Sparta*의 장군, *Athénæ*인들과의 전쟁 때 *Arginúsæ* 해전에서 전사함 (406 A.C.). 「은 언덕.
Callícŭla, æ, *f.* 북부 *Campánia*에 있는 작
cállĭde, *adv.* [cállidus] **1.** 전문가답게, 능란하게, 노련하게, 교묘하게, 훌륭하게. **2.** 교활하게, 능청스럽게.
callídĭtas, átis, *f.* [cállidus] **1.** 정통(精通), 노련, 숙련, 능란함, 능숙함; 적합. **2.** 교활, 능청맞음. 「있는 *Locris*의 산.
Callídrŏmus[-os], i, *m.* *Thermópylæ*부근에
cállĭdus, a, um, *adj.* [cálleo] **1.** 〔*absol.;* ad *acc.;* in *abl.; dat.*〕 능란한, 능숙한, 노련한, 경험 많은; 빈틈없는, 현명한, 명민한, 재치있는. **2.** 〔*gen.*〕 정통한, 익히 아

는, 사리(事理)에 밝은: ~ témporum(*Ta.*) 시대를 잘아는. **3.** 교활한, 능청스러운.
Callífæ, árum, *f.pl.* *Sámnium*의 도시.
Callímăchus, i, *m.* *Cyréne*태생의 희랍 비가(悲歌)시인 (c. 250 A.C.).
Callíŏpe, es, *f.* 시가(詩歌)의 여신, *Musæ* 중의 하나이며 서사시를 다스림.
Cállĭpho(n), óntis, *m.* 희랍 철학자 (c. 250 A.C.), 쾌락과 결합된 덕을 최고선이라 생각했음.
Callípŏlis, is, *f.* **1.** *Chersonésus Thrácĭa*의 도시. **2.** *Chersonésus Táurĭca*의 도시. **3.** *Calábria*의 희랍 도시.
Callírhŏë, es, *f.* **1.** *Athénæ*의 유명한 샘(泉). **2.** *Achelóus*의 딸.
callis, is, *m. f.* **1.** 산길, 오솔길. **2.** 목장 도로. **3.** *pl.* 산속의 목장.
callísco, ĕre, *intr.* **1.** 굳어지다. **2.** 감각이 무디다.
Callísthĕnes, is, *m.* *Olýnthus*출신의 철학자로서 *Aristóteles*의 조카이며 제자.
Callísto, us, *f.* *Arcádia*의 왕 *Lycáon*의 딸, *Júpiter*신의 사랑을 받아 *Arcas*의 어머니가 되었으나 *Juno* 여신에 의해 곰이 됨.
Callístrătus, i, *m.* *Athénæ*의 연설가.
callósĭtas, átis, *f.* [callósus] **1.** 피부가 굳어짐, 피부경결(硬結), 티눈. **2.** 굳혀진 습관. **3.** 식물체의 경화한 부분.
callósus, a, um, *adj.* [callum] **1.** 피부가 굳어진, 못이 박힌; 껍질이 두꺼운. **2.** 굳어버린, 무감각한, 냉담한; 예사인.
callum, i, *n.* **1.** 두꺼운 피부, 티눈, 굳은 살. **2.** 무감각, 둔감.
călo[1], ávi, átum, áre, *tr.* 불러 모으다, 호출하다, 소집하다.
călo[2], ónis, *m.* **1.** 당번병; 마부(馬夫). **2.** 막일하는 종, 잡역부.
calomélas, æ, *f.* (=hydrárgyrum chlorátum) 《化》 감홍(甘汞), 염화 제1수은.
cālŏpódĭum, i, *n.* 신골(신 만드는데 쓰는 골).
cálŏpus, pŏdis, *m.* 나막신.
călor[1], óris, *m.* [cáleo] **1. 더위, 열,** 태양열, 작열; 열풍(熱風). **2.** 타오르듯한 빛깔, (뺨의)홍조. **3.** 정열, 사랑의 불길, 불타는 사랑.
Călor[2], óris, *m.* *Sámnium*의 강.
călōríficus, a, um, *adj.* 덥게 하는, 덥히는.
calpar, áris, *n.* **1.** 질그릇으로 만든 작은 술통. **2.** 새로 담근 포도주.
Calpē, es, *f.* *Hispánia Bætica*에 있는 *Hércules*의 기둥이라 불리우는 산(지금의 *Gibraltar*).
Calpúrnĭus, i, *m.* *Roma*인의 씨족명, *Piso, Béstia, Bíbulus*등의 성이 붙음; 〔*adj.*〕 **-nĭánus[-nĭus],** a, um.
caltha, æ, *f.* 《植》 금잔화, 금송화.
Calthǽa, æ, *f.* *Ceos*섬 서해안 도시.
cálthŭla, æ, *f.* [caltha] **1.** 금잔화. **2.** 금잔화 색의 부인 의복.
calúmnĭa, æ, *f.* **1.** 속임수, 사기, 농간, 책략, 협잡. **2. 무고**(誣告), 참소(讒訴): juráre calúmniam[de calúmniā] 자기의 고소가 무고가 아님을 맹세하다. **3.** 허위변호, 허위해석; 허위진술.
calumniátor, óris, *m.* [calúmnior] **1.** 무고자(誣告者). **2.** 법률 곡해자.
calumniátrix, ícis, *f.* 무고하는 여자.
calúmnĭo, ávi, áre, *tr.* = calúmnior.
calúmnĭor, átus sum, ári, *dep. tr.* [calúmnia] **1.** 허위고발하다, **무고(誣告)하다,** 부당하게 기소하다. **2.** 비방하다, 중상모략하다, 명예훼손하다.
calumniósus, a, um, *adj.* [calúmnia] 무고하는, 비방하는, 중상하는, 부당한, 근거 없는.
calva, æ, *f.* [calvus[1]] 두개(頭蓋), 해골, 해골바가지.
calvárĭa, æ, *f.* 해골, 두개골: calváriæ locus = *Gólgotha* (그리스도가 십자가에 못 박힌 장소).
calvátus, a, um, *adj.* [calvus[1]] 맨숭맨숭한; 대머리인; (나무가)듬성듬성한, 불모(不毛)의.
cálvĕo[calvésco], ére[scĕre], *intr.* [calvus[1]] 머리 벗어지다, 대머리 되다.
calvícĭum = calvítium.
Calvínus, i, *m.* *Roma*인의 많은 씨족의 가문명.
Calvísĭus, i, *m.* *Roma*인의 씨족명.
calvítĭes, éi, *f.* = calvítium.
calvítĭum, i, *n.* [calvus[1]] 대머리.
calvo, ĕre, *tr.* = calvor.
calvor, *(ĕris, ĭtur)*, calvi, *dep. tr.* 속이다.
calvus[1], a, um, *adj.* 머리털 없는, 대머리의, 벗어진; 매끈매끈한.
Calvus[2], i, *m.* *Roma*인의 가문명; 특히 시인 *Licínĭus Calvus.*
calx[1], calcis, *f. (m.)* **1.** 발꿈치, 발뒤축; (뒷)발굽; 며느리 발톱: 〔속담〕 calcem *alci rei* impíngere 무엇을 차 버리다 / in calce 각주(脚註)에. **2.** 발.
calx[2], calcis, *f.(m.)* **1.** 석회, 생석회, 석회암. **2.** 경마나 경주 때의 결승점(옛날에는 석회로 표시했음). **3.** 《化》 금속회(金屬灰).
Călўcádnus, i, *m.* 서부 *Cilícia*의 강.
cálўces, um, *m. pl.* 꽃의 자방(子房); 꽃받침.
calýcŭlus, i, *m.* **1.** 작은 잔. **2.** 《植》 꽃받침; 꽃의 자방(子房). **3.** calýculi gustatórii 미관구(味官球), 맛을 느끼는 혀의 감각세포.
Cálўdōn, ónis, *f.* *Ætólia*의 도시, 큰 산돼지가 피해를 주던 마을로 유명함; 〔*adj.*〕 **-ōnéus[-ónĭus],** a, um.
Calydónis, ĭdis, *f.* *Cálydon* 여자; 특히 *Hércules*의 아내인 *Dēïănira.*
Calýmne, es, *f.* *Rhodus*섬 서북쪽에 있는 섬.

Calýpso, us[ónis], *f. Atlas*의 딸, *Ogýgia*섬에 살던 요정으로서 *Odysséus*가 이 여자 밑에서 7년을 잡혀 지냈음. 「(被子類).
calyptoblástēa, órum, *n.pl.* 《植》 피자류
călyx, y̆cis, *m.* 꽃받침, 악(萼); 꽃의 자방
cama, æ, *f.* 짧고 얕은 침대. ∟(子房).
Camalodúnum, i, *n. Británnia*의 도시 (지금의 *Colchester*).
cámăra, æ, *f.* = cámera.
Cămărína, æ, *f. Sicília* 남해안의 소도시.
cámbĭo, campsi, íre[iáre], *intr.* **1.** 교환하다, 주고받다. **2.** 바꾸다; 환금하다.
cambítor, óris, *m.* [cámbio] 교환하는 사람, 환금업자. 「형성층(形成層).
cámbĭum, i, *n.* **1.** 교환 장소. **2.** 《植》
cambóta, æ, *f.* 목자의 지팡이.
Cambúnii montes, *m. pl. Thessália*와 *Macedónia* 사이에 있는 산맥.
Cambýses, is, *m.* 대 *Cyrus*의 아들로서 그 후계자, *Pérsia* 제2대 왕(c. 529 A.C.).
căméla, æ, *f.* [camélus] 암낙타.
cămēlárĭus, i, *m.* [camélus] 낙타모는 사람.
cămeláucum, i, *n.* 흰 투구 비슷하게 생긴 7·8세기 경의 교황관(冠).
cămēlínus, a, um, *adj.* [camélus] 낙타의.
caméllā, æ, *f. dim.* [cámera] 긴 받침이 달린 잔, 술잔.
caméllĭa, æ, *f.* 《植》 동백나무. 「타속(屬).
caméllĭdæ, árum, *f. pl.* [caméllus] 《動》 낙
caméllus, i, *m.* = camélus.
cămēlŏpárdălis, is, *f.* 《動》 기린(麒麟).
cămēlŏpárdălus[-párdus], i, *m.* 《動》 기린. 「의 풀.
cămēlŏpódĭum, i, *n.* 《낙타 발》이란 이름
cămélus, i, *m.(f.)* 《動》 낙타, 약대.
Caména, æ, *f.* **1.** 시가(詩歌)의 여신(= Musa). **2.** 시, 노래.
cámĕra, æ, *f.* **1.** 반원형 천장(또는 지붕), 교차된 반원형 천장. **2.** 반원형 천장이 있는 방. **3. 방,** 사실(私室); **사무실:** in cámerā 법관의 사실에서; 비밀회의(실)에서; 법정의 비공개 심리에서 / 《가》 ~ Apostólica 교황청 회계원(會計院). **4.** (천장으로 덮은) 작은 배. 「장의.
cămĕrárĭus, a, um, *adj.* [cámera] 둥근 천
Căméria[1], æ, *f. Látium*에 있는 *Sabíni*인들의 도시; 〔*adj.*〕 **-rínus,** a, um; *m. pl. Ca-*
Cămĕría[2] = Camarína. ∟*méria* 주민.
Camerínum, i, *n. Umbrĭa*의 도시.
Camérĭum, i, *n.* = Caméria[1].
cámĕro, ávi, átum, áre, *tr.* 반원형(아아치형)의 천장을 만들다. 「곳 주민.
Camers, értis, *adj. Camerínum*의; *m.pl.* 그
Camertínus, a, um, *adj. Camerínum*의.
cămérŭla, æ, *f. dim.* [cámera] 조그만 방.
Camílla, æ, *f. Volsci*족의 *Métabus*왕의 딸, *Turnus*의 친구.

Camíllus, i, *m. Fúrĭa* 씨족의 가문명; 특히 *Gállia*인들 한테서 *Roma*를 구출한 *M. Fúrius Camíllus.* 「이 모양으로 만들다.
cămíno, ávi, átum, áre, *tr.* [camínus] 아궁
cămínus, i, *m.* **1.** 아궁이; 난로, 화덕; 몹시 더운 곳. **2.** 용광로. **3.** *Ætna* 화산과 *Vulcánus* 화산의 분화구.
Camírus, i, *f. Rhodus*섬의 서해안 마을.
cămísĭa, æ, *f.* 아마포로 만든 내의(內衣).
cámmăron, i, *n.* 《植》 바곳(바꽃)의 일종.
cámmărus, i, *m.* 바다가재, 큰 새우. 「레.
campa, æ, *f.* **1.** 음모, 암계. **2.** 배추벌
cámpăgus, i, *m.* (고급관리들이 신던)긴 끈
campána, æ, *f.* 종(鐘). ∟달린 반장화.
campanárĭum, i, *n.* 종각(鐘閣), 종탑.
campānélla, æ, *f.* 작은 종, 방울.
campánĕus[-ĭus], a, um, *adj.* [campus[1]] 들의, 평야의.
campánĭa[1], órum, *n.pl.* 시골, 들판, 평야.
Campánĭa[2], æ, *f.* 중부 *Itália*에 있는 지방, 이 지방의 주요도시는 *Cápua*임; 〔*adj.*〕 **-nus,** a, um; *m. Campánia* 사람, 특히 *Cápua* 사람을 말함.
campánŭla, æ, *f. dim.* [campána] **1.** 방울, 작은 종. **2.** 《植》 ~ punctáta 초롱꽃.
campanulácĕæ, árum, *f.pl.* 《植》 도라지과
campe, es, *f.* = campa. ∟(科).
campénsis, e, *adj.*[campus[1]] 군사훈련장의, 연병장의.
campéster, stris, stre, *adj.* [campus[1]] **1.** 들의, 평야의. **2.** 평지의, 평평한, 평탄한. **3.** *Mars* 광장의, 연병장의, 운동장의. **4.** 체조의, 체육의. **5.** (고대 *Roma*) 의회(議會)의, 선거에 관한. 「짧은 잠방이.
campéstre, tris, *n.* [campéster] 요대(腰帶),
campéstrĭa, ĭum, *n. pl.* [campéster] 평지, 평야; 들에서 자라는 식물.
cámphŏra, æ, *f.* 장뇌(樟腦): ~ depuráta 정제(精製) 장뇌. 「훈련.
campicúrsĭo, ónis, *f.* 연병장에서의 군사
campidóctor, óris, *m.* 군사 교련의 교관.
campígĕni, órum, *m. pl.*[campus[1] + gigno] 정병(精兵), 노련한 병사.
cámpĭo, ónis, *m.* **1.** 격투. **2.** 권투사.
campsárĭa, æ, *f.* 떨어진 옷 파는 곳, 누더기 시장.
campso, áre, *tr.* 우회(迂回)하다, 돌아가다.
campter, éris, *m.* 곡선, 각(角), 모퉁이(隅).
cámpŭlus, i, *m. dim.* [campus[1]] 땅의 한 모퉁이, 지각(地角).
campus[1], i, *m.* **1. 들, 평야,** 평지; (평평한)경작지, 과수원, 목장. **2.** 해면(海面). **3. 광장, 연병장,** 운동장, 경기장; *Mars*의 광장(= campus Mártius: 각종 경기·승마·훈련·산책 따위를 하며 관객도 모여오던 *Tíberis* 강변의 운동장). **4. 분야, 영역. 5.** 고대 *Roma* 국민회의, 선거.

campus², i, *m*. 해마(海馬).
Camulodúnum, i, *n*. *Británnia*의 *Trinobántes*인들의 도시(지금의 *Colchester*).
cămum, i, *n*. 맥주의 일종.
cămŭr, ra, rum, *adj*. 굽은, 안으로 휘어굽은.
cámŭrus, a, um, *adj*. 굽은, 만곡의, 안으로 휘어굽은.
cāmus, i, *m*. 굴레, 기반(羈絆).
cánăba, æ, *f*. 작은 집, 술집, 주막.
cánăbis, is, *f*. = cánnabis.
canábŭla, æ, *f*. *dim*. [cánaba] **1.** 작은 집. **2.** 배수관.
cănālícŭla, æ, *f*. *dim*. [canális¹] 가느다란 관, 세관(細管).
cănālĭcŭlárĭus, i, *m*. 수통(水桶) 제조인.
cănālĭcŭlátus, a, um, *adj*. [canalículus] 관(管)처럼 생긴.
cănālícŭlus, i, *m*. *dim*.[canális¹] 작은 수도, 배수관; 소관(小管).
cănālis¹, is, *m*. **1.** 파이프, 도관(導管), 홈통; 관(管). **2.** 도랑, 운하; 수도(水道); 하수구.
cănális², e, *adj*. [canis] 개(犬)의.
cănārĭus, a, um, *adj*. [canis] 개(犬)의.
Canástrum, i, *n*. *Chalcídice*의 *Palléne* 반도 남쪽갑(岬); 〔*adj*.〕 **-stræus**, a, um.
cănātim, *adv*. [canis] 개처럼.
cánăva, æ, *f*. = cánaba.
canavárĭa, æ, *f*. (수도원의) 식사 담당자.
cancellárĭa, æ, *f*. 《가》 교구청의 비서국: ~ Apostólica 교황청 상서원(尙書院).
cancellárĭus, i, *m*. [cancéllus] **1.** (황제나 장관의)문지기 겸 비서장; 정리장(廷吏長). **2.** (중세에 궁중의 공문서를 다룬)상서(尙書). **3.** 《가》(교구의)상서국장; (교황청의)상서원 장관(추기경).
cancellátim[-te], *adv*. [cancéllo] 격자(格子) 모양으로, 살창 모양으로.
cancellátĭo, ónis, *f*. 농지 경계의 확정·측량; 농경지 대장(臺帳).
cancellátus, a, um, *p. p.*, *a. p.* [cancéllo] 발[주렴] 모양의, 창살로 된, 격자의, 울타리 모양의.
cancéllo, ávi, átum, áre, *tr*. [cancéllus] **1.** 격자모양으로 만들다, 발을 치다, 울타리를 두르다: cancelláta manus 깍지낀 손. **2.** (글씨를) 북북 그어 지우다; 취소하다.
cancellósus, a, um, *adj*. 격자·창살·울짱 따위로 막은.
cancéllus, i, *m*. [cancer²] **1.** 격자, 창살; 난간. **2.** 울타리, 경계.
cancer¹, cri, *m*. **1.** 게. **2.** 《天》 게자리 성좌, 거해궁(巨蟹宮). **3.** 남쪽. **4.** 더위, 폭서. **5.** 암(癌).
cancer², cri, *m*. 격자, 창살.
canccrásco, rávi, ĕre, *intr*. [cancer¹] 암과 같이 화농하다, 암으로 번지다.
cancerátĭcus[-átus], a, um, *adj*. [cancer¹] 암(癌)의, 암종(癌腫)의.
cáncĕro, ávi, áre, *intr*. = cancerásco.
canceróma, ătis, *n*. [cancer¹] 암(癌).
cancĕrósus, a, um, *adj*. [cancer¹] 암의, 암종성(癌腫性)의.
canc(h)réma, ătis, *n*. = canceróma.
cancróma, ătis, *n*. = canchréma.
cancrósus = cancerósus.
Candávĭa, æ, *f*. *Illýria*의 산악지대.
candĕfácĭo, féci, fáctum, cĕre, *tr*. [cándeo + fácio] **1.** 희게 하다, 표백하다. **2.** 백열(白熱)을 내게 하다.
candĕfío, fíeri, *pass*. [candefácio] 바래지다, 표백되다; (금속이) 백열을 내다.
candéla, æ, *f*. [cándeo] **1.** 밀초, 초; 양초. **2.** 밀랍입힌 끈.
candēláber, bri, *m*. = candelábrum.
candēlabrárĭus, i, *m*. 촛대 제조인.
candēlábrum, i, *n*. [candéla] 촛대.
candens, éntis, *a. p*. [cándeo] **1.** 희게 빛나는, 눈부신, 휘황찬란한. **2.** 벌겋게 타오르는, 이글이글한; 백열(白熱)을 내는.
candéntĭa, æ, *f*. 찬란한 순백색.
cándĕo, ŭi, ére, *intr*. **1.** 백색광(白色光)을 발하다, 밝게 빛나다, 반짝이다. **2.** 백광열을 내다, 벌겋게[이글 이글] 타오르다, 작열하다.
candésco, cándŭi, ĕre, *intr*. [cándeo] **1.** 빛나게 희어지다, 백색광이 나기 시작하다. **2.** 이글이글 타오르다, 작열하다. **3.** 순백(純白)하게 되다; 솔직담백하여지다, 청순하여지다. **4.** (감정이) 뜨거워지다, 열렬해지다, 격해지다.
cándĭco, áre, *intr*. 하얗게 되다, 희게 빛나다.
cándĭda, æ, *f*. [cándidus] (선거나 경기의) 후보자가 입는 흰 옷.
candĭdárĭus, a, um, *adj*. 흰 빵 만드는.
candĭdáta, æ, *f*. 여성 후보자, 지원자.
candĭdátĭo, ónis, *f*. [cándidus] 희게 함; 입후보 함.
candĭdātórĭus, a, um, *adj*. [candidátus²] 관직취임 후보의, 지원자의, 지망자의, 응모자의.
candĭdátus¹, a, um, *adj*. [cándidus] 흰옷 입은, 흰옷의.
candidátus², i, *m*. (고대 *Roma*의)관직취임 후보자(흰 toga를 걸쳐야 했음); 후보자; 지망자.
cándĭde, *adv*. [cándidus] **1.** 흰색으로. **2.** 솔직하게, 순박하게, 사심없이; 명백하게.
cándĭdo, ávi, átum, áre, *tr*. [cándidus] **1.** 새하얗게 하다. **2.** 흰 옷을 입히다.
candídŭle, *adv*. [candídulus] 순박하게, 솔직하게, 분명하게; 노골적으로.
candídŭlus, a, um, *adj*. *dim*. [cándidus] 새하얀, 희게 빛나는.
cándĭdum, i, *n*. [cándidus] **1.** 흰색(白色). **2.** 계란 흰자위.
cándĭdus, a, um, *adj*. [cándeo] **1.** 새하얀, 흰, 설백(雪白)의, 순백(純白)의, 윤나는 은백색의. **2.** 반짝이는, **희게 빛나는**, (신·영웅 등이) 눈부신. **3.** 아름다운, **예쁜**. **4.**

맑은, 청명한, 맑게 개인. **5.** 흰옷으로 차려입은. **6.** 결백한, 깨끗한, 순수한, 정직한, 솔직한, 진지한, 공정한, 사심없는, 개방적인, 담백한, 숨김없는. **7.** 행복한, 다행스러운, 즐거운. **8.** 명쾌한, 유창한, 꾸밈없는, 소박한.

candífico, áre, *tr.* [cándeo+fácio] 새하얗게 하다.

candíficus, a, um, *adj.* 새하얗게 하는.

candor, óris, *m.* [cándeo] **1.** 눈부신 흰빛, 찬란, 광택, 밝음. **2.** 눈부신 아름다움. **3.** 맑음, 투명. **4.** 성실, 순박, 결백, 솔직, 정직, 공정; 고결.

candosóccus, i, *m.* 포도나무의 밑둥에서 뻗어나오는 줄기.

cānens¹, éntis, *p. præs.* [cáneo] 희게 되는, 머리털이 희어지는[세는].

cănens², éntis, *p. præs.* [cano] 노래하는.

cánĕo, ŭi, ére, *intr.* [canus] **1.** 회백색으로 되다, 머리털이 희어지다. **2.** 서리가 하얗게 내리다, 성에가 끼다. **3.** 곡식이 완전히 익다.

Canéphŏros, i, *f.* 〔*pl.* -œ〕 바구니를 머리에 인 여자 조각상(옛날 *Athénæ*에서 제사때 쓸 것을 머리에 이고 운반하던 젊은 여자).

cānes, is, *f.* = canis.

canésco, ĕre, *intr.* [cáneo] **1.** 희어지다, 백발이 되다, 머리털이 희끗희끗해지다. **2.** 고색창연해지다, 늙어지다.

Cangi, órum, *m. pl.* = Ceángi.

cani, órum, *m. pl.* [canus] 희끗희끗한 머리털, 백발; 늙은이.

canícŭla, æ, *f. dim.* [canis] **1.** 강아지; 작은 암캐. **2.** 《天》 천랑성(天狼星), *Sírius* 성(星). **3.** (주사위 놀이에서) 제일 불리한 점수 (*V.* canis 6).

canĭcŭláris, e, *adj.* [canícula] **1.** 천랑성(天狼星)의. **2.** 한 여름의, 복중(伏中)의, 삼복의: caniculáres dies, caniculáres 삼복때.

canĭcŭlárĭum, i, *n.* [canícula] 동지; 하지.

Canídĭa, æ, *f.* 노예신분에서 해방된 어떤 여자 이름(*Horátius*의 사랑을 받았으나 후에 소박맞음).

Canídĭus, i, *m.* *Roma*인의 씨족명.

canífico, áre, *tr.* [canus+fácio] 희게 하다, 회색이 되게 하다.

canifórmis, e, *adj.* [canis+forma] 개모양의, 개처럼 생긴.

canína, æ, *f.* [canis] 개고기.

Canínĭus, i, *m.* *Roma*인의 씨족명; 〔*adj.*〕 **-nĭánus,** a, um.

canínus, a, um, *adj.* [canis] **1.** 개의; 개 같은; 개과(科)의: canínum prándium 포도주를 곁들이지 않은 점심(식사). **2.** 예리한, 신랄한, 사나운, 공격적인: canína eloquéntia *(Q.)* 공격적인 웅변.

cánĭpa, æ, *f.* 과일 바구니.

cănis, is, *m. f.* **1.** 개. **2.** 〔욕설〕 개자식, 뻔뻔스럽고 더러운 놈. **3.** 개처럼 사나운 사람. **4.** 주구(走狗), 하수인, 아부[추종]하는 사람. **5.** 《天》 개별자리: ~ Major 큰 개별자리 / ~ Minor 작은 개별자리. **6.** (주사위 놀이에서 세개의 주사위를 던져서 똑같은 수가 나올 때) 제일 불리한 점수.

cănistélla, órum, *n.pl.* (과일·꽃 등을 담는) 작은 바구니.

cănístrum, i, *n.* (빵·과일·꽃 따위를 담는) 바구니.

cānítĭa[-ĭes], æ[éi], *f.* [canus] **1.** 회백색. **2.** 백발, 허옇게 센 수염. **3.** 노년기.

cānĭtúdo, dĭnis, *f.* [canus] 백발, 노년기.

canna¹, æ, *f.* **1.** 갈대, 갈대피리. **2.** (포도나무 버티는) 막대기, 버팀목. **3.** (갈대로 엮어 만든) 두레박; 작은 배.

Canna², æ, *m.* *Apúlia*에 있는 강(=Aufidus).

cánnăba = cánaba.

cannabácĕus, a, um, *adj.* [cánnabis] 삼의, 대마(大麻)의.

cannabétum, i, *n.* 삼밭.

cannábĭnus, a, um, *adj.* 삼(麻)의, 삼베의.

cánnăbis, is, *f.* [-**us,** i, *m.*] 삼(麻), 대마(大麻).

Cannæ, árum, *f. pl.* *Apúlia* 지방의 마을, *Aufidus*강변에 있음, *Hánnĭbal*이 *Roma* 군대를 크게 무찔러 이긴 곳 (216 A.C.); 〔*adj.*〕 **-nénsis,** e.

cannétum, i, *n.* 갈대밭.

cánnĕus, a, um, *adj.* 갈대의, 갈대로 만든.

cannícĭæ, árum, *f. pl.* 갈대발.

Canninefátes, um, *m. pl.* *Batávia* 반도에 살던 종족.

căno, cécĭni, cantum[cantátum], cánĕre, **I.** *intr.* **1.** 노래하다, 노래소리 내다. **2.** (새·닭 등이) 울다, 지저귀다. **3.** 〔*abl.*〕 (악기를) 켜다, 치다, 타다, 불다, 연주하다: ~ fídibus *(C.)* 현악기를 타다. **4.** 음악적으로 소리나다, 울려나오다, 악기가 울리다, 신호 나팔소리가 나다: Clássicum cécinit. *(L.)* 신호 나팔소리가 울렸다 / recéptui ~ 퇴각신호 나팔소리가 나다. **II.** *tr.* **1.** 읊다, 노래하다. **2.** 찬미하다, 기리다. **3.** 예언하다. **4.** 악기를 소리내다, 울리게 하다. **5.** 신호하다, 시작을[개시를] 알리다.

cănon, ŏnis, *m.* **1.** 수준기(水準器), 수평기. **2.** 법규, 규범, 규준(規準), 법칙. **3.** 《가》 a) (공의회에서 결정된) 신앙 및 행위의 조규(條規), 교회법령[법조항], 교회법령집. b) 미사 전문(典文: Sanctus 다음부터 주의 기도까지). c) 성인명부, 성인록(聖人錄: ~sanctórum). d) 성서의 정전목록(正典目錄), 정전(正典), 정경(正經). **4.** 도조(賭租); 임대료. **5.** 《音樂》 추복곡(追復曲).

cănónĭca, órum, *n.pl.* 지침(指針), 이론; (특히) 음악 법칙 이론(= canónica rátio).

cănŏnĭcális, e, *adj.* [canon] **1.** 정경(正經)의. **2.** 교회 법규의. **3.** 교구 참사회(敎區參事會)의.

cănŏnĭcárĭus, i, *m.* 지세(地稅) 징수원.
cănŏnĭcátus, us, *m.* [canónicus[2]] 《가》 **1.** (교구나 어떤 특수 성당의)참사회원직. **2.** 참사회원 자격. **3.** 참사회원 성직록(聖職祿). 「교회법상으로.
canónĭce, *adv.* [canónicus[1]] 법규에 맞게;
canónĭci, órum, *m. pl.* 참사회원: ~regulares 수도자 참사회원.
canonícĭtas, átis, *f.* 정전성(正典性), 성서경전성(聖書經典性).
canónĭcus[1], a, um, *adj.* **1.** 예술(특히 음악) 법칙에 일치하는, 규범적인: canónica rátio 지침(指針), 이론; (특히) 음악법칙 이론. **2.** 천문학적 법칙의. **3.** 도조(賭租)의, 지세(地稅)의, 연세(年稅)의. **4.** 《가》 교회법의: jus canónicum 교회법 / Codex juris canónici (1918년부터 발효한 현행의) 교회법전. **5.** 정경(正經) 목록에 든, 정전(正典)의 (성서): libri canónici 정경서.
cănónĭcus[2], i, *m.* **1.** 이론가. **2.** 《가》 (교구 또는 주교좌 성당의) 참사회원.
cănŏnĭsátĭo, ónis, *f.* = canonizátio.
cănŏnísta, æ, *m.* [canon] 교회 법학자, 법이론가. 「성식.
cănŏnĭzátĭo, ónis, *f.* 《가》 시성(諡聖), 시
Canopítes, æ, *m.* *Canópus* 사람.
Canópus, i, *m.* 이집트의 남부 *Nilus*강 서쪽 하구에 있는 도시; 〔*adj.*〕 **-péus[-pĭcus],** a, um.
cănor, óris, *m.* [cano] **1.** 노래, 곡조, 선율, 가락. **2.** 악음(樂音), 악기소리.
canórum, i, *n.* [canórus] **1.** 아름다운 곡조; 화음. **2.** 아름다운 음성의 연설.
canórus, a, um, *adj.* [canor] **1.** 화음의, 화성(和聲)의, 음악적인. **2.** 아름다운 음성의, 화음을 내는. 「한.
canósus, a, um, *adj.* [canus] 백발이 성성
Cántăber, bri, *m.* *Cantábria* 사람.
cantábĭlis, e, *adj.* [canto] 노래할 만한, 찬양할 만한; 유명한. 「手).
cantabrárĭus, i, *m.* [cantábrum] 기수(旗
Cantábrĭa, æ, *f.* *Hispánia* 서북쪽에 있는 지방 이름; 〔*adj.*〕 **-ĭcus,** a, um. 「발.
cantábrum[cán-], i, *n.* **1.** 겨(糠). **2.** 깃
cantābúndus, a, um, *adj.* 노래하는, 노래부르는. 「마법, 마술.
cantámen, mĭnis, *n.* [canto] 주문(呪文);
cantátĭo, ónis, *f.* [canto] **1.** 노래; 노래부름. **2.** 마법, 요술. 「술사.
cantátor, óris, *m.* **1.** 가수, 연주자. **2.** 요
cantátrix, ícis, *f.* [cantátor] **1.** 여가수, 여사 연주자. **2.** 주문외는 여자.
cantátus, us, *m.* [canto] 노래. 「말의.
cantērínus, a, um, *adj.* [cantérius] 거세한
cantérĭus, i, *m.* **1.** 거세한 숫말, 둔한 말. **2.** 노둔(老鈍)한 사람. **3.** 포도나무를 버티어주는 막대기.
cánthăris, ĭdis, *f.* **1.** 《動》 (남부 유럽산 곤충인) 길앞잡이의 일종, 가뢰. **2.** 가뢰의 가루로 만든 발포제(發疱劑).
cánthărus, i, *m.* **1.** 양쪽 손잡이가 달린 큰 컵. **2.** 옛 교회 건축양식에서 basílica의 전정(前庭) 중앙에 있던 우물.
cantheríŏlus, i, *m.* 버팀목.
canthérĭus, i, *m.* = cantérius.
canthus, i, *m.* **1.** 쇠바퀴, (쇠로 만든) 바퀴테. **2.** 《解》 눈초리.
cantícŭlum, i, *n. dim.* [cánticum] 짧은 노래, 단가(短歌), 소곡(小曲).
cántĭcum, i, *n.* [cantus] **1.** (희극에서)음악적인 독백, 음악과 춤을 곁들인 독백. **2.** (희랍 비극의)독창곡, (친구의 죽음을 슬퍼하는)비가(悲歌), 만가(挽歌). **3.** 노래, 가요, 민요; 합창(곡): 《聖》 ~ canticórum 아가(雅歌). **4.** 풍자시. 「래의.
cántĭcus, a, um, *adj.* [cantus] 음악의, 노
cantĭlátrix, ícis, *f.* = cantátrix.
cantĭléna, æ, *f.* [cantus] **1.** 진부한 노래, 옛날 노래; 대중가요. **2.** 진부한 말, 지껄이는 소리, 군소리, 한담.
cántĭlo, ávi, átum, áre, *intr.* [canto] 저음으로 읊다, 목소리를 떨면서 노래하다.
cántĭo, ónis, *f.* [cano] **1.** 가요, 노래. **2.** 주문(을 외움), 마법.
cántĭto, ávi, átum, áre, *intr., tr.* [canto] 되풀이하여 노래하다, 자주 노래하다.
Cántĭum, i, *n.* *Británnia* 동남단의 한 지방 (지금의 *Kent*). 「은 노래; 매력적인 노래.
cantĭúncŭla, æ, *f. dim.* [cántio] 소곡, 작
canto, ávi, átum, áre, [cano] **I.** *intr.* **1.** (사람·새 등이) 노래 부르다, 소리나다, 울리다. **2.** 〔*abl.*〕 (악기를) 연주하다, 켜다, 타다, 치다: tíbiis *(N.)* 피리를 불다.
II. *tr.* **1.** 노래하다. **2.** 찬미하다, 찬송하다. **3.** 낭독하다. **4.** 줄곧 이야기하다, 지껄이다, 설교하다, 홍보다: Totā cantábitur urbe. *(H.)* 비난의 소리가 온 도시안의 사람들 입에 오르내릴 것이다. **5.** 읊다. **6.** 예언하다. **7.** (마술의)주문을 외다, 주문으로 저주하다; 마술걸다; 마법으로 물리치다: Cantándo rúmpitur anguis. *(V.)* 주문으로 뱀이 죽어버린다.
cantŏr, óris, *m.* [cano] **1.** 가수. **2.** 시인. **3.** (주로 비극) 배우; (연극장면 끝에) "Pláudite! 박수 부탁합니다"하고 외치는 배우. **4.** 현악기 연주자. **5.** 낭송자. **6.** 중언부언하는 사람. **7.** 칭찬자, 추종자.
cantórĭa, æ, *f.* [canto] 음악학교.
cantrix, ícis, *f.* [cantor] 여가수.
cantus, us, *m.* [cano] **1.** 가곡, 노래: ~ Gregoriánus 그레고리안 성가. **2.** 악기연주, 음악. **3.** (새·닭·매미 따위의)노래·지저귐·울음소리. **4.** 예언. **5.** (마법의)주
cánŭa, æ, *f.* 채롱. ᄂ문.

Canuléjus, i, *m.* *Roma*인의 씨족명; 특히 평민 출신으로 호민관이 된 *C. Canuléjus.*
cănum, i, *n.* 바구니.
cānus, a, um, *adj.* **1.** 흰 잿빛의, 희끄무레한; 희끗희끗한. **2.** (동물·과일 따위의) 털이 흰. **3.** 늙은, 연로한. **4.** 존경할, 엄숙한: cana véritas 엄숙한 진리. 「옷.
Canusína, æ, *f.* *Canúsium*의 양털로 만든
Canúsĭum, i, *n.* *Apúlia*의 도시(지금의 *Canosa*); 〔*adj.*〕 **-sínus,** a, um; *m. pl.* *Canúsium* 주민. 「용할 만한.
capábĭlis, e, *adj.* [capax] 수용할 만한, 포
capácĭtas, átis, *f.* [capax] **1.** 수용력, 용량, 용적; 여유, 넓이; 포용력, 도량. **2.** 능력, 자격, 기능. **3.** 이해력.
Capánĕus, i, *m.* *Adrástus*왕과 함께 *Thebæ* 시를 공격한 7장군 중의 한 사람.
căpax, ácis, *adj.* [cápio[1]] **1.** 널따란, 큰, 광대한. **2.** 〔*absol.; gen., dat.;* ad *acc.*〕 용납[수용]할 수 있는, 들어갈 수 있는. **3.** 〔*absol.; gen.;* ad *acc.*〕 넉넉히 할 수 있는, 능력있는, 받아들일 수 있는, 차지할 자격 있는; 포용력있는, 이해력있는.
căpédo, dĭnis, *f.* [capis] 제물(祭物)담는 그릇; 제주(祭酒)잔.

CAPEDO

căpēdúncŭla, æ, *f. dim.* [capédo] (제사에 쓰는) 양쪽 손잡이가 달린 작은 그릇.
căpélla[1]**,** æ, *f. dim.* [caper] **1.** 산양, 새끼 염소, 암염소. **2.** [C-] *Auríga* 별 자리에 있는 일등성(一等星). 「졌던 가문명.
Capélla[2]**,** æ, *m.* *Roma*인의 많은 씨족이 가
capélla[3] = cappélla. 소성당(小聖堂).
capellánus, i, *m.* [capélla[3]] 전속사제[신부]: ~ mílitum 군종신부, 군목. 「염소의.
căpellĭánus, a, um, *adj.* [capélla[1]] 산양의,
capéllus, i, *m.* [caper] 새끼 산양.
Capéna[1]**,** æ, *f.* *Etrúria*의 도시; 〔*adj.*〕 **-pénas,** átis; *m. pl.* *Capéna* 주민.
Capéna[2]**,** æ, *f.* (*sc.* porta) *Roma*의 한 성문으로서 *Via Appia*의 기점(起點).
Capénus, a, um, *adj.* *Capéna*[2]의: Porta Capéna. *Roma*시의 서남문.
căper, pri, *m.* **1.** 숫염소, 산양. **2.** 겨드랑에서 나는 악취, 암내; 땀내.
cápĕro, ávi, átum, áre, *tr., intr.* [caper] 찡그리다, 찌푸리다.
capésco, ĕre, *tr.* 찾다.
capésso, ívi, ítum, ĕre, *tr.* [cápio[1]] **1.** 잡다, 움켜쥐다: ~ cibum déntibus *(C.)* 먹을 것을 이빨로 물다. **2.** 향하여 가다, 도달하려고 하다, 급히 가다: ~ se (어디로) 가다. **3.** (원하던 것을) 얻다, 달성하다. **4.** …에 관계하다, (일에)손대다, 발들여 놓다; 몰두하다: ~ rem públicam *(C.)* 정치 생활에 발을 들여 놓다.

capétum, i, *n.* 마초(馬草), 꼴, 말이나 소에게 먹이는 풀.
Caphárĕus[-phérĕus], i[os], *m.* *Eubœa*섬 남해안에 있는 바위산으로 된 곶, 희랍의 함대가 *Troja*에서 돌아오다가 난파된 곳; 〔*adj.*〕 **-phāréus[-phēréus],** a, um.
capídŭla, æ, *f.* 작은 잔. 「리털 같은.
căpillácĕus, a, um, *adj.* 머리털로 만든; 머
căpillágo, gĭnis, *f.* [capíllus] 머리카락, 모발, 머리털.
căpillāméntum, i, *n.* [capíllus] **1.** 머리털, 모발; 달비, 가발. **2.** (식물의) 근모.
căpilláre, ris, *n.* [capilláris] 머릿기름.
căpilláris, e, *adj.* [capíllus] 머리털의; 모발같은. 「세관 현상.
căpillárĭtas, átis, *f.* [capilláris] 모세관, 모
căpillásco, ĕre, *intr.* 머리털로 덮이다.
căpillátĭo, ónis, *f.* [capíllus] **1.** 머리(털), 가발. **2.** 방광속에 머리털같은 것이 생기
căpillātúra, æ, *f.* 머리(털), 가발. ⌊는 병.
căpillátus, a, um, *adj.* [capíllus] 머리털 있는, 머리가 길게 자란.
capillítĭum[-cĭum], i, *n.* 머리(털), 모발.
căpillósus, a, um, *adj.* 머리숱 많은.
căpíllŭlus, i, *m.* 가는 머리털.
căpíllus, i, *m.* [caput] **1. 머리털,** 모발; 머리숱: ~ promíssus *(Cæs.)* 머리채 / compti capílli *(C.)* 잘 빗은 머리. **2.** *pl.* 수염. **3.** 동물의 털. **4.** 식물의 털.

cápĭo[1]**,** cēpi, captum, ĕre, *tr.* **1. 잡다, 붙잡다:** ~ arma 무기를 잡다·들고 일어서다 / ~ *alqd* pignus *(Pl.)* 무엇을 저당(으로) 잡다. **2.** 손아귀에 넣다, 차지하다, (도시 따위를) **점령하다:** ~ locum castris idóneum *(Cæs.)* 진치기 좋은 자리를 잡다. **3.** 사로잡다, **체포하다,** 나포하다. **4.** (군인들이) 탈취하다; 약탈하다. **5.** 받다, 물려받다; 수입·이익으로 거두다, 수확을 거두다: pecúniam ~ 뇌물받다 / ~ *alqd* ex hereditáte 유산에서 물려받다 / fructus ~ *(T.)* 이익[과실]을 얻다. **6.** 이르다, 닿다, 도달하다: ~ ínsulam *(Cæs.)* 섬에 닿다 / ~ finem 종말에 이르다. **7.** (일·직책 따위를) 떠맡다, (지위에)오르다, 얻다, **획득하다:** ~ magistrátum *(C.)* 관직에 오르다. **8.** 삼다, (무엇으로)선정하다: ~ *alqm* patrónum *(T.)* 누구를 수호자로 삼다. **9.** (계획을)**세우다;** (행동을) 취하다·하다, 시작하다; (때·기회를)**포착하다**·잡다·타다: ~ consílium *(C., L.)* 계획을 세우다 / ~ conjectúram ex *alqā re* *(T.)* 무슨 일로써 추측[짐작]하다 / ~ fugam *(Cæs.)* 도망치다. **10.** (습관·태도·특성 따위를)**가지다,** 지니다; (기쁨·고통·감동을) **느끼다,** 당하다, 들다: misericórdiam ~ *(C.)* 측은한 마음이 들다. **11.** (마음을)**사로잡다,** 차지하다, 휩싸다; 이끌다, 솔깃하게 하다, 현혹시키다, 유혹하다; 속여 넘

기다: aures ~ *(C.)* 귀를 솔깃하게 하다 / misericórdiā captus *(C.)* 연민의 정에 못이겨. **12.** (운명·경우·처지를) **당하다**: calamitátem ~ 재난을 당하다. **13.** 〔*pass.*〕 (병에) **걸리다**, 장애를 받다, 자유로이 쓰지 못하다, 잃다: captus óculis *(C.)* 시력을 잃은 / mente captus 머리가 돈, 미친 / ánimo captus 제 정신이 아닌. **14. 받아 들이다**, **수용[포용]하다**, 포괄하다; 먹다, 마시다, 삼키다; (용적이 얼마)들이이다: ~ cibum *(T.)* 음식을 먹다. **15.** …할 능력이 있다, …할 만하다. **16. 이해하다**, 통달하다, 숙달하다.

cápĭo², ónis, *f.* [cápio¹] 취득, 재산의 취득, 점유취득(占有取得): usucápio (*Roma* 법의) 시효 취득(시효에 의해 취득하는 재산법).

căpis, ĭdis, *f.* [cápio¹] 제식(祭式)에 사용하는 손잡이가 하나 달린 큰 잔.

capísso = capésso.

capistéllum, i, *n.* 굴레, 부리망. 「일종.

capistérĭum, i, *n.* 곡식을 까부르는 기구의

capístro, ávi, átum, áre, *tr.* [capístrum] **1.** 굴레를 씌우다; 고삐 매다. **2.** 끈으로 포도나무를 비끌어 매다, 나무를 붙들어 매다. 「2. 포도나무를 붙들어 매는 끈.

capístrum, i, *n.* [cápio¹] **1.** 굴레, 부리망.

cápĭtal, ális, *n.* [capitális] **1.** 중죄, 사형에 처할만한 죄. **2.** 제관(祭官)들이 머리에 쓰는 보자기·고깔. **3.** 자본.

căpĭtále, is, *n.* = cápital.

căpĭtális, e, *adj.* [caput] **1.** 으뜸 가는, 주요한; 탁월한. **2.** 생명에 관계되는, 치명적인, 죽기까지의; 극히 중대한: hostis ~ *(C.)* 불구대천의 원수. **3.** 사죄(死罪)의, 사형에 처할, 사형의, 죽어 마땅한; 남의 생명을 노리는, 극악무도한: senténtia ~ 사형선고. 「자본주의, 자본주의 제도.

căpĭtalísmus, i, *m.* [capitális] 자본 세력,

căpĭtálĭter, *adv.* [capitális] **1.** 치명적으로, 죽을 정도로; 과격하게. **2.** 죽을 죄로.

căpĭtánĕus, a, um, *adj.* [caput] 으뜸가는, 주요한, 현저한.

căpĭtárĭum, i, *n.* [caput] 원금; 자본, 자금.

căpĭtátĭo, ónis, *f.* [caput] 인두세, 국세.

căpĭtátus, a, um, *adj.* [caput] 큰머리를 가진, 머리가 있는. 「2. 기둥머리.

căpĭtéllum, i, *n.* **1.** 불쑥 불거진 꼭대기.

căpĭtína, æ, *f.* [caput] 굴레, 고삐; 재갈.

capítĭum¹, i, *n.* [caput] **1.** 부인용 조끼, 배자. **2.** 상의(上衣).

Capítĭum², i, *n.* *Sicília* 남쪽에 있는 도시; 〔*adj.*〕 **-tínus**, a, um.

cápĭto¹, ónis, *m.* [caput] 머리 큰 사람.

Cápĭto², ónis, *m.* *C. Fontéjus*의 별명.

Capitolíni, órum, *m. pl.* *Capitólium*을 관리하던 사람들.

Capitólĭum, i, *n.* **1.** *Roma*의 일곱 언덕의 하나. **2.** 이 언덕 위에 세워졌던 *Júpiter* 신의 신전(옛 *Roma*의 정치·종교의 중심지). **3.** 〔*adj.*〕 **-línus**, a, um.

căpĭtŭláre, is, *n.* [caput] **1.** 인두세. **2.** 머리의 장식품.

căpĭtŭláris, e, *adj.* [caput] **1.** 교회 참사회의, 참사 위원의. **2.** *m.* 교회 참사 회원.

căpĭtŭlárĭus, a, um, *adj.* **1.** 징수(徵收)의. **2.** *m. pl.* 세금 징수 보조원. **3.** *n.* 인두세, 특별 할당금. 「간단히, 짤막하게.

căpĭtŭlátim, *adv.* [capítulum] 개략적으로,

căpĭtŭlátus, a, um, *adj.* 작은 머리 가진.

capítŭlum, i, *n.* *dim.* [caput] **1.** 작은 머리: ~ cæpæ 파 대가리. **2.** 키 작은 사람. **3.** (책 내용 분류의) 장(章); 《가》 발췌한 성서 귀절. **4.** 기둥머리. **5.** 《가》 참사회.

capítum, i, *n.* 꼴, 마초.

capnŏs, i, *f.* 《植》 이끼, 선태(蘚苔).

cāpo, ónis, *m.* (식용을 목적으로 거세한) 닭.

cappa, æ, *f.* **1.** 두건(頭巾), 모자. **2.** 《가》 (성대한 예식 때 주례자가 입는) 망또, 깝바: magna ~ 긴 뒷자락이 달린 주교복.

Cappădócĭa, æ, *f.* 소 아시아의 한 지방, *Cilícia* 북쪽에 있음.

Cáppădox, ŏcis, *m.* *Cappadócia* 사람.

cáppăra, æ, *f.* 《植》 쇠비름.

cáppări, *n. indecl.* = cápparis. 「(科).

capparidácĕæ, árum, *f. pl.* 백화채 나무과

cáppăris, is, *f.* 〔*acc.* -im, *abl.* -i〕 《植》 **1.** 백화채나무. **2.** 그 열매.

cappélla, æ, *f.* 소성당(小聖堂).

cappellánus, i, *m.* 소성당 사제, 종군 사제, (특히 왕궁·군대·병원 등에 있는 소성당의) 전속 신부.

capra, æ, *f.* [caper] **1.** 산양, 암염소. **2.** 《天》 마차꾼좌의 *Capélla*¹별. **3.** 염소 노린내. **4.** Capræ palus *(L.)* 염소의 늪(*Rómulus*가 없어진 곳, 후에 곡마장이 생김).

caprágo, gĭnis, *f.* 《植》 야생상치.

cáprĕa, æ, *f.* [capra] **1.** 노루. **2.** 야생염소: Cápreæ palus = Capræ palus, *V.* capra(4).

Cáprĕæ, árum, *f. pl.* *Campánia* 해안에 있는 섬(지금의 *Capri*); 〔*adj.*〕 **-prĕénsis [-prénsis]**, e.

capréŏla, æ, *f.* *dim.* [cáprea] **1.** 작은 노루, 노루새끼. **2.** 야생 산양의 일종.

capréŏlus, i, *m.* *dim.* [cáprea] **1.** 작은 노루. **2.** 야생 산양의 일종. **3.** *pl.* (포도나무 따위의) 받침대; 버팀목. **4.** 곡괭이.

Caprĭcórnus, i, *m.* [caper + cornu] 《天》 산양좌(山羊座).

caprĭfĭcátĭo, ónis, *f.* 충매수정법(虫媒受精法)에 의한 무화과 촉성재배.

caprĭfíco, ávi, áre, *tr.* [caprifícus] 충매 수정법으로 무화과를 익게 하다.

caprĭfícor, átus sum, ári, *dep.* = caprifíco.
caprĭfícus, i, *f.* [caper+ficus] 야생 무화과 나무; 그 열매.
caprĭfoliácĕæ, árum, *f. pl.* [caper+fólium] 《植》 인동과(忍冬科)식물.
caprígĕnus, a, um, *adj.* [caper+gigno] 산양계(山羊系)의; 산양의 성질을 가진.
capríle, is, *n.* [caper] 염소 우리.
caprílis, e, *adj.* [caper] 염소의, 염소에 관한, 산양의. 「류.
caprĭmúlgi, órum, *m. pl.* 《動》 쏙독새 종
caprĭmúlgus, i, *m.* [caper+múlgeo] 염소 젖 짜는 사람.
caprína, æ, *f.* (*sc.* caro) [caper] 염소고기.
Capríněus, i, *m.* *Tibérius* 황제의 별명(*Cápreæ*섬을 좋아했기 때문에 이렇게 불렸음).
caprínus, a, um, *adj.* [caper] 염소의, 산양의.
cáprĭo, áre, *tr.* 물에 담그다, 적시다.
cáprĭpes, pĕdis, *adj.* [caper+pes] 염소발을 가진, 염소발이 달린. 「(馬)의 이마털.
caprónæ, árum, *f. pl.* [caput+pronus] 말
capsa[1]**,** æ, *f.* [cápio] (책·편지 따위를 넣는) 상자, 문갑; 유해(遺骸)나 유물 넣는 작은 갑(匣).
Capsa[2]**,** æ, *f.* *Afrĭca*의 *Byzácium* 지방의 도시; 〔*adj.*〕 **-sénsis,** e; **-sitáni,** órum, *m. pl.* *Capsa* 주민.
cápsăces, æ, *f.* 기름그릇, 기름단지.
capsárĭa, æ, *f.* [capsa] 욕탕에서 부인들의 옷을 지키는 여자, 주인마나님의 옷담는 상자를 보관하는 여종.
capsárĭus, i, *m.* [capsa[1]] **1.** 귀족자녀들의 책상자를 들고 다니는 노예. **2.** 상자 제조인. **3.** 목욕탕에서 옷 보관하는 사람.
capsélla, æ, *f. dim.* [capsa[1]] 작은 상자, 작은 함·갑(匣). 「궤, 손궤, 반짇고리.
cápsŭla, æ, *f. dim.*[capsa[1]] 작은 상자, 작은
capsŭláris, e, *adj.* **1.** 꼬투리 모양의 삭과(蒴果)의, 캡술의. **2.** 피낭(被囊)의, 피막(被膜)의.
capsus, i, *m.* [capsa[1]] **1.** 사륜마차의 (가마처럼 생긴)좌석. **2.** 야수 가두는 우리.
Capta[1]**,** æ, *f.* *Minérva* 여신의 별명.
capta[2]**,** æ, *f.* [cápio[1]] 여자포로.
captábĭlis, e, *adj.* [capto] 잡을 수 있는; 받아들일 수 있는. 「쳐듦.
captātéla, æ, *f.* [capto] 옷을 (입으려고)
captátĭo, ónis, *f.* [capto] **1.** 포착, (붙)잡음; 잡으려고 애씀. **2.** 편취(騙取), 착복, 기만: ~ testaménti *(Plin.)* 유산편취(遺産騙取).
captátor, óris, *m.* [capto] **1.** 잡는 사람, 잡으려고[얻으려고] 애쓰는 사람. **2.** 유산 상속을 노리는 자; 기만 상속인, 유산 횡령자. 「만하는.
captatórĭus, a, um, *adj.* 유산 편취하는, 기
captátrix, ícis, *f.* 얻으려고 남의 비위 맞추는 여자.
capténsŭla, æ, *f.* [cáptio] 궤변, 사이비(似而非), 기만. 「이비(似而非)의.
captícĭus, a, um, *adj.* [cáptio] 기만의, 사
cáptĭo, ónis, *f.* [cápio] **1.** 포착, 사로잡음. **2.** 계교, 꾀, 사기, 횡령. **3.** 궤변.
captĭósus, a, um, *adj.* [cáptio] **1.** 사기하는, 속이는, 기만적; 간사한; 허위의, 궤변의. **2.** *n.* 궤변.
cáptĭto, ávi, áre, *tr.* [capto] 열심히 찾다.
captĭúncŭla, æ, *f. dim.* [cáptio] 얕은 꾀, 속임수; 궤변, 핑계, 거짓말.
captíva, æ, *f.* 여자 포로, 여죄수.
captĭvátĭo, ónis, *f.* [captívo] 체포, 사로잡음; 감금. 「람.
captĭvátor, óris, *m.* [captívo] 사로잡는 사
captĭvátrix, ícis, *f.* [captivátor] 사로잡는 여자.
captívĭtas, átis, *f.* [captívus] **1.** 사로잡힘, 포로[노예] 신세; 감금, 구류, 유폐: ~ Babylónĭca 바빌론 유폐. **2.** 정복, 점령. **3.** 포로, 사로잡힌 사람들. **4.** (시력을)잃어버림: ~ oculórum 실명.
captívo, ávi, átum, áre, *tr.* [captívus[1]] 사로잡다; 구금하다; 점령하다, 정복하다; 농락하다.
captívus[1]**,** a, um, *adj.* [captus, cápio[1]] **1.** 사로잡힌, 포로된; 사냥에서 잡힌. **2.** 감금당한. **3.** 점령된, 정복당한.
captívus[2]**,** i, *m.* 포로.
capto, ávi, átum, áre, *tr. freq.* [cápio[1]] **1.** 잡다, 포착하다, 사로잡다; 사냥하다. **2.** 잡으려[얻으려]하다, 찾아다니다: ~ umbras árborum 나무 그늘을 찾아가다. **3.** (흉계를 꾸며) 걸려들게 하다, 속여 넘기다. **4.** 꾀다, 유혹[유인]하다. **5.** 힘쓰다, 열심히 추구하다, 하려고 애쓰다, 갈망하다; (애써) 얻다·달성하다: aure ~ *alqd* 열심히 듣다. **6.** 유산 상속을 노려 알랑거리다.
captŏr, óris, *m.* [cápio[1]] 포획자(捕獲者).
captúra, æ, *f.* [cápio[1]] **1.** 포획, 붙잡음, 체포, 점령. **2.** 잡힌 것, 애써 얻은 물건, 노획물. **3.** 천한 직업에서 얻어지는 보수; 거지들이 동냥해 얻은 것.
captŭs, us, *m.* [cápio[1]] **1.** 잡음, 포획, 포착. **2.** 점유, 점령. **3.** 이해력, 파악; (정신·마음·재능·천성의) 성격·능력·모양·나름: ut est ~ hóminum 사람들의 능력대로 / pro captu meo 내 나름으로 힘껏.
Cápŭa, æ, *f.* *Campánia*의 수도(*Hánnibal*의 군대가 이곳에서 방탕하여 전멸한 곳); 〔*adj.*〕 **-pŭénsis,** e.
Capuccínus, i, *m.* 〔흔히 *pl.*〕 (*Franciscus* 회의 일파인) *Ordo Minórum Capuccinórum* (카푸친 수도회)의 수도자.
capúdo, dĭnis, *f.* = capédo.

cápŭla, æ, *f.* [capédo] 손잡이 달린 작은그릇.
capŭláris, e, *adj.* [cápulus] 관(棺)의; 죽어가는: ~ homo 다 죽어가는 사람.
capŭlátor, óris, *m.* [cápulo¹] 포도주나 기름을 옮겨 담는 사람.
cápŭlo¹, áre, *tr.* [cápula] 기름·포도주를 옮겨 붓다, (액체를)따르다.
cápŭlo², áre, *tr.* [cápulus] 잡다, 끈이나 밧줄로 묶다.
cápŭlus[-um], i, *m.[n.]* [cápio] **1.** 널, 관(棺). **2.** 자루, 손잡이; 칼자루.
cāpus, i, *m.* 거세된 수탉.
căput, pĭtis, *n.* **1.** (사람이나 동물의) **머리**(頭): cápita conférre *(C.)* 머리를 모으다, 서로 의논하기 위해 모이다 / supra ~ esse 위험이 임박하다·닥쳐오다. **2.** (정신·재능·이해력의 뜻으로) **머리, 두뇌. 3.** 사람, 개인, 인물, 인간; 놈; (동물의 머리수로서의) 마리: Quot cápita, tot sensus. 십인 십색 / cápite censéri 인구조사에서 한 사람으로 계산되다 (*Sérvius Túllius*가 설정한 5계급에 속하지 않는 사람들을 cápite censi라 하였으며, 이들은 국세와 군복무에서 면제되었음). **4.** 목, 목숨, 생명: pactum pro cápite prétium *(C.)* 합의된 몸값 / causa cápitis 생사에 관한 소송 / absólvere *alqm* cápitis *(N.)* 사형을 사면하다. **5.** 수령, **우두머리**, 장, 주모자. **6.** 꼭대기, 정점, 첨단, 봉우리; 끝, 끝머리: cápita tignórum *(Cæs.)* 대들보의 양끝. **7.** 원천, 기원, 원인; 근본: ~ amnis *(V.)* 강의 원천 / ~ maleffícii *(C.)* 범죄의 원인. **8. 수도**(首都), 중요한 (중심)도시, 요충지: ~ orbis terrárum, *Roma*. **9.** 중요한 부분, 주요부, 본질 부분: id quod ~ est *(C.)* 중요한 것 / ~ est quam plúrimum scríbere *(C.)* 근본적인 것은 가능한 한 많이 쓰는 일이다. **10.** 주제(主題); (말·글의)요점, 항목; **장**(章): a primo cápite legis usque ad extrémum *(C.)* 법의 첫 조항부터 끝 조항까지. **11.** (예술·학문의) 규칙, **원리**, 원칙, 법칙. **12.** 자본금, 원금: de cápite *alqd* dedúcere *(L.)* 자본금에서 얼마를 공제하다.
Căpȳs, ȳos[ȳis], *m.* 〔*acc.* -yn; *abl.* -ȳe, -y〕 **1.** *Assáracus*의 아들이며 *Anchíses*의 아버지. **2.** *Ænéas*의 동료 중 한 사람. **3.** *Alba*의 8대 왕.
Căr, Caris, *m.* **1.** *Cária*의 시조인 영웅의 이름(새 점술을 발견했음). **2.** *Cária* 사람.
căra, æ, *f.* 머리, 얼굴.
cārăbus, i, *m.* 게; 바다 가재.
Caracálla, æ, *m.* *Roma* 황제 *Antonínus Caracálla*(재위기간 211-217 P.C.).
carácter = charácter.
carágĭus, i, *m.* 마법사, 요술장이.
Cárălis, is, **[-es,** ĭum, *pl.*] *f.* *Sardínia*의 수도(지금의 *Cagliari*); 〔*adj.*〕 **-litánus,** a, um; *m.* *Cáralis* 사람.
carbas, æ, *m.* 동북동풍.
cárbăsa, órum, *n. pl.* [cárbasus] 고운 아마직물.
carbásĕus[-sĭnus], a, um, *adj.* [cárbasus] 고운 아마의.
cárbăsus, i, *m.(f.)* **1.** 고운 아마포, 아마포 옷. **2.** 돛(帆). **3.** 면사포.
carbátĭna, æ, *f.* [carbátinus] (시골에서 신는) 생가죽 구두.
carbátĭnus, a, um, *adj.* 생가죽의.
carbo¹, ónis, *m.* **1. 숯,** 목탄, 석탄; 탄소. **2.** 숯먹, 먹.
Carbo², ónis, *m.* *Papírĭus* 씨족의 가문명.
carbōnárĭa, æ, *f.* [carbonárius] 숯가마.
carbōnárĭus, a, um, *adj.* [carbo] **1.** 숯의: carbonária cella 숯창고. **2.** *m.* 숯장이; 숯장수.
carbōnésco, ĕre, *intr.* [carbo] 숯이 되다, 탄화하다.
carbónĕum, i, *n.* 탄소(炭素): ~ sulfurátum 이유화탄소(二硫化炭素) / ~ tetrachlorátum 사염화탄소(四鹽化炭素).
carbúncŭlo, áre, *intr.* [carbúnculus] 탄저병(炭疽病)에 걸리다.
carbuncŭlósus, a, um, *adj.* [carbúnculus] 불그스름한 자갈돌이 많은.
carbúncŭlus, i, *m.* [carbo] **1.** 작은 석탄[숯]. **2.** 홍옥(紅玉), 석류석(石榴石). **3.** 불그스름한 모래. **4.** 탄저병(炭疽病).
carcăr, ăris, *m.* = carcer.
carcĕr, ĕris, *m.* **1. 감옥,** 영창, 형무소, 교도소. **2.** (영혼에 대해서)육체. **3.** 〔보통 *pl.*로〕 (경주용 마차의)출발점, **경주 출발점,** 출발점: ad cárceres a calce revocári (종착점에서 출발점으로 다시 불려가다) 원점으로 돌아가다, 새로이 출발하다.
carcĕrális, e, *adj.* [carcer] 감옥의, 형무소의, 교도소의.
carcĕrárĭus, a, um, *adj.* [carcer] 감옥의, 교도소의; *m.* 형무소 간수, 교도관.
cárcĕro, áre, *tr.* [carcer] 투옥하다, 감옥에 넣다.
Carchédon, ŏnis, *f.* *Carthágo*의 딴 이름; 〔*adj.*〕 **-dónĭus,** a, um; *m.* *Carthágo* 사람.
carchésĭum, i, *n.* **1.** 손잡이 둘 달린 큰 잔, 운두 높은 잔. **2.** 배의 돛대위에 있는 장루(檣樓).
carcĭnódes, is, *n.* 암(癌).
carcĭnóma, ătis, *n.* 《醫》 암, 암종: ~ ventrículi 위암.
cárcĭnos, i, *m.* 《天》 거해궁(巨蟹宮).
carcĭnósus, a, um, *adj.* [carcinóma] 암의.
carcĭnóthron, i, *n.* 마디풀과(科)의 식물.
Carda, æ, *f.* [cardo¹] 가정 생활의 수호여신.
cárdăces, um, *m. pl.* *Pérsia* 군단(軍團).
cardămómum, i, *n.* 《植》 소두구(小豆蔻: 생강과의 식물).
Cárdĕa = Carda.
cárdĭa¹, æ, *f.* 《解》 분문(噴門).
Cárdĭa², æ, *f.* *Chersonésus Thrácia*의 도시; 〔*adj.*〕 **-ánus,** a, um.

cardíăce, es, *f.* 《醫》 심장병.
cardíăcus, a, um, *adj.* **1.** 위에 관한; 위병의; *m.* 위병환자. **2.** 심장의; 심장병의.
cardiágra, æ, *f.* 《醫》 협심증(狹心症).
cardiálgĭa, æ, *f.* 《醫》 위통(胃痛), 가슴앓
cardĭmóna, æ, *f.* 《醫》 위경련. └이.
cardĭnalátus, us, *m.* 추기경의 직위.
cardĭnális[1], is, *adj.*[cardo[1]] **1.** 문지도리의, 경첩의. **2.** 주요한, 기본적인: numerália cardinália 기본수사(基本數詞)/virtútes cardináles 4대 덕목, 사추덕(四樞德).
cardĭnális[2], is, *m.* 《가》 추기경. 「하게.
cardĭnálĭter, *adv.* [cardinális[1]] 주로, 중요
cardĭnálĭus, a, um, *adj.* = primárius.
cardínĕus, a, um, *adj.* [cardo[1]] 지도리의.
cardiognósĭa, æ, *f.* 인심 간파술(人心看破
cárdĭtis, tĭdis, *f.* 《醫》 심장염. └術).
cardo[1], dĭnis, *m.* **1.** 문지도리, 문(門)장부: cárdinem versáre*(Ov.)* 문을 열다. **2.** 극(極), 우주의 축(軸); 중심. **3.** ~ anni 하지. **4.** 주요한 점, 요충지; 고비: Res est in cárdine. 일이 한 고비[막바지]에 다다
cardo[2], ónis, *m.* = cárduus. └랐다.
cardŭácĕæ, árum, *f. pl.* 《植》 엉거시과(科).
cardŭélis, is, *f.* [cárduus] 《動》 검은 방울새. 「과).
cárdŭus, i, *m.* 《植》 엉겅퀴, 삽주(엉거시
cārē, *adv.* [carus] 비싸게, 고가(高價)로.
caréctum, i, *n.* [carex] 사초(莎草)류가 많이 난 곳; 골풀 밭; 갈대밭. 「음.
caréntĭa, æ, *f.* [cáreo] 결여(缺如), 결핍, 없
carénum, i, *n.* 포도를 고아서 만든 술; 단포도주.
cárĕo, rŭi, (ritúrus), ére, *intr.* 〔*abl.*〕 **1. 없다, 결여되어 있다,** 결핍하다; 면제되다. **2.** 멀리하다, 절제하다, 피하다. **3.** (무엇을) 단념하다, 없이 지내다. **4.** 없어서 섭섭하다, 아쉽다, 부족을 느끼다, 빼앗기다. **5.** (어떤 장소에서) 멀리 있다, 가지 않다, 결석하다.
Cāres, um, *m.pl.* *Cária* 사람들.
cárĕum, i, *n.* 《植》 지춘인삼. 「풀.
cārex, rĭcis, *f.* 《植》 사초(莎草), 갈대, 골
carfiáthum, i, *n.* 질이 좋은 향(香).
Cárĭa, æ, *f.* 소아시아의 서남쪽에 있는 한 지방; 〔*adj.*〕 **-ĭcus,** a, um.
cárĭca, æ, *f.* **1.** (*Cária* 산의) 말린 무화과. **2.** 무화과속(屬).
carĭcatúra, æ, *f.* 만화, 풍자화, 캐리커추어.
cárĭco, áre, *tr.* 짐을 지다, 싣다.
cárĭes, éi, *f.* **1.** 썩어감, 부패, (음식 따위의) 쉼, 부식(腐蝕). **2.** 《醫》 골저(骨疽), 골양(骨瘍). **3.** (건물의) 노후, 황폐. **4.** 〔욕설〕 썩은 인간, 골골하는 사람.
carína, æ, *f.* **1.** (배의) 용골(龍骨); 배의 밑바닥. **2.** 배, 선박. **3.** (빠개놓은 호도껍질 모양으로) 오목하게 생긴 것.

Carínæ, árum, *f. pl.* *Roma*의 *Esquilínus* 언덕과 *Cælius* 언덕 사이에 있는 한 지역.
carĭnárĭus, i, *m.* 노란 물감 염색공.
carĭnátus, a, um, *adj.* 용골모양을 갖춘.
caríno[1], áre, *tr.* 욕하다, 빈정대다.
caríno[2], ávi, átum, áre, *tr.* 용골을 설비하다, 배 수선하다.
carínor, ári, *dep.* = caríno[1].
carĭósus, a, um, *adj.* [cáries] **1.** 썩은, 부패한; 노후한. **2.** cáries에 걸린; 충치(虫
carĭótta, æ, *f.* 《植》 홍당무, 당근. └齒)의.
cāris, ĭdis, *f.* 작은 바다게. 「자 부족.
carístĭa[1], æ, *f.* **1.** 물가고(物價高). **2.** 물
carístĭa[2], órum, *n.pl.* = charístia.
cárĭtas, átis, *f.* [carus] **1.** 귀함, 귀중함. **2.** 비싼 값, 물가등귀: ~ annónæ*(C.)* 곡가앙등. **3.** 아낌, 존중, 존경, 귀여워함. **4. 사랑, 애덕,** 호의, 박애정신, **자선:** ~ fratérna 우애/~ liberórum(= *gen. objectiv.*) 자녀들에 대한 사랑*(C.)*/ ~ cívium(= *gen. subjectiv.*) 시민들의 사랑·존경*(C.)*/opus caritátis 자선사업.
carĭtatívus, a, um, *adj.* [cáritas] 자선의.
Carmánĭa, æ, *f.* *Pérsia*의 한 지방.
Carmelíta, æ, *m.f.* 〔흔히 *pl.*〕 *Ordo Carmelitárum*(가르멜 수도회)의 수도자(또는 수녀).
Carmélum, i, *n.* *Phœnícia*의 한 산등성이.
Carmélus, i, *m.* *Palæstina*의 유명한 산.
carmĕn[1], mĭnis, *n.* [cano] **1. 노래,** 가락, 곡조, 가곡. **2.** 선율, 음율, 음악소리, 음향. **3.** 가사, **시가(詩歌),** 시, 서정시, 〔간혹〕 서사시. **4.** 신탁(神託), 예언. **5.** 주문(呪文). **6.** 금언, 잠언. **7.** 종교 예식의 기도문; 기념사(記念辭). **8.** 법률문. **9.** 선서문. **10.** 비문(碑文), 시비(詩碑).
carmĕn[2], mĭnis, *n.* [caro[1]] 빗, 얼레빗.
Carménta[-is], æ[is], *f.* *Evánder*의 어머니, 예언녀(豫言女); 〔*adj.*〕 **-tális,** e: Porta Carmentális. *Roma* 성문의 하나.
Carmentálĭa, ĭum[iórum], *n.pl.* *Carménta*의 축제.
carmĭnále, is, *n.* [carmen[1]] 노래; 시조.
carmĭnátĭo, ónis, *f.* [cármino[2]] (양털 따위를) 빗질함, 빗음. 「주는 자.
carmĭnátor, óris, *m.* [cármino[2]] 양털 빗겨
carmĭnátrix, ícis, *f.* [carminátor] 양털 빗겨주는 여자.
cármĭno[1], ávi, átum, áre, *tr.* [carmen[1]] 작시(作詩)하다, 작곡하다.
cármĭno[2], ávi, átum, áre, *tr.*[carmen[2]] (양털·삼 따위를) 빗다, 빗질하다.
Carmo, ónis, *f.* *Hispánia Bætica*의 도시(지금의 *Carmóne*). 「여신.
Carna, æ, *f.* [caro[2]] 인간 생활을 보호하는
carnális, e, *adj.* [caro[2]] 육신의, 육체적; 육욕의, 정욕의.

carnálĭtas, átis, *f.* [carnális] 육체성, 육체의 나약함, 육욕. 「는 집, 푸줏간.
carnárĭa, æ, *f.* [carnárius[1]] 도살장; 고기파
carnárĭum, i, *n.* [caro[2]] **1.** 육류 저장실. **2.** 고기 매다는 갈구리.
carnárĭus[1], a, um, *adj.* [caro[2]] 살의, 고기의, 고기를 좋아하는, 고기를 먹는.
carnárĭus[2], i, *m.* **1.** 육류상인. **2.** 고기를 좋아하는 사람. 「나치게 뚱뚱함.
carnátĭo, ónis, *f.* [caro[2]] 비만, 지방과다, 지
carnátus, a, um, *adj.* [caro[2]] 비만한, 너무 살찐, 지방과다의.
Carnĕádes, is, *m.* *Afrĭca*의 *Cyréne* 출생의 철학자, 신 *Academía* 학파의 창시자(213-129 A.C.); 〔*adj.*〕 **-déus,** a, um.
cárnĕus, a, um, *adj.* [caro[2]] **1.** 고기의, 살의, 살 많이 붙은, 살찐. **2.** 육체적; 육욕의, 정욕의. **3.** 물질적, 현세적.
Carnī, órum, *m.pl.* 북부 *Itália*의 *Celtæ* 종
carnícŭla, æ, *f.* [caro[2]] 살점, 고깃점. ⌊족.
cárnĭfex, ficis, *m.* [caro[2] + fácio] **1.** 회광이, 사형집행인; (*Roma* 시대의) 십자가 형을 집행하던 노예. **2.** 〔욕설〕 불량배, 악한, 불한당. **3.** (남을) 괴롭히는 사람, 살
carnĭficátor, óris, *m.* 사형집행인. ⌊인자.
carnĭficátrix, ícis, *f.* [carnificátor] 사형집행인(여자).
carnĭficína, æ, *f.* [cárnifex] **1.** 사형집행인의 직무. **2.** 형장. **3.** 고문, 형벌; 형틀.
carnífico, ávi, átum, áre, *tr.* [cárnifex] **1.** 죽이다; 난도질하다, 갈기갈기 찢다. **2.** 사형집행하다.
carníficor, átus sum, áre, *dep.* = carnífico.
carnis, is, *f.* = caro[2].
carnĭsúmus, a, um, *adj.* [caro[2] + sumo] 육식하는, 식육(食肉)의.
carnívŏra, órum, *n.pl.* 식육류(食肉類).
carnívŏrax, ácis, *adj.* [caro[2] + voro] 육식하는, 식육성의. 「육류의, 육식하는.
carnívŏrus, a, um, *adj.* [caro[2] + voro] 식
carnósĭtas, átis, *f.* [carnósus] 살찜, 비만.
carnósus, a, um, *adj.* [caro[2]] 살많은, 살
carnuf... *V.* carnif... ⌊찐; 비만의.
carnŭléntĭa, æ, *f.* [carnuléntus] 비만, 비대. 「비대한. **2.** 육욕의.
carnŭléntus, a, um, *adj.* [caro[2]] **1.** 살찐,
Carnúntum, i, *n.* 상부 *Pannónia*의 *Celtæ* 족의 도시.
Carnútes, um, *m.pl.* 중부 *Gállia*에 살던 주민들; 그 수도는 *Autrĭcum*(지금의 *Char-*
cāro[1], ĕre, *tr.* (양털을) 빗질하다. ⌊*tres*).
căro[2], carnis, *f.* **1.** (동물의) **고기, 살.** **2.** (과일의) 살. **3.** 〔정신·영혼의 반대〕 육신, 육체, 몸. **4.** 《聖》 사람, 인간.
cārō[3], *adv.* [carus] 비싸게.
carœ́num, i, *n.* 단 포도주.
caróta, æ, *f.* 《植》 당근, 홍당무.
carpa, æ, *f.* 《動》 잉어(鯉).
Cárpăthus[-os], i, *f.* *Creta*섬과 *Rhodus*섬 사이에 있는 섬(지금의 *Scarpanto*); 〔*adj.*〕
carpátin... *V.* carbátin... ⌊**-thĭus,** a, um.
carpentárĭa, æ, *f.* [carpentárius] 수레 제작소.
carpentárĭus, a, um, *adj.* [carpéntum] 수레의: ~ ártifex, ~ *m.* 수레 제조인.
carpéntum, i, *n.* **1.** 이륜마차; 마차. **2.** *Gállia*군의 전차. 「*nénsis*의 한 종족.
Carpetáni, órum, *m.pl.* *Hispánia Tarraco-*
Carpetánĭa, æ, *f.* *Carpetáni*인들의 나라.
carphŏs, i, *n.* **1.** 볏짚, 밀짚. **2.** 《植》 호로파(葫蘆巴). 「의.
carpínĕus, a, um, *adj.* [carpínus] 서나무
carpínus, i, *f.* 《植》 서나무; 개서나무.
carpo, carpsi, carptum, ĕre, *tr.* **1. 따다, 뜯다,** (꽃을)**꺾다,** (낫 따위로)베다, 잘라 내다; 뽑아 내다. **2.** (가축 따위가) 뜯어 먹다, (벌들이 꽃에서) 빨아 먹다; 따 먹다, 갉아 먹다; 야금야금 먹어 치우다; (목동이) 풀 뜯기러 몰고 가다. **3.** 골라 내다, 추리다; 다듬다; (실을)뽑다; 골라 모으다, 긁어 모으다. **4.** 잡아 찢다, 찢어 내다, 발기발기 찢다; 토막내다. **5.** (여가 따위를) **즐기다,** 누리다: ~ molles somnos*(V.)* 단잠을 즐기다. **6.** (길·곳·바다 따위를) 후딱 지나가다, 가다: ~ suprémum iter*(H.)* 마지막 길을 가다, 죽다. **7.** 갈라 놓다, 분산시키다; 짤막짤막하게 하다: ~ exércitum*(L.)* 군대를 분산시키다. **8. 헐뜯다,** 허물을 들추어 내다. **9.** 약화시키다; 좀먹어 들어 가다, 소모시키다, 감소시키다. **10.** 시달리게 하다, 못살게 굴다, 들볶다, 괴롭히다, 애먹이다. **11** (적군을 여기저기서) 끊임없이 습격하여 괴롭히다, 약화시키다. 「낭과기(囊果器).
carpŏgónĭum, i, *n.* 《植》 조과기(造果器),
carpŏlogía, æ, *f.* 과실학(果實學), 과실 분류
carpŏphýllos, i, *f.* 월계수의 일종. ⌊학.
carptim, *adv.* [carpo] **1.** 토막토막, 조각조각, 조금씩; 추려서. **2.** 따로따로, 여러번에 걸쳐, 쉬엄쉬엄, 띄엄띄엄. **3.** 군데군데.
carptŏr, óris, *m.* [carpo] **1.** 식탁에서 고기 베는 사람, 먹을 것을 잘라 나누는 사람. **2.** 식탁 심부름꾼.
carptúra, æ, *f.* [carpo] **1.** 수집, 그러모음. **2.** (수액·꿀 등의) 채취.
carpus, i, *m.* 손목; 손목뼈, 완골(腕骨).
carpúscŭlus, i, *m.* **1.** 신의 일종. **2.** 받침돌(臺石). 「이륜자(二輪車).
carracútĭum, i, *n.* [carrus] (바퀴가 높은)
Carrhæ, árum, *f. pl.* *Mesopotámia*의 도시
carro = caro. ⌊(지금의 *Haran*).
carrúca, æ, *f.* 포장마차, 사륜차의 일종.

carrúlus, i, *m.* 작은 수레.
carrus[-um], i, *m.[n.]* (네 바퀴 달린)화물마차, 화물운송차.
Carséŏli, órum, *m.pl. Látium*에 있던 *Æqui* 족의 도시; 〔*adj.*〕 **-lánus,** a, um.
Cársŭlæ, árum, *f.pl.* 서남 *Umbria*의 도시.
cartállus, i, *m.* 광주리, 바구니, 채롱.
Cartéja, æ, *f.* **1.** *Hispánia Bǽtica*의 옛 항구(지금의 *Rocadillo*). **2.** *Hispánia Tarraconénsis*의 도시. **3.** 〔*adj.*〕 **-jénsis,** e; *m. Cartéja* 사람. 「학설.
Cartesianísmus, i, *m.* 《哲》 데카르트의 철
Carthǽa, æ, *f. Cēos*섬 남해안에 있는 도시; 〔*adj.*〕 **-ǽus,** a, um.
Carthágo[1], gĭnis, *f. Afrĭca* 북해안의 유명한 도시; 〔*adj.*〕 **-gĭnĭénsis,** e; *m. Carthágo* 사람. 「도시.
Carthágo[2] **Nova,** *f. Hispánia*의 동남 해안
cártigo, áre, *tr.* 잊지 않도록 적어놓다.
cartĭlāgínĕus, a, um, *adj.* [cartilágo] 연골의, 연골질의. 「의, 연골성의; 연골많은.
cartĭlāgĭnósus, a, um, *adj.* [cartilágo] 연골
cartĭlágo, gĭnis, *f.* **1.** 연골; 연골조직: ~ fibrósa 섬유연골. **2.** 식물의 과육과 목질(木質) 사이의 연한 부분.
carúncŭla, æ, *f. dim.* [caro[2]] 고기 살점, 고기의 작은 덩어리.
cārus[1], a, um, *adj.* **1.** 귀한, 귀중한, 비싼. **2.** 사랑스러운, 귀여운, 친애하는, 존경하는.
Cārus[2], i, *m. Roma* 인들의 많은 가문명.
Carvéntum, i, *n. Látium*에 있는 도시; 〔*adj.*〕 **-tánus,** a, um.
Cárўæ, árum, *f.pl. Lacónia*의 마을. 「기둥.
caryátĭdes, um, *f.pl.* 《建》 여인상(女人像)의
Caryátis, ĭdis, *f. Diána* 여신의 별명.
carýĭnos, on, = carýĭnus, (a), um, *adj.* [cáryon] 호도(胡桃)의.
cárўon, i, *n.* 이태리 호도(胡桃), 큰 호도.
carўŏphyllácĕæ, árum, *f.pl.* 패랭이과(科).
carўŏphýllon, i, *n.* 정향(丁香)나무. 「果).
carўópsis, is, *f.* 《植》 각과(殼果), 영과(穎
carўótis[-ta], ĭdis[æ], *f.* 종려나무 열매의 일종.
Carýstos, i, *f. Eubœ́a*의 도시, 대리석으로 유명함; 〔*adj.*〕 **-stéus [-stĭus],** a, um; *m. Carýstos* 사람.
căsa, æ, *f.* **1.** 오막살이, 초라한 집, 초막, 초가집, 움막; 헛간. **2.** 군대의 임시막사.
casabúndus = cassabúndus.
casálĭa, ĭum, *n.pl.* 지경(地境), 경계선.
casánĭcus, a, um, *adj.* [casa] 초막의, 움집의, 오막살이의.
casárĭa, æ, *f.* [casárius] 초막지키는 여자.
casárĭus, i, *m.* [casa] **1.** 초가에 사는 사람. **2.** 소작인.
Casca, æ, *m. Servília* 씨족의 가문명.
cascus, a, um, *adj.* **1.** 옛, 고대의. **2.** 오래된, 구식의, 고풍의, 낡은. **3.** 늙은; 고참의.
cāsĕárĭus, a, um, *adj.* [cáseus] 치이즈의.
cāsĕátus, a, um, *adj.* [cáseus] 치이즈로 만든, 지방 많은.
casĕínum, i, *n.* 카세인, 건락소(乾酪素).
casélla, æ, *f.* [casa] 오두막집, 움막, 초막.
caséllŭla, æ, *f. dim.* [casélla] 작은 움막, 작은 초막.
cāséŏlus, i, *m. dim.* [cáseus] 작은 치이즈.
cásĕum[-us], i, *n.[m.]* 치이즈, 건락(乾酪): ~ prémere 치이즈를 만들다 / ~ mollículus *(Pl.)* 감언이설. 「香性) 식물의 일종.
cásĭa, æ, *f.* **1.** 육계(肉桂). **2.** 방향성(芳
Casilínum, i, *n. Campánia*의 도시, *Veltúrnus* 강가에 있음; 〔*adj.*〕 **-nénsis,** e; *m. Casilínum* 사람.
Casínum, i, *n.* 동남 *Látium*의 *Volsci*인들의 도시; 〔*adj.*〕 **-nas,** átis; *m. Casínum* 사람. 「(落), 뚝뚝 떨어지다.
cásĭto, ávi, átum, áre, *intr.* 자주 떨어지다
casnar, áris, *m.* 노인, 노쇠한 사람.
Caspérĭa, æ, *f. Sámnium*에 있던 *Sabíni*인들의 작은 도시. 「의 고갯길.
Cáspĭæ Portæ[Pylæ], árum, *f.pl. Taurus*산
Caspiáni, órum, *m.pl.* = Cáspii. 「족.
Cáspĭi, órum, *m.pl. Média* 북부에 살던 종
Cáspĭum Mare, –i –ris, *n.* 카스피해(海), 이해(裏海).
Cáspĭus, a, um, *adj. Cáspii* 사람의.
cassabúndus, a, um, *adj.*[casso[2]] 비틀거리는, 쓰러질 듯한.
Cassánder[-drus], dri, *m. Antípater*의 아들, *Alexánder* 대왕이 죽은 후 *Macedónia*의 왕이 된 사람. 「여자 예언가.
Cassándra, æ, *f. Troja*의 왕 *Príamus*의 딸,
Cassandréa[-ía], æ, *f. Palléne* 반도의 *Macedónia*의 도시; 〔*adj.*〕 **-drénsis,** e; *m. Cassandréa* 사람.
Cassándrĕus, i, *m. Cassandréa* 사람, 특히 그곳 폭군 *Apollodórus*. 「데없이.
cassátim, cassē, *adv.* [cassus] 무익하게, 쓸
cassésco, ĕre, *intr.*[casso[1]] 흩어져 없어지다, 사라지다. 「기.
cássĭa, æ, *f.* **1.** 계피(桂皮). **2.** 좋은 향
Cassiáni, órum, *m.pl.* [Cassiánus] *Cássius*의 군대.
cassícŭlus, i, *m. dim.* [cassis[2]] 작은 그물.
cássĭda, æ, *f.* [cassis[1]] 투구, 철모.
cassĭdárĭus, i, *m.* [cassis[1]] 투구 제조인.
cassĭdíle, is, *n.* [cassis[2]] 배낭; (사냥꾼이) 새잡아넣는 자루.
Cassíŏpe[1], es, *f. Cépheus*왕의 아내, *Andrómĕda*의 어머니, 나중에 별이 됨.
Cassíŏpe[2], es, *f. Corcýra*섬의 도시.
Cassiopé(ĭ)a, æ, *f.* = Cassíope[1].

cassis[1], ĭdis, *f.* **1.** 투구, (기병의)철모. **2.** 전쟁. **3.** 올가미, 함정; 계략.

cassis[2], is, *m.* **1.** 사냥 그물. **2.** 거미줄.

cassíta, æ, *f.* 《動》 종달새, 운작(雲雀).

Cassĭtérĭdes, um, *f.pl.* 수석(朱錫)섬(나나도 *Sicília*섬).

cassĭtérĭnus, a, um, *adj.* [cassíterum] 주석(朱錫)의, 합금의.

cassítĕrum, i, *n.* 주석(朱錫), 합금.

cássĭto, ávi, áre, *intr.* [cado] 가끔 떨어지다, 마냥 떨어지다, 뚝뚝 떨어지다.

Cássĭus, i, *m.* **1.** *Roma*인의 씨족명; 특히 Sp. Cássĭus, 최초의 경지법(耕地法) 발안자(發案者 485 A.C.). **2.** *Cæsar*의 암살자 중 한 사람인 *C.* ~ *Longínus.* **3.** [*adj.*] **-ĭánus,** a, um.

Cassivelláunus, i, *m.* *Británnia* 인의 수령(*Cæsar*에게 패배했음).

casso[1], ávi, átum, áre, *tr.* [cassus] 무효케 하다; 파기하다, 깨뜨리다, 파괴하다.

casso[2], ávi, átum, áre, *intr.* 동요하다, 흔들리다.

cassum, *adv.* [cassus] 헛되이, 쓸데없이.

cassus, a, um, *adj.* **1.** 빈, 텅 빈: cassa nux 빈탕호도. **2.** [*abl.*; ab *abl.*; *gen.*] 결핍된, (무엇이)없는; 빼앗긴: ~ lúmine 죽은. **3.** 헛된, 쓸데없는, 무익한, 성과없는: in cassum 무익하게, 공연히.

Castálĭa, æ, *f.* *Parnássus* 산에 있는 샘, *Apóllo*신과 *Musæ* 여신들에게 봉헌된 샘; [*adj.*] **-ĭus,** a, um.

Castálĭdes, um, *f.pl.* [Castália] *Musæ* 여신들.

Castális, ĭdis, *f. adj.* *Castália*의 (*Musæ* 여신의 형용어).

castánĕa, æ, *f.* 《植》 밤, 밤나무.

castanétum, i, *n.* [castánea] 밤나무밭.

castánĕus, a, um, *adj.* [castánea] 밤(栗)의, 밤나무의.

castē, *adv.* [castus] **1.** 깨끗하게, 정결하게, 티없이, 조촐하게. **2.** 정직[청렴]하게, 양심적으로, 덕성스럽게, 착실하게, 정숙하게. **3.** 종교적으로, 경건하게.

castellánus, a, um, *adj.* [castéllum] **1.** 요새의, 성의, 성채의. **2.** *m.* 성채에 사는 사람, 성채의 수비 대원.

castellárĭus, i, *m.* 요새 감시인.

castellátim, *adv.* [castéllum] 성채(城砦)마다, 성곽별로.

castéllum, i, *n.* [castrum] **1.** 요새, 산성, 성채, 보루. **2.** 은신처. **3.** 부락, 촌락, 산동네; 산에 있는 농장.

castérĭa, æ, *f.* **1.** 선복(船腹), 선박 도구실. **2.** 선원 휴게실.

castĭficátĭo, ónis, *f.* [castíficus] 정결(淨潔)케 함.

castífico, áre, *tr.* [castíficus] 정결(淨潔)케 하다, 순화(純化)하다, 깨끗하게 하다.

castíficus, a, um, *adj.* [castus+fácio] **1.** 정결한, 조촐한. **2.** 깨끗하게 하는.

castīgábĭlis, e, *adj.* [castígo] 징벌당할 만한, 견책받아 마땅한.

castigáte, castigátim, *adv.* **1.** 검소하게, 단정하게, 삼가, 신중하게. **2.** 간결하게.

castigátĭo, ónis, *f.* [castígo] **1.** 징벌, 징계. **2.** 책망, 견책; 주의줌. **3.** 전정(剪定).

castigátor, óris, *m.* [castígo] **1.** 책망하는 사람, 벌하는 사람. **2.** 비판자. **3.** 교정(矯正)하는 사람, 정정(訂正)하는 사람.

castigatórĭus, a, um, *adj.* [castigátor] 징벌의, 책망의.

castigátus, a, um, *p.p.*, *a.p.* [castígo] **1.** 책망받은, 벌받은; 교정된, 바로잡은, 다듬어진. **2.** 제한된, 제지당한, 억제된; 엄격한.

castígo, ávi, átum, áre, *tr.* [castus+ago] **1.** 교정하다, 개선하다, 고쳐주다, 다듬다, 다시 손질하다. **2.** 징계하다, 책벌하다, 꾸짖다, 나무라다, 비난하다. **3.** 제어하다, 길들이다; 억제하다, 억누르다, 견제하다, (폭동따위를) 진압하다.

castĭmónĭa, æ, *f.* [castus] **1.** 순결, 정결, 청순. **2.** 정절. **3.** 재계(齋戒).

castĭmōnĭális, e, *adj.* [castimónia] 절제에 적합한.

cástĭtas, átis, *f.* [castus] 순결, 정결(貞潔), 정덕(貞德).

castor[1], ŏris, *m.* 《動》 해리(海狸), 바다삵.

Castor[2], ŏris, *m.* *Tyndáreus*의 아들, *Pollux*와 쌍둥이 형제.

castórĕum, i, *n.* [castor[1]] 해리향, 해리에서 뽑은 약, 카스토레움.

castórĕus, a, um, *adj.* [castor[1]] 해리(海狸)의.

castŏrīnátus, a, um, *adj.* 해리 털옷을 입은.

castŏrínus = castóreus.

castra, órum, *n.pl.* [castrum] **1.** 진영(陣營), 군막, 병영(兵營), 진막: ~ pónere (*Cæs.*) 진을 치다. **2.** 행군, 진군, 야영: Quintis castris Gergóviam pervénit. 5일간의 행군 끝에 *Gergóvia*에 왔다. **3.** 병역.

castrămétor, átus sum, ári, *dep. intr.* **1.** 포진(布陣)하다, 군대를 주둔시키다, 야영하다. **2.** 진영을 위하여 토지를 측량하다.

castrátĭo, ónis, *f.* [castro] **1.** 거세(去勢). **2.** 정관 수술; 고환 절제 수술. **3.** 전정(剪定).

castrátor, óris, *m.* [castro] 거세하는 사람.

castrātórĭus, a, um, *adj.* [castro] 거세에 사용되는, 거세의.

castrátrix, ícis, *f.* [castrátor] 거세하는 여자.

castrātúra, æ, *f.* = castrátio.

castrátus, i, *m.* [castro] 거세된 남자, 환관(宦官), 내시.

castrensĭáni, órum, *m.pl.* 근위대 장교.

castrensĭárĭus, a, um, *adj.* 고영에 관한.

castrénsis[1], e, *adj.* [castra] 병영의, 군영의: ~ rátio 군율(軍律).

castrénsis[2], is, *m.* 왕실의 장교, 요새의 주민.

castrĭcĭánus, a, um, *adj.* [castra] 야영의,

병영의.
castro, ávi, átum, áre, *tr.* **1.** 거세하다. **2.** 무력하게 하다. **3.** 전정(剪定)하다. **4.** 자르다.
castrum, i, *n.* **1.**(= castéllum) 요새, 성채: ~ Inui. *Antĭum* 부근의 *Látium*의 옛 도시. **2.** (= castra) 병영, 진영. **3.** 전투, 군무(軍務). **4.** 하루의 행군, 야영(夜營).
cástŭla, æ, *f.* 발까지 내려오는 여자의 치마. 「의 도시; 〔*adj.*〕 **-lōnénsis,** e.
Castúlo, ónis, *m.f. Hispánia Tarraconénsis*
castus, a, um, *adj.* **1.** 순결한, 품행이 단정한, 정숙한, 청순한, 순수한. **2.** 깨끗한, 나무랄 데 없는. **3.** 경건한, 신심깊은, 거룩한. **4.** 양심적인, 성실한.
cāsu, *adv.* 우연히.
casŭális, e, *adj.* [casus] **1.** 우연한, 우발의; 무심결의, 되는 대로의. **2.** 《文法》 격변화(格變化)하는.
casŭālísmus, i, *m.* 《哲》 우연론.
casŭálĭter, *adv.* [casuális] 우연히.
casŭísta, æ, *m.* 《倫》 양심문제 결의법(決疑法)론자, 결의론자(決疑論者).
casŭístĭca, æ, *f.* 《倫》 (응용 윤리신학의) 양심문제 결의론(決疑論).
cásŭla, æ, *f.* [casa] **1.** 작은 집. **2.** 무덤. **3.** 《가》 제의(祭衣).
casúra, æ, *f.* [cado] 낙하, 추락.
cāsus, us, *m.* [cado] **1.** 낙하, 추락, 떨어짐: nivis ~ *(L.)* 강설(降雪). **2.** 헛디딤, 차질. **3.** 몰락, 멸망; (누구의) 죽음: ~ urbis Trojánæ *Troja*시의 최후. **4.** (시간의) 종말, 끝. **5. 우연, 우발사건**; 운수, 요행; 재난, 불운: ~ fortúitus 사변 / virtúte, non casu gesta 우연히 아니고 노력으로 된 일. **6.** 기회, 우연한 기회: si casus darétur,*(T.)* 기회가 돌아온다면. **7. 경우,** 사정, 상황, **사건**; (상황하에서의)**문제,** 사항: in tali casu 이런 경우에 / ~consciéntiæ 양심문제 / ~ reservátus 유보사항. **8.** (병의 어떤)증세. **9.** 《文法》 격(格).
cătā, *prœp.* 《希》아래로; 대로, …에 따라, 의하여; 마다: ~ mane 매일 아침.
cătábăsis, is, *f.* **1.** 내려감, 하강. **2.** 《醫》 (병의) 회복기.
Catabáthmos, i, *m. Líbya*의 한 지방.
cătābŏlénsis, is, *m.* 짐마차의 마부.
cătábŏlum[-bŭlum], i, *n.* **1.** 역참(驛站). **2.** 가축우리.
cătăchrésis, is, *f.* 용어(用語)의 오용, 비유의 남용; (어원의 곡해에 의한)말의 오용.
cătăclýsmos, i, *m.* **1.** 대홍수. **2.** 이변, 변동, 격변.
cătăcúmba, æ, *f.* 지하의 굴, 동굴; 초대(初代) 그리스도교 신자들의 지하묘소.
cătádrŏmus, i, *m.* 줄타기의 밧줄.
Cătădúpa, órum, *n. pl. Nilus*강의 유명한 폭포. 「의, 익살의.
cătăgĕlásĭmus, a, um, *adj.* 우스운, 농담
cătágrăpha, órum, *n.pl.* [catágraphus] 측면 초상화, 측면상(側面像); 축도(縮圖).
cătágrăphus, a, um, *adj.* 색칠한, 채색한.
Cătăgúsa, æ, *f.* 저승으로 인도하는 안내자, *Ceres*여신. 「萃).
cătălécta, órum, *n.pl.* 선집(選集), 발췌(拔
cătăléctĭcus, a, um, *adj.* 운각(韻脚) 불완전의. 「세인) 강경증(强硬症).
cătălépsis, is, *f.* (긴장병〈緊張病〉의 한 증
cătăléptĭcus, a, um, *adj.* [catalépsis] 강경증(强硬症)의.
cătálŏgus, i, *m.* 표, 목록; 요람(要覽).
cătálÿsis, is, (*acc.* in), *f.* 접촉; 《化》 접촉반응, 촉매작용.
Catamítus, i, *m. Ganymédes*의 라틴명.
Cátăna, æ, *f.* = Cátina.
Catáŏnes, um, *m.pl. Cataónia*의 주민.
Cataónĭa, æ, *f. Cappadócia*의 한 지방.
cătăpeirátes, æ, *m.* 수심 측정기[탐지기].
catáphăgas, æ, *m.* 대식가. 「옷.
cataphráctes, æ, *m.* 쇠(鐵) 미늘 붙인 갑
cătăphráctus, a, um, *adj.* 미늘 갑옷을 입은; 마갑(馬甲)을 입힌.
cătăpiráte s, æ, *m.* 수심 측정기[탐지기].
cataplásmā, ătis, *m.* 습포(濕布), 찜질.
cătăplasmátĭo, ónis, *f.* [cataplásmo] 찜질함. 「습포(濕布)하다.
cătăplásmo, áre, *tr.* [cataplásma] 찜질하다,
cătăplectátĭo, ónis, *f.* 견책, 비난.
cátăplus, i, *m.* **1.** 귀항(歸港), 착륙. **2.** 귀항선.
cátăpótĭum, i, *n.* 알약, 환약, 정(錠).
cătăpúlta, æ, *f.* **1.** 투창기(投槍機: 화살·창 따위를 발사하는 무기), 투석기; 대포. **2.** 투창기의 창.

CATAPULTA 1

cătăpultárĭus, a, um, *adj.* 투창기의; 투석기에서 발사된.
cătărácta[-es], æ, *f.[m.]* **1.** 폭포(특히 *Nilus*강의 폭포). **2.** 수문(水門). **3.** 내리닫이 성문(城門). 「類).
cătărhíni, órum, *m.pl.* 《動》 협비류(狹鼻
cătărrhósus, a, um, *adj.* [catárrhus] 카타르에 걸린. 「기, 유행성감기.
cătárrhus, i, *m.* 카타르(점막의 염증), 감
cătăscópĭum, i, *n.* 정찰함(偵察艦), 통보함.
cătáscŏpus, i, *m.* 정찰함(偵察艦).
cătásta, æ, *f.* **1.** 노예 매매대(賣買臺). **2.** 화형철상(火刑鐵床)[석쇠].
cătăstáltĭcus, a, um, *adj.* 수렴성(收斂性)의; *n.* 수렴제(收斂劑).
cătastróma, ătis, *n.* 선교(船橋).
cătástrŏpha[-e], æ[es], *f.* **1.** 갑작스런 대변동, 대참사(大慘事), 이변, (운명·지각

등의)격변. **2.** 비극적인 결말, 파국. **3.** (연극에서 전환을 가져오는 즉 갈등을 해결하는) 결정적인 사건, 대단원.
cătastrŏphísmus, i, *m.* 《地質》 격변설, 천시 이변설(異變說).
cătax, ácis, *adj.* 절룩거리는; 마비된.
căte, *adv.* [catus[1]] 능란하게, 슬기롭게, 교묘하게.
cătēchésis, is, *f.* 학습의 복송(復誦)·구수(口授); 《가》 교리 강좌, 교리 교수[설명].
cătēchétĭca, æ, *f.* 교리 교수법[교수학].
cătēchétĭcus, a, um, *adj.* 교리 교수의, 교리 문답서의.
cătēchísmus, i, *m.* 《가》 교리 문답, 교리서: ~ Románus (*Tridentínum* 공의회의 결정에 의거하여 작성된) *Roma* 공교요리(公敎要理). 「교사.
cătēchísta, æ, *m.* *(f.)* 《가》 전교회장, 교리
cătēchizátĭo, ónis, *f.* [catechízo] 교리문답 강좌, 교리교육.
cătēchízo, ávi, átum, áre, *tr., intr.* (주로 문답식으로) 교리를 가르치다, 교리 강좌하 」다.
cătéchu, us, *n.* 아선약(阿仙藥).
cătēchúmĕna, æ, *f.* 입교 지망자, 교리를 배우는 여자, 여자 예비신자.
cătēchúmĕnus, i, *m.* 입교 지망자, (교리를 배우는) 예비신자.
cătēgŏrēmátĭcus, a, um, *adj.* (= significans per se) 독립의의적(獨立意義的), 본래적 의미의.
cătēgórĭa, æ, *f.* **1.** 비난, 비방. **2.** 《論·哲》 범주(範疇). **3.** 부류(部類).
cătēgórĭcus, a, um, *adj.* [categória] 범주의; 단언(斷言)적, 정언(定言)적: imperatívus ~ 지상명령, 무상(無上)명령, 정언적 명령.
cătéja, æ, *f.* *Gállia* 인들의 투척무기 (자루 끝에 긴 줄을 맨 갈고리창의 일종으로 던졌다가 다시 잡아 당기게 되어 있었음).
cătélla[1], æ, *f. dim.* [caténa] 작은 사슬, 쇠사슬; 목걸이.
cătélla[2], æ, *f. dim.* [cátula] 작은 암캉아지.
cătéllus[1], i, *m.* (노예를 묶던) 가는 쇠사슬.
cătéllus[2], i, *m. dim.* [cátulus] 수캉아지.
căténa, æ, *f.* **1.** 사슬; 끈. **2.** 〔흔히 *pl.*〕 감옥. **3.** 구금, 속박. **4.** (법률상의)약관(約款). **5.** *pl.* 연쇄식 교부 성서해석집(連鎖式敎父聖書解釋集). 「매인, 묶인.
cătēnárĭus, a, um, *adj.* [caténa] 사슬에 얽
cătēnátĭo, ónis, *f.* [caténo] 얽어 맴, 결박, 속박, 계류(繫留). 「인; 얽힌, 속박된.
cătēnátus, a, um, *adj.* [caténa] 사슬에 매
căténo, ávi, átum, áre, *tr.* [caténa] 사슬로 매다, 결박하다, 속박하다; 제어하다; 사슬로 잇다, 연속시키다. 「슬.
căténŭla, æ, *f. dim.* [caténa] 가는[작은] 사
cătérva, æ, *f.* **1.** 떼, 무리, 집단, 일단(一團); 군중. **2.** (*Roma*의 légio에 대해서) 진용을 갖춘 외국군대. **3.** 보병대.
cătervárĭus, a, um, *adj.* [catérva] 무리지어 있는, 떼지어 가는.
cătervátim, *adv.* [catérva] 무리를 지어, 떼지어. 「리. **2.** 소부대.
catérvŭla, æ, *f. dim.* [catérva] **1.** 작은 무
căthársis, is, *f.* **1.** (*Aristóteles*가 비극의 작용·효과라고 내세운) 정화(淨化), 배설(排泄). **2.** 《醫》 배변(排便), 세척; 정화법.
căthártĭcum, i, *n.* 설사약, 하제(下劑).
cáthĕdra[căthédra], æ, *f.* **1.** 팔걸이 의자, 안락의자; 좌석, 자리. **2.** 교수의 강좌, 강단; 교수직. **3.** (대성당 안에 비치한) 주교좌(主敎座); 교황성좌(敎皇聖座).
căthedrālícĭus, a, um, *adj.* = cathedrális.
căthedrális, e, *adj.* [cáthedra] **1.** 팔걸이의자의. **2.** 대성당의, 주교좌 성당의: ecclésia ~ 주교좌 성당, 대성당 / capítulum ~ 주교좌 성당 참사회.
căthedrárĭus, a, um, *adj.* [cáthedra] 교단의, 강좌의: ~ philósophus 강좌를 가진 철학자. 「헌금.
căthedrátĭcum, i, *n.* 주교좌 성당에 내는
cáthĕter, éris, (*acc.* éra), *m.* 《醫》 카테테르, 도뇨관(導尿管). 「술.
căthĕtērísmus, i, *m.* 도뇨관(導尿管) 삽입
căthĕtométrum, i, *n.* 측고기(測高機).
cáthĕtus, i, *f.* 수직선(垂直線).
cathólĭca[1], órum, *n. pl.* [cathólicus[1]] 전체, 총체, 우주. 「도.
căthólĭca[2], æ, *f.* [cathólicus[2]] 가톨릭 여신
căthólĭce, *adv.*[cathólicus[1]] 일반적으로, 보편적으로; 범세계적으로; 가톨릭 정신으로, 가톨릭적으로.
căthŏlĭcísmus, i, *m.* 가톨릭 교회, 가톨릭 사상, 가톨릭 교리[신앙·주의·제도].
căthólĭcus[1], a, um, *adj.* **1.** 보편적인, 일반적인. **2.** 천주교의, 가톨릭교의: fides ~ 가톨릭 신앙 / ecclésia ~ 가톨릭 교회, 천주공교회(公敎會). 「자.
cathólĭcus[2], i, *m.* 천주교 신자, 가톨릭 신
Cătĭlína, æ, *m.* *Roma*인의 가문명; 특히 *L. Sérgius Catilína* (*Roma*의 공화정체의 전복을 음모한 귀족, 당시의 집정관 *Cícero*에 의해 음모가 발각되어 격전 끝에 전사했음); 〔*adj.*〕 **-nárĭus[-niánus],** a, um: seminárium Catilinárium *(C.)* 음모의 온상.
catillánus, a, um, *adj.* [catíllo[2]] 식도락의.
catillátio, ónis, *f.* 접시를 핥음.
catíllo[1], ávi, átum, áre, *tr.* [catíllus] 접시를 핥다; 남의 집을 돌아다니며 얻어먹다.
catíllo[2], ónis, *m.* 탐식가; 잿밥넉는 사람.
catillósus, a, um, *adj.* [catíllo[2]] 대식의.
catíllum, i, *n.* 작은 접시, 쟁반. 「반.
catíllus[1], i, *m. dim.* [catínus] 작은 접시, 쟁
Catíllus[2], i, *m.* *Tibur* 도시의 창설자.

Cátĭna, æ, *f.* *Sicília* 동해안의 도시(지금의 *Catánia*); [*adj.*] **-nénsis,** e; *m.* *Cátina* 사람.
catínŭlus, i, *m.* 작은 사발, 작은 접시.
catínum, i, *n.* = catínus.
catínus, i, *m.* **1.** 접시, 사발. **2.** 도가니.
Cátĭus, i, *m.* **1.** 소년의 수호신. **2.** *Epicúrus* 학파의 철인(50 A.C.); [*adj.*] **-tĭánus,** a, um.
Cativólcus, i, *m.* *Eburónes*족의 왕. 「성년.
catláster, tri, *m.* 다 큰 소년, 젊은이, 미
catlítĭo, ónis, *f.* 발정기(發情期), 교미기(交尾期).
Căto, ónis, *m.* **1.** M. Pórcius Cato Major, 감찰관(censor)으로 *Roma*인의 사치와 풍기를 엄격히 다스렸고, *Roma*의 고대사인 *Orígines*와 농경사(*De Re Rústica*) 등의 작품을 남겼음(c. 200 A.C.); Catónes = *Cato Major* 처럼 엄격한 도학자. **2.** M. Pórcius Cato, *Cato Major*의 증손자로서 *Cato Minor* 혹은 *Cato Uticénsis*라고 하였음, *Cæsar* 때에 *Pompéjus*편에 들어 싸우다가 패배하여 아프리카 *Utĭca*에서 자살했음(45 A.C.). **3.** *Cícero*의 저서 *"De senectúte"* 〈노년시대론〉의 별칭. **4.** [*adj.*] **-niánus,** a, um.
cátŏcha, æ, *f.* 《醫》 강경증(强硬症).
Catoníni, órum, *m.pl.* *Cato*의 지지자·친구.
catónĭum, i, *n.* (천상세계에 대해) 지상세계, 하계(下界). 「거울.
cătoptrítis, tĭdis, *f.* 거울 만드는 돌; 석경,
cătorchítes, æ, *m.* 무화과 술.
Catti, órum, *m.pl.* = Chatti.
cattus, i, *m.* = catus².
cátŭla, æ, *f.* 암캉아지.
catuláster, tri, *m.* = catláster. 「든 소녀.
catulástra, æ, *f.* 소녀, 혼령(婚齡)에 접어
cătŭlígĕnus, a, um, *adj.* 태생(胎生)의, 태생동물의.
cătŭlína, æ, *f.* [catulínus] 개고기.
cătŭlínus, a, um, *adj.* [cátulus] 개의. 「다.
cătúlĭo, íre, *intr.* (개 따위 동물이) 발정하
cătŭlítĭo, ónis, *f.* 발정(發情).
Catúllus, i, *m.* C. Valérius ~, *Roma*의 유명한 서정시인(*sæc.* 1 A.C.).
cătūlótĭcus, a, um, *adj.* 상처나 종기를 빨리 아물게 하는. 「지.
cátŭlus¹, i, *m.* **1.** 동물의 새끼. **2.** 강아
Cátŭlus², i, *m.* *Lutátia* 씨족의 가문명. **1.** C. Lutátius Cátulus, 241 A.C.의 집정관으로 *Carthágo*인을 쳐이겨 제1차 *Pœni* 전쟁을 끝냄. **2.** Q. Lutátius Cátulus, 102 A.C.의 집정관. **3.** Q. Lutátius Cátulus, 앞에 적은 사람의 아들, 78 A.C.의 집정관.
Catūríges, um, *m.pl.* *Gállia Narbonénsis*의 *Ligúria*종족.
cătus¹, a, um, *adj.* **1.** 분별력있는, 명민한, 영리한. **2.** 뾰족한, 예리한.
cătus², i, *m.* 《動》 고양이.
caucális, ĭdis, *f.* 《植》 개사상자(개蛇床子).
Caucásĭæ Portæ, *f.* *Cáucăsus*의 협로(峽路).
Cáucăsus[-os], i, *m.* 흑해와 카스피해 사이에 있는 큰 산맥, 코카서스 산맥; [*adj.*] **-sĭus,** a, um.
cáucŭla, æ, *f.* *dim.* [caucus] 작은 접시.
caucus, i, *m.* 접시; 잔의 일종.
cauda, æ, *f.* **1. 꼬리, 꽁지**: caudam tráhere 웃음거리가 되다. **2.** 꼬리처럼 달린 것. **3.** 뒤로 늘어뜨려 끌리게 만든 옷의 뒷자락. 「분의; 꼬리 모양의.
caudális, e, *adj.* [cauda] 꼬리의, 꼬리 부
caudatárĭus, i, *m.* 《가》 주교의 magna cappa 뒷자락을 쳐들고 다니는 시종.
cáudĕus, a, um, *adj.* **1.** 목재의. **2.** 등심초의.
caudex, dĭcis, *m.* **1.** 등걸, 나무 줄기; 통나무, 재목, 널빤지. **2.** 책, 장부(帳簿), 대장(臺帳). **3.** 바보, 멍청이.
caudĭcális, e, *adj.* [caudex] **1.** 나무 줄기의, 통나무의. **2.** 우둔한.
caudĭcárĭi, órum, *m.pl.* 뱃사공(처음에는 나무 떼를 배처럼 썼던 것에서). 「의.
caudicárĭus, a, um, *adj.* 통나무의, 뗏목
caudícĕus, a, um, *adj.* [caudex] 통나무의.
Cáudĭum, i, *n.* *Sámnium*의 도시; [*adj.*] **-dínus,** a, um: Fúrculæ Caudínæ, *Cáudium* 근방의 갈림길(*Roma* 군대가 *Samnítes*인들한테 포위당한 곳, 321 A.C.); *m.pl.* *Cáudĭum* 주민들.
caula, æ, *f.* [cavus¹] 울, 담, 울타리.
caulæ, árum, *f.pl.* **1.** 틈, 구멍(난 곳); 허방; 오목한 곳; 양우리의 통로·출입구. **2.**
caules, is, *m.* = caulis. ⌊양우리의 울타리.
caulícŭlus, i, *m.* *dim.* [caulis] 작은 줄기; 작은 양배추 꼬리.
caulis, is, *m.* **1.** (관목이나 특히 초본식물의) 줄기, 대; 양배추 꼬리. **2.** 줄기처럼 생긴 것.
Caulōn, ónis, *m.* 남부 *Itália*의 도시.
Caulónĭa, æ, *f.* = Caulon. 「열.
cauma, æ, *f.* [**-ma,** ătis, *n.*] 열(熱), 강한
Cáunĕa, æ, *f.* *Caunus* 산(産) 말린 무화과.
Caunus[-os], i, **1.** *f.* *Cária*의 해안 도시; [*adj.*] **-nĕus[-nĭus],** a, um; *m.* *Caunus* 사람. **2.** *m.* *Milétus*와 *Cyánee*의 아들.
caupo, ónis, *m.* **1.** 소매상인, 간이 음식점업자. **2.** 여인숙 주인, 주막 주인.
caupóna, æ, *f.* [caupo] **1.** 소매점, 주막, 주점; 음식점; 여인숙. **2.** 여자 소매상인; 여인숙[주막] 여주인. 「박업.
caupōnárĭa, æ, *f.* [cauponárius¹] 여관업, 숙
caupōnárĭus¹, a, um, *adj.* [caupo] 주점(酒店)의, 숙박업의. 「인.
caupōnárĭus², i, *m.* 여인숙 주인, 주막 주
caupōnícŭla, æ, *f.* *dim.* [caupóna] = cau-

pónula. 「름한 술집.
caupónĭum, i, *n.* [caupo] 값싼 음식점; 허
caupónĭus, a, um, *adj.* [caupóna] 음식점의, 주막의, 여인숙의. 「商)하다.
caupónor, ári, *dep. tr.* [caupo] 소매상(小賣
caupónŭla, æ, *f. dim.* [caupóna] 자그마한 음식점·주점; 여인숙.
caurínus, a, um, *adj.* 북서풍의.
cáurĭo, íre, *intr.* (표범이) 울부짖다.
caurus, i, *m.* 북서풍.
causa, æ, *f.* **1. 원인**: ~ ággravans 가중인(加重因) / ~ causans 원인이 되는 원인 / ~ civílis 시민법상의 원인 / ~ effíciens 작용인, 능동원인 / ~ exempláris 모형인(模型因) / ~ finális 목적인(目的因) / ~ formális 형상인(形相因) / ~ materiális 질료인(質料因) / ~ ímmanens 내재인(內在因) / ~ immediáta 직접원인 / ~ mediáta 간접원인 / ~ incausáta 원인을 갖지 않는 원인 / ~ instrumentális 도구인(道具因) / ~ líbera 자유원인(自由原因) / ~ morális 윤리적 원인, 윤리인 / ~ occasionális 기회 원인(機會原因) / ~ phýsica 물리적 원인, 물리인 / ~ per se 본래적(필연) 원인, 본연적 원인 / ~ per áccidens 우연적 원인, 이차적(二次的) 원인, 부수적 원인 / ~ possessiónis 점유획득원인 / ~ prima 제일 원인 / ~ principális 주요 원인 / ~ próxima 근인(近因) / ~ remóta 원인(遠因) / ~ suffíciens 충족인(充足因) / ~ sui 자기 원인(자기에 대한 원인) / ~ última 궁극적 원인, 최후 원인. **2. 이유, 동기**: eádem de causā *(C.)* 같은 이유로 / ex áliis causis *(C.)* 다른 이유로 / ob eam ipsam causam, quod ...*(C.)* 바로 …한 이유로 / cum causā, non sine causā*(C.)* 까닭이 있어서, 이유가 있어서 / Quid est causæ, cur ...?*(C.)* …하는 이유가 무엇이냐? **3.** 〔원인·목적 부사어로 *abl.*〕 causā 〔*gen.; abl. pronom. possessívi*〕 때문에, …목적으로, …하려: honóris causā 명예 때문에 / tuā causā 너 때문에 / studiórum causā 공부하러 / exémpli causā, verbi causā *(C.)* 예컨대, 예를들면. **4.** 구실, 변명, 양해의 이유: bellándi ~*(C.)* 전쟁의 구실 / per causam ...*(Cæs.)* …구실로. **5.** 일, 용건, 사건, (관련되는)**문제**: ~ priváta 사사로운 일/ de Scipiónis causā*(L.) Scípio*에 관한 문제에 대하여. **6.** 상태, 사정, 실정, 경우, 형편, 상황, 기회: Dissímilis est mílitum causa et tua.*(C.)* 병사들의 경우는 네 경우와 다르다. **7.** (연결·필요·우정 따위의) 관계, 관련성: causam amicítiæ habére cum *alqo (Cæs.)* 아무와 교우관계를 가지고 있다. **8.** 당, 당파, 편: Sullæ causa *(C.) Sulla* 당파. **9. 소송(사건)**, **법률상 문제, 쟁의(爭議)**: ~ contentiósa 소송사건, 민사사건 / ~ criminális 형사사건 / causam dícere (본인이 또는 남을 시켜서) 변호하다, 변론하다 / causam dícere cum *alqo* (고소 또는 변호로) 아무와 법정투쟁하다 / causam ágere 사건을 변론하다 / causam accípere *(C.)* 소송사건을 맡다. **10.** 《法》 (어떤 것에서 취득하는) 이익, 이득.
causális, e, *adj.* [causa] 원인의, 원인이 되는, 이유의; 《文法》 원인을 나타내는.
causálĭtas, átis, *f.* [causális] 《哲》 인과관계, 원인성, 작용: princípium causalitátis 인과
causálĭter, *adv.* [causális] 원인적으로. 「율.
causárĭi, órum, *m.pl.* **1.** 병자, 환자. **2.** (건강상 이유로) 병역에서 면제된 자.
causárĭus, a, um, *adj.* [causa] 병든, 병약한; 상이군경의, 불구의.
causátĭo, ónis, *f.* [causa] 핑계, 변명; 소송.
causátĭus, *adv.* [causátus, causo] 더욱 정당히, 더 정당한 이유로.
causātívus, a, um, *adj.* [causa] 원인이 되는, (결과를) 만들어 내는: 《文法》 ~ casus 대격, 4격 / causatíva persóna verbi 동사의 제1인칭. 「펠트모자.
cáusĭa, æ, *f.* 가장자리가 넓은 흰 중절모,
causĭdĭcális, e, *adj.* [causídicus] 변호사의.
causĭdĭcátĭo, ónis, *f.* [causídicus] 변호인다운 연설, 장광설.
causĭdĭcína, æ, *f.* 변호사직, 변호인 노릇.
causídĭcor, ári, *dep. intr.* [causa+dico] 변호하다, 변론하다. 「호사.
causídĭcus, i, *m.* [causa+dico] 변호인, 변
causíficor, ári, *dep. intr.* [causa+fácio] 이유를 내세우다, 핑계하다, 구실로 하다.
causo, ávi, átum, áre, *tr.* …의 원인이 되다, (원인이 되어) 야기시키다, 일으키다.
causor, átus sum, ári, *dep. tr.* [causa] 이유를 내세우다, 구실 삼다, 핑계하다: causátus híemem instáre*(L.)* 겨울이 다가왔다는 것을 구실삼아.
causŏs, i, *m.* 심한 열, 고열(高熱).
caussa = causa.
cáustĭcum, i, *n.* 부식제(腐蝕劑). 「性)의.
cáustĭcus, a, um, *adj.* 부식성의, 가성(苛
cáusŭal, æ, *f. dim.* [causa] **1.** 작은 핑계, 가벼운 동기. **2.** 작은 소송[사건].
cauta, órum, *n.pl.* [cautus] 차용증.
cautéla, æ, *f.* [cáveo] **1.** 주의, 조심; 예방, 경계. **2.** 법적보증·담보.
cauter, éris, *m.* **1.** 낙인, 낙형(烙刑)하는 인두: adígere cautérem ambitióni 야심을 억제하다. **2.** 낙인찍힌 상처.
cautérĭo, ávi, átum, áre, *tr.* [cautérium] 낙인을 찍다, 단근질하다(烙刑), 쇠꼬챙이로 지지다: cauteriáta consciéntia 마비된 양심.
cautérĭum, i, *n.* **1.** 낙인, 달군 인두. **2.** 부식제(腐蝕劑); 소작법(燒灼法); 뜸뜨는법.
cautērízo, áre, *tr.* **1.** 낙인을 찍다, (불에 달군 쇠로) 지지다. **2.** 뜸을 뜨다. **3.**

(양심을) 마비시키다. 「초.
cautes, is, *f.* 날카롭게 거칠거칠한 바위; 암
cautim, *adv.* [cautus] 조심스럽게.
cáutĭo, ónis, *f.* [cáveo] **1.** 주의, 조심. **2.** 예방책. **3.** 보증, 담보: ~ de dolo 악의 보증(惡意保證) / cautiónes in scriptis 문서에 의한 약속, 약속증서. **4.** 채무, 채권. **5.** 채무증서, 수취 증서; 영수증. 「의.
cautĭonális, e, *adj.* [cáutio] 보증의, 담보
cautor, óris, *m.* [cáveo] **1.** 조심하는 사람. **2.** 보증인.
cautus, a, um, *p.p., a.p.* [cáveo] **1.** 보증받은, 확실한, 안전한. **2.** 주의하는, 조심성있는, 신중한, 용의주도한, 면밀한: ad malum própius cáutior*(L.)* 다급한 위험에 더욱 조심하는. 「의 안뜰; 구내.
cavǽdĭum, i, *n.* [cavus+ædes] *Roma* 주택
cavámen, mĭnis, *n.* [cavo] 틈, 움푹 파인 곳; 굴. 「는.
cavátĭcus, a, um, *adj.* [cavus[1]] 굴속에 사
cavátĭo, ónis, *f.* [cavo] 굴, 구멍; 파인 곳.
cavátor, óris, *m.* [cavo] 굴 파는 사람; 조
cavatúra, æ, *f.* = cavátio. 「각가.
cavátus, a, um, *p.p., a.p.* [cavo] 푹 파인, 움푹 들어간.
cávĕa, æ, *f.* [cavus[1]] **1.** 우묵한 곳, 굴, 움. **2.** (닭장같은)동물을 가두는 울; 바자울. **3.** 벌통. **4.** 극장의 관람석: ~ prima 앞좌석. **5.** 극장. **6.** 구경거리가 있는 곳; 구경꾼.
cavĕális, e, *adj.* 움[굴]속에 저장되는.
cavĕátus, a, um, *adj.* [cávea] **1.** 갇힌, 둘러 막힌; 울[장]속에 갇힌. 2 원형극장을 가지고 있는(도시).
cavĕfácĭo, féci, ĕre, *tr.* = cáveo.
cávĕo, cāvi, cautum, ére, *tr., intr.* **1.** 〔*absol.; acc.;* ab *abl.; inf.*〕 조심하다, **삼가다, 경계하다:** ~ ab *alqo* 누구를 경계하다 / Cave putes.*(C.)* 행여 믿지 마라. **2.**〔*acc.;* ne *subj.*〕 **피하다, 조심하다:** Cave canem. 개 조심해라 / Cavéte ne amittátis. *(C.)* 잃어버리지 않도록 조심들해라. **3.** 〔*dat.*〕 **(불행·불편 따위를 당하지 않도록) 돌보다,** 배려하다, 염려하다: Roma, cave tibi. *(L.) Roma*여, 네 자신을 돌봐라 / ~ *alqd alci,* ~ *alci,* ut ...; ~ *alci* ad *alqd* 누가 무슨 일을 당하지 않도록 돌봐 주다. **4.** 〔ut *subj.*〕 …할 **조치를 취하다,** …하도록 힘쓰다, 보살피다. **5.**《法》〔*alci*〕 누구를 도와 주다; 필요한 **조치를 취하다,** 변호하다. **6.** 〔*refl.*〕 **sibi**~ *(C.)* 안전조치를 취하다, 자기 권익을 보호하다. **7.** 〔*alci alqā re*〕 누구에게 보증해 주다, 담보를 주다. **8.** 〔*lege, testaménto alqd; de re;* ut, ne〕 법적으로 설정하다, 인정하다, 지정해 주다.
cavérna, æ, *f.* [cavus[1]] **1.** 움푹한 곳, 구멍; 동굴, 동혈(洞穴); 공동(空洞). **2.** 배밑창의 짐 싣는 곳, 선복(船腹). **3.** 수조(水槽). **4.** 천공(天空). **5.** 항문(肛門).
cavernátim, *adv.* 구멍을 통해서.
cavérno, áre, *tr.* [cavérna] (구멍·굴·홈 따위를) 파다, 뚫다.
cavernósus, a, um, *adj.* [cavérna] **1.** 동굴[구멍]이 많은; 움푹 들어간; 동굴에서 울려 나오는 듯한(소리). **2.** 다공상(多孔狀)의. 「작은 굴, 작은 틈.
cavérnŭla, æ, *f. dim.* [cavérna] 작은 구멍,
cávĕsis = cave sis. 주의하라. 「학; 궤변.
căvílla, æ, *f.* 야유, 조롱, 조소; 농담, 해
căvillābúndus, a, um, *adj.* [cavíllor] 궤변에 의존하는. 「유, 조롱; 궤변; 비웃음.
căvillátĭo, ónis, *f.* [cavíllor] 익살; 농담, 야
căvillátor, óris, *m.* [cavíllor] 웃기는 사람, 익살꾼, 조롱하는 자; 궤변가, 비웃는 사람.
căvillātórĭus, a, um, *adj.* [cavílla] 풍자의, 야유의. 「살꾼.
căvillátrix, ícis, *f.* 웃기는 여자, 여자 익
căvillátus, us, *m.* [cavíllor] 익살, 농담, 해
cavíllo, áre, *intr., tr.* = cavíllor. 「학.
căvíllor, átus sum, ári, *dep. intr., tr.* [cavílla] **1.** 농담하다, 농담으로 …라고 말하다. 익살부리다, 놀리다: Cum eo cavíllor. *(C.)* 그와 농담한다. **2.** 구실을 마련하다, 궤변을 늘어 놓다. **3.** 〔*acc.*〕 비웃다, 조소하다, 야유하다: ~ rem *(C.)* 무엇을 비웃다, 트집잡다. 「농담 좋아하는.
căvillósus, a, um, *adj.* 조롱하기 좋아하는,
căvíllŭla, æ, *f. dim.* [cavílla] 익살; 조롱, 놀려줌, 야유. 「살,
căvíllum[-us], i, *n.[m.]* 농담, 놀려줌; 익
cávĭtas, átis, *f.* [cavus[1]] **1.** 움푹파진 곳, 요부(凹部), 구덩이; 구멍, 굴. **2.**《解》강(腔); 공동(空洞): ~ orális 구강 / ~ glenoidális 관절와(關節窩).
căvo, ávi, átum, áre, *tr.* [cavus[1]] **1.** 움푹하게 하다, 속을 파내다, 도려내다; 구멍을 뚫다·파다: Gutta cavat lápidem. *(Ov.)* 물방울이 돌을 (오목하게) 판다 / ~ naves ex arbóribus *(L.)* 통나무를 파서 배를 만들다. **2.** …의 밑을 파다, 굴착하다; 꿰뚫다.
cavósĭtas, átis, *f.* [cavus[1]] 구멍, 굴.
căvum, i, *n.* [cavus[1]] **1.** 구멍, 굴. **2.**《解》 ~týmpani 고실(鼓室).
căvus[1], a, um, *adj.* **1.** 오목한, 우묵한, 쑥 들어간; 굴처럼 생긴; 뚫린. **2.** 파인, 깊은: cava flúmina *(V.)* 깊은 강. **3.** 빈, 공허한: cava imágo *(V.)* 허깨비; 유령.
căvus[2], i, *m.* 구멍, (짐승의)굴.
Caýcus, i, *m.* (= Caícus) *Mýsia*의 강.
Caýstros[-us], i, *m.* *Lýdia*의 강; 〔*adj.*〕 **-strĭus,** a, um: Caýstrius ales 백조.
-ce, 〔지시 접미어〕 주로 hic, hæc, hoc (간혹 ille, iste등) 지시 대명사 및 hic, nunc, tunc, sic 따위 부사 꼬리에 붙어서 말의 **강세**와

우아함을 드러냄; 의문분자 -ne가 덧붙을 적에는 -ci로 변함. *e. g.* híccine?

Cēa, æ, *f. Cýclades* 군도의 한 섬(지금의 *Zia*). 「(詩).

Ceæ Caménæ, árum, *f.pl. Simónides*의 시

Ceángi, órum, *m.pl. Británnia*의 한 종족.

Cebénna, æ, *f.*(=Cebénnici montes) 남부 *Gállia*의 산맥(지금의 *Cevennes*).

Cěbrēn, énis, *m. Troas*에 있는 강; 이 강의 하신(河神).

Cebrénis, ǐdis, *f. Cebren* 하신(河神)의 딸: ⌊*Œnóne, Hespérie.*

cécǐdi[1], *pf.* [cado].

cecídi[2], *pf.* [cædo].

cécǐni, *pf.* [cano]. 「*Athénæ* 시.

Cecrópǐa, æ, *f.* **1.** *Athénæ*의 성채. **2.**

Cecrópǐdæ, árum, *m.pl. Cecrops*의 자손, 즉 *Athénæ* 사람들. 「seus).

Cecrópǐdes, æ, *m. Cecrops*의 자손 (= Thé-

Cécrǒpis[1], ǐdis, *adj. f. Cecrops*의.

Cécrǒpis[2], ǐdis, *f. Cecrops*의 자손(녀) (= Philómele, Procne).

Cecrópǐus, a, um, *adj. Cecrops*의, *Athénæ*의, *Attǐca*의: apes Cecrópiæ, *Hyméttus*산의 꿀벌. 「의 신화적 창건자.

Cecrops, ǒpis, *m. Attǐca*의 초대왕, *Athénæ*

cedénter, *adv.* [cedo[2]] 양보하여, 허락하면서, 승락하면서.

cēdo[1], *imper. tr.* 〔단수 2인칭에 대한 명령〕 **1.** 다오, 가져 오너라; 보여다오: Cedo argéntum. *(Pl.)* 돈을 다오. **2.** 들려 다오, 이야기 해다오. **3.** 〔주의를 끄는 말로〕 여봐!

cēdo[2], cessi, cessum, ěre, **I.** *intr.* **1.** (걸어)가다·오다. **2.** 〔*absol.; abl.;* a, de, ex *abl.; dat.*〕 **가버리다,** 물러가다, 떠나가다; 지나가 버리다, 사라지다: Horæ cedunt. *(C.)* 시간은 흘러간다 / ~ vitā*(C.,H.,T.)* 죽다 / Ut primum cessit furor, *(V.)* 그 미치광이 짓이 그치자 마자. **3.** 〔pro *alqā re*〕 대신하다, …나 마찬가지다, …로 인정되다, 값어치가 된다: Epǔlæ pro stipéndio cedunt. *(T.)* 연회는 돈낸 만큼의 값어치가 있다. **4.** 〔*alci;* in *acc.*〕 누구의 **차지가 되다,** 누구에게 **돌아가다,** 속하다: Præda Románis cessit.*(L.)* 전리품은 *Roma*인들에게 돌아갔다. **5.** 〔in *alqd*〕 무엇으로 변하다, 바뀌다, **되어 버리다.** **6.** (채무상환·납품 계약 따위를 이행할) 기일이 (시작)되다. **7.** 〔*dat.; c. adv.*〕 (일이) **일어나다,** (결과가 어떻게) 되다, …으로 끝나다: próspere ~ *(N.)* 다행스럽게 되다 / bene ~ *(Ov.)* 잘 되다. **8.** 〔*dat.*〕 따르다, 응하다, 감수(甘受)하다: ~ fortúnæ *(C.)* 운명에 맡기다. **9.** 〔*dat.*〕 **굴복하다,** 지다; **우위를 양보[인정] 하다,** 자기의 열세를 인정하다: fato ~*(L.)* 죽다 / nocti ~ *(Sil.)* 자다 / ~ *alci alqā re (Q.), alci* in *alqā re (C.)* 무슨 일에 있어서 누구의 우월함을 인정하다. **10.** 〔*alqā re, alci*〕 손떼다, 포기하다; 넘겨주다, 바치다.

II. *tr.* 〔*alci alqd;* ut; *acc. c. inf.*〕 주다, **양보하다,** 양도하다; **인정하다,** 허가하다, 동의하다.

cedreláte, es, *f.* 《植》 서양 삼나무(杉木).

cédrěus, a, um, *adj.* 서양 삼나무(杉木)의, 백향목(栢香木)의. 「기름.

cédrǐa, æ, *f.* 백향목(栢香木)의 수지(樹脂)·

cédrǐnus, a, um, *adj.* [cedrus] 서양 삼나무의, 백향목의.

cédrǐum, i, *n.* [cedrus] 백향목 수지·기름.

Cedros... *V.* Gedros...

cědrus, i, *f.* **1.** 《植》 서양 삼나무(杉木), 백향목(栢香木). **2.** 백향 목재. **3.** 삼나

Cei, órum, *m. pl. Cea*섬 주민. ⌊무 기름.

Celǽnæ, árum, *f.pl.* 대 *Phrýgia*의 수도.

Celǽno, us, *f.* **1.** *Harpýiæ*의 한 사람. **2.** *Atlas*의 딸, *Pleíades*의 한 사람.

celastrácěæ, árum, *f.pl.* 《植》 노박덩굴과.

celáte[-tim], *adv.* 비밀히, 몰래, 숨겨서.

celátǐo, ónis, *f.* [celo] 은폐, 숨김. 「자.

celátor, óris, *m.* [celo] 숨기는 사람, 은닉

celátum, i, *n.* [celo] 비밀, 밀계(密計), 비결.

célěber, bris, bre, *adj.* **1. 사람들이 많이 모여드는,** 군중이 운집한 (장소·행사), 사람이 많은, **번화한,** 붐비는, 들끓는; 왕래가 많은: tam célebri loco *(C.)* 사람이 이렇게 많이 모이는 곳에서. **2.** 많은 사람의 입에 오르내리는, 널리 퍼진: res totā Sicíliā celebérrima atque notíssima *(C.)* 온 *Sicília*에 널리 퍼져 잘 알려진 일. **3.** 축제로 지내는, 많은 사람이 경축하는. **4. 유명한, 저명한, 칭송되는.**

cělěbrábǐlis, e, *adj.* [célebro] 찬미할 만한, 명성 높은, 성대한. 「집전자.

célěbrans, ántis, *m.* [célebro] 주례자; 미사

cělěbrátǐo, ónis, *f.* [célebro] **1.** 많은 사람이 모여듦, 번화함. **2.** 예식거행, 축하; 축제 행사: ~ missæ 미사 거행.

cělěbrátor, óris, *m.* [célebro] **1.** 주례자, 예식 거행자. **2.** 예찬자.

cělěbrátus, a, um, *p.p., a.p.* [célebro] **1.** 사람들이 많이 모여드는. **2.** 축제로 지내는; 거행된 (예식). **3.** 자주 인용되는, 잘 알려진. **4.** 존경받는, 유명해진.

cělěbrésco, ěre, *intr.* [céleber] **1.** 유명해지다. **2.** 성대히 거행되다.

célěbret, *indecl.* 《가》 미사 집행 허가증.

célěbris, e, *adj.* = céleber.

cělébrǐtas, átis, *f.* [céleber] **1.** 사람이 많이 모임, **번화;** 왕래 많음. **2.** 축제(행사), 대회: ludórum ~ *(C.)* 경기대회. **3.** 널리 알려짐, 명성, **유명함:** ~ nóminis *(Ta.)* 잘 알려진 이름. **4.** 군중, 군집(群集), 쇄도:

~ virórum *(C.)* 몰려든 대군중. **5.** 빈번: ~ periculórum *(Ta.)* 빈번한 위험.
cĕlébrĭter, *adv.* [céleber] 자주, 늘.
célĕbro, ávi, átum, áre, *tr.* [céleber] **1.** 많은 사람이 모여들다, 찾아들다, 붐비다: senectútem *alcjs* ~ (어떤)노인에게 찾아들어 경의를 표하다. **2.** 축제지내다, 거행하다, 기념하다: ~ missam 미사를 드리다/ ~ núptias *(L.)* 결혼잔치를 지내다. **3.** 널리 퍼뜨리다, 알리다. **4.** 찬양하다, 칭송하다, 축하하다, 영광스럽게 하다; 유명해지게 하다. **5.** 자주 하다, 연습을 쌓다; 통용하게 하다: ~ artes *(C.)* 예술공부를 하다 / ~ Africáni cognómen *(L.)* *Africánus*의 별명을 널리 퍼뜨려 통용케하다.
Celémna, æ, *f.* *Campánia*의 최북부에 있는 도시. 「구.
Celéndĕris, is, *f.* 서부 *Cilícia*에 있는 항
cĕlĕr[1], célĕris, célĕre, *adj.* **1.** 빠른, 신속한: remédium ~ 속효약 / uvæ céleres provéntu *(Plin.)* 일찍 나는 포도. **2.** 재빠른, 민활한: ~ irásci *(H.)* 화를 쉽게 내는. **3.** 성급한, 경솔한.
Cĕlĕr[2], ĕris, *m.* [celer[1]] *Céleres*의 장관.
cĕlĕránter, *adv.* = celériter.
cĕlĕrátim, *adv.* [célero] 빨리, 급히. 「기병.
Célĕres, um, *m. pl.* [celer[1]] *Roma*왕의 친위
cĕlérĭpes, pĕdis, *adj.* [celer+pes] 걸음이 빠른, 발이 빠른; *m.* 걸음이 빠른 사람.
cĕlérĭtas, átis, *f.* [celer] **1.** 빠름, 날램, 속력, 신속, 민활, 기민. **2.** 속효, 속달.
cĕlérĭter, *adv.* [celer] 빠르게, 급히; 〔*superl.*〕 celérrime *(C.)* 제일 빨리.
cĕlĕrĭtúdo, dĭnis, *f.* [celer] 빠름, 신속, 날램. 「른, 총총걸음의.
celeriúscŭlus, a, um, *adj.* [celer] 약간 빠
célĕro, ávi, átum, áre, *tr., intr.* [celer] **1.** 재촉하다, 빨리 하다, 촉진하다, 빨리 실행케하다: ~ fugam *(V.)* 빨리 도망가게 하다. **2.** 빨리 가다, 서두르다.
cĕles, étis, *m.* 〔*acc. pl.* -étas〕 **1.** 달리는 말, 경주용 말, 타는 말. **2.** 쾌속선.
celéuma, ătis, *n.* 뱃노래, 뱃소리.
Célĕus, i, *m.* *Eléusis*의 왕, *Triptólemus*의
célĭa, æ, *f.* 스페인산(產) 맥주. 「아버지.
cella, æ, *f.* [*cf.* celo] **1.** 작은 방, 독방; 노예방. **2.** 판자집. **3.** 광, 곳간; 곡물창고: ~ vinária, ~ penária *(C.)* 술광, 식료품 저장실. **4.** 새장, 닭장; 비둘기집. **5.** 벌집. **6.** (희랍·*Roma*신전 안쪽) 신의 초상(肖像)모신 사당; 《가》 순교자 기념당.
cellárĭa, æ, *f.* [cellárius[2]] 식료품 광 맡은
cellaríŏlum, i, *n.* 작은 식료품 광. 「여자.
celláris, e, *adj.* 새장의.
cellárĭum, i, *n.* [cellárius[1]] **1.** 식료품 저장실, 움. **2.** (소금·기름·술·고기·치즈 따위) 식료품.
cellárĭus[1], a, um, *adj.* [cella] 광의, 식료품 저장실의. 「고지기.
cellárĭus[2], i, *m.* [cella] 광지기, 식료품 창
céllĭo, ónis, *m.* 광지기, 식료품 창고지기.
cello[1], ĕre, *tr.* 때리다. 「솟다.
cello[2], celsum, ĕre, *intr.* 우뚝 솟다, 높이
céllŭla, æ, *f. dim.* [cella] **1.** 작은 방; 노예골방. **2.** (생물의) 세포. **3.** 비둘기 집. **4.** 벌집. 「도자.
cellulánus, i, *m.* 작은 방에 사는 사람; 수
cēlo, ávi, átum, áre, *tr.* 감추다, 숨기다, (어떤 일을)비밀로 하다: ~ *alqd* 무엇을 숨기다 / ~ *alqm* *1)* 누구를 숨기다. *2)* 누구에게 숨기다 / Celábar.*(C.)* (그들은) 내게 숨기고 있었다, 나는 모르고 있었다 / ~ se 숨다 / Sídera celántur. *(Col.)* 별들이 사라진다 / ~ *alqm alqd*, ~ *alqm* de *alqā re* 누구에게 무엇을 숨기다.
cĕlox, ócis, *f.(m.)* [*cf.* celer] **1.** 요트, 쾌속범선; 쾌속정. **2.** 빠른 행동, 빠른 행동하는 사람. 「에 : ~nati 기사(騎士)계급.
celsē, *adv.* [celsus] 높게, 드높이; 높은 곳
celsípĕtens, éntis, *adj.* [celsus+peto] 위로 향하는, 상향성의.
célsĭtas, átis, *f.* = celsitúdo.
celsitúdo, dĭnis, *f.* [celsus] 높음, 고도, 높은 곳; 고상함: ~ córporis 장신(長身).
celsus[1], a, um, *adj.* [cello[2]] **1.** 높은, 우뚝 솟은, 위를 향해 뻗은. **2.** 지위높은, 높은 자리의, 고위의. **3.** 도량이 큰; 고상[숭고]한. **4.** 거만한, 의기양양한.
Celsus[2], i, *m.* 인명, 유명한 의사이며 만물박사적인 저술가.
Celtæ, árum, *m.pl.* **1.** 서부 유럽에 살던 민족. **2.** (협의로는) 중부 *Gállia*의 주민. **3.** 〔*adj.*〕 **-tĭcus,** a, um.
Céltĭber, éri, *m.* *Celtibéria*사람; 〔*pl.*〕 중부 *Hispánia*의 종족. 「*j.*〕 **-rĭcus,** a, um.
Celtibérĭa, æ, *f.* *Celtibéri*인들의 나라; 〔*ad-*
Céltĭcum, i, *n.* *Celtæ*인의 나라.
celtis, is, *f.* 끌, (석공의)정.
ceméntum = cæméntum.
cēna, æ, *f.* = cœna.
Cénăbum, i, *n.* *Gállia*의 *Carnútes* 종족의 수도(지금의 *Orleans*); 〔*adj.*〕 **-bénsis,** e.
cēna... *V.* cœna...
Cenǽum, i, *n.* *Eubœ́a* 섬의 서북쪽에 있는 곶(岬: 지금의 *Lithada*); 〔*adj.*〕 **-nǽus,** a, um. 「시; 〔*adj.*〕 **-chréus,** a, um.
Cénchrĕæ, árum, *f.pl.* *Corínthus*의 항구도
Cēnimágni, órum, *n.pl.* *Británnia*의 한
cēno = cœno. 「종족.
cenobi... *V.* cœnobi...
cenodóxĭa, æ, *f.* 허영심.
cenodóxus, a, um, *adj.* 수다스러운.
Cenománi, órum, *m.pl.* *Gállia Cisalpína*의 한 종족.

cenotáphĭum, i, *n.* (시체를 묻지 않은)빈 무덤; 기념비.

cénsĕo, sŭi, sum, ére, *tr.* **1. 헤아리다,** 세어넣다. **2.** 호구조사하다(인구 동태와 재산 상황을 시민 명부에 기입함), **국세조사하다;** 등급을 정하다: censum censére[ágere] 국세조사하다, 재산등록하다 / cápite censi 인구수에만 들어간 극빈자. **3.** 〔*alqd*〕 자기 재산을 평가하여 명부에 기입하게 하다, 재산보고를 하다; 〔*pass. c. abl. prétii*〕 (얼마의) 재산 액수로 사정되어 기록되다. **4.** 평가하다; 〔*pass. c. abl.*〕 무엇으로써 평가되다, 알려지다: censéri nómine [cognómine] *alqo* (성명을) 누구라고 불리우다·부르다. **5.** 〔*alqd;* ut, ne; *subj.; acc.c.inf.*〕 **여기다, 생각하다,** 간주하다; 판단하다; 충고하다, 해야 할 것으로[마땅한 것으로] 생각하다: Tibi hoc cénseo.*(C.)* 나는 네가 이것을 해야 한다고 생각한다 / Cénseo eas.*(C.)* 아무래도 너는 가야 하겠다. **6.** 〔*alqd; alqd alci; acc. c. inf.;* ut, ne〕 (원로원에서) 투표하다, 의결하다, 결정을 내리다. **7.** (누구에게 무엇을)승인하다. 「헤아리다; 재산보고 하다.

cénsĕor, census sum, éri, *dep. tr.* 평가하다,

cénsĭo, ónis, *f.* [cénseo] **1.** 조사, 인구조사; 평가. **2.** 과세(課稅). **3.** 경고, 주의줌; 처벌. **4.** 의견; 판단, 판결.

censítĭo, ónis, *f.* [cénseo] 조세, 징수. 「관.

censítor, óris, *m.* 지방 감찰관, 호구 조사

censŏr, óris, *m.* [cénseo] **1.** (고대 *Roma*의 호구·재산조사, 풍기감찰 등을 임무로 한) 감찰관. **2.** 검열관: 《가》 ~ librórum 출판물 검열관. **3.** 비평가, 비판자.

censórĭus[1], a, um, *adj.* [censor] **1.** 감찰관의, 감사관의; 호구조사 관계의: lex censória 공공건물·건축·납세 등에 대한 계약·법령 / opus censórium (감찰관에 의해) 처벌 대상이 되는 행위. **2.** 엄격한, 엄중

censórĭus[2], i, *m.* 감찰관. 「한.

censuáles, ĭum, *m.pl.* 국세조사 기록부(記錄簿). 「관한.

censuális, e, *adj.* 국세조사의, 국세조사에

censum, i, *n.* = census.

censúra, æ, *f.* [censor] **1.** 감찰관직. **2.** 시험, 고시; 검열, 판정. **3.** 징계, 견책, 벌. 「은; 견책 당한.

censurátus, a, um, *adj.* [censúra] 검열 받

census, us, *m.* [cénseo] **1. 호구조사**(인구 동태·재산상황에 대한 조사와 등록을 거쳐 등급과 세액을 정했음), **국세조사**: censum habére*(C.),* ágere*(L.)* 호구조사하다 / census équitum*(L.)* 기병대 사열. **3.** 시민 명부, 징세장부: *alqm* censu prohibére *(C.),* exclúdere*(L.)* 누구를 시민 명부에서 제외하다. **4.** 재산: ~ senatórum [senatórius] 원로원 의원 자격의 기본재산. **5.** 이자, 임차료(賃借料): ~ fundórum 지대(地代).

centáurĕa[-ĭa], æ, *f.* = centáureum.

centáurĕum[-ĭum], i, *n.* 《植》 도깨비 부채; 뻐꾹채의 일종.

Centáurus, i, *m.* **1.** 상체는 인간이고 하체는 말의 형상을 한 괴물(*Thessália*에 있었다고 함). **2.** 《天》 인마좌(人馬座). **3.** *f.* 배(船)이름. **4.** 〔*adj.*〕 **-rĕus,** a, um.

centéna, æ, *f.* 100인조장직(組長職).

centēnárĭus[1], a, um, *adj.* 100의, 수가 100에 이르는; 100파운드의: anniversárium centenárium 100주년 / ballístæ centenáriæ *(Lucil.)* 100파운드의 바위 탄환을 쏠 수 있는 노포(弩砲).

centēnárĭus[2], i, *m.* [centum] 백부장(百夫長), 백인대장(百人隊長).

centéni, æ, a, *num. distrib.* 〔*gen.*: centénum〕 **1.** 100(개)씩. **2.** 〔복수형 명사의 기본수로〕 100: centénæ lítteræ 편지 100통.

centēnĭōnális, e, *adj.* 100분의 1의 가치를 지닌(은화).

centénum, i, *n.* 호밀, 쌀보리.

centénus, a, um, *adj.* [centum] **1.** 〔*sing.*〕 100의. **2.** 〔*pl.* 배분 수사로〕 100씩.

centésĭma, æ, *f.* (*sc.* pars) [centésimus] **1.** 100분의 1. **2.** *pl.* 백분의 일, 월 일부 이자.

centésĭmo, ávi, átum, áre, *tr.* [centésimus] 100분의 1을 뽑아내다[선택하다].

centésĭmus, a, um, *num. ordin.* [centum] 제일백, 100번째. 「리가 100개나 달린.

céntĭceps, cípitis, *adj.* [centum+caput] 머

céntĭe(n)s, *adv.* [centum] 100번, 100회; 100배. 「진.

centímănus, a, um, *adj.* 100개의 손을 가

centímĕter, tra, trum, *adj.* [centum+metrum] 100가지[여러가지 많은] 시운(詩韻)을

centímĕtrum, i, *n.* 센티미터*(cm).* ⌊사용한.

centípĕda, æ, *f.* [centum+pes] **1.** 지네. **2.** 《植》 ~ mínima 중대가리풀.

centĭpéllĭo, ónis, *m.* [centum+pellis] 반추동물의 제2 위(胃). 「달린.

céntĭpes, pĕdis, *adj.* 100개의[많은] 발이

céntĭplex = céntuplex. 100배의.

cento[1], ónis, *m.* **1.** 여러 조각을 모아서 만든 침대 덮개보. **2.** 누더기 옷. **3.** 투창 방어용·진화용 이불. **4.** 여기저기서 표절하여 만든 시·노래. 「A.C.의 집정관).

Cento[2], ónis, *m. C. Cláudius*의 별명(240

centonárĭus[1], a, um, *adj.* [cento] **1.** 여러 조각을 모아 기운, 누더기의. **2.** 여기저기서 따온 시귀절로 만든.

centonárĭus[2], i, *m.* 누빈 군복 제조인; 투창방어용 이불 제조인. 「의.

centrális, e, *adj.* [centrum] 중심의, 중앙

centrátus, a, um, *adj.* 중심에 놓인[위치한].

centrum, i, *n.* **1. 중심,** 콤파스의 중심다리, 중추(中樞), 중앙. **2.** 추골(椎骨)의 중심체. **3.** (지진의) 진원지.

centŭm, *num. card. indecl.* **1.** 100 : per ~ 퍼센트. **2.** 대단히 많은.

centumgémĭnus, a, um, *adj.* 100배의: ~ Briáreus *(V.)* 100개의 팔을 가진 거인.

centúmpĕda, æ, *m.* 100개의 발을 가진 자, *Júpiter*의 별명. 「근의 중량.

centumpóndĭum[-tupóndĭum], i, *n.* 100

centumvĭrális, e, *adj.* [centúmviri] 100인 법원의, 100인 위원회의.

centúmvĭri, órum, *m.pl.* 100인 법원의 판사, 100인 법정, 100인 심판 위원회 (옛 *Roma* 민사 특히 유산관계 법정; 시민 중에서 뽑혔으며 처음에는 105명으로 구성되었었으나 나중에는 180명까지 증원되었음).

centúncŭlus[1], i, *m. dim.* [cento] 누더기; 조각을 모아 기운 이불.

centúncŭlus[2], i, *f.* 《植》 미나리 아재비과의 참으아리속 식물. 「배의, 100겹의.

céntŭplex, plĭcis, *adj.* [centum+plico] 100

centŭplĭcáto, *adv.* 100배의 값으로.

centŭplícĭa, ĭum, *n.pl.* [céntuplex] 100배.

centúplĭco, ávi, átum, áre, *tr.* [céntuplex] 100배 하다, 100으로 곱하다. 「절.

céntŭplum, i, *n.* [céntuplus] 100배, 100갑

céntŭplus, a, um, *adj.* [céntuplex] 100배의.

centúrĭa, æ, *f.* [centum] **1.** (고대 *Roma* 군대의) 백인대(百人隊). **2.** *Sérvĭus Túllĭus*가 *Roma* 시민을 193등급으로 나눈 그 한 단위. **3.** 백인조(百人組: 백명으로 조직하는 선거의 한 단위로서 한 표의 투표권을 가졌음). **4.** 토지 면적 단위(약 15만 5천평). 「의, 100인대(隊)의.

centŭrĭális, e, *adj.* [centúria] 100인 조(組)

centŭrĭátim, *adv.* [centúria] 100명 단위로, 100인대 단위로; 큰 떼를 지어.

centŭrĭátus[1], a, um, *p.p.* [centúrĭo[1]] **1.** 100으로 나눈. **2.** 100인대를 형성한. **3.** 100명씩 나눈: comítia centuriáta*(C.)* 백명 단위의 선거인 회합.

centŭrĭátus[2], us, *m.* [centúrio[2]] **1.** 100인대장 계급[직위]. **2.** 100인대의 구분 편성.

centúrĭo[1], ávi, átum, áre, *tr.* [centúria] 100인대로 편성하다.

centúrĭo[2], ónis, *m.* [centúria] 백인대장(百人隊長), 백부장(百夫長).

centŭrĭonátus, us, *m.* [centúrio[2]] 100인대장직; 백부장 선발.

Centúrĭpæ[-a], árum[órum], *f.[n.] pl.* *Sicília*의 도시(지금의 *Centorbi*); 〔*adj.*〕 **-pínus,** a, um; *m. Centúripæ*사람.

centússis, is, *m.* [centum+as] 고대 *Roma*

cénŭla, æ, *f.* = cœ́nula. └돈 *100 as.*

cenum, i, *n.* = cænum.

Cēōs, i, *f.* = Cea.

cēpa... *V.* cæpa...

cĕphălǽa, æ, *f.* 오래가는 두통.

cĕphălæóta, æ, *m.* 인두세 징수인.

cĕphălálgĭa[-lárgĭa], æ, *f.* 《醫》 두통.

cĕphălálgĭcus[-lárgĭcus], a, um, *adj.* 두통

cĕphálĭcum, i, *n.* 머리에 붙이는 고약. └앓는.

cĕphálĭcus, a, um, *adj.* 머리의, 두부의, 두개골의.

cĕphálĭtis, tĭdis, *f.* 《醫》 뇌염(腦炎).

Cĕphallánĭa[-lénĭa], æ, *f.* *Iónia*해(海)의 제일 큰 섬. 「주민.

Cĕphallénes, um, *m.pl.* *Cephallénia*섬의

céphălo, ónis, *m.* 《植》 종려나무, 팔마나무.

cĕphălŏchórda, órum, *n.pl.* 《動》 (활유어 따위) 두색류(頭索類) 동물.

Cĕphălœ́dis, ĭtis, *f.* *Sicília* 북해안 중앙부에 있는 항구; 〔*adj.*〕 **-ditánus,** a, um; *m. Cephalœ́dis*사람.

Cĕphălœ́dĭum, i, *n.* = Cephalœ́dis.

cĕphălŏmétrĭa, æ, *f.* 두개(頭蓋) 측정(법).

cĕphălópŏda, órum, *n.pl.* 《動》 두족류(頭足類: 오징어·문어 따위).

cĕphălópŏdes, ĭum, *m.pl.* = cephalópoda.

cĕphălŏtaxácĕæ, árum, *f.pl.* 《植》 개비자나무과.

cĕphălŏthórax, ácis, *f.* 두흉부(頭胸部: 갑각류·거미류 따위의 머리와 가슴이 합쳐진 부분). 「기 아내를 죽였음).

Céphălus, i, *m.* *Procris*의 남편(실수하여 자

Cēphéĭs, ĭdis, *f.* *Cépheus*의 딸(= Andrómeda).

Cephéĭus[-éus], a, um, *adj.* **1.** *Cépheus*의. **2.** *Æthiópia*의: Cephéia arva*(Ov.)* *Æthiópia.* 「무늬말벌.

cēphénes[1], um, *m.pl.* **1.** 《動》 수펄. **2.**

Cēphénes[2], um, *m.pl.* *Æthiópia*의 전설적인 종족; 〔*adj.*〕 **-énus,** a, um, *Cephénes*의, *Æthiópia*의.

Cēphénĭa, æ, *f.* *Cephénes*인들의 나라.

Cépheus, i, *m.* *Æthiópia*의 왕, *Cassíope*[1]의 남편, *Andrómeda*의 아버지.

Cephísĭus, i, *m.* *Cephísus*하신(河神)의 아들(= Narcíssus).

Cephísus, i, *m.* **1.** *Phocis*와 *Bœótia* 사이에 있는 강. **2.** *Attĭca*의 강. **3.** *Cephísus*강의 하신(河神). **4.** 〔*adj.*〕 **-phísis,** sĭdis; **-phísĭus,** a, um; *f.* **-phísĭas,** ădis.

cepi, *pf.* [cápio[1]].

cepícĭum[-tĭum], i, *n.* = cæpa.

cepotáphĭum, i, *n.* 정원에 쓴 무덤.

cepúlla = cæpúlla.

cepúrĭcus, a, um, *adj.* 원예(園藝)의.

cēra, æ, *f.* **1. 밀랍**(蜜蠟), 밀초: ~ alba 백랍(白蠟) / ~flava 황랍. **2.** 밀랍 목판(글쓰는 판), 페이지: prima ~, secúnda ~ 제1면, 제2면. **3.** 밀랍 봉인. **4.** 밀랍 인형, (조상들의) 밀랍초상(肖像). **5.** 벌집.

cērăchátes, æ, *m.* 《鑛》 마노(瑪瑙).

cĕrámbus[1], i, *m.* 《動》 사슴벌레.

Cĕrámbus[2], i, *m.* *Deucálion*의 홍수 때 사슴벌레로 변했다는 전설적 목동.

Cĕrămícus, i, *m.* *Athénæ*의 성벽안팎에 있는 두개의 공원묘지(저명 인사들의 초상·석상 및 전사한 용사들의 무덤이 있었음).

cērárĭum, i, *n.* 봉인대(封印代), 봉인요금.

cērárĭus[1], a, um, *adj.* 밀랍의, 밀랍에 관한.

cērárĭus[2], i, *m.* 밀랍 장수.

cerásĭum, i, *n.* 벚나무열매, 버찌.

Cĕrástæ, árum, *m.pl.* [cerástes] *Cyprus*섬에 산다고 전해진 뿔달린 전설상의 인종.

cĕrástes, æ, *m.* **1.** 머리위가 뿔처럼 뾰족한 독사. **2.** 나무에 있는 뿔달린 벌레.

cérăsum, i, *n.* 벚나무 열매, 버찌.

cérăsus[1], i, *f.* 《植》 **1.** 벚나무. **2.** 버찌.

Cérăsus[2], úntis, *f.* *Pontus*에 있는 도시; *Lucúllus*가 이곳으로부터 벚나무를 이태리로 가져갔음.

cĕrătáules, æ, *m.* 나팔부는 사람.

cĕrátĭna, æ, *f.* 궤변.

cĕrátĭnus, a, um, *adj.* **1.** 각질(角質)의, 뿔로 만든. **2.** 궤변의.

cĕrătítis, tĭdis, *f.* 《植》 야생 양귀비.

ceratophyllácĕæ, árum, *f.pl.* 《植》 솔잎말과 식물.

cĕrătŏtómĭa, æ, *f.* 《醫》 각막절개술(角膜切開術).

cērátum, i, *n.* [cera] 고약, 연고; 반창고.

cērātúra, æ, *f.* [cera] 밀랍도료; 밀칠함.

cērátus, a, um, *p.p.,a.p.* [cero] 밀을 바른, 밀로 처리한: ceráta tabélla *(C.)* 심판관들의 투표판. [*adj.*] **-nĭus,** a, um.

Ceráunĭa, órum, *n.pl.* *Epírus*해안의 산맥;

cĕráunĭum[-nus], i, *n.[m.]* 묘정석(猫睛石), 묘안석(猫眼石).

cĕráunĭus, a, um, *adj.* 번개의, 전광(電光)의: ~ gemma 묘안석(猫眼石).

Cérbĕrus, i, *m.* 명부(冥府)의 입구를 지키는 머리 셋 달린 개; [*adj.*] **-rĕus,** a, um.

Cercéji = Circéji.

Cercétĭus, i, *m.* *Thessália*에 있는 *Pindus*산의 남쪽 산맥.

Cércĭna, æ, *f.* *Afrĭca*의 북해안에 있는 섬.

Cercitáni, órum, *m.pl.* *Cércina*섬의 주민.

cercítis, tĭdis, *f.* 올리브의 일종.

cércĭus = círcius.

Cercópes, um, *m.pl.* [cercops] *Tyrrhénium* 해(海)의 *Ischĭa*섬에 사는 전설적 종족, 교활하여 *Júpiter*신을 기만하였으므로 원숭이로 변형되었다고 함.

cercŏpĭthécus, i, *m.* 《動》 긴 꼬리 원숭이.

cercops, ópis, *m.* 《動》 긴 꼬리 원숭이.

cercúrus[-cýrus], i, *m.* **1.** 범선, 상선. **2.** 바다 물고기의 일종.

Cércўo, ónis, *m.* *Eléusis*지방에 있던 노상(路上)강도(*Théseus*한테 살해됨); [*adj.*] **-néus,** a, um.

cerdo, ónis, *m.* 수공업자, 직공, (여러가지) 수선공(修繕工).

céréa, æ, *f.* 스페인 산(產) 맥주.

Cereálĭa[1], ĭum, *n.pl.* [cereális] 4월 10일에 거행되는 *Ceres*여신의 축제.

cereálĭă[2], ĭum, *n. pl.* 곡식.

cereális, e, *adj.* [ceres] 곡식의, 곡류의; 밀(麥)의: arma cereália *(V.)* 밀을 빻아 빵 만드는 기계.

cĕrĕbellŏspinális, e, *adj.* 《解》 소뇌척수(小腦脊髓)의.

cĕrĕbéllum, i, *n. dim.* [cérebrum] **1.** 뇌. **2.** 《解》 소뇌.

cĕrĕbrítis, tĭdis, *f.* 《醫》 뇌염(腦炎).

cĕrĕbrŏspinális, e, *adj.* 《解》 대뇌척수의.

cĕrĕbrósus, a, um, *adj.* [cérebrum] 미친, 광란의; 경솔한, 변덕스러운; 성급한.

cérĕbrum, i, *n.* **1.** 뇌, 골. **2.** 두개. **3.** 머리, 지능, 정신. **4.** 역정, 격노. **5.** 《解》 대뇌.

cērĕmónĭa, æ, *f.* 의식(儀式), 종교예식.

cēréŏlus, a, um, *adj.* [céreus[1]] 밀랍색의.

Cĕres[1], ĕris, *f.* 곡물·곡식·수확의 여신, *Satúrnus*신과 *Ops*여신의 딸, *Júpiter*와 *Pluto*의 누이, *Prosérpina*의 어머니; [*adj.*] **-rĕális[-rĭális],** e.

cĕres[2], ĕris, *f.* **1.** 곡물, 곡식. **2.** 빵, 식량.

cerésĭa, æ, *f.* 벚나무 열매, 버찌.

cérĕus[1], a, um, *adj.* [cera] **1.** 밀랍의. **2.** 밀초 빛의. **3.** 밀초와 같이 나긋나긋한, 휘기 쉬운, 유연한: [*c. inf.*] ~ in vítium flecti *(H.)* 나쁜 습성에 빠지기 쉬운.

cérĕus[2], i, *m.* [cera] 밀초: ~ paschális 부활초.

cerevísĭa, æ, *f.* (= cervísia) 맥주.

cērífico, ávi, átum, áre, *intr.* [cera + fácio] **1.** 밀랍으로 만들다. **2.** 밀초를 만들다.

cērífŏrus, i, *m.* [cera + fero] 촛대.

cerimónĭa = ceremónia.

cérĭna, órum, *n.pl.* 밀초색 옷.

cērínthа[-e], æ[es], *f.* 벌들이 좋아하는 식물(꿀과 밀 성분이 많은 꽃).

cērínthus, i, *m.* 꿀샘의 꿀, 정제하지 않은 꿀.

cérĭnus, a, um, *adj.* 밀초색의, 황색의.

cērĭŏláre, is,[**-rĭum,** i,] *n.* 촛대.

cērĭŏlárĭus, i, *m.* [cerioláre] 밀초 제조자.

cerníсŭlum, i, *n.* 비교, 비유.

cerno, crēvi, crētum[certum], ĕre, *tr.* **1.** 체로 치다; 추리다, 골라 가려내다. **2.** 식별하다, 알아보다, 분간하다, 감별하다; [*pass.*] cerni (in) *alqā re* 무슨 일에서 드러나다, 무엇으로 미루어 알 수 있다. **3.** [*alqd;* de *abl.*] 구별[분별]하다, 판단하다. **4.** 결정하다, 판결하다; 분명히 밝히다: ~ hereditátem 자신이 상속인이라는 것을 밝히다. **5.** 겨루다, 싸우다, 결판내다; 쟁취하다: vitam ~ 사생결단하다 / ~ de victóriā *(En.)* 승리를 겨루다. **6.** 인식하다, 이해하다, 통찰하다.

cernŏs, i, *m.* 신에게 바치는 과실 담는 토기 접시. 「뜨리다, 곤두박질시키다.

cérnŭlo, ávi, átum, áre, *tr.* [cérnuo] 엎드러

cérnŭlus, a, um, *adj.* [cérnuus[1]] **1.** 재주넘는, 엎드러진. **2.** 교묘한, 능란한.

cérnŭo, ávi, átum, áre, *intr., tr.* [cérnuus[1]] 곤두박질하다; 엎드러뜨리다, 넘어뜨리다.

cérnŭor, átus sum, ári, *dep. intr.* 엎드러지다, 엎드리다. 「앞으로 꾸부리는; 재주넘는.

cérnŭus[1], a, um, *adj.* 엎드리는, 부복한;

cérnŭus[2], i, *m.* 구두의 일종.

cēro, ávi, átum, áre, *tr.* [cera] 밀랍을 바르다, 밀랍으로 봉하다. 「잡이.

cērŏfĕrárĭus, i, *m.* [cera+fero] 《가》 촛대

cēróma, ătis, *n.* **1.** 씨름꾼들이 몸에 바르던 밀과 기름으로 된 연고. **2.** 씨름. **3.** 연무장(鍊武場); 경기장, 체육관.

cērōmátĭcus, a, um, *adj.* [ceróma] 기름[고약]바른; 밀칠한.

cērōmătítes, æ, *m.* [ceróma] 경기장 감독.

cĕrónĭa, æ, *f.* 지중해 연안 지방의 상록수.

cērósus, a, um, *adj.* [cera] 밀초가 가득한, 밀초 투성이의. 「연고, 고약; 반창고.

cērōtárĭum[-rótum], i, *n.* (= cerátum)

cérrĕus, a, um, *adj.* [cerrus] 졸참나무의, 참나무의, 떡갈나무의, 상수리나무의.

cerrínus, a, um, *adj.* [cerrus] 졸참나무의, 상수리나무의. 「정신이상의.

cerrítŭlus, a, um, *adj.* 미친, 광란부리는,

cerrítus, a, um, *adj.* 발광하는, 광란하는, 극도로 흥분한, 미친사람 같은.

cerrus, i, *f.* 《植》 졸참나무, 상수리나무.

certābúndus, a, um, *adj.* [certo[2]] 자주 다투는; 토론하는.

certámen, mĭnis, *n.* [certo[2]] **1.** 투쟁, 다툼, 싸움, 대결. **2.** 시합, 경기, 경쟁. **3.** 전투. **4.** 상품(賞品).

certánter[-tátim], *adv.* [certo[2]] 다투어, 경쟁적으로, 지지 않으려고.

certátĭo, ónis, *f.* [certo[2]] **1.** 경쟁, 경기, 경주. **2.** 공개토론, 논쟁. **3.** 싸움, 다툼; 전투. 「로.

certatíve, *adv.* [certatívus] 싸울 목적으

certatívus, a, um, *adj.* [certo[2]] 논쟁의, 토론의. 「쟁의 적수; 경기의 상대자, 라이벌.

certátor, óris, *m.* [certo[2]] 싸우는 사람; 논

certátus[1], a, um, *p.p.* [certo[2]] 무기를 가지고 겨루는, 분쟁의 대상이 된. 「쟁.

certátus[2], us, *m.* [certo[2]] 경쟁, 싸움, 투

certē, *adv.* [certus] **1.** 확실히, 정녕코, 꼭, 반드시, 의심없이. **2.** 〔대답으로〕 확실히, 물론: ~ scio. 내가 아는 바로는 틀림없이 그렇다. **3.** 하여간, 적어도, 그렇다해도: sed ~ *(C.)* 그러나 적어도. 「확증하다.

certífico, áre, *tr.* [certus+fácio] 확인하다,

certim, *adv.* [certus] 확실히, 꼭, 필연코.

cértĭor, ĭus, *adj. comp.* [certus] 더 확실한: *alqm* certiórem fácere de *alqā re[alcjs rei]* 누구에게 무엇을 알려 주다, 통지하다 / cértior fíeri 알다.

certĭóro, ávi, átum, áre, *tr.* [cértior] 〔*alqm*〕 누구에게 알리다, 표시하다, 보고하다, 통지하다.

certĭtúdo, dĭnis, *f.* [certus] 확실성: ~ metaphýsica 형이상학적 확실성(절대 확실) / ~ phýsica 물리적 확실성 / ~ morális 윤리적 확실성.

certō[1], *adv.* [certus] 정녕코, 확실히, 꼭, 사실로, 실제로: ~ scio. 확실히 그렇다, 확실한 사실이다.

certo[2], ávi, átum, áre, *intr., tr.* **1.** 싸우다, 다투다, 투쟁하다; 전투하다. **2.** 〔cum *alqo* (de) *alqā re, inf.*〕 겨루다, 경쟁하다, 경기하다. **3.** (법정에서) 논쟁하다, 토론하다, 투쟁하다: ~ in judício, ~ jure 법정에서, 법적으로 싸우다 / multam ~ *(L.)* 벌금액에 대하여 토론하다.

certus, a, um, *adj. (p.p.)* [cerno] **1.** 단호한, 결정된, 결정한, 결심한: Mihi certum est, *inf.[acc. c. inf.] (Pl., C.)* 나는 …하기로 결정했다 / certa mori *(V.)* 죽기로 결심한 여자 / ~ eúndi *(V.)* 가기로 결정한. **2. 확정된**, 일정한, 정해진; (밝히기를 꺼려서의) 어떤(특정의): certo die *(C.)* 정해진 날에 / ~ términus *(C.)* 한계. **3. 확실한**, 의심의 여지 없는, 명백한; 알려진: *alqd* certum[pro certo] habére *(C.)* 무엇을 확실한 것으로 생각하다 / *alci alqd* certum fácere 누구에게 무엇을 알리다. **4. 틀림없는**, 확실한, 믿음성 있는: ~ amícus *(C.)* 신의 있는 친구. **5.** 확신을 가지는; 알고 있는, 탐지한: Certus sum. *(Rom. 8, 38)* 나는 확신한다 / futurórum certi *(Ov.)* 미래를 아는 / certiórem fácere *alqm alcjs rei [de re; acc.c. inf.] (C.)* 누구에게 무엇을 알리다, 통지하다 / certiórem fácere *alqm, c. subj.* 아무에게 …하도록 지시하다.

cérŭla, æ, *f. dim.* [cera] 밀초 조각, 작은 밀초: ~ miniáta 빨간 크레용, 빨간 연필.

cerúmen, mĭnis, *n.* 귀에지, 귀지.

cerússa, æ, *f.* **1.** 연백(鉛白), 흰 그림 물감. **2.** 분(粉), 백분. 「화장한; 흰 칠한.

cerussátus, a, um, *adj.* [cerússa] 분 바른,

cerva, æ, *f.* [cervus] 암사슴; (일반적으로) 사슴. 「슴의; 사슴모양을 한.

cervárĭus[-ríŏlus], a, um, *adj.* [cervus] 사

cervícal, ális, *n.* [cervix] 베개; 긴 방석.

cervīcális, e, *adj.* [cervix] 목의, 목덜미의.

cervīcátus, a, um, *adj.* [cervix] 완고한, 집요한, 강경한. 「경, 집요, 고집.

cervīcósĭtas, átis, *f.* [cervicósus] 완고, 강

cervīcósus, a, um, *adj.* [cervix] 완고한, 집요한, 고집있는.

cervícŭla, æ, *f. dim.* [cervix] 가냘픈 목.

cervína, æ, *f.* [cervus] 사슴고기.
cervínus, a, um, *adj.* [cervus] 사슴의; 장
cervísca, æ, *f.* 배(梨)의 일종. └수(長壽)의.
cervísĭa, æ, *f.* (=cerevísia) 맥주.
cervix, ícis, *f.* **1.** 목덜미; 목: in cervícibus esse 가까이에 있다, 임박하다. **2.** 어깨: cervícibus suis sustinére *(C.)* 두 어깨로 지탱하다. **3.** 용감, 용맹.
cérvŭla, æ, *f. dim.* [cerva] 작은 암사슴.
cérvŭlus, i, *m. dim.* [cervus] 작은 숫사슴.
cervus, i, *m.* **1.** (숫)사슴. **2.** 가새지른 울타리. **3.** (군사 방어용의)울짱.
cerýcĭum, i, *n.* 작은 막대. 「사(勅使).
cēryx, ýcis, *m.* 군사절(軍使節), 전령사, 칙
cesárĭes, cespes = cæsáries, cæspes.
cessābúndus, a, um, *adj.* [cesso] 주저하는, 갈팡질팡하는, 지체하는.
cessátĭo, ónis, *f.* [cesso] **1.** 늦어짐, 늦춤, 지연, 지체. **2.** 중지, 정지, 멈춤, 그침, 그만둠; 소멸. **3.** 휴식, 쉼. 「사람.
cessátor, óris, *m.* [cesso] 그만 두는[그치는]
cessátrix, ícis, *f.* 그만 두는 여자.
cessi, *pf.* [cedo[2]]. 「에 관한, 양도된.
cessícĭus, a, um, *adj.* [cessus] 양도의, 양도
cessim, *adv.* [cesso] 물러 가면서, 뒷걸음질하면서; 양보하면서.
céssĭo, ónis, *f.* [cedo[2]] **1.** 양보, 후퇴, 포기. **2.** 《法》 양도, 인도(引渡); 만기(滿期): ~ actiónis 소권양도(訴權讓渡) / ~ bonórum (채권자에게의) 재산 인도, 파산.
cesso, ávi, átum, áre, *intr.* 〔*absol.*; *abl.*, ab, in *abl.*; *inf.*〕 **1. 그치다, 그만두다,** 멈추다, 쉬다; 중단하다, **중지하다:** Quid cessas? 왜 그만 두니? / ~ ab ópere *(L.)*, in ópere ~ *(C.)* 일을 쉬다, 그만 두다 / ~ ire 가다가 말다 / Cessánte causā, cessat et efféctus. 원인이 정지되면 결과도 정지된다. **2.** 꾸물거리다, 늑장[게으름]부리다, (하다가)미루다; 〔*inf.*〕 빠치다. **3.** 한가로이 지내다, 놀다, 아무 것도 하지 않다. **4.** (할 수 있으면서도 하지 않아서) 잘못을 저지르다. **5.** 공한(空閑) [유휴] 상태에 있다: Cessat terra.*(Ov.)* 이 땅은 놀고 있다. **6.** (법적) **효력을 잃다,** 정지되다. **7.** ~ *alci rei* (다른 것을 하려고) 무엇을 그만 두다. **8.** 〔*tr.*〕 ~ tempus 허송세월하다.
cessus, a, um, *p.p.* [cedo[2]].
cestĭcíllus, i, *m. dim.* [cestus[2]] 또아리.
cestída, órum, *n.pl.* 《動》 (띠해파리 따위) 대수모류(帶水母類).
Céstĭus, i, *m.* *Roma*인의 씨족명.
cestóda, órum, *n.pl.* 《動》 촌충류, 조충류 (條虫類). ㅣ류(多節類).
cestoídĕa merozóa, órum, *n.pl.* 《動》 다절
cestoídĕa monozóa, órum, *n.pl.* 《動》 단절류(單節類).
cestrŏs, i, *m.* 철필; (금속조각용의)끌; 금속 절단기; 치과용 송곳[드릴]. 「투석기.
cestrosphéndŏne, es, *f.* 투창기(投槍機),
cestus[1], us, *m.* = cæstus.
cestus[2], i, *m.* 띠, 혁대, 벨트.
cetácĕa, órum, *n.pl.* 《動》 고래류(고래·돌
cetárĭa, æ, *f.* = cetárium. └고래 따위).
Cetaríni, órum, *m.pl.* *Sicília*섬의 *Cetária* 마을 주민. 「장.
cetárĭum, i, *n.* [cetus] 큰 바닷고기 양어
cetárĭus[1], a, um, *adj.* [cetus] 큰 바닷고기의; 고래의. 「물 장수.
cetárĭus[2], i, *m.* [cetus] 바닷 생선 장수, 어
cētē, *n.pl.* [cetus] 바다의 큰 괴물들(고래·돌고래 따위).
cétĕra, *adv. n.pl. acc.* [céterum] 기타, 그 외에는, 나머지, 등등: Excépto, quod non simul esses, cétera lætus.*(H.)* 네가 함께 있지 않았다는 것만 빼놓고 그 외에는 즐거웠다. 「밖에: de cétero 그 외에.
cétĕro, *adv.* [céterus] 나머지, 그 외에, 그
ceteróquĭ(n), *adv.* [céterus+qui] **1.** 그 밖에는, 다른 점에 있어서는. **2.** 또한, 그 위에, 더욱, 그뿐 아니라.
cétĕrum, *n. adv.* [céterus] **1.** 그 밖의 점에 있어서, 그 외에는. **2.** 그리고는, 그뿐 아니라, 그리고 또. **3.** 그렇지 않다면.
cétĕrus, a, um, *adj.* 〔단수로는 드물게만 쓰이며 *m.sg.nom.*, *voc.*는 쓰지 않음〕 **그 밖의,** 기타의, **나머지,** 다른: cétera ómnia 그 밖의 모든 것 / et cétera 등등, 운운 / de cétero 그 밖의 점에 있어서는 / in céterum 나머지에 관해서는 / céterum 남은 것 / 〔*m.pl.*〕 céteri 다른 사람들 / ad cétera 다른 모든 견지에 있어서.
Cethégus, i, *m.* 고대 *Roma*의 *Cornélia*씨족의 가문명; 특히 *C. Cornélius Cethégus* (*Catilína*의 공모자, *Cícero*의 명으로 체포되어 교살됨).
cetínus, a, um, *adj.* 고래의.
cetósus, a, um, *adj.* 고래의.
cētra, æ, *f.* 작은 가죽 방패.
cetrátus, a, um, *adj.* 작은 방패로 무장한; *m.pl.* 방패로 무장한 군대.
cētus[-os], i, *m.*〔*pl.*: cete, *n.*〕 《動》 고래; 바다괴물; 큰 바다고기. 「mus 연기처럼.
ceu[1], *adv.* …와 같이, 마찬가지로: ceu fu-
ceu[2], *conj.* 〔*c. subj.*〕 마치…와 같이, 마치 …처럼; …인 듯이: Ceu cétera nusquam bella forent,*(V.)* 마치 다른 곳에서는 전쟁이 없는 것처럼.
Cēus, a, um, *adj.* *Ceos*섬의; 특히 희랍의 유명한 서정시인 *Simónides*의 형용어로 쓰임.
Ceutrónes, um, *m.pl.* **1.** *Gállia Bélgica*의 한 종족. **2.** *Gállia Província*의 한 종족.
ceva, æ, *f.* 작은 종류의 암소[젖소].
Cevénna = Cebénna.

cévĕo, ére, *intr.* **1.** (수캐가) 엉덩이를 흔들다. **2.** (개처럼) 아첨하다.
Cēÿx, ýcis, *m.* *Alcýone*의 남편.
Chábrĭas, æ, *m.* *Athénæ*의 명장(名將).
chærephýllum, i, *n.* 《植》 전호(前胡)속 식물(잎은 향료·샐러드에 쓰임).
Chæronéa[-ía], æ, *f.* *Bœótia*의 도시(이곳에서 *Macedónia*의 *Philíppus*왕이 *Athénæ* 군을 무찔렀음 338 A.C.); *Plutárchus*의 출생지. 「따위) 모악동물(毛顎動物).
chætognátha, órum, *n.pl.* 《動》 (화살벌레
chætópŏda, órum, *n.pl.* 《動》 (지렁이 따위) 모족류(毛足類). 「기 위한.
chalástĭcus, a, um, *adj.* 완화하는, 완화하
chalatórĭus, a, um, *adj.* 완화하는, 늦추어 주는.
chalcánthum[-on], i, *n.* 《鑛》 담반(膽礬).
chalcáspis, pĭdis, *m.* 청동방패를 가진 병사.
Chalcédon, ŏnis, *f.* *Bithýnia*의 도시, *Byzántium* 맞은 편에 있었음; 〔*adj.*〕 **-dónĭ-**
chalcéos, i, *f.* 엉겅퀴의 일종. ⌊**us,** a, um.
chálcĕus, a, um, *adj.* 동(銅)의, 구리로 만든.
Chalciœ́cus, i, *f.* (*m.*) **1.** *Sparta*의 *Athénæ* 여신의 (구리로 만든) 신전. **2.** (*Roma* 인들의) *Minérva* 여신의 신전.
Chalcis[1], ĭdis, *f.* *Eubœ́a*섬의 주요 도시; 〔*adj.*〕 **-cĭdénsis,** e; **-cídĭcus,** a, um.
chalcis[2], ĭdis, *f.* **1.** 청어. **2.** 독사의 일종.
chalcítis, tĭdis, *f.* 동광(銅鑛).
chalcus, i, *m.* 희랍의 소액동전; (중량으로서는) 60의1 *drachma.*
Chaldǽa, æ, *f.* *Babylónia*에서 *Arábia*사막에 이르는 지방 이름; 〔*adj.*〕 **-dǽus,** a, um; **-dáĭcus,** a, um.
Chaldǽi, órum, *m.pl.* **1.** *Chaldǽa* 주민 (천문학에 뛰어남). **2.** 천문학자, 점성학자.
chălo, ávi, átum, áre, *tr.* 공중에 매달다.
chălўbéĭus, a, um, *adj.* [chalybs] 강철의.
Chálўbes, um, *m.pl.* *Pontus*의 민족 (강철로 유명했음).
chălybs[1], ўbis, *m.* **1.** 강철. **2.** 칼, 검.
Chălybs[2], ўbis, *m.* *Celtibéria*의 강.
chăma, ătis, *n.* 《動》 삵괭이.
chamæácte, es, *f.* 《植》 넓은 잎 딱총나무.
chamædáphne, es, *f.* 《植》 난장이 월계수(月桂樹); ~ calyculáta 진퍼리꽃나무.
chamǽdrăcon, óntis, *m.* 《動》 *Afrĭca*산의 뱀. 「종.
chamǽdrys, ўos, *f.* 《植》 떡갈나무의 일
chamǽlĕon, ónis[óntis], *m.* 《動》 카멜레온, 변색 도마뱀. 「류(類).
chamæleóntes, ĭum, *m.pl.* 《動》 카멜레온
chamǽleuce, es, *f.* 《植》 개미취.
chamǽlўgos, i, *f.* 《植》 마편초(馬鞭草)과 식물의 일종. 「카밀레.
chamæmélon[-um], i, *n.* 《植》 화란 국화,
chamæplátănus, i, *f.* 《植》 난장이 플라타너스. 「나무.
chamǽrĕpes, um, *f. pl.* 《植》 난장이 종려
chamǽrops, ópis, *f.* 《植》 개곽향.
Chamávi, órum, *m.pl.* *Germánia*의 한 종족. 「잠.
chaméunĭa, æ, *f.* 땅에 누움; 땅바닥에서
chamúlcus, i, *m.* 대형 운송차.
Chánăan, *indecl.* (*Abrăham*이 하느님으로부터 자손들에게 약속받은) 요르단강 서쪽의 성서 지방명. 「**2.** *m.pl.* 그곳 주민.
Chananǽus, a, um, *adj.* **1.** *Chánaan*의.
Chāōn, ónis, *m.* *Príamus*의 아들.
Cháŏnes, um, *m.pl.* 서북 *Epírus* (*Chaónia*)의 한 종족.
Chāónĭa, æ, *f.* **1.** 서북 *Epírus*의 지방. **2.** *Sýria*의 도시. **3.** 〔*adj.*〕**-ŏnis,** ĭdis.
Chaónĭus, a, um, *adj.* *Chaónia*의, *Epírus*의, *Dodóna*의; *Chaónia* 사람의.
chăŏs, (*abl.* chao), *n.* **1.** 천지창조 이전의 **혼돈세계**, 무한하고 공허한 암흑 공간 (cosmos의 반대). **2.** 암흑의 공간. **3.** **혼돈상태**, 대혼란, 무질서. **4.** 나락, 지하세계. **5.** *Chaos*신, 원시 혼돈의 신.
chara, æ, *f.* 《植》 야생 양배추.
chărăcátus, a, um, *adj.* 섶으로 버틴.
charácĕæ, árum, *f.pl.* 《植》 윤조류(輪藻類).
charácĭas, æ, *m.* 〔*acc.* -an〕 **1.** (포도나무 등을 버티는) 갈대. **2.** 대극과(大戟科) 식물의 일종.
chărácter, éris, *m.* **1.** (소유를 표시하기 위해 동물 따위에 찍는) **낙인**, 도장. **2.** 기호, **인호**: ~ sacramentális (성세·견진·신품) 성사의 인호. **3.** **글자**, 활자. **4.** **특성**, 특질, 특색; **성격**; 문체, 화풍, 양식: ~ gentis 민족성.
chăractērísmus, i, *m.* 풍속화. 「격묘사.
chăractērístĭca, æ, *f.* 특성; 특성서술, 성
chăractērístĭcus, a, um, *adj.* 특색[특성] 있는, 특유한.
chăractērŏlogía, æ, *f.* 성격학(性格學).
chărădrifórmes, ĭum, *m.f.pl.* 《動》 물떼새
chărádrĭus, i, *m.* 《動》 물떼새. ⌊류.
Chărax, ăcis, *f.* *Thessália*의 *Tempe*계곡에 있는 요새(지금의 *Carisso*). 「찍다.
charáxo, ávi, átum, áre, *tr.* 새기다, 파다,
Chărēs, étis, *m.* *Demósthenes*시대의 *Athénæ* 장군(c. 350 A.C.). 「*rites*).
Chăris, ĭtis, *f.* *Grátia*(미의 여신, *V. Chá-*
charísma, ătis, *n.* **1.** **하느님의 은사**(恩賜), 특별한 은혜, **특능**(特能: 하느님한테 받은 특별한 재능·능력). **2.** (대중에게 영향력과 권위를 발휘하는) 비범한 정신력·능력; 은사로 받은 덕성.
charístĭa, órum, *n.pl.* *Roma*의 가족연회(매

년 2월 20일날 개최했음), 일가친척의 화합연회.
chárĭtas, átis, *f.* = cáritas.
Chárĭtes, um, *f.pl.* 미의 3여신(*cf.* Grátiæ).
Charmádas, æ, *m.* *Athénæ*의 *Academía*파의 철학자 (c. 110 A.C.).
Chármĭdes, is, *m.* *Plautus*의 희극 *Trinúmmus*에 나오는 인물.
chármĭdo, áre, *tr.* *Chármides*처럼 우습게 만들다.
Chărōn[1], ónis, *m.* *Pelópidas*시대의 *Thebæ*시의 귀족.
Chărōn[2], óntis, *m.* 지하세계로 가는 *Styx*강의 나룻배 사공; 〔*adj.*〕 **-ōnéus,** a, um, *Charon*의, 지하세계의.
Charóndas, æ, *m.* *Sicília*와 *Itália*의 많은 도시의 입법자 (c. 650 A.C.).
charóphy̆ta, órum, *n.pl.* 《植》 윤조류(輪藻類).
charta, æ, *f.* **1.** *Papýrus* 종이; 종이: ~ exploratória cærúlea 청색 리트머스 시험지 / ~ exploratória rubra 적색 리트머스 시험지. **2.** 서적, 책: chartæ Socráticæ *(H.)* *Sócrates*의 서적. **3.** 편지, 문서, 서류: Magna Charta (영국의) 대헌장. **4.** 얇은 판(板): ~ plúmbĕa *(Suet.)* 얇은 연판.
chartácĕus, a, um, *adj.* [charta] 종이의, 종이로 만든.
chartárĭus, a, um, *adj.* [charta] **1.** 종이의, 종이에 관한: cálamus ~ 붓. **2.** *m.* 제지업자; 종이장수. **3.** *n.* 문서 보관소.
chártĕus, a, um, *adj.* [charta] 종이의.
chartĭátĭcum, i, *n.* [charta] 종이의 비용, 사무실 비용.
chartophylácĭum, i, *n.* 기록, 고문서.
chartóphy̆lax, ăcis, *m.* 기록보관자,기록계.
chartopóla, æ, *m.* 종이장수, 지물상인.
chartoprátes, æ, *m.* = chartopóla.
chártŭla, æ, *f.* *dim.* [charta] 종이 쪽지, 비망록; 작은 공문서; 엽서.
chártŭlæ, árum, *f.pl.* 순교자의 행적기록서.
chartŭlárĭum, i, *n.* **1.** 기록. **2.** 사료(史料), 연대사.
chartŭlárĭus, i, *m.* **1.** 조정의 기록 보관인. **2.** 재판소의 기록(보관)계.
Chăry̆bdis, is, *f.* **1.** *Itália*와 *Sicília*사이에 있는 위험한 맴돌이 조수(潮水, 그 속에서 두 괴물이 지나가는 뱃군들을 잡아 먹었다 함). **2.** 깊은 구렁텅이, 사람 잡아먹는 괴물. **3.** 창녀.
chasma, ătis, *n.* **1.** (땅·바위가) 넓고 깊게 갈라진 곳, 깊은 구렁. **2.** 유성(流星).
chasmátĭas, æ, *m.* 함몰 지진.
Chasuárĭi, órum, *m.pl.* 북부 *Germánia*의 한 종족.
Chatti, órum, *m.pl.* *Germánia*의 한 종족으로 *Hesse, Thuríngia*에 있었음.
Chauci, órum, *m.pl.* *Germánia*의 한 종족, *Albis (Elbe)*강 부근에 있었음.
chavóna, æ, *f.* 과자의 일종.
chelæ, árum, *f.pl.* **1.** 전갈의 집게 발. **2.** 《天》 천칭궁(天秤宮).
chēlē, es, *f.* (게·가재 따위의) 집게발.
chĕlídon, ŏnis, *f.* 《動》 제비(燕).
chĕlīdónĭa, æ, *f.* **1.** 제비. **2.** 애기똥풀.
chĕlīdŏníăcus, a, um, *adj.* 제비꼬리 모양의.
Chĕlīdóniæ Insulæ, árum, *f.pl.* *Lýcia* 해안의 군도(群島).
chĕlīdónĭas, æ, *m.* 서풍(西風).
chĕlīdónĭum, i, *n.* 《植》 애기똥풀.
chĕlīdónĭus, a, um, *adj.* [chelídon] 제비의.
chelónĭa[1], æ, *f.* 보석의 일종(거북의 눈같은).
chelónĭa[2], órum, *n.pl.* 《動》 (바다 거북 등) 귀별류.
cheloniídĕa, órum, *n.pl.* 《動》 바다 거북류.
chelónĭum, i, *n.* **1.** 베개. **2.** 《植》 시클라멘.
chély̆drus, i, *m.* 수륙양서의 독사 (물뱀의 일종).
chély̆on, y̆i, *n.* 거북등껍데기, 귀갑(龜甲).
chĕlys, (*acc.* yn, *abl.* y), *f.* **1.** 거북. **2.** 귀갑에 현을 메운 거문고.
chemosýnthĕsis, is, *f.* 《植》 (식물의)화학합성.
chemotáxis, is, *f.* 《生》 (생물의) 주화성(走化性).
chénĕros, ótis, *f.* 《動》 작은 종류의 거위.
chēnŏbóscĭon, i, *n.* 거위 우리; 오리·거위 따위의 양육장.
chēnŏpodiácĕæ, árum, *f.pl.* 《植》 명아주과 식물.
chēnŏpódĭum, i, *n.* 《植》 명아주.
cherágra = chirágra.
chernítes, æ, *m.* 대리석의 일종.
Cherrŏnésus, i, *f.* = Chersonésus.
Chersŏnésus, i, *f.* (반도라는 뜻) **1.** ~ Thrácia, *Hellespóntus*의 서쪽 접경을 이룬 *Thrácia* 반도. **2.** ~ Táurica, *Crímea*반도.
chersŏs, i, *f.* 육지 거북.
chérsy̆drus, i, *m.* 수륙양서의 뱀.
chĕrub = chérubim [-bin], *indecl.* *m.* *sg.*, *pl.* **1.** 케루빔, 지천사(智天使). **2.** (미술에서) 케루빔의 그림(날개있는 귀여운 아이의 모습).
Cherúsci, órum, *m.pl.* *Germánia*의 용감한 종족.
Chīa, æ, *f.* *Chios*섬의 여자.
chiásma, ătis, *n.* 《醫》 교차(交叉); 염색체의 교차점: ~ ópticum 시신경 교차.
chiásmus, i, *m.* X형의 기호; 교차 배열법(동일한 문장 속에서 같은 관계에 있는 절의 어귀 순서를 바꾸는 수사법).
Chii, órum, *m.pl.* *Chios* 섬 주민.
chīlĭárchus[-es], i[æ], *m.* **1.** 천인대장(千人隊長). **2.** (고대 *Pérsia*의) 총리대신, 수상.
chīlĭásmus, i, *m.* 《神》 천복년설(千福年說), 천년왕국설.
chīlĭástæ, árum, *m.pl.* 천년 왕국설 신봉자.
chīlo, ónis, *m.* 입술 큰 사람.
Chīlo(n), ónis, *m.* *Sparta*사람, 희랍의 7현(七賢)중 한 사람.

chīlópŏda, órum, *n.pl.* 《動》 지네류.
Chimǽra[1], æ, *f.* **1.** 머리는 사자, 몸통은 염소, 꼬리는 용 모양을 하고, 입에서 불을 내뿜는 괴물. **2.** 기괴한 환상.
chimǽra[2], æ, *f.* 《動》 은(銀)상어.
chimǽrĭfer, fĕra, fĕrum, *adj.* [Chimǽra+fero] **1.** *Chimǽra*를 낳은(*Lýcia*의 형용어). **2.** 기괴한 환상을 지닌.
chiméra, æ, *f.* 《植》 키메라(종류가 다른 두개 또는 두개 이상의 식물을 접목하였을 때에 그 자라난 식물체가 양쪽의 성질을 나타내는 현상).
chimérĭnus, a, um, *adj.* 겨울의.
chímĭa, æ, *f.* 화학(化學).
chinínum, i, *n.* 《藥》 금계랍, 키니네: ~ hydrochlóricum 염산 키니네.
Chióne, es, *f.* **1.** *Dædálion*의 딸. **2.** *Eumólpus*의 어머니.
Chĭŏs[-us], i, *f.* *Ægǽum* 바다의 섬(포도주로 유명함, 지금의 *Scio*); 〔*adj.*〕 **Chīus,**
chirágra, æ, *f.* 《醫》 손의 관절염. ⌊a, um.
chīrágrĭcus, a, um, *adj.* [chíragra] 손의 관절염에 걸린. 「인력거.
chīrămáxĭum, i, *n.* 1인승 작은 손수레,
chīridótus, a, um, *adj.* 소매가 달린.
chīrocméta, órum, *n.pl.* 손으로 만든 물건, 수공품. 「phum] 친필의, 자필 증서의.
chīrogrăphárĭus, a, um, *adj.* [chirógra-
chīrógrăphum, i, *n.* **1.** 필기, 자필, 친필. **2.** 자필문서, 서류. **3.** 채무증서; 채권. 「술(手相術).
chīrománcĭa[-tĭa], æ, *f.* 손금보기, 수상
Chīro(n), ónis, *m.* *Centáuri* 의 한 사람으로 식물학·의술·점술에 출중했음(의술의 신 *Æsculápĭus,* 영웅 *Hércŭles, Achílles* 등이 그의 가르침을 받았음; 죽은 후 성좌 속으로 옮겨 졌다 함). 「놀리는] 법.
chīrŏnómĭa, æ, *f.* 율동적으로 손짓하는[손
chīrónŏmon, úntis[óntis], *m.* 무언극 배우.
chīrónŏmos, i, *m.f.* = chirónomon. 「類).
chīróptĕra, órum, *n.pl.* 《動》 익수류(翼手
chīrothéca, æ, *f.* 《가》 (예식복장의 일부로서의) 주교장갑.
chīrúrgĭa, æ, *f.* 외과의술(外科醫術).
chīrúrgĭcus, a, um, *adj.* [chirúrgia] 외과의, 외과에 관한: operátio chirúrgica 외과수술. 「과 의학서.
chīrurgúmĕna, órum, *n.pl.* 외과수술; 외
chīrúrgus, i, *m.* 외과의사. 「주.
Chīum, i, *n.* (*sc.* vinum) *Chius*산(産) 포도
chlămўdátus, a, um, *adj.* [chlamys] 짧은 외투 입은; 군복 입은.
chlămўs, ўdis, *f.* 희랍식 군복; 짧은 외투.
chlóăsma, ătis, *n.* 《醫》 주근깨, 갈색 반점, 간반(肝斑).
chlorámĭnum, i, *n.* 《化》 클로라민.
chloranthácĕæ, árum, *f.pl.* 《植》 홀아비꽃 대과(科).
chlōreus, i, *m.* 《動》 청색 딱따구리.
Chlōrĭs, ĭdis, *f.* **1.** *Flora*(꽃의 여신). **2.** 여자 이름. **3.** *Ibўcus*의 아내.
chlōrítis, tĭdis, *f.* 녹니석(綠泥石); 초록색
chlórĭum, i, *n.* 《化》 염소(鹽素). ⌊보석.
chlōrofórmĭum, i, *n.* 클로로포름. 「藻類).
chlōrophýcĕæ, árum, *f.pl.* 《植》 녹조류(綠
chlorósis, is, *f.* **1.** 《醫》 위황병(萎黃病). **2.** 《植》 백화(白化)현상.
choánæ, árum, *f.pl.* 《解》 후비구(後鼻口).
Choáspes[-is], is, *m.* **1.** *Susiána*의 강. **2.** *India* 서북부에 있는 강. 「되(升) = 약 1 *l.*
chœnix, ĭcis, *f.* *Athénæ*인들이 사용하던
chœras, ădis, *f.* 《醫》 갑상선종(甲狀線腫).
Chœrĭlus, i, *m.* *Alexánder*대왕을 수행하던 엉터리 희랍 시인. 「의, 담의.
choledóchus, a, um, *adj.* 《醫》 수담(輸膽)
cholelithíăsis, is, *f.* 《醫》 담석증(膽石症).
choleplánĭa, æ, *f.* 《醫》 황달(黃疸).
chólĕra, æ, *f.* **1.** 호열자, 콜레라. **2.** 분노: addúcere *alqm* ad chóleram 누구를 화나게 하다.
cholérĭcus, a, um, *adj.* [chólera] **1.** 콜레라의, 호열자의; *m.* 콜레라 환자. **2.** 담즙질(膽汁質)의.
chōlĭámbus, i, *m.* 《詩》 파행단장격(跛行短長格: 단장격의 마지막 운각이 장장격으로 된 것).
chondróma, ătis, *n.* 《醫》 연골종(軟骨腫).
chondróstĕi, órum, *m.pl.* 《動》 연골성 경린류(軟骨性硬鱗類).
chōra, æ, *f.* 지역, 지방.
chŏrágĭum, i, *n.* [chorus[1]+ago] **1.** 합창무대; 무대장치; 합창대. **2.** 장치.
chŏrágus, i, *m.*[chorus[1]+ago] **1.** 흥행업주. **2.** (*Athénæ*에서 *Dionýsus*축제의 무대 배우 및 합창단을 사비로 유지한)합창단장. **3.** 합창지휘자, 가무지휘자. 「의.
chŏrális, e, *adj.* [chorus[1]] 합창대의, 합창
Chorásmi(i), órum, *m.pl.* *Sogdiána*의 한 종족. 「(여자).
chŏráule, es, *f.* 합창 반주의 플루트 주자
choráules, æ, *m.* [choráule] 합창 반주의 플루트 주자.
chorda, æ, *f.* **1.** 짐승의 심줄, 건(腱), 창자. **2.** (악기의) 현·줄; 현악기. **3.** (기하학적) 현(弦). **4.** 끈, 밧줄. **5.** 《解》 색(索): ~ dorsális 배색(背索). 「자.
chordācísta, æ, *m.* [chorda] 현악기 연주
chordáta, órum, *n.pl.* 《動》 척색동물(脊索動物). 「작은 줄.
chórdŭla, æ, *f.* *dim.* [chorda] 작은 심줄;
chordus, a, um, *adj.* 늦게 심은, 철늦은, 철지난, 늦게 익는.
chŏréa, æ, *f.* **1.** 춤, 무용, 윤무. **2.** 무도병(舞蹈病). **3.** 별들의 운행.

chorepíscŏpus, i, *m.* (벽지의) 주교대리.
chŏréus[-íus], i, *m.* 《詩》 **1.** (= trochǽus) 장단격(長短格: — ⌣). **2.** 삼단격(三短格: ⌣⌣⌣). 「短長格: —⌣⌣—).
chŏrĭámbus, i, *m.* 《詩》 장단단장격(長短
chórĭcus, a, um, *adj.* [chorus¹] 가무단의, 무용단의, 합창대의. 「絡膜).
chorioídĕa, æ, *f.* 《解》 (눈알의) 맥락막(脈
chorioídĕus, a, um, *adj.* [plexus] 《解》 (태아의) 장막(漿膜)모양의; 맥락막의.
chorísta, æ, *m.* 합창대원, 합창가수.
chorízo, áre, *intr.* [chorus¹] 춤추다.
chōróbătes, æ, *m.* 수준기(水準器).
chōrográphĭa, æ, *f.* 지방 지지학(地誌學);
chors, rtis, *f.* = cohors. ⌊어떤 지방의 지세.
chŏrus¹, i, *m.* **1.** 윤무(輪舞), 무도; 가무(歌舞), 합창. **2.** 별들의 윤무. **3.** 노래하며 춤추는 무리; 가무단, 합창단. **4.** 《가》 (성당의) 성가대 좌석; 성직자 좌석, 내진(內陣)좌석. **5.** 무리, 떼; 단체 경기자.
chorus², i, *m.* = caurus.
Chrĕmēs, étis[-mis], *m.* *Teréntius*의 희극 *Andrĭa, Phórmĭo*등에 나오는 인색한 노인
chrestŏn, i, *n.* 《植》 꽃상치. ⌊이름.
Chrestus, i, *m.* = Christus².
chrisma, ătis, *n.* **1.** 기름 바름, 도유(塗油). **2.** 《가》 크리스마 성유(聖油).
chrismále, is, *n.* [chrisma] 《가》 **1.** 영세자의 성세 백포(白布). **2.** 제단 성체포(聖體布). 「(聖油)의.
chrismális, e, *adj.* [chrisma] 크리스마 성유
chrismárĭus, i, *m.* [chrisma] 성유(聖油)를 들고 있는 사제. 「르다.
chrismo, áre, *tr.* [chrisma] 성유(聖油)를 바
christĭáne, *adv.* [christiánus] 그리스도 신자답게, 그리스도교적으로.
christĭānísmus, i, *m.* 그리스도교.
christĭánĭtas, átis, *f.* **1.** 그리스도교, 그리스도교적 신앙·정신·사상·성격: esse perfectíssimæ christianitátis 그리스도교의 최고의 덕을 지니다. **2.** 〔집합명사로서〕 그리스도교도. **3.** 그리스도 국가.
christĭānízo, áre, **1.** *intr.* 그리스도교를 신봉하다, 그리스도교도가 되다. **2.** *tr.* 그리스도교 신자로 만들다, 그리스도교화하다.
christĭánus, a, um, *adj.* [Christus] 그리스도의; 그리스도교의, 그리스도교에 관한; *m.,f.* 그리스도교 신자, 크리스챤.
chrístĭas, ădis, *f.* 그리스도교도[신자].
christícŏla, æ, *m.* [Christus+colo²] 그리스도 신봉자. 「한, 그리스도 족속의.
christígĕnus, a, um, *adj.* 그리스도에게 속
Christípăra, æ, *f.* [Christus+pário] (그리스도의 어머니) 성모마리아.
christŏlŏgía, æ, *f.* 《神》 그리스도론(論).
christus¹, a, um, *adj.* 기름 바른[발린], 성유를 바른.
Christus², i, *m.* (예수) 그리스도.
chrōma, ătis, *n.* **1.** 검게 된 피부색. **2.** (빛깔의)농도, 색도(色度); (조명의)채도(彩度). **3.** 음색(音色), 반음계.
chromátĭce, es, *f.* 색채학; 반음학(半音學); 반음계.
chromátĭcus, a, um, *adj.* [chroma] 색채의, 색채학의; 반음의, 반음계적인.
chrŏmis¹, is, *m.* 《動》 달강어(바닷고기).
Chrŏmis², is, *m.* *Hércules*의 아들.
chromonéma, ătis, *n.* 《生》 염색사(糸).
chrónĭca, órum, *n.pl.* [chrónicus] 연대사, 편년사(編年史). 「대기.
chrónĭcon, i, *n.* 연대기: ~ mundi 세계 연
chrónĭcus, a, um, *adj.* **1.** 연대순의, 연대에 관한: libri chrónici 연대기, 연대사. **2.** 장기적(長期的), 만성의: ~ morbus 만성병.
chronísta, æ, *m.* 《가》 (성주간의)그리스도 수난기 낭독자. 「병(持病)의.
chrónĭus, a, um, *adj.* 만성의, 고질의, 지
chronográphĭa, æ, *f.* 연대사.
chrŏnógrăphus, i, *m.* 연대사가, 편년사가, 연대기 작가.
chrŏnŏlogía, æ, *f.* 연대기, 연표(年表); 연대학: ~ bíblica 성서 연대학.
chrŏnŏlógĭcus, a, um, *adj.* 연대순의; 연대사의, 연대(학)적. 「학자.
chrŏnŏlogísta, æ, *m.* 연대기 학자, 연표
chrȳsállis, ĭdis, *f.* 번데기.
chrȳsánthĕmum, i, [**-thes,** is,] *n.* 《植》 국화(菊花), 국화꽃.
chrȳsaróbĭnum, i, *n.* 《化》 고아 가루에서 얻는 노란 수정체(각종 피부병 치료용) = araróba depuráta.
Chrȳsās, æ, *m.* *Sicília*의 강.
Chrȳsē, es, *f.* *Troas*의 도시.
chrýsĕa, órum, *n.pl.* 황금으로 만든 물건.
Chryséis, ĭdis, *f.* *Chryses*의 딸.
chrȳsēléctrum, i, *n.* 호박(琥珀).
chrȳséndĕta, órum, *n.pl.* 황금무늬를 넣은 그릇, 황금테로 장식한 그릇.
chrȳséndĕtus, a, um, *adj.* 황금으로[황금무늬로] 장식한.
Chrȳsēs, æ, *m.* *Apóllo* 신의 신관.
chrýsĕus, a, um, *adj.* 황금빛의.
Chrysíppus, i, *m.* 스토아파의 철학자(c. 230 A.C.); 〔*adj.*〕 **-péus,** a, um.
Chrȳsis, ĭdis, *f.* 여자 이름.
Chrȳsŏbērúllus[-bērýllus], i, *m.* 보석의 일종, 금록옥(金綠玉). 「붕사(硼砂).
chrȳsŏcólla, æ, *f.* **1.** 인조금(人造金). **2.**
chrȳsócŏme, es, *f.* 《植》 백리향(百里香).
chrysŏlachanum, i, *n.* 《植》 갯는쟁이.
chrȳsŏlámpis, ĭdis, *f.* 《鑛》 야광주(夜光珠).
chrȳsólĭthus[-os], i, *m.f.* 귀감람석(貴橄欖石); 황옥(黃玉). 「편모충류(有色鞭毛蟲類).
chrȳsŏmonadídĕa, órum, *n.pl.* 《動》 유색

chrȳsŏphrys, ўos, *f.* 〔*acc.* -yn〕《動》 도미.
chrȳsóprăsus, i, *m.* 녹옥수(綠玉髓).
chrȳsos, i, *m.* 황금.
chȳlus, i, *m.* 《生理》 유미(乳糜).
chȳmĭátus, a, um, *adj.* 액체의, 유동체의.
chȳmus, i, *m.* 《生理》 유미즙(乳糜汁).
chȳtrŏpus, ŏdis, *m.* 화로.
Chȳtrŏs, i, *f.* *Cyprus*섬의 도시.
Cīa, æ, *f.* = Cea.
Ciáni, órum, *m. pl.* *Cios* 주민. 「도(食道).
cĭbális, e, *adj.* [cibus] 음식의: ~ fístula 식
cĭbárĭa, órum, *n.pl.* [cibárius] **1.** 식료품, 식량. **2.** 군량(軍糧); (가축·노예의)양식. **3.** (가축의)사료.
cĭbárĭum, i, *n.* [cibus] 식량.
cĭbárĭus, a, um, *adj.* [cibus] **1.** 음식의; 양식(糧食)의; 식용의: uva cibária (술 만들지 않고) 먹기만 하는 포도. **2.** 값싼, 서민의, 보통의.
cĭbátĭo, ónis, *f.* [cibus] **1.** 영양[음식]공급, 영양섭취. **2.** 음식물. 「취.
cĭbátus, us, *m.* [cibo] 음식물; 음식공급·섭
cĭbílla, æ, *f.* 밥상, 식탁.
cĭbo, ávi, átum, áre, *tr.* [cibus] 먹이다, 사육하다; 〔*pass.*〕 음식을 먹다. 「하다.
cĭbor, ári, *dep. intr.* [cibus] 먹다, 영양섭취
cĭbórĭa, æ, *f.* **1.** 이집트콩. **2.** 큰 잔; 뱃사람들의 휴대 식량 그릇.
cĭbórĭum, i, *n.* [cibus] **1.** 《가》 성합(聖盒). **2.** 이집트 콩깍지 모양의 잔, 큰 잔.
cibósus, a, um, *adj.* [cibus] 영양많은.
cĭbus, i, *m.* **1.** 음식, 식량: abstinére se cibo 음식을 멀리하다[먹지 않다]. **2.** 먹이, 사료, 여물. **3.** 영양분, 자양분.
Cíbўra, æ, *f.* *Phrýgia*의 상업도시; 〔*adj.*〕 **-rátĭcus,** a, um.
Cĭbўráta, æ, *m.f.* *Cíbyra* 사람.
cĭcáda, æ, *f.* 《動》 매미.
cĭcātríco, átum, áre, *tr.* [cicátrix] 상처를 아물게 하다, 유착시키다; 〔*pass.*로만 나타남〕 아물다, 상처가 남다.
cĭcātrīcósa, órum, *n.pl.* [cicatricósus] 보철세공(補綴細工).
cĭcātrīcósus, a, um, *adj.* [cicátrix] 상처자국이 가득한, 흉터로 덮인.
cĭcātrícŭla, æ, *f. dim.* [cicátrix] 작은 흉터.
cĭcátrix, ícis, *f.* **1.** 흉터, 아문 상처, 부스럼 자국; 상흔. **2.** 잎 떨어진 자국. **3.** (나무에) 새긴 표. 「보잘 것 없는 것.
ciccum, i, *n.* **1.** 과일의 내피, 막(膜). **2.**
cĭcĕr, ĕris, *n.* 《植》 이집트콩, 살갈퀴(매우 가난한 사람들이 먹었음). 「(蓮理草).
cícĕra, æ, *f.* 《植》 (콩과에 속하는)연리초
cicércŭla, æ, *f. dim.* [cícera] 작은 연리초.
Ciceréjus, i, *m.* *Roma*인의 씨족명.
Cícĕro, ónis, *m.* *Roma*의 *Túllius*씨족의 가문명; 특히 M. Túllius Cícero (106-43 A.C.), *Roma*의 최대 웅변가·정치가·저술가.
Cĭcĕrŏmástix, ígis, *m.* *Cícero*의 채찍이란 뜻, *Lárgius Licínius*가 *Cícero*를 공격한 저서. 「들.
Cĭcĕrónes, um, *m.pl.* *Cícero* 가문의 사람
Cĭcĕrōnĭánus[1]**,** a, um, *adj.* *Cícero*의; *Cícero* 다운, *Cícero*식의. 「자].
Cĭcĕrōnĭánus[2]**,** i, *m.* *Cícero* 연구가[숭배
cichórĕum[-ĭum], i, *n.* 《植》 꽃상치.
ciciléndrum[-cimándrum], i, *n.* (주방에서 은어로 사용하던) 양념의 다른 이름.
cĭcindéla, æ, *f.* 《動》 반딧벌레.
cicírrus, i, *m.* 《動》 투계(鬪鷄), 싸움닭.
Cicónes, um, *m.pl.* *Thrácia*의 주민, *Hebrus* 강 부근에 살았음.
cĭcónĭa, æ, *f.* 《動》 황새.
cĭcōnínus, a, um, *adj.* [cicónia] 황새의: ~ advéntus 황새가 돌아옴(봄의 징조).
cĭcur, ŭris, *adj.* 길든, 순치(馴致)된, 집에서 기르는, 가축의: béstiæ cícures *(C.)* 가축.
cícŭro, ávi, átum, áre, *tr.* [cicur] 길들이다.
cĭcúta[1]**,** æ, *f.* **1.** 《植》 독미나리. **2.** 밀짚대, 갈대. **3.** 갈대 피리, 목동의 피리.
Cĭcúta[2]**,** æ, *m.* *Horátius*의 *Satyrárum liber*에 나오는 고리 대금업자의 이름.
cĭdăr, *indecl. n.* = cídaris. 「관(冠).
cídăris, is[ĭdis], *f.* *Pérsia* 왕의 높고 뾰죽한
cíĕo, cīvi, cĭtum, ére, *tr.* **1.** 움직이게 하다; 흔들다, 요동시키다: ~ urínas 오줌누게 하다[누다]; 〔*pass.*〕 움직이다. **2.** 자극하다, 자아내다, 일으키다, 생기게 하다. **3.** (소리를) 내다, 지르다. **4.** 격려하다, 고무하다, 충동하다. **5.** 부르다, 불러오다, (도움을) 청하다. **6.** 끌어 오다, 잡아 당기다. 「털; 섬모(纖毛).
cílĭa, órum, *n.pl.* **1.** 속눈썹. **2.** 식물의 솜
cĭlĭáris, e, *adj.* 모양체(毛様體)의. 「類).
cĭlĭáta, órum, *n.pl.* 《動》 섬모충류(纖毛虫
cĭlĭbántum, i, *n.* 다리가 셋인 둥근 탁자.
Cilícĭa, æ, *f.* 소아시아 남부 지방(옛 나라); 〔*adj.*〕 **-ciénsis,** e; **-cĭus,** a, um; **-lix,** lĭcis; *m.pl.* *Cilícia* 사람들. 「상인.
cĭlĭcĭárĭus, i, *m.* (염소털의)모직물 제조인·
cĭlĭcínus, a, um, *adj.* [cilícium] 염소털로 짠.
cĭlĭcíŏlum, i, *n.* 염소털로 짠 작은 의복.
cĭlícĭum, i, *n.* **1.** *Cilícia* 염소털로 만든 옷(군인들이나 어부들이 입었음); 그 옷감. **2.** 고행용(苦行用) 털옷, 고행대(苦行帶).
Cilíssa, æ, *adj. f.* *Cilícia*의; 〔*subst.*〕 *Cilícia* 여자. 「모(纖毛).
cílĭum, i, *n.* 눈꺼풀; 속눈썹, (생물의)섬
Cilla, æ, *f.* *Troas*의 작은 도시.
cíllĭba, æ, *f.* 식탁, 원탁. 「하다.
cillo, ĕre, *tr.* 움직이게 하다, 흔들다, 운전
cillus, i, *m.* 《動》 당나귀.

Cílnĭus, i, *m.* *Roma*인의 씨족명.
cĭlóter, tri, *m.* 큰 가축의 목에 매달아 주던 귀리자루.
Cimbĕr, bri, *m.* **1.** *Tíllius* ~ (*Cæsar*를 살해한 사람 중의 하나). **2.** *Cimbri*의 단수.
Cimbérĭus, i, *m.* *Suévi*족의 왕자 이름.
Cimbri, órum, *m.pl.* 북부 *Germánia*에 있던 한 종족(*Roma* 장군 *Márius*에게 정복당했음); 〔*adj.*〕 **-ber,** bra, brum; **-brĭcus,** a, um.
cīmēlĭárcha, æ, *m.* 귀중품보관 감독자.
cīmélĭum, i, *n.* 보물; 보물상자.
cīmex, mĭcis, *m.* 《動》 빈대.
Címĭnus, i, *m.* *Etrúria*의 호수; 〔*adj.*〕 **-nĭus,** a, um.
Cimmérĭi, órum, *m.pl.* *Thrácia*의 한 종족으로 *Azov* 해안과 *Crímea* 반도에서 (어두움에 싸여) 살았다는 전설적 백성; 〔*adj.*〕 **-rĭus,** a, um. 「의 *Kimolo*).
Cimólus, i, *f.* *Cýclades* 군도의 한 섬(지금
Cimo(n), ónis, *m.* **1.** *Miltíades*의 아버지. **2.** *Miltíades*의 아들(둘 다 *Athénæ*의 명장).
cimússa¹, æ, *f.* 백연(白鉛). 「사슬.
cimússa², æ, *f.* 거칠고 투박스러운 밧줄;
cimussátĭo, ónis, *f.* [cimússo] 밧줄로 묶음.
cimússo, áre, *tr.* 밧줄로 묶다.
cĭnǽdĭcus, a, um, *adj.* [cinǽdus¹] 무도(舞蹈)하는; 방탕한, 타락한, 음탕한, 외설한.
cinædílŏgus[-dólŏgŏs], i, *m.* 음담패설하는 사람; 외설작가. 「탕자, 젊은 도락자.
cĭnǽdŭlus, i, *m.* *dim.* [cinǽdus²] 나이 어린
cĭnǽdus¹, a, um, *adj.* 방탕한, 음란한, 외설한; 파렴치한.
cĭnǽdus², i, *m.* **1.** 음탕한 무언극 배우·무용가, 호색가. **2.** 남색 상대의 거세한 소년. **3.** 아성(兒聲)을 위해 거세한 사람. **4.** 《動》 양놀래기과의 바닷 물고기 종류.
cínăra¹, æ, *f.* 《植》 엉겅퀴의 일종.
Cínăra², æ, *f.* *Horátius*의 애인.
cincinnátus¹, a, um, *adj.* [cincínnus] 곱슬머리의: cincinnáta stella *(C.)* 혜성.
Cincinnátus², i, *m.* L. Quínctius ~, *Roma* 위기 때에 전원 생활에서 나와 독재 집정관이 되었음(458 A.C.).
cincínnŭlus, i, *m.* 잔잔한 곱슬머리.
cincínnus, i, *m.* **1.** 곱슬머리, 곱슬곱슬하게 꾸민 머리. **2.** 미사여구(美辭麗句).
Cincíŏlus, i, *m.* *dim.* *Cíncius*의 애칭.
Cíncĭus, i, *m.* *Roma*인의 씨족명; 특히 라틴 사가(史家)*L.* ~ *Aliméntus*.
cinctícŭlus, i, *m.* 작은 허리띠; 작은 치마.
cínctĭo, ónis, *f.* 띠를 두름, 옷을 걸침.
cinctórĭum, i, *n.* [cinctus²] 허리띠.
cinctúra, æ, *f.* [cingo] toga(길고 헐거운 겉옷)의 허리띠.
cinctus¹, a, um, *p.p.* [cingo] 띠를 두른.
cinctus², us, *m.* [cingo] **1.** 띠를 맴. **2.** 허리띠. **3.** 허리. 「식으로 허리띠를 두른.
cinctútus, a, um, *adj.*[cinctus¹] 고대 *Roma*
Cínĕas, æ, *m.* *Epírus*의 *Pyrrhus*왕의 친구(왕을 설득하여 *Roma*인들과 화해시켰음).
cĭnĕfáctus, a, um, *adj.* [cinis+fácio] 재로 변한, 재가 된. 「영화(映畵).
cinematographéum, i, *n.* [**-phĭa,** æ, *f.*]
cĭnĕrácĕus, a, um, *adj.* [cinis] 재같은, 회색의: ~ color 회색. 「답의 경계.
cĭnĕrárĭi fines, *m.pl.* 분묘(墳墓)로 된 전
cĭnĕrárĭum, i, *n.* [cinerárius¹] 무덤 구덩이, 묘혈(墓穴); 유골 보존하는 지하실.
cĭnĕrárĭus¹, a, um, *adj.* [cinis] 재의.
cĭnĕrárĭus², i, *m.* (쇠를 달구어) 머리를 지지는 노예, 미용사(美容師).
cĭnĕrésco, ĕre, *intr.* [cinis] 재(灰)가 되다.
cĭnérĕus, a, um, *adj.* [cinis] 재의, 잿빛나는, 회색(灰色)의: ~ color 회색. 「의.
cĭnĕrícĭus[-tĭus], a, um, *adj.* [cinis] 회색
cĭnĕrósus, a, um, *adj.* [cinis] 재투성이의; 재로 변한.
cĭnĕrŭléntus, a, um, *adj.* [cinis] 재로 덮인.
Cinga, æ, *m.* 동북 *Hispánia*에 있는 강.
Cingétŏrix, ĭgis, *m.* **1.** *Tréveri*족의 수령이 되려고 그의 양부 *Indutiómarus*와 서로 다투었던 *Gállia* 사람. **2.** *Británnia*의 영
cingíllum[-us], i, *n.[m.]* 작은 치마. ⌊주.
cingo, cinxi, cinctum, ĕre, *tr.* **1. 휘감다, 두르다; 띠다,** (띠로) 동여매다; 걸어 붙이다; 〔*pass. c. abl., acc.*〕 차려 입다, 걸치다: péllibus cincti *(V.)* 가죽 옷을 걸친 사람들 / cinctæ mulíeres vestes *(= acc.) (Ov.)* 옷을 차려 입은 부인들 / puer alte cinctus *(H.)* 옷을 걷어 올려 질끈 동여 맨 소년 / alte cinctus *(Sen.)* 결단 내린 사람. **2.** 〔*alqd alqā re*〕 무장하다; 〔흔히 *pass. c.abl., acc.*〕 무장하다, (칼 따위를) 차다: ~ latus ense *(Ov.)* 옆구리에 칼을 차다 / Inútile ferrum cíngitur. *(V.)* 그는 쓸데없는 무기를 몸에 지닌다. **3.** (화환 따위로) **장식하다,** 머리에 두르다, **쓰다;** 씌우다: ~ comam lauro *(H.)* 머리에 월계관을 쓰다 / cinctus honóre caput *(= acc.) (Ov.)* 영예의 화관을 머리에 쓴. **4.** 〔사람〕 수행하다, **에워싸다,** 호위하다; 〔*pass.*〕 대동하다, 호위하다. **5.** 포위하다, **둘러싸다,** 두르다, 주위에 구축하다, 휩싸다: Sicília cincta perículis *(C.)* 위험에 휩싸인 *Sicília*. **6.** 방어하다, 막다, 엄호하다.
cíngŭla, æ, *f.*[**-us,** i, *m.*] = cíngulum¹.
cíngŭlum¹, i, *n.* [cingo] **1.** 띠, 허리띠, 혁대; 검대(劍帶), 견대(肩帶); 뱃대끈. **2.** (지구의) 지대. ⌊새도시.
Cíngŭlum², i, *n.* *Picénum* 서북 산중의 요
cínĭfes[-phes], um, *f.pl.* 모기, 각다귀.
cínĭflo, ónis, *m.* [cinis+flo] **1.** 미용사(美容師). **2.** 머리털을 지지는 노예.

cĭnis, nĕris, *m. (f.)* **1.** 재(灰). **2.** 잿더미, 폐허; 무덤. **3.** 시체 태운 재; 유골. **4.** 죽음: post cíneres *(Ov.)* 죽은 후에.

ciníscŭlus, i, *m.* 한줌의 재.

Cinna, æ, *m.* **1.** *Roma*인의 가문명; 특히 *L. Cornélius Cinna* (*C. Márius*와 같이 집정관을 지냈음). **2.** 같은 이름인 그의 아들 (*Cæsar* 살해자 중의 한 사람). **3.** *C. Hélvius Cinna* (*Roma*의 시인으로 *Catúllus*의 친구). **4.** 〔*adj.*〕 **-nánus,** a, um.

cinnábări, is, *n.* (광물·화학의) 진사(辰沙); (미술의) 주색(朱色), 주홍색.

cinnábăris, is, (*acc.* im), *f.* = cinnábari.

cinna latifólĭa, æ, *f.* 《植》 나도딸기광이.

cinnámĕus, a, um, *adj.* 육계(肉桂)의.

cinnămómĭnus, a, um, *adj.* 육계(肉桂)의.

cinnămómum, i, *n.*[**-a,** æ, *f.*] 육계(肉桂), 계수나무.

cínnămum, i, *n.* = cinnamómum.

cinnus, i, *m.* 혼합음료.

cinxi, *pf.* [cingo]. 「*Líbya*의, *Africa*의.

Cinýphĭus, a, um, *adj.* **1.** *Cinyps*의. **2.**

Cīnyps, ўphis, *m.* *Líbya*의 강(지금의 *Cini-*

cínўra, æ, *f.* 십현금(十絃琴). ⌊*fo*).

Cínўras, æ, *m.* **1.** *Cyprus*의 왕, *Myrrha*와 *Adónis*의 아버지. **2.** *Lígures* 종족의 수

cĭo, civi, citum, cire, *tr.* = cíeo. ⌊령.

Cĭos[-us], i, *f.* **1.** 서부 *Bithýnia*의 항구 (지금의 *Ghio*). **2.** *Bithýnia*의 강. **3.** 〔*adj.*〕 **Cĭánus,** a, um.

cĭósmis, is, (*acc.* in), *f.* 《植》 샐비어 종류.

cippus, i, *m.* **1.** 뾰죽한 막대기, 말뚝. **2.** 묘표, 묘비. **3.** 토지경계 말뚝. **4.** (군사 시설의) 울짱.

Cīpus, i, *m.* 전설적인 고대 *Roma*의 집정관(머리에 뿔이 갑자기 돋쳤다 함).

circa[1], *adv.* 주위에, 둘레에, 부근에: montes, qui ~ erant. *(L.)* 주위에 있던 산들 / ~ úndique *(L.)* 사방 둘레에(서).

circa[2], *præp.c.acc.* **1.** 〔장소적〕 **주위에,** 주위로, 주변에, 둘레에; 가까이에, 부근에: custódes ~ portas missi *(L.)* 성문들 주변으로 파견된 경비병. **2.** 〔사람 중심〕 **주위에, 둘러싸고;** 곁에: ~ se habére 자기 곁에 데리고 있다. **3.** 〔시간적으로〕 쯤에, **경에, 무렵에,** 즈음에, 전후에. **4.** 〔수효〕 **약,** 대개, 가량, 쯤. **5.** 관하여, 대

Circa[3], æ, *f.* = Circe. ⌊하여.

circǽa, æ, *f.* 《植》 (바늘꽃과에 속하는) 털이슬. 「흰독말풀.

circǽum, i, *n.* 《植》 만다라화(曼茶羅華),

circamœ́rĭum, i, *n.* [circa[2]+mœrus] 성벽 주위 땅(= pomœ́rium, 경작이 허가 되지 않았음).

Circē, es, *f.* 태양 신 *Hélios*의 딸(마법으로 *Ulíxes*의 동료들을 돼지로 변형시켰음); 〔*adj.*〕 **-cǽus[-céjus],** a, um.

Circéji, órum, *m.pl.* *Látium*의 *Circéji* 곶(岬) 부근에 있는 도시(지금의 *Circello*; *Circe*여신이 이곳에 정착하였다 함); 〔*adj.*〕 **-jénsis,** e; *m.pl.* *Cricéji*주민. 「작은 고리.

circéllus, i, *m. dim.* [círculus] 작은 원(圓),

circĕn, cĭnis, *n.* **1.** 원; 순환; 고리. **2.** (천체의) 궤도.

Circénses, ĭum, *m.pl.* (*sc.* ludi) [Circénsis] 옛날 *Roma* 경기장에서의 (각종) 경기.

Circénsis, e, *adj.* [circus] (고대 *Roma*의) 원형[타원형] 경기장의: Circénses ludi 타원형 경기장에서의 대경기. 「장.

circĕs, cĭtis, *m.* **1.** 원형. **2.** 경마장, 경기

circĭnátĭo, ónis, *f.* [círcino] **1.** (콤파스로) 원을 그림. **2.** (천체의) 원형운동, 순환.

círcĭno, ávi, átum, áre, *tr.* [círcinus] 동그라미를 만들다, 원을 그리다, 주위를 돌다, 빙빙 돌다.

círcĭnus, i, *m.* 콤파스, 양각기(兩脚器).

círcĭter[1], *adv.* **1.** 주위에, 둘레에; 부근에. **2.** 〔시간·수〕 쯤, 대개, **약,** 거의.

círcĭter[2], *præp. c.acc.* **1.** 주위에, 둘레에; 부근에. **2.** 〔시간·수〕 쯤, 즈음에; 대개, 약. 「하다.

círcĭto, áre, *tr., intr.* 배회(徘徊)하다; 순찰

círcĭtor, óris, *m.* **1.** 행상인(行商人). **2.** 순찰인, 감시인.

circĭtórĭus, a, um, *adj.* 《軍》 순찰의.

círcĭus, i, *m.* (*Gállia*지방의) 강한 북서풍.

circlus = círculus. 「아오다.

circo, ávi, átum, áre, *tr.* (걸어서) 한바퀴 돌

circúĕo = circúmeo.

circŭítĭo, ónis, *f.* [circúmeo] **1.** 순찰, 순회; 회전, 순환. **2.** 일주, 한바퀴, 둘레; 원, 원주; (모퉁이 없이) 둥긋한 땅. **3.** 우

circúĭtor = círcitor. ⌊회. **4.** 에둘러 말함.

circúĭtus, us, *m.* [circúmeo] **1.** 순회, 회전. **2.** 주변, 주위, 둘레, 원, 한바퀴. **3.** 울타리, 담. **4.** 우회; 회로. **5.** 주기(週期), 주기성 병환. **6.** (길·강의) 모퉁이, 굽이; 우여곡절.

circŭláris, e, *adj.* [círculus] 둥근, 원형의, 고리 모양의; 회람의, 돌리는: epístola ~ 회장(回章). 「적으로, 떼를 지어.

circŭlátim, *adv.* [círculor] 원형으로; 집단

circŭlátĭo, ónis, *f.* [círculo] 순환, 유통, 유포; 순찰. 「이 약장수, 떠돌이 이론가.

circŭlátor, óris, *m.* [círculor] 행상인, 떠돌

circŭlātórĭus, a, um, *adj.* [circulátor] **1.** 떠돌아 다니는. **2.** (공기·혈액) 순환의. **3.** 돌팔이의. 「다니는 여자.

circŭlátrix, ícis, *f.* 돌팔이 무당; 떠돌아

círcŭlo, áre, *tr.* [círculus] **1.** 동그랗게 하다, 빙빙 돌리다. **2.** 둘러 서다[싸다].

círcŭlor, átus sum, ári, *dep. intr.* [círculus] **1.** 집단을 이루다, 몰리다. **2.** 둘러 앉아 이야기 하다. **3.** *tr.* 자기 주위로 모아 놓

다. **4.** 떠돌아 다니다; 순회하다.

círcŭlus, i, *m.* [circus] **1.** 원, 동그라미, 원주. **2.** 일주(一周), 순환: 《論》 ~ vitiósus 순환 논증 / ~ in definiéndo 순환적 정의 / ~ in probándo 순환 논증의 허위. **3.** (천체의) 궤도, 운행의 주기, 회전. **4.** 《地》 씨줄, 위선(緯線), 위도권. **5.** 원형의 물건: 바퀴, 고리, 반지, 팔찌, 목걸이; 둥근 테, (해·달의)무리; 도우넛. **6.** 모임, 단체, 집단; 관중, 청중; 사교모임, 사교계.

circum[1], *adv.* = circa[1].

circum[2], *præp. c. acc.* **1.** 주위에, 둘러 싸고. **2.** 주위를, …을 중심으로: Terra ~ axem se convértit.*(C.)* 지구는 축을 중심으로 돌고 있다. **3.** (주위에 있는) 여러 곳으로[사람 한테로], 두루. **4.** 가까이, 부근에, 근처에; 옆에, 곁에.

circumáctĭo, ónis, *f.* [circúmago] **1.** 원형 운동. **2.** 태양의 공전(公轉).

circumáctus, us, *m.* [circúmago] 회전.

circumadjácĕo, ére, *intr.* 주위에 있다, 주위에 놓여 있다.

circumædífico, ávi, átum, áre, *tr.* 주위에 둥그렇게 건축하다·짓다.

circumággĕro, ávi, átum, áre, *tr.* 둘러 쌓다, 쌓아 올리다.

circúmăgo, égi, áctum, ĕre, *tr.* **1.** 주위를 돌게 하다, 돌리다, 회전시키다; 노예를 해방시키다 (주인이 해방한다는 표시로 노예의 머리에 손을 얹고 일주시켰음). **2.** 방향을 바꾸게 하다, 돌려 세우다: se~ 돌아 서다. **3.** 〔*pass. refl.*〕 **se ~, circúmagi** 돌아 다니다, 이리저리 다니다. **4.** 〔*alqd alqā re*〕 두르다, 둘러 막다. **5.** 〔시간: *pass. refl.*〕 **circúmagi, ~ se** 지나가다, 경과하다. **6.** (생각·기분·주의 따위를) 바꾸게 하다, 돌려 놓다, 쏠리게 하다. **7.** 〔*pass.*〕 바뀌다, 변하다. **8.** 〔*alqd*〕 빠지게 하다, 혼란시키다.

circumámbĭo, íre, *tr.* 에워싸다.

circumámbŭlo, ávi, átum, áre, *intr.* 두루 다니다, 한바퀴 돌아오다.

circumamíctus, a, um, *adj.* 둘러 쓴, 둘러 싼.

circumampléctor, *(ĕris, ĭtur)*, éxus sum, écti, *dep. tr.* 둘러 싸다.

circumanális, e, *adj.* 항문(肛門) 주위의.

circumapérĭo, ŭi, értum, íre, *tr.* 노출시키다, 드러내다.

circúmăro, ávi, átum, áre, *tr.* 주위를 갈다(耕).

circumaspícĭo, spéxi, éctum, ĕre, *tr.* 두루 살피다, 주위를 바라보다, 둘러 보다.

circumassísto, ĕre, *intr.* 빙 둘러서다.

circumáufĕro, férre, *anom. tr.* 금지하다.

circumcæsúra, æ, *f.* 외형, 외모, 윤곽.

circumcálco, ávi, átum, áre, *tr.* 골고루 밟다.

circumcéllĭo, ónis, *m.* [cella] 떠돌이 수도자, 걸식 수도자.

circumcído, cídi, císum, ĕre, *tr.* **1.** 주위를 베다, 도려 깎다; 가지를 치다, 잘라 버리다. **2.** 포피(包皮)를 도려내다; 《宗》 할례(割禮)를 베풀다. **3.** 단축하다, 잘라내다, 밀나; 세져놓나. **4.** 요약하다, 간결하게 하다.

circumcíngo, ĕre, *tr.* 둘러감다.

circúmcĭo, íre, *tr.* 사방에서 둘러 엎다, 뒤엎다.

circumcírca, *adv.* 두루, 사방으로.

circumcírcĭno, áre, *tr.* 원을 그리다, 둘러 싸다.

circumcísĭo, ónis, *f.* [circumcído] **1.** 포피 절단, 포경수술; 《宗》 할례(割禮). **2.** (문장의) 삭제.

circumcisórĭum, i, *n.* (수술용의) 원형 절개기구.

circumcisúra, æ, *f.* 둥글게 잘라냄.

circumcísus, a, um, *p.p.,a.p.* [circumcído] **1.** 깎아지른 듯한, 급경사의, 가까이 가기 어려운. **2.** 생략된, 요약한, 간결한, 간추린, 단축된. **3.** 할례받은.

circumclúdo, clúsi, clúsum, ĕre, *tr.* **1.** 둘러 막다, 둘러 싸다, 에워 싸다. **2.** (적을)포위하다.

circúmcŏla, æ, *m.* [circúmcŏlo] 이웃 사람, 주위에 사는 사람.

circúmcŏlo, ĕre, *tr.* 가까이에 살다, …의 주위에 살다.

circumcordĭális, e, *adj.* 심장 가까이에 있는.

circumcúlco = circumcálco.

circumcúmŭlo, áre, *tr.* 주위에 쌓아 올리다.

circumcúrro, ĕre, *intr.* 주위를 뛰다, 배회하다, 뛰어 돌아 다니다, 원형을 짓다.

circumcúrsĭo, ónis, *f.* 배회, 이리저리 뛰어 돌아다님.

circumcúrso, áre,[circum[2]+curso] **1.** *intr.* 뛰어 돌아 다니다, 이리저리 뛰어 다니다. **2.** *tr.* …의 주위를 뛰다.

circumdátĭo, ónis, *f.* [circúmdo] 둘러쌈, 휘감음: ~ auri 황금 장식물.

circúmdo, dĕdi, dătum, áre, *tr.* **1.** 〔*acc.; alqd alci rei; dupl. acc.*〕 둘레에 놓다, 주위에 배치하다; **둘러 싸다**: ~ ignes*(C.)* 주위에 불을 놓다 / murum urbi ~ *(L.)* 도시 주위에 성을 구축하다 / Collem multa ópera circúmdata (sunt). *(Sall.)* 언덕 주위에 많은 군사 시설을 해 놓았다. **2.** 에워 싸다, 둘러 막다, 포위하다; 휘감다: *alqd [alqm] alqā re ~ (C.)* 무엇을[누구를] 무엇으로 에워싸다.

circúmdŏlo, áre, *tr.* 깎아 다듬다.

circumdúco, dúxi, dúctum, ĕre, *tr.* **1.** (무엇의)주위로 인도하다, 끌고 돌아 다니다: Quos Pompéjus ómnia sua præsídia circumdúxit.*(Cæs.)* *Pompéjus*는 그들을 자기의 모든 보루 주위로 끌고 돌아 다녔다. **2.** 에워 싸다, 둘러 싸다[막다]: umbra hóminis líneis circumdúcta *(Plin.)* 선(線)으로 둘러 그려진 사람 그림자. **3.** 삭제하다, 지워 버리다, 폐기하다. **4.** 속여 넘기다, 농락

하다. **5.** 《修》 전개시키다.
circumdúctĭo, ónis, *f.* [circumdúco] **1.** 두루 끌고 다님. **2.** 속여 넘김. **3.** 《修》 전개된 문장의 단락.
circumdúctor, óris, *m.* 안내자.
circumdúctum, i, *n.* 《修》 귀절, 단락.
circumdúctus, us, *m.* **1.** 형상의 둘레·선(線), 윤곽. **2.** (천체의) 회전.
circúmĕo, ívi[ĭi], ĭtum, íre, *anom. intr., tr.* **1.** 돌다, 돌아 가다, 우회하다, 일주하다. **2.** (조사·권유·청탁 등 목적으로) **여기저기 두루 돌아 다니다,** 찾아 다니다, 유세하다; 순찰하다, 순방하다. **3.** 《軍》 사열하다. **4.** 《軍》 포위하다. **5.** **속이다,** 속여 넘기다. **6.** 넌지시 에둘러 말하다, 완곡한 표현을 쓰다.
circuméquĭto, ávi, átum, áre, *tr., intr.* 말 타고 돌아 다니다, (주위를)말타고 돌다.
circumérro, áre, **1.** *intr.* 길을 잃고 두루 방황하다, 헤매다. **2.** *tr.* 주위를 돌다.
circumferéntĭa, æ, *f.* 원 둘레; 둥근 둘레 안의 면적.
circúmfĕro, tŭli, látum, férre, *anom. tr.* **1.** 가지고 돌아 다니다; 돌리다, 돌려가며 주다[보여 주다]: ~ póculum *(L.)* 잔을 돌리다. **2.** 〔*pass.*〕 **circumférri** 돌다, 회전하다; 돌아 다니다, 방랑하다. **3.** (눈을) 이리저리 돌리다·굴리다, (손을)여기저기 옮겨 놓다. **4.** (…주위를)돌며 속죄 예식을 하다. **5.** 사방으로 퍼뜨리다, 확산시키다, 유포하다. 「를) 돌아가며 박다.
circumfígo, fíxi, xum, ĕre, *tr.* (말뚝 따위
circumfíngo, ínxi, íctum, gĕre, *tr.* 주위에 [가까이] 놓다·두다.
circumflécto, fléxi, fléxum, ĕre, *tr.* **1.** 돌리다, 선회시키다, 둥글게 굽히다·휘다; 돌아오게 하다. **2.** 길게 발음하다, 긴 발음 부호를 달다. 「의 범위.
circumfléxĭo, ónis, *f.* 휘게 함; 굽은 둘레
circumfléxus[1]**,** a, um, *p.p., a.p.* [circumflécto] 둥글게 굽은, 선회된.
circumfléxus[2]**,** us, *m.* [circumflécto] 곡선, 만곡, 굽은 둘레.
circúmflo, áre, **1.** *intr.* 사방으로 불다, 사방에서 불어오다. **2.** *tr.* circumflári ab ómnibus ventis invídiæ *(C.)* 시기의 바람을 사방에서 맞다.
circúmflŭo, flúxi, flúxum, ĕre, *intr., tr.* **1.** 주위를 흐르다; 두르다, 둘러싸다, 에워싸다. **2.** 두루 흘러 넘치다, 가득차다, 범람하다. **3.** 넘쳐 흐르다; 풍부하다. **4.** 〔*abl.*〕 (무엇을) 풍부히 가지고 있다, 많다. **5.** 모여들다.
circúmflŭus, a, um, *adj.* [circúmflŭo] **1.** 주위를 흐르는. **2.** 주위에 물이 흐르는. **3.** 넘쳐흐르는; 풍부한.
circumfódĭo, fódi, fóssum, ĕre[íre], *tr.* 둘러 파다, 주위를 파다.
circumforánĕus[1]**,** a, um, *adj.* [circum+fero] 이동식(移動式)의; 가지고 다니는.
circumforánĕus[2]**,** a, um, *adj.* [circum+forum[2]] **1.** 시장을 돌아 다니는. **2.** 시장 주변의, 시장에 있는.
circumforátus, a, um, *adj.* [circum+foro] 돌아가며 뚫려 있는. 「파는 사람.
circumfóssor, óris, *m.*[circumfódio] 주위를
circumfossúra, æ, *f.* 둘레를 팜.
circúmfrĕmo, ĕre, *intr.* 포효하며[울부짖으며] 돌아 다니다. 「다.
circúmfrĭco, áre, *tr.* 두루 비비다, 두루 긁
circumfúlcĭo, íre, *tr.* 둘레를 버티다.
circumfúlgĕo, fúlsi, ére, *intr.* 빛나다, 둘레에 빛을 내다.
circumfúlsus, a, um, *adj.* 주위를 비추는.
circumfúndo, fúdi, fúsum, ĕre, *tr.* **1.** 주위에 뿌리다·퍼붓다·쏟다·흘리다; 〔*pass.*〕 주위에 쏟아지다, 흐르다; 에워싸다: circumfúsum mare urbi *(L.)* 도시를 에워싼 바다. **2.** 〔*pass. refl.: absol.; dat.*〕 **se~, cicumfúndi** (주위로)모여들다, 쇄도하다, 밀려 닥치다; 에워싸다, 둘러 싸다: circumfúsa cónsuli multitúdo *(L.)* 집정관 주위에 모여든 군중. **3.** 펼치다, 전개시키다; 퍼뜨리다, 쏟아 놓다. **4.** (주위로)모여 들다; 둘러 싸다, 에워싸다, 포위하다; 휩싸다, 감싸다, 뒤덮다: mórtuum cerā ~*(N.)* 시체를 밀로 봉하다.
circumfúsĭo, ónis, *f.* 주위에 쏟음; 에워쌈.
circúmgĕlo, ávi, átum, áre, *tr.* 둘레를 얼게 하다. 「리다.
circúmgĕmo, ĕre, *intr.* 주위에서 으르렁거
circumgésto, áre, *tr.* 가지고 돌아 다니다.
circumglobátus, a, um, *adj.* 얽힌, 주위에 감긴.
circumgrédĭor,*(dĕris, dĭtur),* gréssus sum, grĕdi, *tr.* [circum+grádior] 빙 돌아가다; 포위하다, (뒤로) 돌아 공격하다.
circumícĭo = circumjício.
circúmĭens, eúntis, *p. præs.* [circúmeo].
circuminséssĭo, ónis, *f.* 《神》 성삼위(聖三位) 상호내재성(相互內在性).
circumítĭo = circuítio.
circúmĭtor, óris, *m.* = círcitor.
circúmĭtus, us, *m.* = circúitus.
circumjácĕo, ére, *intr.* 곁에 놓여 있다, 주위에 있다, 인접해 있다.
circumjácĭo, cĕre, *tr.* 주위로 던지다.
circumjéctus[1]**,** a, um, *p.p., a.p.* [circumjício] **1.** 〔*alci rei*〕 어떤 것 주위에 놓여 있는, 인접한. **2.** 〔*abl.*〕 둘러 싸인.
circumjéctus[2]**,** us, *m.* **1.** 에워 쌈, 감쌈. **2.** 두름, 걸침.
circumjícĭo, jéci, jéctum, ĕre, *tr.* [circum + jácio] **1.** 〔*acc.; dat.*〕 둘레에 던지

다, 주위에 놓다, 구축하다; 주위로 재빨리 가게 하다: anguis vectem circumjéctus *(C.)* 말뚝에 친친 감긴 뱀 / circumjéctā multitúdine mœ́nibus *(Cæs.)* 성벽 주위로 군중이 모여들었을 때. **2.** 〔*alqd alqā re*〕 두르다, 에워싸다.

circumlámbo, ĕre, *tr.* 돌려가며 핥다.

circumlátro, ávi, átum, áre, *tr.* **1.** (개가) 사방에 대고 짖다. **2.** 요란한 소리내다.

circumlátus, a, um, *p.p.* [circúmfero].

circúmlăvo, lávi, lótum[láutum, lavátum], áre[ĕre], *tr.* (바닷물·강 따위가) 흐르며 씻어 내리다, 적시다.

circúmlĭgo, ávi, átum, áre, *tr.*〔*alqd[alqm] - dat. - alqā re*〕 비끄러 매다, 친친 동여 매다: natam ~ hastæ *(V.)* 자기 딸을 창(槍)에 붙들어 매다.

circumlínĭo, íre, *tr.* 돌아가며 바르다.

circúmlĭno, lívi[lévi], lĭtum, ĕre, *tr.* **1.** 〔*alqd alci rei, alqā re*〕 돌려가며 칠하다[바르다]: cerā mórtŭi circúmlĭti *(C.)* 밀납으로 두루 봉한 시체들. **2.** 그림의 언저리를 채색하다. 「름; 그림 언저리 채색.

circumlítĭo, ónis, *f.* [circúmlino] 두루 바

circumlocútĭo, ónis, *f.* 완곡한 표현, 에두르는 말. 「qui, *dep. intr.* 에둘러 말하다.

circúmlŏquor, *(quĕris, quĭtur),* locútus sum,

circumlúcens, éntis, *adj.* 휘황찬란한.

circúmlŭo, ĕre, *tr.* 둘레를 씻어 내리다; 두루 씻다. 「다니다, 편력하다.

circumlústro, ávi, átum, áre, *tr.* 두루 돌아

circumlúvĭo, ónis, *f.* **1.** 퇴적(堆積) 현상. **2.** 충적지(冲積地). 「돌아 다니다.

circúmmĕo, ávi, átum, áre, *tr., intr.* 두루

circummétĭor, ménsus sum, íri, *tr.* 〔*pass.*〕 (둘레가 측량되다) 둘레를 재(어 보)다.

circummítto, mísi, míssum, ĕre, *tr.* 두루 보내다, 파견하다; 회송하다.

circummœ́nĭo = circummúnio.

circummúlcens, éntis, *adj.* 슬쩍 핥는, 두루 쓰다듬는.

circummúnĭo, ívi, ítum, íre, *tr.* (성벽·참호·울타리 따위로) 둘러 막다, 둘레에 방어 시설을 하다, 요새화하다, 튼튼하게 보호하다. 「방어시설; 포위망.

circummunítĭo, ónis, *f.* 담·성벽 주위의

circumnávĭgo, ávi, átum, áre, *tr.* 두루 항해하다, 배로 일주하다.

circumóbrŭo, ĕre, *tr.* 주위를 뒤덮다.

circumpadánus, a, um, *adj.* [circum+Padus] *Padus*강 근처의, *Padus*강 언저리에 있는.

circúmpĕdes, um, *m. pl.* **1.** 상전 수행하는 종. **2.** 발 장식 끈. 「있다.

circumpéndĕo, ére, *intr.* …둘레에 매달려

circumpláudo, si, ĕre, *tr.* 사방에서 박수치다, 사방에서 갈채를 보내다.

circumpléctо = circumpléctor.

circumpléctor, *(ĕris, ĭtur),* pléxus sum, plécti, *dep. tr.* **1.** 얼싸 안다, 휘감(기)다. **2.** 에워 싸다. **3.** (마음을) 사로 잡다.

circumpléxus, us, (주로 *abl.* u), *m.* [circumpléctor] 휘감김.

circúmplĭco, ávi, átum, áre, *tr.* **1.** 둘둘 말다, 둘레에 감다: circumplicátus *alqā re (C.)* 무엇에 감긴. **2.** 〔*alqd alci rei*〕 주위에 굴리다.

circumpóno, pósŭi, pósĭtum, ĕre, *tr.* 〔*alqd alci rei*〕 주위에 두다. 「마심.

circumpotátĭo, ónis, *f.* [poto] 둘러 앉아

circumquáque, *adv.* 사방에, 도처에.

circumrádo, rási, rásum, ĕre, *tr.* 둘레를 벗기다, 돌려가며 깎다[밀다].

circumrásĭo, ónis, *f.* 둘레를 깎음.

circumrétĭo, ívi, ítum, íre, *tr.* [rete] 그물로 둘러 싸다, 그물로 덮어 씌우다; 함정에 빠뜨리다.

circumródo, rósi, rósum, ĕre, *tr.* **1.** 둘레를 쏠다·갉아 먹다. **2.** 말할까 말까 하고 망설이다. **3.** 헐뜯다.

circúmrŏto, áre, *tr.* 굴리다, (팽이·맷돌 따위를) 돌리다, 선회시키다. 「림.

circumrotundátĭo, ónis, *f.* 빙글빙글 돌

circumsǽpĭo, psi, ptum, íre, *tr.* 울타리를 두르다, 둘러치다; 둘러싸다, 포위하다.

circumscálpo, psi, ptum, ĕre, *tr.* 주위를 긁어내다. 「주위를 쥐어 뜯다.

circumscíndo, ĕre, *tr.* 둘레를 찢어내다,

circumscríbo, scrípsi, scríptum, ĕre, *tr.* **1.** 둘레에 원을 그리다, 동그라미를 둘러 표시하다. **2.** **윤곽을 그리다.** **3.** **한계를 긋다,** 둘레에 경계선을 긋다, 구획하다. **4.** 〔*alqd; alqd re; alqd alci*〕 **제한하다, 한정하다, 국한하다;** 권한을 제약하다; 정의하다. **5.** 단속하다, 금지하다; 견제하다. **6.** (소송·토론 따위에서) 제쳐놓다, 제외하다, 배제하다. **7.** 취소하다, 말살하다, 무효로 하다. **8.** 속이다, 속여 넘기다, 함정에 빠뜨리다; 위장하다; 교묘하게 법망을 벗어나다.

circumscrípte, *adv.* [circumscríptus] 한계를 명확하게, 요약해서; 《修》 총합문(總合文)으로.

circumscríptĭo, ónis, *f.* [circumscríbo] **1.** 원을 그림; 윤곽. **2.** 한계, 한정, 제한, 한계선; 요약된 내용: ~ témporis *(C.)* 한정된 시간. **3.** 사기, 기만; 말의 농락.

circumscríptor, óris, *m.* [circumscríbo] **1.** 사기꾼, 농간부리는 자. **2.** 말소자(抹消者).

circumscríptus, a, um, *p.p., a.p.* [circumscríbo] **1.** 제한된, 한계 지워진. **2.** 완결된 문장의; 간결하게 요약된.

circúmsĕco, séctum, áre, *tr.* 돌려 자르다, 둘레를 자르다[베다].

circumsédĕo, sédi, séssum, ére, *tr.* **1.** 둘러 앉다, 둘러 서다. **2.** 포위하다, 포위 공격하다.

circumsédi, *pf.* [circumsédeo, circumsído].

circumsépĭo = circumsǽpio.

circumséssĭo, ónis, *f.* [circumsédeo] **1.** 포위. **2.** 마귀 달라붙음.

circumsídĕo = circumsédeo. 「싸다.

circumsído, sédi, ĕre, *tr.* 둘러 앉다, 둘러

circumsílĭo, íre, [circum+sálio] **1.** *intr.* 사방으로 뛰어 돌아다니다. **2.** *tr.* 사방으로 공격하다.

circumsísto, stĕti, ĕre, *intr., tr.* **1.** 곁에 [주위에] 서다, 주위에서 멈추다. **2.** 포위하다, 둘러 싸다. 「위에 있는.

circúmsĭtus, a, um, *adj.* [circum+situs] 주

circúmsŏno, ŭi, áre, **1.** *intr.* 사방으로 울려 퍼지다: Locus circúmsonat ululátibus. *(L.)* 그곳은 아우성 소리가 울려 퍼진다. **2.** *tr.* 〔*acc.*〕 …의 주위로 울려 퍼지다: Clamor hostes circúmsonat.*(L.)* 고함소리가 적군들 주위로 울려 퍼진다.

circúmsŏnus, a, um, *adj.* 사방에서 울려 퍼지는, 주위가 소리로 가득찬.

circumspectátrix, ícis, *f.* 감시하는 여자.

circumspéctĭo, ónis, *f.* [circumspício] 주위를 살핌; 용의주도, 조심, 세심한 주의.

circumspécto, ávi, átum, áre, *intr., tr.* [circumspício] **1.** 주위를 두루 살피다, 주의 깊게 둘러 보다. **2.** 두루 찾아보다; 엿보다, 깊이 생각하다: ~ defectiónis tempus *(L.)* 배신할 기회를 엿보다.

circumspéctus[1], a, um, *p.p., a.p.* [circumspício] **1.** 드러난, 눈에 띄는, 돋보이는. **2.** 조심성 있는, 현명한; 신중한, 깊이 생각한: verba non circumspécta *(Ov.)* 경솔한 말, 입빠른 말.

circumspéctus[2], us, *m.* **1.** 주위를 둘러 봄, 전망. **2.** 숙고, 고려, 신중, 신중한 성격. 「위에 뿌리다, 붓다, 쏟다.

circumspérgo, ĕre, *tr.* [circum+spargo] 주

circumspícĭo, spéxi, spéctum, ĕre, *tr.* [circum+spécio] **1.** 둘러 보다, 주위를 두루 살펴보다, 망보다, 두리번거리다; 훑어 보다. **2.** 두루 찾아보다; 두루 관찰하다; 조사하다, 알아보다. **3.** 심사숙고하다, 음미하다, 신중히 생각하다. **4.** 〔*alqd; ut, ne*〕 조심하다, 주의하다. **5.** 엿보다, 얻으려고 하다; (도움·기회 따위를)기다리다·찾다: recéssum ~ *(L.)* 도피구를 두루 찾다. **6.** 〔*refl.*〕 **se** ~ 스스로를 여러 모로 관찰하다, 자기의 능력·처지·분수를 생각해보다. **7.** 〔*refl.*〕 **se** ~ 자부심을 갖다, 자신을 높이 평가하다, 뽐내다.

circumstántĭa, æ, *f.* [circúmsto] **1.** 주위에 있음, 주위를 둘러쌈. **2.** **환경, 상황,** 사정, **형편**; 경우.

circumstátĭo, ónis, *f.* 주위에 줄 서있음, 정렬.

circúmstĕti, *pf.* [circumsísto, circúmsto].

circumstípo, ávi, átum, áre, *tr.* 둘러싸다, 에워 싸다; 호위하다.

circúmsto, stĕti, áre, **1.** *intr.* 둘러 서있다, 주위에 몰려있다. **2.** *tr.* 〔*alqm, alqd*〕 주위에 둘러 서있다; 에워 싸다; 위협하다, 괴롭히다.

circúmstrĕpo, ŭi, ĭtum, ĕre, *tr.* **1.** 〔*alqm, alqd*〕 주위에서 소음을 내다, 소리지르며 공격하다. **2.** 〔*alqd*〕 주위에서 (무슨) 소리를 지르다, (무슨) 소음을 내다.

circúmstrŭo, úxi, úctum, ĕre, *tr.* 둘러 짓다·건설하다, 벽을 치다.

circumsútus, a, um, *adj.* [circum+suo] 둘러 기운(縫): navígia cório circumsúta *(Plin.)* 가죽을 대어 기운 배.

circúmtĕgo, téxi, téctum, ĕre, *tr.* 주위를 두루 덮다, 뒤덮다. 「위로 뻗어 나가다.

circumténdo, di, téntum, ĕre, *tr.* 뻗다, 주

circumtérgĕo, ére, *tr.* 주변을 닦다, 깨끗이 하다. 「2. 모여들다, 밀려닥치다.

circúmtĕro, ĕre, *tr.* **1.** 둘레를 문지르다.

circumtéxo, xŭi, téxtum, ere, *tr.* 가장자리를 짜다, 돌려짜다.

circumtéxtus, a, um, *p.p., a.p.* [circum+texo] 선을 두른, 가장자리에 댄, 가장자리를 짠[뜬·엮은].

circumtínnĭo, íre, *tr.* 울려 퍼지게 하다, (쇠붙이로) 주위를 소리나게 하다.

circúmtŏno, ŭi, áre, *tr.* 천둥소리를 울려 퍼지게 하다, 큰 소리를 울리다.

circumtónsus, a, um, *adj.* [tóndeo] 돌려 깎은, 주위를 깎은: orátio circumtónsa *(Sen.)* 지나치게 기교를 부려 다듬은 연설.

circúmtŭli, *pf.* [circúmfero].

circumvádo, vási, ĕre, *tr.* 사방에서 공격하다, 엄습하다; 포위하다.

circúmvăgus, a, um, *adj.* 떠돌아 다니는, 둘레를 흐르는.

circumvállo, ávi, átum, áre, *tr.* **1.** 성·장벽을 두르다. **2.** 둘러 싸다, 포위하다.

circumvéctĭo, ónis, *f.* [circum+vehor] **1.** 각 방면으로의 수송·운송. **2.** 순환, 회전.

circumvécto, áre, *tr.* 두루 싣고 다니다.

circumvéctor, átus sum, ári, *dep. tr.* **1.** (배·말·수레를)타고 돌아다니다, 각지로 항해하다: óppida ~ *(Pl.)* 배로 여러 도시를 돌아다니다. **2.** 자세히 서술하다, 두루 설명하다.

circúmvĕhor,(*ĕris, ĭtur*), véctus sum, vĕhi, *dep. intr., tr.* **1.** (배·말·수레를 타고)일주하다, 타고 (어디를) 돌아다니다. **2.** 두루 서술하다·설명하다. 「싸다.

circumvélo, áre, *tr.* 두루 가리다·덮다, 감

circumvénĭo, véni, véntum, íre, *tr.* **1.** 주

위로 몰려 오다. **2.** 에워 싸다, 둘러 싸다, 휩싸다, **포위하다**: circumvénti flammā *(Cæs.)* 불길에 휩싸인 사람들. **3.** 압박하다, 죄다; 걸려들게 그물을 치다; 고통끼치다, 괴롭히다. **4.** **속이다.** **5.** (법률을) 교묘히 해석하다, 법망을 벗어나다.

circumvéntĭo, ónis, *f.* [circumvénio] **1.** 포위. **2.** 유혹; 사기, 속임.

circumvérro, vérsum, ĕre, *tr.* 두루 쓸어내다, 털다, 깨끗이 하다. 「음, 뒤엎음.

circumvérsĭo, ónis, *f.* [circumvérto] 뒤집

circumvérsus, a, um, *p.p.* [circumvérro, circumvérto].

circumvérto, ti, sum, ĕre, *tr.* **1.** (무엇을) 돌리다, 뒤집다: circumvértens se *(Suet.)* 돌아가는, 회전하는. **2.** 〔*passíve c. acc.*〕 돌다, 회전하다: ~ axem 축을 돌다. **3.** 속이다, 속게 하다. 「다.

circumvéstĭo, íre, *tr.* 둘러 입히다, 감싸

circumvíncĭo, vínctum, íre, *tr.* 비끌어 매다, 친친 동여 매다.

circumvíso, ĕre, *tr.* 둘러 보다.

circumvólĭto, ávi, áre, *tr.* **1.** 훨훨 날아 돌아다니다, 날아서 빙빙 돌다: lacus ~ *(V.)* 연못들 위를 빙빙 돌며 날다. **2.** 배회하다, 돌아다니다; 순찰하다.

circúmvŏlo, ávi, átum, áre, *tr.* **1.** 주위를 날다, 날아 돌아다니다. **2.** 분주히 뛰어다니다. 「선(螺旋); 딩굴음.

circumvŏlútĭo, ónis, *f.* [circumvólvo] 나

circumvŏlúto, áre, *tr.* 주위를 굴러 돌아가게 하다; 〔*pass. refl.*〕 **se~, circumvolutári** 딩굴다.

circumvŏlútor, átus sum, ári, *dep. intr.* 딩굴다, (몸을)굴리다.

circumvólvo, vi, volútum, ĕre, *tr.* 굴리다, 감다, 사리다; 〔*pass. refl.*〕 **circumvólvi, se ~** 구르다, 감기다: serpéntes sibi circumvolútæ *(Plin.)* 사리고 있는 뱀.

circumvórto = circumvérto.

circus, i, *m.* **1. 원**(圓), 동그라미. **2.** 천체의 궤도. **3.** (타원형의) **경기장,** 집회장; Circus, ~ Máximus (삼면에 계단식 관람석을 설비한) 고대 *Roma*의 타원형 노천대경기장. 「됐다는 전설적 새.

cīris, is, *f. Nisus*의 딸 *Scylla*가 변신해서

ciro... *V.* chiro...

cirrátus, a, um, *adj.* [cirrus] 곱슬곱슬한 머리털 있는; 자락에 술이 달린; *m. pl.* 곱슬머리 기른 아이들.

Cirrha, æ, *f. Phocis*의 도시. 「類).

cirripédĭa, órum, *n. pl.* 《動》 만각류(蔓脚

cirrus, i, *m.* **1.** 곱슬머리 다발, 곱슬머리 타래(특히 어린이들의). **2.** (새의) 도가머리, 관모(冠毛). **3.** 말(馬)의 이맛머리; 발목털. **4.** (식물의) 덩굴손. **5.** 옷자락의 술. **6.** 새털구름, 권운(卷雲).

Cirta, æ, *f. Numídia*의 중요도시(지금의 *Constantine*).

Cirténses, ĭum, *m. pl. Cirta*의 주민.

cĭs, *præp. c. acc.* **1.** 〔장소〕 이쪽에. **2.** 〔시간〕 안으로, 이내에.

Cisálpĭcus, a, um, *adj.* (*Roma*쪽에서 보아) 알프스산 이쪽의, 알프스 이남의.

Cisalpínus, a, um, *adj.* **1.** (*Roma*쪽에서 보아)알프스 이쪽의, 알프스 이남의. **2.** (프랑스쪽에서 보아) 교황권 제한주의의.

cisárĭus, i, *m.* **1.** 이륜(二輪)마차 조종자. **2.** 이륜마차 제작인.

císĭum, i, *n.* 이륜(二輪)마차.

cismărínus, a, um, *adj.*[mare] 바다 이편의.

cismontánus, a, um, *adj.* 산(특히 알프스산) 이쪽에 사는. 「*us* 봉우리의 하나.

Císpĭus Mons, -i -ntis, *m. Mons Esquilíni-*

Cisrhenánus, a, um, *adj. Rhenus*강 이쪽에 사는[있는].

Cisséis, ĭdis, *f. Císseus*의 딸(=Hécuba).

Císsĕus, i, *m. Thrácia*의 왕, *Hécuba*의 아버지. 「굴.

cissŏs, i, *f.* 《植》 **1.** 송악. **2.** 담쟁이덩

cista, æ, *f.* 궤, 함, 상자; 투표함.

cistélla, æ, *f. dim.* [cista] (돈·귀중품·화장품 넣어두는) 작은 상자.

Cistellárĭa, æ, *f.* (*sc.* fábula²) [cistélla] *Plautus*의 희극작품의 제목이름.

cistellátrix, ícis, *f.* [cistélla] 여주인의 작은 상자를 맡은 여자노예.

cistérna, æ, *f.* [cista] **1.** 빗물받는 물통. **2.** (천연)저수지, 못. **3.** 《解》 (분비액의) 저장기(貯藏器).

cisternínus, a, um, *adj.* [cistérna] 물통의.

cisthŏs, i, *m.* 《植》 거지덩굴. 「람.

cístĭfer, ĕri, *m.* [cista+fero] 상자드는 사

cistóphŏrus[-os], i, *m.* **1.** (제사 때)상자드는 사람. **2.** *Bacchus*의 신비의 상자가 조각되어 있는 아시아의 화폐.

cístŭla, æ, *f. dim.* [cista] 작은 상자·함.

citátim, *adv.* [citátus] 빨리.

citátĭo, ónis, *f.* [cito²] **1.** 소환(召喚). **2.** **인용**(引用), 인용문: ~ explícita 명시적(明示的) 인용, 명언적(明言的) 인용 / ~implícita 암시적[묵시적]인용.

citatórĭum, i, *n.* [cito²] 소환(召喚).

citatórĭus, a, um, *adj.* [cito²] 소환(召喚)의.

citátus, a, um, *p.p., a.p.* [cito¹] **1.** 빠른, 민첩한; 빠른 걸음의; 달리는: equo citáto *(Cæs.)* 말을 빨리 몰아서. **2.** 인용된; 낭송된.

cĭtĕr, tra, trum, *adj.* [cis] 〔흔히 *comp.* citérior, ius를 사용함; *superl.* cítimus〕 **1.** 이쪽의. **2.** 가까운, 인근의.

citérĭor, ĭus, *adj. comp.* [citer] **1.** (더) 이쪽에 있는(ultérior의 반대): Gállia ~ *(C.)* 알프스산 이쪽에 있는 *Gállia*. **2.** 더 가

까이 있는. **3.** 최근의: citerióra (*C.*) 최근의 일들. **4.** 속세의. **5.** 〔드물게〕 더 작은.

citérĭus, *adv.* 더 이쪽에, 더 가까이에: ~ débito (*Sen.*) 의무보다 더 급히.

Cithǽron, ónis, *m.* 목축으로 유명한 *Bœótia*의 산, *Bacchus*여신들의 주연장(酒宴場).

cíthăra, æ, *f.* **1.** 고대 희랍의 거문고. **2.** 거문고 연주.

citharísta, æ, *m.* 거문고 주자(奏者).

citharístrĭa, æ, *f.* [cíthara] 거문고 타는 여자.

citharízo, áre, *intr.*[cíthara] 거문고를 타다.

CITHARA

citharœ́da, æ, *f.* 거문고 타며 노래하는 여자.

citharœ́dĭcus, a, um, *adj.* 거문고에 관한, 거문고 타는, 거문고 타며 노래하는: ars citharœ́dica (*Suet.*) 거문고 타는 기술.

citharœ́dus, i, *m.* 거문고 타며 노래하는 사람.

cítĭmus, a, um, *adj. superl.* [citer] 〔*dat.*〕 가장 가까운, 가장 이쪽에 있는: stella cítima terris (*C.*) 지구에 가장 가까운 별.

Cítĭum, i, *n.* **1.** *Cyprus*섬의 도시, 철학자 *Zeno*의 출생지. **2.** *Macedónia*의 도시. **3.** 〔*adj.*〕 **-tĭéus,** a, um.

cítĭus, *adv. comp.* [citus] 더 빨리, 더 이전에, 더 용이하게; ~ quam = pótius quam (*L.*) 보다는 차라리, 보다 더.

cĭtŏ¹, *adv.* [citus] 빨리, 민첩하게, 손쉽게.

cĭto², ávi, átum, áre, *tr. freq.*[cíeo] **1.** 빨리 움직이게 하다, 서둘게 하다, 재촉하다; 촉진시키다; 선동하다. **2.** 소집하다, 소환하다, 부르다; in forum citátis senatóribus (*L.*) 광장에 원로원들을 소집하고. **3.** 고발하다. **4.** 선포하다, 공포하다. **5.** 인용하다.

cĭtra¹, *adv.* **1.** 이쪽에, 이편에. **2.** 〔정도〕 ~ quam (=minus quam, áliter quam) 보다 덜, 보다 달리.

cĭtra², *præp. c. acc.* **1.** 〔공간적〕 이쪽에, 이 편에: ~ Rhenum (*Cæs.*) 라인강 이쪽에. **2.** 〔시간적〕 이전에, 안으로, 이내에: ~ témporis finem 기한 전에. **3.** 〔정도 미달 표시〕 없이, 외에, 제쳐놓고: ~ scelus (*Ov.*) 범죄까지 가지 않고

cítrĕa, æ, *f.* [cítreus] 《植》 **1.** (운향과의) 유자나무; 시트론나무. **2.** *Afrĭca*산(產) 노송나무.

cítrĕum, i, *n.* 유자나무 열매.

cítrĕus, a, um, *adj.* [citrus] **1.** 유자나무(열매)의; 시트론나무(열매)의. **2.** *Afrĭca* 노송나무의.

citrínum malum, i, *n.* 시트론 열매.

cĭtro, *adv.* [citer] 이쪽으로〔ultro와 함께 씀〕: ultro ~, ultro citróque (*C.*) 이리저리, 이쪽저쪽으로, 여기저기로; 서로 / respónsis ultro citróque accéptis et rédditis (*L.*) 대답들을 서로 주거니 받거니 하고.

cĭtrum, i, *n.* 노송나무 목재.

cĭtrus, i, *f.* 《植》 **1.** (운향과의) 유자나무, 시트론나무. **2.** *Afrĭca* 노송나무.

cítŭmus = cítimus.

cĭtus, a, um, *p.p., a.p.* [cíeo, cio] **1.** 빠른, 재빠른, 신속한. **2.** 강행군(强行軍)의.

Cīus¹, a, um, *adj.* = Ceus.

Cĭus², i, *f.* = Cios.

cīvi, *pf.* [cíeo].

cívĭca, æ, *f.* (*sc.* coróna) *V.* cívicus.

cívĭcus, a, um, *adj.* [civis] 시민의, 공민의: coróna cívica (시민의 생명을 구한 병사에게 주는)떡갈나무 잎으로 엮은 관(冠).

civílis¹, e, *adj.* [civis] **1. 시민의, 국민의:** bellum civíle (*C.*) 내란(內亂) / jus civíle (*C.*) 시민권; 민법, *Roma* 시민법. **2.** 시민 생활의, 공민으로서의; 정치의: civílium rerum perítus (*Ta.*) 정치[행정]에 밝은. **3.** 시민에게 어울리는, 시민다운; 평민적인, 상냥한, 예의바른, 정중한: hoc civíle impérium (*Sall.*) 시민에게 적합한 명령. **4.** (군인·관리에 대하여) 일반 시민의, **민간인의.**

Civílis², is, *m.* *Batávia*인의 수령.

civilisátĭo, ónis, *f.* [civílis¹] 문명.

civílĭtas, átis, *f.* [civílis¹] **1.** 사교성, 정중, 세련, 친절. **2.** 정치적 지식·수완.

civílĭter, *adv.* [civílis] **1.** 시민답게, 시민적으로. **2.** 정중하게, 절제있게, 단정하게. **3.** 시민법상으로.

cīvis, is, *m. f.* **1. 시민, 자유시민:** ~ Romána (*C.*) *Roma*시민. **2.** 동포 시민.

cívĭtas, átis, *f.* [civis] **1. 도시, 도시국가; 국가,** 시민 공동체: ~ fœderáta 동맹도시 / ~ constitutionális 법치국가 / Cívitas Vaticána 바티칸 시국 / De civitáte Dei (*S.Augustínus*의) 신국론(神國論). **2. 전체시민; 국민.** **3.** 시민권, 시민자격.

civitátŭla, æ, *f.* [cívitas] **1.** 소도시의 시민권. **2.** 소도시.

clādēs[-is], is, *f.* **1.** 모든 종류의 **재앙,** 재난. **2. 패전,** 참패, 패망; 손해, 손실, 상해: *alci* cladem inférre (*L.*) 누구에게 참패를 안겨 주다. **3.** 재난의 원흉.

cladócĕra, órum, *n. pl.* 《動》 지각류(枝角類).

cladophýllum, i, *n.* 《植》 잎모양의 가지[줄기], 엽상경(葉狀莖).

clam¹, *adv.* 몰래, 숨어서.

clam², *præp.* 〔*c. acc.*〕 누구 몰래; 〔*c. abl.*〕 ~ vobis (*C.*) 너희들 몰래.

clāmátĭo, ónis, *f.* [clamo] 소리지름, 고함.

clāmátor, óris, *m.* [clamo] 고함지르는 자, 떠드는 자.

clāmātórĭus, a, um, *adj.* 고함지르는, 시끄럽게 떠들어대는.

clāmĭtátĭo, ónis, *f.* [clámito] 고래고래 소리 지름.

clámĭto, ávi, átum, áre, *tr.* [clamo] **1.** 〔*ab-*

sol.; alqd, alqm; acc. c. inf.〕 고함지르다, 외쳐대다, 힘껏 소리지르다: Cáunĕas clamitábat.*(C.)* 그는《*Caunus* 산(產) 무화과!》라고 외쳐대고 있었다. **2.** 큰소리로 요청하다. **3.** 공언하다; 명확하게 보여주다, 드러내다.

clāmo, ávi, átum, áre, *tr., intr.* **1.**〔*absol.; alqd, alqm - acc. præd.; acc.c. inf.*〕 **소리지르다, 외치다,** 고함치다; 절규하다; 소리쳐 …라고 말하다: ~ «bene!» *(H.)* 《좋아!》하고 큰 소리로 말하다 / ~ triúmphum *(Ov.)*《승리!》라고 외치다/*alqm* insánum ~ *(H.)* 아무를 미치광이라고 소리지르다/ Res clamat ad dóminum. 물건은 주인을 향해 소리지른다(물건은 소유주에게 속한다). **2.** 큰 소리로 부르다. **3.** 선언하다, 명백히 말하다, 언명하다, 단언하다. **4.** 큰 소리로 요청하다, 호소하다, 부르짖다.

clāmor, óris, *m.* [clamo] **1.** 큰 소리로 부름, 부르짖음; 외침, 외치는 소리, **고함소리.** **2.** (돌격의) **함성.** **3.** 환호, 환성, 갈채. **4.** (야유·항의 따위의) 소리지름, 떠들썩한 소리. **5.** 소음; 메아리.

clāmŏrósus, a, um, *adj.* [clamor] 떠들썩한, 시끄러운.

clāmósus, a, um, *adj.* [clamor] **1.** 고함지르는. **2.** 소음에 가득찬, 떠들썩한, 시끄러운. 「은, 비밀의; 몰래하는.

clancŭlárĭus, a, um, *adj.* [cláncŭlum] 숨

cláncŭlo, *adv.* [cláncŭlum] 몰래.

cláncŭlum, *dim.* [clam] **1.** *adv.* 몰래, 숨어서. **2.** *præp. c. acc.:* ~ patres *(T.)* 원로원 의원들 몰래. 「몰래함.

clandestínĭtas, átis, *f.* 비밀, 내밀(內密),

clándestínus, a, um, *adj.* 몰래하는, 비밀리의, 내밀(內密)의; 지하운동의, 불법의: matrimónium clandestínum 비밀 결혼; 내연(內緣).

clango, ĕre, *intr.* **1.** 유량(瀏喨)한 소리를 내다, 울려퍼지다. **2.** 쩌렁쩌렁 울리게 말하다.

clangor, óris, *m.* [clango] **1.** (새가) 퍼덕거리거나 우는 소리, 개짖는 소리. **2.** 울려 퍼지는 나팔 소리. **3.** 음향.

Clănis, is, *m. Etrúria*의 강(지금의 *Chiana*).

Clánĭus, i, *m. Campánia*의 서북쪽에 있는 강.

clārē, *adv.* [clarus] **1.** 찬란하게, 빛나게; 밝게, 맑게; 유명하게. **2.** 똑똑히, 명료하게. **3.** 분명하게: ~ et distíncte 명석하고 분명하게.

clárĕo, ére, *intr.* [clarus] **1.** 빛나다, 번쩍이다. **2.** 분명하다. **3.** 유명해지다.

clārésco, clárŭi, ĕre, *intr.* [cláreo] **1.** 밝아지다, 맑아지다, 선명해지다. **2.** 명확해지다, 분명해지다. **3.** 유명해지다.

clārĭficátĭo, ónis, *f.* 영광스럽게 함, 현양(顯揚), 선양.

clārífico, áre, *tr.* [clarus+fácio] **1.** 밝게 하다, 맑게 하다. **2.** 찬양하다, 영광을 드러내다. **3.** (애매한 뜻을)명백히 하다.

clarigátĭo, ónis, *f.* [clárigo] **1.** (적군에게 부당하게 뺏긴 것의) 반환 요구, (강화조약에서) 배상청구. **2.** 배상금; 석방금.

clárĭgo, átum, áre, *intr.* [clarus] **1.** (적군에게) 반환요구를 하다. **2.** 적군에게 손해배상을 청구하다. 「나는[울리는].

clārísŏnus, a, um, *adj.* [clarus] 맑게 소리

clārissĭmátus, us, *m.* 고관(claríssimi) 지위.

claríssĭmi, órum, *m. pl.* [clarus] (*Roma* 제정 시대의) 고관대작(제3급고관).

clárĭtas, átis, *f.* [clarus] **1.** (빛의) 밝음, 밝기; 찬란함; (소리의) 맑음, 선명. **2.** 명확성, 명백. **3.** 유명(有名), 고명.

clārĭtúdo, dĭnis, *f.* [clarus] **1.** 밝음, 맑음. **2.** 명성, 존귀.

clāro, ávi, átum, áre, *tr.* [clarus] **1.** 밝게 하다, 빛나게 하다. **2.** 명확하게 하다, 알아듣기 쉽게 하다. **3.** 유명하게 하다.

Clărŏs, i, *f. Iónia*의 도시, *Apóllo*신전과 신탁으로 유명했음; 〔*adj.*〕 **-rĭus,** a, um, *Claros*도시의; *Apóllo*의; *m. Apóllo*신.

clārus, a, um, *adj.* **1. 밝은,** 빛나는. **2. 맑은,** 낭낭한, 큰(소리). **3.** 명확한, **분명한,** 알아듣기 쉬운. **4. 유명한,** 저명한, 뛰어난, 고귀한.

classĭárĭi, órum, *m.pl.* [classis] 선원; 해군.

classĭárĭus, a, um, *adj.* [classis] 함대의, 해군의.

classĭcísmus, i, *m.* 고전주의(古典主義).

classícŭla, æ, *f.* [classis] 소함대(小艦隊).

clássĭcum, i, *n.* (*sc.* signum) [clássicus[1]] 신호 나팔 소리; 전투신호(나팔).

clássĭcus[1]**,** a, um, *adj.* [classis] **1.** 제1계급의. **2. 고전적;** (권위의 인정을 받은) 제1류의. **3.** 함대의, 선단의.

clássĭcus[2]**,** i, *m.* 각적(角笛)이나 나팔을 불어 국민을 계급별로 회의장에 소집하던 사람.

classis, is, *f.* **1.** (*Sérvius*가 구분한 *Roma*인의) **신분계급.** **2. 등급, 계급;** 부류, 범주; **학급,** 반. **3. 함대;** 수송선단. **4.** 〔고대에는〕무장한 육군. 「도시.

Clastídĭum, i, *n. Gállia Cisalpína*의 요새

Clatérna, æ, *f. Gállia Cisalpína*의 요새.

clāthri = clatri. 「창살로 막은.

clātrátus, a, um, *adj.* [clatro] 창살 있는,

clātri, órum, *m. pl.* 격자(格子), 창살.

clātro, áre, *tr.* [clatri] 창살로 막다.

cláudĕo, ére, *intr.* = cláudico. 「절뚝거림.

claudĭcátĭo, ónis, *f.* [cláudico] 파행(跛行),

cláudĭco, ávi, átum, áre, *intr.* [claudus] **1.** (다리를) 절다, 절뚝거리다. **2.** 비틀거리다, 뒤뚝거리다, 한결같지 않다. **3.** 한쪽이 없다, 결함이 있다; 불완전하다.

cláudĭtas, átis, *f.* [claudus] 절뚝거림.
Cláudĭus, i, *m.* *Roma* 씨족명. **1.** *Appĭus ~ Cæcus* (*Via Appĭa*의 건설자). **2.** *M. ~ Marcéllus* (*Hánnibal*과 맞서 싸운 장군, *Archimédes*가 지키는 *Syracúsæ*를 3년간의 포위 끝에 점령함). **3.** *Tibérius* ~ 황제 (41-54). **4.** 〔*adj.*〕 **-ĭális,** e; **-ĭánus,** a, um.
claudo[1]**,** clausi, clausum, ĕre, *tr.* **1.** 닫다, 막다, (문을) **잠그다. 2.** 길을 막다, 끊다; 국경을 폐쇄하다. **3.** 끝내다, **종결짓다**; 마무리하다, 완성하다: ~ suprémum diem 죽다 / agmen ~ 대열의 맨 뒤에 서다, 후미부대가 되다. **4.** 가로막다, 차단하다, 중지시키다. **5.** 봉쇄하다, 포위하다, **둘러 싸다. 6. 가두다, 감금하다,** 처넣다. **7.** 감추다.
claudo[2]**,** ĕre, *intr.* = cláudeo, cláudico.
claudus, a, um, *adj.* **1.** 다리저는, 절름발이의. **2.** (배가) 기우뚱거리는, 흔들리는. **3.** 결함있는, 한쪽이 부족한.
claustra, órum, *n. pl.* [claudo[1]] **1.** 빗장, 자물쇠. **2.** 울짱, 장벽, 폐쇄, 봉쇄, 방벽(防壁), 제방, 요새(要塞), 관문(關門). **3.** 새장, (야수가 사는) 굴, 동굴, (동물원의) 우리. **4.** 수도원(修道院).
claustrális, e, *adj.* [claustra] 수도원의.
claustrum, i, *n.* [claudo[1]] (= claustra) 폐쇄; 수도원: ~ objícere *(Curt.)* 항구를 폐쇄하다.
cláusŭla, æ, *f.* [claudo[1]] **1.** 맺는 말, 끝, 결론, 결말: ~ epístulæ *(C.)* 편지의 맺는 말, 결론형식. **2.** 약관(約款): ~ arbitrária 중재약관. **3.** 조항(條項): ~ vítii 하자 조항.
clausum, i, *n.* [clausus[1]] **1.** 폐쇄된 곳, 닫힌 곳; 숨긴 것. **2.** 격자(格子).
clausúra, æ, *f.* [clausus[1]] **1.** 봉쇄. **2.** (수도원의) 봉쇄구역.
clausus[1]**,** a, um, *p.p.* [claudo[1]] 닫힌, 폐쇄된, 속이 보이지 않는.
clausus[2]**,** i, *m.* [claudo[1]] 노예.
Clausus[3]**,** i, *m.* *Sabínus*사람들의 이름, 특히 *Cláudius* 씨족의 시조(始祖) *Attus Clausus.* 「봉.
clāva, æ, *f.* [clavus] 곤봉; *Hércules*의 곤
clavariácĕæ, árum, *f. pl.* 《植》 싸리버섯과(科). 「되던) 구두징 대금.
clavárĭum, i, *n.* [clavus] (군인들에게 지급
clavátor, óris, *m.* [clava] 곤봉든 사람.
clavátus, a, um, *p.p., a. p.* [clavo] **1.** 무늬 있는(옷). **2.** 밑창에 징 박은 (구두).
clavĭcárĭus, i, *m.* [clavis] 열쇠제작인.
clavícŭla, æ, *f. dim.* [clavis] **1.** 작은 열쇠. **2.** 식물의 덩굴손. **3.** 《解》 쇄골(鎖骨).
clavícŭlus, i, *m. dim.* [clavus] 작은 못.
clávĭger[1]**,** ĕra, ĕrum, *adj.* [clava+gero[1]] 곤봉을 든. 「자(*Janus* 신의 형용어).
clávĭger[2]**,** ĕri, *m.* [clavis+gero[1]] 열쇠 가진
clāvis, is, *f.* 열쇠, 빗장.
clāvo, átum, áre, *tr.* [clavus] **1.** 못을 치다, 못으로 고정시키다. **2.** 자주빛 선을 두르다, 자주빛 줄무늬를 넣다.
clāvus, i, *m.* **1. 못,** 압정; 징: trabáli clavo fígere (들보에 쓰는 큰 못을 박다) 움직이지 않게 고정시키다 / ~ anni 일년의 시작. **2.** (배의) 키, 키손잡이. **3.** (*Roma* 인들의) 긴 겉옷 túnica에 단 주홍색의 세로띠 (원로원 의원의 것은 넓었고 기사의 것은 좁았음).
Clazómĕnæ, árum, *f.pl.* *Iónia* 해안의 도시; 〔*adj.*〕 **-nĭus,** a, um; *m. pl. Clazómenæ*의 주민.
Cleánthes, is, *m.* 스토아 학파의 유명한 철학자, *Zeno*의 제자(c. 260 A.C.).
clémătis, ĭdis, *f.* 《植》 (미나리 아재비과) 으아리속의 만초(蔓草).
clēmens, éntis, *adj.* **1.** 유순한, 자애로운, 어진, 부드러운, 친절한; 인정 많은, 관후한; (성격이) 조용한, 차분한. **2.** (바람·기후·바다 따위) 따뜻한, 고요한, 온화한, 잔잔한. **3.** 완화된; (지형이) 완만한.
cleméntĭa, æ, *f.* [clemens] 관대, 자비, 유화, 인자; (기후의) 온화.
clenódĭum, i, *n.* 귀중품, 보물.
Cléŏbis, is, *m.* *Argos*의 여신관(女神官)인 *Cydíppe*의 아들로서 *Biton*의 형제.
Cleómbrŏtus, i, *m.* **1.** *Sparta*의 왕 (c. 350 A. C.), *Pausánia II*의 아들. **2.** *Ambrácia* 출신의 철학자.
Cleónæ, árum, *f.pl.* *Argolis*의 도시; 〔*adj.*〕 **-næus,** a, um.
Clĕŏpátra, æ, *f.* *Ptolemǽus Aulétes*의 딸, 이집트 *Ptolemǽus* 왕조의 마지막 여왕 (47-30 A.C.), 그 미모로 유명.
clĕpo, psi, ptum, ĕre, *tr.* **1.** 훔치다. **2.** 감추다, 숨기다.
clépsўdra, æ, *f.* 물시계.
clepta, æ, *m.* 도둑.
cleptománĭa, æ, *f.* 병적인 도벽(盜癖).
clērĭcális, e, *adj.* [cléricus] 성직자의.
clērĭcátus, us, *m.* [cléricus] 성직.
clērĭcéllus, i, *m.* [cléricus] 주교좌 부속 학교 학생.
clērícŭlus, i, *m. dim.* [cléricus] 성직자.
clérĭcus, i, *m.* 성직자.
clērus, i, *m.* **1.** 전리품(戰利品), 몫. **2.** 성직, 성직계급; 성직자; 성직단. 「사.
clībănárĭus, i, *m.* [clíbanus] 갑옷 입은 병
clíbănus, i, *m.* 빵 굽는 큰 그릇·가마.
clĭens, éntis, *m.* **1.** 고대 *Roma* 귀족(patrónus)의 예속평민, 피보호(被保護) 평민; 가신(家臣), 부하. **2.** 소송 의뢰인, **변호 의뢰인. 3.** 피보호민족.

clĭénta, æ, *f.* [cliens] (귀족의) 보호 받는 여자; 여자 의뢰인.

clĭentéla, æ, *f.* [cliens] **1.** (피보호 평민이 *Roma* 귀족으로부터 받는) 보호, 보호관계. **2.** *pl.* 부하들, 피보호민. **3.** 강대국의 보호 받음, 예속. 「다, 섬기다.

clĭénto, ávi, átum, áre, *tr.*[cliens] 봉사하

clĭéntŭlus, i, *m. dim.* [cliens] 가엾은 피보호 평민. 「시대의) 풍조, 경향.

clīma, ătis, *n.* **1.** 기후; 풍토. **2.** (사회·

clīmácter, éris, *m.* **1.** 액년(厄年: 7년 마다 사람의 운명에 큰 변화가 일어난다고 하는 해). **2.** 《生理》 갱년기. 「의.

clīmactérĭcus, a, um, *adj.* 액년의; 갱년기

clīmátĭcus, a, um, *adj.* 기후의, 기후상의,

clīmătŏlŏgía, æ, *f.* 기후학. 」풍토적인.

clīmătŏlógĭcus, a, um, *adj.* 기후학적, 기후[풍토학]의.

clīmax, ăcis, *f.* **1.** 《修》 클라이막스, 점층법(漸層法). **2.** (극·사건 따위의) 절정, 최고조. **3.** (동식물 군락 생활의) 안정기, 극성기(極盛期). 「나감, 벗어남.

clīnámen, mĭnis, *n.* [clino] 기울어짐; 빗

clīnátus, a, um, *p.p., a.p.* [clino] 기울어진, 침강(沈降)된.

Clínĭas, æ, *m.* *Alcibíades*의 아버지.

clínĭce, es, *f.* 임상(臨床), 임상치료; 임상강의. 「**2.** 임상의사.

clínĭcus, i, *m.* **1.** 병상에 누워있는 병자.

clīno, áre, *tr.* 기울어 지다. 「神).

Clīō, us, *f.* 역사를 주관하는 *Musa*(詩歌女

clĭpĕátus[1], a, um, *adj.* [clípeus] 방패로 무장한.

clĭpĕátus[2], i, *m.* 방패로 무장한 병사.

clípĕo, ávi, átum, áre, *tr.* [clípeus] 방패로 무장하다.

clĭpéŏlum, i, *n. dim.* [clípeus] 작은 방패.

clípĕus[-um], i, *m.[n.]* **1.** (동으로 만든) 둥근 방패. **2.** 신이나 위인의 상반신을 새긴(방패 모양의) 원형 양각(陽刻). **3.** 태양의 둥근 표면. **4.** (둥근) 천공(天空).

CLIPEUS 1

clisimétrum, i, *n.* 경사(傾斜) 측정기.

Clísthĕnes, is, *m.* *Athénæ*의 정치가(c. 510 A.C.). 「하던 희랍의 역사가.

Clītárchus, i, *m.* *Alexánder* 대왕을 수행

clītélla, æ, *f.* **1.** 길마. **2.** 말 안장에 다는 주머니. 「안장.

clītéllæ, árum, *f. pl.* 길마, 짐싣는 말안장;

clitéllárĭus, a, um, *adj.* [clitéllæ] 길마의, 길마 얹은. 「시; [*adj.*] **-nínus,** a, um.

Clitérnum, i, *n.*[**-nia,** æ, *f.*] *Æqui*족의 도

Clitómăchus, i, *m.* *Carthágo* 출생의 *Académía*파 철학자. 「**-rĭus,** a, um.

Clītor, ŏris, *m.* *Arcádia*의 도시; [*adj.*]

Clitórĭum, i, *n.* = Clitor.

clítŏris, ĭdis, *f.* 《解》 음핵(陰核). 「*tunno*).

Clitúmnus, i, *m.* *Umbria*의 강(지금의 *Cli-*

Clītus, i, *m.* *Alexánder* 대왕의 참모겸 친구, 왕은 술에 취하여 그를 죽였음.

clīvĭus, a, um, *adj.* 불실한.

clīvósus, a, um, *adj.* [clivus] 불쑥 올라온, 언덕이나 산이 많은, 험준한.

clīvus[-os], i, *m.* [clino] 언덕, 구릉; 비탈: mollis ~ *(V.)* 완만한 경사 / ~ Capitolínus *(C.)* *Capitólium* 언덕.

clŏáca, æ, *f.* **1.** 하수(도), 하수구: ~ máxima, *Roma*의 대하수도. **2.** 총배출강(總排出腔). 「명.

Clŏācína, æ, *f.* [cloáca] *Venus* 여신의 별

clódĭco = cláudico.

Clódĭus, i, *m.* P. ~ Pulcher, *Roma*의 호민관으로 *Cícero*의 적, *Milo*에게 살해되었음; [*adj.*] **-dĭánus[-dĭus],** a, um.

clōdo = claudo[1].

Clœ́lĭa, æ, *f.* *Porsénna* 왕한테 인질로 잡혀갔다가 *Tíberis* 강을 헤엄쳐 도망친 *Roma*의 소녀.

Clœ́lĭus, i, *m.* *Roma*인의 씨족명.

clostr... *V.* claustr...

Clōthō, us, *f.* 운명을 맡은 세 여신 중 가장 나이 어린 여신(사람의 출생을 맡고 생명의 실을 끊음).

Cluacína, æ, *f.* = Cloacína.

clud... *V.* claud...

clŭens, éntis, *p. præs.* [clúeo] = cliens.

Cluéntĭus, i, *m.* *Roma*인의 씨족명; [*adj.*] **-tĭánus,** a, um.

clúĕo, ére, *intr.* …로[…라고] 불리다, 일러지다, …라는 소문이[평이]있다; …로 알려져 있다: Esse cluébat ómnium misérrimus. 그는 가장 불쌍한 사람으로 알려졌다.

Cluílĭus, i, *m.* = Clœ́lius.

clunácŭlum, i, *n.* 백정들이 쓰던 칼; 식칼.

clūnis, is, *f.(m.)* [주로 *pl.*] 엉덩이, 볼기.

Clúpĕa, æ, [-æ, árum,] *f.[pl.]* *Afrĭca* 북쪽 해안에 있던 도시.

clúpĕo, clúpĕus = clípeo, clípeus.

clūra, æ, *f.* 《動》 원숭이.

clūrínus, a, um, *adj.* [clura] 원숭이의.

Clúsĭum, i, *n.* *Etrúria*의 옛 도시(지금의 *Chiusi*); [*adj.*] **-sínus,** a, um; *m.* *Clúsium* 사람.

Clúsĭus, i, *m.* 평화시의 *Janus*신의 별명.

clūsúra = clausúra.

Clúvĭa, æ, *f.* [**-ánum,** i, *n.*] *Sámnium*의 *Hirpíni*종족의 도시; [*adj.*] **-vĭánus,** a, um.

Clúvĭus, i, *m.* *Roma*인의 씨족명.

Clýmĕne, es, *f.* *Océanus*와 *Tethys* 사이에서 난 딸, *Æthiópia*의 *Merops*왕의 아내, 태양신과의 사이에서 *Phæthon*을 낳았음; [*adj.*] **-néĭus,** a, um.

Clýmĕnus, i, *m.* *Pluto* 신의 별명.

clýpĕus, i, *m.* (= clípeus) **1.** 크고 둥근 방패. **2.**《動》곤충의 악판(顎板), (머리부분의) 두순(頭盾).

clyster, éris, *m.*《醫》**1.** 관장(灌腸). **2.** 관장액[제(劑)]. **3.** 관장기.

Clytæmnéstra, æ, *f.* *Agamémnon*왕의 아내, *Ægísthus*에 유혹되어 자기 남편을 죽였으나, 나중에 자기 아들 *Oréstes*의 손에

Cn. = Gnæus. ㄴ죽음.

Cnæus, i, *m.* (=Gnæus) *Roma*인의 이름 (略: Cn.).

cnidárĭa, órum, *n. pl.*《動》유자포(有刺「胞)동물.

cnidosporídĕa, órum, *n. pl.* 유자사 포자충류(有刺糸胞子虫類).

Cnĭdus[-os], i, *f.* 소아시아 *Cária*의 서남해안 옛 도시, *Venus* 여신상으로 유명함; 〔*adj.*〕 **-dĭus,** a, um; *m. pl. Cnidus* 주민.

Cnos... *V.* Gnos...

co-(접두사) = com, cum. 「*Cous* 의복.

Cŏa, órum, *n. pl.* [Cous] 비단으로 만든

cŏaccédo, ĕre, *intr.* 함께 접근하다, 동시에 도착하다.

cŏácĕo, ŭi, ére, *intr.* 시큼해지다. 「積).

cŏăcervátĭo, ónis, *f.* [coacérvo] 누적(累

cŏăcérvo, ávi, átum, áre, *tr.* [cum + acérvus] 쌓아 올리다, 누적하다.

cŏăcésco, ácui, ĕre, *intr.* **1.** 시큼해지다; 쓴 맛이 나다. **2.** 난폭해지다. 「트.

cŏácta, órum, *n. pl.* [cogo] 모전(毛氈), 펠

cŏácte, *adv.* [coáctus¹] 억지로, 강제로, 부득이.

cŏactílĭa, ĭum, *n. pl.* 모전(毛氈), 양탄자·

cŏactĭlĭárĭus, a, um, *adj.* 양탄자의, 양탄자에 관한; *m.* 양탄자 제조인.

cŏáctĭlis, e, *adj.* **1.** 두꺼운. **2.** 모전(毛氈)으로 만든.

cŏáctĭo, ónis, *f.* [cogo] **1.** 강제, 협박, 강박. **2.** 요약. **3.** (돈)징수.

cŏactívus, a, um, *adj.* [cogo] 강제적인: potéstas coactíva 강제력. 「시키다.

cŏácto, áre, *tr.* [cogo] 강요하다, 억지로

cŏáctor, óris, *m.* [cogo] **1.** (과일·물건·세금 따위를) 걷어 들이는 사람; 징수인. **2.** 강요자. **3.** *pl.* ~ ágminis 후위, 후진(後

coáctum, i, *n.* [cogo] 모전(毛氈). ㄴ陣).

coáctus¹, a, um, *p.p., a.p.* [cogo] 강요당한, 강제당한, 어찌할 수 없는, 억지로 하는; 인위적인, 자연스럽지 못한. 「강요.

cŏáctus², us, (주로 *abl.* u), *m.* 강제, 강박,

cŏácŭi, *pf.* [coáceo, coacésco].

cŏáddo, ĕre, *tr.* 한데 모으다.

cŏaddúco, ĕre, *tr.* **1.** 인도하다. **2.** 섞다.

cŏadjícĭo, jéci, cĕre, *tr.* 한데 보태다. 「교.

cŏadjútor, óris, *m.* **1.** 보좌인. **2.** 보좌주

cŏadjūtórĭa, æ, *f.* [coadjútor] **1.** 보좌. **2.** 보좌 주교직. 「주교.

cŏadjútus, i, *m.* 보좌주교의 조력을 받는

cŏădūnátĭo, ónis, *f.* [coadúno] 하나로 모음, 합침. 「다, 합치다.

cŏădúno, ávi, átum, áre, *tr.* 하나로 모으

cŏædífico, ávi, átum, áre, *tr.* [cum + ædífico] 함께 짓다·건설하다, 건축물로 덮다.

cŏæquális, e, *adj.* [cum + æquális¹] 같은 나이의, 같은 또래의.

cŏæquálĭtas, átis, *f.* = æquálitas.

cŏǽquo, ávi, átum, áre, *tr.* [cum + æquo] 같게 하다, 평평하게 하다, 같은 수준으로 만들다. **2.** 평등[동등·대등]하게 하다. 「동시대의.

cŏætánĕus, a, um, *adj.* [ætas] 동년배의;

cŏætérnus, a, um, *adj.* 함께 영원한.

cŏǽvus, a, um, *adj.* [ævum] 동갑의; 같은 시대의. 「아 덮다.

cŏággĕro, ávi, átum, áre, *tr.* 쟁여 쌓다, 쌓

cŏágĭto, átum, áre, *tr.* 함께 흔들다.

cŏagmentátĭo, ónis, *f.* [coagménto] 결합, 연결, 조립.

cŏagménto, ávi, átum, áre, *tr.* [coagméntum] 하나로 모아 결합시키다, 조립하다.

cŏagméntum, i, *n.* [cum + ago] 연결, 결합, 접합.

cŏagulátĭo, ónis, *f.* [coágulo] 응결, 응고.

cŏágŭlo, ávi, átum, áre, *tr.* [coágulum] 응결시키다, 응고시키다.

cŏágŭlum, i, *n.* [cogo] **1.** 응유효소(凝乳酵素); 응결된 우유. **2.** 응결물(凝結物).

cŏălescéntĭa, æ, *f.* [coalésco] **1.** 합생(合生), 생장(生長). **2.** 아물어 붙음, 유합(癒合). **3.** 합동, 연립.

cŏălésco, álui, álĭtum, scĕre, *intr.* [cum + alésco] **1.** 생장(生長)하다, 엉겨붙어 자라다; 아물어 붙다. **2.** 뿌리를 박다, 성장하다, 튼튼하게 자라다. **3.** 뭉치다; 한데 모이다, 연합하다; 견고해지다. **4.** (단어가) 합성되다. 「립.

cŏălítĭo, ónis, *f.* [coalésco] 단결; 연합, 연

cŏangústo, ávi, átum, áre, *tr.* **1.** 좁히다; 압축하다, 죄다, 꼭 끼게 하다, 꽉 메우다. **2.** 제한하다, 한정하다.

cŏaptátĭo, ónis, *f.* [coápto] 알맞은 결합; 접착; 뼈맞추기.

coápto, ávi, átum, áre, *tr.* **1.** 〔*alqd - dat.*〕 알맞게 하다, 맞추다. **2.** 〔*alqm alci*〕 짝 맞춰 주다, 결혼시키다.

coarct... *V.* coart...

cŏárgŭo, gŭi, gútum, ĕre, *tr.* [cum + árguo] **1.** 명확하게 증명하다; 〔*alqm c. gen., abl. críminis*〕 누구의 유죄를 확증하다. **2.** (죄·허위 따위를)증명하다: ~ mendácium *alcjs* *(C.)* 누구의 허위진술을 지적하여 증명하다.

cŏartátĭo, ónis, *f.* [coárto] 좁힘, 죔; 밀집, 응축, 압축.

cŏárto, ávi, átum, áre, *tr.* [cum + arto] **1.** 죄다, 좁히다, 한정하다. **2.** (시간을) 단

축하다, 줄이다. **3.** 짜임새있게 하다, 간결하게하다, 요약하다. **4.** [*alqm* ad *acc.*, *inf.*] 의무를 다하게 하다, 응당 할 것을 하게 하다. 「로 붙임; 마루.

cŏassāméntum, i, *n.* 나무판자들을 하나

cŏassátĭo, ónis, *f.* 마루; 마루놓음.

coásso, ávi, átum, áre, *tr.* 마루를 깔다; 판자를 붙이다. 「다, 함께 받아 들이다.

cŏassúmo, súmpsi, súmptum, ĕre, *tr.* 보태

cŏáuctĭo, ónis, *f.* [co+áugeo] 증가, 증대.

cŏaxátĭo, ónis, *f.* [coáxo[1]] 마루.

coáxo[1], áre, *tr.* 마루를 놓다, 판자를 깔다.

coáxo[2], áre, *intr.* (개구리가) 개굴개굴 울

coca = coqua. ⌊다.

cocaínum, i, *n.* 《化》 코카인.

Coccéjus, i, *m.* *Roma*인의 씨족명.

cóccĕus, a, um, *adj.* 진홍색의. 「벌레.

cóccĭdæ, árum, *f. pl.* 《動》 깍지 진디과의

coccĭna, órum, *n. pl.* 진홍색 옷.

coccĭnátus, a, um, *adj.* [cóccinus] 진홍색 옷을 입은.

coccínĕus, a, um, *adj.* [coccum] 진홍색의.

cóccĭnus, a, um, *adj.* 진홍색의; *n.* 진홍색.

coccolithophórĭdæ, árum, *f. pl.* 《動》 원석조류(原石藻類).

cóccŭlus trílobus, i, *m.* 《植》 댕댕이 덩굴.

coccum, i, *n.* **1.** (연지벌레에서 만들어 내는) 빨간 물감, 진홍색. **2.** 진홍색 천·옷.

coccyx, ýgis, *m.* 《動》 뻐꾸기.

cóchlĕa, æ, *f.* **1.** 《動》 달팽이; 달팽이 껍질: ~ nuda *(Plin.)* 괄태충(括胎蟲). **2.** 나선형. **3.** 《解》 (내이〈內耳〉의) 와우각

cóchlĕar[-áre], ris, *n.* 숟가락. ⌊(蝸牛殼).

cochleárĭum, i, *n.* [cóchlea] **1.** 달팽이집. **2.** 숟가락.

cochléĭtis, tĭdis, *f.* 《醫》 내이염(內耳炎).

cócĭo, ónis, *m.* 흥정하는 사람.

cóclĕa, cóclĕar = cóchlea, cóchlear.

cŏcles[1], lĭtis, *m.* 애꾸눈이.

Cŏcles[2], lĭtis, *m.* *Horátius*의 별명. 「주민.

Cocosátes, um, *m. pl.* *Gállia Aquitánia*의

coctíbĭlis, e, *adj.* [coquo] 쉽게 삶아지는.

cóctĭlis, e, *adj.* [coquo] 탄, 구운: muri cóctiles *(Ov.)* 벽돌로 싼 성.

cóctĭo, ónis, *f.* [coquo] 삶음.

cóctĭto, áre, *tr.* 되삶다, 푹 익히다; 굽다.

coctívus, a, um, *adj.* [coquo] **1.** 쉽게 삶아 지는. **2.** 쉽게 익는(과일).

coctor, óris, *m.* 요리사; 굽는 사람.

coctúra, æ, *f.* [coquo] **1.** 구움(燒), 익힘(熟); 익은 것. **2.** 과일 익는 시절[날씨].

coctus, a, um, *p.p.*, *a.p.* [coquo] 익힌, 끓인, 삶은; 능숙한, 정통한; *n. pl.* 익힌 식

cócŭlum, i, *n.* [coquo] 남비. ⌊료품.

cócŭma, æ, *f.* [cocus] 운두가 높은 남비.

cŏcus, i, *m.* = coquus. 「**-tĭus,** a, um.

Cocýtus[-os], i, *m.* 지하세계의 강; [*adj.*]

cōda = cauda.

cōdex[1], dĭcis, *m.* (= caudex) ~ robústus 노예를 벌줄 때(풀려나기까지)끌고 다니게 한 통나무.

cōdex[2], dĭcis, *m.* [caudex] **1.** 책, **기록부, 장부**; 공책: ~ accépti et expénsi 금전 출납부 / ~ testaménti 유언서. **2. 법전:** ~ Juris Canónici(《略》 C.I.C.) 《가》 (1918년 시행의) 현행 교회법전. **3.** (성서·고전의) **사본**(寫本): ~ bíblicus 성서사본 / ~ Vaticánus (신약 성서의) 바티칸 사본.

cōdĭácĕæ, árum, *f. pl.* 《植》 청각채(靑角菜).

cōdĭcárĭus, a, um, *adj.* (= caudicárius) 나무판자의, 통나무의; 뗏목의.

cōdĭcíllus, i, *m. dim.* [codex] **1.** 작은 통나무. **2.** *pl.* (밀칠한) 칠판. **3.** 작은 책자. **4.** 편지 쪽지, 비망록. **5.** 사령장; 칙령. **6.** 유언 보충서.

cōdĭfĭcátĭo, ónis, *f.* [codex[2]+fácio] 법전

Codrus, i, *m.* *Athénæ* 최후의 왕. ⌊편찬.

cŏëducátĭo, ónis, *f.* 남녀공학.

cŏégi, *pf.* [cōgo].

cœl... (아래에 나오지 않는 것은) *V.* cæl...

Cœla, æ, *f.* *Eubœa*의 서남 해안지방.

Cœle, es, *f.* *Ægéum*바다의 섬.

cœlebs, lĭbis, *adj.* 독신의, 미혼의. 「동물.

cœlenteráta, órum, *n. pl.* 《動》 강장(腔腸)

cœléntĕron, i, *n.* (강장동물의) 강장.

cœléstis = cæléstis.

Cœlesýrĭa, æ, *f.* (*Sýria*의) *Líbanus*산과 *Antilíbanus* 산 사이에 있는 지방.

cœlíăcus, a, um, *adj.* **1.** 장(腸)의, 하복부의. **2.** 복강(腹腔)의. 「독신제도.

cœlibátus, us, *m.* [cœlebs] 독신, 독신생활;

cœlum, i, *n.* = cælum.

cœmētérĭum, i, *n.* 묘지.

cŏémo, émi, émptum, ĕre, *tr.* 무더기로 사들이다, 매점(買占)하다.

cŏémptĭo, ónis, *f.* [cŏémo] **1.** 공동구입; 매점(買占). **2.** (*Roma*법의) 매매식(賣買式) 결혼. **3.** (상속재산에 대한) 형식적 매매.

cŏëmptĭōnális, e, *adj.* [cŏémptio] **1.** 매매식 결혼의. **2.** (상속자에게 대대로 전해지는 제사의무의 면제를 목적으로, 자기에게 돌아올 재산을 상속자 없는 노인에게 형식적으로 팔았다가 다시 사들이는) 형식 매매의. **3.** 가치없는, 쓸모없는.

cŏëmptĭōnátor, óris, *m.* [cŏémptio] **1.** 매점자(買占者). **2.** 매매식 결혼을 하는 사람. **3.** (상속 재산에 대한) 형식적 매

cŏémptor = cŏëmptionátor. ⌊매자.

cœna, æ, *f.* **저녁**(끼니), **만찬**; 정찬(正餐), 옛날 *Roma*인들의 으뜸 끼니.

cœnácŭlum, i, *n.* **1.** 식당. **2.** 맨 위층 방(보통 식당으로 쓰였음).

cœnátĭcus, a, um, *adj.* 저녁식사의.

cœnátĭo, ónis, *f.* 식당.
cœnātĭúncŭla, æ, *f.* 조그만 식당.
cœnātórĭa[1], æ, *f.* 부엌, 조리장, 주방.
cœnātórĭa[2], órum, *n.pl.* 식사 때 걸치는 옷.
cœnātórĭus, a, um, *adj.* 식사의, 식사에
관한. 「하)다; 식사하고 싶다.
cœnātúrĭo, íre, *intr.* 한 상 차려먹고 싶(어
cœnátus, a, um, *p.p.* [cœno] 저녁 먹은, 밥
먹은. 「라는 자.
cœnípĕta, æ, *m.* 저녁 달라는 자; 한턱 내
cœno, ávi, átum, áre, *intr., tr.* **1.** 저녁 먹
다, 식사하다; 먹다. **2.** 저녁 먹으면서
무엇을 하다. **3.** 먹으면서 밤을 새다:
cœnátæ noctes *(Pl.)* 먹으면서 지샌 밤.
cœnobíăcus, a, um, *adj.* [cœnóbium] (공
동 생활을 하는) 수도원의; 은둔 생활의.
cœnobiárches, æ, *m.* 수도원장.
cœnobiósis, is, *f.* 공동생활; (동물의) 군취
(群聚).
cœnobíta, æ, *m.* [cœnóbium] 수도자.
cœnóbĭum, i, *m.* **1.** 수도원. **2.** 공동
cœnomyía, æ, *f.* 《動》 개파리. ㄴ생활.
cœnósus, a, um, *adj.* [cœnum] 진흙탕의,
진흙투성이의; 질척질척한. 「사.
cœ́nŭla, æ, *f. dim.* [cœna] 간단한 저녁식
cœnum, i, *n.*(= cænum) **1.** 진흙, 진창.
2. 불결물, 오물(汚物), 쓰레기. **3.** 하층
민, 천민(賤民). **4.** 더러운 놈.
cóëo, cóĭi[ívi], cóĭtum, coíre, *anom.* [cum+
eo] **I.** *intr.* **1.** 함께 가다[오다], 같이 모
이다. **2.** (군대가) 집결하다, 뭉치다. **3.**
적과 마주치다, 싸우다: ~ inter se, ~ in
prœ́lia 싸우다. **4.** 협의하다; 협력하다,
연합하다. **5.** 결혼하다; 교미[교접]하다:
~ núptiis [connúbio] *(Curt.)* 결혼하다. **6.**
(상처가) 아물다. **7.** 엉기다, 엉겨붙다;
얼어 붙다.
II. *tr.* (동맹·계약 따위를) 맺다: ~ soci-
etátem cum *alqo (C.)* 누구와 동맹하다, 결
속[결탁]하다.
cœpi, *(ísti)*, ísse, *pf. tr.* [cœ́pio] 시작하였다.
cœ́pĭo, cœpi, cœptum, pĕre, *intr., tr.* 《古》
〔*pf. p.p.*만 쓰이는 정도임〕 시작하다.
cœpto, ávi, átum, áre, *tr.* [cœ́pio] 〔*inf.*〕 착
수하다, 시작하다. 「초지(初志).
cœptum, i, *n.* [cœptus[1]] 시작(한 것), 계획,
cœptus[1], a, um, *p.p., a.p.* [cœ́pio] 시작된,
cœptus[2], us, *m.*[cœ́pio] 시작, 시도. ㄴ시작한.
cŏëpŭlónus, i, *m.* 회식(會食)하는 사람,
잔치손님.
cŏéquĭto, ávi, átum, áre, *tr.* 함께 말타다.
Cœránus, i, *m.* *Stoa*학파의 철학자.
cœrátor, óris, *m.* = curátor.
cŏércĕo, ŭi, ĭtum, ére, *tr.* [cum+árceo] **1.**
가두다, 죄다; 막다. **2.** (멋대로 하지 못
하게) **제지하다,** 견제하다, 제어하다, 제한
하다; (나무 가지를) 치다. **3.** **단속하다,**
속박하다, 억제하다. **4.** 견책하다, 징벌
하다. 「는; 단속할 수 있는.
cŏërcíbĭlis, e, *adj.* [cŏérceo] 억제될 수 있
cŏërcibilĭtas, átis, *f.* 억제 가능성, 단속될
수 있는 성질.
cŏërcítĭo, ónis, *f.* [coérceo] **1.** 제한, 한
정; 단속, 억제, 억압. **2.** 징벌, 징계.
cŏércĭtor, óris, *m.* 단속자.
cœro = curo.
cœrul... *V.* cærul...
cœtŭs, us, *m.* **1.** 회합, 모임, 집회; 집회
군중. **2.** 단체, 연합; …회.
Cœus, i, *m.* *Titánes*중의 한 사람, *Latóna*
의 아버지. 「存性).
cŏëxsisténtĭa, æ, *f.* 《哲》 공존, 공존성(共
cóffĕa, æ, *f.* 커피.
coffĕínum, i, *n.* 《化》 카페인.
cogĭtábĭlis, e, *adj.* [cógito] 생각될 수 있는.
cogĭtābúndus, a, um, *adj.* [cógito] **1.** 사
려깊은, 깊이 생각하는. **2.** 중대한.
cogĭtátĭo, ónis, *f.* [cógito] **1.** 생각, 사고
(思考), 사유(思惟). **2.** 명상, 사색, 반
성; 심사숙고. **3.** 사고력; 상상력, 표상
력. **4.** 사상, 이념; 개념. **5.** 계획, 결
심. 「(着想). **2.** 계획.
cogĭtátum, i, *n.* [cogitátus] **1.** 생각, 착상
cogĭtátus, a, um, *p.p., a.p.* [cógito] 숙고
한; 계획된.
cógĭto, ávi, átum, áre, *tr.* [cum+ágito] **1.**
〔*absol.; alqd;* de *abl.; acc. c. inf.*〕 **생각하
다,** 궁리하다, 숙고하다: Cógito, ergo sum.
(Descartes) 나는 생각한다, 그러므로 나는
존재한다. **2.** 상상하다, 생각나다; 생각
해 내다. **3.** 〔*alqd; inf.;* de *alqo;* ut, ne〕
…할 생각이다, 생각을 품다, 고려하다, 계
획하다: male de *alqo* ~ *(C.)* 누구를 해칠
생각이다.
cognátĭo, ónis, *f.* [cognátus] **1.** **혈연관계,**
친족관계, 친척: 《가》 ~ spirituális 신친(神
親)관계 (영세자와 대부·대모 사이). **2.**
동족; 동류, 한 통속, 유사성: ~ studió-
rum *(C.)* 같은 취미.
cognátus, a, um, *adj.* [cum+gnatus = na-
tus] **1.** 같은 혈통의, 조상이 같은, 기원이
같은; *m. f.* 친척, 혈족. **2.** 같은 종류
[계통]의, 유사한.
cognítĭo, ónis, *f.* [cognósco] **1.** (사람·사
물을) 앎; **인식,** 인식 작용. **2.** 지식, 개
념. **3.** 《法》 심문, 심리(審理).
cógnĭtor, óris, *m.* [cognósco] **1.** (실정·경
위 따위를) 잘 아는 사람. **2.** 신원 보증
인. **3.** 변호인. **4.** 검찰관, 검사; 판사.
5. 대표, 보호인.
cognitúra, æ, *f.* [cógnitor] 검찰청.
cógnĭtus, a, um, *p.p., a.p.* [cognósco] 알려
진, 인정 받은: bene ~ *alci (C.)* 누구에게
잘 알려진 사람.

cognóbĭlis, e, *adj.* [cognósco] 이해될 수 있는.

cognómen, mĭnis, *n.* [cum+nomen] **1.** 고대 *Roma* 인의 세째 이름. *e.g. Marcus Túllius Cícero*의 Cícero. (*cf.* agnómen). **2.** (일반적으로) 성(姓), 가문명(家門名). **3.** 별명. **4.** (통속적으로) 명칭, 이름.

cognōméntum, i, *n.* = cognómen.

cognōmĭnátus, a, um, *p.p.* [cognómino] 별명의, 이명(異名)의: cognomináta verba 동의어(同義語).

cognómĭnis, e, *adj.* [cognómen] 같은 이름을 가진, 동명이인의.

cognómĭno, ávi, átum, áre, *tr.* [cognómen] 성씨(姓氏)를 붙이다; 별명을 붙이다.

cognóscens, éntis, *p. præs., a.p.* [cognósco] **1.** 잘 아는: ~ sui *(C.)* 자기 자신을 아는. **2.** 사건을 심리하여 심판하는.

cognoscíbĭlis, e, *adj.* [cognósco] 인식할 수 있는. 「식 가능성.

cognoscibilĭtas, átis, *f.* 가지성(可知性), 인

cognósco, gnóvi, gnĭtum, ĕre, *tr.* [cum+gnosco=nosco] 〔*alqd* - a, ex *abl.*; de *abl.*; *acc. c. inf.*〕 **1.** 알(게 되)다, 익히(잘)알다; **인식하다,** 깨닫다: ~ *alqd* ab[ex] *alqo (C.)* 누구에게서 무엇을 듣고 알다 / ~ de *alqā re (Cæs.)* …에 대해서 듣고 알다 / 〔*nom. c. inf.*〕 Metéllo cógnitum erat, genus...infídum esse.*(Sall.)* 그 종족은 불성실하다는 것을 *Metéllus*는 이미 잘 알고 있었다 / 〔*pass. impers.*〕 Ab eo de perículis Cicerónis cognóscitur. *(Cæs.) Cícero*가 위험하다는 것을 그에게서 듣고 알게 된다[되었다]. **2.** 알아보다, 분별하다, 인지하다. **3.** 《法》 틀림 없음을 인정하다, 승인하다; 《Cognóvit.》 피고 승인서, 승인장(원고의 요구가 정당하다고 피고가 승인함). **4.** 《法》 심리(審理)하다. **5.** (책을 읽고)지식을 얻다, 배우다. **6.** 탐구하다, 연구하다; 정찰하다. **7.** 동침하다.

cōgo, cŏégi, cŏáctum, ĕre, *tr.* [cum+ago] **1.** 한 곳으로 몰다, 몰아치다, 모으다; **집합[집결]시키다,** (회의를) 소집하다. **2.** 거두어 들이다, 수확하다; (돈·재산을)모으다, 모금하다. **3.** 응결시키다, 굳어지게 하다, 압축하다, 농축시키다. **4.** ~ agmen 후미 부대를 지휘하다. **5. 강제로 몰다,** 몰아 넣다. **6.** 〔*alqm[alqd]* ad, in *acc.*; *inf.*; ut〕 **강제하다, 강요하다, 억지로 하게 하다.** **7.** (무엇에서 무엇을) 결론짓다, 추론하다.

cŏhăbĭtátĭo, ónis, *f.* [cohábito] 동거(同居).

cŏhăbĭtátor, óris, *m.* [cohábito] 동거하는 사람. 「여자.

cŏhăbĭtátrix, ícis, *f.*[cohabitátor] 동거하는

cŏhábĭto, ávi, átum, áre, *tr.* 동거하다, 함께 살다.

cŏhǽrens, éntis, *p.præs., a.p.* [cohǽreo] 밀착된, 연결된; 연관되는; 구성되어 있는; 조리가 있는.

cŏhæréntĭa, æ, *f.* [cohǽreo] 밀착, 결합, 연설, 상호관련; 조리(條理).

cŏhǽrĕo, hǽsi, hǽsum, ére, *intr.* **1.** 〔cum *abl.*; *dat.*; inter *acc.*〕 서로 연결되다, 달라 붙(어 있)다; 밀접하게 관계되어 있다, 연관성이 있다: étiam si nobis sánguine cohǽreant, *(Q.)* 그들이 비록 우리와 혈연관계에 있다 하더라도. **2.** 〔*abl.*〕 …로 되어 있다, (부분·요소로) 이루어지다, 구성되다; 의존하여 있다. **3.** 조리가 서있다, 무리한 데가 없다, 시종일관되다, 조화되 「어 있다.

cohǽres = cohéres.

cohærésco, hǽsi, ĕre, *intr.* [cohǽreo] 서로 달라붙다, 결합하다, 밀착하다.

cohéres, édis, *m.f.* 공동 유산 상속자.

cŏhíbĕo, bŭi, bĭtum, ére, *tr.* [cum+hábeo] **1.** 속에 간직하다, 내포하다, 포괄하다, 포함하다. **2.** 가두어 놓다, 붙들어 매두다, 붙잡아 두다, 억류하다. **3.** 〔*alqd [alqm]* - ab *abl.*; *inf.*〕 **못하게 하다,** 억누르다, **견제하다,** 멀리하다: ánimum ab auro ~ *(C.)* 마음을 황금에서 멀리 하다 / ~ accédere *(C.)* 가까이 가지 못하게 하다 / 〔*refl.*〕 ~ **se** 자제하다.

cŏhíbĭtus, a, um, *p.p., a.p.* [cohíbeo] (문체가) 꽉 짜인, 간결한.

cŏhŏnésto, ávi, átum, áre, *tr.* [cum+honésto] **1.** 명예롭게 하다, 찬양하다, 경의를 표하다. **2.** 아름답게 손질하다.

cŏhórrĕo, ŭi, ére, *intr.* (추워서·무서워서) 떨다, 전율하다. 「전율하다.

cŏhorrésco, horrŭi, ĕre, *intr.* 온몸을 떨다,

cŏhors, hórtis, *f.* **1.** 울안, 뜰안, 안마당; 가축[가금]사육장. **2.** 행렬, 군중, 떼: ~amicórum *(Suet.)* 친구들의 행렬. **3.** *Roma*의 **보병대** (légio의 10분의 1). **4.** ~ prætória 최고 지휘관의 친위대; 지방장관[총독]의 호위대. 「의.

cŏhortālínus, a, um, *adj.* 군대의; 친위대

cŏhortális, e, *adj.* **1.** 가축[가금]사육장의. **2.** 근위병의. 「훈시.

cŏhortátĭo, ónis, *f.* [cohórtor] 격려, 고무;

cŏhortícŭla, æ, *f. dim.* [cohors] 고대 *Roma*의 소보병대.

cŏhórtor, átus sum, ári, *dep. tr.*[cum+hortor] 〔*alqm* ad *alqd*; ut; ne〕 격려하다, 사기를 돋구다, 고무하다.

cŏïens, eúntis, *p. præs.* [cóëo].

cŏincĭdéntĭa, æ, *f.* [coíncido] **1.** 동시발생, 같은 곳에 공존함. **2.** (일반적으로) 일치, 합치, 부합.

coíncĭdo, cĭdi, ĕre, *tr.* [cum+íncĭdo[1]] **1.** (같은 시간에) 동일한 공간을 차지하다, (사건이) 동시에 발생하다, 병발하다. **2.**

(두개 이상의 일이)부합하다, 합치하다, 일치하다. **3.** (무게가 …에) 상당하다.

cŏínquĭno, ávi, átum, áre, *tr.* [cum+ínquino] 더럽히다; 타락시키다.

cŏítĭo, ónis, *f.* [cóëo] **1.** 함께 모임. **2.** 제휴, 동맹, 공모. **3.** 교접, 교미.

cóĭtus, us, *m.* [cóëo] **1.** 결합, 연합. **2.** 성교, 교미; 교배.

cŏlăphízo, ávi, átum, áre, *tr.* [cólaphus] 손바닥으로[주먹으로] 때리다; 뺨을 때리다.

cólăphus, i, *m.* 손바닥으로 때림, 주먹으로 한대 침; 뺨 때림.

Colchi, órum, *m. pl.* *Colchis*의 주민.

Colchis¹, ĭdis, *f.* 흑해 동남부에 있는 소아시아의 한 지방, 황금의 양모피가 발견되었다는 전설로 유명; 〔*adj.*〕 **-chĭcus[-chus],** a, um; **-chis,** ĭdis.

Colchis², ĭdis, *f.* *Colchis* 여자(=Médea).

Colchus, i, *m.* *Colchis*사람, 특히 *Æétes*왕.

cōlĕátus, a, um, *adj.* 고환(睪丸)있는.

coleóptĕra, órum, *n.pl.* 《動》 초시류(鞘翅類), 갑충류.

cólĕus, i, *m.* 고환(睪丸).

cólĭca, æ, *f.* [cólicus¹] 《醫》 배앓이, 복통, 산통(疝痛).

colícŭlus = caulículus.

cólĭcus¹, a, um, *adj.* 복통의, 배앓이의.

cólĭcus², i, *m.* 복통을 일으킨 사람, 배앓이하는 사람.

colíphĭa, órum, *n.pl.* 고기만두(경기에 출전하는 자들이 먹었음).

cōlis = caulis.

collăbásco, ĕre, *intr.* [cum+labásco] 함께 무너지기 시작하다.

collăbĕfácto, átum, áre, *tr.* [cum+labef-] 몹시 뒤흔들다, 무너뜨리다, 와해(瓦解)시키다.

collabefío, fáctus sum, fíĕri, *anom. intr.* [*inusit.* collabefácio의 *pass.*] 무너지다, 붕괴하다, 와해하다, 망하다.

collábor, (*ĕris, ĭtur*), lápsus sum, lábi, *intr.* [cum+labor] **1.** 쓰러지다, 허물어지다, 와르르 무너지다, 함몰하다. **2.** 허탈상태에 빠지다.

collăborátĭo, ónis, *f.* [collabóro] **1.** 합작, 공저(共著); 공동연구. **2.** (국제간의) 협조, 제휴. **3.** (점령군에 대한)협력, 부역.

collăborátor, óris, *m.* [collabóro] 합작하는 사람, 협력자.

collăbóro, áre, *intr.* **1.** 함께 일하다·수고하다, 합작하다. **2.** 함께 고생하다.

collăcĕrátus, a, um, *adj.* (*p.p.*) [*inusit.* collácero] 갈기갈기 찢어진, 산산조각난.

collăcrĭmátĭo, ónis, *f.* [collácrimo] 울음, 울음을 터뜨림.

collácrĭmo[-crŭmo], ávi, átum, áre, **1.** *intr.* 울음을 터뜨리다, 함께 울다. **2.** *tr.* (함께) 슬퍼하다.

collactánĕus, a, um, *adj.* 같은 젖 먹은, 한젖 먹고 자란.

colláctĕus, a, um, *adj.* 같은 젖 먹은.

collǽtor, ári, *dep. tr.* [cum+lætor] 함께 기뻐하다.

collápsus, us, *m.* [collábor] **1.** 붕괴, 도괴, 파탄. **2.** (건강의 급격한)쇠약; 허탈상태.

colláre, is, *n.* [collum] **1.** 돼지 목덜미 고기(~ porcínum). **2.** 목걸이; 죄인의 목을 옭아 매는 사슬; (보호용의) 개목걸이. **3.** 칼라, 깃.

colláris, e, *adj.* [collum] 목의, 목에 관한.

collárĭum, i, *n.* [collum] 목걸이; 칼라, 깃.

collătĕrális, e, *adj.* [latus] **1.** 나란히 있는, 옆에 있는; 방계(傍系)의, 평행의. **2.** 《解》 부행(副行)의, 측지(側枝)의.

Collátĭa, æ, *f.* *Látium*의 옛 도시; 〔*adj.*〕 **-tínus,** a, um; *m.pl.* *Collátia*의 주민.

collātícĭus, a, um, *adj.* [cónfero] 함께 모아놓은, 합해 놓은: collatícia sepultúra 합장(合葬).

Collatínus, i, *m.* *Lucrétia*의 남편 *L. Tarquínius*의 별호.

collátĭo, ónis, *f.* [cónfero] **1.** 여럿을 한곳으로 가져감; 마주침, 맞섬: ~ signórum 교전, 접전(接戰). **2.** 공동출자; 거금(醵金), 기부, 성금, 헌금. **3.** 비교, 대조; 비유. **4.** 《가》 성직 임명, 직위나 교회록(敎會祿)의 수여. **5.** 《가》 대재일(大齋日: 단식재 지키는 날 저녁)에 허용되는 간이식사[요기]. **6.** 《가》 *pl.* (옛 수도원에서 장상의 설명·강화를 곁들이며 낭독되던)성서의 역사서나 교부전·성인전.

collātívus, a, um, *adj.* 함께 모아놓은, 추렴한.

collátor, óris, *m.* [cónfero] 수여자(授與者); 기부자, 분담자; 기여자.

collátro, áre, *tr.* [cum+latro] 향하여 짖다.

collaudátĭo, ónis, *f.* [colláudo] 칭찬, 찬양, 찬사.

colláŭdo, ávi, átum, áre, *tr.* [cum+laudo] 격찬하다, 찬양하다.

colláxo, ávi, átum, áre, *tr.* **1.** 느슨하게 하다, 헐겁게 하다. **2.** 넓게 하다.

collécta, æ, *f.* [cóllĭgo²] **1.** 분담(액), 추렴, 출자, 기부. **2.** 《가》 (미사 중의)본기도; 집도문(集禱文).

collectánĕa, órum, *n.pl.* [collectáneus] 발췌, 선집(選集).

collectánĕus, a, um, *adj.* [cóllĭgo²] 여기저기서 모아온, 편집한.

collectícĭus, a, um, *adj.*[colléctus¹] 수집한, 여기저기서 모은.

colléctĭo, ónis, *f.* [cóllĭgo²] **1.** 수집, 모음. **2.** 수금, 징수, 징세. **3.** 기부금모집, 모금; 헌금. **4.** 개괄, 개요. **5.** 법령집.

collectĭvísmus, i, *m.* [collectívus] 집산(集産)주의; 집합주의, 집단주의.

collectívus, a, um, *adj.* [cóllĭgo²] **1.** 수집의, 집합의: ens collectívum 집합물 / substantívum collectívum 집합명사. **2.** 전작(全作)의.

colléctor, óris, *m.* [cóllĭgo²] 모집자, 수집가.

colléctus¹, a, um, *p.p., a.p.* [cóllĭgo²] 수집된, 모인; 요약된, 간소(簡素)한, 짧은.

colléctus², us, *m.* 다량, 많이 모인 것.

collĕga, æ, *m.* [cum+lego] **1.** (지위나 직책이 같은) 동료, 동직자. **2.** 동업자, 동행인; 전우, 동지; 같은 단체 회원.

collegĭális, e, *adj.* [collégium] 단체의, 단체에 관한. 「의.

collegiátus, a, um, *adj.* [collégium] 동료

collégĭum, i, *n.* [colléga] **1.** 관료단(官僚團); 동료단체, 조합. **2.** (여러가지)단체, 회, 협회: collégia funeratícia (초대 교회의) 매장 신심회(埋葬信心會); 《가》 교회법상의 법인, 단(團): Sacrum ~ 추기경단. **3.** 《가》 ~ (ecclesiásticum) 성직자·수도자 양성기관의 기숙사. 「類).

collémbŏla, órum, *n.pl.* 《動》 탄미류(彈尾

collévo, áre, *tr.* [cum+levo] 매끈하게 만들다. 「에 들다, (누구를) 기분좋게 하다.

collíbĕo, ŭi, ére, *intr.* [*alci*] (누구의) 마음

collĭbérta, æ, *f.* 함께 해방된 여종.

collĭbértus, i, *m.* 함께 해방된 노예, 석방동지. 「(누구의) 마음에 들다.

cóllĭbet, bŭit[bĭtum est], ére, *impers.* [*alci*]

collícĭæ, árum, *f.pl.* [con+liquor] **1.** 도랑; 수채통. **2.** 물받이. 「이의.

collĭcĭáris, e, *adj.* 도랑의, 수채통의; 물받

collícĭo, cĕre, *tr.* [con+lácio] 속이다, 꾀다.

collĭcósus, a, um, *adj.* 언덕이 많은. 「덩.

collícŭlus, i, *m. dim.* [collis] 작은 언덕; 두

collído, ísi, ísum, ĕre, *tr.* [cum+lædo] **1.** 부딪치다, 충돌시키다, 부딪혀 깨지게 하다. **2.** [*pass. refl.*] **collídi, se** ~ 충돌하다, 전쟁하다, 전투하다; 원수가 되다; 상충하다. 「맹; 《論》 합성, 총괄, 종합.

collĭgátĭo, ónis, *f.* [cólligo¹] 결합, 연결, 동

cóllĭgo¹, ávi, átum, áre, *tr.* [cum+ligo] **1.** 한데 묶다, 모아 매다, 비끄러매다, 처매다. **2.** 하나로 모으다, 집중시키다, 연관시키다. **3.** 제지하다, 억제하다.

cóllĭgo², légi, léctum, ĕre, *tr.* [cum+lego] **1.** 한데 모으다, 긁어[주워] 모으다, 걷어 들이다, 모금하다. **2.** 모으다, 저축하다, 축적하다. **3.** 모집하다, 모아들이다, 소집하다; 집결시키다, (물을) 고이게 하다: **se**~(*Cæs.*) 집합하다. **4.** (옷·머리 따위를) 걷어 올리다. **5.** 좁은 데로 몰아 넣다, 움츠러들게 하다, 죄다. **6.** 얻다, 벌다, 받다, (분노 따위를) 사다: grátiam~ (*C.*) 총애를 받다 / iram~(*H.*) 분노를 사다 / **se**~(*C.*) 기운차리다 / ánimum[ánimos]~ (*Ta.,L.*) 용기를 얻다. **7.** 요약하다, 추리다. **8.** (수를) 헤아리다, 어떤 수에 이르다: Ambĭtus pedes séxdecim cólligit.(*Plin.*) 그 둘레는 16척이 된다. **9.** 헤아리다, 짐작하다. **10.** 결론짓다, 판단내리다.

collímĭto, ávi, átum, áre, *tr.* 접경(接境)하다. 「*nális* 부근에 있던 성문.

Collína porta, æ, *f.* *Roma*의 *Mons Quiri-*

collínĕo, ávi, átum, áre, *tr.* [cum+línea] **1.** 똑바로 맞추어 겨누다, 겨냥하다. **2.** 목표에 맞히다, 적중시키다: ~ sagíttam(*C.*) 화살을 쏴서 목표에 맞히다.

cóllĭno, lévi, lĭtum, ĕre, *tr.* **1.** 바르다, 칠하다. **2.** 더럽히다. 「의, 야산의.

collínus¹, a, um, *adj.* [collis] 언덕의, 구릉

Collínus², a, um, *adj.* (*Roma*의 한 구역인) *Collína régio*의. 「(液化).

collĭquátĭo, ónis, *f.* [con+liquésco] 액화

collĭquefácĭo, ĕre, *tr.* 용해시키다, 녹이다, 액체로 만들다.

collĭquefáctus, a, um, *adj.* 녹은, 용해된.

collĭquésco, líqui, ĕre, *intr.* 액체가 되다, 녹다, 용해되다.

collis, is, *m.* 언덕, 야산(野山).

collísĭo, ónis, *f.* [collído] 충돌, 맞부딪침.

collísus, us, *m.* = collísio.

cóllĭtus, a, um, *p.p.* [cóllino].

collŏcátĭo, ónis, *f.* [cólloco] **1.** 배치, 설치; 배열. **2.** 시집 보냄.

cóllŏco, ávi, átum, áre, *tr.* [cum+loco] **1.** 놓다, **제자리에 놓다**, 자리잡게 하다, 설치하다; 배열하다: ~ suo quidque in loco (*C.*) 무엇이든지 제자리에 놓다 / se Athénis ~ (*C.*) *Athénæ*에 자리잡다. **2. 배치하다**, 배정하다. **3. 시집보내다**: ~ fíliam in matrimónium(*C.*) 딸을 시집보내다 / ~ fíliam *alci*(*C.*) 딸을 누구에게 시집보내다. **4. 간직하다**, 머물게 하다; 내맡기다, (희망을)걸다. **5.** (돈·정력·시간 따위를)들이다, 쏟다, 쓰다, 바치다: ~ omne stúdium in doctrínā(*C.*) 온갖 열성을 학문에 쏟다 / se in *alqā re* ~ 어떤 일에 관계하다, 전념하다, 몰두하다. **6.** 투자하다, **맡기다**, 활용하다: ~ pecúniam in fundo(*C.*) 토지에 투자하다 / ~pecúnias fénore(*Sueton.*) 변돈 놓다 / ~ benefícium(*C.*) 은혜를 베풀다. 「하다, 늘이다; 장식하다.

collŏcŭpléto, ávi, átum, áre, *tr.* 부유하게

collŏcútĭo, ónis, *f.* [cólloquor] 담화, 대담.

collŏcútor, óris, *m.* 대담자(對談者).

collŏcūtórĭum, i, *n.* 이야기 하는 방, 담

collódĭum, i, *n.* 《化》 콜로디움. ⌊화실.

colloídĭum, i, *n.* 《化》 아교질, 콜로이드.

collóquĭum, i, *n.* [cólloquor] **1.** 대담, 회담. **2.** 담화, 이야기, 대화.

cóllŏquor, (*quĕris, quĭtur*), locútus sum, qui, *dep. intr., tr.* [cum+loquor] **1.** [cum *alqo*, de *alqā re, alqd*] 함께 이야기 하다, 담화하다, 담판하다. **2.** [*alqm*] 누구와 이

cóllŭbet = cóllibet. ⌊야기 하다.

cóllŭbus = cóllybus.

collúcĕo, ére, *intr.* [cum+lúceo] 사방으로 비치다, 찬란히 빛나다.

collúco, ávi, átum, áre, *tr.* [cum+lux] 나무가지를 치다, 간벌(間伐)하다.

colluctátĭo, ónis, *f.* [collúctor] 씨름; 싸움.

collúctor, átus sum, ári, *dep. intr.* [cum+luctor] **1.** 〔*absol.; dat.*, cum *abl.*〕 싸우다, 맞붙어 싸우다. **2.** 〔*inf.*〕 힘쓰다.

collúdo, lúsi, lúsum, dĕre, *intr.* [cum+ludo] **1.** 〔*absol., dat.*〕 함께 놀다. **2.** 〔cum *alqo*〕 공모하다, 결탁하다.

collum, i, *n.* **1.** 목: inváderе *alci* in collum *(C.)* 누구의 목에 덤벼들다 / ~ dare 항복하다. **2.** 목처럼 생긴것: 병목[모가지], 「꽃꼭지.

collúmĭno, áre, *tr.* 함께 비추다.

cóllŭo, lŭi, lútum, ĕre, *tr.* [cum+luo] 씻다, 헹구다; 씻어내다, 가시다; 적시다.

collúsĭo, ónis, *f.* [collúdo] 공모, 결탁.

collúsor, óris, *m.* [collúdo] **1.** 놀이 친구. **2.** 공모자, 결탁자.

collūsórĭe, *adv.* [collúsor] 공모하여.

collustrátĭo, ónis, *f.* [collústro] 밝게 비춤, 「조명.

collústro, ávi, átum, áre, *tr.* [cum+lustro] **1.** 밝게 비추다, 조명하다. **2.** 둘러보다, 조망(眺望)하다; 정확히 조사하다, 자세히 관찰하다: ánimo ~ 마음으로 둘러보다. **3.** (그림에서) 밝은 색으로 그리다.

collútĭo, ónis, *f.* [cólluo] 양치질.

collutórĭum, i, *n.* [cólluo] 《醫》 양치물, 구강 세척제.

collútŭlo, ávi, áre, *tr.* 더럽히다, 어지르다; 망신당하게 하다.

collŭvĭárĭum, i, *n.* [collúvio] 하수구, 하수도. 「보내는) 오물·쓰레기; 돼지뜨물.

collúvĭes, éi, *f.* [cólluo] 하수(下水), (흘려

collúvĭo, ónis, *f.* [cólluo] **1.** 하수(下水); 오물, 쓰레기. **2.** 온갖 더러운 것. **3.** 막돼먹은 인간, 인간 쓰레기.

collўbísta[-es], æ, *m.* 환전상(換錢商).

cóllўbus[-lŭbus], i, *m.* 화폐교환; 화폐교환 차액[수수료].

collýrĭum, i, *n.* 안약; (여러가지) 좌약.

cōlo[1]**,** ávi, átum, áre, *tr.* [colum] 거르다, 여과하다, 밭다; 체로 치다.

cŏlo[2]**,** lŭi, cultum, ĕre, *tr.* **1.** (밭을) **갈다,** 경작하다, **재배하다, 가꾸다;** 손질하다. **2.** **치장하다,** 단장하다, 꾸미다; (머리) 기르다. **3.** (어떤 곳에) 살다, 거주하다: urbem ~ *(C.)* 도시에 살다. **4.** 돌보다, 보살피다. **5.** 존중하다, 숭상하다; 육성하다, 키우다; 돈독히 하다. **6.** (덕행) **닦다,** 연마하다, 실천하다; 힘쓰다: ~ justítiam *(C.)* 정의를 실천하다. **7.** **공경하다;** 종교적 예식으로 숭상하다, 숭배하다: sacra priváta ~ *(C.)* 집에서 사사로이 제사지내다.

colóbĭum, i, *n.* 소매 없는 내의; 적삼, 샤쓰. 「련(睡蓮); 토란.

colocásĭa, órum[æ], *n.pl.* *[f.]* 《植》 인도수

cōlon, i, *n.* **1.** 운문의 일부, 운문의 한 행; (구둣점의) 콜론(:). **2.** 《解》 대장(大腸); 결장(結腸).

cŏlóna, æ, *f.* [colónus] 농사짓는 여자.

Cŏlónæ, árum, *f.pl.* 동남 *Troas*의 도시.

cŏlōnárĭus, a, um, *adj.* 소작짓는, 농사짓는 노예의.

cŏlōnátus, us, *m.* [colónus] 농업, 농사.

Cŏlónĕus, a, um, *adj.* *Athénæ* 근처인 *Colónus* 마을의; *Sóphocles*의 비극 작품인 *Œdĭpus Colóneus*의.

cŏlónĭa[1]**,** æ, *f.* [colónus] **1.** 농경지; 식민지, 이민지. **2.** 이민(移民), 정착민.

Colónĭa[2] **Agrippína,** æ, *f.* (~Agrippinénsis라고도 함) *Rhenus*강변에 있는 도시(지금의 *Köln*). 「출신의.

cŏloniárĭus, a, um, *adj.* 식민지의, 식민지

cŏlónĭca, æ, *f.* 농가(農家).

cŏlónĭcus, a, um, *adj.* [colónus] **1.** 농장의, 농경지의. **2.** 식민지의, 이민의: cohórtes colónicæ *(Cæs.)* 식민지 출신의 보병부대.

cŏlōnĭsátĭo, ónis, *f.* 식민, 식민지 개척.

colónus[1]**,** i, *m.* [colo[2]] **1.** 농부; 소작인. **2.** 이민, 식민. **3.** 주민, 거주인.

Colónus[2]**,** i, *m.* *Athénæ*의 북쪽에 있는 마을.

cólŏphon[1]**,** ónis, *f.* 마무리, 끝맺음.

Cólŏphon[2]**,** ónis, *f.* 고대 *Ióniа*의 도시, *Homérus*의 출생지라고 함; 〔*adj.*〕 **-níăcus[-nĭus],** a, um; *m.pl.* *Cólophon* 주민.

cŏlor, óris, *m.* **1.** **색,** 색채, 빛, **빛깔:** ~ litúrgicus 전례색, 제의(祭衣)의 색깔. **2.** 얼굴빛, 안색; 피부 빛깔. **3.** 화려함, 미모. **4.** 외모, 외관; 얼굴. **5.** 문체, 어조; 개성: ~ trágicus *(H.)* 비극체, 비극조. **6.** 그림물감, 채색; 색조. **7.** 음색(音色). **8.** 교묘한 핑계, 구실; 가식(假飾), 가장(假裝).

cŏlōrátus, a, um, *p.p., a.p.* [colóro] **1.** 색칠한, 색채를 띤; 다채로운. **2.** 햇볕에 그을은; 누렇게 익은(곡식). **3.** 생기있는, 건강색의. **4.** 윤색(潤色)한.

cŏlórĕus[-ĭus], a, um, *adj.* 여러가지 색으로 그린, 채색된.

cŏlóro, ávi, átum, áre, *tr.* [color] **1.** 색칠하다, 채색하다, 물들이다. **2.** (태양으로) 그을게 하다, 검붉게 태우다. **3.** 윤색하다. **4.** 외관을 갖추게 하다.

Cŏlosséum, i, *n.* 콜로쎄움(*Roma*의 고대 원형 대경기장).

cŏlosséus, a, um, *adj.* 거대한.

cŏlóssus, i, *m.* (실물 이상 크기의) 거대한 상(像); 특히 *Rhodus*섬에 있던 *Apóllo*의 거상(巨像: 세계 7대 불가사의의 하나였음).

cŏlóstra, æ, *f.* = colóstrum.

cŏlostrátĭo, ónis, *f.* [colóstrum] 《醫》 갓난아기가 초유(初乳)에 체한 병.

cŏlostrátus, a, um, *adj.* colostrátio에 걸린.

cŏlóstrum, i, *n.* 《醫》 산부의 초유(初乳).

cólŭber, bri, *m.* 《動》 뱀; 구렁이.

cólŭbra, æ, *f.* [cóluber] 《動》 뱀.

cŏlúbrĭfer, ĕra, ĕrum, *adj.* [cóluber+fero]

뱀을 쥐고 있는.
cŏlubrínus, a, um, *adj.* **1.** 뱀의; 뱀 모양의, 꾸불꾸불한. **2.** 음흉한, 교활한, 구렁이 같은.
cōlum, i, *n.* **1.** 여과기, 체: ~ nivárium, 포도주를 식히기 위해 눈을 넣고 거르는 체. **2.** = colon.
cŏlúmba, æ, *f.* [colúmbus] 비둘기: ~ eucharística 비둘기 모양의 성체갑(聖體匣).
cŏlúmbar, áris, *n.* [colúmba] **1.** (죄인의 목에 씌우는) 칼. **2.** 배 옆구리에 노를 내보내어 젓는 구멍.
cŏlumbárĭum, i, *n.* [colúmba] **1.** 비둘기집, 비둘기장. **2.** 유해(遺骸)안치소, 시체 안치소.
cŏlumbárĭus, i, *m.* 비둘기 사육사.
cŏlumbátim, *adv.* [colúmba] 비둘기 처럼.
cŏlúmbĭdæ, árum, *f.pl.* 《動》 비둘기과(科).
cŏlumbínus, a, um, *adj.* [colúmba] **1.** 비둘기의: pulli columbíni *(C.)* 비둘기 새끼. **2.** 비둘기 색의. **3.** 비둘기 같은.
cŏlúmbor, ári, *dep. intr.* [colúmba] 비둘기처럼 입맞추다.
colúmbŭlus, i, *m.* [colúmbus] 작은 비둘기, 비둘기새끼.
colúmbus, i, *m.* 수피둘기.
cŏlŭméIla[1], æ, *f. dim.* [colúmna] **1.** 작은 기둥, 지주(支柱). **2.** 《動》 축주(軸柱); 《植》 태선류(苔蘚類)의 과축(果軸).
CŏlŭméIla[2], æ, *m.* 인명, 농사에 관한 책을 썼음.
cólŭmen, mĭnis, *n.* **1.** 정상, 산봉우리; 높은 곳, 절정. **2.** 용마루, 꼭대기, 지붕꼭대기. **3.** 《建》 지주, 마룻대공, 대들보. **4.** 1인자, 권위자. **5.** 중요한 위치에 있는 사람·물건; 지주(支柱): ~ famíliæ *(C.)* 집안의 대들보·기둥.
cólŭmis, e, *adj.* 무사한; 건강한.
cŏlúmna[1], æ, *f.* [cólumen] **1.** 기둥, 돌기둥. **2.** 기념 원주(圓柱): ~ rostráta *(Q.)* *Duílius* 해전승리 기념 기둥. **3.** 지주, 버팀 기둥. **4.** 기둥 모양을 한 것; 물기둥, 불기둥. **5.** (신문·잡지의) 특별기고란.
Cŏlúmna[2] **(Mǽnĭa),** æ, *f.* 죄인들을 묶어 *Forum*에 내세우던 대(臺).
cŏlumnárĭi, órum, *m.pl.* 무뢰한, 폭도(暴徒); 천민.
cŏlumnárĭum, i, *n.* **1.** (가옥의 기둥 수대로 부과한) 기둥세. **2.** 대리석 기둥 공장.
cŏlumnárĭus[1], a, um, *adj.* [colúmna[1]] 기둥의; 기둥에 관한.
columnárĭus[2], i, *m.* *Colúmna Mǽnia*에 처벌되는 죄인.
cŏlúrnus, a, um, *adj.* [córulus] 개암나무로 만든.
cŏlus, i[us], *f.* 실 감개 대, (물레의) 토릿대, 물레 가락.
com-, *præfíxa* 본래는 전치사 cum[1]의 옛 형태이기도 했으나, 지금은 합성동사에서 **《함께, 아주, 대단히, 몽땅》**따위의 뜻을 드러내는 접두사로 나타난다. 이 경우 b, p, m자 및 일부 모음 앞에서는 com- 그대로 있고, l자 앞에서는 col- 로, r자 앞에서는 cor-로, 일부 모음 및 h, gn자 따위 앞에서는 co-로, 그 밖의 자음 앞에서는 con-으로 바뀐다.
cŏma, æ, *f.* **1.** 머리채; 빗어 넘긴 [손질한·땋은] 머리; 가리마 탄 머리. **2.** (동물의) 갈기. **3.** 더부룩이 우거진 나뭇잎·풀잎. **4.** 햇살, 빛살.
cŏmans, ántis, *adj.* [como] **1.** 늘어뜨린 머리의, 머리기른. **2.** 잎이 무성한. **3.** 빛살 뻗친: comans stella 혜성(慧星).
cōmárchus, i, *m.* 마을의 이장(里長).
cómăron, i, *n.* 《植》 **1.** 소귀나무 열매. **2.** 딸기.
cómărus, i, *f.* 《植》 소귀나무.
cŏmátus, a, um, *adj.* [coma] **1.** 장발(長髮)의. **2.** 잎이 무성한.
cómbĭbo[1], bĭbi, bíbĭtum, ĕre, *tr.* [cum+bibo] **1.** 함께 마시다. **2.** 쭉 마셔버리다; 흡수하다, 머금다. **3.** 몸에 배다.
cómbĭbo[2], ónis, *m.* 술친구.
combīnátĭo, ónis, *f.* **1.** 짝맞춤, 배합; 결합, 연결. **2.** 《化》 화합(化合).
combíno, ávi, átum, áre, *tr.* 둘씩 짝지우다; 배합하다, 결합[연결]시키다.
combúro, ússi, ústum, ĕre, *tr.* **1.** 태우다, 불태워버리다; 화장(火葬)하다. **2.** (사랑·정열의) 불로 태우다. **3.** (시간 따위) 소비하다. **4.** 신세를 망쳐주다, 파멸[몰락]시키다.
combustibilĭtas, átis, *f.* [combúro] 가연성(可燃性).
combústĭo, ónis, *f.* [combúro] 연소(燃燒).
combústum, i, *n.* 화상, 덴 상처.
cōmē, es, *f.* 마을, 부락.
cómĕdo, édi, ésum[éstum], ĕre, *tr.* **1.** 먹다, 먹어 치우다; 삼켜 버리다. **2.** 소비하다, 낭비하다; 소모하다: ~ *alqm* 누구의 것을 다 써버리다 / ~ *alqm* óculis 누구를 뚫어지게[삼킬 듯이] 바라보다 / 〔*refl.*〕 se ~ 걱정으로[비탄에 젖어] 말라 버리다.
cŏmes, mĭtis, *m.f.* [cum+eo] **1.** 길동무, **동행인, 동반자, 반려,** 짝; 동료, 동지. **2.** 남편, 아내. **3.** (학파의) 추종자. **4.** (아이들의) 보호교사, 보모. **5. 수행원,** 호위자. **6.** 백작(伯爵). **7.** 조신(朝臣); 지방 장관.
comess... *V.* comiss...
cŏmestíbĭlis, e, *adj.* [cómedo] 먹을 수 있는, 먹을 만한.
cŏméstĭo, ónis, *f.* [cómedo] 먹음, 식사.
coméstus[-ésus], a, um, *p.p.* [cómedo].
cométes[-ta], æ, *m.* [*cf.* coma] 혜성, 꼬리별.
cómĭcus[1], a, um, *adj.* 희극의, 우스꽝스러운.
cómĭcus[2], i, *m.* **1.** 희극배우. **2.** 희극 작가.
cómĭnus, *adv.* = cómminus.
cōmis, e, *adj.* **1.** 〔*dat.;* erga, in *acc.*〕 친절한, 상냥한, 다정한, 인정있는; 예의바른, 정중한, 공손한, 세련된. **2.** 쾌활한,

명랑한.
cōmissābúndus, a, um, *adj.* 흥청망청 먹고 마시는, 떠들썩하게 술마시는.
cōmissátĭo, ónis, *f.* [comíssor] **1.** 대주연(大酒宴); 폭음폭식. **2.** *Bacchus* 신 축제의 소란한 행렬.
cōmissátor, óris, *m.* [comíssor] 흥청망청 먹고 마시는 사람; 떠들썩한 술친구.
comíssor, átus sum, ári, *dep. intr.* (만찬후 계속해서) 대주연(大酒宴)을 벌이다; 흥청망청 먹고 마시며 떠들다.
cómĭtans, ántis, *p.prœs., a.p.* [cómito] 동반하는; 수행(隨行)하는.
cómĭtas, átis, *f.* [comis] **1.** 상냥함, 친절; 예의 바름, 정중. **2.** 쾌활, 명랑.
cŏmĭtátus[1], a, um, *p.p., a.p.* [cómitor, cómito] 〔*abl.*〕 대동한, 동반한, 데리고: púero uno comitátior *(C.)* 노예를 하나 더 데리고.
cŏmĭtátus[2], us, *m.* **1.** 대동(帶同), 동반; 수행: magno comitátu *(C.)* 많은 수행원을 데리고. **2.** 수행원, 측근자. **3.** 일행, 여행대열, 대상(隊商). 「예의바르게; 기꺼이.
cómĭter, *adv.* [comis] 상냥하게, 친절하게;
cŏmítĭa, órum, *n.pl.* [comítium] 고대 *Roma*의 국민회의(의원은 국민에 의해 선출되며 법률을 제정하고 행정관을 임명함): ~ curiáta, *Roma*의 귀족회 / ~consulária 집정관 선출대회.
cŏmĭtĭális[1], e, *adj.* [comítia] **1.** 국민 회의장(國民會議場)의. **2.** 국민회의의: dies comitiáles *(C.)* 국민 회의 개회기간 / ~ morbus *(Cels.)* 간질병(회의 도중 이 병에 걸린 사람이 있으면 휴회되었음).
cŏmĭtĭális[2], is, *m. f.* 간질병 환자.
cŏmĭtĭátus, us, *m.* [comítia] 국민 집회: ~ máximus 고대 *Roma*의 국민회의.
cŏmĭtíssa, æ, *f.* [comes] 백작부인.
cŏmítĭum, i, *n.* [cóëo] 국민 회의장(會議場), 집회장소.
cómĭto, ávi, átum, áre, *tr.* [comes] 수행(隨行)하다, 따라가다, 수반하다.
cómĭtor, átus sum, ári, *dep. tr.* [comes] **1.** 동행하다, 따라가다. **2.** 장지[묘지]까지 따라가다. **3.** 〔*acc.; dat.*〕 수반하다, 따르다: Tardis méntibus virtus non fácile comitátur. *(C.)* 무딘 정신에는 덕이 따르지 않는다.
comma, ătis, *n.* **1.** 콤마(,), 코머, 쉼표, 휴식부(休息符). **2.** 글귀, 작은 구절(句節): ~ Joánneum (추가구라는 논쟁이 붙어 있는) 요한 1서 5장 7-8절.
commácŭlo, ávi, átum, áre, *tr.* (몹시)더럽히다, 오점을 남기다; 욕되게 하다.
commádĕo, ŭi, ére, *intr.* 젖다, 대단히 축축하다.
Commāgéne[-a], es[æ], *f.* *Sýria*의 북부지방; 〔*adj.*〕 **-nus,** a, um.
commandúco, ávi, átum, áre, *tr.* [cum+mandúco] 먹다, 꼭꼭 씹다.
commánĕo, ére, *tr.* 체류하다.
commănĭpŭláris, is, *m.* 같은 중대 동료.
commănípŭlo, ónis, *m.* 같은 중대 동료.
commărítus, i, *m.* 한 여자의 딴 서방.
commáscŭlo, áre, *tr.* 남자답게 하다, 힘을 내다. 「귀의.
commátĭcus, a, um, *adj.* 짧은 귀절의, 글
commĕátus, us, *m.* [cómmeo] **1.** 왕래, 떠나갔다 돌아옴. **2.** 휴가; 특히 군인의 휴가: esse in commeátu *(L.)* 휴가 중이다. **3.** 통행, 통과; (군대) 이동, 수송. **4.** 군대 식량, 군량; 보급품. 「명상하다.
comméditor, átus sum, ári, *dep. tr.* 깊이
comméĭo = comméjo.
comméjo, mínxi, mínctum, ĕre, *tr.* [cum+mejo] …에 오줌 누다[싸다]. 「풀과.
commelinácĕæ, árum, *f.pl.* 《植》 닭의장
comméminі, ísse, *def. tr., intr.* 〔*absol.; acc., gen.; inf., acc. c. inf.*〕 생각나다, 잘 기억하고 있다.
commĕmŏrábĭlis, e, *adj.* [commémoro] 기억[기념]할 만한, 생각할 만한; 잊을 수 없는. 「[commémoro] 기억해야 할.
commĕmŏrándus, a, um, *gerundívum*
commĕmŏrátĭo, ónis, *f.* [commémoro] **1.** 기념, 기억, 상기. **2.** 언급; 인용.
commémŏro, ávi, átum, áre, *tr.* **1.** 기념하다, 기억하다, 상기하다. **2.** 〔*alqd,* de *abl.; acc. c. inf.*〕 기억하게[생각나게]하다, 상기시키다; 언급하다, 이야기 하다; 인용하다.
comménda temporárĭa 《敎法》 교회 수입의 일시적 수여 (C.I.C. 1412 조).
commendábĭlis, e, *adj.* [comméndo] 〔*alqā re*〕 추천할 만한, 칭찬할 만한, 훌륭한.
commendātícĭus[-tĭus], a, um, *adj.* [comméndo] 추천의, 소개의: lítteræ commendatíciæ 추천장.
commendátĭo, ónis, *f.* [comméndo] **1.** 추천, 천거, 부탁, 소개: ~ sui *(C.)* 자기 추천. **2.** (무엇에 대한) 칭찬, 찬양, 높은 평가. **3.** 위탁: ~ ánimæ 임종 때 하느님께 영혼을 맡겨드림·맡겨드리는 기도.
commendátor, óris, *m.* [comméndo] **1.** 추천인. **2.** 후원자. 「의, 부탁하는.
commendātórĭus, a, um, *adj.* 추천[천거]
commendátrix, ícis, *f.* [commendátor] **1.** 추천하는 여자. **2.** 후원하는 여자.
commendátus, a, um, *p.p., a.p.* [comméndo] **1.** 추천 받은. **2.** 칭찬 받는; 높이 평가된; 마음에 드는. **3.** 맡겨진, 위탁된.
comméndo, ávi, átum, áre, *tr.* [cum+mando] **1.** 〔*alci alqd*〕 위탁하다, 맡기다, 부탁하다: ~ se fugæ 도망치다. **2.** 추천하

다, 천거하다. **3.** 칭찬하다; 값나가게 하다, 감명 깊게 해주다.
commensális, is, *m.* [cum+mensa] 함께 식사하는 사람, 회식자.
comménsus, a, um, *p.p.* [commétior].
commentāriénsis, is, *m.* 기록 책임자;(죄수·군인의) 인적(人的)사항 기록자.
commentárĭi, órum, *m.pl.* [commentárius] 해설서, 주해서(註解書).
commentaríŏlum[-us], i, *n.[m.]* 소논문, 소작품, 초안. 「(註釋); 주해서, 주석서.
commentárĭum, i, *n.* 주해(註解), 주석
commentárĭus, i, *m.* **1.** 비망록, 일기장, 장부; 회상록. **2.** (안건·회의·재판 따위의) 기록. **3.** 초고, 연설 초안. **4.** 주해(서), 주석(註釋).
commentátĭo, ónis, *f.* [comméntor[1]] **1.** 심사숙고, 연구; 구상(構想); 묵상: ~ mortis*(C.)* 죽음에 대한 묵상. **2.** 연설 준비·연습. **3.** 논문, 논고(論攷).
commentátor, óris, *m.* [comméntor[1]] 주석가(註釋家).
commentícĭus, a, um, *adj.* [comméntus] **1.** 생각해낸, 창안한. **2.** 상상의, 공상의; 이상(理想)에 속하는: commentícia cívitas Platónis*(C.)* *Platon*의 이상 국가. **3.** 거짓의, 허구의, 가공의. 「하다, 꾸며대다.
comméntĭor, ítus sum, íri, *dep. tr.* 거짓말
comménto, *tr.* = comméntor[1].
comméntor[1], átus sum, ári, *dep. tr.* [comminíscor] **1.** [*alqd,* de *alqā re*] 깊이 생각하다, 궁리하다, 생각해내다. **2.** 연구하다, 많이 생각해서 준비하다; 연습하다: [*p.p.*] commentáta orátio*(C.)* 오래 준비한 연설. **3.** 요약해서 쓰다; 글을쓰다; 창작하다: ~ mimos*(C.)* 무언극을 쓰다.
comméntor[2], óris, *m.* 창시자, 고안자; 발명자.
comméntum, i, *n.* [comméntus] **1.** 안출, 창안. **2.** 계획, 책략. **3.** 허구, 공상, 상상.
comméntus, a, um, *p.p.* [comminíscor].
cómmĕo, ávi, átum, áre, *intr.* [cum+meo] **1.** 왔다갔다 하다, 왕래하다, 들락날락하다, 돌아다니다. **2.** 어떤 곳에 자주 가다.
commércĭum, i, *n.* [cum+merx] **1.** 상업, 통상, 거래, 매매, 교역. **2.** 영업권, 교역권, 매매할 권리: ~ *alcjs rei (L.)* 무엇을 매매할 권리 / ~ in eo agro némini est.*(C.)* 이 밭을 살 권리는 아무에게도 없다. **3.** 상품; 군량. **4.** 상업장소, 교역 장소. **5.** 교제, 관계, 교환: habére ~ cum *alqo (C.)* 누구와 관계를 가지다.
commércor, átus sum, ári, *tr.* [cum+mercor] 도매로 사다, 도거리로 사다.
comméreo, ŭi, ĭtum, ére, *dep. tr.* [cum+méreo] **1.** 벌 받을 일을 하다, (벌·비난을) 마땅히 받다. **2.** 잘못을 저지르다, 책임이 있다. 「reo.
comméreor, rĭtus sum, éri, *tr.* = commé-
commétĭor, ménsus sum, íri, *dep. tr.* [cum+métior] **1.** 재다, 측량하다, (무게를)달다, (용량을) 되다. **2.** [*alqd cum re*] 대조하다, 비교하다. 「다[오다].
comméto, áre, *intr.* [cómmeo] 자주 찾아가
commíctus, a, um, *p.p., a.p.* [commíngo] 더러워진. 「주; 이민.
commĭgrátĭo, ónis, *f.* [commígro] 이동, 이
commígro, ávi, átum, áre, *intr.* [cum+migro] 이주하다, 이동하다.
commíles, lĭtis, *m.* 전우(戰友).
commīlítĭum, i, *n.* [cum+miles] **1.** 군대 복무를 같이 함, 전우관계. **2.** 교제.
commílĭto[1], áre, *intr.* 함께 싸우다.
commílĭto[2], ónis, *m.* 전우; 동료.
comminátĭo, ónis, *f.* [cómminor] **1.** 위협, 공갈, 협박. **2.** 협박행위; 군대시위.
commíngo, mínxi, mí(n)ctum, ĕre, *tr.* **1.** (어디에) 오줌 누다[싸다]. **2.** 더럽히다.
comminíscor, *(ĕris, ĭtur),* méntus sum, minísci, *dep. tr.* [cum+mens+mémini] **1.** 고안하다, 발명하다. **2.** 날조하다, 조작(造作)하다.
cómmĭnor, átus sum, ári, *dep. tr., intr.* [*alqd, alqm, alci*] 으르다, 위협하다, 협박하다, 공갈하다: ~ *alci* cúspide *(Suet.)* 창으로 누구를 위협하다.
commínŭo, ŭi, útum, úĕre, *tr.* [cum+mínuo] **1.** 산산조각 내다, 깨뜨리다, 부수다, 분쇄하다. **2.** 약화시키다, 무력하게 만들다; (힘·희망·뜻 따위를) 꺾다. **3.** 감소시키다; 소모하다.
cómmĭnus, *adv.* [cum+manus] **1.** 격투로, 접전하여. **2.** 손 닿는 곳에(서), 가까이에(서). **3.** 즉시.
commíscĕo, míscŭi, míxtum[místum], ére, *tr.* [cum+mísceo] **1.** [*absol.; alqd re,* cum *re;* in *acc.;* inter *se*] 섞다, 혼합하다; 혼돈하다. **2.** 합치다, 섞어서 하나로 만들다: commiscéri 교접하다, 교미하다. **3.** [*alqd* cum *re, re*] (무엇을) 섞어서 만들다.
commĭsĕrátĭo, ónis, *f.* [commíseror] **1.** 동정, 연민. **2.** 《修》 연민에의 호소.
commĭsĕrésco, ĕre, **1.** *tr.* 가엾게 여기다. **2.** *impers.* [*alqm alcjs*] Me commiseréscit ejus. 나는 그를 불쌍히 여긴다.
commísĕror, átus sum, ári, *dep. tr.* **1.** 불쌍히 여기다, 동정하다; 슬퍼하다: ~ fortúnam Grǽciæ *(N.)* 희랍의 운명을 슬퍼하다. **2.** 청중에게 동정심을 일으키다.
commissárĭus, i, *m.* [commítto] 위임을 받은 사람; 위원; 권한 대리.
commissát... *V.* comissát...
commíssĭo, ónis, *f.* [commítto] **1.** 연결, 이음; 매듭. **2.** (경기·전투 등의) 시작;

싸움 벌임. **3.** 범죄. **4.** 위임, **위탁**. **5. 위원회**: ~ de re bíblica 성서 위원회.

commíssor = comíssor.

commíssum, i, *n.* [commítto] **1.** 기업, 기획. **2.** 범죄, 범행, 위반. **3.** 비밀, 위탁비밀.

commissúra, æ, *f.* [commítto] **1.** 맺음, 이음, 연결; 매듭, 접합. **2.** 《解·動》 신경의 교련(交連), 좌우 연결 신경.

commístĭo = commíxtio. 「다.

commítĭgo, ávi, átum, áre, *tr.* 부드럽게 하

commítto, mísi, míssum, ĕre, *tr.* [cum+mitto] **1.** 〔*alqd alci rei,* cum *abl.*; in unum, inter *se*〕 결합시키다, 합치다, 연결시키다. **2.** 〔*alqm* cum *alqo;* inter *se*〕 싸움시키다, 겨루게 하다, 대결시키다. **3.** (싸움·경기 따위를) 벌이다·개시하다; **교전[전투·전쟁]하다**: ~ prœlium *(H.)* 교전하다. **4.** 〔*alqd; alqd* advérsus, erga, in *alqm;* ut; cur, quare; *inf.*〕 (잘못을) **저지르다, 범죄하다**; …짓을 하다: ~ scelus *(C.)* 죄악을 범하다. **5.** 〔in, contra legem; lege〕 법률을 위반하다, 위법행위를 하다. **6.** ~pœnam, mulctam 벌·벌금형을 받다, 벌 받을 짓을 하다. **7.** 〔*alqd[alqm] alci,* in *alqd*〕 **맡기다, 위탁하다,** 일임하다; 내어주다: ~ **se** ímprobis 흉악한 무리속에 끼어들다 / ~ se in conspéctum *alcjs* 누구 앞에 나서다. **8.** 〔*alci* - de *re,* ut〕 하도록 내맡기다, 내버려두다, 믿고 맡기다. 「음.

commíxtĭo, ónis, *f.* [commísceo] 혼합, 섞

commŏdátĭo, ónis, *f.* [cómmodo²] 빌려줌, 대여(貸與). 「主), 대여자.

commŏdátor, óris, *m.* [cómmodo²] 대주(貸

commŏdátum, i, *n.* [cómmodo²] **1.** 빌려준 것[물건]. **2.** 《法》 사용대차(使用貸借).

cómmŏde, *adv.* [cómmodus] **1.** 편리하게, 적절하게; 적시에; 쉽게, 잘. **2.** 좋은 조건으로. **3.** 친절하게.

commóditas, átis, *f.* [cómmodus] **1.** 적절한 형편, 적합성; 알맞은 비례, 대칭(對稱). **2.** 꼭 맞는 표현. **3.** 유리함, 쓸모 있음, 편리, 편의; 쾌적. **4.** 좋은 기회. **5.** 친절, 관대. 「맞게.

cómmŏdo¹, *adv.* [cómmodus] 편리하게, 알

cómmŏdo², ávi, átum, áre, [cómmodus] *tr.* **1.** 적합하게 맞추다, 알맞게 만들다, 어울리게 하다, 적응시키다: ~ manum ad verba *(Q.)* 어조에 맞추어 손을 놀리다. **2.** 빌려주다. **3.** *intr.* 〔*absol.; alci; alci* (in) *alqā re*〕 호의를 보이다, 잘 해주다, 편의 봐주

commódŭle, *adv.* 적당히. 「다.

cómmŏdum¹, *adv.* [cómmodus] 알맞는 시간에, 마침 잘.

cómmŏdum², i, *n.* [cómmodus] **1.** 편의, **편리**; 적당한 때, 호기(好期): cum erit tuum~,*(C.)* 네게 편리할 때, 네가 좋을 때에 / cómmodo tuo *(C.)* 너 좋을 대로 / cómmodo valetúdinis tuæ *(C.)* 네 건강이 허락하는 대로. **2.** 〔흔히 *pl.*〕 **이익, 이득,** 유리함. **3.** 빌린 물건. **4.** 유공자에게 주는 특전·상여금.

cómmŏdus¹, a, um, *adj.* [cum+modus] **1.** 〔*dat.;* ad *acc.*〕 적절한, 알맞는, 적합한, 어울리는. **2.** 선뜻 마음 내켜지는(일), 좋게 생각되는. **3. 편리한,** 쾌적한. **4. 유리한,** 유익한. **5.** 친절한, 호의적인.

Cómmŏdus², i, *m.* *Roma*의 황제(180–192).

commœ́nĭo = commúnio².

commólĭor, ítus sum, íri, *dep. tr.* 움직이게 하다, 일게 하다; 계획하다.

cómmŏlo, lŭi, lŭtum, ĕre, *tr.* **1.** 빻다, 맷돌로 갈다; 바수다. **2.** 벼락이 나무에 내리치다.

commŏnĕfácĭo, féci, fáctum, ĕre, *tr.* [commóneo+fácio] 〔*alqm alcjs rei,* de *abl.; alqd; acc. c. inf.*〕 알려[깨우쳐]주다, 생각나게 하다, 상기시키다, 주의시키다.

commŏnĕfío, fáctus sum, fíĕri, *pass.* [commonefácio] 〔*alcjs rei*〕 생각나다, 상기하다.

commónĕo, ŭi, ĭtum, ére, *tr.* [cum+móneo] **1.** 〔*alqm alcjs rei,* de *alqā re; alqm alqd; acc.c.inf.*〕 생각나게 하다, 상기시키다, 알려주다. **2.** 〔ut, ne〕 (하도록, 말도록) 이르다, 경고하다, 주의를 환기시키다, 재촉하다. 「주의시킴, 경고.

commŏnítĭo, ónis, *f.* [commóneo] 일러줌;

commónĭtor, óris, *m.* [commóneo] 충고자.

commónstro, ávi, átum, áre, *tr.* 보이다, 제시하다, 명시하다.

commŏrátĭo, ónis, *f.* [cómmoror] **1.** 체류, 체재, 머무름. **2.** 지체함, 늦어짐. **3.** 《修》 중요한 대목에서 머물러 하는 되풀이.

commórdĕo, mórdi, mórsum, ére, *tr.* 물다, 물어 뜯다.

commórĭor, *(rĕris, rĭtur),* mórtŭus sum, móri, *dep. intr.* 〔cum *alqo, alci*〕 함께 죽다.

cómmŏror, átus sum, ári, *dep.* **I.** *intr.* **1.** 머물다, 체류하다, 지체하다. **2.** 〔in *alqā re*〕 어떤 일을 물고 늘어지다, 틀어박히다. **II.** *tr.* 지연시키다; 붙잡아 머물게 하다.

commótĭo, ónis, *f.* [commóveo] **1. 격동,** 뒤흔들음; 동요. **2. 감동,** 설레임, 흥분. **3.** 《醫》 진탕: ~ cérebri 뇌진탕.

commŏtĭúncŭla, æ, *f. dim.* [commótio] 찌뿌드드함.

commótus, a, um, *p.p., a.p.* [commóveo] **1.** 흥분한, 감동된; 움직인. **2.** (어조·문체가) 격렬한.

commóvĕo, móvi, mótum, ére, *tr.* [cum+móveo] **1. 움직이게 하다**; 뒤흔들다, 흔들어 놓다, **격동시키다,** 휘젓다. **2.** 옮기다, 이동시키다, 치우다; 철수시키다. **3.**

[alqm; alqm alqā re, in abl.; alqd alci; alqm ad alqd] **감동시키다,** 충격주다, 자극하다, 흥분시키다, (감정을) **일으키다,** 끼치다: commótus metu[spe] (T.) 공포에 충격 받은[희망에 부푼] / ~ misericórdiam alci (C.) 누구에게 자비심을 일으키다 / ~ memóriam alcjs rei (C.) 무엇의 기억을 불러 일으키다. **4.** [pass.] (증세·통증 따위) 일어나다, 발작하다, (열로) 떨리다: commovéri cápite (Plin.) 두통이 일어나다. **5.** 야기시키다, **일으키다, 선동하다,** 초래하다. **6.** (일을) 혼란에 빠뜨리다, (위험에) 몰아 넣다. **7.** [pass.] (돈·비용) 지출되다.

commúne, is, n. [commúnis] **1.** 공통점, 서로 통하는 것; 《가》 (미사나 성무일도의) 공통전례(典禮). **2.** 공유재산. **3.** 공동으로 하는[되는] 것. **4.** 전체 지방, 국가: ~ Sicíliæ (C.) Sicília섬 전체. **5. in ~** 공공(의) 복리(로), 공동의 일(로); 공통적으로; 일반적(으로); [감탄사적] 똑같은 몫으로!

commūnĭcábĭlis, e, adj. [commúnico] 유통[소통·공통]될 수 있는, (의사·소식 따위) 전달할 수 있는.

commúnĭcans, ántis, p.præs., a.p. [commúnico] …에 통하는, 상종하는; 나누어 주는.

commūnĭcátĭo, ónis, f. [commúnico] **1.** (지식·의사 따위의) **전달,** 소통, 교류; **상통,** 교제; 통보, 통신. **2.** 관여, **(공동) 참여,** 공동향유: 《가》 ~ in sacris (비가톨릭의) 종교의식 참여. **3.** 나누어 줌; 함께 나눔. **4.** 교통, 왕래. **5.** 《修》 (청중의 동감을 노리는) 반문. **6.** 《가》 성체배령(拜領)시킴.

commúnĭco, ávi, átum, áre, tr. [commúnis] **1.** [alqd cum alqo, alci] 함께 나누어 가지다; **참여[관여]시키다,** 한 몫 끼게 하다, 나누어 주다. **2.** [alqd cum alqo] **참여[관여]하다,** 끼어들다, 한 몫 차지하다. **3.** [alqd cum alqo, inter se; cum alqo de alqā re] **알려 주다,** 전달하다; 상의[협의]하다; 교류하다. **4.** [alqd cum re] 뒤섞다, 합치다. **5.** [alqm] 더럽히다. **6.** (후기 라틴어에서) intr. [alci] 함께 지내다, 상종하다; [alci rei] 참여[관여]하다. **7.** 《가》 [alqm] 성체 배령(拜領)시키다.

commúnĭcor, ári, dep. = commúnico.

commúnĭo[1], ónis, f. [commúnis] **1.** 공동, 일치. **2.** 공유(共有). **3.** 공동관여, 상호 연관성, 연결. **4.** 신자들의 친교; 공동체. **5.** 《가》 성체배령[영성체]: ~ paschális 부활시기의 (의무적인) 성체배령. **6.** 《가》 ~ sanctórum 모든 성인[성도]의 통공(通功).

commúnĭo[2], ívi[ii], ítum, íre, tr. [cum+múnio] **1.** 강화하다, 견고케 하다. **2.** 요새로 만들다, 성·방책·참호 등으로 둘러 막다.

commúnis, e, adj. [cum+munus] **1.** [gen. pl.; dat.; dat. cum abl.] **공통적; 공동의,** 공유(共有)의; **모두에게** 해당되는: onus mihi commúne tecum (C.) 너와 나의 공동임무 / vita ~ 공동 생활. **2. 공공(公共)의,** 공중(公衆)의. **3.** 보통의, **평범한;** 흔히 있는, 일반적인; 통례적인, **통상적인,** 평소의. **4.** 누구나 가까이 할 수 있는, 서민적인, 친절한. **5.** 《文法》 genus commúne 남·녀 양성(兩性)의; sýllaba commúnis 길기도 하고 짧기도 한 음절. **6.** (종교적 의미로) 불결한.

commūnísmus, i, m. 공산주의.

commūnísta, æ, m. (f.) 공산주의자.

commūnístĭcus, a, um, adj. 공산주의(자)의.

commúnĭtas, átis, f. [commúnis] **1. 공동체,** 공동 사회, **단체;** 공동 생활체. **2. 공통성. 3.** 공유(共有), 공용. **4.** 공공심(公共心), 사회적 본능. **5.** 친절, 서민다움, 인간미.

commúnĭter, adv. [commúnis] **1.** 공동으로, 다 함께. **2.** 일반적으로.

commūnítĭo, ónis, f. [commúnio[2]] 도로(道路)개척; 《修》 사건의 도입·소개.

commúnĭtus, adv. [commúnis] 공동으로, 일치하여.

commúrmŭro, áre, tr. = commúrmŭror.

commúrmŭror, átus sum, ári, dep. intr. (투덜투덜) 중얼거리다, 투덜거리다, 함께 불평하다.

commūtábĭlis, e, adj. [commúto] 변하기 쉬운; **바꿀 수 있는,** 교환할 수 있는.

commūtáte, adv. [commúto] 방법을 바꾸어.

commūtátĭo, ónis, f. [commúto] **1.** 변화, 「변질, 변경. **2. 교환.**

commūtātívus, a, um, adj. 교환적.

commúto, ávi, átum, áre, tr. [cum+muto] **1.** 변화시키다, 바꾸어 놓다. **2.** [alqd re, cum re, pro re] **교환하다,** 서로 바꾸다.

cōmo, compsi, comptum, mĕre, tr. [cum+emo] **1.** 가지런히 배치하다, 정돈하다. **2.** 곱게 빗다. **3.** 꾸미다, 수식하다.

comœ́dĭa, æ, f. 희극; 희극물[작품].

comœ́dĭcus, a, um, adj. 희극의, 희극적, 우스꽝스러운.

comœdĭŏgráphus, i, m. 희극 작가.

comœ́dus[1], a, um, adj. 희극의.

comœ́dus[2], i, m. 희극 배우.

comósus, a, um, adj. [coma] **1.** 긴머리의, 머리숱 많은; 털 많은. **2.** 잎이 우거진.

comótrĭa, æ, f. [coma] 머리를 땋는 여자, 미용사.

comótrĭum, i, n. [coma] 미장(美粧)도구.

compăcíscor, (ĕris, ĭtur), páctus sum, sci,

dep. intr. 계약 맺다. 「게 하다, 평정하다.
compáco, ávi, átum, áre, *tr.* [pax] 평화롭
compáctĭlis, e, *adj.* [compáctus²] **1.** 꽉 들어찬; 치밀한. **2.** 짜임새 있는; (문체 따위가) 짜이고 간결한. **3.** 통통한(동물의 생김새).
compáctĭo, ónis, *f.* [compíngo] **1.** 짜임새, 구성; 연결. **2.** 구조물(構造物).
compácto, *adv.* [compacíscor] 합의[계약] 대로. 「약.
compáctum, i, *n.* 합의, 협약, 협정, 계
compáctus¹, a, um, *p. p.* [compacíscor].
compáctus², a, um, *p.p.* [compíngo] **1.** 치밀한; 꽉 들어찬, 통통한. **2.** 짜임새 있는. **3.** 견고한, 단단한.
compáges, is, *f.* [compíngo] **1.** (유기적으로 결합된) 구조, 뼈대, 짜임새 있는 조직. **2.** 결합, 연결; 접합[연결]부분, 관절.
compágĭno, ávi, átum, áre, *tr.* [compáges] **1.** 결합시키다, 연결시키다. **2.** 인접하다.
compágo, gĭnis, *f.* = compáges.
companátĭo, ónis, *f.* 《神》 (*Luther*의) 빵 공존설(共存說). 「은 수준의; 어울리는.
compar¹, ăris, *adj.* 〔*dat.*〕 같은, 동등한, 같
compar², ăris, *m.f.* **1.** 동료, 동지, 짝, 친구. **2.** 배우자.
compărábĭlis, e, *adj.* [cómparo¹] 비교할 만한, 서로 비교될 수 있는. 「하면).
compăráte, *adv.* [cómparo¹] 비교하여(말
compărátĭo¹, ónis, *f.* [cómparo¹] **1.** 〔*gen.*, cum *abl.*〕 비교, 견줌; 대조. **2.** 범죄에 대한 동기의 참작.
comparátĭo², ónis, *f.* [cómparo²] **1.** 준비, 장만, 마련; 설비. **2.** 사들임, 모아 들임, 조달, 공급. 「비교하여; 비교급으로.
compărātíve, *adv.* [comparatívus] 비교적,
compărātívus, a, um, *adj.* [cómparo¹] 비교의, 비교에 관한; 《文法》 (gradus) ~ 비교급. 「는 사람.
compărátor¹, óris, *m.* [cómparo¹] 비교하
compărátor², óris, *m.* [cómparo²] 사들이는 사람; 장만하는 사람.
compărátus, us, *m.* [cómparo²] 설비.
compárco, pársi, pársum, ĕre, *tr.* [cum+parco] **1.** 아껴서 모으다, 절약해쓰다. **2.** 자제하다, 참다.
compárĕo, ŭi, ére, *intr.* **1.** 나타나다, 보이다, 눈앞에 있다. **2.** 출석해 있다, 제자리에 있다.
cómpăro¹, ávi, átum, áre, *tr.* [compar] **1.** 〔*alqm[alqd]* cum *alqo[alqā re]; inter se*〕 짝지어 주다, 짝 맞추다, 쌍이 되게 하다. **2.** 〔*alqm* cum *alqo*〕 (싸움·경쟁의) 상대자로 맞세우다·맞붙이다, 대립시키다. **3.** 〔*absol.; alqm[alqd] dat.,* cum *abl., alqos inter se, alqm* ad *alqm*〕 비교하다, 견주다, 대조하다. **4.** 〔*alqm [alqd] dat.,* cum *abl.*〕 대등하게 하다, 동등하게 만들다[인정하다]. **5.** 〔*absol.;* inter *se*〕 의논하여 결정하다, 합의하여 나누다.
cómpăro², ávi, átum, áre, *tr.* [cum+paro] **1.** 장만하다, 마련하다, 갖추다; 이룩하다, 얻다, 모으다, 축적하다; 구해놓다, 사들이다, 조달하다: ~ auctoritátem sibi *(Cæs.)* 권위를 갖추다 / divítias ~ 재산을 모으다. **2.** 준비하다, 장비하다; 차리다, 베풀다: ~ convívium *(C.)* 연회를 베풀다 / dum se uxor cómparat, *(C.)* 아내가 치장하는 동안. **3.** 대비하다, 태세를 갖추다, 채비를 하다: ~ se ad omnes casus *(Cæs.)* 모든 경우에 대비하다. **4.** 〔ut, ne *c. subj.;* quod *c. indic.*〕 (하도록·못하도록) 제정하다, 조치하다, 마련하다; 〔*pass. impers.*〕 comparátum est, ut[quod] …하도록 마련되어 있 ⌊다.
compársi, *pf.* [compárco].
compásco, pástum, ĕre, **1.** *intr.* 공동으로 목축하다, 같이 사육하다. **2.** *tr.* 기르다, 먹여 키우다. 「ger ~ 공동목장.
compáscŭus, a, um, *adj.* 공동목축의: a-
compassíbĭlis, e, *adj.* 함께 수난(受難)하는. 「고통[수난]. **2.** 동정, 연민.
compássĭo, ónis, *f.* [compátior] **1.** 공동의
compassívus, a, um, *adj.* [compátior] 동정하는, 동정적.
compátĭor, *(tĕris, tĭtur)*, pássus sum, păti, *dep. intr.* 〔*dat.*〕 함께 수난하다[고통받다]; 동정하다.
compătrĭóta, æ, *m.* 동포; 동향인.
compătrónus, i, *m.* 공동 보호자, 공동 후
compec... *V.* compac... ⌊원자.
compédĭo, ívi, ítum, íre, *tr.* [compes] **1.** 족쇄를 채우다, 쇠사슬로 발목을 붙들어 매다. **2.** 구속하다, 속박하다.
compégi, *pf.* [compíngo].
compellátĭo, ónis, *f.* [compéllo¹] **1.** 부름, 호칭; 호소. **2.** 꾸짖음, 비난.
compéllo¹, ávi, átum, áre, *tr.* **1.** (불러서) 말 걸다, 부르다, 호칭하다; 호소하다. **2.** 꾸짖다, 나무라다, 비난하다: pro cauto tímidum ~ *(L.)* 신중한 사람을 비겁한 자라고 나무라다. **3.** 《法》 법정에 제소하다.
compéllo², pŭli, púlsum, ĕre, *tr.* **1.** 한 곳으로 몰다, 몰아 넣다. **2.** 집중시키다. **3.** 강제하다, 억지로 시키다, 강요하다, 하지 않을 수 없게 하다; 몰아 넣다: necessitáte compúlsus 필요에 몰려서.
compendĭárĭa, æ, *f.* (*sc.* via) 첩경(捷徑),
compendiárĭo, *adv.* 요약해서. ⌊지름길.
compendĭárĭum, i, *n.* (*sc.* iter) 첩경.
compendĭárĭus, a, um, *adj.* [compéndium] 간소화된, 간단하게 된, 요약된, 단축된: via compendiária 지름길.

compéndĭo, ávi, átum, áre, *tr.* [compéndium] 생략하다, 요약하다.

compendĭósus, a, um, *adj.* [compéndium] **1.** 유익한, 이익 많은. **2.** 요약한, 간결한.

compéndĭum, i, *n.* [cum+pendo] **1.** 절약, 절감, 절약에서 오는 이익, 이득 : ~ fácere, compéndii fácere *alqd* 절약해서 남기다, 벌다, 이득보다; 단축하다, 절감하다. **2.** (노력·시간의) 단축, 절감. **3.** 생략, 요약, 간결; 개요(概要), 적요(摘要); 개설(概說). **4.** ~ (viæ) 지름길, 첩경.

compéndo, ĕre, *tr.* 저울에 달다.

compensátĭo, ónis, *f.* [compénso] **1.** 균등하게 함, 조정, 균형. **2. 보상, 배상,** 갚음: occúlta ~ 비밀배상, 비밀상쇄. **3.** 상쇄. 「의, 보정(補整)주의.

compensātĭōnísmus, i, *m.* 상쇄(相殺)주

compénso, ávi, átum, áre, *tr.* **1.** 〔*alqd* cum *re, alqd re*〕 균등하게 하다, 균형잡다, 같게 하다, 상쇄하다. **2.** 〔*alqd alci*〕 갚다, **보상하다,** 배상하다. 「co.

compérco, pérsi, pérsum, ĕre, *tr.* = compár-

compĕrendĭnátĭo, ónis, *f.* [= comperéndino] **1.** 선고공판을 2일후(모레)로 연기함. **2.** (일반적으로)심리·판결·개정(開廷)의 연기. **3.** (소송 당사자들의)재판 연기 신청[제안]. 「nátio.

compĕrendĭnátus, us, *m.* = comperendi-

comperéndĭno, ávi, átum, áre, *tr.* [*cf.* peréndie] **1.** 재판을 2일후(모레)로 연기하다. **2.** 공판 연기를 제안[신청]하다.

compérĭo, pĕri, pértum, íre, *tr.* [cum+pério, *cf.* perítus] 〔*alqd* – de *abl. acc. c. inf.*〕 알아내다, 발견하다, 듣고[보고]알다, 확실히 알다, 확증을 잡다.

compérĭor, íri, *dep.* = compério.

compértus, a, um, *p.p., a.p.* [compério] **1. 명백히 알려진,** (경험해서) 알게 된; **확실하게 드러난,** 발견된, 발각된: *alqd* compértum habére *(C., Cæs., L.)* 무엇을 명백히 알고 있다 / ~in *alqā re* 무슨 일을 하다 들킨. **2. 확실한,** 의심의 여지가 없는: compértum est *(Sall., Pl.)* 확실하다 / *alqd* pro re compértā habére *(Cæs.)* 확실한 것으로 인정하다[알다] / pro compérto 분명히, 확실한 것으로 / compérto 분명히, 틀림없이. **3.** 〔*gen. críminis*〕 확인된, 확증된, 입증된: nullíus probri ~ *(L.)* 아무 죄과도 없음이 확인된.

compes, ĕdis, *f.* [cum+pes] **1.** 죄인 발목에 채우는 쇠사슬, 족쇄. **2.** 질곡, 속박, 구속.

compésco, scŭi, ĕre, *tr.* [compes] 억제하다, 제어하다, 단속하다, 통제하다, 누르다.

cómpĕtens, éntis, *p. præs.* [cómpĕto] **1. 충분한 자격을 갖춘,** 요구조건을 갖춘. **2.** 합법적 권한을 가진, **관할권이 있는,** 법정(法定)자격이 있는. **3.** *m.pl.* 영세(領洗) 지원자.

compĕténter, *adv.* [cómpetens] **1.** 필요한 만큼 적당하게, 충분히. **2.** 법정 자격[권한]을 가지고.

compĕténtĭa, æ, *f.* [cómpeto] **1.** 균형, 조화. **2.** 능력, 자격. **3.** 권한, 권능, **관할권,** 합법성.

compĕtítĭo, ónis, *f.* [cómpeto] 경쟁, 쟁탈.

compĕtítor, óris, *m.* [cómpeto] 경쟁자.

compĕtítrix, trícis, *f.* [competítor] 여자경쟁자.

cómpĕto, petívi[tĭi], títum, ĕre, [cum+peto] **I.** *intr.* **1.** 같은 곳으로 가다, 만나다, 마주치다, 모이다. **2.** 〔in *acc.*; cum *abl.*; *dat.*〕 (시간적으로)일치하다, 동시에 일어나다[발생하다]. **3.** 〔*absol.*; *dat.*; ad *acc.*; ut〕 **어울리다,** 꼭 들어맞다, 적합하다, **자격[능력]이 있다;** 일치하다, 동등하다: Hoc illi cómpetit. 이것은 그에게 어울린다. **4.** 《法》 〔*dat.*; in *acc.*〕 돌아가다, 귀속하다; (누구의) **관할[권한]에 속하다,** 소관사항이다.
II. *tr.* 함께 추구하다, 함께 얻으려고 힘쓰다; 경쟁하다.

compīlátĭo, ónis, *f.* [compílo] **1.** 약탈, 탈취. **2.** 편찬, 편집, 자료수집; 표절.

compīlátor, óris, *m.* [compílo] **1.** 약탈자. **2.** 편집자; 표절자.

compílo, ávi, átum, áre, *tr.* [cum+pilo] **1.** 한데 묶어서 가져가다, 약탈하다, 탈취하다. **2.** 훔치다, 표절하다.

compíngo, pégi, páctum, ĕre, *tr.* [cum+pango] **1.** 조립하다, 맞추어서 만들어 내다, 구성하다, 짜임새 있게 하다. **2.** 창작하다. **3.** 〔*alqm* in *alqd*〕 던져 넣다, 가두다, 감금하다.

cómpĭta, órum, *n.pl.* 네거리, 네거리광장.

compĭtáles, ĭum, *m.pl.* 가정 수호신 제전의 제관.

compĭtálĭa, ĭum[iórum], *n.pl.* [compitális] (해마다 겨울에 동네 네거리 광장에서 거행되던) 터주신[가정 수호신]제전.

compĭtālícĭus, a, um, *adj.* 가정 수호신 제전의.

compĭtális, e, *adj.* [cómpitum] 네거리의, 교차로의: compitáles Lares *(Suet.)* 터주신, 가정 수호신.

cómpĭtum, i, *n.* [*cf.* cómpeto] **1.** 네거리, (여러 갈래의) 교차로. **2.** 〔흔히 *pl.*〕 네거리(또는 여러 갈래의 교차로)광장.

complácĕo, cŭi[cĭtus sum], ére, *intr.* 〔*dat.*〕 누구의 마음에 들다, 흐뭇하게 하다.

complácĭtus, a, um, *p.p., a.p.* [compláceo] 마음에 든. 「키다, 화해시키다.

compláco, áre, *tr.* 회유(懷柔)하다, 진정시

complānátĭo, ónis, *f.* [complāno] 평탄케

함, 정지(整地); 평면화(平面化).

compláno, ávi, átum, áre, *tr.* **1.** 평평하게 하다, 지면을 고르게 하다. **2.** (건물을) 헐다, 헐어서 지면과 같게 하다. **3.** (험난한 것을) 평탄하게 하다.

complánto, ávi, átum, áre, *tr.* 함께 심다.

compláudo, pláusi, ĕre, *tr.* 함께 칭찬하다, 박수하다.

compléctor, *(tĕris, tĭtur)*, pléxus sum, plĕcti, *dep. tr.* [cum+plecto] **1.** 껴안다, 포옹하다; 휘감다, 얽히다. **2.** 둘러 싸다, 둘러 막다. **3. 포괄하다,** 포함하다, 망라하다; 내포하다, 포용하다. **4.** 사랑하다, 돌보다, 보호하다. **5.** 받아 들이다, 환영하다. **6. 파악하다,** 알아듣다, 납득하다: ánimo[cogitatióne] ~ 알아 듣다[상상하다] / *alqd* memóriā ~ *(Q.)* 기억하다. **7.** (말·연설 따위를) 다 이야기 하다; 결론짓다.

complēméntum, i, *n.* [cómpleo] 보완, 보충; 추가.

cómplĕo, plévi, plétum, ére, *tr.* **1.** 〔*alqd re, alcjs rei*〕 **채우다,** 가득하게 하다, 메우다: Diánam flóribus ~ *(C.) Diána* 여신상을 꽃으로 뒤덮다·장식하다. **2.** 《軍》 보충하다, 충당하다. **3.** (빛·소리·냄새 따위로) 가득 채우다. **4.** (감정·희망·용기 따위로) **가득차게 하다,** (마음을) 부풀게하다. **5.** 모두 갖추다, **보완하다;** 부족한 것이 없게 하다. **6. 완성하다,** 완결하다, 성취하다; (수량을) **채우다. 7.** 〔시간〕 **채우다,** 살다, 지내다: centum et septem annos ~ *(C.)* 107세를 살고 죽다.

complétĭo, ónis, *f.* **1.** 보충, 보완. **2.** 완성, 완결, 성취; 만기(滿期).

complētívus, a, um, *adj.* 보충하는; 완성[완결]하는.

complētórĭum, i, *n.* 《가》 종과(終課)기도.

complétus, a, um, *p.p.,a.p.* [cómpleo] 다 찬; 완성된, 완결된.

complex, plĭcis, *adj.* [cum+plico] 〔*absol.; gen.;* in peccáto〕 **1.** 얽혀 있는; 연루(連累)된. **2.** *m.f.* 연루자, 공범자.

compléxĭo, ónis, *f.* [compléctor] **1.** 결합, 연결; 총괄. **2.** (삼단 논법의)결론, 귀결. **3.** 딜레마, 양도논법. **4.** 요약된 표현; 종합문.

compléxus, us, *m.* [compléctor] **1.** 껴안음, 포옹; 휘감음. **2.** 극진한 사랑, 애호. **3.** 접전(接戰), 맞붙어 싸움: in compléxum *alcjs* veníre *(Cæs.)* 누구와 맞붙어 싸우다. **4.** (사물의)통제, 지배. **5.** 유대관계, 문장 연결, 문맥.

complĭcátĭo, ónis, *f.* [cómplico] **1.** 접음, 접어포갬. **2.** 복잡, 착잡, 얽힘. **3.** 곱하기, 곱셈.

complĭcátus, a, um, *p.p., a.p.* [cómplĭco] **1.** 접힌, 감긴. **2. 복잡한, 뒤얽힌,** 착잡한. **3.** 곱해진.

complícĭtas, átis, *f.* [cómplico] **1.** 공범관계, 연루(連累), 연좌(連坐). **2.** 복잡성.

cómplĭco, ávi[ŭi], átum[ĭtum], áre, *tr.* **1.** 접다, 접어 넣다; 감다(卷): ~ epístulam *(C.)* 편지를 접어 넣다. **2.** 〔*pass.*〕 뒤얽히다, 헝클어지다, 복잡해지다.

complódo, plósi, plósum, ĕre, *tr.* [cum+plaudo] 맞부딪쳐 소리나게하다, 박수치다.

complōrátĭo, ónis, *f.* [complóro] 함께 통곡함; 대성통곡, 비탄의 소리.

complōrátus, us, *m.* = complorátio.

complóro, ávi, átum, áre, *tr.* **1.** 같이 통곡하다, 함께 울다. **2.** 통탄하다, 몹시 슬퍼하다.

cómplŭo, ĕre, [cum+pluo] **1.** *intr. impers.* 비가 오다 [내리다]. **2.** *pass. pers.* (cómpluor, plútus sum, plŭi) 비에 젖다, 비맞다.

complúres, plúra(드물게 -ia), *gen.* plúrium, *adj.pl.* [cum+plures] **1.** 상당히 많은, 다수의, 여러, 여럿의. **2.** 〔명사적〕 *m.(f.)* 상당수의 사람들, 여럿; *n.* 많은 것.

complúrĭe(n)s, *adv.* [complúres] 자주, 빈번히, 여러번.

complúscŭli, æ, a, *adj. pl. dim.* [complúres] 꽤 여러, 제법 많은.

complŭvĭátus, a, um, *adj.* [complúvium] 구(口)자형으로 가운데 공간을 비운 모양의.

complúvĭum, i, *n.* [cum+plúvia] *Roma* 건물의 지붕없는 입구(口)자형 내정(內庭)의 물받이.

compóno, pósui, pósitum, nĕre, *tr.* [cum+pono] **1.** 〔*alqd* in *abl.,* in *acc.*〕 **함께 놓다·두다,** 가지런히(차려)놓다, 갖다 놓다, 담아놓다, (뗄감을) 집어넣다, (묶음을) 묶다. **2. 모아 놓다;** 통합하다, 하나로 합치다. **3.** 제자리에 놓다, 배치하다, 정돈하다; 가누다. **4.** (군대를) 편성하여 배치하다. **5.** 저장하다, 저려놓다; 꾸려두다, 포장하다, 개켜두다, 거두어 들이다[걷다]. **6.** 잠잘 태세를 갖추다, 몸을 누이다, (눈을) 감다: ~ se 눕다. **7.** (시체·뼈를)묻다, 매장하다. **8.** (머리) 빗다·매만지다, (옷) 매무시하다, (얼굴) 화장하다, (얼굴의) 표정을 짓다: in mæstítiam compósitus *(Ta.)* 우울한 표정을 하고. **9.** 〔*alqd* ad, in *alqd, alci rei*〕 (무엇에) 맞추다, 태세[자세]를 갖추게 하다, 어떤 모양을 가지게 하다. **10.** 평온을 되찾게 하다, 진정시키다, 달래다, (바람·파도·소요 따위를)가라앉히다; 평정하다·진압하다. **11.** 합의하다, **타결하다;** 계약하다, **협정**하다: ~ pacem cum *alqo (L.)* 누구와 평화를 협정하다. **12.** (대립·싸움 따위를) **조정**하다, 조절하다, 화해시키다. **13.** 계획을 세우다, 결정하다, 처리하다:

itínera ~ *(C.)* 여행계획을 세우다. **14.** [*alqd* cum *alqo*] 획책하다, 꾸미다, 공모하다: ut compósitum cum Márcio fúerat, *(L.) Március*와 공모했던 대로. **15.** 사실과 달리 꾸며서 이야기 하다; 꾸며내나. **16.** [*alqd* cum *re*, *alci rei*] 포개다, 맞대다, 결합시키다, 연결시키다; 말을 잘 이어나가다: ~ cum péctore pectus *(Lucil.)* 가슴과 가슴을 맞대다. **17.** [*alqm* cum *alqo*, *alci*] 대결시키다, (싸우도록) 맞붙이다; [*pass. refl.*] ~ **se, compóni** *alci* 1대1로 싸우다. **18.** (부분·요소들로써) 만들어 내다, 엮다, **구성하다**, 형성하다, **합성하다**: Genus humánum compósitum est ex ánimo et córpore.*(Sall.)* 인간은 영혼과 육체로 이루어져 있다. **19.** 창조하다; 창건하다, 건설하다, 축조하다. **20.** (시·글) **짓다**, 저작[저술]하다, 창작하다; (편지) 쓰다, (문서) **작성하다**. **21.** [*acc. dat.*; *acc.* cum *abl.*] 비교하다, 대조하다.

comportátĭo, ónis, *f.* 운반, 운송.

compórto, ávi, átum, áre, *tr.* [cum + porto] 함께 운반하다, 모아 나르다.

compŏs, pŏtis, *adj.* [cum + potis] [*gen.*, 드물게 *abl.*] **1.** 가지고 있는, **갖춘**, **향유한**, (무엇을) 얻은, 성취한: ~ libertátis *(Pl.)* 자유를 누리는 / ~ voti *(Ov.)* 소원 성취한 / prædā cómpotes *(L.)* 전리품을 얻은. **2.** 지배하는, 다스리는: ~ mentis *(C.)* 정신이 온전한 / ~ sui 자제하는.

compósĭtæ, árum, *f.pl.* 《植》 국화과.

compósĭte, *adv.* [compósitus] 질서정연하게, 빈틈없이, 짜임새 있게; 신중히.

composítĭo, ónis, *f.* [compóno] **1.** (과일·식료품) 저장(貯臟). **2.** (약·향수·소리 따위의) 조제, 혼합, 배합. **3. 구성**, **합성**, **복합**: 《哲》 ~ entitatíva 존재적 복합 / ~ substantiális (per se) 실체적[본체적] 복합. **4.** 대결시킴, 싸움붙임. **5.** 배치, 정리. **6.** (말·글의) 배열, 글짓기, **작문**; **문장 구성**; **저술**, 저작; 작곡; (문서) **작성**, 기초(起草). **7.** 화해, 조정(調停); 협정, 합의.

compósĭtor, óris, *m.* [compóno] **1.** 배치자, 정리자. **2.** 조정자(調停者). **3.** 작성자; 작곡자.

compósĭtum, i, *n.* [compósitus] **1.** 복합체. **2.** ex[de] compósito, compósito 계획적으로, 짜고서. 「2. 결합, 연결; 조직, 구성.

compŏsĭtúra, æ, *f.* [compóno] **1.** 저장.

compósĭtus, a, um, *p.p.*, *a.p.* [compóno] **1. 합성된**, **구성된**. **2.** 잘 배치된, 정돈된; 질서정연한. **3.** [*dat.*; ad, in *alqd*] 잘 준비된; 적합한, 격에 맞는. **4.** 진정된, 가라 앉은, 침착한. **5.** 겉꾸민, …체하는.

compóstus = compósitus. 「연.

compōtátĭo, ónis, *f.* [cum + poto] 연회, 향

compótĭo, ívi, ítum, íre, *tr.* **1.** [*alqm alqā re*, *alcjs rei*] 누구에게 무엇을 차지하게 하다. **2.** *pass.* [*gen. abl.*] 가지고 있다, 구비하다, 향유하다.

compótor, óris, *m.* 술친구.

compótrix, ícis, *f.* 여자 술친구.

compránsor, óris, *m.* 밥상 친구·동료.

comprĕcátĭo, ónis, *f.* [cómprecor] 공동기도, (민중과 함께 드리는) 주례자의 기도.

cómprĕcor, átus sum, ári, *dep. tr.*, *intr.* [신에게: *alqm*, *alci*] 함께 기도드리다.

comprĕhéndo, di, sum, ĕre, *tr.* [cum + prehéndo] **1.** 움켜잡다, **붙잡다**, 부여잡다. **2. 체포하다**; (범행을) 포착하다, 덮치다, 죄상을 파헤치다. **3.** 점령하다. **4.** [*pass.*] 병에 걸리다. **5.** (그릇에) 담다; **총괄하다**, 하나로 묶다, 망라하다, (범위가) …에 이르다. **6.** (식물이 땅에) 뿌리박다. **7.** 잉태하다. **8.** 불붙다, (불이) 태우다: ignem ~ *(Cæs.)* 불붙다·타다 / Ignis ... comprehéndit.*(V.)* 불이 태워버렸다. **9.** 껴안다, 포옹하다; 환심을 사다, 포용하다. **10.** 설명하다, (말·글로) 표현하다: ~ *alqd* número 열거하다. **11. 파악하다**, 알아 듣다, 해득하다.

comprĕhensíbĭlis, e, *adj.* [comprehéndo] **1.** 붙잡을 수 있는, 파악될 수 있는. **2.** 감각될 수 있는. **3.** 이해할 수 있는.

comprĕhénsĭo, ónis, *f.* [comprehéndo] **1.** 움켜잡음, 붙잡음. **2.** 체포, 감금. **3.** 총괄, 포괄. **4.** 파악, 이해; 감지. **5.** 《論》 내포(內包). **6.** 음절; 복합문, 종합문.

comprĕhensívus, a, um, *adj.* **1.** 파악력[이해력] 있는. **2.** 포괄하는, 범위가 넓은; 포용력 있는.

comprĕhensóres, um, *m. pl.* 《神》 지복직관자(至福直觀者), 천국의 영복 획득자.

compréndo, di, sum, ĕre, = comprehéndo.

comprésbўter, ĕri, *m.* 동료신부[사제].

comprésse, *adv.* [compréssus] **1.** 명확하게, 간결하게. **2.** 긴급히.

compréssi, *pf.* [cómprimo].

compréssĭo, ónis, *f.* [cómprimo] **1.** 압축, 압착. **2.** 요약, 간결, 단축. **3.** 포옹; 동침. 「힘차게 누르다.

comprésso, ávi, átum, áre, *tr.* [cómprimo]

compréssor, óris, *m.* [cómprimo] 간통자(姦通者).

compréssus[1], a, um, *p.p.*, *a. p.* [cómprimo] **1.** 압축된; 단축된. **2.** 요약된, 간결한.

compréssus[2], us, *m.* **1.** 압축, 압착. **2.** (날개를) 접음. **3.** 동침.

cómprĭmo, préssi, préssum, ĕre, *tr.* [cum + premo] **1. 누르다**, 조르다, 압착하다; (주먹) 쥐다, (눈) 감다, (눈을) 감기다: compréssa (in pugnum) manus *(Q.)* 주먹쥔 손 / óculi compréssi *(Q.)* 지긋이 감은 눈. **2.** (여자를) 능욕하다, 강간하다. **3. 압축하다**, 죄

다, 수축시키다, 좁히다: ~ órdines aciéi (*L.*) 전열(戰列)을 좁히다. **4.** 움직이지 못하게 하다, 멈추다, 걷잡다; 막다, 저지하다, **억제하다**: ~ gressum (*V.*) 걸음을 멈추다 / ~ *alqm* (*L.*) 가만히 있게 하다 / ~ linguam *alci* (*Pl.*) 혀를 놀리지 못하게 하다 / ~ ánimam (*T.*) 숨을 죽이다 / compréssis mánibus sedére (*L.*) (손깍지 끼고 앉다) 일을 그만두다, 한가로이 지내다.

comprŏbátĭo, ónis, *f.* [cómprobo] 인정, 승인, 시인.

comprŏbátor, óris, *m.* [cómprobo] 승인자.

cómprŏbo, ávi, átum, áre, *tr.* **1.** 승인하다, (옳다고) 인정하다, 인가하다. **2.** 확인하다, 증명하다.

comprōmissárĭus[1], a, um, *adj.* [compromíssum] 타협의, 협상의. 「受人).

comprōmissárĭus[2], i, *m.* 선거권 양수인(讓

comprōmíssum, i, *n.* [compromítto] **1.** 타협, 협상, 합의; 화해. **2.** 《가》 교황 타결(妥結) 선거·간접선거.

comprōmítto, mísi, míssum, ĕre, *tr.* [cum + promítto] **1.** 타협하다, 협상하다. **2.** 중재자의 결정에 맡기도록 서로 합의하다.

comprōvincĭális, e, *adj.* 같은 주(州)의; 같은 관구(管區)의.

Compsa, æ, *f.* 남부 *Sámnium*의 도시(지금의 *Conza*); 〔*adj.*〕 **-ánus,** a, um.

compsi, *pf.* [como]. 「2. 익살스럽게.

compsíssŭme, *adv.* **1.** 기지를 발휘하여.

compte, *adv.* [comptus] 장식하여, 곱게, 잘 다듬어.

comptus[1], a, um, *p.p., a.p.* [como] 머리 빗은, 말쑥한, 조촐한; 품위 있는.

comptus[2], us, *m.* [como] **1.** 연결, 유기적 결합. **2.** 머리 손질, 조발(調髮); 머리 장

compugnánter, *adv.* 서로 대항하여. ⌊식.

compúgno, áre, *intr.* [cum + pugno] 서로 싸우다; 동시에 싸우다. 「움.

compulsátĭo, ónis, *f.* [compúlso] 충돌, 싸

compúlsĭo, ónis, *f.* [compéllo[2]] 강제, 강박; 재촉.

compúlso, ávi, átum, áre, *tr.* [compéllo[2]] **1.** 세게 두드리다. **2.** 충돌하다, 싸우다.

compúlsor, óris, *m.* [compéllo[2]] **1.** 가축 몰이꾼. **2.** 세금 독촉자. **3.** (부당한 것의) 강요자.

compúlsus, us, *m.* [compéllo[2]] 충돌.

compúnctĭo, ónis, *f.* [compúngo] **1.** (바늘·송곳 따위로) 찌름. **2.** 뉘우침, 회한, 가책.

compúngo, púnxi, púnctum, ĕre, *tr.* **1.** 찌르다, 찔러서 구멍내다. **2.** 문신(文身)하다. 「다, 말끔히 씻다·닦다.

compúrgo, ávi, átum, áre, *tr.* 깨끗하게 하

compŭtábĭlis, e, *adj.* [cómputo] 셈할 수 있는; 셈해야 할.

compŭtátĭo, ónis, *f.* [cómputo] **1.** 계산, 헤아림, 셈; 수입·지출. **2.** 절약; 셈에 밝음.

compŭtátor, óris, *m.* 계산하는 사람.

compŭtísta, æ, *m.* [cómputo] 일력(日曆) 계산자.

cómpŭto, ávi, átum, áre, *tr.* **1.** 계산하다, 셈하다, 헤아리다. **2.** 이해타산하다.

compŭtrésco, trŭi, ĕre, *intr.* 썩다, 부패하

cómpŭtus, i, *m.* 계산. ⌊다.

cómŭla, æ, *f.* [coma] 귀여운 머리(頭髮).

Cōmum, i, *n.* *Gállia Transpadána*의 도시, *Plínius Minor*의 출생지(지금의 *Como*); 〔*adj.*〕 **-ménsis,** e. 「접두사〕.

con- = **com-** 〔cum의 뜻을 지닌 복합어의

conámen, mĭnis, *n.* [conor] **1. 노력,** 시도(試圖), 기도. **2.** 지원, 도움. 「대.

conāméntum, i, *n.* [conámen] 도움; 지렛

conátĭo, ónis, *f.* [conor] 노력, 시도.

conátum, i, *n.* [conor] **1.** 노력, 시도, 모험. **2.** *pl.* 시작한 일[것].

conátus, us, *m.* [conor] 노력, 계획, 시도; 본능적 충동, 자연적 경향.

conb... *V.* comb... 「으로 더럽히다.

cóncăco, ávi, átum, áre, *tr.* [cum + caco] 똥

cóncădo, ĕre, *intr.* 한꺼번에 떨어지다, 넘어지다. 「녹채(鹿砦), 나무더미 방책.

concǽdes, is, *f.* **1.** 벌채, 벌목. **2.** *pl.*

concălĕfácĭo, féci, fáctum, fácĕre, *tr.* 동시에 덥히다; 아주 뜨거워지게 하다.

concălĕfactórĭus, a, um, *adj.* 덥게 하는.

concálĕo, ŭi, ére, *intr.* [cum + cáleo] 더워지다, 뜨거워지다. 「히) 더워지다.

concălésco, cálŭi, ĕre, *intr.* (전체가 충분

concalf... *V.* concalef...

concállĕo, ŭi, ére, *intr.* [cum + cálleo] **1.** 굳어지다, 못이 박히다; 무디어지다. **2.** 숙달하다.

concallésco, cállŭi, ĕre, *intr.* **1.** 굳어지다, 굳은 살이 박히다. **2.** 무감각하게 되다, 무디어지다. **3.** 능숙해지다. 「역.

concámbĭum, i, *n.* **1.** 화폐교환. **2.** 무

concămĕrátĭo, ónis, *f.* [concámero] 둥근 천정.

concámĕro, ávi, átum, áre, *tr.* 둥근 천정을 만들다, 궁륭을 만들다: uvæ concamerátæ (*Plin.*) 아아치에 매달린 포도.

Cóncăni, órum, *m. pl.* *Hispánia Tarraconénsis*의 야만종족. 「[노예].

concaptívus, i, *m.* 포로 동지, 동료 포로

concastígo, ávi, átum, áre, *tr.* 징벌하다, 응징하다.

concaténo, ávi, átum, áre, *tr.* 함께 묶다.

cóncăva, órum, *n. pl.* 움푹 파인 곳, 도랑.

cóncăvo, ávi, átum, áre, *tr.* [cum + cavo] **1.** 오목[우묵]하게 하다, 움푹파다, 속을 도려내다. **2.** 휘게하다, 구부리다.

cóncăvus, a, um, *adj.* **1.** 둥글게 파진, 오목한; 속이 빈: cóncava æra*(Ov.)* 방울. **2.** 휜, 구부러진; 곡선을 이룬, 궁륭형의: cóncava aqua*(Ov.)* 파도.

concédo, céssi, céssum, ĕre, [cum+cedo] **I.** *intr.* **1.** [*absol.; abl.;* a, ex *abl.* - ad, in *acc.; dat.*] 가다[오다], 떠나가다, 물러가다: Concéde huc.*(Pl.)* 이리 오너라. **2.** 사라지다, 그치다, 가시다: Iræ concessére deūm.*(V.)* 신들의 분노가 그쳤다. **3.** [*absol.;* ~ vitā] 죽다. **4.** [in *acc.*] (상태·처지·신분·생각 따위가) 변하다, 되어 버리다, …게 되다, …로 넘어가다, 전락하다: ~ in deditiónem*(L.)* 항복해 버리다 / ~ in senténtiam *alcjs(L.)* 누구의 의견에 찬성하다 / ~ in illos*(C.)* 그들의 의견에 찬동하다. **5.** [*dat.*] 굴복하다, 지고 말다: ~ fato [in fatum], ~ natúræ 죽다. **6.** [*alci - alqā re,* de, in *re*] 자리를 내어 주다, **양보하다,** 굽히다, 누구의 우월성·수위(首位)를 인정하다: ~ némini stúdio*(C.)* 열성에 있어서는 아무에게도 지지 않는다. **II.** *tr.* **1.** [*alci alqd, inf.,* ut, ne; *acc. c. inf.*] 주다, **허락하다, 승락하다:** ~ libertátem *alci* in *alqā re(C.)* 누구에게 무슨 일에 자유를 주다. **2.** [*alqd alci*] **양보하다,** 양도하다, 내주다. **3.** [*alqd alci*] 용서해 주다, 눈감아 주다; 감해주다. **4.** [*alqd alci*] 바치다, 희생하다, (누구 또는 무엇을 위해서 무엇을) 버리다, 포기하다, 손떼다. **5.** [*absol.; alqd; acc. c. inf.; subj. concessívus*] **인정하다,** 용인하다, 그렇다고 해놓다: Concédes, multo hoc esse grávius.*(C.)* 이것이 훨씬 더 중요하다는 것을 너는 인정하게 되리라 / Concédo: *alqs* ... fécerit.*(C.)* 누가…했다고 하자 / Concédo, sit dives.*(Catull.)* 그가 부자라고 하자.

concĕlĕbrátĭo, ónis, *f.* 공동집전(執典).

concélĕbro, ávi, átum, áre, *tr.* [cum+célebro] **1.** (많은 사람이) 자주 다니다, 많이 모여 들다. **2.** 함께 축제지내다, 함께 거행하다, 축하하다, 찬양하다, 기념하다. **3.** 함께 열심히 추구하다. **4.** 널리 퍼뜨리다, 전하다, 선전하다: famā ac lítteris victóriam ~ *(Cæs.)* 말과 글로 승리를 널리 알리다 / virtútis concelebrándæ causā monuméntum statúere*(C.)* 송덕비를 세우다.

concélo, ávi, átum, áre, *tr.* 숨기다, 감추다.

concenátĭo, ónis, *f.* = concœnátio.

concéntĭo, ónis, *f.* [cóncino] **1.** 합창. **2.** 일치, 조화.

concentúrĭo, áre, *tr.* [cum+centúria] **1.** 100인부대를 집합시키다. **2.** 더하다, 증가시키다.

concéntus, us, *m.* [cóncino] **1.** 합창, 합주; 연주. **2.** 이구동성. **3.** 화음, 조화, 일치; 화합, 화목.

concépi, *pf.* [concípio].

conceptácŭlum, i, *n.* [concípio] **1.** 담는 그릇, 용기(容器), 저장 장치. **2.** 집합소, 소굴.

concéptĭo, ónis, *f.* [concípio] **1.** 임신, 수태, 잉태. 《가》 immaculáta ~ B.M.V. 성모마리아의 무염시잉모태(無染始孕母胎). **2.** 담음, 받아 모음, 수용: ~ aquæ 취수(取水). **3.** 법적 소정양식 문서 작성. **4.** 개념, 개념작용.

conceptívus, a, um, *adj.* **1.** 외부로부터 받아 들여진; 잉태되는. **2.** (임시 결정하여) 발표되는. **3.** 개념적, 개념의.

concépto, ávi, átum, áre, *tr.* [concípio] **1.** 임신하다. **2.** 계획하다.

conceptualísmus, i, *m.* 《哲》 개념론.

concéptum, i, *n.* **1.** 태아(胎兒). **2.** 계획.

concéptus, us, *m.* [concípio] **1.** 받아 들임, 수용. **2.** 임신; 태아. **3.** 용기(容器). **4.** 《論·哲》 **개념:** ~ análogus 유비(類比) 개념 / ~ mundi phýsici 세계상(世界像).

concérpo, psi, ptum, pĕre, *tr.* [cum+carpo] **1.** 갈기갈기 찢다. **2.** 헐뜯다, 비방하다.

concertátĭo, ónis, *f.* [concérto] **1.** 경쟁, 쟁탈전. **2.** 논쟁, 토론.

concertátor, óris, *m.* [concérto] 경쟁자; 논쟁자.

concertātórĭus, a, um, *adj.* [concérto] 논쟁의.

concérto, ávi, átum, áre, *intr.* [cum+certo] **1.** 경쟁하다, 투쟁하다; 싸우다; 전투하다: ~ prœlio*(Cæs.)* 전투하다. **2.** [cum *alqo*] 다투다, 논쟁하다, 토론하다.

concessátĭo, ónis, *f.* [concésso] 중단, 중지, 쉼.

concéssĭo, ónis, *f.* [concédo] **1.** 양보, 허용; 허락, 승락, 승인. **2.** (의견·주장 따위의) 인정, 용인. **3.** 양여(讓與), 하사(下賜). **4.** 사면, 형벌의 면제.

concessívus, a, um, *adj.* **1.** 양보하는, 양보적인. **2.** 《文法》 양보의.

concésso, ávi, átum, áre, *intr.* [cum+cesso] 일제히 그치다, 그만 두다, 쉬다.

concéssum, i, *n.* 허가 사항, 허용된 것.

concéssus[1], a, um, *p.p., a.p.* [concédo] 허가된, 합법적인, 허용된.

concéssus[2], us, *m.* [*abl.*로만 나옴] 허가, 동의.

concha, æ, *f.* **1.** 조가비, 소라껍데기. **2.** 조개, 진주조개, 굴, 전복, 권패(卷貝). **3.** 진주. **4.** 자주빛 색소 원료의 조개껍질; 자주빛 물감. **5.** 조가비 모양의 그릇. **6.** 소라 모양의 나팔; 특히 바다의 신 *Triton*의 나팔. **7.** 여자의 음부. **8.** 《解》 외이(外耳), 이각(耳殼).

conchátus, a, um, *adj.* [concha] 조가비 모양의.

cóncheus, a, um, *adj.* [concha] 소가비의.

cónchĭfer, fĕra, fĕrum, *adj.* [concha+fero] 쌍각류(双殼類)의, 조가비가 있는.

conchis, is, *f.* 콩꼬투리.

conchíta, æ, *m.* 조개잡이하는 사람.

conchŏlŏgía, æ, *f.* 패류학(貝類學), 패류연구.

conchus, i, *m.* 잔, 컵.

conchȳlĭátus, a, um, *adj.* 자주빛의; *m.pl.* 자주빛 옷을 입은 사람들, 왕족.

conchȳlĭŏlŏgía, æ, *f.* 패류학(貝類學).

conchyliólŏgus, i, *m.* 패류학자.

conchýlĭum, i, *n.* 《動》 **1.** 조개류. **2.** 굴. **3.** 자패(紫貝). **4.** 자주빛, 자주빛 물감; 자색 옷.

conchýta, æ, *m.* = conchíta.

cóncĭdo[1]**,** ĭdi, ĕre, *intr.* [cum+cado] **1.** **무너지다, 쓰러지다, 붕괴하다,** 내려앉다; **떨어지다,** 추락하다: ~ cælum *(C.)* 하늘이 무너지다 / auctóritas [fides] ~ *(C.)* 권위가[신용이] 떨어지다. **2.** **비명(非命)에 죽다,** 전사하다. **3.** 쇠약해지다, 가라앉다; 기가 죽다, 실망하다. **4.** **몰락하다,** 멸망[소멸]하다, 패망하다; 끝나다.

concído[2]**,** cídi, císum, ĕre, *tr.* [cum+cædo] **1.** **베어[찍어] 넘기다,** (장작) 패다, 토막내다, 잘게 자르다. **2.** 짤막하게 나누다, 구분하다. **3.** 잠깐 끊다, 중단하다. **4.** 살이 헤어지도록 매질하다, 때려 눕히다. **5.** 무찌르다, 궤멸시키다, 박살내다. **6.** 망쳐놓다, 파멸로 몰아넣다. **7.** **죽이다,** 살육하다. **8.** 폐기하다, 파기하다.

concĭĕo, cívi, cĭtum, ére, *tr.* [cum+cíeo] **1.** 움직이게 하다, 뒤흔들다, **격동시키다:** navis cóncita *(Ov.)* 동요가 심해진 배. **2.** **일으키다,** 일어나게 하다; 촉진시키다: mors cóncita *(Plin.)* 촉진된 죽음. **3.** 불러 모으다; **선동하다,** 쑤석거리다, 부추기다, 들고 일어나게 하다; 몰아치다. **4.** **자극하다,** 불러 일으키다, 격하게 하다: immáni cóncitus irā *(V.)* 굉장히 격분한.

concĭlĭábŭlum, i, *n.* [concílium] **1.** 회의 장소, 집회장소; 법정; 시장(市場). **2.** ~ mártyrum 순교자 추모 기념관.

concĭlĭārísmus, i, *m.* 《神》 공의회 수위설(公議會首位說).

concĭlĭátĭo, ónis, *f.* [concílio] **1.** 합동, 연합, 통합; 화해. **2.** 환심, 인기; 회유: conciliatiónis causā *(C.)* 환심을 사기 위하여. **3.** 경향, 성향, 취향. **4.** 장만, 획득. **5.** 계약.

concĭlĭátor, óris, *m.* [concílio] **1.** 마련하는 사람, 창안자, 창시자; 주모자: ~ proditiónis *(L.)* 모반의 주모자. **2.** 화해시키는 사람. **3.** 중매인, 매인·조정인.

concĭlĭatrícŭla, æ, *f.* [conciliátrix] 여자 중

concĭlĭátrix, ícis, *f.* [conciliátor] **1.** 환심 사는 여자; 화해시키는 여자. **2.** 여자 중매인. **3.** 여자 뚜장이, 매춘매개.

concĭlĭatúra, æ, *f.* [concílio] **1.** 중매. **2.**

concĭlĭátus[1]**,** a, um, *p.p., a.p.* [concílio] **1.** 〔*alci*〕 호의를 산, 친한 사이가 된, 누구의 편이 된. **2.** 〔ad *alqd*〕 기울어진, 경향있는.

concĭlĭátus[2]**,** us, *m.* 결합, 연결.

concílĭo, ávi, átum, áre, *tr.* [concílium] **1.** 모으다, 한데 섞다, 합치다; 통합하다. **2.** 〔*alqd, alqm alci,* inter *acc.*〕 **결합시키다, 화해시키다, 환심사다,** 친한 사이로 만들다, 끌어 들이다: ~ ánimos hóminum *(C.)* 사람들의 환심을 사다 / ~ legiónes sibi pecúniā *(C.)* 돈으로 군단들을 자기 편이 되게 하다 / ~ pacem inter cives *(C.)* 시민들 사이에 평화를 이룩하게 하다. **3.** 〔*alqm alci*〕 중매하다: ~ áliquam ad *alqm* 여자를 누구한테 데려다 주다. **4.** 중개하다, 흥정붙이다. **5.** 마음에 들게하다, 추천하다. **6.** 장만하다, 마련하다, 사다, 얻다, 손에 넣다; 이룩하다, 성취하다: pecúniæ conciliándæ causā *(C.)* 돈을 마련하기 위해서. **7.** 〔*alqd alci*〕 마련해 주다, 얻게 해주다, 성취시켜 주다: ~ benevoléntiam *alcjs alci* *(C.)* 누구에게 아무의 호의를 얻어 주다. **8.** 피륙을 이기다.

concílĭum, i, *n.* [cum+calo] **1.** 결합, 연결; 합성. **2.** 회합, 집회; 단체, 조합. **3.** **회의,** 의회, 협의회, 평의회, (고대 *Roma*의) 국민회의. **4.** 《가》 공의회(公議會): ~ œcuménicum 공의회.

concĭnéntĭa, æ, *f.* [cóncino] 화음; 조화.

concínnĭtas, átis, *f.* [concínnus] 균형, 조화, 예술적 구성, 짜임새; 우아.

concinnitúdo, dĭnis, *f.* = concínnitas.

concínno, ávi, átum, áre, *tr.* [concínnus] **1.** 잘 차려놓다, 알맞게 배합하다; 꾸미다, 손질하다, 짜임새 있게 하다; 연마하다, 세련하다, 복원(復元)하다. **2.** 만들다; 야기시키다, 일으키다; …게 하다: ~ *alci* multum negótii *(Sen.)* 누구에게 많은 걱정거리를 끼치다 / ~ uxórem lacrimántem *(Pl.)* 아내를 울리다.

concínnus, a, um, *adj.* **1.** 잘 조화된, 균형잡힌, 짜임새 있는, 예술적인. **2.** 말쑥한, 아담한, 멋있는, 품위있는, 우아한, 세련된. **3.** 솜씨좋은, 재치있는, 요령있는, 적절한, 어울리는. **4.** 〔*dat.*〕 상냥한, 싹싹한, 붙임성 있는.

cóncĭno, nŭi, céntum, ĕre, [cum+cano] **I.** *intr.* **1.** 합창하다, 합주하다; 울려 퍼지다. **2.** 〔cum *alqo,* inter *se*〕 일치하다, 조화되다, 어울리다.
II. *tr.* **1.** 합창하다, 연주하다; 함께 외치다. **2.** 찬양하다. **3.** 예언하다.

cóncĭo[1]**,** ívi, ítum, íre, *tr.* = concíeo.

cóncĭo[2]**,** ónis, *f.* = cóntio.

concion... *V.* contion...

concípĭo, cépi, céptum, ĕre, *tr.*[cum+cápio] **1.** 붙잡다, 사로잡다: furtum concéptum (적발된) 장물죄(贓物罪). **2.** 받다, 받아들이다, 머금다, 흡수하다, 전해 가지다; 지니다: ~ ventum *(Q.)* 바람을 맞다[받다]/ ~ ignem *(L.)* 댕겨진 불에 타다, 불이 댕

겨붙다 / ~ morbum *(Col.)* 병에 걸리다 / ~ aquam 물을 끌어 들이다, 취수하다. **3.** **임신하다,** 잉태하다; 배태(胚胎)하다, 열매를 맺다, 이삭을 내다. **4.** 감각으로 포착하다: ~ óculis *(Pl.)* 보다. **5.** (감정 따위를) **마음에 품다,** 지니다, 생각을 품다, 의도하다. **6.** 〔*alqd; acc. c. inf.*〕 **지각(知覺)하다,** 파악하다, 알아듣다, **개념을 가지다**; 마음 속에 그리다, 상상하다, 생각하다. **7.** 형식을 갖춘 말로 표현하다: ~ verba[juraméntum] (선서문 따위) 소정양식을 만들다/ verba concépta 소정양식. **8.** 형식을 갖추어 선포하다, 지정하여 공포하다.

concísĭo, ónis, *f.* [concído²] 토막토막 자름; 《修》 문장을 짤막짤막하게 나눔; 《文法》 중간생략. *e.g.* amásti = amavísti.

concīsúra, æ, *f.* [concído²] **1.** 베어냄; 베어낸 자리; 틈. **2.** 스며드는 소량(小量); 작은 분열.

concísus, a, um, *p.p., a.p.*[concído²] **1.** 간결한, 간명한; 거두절미한. **2.** 짤막짤막한. **3.** 간결하게 말하는.

concĭtāméntum, i, *n.* [cóncito] 자극, 흥분; 자극제, 자극물.

concĭtátĭo, ónis, *f.* [cóncito] **1.** 신속, 활발. **2.** 격앙, 흥분; 격동. **3.** 폭동, 소요(騷擾). 「선동자.

concĭtátor, óris, *m.*[cóncito] 자극하는 자,

concĭtátrix, ícis, *f.* [concitátor] 자극하는 여자, 선동자.

concĭtátus, a, um, *p.p., a.p.* [cóncito] **1.** 빨리 하는, 급속한. **2.** 자극된, 흥분한, 격렬한, 열렬한. **3.** 선동된.

cóncĭto, ávi, átum, áre, *tr. freq.* [concíeo] 〔*alqm, alqd alqā re* - ad, in, advérsus *acc.; inf.*〕 **1.** 빨리 가게 하다, 힘껏 내몰다, 힘차게 놀리다[움직이다], 격동시키다, 뒤흔들다, 휘젓다: ~ equum calcáribus *(L.)* 박차를 가해 말을 네굽으로 달리게 하다 / ~ se in fugam *(L.)* 잽싸게 도망치다 / ~ se in alqm *(V.)* 누구에게 달려들다. **2.** 자극하다, 흥분시키다, 격렬해지게 하다, (감정에) 불타게 하다, 화내게 하다. **3.** 격려[고무]하다, 열성을 가지게 하다. **4.** 선동하다, 부추기다, 들고 일어나게 하다; 억지로 …하게 하다. **5.** 일으키다, 야기시키다, 자아내다.

cóncĭtor, óris, *m.* = concitátor.

cóncĭtus, a, um, *p.p., a.p.* [concíeo] **1.** 급속한, 맹렬한; 고삐풀린; 격동하는. **2.** 자극받은, 흥분한, 격렬한.

conciúncŭla, æ, *f.* 짤막한 연설[설교].

concīvis, is, *m. f.* 한 나라[도시] 시민, 같은 국민, **동포, 겨레.**

conclāmátĭo, ónis, *f.* [conclámo] **1.** 군중의 고함소리, 아우성. **2.** 환호성.

conclāmátus, a, um, *p.p., a.p.* [conclámo] **1.** 유명해진. **2.** 끝장난; 망해버린, 희망없는.

conclámĭto, ávi, átum, áre, *tr.* [cum + clámito] 아우성 치다, 여럿이 고함지르다.

conclámo, ávi, átum, áre, *tr.* [cum + clamo] **1.** 〔*alqd, acc. c. inf.*〕 여럿이 함께 소리지르다, 환성을 올리다; 함께 큰 소리로 인정하다: Victóriam conclámant.*(Cæs.)* 그들은 《승리다!》하고 함성을 올린다. **2.** 〔ut *c. subj.; subj.*〕 여럿이 큰 소리로 요청[요구]하다. **3.** 아우성 치다, 부르짖다. **4.** (혼자서도) 힘껏 외치다, 고함지르다; 큰 소리로 부르다. **5.** 《軍》 ~ ad arma 군대를 집합시켜 무장하게 하다. **6.** 《軍》 ~ vasa 이동명령을 내리다, 짐을 꾸리게 하다. **7.** (초상집에서) 죽은 사람을 소리쳐 부르다; 〔속담〕 Conclamátum est. 끝장났다, 다 망했다. 「clúdo.

conclaudo, cláusi, cláusum, ĕre, *tr.* = con-

concláve, is, *n.* [cum + clavis] **1.** 잠글 수 있는 방; (일반적으로) 방; 침실, 식당. **2.** 새장; 감옥. **3.** 교황 선거회[선거장]; 비공개 주교회의.

conclāvísta, æ, *m.* 교황선거회 회원.

conclávĭum, i, *n.* = concláve.

conclérĭcus, i, *m.* 동료 성직자.

conclúdo, clúsi, clúsum, ĕre, *tr.* [cum + claudo] **1.** **가두다,** 밀어 넣다: ~ béstiam in víncula *(Pl.)* 짐승을 우리에 가두다. **2.** **막다, 닫다, 봉하다**; 차단하다, 둘러 막다. **3.** (포위하여) 몰아 넣다[몰이하다], (그물에) 걸리게 하다. **4.** 〔*alqm, alqd* in *acc.*〕 몰아치다, 좁은 데로 몰아 넣다; 곤경에 빠뜨리다, 헤어나지 못하게 하다; 제한하다. **5.** **포함시키다,** 한데 모으다, 집약하다, 망라하다: uno volúmine vitas excelléntium virórum ~ *(N.)* 위인들의 전기를 한권에 모아 놓다. **6.** 끝내다, 종결하다. **7.** (연설·편지 따위를) **끝맺다**; 운을 맞추어 마무르다. **8.** 〔*alqd, acc.c. inf.*〕 **결론짓다**[내다], 추론하다, 논증하다. 「어.

conclúse, *adv.* 《修》 마무리 운(韻)을 맞추

conclúsĭo, ónis, *f.* [conclúdo] **1.** 가둠, 봉쇄, 유폐; 닫음, (눈을) 감음. **2.** 종결, 끝; 끝막음, **끝맺음,** 완성; 에필로그. **3.** (글의) 운 맞춤. **4.** **결론,** 단안; 귀결. **5.** 논증, 추론. 「론, 논증.

conclūsĭúncŭla, æ, *f.* [conclúsio] 작은 토

conclúsum, i, *n.* [conclúdo] 결론, 단안.

conclúsus, us, *m.* [conclúdo] 가둠.

concóctĭo, ónis, *f.* [cóncŏquo] 소화(消化).

concœnátĭo, ónis, *f.* [cœna] 회식, 연회.

concŏlor, óris, *adj.* 〔*dat.*〕 같은 색의.

concŏlórans, ántis, *adj.* 같은 색을 띤.

concómĭtor, átus sum, ári, *dep. tr.* 동반하다.

cóncŏquo, cóxi, cóctum, ĕre, *tr.* **1.** 푹 삶

다, 잘 익히다; 흐무러지게 하다. **2.** 소화시키다, 삭이다: Non concóxi.*(Sen.)* 나는 아직 소화가 안되었다. **3.** 〔*refl.*〕 **se** ~ 자기를 소모시키다, 쇠약해지다. **4.** 끈질기게 참다, 감수하다, 견디어내다. **5.** 깊이 생각하다, 심사숙고하다. 「는.

concordábĭlis, e, *adj.* 쉽게 화합할 수 있

concordántĭa, æ, *f.* [concórdo] **1.** 일치, 부합. **2.** (작가 또는 특히 성서의) 용어 색인(索引): ~ sacræ scriptúræ 성서 색인 사전.

concordátum, i, *n.* [concórdo] 정교조약(政敎條約), 교황청과 (타국)정부간의 협약.

concordátus, a, um, *p. p.* [concórdo] 잘 화목하는, 평화로운.

concórdĭa[1]**,** æ, *f.* [concors] **1. 화목**, 단합, 한 마음 한 뜻. **2.** 일치, 조화, 질서, 화합, 융합; 우정: discors ~ 상호견제. **3.** (음악의) 협화음. **4.** 평화 협정.

Concórdĭa[2]**,** æ, *f.* 평화의 여신.

concordísmus, i, *m.* 《神》 창조기록의 일치설(一致說). 「하여.

concórdĭter, *adv.*[concors] 단합하여, 화목

concórdo, ávi, átum, áre, *intr.* [concors] **1.** 〔*absol.; cum abl.*〕 뜻이 서로 맞다, 화목하다, 화합하다. **2.** 〔*absol.; dat.; cum abl.*〕 일치하다, 조화되다, 어울리다.

concorpŏrátĭo, ónis, *f.* [concórporo] 합병.

concórpŏro, ávi, átum, áre, *tr.* [cum+corpus] 합쳐서 하나로 만들다, 합병하다; 편입시키다; 혼합하다.

concors, córdis, *adj.* [cum+cor] **1.** 〔*absol.; cum abl.; dat.*〕 뜻이 서로 맞는, 화목하는. **2.** 화합하는, 일치하는, 조화된; 순조로운, 잘맞는.

concrēbrésco, brŭi, ĕre, *intr.* 빈번해지다, 조밀해지다, 더해지다.

concrédo, dĭdi, dĭtum, ĕre, *tr.* [cum+credo] **1.** 신용하다, 믿다. **2.** 〔*alqd alci*〕 맡기다, 위탁하다.

cóncrĕmo, ávi, átum, áre, *tr.* [cum+cremo] 함께 태우다; 태워버리다, 재로 만들다.

cóncrĕo, ávi, átum, áre, *tr.* [cum+creo] 함께 만들다, 창조하다.

cóncrĕpo, pŭi, pĭtum, áre, **1.** *intr.* 덜컹거리다, 삐걱거리다, (바라 따위가)쩽그렁 소리나다; 잡음을 내다: ~ dígitis 손가락을 튀기어 딱소리 내다(하인 부를 때). **2.** *tr.* 소리나게 하다, 울리게 하다.

concrescéntĭa, æ, *f.* [concrésco] 합착(合着), 합생(合生); 응고, 응결.

concrésco, crévi, crétum, scĕre, *intr.* [cum+cresco] **1.** 엉겨서 자라다, 합생(合生)하다; 합성되다. **2.** 응결[응고]하다, 엉기다, 엉겨붙다, 걸어지다. **3.** 〔in *acc.*〕 …로 형성되다, 어떤 형태가 되다.

concrétĭo, ónis, *f.* [concrésco] **1.** 응결, 농축; 엉겨 자람. **2.** (물질의)응결체, 육체. **3.** 구체성, 구상(具象). **4.** 《醫》 결석(結石). 「**2.** 구체적인 것, 구상(具象).

concrétum, i, *n.* [concrétus[1]] **1.** 응결물.

concrétus[1]**,** a, um, *p.p., a.p.* [concrésco] **1.** 농축된, 응결한, 굳어진, (수분이 적어)된, 밀도 높은. **2.** 합성된. **3.** 매정한. **4.** 고질화된. **5.** 어둠침침한. **6. 구체적**.

concrétus[2]**,** us, *m.* 응고, 응축(凝縮).

concrímĭnor, átus sum, ári, *dep. tr.* 고발[고소]하다. 「물결처럼 곱슬곱슬한.

concrispátus, a, um, *p.p., a.p.* [concríspo]

concríspo, ávi, átum, áre, *tr.* **1.** 곱슬곱슬하게 하다, 물결처럼 만들다. **2.** 물결치듯하다.

concrúcĭo, áre, *tr.* 크게 괴롭히다, 비틀다.

concŭbátĭo, ónis, *f.* 누움, 취침.

concŭbína, æ, *f.* **1.** 첩, 소실. **2.** 창부.

concŭbĭnális, e, *adj.* 내연관계의, 축첩의.

concŭbĭnárĭus, a, um, *adj.* [concubínus] 첩의, 첩생활하는, 축첩의.

concŭbĭnátus, us, *m.* [concubínus] 내연(內緣); 축첩.

concŭbínus, i, *m.* 축첩자.

concubítĭo, ónis, *f.* = concúbitus.

concúbĭtor, óris, *m.* [concúmbo] 동침자: ~ masculórum 남색가.

concúbĭtus, us, *m.* [concúmbo] **1.** 잇바디, 치열(齒列). **2.** 식탁에 나란히 앉음[기댐]. **3.** 동침, 교접. 「침시간.

concúbĭum, i, *n.* **1.** =concúbitus. **2.** 취

concúbĭus, a, um, *adj.* [cum+cubo] 취침의: concúbia nox (고대 *Roma*인들의 밤 구분의 셋째 부분으로서) 첫 잠드는 때, 모두들 잠자는 시간.

concúbŭi, *pf.* [concúmbo]. 「린.

concŭlcátĭo, ónis, *f.* [concúlco] 짓밟음, 유

concúlco, ávi, átum, áre, *tr.* [cum+calco] **1.** 발로 짓밟다, 유린하다. **2.** 학대하다, 경멸하다.

concúmbo, cúbŭi, cúbitum, cúmbere, *intr.* [cum+cubo] **1.** 함께 눕다, 같이 자다, 취침하다. **2.** 〔cum *abl.; dat.*〕 동침하다, 교접하다. 「〔*gen.*〕 열망[갈망]하는.

concúpĭens, éntis, *p. præs., a.p.* [concúpio]

concúpĭo, pívi, pítum, ĕre, *tr.* [cum+cúpio] 열망[갈망]하다, 몹시 탐내다.

concŭpiscéntĭa, æ, *f.* **1.** 욕망, 욕구; 탐욕. **2.** 욕정, 정욕, 육욕.

concŭpiscíbĭlis, e, *adj.* 욕구할 수 있는, 욕망의 대상이 되는.

concŭpísco, pívi[pĭi], pítum, ĕre, *tr.* [cum+cúpio] 〔*alqd; inf.;* 간혹 *acc. c. inf.*〕 열망[갈망]하다, 탐내다, 몹시 …싶어하다.

concūrátor, óris, *m.* [concúro] 공동 후견인. 「다, 돌보다, 배려하다.

concúro, áre, *tr.* [cum+curo] 함께 보살피

concurréntĭa, æ, *f.* 《가》 전례력(典禮曆)에

있어서 II Vésperæ(제2 저녁기도)와 다음 날 I Vésperæ와의 우선수위 경합.

concúrro, cúrri[cucúrri], cúrsum, ĕre, *intr.* [cum+curro] **1.** 〔ad, in *acc.*〕 함께 뛰다, 몰려가다[오다], **모여들다.** **2.** 〔관계부사 quo; ad〕 (어디로·누구에게) 피신하다, 의지하다, 구원·도움 받으러 달려가다. **3.** 군대가 출동하다, 싸우러 가다. **4.** 〔cum *abl.; dat.;* contra *acc.;* inter *se*〕 **조우하다,** 마주치다, 부딪다; **경쟁하다;** (군대가) 충돌하다, 교전하다: Concúrrit déxtera lævæ. *(H.)* 박수 소리가 났다 / ore concurrénte *(Q.)* 입술이 굳어져[입술을 떨면서]. **5.** 〔*dat.;* inter *se*〕 동시에 일어나다, 생기다, **겹치다,** 상치(相値)하다. **6.** 《法》 〔*alci,* cum *alqo*〕 동등한 권리를 향유하다. **7.** 〔cum *abl.*〕 일치하다, 부합하다, 동등하다.

concursátĭo, ónis, *f.* [concúrso] **1.** 사방 뛰어다님[돌아다님]. **2.** 편력, 유랑. **3.** 운집, 폭주(輻輳). **4.** 《軍》 유격전, 탐색전.

「[탐색전]하는 병사[소부대].

concursátor, óris, *m.* [concúrso] 유격전

concúrsĭo, ónis, *f.* [concúrro] **1.** 마주침, 조우(遭遇); 동시발생, 상치(相値): ~ rerum fortuitárum *(C.)* 우발사건의 일치. **2.** 《修》 강조를 위한 반복.

concúrso, ávi, átum, áre, *freq.* [concúrro] **I.** *intr.* **1.** 여기저기 뛰어다니다, 편력하다, 배회하다; 우왕좌왕하다. **2.** 《軍》 분산하여 (뛰어 돌아다니며) 전투하다. **II.** *tr.* 순방하다, 찾아 돌아다니다.

concúrsus, us, *m.* [concúrro] **1.** 뛰어 몰려듦, 군집; **폭주(輻輳),** 합류. **2.** 소요(騷擾) 군중. **3.** 마주침, 조우(遭遇), 맞부딪침. **4.** (군사) 충돌, 전투, 회전(會戰). **5.** **경쟁,** 경합; 채용[자격]시험. **6.** **협력,** 가세(加勢), 가담: 《神》 ~ divínus 하느님의 협력. **7.** 《法》 합의분배.

concússĭo, ónis, *f.* [concútio] **1.** 흔들어댐, 진동, 격동; 진탕(震盪). **2.** 금전 공갈.

concússor, óris, *m.* [concútio] 금전 공갈자.

concussúra, æ, *f.* [concútio] 금전 공갈.

concússus, us, *m.* [concútio] 흔듦, 진동, 격동.

concútĭo, cússi, cússum, ĕre, *tr.* [cum+quátio] **1.** **뒤흔들다,** 동요시키다, 진동케 하다; 충격을 주다. **2.** (옷·먼지 따위를) **털다;** **se** ~ 깊이 반성하다. **3.** 선동하다, 자극하다, 고무하다. **4.** 혼란시키다, 전복시키다, 넘어뜨리다, **무찌르다.** **5.** 마음을 어지럽게 하다, 설레게 하다, 흥분시키다; 공포 속에 몰아넣다, 불안에 떨게 하다. **6.** 공갈로 돈을 요구하다.

condálĭum, i, *n.* 노예가 끼는 반지.

condécens, éntis, *p. præs., a.p.* [cóndecet] 어울리는, 적합한.

cóndĕcet, ére, *impers.* [cum+decet] 〔*alqm*〕 합당하다, 어울리다: Te ~ *alqd.(Pl.)* 무엇이 네게 어울린다 / Pudórem gérere ~ *(Pl.)* 수치심을 지니는 것이 온당하다.

condécŏro, ávi, átum, áre, *tr.* [cum+décoro] 화사하게 꾸미다, 돋보이게 하다.

condeléctor, ári, *dep. intr.* 〔*abl.*〕 같은 기쁨을 느끼다.

「유죄판결[선고].

condemnátĭo, ónis, *f.* [condémno] 단죄,

condemnátor, óris, *m.* **1.** 단죄하는 사람, 유죄 선고자. **2.** 고발자.

condémno, ávi, átum, áre, *tr.* [cum+damno] **1.** 〔*alqm alcjs rei,* crímine, de *abl. críminis; alcjs pœnæ,* ad, in *acc. pœnæ; abl., acc. pœnæ*〕 **단죄하다, 유죄를 선언하다; 형을 선고하다,** 처벌하다: ~ *alqm* pecúniæ públicæ*(C.)* 아무를 공금 횡령범으로 단죄하다 / ~ *alqm* cápitis*(C.)* 사형을 선고하다 / ~ *alqm* pecúniam*(Caj.)* 누구에게 벌금형을 언도하다 / ~*alqm* ad béstias [metálla]*(Suet.)* 맹수형[광산 노동형]에 처하다. **2.** 〔*alqm alci*〕 누구로 하여금 누구에게 주도록(의무 이행을) 판결하다. **3.** 고발하여 단죄하게 하다, 법의 판결을 받게 하다: hoc crímine illum ~ *(C.)* 그자를 이 죄목으로 판결받게 하다. **4.** 〔*alqm alcjs rei; alqd*〕 (증거를 제시하여) 견책하다, 비난하다, 문책하다, 죄과를 돌리다, 고발하다: ~ *alqm* inértiæ*(C.)* 아무의 태만을 비난하다.

「밀하게 함.

condensátĭo, ónis, *f.* 응축(凝縮), 농축; 조

condénso, ávi, átum, áre, *tr.* **1.** 죄다, 죄게 하다, 빽빽하게 하다. **2.** 응결[응축]시키다, 농축하다.

condénsus, a, um, *adj.* [cum+densus] **1.** 몹시 짙은, 빽빽한, 조밀한, 밀집한, 꽉 짜인. **2.** 꽉 들어찬, 뒤덮인: vallis arbóribus condénsa*(L.)* 나무로 꽉 들어찬 계곡.

condépso, ŭi, ĕre, *tr.* [cum+depso] 섞어 반죽하다, 이기다, 빚어 만들다.

condescéndo, di, scénsum, ĕre, *intr.* [cum+descéndo] **1.** 〔ad *acc.*〕 (자신을) 낮추어 내려가다, 아랫 사람의 편이 되다. **2.** 〔*dat.*〕 소원을 들어주다.

「(자기를) 낮춤.

condescénsĭo, ónis, *f.* **1.** 관대. **2.** 겸양,

condícĭo, ónis, *f.* [condíco] **1.** **조건, 제약**: eā condicióne, ut ...*(C.)* …한다는 조건으로 / dícere[ferre] condiciónes*(L., C.)* 유리한 입장에서 일방적으로 조건을 붙이다 / ~ **sine qua non** 필수조건, 절대적 조건 / ~ iníqua 불리한 조건[입장]. **2.** 약정, 협정, 규정, **계약조항.** **3.** 결혼조건[계약]; 혼처: Condicióne tuā non utor. (파혼선언 형식으로서) 너하고 결혼 안한다. **4.** **형편,** 상황, 입장, 타고난 운명, 상태; 성질. **5.** **신분, 지위, 처지.** **6.** 《法》 선택권.

condĭcĭōnális, e, *adj.* **1.** 조건부의, 제약적인; 잠정적인, 가정적인. **2.** 《文法》 조

건 표시의, 조건의. 「약된.
condĭcĭōnátus, a, um, *adj.* 조건 붙은, 제
condíco, díxi, díctum, ĕre, *tr.* [cum+dico] **1.** 모두 동의하다, 협정하다, 합의결정하다. **2.** (행사 일정 따위를) 지정하다, 발표하다: ~ *alqd* in diem tértium 무슨 일을 이틀 후에 하기로 하다. **3.** ~ *alci* cœnam, ad cœnam 저녁 먹으러 간다고 통고하다·약속하다. **4.** 《法》〔*alqd*〕 반환을 요구하다.
condíctĭo, ónis, *f.* [condíco] **1.** 행사일정 발표; 길흉판정일 통고. **2.** 반환요구.
condíctum, i, *n.* [condíco] 계약, 협정.
condíctus, a, um, *p. p.* [condíco] ruptā quiéte condíctā 휴전협정을 깨고.
cóndĭdi, *pf.* [condo].
condídĭci, *pf.* [condísco].
condígnus, a, um, *adj.* 〔*abl., dat.*〕 매우 합당한, 마땅한, 어울리는; (상·벌을) 받을 만한, …에 상당하는. 「tum] 양념의.
condīmentárĭus, a, um, *adj.* [condimén-
condīméntum, i, *n.* [cóndio] **1.** **양념**, 향신료; 반찬: Cibi ~ est fames.*(C.)* 시장이 반찬이다 / condiménta virídia 신선한 야채. **2.** 흥을 돋구는 청량제. **3.** (고통·엄격의) 완화제.
cóndĭo, ívi[ĭi], ítum, íre, *tr.* [*cf.* condo] **1.** (오래 보존하기 위해) 절이다, 잠그다; (시체를) 미이라로 만들다. **2.** **양념하다**, 향신료를 넣다, 음식맛을 내다, 맛있게 조리하다. **3.** 음료에 향미를 넣다. **4.** 흥을 돋구다, 즐거움·재미를 보태다. **5.** (고통·엄격 따위를) 완화하다, 조절하다. 「(耕).
condírĭgo, ĕre, *tr.* **1.** 공급하다. **2.** 갈다
condiscípŭla, æ, *f.* 여자 동창생.
condiscípŭlátus, us, *m.* 동창생 사이·관계.
condiscípŭlus, i, *m.* 동창생.
condísco, dídĭci, ĕre, *tr.* [cum+disco] **1.** 함께 배우다, 동창으로 공부하다. **2.** 〔*alqd, inf.*〕 충분히 배우다, 배워 익히다. **3.** 식물이 무엇에 적응하다.
condītánĕus, a, um, *adj.* [cóndio] **1.** 절인, 담근. **2.** 저장되는. 「는(곳의).
condītárĭus, a, um, *adj.* 양념하는, 조리하
condītícĭus, a, um, *adj.* 저장의; 절인.
condítĭo[1], ónis, *f.* [cóndio] **1.** 양념함, 절임, 담금; 음식조리. **2.** 양념, 향신료.
condítĭo[2], ónis, *f.* [condo] **1.** 과일 저장.
condítĭo[3] = condício. ⌊**2.** 제작, 만듦.
conditioná... *V.* condicioná...
condītívum, i, *n.* [conditívus] **1.** 저장 창고. **2.** 무덤.
condītívus, a, um, *adj.* [condo] 저장의.
cóndĭtor[1], óris, *m.* [condo] **1.** 저장자(貯藏者). **2.** 건설자, 창설자, **창조자**; 재건자; 창시자, 고안자; 발기인. **3.** 저(작)자, 기초자(起草者).
condítor[2], óris, *m.* [cóndio] 요리사; 양념하는 사람.
condĭtórĭum, i, *n.* [condo] **1.** 창고. **2.** 관(棺), 화장한 유골 상자. **3.** 무덤.
cóndĭtum[1], i, *n.* [condo] 창고, 곡물창고.
condítum[2], i, *n.* [cóndio] 꿀·향료 넣은 포도주.
condĭtúra[1], æ, *f.* [condo] 제조, 제조방법.
condĭtúra[2], æ, *f.* [cóndio] **1.** 청과물 저장. **2.** 조미(調味). **3.** 조미료.
cóndĭtus[1], a, um, *p.p., a.p.* [condo].
condítus[2], a, um, *p.p., a.p.* [cóndĭo] 양념한, 조리한; 절인: Id quod dícitur, fit motu condítius.*(C.)* 말로 하는 것은 몸짓으로 더욱 흥을 돋군다.
condo, dĭdi, dĭtum, ĕre, *tr.* [cum+do] **1.** 건축하다, 건설하다, **창건하다**, 세우다; **창조하다**: post Romam cónditam*(C.)* *Roma* 창건 후, *Roma* 기원(紀元) 후. **2.** 설정하다, **제정하다**; 창설하다, 장만하다, 마련하다: ~ leges*(L.)* 법률을 제정하다. **3.** 저술하다, 저작하다, 짓다, 쓰다, 기술하다, 작성하다: ~ trístia bella*(V.)* 비참한 전쟁 이야기를 기술하다. **4.** 〔*alqd* in *abl.*, in *acc.*; *abl.*〕 잘 보관하다, (따로) **간직하다**, (곡물·청과물·술 따위를) 저장하다. **5.** 〔*alqd* in *acc.*〕 (청과물을) 절이다, 담그다: ~ *alqd* in acétum*(Cato)* 식초에 담그다. **6.** (사람을) 가두다, 감금하다: ~ in cárcerem*(C.)*, ~ in víncula*(L.)* 투옥하다. **7.** 〔*absol.*; in *abl.*; *abl.*〕 **파묻다**, 매장하다: cóndĭtus in sepúlcro*(C.)* 무덤에 묻힌. **8.** 〔*alqd abl.*, in *abl.*〕 (마음에 · 원인 속에) **간직하다**. **9.** (시간·세월) 보내다, 지내다, 기간을 채우다; 끝내다: ~ noctem*(Sil.)* 밤을 보내다 / Dies cito cónditur.*(Pl.)* 하루가 빨리도 저문다. **10.** 〔*alqm, alqd - alqā re,* in *abl.*, in *acc.*, inter *acc.*, sub *acc.*, sub *abl.*〕 **감추다**, **숨기다**, 숨어들게 하다, 가리다, 은폐하다, 잠복[매복]시키다: ~ gládium*(Q.)* 검을 칼집에 꽂다. **11.** (칼·창·화살·기타 무엇이든지로) 쿡 찌르다, 박다, 꽂다: ~ *alci* ensem in péctore [in pectus] *(V., Ov.)* 칼로 누구의 가슴을 쿡 찌르다.
condŏcĕfácĭo, féci, fáctum, cĕre, *tr.* [cum +dóceo+fácio] 잘 가르치다, 훈련시키다, 길들이다. 「ceo] 가르치다, 훈련시키다.
condócĕo, cŭi, dóctum, ére, *tr.* [cum+dó-
condóctus, a, um, *p.p., a.p.* [condóceo] 몸에 밴.
condólĕo, ŭi, ére, *intr.* [cum+dóleo] 겹쳐서 아프다; 고통[슬픔]을 함께 나누다.
condŏlésco, dólŭi, ĕre, *intr.* 몹시 아프다, 아파하다, 괴로워하다: Latus ei dicénti condóluit.*(C.)* 그는 말하는 동안 옆구리가 몹시 아팠다.
condŏmínĭum, i, *n.* 공동주관(主管).

condōnátĭo, ónis, *f.* [condóno] 선사, 증여; 용서, 면제.
condóno, ávi, átum, áre, *tr.* [cum+dono] 1. 〔*alqd alci*〕 주다, 내어주다, 선사하다. 2. (법령·특명으로) 넘겨주다, 귀속시키다, 관할하게 하다. 3. 〔*alqd alci*〕(누구 때문에, 무엇을 위해서)제물로 바치다, 희생시키다. 4. 〔*alci alqd, alqm*〕(죄·벌·부채를) 사면하다, 탕감하다, 면제해 주다; 누구를 보아서 용서해 주다: crimen *alci* ~ (*C.*) 죄를 사면하다 / ~ *alci alqm* (*C.*) 누구 때문에 아무를 용서하다. 5. 〔*alqm alqd*〕 면제해 주다, 용서하다.
condórmĭo, ívi, ítum, íre, *intr.* 함께 잠자다.
condormísco, ĕre, *intr.* 잠들다, 잠자다.
Condrúsi, órum, *m. pl.* *Gállia Bélgica*에 있던 *Germánia* 종족.
condūcíbĭlis, e, *adj.* [condúco] 이로운, 유익한.
condúco, dúxi, dúctum, ĕre, [cum+duco] I. *tr.* 1. 한 곳으로 모이게 하다, 인도[인솔]하다, 이끌어 가다, 안내하다. 2. 잡아 당기다, 켕기다; 응결[응집]시키다, 수축케 하다: cutis condúcta (*Cœl.*) 켕긴 피부. 3. 잇다, 결합시키다; 유착시키다, 아물게 하다; 한데 묶다. 4. 고용하다, 품사다. 5. 세내다, 임차(賃借)하다, 도지(賭地) 얻다, 소작하다. 6. 〔*alqd c. gerundívo*〕 청부[도급]맡다: ~ agnum cædéndum (*Pl.*) 양 도살을 도급맡다.
II. *intr.* 〔3인칭으로만 쓰며, 용법은 *absol.*; *dat.*; ad, in *acc.*〕 이롭다, 유익하다, 도움이 되다, 기여하다: Némini injúste facta condúcunt. (*C.*) 불의한 일은 아무에게도 이롭지 못하다 / Arbŏres crebrióres seri condúcit. (*Plin.*) 나무들을 배게 심는 것이 유리하다.
condúcta, æ, *f.* 서곡(序曲).
condúcti, órum, *m.* 1. 고용인. 2. 용병.
conductibílĭtas, átis, *f.* 전도성(傳導性).
conductícĭus, a, um, *adj.* [condúco] 1. 세낸. 2. 고용한: ~ exércitus (*N.*) 용병부대.
condúctĭo, ónis, *f.* [condúco] 1. (근육 따위의) 수축, 경련. 2. 요약(要約). 3. 고용. 4. 세냄, 임차(賃借). 5. 청부.
condúctor, óris, *m.* [condúco] 1. 고용주. 2. 세 낸 사람, 세 든 사람; 소작인. 3. 도급맡은 사람, 청부업자.
condúctum, i, *n.* [condúco] 셋집.
condŭplĭcátĭo, ónis, *f.* [condúplico] 1. (같은 단어나 말의) 반복, 겹치기. 2. 〔농담적인 표현으로〕 포옹.
condúplĭco, ávi, átum, áre, *tr.* [cum+dúplico] 배가하다, 이중으로 만들다.
condúro, áre, *tr.* 굳게 만들다, 강하게 만들다: ferrum ~ (*Lucr.*) 강철을 만들다.
condus, i, *m.* [condo] 음식조리 책임자 노예.
condўloídĕus, a, um, *adj.* 《解》 골두상(骨頭狀)의.
cóndўlus, i, *m.* 1. (불거진) 손가락 마디. 2. 갈대[대나무] 마디 사이. 3. 《解》 과상돌기(髁狀突起).
cōnécto, néxŭi, néxum, ĕre, = connécto.
conex... *V.* connex...
confábrĭcor, átus sum, ári, *dep. tr.* 함께 만들다.
confābŭlátĭo, ónis, *f.* [confábulor] 담화; 이야기.
confābŭlátor, óris, *m.* 더불어 이야기하는 사람.
confábŭlor, átus sum, ári, *dep. intr., tr.* [cum+fábulor] 1. 〔cum *alqo, alqd,* de *re*〕 서로 이야기하다, 회화하다. 2. 의논하다.
confămĭlĭáris, is, *m.* 동료.
confarrĕátĭo, ónis, *f.* 제사빵 나누어 먹는 결혼식(규수가 가져온 빵으로 제사를 지낸 다음, 10명의 증인 앞에서 선서하고 빵을 나누어 먹음으로 성립되던 고대 *Roma*인들 사이의 결혼양식).
confárrĕo, ávi, átum, áre, *tr.* [cum+far, fárrĕus] confarreátio의 예식으로 결혼하다.
confātális, e, *adj.* 같은 운명에 묶인.
conféctĭo, ónis, *f.* [confício] 1. 작성, 저술, 저작: annálium ~ (*C.*) 연대기 작성. 2. 제조, 제작; 완성, 성취; 완수(完遂). 3. (약의) 조제(調劑). 4. 징수, 수금: tribúti ~ (*C.*) 세금징수. 5. 분쇄, 씹어서 바스러뜨림. 6. 없애버림, 소모(消耗), 쇠약.
conféctor, óris, *m.* [confício] 1. 제작자, 작성자, 완성자, 완수자: ~ belli (*C.*) 승리자. 2. 파괴자, 못쓰게 만드는 자: ~ ómnium ignis (*C.*) 모든 것의 파괴자인 불.
confectúra, æ, *f.* [confício] 조제(調劑); 제작.
conféctus, a, um, *p.p.* [confício] 만든(製).
confederátĭo = confœderátio.
confĕrbŭi, *pf.* [confervésco].
confércĭo, férsi, fértum, íre, *tr.* [cum+fárcio] 1. 다져 넣다, 채워넣다, 쑤셔넣다. 2. 압축하다, 응축하다.
conferéntĭa, æ, *f.* [cónfero] 회합, 회의; 협의회: ~ episcopórum 주교 협의회.
cónfĕro, cóntŭli, collátum[conlátum], férre, *anom. tr.* [cum+fero] 1. 〔*alqd* – in *acc.*〕 한 곳으로 운반하다, 가져가다[오다], 갖다 모으다, 옮겨놓다. 2. 〔*alqd* in *acc.*〕 합치다, 하나로 만들다, 집중시키다; 요약해서 말하다: ~ vires in unum (*L.*) 힘을 합치다. 3. 〔*alqd* in *acc.*〕 …할 날짜를 (언제로) 정하다: in pósterum diem iter ~ (*C.*) 여행 날짜를 다음 날로 정하다. 4. 가까이 갖다대다, 접근시키다: ~ membra (*Lucr.*) 얼싸안다. 5. (의견 따위를)한데 모으다, 숙의하다: ~ cápita (*C.*) 머리를 맞대고 의논하다 / ~ gradum[pedem] 이야기하러 가다. 6. 〔*alqd* – cum *alqo,* ad *alqm,* inter *se*〕 (말·의견을) 교환하다, 의논하다, 환담하다. 7. 〔arma, castra, gradum,

pedem, manum ~ cum *abl.*, *dat.*, inter *se*〕 맞붙어 싸우다, 대항하다, 충돌하다, 접전[교전]하다: castra castris ~ (*C.*, *L.*) 적과 대치하다 / pedem cum pede ~(*L.*) 단병접전하다 / colláto pede(*Curt.*) 돌격전으로 맞붙어서 / ~ signa 진격하다, 회전(會戰)하다. **8.** 다투다, 겨루다: ~ lites(*H.*) 말다툼하다. **9.** 〔*alqd* ad, in *acc.*; *alci*〕 (무슨 목적으로 돈을) **내다**, 기부하다; 갹출하다, 출자하다. **10.** 〔*alqd alci*〕 주다, 선사하다; 전달하다, 맡기다. **11.** 〔*absol.*; *alqd* in, ad *acc.*; *dat.*〕 **기여하다, 이바지하다, 공헌하다**, 보태다; 들이다, 쓰다; 도움이 되다, 이롭게 하다. **12.** (어디로) 가게 하다, 방향을 잡(아 주)다, 돌리다: iter eo ~ (*C.*) 행진[여행] 방향을 그리로 잡다 / 〔*refl.*〕 **se** ~ (향해)가다 / ~ se in fugam(*C.*) 도망가다. **13.** 〔*refl.*〕 **se** ~ ad, in *acc.* 몰두하다, 전념하다, 열중하다, 몸을 바치다, 정력을 기울이다, 마음을 쏟다. **14.** 〔*alqd* in, ad *acc.*〕 다른 상태로 넘어가게 하다, 바꿔놓다. **15.** 〔*alqd* in *acc.*〕 (원인·탓·거짓·책임 따위를) 남에게 돌리다, 전가시키다. **16.** 〔*alqm, alqd* - cum *abl.*, *dat.*; 드물게 ad *acc.*, inter *se*〕 **비교하다, 대조하다, 참조하다**; 대보다, 견주다: collátis utrorúmque factis(*C.*) 두 편의 행적을 비교해서 / cf. = confer. 참조하라.

conferrúmĭno, ávi, átum, áre, *tr.* 용접하다; (밀 따위로) 녹여 붙이다.

confértim, *adv.* [confértus] 밀집하여, 빽빽이 들어차서.

confértus, a, um, *p.p.*, *a.p.* [confércio] **1.** 빽빽이 들어선, 찬, 밀집한; 짙은. **2.** 〔*abl.*〕 꽉 차있는, 많이 들어 있는, 다져 ⌊넣어진.

conférva, æ, *f.* 《植》 수면(水棉).

confervēfácĭo, ĕre, *tr.* **1.** 몹시 뜨겁게 하다. **2.** 녹이다, 용해시키다.

confervĕo, férbŭi, ére, *intr.* [cum+férveo] **1.** 뜨거워지다, 끓다. **2.** (부러졌던 뼈가) 아물어 붙다. 「뜨거워지다.

confervésco, férbŭi, ĕre, *intr.* 끓어 오르다,

confessárĭus, i, *m.* [coféssio] 《가》 고백성사주는 신부, 고해신부. 「이, 명백히.

confésse, *adv.* [conféssus] 두말할 것도 없

conféssĭo, ónis, *f.* [confíteor] **1.** 〔*gen.*; de *abl.*; *acc. c. inf.*〕 자백, 고백; 승인, 인정: ~ *alcjs rei*(*C.*) 어떤 일에 대한 고백 / ~ *alcjs*(*C.*) 누구의 고백. **2.** 《가》 고해[고백]성사; 신앙고백: ~ generális 총(總) 고해. **3.** 증거. **4.** 찬미. 「소(告解所).

confessĭonále, is, *n.* [conféssio] 《가》 고해

confessĭonális, e, *adj.* [conféssio] 고해소의: sedes ~ 고해대(告解臺).

conféssor, óris, *m.* [confíteor] **1.** 자백자, 고백자. **2.** 《가》 증성자(證聖者: 순교자 이외의 성인).

conféssum, i, *n.* 명백한 것, 의심의 여지 없는 것: in conféssо esse(*Sen.*) 이의가 없다 / ex conféssо(*Sen.*) 토론의 여지 없이, 명백히 / in coféssum veníre 만인의 공인을 받게 되다.

conféssus, a, um, *p.p.* [confíteor] **1.** 자백한, 고백한. **2.** 인정된 (것). **3.** 명백한, 두말할 나위 없는, 의심의 여지가 없는.

conféstim, *adv.* 즉각, 즉시, 그 자리에서.

confestīnátĭo, ónis, *f.* 빨리 감, 서둘음.

conféxim = confécerim, *pf. subj.* [confício].

confícĭens, éntis, *p.præs.*, *a.p.* [confício] 〔*absol.*; *gen.*〕 만드는, 이루는, 완성하는; 정성들여 작성하는.

confícĭo, féci, féctum, cĕre, *tr.* [cum+fácio] **1. 만들다, 제조[제작]하다**; 이루다, 이룩하다, (어떻게) 되게 하다; **작성하다.** **2. 완성하다**, 성취하다, **마치다**, 끝내다; 답파(踏破)하다, 주파하다: cursum vitæ ~ (*C.*) 생애를 마치다. **3.** 거행하다, 지내다, 치르다: sacra ~ (*C.*) 제사지내다. **4.** (일·잘못을) 하다, 저지르다. **5.** 실시하다, 이행[수행]하다, 집행하다. **6.** (때를)보내다, 지내다, 채우다, **마치다**: diem ~ (*Pl.*) 하루를 다 보내다 / 〔*pass.*〕 지나다, 경과하다: conféctis æstívis(*C.*) 여름철이 다 지난 다음. **7.** 장만하다, 마련하다, 확보하다; 모으다, 징집하다. **8.** 〔*alqd* ex *re*〕 결론내다, 추론하다. **9.** 바스러뜨리다, 씹다; 소화시키다: conféctus coctúsque cibus (*C.*) 씹어서 소화시킨 음식. **10.** 소비하다, 낭비하다, 탕진하다. **11. 소모시키다**, 쇠약하게 만들다, 지치게 하다, 시달리게 하다. **12.** 정복하다, 제압하다, 짓누르다; 지배하다. **13.** 없애버리다, 소멸시키다, 말살하다, 죽이다; 사냥해서 잡다 [죽이다]. 「구. **2.** 위장(僞裝).

confíctĭo, ónis, *f.* [confíngo] **1.** 날조, 허

confidĕjússor, óris, *m.* 《法》 공동채무자.

confídens, éntis, *p.præs.*, *a.p.* [confído] **1.** 신뢰하는; 굳게 믿는, 자신만만한, 과감한. **2.** 당돌한, 뻔뻔스러운, 건방진.

confidénter, *adv.* [confídens] **1.** 신뢰를 가지고; 자신있게, 과감하게. **2.** 당돌하게, 뻔뻔스럽게, 건방지게, 함부로.

confidéntĭa, æ, *f.* [confído] **1.** 신뢰, 신임. **2.** 자신, 신념, 자부심; 과감. **3.** 불손, 당돌함, 건방짐, 뻔뻔스러움.

confidentílŏquus, a, um, *adj.* [confídens +loquor] 철면피의, 넉살좋은.

confído, físus sum[fídi], ĕre, *intr.* [cum+fido] 〔*absol.*; *dat.*, *abl.*, de *abl.*, in *abl.*; *inf.*, *acc. c. inf.*〕 믿다; 신뢰하다, 신임하다, 신용하다; 기대하다, 바라다, 확신하다: sibi ~ (*C.*) 자신을 갖다 / córporis firmitáte ~ (*C.*) 건강을 믿다 / confísus amári (*Tibul.*) 사랑받고 있는 줄로 믿고.

confígo, fíxi, fíxum, ĕre, *tr.* [cum+figo] **1.** 꿰찌르다, 꿰뚫다. **2.** 못박아 붙이다, 꽂아 붙이다, 단단히 고정시키다. **3.** 마비시키다, 무력하게 만들다.

configūrátĭo, ónis, *f.* **1.** 같은 형상, 유사. **2.** 구성, 입체적 배치; 형태, 결합 구조(構造), 구조 형태.

configúro, ávi, átum, áre, *tr.* [cum+figúro] 모양을 이루게 하다, 어떤 것의 본을 떠서 만들다; 구성하다, 형성하다. 「되어 있는.

confinális, e, *adj.* 이웃한, 인접한; 연결

confíndo, fídi, físsum, ĕre, *tr.* [cum+findo] 쪼개다, 가르다.

confíne, is, *n.* 접경, 국경; 언저리.

confíngo, fínxi, fíctum, ĕre, *tr.* [cum+fingo] **1.** 만들다, 빚다, 짓다; 형성하다, 구성하다. **2.** 가장하다, …처럼 보이게 하다, …체하다. **3.** 〔*alqd, acc. c. inf.*〕 날조하다, 꾸며내다, 조작하다, 생각해 내다.

confínis[1], e, *adj.* [cum+finis] **1.** 〔*dat.*〕 이웃의, 경계를 두고 인접한, 접경한, 붙어[이어져] 있는; 언저리의. **2.** 〔*dat., gen.*〕 아주 가까운, 비슷한: Sunt virtútibus vítia confínia.*(Sen.)* 덕과 아주 비슷한 악습이

confínis[2], is, *m.* 이웃 사람. 」있다.

confínĭum, i, *n.* [confínis[1]] **1.** 공동 경계, 접경, 인접; 국경. **2.** *pl.* 이웃들. **3.** 임박, 맞닿는 시간, (시간적) 갈림길·경계: ~ mortis et vitæ*(Q.)* 죽음과 삶의 갈림길 순간. **4.** 사이, 중간, 틈. **5.** 가까운 자리, 옆.

confío, fíĕri, *anom.(pass.)* [confício = confícior] 〔*inf.*, 3인칭만 사용〕 **1.** 제조[제작]되다. **2.** 되다, 이루어지다, 완성되다. **3.** 사라지다, 없어지다; 지나가다.

confirmátĭo, ónis, *f.* [confírmo] **1.** 굳힘, 고정, 확립, 확정. **2.** 격려, 고무, (용기) 고취, 사기앙양; 위안. **3.** 확인, 확증; 추인(追認). **4.** 《가》 견진성사.

confirmātívus, a, um, *adj.* 확인하는, 추인하는; 긍정적. 「확인자.

confirmátor, óris, *m.* [confírmo] 보증인;

confirmátus, a, um, *p.p., a.p.* [confírmo] **1.** 보증된, 확인된, 확증된; 확실한. **2.** 용감한, 신념이 굳은.

confírmĭtas, átis, *f.* 확고부동; 완강.

confírmo, ávi, átum, áre, *tr.* [cum+firmo] **1.** 굳히다, 견고케 하다; 증강하다, 든든해지게 하다, 기운차리게 하다, 추서게 하다: **se** ~ *(C.)* 추서다. **2.** 격려하다, 고무[고취]하다, 용기를[희망을] 북돋다, 신념[자신]을 갖게 하다: **se** ~ *(C.)* 용기를 내다, 분발하다. **3.** 고정시키다, 확립하다, 확정하다. **4.** 긍정하다, 인정하다, 추인하다, 확인[확증]하다. **5.** 증명하다; 보장[보증]하다. **6.** 〔*alqd,* de *re, acc. c. inf.*〕 단언하다, 확언하다,

confiscátĭo, ónis, *f.* [confísco] 몰수, 압수.

confísco, ávi, átum, áre, *tr.* [cum+fiscus] **1.** 금고에 집어넣다·보관하다. **2.** 국고(國庫)에 귀속시키다; 몰수하다, 차압하다.

confísĭo, ónis, *f.* [confído] 신뢰, 신임.

confíssus, a, um, *p.p.* [confíndo].

confísus, a, um, *p.p.* [confído].

confítĕor, féssus sum, éri, *dep. tr.* [cum+fáteor] **1.** 〔*alqd, dupl. acc.; acc. c. inf.,* de *abl.*〕 **고백하다,** 자백하다; 시인하다, **인정하다:** ~ se victos*(Cæs.)* 자기들의 패배를 인정하다. **2.** 《宗》 (믿음을) **공언(公言)하다,** 선포하다; **찬미하다.** **3.** 알리다, 드러내다, 누설하다: (Venus) conféssa deam *(V.)* 여신임을 드러낸 *Venus* / Agitáto córpore vívere se confitétur.*(Plin.)* 몸을 움직여 자기가 살아있음을 나타낸다.

confíxi, *pf.* [confígo]. 「으키다.

conflābéllo, áre, *tr.* 부채질하여 불길을 일

conflaccésco, ĕre, *intr.* 잔잔해지다, 가라앉다. 「화산의 분출; 대소동.

conflăgrátĭo, ónis, *f.* [conflágro] 대화재,

conflágro, ávi, átum, áre, **1.** *intr.* 불길에 싸이다, 불타다: incéndio ~ *(C.)* 화재로 불타다 / invídiā ~ *(C.)* 질투심에 불타다. **2.** *tr.* 불태우다; *p.p.* conflagrátus, a, um, 불타버린.

conflátĭlis, e, *adj.* [conflo] 주조(鑄造)된.

conflátĭo, ónis, *f.* [conflo] 용해, 주조.

conflātúra, æ, *f.* 주조술(鑄造術).

conflictátĭo, ónis, *f.* [conflícto] 충돌, 알력; 법정(法廷) 투쟁.

conflíctĭo, ónis, *f.* [conflígo] **1.** 충돌, 알력, 갈등. **2.** 싸움, 투쟁; 분쟁, 논쟁.

conflícto, ávi, átum, áre, [conflígo] **I.** *intr.* **1.** 〔cum *abl.*〕 충돌하다. **2.** 싸우다, 투쟁하다.

II. *tr.* **1.** 거꾸러뜨리다, 때려 눕히다, 타도하다, 뒤엎다; 뒤흔들다. **2.** 괴롭히다, 애먹이다; *pass.* 〔*alqā re,* ab *alqo*〕 몹시 고통당하다, 시달리다, 타격받다, 학대받다; 궁지에 빠지다: gravi morbo conflictátus *(Plin.)* 중병에 시달려.

conflíctor, átus sum, ári, *dep. intr.* 〔cum *abl.*〕 싸우다, 투쟁하다, 충돌하다, 분쟁하다.

conflíctus, us, *m.* [conflígo] 충돌, 분쟁.

conflígo, flíxi, flíctum, ĕre, [cum+fligo] **I.** *tr.* **1.** 〔*alqd* cum *re*〕 맞부딪치다, 마주치게 하다. **2.** (상반되는 것을) 대조하다, 비교하다.

II. *intr.* **1.** 〔cum *abl.;* inter *se*〕 충돌하다, 서로 부딪치다; 상충하다. **2.** 〔cum *alqo; dat.;* advérsus, contra *acc.*〕 싸우다, 투쟁하다, 대결하다, 전투를 벌이다: ~ armis *(C.)* 무기로 대결하다 / ~ cum hoste*(C.)* 적과 싸우다.

conflo, ávi, átum, áre, *tr.* [cum+flo] **1.** 불어 일으키다, (불을) 불어서 피우다. **2.** 불지르다, 타게 하다. **3.** (금속을) 녹이다, **녹여서 만들다,** 주조하다: ~ falces in ensem*(V.)* 낫들을 녹여서 검을 만들다. **4.** 모아서[합쳐서] 이루다·만들다, 긁어 모으다: manus ex pérditis confláta*(C.)* 불한당으로 이루어진 망나니 부대, 오합지졸/ Rem civíli sánguine conflant.*(Lucr.)* 그들은 국민의 고혈을 착취해서 치부한다. **5.** 불어 넣다, 일으키다, 야기시키다, 조장하다; 자극하다, 선동하다, 부채질하다: negótium *alci(C.)* 누구에게 번거로움을 끼치다. **6.** 조작하다, 날조하다, 꾸며내다.

conflórĕo, ére, *intr.* [cum+flóreo] 함께 피다; 흥왕하다. 「는, 모여드는.

cónflŭens[1], éntis, *p. præs.* [cónfluo] 합류하

cónflŭens[2], éntis, *m.* (강물의) 합류지점.

Confluéntes, ĭum, *f. pl. Mosélla*강과 *Rhenus*강 합류점에 있는 도시(지금의 *Koblenz*).

cónflŭo, flúxi, ĕre, *intr.* [cum+fluo] **1.** 함께 흐르다, 합류하다; 흘러 모이다, 흘러들다, 만나다. **2.** 〔ad, in *acc.*〕 운집하다, 모여들다, 쇄도하다.

conflúvĭum, i, *n.* [cónfluo] **1.** 구정물이 모이는 하수구. **2.** 합류.

conflúxus, us, *m.* [cónfluo] 합류.

confódĭo, fódi, fóssum, ĕre, *tr.* [cum+fódio] **1.** 파다, 파헤치다; 구멍내다. **2.** 꿰찌르다, 관통하다; 상처입히다. **3.** 시달리게 하다, 짓이기다, 괴롭히다: judíciis confóssi*(L.)* 많은 재판에 시달린 사람들. **4.** 혹평하다. 「연맹, 동맹.

confœdĕrátĭo, ónis, *f.* [confœ́dero] 연합,

confœ́dĕro, ávi, átum, áre, *tr.* [cum+fœdus[2]] 계약[협약]으로 결합시키다, 동맹맺게 하다; *p.p.* confœderátus, a, um, 동맹을 맺은.

conformátĭo, ónis, *f.* [confórmo] **1.** 모양, 형상, 형태, 생김새, 모습. **2.** 구조, 짜임새; 적절한 배치, 형성. **3.** (말마디의) 배열; (목소리의) 발성. **4.** 《修》 문장 수식의 양식; 의인법, 활유법. **5.** 《哲》 표상(表象), 개념.

confórmis, e, *adj.* [cum+forma] **1.** 같은 생김새의, 모습이 같은. **2.** 어울리는, 적합한; 합치하는.

conformísta, æ, *m.* 《宗》 영국 국교신자.

confórmĭtas, átis, *f.* [confórmis] 적합성, 합치성, 일치, 부합.

confórmo, ávi, átum, áre, *tr.* [cum+formo] **1.** 꼴을 만들다·갖추게 하다, 형성하다; 만들다. **2.** 적응시키다, 순응케 하다, 맞추다: ~ se ad *alcjs* voluntátem*(C.)* 아무의 뜻에 순응하다. **3.** 교육시키다, 훈련시키다, 도야하다.

confórnĭco, ávi, átum, áre, *tr.* 궁륭형으로 만들다, 둥근 천정으로 만들다.

confórto, ávi, átum, áre, *tr.* 튼튼해지게 하다; 용맹해지게 하다.

confóssus, a, um, *p.p.* [confódio].

confóvĕo, fóvi, fótum, ére, *tr.* **1.** 따뜻해지게 하다, 품어주다. **2.** 기르다, 육성하다; 따뜻이 돌보다. 「파쇄(破碎).

confráctĭo, ónis, *f.* [confríngo] 부서뜨림,

confractórĭum, i, *n.* (암브로시오 전례미사에서) 빵을 분할할 때 부르는 노래.

confrăgósum, i, *n.* 험난한 곳.

confrăgósus, a, um, *adj.* [confríngo] **1.** 울퉁불퉁한, 고르지 못한, 거친, 돌많은, 험한. **2.** 딱딱한, 어려운.

cónfrăgus, a, um, *adj.* = confragósus.

confráter, tris, *m.* 동료; 같은 회원.

confratérnĭtas, átis, *f.* [confráter] 《가》 (교회의 감독하에 일정한 종교적 목적으로 조직된)형제회, 신심회.

confrémo, ŭi, ĕre, *intr.* [cum+fremo] 웅성대다, 떠들썩하다; 요란스럽게 울리다.

cónfrĭco, cŭi, átum, áre, *tr.* [cum+frico] 문지르다, 비벼대다, 마찰시키다; 닦다: ~ *alci* génua 끈질기게 청하다, 조르다.

confríngo, frégi, fráctum, ĕre, *tr.* [cum+frango] **1.** 꺾다, 깨뜨리다, 부러뜨리다, 부서뜨리다. **2.** 파괴하다, 없애버리다, 분쇄하다. 「(기름에) 튀긴.

confríxus, a, um, *p.p., a.p.* [frigo[1]] 볶은,

Confucianísmus, i, *m.* 유교(儒敎).

Confúcĭus, i, *m.* (= Confútius) 공자(孔子).

confúdi, *pf.* [confúndo].

confúgĭo, fúgi, ĕre, *intr.* [cum+fúgio] 〔ad, in *acc.*〕 **1.** 도피하다, 피난하다, 피신하다. **2.** 도움으로[보호·피난처로] 삼다; 의지하다, …에 호소하다: ~ ad cleméntiam *alcjs(C.)* 아무의 자비심에 호소하다. **3.** 구실로 삼다, (무엇으로) 발뺌하다.

confúgĭum, i, *n.* [confúgio] 피난처; 숨을 곳, 의지할 곳.

cónfŭit, confutúrum, confóre, *def.* [cum+esse] 동시에 발생하다, 되다, 닥치다.

confúlgĕo, fúlsi, ére, *intr.* 환하게 빛나다.

confúndo, fúdi, fúsum, ĕre, *tr.* [cum+fundo[2]] **1.** 〔*alqd* in *alqd*〕 (어디에) 붓다, 따르다, 쏟아넣다. **2.** 〔*alqd* cum *abl.*; *dat.*〕 **섞다, 혼합하다:** rústicus urbáno confúsus*(H.)* 도시인과 어울린 시골뜨기. **3.** 〔*alqd* in *acc.*〕 하나로 합치다, 병합하다, 통합하다; 모으다: duo pópuli in unum confúsi*(L.)* 하나로 통합된 두 민족. **4.** 〔*alqd* cum *abl.*〕 **혼동하다,** 뒤섞다; 혼돈하게 하다: ~ vera cum falsis*(C.)* 진실을 거짓과 혼동하다. **5.** (얼굴 따위를 뭉개서) 알아보지 못하게 하다. **6.** 따로따로 분리[분간]하지 않다: ~ jus domínii 여러 사람의 공동소유로 하다. **7. 혼란에 빠뜨리다,** 흐트러뜨리다:

órdines péditum ~ *(L.)* 보병 대열을 흐트러뜨리다 / ~ vultum lunæ*(Ov.)* 달빛을 흐리게 하다. **8. 당황하게 하다,** 어리둥절하게 하다, (어떤 감정으로) 어지럽게 하다, 뒤흔들다. **9. 부끄럽게 하다,** 창피하게 하다: confúndi pudóre*(Ov.)* 부끄럽게 되다, 창피당하다 / confúsus*(Curt.)* 부끄럽게 된, 계면쩍어진. **10.** *pass.* 〔in *acc.*; *dat.*〕 퍼지다, 확산하다.

confúsa, órum, *n.pl.* [confúndo] 혼란.

confūsáněus, a, um, *adj.* [confúsus] 혼잡한, 잡다한.

confúse, *adv.* 뒤섞어, 혼잡하게, 문란하게, 뒤죽박죽; 어렴풋이.

confūsícĭus, a, um, *adj.* 뒤섞인, 뒤범벅된.

confúsĭo, ónis, *f.* [confúndo] **1.** 혼합, 섞음, 배합; 혼동. **2.** 혼란, 문란. **3.** 《法》 (동일한 사람에게 여러가지 의무가 겹칠 때) 전부 또는 일부의 규제력 상실. **4.** 부끄러움, 창피; 얼굴 붉힘: oris~*(Ta.)* 면목없음. **5.** 정신산란, 당황, 어리둥절함, 불안, 걱정; 슬픔.

confúsus, a, um, *p.p., a.p.* [confúndo] **1.** 섞인, 혼합된, 배합된; 혼동된. **2.** 혼란한, 문란한, 어지러운; 일그러진: orátio confúsa*(C.)* 뒤죽박죽이 된 연설. **3.** 산란해진, 당황한, 어찌할 바를 모르는; 얼굴빛이 변한.

confūtátĭo, ónis, *f.* [confúto] 논박, 반박.

confūtátor, óris, *m.* 반박자, 논박하는 사람.

Confútĭus, i, *m.* 공자(孔子).

confúto, ávi, átum, áre, *tr.* **1.** 끓어 넘치는 것에 찬물을 끼얹다[섞다]. **2.** 멈추게 하다, 진정시키다, 가라 앉히다. **3.** 〔*alqm, alqd*〕 저지하다, 더 말 못하게 하다, **반박하다, 논박하다.**

confútŭo, ěre, *intr.* 동서생활하다, 동침하다.

congáuděo, ěre, *tr.* 함께 즐거워하다·기뻐하다.

congělásco, ěre, *intr.* 얼다.

congělátĭo, ónis, *f.* [cóngelo] 얼림; 얼어붙음.

cóngělo, ávi, átum, áre, [cum+gelo] **I.** *tr.* **1.** 얼리다, 동결시키다. **2.** 굳어지게 하다, 딴딴하게 만들다. **II.** *intr.* **1.** 얼다. **2.** 굳어지다, 경화(硬化)하다, 응고하다; 마비되다.

congemĭnátĭo, ónis, *f.* [congémino] **1.** 두겹[2중]으로 함. **2.** 껴안음.

congémĭno, ávi, átum, áre, *tr.* [cum+gémino] **1.** 두겹으로[2중으로] 하다, 배가하다. **2.** 반복하다, 거듭하다; (소리를) 되울리게 하다.

congěmísco, ěre, *intr.* = cóngemo.

cóngěmo, mŭi, ĭtum, ěre, [cum+gemo] **1.** *intr.* 다 함께 신음하다; 몹시 신음하다. **2.** *tr.* 통탄하다, 비탄하다.

cóngěner, něris, *adj.* [cum+genus] 같은 종류의.

congéněro, ávi, átum, áre, *tr.* [cum+género] 한 배에 낳다; *p.p.* 한 배에 난; 기원[출생]을 같이 하는.

cóngěnis, e, *adj.* 같은 종류의.

congénĭtus, a, um, *adj.* 같은 배에서 난, 같은 혈육의.

congěr, gri, *m.* 《動》 붕장어(바다 뱀장어).

congérĭes, éi, *f.* [cóngero¹] **1.** 더미, 무더기. **2.** 장작더미. **3.** (혼돈 상태의) 덩어리.

cóngěro¹, géssi, géstum, ěre, *tr.* [cum+gero] **1.** 〔*alqd* – in *alqd*, ad *alqm*, *alci*〕 한곳으로 가져가다, **쌓아 올리다,** 무더기로 쌓다, 집결시키다: *alci* múnera~ *(C.)* 누구에게 예물을 산더미로 가져가다. **2.** 〔*alqd* in *acc.*〕 (적의를 가지고) 내던지다, **맹렬하게 퍼붓다:** ~tela in *alqm (Curt.)* 누구에게 화살을 퍼붓다 / congéstis telis*(Ta.)* 투창이 비오듯 하는데. **3.** (돈·재산 따위를) 긁어 모으다, **축적하다.** **4.** 건조(建造)하다, 세우다, (집)짓다: ~nidum*(V.)* 둥지를 짓다. **5.** 〔*alqd* – in *acc.*; *alci*〕(은혜·영예 따위를) 듬뿍 안겨주다·베풀다; (희망을) 걸다. **6.** (말·글로) **총괄하다,** 망라하다, 열거하다, 집성(集成)하다, 모아서 작성하다. **7.** 〔*alqd alci*, in *alqm*〕 (누구에게) 돌리다, 전가하다.

cóngěro², ónis, *m.* [cóngero¹] 도둑.

congérro, ónis, *m.* 놀이 친구.

congestícĭus, a, um, *adj.* [congéstus] 쌓아 올린, 축적된.

congéstĭo, ónis, *f.* [cóngero¹] **1.** 퇴적, 누적. **2.** 쌓아 올린 것. **3.** 《醫》 충혈.

congéstus¹, a, um, *p.p., a.p.* [cóngero¹] **1.** 쌓아 올려진; 축적된; 모여 만들어진. **2.** 살찐, 풍만한.

congéstus², us, *m.* **1.** 모아 놓음, 쌓아 올림, 퇴적; 집결. **2.** 무더기, 더미.

congĭális, e, *adj.* 한 *cóngius*들이의.

congĭárĭum, i, *n.* [congiárius] **1.** 한 *cóngius*들이의 용기(容器). **2.** (술·기름·소금 따위의) 무상배급, 분배. **3.** 국민에게 지급되던 소정액(所定額); 선물. **4.** 개인선물.

congĭárĭus, a, um, *adj.* *cóngius*의.

cóngĭus, i, *n.* 고대 *Roma*의 용량 단위 (= 6 *sextárii* = 약 3.25 *l*).

CONGIUS

conglácĭo, ávi, átum, áre, [cum+glácies] **1.** *intr.* 얼다, 얼어붙다. **2.** *tr.* 얼리다[얼게 하다]; 〔*pass.*〕 얼다.

conglísco, ěre, *intr.* 부풀어 오르다, 자라나다; 확 타오르다.

conglŏbátĭo, ónis, *f.* [conglóbo] **1.** 구형(球形)으로 뭉침; 밀집. **2.** 집합; 규합.

conglóbo, ávi, átum, áre, *tr.* **1.** 구형(球形)으로 뭉치(게 하)다, 둥글게 하다, 응집하게 하다; 〔*pass.*〕 둥글게 되다, 뭉치다, 응집하다, 밀집하다. **2.** 집합시키다, 집

결시키다, 규합하다.

conglŏmĕrátĭo, ónis, *f.* [conglómero] **1.** 뭉침, 응집, 밀집. **2.** 둥근 덩어리. **3.** 집단, 도당.

conglómĕro, ávi, átum, áre, *tr.* [cum+glómero] **1.** 뭉치[토리]로 감다, 말다, 뭉치게 하다. **2.** 쌓다, 포개다. 「양하다.

conglōrífico, áre, *tr.* 영광스럽게 하다; 찬

conglūtĭnátĭo, ónis, *f.* [conglútino] **1.** 접착, 교착(膠着), 풀로 붙임. **2.** ~verbórum *(C.)* 말의 연결.

conglútĭno, ávi, átum, áre, *tr.* [cum+glútino] **1.** 풀로 붙이다; 들러붙게 하다, 접착[밀착]시키다: ~ vulnus *(Plin.)* 상처를 아물리다. **2.** 굳히다; 결합[연결]시키다.

congrǽco, áre, *tr.* [græcor] 희랍인식으로 낭비하다, 사치에 빠지다.

congrātŭlátĭo, ónis, *f.* [congrátulor] 축하, 경하; 함께 기뻐함.

congrátŭlor, átus sum, ári, *dep. intr.* [cum+grátulor] 〔*alci; acc. c. inf.*, quod, quia〕 축하하다; 함께 기뻐하다.

congrédĭor, *(dĕris, dĭtur),* gréssus sum, grĕdi, *dep.* [cum+grádior] **I.** *intr.* **1.** 〔*absol.; cum alqo*〕 **만나다,** 만나서 환담[회담]하다. **2.** 〔*absol.; cum alqo; contra,* advérsus *alqm;* inter *se; alci*〕 (적과)충돌하다, 교전하다, **접전하다;** 겨루다, 시합하다. **3.** 〔cum *alqo*〕 토론하다, 말다툼하다, 투쟁하다.

II. *tr.* 〔*alqm, alqd*〕 **만나다, 환담하다;** 함께 걷다: ~viam *(Sevérus)* 길을 함께 걷다. 「사는, 군거성(群居性)의.

congrĕgábĭlis, e, *adj.* [cóngrego] 떼지어

congrĕgátim, *adv.* 한데 모여서, 떼를 지어.

congrĕgátĭo, ónis, *f.* [cóngrego] **1.** 군거(群居), 군집; 군거성. **2. 집합, 모임,** 집회; **회중**(會衆). **3.** 《가》 1) *Roma* 교황청의 **성성**(聖省): Sacra Congregátio pro géntium evangelizatióne 인류 복음화 성성(=~de Propagánda Fide 포교성성). 2) ~religiósa (단순 서원의) 수도회. 3) (베네딕또 수도회의)수족(修族): ~ Ottiliénsis 독일 *Ottilien*에 본부를 둔 수족. 4) …회[단체].

cóngrĕgo, ávi, átum, áre, *tr.* [cum+grex] **1.** (동물을) 떼짓게 하다, **모으다,** (회합 따위에) 모이게 하다, **집합시키다,** 뭉치게 하다: dispérsos in unum locum ~ *(C.)* 흩어진 사람들을 한곳에 모으다 / 〔*pass. refl.*〕 **se~, congregári 모이다,** 집합하다, 회합하다; 뭉치다, 떼를 짓다 / vis congregáta *(C.)* 뭉친 힘. **2.** 〔*alqm* cum *alqo*〕 결합시키다. **3.** 수집하다, 모으다. 「sus.

congréssĭo, ónis, *f.* [congrédior]= congrés-

congréssus, us, *m.* [congrédior] **1.** 만남, 접촉, 재회. **2.** 교접. **3.** 이야기, 담화; 교제, 사교. **4.** 회의, **집회, 대회:** ~ Eucharísticus 성체대회. **5.** 접전(接戰). **6.** (법정) 대결. 「모인, 밀접한.

congrex, grĕgis, *adj.* **1.** 같은 무리의. **2.**

cóngrŭens, éntis, *p.præs., a.p.* [cóngruo] **1.** 〔cum *abl., dat.*〕 맞는, 적합한, 일치하는: gestus cum senténtiis ~ *(C.)* 내용과 일치하는 몸짓. **2.** 조화되는, 어울리는.

congrŭéntĭa, æ, *f.* [cóngruens] 일치, 조화, 균형, 어울림; 적절. 「(合宜)주의.

congrŭísmus, i, *m.* 《神》 (은총론의) 합의

congrúĭtas, átis, *f.* 일치; 적절, 적합.

cóngrŭo, grŭi, ĕre, *intr.* **1.** 나란히 움직이다, 같이 다니다, 서로 만나다. **2.** 〔cum *abl.*, ad *acc.; dat.*〕 (일이) 동시에 일어나다·되다, **맞아 떨어지다. 3.** 〔*absol.; dat.;* cum *abl.;* in, ad *acc.;* inter *se*〕 **일치하다,** 서로맞다; **조화되다,** 어울리다: ~ natúræ *(C.)* 자연과 조화되다 / In unum congruérunt senténtiæ. *(L.)* 의견들이 하나로 일치하였다 / de *alqā re* ~ *(C.)* 무엇에 대해서 의견이 일치하다.

cóngrŭus, a, um, *adj.* [cóngruo] **1.** 일치하는, 맞는, 어울리는. **2.** 적합한, 적절한.

conícĭo, ĕre = conjício.

conícĭtas, átis, *f.* 《數》 원추형. 「분생자.

conídĭum, i, *n.* 《植》 분생포자(分生胞子),

cónĭfer[-ger], ĕra, ĕrum, *adj.* [conus+fero] 구과(毬果)식물의, 솔방울 달리는. 「물.

cōnífĕræ, árum, *f.pl.* 《植》 구과(毬果)식

conísco, áre, **1.** *tr.* 원추형으로 만들다; 솔방울처럼 만들다. **2.** *intr.* 동물이 머리를 맞대고 싸우다. **3.** = corúsco.

cŏnistérĭum, i, *n.* 씨름터.

coni... *V.* conni...

cōnĭum, i, *n.* 《植》 독미나리.

conjectánĕa, órum, *n.pl.* 잡기장.

conjectárĭus, a, um, *adj.* 추측의, 억측의.

conjectátĭo, ónis, *f.* [conjécto] 짐작, 추측, 억측, 추정.

conjéctĭo, ónis, *f.* [conjício] **1.** 던짐, 투척; 투창. **2.** 추리, 추측, 추정. **3.** (사건의 내용을 적은) 간단한 보고서. **4.** 해석, 해몽.

conjécto, ávi, átum, áre, *tr. freq.* [conjício] **1.** 여럿을 한 군데로 힘껏 던지다, 몰아넣다. **2.** 〔*alqd - re,* ex, de *re; acc. c. inf.*〕 추측하다, 추정하다, 짐작하다, 예측하다: ~ nihil de ætáte *(Suet.)* 나이에 대해서 조금도 짐작하지 못하다.

conjéctor, óris, *m.* [conjício] **1.** 해석자, 알아맞히는 사람, (수수께끼) 푸는 사람. **2.** 해몽가; 점장이. 「가.

conjéctrix, trícis, *f.* [conjéctor] 여류 해몽

conjectúra, æ, *f.* [conjício] **1.** 짐작, 추측, 억측. **2.** 해몽, 징조판단, 예언.

conjectūrális, e, *adj.* 추측에 의한, 추측적인.

conjéctus, us, *m.* [conjício] **1.** 던짐, 투척: ad teli conjéctum veníre*(L.)* 투창의 사정거리에 들다. **2.** (팔·다리) 뻗음, 뻗침. **3.** 눈길 돌림[닿음], 시선 던짐. **4.** 짐작, 추측.

conjícĭo, jéci, jéctum, jícere, *tr.* [cum+jácio] **1.** 〔*alqd* - in inter, intra *acc.*; *dat.*; in *abl.*〕 (한 곳에 집중적으로) **던지다**, 던져넣다, 던져쌓다: ~ lápides in nostros*(C.)* 아군에게 돌세례를 퍼붓다. **2.** 〔*alqm [alqd]* in *acc.*, in *abl.*〕 **처넣다**, 집어넣다, 밀어[몰아]넣다: ~ *alqm* in víncula*(C.)* 감옥에 집어넣다 / filum in acum ~ *(Cels.)* 바늘에 실을 꿰다. **3.** 〔*refl.*〕 **se** ~ in *alqd* 어디로 잽싸게 가다: se ~ in signa *(Cæs.)* 군기 있는 데로 뛰어들다 / ~se in pedes(= in fugam) *(T.)* 달아나다. **4.** 〔*alqm, alqd* in *alqd*〕 어떤 상태에 이르게 하다, 빠지게 하다, 당하게 하다, **끌어[몰아]넣다**: ~ *alqm* in núptias*(T.)* 억지로 결혼시키다 / conjíci in morbum*(Pl.)* 병에 걸리다 / ~**se** in versum*(C.)* 시 창작에 몰두하다 / naves in noctem conjéctæ *(Cæs.)* 갈 길이 저물어진 선박. **5.** 〔*alqd* in *acc.*, *dat.*〕 (어디로) **돌리다**: ~ óculos in *alqm* *(C.)* 누구에게 눈길을 돌리다 / ~crímina in *alqd (C.)* 죄를 무엇에 돌리다. **6.** 〔*alqd* in *alqd*〕 삽입하다, 끼워넣다, 기록하여 넣다. **7.** ~ causam *[alqd, de alqā re]* 토의하다, 검토하다. **8.** 〔*alqd* - ex *re*; *acc. c. inf.*〕 **짐작하다, 추측하다**, 추리하다; 점치다, 해석하다, 해몽하다.

cónjŏcor, ári, *dep. intr.* 농담하다, 희롱하다.

conjúbĭlo, ávi, átum, áre, *tr.* 함께 환호하다.

conjŭgális, e, *adj.* [conjux] 부부의.

conjŭgáta, æ, *f.* 《解》 골반의 결합선.

conjŭgátĭo, ónis, *f.* [cónjugo] **1.** 연결, 결합. **2.** 배합; 교접. **3.** (단어의) 어원적 동계열. **4.** 《文法》 동사 활용.

conjŭgátor, óris, *m.* [cónjugo] 결합시키는 자.

conjŭgiális, e, *adj.* [conjúgium] 결혼의, 결혼에 관계되는.

conjŭgĭcídĭum, i, *n.* [conjux+cædo] 배우자 살해.

conjúgĭum, i, *n.* [conjúngo] **1.** 결혼, 부부생활, 부부사이. **2.** 부부; 남편, 아내. **3.** 애인 교제.

cónjŭgo, ávi, átum, áre, *tr.* [cum+jugo] **1.** 합치다, 하나로 묶다, 결합시키다. **2.** 동사 활용하다.

conjúncte, *adv.* [conjúnctus] **1.** 공동으로, 함께, 합쳐서, 결부시켜; 협동하여. **2.** 《修》 가설적으로. **3.** 친밀하게.

conjúnctim, *adv.* 공동으로, 함께, 합쳐서.

conjúnctĭo, ónis, *f.* [conjúngo] **1.** 결합, 연결, 유대, 연관, 연락. **2.** 결혼, 혼인. **3.** 대인관계, 친우관계, 친척관계; 천륜(天倫): ~vicinitátis*(C.)* 이웃관계. **4.** 《文法》 접속사.

conjunctíva, æ, *f.* 《解》 (눈의) 결막(結膜).

conjunctívĭtis, tĭdis, *f.* 《醫》 결막염.

conjunctívus, a, um, *adj.* **1.** 결합[연결]시키는. **2.** 《文法》 접속법의: (modus) ~ 접속법.

conjúnctum, i, *n.* **1.** 사물의 고유한(떼어놓을 수 없는) 특성, 본래의[타고난] 특성. **2.** *pl.* 유사(類似)한 내용*(C.)*. **3.** 문맥(文脈).

conjúnctus, a, um, *p.p.*, *a.p.* [conjúngo] 〔*absol.*; *dat.*; cum *abl.*; *abl.*; inter *se*〕 **1.** 서로 붙은, 붙어 있는, 바로 이웃의. **2.** **연결된, 결합된**, 결부된, **관련된**. **3.** 일치하는, 부합하는: præcépta offícii conjúncta natúræ*(C.)* 자연에 부합하는 윤리법칙 / pássibus conjúnctis*(Ov.)* 발걸음을 맞추어. **4.** 현재의, 같은 시대의. **5.** (우정·혈연·결혼 따위로) 맺어진, 연결된, 부부가 된; 친밀한.

conjúngo, júnxi, júnctum, ĕre, *tr.* [cum+jungo] **1.** 짝지어 멍에 메우다. **2.** 〔*alqd[alqm]* - *dat.*, cum *abl.*〕 **연결[결합]시키다**, 붙이다, 잇다; 합치다, 통합하다, 결속시키다: ~ dextras*(V.)*, dextræ ~ dextram*(Ov.)* 악수하다 / noctem diéi ~ *(Cæs.)* 밤을 낮에 이어서 …하다 / 〔*pass. refl.*〕 **se** ~, **conjúngi** 연결[결합]되다, 합쳐지다, 결속하다. **3.** 〔*alqm* cum *alqo, alci*〕 **결혼시키다**, 결합시키다; 인척관계를 맺게 하다: *alqam* secum matrimónio ~ *(Curt.)* 아무 여자와 결혼하다 / se cum *alqo* affinitáte ~ *(N.)* 아무와 인척관계를 맺다. **4.** 〔*alqm* cum *alqo, alci*〕 긴밀한 유대[관계]를 갖게 하다, 친밀히 지내게 하다. **5.** (우정·관계·유대 따위를) 맺다, 돈독히 하다. **6.** 힘을 합쳐 …하다, 합동[협동·연합]하여 하다. **7.** 계속하다, 연속하다: abstinéntiam cibi ~ *(Ta.)* 단식을 계속하다.

conjunx, jŭgis, *m.f.* = conjux.

conjūrátĭo, ónis, *f.* [conjúro] **1.** 공동서약[선서]. **2.** 맹약, 동맹. **3.** 반란, 공모, 음모, 모의(謀議). **4.** 모의자들.

conjūrátus, a, um, *p.p.*, *a.p.* [conjúro] **1.** 함께 맹세한[선서한]; *m.pl.* 공동선서한 군인들. **2.** 동맹한, 결속한. **3.** 공모한.

conjúro, ávi, átum, áre, *intr.* [cum+juro] 〔*absol.*; cum *alqo*, inter *se*〕 **1.** 〔in *acc.*, *inf.*, *acc. c. inf.*〕 함께 맹세하다, 공동선서하다, 굳게 다짐하다. **2.** 친교를 맺다, 동맹하다. **3.** 〔contra, advérsus, in *acc.*; de *abl.*; *inf.*; ut〕 **공모하다**, 모의하다, 결탁하다, 음모를 꾸미다.

conjux, jŭgis, *m.f.* [cum+jungo] **1.** 배우자, 남편, 아내; *pl.* 부부. **2.** 약혼녀. **3.** 같은 운명[처지·신분]에 있는 동료.

conl... *V.* coll...

conm... *V.* comm...
connáscor, *(ĕris, ĭtur),* nátus sum, náti, *dep. intr.* [cum+nascor] 함께 나다; *p.p.* 타고난, 선천적; 동시에 발생한.
connātūrális, e, *adj.* **1.** 타고난, 천생의. **2.** 동족의, 같은 성질의; 공동 본성적.
connaturálĭtas, átis, *f.* 공동본성, 본성적 유사(類似).
connectívum, i, *n.* 《植》 (꽃가루 주머니의) 약격(葯隔).
connécto, néxui, néxum, ĕre, *tr.* [cum+necto] **1.** 〔*alqd - dat.,* inter *se*〕 붙들어[동여]매다, 잇다, **연결하다,** 붙이다; 얽어매다, 엮다, 묶다. **2.** 〔*alqd dat.,* cum *abl.*〕 맺어지게 하다, **결합하다,** 따르게 하다; 관련시키다, **결부시키다. 3.** (연설·이야기 따위를) **이어 나가다,** 계속하다, 써내려가다. **4.** 결론을 끌어 내다.
connéxĭo, ónis, *f.* [connécto] **1.** 연결, 연락. **2.** 관계, 연줄, 관련. **3.** 매듭지음, 결론.
connexívus, a, um, *adj.* 이어주는, 연계(連繫)의: 《文法》 conjúnctio connexíva 연
connéxum, i, *n.* 논리적 귀결. ⌊계 접속사.
connéxus, us, *m.* = connéxio.
connítor, *(ĕris, ĭtur),* nísus[níxus] sum, níti, *dep. intr.* [cum+nitor] **1.** 〔in *alqd*〕 **함께 힘쓰다,** 힘을 합하다·집중시키다. **2.** 〔*absol.;* in *alqd; inf.;* ut; ad *acc. gerúndii*〕 **애쓰다,** 안간힘 쓰다, 힘껏 노력하다, 기를 쓰고 …하다; 버티다: ~, sese ut érigant. *(C.)* (아기들이) 일어서려고 애쓴다. **3.** 산고를[진통을] 겪다, 분만하다. **4.** 분발하다. 「過), 묵인. **2.** 공모, 연루.
connīvéntĭa, æ, *f.* **1.** 못본 체 함, 간과(看
connívĕo, nívi[níxi], ére, *intr.* **1.** 눈을 감다; 깜박이다; 눈을 반쯤 뜨다: ~ somno 잠들어 있다. **2.** (해·달이) 어두워지다, 가려지다. **3.** 〔in *abl.*〕 눈감아주다, 못본 체하다, 모르는 척하다, 묵인하다.
connotátĭo, ónis, *f.* 《論·哲》 공시개념(共示概念); 내포(內包). 「부의.
connūbĭális, e, *adj.* 결혼의, 혼인의; 부
connúbĭum, i, *n.* [cum+nubo] **1.** *(Roma* 법상의 정당한)결혼; (일반적으로) 결혼, 혼인. **2.** 정식 결혼의 권리. **3.** 교접. **4.** 《植》 접목. 「한.
connúbĭus, a, um, *adj.* 결혼의, 혼인에 관
connūdátus, a, um, *adj.* 홀랑 벗은.
connŭmĕrátĭo, ónis, *f.* 죄다 세어봄; 계산에 넣음.
connúmĕro, ávi, átum, áre, *tr.* 죄다 세어보다; 〔*acc. c. dat.,* inter *acc.*〕 계산에 넣다. 「원추모양의.
cōnoídĕus, a, um, *adj.* 첨원상(尖圓狀)의,
Cŏnōn, ónis, *m.* **1.** *Athénæ*의 장군(c. 400 A.C.). **2.** *Samos*의 수학자이며 천문학자 (c. 250 A.C.). 「기장. **2.** 《가》 감실 휘장.
cōnōpéum[-pĕum, -pĭum], i, *n.* **1.** 모
cōnor, átus sum, ári, *dep. tr.* 〔*absol.; alqd, inf.;* si *c. subj.*〕 힘쓰다, 해보다, 시험해보다, 시도하다, 하려 하다, 기획하다; 모험하다: Conáti sunt, si ... possent. 자기들이 할 수 있는지(어떤지)를 시험해 보았다.
conp... *V.* comp...
conquádro, ávi, átum, áre, **1.** *tr.* 사각형으로 만들다. **2.** *intr.* 딱 들어맞다.
conquassátĭo, ónis, *f.* [conquásso] **1.** 동요, 진동. **2.** 혼란.
conquásso, ávi, átum, áre, *tr.* **1.** 크게 흔들다, 동요시키다, 진동시키다; 혼란시키다. **2.** 깨뜨리다, 파괴하다; 뒤엎다.
conquéror, *(rĕris, rĭtur),* quéstus sum, quĕri, *dep. tr.* [cum+queror] 〔*alqd,* de *re, acc. c.inf.*〕 투덜대다, **불평**을 털어 놓다, 원망하다; 개탄[비탄]하다.
conquéstĭo, ónis, *f.* [conquéror] **1.** 투덜댐, 원망, 불평; 개탄, 비탄. **2.** 《修》 동정심에 대한 호소.
conquéstus, us, *m.* = conquéstio.
conquiésco, évi, étum, scĕre, *intr.* [cum+quiésco] **1.** 쉬다, 가만히 있다; 자다, 누워있다. **2.** 〔*absol.;* a, ex, de *abl.*〕 그치다, 멈추다, 끝나다, 중지하다, 정지상태에 있다; (열이) 떨어지다: imbre conquiescénte*(L.)* 비가 그쳐서. **3.** 〔in *abl.*〕 휴식을 취하다, 조용히[마음 편히] 지내다, 흐뭇해 하다; 안주하다.
conquĭnísco, quéxi, ĕre, *intr.* 엎드리다.
conquíro, quisívi, quisítum, ĕre, *tr.* [cum+quæro] **1.** 두루 찾다, 열심히 구하다. **2.** 여기저기서 주워 모으다, 장만하다, 모집하다, 수집하다. **3.** 추구하다, 찾아내다.
conquīsítĭo, ónis, *f.* [conquíro] **1.** 두루 찾아냄, 탐구, 모색. **2.** 모음, 모집, 수집; 선집(選集). **3.** 징병, 징집.
conquīsítor, óris, *m.* [conquíro] **1.** 탐색자. **2.** 징병관.
conquīsítus, a, um, *p.p., a.p.* [conquíro] 애써[두루] 찾아낸[구한], 엄선한: conquisitíssimæ épulæ*(C.)* 산해진미.
conr... *V.* corr...
consacérdos, ótis, *m.* 동료사제, 동료제관.
consǽpĭo, sǽpsi, sǽptum, íre, *tr.* [cum+sǽpio] 울타리를 둘러치다, 둘러막다.
consǽptum, i, *n.* 둘러막힌 곳, 폐쇄된 곳.
consălūtátĭo, ónis, *f.* [consalúto] 서로 인사함; 공동인사.
consălúto, ávi, átum, áre, *tr.* [cum+salúto] 〔*alqm,* inter *se*〕 서로 인사하다, 함께 인사하다, 인사를 나누다: ~ *alqm* 누구와 인사하다 / ~*alqm* regem*(L.)* 아무를 왕으로 모시어 인사하다. 「해 지다.
consanésco, sánŭi, scĕre, *intr.* 낫다, 건강

consanguínĕa, æ, *f.* 자매; (여자) 친척, 친족.
consanguínĕus[1], a, um, *adj.* [cum+sanguis] **1.** 같은 핏줄의, 혈족의, 친척의. **2.** 형제·자매의.
consanguínĕus[2], i, *m.* 형제; 친척.
consanguínĭtas, átis, *f.* 친척관계, 혈연[혈족]관계; 혈족.
consáno, ávi, átum, áre, *tr.* 낫게 하다, 치「유시키다.
consárcĭno, ávi, átum, áre, *tr.* [cum+sárcio] **1.** 함께 꿰매다, 깁다. **2.** 꾸며 붙이다, 임시변통으로 만들다, 미봉하다.
consárrĭo[-sárĭo], íre, *tr.* 잡초를 함께 뽑다, 괭이로 제초하다. 「ro[2]].
cónsătus, a, um, = cónsĭtus, *p.p.* [cónse-
consáucĭo, ávi, átum, áre, *tr.* [cum+sáucio] 중상 입히다.
conscĕlĕrátus, a, um, *p.p., a.p.* [conscélero] 중죄를 범한; 흉악한, 악독한.
conscélĕro, ávi, átum, áre, *tr.* 중죄를 범하다; 죄로 더럽히다.
conscéndo, scéndi, scénsum, ĕre, *tr., intr.* [cum+scando] **1.** 〔*alqd,* in *alqd*〕 오르다, 올라 가다, 올라 타다. **2.** 〔*alqd,* ad *alqd*〕 …에까지 이르다.
conscénsĭo, ónis, *f.* [conscéndo] 배에 올라 탐: ~ in naves*(C.)* 승선.
conscholáris, is, *m.* 학우.
consciéntĭa, æ, *f.* [cum+sciéntia] **1.** 함께 알고 있음, 공지(共知): assúmere *alqm* in consciéntiam*(Ta.)* 아무를 끌어 들여 함께 알게 하다 / 〔*gen. subjectív.*〕 ~ géneris humáni 만인공지의 사실 / 〔*gen. obj.*〕 ~ facti*(Ta.)* 사실에 대한 공동인식. **2.** 동의, 승락. **3.** 의식(意識), 자각; 확신: ~ refléxa 반성의식 / ~sui 자각, 자아의식. **4.** 양심. **5.** ~ ánimi 윤리감각; 죄의식: ~ bene actæ vitæ*(C.)* 착하게 산 생활에 대한 기쁨. 「識說).
conscĭentĭalísmus, i, *m.* 《哲》 의식설(意
conscíndo, scĭdi, scíssum, ĕre, *tr.* [cum+scindo] **1.** (발기발기) 찢다, 조각내다; 잡아뜯다. **2.** 괴롭히다, 못살게 굴다; 헐뜯다.
cónscĭo, íre, *tr.* [cum+scio] 알다, 인식하다, 깨닫다, 의식하다: ~ sibi *alqd* 잘못을 깨닫다, 죄의식을 가지다.
conscísco, scívi[scii], scítum, ĕre, *tr.* [cum+scisco] **1.** 공동으로 결정하다, 제정하다, 의결하다. **2.** 〔sibi *alqd;* 간혹 sibi 없이〕 스스로 결단하여 실행하다: ~ sibi mortem*(C.)* 자결[자살]하다. 「기) 찢음.
conscíssĭo, ónis, *f.* [conscíndo] (발기발
cónscĭus, a, um, *adj.* [cum+scio] 〔*absol., alci - alcjs rei, alci rei;* in, de *re*〕 **1.** 같이 알고 있는, 잘 알고 있는, **내막을 알고 있는,** 증인인; 관여한, 공모한: ~ facínoris, ~ facínori*(C.)* 악행을 알고 있는 / ~ *alci alcjs rei(Sall.)* 누구와 무슨 일을 공모한. **2.** 〔sibi[mihi, tibi...] - *alcjs rei, alci rei,* in *re; acc. c. inf.*〕 **의식하고 있는,** 자각하는, 생각하는, 책임을 느끼는. **3.** 〔*gen.*〕 죄있는, 죄인의, 죄책감 있는.
cónscrĕor, átus sum, ári, *dep. intr.* (목청을 가다듬기 위해) 헛기침을 하거나 침을 삼키다. 「되는 대로 쓰다, 갈겨서 자국을 내다.
conscrĭbíllo, ávi, átum, áre, *tr.* [conscríbo]
conscríbo, scrípsi, scríptum, ĕre, *tr.* [cum+scribo] **1.** (병적에 등록하여) **징집하다,** 징모하여 (부대를) 편성하다. **2.** 국민을 계급별로 구분하여 등록하다. **3.** 원로원 의원으로 등록시키다. **4.** (득표 공작을 위해) 선거인 명부에 기입하다. **5.** (공모에 가담시키려고) 규합하다. **6.** 〔*alqd* - de *re; acc. c. inf.*〕 자료를 모아 쓰다, 기술하다, 작성하다, 편찬하다, 저술하다; 처방하다. **7.** 글씨로 표시하다, 그려놓다.
conscríptĭo, ónis, *f.* [conscríbo] **1.** 징집, 징병. **2.** 기록, (문서 따위의) 작성.
conscríptor, óris, *m.* [conscríbo] 기록자, 작성자, 편찬자.
conscríptus, a, um, *p.p.* [conscríbo] 징집된, 등록된: patres conscrípti 원로원 의원.
cónsĕco, sécŭi, séctum, áre, *tr.* [cum+seco] 자르다, 토막내다, 절단하다, 분단하다.
consĕcránĕus, a, um, *adj.* **1.** 같은 신성한 일에 참여하는. **2.** 전우(戰友)의.
consĕcrátĭo, ónis, *f.* [cónsĕcro] **1.** 신성하게 만듦, 신에게 바침, 봉헌. **2.** 《가》 미사때 성체·성혈 축성(祝聖); 주교 서품식; 성당 축성; 성별(聖別). **3.** 죽은 *Roma* 황제의 신격화 의식(儀式). **4.** (고대의) 제관임명. **5.** 주문(呪文).
consĕcrátor, óris, *m.* 거룩하게 하는 사람, 성별자(聖別者), 축성자(祝聖者).
consĕcrátus, a, um, *p.p., a.p.* [cónsecro] 〔*dat.*〕 신성한; 헌신하는; 봉헌된, 축성된.
cónsĕcro, ávi, átum, áre, *tr.* [cum+sacer] **1.** 〔*alqd - alci*〕 신에게 바치다, 봉헌하다, 신성하게 하다; 속적인 사용에서 갈라내다, **축성**(祝聖)**하다,** 성별(聖別)하다; (날을) 축일로 만들다. **2.** 〔*alqm*〕 신격화하다, 신으로 만들다[받들다]. **3.** 저주받게 하다, (신성모독의 대가로) 희생으로 바치다. **4.** 불멸의 존재로 만들다, 불멸성·영원성을 부여하다. **5.** *pass. refl.*〔*dat.*〕 **se ~, consecrári** 몸을 바치다.
consectánĕus, a, um, *adj.* 뒤따르는; 추종하는, 같은 파에 속하는.
consectárĭus, a, um, *adj.* [conséctor] 논리석 결론[귀결]의, 당연한; 결과로서 생기는; *n.* 뻔한 결론, 간단한 추론의 결론; 결과, 영향. 「구, 추적.
consectátĭo, ónis, *f.* [conséctor] 열심한 추
consectátor, óris, *m.* 추구자; 추종자, 제

자. ⌈자; 여제자. **2.** 연인, 여자친구.
consectátrix, ícis, *f.* **1.** 따라 다니는 여
conséctĭo, ónis, *f.* [cónseco] 절단, 자름, 토
consécto, áre, *tr.* 뒤쫓다. ⌊막냄.
conséctor, átus sum, ári, *dep. tr. freq.* [cónsequor] **1.** 열심히 따라 다니다, 뒤쫓아 가다, 추종하다. **2.** 추적하다, 뒤쫓다, 추격하다; 못살게 굴다. **3.** 추구하다, 도달하려고[얻으려고] 애쓰다. **4.** 일일이 열거하다. **5.** 말을 흉내내다, 모방하다.
conséctus, a, um, *p.p.* [cónseco].
consĕcútĭo, ónis, *f.* [cónsequor] **1.** 뒤따름, 수반. **2.** 필연적 결과, 귀결; 결론. **3.** 《修》 반문; 단어의 정확한 배열. **4.** 도달, 달성. **5.** 《文法》 ~ témporum 시칭관계(時稱關係: 주문의 시칭에 따라서 종속문 특히 접속법 종속문의 시칭이 결정되는 규칙).
consĕcūtívus, a, um, *adj.* 《文法》 결과를 나타내는, 결과… : propositío consecutíva 결과(종속)문 / **ut** consecutívum 결과 ut.
consédo¹, ávi, átum, áre, *tr.* 진정시키다,
cónsĕdo², ónis, *m.* 배석자. ⌊진압하다.
consenésco, sénui, ĕre, *intr.* [cum+senésco] **1.** 늙다, 노경에 이르다, 함께 늙다: ~ in *alqā re(Q.)* 무슨 일에 꾸준히 붙어 있다. **2.** 노쇠[노후]해 지다, 쇠약해 지다, 지쳐버리다, (용기·세력 따위가) 쇠퇴하다, 시들다; 낡아 빠지다, 삭다, 곯다.
consénĭor, óris, *m.* 같은 장로·원로.
consénsĭo, ónis, *f.* [conséntio] **1.** 〔*gen.;* in, de *abl.*〕 같은 느낌[마음·생각], 공감, 동의, 합의, 의견의 일치. **2.** 조화, 일치. **3.** 공모, 모의.
consénsus, us, *m.* [conséntio] **1.** 〔*gen.,* in *abl.*〕 동의, 승락, 승인, 합의, 의견 일치; 협정: ~ matrimoniális 혼인의 동의·승락 / unánimi consénsu 만장일치로. **2.** 조화, 일치. **3.** 공모, 모의. ⌈들, 동조자들.
consentánĕi, órum, *m.pl.* (종파의) 추종자
consentánĕus, a, um, *adj.* [conséntio] **1.** 〔*dat.,* cum *abl.*〕 일치하는, 부합하는; 맞는, 적합한, 어울리는, 조화된; 한결같은, 시종일관한. **2.** 합리적인, 당연한, 모순되지 않은.
Conséntĭa, æ, *f.* *Brúttii*인들의 수도.
conséntĭens, éntis, *p.præs., a.p.* [conséntio] 합의하는, 공명하는, 동의하는; 일치하는.
conséntĭo, sénsi, sénsum, íre, [cum+séntio] **I.** *intr.* **1.** 〔*absol.;* cum *alqo, alci,* inter *se* - de, in *abl.;* ad, in *alqd*〕 같이 느끼다, **생각을 같이하다,** 의견이 일치하다; **동의하다,** 합의하다. **2.** 〔사물에 대해서: *absol.;* cum *re, dat.,* inter *se*〕 일치하다, 조화되다, 어울리다. **3.** 〔cum *alqo* - de *abl.,* ad *alqd, inf.*〕 공모하다, 음모를 꾸미다, 결탁하다.
II. *tr.* 〔*alqd, acc. c. inf., inf.,* ut〕 **동의하다, 승락하다;** 만장일치로 결정하다, 합의하다. ⌈sepélio] 함께 파묻다, 합장하다.
consepélĭo, ívi, sepúltum, íre, *tr.* [cum+
consep... *V.* consæp...
cónsĕquens¹, éntis, *p.præs., a.p.* [cónsequor] **1.** 필연적(귀결의), 논리적으로 따라오는. **2.** 합리적인, 타당한, 당연한; 적절한.
cónsĕquens², éntis, *n.* **1.** 논리적 귀결, 결론. **2.** 《論·文法》 후건(後件).
consĕquénter, *adv.* [cónsequens¹] **1.** 따라서, 필연적으로. **2.** 〔*dat.*〕 맞추어. **3.** 그 다음에, 잇따라.
consequéntĭa, æ, *f.* [cónsequens¹] **1.** (필연적) 결과, 영향. **2.** 귀결, 결론.
cónsĕquor, (*quĕris, quĭtur*), secútus sum, sĕqui, *dep. tr.* [cum+sequor] **1.** 바싹 따라가다[오다], **뒤따르다:** ~ *alqm* vestígiis*(C.)* 누구의 발자국을 따라가다. **2.** 〔시간적〕 **뒤따르다, 잇따라 일어나다,** 뒤를 이어 …하다. **3.** 〔*alqd;* a, ex *abl.*〕 따르다, 결과로 나오다·생기다, (무엇에서) 발생하다, **논리적[필연적] 귀결로 …되다. 4.** (모범·모방의 대상으로) 따르다, 택하다; 순종하다, 실천하다. **5.** 뒤따라 이르다, 다다르다, 잇닿다, 따라잡다, 추격하여 만나다. **6.** 〔*alqd* - ab *alqo,* per *alqm;* ex, in *abl.; alqā re;* ut, ne〕 **도달하다, 달성하다, 성취하다,** 추구하여 얻다. **7.** 〔*alqm, alqd*〕 동등해지다, 필적하다, 따라가다. **8.** 알아보다, 보아서 식별하다. **9.** 파악하다, 이해하다, 인식하다; 기억해 내다. **10.** 적절한 말로 충분히 표현하다.
cónsĕro¹, sérui, sértum, ĕre, *tr.* [cum+sero¹] **1.** 〔*alqd* - *alqā re, alci rei*〕 잇대어(나란히) 붙이다, 붙들어 매다; 엮어 만들다, 겯다, 얽다, 짜다, 뜨다. **2.** 〔*alqd* - *alci rei,* inter *se*〕 잇다, 붙이다, 연속[계속]시키다, 접착시키다, 접합하다, 꽂다; 접붙이다: nocti~diem*(Ov.)* 밤에 낮을 잇다 / ~ sermónem*(Curt.)* (주고 받는) 이야기를 끌어 나가다, 이야기하다. **3.** 전투를 개시하다, 교전[접전]하다, 얽혀 싸우다: ~ manum[manus]*(L.)* 맞붙어 전투하다, 백병전하다 / ~ manum cum hoste *(Var.)* 적과 교전하다 / ~ pugnam inter se, ~ prœlium*(L.)* 교전하다. **4.** 《法》 in jure manum ~ 법정 투쟁을 하다, 소송하다 / *alqm* ex jure manum consértum vocáre *(C.)* 법적 해결을 위해 법정으로 끌고가다.
cónsĕro², sévi, sĭtum, ĕre, *tr.*[cum+sero²] **1.** 나무 심다, 씨 뿌리다, 재배하다: ~ agros *(C.)* 밭에 씨를 뿌리다 / ~ víneam in agro *(Cato)* 밭에 한 그루의 포도나무를 심다. **2.** 뿌리다, 살포하다; 뒤덮다.
consérte, *adv.* [cónsero¹] 연결되어.
consérva, æ, *f.* 동료 노예(여자).

consérvans, ántis, *p.p., a.p.* [consérvo] 〔*acc., gen.*〕 보존하는, 보관하는; 보호하는, 지키는.

conservátĭo, ónis, *f.* [consérvo] **1.** 보존, 보관, 유지; 저장. **2.** 보호, 수호.

conservatíve, *adv.* **1.** 보존[유지]성 있게. **2.** 보수적으로.

conservatívus, a, um, *adj.* **1.** 보존력있는, 보존성의. **2.** 보수적(保守的).

conservátor, óris, *m.* [consérvo] 보존자, 보관인, 저장자; 보호자, 수호자.

conservátrix, ícis, *f.* 보존하는 여자.

conservítĭum, i, *n.* 공동노예(신분); 공동봉사.

consérvo, ávi, átum, áre, *tr.* [cum+servo] **1. 보존하다**; 보관하다, 저장하다. **2. 보호하다,** 수호하다; 무사히 남겨두다. **3. 지키다, 준수하다,** 유지하다: ~ fidem datam *(C.)* 맹세한 신의를 지키다.

consérvus, i, *m.* 동료노예.

consĕssor, óris, *m.* [consído] 동석자, 배석자; 함께 앉은 관람객; 연회 합석자.

conséssus, us, *m.* [consído] **1.** 동석, 합석, 회합; 법정 방청. **2.** 합석한 군중, 관중. **3.** 합석 장소, 공동 관람석.

consévi, *pf.* [cónsero²].

consīdĕránter, *adv.* 깊이 생각하고, 신중히.

consīdĕrántĭa, æ, *f.* [consídero] 신중한 사려, 주의깊은 반성.

consīdĕrátĭo, ónis, *f.* [consídero] 심사숙고, 고려, 고찰; 면밀한 주의.

consīdĕrátus, a, um, *p.p., a.p.* [consídero] 깊이 생각한, 이리저리 궁리한, 조심성 있는, 현명한, 신중한.

consídĕro, ávi, átum, áre, *tr.* [cum+sidus] **1.** 〔*acc., acc. c. inf.*〕 살펴보다, **주의깊게 관찰하다. 2.** 〔*alqd,* de *abl.*; ut, ne〕 **깊이 생각하다,** 심사숙고하다, **고찰하다,** 반성하다, 헤아리다, 궁리하다; 주의를 기울이다, 조심하다: secum ~ 곰곰이 생각하다.

consído, sédi, séssum, ĕre, *intr.* [cum+sido] **1. 함께 앉다**; 앉다, 자리잡다, **깃들이다. 2.** (재판정에) 착석하다, 배석하다; 공식 행사에 참석하다. **3. 정착하다,** 정주(定住)하다, 눌러 살다; 어떤 상태[자리]에 있다. **4.** 《軍》 멈춰서다, 자리잡다, 포진하다, 야영하다, **주둔하다**: ~ in insídiis *(L.)* 매복하다. **5.** 주저 앉다, 꺼지다, 함몰하다, 잠기다: ~ luctu *(V.)* 슬픔에 잠기다. **6.** 활동을 쉬다, 멈추다, 그치다; (격한 감정 따위가) 진정되다, 가라앉다, 식다.

consignáte, *adv.* 적확하게, 꼭맞게.

consignátĭo, ónis, *f.* [consígno] 날인, 보증(서).

consignātórĭum, i, *n.* 《가》 (옛 교회 건축에서 세례당 옆에 있던) 견진실(堅振室).

consígno, ávi, átum, áre, *tr.* [cum+signo] **1.** 서명날인하다, 도장찍다; 봉인[밀봉]하다. **2.** 보증하다, 확증하다, 증명하다. **3.** 기입하다, 기록하다, 표하다: 〔초대 교회용어〕 consignátus 견진받은.

consĭlésco, sílui, ere, *intr.* 잠잠해지다, 조용해지다, (감정·소동 따위가) 가라앉다.

consĭlĭar = consiliábor, *fut.* [consílior].

consĭlĭárĭus¹, a, um, *adj.* 의논[상담]에 관한, 의견을 주는; 조언하는, 충고하는.

consĭlĭárĭus², i, *m.* **1.** 고문(顧問), 의논상대, 조언자, 충고자. **2.** 배석판사, 보좌역. **3.** 신의 뜻을 해석하는 자.

consĭlĭátor, óris, *m.* [consílior] 고문, 의논상대, 조언자.

consílĭo, *adv.* [consílium] 고의로, 일부러.

consílĭor, átus sum, ári, *dep. intr.* 〔*absol.; alqd alci,* cum *alqo*〕 상의하다, 협의하다.

consílĭum, i, *n.* [cónsulo] **1. 협의, 의논,** 상담, 상의, 토의, 심의: adhibére *alqm* in ~ *(C.)* 아무와 의논하다. **2. 조언, 의견, 충고**: (ex) consílio tuo *(C.)* 네 충고에 따라, 네 의견대로 / consília evangélica 복음적 권고. **3. 계획, 경륜,** 정책; **결정, 결심,** 작정, 결단, 각오: ~ est ita fácere. *(Pl.)* 그렇게 하기로 결정했다 / cápere ~ *(T.,C.)* 결정[결심]하다. **4. 의도, 목적,** 뜻, 의사: consílio 고의로, 일부러, 짐짓 / eo consílio, ut ...*(c. subj.)* …할 그 목적으로. **5.** 《軍》 전략, 책략, 술책. **6. 현명, 지혜, 사려분별,** 신중한 생각, 묘안, 사리판단, 사태파악: propter infirmitátem consílii *(C.)* 생각이 모자라서. **7.** (*Roma*) 원로원. **8.** 합동 재판부. **9.** 자문기관, 자문위원회; 협의회, 평의회; 참모위원회. **10.** 고문, 조언자.

consímĭlis, e, *adj.* [cum+símilis] 〔*gen., dat.*〕 비슷한, 유사한, 닮은, …와 아주 같은.

consípĭo, ĕre, *intr.* [cum+sápio] 제 정신이다, 정신이 정상이다.

consístens, éntis, *p.præs.* [consísto] 성립된; 철저한.

consísto, stĭti, (stĭtum), ĕre, *intr.* [cum+sisto] **1. 멈춰서다**; 자리잡고 있다, **참석하다,** 서있다: ire, intérdum ~ *(H.)* 가다가 이따금 멈춰서다 / ~ cum *alqo* *(Pl.)* 누구와 이야기 하려고 멈춰서다 / firmo ~ gradu *(L.)* 굳건히 (버티고) 서있다 / ~ in *alqd* 의지하고 서다. **2. 멈추다, 멎다,** 중지하다, 그치다; (배가) 정박하다; 움직이지 **않다,** 고요해 지다, 가만히 있다; (액체가) 고이다, 얼다: Alvus non consístit. *(Cato)* 설사가 멎지 않는다. **3.** 《軍》 **주둔하다,** 위치에 배치되어 있다, 정렬하다, 포진하다: ~ in orbem *(Cæs.)* 둥글게 진을 치다. **4.** 머무르다, 오래 체류하다, 정착하다. **5.** (한 곳에) 오래 붙어있다, (같은 말을) 오래 끌다; (위치 따위를) **고수하다,** 계속 유지하다, ~견지하다: céindindo *(C.)* 자기 주장을 고수하다. **6.** 확고히 서있다, 물러서지 않다; 자립하다. **7.** 침착하다, 평온한 상태에 있다, 차분하다: mente[ánimo] ~ *(C.)* 마음이 평온하다. **8.** 〔사람〕 존재하다, 있다. **9.** 〔사물〕 있다, 기반을 두고 있다, 근거를 가지고 있다; 힘을 지니다, (병세 따위가) 성하다, 세력을 뻗치다, 가라앉지 않다. **10.** 〔in, ex *abl.*; *abl.*〕 이루어지다, 성립되다, …로 되어있다; …에 있다, 달려 있다, 의존하다, 존립하다.

consistorĭális, e, *adj.* [consistórium] 《가》 추기경 회의의.

consistorĭánus, a, um, *adj.* 추밀원(樞密院)의.

consistórĭum, i, *n.* [consísto] **1.** 사람 사는 곳. **2.** 노예 대기실. **3.** (*Roma* 황제의) 자문위원회, 추밀원(樞密院), 중추원(中樞院). **4.** 《가》 추기경 회의.

consítĭo, ónis, *f.* [cónsero²] 파종, 재배; 식목.

cónsĭtor, óris, *m.* [cónsero²] 씨뿌리는 사람, 재배인.

consĭtúra, æ, *f.* [cónsero²] = consítio.

consobrína, æ, *f.* 이종사촌 자매.

consobrínus, i, *m.* 이종사촌 형제.

cónsŏcer, ĕri, *m.* 사돈 (사위 또는 며느리의 아버지).

consŏcĭális, e, *adj.* **1.** 같은 가문의. **2.** 동등의.

consŏcĭátĭo, ónis, *f.* [consócio] 결합, 합동, 연합, 제휴; 조합: ~ hóminum *(C.)* 인간사회 / ~ operariórum 노동조합.

consŏcĭátus, a, um, *p.p.*, *a.p.* [consócio] 결합된, 하나로 뭉친: consociatíssima volúntas *(C.)* 완전 합의.

consócĭo, ávi, átum, áre, *tr.* [cum + sócio] 〔*alqd[alqm]* – cum *alqo*, *alci*; inter *se*; in *alqd*〕 **1.** 결합하다, 통합하다; 연합하다, 합동으로 하다, 협력하다: ~cum *alqo* consília *(C.)* 함께 계획하다 / ~ se in consília pacis *(L.)* 평화정책에 따르다. **2.** 함께 나누다, 참여시키다.

consócĭus, a, um, *adj.* 동료의, 밀접한 유대관계가 있는; *m.* 동료; 회원, 조합원.

consódes = sodes.

consōlábĭlis, e, *adj.* [consólor] **1.** 위로받을 수 있는, 위안될 수 있는. **2.** 위로[위안]하는.

consōlámen, mĭnis, *n.* 위안, 위로.

consōlāméntum, i, *n.* (*Albigénses* 이단파의) 위령안수 예식.

consōlátĭo, ónis, *f.* [consólor] **1.** 위로, 위안. **2.** 위문편지, 위로의 말. **3.** 사기를 북돋음, 격려, 고무. **4.** (*Cícero, Crantor, Séneca* 등의) 위로 내용의 책(이름).

consōlátor, óris, *m.* [consólor] 위로자, 위문자.

consōlātórĭus, a, um, *adj.* [consólor] 위로의, 위문의: lítteræ consolatóriæ 위문편지.

consōlátrix, ícis, *f.* [consolátor] 위로하는 여자.

consŏlĭdátĭo, ónis, *f.* [consólido] **1.** 견고[공고]하게 함, 굳힘, 강화. **2.** 합병, 통합.

consŏlĭdátor, óris, *m.* 굳히는[견고하게 하는] 사람.

consólĭdo, ávi, átum, áre, *tr.* [cum + sólido] **1.** 굳게[튼튼하게] 하다, 공고히 하다, 강화하다. **2.** 합병하다, 통합하다. **3.** 소유주인에게 이윤을 돌아가게 하다.

consólo, (ávi), átum, áre, *tr.* = consólor.

consólor, átus sum, ári, *dep. tr.* **1.** 〔*alqm* – de, in *abl.*〕 위로하다, 위문하다; 격려하다, 고무하다. **2.** (수고·고통·공포 따위를) 경감시키다, 완화하다, 진정시키다, 덜어주다, 달래다.

consómnĭo, ávi, átum, áre, *intr.* 꿈꾸다; 공상하다.

cónsŏnans, ántis, *p.præs.*, *a.p.* [cónsono] **1.** 자음의; *f.* (*sc.* líttera) 자음, 닿소리. **2.** 화음(和音)의, 조화되는, 어울리는, 일치한.

consŏnántĭa, æ, *f.* [cónsono] 협화음(協和音); 조화.

cónsŏno, sónŭi, áre, *intr.* [cum + sono] **1.** 함께 소리나다[내다], 울리다, 공명하다; 메아리치다; 화음을 이루다. **2.** (여러개의) 말마디가 같은 글자의 음절로 끝나다. **3.** 〔*dat.*, ad *acc.*〕 조화되다, 어울리다; 일치하다.

cónsŏnus, a, um, *adj.* **1.** 같은 소리나는, 함께 울리는. **2.** 화음이 맞는, 잘 조화된, 어울리는; 적합한, 알맞는, 일치한.

consópĭo, ívi, ítum, íre, *tr.* [cum + sópio] 깊이 잠재우다; 마취시키다, 마비시키다.

consors¹, sórtis, *adj.* [cum + sors] **1.** 〔*gen.*, *dat.*, cum *alqo*, in *abl.*〕 운명을 같이 하는, 같이 참여하는, 관여한, 한 몫 끼는, 대열에 낀. **2.** 공동의, 공동소유의; 공동상속의: consórtia tecta *(V.)* 동거(同居). **3.** 형제·자매의: consórtia péctora *(Ov.)* 자매.

consors², sórtis, *m.f.* **1.** 형제, 자매. **2.** 관여자.

consórtĭo, ónis, *f.* [consors¹] **1.** 같이 지냄, 같이 함, 친밀한 사귐: ~ fati *(Val. Max.)* 비슷한 죽음. **2.** 나누어 받음, 함께 나눔, 공동참여. **3.** 협력, 제휴. **4.** 공동체.

consórtĭum, i, *n.* [consors¹] **1.** = consórtio. **2.** 《法》 공동상속, 공동소유.

conspar... *V.* consper...

conspéctor, óris, *m.* 바라보는 자.

conspéctus¹, a, um, *p.p.*, *a.p.* [conspício] **1.** 똑똑히 보이는, 눈에 잘띄는, 드러나는: túmulus hosti ~ *(L.)* 적군의 눈에 띄는 언덕. **2.** 〔*abl.*, in *abl.*〕 눈길을 끄는, 두드러진, 괄목할 만한, 현저한.

conspéctus², us, *m.* [conspício] **1.** 바라봄, 전망, (일목요연한) 개관, 개요, 일람; 관찰, 주시. **2.** 시야, 시계(視界), 보이는 범위; 면전, 눈앞, 앞: in conspéctu *alcjs*

누구 눈앞에. **3.** 출현, 나타남, 보임, 출석, 출두.

conspérgo, spérsi, spérsum, ĕre, *tr.* [cum+spárgo] 〔*absol.; alqd alqā re*〕 **1.** 뿌리다, 뿌려 적시다, 살포하다, 온통 뿌려 뒤덮다: ~ ante ædes *(Pl.)* 집앞에 물을 뿌리다 / ~ aras sánguine *(Lucr.)* 제단에 피를 뿌리다. **2.** 이야기 사이사이에 집어넣다·섞다.

conspérsĭo, ónis, *f.* [conspérgo] **1.** 뿌림, 살포. **2.** 밀가루 반죽.

conspĭcábĭlis, e, *adj.* [conspício] 보이는; 「볼 만한.

conspicíl(l)ĭum, i, *n.* [conspício] 전망대, 관측소.

conspícĭo, spéxi, spéctum, ĕre, *tr.* [cum+spécio] **1.** 보다, 쳐다[바라]보다, 눈길을 어디로 돌리다, 전망하다, 관찰하다, 살피다. **2.** 주목하다, 괄목하다; 〔*pass.*〕 눈길을 끌다, 볼만하다, 두드러지게 보이다. **3.** 얼른 알아보다, 식별하다, 알아차리다, 깨닫다. 「찰하다, 알아보다.

cónspĭcor, átus sum, ári, *dep. tr.* 보다, 관

conspícŭus, a, um, *adj.* [conspício] **1.** 〔*dat.*〕 똑똑히 보이는, 눈에 잘 띄는, 드러나는. **2.** 〔*alqā re*〕 주목할 만한, 두드러진, 현저한; 유명한.

conspirátĭo, ónis, *f.* [conspíro] **1.** 호흡맞음, 어울림, 일치, 협동. **2.** 공모, 음모.

conspirátus, a, um, *p.p., a.p.* [conspíro] **1.** 의견 일치를 본; 한데 뭉친. **2.** 공모한, 모의에 가담한; *m.pl.* 공모자들.

conspíro, ávi, átum, áre, *intr.* [cum+spiro] **1.** 함께 울리다, 소리가 어울리다. **2.** 〔*absol.; cum abl.*〕 호흡이 맞다, 일치하다, 어울리다, 조화되다; 뜻을 같이하여 행동하다, 한데 뭉치다, 협동하다. **3.** 〔*absol.;* in, contra *alqm;* in *alqd; inf.,* ut〕 **공모하다**, 모의하다, 음모를 꾸미다, 결탁하다.

conspísso, ávi, átum, áre, *tr.* [cum+spisso] 압착하다, 눌러 굳어지게 하다, 두껍게 하다, 짙어지게 하다, 되게[물기를 적게]하다.

conspóndĕo, di, spónsum, ére, *tr.* [cum+spóndeo] 서로 언약하다.

conspónsor, óris, *m.* 공동 보증인. 「언약한.

conspónsus, a, um, *p.p.* [conspóndeo] 서로

cónspŭo, spŭi, spútum, ĕre, *tr., intr.* [cum+spuo] 〔*alqm, alqd;* in *alqd*〕 **1.** (누구에게·무엇에) 침뱉다. **2.** 크게 모욕하다.

conspúrco, ávi, átum, áre, *tr.* 더럽히다.

conspúto, ávi, átum, áre, *tr. freq.* [cónspuo] 〔*alqm*〕 누구에게 침뱉다, 모욕하다.

constăbílĭo, ívi, ítum, íre, *tr.* [cum+stabílio] 굳건히 세우다, 견고히 하다.

constans, ántis, *p.præs., a.p.* [consto] **1.** 굳건히 서있는, 흔들리지 않는, 확고한, 튼튼한, 견실한: ~ ætas *(C.)* 의젓한 나이, 원숙기. **2.** 한결같은, 변함없는, 꾸준한, 늘 마찬가지의. **3.** 모든 부분이 잘 맞는, 조리있는: orátio ~ *(C.)* 조리있는 연설.

constánter, *adv.* [constans] **1.** 변함없이, 한결같이, 늘 마찬가지로, 꾸준히. **2.** 굳건히, 과감히, 용감하게, 당당히. **3.** 같게, 같은 모양으로, 똑같이, 일치하여: sibi ~ 조리 있게.

constántĭa, æ, *f.* [constans] **1.** 항구성, 영속성, 변함없음, 한결같음, 꾸준함, 항덕(恒德). **2.** 확고, 견실, 꿋꿋함, 굳건함, 불요불굴, 끈질김; 과감. **3.** 일관성, 철저; 일치성, 부합.

Constantĭnópŏlis, is, *f. Constantínus* 대제(大帝)가 *Byzántium*에 새로 건설한 수도(지금의 *Istanbul*). 「*stantinópolis*의.

Constantĭnopŏlītánus, a, um, *adj. Con-*

Constantínus, i, *m. Roma* 황제 이름; 특히 ~ *Magnus* (재위: 306-337 P.C.).

Constántĭus, i, *m. Roma*황제 이름. **1.** *Constantínus* 대제의 아버지(재위: 305-306). **2.** *Constantínus* 대제의 아들(재위: 337-360).

constellátĭo, ónis, *f.* [cum+stella] 성좌.

consternátĭo, ónis, *f.* [constérno[1]] **1.** 깜짝 놀람, 경악, 대경실색. **2.** 혼란, 당황, 설레임. **3.** 소동, 소요, 폭동.

constérno[1], ávi, átum, áre, *tr.* **1.** 깜짝 놀라게 하다, 공포에 사로잡히게 하다, 겁에 질리게 하다; 당황하게 하다, 허둥지둥하게 하다. **2.** 떠들썩하게 하다.

constérno[2], strávi, strátum, ĕre, *tr.* [cum+sterno] **1.** 〔*alqd* - *alqā re*〕 뿌려 덮다, 뒤덮다, 바닥에*(alqd)* 깔다, 늘어 놓다: clássibus mária ~ *(L.)* 바다를 함대로 뒤덮다 / lectus constrátus *(Apul.)* 침구 깔아놓은 침대. **2.** 거꾸러뜨리다, 뒤엎다.

constīpátĭo, ónis, *f.* [constípo] **1.** 집결시킴. **2.** 변비.

constípo, ávi, átum, áre, *tr.* [cum+stipo] **1.** 꽉 채우다, 틀어넣다. **2.** 밀집[집결]시키다, 사이를 좁히게 하다.

cónstĭti, *pf.* [consísto, consto].

constítŭo, ŭi, útum, ĕre, *tr.* [cum+státuo] **1.** 세우다, (세워) 놓다. **2.** 건설[건립]하다, 구축하다; 이룩하다, **창설[창립·창건]하다**, 설치하다, 수립[확립]하다, 확고히 하다. **3.** 이루어지게 하다, **구성하다**, 조직하다, 성취하다; (우정·인연 따위를) 맺어지게 하다. **4.** 《軍》 정지시키다; 정렬시키다, 배치하다; 이동시키다; 주둔시키다; 정박시키다. **5.** 정착시키다, 정주(定住)하게 하다. **6.** 옹립하다; 취임시키다, 임명하다. **7.** (처지·상태 따위에) **놓이게 하다**: constítui in discrímine vitæ 생명의 위기에 놓이다. **8.** 《法》 **지정하다**, 지명하다, 선정하다: ~ testes 증인을 지정하다. **9.** 《法》 (법률·제도 따위를) 만들다, **제정하다**; 제기하다, 재판하다; 실시[시행]하다; 성립시키다, 타협하다, 계약맺다: ~ **legem**

(C.) 법을 제정하다 / auctióne constitútā *(C.)* 경매를 실시하여. **10.** 정돈하다, 조정(調整)하다, 태세를 갖추게 하다; 다스리다, 처리하다, 관리하다. **11.** 〔*alqd* - cum *alqo, alci,* inter *se;* in *alqm;* de *abl., acc. c.inf.,* ut; *interr. indir.*〕 **결정하다, 확정하다**; 정해주다: ~ cum *alqo* diem 누구와 날짜를 정하다 / ~ diem *alci rei* 무슨 일의 날짜를 정하다 / prétium fruménto 곡식에 가격을 매기다 / ~*alqd alci* 누구에게 무엇을 지정해 주다, 제공하다. **12.** 〔*alqd,* de *abl., inf., acc. c. inf.,* ut〕 **작정하다**, 결심하다. **13.** 머리 속에 그리다, 상상하다; 판단하다.

cónstĭtus, a, um, *p.p.* [consísto].

constĭtútĭo, ónis, *f.* [constítuo] **1. 구성,** 구조, 조직. **2.** 성질, 성향, 상태, (사건 따위의) 성격. **3. 체질**, 건강상태, 체격: ~ córporis 체질, 체격. **4. 제정**, 확립. **5.** 처리, 정리; 배치. **6.** 정의(定義), 개념규정. **7.** 법령, 법규, **규정**, 규약, 결정사항. **8.** 칙령, 칙법(勅法). **9. 헌법**. **10.** 《가》 1) ~ Apostólica 교황령; constitutiónes Apostólicæ 초대 교회 규율; constitutiónes Apostolórum 초대 교회 법령집. 2) 교황청 성성령(聖省令). 3) 헌장(憲章): ~ dogmática de Ecclésiā (제2차 바티칸 공의회의) 교회헌장. 4) 수도회 회헌(會憲). **11.** 《修》 쟁점; 문제점.

constĭtūtívus, a, um, *adj.* [constítuo] 구성하는, 근본[본질]을 이루는, 요소를[성분을] 이루는, 조직하는; 제정권[설정권]이 있는, 설권적(設權的)인.

constĭtútor, óris, *m.* [constítuo] 구성자, 조직자, 설립자, 건설자, 제정자, 입법자.

constĭtútum, i, *n.* [constitútus] **1.** 법령, 규정; 결정사항. **2.** 협정, 협약; (날짜) 약속: ad ~ 약속한 날에.

constĭtútus, a, um, *p.p., a.p.* [constítuo] **1.** 구성된, 제정된, 설치된; 잘 짜여진, 정돈된. **2.** 어떤 상태[처지]에 놓인.

consto, stĭti, stātúrus, áre, *intr.* [cum+sto] **1.** 서있다, 선채로 있다, 버티고 서있다; (액체가) 고여 있다. **2.** 있다, 존재하다. **3.** 〔*absol.; abl.,* in *abl.*〕 **그대로 있다**[남아 있다], 늘 마찬가지다, 존속[지속·영속]하다, 계속 머물러 있다, 계속 작용[행동]하다: mente ~ 정신차리다, 제 정신이다. **4.** 〔*absol.; dat.,* cum *abl.*〕 꼭 **들어맞다**, 일치하다, **부합하다**, 상응하다: Rátio constat. *(C.)* 계산이 맞는다; 경우가 **같다**, 사리가 맞는다, 이유가 정당하다 / **sibi**~ (말·행동이) 한결같다, 시종일관하다. **5.** 〔*personáliter & impers.: absol.; alci,* inter *alqos;* de *abl.; inf., acc. c. inf.,* 드물게는 *nom. c. inf.; interr. indir.*〕 **알려진 사실이다, 확실하다**, 분명[명백]하다: Hæc propositio ... neque constat. *(C.)* 이 명제는 명백하지 않다 / Constat inter omnes,... 주지의 사실이다, 만인이 인정하는 바다. **6.** 〔ex, in *abl.; abl.*〕 **이루어져 있다**, …로 되어 있다, 형성되다, **성립되다**, 구성되다, 합성되다. **7.** 〔in *abl.*〕 달려있다, 걸려있다, 의존하다. **8.** 〔*abl., gen. prétii*〕 값나가다, 가치가 있다, **대가(代價)이다, 값이 얼마다**: Victória multórum sánguine cónstitit. 승리는 많은 사람의 피의 대가로 얻어진 것이다 / Quanti constat? 그거 얼마냐?

constrátus, a, um, *p.p., a.p.* [constérno²] 깔아놓은, 덮은: constráta navis *(C.)* 갑판 있는 배 / *n.* 마루, 바닥; 갑판.

cónstrĕpo, ŭi, ĭtum, ĕre, *intr.* [cum+strepo] 떠들어 대다, 소란을 피우다.

constríctĭo, ónis, *f.* [constríngo] 비끌어 맴; 긴축, 죔, 수축, 수렴(收斂).

constrictívus, a, um, *adj.* 죄는, 압박하는, 수축시키는, 수렴성의.

constrícto, áre, *tr. freq.* [constríngo] 죄다, 압박하다, 수축시키다.

constríctor, óris, *m.* [constríngo] **1.** 죄는 사람[것]. **2.** 《解》 괄약근(括約筋), 수축근.

constríctus, a, um, *p.p., a.p.* [constríngo] **1.** 죄인, 압축된, 수축된; 찌푸린; 잘록한. **2.** 좁은, 옹색한, **빽빽**한.

constríngo, strínxi, stríctum, ĕre, *tr.* [cum+stringo] **1.** 매다, **졸라매다**, 비끄러매다. **2. 죄다**, 긴축하다, 수축시키다. **3.** 《醫·藥》 수렴(收斂)시키다; 압박하다; (설사·콧물·땀 따위를) 멎게 하다. **4.** 족쇄를 채우다, 가두다: constringéndus *(C.)* (미쳐서) 족쇄를 채워야 할 사람. **5.** 억제하다, 단속하다, 제지[견제]하다; 제한하다. **6.** 구속하다, 의무 지우다. **7.** 《修》 요약하다.

constrúctĭo, ónis, *f.* [cónstruo] **1. 건설**, 건축, 건조, 가설, 부설; 건조물, 건축양식. **2. 구조, 짜임새; 구성**. **3.** 《修》 단어의 적절한 배열. **4.** 《文法》 문법규칙에 의한 구성: ~ ad sensum[ad senténtiam] 의미상의 일치법.

constructívus, a, um, *adj.* **1.** 건설적인, 구성하는, 구조상의. **2.** 구성하는데 필요한.

cónstrŭo, strúxi, strúctum, ĕre, *tr.* [cum+struo] **1.** 쌓아 올리다. **2. 구성하다, 구축하다**, 건설하다, 건조하다, 조립하다. **3.** 가지런히 배열하다. **4.** 《文法》 문법규칙에 맞추어 단어들을 연결시키다, 문장을 구성하다.

constúpĕo, ŭi, ĕre, *intr.* 깜짝 놀라다.

constŭprátor, óris, *m.* [cónstupro] 모독자; 강간 범인.

cónstŭpro, ávi, átum, áre, *tr.* [cum+stupro] **1.** 더럽히다, 모독하다. **2.** 능욕하다, 강간하다.

consuádĕo, suási, suásum, ére, *tr.* 충고하다; 설득하다.

Consŭálĭa, ĭum, *n.pl.* (고대 *Roma*의 비밀 계획의 신인) *Consus*의 축제 (8월 21일).
consuásor, óris, *m.* 충고자.
consubsído, ĕre, *intr.* 남아있다. 「體)의.
consubstantĭális, e, *adj.* 동일실체(同一實
consubstantĭalĭtas, átis, *f.* 《神》 (삼위일체의) 동일실체성(同一實體性).
consubstantĭátĭo, ónis, *f.* 《神》 (성체성사에 있어서 빵과 포도주의 실체 및 그리스도의 인성의) 실체 공존설.
consúcĭdus, a, um, *adj.* 축축한, 눅눅한.
consudásco, ĕre, *intr.* 땀을 흘리다; 진액이[물기가] 나오다.
consúdo, ávi, átum, áre, *intr.* [cum+sudo] 비지땀을 흘리다; 진액[수분]이 나오다.
consuēfácĭo, féci, fáctum, cĕre, *tr.* [consuésco+fácio] 〔*alqm; inf.*, ut, ne〕 익숙해지게 하다, 몸에 배게 하다; 〔*pass.*〕 **consuēfíeri** 익숙해지다.
consuésco, suévi, suétum, ĕre, [cum+suésco] **I.** *intr.* **1.** 〔*inf.*, ad *acc.*, *dat.*, *abl.*〕 익숙해지다, 몸에 배다. **2.** 〔cum *alqo*〕 친숙하게 지내다; (남자와 또는 여자와) 부정한 교제를 하다.
II. *tr.* 익숙해지게 하다; *p.p.* 익숙해진.
consuéte, *adv.* [consuétus] 늘 하던 대로, 관례대로.
consuétĭo, ónis, *f.* [consuésco] 교제.
consuētūdĭnárĭus, a, um, *adj.* [consuetúdo] 관습의, 상례의; 습관적, 상습적, 인이 박힌.
consuētúdo, dĭnis, *f.* [consuésco] **1.** **습관**, 버릇, **습성**; 관습, **관례**, 통례: ex consuetúdine *(C.,Cæs.)* 습관대로, 늘 하던 대로 / consuetúdine suā *(Cæs.)* 자기 습관대로 / ~ est áltera natúra. 습관은 제2 천성이다. **2.** 생활 양식[방법]. **3.** 《法》 관습법. **4.** 관용어법(慣用語法). **5.** 교제, 친교, 친분: ~ epistolárum *(C.)* 서신교환. **6.** 공동생활, 동거; 부부생활. **7.** 부정한 동서(同棲).
consuétus, a, um, *p.p.*, *a.p.* [consuésco] **1.** 〔*inf.*, *dat.*, *abl.*〕 익숙된, 몸에 밴, 상습적인. **2.** 〔cum *alqā*〕 간통한. **3.** 상례(常例)의, 늘 있는, 평소의.
consul, sŭlis, *m.* **1.** 집정관 (적령 42세, 임기 1년, 정원 2명): cónsulem creáre[dícere, fácere] 집정관을 선출하다 / ~ designátus 선출된(취임 전의) 집정관 / ~ ordinárius 연초에 (정상적으로) 취임한 집정관 / ~ suffēctus 보궐선거로 잔여 임기를 채우는 집정관. **2.** 지방총독; 영사.
consŭláris[1], e, *adj.* [consul] 집정관의: ætas ~ *(C.)* 집정관 적령 (42세 이상).
consŭláris[2], is, *m.* **1.** 전직 집정관. **2.** 집정관 권한 대행자. **3.** 지방총독. 「게.
consŭláriter, *adv.* 집정관처럼, 집정관 답
consŭlátus, us, *m.*[consul] 집정관직: consulátum pétere *(C.)* 집정관직에 입후보하다.
cónsŭlo, súlŭi, súltum, ĕre, **I.** *intr.* **1.** 〔*absol.*; de *abl.*; in, ad *acc.*〕 곰곰이 생각하다, 궁리하다; 상의하다, 대책[수단]을 강구하다, 조치하다: in commúne ~ *(T.)* 공익을 위한 대책을 강구하다 / male de *alqo* [in *alqm*] ~ 아무에게 불리한 결정을 내리다, 처벌하다. **2.** 〔*dat.*〕 **돌보다**, **보살피다**, 걱정하다, 염려하다: ~ sibi 스스로 보살피다.
II. *tr.* **1.** 〔*alqd*, *alqm*〕 **문의하다**, (아무의) 의견을 물어보다, **상의[의논]하다**, 조언을 청하다. **2.** 검토하다, 생각해 보다. **3.** 판단하다, 결정하다: boni ~ 좋게 생각하다, 시인하다. **4.** 〔*alqm*, *alqd*〕 **신탁(神託)을 알아보다**, 장래 운명을 물어보다. **5.** ~senátum[pópulum] de *alqā re*[*alqam rem*] 원로원이나 국민의 의사를 묻다.
consultátĭo, ónis, *f.* [consúlto[2]] **1.** 상의, 협의. **2.** 문의, 자문, 질의. **3.** 진찰받음; 감정받음. **4.** 《修》 미결[토의]사항. **5.** 《法》 심의안건. 「의, 심의의; 자문의.
consultātívus, a, um, *adj.* 의논하는, 협의
consultátor, óris, *m.* [consúlto[2]] 상담자, 문의자.
consúlte, *adv.* [consúltus[1]] **1.** 깊이 생각하고, 헤아려, 신중히. **2.** 고의로.
consultívus, a, um, *adj.* [consúltus[2]] 충고적인, 조언하는. 「작위적(作爲的)으로.
consúlto[1], *adv.* [consúltus[1]] 고의로, 일부러,
consúlto[2], ávi, átum, áre, *freq.* [cónsulo] **I.** *intr.* **1.** 〔*absol.*; de, super *abl.*; in, super, propter *acc.*〕 숙고하다, 숙의[협의·의논]하다. **2.** 〔*dat.*〕 걱정하다, **염려하다**, **돌보다**.
II. *tr.* **1.** 〔*alqd*〕 충분히 생각하다, 숙고하다, 검토하다. **2.** 〔*alqm*〕 **상담하다**, 의견을 청하다, 물어보다.
consúltor, óris, *m.* [cónsulo] **1.** 스스로 심사숙고하는 사람. **2.** 고문관, 충고자, 조언자, 의논 상대자. **3.** 문의자; 소송[변호] 의뢰인.
consúltrix, ícis, *f.* 돌보는[보살피는] 여자.
consúltum, i, *n.* [consúltus[1]] **1.** 결의(決議), 결정, 조치. **2.** 신탁(神託) 문의사항. **3.** senátus ~ 원로원의 의결사항, 판결.
consúltus[1], a, um, *p.p.*, *a.p.* [cónsulo] **1.** 깊이 생각한, 검토한, 협의한. **2.** 결정된. **3.** 〔*gen.*, *abl.*〕 숙달한, 정통한, 전문지식을 가진. 「가: juris ~ *(C.)* 법률가.
consúltus[2], i, *m.* 전문가, 대가; 법률 전문
consum, fŭi, futúrum, fóre, *intr.* **1.** 있다, 생기다. **2.** 함께 있다. **3.** 동시에 생기다. 「될 만한.
consummábĭlis, e, *adj.* [consúmmo] 완성
consummátĭo, ónis, *f.* [consúmmo] **1.** 완

성, 성취, 완결; 끝냄, 마침, 종말: ~ sǽculi 세상 종말. **2.** 합계, 한데 합침. **3.** 요점(要點).

consummátor, óris, *m.* 완성자.

consummátus, a, um, *p.p.,a.p.* [consúmmo] 끝마쳐진, 완성된, 극치에 이른, 최고도의, 완전한.

consúmmo, ávi, átum, áre, *tr.* [cum+summa] **1.** 합계하다, 한데 합치다. **2.** 완성하다, 성취하다; 극치에 이르게 하다. **3.** 끝마치다, 완결하다, 채우다.

consúmo, súmpsi, súmptum, ĕre, *tr.* [cum+sumo] **1.** 자취를 감추게 하다, 눈앞에서 사라지게 하다, (바다·땅·어둠·망각 따위가) 삼켜버리다. **2.** 〔*alqd* in *acc.*, in *abl.*〕 (물질·정력·시간 따위를) 쓰다, 들이다, 바치다; 소비하다, 다 써버리다, (시간) 보내다. **3.** 소모하다, 먹어버리다, 낭비[허비]하다. **4.** 쇠약하게 하다, (병·근심 따위가) 여위게 하다, 낡아지게 하다, 못쓰게 만들다. **5.** 없어지게 하다, 소멸시키다, 파괴하다; 죽이다; (불길이) 태워버리다: fame consúmptus *(Cæs.)* 굶어 죽은.

consúmptĭo, ónis, *f.* [consúmo] **1.** 소비, 사용, (시간·노력) 들임. **2.** 소모, 낭비. **3.** 《醫》 결핵. ┌파괴자.

consúmptor, óris, *m.* [consúmo] 소비자;

consúmptrix, ícis, *f.* 소비하는 여자, 파괴자, 삼켜버리는 여자.

cónsŭo, sŭi, sútum, ĕre, *tr.* [cum+suo] 꿰매다, 꿰매어 붙이다, 감치다, 누비다, 깁다: ~ os *alci (Sen.)* 말을 못하게 하다.

consúrgo, surréxi, surréctum, ĕre, *tr.* [cum+surgo] **1.** 함께[일제히] 일어서다, 기립하다. **2.** (무엇을 하려고) 일어서다, 몸을 일으키다. **3.** 궐기하다, 분발하여 일어나다; 들고 일어나다, 반란을 일으키다. **4.** (전쟁 따위가) 발생하다, 일어나다; (명성이) 치솟다; (바람·파도가) 일다, (분노가) 치밀다. **5.** (건물·나무·산 따위가) 우뚝 솟다.

consurréctĭo, ónis, *f.* [consúrgo] (회의에서) 찬성표시의 기립. ┌밀 계획의 신(神).

Consus, i, *m.* 초기 *Roma*에서 내세우던 비

consŭsúrro, áre, *intr.* 함께 속삭이다, 소근

consútĭlis, e, *adj.* 기워만든. └거리다.

consútor, óris, *m.* 재봉사.

consútum, i, *n.* [cónsuo] 기운 의복.

contābĕfácĭo, ĕre, *tr.* 소모시켜 가다, 시들게 하다.

contabésco, tábŭi, ĕre, *intr.* [cum+tabésco] 시들어지다, 위축되다; 점점 녹아 없어지다, 썩어 들어가다.

contăbŭlátĭo, ónis, *f.* [contábulo] **1.** 마루, 마루 놓음. **2.** (집의) 층(層); 층계.

contábŭlo, ávi, átum, áre, *tr.*[cum+tábulo] **1.** 판자를 깔다, 마루 놓다. **2.** (여러) 층으로 짓다. **3.** 다리를 놓다.

contáctus[1], a, um, *p.p., a.p.* [contíngo[1]] 접촉된; 더럽혀진, 감염된.

contáctus[2], us, *m.* **1.** 접촉, 만짐, 맞닿음; 교제. **2.** (병의) 전염, 감염. **3.** 나쁜 교제[연락]. ┌독, 악영향.

contáges, is, *f.* [contíngo[1]] 접촉; 전염, 해

contágĭo, ónis, *f.* [contíngo[1]] **1.** 관련성, 영향, 감화력. **2.** (접촉에서 오는) 전염, 감염; 전염병. **3.** 나쁜 교제[접촉·관련], 더럽힘, 나쁜 감화, 폐풍, 병폐.

contágĭum, i, *n.* = contágio.

contāmĭnābĭlis, e, *adj.* 더럽혀질 수 있는.

contāmĭnátĭo, ónis, *f.* 더럽힘, 오염; 악습, 타락.

contāmĭnátor, óris, *m.* 더럽히는 사람[것].

contaminátus, a, um, *p.p., a.p.* [contámino] **1.** 감염된, 오염된, 더러워진, 타락한. **2.** *m. pl.* 타락한 젊은이들.

contámĭno, ávi, átum, áre, *tr.* **1.** 섞어 놓다. **2.** 더럽히다. **3.** 욕되게 하다, 망쳐

contátĭo = cunctátio. └놓다, 모독하다.

contéchnor, átus sum, ári, *dep. tr.* 음모[흉계]를 꾸미다.

contectális, is, *f.* [cóntego] 아내.

cóntĕgo, téxi, téctum, ĕre, *tr.* [cum+tego] **1.** 덮다, 가리다; 묻다. **2.** 숨기다, 싸서 감추다. **3.** 비호(庇護)하다.

contémĕro, ávi, átum, áre, *tr.* 더럽히다.

contemníficus, a, um, *adj.* 경멸하는.

contémno, témpsi, témptum, ĕre, *tr.* [cum+temno] 경멸하다, 업신여기다, 멸시하다: se non ~ 자기가 잘난 줄로 생각하다.

contémpĕro, ávi, átum, áre, *tr.* [cum+témpero] 조절하다, 섞어서 완화하다.

contemplábĭlis, e, *adj.* 잘 겨냥하는.

contemplābúndus, a, um, *adj.* [contémplor] 겨누어 맞추는.

contemplátĭo, ónis, *f.* [contémplor] **1.** 겨냥, 겨눔. **2.** 관찰, 훑어봄; 관조(觀照). **3.** 명상, 관상(觀想). **4.** 견지, 참작, 고려.

contemplātívus, a, um, *adj.* 명상에 잠기는, 관상(觀想)의: 《가》 Ordo contemplatívus 관상 수도회.

contemplátor, óris, *m.* [contémplor] **1.** 관찰자. **2.** 명상하는 사람; 숙고하는 사람.

contemplátus, us, *m.* = contemplátio.

contémplo, *tr.* = contémplor.

contémplor, átus sum, ári, *dep. tr.* [cum+templum] **1.** 자세히 보다, 관찰하다, 훑어보다. **2.** 명상하다, 사색에 잠기다.

contempŏrális, e, *adj.* 같은 시대의.

contempŏránĕus, a, um, *adj.* [cum+tempus] 같은 시대의.

contemptíbĭlis, e, *adj.* [contémno] 경멸할 만한, 멸시[무시]할, 비열한.

contémptim, *adv.* [contémptus] 경멸[멸시]

하여.
contémptĭo, ónis, *f.* [contémno] 업신여김, 경시, 경멸, 멸시, 무시, 묵살: veníre *alci* in contemptiónem *(Cæs.)* 누구에게 대해 경멸감을 가지다. 「사람, 멸시자.
contémptor, óris, *m.* [contémno] 경멸하는
contémptrix, ícis, *f.* [contémptor] (남을) 경멸하는 여자.
contémptus, us, *m.* **1.** 업신여김, 경멸, 멸시, 경시; 묵살. **2.** 모욕, 치욕: contémptui esse *alci (Cæs.)* 누구에게 모욕이 되다.
conténdo, di, téntum, ĕre, [cum+tendo] **I.** *tr.* **1.** 잡아당기다, 팽팽하게 하다, 죄다, 긴장시키다: ~ arcum *(Ov.)* 활을 잡아당기다 / ~ omnes nervos *(C.)*, ~ summas vires *(Lucr.)* 안간힘을 쓰다. **2.** (창·화살 따위를) 힘차게 내던지다, 발사하다. **3.** 건너지르다, 내뻗게 하다: pontem ~ *(En.)* (이쪽에서 저쪽으로) 다리를 건너지르다. **4.** 〔*acc.*; *inf.*〕 **빨리가다, 서둘러 가다**[오다]; 향해 가게 하다: cubículum ~ *(Apul.)* 방으로 빨리가다 / ~ revérti *(Cæs.)* 빨리 돌아가다 / **se** ~ 어디로 가다. **5.** 얻으려고 노력하다, **추구하다**: ~ honóres *(Var.)* 영예를 추구하다. **6.** 〔*alqd*, *alqm* - cum *abl.*; *dat.*〕 비교하다, 대조를 이루게 하다: causas ~ *(C.)* 사건들을 비교하다.
II. *intr.* **1.** 〔ad, in *acc.*〕 길을[발걸음을] 재촉하다, 향해 빨리가다. **2.** 〔ad *acc.*, *inf.*, ut, ne; *(alqd)* ab *alqo*〕 (얻으려고·도달하려고·성취하려고) **힘쓰다·애쓰다**·시도[노력]하다; **추구하다**: ~ ab *alqo*, ut 얻어내다, 간청하다. **3.** 〔*absol.*; cum *abl.*; inter, contra, advérsus *acc.*; *dat.*; de *re*〕 **싸우다**, 다투다, 대결하다, 충돌하다; 겨루다, **경쟁하다**, 우열을 가리다: ~ bello cum *alqo (Cæs.)* 누구와 전쟁하다. **4.** 〔*acc. c. inf.*〕 (논쟁에서) **주장하다**, 단언하다, 강조하다, 고집하다, 장담하다.
conténĕbro, ávi, átum, áre, *tr.* [cum+ténebræ] 아주 어둡게 하다, 캄캄하게 하다.
conténte[1], *adv.* [conténdo] 열심히, 애써서; 기를 쓰고. 「여.
conténte[2], *adv.* [contíneo] 아껴서, 절약하
conténtĭo, ónis, *f.* [conténdo] **1.** 〔*gen.*, cum *abl.*〕 비교, 대조; 《修》 대조법. **2.** 〔*gen.*; cum *alqo*, inter *acc.*; de *re*〕 싸움, 전투, 전쟁, 대결; 겨룸, 경쟁. **3.** 토론, 논쟁; 변론, 주장. **4.** 애씀, 노력. **5.** 긴장. **6.** 추구, 열망, 열정. **7.** 고조된 어조(語調).
contentiósus, a, um, *adj.* [conténtio] **1.** 싸우는, 논쟁적인, 말썽많은. **2.** 고집하는, 완강한. **3.** 《法》 계쟁(係爭)의.
conténtus[1], a, um, *p.p.*, *a.p.* [conténdo] **1.** 팽팽한, 켕겨진, 죄어진; 긴장한. **2.** 애쓰는, 분발한, 열심한; 고조된.
conténtus[2], a, um, *p.p.*, *a.p.* [contíneo] **1.** 〔*abl.*, *gen.*, *inf.*〕 만족하는, 만족해 하는, 충족된. **2.** 포함된.
contérmĭno, ávi, átum, áre, *intr.* 〔*dat.*〕 경계를 같이하다, 붙어 있다, 인접하다.
contérmĭnum, i, *n.* 인접지; 접경, 국경.
contérmĭnus, a, um, *adj.* [cum+términus] 〔*dat.*, cum *abl.*〕 인접한, 이웃의.
cóntĕro, trívi, trítum, ĕre, *tr.* [cum+tero] **1. 부수다**, 분쇄하다, 가루로 만들다. **2.** 소비하다, **소모하다**, 다 써먹다; 닳게 하다: ~ viam 자주 다니다 / *alqd* oblivióne ~ *(C.)* 기억 속에서 지워버리다. **3.** 혹사하다, 지치게 하다. **4.** 멸시하다, 짓밟다. **5.** 〔óperam, curam ~〕 애쓰다, 힘[심혈]을 기울이다; 〔*pass. refl.*〕 **cóntĕri, se** ~ in *alqā re* 무슨 일에 열성[심혈]을 기울이다. **6.** 〔*alqd* in *abl.*, *abl.*〕 (시간을) 보내다, 지내다, 들이다, 바치다; 낭비하다: ~ ætátem in pistríno *(Pl.)* 일생을 제분소에서 지내다.
conterránĕus, a, um, *adj.* 같은 고장의.
contérrĕo, ŭi, ĭtum, ére, *tr.* [cum+térreo] 위협하다, 혼내다, 크게 놀라게 하다.
contessĕrátĭo, ónis, *f.* 친교, 우정.
contéssĕro, áre, *intr.* 가깝게 지내다.
contestátĭo, ónis, *f.* [contéstor] **1.** (주로 신의 이름을 내세우는) 호소, 간청, 애원. **2.** 증거제시, 증인채택. **3.** 쟁론(爭論). **4.** 이의신청(異議申請). 「여.
contestáto, *adv.* [contéstor] 증인을 채택하
contestátus, a, um, *p.p.*, *a.p.* [contéstor] 증언이 끝난, 확증된.
contéstis, is, *m.f.* 공동증인.
contéstor, átus sum, ári, *dep. tr.* **1.** 증인으로 부르다·삼다. **2.** (구원·보호·증명해 주기를) 호소하다, 간청[애원]하다. **3. litem** ~ 소송사건에 증인을 내세워 증언케
contéxi, *pf.* [cóntego]. 「하다.
contéxo, xŭi, xtum, ĕre, *tr.* [cum+texo] **1.** 엮다, 짜다, 뜨다, 겯다. **2.** 짜맞추다, 조립하다, 구성하다; 작성하다, 형성하다; 묘사하다. **3.** 〔*alqd* cum *re*〕 잇다, 연결하다, 붙이다, 결부시키다.
contéxtim, *adv.* 빈틈없이, 꽉짜이게.
contéxtĭo, ónis, *f.* 조직, 구성, 편성.
contéxtor, óris, *m.* 편성자, 편집자.
contéxtus[1], a, um, *p.p.*, *a.p.* [contéxo] 빈틈없는, 꽉짜인; 연속되는, 결부된.
contéxtus[2], us, *m.* **1.** 엮음; 조직, 구성; 구조. **2.** 연결, 연관; 연속; 선후 관계[상황]. **3.** (문장의) 전후관계, 문맥.
contĭcésco[-císco], tícŭi, ĕre, *intr.* [cum+táceo] **1.** 침묵하다, 잠잠하다; 조용해지다. **2.** 멎다, 그치다, 끝나다, 가라앉다.
conticínĭum, i, *n.* [conticésco] 한밤(중).

contícŭum = conticínium.
cóntĭgi, *pf.* [contíngo¹].
contignátĭo, ónis, *f.* [contígno] 《建》 **1.** 천장, 보꾹; 비계. **2.** 윗층 마루.
contígno, ávi, átum, áre, *tr.*[cum+tignum] 마루 깔다, 널빤지를 붙이다, 판자로 덮다.
contígŭe, *adv.* 즉시, 이어. 「속, 접속.
contigúĭtas, átis, *f.* 접촉, 인접, 근접; 연
contígŭus, a, um, *adj.* [contíngo¹] **1.** 〔*dat.*〕 인접한, 가까운. **2.** 닿을 수 있는, 닿는 거리에 있는.
cóntĭnens¹, éntis, *p. præs., a.p.* [contíneo] **1.** 〔*dat.*, cum *abl.*, *abl.*〕 붙어 있는, 인접한, 이웃의, 가까운. **2.** 〔시간적〕 직후의, 계속되는. **3.** 〔*dat.*〕 직결된. **4.** 중단되지[나누이지] 않은, 연속[계속]되는, 연이어진, 지속적인: terra ~ *(C.)* 대륙, 본토 / ~ labor *(Cæs.)* 계속되는 수고 / ex[in] continénti 즉각, 지체없이. **5.** 자제력 있는, 극기(克己)하는; 금욕(禁慾)의, 정절을 지키는; 절제하는, 검소한.
cóntĭnens², éntis, *f.* 대륙, 본토.
cóntĭnens³, éntis, *n.* 핵심: ~ causæ 사건의 핵심.
continénter, *adv.* [cóntinens¹] **1.** 줄곧, 계속하여, 연속하여, 끊이지 않고. **2.** 절도있게, 자제하여.
continéntĭa¹, æ, *f.* [contíneo] **1.** 자제, 극기(克己); 금욕, 정절. **2.** 내용; 요약. **3.** 인접(隣接).
continéntĭa², ĭum, *n. pl.* [cóntinens¹] 잇닿은 지방: ~ urbis 도시의 성 바로 밖에 있는 집들.
contínĕo, nŭi, téntum, ére, *tr.* [cum+téneo] **1.** 한꺼번에 붙잡다; **포함[포괄]하다,** 내포하다, 내용으로 삼다, 함유하다, 머금고 있다; 〔*pass.*〕 **continéri** 내용을 이루다, 포함되다. **2.** 구성[형성]하다, 이루다: ~ rem[causam] 핵심을 이루다, 본질에 속하게 하다 / 〔*pass.*〕 **continéri** *alqā re* 이루어지다, 의존하다, 달려있다. **3.** 〔*alqd re*〕 둘러막다, 포위하다; 〔*pass.*〕 둘러 막히다. **4.** 〔*alqd re*〕 잇다, 연결하다, 계속시키다, 결합시키다. **5.** 〔*alqd[alqm]* - *re;* in, sub *abl.*〕 지켜나가다, 보존하다, 확보하다, 유지하다, 견지하다; (어떤 상태에) 계속 놓아두다: ~ ódium *(C.)* 계속 미워하다 / ~ sub linguā salem *(Plin.)* 소금을 (녹기까지) 혀 밑에 물고 있다. **6.** 〔*alqd [alqm]* - in, sub *abl.;* intra *acc.*〕 가두다; **붙잡아 두다,** 머물러있게 하다: **se** ~ 머물러 있다. **7.** 〔*alqd[alqm]* - *re,* a *re*〕 **누르다, 억제하다,** 하지 못하게 하다, 단속하다; 〔*pass. refl.*〕 ~ **se, continéri** (in, ab *abl.*) 자제하다: Vix me contíneo, quin *c. subj.(C.)* 나는 …하지 않고는 못배길 정도다. **8. 참다,** 그치다, 멈추다: ~ risum *(C.)* 웃음을 참다. **9.** 비밀로 하다, 숨기다, 침묵지키다. **10.** *intr.* 붙어 있다, 이어져 있다, 연결되어 있다.
contíngens, éntis, *p. præs., a.p.* [contíngo¹] 우연의, 우발적; 《哲》 우유적(偶有的): ens ~ 우유적 유(有), 우연유.
contingéntĭa, æ, *f.* [contíngo¹] 우연(성); 《哲》 우유성(偶有性): ~ mundi 세계의 우유성.
contíngo¹, tĭgi, táctum, ĕre, [cum+tango] **I.** *tr.* **1.** 〔*alqd* - *re*〕 **만지다,** 갖다 대다, 잡다, **닿다**[닿게 하다], **접촉하다,** 묻히다, (소금) 치다, 뿌리다: terram ~ *(C.)* 땅에 닿다 / ferrum contáctum sánguine *(Plin.)* 피 묻은 무기[칼·창] / ~ manum *alcjs* (기쁨·축하·존경의 표시로) 누구의 손을 잡다. **2.** 맛보다, 시식하다. **3.** 맞닿다, 인접하다: fines ~ *(Cæs.)* 국경에 맞닿아 있다 / inter se ~ *(Cæs.)* 서로 닿다. **4.** 〔*alqd*〕 도착하다, **다다르다,** …에 까지 이르다, 미치다(及), 맞히다: ~ Itáliam *(V.)* 이태리에 도착하다 / ~ avem ferro *(V.)* 화살로 새를 맞히다 / Cóntigit vox *alqm.* 목소리가 누구에게 들렸다. **5.** 〔*alqm*〕 (운명·제비 따위가) 누구에게 돌아가다, …로 하여금 당하게 하다: Sors *alqm* cóntigit. 제비로 누가 뽑혔다. **6.** 〔*alqm* - *re*〕 밀접한 관계를[인연을] 맺다, 친밀해지다: ~ *alqm* propinquitáte *(L.)* 누구와 친척이 되다 / contáctus 혈연관계가 있는. **7.** 〔*alqm* - *re*〕 끼치다, (느낌을) 일으키다; 물들게 하다, 더럽히다, 관련되게[끼어들게] 하다, 영향을 주다: Cura contíngit *alqm.* 누구에게 걱정거리가 생기다 / ~ curā ánimum *alcjs (Val. Fl.)* 누구 마음에 걱정을 끼치다 / contíngi crímine 범죄에 가담하다[끼어들다].
II. *intr.* **1.** 〔가끔 *dat. persónæ; impers.: inf.*, ut *consecutívum*〕 **일어나다,** 생기다, **되다,** 성공되다, **이루어지다; 닥치다, 당하다;** …게 되는 때가 있다: Mihi ómnia ... contíngant. *(C.)* (내가 원하는) 모든 것이 이루어지라! / Non cuívis contíngit adíre ... *(H.)* 아무나 다 (어디로) 가게 되는 것은 아니다 / contíngit, ut *c. subj.* …하게 된다, …되는 수가 있다. **2.** 〔*dat.*, ex *abl.*〕 생겨나다, 나다; 오다: Odor vino contíngit. *(Plin.)* 술에서 향긋한 냄새가 난다.
contíng(u)o², (tínxi), tínctum, ĕre, *tr.* [cum+tingo] 〔*alqd re*〕 담그다, 적시다; 스며들게 하다. 「고.
contĭnŭátim, *adv.* 계속하여, 중단하지 않
contĭnŭátĭo, ónis, *f.* [contínuo²] **1.** 연속, 계속, 지속; 승전(承前). **2.** 《修》 완결문.
contĭnŭatívus, a, um, *adj.* 계속적, 계속하는, 연속적. 「속, 지속; 면면(綿綿).
contĭnúĭtas, átis, *f.* [contínuus] 연속, 계
contínŭo¹, *adv.* [contínuus] **1.** 곧이어, 즉

시. 2. 계속적으로. 3. (그러니까, 그렇다고 해서) 반드시: non ~ *(C.)* 반드시 그런 것은 아니다.

contínŭo², ávi, átum, áre, *tr.* [contínuus] 1. 〔*alqd dat.*〕 **잇다,** 잇대다, 붙이다; 덧붙여서 연장[확장]하다, 늘리다: ~ ædifícia mœ́nibus *(L.)* 성벽에 잇대어 집들을 짓다. 2. 〔*pass.: dat., acc.*〕 **continuári** 달라붙다, 바싹 뒤따르다: suos ~ 동료들 한테로 뒤따라가 붙다. 3. 〔*alqd - dat.*〕 **계속하다,** 끊임없이 하다, 연속하다, 이어나가다; 연기하다, 천연시키다.

contínŭus, a, um, *adj.* [contíneo] 1. 〔*dat.*〕 이어진, 연결된, 붙어 있는; 뻗친: contínuum mare *(Ta.)* 망망대해. 2. 〔*alcjs, alci*〕 측근의, 마음에 드는. 3. 〔*dat.*〕 연이은, 계속[연속]적인, 끊임없는, 중단되지 않은, 영속적인: tríduum contínuum *(Pl.)* 연 사흘 / *n.* 《哲》 연속체, 연속유(連續有).

cóntĭo, ónis, *f.* [convéntio] 1. (강연·연설을 듣기 위한 민중·군대의) 집합, 집회: in [pro] contióne 대중 앞에서 / ascéndere in contiónem 연단에 오르다. 2. 연설, 강연, 강론, 설교, 열변, 사자후: habére contiónem *(L., Cæs.)* 연설하다. 3. 연사(演士).

contĭōnabúndus, a, um, *adj.* [contiónor] 1. 대중 앞에서 연설하는. 2. 선동적으로 떠들어대는.

contĭōnális, e, *adj.* [cóntio] 1. 군중 집회의. 2. 서민층의, 일반 대중의. 3. (선동적으로) 연설 잘하는.

contĭōnárĭus, a, um, *adj.* [cóntio] 1. 군중 집회의; 집회에 잘 모이는. 2. 군중 선동적인.

contĭōnátor, óris, *m.* [contiónor] 1. 대중 연설가; 설교가, 강론자. 2. 민중 선동자.

contĭónor, átus sum, ári, *dep. intr.* [cóntio] 1. 대중 앞에서 연설하다; 설교[강론]하다: ~ apud mílites *(Cæs.)* 군인들 앞에서 ~/~ ad pópulum *(Suet.)* 대중을 향해 ~. 2. 〔*acc. c. inf.*〕 공식 발표하다, 성명하다. 3. 집회에 모이다.

contĭúncŭla, æ, *f. dim.* [cóntio] 1. 소집회. 2. 시시한 연설.

cóntŏnat, nŭit, áre, *impers.* 크게 천둥하다.

contor, ári, *dep. intr.* 1. 〔de *abl.*〕 조사하다, 심문하다. 2. = cunctor.

contórquĕo, tórsi, tórtum, ére, *tr.* [cum + tórqueo] 1. 비틀다, 뒤틀다; 돌리다, 빙빙 돌리다, 소용돌이치게 하다. 2. 휘두르다, 휘둘러 던지다. 3. 〔*alqm* ad *alqd*〕 청중을 휘둘러 이끌고 가다; 말을 단숨에 내뱉다. 4. 견강부회(牽强附會)하다; 왜곡하다.

contórsĭo = contórtio.

contórte, *adv.* [contórtus] 1. 맹렬하게, 모질게, 억지스럽게. 2. 어수선하게, 모호하게.

contórtĭo, ónis, *f.* [contórqueo] 1. 비틈, 뒤틂; 굽힘. 2. (말의) 착잡, 모호함.

contórtor, óris, *m.* [contórqueo] 곡해자, 왜곡자, 견강부회하는 자.

contórtŭlus, a, um, *adj.* [contórtus] 좀 굽은[휜]; 약간 억지의.

contortŭplĭcátus, a, um, *adj.* 길고 복잡한.

contórtus, a, um, *p.p., a.p.* [contórqueo] 1. 복잡한, 어수선한. 2. (연설이) 맹렬한, 과격한; 억지스러운.

contra¹, *adv.* 1. 맞은 편에[에서·으로], 저 앞에 (마주 보이는); 반대편에[으로]. 2. 맞받아, 이[저] 편에서도, 상대편에서도. 3. 반대하여, 거슬러; 대항[반항·대적]하여. 4. 반대로, 거꾸로, 도리어; 이에 반하여, 다른 한편으로는: ~ esse 반대되다 / ~ quam, ~ ac[atque] *(C.)* …와 반대로, 달리 / e ~ 그와 반대로. 5. auro contra (저울판에 얹은 금 같다하여) 금같이 귀중한, 금값으로.

contra², *præp. c. acc.* 〔관계대명사에는 그 뒤에 놓기도 함〕 1. **맞은 편에,** 마주 보고, 향하여; 반대 편에. 2. **반대로,** 거꾸로 훑어서, 역행하여, **거슬러:** ~ ventum *(Col.)* 바람을 안고. 3. **반대하여,** 거슬러, **위반하여, 대항**[반항·대적]**하여;** 대하여[대한]: ~ natúram est.*(C.)* 자연을 거스르는 것이다 / medicína ~ ebrietátem *(Plin.)* 술 깨는 약 / Summa contra gentíles *(Thomas Aquínas*의 이교도에 대한) 호교대전(護敎大全).

contracéptĭo, ónis, *f.* 피임, 피임법.

contraceptívus, a, um, *adj.* 피임(용)의.

contractátĭo = contrectátio.

contráctĭo, ónis, *f.* [cóntraho] 1. (손가락) 꼬부림[오그림]; 찌푸림; 움츠림; 뻣뻣해짐, 위축, 수축. 2. (단어·음절의) 단축, 생략. 3. (연설·문장의) 간결, 간명. 4. 《法》 (재산의) 합병. 5. 침울, 의기 소침.

contractĭúncŭla, æ, *f. dim.* [contráctio] 가벼운 우울증·침울.

contrácto = contrécto.

contráctor, óris, *m.* 계약자.

contráctus¹, a, um, *p.p., a.p.* [cóntraho] 1. 수축된, 움츠러든, 긴장된, 경직된; 찌푸린. 2. 좁혀진, 좁은, 단축된, 축소된; 간추린; 생략된. 3. 궁색한, 옹색한: contrácta paupértas *(H.)* 곤궁. 4. 검소한. 5. 체결된. 6. 저질러진.

contráctus², us, *m.* [cóntraho] 1. **수축.** 2. 《法》 **계약,** 약정: ~ matrimoniális 혼인 계약 / ~ sociális 사회 계약.

contrădíco, díxi, díctum, ĕre, *intr.* 〔*absol., dat.*〕 반대하다, 빈박하다, 항의하다.

contrădíctĭo, ónis, *f.* [contradíco] 1. 반박, 반대, 부정. 2. **모순,** 자가당착: 《論》 princípium contradictiónis 모순률.

contrădíctor, óris, *m.* 반대론자.

contrădictórĭe, *adv.* 모순되게, 정반대로.

contrādictórĭus, a, um, *adj.* 모순의: 《論》 oppositío contradictória 모순대당(矛盾對當). 「반대하다, 반대로 가다.
contráĕo, ívi, ĭtum, íre, *anom. intr.* 〔*dat.*〕
contrāfáctĭo, ónis, *f.* 유사(類似); 비교, 대
cóntrăhens, éntis, *m.(f.)* 계약 당사자. ⌊조.
cóntrăho, tráxi, tráctum, ĕre, *tr.* [cum+traho] **1. 수축시키다,** 당기게 하다, 움츠리게 하다[움츠리다], 오그리다, 접다, 찌푸리다: ~ frontem *(C., Q.)* 이맛살을 찌푸리다 / manum ~ *(Q.)* 주먹을 불끈 쥐다 / ~ vela *(C., H.)* 돛을 접다. **2.** 《醫》 수렴시키다, 굳히다, 아물게 하다; 〔*pass.*〕 **cóntrahi** *alqo* morbo 병으로 마비되다: contráctus frígore *(Plin.)* 추위에 마비된. **3.** 축소시키다, 단축시키다, 좁히다; (말을) 간단하게 하다, 간추리다, **요약하다.** **4.** 묶다, **죄다,** 졸이다, 제한하다, 제어[억제]하다: ~ ánimum *(C.)* 마음 졸이다; 침울해지다. **5.** 한데 모으다, 집결[집합]시키다, 소집하다: ~ mella *(Plin.)* 꿀을 모아 들이다. **6.** 〔*alqd* - cum *alqo*〕 (관계를)**맺다,** (계약을) **체결하다;** 매매하다, 거래하다: ~ amicítiam *(C.)* 우정을 맺다 / matrimónium ~ 결혼하다. **7.** 〔*alqd* - cum *alqo*〕 (누구와) 볼일 보다, (관계된 일을) 처리하다. **8.** 〔*alqd* - *alci*, cum *alqo*〕 불러 일으키다, 초래하다, 생기게 하다; **저지르다,** 걸머지다: ~ bellum cum *alqo (L.)* 전쟁을 벌이다 / ~ negótium *alci (C.)* 누구를 번거롭게 하다 / peccáta ~ 죄를 짓다 / æs aliénum contráctum *(C.)* 걸머진 빚. **9. 병에 걸리다;** 손해를 입다[당하다]: ~ morbum *(Plin.)* 병에 걸리다.
contrājácens, éntis, *adj.* 반대되는, 정반대의.
contrálĕgo, ĕre, *tr.* [contra+lego] 대조하여 읽다, (책의 잘못된 곳을) 교정하다.
contrāpóno, pósŭi, pósĭtum, ĕre, *tr.* **1.** 반대편에 놓다, 대치시키다, 대립시키다. **2.** 대조하다, 비교하다. 「質換位法).
contrāposítĭo, ónis, *f.* 《論》 환질환위법(換
contrāpósĭtum, i, *n.* 대우(對偶); 반대론.
contrareformátĭo, ónis, *f.* 《宗》 반종교개혁(反宗敎改革).
contrārĭétas, átis, *f.* 반대, 상반(相反).
contrárĭi, órum, *m. pl.* 반대자들, 적들.
contrárĭum, i, *n.* [contrárius] **1.** 반대 방향, 정반대: e[ex, a] contrário 반대로, 거꾸로 / in ~ 반대 방향으로, 거꾸로. **2.** 상반; 《論》 반대 대당. **3.** 《修》 대조법.
contrárĭus, a, um, *adj.* [contra] **1.** 〔*dat.*〕 **반대편의,** 맞서있는; 맞은 편의, 마주 보이는, 마주쳐 오는, 전면(前面)의: vúlnera contrária *(Ta.)* 이마에 입은 상처. **2.** 〔*dat.*, *gen.*; inter *se*; ac, atque〕 정반대의, 거꾸로의; **상반[반대]되는,** 상충하는, 어긋나는: ~ ac[atque] …와 반대되는, 어긋나는. **3.** 〔*dat.*〕 **거스르는,** 역행하는, **반대하는;** 화내는, 적의를 가진, **적대하는,** 원수된. **4.** 〔*dat.*〕 불리한, 해로운.
Contrébĭa, æ, *f.* *Celtibéri*족의 도시; 〔*adj.*〕 **-biénsis,** e; *m. pl.* *Contrébia* 주민.
contrectábĭlis, e, *adj.* 만져볼 수 있는, 감촉되는.
contrectátĭo, ónis, *f.* [contrécto] **1.** 만져봄, 어루만짐; 감촉. **2.** 《法》 (남의 물건에) 손댐; 절도 행위.
contrécto, ávi, átum, áre, *tr.*[cum+tracto] **1.** 만지다, 만지작거리다, 어루만지다, 손으로 다루다, 더듬다. **2.** 여자를 건드리다, 정조를 유린하다. **3.** 남의 물건에 손대다, 훔치다. **4.** 더듬어 살피다: ~ *alqd* óculis *(Ta.)* 주시[응시]하다. **5.** 곰곰이 생각하다, 음미하다.
contrĕmísco, trémŭi, ĕre, **1.** *intr.* 몹시 떨리다: toto córpore ~ *(C.)* 온몸이 떨리다. **2.** *tr.* 〔*alqd*〕 무서워서 벌벌 떨다, 겁내다.
cóntrĕmo, mŭi, ĕre, [cum+tremo] **1.** *intr.* 몹시 떨다, 흔들리다, 진동하다; 전율하다. **2.** *tr.* 〔*alqd*〕 무서워 떨다, 전전긍긍하다.
contrémŭlus, a, um, *adj.* 벌벌 떠는.
contrĭbŭlátĭo, ónis, *f.* 고뇌(苦惱). 「동포.
contrĭbúlis, is, *m.* [tribus] 동족, 동향인,
contríbŭlo, ávi, átum, áre, *tr.* [cum+tríbulo] 압박하다, 괴롭히다.
contríbŭo, bŭi, bútum, ĕre, *tr.* [cum+tríbuo] **1.** 〔*alqm*[*alqd*] - *dat.*, cum *abl.*; in, ad *acc.*〕 합치다, 합병하다, 편입하다, 집어넣다, 붙여주다. **2.** 할당하다, 나누어 맡기다. **3.** 분담하다, 거금(醵金)하다, 기부하다; 세금바치다. **4.** 기여하다, 공헌하다, 바치다.
contrĭbútĭo, ónis, *f.* **1.** 기부(금), 의연(금), 거금(醵金), 출자. **2.** 분담(액), 할당. **3.** 기여, 공헌. 「분담액.
contrĭbútum, i, *n.* [contríbuo] 기부(금),
contrísto, ávi, átum, áre, *tr.* [cum+tristis] **1.** 〔*alqd*〕 어둡게 하다, 침침[음울]하게 하다. **2.** 〔*alqm*〕 **슬프게 하다,** 마음 아프게 하다, 울적하게 하다.
contrítĭo, ónis, *f.* [cóntero] **1.** 부서뜨림, 분쇄. **2. 뉘우침,** 회한; **통회**(痛悔): ~ perfécta 완전한 통회.
contrítus, a, um, *p.p.*, *a.p.* [cóntero] **1.** 부서진, 으서진. **2.** 진부한; 닳아 빠진. **3.** 뉘우치는 (마음).
contrōvérsĭa, æ, *f.* [controvérsus] **1.** 역행(逆行). **2.** 분쟁, 싸움, 투쟁. **3.** 민사소송, 쟁의. **4.** 토론, 이론(異論); **논쟁.**
contrōversĭális, e, *adj.* 논쟁의, 토론의.
contrōversíŏla, æ, *f.* 자그마한 논쟁.
contrōversĭósus, a,um, *adj.* [controvérsia] 논쟁의 여지가 많은.

controvérsor, átus sum, ári, *dep. intr.* [contra+versor] 토론하다, 논쟁하다.
contrōvérsus, a, um, *adj.* **1.** 반대되는, 대립되는. **2.** 논쟁의, 논쟁중인, 토론중인; 모호한.
controvórsĭa = controvérsia.
contrŭcído, ávi, átum, áre, *tr.* [cum+trucído] **1.** (사냥꾼·백정이 쓰러진 짐승을) 토막내다, 난도질하다. **2.** (사람을) 살해하다, 학살하다. **3.** 망쳐놓다.
contrúdo, úsi, úsum, ĕre, *tr.* [cum+trudo] 밀쳐넣다, 떼밀어 넣다; 밀려가게 하다.
contrúnco, ávi, átum, áre, *tr.* [cum+trunco] **1.** 베어 들어가다, 자르다, 썰다. **2.** 목을 자르다, 죽이다.
contŭbernális, is, *m. f.* [cum+tabérna] **1.** (합숙하는)동료, 전우. **2.** (군사교육을 받기 위한) 장군의 측근 견습생; *f. pl.* præclárae ~, *Antónius* 황제 천막에서 지내던 창녀들. **3.** 동료관리(官吏). **4.** 동거자. **5.** 노예의 배우자(남편·아내).
contŭbérnĭum, i, *n.* [cum+tabérna] **1.** 《軍》 10인조 합숙. **2.** 귀족 청년들의 (장군 밑에서의) 견습생활. **3.** 공동[동거] 생활. **4.** 노예들의 결혼, 야합. **5.** 동서생활. **6.** 교제, 친교. **7.** 공동천막; 공동주거. **8.** 노예 숙소. **9.** 수펄집(雄蜂巢).
contúĕor, túĭtus sum, éri, *dep. tr.* [cum+túeor] **1.** 자세히 보다, 살펴보다; 지켜보다. **2.** 헤아려 생각하다, 음미하다. **3.** 보호하다, 지키다. 「시. **2.** 견지, 입장.
contuítus, us, *m.* [contúeor] **1.** 바라봄, 주
cóntŭli, *pf.* [cónfero].
contŭmácĭa, æ, *f.* [cóntumax] **1.** 고집, 완고; 완강, 확고함. **2.** 오만, 불손. **3.** 《法》 법정 출두 거부; 명령 항거: cádere in ~ 법정 소환에 응하지 않다.
cóntŭmax, ácis, *adj.* [cum+temno] **1.** 완고한, 고집센; 완강한. **2.** 권위[명령]에 복종[응]하지 않는. **3.** 오만불손한.
contŭmélĭa, æ, *f.* **1.** 학대, 폭행. **2.** 모욕, 능욕, 면박, 무례한 언동. **3.** 타격, 공격.
contumēlĭósus, a, um, *adj.* [contumélia] 모욕적인, 욕되게 하는, 무례한; 오만불손한.
contúmŭlo, áre, *tr.* [cum+túmulo] **1.** 쌓아 올리다, 무더기로 쌓다. **2.** (봉분을 만들어) 파묻다, 매장하다.
contúndo, tŭdi, tú(n)sum, ĕre, *tr.* [cum+tundo] **1.** 후려치다, 때려 부수다, 격파하다; 타박상을 입히다. **2.** 분쇄하다, 짓이기다, 으깨다, 뭉개놓다, 찌그러뜨리다. **3.** 뿌리 뽑다, 무력하게 하다, 좌절시키다; 짓누르다, 진압하다. **4.** 괴롭히다, 시달리게 하다.
conturbátĭo, ónis, *f.* [contúrbo] **1.** 혼란, 난맥상. **2.** 당혹, 당황함. 「진하는 자.
conturbátor, óris, *m.* 혼란케 하는 자; 탕
conturbátus, a, um, *p.p., a.p.* [contúrbo] 어지러워진, 혼란된, 질서잃은; 마음이 산란해진, 당황한: óculus ~ (*C.*) 난시(亂視); 뿌옇게 보이는 눈.
contúrbo, ávi, átum, áre, *tr.* [cum+turbo] **1.** 혼란에 빠뜨리다, 흐트러뜨리다, 어지럽히다, 뒤섞어 놓다. **2.** 격정시키다, 마음을 산란케 하다; 당황케 하다. **3.** ~, ~ratiónes [ratiónem] 파산하다; 〔*alci*〕 파산시키다, 아무의 계획을 망쳐놓다.
conturmális, is, *m.* 기병대의 동료.
contúrmo, áre, *tr.* [cum+turma] 기병대에 편입시키다. 「죽창; 줄 달린 창. **3.** 삿대.
contus, i, *m.* **1.** 막대기, 장대. **2.** 긴 창,
contúsĭo, ónis, *f.* [contúndo] **1.** 짓이김. **2.** 타박상. 「절상] 입은 신체 부분.
contúsum, i, *n.* (*sc.* membrum) 타박상[골
contútor[1], átus sum, ári, *dep. tr.* 보호하다; 숨겨서 살리다.
contútor[2], óris, *m.* 공동 후견인.
conub... *V.* connub... 「**3.** 잣송이, 솔방울.
cōnus, i, *m.* **1.** 원추형. **2.** 투구 꼭대기.
convádor, átus sum, ári, *dep. tr.* 법정으로 소환하다.
convălescéntĭa, æ, *f.* 건강회복; 회복기.
convălésco, válŭi, ĕre, *intr.* [cum+váleo] **1.** 힘을 얻다, 강해지다; 힘차게[무럭무럭] 자라다. **2.** 건강을 회복하다, 회복되어 가다, 추서다, 쾌차하다. **3.** 세력을 뻗치다, 확대되다, 왕성해 지다, 거세어 지다, 완강히 뿌리박다.
convălĭdátĭo, ónis, *f.* [conválido] 유효화(有效化): ~ matrimónii 결혼의 유효화.
conválĭdo, ávi, átum, áre, *tr.* 유효한 것으로 인정하다.
convallátĭo, ónis, *f.* 방책(防柵).
convállis, is, *f.* **1.** 사방이 산으로 둘러막힌 분지. **2.** 계곡의 평원; 골짜기.
convállo, ávi, átum, áre, *tr.* [cum+vallum] 방책으로 둘러막다.
convárĭo, áre, [cum+várius] **1.** *tr.* 여러가지 무늬·반점으로 채색하다. **2.** *intr.* 다채롭다, 여러가지 있다. 「싸다, 꾸리다.
conváso, ávi, átum, áre, *tr.* [cum+vas] (짐)
convéctĭo, ónis, *f.* [cónveho] 운반, 운송.
convécto, áre, *tr. freq.* [cónveho] 운반하다, 나르다.
convéctor, óris, *m.* [cónveho] **1.** 운반 담당자. **2.** (흔히 배에) 동승(同乘)한 사람.
cónvĕho, véxi, véctum, ĕre, *tr.* [cum+veho] **1.** 함께 싣다; 실어 나르다. **2.** 농산물을 실어다 창고에 쟁이다.
convéllo, vélli, vúlsum[vól-], ĕre, *tr.* [cum+vello] **1.** 뽑다, 잡아빼다; 뽑아 옮기다, 철거하다, 걷어 치우다. **2.** 퉁겨지게 하

다; 〔*pass.*〕 삐다. **3.** 약화시키다, 흔들리게 하다, 멸어뜨리다, 무너[쓰러]뜨리다; 앗아가다; 때리다, 타격주다, 혼란시키다; 바꿔놓다, 폐기하다.

convélo, ávi, átum, áre, *tr.* [cum+velo] 가리다, 덮다; 은폐하다.

cónvĕna, æ, *m. f. adj.* [convénio] 모여드는, 모인: aquæ cónvenæ 합류된 물.

cónvĕnæ, árum, *m. pl.* 타지방에서 모여든 사람, 나그네, 외국인.

convénĭens, éntis, *p.præs., a.p.* [convénio] **1.** 〔*absol.; dat.;* ad *acc.;* cum *abl.;* in *acc., abl.;* inter *se*〕 잘맞는, 어울리는, 적합한; 조화되는, 일치하는; 마땅한, 타당한. **2.** 화목하는.

convĕnĭéntĭa, æ, *f.* [convéniens] **1.** 한데 모여옴, 모임. **2.** 일치, 조화, 화합; 질서정연함. **3.** 《文法》 (성·수·격·인칭의) 일치.

convénĭo, véni, véntum, íre, [cum+vénio] **I.** *intr.* **1.** 〔*absol.;* in *alqm* locum; ad *alqm;* ad, in *alqd*〕 **같이 오다, 만나다,** 모이다, **모여들다:** ~ in unum 한 곳으로 모이다. **2.** 시집가다: ~ in manum (*Roma* 풍습대로) 시집가다 / ~ in matrimónium (정실 부인으로) 시집가다. **3.** 교접하다. **4.** 관할 법정이 있는 특정 도시에 회동하다. **5.** 한 곳에서 합쳐지다, 마주치다; 동시에 발생하다, 닥치다. **6.** 〔*absol.;* in, ad *acc.;* cum *abl.; dat.*〕 **잘 맞다,** 꼭 들어 맞다; **일치하다,** 부합하다, 맞아 떨어지다; **적합하다,** 어울리다, 조화되다: Convéniunt utriúsque verba.*(Pl.)* 두 사람의 말이 일치한다 / ad pedem apte ~ *(C.)* 발에 꼭 맞다 / cum re ~ *(C.)* 사실과 맞아 떨어지다. **7.** *impers.* 〔*acc. c. inf.; inf.;* 드물게 ut〕 어울리다, **합당하다,** …해도 되다: Haud cónvenit unā ire cum amícā imperatórem in viam.*(T.)* 황제가 여자 친구와 함께 한길로 나가는 것은 전혀 합당치 않다. **8.** 〔*alci* - cum *alqo;* inter *alqos*〕 성립되다, **이루어지다;** 인정되다, **타결되다, 합의되다;** 약속되어 있다: Pax convénit.*(L.)* 평화가 (합의되어) 이루어졌다 / Cum his mihi nec locus convénit.*(Pl.)* 나는 이들과 장소에 대해서도 합의를 보지 못했다 / Judex, qui inter adversários convénit. 양편에서 다 인정한 재판관. **9.** *impers.* 〔*alci,* cum *alqo,* inter *alqos;* ut; *subj.; acc. c. inf.,* de *abl.*〕 전원일치로 합의되다, (…사이에) **합의가 이루어지다, 뜻이 맞다,** 마음이 합쳐지다, 화해되다: Primo bene conveniébat inter eas, *(T.)* 그 여자들이 처음에는 뜻이 잘 맞더니 / Mihi cum *alqo* convénit, ut*(C.)* 나는 아무와 …하기로 합의했다. **II.** *tr.* **1.** 〔*alqm*〕 찾아가다, 만나러 가다, **만나다. 2.** 법정으로 불러내다, 누구를 걸어 소송하다; …에 대하여 판결을 내리다, 심판하다.

conventícĭus, a, um, *adj.* [convénio] 찾아오는, 모여드는; *n.* (*sc.* æs) 회의 출석 보수[수당]. 「은 모임, 집회. **2.** 회합장소.

conventícŭlum, i, *n.* [convéntus²] **1.** 작

convéntĭo, ónis, *f.* [convénio] **1.** 모임, 집합, 집회. **2.** 만남, (볼일 보러) 찾아감, 방문. **3.** 법정으로의 소환. **4.** 약속, **계약, 약정,** 약조: tácita ~ *(Plin.)* 묵계.

conventĭōnális, e, *adj.* [convéntio] 합의상의, 계약상의.

conventuális, e, *adj.* [convéntus²] **1.** 공동의, 모여서 하는. **2.** 수도회[수녀회]의.

convéntum, i, *n.* 계약, 약정, 약조, 협정.

convéntus¹, a, um, *p.p., a.p.* [convénio] **1.** 모인, 만난. **2.** 고발되어 소환된; *m.* 피고.

convéntus², us, *m.* **1.** 모임, 회합, 집회. **2.** 마주침, 엉겨붙음. **3.** 연방 법정, 재판 심의회의: inchoáre convéntum*(Plin.)* 개정(開廷)하다. **4.** 주(州)에 거주하는 *Roma* 시민의 지방의회; 지방 순회 재판(소). **5. 협정, 계약,** 약정: ex convéntu 협정에 의해서. **6.** 《가》 수도회, (특히) 수녀회; 수녀원. 「다, 단장하다.

convĕnústo, áre, *tr.* [cum+venústo] 꾸미

convérbĕro, ávi, átum, áre, *tr.* [cum+vérbero] 채찍질하다, 매질하다, 치다, 두들기다.

convérgo, ĕre, *intr.* 모여들다, 집중하다.

convérro, vérri, vérsum, ĕre, *tr.* [cum+verro] **1.** (방 따위를) 말끔히 쓸다, 청소하다. **2.** 쓸어 모으다, 쓸어내다. **3.** 〔*alqm*〕 때려 내쫓다. **4.** 〔*alqd*〕 얻다, 벌다, 긁어 모으다, 휩쓸어 오다.

convérsa, æ, *f.* [convérsus²] 개종한 여자.

conversátĭo, ónis, *f.* [convérsor] **1.** 뒤적거림, 손때묻힘[묻음]. **2.** 틀어 박힘, 체재. **3. 사귐, 교제,** 친교, 사교. **4.** 이야기 나눔, 대화, 회화. **5.** 생활양식[태도·자세].

convérsĭo, ónis, *f.* [convérto] **1.** 회전, 순환, 방향전환. **2.** 회귀(回歸), 주기적 운행. **3.** 변화, 변혁; 변질. **4.** 귀의(歸依), 개종(改宗); 개심, (윤리적인) 생활개선. **5.** 《修》 (문장 끝 부분에서) 같은 말의 반복. **6.** 《論》 환위법: ~ per áccidens 한량환위(限量換位), 제한환위 / ~ per contrapositiónem 환질환위(換質換位).

convérso, áre, *tr.* [convérto] 돌리다; 〔*refl.*〕 **se** ~ 회전하다.

convérsor, átus sum, ári, *dep. intr.* [convérso] **1.** 〔in *abl.,* inter *acc.,* cum *abl., dat.*〕 …에 살다, 거처하다, 지내다, 있다; 함께 지내다[살다]. **2.** 〔cum *alqo, dat.*〕 사귀다, 교제하다, 왕래하다; 수작하다, 서로

이야기 하다.
convérsum, i, *n.* 1. 역(逆), 거꾸로 되는 관계, 반대. 2. 이면(裏面). 「convérro].
convérsus[1], a, um, *p.p.*, *a.p.* [convérto,
convérsus[2], i, *m.* [convérto] 1. 개종자(改宗者). 2. (수도원의) 평수사(平修士).
convertibĭlis, e, *adj.* 1. 변환[전환]될 수 있는; 변할[바뀔] 수 있는. 2. 《論》 환위할 수 있는.
convertibílĭtas, átis, *f.* 1. 변환[전환] 가능성. 2. 《論》 환위 가능성.
convérto, vérti, vérsum, ĕre, [cum+verto] I. *tr.* 1. 〔*alqm[alqd]* - ad, in *acc.*〕 **돌리다,** 돌아서게 하다, 돌려 놓다, **방향을 전환시키다;** (앞뒤·아래위 따위를) 바꿔 놓다, 뒤집어 놓다: ~ gressus *(Sil.)* 되돌아 가다 / ~ iter in exílium *(C.)* 유배지로 가다 / ~ *alqd* in rem suam 착복[횡령]하다 / 〔*refl.*〕 **se** ~ 돌아가다; 도망하다, 퇴각하다. 2. 선회시키다, 회전시키다: circum axem se ~ *(C.)* 자전하다. 3. ~ **se** in[ad] *alqm* 누구에게 의지하다, 희망을 걸다, 누구 편에 붙다. 4. (마음·정신·주의력·노력 따위를) 기울이다, 쓰다, 돌리다; 무엇에 빠지다, 멜어지다; 따르다: ánimum ~, se~, convérti in[ad] *alqd* 무엇에 정신[마음]을 쓰다, 기울이다 / ad *alqd* curam ~ *(L.)* 무엇을 염려하다 / ~ se ad *alcjs* voluntátem *(C.)* 누구의 뜻을 따르다. 5. (다른 사람으로 하여금 마음·정신 따위를) 쓰게[기울이게·돌리게] 하다, 빠지게[멜어지게] 하다, 따르게 하다: ánimum *alcjs* ~, *alqm* ~ ad[in] *alqd* 누구를 무엇에 마음쓰게 하다. 6. 〔*alqm,* óculos, ora *etc.* - ad, in *se*〕 주목을 끌다, 감탄시키다, 향하게 하다. 7. 〔*alqm[alqd]* - in, ad *acc.*〕 (모양·성질·상태·조건 따위를) **온전히 바꿔놓다,** 변화시키다, 변혁하다; 전향시키다, 개종시키다, **개심케하다;** 〔*pass. refl.*〕 **convérti, se** ~ 변하다; 개종하다, 개심하다. 8. 번역하다, 통역하다: ~ librum e Græco in Latínum *(C.)* 책을 희랍어에서 라틴어로 번역하다.
II. *intr.* 1. 돌아 서다, 돌아 가다[오다], 전향하다. 2. 〔in *acc.*〕 …로 변하다, 바뀌다. 「[cum+vescor] 식사를 같이 하다.
convéscor, *(ĕris, ĭtur),* vésci, *dep. intr.*
convéstĭo, ívi, ítum, íre, *tr.* [cum+véstio] 1. (누구를) 옷입히다, 옷을 입다. 2. 장식하다, 두르다, 싸다.
convéxĭo, ónis, *f.* 가운데가 볼록함, 볼록한 융기(隆起), 불거짐, 도드라짐.
convéxĭtas, átis, *f.* [convéxus] 철면(凸面), 둥근 융기; 반원형의 바깥쪽.
convéxo, ávi, átum, áre, *tr.* [cum+vexo] 괴롭히다, 압박하다.
convéxus, a, um, *adj.* [cónveho] 1. 궁륭형의, 둥근, 볼록한 모양의; *n.* 둥근 천장; 궁륭. 2. 경사진, 내리받이의; 험난한.
convĭátor, óris, *m.* 동행자.
convíbro, ávi, átum, áre, *intr., tr.* [cum+vibro] 떨다, 진동하다; 진동시키다.
convīcánus, i, *m.* 같은 동네 사람, 동향인.
convĭcĭátor, óris, *m.* [convícior] 비방자, 헐뜯는 사람.
convícĭor, átus sum, ári, *dep. intr.* [convícium] 〔*absol.; dat.*〕 비방하다, 헐뜯다; 나무라다; 〔*p.p. pass.*〕 conviciátus 함께 욕얻어먹은.
convícĭum, i, *n.* [cum+vox] 1. 소음, 시끄러운 소리, 떠들썩함, 아우성. 2. 반대함성, 비난의 아우성. 3. 말다툼, 언쟁. 4. 조롱, 비방, 욕설. 5. 책망, 비난.
convíctĭo[1], ónis, *f.* [convínco] 1. 확고한 증명. 2. 《法》 유죄판결. 3. 설득, 납득; 확신. 「교, 교우(交友).
convíctĭo[2], ónis, *f.* [convívo] 함께 지냄, 친
convíctor, óris, *m.* [convívo] 동거인; 친숙하게 지내는 사람, 친구.
convíctus, us, *m.* [convívo] 1. 공동생활, 동거; 유대, 친교. 2. 공동 식사; 연회, 잔치.
convínco, víci, víctum, ĕre, *tr.* [cum+vinco] 1. 〔*alqm* - *gen., abl.,* de, in *abl.; acc. c. inf.*〕 두 말 못하게 증명하다, 인정치 않을 수 없게 하다, 승복시키다, …의 **유죄를 증명하다; 유죄로 판결하다:** ~*alqm* erróris 아무에게 오류가 있음을 증명하다 / consciéntiā convíctus *(C.)* 양심의 가책에 못이겨. 2. 〔*alqd, acc. c. inf.*〕 증명하다, 확증하다. 3. 〔*alqm* - de *abl.*〕 (잘못 따위를) 깨닫게 하다, **납득시키다;** 확신하게 하다.
convínctĭo, ónis, *f.* [con+víncio] 연결.
convĭrésco, ĕre, *intr.* 푸르러지다.
convíso, ĕre, *tr.* 1. 관찰하다, 둘러 보다. 「2. 비추다.
convítĭum = convícium.
convíva, æ, *m.f.* [convívo] 회식자, 잔치손님. 「의, 잔치의.
convīvális, e, *adj.* [convíva] 회식의, 연회
convivátor, óris, *m.* [convívor] 연회 주최자, 잔치베푸는 사람.
convīvĭális, e, *adj.* = conviválīs. 「주다.
convīvífico, ávi, átum, áre, *tr.* 함께 살려
convívĭum, i, *n.* [cum+vivo] 1. 회식, 연회, 잔치: convívio digna *(n. pl.)* 연석에서 자유로이 하는 말[연설]. 2. 회식자들, 연회손님들. 3. (협동)조합.
convívo, víxi, víctum, ĕre, *intr.* [cum+vivo] 1. 〔*dat.,* cum *alqo*〕 같이 살다, 공존하다; 같은 시대에 살다. 2. 〔cum *alqo*〕 회식하다, 잔치를 벌이다.
convívor, átus sum, ári, *dep. intr.* [convíva] 회식하다, 잔치하다, 연회를 베풀다.
convŏcatĭo, ónis, *f.* [cónvoco] 1. **소집,** 집회; 회의. 2. 초청, 초대.

cónvŏco, ávi, átum, áre, *tr.* [cum+voco] 함께 부르다, 초청[초대]하다; 불러 모으다, (회의 따위를) 소집하다.

cónvŏlo, ávi, átum, áre, *intr.* [cum+volo[1]] 급히 모이다; 뛰어 들다.

convŏlútor, átus sum, ári, *dep. intr.* 굴러다니다, 떠돌아 다니다.

convólvo, vólvi, volútum, ĕre, *tr.* [cum+volvo] **1.** 감다, 휘감다, 둘둘[똘똘] 말다, 휘말다; 사리다; 〔*pass.*〕 감기다, 휘말리다. **2.** 돌리다, 굴리다; 〔*refl.*〕 **se ~** 돌다, 회전하다. **3.** 싸다, 감싸다; 뒤덮다.

convolvŭlácĕæ, árum, *f.pl.* 《植》 메꽃과.

convólvŭlus, i, *m.* [convólvo] **1.** 《植》 메꽃. **2.** 포도 갉아먹는 애벌레.

cónvŏmo, ĕre, *tr.* [cum+vomo] 토해 버리다, 게우다, 내뱉다.

cónvŏro, áre, *tr.* [cum+voro] 삼키다, 뜯어먹다.

convórto, ti, vórsum, ĕre, *tr.* 《古》 = convérto.

convúlnĕro, ávi, átum, áre, *tr.* [cum+vúlnero] 중상 입히다, 심한 상처를 내다; 파열시키다.

convúlsĭo, ónis, *f.* [convéllo] **1.** 잡아 뽑음. **2.** 격동, 진동; 소동. **3.** 《醫》 경련.

cŏŏpĕrátĭo, ónis, *f.* [coóperor] 협력, 협동, 협조; 방조: ~ ad peccátum 범죄 방조.

cŏŏpĕrātívus, a, um, *adj.* 협력적인, 협동[협조]하는.

cŏŏpĕrátor, óris, *m.* **1.** 협력자, 협조자, 조력자, 협동자, 방조자. **2.** 《가》 보좌신부.

cŏŏpĕrātórĭus, a, um, *adj.* 협력[협조·협동]하는, 방조하는.

cŏŏpĕrátrix, ícis, *f.* 여성 협조자.

cŏŏpércŭlum, i, *n.* 덮개, 뚜껑.

cŏŏperĭméntum, i, *n.* 마스크; 탈.

cŏŏpérĭo, rŭi, pértum, íre, *tr.* [cum+opério] 덮다, 온통 뒤덮다, 가리다, 싸다, 파묻히게 하다: ~ *alqm* lapídibus *(C.)* 돌로 쳐죽이다.

cŏŏpĕror, átus sum, ári, *dep. intr.* [cum+óperor] 〔*dat.*〕 함께 일하다, 협력[협조·협동]하다, 도와 주다.

cŏŏpertórĭum, i, *n.* 피복(被服).

cŏŏpĭfex, fĭcis, *m.* 동료 노동자·직공.

cŏoptátĭo, ónis, *f.* [coópto] **1.** 단체에 가입시킴, 입회(入會); 입양(入養). **2.** 보결선거, 정원보충.

cŏópto, ávi, átum, áre, *tr.* [cum+opto] 단체에 가입시키다, 동료로 받아들이다, 새 회원을 뽑다, 보결로 뽑다.

cŏordĭnátĭo, ónis, *f.* **1.** 동등한 위치에 놓음, 동격화, 동렬(同列) 배치, 대등관계. **2.** 정돈, 조정; 공동작용; 정합(整合).

cŏórĭor, *(rĕris, rĭtur)*, órtus sum, oríri, *intr.* [cum+órior] **1.** 동시에 생기다, (사건·자연현상 따위가) 발생하다, 나다, 일다, 일어나다: Risus coórtus est.*(N.)* 웃음이 동시에 터져 나왔다. **2.** 〔*absol.*; ad, in, advérsus *acc.*〕 들고 일어나다, 싸움을 일으키다.

Cŏos, i, *f.* = Cos.

cōpa, æ, *f.* [copo] 접대부, 작부; 술집 여주인.

cŏpádĭa, órum, *n. pl.* 다진 육류 요리.

Cōpæ, árum, *f. pl.* *Bœótia*의 도시.

Copáis, ĭdis, *f.* *Copæ* 도시 근처의 큰 호수 (뱀장어로 유명).

copépŏda, órum, *n.pl.* 《動》 요각류(橈脚類).

cóphĭnus, i, *m.* 바구니, 채롱.

cópĭa[1], æ, *f.* [cum+ops] **1.** 〔*gen.*〕 풍부, 풍성, **많음**, **다량**, 충분함, 풍족: frugum ~ *(C.)* 풍성한 농작물. **2.** 〔흔히 *pl.*〕 **재산**, 가산; 자력(資力). **3.** 〔흔히 *pl.*〕 **식량**, 생활필수품; 군량. **4.** 〔*gen.*〕 말의 풍부한 내용[표현], 다채로운 어휘; 언변, 구변. **5.** 〔*gen. pl.*〕 군중, 무리, 떼, **다수**: ~ latrónum *(Sall.)* 강도떼. **6.** 〔흔히 *pl.*〕 군대, 부대, **무장한 병력**: cum omni ~ *(C.)*, cum ómnibus cópiis *(Cæs.)* 모든 군대를 거느리고. **7.** 〔*gen.*, *inf.*, ut〕 능력, 정도, 형편; 계제, 기회, 겨를; 자유, 허가: ~ faciéndi 할 능력 / somni ~ *(L.)* 잠잘 겨를 / est mihi cópia [cópiam hábeo] 나는 (무엇을)할 수 있다 / fácere[dare] *alci* cópiam 누구에게 무엇을 할 수 있는 자유를[능력을] 부여하다.

Cópĭa[2], æ, *f.* 풍요의 여신.

cōpĭárĭus, i, *m.* 필수품 조달자, 공급자.

cŏpĭáta[-es], æ, *m.* 시체 매장인, 산역 인부.

copíŏlæ, árum, *f.pl. dim.* [cópia] 소부대, 파견대.

cōpĭósus, a, um, *adj.* [cópia] **1.** 〔*absol.*; *abl.*, ab *abl.*, *gen.*〕 **풍부[풍성]한**, **많은**, **다량의**, 듬뿍한; 방대한. **2.** 부유한, 재산 많은. **3.** 말 잘하는, 능변[달변]의. **4.** (말의) **내용 풍부한**, 도도(滔滔)한; 상세한, 장황한. **5.** 재질[재능]이 뛰어난.

cŏpis, ĭdis, *f.* (낫 비슷하게 생긴) *Pérsia*의 단검(短劍).

cōpo, cōpóna = caupo, caupóna.

Cōpónĭus, i, *m.* *Roma*인의 가문명; 〔*adj.*〕 **-nĭánus,** a, um.

cóprĕa, æ, *m.* 광대, 희극배우.

copta, æ, *f.* 딱딱한 과자.

cópŭla, æ, *f.* [cum+ápio] **1.** 끈, 밧줄. **2.** 연결, 결합; 유대. **3.** 성교, 교접; 교미. **4.** 《文法·論》 연계사, 계사.

cōpŭláte, *adv.* (단어를) 복합시켜; 연결시켜.

cōpŭlátĭo, ónis, *f.* [cópulo] **1.** 연결, 결합; 단어의 복합. **2.** 교회에서의 결혼식.

cōpŭlātívus, a, um, *adj.* 연결시키는; 결합시키는, 복합시키는: 《文法》 conjúnctio copulatíva (et, ac 따위의) 연계 접속사.

cópŭlo, ávi, átum, áre, *tr.* [cópula] 〔*alqd*

[alqm] - dat., cum abl., inter se] 1. 붙들어 매다, 묶다. 2. 붙여 놓다, 연결[직결] 시키다, 이어지게 하다, 결합시키다, 공고히 하다: ~ sermónem cum alqo(Pl.) 누구와 이야기하다 / ~ societátem cum alqo (Plin.) 누구와 돈독히 교제하다. 3. 결혼시키다, 결혼식을 올리다: copuláti matrimónio 기혼자들. 4. 단어를 복합하다; 준말로 만들다.

cŏqua, æ, *f.* [coquus] 식모, 가정부, 여자 요리사.

cŏquíbĭlis, e, *adj.* [coquo] 쉽게 익는, 잘 삶아지는, 잘 무르는: 2. 요리법.

cŏquína, æ, *f.* [coquínus] 1. 부엌, 주방.

cŏquīnáris, e, *adj.* 부엌의, 주방용의; 요리의.

cŏquīnárĭus, a, um = coquináris.

cŏquíno, ávi, átum, áre, [coquus] 1. *intr.* 요리를 만들다. 2. *tr.* 익히다, 삶다, 끓이다, 요리하다.

cŏquínus, a, um, *adj.* [coquus] 주방의, 요리 만드는.

cóquĭto, ávi, átum, áre, *tr.* (= cóctito) 되삶다, 푹익히다.

cŏquo, coxi, coctum, ĕre, *tr.* 1. 끓이다, 삶다, 익히다, 굽다, 튀기다, 지지다, 볶다; 요리 만들다. 2. 불로 처리하다; (광물을) 녹이다, (숯·벽돌·그릇 따위를) 굽다: later coctus (구운) 벽돌. 3. (햇볕·온도·바람 따위가 과일·술 따위를) 익게 하다. 4. (풀·흙덩이 따위를) 말라 버리게 하다, 태우다. 5. 그슬리다, 그을게 하다. 6. (소화기관이 음식물을) 소화되게 하다. 7. 깊이 생각하다, 궁리하다, 계획하다, 획책하다; (감정 따위를) 무르익게 하다, 고비에 이르게 하다: ~ invídiam 질투심을 기르다. 8. 애태우다, 못살게 굴다, 시달리게 하다, 괴롭히다, 불안케 하다.

cŏquus, i, *m.* [coquo] 요리사, 쿡.

cor, cordis, *n.* 1. 심장, 염통. 2. 마음, 감정의 중추; 정, 애정, 정성; 관심, 명심: corde 진정[진심]으로 / cordi est (alci) (누구의) 마음에 걸린다, 마음이 쓰인다, 관심사가 된다 / Virgínibus cordi forma sua est. (Ov.) 처녀들은 자기들의 용모에 큰 관심을 둔다 / cordi habére 명심하다, 간직하다, 기억하다. 3. 의지, 용기: Mihi cordi est,... 나는 …작정[생각]이다. 4. 지혜, 현명, 총명, 통찰, 이해(력), 분별(력); 재능, 조예(造詣). 5. *pl.* 인물, 사람. 6. 위(胃)의 분문.

Cŏra, æ, *f.* *Látium* 중부에 있던 *Volsci*족의 도시 (지금의 *Cori*); [*adj.*] **-ánus,** a, um.

corácĭæ, árum, *f.pl.* 《動》 불법승류(佛法僧類).

coraciifórmes, ĭum, *m.* *f.pl.* 《動》 불법승류의 (조류).

corácĭno, áre, *intr.* 까마귀가 울다.

corácĭnus, a, um, *adj.* 까마귀의; 까만.

Corálli, órum, *m.pl.* *Mœsia* 지역의 한 종족.

corállĭnus, a, um, *adj.* 산호같은, 산호처럼 붉은.

corál(l)ĭum, i, *n.* 《動》 (붉은) 산호.

corállum[-us], i, *n.[m.]* = corállium.

cōram[1], *adv.* [co+os, oris] 1. 앞에서, 마주 보고, 눈 앞에(서), 본인 앞에서 직접, 본인이 직접. 2. 대중 앞에서, 드러나게, 공공연하게.

cōram[2], *præp.* *c. abl.* 앞에(서), 면전에서, (누가) 있는 데서; 마주 보고.

cŏrax[1], ăcis, *m.* 《動》 까마귀.

Cŏrax[2], ăcis, *m.* *Syracúsæ* 출생의 수사학자·정치가, *Tísias*의 스승(c. 467 A.C.).

corban, *indecl.* 《헤브라이어》 예물, 선물.

corbánum, i, *n.* 돈상자.

Córbĭo, ónis, *f.* *Roma* 동남쪽에 있던 *Æqui*족의 도시.

corbis, is, *m.* *f.* 큰 광주리.

córbĭta, æ, *f.* [corbis] 화물선, 운반선.

córbŏna, æ, *f.* [corban] 헌금함[궤].

córbŭla, æ, *f.* 바구니, 작은 광주리.

Córbŭlo, ónis, *m.* *Cláudius* 및 *Nero* 황제 시대의 장군.

corcŏdílus, i, *m.* = crocodílus.

córcŭlum, i, *n.* *dim.*[cor] 1. 조그만 심장; 가냘픈 마음. 2. 사랑, 애인. 3. 영리한 사람.

córcŭlus, a, um, *adj.* 현명한, 영리한, 똑똑한.

Corcýra, æ, *f.* *Iónia* 바다의 섬 (지금의 *Corfu*); [*adj.*] **-ræus,** a, um.

corda = chorda.

cordátus, a, um, *adj.* [cor] 현명한, 영리한; 신중한.

cordax, ácis, *m.* 난잡한 춤.

cordĭális, e, *adj.* 마음으로부터의, 진심에서 우러나는, 정성들인.

cordícĭtus, *adv.* 마음 속에.

cordólĭum, i, *n.* 심장통(心臟痛); 심통, 마음의 아픔.

Córdŭba, æ, *f.* *Hispánia*의 *Bætis* 강변 도시 (지금의 *Cordova*); [*adj.*] **-bénsis,** e; *m.* *Córduba* 사람.

Cordŭéna, æ, *f.* *Arménia*의 한 지방; **-éni,** órum, *m.pl.* *Corduéna* 주민들.

Coréa, æ, *f.* 한국, 조선.

Corēánus, a, um, *adj.* 1. 한국의, 한국적, 조선의: Respúblĭca Coreána 대한민국. 2. *m.f.* 한국인, 조선사람.

coreópsis, is, *f.* 《植》 금계국(金雞菊).

Corfínĭum, i, *n.* *Pælígni* 족의 주요 도시; [*adj.*] **-niénsis,** e; *m.* *Corfínium* 사람.

Córĭa, æ, *f.* *Arcádia*의 *Minérva* 여신의 별명.

corĭácĕus, a, um, *adj.* 가죽으로 만든.

cŏrĭándrum, i, *n.* 《植》 (미나리과의) 고수.

cŏrĭárĭus, a, um, *adj.* [córium] 1. 가죽의. 2. *m.* 무두장이, 가죽 제조인.

córĭcus = cōrycus.

corígĭa = corrígia.

Corínna, æ, *f.* 희랍의 *Tanágra*의 여류시인 (c. 480 A.C.).

Corínthĭa, órum, *n. pl.* (sc. vasa) *Corínthus*에서 생산된 (금·은·동)합금 기구.

Corinthiárĭus, i, *m.* **1.** *Corínthia* 제조업자. **2.** *Corínthia* 애호가; 그 관리인.

Corínthus, i, *f.* *Corínthus* 지협(地峽)에 있는 희랍의 유명한 옛 도시 (상업·예술·환락으로 유명하였음); 〔*adj.*〕 **-thíăcus,** a, um; **-thĭénsis,** e; **-thĭus,** a, um; *m.* **-thĭus,** *Corínthus* 사람.

Cŏrĭŏlánus, i, *m.* *Coríoli* 도시를 점령한 *Cajus Március*의 별명.

Coríŏli, órum, *m.pl.* *Látium* 지방에 있던 *Volsci* 인들의 수도.

Coriosolítes, um, *m.pl.* *Aremórica (Bretagne)* 북해안의 *Gállia* 종족.

córĭum, i, *n.* **1.** (짐승의) 가죽; 매맞는 사람의 살가죽 특히 등: concídere *alci* ~ *(Pl.)* 누구의 등을 채찍으로 때리다. **2.** 가죽갑옷. **3.** 가죽채찍. **4.** 《解》 진피(眞皮). **5.** 나무 껍질; 밤 따위 열매의 껍데기. **6.** 단단한[딱딱한] 물건의 표면.

cormus, i, *m.* 《植》 경엽체(莖葉體), 구경(球莖).

cornácĕæ, árum, *f. pl.* 《植》 층층나무과.

córnĕa, æ, *f.* 《解》 각막(角膜).

cornéĭtis, tĭdis, *f.* 《醫》 각막염(角膜炎).

Cornélĭa, æ, *f.* 대 *Scípio Africánus*의 딸, *Gracchi* 형제의 어머니.

Corneliána Castra, órum, *n.pl.* *Bágrada* 근처에 있는 *Afrĭca* 해안의 지명.

Cornélĭus, i, *m.* *Roma*인의 씨족명, *Scípio, Sulla, Gracchi* 등의 유명인들이 이 씨족에 속하였음; 〔*adj.*〕 **-lĭánus,** a, um; **-lĭus,** a, um.

cornéŏlus, a, um, *adj. dim.* [córneus[1]] **1.** 뿔로 된, 각질(角質)의. **2.** 굳은, 딱딱한; 든든한.

cornésco, ĕre, *intr.* [cornu] 뿔처럼 되다, 「딱딱해지다.

córnĕus[1], a, um, *adj.*[cornu] 뿔의; 뿔로 만든.

córnĕus[2], a, um, *adj.* [cornus[1]] 산딸나무의, 「산유수나무의.

córnĭcen, cĭnis, *m.* [cornu + cano] 나팔수, 호른 부는 사람.

cornícor, átus sum, ári, *dep. intr.* [cornix] 까옥까옥 울다; 까마귀처럼 까옥까옥하다.

cornícŭla, æ, *f. dim.* [cornix] 작은 까마귀; 〔욕설로〕 까마귀 새끼.

cornĭcŭlárĭus, i, *m.* **1.** 군단장의 부관. **2.** 군대 일용품 가격 사정관.

cornĭcŭlátus, a, um, *adj.* 작은 뿔이 있는; 작은 뿔 모양의 돌기가 있는.

cornícŭlum[1], i, *n. dim.* [cornu] **1.** 작은 뿔. **2.** 무공 훈장으로서의 투구 장식용 작은 뿔.

Cornícŭlum[2], i, *n.* *Látium*의 옛 도시; 〔*adj.*〕 **-lánus,** a, um.

córnĭfer, fĕra, fĕrum, *adj.* = córniger.

Cornifícĭus, i, *m.* *Roma*인의 씨족명.

córnĭger, gĕra, gĕrum, *adj.* [cornu + gero] 뿔이 있는, 뿔가진; *f.* 암사슴; *n.pl.* 뿔 달린 짐승들.

córnĭpes, pĕdis, *adj.* [cornu + pes] 발굽이 있는, 유제류의; 발굽 모양의; *m.f.* 말(馬).

cornix, nícis, *f.* 까마귀 (corvus 보다는 약간 작은 것으로서, 그 울음 소리는 비를 예고하며 부른다고 여겼음): cornícum óculos confígere *(C.)* (까마귀의 눈을 찌르다) 아무리 약은 사람이라도 속여 넘기다.

cornu, us (드물게 u), *n.* **1.** 뿔. **2.** 짐승의 발굽; 새의 부리; 상아. **3.** **각적**(角笛), 사냥나팔, **신호나팔**. **4.** 활, 활의 시위 메우는 양 끝. **5.** 깔때기. **6.** 초롱, 등불. **7.** (뿔 모양의) 기름그릇. **8.** 투구의 삐죽한 돌기, 장식술. **9.** 땋거나 매듭지어 맨 머리. **10.** 돛대. **11.** 양피지 두루마리의 축막대, 그 양 끝. **12.** 초승달; 그믐달. **13.** 《軍》 포진한 군대나 함대의 **좌·우익**. **14.** 제단의 좌·우측. **15.** 강, 강의 지류. **16.** 갑각(岬角). **17.** 구석 자리, 모퉁이 자리, 말석. **18.** 두드러진 점. **19.** **힘**, 능력, 세력; **용기**: áddere córnua *alci (H.)* 용기를 북돋아 주다. **20.** Cornucópiæ (희랍 신화의) 풍요의 뿔.

cornŭális, e, *adj.* 뿔의, 뿔을 가지고 하는.

cornŭárĭus, i, *m.* 신호나팔 제조인.

córnŭlum, i, *n.* 작은 뿔.

cornum[1], i, *n.* = cornu.

cornum[2], i, *n.* [cornus[1]] **1.** 산딸나무[산수유나무] 열매. **2.** 《植》 산딸나무; 산수유나무.

cornus[1], i, *f.* **1.** 《植》 산딸나무; 산수유나무. **2.** 창(槍).

cornus[2], us, *m.* = cornu.

cornútus, a, um, *adj.* [cornu] 뿔 가진; 뿔처럼 생긴.

Corœ́bus, i, *m.* *Phrýgia* 사람, *Mygdon*의 아들, *Troja* 전쟁에서 희랍인들에게 피살.

cŏrólla, æ, *f. dim.*[coróna] 작은 화환[화관].

cŏrollárĭum, i, *n.* [corólla] **1.** 작은 화환; 배우들에게 주던 금·은 도금의 화환. **2.** 선물, 덤으로 주는 물건. **3.** 쉽게 끌어낼 수 있는 결론, 부가 결론.

cŏróna[1], æ, *f.* **1.** **관**(冠), 왕관, 보관(寶冠); **화관**, **화환**: sub ~ véndere (포로를 머리에 나뭇가지나 쇠붙이로 엮은 또아리를 씌워서) 노예로 팔다 / sub ~ veníre 노예로 팔리다. **2.** 승리의 영관(榮冠), 월계관; 상급. **3.** **장식**; **영예**, **자랑**. **4.** 《軍》 포위망; (수비의) 방어선. **5.** 둘러선 군중·관중·청중. **6.** 벽의 도드라진 장식; 돌림띠의 중층부. **7.** 논·밭 주위의 둑. **8.** 《天》 코로나, 광관(光冠), 광환(光環), 해·달의 무리; 관좌(冠座): ~ Boreális 북관좌 / ~ Austrális 남관좌. **9.** 네발 짐승 발굽 윗부분이 털난 가죽과 합치는 부분. **10.** 《가》 제단 주위의 원형 촉가(燭架); (성직자 머리 꼭대기에) 동그랗게 삭발한 자리.

Coróna[2], æ, *f.* 별이 된 *Ariádna*의 보관(寶

冠). 「에서 나온 *Bœótia*의 두 청년.
Corónæ, árum, *m.pl.* *Oríon*의 딸의 재(灰)
cŏrōnális, e, *adj.* 화관의, 화환의.
cŏrōnāméntum, i, *n.* **1.** 화관이나 화환 만드는 꽃·풀·나뭇잎. **2.** 화관, 화환.
cŏrōnárĭus, a, um, *adj.* 화관[화환]의, 화환에 관한: aurum coronárium*(C.)* 지방 주(州)로부터 승전 장군에게 화환[월계관] 대금조로 모아 준 증여금; *m.* 화관[화환] 제조인·판매인; *f.* 화관[화환] 파는 여자.
cŏrōnátĭo, ónis, *f.* [coróno] 대관(戴冠), 즉위(即位); 대관식, 즉위식.
cŏrōnátor, óris, *m.* 대관식 거행자.
Cŏróne, es, *f.* **1.** *Próteus*의 아내. **2.** *Thrácia* 반도의 도시. **3.** *Messénia*의 해안도시. 「**-næus,** a, um; **-nénsis,** e.
Cŏrōnéa, æ, *f.* *Bœótia*의 도시; 〔*adj.*〕
Corónĕus, i, *m.* *Phocis*의 왕, 까마귀로 변한 *Coróne*의 아버지.
Coronídes, æ, *m.* *Corónis*의 아들 *Æsculápius.*
cŏrónis[1], ĭdis, *f.* **1.** 희곡(戲曲)에서 연기의 쉼이나 마침을 표시하는 부호. **2.** 책의 끝 표시 부호.
Cŏrónis[2], ĭdis, *f.* *Phlégyas*의 딸로서, 의술의 신 *Æsculápius*의 어머니.
cŏróno, ávi, átum, áre, *tr.* [coróna] **1. 왕관·화관·월계관** 따위를 **씌워주다,** 화환을 걸어주다. **2.** (노예 시장으로 끌려가는 포로 머리에 또아리 모양의) 관을 씌우다. **3. 장식하다,** 화환으로 장식하다; 유종의 미를 거두게 하다[거두다], 완성하다. **4.** 둥글게 에워싸다, 포위하다.
córpŏra quadrigémĭna, órum, *n.pl.* 《醫》 사구체(四丘體).
corpŏrális, e, *adj.* [corpus] 육체의, 육체적; 유형한, 물체적, 물질적인; *n.* 《가》 성체포(聖體布). 「재. **2.** 신체; 육체성.
corpŏrálĭtas, átis, *f.* **1.** 유형적[물질적] 존
corpŏrátĭo, ónis, *f.* 단체, 조합; 《法》 법인, 사단 법인.
corpŏrátus, a, um, *p.p.* [córporo] 형체를 갖춘, 유형의; 화신(化身)한.
corpórĕus, a, um, *adj.* [corpus] **1.** 물질적인, 물체적인, 형체 있는. **2.** 육체의; 살이 붙은.
córpŏro, ávi, átum, áre, *tr.* [corpus] **1.** 육체를 갖추게 하다, 형체를 만들다. **2.** 육체를 취(取)하다. **3.** 〔*pass.*〕 가입하다. **4.** 죽이다. 「滿), 비대.
corpŭléntĭa, æ, *f.* [corpuléntus] 비만(肥
corpŭléntus, a, um, *adj.* [corpus] 비대한, 비만한, 살찐, 뚱뚱한.
corpus, pŏris, *n.* **1. 몸,** 육체, 육신, 신체: 《가》 ~ Christi eucharísticum (그리스도의) 성체 / ~ Christi mýsticum 그리스도 신비체. **2. 동체**(胴體), 몸통, 구간(軀幹); **주요부,** 중심부. **3.** 살, 고기: ~ amíttere 마르다, 살이 빠지다 / ~ fácere 살찌다. **4.** 나무의 목질 부분. **5.** 시체, 주검. **6.** 망령(亡靈). **7.** 사람, 인격; 주체: líbera córpora*(L.)* 자유인. **8.** 개체, 물체. **9.** 집합체, 한 덩어리. **10.** 단체, 집단, 조직체; 전체; 법인; 국민, 군단. **11.** 저서, 전집, (서류·문서 따위의) 집성(集成): ~ Homéri *Homérus* 전집 / ~ juris civílis *Roma*법 대전(大全) / 《가》 ~ juris canónici (1917년 까지의) 구 교회 법전. **12. 본문**(本文). **13.** 《解·動》 …체(體): ~ allátum 알라타체 (곤충의 유충 흉부에 있는 일종의 내분비선) / ~ callósum 뇌량(腦梁) / ~ ciliáre 모양체(毛樣體) / ~ lúteum (난소의) 황체(黃體) / ~ pineále 송과체(松果體) / ~ striátum 선상체(線狀體).
corpúscŭlum, i, *n. dim.* [corpus] **1.** 원자; 미분자, 미립자. **2.** 인간의(보잘 것 없는) 육체. **3.** 〔애칭〕 꼬마. **4.** 미소한 집합체, 작은 덩어리. **5.** (혈액·임파액의) 소구(小球): ~ rubrum 적혈구.
corrádo, rási, rásum, ĕre, *tr.* [cum+rado] **1.** 긁어내다, 깎아내다, 삭마(削磨)하다. **2.** 다 팔아먹다. **3.** 긁어 모으다, 힘들게 모아 들이다[장만하다].
corréctĭo, ónis, *f.* [córrigo] **고침,** 바로 잡음, 교정(矯正·校正), 수정, 개정, 개량; 훈계, 견책, 징계: ~ fratérna 우의적 충고 / ~ judiciális 사법상의 견책처분.
corréctor, óris, *m.* [córrigo] **1.** 고치는 사람, 바로 잡는 사람, 수정[개정·개량]하는 사람. **2.** (*Roma* 황제의 파견을 받은) 감찰관. 「책; 감찰관직.
correctúra, æ, *f.* 교정·개정·수정 등의 직
corréctus, a, um, *p.p., a.p.* [córrigo] 고쳐진, 수정된, 개량[개선]된; 징계받은.
corrégno, ávi, átum, áre, *intr.* [cum+regno] 함께 다스리다[통치·지배하다].
corrĕlátĭo, ónis, *f.* [cum+relátio] 상호관계, 상관관계; 관련성.
corrĕlātívus, a, um, *adj.* 서로 관계가 있는, 상관적: 《文法》 pronómen correlatívum 상관 대명사.
corrépo, psi, (ptum), ĕre, *intr.* [cum+repo] 살살 기다, 기어 들어가다; 살금살금[몰래] 들어가다: in dúmeta ~ *(C.)* (가시덤불로 기어들다) 자승자박하는 말을 하다.
corrépte, *adv.* [corréptus] 음절을 짧게: corréptius*(comp.)* exíre 음절의 모음이 짧다, 단모음을 가지다.
corréptĭo, ónis, *f.* [corrípio] **1.** 붙잡음, 포착. **2.** 줄임, 감축, 축소. **3.** 징계, 견책, 책망: ~ fratérna 우의적 견책. 「자.
corréptor, óris, *m.* [corrípio] 징계자, 견책
corréptus, a, um, *p.p.* [corrípio].
correspondéntĭa, æ, *f.* 상응관계, 대응, 해

당, 일치; 통신.
correspóndĕo, ére, *intr.* [cum+respóndeo] 상응[대응]하다, 부합[일치]하다.
corrĕsŭpínus, a, um, *p.p.* [cum+resupíno] 함께 자빠져 있는, 뒤로 젖혀진.
corrĕsúrgo, ĕre, *intr.* [cum+resúrgo] 함께 일어나다, 같이 부활하다.
corresúscĭto, ávi, átum, áre, *tr.* [cum+súscito] 함께 소생시키다.
córrĕus, i, *m.* [cum+reus] 공범(共犯).
corrídĕo, rísi, ére, *intr.* 함께 소리내어 웃다.
corrígĭa, æ, *f.* [córrigo] 구두끈; 가죽끈; 말 「채찍.
córrĭgo, réxi, réctum, ĕre, *tr.* [cum+rego] **1.** 곧게 하다, **바로 잡다,** 똑바르게 하다, 휜 것[굽은 것·쭈그러진 것·주름]을 펴다. **2.** 고치다, **교정하다,** 수정하다, 개선[개량]하다; 똑바로 맞추다. **3.** 훈계하다, **견책하다,** 징계하다. **4.** (병)고쳐주다, 낫게 하다. **5.** 만회하다: témpora cursu ~ *(Ov.)* 뛰어서 시간을 만회하다.
corrípĭo, rípŭi, réptum, ĕre, *tr.* [cum+rápio] **1.** 잽싸게 잡다, **붙잡다. 2.** 행동을 빨리 하다, 서둘러 가다; 〔*refl.*〕 **se** ~ 날쌔게 움직이다, 쏜살같이 가다, 훌쩍 떠나다: ~ corpus e terrā *(Lucr.)* 땅에서 벌떡 일어나다 / ~ gradum *(H.)* 걸음을 빨리 하다. **3.** 뺏다, **잡아채다,** 가로채다, 차지하다, 점령하다. **4.** (재해·병 따위가) **엄습하다,** 휩쓸다, 휩싸다, 앗아 가다: morbo córrĭpi 병에 걸리다 / súbĭtā morte corréptus *(Curt.)* 갑자기 죽은. **5.** (어떤 감정에) **사로잡히게 하다,** 압도당하게 하다, 정신이 번쩍 들게 하다. **6.** 법정으로 끌어내다, 고소하다, 고발하다. **7. 꾸짖다,** 비난하다, 야단치다; **견책하다,** 징계하다. **8.** 단축하다, 축소하다.
corrīválĭs, is, *m.* 경쟁 상대, 적수.
corrīvátĭo, ónis, *f.* [corrívo] 물을 한 곬으로 끌어 넣음, 인수(引水).
corrívo, ávi, átum, áre, *tr.* [cum+rivus] 물을 한 곬으로 끌어 넣다[흐르게 하다].
corrōbŏrāméntum, i, *n.* 강장제.
corrōbŏrátĭo, ónis, *f.* [corróboro] 강화.
corróbŏro, ávi, átum, áre, *tr.* [cum+róboro] **1.** 튼튼하게 하다, 굳세어지게 하다, 강화하다, 증강하다; 〔*refl.*〕 **se** ~ *(C.)* 튼튼해[강해]지다. **2.** 용기를 북돋다, 고무[격려]하다. **3.** 확증하다. 「쏠다, 갉아 놓다.
corródo, rósi, rósum, ĕre, *tr.* [cum+rodo]
corrŏgátĭo, ónis, *f.* [córrogo] 초대, 불러 모음.
córrŏgo, ávi, átum, áre, *tr.* [cum+rogo] **1.** 청하다, 불러 모으다. **2.** 모으다, 수집하다. 「부식(腐蝕). **2.** 침해.
corrósĭo, ónis, *f.* [corródo] **1.** 침식(侵蝕),
corrōsívus, a, um, *adj.* [corródo] 부식(腐蝕)하는, 부식성의, 침식성의.
corrŏtúndo, ávi, átum, áre, *tr.* [cum+rotúndo] **1.** 둥글게 하다. **2.** 액수를 채우다.
corrúda, æ, *f.* 《植》 야생 아스파라거스.
corrūgátĭo, ónis, *f.* [corrúgo] **1.** 주름 잡음, 물결모양으로 만들기. **2.** 주름살; 주름 무늬.
corrúgo, ávi, átum, áre, *tr.* [cum+rugo] 주름지게 하다, 꾸김살지게 하다, 쪼글쪼글하게 하다: nares ~ *(H.)* 코를 찡그리게 하다.
corrúmpo, rúpi, rúptum, ĕre, *tr.* [cum+rumpo] **1.** (물에 처넣거나 불질러서) 없애버리다, 멸망시키다, 파괴하다; 망쳐[버려]놓다, 못쓰게 만들다; (기회 따위를) 놓쳐버리다. **2. 변질되게하다,** 썩게 하다, **부패시키다,** 삭아버리게 하다; (오래 써서) 길이 들게 하다; 〔*pass.*〕 **corrúmpi** 변질되다, 썩다. **3.** 건강을 해치다, 야위게 하다, 쇠약하게 하다; 상처 입히다. **4. 변조[위조]하다,** (문서·공고문 따위에) 첨삭을 가하다. **5.** 단어의 글자를 바꾸다, 어휘를 잘못 쓰다, 발음을 잘못하다. **6.** 악화시키다, 개악(改惡)하다; 더럽히다, 욕되게 하다. **7.** 타락시키다, (도덕·풍속·풍기를) **문란케 하다,** 부패시키다; 유혹[유인]하다, (사람을 뇌물 따위로) **매수하다.**
córrŭo, rŭi, ĕre, [cum+ruo] **I.** *intr.* **1. 쓰러지다,** 무너지다, 넘어지다, 붕괴하다, 폭삭 주저앉다, 가라앉다; 떨어지다: Pæne ... ego risu córrui. *(C.)* 우스워서 죽을 뻔하였다. **2. 몰락하다,** 망하다, 파멸하다. **II.** *tr.* **1.** 무너뜨리다, 쓰러뜨리다, 전복시키다. **2.** 쌓아 올리다.
corruptéla, æ, *f.* [corrúmpo] **1.** 부패[타락]시킴, 망쳐 놓음. **2.** 부패, 타락; 방탕한 쾌락. **3.** 유혹; 매수, 뇌물공세. **4.** 타락시키는 사람. **5.** 타락시키는 장소, 유곽.
corruptíbĭlis, e, *adv.* 붕괴되기 쉬운, 부패하기[타락하기] 쉬운, 매수될 수 있는.
corruptĭbílĭtas, átis, *f.* 부패성, 가멸성(可滅性); 타락함, 매수됨.
corrúptĭo, ónis, *f.* [corrúmpo] **1.** 썩음, **부패; 타락,** 퇴폐; 붕괴, 파괴. **2.** 유혹, 뇌물, **매수. 3. 독직,** 수회; 배임.
corruptívus, a, um, *adj.* 부패[타락]시키는, 부패성의; 망치는.
corrúptor, óris, *m.* [corrúmpo] **1.** 부패[타락]시키는 자, 문란케 하는 자. **2.** 유혹자, 매수자, 증회자(贈賄者).
corruptórĭus, a, um, *adj.* 부패하는; 부패시키는. 「여자; 유혹하는 여자.
corrúptrix, ícis, *f.* [corrúptor] 타락시키는
corrúptus, a, um, *p.p., a.p.* [corrúmpo] **1.** 썩은, 부패한; 변질된. **2.** 망쳐진. **3.** 타락한, 부도덕한, 더럽혀진. **4.** (뇌물에) 매수 당한, 유혹 당한. **5.** (어휘·발음 따위가) 잘못된.
cors = cohors.

Córsĭca, æ, *f.* 지중해에 있는 섬; 〔*adj.*〕 **-sĭcus,** a, um; **-sus,** a, um; *m. pl. Córsica* 사람들.

cortex, tĭcis, *m.(f.)* **1.** 나무껍질, 수피(樹皮), 피층(皮層): ~ chinæ 키나[금계랍]나무 껍질 / ~ cinnamómi 계피. **2.** 코르크: nare sine córtice (코르크·구명대 없이 헤엄치다) 남의 도움 받지 않고 제 힘으로 하다. **3.** 껍질, 외피: ~ ovi 계란 껍질. **4.** 표면. **5.** 《解》 피질: ~ cerebriális 대뇌 피질.

cortĭcátus, a, um, *adj.* 껍질 있는.

cortíceŭs, a, um, *adj.* [cortex] **1.** 나무 껍질로 된. **2.** 코르크의.

cortĭcósus, a, um, *adj.* 껍질 많은.

cŏrtína, æ, *f.* **1.** 가마솥, 큰 남비; 물통. **2.** 염색 가마; 그 속에 담긴 물건. **3.** 세발 솥; 세발 달린 의자. **4.** *Apóllo*의 신탁(神託)이 들어 있는 세발 솥 모양의 그릇; *Apóllo*의 신탁. **5.** 휘장, 장막. **6.** 창공(蒼空), 둥근 하늘. 「작업실.

cortĭnále, is, *n.* 가마솥에 포도즙을 끓이는

Cortóna, æ, *f. Etrúria*의 *Trasiménus* 호수 서북쪽에 있는 도시; 〔*adj.*〕 **-nénsis,** e.

corulétum, i, *n.* 개암나무 숲.

corulínus, a, um, *adj.* 개암나무로 만든.

córŭlus, i, *f.* 《植》 개암나무.

Cŏruncánĭus, i, *m. Roma*인의 씨족명.

cōrus[1], i, *m.* = caurus. 「위인) 섬(石).

corus[2], i, *m.* (헤브라이인들의 양곡 용량단

cŏruscátĭo, ónis, *f.* [corúsco] 섬광, 번득임.

cŏrúsco, ávi, átum, áre, **I.** *intr.* **1.** 뿔로 받으며(이마를 맞대고) 싸우다. **2.** 진동하다, 파르르 떨다, 흔들리다; 날개치다, 펄럭이다, 팔랑거리다, 나부끼다, 휘날리다. **3.** 번쩍이다, 찬란히 빛나다, 번득이다, 이글거리다.

II. *tr.* **1.** 진동하게 하다, 떨게 하다[떨다], 휘두르다, 내두르다, 나부끼게 하다. **2.** 번쩍이게 하다, 눈부시게 하다.

cŏrúscus, a, um, *adj.* **1.** 진동하는, 흔들거리는, 바르르 떠는, 팔랑거리는. **2.** 번쩍[반짝]이는, 찬란히 빛나는, 번득이는; *n.* 전광, 번개.

corvádæ, árum, *f. pl.* 부역; 강제노동.

corvínus[1], a, um, *adj.* [corvus] 까마귀의.

Corvínus[2], i, *m. Valérius* 종족의 별명.

corvus, i, *m.* **1.** 큰 까마귀(새점 칠때 왼편에서 날면 불길한 징조로, 바른 편에서 날면 길한 징조로 여겼음): corvos in cruce páscere (까마귀를 십자가에서 기르다) 십자가 형을 당하다. **2.** 《軍》 줄달린 쇠갈고리 무기. **3.** 《醫》 해부도(解剖刀).

Cŏrўbántes, ĭum, *m. pl. Cýbele* 여신의 신관(神官)들; 〔*adj.*〕 **-tius,** a, um.

Córўbas, ántis, *m. Cýbele* 여신의 아들.

cōrўcéum, i, *n.* 경기자들의 훈련용 모래 부대를 매달아 놓은 연습실.

corýcĭum, i, *n.* 《植》 사프란. 「모래 부대.

córўcus[1], i, *m.* 가죽으로 만든 경기 연습용

Córўcus[2], i, *m. Cilícia*의 곶(岬) (거기에 같은 이름의 도시와 항구가 있음); 〔*adj.*〕 **-cĭus,** a, um.

cŏrýdălus, i, *m.* 관모(冠毛)가 있는 종달새.

cŏrўlétum, i, *n.* [córylus] 개암나무 숲.

córўlus, i, *f.* 《植》 개암나무.

cŏrymbĭátus, a, um, *adj.* 꽃·열매 송아리로 장식된, 송아리를 조각한.

cŏrýmbĭfer, ĕra, ĕrum, *adj.* [corýmbus+fero] 송악의 송아리 관(冠)을 쓴(*Bacchus*의 형용어).

cŏrýmbus, i, *m.* **1.** 《植》 산방화(繖房花); 산방화서(花序); 꽃·열매의 송아리 (특히 송악의). **2.** 송아리 모양의 것; 젖꼭지.

cŏrўphǽus, i, *m.* 지휘자, 지도자, 우두머리.

Córўthus, i, *f. Etrúria*의 도시. ㄴ리.

corýtus[-os], i, *m.* 화살통, 전통(箭筒).

cŏrýza, æ, *f.* 《醫》 코감기.

cos[1]. 《略》 = consul, cónsule.

cōs[2], cōtis, *f.* **1.** 숫돌, 회전 숫돌. **2.** 부싯돌. **3.** 단단한 돌, 자갈; 암석.

Cōs[3], Coi, *f. Ægǽum* 바다의 작은 섬; 〔*adj.*〕 **Cōus,** a, um.

Cosa, æ,[-æ, árum,] *f.[pl.]* **1.** *Etrúria*의 도시. **2.** *Lucánia*의 도시. **3.** 〔*adj.*〕 **-sánus,** a, um; *m. pl.* 그곳 주민들; *n. Cosa* 지역, *Cosa*에 있는 별장.

cosméta[-es], æ, *m.* 안주인의 장신구·옷가지를 챙기며 머리치장을 해주던 노예.

cósmĭcus, a, um, *adj.* [cosmos] 우주의, 세계의. 「통치관단.

cosmœ, mórum, *m. pl. Creta*섬의 10명의

cosmŏgonía, æ, *f.* 천지 개벽설, 우주 발생론: ~ bíblica 성서의 우주 창조론.

cosmŏgráphĭa, æ, *f.* 우주 형상지(形狀誌).

cosmógrăphus, i, *m.* 우주사 학자.

cosmŏlogía, æ, *f.* 《哲》 우주론, 자연철학.

cosmŏpŏlíta, æ, *m.* 세계주의자, 세계인.

cosmŏpŏlĭtānísmus, i, *m.* 세계주의, 사해(四海) 동포주의자.

cosmŏpŏlĭtánus, a, um, *adj.* 세계주의의; 전세계적인; 전 세계에 분포한.

cosmŏpŏlĭtísmus = cosmopolitanísmus.

cosmos, i, *m.(indecl. n.)* (질서 정연한) 우주; (정연한) 질서, 조화.

coss. 《略》 = cónsules, consúlibus.

Cossa = Cosa. 「종족.

Cossǽi, órum, *m.pl. Susa*의 북쪽에 있던

cossus[1], i, *m.* 나무 속에 생기는 벌레.

Cossus[2], i, *m. Roma*인의 가문명.

Cossútĭa, æ, *f. Cæséna* 근처의 장소; 〔*adj.*〕 **-tĭánus,** a, um. 「에 있는 작은 섬.

Cossýra[-úra], æ, *f. Sicília*와 *Áfrĭca* 사이

costa, æ, *f.* **1.** 갈비, 늑골; 옆구리. **2.** 늑골처럼 생긴 것. **3.** 선박의 옆구리. **4.**

《植》 엽맥(葉脈). 5. 《動》 곤충의 전연맥 ㄴ(前緣脈).
costálgĭa, æ, *f.* 《醫》 늑골통(痛).
costális, e, *adj.* 갈비의, 늑골의.
costátus, a, um, *adj.* 늑골이 있는.
costoclavĭcŭláris, e, *adj.* 《醫》 늑골과 경골(頸骨)에 관한.
cóstŭla, æ, *f. dim.* [costa] 작은 갈비.
costum, i, *n.* 인도산의 향료로 쓰는 풀.
Cosýra = Cossýra.
cotárĭa, æ, *f.* 숫돌 나는 곳.
cōtes = cautes.
cōthon, ónis, *m.* 인공으로 만든 내항(內港).
cŏthurnátĭo, ónis, *f.* 비극장면, 비극실연.
cŏthurnátus, a, um, *adj.* [cothúrnus] **1.** 반장화 신은(비극 배우). **2.** 비극적인, 비극조의, 비장한; 무게 있는, 엄숙한.
cŏthúrnus, i, *m.* **1.** (고대 희랍·*Roma*에서 비극 배우가 무대에서 신던)밑창 높은 반장화. **2.** 수렵용 반장화. **3.** 비극; 비극조(調), 비장하고 격조높은 비극형식.
cōtícŭla, æ, *f. dim.* [cos²] **1.** 시금석(試金石). **2.** 약방의 작은 돌절구.
cotidi... *V.* quotidi...
cōtis, is, *f.* = cos², cotis.
Cótĭso, ónis, *m.* *Daci*족의 왕.
cotónĕum, i, *n.* 마르멜로의 열매.
cotónĕus, a, um, *adj.* 야생 마르멜로의.
cotta¹, æ, *f.* (예식용의) 소백의(小白衣).
cotta², æ, *m.* 주사위의 일종.
Cotta³, æ, *m.* *Aurélius*족의 가문명.
cóttăbus, i, *m.* **1.** 가죽채찍 소리. **2.** (술잔에 남은 술을 땅바닥이나 대야에 부어버릴 때 나는) 좍 소리.
cóttăna[-ŏna], órum, *n. pl.* *Sýria* 산(產) 「작은 무화과.
cottidi... *V.* quotidi...
Cóttĭus, i, *m.* *Augústus* 황제시대의 알프스지방의 왕; 〔*adj.*〕 **-ĭus,** a, um: Cóttiæ Alpes, 불란서와 이태리 국경에 있는 알프스 연산(連山).
cotúrnix, ícis, *f.* 《動》 메추라기.
cotúrnus = cothúrnus.
Cŏtus, i, *m.* **1.** *Ædŭi* 종족의 수령(首領). **2.** *Thrácia*의 왕, *Iphícrătes*의 사위.
cótȳla[-ŭla], æ, *f.* 고대 *Roma*의 용량단위 (= ¹/₂ *sextárius:* 약 ¹/₄*l*).
Cŏtȳs, yis, *m.* = Cotus(2). 「축제.
Cŏtýttĭa, órum, *n. pl.* *Cotýtto* 여신의 야간
Cŏtýtto, us, *f.* *Cýbele* 여신과 유사한 *Thrácia*인들의 여신. 「의복.
Cōum, i, *n.* **1.** *Cos* 섬의 술. **2.** *Cos* 섬
Cōus, i, *f.* = Cos.
cŏútor, *(ĕris, ĭtur),* úsus sum, úti, *dep. intr.* 〔*abl.*〕 상종하다, 교제하다.
cŏvin(n)árĭus, i, *m.* [covínnus] (2륜 전투마차의) 전차병(戰車兵).
covín(n)us, i, *m.* **1.** *Británnia*인 또는 *Bélgium*인들의 두 바퀴 전투 마차. **2.** 여행용 마차. **3.** (원형 극장에서의) 경기용 마차.
coxa, æ, *f.* **1.** 좌골(坐骨); 치골. **2.** 넓적다리, 대퇴골. **3.** 《解》 고관절(股關節). **4.** 《動》 기절(基節), 저절(底節).
coxálgĭa, æ, *f.* 《醫》 둔통(臀痛), 고관절염(股關節炎).
coxéndix, ĭcis, *f.* [coxa] **1.** 좌골. **2.** 엉덩이, 둔부. **3.** 넓적다리, 대퇴골.
coxi, *pf.* [coquo].
Crabra, æ, *f.* (*sc.* aqua) *Túsculum*에서 *Tíberis* 강으로 통하는 수로(水路).
crābro, ónis, *m.* 《動》 말벌; 호박벌.
Crăgus, i, *m.* *Lýcia*의 산악지대.
crambe, es, *f.* 양배추: crambe repetíta (되삶은 양배추) 같은 말을 수없이 곱씹어서 받아 외게 해야 하는 선생의 따분함.
cranĭális, e, *adj.* 두개(頭蓋)의, 두개골의.
Cránĭi, órum, *m. pl.* *Cephallénia*의 도시.
cranĭŏlŏgía, æ, *f.* 두개학(頭蓋學), 두개골 연구. 「두개절개술(頭蓋切開術).
cranĭŏtŏmía, æ, *f.* 《醫》 개두술(開頭術),
cránĭum, i, *n.* **1.** 《醫》 두개(頭蓋), 두개골. **2.** 머리. 「〔*adj.*〕 **-ónĭus,** a, um.
Cran(n)on, ónis, *f.* *Thessália*의 도시;
Crantor, ŏris, *m.* *Cilícia*의 *Soli* 출신의 구 *Academía* 철학자(c. *sæc.* 4 A.C.).
crápŭla, æ, *f.* 과음, 만취(滿醉), 숙취, 명정(酩酊).
crāpŭlárĭus, a, um, *adj.* 만취의, 숙취의.
crāpŭlátĭo, ónis, *f.* 만취, 숙취.
crápŭlo, áre, *tr.* 거나하게 하다, 만취하게 하다. 「거나한.
crāpŭlósus, a, um, *adj.* [crápula] 만취하는,
cras, *adv.* **1. 내일:** cras mane 내일 아침. **2.** 〔명사적으로〕 내일이라는 날. **3.** 장래에, 앞으로.
crassámen, mĭnis, *n.* = crassaméntum.
crassāméntum, i, *n.* 찌꺼기, 침전물, 앙금. 「밀, 밀도.
crassátĭo, ónis, *f.* 두꺼움; 농후(濃厚); 조
crasse, *adv.* [crassus] **1.** 두껍게, 투박하게, 굵게; 짙게, 빽빽하게; 진하게. **2.** 대강, 대충. 「살찌다.
crassésco, ĕre, *intr.* [crassus] 두꺼워지다,
crassĭficátĭo, ónis, *f.* 두껍게[굵게·짙게]함; 비만, 비대.
crassífico, ávi, átum, áre, *tr.* [crassus+fácio] 두껍게 하다, 짙게[진하게·걸어지게]하다, 빽빽하게 하다; 살찌게 하다, 비대[비만]해 지게 하다, 굵어지게 하다.
crassĭlíngŭla, órum, *n. pl.* 《動》 후설류(厚舌類).
crassílŏquus, a, um, *adj.* 입이[말이] 건.
Crássĭpes, ĕdis, *m.* *Roma*인의 가문명.
crassítĭes, éi, *f.* = crassitúdo.
crassĭtúdo, dĭnis, *f.* [crassus] **1.** 두께, 두

꺼움; 굵기, 굵음. **2.** 비만, 비대. **3.** 빽빽함, 농도, 조밀, 밀도. **4.** 찌꺼기, 침전물.
crasso, ávi, átum, áre, *tr.* [crassus] 두꺼워지게 하다; 덕지덕지 때끼게 하다. 「끼.
crassulácěæ, árum, *f. pl.* 《植》 꿩의 비름
crassus[1], a, um, *adj.* **1.** 두꺼운, 굵은, 투박한. **2.** 짙은, 진한, 걸죽한, 된. **3.** 빽빽한, 조밀한. **4.** 살찐, 비대한; 육중한. **5.** 우둔한, 둔감한, 세련되지 못한.
Crassus[2], i, *m. Licínia* 족의 가문명; 유명인으로서는 **1.** L. Licínius ~, *Cícero* 시대의 유명한 변론가. **2.** M. Licínius ~, 삼두정치 위원의 한 사람(c. *sæc.* 1 A.C.).
crástino, *adv.* [crástinus] 내일. 「내일로.
crástĭnum, i, *n.* 내일; 다음날: in ~ *(C.)*
crástĭnus, a, um, *adj.* [cras] **1.** 내일의, 내일 있을: crástino die *(L.)* 내일; *m.* (*sc.* dies) 내일. **2.** 내일 할. **3.** 후일의, 앞날의, 장래의.
crātēr, éris, *m.* 〔*acc.* -em, -a〕 **1.** 혼주기(混酒器). **2.** 기름 그릇. **3.** 옹달샘. **4.** 분화구; 불 뿜는 지각균열. **5.** 《天》 컵성
crātéra, æ, *f.* = crater. 」좌.
Cratĕrus, i, *m.* **1.** *Alexánder* 대왕의 장군. **2.** *Cícero* 시대의 유명한 의사.
crates, is, *f.* **1.** 발(簾); 격자, 창살, 난간. **2.** 버들가지·대오리·나무오리 등으로 엮은 것: 바구니; 바자. **3.** 쇠스랑, 써레. **4.** 적쇠, 석쇠. **5.** (큰 고리짝 같이 생긴) 형구(刑具)의 일종 (사람을 넣고 돌을 던져넣어 죽였음). **6.** 나뭇단, 나뭇다발. **7.** 벌집. **8.** 등골, 갈빗대, 옆구리.
Crāthis, ĭdis, *m.* 남부 이태리의 *Lucánia*와 *Brúttium* 경계에 있는 강. 「난간 있는.
crātícĭus, a, um, *adj.* 격자로 된, 발(簾) 친,
crātícŭla, æ, *f. dim.* [crates] 적쇠.
crātícŭlus, a, um, *adj.* 격자로 막은, 창살 붙인, 가로 세로 얽은[엮은]. 「A.C.).
Crătínus, i, *m. Athénæ*의 희극시인 (c. 450
crátĭo, íre, *tr.* 쇠스랑으로 땅을 고르다.
Crătíppus, i, *m. Athénæ*의 소요학파 철학
creámen, mĭnis, *n.* 피조물. 」자.
creătĭanísmus, i, *m.* 《神》 영혼 창조설.
crěátĭo, ónis, *f.* [creo] **1.** 창조, 만들어냄: ~ ex níhilo 무로부터의 창조. **2.** 창조물. **3.** 창작; 창작물. **4.** 선거, 선출.
crěátor, óris, *m.* [creo] **1.** 창조주, 조물주. **2.** 낳아준 아버지. **3.** 창조자, 창작가; 창설[창립·설립]자. **4.** 입명자.
crěátrix, ícis, *f.* [creátor] 창조녀, 만들어 내는 여자; 어머니.
crěātúra, æ, *f.* 피조물.
crēber, bra, brum, *adj.* [cresco] **1.** 빽빽한, 밴, 촘촘한, 조밀한, 즐비한. **2.** 잦은, 빈번한; 뻔질나게 반복하는. 「촘촘한.
crēbrátus, a, um, *p.p.* [crebro[2]] 빽빽한, 밴,
crebrésco, brŭi[bŭi], ěre, *intr.* [creber] **1.** 빽빽해[촘촘해]지다. **2.** 잦아지다, 빈번해지다. **3.** 늘어가다, 확대되다.
crébrĭtas, átis, *f.* [creber] **1.** 잦음, 빈번, 빈도(頻度). **2.** 조밀.
crébrĭter, crēbro[1], *adv.* [creber] 자주, 뻔질나게, 다시금 다시금. 「하다.
crēbro[2], ávi, átum, áre, *tr.* 자주하다, 반복
crēdéndĭtas, átis, *f.* 《神》 당신성(當信性), 마땅히 믿어야 할 성질의 것.
credéntĭa, æ, *f.* 상(床); (제단 옆의) 제기상(祭器床). 「수 있는, 신용할 만한.
crēdíbĭlis, e, *adj.* [credo] 믿을 만한, 믿을
crēdĭbílĭtas, átis, *f.* 신빙성; 가신성(可信性), 신앙 가능성. 「사람[주인], 받을 사람.
créditor, óris, *m.* [credo] 채권자; 빌려준
créditrix, ícis, *f.* 여자 채권자.
créditum, i, *n.* [credo] 다른 사람에게 꾸어준[맡긴·빌려준] 것; 다른 사람이 갚아야[돌려 주어야] 할 것: ire in ~ 꾸어 주다/ in ~ accípere 꾸다, 빌리다.
crēdo, dĭdi, dĭtum, ěre, **I.** *tr.* **1.** 〔*alqd alci*〕 맡기다, 위탁하다; 내맡기다, 일임하다: ~ *alqd* ceræ *(Pl.)* 밀랍에 기록하다 / ~ sémina terræ *(Col.)* 땅에 씨를 뿌리다 / ~ se pédibus *(Sil.)* 도망치다 / ~ *alqm* solo 아무를 땅바닥에 때려눕히다. **2.** 꾸어주다, 대부하다. **3.** 〔*alqm*[*alqd*] *c. acc. præd.; acc. c. inf.*〕 믿다, 생각하다, 여기다, 사실[정말]이라고 생각하다: Scipiónem Hánnibal præstántem virum credébat. *(L.) Hánnibal*은 *Scípio*를 출중한 인물로 여기고 있었다; 〔*pass.: nom. c. inf.; impers.: acc. c. inf.*〕 믿어지다, 여겨지다, 생각되다/ Catilína créditur ... fecísse. *(Sall.) Catilína*가 … 하였으리라 믿어진다 / Créditum est, stilum non minus ágere. *(Pl.)* 필봉의 위력이 적지 않게 작용한다고 생각되었다. **4.** 〔삽입어〕 **credo,** 내 생각에는, 내가 보는 바로는, 아마도: Iste hic haud multo post, credo, áderit. *(Pl.)* 내 생각에는 그가 오래지 않아 여기 나타날 것 같다. **5.** 〔과거 가능 표시의 접속법 반과거를 비인칭적 단수 2인칭으로〕 **créderes** (사람들은) …여겼을지도 모르겠다: Mæsti mílites — créderes victos — rediérunt. *(L.)* 군인들이 풀죽어 돌아왔는데, 사람들은 그들이 패배한 줄로 여겼을지도 모르겠다.
II. *intr.* **1.** 〔*dat.*〕 (누구를, 누구의 말을) 믿다, 신용하다, 신임하다, 신뢰하다: Mihi crede [crédite]. *(C.)* 내 말을 믿어라. **2.** 〔in *acc.*〕 신앙의 대상으로 믿다, 신앙하다: Credo in Deum. 나는 하느님을 믿는다(사도신경의 첫마디).
crēdúlĭtas, átis, *f.* [crédŭlus] **1.** 쉽게 믿음, 경신(輕信), 맹신(盲信). **2.** 신앙심.
crédŭlus, a, um, *adj.* [credo] **1.** 〔*dat.*〕 쉽

게[덮어 놓고] 믿는. **2.** 쉽사리 믿어지는, 그럴사한. **3.** 신뢰로 가득찬, 선의의.

crĕmátĭo, ónis, *f.* [cremo] 불태움, 소각; 화장(火葬). 「는 인부.

crĕmátor, óris, *m.* 불태우는 사람, 화장하

crēméntum, i, *n.* 성장, 증가.

Créměra, æ, *f.* *Etrúria*의 강, *Fábius* 씨족의 영웅적 전사(戰死)로 유명한 곳; 〔*adj.*〕 **-rénsis,** e. 「뭇가지, 섶.

crémĭum, i, *n.* 〔주로 *pl.*〕 장작, 마른 나

crĕmo, ávi, átum, áre, *tr.* **1.** 불사르다, 태우다. **2.** 화장(火葬)하다. **3.** 희생물을 불살라 제사지내다.

Crĕmóna, æ, *f.* *Padus* 강변에 있는 *Gállia Cisalpína*의 도시; 〔*adj.*〕 **-nénsis,** e.

Cremónis jugum, i, *n.* *Pennı́ni Alpes*의 일부(지금의 *Grimsel*). 「에서 짜낸) 즙(액).

crĕmor, óris, *m.* **1.** 유락(乳酪). **2.** (식물

Cremútĭus, i, *m.* *Roma*인의 씨족명.

crĕo[1], ávi, átum, áre, *tr.* **1.** **창조하다**; (자연계에서) 발생하게 하다. **2.** **낳다**: proles ex se creáta *(Lucr.)* 자기가 낳은 자식 / matre servā creátus *(Ov.)* 노예 어머니에게서 난 아들. **3.** **창작하다**, 만들어내다. **4.** **선출하다**, 투표로 뽑다. **5.** 일으키다, 야기시키다, 형성하다, (원인이 되어) **결과를 내다**.

Crĕo(n)[2], óntis, *m.* **1.** *Corínthus*의 왕, 자기 딸 *Creúsa*를 *Iason*과 결혼시켰음. **2.** *Thebæ*시의 *Œdipus*의 왕비 *Iocáste*의 오라

creosótum, i, *n.* 《化》 크레오소오트. ⌊비.

crepátĭo, ónis, *f.* 파열, 찢어짐.

crĕpax, ácis, *adj.* 탁탁[딱딱] 소리나는.

crĕper, ĕra, ĕrum, *adj.* **1.** 희미한, 어두운; *n.* 어두움. **2.** 불확실한, 분명치 않은.

crépĭda, æ, *f.* 가죽으로 만든 짚신 모양의 신, 가죽 샌들. 「은.

crĕpĭdátus, a, um, *adj.* [crépida] 샌들 신

crĕpído, dĭnis, *f.* **1.** 돋군 터, 기초; 주춧돌, 받침돌. **2.** 방파제, 제방, 둑; 보도(步道). **3.** 돌로 만든 앉을 자리.

crĕpídŭla, æ, *f.* *dim.* [crépida] 작은 샌들.

crĕpĭtācíllum, i, *n.* 딸랑딸랑하는 작은 장난감.

crepitácŭlum, i, *n.* [crépito] (손이나 막대기로 때려서) 소리내는 악기; 딸랑딸랑 소리나는 장난감.

crépĭto, áre, *intr.* [crepo] 몹시 시끄러운 소리가 나다[울리다], 딱딱[탁탁·덜커덩·삐걱삐걱·빠드득·쪼르륵…]거리는 소리가 나다: flamma crépitans *(V.)* 탁탁 튀는 불꽃.

crépĭtus, us, *m.* [crepo] 여러 가지 시끄러운 소리 (*cf.* crépito), 소음, 잡음.

crĕpo, pŭi, pĭtum, áre, **I.** *intr.* **1.** 삐걱[덜커덕·덜커덩·탁탁·쪼르륵·빠드득…하는 온갖 시끄러운] 소리가 나다. **2.** ~ **dígitis** (주의를 끌기 위해)손가락을 튀겨서 딱 소리를 내다. **3.** 방귀 뀌다. **4.** 찢어지다, 터지다, 부러지다. **5.** 죽다. **II.** *tr.* **1.** 소리를 내다; (여러 가지) 소음을 내다: ~ ter lætum sonum *(H.)* 세번 손뼉치다 / ~ auréolos 금화를 짤랑짤랑 세다. **2.** 〔*alqd*〕 지껄이다, 중얼거리다; 큰 소리로 자랑하다, 예찬하다.

crĕpúndĭa, órum, *n. pl.* [crepo] **1.** 짤랑짤랑 소리나는 장난감. **2.** 부적, 호부(護符). 「혼; 박명(薄明), 여명(黎明).

crĕpúscŭlum, i, *n.* 땅거미, 박모(薄暮), 황

Crēs, étis, *m.* 〔흔히 *pl.*로 씀〕 *Creta* 사람.

crescéntĭa, æ, *f.* 자라남, 성장.

crēsco, crēvi, crētum, ĕre, *intr.* [creo, crassésco] **1.** 발생하다, 생겨나다, 돋아나다; *p.p.* 〔*abl.*; ab, de *abl.*〕 태어난: ab orígine cretus eádem *(Ov.)* 같은 조상에게서 태어난[나온]. **2.** 〔in *alqd*〕 무엇으로 변하다, 무엇이 되다: In frondem crines crescunt. *(Ov.)* 머리카락들이 잎사귀로 변한다. **3.** **자라다**, 커지다, **성장하다**; 불어나다, 붇다: luna crescens *(C.)* 상현달. **4.** **늘어나다**, 많아지다, 증대되다. **5.** (세력·권위·지위·명성 따위가) 신장(伸張)하다, 강대해지다, 번영하다, 높아지다, 오르다, 뻗다: virtútum laude ~ *(N.)* (누가) 덕망이 높아가다 / per se ~ *(Cæs., C.)* 자력으로 세력을 얻다. 「[울리는].

créspŭlus, a, um, *adj.* 요란한 소리 나는

Cressa, æ, *f.* *Creta* 여자, 특히 *Ariádne.*

crestomathía, æ, *f.* 발췌(拔萃).

Crēta[1], æ, **[te,** es,] *f.* 지중해의 큰섬 (지금은 *Cándia* 라고도 함); 〔*adj.*〕 **Crés(s)ĭus,** a, um; **-tǽus[-tĭcus],** a, um; **-ténsis,** e.

crēta[2], æ, *f.* **1.** 백토, 백악질 점토. **2.** 분필, 백묵. **3.** 옷감 표백제. **4.** 분, 백분(白粉).

crētácĕus, a, um, *adj.* [creta] 백악질(白堊質)의, 백토 섞은.

crētátus, a, um, *adj.* **1.** 분필로 표시한 백토로 희게 만든. **2.** 입후보의.

crētér(r)a = cratéra.

crétĕus, a, um, *adj.* = cretáceus.

crētĭfŏdína, æ, *f.* 백악토 광산.

crétĭo, ónis, *f.* [cerno] **1.** 유산상속 확인. **2.** 유산 승락 숙고 결정 기간. **3.** 유산 수

Crētis, ĭdis, *f.* *Creta* 여자. ⌊령(收領).

crētósus, a, um, *adj.* 백토 많은, 백악질의.

crétŭla, æ, *f.* *dim.* [creta] **1.** 분필. **2.** 백

crētúra, æ, *f.* [cerno] 싸라기. ⌊토 빛.

crētus[1], a, um, *p.p.* [cerno].

crētus[2], a, um, *p.p.* [cresco] 〔*abl.*, ab *abl.*〕 태어난, 발생한.

Crĕúsa, æ, *f.* **1.** *Corínthus*의 *Creon*왕의 딸, *Iason*의 아내. **2.** *Troja*의 *Príamus*왕의 딸, *Ænéas*의 아내. **3.** *Bœótia*의 항구.

crēvi, *pf.* [cresco, cerno].

crībéllo, ávi, átum, áre, *tr.* 골라내다, (체 따위로) 치다.

crībéllum, i, *n.* (쳇불이) 고운 체.

crībrárĭus, a, um, *adj.* [cribrum] 체의.

crībro, ávi, átum, áre, *tr.* [cribrum] 체로 치다, 체질하다; 거르다, 골라 내다.

crībrósus, a, um, *adj.* 《植·解》 체모양의, 소공질(小孔質)의.

crībrum, i, *n.* [cerno] 체, 어레미.

cricoídĕus, a, um, *adj.* 《解》 고리 모양의, 환상(環狀)의.

crīmen, mĭnis, *n.* **1.** (법률상의) 죄, 범죄, 과실, 죄과, 죄목. **2.** 위반 혐의, 고소; 비난: esse in crímine *(C.)* 고소 당하다. **3.** (비난의) 구실, 고소 이유. **4.** 고소 내용. **5.** 범죄 원인. **6.** 망신, 불명예.

crīmĭnális, e, *adj.* **1.** 범죄의, 범죄에 관한; 형사상(刑事上)의: causa ~ 형사사건. **2.** 범죄 행위가 되는, 죄를 범하고 있는.

crīmĭnátĭo, ónis, *f.* [críminor] 죄를 돌림, 고소, 고발; 중상(中傷), 무고(誣告).

crīmĭnátor, óris, *m.* [críminor] 고발인, 고소인; 중상자(中傷者), 무고자(誣告者).

crīmĭnátrix, ícis, *f.* 고발[고소·무고]하는 여자. 「리다, 고발하다, 무고하다, 헐뜯다.

crímĭno, ávi, átum, áre, *tr.* 남에게 죄를 돌

crímĭnor, átus sum, ári, *dep. tr.* [crimen] 〔*absol.; alqm alci,* apud *alqm; alqd,* de *re, inf., acc. c. inf.,* quod *c. subj.*〕 **1.** 고발하다, 죄를 씌우다, 무고하다, 책임[탓]을 돌리다; 헐뜯다, 중상[비방]하다: Hanc tímui, ne me criminarétur tibi.*(T.)* 나를 너한테 고발할까봐 나는 이 여자를 두려워했다. **2.** 비난하다, 나무라다.

crīmĭnósus, a, um, *adj.* [crimen] **1.** 고발하는, 무고하는, 헐뜯는, 비방[비난]하는. **2.** 죄되는; 죄있는, 범죄한; 형벌받을.

Crimís(s)us[-nísus], i, *m.* *Sicília* 섬 서남부에 있는 강. 「녀.

crīnále, is, *n.* 머리 장식 빗, 머리 핀; 비

crīnális, e, *adj.* [crinis] **1.** 머리(털)의: crináles dentes 빗살, 즐치(櫛齒). **2.** 머리털 모양의. 「리 기른.

crínĭger, ĕra, ĕrum, *adj.* 머리털 있는, 머

crínĭor, ítus sum, íri, *dep. intr.* 머리 기르다; (나무가) 잎이 피다.

crīnis, is, *m.* 머리카락, 머리털; 손질한 머리, 머리채: tráhere *alqm* crínibus *(V.)* 누구의 머리끄덩이를 잡아 당기다 / sólvere crines *(L.)* 머리를 풀어 헤치다.

crīnítus, a, um, *p.p.* [crínĭor] **1.** 머리털 있는, 머리 기른, 장발의. **2.** 머리채같이 생긴: stella criníta 꼬리별.

crinoídĕa, órum, *n.pl* 《動》 갯나리 류(類).

crīnum marítĭmum, i, *n.* 《植》 문주란.

crĭŏbólĭum, i, *n.* 숫양 희생의 제사.

crísĭmus, a, um, *adj.* (의사가) 진단내릴 수 있는 (흉수날), 결정적, 고비의.

crĭsis, is, *f.* **1.** 위기, 고비. **2.** (갑작스런 병세 변화에 따른 의사의) 진단.

crīso, ávi, átum, áre, *intr.* = crisso.

crispans, ántis, *p. præs., intr.* [crispo] 물결이는, 곱슬곱슬한; 주름지는, 일그러지는, 불규칙하게 뒤흔들리는. 「거리게 하다.

críspĭco, áre, *tr.* 소용돌이치게 하다, 넘실

Crispínus, i, *m.* 스토아 학파의 수다장이 시인 철학자. 「너울거리는.

crispisúlcans, ántis, *adj.* 파동(波動)하는,

crispo, ávi, átum, áre, *tr.* [crispus] **1.** 물결일게 하다, 곱슬곱슬하게 하다, 똘똘 말려 오그라들게 하다. **2.** 주름지게 하다, 일그러져 보이게 하다. **3.** 내두르다, 휘두르다, 휘젓다; 뒤흔들리게 하다, 진동시키다. 「주름이 간.

críspŭlus, a, um, *adj.* 약간 곱슬곱슬한; 잔

crispus[1], a, um, *adj.* **1.** 곱슬곱슬한, 똘똘 말린: homo ~ 고수머리. **2.** 주름 잡힌, 쪼글쪼글한. **3.** 하늘거리는, 나붓[날름·흔들]거리는. **4.** 억양있는(말), 기복이 있는.

Crispus[2], i, *m.* (별명으로 붙은 이름) **1.** *Burdígala*의 라틴어·희랍어 문법학자. **2.** 대 *Constantínus*의 맏아들 *Flávius Július*~.

crisso, ávi, átum, áre, *intr.* 궁둥이를 흔들다, 몸을 비비꼬다.

crista, æ, *f.* **1.** (닭의) 볏; 도가머리, 관모(冠毛). **2.** 맨드라미. **3.** 투구 꼭대기 깃털.

cristátus, a, um, *adj.* [crista] **1.** 볏을 가진, 도가머리 있는. **2.** 장식 깃털 달린 ⌊(투구 따위).

crisus, a, um, *adj.* 회색의.

crĭtérĭum, i, *n.* 기준, 표준; 판별준거(判別準據), 비판 기준. 「시.

Crithóte, es, *f.* *Thrácia Chersonésus*의 도

Crítĭas, æ, *m.* *Athénæ*의 30인 정치위원의 한 사람.

crítĭca, æ, *f.* **1.** 비판, 비평, 평론: ~ bíblica 성서 비판 / ~ textuális (성서) 원문 비평. **2.** 《哲》 비판 논리학, 인식론: ~ ratiónis 인식론.

crĭtĭcísmus, i, *m.* **1.** 비판: ~ bíblĭcus 성서 원문 고증; 성서 고등 비판; 성서 사적(聖書史的) 비판. **2.** 비판주의, 비평철학.

crítĭcus, a, um, *adj.* **1.** 판단의, 진단의. **2.** 비판의, 비평의, 평론의; *m.* 비평가.

Crĭto, ónis, *m.* *Sócrates*의 부자친구.

Crĭtŏbúlus, i, *m.* *Athénæ*인으로서 *Crito*의 아들이며 *Sócrates*의 제자.

Crĭtŏláus, i, *m.* **1.** *Lýcia* 태생의 소요학파 철학자 (c. 150 A.C.). **2.** *Achaia* 동맹의 장군 (c. 150 A.C.).

crŏcátĭo, ónis, *f.* 까마귀 울음소리.

cróceus[-cĭnus], a, um, *adj.* [crocus] **1.** 사프란의. **2.** 사프란 빛의, 짙은 황금색의.

crócĭnum, i, *n.* (*sc.* óleum) 사프란 기름.

crócĭo, íre, *intr.* 까옥까옥하다, 까마귀 울음소리를 내다.

crŏco, ávi, átum, áre, *tr.* 사프란 물을 들이다.

crŏcŏdīléa, æ, *f.* 육지 악어의 똥.

crŏcŏdīlínus, a, um, *adj.* 악어의; *n. pl.* 《動》 악어류.

crŏcŏdílus, i, *m.* 《動》 악어: ~ nilóticus 나일(강 근방의) 악어.

crŏcóta, æ, *f.* 사프란 빛깔의 옷.

crŏcŏtíllus, a, um, *adj.* 빼빼 마른, 야윈.

crŏcus[1]**[-um],** i, *m.[n.]* **1.** 《植》 크로커스, 사프란. **2.** 사프란 빛. **3.** 사프란 향료.

Crŏcus[2]**,** i, *m.* 사프란 꽃으로 변형한 청년.

Crœsus, i, *m.* *Lýdia*의 왕, 소문난 부자였음; 〔*adj.*〕 **-sĭus,** a, um.

Crómўon, ónis, *f.* *Mégara*와 *Corínthus* 사이에 있는 지방.

crossopterýgĭi, órum, *m.pl.* 《動》 총기류(總鰭類).

crŏtālĭa, órum, *n.pl.* 짤랑거리는 귀고리.

crŏtălístrĭa, æ, *f.* 캐스터네츠를 때리며 춤추는 여자.

crótălum, i, *n.* 캐스터네츠, 딱다기.

crŏton[1]**,** ónis, *f.* 《植》 파두(巴豆).

Crŏto(n)[2] ónis, [**-tóna,** æ,] *f.* *Brúttium*의 동해안 도시; 〔*adj.*〕 **-niénsis,** e.

Crŏtōnĭátes, æ, *m.* *Croton*인.

Crŏtos, i, *m.* 《天》 인마궁(人馬宮)성좌, 사수좌(射手座).

crŭcĭábĭlis, e, *adj.* 고통을 주는, 고통스러운.

crŭcĭabílĭtas, átis, *f.* 심한 고통.

crŭcĭaméntum, i, *n.* [crúcio] 고통, 형벌, 고문.

crŭcĭárĭus, a, um, *adj.* 십자가의; *m.* **1.** 십자가에 매달린 사람. **2.** 십자가형을 받아야 할 악인.

Crŭcĭáta, æ, *f.* (*sc.* Bulla ~) 십자군 대교서(大敎書).

crŭcĭátĭo, ónis, *f.* 고문, 형벌.

crŭcĭátor, óris, *m.* 고문하는 사람, 괴롭히는 사람.

crŭcĭátus[1]**,** a, um, *p.p., a.p.* [crúcio] **1.** 고문 당한. **2.** 십자형(十字形)의; 십자군의: expedítio cruciáta 십자군 원정(遠征).

crŭcĭátus[2]**,** us, *m.* **1.** 고문(拷問), 형벌; 극심한 고통. **2.** 고문하는 도구. **3.** 사형; 파멸, 멸망.

crúcĭfer, fĕri, *m.* 십자가 멘 사람; 십자가 든 사람.

crŭcĭfígo, fíxi, fíxum, ĕre, *tr.* [crux+figo] 십자가에 매달다[못박다], 십자가 형(刑)에 처하다.

crŭcĭfíxĭo, ónis, *f.* 십자가 처형.

crŭcĭfíxor, óris, *m.* 십자가 형 집행자.

crucifíxus, i, *m.* 십자가의 예수 수난상(受難像).

crŭcígĕri, órum, *m.pl.* 십자군.

crúcĭo, ávi, átum, áre, *tr.* [crux] **1.** 십자가 형에 처하다, 형벌하다. **2.** 고문하다, 몹시 괴롭히다, 큰 고통을 주다. **3.** *intr.* 십자가에 매달리다. **4.** *pass.* 〔어떤 때 *acc. c. inf.*를 동반함〕 안타깝다, 안타까와 하다.

crūdélis, e, *adj.* [crudus] 잔인한, 잔학한, 포악한; 인정없는.

crūdélĭtas, átis, *f.* [crudélis] 잔인성, 포악, 잔악, 만행; 무정.

crūdésco, dŭi, ĕre, *intr.* [crudus] 격렬[맹렬·강렬]해 지다, 사나와 지다, 포악해 지다.

crúdĭtas, átis, *f.* [crudus] **1.** 체합, 소화불량. **2.** 체한 음식물.

crūdĭtátĭo, ónis, *f.* 체함, 얹힘, 소화불량.

crúdĭto, áre, *intr.* 체하다, 얹히다.

crūdus, a, um, *adj.* [cruor] **1.** 피나는, 피가 스며나오는, 핏방울이 듣는, 피맺힌. **2. 날것 그대로의,** 생으로의; 익지 않은, 선, 덜 익은, 생경(生硬)한. **3.** 체하는, 체한; 과식한. **4.** 샛파란, 싯퍼런; 생기발랄한, 팔팔한, 정정한. **5.** 앳된, 미숙한, 풋나기의, 경험없는, 익숙되지 않은. **6.** 천연(원료) 그대로의, **가공하지 않은. 7.** 거친, 거센, 우악스러운, 사나운, 난폭한, 가혹한; 거슬리는. **8.** 힘든, 괴로운.

crŭentátĭo, ónis, *f.* 피 뿌림.

crŭénte, crŭénter, *adv.* 피 흐르게, 가혹하게, 잔인하게.

crŭénto, ávi, átum, áre, *tr.* [cruéntus] **1.** 피 흐르게 하다, 피투성이로 만들다, 피로 물들이다[더럽히다]. **2.** 상처 입히다. **3.** 더럽히다; 붉게 물들이다.

crŭéntus, a, um, *adj.* [cruor] **1.** 피 흐르는, 피투성이의, 피에 젖은, 피묻은, 피로 더럽혀진. **2.** 피에 굶주린, 피비린내 나는, 잔인한. **3.** 더럽혀진. **4.** 핏빛의, 빨간.

crúmĕna[-mĭna], æ, *f.* **1.** (메거나 걸치고 다니는) 돈주머니, 전대. **2.** 돈, 현금.

crŭmílla, æ, *f.* 돈지갑.

crúmĭno, áre, *tr.* 가득 채우다.

crŭor, óris, *m.* **1.** (상처에서 나는) 피, 유혈. **2.** 생명력. **3.** 살육, 참살, 도살. **4.** 〔드물게〕 체내의 피.

cruppellárĭi, órum, *m.pl.* 갑주(甲冑)를 착용한 검투사(劍鬪士).

crūrális, e, *adj.* 하퇴(下腿)의, 정강이의.

crūrĭcrépĭda, æ, *m.* 족쇄를 채운 종(의 별명).

crūrĭfrágĭum, i, *n.* 정강이[다리]를 부러뜨림.

crūrĭfrágĭus, i, *m.* **1.** 정강이[다리]를 꺾인 사람. **2.** 나무 등걸, 나무 줄기의 아랫부분.

crūs, crūris, *n.* 정강이, 다리; 하퇴(下腿), 하퇴골.

crúscŭlum, i, *n.* 작은 다리.

crusma, ătis, *n.* 캐스터네츠.

crusta, æ, *f.* **1.** 껍질, 외피(外皮): ~ panis (*Plin.*) 빵껍질. **2.** (모든 것의) 굳어진 표면: 더껑이, 버캐, 딱지; 외각(外殼), 살얼음. **3.** 모자이크의 돌조각; 상감(象嵌)세공, 자개.

crustácĕus, a, um, *adj.* 갑각(甲殼)의, 피각의; 갑각류의; *n.pl.* 《動》 갑각류(甲殼類).

crustárĭus, a, um, *adj.* 자개의, 모자이크에

관한, 상감(象嵌) 세공의; *m.* 자개 세공인; 벽미장이; *n.pl.* 《動》 갑각류(甲殼類).

crustátus, a, um, *p.p.* [crusto] 껍질이 생긴, 외각이 있는; 표면이 굳어진; (때가) 낀.

crusto, ávi, átum, áre, *tr.* [crusta] 껍질로 덮다, 표면에 바르다[입히다·깔다]: humus crustáta frigóribus 살얼음이 덮인 땅바닥.

crustósus, a, um, *adj.* 껍질 두꺼운.

crústŭla, æ, *f.* 얇은 껍질, (상처의) 딱지.

crustŭlárĭus, i, *m.* [crústulum] 과자 제조인. 「果).

crústŭlum, i, *n.* [crustum] 과자, 당과(糖

crustum, i, *n.* 과자, 케이크.

Crustumérĭa[-ĭum, -ri], æ[i, órum], *f.* *[n., m. pl.] Roma* 북방에 있는 *Sabíni*인들의 도시; 〔*adj.*〕 **-mínus[-mĭus],** a, um.

crux, crŭcis, *f.* **1. 십자가 형틀; 십자가 형벌. 2.** 형벌, 고문; 파멸, 재앙: in malam crucem!*(Pl.)* 망해 버려라. **3.** 그리스도가 못박힌 **십자가**, 십자가상(像). **4.** 고난의 상징으로서의 십자가, 수난, 고통. **5.** 십자형(十字形), 십자 기호, 십자표: ~ gammáta 卍(만), (이와 비슷한) 갈구리 십자형.

cryoscópĭa, æ, *f.* (액체의) 빙점(氷點) 측정, 빙점법. 「하묘소.

crypta, æ, *f.* 토굴, 지하실; 지하 성당, 지

cryptárĭus, i, *m.* 지하실지기.

crýptĭcus, a, um, *adj.* **1.** 지하의, 지하실의. **2.** 자기 생각을 숨기는. 「頸龜類).

cryptŏdíra, órum, *n.pl.* 《動》 잠경구류(潛

cryptŏgamía, æ, *f.* 《植》 은화식물문(門).

cryptŏgrámma, ătis, *n.* 암호문, 암호전신.

cryptŏgráphĭa, æ, *f.* 암호 표기법, 암호.

cryptŏmérĭa, æ, *f.* 《植》 일본 삼목(杉木).

cryptŏmonadínĕæ, árum, *f.pl.* 《動》 무색편모충류(鞭毛虫類).

cryptónўmus, i, *m.* 익명(匿名).

cryptŏpórtĭcus, us, *m.* 지하복도. 「類).

cryptŏzónĭa, órum, *n.pl.* 《動》 은대류(隱帶

crystallía, órum, *n.pl.* 수정으로 만든 그릇.

crystallínus, a, um, *adj.* **1.** 수정의, 수정으로 만든. **2.** 수정 같은.

crystállum[-us], i, *n.[m. f.]* **1.** 수정, 결정(結晶), 결정체; 유리; 얼음. **2.** 수정 제품. 「동물.

ctenárĭa, órum, *n.pl.* 《動》 유즐판(有櫛板)

ctenóphŏra, órum, *n.pl.* 《動》 즐수모류(櫛水母類)의 해파리.

Ctésĭas, æ, *m. Cnidus* 태생의 유명한 의사 (c. 400 A.C.), *Pérsia*의 역사를 썼음.

Ctésĭphon, óntis, *m.* **1.** *Assýria*의 도시. **2.** *Pérsia*왕이 동계(冬季) 거주시. **3.** *Demósthenes*의 친구인 *Athénæ*사람.

cubátĭo, ónis, *f.* 누움.

Cūbi, órum, *m.pl. Bituríges*인들의 한 종족.

cŭbĭcŭláris, e, *adj.* [cubículum] 침실의, 침실용의.

cŭbĭcŭlárĭus, a, um, *adj.* 침실의; 〔*subst.*〕 *m., f.* 침실 시중드는 노예[여종].

cŭbĭcŭlátus, a, um, *adj.* 침실 달린; 침실처럼 만들어진.

cŭbícŭlum, i, *n.* [cubo] **1.** 침실. **2.** 거실; 방. **3.** 극장의 귀빈 관람석.

cúbĭcus, a, um, *adj.* **1.** 입방체의, 정육면체의. **2.** 입방의, 삼차(三次)의, 삼승(三乘)의.

cŭbíle, is, *n.* [cubo] **1. 침대,** 침상, 잠자리. **2.** 동침: iníre ~ *alcjs(C.)* 간통하다 / ascéndere ~ *alcjs(V.)* 부부가 되다. **3.** 보금자리, (동물의) 굴; 벌통. **4.** 소굴. **5.** ㄴ숙소.

cúbĭtal, ális, *n.* 팔꿈치 방석; 베개.

cŭbĭtális, e, *adj.* **1.** 팔꿈치의. **2.** 한 완척(腕尺)의 (높이·길이).

cŭbítĭo, ónis, *f.* 자리에 누움, 취침.

cúbĭto, ávi, átum, áre, *intr. freq.* [cubo] 드러눕다, 눕는 버릇이 있다.

cúbĭtor, óris, *m.* 잘 눕는 자.

cúbĭtum[-us], i, *n.[m.]* [cubo] **1.** 팔꿈치: pónere ~ apud *alqm* 누구의 집에서 식사하다(고대 *Roma* 인들은 왼팔로 머리를 괴고 누워서 먹었음). **2.** (하천·해안선의)굽이, 후미. **3.** 완척(腕尺: 팔꿈치에서 가운뎃 손가락 끝까지의 길이, 약 *44 cm* 안팎).

cúbĭtus, us, *m.* [cubo] **1.** 누움, 취침. **2.** 침대.

cŭbo, bŭi, bĭtum, báre, *intr.* **1.** 가로 눕다, 누워 있다. **2.** 누워 자다. **3.** 동침하다. **4.** 식탁에 다가앉다[다가 눕다(누워서 먹었음)]. **5.** 몸져 눕다, 앓아 눕다, 앓다. **6.** (물건이) 놓여 있다, 자리잡고 있다.

cubomedúsæ, árum, *f.pl.* 《動》 각형수모류(角形水母類).

cúbŭla, æ, *f.* 제상에 괴는 과자의 일종.

cŭbus, i, *m.* 입방체, 정육면체(正六面體).

Cucánĭa, æ, *f.* 게으름뱅이의 극락.

cūci, *n. indecl.* 종려(棕梠)의 일종.

cúcŭbo, áre, *intr.* 올빼미[부엉이]가 울다.

cuculifórmes, ĭum, *m. f.pl.* 《動》 두견류.

cucúlla, æ, *f.* [-us, i, *m.*] (외투나 망토에 달린) 두건, 고깔. 「도복 따위).

cucullátus, a, um, *adj.* 두건[고깔] 달린 (수

cucúllĭo, ónis, *f.* 두건, (서양)고깔; 두건 달린 겉옷.

cúcŭlo, áre, *intr.* 뻐국뻐국 하다.

cúcŭlus, i, *m.* **1.** 《動》 뻐꾸기; 두견새. **2.** 간통자(뻐꾸기나 두견새가 남의 둥지에 알을 낳아서 부화시키는데서 생긴 말).

cúcŭma, æ, *f.* 남비, 솥.

cŭcŭméllа, æ, *f. dim.* [cúcuma] 작은 남비.

cŭcŭmĕrárĭum, i, *n.* 오이밭.

cúcŭmis, mis [mĕris], *m.* 《植》 오이.

cŭcúrbĭta, æ, *f.* **1.** 《植》 호박; 호리병박, 조롱박. **2.** 돌대가리. **3.** 《醫》 흡각(吸

角), 흡종(吸鐘). 「과.
cŭcurbĭtácĕæ, árum, *f.pl.* 《植》 호박과; 박
cŭcurbĭtátĭo, ónis, *f.* 흡각(吸角) 사용.
cŭcurbĭtínus, a, um, *adj.* 호박처럼 생긴.
cūcúr(r)ĭo, íre, *intr.* 수탉이 울다.
cŭcus, i, *m.* 《動》 뻐꾸기.
cŭcútĭum, i, *n.* 두건[고깔]의 일종.
cūdo¹, di, cusum, ĕre, *tr.* **1. 두들기다,** 치다, 메질하다; 도리깨로 두드리다: Istæc in me cudétur faba.*(T.)* (도리깨질한 콩이 나한테로 튀어올거다) 하늘보고 침 밸기. **2.** 금속을 두들겨서 (무엇을, 특히 돈을) 만들다: argéntum ~ *(T.)* 은화를 만들다.
cūdo², ónis, *m.* 털가죽 투구[모자].
cuférĭon, rĭi, *n.* (짐승 특히 말의)코피터짐.
Cugérni, órum, *m.pl. Germánia*의 한 종족.
cuīcuímŏdi, *indecl.* 어떤 종류의 …든지, 무엇이든지.
cūjas[-játis], átis, *pron. interr.* **1.** 어느 나라[도시]의? 어느 민족의? **2.** 무슨 이름의?
cūjus, a, um, *adj. gen.* [quis] **1.** 〔소유 표시의 의문 대명사적으로〕 누구의, 누구에게 속한: Cujam vocem áudio?*(Pl.)* 들리는 것이 누구의 목소리냐? / cujum pecus?*(V.)* 누구의 가축? **2.** 〔관계 대명사적으로〕 그의, 그에게 속한; 관계되는: is, cuja res est. *(C.)* (물건이 속해 있는 그 사람)물건의 주인 / ei, cujā intérfuit.*(C.)* 그것이 관계된 그에게. 「이든.
cūjuscémŏdi, *gen. qualit.* 어떤 (종류의) 것
cūjuscumquémŏdi, *gen. qualit.* 어떤 것이든. 「일부.
cūjusdámmŏdi, *gen. qualit.* 어떤 종류의,
cūjúsmŏdi, *gen. qualit.* **1.** 〔의문적〕 어떤 (종류의)? **2.** 어떤 (종류의) 것이든, 어디에 속하든. 「것이든, 각 종류의.
cūjusquémŏdi, *gen. qualit.* 어떤 (종류의)
cūjúsvis, cūjávis, cūjúmvis, *adj.* 누구의 것이든지, 누구에게 속한 것이든지.
Cúlăro, ónis, *f. Allóbrŏges*족의 도시(지금의 *Grenoble*).
cúlcĭta, æ, *f.* 요, 침대용 요(매트리스); 보료: cúlcitam gládium fácere 칼을 안고 엎어지다, 자기 몸에 칼을 찌르다.
culcĭtárĭus, i, *m.* 요 만드는 사람. 「석.
culcĭtélla, æ, *f. dim.* [cúlcita] 작은 요, 방
cúlĕus[-ĕum], i, *m.[n.]* **1.** (액체 담는) 가죽부대. **2.** 존속 살해자 처벌에 쓰인 가죽 부대(개·원숭이·닭·독사 따위 짐승과 함께 넣고 봉한 다음 바다에 던졌음). **3.** 액체 특히 술의 용량의 최대 단위 (약 *400 l* 들이).
cŭlex, ĭcis, *m.* **1.** 모기. **2.** 각다귀; 등에.
cŭlígna, æ, *f.* 작은 포도주잔.
cŭlína, æ, *f.* **1.** 부엌, 주방. **2.** 음식.
cŭlīnárĭus, a, um, *adj.* 부엌의; *m.* 부엌
cúllĕus = cúlĕus. 「심부름꾼.
culmen, mĭnis, *n.* **1.** 꼭대기, 정점, 정상, 절정: ~ cæli*(C.)* 하늘 꼭대기 / ~ fortúnæ *(L.)* 행운의 절정. **2.** 지붕(꼭대기).
culmus, i, *m.* **1.** (초본의) 줄기, 대; 짚. **2.** 이엉; 초가 지붕.
culpa, æ, *f.* **1. 잘못, 탓,** 과실, 과오; 허물, 결점; 죄, 죄과: in ~ esse*(C.)* 잘못을 저지르고 있다 / ~ jurídica 법적 죄과 / ~ theológica 신학적 죄과. **2.** 정숙치 못함, 행실이 좋지 못함, 음탕함. **3.** 태만, 직무유기. **4.** 결함(缺陷). **5.** 잘못을 저지른 장본인. 「난 당할.
culpábĭlis, e, *adj.* 탓있는, 탓할 만한, 비
culpátĭo, ónis, *f.* 비난, 탓함; 단죄.
culpátus, a, um, *p.p., a.p.* [culpo] **1.** 탓[죄]있는, 비난 당한, 고발 당한. **2.** 잘못된, 결함있는: culpátum vinum 시어진 포도주.
cúlpĭto, áre, *tr.* 몹시 비난하다, 꾸짖다.
culpo, ávi, átum, áre, *tr.* [culpa] **1.** 탓하다, 비난하다, 힐난하다, 꾸짖다. **2.** 탓[잘못]을 돌리다, 죄를 씌우다, 고소하다. **3.** 못쓰게 만들다.
cultéllo, ávi, átum, áre, *tr.* **1.** 밭을 (깎아서) 고르게 하다. **2.** 칼모양으로 만들다.
cultéllus, i, *m.* 작은 칼, 주머니칼: ~ tonsórĭus 면도칼.
cultĕr, tri, *m.* **1.** 작은 칼, 주머니칼. **2.** 식칼, 부엌칼; 사냥칼, 짐승 도살용 칼. **3.** 면도칼. **4.** 쟁기의 날; 낫의 날.
cúltĭo, ónis, *f.* [colo²] **1.** 경작, 재배. **2.** 공경, 숭배.
cultor, óris, *m.* [colo²] **1.** 경작자, 재배자; 농부. **2.** 주민, 거주자. **3.** 숭상하는 사람, 애호가; (남을) 사모하는 사람. **4.** 숭배자, 공경하는 사람. **5.** (덕행·학문 따위를) 닦는 사람, 전념하는 사람.
cultrix, ícis, *f.* [cultor] **1.** 경작[재배]하는 여자, 여자 농부. **2.** 여자 주민. **3.** 숭배자(여자).
cultúra, æ, *f.* [colo²] **1.** 경작, 재배; 배양, 양식(養殖). **2.** 가꿈, 매만짐. **3.** 수양, 수련, 세련, 교양. **4. 문화;** 교화: ~ primitíva 원시문화 / ~ rurális 농촌문화. **5.** 숭배, 공경.
cultus¹, a, um, *p.p., a.p.* [colo²] **1.** 경작된, 재배된, 가꾸어진; *n.pl.* 경작지. **2.** 잘 다듬어진, 가꾼, 손질한, 잘 꾸며진, 말쑥한. **3.** 순화(純化)된, 세련된, 고상한, 기품있는. **4.** 연마된.
cultus², us, *m.* [colo²] **1.** 경작, 개간; 재배, 배양, 양식(養殖). **2.** 양성, 양육. **3.** 숭상, **숭배; 공경, 숭경,** 예배: 《가》 ~ dulíæ (천사·성인에 대한)공경 / ~ hyperdulíæ 성모마리아께 대한 특별공경 / **~ latríæ** 흠숭지례(欽崇之禮), (창조주 하느님께 대한) 절대적 예배. **4.** 가꿈, 다듬음, 손

질합; 차려입음, 의상; 장식, 화려, 으리으리함. 5. (학문·덕행)닦음; 훈련, 수련, 연마, 수양. 6. 세련, 교양; 문화, 문화생활. 7. 규모.

culúllus, i, *m.* 술잔.

cūlus, i, *m.* 둔부, 궁둥이, 엉덩이; 항문.

cum[1], *præp. c. abl.* **I** 〔동반 부사어 *(adverbiále comitátus)*〕 **1. 와 함께, 같이, 더불어;** 〔cum을 강조하기 위해서 unā cum, simul cum 으로도 씀〕 unā cum fílio 아들과 함께. **2.** 〔인칭 대명사를 동반할 경우에는 cum을 그 대명사 꼬리에 붙여 준다. 의문대명사·관계대명사를 동반할 경우에도 그렇게하는 수가 있다〕 mecum[tecum, secum, nobíscum, vobíscum] 나와 함께[너·자기·우리·너희와 함께] / quocum? = cum quo? 누구와 함께? **3.** (누구의) **집에,** (누구) **곁에:** cum *alqo* esse [vívere, habitáre, stare] 누구의 집에 있다 [살다, 거처하다, 누구 곁에 서있다]. **4. 거느리고,** 대동하고, 동반하고[동반한]; **가지고,** 갖추고[갖춘], 장비하고; **입고,** 걸치고; 띠고; 붙이고[붙은], (병에) 걸려 가지고; **부여하여,** 동반시켜서: cum donis *(T.)* 선물을 가지고 / legátos cum auctoritáte míttere *(C.)* 사절들에게 권한을 부여하여 파견하다 / cum sórdidā veste 누추한 옷을 걸치고 / cum febri *(C.)* 학질에 걸려 가지고. **5.** 누구의 보호[지도·관리]하에, 누구의 **도움을 받아:** cum diis *(C.)* 신(神)들의 도움을 받아.

II. 〔시간 부사어 *(adverbiále témporis)*〕 **동시에,** 때를 같이하여, 때에: cum primā luce *(C.)* 동이 틀 때에.

III. 〔모양 부사어 *(adverbiále modi)*〕 **1. …하게,** …롭게, 가지고, …를 들여서, 와 함께: cum labóre *(Pl.)* 수고를 들여서 / magnā cum diligéntiā 매우 부지런히[열심히]. **2. cum eo,** quod[ut, ne] …라는[한다는] 조건 하에, …라면. **3.** 〔순서 수사와 함께〕 (몇) 갑절, (몇)배: cum centésimo *(Plin.)* 백배(로).

IV. 〔상대방과의 관계 표시〕 **와[과],** (누구)하고, 와 더불어, **상대하여,** 대하여: Cum *alqo* mihi sunt ómnia. *(C.)* 나는 아무와 모든 점에 있어 뜻이 맞는다 / pugnáre cum *alqo* 누구와 싸우다 / fides cum hoste servánda *(C.)* 적에 대하여 지켜야 할 신용 / mutáre *alqd* cum *re* 무엇을 무엇과 바꾸다.

cum[2], *conj.* **I.** 〔동등 연계 접속사: *conj. copulatíva coórdinans*로서, tum과 함께 씀〕 **cum ... tum...** 도 그리고 특히, 뿐 아니라 특히 또한: Erat in Miltíade cum humánitas, tum cómitas. *(N.) Miltíades*는 친절도 하였거니와 또한 특히 명랑하였다.

II. 〔시간 부사문을 이루는 종속 접속사: *conj. subórdinans*〕 **1. 시간 cum** 〔*~temporále - indic.*; 주문에는 가끔 nunc(지금), tum(당시), tunc(그때) 따위 지시부사가 나타남〕 **…때에,** **…적에:** Cum sol ortus est, 해가 떴을 때 / cum+(미래완료) …면, …할 경우에, …한 후에. **2. 부가(附加) cum** *(~ additívum)* 또는 **전도(轉倒) cum** *(~ invérsum)* 〔*indic. pf.*을 쓴다. 주문에는 *impf.* 또는 *plqpf.*만 나타나며, 또한 흔히 nondum(아직 아니), vix(겨우, 간신히), jam(이미, 벌써) 따위의 부사를 함께 쓴다. 그리고 속문(cum) 속에는 súbito(갑자기), repénte(갑자기), repentínus(갑작스런, 돌발적) 따위의 부사·형용사를 가끔 쓴다〕 **…때에, …적에:** Vix epístolam légeram, cum ad me amícus venit. (친구가 나한테 왔을 때 나는 겨우 편지를 다 읽었었다) 내가 편지를 막 읽고 났을 때 친구가 나한테 왔다. **3. 설명 cum** *(~ explicatívum)* 또는 **일치 cum** *(~ coíncidens)* 〔주문과 같은 시칭의 직설법을 씀〕 **…하는 것은 즉 …하는 것이다, 하면서 …하는 것이다:** Hoc cum confitéris, scelus concédis. 네가 이것을 승인하는 것은 즉 유죄를 인정하는 것이다. **4. 반복 cum** 〔*~iteratívum-indic. pf.*(현재반복 표시), *plqpf.*(과거 반복 표시), *fut. exáct.*(미래 반복 표시)〕 **…때 마다, …적 마다:** Cum ad villam veni, ... me deléctat. *(C.)* 나는 별장에 올 적마다 즐겁다. **5. 서술 cum** *(~ narratívum)* 또는 **역사적 cum** *(~ históricum)* 〔주문의 과거와 동시적이면 *impf. subj.*; 더 먼저의 사실이면 *plqpf. subj.*〕 **…할[하고있을] 때에; …하였을 때에, …한 후에, 하고 나서:** Cum dux exércitum lustráret, hostes aggréssi sunt. 장군이 군대를 사열하고 있을 때 적군이 공격하여 왔다 / Cum urbs capta esset, íncolæ necáti sunt. 도시가 점령된 후 주민들은 살해되었다. **6. 반대 cum** 〔 *~ adversatívum - subj.*〕 **반면에, …와는 반대로, …면서 그와는 달리, …인데, 그러나:** Solus homo párticeps est ratiónis, cum cétera animália sint expértia. 다른 동물들은 이성이 없지만, 사람만은 그것을 가지고 있다. **7. cum primum** 〔*indic. pf., fut. exáct.*; 간혹 *subj. impf., plqpf.*〕 **하자마자.** **8.** 〔*indic. pf.*, 때로는 *præs.*〕 **…한 이래, …때부터, …한지:** Multi anni sunt, cum ille in ære meo est. *(C.)* 그가 내 빚을 지고 있는지가 여러 해 된다.

III. (종속 접속사) **이유 cum** 〔 *~ causále - subj.*〕 **…하기 때문에, …므로, 까닭에:** Cum vita brevis sit, témpori parcéndum est. 인생은 짧으니, 시간을 아껴야 한다; 〔이유의 강조로〕 quippe ~, útpote ~, præsértim ~, ~ præsértim 특히 …하므로, …하기 때문에.

IV. (종속 접속사) **양보 cum** 〔 *~ concessívum - subj.*〕 **비록…할지라도, …함에도 불구하고, …하지만·**

cūma, æ, *f.* = cyma.

Cūmæ, árum, *f.pl.* 이태리 서남부 *Campánia* 해안의 옛 도시, *Sibýlla*(여자 예언자)로 유명; 〔*adj.*〕 **-mǽus[-mánus],** a, um.
Cumánum, i, *n.* **1.** *Cumæ* 지방. **2.** *Cícero*가 *Cumæ* 시골에 가지고 있던 토지.
cumátĭle, is, *n.* 푸른색 옷.
cumátĭlis, e, *adj.* 푸른 빛의, 바닷 빛의.
cumba, æ, *f.* = cymba.
cúmĕra, æ, *f.* 곡식담는 그릇, (뚜껑 있는) 큰 광주리, 뒤주. 「양념·조미료.
cŭmīnátum, i, *n.* 커민(cumínum)으로 만든
cŭmīnátus, a, um, *adj.* 커민(cumínum)을 섞은, 그것으로 양념한. 「의·
cŭmīnínus, a, um, *adj.* cumínum의, 커민
cŭmínum, i, *n.* 《植》 커민(미나리과의 풀), 그 씨.
cummátus, a, um, *adj.* = gummátus.
cummáxĭme[cum máxime], *adv.* **1.** 대단히, 몹시, 무척, 가장 크게[많이]. **2.**〔시간 cum의 뜻을 가질 때도 있음〕 특히…때에.
cummi, *indecl.* = gummi.
-cumque¹, *adv.* …든지 다 (무한정으로); 〔흔히 관계대명사, 장소 부사 등의 접미어로 쓰이며, 총망라·무제한의 뜻을 드러냄〕 quicúmque …하는 자는 누구나.
cumque² = et cum. 「로, 풍부히.
cŭmŭlátĭm, *adv.* 가득히, 수북이, 무더기
cŭmŭlátĭo, ónis, *f.* 쌓아 올림, 집적(集積), 축적. 「2. 첨가의.
cŭmŭlātívus, a, um, *adj.* **1.** 누적되는.
cŭmŭlátus, a, um, *p.p., a.p.* [cúmulo] **1.** 쌓아 올려진, 수북한, 더미가 된, 무더기로 된. **2.** 축적된, 가중된; 증가된, 확대된. **3.** 가득 채워진. **4.** 완전한, 완성된.
cúmŭlo, ávi, átum, áre, *tr.* [cúmulus] **1.** 쌓다, **쌓아 올리다,** 더미로 만들다, 퇴적하다, 누적하다. **2.**〔*alqd[alqm] re*〕 늘리다, 커지게 하다, 증가시키다, 거듭하여 덧보태다, 가중하다, 확대하다; 치켜 높이다. **3.** 채우다, 가득하게 하다: ~ se cibo 배불리 먹다. **4.**〔*alqd abl.*, ex *abl.*〕 절정에 이르게 하다, 완성하다.
cúmŭlus, i, *m.* **1.** 무더기, 더미; 퇴적, 누적; 군집, 무리: hóminum ~ *(L.)* 군중. **2.** 팽배(澎湃), 산더미 같은 파도. **3.** 수북함, 덤: ~ diérum*(C.)* 덤으로 받은 시간[날] / in ~ 더구나, 그 외에. **4.** 증가, 성장. **5.** 완성, 극치, 절정.
cūnábŭla, órum, *n.pl.* [cunæ] **1.** 요람(搖籃), 아기 침대. **2.** 보금자리, 둥지; 짐승 새끼의 잠자리. **3.** 출생지, 발상지; 거주지. **4.** 기원(起源), 발상(發祥); 초기, 어린시절, 요람시대.
cūnæ, árum, *f.pl.* **1.** 요람, 보금자리. **2.** 출생; 영아기(嬰兒期).
cūnális, e, *adj.* 요람의, 보금자리의.
cūnárĭa, æ, *f.* 아기보는 여자.

cunctābúndus, a, um, *adj.* [cunctor] 주저하는, 머뭇거리는, 망설이는; 꾸물거리는.
cunctans, ántis, *p.præs., a.p.* [cunctor] **1.** 주저하는, 머뭇거리는, 망설이는, 우유부단한. **2.** 꾸물거리는, 지체하는, 느린. **3.** 완강한.
cunctátĭo, ónis, *f.* [cunctor] 주저, 망설임; 꾸물거림, 느림; 지연(遲延), 지체함.
cunctátor¹, óris, *m.* [cunctor] **1.** 주저하는 사람, 꾸물거리는[지체하는] 사람. **2.** 신중한 사람; 지연작전 쓰는 사람.
Cunctátor², óris, *m.* *Q. Fábius Máximus*의 별명(지연 작전으로 *Hánnĭbal*의 병력을 분쇄했음). 「제창(齊唱)의, 개창의.
cunctícĭnus, a, um, *adj.* [cunctus+cano]
cunctim, *adv.* 모두 다 함께, 한꺼번에.
cunctípŏtens, éntis, *adj.* 전능한.
cunctor, átus sum, ári, *dep. intr.* **1.**〔*absol.; inf.;* quin〕 주저하다, 망설이다, 머뭇거리다: ~ profitéri*(C.)* 공언하기를 주저하다 / **Non** cunctándum est, **quin** *c. subj. (Cæs.)* …하기를 주저해서는 안된다. **2.** 지체[지연]하다, 지연작전을 쓰다.
cunctus, a, um, *adj.* 온, 전(全), 전체의, 전부의, 모든 (모두 함께).
cŭnĕátim, *adv.* [cuneátus] 쐐기 모양으로, 설형(楔形)으로.
cŭnĕátĭo, ónis, *f.* 쐐기 모양을 만듬.
cŭnĕátus, a, um, *p.p., a.p.*[cúnĕo] 쐐기 모양으로 된, 설형(楔形)의.
cúnĕo, ávi, átum, áre, *tr.* [cúneus] **1.** 쐐기를 박다, 보라[쐐기]를 박아 빼개다[쪼개다]. **2.** 쐐기모양으로 만들다; 사이에 비비고 끼
cŭnéŏlus, i, *m.* 작은 쐐기. └어들게 하다.
cúnĕus, i, *m.* **1.** 쐐기, 보라: ~ veritátis 진리의 위세[위력]. **2.** 쐐기 모양의 것(물건·무늬). **3.** 쐐기 모양의 (전투)대형(隊形). **4.** 원형극장의 관람 좌석열(座席列). **5.** (극장의) 관람객. **6.** 《醫》 설상엽(楔狀葉).
cŭnīcŭláris, e, *adj.* **1.** 땅굴의, 갱도의. **2.** 토끼의. 「굴 파는 부대 병사.
cŭnīcŭlárĭus, i, *m.* 갱도 파는 사람; *pl.* 땅
cŭnīcŭlátim, *adv.* 갱도 모양으로.
cuniculátor, óris, *m.* = cuniculárius.
cŭnīcŭlósus, a, um, *adj.* 갱도[땅굴] 많은.
cŭnícŭlus, i, *m.* **1.** 《動》 토끼. **2. 지하통로;** 땅굴, 갱도, 터널. **3.** 산협, 해협; 수로. **4.** 비밀 계략. 「동물.
cunidárĭa, ŏrum, *n.pl.* 《動》유극포(有棘胞)
cŭníla, æ, *f.* 《植》 (유럽산) 차조기(의 일
cúnĭo, íre, *intr.* 대변 보다. └종); 꽃박하.
cunnus, i, *m.* **1.** 여자의 음부. **2.** 여자.
-cunque = -cumque¹.
cúnŭlæ, árum, *f.pl.* 작은 요람.
cūpa¹[-ppa], æ, *f.* **1.** 큰 나무 술통. **2.**
cūpa² = copa. └압착기의 축.
cūpárĭus, i, *m.* 나무술통 제조인.

cūpédĭa, æ, *f.* **1.** 식도락. **2.** 각종 요리음식.

cūpedĭnárĭus, i, *m.* 식료품 장수.

cūpédĭum, i, *n.* 각종 요리음식; *n.pl.* 맛있는 것, 과자.

cūpédo, dĭnis, *f.* **1.** = cupíditas. **2.** 환락가(歡樂街).

cŭpídĭtas, átis, *f.* [cúpidus] 〔*absol., gen.*〕 **1.** 욕망, 열망, 갈망. **2.** 탐욕, 물욕, (특히 금전에 대한) 애착·인색. **3.** 욕정, 성욕. **4.** 분노; 야심, 공명심. **5.** 편애, 편파심, 당파심.

cŭpído¹, dĭnis, *f.* = cupíditas.

Cŭpído², dĭnis, *m.* *Venus* 여신의 아들로 연애의 신; 〔*adj.*〕 **-dínĕus,** a, um.

cúpĭdus, a, um, *adj.* [cúpio] **1.** 〔*gen.*, in *abl.*, *inf.*〕 갈망[열망]하는, 열렬한, …싶어하는, 좋아하는, 추구하는. **2.** 탐욕적인, 욕심많은, 탐내는; 인색한. **3.** (권력에 대한) 야심[야망]품은. **4.** 욕정적인, 선정적인; 사모하는, 열애하는. **5.** 편당적인, 당파적인, 편파적인.

cúpĭens, éntis, *p.præs., a.p.* [cúpio]〔*absol., gen.*〕 탐하는, 열망하는.

cúpĭo, íví[ĭi], ítum, ĕre, *tr.* **1.** 〔*acc., acc. c.inf.*, ut; 간혹 *gen.*〕 원하다, 몹시 …싶어하다, 탐하다, 열망[갈망]하다. **2.** 욕정으로 사랑하다. **3.** 〔*alqd alci, alcjs* causā〕 (누구에게) 축원하다, 좋게[잘] 되기를 바라다.

cŭpítor, óris, *m.* [cúpio] 탐내는 사람; 갈망[열망]자.

cŭpítum, i, *n.* 탐하는[갈망하는] 물건.

cupped... *V.* cuped...

cupressácĕæ, árum, *f.pl.* 《植》 측백과, 편백과.

cupressétum, i, *n.* 실편백나무 숲.

cuprésseus, a, um, *adj.* [cupréssus] 실편백나무의; 실편백나무로 만든.

cupréssĭfer, ĕra, ĕrum, *adj.* [cupréssus + fero] 실편백나무를 지닌.

cupréssĭnus, a, um, *adj.* [cupréssus] 실편백나무의.

cupréssus, i, *f.* **1.** 《植》 실편백나무 (황천의 신 *Pluto*에게 바쳐진 나무로서 애도의 표시로 사용되기도 함). **2.** 실편백나무로 만든 작은 상자.

cúprĕus, a, um, *adj.* 구리의, 동의; 구리로 만든, 동제의.

cuprum, i, *n.* 구리, 동.

cúpŭla, æ, *f.* **1.** 작은 통. **2.** 작은 압착기의 축.

cūr, *adv.* **1.** 〔의문부사〕 **왜, 어째서,** 무슨 이유로? **2.** 〔간접 의문적인 이유 표시, *c. subj.*〕 **…할[하는] 이유:** est, ~ …; causa est, cur …; hábeo (causam), cur … 할 이유가 있다 / Quæ causa est, cur …? Quid est causæ, cur …? Qui est, cur…? *(C.)* …할[하는] 이유가 뭐냐?

cūra, æ, *f.* **1. 조심,** 주의(기울임), 신중. **2. 노력,** 수고, 손질함, 가꿈, **정성:** cum curā 정성들여 / máximæ curæ homo 노력가. **3. 관심**[관심사], **배려,** 염려, 마음씀; 참견, 호기심: in [de] *alqā re* curam adhibére *(N.,C.)* 무슨 일에 마음을 쓰다 / Est mihi curæ *(dat. finális)*… (무엇이) 나의 관심사이다 / Cura cómere capíllum fuit. *(Sen.)* 마음쓰는 것은 머리빗는 일이었다 / *alqd[alqm]* curæ *(dat.)* habére 무엇에[누구에게] 마음쓰다, 바라지하다. **4. 보살핌, 돌봄, 보호,** 건사함, 시중; **간호, 치료:** ~ animárum (신자들에 대한) 사목(司牧). **5.** 행정(行政), 관리(管理), 경영; 처리, 조처; 지휘, 감독; 직무, 직책; 종사(從事), 일. **6.** (정성들인) 저서. **7.** 돌보는 사람, 관리자. **8. 걱정,** 걱정거리, **근심,** 시름, 애태움, 마음 졸임, 노심초사. **9.** 사랑에 초조한 마음; 사랑; (여자) 애인.

cūrábĭlis, e, *adj.* **1.** 치료될[고쳐질] 수 있는. **2.** 염려되는.

cūrăgendárĭus, i, *m.* 공무원.

curál(l)ĭum, i, *n.* 《動》 (붉은) 산호.

cūrātéla, æ, *f.* **1.** 돌봄, 보살핌. **2.** 후견, 관리(管理).

cūrátĭo, ónis, *f.* [curo] **1.** 〔*gen.*〕 **돌봄, 보살핌,** 간수함, 주의 기울임, **보호;** 〔*alci acc.*〕 관계함: Quid tibi hanc curátio est rem? *(Pl.)* 이 일에 네가 무슨 상관이냐? **2. 간호, 치료. 3.** 관리(管理), 처리; 지휘, 감독; 직무, 직책. **4.** 후견인의(돌볼)책임.

cūrátor, óris, *m.* [curo] **1.** 〔*gen., dat.*〕 관리인, 감독; (무슨)직책 담당자: ~ annónæ *(C.)* 양곡 관리자 / ~ muris reficiéndis *(C.)* 성벽 보수감독. **2.** 돌보는 사람; 사육자(飼育者), 양봉하는 사람. **3.** (미성년자·정신병자 따위의)후견인, 재산 관리인.

cūrātórĭa, æ, *f.* 관리인의 직책·직무.

cūrātōrícĭus, a, um, *adj.* 관리인의, 관리인이 쓰는.

cūrātórĭus, a, um, *adj.* 관리인의; 후견인의.

cūrātúra, æ, *f.* 돌봄, 보살핌, 간호.

cūrátus, a, um, *p.p., a.p.* [curo] **1.** 잘 돌본, 손질한, 소중하게 다룬, 정성들인, 관심 둔. **2.** 마음 쓴, 신중히 고려한; 조심스럽게 표명된.

curcúlĭo, ónis, *m.* 《動》 바구미.

curcŭlĭúncŭlus, i, *m.* **1.** 작은 바구미. **2.** 보잘 것 없는 것.

curcúma, æ, *f.* 말굴레; 재갈.

Cŭres, ĭum, *f.pl.* *Sabíni* 인들의 옛 도시; 〔*adj.*〕 **-rénsis,** e.

Curétes, um, *m.pl.* *Creta* 섬의 전설적 인종; 〔*adj.*〕 **-rétis,** ĭdis.

cúrĭa, æ, *f.* **1.** (고대 *Roma* 국민의 30분의 1에 해당하는) 정치 행정구분 단위·관구 (*Rómulus*는 *Roma*국민을 구성하는 3대 *tribus* 즉 *Látium* 부족, *Sabíni* 부족, *Etrúria*부족을 각각 10개의 cúria로 나누었음). **2.** 고대 *Roma* **원로원,** 그 의회·의사당: ~ Hostília, *Hostílius* (왕이 지은) 의사당. **3.** 지방도시 의회·의사당. **4.** (귀족이나 특수

층의) 회의, 집회, 집회소. **5.** 재판소, 법정. **6.** 《가》 ~ **Romána** *Roma* 교황청(여러 성성, 법원, 비서국들로 구성됨); ~ **diœcesána** 교구청.

cūrĭális, is, *m.* **1.** 같은 cúria에 속하는 사람. **2.** 시의회 의원.

cūrĭálĭtas, átis, *f.* 의원직(議員職).

Cūrĭátĭi, órum, *m.pl.* *Alba*의 종족(후에 *Roma*로 옮겨졌음, 그들 중 3형제가 *Roma*의 *Horátii* 3형제와 싸운 것으로 유명함).

cūrĭátim, *adv.* cúria를 통하여[경유하여].

cūrĭátus, a, um, *adj.* cúria의, cúria에 관한: comítia curiáta *(C.)* 고대 *Roma*의 귀족원(초기의 의회) / lex curiáta *(C.)* 귀족원의 의결을 거친 법률.

cúrĭo[1], ónis, *m.* **1.** cúria의 제관(祭官: *Roma*에 30개 정치관구 소속제관 30명이 있었음, 60명이었다고도 함). **2.** 전령사(傳令使), 전령관, 포고자(布告者).

cúrĭo[2], ónis, *m. adj.* [cura] 깡마른, 야윈.

Cúrĭo[3], ónis, *m.* *Scrībónĭus* 씨족의 가문명; [*adj.*] **-niánus,** a, um.

curiósĭtas, átis, *f.* [curiósus] 꼬치꼬치 파고 듦, 지식욕; 호기심.

Curiosolítes = Coriosolítes.

curiósus, a, um, *adj.* [cura] **1.** [in *abl.*, ad *acc.; gen., absol.*] 세심한 주의를 기울이는, 조심성 있는; 열성적인, 파고 드는; 면밀한. **2.** 호기심 많은, 지나친 관심을 가진, 참견하는; *m.* 정탐자. **3.** 걱정하는; 야윈, 마른.

curis, is[ítis], *f.* 창(槍).

Cúrĭus, i, *m.* *Roma*인의 씨족명; 특히 *Samnítes*족 및 *Pyrrhus* 왕을 정복한 *M.* ~ *Dentátus;* [*adj.*] **-ĭánus,** a, um.

cūro, ávi, átum, áre, *tr.* [cura] **1. 돌보다,** 손질하다, 가꾸다, 매만지다; (머리) 빗다, (그릇 따위를) 부시다. **2.** 준비하다, **마련하다,** (무슨) 채비를 하다, (음식·요리 따위를) 만들다, (음식·휴식 따위로) 기운을 회복하다·힘을 기르다. **3.** [*acc.;* 간혹 *acc.* 대신 *dat.*] **마음쓰다, 염려하다, 걱정하다,** 조심하다, 배려하다; 관심갖다, 참견하다: ~ *alqm* 누구에게 마음쓰다, 바라지하다, 잘 대접하다 / Alĭud cura. *(T.)* 다른 걱정이나 해라. **4.** [*inf.; alqd[alqm] c. acc. gerundívi;* ut, ne; *subj.*] …하도록[하기로]하다, …**하게 하다, 조치하다,** 주선하다: mediócriter *alqd* scire ~ *(C.)* 어지간히 알아두기로 하다 / pontem faciéndum ~ *(Cæs.)* 다리를 놓게 하다 / Cura, ut váleas. *(C.)* 부디 잘 있어라. **5.** 처리하다, 관리하다, 경영하다, 지휘하다, 다스리다; 수행[이행]하다, (책임·의무 따위를) 다하다; 종사하다, 지켜나가다. **6. 치료하다,** 병고쳐주다, **간호하다,** 보살피다. **7.** 돈을 치르다, 지불하다.

currax, ácis, *adj.* 빨리 달리는.

currícŭlum[-us], i, *n.[m.]* [curro] **1.** 달림, 뜀: currículo *(Pl.)* 빨리 뛰어서. **2.** 달리기, 경주; 주로(走路); **경주장:** fácere ~ *(Pl.)* 경주하다. **3.** (해·달의) 회전, 순환. **4. 역정**(歷程), **이력,** 경력; **경과된 기간:** ~ vitæ 이력; 이력서. **5.** 경기용 마차; 수레.

currílis, e, *adj.* 수레의, 차의: equus ~ 수레끄는 말.

curro, cŭcúrri, cursum, ĕre, *intr.* **1. 뛰다,** 달리다, 질주하다, 달음박질하다; [*acc.* loci] stádium ~ *(C.)* 경기장을 뛰다. **2.** 빨리 움직이다, (시간이) 빨리 지나가다, 빨리 흐르다, 휙휙 돌아가다. **3.** 급하게 가다[넘어가다], 바삐 하다, 서두르다. **4.** 줄·선·열(列)이 뻗어 나가다.

currúlis, e, *adj.* 마차의, 수레의.

currus, us, *m.* [curro] **1.** 차, **수레**; 마차. **2.** 경주 마차; 전차(전투 마차); 개선 마차. **3.** 개선(凱旋). **4.** 말(馬). **5.** (바퀴달린) 쟁기. **6.** 배, 선박.

cursátĭo, ónis, *f.* 분주히 왔다 갔다 함, 왕래.

cursim, *adv.* [curro] 달음박질 하여, 급히, 재빨리.

cúrsĭo, ónis, *f.* 뜀, 달림.

cursĭtátĭo, ónis, *f.* 뛰어 돌아다님.

cúrsĭto, ávi, átum, áre, *intr. freq.* [curso] huc illuc ~ *(H.)* 여기저기 뛰어 다니다.

curso, ávi, átum, áre, *intr. freq.* [curro] 여기저기 뛰어 다니다, 뛰어 돌아 다니다.

cursor, óris, *m.* [curro] **1.** 달음박질 하는 사람; 경주자. **2.** 경기 마차 경주자. **3.** 편지 배달부; 급한 심부름 가는 사람. **4.** (주인의 4륜마차 앞에서 뛰는) 길잡이 노예.

cursórĭa, æ, *f.* **1.** 쾌속정 공무 연락선. **2.** 경주용 운동화.

cursórĭum, i, *n.* 관용(官用) 역마차.

cursórĭus, a, um, *adj.* **1.** 뛰는, 달리는, 주행의, 경주의. **2.** 궤도의, 진로의.

cursuális, e, *adj.* = cursórius.

cursúra, æ, *f.* 뜀, 달림, 달음박질; 도망.

cursus, us, *m.* [curro] **1.** 뜀, (다리를 놀려 또는 말·차·배 따위를 타고) 달림. **2.** 여행, 항행(航行); 천체의 운행. **3. 진로, 궤도,** 길, 방향, 행로, 경로, **역정**(歷程): ~ vitæ *(C.)* 인생역정. **4.** 배, 선박; 역마(驛馬): ~ públicus, ~ vehiculáris (신속한 공무연락을 위한) 역마차, 쾌속정. **5.** (시간 따위의) **경과,** 진행, 추이(推移), 순서, 과정: ~ honórum *(C.)* 관직 취임순서. **6.** (말의) 유창.

curtína = cortína.

curtis, is, *f.* **1.** 왕실, 궁정(宮廷). **2.** 성(城).

curtisánus, a, um, *adj.* 궁정에 속하는.

Cúrtĭus, i, *m.* *Roma*인의 씨족명; 특히 **1.** M. ~, *Roma*의 *Forum*에 있는 낭떠러지 굴속에 뛰어든 것으로 유명. **2.** Q ~ Rufus, *Latin*어로 된 *Alexánder* 대왕의 역사를

쓴 사학자. 「짧게 하다.
curto, ávi, átum, áre, *tr.* [curtus] 줄이다,
curtus, a, um, *adj.* **1.** 짧은, 단축된, 자른[잘린], 줄인, 깨진. **2.** 절단된; 거세된. **3.** 작은, 불충분한, 불완전한.
curúles, ĭum, *m.pl.* (특별 의자에 앉을 자격이 있는 consul, prætor, censor, ædílis 따위) 고관(高官), 최고급 관리.
curúlis, e, *adj.* **1.** 수레의, 차의: crules ludi 마차 경주. **2.** 대관(大官) 의자에 앉을 자격 있는, 고관대작의, 집정관의: ~ sella 상아의자, 최고급 관리만 앉는 특별의자. **3.** *f.* ~ = ~ sella. 「있는.
curvábĭlis, e, *adj.* 휠 수 있는, 구부릴 수
curvámen, mĭnis, *n.* [curvo] 굽음, 굽이, 구부러진 부분; 궁륭, 만곡, 곡선; 곡률(曲
curvátim, *adv.* 구부려, 휘어. ∟率).
curvátĭo, ónis, *f.* 구부림, 휨; 만곡, 만곡형(灣曲形).
curvātúra, æ, *f.* [curvo] **1.** 구부러진[휜] 곳, 굽이; 궁륭, 만곡부. **2.** 곡률(曲率), 곡도(曲度).
curvátus, a, um, *p.p., a.p.* [curvo] 굽은, 휜, 꾸부린: curvátis génibus bíbere 두 무릎을 꾸부리고 마시다. 「곡선을 이루다.
curvésco, ĕre, *intr.* 구부러지다, 휘어지다,
cúrvĭtas, átis, *f.* 구부러진 데, 휜 곳.
curvo, ávi, átum, áre, *tr.* [curvus] **1.** (곡선으로) 구부리다, 휘다, 만곡시키다, 활모양으로 만들다: portus in arcum curvátus *(V.)* 활모양으로 굽어든 항구. **2.** (뜻·마음을) 꺾다, 굽히게 하다.
curvum, i, *n.* 비뚤어진 것, 굽은 것: curvo dignóscere rectum *(H.)* 선악을[진위를] 구별하다.
curvus, a, um, *adj.* **1.** 굽은, 휘어진, 만곡한, 구불구불 굽이 진, 꾸불꾸불한, 꼬부라진. **2.** 출렁거리는, (거센 바람으로) 높은 파도가 이는. **3.** 움푹 파인. **4.** 비뚤어진, 정직하지 못한; 본 궤도에서 벗어
cuspĭdátim, *adv.* 뾰족하게. ∟난, 빗나간.
cúspĭdo, ávi, átum, áre, *tr.* [cuspis] (끝을) 뾰족하게 하다.
cuspis, ĭdis, *f.* **1.** 날카로운[뾰족한] 끝, 송곳; (벌의) 살; 창끝, 화살촉. **2.** 창, 투창, 삼지창; 화살. 「用)방석. **2.** 베개.
cussínus, i, *m.* **1.** 방석, 요; 의식용(儀式
custódĭa, æ, *f.* [custos] **1.** **지킴, 보관,** 간수, **수호,** 보호, 간호, 보살핌; 《가》 성체 모시는 휴대용 갑(작은그릇). **2.** 경계, 감시, 감독. **3.** **경비,** 파수. **4.** 〔흔히 *pl.*〕 지키는 사람, 감시원; 보초병, 경비병. **5.** 감시소; 무덤 지키는 집. **6.** **감금,** 구속: líbera ~ 연금. **7.** 삼복. **8.** 감금된 사람, 수인(囚人).
custōdĭárĭum, i, *n.* 감시소, 초소(哨所).
custodiárĭus, i, *m.* 감시인, 보초.
custódĭo, ívi[ĭi], ítum, íre, *tr.* [custos] **1.** **지키다, 준수하다, 수호[보호]하다,** 보존[보관]하다, 간직[간수]하다, 보살피다, 돌보다. **2.** 경비하다, **망보다.** **3.** 경계하다, 감시하다, 지켜보다, 감독하다. **4.** 감금
custōdítĭo, ónis, *f.* 지킴, 준수. ∟하다.
custōdítus, a, um, *p.p.,a.p.* [custódio] 잘 간직한, 조심성있게 다룬, 신중한, 주의하는.
custos, ódis, *m.f.* **1.** 지키는 사람, **수호자,** 간직하는 사람, 보관인: ángelus ~ 수호천사. **2.** **경비원,** 경호원, 감시원; 보초[경비]병, 파수병; 경비견(犬). **3.** (어린이의) 선생, 가정교사. **4.** 탐정꾼. **5.** 옥사장이, 간수(看守), 교도관.
cusus[1], a, um, *p.p.* [cudo[1]].
Cusus[2], i, *m.* *Germánia*의 작은 강. 「하는.
cutánĕus, a, um, *adj.* 피부의, 피부를 침범
cutícŭla, æ, *f. dim.* [cutis] **1.** 피부; 《解·動》 표피: cutículam curáre 몸을 무던히도 아끼다. **2.** (손톱 뿌리를 덮는) 엷은 피부. **3.** (식물의) 겉껍질.
Cutílĭæ, árum, *f.pl.* *Sabíni*인들의 도시.
cŭtis, is, *f.* **1.** 피부, 살갗: 《解》 ~ vera 진피(眞皮) / curáre cutem *(H.)* 제몸을 잘 돌보다, 아끼다 / cute pérditus 쭈굴쭈굴한 (노인·병자) / Ego te intus et in cute novi. 나는 너를 안팎으로 잘 알고 있다. **2.** 가죽. **3.** 껍질, 외피, 겉껍질의 엷은 막: ~ uvæ *(Plin.)* 포도 껍질.
cutítis, títĭdis, *f.* 《醫》 피부염. 「한.
cutítus, a, um, *adj.* 찰과상 입은; 능욕당
cўămus, i, *m.* 《植》 콩, 이집트콩.
Cўăne, es, *f.* *Syracúsæ* 샘의 요정.
Cyánĕæ, árum, *f. pl.* *Byzántium* 부근에 있는 *Bósporus* 바다의 두개의 섬 (= Symplégades). 「*Caunus*와 *Byblis*의 어머니.
Cyánĕe, es, *f.* *Mæánder* 하신(河神)의 딸,
cyánĕus, a, um, *adj.* 하늘 빛의, 짙푸른.
cўănus, i, *m.* 《植》 남색 국화.
cўăthísso, ávi, átum, áre, *intr.* 술따르다, 큰잔에 술을 따라 대접하다.
cўăthus, i, *m.* **1.** 술을 떠서 잔에 붓는 국자: ad cўathum stare *(Suet.)* 술 따르는 심부름 하다. **2.** 술잔. **3.** 용량 단위: *sextárius*의 6분의 1 = 약 *45 cc.*
cybǽus, a, um, *adj.* 넓은 선복(船腹)의, 화물선의; *f.* (*sc.* navis) 화물선, 운송선.
Cўbébe = Cýbĕle.
Cўbĕle[-a], es[æ], *f.* **1.** 본래는 *Phrýgia*의 여신으로서 신들의 어머니로 여겨졌으며, 기원전 204년부터 *Roma*인들도 공경하였음(때로는 *Ops, Mater Magna* 등의 이름으로 불리움); 〔*adj.*〕 **-léĭus,** a, um. **2.** *Phrýgia*의 산 (= Cўbélus).
Cўbélus, i, *m.* *Phrýgia*의 산.
cўbĭárĭus, i, *m.* [cýbium] 생선을 소금에 절이는 사람; 자반장수.

cybiosáctes, æ, *m.* 자반 만드는 사람; 자반장수.

Cybístra, órum, *n.pl.* *Cappădócia*의 도시.

cýbĭum, i, *n.* **1.** 《動》 다랑어. **2.** (생선 특히 다랑어 토막을 절인) 자반.

cycadácĕæ, árum, *f.pl.* 《植》 소철과.

cycas, ădis, *f.* ~ revolúta 소철.

cyclădátus, a, um, *adj.* [cyclas] (부인용)긴 옷 입은, 예복 입은. 「주위의 군도(群島).

Cýclădes, um, *f.pl.* *Ægǽum* 바다 *Delos*섬

cýclămen, mĭnis, *n.* 《植》 시클라멘.

cyclăminos, i, *f.*, **cyclămínum,** i, *n.* = cýclamen. 「숙녀용 예복·야회복.

cyclas, ădis, *f.* (여자용)긴 옷, 긴 나들이옷,

cýclĭcus, a, um, *adj.* **1.** 주기(週期)의, 주기적인, 순환기의. **2.** 어떤 전설권(圈)의, 어떤 시기의 같은 소재(素材)를 다루는: poétæ cýclici, *Homérus*에 이어 *Troja* 전쟁을 읊은 시인들.

Cyclópes, um, *m.pl.* *Sicília* 섬에 살았다는 외눈박이 거인족, *Ætna* 화산 밑에서 불의 신 *Vulcánus*의 조수가 되었다 함; 그 중 유명한 것은 *Cyclops Polyphémus.*

cyclópĭa, æ, *f.* 외눈박이 기형동물.

Cyclops, ópis, *m.* *Cyclópes* 거인족의 한 사람; 〔*adj.*〕 **-ópĕus[-ĭus],** a, um. 「口類).

cyclostómăta, órum, *n.pl.* 《動》 원구류(圓

cyclus, i, *m.* **1.** 주기(週期), (일련의 현상이 완성되는) **순환기**; (계절·사건·운동 따위의) 반복, 한바퀴: ~ Paschális 부활 성절(聖節). **2.** 순환.

cycnéus, a, um, *adj.* 백조(白鳥)의. 「인.

cycnus¹, i, *m.* **1.** 《動》 백조(白鳥). **2.** 시

Cycnus², i, *m.* **1.** *Apóllo*신과 *Hýrie* 사이의 아들, *Bœótĭa*의 미모의 사냥꾼. **2.** *Lígŭres*인의 왕, *Sthénĕlus*의 아들로 백조로 변형했음. **3.** *Neptúnus*의 아들, *Colónæ*의 왕, 백조로 변형했음. **4.** 〔*adj.*〕**-néĭus,** a, um, *Cycnus*의; *Bœótia*의.

cýdărum, i, *n.* 화물선.

cydíppĭda, órum, *n.pl.* 《動》 풍선수모류(風船水母類).

Cydnos[-us], i, *m.* *Cilícia*의 유명한 강.

Cy̆dōn, ónis, *m.* *Cydónia*인.

cydónĕum, i, *n.* *Cydónia* 사과 술.

Cydónĭa, æ, *f.* *Creta*섬 서북부 도시; 〔*adj.*〕 **-néus,** a, um; **-nĭus,** a, um, *Cydónia*의, *Creta*섬의; *m. pl.* **-nĭátæ,** árum,

cygn... *V.* cycn... ⌊*Cydónia*주민.

cy̆lindrátus, a, um, *adj.* 원통형(圓筒形)의, 원주형(圓柱形)의.

cy̆líndrus, i, *m.* **1.** 원통(圓筒), 원주(圓柱). **2.** 땅을 고르고 굳게 하는 로울러(돌로 만든 것이었음). **3.** 원주형 보석.

Cýllărus, i, *m.* **1.** = Centáurus. **2.** *Castor²* 의 말(馬).

Cylléne, es, [**-a,** æ], *f.* **1.** *Arcádia*의 산, *Mercúrius*의 출생지; 〔*adj.*〕 **-lēnéus[-nĭus],** a, um, ~ 의, *Mercúrĭus*의. **2.** *Elis*의

Cyllénis, ĭdis, *f. adj.* *Cylléne*의. ⌊항구.

Cyllénĭus, i, *m.* *Mercúrius* 신.

Cylon, ónis, *m.* 전제권을 획득하려다 살해된 *Athénæ*인 (612 A.C.); 〔*adj.*〕 **-néus [-nĭus],** a, um.

cy̆ma, æ, *f.*[**-a,** ătis, *n.*] **1.** 《植》 취산 화서(聚繖花序); 야채의 연한 줄기, 특히 꽃 양배추의 머리 부분. **2.** 《建》 반곡선(反曲線) 쇠시리. 「의.

cy̆mátĭlis, e, *adj.* 푸른 빛의, 바닷물 빛깔

cy̆mátĭum, i, *n.* 반곡선(反曲線)쇠시리, 울룩불룩한 쇠시리. 「*Charon²* 의 나룻배.

cymba, æ, *f.* **1.** 쪽배, 종선(從船). **2.**

cýmbăgo, ávi, átum, áre, *intr.* 쪽배를 젓다.

cymbălárĭa[-ris], æ[is], *f.* 《植》 참바위솔; *Venus*의 배꼽(이란 이름의 풀).

cymbálĭcus, a, um, *adj.* [cýmbalum] 심벌즈의, 바라의. 「벌즈를 치다·울리다.

cymbălísso[-lízo], ávi, átum, áre, *intr.* 심

cymbălísta, æ, *m.* 심벌즈 치는 사람.

cymbălístrĭa, æ, *f.* 심벌즈 치는 여자.

cýmbălum, i, *n.* 〔흔히 *pl.*〕 심벌즈 (놋쇠나 청동으로 만든 타악기), 바라.

cýmbĭum, i, *n.* (쪽배처럼 생긴) 잔.

cýmbŭla, æ, *f.* 쪽배.

Cy̆mē, es, *f.* **1.** *Æŏlis*의 항구; 〔*adj.*〕 **-mǽus,** a, um. **2.** = Cumæ.

Cyméne, es, *f.* *Thessália*의 도시.

cymínum = cumínum.

cy̆na, æ, *f.* 《植》 (*Arábia* 인들이 옷을 해입는) 면화(棉花)나무.

cy̆năcántha, æ, *f.* 《植》 찔레나무.

cynanthrópĭa, æ, *f.* 공견병(恐犬病: 자기를 개라고 믿고 개 흉내내는 일종의 광증).

Cynápses, is, *m.* 흑해로 흘러드는 소아시아의 강. 「관한.

cy̆nēgétĭcus, a, um, *adj.* 사냥의, 수렵에

cýnĭce, *adv.* 냉소적으로, 견유학파의 무리처럼, 비꼬아, 빈정대어.

cy̆nĭcísmus, i, *m.* **1.** 견유(犬儒)주의, 견유학파, 시니시즘. **2.** 비꼼, 냉소.

cýnĭcus, a, um, *adj.* **1.** (본래는) 개의, 개같은. **2.** 견유학파(犬儒學派)의; *m.* (*Antísthĕnes*를 시조로 하는) 견유학파의 사람. **3.** 냉소적인, 세상을 비웃는, 비꼬는.

cy̆nísmus, i, *m.* **1.** 견유학파. **2.** 비꼼, 냉소(하는 버릇); 빈정대는 말.

cy̆nocéphălus, i, *m.* 《動》 **1.** 개머리를 가진 원숭이. **2.** 견두종족(犬頭種族)의 사람; 견두 인신상(人身像).

cýnŏdon, óntis, *adj.* 송곳니의. 「큰꽃마리.

cynoglóssa[-os,-um], æ[i], *f.[m., n.]* 《植》

cy̆nórrhŏda, æ, *f.* 《植》 찔레, 들장미.

Cy̆nŏsárges, is, *m.* *Athénæ* 동쪽에 있는 언덕, *Hércules*에게 봉헌된 체육장이 있었음.

Cўnoscéphălæ, árum, *f.pl. Thessália*에 있는(개머리라는 뜻의) 두개의 언덕.
cўnosdéxĭa, æ, *f.* 《動》(말미잘·산호·해면처럼 식물 비슷한 형태의) 식충류(植虫類).
Cўnŏsúra[1], æ, *f.* 《天》(개꼬리라는 뜻으로서) 소웅좌(小熊座, Ursa Minor); 〔*adj.*〕 **-súris,** ĭdis. 「卵).
cўnŏsúra[2] ova, órum, *n.pl.* 무정란(無精
Cўnŏsúræ, árum, *f.pl. Attĭca*의 갑각(岬角).
Cýnthĭa, æ, *f. Cynthus*의 여자 (= Diána여신).
Cynthus, i, *m. Delos* 섬의 산, *Apóllo* 신과 *Diána* 여신의 탄생지로 유명; 〔*adj.*〕 **-thĭus,** a, um; *m. Apóllo*신.
Cўnus[-os], i, *f. Locris*의 항구도시.
cyparíssus[1] = cupréssus. 「년.
Cyparíssus[2], i, *m.* 실편백나무로 변한 소
cyperácĕæ, árum, *f.pl.* 《植》 방동사니과(사초과).
cyphósis, is, *f.* 《醫》 돌기발생(突起發生).
cўpírus, i, *f.* 《植》 글라디올러스(gladíolus).
cypressínus, a, um, *adj.* 실편백나무의.
cypréssus, i, *f.* 《植》 실편백나무.
cýprĕus, a, um, *adj.* = cúpreus.
cypridología, æ, *f.* 화류병학(花柳病學).
cyprínus, a, um, *adj.* [cyprus[2]] 쥐똥나무의, 싸리버들의.
cypripébĭum, i, *n.* 《植》 개불알꽃.
Cýprĭus[1], a, um, *adj. Cyprus*섬의. 「이름.
Cýprĭus[2] vicus, i, *m. Roma*의 거리[동네]
cyprum[1], i, *n.* 구리.
cyprum[2], i, *n.* 좋은 것 (= bonum).
Cyprus[1][-os], i, *f.* (지중해 동부에 있는) 키프로스 섬, 사이프러스 섬; 〔*adj.*〕 **-prĭcus,** a, um; *f. Cyprus*섬 여자, 특히 *Venus* 여신.
cyprus[2], i, *f.* 《植》 (*Cyprus* 섬과 *Ægýptus*에 나는) 수랍나무, 쥐똥나무, 싸리버들.
cýpsĕla[1], æ, *f.* 《植》 하위수과(下位瘦果), 국과(菊果), 소립과(小粒果).
Cýpsĕla[2], órum, *n.pl. Thrácia*의 도시.
Cypsélĭdes, æ, *m. Cýpselus*의 아들 및 자
cypséllus, i, *m.* 《動》 제비의 일종. └손.
Cýpsĕlus, i, *m. Corínthus*의 전제군주.
Cyréa, órum, *n.pl. Cyrus*가 세운 집.
Cyrenáĭci, órum, *m.pl. Cyréne* 파 철학자.
Cyréne[-æ], es[árum], *f. pl. Afrĭca*의 북부 해안에 있던 고대 희랍 식민지의 주요 도시(시인 *Callímachus*와 *Cyréne*학파의 시조 *Aristíppus*의 출생지); 〔*adj.*〕 **-nǽus[-náĭcus],** a, um; **-nénsis,** e.
Cyrnos[-us], i, *f. Córsica* 섬의 희랍명;
cyro... *V.* chiro... └〔*adj.*〕 **-néus,** a, um.
Cyrópŏlis, is, *f. Sogdiána*의 도시.
Cyrrhéstĭca, æ, *f. Sýria*의 한 지방.
Cyrtǽi[-tii], órum, *m.pl. Média*의 한 종족.
Cўrus, i, *m.* **1.** Cyrus Major, *Pérsia*왕조의 창시자 (560 A.C.). **2.** Cyrus Minor, *Pérsia*의 왕 *Artaxérxes Mnemon*의 동생, 형과 싸우다 *Cunáxa*에서 전사함 (401 A.C.). **3.** *Cícero* 당시의 *Roma*의 건축가.
Cyssus, úntis, *f. Iónia*의 *Erўthræ* 항구.
Cystálgĭa, æ, *f.* 《醫》 방광통.
cystétăsis, is, *f.* 《醫》 방광확장.
cýstĭcus, a, um, *adj.* 《解》 담낭의: artéria ~ 담낭동맥.
cýstĭtis, tĭdis, *f.* 《醫》 방광염.
cystoflagelláta, órum, *n.pl.* 《動》 포상 편모충류(胞狀鞭毛虫類). 「**-ǽus,** a, um.
Cўtæ, árum, *f.pl. Colchis*의 도시; 〔*adj.*〕
Cўtǽis[-tāíne], ĭdis[nes], *f. Cytæ*의 여자 (= Medéa).
Cўthéra, órum, *n.pl. Ægǽum* 바다의 섬, *Venus* 여신 숭배로 유명(지금의 *Cerigo*); 〔*adj.*〕 **-ré(ĭ)us[-rĭăcus],** a, um; 〔*adj.f.*〕 **-réĭas,** ădis; **-réis,** ĭdis. 「명.
Cythére[-réa], es[æ], *f. Venus* 여신의 별
Cўthéris, ĭdis, *f. Antónius*의 정부(情婦).
Cўthérĭus, i, *m.* [Cythéris] *Antónius*의 별명. 「*Thérmia*).
Cythnus, i, *f. Attĭca* 동남부의 섬(지금의
cýtĭsus[-um], i, *f., m. [n.]* 《植》 개자리.
cytokinésis, is, *f.* 《生》 유사핵(有糸核) 분열, 감수(減數) 분열, 수정(受精) 중의 세포원형질 분열.
cytología, æ, *f.* 《生》 세포학(細胞學).
cytólўsis, is, *f.* 《生理》 세포 용해.
cytoplásma, ătis, *n.* 《生》 세포 원형질.
Cytórus[-os], i, *m. Paphlagónia*의 산, 회양목으로 유명; 〔*adj.*〕 **-rĭăcus,** a, um.
Cýzĭcus[-um], i, *f.[n.]* 소 아시아 서북부에 있는 *Mýsia*의 도시; 〔*adj.*〕 **-cénus,** a, um; *m.pl.* 그 곳 주민.

D

D, d[1], *n. indecl.* 라틴 자모의 네째 글자: 〈데〉[dē].

D., d[2]**.,** 《略》 **1. D.** = Décimus. **2. D.** = Deus, Divus; Dóminus; **D.O.M.** = Deo Optĭmo Máximo. **3.** 〔편지·문서에서〕 **D.** = Dabam, Datum; **d.** = dies; **D.a.d.** VI Kaléndas Decémbres(= Dabam ante diem sextum...) 11월 26일 보냄. **4. D.S.P.** = de suā pecúniā 자비로, 자기 돈에서. ⌊**5. D** = 500.

Dăæ = Dăhæ.

Dāci, órum, *m.pl. Danúbius* 하류 지역에 살던 용감한 종족. 「[**-cus**], a, um.

Dácĭa, æ, *f. Daci*족의 나라; 〔*adj.*〕 **-cĭcus**

dácrĭma = lácrima.

dáctĭlus = dáctylus.

dactýlĭcus, a, um, *adj.* 《詩》 장단단격(長短短格: — ⌣ ⌣)의, 양억억격(揚抑抑格)의.

dactўlĭŏthéca, æ, *f.* **1.** 반지 넣는 작은 상자. **2.** 보석 수집. 「새.

dáctўlis glomeráta, -ĭdis -æ, *f.* 《植》 오리

dactўlŏgráphĭcus, a, um, *adj.* 타자(기)의.

dactўlŏgráphus, i, *m.* **1.** 타자수. **2.** 타자기.

dactўlŏlŏgía, æ, *f.* 지화법(指話法), 지화술.

dáctўlus, i, *m.* **1.** 야자나무 열매. **2.** 《詩》 장단단격(長短短格: — ⌣ ⌣), 양억억격(揚抑抑格)의 운률. **3.** 《動·美》 손가락, 발가락.

dadaísmus, i, *m.* 《藝》 다다이즘.

Dǽdăla, órum, *n.pl.* **1.** *Cária*의 갑각(岬角) 및 항구. **2.** 서북 *India*의 *Choáspes*의 도시 및 그 지역.

dædálĭcus, a, um, *adj.* **1.** 〔*gen.*〕 재간있는, (솜씨가) 교묘한, 기교있는. **2.** 정교한, 예술적으로 된.

Dædálĭon, ónis, *m. Lúcifer*의 아들, *Ceyx*의 형제로서 매(鷹)로 변형되었음.

dǽdălus[1], a, um, *adj.* **1.** 재간[기교]있는, (솜씨가) 교묘한. **2.** 정교한, 예술적으로 만들어진.

Dǽdălus[2], i, *m. Athénæ*의 전설적 건축가·조각가로서 *Creta*섬의 미궁을 만든 명장(名匠) *Icărus*의 아버지; 〔*adj.*〕 **-léus,** a, um.

dæmon, ŏnis, *m.* **1.** (고대 희랍의) 수호신. **2.** 악마, 마귀, 악령. 「린.

dæmŏníăcus, a, um, *adj.* 악마의; 마귀들

dæmŏnícŏla, æ, *m.* [dæmon+colo] 악마숭배자.

dæmónĭcus, a, um, *adj.* [dæmon] 악마의.

dæmŏnísmus, i, *m.* 악마주의; 악마숭배.

dæmónĭum, i, *n.* [dæmon] 악마.

dæmónĭus, a, um, *adj.* [dæmon] 경탄할, 귀신같은.

dæmonízor, átus sum, ári, *dep. intr.* [dæmon] 신들리다, 마귀가 들러붙다.

Dăhæ, árum, *m. pl.* 카스피해 동방에 살던 *Scýthia*족. 「람.

dăímon, ŏnis, *m.* 능숙한 사람, 영리한 사

dalívus, i, *m.* 미련통이; 미치광이.

Dálmătæ, árum, *m.pl. Adrĭa* 해 동해안의 *Dalmátĭa* 주민. 「〔*adj.*〕 **-tĭcus,** a, um.

Dalmátĭa, æ, *f. Adrĭa*해(海) 동해안 지방;

dalmátĭca, æ, *f.* **1.** 《가》 부제(副祭)의 예식복. **2.** *Roma* 시대의 자주빛 선 두른 짧은 소매 흰 옷. 「은.

dalmătĭcátus, a, um, *adj.* dalmátĭca를 입

dāma[1] = damma.

dāma[2] = dómina.

dămálĭo, ónis, *m.* 《動》 송아지.

Dāmărátus = Demarátus.

dămascénum, i, *n.* 《植》 자두.

Dămáscus, i, *f. Cœle Sýria*의 수도; 〔*adj.*〕 **-scénus,** a, um.

Dămăsíppus, i, *m. Roma*인의 가문명.

dāmĭúrgus = demiúrgus. 「산)노란 사슴.

damma, æ, *m., f.* 《動》 영양(羚羊); (유럽

dámmŭla, æ, *f.* 《動》 새끼 영양.

damnábĭlis, e, *adj.* [damno] 단죄(斷罪)할, 처벌될; 괘씸한, 저주받을.

damnābílĭtas, átis, *f.* 단죄, 처벌.

damnātícĭus[**-títĭus**]**,** a, um, *adj.* **1.** 단죄될, 처벌될. **2.** 단죄된, 처벌된.

damnátĭo, ónis, *f.* [damno] **1.** 〔*gen.*〕 유죄 판결, 단죄(斷罪). **2.** 처벌, 처형; 형(刑) 선고; 《神》 지옥의 영원한 벌. **3.** 비난, 혹평. 「람.

damnátor, óris, *m.* [damno] 단죄하는 사

damnātórĭus, a, um, *adj.* 유죄판결의; 단죄하는.

damnátus, a, um, *p.p., a.p.* [damno] **1.** 유죄판결[선고]받은, 단죄된; 배척받은. **2.** 《神》 영벌(永罰) 선고받은.

damnĭficátĭo, ónis, *f.* 손상(행위), 침해.

damnífico, áre, *tr.* 손해끼치다, 손상[침해]하다.

damníficus, a, um, *adj.* [damnum+fácio] 손해 끼치는, 침해하는, 유해한.

damno, ávi, átum, áre, *tr.* [damnum] **1.** 〔*alqm gen. críminis;* de, in *abl.;* quod; *abl. críminis,* ad, in *alqam* pœnam, ut〕 **유죄판결을 내리다, 단죄하다; 처벌[처형]하다, 형을 선고하다;** 몰수하다: furti damnátus *(C.)* 절도죄로 판결받은 / ~ *alqm* de vi *(C.)* 폭력죄로 단죄하다 / damnári, quod *c. subj.* …라는 죄목으로 판결되다 / ~ *alqm* cápitis [cápite] 사형에 처하다, 사형을 선고하다 / tértiā parte agri damnári *(L.)* 소유지의 3분의1 몰수판결을 받다. **2.** 〔*alqm gen., abl.; inf.,* ut, ne; *dat.*〕 이행하도록 의무지우다, 명하다; 바치다, 지정하다, 배당[할당]하다, 운명짓다: ~ *alqm* voti (아무의 소원을 들어주는 대신) 그 서원(誓願)한 바의 이행을 명하다 / damnátus voti 소원성취한 후 그 서약한 것을 이행할 의무가 있는 자 / morti damnátus *(Lucr.)* 죽을 운명에 놓인. **3.** 〔*alqd, alqm; gen., abl.*〕 **비난하다, 나무라다,** 경멸하다, 단죄하다: Ne damnent, quæ non intélligunt. *(Q.)* 자기들이 알아듣지 못하는 것을 나무라지 말아야 한다. **4.** 〔*alqm, alqd* – ad *acc.,* in *abl., abl., inf.*〕 배척하다, 거부[거절]하다, 버리다, …에 쓰지 않다: aves damnátæ in cibis *(Plin.)* 요리에 쓰지 않는 새.

damnósus, a, um, *adj.* [damnum] **1.** 〔*dat.*〕 손해 끼치는, 망치는, 해로운, 파멸을 가져오는. **2.** 손해 보는, 망가진, 상처입은, 불행해진: damnósa hæréditas 이익이 되지 않는[귀찮은] 유산·상속. **3.** 〔in *abl.*〕 낭비하는, 헤픈, 사치로운.

damnum, i, *n.* **1. 손해, 손실:** ~ dare 손해 끼치다 / ~ accípere, pati, contráhere 손해 보다 / ~ fácere 손해 보다, 잃다; 손해를 끼치다 / ~ inféctum 예상되는 손해. **2.** 벌금. **3.** 쇠퇴, 쇠미(衰微), 이울음. **4.** 손해본 것, 손실물. **5.** 손해끼치는 자.

Dámŏcles, is, *m. Syracúsæ*의 군주 *Dionýsius Minor*의 간신: gládĭus Dámŏclis, *Dámŏcles*의 검, 영광 속의 위험(왕의 부귀영화를 늘 찬양하여 아첨하던 *Dámŏcles*를 왕이 연회석상에서 왕좌에 앉히고 말총 한 오리로 천장에 매단 시퍼런 검을 그의 머리 위에 드리워서 그를 혼비백산케 하며 지배자의 신변에는 늘 위험이 따름을 일러 주었다는 일화에서 옴).

Dāmōn, ónis, *m.* **1.** *Pythágoras* 학파의 한 사람, *Phíntĭas*와의 우정으로 유명함. **2.** *Athénæ*의 음악가.

Dánăē, es, *f. Argos*의 왕 *Acrísius*의 딸, *Júpiter*의 사랑을 받아 *Pérseus*를 낳음; 〔*adj.*〕 **-năéĭus,** a, um.

Dănaĭdes, um, *f.pl. Dánăus*의 50명 딸.

Dánăus, i, *m.* 이집트의 *Belus*왕의 아들, *Ægýptus*의 형제이며 이집트에서 희랍으로 건너가 *Argos*의 왕이 되었음; 〔*adj.*〕 **-năus,** a, um; *m.pl.* 희랍인들.

Dandárĭca, æ, *f. Dandáridæ*족의 지방.

Dandárĭdæ, árum, *m.pl. Scýthia*의 한 종족.

dănísta, æ, *m.* 고리 대금업자.

dănístĭcus, a, um, *adj.* 고리 대금의.

dans, antis, *m.(p. præs.)* [do] 주는 사람, 증여자.

Dānúbĭus[-vĭus], i, *m.* 흑해 서안으로 흘러드는 *Germánia*의 큰 강, *Ister*라고도 함.

dapátĭcus, a, um, *adj.* 장대(壯大)한, 화려한.

daphne[1]**,** es, *f.* 《植》 월계수.

Daphne[2]**,** es, *f.* **1.** *Penéus*강 하신(河神)의 딸, *Apóllo*신의 사랑을 받았으나, 싫어서 월계수로 변했음. **2.** *Sýria*의 *Antiochía* 교외도시.

Daphnis, ĭdis[is], *m. Sicília*의 젊고 아름다운 목동, *Mercúrius*의 아들, 목가(牧歌)의 창시자, 요절했음.

daphnōídes, æ, *f.* 월계수 비슷한 육계(肉桂)의 일종.

daphnon, ónis, *m.* 월계수 숲.

dápĭfer, ĕri, *m.* [daps+fero] 식탁 심부름꾼.

dăpíno, ávi, átum, áre, *tr.* [daps] 음식을 차려 대접하다.

daps, dăpis, *f.* 〔흔히 *pl.*로〕 **1.** (제사의) 향연, 신들에게 바치는 제사 잔치. **2.** 잔치 음식, 진수성찬, 연회. **3.** 보통 음식, 식사.

dápsĭle[-lĭter], *adv.* 풍성하게, 굉장하게.

dápsĭlis, e, *adj.* [daps] 〔*abl.*〕 풍성한, 굉장한.

dardănárĭus, i, *m.* 양곡 상인, 곡식 매점매석자.

Dardánĭa, æ, *f. Dárdanus*가 *Hellespóntus*에 창건한 도시; 그러나 대부분의 경우 *Troja*를 가리킴.

Dardánĭdes, æ, *m. Dárdanus*의 자손; *Troja* 사람, 특히 *Ænéas; pl.* **-dæ,** árum, *Troja* 주민.

Dárdănis, ĭdis, *f. Dardánia*의 여자, *Troja* 여자, 특히 *Creúsa.*

Dárdănus, i, **1.** *m. Júpiter*신과 *Eléctra* 사이의 아들, *Troja* 왕가의 시조. **2.** *f. Hellespóntus*의 *Troas*의 도시. **3.** 〔*adj.*〕 **-nĭus[-nus],** a, um, *Dárdanus*의; *Troja*의.

Dares, étis, *m. Ænéas*의 동료, 우수한 권투가.

Dāréus[-íus], i, *m. Pérsia* 왕가의 여러 왕 이름; 특히 **1.** ~ Hystáspis, *Xerxes* 왕의 아버지. **2.** ~ Nothus, *Artaxérxes*와 *Cyrus Minor*의 아버지. **3.** ~ Codománnus, *A-*

lexánder 대왕에게 패한 왕.
dasiphora fruticósa, æ, *f.* 《植》 물싸리.
Dátămes, is, *m. Pérsia*의 장군.
Datárĭa[Apostólĭca], æ, *f.* 《가》 교황청 옥새원(玉璽院), 교회록(敎會錄)·특권 따위를 처리하는 비서국(秘書局).
dătárĭus[1]**,** a, um, *adj.* [do] 줄 수 있는, 줄.
Datárĭus[2] **Cardinális,** -i -is, *m.* 《가》 교황청 옥새원(玉璽院) 장관 추기경.
dătátim, *adv.* [dato] 서로 주거니 받거니.
dátĭo, ónis, *f.* [do] **1.** 줌, 양여, 증여. **2.** 양도권. 「대패함.
Dātis, is, *m. Pérsĭa*의 장군, *Márăthon*에서
dătívus, a, um, *adj.* **1.** 주어지는, 지정되는, 지명되는. **2.** 《文法》 여격(與格)의, 3격의. **3.** *m.* (*sc.* casus) 《文法》 여격(與格), 3격: ~ *cómmodi vel incómmodi* 이해(利害) 3격, *e.g.* Vitæ díscimus. 우리는 일생을 위해서 배운다 / ~ *finális* 목적 3격, *e.g.* Hoc mihi(*dat. cómmodi*) honóri(*dat. finális*) *est.* 이것은 나에게 명예가 된다.
dăto, ávi, átum, áre, *tr.* [do] 자주 주다.
dător, óris, *m.* [do] **1.** 주는 사람, 양여자, 증여인: ~ lætítiæ *Bacchus* 신(神). **2.** (놀이에서 공을) 넘겨주는 자. 「선물, 예물.
dătum, i, *n.* [do] **1.** 꾸어 준 것[돈]. **2.**
datúra alba, æ, *f.* 《植》 흰독말풀.
dáucĭon, i, *n.*, **daucítes,** æ, *m.* = daucum.
daucum[-us], i, *n.[m.]* 《植》 당근, 홍당무.
Daucus, i, *m. Vergílius*의 *Ænéis 391*에 나오는 인물 이름; 〔*adj.*〕 **-cĭus,** a, um: proles Dáuciæ 부모도 분간할 수 없었던 쌍둥이.
Daulis, ĭdis, *f. Phocis*의 도시; *Téreus, Procne, Philómela*에 관한 전설이 있었던 곳; 〔*adj.*〕 **-lĭas,** ădis; **-lĭus,** a, um.
Dáunĭa, æ, [**-as,** ădis,] *f.* 북부 *Apúlia*.
Daunus, i, *m. Apúlia*의 왕, *Turnus*의 조상; 〔*adj.*〕 **-nĭus,** a, um.
Dāvid, vĭdis, *m.* 이스라엘의 임금, 그리스도의 조상; 〔*adj.*〕 **-vídĭcus,** a, um.
Dāvus, i, *m.* 노예 이름; (나중에 일반적으로) 노예.
dē[1]**,** *præp. c. abl.* **I.** 〔장소 부사어〕 **1.** 〔출발·이탈·분리의 기점〕 **에서, 로부터, 에서 아래로**: de cælo(*C.*) 하늘로부터 / decídere de lecto(*Pl.*) 침대에서 떨어지다 / de convívio exíre(*Curt.*) 연회석에서 나가다 / de vitā decédere(*C.*) 죽다 / de dígito ánulum detráhere(*T.*) 손가락에서 반지를 뽑다 / de mánibus *alcjs* effúgere(*C.*) 누구의 손에서 벗어나다. **2.** 〔넓은 의미에서 출처가 되는 사람〕 **에게(서), 한테서**: émere de *alqo* (*Cato*) 누구에게서 사다 / de *alqo* quǽrere (*C.*) 누구한테 물어보다 / pétere *alqd* de *alqo*(*C.*) 누구에게 무엇을 청하다 / audíre de *alqo*(*C.*) 누구한테서 우연히 듣다 / díscere de *alqo* 누구에게 배우다. **3.** 〔소재지·소속〕 (어디에) **있는,** (어디에) **속한**: archidiœcésis de Seoul(= Seouléns is) 서울대교구 / caupo de viā Latínā(*C.*) *Latína* 거리의 주점주인 / nautæ de navi(*Tib.*) 뱃사공 / De mundo non estis. (*Jo. 15,19*) 너희는 세상에 속해 있지 않다. **4.** 〔혈통·계급·출신·기원(起源)〕 **…에서 나온, …의, 소생**(所生)**의, 소산**(所産)**의**: de gente vetústā(*V.*) 유서깊은 종족의 / líberi de Cleopátrā(*Suet.*) *Cleopátra* 소생의 자녀/*alqs* de ludo(*C.*) 경기자 출신 아무개 / homo de plebe(*C.*) 서민 출신 / oríginem habére de …에서 기원되다. **5.** 〔인용의 출전(出典) 따위〕 **…에서**(뽑은), **…의**: versus de libro Ennĭi sexto (*Q.*) *Ennĭus*의 제6권에서 뽑은 귀절 / Récita de epístolā réliqua.(*C.*) 편지의 나머지 부분을 낭독해라.
II. 〔시간 부사어〕 **1. 후에, 직후에, 곧 이어**: somnus de prándio(*Pl.*) 점심 직후의 수면 / de die in diem 나날이, 날로. **2.** (때) **에, 중에, 동안에, 부터**: de die potáre (*Pl.*) 대낮부터 마시다 / de témpore 알맞는 때에 / de médiā nocte(*Cæs.*) 한밤중에 / de mense Decémbri(*C.*) 12월 중에.
III. 〔그 밖의 부사어〕 **1.** 〔부분에 대한 전체〕 (가운데) **에서, 중의, …의**: unus de illis (*C.*) 그들 중 하나 / nemo de nobis 우리 중에서는 아무도 아니. **2.** 〔재원(財源)〕 **…에서 낸, 돈으로, …의 돈을 들여**: de público(*C.*), D. P. P. = de pecúniā públicā 국고금으로 / de suo(*C.*) 자기 돈으로. **3.** 〔재료·구성요소〕 **…로 된,** 만든: vernis de flóribus coróna 봄철 꽃으로 만든 화환 / captívum de rege fácere(*Just.*) 왕을 인질로 삼다. **4.** 〔제목·관점·한정〕 **…에 대해[대한], 관해서는, 관해서 말하자면**: de senectúte(*C.*) 노년 시기론 / disputátio de fato (*C.*) 운명에 대한 토론 / de pomis ...(*Var.*) 과일에 관해서 말하자면. **5.** 〔이유·원인〕 **…때문에, 이유로**: Flebat de fílii morte. (*C.*) 그는 아들이 죽어서 울고 있었다 / de viā fessus(*C.*) 여행에 지친 / gravi de causā (*C.*) 중대한 이유로. **6.** 〔기준·관례〕 **…에 따라, 대로**: de commúni senténtiā(*Suet.*) 공통된 의견에 따라 / de more majórum(*L.*) 조상들의 풍습대로 / de indústriā(*Q., L.*) 고의로, 일부러, 짐짓. **7.** 〔중성 명사적으로 쓴 제2 변화 형용사와 함께〕 de improvíso(*C.*) 뜻하지 않게도, 갑자기, 불쑥 / de íntegro(*C.*) 새로이, 다시.
de-[2]**,** *partícula præfíxa* **1.** 합성된 원 말에 **《분리·이탈·하락》** 따위의 뜻을 줌, *e.g.* decédere 물러가다. **2.** 원말의 뜻을 **제거·부정**하거나 **반대**로 만들어줌, *e.g.* decréscere 점점 줄어들다. **3.** 원말의 뜻을 강화해서 **《대단히·끝까지·철저히·온전히》** 따위의 뜻

을 드러냄, *e.g.* defatigáre 아주 지쳐 버리
děa, æ, *f.* [deus] 여신(女神). ⌊게 하다.
děáctĭo, ónis, *f.* (= peráctio) 완성, 끝냄.
děalbátĭo, ónis, *f.* [deálbo] 희게 함.
děalbátor, óris, *m.* 희게 하는 사람; 석회 바르는 사람.
děálbo, ávi, átum, áre, *tr.* [de+albo] 새하얗게 하다, 희게 하다; 흰칠하다, 석회 바르다. 「곳.
děambŭlácrum, i, *n.* [deámbulo] 산책하는
děambŭlátĭo, ónis, *f.* [deámbulo] 산보, 산책. 「거닐기에 알맞은 곳.
děambŭlātórĭum, i, *n.* 낭하(廊下), 복도;
děámbŭlo, ávi, átum, áre, *intr.* [de+ámbulo] 거닐다, 산책하다.
déămo, ávi, átum, áre, *tr.* [de+amo] 열렬히 사랑하다·좋아하다.
děargénto, ávi, átum, áre, *tr.* [de+argéntum] 은으로 도금하다, 은박을 입히다, 은으로 장식하다. 「론을 벌이다.
děargūméntor, átus sum, ári, *dep. intr.* 격
děármo, ávi, átum, áre, *tr.* [de+armo] 무기를 뺏다, 무장 해제시키다.
děártŭo, ávi, átum, áre, *tr.* 사지(四肢)를 떼어내다; 기만술책으로 거덜나게 하다.
děáscĭo, ávi, átum, áre, *tr.*[de+áscia] 자귀로 다듬다, 대패질하다.
děaurátĭo, ónis, *f.* [deáuro] 도금. 「사람.
děaurátor, óris, *m.* 도금공, 금박 입히는
děaŭro, ávi, átum, áre, *tr.* [de+aurum] 도금하다, 금박을 입히다.
dēbacchátĭo, ónis, *f.* 광란, 미쳐 날뜀.
dēbácchor, átus sum, ári, *dep. intr.* [de+bacchor] 미쳐 날뛰다, 소란 피우다.
dēbátŭo, ěre, *tr.* 몹시 때리다. 「자.
dēbellátor, óris, *m.* [debéllo] 정복자, 압박
dēbellatríx, ícis, *f.* [debellátor] 정복자(여자).
dēbéllo, ávi, átum, áre, [de+bello] **I.** *intr.* 〔cum *alqo*〕 교전하여 전쟁을 승리로 끝내다: *(abl. absol.)* debelláto *(L.)* 전쟁이 끝나서.
II. *tr.* **1.** 끝까지[악착같이] 싸우다, 싸워 이기다. **2.** 온전히 정복하다, 굴복시키다.
dēbélus, i, *m.* 목축에 부적당한 곳.
dēbens, éntis, *m.(p.præs.)* [débeo] **1.** 빚진 사람, 채무자. **2.** 은혜받은 사람.
débĕo, ŭi, ĭtum, ére, *tr.* [de+hábeo] **1.** 〔*alqd alci*〕 **빚지(고 있)다,** 채무가 있다. **2.** 〔*alqd alci*〕 **의무가 있다,** 책임이 있다. **3.** 〔보조동사로서 도덕적 의무·논리적 귀결·필연성·적합성 따위 표시; *c. inf.*〕 (마땅히) **…해야 하다, 하지 않으면 안되다:** Débeo hoc fácere. 나는 이것을 해야 한다 / Debes hoc non fácere. 너는 이것을 하지 말아야 한다 / Hoc fíeri debet. 이것은 이루어져야만 한다. **4.** 〔자연적·숙명적 확실성 표시; 대체로 *pass. c. dat.*〕 **당할 수 밖에 없다, …야 하다,** 당연히 …하다, 운명에 놓여 있다, …도록 되어 있다: Debémur morti.*(H.)* 우리는 언제고 죽어야 한다. **5.** 〔*alqd alci*〕 (누구에게) **은혜받다,** (누구의) 덕분으로 (무엇을) 가지다, …에게 힘입다: benefícia *alci* ~ *(C.)* 누구에게 은혜받고 있다 / ~ vitam *alci (Ov.)* 누구의 덕분으로 살아있다.
débĭbo, ěre, *tr.* 마시다, 많이 마시다.
débĭlis, e, *adj.* [de+hábilis] **1.** 불구의, 팔·다리 병신의, 마비된. **2.** 약한, 힘없는, 허약한, 연약한. **3.** 무기력한, 박약한.
dēbílĭtas, átis, *f.* [débilis] **1.** 불구. **2.** 약함, 허약, 연약, 가냘픔. **3.** 무력, 박약.
dēbĭlĭtátĭo, ónis, *f.* [debílito] **1.** 불구로 만듦. **2.** 약하게 함, 약화; 허약, 쇠약.
dēbílĭto, ávi, átum, áre, *tr.* [débilis] **1.** 불구로 만들다, 마비시키다; 상처 입히다. **2.** 약하게[무력하게] 만들다, 약화시키다; 힘을 꺾다. 「짐, 은혜 입음; 빚짐, 부채.
dēbítĭo, ónis, *f.* [débeo] 갚을 의무; 신세
débĭtor, óris, *m.* [débeo] **1.** 빚진 사람, 채무자. **2.** 〔*gen.*〕 (갚을) 의무있는 자; 신세진사람, 은혜입은 자.
débĭtrix, ícis, *f.* [débitor] 여자 채무자.
débĭtum, i, *n.* [débeo] 빚, 부채, 채무; 의무, 책임.
débĭtus, a, um, *p.p.*, *a.p.* [débeo] **1.** 빚이 된, 빚진(것). **2.** 의무있는; 마땅한, 당연한, 지당한. **3.** 운명에 놓인, …도록 되어있는. **4.** 〔*adv.*〕 **-te,** 적당하게, 알맞게.
dēblátĕro, ávi, átum, áre, *tr.* 지껄이다, 함부로 말하다.
débrĭo, ávi, átum, áre, *tr.* 취하게 하다.
dēbúcĭno, ávi, átum, áre, *tr.* 나팔불어 알리다; 광고하다. 「퍼져 나가다.
dēbúllĭo, ívi, ítum, íre, *intr.* 번식하다; 막
děcăchínno, ávi, átum, áre, *tr.* 비웃다, 조롱하다. 「이 있는.
děcăchórdus, a, um, *adj.* 열개의 현(弦·줄)
děcăcūmĭnátĭo, ónis, *f.* 나무 꼭대기를 자름. 「cúmino] 나무 꼭대기를 자르다.
děcăcúmĭno, ávi, átum, áre, *tr.* [de+ca-
décăda, æ, *f.* = děcas.
děcădéntĭa, æ, *f.* 퇴폐.
děcăgónus, i, *m.* 십각형(十角形). 「계.
děcálŏgus, i, *m.* 하느님의 십계명, 천주십
děcálvo, ávi, átum, áre, *tr.* [de+calvus] 머리를 빡빡 깎다, 까까머리로 만들다.
děcănátus, us, *m.* 《가》 신부들의 지(역)구 장직(地域區長職).
děcánĭcum, i, *n.* (옛날의) 성직자 감옥.
děcánto, ávi, átum, áre, *tr.* **1.** (다 아는 일을) 신물이 나도록 되뇌다. **2.** 노래하다. **3.** 노래를 끝마치다.
děcánus, i, *m.* **1.** 10명 단위조직의 장, 십

장. 2. 《軍》 (보병대의) 분대장. 3. 《가》 추기경단의 수석 추기경; 교황청 공소원(控訴院)의 선임자(先任者); 대교구 수석사제; 신부들의 지(역)구장(地域區長). 4. 대학 학부장. 5. 외교단장. 6. 급장. 「다.

dēcăpíllo, ávi, átum, áre, *tr.* 벌로 삭발하

dēcăpĭtátĭo, ónis, *f.* 참수(斬首).

dēcápĭto, ávi, átum, áre, *tr.* 참수하다, 목을 베다. 「라내다.

dēcárno, ávi, átum, áre, *tr.* 살을 에다·발

dĕcas, décădis, *f.* 1. 10, 열; (한 죽처럼) 10을 한 묶음으로 한 단위; 순(旬), 10일간. 2. 《가》 묵주기도의 한 단(端: 성모송 열번).

dĕcástȳlos, on, *adj.* 십주식(十柱式)의.

dĕcasýllăbus, a, um, *adj.* 10음절의.

dēcédo, céssi, céssum, ĕre, *intr.* [de+cedo] 1. 〔*abl.; de, ex abl.; ab alqo; dat.*〕 **물러가다, 물러서다,** 떠나다, 퇴장하다: ~ ex Gálliā *(C.) Gállia*에서 떠나다. 2. 《軍》 〔*absol.*, de *abl.*〕 철수하다, 퇴각하다. 3. 〔províncīā; de, ex províncīā〕 지방 장관직에서 물러나다, 퇴임하다. 4. 〔*alci abl.*, de, in *abl.*〕 **비키다,** 비켜서다, 비켜주다: servo in viā ~ *(Ta.)* 종에게 길을 비켜주다 / ~ *alci* de honóre *(Pl.)* 누구에게 영광의 자리를 물려주다. 5. 〔*dat.*〕 피하다: seræ nocti ~ *(V.)* 밤이 늦기 전에 돌아가다 / ~ calóri *(V.)* 더위를 피하다. 6. 〔*absol.*, de vitā〕 죽다. 7. 〔de *abl.*, *abl.*, *dat.*〕 **사라지다, 없어지다,** 멀어져나가다, 그치다: Decédet jam ira. *(T.)* 이제 곧 분노는 사라질 것이다 / Decédunt córpore febres. *(Lucr.)* 몸에서 열이 멀어진다. 8. 〔de *abl.*, *abl.*〕 **포기하다,** 버리다, **양보하다,** 물러서다; 이행하지 않다: ~ de jure suo *(C.)* 자기 권리를 포기하다 / ~ fide *(L.)* 신용[약속]을 지키지 않다. 9. 〔de, ab *abl.*; *abl.*〕 정도에서 벗어나다, 외도하다, 빗나가다, 일탈하다: ~ viā *(Suet.)* 길을 잃고 헤매다 / de viā ~ *(C.)* 정도에서 일탈하다 / ~ a vero 진실을 떠나다. 10. 〔*dat.*〕 열세에 있다, 지다, 우위를 양보하다: Decéde perítis. *(H.)* 전문가들에게 맡겨라. 11. 되어나가다, 진행되다, 진척하다. 「있던 *Attĭca*의 도시.

Dĕcĕléa[-ía], æ, *f.* *Bœótia*와의 국경지대에

dĕcem, *num. card. indecl.* 열, 십(10).

dĕcémber, bris, bre, *adj.* 1. 12월의: Kaléndæ Decémbres *(C.)* 12월 초하루. 2. *m.* (*sc.* mensis) 12월.

dĕcémjŭgis, e, *adj.* [decem+jugum] 1. 열필(匹)의: currus ~ 10두 마차. 2. *m.* ~ (*sc.* currus) 10두 마차.

dĕcemméstris, e, *adj.* 10개월의.

dĕcémpĕda, æ, *f.* [decem+pes] (길이의 단위로서) 열자되는 막대기(자 = *1 pes* = 약 *29.5cm*).

dĕcempĕdális, e, *adj.* 열자되는.

dĕcempĕdátor, óris, *m.* 측량기사.

dĕcĕmplex, plĭcis, *adj.* 10배의, 열겹의.

dĕcemplĭcátus, a, um, *adj.* 10배의, 10배로 한. 「인 행정 위원직.

dĕcemprīmátus, us, *m.* (지방 도시의) 10

Dĕcemprími, órum, *m.pl.* (지방 도시나 식민지의) 10인 행정위원.

dĕcemrémis, e, *adj.* [decem+remus] 열줄의 노(櫓)가 있는. 「이가 있는.

dĕcemscálmus, a, um, *adj.* 열개의 노 걸

dĕcémvir, vĭri, *m.* 1. (고대 *Roma*의) 10대관(大官)의 한 사람. 2. *pl.* (*gen.*: -ûm [órum]) 10인 위원회, 10대관단(團).

dĕcemvĭrális, e, *adj.* 10인 위원회의, 10대관의. 「위원회.

dĕcemvĭrátus, us, *m.* 10대관의 직; 10인

dĕcéndĭum, i, *n.* [decem+dies] 열흘(기간).

dĕcennális[dĕcénnis], e, *adj.* [decem+an-

dĕcénnĭum, i, *n.* 10년. ⌊nus] 10년의.

dĕcennŏvennális, e, *adj.* [decem+novem+annus] 19년간의.

dĕcens, éntis, *p. præs.*, *a.p.* [decet] 1. 어울리는, 알맞는, 합당한, 적당한, 제격의. 2. 예쁜, 아름다운, 우미한; 품위있는, 단정한, 예의에 맞는, 점잖은.

dĕcéntĭa, æ, *f.* [decens] 어울림, 합당함, 적합; 단정, 점잖음. 「만.

dēcéptĭo, ónis, *f.* [decípio] 속임, 사기, 기

dēceptĭósus, a, um, *adj.* 속이는, 사기의, 기만적.

dēceptívus, a, um, *adj.* 속이는, 사기의.

dēcéptor, óris, *m.* [decípio] 속이는 자, 기만자. 「입수의.

dēceptórĭus, a, um, *adj.* 속여 넘기는, 속

dēcéptus, us, *m.* = decéptio.

dĕcéris, is, *f.* 열개의 노로 젓는 배.

decérno, crévi, crétum, ĕre, *tr.*, *intr.* [de+cerno] 1. 〔*alqd*, de *abl.*, *acc.c.inf.*〕 **판결을 내리다,** 판단하다, 시비를 가리다, 판별하다, **확정하다,** 규정하다: ~ rem dúbiam *(L.)* 의심스러운 것을 확실하게 판단하다. 2. 〔*alqd*, de *abl.*, *inf.*, *acc.c.inf.*, ut, ne; *alqd c.acc. gerundívi*〕 **결정하다, 작정하다;** 결심하다; 명령하다, 공포하다: ~ *alci* triúmphum *(C.)* 누구에게 개선식을 해주기로 결정하다 / Mihi bíbere decrétum est aquam. *(Pl.)* 나는 물을 마시기로 했다 / Decrevérunt illud tempus exspectándum. *(N.)* 그들은 그 시간을 기다리기로 했다. 3. 싸우다, 투쟁하다, 결판내다: pro suā famā ~ *(C.)* 자기 명예를 위해 싸우다 / ~ armis *(C.)* 무력으로 해결하다 / ~ pugnam *(L.)* 결전하다, 승패를 결정짓다.

dēcérpo, cérpsi, cérptum, ĕre, *tr.* [de+carpo] 〔*alqd* de, ex *abl.*, *abl.*〕 1. **따다, 뜯다:** ~ árbore pomum *(Ov.)* 나무에서 실과를 따다

2. 따내다, 뜯어[떼어]내다, **가로채다;** (다른 것 또는 근원에서) **가져[얻어]오다,** 이끌어내다: ~ ora puéllæ *(V.)* 소녀의 입술을 훔치다 / Nihil sibi ex istā laude ~ *(C.)* 그 칭찬을 조금도 가로채지 않다 / humánus ánimus decérptus ex mente divínā *(C.)* 신의 정신에서 따내온 인간의 마음. **3. 얻어내다,** 얻어 누리다, 채집하다: ex re ~ fructus *(C.)* 일에서 이득을 얻다. **4.** 감소시키다, 망쳐 놓다. 「집.

dēcérptĭo, ónis, *f.* [decérpo] 따기, 뜯기, 채

dēcertátĭo, ónis, *f.* [decérto] 싸움, 결전; 경쟁, 투쟁.

dēcérto, ávi, átum, áre, *intr.* (간혹 *tr.*) 〔*alqā re*, cum *alqo*, inter *se*, de *re*〕 격렬하게 싸우다, 끝까지 싸우다, 투쟁하다; **결전하다,** 승부를 겨루다: ~ pugnā *(C.)* 결전하다 / Cum duóbus de império decertátum est. *(C.)* 제국을 놓고 두 사람과 결전하였다.

dēcervīcátus, a, um, *adj.* [cervix] 목잘린.

dēcésse = decessísse, *inf. præt.* [decédo].

dēcéssĭo, ónis, *f.* [decédo] **1.** 물러감, 퇴거, 출발; (임기 완료로) 물러남, 퇴임. **2.** 감소, 감퇴, 쇠퇴, 쇠약; 손실. **3.** 죽음, 사망. 「임한 지방장관; 전임자.

dēcéssor, óris, *m.* [decédo] 물러가는 자, 퇴

dēcéssus, us, *m.* [decédo] **1.** 물러감, 퇴거, 후퇴; (관직에서의) 퇴임. **2.** 감소, 감퇴: ~ Nili *(Plin.)* 나일강의 감수(減水). **3.** 사망.

dĕcet, decŭit, ére, *impers.* **1.** 〔*acc. persónæ*, 간혹 *dat.*; 문법적 주어로는 *inf.*, *acc. c. inf.*, 중성 대명사, 명사적 중성 형용사〕 (누구에게) **어울리다, 합당[타당]하다,** 적합하다, **영광이 되다:** Oratórem irásci mínime decet. *(C.)* 연설가는 결코 화를 내서는 안된다 / Injústa impetráre non decet. *(Pl.)* 불의한 것을 청해 얻는 것은 부당하다 / Facis, ut te decet. *(T.)* 너는 타당하게 행한다 / Fecísti, ut decúerat. *(T.)* 너는 의당 그랬어야 한 대로 했다 / Haud sic decet. *(T.)* 이렇게 해서는 안된다. **2.** *tr.* 〔*nom. rei sg.*, *pl.*; *acc. persónæ*, 간혹 *dat.*〕 **어울리다,** 알맞다, 적합하다, 적절하다, 제격이다, 좋다: Hæc me vestis decet. *(Pl.)* 이 옷이 내게 어울린다 / Parvum parva decent. *(Val. Fl.)* 소인에게는 작은 일들이 어울린다. 「*Ædŭi*족의 도시.

Dĕcétĭa, æ, *f.* *Gállia Lugdunénsis*에 있던

deciánus, a, um, *adj.* 주사위의.

dĕcíbĭlis, e, *adj.* [decet] 합당한, 어울리는.

décĭdi[1], *pf.* [décido[1]]; **decídi**[2], *pf.* [decído[2]].

décĭdo[1], cĭdi, ĕre, *intr.* [de+cado] **1.** 〔de, ex, ab *abl.*; *abl.*; in *acc.*〕 (이태로) **떨어지다,** 낙하하다, 하락하다, 무너지다. **2.** 죽다, 쓰러지다. **3.** 잃다, 멀리 떨어지다: de spe ~ *(T.)* 실망하다 / péctore *(alcjs)* ~ *(Tib.)* 잊혀지다. **4.** 〔ad, in *acc.*; ex *abl.*〕 (불행·위험 따위에) **빠지다,** 떨어지다, 당하다: ~ in fraudem *(C.)* 사기에 걸려들다. **5.** 〔*abl.*〕 실패하다, 패배하다, 정복당하다.

decído[2], cídi, cisum, ĕre, *tr.* [de+cædo] **1.** 베어 내다, 잘라내다, 절단하다; (나무가지를) 치다, 벌채하다. **2.** 몹시 때리다. **3.** 〔*alqd*, cum *alqo*〕 **결정하다, 결의**(決議)하다; 처결하다, 처리하다, 끝내다: rebus decísis *(C.)* 사건이 처리된 다음. **4.** 〔cum *alqo*, de *re*〕 타결하다, 합의하다. 「膜).

dĕcídŭa, æ, *f.* 《解》 자궁 탈락막(子宮脫落

dĕcídŭus, a, um, *adj.* [décido[1]] 떨어지는, 빠지는, 탈락하는: dentes decídui 젖니(乳齒).

décĭe(n)s, *adv.* [decem] **1.** 열번, 10배: ~ centéna 거액의 돈 / ~ centéna mília 100만. **2.** 자주; 무수히.

décĭma, æ, *f.* [décimus] **1.** 10분의 1. **2.** (수확물 중에서) 신이나 나라에 바치는 10분의 1 세(稅). **3.** 유산의 10분의 1.

dĕcĭmális, e, *adj.* 10분의 1세(稅)를 부과당하는.

dĕcĭmánus, a, um, *adj.* [décĭmus] **1.** 10분의 1세(稅)의: ~ ager 수확의 10분의 1을 조세로 바치는 밭. **2.** 제10군단(légio)의: decimáni mílites 제10군단 병사. **3.** 제10보병대의. **4.** *m.* 10분의 1 조세 징수원.

dĕcĭmátĭo, ónis, *f.* [décimo] **1.** 《軍》 군인을 열명에 하나씩 사형하는 벌. **2.** 10분의 1 조세 징수.

dĕcĭmátus, us, *m.* 10세의 연령.

Decímĭus, i, *m.* *Sámnium*의 부유한 귀족명.

décĭmo, ávi, átum, áre, *tr.* **1.** 열번째를 골라내다; 군인을 열명에 하나씩 사형하다. **2.** 10분의 1 조세를 물리다.

décĭmum, *adv.* 열번째로.

décĭmus[1], a, um, *adj.* [decem] **1.** 제10, 열(번)째의. **2.** *n.* 열번째의 것. 「D.).

Décĭmus[2], i, *m.* *Roma*인의 개인 이름(《略》

dēcípĭo, cépi, céptum, pĕre, *tr.* [de+cápio] **1.** 〔*alqm alqā re*〕 **속이다,** 속여 넘기다, 사기하다, 현혹시키다. **2.** 들키지 않고 피하다. **3.** (시간을) 어물어물 보내다·넘기다, (걱정을) 잊다, (마음을) 달래다.

dēcípŭla, æ, *f.* [decípio] 올가미, 올무.

dēcísĭo, ónis, *f.* [decído[2]] **1. 결정,** 결의, **판결,** 해결. **2.** 결심, 결단. **3.** 타결, 합의. **4.** 절단, 나눔; 감소.

dēcīsívus, a, um, *adj.* **1.** (문제) 해결의, 결정적인. **2.** 명확한. **3.** 단호한, 과감한.

dēcīsórĭus, a, um, *adj.* [decído[2]] 결정적 「인.

dēcīsúra, æ, *f.* 분할.

dēcísus, a, um, *p.p.* [decído[2]].

Décĭus[1], i, *m.* **1.** *Roma*인의 씨족명; 특히 *Roma*를 위해서 자기 생명을 바친 *P.* ~ *Mus* 부자(父子). **2.** *Roma* 황제(재위 249

-251). 3. 〔*adj.*〕 **-cĭánus[-cĭus]**, a, um.
décĭus², i, *m.* 1. 주사위의 신. 2. 주사위.
dēclāmátĭo, ónis, *f.* [declámo] 1. 연설[웅변] 연습. 2. 웅변·수사학의 연습문제. 3. (미사여구를 쓰며 과장된 몸짓을 하는)신통치 않은 연설; 열변; 인사말. 4. 맹렬한 항의. 「연습·낭독.
dēclāmātĭúncŭla, æ, *f.* 간단한 연설[웅변]
dēclāmátor, óris, *m.* [declámo] 1. (집이나 학교에서의)웅변 연습자·낭독자. 2. 열변가, 웅변가.
dēclāmātórĭus, a, um, *adj.* 1. 웅변조의, 연설투의; 웅변가다운. 2. 미사여구를 늘어 놓는.
dēclámĭto, ávi, átum, áre, *intr.*, *tr. freq.* [declámo] 1. 열심히 웅변 연습을 하다. 2. 열변을 토하다, 변론하다.
dēclámo, ávi, átum, áre, *intr.*, *tr.* [de+clamo] **I.** *intr.* 1. 소리 높여 웅변 연습하다, 낭독하다: ad fluctum ~ *(C.)* 파도를 향해 큰소리로 낭독하다. 2. 〔in, contra *alqm*〕 야단스럽게 소리치다, 맹렬히 비난하다. 3. 큰 소리로 이야기하다. 「론하다.
II. *tr.* 〔*alqd*〕 (무엇에 관해) 연설하다, 변
dēclārátĭo, ónis, *f.* [decláro] 선언, 성명; 의사표시, 표명, 밝힘. 「히는; 선언하는.
dēclārātívus, a, um, *adj.* 명확히 하는, 밝
dēclārātórĭus, a, um, *adj.* [decláro] 선언하는, 표명하는, 진술의: senténtia ~ 설명; 확정판결.
dēcláro, ávi, átum, áre, *tr.* [de+claro] 1. 〔*alqd; acc. c. inf.*〕 똑똑히 드러내다, 명시하다, 표시하다, 말해주다. 2. 〔*alqd[alqm]* -*c. acc. præd.; acc. c. inf.*〕 **선언하다**, 천명하다, **선포하다**, 공포[공표]하다: ~ *alqm* cónsulem *(C.)* 아무를 집정관으로 선포하다.
dēclīnábĭlis, e, *adj.* [declíno] 《文法》 어미변화를 할 수 있는.
dēclīnátĭo, ónis, *f.* [declíno] 1. 구부림, 굴절; **기울임**, **비낌**, **비킴**. 2. 《天》 적위(赤緯). 3. 피함, 회피, 도피; 혐오, 거절. 4. 《修》 본론에서의 짧은 이탈, 탈선, 빗나감. 5. 《文法》 (명사·대명사·형용사의) **어미변화**.
dēclīnátus, us, *m.* 피함, 회피, 도피.
dēclínis, e, *adj.* [declíno] 구부러진; 경사진, 비스듬한, 비낀; 피하는.
dēclíno, ávi, átum, áre, **I.** *tr.* 1. 벗어져 나가게 하다, 빗나가게 하다, 비뚤어지게 하다: ~ se extra viam *(Pl.)* 길밖으로 벗어나다. 2. 구부리다, 기울게 하다: ætáte declinátā *(Q.)* 나이가 기울어서도(늙어서도). 3. 멀어지게 하다, **멀어져 나가게 하다**. 4. **피하다**, **비키다**, 거절하다: ~ ímpetum *(C.)* 공격을 피하다. 5. 《文法》 어미 변화를 하다; 〔때로는〕 활용하다.
II. *intr.* 1. **벗어나다**, **빗나가다**: ~ de viā *(C.)* 길에서 벗어나다. 2. 〔ad, in *acc.*〕 **기울다**, 방향을 돌리다, (향해) 가다: ~ in pejus *(Q.)* 더 나빠지다 / ad *alqd* ~ *(Q.)* 무엇에로 방향을 돌리다. 3. 감소되다, 줄어들다: Declínat amor. *(Ov.)* 사랑이 식어간다. 4. 〔a, de *abl.*〕 피하다, 면하다, 멀어지다: a malis ~ *(C.)* 악을 피하다.
dēclínus, a, um, *adj.* 기운, 경사진.
dēclívis, e, *adj.* [clivus] 1. 경사진, 비탈진, 가파른. 2. 기울어진, 숙어진, 구부러진. 3. *n.* 비탈, 사면(斜面), 경사지.
dēclívĭtas, átis, *f.* [declívis] (아래로 향한) 경사, 언덕, 비탈, 물매; 기울어짐.
dēclívum, i, *n.* 비탈, 경사면, 경사지.
dēclívus, a, um, *adj.* = declívis.
dēcócta, æ, *f.* (*sc.* aqua) [decóctus] 끓여서 식힌 물.
dēcóctĭo, ónis, *f.* [décoquo] 1. 끓임. 2. (약을)달임. 3. (음식) 소화. 4. 삭음. 5. 파산. 「자.
dēcóctor, óris, *m.* [décoquo] 낭비자, 파산
dēcoctúra, æ, *f.* 달인 것[약].
dēcóctus, a, um, *p.p.*, *a.p.* [décoquo] 1. 삶아[끓여] 졸인, 달인. 2. 세련된, 정제(精製)된. 3. 풍미없는, 김빠진. 4. *n.* 달인 것, 달인 약. 「참수.
dēcollátĭo, ónis, *f.* [decóllo] 목 자름[베임],
dēcóllĭgo, ávi, átum, áre, *tr.* 흩뜨리다.
dēcóllo, ávi, átum, áre, *tr.* [collum] 1. 목을 자르다, 참수형에 처하다. 2. 목에서 벗기다; 〔*alqm re*〕 뺏다.
dēcólo, ávi, átum, áre, *intr.* [de+colum] 미끄러져 떨어지다, 실패하다, 없다.
décŏlor, óris, *adj.* [color] 1. 퇴색한, 바랜, 변색한; 검게 된. 2. 변질된, 변종의; 달라진.
dēcŏlōrátĭo, ónis, *f.* [decolóro] 1. 퇴색, 변색, 탈색. 2. 망신, 불명예.
dēcŏlóro, ávi, átum, áre, *tr.* 1. 퇴색[변색] 하게 하다, 바래다, 얼룩지게 하다. 2. 망신[불명예]스럽게 하다.
dēcŏlórus, a, um, *adj.* = décolor. 「취하다.
dēconcílĭo, ávi, átum, áre, *tr.* 떼내다, 탈
dēcóndo, ĕre, *tr.* 가두다, 묻다.
dēcóntor, átus sum, ári, *dep. intr.* 주저하다.
décŏquo, cóxi, cóctum, ĕre, *tr.* 1. 푹 삶다, 끓이다. 2. 익히다, 성숙하게 하다; 흐무러지도록 익히다. 3. 졸이다, 달이다. 4. 녹여서 덜어내다. 5. 낭비하다, 줄어들게 하다, (유산을)탕진하다. 6. *intr.* 〔*dat.*〕 파산하다, 탕진되다, 없어지다, 망하다; (기대 따위에)어긋나다.
dĕcor¹, óris, *m.* [decet] 1. 아름다움, 멋, 우아, 어울림. 2. 고움, 예쁨, 육체미. 3. 「장식.
dĕcor², ŏris, *adj.* = decórus.
dĕcŏrámen, mĭnis, [-**méntum**, i,] *n.* 장식,

장식품.
dĕcŏrátus, a, um, *p.p., a.p.* [décoro] 잘 꾸며진, 가꾸어진, 다듬어진; 훌륭한.
dēcórĭo, ávi, átum, áre, *tr.* [de+córium] 가죽을 벗기다.
décŏro, ávi, átum, áre, *tr.* 1. 〔*alqd alqā re*〕 장식하다, 꾸미다, 치장하다, 아름답게 하다. 2. 칭찬하다, 영광스럽게 하다, 존경하다.
dĕcŏrósus, a, um, *adj.* [decus] = decórus.
dēcortĭcátĭo, ónis, *f.* 껍질 벗김.
dēcórtĭco, ávi, átum, áre, *tr.* [de+cortex] 나무 껍질을 벗기다.
dĕcórum, i, *n.* 1. (= decor[1]) 멋, 우아; 잘 생김. 2. 예의범절.
dĕcórus, a, um, *adj.* [decor[1]] 1. 〔*absol., dat., abl.,* ad *acc.*〕 알맞는, 합당한, 어울리는. 2. 단정한, 품위있는, 점잖은, 멋진. 3. 아름다운, 고운, 예쁜. 4. 꾸며진, 장식된.
decóxi, *pf.* [décŏquo].
dēcrēméntum, i, *n.* [decrésco] 감퇴, 감소, 쇠퇴.
décrĕmo, ávi, átum, áre, *tr.* 태우다, 불사르다.
dēcrépĭtus, a, um, *adj.* 호호백발의, 노쇠한; 늙어 빠진.
dēcrescéntĭa, æ, *f.* [decrésco] 줄어듦.
dēcrésco, crévi, crétum, ĕre, *intr.* 1. 줄다, 줄어들다, 작아지다, 감퇴하다, 이울다. 2. (목소리 따위가) 내려가다, (감정이) 가라앉다.
dēcrētális, e, *adj.* [decérno] 1. 법령의; 교령(敎令)의; *n.* 《가》 옛 법령집. 2. 결정적인.
dēcrétĭo, ónis, *f.* = decrétum.
dēcrētísta, æ, *m.* [decérno] 교회법에 밝은 사람.
dēcrētórĭus, a, um, *adj.* [decérno] 결정적인, 최후 판결의, 판가름의; 결연한: hora decretória *(Sen.)* 죽음의 시간.
dēcrétum, i, *n.* [decérno] 1. 결정(사항), 결의, 판결; 포고. 2. 원리, 명제. 3. 《가》 교령(敎令).
decrétus, a, um, *p. p.* [decérno, decrésco].
decrévi, *pf.* [decérno, decrésco].
dēcrústo, áre, *tr.* 외피(外皮)를 제거하다.
decúbĭtus[1], a, um, *p.p.* [decúmbo].
dēcúbĭtus[2], us, *m.* 《醫》 욕창(褥瘡).
décŭbo, áre, *intr.* 다른 데서 자다, 외박하다.
decúlco, ávi, átum, áre, *tr.* 짓밟다.
deculpátus, a, um, *adj.* 잘못으로 단정된, 비난받은, 나무람 받은.
dēcúlto, ávi, átum, áre, *tr.* 완전히 숨기다.
dĕcŭmána, æ, *f.* [decumánus] 10분의 1 세 징수원의 아내.
dĕcŭmánus = decimánus.
dĕcŭmátes agri, *m. pl.* [décuma = décima] (수확량의) 10의 1 조세를 내는 농토.
pēcúmbo, cúbŭi, cúbĭtum, ĕre, *intr.* 1. 눕다, 취침하다; 누워 쉬다. 2. 식탁에 앉다 (팔을 고이고 누워 먹었음). 3. 몸져 눕다. 4. (싸움에 부상하고) 쓰러지다; 엎드리다.
décŭmus = décimus[1].
dĕcúncis, is, [–cunx, úncis,] *m. 10 únciæ.*
décŭplo, ávi, átum, áre, *tr.* 10배로 하다.
décŭplus, a, um, *adj.* [decem+plus] 10배의.
dĕcúrĭa, æ, *f.* [decem] 1. 10인조(組). 2. (10을 단위로 한) 축. 3. 10인 위원회: ~ senatória, *Roma* 원로원 10인 판사 위원회 (*Cícero* 시대에는 *Aurélius*법에 따라 원로원에 세개의 10인 판사 위원회 즉 원로원 판사 위원회, 기사(騎士)판사위원회, 재정 판사위원회가 있었다).
dĕcŭrĭális, e, *adj.* 10인조의, 10인 위원회에 속하는.
dĕcŭrĭátĭo, ónis, *f.* [-tus, us, *m.*] 10인 위원회 구성·등록.
dĕcúrĭo[1], ávi, átum, áre, *tr.* 1. (군대 특히 기병대를) 10인조로 나누다·편성하다. 2. (지지투표를 바라면서) cúria(1)에 등록시키다.
dĕcúrĭo[2], ónis, *m.* [decúria] 1. 《軍》 기병대의 10인조 분대장. 2. 지방도시나 식민분지 의회의원.
dĕcŭrĭōnális, e, *adj.* [decúrio[2]] 1. 10인조 대장의. 2. 시 의원의.
dĕcŭrĭōnátus, us, *m.* [decúrio[2]] 1. 기병대의 분대장 직. 2. 시 의회 의원직.
dēcúrro, cúrri, cúrsum, ĕre, I. *intr.* 1. 〔ex, de, ab *abl.;* ad, in *acc.*〕 달려[급히] 내려가다. 2. 열매가 떨어지다. 3. 강물이 흘러 내려가다, 바다로 흘러들다. 4. 배가 빨리 가다; 항해하다. 5. 빨리 움직이다; 달리다, 뛰다, 뛰어 들다: Manus in scribéndo decúrrit.*(Q.)* 글쓰는 손이 빨리 움직인다 / ~ in spátio*(N.)* 경기장에서 달리다 / ~ ad hamum*(H.)* (물고기가)낚시에 덥석 달려들다. 6. 목적지[종점]까지 달리다. 7. 《軍》 기동연습하다, 행군하다. 8. (축제나 장례식에서)성대한 행렬을 지어 행진하다. 9. 〔per *acc.,* de *abl.*〕 (연설에서) 다루다, 이야기하다; 〔*absol.*〕 거침없이 계속되다·전개되다. 10. 〔ad *acc.*〕 호소하다, 매달리다, 의존하다. 11. 〔*impers.*〕 에 이르다: eo decúrsum est, ut ...*(L.)* …하기에 이르렀다.
II. *tr.* 1. 주파(走破)하다; (세월을)지내다, 만기(滿期)까지 지내다, 인생역정을 끝까지 달리다, 마치다: ~ vitam*(Phæ.)* 인생행로를 마치다 / decúrso ætátis spátio*(Pl.)* 일생을 끝내고. 2. 〔*alqd* de *abl.*〕 논하다, 빠짐없이 다루다.
dēcúrsĭo, ónis, *f.* [decúrro] 1. 달려 내려감, (물 따위의)흐름. 2. (고지로부터의) 습격. 3. (군대의)기동연습. 4. 여행. 5. 주파(走破); 경과.
dēcúrsĭto, ávi, átum, áre, *intr.* (뛰어)돌아다니다, 배회하다.

dēcúrsus, us, *m.* [decúrro] **1.** 달려 내려감; 흐름. **2.** 《軍》 기동연습; 군대사열; 습격, 돌격. **3.** 목적지[종점]까지 달림. **4.** 시간의 **경과**. **5.** 다 채움, 만기(滿期): ~ honórum*(C.)* 관직의 만기. 「냄.
dēcurtátĭo, ónis, *f.* [decúrto] 절단, 잘라
dēcúrto, ávi, átum, áre, *tr.* 잘라내다, 짧게 하다.
dĕcus, cŏris, *n.* [decet] **1.** 장식; 영광, 영예, 자랑, 칭찬. **2.** 아름다움, 멋, 어울림. **3.** 기품, 고결, 고상, 훌륭함, 덕.
dĕcussátim, *adv.* X자형으로.
dĕcussátĭo, ónis, *f.* [decússo] X자형의 교차, 가새표; 교차. 「림, 떼어냄.
dēcússĭo, ónis, *f.* [decútio¹] 흔들어 떨어뜨
dĕcússis, is, *m.* **1.** 열, 10. **2.** X자형, 가새표. **3.** *10 as*의 돈.
dĕcússo, ávi, átum, áre, *tr.* X[십]자형으로 만들다·나누다·교차시키다.
dēcútĭo¹, cússi, cússum, ĕre, *tr.*[de+quátio] **1.** 흔들어[쳐서·밀쳐서] 떨어뜨리다, 따다. **2.** 때려서 무너뜨리다·넘어뜨리다. **3.** (금고에서 돈을) 끄집어내다.
dēcútĭo², íre, *tr.* [cutis] 가죽을 벗기다.
dēdámno, ávi, átum, áre, *tr.* 죄를 용서하다.
dēdécĕo, cŭi, ére, *impers.* [*alqm, inf., absol.*]; *tr.* [*nom. rei, acc. persónæ*] 합당[타당]치 않다, 불가하다, 좋지 않다, 어울리지[맞지] 않다; 망신되게[욕되게] 하다: Oratórem irásci mínime decet, simuláre non dédecet. *(C.)* 연설가는 결코 화내서는 안되지만 화내는 체하는 것은 무방하다 / ut ne dedéceat,*(C.)* 망신스럽게 되지 않기 위해서 / Vox ... non dédecet.*(Q.)* (잇새로 발음한) 소리가 나쁘지는 않다 / Nec dóminam motæ dedecuére comæ.*(Q.)* 약간 흐트러진 머리가 귀부인을 망신스럽게는 하지 않았다.
dédĕcor, ŏris, *adj.* 망신[수치·불명예]스러운, 흉한, 천한.
dēdĕcŏraméntum, i, *n.* 망신, 수치, 치욕.
dēdĕcŏrátor, óris, *m.* 망신시키는 자, 욕되게 하는 자.
dēdécŏro, ávi, átum, áre, *tr.* 망신시키다, 수치[불명예]스럽게 하다, 체면[위신·영예·면목]을 손상시키다, 흉하게 만들다.
dēdĕcŏrósus, a, um, *adj.* 수치스러운, 천한, 흉한. 「히는, 치욕이 되는.
dēdĕcórus, a, um, *adj.* [*dat.*] 명예를 더럽
dédĕcus, cŏris, *n.* **1.** 망신, 수치, 치욕, 불명예: dedécori*(dat. finális)* esse *alci(C.)* 누구에게 망신이 되다 / ~ admíttere*(Cæs.)* 수치스러운 일을 저지르다. **2.** 비행(非行), 추행, 악행, 악습.
dĕdi¹, *pf.* [do]; **dēdi²,** *inf. præs. pass.* [dēdo].
dēdĭcátĭo, ónis, *f.* [dédico] 봉헌, 헌납; 헌당(獻堂), (공공 건물의) 낙성(식), (사람·성당 따위의) 축성(祝聖): ~ ecclésiæ 성당 봉헌식.
dēdĭcātívus, a, um, *adj.* [dédico] 긍정적.
dédĭco, ávi, átum, áre, *tr.* **1.** 신고하다, 말하다, 주장하다. **2.** [*alqd* in censum, in censu] (고대 *Roma* 국세 조사에서) 재산신고하다. **3.** (종교적으로 신에게) **봉헌하다, 헌납하다; 축성**(祝聖)**하다,** 거룩한 것으로 만들다. **4.** [*alqm*] 신으로 모시다, 신격화하다. **5.** (저서 따위를 누구에게) **바치다. 6.** (건물·극장·교량 따위를) 낙성[준공]하다, 개관하다.
dédĭdi, *pf.* [dēdo]; **dēdídĭci,** *pf.* [dēdísco].
dēdignátĭo, ónis, *f.* [dēdígnor] 경멸, 멸시.
dēdígnor, átus sum, ári, *dep. tr.* [*acc., inf.*] 경멸[멸시]하다, 부당하게 여기다, 배척하다. 「을 잊다, (습관 따위를) 버리다.
dēdísco, dídĭci, ĕre, *tr.* [*acc., inf.*] 배운 것
dēdĭtícĭus[-títĭus], a, um, *adj.* **1.** 항복한, 굴복한, 예속된. **2.** *m.* 예속자, 굴
dēdítĭo, ónis, *f.* [dēdo] 항복. └복자.
dédĭtor, óris, *m.* 항복자, 투항자.
dédĭtus, a, um, *p. p.,a.p.* [dēdo] **1.** [*dat.*] 온전히 바쳐진, 헌신하는. **2.** [*dat.,* in *abl.*] 몰두한, 집착한, 열중한, 사로잡힌.
dēdo, dédĭdi, dĭtum, ĕre, *tr.* [de+do] [*alqd [alqm] dat.;* ad, in *acc.*] **1.** 주다, **넘겨주다,** 내어주다: ~ *alqm* cruci*(Pl.)* 아무를 십자형에 처하다 / ~ *alqm* ad supplícium*(L.)* 아무를 고문하다 / [*pass. refl.*] **se ~, dedi** 항복하다, 굴복하다 / se súaque ómnia Cǽsari ~ *(Cæs.) Cæsar*에게 항복하고 자기들의 모든 것을 넘겨주다. **2. 온전히 내맡기다, 바치다:** ~ aures suas poétis*(C.)* 시인들의 말을 열심히 듣다 / dédita somno membra*(Lucr.)* 깊이 잠들어 늘어진 사지 / déditā óperā*(Pl., C.)* 고의로, 일부러, 애써. **3.** [*refl.*] **se ~ 헌신하다, 몰두**[전념·열중]**하다, 빠지다,** 탐닉하다; 노예가 되다: ~ se stúdio litterárum*(C.)* 학문 연구에 몰두하다 / ~ se ad audiéndum*(C.)* 열심히 듣다/ Pátria, cui nos totos ~ debémus.*(C.)* 우리 자신을 온전히 바쳐야 하는 조국.
dēdócĕo, ére, *tr.* [*alqm alqd, alqm c. inf.*] (배운 것을)잊게 하다, 반대로 가르치다; 하지 못하도록 가르치다, 버릇을 고치게
dēdólĕo, ŭi, ére, *intr.* 고통이 멎다. └하다.
dédŏlo, ávi, átum, áre, *tr.* 자르다, 베다; 다듬다. 「히 길들이다.
dédŏmo, mŭi, mĭtum[mátum], áre, *tr.* 온전
dēdúco, dúxi, dúctum, ĕre, *tr.* [de+duco] **1.** [*alqm[alqd]* de, ex, ab *abl.; abl.* - ad, in *acc.*] **끌어 내리다,** 처지게[늘어지게] 하다: ~ vestem húmero ad péctora*(Ov.)* 옷을 어깨에서 가슴까지 끌어 내리다. **2. 이끌다, 인도하다,** (어디로) 돌리다, 운반하다, 끌고 가다: aqua dedúcta*(C.)* 끌어온 물. **3. 데리고 가다, 데려다 맡기다;**

동반하다, 수행하다. **4.** 《軍》 (부대 따위를)이동시키다, 인솔하다; (적을)유도하다, 끌어내다. **5.** (배를)바다로 내보내다, 출범시키다. **6.** [*alqm* de, ab *abl.*; *abl.*] 벗어나게 하다, 멀어지게[떠나게·멀어지게·버리게]하다, 제거하다. ~ *alqm* a timóre *(C.)* 공포심을 버리게 하다. **7.** 이끌어 내다, 유래하게 하다, 따오다, 가져오다; 연역(演繹)하다, 추론하다. **8.** (돛을)펼치다. **9.** (실을 가늘게)뽑다. **10.** (글·시를)훌륭히 만들어 내다, 작성하다. **11.** 이민시키다, (어디를)식민지로 만들다. **12.** 아내를[아내로] 데려오다·맞다; [*pass.*] dedúci 시집가다[오다]. **13.** [*alqm[alqd]* ad, in *acc.*; ut *consecutívum*] 끌어 들이다, …하게 만들다, …에 이르게 하다: ~ *alqm* in períclum *(Q.)* 위험으로 끌어 넣다 / Res eo dedúcta est, ut 일이 …한 정도에까지 이르렀다. **14.** 감하다, 빼다, 공제하다, 떼어내다, 덜다: addéndo deducendóque 더하고 빼고 하여.

dēdúctĭo, ónis, *f.* [dedúco] **1.** 물을 끌어옴(引水). **2.** 이송(移送), 반출. **3.** 식민(植民); 추방. **4.** 출가(出家). **5.** 감함, 빼기, 공제. **6.** 추론; 《論》 연역(演繹).

dēductívus, a, um, *adj.* **1.** 끌어온, 유래된. **2.** 《論》 연역적.

dēdúctor, óris, *m.* [dedúco] **1.** 인도하는 자; 관직 취임자의 동반자·수행원. **2.** 식민지 건설자. **3.** 가져오는 자.

dēdúctus¹, a, um, *p.p., a.p.* [dedúco] **1.** 끌어 내려진, 처진, 늘어진. **2.** 낮은; 가느다란: voce dedúctā 작은 목소리로.

dēdúctus², us, *m.* 인수(引水).

de eā (*sc.* fériā) 《가》 평일의(성무일과, 미사).

dĕēbrĭátus, a, um, *adj.* 만취한.

dĕéo, íre, *anom. intr.* [de+eo] (무엇에서) 떠나다.

dĕérro, ávi, átum, áre, *intr.* [*abl.*, ab *abl.*] 길을 잃다, 방황하다, 벗어나다.

dĕésis, is, *f.* **1.** 간구(懇求), 기원(祈願), 탄원. **2.** 《宗》 비잔틴 예식에 있어서의 기원의 하나. **3.** 《宗》 (공심판 그림에 있는) 왕좌(王座)의 그리스도 상(像).

dēfæcábĭlis, e, *adj.* [defǽco] 깨끗이 부실 수 있는.

dēfæcátĭo, ónis, *f.* [defǽco] 찌꺼기 제거; 세척.

dēfǽco, ávi, átum, áre, *tr.* **1.** (술 따위의) 찌꺼기를 걸러서 맑게 하다. **2.** 씻다, 깨끗이 하다; 맑게 하다.

dēfǽnĕro, ávi, átum, áre, *tr.* [*alqm*] 누구에게 채무를 지우다.

dēfāmátus, a, um, *adj.* [*inusit.* defámo] 명예를 깎인, 나쁜 평판이 퍼진, 누명 쓴.

dēfámis, e, *adj.* [fama] 수치스러운.

dēfānátus, a, um, *adj.* 더렵혀진, 속화(俗化)된.

dēfărīnátus, a, um, *adj.* [farína] 가루가 된.

dēfătīgábĭlis, e, *adj.* [defatígo] 피로해질 수 있는.

dēfătīgátĭo, ónis, *f.* [defatígo] 피로, 피곤, 지쳐 버림, 권태.

dēfătīgo, ávi, átum, áre, *tr.* [*alqm abl.*, in *abl.*] 피로하게[지치게]하다; [*pass.*] **defatigári** 지치다: defatigáti *(Cæs.)* 지친 사람들.

dēfătíscor = defetíscor.

dēfēcábĭlis = defæcábilis.

dēfectíbĭlis, e, *adj.* [defício] 약한, 덧없는, 속절없는.

dĕfectĭbílĭtas, átis, *f.* 불완전성, 결함 가능성; 죄를 지을 수 있음.

dēféctĭo, ónis, *f.* [defício] **1.** 배반, 배신; 이탈, 멀어져 나감. **2.** 쇠약, 쇠미(衰微). **3.** 부족, 결핍, 결함, 결여: ~ ánimi 낙담, 의욕상실. **4.** ~ solis 일식; ~ lunæ 월식.

dēfectívus, a, um, *adj.* [defício] **1.** 결함[결점] 있는, 불완전한, 다 갖추지 못한, 빠져 있는, 모자라는. **2.** 《文法》 verbum defectívum 결여동사, 불비(不備) 동사.

dēféctor, óris, *m.* [defício] 배반자, 배신자, 반역자; 이탈자.

dēféctrix, ícis, *f.* 결함있는[불완전한] 여자.

dēféctus¹, a, um, *p.p., a.p.* [defício] [*abl.*] **1.** 떨어져 나간, 버림받은. **2.** 쇠약해진, 쇠잔한, 무력해진, 지친.

dēféctus², us, *m.* **1.** 결함, 결점, 단점, 과실, 흉; 《가》 (서품 또는 성직집행의 장애가 되는)결함. **2.** 결핍, 결여, 부족. **3.** 배반, 변절; 이탈, 탈당. **4.** 쇠약; 질환. **5.** 일식; 월식. **6.** 《軍》 사기저하.

dēféndo, féndi, fénsum, ĕre, *tr.* **1.** [*alqm [alqd]* - ab *abl., dat.*] 방어하다, 막다, 멀리하다, 물리치다: ~ hostes *(En.)* 적을 물리치다. **2.** [*alqm[alqd]* - ab *abl.*; contra, advérsus *acc.*] 지키다, 수호[보호·옹호]하다. **3.** 변호하다, 지지하다, 주장을 관철하다. **4.** (입장·지위·상태 따위를)유지하다, 버티다. **5.** 보복[복수]하다.

dēfénĕro, ávi, átum, áre, *tr.* [*alqm*] 고리대금으로 빚지우다.

dēfensábĭlis, e, *adj.* 방어[수비]할 수 있는; 수호[옹호]할 수 있는.

dēfensácŭlum, i, *n.* 방어지(防禦地).

dēfénsĭo, ónis, *f.* [defféndo] **1.** 방어, 방위; 물리침, 배격: ~ contra injústum aggressórem 정당 방위 / ~ pátriæ 국방. **2.** 보호, 수호, 옹호. **3.** 변호, 변명; 변호문(辯護文). **4.** 보복, 복수.

dēfensĭonális, e, *adj.* 방어의, 변호의.

dēfénsĭto, ávi, átum, áre, *tr. freq.* [defén-do] 늘 변호하다, 변명하다: ~ causas *(C.)* 변호사로 활동하다.

dēfensívus, a, um, *adj.* **1.** 방어적인, 방비의, 자위상의. **2.** 수세의, 수비의.

dēfénso, ávi, átum, áre, *tr.* **1.** 막다, 방어하다, 물리치다: ~ metus 공포를 물리치다. **2.** 지키다, 수호[보호·옹호]하다: ~ se ab hóstibus *(Sall.)* 적으로부터 자신을 보호하다.

dēfénsor, óris, *m.* [defendo] **1. 방어자,** 물리치는 사람. **2. 수호자, 옹호자;** 변호자: ~ fídei 신앙의 옹호자(교황 *Leo 10*세가 영국의 *Henry 8*세에게 주었던 칭호) / ~ vínculi (교구 또는 관구 재판소의) 혼인 보호관[수호관]. 「변호의.

dēfensórĭus, a, um, *adj.* 방어의; 수호의,

dēfénstrix, ícis, *f.* 방어하는 여자; 수호[변호]하는 여자.

dēférbŭi, *pf.* [deférveo, defervésco].

défĕrens, éntis, *p.præs., a.p.* [défero] **1.** 가져가는, 운반하는. **2.** 《解》 수정(輸精)….

dēferentĭális, e, *adj.* [défero] **1.** 수송의. **2.** 《解》 정관(精管)…. **3.** 경의를 표하는, 공손한.

défĕro, tŭli, látum, férre, *anom. tr.* [de+fero] **1.** 내려 놓다; 내려 앉게 하다, 무너뜨리다. **2.** 〔*alqd[alqm]* - ad, in *acc.; alci*〕 **가져가다[오다], 데려가다[오다], 끌어가다[오다];** 나르다, 이동시키다. **3. 드리다,** 바치다, 납입하다. **4.** (배나 손님을) 가 닿게 하다, 갖다 대다; 〔흔히 *pass.*〕 닿다. **5.** (팔 물건을) 내놓다, 벌여 놓다. **6.** 〔*alqd* ad *alqm, alqd alci*〕 **넘겨주다,** 수여하다, 제공하다, 맡기다; (회의 따위에) 붙이다, 제출[제시·제안]하다. **7.** (노력·호의 따위를) 기울이다, 쏟다. **8.** 〔*alqd, acc. c. inf.,* de *abl.*〕 알리다, 보고하다, **전하다,** 이야기하다, 누설하다. **9.** 《法》 〔*acc.; acc.c.inf.;* de *re* - ad, in *alqm; alci*〕 **고발하다,** 고소하다; **밀고하다:** ~ nomen *alcjs(C.), alqm* ~ *(Ta.)* 아무를 고발하다. **10.** 〔*alqd[alqm]* - ad ærárium〕 (누구를 포상하도록)제청(提請)하다, 천거하다. **11.** 《法》 ~ **se** 습득물[발견물]을 신고하다.

dēfervēfácĭo, féci, fáctum, ĕre, *tr.* 흠씬 끓이다, 익히다. 「정되다.

dēférvĕo, férbŭi[férvi], ére, *intr.* 식다; 진

dēfervésco, férvi[férbŭi], ĕre, *intr.* **1.** 끓다가 멈추다, 식다. **2.** (흥분 따위가) 가라앉다, 차분해 지다, 진정되다.

dēféssus, a, um, *p.p., a.p.* [defetíscor] 〔*abl.*〕 지친, 피로해진; 쇠약해진.

defetig... *V.* defatig...

dēfĕtiscéntĭa, æ, *f.* 피로; 쇠약.

dēfĕtíscor, *(ĕris, ĭtur),* féssus sum, sci, *dep. intr.* 〔*abl., inf., absol.*〕 지치다, 피로해 지다; 쇠약해지다.

déficax, ácis, *adj.* 부족한.

dēfícĭens, éntis, *p. præs., a.p.* [defício] 결함있는, 잘못된; 모자라는, 부족한.

dēficĭéntĭa, æ, *f.* 부족; 쇠약; 결함, 결여.

dēfícĭo, féci, féctum, ĕre, *tr., intr.* [de+fácio] **I.** *intr.* **1.** 〔*absol.;* ab *abl.* - ad *acc.*〕 **떨어져 나가다,** 물러서다, 떠나다, **배반하다:** ~ a pátribus ad plebem *(L.)* 귀족들에게 떨어져 서민 편에 들다 / a se ~ 성질·습관·태도 따위를 바꾸다. **2.** 〔*absol., alci; abl., inf.*〕 **부족하다, 다 떨어지다, 끝나다,** 그치다, …하지 못하다: Nisi memória defécerit,*(C.)* 기억에 틀림이 없다면 / Tela nostris defíciunt.*(Cæs.)* 우리 군인들에게 무기가 떨어져 간다 / deficiénte óculo distínguere parva 시력이 작은 것들을 분간하지 못하게 되어. **3.** 〔*abl.*〕 **지치다, 약해지다;** 잃다, **실망하다;** 죽다: ~ ánimo *(Cæs.),* ~ *(C.)* 용기를 잃다, 실망하다 / pugnándo ~ *(Cæs.)* 전투에 지치다·허덕이다 / ~ vitā, *(Pl.),* ~ *(Curt.)* 죽다. **4.** (해·달이) 어두워지다, 일식·월식이 되다.

II. *tr.* **1.** 〔*alqm*〕 (누구에게서) **떠나다,** 떨어져 나가다; 내버리다, 모자라게[없게] 하다: Vires defíciunt me.*(Cæs.)* 나는 힘이 모자란다. **2.** 〔*pass.*〕 **défici** 〔*abl.,* ab *abl.*〕 (무엇이) **없다, 모자라다:** ~ auxílio *(C.)* 도움을 받지 못하다 / ~ pecúniā *(Sen.)* 돈이 떨어지다 / ~ facultátibus 빚갚을 능력이 없다 / deficta nómina 빚갚을 수 없는 채무자들.

dēfígo, fíxi, fíxum, ĕre, *tr.* **1.** 〔*alqd[alqm]* in, sub *abl.; dat.;* in *acc.*〕 **박다,** 박아 넣다, 들이 박다, **꽂다. 2.** 때려 눕히다: *alqm* ~ in terram *(Pl.)* 아무를 땅에다 ~. **3.** 〔*alqd* in *abl.* in *acc.*〕 (정신·주의 따위를)집중시키다, 한 곳으로 돌리(게 하)다: omnes curas in rei públicæ salúte ~ *(C.)* 나라의 안녕에 온갖 배려를 기울이다 / ~ óculos in *alqm(Ov.)* 아무를 응시하다. **4.** 움직이지 않게 하다, **고정[고착]시키다,** 못박다; 깊이 뿌리 박게 하다: vítia in *alqo* defíxa*(C.)* 아무에게 깊이 박힌 악습. **5.** 〔*alqd* in ánimo, in mente〕 마음 속에 깊이 새겨두게 하다, 잊지 못하게 하다. **6.** (놀라서) 꼼짝 못하게 하다, 사로 잡히게 하다; (침묵·생각 따위에)깊이 잠기게 하다: Stupor omnes defíxit.*(L.)* 모두들 놀라움에 사로잡혀 꼼짝 못하였다 / defíxi pavóre *(Ta.)* 공포에 사로 잡힌 사람들 / siléntio defíxus*(L.)* 침묵에 잠긴 / in cogitatióne defíxus*(C.)* 생각에 깊이 잠긴. **7.** (마법 따위로)묶어 놓다, 걸리게 하다.

dēfigūrátus, a, um, *adj.* 전성(轉成)된.

dēfíndo, ĕre, *tr.* 쪼개다, 빠개다.

dēfíngo, fínxi, fíctum, ĕre, *tr.* **1.** 빚다, 형태를 만들다. **2.** 볼품없이 만들다.

dēfinĭénter, *adv.* 결정적으로, 확정하여.

dēfínĭo, ívi, ítum, íre, *tr.* **1.** 경계[한계]를 정하다. **2.** 정하다, 지정하다, **결정[확정]하다:** tempus ~ *(Cæs.)* 시간을 정하다. **3.** 뜻을 설명하다, 묘사하다; 《論》 **정의(定義)하다. 4.** 제한하다, 국한하다. **5.** 끝맺다.

dēfinítĭo, ónis, *f.* [defínio] **1.** 한정, 규정.

2. 정의(定義). 3. **결정**, 확정:《가》 ~ dogmática 교의(敎義)·교리의 교권적 결정 / ~ ex cáthĕdrā 교황좌 선언.
dēfinītívus, a, um, *adj.* 결정[확정]적, 최종적인; 한정적인, 명시하는; 명확한.
dēfinítor, óris, *m.* [defínio] 결정자; 정의하는 자.
dēfinítus, a, um, *p.p., a.p.* [defínio] 1. **한정된**, 경계 지워진. 2. 명확한, 뜻이 분명한. 3. **정의된**. 4. 결정된, 확정된. 5. 〔*adv.*〕 **-te,** 결정적으로, 확정[한정]하여, 정확히, 분명하게.
dēfínxi, *pf.* [defíngo].
dēfío, fíĕri, 《古》 = defícior, *pass.* [defício] 1. 쇠약해지다, 힘이 빠지다. 2. 〔*dat.*〕 (누구에게) 부족하다, 없다.
dēfiócŭlus, i, *m.* 애꾸눈.
dēfíxĭo, ónis, *f.* [defígo] 1. 들이 박음, 못박음. 2. 마법.
dēflagrátĭo, ónis, *f.* [deflágro] 1. 연소(燃燒), **불탐**; 화재. 2. (화재에 의한) 멸망, 폐허, 잿더미.
dēflágro, ávi, átum, áre, I. *intr.* 1. 불타버리다, 타서 없어지다; 잿더미가 되다, 멸망하다. 2. (격한 감정·반란 따위가) 가라앉다, 진정되다.
II. *tr.* 불태우다, 소각하다, 잿더미로 만들다, 멸망시키다.
dēflécto, fléxi, fléxum, ĕre, I. *tr.* 〔*alqd [alqm]* - a, de *abl.* - ad, in *acc.*〕 1. **구부러뜨리다**, 굽히다, 휘게 하다: defléxa vitis *(Plin.)* 구부러진 포도나무. 2. **빗나가게[벗어 나게] 하다**, 비뚤어지게[비끼게]하다, 편향(偏向)시키다: ~ *alqm* de viā *(C.)* 아무를 제 길에서 빗나가게 하다. 3. **바꾸다**, 변경하다, (다른 데로) **돌리다**: amnes in álium cursum defléxi *(C.)* 물길을 바꾼 강들 / ~ óculos ab *alqā re (Val. Fl.)* 무엇에서 눈을 돌리다 / ~ factum in álium *(Q.)* 과실을 남에게 돌리다.
II. *intr.* 〔*abl.*, a, de *abl.*- ad, in *acc.*〕 벗어나다, 빗나가다, 떠나다, 방향을 돌리다: ~ de viā *(C.)* 바른 길에서 빗나가다 / ~ a veritáte *(C.)* 진리에서 벗어나다.
dēflĕo, flévi, étum, ére, *tr.* 〔*absol.; acc.; acc.c. inf.*〕 1. 몹시 울다, 실컷 울다: ~ óculos 눈물로써 적시다, 눈이 퉁퉁 붓도록 울다. 2. 누구[무엇] 때문에 울다. 3. 울면서 이야기 하다.
dēfléxĭo, ónis, *f.* [deflécto] 빗나감, 비뚤어짐, 구부러짐, 휘어짐; 《物》 편차(偏差), (빛의) 굴절.
dēfléxus, us, *m.* [deflécto] 1. 구부림, 휨. 2. 구비진 곳, 휜 자리.
dēflo, ávi, átum, áre, *tr.* 1. 불어내다, 불어 날리다. 2. 비웃다, 경멸하다.
dēfloccátus, a, um, *adj.* 털 깎인, 털 뽑힌; 대머리의.
dēflōrátĭo, ónis, *f.* [deflóro] 1. 꽃이 멜어짐, 낙화. 2. (책의)발췌. 3. 처녀성을 빼앗음, 처녀를 범함.
dēflórĕo, rŭi, ére, *intr.* 1. 꽃이 지다, 개화기가 지나다; 꽃잎이 멜어지다. 2. 시들다, 빛을 잃다, 쇠퇴하다.
dēflōrésco, flórui, ĕre, *intr.* 1. 꽃이 지다. 2. 시들다, 쇠퇴하다, 조락(凋落)하다.
dēflóro, ávi, átum, áre, *tr.* [de+flos] 1. (꽃을)따다·멜어지게 하다. 2. 처녀의 정조를 뺏다. 3. 명예를 훼손하다, 오명(汚名)을 씌우다.
défluŏ, flúxi, flúxum, ĕre, *intr.* 〔*abl.;* a, de, ex *abl.* - in, ad *acc.*〕 1. (액체가) **흘러내리다**. 2. 떠내려가다, 물길따라 흐르다. 3. 멜어지다, 낙마(落馬)하다; 내려가다, (옷·머리 따위가) 흘러내리다. 4. **퍼지다**, **흘러 나오다**, 유래되어 내려오다. 5. 흘러 없어지다, 다 흐르다. 6. **사라지다**, **그치다**, **쇠미해지다**; 떠나다, 물러가다: ubi salutátio deflúxit, *(C.)* 손님들이 물러가자 / disciplína défluens 쇠퇴해가는 기율.
déflŭus, a, um, *adj.* [défluo] 흘러 내리는; 멜어지는.
dēflúvĭum, i, *n.* [défluo] 흘러내림, 유출; 멜어짐.
dēflúxĭo, ónis, *f.*[défluo] 흘러내림, 멜어짐.
dēfódĭo, fódi, fóssum, ĕre, *tr.* 1. 파다, 파내다. 2. 도려내다, 상처 입히다. 3. 〔*alqd* in *abl.*, in *acc.*〕 파묻다. 4. 감추다, 숨기다.
dēfœ́do, ávi, átum, áre, *tr.* 더럽히다.
dēfólĭo, ávi, átum, áre, *tr.* [fólium] 잎을 따다.
defóre, *inf. fut.* [desum].
défŏris, *adv.* 밖으로부터.
dēformátĭo, ónis, *f.* [defórmo] 1. 볼품없이 만듦, 변형, 원형 훼손, 왜곡. 2. 중상, 비방, 모욕. 3. 강등. 4. 묘사, 도안.
dēfórmis, e, *adj.* [de+forma] 1. 모양[형체]없는. 2. 볼품없는, 일그러진, 못 생긴, 기형의; 흉한, 추한; 천한, 무례한. 3. 수치[망신]스러운, 못난; 모멸할.
dēfórmĭtas, átis, *f.* 1. 볼품 없음, 못 생김, 기형, 추함. 2. 수치, 망신.
dēfórmo, ávi, átum, áre, *tr.* [de+formo] 1. 모양을 잡다, 윤곽을 그리다, 설계하다. 2. 묘사하다, 서술하다. 3. 볼품[모양]없이 만들다, 흉하게 만들다, 망그러[일그러]뜨리다; 망쳐 놓다: membra deformáta venéno *(Sil.)* 독약으로 기형이 된 사지. 4. 변형시키다; 품위를 손상시키다.
defóssus, a, um, *p.p.* [defódio].
dēfráctus, a, um, *p.p.* [defríngo].
dēfraudátĭo, ónis, *f.* [defráudo] 1. 부족, 결핍, 결함. 2. 편취, 뺏음, 횡령.
dēfraudátor, óris, *m.* [defráudo] 사기꾼, 편취자: ~ tribúti 탈세자.
dēfráudo, ávi, átum, áre, *tr.* 〔*alqm alqā re, alqm alqd*〕 속여 뺏다, 편취하다; 〔*alqm*〕 속이다: ~ génium suum *(T., Pl.)* 취미·오락

도 버리다.
défrĕmo, mŭi, ĕre, *intr.* 으르렁 거리다가 그치다, 가라 앉다, 진정 되다.
dēfrēnátus, a, um, *adj.* 재갈 안물린, 고삐 풀린; 자유분방한, 제멋대로의.
dēfrénsus, a, um, *adj.* 낡아 버린, 해어진.
dēfrĭcáte, *adv.* 풍자적으로, 비꼬아, 신랄하게. 「마찰.
dēfrĭcátĭo, ónis, *f.* [défrico] 비빔, 문지름,
défrĭco, cŭi, cátum[fríctum], áre, *tr.* **1.** 세게 비비다·문지르다. **2.** 문질러 떼어내다, 닦아내다. **3.** 풍자하다, 신랄하게 비난하다. 「다.
dēfrīgésco, fríxi, ĕre, *intr.* 식다, 차게 되
dēfríngo, frégi, fráctum, ĕre, *tr.* [de+frango] **1.** 부러뜨리다, 꺾다. **2.** 깨뜨리다,
dēfrúdo = defráudo. ⌊부수다, 분쇄하다.
dēfrúgo, áre, *tr.* (씨를 아낀 탓으로) 수확을 적게 거두다.
dēfrūméntum, i, *n.* 손해, 해.
défrŭor, *(frúĕris, ĭtur)*, frŭi, *dep. intr.* 〔*abl.*〕 모조리 걷어 들이다.
dēfrústo, ávi, átum, áre, *tr.* **1.** 갈기갈기 찢다; 마구 자르다. **2.** 약탈하다.
dēfrústror, ári, *dep. tr.* 속이다, 배반하다.
dēfrŭtárĭus, a, um, *adj.* **1.** 괸 포도주의. **2.** *n.* 괸 포도주 담는 그릇[통].
défrŭtum, i, *n.* 새로 괸 포도즙·포도주.
défŭga, æ, *m.* [defúgio] 도망자, 탈주병.
dēfúgĭo, fúgi, ĕre, **1.** *tr.* 〔*alqd*〕 피하다, 회피하다, 거절하다, 사양하다: ~ munus *(C.)* 직책을 회피하다 / non ~, quin *c. subj. (Var.)* …하기를 거절하지 않다. **2.** *intr.* 〔*absol.*; ab *abl.*〕 도망하다.
dēfúnctĭo, ónis, *f.* [defúngor] **1.** 이행, 수행, 완수. **2.** 죽음.
dēfunctórĭus, a, um, *adj.* [defúngor] 경솔한, 엉터리의, 아무렇게나의, 겨우 족한.
dēfúnctus[1], a, um, [defúngor] **1.** *p.p.* **2.** *m., f.* 죽은 사람, 고인.
dēfúnctus[2], us, *m.* 죽음.
dēfúndo, fúdi, fúsum, ĕre, *tr.* **1.** 쏟다, 쏟아 붓다. **2.** (술통·항아리에서) 따라내다.
dēfúngor, *(ĕris, ĭtur)*, fúnctus sum, gi, *dep. intr.* 〔*abl.*〕 **1. 이행하다, 완수하다,** 채우다, 다하다, **마치다. 2. 죽다:** ~ vitā, ~ morte, ~ 죽다, 천명(天命)을 마치다. **3.** 갚을 것을 다 갚다, 치르다, (위험·괴롬 따위를)벗어나다, 면하다. 「음, 흘림.
dēfúsĭo, ónis, *f.* [defúndo] 쏟음, 쏟아 부
dēfŭtútus, a, um, *adj.* = diffutútus.
dégĕner, nĕris, *adj.* [de+genus] **1.** 〔*absol., gen.,* ab *abl.*〕 본래의 좋은 점을 잃어버린, 나빠진, 멀어진, 변해버린, 퇴화한. **2.** 타락한, 천한, 저속한.
dēgĕnĕrátĭo, ónis, *f.* [degénero] **1.** 타락, 퇴보, 퇴폐; 악화. **2.** 《生》 퇴화. **3.** 《醫》 조직의 변성(變性), 변질.
dēgĕnĕrátum, i, *n.* 타락, 퇴폐.
dēgénĕro, ávi, átum, áre, **I.** *intr.* **1.** 〔ab *abl.* - in *acc.*〕 나빠지다, 악화하다, 퇴화하다, 변질하다: Poma degénerant. *(V.)* 과일들이 제 맛을 잃고 있다. **2.** 〔ab *abl., dat.* - ad *alqd*〕 (본연의 상태에서) 멀어지다, 떠나다, 타락하다.
II. *tr.* **1.** 나빠지게 하다, 퇴화[변질·타락]시키다. **2.** 품위를 떨어뜨리다, 욕되게 하다.
dégĕro, géssi, géstum, ĕre, *tr.* 갖다 주다.
dēgi, *pf.* [dego].
déglăbro, ávi, átum, áre, *tr.* (나무의) 껍질을 벗기다; 털 뽑다; 매끈하게 하다.
deglórĭo, ávi, átum, áre, *intr.* 영광을 잃어가다, 사라져 가다. 「벗기다.
dēglúbo, úptum, ĕre, *tr.* 껍질 벗기다, 가죽
dēglútĭno, ávi, átum, áre, *tr.* (붙은 것을) 떼어 내다, 박탈하다.
dēglútĭo, íre, *tr.* **1.** 삼키다. **2.** 꾹 참다.
dēgo, dēgi, ĕre, *tr.* [de+ago] (시간) 보내다, **지내다, 살다.** 「박탈; 《가》 성직박탈.
dēgrădátĭo, ónis, *f.* 강등, 직위해제, 관직
dégrădo, ávi, átum, áre, *tr.* [de+gradus] 강등시키다, 직위해제하다, 관직[성직]박탈하다. 「오다. **2.** 우박이 그치다.
dēgrándĭnat, *impers.* **1.** 우박이 세차게
dégrăvo, ávi, átum, áre, *tr.* **1.** 내리 누르다, 무겁게 하다, 짐 지우다, 하중(荷重)을 가하다. **2.** 괴롭히다.
dēgrédĭor, *(dĕris, ĭtur)*, gréssus sum, grĕdi, *dep. intr.* [de+grádior] 〔*abl.*; ex, de *abl.* - in, ad *acc.*〕 걸어가다, 걸어 내려오다; 떠나가다, 물러가다.
dēgréssĭo, ónis, *f.* [degrédior] 《修》 본론에서의 이탈; 벗어났다 다시 돌아옴.
dēgrúnnĭo, íre, *intr.* 돼지가 꿀꿀거리다.
dēgŭlátor, óris, *m.* [dégulo] 대식가.
dégŭlo, ávi, átum, áre, *tr.* 다 먹어치우다, 탐식하다.
dēgustátĭo, ónis, *f.* [degústo] 맛봄, 시식.
dēgústo, ávi, átum, áre, *tr.* **1.** 맛보다, 시식[시음]하다. **2.** 스치다, 스쳐 지나가다. **3.** 시도하다, 시험삼아 해보다; 음미하다. **4.** (속셈 따위를)알아보다.
dĕhábĕo, ŭi, bĭtum, ére, *tr.* 가지고 있지 않다, 없다; 모자라다.
dĕháurĭo, háusi, háustum, íre, *tr.* **1.** 퍼내다, 길어내다. **2.** 삼키다.
dĕhinc, *adv.* **1.** 여기서부터, 거기에서. **2.** 이로써, 따라서, 그래서. **3.** 지금부터, 그때부터, 그후, 앞으로. **4.** 그 다음, 그리고.
dĕhísco, hívi, ĕre, *intr.* 벌어지다, 열리다, 갈라지다, 간격[틈]이 생기다.
dĕhŏnestāméntum, i, *n.* **1.** 일그러짐, 흠집. **2. 불명예,** 치욕, **불미스러움.**

dĕhŏnéstas, átis, *f.* 비천(卑賤), 품위 없음.
dĕhŏnestátĭo, ónis, *f.* [dehonésto] 불명예, 망신, 치욕.
dĕhŏnésto, ávi, átum, áre, *tr.* 망신시키다, 창피주다, 치욕을 끼치다; 품위를 손상시키며, 면목을 잃게 하다. 「모욕을 주다.
dĕhŏnóro, ávi, átum, áre, *tr.* 영예를 뺏다,
dĕhortátĭo, ónis, *f.* [dehórtor] 제지(制止), 만류.
dĕhórtor, átus sum, ári, *dep. tr.* 〔*alqm* a *re;* ne, *inf.*〕 (그만 두도록·하지 못하도록) 제지하다, 설득하여 말리다, 간지(諫止)하다: ~ me huc prodíre *(Cato)* 나를 이리로 나오지 못하게 하다. 「*Hércules*의 아내.
Dēĭănīra, æ, *f.* *Cálydon*의 왕 *Œneus*의 딸,
dĕĭcída, æ, *m.* [Deus+cædo] 하느님을 죽인 자, 그리스도 살해자.
dĕĭcídĭum, i, *n.* 하느님 죽인 죄, 그리스도
dēĭcĭo = dejício. 「살해.
dĕĭcŏla, æ, *m.* [deus+colo] 경신자(敬神者).
Dēĭdămía, æ, *f.* *Lycomédes*의 딸, *Pyrrhus*의 어머니. 「신성(神性)을 지닌.
déifer(us), fĕra, fĕrum, *adj.* [deus+fero]
dĕĭficátĭo, ónis, *f.* **1.** 신으로 만듦, 신으로 섬김, 신격화. **2.** 《神》 (은총에 의한) 신성참여(신을 닮게 함).
dĕĭfico, ávi, átum, áre, *tr.* [deus+fácio] (누구를) 신이 되게 하다, 신으로 만들다; 신으로 섬기다[받들다].
dĕĭficus, a, um, *adj.* [deífico] **1.** 신으로 만드는[섬기는]. **2.** 신으로부터 보내진;
dĕin = deínde. 「신성한.
dĕĭnceps, *adv.* [deínde+cápio] **1.** 〔장소적〕 차례로, 나란히: tres ~ turres *(L.)* 세 망루가 차례로. **2.** 〔시간적〕 이어서, 그 다음에, 그 뒤에, 계속하여. **3.** 〔순서〕 차례 대로. **4.** 〔열거〕 다음에, 다음으로.
dĕĭnde, *adv.* **1.** 거기서부터. **2.** 그 다음에, 그리고 나서, 이어서, 그 후: primum [primo] ..., ~ *(Cæs.)* 우선[먼저]… 그 다음.
dĕĭntĕgro, ávi, átum, áre, *tr.* 훼손하다, 더럽히다.
dĕĭntus, *adv.* 안에, 속에; 안으로부터.
Dēĭónĭdes, æ, *m.* *Apóllo* 신과 *Deiŏne* 여신 사이의 아들(=Milétus).
Dēĭótărus, i, *m.* 소아시아의 *Galátia*의 왕, *Cicĕro*의 변호를 받았음.
dēĭpăra, æ, *f.* [deus+pário] 하느님의 어머니, 성모 마리아.
Dēĭphŏbe, es, *f.* 점장이 *Glaucus*의 딸.
Dēĭphŏbus, i, *m.* *Troja*의 왕 *Príamus*와 *Hécuba* 사이의 아들, *Paris*가 죽은 후 *Helĕna*의 남편이 됨. 「신교(自然神敎).
deismus, i, *m.* 《哲》 이신론(理神論), 자연
dēĭtas, átis, *f.* [deus] 신성(神性).
dējectibĭlis, e, *adj.* 내던져질, 경멸[배척] 되어야 할.
dējéctĭo, ónis, *f.* [dejício] **1.** 내던짐. **2.** 《醫》 배설, 변통(便通); 배설물, 설사. **3.** 《法》 재산·소유의 박탈; 추방. **4.** 《軍》 강등. **5.** 낙심, 실의(失意).
dējéctus¹, a, um, *p.p., a.p.* [dejício] **1.** 낮은, 가라 앉은; 열등의: dejécta loca *(Cæs.)* 낮은 지대. **2.** 낙심한, 실의에 빠진. **3.** 낙상(落傷)한, 떨어져 다친. **4.** 〔*adv.*〕 -te, 낮게, 겸손되이.
dējéctus², us, *m.* **1.** 내려 던짐, 밀쳐 쓰러뜨림; 쏟아 내려 보냄: ~ flúminum *(Sen.)* 강의 급류. **2.** 급경사.
dējĕrátĭo, ónis, *f.* [dejéro] 맹세. 「다.
dējéro, ávi, átum, áre, *intr.* 엄숙히 맹세하
dējĭcĭo, jéci, jéctum, cĕre, *tr.* [de+jácio] **1.** 〔*alqm[alqd]* - ab, de *abl.; abl.* - in *acc.*〕 **내려 던지다, 내던지다,** 내동댕이치다; 밀쳐 떨어뜨리다: ~ se de muro *(Cæs.)* 성벽에서 내리 뛰다 [떨어지다] / Venti a præáltis móntibus se dejíciunt. *(L.)* 높은 산에서 바람이 맹렬하게 내리 지른다. **2.** 내리다, 끌어 내리다, (옷 따위를) 벗기다: ~ jugum a cervícibus *(C.)* 멍에를 목덜미에서 벗겨 놓다. **3.** (눈을) 내리깔다, **내리뜨다, 돌리다;** (얼굴·고개를) **숙이다·떨어뜨리다**: dejécti in terram óculi *(Q.)* 아래로 내리 뜬 눈/ óculos de isto ~ *(C.)* 그것에서 눈을 (다른 데로) 돌리다. **4.** 거꾸러[넘어·쓰러]뜨리다 둘러 엎다. **5.** 내리치다: secúrim in caput ~ *(L.)* 도끼로 머리를 내리치다. **6.** (머리를) 풀어 헤치다, 흐트러뜨리다. **7.** (바람이 배를) 밀어 보내다, 밀려가게 하다; 출범시키다. **8.** 〔*alqd* - a, de *abl.*〕 떨어[떼어]내다, 제거하다, 끄집어내다, 긁어내다. **9.** 〔*alqm* de, ab *abl.*〕 **떼어 놓다,** 물러나게 하다; 물리치다: ~ *alqm* de senténtiā *(C.)* 누구에게 생각을 바꾸게하다. **10.** 〔*alqm abl.*, de *abl.*〕(누구에게서) **빼앗다,**(기대·희망 따위를) 잃게 하다, 꺾다, 속게 하다, 어긋나게 하다: ~ *alqm* de honóre *(C.)* 관직을 얻지 못하게 하다 / dejéctus spe *(Cæs)* 희망에 속은 / dejécta cónjuge *(V.)* 남편 잃은 여자. **11.** 배설하다. **12.** 《軍》 〔*alqm* - *abl.* loci; *alqd*〕 퇴각시키다, 몰아내다, 격퇴하다; 함락시키다: hostes muro dejécti *(Cæs.)* 성벽에서 격퇴당한 적. **13.** 《法》 (권리·소유 따위를) **뺏다, 박탈하다;** (형벌의 한가지로) 사형수를 (벼랑이나 다리에서) 밀쳐 던지다: ~ de ponte *alqm* in Tíberim *(C.)* 다리에서 밀쳐 *Tíberis* 강에 처넣다. **14.** ~ ánimal 짐승의 병세를 약으로 눌러 놓다[고치다]. **15.** 내려 눕히다; 사람을 죽이다, 짐승을 잡다.
déjŭgis, e, *adj.* 언덕배기의, 경사진.
déjŭgo, ávi, átum, áre, *tr.* 떼어 놓다, 분리시키다. 「놓다.
dejúngo, júnctum, ĕre, *tr.* 떼어 놓다, 갈라

dējūrátĭo, ónis, *f.* = dejerátio.
dējúrĭum, i, *n.* 맹세.
déjŭvo, áre, *tr.* 도와주지 않다.
dēlábor, *(ĕris, ĭtur)*, lápsus sum, lábi, *dep. intr.* **1.** 〔de, ex, ab *abl.; abl., dat.*〕 **떨어지다,** 낙하하다; 미끄러져 내려오다[가다]: ~ ex equo*(L.)* 말에서 떨어지다 / curru ~ *(V.)* 마차에서 떨어지다. **2.** (물이) 흘러 내리다. **3.** 〔ad, in *acc.*〕 **빠지다,** 떨어지다, 걸리다: in vítium ~ *(C.)* 악습에 떨어지다 / ~ in morbum*(C.)* 병에 걸리다. **4.** ~ eo, ut *c.subj.* (본의 아니게) …하게 되다 / ~ eódem*(Ov.)* 같은 곳에 빠지다, 같은 잘못을 저지르다.
dēlăbóro, ávi, átum, áre, *intr.* 힘껏 일하다, 지치도록 수고하다.
dēlácĕro, ávi, átum, áre, *tr.* 발기발기[갈기] 찢다.
dēlăcrĭmátĭo, ónis, *f.* [delácrimo] **1.** 눈물 흘림. **2.** 눈물을 그침.
dēlácrĭmo, áre, *intr.* 눈물 흘리다.
dēlámbo, ĕre, *tr.* 핥다.
dēlāméntor, ári, *dep. tr.* 크게 서러워하다, 통곡하다.
dēlánĭo, ávi, átum, áre, *tr.* 잡아 찢다.
dēlápĭdo, átum, áre, *tr.* **1.** (어디에서) 돌을 빼내다·치우다. **2.** 〔*alqm*〕 돌로 쳐 쓰러뜨리다·죽이다.
dēlápsus, us, *m.* [delábor] 흘러 내림.
dēlásso, ávi, átum, áre, *tr.* 지쳐 버리게 하다.
dēlátĭo, ónis, *f.* [défero] 밀고, 고발.
dēlátor, óris, *m.* [défero] 밀고자, 고발자.
dēlātúra, æ, *f.* [défero] 밀고, 고발.
dēlébĭlis, e, *adj.* [déleo] 지워버릴[없애버릴] 수 있는.
dēlectábĭlis, e, *adj.* [delécto] 즐겁게 해주는, 쾌감을 주는, 즐길 수 있는; 유쾌한, 쾌락적.
dēlectāméntum, i, *n.* [delécto] 즐거움, 환락, 희열.
dēlectátĭo, ónis, *f.* [delécto] 즐거움, 기쁨, 유쾌, 쾌락, 쾌감.
dēléctĭo, ónis, *f.* [déligo²] 선택, 선출.
dēlécto, ávi, átum, áre, *tr. intens.* [delício] **1.** 〔*alqm re*〕 즐겁게[유쾌하게] 하다, 기쁨을 주다. **2.** *pass.* 〔*abl.,* in *abl.; inf.*〕 기뻐하다, 즐거워하다: Vir bonus dici deléctor. *(C.)* 나는 착한 사람이라고 불리우는 것이 기쁘다.
dēléctus, us, *m.* [déligo²] **1.** 선택, 간택, 선출: sine (ullo) deléctu, nullo deléctu*(C., Ov.)* 아무거나 상관없이, 닥치는 대로, 마구. **2.** 《軍》 선발(選拔), 징집.
dēlēgátĭo, ónis, *f.* [delégo] **1.** 위임, 떠맡김; 본인 대신에 지불(支拂)케 하는 지정·임명; (채무의)전부(轉付). **2.** 대리, 대신.
dēlēgátor, óris, *m.* [delégo] 위임자.
dēlēgatórĭus, a, um, *adj.* 위임의, 위임하는 (내용의): ~ libéllus 위임장.
dēlēgátus, i, *m.* [delégo] 위임받은 자, 대리자, 대표자, 사절: ~ Apostólicus 교황사절.
delégi, *pf.* [déligo²].
dēlégo, ávi, átum, áre, *tr.* **1.** 〔*alqm, alqd - dat.;* ad, in *acc.*〕 맡기다, 부탁하다; 대리로 보내다, 위임[위탁]하다: ancíllis infántes ~ *(Ta.)* 하녀들에게 아기들을 맡기다 / ~ *alqm* ad senátum*(L.)* 원로원에 아무를 대리로 보내다 / labórem álteri ~ *(C.)* 수고를 남에게 맡기다. **2.** 〔*alci alqm*〕 누구에게 자기 대신 아무를 지불인으로 지정하다, (채무를) 전부(轉付)시키다. **3.** 〔*alqd alci*〕 (영광·탓 따위를 누구에게) 돌리다, 씌우다.
dēlēníficus, a, um, *adj.* [delénio+fácio] 마음을 끄는, 매혹시키는.
dēlēnīméntum, i, *n.* [delénio] **1.** 완화제, 진정시키는 것 **2.** 유혹물, 쾌락.
dēlénĭo, ívi, ítum, íre, *tr.* **1.** 완화하다, 부드럽게 하다, 무마하다, 가라 앉히다, 달래다. **2.** 유혹[매혹]하다, 꾀다, 황홀케 하다.
dēlēnítĭo, ónis, *f.* [delénio] 완화, 진정, 무마.
dēlēnítor, óris, *m.* [delénio] 완화시키는 자, 무마하는 사람; 유혹자.
déleo, évi, étum, ére, *tr.* **1.** (글자·자국 따위를)**지워버리다,** 씻어 버리다, 잊어 버리다, (기억을·기억에서)사라지게 하다. **2.** **없애 버리다,** 소멸시키다, 멸종시키다, 말소하다, 말살하다. **3.** **폐허로 만들다;** (적군을) **섬멸하다.** **4.** 전쟁을 종식시키다.
dēlētícĭus, a, um, *adj.* 말소된, 삭제된.
dēlétĭo, ónis, *f.* [déleo] 지워버림, 소멸, 섬멸.
dēlétrix, ícis, *f.* 파괴하는 여자.
dēlétus, us, *m.* = delétio.
dēlévi, *pf.* [déleo].
Délĭa, æ, *f. Delos* 섬의 여자, 즉 *Diána* 여신.
dēlībāméntum, i, *n.* [delíbo] (신에게 바칠 때 땅에 부어서 하는) 헌주(獻酒).
dēlībátĭo, ónis, *f.* [delíbo] 덜어냄, 떼어냄.
dēlībĕrābúndus, a, um, *adj.* [delíbero] 심사숙고하는, 곰곰이 생각하는.
dēlībĕrátĭo, ónis, *f.* [delíbero] 심사숙고, 음미; 심의, 토의, 상의: Res habet deliberatiónem. *(C.)* 사건은 토의 대상이 된다.
dēlībĕrātívus, a, um, *adj.* 심의[토의]하는; 깊이 생각하는.
dēlībĕrátor, óris, *m.* [delíbero] 깊이 생각하는 자, 심의자, 토의자.
dēlībĕrátus, a, um, *p.p., a.p.* [delíbero] 확실한; 확정된; 심의된, 깊이 생각한.
dēlíbĕro, ávi, átum, áre, *tr., intr.* [de+libra] **1.** 〔*alqd,* de *abl., interr. indir.*〕 **심사숙고하다, 깊이 생각하다;** 심의[토의]하다. **2.** 〔cum *alqo* de *re*〕 상의하다, 의논하다. **3.** 〔*alqm*〕 (신탁을) 물어보다, 문의하다. **4.** 〔*alqd, inf., acc. c. inf.*〕 결정하다, 확정하다, 결심하다.
dēlíbo, ávi, átum, áre, *tr.* **1.** 조금 덜어[떼

어]내다, (살점 따위를) 떨어지게 하다, (피를) 나게 하다. 2. 맛보다, 즐기다. 3. 따오다, 골라 뽑다. 4. 살짝 대다·닿다, 건드리다. 5. 흠가게 하다, 망쳐 놓다: delibáta pudicítia *(Suet.)* 망쳐 놓은 정조.

dēlíbro, ávi, átum, áre, *tr.* [de+liber] 가죽·껍질을 벗기다. 「다.

dēlĭbŭo, bŭi, bútum, ĕre, *tr.* 적시다; 바르

dēlĭbútus, a, um, *p.p., a.p.* [delíbuo] 1. 젖은. 2. 〔*abl.*〕 바른(塗); 투성이가 된, 넘쳐 흐르는.

dēlĭcáta, æ, *f.* 인기있는 여자; 첩.

dēlĭcáte, *adv.* 1. 사치[호화]스럽게, 편하게. 2. 부드럽게, 곱게, 조용히; 미묘하게, 섬세하게; 절도있게.

dēlĭcátus, a, um, *adj.* [delícia] 1. 쾌감을 주는, 쾌적한, 경치 좋은, 아름다운, 고운, 날씬한, 매력있는, 상냥한. 2. 맛좋은, 풍미 있는, 진미의. 3. 부드러운, 연약한, 가냘픈, 섬세한, 미묘한: oves delicatíssimæ *(Plin.)* 털이 아주 부드러운 양. 4. 호화로운, 사치스러운. 5. 쾌락에 빠진, 향락적인. 6. 유약한, 여성적인, 씩씩하지 못한. 7. 깔끔한, (취미·성미 따위가) 까다로운; 쉽게 싫증내는.

dēlícĭa, æ, *f.* [delício] 〔주로 *pl.*〕 1. 즐거움, 환락, 환희; 쾌락, 향락, 유흥: *alqm* delícias fácere *(Pl.)* 아무를 웃음거리로[놀림감으로] 삼다 / delícias dícere *(Catull.)* 음담패설하다. 2. 귀여움, 사랑스러움: esse *alci* in delíciis *(C.)* 누구에게 귀염받다 / habére *alqd* in delíciis *(C.)* 무엇을 귀여워하다·사랑하다. 3. 귀여운[사랑스러운] 사람[것]; (남자·여자) 친구, 애인. 「하다.

dēlícĭo, cĕre, *tr.* [lácio] 마음을 끌다; 유혹

dēlĭcíŏlæ, árum, *f.pl. dim.* [delícia] 즐거움; 귀염둥이, 애인. 「하다, 즐기다.

dēlĭcĭor, átus sum, ári, *dep. intr., tr.* 즐거워

dēlĭcĭósus, a, um, *adj.* 즐거운, 유쾌한, 쾌감을 주는, 즐거움으로 가득찬; 맛있는.

dēlĭcĭum, i, *n.* = delícia.

délĭco, áre, *tr.* = déliquo.

dēlíctor, óris, *m.* 죄인, 범인.

dēlíctum, i, *n.* [delínquo] 위법 행위, 범죄; 과실: ~ dolósum 고의범죄 / ~ conátus 미수죄(未遂罪).

delícŭi, *pf.* [delíqueo, deliquésco].

délĭcus, a, um, *adj.* 젖뗀, 젖 떨어진.

dēlĭcŭus, a, um, *adj.* = délĭquus.

délĭgo¹, ávi, átum, áre, *tr.* [de+ligo] 〔*alqd* -ad *acc.* in *abl.*〕 잡아매다, 비끄러매다, 처매다: naves deligátæ ad áncoras *(Cæs.)* 정박한 선박들 / ~ vulnus *(Q.)* 상처를 처매다.

délĭgo², légi, léctum, ĕre, *tr.* [de+lego²] 1. 고르다, 선택[선발]하다, 선출[선정]하다. 2. (꽃·열매 따위를) 따다, 뜯다, 뽑다. 3. 골라내다, 거르다; 분리하다.

dēlīmĭtátĭo, ónis, *f.* [delímito] 경계획정.

dēlímĭto, ávi, átum, áre, *tr.* 경계를 획정하다, 구획하다.

dēlímo, ávi, átum, áre, *tr.* 줄루 쓸다.

dēlīnĕátĭo, ónis, *f.* [delíneo] 윤곽을 그림, 소묘(素描), 초벌 그림.

dēlínĕo, ávi, átum, áre, *tr.* [de+línea] 윤곽(초벌 그림)을 그리다, 초잡다.

dēlíngo, línxi, ĕre, *tr.* 핥다.

delini... *V.* deleni...

délĭno, lívi, lĭtum, ĕre, *tr.* 바르다, 칠하다.

dēlinquéntĭa, æ, *f.* = delíctum.

dēlínquo, líqui, líctum, ĕre, 1. *intr., tr.* 〔*abl.*, in *abl.*; *alqd*〕 잘못하다, 위반하다, 죄짓다, 위법행위를 하다. 2. *intr.* 부족하다, 결핍하다.

dēlínxi, *pf.* [delíngo]. 「액체가 되다.

dēlĭquĕo, lícŭi, ére, *intr.* 녹다, 용해되다,

dēlĭquésco, lícŭi, ĕre, *intr.* 녹아 버리다, 녹아 없어지다, 액체로 변하다.

dēlíquĭum¹, i, *n.* [delínquo] 1. 부족, 결핍: ~ solis 일식. 2. 잘못, 실수, 위반, 죄.

dēlíquĭum², i, *n.* [déliquo] 녹아 없어짐; 《化》 조해(潮解), 액체화.

délĭquo, ávi, átum, áre, *tr.* 1. 거르다, 여과하다, 옮겨 부어서 맑게 하다. 2. 설명하다, 명백히 하다, 밝히다. 「부족한.

délĭquus, a, um, *adj.* [delínquo] 결핍한,

dēlīrāméntum, i, *n.* [delíro] 망상; 망령; 정신착란. 「착란, 《醫》 섬망(譫妄).

dēlīrátĭo, ónis, *f.* [delíro] 망상; 망령; 정신

dēlírĭum, i, *n.* 《醫》 섬망(譫妄), 정신착란: ~ tremens 주객(酒客) 섬망병(알코홀 중독성 정신병) / ~ mánicum 과대망상증.

dēlíro, ávi, átum, áre, *intr.* [de+lira] 1. 곧은 밭이랑에서 빗나가다, 직선[궤도]에서 벗어나다. 2. 온전한 정신이 아니다, 미치다, 정신이 착란해 지다.

dēlírus, a, um, *adj.* [delíro] 정신 착란의, 정신에 이상이 생긴, 망령이 든.

dēlítĕo, lítŭi, ére, *intr.* [de+láteo] 숨다, 보이지 않다. 「다, 보이지 않다; 피신하다.

dēlĭtésco, lítŭi, ĕre, *intr.* 〔in, sub *abl.*〕 숨

dēlítĭgo, áre, *intr.* 격분해서 다투다.

délĭtus, a, um, *p.p.* [délino].

Délĭum, i, *n.* *Bœótia*의 해안도시, *Apóllo*의 신전이 있음. 「*Horátius*의 친구.

Déllĭus, i, *m.* Quintus ~, *Roma*의 기사,

Délmătæ[**-mátĭa**] = Dálmatæ[-mátia].

dēlŏcátĭo, ónis, *f.* [loco] 분리, 탈구(脫臼).

dēlongáris, is, *m.* 동 *Roma* 제국의 해군대장.

dēlóngĕ, *adv.* (=de longe) 멀리, 멀리서.

Dēlos[**-us**], i, *f.* *Cýclădes*군도의 제일 작은 섬, *Apóllo* 신과 *Dĭána* 여신의 탄생지; 〔*adj.*〕 **-lĭăcus,** a, um; **Délĭus,** a, um; *m.* *Apóllo* 신.

Delphi, órum, *m.pl.* **1.** *Phōcis*의 작은 도시, 신탁(神託)으로 유명한 *Apóllo* 신전이 있음. **2.** 그곳 주민. **3.** 〔*adj.*〕 **-phĭcus,** a, um. **4.** *m.* *Delphi*에 있는 자, *A-*
delphĭn, ínis, *m.* = delphínus. ⌊*póllo*신.
delphínus, i, *m.* **1.** 돌고래, 해돈(海豚). **2.** 《天》 돌고래 좌(座).
deltă[1]**,** æ, *f.* (혹은 *indecl.*) 희랍 자모의 네째 글자, Δ, δ; 삼각주.
Delta[2]**,** *n. indecl.* *Nīlus*강의 삼각주(三角洲).
Deltóton, i, *n.* 《天》 삼각성좌(三角星座).
dēlúbrum, i, *n.* [de+luo] 신전, 사당(祠堂). 「*dep.* 싸우다.
dēlúcto, ávi, átum, áre, *intr.*; **dēlúctor,**
dēlūdífico, ávi, átum, áre, *tr.* [de+ludus +fácio] 희롱하다, 조롱하다.
dēlúdo, lúsi, lúsum, ĕre, *tr.* **1.** 속이다, 우롱하다, 어리벙벙하게 하다. **2.** 놀기[경기]를 그치다. 「한, 허약한, 힘빠진.
dēlúmbis, e, *adj.* [de+lumbus] 허리가 약
dēlúmbo, ávi, átum, áre, *tr.* [de+lumbus] **1.** 허리를 꺾다. **2.** 휘게 하다. **3.** 쇠약하게 하다, 힘빠지게 하다.
délŭo, ĕre, *tr.* 씻다, 깨끗이 닦다, 지우다.
dēlúsĭo, ónis, *f.* [delúdo] **1.** 속임, 사기, 기만, 미혹; 우롱. **2.** 《醫》 망상.
dēlūsórĭus, a, um, *adj.* 속이는, 기만적인, 남을 그릇 인도하는; 망상적인, 공상적인.
dēlústro, áre, *tr.* 물 뿌리다, 끼얹다.
délŭto, ávi, átum, áre, *tr.* **1.** 흙탕칠하다, 흙 바르다. **2.** (흙탕을)씻어 내다, 닦다.
Dēmádes, is, *m.* *Athénæ*의 정치가, *Demósthĕnes*의 정적(政敵).
dēmădésco, dŭi, ĕre, *intr.* 흠뻑 젖다.
dēmagogía, æ, *f.* 민중 선동, 악선전.
dēmagógĭcus, a, um, *adj.* 선동적인, 악선전의. 「동, 악선전.
dēmagogísmus, i, *m.* 민중 선동주의; 선
dēmagógus, i, *m.* 민중 선동자.
dēmándo, ávi, átum, áre, *tr.* 〔*alqm[alqd] alci*〕 맡기다, 부탁하다. 「유래하다.
dēmáno, ávi, áre, *intr.* **1.** 흘러 내리다. **2.**
Dēmărátus, i, *m.* **1.** *Aríston*의 아들, *Sparta*의 왕, *Pérsĭa*에 망명했다가 *Xerxes*왕과 함께 희랍에 침입(480 A.C.). **2.** *Corínthus* 사람, *Tarquínius Priscus*의 아버지.
dēmárchĭa, æ, *f.* (고대 희랍의)시장직.
dēmárchus, i, *m.* (고대 희랍의)시구장(市區長), 읍장. 「을 뽑아 낸.
dēmātrĭcátus, a, um, *adj.* 정맥에서 혈액
dēmātúro, ávi, áre, *tr.* 일찍 앞당기다.
dēmens, méntis, *adj.* 미친, 정신나간.
dēménsĭo, ónis, *f.* [demétior] 측량; 도량(度量), 치수(値數).
dēménsum, i, *n.* 할당(割當).
dēméntĭa, æ, *f.* [demens] **1.** 미침, 정신이상; 《醫》 치매(痴呆): ~ præcox 조발성 치매증. **2.** (나라 일이나 가사를) 망쳐 놓음. 「신 나가다.
dēméntĭo, íre, *intr.* [de+mens] 미치다, 정
dēménto, ávi, átum, áre, *tr.* [demens] 미치
déméŏ, áre, *intr.* 내려 가다[오다]. ⌊게 하다.
dēmérĕo, ŭi, ĭtum, ére, *tr.* **1.** 〔*alqd*〕 (일한 보수로·공로 세워)얻다, (일하여)벌다, 받을 만한 일을 하다. **2.** 〔*alqm*〕 (누구의)호의[호감]을 사다, 손에 넣다, 자기에게 끌어 들이다. 「reo.
dēmérĕor, méritus sum, éri, *dep.* = demé-
dēmérgo, mérsi, mérsum, ĕre, *tr.* **1.** 〔*alqd* in *acc.*, in *abl.*; *abl.*〕 (물에)잠그다, 담그다, 가라앉게 하다; 〔*pass.*〕 잠기다. **2.** (배를) 격침시키다, 침몰시키다. **3.** 내려 보내다: ~ in alvum *(Ov.)* (뱃 속으로) 삼켜 넣다. **4.** 침강(沈降)시키다, 빠지게 하다, 파묻다, 억눌리게 하다: plebs ære aliéno demérsa *(L.)* 빚더미에 파묻혀 억눌린 서민 / colla ~ húmeris 목을 움추려 어깨에 파묻
dēmérĭtum, i, *n.* 죄과, 과실. ⌊다.
dēmérsĭo, ónis, *f.* 침몰, 영락(零落).
dēmérsus, us, *m.* [demérgo] 침수, 가라 앉음, 침몰.
dēméssus, a, um, *p.p.*, *a.p.*[démeto[1]] **1.** 수확된, 걷어들인. **2.** 베인, 잘린.
dēmétĭor, ménsus sum, íri, *dep. tr.* 계량하다, 측정하다, 정확히 재다; 할당하다.
déméto[1]**,** méssui, méssum, ĕre, *tr.* **1.** 수확하다, 추수하다, 거두어 들이다. **2.** 따다, 뜯다, 베다, 자르다.
dēméto[2] = diméto.
Dēmétrĭas, ădis, *f.* *Thessália*의 요새항구.
Dēmétrĭus, i, *m.* 희랍인명, 특히 **1.** ~ Poliorcétes, *Antígonus*의 아들, *Macedónia*의 왕(*sæc.* 4 A.C.). **2.** ~ Phaléreus, *Athénæ*의 유명한 변론가·정치가(*sæc.* 4 A.C.).
dēmigrátĭo, ónis, *f.* [demígro] 이주(移住), 이민.
dēmígro, ávi, átum, áre, *intr.* **1.** 〔de, ex *abl.* - in, ad *acc.*〕 이민가다, 이주하다, 이사하다; 떠나다. **2.** 피신하다. **3.** 죽다.
dēmínŭo, ŭi, útum, ĕre, *tr.* **1.** 〔*alqd* - de, ex *abl.*〕 덜어내다, 줄이다, 감축하다, 감소[축소]시키다. **2.** (재산·토지 따위를)남에게 넘겨주다, 양도하다. **3.** 약하게 만들다, 약화시키다. **4.** cápite **se** ~ **[demínui]** 자유·시민권·가정을 빼기다·잃다.
dēmĭnútĭo, ónis, *f.* [demínuo] **1.** 감축, 감소, 축소. **2.** 약화(弱化). **3.** 재산 양도. **4.** 명예·위신의 추락. **5.** ~ cápitis 자유·시민권·가정의 상실.
dēmĭnūtívus, a, um, *adj.* **1.** 조그마한, 소형의. **2.** 《文法》 축소형의, 지소사(指小辭)의. **3.** *n.* 지소사(指小辭), 축소형 명사
dēmíror, átus sum, ári, *dep. tr.* **1.** 〔*alqd*; *acc. c. inf.*〕 경탄하다, 놀라다, 이상스럽게

생각하다. **2.** 〔*interr. indir.*〕 알고 싶다, 궁금하다. 「따위가)길게 늘어진, 처진.
dēmissícĭus, a, um, *adj.* [demítto] (옷자락
dēmíssĭo, ónis, *f.* [demítto] **1.** 내려[늘어]뜨림, 처뜨림, 저하(低下). **2.** 낙심, 낙담, 우울.
dēmíssus, a, um, *p.p., a.p.* [demítto] **1.** 가라[내려]앉은, 낮은. **2.** 아래로 늘어진, 처진, 매달린. **3.** 실의에 빠진, 의기소침한, 낙심한, 풀이 죽은. **4.** 겸손한, 얌전한. **5.** 약한, 가냘픈. **6.** 곤궁한, 가난한.
demítĭgo, ávi, átum, áre, *tr.* 완화하다, 부드럽게 하다, 누그러지게 하다.
dēmítto, mísi, míssum, ĕre, *tr.* **1.** 〔*alqd[alqm]* - de, ex, ab *abl.; abl.* - in, ad *acc.;* in *abl.; dat.*〕 **내려보내다,** 내려뜨리다, 내리 박다, 낮추다: ~ súblicas in terram *(Cæs.)* 말뚝을 땅에 박다 / ~ nummum in lóculos *(Q.)* 돈을 궤속에 던져 넣다 / ~ ferrum júgulo *(Ov.)* 멱에다 칼을 꽂다. **2. 처넣다, 집어 넣다;** (액체에) 잠그다, 담그다: ~ *alqm* in cárcerem *(Sall.)* 하옥하다 / ferrum demíssum in aquā *(Scrib.)* 물에 잠근 쇠. **3. 떨어뜨리다,** 강하시키다: *alqd* de cælo ~ *(Lucr.)* 하늘에서 떨어뜨리다 / ~ ánimum[ánimos] *(C.)*, ánimo se ~ *(Cæs.)* 낙담하다, 용기를 잃다. **4.** (신체의 부분·옷 따위를) **늘어뜨리다, 드리우다,** 처뜨리다, **내려뜨리다:** ~ óculos *(L.)* 눈을 내리뜨다. **5.** 〔*pass. refl.*〕 **se ~, demítti** 내려가다[오다], 구부리다, (물에) 몸을 잠그다. **6.** 《軍》 낮은 지대로 인솔하다, 끌어내리다. **7.** 〔*alqd* in pectus〕 가슴 속에 깊이 새기다, 간직하다. **8.** 〔*pass. refl.*〕 **demítti, se demíttere in** *alqd (C.)* 무슨 일에 관여[관계·개입]하다, 말려들다 / ~ ad *alqd (Q., Ta.)* 굴종(屈從)하다, 무릅쓰다. **9.** 〔*alqm dat.*〕 (누구를 어떻게) 처치하다: ~ *alqm* morti[neci] *(V.)* 누구를 죽여 버리다.
dēmĭúrgus, i, *m.* **1.** (고대 희랍의 지방) 국가 행정관. **2.** *Turpílius*의 희극 이름. **3.** 조화(造化)의 신.
dēmo, dempsi, demptum[demtum], ĕre, *tr.* [de+emo] **1.** 〔*alqd* - de, ex, ab *abl.; dat.*〕 덜어내다, 덜어 주다, 떼어내다, 빼내다, 제거하다, 뺏다: ~ juga equis *(Ov.)* 말들에게서 멍에를 벗기다. **2.** 떼어 놓다, 없애다; (수염 따위) 깎다, 자르다: ~ caput alcjs *(Q., C.)* 머리를[목을] 자르다.
Dēmóchăres, is, *m.* 희랍의 변론가·역사가(c. 280 A.C.). 「體), 민주정치.
dēmocrátĭa, æ, *f.* 민주제(制), 민주정체(政
dēmocrátĭci, órum, *m.pl.* 민정당(民政黨).
Dēmŏcrĭtéa, órum, *n.pl.* *Demócrĭtus*의 교의(敎義).
Dēmŏcrĭtéus[-tĭcus, -tíus], a, um, *adj.* **1.** *Demócrĭtus*의. **2.** *m.* *Demócrĭtus*의 제자·신도. 「철학자(460–370 A.C.).
Dēmócrĭtus, i, *m.* *Abdéra* 출생의 유명한
dēmŏgráphĭa, æ, *f.* 인구 통계학.
dēmŏgráphus, i, *m.* 인구 통계학자.
dēmólĭo, ívi, ítum, íre, *tr.* = demólior.
dēmólĭor, lítus sum, íri, *dep. tr.* **1.** 헐다, 부수다, 파괴하다; 없애버리다. **2.** 좌절시키다, 뒤엎다, 분쇄하다. 「괴, 제거.
dēmōlítĭo, ónis, *f.* [demólior] 헐어버림, 파
dēmonstrábĭlis, e, *adj.* 논증[증명]할 수 있는.
dēmonstrátĭo, ónis, *f.* [demónstro] **1.** 가리킴, 지시, 명시, 표시, 표명. **2.** 증명, 논증, 입증, 밝힘, 예증: ~ a prióri 선험적 논증 / ~ a posterióri 후험적 논증 / ~ propter quod 원인 증명, 원리로부터의 증명 / ~ quia[quod] 사실 증명, 결과에 의한 증명. **3.** 《修》 미사여구; 칭찬 또는 비난의 말. **4.** 시위(운동).
dēmonstrātívus, a, um, *adj.* **1.** 지시하는, 가리키는: dígitus ~ 집게 손가락, 둘째 손가락. **2.** 논증의, 증명의, 예증의. **3.** 《修》 칭찬하는, 비난하는: genus dēmonstrātívum = demonstrátio(3).
dēmonstrátor, óris, *m.* [demónstro] 가리키는 자, 지시자; 증명자.
dēmonstrātórĭus, a, um, *adj.* 가리키는: dígitus ~ 둘째 손가락.
demónstro, ávi, átum, áre, *tr.* **1.** 똑똑히 가리키다, 명시하다: 《法》 ~ fines 토지를 양도[매도]하다(주인이나 그 지정인이 토지의 경계를 명시하였음). **2.** 〔*alqd - acc. præd., abl. instrum.; acc. c. inf.; interr. indir.*〕 일러주다, 설명하다, 가르쳐 주다; 논증하다, 증명하다. 「의 아들.
Dēmóphŏon, óntis, *m.* *Théseus*와 *Phædra*
dēmórdĕo, mórdi, mórsum, ére, *tr.* 물어뜯다.
demórĭor, *(rĕris, rĭtur),* mórtuus sum, mŏri, *dep. intr.* **1.** (남들을 남겨 놓고) 죽다, 사거(死去)하다. **2.** 재직기간 중에 죽다. **3.** 죽어 없어지다. **4.** 나무가 말라 죽다. **5.** *tr.* 〔*alqm*〕 누구를 사랑하다가 (사랑 때문에) 죽다.
dēmŏror, átus sum, ári, *dep.* **1.** *tr.* 〔*acc.*〕 만류하다, 말리다, 중지시키다, 미루다, 지연시키다. **2.** *intr.* 지체하다, 머뭇거리다, 머무르다.
dēmórsĭco, ávi, átum, áre, *tr.* 물어 뜯다.
Dēmósthĕnes, is, *m.* **1.** *Pĕlŏponnésus* 전쟁 때의 *Athénæ* 장군(413 A.C.). **2.** *Athénæ*의 가장 유명한 웅변가·정치가(384–322 A.C.).
dēmóvĕo, móvi, mótum, ére, *tr.* **1.** 〔*alqm [alqd]* - de, ex, ab *abl.*〕 옮기다, 치우다, 철거하다, 멀리하다: ~ *alqm* in ínsulam *(Ta.)* 누구를 섬으로 귀양보내다. **2.** 퇴거시키

다, 쫓아버리다. 3. 〔*alqd* ab *alqo*〕 제거하다, 없이 하다. 「감; 삭제, 생략, 제거.

démptĭo, ónis, *f.* [demo] 떼어냄, 삭감, 경

dēmūgítus, a, um, *p.p., a.p.* [múgio] 송아지나 소의 울음소리로 가득찬.

dēmulcátus, a, um, *p.p.* [*inusit.* demúlco] 학대[푸대접]받은.

dēmúlcĕo, múlctum, ére, *tr.* **1.** 〔*alci alqd*〕 쓰다듬어 주다, 어루만지다; 스치다. **2.** 어르다; 유혹하다.

dēmum, *adv.* **1.** 마침내, 드디어; 마지막으로. **2.** 〔is, hic, ille 따위 지시대명사, 기타 시간·상태 표시의 짤막한 단어의 뜻 강조〕 바로…, …만, 특히…, 그야말로.

dēmúrmŭro, ávi, átum, áre, *tr.* 〔*alqd*〕 원망하다, 투덜거리다. 「있는.

dēmūtábĭlis, e, *adj.* 변해버릴[달라질] 수

dēmūtátĭo, ónis, *f.* [demúto] 변화, 변동, 변질; 타락, 퇴폐. 「자르다.

dēmútĭlo, ávi, átum, áre, *tr.* (나무가지를)

dēmúto, ávi, átum, áre, *tr.* **1.** 바꾸다, 변경하다. **2.** 타락시키다, 부패케 하다, 질(質)을 저하시키다. 「수의.

dēnárĭus[1], a, um, *adj.* [deni] 10의, 열되는

dēnárĭus[2], i, *m.* **1.** 고대 *Roma*의 은전(처음에는 *10 asses*, 그 후에 *16 asses*의 가치를 가졌음). **2.** 〔고대 의학 용어〕 *Attĭca*의 *drachma*에 해당하는 무게. **3.** ~ áureus 금화(= *25 asses*). **4.** 〔후기 화폐〕 *1 as*의 동전. 「근] 이야기 하다.

dēnárro, ávi, átum, áre, *tr.* 자세히[차근 차

denáscor, (*ĕris, ĭtur*), násci, *dep. intr.* 죽다.

dēnáso, ávi, átum, áre, *tr.* [de+nasus] 코를 베다·물어뜯다. 「다, 물결따라 헤엄치다.

dénăto, ávi, átum, áre, *intr.* 헤엄쳐 내려가

dendrăchátes, æ, *m.* 《鑛》 나무가지 무늬의 마노.

dendrítis, tĭdis, *f.* 《鑛》 모수석(模樹石).

dēnĕgátĭo, ónis, *f.* [dénego] **1.** 부인, 부정. **2.** 거절, 불허.

dénĕgo, ávi, átum, áre, *tr.* **1.** 완강히 부인하다, 전적으로 부정하다: Datum dénegat, quod datum est.*(Pl.)* 준 것을 절대 안주었다고 주장하다. **2.** 〔*alqd – alci; acc. c. inf.*〕 거절하다, 청을 들어주지 않다.

dēni, æ, a, *num. distrib. pl.* [decem] **1.** 열(개)씩. **2.** 〔*pl. tt.* 명사의 기본수사로〕 열, 10개의.

dēnĭcális, e, *adj.* [nex] 죽음에 관한, 죽은 사람의: denicáles fériæ 죽은 사람의 집을 깨끗하게 하는 의식.

dēnígro, ávi, átum, áre, *tr.* **1.** 검게 하다, 먹칠하다. **2.** 중상(中傷)하다, (명예)훼손하다.

dénĭque, *adv.* [demum+que] **1.** 마침내, 결국, 드디어; 마지막으로. **2.** 〔*abl. absol.* 뒤에 쓰이면서〕 …하고나서 비로소. **3.** 요컨대, 한마디로 말해서. **4.** 더구나, 더우기, …조차.

denódo, ávi, átum, áre, *tr.* 매듭을 풀다.

dēnōmĭnátĭo, ónis, *f.* [denómino] **1.** 명명(命名), 명칭. **2.** 임명, 지명. **3.** 《修》 환유(換喩).

dēnōmĭnātívus, a, um, *adj.* **1.** 명칭적인, 이름 구실을 하는, 이름을 나타내는. **2.** 《文法》 명사[형용사]에서 만든[전래된](동사), 명사 유래의.

dēnómĭno, ávi, átum, áre, *tr.* **1.** 이름[명칭]을 따다 붙이다, 이름을 밝히다. **2.** 임명하다, 지명하다.

dēnórmo, ávi, átum, áre, *tr.* [de+norma] 불규칙하게 하다, 일그러뜨리다.

dēnŏtátĭo, ónis, *f.* 표시, 지시, 지명, 지정; 기호, 부호. 「[모욕]당한.

dēnŏtátus[1], a, um, *p.p., a.p.* [dénoto] 굴욕

dēnŏtátus[2], us, *m.* = denotátio.

dénŏto, ávi, átum, áre, *tr.* 명시하다, 밝히다, (무엇을)가리키다, 표시하다, 표하다.

dens, dentis, *m.* **1.** 이(齒), 치아: dentes moláres 어금니 / ~ Indus 상아 / albis déntibus deridére*(Pl.)* 너털웃음으로 조소하다 / strídĕre déntibus*(Cels.)* 이를 갈다. **2.** 이처럼 생긴 것: 톱니, 빗살(櫛齒), 보습끝, 닻가지. **3.** 질투, 조소.

densábĭlis, e, *adj.* 수렴성의.

densátĭo, ónis, *f.* [denso] 응축, 농축.

densátus, a, um, *p.p., a.p.* [denso] 응축[농축]된, 수렴된.

Denselétæ, árum, *m.pl.* = Dentheléti.

dénsĕo, étum, ére, *tr.* [densus] **1.** 농축하다, 짙게 하다, 압축하다, 다지다; 응축시키다, 엉기게 하다; 빽빽하게[조밀하게·배게]하다, 밀집시키다. **2.** 간결하게 하다, 요약하다.

densésco, ĕre, *intr.* 빽빽해 지다, 짙어지다.

dénsĭtas, átis, *f.* [densus] 밀도(密度), 밀집, 조밀(稠密), 짙음, 농도; 비중.

denso, ávi, átum, áre, *tr.* = dénseo.

densus, a, um, *adj.* **1.** 빽빽한, 조밀한, 밴; 밀집한. **2.** 짙은. **3.** 압축[응축]된. **4.** 잦은, 많은. **5.** 〔*adv.*〕 **dense,** 짙게, 빽빽하게, 촘촘히; 〔시간적〕 가끔, 자주, 연거푸.

dentálĭa, ĭum, *n.pl.* [dens] **1.** 쟁깃술(보습을 맞추어 꽂는 나무); 쟁기. **2.** 보습. **3.** 곡괭이 날, 쇠스랑, 발.

dentárĭus, a, um, *adj.* 이(齒)에 관한.

dentárpăga, æ, *f.* 이 뽑는 집게, 발치(拔齒)도구.

dentátus, a, um, *adj.* [dens] **1.** 이를 가진: dentáta béstia[fera], dentáta 투기(鬪技) 관람에 쓰이는 사자·범·코끼리. **2.** 이 모양을 가진(연장·도구): rastrum dentátum 쇠스랑.

Denthēléti, órum, *m.pl.* 서부 *Thrácia*의 한 종족.
Denthélĭi, órum, *m.pl.* *Pĕlŏponnésus*의 *Lacónĭa*와 *Messénĭa* 사이에 있는 지명; 〔*adj*〕 **-lĭas,** átis.
dentĭcŭlátus, a, um, *adj.* [dentículus] 작은 이(齒) 모양의, 톱니처럼 생긴: herbæ denticulátæ 톱니모양의 잎을 가진 풀.
dentícŭlus, i, *m. dim.* [dens] **1.** 작은 이(齒). **2.** 톱니모양의 돌기; 《建》 톱니모양의 장식.
dentĭdúcum, i, *n.* 발치(拔齒)도구.
dentĭfrangíbŭlum, i, *n.* [dens+frango] 이를 부러뜨리는 도구. 「자.
dentĭfrangíbŭlus, i, *m.* 이 부러뜨리는
dentĭfrícĭum, i, *n.* [dens+frico] 치약, 치마분(齒磨粉).
dentílĕgus, a, um, *adj.* [dens+lego] (남이 부러뜨린) 자기 이를 주워 모으는.
déntĭo, ívi, ítum, íre, *intr.* 이가 나다; 이가 자라다: púeri dentiéntes *(Plin.)* 이가 나는 어린이들. 「시개.
dentiscálpĭum, i, *n.* [dens+scalpo] 이쑤
dentítĭo, ónis, *f.* [déntio] 이가 남.
dēnúbo, núpsi, núptum, ĕre, *intr.* 〔*alci*〕 시집가다, 출가하다.
dēnūdátĭo, ónis, *f.* 벗김, 노출; 뺏음.
dēnúdo, ávi, átum, áre, *tr.* **1.** 벗기다, 벌거숭이로 만들다, 발가벗기다. **2.** 〔*alqd alci*〕 드러내다, 보이다, 털어놓다, 까놓다. **3.** 〔*alqm*〕 (훔치거나 강제로) 뺏다, 강탈하다; 박탈하다.
dēnúmĕro = dinúmero.
denúncĭo = denúntio.
dēnuntĭátĭo, ónis, *f.* [denúntio] **1.** 통지, 발표, 고시, 공포(公布), 통고. **2.** 명령, 지시. **3.** 협박, 위협. **4.** 고발, 고소, 밀고.
dēnuntĭātívus, a, um, *adj.* 징후적(徵候的)인.
dēnuntĭátor, óris, *m.* 신고자, 고발자.
dēnúntĭo, ávi, átum, áre, *tr.* **1.** 〔*alci - alqd, acc. c. inf.,* de *abl.; absol.*〕 통지하다, 발표하다, 고시[공포]하다, 통고하다, 포고하다: bellum ~ 선전포고 하다. **2.** 신고하다, 보고하다. **3.** 예시[예고]하다. **4.** 〔*alci*〕 협박하다. **5.** 〔ut, ne, *subj.*〕 명령하다, 지시하다. **6.** 고발하다, 고소하다, 밀고하다; 법정으로 소환하다[출두시키다]: in judícium[júdici] ~ *(Q.)* 고소하다 / ~ *alci* testimónium 누구를 (법정에) 증인으로 출두하도록 소환하다. 「시 한번.
dénŭo, *adv.* [de+novo] 새로이, 다시금, 다
Dēō, ūs, *f.* *Ceres*여신; 〔*adj.*〕 **-ōíus,** a, um, ~ 여신에게 바쳐진. 「na).
Dēóis, ĭdis, *f.* *Ceres* 여신의 딸 (= Prosérpi-
dĕónĕro, ávi, átum, áre, *tr.* 짐을 내리다.
부리다, 치워주다.
dĕŏpérĭo, íre, *tr.* 열다, 덮개를 벗기다.
dĕórsum[-sus], *adv.* [de+vorsum +versum] 아래로. 「게 입맞추다. **2.** 칭찬하다.
dŏóscŭlor, átus sum, ári, *dep. tr.* **1.** 뜨겁
dēpăcíscor, *(ĕris, ĭtur),* páctus sum, sci, *dep. tr.* 〔*alqd* - cum *alqo;* ut〕 계약하다, 약속하다. 「히다, 진정시키다, 평정하다.
dēpáco, ávi, átum, áre, *tr.* 완전히 가라 앉
depáctus, a, um, *p.p.* [depacíscor, depángo].
dēpālátĭo, ónis, *f.* **1.** 말뚝을 박아 토지의 경계를 표시함. **2.** (대리석 판에 새긴 금을 표준으로 매일 태양의 그림자를 측정하여 얻은)시간의 표시.
dēpālátor, óris, *m.* [depálo¹] **1.** 토지경계 말뚝을 박는 자. **2.** 설정자(設定者), 창설자.
dēpálo¹, ávi, átum, áre, *tr.* [de+palus] **1.** 말뚝을 박아 토지의 경계를 표시하다. **2.** 설정하다, 창설하다. 「다, 공개하다.
dépălo², áre, *tr.* [de+palam] 드러내 보이
dēpángo, páctum, ĕre, *tr.* 끼우다, 심다, 땅
dēpárcus, a, um, *adj.* 인색한. └에 박다.
dēpásco, pávi, pástum, ĕre, *tr.* **1.** (양·가축에게) 풀을 뜯기다. **2.** 말끔히 뜯어 먹다. **3.** 다 먹어치우다; 황폐케 하다.
dēpáscor, *(ĕris, ĭtur),* pástus sum, sci, *dep. tr.* = depásco.
dēpĕcíscor, *(ĕris, ĭtur),* péctus sum, sci, *dep. tr.* 〔*alqd* - cum *alqo;* ut〕 계약하다, 약속하다.
dēpécto, péxum, ĕre, *tr.* 빗어 내리다.
dēpéctor, óris, *m.* [depecíscor] (주로 나쁜 일의) 계약자. 「탈자.
dēpĕcŭlátor, óris, *m.* [depecúlor] 도둑, 약
dēpĕcūlátus, us, *m.* [depecúlor] 도둑질, 약탈, 강탈.
dēpĕcúlor, átus sum, ári, *dep. tr.* [de+pecúlium] 〔*alqd, alqm alqā re*〕 도둑질하다, 약탈하다.
dēpéllo, pŭli, púlsum, ĕre, *tr.* **1.** 〔*alqm[alqd]* - de, a, ex *abl.; abl.*〕 밀쳐 떨어뜨리다; 몰아내다, 내쫓다, 추방하다, 물리치다: potióne sitim ~ *(C.)* 음료로 갈증을 풀다. **2.** 《軍》 (적을)몰아 쫓아내다. **3.** (젖먹이를) 젖떼다: ~ agnos a mátribus *(Var.)* 새끼양을 어미젖에서 떼다. **4.** 〔*alqm[alqd]* - de, a, ex *abl.; abl.; alci*〕 못하게 하다, 말리다, 금하다, 멀어지게 하다. 「속; 의존.
dēpendéntĭa, æ, *f.* [depéndeo] 종속, 예
dēpéndĕo, ére, *intr.* 〔ex, ab *abl.; abl.*〕 **1.** 내밀려 있나, 느리워져 있다. **2.** 속하다; 유래되다.
dēpéndo, péndi, pénsum, ĕre, *tr.* **1.** (저울에)달다, 배달다. **2.** 지불하다, 치르다, 갚다: pœnas exsílio ~ *(C.)* 벌을 유형(流

刑)으로 치르다. **3.** 〔*alqd* in *abl.*, *dat.*〕 소비하다, 들이다.

dēpéndŭlus, a, um, *adj.* 매달린.

dēpérdĭtus, a, um, *p.p.*, *a.p.* [depérdo] **1.** 잃어 버린, 망쳐진, 없어진: in depérdito esse 잃어 버린[없어진] 것이다. **2.** 〔윤리적〕 고약한, 나쁜.

dēpérdo, dĭdi, dĭtum, ĕre, *tr.* **1.** 잃어 버리다, 손실하다. **2.** 없애 버리다, 망쳐놓다: ~ bonam famam*(H.)* 좋은 평판을 망쳐놓다.

dēpérĕo, périĭ, pérĭtum, íre, *anom.* **1.** *intr.* 멸망하다, 없어지다; 죽다. **2.** *tr.*, *intr.* 〔*alqm*, amóre *alqm*, amóre *alcjs*, in *abl.*〕 죽도록 사랑하다, 깊이 연모하다.

dēpĕtígo, gĭnis, *f.* 《醫》 옴.

depéxus, a, um, *p.p.* [depécto].

dēpíctĭo, ónis, *f.* [depíngo] 그림. 「리.

dēpĭlátĭo, ónis, *f.* [dépilo] 탈모(脫毛), 대머

dépĭlo, ávi, átum, áre, *tr.* [de+pilus] 〔*alqm*〕 …의 털을 뽑다. 「치다, 표절하다.

dēpílor, átus sum, ári, *dep. tr.* 약탈하다; 훔

dēpíngo, pínxi, píctum, ĕre, *tr.* **1.** 그리다, 묘사하다. **2.** 서술[기술]하다.

dēplángo, plánxi, plánctum, ĕre, *tr.* 몹시 비통해하다, 비탄하다.

dēpláno, ávi, átum, áre, *tr.* [de+planus] 평평[평탄]하게 하다.

dēplánto, ávi, átum, áre, *tr.* **1.** (심은 것을) 뽑다. **2.** 모종하다, 옮겨심다, 이식하다.

déplĕo, plévi, plétum, ére, *tr.* (가득한 것에서)덜어내다, 비우다, 옮겨붓다. 「휘감은.

dēpléxus, a, um, *adj.* [plector] 꽉 붙잡은,

dēplōrābúndus, a, um, *adj.* 몹시 슬퍼하

dēplōrátĭo, ónis, *f.* [deplóro] 한탄. 乚는.

dēplóro, ávi, átum, áre, **I.** *intr.* 〔de *abl.*〕 한탄하다, 통곡하다.

II. *tr.* **1.** 몹시 슬퍼하다, 애통해 하다. **2.** 〔*alqd*, *alqm*〕 …에 대해 실망하다, 단념하다.

déplŭit, plŭébat, plŭit, plútum, plúĕre, **1.** *impers.* 비가 오다; 비오듯 쏟아져 떨어지다. **2.** *tr.* 쏟다, 흘리다, 적시다: Lácrimas dépluit. 그는 눈물을 흘리고 있다.

dēplúmis, e, *adj.* [de+pluma] 깃털 없는.

dēplútus, a, um, *p.p.* [dépluit] (비에)젖은.

dēpólĭo, ívi, ítum, íre, *tr.* 다듬다, 닦다, 갈다, 연마하다; 완성하다.

dēpŏlítĭo, ónis, *f.* 닦음, 연마.

dēpónens, éntis, *p.præs.* [depóno] 《文法》 탈형(脫形): verbum ~ 탈형동사.

dēpóno, pósŭi, pósĭtum, ĕre, *tr.* **1.** 〔*alqd* – in *abl.*, in *acc.*〕 **내려놓다, 벗어놓다**; 내던지다, 버리다, 치우다. **2.** (땅에)심다·꽂다, (씨를)뿌리다. **3.** (군대 따위를)상륙시키다. **4.** (내기로 무엇을)걸다, 내놓다. **5.** (벼슬·직책·책임 따위를) 그만두다, **내놓다, 사직하다,** 벗어놓다. **6.** (하던 것을) 집어치우다, 그만두다, 중지하다, 포기하다, 젖혀놓다: ~ memóriam *alcjs rei (Cæs.)*, ~ ex memóriā *alqd (C.)* 잊어버리다. **7.** 〔*alqd* apud *alqm*, in *abl.*, in *acc.*〕 안전하게 두다, 간직하다, 숨겨놓다; **위탁[예탁·기탁]하다.** **8.** 〔*alqm*〕 (주로 병자에 대해서)희망을 포기하다, 가망없게 보다. **9.** 없애버리다, 파괴하다, 폐허로 만들다.

dēpontáni senes, -órum -num, *m.pl.* 60세 노인(공직에서의 정년, 투표권 상실).

dēpŏpósci, *pf.* [depósco].

dēpŏpŭlátĭo, ónis, *f.* [depópulor] 황폐(하게 만듦), 약탈, 침략; 인구 절멸, 인구 감소. 「게 하는 자, 약탈자, 침략자.

dēpŏpŭlátor, óris, *m.* [depópulor] 황폐하

dēpópŭlo, ávi, átum, áre, *tr.* = depópulor.

dēpópŭlor, átus sum, ári, *dep. tr.* [de+pópulor] 휩쓸어 황폐케 하다, 파괴하다, 약탈[침략]하다; 주민을 절멸시키다.

dēportátĭo, ónis, *f.* [depórto] **1.** 운반. **2.** 유형(流刑), 추방.

depórto, ávi, átum, áre, *tr.* **1.** 〔*alqd [alqm]* – de, ex *abl.* – ad, in *acc.*〕 운반하다, 수송하다, 가져가다, 데려가다, 이동시키다: naves, quæ exércitum deportavérunt.*(Cæs.)* 군대를 수송한 선박들. **2.** 본국으로 가져가다, 데려가다; (영광·승리·치욕 따위를) 안고 귀국하다. **3.** ~, **~ in ínsulam** 섬으로 귀양보내다, 추방하다.

dēpósco, pŏpósci, scĕre, *tr.* **1.** 요구하다, 간청하다. **2.** 〔*alqm* – ad, in *acc.*, *alci* pœnæ〕 처벌을 요구하다: ~ *alqm* ad mortem *(Cæs.)* 누구를 사형하라고 요구하다. **3.** (관직·직책 따위를)자원[지원]하다, 희망하다. **4.** 도전(挑戰)하다. 「자(受託者).

dēpŏsĭtárĭus, i, *m.* [depóno] 보관자, 수탁

dēpŏsítĭo, ónis, *f.* [depóno] **1.** **보관, 기탁.** **2.** 헐어버림, 파괴. **3.** 증언, 진술, 선서증서. **4.** **직위박탈,** 파면, 강등. **5.** 《가》 성직자의 면직, 성직박탈; 십자가에서 그리스도를 내림 또는 그 그림; 〔고대 비명(碑銘), 전례(典禮)용어〕 장례, 순교록에 있는 성인의 사망일. **6.** **내려 놓음, 벗어 놓음;** 내버림: ~ infántium 영아 유기.

dēpósĭtor, óris, *m.* [depóno] **1.** 내려 놓는 [벗어버리는] 자. **2.** 기탁자. **3.** 파괴자.

dēpósĭtum, i, *n.* [depósitus] **1.** 기탁 재산, 보관품; 《神》 ~ fídei (그리스도와 사도로부터) 교회에 맡겨진 천계신조(天啓信條), 신앙 기탁, 신앙의 유산. **2.** 기탁 계약, 보관.

dēpósĭtus, a, um, *p.p.*, *a.p.* [depóno] **1.** 기탁된, 위탁된. **2.** 회생의 가망 없는, 빈사상태의.

dēprædátĭo, ónis, *f.* [deprǽdor] 약탈, 강탈.

dēprædátor, óris, *m.* 약탈자.
deprædĭco, ávi, átum, áre, *tr.* 칭찬하다.
deprǽdo, ávi, átum, áre, *tr.* = deprǽdor.
dēprǽdor, átus sum, ári, *dep. tr.* 모조리 휩쓸어가다, 약탈하다.
dēprāvátĭo, ónis, *f.* [deprávo] **1.** 비틀음[비틀림], 찌그러뜨림, 비뚤음. **2.** 곡해, 왜곡. **3.** 나빠짐, 악화, 변질; 부패, 타
dēprāvátum, i, *n.* 그르침, 그릇된 것. └락.
dēprāvátus, a, um, *p.p., a.p.* [deprávo] **1.** 비틀린, 뒤틀린, 찌그러진, 비꼬인, 비뚤어진. **2.** 나쁘게 된, 타락한, 부패한.
dēprávo, ávi, átum, áre, *tr.* [de+pravus] **1.** 비뚤어지게 하다, 비틀리게[뒤틀리게] 하다, 찌그러뜨리다, 구부러지게 하다. **2.** 나빠지게 하다, 악화[저하]시키다, 버릇없게 만들다, 타락[부패]시키다, 더럽히다.
dēprĕcábĭlis, e, *adj.* [déprecor] 탄원으로 마음을 움직일 수 있는, 간청할[상대가 될] 수 있는: ~ esto. 탄원을 들어 주소서.
dēprĕcābúndus, a, um, *adj.* [déprecor] 간청하는, 애원하는, 조르는.
dēprĕcátĭo, ónis, *f.* [déprecor] **1.** [*gen.*] (면하려는·막아 달라는) **기원, 염원,** 간원, **기구(祈求):** ~ supplícii *(Petr.)* 형벌을 면하려는 간절한 기원. **2. 간청,** 탄원, 애원. **3.** (애원하다시피의) 사절, 거절. **4.** 물리침, 극복: ~ perículi *(C.)* 위험의 극복. **5.** 사과, 남을 대신하여 용서 청함. **6.** 저주. 「求), 애원.
dēprĕcātĭúncŭla, æ, *f. dim.* 작은 기구(祈
dēprĕcātívus, a, um, *adj.* 탄원적, 애원하는.
dēprĕcátor, óris, *m.* [déprecor] **1.** 탄원[애원·기원·염원]하는 사람. **2.** 남을 대신해서 사죄하는 사람, 중재자.
dēprĕcātórĭus, a, um, *adj.* 탄원[애원]하는.
dēprĕcátrix, trícis, *f.* 탄원[애원]하는 여자; 대신 간청하는 여자.
depreci... *V.* depreti...
déprĕcor, átus sum, ári, *dep. tr.* **1.** [*alqd,* ne] **면하게[않게] 되기를 빌다, 기원하다,** 간절히 바라다: ~ mortem *(C.,Cæs.)* 죽지 않게 되기를 빌다 / ~ a se calamitátem *(C.)* 자기에게 재앙이 닥치지 않기를 기원하다 / Déprecor, ne putétis.*(C.)* 너희가 그렇게 여기지 않기를 바란다. **2.** [*alqm* ut, ne, *subj.*] (누구에게) **간청하다,** 간구하다, **탄원하다,** 애원하다, 간곡히 부탁하다: deos ~, ut remíttant minas. *(Sen.)* 위협을 중지해 주기를 신들에게 빌다. **3.** [*alqd*-ab *alqo*-sibj, pro *alqo*] (무엇을) **간청[애원·탄원]하나;** 간청하여 얻다, 성취하다: ~ sibi vitam *(Auct. B. Afr.)* 애원하여 목숨을 건지다 / vitam *alcjs* ab *alqo (C.)* 누구한테 아무를 살려주기를 탄원하다. **4.** [*alqm* ab *alqo*] 누구한테 아무를 사면해[살려] 주기를 간청하다. **5.** [*inf.,* pro *alqo*] 사과하다, 용서 청하다. **6.** [*alqd* in *alqm, alci*] 저주하다, 누구에게 무슨 불행이 닥치기를 빌고 바라다.
dēprĕhéndo, hendi, hénsum, ĕre, *tr.* **1. 붙잡다, 체포하다,** 나포하다. **2.** (풍랑 따위가) 엄습하다: magno deprehénsa navis vento *(Catull.)* 큰 바람을 만난 배. **3.** (불의의 사건 따위가) 중단시키다, 가로 채다: Verba deprehéndit quies.*(Sen.)* 죽음이 말을 중단시켰다. **4.** [*alqd, alqm*-in *abl.*] **발각[발견]하다,** 탄로시키다, 포착하다, 현장을 덮치다, 현장에서 체포하다: *alqm* in scélere *(C.)* 범죄현장에서 체포하다 / [*pass.*] **들키다:** scelus deprehénsum *(C.)* 발각된 범죄. **5.** 급습[기습]하다, (짐승 따위를) 불시에 덮쳐 잡다. **6.** 찾아내다, 탐지하다. **7.** [*alqd, acc. c. inf.*] 알아채다, 깨닫다, 이해[파악]하다, 감식[감별]하다.
dēprĕhénsĭo, ónis, *f.* [deprehéndo] **1.** 붙잡음, 체포. **2.** 발견, 발각, 탄로.
dēpréndo = deprehéndo.
dēpréssĭo, ónis, *f.* [déprimo] **1.** 내리누름, 억압; 하락, 낮춤. **2.** 함몰, 오목한 곳; 납작함: Socrática ~ nasi. *Sócrates*의 납작코. **3.** 의기소침, 침울, 우울.
dēpréssor, óris, *m.* **1.** 내리누르는 자, 억압자. **2.** 《解》 억압근(筋), 제압근.
dēpréssus, a, um, *p.p., a.p.* [déprimo] 낮은, 내려[가라]앉은; 깊은; 내리눌린.
dēprĕtĭátor, óris, *m.* 가치를 떨어뜨리는 자, 값깎는 사람.
dēprétĭo, ávi, átum, áre, *tr.* [de+prétium] 가치를 떨어뜨리다, 더 못하게 만들다; 멸시하다.
déprĭmo, préssi, préssum, ĕre, *tr.* [de+premo] **1. 내리 누르다,** 내려 보내다. **2.** 땅에 깊이 심다, 박다, 꽂다. **3.** 내려앉게 하다, 함몰시키다; 깊이 파다. **4.** (배를) 가라앉히다, 격침시키다. **5. 억누르다, 억압하다;** 진압하다; 멸시[무시]하다.
deprœ́lĭans, ántis, *p. præs.* [*inusit.* deprœ́lio] 격렬히 싸우는.
dēprómo, prómpsi, prómptum, ĕre, *tr.* **1.** [*alqd*-ex, de, ab *abl.*; *abl.*] 꺼내다, 집어내다, 나오게 하다. **2.** (어떤 것을 근거로 하여) 끌어내다, 인용하다.
dēprópĕro, ávi, átum, áre, *intr., tr.* [*absol.*; *alqd, inf.*] 급히 서두르다, 재촉하다.
dēprŏpítĭus, a, um, *adj.* **1.** 무자비한. **2.** 불쾌한. 「반죽 따위를) 짓이기다.
depso, súi, stum, ĕre, *tr.* 주무르다, (가죽·
dēpŭdésco, scĕre, *intr.* [*abl., gen.*] 몹시 부끄러워지다.
dépŭdet, púdŭit, ére, *impers.* [*alqm inf.*] **1.** 몹시 부끄러워하다. **2.** 부끄러운 줄 모르다, 염치가 없다.

dēpúgis, e, *adj.* [de+puga] 궁둥이가 없는, 가는 허리의.
dēpugnátĭo, ónis, *f.* 격전, 접전.
dēpúgno, ávi, átum, áre, *intr., tr.* **1.** *intr.* 격전하다, 전력을 다해 싸우다. **2.** *tr.* 〔*acc.*〕 맞싸우다: ~ prœ́lium 결전하다, 전투를 결판내다.
dépŭli, *pf.* [depéllo].
dēpúlsĭo, ónis, *f.* [depéllo] **1.** 쫓아냄, 축출, 추방; 물리침, 격퇴. **2.** 《修》 방어, 변호, 논박. 「다, 밀어내다.
dēpúlso, áre, *tr. freq.* [depéllo] 계속 쫓아내
dēpúlsor, óris, *m.* [depéllo] 격퇴자, 물리치는 사람. 「의.
dēpulsórĭus, a, um, *adj.* 물리치는, 액막이
dēpúlsum, i, *n.* 액막이 굿, 마귀쫓는 행사.
dēpurátĭo, ónis, *f.* [depúro] 정화 작용[작업]; 정혈작용.
dēpurgátĭo, ónis, *f.* 말끔히 쓸어냄.
dēpurgātívus, a, um, *adj.* 깨끗하게 하는, 말끔히 일소하는.
dēpúrgo, ávi, átum, áre, *tr.* 말끔히 쓸어내다, 닦아내다, 깨끗이하다(씻다).
dēpúro, ávi, átum, áre, *tr.* [de+puro] 깨끗해지게 하다, 정화하다.
dēpŭtátĭo, ónis, *f.* [députo²] **1.** 임명, 지정. **2.** 대표파견. **3.** 대표단.
dēpŭtátum, i, *n.* 지정된 것; 조세(租稅).
deputátus, i, *m.* 대의원; 대리자, 대표; 위원. 「따위를)치다, 자르다.
dépŭto¹, ávi, átum, áre, *tr.* (나무가지·뿌리
dépŭto², ávi, átum, áre, *tr.* **1.** 〔*acc.*; *acc. c. inf.*〕 여기다, 판단하다, 간주하다: ~ parvi prétii óperam *(T.)* 노력을 과소평가하다. **2.** 〔*alqm* – *alci rei*, ad *acc.*; *alqd alci*〕 임명하다, 맡기다, 지정하다: ~ *alqm* arátro *(Pal.)* 아무를 밭갈이 하도록 임명하다. **3.** 대리인으로 임명하다; (대리인에
dēpýgis, e, *adj.* = depúgis. ⌊게)위임하다.
dēque, *adv.* 아래로.
dēquéstus, a, um, *p.p.* [*inusit.* déqueror] 몹시 원망스러워 한[하는].
dērádo, rási, rásum, ĕre, *tr.* 깎아[긁어] 제거하다, 문질러 떨어뜨리다, 사라지게 하다; 머리를 빡빡 깎다.
Derbe, es, *f.* *Lўcāónia*의 요새도시; **Derbétes,** is, *m.* 그곳 사람. 「한 종족.
Dérbīces, um, *m.pl.* 카스피해(海) 동해안의
Dércĕtis, is, *f.* *Sýria*의 사랑과 풍요의 여신, *Sĕmírămis* 여왕의 어머니.
dērégo = dérĭgo = dírigo.
dērĕlícta, æ, *f.* [derelínquo] 과부.
dērĕlíctĭo, ónis, *f.* [derelínquo] 내버림, 유기, 버려둠; 직무유기[태만].
dērĕlínquo, líqui, líctum, ĕre, *tr.* **1.** 아주 버리다, 내버려 두다, 저버리다, 돌보지 않다, 포기하다, 유기하다: hómines spe derelícti *(C.)* 절망적인 사람들. **2.** 남겨놓 ⌊다.
dērĕpénte, *adv.* 갑자기, 돌연, 불쑥.
dērépo, répsi, ĕre, *intr., tr.* 〔ad *acc.*; *acc.*〕 기어 내려가다[오다], 몰래 기어들다.
dērīdĕo, rísi, rísum, ére, *tr.* 〔*acc.*; *absol.*〕 웃어대다, 비웃다, 코웃음치다.
dērīdícŭlum, i, *n.* **1.** 비웃음, 조소. **2.** 웃음거리. 「스운; 어리석은, 비웃을 만한.
dērīdícŭlus, a, um, *adj.* 우스꽝스러운, 우
dērígĕo, ére, *tr.* [de²+] 딱딱한 것을 부드럽게 하다. 「빳빳해지다.
dērĭgésco, gŭi, ĕre, *intr.* [de²+] 굳어지다,
dērípĭo, rípŭi, réptum, ĕre, *tr.* [de+rápio] **1.** 〔*alqd*[*alqm*] de, ex, ab *abl.*〕 떼어[끌어]내리다, 찢어[뜯어]내다. **2.** 탈취하다, 뺏다, 잡아채다.
dērísĭo, ónis, *f.* [derídeo] 비웃음, 조롱.
dērísor, óris, *m.* [derídeo] **1.** 비웃는 자. **2.** 익살꾼, 만담가, 우스꽝스럽게 흉내내는 사람; 광대. 「조롱하는.
dērīsórĭus, a, um, *adj.* 비웃는, 조소하는,
dērísus, us, *m.* [derídeo] 비웃음, 조소, 조롱.
dērīvátĭo, ónis, *f.* [derívo] **1.** 물을 끌어옴, 물길 돌림. **2.** 유도(誘導). **3.** 파생; 파생어, 파생물. **4.** 《修》 전의(轉義).
dērīvātívus, a, um, *adj.* 끌어온(물 따위); 유래된, 파생적인.
dērívo, ávi, átum, áre, *tr.* [de+rivus] **1.** 〔*alqd* de, ex *abl.*〕 끌어오다, 유도하다. **2.** viam~길을 내다. **3.** 유래하게 하다, 전래시키다, 파급시키다, 파생되게 하다.
derma, ătis, *n.* 피부; 《解·動》 진피(眞皮).
dermătítis, títĭdis, *f.* [derma] 《醫》 피부염.
dermătología, æ, *f.* 《醫》 피부병학.
dermătólum, i, *n.* 《化》 데르마톨, 차몰식자산창연(次沒食子酸蒼鉛) = bismútum
dermis, is, *f.* 진피(眞皮). ⌊subgállicum.
dēródo, rósi, rósum, ĕre, *tr.* 쏠다, 쏠아[갉아] 버리다. 「철폐[일부폐지].
dērŏgátĭo, ónis, *f.* [dérogo] 법률의 부분적
dērŏgātívus, a, um, *adj.* 철폐하는; 말의 원뜻을 제거하는, 반대의 뜻으로 만드는.
dērŏgátor, óris, *m.* [dérogo] 중상자(中傷者), 비난하는 자.
dērŏgātórĭus, a, um, *adj.* 철폐의: derogatórium edíctum 철폐규정.
dérŏgo, ávi, átum, áre, *tr.* **1.** 〔*alqd* de, ex lege; legi〕 법률의 일부를 철폐[폐지]하다·수정하다. **2.** 〔*alqd* – de, ex *abl.*; *dat.*〕 (가치·명예 따위를)떨어뜨리다, 덜어내다, 감하다, 제한하다.
Dertóna, æ, *f.* *Ligúrĭa*의 도시.
dēruncíno, ávi, átum, áre, *tr.* **1.** 대패질하다. **2.** 속이다.
dérŭo, rŭi, rŭtum, ĕre, **1.** *tr.* 무너뜨리다, 치워버리다, 떨어뜨리다. **2.** *intr.* 무너지

다, 넘어지다.

dērúptus, a, um, *a.p.* [*inusit.* derúmpo] **1.** 급경사의, 낭떠러지의. **2.** *n.pl.* 낭떠러지.

Dēs. 《略》 = dēsignátus.

dēsábŭlo, áre, *tr.* 모래를 말리다, 길을 고르「게 하다.

dēsácro, ávi, átum, áre, *tr.* 신성하게 하다; 신의 위치에 올려놓다.

dēsǽvĭo, vĭi[vi], vítum, íre, *intr.* **1.** 포학하게 행동하다, 미친듯이 날뛰다, 노발대발하다; 맹위를 떨치다. **2.** (분노가) 그치다.

dēsálto, ávi, átum, áre, *tr.* 춤추다, 춤으로「드러내다[표현하다].

dēscéndens, éntis, *p.præs., a.p.* [descéndo] **1.** 내려오는[가는]. **2.** (조상으로부터)전래하는; 파생의.

dēscendéntes, ĭum, *m.pl.* 자손, 후예.

dēscéndo, scéndi, scénsum, ĕre, *intr.* [de+scando] **1.** 〔de, ex, ab *abl.; abl.* - in, ad *acc.*〕 **내려가다[오다], 내리다.** **2.** 〔*absol.*〕 말에서 내리다; 침대에서 내려오다[일어나다]. **3.** (옷 따위가)**흘러내리다**; (해가)넘어가다·저물다. **4.** 가라 앉다. **5.** 〔ab *abl.* - ad, in *acc.*〕 차례로 옮겨져가다, 열거해 내려가다, 개요에서 세부로 들어가다; 계승되다, **계통을 잇다,** 전해[물려] 내려오다. **6.** (지형 따위가)뻗어 내려가다. **7.** 《醫》 (먹은 음식이)내리다, 설사가 일어나다; 배설하다. **8.** (*Roma* 거주자가 사택에서) 공공장소로(forum으로) 나가다. **9.** 《軍》 고지대에서 평지로 출동하다: ~ in áciem, in prœ́lium, in certámen 전투장에(싸우러) 나가다. **10.** 〔in *acc.*〕 박히다, 꽂히다; (초목이)뿌리박다, 뿌리를 내리다. **11.** 〔in *acc.*〕 (마음·가슴에)사무치다, 깊이 박히다. **12.** 〔ab *alqo*〕 나오다, 발생하다; **전래하다,** 누구의 후손이다. **13.** 〔ad, in *acc.*〕 자신을 낮추다, 어울리다; (자기 것을 버리고) 받아들이다, 동의하다, 편에 서다; 거들다, (청 따위를) 들어주다.

dēscénsĭo, ónis, *f.* [descéndo] **1.** 내려감, 내려옴, 하강: ~ Tiberína *(C.) Tíberis*강을 배타고 내려감. **2.** 목욕탕에 내려감. **3.** 목욕탕에서 걸터앉는 자리.

dēscénsus, us, *m.* [descéndo] **1.** 내려감[옴]. **2.** 내려가는 길. **3.** 《醫》 강하(降下).

dēscísco, scívi[scĭi], scítum, ĕre, *intr.* **1.** 〔ab *alqo* - ad *alqm*〕 이탈[탈퇴]하다, (관계를 끊고) 떠나다, 다른 데로 떨어져 나가다. **2.** 〔ab *abl.*〕 물러나다, 멀어지다, 떨어지다. **3.** 〔ad, in *acc.*〕 기울어지다, 쏠리다. **4.** (재배식물이) 퇴화하다.

dēscŏbíno, ávi, átum, áre, *tr.* 줄질하다, 줄로 쓸다.

dēscríbo, scrípsi, scríptum, ĕre, *tr.* **1. 베끼다,** 옮겨 쓰다, 복사[등사]하다. **2.** 초잡다, 윤곽을 그리다, 약도를[도형을] 그리다; 나무 껍질에 새기다. **3.** 〔*alqd, inf.*〕 표현하다, **묘사하다, 기술하다,** 서술하다, 설명하다, 이야기하다. **4.** 표하다, 점찍어 놓다. **5.** 〔*alqd* in *acc.*〕 나누다, 분류하다, 구분하다. **6.** 〔*alqd* - *alci*〕 (값을) 매기다, 부과하다.

dēscrípta, órum, *n. pl.* 서술, 기사(記事).

dēscríptĭo, ónis, *f.* [descríbo] **1.** 약도, 도형(圖形), 지도, 설계도. **2. 묘사, 기술**(記述), **서술,** 설명. **3.** 구분, 분류. **4.** 정리, 배치.

dēscriptívus, a, um, *adj.* 기술(記述)적인, 서술적인, 묘사하는, 설명하는.

dēscríptor, óris, *m.* 기술하는 사람.

dēscríptus, a, um, *p.p., a.p.* [descríbo] 정리된, 정돈된, 질서정연한; 분류된; 〔*adv.*〕 **-te,** 명확히, 정확히.

déscrŏbo, áre, *tr.* [de+scrobs] 구덩이에 넣「다.

dēsĕco, sécŭi, séctum, áre, *tr.* 잘라내다, 잘라서 갈라놓다, 절단하다.

dēséctĭo, ónis, *f.* 잘라냄, 절단; 재단.

dēsédi, *pf.* [desídeo, desído].

désĕro¹, sérui, sértum, ĕre, *tr.* **1.** 버리다, 버려두다, 돌보지 않다, 등한히 하다. **2.** 《軍》 탈영[탈주]하다, 이탈하다. **3.** 포기하다, 떠나다.

désĕro², sévi, sĭtum, ĕre, *tr.* 심다.

dēsértĭo, ónis, *f.* [désero¹] **1.** 버려둠. **2.** 이탈, 탈주. **3.** 포기. **4.** 황야, 사막.

dēsértor, óris, *m.* [désero¹] **1.** 내버리는 자, 돌보지 않는 자, 태만한 자; 포기하는 자, 이탈자. **2.** 《軍》 탈영[탈주]병.

dēsértum, i, *n.* 황야, 사막.

dēsértus, a, um, *p. p., a.p* [désero¹] **1.** 버려진, 외톨이의. **2. 황량한,** 무인지경의.

dēsérvĭo, íre, *intr.* 〔*dat.*〕 충실히 섬기다, 열심히 돌보다, 전념하다.

dēses, sĭdis, *adj.* [desídeo] 게으른, 빈둥거리는, 느려빠진; 무위의, 무기력한; 한가한.

dēsícco, ávi, átum, áre, *tr.* 바짝 말리다.

dēsídĕo, sédi, ére, *intr.* [de+sédeo] **1.** 앉아 있다, 꼼짝 않다, 한가로이 있다, 빈둥거리다. **2.** 《醫》 뒤보다.

dēsīdĕrábĭlis, e, *adj.* [desídero] 원할 만한, 열망할, 바람직한.

dēsídĕrans, ántis, *p. præs., a.p.* [desídero] 몹시 바라는, 열망하는; 〔*superl.*〕 -tíssimus 가장 그리운.

dēsīdĕrátĭo, ónis, *f.* 간절한 희망, 욕망, 「욕구.

dēsīdĕrātívus, a, um, *adj.* 욕망[욕구]하는, 희구(希求)를 표시하는.

dēsīdĕrátus, a, um, *p.p., a.p.* [desídero] **1.** 몹시 기다려지는, 그리운, 동경하는, 보고[가지고] 싶은; (없어서) 아쉬운. **2.** *n.* (없어서) 아쉬운 것, 절실한 요구, 욕구.

dēsīdérĭum, i, *n.* [desídero] **1.** 〔*gen.*〕 (…

에 대한) **욕구**, 갈구, 희구, 욕망, **갈망**, 고대, 소원, **염원**; **그리움**, 동경, 사모. **2.** (아쉬움에서 오는)고통, 안타까움. **3.** **아쉬움**, **절실한 필요**, 자연적인 요구. **4.** 요구(조건), 청구(의 내용).

dēsíděro, ávi, átum, áre, *tr.* [sidus] **1.** **그리워하다**, **동경하다**, 사모하다, 고대하다. **2.** 〔*alqd[alqm]* - ab, in *abl.; inf., acc. c. inf.; absol.*〕 원하다, 바라다, **갈구[갈망·열망]하다**, …싶어하다, 싶은 생각이 간절하다: Nec docéri desiderábit judex.*(Q.)* 재판관은 가르침 받기를 원하지 않을 것이다 / Te óculi mei desíderant.*(C.)* 네가 몹시 보고 싶다. **3.** 〔*alqd* - in *abl.*〕 **아쉬워하다**, 없어서 안타까와[슬퍼]하다: in mílite *alqd* ~ *(Cæs.)* 군인에게서 무엇을 아쉬워하다 / fórtiter ~ (잃어버린 것을)몹시 슬퍼하다. **4.** 잃어버리다, 상실하다: nullā nave desiderátā *(Cæs.)* 아무 배도 상실하지 않고.

dēsídĭa, æ, *f.* [desídeo] **1.** 오래 앉아 있음, 장기체류. **2.** 게으름, 나태, 한가, 무위(無爲). **3.** 역행(逆行): ~ maris *(Pl.)* 썰물, 간조. 「이는 장소.

dēsĭdĭábŭlum, i, *n.* 한가로운 사람들이 모

dēsĭdĭósus, a, um, *adj.* [desídia] **1.** 빈둥빈둥하는, 게으른, 한가한, 할일없는. **2.** 게으르게 만드는, 안일한.

dēsído, sédi, ěre, *intr.* **1.** 가라 앉다, 내려앉다, 꺼지다. **2.** 퇴패(頹敗)하다.

dēsignátĭo, ónis, *f.* [desígno] **1.** 모양, 형태. **2.** 지정, 지적. **3.** 계획, 설계. **4.** 임명, 지명, 선정.

dēsignātívus, a, um, *adj.* 지시[명시·지적]하는; 임명[지명]하는.

dēsignátor = dissignátor.

dēsignátus, a, um, *p.p., a.p.* [desígno] 지정된, 명시된, 표시된; 선출된, 지명된: ~ reipúblicæ civis *(C.)* 태어날 시민 (아기).

dēsígno, ávi, átum, áre, *tr.* **1.** 〔*alqd* - *dat.*〕 **지정하다**, 표시하다, 도면을 그리다, 설계하다. **2.** 윤곽을 그리다, 묘사하다. **3.** **가리키다**, **지적하다**; 나타내다, 표명하다: ~ *alqm* óculis ad cædem *(C.)* 눈짓으로 아무를 죽이도록 지시하다. **4.** (다음 해에 취임할) 관리를(차기 집정관·호민관 … 등을)선출하다, **지명하다**. **5.** 정비[정리]하다, 질서를 잡다, 제 궤도에 올려놓다. **6.** 일을 저지르다: Quid designávit? — Fores effrégit ...*(T.)* 그가 무슨 일을 저질렀니? — 문을 부수고 …하였다.

desílĭo, sílŭi[sílĭi], súltum, íre, *intr.* [de+sálio] 〔de, ex, ab *abl.; absol.*〕 뛰어내리다.

désĭno, sívi[sĭi], sĭtum, ěre, **I.** *tr.* 〔*alqd, inf.; absol.*〕 **그치다**, **그만두다**, 중지하다: Desínite de *alqā re* loqui *(Cæs.)* 그것에 대해서는 그만들 말해라 / In sole sídera désinunt cerni.*(Q.)* 낮에는 별들이 보이지 않는다 / 〔보조동사 자체의 특수용법: *pass.*〕 Véteres oratiónes a plerísque legi sunt désitæ.*(C.)* 지금은 옛 연설들이 많은 사람들에게 읽혀지지 않게 되었다. **II.** *intr.* **1.** 〔*abl., gen.*〕 그만두다, 중지하다: non ~ iræ *(Sil.)* 분노를 거두지 않다. **2.** 〔*absol.;* in *acc.*〕 **끝나다**, **그치다**, 종식하다, 종말을 고하다, 사라지다: Desíerant imbres. *(Ov.)* 비가 그쳤었다 / ~ in piscem *(H.)* 하반신이 물고기로 변하다. **3.** 《修》 (음절수가 같은 단어들의)마지막 음절이 같은 글자들로 끝나다.

dēsípĭens, éntis, *a.p.* [desípio] 미련한, 어리석은, 바보같은; 미친.

dēsĭpĭéntĭa, æ, *f.* 무식, 미련함, 어리석음.

dēsípĭo, pěre, [de+sápio] **1.** *intr.* 바보짓하다, 어리석다, 분별력이 없다, 망령들다, 미치다. **2.** *tr.* 맛을 변하게 하다.

dēsísto, stĭti, stĭtum, ěre, *intr.* **1.** 〔*absol.;* de, ab *abl.; abl., gen., dat.; inf.;* quin〕 **그치다**, **그만두다**, 중지하다, 떠나다, 생각을 버리다, 포기하다: ~ a defensióne *(Cæs.)* 보호를 중지하다 / abs te ~ *(Pl.)* 너한테서 떠나다 / timére ~ *(C.)* 그만 두려워하다 / non ~, quin *c.subj.(C.)* …하고야 말다. **2.** 끝나다, 그치다. **3.** *tr.* 놓다, 버려두다.

désĭtus[1], a, um, *p.p.* [désero[2]] 심은, 파종된.

désĭtus[2], a, um, *p.p.* [désino]. 「둠.

désĭtus[3], us, *m.* [désino] 중지, 그침, 그만

dēsōlátĭo, ónis, *f.* [desólo] **1.** 외로움, 쓸쓸함, 고독; 위안의 결여. **2.** 황폐한 땅.

dēsōlātórĭus, a, um, *adj.* [désolo] 황폐케 하는.

dēsōlátus, a, um, *p.p.* [desólo] **1.** 황폐해진, 쓸쓸한; 위로[위안]없는, 고독한: María desoláta 비애의 성모. **2.** 〔*abl., gen.*〕 뺏긴, 앗긴: paréntibus desoláta *(Apul.)* 부모 잃은 여자.

dēsólo, ávi, átum, áre, *tr.* [de+solus] **1.** 혼자 남겨놓다, 쓸쓸하게 하다, 황폐케 하다, 비참해지게 하다. **2.** 〔*alqm abl., gen.*〕 뺏다, 앗아가다.

dēsómnis, e, *adj.* 잠 못 이루는.

dēsórbĕo, ére, *tr.* 삼키다. 「멸할.

despectábĭlis, e, *adj.* [despécto] 멸시할, 경

despectátĭo, ónis, *f.* 경멸, 멸시.

despectátor, óris, *m.* 경멸하는 자.

despéctĭo, ónis, *f.* [despício] 경멸.

despécto, áre, *tr. freq.* [despício] 내려다 보다, 얕보다, 경멸[멸시]하다.

despéctus, us, *m.* [despício] **1.** 내려다 봄, 전망. **2.** 높은 곳. **3.** 경멸.

despērábĭlis, e, *adj.* [despéro] 절망적인.

despērándus, a, um, *gerundív.* [despéro] 실망할 수 밖에 없는, 절망적인.

despēránter, *adv.* 실망적으로.

despērátĭo, ónis, *f.* [despéro] **1.** 〔*gen.*〕 실

망, 절망. 2. 자포자기.

despērátus, a, um, *p.p., a.p.* [despéro] **1.** 희망없는, 절망적인. **2.** 포기된.

despérno, sprévi, sprétum, ĕre, *tr.* 경멸하다.

despéro, ávi, átum, áre, *intr.* 〔de, ab *abl.*; *dat.*; *absol.*〕; *tr.* 〔*alqd, acc. c. inf.*〕 실망하다, 희망을 버리다, 낙심하다: Sibi ipse despérat. *(C.)* 그는 자포자기하고 있다.

despéxi, *pf.* [despício].

despĭcábĭlis, e, *adj.* [déspicor] 경멸할.

despĭcátĭo, ónis, *f.* [déspicor] 경멸, 멸시.

despĭcátus[1], a, um, *p.p., a.p.* [déspicor] 경멸[멸시]당한, 멸시당하는.

despĭcátus[2], us, *m.* 경멸, 멸시.

despĭcĭéntĭa, æ, *f.* [despício] 경멸, 멸시.

despícĭo, spéxi, spéctum, ĕre, *intr., tr.* [de+*antiq.* spécio] **I.** *intr.* **1.** 〔*absol.*; de, ab *abl.* - in, ad *acc.*〕 **내려다보다**: de vértice montis ~ in valles *(Ov.)* 산꼭대기에서 계곡들을 내려다보다. **2.** 한눈 팔다, 정신차리지 않다.
II. *tr.* **1.** 〔*acc.* - de, ex, ab *abl.*; *abl.*〕 내려다보다. **2. 경멸하다, 멸시하다,** 업신여기다, 얕보다.

déspĭcor, átus sum, ári, *dep. tr.* 경멸하다, 업신여기다, 천대하다.

despŏlĭátĭo, ónis, *f.* 약탈, 탈취.

despŏlĭátor, óris, *m.* [despólio] 약탈자.

despólĭo, ávi, átum, áre, *tr.* 〔*alqm alqā re*〕 약탈하다, 뺏다.

despóndĕo, di, spónsum, ére, *tr.* **1.** 〔*alqd alci*〕 **약속하다,** 담보하다, 보증하다. **2.** 딸을 주기로 언약하다; 며느리로 삼기로 약속하다. **3.** 〔*alqam*〕 (어떤 여자와) **약혼하다. 4.** 〔*alqd alci*〕 바치다, 맡기다, 지정하다. **5.** ~ ánimum[ánimos] 절망 속에 있다, 낙담하다 / ~ sapiéntiam 지혜에 대한 희망을 포기하다.

desponsátĭo, ónis, *f.* [despónso] 약혼, 허혼(許婚).

desponsátor, óris, *m.* [despónso] 결혼 중매인.

desponsátus, a, um, *p.p., a.p.* [despónso] 〔*alci*〕 약혼한, 정혼한.

despónso, ávi, átum, áre, *tr.* 약혼시키다.

despónsor, óris, *m.* 약혼하는 자.

desprévi, *pf.* [despérno].

despumátĭo, ónis, *f.* 거품냄.

despúmo, ávi, átum, áre, **I.** *tr.* **1.** 거품을 걷어내다: despumátum mel *(Cels.)* 거품걷어낸 꿀. **2.** 거품처럼 내뿜다·쏟다. **3.** 소화시키다. **4.** 숫돌로 갈다. **5.** 말에게서 피뽑다. **II.** *intr.* **1.** 거품이 잦아들다, 가라앉다. **2.** 끓다가 멈추다.

déspŭo, spŭi, ĕre, *intr., tr.* **1.** 침뱉다. **2.** 물리치다, 거부하다, 타기(唾棄)하다, 경멸하다.

desquamáta, órum, *n. pl.* 《醫》 딱지.

desquámo, ávi, átum, áre, *tr.* [de+squama] 비늘을 벗겨내다; 껍질을 벗기다.

destérno, strávi, strátum, ĕre, *tr.* (말 따위의) 안장을 내리다.

destérto, tŭi, ĕre, *intr.* 코를 골다가 그치다.

déstĭco, áre, *intr.* (뒤쥐 따위가) 소리내다.

destillátĭo, ónis, *f.* [destíllo] **1.** 방울져 떨어짐. **2.** 《醫》 곳물삼기.

destíllo, ávi, átum, áre, **1.** *intr.* 〔*absol.*; *abl.*〕 방울져 떨어지다·흐르다, 스며나오다. **2.** *tr.* 〔*acc.*〕 방울져 떨어지게 하다, 스며내다; 증류(蒸溜)하다.

destímŭlo, áre, *tr.* [de+stímulo] **1.** 몹시 자극하다. **2.** 낭비하다.

destĭnátĭo, ónis, *f.* [déstino] **1.** 지정, 선정, 결정, 확정. **2.** 목적, 용도; 목적지, 행선지.

destĭnátum, i, *n.* **1.** 규정, 결정된 목적. **2.** 계획, 고의: ex destináto 고의로.

destĭnátus, a, um, *p.p., a.p.* [déstino] **1.** 확정[결정]된, 지정[선정]된, 지명[임명]된: destinátum est. 확실하다. **2.** *f.* 약혼한(여자). **3.** 〔*adv.*〕 **-te,** 집요하게, 끈질기게, 완강히.

déstĭno, ávi, átum, áre, *tr.* [de+sto, téneo] **1.** 〔*alqd[alqm]* - ad *alqd, dat.*〕 붙잡아[비끌어]매다. **2.** 〔*alqd* - *dat.*; ad, in *acc.*〕 **지정하다, 확정[결정]하다**: tempus et locum ~ ad certámen *(L.)* 대결할 시간과 장소를 확정하다. **3.** 〔*inf., acc. c. inf.*〕 작정하다, 결심[결정]하다. **4.** 〔*alqm acc. præd.*〕 **지명[임명]하다, 선정하다**: *alqm* cónsulem ~ *(L.)* 누구를 집정관으로 선정하다. **5.** 〔*alqam alci*〕 (딸을)약혼시키다. **6.** 목표로 정하다[삼다], 겨누다. **7.** (물건을)사기로 작정하다, (보증금을 내고) 계약하다, 흥정하다.

déstĭti, *pf.* [desísto].

destítŭo, tŭi, tútum, ĕre, *tr.* [de+státuo] **1.** 〔*alqd[alqm]* - in *abl.*, ante *acc.*〕 세워두다, 박아놓다. **2.** 따로 떼어놓다, 고립상태에 놓다, 혼자 놔두다, **내버려두다**: **se ~** (어떤 지위에서) 물러나다. **3.** 〔*alqm*〕 무엇이 누구에게서 **떠나다**; (누가 = *alqm*) 무엇을 **잃다. 4.** 〔*alqm* - *abl.*〕 (누구를)속이다, 배신하다, 누구에게*(alqm)* 무엇을 *(alqā re)* 속이다. **5.** 중단하다, 그만두다.

destĭtútĭo, ónis, *f.* [destítuo] **1.** 내버림; 면직. **2.** 속임.

destĭtútor, óris, *m.* 버리고 떠나는 자, 배신자.

destĭtútus, a, um, *p.p., a.p.* [destítuo] **1.** 버려진, 버림받은; 속은. **2.** 〔*abl.*, ab *abl.*〕 잃은, 없는: sénsibus destitútus 감각[의식]을 잃은.

destrángŭlo, áre, *tr.* 교살하다, 목조르다.

destríctus, a, um, *p.p., a.p.* [destríngo] 날카로운, 엄격한, 단호한; 〔*adv.*〕 **-te,** 명백히, 단적으로; 단호히.

destríngo, strínxi, stríctum, ĕre, *tr.* **1.** (잎·열매 따위를) 따다, 훑다. **2.** (때 따위를) 밀다, 문질러 벗기다, 긁어내다, 닦아내다.

3. (칼집에서) 뽑다. **4.** 살짝 스치다, 스치어 벗어지게 하다: destríctum vulnus 가벼운 찰과상. **5.** 비꼬아 말하다, 혹평하다.

destrúctĭo, ónis, *f.* [déstruo] **1.** 무너뜨림, 헐어버림, 파괴, 붕괴. **2.** 부정(否定).

destructívus, a, um, *adj.* 파괴적인.

destrúctor, óris, *m.* [déstruo] 파괴자.

déstrŭo, strúxi, strúctum, ĕre, *tr.* **1.** 파괴하다, 헐어버리다, 무너뜨리다, 전복시키다. **2.** 망쳐 놓다, 몰락시키다, 파멸[소멸]시키다, 없애버리다. **3.** 부정하다.

desúbĭto, *adv.* 갑자기, 돌연. 「깔다.

dēsúbŭlo, áre, *tr.* 길을 고르게 하다, 자갈

dēsūdásco, ĕre, *intr.* 땀흘리다.

dēsūdátĭo, ónis, *f.* 땀 많이 흘림; 큰 수고.

dēsúdo, ávi, átum, áre, **I.** *intr.* **1.** 땀투성이가 되다, 몹시 땀흘리다. **2.** 〔in *abl.*〕 애쓰다, 수고하다. **II.** *tr.* **1.** 흘려보내다. **2.** 〔*alqd*〕 (무엇에) 큰 수고를 들이다, 수고로이 하다.

dēsuēfácĭo, féci, fáctum, ĕre, *tr.* [de+suésco+fácio] 〔*alqm*〕 습관[버릇]을 버리게 하다.

dēsuēfío, fáctus sum, fíĕri, *pass.* [desuefácio] 〔ab *abl.*〕 습관[버릇]을 버리다.

dēsuésco, suévi, suétum, ĕre, **1.** *tr.* 습관을 버리게 하다, 버릇을 고치다; 쓰지 않다, 잊다: vocem ~ *(Apul.)* 침묵을 지키다. **2.** *intr.* 습관[버릇]을 버리다[고치다], 잊다: antíquo honóri ~ *(Sil.)* 옛 영예를 잊다.

dēsuētúdo, dĭnis, *f.* **1.** 습관 버림, 습관 없음, 사용하지 않음, 익숙치 못함. **2.** (법의)자연 소멸, 사용폐지.

dēsuétus, a, um, *p.p., a.p.* [desuésco] **1.** 〔*absol.; acc.; inf.*〕 쓰지 않은, 습관 없는, 잊혀진: diu desuéta arma *(V.)* 오래 쓰지 않은 무기. **2.** 〔*dat.*〕 익숙치 못한, 어색한, 생소한: ~ triúmphis *(V.)* 개선식에 어색한.

dēsúgo, súxi, súctum, ĕre, *tr.* 빨아들이다.

dēsúltor, óris, *m.* [desílio] 곡마사(曲馬師), 곡예사.

dēsultórĭus, a, um, *adj.* **1.** 곡마(曲馬)에 적합한[쓰이는]: ~ equus 곡마말. **2.** 곡예의. 「덕스러운 여자.

dēsúltrix, ícis, *f.* **1.** 여자 곡마사. **2.** 변

dēsultúra, æ, *f.* 뛰어내림.

dēsum, fŭi,(futúrus), ésse, *anom. intr.* [de+sum] **1.** 〔*dat.;* 간혹 in *abl.; absol.*〕 **없다, 모자라다,** 부족하다: Hoc Cæsari défuit. *(Cæs.)* 이것이 *Cæsar*에게 부족하였다 / Nihil contumeliárum défuit, quin subíret.*(Suet.)* 그가 당하지 않은 모욕은 하나도 없었다. **2.** 〔*dat.; absol.*〕 도와주지 **않다,** 돌보지 **않다,** 손떼다, **등한히 하다;** (기회 따위를)이용하지 않다: amíco ~ *(C.)* 친구를 등한히 하다 / non ~ offício *(C.)* 본분을 소홀히 하지 않다. **3.** 〔*refl.*〕 **~ sibi** 스스로 어떤 부족함이 있다, 스스로 불리를 초래하다, 게을리 하다; non ~ sibi 잘해보다: Haud mihi déero.*(H.)* 잘해 보겠다. **4.** 〔*inf.*〕 …하지 않다.

dēsúmo, súmpi, súmptum, ĕre, *tr.* 〔*alqd* - sibi〕 택하다, 취(取)하다; 골라잡다.

désŭper, *adv.* 위에서부터, 위로부터.

dēsúrgo, ĕre, *intr.* **1.** 일어나다, 일어서다. **2.** 화장실에 가다.

dēsurréctĭo, ónis, *f.* 배설(排泄).

dēsúrsum = désuper.

dētéctĭo, ónis, *f.* 드러냄. 「견자.

dētéctor, óris, *m.* 드러내는 자, 누설자; 발

dētéctus, a, um, *p.p., a.p.* [détego] 벗겨진, 드러난, 발견된: cápite detécto *(Suet.)* 모자를 벗고.

détĕgo, téxi, téctum, ĕre, *tr.* **1.** 벗기다, 드러나게 하다. **2.** 발견하다, 찾아내다. **3.** 폭로하다, 누설하다; 털어놓다.

dētēndo, téndi, ténsum, ĕre, *tr.* 늦추다, 누그러지게 하다; (천막 따위를)걷다, 치우다. 「유.

dētentátĭo, ónis, *f.* 소지(所持), 보유, 점

dētentátor, óris, *m.* 소지자, 점유자.

dēténtĭo, ónis, *f.* [detíneo] **1.** 붙잡아 둠, 남아있게 함, 머물러둠. **2.** 억류, 감금: ~ injústa 불법감금. **3.** 점유; (남의 재산의) 불법점유. 「들다, 거머쥐다; 소지하다.

dēténto, ávi, átum, áre, *tr. freq.*[detíneo] 붙

dēténtor, óris, *m.* [detíneo] 소지자, 보유자, 점유자.

dētérgĕo, térsi, térsum, ére, *tr.* **1.** 씻다, 닦(아내)다, 훔치다; 쓸어내다, 털다. **2.** (눈 따위를)가볍게 비비다. **3.** 청소하다, 세척하다; 깨끗이하다, 정화하다. **4.** 꺾다.

dētĕrĭor, ĭus, *adj. comp.* 〔원급없음〕 더 나쁜, …보다 못한, 열등한.

dētĕrĭóro, ávi, átum, áre, *tr.* [detérior] 더 나쁘게[못하게] 만들다, 악화시키다.

dētérĭus, *adv.* 더 나쁘게.

dētermĭnátĭo, ónis, *f.* [detérmino] **1.** 한계, 경계, 끝; 끝냄, 종결. **2.** 한정, 규정, 특정. **3.** 결정, 확정.

dētermĭnātívus, a, um, *adj.* 결정적인, 결정력이 있는, 한정적인.

determĭnátus, a, um, *p.p., a.p.*[detérmino] 결정[확정]된, 규정된; 한정된; 〔*adv.*〕 **-te,** 결정적으로. 「정론(자유부정론).

dētermĭnísmus, i, *m.* [detérmino] 《哲》 결

dētérmĭno, ávi, átum, áre, *tr.* [de+término] **1.** 경계[한계]를 정하다, 한정하다; 구획선을 긋다, 먹줄을 치다. **2.** 설계도를[도면을] 그리다, 윤곽을 뚜렷이 하다. **3.** 규정하다, 결정[확정]하다.

détĕro, trívi, trítum, ĕre, *tr.* [de+tero] **1.**

닳아지게 하다, 마멸시키다, 낡아[해어]지게 하다. 2. 바수다, 부수다; (곡식을)떨다, 탈곡하다. 3. 약화시키다, 감소시키다.

dētérrĕo, ŭi, ĭtum, ére, *tr.* 1. 〔*alqm* - ab, de *abl.; abl.;* ne, quóminus, quin〕 (누구를) **위협해서 …못하게 하다**, 마음 돌리게 하다, (무엇에서) 떠나게[멀어지게] 하다, 제지하다, (설득하여) 말리다. 2. 〔*alqd* ab, ex *alqo*〕 (무엇을)막다, (누구에게서)제거하다.

dētérrĭmus, a, um, *adj. superl.* [detérior] 가장 나쁜, 최저의, 제일 못한.

dētérsi, *pf.* [detérgeo].

dētersívum, i, *n.* 《醫》 청정제, 세정제(洗淨劑).

dētestábĭlis, e, *adj.* [detéstor] 가증스러운, 지겨운, 혐오할, 지긋지긋한, 저주할.

dētestátĭo[1], ónis, *f.* [detéstor] 1. 저주, 악담. 2. 혐오, 증오. 3. 액막이.

dētestátĭo[2], ónis, *f.* [de+testes] 고환절제(睪丸切除).

dētestátus, a, um, *p.p., a.p.* [detéstor] 저주받은, 미움받은.

dētéstor, átus sum, ári, *dep. tr.* [de+testor] 1. 〔*alqm, alqd* - in *acc.*〕 남에게 불행을 기원하다, 저주하다, 악담하다: in caput *alcjs* ~ perícula *(L.)* 아무의 머리 위에 위험이 닥치기를 기원하다 / fratricídam ~ *(N.)* 친동기 살해범을 저주하다. 2. **증오하다**, 몹시 싫어하다, **지겨워하다**. 3. 〔*alqd* - ab *alqo*〕 (**불행** 따위를)기원(祈願)으로 회피하다·물리치다, 면하다, 외면하다. 4. (신이 무슨 징조를) 멀리해 주다.

dētéxi, *pf.* [détego].

dētéxo, téxŭi, téxtum, ĕre, *tr.* [de+texo] 1. 짜서 마무리하다, 다 짜다. 2. 엮다, 겯다, 뜨다. 3. 완성하다, 마치다, 끝내다. 4. (말·글로)묘사하다, 글을 쓰다, 서술하다.

dētínĕo, nŭi, téntum, ére, *tr.* [de+téneo] 1. (남을)**붙잡아 두다**, 머물러 두다, 남아 있게 하다; 발을 묶이게 하다, 지연시키다, 억류하다. 2. 〔*alqm* - ab *abl.*〕 **만류하다**, 못하게 하다, 제지하다, 방해하다. 3. 차지하다, **점유하다**, 확보하다, **내놓지 않다**, 보류하다. 4. 〔*alqm* - in *abl., abl.*〕 종사[전념]하게 하다, 매이게 하다, (어떤 상태에)붙잡아 두다, (눈길 따위를)끌다.

dētóndĕo, tóndi[totóndi], tónsum, ére, *tr.* 1. 털깎다, 자르다. 2. (나무가지 따위를) 다듬다, 가지 치다, 잎을 따다. 3. 휩쓸어 황폐케 하다.

détŏno, nŭi, áre, *intr.* 1. 요란하게 울리다, 천둥소리 내다: ~ in *alqm* 야단치다. 2. 요란한 소리가 그치다; 기세(氣勢)가 가라앉다, 누그러지다; 멎다.

dētónsĭo, ónis, *f.* 머리 깎음, 삭발.

dētórno, ávi, átum, áre, *tr.* [de+tornus] 선반(旋盤)으로 깎아 만들다.

dētórquĕo, tórsi, tórtum, ére, *tr.* [de+tórqueo] 1. 〔*alqd* - ab *abl.*, ad *acc.*〕 (방향 따위를) 돌리다, 틀다; 빗나가게 하다, 멀어지게[벗어나게] 하다: ~ proram ad undas *(V.)* 뱃머리를 높은 바다로 돌리다. 2. (몸을) **뒤틀다, 비틀다**, 비비꼬다; 찌그러뜨리다. 3. 나쁜 방향으로 돌리다, 왜곡하다. 4. 굽히다, 휘게하다.

dētráctĭo, ónis, *f.* [détraho] 1. 떼어버림, 제거; 감손(減損). 2. **명예훼손**, 비방, **헐뜯음**. 3. 탈취. 4. 《醫》 (고름 따위) 짜냄, 토하게 함, 설사시킴. 5. 《修》 생략.

dētrácto = detrécto.

dētráctor, óris, *m.* [détraho] 깎아내리는 자, 헐뜯는 자, 비방[욕]하는 자.

détrăho, tráxi, tráctum, ĕre, *tr.* [de+traho] 1. 〔*alqm[alqd]* de, ex *abl.; abl.*〕 끌어 내리다, 내리게 하다; **떼어내다**. 2. 〔*alqd alci;* de, ex *abl.*〕 벗기다, 벗겨내다, 뽑아내다, 꺼내다, 걷어내다: *alci* ánulum de dígito *(C.)* 누구의 손가락에서 반지를 뽑아내다. 3. 〔*alqd alci,* ab *alqo*〕 **뺏다**, 탈취하다. 4. 〔*alqd alci,* ab, de, ex *abl.*〕 **빼**(내)다, 감(減)하다, 덜(어 주)다, 공제하다; **제거하다**, 멀리하다: calamitátem *alci* ~ *(C.)* 아무에게서 재앙을 제거하다 / ~ inimícum ex Gálliā *(C.)* *Gállia*에서 적을 내쫓다 / ~ fidem sibi *(Q.)* 자기의 신용을 떨어뜨리다. 5. 〔*alci*〕(누구에게) **손해가 되다**, 불리하다: Multum ei ~, quod ... *(N.)* …한 것이 그에게 크게 불리하였다. 6. 〔de *alqā re*〕 떨어뜨리다, 깎아 내리다, 감소시키다: ~ de famā *alcjs (C.)* 아무의 명성을 떨어뜨리다. 7. 〔de *alqo*〕 **명예를 훼손하다, 헐뜯다**; 중상하다. 8. 〔*alqm* ad, in *acc.*〕 (어디로)끌고가다, 데려가다.

dētrectátĭo, ónis, *f.* [detrécto] 거절, 거부, 기피: ~ milítiæ *(L.)* 징집기피.

dētrectátor, óris, *m.* [detrécto] 1. 깎아내리는 자, 헐뜯는 자, 비방자. 2. 거부하는 자, 기피자.

dētrécto, ávi, átum, áre, *tr.* [de+tracto] 1. 멀리하다, 물리치다, 거절[거부]하다, 기피하다. 2. 낮추다, 깎아내리다, 감소시키다, 떨어뜨리다, 악평하다.

dētrīmentósus, a, um, *adj.* [detriméntum] 불리한, 손해를 가져오는.

dētrīméntum, i, *n.* [détero] 1. 손해, 손실, 불리: ~ afférre[inférre] *(Cæs.)*, ~ importáre *(C.)* 손해를 입히다 / ~ accípere[cápere, fácere] *(C.)* 손해를 입다·당하다. 2. 재난, 실패, 패전.

dētrítus, a, um, *p.p., a.p.* [détero] 해어진, 낡아빠진, 닳아버린.

dētrĭúmpho, ávi, átum, áre, *tr.* 정복하다, 승리하다.

dētrúdo, trúsi, trúsum, ĕre, *tr.* [de+trudo] 1. 〔*alqm[alqd]* de, ex *abl.; abl.* - ad, in *acc.*〕 **밀쳐 떨어뜨리다, 몰아넣다, 빠뜨리다,** 떠밀다: in luctum detrúdi*(C.)* 슬픔에 잠기다 / ~ *alqm* in pœnam*(C.)* 불법적으로 벌주다. **2.** 밀어내다, 떠나게 하다, 쫓아내다, 격퇴하다. **3.** (토지에서)축출하다, (재산을)박탈하다. **4.** 억지로[부득이] 연기하다, 미루다, 늦추다: ~ *alqd* in mensem Mártium*(C.)* 3월까지 미루다.

dētruncátĭo, ónis, *f.* [detrúnco] 나뭇가지 자르기; 머리나 사지(四肢)의 절단, 동체에서의 절단.

dētrúnco, ávi, átum, áre, *tr.* 자르다, 절단하다, 줄기[동체]에서 잘라내다; 사지(四肢)를 자르다, 목자르다. 「던져 넣음.

detrúsĭo, ónis, *f.* [detrúdo] 밀쳐 떨어뜨림,

détŭli, *pf.* [défero]. 「다; 미움이 사라지다.

dētŭmésco, mŭi, ĕre, *intr.* 부기가 가라앉

dētúndo, túdi, túnsum, ĕre, *tr.* 내리 부딪다, 내리치다. 「키는 자, 치안 방해자.

dēturbátor, óris, *m.* [detúrbo] 소요를 일으

dētúrbo, ávi, átum, áre, *tr.* **1.** 〔*alqm[alqd]* – de, ex, ab *abl.; abl.*〕 내리던지다, 밀쳐 떨어뜨리다. **2.** 뒤엎다, 전복시키다, 무너뜨리다. **3.** (적을)축출하다, 몰아내다, 격퇴하다. **4.** 〔*alqm* de, ex *abl.; abl.*〕 뺏다, 박탈하다: ex spe deturbári*(C.)* 희망을 잃다. 「들게 하다.

dētúrpo, áre, *tr.* 추하게[흉하게] 만들다, 시

Deucálĭon, ónis, *m. Thessália*의 왕으로서 *Prométheus*의 아들이며 *Pyrrha*의 남편, 희랍신화에서 이들 부부만이 대홍수에서 구조되어 제2기 인류의 조상이 됨; 〔*adj.*〕 **-ōnéus,** a, um.

dĕúngo, ĕre, *tr.* 기름을 많이 바르다.

dĕunx, úncis, *m.* [de+úncia] *1 úncia*의 *12*분의 *11*.

dĕúro, ússi, ústum, ĕre, *tr.* [de+uro] **1.** 태워버리다, 태워없애다. **2.** (추위·바람 따위가) 얼어붙게 하다.

dĕus, i, *m.* 〔*voc.sg.* Deus; *pl.* (정상적 변화외에) *nom., voc.* dĭi, di; *gen.* deum; *dat., abl.* diis, dis〕 **I.** *sg.* **1.** 신(神), 최고의 신, 창조주, 우주의 주재자*(C.)*; **Deus 하느님**(그리스도교의 유일신), **천주. 2.** 운명의 신*(Grat.)*. **3.** 자연의 무한한 위력으로서의 신*(H.)*. **4.** (악인들을 벌하는)정의의 신*(Grat.)*. **5.** 섭리·수호의 신*(C., Ov.)*. **6.** 〔간혹〕 여신(女神을 뜻함).

II. *pl.* **1.** 〔다신교 또는 신화〕 잡신(雜神), 여러가지 신(본래부터의 신과 인간이 변하여 된 신): excédere[tránsgredi] ad deos 죽어서 신들 대열에 들다, 신이되다 / diis voléntibus [si dii volent]*(Pl., Sall.)* 신들이 원할 것 같으면 / diis irátis natus*(H., Pl.)* 불행하여 아무 것도 잘 되지 않는 사람. **2.** 〔경탄·감탄 표시〕 proh dii immortáles! *(Pl., T.)*, dii immortáles! *(Pl., T., C.)* 오 불멸의 신들이여! **3.** 〔맹세 형식〕 per deos, per deos immortáles*(C.)* 불멸의 신들의 이름으로, 맹세하거니와. **4.** 〔기원·축원 따위〕 Dii mélius fáciant!(melióra ferant, velint, dii melióra! ita me di ament! *etc.*) *(Pl., T., Ov., C.)* 하느님, 도우소서. **5.** 〔저주〕 Di te perdant.*(Pl., T., C.)* 천벌 받아라. **6.** 〔비꼼·못마땅함 표시〕 si diis placet*(T.,C.)* 신들의 뜻으로. **7.** in diis est, 신들의 손에 달렸다.

III. 〔환유적(換喩的: *metonýmice*), 형용적〕 **1.** 신탁(神託), 신의 대답. **2.** 하느님(같은 사람), 귀신(같은 사람).

dĕústus, a, um, *p.p.* [deúro].

deutérĭus, a, um, *adj.* 제2의, 2차적인, 2류의: vina, quæ vocant deutéria*(Plin.)* 막포도주라 하는 술 (찌끼에 물을 타서 만든 포도주). 「(經典)의, 제2 성전(聖典)의.

deutĕrŏcanónĭcus, a, um, *adj.* 제2 경전

deutĕrŏnómĭum, i, *n.* **1.** 법률의 사본. **2.** 《聖》 [D–] 신명기(申命記: 구약성서 모세 5경의 제5서).

deutocérĕbrum, i, *n.* 《解》 중대뇌(中大腦).

dĕútor, *(ĕris, ĭtur)*, úsus sum, úti, *dep. intr.* 〔*abl.*〕 **1.** 남용하다, 악용하다. **2.** 학대하다, 못살게 굴다.

dēvastátĭo, ónis, *f.* 유린, 약탈.

dēvastátor, óris, *m.* 유린자.

dēvásto, ávi, átum, áre, *tr.* **1.** 온전히 황폐케 하다, 유린하다, 파괴하다. **2.** 약탈하다, 강탈하다.

dēvéctus, a, um, *p.p.* [déveho] **1.** 운반된, 실려온[간], 타고 온. **2.** 잔잔한 물길(특히 강)을 배로 여행한.

dévĕho, véxi, véctum, ĕre, *tr.* 〔*alqd[alqm]* – *abl.*〕 운반하여 내리다, 실어가다[오다], (말·수레·배에) 태워서 나르다; 〔*pass.*〕 배타고 가다, 항행하다.

dēvéllo, vélli, vúlsum, ĕre, *tr.* 잡아뽑다, 뽑아[뜯어]내다, 털 뽑다. 「하다.

dēvélo, áre, *tr.* 너울을 벗기다; 드러나게

dēvénĕror, átus sum, ári, *tr.* 공경하다, 숭배하다; (불행의 제거를)기원하다.

dēvénĭo, véni, véntum, íre, *intr.* **1.** 〔ad, in *acc.; acc. poétic.*〕 **다다르다, 이르다,** 도달[도착]하다; 마침내 …게 되다: ~ ad maturitátem*(Col.)* (곡식이) 마침내 익게 되다 / silvas ~ *(Val. Fl.)* 삼림에 다다르다. **2.** 〔ad, in *acc.*〕 **빠지다, 떨어지다;** 만나다, 마주치다: ~ in insídias*(Pl.)* 암계에 빠지다 / ~ ad furem*(Pl.)* 도둑을 만나다. **3.** 〔ad *acc.*〕 내려오다; (원래는 하지 않을 것에) 몸담다, …하게 되다.

dēvĕnústo, ávi, átum, áre, *tr.* 추하게 하다, 흉하게 만들다. 「하다.

dēvérbĕro, ávi, átum, áre, *tr.* 몹시 채찍질

dēve... *V.* dive...

dēvérsĭto, áre, *intr.* [devérto] **1.** 기울다. **2.** 〔ad *acc.*〕 정박하다, 멈추다.

dēvérsĭtor, óris, *m.* 투숙객.

dēvérsor¹, átus sum, ári, *dep. intr.* **1.** 숙박[투숙]하다. **2.** 서처하나, 머무르나.

dēvérsor², óris, *m.* [devérto] (여행 중) 들리는 자, 숙박객.

dēversōríŏlum, i, *n. dim.* [deversórium] 여관의, 잠깐 유숙하는 「인숙.

dēversórĭum, i, *n.* 여관, 숙박소, 잠깐 유숙하는 집.

dēversórĭus, a, um, *adj.* 숙박할만한, 여

dēvertícŭlum, i, *n.* [devérto] **1.** 옆길, 돌아가는 길, 우회로. **2.** 숙박소, 여관. **3.** 에둘러 말함. **4.** 피난처, 도피처; 구실(口實).

dēvérto, ti, vérsum, ĕre, [de+verto] **I.** *tr.* **1.** 돌아가게 하다, 다른 방향으로 돌리다. **2.** *pass.* 〔ad, apud, in *acc.*〕 **들르다, 묵다,** 유숙하다. **3.** *pass.*〔ad *acc.*〕 …에 의지하다, 호소하다.

II. *intr.* **1.** 〔ad, in, apud *acc.*; *acc. poétic.*〕 **들르다, 묵다,** 유숙하다. **2.** 본론[주제]에서 벗어나다, 옆길로 새다, 탈선하다: Redeámus ad illud, unde devértimus.*(C.)* 우리가 벗어났던 본론으로 돌아가자. 「벗다.

dēvéstĭo, íre, *tr.* 〔*alqm*〕 옷벗기다: se ~ 옷

dēvéxi, *pf.* [déveho].

dēvéxĭo, ónis, *f.* 경사, 내리받이.

dēvéxĭtas, átis, *f.* [devéxus] (아래로 향한) 경사, 내리받이, 언덕, 비탈, 물매.

dēvéxus, a, um, *adj.* [déveho] 기울어진, 내리막의, 내리받이의: ætas devéxa ad ótium*(C.)* 여생을 편히 지낼 나이; *n.* 경사진 곳, 내리막, 내리받이.

dévĭa, órum, *n.pl.* 험한 곳.

dēvíncĭo, vínxi, vínctum, íre, *tr.* **1.** 〔*alqm [alqd] - abl.*〕 단단히 묶다, 얽다, 매다, 결박하다; 꼼짝 못하게 하다: ~ servum *(Pl.)* 종놈을 묶어 놓다 / ~ se vino*(Pl.)* 고주망태가 되다 / locum religióne ~ *(C.)* 장소를 신성하게[성역화]하다. **2.** 〔*alqm alqā re*〕 의무[책임]지우다; 얽매어 놓다: *alqm* benefício sibi ~ *(C.)* 아무에게 신세지워 자기 편에 끌어 들이다. **3.** 〔*alqm[alqd]* cum *abl.*, inter *se*〕 밀접하게 연결시키다, 밀접한 관계를 가지게 하다.

dēvínco, víci, víctum, ĕre, *tr.* 완전히 승리하다, 정복하다.

dēvínctus, a, um, *p.p., a.p.* [devíncio]〔*dat. - alqā re*〕 묶인, 얽매인, 복종하는; 헌신하는; 몰두하는, 골똘한: stúdiis ~ *(C.)* 공부에 몰두하는.

dévĭo, ávi, áre, *intr.* 정도에서 벗어나다, 제 길을 잃다, 빗나가다, 떠나다. 「함.

dēvirgĭnátĭo, ónis, *f.* 처녀성을 상실하게

dēvírgĭno, ávi, átum, áre, *tr.* 처녀성을 빼앗다[상실하게 하다].

dēvītátĭo, ónis, *f.* 도피, 회피. 「피]하다.

dēvíto, ávi, átum, áre, *tr.* 피하다, 회피[도

dévĭus, a, um, *adj.* [de+via] **1.** 길에서 벗어난, 멀리 돌아가는, 멀리 떨어진. **2.** 방황하는, 길잃은, 방탕하는. **3.** 외딴 곳에 사는. **4.** 정신이 온전치 못한; 탈선한.

dévŏco, ávi, átum, áre, *tr.* **1.** 〔*alqm* a, de, ex *abl.*; *abl.* - ad, in *acc.*〕 불러 내리다, 불러 오다[들이다], 소환하다, 초청하다. **2.** 유인하다, 이끌리게 하다; 끌어 들이다.

dévŏlo, ávi, átum, áre, *intr.* **1.** 날아 내리다, 급히 내려가다. **2.** 날아가다, 떠나가다.

dēvŏlútĭo, ónis, *f.* [devólvo] **1.** 전락, 굴러 떨어짐. **2.** 《生》 퇴화. **3.** (권리·의무 따위의)이전(移轉); 《가》 교회 직위 이전, 임명권 이전.

dēvŏlūtívus, a, um, *adj.* [devólvo] **1.** 굴러 떨어지는. **2.** 퇴화하는.

dēvólvo, vólvi, volútum, ĕre, *tr.* **1.** 내리굴리다, 굴러 떨어지게 하다; 〔*pass.*〕 굴러 떨어지다, 전락하다, 곤두박질하다. **2.** 급히 이끌어 내리다. **3.** 말려[끌려]들게 하다. **4.** 말린 것을 펴다.

dévŏro, ávi, átum, áre, *tr.* **1.** **삼키다,** 들이키다; 빨아들이다; **처먹다,** 아귀같이 먹다. **2.** 집어삼키다; 탕진하다, 낭비하다. **3.** 발음을 똑똑히 하지 않다. **4.** 탐내어 …하다; 열심히 듣다, (책을)탐독하다. **5.** (연설·내용 따위를)이해하지[소화시키지]못하다; (이름을)잊어버리다. **6.** 견디다, 참다, 당하다.

dēvórtĭum, i, *n.* [devórto] 옆길, 우회로.

dēvórto = devérto.

dēvótĭo, ónis, *f.* [devóveo] **1.** 봉헌, 헌신, 충성, 정성, 열성, 전심, 몰두. **2.** 신심(信心), 경건, 독실; 신심 행위[행사]; 기원(祈願). **3.** 저주, 악담. **4.** *pl.* 마법, 마술. 「이는].

devotĭonális, e, *adj.* 신심(행위)에 관한[쓰

dēvóto, ávi, átum, áre, *tr. freq.* [devóveo] **1.** 성대한 의식으로 봉헌하다, 헌신하다. **2.** 마술 걸다.

dēvótus, a, um, *p.p., a.p.* [devóveo] **1.** 봉헌된, 바쳐진. **2.** 저주받은, 천벌받은. **3.** 〔*dat.*〕 골몰한, 몰두하는, 열성적인, 헌신적인, 충성[정성]을 바치는. **4.** 신심(信心) 깊은, 경건한. **5.** *m. pl.* 충복(忠僕), 심복부하(들).

dēvóvĕo, vóvi, vótum, ére, *tr.* [de+vóveo] **1.** 〔*alqd alci*〕 (신에게) **바치다, 봉헌하다,** 일신(一身)을 바치다: se diis ~, se ~ *(C.)* (무엇을 위해서) 목숨을 바치다 · 바칠 것을 맹세하다 / se ~ *alci rei* 무엇에 몰두하다, 전념하다, 열중하다. **2.** (남의 안전을 위해서 재산·생명을)바치다, **희생하다.** **3.** 저주하다. **4.** 마법에 걸리게 하다, 호리다.

dēvúlsus, a, um, *p.p.* [devéllo].
Dexíppus, i, *m.* *Cícero*의 노예.
dēxtāns, ántis, *m.* 6분의 5.
dextélla, æ, *f.* *dim.* [dextra[1]] 작은 오른 손.
dexter, tra[tĕra], trum[tĕrum], *adj.* **1.** 오른, 바른 쪽의, 우측의. **2.** 능숙한, 능란한, 솜씨좋은. **3.** 적절한, 알맞는. **4.** 운좋은, 다행한, 길조(吉兆)의; 호의적인, 자비로운.
dext(ĕ)ra[1], æ, *f.* (*sc.* manus) **1.** 오른 손: júngere dextras *(V.)* (우정·신의의 표시로) 오른 손을 맞잡다, 악수하다 / dextram téndere [porrígere] *(C.)* 도움의 손길을 뻗치다, 도와주다. **2.** 오른편[쪽], 우측: a dextrā, dextrā *(C.)* 오른편에(서) / ad dextram *(C.)* 오른 편으로. **3.** 우익부대.
dext(ĕ)ra[2], órum, *n. pl.* (*sc.* loca) 우측 지방.
dext(ĕ)re, *adv.* 재치있게, 능란하게; 알맞게. 「의, 우측의: ~rota *(Ov.)* 오른쪽 바퀴.
dextérĭor, ĭus, *adj. comp.* [dexter] 오른 편
dextérĭtas, átis, *f.* [dexter] **1.** 능숙, 능란, 숙련, 솜씨좋음; 민첩. **2.** 다행; 호의.
déxtĭmus, a, um, *adj. superl.* [dexter] 맨 오른 편의.
dextrā, *præp. c. acc.* …의 오른 쪽에.
dextrālĭólum, i, *n. dim.* [dextrális(3)] 작은 팔찌.
dextrális, e, *adj.* **1.** 오른 편에 속하는[있는], 오른 손의. **2.** *f.* 작은 도끼, 손도끼. **3.** *n.* (오른 팔에 끼는) 팔찌.
dextrim, *adv.* [dexter] 오른 쪽에.
dextro, áre, *tr.* 오른 손으로 잡다[쥐다].
dextrŏchérĭum, i, *n.* (오른팔에 끼는) 팔찌.
dextrórsum[-ŏvérsum, -sus], *adv.* 오른 쪽으로. 「오른 쪽의.
déxtŭmus, a, um, *adj. superl.* [dexter] 맨
di[1] = dei, *pl.* [deus].
di-[2], dis-의 뜻을 드러내는 접두사.
dĭa[1], æ, *f.* = dea.
Dīa[2], æ, *f.* *Naxos* 섬의 옛 이름.
dĭăbáthra, órum, *n.pl.* 슬리퍼.
dĭăbathrárĭus, i, *m.* [diabáthra] 슬리퍼 제조인.
dĭăbétes, æ, *m.* **1.** 수도관, 파이프. **2.** 《醫》 당뇨병: ~ insípidus 요붕증(尿崩症) / ~ mellítus (진성) 당뇨병.
Dĭăblíntes, um, *m.pl.* *Aulérci*족의 일부.
dĭăbólĭcus, a, um, *adj.* [diábolus] 악마의, 악마적인.
dĭábŏlus, i, *m.* 악마, 마귀; 무고자.
dĭăcătóchĭa, æ, *f.* 소유, 점유, 취득.
dĭăcátŏchus, i, *m.* 소유주, 점유자.
dĭăcedrínus, a, um, *adj.* 레몬색의.
dĭáco(n), ónis, *m.* = diáconus.
dĭācŏna, æ, *f.* = diaconíssa.
dĭăcŏnális, e, *adj.* [diáconus] 《가》 부제(副祭)의: Cardinális órdinis ~ 부제 계급 추기경. 「(副祭職), 부제품.
dĭăcŏnátus, us, *m.* [diáconus] 《가》 부제직
dĭācŏnía, æ, *f.* 《가》 부제 계급 추기경에게 맡겨지는 교회[성당].
dĭăcŏníssa, æ, *f.* (초대 교회의) 여자집사.
dĭácŏnus, i, *m.* **1.** 집사(執事). **2.** 《가》 부제(副祭).
dĭădéma, ătis, *n.* **1.** (왕이 머리·이마에 감는 보석장식의) 머리띠; 왕관. **2.** 왕위, 왕권.
dĭădēmátus[-dúmĕnus], a, um, *adj.* 왕족의 머리 띠를 두른; 왕관을 쓴.
dĭǽrĕsis, is, *f.* 《文法》 **1.** (중모음으로 이루어진 음절을 둘로 나누는) 분절(分節) *e. g.* aquæ→aquai. **2.** (연속되는 두 모음의 뒷모음에 표시해서 앞 모음과는 별개의 음절을 이룸을 나타내는) 분음부호(分音符號) *e.g.* aër.
dĭǽta, æ, *f.* **1.** 식사조절, 규정식(規定食), 식이요법; 섭생(攝生). **2.** 건물의 주거부분; 방, 거실; (배의)선장실. 「독자.
dĭætárcha, æ, [-chus, i,] *m.* 실내하인 감
dĭætárĭus, i, *m.* [diǽta] 방심부름하는 하인.
dĭagnósis, is, *f.* **1.** 진단(법). **2.** 《植》 (다른 종류와 구별되는)특징, 표징, 특성.
dĭăgōnális, e, *adj.* 비스듬한, 대각선의.
Dĭágŏras, æ, *m.* **1.** *Rhodus*섬 태생의 경기자(c. 500 A.C.). **2.** *Melos*섬 태생의 철학자(c. 500 A.C.). 「解), 도식(圖式).
dĭăgrámma, ătis, *n.* 도형, 도표, 도해(圖
dĭăgráphĭa, æ, *f.* 분도척(分度尺), 분도 획선기(劃線器); 활사기(活寫器), 확대 사도기(擴大寫度器). 「法).
dĭăgráphĭce, es, *f.* 분도 획선법(分度劃線
dĭăkinésis, is, *f.* 《生》 관동기(貫動期); 《植》 이동기(移動期).
dĭăléctĭca[-e], æ[es], *f.* 변증법(辯證法); (*Aristóteles*의) 개연적 추론(蓋然的推論): ~ Hegeliána 헤겔의 변증법.
dĭăléctĭcus, a, um, *adj.* **1.** 변증법의, 변증적인: materialísmus ~ 변증법적 유물론 / theología dialéctica 변증법 신학, 위기 신학. **2.** *m.* 변증론자, 변론가; 변증법 교수. **3.** *n.pl.* 변증법 연구, 변증법적 문제.
dĭăléctus[-os], i, *f.* 방언(方言), 사투리.
dĭálĭon, i, *n.* 《植》 해바라기.
Dĭális[1], e, *adj.* **1.** *Júpiter*의: flamen ~ *(Var.)* *Júpiter*의 제관. **2.** 〔*subst.*〕 *m.* *Júpiter*의 제관. **3.** *Júpiter*신 제관의: apex diális *(L.)* 제관 모자(祭官帽子).
dĭális[2], e, *adj.* [dies] 하루의, 1일의.
dĭălŏgátus, a, um, *adj.* 대화식의.
dĭălŏgísta, æ, *m.* 능숙한 대화자.
dĭálŏgus, i, *m.* 대화 문답. 「(透析).
dĭálÿsis, is, *f.* 《化》 격막(隔膜) 분석, 투석
dĭámĕter, tri, *m.* 지름, 직경.
dĭămĕtrális, e, *adj.* 직경의, 지름의.

dĭámĕtros[-us], i, *f.* 지름, 직경.
dĭámĕtrum, i, *n.* 표준치 미달(標準値未達).
dĭámĕtrus, a, um, *adj.* 직경의, 지름의.
dĭamŏron, i, *n.* 꿀을 섞어 만든 오디즙.
Dĭána, æ, *f.* 달의 여신으로 처녀성과 사냥의 수호신(희랍의 *Artĕmis* 여신에 해당함); 〔*adj.*〕 **-ánĭus,** a, um.
Dĭánĭum, i, *n.* **1.** *Diána* 여신의 신전. **2.** *Hispánia*의 동해안 중앙부에 있는 곶(岬: 지금의 *Denia*).
diánthus, i, *m.* 《植》 패랭이꽃.
dĭăpásma, mătis, *n.* 향분(香粉).
dĭăpásōn, *n. indecl.* 8도 음정(音程).
dĭăpénte, *n. indecl.* **1.** 5도 음정. **2.** 다섯가지 특수 재료를 섞어 만든 음료.
dĭăphánus, a, um, *adj.* 투명한.
dĭăphŏrésis, is, *f.* 《醫》 (특히 인공적으로 일으킨) 발한(發汗).
dĭăphŏrétĭcus, a, um, *adj.* **1.** 발한성의, 발한의(효과 있는). **2.** *n.* 발한제(發汗劑).
dĭăphrágma, ătis, *n.* **1.** 《解》 횡격막(橫膈膜): ~ pelvis 골반 격막 / ~ urogenitális 요생식 격막(尿生殖隔膜). **2.** 《化》 격벽(隔壁), 격막(隔膜). **3.** 사진기의 조리개.
dĭáphȳsis, is, *f.* 《解》 골간(骨幹).
dĭárĭum, i, *n.* **1.** 매일 보고서, 일기(日記). **2.** *pl.* 1일분 식량.
dĭárĭus, a, um, *adj.* [dies] 나날의, 하루의, 매일의: publicátio ~ 일간신문.
dĭarrhœ́a, æ, *f.* 설사.
dĭarrhóĭcus, i, *m.* 설사병 걸린 사람.
dĭărthrósis, is, *f.* 《解》 가동결합(可動結合), 분리결합, 관절.
días, ădis, *f.* 둘, 2의 수.
dĭáspŏra, æ, *f.* **1.** 사방으로 흩어짐; 세계에 산재(散在)하는 유태인 또는 그 땅. **2.** 이교도 지역에 흩어져 있는 그리스도교(신자).
dĭastásis, is, *f.* 《生化》 디아스타제, 전분당화효소(澱粉糖化酵素).
dĭastéma, ătis, *n.* **1.** 간격. **2.** 거리.
dĭástŏle, es, *f.* **1.** 《醫》 심장 이완(弛緩). **2.** 꽁지점(,).
dĭăsýrtĭcus, a, um, *adj.* 풍자적, 조소적.
dĭătéssăron, i, *n.* *Taciánus*가 170년경에 4복음서의 기사를 한데 묶어 편집한 복음서, 4복음서의 조화.
dĭáthĕsis, is, *f.* **1.** 《醫》 (어떤 종류의 병에 걸리기 쉬운)특이소질(特異素質). **2.** (어떤 발달에 대한)특성.
dĭătónĭcus, a, um, *adj.* 전음계(全音階)의.
dĭátŏnus, a, um, *adj.* 뻗은, 뻗어 나간.
dĭătrētárius, i, *m.* 선반공(旋盤工).
dĭătrétus, a, um, *adj.* 선반(旋盤)으로 시공된; 금은보석을 박은.
dĭátrĭba, æ, *f.* **1.** 비난이 오가는 회담, 토론; 신랄한 비난. **2.** 토론회, 학술회; 그장소.
dĭátrĭtus, i, *f.* 사흘거리 학질.
díbăphus[1], a, um, *adj.* 2중 염색한, 두번물들인.
díbăphus[2], i, *f.* 자색 술을 단 고위관리 예복.
dĭca, æ, *f.* **1.** 재판, 소송: dicam scríbere *alci (C.)* 누구에게 서면으로 소송을 제기하다. **2.** 소송 재판인: dicas sortíri *(C.)* 소송판사를 제비로 선정하다.
dĭcábŭla, órum, *n.pl.* 어처구니 없는 이야기, 농화같은 말.
dĭcácĭtas, átis, *f.* [dicax] 풍자, 야유, 짓궂은 농담.
dĭcácŭlus, a, um, *adj.* [dicax] **1.** 수다스러운; 짓궂은. **2.** 재치있는.
Dĭcæárchus, i, *m.* *Sicília*의 *Messána* 태생의 철학자(c. 320 A.C.), *Aristóteles*의 제자.
dicastérium, i, *n.* **1.** 고대 *Athénæ* 법정. **2.** 《가》 성성(聖省)·재판소·비서국 등을 망라한 교황청(= Cúria Romána).
dĭcátĭo, ónis, *f.* [dĭco[1]] **1.** 시민권 획득, 타국 입적. **2.** 명예 시민권. **3.** 봉헌.
dĭcax, ácis, *adj.* [dīco[2]] 짓궂은, 익살스러운; 비꼬는, 빈정대는, 신랄한.
Dĭce, es, *f.* *Júpiter[Zeus]* 신의 딸, 정의의 여신.
dĭchásĭum, i, *n.* 《植》 기산화서(岐繖花序).
dĭchŏménĭon, i, *n.* 《植》 작약; 모란.
dĭchŏréus, i, *m.* 2중 장단 시각(二重長短詩脚: — ◡ — ◡).
dĭchótŏmus, um, *adj.* 반분(半分)된, 양분(兩分)의; 두 갈래로 갈라지는.
dĭcíbŭla = dicábula.
dícĭo, ónis, *f.* [dīco[2]] 명령권; 권력, 통치, 지배: suæ diciónis fácere *(L.)*, dicióni suæ subjícere *(Ta.)* 굴복시키다 / sub *alcjs* diciónem cádere *(C.)* 누구의 통치하에 들어가다 / in *alcjs* dicióne esse *(C.)* 누구의 지배하[명령권하]에 있다.
dĭcis, *gen. sui géneris* [*inusit.* dix] 〔다음 경우에만 씀〕 ~ causā *(C.)*, ~ grátiā 형식 때문에, 형식적으로, 외형상, 외견상, 말막음으로.
dĭco[1], ávi, átum, áre, *tr.* [dico[2]] **1.** (무엇을) 알리다, 일러주다, 공표[발표]하다, **2.** 바치다, 헌신하다, 맡기다; 충당하다, 지정하다: totum diem tibi ~ *(C.)* 하루를 온전히 네게 바치다 / ~ se álii civitáti, in áliam civitátem *(C.)* 다른 나라 국적을 가지다. **3.** (신에게)바치다, 봉헌하다, 신성한 것으로 만들다. **4.** 신격화하다, 신들의 대열에 올려놓다. **5.** 처음으로 사용하다, 사용개시하다.
dīco[2], dīxi, dīctum, ĕre, *tr.* **1.** 〔*acc.; acc. c. inf.*〕 말하다, 말해 주다, 말로 드러내다[표현하다], 설명하다, 언급하다: mendáci um ~ *(Pl.)* 거짓말을 하다 / Ille, quem dixi. *(C.)* 내가 말한 그 사람 / Dico ígitur, me vidísse. *(C.)* 그래서 나는 내가 보았다고 하는 것이다. **2.** 〔삽입 용법〕 ut ita dicam, vel dicam 말하자면 / plura ne dicam *(C.)*

더 말할 나위도 없이, 더 이상 말하지 않거니와 / Crudélem Cástorem, ne dicam scelerátum! *(C.)* 극악무도 하다고는 하지 않더라도 *Castor,* 그는 얼마나 잔인한 인간인가! / ut dixi *(C.)* 이미 말한 대로 / ut dícitur 소문대로, 사람들의 말대로 / vólui dícere *(Pl.)* …라는 뜻으로 한 말이다 / nisi quid dicis, *(C.)* 네가 딴 말 않는다면 / 〔비인칭 과거 가능 접속법〕 **díceres** …라고 했을지도 모른다: canes venáticos díceres *(C.)* 아마 사람들은 사냥개들이라고 했을 것이다 / dico 즉, 다시 말하면 / véteres illi, Heródotum dico et Thucídidem, *(C.)* 저 유명한 옛 역사가들, 즉 *Heródotus*와 *Thucídides*. **3.** 〔*pass.*〕 a) *personáliter* 〔*nom. præd.; nom. c. inf.*〕 …**라고 하다,** 전해지다, …로 여겨지다: Illi sócius esse díceris. *(Pl.)* 너는 그의 동료로 여겨지고 있다. b) *impers.* 〔*acc. c. inf.*〕 …라고 하다, 전해지다: Dícitur, eo témpore matrem Pausániæ vixísse. *(N.)* 그 당시 *Pausánias*의 어머니가 살아 있었다고 한다. c) 〔*supínum pass.*〕 **dictu** 말하기(에): Hoc diffícile dictu est. 이것은 말하기 힘들다 / incredíbile dictu *(L.)* 말해야 믿어지지 않을 일. d) 〔부사적 격언〕 dictum factum, dictum ac factum 말 떨어지기가 무섭게, 즉시. **4.** 〔*alqm[alqd]acc. præd.*〕 …**라고 부르다, 일컫다,** 이름하다: Vos dixi amícos. 나는 너희를 친구로 불러왔다. **5.** 이야기하다, 서술하다. **6. 긍정하다,** 단언하다, 주장하다: Dicébant, ego negábam. *(C.)* 그들은 계속 주장하였고 나는 계속 부인하였다. **7.** (연설 따위를)낭독하다, **연설하다,** 발언하다; **변론하다,** 판결을 내리다: ars dicéndi *(C.)* 웅변술, 연설법 / causam ~ *(C.)* 소송하다, 변론[변호]하다 / jus ~ *(C.)* 재판하다, 판결을 내리다 / ~ senténtiam 원로원에서 발언하다 / Dīxi. 이상으로 내말을 끝냅니다. **8.** (글이나 연설로)칭송하다, 찬미[예찬]하다. **9.** 예언하다. **10.** 발음하다: rho ~ *(C.)* «*rho*»라고 발음하다. **11.** 〔*alqm - acc. præd.*〕 임명하다, 추대하다. **12.** 〔*alqd - alcjs[alci] rei; inf.*〕 정하다, 지정[결정]하다: bona mea cognátis ~ *(Pl.)* 내 재산을 친척들에게 물려주기로 지정하다 / ~ diem núptiis *(T.)* 혼인 날짜를 정하다 / ut erat dictum *(Cæs.)* 정해진 대로. **13.** 〔*alci* ut, ne〕 …**하라[말라]고 하다,** 이르다, 권하다, 명하다: dicébam tibi, ne ... *(Q.)* 내가 너더러 …하지 말라고 이르지 않더냐!

dícrŏta, æ, *f.* (*sc.* navis) = dícrotum.

dícrŏtum, i, *n.* (*sc.* navígium) 2열노(二列櫓)의 배.

Dicta[-te], æ[es], *f.* *Creta*섬 동해안에 있는 산, 여기서 *Júpiter*신이 양육됨; 〔*adj.*〕 **-tǽus,** a, um, *Dicte*의, *Creta*의: ~rex, *Júpiter*신, *Minos*왕.

dictámen, mĭnis, *n.* [dicto] **1.** 명령: ~consciéntiæ 양심의 명령. **2.** 진술, 문체.

dictámnus[-um], i, *f.[n.]* 《植》 백선(白鮮), 검화.

dictáta, órum, *n. pl*[dicto] 받아쓰기, 필기.

dictátĭo, ónis, *f.* 구술(口述), 구수(口授); 받아쓰기, 필기.

dictátor, óris, *m.* [dicto] **1.** 독재자, 명령자, 총통. **2.** (비상시에 임명되는 고대 *Roma*의) 독재 집정관. **3.** 구수자(口授者), 받아쓰게 하는 사람.

dictātórĭus, a, um, *adj.* **1.** 독재 집정관의, 독재자의. **2.** 독재적인, (위압적으로) 명령하는.

dictātúra, æ, *f.* [dictátor] **1.** 독재 집정관 직위[임기]; 독재권. **2.** 독재, 독재정치. **3.** 받아쓰게 함, 필기시킴. 「구(警句).

dictérĭum, i, *n.* [dictum] 재치있는 말, 경

díctĭcus, a, um, *adj.* **1.** 가리키는, 《文法》 지시적인. **2.** 《論》 직증적(直證的)인.

díctĭo, ónis, *f.* [dico²] **1.** 말함, 진술, 발언: ~ causæ *(C.)* 변론, 변호 / ~ testimónii *(T.)* 증언(함). **2.** 낭독, 낭송. **3.** 연설, 강연, 웅변. **4.** 표현법, 용어선택, 용어법, 말씨. **5.** 신탁(神託). **6.** multæ ~ *(C.)* 벌금형[재산형] 언도.

dictĭonárĭum, i, *n.* 사전, 자전. 「스러운.

dictĭósus, a, um, *adj.* 어휘가 풍부한; 익살

díctĭto, ávi, átum, áre, *tr. freq.* [dicto] **1.** 〔*alqd, acc. c. inf.*〕 거듭 말하다, 같은 말을 되풀이 하다. **2.** 법정에서 변론하다.

dicto, ávi, átum, áre, *tr. freq.* [dīco²] **1.** 반복해서 말하다·외다. **2.** 〔*alqd alci*〕 **받아쓰게 하다, 필기시키다,** 구수(口授)하다; 천천히 또박또박 발음하다. **3.** (글·시 따위를)짓다, (문서를)작성하다. **4.** 명하다; 권유하다. **5.** 일러주다, 가르치다.

dictor, óris, *m.* 말하는 사람.

dictum, i, *n.* [dico²] **1. 말, 발언:** docta dicta *(Pl.)* 유식한 말 / dicto cítius *(L.)*, cum dicto *(Apul.)* 말보다 더 빨리, 말함과 동시에. **2.** 재치있는 말; **격언, 금언, 경구,** 명언: dictum = facéte ~, 재치있는 말. **3.** 신탁(神託), 예언. **4.** 명령. **5.** 약속. **6.** 《論》 정언(定言): ~ de omni et de nullo *(Aristóteles*의*)* 총체(總體) 및 개무(皆無)에 관한 원리.

dictúrĭo, íre, *intr.* 말하고 싶(어 하)다.

Dictýnna, æ, *f.* **1.** *Brĭtŏmártis* 여신의 별명. **2.** *Diána* 여신의 별명.

Dictynnéum, i, *n.* *Sparta*에 있는 *Diána* 여신의 신전.

dídăche, es, *f.* 12사도의 교리서(1세기 말경 *Sýria*에서 쓰여진 것).

didáctĭca, æ, *f.* 교수학, 교수법.

didacticísmus, i, *m.* 교훈주의, 계몽주의;

교훈자적(敎訓者的) 정신[기질·기풍].

didácticus, a, um, *adj.* **1.** 교훈적인, 교훈하는. **2.** 교수법의.

dĭdascálĭa (Apostolórum), órum, *n.pl.* (3세기에 쓰여진 이른바) 사도계규(使徒戒規).

dĭdascálĭce, es, *f.* 교육, 교훈.

dĭdascálĭcus, a, um, *adj.* 교육적, 교훈적.

dídĭci, *pf.* [disco].

Dídĭus, i, *m.* *Roma*인의 씨족명.

dīdo[1], dídĭdi, dídĭtum, ĕre, *tr.* [dis+do] **1.** 나누어 주다, 분배하다. **2.** 퍼뜨리다, 뿌리다, 유포하다.

Dīdo[2], us[ónis], *f.* *Sichǽus*의 아내, *Carthágo*를 창건한 여왕, *Elíssa*라고도 함, *Ænéas*를 사모함으로 유명.

dĭdráchma, æ, *f.* [-ătis, *n.*] 고대 희랍의 은화(銀貨), 2 *drachma*.

dīdúco, dúxi, dúctum, ĕre, *tr.* [dis+duco] **1.** 여러 방향으로 흩뜨리다·끌어내다, 분산시키다, 펼쳐지게 하다. **2.** 〔*alqd* - in *acc.*; *alqm* ab *abl.*〕 나누다, 분리시키다, 갈라놓다, 떼어놓다, 벌리다, 빼개다; (싸움을)말리다: os didúctum*(Plin.)* 억지로 벌린 입 / ~ matrimónium*(Suet.)* 이혼하다. 「분리.

dīdúctĭo, ónis, *f.* [didúco] 분산, 나눔, 벌림;

Dídȳma, on, *n.pl.* *Milétus*의 남쪽에 있는 촌락, *Apóllo*의 신전과 신탁으로 유명.

Dídȳmæ, árum, *f.pl.* (*sc.* ínsulæ) *Syros* 섬 근처에 있는 두 작은 섬. 「신전.

Dĭdyméum, i, *n.* *Dídyma*에 있는 *Apóllo*

dĭécŭla, æ, *f. dim.* [dies] 짧은 하루; 단 시

diencéphălon, i, *n.* 《解》 간뇌(間腦). └일.

dĭēréctus, a, um, *adj.* [di+érigo] 〔저주하는 말로〕 높이 매달린, 십자가에 매달, 망할 놈의: Abi dĭeréctus.*(Pl.)* 망할 자식, 없어져라.

dĭes, éi, *m.*, *f.* 〔*pl. m.*〕 **1.** **날, 하루**: póstero die*(C.)* 다음 날에 / quínquies in die *(Plin.)* 하루 다섯번 / eādem die*(Cæs.)* 같은 날에 / de die in diem 나날이 / in dies*(C.)* 날로, 날이 갈수록. **2.** 특정한 날, **날짜** 〔주로 *f.*〕: Dies collóquio dictus est.*(Cæs.)* 회담일이 정해졌다 / ad certam diem*(Cæs.)* 정해진 어느 날에[까지] / diem dícere[dare] 날짜를 정하다; 《法》 법정으로 소환하다 / ~ statúta*(L.)* 정한 날 / ~ pecuniárum*(C.)* 돈 갚을 날. **3.** 요일: ~ Solis, ~ Domínica 일요일, 주일(主日) / ~ Lunæ 월요일 / ~ Martis 화요일 / ~ Mercúrii 수요일 / ~ Jovis 목요일 / ~ Véneris 금요일 / ~ Satúrni 토요일. **4.** **낮** (밝은 때, nox의 반대), 주간(晝間); 햇볕, 태양: die ac nocte *(Plin.)* 밤낮, 밤에도 낮에도 / diem ac noctem*(Q.)* 밤낮(을) / dies noctésque iter fáciens*(N.)* 여러 날 동안 밤낮으로 행군하는 [길가는] / Non cérnitur dies.*(Plin.)* 햇볕이 나지 않는다 / contra diem*(Ov.)* 해를 정면으로 향하여. **5.** ~, ~ **natális** 생일. **6.** 사망일, 기일(忌日): diem suprémum[suum] obíre*(C.)* 죽다. **7.** (어느 날의) 사건, 행사; 기념일: ~ Sullánus*(C.)* *Sulla* 사건. **8.** 날씨, 일기; 일진. ~ mitis est.*(Plin.)* 날씨가 온화하다. **9.** 기간, 시간: ~ ad deliberándum*(Cæs.)* 생각할 시간 / brevis ~ *(L.)* 짧은 기간. **10.** 〔거리 측정 단위〕(가는데 걸리는) 날(수), 일정(日程).

dĭésco, ĕre, *intr.* 밝아오다, 날이 새다.

Dĭéspĭter, tris, *m.* *Júpiter*의 별칭.

diétim, *adv.* [dies] 나날이. 「평, 중상(中傷).

diffāmátĭo, ónis, *f.* [diffámo] 명예훼손, 악

diffámo, ávi, átum, áre, *tr.* [dis+fama] **1.** 나쁜 소문을 퍼뜨리다; 명예를 훼손하다, 중상하다. **2.** 〔*acc.*, *acc. c. inf.*〕 퍼뜨리다, 널리 알리다.

díffĕrens, éntis, *p.præs.*,*a.p.*[díffero] 다른, 상이(相異)한, 차이가 있는, 틀리는.

diffĕréntĭa, æ, *f.* [díffero] 다름, 차이, 차별; 다른 점: 《論》 ~ specífica 종차(種差).

díffĕro, dístŭli, dilátum, férre, *anom.* [dis+fero] **I.** *tr.* **1.** 여러 방향으로 가지고 가다, 흩뜨리다, 분산시키다, 사방에 뿌리다; 여기 저기 옮겨심다. **2.** 〔*alqm*; *acc. c. inf.*〕 소문 퍼뜨리다. **3.** 〔흔히 *pass.*〕 마음이 산란해지다, 어찌할 바를 모르다, 시달리다. **4.** 〔*alqm*, *alqd*; *inf.* - in, ad *acc.*〕 **연기하다,** 늦추다, 시간여유를 주다, **미루다,** 참다. **II.** *intr.* 〔*pf.*, *supín.* 없음; 용법: ab *abl.*, *alci rei*, inter *acc.*; cum in *abl.*; *absol.*〕 다르다, 틀리다, 차이가 있다, 구별되다.

différtus, a, um, *adj.* [dis+fárcio] 〔*abl.*〕 꽉찬, 가득찬, 충만한.

diffícĭle, *adv.* (= difficúlter) 어렵게.

diffícĭlis, e, *adj.* [dis+fácilis] (*superl.* difficíllimus) **1.** 〔*absol.*; *dat.*, ad *acc.*; *supin. pass.*〕 어려운, 힘든, 곤난한, 난처한: diffícile est, *inf.*[*acc. c. inf.*]···하는 것은[하기가] 어렵다, 힘든다 / diffícile dictu est. 말하기 어렵다 / in diffícili est = diffícile est. **2.** (성격이) 까다로운, 다루기 힘든; 무뚝뚝한, 침울한.

difficúltas, átis, *f.* **1.** **어려움, 곤난, 곤경,** **난관,** 난점(難點), 장애, 불편; 반대론: ~ témporis*(C.)* 난국, 어려운 때 / in difficultáte esse*(Cæs.)* 곤경에 놓여 있다 / ~ in *alqā re* 무슨 일에 있어서의 어려움 / incúrrere in difficultátem*(C.)* 곤경에 빠지다. **2.** 부족, 결핍: ~ rei frumentáriæ*(Cæs.)* 식량부족. **3.** 까다로운 성격, 다루기 힘든 성격, 무뚝뚝함, 침울함.

difficúlter, *adv.* [diffícilis] 어렵게, 힘들게.

diffídens, éntis, *p.præs.*, *a.p.* [diffído] 믿지 [신용하지] 않는, 자신없는.

diffidénter, *adv.* [diffídens] 믿지 않고, 불신을 가지고; 자신없이.

diffidéntĭa, æ, *f.* [diffído] 〔*gen.*〕 불신, 의구심, 의혹; 자신없음: ~ memóriæ *(Ta.)* 자신 없는 기억력.

diffído, físus sum, ĕre, *semidep. intr.* [dis+fido] **1.** 〔*dat.; acc. c. inf.*〕 믿지 않다, 신뢰하지 않다, 의구심을 품다: **sibi** ~ *(C.)* 자신(自信)을 잃다, 자신이 없다. **2.** 실망하다, 희망을 잃다.

diffíndo, fídi, físsum[físum], ĕre, *tr.* [dis+findo] **1.** 쪼개다, 빼개다, 가르다. **2.** 《法》 ~ diem (심의·재판 따위를 중단하고) 연기하다, 다른 날로 미루다.

diffíngo, ĕre, *tr.* [dis+fingo] **1.** 변형시키다, 개조하다, 바꾸다. **2.** 망그러뜨리다, 파괴하다. 「룸.

diffíssĭo, ónis, *f.* [diffíndo] 《法》 연기, 미

diffísus, a, um, *p.p.* [diffído, diffíndo].

diffítĕor, éri, *tr.* [dis+fáteor] 〔*alqd, acc. c. inf.*〕 부인하다, 자백하지 않다, 말하기를 거부하다. 「어뜨리다, 불어 날리다.

difflo, ávi, átum, áre, *tr.* [dis+flo] 불어 흩

dífflŭo, flúxi, flúxum, ĕre, *intr.* [dis+fluo] **1.** 사방으로 흐르다, 흘러 나오다, 새다: sudóre ~ *(Plin.)* 땀을 흘리다. **2.** 녹다, 녹아 없어지다. **3.** 〔*abl.*〕 넘쳐 흐르다, 탐닉하다: ~ delíciis *(C.)* 쾌락에 파묻히다.

dífflŭus, a, um, *adj.* 흘러 나오는, 새는.

diffríngo, frégi, fráctum, ĕre, *tr.* [dis+frango] 깨뜨리다, 부러뜨리다.

diffúgĭo, fúgi, ĕre, *intr.* [dis+fúgio] 흩어져 도망하다, 흩어지다, 분산하다, 소산(消散)하다.

diffúgĭum, i, *n.* [diffúgio] 도망; 분산.

diffúndĭto, ávi, átum, áre, *tr. freq.* [diffúndo] 흩뿌리다, 사방으로 흩어뜨리다.

diffúndo, fúdi, fúsum, ĕre, *tr.* [dis+fundo] **1.** 쏟다, 쏟아져 흐르게 하다, **퍼붓다,** 흘러 퍼지게 하다, 엎지르다. **2.** **퍼뜨리다,** 뿌리다, 분산[발산]시키다, 흩어지게 하다, 번지게 하다, **전파시키다,** …에까지 미치게 하다, 확산[충만]시키다. **3.** 느긋해지게 하다, 시름놓게 하다; 명랑해지게 하다, 활짝 펴지게 하다.

diffúsĭo, ónis, *f.* [diffúndo] **1.** 퍼짐, 확산, 산란, 전파, 확대. **2.** 느긋함; 명랑.

diffūsívus, a, um, *adj.* **1.** 퍼뜨리는; 확산적인, 확산성의; 번지는. **2.** 산만한, 장황한, 지루한.

diffúsus, a, um, *p.p., a.p.* [diffúndo] 퍼진, 확산한, 뻗은, 넓은, 광범위한.

diffŭtútus, a, um, *adj.* 도락에 지친, 방탕으로 기진맥진해진.

dĭgámĭa, æ, *f.* 재혼; 중혼(重婚).

dĭgámma, ătis, *n.* **1.** 초기 희랍 자모의 F(Γ자가 둘 겹친 모양이라 해서 digámma 라 함, *Latin*에에서는 Ⅎ로 표기하고 자음 v로 발음한 적이 있음). **2.** 토지수입(fundórum réditus) 장부: Tuum ~ víderam. *(C.)* 너의 수입장부를 보았었지.

dĭgămus, a, um, *adj.* 재혼한; 이중 결혼의.

dĭgástrĭcus, a, um, *adj.* 《解》 이복(二腹)의 (근육).

digénĕa, æ, *f.* 《植》 해인초(海人草).

digénĕsis, is, *f.* 《生》 세대교번(世代交番).

Dīgéntĭa, æ, *f.* *Látium*에 있는 작은 강.

dígĕro, géssi, géstum, ĕre, *tr.* [dis+gero] **1.** 여러 곳으로 가지고 가다, 분산시키다, 흩어뜨리다. **2.** 나누다, 가르다, 분배하다; 할당하다. **3.** (음식물을)**소화하다.** **4.** 정돈[정리]하다, 배치[배열]하다. **5.** 분류[구분]하다, 순서대로 기입하다[설명하다].

dīgésta, órum, *n.pl.* 《法》 *Roma* 법전(6세기에 *Justiniánus 1*세의 명으로 편집된 50권으로 된 법전). 「돕는.

dīgestíbĭlis, e, *adj.* 잘 소화되는; 소화를

dīgéstim, *adv.* 순서있게, 짜임새있게.

dīgéstĭo, ónis, *f.* [dígero] **1.** 분배; (음식) 소화. **2.** 정돈, 정리, 분류, 배열.

dīgestívus, a, um, *adj.* **1.** 소화의, 소화력이 있는. **2.** *n.pl.* 《醫》 소화제.

dīgestórĭus, a, um, *adj.* [dígero] 소화의, 소화력 있는: digestórium medicaméntum *(Plin.)* 소화제. 「(管理). **2.** 소화.

dīgéstus, us, *m.* [dígero] **1.** 분배, 관리

dĭgĭtábŭlum, i, *n.* (올리브 따위 열매따는) 나무집게. 「락만한.

dĭgĭtális, e, *adj.* [dígitus] 손가락의, 손가

digitárĭa sanguinális, -æ -is, *f.* 《植》 바랭이. 「[있는].

dĭgĭtátus, a, um, *adj.* [dígitus] 손가락 달린

digitósus, a, um, *adj.* [dígitus] 손가락 많은. 「가락.

digítŭlus, i, *m. dim.* [dígitus] 조그마한 손

dígĭtus, i, *m.* **1.** **손가락:** (pollex 엄지손가락); (~) index [salutáris] 집게손가락; ~ médius [summus, infámis, impudícus] 가운뎃 손가락; ~ anuláris [mínimo próximus, medicinális] 약손가락, 무명지; ~ mínimus 새끼 손가락 / extrémus ~ 손끝 / attíngere *alqm* dígito *(C., T.)* 누구를 조금이라도 건드리다, 살짝 닿다. **2.** 발가락. **3.** 새발. **4.** 나무의 가는가지. **5.** *Roma*척(尺: pes = 약 *29.5cm*)의 16분의 1, 한치(寸): ab *alqā re* non dígitum discédere *(C.)* 무엇에서 한치도 물러서지 않다.

dīgládĭor, átus sum, ári, *dep. intr.* [dis+gládius] 〔cum *alqo,* inter *se*〕 **1.** 무기로 싸우다, 전투하다. **2.** 말다툼하다, 논쟁하다.

dīgnánter, *adv.* [dignor] 정중하게; 호의로써, 친절히, 너그러이.

dīgnátĭo, ónis, *f.* [dignor] **1.** 존중, 존경, 경의. **2.** 평판, 명성, 인망, 덕망; 지위.

dīgne, *adv.* [dignus] **1.** 품위있게, 점잖게, 지위에 어울리게. **2.** 상응하게, 상당하게,

당연히, 마땅히.

dígnĭtas, átis, *f.* [dignus] **1.** 평가받을 만함; 공적, 공훈, 공로; **자격**(있음). **2. 품위, 존엄성**; 존중할 만한 지위, 신분. **3.** 고관직, 높은 벼슬, **영예지**; *pl.* 고위층(인사): esse cum dignitáte *(C.)* 관직에 있다, 관직을 수행하다. **4.** 위신, 위엄, 체면, **체통**; 영예, 명예. **5.** 늠름함, **위풍**. **6.** 고상함, 웅장함, 수려함, 세련미.

dīgno, ávi, átum, áre, *tr.* [dignus] 〔*alqm re; inf.*〕 자격있다고 판단하다, 가치가 있다고 인정하다; …할 만한 것으로 생각하다, …려고 하다.

dīgnor, átus sum, ári, *dep. tr.* **1.** 〔*alqm re, acc. præd.; inf.*〕 자격있다고 인정하다, …할 만한 것으로 생각하다: Haud tali me dignor honóre. *(V.)* 내가 이런 영광을 받을 자격이 있다고 생각하지 않는다 / *alqm* ~ fílium *(Curt.)* 아무를 아들로 인정하다. **2.** 〔*alqd*〕 좋게 생각하다, 호의를 가지다; 〔*inf.*〕 몸을 낮추어[자존심을 버리고] …하다; 〔공대말〕 …**하시다**, …하여 주시다.

dignósco, gnóvi, gnótum, ĕre, *tr.* [dis+nosco] 〔*alqm[alqd] -* ab *abl., abl.; absol.*〕 분별[구별]하다, 식별하다, 알아보다: curvo ~ rectum *(H.)* 곧은 것을 굽은 것과 구별하다 / dóminum ac servum ~ *(Ta.)* 주인과 노예를 알아보다.

dīgnus, a, um, *adj.* [*cf.* decet] 〔*abl., gen., (dat.),* ad *acc.,* pro *abl., inf.,* 결과 ut, 결과 관계문; *absol.*〕 **자격있는,** 합당한, 마땅한, 어울리는, 알맞는, (상·벌 따위를) **받을 만한,** 당연한: laude ~ *(C.)* 칭찬받을 자격있는 사람 / ~amári *(V.)* 사랑 받을 만한 사람 / ~, qui ímperet. *(C.)* 명령할 자격있는 / dignum est, *inf. [acc. c. inf.]* …하는 것이 합당하다.

dīgrédĭor, *(dĕris, dĭtur),* gréssus sum, grĕdi, *dep. intr.*[dis+grádior] **1.** 〔a, ex *abl.; abl., absol. -* in *acc.*〕 (다른 데로) 가버리다, 떠나다, 멀어지다: digréssa fémina a maríto *(Suet.)* 남편과 이혼한 여자 / ~ e loco *(Cæs.)* 그 곳에서 떠나다. **2.** 빗나가다, 벗어나다, 이탈하다, 멀어지다: ~ offício *(T.)* 직무에서 이탈하다 / ~ a causā *(C.)* 쟁점에서 멀어지다.

dīgréssĭo, ónis, *f.* [digrédior] **1.** 멀어짐, 떠남, 별리(別離). **2.** 벗어남, 탈선, 이탈, 일탈: ~ a propósitā oratióne *(C.)* 주제에서의 이탈.

dīgréssus, us, *m.* 멀어짐, 떠남, 이탈.

dīgrúnnĭo = degrúnnio.

dii[1] = dei, *pl.* [deus].

dii[2], 《古》 *gen.* [dies]. 「판단, 판별.

dījūdĭcátĭo, ónis, *f.* [dijúdico] 결정, 판결;

dījúdĭco, ávi, átum, áre, *tr.*[dis+júdico] **1.** 〔*alqd, acc. c. inf., interr. indir.*〕 판결하다, 결정하다; 결판내다, 결전하다. **2.** 구분[구별]하다, 분별[식별]하다, 판별하다: ~ vera et falsa, vera a falsis ~ *(C.)* 참과 거짓을 구별하다.

diju...*V.* diəju...

dīlábor, *(ĕris, ĭtur),* lápsus sum, lábi, *intr.* [dis+labor[1]] **1.** 옆으로 흘러 나오다, 새다. **2.** 〔*absol.;* a, ex *abl. -* in *acc.*〕 분산하다, 흩어지다, 해산(解散)하다. **3.** 부서져 떨어지다, **붕괴하다**, 무너지다. **4.** 없어지다, **멸망하다**, 사라지다. **5.** 분해되다, 녹아 없어지다. **6.** (시간이) 지나가다.

dīlăcĕrátĭo, ónis, *f.* [dilácero] 산산 조각냄, 갈가리 찢음.

dīlácĕro, ávi, átum, áre, *tr.* [dis+lácero] **1.** 갈가리 찢다, 산산 조각내다; 할퀴다. **2.** 파괴하다. 「다.

dīlámĭno, áre, *tr.* [dis+lámina] 둘로 쪼개

dīlánĭo, ávi, átum, áre, *tr.* [dis+lánio] 찢다, 조각내다.

dīlápĭdo, ávi, átum, áre, *tr.* [dis+lápido] 여기저기 마구 던지다; 낭비[남비]하다.

dīlápsus, a, um, *p.p.* [dilábor].

dīlárgĭor, ítus sum, íri, *dep. tr.* [dis+lárgior] **1.** 듬뿍 주다, 넘치도록 주다. **2.** 〔*sensu pass.*〕 후히 베풀어지다.

dīlātátĭo, ónis, *f.* [diláto] 팽창, 확대.

dīlātátor, óris, *m.* [diláto] **1.** 퍼뜨리는 사람, 선전자, 보급자(普及者). **2.** 《解》 확장근(擴張筋); 《醫》 확장기(器). 「유예.

dīlátĭo, ónis, *f.* [díffero] 연기, 미룸, 지연,

dīláto, ávi, átum, áre, *tr.* [dis+latus] 넓히다, 펼치다, 크게 하다, 팽창시키다, 확장시키다: ~ oratiónem *(C.)* 연설을 길게 끌다.

dīlátor, óris, *m.* [díffero] 꾸물거리는 사람, 시기를 기다리는 사람, 연기[지연]자.

dīlātórĭus, a, um, *adj.* [dilátor] 뒤로 미루는, 연기[지연]시키는.

dīlátus, a, um, *p.p.* [díffero].

dīláudo, áre, *tr.* [dis+laudo] 격찬하다, 여러모로 예찬하다. 「2. 보살핌.

dīléctĭo, ónis, *f.* [díligo] **1.** 사랑, 애정.

dīléctor, óris, *m.* [díligo] (남을) 사랑하는 사람, 친구; 애인.

dīléctus[1], a, um, *p.p., a.p.* [díligo] 사랑 받는[사랑하는], 친애하는, 소중한.

dīléctus[2], us, *m.* (= deléctus) **1.** 선택, 간택. **2.** 《軍》 선발, 모병; 징집.

dīlémma, ătis, *n.* **1.** 《論》 양도논법(兩刀論法). **2.** 진퇴양난, 궁지.

dīléxi, *pf.* [díligo]. 「다.

dīlído, ĕre, *tr.* [dis+lædo] 부수다, 파괴하

dílĭgens, éntis, *p.præs., a.p.* [díligo] **1.** 〔*gen., dat.,* ad *acc.,* in *abl.*〕 **주의 깊은, 세심한**, 자상한, 꼼꼼히 돌보는, 정성 들이는; 자세[상세]한. **2. 열심한**, 열성적인; **근면**

한, 부지런한; 성실한, 잘 보살피는, 알뜰한.

dīlĭgéntĭa, æ, *f.* [díligens] **1.** **근면, 근실,** 부지런함. **2.** **용의주도,** 주의 깊음, 정성, 자상, 성실, 열성, 열심. **3.** 알뜰함, 검약.

dílĭgo, léxi, léctum, ĕre, *tr.* [dis+lego] **1.** 고르다, 간택하다. **2.** **사랑하다,** 애정을 가지다. **3.** 존중하다, 귀중히 여기다, 애착을 가지다, 좋아하다. 「녹다, 용해되다.

dīliquésco, lícui, ĕre, *intr.* [dis+liquésco]

dīlōríco, átum, áre, *tr.*[dis+loríco] 갑옷 가슴을 헤치다; 옷을 헤치다, 옷자락을 벌리다. 「똑히 보이다, 드러나다.

dīlúcĕo, ére, *intr.* [dis+lúceo] 분명하다, 똑

dīlūcésco, lúxi, ére, *intr. inch.* [dilúceo] 날이 밝다, 훤하게 밝아오다; 〔*impers.*〕 dilucéscit 날이 샌다, 동이 튼다.

dīlúcĭdum, i, *n.* 새벽.

dīlúcĭdus, a, um, *adj.* [dis+lúcidus] **1.** 밝은, 빛나는, 선명한. **2.** 명확한, 명료한, 분명한. 「동이 트다.

dīlúcŭlat, *impers.* [dilúculum] 날이 새다,

dilúcŭlum, i, *n.* [dilúceo, dis+lux] 새벽, 날이 샐 무렵, 여명(黎明): dĭlúcŭlo 새벽에.

dīlúdĭum, i, *n.* [dis+ludus] **1.** 휴식, 휴게시간. **2.** 유예(猶豫).

dílŭo, lŭi, lútum, ĕre, *tr.* [dis+luo] **1.** 씻다, **씻어 지우다,** 깨끗이 빨다, 적시다. **2.** 섞다, 타다, 묽게 하다, 개다, 물에 녹이다. **3.** (감정 따위를) 누이다, 지워버리다, 없애버리다, (권위·힘 따위를) 감소시키다·약화시키다. **4.** 변박[반박]하다, 물리치다. **5.** 누명을 벗다·씻다. **6.** 해결하다, 풀다.

dīlútus, a, um, *p.p., a.p.* [díluo] **1.** 물 탄, 섞은, 묽게 만든. **2.** 엷은: rubor ~ *(Plin.)* 연분홍색. **3.** 약해진, 김빠진: odor ~ *(Plin.)* 김빠진 향기.

dīlŭvĭális, e, *adj.* 홍수의, 범람의; 홍수의 작용으로 인한; 《地質》 홍적기(洪積期)의.

dīlúvĭes, éi, *f.* 홍수, 범람. 「덮쳐 버리다.

dīlúvĭo¹, áre, *tr.* 홍수를 일으키다, 홍수로

dilúvĭo², ónis, *f.* [**-vĭum,** i, *n.*] **1.** 홍수, 범람; 《聖》 노아의 대홍수. **2.** 참화, 황폐; 파괴, 공격. **3.** 《地質》 홍적물(洪積物), 홍적층. 「마보병.

dímăchæ, árum, *m.pl.* 용기병(龍騎兵), 기

dĭmăchǽrus, i, *m.* 쌍검(双劍)검투사.

dīmáno, ávi, átum, áre, *intr.* [dis+mano] 사방으로 흐르다, 흘러 퍼지다.

dīménsĭo, ónis, *f.* [dimétior] **1.** 측정, 측량. **2.** 길이·폭·높이, 차원(次元); 넓이, 면적, 용적, 크기, 부피.

dīménsum, i, *n.* 배급량, 배당량.

diménsus, a, um, *p.p.* [dimétior] 측정된.

dímĕter[-trus], tra, trum, *adj.* 《詩》 2보격(二步格)의, 각운(脚韻) 2개로 되는(시행: 詩行).

dīmétĭor, ménsus sum, íri, *dep. tr.* [dis+métior] **1.** 재다, 달다, 되다, 측정하다; 측량하다. **2.** 〔*sensu pass.*〕 측정되다.

dīméto, ávi, átum, áre, *tr.* 측량하다, 경계를 정하다. 「시.

dĭmétrĭa, æ, *f.* 이보단장격(二步短長格)의

dīmĭcátĭo, ónis, *f.* [dímico] **1.** 전투, 백병전. **2.** 투쟁, 싸움, 분투: ~ vitæ *(C.)* 목숨을 건 투쟁.

dímĭco, ávi[-cŭi], átum, áre, *intr.*[dis+mico] **1.** 〔cum *abl.; abl. médii*〕 **백병전하다,** 접전하다, 전투하다. **2.** (특히 검투사들이) 칼을 휘두르며 싸우다. **3.** 〔de, pro *abl.*〕 싸우다, 투쟁하다. 「2분의 1.

dīmídĭa, æ, *f.* (*sc.* pars) [dimídius] 절반,

dīmĭdĭátĭo, ónis, *f.* [dimídio] 2등분, 반분.

dīmĭdíĕtas, átis, *f.* 반, 절반.

dīmídĭo, átum, áre, *tr.* [dimídium] 반분하다, 둘로 나누다, 2등분 하다.

dīmídĭum, i, *n.* [dimídius] 반, 절반: dimídio plus *(C.)* 반 이상 / Dimídium facti, qui cœpit, habet. *(H.)* 시작이 반이다.

dīmídĭus, a, um, *adj.* [dis+médius] **1.** 절반의, 반 되는, 반 분의, 2분의. **2.** 반쪽만 남은.

dīmínŭo, ĕre, *tr.* [dis+mínuo] 조각 내다, 부수다, 깨뜨리다; 감소시키다.

dīmĭnútĭo, ónis, *f.* [dimínuo] (= deminútio) 감축, 감소, 축소.

dīmĭnūtívus, a, um, *adj.* (= deminutívus) 작은, 조그마한, 소형의; 축소형의.

dīmíssĭo, ónis, *f.* [dimítto] **1.** 보냄, 파견, 발송. **2.** **내보냄,** 해고, 해산; (학교·단체에서의) **제적**(除籍).

dīmissórĭæ, árum, *f. pl.* (*sc.* lítteræ ~) 《敎法》 **1.** (다른 관할구에서의) 수품(受品)허가장. **2.** (다른 관할 성당에서의) 혼인거행 허가장. **3.** (성직자의) 교적이전(敎籍移轉) 허가서.

dīmĭssórĭus, a, um, [**-rĭális,** e,] *adj.* (다른 관할구에서의) 수품(受品)을 허가 하는, (타지역에서의) 혼인 거행 허가의; 교적이전 허가의.

dīmítto, mísi, míssum, ĕre, *tr.* [dis+mitto] **1.** 〔*alqm[alqd]* in, ad, circum, per *acc.; absol.*〕 사방으로 보내다. **2.** 해산(解散)시키다, 폐회하다. **3.** **면직시키다,** 해임하다, 해고하다; 내쫓다, **내보내다, 퇴학시키다, 제적하다.** **4.** **돌려보내다,** 가게 하다: ~ *alqm* incólumem *(Cæs.)* 아무를 무사히 돌려보내다. **5.** 남겨놓다. **6.** 침투시키다. **7.** (사방으로) 방출하다. **8.** 포기하다, 버리다, 그만두다, 기권하다, 단념하다, 놓치다: occasiónem ~ *(N.)* 기회를 포기하다. **9.** (남에게 억지로) 내어주다, 양보하다. **10.** 방면(放免)하다, 해방하다; 면(제)해주다, 용서하다.

dĭmorphísmus, i, *m.* **1.** 《生》 양형(兩形),

동종이형(同種二形). 2. 결정(結晶)의 동질이상(異像).
dīmóvĕo, móvi, mótum, ére, *tr.* [dis+móveo] 1. 헤치다, 벌리다, 가르다, 나누다, 쪼개다. 2. 여기저기 옮기다, 산산이 흩어뜨리다; 해산시키다. 3. 〔*alqd* ab *abl.*, *abl.*; *absol.*〕 치우다, 멀리하다, 떼어놓다, 분리하다; 구별하다.
Dīnárchus, i, *m.* *Athénæ* 10대 웅변가 중 최후의 사람(361-290 A.C.).
Dindȳméne, es, *f.* *Díndȳmus* 산의 여자 즉 *Cýbĕle* 여신.
Díndȳmus, i, *m.* *Mýsia*의 산, *Cýzĭcum* 부근에 있으며 *Cýbĕle* 여신에게 바쳐졌음.
Dīno, ónis, *m.* *Pérsia* 역사를 쓴 역사가(*Alexánder* 대왕 시대 사람). 「의 글에 나옴).
Dīnómăchus, i, *m.* 희랍의 철학자(*Cícero*
dinósco = dignósco.
dīnóto, ávi, átum, áre, *tr.* 구별하다.
dīnŭmĕrátĭo, ónis, *f.* [dinúmero] 헤아림, 계수, 셈, 계산; 열거, 매거.
dīnúmĕro, ávi, átum, áre, *tr.* [dis+número] 1. 일일이 세어나가다, 손꼽아 세다, 열거[매거]하다, 헤아리다, 계산하다. 2. 셈하여 치르다. 「(동전) 짜리의.
dĭōbŏláris, e, *adj.* 두푼어치의, *2 óbolus*
Dĭóchăres, is, *m.* *Cæsar*[1]의 피해방(被解放) 자유인; 〔*adj.*〕 **-ărínus**, a, um.
Dĭŏclētĭánus, i, *m.* *Roma* 황제(재위 284-305 P.C.), 초대 그리스도교도에 대한 맹렬한 박해로 유명하였음.
Dĭŏdórus, i, *m.* 1. *Crĭtŏláus*의 제자인 소요학파(逍遙學派) 철학자. 2. *Augústus*[2] 황제 시대의 희랍인 역사가. 3. *Mégăra* 출신의 변증학자. 「*Cícero*의 스승(c. 70 A.C.).
Dĭódŏtus, i, *m.* *Stoa* 학파의 유명한 철학자,
dĭœcēsánus, a, um, *adj.* [diœcésis] 교구(教區)의, 교구 소속의.
dĭœcésis, is, *f.* 1. 관할, 관리(管理), 행정권. 2. 관할구역, 행정구역, 구획, 지역. 3. 《가》 (교계제도가 수립된 지방의) 교구.
dĭœcétes, æ, *m.* 재정 관리인, 집사.
Dĭógĕnes, is, *m.* 1. *Sinópe* 출신의 유명한 견유학파(犬儒學派) 철학가 (c. 412-323 A.C.). 2. *Creta* 섬의 *Apollónia* 출신 철학자(*sæc.* 5 A.C.). 3. *Seléucia* 출신의 *Stoa* 학파 철학자(c. 150 A.C.). 「철학.
dĭŏgĕnísmus, i, *m.* *Diógenes* 주의의 생활
Dĭŏmédes, is, *m.* 1. *Týdĕus*의 아들, *Ætólia*의 왕, *Troja* 전쟁때의 희랍군의 용장. 2. *Thrácia*의 *Bístones* 인들의 잔인한 왕. 3. 〔*adj.*〕 **-mēdéus[-īus]**, a, um.
Dĭon, ónis, *m.* *Syracúsæ*의 대(大) *Dionýsius*왕의 사위, *Platon*의 제자이며 친구(410 A.C. 출생).
Dĭóna[-e], æ[es], *f.* 1. *Venus* 여신의 어머니(여신). 2. *Venus*여신. 3. 〔*adj.*〕 **-ōnǽus**, a, um.
Dĭŏnȳ́sĭa, órum, *n.pl.* *Dionýsus* 축제, *Bacchus* 축제, 주신제(酒神祭).
Dĭŏnȳ́sĭus, i, *m.* 1. ~ I, ~ Major, *Syracúsæ*의 장실사이며 폭군(432-368 A.C.). 2. ~ II, ~ Minor, 전자의 아들로서 *Syracúsæ*의 폭군(재위 368-356, 347-344 A.C.).
Dĭŏnȳsōpŏlítæ, árum, *m. pl.* *Phrýgia*의 *Dionysópolis* 시(市)의 주민.
Dĭŏnȳsus[-os], i, *m.* *Bacchus* 신의 희랍 이름; 〔*adj.*〕 **-ȳsĭus**, a, um.
dĭŏpĕtes, is, *m.* 《動》 청개구리.
dĭóptra, æ, *f.* (산·탑의 높이나 수심 따위의) 측정기구, 측량기구.
dĭóptrĭca, æ, *f.* 굴절 광학, 광선 굴절학.
dĭōráma, ătis, *n.* 디오라마(반투명한 그림에 여러 색깔의 광선을 투사시키는 요지경 장치), 투시화(透視畵). 「동이.
Dĭoscúri, órum, *m.pl.* *Castor*와 *Pollux* 쌍
dĭóta, æ, *f.* (양쪽 손잡이가 달린)술항아리.
Díphĭlus, i, *m.* 1. *Sinópe* 태생의 유명한 희랍 희극작가. 2. *Q. Cícero*가 채용한 건축가. 3. *Crassus*의 비서.
diphthérĭa, æ, [-rítis, tidĭs,] *f.* 《醫》 디프테리아, 마비풍(痲脾風).
diphthóngus, i, *f.* 《文法》중모음(重母音), 복(複)모음; 〔간혹〕 중자음, 복합자음.
díphȳes, is, *f.* 이중의 본성을 지닌 자; 양성(兩性)소유자.
diplásĭus, a, um, *adj.* 2배 되는. 「리.
diplázĭum Taquétii, i, *n.* 《植》 섬잔고사
díplŏë, es, *f.* 《解》 해면상(海綿狀) 또는 다공질(多孔質)의 골조직(骨組織), 판간층(板
díplŏis, ĭdis, *f.* 망토, 두르는 겉옷. ⌊間層).
diplóma, ătis, *n.* 1. (황제나 고관이 주는) 특권 수여장(授與狀), 허가서, 인가서. 2. 여권, 통과증. 3. 임명장, 사령장. 4. 공문서, 졸업증서, 학위증서, 자격면허증. 5. 감사장, 표창장, 상장. 「한, 면장의.
diplōmárĭus, a, um, *adj.* 특권 수여에 관
diplōmátĭcus, a, um, *adj.* [diplóma] 외교의, 외교적인; 외교관의: corpus diplomáticum, cœtus ~ 외교 사절단.
diplomórpha insuláris, -æ -is, *f.* 《植》 강화 산닥나무.
dĭplópĭa, æ, *f.* 《醫》 복시증(複視症).
dĭplópŏda, órum, *n.pl.* 《動》 배각류(倍脚類). 「고사리.
diplopterýgĭum glaucum, i, *n.* 《植》 풀
dĭpódĭa, æ, *f.* 《詩》 두개의 각(脚)이 있는 시, 이보구(二步句). 「싸구려의, 무가치한.
dĭpondĭárĭus, a, um, *adj.* (동전)두푼의;
dĭpóndĭus[-um], i, *m.[n.]*(*sc.* nummus) 1. 두푼의 돈, *2 as* 짜리 돈; 싼값, 헐값: dipóndio veníre 싸구려로 팔리다. 2. 둘, 2의 수. 「대주증(大酒症).
dipsománĭa, æ, *f.* 음주광(飲酒狂), 발작성

díptĕra, órum, *n.pl.* 《動》 (곤충의) 쌍시류(雙翅類). 「學).

diptĕrŏlogía, æ, *f.* 《動》 쌍시류학(雙翅類

díptўcum, i, *n.* **1.** 경첩으로 접을 수 있게 만든 책자·서판(書板: 그 안쪽에 밀초를 먹여 철필«stylus»로 글자를 썼음). **2.** 《가》 (제단 뒤에 세우는) 둘로 꺾어 접은 성화 조각물; 미사때 기념할 생사자(生死者) 명단 (둘로 접을 수 있도록 되어 있었음).

Dípўlum[-on], i, *n.* *Athénæ*의 주요 성문(城門).

dīra, órum, *n.pl.* 불행, 불운, 불길한 일.

dīræ[1], árum, *f.pl.* [dirus] **1.** 불길한 징후, 흉조. **2.** 저주, 증오. 「의 여신들.

Dīræ[2], árum, *f. pl.* (밤〈夜〉의 딸들인) 복수

Dirce, es, *f.* **1.** *Bœótia*의 샘. **2.** *Thebæ*의 *Lycus* 왕의 두번째 아내 (쌍동이를 밴 왕의 전처 *Antíope*를 학대한 까닭에, 후에 그 쌍동이 *Amphíon*과 *Zethus*에게 머리채를 황소 꼬리에 결박당한 채 끌려다니다가 자기 이름의 샘으로 변하였음). **3.** 〔*adj.*〕 **-cǽus,** a, um, *Dirce*샘의, *Bœótia*의: ~ Cycnus, *Bœótia[Thebæ]*의 백조, 즉 서정시인 *Píndărus.* 「도범.

dīrectárĭus, i, *m.* (남의 집에 침입하는) 절

dīrectĭlínĕus, a, um, *adj.* 직선의.

dīréctim, *adv.* **1.** 똑바로, 곧게, 일직선으로. **2.** 일렬로.

dīréctĭo, ónis, *f.* [dírigo] **1.** 곧게함, 방향 잡아줌. **2.** 직선. **3.** **방향,** 방위, 진로. **4.** **지도**(指導), 지휘, 지시, 감독.

dīrectívus, a, um, *adj.* [dírigo] **1.** 방향을 제시하는, 지도적인. **2.** 곧은. 「으로.

dīrécto, *adv.* [diréctus] 똑바로, 곧게, 직선

dīréctor, óris, *m.* [dírigo] 지도자, 관리자, 지배인, 국장, 감독관. 「주소록.

dīrectórĭum, i, *n.* 지침서; 안내서, 명부,

dīrectórĭus, a, um, *adj.* 지시하는 내용의: lítteræ directóriæ 지시서, 발송통지서.

dīréctus, a, um, *p.p.,a.p.* [dírigo] **1.** 곧은, 똑바른; 직행하는. **2.** 직각의: trabes diréctæ *(Cæs.)* 벽과 직각으로 놓은 들보. **3.** 수직(垂直)의: fossa deréctis latéribus *(Cæs.)* 수직으로 파 내려간 호 / locus ~ *(Cæs.)* 깎아 지른 장소, 절벽. **4.** 수평(水平)의. **5.** **직접의, 직접적인,** 솔직한: orátio diŕecta 직접화법(話法).

dĭrémptĭo, ónis, *f.* [dírimo] **1.** 갈림, 떨어짐, 분리, 이별. **2.** 연기, 미룸.

dĭrémptus, us, *m.* [dírimo] 분리, 갈라짐, 떨어짐, 이별.

dīréptĭo, ónis, *f.* [dirípio] 약탈, 강탈.

dīréptor, óris, *m.* [dirípio] 약탈자, 강도.

dīréxi, *pf.* [dírigo].

dĭríbĕo, ŭi, ĭtum, ére, *tr.* [dis+hábeo] **1.** 투표판을 분배하다. **2.** 세다, 헤아리다, 선별(選別)하다.

dĭrĭbítĭo, ónis, *f.* [diríbeo] 투표선별(選別), 투표계산.

dĭríbĭtor, óris, *m.* [diríbeo] **1.** 투표선별자(選別者), 투표 계산 정리자. **2.** (연회석에서 술잔·요리 따위를) 돌리는 사람, 분배자. 「**2.** 군대봉급 지불장소.

dĭrĭbĭtórĭum, i, *n.* **1.** 투표선별(選別)장소.

dīrígĕo, gŭi, ére, *intr.* 굳어지다, 경직(硬直)하다.

dírĭgo, réxi, réctum, ĕre, *tr.* [dis+rego] **1.** **곧게 하다,** 일직선이 되게 하다; 줄을 바로 잡다, 정렬시키다; 수직(垂直)이 되게하다, 수평이 되게 하다. **2.** 〔*alqd* ad, in *acc.*〕 (목표를) **향해 가게 하다,** (어느 방향으로) 돌리다, 진로를 잡다: ~ equum in *alqm(L.)* 누구한테로 말을 몰다 / ~ **se** in *alqm* locum 어디로 가다. **3.** 〔*alqd* in *acc., alci*〕 (화살·창 따위를) 목표물에 겨누다·맞히다, **겨냥하다,** 쏘다, 투사(投射)하다. **4.** 〔*alqd* ad *acc.*; *abl.*〕 (무엇을 무엇에) 맞추다, 따르게 하다, 적응[순응]시키다, 맞추어 정하다, 규정하다. **5.** 정돈하다, 배치하다, 정리하다. **6.** **지도하다,** 바로 잡아두다, 다스리다, 지휘 감독하다. **7.** 보내다.

dírĭmens, éntis, *p.p., a.p.* [dírimo] 《가》 혼인을 무효로 만드는.

dírĭmo, émi, émptum, ĕre, *tr.* [dis+emo] **1.** **갈라 놓다,** 쪼개다, 분할하다; 떼어 내다. **2.** 그만두다, 집어치우다, **중단[중지]하다,** 끝내다, **단절하다; 중단시키다.** **3.** 무너뜨리다, 없애버리다, 수포로 돌아가게 하다, 허사가 되게 하다, **무효로 만들다:** ~ tempus*(C.)* (결말이 나지 않아) 연기하다, 다음으로 미루다.

dirípĭo, pŭi, réptum, ĕre, *tr.* [dis+rápio] **1.** 잡아 찢다, 조각내다, 깨뜨리다. **2.** 〔*alqd, alqm*〕 **약탈하다,** 노략질하다. **3.** **뺏다,** 잡아채다. **4.** 서로 가지려고 하다, 손에 넣으려고 하다.

dírĭtas, átis, *f.* [dirus] **1.** 재난, 재앙, 끔찍한 일, **불운; 불길한 일.** **2.** 흉악, 잔학, 잔인성, 야만성, 험상궂은 성격.

dīrúmpo, rúpi, rúptum, ĕre, *tr.* [dis+rumpo] **1.** **깨뜨리다, 때려 부수다,** 산산조각내다; 잡아 찢다, **파열시키다.** **2.** (유대를) **끊다,** 단절하다. **3.** 〔흔히 *pass.*〕 (희로애락의 감정에) 가슴이 터질 것만 같다, 분통 터지다, 마음이 찢어지다, 숨막히다: Dirúmpor dolóre. *(C.)* 너무 고통스러워 마음이 찢어진다 / dirúmpi risu *(Apul.)* 웃음이 터지다, 우스워 죽다.

dírŭo, ŭi, ŭtum, ĕre, *tr.* [dis+ruo] 부수다, 뒤엎다, 무너뜨리다, 쓰러뜨리다, 헐다, 파괴하다: homo dirútus*(C.)* 파산한 사람.

dīrúptĭo, ónis, *f.* [dirúmpo] 파괴, 파쇄, 파열.

dīrúptus, a, um, *p.p., a.p.* [dirúmpo] 깨진,

찢어진, 파열한: homo ~ dirutúsque*(C.)* 패가망신한 사람.

dīrus, a, um, *adj.* **1.** 불길한, 나쁜 징조의; 무서운, 무시무시한, **끔찍스런,** 몸서리나는. **2.** **흉악한, 잔인한,** 야만적인, **모진,** 지독한, 고약한. 「듦).

dīrútĭo, ónis, *f.* [díruo] 파괴, 폐허(로 만

dis-[1][**dif-, di-, dir-**], *partícula præfíxa* **1.** 합성된 원말에 **《분리·분할·분산·제거·탈취·반대·부정》** 따위의 뜻을 부여하는 접두사이다, *e.g.* diffúndere(=dis+fúndere) 흘러 퍼지게 하다 / diffídere(=dis+fídere) 믿지 않다 / dissímilis 비슷하지 않은. **2.** 합성된 원말의 뜻을 **강화**하기도 함, *e.g.* discúpio 매우 열망하다. **3.** 합성되는 원말의 첫 글자가 c, h, p, q, t, s일 경우에는 **dis-** 그대로 남아 있으나, f 앞에서는 dif- 로 바뀌고, 다른 자음 앞에서는 **di-** 또는 간혹 **dir-** 로 나타나며, j 앞에서는 dis- 로도 di- 로도 나타남, s 앞에서도 di- 가 되는 예외적인 경우가 있음.

dīs[2] *(m.f.)*, dīte*(n.)*, *gen.:* dītis, *adj.*[dīves] 〔*absol.; gen., abl.*〕 부유한; 풍부한, 풍요한, 비옥한: dítior aquæ*(H.)* 물이 더 풍부한.

Dīs[3], Dītis, *m.* 저승의 신, 희랍신화의 *Pluto*와 동일시됨.

dīs[4] = deis, *dat., abl. pl.* [deus].

discalcĕātus, a, um, *p.p., a.p.* [discálceo] **1.** 맨발의, 신발 벗은. **2.** *subst. (m.f.)* 《가》 선족(跣足) 수도회 수사[수녀].

discálcĕo, ávi, átum, áre, *tr.* 신 벗다.

discántus, us, *m.* 최고 성음, 소프라노.

discăpédĭno, ávi, átum, áre, *tr.* 따로 따로 떼다, 분리시키다. 「살피다.

discávĕo, ére, *intr.* 몹시 조심하다, 사방을

discédo, céssi, céssum, ĕre, *tr.* [dis+cedo] **1.** 해산(解散)하다, 분산하다, 무산(霧散)하다. **2.** 〔*absol.;* in *acc.*〕 나뉘다, 갈라지다, 분열되다. **3.** 〔a, ex *abl.; absol.*〕 **헤어지다, 떨어져 나가다,** 분리되다; 관계를 끊다, 이혼하다. **4.** 〔a, ex, de *abl.; abl.* - in, ad *acc.*〕 **떠나다, 물러가다,** 물러서다, **버리다,** 벗어나다, 이탈하다; 떠나서 다른 데로 가다: ~ ab urbe*(Q.)* *Roma*에서 떠나다 / ex vitā ~ *(C.)*죽다 / a se ~ *(C.)* 정신 나가다, 얼이 빠지다 / ~ a suā senténtiā *(Cæs.)*자기 의견을 버리다/~in senténtiam *alcjs* (원로원에서) 누구의 의견에 찬동하다 (2·3명의 의견을 청취한 의원들이 자기 자리에서 일어나 찬성하는 발언자의 자리로 가는 관습이 있었음). **5.** 〔a, ex *abl.*〕 **사라지다,** 끝나다, 그치다: Sollicitúdines discessére.*(L.)* 걱정들이 사라졌다 / Ex ánimo discédit memória.*(C.)* 마음에서 (누구에 대한) 기억이 사라진다. **6.** 《軍》〔a, ex *abl.; absol.*〕 부대를 이동하다, 어디에서 떠나다. **7.** 〔ab *abl.; abl.* - *nom. præd.*〕 싸움을 끝내다, (싸움·재판에서 승자·패자로) 돌아오다·되다 / ab armis ~ *(Cæs.)* 전쟁을 종식시키다, 무기를 내던지다 / ~ æquo prœlio*(Cæs.)* 전투를 무승부로 끝내다 / Victor discéssit.*(Cæs.)* 그는 승리하였다. **8.** 〔ab *alqo*〕 예외로 하다, 제외하다, 빼놓다.

discens, éntis, *m.(p.præs.)* [disco] 생도, 제자, 문하생; 견습생.

disceptátĭo, ónis, *f.* [discépto] **1.** 토론, 토의; 논쟁, 언쟁, 경쟁. **2.** 《法》 심의, 심리(審理), 판결: ~ judiciális 심리, 재판 개정.

disceptátor, óris, *m.* [discépto] (논쟁·분쟁을) 판결[심리·판정]하는 자, 심판(자).

disceptátrix, ícis, *f.* [disceptátor] 판정하는 여자.

discépto, ávi, átum, áre, *tr., intr.* [dis+capto] **1.** 〔*acc.;* in *abl.*〕 판정하다, 판결하다, 시비를 가리다. **2.** 〔de *abl.,* ob *acc.; absol.*〕 토론하다, 논쟁하다. **3.** 〔de *abl.*〕 (분쟁을)해결하다, 결판내다: de controvérsiis jure ~ *(Cæs.)* 분쟁을 법적으로 해결하다. **4.** 〔in *abl.*〕 (무엇이)어디에 달려있다.

discernícŭlum, i, *n.* **1.** 가리마 꼬챙이. **2.** 구별, 차이.

discérno, crévi, crétum, ĕre, *tr.* [dis+cerno] **1.** 〔*alqd* - ab *abl.; abl.*〕 **갈라놓다,** 분리하다. **2.** 〔*alqd* et *alqd, alqd* ab *abl.; alqd alqā re*〕 **가리다, 분간하다,** 구별하다, 식별[판별]하다, 구분하다: alba et atra ~ *(C.)* 흑백을 가리다 / stultum a sapiénti ~ *(C.)* 미련한 자를 지혜로운 자와 같이 보지 않다 / ~ suos*(Cæs.)* 자기 부하들을 식별하다.

discérpo, cérpsi, cérptum, ĕre, *tr.* [dis+carpo] **1.** 갈기갈기 찢다, 조각내다. **2.** 여럿으로 나누다. **3.** 흩어 뜨리다, 흩날리다. **4.** 헐뜯다.

discéssĭo, ónis, *f.* [discédo] **1.** 분열, 분파(分派). **2.** 이혼. **3.** 떠남, 이별, 출발: ~ ab armis 군비철폐, 군비축소. **4.** (원로원에서 자기가 찬성하는 의견의 발언자 좌석으로 가는 행동으로 이루어지는) 찬성표시: discessiónem fácere 찬성하다.

discéssus, us, *m.* [discédo] **1.** 갈라짐, 분리, 이산(離散): cæli ~ *(C.)* 번개. **2.** 떠남, 출발: ~ e vitā*(C.)* 죽음, 사망. **3.** 귀양감. **4.** 《軍》 후퇴, 철수.

discídĭum, i, *n.* [discíndo] **1.** 찢겨 나감, 갈라짐, 분리, 파열. **2.** 이혼. **3.** 불화, 불목, 분열.

discído, ĕre, *tr.* [dis+cædo] 여러 토막으로 자르다 · 가르다.

discínctus, a, um, *p.p.* [discíngo] 소홀한, 무기력한, 긴장을 푼, 해이된, 아무 것도 안하는; 방종한.

discíndo, scĭdi, scíssum, ĕre, *tr.* [dis+scindo] **1.** 찢다, 쪼개다, 가르다; 끊다. **2.**

〔*pass.*〕 갑자기 끊어지다, 분열이 생기다.

discíngo, cínxi, cínctum, ĕre, *tr.* [dis+cingo] **1.** 허리띠를 끄르다·풀다: discínctā túnicā *(H.)* 옷을 풀어헤친 채. **2.** 《軍》〔*alqm*〕(군인의 상징인) 허리띠를 벗기다·뺏다, 무장해제하다. **3.** 〔*pass.*〕 허리띠를 끌러 놓다, 긴장을 풀다, 해이되다. **4.** 파헤치다, 해결하다.

disciplína, æ, *f.* [discípulus] **1.** 배움, 공부: In disciplínam convéniunt. *(Cæs.)* 배우러 모여든다. **2.** 가르침, **교육, 훈련**: trádere se in disciplínam *alcjs (C.)* 누구의 가르침을 받다 / in *alcjs* disciplínā educátus *(C.)* 누구의 교육을 받은. **3. 학문, 학과(목),** 지식; 방법, 기술: disciplínā militári nobilitátus *(N.)* 군사학에 뛰어난 / béllica ~ *(C.)* 전법 / ~ dicéndi 웅변술 / ~ auxiliáris 보조학과 / ~ principális 주요학과. **4.** 학설, (학문의)체계. **5. 규율,** 규칙; 질서, 통제: ~ militáris *(L.)* 군대 규율; 《가》(품행에 관한)교회법규: arcáni ~ (초대 교회의)내규제도(內規制度) / ~ ecclesiástica 교회규율. **6.** 《가》 ~ (flagélli) 태형고행(笞刑苦行), 채찍고행. **7. 소양,** 교양, 배운 것; 예절, 관습.

disciplīnábĭlis, e, *adj.* 교육[훈련]받을 만한, 규율을 지킬 수 있는.

disciplīnáris, e, *adj.* **1.** 교훈적인, 교육적인, 훈련의. **2.** 규율의.

disciplīnátus, a, um, *adj.* *(a.p.)* [*inusit.* disciplíno] 교육이 잘된, 훈련이 잘된.

discípŭla, æ, *f.* [discípulus] 여학생, 여생도, 여제자.

discĭpŭlátus, us, *m.* [discípulus] **1.** 학생 신분, 문하생 신분. **2.** 교육, 훈련.

discípŭlus, i, *m.* **1.** 학생, 제자, 문하생. **2.** 견습생.

discíssĭo, ónis, *f.* [discíndo] 분열, 갈라져 나감.

discissúra, æ, *f.* [discíndo] 분리, 찢어짐.

disclúdo, clúsi, clúsum, ere, *tr.* [dis+claudo] **1.** 따로 가두다, 격리하다, 갈라놓다. **2.** 구획하다.

disco, dídĭci, (díscĭtum), ĕre, *tr.* 〔*alqd* - ab, ex *alqo;* apud *alqm; inf., acc.c. inf., interr. indir.; absol.*〕 **1. 배우다,** 습득(習得)하다, 지식을 얻다, 배워 알다: ~ fídibus (*sc.* cánere) *(C.)* lyra 타는 법을 배우다. **2.** *pf.* **dídĭci** 〔*inf.*〕(경험·훈련 따위로 어떤 습관이) 몸에 뱄다. **3.** (소식 따위를 듣고)알다, 인식하다, 깨닫다, 경험하다.

discóbŏlus[-os], i, *m.* 투원반 선수.

discóctus, a, um, *p.p.* [díscoquo].

díscŏlor, óris,[**-lórus,** a, um,] *adj.* [dis+color] **1.** 〔*absol.; dat.*〕 빛깔이 다른. **2.** 여러가지 색의, 잡색의. **3.** 〔*absol.; dat.*〕 다른, 틀린, 같지 않은, 각양각색의.

díscŏlus, a, um, *adj.* = dýscolus.

disconcínnus, a, um, *adj.* 조화되지 않은, 불유쾌한.

disconducóo, ĕre, *intr.* 〔*dat.*〕 이롭지 못하다, 소용닿지 않다.

disconvénĭo, íre, *intr.* **1.** 〔*absol.; dat.*〕 불화하다, 맞지 않다, 어울리지 않다, 화합하지 않다. **2.** 〔*impers.*〕 Discónvenit inter me et te. *(H.)* 너하고 나하고는 맞지 않는다.

discŏŏpérĭo, rŭi, pértum, íre, *tr.* [dis+coopério] **1.** 벗기다, 들치다, 덮개를 치우다. **2.** 폭로하다, 드러내다.

discóphŏrus, i, *m.* 접시 나르는 사람.

díscŏquo, cóxi, cóctum, ĕre, *tr.* [dis+coquo] 푹삶다, 흐무러지게 익히다.

discordábĭlis, e, *adj.* [discórdo] 일치하지 않는, 맞지 않는.

discórdĭa[1], æ, *f.* [discors] **1. 불목, 불화;** 의견차이, 알력: Tecum mihi ~ est. *(H.)* 너하고 나하고는 의견이 맞지 않는다. **2.** 내분. **3.** 불일치, 부조화.

Discórdĭa[2], æ, *f.* 불목의 여신(지옥의 신 *Erĕbus*와 암흑의 여신 *Nox* 사이의 딸).

discordĭális, e, *adj.* 불목을 가져오는, 알력의.

discordĭósus, a, um, *adj.* [discórdia[1]] 다투기 좋아하는, 툭하면 불목하는; 반항적인.

discórdo, ávi, átum, áre, *intr.* [discors] **1.** 〔cum, ab *abl.;* advérsus *acc.;* inter *se; absol.*〕 불목하다, 불화하다, 맞지않다. **2.** 〔cum, ab *abl.; dat.*〕 다르다, 틀리다, 상이하다, 어긋나다.

discors, córdis, *adj.* [dis+cor]〔*absol.;* cum *abl., dat.*〕 **1. 불목하는,** 불화의; 불순종하는, 반항하는: cívitas secum ipsa ~ *(L.)* 내분이 일어난 도시. **2.** 상충하는, 틀리는, 상이한, 어긋나는; 상반(相反)하는: discórdes venti *(V.)* 서로 맞부딪치는 바람.

discrĕpántĭa, æ, [**-pátĭo,** ónis,] *f.* [díscrepo] 맞지않음, 상충, 어긋남, 불일치, 모순.

discrépĭto, ávi, átum, áre, *intr. freq.* [díscrepo] 아주 틀리다.

díscrĕpo, pŭi[pávi], pĭtum, áre, *intr.* [dis+crepo] **1.** 소리가 맞지않다. **2.** 〔a, cum *abl.; dat.;* inter *se* - *abl. limitatiónis,* in, de *alqā re*〕 서로 맞지 않다, 일치하지 않다, 어긋나다, 다르다, 차이가 있다: sibi ~ *(C.)* 서로 맞지 않다. **3.** (무엇이)불확실하다. **4.** 〔*impers.*〕 díscrepat. 〔*absol.;* inter *alqos*〕 불확실하다, 의견이 구구하다.

discréte, *adv.* 따로 따로; 조심성 있게.

discrétim, *adv.* **1.** 따로 떼어서, 구별하여. **2.** 제각기.

discrétĭo, ónis, *f.* [discérno] **1.** 구별, 식별, 판별, 분별. **2. 사려분별, 신중.**

discrētívus, a, um, *adj.* 분별력 있는; 구별의.

discrétor, óris, *m.* [discérno] **1.** 식별자, 판별자. **2.** 심판자.

discrētórĭum, i, *n.* 《解》 횡격막.
discrévi, *pf.* [discérno].
discríbo, scrípsi, scríptum, ĕre, *tr.* [dis+scribo] **1.** 배정하다, 지정하다. **2.** 분배하다, 분류하다, 구분하다.
discrímen, mĭnis, *n.* [discérno] **1. 분계선,** 경계선; 격벽(隔壁), 간막이. **2.** 간격, 사이, 거리, 틈. **3.** 잇새. **4.** 우제류(偶蹄類)의 갈라진 발굽사이. **5. 가리마. 6.** 발고랑. **7.** lyra (7현금)의 각 현의 음정차이. **8.** 《解》 횡격막. **9. 구별, 차이, 차별,** 구분. **10.** 식별, 판별. **11.** 〔utrum, an *c. subj.; gen.*〕 **결정적 시기,** 결단의 순간. **12. 위기, 위험한 고비,** (운명의)갈림길, 위급한 경우. 「구별[구분]하는.
discrīmĭnális, e, *adj.* 가리마의, 가르는,
discrīmĭnátim, *adv.* 구별하여.
discrīmĭnátĭo, ónis, *f.* **1.** 구별, 차별. **2.** 식별, 판별, 분별, 분간.
discrīmĭnátor, óris, *m.* 식별[판별·분별]하는 사람. 「별하는 여자.
discrīmĭnátrix, ícis, *f.* [discriminátor] 식
discrīmĭnátus, a, um, *p.p.* [discrímino] 구별된, 구분된; 가리마 탄: cápite discriminàto *(Amm.)* 가리마를 타고.
discrímĭno, ávi, átum, áre, *tr.* [discrímen] **1.** 갈라 놓다, 따로 떼어놓다, 분리하다, 구분하다. **2.** 구별하다, 분별하다, 가리다.
discríptĭo, ónis, *f.* [discríbo] **1.** 분배, 배정, 지정, 분류. **2.** 정돈, 정리, 처리, 조직; 정의(定義): juris ~ *(C.)* 법조직.
discrúcĭo, ávi, átum, áre, *tr.* [dis+crúcio] **1.** 사지를 십자가에 묶다, 고문하다, 형고를 주다; 몹시 괴롭히다. **2.** *pass.* 〔ánimi *(gen.)*, miser; *acc. c. inf.*〕 몹시 괴롭다: Discrúcior ánimi. *(Pl.)* 나는 마음이 몹시 괴롭다.
discúmbo, bŭi, bĭtum, ĕre, *intr.* [dis+cubo] **1.** 식탁 앞에 비스듬히 눕다, 식탁에 둘러앉다. **2.** (자려고) 눕다.
discúpĭo, ĕre, *intr.* [dis+cúpio] 〔*inf.*〕 매우 열망하다, 몹시 …하고 싶다, 싶어 하다.
discúrro, (cŭ)cúrri, cúrsum, ĕre, *intr.* [dis+curro] **1.** 〔circa, per *acc.;* in *abl., abl.* -ad, in *acc.*〕 사방으로 뛰어가다, 흩어져 달려가다, 분산하다; 우왕좌왕하다: per silvas ~ *(Ov.)* 숲들을 뛰어다니다 / 〔*p.p.(tr.)*〕 discúrsis itinéribus *(Amm.)* 길들을 우왕좌왕한 다음. **2.** (무엇이)여러 곳으로 흩어져 가다, 퍼지다: Fama discúrrit. *(Curt.)* 소문이 사방으로 퍼졌다. **3.** (무엇에 대해서) 논하다.
discursátĭo, ónis, *f.* [discúrso] 여기저기 왕래함[찾아다님], 배회(徘徊). 「는 자.
discursátor, óris, *m.* 배회자; 왔다갔다 하
discúrsĭo, ónis, *f.* (아는 진리에서부터 미지의 진리에 이르는) 추리(推理).
discúrso, ávi, átum, áre, *intr. freq.* [discúrro] **1.** 자주 왕래하다, 왔다갔다하다; 이리뛰고 저리뛰고 하다. **2.** 손짓·몸짓을 많이 하다.
discúrsus, us, *m.* **1.** 우왕좌왕 뛰어 돌아다님, (돈벌이·관직 따위를 위해)여기저기 찾아다님. **2.** 사방으로 뻗어 나감, 확산. **3.** (누구와)이야기 함. **4.** 《論》 추리.
discus, i, *m.* **1.** (경기용)원반; 원판(圓板). **2.** 접시.
discússĭo, ónis, *f.* [discútio] **1.** 진동, 동요. **2. 토론, 토의,** 심의; 논쟁. **3.** 공금 지출에 대한 검토·심사.
discútĭo, cússi, cússum, ĕre, *tr.* [dis+quátio] **1.** 분쇄하다, 파괴하다, 때려부수다, 부러뜨리다, 깨뜨리다. **2.** 《醫》 (염증·화농·종기 따위를) 삭이다, 가라 앉히다. **3. 흩어지게 하다,** 흩어져 사라지게 하다, (안개·구름 따위를) 걷히게 하다; 쫓아 버리다. **4.** 멸쳐버리다. **5. 토론하다,** 토의하다, 검토하다.
dĭsérte[-tim], *adv.* [disértus] **1.** 명확하게, 분명하게, 똑똑히. **2.** 능란한 말솜씨로, 유창하게; 웅변적으로.
dĭsertĭtúdo, dĭnis, *f.* 능변, 달변.
dĭsértus, a, um, *adj. (a.p.)* [díssero[1]] **1.** 말 잘하는, 구변 좋은, 능변[달변·웅변]의. **2.** 명료한, 명확한, (내용이)짜임새 있는·알찬.
disglútĭno, áre, *tr.* [dis+gluten] 떼다.
disharmŏnía, æ, *f.* [dis+harmonía] **1.** 부조화, 불일치. **2.** 불협화(음).
disícĭo = disjício.
disinféctĭo, ónis, *f.* 소독, 살균(작용).
disjécto, áre, *tr. freq.* [disjício] 마구 내던지다.
disjícĭo, jéci, jéctum, ĕre, *tr.* [dis+jácio] **1.** 사방에 던지다, 던져 흩뜨리다; 흩어지게 하다, 분산시키다. **2.** 패주(敗走)시키다. **3.** 뒤엎다, 부수다, 무너뜨리다, 허물다, 분쇄하다. **4.** 파기하다, 헛되게 하다, 무효화 하다, 좌절시키다, 꺾다, 실패하게
disjŭgátĭo, ónis, *f.* [dísjugo] 분리. ⌊하다.
dísjŭgo, ávi, átum, áre, *tr.* [dis+jugo] 겨릿소를 갈라놓다; 분리시키다.
disjúncte[-ctim], *adv.* [disjúnctus] 따로 떼어서, 분리시켜서, 따로따로.
disjúnctĭo, ónis, *f.* [disjúngo] **1.** 분리, 분열; 끊음, 단절. **2.** 《論》 선언(選言), 이접(離接); 선언 명제.
disjunctívus, a, um, *adj.* [disjúnctus] **1.** 분리성의, 분리적인. **2.** 《文法》 이접적(離接的)인, 분립의: conjúnctio disjunctíva 이접 접속사, 분리접속사. **3.** 《論》 선언(選言)의, 선언적. **4.** 〔*adv.*〕 **-ve,** 구별하여, 분리하여, 선언적(選言的)으로.
disjúnctus, a, um, *p.p., a.p.* [disjúngo] **1.** 동떨어진, 멀리 있는, 거리가 먼: in locis disjunctíssimis *(C.)* 가장 먼곳에. **2.** 다른,

딴, 구별된, 따로 떼어낸, 별개의. **3.** 반대되는, 모순[대립]되는.

disjúngo, júnxi, júnctum, ĕre, *tr.* [dis+jungo] **1.** 〔*alqm* - ab *abl.*〕 (역축의)멍에나 짐을 벗겨주다, 풀어주다. **2.** 〔*alqm, alqd* ab *abl.*〕 **분리시키다, 떼어[갈라] 놓다,** 유리(遊離)되게 하다, 격리시키다, 구별하다: pópulus a senátu disjúnctus *(C.)* 원로원과 유리된 국민 / oratórem et philósophum ~ *(C.)* 연설가와 철학가를 구별하다 / ~ insániam a furóre *(C.)* 정신착란과 광포를 구별하다. 「다. **2.** 열다.

díslĭgo, ávi, átum, áre, *tr.* **1.** (매듭을)풀

dismarítus, i, *m.* **1.** 2중 남편. **2.** 대리 남편.

dismembrátĭo, ónis, *f.* [dismémbro] 분리, 분할; 《敎法》 성당 구역의 할양(割讓).

dismémbro, ávi, átum, áre, *tr.* [dis+membro] **1.** 팔다리를 끊어 놓다. **2.** 분리하다, 분할하다; 할양하다. 「어진.

dismótus, a, um, *adj.* [dimóveo] 멀리 떨

dispālésco, ĕre, *intr. inch.* [dispálor] 흩어지다, 퍼지다, 누설되다.

dispálor, átus sum, ári, *intr.* 방황하다, 헤매다, 유랑하다; 흩어지다, 퍼지다.

dispándo, di, pánsum[pénsum, péssum], ĕre, *tr.* **1.** 펼치다, 벌리다, 펴다; 여러 갈래로 뻗게 하다. **2.** 부연(敷衍)하다.

dispār, ăris, *adj.* [dis+par] 〔*dat., gen.* - (in) *alqā re*〕 …와 틀리는, 같지 않은, 서로 다른, 불균등한.

dispărátĭo, ónis, *f.* [dísparo] 나눔, 분리.

dispărátus, a, um, *adj. (a.p.)* [dísparo] **1.** (근본적으로)다른, 공통점이 전혀 없는, 이류(異類)의, 괴리적(乖離的)인: 《論》 concéptus ~ 괴리개념, 이류개념. **2.** *n.* 《古修》 정반대; 모순(개념).

dispárĕo, ŭi, ére, *intr.* 사라지다, 없어지다, ⌊보이지 않다.

dispárgo = dispérgo.

dispárĭlis, e, *adj.* [dispar] 같지 않은, 부동(不同)의. 「불균등, 차이.

dispărílĭtas, átis, *f.* [dispárilis] 같지 않음,

dispárĭtas, átis, *f.* [dispar] 상이(相異), 차이; 《가》 ~ cultus 이종장애(異宗障碍: 가톨릭 신자와 미신자 사이의 결혼장애).

díspăro, ávi, átum, áre, *tr.* [dis+paro] 가르다, 나누다, 분리하다.

disparti... *V.* disperti... 「다, 통하다.

dispátĕo, ŭi, ére, *intr.* [dis+páteo] 틔어 있

dispéctus¹, a, um, *p.p.* [dispício].

dispéctus², a, um, *p.p.* [*inusit.* dispángo] 여기저기 박은. 「토.

dispéctus³, us, *m.* [dispício] 고찰, 조사, 검

dispéllo, pŭli, púlsum, ĕre, *tr.* [dis+pello] 〔*alqd* - a, de *abl.*〕 쫓아버리다; 흩뜨리다.

dispendĭósus, a, um, *adj.* 손해되는, 손실을 가져오는, 밑지는.

dispéndĭum, i, *n.* [dispéndo¹] **1.** 경비, 비용. **2.** 손실, 손해, 밑짐. **3.** (멀고 힘든 길의) 수고와 시간허비.

dispéndo¹, pénsum, ĕre, *tr.* **1.** (저울에)달다. **2.** 할당하다, 배당하다.

dispéndo² = dispándo. 「다.

dispénno, ĕre, *tr.* (팔다리를) 벌리다, 펼치

dispensárĭum, i, *n.* [dispénso] 약국, 조제실; 시약소, 진료소; 양호실.

dispensátĭo, ónis, *f.* [dispénso] **1.** 분배, 배급, 배정: annónæ ~ *(L.)* 식량배급. **2.** 처리, 관리, 운영, 업무집행: ærárii ~ *(C.)* 국가 금고 관리. **3.** 경리(과장)직. **4.** 《가》 면제, 관면(寬免), 특면.

dispensātívus, a, um, *adj.* [dispénso] 가사를 잘 다스리는·관리하는.

dispensátor, óris, *m.* [dispénso] **1.** (고대 *Roma*의) 재산관리하는 노예; 마름; 국고관리인, 재정관. **2.** 관리인, 집사; 운영자, 분배인. 「설서.

dispensātórĭum, i, *n.* 약 처방법, 약품 해

dispensātórĭus, a, um, *adj.* 관리(管理)의, 집사의, 분배의.

dispensátrix, ícis, *f.* 재산관리하는 여자.

dispénso, ávi, átum, áre, *tr. freq.* [dispéndo¹] **1.** (저울에 달아서) 분배하다, 나누어주다. **2.** (재정·가사를) **관리하다,** 다스리다, 처리하다. **3.** 준비하다, 마련하다, 정돈하다, 배열하다; (일의) 원칙[방침]을 세우다. **4.** 〔*alqm, alqd* - a, super, in *alqā re*〕 **면제하다,** 면제조치를 내리다.

dispercútĭo, ĕre, *tr.* 박살내다, 분쇄하다.

disperdítĭo, ónis, *f.* [dispérdo] 파괴, 멸망.

dispérdo, dĭdi, dĭtum, ĕre, *tr.* [dis+perdo] **1.** 낭비하다, 탕진하다. **2.** 몽땅 잃어버리다, (화재로)몽땅 태워버리다, 없애버리다, 망치다.

dispérĕo, pérĭi, íre, *anom. intr.* [dis+péreo] 아주 망하다, 없어져 버리다, 아주 못쓰게 되다; 수포로 돌아가다, 허사가 되다: Dispérii! *(T.)* 난 망했다 / dispéream, si[nisi]... *(Prop., H.)* …라면[아니라면] 난 천벌받겠다.

dispérgo, spérsi, spérsum, ĕre, *tr.* [dis+spargo] **1.** 사방에 뿌리다, **흩어지게 하다,** 분산시키다, 소산(消散)시키다: ~ **se** *(Lucr.)* 흩어지다, 분산하다. **2. 퍼뜨리다,** 전파하다, 보급시키다, 사방으로 뻗게 하다: ~ rumórem *(Ta.)* 소문을 퍼뜨리다.

dispérse[-sim], *adv.* 흩어져서, 여기저기, 뿔뿔이, 점점이; 이것저것, 단편적으로.

dispérsĭo, ónis, *f.* [dispérgo] 흩어짐, 분산, 이산(離散).

dispérsus, us, *m.* 분산, 확산.

dispértĭo, ívi[ĭi], ítum, íre, *tr.* [dis+pártio] 〔*alqm, alqd* - in *acc.*; *alci*〕 여러 부분으로 나누다, 분류하다; 나누어 주다, 분배하다:

~ exércitum per óppida *(L.)* 군대를 여러 도시에 분산배치하다. 「tio.
dispértĭor, ítus sum, íri, *dep. tr.* = dispér-
dispertítĭo, ónis, *f.* [dispértio] **1.** 분할, 분배. **2.** 멸망, 피폐.
dispésco, scŭi, péstum, ĕre, *tr.* [dis+pasco] 〔*alqd* ab *abl.*〕 갈라놓다, 떼어놓다, 분리
dispéssus, a, um, *p.p.* [dispéndo²]. ⌊하다.
dispícĭo, spéxi, spéctum, ĕre, [dis+spécio] **I.** *intr.* 눈을 뜨다; 똑똑히 보다: ácie mentis ~ *(C.)* 형안으로 명확히 보다. **II.** *tr.* **1.** 알아내다, 분간하다, 식별하다; 통찰하다, 인식하다, 명확히 파악하다. **2.** 〔*alqd, acc. c. inf.*, de *abl.*; *absol.*〕 숙고하다, 검토하다.
displĭcéntĭa, æ, *f.* [displíceo] **1.** 싫음, 혐오, 짜증, 불쾌, 기분이 언짢음. **2.** 《醫》 욕지기; 찌뿌드드함.
displícĕo, cŭi, cĭtum, ére, *intr.* [dis+pláceo] **1.** 〔*alci*〕 (누구의)마음에 들지 않다, 뜻에 맞지 않다, 비위에 거슬리다: Mihi *alqs* mínime displicébat. *(C.)* 아무가 내 비위에 조금도 거슬리지 않았다 / Vita dísplicet. *(T.)* 생활이 마음에 들지 않는다 / 〔*impers.*〕 *alci* dísplicet, *inf.* [*acc.c.inf.*] …하는 것이 불만이다. **2.** 〔*refl.*〕 **sibi displicére** (mihi displíceo, tibi displíces, *etc.*) 건강상태가 나쁘다, 찌뿌드드하다.
dísplĭco, ávi, átum, áre, *tr.* 펴다.
displódo, plósi, plósum, ĕre, *tr.* [dis+plaudo] (소리나게)터뜨리다, 파열시키다, 폭파
dispŏlĭátĭo, ónis, *f.* 약탈. ⌊하다.
dispólĭo = despólĭo.
dispóno, pósŭi, pósĭtum, ĕre, *tr.* [dis+pono] **1.** 사이를 고르게 떼어놓다, **있을 자리에 놓다,** 배치하다, **배열하다,** 배정하다, 분류하다: ~ diem *(Ta.)* 하루의 시간을 배정하다. **2.** 정리하다, 정돈하다, 정렬시키다, 정비하다; (머리를)매만지다. **3. 태세를 갖추게 하다,** 준비시키다; 준비하다. **4.** 〔*alqd, inf.*, ut, *absol.*〕 …도록 조치하다, 지시하다, 결정하다. 「물.
disporum sessíle, -ri -lis, *n.* 《植》 윤판나
dispósĭte, *adv.* [dispósitus¹] 순서있게, 질서정연하게, 조리있게.
dispŏsítĭo, ónis, *f.* [dispóno] **1. 배열, 배치,** 배정; 정렬. **2.** 조화있는 구조(構造), 구성, 짜임새, (말·글의)조리. **3.** 《建》 평면도; 투시도, 배경도. **4. 정돈,** 정리; 질서. **5. 준비,** 마련, **태세.** **6.** 태도, 상태; 성향. **7.** 건강상태; 소질, 체질. **8. 조치,** 처리, 지시, 명령. 「는.
dispŏsĭtívus, a, um, *adj.* 성론된, 요령있
dispósĭtor, óris, *m.* [dispóno] 배치자, 정돈자; 처리자. 「하는 여자.
dispositrix, ícis, *f.* 배치[정돈·처리·관리]
dispósĭtus¹, a, um, *p.p.*, *a.p.* [dispóno] **1.** 정돈된, 정리된, 배치된; 조리있는. **2.** 준비된, 마련된, 태세[채비]를 갖춘.
dispósĭtus², us, *m.* = disposítio.
díspŭdet, púdŭit, ére, *impers.* [dis+pudet] 몹시 부끄럽나, 면목없나.
dispúlsus, a, um, *p.p.* [dispéllo].
dispúnctĭo, ónis, *f.* [dispúngo] **1.** 회계 마감, 장부정리, 수입지출대조, 결산. **2.** 비교 검토.
dispúngo, púnxi, púnctum, ĕre, *tr.* [dis+pungo] **1.** 출납계산을 검토하다, 수입지출을 비교 대조하다, 셈을 밝히다. **2.** 검토하다, 재다; 마감하다. 「토론의 여지가 있는.
dispŭtábĭlis, e, *adj.* [dísputo] 토론할 만한,
dispŭtáta, órum, *n.pl.* 토론집, 논설집.
dispŭtátĭo, ónis, *f.* [dísputo] **1.** 계산, 셈따짐. **2. 논쟁, 토론;** 토의. **3.** 논설, 강론. 「은 토론.
dispŭtātĭúncŭla, æ, *f. dim.* [disputátio] 작
dispŭtātívus, a, um, *adj.* 토론의, 논쟁의.
dispŭtátor, óris, *m.* [dísputo] 토론자, 논쟁자, 토의자, 이론가, 변증가.
díspŭto, ávi, átum, áre, *tr.*, *intr.* [dis+puto] **1.** 〔*alqd* cum *alqo*〕 셈을 따지다, 계산하다. **2.** 〔*alqd*〕 곰곰히 생각하다, 검토하다. **3.** 〔de *alqā re*, circa *alqd*〕 **토론하다, 논쟁하다, 토의하다,** 논의하다: de *alqā re* in utrámque partem ~ *(C.)* 무엇에 대해서 찬반양론을 벌이다. **4.** 〔*alqd*, de *alqā re*〕 **논하다,** 주장하다, 강연하다, 설명하다, 자세히 이야기 하다.
disquíro, ĕre, *tr.* [dis+quæro] 찾다, 살피다, 조사하다, 따져서 밝히다, 캐다; 탐구하다, 음미하다. 「알아봄.
disquīsítĭo, ónis, *f.* [disquíro] 조사, 심사,
disráro, ávi, átum, áre, *tr.* [dis+rarus] **1.** 나무가지를 치다. **2.** 물타다, 묽게하다.
disrúmpo = dirúmpo.
dissæpīméntum, i, *n.* 간막이.
dissǽpĭo, sǽpsi, sǽptum, íre, *tr.* 울타리로 막다, 간막이를 하다, 울타리로 가르다, 분리시키다. 「책; 간막이. **2.** 분리, 격리.
dissǽptĭo, ónis, *f.* [dissǽpio] **1.** 장벽, 방
dissǽptum, i, *n.* **1.** 간막이, 샛벽. **2.** 장벽, 방책. **3.** 《解》 횡격막.
dissávĭor = dissuávior.
díssĕco, cŭi, séctum, áre, *tr.* [dis+seco] 둘로 자르다, 두토막 내다, 양단하다, 분단하다. 「개한, 해부한; 해체된.
disséctus, a, um, *p.p.* [dísseco] 분단된; 절
dissédi, *pf.* [dissídeo, díssido].
dissēmĭnátĭo, ónis, *f.* 전파, 살포.
dissémĭno, ávi, átum, áre, *tr.* [dis+sémino] 사방에 뿌리다, 살포하다; 퍼뜨리다, 전파하다.
disséńsĭo, ónis, *f.* [disséntio] 〔inter *acc.*, cum *alqo*, *gen.* – de *alqā re*; *absol.*〕 **1.** 의

견차이[대립], 이의(異議): ~ inter hómines de *alqā re(C.)* 무엇에 대한 사람들 사이의 의견차이. **2.** 감정대립, 불화, 알력, 갈등; 논쟁. **3.** 불일치, 상충, 대립.
dissentánĕus, a, um, *adj.* [disséntio] 일치하지 않는, 맞지[어울리지] 않는, 다른.
disséntĭo, sénsi, sénsum, íre, *intr.* [dis+séntio] **1.** 〔*absol.; inter se;* a, cum *abl.; dat.* -de, in *abl.*〕 의견이 다르다, **달리 생각하다**; 마음이 맞지 않다, **불화하다.** **2.** 적의를 품다, 대립하다, 반항하다. **3.** 멀다, 틀리다, 다르다: a more ~ *(C.)* 풍습과 다르다. **4.** 〔*refl.*〕 **a se** ~ 꾸준하지 못하다, 한결같지 않다.
dissep... *V.* dissæp...
dissĕrēnáscit, návit, ĕre, *intr. impers.*[dis+seréno] 하늘이 개다, 구름이 걷히다.
dissĕréno, áre, **1.** *intr. impers.:* disserénat 하늘이 개다, 날씨가 좋다. **2.** *tr.* 진정시키다, 가라 앉히다.
díssĕro[1]**,** sérŭi, sértum, ĕre, *tr.* [dis+sero[1]] 〔*alqd;* de, super *abl., acc. c. inf., interr. indir.; absol.*〕 논술하다, 토론하다, 조목조목 따지다, 분석하다, 논증하다: præcépta disseréndi*(C.)* 논증법 / rátio disseréndi*(C.)* 변증법.
díssĕro[2]**,** sévi, sĭtum, ĕre, *tr.* [dis+sero[2]] **1.** (씨 따위를) 여기저기 뿌리다, 심다. **2.** 퍼뜨리다. 「아다니다. **2.** 퍼져나가다.
dissérpo, ĕre, *intr.* [dis+serpo] **1.** 기어 돌
dissertátĭo, ónis, *f.* [dissérto] 논술, 논문; 논설, 논평, 변론, 논증.
dissertátor, óris, *m.* 논술자, 논설가; 논문 집필자. 「해소(解消). **2.** = dissertátio.
dissértĭo, ónis, *f.* [díssero[1]] **1.** 분해, 와해;
dissérto, ávi, átum, áre, *tr. freq.* [díssero[1]] 논술하다, 토론하다, 토의하다, 논증하다.
dissício = disício = disjício.
dissĭdéntĭa, æ, *f.* [dissídeo] 불일치, 상이(相異); 이론(異論), 이설(異說); 신앙 이반(離反).
dissídĕo, sédi, séssum, ére, *intr.*[dis+sédeo] **1.** 〔ab *abl., dat.*〕 떨어져 있다, 헤어져 있다; 멀리 있다. **2.** 〔*absol.;* a, cum *abl.; dat.;* inter *se* -(de, in) *alqā re*〕 일치하지 않다, 맞지 않다, 틀리다, 서로 다르다; 의견차이가 있다, 불화하다, 사이가 벌어지다. **3.** 〔a, cum *abl.* -in *alqd*〕 갈라지다, 반대하다, 반항하다; 원수지다.
dissídĭum, i, *n.* [dissídeo] 불화, 불목; 의견의 불일치, 이론(異論), 이단(異端).
díssĭdo, sédi, séssum, ĕre, *intr.* 〔cum, ab *abl.*〕 불목하다, 의견이 다르다.
dissignátĭo = designátĭo.
dissignátor, óris, *m.* [dissígno] 정리자, 지휘자, 지시자, 배정자, 질서유지자.
dissígno, ávi, átum, áre, *tr.* [dis+signo] 표로 구분하다, 명확히 구별하다; 정리하다, 질서잡다; 배열하다.
dissílĭo, lŭi, íre, *intr.* [dis+sálio] 사방으로 튕겨나가다; 쪼개지다, 깨지다, 파열하다, 터지다.
dissímĭlis, e, *adj.* [dis+símilis] 〔*dat., gen.,* inter *se;* ac, atque〕 같지 않은, 다른, 틀리는, 닮지 않은. 「차이, 상이점.
dissĭmĭlĭtúdo, dĭnis, *f.* 서로 다름, 틀림;
dissĭmŭlābílĭter, *adv.* [dissímulo] 몰래.
dissĭmŭlántĭa, æ, *f.* [dissímulo] 은폐, 가장, 위장.
dissĭmŭlátĭo, ónis, *f.* [dissímulo] **1.** 은폐, 가장, 위장. **2.** 반어(反語), 반어법.
dissĭmŭlátor, óris, *m.* [dissímulo] 은폐자, 가장[위장]하는 자.
dissĭmŭlátus, a, um, *p.p.* [dissímulo] 〔*more dep.: acc.*〕 숨기고 있는: Veste virum longā ~ erat.*(Ov.)* 그는 긴 옷으로 자기가 남자인 것을 숨기고 있었다.
dissímŭlo, ávi, átum, áre, *tr.* [dis+símulo] **1.** 〔*absol.; alqd,* de *alqā re, acc. c. inf.*〕 은폐하다, 숨기다; 가장하다, 위장하다, …(아닌) 체하다. **2.** 〔*alqm, alqd*〕 모르는 척하다, 묵과[간과]하다. 「는, 분산되는.
dissĭpábĭlis, e, *adj.* [díssipo] 흩어질 수 있
dissĭpátĭo, ónis, *f.* [díssipo] **1.** 분산, 흩어짐. **2.** 흩어져 사라짐, 소실(消失), 소멸(消滅). **3.** 낭비, 산재(散財); 방탕.
dissĭpátor, óris, *m.* [díssipo] **1.** 흩뿌리는 사람; 낭비자, 소비자. **2.** 파괴자. 「자.
dissĭpátrix, ícis, *f.* [dissipátor] 낭비하는 여
díssĭpo, ávi, átum, áre, *tr.* **1.** **흩어지게 하다,** 흩뿌리다, 분산시키다; 〔*pass. refl.*〕 **se ~, dissipári** 흩어지다: hómines dissipáti *(C.)* 여기저기 흩어져 사는 사람들. **2.** 흩어져 사라지게[없어지게] 하다, 분쇄하다, 소멸시키다. **3.** **낭비하다.** **4.** 〔*alqd, acc. c. inf.*〕 **퍼뜨리다,** 번져나가게 하다. **5.** 도주시키다, 격퇴하다, 쫓아버리다.
díssĭtus, a, um, *p.p.* [díssero[2]].
dissŏcĭábĭlis, e, *adj.* [dissócio] **1.** 〔*active*〕 갈라 놓는, 나누는, 분리시키는. **2.** 함께 어울릴 수 없는, 서로 화합할 수 없는, 비사교적인.
dissŏcĭátĭo, ónis, *f.* [dissócio] 분리; 불상용(不相容), 양립하기 어려움, 부조화, 상반성, 배척.
dissócĭo, ávi, átum, áre, *tr.* [dis+sócio] **1.** 〔*alqd* -ab *abl.*〕 가르다, 떼어 놓다, 멀어지게 하다, 분리[분열]시키다, (관계 따위를) 단절하다, 끊다. **2.** 버리다, 떠나다.
dissŏlúbĭlis, e, *adj.* [dissólvo] **1.** 풀 수 있는, 해소할 수 있는; 해제할 수 있는. **2.** 분리되는, 분해되는, 용해성(溶解性)의.
dissŏlūbílĭtas, átis, *f.* 융해성, 용해성(溶解性); 분해성, 해소성, 해제성.

dissŏlúte, *adv.* [dissolútus] **1.** 《修》 연결성 없이, 말을 토막토막 잘라서, 접속사를 생략하고. **2.** 소홀히, 등한히, 약하게. **3.** 멋대로, 방종하게.

dissŏlútĭo, ónis, *f.* [dissólvo] **1.** 분괴, **분해**. **2.** 용해, 융해. **3.** **해소(解消)**, 해제, **해약**. **4.** 파괴, 파멸, **멸망**, **소멸**(消滅): ~ natúræ *(C.)* 죽음 / ~ navígii *(Ta.)* 파선, 난파. **5.** 폐기, 폐지. **6.** 논박, 반박. **7.** **박약**(薄弱), 유약, 무기력, 탄력성 없음; 무관심, 소홀, 등한; 방종, 방탕.

dissŏlūtívus, a, um, *adj.* 분해성의; 용해성의.

dissŏlútus, a, um, *p.p.*, *a.p.* [dissólvo] **1.** 풀린, 이완된, 해이해진. **2.** 연결성 없는, 따로 떨어진; 접속사가 생략된. **3.** 무관심한, 등한한, 소홀한. **4.** 유약한, 박약한. **5.** 경박한, 방종한, 방탕한, 타락한.

dissólvo, sólvi, solútum, ĕre, *tr.* [dis+solvo] **1.** 풀다, **분해하다**, 녹이다. **2.** 〔*alqd – alci*〕 지불하다, (빚) 갚다, 치르다: ~ æs aliénum *(C.)* 빚을 갚다 / ~ pœnam *(C.)* 형벌을 치르다. **3.** 완화하다, 늦추다. **4.** **해소(解消)하다**, 해체하다, 분열시키다; 폐기[폐지]하다; 파멸시키다, 없어지게 하다. **5.** 〔*alqd*, *alqm*〕 반박하다, 논박하다. **6.** 〔*alqm*〕 해방하다, 자유롭게 해주다.

dissŏnántĭa, æ, *f.* [díssono] 불협화음, 잡음; 부조화, 불균형.

díssŏno, nŭi, nĭtum, áre, *intr.* [dis+sono] **1.** 다른 소리가 나다, 소리가 맞지 않다. **2.** 〔ab *abl.*; *dat.*〕 틀리다, 맞지 않다, 어긋나다, 조화되지 않다.

díssŏnus, a, um, *adj.* [dis+sonus] **1.** 불협화음의, 소리맞지 않는, 잡소리 나는. **2.** 〔ab *abl.* – *alqā re*〕 틀리는, 다른, 조화되지 않는; 불화하는: gentes díssonæ sermóne *(L.)* 말이 서로 다른 민족.

dissors, sórtis, *adj.* [dis+sors] **1.** 〔ab *abl.*〕 추첨에 참여하지 않은; 함께 하지 못한, 운명을 같이 하지 않는, 한몫 끼지 못한, 협동하지 않는. **2.** 반인반수(半人半獸)의.

dissuádĕo, suási, suásum, ére, *tr.* [dis+suádeo] 〔*alqd*, *inf.* – *alci*; ne *c. subj.*; de *abl.*; *absol.*〕 포기하도록 충고하다, 말리다, 타일러서 그만두게 하다, 간(諫)하다: ~ legem *(C.)* 입법을 말리다.

dissuásĭo, ónis, *f.* [dissuádeo] 충고(하여 말림), 간언(諫言), (하지 못하도록 하는)설득, 제지(制止).

dissuāsívus, a, um, *adj.* 그만두게 하는, 「말리는, 제지하는.

dissuásor, óris, *m.* [dissuádeo] 말리는 사람, 충고자, 저지 실득사, 산언사.

dissuávĭor, átus sum, ári, *dep. tr.* [dis+suávior] 마음껏 입맞추다.

dissúlto, áre, *intr. freq.* [dissílio] 사방으로 튀다, 파열하다, 사방 터지다.

díssŭo, sŭi, sútum, ĕre, *tr.* **1.** 풀어헤치다. **2.** 조금씩 해소시키다, 슬슬 따돌리다.

dissup... *V.* dissip...

dissýllăbus, a, um, *adj.* = disýllabus.

distābósco, tábŭi, ĕrc, *intr.* 녹나, 쇠퇴하나.

distǽdet, tǽsum est, ére, *impers.* 〔*alqm alcjs (rei)*, *inf.*〕 몹시 싫증나다, 싫다.

distális, e, *adj.* 《解》 말초(末梢)의, 말단의.

distántĭa, æ, *f.* [disto] **1.** **거리**, (공간적·시간적) **간격**, 원격. **2.** **차이**, **격차**; 다름, 상이(相異), 구별.

distantívus, a, um, *adj.* 거리상의.

disténdo, di, tum[sum], ĕre, *tr.* **1.** 펼치다, 펴다, 벌리다, 전개하다; 확장하다, 넓히다, 뻗어나가게 하다. **2.** 부풀게 하다, 채우다, 팽창하게 하다, 붇게 하다. **3.** 고문하다, 고통을 주다. **4.** 쩔쩔매게 하다, 진퇴양난에 빠지게 하다, 갈피를 못잡게 하다.

distént ĭo, ónis, *f.* [disténdo] 팽창, 확장.

disténtus[1], a, um, *p.p.*, *a.p.* [disténdo] 부푼, 붙은, 가득찬.

disténtus[2], a, um, *p.p.*, *a. p.* [distíneo] 많은 일에 바쁜, 다망한, 종사하는.

distérmĭno, ávi, átum, áre, *tr.* [dis+término] 경계를 정하다, 한정짓다, 구분[구획]하다, 결정하다.

dístĭchon[-um], i, *n.* 2행시(二行詩); 대구(對句), 대련(對聯).

distillátĭo, ónis, *f.* [distíllo] **1.** 증류(蒸溜), 증류액. **2.** 방울져 떨어짐.

distíllo, distímŭlo = destíllo, destímulo.

distínctĭo, ónis, *f.* [distínguo] **1.** 〔*gen.*, ab *abl.*〕 구별, 분별; 분간, 식별; 분리: 《哲》 ~ ratiónis cum fundaménto in re 실제 근거의 개념적 구별 / ~ ratiónis sine fundaménto in re 실제 무근거의 개념적 구별. **2.** 차이, 상이, 다른 점; 특징, 특이성. **3.** 《修》 문장구분; 《文法》 종지부, 중지부, 휴식부; 구두법 부호. **4.** 발군, 탁월, 우수성, 비범; 특별대우.

distínctus[1], a, um, *p.p.*, *a.p.* [distínguo] **1.** 다른, 판이한, 별개의, 구별된. **2.** 명확한, 잘 구분된, 분명한, 뚜렷한, 똑똑한. **3.** 꾸며진, 장식된, 훌륭한; 여러 빛깔의, 다채로운: pócula gemmis distíncta *(C.)* 보석으로 장식된 잔들.

distínctus[2], us, *m.* 구별, 차이; 특이성.

distínĕo, nŭi, téntum, ére, *tr.* [dis+téneo] **1.** 떨어져 있게 하다, 따로따로 해두다, 분리시켜 놓다, 사이를 떼어 붙들어두다·지탱하다. **2.** (감정·생각을)갈라놓다, 집중하지 못하게 하다, 분열시키다; 갈피를 잡지 못하게 하다. **3.** 〔*alqd* – *alqm* ab *alqā re*〕 방해하다, 저지하다, (방해하여)…하지 못하게 하다; (무엇에)매여 있게 하다, 붙잡아두다, 지연하게 하다.

distínguo, stínxi, stínctum, guĕre, *tr.*

[dis + tingo, di + stinguo] **1. 가르다, 나누다:** ~ comam *(Sen.)* 가리마 타다. **2.** 〔*alqd[alqm]* - ab *abl.*〕 **구별하다, 분별하다,** 밝히다, 식별하다, 구분하다, 분류하다: ~ ambígua *(C.)* 모호한 점을 밝히다 / ~ artíficem ab ínscio *(C.)* 예술가를 무식한 사람과 분별하다. **3.** 시비를 가리다, 판결하다, 판정하다. **4.** (여러가지로) 장식하다, 두드러지게 하다, 다채롭게 하다; 은은한 변화를 주다; 치장하다, 윤색하다. **5.** 《文法》 구두법(句讀法) 부호를 찍다.

disto, áre, *intr.* [dis + sto] **1.** 〔ab *abl.*, *abl.*, inter *se; absol.*〕 (공간적·시간적으로) **떨어져 있다,** 멀리 있다. **2.** 틀리다, 서로 다르다, 구별되다. **3.** *impers.* **distat** 〔*interr. indir.*〕 차이가 있다, 다르다.

dístŏma, ătis, *n.* 《動》 디스토마, 이구충(二口虫): ~ hepáticum 간 디스토마. 「충병.

distŏmĭásis, is, *f.* 《醫·獸醫》 디스토마병, 흡

distórquĕo, tórsi, tórtum, ére, *tr.* [dis + tórqueo] **1.** 찌그러뜨리다, 비틀다, 뒤틀다, 비비꼬다, 몸부림치게 하다. **2.** 고문하다, 고통을 주다.

distórtĭo, ónis, *f.* [distórqueo] 비틀기, 뒤틀기, 비비꼼; 찌그러짐, 비틀림, 왜곡(歪曲).

distórtus, a, um, *p.p.*, *a.p.* [distórqueo] **1.** 비틀린, 뒤틀린, 꾄, 비뚤어진, 찌그러진. **2.** 모호하게 표현된, 풍자된, 비꼬는.

distráctĭo, ónis, *f.* [dístraho] **1. 분산, 헤침,** 분리, 나눔: ~ ánimi corporísque *(Sen.)* 영혼과 육신의 분리, 죽음. **2.** 불화, 불목, 분열. **3. 분심(分心), 잡념; 방심. 4.** 소매(小賣), 산매. **5.** 오락, 휴게, 기분전환, 긴장이완.

distráctus¹, a, um, *p.p.*, *a.p.* [dístraho] **1.** 나누인, 분열된, 분산된; 긴장을 푼. **2.** 여러가지 일에 붙잡힌, 다망한, 분주한.

distráctus², us, *m.* 《法》 해약(解約).

dístrăho, tráxi, tráctum, ĕre, *tr.* [dis + traho] **1.** 사방으로 잡아당기다; 흩어지게 하다, 분산시키다, 번지게 하다. **2.** 소매(小賣)하다, 산매하다. **3. 가르다, 분열시키다;** 해산[해체]시키다, 파탄을 일으키다: in contrárias senténtias dístrahi *(C.)* 상반되는 두 의견으로 분열되다. **4.** (분쟁을) 조정하다·해결하다. **5.** 깨뜨리다, **부수다,** 격파하다, 붕괴시키다, 끊어놓다; 교란시키다. **6.** 무효로 만들다, 파기하다, 해약하다, 해소시키다. **7. 마음을 산란해지게 하다,** (여러가지 일에) 마음쓰게 하다, 분심(分心)을 일으키게 하다. **8.** 〔*alqm[alqd]* - ab *abl.*〕 **떼어[뜯어·찢어]내다,** 떼어 놓다, 떨어져 나가게 하다, 갈라지게 하다; 원수가 되게 하다. **9.** 〔*pass.*〕 dístrahi famā 나쁘게 소문나다.

distríbŭo, bŭi, bútum, ĕre, *tr.* [dis + tríbuo] 〔*alqd* - *alci;* in *alqos*〕 **나누어 주다, 분배하다,** 도르다, 돌리다; 살포하다; 나누다, 분류하다: ~ pecúnias exercítui *(Cæs.)* 군대에 돈을 도르다 / ~ mílites in legiónes *(Cæs.)* 군인들을 각 군단에 배치하다 / ~ pópulum in quinque classes *(C.)* 국민을 다섯 계급으로 분류하다.

distrĭbúte, *adv.* [distribútus] 질서있게, 방법론적으로, 논리적으로.

distrĭbútĭo, ónis, *f.* [distríbuo] **1.** 분배, 배급, 배부; 배치; 살포. **2.** 구분, 분류, 정리. **3.** 《論》 주연(周延).

distrĭbūtívus, a, um, *adj.* **1.** 분배의, 배분에 관한; 개별적: numerália distributíva 배분 수사(數詞) / justítia distributíva 분배적 정의. **2.** 《論》 주연(周延)하는.

distrĭbútus, a, um, *p.p.*, *a.p.* [distríbuo] 정돈된, 잘 배치된, 질서있는. 「엄중히.

distrícte[-ctim], *adv.* [districtus¹] 엄격히,

distríctĭo, ónis, *f.* [distríngo] **1.** 엄격, 엄중. **2.** 엄벌.

distríctus¹, a, um, *p.p.*, *a.p.* [distríngo] **1.** 〔*abl.*, ab *abl.*〕 묶인, 방해받은; 분주한, 다망한. **2.** 엄격한, 엄중한.

distríctus², us, *m.* 지역; 관할구역.

distríngo, strínxi, stríctum, ĕre, *tr.* [dis + stringo] **1.** 벌리다, 벌어지게 하다; 분산시키다. **2.** 일에 얽매이게 하다, 종사하게 하다, 분주히 지내게 하다, 정신 못 차리게 하다: distríngi offício molestíssimo *(Plin.)* 아주 귀찮은 일에 붙들리다. **3.** 못하게 하다, 방해하다, 견제하다, 저지하다.

distrúnco, ávi, átum, áre, *tr.* [dis + trunco]

dístŭli, *pf.* [díffero]. 「둘로 자르다.

disturbátĭo, ónis, *f.* [distúrbo] **1.** 파괴, 붕괴, 멸망. **2.** 혼란, 질서문란, 교란, 소동, 폭동.

distúrbo, ávi, átum, áre, *tr.* [dis + turbo] **1.** 폭력으로 분산시키다, 흩어버리다: ~ contiónem *(C.)* 집회를 강제 해산시키다. **2.** 흐트러뜨리다, (안녕·질서·평화 따위를) **어지럽히다·문란케 하다, 교란하다. 3.** 무너뜨리다, 쓰러뜨리다, 허물다, 파괴하다, 멸망시키다: Ignis cuncta distúrbat. *(C.)* 화마가 모든 것을 삼키고 있다. **4.** 뒤엎다, 전복시키다, 망쳐놓다, 좌절시키다, 실패하게 하다, 방해하다. 「무.

distȳ́lĭum racemósum, i, *n.* 《植》 조록나

disȳ́llăbus, a, um, *adj.* 2음절의.

dītátor, óris, *m.* [dito] 부요해지게 하는 자.

dīte, *n. adj.* [dis²] **1.** = dives. **2.** *adv.* 부요하게, 풍성하게. 「지다, 풍부해지다.

dītésco, ĕre, *intr. inch.* [dis²] 〔*abl.*〕 부요해

dĭthălássus, a, um, *adj.* 두 바다가[물살이] 합치는.

dĭthĕísmus, i, *m.* 이신론(二神論).

dīthȳrámbĭcus, a, um, *adj.* 주신(酒神)

Bacchus의 송가[찬가]의.
dīthyrámbus, i, *m.* 1. 주신(酒神) Bacchus 송가[찬가]. 2. 열광적인 시가(詩歌)·송가.
dítĭæ = divítiæ.
dítĭo = dícĭo.
dítĭor, ĭus, *adj. comp.* [dīs²] 〔dives의 비교급으로 많이 쓰임〕 더 부유한.
ditíssĭmus, a, um, *adj. superl.* [dīs²] 〔dives의 최상급으로 많이 쓰임〕 가장 부유한.
dīto, ávi, átum, áre, *tr.* [dīs²] 1. 부자되게 하다, 부유하게 하다, 풍부하게 하다; 〔*pass.*〕 부유해 지다, 치부하다; 풍부해 지다, 많아지다. 2. 화려하게[호화롭게] 하다; 짙게 하다; (땅을) 기름지게 하다.
dĭu, *adv.* 1. 〔*abl. antiq. forma a* dies〕 낮에, 주간(晝間)에. 2. **오래, 오랫동안.** 3. 〔가끔 jam과 함께〕 오래전부터: jam ~ *(Pl., C.)* 벌써 오래전부터.
dīum, i, *n.* (= divum) 하늘, 노천(露天).
dĭūrésis, is, *f.* 《醫》 이뇨(利尿), 배뇨(排尿) 과다증.
dĭūrétĭcus, a, um, *adj.* 1. 이뇨(利尿)의, 배뇨(排尿)를 촉진하는. 2. *n.* 《藥》 이뇨제(利尿劑).
dĭúrna, órum, *n.pl.* 일일보고, 일기, 일지(日誌); 일간 신문.
dĭurnátim, *adv.* 매일.
dĭúrno, áre, *intr.* 오래 가다, 지속되다; 오래 살다.
dĭúrnum, i, *n.* [diúrnus] 1. (노예들에게 배급되는)하루 식량; 1일분 식량. 2. 일일보고, 일지(日誌), 일기; 일간 신문. 3. 낮, 주간(晝間).
dĭúrnus, a, um, *adj.* [diu=die] 1. 〔noctúrnus의 반대〕 낮의, 주간(晝間)의: labóres diúrni *(C.)* 낮일. 2. 매일의, 하루하루의; 하루의, 하룻 동안의: diúrnis diébus 날마다 / diúrna acta *(Ta.)*, diúrni commentárii *(Suet.)* 일지(日誌) / ~ cibus *(L.)*, ~ victus *(Suet.)* 하루 식량. 3. 〔드물게는〕 (= diutúrnus) 오랜, 장구한.
dīus, a, um, *adj.* (= dīvus) 1. 신(神)의, 신적(神的)인, 신성한. 2. 신과 같은; 탁월한, 완벽한, 훌륭한. 3. 하늘의, 천상의. 4. *m.* 신, 하느님.
dĭúscŭle, *adv.* 얼마동안, 약간 오래.
dĭútĭnus, a, um, *adj.* [diu] 오랜, 장구한, 영속적인.
dĭūtíssĭme, *adv. superl.* [diu] 가장 오래.
dĭútĭus, *adv. comp.* [diu] 더 오래.
diútŭle, *adv.* [diu] 얼마동안, 잠시동안, 약간 오래.
dĭūtúrnĭtas, átis, *f.* [diutúrnus] 오랜 시간, 오랫동안, 장시일; 장구성(長久性), 영속성.
dĭūtúrnus, a, um, *adj.* [diu] 오랜, 장시일의, 장기간의, 오래 걸리는, 오래 가는, 장수하는; 장구한, 영속적인.
dīva, æ, *f.* [dīvus] 여신(女神).
dīvăgátĭo, ónis, *f.* [dívagor] 방황, 유랑, 부랑(浮浪).
dívăgor, átus sum, ári, *dep. intr.* [dis+vagor] 방황하다, 유랑하다, 떠돌다.
dīvalis, e, *adj.* 1. 신(神)의. 2. 왕세의.
dīvārĭcátĭo, ónis, *f.* [divárico] 절개(切開).
dīvārĭcátor, óris, *m.* 《解》 개근(開筋); (쌍각류 조개의 껍질을 벌리게 하는)폐격근(閉隔筋).
dīvárĭco, ávi, átum, áre, *tr.* 두 갈래로 갈라지게[벌어지게] 하다; 가랑이를 벌리(게 하)다.
dīvéllo, vélli[vúlsi], vúlsum, ĕre, *tr.* [dis+vello] 1. 잡아 빼다[뜯다], 뽑아내다, 잡아찢다, 찢어내다: divélli dolóre *(C.)* 고통으로 마음이 찢어지다. 2. 중단시키다; (관계를) 끊다. 3. 〔*alqm[alqd]* ab *abl.*, *abl.*〕 **떼어 놓다, 떼내다,** 갈라 놓다, 물러서게 하다: ~ líberos a paréntum compléxu *(Sall.)* 자녀를 부모의 품에서 떼어 놓다.
dīvéndo, dĭdi, dĭtum, ĕre, *tr.* [dis+vendo] 소매하다.
dīvérbĕro, ávi, átum, áre, *tr.* [dis+vérbero] 이쪽저쪽 치다, 때리다, 매질하다; 때려서 갈라 놓다.
dīvérbĭum, i, *n.* [dis+verbum] (연극의)대화부분.
dīversícŏlor, óris, *adj.* 여러가지 색의, 잡색의.
dīversímŏde, *adv.* 여러가지 모양[방법]으로.
dīvérsĭtas, átis, *f.* [divérsus] 1. 상반, 반대, 대립, 모순(점). 2. 같지 않음, 다름, 상이(점), 차이(점), 불일치. 3. 여러가지, 다양, 다양성, 잡다함, 형형색색; 변화.
dīversor... *V.* deversor...
dīvérsum, i, *n.* 반대 쪽[방향], 반대[상대]편, 맞은 편; 다른 곳: in ~ *(Ta.)* 반대 방향으로, 상반되게 / e divérso *(Plin.)* 맞은편에서; 그와 반대로 / ex divérso 1) *(Q.)* 반대[상대]편에서, 적군측에서. 2) *(Sen.)* 각각 다른 곳에서부터 / per ~ *(Ta.)* 제 각기 다른 곳을 거쳐.
dīvérsus, a, um, *adj.* [divérto] 1. 〔*absol.*; ab *abl.*; inter *se*〕 반대 방향의, 서로 등지고 있는, 다른 방향의; 정반대의, 상반되는: divérsa indúere *(Ta.)* 정반대의 생각을 하다. 2. 반대편의, 건너편의, 맞은편의: divérsæ partis advocátus *(Suet.)* 반대편 변호사 / divérsa ripa *(Sil.)* 건너편 강변. 3. 〔*absol.*; ab *abl.*〕 거스르는, 반대하는, 적대하는, 대립된, 대치한. 4. 따로따로의, 저마다의, 제각기의; 서로 멀어진, 멀리 멀어진: Divérsi proficíscuntur. *(L.)* 그들은 따로따로 출발한다. 5. 〔ab *abl.*; *abl.*, *gen.*, *dat.*, inter *se*, *c. conj.*: quam, ac; *absol.*〕 **서로 다른, 여러가지의,** 각종의, 가지각색의, 같지 않은: divérso témpore *(Juv.)* (서로) 다른 시간에. 6. 우유부단한, 불안정한,

이리저리 동요하는. 「대강(膨大腔).
dīvertícŭla ampúllæ, órum, *n.pl.* 《解》 팽
dīvertícŭlum, i, *n.* **1.** (= devertículum) 옆길, 우회로; 숙박소, 여관. **2.** 《解》 맹
dīvértĭum = divórtium. ⌊낭(盲囊).
dīvérto, vérti, vérsum, ĕre, *intr.* [dis + verto] **1.** 〔*absol.; ab abl.*〕 갈라지다, 헤어지다, 떠나다, 이탈하다; 이혼하다. **2.** 〔*dat.*〕 다르다.
dīves, vĭtis, *adj.* (*abl. sg.* -e; *gen. pl.* -um) 〔*absol.; abl., gen.*〕 **1. 부유한, 부자의,** 많이 가지고 있는: ~ bubus *(Ov.)* 소부자. **2. 풍부한, 풍요한,** (무엇이) 많이 있는; 많이 산출하는, 기름진; 풍부한 내용의, 푸짐한: ~ ager *(V.)* 비옥한 밭 / munus ~ *(Ov.)* 푸짐한 선물 / ~ lingua *(H.)* 말잘하는 혀. **3.** 값진, 고가(高價)의: ~ gemma *(Prop.)* 값진 보석. **4.** 〔비교급·최상급은 규칙적 형성 외에, 더 흔히는 dīs, dītis에서 형성함〕 **divítior, dítior** 더 부유한; **divitíssimus, ditíssimus** 가장 부유한.
dīvéxo, ávi, átum, áre, *tr.* [dis + vexo] **1.** 이리 저리 잡아찢다; 여러가지로 괴롭히다. **2.** 약탈하다, 휩쓸다, 유린하다.
Dívĭco, ónis, *m.* *Cæsar* 시대의 *Helvétia* 인들의 장군. 「불쾌, 귀찮음, 괴로움.
dīvídĭa, æ, *f.* [dívido] **1.** 불화, 불목. **2.**
dívĭdo, vísi, vísum, ĕre, *tr.* [dis + víduo] **1.** 〔*alqd* - in *acc.*〕 가르다, **나누다,** 쪼개다, 분단하다, 분할하다, 분열시키다: Gállia est omnis divísa in partes tres. *(Cæs.)* 전 *Gállia*는 세지역으로 나누어져 있다. **2.** 〔*alqd* - cum *alqo, alci,* inter *acc.;* in *acc.*〕 나누어 가지다, 분배하다, 분산배치하다: hereditátem ~ cum fratre *(Q.)* 유산을 형제와 나누어 가지다 / ~ agros virítim cívibus *(C.)* 땅을 시민들 개개인에게 분배해 주다 / ~ equitátum in omnes partes *(Cæs.)* 기병대를 각 방면으로 분산배치하다. **3.** 소매(小賣)하다, 산매하다, 분양하다. **4.** 〔*alqd* - *dat.;* in *acc.*〕 **구분하다,** 따로따로 나누다, 분담시키다; **분류하다:** ~ senténtiam *(C.)* (원로원에서) 일괄제출된 안건을 분리해서 따로 다루다[설명하다·투표하다] / Dívide. *(C.)* 개별적으로 설명하라 / ~ genus in spécies *(C.)* 유(類)를 여러개의 종(種)으로 분류하다. **5.** 〔*alqd* - ab *abl.*〕 **분리시키다,** 멀리 떼어놓다, 갈라놓다: Massília a Græcórum regiónibus linguáque divísa *(C.)* 희랍인들의 지방과 언어에서 멀리 떨어진 *Massília*. **6.** 〔*alqd* ab *abl.*〕 **구별[분별]하다,** 분간하다 식별[판별]하다: legem bonam a malā ~ *(C.)* 양법(良法)을 악법과 구별하다. **7.** 돋보이게 하다, 두드러지게 하다, 장식하다; 반주하다: cítharā cármina ~ *(H.)* 거문고로 노래를 반주하다.
dīvídŭus, a, um, *adj.* [dívido] **1.** 나누이는, 분해할 수 있는. **2.** 분할된, 나누어진, 갈라놓은, 멀리 떨어진: coma divídua *(Ov.)* 가리마한 머리.
dīvīnátĭo, ónis, *f.* [divíno] **1.** 예언, 예견, 예감: ánimi ~ *(C.)* 예감. **2.** (미신으로서의) 점, 점복(占卜), 점술. **3.** 점 막대기에 의한 지하수 또는 광맥의 발견. **4.** 《法》 예심, 고소자 선정.
dīvīnátor, óris, *m.* 점장이, 점술자.
divinátrix, ícis, *f.* 여자 점장이, 무당.
dīvíne, *adv.* [divínus] **1.** 신적(神的)으로, 신(神)답게, 하느님 같이. **2.** 하느님에 의해서, 하느님의 힘으로. **3.** 점쳐서; 예언적으로. **4.** 훌륭하게, 감탄할만큼.
dīvínĭtas, átis, *f.* [divínus] **1.** 신성(神性), 하느님의 본성. **2.** 신, 신격(神格); (신격화된 살아있는) 황제. **3.** 신의 위엄·권능. **4.** 점쳐 아는 힘, 예언능력. **5.** 탁월, 완벽: ~ loquéndi *(C.)* 완벽한 웅변.
dīvínĭtus, *adv.* [divínus] **1.** 신으로부터, 하느님으로부터; 하느님의 힘[뜻]에 의해서. **2.** 하느님의 영감을 받고; 신으로부터 받은 예지(豫知)의 능력으로. **3.** 탁월하게, 완벽하게, 훌륭하게.
dīvíno, ávi, átum, áre, *tr.* [divínus] 〔*alqd,* de *alqā re, acc. c. inf., interr. indir.; absol.*〕 (영감을 받고) 예언하다, 예견[예측]하다; 점치다, 점쳐알다.
dīvínum, i, *n.* [divínus] 신(神), 신성(神性); 신에 관한 것, 신적인 것; 제사, 신에게 바쳐진 것: divína humánăque *(Pl., L.)* 모든 것을 총망라하여, 무엇이나 다.
dīvínus, a, um, *adj.* [divus] **1. 하느님의, 신의; 신적**(神的)**인,** 신에 관한, 신성(神性)의: numen divínum *(C.)* 신의 뜻[능력]; 신성(神性); 신 / jus divínum *(C.)* 자연법; 신법 / res divínæ *(C., Q.)* (신이 창조한 대로의) 자연(에 관한 것) / Divína Comœ́dia (*Dante*의) 신곡(神曲) / Divíni Redemptóris (무신론적 공산주의에 관해 1937년 3월 19일에 공포된) *Pius 11*세의 회칙(回勅). **2. 신이 내려준,** 신에게로부터 나온; 천부의. **3. 신에게 바쳐진,** 신을 찬양하는, 신성한, 종교적인: res divína *(C., Pl.)* 제사, 예배 / res divínæ *(V., C., Pl., L.)* 제사; 예배, 종교의식[행사] / diviníssima dona *(C.)* 제사에 가장 합당한 선물. **4.** 〔*absol., gen.*〕 (초자연의 힘으로) 예지(豫知) 능력이 있는, 예언하는; 신의 충동을 받은, 신통력 있는. **5.** 점치는, 점에 관한. **6.** 탁월한, 완벽한, 훌륭한, 귀신같은, 믿어지지 않을 정도의. **7.** 황제의, 신성불가침의: divína domus *(Phædr.)* 황제의 궁전; 황실. **8.** *m.f.* 예언자, 점장이; 무당. 「눌 수 있는.
dīvīsíbĭlis, e, *adj.* [dívido] 나누어지는, 나
dīvīsĭbílĭtas, átis, *f.* 나눌 수 있음, 가분성(可分性), 분할성.

dīvísĭo, ónis, *f.* [dívĭdo] **1.** 나눔, 분할; 《論》 구분; 분류: fundaméntum divisiónis 구분 원리. **2.** 분배, 배분, 배당, 할당. **3.** 《數》 나눗셈, 제산(除算).

dīvísor, óris, *m.* [dívido] **1.** 나누는 자; 분배자. **2.** 입후보자의 득표공작금 배부자. **3.** 《數》 나누는 수, 분모, 제수(除數), 약수(約數).

dīvīsúra, æ, *f.* [dívido] **1.** 베어진 자리, 상처; 째어진 금, 홈, 틈. **2.** 나무의 가랑이, 갈래, 갈라진데, 균열.

dīvísus, us, *m.* [dívido] 나눔, 분할: fácilis divísui *(L.)* 나누기에 쉬운 / divísui habére *(Gell.)* 나누어 갖다.

Dīvĭtiácus, i, *m.* **1.** *Ædŭi*족의 유력한 수령, *Cæsar*와 친교가 있었음. **2.** *Suessiónes* 인들의 왕.

dīvítĭæ, árum, *f. pl.* **1.** **재산, 재물,** 재화(財貨), 부(富). **2.** 부유, 풍부, 풍족, 풍요; 비옥. **3.** 값진 물건[선물]; 패물, 진주, 보석, 장신구. **4.** 천부(의 재능), 자질, 천품: ~ ingénii *(C.)* 천부의 재능.

dívĭto, áre, *tr.* = dīto. 「*mátrĭci*족의 수도.

Dīvŏdúrum, i, *n. Gállĭa Bélgĭca*의 *Medio-*

dīvórsus, a, um, *adj.* 《古》 = divérsus.

dīvórtĭum, i, *n.* **1.** 옆길, 샛길, 우회로. **2.** 분기(分岐), 분기점, 분리: artíssimum inter Európam Asiámque ~ *(Ta.)* 구라파와 아시아 사이의 아주 좁은 해협. **3.** **이혼:** ~ fácere *(C.)* 이혼하다.

dīvulgátĭo, ónis, *f.* [divúlgo] **1.** 공개, 발표, 공표. **2.** 비밀누설, 폭로; 퍼뜨림, 전파, 보급.

dīvulgátus, a, um, *p.p., a.p.* [divúlgo] 공개된, 발표된, 세상에 드러난; 대중적인, 민중화된, 평범한.

dīvúlgo, ávi, átum, áre, *tr.* [dis+vulgo] 〔*alqd, acc. c. inf.*〕 공개하다, 세상에 퍼뜨리다, 발표하다, 공표하다, 보급시키다; 소문내다. 「분리, 갈라놓음.

dīvúlsĭo, ónis, *f.* [divéllo] 찢어냄, 떼어냄,

dīvum, i, *n.* [dīvus] 하늘, 노천: sub divo *(H.)* 노천에서, 야외에서.

dīvus, a, um, *adj.* **1.** **신(神)의,** 신적인, 신성한. **2.** 신과 같은; 탁월한, 완벽한, 훌륭한, 나무랄데 없는. **3.** **하늘의.** **4.** *m.* 신, 하느님, 신령님: dīvi 여러 신들. **5.** *m.* 죽은 황제에게 붙이는 (신격화된) 경

dīxi, *pf.* [dīco²]. ⌊칭.

D.N.J.C. 《略》 = Dóminus Noster Jesus [Iesus] Christus 우리 주(님) 예수 그리스도.

dō, dĕdi, dătum, dăre, *tr.* **1.** 〔*alqd, alqm alci – acc. præd.*〕 **주다,** 수여하다, 내주다, 제공하다, 베풀다, 드리다, 바치다; 끼치다: ~ *alci* véniam *(C.)* 용서해주다 / ~ fíliam in matrimónium *alci (Cæs.)* 딸을 누구에게 시집보내다 / iter *alci* per províncíam ~ *(Cæs.)* 아무에게 주(州)를 가로지르는 통로를 제공하다 / ~ *alqm alci* cómitem *(C.)* 아무를 누구의 동행자로 딸려보내다 / Do, ut des. 상호이행(相互履行), 대등하고 공평한 조건하에서 이루어지는 교환[기배]. **2.** 〔lítteras *alci*, ad *alqm*〕 (편지·공문서 따위를) 쓰다, 보내다. **3.** 〔*alqd alci* ad *alqm*〕 (무엇을 누구한테 가져가도록 아무에게) 맡기다, 부탁하다: ~ mandáta *alci* ad *alqm* *(C.)* 아무를 시켜서 누구한테(ad *alqm*) 명령을 전달하게 하다. **4.** 보여주다, 해 보이다, 제시하다, 내놓다, 내세우다. **5.** 지출하다, 지불하다; (벌을)받다, 치르다, 갚다: Do pœnas temeritátis meæ. *(C.)* 나는 내 경솔함의 대가(代價)를 치르고 있다. **6.** 〔*alqd alci, inf.; acc. c. inf.;* ut, ne〕 **허락[승락]하다,** 허가하다, (소원 따위를)들어[풀어]주다, (로 하여금)…**게 하다,** …도록 내맡기다: Bíbere da. *(Pl.)* 마시게 해다오 / ~ comam diffúndere ventis *(V.)* 바람에 머리카락을 나부끼게 하다. **7.** 〔*alqm[alqd]* in, ad *alqd; alci rei*〕 집어[몰아·밀어·던져]넣다, 넘겨주다, 내맡기다, 내던지다, …에 이르게 하다, …(되)게 하다: ad terram ~ *(Suet.)* 땅에 떨어뜨리다·추락시키다 / ~ *alqm* in custódiam *(C.)* 감옥에 집어 넣다 / ~ urbem ruínis *(L.)* 도시를 폐허로 만들다; 〔*refl.*〕 ~ **se** in fugam *(C.)* 도망하다 / ~ **se** *alci* (in conspéctum) *(Ov., C.)* 누구 앞에 나타나다. **8.** vela ~ *(C.)*, vela ~ ventis *(Cæs.)* 출범하다, 출항하다. **9.** 〔*absol.; alqd – alci; acc. c. inf.*〕 (말·주장 따위를) **인정하다,** 승인하다, 찬동[동의]하다: Satis mihi dedísti, cum respondísti ... *(C.)* 네가…라고 대답한 것은 곧 내 말을 충분히 인정한 것이다 / Dato hoc, dandum erit illud. *(C.)* 이것을 인정한다면 저것도 인정해야 한다. **10.** 〔*alqd alci (rei)*〕 호의를 보이다, 양보하다, 순응하다. **11.** 〔*alqd alci c. dat. fináli*〕 (무엇을 누구에게 무엇으로)**돌리다,** 간주하다, 들씌우다, 주다, (무엇이) 되게 하다: *alqd* álteri crímini ~ *(C.)* 남에게 무엇을 죄로 돌리다 / Sola virtus némini datur dono. 덕행만은 아무에게도 선물로 주어지지 않는다. **12.** 〔사람, *refl.*〕 **se** ~ *alci (rei)* **항복하다,** 자신을 내맡기다; 섬기다, 헌신하다, 몰두하다, 정성을 쏟다: An iis me dem? *(C.)* 내가 그런 자들한테 항복한단 말이냐? / ~ se stúdiis *(C.)* 공부에 전념하다. **13.** 〔사물, *pass. refl.*〕 **dari, se dare** 있다, 생기다; 형편이 닿다: Tempus se dat. *(L.)* 시간이 난다 / datā occasióne 기회 있을 때에[있는 대로]. **14.** **óperam** ~ *alci rei* [ut] …에[…도록] **힘쓰다,** 주력하다, 애쓰다: óperam ~ virtúti *(C.)* 덕행에 힘쓰다 / Da óperam, ut váleas. *(C.)* 건강에 꼭 유의해라 / datā óperā *(C.)* 애써, 짐짓,

일부러. **15.** 말하다, 이야기하다, 설명하다, 전하다: Ænéas eripuísse datur.*(Ov.)* *Ænéas*가 구출했다고 전해진다. **16.** verba ~ *alci* 속여 넘기다, 말로 얼버무리다. **17. nomen** ~ 〔*absol.*; in, ad *acc.*〕 **이름을 걸다, 가입하다,** 입회[입단]하다; (특히)군에 입대하다. **18.** manus ~ *(alci)* 항복하다, 굴복하다, 두손들다. **19.** fábulam ~ 작가가 작품을 연출하다, (배우들에게 연극을) 상연시키다. **20.** (소리)내다·지르다; (눈물을)보이다·흘리다; 낳다, 산출(產出)하다. **21.** 선고하다, 판결을 내리다. **22.** (축제·경기 따위를) 거행하다, 개최하다, 베풀다.

dócĕo, cŭi, ctum, ére, *tr.* **1.** 〔*alqm, alqd; alqm alqd, (alqā re), inf.; interr. indir.; absol.*〕 **가르치다, 수업**(授業)하다, 강의하다, 교육하다: ~ *alqm* lítteras*(C.)* 누구에게 글을 가르치다 / ~ *alqm* natáre 아무에게 수영법을 가르치다 / ~ *alqm* fídibus (*sc.* cánere) *(C.)* 아무에게 현악기 타는 법을 가르치다 / 〔*pass.: alqs alqd (acc.), inf.; alqd (nom.)*〕 puer docéndus artes *(H.)* 학예를 교육받을 소년 / Is ómnia docétur.*(Pl.)* 그는 모든 것을 교육받고 있다 / Græce loqui docéndus sum.*(C.)* 나는 희랍어 회화를 배워야 한다 / Hæc ab his docéntur.*(Cæs.)* 이런 것들을 이 사람들이 가르친다. **2.** 〔*alqm* de *alqā re; acc. c. inf.; interr. indir.*〕 **일러주다, 알려주다,** 통지하다, 정보를 제공하다, 증거를 제시하다: Dócui per lítteras, id nec opus esse ...*(C.)* 나는 편지로 그것이 필요하지 않다는 것을 통지했다. **3.** ~ fábulam (배우들에게 연기를 가르쳐) 연극을 상연하다, 연출하다. 「(假現說).

docetísmus, i, *m.* 《宗》 그리스도 가현설

dóchmĭus, i, *m.* 단장장단장(短長長短長: ⏑ — — ⏑ —)의 시각(詩脚).

dŏcíbĭlis, e, *adj.* [dóceo] 쉽게 배우는.

dócĭlis, e, *adj.* [dóceo] **1.** 〔*absol.; abl.,* ad *acc., gen. inf.*〕 가르치기 쉬운; 쉽게 배우는, 순응하는. **2.** 유순한, 고분고분한, 다루기 쉬운, 나긋나긋한.

dŏcílĭtas, átis, *f.* [dócilis] **1.** 쉽게 배우는 성질, 쉽게 배움; 순응성. **2.** 온순, 유순, 고분고분함, 다루기 쉬움.

doctílŏquax, ácis, *adj.* 유식하게 말하는.

doctílŏquus, a, um, *adj.* 유식하게 말하는.

doctĭúscŭle, *adv.* [doctus] 좀 유식하게.

doctor, óris, *m.* [dóceo] **1.** 스승, 선생, 교사, 가르치는 자. **2.** 희곡작가겸 연출가. **3.** 박사; 의사; 학자; 《가》 ~ ecclésiæ 교회학자·박사: ~ Angélĭcus 천사적 박사(= S. Thomas). 「교수의, 석학의.

doctŏrális, e, *adj.* [doctor] **1.** 박사의. **2.**

doctŏrátus, us, *m.* 박사 학위.

doctrína, æ, *f.* [dóceo] **1.** 가르침, 교육; 배움. **2.** 학과, 학문, 학예; 이론, 방법론: dicéndi ~ *(C.)* 웅변학. **3. 학설,** 정설; **교리,** 교설; 주장, 주의(主義).

doctrīnális, e, *adj.* 교리상의, 교의(敎義)에 관한; 학문의, 학리(學理)상의.

doctríno, ávi, átum, áre, *tr.* 가르치다.

doctrix, ícis, *f.* 여교사.

doctus, a, um, *p.p., a.p.* [dóceo] **1.** 〔*abl., gen., acc., inf.; absol.*〕 배운, 아는, 교육받은, 소양있는, **유식한, 박학한;** 정통한, 전문지식을 가진; 능숙한, 능란한: docta ignorántia*(S. Aug.)* ▪무지(無知)의 지(知). **2.** 지혜로운, 현명한. **3.** 학자, 식자, 물리를 아는 사람; 감정가, 전문가.

dŏcŭméntum, i, *n.* [dóceo] **1.** 〔*gen., alci c. dat. fināli;* ad *acc. gerundívi;* ne, ut〕 교훈, 본보기, 전례, 표본, 귀감; 경고: esse *alci* documénto*(Cæs.)* (무엇이)누구에게 교훈이 되다. **2.** 기록문서·서류, 증서; 증거(물), 증명(의 재료).

Dōdóna, æ, *f. Epírus*의 도시, *Júpiter*신의 신탁으로 유명; 〔*adj.*〕 **-dōnǽus,** a, um; 〔*adj. f.*〕 **-dónis,** ĭdis.

dōdrans, ántis, *m. 9 únciæ,* 12분의 9, 4분의 3: heres ex dodránte*(C.)* 유산의 4분의 3 상속자. 「3의.

dōdrantárĭus, a, um, *adj.* [dodrans] 4분의

dogma, ătis, *n.* **1.** 《宗》 신조, 교의, 교리, 신앙명제, 교조(敎條). **2.** 《哲》 정론(定論), 정설; 독단설.

dogmátĭcus, a, um, *adj.* [dogma] **1.** 신조상의, 교의(敎義)에 관한, 교조의: (thĕológía) dogmática 교의[교리] 신학. **2.** 《哲》 독단주의의. **3.** 독단적인.

dogmătisátĭo[-tizátĭo], ónis, *f.* **1.** 《가》 교의의 교권적 결정. **2.** 독단, 입의 결정.

dogmătísmus, i, *m.* **1.** 《哲》 독단주의, 독단론. **2.** 독단적 주장, 독단적 정신[태도].

dogmătístes, æ, *m.* 정설(定說)의 창시자, 교조주의자; 독단론자.

dogmătízo, ávi, átum, áre, *tr.* 신조로 만들어 전하다, 교조를 창시하다.

dŏlābélla[1], æ, *f.* [dolábra] 작은 도끼, 손도끼, 자귀.

Dŏlābélla[2], æ, *m. Cornélia* 씨족에 속하는 *Roma*인 가문명; 특히 P. Cornélius ~, *Cícero*의 사위.

dŏlábra, æ, *f.* 도끼와 곡괭이를 겸한 연장.

dŏlátĭlis, e, *adj.* (정·도끼 따위로) 다듬기

dŏlātórĭum, i, *n.* 정(석공 연장). 」쉬운.

dŏlatúra, æ, *f.* **1.** 대팻날. **2.** 조각칼.

dŏlens, éntis, *p.præs., a.p.* [dóleo] 아파하는; 슬퍼하는; 고통을 자아내는, 슬프게 하는.

dólĕo, lŭi, lĭtúrus, ére, *intr., tr.* **1.** 〔*alqs* – ab *abl., acc.; absol.*〕 아파하다, **아프다, 고통을 느끼다:** Dóleo ab óculis.*(Pl.)* 나는 두

눈이 아프다 / Dólui óculos.(*Fronto*) 나는 두 눈이 아팠다. **2.** 〔*nom. membri – alci*〕 아프다: Pes dolet.(*C.*) 발이 아프다. **3.** 〔*impers.: dat.*〕 아프다, 아파지다: Mihi dolet. (*Pl.*) 나는 아프다. **4.** 〔*abl.;* a, dc, cx *abl.; alqd, acc. c. inf.;* quod, quia, cum, si; *absol.*〕 마음 아파하다, **괴로와하다**, 슬퍼하다, 통탄하다, 울다: meum casum ~ (*C.*) 나의 불행을 슬퍼하다. **5.** 참지 못하다, 불평하다: Inferióres non dolére debent ...(*C.*) 실력없는 자들은 …것을 불평해서는 안된다. **6.** 〔*alci, alqm*〕 고통을 끼치다, 아프게 하다, 슬프게 하다.

dólĕum[-lĭum], i, *n.* 큰 술통; 통.

dōlĭáris, e, *adj.* [dólium] (술)통의.

dōlĭárĭus, a, um, *adj.* **1.** (술)통의. **2.** *m.* 술통 제조인. **3.** *n.* 술광.

dōlĭólum, i, *n.* 작은 통.

dŏlo, ávi, átum, áre, *tr.* (도끼나 자귀 따위로) 깎다, 다듬다; 전목치다: ~ in quadrum (*Col.*) 네모지게 다듬다 / e róbore dolátus (*Prop.*) 참나무를 다듬어서 만든(사람).

dŏlo(n)¹, ónis, *m.* **1.** 쇠붙이 끝이 달린 장대. **2.** (곤충의) 살, 자침(刺針). **3.** 배 이물의 작은 돛.

Dŏlo(n)², ónis, *m.* *Hector*의 밀정이었던 *Troja*인, *Ulíxes*에게 붙잡혀 죽음. 「족.

Dólŏpes, um, *m. pl. Thessália*의 용감한 종

Dŏlópĭa, æ, *f. Dólŏpes*인의 나라.

dŏlor, óris, *m.* [dóleo] **1.** **아픔, 고통;** 괴로움. **2.** **슬픔,** 비통, 비탄; 고뇌, 고민; 분통, 원한. **3.** 고통거리, 골치거리. **4.** 비장(悲壯), 비애.

dŏlōrósus, a, um, *adj.* 슬픔[고통]을 가져오는; 고통스러운; 애절한, 비통한, 비탄에 잠긴. 「수.

dŏlósĭtas, átis, *f.* 간계, 간교, 계략, 속임

dŏlósus, a, um, *adj.* [dolus] 교활한, 간사한, 간교한, 사기의, 속이는; 꾀많은, 속임수 쓰는. 「임수. **2.** *pl.* 올가미, 음모.

dŏlus, i, *m.* **1.** 꾀; 간계, 교활, 사기, 속

dōma, ătis, *n.* **1.** 집, 움집. **2.** 평평한 지붕.

dŏmábĭlis, e, *adj.* [domo] 제어할 수 있는, 길들일 수 있는, 부릴 수 있는, 훈련시킬 수 있는.

dŏmestĭcátim, *adv.* [doméstĭcus] **1.** 이 집 저 집에서. **2.** 집에서, 집안에서. 「지위.

dŏmestĭcátus, us, *m.* 친위병을 거느리는

dŏméstĭcus, a, um, *adj.* [domus] **1.** (자기) 집의[집에 있는], 가내의, 집안의; 가족의, 가정의: ~ ótior. (*C.*) 나는 집에서 쉰다 / doméstica vestis (*Suet.*) 실내 옷. **2.** 사생활의, 개인적인, 자기 집에 한정된: 《가》 Prælátus ~ 교황 사실(私室) 고위 성직자. **3.** 자기 나라의, 본국의, 국내의, 내부의: domésticum bellum (*Cæs.*) 내란. **4.** *m.pl.* 한 집안 식구, 권속; 가노(家奴), 하인들. **5.** *m.pl.* 측근자들; 친위대. **6.** 〔*adv.*〕 **-ce,** 자기 집에서, 사사로이.

dŏmi, *adv.* (*gen. locatívus*) [domus] 집에, 고향에, 본국에: tenére se ~ (*C.*) 집에 머물러 있다 / ~ bellíque[militiǽque] 평화시에

dŏmĭcélla¹, æ, *f.* 작은 집. └나 전시에나.

dŏmĭcélla², æ, *f.* **1.** 처녀. **2.** 기사(騎士)의 시녀. 「견습 기사(騎士).

dŏmĭcéllus, i, *m.* 기사(騎士)의 시노(侍奴);

dŏmĭcílĭum, i, *n.* [domus+colo] 집, 주택, 거처, 숙소, 상주 장소; 법률상 주소: ~ impérii et glóriæ (*C.*) (권력과 영광의 본거지 즉) *Roma.* 「[식사].

dŏmĭcœ́nĭum, i, *n.* 자기 집에서의 만찬

dŏmĭdúcus, a, um, *adj.* (부모의 · 남편의) 집으로 데려다 주는.

dómĭna, æ, *f.* [dóminus²] **1.** (한 집안의) 여주인, 안주인, 주부, 아내. **2.** 부인, 여사, 숙녀. **3.** 왕후. **4.** 여신(女神), 신들의 어머니. **5.** 지배하는 여자. **6.** 애인, 애첩.

dómĭnans, ántis, *p. præs., a. p.* [dóminor] 출중한, 뛰어난, 탁월한; 지배적인, 가장 유력한, 우세한.

dŏmĭnátĭo, ónis, *f.* [dóminor] **1.** **통치,** 지배; **주권,** 통치권, 권위. **2.** 독재(권), 전제. **3.** *pl.* 지배자, 통치자. **4.** 《聖》 주품(主品) 천사.

dŏmĭnātívus, a, um, *adj.* 지배적인, 주재(主宰)하는, 주권의; 우세한, 유력한.

dŏmĭnátor, óris, *m.* [dóminor] 주재자(主宰者), 주권자, 지배자, 통치자.

dŏmĭnátrix, ícis, *f.* [dominátor] (여자) 주재자, 지배자.

dŏmĭnátus, us, *m.* = dominátio.

dŏmĭnélla, æ, *f. dim.* [dómina] 미혼부인.

Domínĭca, æ, *f.* (*sc.* dies) [domínicus] 주일(主日), 일요일. 「회의.

Dominĭcánus, a, um, *adj.* 도미니꼬 수도

dŏmĭnĭcárĭus, a, um, *adj.* 주일(主日)의, 일요일의: cœtus ~ 주일날 미사에 모인 군중.

dŏmínĭcus, a, um, *adj.* [dóminus²] **1.** 주인의; 군주의, 지배자의. **2.** [D-] 주님의: (dies) Domínica 주일(主日).

dŏmínĭum, i, *n.*[dóminus²] **1.** 소유권, 영유권; 주권, 지배, 통치; 소유, 소유지, 영토. **2.** 대향연, 주연. **3.** *pl.* 통치자, 지

dómĭno, áre, *intr.* = dóminor. └배자.

dómĭnor, átus sum, ári, *dep. intr.*[dóminus²] **1.** 〔in *abl.;* inter, in *acc.; dat., gen., abl.; absol.*〕 주인 노릇하다, 주도권을 잡다, 지배하다, 주재(主宰)하다, **다스리다,** 통치하다, 군림하다, 쥐고 흔들다, 판치다; 제압[억제]하다. **2.** 가장 큰 구실을 하다, 큰 세력을 갖다.

dŏmínŭla, æ, *f.* 젊은[어린] 여주인.

dŏmínŭlus, i, *m.* 젊은[어린] 주인.

dóminus¹, a, um, *adj.* 주인의.

dóminus², i, *m.* [domus] 1. (한 집안의) **주인,** 가장, 남편; 상전. 2. **주인, 임자,** 소유주; 고용주. 3. 〔신의 형용어〕 (만물의) 주재자, **주님**: summus ~ *(C.)* 최고의 주재자(인 하느님). 4. 통치자, 집권자. 5. 지배인, 감독, 장(長), 자유로 처리[좌우]할 수 있는 사람. 6. 폐하 (*Tibérius* 이후부터 널리 사용된 황제의 칭호). 7. 애인. 8. (존칭으로서의) 선생, **님,** 씨.

dómĭo, ítum, íre, *tr.* [domus] 집으로 날라오다.

dŏmĭpórta, æ, *f.* [domus+porto] 달팽이.

dŏmísĕda, æ, *f.* 집안에 들앉아 있는 부인.

Dŏmítĭa, æ, *f.* *Roma*인의 씨족명.

Dŏmĭtĭánus, i, *m.* T. Flávius ~, *Roma* 황제 (재위 81-96 P.C.).

dŏmítĭus¹, a, um, *adj.* 집에 머물러 있게 하는.

Dŏmítĭus², i, *m.* *Roma*인의 씨족명; 특히 *L.~ Ahenobárbus*(*Roma* 내란 때에 *Pompéjus*의 장군); 〔*adj.*〕 **-tĭánus[-tĭus],** a, um.

dómĭto, áre, *tr. freq.* [domo¹] 길들이다, 억제하다.

dómĭtor, óris, *m.* [domo¹] 1. 조교자(調教者), 조련사(調練師). 2. 정복자, 압제자; 극복자.

dómĭtrix, ícis, *f.* [dómitor] 1. 여자 조련사, 조교자(調教者). 2. 정복자.

dŏmĭtúra, æ, *f.* [**-tus,** us, *m.*] 길들이기, 훈련, 순치(馴致).

domn... *V.* domin...

dŏmo¹, ŭi, ĭtum, áre, *tr.* 1. **길들이다,** 순치(馴致)하다, 온순해지게 만들다; (짐승을) 훈련시키다. 2. 정복하다, 복종시키다; 억제[제어]하다, **진정시키다,** (감정 따위를) **억누르다.** 3. (토지를) 개간하다·경작하다; (포도에서) 즙을 짜다; (쇠 따위를) 달구다.

dŏmo², *adv.* *(abl. locatívus)* [domus] 집에서부터.

dŏmŭítĭo, ónis, *f.* (= domum ítio) 귀가(歸家).

dŏmum, *pl.* domos, *adv.* *(acc. locatívus)* [domus] 집으로(들); 고향으로, 본국으로.

dŏmúncŭla, æ, *f.* *dim.* [domus] 조그마한 집.

dŏmus, us, *f.* [~, i, *f.*] 〔*sg.: gen. locatívus* -i; *abl.* -o; *pl.: nom.* -us; *gen.* -órum, -ŭum; *dat., abl.* -ĭbus; *acc.* -os, -us〕 1. **집,** 주택; 거처, 숙소; 저택, 궁전: 《가》 ~ formáta (최소한 6명의 서원한 수도자가 있는)정규 수도원. 2. **본국,** 조국, 국내, **고향.** 3. 〔*usus adverbiális*: 단독으로 쓸 적에는 전치사없이 쓰며, 소재지 부사어로는 일반적으로 *gen. locatívus*를 씀〕: **domi**(*C., Cæs.*) 집에; 본국에, 국내에 / domi meæ [tuæ, suæ, nostræ, aliénæ](*C.*), in domo meā *etc.* 내집에[네·자기·우리·남의 집에] / domi Cæsaris, in domo Cæsaris *(C.)* *Cæsar*의 집에 / 〔도착점〕 **domum** *(C.)* 집으로 / domos suas(*Sall.*) 자기 집으로들 / domum revérti(*Cæs.*) 본국으로 돌아가다 / in domum *alcjs*(*C.*) 누구의 집으로 / 〔출발점〕 **domo**(*C.*) 집에서(부터) / domo emigráre(*Cæs.*) 조국에서 떠나다 / 〔숙어〕 domi bellíque, domi militiæque 평화시에나 전시에나 / domi *alqd* habére, domi esse *alci* (구해올 필요없이)집에 다 가지고 있다, 집에 넉넉히 있다. 4. (동물의)집, 굴, 보금자리; 미궁; 무덤; (영혼의 거처로서의) 인간의 육체. 5. **가족, 집안 식구,** 가정; 가문, 후예. 6. 철학파.

dōnábĭlis, e, *adj.* [dono] 1. 넘겨질 만한, 회부되어야 할. 2. 선물로 주기에 적합한[어울리는].

dōnárĭum, i, *n.* [donum] 1. 신전(神殿)의 봉헌물 보관실. 2. *pl.* (신전에서의)봉헌물. 3. 신전, 제단; 성물 보관소.

dōnátĭo, ónis, *f.* [dono] 1. 선사, 증여, 기증, 기부, 헌납. 2. 선물, 기증품, 기부금.

Dōnātístæ, árum, *m.pl.* (4세기 초반에 *Carthágo* 지방교회에서 생긴) *Donátus* 이단파 신봉자들.

dōnātívum, i, *n.* [dono] (군인들에게 주는) 황제의 하사품.

dōnátor, óris, *m.* [dono] 선물주는 사람, 증여자, 시주(施主).

dōnátrix, ícis, *f.* 선사하는 여자.

Dōnátus, i, *m.* 1. 4세기 초엽 *Carthágo* 지방 교회에서 생긴 이단파의 지도자. 2. Ælĭus ~, 4세기 중엽의 *Roma*의 유명한 문법학자.

dōnec, *conj. subord.* 1. …하는 **동안에는** 〔1) *c. indic.*: 일반적으로 주문과 같은 시칭(*tempus*)을 쓰나, *pf., impf.*은 주문과 속문의 시간적 내용에 따라 각각 독자적으로 씀. 2) *c. subj.*: 《희망·기대·목적·가능성》 따위의 뜻까지 포함되었거나 법의 동화(*assimilátio modi*) 규칙에 해당될 경우에는 시칭관계(*consecútio témporum*) 대로의 *præs.* 또는 *impf.*을 씀〕: Donec gratus eram tibi, Persárum vígui rege beátior.(*H.*) 내가 너의 환심을 얻고 있는 동안에는 *Pérsia*의 왕보다 더 복된 세력자였다 / Donec eris felix, multos numerábis amícos. *(Ov.)* 네가 행운아일 동안에는 많은 친구들을 가지게 되리라. 2. …**할 때까지,** …**하기까지;** …**하기 전까지는,** …하기 전에는 〔*c. indic. præs., pf., fut. exact.; c. subj. præs., impf., plqpf.*〕: Non credébam, ~ ille fecit ... *(Pl.)* 그가 …할 때까지 나는 믿지 않았다 / Commóverat quosdam, ~ ancílla verum apéruit.(*Ta.*) 그는 하녀가 진실을 폭로하기전까지는 일부 사람들을 감동시켰었다 / usque eo[eo usque, usque ádeo, usque, in tantum], ~ …할 때까지 계속[줄곧·마냥], (결국)…하기에 이르기까지 계속.

dónĭcum, dónĭque, *conj.* 《古》 = donec.

dōno, ávi, átum, áre, *tr.* [donum] 1. 〔*alqd*

alci; alqm alqā re; alqm alcjs rei, absol.〕 **선물로 주다, 선사하다,** 거저 주다, 후하게 주다, 증정하다, 드리다, 바치다: *alci* immortalitátem ~ *(C.)* 아무에게 불멸성을 주다. **2.** 〔*alci inf.*〕 **허락하다,** …하게 해주다. **3.** (무엇을 위해서 무엇을) 희생으로 바치다, 희생하다. **4. 면제해 주다,** 탕감해 주다, 용서해 주다, 늦추어 주다: mercédes ánnuas conductóribus ~ *(Cæs.)* 소작인들에게 1년 소작료를 탕감해 주다 / ~ fílio patrem *(Justin.)* 아들을 봐서 아버지를 용서해 주다. **5. 부여하다,** 수여하다; 하사하다, 혜시(惠施)하다: ~ *alqm* civitáte *(C.)* 아무에게 시민권을 주다.

dōnum, i, *n.* [do] **1.** 선물; 은사(恩賜), 특은(特恩); 예물; 뇌물: dono dare *alci alqd (T.)* 아무에게 무엇을 선물로 주다. **2.** (신에게 바치는) 제물, 봉헌물. **3.** última dona *(Ov.)* 장례식.

Dŏnúsa, æ, *f. Ægǽum* 바다의 작은 섬.

dorca, æ, [**-as,** ădis,] *f.* 《動》 영양(羚羊).

Dōres, um, *m.pl.* 희랍의 4대 종족의 하나, *Dōris*[1]의 주민; 〔*adj.*〕 **-rĭ(c)us,** a, um; 〔*adv.*〕 **-rĭce,** *Dōres*인들 식으로.

Dōris[1], ĭdis, *f.* 고대 희랍 중부의 한 지방.

Dōris[2], ĭdis[ĭdos], *f.* **1.** 바다의 여신, *Océanus*의 딸, *Néreus*의 아내. **2.** *Syracúsæ*의 대 *Dionýsius*의 아내.

dórmĭo, ívi[ii], ítum, íre, *intr.* **1.** 자다, 수면을 취하다: ~ in dextram aurem *(Plin.)* 오른 편으로(모로) 누워자다 / Non ómnibus dórmio.*(C.)* 나는 자는 척 한다. **2.** *tr.* 잠을 자다: 〔*pass.*〕 Nox perpétua una dormiénda *(Cato)* 내내 잠자야 할 하룻밤 / Tota mihi dormítur hiems.*(Mart.)* 나는 온 겨울을 잠잔다. **3.** 영면하다, 죽다. **4.** 아무것도 하지 않다, 빈둥빈둥 놀다. **5.** 무관심하다, 태평스럽다.

dormītátĭo, ónis, *f.* [dormíto] 잠, 졸음.

dormītátor, óris, *m.* [dormíto] (낮에는 잠자는) 밤도둑. 「제, 최면제.

dormītíva, órum, *n.pl.* 《藥》 진정제; 수면

dormíto, ávi, átum, áre, *intr. freq.* [dórmio] **1.** 졸리다, 자고 싶다. **2.** 졸다, 잠들다: dormítans lucérna *(Ov.)* 깜박깜박하며 꺼지려는 등불. **3.** 어물어물 지내다, 활기없다, 굼뜨다.

dormítor, óris, *m.* 잠자는 사람.

dormītórĭum, i, *n.* [dormitórius] 침실; *pl.* 영면소(永眠所), 묘지.

dormītórius, a, um, *adj.* [dormíto] 잠에 관한, 잠자는(데 필요한); 침실의.

dorsális, e, *adj.* [dorsum] **1.** 등의, 등에 있는. **2.** 배면(背面)의.

dorsĭlóquĭum, i, *n.* 비방(誹謗), 흉봄.

dorsŭális, e, *adj.* [dorsum] **1.** 등의, 등에 있는. **2.** *n.pl.* (가축의) 등거리·등덮개.

dorsuárĭus, a, um, *adj.* = dossuárius.

dorsum[**-us**], i, *n. [m.]* **1.** 등, 등성마루, 배부(背部). **2.** 산등성이. **3.** 암초; 융기(隆起)한 모래톱. **4.** 융기(隆起).

dorsŭósus, a, um, *adj.* 등이 있는; 융기한.

Dŏrўlǽum, i, *n.* 북부 *Phrýgia*의 도시; **-lénses,** ĭum, *m.pl.* 그곳 주민.

dŏrýphŏrus[**-os**], i, *m.* 창으로 무장한 군인, 창든 사람.

dōs, dōtis, *f.* 〔*pl. gen.* -ĭum〕 [do] **1. 지참금, 지참재산,** (여자의)혼수(婚需): ~ fíliæ nubéntis 출가 지참금 / dotem dícere *(C.)* 지참금을 결정해서 말하다 / doti *alqd* dícere *(C.)*, *alqd* dare in dotem *(Caj.)* 무엇을 지참금으로 정해주다 / 《가》 ~ religiosárum 여자 수도회 지참 재산 / ~ benefícii 교회록(敎會祿) 기본재산. **2.** 특징, 장기(長技), 재능, 천부의 소질, 자질.

dosis, is, *f.* 용량(用量): ~ éfficax 최소 유효량 / ~ letális 치사량.

Dosséннus, i, *m.* **1.** *Roma*인의 개인 이름. **2.** 희극 배우, 익살꾼, 어릿광대.

dossŭárĭus, a, um, *adj.* 등에 짐지고 다니는 (짐승). 「의, 지참금으로 준.

dōtális, e, *adj.* [dos] 지참금의, 지참재산

dōtátĭo, ónis, *f.* [dōto] **1.** 지참금의 부여, 출가(出嫁) 준비. **2.** 《가》 (교회나 수도원에 대한)기본재산 기부.

dōtátus, a, um, *p.p., a.p.* [dōto] **1.** 지참금을 가지고 간, 굉장한 지참 재산을 가지고 있는. **2.** 훌륭한 소질을 가진.

dōto, ávi, átum, áre, *tr.* [dos] 〔*alqm – alqā re*〕 지참금[지참재산]을 주다, 혼수를 장만해 주다. 「歌).

doxologia, æ, *f.* 영광송(榮光頌); 송가(頌

draba nemorósa, æ, *f.* 《植》꽃다지.

drachma[**-chŭma**], æ, *f.* **1.** *Athénæ*의 무게단위 = 약 *4.36 gr., úncia*의 8분의 1 (*Phœnícia*의 *drachma*는 약 *3.5 gr.*). **2.** *Athénæ*의 은화단위 = *Roma*의 *1 denárius*[2].

drăchŭmísso, ávi, átum, áre, *intr.* [dráchuma] *dráchuma*로 일하다.

drăco[1], ónis, *m.* **1.** 용(龍); 큰 구렁이. **2.** 보물의 수호자. **3.** 《天》 용좌(龍座). **4.** 보병부대의 군기.

Drăco[2], ónis, *m. Athénæ*시의 입법자(c. *sæc.* 7 A.C.), 법의 준엄성으로 유명.

drăcōnárĭus, i, *m.* 보병부대의 군기수.

drăcōnígĕna, æ, *m. f.* **1.** 용의 소생(所生), 용에게서 유래한 것. **2.** *Thebæ*시에 붙는 형용사. 「冠).

drăcontárĭum, i, *n.* 사리어 만든 화관(花

dragma = drachma.

drăma, ătis, *n.* 연극, 드라마; 희곡, 극시(劇詩): ~ músicum 가극.

drāmátĭcus, a, um, *adj.* [drama] **1.** 연극의, 극에 관한; 희곡의, 각본의. **2.** 극적

인, 감격적인. 「giána 지방 주민.
Drancæ[-gæ], árum, *m.pl.* *Pérsia*의 *Dran-*
Drances, is, *m.* *Virgílius*의 서사시 *Ænéis*에 나오는 *Látium*인 고문관의 한 사람.
drápĕta, æ, *m.* 탈주노예.
drástĭcum, i, *n.* 《藥》 준하제(峻下劑).
Drépănum, i, *n.*[**-na,** órum, *pl.*] *Sicília*의 서북 해안도시(지금의 *Trapani*); 〔*adj.*〕 **-nītánus,** a, um; *m.pl.* 그곳 주민.
drŏmas, ădis, *m.* 《動》 단봉낙타.
drŏmĕdárĭus, i, *m.* 《動》 단봉낙타.
drŏmo(n), ónis, *m.* 대형 고속 목조선.
drŏmŏs[-us], i, *m.* **1.** 경주장. **2.** [D-] *Sparta* 가까이에 있는 평야, *Sparta*인들이 경주하던 곳. 「*Durance*).
Drŭéntĭa, æ, *f.* *Rhódanus*강 지류(지금의
Drúĭdæ, árum, [**-es,** um,] *m.pl.* 고대 *Gállia*의 *Celtæ*족의 제관들(재판관·마법사이기도 했음), 드루이드 승(僧).
drūpa, æ, *f.* 잘 익은 올리브. 「이는) 이름.
Drūsílla, æ, *f.* *Lívius* 씨족의 여자(에게 붙
Drūsus, i, *m.* *Lívius* 씨족의 가문명; 특히 **1.** M. Lívius ~, 호민관(91 A.C.)으로서 *Gracchus* 형제의 법안을 일부개정하고 마침내 암살된 사람. **2.** Cláudius ~ Nero, *Lívia Drusílla*와 *Tibérĭus Cláudius Nero* 사이의 아들. **3.** 〔*adj.*〕 **-sĭánus,** a, um.
Drўantĭádes, æ, *m.* *Dryas*[2]의 아들(= Lycúrgus).
Drўas[1], ădis, *f.* 〔흔히 *pl.*〕 숲의 요정.
Drўas[2], ántis, *m.* **1.** *Thrácia*의 왕 *Lycúrgus*의 아버지. **2.** *Mars*신의 아들, *Thrácia*의 왕인 *Téreus*의 형제. 「리 꽃나무.
dryas[3] **octopétala,** -ădis -æ, *f.* 《植》 담자
Drўmúsa, æ, *f.* *Clazómĕnæ* 부근의 섬.
Drýŏpe, es, *f.* *Œchália*의 *Eurўtus*왕의 딸이며, *Iŏle*의 자매이고 *Amphíssus*의 어머니.
Drýŏpes, um, *m.pl.* 남부 *Thessália*의 한 *Pelásgi*족.
drys, ўos, *f.* 《植》 떡갈나무: dryos hýphĕar *(Plin.)* 겨우살이.
dŭális, e, *adj.* [duo] **1.** 둘의, 둘을 나타내는, 둘을 포함한. **2.** 《文法》 2수(數)의: ~ númerus 2수, 2수형(數形: 두개 또는 한 쌍을 나타냄). 「(二元論), 이원설.
dŭālísmus, i, *m.* [duális] 《哲·宗》 이원론
dŭálĭtas, átis, *f.* 두개 있음; 이중성, 이원성(二元性); 《數》 쌍대(雙對). 「信半疑).
dŭbíĕtas, átis, *f.* 의심, 의혹; 반신반의(半
dŭbĭósus, a, um, *adj.* 의심스러운, 의심할 여지가 있는, 모호한. 「금의 *Doubs*강).
Dūbis, is, *m.* *Gállia Narbonénsis*의 강(지
dŭbĭtábĭlis, e, *adj.* [dúbito] **1.** 의심스러운, 의심할 만한. **2.** 의심하는, 의심품는.
dŭbĭtátĭo, ónis, *f.* [dúbito] **1.** 〔*absol.; gen. object.; de abl.; interr. indir.;* 부정 뒤에 quin〕 **의심, 의혹, 불확실:** *alcjs rei* ~ *(C.)* 무엇에 대한 의심 / sine ulla dubitatióne *(C.)* 1) 아무런 의심도 없이, 확실히. 2) 조금도 주저하지 않고. **2. 망설임, 주저,** 서슴거림, 거리낌: ~ ad rem públicam adeúndi *(C.)* 정치에 나서기를 주저함 / dubitatiónem *alci* dare *(Cæs.)* 누구를 망설이게 하다 / nullā interpósitā dubitatióne *(Cæs.)* 조금도 서슴지 않고.
dŭbĭtātívus, a, um, *adj.* **1.** 의심[의혹]을 나타내는: 《文法》 conjunctívus [subj-] ~ 의혹 접속법, *e.g.* Quid dicam? *(C.)* 난 뭐라고 말할까? **2.** 의심스러운.
dŭbĭtátor, óris, *m.* 의심하는 자.
dúbĭto, ávi, átum, áre, *intr., tr.*[dúbius[1]] **1.** 〔de *abl.; alqd, acc. c. inf., interr. indir.;* 의문·부정 뒤에 quin; *absol.*〕 **의심하다, 의혹을 품다:** Non potest de auctóre dubitári. *(Q.)* 주모자[장본인]에 대해서 의심할 수 없다 / ~ pudicítiam *(Macr.)* 정조를 의심하다 / res mínime dubitánda *(C.)* 절대로 의심하지 못할 일 / ~, an …지나 않을까[아닐는지, 아마 …리라고]생각하다 / Quid dúbitas, quin ...? *(Pl.)* …라는 것을 왜 의심하느냐? / non ~, quin ... *(C.)* …것을 의심하지 않다. **2.** 숙고하다, 음미하다. **3.** 〔*inf.;* 의문·부정 뒤에 quin; *absol.*〕 **망설이다, 주저하다, 서슴다.**
dúbĭum, i, *n.* [dúbius[1]] **1.** 〔*absol.; de abl., gen. obj.; interr. indir.*〕 **의심, 의혹, 의문, 회의(懷疑);** 불확실한 것: in ~ vocáre *(C.)* 의심을 일으키다[품다], 이의를 제기하다, 문제 삼다 / in ~ veníre *(C.)* 의심스러워지다, 문제가 되다 / in dúbio esse *(T., Q.)* 불확실하다 / sine dúbio *(C.)*, procul dúbio *(L.)* 의심없이, 확실히 / de *alqā re* ~ non est *(C.)* 무엇에 대해 의심의 여지가 없다 / Non est ~, quin ... *(C.)* …라는 것에 대해 의심의 여지가 없다 / ~ methódicum 방법적 회의 / ~ facti 사실에 대한 의혹[의문] / ~ juris 법의 존재[저촉]에 대한 의혹[의문]. **2.** 망설임, 주저. **3. 위험, 위기;** 난관, 역경: in ~ veníre, in dúbio esse *(T.)* 위험에 놓이다, 위기에 있다 / in ~ revocáre [devocáre] *(C., Cæs.)* 위험한 상태에 놓다.
dúbĭus[1], a, um, *adj.* [duo] **1.** 이리 쏠리고 저리 쏠리고 하는, 이리저리 흔들리는: spem metúmque inter dúbii *(V.)* 희망과 공포 사이에서 엇갈린 생각에 잠긴 사람들. **2.** 〔*gen. obj.; interr. indir.; inf., acc. c. inf.;* 부정·의문 뒤에 quin〕 **의심하는, 회의를[의혹을] 품는; 망설이는,** 주저하는, 어찌할 바를 모르는, 갈피를 못잡는, 우유부단한, 자신없는: ~ senténtiæ *(L.)* 어느 편을 들지 망설이는 / Ego sum vitæ ~. *(Ov.)* 나는 생명에 대해 자신이 없다 / ~ sum, quid fáciam. *(H.)* 나는 어찌할 바를 모르겠다 / haud ~ intérfici posse *(Curt.)* 살해당할 수

있음을 의심치 않는 / haud ~, quin ...*(Curt.)* …라는 것을 의심치 않는. **3.** 〔*usus* ut *supra 2.*〕 **의심스러운, 확실치 않은,** 잘 모를, 어찌 될지 모를, 수상한: dúbia victória*(Cæs.)* 불확실한 승리 / mors haud dúbia *(V.)* 확실한 죽음 / dúbium cælum*(V.)* 잔뜩 찌프린 하늘 / Dúbium est, uter nostrum sit ...*(C.)* 우리 둘 중에 누구인지는 불확실하다 / An tibi dúbium est, eam esse hanc? 이 여자가 그 여자라는 것이 네게는 의심스러우냐? / Dúbium est, an …나 아닐까 의심스럽다. **4. 위험에 처한,** 위기에 놓인, 염려되는: ~ æger*(Ov.)* 위험한 병자. **5. 위험한, 어려운,** 힘든, 순조롭지 못한: res dúbia*(Pl.)* 위험한 일 / témpora dúbia*(H.)* 역경 / dúbia*(n. pl.)* nisu*(Sall.)* 오르기 힘든 곳.

Dúbĭus², i, *m.* *Roma*인의 씨족명.

dŭcális, e, *adj.* [duco] **1.** 장군의. **2.** 공작(公爵)의.

dŭcátus, us, *m.* [dux] **1.** 사령관직, 최고지휘관직(무). **2.** 공작영토(公爵領土).

dŭcēnárĭus¹, a, um, *adj.* [ducéni] 200을 포함하는, 200의: ducenárium pondus*(Plin.)* 200근.

dŭcēnárĭus², i, *m.* 《軍》 2개 백인대의 지휘관.

dŭcéni, æ, a, *num. distr.* 200씩의, 매번 200의.

dŭcentésĭma, æ, *f.* **1.** 200분의 1. **2.** 0.5퍼센트 세(稅).

dŭcentésĭmus, a, um, *num. ordin.* [ducénti] 제200, 200번째의.

dŭcénti, æ, a, *num. card.* [duo+centum] **1.** 200(의). **2.** 숱한. 여러번.

dŭcéntĭe(n)s, *adv.* **1.** 200번. **2.** 수없이,

duchésnĕa Wallichiána, æ, *f.* 《植》 뱀딸기.

dŭcĭánus, a, um, *adj.* [dux] **1.** 장군의; 부대장의; 두목의. **2.** *m.* 장군[부대장]의 부관(副官).

dŭcíssa, æ, *f.* [dux] 공작부인(公爵夫人).

dūco, dūxi, ductum, ĕre, *tr.* **1.** 끌다, 당기다, 끌어[잡아]당기다. **2. 데리고 오다[가다], 인도하다,** 안내하다, **끌고 가다,** 끌어 들이다: Quo ducis me?*(Pl.)* 나를 어디로 끌고가는 거냐? / 〔*refl.*〕 **se ~** 가다; 떠나가다; 도망치다: se ~ foras*(T.)* 밖으로 나가다. **3.** 〔*alqm* – ad *alqd*〕 (길 따위가 어디로) 가다, 이르게 하다: via, quæ ducit ad urbem 도시로 가는 길. **4.** (칼·제비 따위를) 뽑다, 뽑아내다: ~ ferrum vaginā *(Ov.)* 칼을 칼집에서 뽑다 / Sortes ducúntur.*(C.)* 제비를 뽑는다 / *alqd[alqm]* sorte ~*(C.)* 무엇을[누구를] 제비로 뽑다 / sorte judex in reum ductus*(Suet.)* 제비에 뽑혀 죄인이 된 재판관. **5. 들이마시다,** 빨아들이다, 흡입하다: spíritum ~*(C.)* 숨을 쉬다, 살다 / áërem[ánimam] spíritu ~*(C.)* 공기를 들이마시다 / aquam ~*(Scrib.)* 물을 마시다 / ~ pócula*(H.)* 술잔들을 단숨에 들이켜다 / oblívia ~*(H., Val. Fl.)* 잊어버리다. **6.** (노를) 젓다, (배를) 저어가다. **7.** (실을) 뽑다, 잣다; 꼬다. **8.** (입·얼굴 따위를) 삐쭉거리다, 오므리다, 찡그리다, 찌푸리다, 씰룩거리다. **9.** 《法》 〔*alqm* in, ad *acc.*〕 **연행하다, 투옥하다,** (형벌에) **처하다.** **10.** ~ *alqam* (domum), *alqam* ~ uxórem[in matrimónium]*(Pl., T., C., Cæs.)* 어떤 여자를 **아내로 맞아들이다**[삼다], 장가들다. **11.** 《軍》 (전장에서) **인솔하다,** (이동시켜)전투에 배치하다, **지휘하다,** 통솔하다, 전투명령을 내리다. **12. 다스리다, 거느리다,** 이끌어가다, 지도[지휘]하다, 감독하다. **13.** (빛깔 따위를) 띠다, 꼴을 갖추다·지니다, 취(取)하다. **14** 구축(構築)하다, 축조하다, (벽·담 따위를) 쌓다, 파다; 만들다, 형성하다, 다듬어 조각하다, 빚다; (줄을) **긋다. 15.** (시·노래를) 짓다. **16.** (행사나 행렬에서, 특히 장례식 때 가족·친지가) 앞서 가다, 앞장서다, **인도하다:** pompam ~*(Ov.)* 행렬을 선도(先導)하다 / *alci* funus[exséquias] ~*(C., Plin.)* 장례 행렬의 선두에 서 가다. **17.** 〔*alci* – *alqd*〕 (뺨을) 때리다: cólaphum ~*(Q.)* 뺨치다. **18.** ~ alvum*(Cels.)* 관장(灌腸)하다. **19.** (어떤 상태에) 이르게 하다, 생기게 하다, 일으키다, 초래하다, 가져오다: sopórem ~*(Tib.)* 잠들게 하다 / error ad melióra ducéndus*(Q.)* 개선되어야 할 오류. **20.** 〔*alqm* ad *acc.*〕 (마음을) **끌다, 이끌다,** 유치하다, 인도하다, 선도하다, …**게 하다:** Me ad credéndum tua ducit orátio.*(C.)* 네 연설이 나로 하여금 믿게 해준다 / 〔흔히 *pass.*〕 **duci***(alqā re)* **이끌리다,** (마음이)움직이다, (마음이) 사로잡히다, 매혹되다, 도취하다, 인도(引導)되다. **21.** 속이다, 걸려들게 하다, 끌어들이다. **22.** 〔*alqd* ab, ex *abl.*〕 (기원·유래·원인·시작 따위를 어디서) **끌어오다,** (어디에) 두다, **기원되게 하다,** (어디에) **기인(起因)되게 하다,** 이끌어내다, 나오게 하다; (이름 따위를) **따오다,** 얻어오다, 파생시키다: ~ oríginem ab *alqo(H.)* 누구에게 기원을 두다 / ~ belli inítium a fame *(C.)* 기아 때문에 전쟁을 시작하다 / ~ nomen ex *alqā re(C.)* 무엇에서 이름을 따오다. **23.** 지연시키다, **질질 끌**어가다, 계속하다, 연장하다, **늦추다:** bellum ~*(C.)* 전쟁을 계속하다 / tempus ~*(N.)* 시간을 끌다. **24. 살다, 지내다,** 누리다: vitam ~*(V.)* 살다 / ~ noctem*(Plin.)* 밤을 지내다. **25.** 늘이다, 뻗게 하다; (물 따위를) 끌어가다. **26.** 계산하다, 따지다. **27.** 〔*alqm[alqd] c.acc. præd., acc. c. inf.; alqm[alqd]* in *abl.*,pro *abl., gen. prétii; alqd c. dat. fináli*〕 **여기다, 생각하다,** 간주하다, 인정하다, 판단하다, **평가하다:** Néminem ~ hóminem *(C.)* (남을) 아무도 사람으로 여기지 않다 / ~ *alqm* in número hóstium *(C.)* 아무를 적으로 생각하다 / *alqd* in bonis ~ *(C.)* 무엇을 좋은 것으로 여기다 / *alqd* parvi ~ *(C.)* 작게 평가하다 / *alqd* pro níhilo ~ *(C.)* 무시하다.

ductābílĭtas, átis, *f.* 잘속는 성질.

dúctĭlis, e, *adj.* [duco] **1.** (금속 따위가) 잡아 늘일 수 있는, 두들겨 펼 수 있는, 길게 끌 수 있는, 신장성(伸張性) 있는, 유연한. **2.** 지도하기 쉬운.

ductim, *adv.* [duco] 한숨에, 단숨에.

dúctĭo, ónis, *f.* [duco] 끌고 옴[감], 인도(引導), 연행(連行).

dúctĭto, ávi, átum, áre, *tr. freq.* [duco] **1.** 끌고 다니며 팔다. **2.** 장가들고 싶어하다. **3.** 속이다.

ducto, ávi, átum, áre, *tr. freq.* [duco] **1.** 이리저리 끌고다니다, 여기저기로 인도하다, 안내하다, 데리고 가다, (군대를) 지휘하다. **2.** (첩을) 데리고 살다. **3.** 속이다, 속여 넘기다.

ductor, óris, *m.* [duco] **1.** 인도자, 안내자. **2.** 지휘관, 부대장, 선장; 통솔자.

ductrix, ícis, *f.* [ductor] 여성 지도자, 인도자, 안내자.

dúctŭlus, i, *m.* [ductus] 《醫》 (각종 분비액을 운반하는) 관(管).

ductus, us, *m.* [duco] **1.** 늘여 나감, 잡아 늘임, 뻗어나가게 함; (연속된 것의) 선, 줄, 열(列), **연속**; (칼 따위로 자른) 단면. **2.** 윤곽, 외형: ~ oris 입의 윤곽. **3. 도관**(導管), 수송관: ~ aquárum *(C.)* 수도. **4.** 《生理》 관(管): ~ cochleáris 와우관(蝸牛管) / ~ ejaculatórius 사정관. **5.** 인도, 안내. **6. 지휘, 통솔. 7.** (연극의) 연결성.

dūdum, *adv.* **1.** 얼마 전에, 얼마 전부터; 오래 전에[전부터]; 벌써부터: jam ~ *(C.)* 이미 오래 전에. **2.** 조금 전에, 최근에. **3.** quam ~ 오랫 동안; 얼마나 오랫 동안, 얼마나 있다가?

dŭélla, æ, *f.* *úncia*의 3분의 1.

duéllans, ántis, *m.* 격투자, 결투자.

duellátor, óris, *m.* 《古》 = bellátor[1].

duéllĭcus, a, um, *adj.* 《古》 = béllicus.

duéllis, is, *m.* 적(敵).

Dué(l)lĭus = Duí(l)lius.

duéllum, i, *n.* **1.** 《古》 = bellum. **2.** 결투.

duétĭa tricúspis, -æ -ĭdis, *f.* 《植》 거북꼬리.

Duíl(l)ĭus, i, *m.* *Roma*의 집정관, *Cartthágo*인을 해전에서 처음으로 무찌른 사람 (260 A. C.).

duim, duis, duit, duint, 《古》 = dem, des... *præs. subj.* [do].

duis, *adv.* 《古》 (= bis) 두번.

dúĭtas, átis, *f.* 2의 수.

dulce, *adv.* [dulcis] 달콤하게, 부드럽게, 상냥하게, 기분좋게, 곱게.

dulcédo, dĭnis, *f.* [dulcis] **1.** 단맛, 감미, 좋은 맛. **2.** 즐거움, 유쾌함, 쾌적, 안락. **3.** 상냥함, 부드러움, (목소리 따위의) 고움, 아름다움, 귀염성, 매력.

dulcésco, cŭi, ĕre, *intr.* [dulcis] 단맛을 띠다, 달콤해지다, 담수(淡水)가 되다, 부드러워지다.

dúlcĭa, órum, *n.pl.* 과자.

dulcĭárĭus, i, *m.* 과자 제조인.

dulcícŭlus, a, um, *adj. dim.* [dulcis] 단맛이 있는, 달짝지근한, 달콤한.

dúlcĭfer, fĕra, fĕrum, *adj.* [dulcis + fero] 단맛을 지닌.

dulcíflŭus, a, um, *adj.* 잔잔히 흐르는.

dulcílŏquus, a, um, *adj.* 부드럽게 속삭이는, 다정스럽게 말하는.

dulcímŏdus, a, um, *adj.* 고운 소리나는.

dulcĭnérvis, e, *adj.* 유연한 힘줄의.

dulcíŏla, órum, *n. pl. dim.* [dúlcia] 사탕과자, 알사탕.

dulcis, e, *adj.* **1.** 단, 달콤한, 감미로운, 맛있는: aqua ~ *(Auct. B. Al.)* 단물, 민물 / dulce *(n.)* 단것. **2.** 즐거운, 유쾌한, 쾌적한, 안락한, 기분좋은, 흥미진진한; (목소리 따위가) 고운, 듣기좋은, 부드러운, 온화한: ~ vita *(Lucr.)* 안락한 생활. **3.** 상냥한, 싹싹한, 귀염성있는, 붙임성있는, 은근한, 다정한.

dulcísŏnus, a, um, *adj.* 고운 소리의.

dulcĭtúdo, dĭnis, *f.* [dulcis] 감미, 단맛.

dulco, átum, áre, *tr.* 감미롭게 만들다.

dulcor, óris, *m.* [dulcis] **1.** 감미로움. **2.** 향기로움, 방향(芳香).

dulcóro, ávi, átum, áre, *tr.* 달게 하다, 맛있게 하다, 감미롭게 하다.

Dulgibíni[-gúbnĭi], órum, *m.pl.* *Weser* 강변에 있던 *Germánia*의 한 종족.

dulía, æ, *f.* 《가》 (천사·성인에 대한) 숭경, 공경.

dúlĭce, *adv.* 노예처럼, 비굴하게.

Dūlíchĭum, i, *n.* [-ĭa, æ, *f.*] *Iónia* 바다의 섬, *Ulíxes*의 영토의 일부; 〔*adj.*〕 **-chĭus,** a, um.

dum[1], *conj. subord.* **1.** …**하고 있는 동안에** (무슨 일이 있었다), 즈음에 〔*indic. præs.*〕: Dum hæc gerúntur, Cǽsari nunciátum est. *(Cæs.)* 이런 일들이 다루어지고 있는 동안에 *Cæsar*에게 보고되었다. **2.** …**하는 동안,** …하는 한: a) 〔속문의 시간적 계속과 주문의 시간적 계속이 같을 경우 *indic.*의 같은 시칭 (= *tempus*)을 쓰는 것이 일반적임; 때로는 속문에 *impf.*, 주문에는 *pf.*〕 Dum vívimus, sperámus. 우리는 살아 있는 동안에는 희망을 가진다 / Dum tu áberas, nihil fácere volébat. 네가 없는 동안 그는 내내 아무 것도 하지 않으려고 했다 / Dum cívitas erit, judícia fient. *(C.)* 국가가 존속하는 한 재판들이 계속 있을 것이다. b) 〔목적·지향·희망·기대·가능·이유 따위의

뜻이 포함되었거나, cum *narratívum*의 뜻으로 쓰였을 때에는 *subj.*〕 하(려)는 동안; (과거에)…할 때에: Dum dísputem, tuam mihi dari velim eloquéntiam.(*C.*) 나는 토론하는 동안 너의 웅변을 빌리고 싶다 / Quievére, ~ præféctus ... inspíceret.(*L.*) 장관이 …시찰하고 있을 때 그들은 쉬었다. **3.** 〔cum *temporále* 처럼 사용되면서 *indic.*〕 하면서, …할 때(주문 뒤에 올때 《그러나》로 번역될 경우도 있음). **4.** …할 때까지, 하기까지〔*indic. præs., pf., fut. exact.*; 목적·지향·희망·기대·가능 따위의 뜻이 포함되었을경우에는 *subj. præs., impf., plqpf.*〕: Ego oppérior, ~ ista cognósco.(*C.*) 나는 이것들을 알게 될 때까지 기다리는 중이다 / Exspécta, ~ *alqm* convéniam.(*C.*) 내가 누구를 만날 때까지 기다려라 / Dum mihi a te lítteræ véniant, in Itáliā manébo. (*C.*) 나는 너한테서 편지가 오기까지 이태리에 머물겠다. **5.** 〔제한조건(*condício restrícta*) *subj.*; 때로는 동사를 생략하기도 함〕 …하기만 하면[한다면], …한 조건에서만, …경우에만: Dum res máneant,...(*C.*) 내용이 남아있기만 한다면… / 〔강조하기 위해서 modo를 덧붙이기도 하며, 부정에는 ne를 동반함〕 dúmmŏdo potestátem consequántur,(*C.*) 그들은 권력을 잡기만 하면 (…을 소홀히 한다) / dum ne ..., dúmmodo ne ...(*C.*) 않기만하면, 아니기만 하면.

-dum², *adv.* 전접어(前接語: *partícula enclítica*) **1.** 〔부정(否定)의 단어에 붙거나 따르면서 《아직…아니》의 뜻을 드러냄〕 **nondum** 아직아니 / nihíldum, nihil ~ 아직 아무 것도 아니. **2.** 〔동사의 명령법, 약간의 부사, 감탄사에 붙거나 따르면서 일종의 《분발·자극》따위의 뜻을 부여함〕 Abi dum.(*T.*) 자! 이제 떠나가거라 / ágĕdum 자! 「총림(叢林).

dūmétum, i, *n.* [dumus] 덤불, 가시덤불,

dúmmŏdo[dum modo], *conj. subord.* (*V.* dum¹ 5.) 〔*c. subj.*〕 하기만 하면: ~ ne(*C.*) 않기만 하면.

Dúmnŏrix, ígis, *m.* *Ædúi*족의 수령이며 *Divitiácus*의 형제, *Roma*인의 적.

dūmósus, a, um, *adj.* [dumus] 덤불이 우거진; 가시덤불의.

dumtáxat[dun-], *adv.* **1.** …만, 다만, 오직, 에 한하여, 따름; 정확히 말해서, 엄밀히, 에누리 없이: ~ per biénnium(*Plin.*) 2년 동안만. **2.** 적어도, 최소한, 하다못해, …만이라도. 「덤불, 가시덤불.

dūmus, i, *m.* 가시가 있는 관목, 가시나무;

dunbárĭa villósa, æ, *f.* 《植》 여우팥.

dŭo, æ, o, 〔*gen.* -órum(*m. n.*), -árum(*f.*); *dat., abl.* -óbus(*m.n.*), -ábus(*f.*); *acc.* -os (*m.*), -as(*f.*); 고대에는 *m. n. gen.* -uum; *m. acc.* -o도 있었음 *num. card.* 둘, 2, 두.〕

dŭódĕcas, ădis, *f.* 12의 수, 다스(打).

dŭŏdĕcénnis, e, *adj.* [duódecim+annus] 12세의, 열두살 된. 「간.

dŭŏdĕcénnĭum, i, *n.* [duodecénnis] 12년

dŭŏdécĭe(n)s, *adv.* [duódecim] 열두번, 12배.

dŭódĕcim, *num. card. indecl.* [duo+decem] 열둘, 12: ~ (tábulæ) 12동판법(銅板法), 12동표(銅表: 451–450 A.C.에 *Roma*의 10대관에 의해 일상생활에 가장 중요한 기본법 조항들이 수록된 12매의 청동판).

dŭŏdécĭmus, a, um, *num. ordin.* **1.** 열두(번)째의, 제12. **2.** *f.* (*sc.* pars) 12분의 1.

dŭŏdēnárĭus, a, um, *adj.* 열둘을 포함하는, 12의.

dŭŏdéni, æ, a, *num. distr.* [duódecim] **1.** 열둘씩의. **2.** 〔*pl. tt.* 명사의 기본수 대용〕 열둘, 12.

dŭŏdénĭtis, tĭdis, *f.* 《醫》 12지장염.

dŭŏdēnōnāgínta, *num. card. indecl.* 여든

dŭŏdénum, i, *n.* 《解》 12지장. ㄴ여덟, 88.

dŭŏdēoctōgínta, *num. card. indecl.* 일흔 여덟, 78. 「여덟씩(의).

dŭŏdēquadrāgéni, æ, a, *num. distr.* 서른

dŭŏdēquadrāgésĭmus, a, um, *num. ordin.* 서른 여덟(번)째의,제38.「른 여덟, 38.

dŭŏdēquadrāgínta, *num. card. indecl.* 서

dŭŏdēquinquāgésĭmus, a, um, *num. ordin.* 마흔 여덟(번)째의, 제48.

dŭŏdēquinquāgínta, *num. card. indecl.* 마흔 여덟, 48. 「덟, 58.

dŭŏdēsexāgínta, *num. card. indecl.* 쉰 여

dŭŏdētrīcésĭmus, a, um, *num. ordin.* 스물 여덟(번)째, 제28.

dŭŏdētrícĭes, *adv. num.* 스물 여덟 번.

dŭŏdētrīgínta, *num. card. indecl.* 스물 여덟, 28. 「(의).

dŭŏdēvīcéni, æ, a, *num. distr.* 열 여덟씩

dŭŏdēvīcésĭmus, a, um, *num. ordin.* 열 여덟(번)째의, 제18. 「18.

dŭŏdēvīgínti, *num. card. indecl.* 열 여덟,

dŭŏetvīcēsĭmáni, órum, *m. pl.* 제22군단 병사들. 「두(번)째의, 제22.

dŭŏetvīcésĭmus, a, um, *num. ordin.* 스물

dúŏvir, ri, *m.* = duúmvir.

dupláris, e, *adj.* 2배의.

duplex, plĭcis, *adj.* [duo+plico] **1.** 이중의, 두겹의, 2배의. **2.** 둘로 접는[접은]. **3.** 둘로 나누인. **4.** 둘다의, 양(兩): dúplices óculi(*Lucr.*) 두 눈. **5.** 교활한, 솔직하지 못한, 사기적인. **6.** 두가지 뜻을 가진.

duplĭcárĭus, i, *m.* [duplex] 2배의 급료를 받는 병사.

duplĭcátĭo, ónis, *f.* [dúplico] **1.** 배가(倍加), 2배, 2중, 중복. **2.** 《가》 = binátio.

duplĭcātívus, a, um, *adj.* 2중의; 중복된; 〔*adv.*〕 **duplĭcātíve ut sic**, 중복적 한정

(限定)으로(…하는 한에 있어서).
duplĭcĭárĭus, i, *m.* = duplicárĭus.
duplícĭtas, átis, *f.* **1.** 2배, 2중; 중복. **2.** 두가지 뜻. **3.** 표리부동.
duplícĭter, *adv.* [duplex] **1.** 2배로, 2중으로. **2.** 두 가지로.
dúplĭco, ávi, átum, áre, *tr.* [duplex] **1.** 갑절하다, 2배로 하다, 두겹으로 하다; 중복하다. **2.** 늘리다, 크게 하다. **3.** 구부리다, 굽히다, 꺾다.
dúplĭo, ónis, *f.* [duplus] 갑절, 2배.
duplo, átum, áre, *tr.* 갑절하다.
duplum, i, *n.* [duplus] 갑절, 2배; 2중: dulpo 2배로.
duplus, a, um, *adj.* [duo] **1.** 갑절의, 2배의. **2.** *f.* (*sc.* pecúnia) 2배의 가격. 「돈.
dupóndĭus, i, *m.* (= dipóndius) *2 as* 짜리
dūra, *adj. f.* [durus] 《解》 경(硬)…: ~ mater 경막(硬膜)/ ~ mater encéphali 경뇌막 / ~ mater spinális 경척수막.
dūrábĭlis, e, *adj.* [duro] **1.** 굳어질 수 있는. **2.** 영속성 있는, 계속되는, 지속적인, 오래가는; 내구력 있는. 「성.
dūrābílĭtas, átis, *f.* 영속성, 지속성, 내구
dūrácĭnus, a, um, *adj.* 껍질이 두꺼운(포도 따위).
dūrámen, mĭnis, *n.* [duro] **1.** 굳음, 단단함; 견고: ~ aquárum *(Lucr.)* 얼음. **2.** 전년생(前年生) 포도가지.
dūrāméntum, i, *n.* [duro] **1.** 전년생(前年生)의 딱딱한 포도가지. **2.** 굳음, 단단함, 견고. 「든(*Troja*의 목마에 대해서만 씀).
dūrátĕus, a, um, *adj.* 나무의, 나무로 만
dūrátĭo, ónis, *f.* [duro] 지속, 계속, 영속.
dūre, *adv.* [durus] **1.** 거칠게, 딱딱하게, 투박하게, 조야하게, 우둔하게. **2.** 엄격하게, 심하게, 모질게, 가혹하게, 냉혹하게. 「딱해지다; 얼다.
dūrésco, rŭi, ĕre, *intr.* [durus] 굳어지다, 딱
dūréta, æ, *f.* (욕실의) 나무 걸상.
dūréus, a, um, *adj.* = duráteus.
dúrĭtas, átis, *f.* [durus] **1.** 굳음, 딱딱함, 견고. **2.** 무정, 냉정, 냉혹, 냉엄. **3.** 고됨, 모진 생활. **4.** 《醫》 경화(硬化), 무감각. 「혹하게, 모질게.
dúrĭter, *adv.* [durus] 엄하게, 가혹하게, 냉
dūrítĭa, æ, [-tĭes, éi,] *f.* [durus] **1.** 굳음, 딱딱함, 견고함. **2.** 《醫》 경화, 경직. **3.** (술의) 떫은 맛. **4.** 모진 생활, 모질음, 고됨; 중압. **5.** 무정, 냉정, 냉혹, 냉엄.
dúrĭus, a, um, *adj.* = duráteus.
dūrĭúscŭlus, a, um, *adj. dim.* [durus] 좀 딱딱한, 굳은; 매끈하지 못한.
dūro, ávi, átum, áre, [durus] **I.** *tr.* **1.** 굳어지게 하다, 딱딱[단단]해지게 하다, 견고해지게 하다, 경화(硬化)시키다. **2.** (피륙 따위를) 이기다. **3.** 〔*alqm[alqd]* - *alqā re* - ad *alqd*〕(고된 일·고생에) **익숙해지게**[배겨나게·모질어지게] **하다, 단련시키다,** 용기를 내게 하다. **4.** 악습에 익숙되게 하다, 무감각[무자비·냉혹]해지게 하다, 완고해지게 하다, 고질이 되게 하다. **5.** 참다, 견디다, 배겨내다: quemvis ~ labórem *(V.)* 어떤 일이든지 배겨내다.
II. *intr.* **1.** **굳어지다,** 단단해지다. **2.** 〔in *abl.*, *abl.*, *absol.*〕 참고 지내다, 견디다, 배겨내다, 아무렇지도 않게 되다, 끈기가 있다, 버티다. **3.** (시간적으로) **오래가다, 지속되다,** 계속되다, 남아있다, 연속되다; **존속하다, 생존하다,** 살다; 〔*inf.*〕 **계속 … 하다**: ~ ad senéctam *(Q.)* 노년시기까지 살다 / duránte vitā 일생동안, 평생 / Durávi interrogáre. *(Petr.)* 나는 계속 물었다. **4.** (공간적으로) 계속 뻗어나가다, 연속되다: Durant colles. *(Ta.)* 언덕들이 연속된다. **5.** 무감각해지다, 냉정[냉혹·가혹]해지다.
Dūrŏcórtŏrum, i, *n.* *Gállĭa Bélgĭca*의 *Remi*족의 수도(지금의 *Rheims*).
Durráchĭum = Dyrr(h)áchium.
dūrus, a, um, *adj.* **1.** **굳은,** 단단한, 딱딱한; 껄껄한; 뻣뻣한. **2.** 맛없는, (음식 따위가) 조악한·험한; (술이) 신, 떫은; 너무 짠. **3.** (소리·문체 따위가) **딱딱한,** 귀[눈]에 거슬리는, 부드러운 맛이 없는. **4.** 둔감한, 우둔한, 머리 나쁜: dura memória *(Q.)* 둔한 기억력. **5.** **조야한,** 세련되지 못한, 조잡한, 거친, 투박한, 퉁명스러운, 무뚝뚝한. **6.** 뻔뻔스러운, 넉살 좋은, 무례한: os durum *(T.)* 뻔뻔스러운 (말 하는) 입. **7.** **냉혹한,** 비정의, 무감각한, 모진, 지독한, 엄한, 완고한, 잔인한, 가혹한: ~ ad *alqd (C.)* 무엇에 아무런 흥미도 느끼지 못하는. **8.** **고된, 힘든,** 견디기 어려운, 괴로운, 귀찮은. **9.** 용감한, 잘 견디어내는, 배겨내는.
dŭúmvir, vĭri, *m.* [duo+vir] 이두(二頭) 정치자의 한 사람, 2인 연대직(連帶職) 장관의 한 사람(*cf.* duúmviri).
dŭúmvĭra, æ, *f.* 2두 정치자 부인.
dŭumvĭrālícĭus, a, um, *adj.* 2두 정치자의, 2인 연대직(連帶職) 장관의: ~ vir 전직 2두 정치자.
dŭumvĭrális, e, *adj.* **1.** 2두 정치자의, 2인 연대직(連帶職)의. **2.** *m.* 전직 2두 정치자.
dŭumvĭrátus, us, *m.* (고대 *Roma*의) 2두정치, 양두제(兩頭制), 2인 연대직(連帶職).
dŭúmvĭri, órum[ŭm], *m.pl.* [duúmvir] 2두 정치자, **2인 연대직 장관**: ~ perduelliónis (근친살해·매국행위·내란선동·장관에 대한 폭행 등을 다스리는) 2인 연대직 사법장관 / ~ sacrórum (*Sibýlla*의 예언·신탁서를 보관·해석하며 종교예식 지휘를 담당하는) 2인 연대직 종교장관(후에 인원수 10명을 거

쳐 15명에 이르렀음) / ~ naváles 함대정비·보수 감독의 2인 연대직 장관 / ~ ædi (sacræ) faciéndæ [locándæ] 신전 건설 담당의 2인 연대직 장관 / ~ aquæ perducéndæ 수도(水道) 건설 2인 연대직 장관 / ~ (præfécti) juri dicúndo [juris dicúndi] 지방 자치도시나 식민지의 최고장관.

dux, dŭcis, *m. f.* [duco] **1. 길잡이,** 인도자, 안내자: natúrā duce *(C.)* 자연이 인도하는 대로. **2.** 지휘자, **통솔자,** 지도자, 영도자. **3. 사령관, 장군,** 부대장. **4.** 지배자, 군주; *Roma* 황제. **5. 두목,** 영수(領首), 선도자(先導者).

dўas, ădis, *f.* 둘이 있음, 쌍.

Dȳmæ, árum, *f. pl.* [**-me,** es, *f.*] 서부 *Acháia*의 항구도시; 〔*adj.*〕 **-mǽus,** a, um.

Dўmántis, tĭdis, *f. Dўmas*의 딸 (= Hécŭba).

Dўmas, ántis, *m. Hécuba*의 아버지.

dўnámĭca, æ, [**-e,** es,] *f.* 역학(力學), 동력학.

dўnámĭce, *adv.* 역학(力學)적으로, 동력적으로.

dўnámĭcus, a, um, *adj.* [dýnamis] **1.** 역학(力學)의, 동력학(상)의. **2. 동적**(動的)**인,** 동력의.

dýnămis, is, *f.* 힘, 세력, 역량; 가능성, 잠재력; 동력.

dўnămísmus, i, *m.* [dýnamis] 《哲》 역본설(力本說), 동력설, 물력론(物力論).

dўnămométron, i, *n.* 검력기(檢力器), 동력계(動力計).

dўnástes, æ, *m.* 왕자(王者), 지배자; 주권자, 소국의 군주.

dўnástĭa, æ, *f.* **1. 왕조**(王朝), 왕가, 왕가의 역대, 왕시대. **2.** 왕당(王黨).

dўnástĭcus, a, um, *adj.* **1.** 왕조의, 왕가의; 왕시대의. **2.** 왕당의.

dўónўmus, a, um, *adj.* 두 이름을 가진.

dўōphȳsitísmus, i, *m.* 《神》 그리스도 복성설(複性說).

dўóta, æ, *f.* = dióta.

dўōtheletísmus, i, *m.* 《神》 그리스도 복의설(複意說).

Dyrr(h)áchĭum, i, *n. Illýria*의 항구도시, 이전에는 *Epidámnus*라 하였음(지금의 *Durazzo*); 〔*adj.*〕 **-chínus,** a, um.

dyschromatópsĭa, æ, *f.* 색맹.

dýscŏlus, a, um, *adj.* (성미가) 까다로운, 고약한.

dyscrásĭa, æ, *f.* 병약체질; 《醫》 악액질(惡液質).

dўsentérĭa, æ, *f.* 《醫》 이질(痢疾), 적리(赤痢).

dўsentérĭcus, a, um, *adj.* **1.** 이질(痢疾)의, 적리(赤痢)의. **2.** *m.* 이질환자.

dўsesthésĭa, æ, *f.* 《醫》 감각 지둔(遲鈍).

dyspépsĭa, æ, *f.* 《醫》 소화불량(증).

dysphágĭa, æ, *f.* 《醫》 연하곤란(嚥下困難), 삼키지 못하는 병.

dysphásĭa, æ, *f.* 《醫》 (대뇌의 기능장해에서 오는) 부전실어(不全失語).

dysphémĭa, æ, *f.* 《醫》 말더듬기, 흘음(吃音).

dysphórĭa, æ, *f.* 《醫》 심신위화(心身違和), 불만족감, 불안.

dysphrénĭa, æ, *f.* 《醫》 정신이상, 정신병.

dyspnœ́a, æ, *f.* 《醫》 호흡곤란.

dyspnóĭcus, a, um, *adj.* 호흡곤란에 고생하는.

dysteleología, æ, *f.* 《哲》 불용기관론(不用器官論).

dystróphĭa, æ, *f.* 영양실조, 발육 이상.

dўsúrĭa, æ, *f.* 《醫》 배뇨곤란(排尿困難), 배뇨통.

dўsuríăcus, a, um, *adj.* 배뇨곤란증에 걸린.

E

E, e[1], *f.,n. indecl.* 라틴어 자모 다섯째 글자: 〈에〉 [e].

E., e[2]., 《略》 **1.** = egrégius, eméritus; equus, eques, equéstris. **2.** 《論》 **E** = nego. 〈전칭부정〉의 기호. **3.** *e.g.* = exémpli grátiā 예컨대.

e[3], *præp. c. abl.* = ex 〔e는 자음으로 시작되는 단어 앞에 씀〕.

eā, *adv.* (*sc.* viā) 그 곳을 거쳐서, 그 길로, 그리로 해서.

eádem, *adv.*(*sc.* viā, parte) **1.** 같은 길로, 같은 곳을 통하여. **2.** 같은 방법으로, 마찬가지로, 동시에.

eaprópter, *adv.* = proptérea.

eápse = ea ipsa. 바로 그 여자.

eátĕnus, *adv.* **1.** 거기까지, 그때까지. **2.** 〔quátĕnus, quoad, quā와 상관적으로〕 …하는 한도 안에서, 범위에서, …하는 그 만큼: ~ sanguis séquitur, quátenus emíttitur. *(Cels.)* 피가 나오는 (그)만큼 흐르고 있다.

ébdŏmas = hébdomas.

ébĕnum, i, *n.* 《植》 흑단(黑檀)열매; 그 목재.

ébĕnus, i, *f.* **1.** 《植》 흑단나무 (감나무과 상록활엽 교목). **2.** 흑단나무 선반.

ébĭbo, bĭbi, bíbĭtum, ĕre, *tr.* **1.** 바닥까지 마시다. **2.** 끝까지 삼켜 버리다. **3.** 바짝 말리다.

ébĭto, ĕre, *intr.* 나가다, 떠나가다.

eblándĭor, ítus sum, íri, *dep. tr.* 아첨하여 [감언이설로] 얻다; 달래서 성취하다.

ĕbor, ŏris, *n.* = ebur.

Ebórăcum[Ebúrăcum], i, *n. Británnia*의 도시(지금의 *York*). 「아 세공의.

ebórĕus, a, um, *adj.* [ebur] 상아로 된, 상

ebríĕtas, átis, *f.* [ébrius] **1.** 술에 취함, 취기, 만취, 명정(酩酊). **2.** *pl.* 폭음, 무절제. 「한.

ebríŏlus, a, um, *adj. dim.* [ébrius] 약간 취

ebriósĭtas, átis, *f.* [ebriósus] 음주벽, 상습적인 음주.

ebriósus, a, um, *adj.* [ébrius] 술 많이 마시는, 상습적으로 술 취하는; *m.* 대주가, 술꾼; 주정뱅이.

ébrĭus, a, um, *adj.* **1.** 흠뻑 머금은, 실컷 마신, 푸짐하게 먹은. **2.** **술취한, 만취한.** **3.** 도취한: fortúnā dulci ~ *(H.)* 달콤한 행운에 도취된.

ebúllĭo, íre, *intr., tr.*[bulla] **1.** 끓어 오르다, 내뿜다, 분출하다. **2.** 〔*alqd*〕 뽐내다, 과

ébŭlum, i, *n.* 《植》 말오줌나무. ⌊시하다.

ĕbur, bŏris, *n.* **1.** 상아. **2.** 상아로 만든 물건. 「한.

eburátus, a, um, *adj.* [ebur] 상아로 장식

eburnéŏlus, a, um, *adj. dim.*[ebúrneus] 상아의. 「의, 상아로 된.

ebúrnĕus[-nus], a, um, *adj.* [ebur] 상아

Eburónes, um, *m.pl. Gállia Bélgica*의 한

Eburovíces, um, *m.pl.* = Aulérci. ⌊종족.

Ebŭsus, i, *f. Hispánia* 동해안에 있는 섬(지금의 *Iviza*).

ec–[1] = ex–, *præfíxa e.g.* écfero = éffero.

ec–[2], *præfíxa* 〔의문대명사에 힘을 줄때〕 ecqui, ecquis? 「진짜로 (여자들의 용어).

ecástor, *interj.* [e+Castor[2]]맹세코! 참으로,

Ecbátăna, órum, *n.pl. Média*의 수도.

Ecbólĭma, órum, *n.pl. Índia*의 도시.

ecca, eccam = ecce ea, ecce eam(*cf.* ecce).

eccĕ, *interj., adv.* 〔*absol.; c. nom., acc.*〕 **1.** 보라! 자, 여기 있다; 홀연, 문득, 갑자기: Ecce homo. 이 사람을 보라! *(Jo.19,5)*; 가시 면류관을 쓴 그리스도의 상(像) / ecce = ecce adsum, ecce me. 나 여기 있다. **2.** 〔통속어에서는 지시 대명사와 결합되면서 준말을 이루기도 한다〕 *e.g.* ecca = ecce ea. 그 여자!

eccéntros*(m.f.)*, -on*(n.)*, *adj.* **1.** 《天》 (궤도가) 편심적(偏心的)인, 이심적(離心的)인, 편심 궤도를 이동하는. **2.** 별난, 괴벽스러운, 변덕스러운.

éccĕrē, *interj., adv.* 참으로, 사실; 봐라.

eccíllam, eccíllum, eccístam, *cf.* ecce 2.

ecclésĭa, æ, *f.* **1.** 집회; 희랍의 국민회의. **2.** **교회; 성당:** ~ mílitans 신전(神戰) 교회(지상의 신자들) / ~ pátiens[purgans] 단련(鍛鍊) 교회(연옥에서 단련되는 교회원) / ~ triúmphans 개선(凱旋)교회(천국의 성도들).

Ecclesiástes, æ, *m.* 《聖》 (구약성서의) 전도서(傳道書, Liber Qohelet라고도 함).

ecclesiástĭcus, a, um, *adj.* [ecclésia] 교회의; 성직의; 종교상의: lex ecclesiástica 교회법; *m.* [E-] (구약성서의)집회서(集會書).

eccos, eccum = ecce eos, ecce eum (*cf.* ec-

écdĭcus, i, *m.* 검사; 변호사. ⌊ce 2.).

ecdúrus = edúrus. 「벗은 껍질, 허물.

écdȳsis, is, *f.* 《動》 **1.** 탈피, 허물벗기. **2.**

ecésis, is, *f.* 《植》 (외래 식물의) 새 땅에서의 발아(發芽)및 토착(土着).

Ecétra, æ, *f. Volsci*족의 수도; 〔*adj.*〕

ecf...*V.* eff... ⌊**-tránus,** a, um.

Echécrătes, is, *m. Phlius*인, *Platon*의 친구.

echenéis, ĭdis, *f.* 《動》 빨판상어.

Echídna[1], æ, *f. Hércules*가 퇴치한 *Lerna*의 물뱀; 〔*adj.*〕 **-néus,** a, um: canis ~ 머리 셋 달린 개 *Cérberus.*

echídna[2], æ, *f.* **1.** 뱀의 암놈, 독사. **2.** 고슴도치의 일종(호주 등지에 서식하는 작은 난생〈卵生〉 포유동물). 「에 있는 군도.

Echínădes, um, *f.pl. Achelóus* 하구(河口)

echínus, i, *m.* **1.** 《動》 섬게. **2.** 《動》 고슴도치. **3.** 밤송이(껍질). **4.** 술잔 씻는 그릇; 소금그릇; 술잔 놓는 나무쟁반. **5.** 《建》 *Doris*[1]인들의 건축양식의 기둥관판(冠板)을 받치는 만두형 쇠시리.

Echíon, ŏnis, *m.* **1.** 용의 이빨에서 났다는 용사의 한사람; 〔*adj.*〕 **-ónĭus,** a, um, *Echíon*(1)의, *Thebæ*의. **2.** *Mercúrius*신의 아들, *Argonáutæ*의 한 사람.

Echiónĭdes, æ, *m. Echíon*(1)의 아들, *Thebæ*의 왕 *Péntheus.*

ēchō[1], us, *f.* 메아리, 산울림, 반향.

Echo[2], us, *f.* 미남 *Narcíssus*를 사모하여 애만 태우다 말라 죽어 바위로 변하고 목소리만 남았다는 님프(nympha).

echóĭcus, a, um, *adj.* **1.** 메아리의, 산울림의; 반향성의. **2.** 의성(擬聲)의.

eclípsis, is, *f.* **1.** 《天》 식(蝕), 일식, 월식. **2.** 이지러짐, 탈락, 소실(消失), 빛 잃음.

eclíptĭcus, a, um, *adj.* (일·월)식의.

éclŏga, æ, *f.* 발췌시, 시선(詩選).

eclogárĭus, i, *m.* [écloga] 선문(選文), 발췌(拔萃). 「람.

ecnéphĭas, æ, *m.* 구름에서 몰아쳐오는 바

ecóntra, *adv.* (*cf.* contra) 그와 반대로.

écphŏra, æ, *f.* 돌출부(突出部).

ecquándo, *adv. interr.* 일찌기 언제…? 언제 한번, 도대체 언제?

ecqui, ecquæ[ecqua], ecquod, *adj. interr.* 도대체 어떤? 무슨?
ecquid, *pron. interr.* **1.** 도대체 무엇이? **2.** 「부사적」 뭐…란 말이냐?
ecquínam, ecquǽnam, ecquódnam, *adj. interr.* = ecqui, ecquæ, ecquod.
ecquis(nam), ecquid(nam), *pron. interr.* 도대체 누구? 도대체 무엇이?
ecquo, *adv.* 도대체 어디로?
écstăsis, is[eos], *f.* **1.** 무아(無我)의 경지, 황홀경, 광희(狂喜). **2.** 《心·宗》 탈혼(脫魂)상태. 「本)의, 탑본(搨本)의.
éctўpus, a, um, *adj.* 부각(浮刻)된; 탁본(拓
ecu... *V.* equu...
eczéma, ătis, *n.* 《醫》 습진, 버짐.
edácĭtas, átis, *f.* [edax] 왕성한 식욕, 대식, 폭식, 탐식.
ĕdax, ácis, *adj.* [edo¹] **1.** 대식[탐식·폭식]하는. **2.** 파고드는 듯한, 에는 듯한, 쑤시는: edáces curæ*(H.)* 쑤시는 듯한 근심.
edénto, ávi, átum, áre, *tr.*[ex+dens] 이 뽑다. 「는.
edéntŭlus, a, um, *adj.* 이가 빠진, 이가 없
édĕpol, *adv.* *(interj.)* [e+de+Pollux] 맹세
édĕra = hédera. ⌊코, 정말.
Edéssa, æ, *f.* *Macedónia*의 옛 도시; 〔*adj.*〕 **-sséus,** a, um.
ēdíco, díxi, díctum, ĕre, *tr.* [ex+dico²] **1.** 〔*alqd - alci; inf., acc. c. inf.;* de *abl.*〕 공포(公布)하다, (게시판 따위에) 공고[공시]하다, 칙령을 내리다, (결정하여)발표하다, 통고하다, 알리다. **2.** 〔*alqd - alci;* ut, ne; *subj.*〕 권장하다, 규정[결정]하다, 명하다; 정하다, 실시하다: Edíco tibi, ne vim fácias. *(T.)* 폭력을 쓰지 말도록 네게 명하는 바이다. 「령(勅令)의: ~ lex 포고령.
edictális, e, *adj.* [edíctum] 포고(布告)의, 칙
edíctĭo, ónis, *f.* [edíco] 발표, 공고; 명령, 칙령. 「고시하다, 공고[공포]하다.
edícto, ávi, átum, áre, *tr.* [edíco] 발표하다,
edíctum, i, *n.* [edíco] **1.** 집정관의 행정명령, (각급 관서·군부대의) 지시·명령, 포고령, 칙령; (원로원의) 회의 소집공고[명령]. **2.** (개인적인) 명령, 지시. **3.** 발표, 보고, 설명.
edim, 《古》 = edam, *præs. subj.* [edo¹].
edísco, dídĭci, ĕre, *tr.* [ex+disco] 외다, 암송하다, 배워익히다.
edíssĕro, rŭi, sértum, ĕre, *tr.* 전체를 설명하다, 자세히 설명하다, 명백히 하다, 밝
edissértĭo, ónis, *f.* [edíssero] 서술. ⌊히다.
edissérto, ávi, átum, áre, *tr.* [edíssero] 자세히 설명하다·해석하다. 「은 곳.
édĭta, órum, *n. pl.* [éditus] **1.** 명령. **2.** 높
editícĭus, a, um, *adj.* [edo²] 지명선발된: editícii júdices*(C.)* 원고측에 의해 지명 선발된 재판관.

edítĭo, ónis, *f.* [edo²] **1.** 출판, 간행, 발행: ~ prima 제1판, 초판. **2.** 분만, 출산. **3.** 개최; 개정(開廷). **4.** 설명, 보고.
édĭtor, óris, *m.* [edo²] **1.** 출판자, 발행인. **2.** 개최사.
édĭtus, a, um, *p.p., a.p.* [edo²] **1.** 나온, 출신의; 공표된; 출판된. **2.** 높은, 솟아 있는; *n.* 높은 곳. **3.** 뛰어난, 탁월한: víribus edítior*(H.)* 힘이 더 센.
ĕdo¹, ēdi, ēsum, ĕre, *tr.* **1.** 먹다. **2.** 먹어치우다, 소비하다, 탕진하다. **3.** 침식(侵蝕)하다, 좀먹어 들어가다. **4.** ~ sermónem*(Pl.)* 말을 정신차려(놓치지 않고) 듣다. **5.** 〔변칙활용의 경우〕 *præs. indic.*: es, est, estis, estur = edis, edit, éditis, éditur; *impf. subj.*: essem *etc.* = éderem *etc.*; *imperat.*: es, este, esto, estóte = ede, édite, édito, editóte; *inf.*: esse = édere; *præs. subj.* 《古》 edim, -is *etc.* = edam, -as *etc.*
ēdo², dĭdi, dĭtum, ĕre, *tr.* [ex+do] **1.** 내보내다, 내놓다, 내다; 배설하다: ~ clamórem*(C.)* 고함치다 / ~ ánimam*(C.)* 죽다. **2.** 낳다, 산출하다: ~ *alqm* in lucem[luci]*(Ov., C.)* (아기를) 낳다 **3.** 출판하다, 발행[간행]하다. **4.** 발표하다, 공표하다. **5.** 〔*alqd acc. c. inf.*〕 말[이야기]하다, 설명하다, 알리다, 통보하다, 퍼뜨리다: Opínio erat édita in vulgus.*(Cæs.)* 그 소문이 민중 속에 파다하게 퍼졌다. **6.** 신탁(神託)을 알리다. **7.** 임명하다; 선정하다: ~ júdices 재판관을 선정하다. **8.** (법정에) 제출하다, 제시하다; 고소하다. **9.** 선포하다; 결정하다, 명령하다. **10.** 거행하다; 개최하다. **11.** 보이다, 드러내다: ~ exémplum*(C.)* 모범을 보이다. **12.** 생기게[일어나게] 하다, (어떤 결과를) 낳다·내다; 벌이다, 저지르다, 자행하다: ~ pugnam*(L.)* 전투를 벌이다. **13.** 높이다, 높은 곳에 가져가다: ~ corpus super equum*(Tibul.)* 말에 오르다.
ĕdo³, ónis, *m.* [edo¹] 대식가.
edocénter, *adv.* [edóceo] 교훈적으로.
edócĕo, ŭi, ctum, ére, *tr.* [ex+dóceo] 〔*alqm alqd,* de *abl., inf., acc. c. inf., interr. indir.;* ut, ne〕 (누구에게 무엇을) 철저히 가르치다, 상세히 일러주다, 교훈하다: ab illo cuncta edóctus*(C.)* 그한테 모든 것을 교육받은.
édŏlo, ávi, átum, áre, *tr.* [ex+dolo] **1.** 다듬다, 건목치다. **2.** 깎아서[잘라서] 만들다, 매끈하게 완성하다, 끝손질하다.
Edom, *indecl.* **1.** *m.* *Esāū*의 별명*(Gen. 36, 1)*. **2.** *f.* *Iduméa*의 별명*(Num. 21, 4)*.
édŏmo, mŭi, mĭtum, áre, *tr.* [ex+domo] 완전히 길들이다; 정복하다, 억제하다, 억누르다.
Edōn, ónis, *m.* *Thrácia*의 산; 〔*adj.*〕 **-dónus,** a, um, *Thrácia*의; *m.pl.* 그곳 주민들,

*Bacchus*신의 신봉자들; 〔*adj*. *f*.〕 **-dónis** ĭdis. 「늘어지게 자다.

ēdórmĭo, ívi, ítum, íre, **I.** *intr*. 실컷 자다, **II.** *tr*. **1.** 〔vinum, crápulam〕 푹 자면서 술을 삭이다. **2.** 〔tempus〕 잠자면서 시간 보내다·허비하다. **3.** 〔*alqm*〕 (연극에서) 아무가 술취해서 잠자는 역을 하다.

ēdormísco, ĕre, *tr*. *inch*. [edórmio] 실컷 자다, 자고나서 술을 깨다: ~ unum somnum *(Pl.)* 한잠 푹 자다.

ēdŭcátĭo, ónis, *f*. [éduco[1]] **1.** 교육, 훈련. **2.** 어린이 양육. **3.** (짐승) 길들임.

ēdŭcātívus, a, um, *adj*. [éduco[1]] 교육적.

ēdŭcátor, óris, *m*. [éduco[1]] 교육자, 교사; 양육자, 아버지; 길들이는 자.

ēdŭcátrix, ícis, *f*. [educátor] 교육하는 여자; 양육하는 여자, 어머니.

édŭco[1], ávi, átum, áre, *tr*. **1.** 양육하다, 기르다; 가르치다, 교육하다. **2.** 길들이다, 훈련시키다.

ēdúco[2], dúxi, dúctum, ĕre, *tr*. [ex+duco] **1.** 끌어[끄집어]내다, 빼내다: ~ gládium e vagínā *(C.)* 칼을 칼집에서 뽑다. **2.** 법정으로 소환하다: ~ *alqm* in jus *(C.)* 아무를 법관 앞에 나오게 하다. **3.** 이끌고 나오다, 인솔해[인도해]나오다: ~ cópias (e) castris *(Cæs.)* 군대를 진막에서 인솔해 나오다 / in áciem ~ *(L.)* 군대를 전선으로 끌고 나가다. **4.** 교육하다. **5.** 높이다, 치켜올리다: ~ aram cælo *(V.)* 제단을 하늘까지 높이다 / ~ in astra *(H.)* 하늘까지 치켜올리다, 찬양하다.

ĕdúlis, e, *adj*. [edo[1]] 먹을수 있는, 식용의; 「*n*. *pl*. 식료품.

ĕdúlĭum, i, *n*. 식료품.

ēdúro, áre, [ex+duro] **1.** *tr*. 굳게하다; 힘든 일에 익숙해지게 하다. **2.** *intr*. 계속하다[되다]. 「냉혹한, 무정한.

ēdúrus, a, um, *adj*. **1.** 딱딱한, 굳은. **2.**

Eétĭon, ónis, *m*. *Cilícia*의 *Thebæ*의 왕, *Andrómăche*의 아버지; 〔*adj*.〕 **-néus,** a, um.

effábĭlis, e, *adj*. 형언할 만한.

effárcĭo = effércio.

effascinátĭo, ónis, *f*. 마술걸기, 매혹시킴.

effátum, i, *n*. [effor] **1.** 발언; 명제. **2.** 예언. **3.** 격언, 금언.

effátus, us, *m*. [effor] 말, 발언.

efféctĭo, ónis, *f*. [effício] **1.** 실행, 실현, 완성. **2.** 효력, 효과. **3.** 동인(動因).

effectívus, a, um, *adj*. [efféctus[2]] **1.** 효과를 내는, 결과를 가져오는, 실효(實效)있는. **2.** 실지의, 실제의.

efféctŏr, óris, *m*. [effício] 창조자, 제작자; 효과를 내는 인자(因子); 작동체(作動體).

efféctrix, ícis, *f*. [efféctor] 만드는 여자, 창작자; 인자(因子).

efféctum, i, *n*. 결과.

efféctus[1], a, um, *p.p.*, *a.p.* [effício] 된, 만들어진, 이루어진, 완성된, 성취된.

efféctus[2], us, *m*. **1.** 결과, 성과: ~ per áccidens 부수적 결과 / ~ per se 본래적[본연의] 결과 / sine ullo efféctu *(L.)* 아무런 성과도 없이. **2.** 완성, 실제: in efféctu esse *(C.)* 완성되었다 / cum efféctu *(Ulp.)* 실제로, 결과를 동반하며. **3.** 효과, 실효; 효력, 효능, 효험.

effeminátus, a, um, *p.p.*, *a.p.* [efféмino] 여자처럼 된, 여성적인, 유약[연약]한; *m*. 여성화된 남자.

efféмĭno, ávi, átum, áre, *tr*. [ex+fémina] **1.** 여자로 만들다. **2.** 여자 같이 만들다, 여자처럼 나약해지게 하다.

efferátus, a, um, *p.p.*, *a.p.* [éffero[1]] 사나와진, 야만스러워진, 야성[야생]적인; 난폭한, 억센.

effĕrbŭi, *pf*. [effervésco].

effércĭo, (férsi), fér(cĭ)tum, íre, *tr*. [ex+fárcio] 가득 채우다, 채워넣다.

éffĕrens, éntis, *p.præs*. [éffĕro[2]] **1.** 가지고 나가는. **2.** 《解》 (혈관이) 수출성(輸出性)의, 도출(導出)하는. 「잔인.

efférĭtas, átis, *f*. [éffero[1]] 야수성, 야만성;

éffĕro[1], ávi, átum, áre, *tr*. [ex+ferus] 야성적이 되게하다, 사납게 만들다, 억세어지게하다, 야만성을 풍기게 하다, 잔인해지게하다.

éffĕro[2], éxtŭli, elátum, férre, *anom*. *tr*. [ex+fero] **1.** 가지고 나가다[나오다], 밖으로 내가다, **운반해 나오다**, 데리고 나오다: ex navi ~ *(Pl.)* 배에서 (짐을) 부리다. **2.** 올려가다, 쳐들다, **높이 올리다**: eláta manus *(Q.)* 쳐든 손 / clamórem ~ *(Pl.)* 함성을 올리다. **3.** (땅이) 산출하다, 내다. **4.** (시체를 도시밖으로) 내가다, 장사지내다. **5.** (말로) 표시하다, 발표하다, 설명하다, 표현하다: singulária pluráliter ~ *(Q.)* 단수를 복수로 표시하다. **6.** 털어놓다, 퍼뜨리다. **7.** 증가시키다, (값을)올리다, **들어 높이다**: *alqm* ad summum impérium ~ *(C.)* 아무에게 최고 통수권을 부여하다. **8. 치켜세우다**, 칭찬[격찬]하다: *alqm* láudibus ~ *(C.)* 아무를 극구 찬송하다. **9.** 〔*refl*.〕 **se ~ 드러나다**, 보이다; 자랑하다, **교만해지다**, 우쭐하다: Virtus se éxtulit. *(C.)* 덕망[능력]이 드러났다 / Me magnífice éffero. *(T.)* 나는 굉장히 우쭐해 진다 / supérbiā se éfferens *(Sall.)* 교만할 대로 교만해진. **10.** 〔주로 *pass.*: *alqo* afféctu〕 어떤 감정에 사로 잡히다, 들뜨다, 부풀다, 못견디다: eláti spe *(Cæs.)* 희망에 부푼 사람들 / Effĕror stúdio ... vidéndi *(C.)* 나는 보고 싶어 못 견디겠다 / 〔*actíve*〕 Comítia ista me lætítiā extulérunt. *(C.)* 그 국민회의가 나를 무척 기쁘게 했다. **11.** 참다, 견디어 내다. 「가득찬.

effértus, a, um, *p.p.*, *a.p.* [effércio] 〔*abl*.〕

éffĕrus, a, um, *adj*. [ex+ferus] **1.** 사나운, 야생의, 야생적, 야만의: éffera proles *(Lu-*

cr.) 맹수. **2.** 가혹한, 잔인한. 「넘치다.
effervĕo, ére, *intr.* [ex+férveo] 끓다, 끓어
effervésco, férvi[bŭi], ĕre, *intr.* [ex+fervésco] **1.** 뜨거워지다, 끓어오르다. **2.** 격노(激怒)하다. 「끓다.
effervo, ĕre, *intr.* 끓어 넘치다, 부글부글
effétus, a, um, *adj.* [ex+fetus²] **1.** 새끼낳은. **2.** 산고에 지친; 핍진한, 기진 맥진한.
efficácĭa, æ, *f.* [éfficax] 효과, 효험, 효능, 효력, 주효(奏効). 「영향.
efficácĭtas, átis, *f.* [éfficax] 힘, 능력, 효력;
éfficax, ácis, *adj.* [effício] **1.** 〔*absol.; ad,* versus, contra *acc.; dat.;* in *abl.; inf.*〕 효과를 내는, 효과있는; 유효한, 실효있는; 효험있는; 성공적인, 확실히 …하는. **2.** 유능한, 실력있는.
effícĭens, éntis, *p.præs., a.p.* [effício] **1.** 이루는, 결과를 내는; 효과적, 작용적: causa ~ 능동인(能動因), 작용인(作用因). **2.** 〔*gen.*〕 만들어 내는 (자), 가져다주는 (자): Virtus ~ est voluptátis. *(C.)* 덕은 즐거움을 가져다 주는 것이다. **3.** 〔*adv.*〕 **-nter,** 능률적으로, 효과적으로.
efficiéntĭa, æ, *f.* [effício] 작용, 효과, 주효(奏効); 능력, 능률, 효율.
effícĭo, féci, féctum, ĕre, *tr.* [ex+fácio] **1.** 〔*alqd - alci*〕 **만들다,** 장만하다, **이루다,** 형성하다, 이룩하다, 해내다, 완성하다; 성취하다, 성과를 거두다: pontem ~ *(Cæs.)* 다리를 놓다 / ~ unam ex duábus legiónibus *(Cæs.)* 두 군단을 하나로 편성하다 / minus ~ *(Cæs.)* 성과를 덜 거두다 (성과가 좋지 않다). **2. 일으키다,** 초래하다, 결과[효과]를 내다; (이익 따위를) 내다, 생기게 하다, (땅이) 생산[산출]하다; 〔*alqd - in acc.*〕 (도합 얼마가) 되게하다, 이르게하다: Aqua túrbida morbos éfficit. *(Auct. B.)* 더러운 물이 여러가지 병을 생기게 한다. **3.** 이행[수행]하다, 실천[실행]하다: jussa paréntis ~ *(Ov.)* 아버지의 명령을 이행하다. **4.** 〔*alqd[alqm] acc. præd.;* ut, *subj.,* ne〕 …**로 만들다,** 되게 하다, 로 하여금 …**게하다**: *alqm* cónsulem ~ *(C.)* 누구를 집정관으로 만들다 / jucúndam senectútem ~ *(C.)* 노년기를 즐겁게 만들다 / ~,ut …게 하다 / Effice, frangátur jánua.*(Ov.)* 문을 부수어라. **5.** 〔*alqd* ex *abl.; acc. c. inf.*〕 논증하다, 증명하다, 추론하다. **6. effícĭtur, ut** … 결론이 나온다, 결과가 된다, …게 된다.
effíctĭo, ónis, *f.* [effíngo] **1.** 초상(肖像). **2.** 《修》 묘사, 표현.
effígĭes, éi, [**-gĭa,** æ,] *f.* [effíngo] **1. 모습,** 모상, 형상, 상(像), **초상**(肖像), 우상; 조상(彫像), 석상, 동상. **2.** 비슷함, 흡사, 유사: ad[in] effígiem, effígie …같은[같이], …처럼. **3.** 영상(影像); 유령. **4.** 기백(氣魄), 기상(氣像). **5.** 모범.
effígĭo, ávi, átum, áre, *tr.* [effígies] 형상[모양]을 만들다.
effíngo, fínxi, fíctum, ĕre, *tr.* [ex+fingo] **1.** 모상을 나타내다, 표현하다, **표상하다,** 재생하다, 실상을 그리다, 복사하다, (서상·목상·동상·석고상 등을) 조각하다. **2.** (말·글 따위로) 묘사[표현]하다. **3.** 닦아내다, 해면으로 씻어내다, 문지르다, 쓰다듬다. 「댐.
efflāgĭtátĭo, ónis, *f.* [efflágito] 간청, 졸라
efflagĭtátus, us, *m.* [efflágito] 간청, 강청, 강요.
efflágĭto, ávi, átum, áre, *tr.* [ex+flágito] 〔*alqd* - ab *alqo,* ut; *subj.*〕 간청하다, 끈질기게 요구하다, 조르다, 탄원하다.
éfflĕo, ére, *tr.* [ex+fleo] 몹시 울다, 눈이 붓도록 울다. 「매우.
efflíctim, *adv.* [efflígo] 격렬하게, 심하게,
efflícto, áre, *tr. freq.* [efflígo] 때려 죽이다.
efflígo, flíxi, flíctum, ĕre, *tr.* [ex+*inusit.* fligo] 강타하다, 때려 눕히다, 죽이다.
efflo, ávi, átum, áre, *tr.* [ex+flo] **1.** 불어내보내다, 내뿜다. **2.** ~ ánimam 죽다.
effloréscо, rŭi, ĕre, *intr. inch.* [ex+floréscо] 만발하다, 피어나다; 무르녹다, 번성[번영]하다.
éfflŭo, flúxi, ĕre, *intr.* [ex+fluo] **1.** 흘러나오다, 흘러넘치다. **2.** 빠져 나오다, 미끄러져 떨어지다. **3.** (말·소문 따위가) 퍼져나가다, 알려지다. **4.** 기억에서 사라지다, 잊혀지다: ex ánimo tuo ~ *(C.)* 네 마음에서 잊혀지다. **5.** (때가) 지나가다, (기운이) 사라지다, 지쳐버리다.
efflúvĭum, i, *n.* [éffluo] 흘러나감; 호수의 물이 빠져나가는 곳.
effóco, áre, *tr.* [ex+foces(fauces)] 질식시키다, 숨막히게 하다.
effódĭo, fódi, fóssum, ĕre, *tr.* [ex+fódio] **1.** 파내다, 캐내다. **2.** 파서 만들다. **3.** 〔*alci* óculos〕 눈알을 도려내다, 에어내다. **4.** 파헤치다, 샅샅이 뒤지다; 엄밀히 검열하다.
effor, fátus sum, ári, *dep. tr.* [ex+for(fari)] **1.** 격식을 갖추어 말하다, 점쳐주다: ~ templum (일정한 형식의 말과 기도로) 신전자리를 점쳐서 신성하게 하다. **2.** 점잖게 말하다, 이야기하다, 형언하다. **3.** 명제를 내놓다. 「성하다, 꼴잡다, 제조하다.
effórmo, ávi, átum, áre, *tr.* [ex+formo] 형
effráctor, óris, [**-ctárĭus,** i,] *m.* [effríngo] (벽·문·자물쇠 따위를) 부수고 침입하는 도둑. 「로함, 분방(奔放).
effrenátĭo, ónis, *f.* [effréno] 방종, 제멋대
effrēnátus, a, um, *p.p., a.p.* [effréno] **1.** 재갈[굴레]벗은, 고삐풀린. **2.** 단속되지 않은, 무절제한, 속박을 벗어난, 방종한 제멋대로의.

effréno, ávi, átum, áre, *tr.* [ex+frenum] **1.** 재갈을 벗겨주다, 고삐를 풀어주다. **2.** 제멋대로[자유로이] 가게 내버려두다.

effrénus, a, um, *adj.* [ex+frenum] 재갈벗은, 굴레없는, 고삐풀린; 속박을 벗은, 방종한. 「문질러 닦아내다, 비벼서 벗기다.

éffrĭco, fríxi, fricátum, áre, *tr.* [ex+frico]

effríngo, frégi, fráctum, ĕre, [ex+frango] **1.** *tr.* 깨뜨리다, 부수고 열다; 쳐부수다, 분쇄하다. **2.** *intr.* 깨어지다, 부서지다.

effrons, óntis, *adj.* [ex+frons[2]] 부끄러움을 모르는, 뻔뻔스러운.

effugátĭo, ónis, *f.* 도피, 탈주.

effúgĭo, fúgi, (fugitúrus), ĕre, [ex+fúgio] **1.** *intr.* 〔a, ex, de *abl.*〕 달아나다, 도망가다, 탈주하다, 벗어나다, 빠져나가다. **2.** *tr.* 피하다, 면하다, 벗어나다.

effúgĭum, i, *n.* [effúgio] **1.** 도피, 도주, 도망, 탈주. **2.** 도피방법[수단], 탈출구(脫出口). 「버리다, 격퇴하다.

éffŭgo, ávi, átum, áre, *tr.* [ex+fugo] 쫓아

effúlgĕo, fúlsi, ére, *intr.* [ex+fúlgeo] **1.** 빛나다, 번쩍거리다, 찬란히 비치다. **2.** 두드러지다, 돋보이다.

effúltus, a, um, *a.p.* [*inusit.* effúlcio] 〔*abl.*; in *acc.*〕 에 기댄, 의지한.

effúndo, fúdi, fúsum, ĕre, *tr.* [ex+fundo[2]] **1.** 쏟다, 엎지르다, **퍼붓다,** (눈물 따위를) **흘리다,** 넘쳐흐르게 하다; 〔*pass. refl.*〕 **se ~, effúndi** 넘치다: imber effúsus *(V.)* 억수같이 쏟아지는 비. **2.** 내보내다, **쏟아놓다;** 내던지다, 내쫓다: ~ saccos nummórum *(H.)* 돈주머니를 쏟아놓다 / Equus effúndit équitem. *(L.)* 말이 기병을 내동댕이친다 / tela ~ *(V.)* 화살을 퍼붓다 / ~ extrémum spíritum *(C.)* 죽다 / 〔*pass. refl.*〕 **se ~, effúndi** (군중 따위가) 쏟아져 나오다; 쇄도(殺到)하다. **3.** 낭비하다, 물쓰듯하다, 탕진하다. **4.** 풍성하게 산출하다[내다], 다량으로 생산하다. **5.** (생각·감정 따위를) **털어놓다,** 쏟아놓다, 터뜨리다, 발산시키다; (소리를) 내다, 울려퍼지게 하다: preces ~ 기도하다 / ~ iram in *alqm (L.)* 누구에게 분노를 터뜨리다. **6.** 늦추다, 눅이다. **7.** *pass. refl.*: **se ~, effúndi** 〔in, ad *alqd*; in *alqā re*; *absol.*〕 파묻히다, 몰두하다, 열중하다, 깊이 빠지다, 탐닉하다.

effúsĭo, ónis, *f.* [effúndo] **1.** 유출(流出). **2.** 쏟아져 나옴, 쇄도. **3.** 낭비; 방종, 무절제. **4.** (기쁨이) 넘쳐흐름, 환락. **5.** 《醫》 삼출(滲出), 누출(漏出).

effúsus, a, um, *p.p.*, *a.p.* [effúndo] **1.** 흘러 넘치는, 풍요한. **2.** 넓게 퍼진, 펼쳐진, 확대된, 광대한. **3.** 관대한; 아낌없는, 헤픈, 씀씀이가 큰. **4.** 풀어 헤쳐진, 해이한; 무절제한, 자유분방한, 구속받지 않은.

effútĭo, ívi[ii], ítum, íre, *tr.* [ex+*inusit.* fútio] 경솔히[함부로]지껄이다, 누설하다; 수다떨다, 재잘대다.

effútŭo, fútui, fŭtútum, ĕre, *tr.* (방탕생활로) 낭비하다, 주색에 빠져 체력을 소모하다. 「이 가셔진, 시원한.

ēgélĭdus, a, um, *adj.* [ex+gélidus] 찬 기운

ĕgens, éntis, *p. præs.*, *a.p.* [égeo] 〔*abl.*, *gen.*〕 (무엇이) 없는, 부족한, 결핍한, 빼앗긴, 가난한, 빈곤한.

ĕgénus, a, um, *adj.* [égeo] 〔*gen.*, *abl.*〕 (무엇이) 없는, 부족한, 결핍한, 결함있는, 가난한, 빈곤한.

égĕo, ŭi, ére, *intr.* **1.** 〔*absol.*; *abl.*, *gen.*〕 (무엇이) **없다,** 결핍하다, 부족하다, 궁색하다, 곤궁하다. **2.** 〔*gen.*, *abl.*〕 (무엇이) **아쉽다,** 필요하다, (무엇이) 있어야 하다; 원하다, 바라다.

Egérĭa, æ, *f.* 예언하는 샘의 요정(妖精) 중의 하나, *Numa Pompílius*왕의 고문.

egérĭes, éi, *f.* [égero] 배설; 배설물.

égĕro, géssi, géstum, ĕre, *tr.* [ex+gero] **1.** 〔*alqd* ex *abl.*〕 꺼내다, 날라내다; 약탈하다; 치우다. **2.** 내보내다, 내쫓다, 내몰다. **3.** 장사 지내다. 「핍, 부족, 결함.

ĕgéstas, átis, *f.* [égeo] 빈곤, 빈궁, 궁핍; 결

ēgéstĭo, ónis, *f.* [égero] 반출; 약탈, 탈취; 치움, 제거. 「난한.

ĕgestŭósus, a, um, *adj.* [egéstas] 몹시 가

ēgígno, ĕre, *tr.* [ex+gigno] 낳다, 산출하다, 내다.

Egnátĭa, æ, *f.* *Apúlia*의 해안도시. 「족명.

Egnátĭus, i, *m.* *Sámnium*출신의 *Roma*인 씨

ego, mei, mihi, me, me, *m.f.*, *pron. person.* **나;** 자아(自我): Consul ~ quæsívi. *(C.)* 집정관인 내가 조사했다 / egóne? *(C.)* 나란 말이냐? / égomet *(C.)* 나 자신, 내가 직접 / in mei memóriam 나를 기념하여, 나의 기념으로 / me cónsule *(C.)* 내가 집정관으로 있는 동안.

egoísmus, i, *m.* **1.** 《倫》 **이기주의;** 이기설(利己說). **2.** 이기심, 자기 중심, 자기 본위; 〔*adj.*〕 **-ístĭcus,** a, um, 이기주의적.

egoísta, æ, *m.* *(f.)* 이기주의자.

ēgrédĭor, *(dĕris, dītur)*, gréssus sum, grĕdi, *dep.* [ex+grádior] **I.** *intr.* **1.** 〔ex ab *abl.*; *abl.*; *absol.*〕 걸어나오다, 나가다; 배에서 내리다, 상륙하다: ~ex navi, ~navi *(Cæs.)* 배에서 내리다 / ~ in terram *(C.)* 상륙하다. **2.** 〔in *acc.*; *absol.*〕 올라가다. **3.** 《軍》 출전하다, 전장으로 나가다, 행군하다. **4.** 《修》 이탈하다, 벗어나다: ~a propósito *(C.)* 주제에서 이탈하다.
II. *tr.* 지나가다, 넘다, 넘어가다, 추월하다, 초과하다: fines ~ *(Cæs.)* 국경선을 넘다 / ~ modum *(Ta.)* 도를 넘다.

egrégĭum, i, *n.* [egrégius] 명예, 영광, 위대한 업적, 혁혁한 공로; 탁월성.

egrégĭus, a, um, *adj.* [ex+grex] **1.** 〔*absol.; in abl., abl., gen.*〕 고른, 뽑아낸, 선택된, 뛰어난, 탁월한, 우수한, 훌륭한, 절묘한, 완벽한. **2.** 영광스러운, 존경받을 만한. 「출발; 상륙. **2.** 탈선, 여담.
egréssĭo, ónis, *f.* [egrédior] **1.** 나감, 외출,
egréssus, us, *m.* [egrédior] **1.** 나오는 것, 출발, 떠남. **2.** (배에서의)상륙. **3.** 출구, 결과. **4.** 탈선, 본론에서의 이탈.
egúrgĭto, áre, *tr.* [ex+gurges] **1.** 토하다, 내쏟다. **2.** 내던지다.
ehem, *interj.* 〔기쁨과 놀람의 표시〕 거 참!
ĕheu, *interj.* 〔슬픔·고통의 표시〕 아이고! 아아, 슬프도다! : ~, me míserum *(Sall.)* 가련하다, 내 신세야!
ĕho, *interj.* 〔부르거나 주의 환기〕 이봐, 야!
ei, *interj.* = hei.
eícĭo = ejício. 「자! …해라!
eja, *interj.* **1.** 〔경탄〕 그래?! **2.** 〔격려〕
ejaculátĭo, ónis, *f.* 갑작스러운 부르짖음, 절규(絕叫); 《가》 화살기도.
ejaculatórĭus, a, um, *adj.* **1.** 부르짖는 듯한, 호소의. **2.** 《生理》 사정(射精)의.
ejácŭlor, átus sum, ári, *dep. tr.* 세게 던지다, 앞으로 쏘아보내다, 내뿜다.
ejectāméntum, i, *n.* [ejécto] 못쓸 것, 폐물, 버려진 것, 방기물(放棄物), 분출물(噴出物).
ejéctĭo, ónis, *f.* [ejício] **1.** 밖으로 던짐, 내던짐, 제거. **2.** 분출, 배설. **3.** 추방, 쫓아냄. **4.** 《醫》 탈구(脫臼).
ejécto, ávi, átum, áre, *tr. freq.* [ejício] **1.** 세게 내던지다; 쫓아내다, 몰아내다. **2.** 토하다, 뿜어내다, 분출하다.
ejéctus, a, um, *p.p., a.p.* [ejício] 내던져진, 추방된; 파선당한, 조난당한; 빈털털이가 된; *m.* 추방된 자, 유배자; 거지꼴이 된 자; *n.* (건물의)돌출부, 튀어나온 곳.
ejéro = ejúro.
ejícĭo, jéci, jéctum, ĕre, *tr.* [ex+jácio] **1.** 〔*alqm[alqd]* ex, de, ab *abl.; abl.* - in, ad *acc.; absol.*〕 (밖으로) **내던지다, 내쫓다,** 추방하다: ~ *alqm* in exsílium *(C.)* 아무를 귀양 보내다 / ejéctus domo *(Cæs.)* 조국에서 추방당한 / ~ curam ex ánimo *(Pl.)* 마음에서 걱정을 몰아내다. **2.** 토하다, 분출하다. **3.** 유산(流産)하다. **4.** 삐다: coxas ~ *(Hyg.)* 허리를 삐다. **5.** 〔*refl.*〕 **se** ~ 뛰어 내리다, 쏟아져 나가다[나오다], 돌진하다, 출격하다. **6.** 배를 대다, 상륙시키다: in terram navem ~ *(Cæs.)* 배를 육지에 대다. **7.** 〔*absol.;* in *alqo loco,* in *alqm locum:* 주로 *pass.*〕 난파(하게) 하다, 내동댕이쳐지다, 암초에 부딪치다; 조난하다: Naves in líttore ejéctæ sunt. *(Cæs.)* 배들이 바닷가에서 난파하였다 / ejécti *(C.)* (파선으로 인한) 조난자들. **8.** 비난하다, 배척하다. 「짖음.
ejŭlátĭo, ónis, *f.* [éjulo] 비탄, 통곡, 울부
ejŭlátus, us, *m.* [éjulo] 비탄, 통곡.
éjŭlo, ávi, átum, áre, *intr.* 비탄하다, 통곡하다, 크게 울다. 「귀한, 가냘픈
ejúncĭdus, a, um, *adj.* [ex+júncidus] 파
ejūrátĭo, ónis, *f.* [ejúro] 퇴직, 사직; 포기.
ejúro, ávi, átum, áre, *tr.* [ex+juro] **1.** 맹세로써 거절[거부·반대·기피]하다, 맹세하며 부인하다. **2.** (직무를 충실히 이행하였음을 맹세하면서) 관직을 사퇴하다, 퇴직하다. **3.** 포기하다, 버리다, 단절하다, 단념하다. 「같은 모양의, 같은 종류의.
ejusdémmŏdi, *gen. qualit.* [idem+modus]
ejúsmŏdi, *gen. qualit.* [is+modus] 이러한, 그러한.
eklámpsĭa, æ, *f.* 《醫》 급성 간질병.
elábor, *(ĕris, ĭtur),* lápsus sum, lábi, *dep. intr.* [ex+labor¹] **1.** 〔*absol.;* ex *abl., abl.*〕 빠져나가다, 미끄러져 나가다. **2.** 〔ex, de *abl.; abl.; dat.*〕 도망치다, 탈주하다. **3.** 〔ex *abl., abl.*〕 (법망 따위를) 벗어나다, (벌따위를) 면하다, 피하다. **4.** 〔in, ad *acc.*〕 떨어지다, 빠지다. **5.** 〔ex, de *abl.*〕 사라지다, 없어지다, 지나가다. **6.** *tr.* 〔*alqd*〕 도망치다, 빠져나가다, 피하다.
ēlăbōrátĭo, ónis, *f.* **1.** 공들여 만듦, 세밀한 손질, 정성들임. **2.** 애쓴 작품, 노작(勞作).
ēlăbóro, ávi, átum, áre, [ex+labóro] **1.** *intr.* 〔in *abl.;* ut; *inf.; absol.*〕 열심히 일하다, 애쓰다, 노력하다. **2.** *tr.* **정성들여[공들여] 만들다,** 애써 해내다; 정교하게 고안하여 만들어내다; (문장 따위를) 다듬어 작성
Eléa, æ, *f.* *Æŏlis*의 해안도시. └하다.
ĕlæempórĭa, æ, *f.* 식용유 장사 (기름파는 직업). 「糖劑).
elæosácchăra, órum, *n.pl.* 《藥》 유당제(油
elamentábĭlis, e, *adj.* 비탄할, 울어야 할, 한심한.
ēlanguésco, gúi, ĕre, *intr. inch.* [ex+lángueo] 쇠약해지다, 힘이 빠지다[풀리다].
ēlánguĭdus, a, um, *adj.* 쇠약한; 몹시 피로해진, 병에 시달리는.
ēlăpĭdátus, a, um, *adj.* [ex+lapis] 밭에서 돌을 골라낸, 돌을 제거한.
ēláquĕo, ávi, átum, áre, *tr.* [ex+láqueus] 올가미를 풀어주다, 석방하다.
ēlárgĭor, ítus sum, íri, *dep. tr.* [ex+lárgior] 후하게[듬뿍] 주다. 「있는; 탄력성의.
elástĭcus, a, um, *adj.* 신축성있는, 융통성
ĕlăta, æ, *f.* 나무가지 끝, 우듬지: ~ palmárum 종려나무가지 화관. 「**-téius,** a, um.
Elătéa[-ía], æ, *f.* 희랍의 *Phocis*시; 〔*adj.*〕
elátĭo, ónis, *f.* [éffero²] **1.** 들어올림; 상승, 고양(高揚), 향상. **2.** 위대함, 숭고[고상]

합. 3. 마음의 흥분, 열광, 부풀어 오름, 고조(高潮). 4. 교만, 우쭐함: ~ et inflátio 교만과 불손. 「대다, 소리지르다.
élătro, ávi, átum, áre, *tr.* [ex+latro¹] 짖어
elátus¹, a, um, *p.p., a.p.* [éffero²] 1. (소리가) 높은, 격조높은; 부풀어 오른; 고상한. 2. 교만한, 우쭐해진. 「버지.
Elătus², i, *m.* *Lápĭthæ*족의 왕, *Cænis*의 아
Elăver, ĕris, *n.* 중부 *Gállia*의 강(지금의 *Allier*강).
Elĕa, æ, *f.* *Lucánia*의 도시, *Vélia*라고도 함, 철학자 *Parménĭdes*와 *Zeno*의 탄생지, 이들을 *Elea* 학파라 함; 〔*adj.*〕 **-átĭcus,** a, um, *Elĕa*의, *Elĕa*학파의; *m.* **-átes,** æ, *Elĕa*인, ~학파사람.
ēlécĕbra, æ, *f.* [elício] 손님끄는 여자.
electárĭum, i, *n.* 《藥》 연고(軟膏). 「된.
ēléctĭlis, e, *adj.* [éligo] 선발의, 뽑힌, 선택
ēléctĭo, ónis, *f.* [éligo] 선택, 선거.
ēlectívus, a, um, *adj.* [éligo] 선거의, 선거에 관한[의한]. 「다.
ēlécto¹, áre, *tr. freq.* [elício] 꾀다, 유인하
ēlécto², áre, *tr. freq.* [éligo] 고르다, 선택하
ēléctor, óris, *m.* [éligo] 선거인. ㄴ다.
Eléctra, æ, *f.* *Agamémnon*과 *Clytæmnéstra*의 딸, *Oréstes*의 누이동생 (어머니에게 살해된 아버지의 원수를 갚는 오빠를 도왔
electrícĭtas, átis, *f.* 전기(電氣). ㄴ음).
eléctris, ĭdis, *adj.* 호박(琥珀)의.
electrólȳsis, is, *f.* 《化》 전기분해(電氣分解), 전해(電解).
ēléctrum, i, *n.* 1. 《鑛》 황호박(黃琥珀). 2. (금과 은의 합금인) 호박금.
eléctus¹, a, um, *p.p., a.p.* [éligo] 뽑힌, 선택된, 훌륭한, 기묘한: electíssimi viri civitátis *(C.)* 나라의 선량들; *m.* 피선자(被選者), 선민(選民); *n.pl.* 책에서 발췌한 중요한 대목.
eléctus², us, *m.* [éligo] 선거, 선택.
elĕēmósȳna, æ, *f.* 시사(施捨), 자선(慈善), 애긍(哀矜), 구휼금(救恤金).
ĕlĕēmosȳnárĭus, i, *m.* [eleemósyna] 시주(施主), 시사(施捨)하는 사람.
élĕgans, ántis, *adj.* [éligo] 1. 뛰어난, 훌륭한, 품위있는, 기품있는, 고상한. 2. 정교한, 섬세한, 세련된, 우아한. 3. (글·말이) 잘 다듬어진, 적확한.
elegántĭa, æ, *f.* 뛰어남, 훌륭함, 품위있음; 우아, 기품, 고상: loquéndi ~ *(C.)* 품위있는 말씨.
ĕlĕgéus[-gíus], a, um, *adj.* 애가(哀歌)의.
élĕgi¹, órum, *m.pl.* 애가(哀歌), 비가(悲歌),
elégi², *pf.* [éligo]. ㄴ만가(挽歌).
ĕlĕgía, æ, *f.* 애가(哀歌), 비가(悲歌), 만가.
ĕlĕgíăcus, a, um, *adj.* 1. 애가(哀歌)의, 비가(悲歌)의. 2. 애조를 띤, 애수적인.
Eleléĭdes, um, *f.pl.* [Eléleus] *Bacchus*신의 여신도. 「*chus*신의 별칭.
Elĕleus, i, *m.* *Elĕleu*라고 부르는 자, *Bac-*
elementárĭus, a, um, *adj.* [eleméntum] 초보의, 기초적; 근본원리의.
eleméntum, i, *n.* 1. 원소(元素); 요소, 성분. 2. 《古哲》〔주로 *pl.*〕(자연계 구성의) 기본요소, 4대 원소(= ignis, aqua, aër, terra)*(C.)*. 3. *pl.* 자모(字母), 알파벳. 4. *pl.* (학문·예술·기술의) 원리, 원칙; 기초, 초보. 5. 지점(支點).
elénchus, i, *m.* 1. 귀고리. 2. 색인(索引), 목록, 표. 3. 《論》 반대논증: ignorántia elénchi 논점상위(論點相違)의 오류 / mutátĭo elénchi 논점변경의 오류.
ĕlĕphantíăsis, is, *f.* 《醫》 상피병(象皮病): ~ Græcórum 희랍 상피병, 나병. 「섬.
Elephantíne, es, *f.* *Nilus*강에 있는 작은
ĕlĕphantínus, a, um, *adj.* 1. 코끼리의. 2. 상아로 만든[장식된]. 「아.
ĕlĕphántus, i, *m.* 1. 《動》 코끼리. 2. 상
élĕphas[-phans], ántis, *m.* 《動》 코끼리.
Eléusin[-sis], sínis, [**-sína,** æ,] *f.* *Attĭca*의 도시, *Ceres*여신의 비교(秘敎)로 유명; 〔*adj.*〕 **-sínĭus[-sínus],** a, um: Eleusína Mater *(V.)* *Eléusis*의 여신 *Ceres*.
Eleuthĕrŏcílĭces, um, *m.pl.* *Cilícia*의 동쪽에서 *Roma*인에게 적대하며 그 지배를 벗어나 자유롭게 살던 종족.
elevátĭo, ónis, *f.* [élevo] 1. 들어 올림, 높임, 고양(高揚); 승급, 《가》 성체거양(聖體擧揚). 2. 풍자적인 찬양, 비꼬아서 치켜세움.
élĕvo, ávi, átum, áre, *tr.* [ex+levo] 1. **들어 높이다,** 떠받들다; 일으켜세우다. 2. **가볍게 하다,** 완화하다, (고통 따위를) 경감하다, 근심을 덜어주다. 3. 낮추다, 깎아내리다, 비하시키다, 약화시키다. 4. (하고 싶은 말을) 참다, 삼키다.
Elĭas¹, ădis, *f.adj.* *Elis*의, *Olýmpia*의.
Elías², æ, *m.* 《聖》 (구약시대의) 대예언자의 이름.
elíces, um, *m.pl.* 하수도, 하수구(下水溝).
elícĭo, cŭi, cĭtum, ĕre, *tr.* [ex+lácio] 1. 〔*alqm[alqd]* ex, *abl.* - ad *acc.*〕 **끌어내다,** 나오게 하다, 꾀어내다; 자아내다, **일으키다,** 야기시키다. 2. 주문(呪文)을 외어서 불러내다. 3. 내다, 산출하다. 4. 생각해내다. 5. 뽑아내다, 뜯어내다, 얻어내다.
elícĭtus, a, um, *p.p.* [elício] 끌어 내어진, 야기된: appetítus ~ 지각적(知覺的) 욕구.
Elícĭus, i, *m.* [elício] *Júpiter*의 별칭.
elído, lísi, lísum, ĕre, *tr.* [ex+lædo] 1. 〔*alqd[alqm]* ex *abl., abl.*〕 밀쳐내다, 때려내쫓다; 퉁기다, 떨어내다, 짜내다. 2. 부딪쳐 소리나게 하다, 소리내다. 3. 깨뜨리다, 깨부수다, 분쇄하다.
élĭgo, légi, léctum, ĕre, *tr.* [ex+lego] 1.

(털·잡초 따위를) 뽑다, 뽑아내다, 따버리다, 제거하다, 걷어치우다. **2.** 고르다, 뽑다, 선택[선발]하다, 선거[선출]하다: ex malis ·· mínima*(C.)* 여러 악 중에서 최소의 악을 택하다.

Elíi, órum, *m.pl.* *Elis*의 주민.

ēlímĭno, ávi, átum, áre, *tr.* [ex+limen] **1.** 밖으로 내쫓다, 몰아내다, 제거하다, 배제하다, 실격시키다. **2.** 입밖에 내다, 누설하다.

ēlímo, ávi, átum, áre, *tr.* [ex+lima] 줄로 쓸다, 갈다(磨), 닦다, 다듬다, 완성하다.

ēlíngŭis, e, *adj.* [ex+lingua] **1.** 말없는, 할 말이 없는, 벙어리 같은. **2.** 말 잘못하는, 눌변(訥辯)의.

ēlíngŭo, ávi, átum, áre, *tr.* [ex+lingua] 혀를 잘라내다[뽑아내다].

ēlĭquésco, ĕre, *intr.* 녹다, 녹아 흐르다.

élĭquo, ávi, átum, áre, *tr.* [ex+liquo] 용해하다, 깨끗하게 거르다.

Elis, ĭdis, *f.* **1.** *Pĕlŏponnésus* 반도의 서해안에 있는 나라. **2.** 그 수도 근처에 *Olýmpia*가 있음. **3.** 〔*adj.*〕 **-léus[-líus],** a, um.

Elísa[-ssa], æ, *f.* *Dido* 여왕의 별칭.

elísĭo, ónis, *f.* [elído] **1.** 짜냄. **2.** 《文法》 글자[모음]의 생략.

elix, ícis, *m.* 하수구(下水溝), 하수도.

elíxo, ávi, átum, áre, *tr.* 삶다, 끓이다.

elíxus, a, um, *adj.* [e+lix] 끓인, 삶은.

ellam = en illam[ecce illam].

elleboru... *V.* helleboru...

ellípsis, is, *f.* 《文法》 생략법.

ellíptĭcus, a, um, *adj.* **1.** 타원(형)의. **2.** 생략(법)의.

el(l)ops, ŏpis, *m.* = helops.

ellum = en illum [ecce illum.]

ellýchnĭum, i, *n.* **1.** (등잔의) 심지. **2.** 《植》 등심초.

élŏco, ávi, átum, áre, *tr.* [ex+loco] 세놓다, 임대하다, 소작주다.

elocútĭo, ónis, *f.* [éloquor] **1.** 연설; 말. **2.** 연설 태도[양식], 연설[낭독]법, 웅변술; 말솜씨, 문장 표현법.

elógĭum, i, *n.* **1.** 명제(命題). **2.** 제명(題名·題銘); 찬사(讚辭). **3.** 묘비명(墓碑銘). **4.** 조사(弔辭), 애도사: elógia funébria 조사. **5.** 유언 추가서, 유언단서(특히 상속 배제의).

ēlóngo, ávi, átum, áre, *tr.* [ex+longus] **1.** 길게 끌다, 지연시키다, 미루다. **2.** 멀리하다, 물리치다.

élŏquens, éntis, *p. præs., a. p.* [éloquor] 웅변의, 달변[능변]의, 구변좋은, 유창한.

eloquéntĭa, æ, *f.* [éloquens] **1.** 웅변, 능변, 구변. **2.** 웅변술, 수사법.

elóquĭum, i, *n.* [éloquor] **1.** 웅변, 말재주. **2.** 사상표현, 연설, 진술. **3.** 말씀.

élŏquor, *(ĕris, ĭtur),* cútus[quútus] sum, qui, *dep. intr., tr.* [ex+loquor] 〔*absol.; de abl.; alqd, acc. c. inf.*〕 말하다, 터놓고 이야기하다, 생각을 표현하다, 설명하다, 진술하다, 보고하다; 웅변적으로 말하다.

Elórus[-um], i, *m.[n.]* **1.** 남부 *Sicília*의 강. **2.** 그 강변에 있는 도시. **3.** 〔*adj.*〕 **-rius,** a, um. **4.** **-ríni,** órum, *m. pl.* 그곳 주민.

Elpénor, ŏris, *m.* *Ulíxes*의 동행자.

Elpĭníce, es, *f.* *Miltíades*의 딸, *Cimon*의 누이.

ēlúcĕo, lúxi, ére, *intr.* [ex+lúceo] **1.** 비치다, 빛나다, 반짝이다, 찬란하다. **2.** 드러나다, 두드러지다, 명성떨치다.

ēlūcésco, lúxi, ĕre, *intr. inch.* [elúceo] 빛나기 시작하다, 빛나다.

ēlúcĭdo, ávi, átum, áre, *tr.* 밝히다, 빛나게 하다; 찬미하다.

ēluctábĭlis, e, *adj.* 극복할 수 있는, 억제할 수 있는.

ēlúctor, átus sum, ári, *dep.* **1.** *intr.* 겨우 나오다, 힘들여 빠져나오다: Aqua eluctábitur.*(V.)* 물이 제 길을 뚫을 것이다. **2.** *tr.* 어려움을 싸워이기다, 극복하다, 난관을 뚫다: ~ nives*(Ta.)* 눈길을 헤치고 나가다.

ēlúcŭbro, ávi, átum, áre, *tr.* (등잔 밑에서) 작성하다, 밤새워 쓰다; 힘써 공부하다, 깊이 연구하다.

ēlúcŭbror, átus sum, ári, *dep. tr.* = elúcubro.

ēlūdíficor, ári, *dep. tr.* 놀림감으로 만들다.

ēlúdo, lúsi, lúsum, ĕre, [ex+ludo] **I.** *intr.* 놀기를 마치다, 경기를 승리로 끝내다. **II.** *tr.* **1.** 〔*alqm, alqm alqd*〕 경기에 이기다, 내기에 이기다. **2.** 검투(劍鬪)에서 몸을 구부려 적의 공격을 피하다. **3.** 조롱[우롱]하다, 비웃다, 무시하다, 골탕먹이다. **4.** 속이다.

ēlúgĕo, lúxi, ére, *tr.* [ex+lúgeo] **1.** 상(喪)을 지내다, 몽상(蒙喪)하다; 슬퍼하다, 애도하다. **2.** 탈상(脫喪)하다.

ēlúmbis, e, *adj.* [ex+lumbus] 허리 힘없는, 허리 못쓰는, 기운없는, 약한, 활기없는, 가냘픈.

élŭo, lŭi, lútum, ĕre, *tr.* [ex+lavo, luo] **1.** 씻다, 헹구다, 빨다. **2.** 깨끗하게 하다, 지우다, 오점을 벗기다.

Elusátes, ĭum, *m. pl.* *Elŭsa*를 수도로 했던 *Aquitánia*의 한 종족.

elútus, a, um, *p. p., a. p.* [éluo] 물에 탄, 싱겁게 된, 내용없는, 약해진.

ēlúvĭes, éi, *f.* [éluo] **1.** 침수, 넘침, 홍수, 범람. **2.** 씻어냄. **3.** (급류의 침식으로 생긴) 협곡, 깊은 계곡. **4.** (나라의) 멸망, 패망, 몰락.

ēlúvĭo, ónis, *f.* [éluo] 홍수, 침수, 범람, 침식(浸蝕).

ēlúvĭum, i, *n.* 《地質》 잔적층(殘積層).

elúxi, *pf.* [elucésco, elúceo, elúgeo].

Elýmáis, ĭdis, *f.* *Bábylon*과 *Pérsia*또는 *Susiána* 사이에 있던 지방; 〔*adj.*〕 **-mǽus,** a, um; *m. pl.* 그곳 주민.

Elýsĭum, i, *n.* 극락세계; 〔*adj.*〕 **-sĭus,** a, um.

em, *interj.* 자! 여기 있다, 자! 봐라.

ēmăcĕrátus, a, um, *adj.* 쇠약해진, 수척해진, 파리한. 「리해지다, 야위다.

ēmacésco, cŭi, ĕre, *intr. inch.* [mácero] 파

ēmácĭo, átum, áre, *tr.* [ex+mácies] 파리해지게 하다, 깡마르게 하다, 야위게 하다, 쇠약해지게 하다. 「사들이는 버릇.

ĕmácĭtas, átis, *f.* [emax] 구매욕(購買欲),

ēmácŭlo, ávi, átum, áre, *tr.* [ex+máculo] 씻어내다, 닦아내다, 청소하다.

ēmānátĭo, ónis, *f.* [emáno] **1.** 흘러나옴, 유출; 발출(發出), 분출(分出). **2.** 방사(放射), 발산. 「說).

emanatísmus, i, *m.* 《哲·神》 유출설(流出

ēmancĭpátĭo, ónis, *f.* [emáncipo] **1.** 해방; 이탈, 해탈. **2.** 《法》 부권(父權)면제, 친권(親權)해제.

ēmáncĭpo[-cŭpo], ávi, átum, áre, *tr.* [ex+manus+cápio] **1.** 《法》 자식에 대한 친권을 해제하다; 노예를 해방하다; (일반적으로) 속박에서 해방하다. **2.** (무엇의) 소유권을 양도하다. **3.** ~ **se** *alci* 남에게 자신을 온전히 내맡기다, 예속되다.

ēmánco, ávi, átum, áre, *tr.* [ex+mancus] 손을 자르다, 불구로 만들다.

ēmáno, ávi, átum, áre, *intr.* [ex+mano]〔ex *abl.*, *abl.*, *absol.*〕 **1.** 흘러나오다, 스며나오다, 유출(流出)하다. **2.** 발생하다, 생기다, 발출(發出)하다; …에서 유래하다. **3.** 퍼지다, 소문나다, 유포되다, 전파되다, 두루 알려지다: emanábat, *acc. c. inf. (L.)* …라는 것이 두루 알려지고 있었다.

ēmarcésco, cŭi, ĕre, *intr.* 시들다, 마르다, 조락(凋落)하다. 「勢).

ēmascŭlátĭo, ónis, *f.* [emásculo] 거세(去

ēmáscŭlo, ávi, átum, áre, *tr.* [ex+másculus] 거세하다.

Emáthĭa, æ, *f.* **1.** *Macedónia*의 한 지방. **2.** *Macedónia.* **3.** *Thessália.* **4.** 〔*adj.*〕 **-thĭus,** a, um; *f.* **-this,** ĭdis.

Emăthis, ĭdis, *f.* **1.** *Emáthia*의 여인. **2.** *Macedónia*의 *Píĕrus*왕의 딸 *Píĕris; pl.* (= Piérides, *Píerus*왕의 아홉딸).

ēmātūrésco, rŭi, ĕre, *intr. inch.* **1.** 익다, 무르익다. **2.** 누그러지다, 눅어지다.

ĕmax, ácis, *adj.* [emo] 구매욕 있는, 사들이는 데 정신없는.

embléma, ătis, *m.* **1.** 쪽매 세공, 상안(象眼)세공, 상감(象嵌)세공; 모자이크. **2.** 표장(標章), 우의도(寓意圖).

embŏlifórmis, e, *adj.* 마개모양의; 《醫》 색전(塞栓)증상의.

embŏlísmus, i, *m.* **1.** 삽입, 부가(附加); 윤년[달·일]을 넣음. **2.** 《가》 미사때 주의 기도 직후에 삽입된 기도 (Líbera nos, quǽsumus,...로 시작됨). **3.** 《醫》 색전증(塞栓症).

embólĭum, i, *n.* **1.** 막간, 간극(間劇), 막간에 상연하는 무언극. **2.** *pl.* 정사(情事).

émbŏlus, i, *m.* **1.** 쐐기, 마개. **2.** 《醫》 색전물(塞栓物); 삽입물, 피스톤.

émbrўo, *indecl.*; ~, ónis, *m.* [-**ónĭi,** órum, *m.pl.*] **1.** 《動》 배(胚), 태아. **2.** 《植》 배아(胚芽). **3.** (일반적으로)싹; 미발달 단계.

embrўología, æ, *f.* 《醫》 태생학(胎生學); 《動》 발생학. 「胚)식물류.

embrўophýta, órum, *n.pl.* 《植》 유배(有

ēmendábĭlis, e, *adj.* [eméndo] 고칠 수 있는, 개선[교정]할 수 있는.

ēmendátĭo, ónis, *f.* [eméndo] 고침, 교정, 수정, 개선(改善). 「者, 校正者), 개량자.

ēmendátor, óris, *m.* [eméndo] 교정자(矯正

ēmendátrix, ícis, *f.* [emendátor] 교정자(여).

emendátus, a, um, *p.p.*, *a.p.* [eméndo] 교정된, 고쳐진, 개량된, 개선된; 정확한, 완전한, 결함없는. 「걸하다, 빌어먹다.

ēmendíco, ávi, átum, áre, *tr.* 동냥하다, 구

ēméndo, ávi, átum, áre, *tr.* [ex+mendum] **1.** (잘못을) 고치다, 바로잡다, 교정하다, 수정하다. **2.** 병을 고쳐주다, 치료하다. **3.** 징계하다.

ēménsĭo, ónis, *f.* [emétior] (천체의) 회전.

ēméntĭor, títus sum, íri, *dep. tr.* **1.** 〔*alqd; acc. c. inf.; absol.*〕 거짓말하다, 속이다, 날조하다, 사기하다. **2.** 〔*alqm*〕 누구인 체하다, 가장(假裝)하다. **3.** *p.p.* **ementítus,** a, um, 날조의, 거짓의. 「cor] 사다.

ēmércor, átus sum, ári, *dep. tr.* [ex+mer-

ēméreo, rŭi, rĭtum, ére, *tr.* **1.** 〔*alqd, inf.*〕 공로 세우다, 마땅히 받을 만한 일을 하다, 벌다, (무엇에)합당하다. **2.** 〔*alqm*〕 누구에게 봉사하다, 보살피다, 돌보아주다. **3.** 군복무를 채우다: eméritis stipéndiis *(C.)* 군복무를 마치고. **4.** 임기를 채우다, 직책을 다하다.

emérĕor, rĭtus sum, éri, *dep. tr.* = eméreo.

emérgo, mérsi, mérsum, ĕre, [ex+mergo] **I.** *tr.* 떠오르게 하다; *refl. pass.* 〔ex *abl.*〕 **se** ~, **emérgi** 떠오르다, 부상(浮上)하다; 헤어나다.

II. *intr.* 〔ex, ab *abl.*〕 **1.** 떠오르다, …에서 나오다, 나타나다, 출현하다, 불쑥 일어나다, 올라오다. **2.** 나다, 출생하다; 발생하다, 돋아나다. **3.** 〔ex *abl.* - ad *acc.*〕 (가난·낮은 신분 따위에서) 벗어나다, 면하다, (악습을) 버리다: ~ ex mendicitáte *(C.)* 거지신세를 면하다.

emérĭtus, a, um, *p.p.*, *a.p.* [eméreo, eméreor] 복무를 끝낸[마친], 은퇴한; *m.* 병역을마친 군인, 퇴역군인; *n.* (군복무를 마친 자에게 주는) 상여금, 퇴직금.

emérsus, us, *m.* [emérgo] 부상(浮上), 헤어남, (해·달·별) 떠오름; 동면에서 깨어나옴,

émĕsis, is, *f.* 《醫》 구토(嘔吐).

ĕmétĭcus, a, um, *adj.* 구역질나게 하는, 구토를 일으키는, 구토작용이 있는; 메스꺼워지는; *n.* 구토제, 최토제(催吐劑).

ēmétĭor, ménsus sum, íri, *dep. tr.* [ex+métior] **1.** 재다, 측정[측량]하다. **2.** 전진하다, 횡단하다, 통과하다, 답파(踏破)하다, 두루 돌아다니다, 편력하다, 답사하다. **3.** 〔시간〕 지내다, 보내다. **4.** 주다, 베풀다. **5.** 〔*p.p.*는 *passíve*로도 씀〕 itínere eménso *(L.)* 길을 답파하고 나서.

émĕto, méssum, ĕre, *tr.* [ex+meto] 거두어들이다, 수확하다.

émĭco, cŭi, cátum, áre, *intr.* [ex+mico] **1.** 비쳐나오다, 번쩍이다, **번뜩이다. 2.** 솟구쳐 나오다, 분출하다. **3.** 훌쩍 뛰어오르다, 튀어나오다, 날아들다. **4.** (초목·열매 따위가)자라나다. **5.** 눈에 띄다, 돋보이다, 드러나다, 두드러지다, 뛰어[빼어]나다, 우수하다. 「사; 이민.

ēmĭgrátĭo, ónis, *f.* [émigro] 이주(移住), 이

émĭgro, ávi, átum, áre, *intr.* [ex+migro] 옮겨가다, 이사가다, 이주하다, 이민가다; 떠나가다: ~ e vitā *(C.)* 죽다.

ēmĭnátĭo, ónis, *f.* [éminor] 협박.

émĭnens, éntis, *p.præs., a.p.* [emíneo] **1.** 우뚝 솟은, 두드러진, 돌출한, 불쑥내민: eminéntes óculi *(C.)* 툭 튀어나온 눈. **2.** 독특한, 현저한, 뛰어난, 탁월한, 우수한, 특출한; *m.pl.* **eminéntes** 높은 사람들, 고관.

ēmĭnéntĭa, æ, *f.* [emíneo] **1.** 돌출, 돌기, 융기(隆起); 돌출부, 두드러진 곳. **2.** 그림의 가장 밝은 부분. **3.** 탁월, 발군(拔群), 걸출(傑出). **4.** 신분·지위의 높음, 고위. **5.** 《가》 (추기경에 대한 존칭) 전하.

ēmínĕo, nŭi, ére, *intr.* [ex+máneo] **1.** 높이 있다, 솟아있다, 튀어나오다, 돌출하다. **2.** 눈에 띄다, 돋보이다, 두드러지다, 드러나다, 나타나다. **3.** 뛰어[빼어]나다, 월등하다, 탁월하다.

ēmĭníscor, *(ĕris, ĭtur)*, méntus sum, sci, *dep. tr.* 고안하다, 생각해내다.

émĭnor, ári, *dep. tr.* 위협하다.

ēmínŭlus, a, um, *adj. dim.* [emíneo] 앞으로 좀 나온, 약간 내민[솟은]. 「서.

émĭnus, *adv.* [ex+manus] 멀리서, 떨어져

ēmíror, átus sum, ári, *dep. tr.* [ex+miror] 놀라다, 경탄하다, 놀랍게 생각하다.

ēmissárĭum, i, *n.* [emítto] **1.** 배수구, 하수도. **2.** 도혈관(導血管).

ēmissárĭus, i, *m.* [emítto] **1.** 밀사(密使); 탐정, 밀정, 간첩; 척후병. **2.** 싹에서 나와 뻗는 포도가지. **3.** 《聖》 (구약시대에 백성의 죄를 걸머지고) 사막으로 추방되던 수 염소. 「리는, 여기저기 찾는.

ēmissícĭus, a, um, *adj.* [emítto] 두리번거

ēmíssĭo, ónis, *f.* [emítto] **1.** 내보냄; 파송(派送), 파견. **2.** 발사(發射), 쏘아보냄. **3.** 방사(放射), 방출.

ēmítto, mísi, míssum, ĕre, *tr.* [ex+mitto] **1. 내보내다,** 방출하다, 빠져나가게 하다, 석방하다: ~ ánimam *(N., Lucr.)* 죽다. **2. 파견하다,** 특파하다, 파송하다; (군대를)출동시키다. **3. 발사(發射)하다,** 쏘다, 던지다. **4.** (무기를) 내던지다, 내려놓다. **5.** (액체를)흘려 내보내다, 흘리다; 쏟다. **6.** 배설하다. **7.** (식물이 잎·가지 따위를) 내밀다, 내다. **8.** 소리를 내다, 터뜨리다. **9.** 책을 출판하다, 내놓다, 보급시키다. **10. manu** ~ *alqm* (특히 노예를)해방시키다, 아무에게 자유를 주다. 「劑).

emmenagógum, i, *n.* 《醫》 통경제(通經

ĕmo, ēmi, emptum, émĕre, *tr.* **1.** 〔*alqd*- ab, de *alqo* - *c. adv., gen.[abl.] prétii*〕 (무엇을 누구에게서) 사다: ~ bene *(C.)* 잘사다, 싸게 사다. **2.** 〔*alqm alqā re*〕 매수하다, 고용하다. **3.** 환심을 사다. 「완화하다.

ēmódĕror, átus sum, ári, *dep. tr.* 조절하다,

ēmódŭlor, átus sum, ári, *dep. tr.* 찬송하다, 찬미하다. 「2. 이익; 유익.

ēmōlīméntum, i, *n.* **1.** 기획, 기도(企圖).

ēmólĭor, ītus sum, íri, *dep. tr.* [ex+mólior] **1.** 노력하여 달성하다, 이루다, 완수하다. **2.** 기침을 해서 내보내다[뱉아내다].

emóllĭo, ívi[ii], ítum, íre, *tr.* [ex+móllio] **1.** 무르게 하다, 부드럽게 하다. **2.** 유약하게 만들다, 약화시키다, 늦추다; 누이다, 누그러뜨리다.

ēmŏlŭméntum, i, *n.* **1.** 이익, 유리함; 소득, 수익(收益), 수입(收入), 이득, 이문: emoluménto esse *alci (C.)* 누구에게 이익이 되다. **2.** 기도(企圖).

ēmórĭor, *(rĕris, rĭtur)*, mórtuus sum, mŏri, *dep. intr.* [ex+mórcor] 죽어 없어지다, 죽다; 사라지다. 「정, **정서.**

ēmótĭo, ónis, *f.* [emóveo] 감격, 감동; 감

ēmotĭonális, e, *adj.* **1.** 감정의, 정서적인. **2.** 감정적인, 감동하기 쉬운, 정에 끌리기 쉬운. **3.** 감정에 호소하는.

ēmóvĕo, móvi, mótum, ére, *tr.* [ex+móveo] **1.** 〔*alqm[alqd]* - ex, de *abl.; abl.*〕 자리를 뜨게 하다, 옮겨놓다; 치우다, 물러가게 하다. **2.** 일으키다, 야기시키다; 뒤흔들다. **3.** 몰아내다, 제거하다: curas *(V.)* 근심을 몰아내다.

Empédŏcles, is, *m.* *Agrigéntum*의 유명한 철학가(*sæc.* 5 A.C.); 〔*adj.*〕 **-cléus,** a, um; *n.pl. Empédocles*의 학설.

émphăsis, is, *f.* **1. 강조, 역설. 2.** 상세, 어세(語勢); 《修》 강세법.

emphátĭcus, a, um, *adj.* **1.** (말에) 힘을 준, 어세(語勢)가 강한, (표현이) 힘있는. **2.** 강조된, 역설한.

emphyséma, ătis, *n.* 《醫》 기종(氣腫).
emphўtéusis, is[eos], *f.* 《法》 영대차지(永代借地); 영차권(永借權). 「인(永代借人).
emphўtéuta, æ, *m.* [emphytéusis] 영대차
emphўtéutĭcus, a, um, *adj.* [emphytéusis] 영대차(永代借)의.
empírĭca, æ, [-ce, es,] *f.* **1.** 경험. **2.** (경험에만 의존하는) 의술(醫術).
empírĭcus, a, um, *adj.* 경험적; 경험에 의한; *m.pl.* (경험에만 의존하는 돌팔리) 의사.
empirísmus, i, *m.* 《哲》 경험론, 경험주의.
emplástro, ávi, átum, áre, *tr.* 아접(芽接)하다, 접붙이다. 「접붙이기, 아접(芽接).
emplástrum, i, *n.* **1.** 고약. **2.** (나무)
emporétĭcus, a, um, *adj.* 장사[상업]에 관한; *f.* ~ (charta) 포장지.
Empórĭæ, árum, *f.pl.* 서부 *Hispánia*의 항구(지금의 *Ampurias*).
empórĭum, i, *n.* 시장(市場).
émpŏrus, i, *m.* 상인, 장사꾼. 「되는.
emptícĭus, a, um, *adj.* [emo] 사놓은, 구매
émptĭo, ónis, *f.* [emo] 구매, 매입(買入).
émptĭto, ávi, átum, áre, *tr. freq.* [emo] 자주 사다, 사다.
emptor, óris, *m.* [emo] 구매자, 사는 사람; 경매장에서 사들이는 사람. 「구매계약.
emptum, i, *n.* [emo] **1.** 구매, 구입. **2.**
empўéma, ătis, *n.* 《醫》 축농(蓄膿); 농흉(膿胸: 흉막의 축농증).
empўésis, is, *f.* 《醫》 화농(化膿).
empýrĭus, a, um, *adj.* **1.** 불의, 불빛처럼 반짝이는. **2.** 아주 높은 하늘의.
ēmúlgĕo, múlsi, múlsum, ére, *tr.* [ex+múlgeo] **1.** (젖 따위를) 짜내다. **2.** 완전히 퍼내다[길어내다]. 「《藥》 유제(乳劑).
emúlsĭo, ónis, *f.* [emúlgeo] 젖같은 액체;
ēmúnctĭo, ónis, *f.* 코풀기.
ēmúndo, ávi, átum, áre, *tr.* [ex+mundo] 깨끗하게 하다, 정화하다, 청소하다.
ēmúngo, nxi, nctum, ĕre, *tr.* [ex+mungo] **1.** 코를 풀다; 〔*refl. pass.*〕 **se ~, emúngi** 코풀다. **2.** emúnctæ naris homo (예민한 코를 가진 사람) 날카롭고 총명하고 똑똑한 사람. **3.** 〔*alqm - alqā re*〕 빼어내다, 등쳐먹다, 속여먹다.
ēmúnĭo, ívi[ii], ítum, íre, *tr.* [ex+múnio] **1.** 방위를 튼튼히 하다, 견고하게 하다, 강화하다. **2.** (진펄을 말리고 다져서·숲에 길을 개척하여) 다닐수 있게 만들다.
emussĭtátus, a, um, *adj.* 먹줄을 친; 줄친 듯이 정확한, 완전한.
en, *interj.* **1.** 〔주의환기·경탄표시; *nom.*, *acc.*, *acc. c. inf.*〕 봐라! 자! 여기[저기]있다! **2.** 〔의문강화〕 도대체…냐? …단 말이냐?: en unquam ...? 도대체 언제…?
ēnarrábĭlis, e, *adj.* [enárro] 표현할 수 있는, 형용가능한, 말할 수 있는.
ēnarrátĭo, ónis, *f.* [enárro] 설명, 해설.
ēnarrátor, óris, *m.* [enárro] 해설자, 자세히 설명하는 자.
ēnárro, ávi, átum, áre, *tr.* [ex+narro] 충분히 말해주다, 자세히 설명하다, 해설하다, 풀어서 이야기하다. 「節).
enarthrósis, is, *f.* 《解》 구와관절(球窩關
enáscor, *(ĕris, ĭtur)*, nátus sum, násci, *dep. intr.* 〔*absol.*; ex *abl.*〕 나다, 출생하다; 싹터 나오다, 돋다.
énăto, ávi, átum, áre, *intr.* [ex+nata] **1.** 헤엄쳐 나오다; 파선에서 구조되다. **2.** 피하다, (난관에서) 빠져나오다.
ēnávĭgo, ávi, átum, áre, **1.** *intr.* 항해하다, 배타고 건너다; 배를 타고 빠져나가다. **2.** *tr.* 배로 건너다, 도항(渡航)하다. 「다.
ēnávo, ávi, átum, áre, *intr.* 진력하다, 힘쓰
encǽnĭa, órum, *n.pl.* 성전(聖殿) 봉헌 기념제. 「헌하다. **2.** 새옷을 입다.
encǽnĭo, ávi, átum, áre, *tr.* **1.** 새로이 봉
encáustĭcus, a, um, *adj.* 납화(臘畵)의; *f.* 납화법(달군 쇠로 채색한 밀랍을 녹여 붙임).
encáustus, a, um, *adj.* 인두로 지져서 그린; 납화(臘畵)의; *n.* 납화.
Encélădus, i, *m.* *Júpiter*신이 벼락으로 때려 *Ætna*산에 묻은 거인.
encephalítis, tĭdis, *f.* 《醫》 뇌염, 뇌수염.
encéphălon, i, *n.* 《解》 뇌, 뇌수.
enchīrídĭon, dĭi, *n.* **1.** **편람**(便覽), (보기에 편리하도록) 간명하게 만든 책; 안내서. **2.** 장도칼.
enclítĭcus, a, um, *adj.* 《文法》 전접적(前接的)인, 전접어의(-que, -ve, -ne 따위와 같이 자체에는 악센트가 없고 바로 앞말의 일부분처럼 다루어지는).
encómĭum, i, *n.* 칭찬하는 말, 찬사(讚辭).
encýclĭcus, a, um, *adj.* 동문통달(同文通達)의, 회장(回章)의, 일반에게 보내는: encýclica *(n.pl.)*, lítteræ encýclicæ, 교황의 회칙(回勅).
encyclopédĭa, æ, *f.* 백과전서, 백과사전.
endémĭa, æ, *f.* 《醫》 지방병, 풍토병.
endo[1], *præp.* = in[1].
endo-[2], 《안의, 내부, 내(內)》라는 뜻을 주는 접두사: 《解》 endocárdium 심내막(心內膜) / endolýmpha 내임파(內淋巴) / endothélium 내피(內皮), 내피세포.
endodérmis, ĭdis, *f.* 《植》 내피(內皮).
endomíxis, is, *f.* 단순혼합(單純混合).
endoplóro = imploro.
endospórĭum, i, *n.* **1.** 《生》 내포자피(內胞子皮), 내생포자(內生胞子). **2.** 《植》 내막(內膜).
endóstĕum, i, *n.* 《解》 골내막(骨內膜).
endothélĭum, i, *n.* 《解》 **1.** 내피세포(內皮細胞). **2.** 내피(內皮).
éndrŏmis, ĭdis, *f.* (경기자들이 연습후에 체

온보존을 위해서 걸치는) 털 망토.

Endýmĭon, ónis, *m.* 달의 여신 *Luna*의 사랑을 받아 영원히 잠들게 된 희랍의 목동 미소년.

énĕco[énĭco], cui, néctum, áre, *tr.* **1.** 아주 죽여버리다. **2.** 녹초되게 하다, 기진맥진하게 하다: enéctus fame*(C.)* 굶주림에 지쳐 허덕이는. **3.** 몹시 귀찮게 굴다, 지치게 하다.

ĕnergía, æ, *f.* 힘, 세력; 정력, 활력, 원기; 「에네르기, 에너지.

ĕnergísmus, i, *m.* 《倫》 정력주의, 활동주의.

ĕnergúmĕnus, a, um, *adj.* 마귀[귀신]들린, 「부마(附魔)한 (사람).

ēnérvis, e, *adj.* [ex+nervus] 힘없는, 연약한, 무기력한, 여자처럼 나약한.

ēnérvo, ávi, átum, áre, *tr.* [ex+nervus] 힘줄을 빼다; 힘을 약하게 하다, 기운을 빼다, 무기력하게 하다, 나약하게 하다; 거세(去勢)하다.

Enĕti = Véneti.

Engónăsi(n), *m. indecl.* *Hércules* 성좌(星座).

Enguĭum, i, *n.* 북부 *Sicília*의 도시; 〔*adj.*〕 **-guínus,** a, um; *m.pl.* 그곳 주민.

énĭco = éneco.

enim, *conj. (coórdinans)* 〔일반적으로 뒤따르는 문장의 둘째 또는 세째 자리에 놓음〕 **1.** 〔긍정·부정의 강조〕 물론, 암, 사실, 실제로, 과연, 틀림없이. **2.** 〔반대 이야기를 시작할 때〕 그렇지만, 실은: at ~, sed ~ 그러나 사실은. **3.** 〔이유제시 = nam〕 왜냐하면, 그것은 …때문이다. **4.** 〔설명 = id est, scílicet〕 즉, 바꾸어 말하자면, 다시[자세히] 말하자면.

ĕnimvéro, *conj.* [enim+vero] 확실히, 틀림없이, 꼭, 사실상, 보나마나; 그렇긴 해도.

Enípĕus, i, *m.* *Thessália*의 *Penéus*강 지류.

ēnítĕo, tŭi, ére, *intr.* [ex+níteo] 빛나다, 찬란하다, 혁혁하다; 드러나다, 두드러지다, 유명하다.

ēnĭtésco, tŭi, ĕre, *intr. inch.* [eníteo] 빛나기 시작하다, 번뜩이다.

ēnítor, *(ĕris, ĭtur)*, nísus[níxus] sum, níti, *dep.* [ex+nitor] **I.** *intr.* **1.** 나가려고 힘쓰다, 빠지려고 노력하다. **2.** 〔*absol.; in acc.*〕 높아지려고 애쓰다, 오르려고 노력하다, 발돋움하다. **3.** 〔in *abl.*, ad *acc.*, *inf.*; ut, ne; *absol.*〕 힘쓰다, …도록[않도록] 노력하다.

II. *tr.* **1.** 〔*alqd*〕 기어오르다, 애써 도달[성취]하다. **2.** 낳다, 분만하다: eníxa 해산한, 새끼낳은; 산모. 「써, 애써.

eníxe, *adv.* [eníxus, enítor] 노력하여, 힘

eníxus, us, *m.* [enítor] 분만, 해산(解産).

Enna = Henna.

énnĕas, ădis, *f.* 아홉(의 수).

Ennĭus, i, *m.* *Roma* 서사시의 아버지로 불리는 대시인, *Calábria*의 *Rúdiæ* 출신 (239 -169 A.C.); 〔*adj.*〕 **-iánus,** a, um.

Ennŏsĭgǽus, i, *m.* (《땅을 진동시키는 자》라는 뜻) 해신(海神) *Neptúnus.*

ēno, ávi, átum, áre, [ex+no] **1.** *intr.* 헤엄쳐 나오다, 헤엄쳐 육지에 도달하다, 헤엄쳐 도망치다; 날아 달아나다. **2.** *tr.* 배로 건너다; 두루 다니다.

ēnodátĭo, ónis, *f.* [enódo] 설명, 해설.

ēnódis, e, *adj.* [ex+nodus] 마디없는, 매듭없는, 미끈한; 명백한, 분명한; 쉬운, 어려움 없는.

ēnódo, ávi, átum, áre, *tr.* [ex+nodus] **1.** 마디를 없애다, 매듭을 풀다. **2.** 설명하다, 상세히 풀이하다, 명백히 하다.

ēnórmis, e, *adj.* [ex+norma] **1.** 불규칙한, 규격에 맞지 않는, 파격적인. **2.** 엄청난, 어마어마하게 큰, 거대한, 지나치게 큰; 과도한.

ēnórmĭtas, átis, *f.* [enórmis] 불규칙함, 엄청남, 어마어마함, 거대, 막대(莫大), 과도(過度). 「드러나다, 퍼지다.

ēnōtésco, tŭi, ĕre, *intr.* 일반에게 알려지다,

énŏto, ávi, átum, áre, *tr.* [ex+noto] 기입하다, 적어두다, 표해놓다.

ens, entis, *n.* [esse] 《哲》 유(有), 있는 것, 존재자: ~ a se 자존유(自存有) / ~ ab álio 의타유(依他有) / ~ in álio 어타유(於他有) / ~ in se 자체내의 유 / ~ per se 자립유(自立有). 「군도.

ensícŭlus, i, *m. dim.* [ensis] 작은 검, 작은

énsĭfer[-ger], ĕra, ĕrum, *adj.* [ensis+fero, gero] 패검(佩劍)한, 대검(帶劍)의, 칼찬, 칼든. 「2. 전투.

ensis, is, *m.* **1.** 검(劍), 군도(軍刀), 긴칼.

Entélla, æ, *f.* 서부 *Sicília*의 도시; 〔*adj.*〕 **-llínus,** a, um.

entĕrŏcéle, es, *f.* 《醫》 탈장(脫腸).

éntĕron, i, *n.* 《解》 창자, 장(腸).

enthĕátus, a, um, *adj.* 신들린, 신접(神接)한; 영감(靈感)받은. 「(資金).

enthéca, æ, *f.* **1.** 금고(金庫). **2.** 자금

éntheŭs, a, um, *adj.* 신들린, 신접(神接)한, 영감을 받은.

enthusĭásmus, i, *m.* (불타는 듯한) 감격, 열광, 열중; 〔*adj.*〕 **-ástĭcus,** a, um, 열광적인, 열렬한; 광신적인. 「자(狂信者).

enthusĭásta, æ, *m.* 열광자, …광(狂); 광신

enthȳméma, ătis, *n.* **1.** 반성, 사색(思索). **2.** 《論》 생략 삼단논법.

éntĭtas, átis, *f.* [ens] **1.** 《哲》 유성(有性), 존재성, 유태성(有態性). **2.** 실재, 존재, 본체, 실체, 본질; 실재물.

entitatívus, a, um, *adj.* 《哲》 유적(有的), 존재적, 유태적(有態的); 본질적인, 실체적인.

ēnúbo, núpsi, núptum, ĕre, *intr.* [ex+nubo] **1.** 자기 계급 외의 남자와 결혼하다, 평민과 결혼하다. **2.** 시집가다, 출가하다.

ēnuclĕátus, a, um, *p.p., a.p.* [enúcleo] 가식이 없는, 솔직한, 소박한; 분명한, 평이한.
ēnúclĕo, ávi, átum, áre, *tr.* [ex+núcleus] **1.** 알맹이를 꺼내다[빼내다]; 껍질을 벗기다. **2.** 골라내다, 선별(選別)하다. **3.** 자세히 설명하다, (숨어있는 뜻을)분명히 하다, 깊이 파고 들다.
ēnúdo, ávi, átum, áre, *tr.* [ex+nudo] **1.** 옷벗기다, 벌거숭이로 만들다; 적나라하게 드러내다. **2.** 탈취하다, 뺏다.
ēnūmĕrátĭo, ónis, *f.* [enúmero] **1.** 세어봄, 손꼽음, 계산. **2.** 열거, 매거(枚擧). **3.** 요약(要約).
ēnúmĕro, ávi, átum, áre, *tr.* [ex+número] **1.** 세다, 셈하다, 계산하다; 빠짐없이 수에 넣다, 손꼽다, 점검하다. **2.** 열거하다, 차례대로 자세히 설명하다.
enúncĭo = enúntio. 「제? 도대체 언제?
enúnquam, *adv.* (= ecquándo) 일찌기 언
ēnuntĭátĭo, ónis, *f.* [enúntio] **1.** 명제(命題), 판단표현. **2.** 언명, 발표, 성명; 설명.
ēnuntĭatívus, a, um, *adj.* 언명적인, 서술적인; 드러내는, 표시하는.
ēnuntĭátum, i, *n.* [enúntio] 발언, 명제(命題), 표현된 것.
ēnúntĭo, ávi, átum, áre, *tr.* [ex+núntio] **1.** 〔*alqd, acc. c. inf.*〕 (입밖에 내어) 말하다, 털어놓다, 일러주다, 누설하다, 전하다. **2.** 발표하다, 공표하다; 말로 표현하다, 설명하다, 진술하다. **3.** 단정하여 말하다, 판단을 내리다, 서술하다. **4.** 똑똑히 발음하다.
ēnúptĭo, ónis, *f.* [enúbo] 다른 종족[씨족]에 시집감, 신분 낮은 사람과의 결혼; 출가. 「먹여살리다, 기르다, 양육하다.
ēnútrĭo, ívi[ĭi], ítum, íre, *tr.* [ex+nútrio]
ĕō¹, *adv. (dat. antiq.)* [is, id] **1.** 그 곳으로, 그리로. **2.** 〔*absol.; c. gen.;* ut *consecutívum*〕 그 정도까지, 그 만큼: ~ [usque ~], ut...*(C.)* …할 정도까지, …할 만큼. **3.** eo usque, dum[donec, quámdiu, quoad] …할때까지, …하기까지. **4.** eo, ut[ne] …하기[않기]위해서, …목적으로.
ĕō², *adv. (abl.)* [is, id] **1.** 그것 때문에, 그것으로 인하여, 그 이유로, 그래서: eóque *(Ta.)* 그래서, 따라서 / ~, quod[quia]*(C.)* …하는 이유로. **2.** 〔*c. comp.*〕 그 만큼 더[덜]: ~ minus*(C.)* …그 만큼 덜 / ~ magis*(C.)* 그 만큼 더 / ~ minus quod*(Cæs.)*… 하는 만치 그 만큼 덜 / ~ magis quod*(C.)* …하는 만치 그 만큼 더 / eo+비교급, quo+비교급 …하면 할수록 (그 만큼) 더[덜]. **3.** 〔드물게는 장소부사〕 ~, ~ loci 거기에, 그 곳에.
ĕo³, īvi[ĭi], ĭtum, īre, *anom., intr.* **1.** 〔*absol.;* (ab *alqo,* a, ex, de *abl.*) – ad, in, sub, per *acc.; acc. poétic.; c. adv.*〕 가다, 걸어가다. 나아가다, 전진[행진]하다: cúbitum ~ *(C.)* 자러 가다 / Via, quā Assóro itur Hennam.*(C.)* *Assórum*에서 *Henna*로 가는 길 / Itque redítque viam.*(V.)* 갈 길을 왔다갔다 한다 / pédibus ~, ~ equis*(L.)* 걸어서 가다, 말타고 가다. **2.** 오다: Unde is? *(T.)* 너 어디서 오느냐? **3.** 〔*abl.*〕 물러가다, 떠나다, 나가다. **4.** 《軍》 ~ ad arma 무기를 잡다[들다], 무기를 가지고 전투하다. **5.** 〔ad, in, advérsus, contra *alqm*〕 누구를 공격하다, 누구에게 덤벼들다. **6.** (강·액체 따위가) 흐르다. **7.** 움직여 가다, (천체가) 운행하다. **8.** (초목이) 자라다; 〔in *alqd*〕 무엇이 되다, 무엇으로 변하다. **9.** 죽다, 사라지다, 없어지다. **10.** 〔per *acc.*〕 계속하다, 퍼지다. **11.** 〔in *alqd*〕 (어떤 상태에) 이르다, 넘어가다: Puélla it in matrimónium sine dote.*(Pl.)* 소녀가 지참금 없이 시집간다 / ~ in créditum 빚을 걸머지다 / ~ in somnum*(Plin.)* 졸다, 잠들다 / ~ (pédibus) in senténtiam (원로원에서 누구의) 정견[제안]에 찬동[찬성]하다, 동의하다. **12.** (물건이) 팔리다, 팔려나가다. **13.** 진전되다, 진행되다, 일이 돼가다: Incĭpit res mélius īre.*(C.)* 일이 더잘 되기 시작한다. **14.** (시간이) 지나다, (세월이) 흐르다. **15.** 〔권고·격려·재촉·비꼼표시〕 *imper.* i, ite 자! 할테면 해라: I, séquere Itáliam.*(V.)* 자, *Itália*로 따라오너라!
eódem, *adv.* **1.** *(dat. antiq.)* [idem] 같은 곳으로, 같은 곳을 향해서. **2.** *(abl.)*[idem] ~, ~ loci 같은 곳에.
Eos, *f. indecl.* **1.** 서광(曙光), 여명(黎明) **2.** (= Auróra) 여명의 여신.
Eóus, a, um, *adj.* **1.** 새벽의, 여명(黎明)의, 서광(曙光)의. **2.** 동방(東方)의; *subst.* 1) *m.* 샛별, 금성. 2) *m. (pl.)* 동방사람, 동양인. 「때까지.
ĕoúsque, *adv.* 거기까지, 그 정도까지; 그
ĕpáctæ, árum, *f.pl.* 양력 1년과 음력 1년과의 차이(양력이 11일 내지 30일 많음).
Epamīnóndas, æ, *m.* *Thebæ*시의 유명한 장군, *Leuctra*전투 (371 A.C.)와 *Mantīnéa* 전투에서 (362 A.C.) *Sparta*군을 쳐이겨 *Thebæ*에 승리를 안겨주고 전사함.
Epăphus, i, *m.* *Júpiter* 대신과 *Io*사이의 아들, *Memphis*시의 창건자.
ēpástus, a, um, *adj.* 먹은, 양육된.
epencéphălon, i, *n.* **1.** 《解》 후뇌(後腦). **2.** 《動》 상뇌(上腦).
epéndy̆ma (ventriculórum), ătis, *n.*《解》 뇌실상피(腦室上皮), 수강상피(髓腔上皮).
ĕpénthĕsis, is, *f.* 삽입자(插入字); 삽입음(音).
Epéus, i, *m.* *Troja* 목마의 창안자.
ĕpexēgésis, is, *f.* 《修》 설명적 보충.
ĕphēbéum[-íum], i, *n.* 청소년 훈련소.
ĕphébĭa, æ, *f.* [ephébus] **1.** 청년기 시작,

소년기 마지막. **2.** 청소년 도장(道場), 청소년 훈련소. 「發生).
ĕphebogénĕsis, is, *f.* 《生》 동정발생(童貞
ephébus, i, *m.* (희랍의) 16-20세의 청소년: ~ honorárius 귀족의 청소년.
ephémĕris, ĭdis, *f.* **1.** 일기장, 일지(日誌). **2.** 일간 신문; 잡지.
Ephĕsus, i, *f.* 소아시아 서해안의 *Iónia* 12개 도시 중 으뜸가는 곳, *Diána* 여신의 신전으로 유명; 〔*adj.*〕 **-sĭus,** a, um; *m.* 그 곳 사람.
Ephĭáltes, æ, *m.* *Alóeus*의 아들, *Otus*의 형제, 천상세계를 습격하려고 한 거인 중 하나. 「안장 제조[판매]하는.
ĕphippĭárĭus, a, um, *adj.* [ephíppium] 말
ĕphippĭátus, a, um, *adj.* 말안장을 놓고 올라탄.
ĕphíppĭum, i, *n.* 말안장: Optat ephíppia bos piger.*(H.)* 게으른 황소가 말안장을 원한다, 자기 분수에 만족치 않는다.
ephod, *n. indecl.* (유태인 제관·제관장이) 어깨에 걸치는 제복. 「민선행정 감독관.
éphŏrus[1], i, *m.* 〔흔히 *pl.*〕 고대 *Sparta*의
Ephŏrus[2], i, *m.* *Æŏlis*의 *Cyme*출신, *Isócrates*의 제자 (c. 360 A.C.).
Ephÿra[-re], æ[es], *f.* **1.** *Corínthus*의 옛 이름. **2.** 바다의 요정이름. **3.** 〔*adj.*〕 **-ræus[-rēĭus],** a, um.
epíbăta, æ, *m.* 수병(水兵), 해군.
epicárdĭum, i, *n.* 《解》 심외막(心外膜).
ĕpĭcédĭum, i, *n.* 장송가(葬送歌), 조가(弔歌).
Epĭchármus, i, *m.* *Cos*섬의 철학자 겸 희극작가, 주로 *Syracúsæ*에 살았음 (c. 500 A.C.). 「(帶證式).
ĕpĭchĕréma[-íma], ătis, *n.* 《論》 대증식
ĕpíchÿsis, is, *f.* (다른 잔에)술을 따르는 그릇, 주전자.
epĭclérus, i, *f.* 상속자격있는 여자.
epiclésis, is, *f.* 《가》 (주로 동방교회에서)미사때 성체변화 직전 빵과 포도주 위에 성령의 능력이 내리기를 성부와 성자에게 기구하는 기도. 「륭뼈).
epicóndÿlus, i, *m.* 《解》 상과(上髁: 윗무
ĕpĭcópus, a, um, *adj.* 차바퀴 달린.
ĕpĭcránĭum, i, *n.* 《解》 두개정(頭蓋頂), 정수리. 「*Pompéjus*의 별명(승리자란 뜻).
Epícrătes, is, *m.* **1.** *Athénæ*의 철학자. **2.**
ĕpícrŏcus, a, um, *adj.* 투명한, 비치는; 멀건; *n.* 얇고 비치는 겉옷.
Epictétus, i, *m.* *Phrýgia*의 *Hierápolis*의 스토아파 철학자(c. 100 P.C.).
Epĭcūrísmus, i, *m.* *Epicúrus*의 학설; 쾌락주의, 향락주의.
Epĭcúrus, i, *m.* *Samos*섬 태생의 유명한 희랍 철학자, *Athénæ*에서 지냈음(341-270 A.C.); 〔*adj.*〕 **-réus[-ríus],** a, um, *Epicúrus*의, *Epicúrus* 학파의; *m.* 그 학파 철학자.
épĭcus, a, um, *adj.* 서사적(敍事的)인, 서사시의, 사시(史詩)의; *m.* 서사시인.
epícÿclus, i, *m.* (그 중심이 다른 큰 원의 원주 위를 따라서 도는)작은 원, 주전원(周轉圓). 「름.
Epĭdámnus, i, *m.* *Dyrrháchium*의 옛 이
Epĭdáphna, æ, *f.* *Sýria*의 *Antiochía*의 별칭.
Epĭdáurus[-um], i, *f.[n.]* *Argŏlis*의 도시, 의신(醫神) *Æsculápius*의 유명한 신전이 있었음; 〔*adj.*〕 **-rĭus,** a, um; *m.* 그곳 사람.
ĕpĭdémĭa, æ, *f.* 《醫》 유행병, 전염병.
ĕpĭdémus, a, um, *adj.* 유행병의, 유행성의.
ĕpĭdérmis, ĭdis, *f.* 《解·動·植》 표피(表皮), 상피(上皮). 「번지르르한.
ĕpĭdíctĭcus, a, um, *adj.* 과시적(誇示的)인;
ĕpĭdídÿmis, ĭdis, *f.* 《解》 부고환(副睪丸).
ĕpĭgástrĭum, i, *n.* 《解》 상복부(上腹部), 복벽(腹壁), 윗배, 위부(胃部).
ĕpĭgénĕsis, is, *f.* **1.** 《地質》 후성(後成). **2.** 《生》 후생설(後生說), 점생설(漸生說).
ĕpĭglóttis, ĭdis, *f.* 《解》 회염연골(會厭軟骨), 후두개(喉頭蓋).
Epígŏni, órum, *m.pl.* *Thebæ*시를 습격하여 6명이 전사한 *Argos*군의 7장군의 아들들.
ĕpígŏnus, i, *m.* 유복자(遺腹子).
ĕpĭgrámma, ătis, *n.* **1.** 명(銘), 제명(題銘), 제자(題字). **2.** 비명(碑銘), 비문. **3.** 짧은 풍자시, 경구(警句). 「(碑銘), 비문.
ĕpĭgráphe, es, *f.* 명(銘), 제명(題銘); 비명
ĕpĭgráphĭa, æ, *f.* 금석문학(金石文學), 제명학(題銘學), 비명(碑銘)학.
ĕpĭkēĭa[-kía], æ, *f.* 법률의 관해(寬解).
ĕpĭlépsĭa, æ, *f.* 《醫》 간질병.
ĕpĭléptĭcus, a, um, *adj.* 간질병의, 간질병에 걸린; *m.* 간질병자. 「幕辭).
ĕpílŏgus, i, *m.* 결론, 끝맺는 말; 폐막사(閉
ĕpĭménĭa, órum, *n.pl.* **1.** 1개월분 식량. **2.** 배급.
Epĭménĭdes, is, *m.* *Crete*섬 출생의 유명한 희랍시인이며 예언자 (c. 596 A.C.).
Epĭmēthĕus, i, *m.* *Iápĕtus*의 아들, *Prométheus*의 형제, *Pandóra*의 남편. 「rha).
Epĭméthis, ĭdis, *f.* *Epimétheus*의 딸(=Pyr-
ĕpĭnéurĭum, i, *n.* 《解》 신경외막(神經外膜).
epinícĭum, i, *n.* 승리의 노래.
Epĭphănéa, æ, *f.* 동부 *Cilícia*의 도시.
ĕpĭphănía, æ, *f.* **1.** 출현, 발현. **2.** 《가》 [E-] 그리스도[주님]의 공현(公現:대축일, 한국에서는 1월2일-8일 사이에 있는 일요일).
ĕpĭphárynx, ncis, *m.* 《解·動》 상인두(上咽頭).
ĕpĭphenómĕnon, i, *n.* **1.** 부현상(副現象), 부대(附帶)현상. **2.** 《醫》 우발증상, 여병(餘病). 「중복(重複).
ĕpíphŏra, æ, *f.* **1.** 《醫》 코감기. **2.** 《修》

ĕpíphȳsis, is, *f.* 《解》 **1.** 골단(骨端). **2.** (뇌의) 송과체(松果體).
ĕpĭplóĭcus, a, um, *adj.* 《解》 망막(網膜)…
ĕpĭrhédĭum, i, *n.* 말을 수레에 매는 가죽띠, 봇줄.
Epírus[-os], i, *f.* **1.** 고대 희랍의 서북부 지방(그 일부는 지금의 *Albánia*남부). **2.** 〔*adj.*〕 **-rénsis,** e; **-rótĭcus,** a, um. **3.** **-rótes,** æ, *m.* *Epírus*인.
ĕpiscǽnĭum, i, *n.* 무대의 상층부.
episclerális, e, *adj.* 《解》 공막상(鞏膜上)의.
ĕpiscŏpális, e, *adj.* [epíscopus] 주교(主敎)의.
ĕpiscŏpalísmus, i, *m.* **1.** 주교·교황 동열설(同列說); 주교주의(주교 전체 또는 공의회를 교황권 위에 두려는 주장). **2.** (개신교에서) 주교권은 종교개혁에 의해서 국왕에게 양도되었다고 하는 설.
ĕpiscŏpátus, us, *m.* [epíscopus] **1.** 주교직(主敎職). **2.** 주교의 재직기간. **3.** 주교 전체(全體).
ĕpiscópĭum, i, *n.* 주교관(主敎館).
ĕpíscŏpus, i, *m.* **1.** 감독. **2.** 《가》 주교: ~ castrénsis 종군(從軍) 주교, 군목(軍牧)주교 / ~ tituláris 명의(名儀)주교.
ĕpístăsis, is, *f.* 《生》 (유전의) 상위(上位), 우세.
ĕpistáxis, is, *f.* 《醫》 코피, 비출혈(鼻出血).
ĕpistéma, æ, [-**me,** es,] *f.* 《哲》 학문적 지식, 학적 인식지(認識知).
epistemología, æ, *f.* 《哲》 인식론.
ĕpistérnum, i, *n.* **1.** 《動》 상흉골(上胸骨); (곤충의) 전측판(前側板). **2.** 《解》 흉골병(胸骨柄: 흉골의 상단부).
ĕpístŏla[-stŭla], æ, *f.* **1.** 편지, 서신, 서간[서한]. **2.** (= lítteræ) 문서, 공문서.
ĕpistŏláris, e, *adj.* [epístola] 편지[서간·서한]의, 편지에 관한; *m.pl.* 황제의 서한 담당관; *f.* [E-] *Júpiter*의 명령을 인간에게 전하는 여신; *n.* 서간집.
ĕpistŏlárĭus, a, um, *adj.* 편지[서간·서한]에 관한; *m.* 편지 전달자, 우체부.
ĕpistólĭum, i, *n. dim.* [epístola] 자그마한 편지, 소문서. 「지, 고동.
ĕpistómĭum, i, *n.* 수도전(水道栓), 수도꼭
ĕpístrŏphe, es, *f.* 《修》 결구(結句) 반복(연결된 글 끝에서 같은 말을 반복함).
ĕpistróphĕus, i, *m.* 《解》 제2경추(頸椎), 추축(樞軸).
ĕpistýlĭum, i, *n.* 《建》 (기둥머리의) 대륜(臺輪), 도리, 처마도리.
ĕpĭtáphĭum, i, *n.* 비명(碑銘), 비문; 비석.
ĕpĭtáphĭus, i, *m.* 조사(弔辭). 「하시.
ĕpĭthălámĭum, i, *n.* 혼례의 축가, 결혼 축
ĕpĭthálămus, i, *m.* 《解》 시구상부(視丘上部).
ēpĭthélĭum, i, *n.* **1.** 《解》 상피세포(上皮細胞), 상피. **2.** 《植》 신피(新皮), 피막조직, 상피.
ĕpíthĕton[-tum], i, *n.* **1.** 형용어, 부가(附加)형용사. **2.** 뜻을 가진 이름, 별명.
ĕpĭtógĭum, i, *n.* 고대 *Roma*의 외투(toga 위에 입었음).
ĕpítŏme, es, [-**ma,** æ,] *f.* **1.** 적요(摘要), 개요(概要), 발췌, 약사(略史). **2.** 축도(縮圖).
ĕpĭtónĭum, i, *n.* **1.** 수도꼭지, 고동. **2.** 현(弦)을 걸어서 팽팽하게 하는 고동.
Epĭtrĕpóntes, um, *m.pl.* 위임자(*Menánder*의 희곡명). 「(鼓室上)…
ĕpĭtympánĭcus, a, um, *adj.* 《解》 고실상
ĕpĭtýrum, i, *n.* 기름과 초에 담근 올리브.
ĕpódus[-os], i, *m.* 장단구교호(長短句交互)의 서정시(긴행과 짧은 행이 번갈아 있음).
Epŏna, æ, *f.* 노새몰이의 여신.
epoophoron, i, *n.* 《解》 부난소(副卵巢).
ĕpops, ŏpis, *m.* 《動》 오디새, 후투티, 대승(戴勝). 「시.
Epŏrédĭa, æ, *f.* *Gállia Transalpína*의 도
Epŏrédŏrix, ígis, *m.* *Ædŭi*족의 지도자.
ĕpos, *(nom., acc. sg. tt.) n.* **1.** 구전된 원시적 (영웅) 서사시; (일반적으로) 서사시. **2.** (서사시에 알맞는) 연속적 대사건.
ēpóto, ávi, ēpótum, áre, *tr.* **1.** 쭉 마시다, 다 마셔버리다. **2.** 집어삼키다, 흡수하다.
épŭlæ, árum, *f.pl.* **1.** 음식, 요리. **2.** 연회, 잔치, 축연(祝宴), 향연(饗宴). **3.** 이목(耳目)을 즐겁게 하는것, 환락.
ĕpŭláris, e, *adj.* [épulæ] 요리의; 연회의, 향
ĕpŭlátĭo, ónis, *f.* [épulo[1]]연회, 잔치. ⌊연의.
epulatórĭus, a, um, *adj.* 향연의.
épŭlo[1], áre, *tr.* = épulor.
épŭlo[2], ónis, *m.* [épulum] **1.** 잔치손님; 미식가(美食家). **2.** 연회 베푸는 사람, 연회 주관자. **3.** *pl.* (고대 *Roma*의) 축제 때 제상(祭床)을 주관하던 신관(神官).
épŭlor, átus sum, ári, *dep.* [épulæ] **1.** *intr.* 음식먹다; 잔치하다, 연회를 베풀다. **2.** *tr.* 먹다; 연석에 앉히다, 음식대접하다, 먹게 하다[먹이다]. 「*(C.)* 장례식사.
épŭlum, i, *n.* 성찬(盛餐), 축연: ~ fúnebre
Epýtĭdes, æ, *m.* *Epȳtus(1)*의 아들(= Périphas, Iūlus의 동료). 「**2.** *Alba Longa*의 왕.
Epýtus, i, *m.* **1.** *Ænéas*의 동료인 *Troja*인.
ĕqua, æ, *f.* 《動》 암말. 「자; *f.* 말떼.
ĕquárĭus, a, um, *adj.* 말(馬)의; *m.* 말사육
ĕques, équĭtis, *m.* [equus] **1.** 말타는 사람, 기수(騎手). **2.** 기병(騎兵); 기병대. **3.** 기사(騎士); 〔흔히 *pl.*〕 기사계급(원로원 의원 또는 지방의회 의원과 평민 중간계급). **4.** 말(馬).
ĕquéster, stris, e, [-**stris,** e,] *adj.* [equus] **1.** 기수(騎手)의, 말탄. **2.** 기병의, 기병대의: equéstres cópiæ *(C.)* 기병대. **3.** 기사

(騎士)의, 기사계급의: ~ ordo *(C.)* 기사계급.
équĭdem, *adv.* **1.** 〔가끔 강조·맹세표시의 부사와 함께 씀〕 물론, 아무렴, 정말로, 말할 것도 없이, 확실히: Equidem certo idem sum,... *(Pl.)* 나는 정말로 (예나) 다름없다. **2.** 〔긍정과 더불어 양보 표시로 sed, verum, céterum, tamen 따위 접속사 앞에〕 …하지만: Dixi ~, sed ...*(Pl.)* 내가 말했지만 그러나… / Non ~ recúso, sed ...*(C.)* 내가 거절하는 것은 아니지만… **3.** 나로 말하자면, 나 개인으로서는, 내 편에서는.
ĕquífĕrus, i, *m.* 《動》 야생말.
ĕquíle, is, *n.* [equus] 마구간.
equínus, a, um, *adj.* [equus] 말(馬)의: pullus ~ *(Q.)* 망아지; *m.(f.)* 말.
ĕquírĭa, órum, *n.pl.* [equus] 경마; (특히 2월 27일과 3월 14일에) *Mars* 군신(軍神) 기념축제로 하는 경마.
ĕquíso, ónis, *m.* 말 조련사[훈련사]; 마부.
ĕquĭtábĭlis, e, *adj.*[équito] 말타고 갈 만한.
ĕquĭtárĭus, i, *m.* [équito] 기사(騎士).
ĕquĭtátĭo, ónis, *f.* [équito] 승마, 승마술.
ĕquĭtátus, us, *m.* [équito] **1.** 승마; 승마술. **2.** 기병대, 기마대. **3.** 기사계급.
équĭto, ávi, átum, áre, *intr.* [eques] **1.** 말타고 가다, 승마하다. **2.** 기병으로 복무하다. **3.** 공무로 역마(驛馬)를 타다. **4.** 바람이 돌진하다, 몰아치다. **5.** *tr.* 말타고 건너다.
équŭla, æ, *f. dim.* [equa] 암망아지.
ĕquúlĕus, i, *m.* **1.** 망아지. **2.** 말 모양으로 만든 고문대(拷問臺): in ~ imponi *(Curt.)* 고문당하다. **3.** 《天》 망아지좌(座).
équŭlus, i, *m. dim.* [equus] 망아지, 작은 말.
ĕquus[1], i, *m.* 《動》 **1.** 말(馬): ~ albus 흰 말, 백마(개선 장군의 말). **2.** 기병대: equo merére *(C.)* 기병대에 복무하다 / equis virísque *(L.)* 기병대와 보병대를 동원하여. **3.** 기병대의 말. **4.** 경주용 말, 전차끄는 말. **5.** ~ (Trojánus) *Troja*의 목마. **6.** ~ lígneus *(Pl.)* 배, 선박. **7.** *pl.* 전차(戰車), 전투마차. **8.** ~ bipes *(V.)* 해마(海馬). **9.** 《天》 *Pégăsus*좌(座).
Equus[2] **Tútĭcus,** i, *m.* 남부 *Sámnium*의 *Hirpíni*인들의 도시.
era, æ, *f.* [erus] 여주인, 주부, 마님.
ērādíco, ávi, átum, áre, *tr.* [ex+radix] **1.** 뿌리뽑다. **2.** 근절(根絕)하다, 전멸시키다, 없애버리다.
ērádo, rási, rásum, ĕre, *tr.* [ex+rado] **1.** 깎아버리다, 긁어 없애다, 지워버리다. **2.** 잘라버리다, 없애버리다, 말소하다, 삭제하다; 제명(除名)하다.
Erăna, æ, *f. Cilícia*의 도시.
érănus, i, *m.* 빈민 구제금, (빈민·고아·양로·재해 구제를 위한) 의연금.
Erăsínus, i, *m. Argŏlis*의 강.
Erastianísmus, i, *m. Erástus(1524-83)* 주의, 종교상의 국가 최고권 주의, (종교의 국가 종속을 주장하는) 정교설(政敎說).
Erăto, us, *f.* 서정시·연애시의 여신*(Musa)*.
Erătósthĕnes, is, *m. Cyréne* 태생으로 *Alexandría*의 도서관장이었던 학자(c. 250 A.C.).
ercísco = hercísco.
Erĕbus, i, *m.* 암흑세계의 신, 혼돈의 신 *Chaos*의 아들, *Nox*(밤)신의 형제; 〔*adj.*〕 **-béus,** a, um. 〔*adj.*〕 **-théus,** a, um.
Eréchthĕus, i, *m. Athénæ*의 고대왕;
Erechthídæ, árum, *m.pl. Eréchtheus*왕의 자손들, 즉 *Athénæ*인. *Orīthyía, Procris.*
Eréchthis, ĭdis, *f. Eréchtheus*왕의 딸, 즉
ērécтĭo, ónis, *f.* [érigo] **1.** 일으켜 세움, 직립(直立). **2.** 건립, 설치, 건설. **3.** 설립, 창설, 수립. **4.** 《生理》 발기(勃起).
eréctus, a, um, *p.p., a.p.* [érigo] **1.** 일으켜 세워진, 꼿꼿이 선, 우뚝 솟은. **2.** 높은, 고상한, 숭고한. **3.** 콧대 높은, 교만한, 거만한. **4.** 긴장해 있는, 귀를 기울이고 있는. **5.** 용기있는, 활기있는, 의기왕성한, 자신감 넘치는.
ĕrēmícŏla, æ, *m.* [erémus+colo] 은둔자, 은거자.
ĕrēmíta, æ, *m.* 은둔자, 은거자; 은수자(隱修者).
ĕrēmítĭcus, a, um, *adj.* 은둔의, 은거의.
ĕrémus[1], a, um, *adj.* 주민없는, 아무도 살지않는, 인기척없는; 쓸쓸한, 황량한.
ĕrémus[2], i, *m.* **1.** 고독, 독거(獨居). **2.** 쓸쓸한[황량한] 곳, 황야, 벽지. **3.** 은둔자.
ērépo, psi, ptum, ĕre, *intr.* [ex+repo] **1.** 기어나오다; 기어오르다. **2.** 슬슬 높아지다. **3.** *tr.* 〔*alqd*〕 기어서 넘다, 기어서 지나가다.
ēréptĭo, ónis, *f.* [erípio] 탈취, 약탈, 강탈.
ēréptor, óris, *m.* [erípio] 강탈자, 탈취자, 노상강도.
eres = heres.
Erétrĭa, æ, *f. Eubœa*의 주요도시로서 철학가 *Mĕnĕdémus*의 출생지; 〔*adj.*〕 **-trĭus,** a, um; **-triénsis,** e, *Erétria*의, 그곳 주민의; *m.pl.* **-trĭăci[-trĭci],** órum, *Erétria* 철학파 사람들, *Mĕnĕdémus*의 제자들.
Erétum, i, *n. Sabíni*인들의 옛 도시.
erga, *præp.c.acc.* **1.** 〔사람이나 사물에 대한 우의적 감정·태도; 때로는 적대적 의미로도 씀〕 …에 대하여, …에 대한: benevoléntia ~ *alqm(C.)* 아무에게 대한 호의 / píetas ~ paréntes 부모께 대한 효성. **2.** 〔장소적〕 맞은 편에, 마주.
ergastŭlum, i, *n.* **1.** 강제노동수용소, 노예 감옥(시골에서 강제노동 후 밤에 가두어 두던 곳). **2.** *pl.* (강제 노동수용소에 갇혀 있는) 노예들.
ergástŭlus, i, *m.* (수용소에서)족쇄나 쇠사

슬을 차고 노동하던 노예.
ergo[1], *adverbiále genitívo postpósitum*, 때문에: victóriæ ~ *(L.)* 승리 때문에.
ergo[2], *conj. coord.* **1.** 〔결론〕 그래서, 그러므로, 따라서, 결국. **2.** 〔의문과 함께〕 그렇다면, 그런데, 그러니까. **3.** 〔삽입어〕 말하자면. **4.** 〔명령법과 함께 재촉표시〕 자, 그러니.
Erichthónĭus, i, *m.* **1.** *Vulcánus*신의 아들로서 *Athénæ*의 왕, 4두(頭) 2륜(輪) 전차(전투마차)의 발견자. **2.** *Troja*의 용사, *Dárdănus*의 아들, *Tros*의 아버지. **3.** 〔*adj.*〕 **-nĭus,** a, um.
ērícĭus, i, *m.* (= herícius) **1.** 《動》 고슴도치. **2.** (적의 기병을 막기위해 가시줄처럼 만든) 방책(防柵). 「강의 희랍명).
Erídănus, i, *m. Padus*강 (지금의 이태리 *Po*
ĕrífŭga, æ, *adj. m., f.* [erus+fúgio] 주인을 피하는(자).
érĭgo, réxi, réctum, ĕre, *tr.* [ex+rego] **1.** (일으켜) 세우다, 똑바로 [곧추] 세우다; 〔*pass. refl.*〕**se~, érigi** 일어서다, 우뚝서다. **2.** 높이 올려보내다, (남이) 보도록 내세우다, 쳐들다, (눈을) 뜨다. **3.** 《軍》 군대를 언덕[산] 위로 오르게 하다, 고지(高地)에 배치하다. **4.** 짓다, 세우다, 쌓아올리다, 건설하다. **5.** 설립하다, 창설하다. **6.** 〔*alqd[alqm]* - ad, in *acc.*〕 긴장시키다, 주의를 기울이(게 하)다, 정신차리(게 하)다, 환기(喚起)시키다: aures ~ *(C.)* 귀를 기울이다, 경청하다 / ánimum ~, 〔*pass. refl.*〕 érigi 정신차리다, 주의하다, (자세를) 가다듬다. **7.** 〔*alqm* - ad, in *acc.* - ánimum, spem *etc.*〕 격려하다, (힘·용기·희망을) 북돋다; 분발시키다; 〔*pass. refl.*〕 **se~, érigi** 분발하다, 용기를 얻다, 기운을 내다. **8.** 들고 일어나다, 거역하다.
Erígŏne, es, *f. Athénæ*인 *Icárius*의 딸, 아버지의 살해를 슬퍼하여 *Virgo* 별로 변함; 〔*adj.*〕 **-néĭus,** a, um.
Erĭgónus, i, *m. Pæónĭa*의 강.
erílis, e, *adj.* (= herílis) 주인의.
Eríllus = Heríllus.
ērinácĕus[he-], i, *m.* 《動》 고슴도치. 「강.
Eríndes, is, *m. Média*와 *Hyrcánia* 사이의
Erínna, æ, *f. Lesbos*섬의 여류시인 (c. 600 A.C.). 「2. 복수의 여신. **3.** 광포.
Erínys, ўos, *f.* **1.** 악귀 *Fúriæ* 중의 하나.
Erĭphýla, æ, [-le, es,] *f. Amphĭăráus*의 아내, 자기 아들 *Alcmæon*에게 살해됨.
ērípĭo, pŭi, réptum, ĕre, *tr.* [ex+rápio] **1.** 〔*alqd* ex, ab *abl.; abl.; dat.; absol.*〕 빼내다, 뽑다, 들어내다; 뺏다, 탈취하다, 잡아채다: vagínā ~ ensem *(V.)* 칼집에서 칼을 뽑다. **2.** 〔*alqm* ex, a, de *abl.; abl.; dat.*〕 구출하다, 구조하다, 건져내다, 빠져나오게 하다, 무사히 보존하다: ~ *alqm* ex perículo *(C.)* 위험에서 구해주다; 〔*refl.*〕 **se** ~ 잽싸게 도망치다, 빠져나오다 / Se erípuit flammā. *(C.)* 그는 화염에서 재빨리 빠져 나왔다. **3.** 〔*alqm* ne *c. subj.*〕 …할 의무를 면해주다, 하지 않도록 해주다: Ne causam díceret, se erípuit. *(Cæs.)* 그는 자기 변호를 하지 않아도 되게 되었다. **4.** 〔*alqd*〕 날쌔게 잡다, 포착하다: Erĭpe fugam. *(V.)* 어서 도망가거라. **5.** 〔*alqm alci*, ab *abl.*〕 납치해가다. **6.** 〔*alqd* - *alci*〕 사라지게 하다, 제거하다, 덜어주다: *alci* timórem ~*(C.)* 아무에게서 공포를 없애주다. **7.** 〔*pass.*〕 **éripi** 죽다, 일찍 죽다, 요절하다.
ēro, ónis, *m.* 버들로 만든 채롱.
ēródo, rósi, rósum, ĕre, *tr.* **1.** 갉아먹다, 쏠다, 뜯어먹다. **2.** 침식(浸蝕)하다, 부식(腐蝕)하다.
ērŏgátĭo, ónis, *f.* [érogo] **1.** 〔*alqd* in *acc.*〕 지불(支拂), 지출; 시사(施捨). **2.** 경비, 비용. **3.** 공급, (수도물의) 배급. **4.** 법의 폐지.
érŏgo, ávi, átum, áre, *tr.* [ex+rogo] **1.** 〔*alqd* - in *alqd*〕 지출하다, 지불하다: pecúniam ex ærário ~ in classem *(C.)* 국고에서 함대를 위해 공금을 지출하다. **2.** 〔*alqd* - in, ad *acc.*〕 충당하다, 쓰다. **3.** 공급하다, 지급하다; 주다, 수여하다. **4.** 〔*alqd* - in *alqm*〕 누구를 위해 내놓다[쓰다], 시사(施捨)하다. **5.** 소비하다, 다 써버리다.
Eros[1], rótis, *m.* **1.** *Aphrodíte*와 *Ares*의 아들로 사랑[연애]의 신. **2.** [e-] 성적(性的) 사랑. 「인.
Eros[2], rótis, *m. Róscius*와 동시대의 희극시
ērósĭo, ónis, *f.* [eródo] 쏠기; 침식(浸蝕), 부식(腐蝕); 《醫》 미란(糜爛). 「색정적인.
ĕrótĭcus, a, um, *adj.* 연애의, 성애(性愛)의,
errābúndus, a, um, *adj.* [erro] 방랑하는, 방황하는, 떠도는. 「는.
erránĕus, a, um, *adj.* [erro] 떠도는, 헤매
errátĭcus, a, um, *adj.* [erro] **1.** 방랑하는, 떠도는: stellæ errátĭcæ *(Sen.)* 유성(遊星), 혹성(惑星). **2.** 자리를 옮기는, 제멋대로 뻗는(나무가지 따위).
errátĭo, ónis, *f.* [erro] **1.** 틀림, 오류, 상규(常規)를 벗어남, 탈선. **2.** 길잃고 헤맴, 방황. 「자.
errátor, óris, *m.* [erro] 방황자; 실수하는
errátum, i, *n.* [erro] 잘못, 오류, 틀림; 잘못된 생각; 허물, 실수. 「착오.
errátus, us, *m.* 방황, 길잃음; 잘못, 실수,
erro[1], ávi, átum, áre, *intr.* **1.** 길을 잃다, 헤매다, 방황하다, 떠돌아 다니다, 방랑[유랑]하다: 〔*p.p. pass.*〕 errátæ terræ *(Ov.)* 떠돌아 다닌 여러 지방들. **2.** 빗나가다, 벗어져[떨어져] 나가다. **3.** 비틀거리다, 흔들리다, 불안정하다, 확실하지 못하다,

우왕좌왕하다, 망설이다, 단정을 내리지 못하다, 잘알지 못하다. **4.** 〔in *abl.*, in *acc.*; (de *abl.*, circa *acc.*); *acc. pron.*; *abl. modi*〕 **그르치다**, 잘못을 저지르다, 실수하다, 오류를 범하다, **잘못 생각하다**, 착각하다, 실패하다. **5.** 죄짓다.

erro², ónis, *m.* [erro¹] **1.** 방랑자, 떠돌이; 헤매는 사람. **2.** 유성(遊星).

errónĕus, a, um, *adj.* 잘못된, 틀린; 방랑하는, 떠도는; 우왕좌왕하는: consciéntia erónea 그릇된 양심, 잘못된 판단을 내리는 양심.

error, óris, *m.* [erro] **1. 방황**, 헤맴, **방랑**, 떠돌아다님; **표류(漂流)**; 정도(正道)에서 벗어남, 일탈. **2.** 불확실, 자신없음, 우왕좌왕, 불안정, 흔들림, 미결정, 무지(無知). **3. 그르침**, 잘못, **오류**, **틀림**, 착오; **실수**, 실책: indúcere *alqm* in errórem *(C.)* 아무를 오류에 빠뜨리다. **4. 잘못된 생각**, 착각, 오해. **5.** 마음의 혼란; **광란**, 정신착란. **6.** 속임수, 올가미. **7.** 죄과, 과실, 과오, **탓**, 허물.

ērŭbescéntĭa, æ, *f.* 부끄러움, 수치.

ērŭbésco, bŭi, ĕre, *intr.* [ex+rubésco] **1.** 붉어지다. **2.** 〔*abl.*; in, de *abl.*; propter *acc.*; *inf.*〕 부끄러워지다, 수치스럽다. **3.** *tr.* 부끄럽게 생각하다. 「양배추.

ērúca, æ, *f.* **1.** 《動》 배추벌레. **2.** 《植》

ēructátĭo, ónis, *f.* [erúcto] 구토, 토함; 트림.

ērúcto, ávi, átum, áre, *tr.* [ex+ructo] **1.** 내뱉다, 토하다. **2.** 내뿜다, 분출하다.

ērúdĕro, ávi, átum, áre, *tr.* [ex+rudus] 먼지 털다, 청소하다; 말끔히 치우다.

ērúdĭo, ívi[ĭi], ítum, íre, *tr.* [ex+rudis] **1.** 〔*alqm abl.*, in *abl.*; ad, in *acc.*; *alqm alqd*, *inf.*; *absol.*〕 **교육**하다, 가르치다, 양성하다. **2.** 〔*alqm* de *alqā re*〕 알리다, 통지하다. **3.** 다듬다.

ērŭdítĭo, ónis, *f.* [erúdio] **1.** 교육, 양성. **2.** 지식, 학식, 박학; 교양.

ērŭdítŭlus, a, um, *adj. dim.* [erudítus] 약간 교육받은, 좀 배운.

ērŭdítus, a, um, *p.p.*, *a.p.* [erúdio] 〔*abl.*, in *abl.*, ad *acc.*; *acc. Græc.*; *inf.*〕 교육 받은, 양성된, 잘 훈련된, 조예가 깊은, 박학한, 교양있는: disciplínā juris ~ *(C.)* 법학에 능통한 / sǽcula erudíta *(C.)* 문명시대 / erudítæ aures *(C.)* 예민한 귀.

ērúgo, ávi, átum, áre, *tr.* [ex+ruga] 주름을 펴다.

ērúmpo, rúpi, rúptum, ĕre, [ex+rumpo] **I.** *tr.* **1. 분출시키다**, 쏟아져[터져] 나오게 하다, 부수고 나오다, 파열시키다; 〔*pass. refl.*〕 **se ~, erúmpi** 쏟아져[터져] 나오다, 돌진하다, 별안간 나타나다. **2.** 〔*alqd*〕 뚫고 나가다. **3.** 〔*alqd* – in *acc.*〕 (감정·격정 따위를) **터뜨리다**, 쏟아놓다, 드러내다, 토로하다: in *alqm* stómachum ~ *(C.)* 누구에게 화를 내다 / in naves iracúndiam ~ *(Cæs.)* (나포한) 배들에 대해 분풀이를 하다.
II. *intr.* **1.** 〔ex, ab *abl.*; *abl.* – ad, in *acc.*; inter, per *acc.*; *absol.*〕 **분출하다**, **쏟아져[터져] 나오다**, 몰려 나오다; 튀어나오다, (군대가) 출격하다: Lácrimæ erúmpunt.*(Q.)* 눈물이 쏟아진다. **2.** 〔*absol.*; in, ad *acc.*〕 **터지다**, 폭발하다, (감정이) 치밀다, (감정·결과 따위에로) 치닫다: Risus erúmpit.*(C.)* 웃음이 터져나온다. **3.** 〔ad *acc.*〕 (어떤 결과·상태에) 이르다. **4.** 〔ex *abl.*〕 **나오다**, 돋아나다, 발생하다. **5.** (소리·말 따위가) 나오다. **6.** 〔ex *abl.*; *absol.*〕 **돌발하다**, 별안간 나타나다[일어나다]; **드러나다**, 폭로되다.

ērŭo, rŭi, rútum, ĕre, *tr.* [ex+ruo] **1.** 파내다, 발굴하다, 캐내다, 뽑아내다, 도려내다, 파 일으키다. **2.** 발견하다, 찾아내다, 끌어내다, 들추어내다. **3.** 송두리채 없애다, 뒤엎다, **파괴하다**.

ērúptĭo, ónis, *f.* [erúmpo] **1.** 분출, 쏟아져 나옴. **2.** 폭발, 터짐; **파열**; 돌발. **3.** 돌파, 돌진; 출격. **4.** 《醫》 발진(發疹).

erus, i, *m.* (= herus) **1.** 가장(家長), 주인. **2.** 소유자, 지배자.

ervum, i, *n.* 《植》 제비콩. 「신.

Erўcína, æ, *f.* *Eryx*의 여자, 즉 *Venus*여

Erўcus, i, *m.* *Eryx* 산(山).

Erўmánthus[-os], i, *m.* **1.** *Arcádia*의 산맥, 여기서 *Hércules*가 거대한 산돼지를 죽였음. **2.** *Arcádia*의 강. **3.** 〔*adj.*〕 **-théus[-thĭus],** a, um; 〔*adj.f.*〕 **-thĭas,** ădis; **-this,** ĭdis.

ĕrўsípĕlas, ătis, *n.* 《醫》 단독(丹毒).

Erўthéa[-ía], æ, *f.* *Hispánia*의 *Cadiz*만에 있는 작은 섬, 거인 *Gerўones*의 고향; 〔*adj.f.*〕 **-théis,** ĭdis. 「(紅斑).

ĕrўthéma, ătis, *n.* 《醫》 홍진(紅疹), 홍반

ĕrўthínus, i, *m.* 《動》 (불그스름한 바닷물고기로서) 노랑촉수 또는 숭어의 일종.

Erўthræ, árum, *f. pl.* **1.** *Bœótia*의 도시. **2.** *Iónia*의 항구. **3.** *Ætólia*의 항구. **4.** 〔*adj.*〕 **-ræus,** a, um; *f.* (*sc.* terra) *Erў-thræ*의 영역. 「(灣). **2.** *India*해.

Erўthrǽum Mare, is, *n.* **1.** 홍해 *Pérsia*만

Erўthrus, i, *m.* 남부 아시아의 전설적인 왕.

Eryx, ўcis, *m.* **1.** *Venus* 여신의 아들, *Hércules*에게 살해되어 *Eryx* 산밑에 묻힘. **2.** *Sicília* 서해안에 있는 산, *Venus*의 신전으로 유명. **3.** *f.* *Eryx*산에 있는 도시. **4.** *m.* *Eryx*시의 창건자. **5.** 〔*adj.*〕 **-ycínus,** a, um, *Eryx*의.

esca, æ, *f.* [edo¹] **1.** 먹을 것, 식료품, 식량, 음식. **2.** 모이, 먹이, 사료. **3.** 미끼.

escális, e, *adj.* **1.** 먹는 데 관한, 음식담는. **2.** 불쏘시개의, 연료의.
escárĭus, a, um, *adj.* [esca] **1.** 식사에 관한, 음식담는; *n.pl.* 식기. **2.** 미끼의.
escéndo, di, scénsum, ĕre, [ex+scando] **1.** *intr.* 〔ad, in *acc.; acc.* locális〕 오르다, 올라가다; 상륙하다: ~ in equum *(L.)* 말에 올라타다. **2.** *tr.* 올라타다: ~ vehículum *(Sen.)* 수레에 올라타다.
escénsĭo, ónis, *f.* [escéndo] **1.** 올라감, 상승. **2.** 하선(下船), 상륙. 「격.
escénsus, us, *m.* 사다리로 오름; 등반 공
eschatología, æ, *f.* 《神》 종말론(終末論); 〔*adj.*〕 **-gĭcus,** a, um.
escit, escunt, 《古》 =erit, erunt, *fut.* [sum].
éscŭla, æ, *f.* 먹을 것, 음식.
escŭléntĭa, æ, *f.* 요리, 기름진 음식.
escŭléntus, a, um, *adj.* [esca] 먹을 수 있는, 식용의; 맛있는; *n.pl.* 음식, 영양물.
escul... *V.* æscul... 「다.
ésĭto, ávi, átum, áre, *tr. freq.* [edo] 줄곧 먹
esor, óris, *m.* 많이 먹는 사람.
ĕsox, ŏcis, *m.* 《動》 연어.
Esquílĭæ, árum, *f. pl.* *Roma*시의 일곱언덕중의 하나; 〔*adj.*〕 **-liárĭus[-línus, -lĭus],** a, um.
esse, **1.** *inf. præs.* [sum]. **2.** 《哲》 *n. indecl.* 존재, 유(有): ~ subsístens 자존(自存)하는 존재, 자립적 존재 / ~ substantiále 실체적 존재 / ~simplíciter 단적(端的) 존재, 단적 의미에서의 존재 / ~ secúndum quid 한정된 의미에서의 존재.
éssĕda, æ, *f.* = éssedum. 「士).
essedárĭus, i, *m.* [éssedum] 전차의 전사(戰
éssĕdum, i, *n.* **1.** *Gállia* 인들의 전차(戰車). **2.** 여행용 마차.
esséntĭa, æ, *f.* **1.** 《哲·神》 **본질**; 본성. **2.** 요소. **3.** 진수(眞髓), 정수(精髓).

ESSEDUM

essentĭális, e, *adj.* [esséntia] 본질의, 본질적. 「족.
Essŭi, órum, *m.pl.* *Gállia Bélgica*의 한 종
est[1], *3. pers. sg. præs. indic.* [sum] (그는) 있다; …이다. 「먹는다.
est[2], *3. pers. sg. præs. indic.* [edo[1]] (그가)
ēsŭrĭális, e, *adj.* [esúries] 배고픈, 기아(飢餓)의.
ēsúrĭes, éi, *f.* [esúrio] **1.** 배고픔, 굶주림, 기아(飢餓). **2.** 빈궁.
ēsúrĭo[1], ívi[ii], íre, [edo[1]] **1.** *intr.* 먹고 싶다, 배고프다, 굶주리다, 시장기를 느끼다, 허기지다. **2.** *tr.* 〔*alqd*〕 몹시 탐내다, 갈망하다. 「람.
ēsúrĭo[2], ónis, *m.* 배고픈 사람, 굶주린 사
ēsŭrítĭo, ónis, *f.* [esúrio[1]] 기아, 굶주림.
esus, us, *m.* [edo[1]] 먹음; 먹는 것: ésui esse 먹을 만하다, 먹음직하다.
Esúvĭi, órum, *m.pl.* 북부 *Gállia*의 한 종족.
et, I. *conj. coord. copulatíva.* **1. 와[과],** 및, 그리고, **또. 2.** 〔망라(網羅)〕 **et ... et ... 도…도. 3.** 〔긍정과 부정 대립·연결〕 **et ... nec**[neque] …이고 …가 아니(다), …지만…는 아니; 뿐 아니라 또한 아니; **nec** [neque] ... **et** 아니고 오히려: Ego vero exspectábo ea, nec exígam.*(C.)* 나는 그것들을 기다리기는 하겠지만 강요하지는 않겠다 / ... nec miror, et gáudeo.*(C.)* 나는 이상히 여기지 않고 오히려 기뻐한다. **4.** 〔부가적 설명·천명·한정, 특히 et quidem, et +*pron. demonstr.*〕 **그것도…**: Errábas, **et quidem** veheménter errábas. 너는 오류를 범하고 있었다, 그것도 아주 큰 오류를 말이다 / et máxime (그것도) 특히. **5.** 〔반복·강조〕 …고 또: Vives, et vives.*(C.)* 너는 살고 또 살리라. **6.** 〔대조·대립·번복·교정〕 **그러나,** 그렇지만, 그런데, 그러면서도, 도리어. **7.** 〔동시적 상황〕 와 동시에, …하자마자. **8.** 〔명령형 뒤에〕 **그러면**: Dic, et eris magnus.*(V.)* 말해라, 그러면 위대한 자 되리라. **9.** 〔비교 연결〕 (*cf.* atque) 와(는)…: æque ~ *(C.)* 와 똑같이 / áliter ~ *(C.)* 와는 달리 / áliud ~ *(C.)* 와는 다른 것. **10.** 〔의문·경탄〕 그래…란 말이냐? 얼마나…냐!
II. *adv.* **1.** …도, 도 또한, 더구나…도: Gere et tu tuum bene.*(C.)* 너도 네일을 잘 처리해라. **2.** 사실, 과연, 정말로, …야말로, 확실히.
étĕnim, *conj.* [et+enim] 사실은, 즉, 왜냐하면, 그것은, 그렇다함은.
etenímvero, *adv.* 사실, 확실히.
Etéŏcles, is[ĕos], *m.* *Œdipus*와 *Iocáste*의 아들, *Pŏlўníces*의 형제.
etésĭæ, árum, *m. pl.* 계절풍, 무역풍, 지중해지방에서 여름철에 북쪽과 남쪽에서 번갈아 불어오는 바람.
éthĭca, æ,[**-e,** es,] *f.* 윤리학, 도덕학.
ethmoidális, e, *adj.* 《解》 사골(篩骨)의.
éthnĭcus, a, um, *adj.* 이교도의, 이방인의; *m.* 이교도, 이방인. 「속학(土俗學).
ethnográphĭa, æ, *f.* 민속학(民俗學), 토
ethnolŏgía, æ, *f.* 인종학(人種學), 민족학.
ethŏlŏgía, æ, *f.* **1.** 흉내, 시늉; 무언극. **2.** 인성학(人性學). **3.** 《動》 동물생태학.
ethólŏgus, i, *m.* 무언극 배우; 풍자 희극배우.
ēthos, i, *n.* 풍속, 특성, 성격, 민속*(Plin.)*.
étĭam, *(adv.) conj.* [et+jam] **1. 도 또한,** 까지도, …마저: non solum[modo] ..., sed [verum] ~ 뿐 아니라…도 또한 / atque ~ 그리고[그뿐 아니라] 또한. **2.** 〔비교급 강화〕 **한층** (더), **더욱** (더): ~ clárius*(C.)* 한층 더 분명하게. **3.** 〔지금 또는 그 당시〕

아직, 여태, 그저; 아직도, 여전히: Etiámne adstas?*(Pl.)* 너 여태 그냥 서있느냐? **4.** 〔반복〕 **또[다시] 한번,** 재차: Circúmspĭce ~.*(Pl.)* 주위를 다시 한번 살펴봐라 / ~ atque ~ *(C.)* 재삼(再三), 다시금 다시금, 몇번이고 반복해서. **5.** 〔부정문(否定文) 다음에서〕 **더구나, 오히려. 6.** 〔단순의문에 대한 긍정적 대답〕 **예; 그렇다,** 아무렴, 물론: Respóndit, Etĭam.*(Plin.)* 그는 그렇다고 대답했다. **7.** 〔분개·원망·힐책 따위의 뜻을 포함한 물음〕 (아니) 그래 정말…? 까지 한단 말이냐?: Etĭam rides?*(T.)* 네가 웃기까지 해? / Etiámne abis?*(Pl.)* 네가 그래 정말 떠난단 말이냐? 「직.

ĕtĭámdum[étiam dum], *adv.* 그때도 아

ĕtĭámnum[-nunc], *adv.* 지금도, 지금까지도.

ĕtĭámsi[étĭam si], *conj. subord.* 〔실제에 대한 양보에는 *indic.*; 불확실·반대·비현실에 대한 양보에는 *subj.*; 때로는 verbum finítum 없이〕 **비록…하더라도, 할지라도:** ~ non perfécte, tamen ... *(Q.)* 완전하게는 아니더라도 그러나… 「그때까지만 해도.

ĕtĭámtum[-tunc], *adv.* 〔과거〕 그때에도,

Etrúrĭa, æ, *f.* 중부 이태리 서해안 지방 (지금의 *Toscana*); 〔*adj.*〕 **-úscus,** a, um; *m. pl. Etrúria*인들.

etsi, *conj.* 비록…하더라도, 할지라도 (*cf.* etiámsi): ~ scio, tamen ...*(T.)* 내가 알기는 하지만 그러나… / ~ non auctor, at cónscius fuit. *(Suet.)* 그가 장본인은 아니라 하더라도 알고는 있었다.

ĕtȳmŏlŏgía[-gĭa], æ, *f.* **1.** 어원학(語源學), 어원연구. **2.** 어원. 「상의.

ĕtȳmŏlógĭcus, a, um, *adj.* 어원의; 어원학

ĕtȳmólŏgus, i, *m.* 어원학자.

étȳmon, i, *n.* 어원(語源).

eu, *interj.* 〔기쁨·찬탄 따위 표시〕 좋아! 잘한다! 잘됐다! 훌륭하다! 「내.

Euádne, es, *f. Iphis*의 딸, *Capáneus*의 아

Euágŏras, æ, *m. Cyprus*섬 *Sálamis*시의 지배자. 「세! 와!

euān, *interj.* 〔*Bacchus*신 신도의 환호성〕 만

Euánder[-drus], i, *m. Mercúrius*신의 아들, *Arcádia*인, 이태리로 옮겨가서 *Roma*의 *Palatínus* 언덕 밑에 *Pallantéum*시를 창건하였었음; 〔*adj.*〕 **-drĭus,** a, um.

euans, ántis, *adj.* [euan] (*Bacchus* 신도들이) 환호성 올리는, 광란적으로 떠들어대

euax, *interj.* 만세! 와! 」는.

Eubœ́a, æ, *f. Ægǽum*해의 제일 큰 섬 (지금의 *Negroponte*); 〔*adj.*〕 **-bóïcus[-bœ́us],** a, um. 「언자〉라는 뜻).

Eubúlĕus, i, *m. Dioscúri*의 별명(〈좋은 충

euchăristía, æ, *f.* **1.** 감사의 기도. **2.** 《가》 성체(聖體), 성체성사.

euchărístĭcon, i, *n.* 감사, 사의(謝意).

euchărístĭcus, a, um, *adj.* 《가》 성체(聖体)의, 성체에 관한: congréssus ~ 성체대회.

Euclídes, is, *m.* **1.** *Alexandría*의 유명한 수학사, 기하학의 유명한 저서있음(c. *sæc.* 3 A.C.). **2.** *Mégara* 학파 철학의 창시자(c. 400 A.C.).

eudǽmon, ŏnis, *adj.* 풍요한, 풍부한.

eudæmŏnía, æ, *f.* 행복, 복리.

eudæmŏnísmus, i, *m.* 행복론, 행복설.

Euénus, i, *m. Ætólia*의 강; 〔*adj.*〕 **-nínus,** a, um. 「(〈친절한 사람들〉이란 뜻).

Euérgĕtæ, árum, *m.pl. Arimáspi*족의 별명

euge, *interj.* **1.** 〔기쁨·축하·칭찬·만족·충고 따위 표시〕 좋아! 잘했다! 잘해봐! **2.** 〔비꼬는 뜻으로도 쓰며, 가끔 ~ papæ, éugĕpæ〕 그래 잘했군!

euhan, euhans = euan, euans. 「C.).

Euhémĕrus, i, *m.* 희랍의 철학자(c. 300 A.

Eu(h)ĭas, ădis, *f. Bacchus*신의 여신도.

Eu(h)ĭus, i, *m. Bacchus*신의 별명. 「세!

euhœ, *interj.* 〔*Bacchus*신 신도들의 함성〕 만

eulógĭa, æ, *f.* 강복(降福)한 빵.

eulógĭum, i, *n.* = elógium. 「을 죽인 자.

Eumélus, i, *m. Thebæ*인, 홧김에 자기 아들

Euměnes, is, *m. Alexánder* 대왕의 유명한 장군.

Euménĭdes, um, *f. Fúriæ* (복수의 여신)의 완곡(婉曲)한 이름(〈친절한 자들〉이란 뜻).

Eumólpus, i, *m. Ceres* 여신의 신관, *Attĭca* 에 *Eléusis* 비교(秘敎)를 가져온 자; *m.pl.* **-pĭdæ,** árum, ~ 의 자손.

eumpe = eum ipsum.

eúndus, a, um, *gerundív.* [eo³] 가야 할, 걸어가야 할, 따라야 할: eúndæ vitandǽque viæ*(Claud.)* 가야할 길과 피해야 할 길.

eunuchínus, a, um, *adj.* 고자의, 거세된 사람의.

eunúchus, i, *m.* **1.** 거세된 남자, 고자. **2.** 환관(宦官), 내시. **3.** 대신(大臣).

euœ, *interj.* = euhœ.

euphēmísmus, i, *m.* 《修》 완곡어법(婉曲語法), 점잖게 에둘러 말하는 것.

euphónĭa, æ, *f.* 듣기 좋은 음조; 발음의 낭랑함.

euphórbĭa, æ, *f.* 《植》 버들옷. 「사람.

Euphórbus, i, *m. Panthus*의 아들, *Troja*

euphórĭa, æ, *f.* **1.** 행복감; 다행증(多幸症). **2.** 마약에 의한 도취감.

Euphórĭon, ónis, *m. Eubœ́a*의 *Chalcis* 사람, 시인으로서 도서관원(c. 250 A.C.).

Euphrátes, is[æ], *m.* 서부 아시아의 제일 큰 강(2,700Km), *Pérsia*만으로 흘러들어감. 「4 A.C.).

Eupŏlis, ĭdis, *m. Athénæ*의 희극시인(c.*sæc.*

Eurípĭdes, is, *m.* 희랍의 3대 비극작가의 한사람(480 - 406 A.C.); 〔*adj.*〕 **-déus,** a,

um. 「의 해협.
Eurípus[1][-os], i, *m.* *Bœótia*와 *Eubœa* 사이
eurípus[2], i, *m.* **1.** 해협. **2.** 수로, 운하, 도랑. 「불어오는) 태풍.
euroáquĭlo, ónis, *m.* (지중해의 동북에서
euroáuster, stri, *m.* 동남풍.
Európa, æ,[-e, es,] *f.* **1.** *Phœnícia*의 *Agénor*왕의 딸, *Júpiter*신의 사랑을 받아 *Sarpédon*과 *Minos*를 낳음. **2. 유럽**대륙, 구라파; 〔*adj.*〕 **-pǽus,** a, um, 유럽의; 유럽인(의). 「*Sparta*가 있음.
Eurótas, æ, *m.* *Lacónia*의 강, 이 강변에
euróus, a, um, *adj.* [eurus] 동쪽의, 남동(南東)의.
eurus, i, *m.* **1.** 남동풍; 동풍. **2.** 바람.
Eurýălus, i, *m.* *Ophéltes*의 아들, *Troja*의 젊은이로서 *Nisus*의 친구.
Eurybíădes, is, *m.* *Sparta*인, *Pérsia* 전쟁시(480 A.C.) 희랍 함대의 사령관.
Eurýdĭce, is, *f.* *Orpheus*의 아내.
Eurýmĕdon, óntis, *m.* **1.** *Pamphýlia*의 강. **2.** *Peloponnésus* 전쟁 때의 *Athénæ* 장군.
Eurўmus, i, *m.* 예언자 *Télemus*의 아버지.
Eurýnŏme, es, *f.* *Océănus*의 딸, *Leucóthŏë*의 어머니.
Eurýpўlus, i, *m.* **1.** *Euǽmon*의 아들, *Thessália*의 *Orménion*의 왕. **2.** *Neptúnus* 신의 아들, *Cos*섬의 왕; 〔*adj.*〕 **-pўlis,** ĭdis, *Cos*섬의. 「*Sparta*의 왕.
Eurýsthĕnes, is, *m.* *Procles*와 쌍동이,
Eurýsthĕus, i, *m.* *Sthénelus*의 아들, *Perseus*의 손자, *Mycénæ*의 왕, *Hércules*에게 열두가지 어려운 일을 시켜 괴롭혔음.
Eurýtĭon, ónis, *m.* **1.** *Phthia*의 *Actor*의 아들, *Argonáutæ*의 한 사람. **2.** *Troja*인, *Lycáon*의 아들, *Ænéas*의 동료.
Eurўtus, i, *m.* *Meláneus*의 아들, *Eubœa*의 *Œchália*의 왕, *Iŏle*의 아버지; **-rўtis,** tĭdis, *f.* *Eurўtus*의 딸(= Iŏle).
euschéme, *adv.* (옷 따위를) 어울리게, 세련되게, 고상하게.
eusporangiátæ, árum, *f. pl.* 《植》 진정포자낭(眞正胞子囊)을 가진 양치류.
eusporángĭum, i, *n.* 《植》 진정포자낭.
Eutérpe, es, *f.* 아홉 *Musæ*(예술의 여신) 중 음악의 여신. 「락사.
euthanasía[-sĭa], æ, *f.* 고통없는 죽음, 안
Eutýchĭdes, æ, *m.* *Attĭcus*의 (노예로서) 해방된 자유인. 「~ **Pontus,** i, 흑해.
Euxínus, a, um, *adj.* 흑해(黑海)의; *m.* ~,
evácŭo, ávi, átum, áre, *tr.* **1.** 비우다, 치우다; 배설하다; 명도하다. **2.** 약화시키다; 동이 나게 하다, 없애다, 무효로 만들
Evádne = Euádne. ⌊다.
evádo, vási, vásum, ĕre, [ex+vado] **I.** *intr.* **1.** 〔ex *abl.* - in, ad *acc.*; *absol.*〕 나오다, 나가다; 기어오르다: ~ in muros*(L.)* 성벽으로 기어오르다. **2.** 〔ex, de *abl.*; *abl.*; *absol.*〕 벗어나다, 빠져 나오다, 도망쳐 나오다, 탈출하다, 에서 살아나다; 《軍》 퇴각[후퇴]하다, 물러나다. **3. …가 되다,** 되고 말다, 결과[상태]에 이르다, 어떤 형편으로 진전되다, 실현되다: Tales evádunt. *(C.)* 그들은 결국 이런 사람들이 **된다** / Si quando sómnium verum eváserit,*(C.)* 만일 꿈이 실현**된다**면.
II. *tr.* **1.** 〔*alqd*〕 통과하다, 지나가다, 끝까지 해내다; 올라가다: ~ viam*(V.)* 갈 길을 다 가다. **2.** 〔*alqd, alqm*〕 도망하다, 벗어나다, 빠져 나가다, 피해 달아나다; 면하다. 「님.
ēvăgátĭo, ónis, *f.* [évagor] 방황, 떠돌아 다
ēvagíno, ávi, átum, áre, *tr.* [ex+vagína] (칼집에서) 칼을 빼다.
évăgor, átus sum, ári, *dep. intr.* [ex+vagor] **1.** 나돌아 다니다, 떠돌다, 헤매다; 유랑(流浪)하다; 번지다. **2.** 옆길로 나가다, 빗나가다; 선회(旋回)하다. **3.** *tr.* 〔*alqd*〕 한도를 넘다, 지나치다, 일탈(逸脫)하다.
ēvalésco, lŭi, ĕre, *intr.* [ex+valésco] **1.** 〔*absol.*; in *acc.*〕 크면서 힘을 얻다, 자라다, 강해 지다. **2.** *pf.* 〔*absol.*; *inf.*〕 할 수 있었다. **3.** 가치가 있다, 값나가다. **4.** 성행(盛行)하다, 우세(優勢)해 지다, 뻗
ēválĭdus, a, um, *adj.* 강한, 힘센. ⌊어 나가다.
Evánder = Euánder.
ēvānésco, nŭi, ĕre, *intr.* [ex+vanésco] **1.** 사라지다, 없어지다, 소실(消失)되다, 꺼지다; 증발하다; 빈탕이 되다. **2.** 김빠지다, 힘[빛]을 잃다. 「식의; 복음서의.
evangélĭcus, a, um, *adj.* 복음의, 기쁜 소
evangĕlísta, æ, *m.* 복음사가(史家); 복음 선교자. 「서.
evangélĭum, i, *n.* 복음, 기쁜 소식; 복음
evangĕlizátor, óris, *m.* 복음전파자[전달자].
evangĕlízo, ávi, átum, áre, *intr.*, *tr.* 복음[기쁜 소식]을 전하다[펴다]; 복음을 가르쳐 그리스도교를 믿게 하다.
ēvánĭdus, a, um, *adj.* [evanésco] **1.** 힘잃은, 항구력없는, 단단하지 못한. **2.** 잠시의, 사라지는, 소실(消失)되는.
evans = euans. 「기화(氣化).
ēvăpōrátĭo, ónis, *f.* [evapóro] 증발, 발산,
ēvăpóro, ávi, átum, áre, *tr.* [ex+vapor] 증발시키다, 발산시키다; 수분을 빼다. 「짐.
evásĭo, ónis, *f.* [evádo] 탈주, 도주; 사라
evásto, ávi, átum, áre, *tr.* [ex+vasto] 황폐케 하다, 완전히 파괴해 버리다, 멸망시키다.
evéctĭo, ónis, *f.* [éveho] **1.** 들어 올림, 상승. **2.** 국가 교통기관 (역마·차량) 사용허가장(許可狀). **3.** 《天》 달의 출차(出差).

evéctus, us, *m.* 운반.

évĕho, véxi, véctum, ĕre, *tr.* [ex+veho] **1.** 〔*alqd* - ex *abl.* - in *acc.*〕 운반하다, 실어 나르다; 〔*pass.*〕 (말·배 따위를) 타고 나가다, 출항(出航)하다. **2.** 〔*alqm*[*alqd*] ad, in *acc.*〕 들어 높이다[올리다]; 승진시키다, 어떤 지위에 앉히다. **3.** *pass.* 〔*absol.*; ad, in *acc.*; *acc. loci*〕 앞으로 나아가다, 전진하다; 올라가다; 지나치다, 벗어나다; 정도를 넘다: evéctus os amnis*(Curt.)* 하구(河口)를 벗어나서.

evéllo, vélli[vúlsi], vúlsum, ĕre, *tr.* [ex+vello] **1.** 〔*alqd*[*alqm*] - ex *abl.*〕 뽑(아 내)다, 빼내다, 캐내다; 쥐어 뜯다, 떼어 내다; 잡아채다. **2.** 제거하다, 없애버리다.

evénĭo, véni, véntum, íre, *intr.* [ex+vénio] **1.** 나오다, 나타나다. **2.** (어떻게) 되다, (결과로서) 나타나다, (어떤 결과를) 가져오다; 이루어지다, 실현되다: bene ~ *(C.)* (일 따위가) 잘 되다. **3.** 〔*alci*〕 (우연히) 일어나다, 닥치다, (신상에) 미치다, (누구의) 차지가 되다, (누구에게) 돌아가다: Si quid mihi evéniat[eveníret], 내게 무슨 일이 닥친다면, 내가 만일 죽게 되면. **4.** 〔*absol.*; *impers.*, 결과 ut〕 (…한 일이) 있다, 일어나다, 생기다, 발생하다, …게 되다: ut plérumque évenit, *(C.)* 흔히 있는 대로 / évenit, ut ... *(C.)* …한 일이 생긴다.

ēvéntĭlo, ávi, átum, áre, *tr.* [ex+véntilo] **1.** 바람을 일으키다, 부채질하다; 키질하다. **2.** 흩어뜨리다.

evéntum, i, *n.* 〔흔히 *pl.*로〕 [evénio] **1.** (우연한) 일, 된[벌어진] 일, 사건. **2.** 결과, 결말; 경험한 일. **3.** 장차 일어날 일.

evéntus, us, *m.* [evénio] (일어난) 일, 사건; (짐작하지 못할) 결과, 결말; 숙명,

Evénus = Euénus. ㄴ운명.

ēvérbĕro, ávi, átum, áre, *tr.* [ex+vérbero] **1.** 세게 치다, 내려치다, 매질하다, 멸어내다. **2.** 자극하다.

ēvérgo, ĕre, *tr.* **1.** 쏟다, 붓다; 흘리다. **2.** 생기게 하다, 발하다, 발행하다.

everrícŭlum, i, *n.* [evérro] **1.** (고기잡는) 그물, 어망. **2.** (*Verres*를 지칭하는 말로서) 약탈자, 수탈자. **3.** 일소(一掃).

evérro, ri, rsum, ĕre, *tr.* [ex+verro] **1.** 쓸다, 청소하다; 휩쓸다. **2.** 약탈[수탈]하다.

evérsĭo, ónis, *f.* [evérto] **1.** 뒤엎음, 넘어뜨림; 전복, 붕괴. **2.** 파괴, 파멸, 멸망. **3.** 축출. 「전복자, 파괴자.

evérsor, óris, *m.* [evérto] 넘어뜨리는 자,

evérsus[1], a, um, *p.p.* [evérro] 쓸어 버린, 일소된. 「없인.

evérsus[2], a, um, *p.p.* [evérto] 전복된, 뒤

evérto, ti, vérsum, ĕre, *tr.*[ex+verto] **1.** 반대쪽으로 돌리다; 뒤집어 엎다; 휘젓다. **2.** 거꾸로 넘어뜨리다, 쓰러뜨리다, 무너뜨리다, 전복시키다; 파괴하다, 멸망시키다, 몰락하게 하다, 없어지게 하다. **3.** 〔*alqm alqā re*〕 (소유한 것을 뺏고) 내쫓다, 몰아 내다, 놓수하다: agris ~ *alqm (Pl.)* 누구의 땅을 뺏고 추방하다.

evestigátus, a, um, *p.p.* [*inusit.* evestígo] 탐지된, 들춰진, 발견된.

evíctĭo, ónis, *f.* [evínco] 《法》 (재판을 통한) 소유권 회복.

évĭdens, éntis, *adj.* [ex+vídeo] **1.** 보이는, 나타나는. **2.** 분명한, 명백한, 자명(自明)한. **3.** 믿을만한, 신빙성있는.

evidéntĭa, æ, *f.* **1.** 분명[명백]함, 명료. **2.** 《哲》 자명성(自明性), 명증(明證), 직증(直證). 「있는, 밤샘하는.

evigilátus, a, um, *p.p.* [evígilo] 뜬눈으로

evígĭlo, ávi, átum, áre, **I.** *intr.* **1.** 깨다, 눈뜨다; 깨어 있다, 자지 않다. **2.** 〔in *abl.*〕 전념하다, 몰두하다.
II. *tr.* **1.** 밤샘하다, 밤을 새우다. **2.** 밤새워 쓰다[작성하다]; 애써[열심히] 만들다, 공들여 해내다; 심사숙고하다: ~ libros *(Ov.)* 밤새워 책을 쓰다. 「운빠진.

evigorátus, a, um, *p.p.* [*inusit.* evigóro] 기

evilésco, lŭi, ĕre, *intr.* 천해지다, 가치를 잃다.

evíncĭo, vínxi, vínctum, íre, *tr.* [ex+víncio] **1.** 둘러 감다, 싸매다. **2.** (죄인을) 묶다, 결박하다.

evínco, víci, víctum, ĕre, *tr.* [ex+vinco] **1.** 완전히 이기다, 승리하다, 정복하다. **2.** 〔*alqm alqā re*〕 설득하다, 마음을 움직이게 하다. **3.** *pass.* **evínci** 〔in, ad *acc.* - *alqā re*〕 …않을 수 없게 되다, 결국 …하게 되다; 지고 말다: ~ ad miseratiónem *(Ta.)* 연민의 정을 갖지 않을 수 없다 / ~ in lácrimas*(Ta.)* 눈물을 흘리고야 말다. **4.** (난관 따위를) 극복하다; …보다 우세해지다. **5.** 〔ut〕 성취하다, 해내다. **6.** 〔*acc. c. inf.*〕 (꼼짝못하게) 증명하다, 입증하다. **7.** 《法》 (재판을 통해서) 소유권을 도로 찾다. 「다; 유약하게 만들다.

évĭro, ávi, átum, áre, *tr.* [ex+vir] 거세하

ēvíscĕro, ávi, átum, áre, *tr.* [ex+víscera] **1.** 내장을 들어내다, 창자를 꺼내다. **2.** 발기다, 발기발기 찢다. 「한.

ēvitábĭlis, e, *adj.* 피할 수 있는, 면할 만

ēvitátĭo, ónis, *f.* [evíto[1]] 모면함, 도피, 회피.

ēvíto[1], ávi, átum, áre, *tr.* [ex+vito] 피하다, 회피[도피]하다, (모)면하다, 벗어나다.

evíto[2], ávi, átum, áre, *tr.* [ex+vīta] 생명을 뺏다.

evocátĭo, ónis, *f.* [évoco] **1.** 불러냄, 호출, 소환. **2.** 소집, 군인 징모, (선동된) 동원. **3.** 초혼(招魂), 강신(降神).

evocátor, óris, *m.* 불러내는 자; 소집자, 군인 징모자; (선동하여) 동원시키는 자.

évŏco, ávi, átum, áre, *tr.* [ex+voco] **1.** 〔*alqm* - ex, ab *abl.* - ad *acc.*〕 **불러 내다**[**오다**], 소환하다, 호출하다, 나오게 하다. **2.** (죽은 사람을) 불러 내다, 초혼(招魂)하다. **3.** 〔*alqd*[*alqm*] - in, ad *acc.*〕 **불러 일으키다,** 자아내게 하다, 야기(惹起)시키다, 유발[유치]하다; (어떤 상태·결과가) 생기게 하다: iram *alcjs* ~ *(Sen.)* 누구의 분노를 유발하다 / ~ *alqm* in lætítiam *(Sen.)* 아무를 기뻐하게 하다. **4.** 《軍》 소집하다, 징모(徵募)하다: evocáti 소집된 재향군인들. **5.** 〔deos〕 적의 도시를 공격함에 있어 (주문을 외며) 그곳 보호신을 불러내어 *Roma*에서 더 잘 모시기로 약속하다.

euœ, *interj.* = euhœ.

évŏlo, ávi, átum, áre, *intr.* [ex+volo] 〔ex *abl.*; *absol.*〕 **1.** 날아가다, 날아서 달아나다. **2.** 급히 빠져 나가다[나오다]; 급히 달아나다, 피하다, 도망하다, 탈출하다; 사라지다. **3.** 튀어 나오다, 갑자기 나타나다. **4.** 높이 올라가다.

evólsio = evúlsio.

ēvolútĭo, ónis, *f.* [evólvo] **1.** (두루마리·책 따위를) 펼침, 독서, 읽음: poëtárum ~ *(C.)* 시를 읽음. **2.** 전개, 발전, 진전. **3.** 《生》 진화.

ēvolŭtĭonísmus, i, *m.* 진화론.

evólvo, vólvi, volútum, ĕre, *tr.* [ex+volvo] **1. 굴려내다,** 굴려 가져가다; 〔*pass. refl.*〕 **se ~, evólvi** 구르다, 굴러 나오다[가다]. **2.** 멀리 굴려버리다, 밀쳐버리다, 떨어뜨리다; 〔*alqm* ex *abl.*, *abl.*〕 몰아내다, 내쫓다, 축출하다, 떨어뜨리다. **3.** (물을) 흘려보내다, 흘러들게 하다; 〔*pass. refl.*〕 **se ~, evólvi** 구르듯 흐르다, 흘러들다. **4.** (소식 따위를) 퍼뜨리다, 유포하다; 〔*pass.*〕 퍼져나가다: Ad aures mílitum dicta evolvebántur. *(L.)* 군인들의 귀에까지 그 말들이 퍼져나가고 있었다. **5.** (만 것·접은 것 따위를) **펴다,** 펼치다; (얽힌 것을) 풀다, 고르다. **6.** 〔*alqm alqā re*〕 벗기다, 뺏다, 내놓게 하다. **7.** 〔*alqm* ex *abl.*, *abl.*〕 구해내다, 탈출시키다; 〔*refl.*〕 **se ~** 빠져나오다. **8.** (시간을) 지내보내다, 흘러가게 하다: Dies quátuor sunt evolúti. *(Amm.)* 나흘이나 지나고 말았다. **9.** (책을) **펴서 읽다,** 열람하다. **10.** (끝까지) 짜다, 길쌈하다. **11.** 설명하다, 풀어나가다, 자세히 이야기하다, 해명하다; 털어[쏟아] 놓다. **12.** 숙고하다, 궁리하다; 밝혀내다. **13.** 발전[전개]시키다.

évŏmo, vómŭi, vómĭtum, ĕre, *tr.* **1.** 게우다, 토하다; 뿌리치다, 물리치다. **2.** 되돌리다, 내놓다, 쏟아[토해] 놓다, (말 따위를) 퍼붓다.

evor... *V.* ever...

ēvulgátĭo, ónis, *f.* [evúlgo] 공개, 공표, 대중에게 알림. 「상에 퍼뜨리다, 공포하다.

ēvúlgo, ávi, átum, áre, *tr.* [ex+vulgo] 세

ēvúlsĭo, ónis, *f.* [evéllo] 잡아뽑음, 뿌리뽑음.

ex[1]**[e],** *præp. c. abl.* 〔e는 자음 앞에만 씀〕 **I.** 〔장소 부사어 *(adverbiále loci)*〕 **1.** 〔넓은 의미의 출발점〕 **에서**(**부터**), (어디를) 출발하여: exíre ~ urbe *(C.)* 도시에서 나가다 / exíre e vitā 죽다 / ~ Asiā in Európam *(N.)* 아시아에서 유럽으로 / pendére ~ árbore *(C.)* 나무에 매달려있다. **2.** 〔기원(起源)·계통·출처·출생지〕 **에서, 에게서, 한테서:** natus ~ servā 여종의 몸에서 난 자식 / Cícero ~ Arpíno. *Arpínum* 출신 *Cícero* / oríginem dúcere[habére] ex …에서 기원하다, 기원되어 나오다 / ~ te audíre 너한테서 듣다 / quǽrere ~ *alqo* 아무한테 묻다. **II.** 〔시간 부사어 *(adverbiále témporis)*〕 **1. 부터,** 이래로 줄곧: ~ eo die *(C.)* 그날 부터 / ~ illo, ~ eo (*sc.* témpore) 그 때부터 / ~ adolescéntiā *(C.)* 젊은 시절부터. **2.** …**하자 곧,** 후부터 즉시[갑자기]: statim e somno *(L.)* 잠에서 깨어나자 곧 / ~ máximo bello 큰 전쟁이 끝난 다음 곧. **3.** 전직(前職), 경력이 있는: ~ cónsule 전 집정관. **4.** 〔잇따름·계속·반복표시; 흔히 앞뒤에 같은 명사·대명사를 씀〕 …**다음, 뒤에,** 끝에, 에 겹쳐: ótium ~ labóre *(L.)* 수고 뒤에 한가함 / diem ~ die exspectáre *(C.)* 나날이 기다리다 / diem ~ die dúcere *(Cæs.)* 나날을 지내다 / áliud ~ álio 하나가 지나면 또 하나. **III.** 〔재료 부사어 *(adverbiále matériæ)*〕 **1.** 〔원료·재료 표시〕 …**로 만든**[만들다], …제(製): ánulus ~ auro 금반지 / státua ~ ære facta *(C.)* 동상(銅像) / ~ níhilo 무로부터. **2.** 〔음식·음료·약재·색깔·맛 따위의 성분·혼합 표시〕 …**로 만든,** 섞은, …로 조제한: pótio ~ absínthio *(Cels.)* 쑥차(茶). **3.** 〔구성요소 표시〕 …**로** (이루어지다, 구성되다): Homo ~ ánimā et córpore constat [compósitus est]. 사람은 영혼과 육신으로 이루어졌다. **IV.** 〔그밖의 부사어〕 **1.** (여럿·전체) **중에서,** …**중의,** 가운데서: unus ~ illis *(C.)* 그들 중 하나. **2.** 〔원인·이유·기회·계기 따위〕 **에서,** 로써, …**로 인해, 때문에,** …의 결과로: ~ eádem causā *(C.)* 같은 이유에서 / laboráre ~ dente 이(齒) 때문에 고생하다, 이를 앓다 / períre ~ vulnéribus *(L.)* 상처들로 인해 죽다. **3.** 〔기준·근거·비례 따위〕 **따라, 대로, 의해서,** …으로: e suo nómine *(C.)* 자기 이름을 따라 / ~ re et ~ témpore *(C.)* 사정과 때에 따라 / ~ témpore 불시에, 예고없이 / ~ consuetúdine *(Cæs.)* 습관에 따라, 관례대로 / ~ edícto *(C.)* 명

령에 의해. 4. 〔분리 부사어 *(adverbiále separatiónis)*: 상태·형편·지위·조건 따위에서의 변화·추이〕 **에서, …로 부터**: tranquíllum fácere ~ iráto *alci(Pl.)* 화난 사람에게 평온을 되찾게 하다 / ~ beáto miser *(C.)* 복되게 지내다가 가련한 신세가 된 / liberáre ~ …에서 구출하다. 5. 〔관점·입장 기타〕 **…로, 에서**: ~ advérso 반대편에서 / e contra 반대로 / ~ improvíso 뜻하지 않게도, 갑자기 / ~ memóriā 암기로, 보지 않고, 기억을 더듬어 / ~ parte 부분적으로 / magnā ~ parte 대부분 / e ratióne libertátis *(C.)* 자유라는 점에서.

ex-², *prævérbium*(접두사) 합성단어에서 **《안에서 밖으로, 아래서 위로, 본연의 상태에서 벗어남, 결여》** 따위의 뜻 및 **《완성, 철저히》** 따위의 뜻을 드러내는 접두어로서; 모음과 c, h, p, q, s, t의 자음으로 시작되는 말 앞에서는 ex-로, f 앞에서는 ef-로, b, d, g, j, l, m, n, r, v 앞에서는 e-로 복합됨, 간혹 예외적인 경우도 있음.

exacerbátĭo, ónis, *f.* [exacérbo] 덧들임, 분격시킴; 쓰라리게 함.

exacérbo, ávi, átum, áre, *tr.* 화나게 하다, 덧들이다, 자극하다; (병·고통·감정 따위를) 격화시키다, 악화시키다; 몹시 고통스럽게 하다; 쓰라리게 하다, 가혹하게 하다.

exáctĭo, ónis, *f.* [éxigo] 1. 추방, 제거. 2. 강청, 강요, 부당한 요구. 3. (세금) 징수; (빚따위를) 받아냄. 4. 과업[청부]에 대한 감독·독려. 5. 완성, 준공.

exáctor, óris, *m.* [éxigo] 1. 제거자, 추방자, 구제자(驅除者). 2. 수행자(遂行者), 완수자. 3. 징세관(徵稅官), 강제 징수자; 빚 받아내는 사람. 4. 독려자, 감독자.

exáctrix, ícis, *f.* [exáctor] 재촉하는 여자, 강청하는 여자.

exáctus¹, a, um, *p.p., a.p.* [éxigo] 1. 이루어진, 지나간, 완료된, 완성된; 결정된: 《文法》 futúrum exáctum 미래완료. 2. 정확한, 적확한, 틀림없는, 엄밀한, 정밀한, 면밀한, 완벽한.

exáctus², us, *m.* 매각(賣却).

exácŭo, ŭi, útum, ĕre, *tr.* [ex+ácuo] 1. 뾰족하게 하다, 날카롭게 갈다, 날세우다; 연마하다. 2. 〔*alqm* - in, ad *alqd*〕 자극하다, 예민해지게 하다; 분기시키다, 고무하다; 강렬해지게 하다. 「연마.

exacútĭo, ónis, *f.* [exácuo] 예리하게 함,

exadvérsum[-sus], 1. *a v.* 〔*absol.; dat.*〕 맞은 편에, 맞서, 마주. 2. *præp. c. acc.* 맞은 편에, 맞서.

exædificátĭo, ónis, *f.* [exædífico] 1. 건축, 건설; 완공, 준공; 완성. 2. 연설의 구성.

exædífico, ávi, átum, áre, *tr.* 1. 건설하다, 건축하다; 완공[준공]하다, 완성하다, 마치다. 2. 〔*alqm* ex *abl.*〕 집에서 내쫓다.

exæquátĭo, ónis, *f.* [exǽquo] 동등, 대등, 균등, 등분, 양쪽을 같게 함.

exǽquo, ávi, átum, áre, *tr.* 1. 〔*acc. dat., c. abl.*〕 평평하게 만들다, 같은 수준에 이르게 하다; 길이지게 하다, 동등[균등]하게 하다. 2. 대등하게 하다, 동렬(同列)에 두다; 상대가 되게[필적하게] 하다, 견주다. 3. 관련시키다; 같이 나누다: exæquáto perículo *(Sall.)* 위험을 같이 나누고. 4. 〔*alqm, alqd*〕 동등[대등]하다, 필적하다.

exærésĭmus, a, um, *adj.* 생략될 수 있는, 빼도 좋은: dies ~ 윤일(潤日).

exǽstŭo, ávi, átum, áre, *intr.* 1. 끓어 오르다, 비등(沸騰)하다. 2. 뜨거워지다, 작렬하다. 3. 더위에 고생하다. 4. 신경이 곤두서 있다, 몹시 흥분하다. 5. *tr.* 분출하다, 내뿜다.

exǽvĭo = exsǽvio.

exaggerátĭo, ónis, *f.* [exággero] 1. 흙을 쌓아 올림, 퇴적(堆積). 2. 고양(高揚), 기고만장(氣高萬丈). 3. **과장(誇張)**.

exággĕro, ávi, átum, áre, *tr.* 1. 흙을 쌓아 올리다, 돋구다, 메워 올리다. 2. 부피를 크게 하다, 증가시키다; 불리다, 늘리다. 3. 확대하다, **과장하다**, 치켜 높이다.

exagitátor, óris, *m.* [exágito] 끝까지 따라다니는 자, 추적자, 끈질긴 징수자.

exágĭto, ávi, átum, áre, *tr.* 1. 몰다, 몰아내다, 내쫓다. 2. 뒤흔들다, 흔들어대다, 동요시키다, 일으키다. 3. 끈질기게 따라다니다, 뒤쫓다. 4. 몹시 귀찮게 굴다, 괴롭히다, 시달리게 하다, 들볶다, 못살게 굴다. 5. 헐뜯다, 나무라다, 비난하다, 혹평하다. 6. 자극하다, 선동하다, 흥분시키다.

exágĭum, i, *n.* 계량(計量).

exagóga, æ,[-ge, es,] *f.* 수출, 반출.

exalbésco, bŭi, ĕre, *intr.* 1. 희어지다. 2. 창백해지다, 파랗게 질리다.

exaltátĭo, ónis, *f.* [exálto] 1. 높임, 드높임; 숭고하게 함. 2. 현양, 선양, 찬양, 격찬. 3. 뽐냄, 우쭐함.

exálto, ávi, átum, áre, *tr.* [ex+altus²] 1. 높이다, (추어) 올리다, 치키다; 깊게 하다: ~ fossam 도랑을 깊이 파다. 2. 현양하다, 높여 주다.

exáltus, a, um, *adj.* [altus²] 아주 높은.

exalūmĭnátus, a, um, *adj.* 명반(明礬)색의.

exámen, mĭnis, *n.* [ex+ago] 1. 벌떼. 2. (동물·사람의) 무리, 떼, 군중. 3. 저울의 지침(指針). 4. 조사, 검사(檢査), **시험**; 심사(審査), 심문, 재판; 규명(糾明), 《가》 성찰(省察): ~ consciéntiæ 양심성찰.

examinátĭo, ónis, *f.* [exámino] 1. 계량, 저울에 무게를 달아 봄. 2. 검사, 조사, 심사, 시험, 고사(考査). 3. 검토, 고찰, 음미(吟味); 검진(檢診), 진찰.

examinátor, óris, *m.* [exámino] 저울질하는 사람; 검사자, 시험관.

examinátrix, ícis, *f.* [examinátor] 검사하는 여자, 여시험관.

examinátus, a, um, *p.p., a.p.* [exámino] 시험 거친; 두루 살핀, 면밀한, 정확한; 〔*adv.*〕 **-te,** 주의깊게, 신중하게, 용의주도하게, 두루 살펴서.

exámĭno, ávi, átum, áre, [exámen] **1.** *intr.* (벌들이) 분봉(分蜂)하다. **2.** *tr.* 저울에 달다, 무게를 달아보다. **3.** *tr.* 조사[심사]하다, 검사[검열]하다, 심문하다; 시험하다; 검토하다, 고찰하다, 음미하다; (가) 성찰(省察)하다.

examússim, *adv.* [ex+amússis] 정확히, 엄밀하게, 조금도 틀림없이, 꼭.

exánclo, ávi, átum, áre, *tr.* (= exántlo) **1.** 다 퍼내다, (그릇을) 비우다. **2.** 견뎌 내

exángŭis = exsánguis. ⌊다.

exanimális, e, *adj.* **1.** 죽은. **2.** 치명적, 죽게 하는, 죽을 지경의.

exanimátĭo, ónis, *f.* [exánimo] **1.** 숨막힘, 질식, 기절. **2.** 공포, 소름끼치는 무서움.

exánĭmis, e,[**-mus,** a, um,] *adj.* [ex+ánima] **1.** 기절한, 실신한, 혼이 나간; 죽은. **2.** (exánimis) 공포에 질린, 몹시 놀란, 간담이 서늘해진, 대경실색한, 파랗게 질린, 핏기가 가신.

exánĭmo, ávi, átum, áre, *tr.* [ex+ánima] **1.** 바람을 빼다. **2.** 숨차게[가쁘게] 하다, 헐떡거리게 하다, 숨막히게 하다; 기절하게 하다. **3.** 목숨을 뺏다, 죽게 하다: 〔흔히 *pass.*〕 gravi vúlnere exanimári *(C.)* 중상으로 죽다. **4.** 공포에 질리게 하다, 대경실색케 하다, 간담을 서늘하게 하다. **5.** 마음 아파 못견디게 하다, 기막힌 고통을 주다. **6.** 힘없게 만들다. 「진(皮疹).

exanthéma, ătis, *n.* 《醫》 발진(發疹), 피

exántlo, ávi, átum, áre, *tr.* **1.** 바닥까지 퍼내다, 길어 내다, (그릇 따위를) 비우다, 바닥나게 하다; 뽑아내다. **2.** 견뎌 내다, 참다, 당해 내다, 배기다.

exapérĭo, íre, *tr.* **1.** 활짝 열다. **2.** (매듭 따위를) 풀다.

exarchátus, us, *m.* **1.** (동 *Roma* 제국의) 태수직(太守職), 총독직; 그 관할구역. **2.** 태수 주교의 직·교구.

exárchus, i, *m.* **1.** (동 *Roma* 제국의) 태수, 총독. **2.** 태수 주교.

exardésco, ársi, ársum, ĕre, *intr. inch.* [ex+ardésco, árdeo] **1.** 불붙다[타다], 발화되다, 열나기 시작하다. **2.** 〔*abl.*〕 (어떤 감정에) 불타다, 간절해 지다; 격분하다: Exársit iracúndiā. *(C.)* 그는 화가 몹시 치밀었다. **3.** 〔ad *alqd*〕 …에 마음이 부풀다, 불타 오르다: ~ ad spem libertátis *(C.)* 자유에 대한 희망에 부풀다. **4.** (감정·사건 따위가) 일어나다, 격렬해지다.

exarefío, fáctus sum, fíĕri, *anom. intr.* 마르다, 말라버리다. 「다, 고갈하다.

exarésco, rŭi, ĕre, *intr.* 마르다, 말라버리

exarmátĭo, ónis, *f.* [exármo] 무장해제, 군비철폐.

exármo, ávi, átum, áre, *tr.* [ex+armo] **1.** 무장해제시키다, 군비를 철폐하다. **2.** 배의 의장(艤裝)을 해제하다, 배의 장비를 제거하다. **3.** 약하게 만들다, 세력을 제거하다.

éxăro, ávi, átum, áre, *tr.* [ex+aro] **1.** (땅을) 갈아 넘기다, 파 일구다, 파 뒤집다; 파내다. **2.** 경작하다, 밭을 가꾸다, 재배하다. **3.** 농작물을 재배하여 수확하다, 결실을 거두다. **4.** 주름살이 지게 하다. **5.** 글을 쓰다; (서류 따위를) 작성하다.

exarticulátĭo, ónis, *f.* 《醫》 관절을 삠, 탈골, 탈구. 「[다듬다].

exáscĭo, átum, áre, *tr.* 도끼[자귀]로 깎다

exasperátĭo, ónis, *f.* [exáspero] **1.** 조잡(粗雜). **2.** 자극시킴, 격분시킴.

exáspĕro, ávi, átum, áre, *tr.* [ex+áspero] **1.** 거칠게 만들다, 울퉁불퉁하게 하다. **2.** 더치게 하다, 덧들이다, 악화시키다. **3.** 자극하다, 신경을 건드리다, 화나게 하다, 분통이 터지게 하다. **4.** 날카롭게 갈다, 벼리다.

exauctóro, ávi, átum, áre, *tr.* 제대(除隊)시키다; 해임하다: se ~ *(L.)* 제대하다.

exáudĭo, ívi, ítum, íre, *tr.* [ex+áudio] **1.** 잘 듣다, 정확히 듣다, 끝까지 듣다. **2.** 요청을 들어주다, 청허(聽許)하다.

exaudítĭo, ónis, *f.* [exáudio] 청을 들어줌, 청허(聽許). 「많이 불리다.

exáugĕo, ére, *tr.* [ex+áugeo] 증가시키다,

exaugurátĭo, ónis, *f.* [exáuguro] 성역(聖域) 폐지, 세속화, 신성모독.

exáugŭro, ávi, átum, áre, *tr.* [ex+áuguro] 속되게 하다, 신성한 것을 더럽히다.

exáuspĭco, ávi, átum, áre, *intr.* 〔ex *abl.*〕 어떤 것으로 점치다. 「쏴서 넘어뜨리다.

exballísto, áre, *tr.* [ex+ballísta] 투석기로

excæcátĭo, ónis, *f.* [excǽco] 눈멀게 함; 《神》 (초자연적 조명에 의한) 현혹. 「자.

excæcátor, óris, *m.* [excǽco] 눈멀게 하는

excǽco, ávi, átum, áre, *tr.* [ex+cæco] **1.** 눈멀게 하다; 현혹시키다. **2.** 물구멍을 막다.

excálcĕo, ávi, átum, áre, *tr.* [ex+cálceus] **1.** 신 벗기다. **2.** 신 벗다, 발벗다.

excáldo, ávi, átum, áre, *tr.* [caldus] 더운 물로 씻다[목욕하다].

excal(e)fácĭo, féci, fáctum, cĕre, *tr.* 덥히다, 뜨겁게 하다, 열을 가하다; 〔*pass.*〕 excalfío, fáctus, fíeri, 더워지다, 뜨거워지다.

excalfáctĭo, ónis, *f.* 데움, 뜨겁게 함.

excalfactórĭus, a, um, *adj.* 뜨겁게 하는,

멉게 하는.
excandescéntĭa, æ, *f.* [excandésco] 불끈함, 발끈함, 성미급함, 성 잘 내는 기질.
excandésco, dŭi, ĕre, *intr.* [ex+cándeo] 1. 불붙다, 맹렬하게 날다. 2. 불끈[발끈]하다, 격노하다, 격앙하다.
excánto, ávi, átum, áre, *tr.* [ex+canto] 주문을 외워 불러 내다[내보내다].
excardinátĭo, ónis, *f.* [excárdino] (가) 성직자의 교구 이전(移轉)·이적(移籍).
excárdĭno, ávi, átum, áre, *tr.* (가) (다른 교구에 입적할 수 있도록) 성직자에게 자기 교구에서 퇴거증명을 해주다, 이적(移籍)시키다.
excarnífico, ávi, átum, áre, *tr.* 1. 살을 찢다[에다·헤어지게 하다], 찢어 죽이다. 2. 고문하다, 고통주다.
excavátĭo, ónis, *f.* [éxcavo] 1. 구멍 뚫음, 도려 냄; 발굴. 2. 구멍, 파인 곳.
éxcăvo, ávi, átum, áre, *tr.*[ex+cavus] 움푹하게 하다, 속을 파내다, 도려 내다; 구멍을 뚫다.
excédo, céssi, céssum, ĕre, [ex+cedo] I. *intr.* 1. 〔ex *abl.*, *abl.* - in, ad *acc.*; *absol.*〕 나가다, 물러가다, 떠나다. 2. 죽다: ~(e) vitā *(C.)*, ~ *(Plin., Ta., Suet., Sen.)* 죽다. 3. 없어지다, 사라지다: Cura ex corde excéssit.*(T.)* 걱정거리가 마음에서 없어졌다 / ~ e memóriā *(L.)* 기억에서 사라지다. 4. 나아가다; 비죽이 내밀다, 퉁겨져 나오다; 벗어나다. 5. (본론에서) 떠나다, 일탈(逸脫)하다, (다른 데로) 넘어가다. 6. (시간이) 경과하다, 지나다. 7. (시기를) 넘기다, 지내다, 보내다, 마치다: ex púeris ~ *(C.)* 소년 시대를 넘기다. 8. 〔in, ad *acc.*; 결과 ut〕 …(하기)에 이르다, …로 끝나다[번지다]. 9. 한계를 벗어나다, 지나치다, 초과하다; 두드러지다: Clades magnitúdine excéssit.*(Ta.)* 그 재난[패전]은 두드러지게 큰 것이었다.
II. *tr.* 1. 떠나다. 2. (수량·범위·한도 따위를) 넘다, 초과하다, 지나치다, (기한·시기 따위를) 넘기다, (힘에) 부치다[겹다]: modum ~ *(L.)* 과도하게 하다. 3. 능가하다, 월등하다, 뛰어나다.
excéllens, éntis, *p.præs.*, *a.p.* [excéllo] 1. 높은, 솟은. 2. 월등한, 탁월한, 우수한, 훌륭한, 고귀한.
excelléntĭa, æ, *f.* [excéllo] 1. 우위, 고위, 탁월, 우수, 고상. 2. [E-] 각하(閣下, 장관·대사·사절·주교에 대한 존칭).
excéllĕo, ŭi, ére, = excéllo.
excéllo, céllŭi, célsum, ĕre, *intr.* [ex+cello] 〔(in) *alqā re*; *dat.*, inter, super, præter *acc.*; *absol.*〕 두드러지다, 뛰어나다, 탁월하다, 출중하다, 높이 있다.
excélsĭtas, átis, *f.* [excélsus] 1. 높음, 높이, 고도(高度); 고지. 2. 탁월, 우수성, 고상함.
excélsum, i, *n.* [excélsus] 1. 높은 곳, 우뚝 솟아있는 곳. 2. 높은 지위. 3. 우수함, 고상함. 4. *pl.* 고소(高潮), 용수. 5. 〔*pl.*〕 하늘.
excélsus, a, um, *p.p.*, *a.p.* [excéllo] 1. 높은, 드높은, 우뚝 솟은, 두드러진. 2. 고귀한, 고상한, 고결한, 숭고한; 위대한. 3. (장관 기타 고위 인사에게 붙이는 존칭 형용사) excélsus præféctus prætório 근위대(近衛隊) 사령관 각하.
exceptácŭlum, i, *n.* *(Tertull.)* 받아들이는 기관(器官).
excéptĭo, ónis, *f.* [excípio] 1. 예외, 예외규정[사항], 제외, 빼놓음; 제외 약관(約款); 제한, 조건: sine (ulla) exceptióne *(C.)* 어떤 예외도 없이, 무조건, 무제한 / cum exceptióne *(C.)* 제외하고, 빼놓고, 예외로 하여. 2. (法) 이의(異議), 이의신청, 항변: omni exceptióne major 모든 이의를 초월하는. 「例)의; 각별한.
exceptionális, e, *adj.* 예외적인, 이례(異
exceptiúncŭla, æ, *f.* 조그마한 예외; 대단치 않은 조건.
excépto, ávi, átum, áre, *tr.* *freq.* [excípio] 1. 받아들이다, 수용하다, 맞아들이다; 거둬들이다. 2. (코로) 들이쉬다, (공기 따위를) 들이마시다.
exceptórĭum, i, *n.* 용기(容器).
excérĕbro, átum, áre, *tr.* [ex+cérebrum] 1. 골을[뇌수를] 빼내다. 2. 무감각하게 만들다.
excérno, crévi, crétum, ĕre, *tr.* [ex+cerno] 1. 갈라 놓다, 따로 떼어 놓다; 골라 내다, 가려 내다; 체로 치다, 키질하다, 엄선하다. 2. 배설하다.
excérpo, psi, ptum, ĕre, *tr.* [ex+carpo] 1. 뽑아내다, 뜯어내다. 2. 〔*alqd* ex *abl.*〕 골라 내다, 골라 모아 놓다, 가려 내다, 정선(精選)하다, 발췌하다. 3. 제거하다, 분리하다. 「집(選集).
excérpta, órum, *n.pl.* [excérpo] 발췌, 선
excérptim, *adv.* 가려서, 정선(精選)하여.
excérptĭo, ónis, *f.* [excérpo] 발췌(拔萃), 발초(拔抄). 「과도의, 엄청난.
excessívus, a, um, *adj.* [excédo] 과다한,
excéssus, us, *m.* [excédo] 1. 퇴거, 출발, 이별; 사거(死去): ~ e vitā, ~ vitæ *(C.)* 사망. 2. 죽음. 3. 지나침, 과잉, 과다, 초과. 4. 탈선, 일탈, 이탈. 5. 죄.
excétra, æ, *f.* 1. (動) 독사; 살무사. 2. 〔욕설〕 악독한 년.
excídĭo, ónis, *f.* [exscíndo] 파괴.
excidionális, e, *adj.* [excídium] 멸망의, 파괴의.
excídĭum, i, *n.*[exscíndo, éxcido[1]] 1. 파괴,

황폐, 폐허; 몰락, 절멸; 패망, 멸망. 2. 일몰(日沒).

éxcĭdo[1], cĭdi, ĕre, *intr.* [ex+cado] 1. 〔ex, de, ab *abl.; abl.* - in *acc.; alci; absol.*〕 **떨어지다, 추락하다,** 미끄러져 떨어지다[빠지다]; 떨어져 나가다. 2. 당첨하다, 제비에 뽑히다; 제비가 뽑히다. 3. 본의아니게 (말 따위가) 나오다, 그만 어떻게 해서 …게 되다, 새어 나오다: Verbum ex ore éxcidit.*(C.)* 말이 입에서 새어 나왔다 / Quod verbum tibi non éxcidit.*(C.)* 그 말은 네가 우연히 한 것이 아니다. 4. 〔in *acc.*〕 되어 버리다, 결과가 되다, …로 끝나다: In vítium libértas éxcidit.*(H.)* 자유는 악습으로 기울어져 버렸다. 5. 〔de memóriā, ex ánimo, ánimo; *alci*〕 기억에서 사라지다, 잊혀지다; 기억이(memória) 사라지다: ~ de memóriā*(L.)* 기억에서 사라지다 / Mihi ista excíderant.*(C.)* 나는 그 말들을 잊었었다. 6. 〔ex, ab *abl.; absol.*〕 없어지다, 사라지다, 떠나가다; 죽다. 7. 〔(ex) *alqā re*〕 잃어 버리다, (직에서) 떨어지다, 뺏기다, 쫓겨나다.

excído[2], cídi, císum, ĕre, *tr.* [ex+cædo] 1. 〔*alqd* - ex, ab *abl.; abl.; alci; absol.*〕 베어내다, 잘라내다, 절단하다, 캐내다, 떼어내다. 2. 〔*alqd* in *alqd*〕 파서[뚫어서] 만들다, 개척[개간]하여 만들다: latus rupis excísum in antrum*(V.)* 굴을 뚫은 바위 옆대기. 3. (도시·건물 따위를) 파괴하다, 붕괴시키다, 허물다, 휩쓸어 버리다, 황폐케 하다, 패망시키다. 4. 〔*alqd* - ex *abl., abl.*〕 몰아 내다, 제거하다, 없애 버리다, 멸쳐 버리다.

excíĕo, (ívi), ĭtum, ére, *tr.* = éxcio.

éxcĭo, ívi[ii], ítum, íre, *tr.* 1. 〔*alqm* ex, ab *abl.; abl.*〕 불러 내다, 나오게 하다, 이끌어 내다; 소집하다, 징집하다. 2. 깨우다, 깨나게 하다: ~ *alqm* ex somno*(L.)* 누구를 잠에서 깨우다. 3. (도움·원조를) 요청하다. 4. 일으키다, 나게[생기게] 하다, 자아내다: *alci* ~ lácrimas*(Pl.)* 누구의 눈물을 자아내다. 5. (마음을) 자극하다, 불러 일으키다, 분발[분기]시키다, 유발하다, 선동하다; 놀라게 하다. 6. 뒤흔들어 놓다, 격동시키다.

excípĭo, cépi, céptum, pĕre, *tr.* [ex+cápio] 1. 〔*alqm[alqd]* ex *abl., abl., dat.*〕 끌어 내다, 빼내다; 구출하다: ~ *alqm* e mari*(C.)* 아무를 바다에서 건져 내다. 2. 〔*alqm, alqd*〕 **제외하다, 빼놓다, 예외로 하다**[삼다]: excéptis vobis duóbus*(C.)* 너희 둘을 빼놓고는. 3. 〔*alqm re*〕 자유로이 해주다, 면해 주다, 해방하다. 4. 〔ut, ne〕 …하도록[못하도록] 규정하다: Lex excépit, ut ... *(C.)* 법은…하도록 규정한다 / excéptum est, ne ... *(C.)* …않도록 약정되었다. 5. 받다, 얻다, 획득하다: ~ sánguinem páterā*(C.)* 피를 접시에 받다. 6. 당하다, 받다, 만나다, 입다: ~ plagas[vúlnera]*(C.)* 상처입다 / ~ ímpetus*(Cæs.)* 공격을 받다 / ~ vim frígorum*(C.)* 혹독한 추위를 당하다. 7. 떠받(들)다, 버티다: ~ labéntem*(C.)* 미끄러져 떨어지는 사람을 떠받들다 / ~ se in pedes*(L.)* 일어서다, 버티고 서다. 8. **받아[맞아] 들이다,** 영접[환영]하다, 환대하다. 9. 듣다, 얻어 듣다, (누구의: *alqs*) 귀에 들어가다; 엿보다. 10. 받아 쓰다, 서취하다. 11. 뒤따르다, 뒤잇다: Híemem æstas excépit.*(L.)* 겨울이 지나고 뒤이어 여름이 왔다. 12. 계승하다, 계속하다, 물려 받다. 13. 〔*alqd, inf.*〕 (남이 하던 것을) 떠맡다, 이어가다. 14. 마주 향해 있다, 대면하다.

excípŭla, æ, *f.* [-**lum,** i, *n.*] 용기(容器), 받아[담아]넣을 그릇[곳], 고여들 자리. 「망.

excísĭo, ónis, *f.* [excído[2]] 파괴, 괴멸, 멸

excitátĭo, ónis, *f.* 잠깨움, 각성시킴; 자극, 흥분.

excitátor, óris, *m.* [éxcito] 1. 깨우는[각성시키는] 자, 소생시키는 자. 2. 고무(鼓舞)하는 자, 충동자.

excitatórĭus, a, um, *adj.* [excitátor] 1. 힘을 북돋는. 2. 자극성의, 흥분시키는, 선동적인.

excitátus, a, um, *p.p., a.p.* [éxcito] 격렬한, 강렬한, 자극적인: odor excitatíssimus *(Plin.)* 대단히 강렬한 냄새.

éxcĭto, ávi, átum, áre, *tr. freq.* [éxcio] 1. 〔*alqm* - ex *abl., abl.*〕 불러 내다, 나오게 하다; (사냥감을) 몰아 내다. 2. 깨우다, 일어나게 하다, 소생시키다. 3. 법정으로 소환하다. 4. 세우다, 일으키다; (불·물결 따위를) 일게 하다, 피어오르게 하다: ~ testes*(C.)* 증인들을 기립시키다. 5. 〔*alqd, alqm* - ex *abl.*〕 건립하다, 건축물을 세우다; 만들어 내다. 6. (초목을) 나게 하다, 돋게 하다. 7. 〔*alqm* - ad *alqd*〕 **자아내다,** (감정 따위를) **일으키다, 자극하다,** 흥분시키다; **고무하다,** 분기[분발]시키다, 격려하다; 야기시키다.

exclamátĭo, ónis, *f.* [exclámo] 1. 절규, 외침, 고함소리; 환호. 2. 《修》 감탄(문).

exclamatórĭus, a, um, *adj.* 1. 외치는, 절규적인; 영탄적(詠嘆的)인. 2. 감탄조(調)의.

exclámo, ávi, átum, áre, 1. *intr.* 소리지르다, 고함치다, 부르짖다, 절규하다, 외치다; 탄성을 올리다. 2. *tr.* 〔*acc., inf.,* ut〕 소리질러 부르다, 큰 소리로 읽다[낭독하다], 외치다: ~ Cicerónem*(C.)* *"Cícero"* 라고 외치다.

exclaustrátĭo, ónis, *f.* 《敎法》 (수도회의) 봉쇄구역법 면제, (封鎖區域法免除) 수도원

에서의 거주 허가.
exclúdo, clúsi, clúsum, ĕre, *tr.*[ex+claudo[1]] 1. 〔*alqm[alqd]* - ab *abl.*, *abl.*〕 들여 놓지 않다, 못들어 오게 하다; 갈라 놓다. 2. 제외하다, 배제하다, 빼놓다; 제거하다. 3. 쫓아 내다, 추방하다, 몰아 내다, 물리치다, 배척하다, 멀리하다. 4. 방해하다, 막다, 차단하다: témpore exclúsus*(Cæs.)* 시간이 없어서 저지된 / anni témpore a navigatióne exclúdi*(Cæs.)* 계절 때문에 항해를 못하게 되다. 「명; 배타, 배척, 거절.
exclúsĭo, ónis, *f.* [exclúdo] 제외, 배제, 제
exclusívus, a, um, *adj.* [exclúsio] 제외하는, 배타적, 독점적; 〔*adv.*〕 **-ve,** 배타적으로, 독점적으로, 오로지…뿐; 제외하고, 계산에 넣지 않고: usque ad diem 17 exclusíve 16일까지(17일은 제외됨).
exclusórĭus, a, um, *adj.* 서로 용납할 수 없는, 배타적; *n.* 낙태약.
exclúsus, a, um, *p.p.*, *a.p.* [exclúdo] 못들어간, 쫓겨난, 제외된.
excogitátĭo, ónis, *f.* [excógito] 생각해 냄, 안출(案出), 고안, 창안, 발명.
excógĭto, ávi, átum, áre, *tr.* [ex+cógito] 생각해 내다, 고안[창안·안출]하다, 착상하다, 발명하다. 「건져 내다.
excólo[1], áre, *tr.* 거르다, 여과하다, 밭다,
éxcŏlo[2], lŭi, cúltum, ĕre, *tr.* [ex+colo[2]] 1. 정성들여 가꾸다, 공들여 재배하다. 2. 공들여 만들다, 아름답게 가꾸다[꾸미다]; 완성하다, 끝마무리하다. 3. 교화(敎化)하다, 교양하다, 수양(修養)하다, 세련되게 하다, 품위있게 하다. 4. 늘리다, 더하다, 보태다. 5. 공경하다, 숭배하다.
excommunĭcátĭo, ónis, *f.* 파문(破門), 제명처분; 절교.
excommunĭcátus, i, *m.* 파문처분 받은 자: ~ vitándus (교황청의 공식선언에 의한) 절대 파문처분 받은 자(피해야 할 제명자) / ~ tolerátus 관용되는 파면처분 받은 자, 반(半) 제명자.
excommúnĭco, ávi, átum, áre, *tr.* (교회로부터) 파문하다, 제명처분하다.
excónsul, lis, *m.* 전직(前職) 집정관.
exconsuláris, is, *m.* [excónsul] 전직 집정관, 전직 지방장관.
éxcŏquo, cóxi, cóctum, ĕre, *tr.* [ex+coquo] 1. 푹 삶다[끓이다], 잘 굽다. 2. (불 따위로) 깨끗이 하다, 녹여버리다; 정제(精製)하다, 녹여서 만들다, 구워내다. 3. 완전히 소화시키다. 「죽[껍질]을 벗기다.
excórĭo, ávi, átum, áre, *tr.* [ex+córium] 가
excors, córdis, *adj.* [ex+cor] 어리석은, 우직한, 바보같은; 정신나간, 미친.
excreméntum[1], i, *n.* [excérno] 1. 겨, 싸라기. 2. 포도의 찌꺼기. 3. (가래·침·콧물 따위) 분비물, 배설물, 똥.
excreméntum[2], i, *n.* [excrésco] 혹(瘤).
éxcrĕo = éxscreo. 「궂은 살.
excrescéntĭa, ĭum, *n. pl.* 혹, 군더더기 살,
excrésco, évi, étum, ĕre, *intr.* [ex+cresco] 1. 자라나, 커시나, 싱징하마. 2. (병적으로) 살이 두드러져 나오다, 군더더기 살이 생기다. 「기능을 가진, 배설의.
excretórĭus, a, um, *adj.* 배출하는; 배설
excrétus[1], a, um, *p.p.* [excérno].
excrétus[2], a, um, *p.p.* [excrésco] 성장한, 자
excríbo = exscríbo. 「란, 다 큰.
excruciábĭlis, e, *adj.* [excrúcio] 1. 고문당할 만한. 2. 고문하는; 심한 고통을 주는.
excruciátĭo, ónis, *f.* [excrúcio] 1. 고문, 형벌, 가책. 2. 심한 고통, 고뇌, 고민.
excrúcĭo, ávi, átum, áre, *tr.* [ex+crúcio] 고문하다, 혹독하게 괴롭히다, 형벌하다; 심한 고통을 주다.
excubátĭo, ónis, *f.* [éxcubo] 깨어 있음, 밤새움; 야경, 야간 보초, 파수.
excúbĭæ, árum, *f. pl.* [éxcubo] 1. 파수, 보초, 경비, 감시, 야경, 숙직. 2. 불침번, 보초병, 파수병, 경비원, 야경꾼.
excúbĭtor, óris, *m.* [éxcubo] 보초병, 경비원, 파수꾼, 불침번. 「파수막(把守幕).
excubitórĭum, i, *n.* 초소(哨所), 감시소,
excúbĭtus, us, *m.* [éxcubo] 파수, 보초, 경비, 야경.
éxcŭbo, bŭi, bĭtum, áre, *intr.* 1. 야숙[노숙]하다. 2. 보초서다, 파수보다, 숙직하다. 3. 깨어지키다, 경계하다, 세심하게 돌보다, 감시[감독]하다.
excúdo, di, sum, ĕre, *tr.* [ex+cudo[1]] 1. 두들겨 일으키다, 끌어내다: sílicis scintíllam ~*(V.)* 차돌을 때려서 불꽃을 튀게 하다. 2. (새·닭이) 알을 까다, 새끼를 까다. 3. 두드려서[쪼아서] 만들다, 벼려서 만들다. 4. 만들어 내다. 5. 글을 짓다; 애써 찾아내다.
exculcátus, a, um, *p.p.*, *a.p.* [excúlco] 폐지된, 쓸모없게 된, 낡아빠진, 버려진: verba exculcáta*(Gell.)* 오래되어 안쓰는 말들. 「짓밟아서 짜내다. 2. 밟아서 다지다.
excúlco, ávi, átum, áre, *tr.* [ex+calco] 1.
excúlpo = exscúlpo. 「사람.
excúltor, óris, *m.* [éxcolo[2]] 재배자, 가꾸는
excúltus, a, um, *p.p.* [éxcolo[2]] 세련된, 교양있는, 다듬어진.
excurátus, a, um, *p.p.* [*inusit.* excúro] 공들인, 정성들여 보살핀. 「내쫓다.
excúrĭo, áre, *tr.* (고대 *Roma*) 원로원에서
excúrro, cúrri[cucúrri], cúrsum, ĕre, *intr.* [ex+curro] 1. 뛰어 나가다, 급히 나가다, 달려 가다. 2. 침입해 들어 가다, 출격하다, 원정(遠征)하다. 3. 뻗쳐 나오다. 4. 퍼져 나가다, 길게 뻗다, 앞으로 나가다: Pænínsula excúrrit.*(L.)* 반도가 뻗어

있다. 5. 마음껏 뻗다, 펼쳐지다, 전개되다, 발휘되다: campus, in quo ~ virtus potest.(*C.*) 능력이 마음껏 발휘될 수 있는 분야. 6. *tr.* (세월을) 지내다; (언급하지 않고) 지나가다.

excursátĭo, ónis, *f.* [excúrso] 1. 공격, 침공, 침략. 2. 본 제목에서의 이탈, 일탈.

excúrsĭo, ónis, *f.* [excúrro] 1. 달려 나감, 전진; 배회. 2. 소풍, 짧은 여행, 유람. 3. 《軍》 출격, 급습; 출정, 원정; 침입, 침략. 4. 능력 발휘, 활동 전개. 5. 《天》 일탈(逸脫). 「나가다.

excúrso, áre, *tr. freq.* [excúrro] 자주 뛰어

excúrsor, óris, *m.* [excúrro] 1. 척후, 정찰병, 수색병(搜索兵), 산병(散兵). 2. 뛰어 다니는 사람, 심부름꾼.

excúrsus, us, *m.* 1. 돌아 다님, 여행. 2. 《軍》 출격, 급습, 침입, 침공. 3. 《修》 주제[본론]에서의 이탈[일탈]. 4. 윤리적 탈선. 5. (지형의) 돌출, 뻗어나간 곳.

excusábĭlis, e, *adj.* [excúso] 용서할 만한, 변명이 서는, 이유가 닿는.

excusáte, *adv.* 상당한 이유가 있어서, 용서받을 만하게.

excusátĭo, ónis, *f.* [excúso] 1. **변명**, 해명, 사과: ~ peccáti(*C.*) 범죄[잘못]에 대한 변명 / Stultítia excusatiónem non habet.(*C.*) 미련함은 변명의 여지가 없다. 2. 변명의 이유: ~ oculórum(*C.*) 눈 때문이라는 이유. 3. **핑계, 구실**: ~ adolescéntiæ(*C.*) 젊다는 구실. 4. (의무 따위의) **면제**(사유).

excúso, ávi, átum, áre, *tr.* [ex+causa] 1. 〔*alqm[alqd] alci,* apud *alqm* - de, in *alqā re;* quod *c. subj.*〕 **변명하다**, 잘못이 아님을 밝히다, 용서(받게)하다; 〔*pass. refl.*〕 사과하다, 용서받다; (사양·거절하면서) 양해를 구하다: *Alci* me ita excúses, ut omnem culpam in te tránsferas.(*C.*) 모든 탓이 네게 돌아가도록[네게 있다고] 아무에게 나를 변명해다오 / Uxóri excúses te.(*Pl.*) 아내에게 사과해라 / Cura, ut excúser morbi causā.(*C.*) 건강상 이유이니 제발 사양하게 해다오 / excusátum habére *alqm[alqd]* (*C.*) 누구를[무엇을] 용서하다, 양해하다 / Excusátum hábeas me, rogo.(*Mart.*) 대단히 죄송합니다, 사양하겠읍니다. 2. 〔*alqd - alci; acc. c. inf.*〕 **핑계하다**, 핑계[구실]로 내세우다: ~ inópiam(*Cæs.*) 가난을 핑계대다. 3. 〔*alqm* (ab) *alqā re*〕 (의무 따위를) **면제하다**, (아무에게 무엇을) 면제해 주다.

excússĭo, ónis, *f.* [excútio] 1. 떨어 냄. 2. 탈취, 약탈. 3. 심문. 4. 음미(吟味), 연구.

excútĭo, cússi, cússum, tĕre, *tr.* [ex+quátio] 1. 〔*alqm[alqd]* - ex *abl., abl.*〕 **흔들어 떨어뜨리다**; 흔들어 나오게 하다: Equus excússit équitem.(*L.*) 말이 기병을 흔들어 내동댕이쳤다 / Tremor éxcutit póculum e mánibus.(*Pers.*) 손이 떨려서 잔을 떨어뜨린다. 2. (먼지·옷 따위를) **털다**, 떨어 내다. 3. 〔*alqd[alqm] - abl.*〕 (몸을 흔들어) 툭툭 털다, (새·닭이) 홰치다; 흔들어 깨우다: excússus somno(*Ov.*) 흔드는 바람에 깨어난. 4. 〔*alqd alci,* ab *abl.*〕 때려서 뽑아내다, 강제로 떼내다. 5. 〔*alqm* ex, de *abl.; abl.*〕 쳐서[발길로 차서] 쫓아버리다; 추방하다, 내쫓다, 몰아 내다, 물리치다: excússus pátriā(*V.*) 조국에서 추방된. 6. (병·악습 따위를) 떨어지게 하다, 없애다. 7. (화살 따위를) 쏘다, 발사하다, 던지다. 8. 쏟아지게 하다, 흐르게 하다, 터뜨리게 하다, (억지로) **일으키다·자아내다**: lácrimas ~ *alci*(*T.*) 누구를 눈물나게 하다 / ~ sudórem(*N.*) 땀나게 하다 / ~ risum *alci* (*H.*) 웃음을 터뜨리게 하다. 9. 〔*alqd, alqm*〕 **뒤지다, 샅샅이** 들추어 찾다, 몸수색하다: ~ pállium(*Pl.*) 외투를 뒤지다 / senatóres excússi, ne ...(*Spartiánus*) …못하도록 몸수색을 당한 원로원 의원들. 10. **조사하다**, 검사[검색]하다; 검토하다, 구명(究明)·규명(糾明)하다, **자세히 살피다**, 성찰(省察)하다. 11. 〔*alqd - alci,* (de) *abl.*〕 **못하게 하다**, 집어치우게 하다, 내버리(게 하)다, 손을 떼게 하다; 눌러 버리다. 12. 〔*alqd alci*〕 **빼어내다**, 잡아채다, 박탈하다; 뜯어내다, 강요하다; 강탈하다, 털다. 13. **뒤흔들어 놓다**, 뒤뚝거리게 하다; 갈팡질팡하게 하다, 정신 못차리게 하다, 교란시키다.

exdórsŭo, áre, *tr.* [ex+dorsum] 1. (물고기의) 등뼈[가시]를 발라 내다. 2. 등뼈를 빼내다·부러뜨리다.

éxĕdo, édi, ésum, ĕre, *tr.* [ex+edo¹] 1. 먹다, 먹어 치우다; 갉아[쏠아] 먹다. 2. 없애버리다, 소모시키다, 말려버리다. 3. 기진맥진하게 하다, 지쳐 버리게 하다.

éxĕdra, æ, *f.* 1. (회랑이나 노천에 많은 좌석을 비치해 놓은) 집회장소, 담화장소. 2. 방, 회의실, 응접실. 3. 성당의 **반원형 옆방**. 「실.

exédrĭum, i, *n.* 작은 회의실, 작은 응접

exeffícĭo, cĕre, *tr.* 일을 완전히 마치다, 완성하다, 완료하다.

exegésis, is, *f.* 성서 해석[주석], 석의(釋義).

exegéta, æ, *m.* 성서 주석학자.

exegétĭca, æ, [-ce, es,] *f.* 1. 문법 해석. 2. 《聖》 성서 주석학.

exegétĭcus, a, um, *adj.* 주석(註釋)의, 해석의; 성서 주석학상의.

exémplār[-áre], is, *n.* [exémplum] 1. **모범, 본보기**, 표준; 원형, 전형, 범형(範型); 원본, 본, 표본, 견본; 유례(類例). 2. **사본**, 복사, 모사(模寫), 초상(肖像); (같은 책·잡지 따위의) **부**(部), 권. 3. 흡사

한 것, 꼭 닮은 것.

exempláris, e, *adj.* [exémplum] 모범적인, 모범이 되는; 표본의; 사본의.

exemplarísmus, i, *m.* 《哲》 신적(神的)인 모형론, 범형론(範型論).

exémplo, ávi, átum, áre, *tr.* [exémplum] **1.** 모범으로 보여 주다. **2.** 베끼다, 사본을 뜨다.

exémplum, i, *n.* [éximo] **1. 보기, 예**(例), 실례(實例), 예증(例證): exémpli causā(略: *e.c.*), **exémpli grátiā**(略: *e.g.*) *(C.)* 예를 들면[들어서], 예컨대. **2. 모범, 본보기,** 귀감(龜鑑), 전형: ~ ad imitándum*(C.)* 본받아야 할 모범. **3.** 일벌백계의 본보기, 본때. **4.** 유례(類例); 전례(前例). **5.** 원물(原物), 원형(原型). **6.** 견본, 표본, 모형, 모본(模本); 형(型). **7.** 초상(肖像). **8.** **사본**(寫本), 복사한 것: ~ epístolæ*(C.)* 편지의 사본. **9.** 원본, 본문, 원문: litterárum ~ compónere*(C.)* 서류[편지]의 원본을 작성하다. **10.** 양식(様式), 모양. **11.** (글·편지 따위의) 내용, 취지, 주지(主旨).

exémptĭo, ónis, *f.* [éximo] **1.** 빼냄, 제거. **2.** 면제, 해제. **3.** 《가》 (수도원 따위의) 면속권(免屬權, 주교의 관할권에서 제외되는 규정), 독립관할권.

exénĭum = xénium.

exéntĕro, ávi, átum, áre, *tr.* **1.** 창자를 끄집어 내다. **2.** 끄집어 내다, 비우다. **3.** 괴롭히다.

éxĕo, éxĭi[ívi], ĭtum, íre, *anom.* [ex+eo²] **I.** *intr.* **1.** 〔ex, de, ab *abl.* - in, ad *acc.*; *absol.*〕 **나가다,** 나오다: ~ de navi*(C.)* 배에서 내리다 / ~ in terram*(C.)* 상륙하다. **2.** (투표에서 표·이름이) 나오다. **3.** (물이) 바다로 흘러들다. **4.** (말·돈 따위가) 나오다: ~ ex ore*(C.)* (말이) 입에서 나오다. **5.** 〔in *acc.*, in *abl.*〕 (말·글자·초목 따위가 어떤 모양으로) 끝나다, 그치다. **6.** 《軍》 병영에서 나가다, 행군하다, 출동[출전·출격]하다. **7.** 사라지다, 떠나다: ~ de [e] vitā 죽다. **8.** (결과로서) 나오다·나타나다, (책이) 발간되다. **9.** (식물의) 싹이 트다, 돋아나다. **10.** 〔in, ad *acc.*〕 뻗다, 번지다; (불길 따위가) 오르다. **11.** 〔ex, de, ab *abl.*〕 벗어나다, 면하다, 해방되다. **12.** (소문 따위가) **퍼져나가다,** 널리 알려지다. **13.** (시간이) **끝나가다,** 다 지나가다, 저물다, 만기가 되다. **14.** (기억에서) 사라지다, 잊혀지다: a memóriā hóminum ~ *(Sen.)* 사람들의 기억에서 사라지다. **15.** 〔extra, supra, in *acc.*〕 (한도·경계를) 넘다, 지나치다, 초과하다, (어떤 상태로) 넘어가다, 변해 버리다: ~ in iram*(Lucan.)* 화를 내고 말다.
II. *tr.* **1.** 넘어가다, 지나가다. **2.** 교묘하게 피하다, 막아 내다. **3.** (시간·세월을) 다 보내다, 지내다.

exequ... *V.* exsequ...

exércĕo, cŭi, cĭtum, ére, *tr.* [ex+árceo] **1.** 줄곧 움직이게 하다, 쉴 새 없이 일하게 하다, 구사(驅使)하다, 몰아치다: ~ tauros *(V.)* 소들을 계속 부리다. **2.** (밭·땅을) 갈다, 개간[개척]하다. **3.** 〔*alqm*[*alqd*] - in *abl.*, *abl.*, ad *alqd*〕 **연습시키다, 훈련[단련]시키다; 연습하다,** 수업(修業)하다, 연마하다: ~ corpus*(C.)* 몸을 단련하다 / ~ mílites in *alqā re**(Suet.)* 군인들에게 무엇을 훈련시키다; 〔*pass. refl.*〕 **se ~, exercéri** 연습[단련]하다, 훈련을 쌓다. **4.** 〔*alqd*〕 …에 종사하다, (직업을) 경영하다, …**노릇하다; …직에 있다,** (무슨) 임무를 맡고 있다; …하다: ~ medicínam*(C.)* 의사로 개업하고 있다 / ~ commércium turis*(Plin.)* 향료장사를 하다. **5.** 〔*alqd* - in *acc.*, in *abl.*〕 **실천하다,** 실행에 옮기다, **행사**(行使)**하다,** 집행하다, 이행하다; 드러내다, 보이다; (영향·힘 따위를) 미치다·끼치다: ~ avarítiam in sócios*(L.)* 동료들에게 인색하게 하다. **6.** 괴롭히다, 귀찮게[성가시게] 하다, 시달리게 하다, 고통끼치다; 불안케 하다.

exercitátĭo, ónis, *f.* [exército] **1.** 연습, 실습, 훈련, 단련, 수련(修鍊). **2.** 숙련, 연마; 경험, 습관. **3.** 실천, 실행.

exercitátor, óris, *m.* [exército] 연습시키는 자, 훈련시키는 자, 교사.

exercitátrix, ícis, *f.* [exercitátor] 연습시키는 여자, 여교사.

exercitátus, a, um, *p.p.*, *a.p.* [exército] **1.** 〔in *abl.*, *abl.*, ad *acc.*; *absol.*〕 연습을 쌓은, **훈련된,** 단련된, 습관화된, 숙련된. **2.** 시달린, 시련겪은; 걱정스러운, 불안한.

exercítĭo, ónis, *f.* [exérceo] **1. 연습, 훈련.** **2.** 처리.

exercítĭum, i, *n.* [exérceo] **1.** 연습, 훈련, 단련: exercítia spirituália 심령수업, 종교적 훈련; (기도를 포함하는) 묵상회 / exercítia corporália 체조, 육체 단련. **2.** 실천, 행사(行使). **3.** *pl.* 연습과제[문제].

exércĭto, ávi, átum, áre, *tr.* 끊임없이 훈련[연습·단련]시키다.

exércĭtor, óris, *m.* [exérceo] **1.** 훈련자. **2.** 경영주: ~ caupónæ 주점주인.

exércĭtus¹, a, um, *p.p.*, *a. p.* [exérceo] **1.** 훈련받은, 단련된. **2.** 시달린; 고된, 혹독한: exércita milítia*(Ta.)* 고된 군대생활 / exércita æstas*(Ta.)* 몹시 더운 여름.

exércĭtus², us, *m.* **1.** 훈련. **2. 군대**; 보병대. **3.** 무리, 떼: ~ corvórum*(V.)* 까마귀떼.

exérro, áre, *intr.* 길잃다, 방황하다.

exésor, óris, *m.* [éxedo] 먹어치우는 자, 낭비자.

exfórnĭcor, átus sum, ári, *dep. intr.* 자주 간음하다.

exhære... *V.* exhere...

exhalátĭo, ónis, *f.* [exhálo] **1.** 숨을 내쉼, 호기(呼氣). **2.** 증발, 발산; 증기, 증발한 기체[발산물].

exhálo, ávi, átum, áre, [ex+halo] **1.** *tr.* 내뿜다, 발산시키다, 증발시키다; 풍기다. **2.** *intr.* 증발하다, 발산하다; 숨을 내쉬다, 숨을 거두다.

exháurĭo, háusi, háustum, íre, *tr.*[ex+háurio] **1.** 물울 다 퍼내다[길어내다]; 바닥이 드러나게 하다, 말라붙게 하다. **2.** 다 마셔 버리다, 쭉 들이켜다; (잔을) **비우다.** **3.** 끄집어 내다, **파내다,** 제거하다: mánibus terram ~ *(Cæs.)* 손으로 흙을 파내다 / vitam sibi manu ~ *(C.)* 제 손으로 목숨을 끊다. **4.** **다 써버리다, 바닥내다,** 고갈시키다: omnem pecúniam ex ærário ~ *(C.)* 국고금을 다 써버리다 / exháustum ærárium *(C.)* 바닥난 금고. **5.** 빈털터리로 만들다. **6.** 뺏어버리다, 앗아가다. **7.** **힘을 다 빼**다, 힘을 소모시키다, 기진맥진하게 하다, 녹초가 되게 하다: Exháustæ erant vires. *(Curt.)* 기운이 다 빠졌다 / exháusta lácrimis *(Lucan.)* 울다가 지친 여자. **8.** 끝내다, 끝장나게 하다, 필진하게 하다. **9.** 남김없이 이행하다, 완수하다. **10.** (수고·위험 따위를) 참다, 당해내다, 배겨내다, 견디어 내다, 감당하다. **11.** 〔*pass.*〕 시간이 다 지나다.

exhedr... *V.* exedr...

exheredátĭo, ónis, *f.* [exherédo] 상속권 폐제(廢除) [박탈], 폐적(廢嫡).

exheréd(ĭt)o, ávi, átum, áre, *tr.* [exhéres] 〔*alqm*〕 상속인의 자격을 폐제(廢除)하다, 상속권을 박탈하다.

exhéres, rédis, *adj.* [ex+heres] 〔*gen., dat.*〕 상속권을 잃은[박탈당한], 상속권이 없는.

exhíbĕo, bŭi, bĭtum, ére, *tr.* [ex+hábeo] **1.** **내세우다, 제시하다,** 제출하다, 입증하다, 끌어대다. **2.** **전시하다,** 진열하다, 펴보이다, **드러내다;** 과시하다. **3.** 제공하다, 내놓다, 내주다. **4.** 일으키다, 생기게 하다; 자아내다, 끼치다: ~ *alci* moléstiam *(C.)* 누구에게 귀찮게 하다. **5.** 부양(扶養)하다, 부지하다.

exhibítĭo, ónis, *f.* [exhíbeo] **1.** 제시(提示), 제출. **2.** 진열, 전시(展示), 전람; 드러냄. **3.** 영양물, 식량.

exhíbĭtor, óris, *m.* [exhíbeo] 개최자, 주최자, 연회 베푸는 사람.

exhilarátĭo, ónis, *f.* [exhílaro] 즐겁게[흥겹게] 함; 명랑, 유쾌.

exhílăro, ávi, átum, áre, *tr.* 즐겁게[흥겹게] 하다, 유쾌[명랑]하게 하다.

exhinc, *adv.* 이때[그때]부터; 거기서부터, 그 다음에.

exhonorátĭo, ónis, *f.* [exhonóro] 명예 추락, 명예 손상.

exhonóro, ávi, áre, *tr.* 명예를 손상시키다, 업신여기다.

exhorrésco, rŭi, ĕre, [ex+horrésco] **1.** *intr.* 무서워 떨다, 전율하다. **2.** *tr.* 무서워하다, 두려워하다.

exhortámen, mĭnis, *n.* 장려, 격려; 권고.

exhortátĭo, ónis, *f.* [exhórtor] 권장, 격려, 독려; 권고, 훈계, 훈화.

exhortatívus, a, um, *adj.* [exhórtor] 장려의; 권고적인, 권유적인: 《文法》 conjunctívus[subj-] ~ 권고[권유] 접속법.

exhortátor, óris, *m.* [exhórtor] 권고자, 격려자, 위로자.

exhórtor, átus sum, ári, *dep. tr.* [ex+hortor] **1.** 〔*alqm*, ut, *subj.*, *absol.*〕 격려하다, 고무하다; 권고[권장]하다; 훈계하다. **2.** 〔*alqd*〕 (용기 따위를) 북돋아 주다, 고취하다.

exhumátĭo, ónis, *f.* [exhúmo] 파냄, 발굴; 시체[묘지] 발굴.

exhúmo, ávi, átum, áre, *tr.* (땅에서) 파내다, 발굴하다.

exigéntĭa, æ, *f.* [éxigo] **1.** 필요, 요구; 요청, 청구. **2.** 긴요; 긴박한 사정[형편].

éxĭgo, égi, áctum, ĕre, *tr.* [ex+ago] **1.** 〔*alqm*[*alqd*] - ex *abl.*, *abl.*, ab *alqo*〕 **내보내다, 내몰다,** 내쫓다, **축출하다;** 격퇴하다. **2.** 〔*alqd* - per, in *acc.*〕 (칼을) 뽑다, **빼다;** (무기로) 꿰찌르다, 꿰뚫다. **3.** 〔*alqd* ab *alqo*〕 (돈·물품을) **받아내다,** 징수하다, 거두어들이다. **4.** 〔*alqd* - ab *alqo*, ut, *inf.*; *absol.*〕 **요구하다,** 청구하다, 요청하다, 조르다, 얻어내다; 필요로 하다; **강요하다,** 억지로…시키다, 무조건…하게 하다: Exĭgam a te, ut áudias me. *(C.)* 나는 네가 내 말을 듣도록 만들테다 / ut res éxigit *(Q.)* 형편상 필요한 대로. **5.** 묻다, 질문하다, 답변을 요구하다: Exáctum est ab *alqo*, cur ... *(Ta.)* 왜…했느냐고 아무에게 물었다. **6.** (시간을) 지내보내다, 채우다, 다하다, **마치**다: exáctā ætáte *(C.)* 생애를 마치고. **7.** **끝내다,** 끝마치다, 끝막다; 성취하다, **완성하다.** **8.** 참아내다, 견디어[배겨] 내다. **9.** 〔*alqd* - ad *alqd*, *alqā re*〕 (무엇을 표준으로) 판단하다, 규정하다; (무엇에) 비추어[견주어] 보다, 검토하다, 정확히[엄밀히] 측정하다. **10.** 〔*alqd* - cum *alqo* - de *re*〕 의논[상의]하다, 토의하다; 곰곰이 생각하다, 숙고하다; (누구를 = cum *alqo*) 상대하다, 다루다: secum *alqd* ~ *(V.)* 무엇을 혼자 깊이 생각하다. **11.** 〔*pass.*〕 확실해지다, 결정되다, 작정되다: Non satis exáctum, quid agam. *(C.)* 나는 아직 어떻게 할지 결정하지 못했다.

exĭgúĭtas, átis, *f.* [exígŭus] **1.** 미소함, 사소함, 근소(僅少); 협소; 짧음. **2.** 극소수. **3.** 빈약, 미천(微賤). **4.** 잠시.

exígŭo, *adv.* 잠시, 잠깐 동안: ~ post

(Plin.) 잠시 후에.

exígŭus, a, um, *adj.* [éxigo] **1.** 작은, 미소한, 사소한; 보잘것없는, 빈약한. **2.** 적은, 얼마 안되는, 근소한, 조금밖에 안 되는. **3.** [시간] 짧은, 삽깐의. **4.** *n.* 근소, 소량, 협소, 미소한 것: ~ spátii *(L.)* 좁은 공간. **5.** 〔*adv.*〕 **-gŭe,** 조금, 약간, 적게, 겨우 될까말까하게; 옹색하게.

éxĭlis, e, *adj.* **1.** 작은, 보잘 것 없는, 빈약한, 가난한. **2.** 얇은, 박약한, 가는, 가냘픈, 호리호리한, 야윈; 메마른. **3.** 짧은. 「름; 짧음.

exílĭtas, átis, *f.* 빈약, 가냘픔, 허약; 메마

exílĭum = exsílium.

exim, *adv.* = exínde.

eximíĕtas, átis, *f.* [exímius] 우수성, 탁월성.

exímĭus, a, um, *adj.* [éximo] 특출한, 두드러진, 탁월한, 예외적인, 비상한, 비범한, 훌륭한.

éxĭmo, émi, émptum, ĕre, *tr.* [ex+emo] **1.** 〔*alqm[alqd]* - ex, de *abl.; abl.; alci*〕 꺼내다, 뽑(아 내)다; 빼다, 감(減)하다: ~ *alci* dentem *(Cels.)* 누구의 이를 뽑다 / ~ ex anno unum mensem *(C.)* 일년에서 한달을 빼다. **2.** 〔*alqm* ex, de *abl.; abl., dat.; absol.*〕 구출하다, 빼내다, 해방시키다; 면하게 하다, 면제하다: ~ *alqm* ex vínculis *(C.)* 감옥에서 빼내다 / ~ *alqm* morti *(Ta.)* 누구에게 죽음을 면하게 하다. **3.** 〔*alqd* ex, de *abl.; dat.*〕 제거하다, 떼어놓다; 뺏다, 없애주다, 해소(解消)시키다, 말소시키다: *alci* ~ curas *(H.)* 누구의 걱정거리를 없애주다. **4.** 《法》 시간을 낭비하다, 시간을 끌다[지연시키다]. **5.** (시간을) 보내다, 지내다, 경과시키다: anno exémpto *(Pal.)* 1년이 지나서.

exin, *adv.* = exínde.

exinánĭo, ívi, ítum, íre, *tr.* [ex+inánis] **1.** 비우다, 공허해지게 하다, (배·수레의) 짐을 다 부리다. **2.** 휩쓸다, 약탈하다. **3.** 탕진하다, 힘을 다 써버리다.

exinanítĭo, ónis, *f.* [exinánio] **1.** 비움, 공허하게 함: ~ alvi *(Plin.)* 배변(排便). **2.** (식물이 꽃을 피움으로) 쇠약해짐.

exínde, *adv.* **1.** 〔장소〕 거기서부터, 그 다음에. **2.** 〔시간〕 그리고서, 그 후에, 그 다음에. **3.** 그래서, 그로 인하여.

existimábĭlis, e, *adj.* [exístimo] 있을 법한, 생각할 수 있는, 그럴싸한; 존중할 만한, 평가할 만한, 가치있는.

existimátĭo, ónis, *f.* [exístimo] **1.** 평가, 판단, 견해, 의견: ~ hóminum *(C.)* 여론. **2.** 평판, 존경, 존중, 영예, 명성.

existimátor, óris, *m.* [exístimo] 판단자, 감정인; 평론가, 비평하는 사람, 평가자.

exístĭmo, ávi, átum, áre, [ex+ǽstimo] **1.** *tr.* 〔*alqm[alqd] acc. præd.*, in *abl., gen. prétii; acc. c. inf., interr. indir.; absol.*〕 여기다, 생각하다, 판단하다, 헤아리다, 짐작하다; 평가하다, 존경하다: *alqm* avárum ~ *(C.)* 누구를 인색한 자로 여기다 / in hóstium número existimári *(C.)* 적군의 하나로 여겨지다. **2.** *intr.* 〔de *alqo*〕 평판하다, 평가하다, 여기다, 생각하다; (좋게·나쁘게) 말하다: De iis male exístimant. *(C.)* 그들에게 대한 사람들의 평판은 나쁘다.

existum... *V.* existim...

exitiá(bĭ)lis, e, *adj.* [exítium] 불행한, 처참한, 파멸적인, 가공할, 위험한, 유해한.

exítĭo, ónis, *f.* [éxeo] 나감, 나옴.

exitiósus, a, um, *adj.* [exítium] 불행한, 처참한, 파멸적인, 치명적인, 애통할.

exítĭum, i, *n.* 재난, 재해; 멸망, 파멸, 파괴; 재해의 원인.

éxĭtus, us, *m.* [éxeo] **1.** 나감, 출발, 외출. **2.** 출구, 탈출구; 배수구. **3.** 끝, 결말, 종말, 말로(末路). **4.** 죽음; 몰락. **5.** 결과. 「방종한.

exlex, légis, *adj.* 법의 구속을 받지 않는;

exnunc, *adv.* 지금부터. 「하다.

exóbsĕcro, áre, *intr.* 간절히 원하다, 애걸

exóccŭpo, ávi, átum, áre, *tr.* [ex+óccupo[1]] 독점하다; 거추장스러운 것들을 멸쳐버리다. 「치질.

exochádĭum, i, *n.* [**exŏchas,** ădis, *f.*] 《醫》

exócŭlo, ávi, átum, áre, *tr.* [ex+óculus] 눈알을 빼다; 소경으로 만들다. 「(外皮層).

exodérmis, ĭdis, *f.* 《植》 (뿌리의) 외피층

exódĭum, i, *n.* 결말, 종말, 종국, 최후, 해결.

éxŏdus, i, *f.* 이스라엘 백성의 이집트 출국[퇴거]; 《聖》 [E-] 출애급기, 이집트 탈출기.

exogámĭa, æ, *f.* **1.** 이족(異族)결혼, 족외결혼. **2.** 《生》 이종(異種) 생식세포의 결합.

exolésco, évi, étum, ĕre, *intr.* **1.** 다 자라다, 완전히 피다. **2.** 시들어지다, 사라져가다, 감퇴하다, 사그라지다, 쇠약해 지다: exolétum jam vetustáte ódium *(L.)* 이미 오래되어 사그라진 미움.

exolétus, a, um, *p.p., a.p.* [exolésco] **1.** 다 자란, 장성한. **2.** 남창(男娼)이 될만큼 성숙한 (소년), 방탕한. **3.** 시들어가는, 기억에서 사라져가는, 사그라진. 「나는 옷.

exómis, ĭdis, *f.* 한쪽 어깨와 흉부가 드러

exomologésis, is, *f.* 참회, 뉘우침, 통회.

exonerátĭo, ónis, *f.* [exónero] **1.** 짐부림. **2.** 노임지불.

exónĕro, ávi, átum, áre, *tr.* [ex+ónero] **1.** …에서 짐을 내리다[부리다]; 비우다: ~ alvum *(Plin.)* 배설하다. **2.** 〔*alqm alqā re*〕 짐[부담]을 덜어주다, 가볍게 해주다, 경감하다, 면제하다, 풀어주다: ~ ánimum sollicitúdine *(Curt.)* 마음걱정을 덜다.

exophthálmĭa, æ, *f.* [**-mus,** i, *m.*] 《醫》

안구(眼球) 돌출증. 「만한, 바람직한.

exoptábĭlis, e, *adj.* [exópto] 간절히 바랄

exoptátĭo, ónis, *f.* [exópto] 간절히 바람, 간원, 열망.

exópto, ávi, átum, áre, *tr.* [ex+opto] 〔*alqm[alqd] - alci; inf.,* ut〕 간절히 바라다; 열망하다.

exorábĭlis, e, *adj.* [exóro] 간청으로 굽힐 수 있는, 청원할 만한, 간구할 만한, 달랠 수 있는; 마음 돌리게 할 수 있는.

exorátĭo, ónis, *f.* [exóro] 간청, 간구, 애원; 청해서 얻음. 「청해서 얻는 자.

exorátor, óris, *m.* [exóro] 간구자, 간청자;

exórbĭto, ávi, átum, áre, [ex+órbita] **1.** *intr.* 이탈하다, 궤도에서 벗어나다, 빗나가다, 멀어지다. **2.** *tr.* 이탈하게 하다, 벗어나게 하다, 빗나가게 하다.

exorcísmus, i, *m.* 악마를 쫓아 냄, 구마(驅魔), 《가》 구마식. 「급 성직자.

exorcísta, æ, *m.* 《가》 구마품[직] 받은 하

exorcistátus, us, *m.* 구마직(驅魔職: 제3하급성직, 1972년이래 폐지).

exorcízo, ávi, átum, áre, *tr.* 악마를 쫓아내다, 구마하다.

exórdĭor, órsus sum, díri, *tr.* [ex+órdior] **1.** 짜다(織), 꼬다, 엮다. **2.** 〔*alqd* - ab *abl.; inf.; absol.*〕 시작하다, 착수하다; 연설을 시작하다, 말머리를 꺼내다.

exórdĭum, i, *n.* [exórdior] **1.** 시작, 기원, 원천, 근원. **2.** 연설의 시작, 서두.

exórĭens, éntis, *m.* 솟아오르는 태양; 동방(東方).

exórĭor, *(rĕris, rĭtur),* órtus sum, oríri, *dep. intr.* **1.** (해·달·별이) 돋다, 솟아오르다, 나타나다. **2.** 일어나다, 발생하다, 생기다; 분출하다, …에서 나오다, 시작하다.

exornátĭo, ónis, *f.* [exórno] 꾸밈, 장식, 미화; 수식. 「자(修飾者).

exornátor, óris, *m.* [exórno] 장식가; 수식

exórno, ávi, átum, áre, *tr.* [ex+orno] **1.** 꾸미다, 장식하다, 미화하다; 수식하다. **2.** 장비를 갖추다, 필요한 것을 갖추다, 설비하다, 설치하다.

exóro, ávi, átum, áre, *tr.* [ex+oro] **1.** 〔*alqm*〕 (누구에게) 간청하다, 탄원하다. **2.** 〔*alqm alqd,* ut, ne〕 (누구에게 무엇을) 간청하여 얻다, 간구하다, …하도록[못하도록] 탄원[간청]하다: exorátus*(C.)* 간청에 못이겨. **3.** 마음을 돌리게 하다, 누그러지게 하다; 납득시키다: *alqm* a fílii cæde ~ *(Justin.)* 아무에게 타일러 아들을 죽이지 못하게 하다.

exórsa, órum, *n.pl.* [exórdior] 시작; 머리말, 말의 실마리, 서두, 서론.

exórsus, us, *m.* (= exórdium) **1.** 시작, 처음, 벽두, 서두(序頭). **2.** 서론, 머리말.

exortívus, a, um, *adj.* 동방의, 동녘의.

exórtus, us, *m.* [exórior] **1.** 해돋이, 일출; 돋음. **2.** 동방, 동쪽. **3.** 원천, 수원(水源). 「体)의, 유연한.

exos, óssis, *adj.* 뼈없는, 무골의; 연체(軟

exosculátĭo, ónis, *f.* [exósculor] (비둘기 따위의) 애정 깊은 입맞춤.

exóscŭlor, átus sum, ári, *dep. tr.* [ex+ósculor] **1.** 〔*alqm, alqd*〕 뜨겁게 입맞추다, …에 키스하다. **2.** 극진히 사랑하다, 소중히 여기다, 애지중지하다.

exospórĭum, i, *n.* 《植》 아포외막(芽胞外膜), 포자외막; 《生》 외생포자(外生胞子).

exósso, ávi, átum, áre, *tr.* [exos] 뼈를 발라내다, 뼈를 추려내다.

exóstra, æ, *f.* **1.** 무대 내부를 관객에게 돌려 보여주는 기계장치, 회전무대 장치. **2.** 포위된 성벽으로 건너지르는 이동다리.

exósus, a, um, *p.p.* [*inusit.* exódi] **1.** 몹시 미워하는, 혐오하는. **2.** 미움받는. 「인.

exotérĭcus, a, um, *adj.* 공개적인, 대중적

exótĭcus, a, um, *adj.* 외래의, 외국산의, 진귀한. 「**2.** *tr.* 무서워 움츠리다.

expallésco, llŭi, ĕre, **1.** *intr.* 창백해지다.

expalliátus, a, um, *p.p.* [*inusit.* expállio] 외투를 벗기운[뺏긴]. 「핏기없는.

expállĭdus, a, um, *adj.* 창백한, 핼쑥한,

expálmo, ávi, átum, áre, *tr.* [ex+palma] 〔*alqm*〕 뺨치다, 따귀를 때리다.

expálpo, ávi, átum, áre, [**expálpor,** ári, *dep.*] *tr.* [ex+palpo[1]] 아첨하여 얻다, 꾀어서 얻어내다.

expándo, di, pánsum[pássum], ĕre, *tr.* [ex+pando[2]] **1.** 펼치다, 펴다, 널어놓다, 벌려 놓다; 전개시키다; 열어놓다. **2.** 설명하다, 밝히다.

expánsĭo, ónis, *f.* [expándo] 폄, 펼침, 늘림, 뻗음; 팽창, 신장(伸張), 전개, 발전, 확대, 확장. 「써버리다, 탕진하다.

éxpătro, ávi, átum, áre, *tr.* 낭비하다, 마구

expavefácĭo, féci, fáctum, cĕre, *tr.* [ex+páveo+fácio] 몹시 놀라게 하다, 공포감을 주다.

expávĕo, ére, *tr.* 〔*alqd; absol.*〕 몹시 무서워하다, 무서워 떨다; 두려워하다, 공포심을 갖다.

expavésco, pávi, ĕre, **1.** *intr.* 〔ad *acc.,* ab *abl.; absol.*〕 무서워하다, 겁내다, 떨다. **2.** *tr.* 〔*alqd*〕 무서워하다, 겁내다.

expect... *V.* exspect...

expéctŏrans, ántis, *n.* [expéctoro] 《醫》 거담제(거痰劑), 가래삭이는[나오게 하는] 약.

expéctŏro, ávi, átum, áre, *tr.* [ex+pectus] 가슴 밖으로 내보내다; 가슴속에서 (공포 따위를) 몰아내다. 「재산을 빼앗긴.

expeculiátus, a, um, *adj.* [ex+pecúlium]

expediéntĭa, æ, *f.* [expédio] 유리(有利), 유익, 이익.

expediméntum, i, *n.* [expédio] (어려운 것의) 해결; 성취, 실현, 수행.

expédĭo, ívi[ĭi], ítum, íre, *tr.* [ex+pes, *cf.* pédica] 1. 〔*alqm[alqd]* - ex *abl.*, *abl.*〕 풀다, 풀어주다, 놓아주다, 벗어나게 하다, 면하게 하다, 자유롭게 해주다, 해방하다, 석방하다, (위험·어려움·장애물 따위에서) 구해내다: Hic nodus expediátur.*(C.)* 이 매듭을 풀어야 한다 / ~ *alqm* omni moléstiā *(C.)* 모든 성가신 일에서 해방시켜 주다 / se ~ 풀려나다, 면하다, 피하다. 2. (장애물·난관 따위를 제거하고) 개척하다, 개간하다: áditus ~ *(Cæs.)* 돌파구를 개척하다 / rátio expediéndæ salútis*(C.)* 살 길을 모색하는 방법. 3. 가지런히 하다, 정돈[정리]하다; 처리하다, 해결하다, 극복하다, 이행[수행]하다, 완수하다, 실현하다, 마치다: rem ~ *(C.)* 일을 해결하다[마치다]. 4. 준비하다, 마련하다, 채비를 하다, 차려[갖추어] 놓다, 꺼내 놓다; 각오하게 하다, 용의있게 하다: Virgas expedíri jubet. *(C.)* 그는 곤장을 준비하라고 명한다 / ~ se ad pugnam*(L.)* 전투태세를 갖추다. 5. (원반 따위를) 앞으로 내던지다, 내쏘다, 발사하다. 6. 설명하다, 해명하다, 밝히다, 말해 주다: Hoc éxpĕdi primum.*(T.)* 이것을 먼저 밝혀라 / Expĕdi, quid fécerim. *(Phædr.)* 내가 뭘 어쨌다는 거냐 말해 봐라. 7. *intr.* 〔*alci;* 주어(문으)로서의 *alqd*, *inf.*, *acc. c. inf.*, ut, ne〕 (무엇이 누구에게) 이롭다, 낫다, 유익하다, 유리하다: cum áliis áliud expédiat,*(C.)* 각자에게 서로 다른 것이 유익하기 때문에 / Expĕdit cédere. *(Q.)* 물러서는 것이 낫다.

expedítĭo, ónis, *f.* [expédio] 1. 출정, 원정, 출병(出兵), 군대파견; 토벌. 2. 탐험(여행). 3. 해결, 처리(법).

expeditionális, e, *adj.* [expedítio] 원정에 관한, 토벌의, 전장에 나가는.

expedítus, a, um, *p.p.*, *a.p.* [expédio] 1. 매이지 않은, 풀려난, 자유로와진, 구애되지 않는, 가뜬해진. 2. 경무장한, 배낭없는; *m.* 경무장한 병사. 3. 〔*absol.*; ad *alqd*〕 준비가 되어있는, 태세를 갖춘, 용의가 있는; 민첩한, 재빠른. 4. 쉽게 …할 수 있는, 손쉬운, 용이한, 손가까이 있는; 거침없는, 유창한; 확실한: in expedíto esse 언제든지…할 수 있는 상태에 있다.

expéllo, pŭli, púlsum, ĕre, *tr.* [ex+pello] 1. 〔*alqm[alqd]* - ex, ab *abl.*; *abl.* - in *acc.*〕 쫓아 내다, 밀어 내다, 축출하다, 추방하다, 제명하다; 격퇴하다. 2. (어떤 상태를) 일소(一掃)하다, 뺏어가다, 몰아 내다: ~ tuos somnos*(Ov.)* 너의 잠을 달아나게 하다 / ~ quiétem*(Ov.)* 고요를 깨뜨리다.

expéndo, di, pénsum, ĕre, *tr.* [ex+pendo] 1. 무게를 달다. 2. 곰곰이 생각하다, 심사숙고하다, 검토하다; 평가하다, 판단하다. 3. 계산해서 지불하다, 돈을 치르다[내다·주다], 지출하다: pecúniam expénsam ferre *alci(C.)* a) 누구 앞으로 된 돈 지출을 (상부 따위에) 기입하다. b) 누구에게 돈을 맡기다, 꾸어주다. 4. 대가(代價)를 치르다, 죄값을 치르다: ~ scelus*(V.)* 죄의 대가를 치르다 / pœnas ~ *(C.)* 벌을 받다.

expénsa, æ, *f.* [expéndo] 비용, 경비.

expénse, *adv.* 몹시, 심히, 대단히.

expénsĭo, ónis, *f.* [expéndo] 비용, 경비.

expénso, ávi, átum, áre, *tr.* 헤아리다, 치르다, 지불하다, 비용쓰다, 보상하다.

expénsum, i, *n.* [expéndo] 비용, 경비; 지불, 지출: codex accépti et expénsi*(C.)* 출납부.

expergefácĭo, féci, fáctum, ĕre, *tr.* [expérgo+fácio] 깨우다, 눈뜨게 하다; 정신들게 하다: expergefáctus e somno*(Suet.)* 잠에서 깨어난.

expergíscor, *(ĕris, ĭtur)*, perréctus sum, gĭsci, *dep. intr.* [expérgo] 눈뜨다, 잠깨다, 정신차리다. 「서, 정신차려서.

expérgĭte, *adv.* [expérgo] 깨어서, 주의해

expérgo, gi, gĭtum, ĕre, *tr.* [ex+pergo] 1. 깨우다, 눈뜨게 하다, 정신차리게 하다. 2. 자극하다, 각성시키다, 환기시키다.

expérĭens, éntis, *p. præs.*, *a.p.* [expérior] 〔*absol.*; *gen.*, in *abl.*〕 1. 경험많은, 숙련된. 2. 행동적인, 진취적인, 대담한, 모험을 즐기는, 견디어 내는.

experiéntĭa, æ, *f.* [expérior] 1. 시도, 시험. 2. 경험, 체험.

experimentális, e, *adj.* 1. 실험의, 실험적, 실험을 기초로 하는. 2. 경험상의, 경험에서 오는.

experiméntum, i, *n.* [expérior] 1. 시도, 시험, 실험; 경험, 체험: ~ in córpore vivo animálium 동물실험. 2. 증거.

expérĭor, pértus sum, íri, *dep. tr.* [*cf.* perítus[1], perículum] 1. 〔*alqd[alqm]* - in *abl.*; *interr. indir.*, *inf.*; *absol.*〕 시험해 보다, 시험하다, 경험해 보다, 실험하다, 음미하다. 2. 〔*alqd*, *inf.*, ut; *absol.*〕 시도하다, 해보다, 모험하다, …도록 노력해 보다: extréma ómnia ~ *(Sall.)* 마지막으로 모든 것을 해보다 / Expériar, ut hinc ávolem. *(C.)* 여기서 급히 떠날 수 있도록 힘써 보겠다. 3. 〔*alqd[alqm]* - in *abl.*, *acc. præd.*; *acc. c. inf.*〕 경험하다, 경험해서 알다[배우다], 체험하다: ~ deos iníquos*(Ov.)* 신들이 고약하다는 것을 경험하다. 4. (어려움을) 겪다, 당하다, 참아 내다, 견디다. 5. 《法》 ~ jus 재판에서 자기 권리를 행사하다. 6. *intr.* 〔cum *alqo*〕 겨루다, 다투다. 「정신을 바짝 차린.

experréctus, a, um, *p.p.*, *a.p.* [expergíscor]

expers, pértis, *adj.* [ex+pars] **1.** 〔*gen.*〕 몫을 차지하지 못한, 끼지 못한, 참여[관여]하지 않은. **2.** 〔*gen., abl.*〕 (무엇이) 없는, 결여된, 부족한; 면제된, 관계없는: ~ eruditiónis *(C.)* 교양이 없는 / domo ~ *(Pl.)* 집없는 자.

expértĭo, ónis, *f.* [expérior] 시도, 시험, 실험.

expértus, a, um, *p.p., a.p.* [expérior] **1.** 〔*pass.*〕 시험거친, 실험끝난, 훌륭히 증명된, 정평있는: expérta medicína *(Plin.)* 실험으로 입증된 약. **2.** *active* 〔*gen., abl.*〕 경험많은[있는], 정통한, 익숙한, 노련한, 숙련된, 전문지식 있는: ~ belli *(Ta.)* 전쟁 경험이 있는.

expetésso, ĕre, *tr. intens.* [éxpeto] 열망하다, 갈망하다.

expetíbĭlis, e, *adj.* [éxpeto] 바람직한; 열망할 만한.

expetítor, óris, *m.* 청구자.

éxpĕto, ívi[ĭi], ítum, ĕre, *tr.* [ex+peto] **1.** 〔*alqd[alqm], inf., acc. c. inf.*〕 **간절히 바라다,** 열망하다, 갈구하다, 탐내다, **추구하다, 얻으려고 노력하다,** 몹시 …하고 싶다: Vidére te éxpeto. *(Pl.)* 나는 네가 몹시 보고 싶다. **2.** 요구하다, 청구하다. **3.** (바다 따위가) 침식(浸蝕)하다, (조금씩) 침입하다, 잠식하다. **4.** 〔*alqm*〕 (누구한테로) 가다. **5.** ætátem ~ 언제까지고 지속되다, 오래가다. **6.** *intr.* 〔in *acc.*〕 (누구에게) 닥치다, 미치다(及), 돌아가다, 일어나다.

expiátĭo, ónis, *f.* [éxpio] 속죄; 보상, 보속(補贖); 화해.

expiátor, óris, *m.* [éxpio] 속죄자, 보속자(補贖者).

expiatórĭus, a, um, *adj.* 속죄의.

expiátrix, ícis, *f.* [expiátor] 속죄하는 여자.

expilátĭo, ónis, *f.* [expílo] 약탈, 탈취, 강탈, 휩쓸어 감.

expilátor, óris, *m.* [expílo] 약탈자, 강탈자, 강도; 도둑.

expílo, ávi, átum, áre, *tr.* 약탈하다, 강탈하다; 뺏다, 도둑질하다.

expíngo, pínxi, píctum, ĕre, *tr.* [ex+pingo] **1.** 그리다; 단장하다. **2.** 표현하다, 묘사하다.

expínso, ĕre, *tr.* 찧다, 빻다, 부수다, 가루로 만들다.

éxpĭo, ávi, átum, áre, *tr.* [ex+pio] **1. 속죄하다;** 보속(補贖)하다, 죄값을 치르다, 죄를 갚다; 보상하다. **2.** 속죄식을 거행하다; 죄로 더럽혀진 것을 깨끗이 하다. **3.** 누그러뜨리다, 가라앉히다, 달래다; 만족시키다.

expíscor, átus sum, ári, *dep. tr.* [ex+piscor] 열심히 찾다, 찾아 내다, 뒤지다, 캐내다, 탐구하다.

explanábĭlis, e, *adj.* [expláno] 명료한, 명확한, 알아들을 수 있는.

explanátĭo, ónis, *f.* [expláno] 설명, 해석, 풀이, 해설; 생생한 묘사.

explanátor, óris, *m.* [expláno] 해석자, 설명자.

explanatórĭus, a, um, *adj.* 설명하는, 해석하는.

explanátus, a, um, *p.p., a.p.* [expláno] 명확한, 똑똑한, 분명한, 알아들을 수 있는.

expláno, ávi, átum, áre, *tr.* [ex+planus[1]] **1.** 평평하게 만들다, 펴다. **2.** 설명하다, 해석하다, 밝히다.

explánto, ávi, átum, áre, *tr.* [ex+planto] **1.** 뿌리째 뽑다, 뽑아내다. **2.** 제거하다.

expláudo = explódo.

explēméntum, i, *n.* [éxpleo] **1.** 충전(充塡), 보충. **2.** 음식물, 먹을 것. **3.** 용장문(冗長文), (글의) 군더더기, 불필요한 부록. **4.** 충족, 만족.

éxplĕo, plévi, plétum, ére, *tr.* [ex+*inusit.* pleo] **1.** 〔*alqd alqā re*〕 **가득 채우다,** 충만케 하다. **2.** 배를 채우다, 배불리 먹이다: ~ se 배불리 먹다. **3.** (욕망을) **만족시키다, 충족시키다,** 채우다; (갈증 따위를) 풀다. **4.** (수를) 채우다, 보충하다, 한도에 달하게 하다, 어떤 수에 달하다. **5.** (시간을) **채우다,** 완료하다, 마치다, **만기가 되게 하다:** Explétum annum habéto. *(C.)* 생애가 끝난 줄로 여겨라. **6. 완성되게 하다,** 다하다, 이행[수행]하다.

explétĭo, ónis, *f.* [éxpleo] 만족, 충족; 보충.

expletívus, a, um, *adj.* [éxpleo] **1.** 보충적인, 부가적인, 보완하는. **2.** 만족[충족]시키는.

explétus, a, um, *p.p., a.p.* [éxpleo] 완료된, 완성된; (수가) 다 찬.

explicábĭlis, e, *adj.* [éxplico] 실마리를 풀 수 있는, 해결할 수 있는; 설명할 수 있는.

explicátĭo, ónis, *f.* [éxplico] **1.** 펼침, 폄; 전개. **2.** 설명, 해설, 해석.

explicatívus, a, um, *adj.* 설명의, 해설적인.

explicátor, óris, *m.* [éxplico] 설명자, 해설자.

explicátrix, ícis, *f.* [explicátor] 설명하는 여자.

explicátus[1], a, um, *p.p., a.p.* [éxplico] **1.** 잘 정돈[정리]된, 실마리를 찾은, 해결된. **2.** 명료한, 밝혀진.

explicátus[2], us, *m.* **1.** 폄, 펴는 행동. **2.** *pl.* 설명; 해결, 해석, 주해(註解).

éxplĭcit, *sing.* 3. [*cf.* éxplico] 끝, 마감(책 혹은 어떤 시기가 끝남을 표시하는 말): Explĭcit tempus paschále. 부활시기 끝남.

explícĭtus, a, um, *p.p., a.p.*[éxplico] **1.** 명백히 드러낸[드러난], (암시적·함축적이 아니고) 명시된, (뜻이) 충분히 표현[발표]된, 숨기지 않은, 솔직한, 노골적. **2.** 쉬운, 구애되지 않는.

éxplĭco, ávi[cŭi], átum[cĭtum], áre, *tr.* [ex+plico] **1. 펴다, 펼치다, 풀다,** 끄르다. **2.** 넓히다, 확장하다, 뻗치다; (밀집한 대열을) 전개하다, 분산배치하다: se ~, explicári *(Cæs.)* 전개하다; *(Plin.)* 뻗어나가다. **3.** 〔*alqd[alqm]* - ex *abl., abl.*〕 구해내다, 꺼내다, 풀려나게 하다, 자유롭게 하다: se ex láqueis ~ *(C.)* 올가미에서 빠

져나오다. **4.** 해결하다, 처리하다, 정리하다; 완수하다, 이행[수행]하다; 성취하다, 완성하다. **5.** (경비 따위를) 지출하다; 빚진 돈을 갚다. **6.** 〔*alqd, interr. indir.;* de *re*〕 **설명하다,** 해설하다, 밝히다; 진술하다, 서술하다; (의견 따위를) 말하다, 표명하다.

explódo, plósi, plósum, ĕre, *tr.* [ex+plaudo] **1.** (손뼉을 치거나 고함 질러서) 내쫓다[퇴장시키다], 야유하다. **2.** 배척하다, 물리치다; 타파하다. **3.** 나무라다, 비난하다. **4.** 폭발시키다, 파열시키다.

explorátĭo, ónis, *f.* [exploro] 답사(踏査), 정찰, 탐색; 탐사(探査), 탐험; 살핌, 관찰, 엄밀한 조사.

explorátor, óris, *m.* [exploro] **1.** 답사자, 탐험가. **2.** 정탐자, 정찰자; *pl.* 탐색대.

exploratórĭus, a, um, *adj.* [explorátor] **1.** 답사(踏査)의, 탐험의. **2.** 정찰[정탐]하는, 탐색하는, 탐지의.

explorátus, a, um, *p.p., a.p.* [exploro] 확실한, 틀림없는, 확인된, 확정된; 안전한: *alqd* explorátum habére *(C.)*, *alqd* pro exploráto habére *(Cæs.)* 확실한 것으로 여기다 / 〔*abl. absol.*〕 exploráto *(Ta.)* 확인하고 나서.

explóro, ávi, átum, áre, *tr.* **1.** 〔*alqd,* de *abl., interr. indir.*〕 살피다, 자세히 조사하다[알아보다], 탐구[탐사]하다. **2.** 탐지하다, 정찰[정탐]하다, 탐색하다. **3.** 검사하다, 시험하다, 실험하다, 분석하다: *alqd* gustu ~ *(Ta.)* 맛보다, 시음하다.

explósĭo, ónis, *f.* [explódo] **1.** 배우를 (무대에서) 들이 쫓음. **2.** 야유, 비난, 조소(嘲笑). **3.** 폭발.

expólĭo, ívi, ítum, íre, *tr.* [ex+pólio] **1.** 다듬다, 매끈하게 하다. **2.** 연마하다, 닦다, 광채나게 하다. **3.** 장식하다, 꾸미다, 가꾸다. **4.** 세련하다, 교양하다, 완성시키다.

expolítĭo, ónis, *f.* [expólio] **1.** 다듬음; 닦음, 연마. **2.** 장식, 윤색(潤色). **3.** 세련, 교양.

expóno, pósŭi, pósĭtum, ĕre, *tr.* [ex+pono] **1.** 〔*alqd* - in *abl.,* ad *acc., alci*〕 **내놓다,** 펴놓다, 진열하다, **전시하다,** 공개하다. **2.** 노출시키다, 드러나게 하다, 쏘이다, 맞히다: *alqd* in sole ~ *(Col.)* 햇볕에 내놓다. **3.** (아이를) 내어버리다, 유기하다. **4.** 〔ex, de *abl.* - in *acc.,* in *abl.*〕 상륙시키다; 양륙(揚陸)하다, 짐부리다. **5.** 제시하다, 제출하다. **6.** 〔*alqd,* de *re, acc. c. inf. interr. indir.*〕 **설명하다, 진술하다,** 이야기하다; 밝히다, **표명하다,** 털어놓다.

expórrĭgo[-pórgo], réxi, réctum, ĕre, *tr.* [ex+pórrigo²] 펼치다, 펴다, 뻗치다, 전개하다.

exportátĭo, ónis, *f.* [expórto] **1.** 수출. **2.** 유배(流配).

expórto, ávi, átum, áre, *tr.* [ex+porto] **1.** 〔*alqd* - ex *abl.* - in, ad *acc.*〕 내가다[내오다], 운반해 가다; **수출**하다. **2.** 유배(流配)하다, 귀양보내다.

expósco, pŏpósci, ĕre, *tr.* [ex+posco] **1.** 〔*alqd* ab *alqo, alqm alqd; inf.*〕 집요하게 요구하다, 간청하다. **2.** 〔*alqm*〕 (처벌을 위해 누구의) 인도를 요구하다, 내달라고 청하다.

expositícĭus, a, um, *adj.* **1.** 드러난, 노출된. **2.** 내버려진.

exposítĭo, ónis, *f.* [expóno] **1.** 내어 버림, 유기(遺棄). **2.** 설명, 해설, 해석; 진술, 서술; 《修》 자문자답. **3.** 진열, 출품, 전시(展示); 전람회, 박람회. **4.** 《가》 (성체의) 현시(顯示); 성해(聖骸) 따위 유물전시.

expositiúncŭla, æ, *f. dim.* [expositio] 자그마한 해설[해석].

expositívus, a, um, *adj.* **1.** 설명[해명]되어야 할. **2.** 설명적인.

expósĭtor, óris, *m.* [expóno] 설명자, 해설자; 해석자.

expósĭtus, a, um, *p.p., a.p.* [expóno] **1.** 열려 있는, 개방된, 공개의. **2.** 접근할 수 있는, 상냥한. **3.** 이해할 수 있는, 쉬운, 일반적인. **4.** 일상적인, 평범한, 대중적인. **5.** 버려진; 노출된. **6.** *n.pl.* 진술, 설명. **7.** 〔*adv.*〕 **-te,** 명백하게, 분명하게.

expostulátĭo, ónis, *f.* [expóstulo] **1.** 집요한 요구; 설유(說諭). **2.** 불평, 불만; 불평섞인 호소.

expostulátus, us, *m.* [expóstulo] 불평, 호소.

expóstŭlo, ávi, átum, áre, *tr.* [ex+póstulo] **1.** 〔*alqd* - ab *alqo; inf.,* ut〕 집요하게 요구하다, (당연한 권리로서) 청구하다. **2.** 〔*alqm* ad *acc.*〕 (처벌할 수 있도록) 인도(引渡)를 요구하다. **3.** 〔cum *alqo alqd,* de *alqā re; acc. c. inf.; absol.*〕 부당함[불만]을 호소하다, 잘못을 지적하다, 이의[항의]를 제기하다.

expótus, a, um, *adj.* [epóto] 쭉 마셔버린, 비운(空).

expréssim, *adv.* [expréssus] 명백하게, 명확하게.

expréssĭo, ónis, *f.* [éxprimo] **1.** 짜냄. **2.** (펌프 따위로 물을) 빨아 올림, 밀어 올림. **3. 표현,** 표출(表出), 표시, 명시(明示); **표정. 4.** (말의) 표현(법), 말투; 어구(語句).

expressívus, a, um, *adj.* 표현의; 표현적인, 표정이 풍부한, 의미심장한.

expréssor, óris, *m.* [éxprimo] **1.** (기름 따위를) 짜는 사람. **2.** 표현하는 사람; 드러내는 사람.

expréssus, a, um, *p.p., a.p.* [éxprimo] **1.** 불쑥 나온, 돌출한, 두드러진. **2.** 명확한 발음의, 의사표시가 명확한. **3.** 〔*adv.*〕 **-sse,** 명백하게, 명확하게; 단호히.

éxprĭmo, préssi, préssum, ĕre, *tr.* [ex+premo] 1. 짜내다, 나오게 하다. 2. 발음하다. 3. 튀어나오게 하다, 돌출시키다, 솟게 하다. 4. 〔*alqd* - ab *alqo, alci*〕 (금전 따위를) 우려내다, 뺏어내다, 착취하다. 5. (예술적으로) 나타내다, 표현하다. 6. (글·말로) 표현하다, 묘사하다, 표시하다. 7. 번역하다, 옮겨 놓다. 8. 모방하다, 베끼다, 흉내내다. 「만한, 경멸할.

exprobrábĭlis, e, *adj.* [éxprobro] 비난할

exprobrátĭo, ónis, *f.* [éxprobro] 나무람, 비난, 힐난, 힐책, 책망. 「책망하는 자.

exprobrátor, óris, *m.* [éxprobro] 비난자,

exprobrátrix, ícis, *f.* [exprobrátor] 비난하는 여자.

éxprŏbro, ávi, átum, áre, *tr.* [ex+probrum] 1. 〔*alqd alci, alci* de *abl.; acc. c. inf.,* quod〕 나무라다, 비난하다, 힐책하다, 꾸짖다. 2. 장황하게 책망하다, 비난조로 말하다. 3. 경멸하다. 「약속한 사람.

expromíssor, óris, *m.*[expromítto] 보증인,

expromítto, mísi, míssum, ĕre, *tr.* [ex+promítto] 보증하다, 책임지다, 약속하다.

exprómo, próm(p)si, próm(p)tum, ĕre, *tr.* 1. 꺼내다, 끄집어내다; 내놓다. 2. 드러내다, 보이다, 발휘하다. 3. 〔*alqd, acc. c. inf., interr. indir.*〕 이야기하다, 털어 놓다; 들어내어 밝히다, 표명하다.

expropriátĭo, ónis, *f.* 수용(收用), 강제수용, 징수(徵收).

expudorátus, a, um, *adj.* [ex+pudor] 부끄러움을 모르는, 철면피의.

expugnábĭlis, e, *adj.* [expúgno] 탈취할 수 있는, 점령가능한, 함락될 수 있는.

expugnátĭo, ónis, *f.* [expúgno] 공략, 점령, 함락. 「점령자, 함락시키는 자.

expugnátor, óris, *m.* [expúgno] 공략자,

expugnátrix, ícis, *f.* 함락시키는 여자.

expúgnax, ácis, *adj.* [expúgno] 정복하는.

expúgno, ávi, átum, áre, *tr.* [ex+pugno] 1. 공략하다, 점령하다, 함락시키다. 2. 정복하다, 극복하다; 사로잡다; 압도하다, 누르다, 굴복시키다; 유린하다. 3. 이루다, 이룩하다, 달성하다.

expúllŭlo, áre, *intr.* 싹이 많이 돋다.

expúlsĭo, ónis, *f.* [expéllo] 쫓아냄, 축출, 추방, 구축(驅逐); 제명.

expúlso, ávi, átum, áre, *tr. freq.* [expéllo] 내쫓다, 축출하다. 「자.

expúlsor, óris, *m.* [expéllo] 축출자, 추방

expúltrix, ícis, *f.* [expúlsor] 축출[추방]하는 여자. 「수행, 성취.

expúnctĭo, ónis, *f.* [expúngo] 실행, 이행,

expúnctor, óris, *m.* [expúngo] 말소자(抹消者), 말살자. 「하는 여자.

expúnctrix, ícis, *f.* [expúnctor] 말소[말살]

expúngo, púnxi, púnctum, ĕre, *tr.* [ex+pungo] 1. 말소하다, 지우다, 삭제하다, 말살하다. 2. 결산[청산]하다; 이루다, 완성하다, 마지막 단계를 끝마치다.

expurgátĭo, ónis, *f.* [expúrgo] 변호, 변명, 해명; 입증, 증명.

expúrgo, ávi, átum, áre, *tr.* [ex+purgo] 1. 깨끗이 씻다, 정화하다. 2. 고치다, 바로잡다, 교정하다. 3. 변명[해명]하다, 누명을 벗기다, 변호하다, 무죄를 입증하다.

exputésco, ĕre, *intr.* 썩어버리다, 낡아지다.

éxpŭto, ávi, átum, áre, *tr.* [ex+puto] 1. (나무를) 가지치다, 전지(剪枝)하다. 2. 심사숙고하다, 연구하다; 이해하다, 깨닫다.

exputrésco, ĕre, *intr.* 썩어버리다.

exquíro, sívi, sítum, ĕre, *tr.*[ex+quæro] 1. 열심히 찾다, 찾아내다, 탐구하다, 모색하다. 2. 선택하다, 선발하다, 골라 뽑다. 3. 조사하다, 음미하다, 검토하다, 검사하다. 4. 〔*alqd* ex, ab *alqo*〕 물어보다; 요구하다, 기대하다.

exquisítim, *adv.* [exquisítus] 주의깊게, 마음써서, 더할 나위 없이.

exquisítĭo, ónis, *f.* [exquíro] 안출, 발견, 연구, 탐구, 모색. 「구자.

exquisítor, óris, *m.* [exquíro] 연구자, 탐

exquisítus, a, um, *p.p., a.p.* [exquíro] 1. 열심히 찾아낸, 선발[선택]된, 탐구하여 얻은. 2. 탁월한, 뛰어난, 더할 나위 없이 훌륭한, 맛좋은, 일미(一味)의. 3. 절묘한, 정교한, 섬세한, 우아한; 정성들인.

exradícĭtus[era-], *adv.* [eradíco] 근본적으로, 송두리째. 「치다, 제사지내다.

exsacrífico, ávi, átum, áre, *tr.* 희생물을 바

exsǽvĭo, íre, *intr.* [ex+sǽvio] 진정하다, 가라앉다, 광란이 멎다.

exsanguésco, ĕre, *intr. inch.* [exsánguis] 핏기가 가시다, 무력해지다, 기력이 없어지다.

exsángŭis, e, *adj.* [ex+sánguis] 1. 피 없는. 2. 기절한, 실신한. 3. 핏기 없는, 창백한. 4. 힘없는, 맥못추는.

exsánĭo, ávi, átum, áre, *tr.* [ex+sánies] 1. 고름을 닦아내다. 2. 깨끗해지게 하다.

exsárcĭo, sártum, íre, *tr.* [ex+sárcio] 1. 깁다, 때우다, 수선하다. 2. 보상하다, 배상하다. 「리다; 만족시키다.

exsátĭo, ávi, átum, áre, *tr.* [ex+sátio] 배불

exsaturábĭlis, e, *adj.* [exsáturo] 만족해질 수 있는. 「식; 대만족.

exsaturátĭo, ónis, *f.* [exsáturo] 배부름, 포

exsátŭro, ávi, átum, áre, *tr.* [ex+sáturo] 배부르게 하다; 한껏 만족시키다. 「기다.

exscálpo, psi, ptum, ĕre, *tr.* 조각하다, 새

exscen... *V.* escen... 「망.

exscídĭum, i, *n.* [exscíndo] 파괴, 괴멸, 멸

exscíndo, scĭdi, scíssum, ĕre, *tr.* 무너뜨리다, 괴멸시키다, 파괴하다; 섬멸하다, 전

멸시키다. 「수 있는.
exscreábĭlis, e, *adj.* [éxscreo] 가래를 뱉을
exscreaméntum, i, *n.* 가래, 침.
exscreátĭo, ónis, *f.* [éxscreo] 가래·침 따위를 뱉음, 거담(祛痰); 삭혈(喀血), 객혈(喀血). 「혈(喀血).
exscreátus, us, *m.* [éxscreo] 거담(祛痰); 각
éxscrĕo, ávi, átum, áre, *tr.* [ex+screo] 〔*alqd; absol.*〕 가래[침]뱉다, 소리내며 내뱉다; 각혈하다.
exscríbo, ípsi, íptum, ĕre, *tr.*[ex+scribo] 1. 베끼다, 옮겨쓰다, 복사하다, 모사(模寫)하다. 2. (누구를) 닮다. 3. 기록하다.
exscúlpo, psi, ptum, ĕre, *tr.* [ex+sculpo] 1. 조각하다, 새기다, 부각시키다, 파서 만들다. 2. 쫓아내다; 우벼내다, 도려내다. 3. 갉아[깎아] 지워버리다.
exsecátĭo, ónis, *f.* (= exséctio) 절제(切除), 잘라버림.
éxsĕco, sécŭi, séctum, áre, *tr.* [ex+seco] 1. 잘라내다, 베어내다, 절단하다; 절개(切開)하다. 2. 거세(去勢)하다.
exsecrábĭlis, e, *adj.* [éxsecror] 1. 가증스러운, 저주스러운. 2. 저주하는, 치명적인: exsecrábile carmen *(L.)* 주문.
exsecrabilĭtas, átis, *f.* [éxsecror] 저주, 악담; 가증스러움.
exsecraméntum, i, *n.* 저주, 악담.
exsecrátĭo, ónis, *f.* [éxsecror] 1. 저주, 악담; 저주섞인 맹세, 증오. 2. 《가》 독성(瀆聖), 신성모독; 성별(聖別) 상실.
exsecrátus, a, um, *p.p., a.p.* [éxsecror] 저주받은, 가증스러운; 성별효과(聖別效果)를 상실한.
éxsĕcro, áre = éxsecror.
éxsĕcror, átus sum, ári, *dep. tr., intr.* [ex+sacer[1]] 〔*alqm, alqd,* in *alqm*〕 (누구에게) 저주하다, 악담하다, 증오하다.
exséctĭo, ónis, *f.* [éxseco] 절단, 제거.
exséctor, óris, *m.* [éxseco] 잘라 버리는 자, 거세하는 자.
exsecútĭo, ónis, *f.* [éxsequor] 1. 실행, 실천, 수행(遂行), 완수, 집행, 시행. 2. 처분, 처리, 관리(管理); 가처분(假處分), 가집행. 3. 《修》 변론.
exsecutívus, a, um, *adj.* 실행[실시]상의, 집행의, 집행력[권] 있는.
exsecútor, óris, *m.* [éxsequor] 실행자, 실시자, 수행자(遂行者); (판결의) 집행인.
exsecutórĭus, a, um, *adj.* 실행[실시]의, 집행의. 「몰상식한, 우둔한.
exsénsus, a, um, *adj.* 감각없는; 무분별한,
éxsĕquens, éntis, *p.præs., a. p.* [éxsequor] 〔*gen.*〕 열심히 연구하는[찾는].
exséquĭæ, árum, *f.pl.* [éxsequor] 장례식, 장례행렬: missa exsequiárum 장례미사.
exsequiális, e, *adj.* [exséquiæ] 장례의, 장례식에 관한.
exséquĭor, átus sum, ári, *dep. tr.* [exséquiæ] 장례식을 거행하다.
éxsĕquor, *(ĕris, ĭtur),* secútus sum, sĕqui, *dep. tr.* [ex+sequor] 1. 끝까지 따라가다, 뒤따르다. 2. 장례식에 따라가다. 3. 지속하다, 유지하다, 끝까지 끌고가다. 4. 추구하다, 얻으려고 노력하다. 5. 〔*alqd*〕 응징하다, 처벌하다; 보복하다, 앙갚음하다, 복수하다. 6. 실행하다, 실시하다, 집행하다; 달성하다, 다하다, 완수하다. 7. 끝까지 설명하다, 진술하다, 보고하다. 8. (불행·재난 따위를) 견디어내다, 이겨내다.
exsércĭo, íre, *tr.* = exsárcio.
éxsĕro, sérŭi, sértum, ĕre, *tr.* [ex+sero[3]] 1. 내밀다, 뻗치다. 2. 보이다, 드러내다, 노출시키다. 3. 빼다, 뽑다; 꺼내다.
exsérte, *adv.* [exsértus] 힘차게, 우렁차게, 과감히, 결연히.
exsérto, ávi, átum, áre, *tr. intens.* [éxsero] 1. 힘껏 내밀다, 뻗치다; 뽑다. 2. (옷을 벗어) 드러내다, 노출시키다: ~ húmeros *(Stat.)* 두 어깨를 드러내다.
exsértus, a, um, *p.p., a.p.* [éxsero] 1. 빼낸: exsérti dentes apro *(Plin.)* 산돼지에게서 빼낸 이빨. 2. 벗은, 드러낸. 3. 과격한; 보복한.
exsíbĭlo, ávi, átum, áre, *tr.* [ex+síbilo] 1. 휘파람 불다, 휘파람소리내다. 2. (바람이) 씽 불며 날려보내다. 3. (무대의 배우를) 야유하여 들이쫓다.
exsiccátĭo, ónis, *f.* [exsícco] 건조시킴.
exsiccátus, a, um, *p.p., a.p.* [exsícco] 1. 바싹 마른; 쭉 마셔버린. 2. 무미건조한.
exsiccésco, ĕre, *intr. inch.* [exsícco] 마르다, 건조하다.
exsícco, ávi, átum, áre, *tr.* [ex+siccus] 1. 건조시키다, 바싹 말리다. 2. (잔을) 비우다, 쭉 마셔버리다.
exsígno, ávi, átum, áre, *tr.* [ex+signo] 적어 놓다, 기록하다, 표해놓다.
exsílĭo, lŭi[lĭi], súltum, íre, *intr.* [ex+sálio[1]] 1. 뛰어 나가다, 뛰어 오르다[내리다]; 뛰어 들다, 덤벼 들다: De sellā exsíluit.*(C.)* 그는 의자에서 벌떡 일어났다. 2. (감정이 솟구쳐서) 어쩔 줄을 모르다. 3. 솟아 오르다, 솟구치다; 튀어 나오다.
exsílĭor, ári, *dep. intr.* 귀양살이하다.
exsílĭum, i, *n.* [exsul] 1. 귀양, 유배, 유형, 정배(定配), 추방; 망명. 2. 유배지. 3. *pl.* 유형받은 사람들; 망명객.
exsínŭo, ávi, átum, áre, *tr.* [ex+sínuo] 드러내다, 벌리다, 펼치다, 터놓다, 열다, 발휘하다. 「생존.
ex(s)isténtĭa, æ, *f.* [exsísto] 존재, 실존;
ex(s)istentiális, e, *adj.* [exsísto] 실존적, 존재의; 생존에 관한. 「철학.
ex(s)istentialísmus, i, *m.* 실존주의, 실존

ex(s)ísto, stĭti, stĭtum, ĕre, *intr.* [ex+sisto, sto] **1.** [ex, ab *abl.; abl.; absol.*] 나오다, 튀어나오다; 솟아나다. **2.** [ex, de *abl.*] 나타나다, 일어나다, 발생하다, 생겨나다, 나다, 싹이 트다, 기원되다, 되다: Ex amícis inimíci exístunt. *(Cæs.)* 친구들이 원수로 변한다. **3.** [ut] …하게 되다, 결과에 이르다. **4. 있다, 존재하다; …이다.**

exsolésco, ĕre, *intr.* 버릇을 고치다, 습관을 버리다.

exsolútĭo, ónis, *f.* [exsólvo] **1.** 해방, 방면, 석방. **2.** 채무상환. **3.** 설명, 해명.

exsólvo, vi, solútum, ĕre, *tr.* [ex+solvo] **1.** 풀다, 벗다. **2.** 열다, 개봉하다, 절개(切開)하다. **3.** 녹이다, 용해하다. **4.** [*alqm alqā re*] 해방[석방]하다, 풀어주다, **벗어나게 하다,** 면하게 하다. **5.** (빚을) **갚다,** (값을) **치르다;** 죄의 값을 치르다, 벌을 받다. **6.** (은혜를) 보답하다, 감사하다, (경의를) 표시하다. **7.** 의무를[책임을] 다하다, 이행하다, 약속을 지키다.

exsómnis, e, *adj.* [ex+somnus] 깨어 있는, 자지 않는; 잠 못 이루는.

éxsŏno, nŭi, áre, *intr.* [ex+sono] 울려퍼지다, 소리내다.

exsórbĕo, bŭi, ére, *tr.* [ex+sórbeo] **1.** 다 빨아 먹다[내다], 뽑아 내다, 마셔 버리다. **2.** 먹어 치우다, 삼키다. **3.** 빼어 버리다, (근심 따위를) 덜어주다: ánimam ~ *(Pl.)* 죽여 버리다. **4.** 당하다, 겪다.

exsordésco, ĕre, *intr.* 몹시 더러워지다; 오명(汚名)을 지니다.

exsors, sórtis, *adj.* **1.** 추첨대상이 아닌, 예외의 특권이 있는; 특별히 선발된, 비범한. **2.** [*gen., dat.*] 제외된, 빼놓은, 참여하지 못한, 관여하지 않은.

exspárgo = exspérgo.

exspátĭor, átus sum, ári, *dep. intr.* **1.** 길에서 벗어져 나가다, 탈선하다, 멀리 돌아다니다. **2.** 넓어지다, 번져나가다, 뻗다; (강물 따위가) 넘치다.

exspectábĭlis, e, *adj.* [exspécto] 기대할 만한; 기다려지는.

exspectátĭo, ónis, *f.* [exspécto] [*gen.,* de *abl.; interr. indir.; absol.*] 기다림, 대망(待望), 기대, 예기, 예상: præter exspectatiónem *(C.)* 예기치 않게.

exspectátor, óris, *m.* [exspécto] 기대하는[희망하는] 사람; 지켜보는 사람.

exspectátrix, ícis, *f.* [exspectátor] 기다리는[기대하는] 여자.

exspectátum, i, *n.* 기대하는[바라는] 것; 예상: exspectáto matúrius 예상보다 일찍.

ex(s)pécto, ávi, átum, áre, *tr.* [ex+specto] **1.** [*alqm, alqd;* ut, *interr. indir.,* dum, donec, si *c. subj.; absol.*] **기다리다, 기대하다,** 미리 내다보다, **예기[예상]하다;** 지켜보다: ~, si quid dicas. *(Pl.)* 네가 무슨 말을 하는지 안하는지 지켜보다. **2.** [*alqd, alqm, inf.* - ab, ex *alqo*] **고대하다, 몹시 바라다. 3.** 염려하다, 걱정하다, 두려워하다: Gálliæ motum ~ *(Cæs.) Gállia*의 봉기를 염려하다. **4.** [*absol.;* diem] (시간을) 빈둥빈둥 보내다.

exspérgo, spérsi, spérsum, ĕre, *tr.* [ex+spargo] **1.** 흩뿌리다; 확산시키다, 분산시키다. **2.** (액체를 뿌려) 적시다.

exspes, *(nom. tt.) adj.* [*gen.*] 희망없는, 가망없는.

exspirátĭo, ónis, *f.* [exspíro] **1.** 숨을 내쉼, 호기(呼氣). **2.** 증발, 발산, 방산. **3.** 죽음, 숨 끊어짐, 절명. **4.** 기한만료(期限滿了), 소멸시효(消滅時效).

ex(s)píro, ávi, átum, áre, [ex+spiro] **I.** *tr.* **1.** 숨을 내쉬다, 입김불다. **2.** 방산[발산]하다, 증발시키다, 내뿜다, 배출(排出)하다. **II.** *intr.* **1.** 숨을 내쉬다, 분출하다, 새어[빠져] 나오다, 발산[방산]하다. **2.** 죽다, 숨지다, 절명하다; 망하다, 소멸(消滅)하다. **3.** 기한이 지나다, 시효가 지나다.

exsplendésco, dŭi, ĕre, *intr.* [ex+splendésco] 번쩍 빛나다, 광채나다; 번득이다; 혁혁하다.

exspoliátĭo, ónis, *f.* [exspólio] 약탈, 탈취.

exspoliátor, óris, *m.* [exspólio] 약탈자.

exspólĭo, ávi, átum, áre, *tr.* [*alqm alqā re; alqd*] 몽땅 털다, 약탈하다, 탈취하다; 벗겨내다, 박탈하다: ~ domos *(Sall.)* 여러 집을 털다.

exsprétus, a, um, *adj.* [ex+sperno] 멸시[조롱]당한.

exspuítĭo, ónis, *f.* [éxspuo] 침뱉음.

exspúmo, áre, *intr.* 거품이 흐르다; 고름 나오다.

éxspŭo, ŭi, útum, ĕre, *tr.* **1.** 침뱉다; **뱉어버리다,** 토하다. **2.** 힘차게 내던지다; 떼어 버리다, 몰아내다.

exstántĭa, æ, *f.* [exsto] 두드러짐, 돌출(부); 뛰어남.

éx(s)tăsis, is, *f.* [*acc.* -in; *abl.* -i] **1.** 망아(忘我), 황홀(경), 무아(無我)의 경지; 법열(法悅). **2.** 《가》 탈혼(脫魂)상태.

ex(s)tátĭcus, a, um, *adj.* 무아경(無我境)의, 황홀경의; 탈혼상태의.

exstérno, ávi, átum, áre, *tr.* [ex+sterno, *cf.* constérno[1]] 정신[얼] 빠지게 하다, 깜짝 놀라게 하다, 아연실색케 하다.

exstillésco, ĕre, *intr. inch.* [exstíllo] 조금씩 흐르다, 방울져 떨어지다.

exstíllo, ávi, átum, áre, *intr.* [ex+stillo] 방울져[똑똑] 떨어지다, 찔끔찔끔[주룩주룩] 흐르다.

exstimulátor, óris, *m.* [exstímulo] 선동자, 충동자, 주모자.

exstímŭlo, ávi, átum, áre, *tr.* [ex+stímulo] 자극하다, 콕콕 찌르다; 쑤석거리다, 충동하다, 선동하다.

ex(s)tínctĭo, ónis, *f.* [exstínguo] **1.** 불끔, 진화(鎭火), 소등(消燈). **2.** 소멸(消滅), 전멸, 절멸; 사멸, 멸종.

exstinctívus, a, um, *adj.* [exstínguo] 소멸성의, 소멸적인.

ex(s)tínctor, óris, *m.* [exstínguo] **1.** 불 끄는 사람; 소방수. **2.** 말살자, 근절자; 전복자. 「망.

exstínctus, us, *m.* 불 꺼짐, 진화, 소멸; 사

exstinguíbĭlis, e, *adj.* [exstínguo] 꺼버릴 수 있는; 근절할 수 있는, 소멸할 수 있는.

ex(s)tínguo, stínxi, stínctum, ĕre, *tr.* **1.** (불·빛을) **끄다,** 진화(鎭火)하다. **2.** 죽여 버리다, 말살하다. **3.** 지워 버리다, 사라지게 하다, 없애 버리다, 근절시키다, 소멸시키다, 폐지[폐기]하다; 진압하다, 단절하다, 기운을 빼 버리다.

exstirpátĭo, ónis, *f.* [exstírpo] 뿌리 뽑음, 근절, 박멸, 절멸.

exstirpátor, óris, *m.* [exstírpo] 근절자.

exstirpátrix, ícis, *f.* [exstirpátor] 근절시키는 여자.

exstírpo, ávi, átum, áre, *tr.* [ex+stirps] **1.** 〔*alqd* - de, ex *abl.*〕 뿌리째 뽑아 버리다; 근절시키다. **2.** 농토에서(= *acc.*) 잡초 따위를(= *abl.*) 뽑아 버리다, 제초[벌목]하다. **3.** 제거하다.

exsto, (stĭti, státum), áre, *intr.* [ex+sto] **1.** 〔ex, de *abl.*; *absol.*〕 밖에 드러나 있다, 솟아 있다, 돌출하다: Cápite solo ex aquā exstábant.*(Cæs.)* 그들은 머리만 물 위에 내놓고 있었다. **2.** 눈에 띄다, 드러나 보이다, 두드러지다; 우세하다. **3.** 〔*impers.*〕 **exstat,** 〔*acc.c.inf.*, *interr. indir.*〕 …것이 분명히 드러난다, 명백하다. **4.** (아직도) **남아 있다,** 살아[생존해] 있다; **존재하다,** 있다: Nemo exstat, qui ibi sex menses víxerit.*(Pl.)* 거기서 여섯달을 산 사람은 아무도 없다 / Exstant lítteræ *alcjs.* *(C.)* 누구의 편지가 지금도 남아 있다.

exstrúctĭo, ónis, *f.* [éxstruo] 건립(建立), 건설, 건축, 가설(架設).

exstrúctor, óris, *m.* [éxstruo] 건축자.

éxstrŭo, úxi, úctum, ĕre, *tr.* [ex+struo] **1.** 쌓다, 쌓아 올리다; 축적하다. **2.** 짓다, 건축하다, 건립하다, 건설[가설]하다, 구축(構築)하다. **3.** 구성하다. **4.** 확대하다, 과장하다.

exsúco[-súcco], ávi, átum, áre, *tr.* 즙을 짜내다, 진을 뽑다, 물기없게 하다.

exsúctus, a, um, *p.p.* [exsúgo].

exsúcus[-súccus], a, um, *adj.* 물기 없는, 말라빠진, 메마른; 쇠약해진. 「(發汗).

exsudátĭo, ónis, *f.* [exsúdo] 땀흘림, 발한

exsúdo, ávi, átum, áre, *intr.*, *tr.* [ex+sudo] **1.** 땀 흘리다, 땀으로 나오다; 스며나오다; 발산하다. **2.** 〔*alqd*〕 스며나오게 하다. **3.** 〔*alqd*〕 땀 흘려 해내다[이루다], 수고들여 …하다: ~ causas *(H.)* 땀흘려 변호하다.

exsufflátĭo, ónis, *f.* [exsúfflo] 불어서 털어버림. 「불다, 불어서 털다.

exsúfflo, ávi, átum, áre, *tr.* [ex+sufflo] 훅

exsúgo, súxi, súctum, ĕre, *tr.* [ex+sugo] 빨아 내다, 흡수하다; 다 빨다.

exsul, sŭlis, *adj.* [ex+solum] **1.** 〔*absol.*; *gen.*, *abl.*〕 쫓겨난, 유배당한, 귀양살이하는; 박탈당한, 가지지 못한. **2.** 〔*subst.*〕 *m.f.* 유배자, 추방된 자.

exsuláris, e, *adj.* [exsul] 유배의, 추방의.

exsulátĭo, ónis, *f.* [éxsulo] 유형(流刑), 유배, 추방; 망명. 「배, 추방.

exsulátus, us, *m.* [éxsulo] 유형(流刑), 유

éxsŭlo[éxŭlo], ávi, átum, áre, [exsul] **1.** *intr.* 유배(流配)당하다, 귀양가다, 귀양살이하다, 추방되다; 망명하다. **2.** *tr.* 〔*alqm* - ex *abl.*〕 유배하다, 귀양보내다, 추방하다.

exsultabúndus, a, um, *adj.* [exsúlto] 기뻐 날뛰는, 기뻐 어쩔 줄을 모르는, 미칠듯이 기뻐하는.

exsúltans, ántis, *p.præs.*, *a.p.* [exsúlto] **1.** 기뻐 날뛰는, 용약하는. **2.** 제멋대로 날뛰는, 방자한.

exsultántĭa, æ, *f.* [exsúlto] **1.** 깡충깡충 뜀. **2.** 뽐냄, 우쭐거림. **3.** 맹렬함, 맹위(猛威).

exsultátĭo, ónis, *f.* [exsúlto] **1.** 깡충깡충 뜀, 날뜀. **2.** 기뻐 날뜀, 용약(踊躍), 환희, 미칠듯이 기뻐함. **3.** 의기양양, 뽐냄.

exsúltim, *adv.* 날뛰면서, 용약하면서.

exsúlto, ávi, átum, áre, *intr.* [ex+salto] **1.** **뛰어오르다,** 도약하다; 뛰놀다, **날뛰다;** 솟아오르다, 튀어오르다. **2.** **굽이치다,** 울렁거리다. **3.** 춤추다; **용약(踊躍)하다, 기뻐 날뛰다,** 환성 올리다. **4.** 제멋대로 놀다. **5.** 우쭐대다, 뽐내다, 뻐기다.

exsúltus, a, um, *p.p.* [exsílio].

exsuperábĭlis, e, *adj.* [exsúpero] 극복할 만한, 이길 수 있는. 「위, 탁월, 뛰어남.

exsuperántĭa, æ, *f.* [exsúpero] 우월, 우

exsuperátĭo, ónis, *f.* [exsúpero] 《修》 과장법.

exsúpĕro, ávi, átum, áre, [ex+súpero] **1.** *intr.* 솟아오르다; 뛰어나다, 두드러지다, 탁월하다, 월등하다, 우위에 있다. **2.** *tr.* 올라가다; 능가하다, 초월하다; 정복하다, 극복하다.

exsúrdo, ávi, átum, áre, *tr.* [ex+surdus] 귀머거리로 만들다; 둔하게 하다.

exsúrgo, surréxi, surréctum, ĕre, *intr.* [ex+surgo] **1.** 일어서다, 일어나다; 일어서 나가다. **2.** 솟아오르다, 치솟다; 들고 일어나나. **3.** 기운차리다, 회복되다, **되살아나다,** 소생하다, 부흥하다. 「활, 부흥.

exsurréctĭo, ónis, *f.* [exsúrgo] 일어남; 부

exsuscitátĭo, ónis, *f.* [exsúscito] 주의를 환기시킴, 격려, 고무.

exsúscĭto, ávi, átum, áre, *tr.* [ex+súscito] **1.** 〔*alqm*〕 잠깨우다. **2.** (불을) 일으키다·붙이다. **3.** 일깨우다, 환기(喚起)시키다, (기억을) 되살리다; 분발시키다, 자극하다.

ext... (이하에 없는 단어는) *V.* exst...

exta, órum, *n.pl.* (주로 동물의) 내장, 특히 염통, 허파, 간, 지라 (흔히 제사와 점치는 데 쓰였음).

extabésco, bŭi, ĕre, *intr.* [ex+tabésco] 시들다, 마르다, 쇠약해지다; 사라져 가다.

extális, is, *m.* [exta] 《解》 직장(直腸).

extáris, e, *adj.* [exta] (동물의) 내장에 관한, 내장요리할 때 쓰는 (기구).

extémplo, *adv.* [ex+tempus] 즉시, 즉석에서, 그 자리에서, 당장.

extemporális, e, *adj.* [ex+témpore] 준비없이 하는, 즉석의, 즉흥적인; 돌연한, 예고없이 하는, 불시의, 예기치 않은; 〔*adv.*〕 **-lĭter,** 아무런 준비없이; 즉석에서, 즉흥적으로.

extemporálĭtas, átis, *f.* [extemporális] 즉석 연설, 즉석 작시; 준비없이 즉석에서[즉흥적으로] 함.

exténdo, téndi, ténsum[téntum], ĕre, *tr.* [ex+tendo] **1.** 펴다, 펼치다, 벌리다, 뻗다, 늘리다, 연장하다, 팽팽하게 잡아당기다; 넓히다, 확장[확충]하다. **2.** 《軍》 산개(散開)하다. **3.** 퍼뜨리다, 전파하다. **4.** 계속시키다, (시간적으로) 끌다, 천연시키다. **3.** 줄이다, 감소시키다, 축소시키다; 완화하다. **4.** 《軍》 산개(散開)하다.

exténsĭo, ónis, *f.* [exténdo] **1.** 펼침, 벌림, 뻗음; 늘임, 연장(延長), 신장(伸張); 확장, 확충. **2.** 전파(傳播), 퍼져나감. **3.** 《論》 외연(外延).

extensívus, a, um, *adj.* **1.** 넓은, 넓이가 있는, 넓혀진, 늘어난, 다른 데까지 미치는, 광범위에 걸친, 광대한; 연장되는. **2.** 《論》 외연적(外延的).

exténsor, óris, *m.* [exténdo] **1.** 보고 작성자. **2.** 고문(拷問)하는 자. **3.** 《解》 신근(伸筋).

exténsus[-téntus][1], a, um, *p.p., a.p.* [exténdo] 넓혀진, 확장된, 벌린; 잡아늘인, 길게 뻗은.

exténsus[-téntus][2], us, *m.* [exténdo] 펼쳐짐, 뻗음, 연장; 광대(廣大)함.

exténto[1], ávi, átum, áre, *tr.* [ex+tento] 시도하다, 해보다, 시험하다.

exténto[2], áre, *tr. intens.* [exténdo] 힘껏 늘리다, 팽팽하게 하다; 내뻗다, 쭉 펴다.

extenuátĭo, ónis, *f.* [exténuo] 줄임, 가늘어지게 함, 축소, 감소, 완화, 경감.

extenuatórĭus, a, um, *adj.* [exténuo] (쇠)약해지게 하는.

exténŭo, ávi, átum, áre, *tr.* [ex+ténuo] **1.** 가늘어[얇아]지게 하다, 날씬[홀쭉]하게 하다, 쪼그라들게 하다; 깎다. **2.** 지치게 하다, 쇠약해지게 하다, 약화시키다. **3.** 줄이다, 감소시키다, 축소시키다; 완화하다. **4.** 《軍》 산개(散開)하다.

exter = éxterus.

extérĕbro, átum, áre, *tr.* [ex+térebro] **1.** 우벼내다, 파내다, 도려내다. **2.** 우려내다, 강요하다. **3.** 꼬치꼬치 캐묻다.

extérgĕo, térsi, térsum, ére, *tr.* **1.** 닦(아내)다, 훔치다, 깨끗이 씻다, 청소하다. **2.** 털어가다, 훔쳐가다, 약탈하다.

extérĭor, ĭus, *adj. comp.* 〔*gen.* -óris〕 [exter] 밖의, 바깥쪽의, 외부의, 외면의; 〔*adv.*〕 **extérĭus,** 밖에(서), 외부적으로.

exterminátĭo, ónis, *f.* [extérmino] 퇴치, 박멸, 근절, 절멸; 구축(驅逐), 축출, 추방; 파괴.

exterminátor, óris, *m.* [extérmino] 근절[박멸]하는 사람; 축출[추방]하는 자; 파괴자.

extermínĭum, i, *n.* [extérmino] 파괴; 축출.

extérmĭno, ávi, átum, áre, *tr.* [ex+términus] 〔*alqm[alqd]* - ex, de *abl.*〕 쫓아 내다, 몰아 내다, 추방하다, 유배(流配)하다; 치워버리다, 제거하다; 말살하다, 멸망시키다.

extérmĭnus, a, um, *adj.* 멀리 떨어진; 쫓겨난.

extérnus, a, um, *adj.* [exter] **1.** 밖의, 외부의, 외적(外的), 외면적; 밖에서 오는; 표면의. **2.** 외국의, 타국의; 외래의, 다른 고장의, 남의. **3.** *m.(pl.)* 외국인, 타국인; 외래인, 남. **4.** *n.(pl.)* 외부적인 것; 외래의 사물; 외계의 사물.

éxtĕro, trívi, trítum, ĕre, *tr.* [ex+tero] **1.** (곡식 따위를) 떨다, 털다, 짓밟아 떨다, 떨어내다, 비벼서 빼내다, 문질러 닦아내다. **2.** 닳게 하다, 마멸시키다; 분쇄하다.

extérrĕo, ŭi, ĭtum, ére, *tr.* [ex+térreo] 몹시[깜짝] 놀라게 하다; 공포심을 일으켜 … 못하게 하다.

extérsus, us, *m.* [extérgeo] 닦아 냄.

éxtĕrus, a, um, *adj.* 〔*comp.* -rĭor, ĭus; *superl.* -trémus[-tĭmus], a, um〕 **1.** 밖의, 외부의, 외적(外的)인. **2.** 외국의, 외국인의.

extéxo, xŭi, xtum, ĕre, *tr.* [ex+texo] **1.** (편직물·엮은 것을) 풀다, 끄르다. **2.** 빼앗다, 뒤엎어 놓다.

extimésco, mŭi, scĕre, [ex+timésco] **1.** *intr.* 몹시 무서워하다; 〔ne〕 …할까 겁내다, 두려워하다. **2.** *tr.* 〔*alqm, alqd*〕 두려워하다, 겁내다.

éxtĭmus, a, um, *adj. superl.* [exter] 제일 바깥의, 가장 멀리있는, 맨 끝에 있는.

extíspex, pĭcis, *m.* [exta+spécio] (희생동물의) 내장검시자(內臟檢視者), 장복(臟卜) 점장이.

extispícĭum, i, *n.* [extíspex] (희생동물의) 내장검사, 내장점(內臟占), 장복(臟卜).

extíspĭcus, i, *m.* = extíspex.

extolléntĭa, æ, *f.* [extóllo] (눈을) 치뜸, 우쭐함.

extóllo, éxtŭli, (elátum), ĕre, *tr.* [ex+tollo] 1. **들어 올리다**[높이다], **쳐들다**; 높이 세우다. 2. 〔*alqm, alqd*〕 찬양하다, 칭찬하다, 예찬하다; 치켜 올리다, 우쭐하게 하다; 높이다, 과장하다: ~ se *(Q.)* 우쭐하다, 교만해 지다 / *alqd* verbis in majus ~ *(L.)* 무엇을 과장해서 말하다. 3. 일으켜 세우다, 격려하다: ~ ánimos *(L.)* 용기를 북돋아주다. 4. 미루다, 연기하다.

extorpésco, pŭi, ĕre, *intr.* 마비되다, 저리다.

extórquĕo, tórsi, tórtum, ére, *tr.* [ex+tórqueo] 1. **비틀다**, 비틀어 빼다[떼다·돌리다], **뒤틀다**. 2. 〔*alqd, alqm*〕 삐다, 삐게 하다. 3. **주리 틀다**, 고문하여 실토하게 하다[자백시키다]. 4. 〔*alqd* - ab *alqo, alci*; ex, de *abl.*〕 **뺏어내다**, (금품 따위를) 우려내다, 강요하다, 탈취하다, 강제로 얻어내다.

extórris, e, *adj.* [ex+terra] 〔*absol.*; *abl.*〕 1. 추방된, 유배당한, 귀양간. 2. 고향 떠난, 망명한.

extórsĭo, ónis, *f.* [extórqueo] 강요, 강탈, 수탈.

extórtor, óris, *m.* [extórqueo] 강탈자, 수탈자.

extra, [exter] I. *adv.* 1. 밖에, 밖으로; 외부에. 2. ~ quam …를 제외하고, 빼놓고 / ~ quam si …한 경우를 제외하고 / ~ quam qui *(L.)* …사람을 제외하고.
II. *præp. c. acc.* 1. 밖에, 넘어, 지나서: ~ muros *(En.)* 성밖에(서) / ~ fines *(C.)* 한계선을 넘어서. 2. 이외에, 없이, …가 아니고, 빼고, 제외하고: ~ jocum *(C.)* 농담이 아니고. 「제외된, 배제된.

extraclúsus, a, um, *p.p.* [*inusit.* extraclúdo]

extráctĭo, ónis, *f.* [éxtraho] 뽑아 냄, 발췌, 채취; 《化》 추출(抽出), 엑스로 만듦.

extractórĭus, a, um, *adj.* [éxtraho] 빼는, 뽑는.

extráctum, i, *n.* 1. 발췌, 초록(抄錄); 초본(抄本). 2. 《化》 추출물(抽出物), 엑스.

extradiœcesánus, a, um, *adj.* 《가》 타교구(他敎區)에서 온.

éxtrăho, tráxi, tráctum, ĕre, *tr.* [ex+traho] 1. 〔*alqd*[*alqm*] - ex, de *abl.*; *abl.*; *alci*〕 **뽑아내다**, 빼내다, 꺼내다, **끌어내다**; 데려내오다; 뽑아버리다, 떼내다. 2. 드러나게 하다; 공개되게 하다. 3. **구출**하다, 건져내다. 4. **질질 끌다**, **천연**(遷延)**하다**, 연장하다, 연기하다: extráctum bellum in tértium annum *(L.)* 3년째 끌어온 전쟁. 5. (시간을) 지내다, 소비하다, 낭비하다: diem de die ~ *(Sen.)* 그날그날을 지내다.

extrajudiciális, e, *adj.* 법정 밖의, 재판외(裁判外)의.

extramundánus, a, um, *adj.* 지구 밖의; 현세 밖의, 이 세상이 아닌.

extramuránus, a, um, *adj.* [extra+murus] 성밖의, 성밖에 있는, 교외의, 시외(市外)의. 「적(外自然的).

extranaturális, e, *adj.* 자연 밖의, 외자연

extránĕo, ávi, áre, *tr.* [extráneus] 외부 사람으로 다루다; 상속에서 제외하다.

extránĕus, a, um, *adj.* [extra] 1. 밖의, 외부의, 외적(外的)인. 2. 외래의; 외국의, 외국인의; *m.* 외국인, 이방인. 3. 남남의, 상관[관계]없는, 권리없는.

extraordinárĭus, a, um, *adj.* 1. **보통이 아닌**, 비상한, 비범한; 희유(稀有)의; 이상한, 부자연스러운. 2. 엄청난, 터무니없는. 3. 비정규적인, **임시의**, **특별의**. 4. 특별히 선발된[임명된], 특파(特派)의.

extrárĭus, a, um, *adj.* [extra] 1. 외부의, 밖의. 2. 집안식구가 아닌, 남의, 상관없는; 외국(인)의, 이민족(異民族)의.

extraterritoriális, e, *adj.* 치외법권의.

extravagántes, ĭum, *f.pl.* 《가》 (12·13세기의) 교회법 부록서.

extravagántĭa, æ, *f.* 1. 방일(放逸), 무절제. 2. 《가》 옛 교회법의 부록서.

extrémĭtas, átis, *f.* [extrémus] 1. 끝, 첨단; 가, 가장자리; 말단, 최후. 2. 극(한), 극단, 극도; 궁지. 3. 경계(境界), 변경(邊境), 주변. 4. 《解》 단(端), 지(肢): ~ sternális 흉골단(胸骨端) / ~ inférior 하지(下肢).

extrémum, i, *n.* [extrémus] 끝, 종말, 마지막, 최후(부분); 극단, 극도; 위기: ad ~ 최후로, 마지막으로 / extrémo 결국, 끝내; 끝으로, 마지막으로.

extrémus, a, um, *adj.* *superl.* [exter] 1. (중심·중요부에서) **가장 먼**, **제일 외부의**, 맨(앞·뒤)끝의, 말단의: extréma Indĭa 인도의 오지(奧地). 2. **최후의**, 최종의, **마지막의**: extréma únctio (마지막 기름 바름) 종부(終傅) 성사 (지금은 sacraméntum infirmórum〈병자 성사〉라 함) / extrémo anno 연말에 / ~ liber *(C.)* 책의 마지막 부분; 마지막 책. 3. **극단의**, **극도의**, 과격한; 가장 중대한, 가장 위급한, 절망적인; 최고의, 최대의; 최악의; 최하의, 최저의, 보잘것없는: necéssitas extréma 초긴급 필요, 극도의 위급상태 / in extrémā spe salútis *(Cæs.)* 구원의 희망이 없는 상태에서 / extrémi latrónes *(Apul.)* 극악무도한 강도들.

extríco, ávi, átum, áre, *tr.* [ex+tricæ] 1. 풀어내다, 끄르다; 빠져나오게 하다, 헤어나게 하다, 구출하다. 2. 힘들여 얻다, 장만하다, 마련하다; 겨우 완성하다, 해결하다, 밝혀내다. 3. (장애물 따위를) 치우다, 떨쳐버리다; (물건을) 깨끗이 하다; (밭을) 일구어 가꾸다. 「지 않는.

extrílĭdus, a, um, *adj.* 불굴의, 무서워하

extrínsĕcus[1], *adv.* [exter+secus] **1.** 외부로부터. **2.** 외부에(서), 외면적으로, 외적(外的)으로; 겉은, 표면은.
extrínsĕcus[2], a, um, *adj.* 외부의, 외부로부터의; 외적(外的), 비본질적인.
extrítus, a, um, *p.p.* [éxtero].
extro, áre, *tr.* 나가다, 나가버리다. 「으로.
extrórsus[-sum], *adv.* [extra+versus] 밖
extrúdo, trúsi, sum, ĕre, *tr.* **1.** 〔*alqm* - ex, ab *abl.;* in *acc.*〕 밀쳐 내쫓다, 쫓아버리다; 격퇴하다. **2.** 〔*alqd*〕 밀어내다, 내밀다. **3.** 억지로 떠맡기다, 강매(强賣)하다.
extuberátĭo, ónis, *f.* [extúbero] 종기, 뾰루지; 부어오른 데, 종양(腫瘍), 멍울, 응어리.
extúbĕro, ávi, átum, áre, [ex+tuber] **1.** *intr.* 부어오르다; 혹이 생기다. **2.** *tr.* 부어오르게 하다; 불룩 나오게 하다, 불거
éxtŭli, *pf.* [éffero[2], extóllo]. ㄴ지게 하다.
extúmĕo, ére, [-mésco, ĕre,] *intr.* 붓다, 팽창하다; 부풀어 오르다. 「나온, 불거진.
extúmĭdus, a, um, *adj.* 부어오른; 불룩
éxtŭmus = éxtimus.
extunc [ex tunc], *adv.* 그때부터.
extúndo, tŭdi, túsum, ĕre, *tr.* [ex+tundo] **1.** 두드려서 만들어 내다. **2.** 때려 내쫓다; 몰아내다. **3.** 〔*alqd;* ut〕 힘들여 얻다, 억지로 얻어내다, 성취하다. **4.** 생각해 내다, 머리를 짜내어 궁리하다, 발명하다; 힘들여 만들어 내다.
extúrbo, ávi, átum, áre, *tr.* [ex+turbo] **1.** 〔*alqm* - ex *abl., abl.*〕 강제로 나가게 하다, 내쫓다, 추방하다; 박탈하다. **2.** 〔*alqd* - *alci;* ex *abl.*〕 뽑아내다; 사라지게 하다. **3.** 혼란시키다, 정신 못차리게 하다, 당황케 하다, (평온 따위를) 깨뜨리다.
extússĭo, tussítum, íre, *tr.* [ex+tússio] 가래침 뱉다, 기침하여 뱉어내다.
exu... (이하에 없는 단어는) *V.* exsu...
exuberántĭa, æ, *f.* [exúbero] 풍부, 충일; 과다(過多), 과잉.
exuberátĭo, ónis, *f.* [exúbero] 과다, 과잉; 풍부, 충일, 넘쳐 흐름.
exúbĕro, ávi, átum, áre, [ex+úbero] **1.** *intr.* 〔*alqā re*〕 넘치다, 넘쳐 흐르다, 충만하다, 풍부하다; 우거지다; 거침없이 흘러나오다. **2.** *tr.* 풍부해 지게 하다, 우거지게 하다.
exulcerátĭo, ónis, *f.* [exúlcero] **1.** 종기, 화농(化濃), 궤양. **2.** 덧들임, 쓰라리게 함.
exúlcĕro, ávi, átum, áre, *tr.* [ex+ulcus] **1.** 헌데가 생기게 하다, 헐게 하다. **2.** 덧들이다, 성나게 하다, 악화시키다, 더욱 심해지게 하다.
exŭlŭlátus, a, um, *p.p.* [exúlulo] **1.** *dep.* 부르짖는, 울부짖는. **2.** *pass.* 부르짖는 소리로 불리운[부름받은].
exúlŭlo, ávi, átum, áre, *intr.* [ex+úlulo] 부르짖다, 울부짖다, 아우성치다.
exundántĭa, æ, *f.* [exúndo] 넘쳐흐름, 창일(漲溢), 범람. 「람, 창일, 홍수.
exundátĭo, ónis, *f.* [exúndo] 넘쳐흐름, 범
exúndo, ávi, átum, áre, *intr.* [ex+undo] **1.** 넘쳐 흐르다, 범람하다. **2.** 넘쳐 나오다, 번져 나가다, 흘러 퍼지다. **3.** 북받치다, 치밀어 오르다.
exúngo, únctum, ĕre, *tr.* [ex+ungo] **1.** (향유 따위를) 많이 바르다, 칠하다. **2.** 화장품에 (돈을) 낭비하다.
exúnguis, e, *adj.* 발톱없는.
exúngŭlo, áre, *intr.* 발굽 빠지다.
éxŭo, ŭi, útum, ĕre, *tr.* **1.** 〔*alqd* - *dat., abl.*〕 벗다, 벗어놓다: Serpens éxuit in spinis vestem. *(Lucr.)* 뱀은 가시덤불 속에서 허물을 벗는다 / ~ jugum *(L.)* 멍에를 벗다 / ~ mánticam húmero *(Apul.)* 어깨에서 바랑을 벗어[내려] 놓다. **2.** 〔*alqd* (ab, ex) *abl.*〕 뽑다, 빼내다: ~ vagínā ensem *(Stat.)* 칼집에서 칼을 뽑다. **3.** 〔*alqm* - *alqā re,* ex *abl.; pass.: acc. Gr.*〕 벗기다, 벗겨내다; 빼내다, 벗어나게 하다, 탈피시키다, 빠져나오게 하다: veste *alqm* ~ *(Suet.)* 아무의 옷을 벗기다 / ~ se vestiméntis 옷을 벗다 / ~ se jugo *(L.)* 멍에를 벗다 / ~ se ex láqueis *(C.)* 올가미에서 빠져나오다 / ~ se ómnibus vítiis *(Sen.)* 온갖 악습에서 헤어나다 / vittis exúta comam *(Stat.)* 댕기를 풀어놓은 여자. **4.** 〔*alqm* - *alqā re*〕 뺏다, 탈취하다, 박탈하다: ~ hostem armis *(V.)* 적군에게서 무기를 뺏다. **5.** 〔*alqd; pass.: acc. Gr.; acc.c.inf.*〕 벗어 던지다, 내던지다, 내버리다; 집어[걷어] 치우다, 일소(一掃)하다, 떼어 버리다, 몰아내다; (격정 따위를) 잊다; 포기하다: humanitátem omnem ~ *(C.)* 모든 인간미를 벗어 던지다 / ~ ánimam *(Ov.)* 죽다 / ~ metum *(Ov.)* 공포를 몰아내다 / ~ obséquium in matrem *(Ta.)* 어머니에게 불순종하다 / exúta pudórem *(Sil.)* 정숙함을 잃어버린 여자 / Mihi ex ánimo éxui non potest, esse deos. *(C.)* 신들이 있다는 생각[확신]을 나는 버릴 수 없다.
exuper... *V.* exsuper... 「다.
exúrgĕo, ére, *tr.* [ex+úrgeo] 눌러서 짜내
exúro, ússi, ústum, ĕre, *tr.* [ex+uro] **1.** 태우다, 태워버리다, 불사르다, 불지르다. **2.** 그을리다. **3.** 말려버리다, 고갈되게 하다: exústus ager *(V.)* 말라붙은 밭. **4.** 소멸하게 하다, 없어지게 하다; 부식(腐蝕)하다. **5.** (감정 따위를) 불지르다, (감정에) 불타게 하다; 고통스럽게 하다, 괴로움당하게 하다: Sitis exúrit fatigátos. *(Curt.)* 지친 사람들이 갈증에 목이 타고 있다.

exústĭo, ónis, *f.* [exúro] 소각, 불태움; 연소, 화재.
exútus, a, um, *p.p.* [éxuo] 벗은; 빼긴.
exúvĭæ, árum, *f.pl.* [-**vĭum,** i, *n.*] [éxuo] **1.** (몸에 지녔던 물건 특히) 옷, 장신구; 유물. **2.** (동물에게서 벗겨낸) 가죽, 껍질: tígridis ~ *(V.)* 호랑이 가죽 / pósitis exúviis*(V.)* (뱀이) 허물을 벗고. **3.** ~ vérticis*(Catull.)*, ~ cápitis*(Sen.)* 머리털. **4.** (살아있는 적에게서 빼은) 전리품, 노획물.

F

F, f, *f.,n. indecl.* **1.** 라틴어 자모의 여섯번째 글자: 〈에프흐〉[ef]. **2.** 《略》 **F.** = fílius (아들), fecit (만들었다). 「온).
Fab. = Fábiā (tribu), *Fábius* 씨족에서 (나
faba, æ, *f.* 《植》 콩; 잠두(蠶豆).
fabácĕus[-cĭus], a, um, *adj.* [faba] **1.** 콩의, 콩으로 만든; 〔*subst.*〕 *f.* 콩죽; *f.pl.* 콩꼬투리. **2.** 《植》 콩과의.
fabágĭnus, a, um, [**fabális,** e,] *adj.* [faba] 콩의, 잠두의. 「*ni*족의 땅에 있는 강.
Fábăris, is, *m. Tíberis*강의 지류로서 *Sabí-*
fabárĭus, a, um, *adj.* [faba] 콩의, 잠두의: fabáriæ kaléndæ (햇콩을 제사에 쓰는) 6월 초하루; 〔*subst.*〕 *m.(pl.)* (목소리 좋아지도록) 콩먹던 가수; *f.* 여자 콩장수.
fabatárĭum, i, *n.* [fabátus] 접시의 일종.
fabátus, a, um, *adj.* [faba] 콩으로 만든; *n.* 콩알.
fabélla[1], æ, *f. dim.* [fábula[2]] **1.** 짤막한 실화(實話). **2.** 동화, 우화. **3.** 희곡.
fabélla[2], æ, *f. dim.* [faba] 작은 콩.
făber[1], bra, brum, *adj.* 솜씨있는, 손재간 있는, 숙련된; 〔*adv.*〕 **-bre,** 정교하게, 솜씨있게, 교묘하게.
făber[2], bri, *m.* 〔*gen. pl.* 흔히 -um〕 (딱딱한 재료를 가지고 일하는) 기사(技士), 기능공, 세공인, **장인**(匠人); **목수,** 석수, 대장장이: præféctus fabrum 기능공 십장, 목수감독 / 《哲》 homo ~ 공작인(工作人).
Fabérĭus, i, *m. Cícero*의 채무자(債務者); 〔*adj.*〕 **-riánus,** a, um.
Fábĭus, i, *m. Roma*인의 씨족명, 이 씨족은 *Veji*족과의 전쟁에서 거의 전멸하였음; 특히 **1.** ~ Pictor, *Roma*의 고대 역사가 (*sæc.* 3 A.C.). **2.** Q. ~ Máximus Cunctátor, 제2 *Pœni* 전쟁 때의 유명한 독재집정관. **3.** 〔*adj.*〕 **-biánus,** a, um; **-bĭus,** a, um.
Fabratérĭa, æ, *f. Látium*의 *Trerus* 강가에 있던 *Volsci*족의 도시; 〔*adj.*〕 **-térnus,** a, um; *m. pl.* 그곳 주민.
fabrefácĭo, féci, fáctum, cĕre, *tr.* [faber[1] + fácio] (선박을) 정교하게 건조하다, (수공예품 따위를) 교묘하게[예술적으로] 만들다.
fábrĭca, æ, *f.* [faber[2]] **1.** (목재·금속 가공의) 공장, 제작소, 작업장. **2.** 정교한 기술[기능], 수공 기술; 건축술. **3.** 간계, 계교. **4.** 구조물, 건축물. **5.** 《敎法》 ~ ecclésiæ 교회 건축위원회.
fabricátĭo, ónis, *f.* [fábricor] **1.** 제조, 제작, 건축, 창작, 구성; 조립. **2.** 기교.
fabricátor, óris, *m.* [fábricor] **1.** 제조인, 제작자, 작성인; 창조자, 창작자, 고안자. **2.** 만들어 내는 사람, 장본인.
fabricatórĭus, a, um, *adj.* [fábricor] 만들어내는, 창조하는. 「는[제작하는] 여자.
fabricátrix, ícis, *f.* [fabricátor] 만들어 내
fabricénsis, is, *m.* [fábrica] 무기 제조인.
Fabrícĭus, i, *m.*[faber[2]] *Roma*인의 씨족명; 특히 C. ~ Lúscinus, *Pyrrhus*왕과 싸운 *Roma*의 유명한 집정관(282 & 278 A.C.); 〔*adj.*〕 **-ciánus[-cĭus],** a, um.
fábrĭco, ávi, átum, áre, *tr.* = fábricor.
fábrĭcor, átus sum, ári, *dep. tr.* [fábrica] **1.** 정교하게 만들다, 제작[제조]하다, 창작[창조]하다; 짓다, 건축[축조·건조]하다; 엮다; 형성하다. **2.** 생각해[만들어] 내다, 계교[간계]를 꾸미다. **3.** 마련하다, 준비하다. 「[작업장].
fabrícŭla, æ, *f. dim.* [fábrica] 작은 공장
fabrificátĭo, ónis, *f.* [faber[2] + fácio] 제작; 창조; 창조물.
fabrílĭa, ĭum, *n. pl.* [fabrílis] **1.** 조형(미술), 조각. **2.** 연장, 도구, 공구.
fabrílis, e, *adj.* [faber[2]] **1.** 공인(工人)의, 목수의, 대장장이의. **2.** 연기를 쐬어 말린 (포도).
fábrĭo, ívi, íre, *tr.* [faber[1]] = fábricor.

fábŭla[1], æ, *f.* 작은 콩.

fábŭla[2], æ, *f.* [fari] **1. 떠도는 이야기,** 자자한 소문; 이야깃거리, 화제거리: Fábula nunc ille est.*(Tib.)* 그는 지금 이야깃거리가 되어 있다. **2.** 일상대화, 회화: conviváles fábulæ*(Ta.)* 식탁에서의 이야기. **3. 전설,** 설화, 신화, 소설: ~ Romanénsis cathólica 가톨릭 소설. **4.** 희곡, 서사시: fábulam dare*(C.)* 연극을 하다 / docére fábulam*(C.)* 극을 연출하다. **5. 동화,** 우화, 옛이야기, 고담, 야담; 꾸며낸 이야기: lupus in fábulā*(C.)* 동화 속의 늑대.

fabuláris, e, *adj.* [fábula[2]] 전설적인, 꾸며낸 이야기의, 신화적인; 동화적인.

fabulátĭo, ónis, *f.* [fábulor] 이야기; 동화같은 이야기를 함; 담화.

fabulátor, óris, *m.* [fábulor] 이야기꾼, 고담가, 만담가; 동화[우화]작가.

fabúlis = fabális.

fábŭlo[1], ávi, átum, áre, *tr., intr.* = fábulor.

fábŭlo[2], ónis, *m.* **1.** 농담친구, 이야기 친구. **2.** 설화[동화·우화]작가.

fábŭlor, átus sum, ári, *dep. tr., intr.* 〔*alqd – alci; acc.c.inf.;* de *abl.;* inter *se,* cum *alqo*〕 **1.** 이야기하다, 담화하다. **2.** 터무니없는 말을[허튼 소리를] 지껄이다, 꾸며낸 이야기를 하다, 없는 사실을 말하다.

fabulósĭtas, átis, *f.* [fabulósus] 우화, 전설; 허풍, 허구(虛構), 꾸며낸 이야기.

fabulósus, a, um, *adj.* [fábula[2]] **1.** 전설로 유명한, 우화[동화]에 흔히 나오는. **2.** 전설적인, 신화적인, 설화적인, 동화같은; 터무니없는. **3.** 〔*adv.*〕 **–se,** 전설적으로, 가공적(架空的)으로.

fábŭlus, i, *m. dim.* [faba] 작은 콩; 콩알.

fac, *imper. sg. 2.* [fácio].

facésso, céssi[cessívi], ssítum, ĕre, *intens.* [fácio] **I.** *tr.* **1.** 열심히 실행하다, 이행하다, (임무를) 다하다: jussa ~ *(V.)* 명령을 실행하다. **2.** 〔*alqd alci*〕 (걱정·괴로움·수고·불편 따위를) 가져오다, 끼치다, 일으키다, 만들다: ~ negótium *alci(C.)* 누구를 난처하게 만들다.
II. *intr.* 〔ab, ex *abl.; abl.; absol.*〕 떠나가다, 물러가다, 멀어지다, 내빼다.

facéte, *adv.* [facétus] **1.** 훌륭하게, 멋지게, 우아하게; 적절하게, 썩 잘. **2.** 재미있게, 우습게, 재치있게, 익살맞게.

facétĭa, æ, *f.* [facétus] 〔흔히 *pl.*〕 **1.** 재치, 세련된 농담, 재담, 해학, 익살, 약삭빠름. **2.** 풍자.

facétus, a, um, *adj.* [fácio] **1.** 훌륭한, 멋진, 점잖은, 세련된, 품위있는, 우아한; 상냥한. **2.** 재치있는, 재미있는; 익살스러운.

fácĭa, æ, *f.* [fácies] 초상화.

faciálĭa, ĭum, *n. pl.* [fácies] 세수 수건.

fácĭes, éi, *f.* [fácio] **1. 얼굴,** 낯, 안면; 용모, 미모; 얼굴표정, 안색: fácie ad fáciem 얼굴을 맞대고, (누구를) 마주 대하여 / perfricáre[confricáre] fáciem*(Plin., Suet.)* 체면을 버리다, 파렴치한 짓을 하다. **2.** 외관, 외양, 외형, 외견; 모양, 형상, 모습, 면모, 자태. **3.** 종류, 성질: Quæ scélerum ~ ?*(V.)* 어떤 종류의 범죄? **4.** 구경거리, 광경, 장관: Decóra ~ !*(Plin.)* 장관이다!

fácĭle, *adv.* [fácilis] **1. 쉽게,** 어려움[수고·고통]없이, 안전하게: non [haud] ~ 간신히, 겨우. **2.** 의심없이, 확실히, 틀림없이, 분명히: ~ misérrimus*(Pl.)* 확실히 제일 불쌍한 사람. **3.** 기꺼이, 즐겁게, 태연하게: ~ pati dolórem 고통을 기꺼이 참다. **4.** 마음 편하게, 편안하게, 안락하게.

fácĭlis, e, *adj.* [fácio] 〔*superl.* –cíllimus〕 **1.** 〔*absol.; alci – inf., supin.* –u, ad *acc., abl.*〕 **쉬운,** 수월한, 평이한, 용이한; 힘들지 않는, 편한: ascénsus ~ *(Cæs.)* 쉬운 등반 / Fácile est perfícere.*(C.)* 완성하는 것은 쉽다 / nímium fáciles aurem præbére puéllæ *(Prop.)* 너무도 쉽게 귀를 기울이는 소녀들 / res factu ~ *(T.)* 하기 쉬운 일 / palmæ ~ ad scandéndum*(Plin.)* 오르기 쉬운 종려나무들 / facúndus et amicítiā ~ *(Sall.)* 구변좋고 쉽게 친구사귀는 사람. **2.** 〔*dat., gen.*〕 적합한, 알맞는, 유리한, (적합해서) …**하기 쉬운;** …할 용의가 있는, …할 준비[각오]가 되어있는: terra ~ pécori*(V.)* 목축에 알맞는 땅 / júvenis ~ inánibus*(Ta.)* 허황된 것에 마음 쏠리는 젊은이 / morti fáciles ánimi*(Lucan.)* 죽을 각오가 되어있는 마음들. **3.** 〔*absol.;* ad *acc.,* in *abl.*〕 빨리[활발히·쉽게] 움직이는, 부지런히 놀리는, 숙련된, 척척 해내는, 유창한. **4.** 〔*absol.;* ad *acc.,* in *abl.*〕 **다루기 쉬운,** 시키는[부탁하는] 대로 하는, 고분고분한, 유순한, 까다롭지 않은, 잘 순응하는; 솔깃한, 쉽게 믿는. **5.** 〔*absol.; dat.,* in *abl.,* in *acc.*〕 남을 잘 돌봐주는, 남에게 잘해주는, 친절한, 상냥한. **6.** 순조로운, 잘 되어가는.

facílĭtas, átis, *f.* [fácilis] **1.** 쉬움, 용이성(容易性), 평이; 쉽게 …하는 능력, 적성(適性), 재능: ~ oris*(Q.)* 쉽게 발음함. **2.** (말·글 따위) 거침없음, 능란, 유창함. **3.** 상냥함, 친절함, 까다롭지 않음, 대하기 쉬움, 다루기 쉬움; 기꺼이 함, 쾌락(快諾), 남에게 잘해줌. **4.** 경솔, 변덕.

facinorósus[–nerósus], a, um, *adj.* [fácinus] **1.** 범죄적인, 죄악적인. **2.** 파렴치한, 악랄한; 악한의, 무법자의.

fácĭnus, nŏris, *n.* [fácio] **1.** (이목을 끄는) 행동[행위·행실]; 해놓은 일, 저지른 일; 업적, 공적, 위업. **2.** 범죄, 죄악, 악행, 대죄. **3.** 사실, 된[있는]것. **4.** 범행의 도구. **5.** 범죄자, 죄인.

fácĭo, feci, factum, ĕre,〔*imper. sg. 2.:* fac;

pass.: fio, factus sum, fíeri〕 **I.** *tr.* **1.** (무슨 행동·무엇을) **하다**: hoc~*(H.)* 이것을 하다 / iter ~*(C.)* 여행하다, 길을 가다 / furtum ~*(C.)* 도둑질을 하다. **2. 만들다,** 제조하다, **짓다,** 건설[건조]하다, (다리를) 놓다, 구축하다: ignem ex lignis virídibus ~*(C.)* 생나무에서 불을 일으켜 내다 / castra ~*(Cæs.)* 진막을 치다. **3.** 낳다, 새끼치다, 까다; 생산하다, 내다, 만들어 내다: factus ad dicéndum*(C.)* 말하기 위해 태어난 / Fáciunt vólucres pullos.*(Var.)* 새들이 새끼를 깐다. **4.** (글·문서·편지 따위를) 짓다, 작성하다, 쓰다. **5.** 실행[이행·수행]하다, 시행[거행]하다, 실현하다: ludos ~*(C.)* 경기대회를 개최하다. **6.** 일으키다, 야기시키다, 자아내다: controvérsiam ~*(C.)* (무엇이) 논쟁을 불러 일으키다. **7.** 〔*alqd alci*〕 **끼치다,** (상처 따위를) 입히다, (싸움을) 걸다. **8.** 〔*alqd – alci*〕 주다, 해주다, 제공하다, 허용[허락]하다: nobis hæc ótia ~*(V.)* 우리에게 이 평화 시대를 허락하다. **9.** 모집하다, 모으다, 소집하다, 징수하다: pecúniam ~*(C.)* 돈을 징수하다 / ~ pópulum*(Flor.)* 민중을 소집하다 / ~ cohórtes*(Cæs.)* (징집하여) 보병대를 편성하다. **10. 얻다, 벌다,** 장만하다: ~ lucrum*(C.)* 이익 남기다 / divítias~*(Pl.)* 재산을 벌다. **11.** 〔*alqd – alci*〕 붙여주다, 보태다, 더해주다: cognómen ~*(L.)* 별명을 붙여주다. **12.** 살다, 지내다: annum ~ *(Ulp.)* 일년을 지내다. **13.** 당하다, 겪다: ~ damnum*(C.)* 손해보다, 잃다. **14.** 〔각 *objéctum*에서 적절한 번역말을 찾아내야 할 경우가 무수함〕 *e.g.* æs aliénum ~ *(C.)* 빚지다 / cœnam ~*(C.)* 만찬을 베풀다. **15.** 〔ut; ne[ut ne]; *subj.*; *inf.*〕 …하게[못하게]하다, …하도록[못 하도록] 하다: Fáciam, ut ... meminerit.*(Pl.)* 나는 그가 기억하도록 해주겠다 / 〔엄중한 또는 친밀한 명령〕 Fac, cógites*(C.)* 꼭 생각 하도록 해라 / Fácito, ut sciam. 부디 내가 알도록 해다오. **16.** ~ non possum, quin *c. subj.* *(C.)* 나는 …하지 않을 수 없다. **17.** 〔*alqm [alqd] c. acc. præd.*, in *acc.*〕 …로 **선출하다,** 뽑다, 선정하다, **세우다, 삼다, 만들다, 되게하다**: *alqm* ~ cónsulem*(C.)* 아무를 집정관으로 뽑다 / certiórem ~ *alqm alcjs rei [de alqā re]* 누구에게 무엇을 알리다 / ~ *alqm* suum 아무를 자기편으로 만들다. **18.** 〔*alqd c. gen. possessívo*〕 (누구의) 것으로 만들다, 예속시키다: ~ *alqd* potestátis suæ*(C.)* 자기 권하에 예속시키다. **19.** 〔*alqd[alqm] c. gen. prétii*〕 (어떻게) **어기다, 평가하다,** 판단하다, 간주하다: dolórem níhili~*(C.)* 고통을 무시하다 / *alqm* pluris~ *(C.)* 아무를 더 존중하다. **20.** 〔*alqd[alqm] acc. præd.*; *acc. c. inf.*〕 (그림·조각·말·연극 따위로) 표현하다, 표상하다, 묘사하다, 나타내다, 그리다: Laértam coléntem agrum~*(C.)* *Laérta*를 밭 경작자로 묘사하다. **21.** 〔*se c. acc. præd.*, *acc. c. inf.*〕 꾸미다, …체[척]하다: Fácio, me álias res ágere.*(C.)* 나는 다른 일을 하는 척한다. **22.** 〔흔히 fac으로 가정·용인 따위를 표시함: *inf.*, *acc. c. inf.*, *subj.*〕 …라고 **가정하다**: Fac, potuísse.*(C.)* 할 수 있었다고 하자 / Feci, sermónem inter nos hábitum(esse).*(C.)* 나는 우리 사이에 대화가 오간 것으로 가정했다 / Fac, velit.*(C.)* 그가 원한다고 하자. **23.** (무슨) 직업에 종사하다, (무슨) 직업을 가지다, (무슨) 일을 (수행)하다: ~ argentáriam*(Pl.)* 환전상을 하다. **24.** 제물을 바치다, 제사 지내다. **25.** 《文法》 격변화를 하다. **26.** 〔의혹의 문 *(interr. dubitatíva:* quid *c. subj.)*〕 Quid fáciam? 무엇을[어떻게] 할까? / Quid hoc hómine fácias?*(C.)* 이런 자를 가지고 뭘 할거냐? / Quid huic hómini fácias?*(C.)* 이 사람에게 어떻게 하겠다는 거냐?

II. *intr.* **1.** 〔*c. adv.*〕 (어떻게) 하다, (어떻게) 하는 것[일·짓]이다: pérperam ~*(C.)* 잘못하는 짓이다 / Fecit humániter, quod venit.*(C.)* 그가 온 것은 친절을 베푼것이었다 / Fáciunt imperíte, qui ...*(C.)* …하는 자는 무지한 행동을 하는 것이다 / Facis injúste, si putas ...*(C.)* 네가 …줄로 생각하면 그것은 옳지 못한 생각이다 / ~ bene [male] *alci* 누구에게 이롭게[해롭게] 하다 / Bene facis! (찬동·찬탄의 표시로) 좋다! 잘한다! **2.** 〔cum, ab *alqo*〕 누구의 편을 들다, …편에 서다, 지지하다: Véritas cum illo facit.*(C.)* 진리는 그의 편에 있다. **3.** 〔contra, advérsus *alqm*〕 반대편에 서다[있다], 불리하다. **4.** 〔*alci*, ad *alqd*, *absol.*〕 도움이 되다, 이바지하다, 유익하다, 좋다, 효험[효능]이 있다; 적합하다, 어울리다: Mirífice pulmóni facit.*(Plin.)* 그것은 폐에 신통하게 좋다 / ~ ad mores*(Ov.)* 관습에 어울리다. **5.** 〔*alci*, *alqā re*〕 제사지내다: ~ vítulā pro frúgibus*(V.)* 농산물 대신 암송아지로 제사지내다.

facitérgĭum, i, *n.* [fácies+térgeo] 세수 수 「건.

factícĭus, a, um, *adj.* [factus[1]] **1.** 인조의, 모조의; 인위적인, 인공적인: 《文法》 factícium nomen 의성어(擬聲語). **2.** 지어낸, 꾸민; 부자연스러운, 억지의.

fáctĭo, ónis, *f.* [fácio] **1.** 행위, 활동; 할 권리, 능력: ~ testaménti*(C.)* 유언작성(의 권한). **2.** 단체, 조합, 협회; 집단, 도당(徒黨), 삭낭. **3.** 정당(政黨), 당파, 분파; 고대 *Roma*의 과두(寡頭)정치: áltera ~ *(Cæs.)* 반대당, 야당. **4.** 마차경주 선수의 조(組: 네개의 조가 Circus 즉 타원형 대경기장에 출전하였으며, 조마다 옷빛깔이 달

랐음): ~ Albáta 백색조 / ~ Prásina 녹색조 / ~ Russáta 홍색조 / ~ Véneta 청색조.

factionárĭus, i, *m.* **1.** 마차경주 선수조(組)의 감독. **2.** 검투사단(劍鬪士團)의 감독.

factiósus, a, um, *adj.* [fáctio] **1.** 많이 하는, 활약하는, 세력있는. **2.** 당파를 주도하는, 파벌을 형성하는, 음모에 가담하는; *m.* 당파심이 강한 사람.

factitátĭo, ónis, *f.* [fáctito] 버릇이 된 행동, 태도; 만들어냄. 「자.

factitátor, óris, *m.* [fáctito] 제작자; 실천

factítĭus = factícius.

factitívus, a, um, *adj.* 《文法》 **1.** 작위(作爲)의, *alqm[alqd] c. acc. præd.*를 지배하는 (동사). **2.** 사실표시의.

fáctĭto, ávi, átum, áre, *tr. freq.* [fácio] **1.** 늘[습관적으로] 하다, 자주[가끔] 하다. **2.** 〔*alqm c. acc. præd.*〕 (누구를) …로 삼다, 만들다, 세우다, 되게 하다. **3.** 실행하다, 하고 있다, 업으로 하다, …에 종사하다, 노릇하다: ~ medicínam *(Q.)* 개업의(開業醫)로 지내다.

factor, óris, *m.* [fácio] **1.** 제조인, 창조자. **2.** 행위자; 범법자. **3.** 올리브기름짜는 사람. **4.** 요인(要因), 소인(素因), 인자(因子); 《數》 인수(因數).

factum, i, *n.* [factus¹] **1.** 사실: de facto 사실상, 실제로; 사실상의. **2.** 행위, 실제 행동: Facto opus est.*(T.)* (실행)해야 한다. **3.** 된 일, 사건, 결과; 업적, 공적, 공훈: recte facta*(C.)* 잘한 일들. **4.** 규정, 결정, 칙령.

factúra, æ, *f.* [fácio] **1.** 제조, 제작; 제작법, 만듦새. **2.** 제품(製品), 작품.

factus¹, a, um, *p. p., a. p.* [fácio, fio] **1.** 된, 이루어진, (일이) 일어난, 생긴. **2.** 만들어진, 마련된, 작성된; 가공된. **3.** 〔ad *acc.; dat., inf.; absol.*〕 적합한; 태어난. **4.** 교육받은, 양성된. 「정, 공정(工程).

factus², us, *m.* **1.** 구조(構造). **2.** 작업과

facul, *adv.* 《古》 쉽게. 「기회; 서광.

fácŭla, æ, *f. dim.* [fax] **1.** 작은 횃불. **2.**

facúltas, átis, *f.* [*cf.* facílitas] **1.** 〔*gen.*, ad *acc., dat., inf.*, ut; *absol.*〕 할 수 있음, 가능성; 능력, 기능, 성능; 재능, 재간; …할 여유[기회]. **2.** 구변, 웅변; 웅변술: ~ dicéndi*(C.)* 말재간. **3.** 권한; 특별권능, 자격; 인가. **4.** (약학적) 효력, 효능. **5.** 많음, 다량, 다수: ~ návium*(Cæs.)* 많은 선박. **6.** *pl.* 재산, 재력, 재원(財源), 자금. **7.** 재산 정도, 능력의 한도. **8.** (대학의) 분과, 학부: ~ theológica 신학과, 신학부.

facultatívus, a, um, *adj.* [facúltas] **1.** 권능을 주는, 허용의. **2.** 임의의, 임의선택적인.

facultátŭla, æ, *f. dim.* [facúltas] 작은 재력, 재산정도.

facúlter, *adv.* 《古》 (= fácile) 쉽게.

facúlto, áre, *tr.* 가능하게 하다, 능력을 부여하다. 「변, 말재주, 말솜씨.

facúndĭa, æ, *f.* [facúndus] 구변, 언변, 능

facúndĭtas, átis, *f.* [facúndus] 구변, 언변, 능변.

facúndus, a, um, *adj.* [for, fari] **1.** 구변[말솜씨]좋은, 말재간 있는, 능변의, 달변의. **2.** 웅변적, 유창한; 표현이 풍부한.

Fádĭus, i, *m.* *Roma*인의 씨족명.

fæcárĭus, a, um, *adj.* [fæx] 찌끼[재강]에 관한, 찌끼를 담는 (그릇). 「미에서] 만든.

fæcátus, a, um, *adj.* [fæx] 재강으로[지게

fǽcĕus, a, um, *adj.* [fæx] 순수하지 못한, 찌끼 같은. 「끼; 주석(酒石). **2.** 젓갈.

fǽcŭla, æ, *f. dim.* [fæx] **1.** 지게미, 술찌

fæculéntus, a, um, *adj.* [fæx] 찌꺼기가 많

fæl... *V.* fel... ⌊은, 불순한.

fæn... *V.* fen..., fœn...

Fǽsŭlæ, árum, *f. pl.* *Etrúria*의 도시(지금의 *Fiesole*); 〔*adj.*〕 **-lánus,** a, um.

fæx¹, fæcis, *f.* **1.** 찌꺼기, 앙금, 침전물; 재강, 지게미. **2.** 버캐. **3.** 젓갈, 멸치젓. **4.** 인간 쓰레기, 최하층의 사람. **5.** (돈지갑의) 바닥. 「모(酵母).

fæx² medicinális, -cis -is, *f.* 《藥》 약용효

fágĕus, a, um, *adj.* [fagus] 너도밤나무의.

fagínĕus[fágĭnus], a, um, *adj.* [fagus] 너도밤나무의; 너도밤나무로 만든.

fagus, i[us], *f.* 《植》 너도밤나무.

Fagútal, ális, *n.* *Esquíliæ* 산 위의 너도밤나무 숲속에 있는 *Júpiter* 신전.

fagutális, e, *adj.* [fagus] 너도밤나무에 관한, *Júpiter*에게 봉헌된 너도밤나무 숲의.

fala, æ, *f.* **1.** 창·화살 따위를 던지거나 쏘는 목제 망대(木製望臺). **2.** *pl.* 원형 경기장의 경주로(競走路) 표시 기둥 위에 세운 작은 원추탑.

falárĭca, æ, *f.* [falx] 역청 바른 삼실을 감은 창 (불을 붙여 던졌음), 화전(火箭), fala에서 던지면 창 (끝에 쇠붙이가 달렸음).

falcárĭus, i, *m.* [falx] 낫 만드는 사람.

falcátus, a, um, *adj.* [falx] **1.** 낫으로 무장한. **2.** 낫 모양의, 낫처럼 생긴.

falcícŭla, æ, *f. dim.* [falx] 작은 낫.

Falcídĭus, i, *m.* *Roma*인의 씨족명; 〔*adj.*〕 **-diánus,** a, um.

fálcĭfer[-ger], ĕra, ĕrum, *adj.* [falx + fero, gero¹] 낫을 든: ~ senex *(Ov.)* *Satúrnus.*

falcifórmis, e, *adj.* [falx + forma] 《解》 낫 모양의. 「다.

fálcĭto, áre, *tr.* [falx] 쓸데없는 가지를 치

falco, ónis, *m.* 《動》 매.

falconárĭus, i, *m.* [falco] 매사냥꾼.

fálcŭla, æ, *f. dim.* [falx] **1.** 작은 낫. **2.**

양이·맹수의) 날카로운 발톱.

faldistórĭum, i, *n.* (주교용 등받이 없는) 팔걸이 의자. 「*lísci*족의 수도.

Falérĭi, órum, *m. pl.* *Etrúria*의 도시, *Fa-*

Falérnum, i, *n.* 1. (*sc.* vinum) *Falérnus* 산(産) 포도주. 2. (*sc.* prǽdium) *Pompéjus*의 소유지. 「지방, 포도주로 유명.

Falérnus ager, -i -gri, *m.* *Campánia*의

falíscæ, árum, *f. pl.* (격자 모양으로 엮어서 간막이를 한) 꼴 담아주는 여름용 긴 구유.

Falíscus, a, um, *adj.* *Falérii*의; 〔*subst.*〕 1. *m. pl.* *Falérii* 주민. 2. *n.* *Falérii*에 있는

falla, æ, *f.* [fallo] = fallácia. ㄴ농지.

fallácĭa, æ, *f.* [fallax] 1. 속임수, 기만, 사기, 협잡; 모략, 간계. 2. 《論》 허위, 오류, 오류추론. 「말로 속여 넘기는.

fallacílŏquus, a, um, *adj.* [fallax+loquor]

fallaciósus, a, um, *adj.* [fallácia] 사기의, 협잡의; 허위의, 오류의, 그릇된.

fallax, ácis, *adj.* [fallo] 속이는, 속임수 쓰는, 현혹시키는, 사기하는, 기만적인, 거짓말하는, 약속 안지키는, 배신하는, 기대에 어긋나는, 실속없는.

fallíbĭlis, e, *adj.* 오류에 빠지기 쉬운, 틀릴 수 있는; 속을 수 있는. 「을] 수 있음.

fallibílĭtas, átis, *f.* 오류 가능성, 틀릴[속

fallo, fefélli, falsum, ĕre, *tr.* 1. 속이다, 현혹시키다, 그르치게 하다, 사기하다, 배신하다, 저버리다, 기대에 어긋나게 하다: spem *alcjs* *(C.)* 누구를 실망시키다 / ni fallor *(V.)* 내가 속는 것이 아니라면, 내가 아는 한에서는 / Spes eum feféllit. *(C.)* 그는 희망에 속았다, 기대가 어긋났다 / nisi me fallit memória, *(Gell.)* 내 기억이 틀림없다면. 2. 〔*alqm*; *absol.*〕 감시를 피하다, 눈에 띄지 않다, 눈치 못채게 하다, 들키지 않다, **몰래 …하다**, 모르게 하다, 분간 못하게 하다, (누구에게) 알려지지 않다. 3. 〔*impers.*〕 me *(acc.)* fallit 〔*acc. c. inf.*, *interr. indir.*〕 나는 **모른다**. 4. 지루한 줄 모르게 하다, (시간·걱정 따위를) 잊게 하다, 어느새 지나가게 하다; 잊고 지내다.

falsárĭus, i, *m.* [falsus] 문서 위조자.

falsátĭo, ónis, *f.* [falso²] 위조.

falsátor, óris, *m.* [falso²] 위조자.

falsidicéntĭa, æ, *f.* [falsídicus] 거짓말.

falsídĭcus, a, um, *adj.* 거짓말하는.

falsificátĭo, ónis, *f.* 위조.

falsificátus, a, um, *adj.* [falsíficus] 위조된, 거짓으로 꾸민.

falsíficus, a, um, *adj.* [falsus+fácio] 속이는, 사기하는; 위조의.

falsijúrĭus, a, um, *adj.* 거짓 맹세하는.

falsilóquĭum, i, *n.* [falsíloquus] 거짓말.

falsílŏquus, a, um, *adj.* [falsus+loquor] 거짓말하는, 기만적, 사기의.

falsimónĭa, æ, *f.* [falsus] 속임, 기만; 사기, 속임수.

falsípărens, éntis, *adj.* [falsus] 가짜[추정상(推定上)의] 아버지를 가진.

fálsĭtas, átis, *f.* [falsus] 거짓, 허위(성), 가짜; 부정(不正), 부정직; 그릇됨, 틀림.

falso¹, *adv.* [falsus] 거짓으로, 속여; 틀리게, 잘못, 근거없이.

falso², ávi, átum, áre, *tr.* [falsus] 1. 속이다, 꾸며 대다, 그릇되게 하다. 2. 위조하다. 「위진술. 2. 위조, 날조; 표절.

falsum¹, i, *n.* [falsus] 1. 거짓, 허위; 허

falsum², *adv.* [falsus] 거짓으로; 틀리게, 잘못.

falsus, a, um, *p.p.*, *a.p.* [fallo] 1. **거짓의**, 허위의; 가짜, 사이비(似而非); **위조의**, 날조의, 근거없는: falsæ lítteræ *(C.)* 위조된 편지 / falsa fama *(C.)* 근거없는 소문. 2. 잘못된, 그릇된, 틀린. 3. 속이는, 사기치는, 거짓말하는.

falx, falcis, *f.* 〔*pl. gen.* -ĭum〕 1. 낫, 밀낫; (자루가 긴) 큰 낫: ~ vineática *(Cato)* 포도가지 치는 낫. 2. 낫처럼 생긴 무기, 전투용 갈고랑이; 전차바퀴에 단 낫.

fama, æ, *f.* 1. 〔*gen.* de *abl.*, *acc. c. inf.*; *absol.*〕 **평판**; 풍문, **소문**. 2. **명성**, **명예**. 3. 불명예, 악평. 4. 여론, 세평(世評); 정평(定評). 5. 전설, 구전(口傳). 6. [F-] *Terra*의 딸, 소문의 여신.

famátus, a, um, *adj.* [fama] 소문난, 이름난; 악명높은. 「하다.

famélĭco, ávi, áre, *tr.* [famélicus] 굶주리게

famélĭcus, a, um, *adj.* 1. 배고픈, 굶주린. 2. (소문난 잔치에) 먹을 것 없는.

fames, is, *f.* 1. 배고픔, **굶주림**, **기아**; 시장기, 허기, 공복: famem depellére *(C.)* 시장기를 메우다 / famem *alqā re* toleráre *(Cæs.)* 무엇으로 허기를 채우다. 2. **기근**, 흉년. 3. 빈곤, 결핍. 4. 탐욕, 갈망: auri sacra ~ *(V.)* 황금에 대한 저주스러운 탐욕. 5. [F-] 굶주림의 여신.

fāmex[-mix], ĭcis, *m.* 《醫》 타박상, 피하일혈(皮下溢血).

fámĭdus, a, um, *adj.* [fames] 굶주린.

famigerábĭlis, e, *adj.* [fama+gero¹] 유명한, 저명한, 정평있는. 「문.

famigerátĭo, ónis, *f.* [famígero] 평판; 풍

famigerátor, óris, *m.* [famígero] 소문 퍼뜨리는 자. 「유명하게 하다, 소문내다.

famígĕro, ávi, átum, áre, *tr.* [fama+gero¹]

famílĭa, æ, *f.* [fámulus] 1. 한 집안 권속으로서의 노예 무리. 2. **가정**, **가족**, 집안, 식구, 식솔, 권속; 세대(世帶): 〔부모자식에 붙는 *gen.*는 일반적으로 -as〕 paterfamílias [pater famílias] 가장, 호주 / mater famílias 주부. 3. (gens의 분파로서) 가문, 가계(家系), 문중(門中); 문족(門族).

4. 한 집안의 재산. **5.** 파(派), 학파; 단(團), 집단, 모임: famíliam dúcere 우두머리 노릇하다, 모임을 이끌어 나가다. **6.** 《言語》 어족; 《生》 과(科).

familiārésco, ĕre, *intr.* 친숙해지다.

familiáris, e, *adj.* **1.** 한 집안 노예 무리에 속하는; *m.* 노예, 종. **2.** 가정의, 가족의, 집안의: res familiáris *(C.)* 집안 일; 가산(家產). **3.** 〔*dat.; absol.*〕 잘아는, 친근한, 친분이 두터운, 친밀한, 친절한; 화기애애한, 거북하지 않은; *m.* 친구, 친지. **4.** 〔*dat.; absol.*〕 흔히 하는, 습관화된; (눈·귀에) 익은, 낯설지 않은, 친숙한; 토착화된.

familiárĭtas, átis, *f.* [familiáris] 친숙, 친밀, 밀접한 관계, 가까운 사이, 친분, 친교. 「가정.

familiŏ́la, æ, *f. dim.* [família] 작은 가족·

familiósus, a, um, *adj.* [família] 가족이 많은.

famósĭtas, átis, *f.* 불명예, 치욕, 악명.

famósus, a, um, *adj.* [fama] **1.** 유명한, 이름난, 소문난, 두루 알려진. **2.** 악명높은, 평판 나쁜, 불명예스러운. **3.** 명예를 훼손하는, 중상적인.

famul, i, *m.* = fámulus². 「녀.

fámŭla, æ, *f.* 하녀, 여종, 시비(侍婢), 시

famulámen, mĭnis, *n.* [fámulus¹] 시중, 섬김. 「(奴僕)의, 종의.

famuláris, e, *adj.* [fámulus¹] 하인의, 노복

famulatórĭus, a, um, *adj.* [fámulor] 하인의, 노복의; 노예같은, 비굴한.

famulátrix, ícis, *f.* [fámulor] 하녀.

famulátus, us, *m.* **1.** 종의 신분[신세], 종노릇. **2.** 섬김, 봉사; 예속. **3.** 노예제도. 「**2.** 노예 무리.

famulítĭum, i, *n.* **1.** 종살이(신세·처지).

fámŭlo, ávi, átum, áre, *tr.* [fámulus¹] 하인으로 쓰다[만들다].

fámŭlor, átus sum, ári, *dep. intr.* [fámulus¹] **1.** 〔*alci*〕 시중들다, 섬기다, 봉사하다, 종노릇하다. **2.** 〔*alci rei*〕 공급하다, 마련해주다. 「중드는, 섬기는, 복종하는.

fámŭlus¹, a, um, *adj.* 하인의, 노복의; 시

fámŭlus², i, *m.* **1.** 하인, 머슴, 고용인, 종. **2.** 신(神)의 봉사자. **3.** (훌륭한 일

fanále, is, *n.* 횃불. └을 해내는) 일꾼.

fanátĭcus, a, um, *adj.* [fanum] **1.** 사당(祠堂)의, 신전의. **2.** 신들린, 신이 접한. **3.** 열광적인, 광란의. **4.** 광신적인; *m.* 광신자.

fanatísmus, i, *m.* 광신(狂信), 열광.

fandus, a, um, *gerundív.* [for] **1.** 말할 수 있는, 언급될 수 있는. **2.** 허가된, 허용된, 적법적, 정당한, 가당한: *n.* fandum 정당함, 도리에 맞음 / dei mémores fandi atque nefándi *(V.)* 선행과 악행을 기억하는 신들. 「**-niánus,** a, um.

Fánnĭus, i, *m.* *Roma*인의 씨족명; 〔*adj.*〕

fāno, áre, *tr.* [fanum] 봉헌하다, 신성하게 하다. 「뛰다, 광란하다.

fānor, átus sum, ári, *dep. intr.* 미친듯이 날

fans, fantis, *p. præs.* [for]. 「사당(祠堂).

fanum¹, i, *n.* 성역(聖域), 신성한 곳, 신전,

Fanum², i, *n.* **1.** F. Ferόniæ, 서북 *Etrúrĭa*의 도시. **2.** F. Fortúnæ, *Umbrĭa*의 항구.

far, farris, *n.* **1.** 스펠트 밀. **2.** 낟알; 곡물. **3.** 밀가루. **4.** 빵: ~ pium *(V.)* 제사용 빵. **5.** (혼인 때 쓰던) 소금알갱이.

farcímen, mĭnis, *n.* [fárcio] 순대, 서양 순대.

farcímĭnum, i, *n.* [fárcio] 《獸醫》 마비저(馬鼻疽: 마소 따위가 걸리는 전염성 종양).

fárcĭo, farsi, fartum[farctum], íre, *tr.* **1.** 채워넣다, 다져넣다, 처넣다, 집어넣다. **2.** 살찌우다. **3.** 틀어막다.

farédo, dĭnis, *f.* 《醫》 농양(膿瘍).

fárfărus¹, i, *m.* 《植》 머위.

Fárfărus², i, *m.* 《*Sabíni*어》 = Fábaris.

fari, *inf. præs.* [for].

farína, æ, *f.* [far] 밀가루; 가루, 분말.

farinárĭus, a, um, *adj.* [farína] 가루의; 밀가루의.

farínŭla, æ, *f.* [farína] 고운 밀가루.

fárĭo, ónis, *m.* 《動》 송어. 「의.

fárnĕus, a, um, *adj.* [farnus] 물푸레나무

farnus, i, *f.* 《植》 물푸레나무. 「곡물의.

farrácĕus[-cĭus], a, um, *adj.* [far] 밀의,

farrágo, gĭnis, *f.* [far] **1.** (패기 전의 곡식·초본으로 만든 겨울용) 혼합사료. **2.** 혼합물. **3.** 보잘것없는 것.

farrárĭus, a, um, *adj.* [far] 밀의, 곡물의; 〔*subst.*〕 *n.* 가축사료 창고, 사료저장 헛간.

farrátus, a, um, *adj.* [far] **1.** 곡물이 담겨있는. **2.** 곡물로 만든.

fárrĕus, a, um, *adj.* [far] 밀의, 곡물의; 〔*subst.*〕 *n.* (밀을 재료로 하여 만든) 제사

fars, rtis, *f.* 잘게 다진 고기. └떡.

farsúra, æ, *f.* [fárcio] 살찌움; 가득채움, 다져넣음. 「대해지는.

fártĭlis, e, *adj.* 살찌는, (사료를 먹고) 비

fartor, óris, *m.* [fárcio] **1.** 가축사료 제조인. **2.** 가금 비육자(家禽肥育者), 양계업자.

fartum, i, *n.*[**-us,** us, *m.*] [fárcio] 채우는데 쓰이는 재료, 속에 넣는 내용물; (만두·순대 따위) 요리의 소.

fartúra, æ, *f.* [fárcio] **1.** 속에 넣는 내용물. **2.** 가금(家禽)의 살찜; 비육(肥育).

fas, *n. indecl.* [fari] **1.** 신의 계명, 신법(神法), 종교적 계율. **2.** 신의 뜻, 천심(天心), 천명(天命). **3.** 신(神). **4.** 가(可)함, 가당(可當), 정당(正當), 적법(適法), 합법(合法), 자연법에 허용된 것, 천륜(天倫),

인륜, 도리에 맞음: ~ pátriæ *(Ta.)* 조국의 정당한 권리 / 〔*alci inf.; acc. c. inf.*〕 fas est 가하다, …해도 좋다, 정당하다. 5. 길일(吉日).

fasce... *V.* fasci...

fáscĭa, æ, *f.* 1. 끈, 띠, 리본; 오긴, (여자의) 허리띠; 각반(脚絆), 감발; 기저귀. 2. 붕대. 3. 침대요를 붙들어 매는 끈. 4. 왕족의 머리띠; 《가》 주교관(冠)의 장식띠. 5. 《建》 띠 모양의 쇠시리, 돌림띠. 6. 《動》 근막(筋膜); 《解》 인대(靱帶). 7. 새털구름, 권운(卷雲), 권층운(卷層雲).

fasciátim, *adv.* 다발로 묶어, 단으로 묶어.

fascícŭlus, i, *m. dim.* [fascis] 1. 작은 묶음[다발·단·뭉치·꾸러미]. 2. 분책(分冊).

fascinátĭo, ónis, *f.* [fáscino] 매혹, 현혹, 미혹(迷惑), 호림, (호리려고) 노려봄.

fáscĭno, ávi, átum, áre, *tr.* [fáscinum] 매혹하다, 황홀케[미혹케] 하다, 호리다, 요술 걸다.

fáscĭnum, i, *n.* [-**us,** i, *m.*] 1. 마력, 요술, 주문. 2. 매혹, 매력. 3. 음경(陰莖), 음부.

fáscĭo, ávi, átum, áre, *tr.* [fáscia] 1. 끈으로 묶다. 2. 기저귀로 싸다.

fascíŏla, æ, *f. dim.* [fáscia] 작은 띠, 리본, 가는 끈; 붕대; 각반(脚絆).

fascis, is, *m.* 1. 묶음, 뭇, 단(束), 다발, 꾸러미. 2. *pl.* 고대 Roma의 권표(權標: 도끼날을 삐죽 나오도록 동여맨 막대기 뭇, 집정관 등 고관의 길라잡이인 lictor들이 왼쪽 어깨에 받쳐 들고 다녔음): fasces submíttere, 1) *(L.)*(경의의 표시로) 권표를 내리다[낮추다]. 2) *(C.)* 자기의 하위(下位)를 인정하다. 3. *pl.* 집정관 고관직.

FASCES

fase... *V.* phase...

fassus, a, um, *p.p.* [fáteor].

fasti, órum, *m. pl.* [fastus¹] 1. (*sc.* dies) 공판일(公判日), 개정일(開廷日), 재판할 수 있는 날. 2. (*sc.* libri) (고대 Roma의) 연중행사의 책력, (축제·행사·사건·개정일정·집정관 등 고관 명단 따위가 기록된) 연감, 연표, 연대기.

fastídĭo, ívi[ĭi], ítum, íre, [fastídium] 1. *intr.* 〔*absol.;* in *abl., gen.*〕 싫증나다, 물리다, 지긋지긋해 지다, 진저리[넌더리] 나다, 혐오감을 가지다; 욕지기 나다, (냄새를) 역하게 느끼다: Fastídit mei. *(Pl.)* 그는 나한테 싫증이 났다. 2. *tr.* 〔*alqm, alqd; inf., acc. c. inf.*〕 싫증내다, 질리다, 싫어하다, 몹시 귀찮아 하다, 혐오하다, 반감을 가지다; 배척하다, 경멸하다.

fastidiósus, a, um, *adj.* [fastídium] 1. 〔*absol.; gen.,* in *acc.,* in *abl.*〕 싫증을 느끼는, 싫어하는, 몹시 귀찮아 하는, 질린, 진저리[넌더리] 난, 까다로운, 경멸하는: ~ terræ *(H.)* 육지를 싫어하는. 2. 싫증나게 하는, 진저리 나게 하는, 지긋지긋한; 욕지기 나게 하는.

fastídĭum, i, *n.* [fastus²] 1. 욕지기, 싫증, 넌더리, 진절머리, 아니꼬움, 지긋지긋함, 혐오, 반감. 2. (구미 따위의) 까다로움. 3. 오만불손, 거드름; 경멸.

fastigátĭo, ónis, *f.* [fastígo] 뾰족하게 함.

fastigátus, a, um, *p.p., a.p.* [fastígo] 1. (뾰족하게) 높이 솟은; 절정에 이른. 2. 경사진, 올리받이의, 내리받이의.

fastígĭum, i, *n.* [fastígo] 1. 맞배지붕 꼭대기, 양쪽으로 경사진 지붕; 지붕. 2. 경사(傾斜), 물매, 기울기; 경사면. 3. 표고(標高), 고도: colles pari altitúdinis fastígio *(Cæs.)* 표고가 같은 언덕들. 4. 깊이, 깊은 정도. 5. 꼭대기, 정상, 절정. 6. 《文法》 억양(표). 7. 높은 지위[벼슬·위치]; 신분, 계급. 8. 요점(要點), 대강(大綱).

fastígo, ávi, átum, áre, *tr.*[fastus² + ago] 1. 뾰족하게 만들다, 정점을 향해 솟게 하다; 〔*pass. refl.*〕 fastigári, se fastigáre 뾰족하게 올라가다[끝나다]. 2. 경사지게 하다. 3. 지위를[신분을] 높이다, 승진시키다. 4. 《文法》 억양표를 적다.

fast(u)ósus, a, um, *adj.* [fastus²] 멸시에 찬, 오만불손한.

fastus¹, a, um, *adj.* [*cf.* fas] 길일(吉日)의, 개정일(開廷日)의: ~ dies *(Ov.)*, fasti dies *(C.)* 재판할 수 있는 날, 법을 집행할 수 있는 날.

fastus², us, *m.* 오만불손, 자만, 방약무인한[의기양양한] 태도.

fastus³, ŭum, *m.pl.* = fasti.

Fata, æ, *f.* 운명의 여신.

fatális, e, *adj.* [fatum] 1. 운명의, 운명을 결정하는, 천명의, 숙명적인, 팔자의, 운수의; 운명을 예언하는: ~ mors *(Plin.)* 숙명적인 죽음, 자연사 / fatáles libri *(L.)* 고대 Roma의 운명 예언집. 2. 치명적인, 불운한, 불길한. 3. 〔*subst.*〕 *m.pl.* (죽을 운명에 있는) 인간들.

fatalísmus, i, *m.* [fatális] 《哲》 숙명론, 운명론.

fatálĭtas, átis, *f.* 운명, 불운.

fatátus, a, um, *adj.* [fatum] 숙명의, 운명적으로 정해진.

fátĕor, fassus sum, éri, *dep. tr.* [fari] 1. 〔*alqd, acc. c. inf.,* de *abl.; absol.*〕 인정[시인]하다, 고백하다, 실토하다, 자백하다, 승복하다. 2. 드러내다, 공언하다.

fatícănus[-cĭnus], a, um, *adj.* [fatum + cano] 예언의, 예언하는.

fatídĭcus, a, um, *adj.* [fatum + dico²] 1. 운명을 예언하는, 점치는, 예언적; 예언을 적은. 2. 〔*pass.*〕 운명으로 정해진. 3. *m.* 예언자, 점장이.

fátĭfer, ĕra, ĕrum, *adj.* [fatum + fero] 죽음을 초래하는, 치명적인.

fatigábĭlis, e, *adj.* [fatígo] 피로해 지는, 지치는.

fatigátĭo, ónis, *f.* [fatígo] 1. 피로, 피곤, 지쳐버림. 2. 익살, 짓궂음; 빈정거림,

야유.
fatígo, ávi, átum, áre, *tr.* **1.** 지치게 하다, 피로하게 하다, 기진맥진하게 하다. **2.** 〔*alqm, alqd,* de *re,* ut, ne〕 청을 들어주기까지 끈질기게 졸라대다. **3.** 괴롭히다, 못살게 굴다, 귀찮게 하다, 불안하게 하다, 뒤흔들다. **4.** 쉴새없이 뒤쫓다. **5.** 익살부리다, 빈정대다, 야유하다.
fatílĕgus, a, um, *adj.* [fatum+lego] 죽음을 걷어 모으는, 독초를 따는.
fatilóquĭum, i, *n.* [fatíloquus] 예언.
fatílŏquus, a, um, *adj.* [fatum+loquor] 운명을 예언하는, 예언하는, 점치는; *m.* 예언자, 점장이; *f.* 예언녀, 점치는 여자.
fatim, *adv.* 실컷, 충분히, 풍부하게.
fatísco, ĕre,[**fatíscor,** *(ĕris, ĭtur),* sci, *dep.*] *intr.* [fatim+hisco] **1.** 쪼개지다, 갈라지다, 벌어지다, 틈이 나다, 열리다. **2.** 지치다, 녹초가 되다; 힘빠지다, 약해지다, 누그러지다: Haud fatíscar, quin ...*(Accĭus)* 나는 …하기를 그만두지 않겠다.
fator[1], ári, *dep. tr.* [fari] 자주 말하다, 거듭 이야기하다.
fator[2], óris, *m.* [fari] 말하는 자, 연사.
Fátua, æ, *f. Faunus* 신의 아내.
fatuína rosa, æ, *f.* (= pæónia) 《植》 작약(芍藥), 모란.
fatúĭtas, átis, *f.* [fátuus] 우둔, 우직, 미련; 백치.
fatum, i, *n.* [for, fari] **1.** 예언, 신탁(神託): fata Sibyllína *(C.)* 고대 *Roma*의 무녀들의 예언. **2.** 운수, **운명, 숙명. 3.** 신의 뜻, 천명. **4.** 철칙, 필연성. **5.** 생애, 천수(天壽); 죽음: fato fungi *(Q.)* 생애를 마치다 / fato cédere *(L.)* 죽다. **6.** 불행, 재앙; 비명횡사.
fátŭor[1], ári, *intr.* [fátuus[1]] **1.** *dep.* 바보소리하다, 엉뚱한 말[짓]을 하다. **2.** *pass.* 쇠약해지다, 무기력해지다.
fátŭor[2], ári, *dep. intr.* [Fátuus[2]] 영감을 받고[신들려] 이야기하다.
fatus, us, *m.* [for] **1.** 예언, 신탁(神託). **2.** 운명, 숙명.
fátŭus[1], a, um, *adj.* **1.** 어리석은, 미련한, 바보같은, 멍청한, 정신나간; *m.f.* 바보, 멍청이. **2.** 맛없는, 김빠진, 무미건조한, 싱거운.
Fátŭus[2], i, *m.* 예언하는 *Faunus*신의 별명.
fauces, cĭum, *f. pl.* [faux] **1. 목구멍, 인후,** 구협부(口峽部). **2.** 식도. **3.** 좁은 통로, 협곡(峽谷), 해협, 지협(地峽). **4.** 입구, 출구; 하구: ~ portus *(Cæs.)* 항만의 좁은 입구. **5.** 구렁텅이, 심연(深淵).
Fauna[1], æ, *f. Faunus*의 자매이며 아내, *Bona Dea*라고도 함.
fauna[2], æ, *f.* (한지역 또는 한시대의) 동물의 무리, 동물상(相); (분포상의) 동물구계(區系); (어떤 지역·시대의) 동물지(誌).
Faunálĭa, ĭum, *n.pl. Faunus*신 축제.
Fauni, órum, *m.pl.* 삼림[숲]의 신들.
Faunígĕna, æ, *m.* [Faunus+gigno] *Faunus*의 아들 (= Latínus).
Faunus, i, *m. Latínus*의 아버지, *Picus*의 아들, *Satúrnus*의 손자, *Látium*의 옛 왕; 죽은 후 농산물·가축 수호의 신이 됨.
Fausta, æ, *f. Sulla*의 딸, *Milo*의 아내.
fáustĭtas, átis, *f.* [faustus] 풍요, 번영, 행복.
Fáustŭlus, i, *m. Rómulus*와 *Remus* 형제를 양육한 목자.
faustus[1], a, um, *adj.* [fáveo] 다행한, 행운의, 순조로운, 번영하는, 축복받은, 상서로운, 길한. **2.** = Fáustulus.
Faustus[2], i, *m.* **1.** *L. Cornélius Sulla*의 별명.
fautor, óris, *m.* [fáveo] **1.** 〔*gen., dat.; absol.*〕 두호자(斗護者), 보호자; 후원자, 지지자, 편드는 사람. **2.** 방조자. **3.** (극장[경기장]에서) 돈받고 박수치는 사람.
fautrix, ícis, *f.* [fautor] 〔*gen., dat.; absol.*〕 보호하는 여자, 지지하는 여자, 편드는 여자.
faux, faucis, *f.* 〔실제로는 *abl.*만 나타남〕 fauces의 단수.
fávĕa, æ, *f.* [fáveo] 시중드는 하녀, 충실한 몸종.
favéntĭa, æ, *f.* [fáveo] (종교예식에서 침묵을 지키며) 얌전하게 있음, 경건한 침묵.
fávĕo, fāvi, fautum, ére, *intr.* **1.** 〔*dat.; absol.*〕 **호의를 보이다,** 좋아하다, 총애하다, 은혜를 베풀다, **돕다,** 후원하다, **편들다:** ventis favéntibus *(Ov.)* 순풍이 불어서. **2.** (종교예식에서) 경건하게 침묵지키다, 조용히 있다, 엄숙하게 참석하다: ~ linguis [linguā, ore, ánimis] 경건한 침묵을 지키다, 주례자의 예식[기도] 진행에 정신차려 따라가다. **3.** 〔*dat.; absol.*〕 (경기장·극장 따위에서) 박수갈채하다.
favílla, æ, *f.* **1.** 고운[부드러운] 재(灰); 뜨거운 재. **2.** (시체) 화장한 재. **3.** 불티, 불씨; 불티섞인 재, 재에 묻은 숯불. **4.** 소금가루.
favilláceŭs[**-átĭcus**], a, um, *adj.* [favílla] 재의; 불티의.
fávĭsor[**fávĭtor**], óris, *m.* = fautor.
faví(s)sæ, árum, *f. pl.* 신전의 지하창고.
favoniális, e, *adj.* 서풍의, 봄바람의.
favónĭus, i, *m.* [fáveo] 서풍, 하늬바람; 봄바람.
favor, óris, *m.* [fáveo] **1.** 호의, 친절, 애호, 총애, 애고(愛顧), 은혜; 우대, **보호:** ~ juris 법의 보호. **2.** 박수, 갈채. **3. 도움,** 지지. **4.** 경건한 침묵, 종교적 엄숙.
favorábĭlis, e, *adj.* [favor] **1.** 호의적, 친절한, 돌봐주는, 도와주는, 지지하는. **2.** 순조로운, 유리한, 알맞는. **3.** 환영받는, 인기있는, 대중의 지지를 받는, 사랑받는.
favus, i, *m.* **1.** 꿀벌의 집, 벌집. **2.** 개꿀. **3.** 육면체(六面體)의 돌. **4.** 《醫》 백선(白癬), 버짐.

fax, facis, *f.* [*gen. pl.* -um 외에 -ĭum도 간혹 있음] **1.** 횃불, 관솔불. **2.** 결혼횃불. **3.** 장례횃불: inter utrámque facem *(Prop.)* 결혼해서 죽을 때까지. **4.** 유성(流星), 별똥, 혜성의 꼬리. **5.** 태양빛, 별빛; 광명. **6.** 아름다운 눈. **7.** 자극, 유혹, 선정(煽情). **8.** 정열(情熱), (욕망·감정 따위의) 불길. **9.** 주동자, 장본인. **10.** 파멸.

faxim[faxo], -is, -it, 《古》 [fácio] = fáciam, -as, -at; fécerim, fécero, -is, -it.

fáxĭtur, 《古》 [fácio] = factum erit.

feber, bri, *m.* 《動》 해리(海狸).

febrésco, ĕre, *intr.* 열병 앓다. 「으키는.

febríbĭlis, e, *adj.* [febris] 열나는; 열을 일

febrícĭto, ávi, átum, áre, *intr.* [febris] 열나다, 학질 앓다. 「열나는.

febricósus, a, um, *adj.* [febris] 열기있는,

febrícŭla, æ, *f. dim.* [febris] 미열(微熱), 가벼운 열. 「열나는. **2.** 열병 일으키는.

febriculósus, a, um, *adj.* [febris] **1.** 자주

febrifúgĭa, æ, *f.* [febris+fugo] **1.** 《植》 버꾹채의 일종. **2.** 해열제. 「열병 앓다.

fébrĭo, íre, *intr.* [febris] 열이 있다[나다],

febris, is, *f.* [*acc.* -em, -im; *abl.* -e, -i] **1.** 병으로 인한 높은 체온, 열, 발열, 고열. **2.** 학질; 열병.

fébrŭa, órum, *n. pl.* [fébruum] (고대 *Roma*에서 2월 15일에 거행된) 속죄의 제사, 청정(清淨) 예식.

Februális[-brúlis], is, *f.* [fébruo] 속죄의 여신, *Juno*의 별명.

Februárĭus, a, um, *adj.* 2월의; *m.* 2월.

februátĭo, ónis, *f.* [fébruo] 종교상의 속죄, 재계(齋戒), 정결예식.

fébrŭo, átum, áre, *tr.* (종교적으로) 깨끗해지게 하다; 정결례를 행하다, 속죄하다.

fébrŭum, i, *n.* 청정(清淨), 재계(齋戒); 정결방법. 「의, 정결례의.

fébrŭus, a, um, *adj.* 정화(淨化)하는, 속죄

feciális = fetiális.

fecundátĭo, ónis, *f.* 수태작용; 수태, 수정(受精): ~ artificiális 인공수정. 「자.

fecundátor, óris, *m.* [fecúndo] 수태시키는

fecúndĭtas, átis, *f.* [fecúndus] **1.** 풍부, 풍요, 비옥, 다산(多產). **2.** 다산성, 수태능력.

fecúndo, ávi, átum, áre, *tr.* [fecúndus] **1.** 비옥하게 하다, 풍요하게 하다. **2.** 열매 맺게 하다, 수태[수정]시키다.

fecúndus, a, um, *adj.* [*cf.* fetus¹] **1.** 비옥한, 기름진, 풍요한. **2.** [*absol.; gen., abl.*] 많이 낳는, 다산(多產)의, 길 열리는, (산물이) 많이 나오는. **3.** [*absol.; gen., abl.*] 풍부한, 넘치는, 충만한. **4.** 비옥하게 하

fefélli, *pf.* [fallo]. └는, 풍작을 가져오는.

fel, fellis, *n.* **1.** 쓸개, 담낭; 담즙. **2.** 독즙, 독액; 뱀의 독. **3.** 몹시 쓴 것, 쓴맛; 쓰라림, 고통. **4.** 분노, 분통. **5.** 《植》 서양 현호색.

feles[-is], is, *f.* **1.** 《動》 고양이. **2.** 《動》 담비, 족제비. **3.** 도둑.

felicátus = filicátus.

felícĭtas¹, átis, *f.* [felix] **1.** 비옥, 풍요: ~ terræ *(Plin.)* 비옥한 땅. **2.** 행복, 복, 행운, 다행; 성공.

Felícĭtas², átis, *f.* 행운의 여신.

felícĭter, *adv.* [felix] 풍요하게; 다행하게, 성공적으로; 행복하게, 행복이 있기를!: ~ quod agis! *(Juv.)* 성공하기를!

felícĭto, áre, *tr.* [felix] 복되게 하다.

felín(ĕ)us, a, um, *adj.* 고양이의, 고양이 성

félĭo, íre, *intr.* [feles] 표범이 울다. └질의.

fēlix, ícis, *adj.* **1.** 비옥한, 풍요한, 많이 산출하는. **2.** [*absol.; abl., gen.*] 행복한, 복된, 다행한, 운좋은; 성공한, 번영하는. **3.** 상서로운, 길조(吉兆)의; 가호하는, 행복을 가져다 주는; 유리한, 순조로운: O dea, sis ~ ! *(V.)* 오 여신이여, 가호의 손길을 펴소서. **4.** Felix, *Sylla*의 별칭.

féllĕus, a, um, *adj.* [fel] 담즙(膽汁)의.

féllĭco, áre, *tr.* [fello] 젖빨다. 「刺).

fellícŭla, æ, *f.* 《醫》 콜레라, 호열자(虎列

féllĭto, áre, *tr.* [fello] 젖을 계속 빨다.

fellítus, a, um, *adj.* 담즙많은, 쓴.

fel(l)o, ávi, áre, *tr.* 젖빨다, 젖먹다.

fellósus, a, um, *adj.* 담즙 많은.

Félsĭna, æ, *f. Bonónia*시의 옛 이름.

femélla, æ, *f. dim.* [fémina] 소녀, 아가씨, 젊은 여자. 「라다니는 자.

femellárĭus, i, *m.* [feméIla] 처녀 뒤를 따

fĕmen, mĭnis, *n.* (= femur) 넓적다리, 대퇴부(大腿部).

fémĭna, æ, *f.* **1.** 여자, 여성, 부인. **2.** (동물의) 암컷: porcus ~ *(C.)* 암퇘지. **3.** [*adj.*] 암(컷), 자성(雌性)의.

fémĭnal, ális, *n.* [fémina] 여자 생식기.

feminálĭa, ĭum, *n.pl.* [femen] 여자 속바지, 속속곳.

femínĕus, a, um, *adj.* [fémina] **1.** 여자의, 부인의, 여성의; 여자다운, 여자들이 하는[당하는]. **2.** 여자같은, 가냘픈; 유약한.

feminínus, a, um, *adj.* [fémina] **1.** 여자의, 여성의; 여자다운. **2.** 여자같은, 가냘픈, 유약한. **3.** 《文法》 여성의.

feminísmus, i, *f.* 여권론, 남녀 동등권 주의, 여성해방론.

fémĭno, átum, áre, *intr., tr.* [fémina] **1.** 자독(自瀆) 행위를 하다; 여자행세를 하다. **2.** 여자처럼 만들다, 유약해지게 하다.

femorálĭa, ĭum, *n.pl.* [femur] = feminália.

femorális, e, *adj.* [femur] 넓적다리의; 《解》 대퇴부(大腿部)의, 고(股)…

fĕmur, mŏris, *n.* 《解》 넓적다리, 대퇴부;

대퇴골.　「풀의.
fenárĭus, a, um, *adj.* [fenum] 짚의, 마른
féndĭcæ, árum, *f.pl.* 창자.　「利)의.
fénĕbris, e, *adj.* [fenus] 이자의, 고리(高
fenerárĭus, i, *m.* 고리대금업자.　「대금.
fenerátĭo, ónis, *f.* [féneror] 돈놀이, 고리
fenerátor, óris, *m.* [féneror] 돈놀이꾼, 고리대금업자.　「대금업의.
feneratórĭus, a, um, *adj.* [fenerátor] 고리
fenerátrix, ícis, *f.* [fenerátor] 돈놀이하는 여자.
fénĕro, ávi, átum, áre, *tr.* = féneror.
fénĕror, átus sum, ári, *dep. tr.* [fenus] **1.** 이자를 정하여 돈을 빌려주다, 돈놀이하다, 대부하다, 고리대금하다: binis centésimis ~ *(C.)* 월 2% 또는 연(年) 24%의 이자로 대부하다. **2.** 이자로 망하게 하다, 파산시키다. **3.** 이자내고 얻어쓰다. **4.** (이자 없이도) 꾸어주다, 빌려주다; 받아가지도록 내어주다. **5.** 이자를 붙여 돌려주다, 불려서 갚다.　「들창.
fenestélla, æ, *f. dim.* [fenéstra] 작은 창문,
fenéstra, æ, *f.* **1. 창, 창문,** 유리창. **2.** *(pl.)* 성벽에 마련한 총안(銃眼). **3.** 구멍, 창구. **4.** (들어가는) 좁은 길, 입구.
fenéstro, ávi, átum, áre, *tr.* [fenéstra] 창을 내다, 창문을 달다.　「문, 들창.
fenéstrŭla, æ, *f. dim.* [fenéstra] 작은 창
fénĕus, a, um, *adj.* 건초(乾草)의, 지푸라기의.　「풀의.
fenicŭlárĭus, a, um, *adj.* [fenículum] 회향
fenícŭlum, i, *n.* 《植》 회향풀.　「소[헛간].
feníle, is, *n.* [fenum] 〔주로 *pl.*〕 건초 저장
fenísĕca, æ, [**-sex,** ĕcis,] *m.* 풀베는 사람.
fenisícĭa, æ, *f.* [**-cĭum,** i, *n.*] 풀벰, 벌초, 제초.
fenum, i, *n.* **건초**(乾草), 검불; 풀: 〔격언〕 Fenum habet in cornu. *(H.)* 그는 위험 인물이다 (사나운 소의 뿔에 동여맨 검불단에서 유래되었음).
fēnus, nŏris, *n.* **1. 이자,** 변리, 길미; 고리(高利): pecúniam fénore dare *(Pl.)*, pecúniam *alci* dare fénori *(C.)* 이자로 돈을 빌려주다. **2.** 이익, 이윤, 수입, 수확. **3.** 투자한 자본, 밑천. **4.** 빚, 부채; 빚더미.
fenúscŭlum, i, *n.* [fenus] 얼마 안되는 이자; 조그마한 이익.
fera, æ, *f.* [ferus] 사나운 짐승, 맹수, 야수.
ferácĭtas, átis, *f.* [ferax] 풍요, 비옥, 다산(多産).　「에 있었음).
ferálĭa, ĭum, *n.pl.* 망혼신(亡魂神) 축제(2월
ferális[1], e, *adj.* **1.** 죽은 사람에 관한; 장례식의, 장례식에 쓰는. **2.** 망혼신(亡魂神)의, 혼백신(神)의. **3.** 치명적인, 불길한, 슬픈, 음울한.
ferális[2], e, *adj.* [ferus] 야수의, 맹수의; 야생의, 사나운, 포악한.

ferámĭna, um, *n.pl.* 사냥한 짐승[새]의 총
ferárĭum, i, *n.* 수렵구역.　⌊수(總數).
fĕrax, ácis, *adj.* [fero] 〔*absol.*; *abl.*, *gen.*〕 비옥한, 풍요한, 많이 생산하는, 풍성한: ~ uvis *(Ov.)* 포도가 많이 나는 (땅).
ferbe... *V.* ferve...
férbŭi, *pf.* [férveo].
ferctum = fertum.
fércŭlum, i, *n.* [fero] **1.** 축제 때 신상(神像)을 운반하는 가마[들것]. **2.** 상여, 유골·조상의 초상 따위를 나르는 들것. **3.** 개선식에서 전리품·전승 기념품 따위를 운반하던 들것[장대]. **4.** 요리 나르는 쟁반, 상에 나오는 요리접시; 요리.
fere, *adv.* **1. 거의,** 거지반, 대개, 대략, 약: omnes ~, ~ omnes *(Cæs.)* 모두가 거의 다 / hora ~ tértia *(C.)* 세시쯤(에) / nihil ~ *(C.)* 거의 아무 것도 아니. **2.** 보통, 일반적으로.
ferentárĭus, i, *m.* [fero] 경무장병; 저격병.
Ferentína[1], æ, *f.* 고대 *Roma*의 여신.
Ferentína[2] Aqua, æ, *f.* *Alba Longa* 부근에 있는 개울.
Ferentínum, i, *n.* **1.** 남부 *Etrúria*의 도시 (지금의 *Ferento*). **2.** 중부 *Látium*의 도시 (지금의 *Ferentíno*). **3.** 〔*adj.*〕 **-tínas,** átis, [**-tínus,** a, um,] *Ferentínum*의; *m. pl.*
Feréntum = Foréntum.　⌊그곳 주민.
Ferétrĭus, i, *m.* [fero] 전승(戰勝) 기념으로 공경하던 *Júpiter*신의 별칭.
férĕtrum, i, *n.* [fero] **1.** 상여, (시체 운반용) 들것; 관, 관곽(棺槨). **2.** 영정(影幀)[초상(肖像)] 운반대. **3.** 전리품을 운반하는 들것.
férĭa, æ, *f.* **1.** 제일(祭日), 축제일, 휴일. **2.** 《가》 **평일,** (주간의) **요일**: ~ secúnda [tértia, quarta, quinta, sexta] 월[화·수·목·금]요일. **3.** *pl.* 휴가, 방학: fériæ æstívæ 여름방학 / fériæ belli 휴전. **4.** *pl.* 한가, 태평세월.　「의; 휴일의.
feriális, e, *adj.* [féria] 평일의, (주간) 요일
feriátus, a, um, *p.p.*, *a.p.* [férior] 공휴일의, 축일의; 아무 것도 안하는, 놀고 있는, 한가한; 안온한; (사용하지) 않는, 유휴(遊休)의.　「운, 야성의, 조야(粗野)한.
ferícŭlus, a, um, *adj. dim.* [ferus] 좀 사나
ferínus, a, um, *adj.* [fera] **1.** 산[들]짐승의, 야수의, 맹수의. **2.** 야수같은; 산짐승 가죽으로 만든. **3.** *f.* (*sc.* caro) 사냥짐승 고기.
férĭo, íre, *tr.* **1. 때리다, 치다,** 두드리다; (발길로) 차다: ~ mare *(V.)* (바다를 치다), 노질하다. **2.** 죽이다, 무찌르다; (짐승을) 잡다, 도살하다: secúri ~ *(C.)* 도끼로 쳐죽이다, **참수형**에 처하다. **3.** (짐승을) 희생물로 바치다; (계약을) **맺다,** 체결하다 (계약 맺을 때 희생물을 잡는 풍습

이 있었음): fœdus ~ *(V.)* 계약[동맹조약]을 맺다. **4.** (금속을 두들겨서 돈을) 찍어내다. **5.** 닿다, 감각에 도달하다, 눈을 부시게 하다; 느끼게 하다, 감정을 일으키다: Ferit æthera clamor *(V.)* 고함소리가 하늘까지 닿는다. **6.** 속여 넘기다. **7.** 벌하다.

férĭor, átus sum, ári, *dep. intr.* [féria] 일을 쉬다[그만두다], 휴일로 지내다, 휴식하다, 놀고 있다.

férĭtas, átis, *f.* [ferus] **1.** 미개함, 야만성, 야성, 잔인, 잔학. **2.** (지형의) 험난, 황량; 조악(粗惡).

ferme, *adv.* **1.** 거의, 약, 대개, **대략**. **2.** 보통, 일반적으로, 상식적으로: quod ~ évenit *(C.)* 보통 일어나는 일. **3.** 대부분, 거의 모두.

fermentátĭo, ónis, *f.* [ferménto] 발효(醱酵).

fermentátus, a, um, *p.p., a.p.* [ferménto] **1.** 발효된. **2.** 부풀어 연해진, 부드러운.

fermentésco, ĕre, *intr. inch.* [ferménto] 발효하다, 부풀기 시작하다.

ferménto, ávi, átum, áre, *tr.* [ferméntum] **1.** 발효시키다, (효모로 빵을) 부풀리다, (술을) 괴게하다. **2.** (땅에 거름을 주어) 부드러워지게 하다. **3.** (재미 따위를) 잡쳐놓다.

ferméntum, i, *n.* [*cf.* férveo] **1.** 효소, 효모, 발효소, **누룩**. **2.** 맥주의 일종. **3.** 분노, 울화; 원통한 일.

fĕro, tŭli, lātum, ferre, *anom. tr.* **1. 운반하다,** 나르다, 가져가다[오다], 메고[지고·이고·업고·끼고·들고…] 가다[오다·있다], 지니다, 가지다: arma ~ *(Cæs.)* 무기를 잡다 / *alci* auxílium ~ *(C.)* 누구를 도와주다 / nomen *alcjs* ~ *(C.)* 누구의 이름을 따 가지다, 같은 이름을 가지다 / ~ *alqm* in óculis *(C.)* 누구를 대단히 사랑하다 / ventrem [partum, útero] ~ *(L., Plin.)* 임신 중이다, 임신하고 있다. **2.** 쳐들다, 들어 올리다, 오르게 하다; 치켜 올리다, 찬양하다: Flamma ad cælum fertur. *(Suet.)* 화염이 하늘까지 치솟는다 / láudibus *alqm* in cælum ~ *(C.)* 아무를 하늘까지 치켜 세우다. **3. 옮기다,** 움직여 가져가다: manus ~ *(Ov.)* 두손을 …로 가져가다 / ~ manum *(Pl.)* 손을 내밀다 / ~ pedem *(T.)* 가다[오다], 발걸음을 옮기다 / signa ~ *(Cæs.)* (군기를 즉) 진영을 옮기다 / 〔*refl.*〕 ~ se *(C.)* 가다 / 〔*pass. refl.*〕 **ferri** *(V., C., Cæs.)* 가다, 다니다; 빨리 움직이다, 돌진하다; 흐르다. **4.** 데려가다, 이끌고 가다, 이르게 하다; (발·길·바람 따위가 어디로 향해) 가다: via in Pérsidem ferens *(Curt.)* *Pérsia*로 가는 길. **5.** 〔*pass.: abl.*〕 **ferri** (감정 따위에) **사로잡히다, 노예가** 되다, 탐닉하다, (방종에) 흐르다, 이끌리다, (생각·정신 따위가) 쏠리다: ódio ~ in *alqm (N.)* 누구를 몹시 미워하다. **6. 가져가 버리다, 빼어**[휩쓸어] 가다, (물건을) 약탈하다: Omnĭa fert ætas. *(V.)* 시대는 모든 것을 가져가 버린다. **7.** (신에게) 바치다: sacra ~ *(V.)* 제사지내다. **8. 내다, 산출하다**; (꽃을) 피우다, (열매를) 맺다. **9.** 〔*alqd* - ab, ex *abl.*〕 얻다, 획득하다, 손에 넣다, 받아 가지다: ~ victóriam ex *alqo (L.)* 누구에게 승리하다 / A pópulo repúlsam ~ *(C.)* 국민 투표에서 낙선되다. **10.** 〔*alqd alci (rei)*〕 **끼치다,** 일으키다, 자아내다; 주다: *alci* ~ dolórem *(V.)* 고통을 끼치다. **11.** 〔*alqd, acc. c. inf.*〕 **드러내다,** 나타내다, 보이다; 공표하다, 공개하다: lætítiam vultu ~ *(Ta.)* 기쁨을 얼굴에 드러내다 / præ se ~ *(C.)* 드러내다, 내세우다. **12.** 〔*alqd, alqm*; de *abl.; acc. c. inf.*〕 **참다,** 받다, **당하다,** 겪다, 고생하다, 견디어 내다, 감수하다, 받아 들이다, 용납하다: contuméliam ~ *(Cato)* 모욕을 당하다 / *alqd* ~ ánimo æquo *(C.)* 불평없이 참다 / ægre[moléste, indígne, gráviter, acérbe] ~ 겨우[억지로·어렵게·고통스럽게] 참다, 분하게[귀찮게·언짢게·못마땅하게·원통하게] 여기다 / si quis ægre ferat, se páuperem esse, *(C.)* 자기의 가난함을 몹시 괴로와한다면. **13.** 〔*alqd; acc. c. inf.*〕 **말하다,** 이야기하다, **전하다,** (소문 따위를) 퍼뜨리다; 소문이 있다: si vera feram *(V.)* 내가 진실을 말한다면 / Fama tulit, *acc. c. inf. (V.)* …하였다는 소문이 있었다 / ferunt (사람들이) …라고들 말한다 / 〔*nom.c. inf.*〕 **fertur, ferúntur** …다고[라고] 한다, …말이 있다, …라고 전해 내려온다 / Dixísse fertur símius senténtiam. *(Phædr.)* 원숭이가 의견을 말했다고 한다. **14.** 〔*pass.*〕 **ferri** 사람들의 입에 오르내리다, (책·글 따위가) 많이 퍼지다. **15.** 〔*se c. acc. præd. (acc. c. inf.)*〕 떠들어대다, 뽐내다, 자랑하다: Fers te nullíus egéntem. *(H.)* 너는 아무 것도 부족한 것이 없노라고 떠들어대고 있다. **16.** 《法》 ~ suffrágium 선거하다, 투표하다: ~ senténtiam 가결하다, 판결[선고]하다 / ~ legem 법률안을 (심의·의결하도록) 제출하다; 법을 제정하다 / ~ ad pópulum 안건을 국민 앞에 제출하다 / *alqm* ~ júdicem *(C.)* 아무를 재판관으로 선정하다. **17.** 〔*absol.*, ut〕 (사정·형편·뜻 따위가) 요구하다, 요청하다, 필요로 하다: ut res feret, *(Q.)* 앞으로의 형편대로 / natúra fert, ut ... *(C.)* 일의 성질상 …하게 마련이다. **18.** 장부에 기입하다[올리다]: *alci* expénsum ~ *(C.)* 지출을 누구 앞으로 장부에 올리다.

ferócĭa, æ, *f.* [ferox] **1.** 사나움, 거셈, 우락부락함, 난폭. **2.** 용기, 용감, 과감, 대담; 기백, 기대. **3.** (포도주의) 신맛.

ferócĭo, ívi[ĭi], íre, *intr.* [ferox] 사납다, 난폭하다, 거칠다.

ferócĭtas, átis, *f.* [ferox] **1.** 사나움, 야성, 난폭성, 잔혹성; 오만불손. **2.** 용기, 용맹, 용감, 꿋꿋함, 대담.

ferócŭlus, a, um, *adj. dim.* [ferox] 좀 사나운, 약간 난폭한.

Ferónĭa, æ, *f.* 고대 *Itália*의 해방된 노예들의 수호여신.

fĕrox, ócis, *adj.* [ferus] **1.** 격렬한, 과격한. **2.** 대담한, 과감한. **3.** 사나운, 난폭한, 가혹한, 잔인한. **4.** 거만한, 오만불손한.

ferramentárĭus, i, *m.* 철공, 대장장이.

ferraméntum, i, *n.* [ferrum] 〔주로 *pl.*〕 철기구류(鐵器具類), 쇠로 만든 도구[연장·공구], 농사도구; 이발기구; 철제무기.

ferrárĭus, a, um, *adj.* [ferrum] 쇠의, 철에 관한; 〔*subst.*〕 *m.* 철공, 대장장이; *f.* 철광산.

ferrátĭlis, e, *adj.* [ferrátus] 쇠붙이가 붙어있는; 사슬에 묶인.

ferrátus, a, um, *adj.* [ferrum] 쇠로 씌운, 쇠를 붙인, 쇠테를 두른, 철재장비의; 쇠사슬에 묶인; 〔*subst.*〕 *m.pl.* 장갑병(裝甲兵), 철갑을 입은 군인.

ferre, *inf.* [fero].

férrĕus, a, um, *adj.* [ferrum] **1.** 쇠의, 철제의: ~ imber *(V.)* 비오듯하는 창(槍). **2.** 인정없는, 딱딱한, 무자비한, 냉혹한; 무감각한, 철면피의. **3.** 무거운: ~ somnus *(V.)* 깊은 잠. **4.** 건장한, 강한, 힘센.

ferricrepínus, a, um, *adj.* [ferrum+crepo] 족쇄(足鎖) 소리나는.

ferrifodína, æ, *f.* [ferrum+fodína] 철광.

ferritérĭum, i, *n.* [ferrum+tero] 족쇄찬 노예들이 일하는 곳.

ferrítĕrus, a, um, [**ferrítrĭbax,** ácis,] *adj.* [ferrum+tero] (발목을) 쇠사슬로 묶은, 족쇄찬.

ferróvĭa, æ, *f.* [ferrum] 철도.

ferrugínĕus, a, um, *adj.* [ferrúgo] **1.** 녹슨 쇠빛의, 암갈색의; 거무스름한. **2.** 쇠비린내 나는, 철분이 함유된.

ferrúgo, gĭnis, *f.* [ferrum, *cf.* ærúgo] **1.** 쇠의 녹. **2.** 암갈색, 짙은 밤색; 짙은 갈색의 물건. **3.** 시기, 질투.

ferrum, i, *n.* **1.** 쇠, **철**: 《化》 ~ lácticum, 유산철(乳酸鐵) / ~ pulverátum, 쇠가루, 철분(鐵粉) / ~ redúctum, 환원철(還元鐵) / ~ sesquichlorátum, 염화 제2철 / ~ sulfúricum, 유산철(硫酸鐵). **2.** 철제 기구: 보습, 도끼, 낫; 머리 가위, 인두; 철필; 쇠사슬, 쇠 바퀴테; 사냥 작살; 수술기구; 무기, 화살촉, 칼, 검, 단도: ferro ignique *(C.)* 무기와 화염으로. **3.** 전쟁, 전투, 무력. **4.** 무정(無情), 비정(非情), 냉혹, 잔인. **5.** (금·은·동·철의 네 시대로 나누었던) 철 시대, 타락시대.

ferrúmen, mĭnis, *n.* [ferrum] **1.** 땜납; 접합제, 시멘트. **2.** 쇠의 녹.

ferruminátĭo, ónis, *f.* 용접.

ferrúmĭno, ávi, átum, áre, *tr.* 땜질하다, 때우다, 용접하다.

fértĭlis, e, *adj.* [fero] **1.** 〔*absol.; gen., abl.*〕 **비옥한**, 풍요한; 산출하는, 다산의, 열매 많이 맺는; 풍부한. **2.** 비옥[풍요]하게 하는.

fertílĭtas, átis, *f.* [fértilis] 비옥, 풍요, 풍부; 다산성(多產性).

fertor, óris, *m.* **1.** [fero] 운반자. **2.** [fertum] fertum빵을 제헌하는 자.

fertum[ferct-], i, *n.* [fero, fárcio] (기름과 꿀을 섞어서 만든 제사용) 과자·떡.

fertúra, æ, *f.* [fero] 제물, 제사.

férŭla, æ, *f.* **1.** 《植》 큰 회향풀; 인도산 야생갈대. **2.** 막대기; 회초리.

ferulácĕus, a, um, *adj.* [férula] 큰 회향풀의; 야생갈대의; 막대기의.

ferulágo, gĭnis, *f.* [férula] **1.** 《植》 작은 회향풀. **2.** 회초리, 작은 막대기.

fĕrus, a, um, *adj.* **1.** (동물·초목 따위가) 들에서 자란, **야생의; 사나운**, 길들지 않은; 〔*subst.*〕 *m.* (남성 명사로 표시되는 맹수·야생동물) 사자, 멧돼지, 야생마, 사슴; *f.* (*sc.* béstia) 맹수, 야수. **2.** (토지가) 경작되지 않은, 황무지의, 황량한. **3.** 미개한, 야만의, 교양없는, 우악스러운, 야성적인; 난폭한, 잔학한, 잔인한. **4.** 용감한, 대담한, 확고한.

fervefácĭo, féci, fáctum, ĕre, *tr.* [férveo+fácio] 덥히다, 뜨겁게 하다, 끓이다.

fervens, éntis, *p. præs., a.p.* [férveo] 끓는, 뜨거운, 열렬한; 격앙된, 흥분한, 격분한; 저돌적.

férvĕo, férbŭi, ére, [**fervo,** vi, ĕre,] *intr.* **1.** 끓다, 비등(沸騰)하다, 뜨거워지다. **2.** 우글[득실]거리다, 뒤끓다, 들끓다. **3.** 열렬해지다, 격앙하다, 흥분하다, 북받치다, 격분하다. **4.** 치열해지다, 가열되다.

fervésco, ĕre, *intr. inch.* [férveo] 끓기 시작하다, 뜨거워지다.

férvĭdus, a, um, *adj.* [férveo] **1.** 뜨거운, 끓는. **2.** 〔*absol.; gen.*〕 불타는, 열렬한; 맹렬한, 격렬한. **3.** 격앙된, 북받치는, 흥분한, 격분한. **4.** 눈부신, 밝은.

fervor, óris, *m.* [férveo] **1.** 끓음, 비등; 뜨거움, 염열, 열화. **2.** 열성, 열심, 정열; 열정, 격정.

fervúncŭlus, i, *m.* 《醫》 종기.

Fescénnĭa, æ, *f.* *Etrúria*의 도시; 〔*adj.*〕 **-nínus,** a, um: Fescenníni versus *(L.)* (대화식의 저속한) *Fescénnia*의 시풍(詩風) / licéntia Fescennína *(H.)* *Fescénnia* 시풍의 저속함.

Fessónĭa, æ, *f.* [fessus] 지친 여행자의 보호여신.

féssŭlus, a, um, *adj.* 좀 피곤해진, 지친.

fessus, a, um, *adj.* [fatíscor] **1.** 〔*abl.,* de *abl., gen.; acc. Gr.; absol.*〕 **지쳐버린**, 피로[피곤]해진, 녹초가 된: bello fessi *(C.)* 전

쟁에 지친 사람들 / ~ belli viǽque *(Stat.)* 전쟁과 강행군으로 지쳐버린. **2.** 노쇠한, 쇠약[허약]해진, 쇠진한, 기진맥진한: fessa ætas *(Ta.)* 노년기. 「서두르는, 급한.

festinabúndus, a, um, *adj.* [festíno] 바삐

festínans, ántis, *p. præs., a.p.* [festíno] 급히 서두르는; 〔*adv.*〕 **-ánter,** 바삐, (황)급히, 서둘러, 허겁지겁.

festinátim[-náte, -náto], *adv.* 바삐, 서둘러, 황급히.

festinátĭo, ónis, *f.* [festíno] 서두름, 급히 함; 급속, 황급; 졸속.

festíno, ávi, átum, áre, *intr., tr.* 〔*absol.;* in, ad *acc.; alqd, inf.*〕 **서두르다, 급히 하다, 바삐 가다**[오다]; 바빠하다, 바삐 굴다; (동작을) 재촉하다, 부지런히 하다: 〔격언〕 Festína lenter. 차근차근이 빨리해라 / ~ fugam *(V.)* 급히 도망가다 / Finem impónere festíno. *(Q.)* 나는 빨리 끝장내려고 한다.

festínus, a, um, *adj.* [festíno]〔*absol.; gen.*〕 급히[바삐]하는, 서두르는; 바쁜, 급한.

festívĭtas, átis, *f.* [festívus] **1. 축제 기분,** 즐거움, 명랑; 흥겨움, 떠들썩함. **2.** 멋, 재치, 우아, 세련미; 귀엽성. **3.** 재치있는 말, 재담. **4. 축일,** 축제, 경사.

festívus, a, um, *adj.* [festus] **1.** 축제의, (경)축일의, 경사로운; *n.* 축일. **2.** 축제 기분의, 흥겨운, 즐거운, 기쁜, 명랑한. **3.** 귀여운, 예쁜; 우아한, 멋있는, 세련된. **4.** 재치있는. **5.** 〔*adv.*〕 **-ve[-vĭter],** 즐겁게, 축제 기분으로, 기분좋게; 멋있게, 재치있게.

festúca¹, æ, *f.* **1.** 지푸라기, 검불, 티; 짚, (초본의) 줄기·대. **2.** 노예를 자유인으로 석방시킬 때 살짝 때리던 막대기.

festúca², æ, *f.* 메, 크고 무거운 방망이, 망

festúco = fistúco. ⌊치, 달구.

festum, i, *n.* [festus] **축일,** 축제일, 경축일.

festus, a, um, *adj.* [*cf.* féria] **1.** 축일의, 축제의, 경축의, 경사로운; 장엄한; 공휴일의: dies ~ *(C.)* 축일, 축제일. **2.** 즐거운, 기쁜, 유쾌한.

fet... (이하에 없는 것은) *V.* fœt...

fetálĭa, ĭum, *n. pl.* [fetus²] **1.** 양새끼의 출생을 기리는 축제. **2.** 탄생일.

fetiális, is, *m.* **1.** (고대 *Roma*에서 국민의 대표로 전쟁의 타당성 여부를 검토한 다음) 선전포고·강화(講和)를 결정·지시하던 제관; 〔*pl.*〕 (20명으로 구성된) 제관단. **2.** 〔*adj.*〕 **-lis,** e, (선전포고·평화조약을 관할하는) 제관(단)의.

fétĭfer, ĕra, ĕrum, *adj.* [fetus¹ + fero] 비옥하게 하는, 생산력을 증가시키는.

fetífico, áre, *intr.* (새가) 알낳다[까다]; (물고기가) 알 배다. 「낳게 하는.

fetíficus, a, um, *adj.* 비옥하게 하는, 많이

fetiscísmus, i, *m.* 주물(呪物) 숭배, 배물교 (拜物敎).

fēto, áre, [fetus¹] **1.** *intr.* 알낳다, 알까다, 새끼치다. **2.** *tr.* 수태케 하다.

fet(u)ósus, a, um, *adj.* [fetus¹] 많이 낳는.

fetúra, æ, *f.* [fetus²] **1.** 임신, 임신기간. **2.** 생식(生殖), 분만. **3.** 동물의 새끼; 포도의 새싹. **4.** 출판되는 책.

fetus¹, a, um, *adj.* **1.** 새끼 밴, 임신한. **2.** 〔*abl.*〕 비옥한, 곡식이 잘되는, (열매가) 잘 열리는: terra feta frúgibus *(C.)* 곡식이 잘 되는 땅. **3.** 〔*abl., gen., acc. Gr.*〕 충만한, 가득찬, 잔뜩 부푼, (우글우글하게) 많은: ~ furóre *(Sil.)* 잔뜩 성난. **4.** 해산(解產)한, 분만한, 새끼낳은.

fetus², us, *m.* **1.** 해산(解產), 분만. **2.** (식물의) 결실, 열매맺음, 산출(產出). **3.** 태아(胎兒). **4.** 자식, 새끼; 한배의 새끼들. **5.** 열매, 과실; 소출(所出), 산물; 새싹, 새로 돋은 가지. **6.** 배출(輩出): ~ oratórum *(C.)* 웅변가들의 배출.

feudális, e, *adj.* [feudum] 봉토(封土)의, 봉강(封疆)의; 봉건적인, 봉건제도의 영지(領地)의. 「주의.

feudalísmus, i, *m.* 봉건제도[정치], 봉건

feudum, i, *n.* 영지(領地), 봉토(封土), 봉

fex = fæx. ⌊건도시(封建都市).

fi¹, *interj.* 〔혐오·불쾌 표시의 감탄사〕 피!

fi², *imper. sg. 2.* [fio] 되어라. 「다삵.

fiber, bri, *m.* 《動》 비이버, 해리(海狸), 바

fibl... *V.* fibul...

fibra, æ, *f.* [*cf.* fímbria] **1.** 섬유, 섬조(纖條), 가는 줄; 《植》 인피(靭皮) 섬유, 수근(鬚根). **2.** 간엽(肝葉), 폐엽(肺葉); 내장

fibrátus, a, um, *adj.* 섬유를 가진. ⌊(內臟).

Fibrénus, i, *m.* *Arpínum*의 작은 강 (지금의 *Fibreno*강). 「의, 바다삵의.

fibrínus, a, um, *adj.* 비이버의, 해리(海狸)

fibrocartilágo, gĭnis, *f.* 《解》 섬유연골(纖維軟骨). 「섬유 모양의, 섬유성의.

fibrósus, a, um, *adj.* [fibra] 섬유가 많은;

fíbŭla, æ, *f.dim.* [figo] **1.** 묶거나 매거나 거는 데 쓰는 것: 머리핀, 리본, 댕기, 끈, 단추, 똑딱단추; 버클. **2.** 꺾쇠, 죔쇠, 물림쇠, 걸쇠. **3.** (환자·배우·가수 등이 사용한) 고르셋. **4.** 《解》 비골(腓骨).

fibulatórĭus, a, um, *adj.* 단추 달린.

fíbŭlo, ávi, átum, áre, *tr.* [fíbula] 꺾쇠 따위로 연결시키다; 단추끼우다. 「도시.

Ficána, æ, *f.* *Ostĭa* 가도에 있는 *Látium*의

ficárĭus, a, um, *adj.* [ficus] 무화과의, 무화과나무의, 무화과에 관한; 〔*subst.*〕 *m.* 무화과 상인; *f.* 무화과밭[과수원].

ficátum, i, *n.* 무화과 먹고 살찐 짐승 특히 거위의 간.

ficédŭla[-célla], æ, *f.* [ficus] 《動》 연작류의 새, 베까피꼬(beccafico: 《伊》 무화과·포도 따위를 먹는 작은 철새).

ficétum, i, *n.* 1. 무화과밭. 2. 헌데, 부스럼; 치질. 「과.

fícĭtas, átis, *f.* 무화과 풍년, 풍성한 무화

fícĭtor, óris, *m.* 무화과 따는 사람[재배인].

ficósus, a, um, *adj.* 치질 투성이의.

fictícĭus[-títĭus], a, um, *adj.* [fictus] 가장(假裝)한, 거짓의, 가짜의; 지어낸, 꾸며낸, 허구의, 가상적(假想的)인, 가공적(架空的)인, 상상의. 「도기공(陶器工).

fictiliárĭus, i, *m.* [fíctilis] 옹기[토기]장이,

fíctĭlis, e, *adj.* [fingo] 진흙으로 만든; 질그릇의, 토기의, 옹기의; 〔*subst.*〕 *n.* 질그릇, 토기, 옹기.

fíctĭo, ónis, *f.* [fingo] 1. 조형(造形), 형성, 공작(工作). 2. 상상, 허구, 가상(假想); 지어낸 것, 꾸며낸 이야기. 3. 가장(假裝), 위장; 위조. 4. (修) 가설(假設), 가정; (法) 의제(擬制).

fictor, óris, *m.* [fingo] 1. 조상사(彫像師), 조각가, 석상[동상] 제작자, 모형 제작자; 옹기장이. 2. 제사용 빵·과자류 제조인. 3. 창조자, (법률의) 제정자, 창안자. 4. (그럴듯한 말로) 계략을 은폐하는 자.

fictórĭa, æ, *f.* [fingo] 소조술(塑造術).

fictrix, ícis, *f.* [fictor] 만들어 내는[조성하는] 여자. 「허식.

fictum, i, *n.* [fictus] 가상, 허위, 거짓말,

fictúra, æ, *f.* [fingo] 1. 형성, 조성; 구상(構想). 2. 어휘의 파생·형성.

fictus, a, um, *p.p., a.p.* [fingo] 허식의, 가장된, 날조된, 거짓으로 만들어낸.

fícŭla, æ, *f.* 작은 무화과.

Ficúlĕa, æ, *f.* *Roma* 북방 *Sabíni*족의 도시; 〔*adj.*〕 **-lénsis,** e.

ficúlnĕus[-cúlnus], a, um, *adj.* [fícula] 무화과나무의; 〔*subst.*〕 *f.* (植) 무화과나무.

ficus, i [us], *f.* 1. (植) 무화과나무. 2. 무화과. 3. 부스럼; 무사마귀.

fidámen, mĭnis, *n.* [fido] 믿음, 신앙.

fide, *adv.* 〔*superl.* -díssime〕 신용있게.

fidedíctor, óris, *m.* 보증인.

fideicommissárĭus, a, um, *adj.* [fideicommítto] (法) 신탁(信託)의, 신탁유증(遺贈)의; 〔*subst.*〕 *m.* 신탁 수익자(收益者). 「贈).

fideicommíssum, i, *n.* (法) 신탁유증(遺

fideicommítto, mísi, míssum, ĕre, *tr.* [fídei+commítto] 신탁유증(信託遺贈)하다.

fideísmus, i, *m.* 신앙절대론, 신앙철학.

fidejúbĕo, jússi, jússum, ére, *intr.* [fide+júbeo] 보증(保證)서다.

fidejússĭo, ónis, *f.* [fidejúbeo] 보증, 담보.

fidejússor, óris, *m.* [fidejúbeo] 보증인, 담보인. 「는[서는].

fidejussórĭus, a, um, *adj.* 보증의, 보증하

fidéle, *adv.* 믿음성 있게.

fidélĭa, æ, *f.* 도기, 옹기, 독, 항아리.

fidélis, e, *adj.* [fides¹] 1. 〔*absol.; dat.*, in *acc.*, in *abl.*〕 믿음성 있는, 미더운, 신의가 있는, 확실한, 진실한, 성실한, 충실(忠實)한, 충성을 다하는: dómino ~, ~ in dóminum *(C.)* 주인에게 충실한. 2. 믿음 있는, 신앙심있는; 〔*subst.*〕 *m., f.* 신자, 교우. 3. 견고한, 굳은, 오래 가는: loríca ~ *(V.)* 견고한 갑옷 / navis ~ *(C.)* 튼튼한 배.

fidélĭtas, átis, *f.* [fidélis] 신의(信義), 충실성(忠實性), 충성, 성실, 정직, 항구성.

Fidéna, æ,[-æ, árum, *pl.*] *f.* *Látium*에 있는 *Tíberis* 강변의 도시 (지금의 *Castel Giubileo*); 〔*adj.*〕 **-dénas,** átis; *m.* *Fidénæ*인.

fidens, éntis, *p. præs., a.p.* [fido] 믿는, 신뢰하는; 자신있는, 자신만만한, 대담한, 용감한. 「과감, 용감, 용단.

fidéntĭa¹, æ, *f.* [fido] 자신, 확신, 신념;

Fidéntĭa², æ, *f.* *Gállia Cisalpína*의 도시.

fidepromíssor, óris, *m.* [fidepromítto] 보증인, (약속을) 다짐하는 사람.

fidepromítto, ĕre, *intr.* [fides¹] 보증하다, (약속을) 다짐하다.

fides¹, ĕi, *f.* [fido] 1. 믿음, 신뢰, 신임; 확신: fidem habére *alci (C.)* 누구를 믿다[신용하다] / *(alci)* fidem fácere, *acc.c.inf.(C.)* …것을 믿게 하다, 확신시키다 / Vix ~ fit, eas res hómines passos esse.*(L.)* 사람들이 그 일들을 감당했다는 것은 믿기 어려울 정도다. 2. 신용, 외상, 신용거래, 신용대부: Fides cóncidit.*(C.)* 신용이 떨어졌다. 3. 충실(忠實), 충성, 신의(信義), 성실, 믿음성, 정직, 양심적임, 거짓없음: exémplum probitátis et fídei *(C.)* 정직과 성실의 본보기 / ~ erga pópulum Románum *(Cæs.)* *Roma* 국민에게 대한 충성. 4. 마음·뜻: **bona** ~ 순직(純直)한 마음, 성심(誠心), 성의; 선의(善意): bonā fide tutóris *(Africánus)* 후견인의 성의로 / bonā fide *(Ulp.)* 선의로; **mala** ~ 악의(惡意). 5. 약속 이행[실행·실천]; (예언 따위의) 실현, 적중, 성취: in fide permanére *(Cæs.)* 약속을 충실히 지키다. 6. 신빙성, 근거있음, 확실함, 진실성, 진짜: tabulárum ~ *(C.)* 문서의 진실성. 7. 믿어야 할 일, 믿지 않을 수 없음; 신통함: mira fides! *(Stat.)* 신통하게도, 놀랍게도! 8. 약속, 언질, 서약, 보증, 장담: fidem fállere[frángere] *(C.)* 약속을 어기다[깨다] / fidem exsólvere *(L.)*, liberáre fidem *(C.)* 약속을 이행하다. 9. 볼모, 인질; 담보물. 10. (정부나 사법부에서) 불문에 붙임, (처벌하지 않는다는) 안전보장: ~ pública *(C.)* 국가의 보장. 11. 보호, 수호; 후원, 도움: in fide *alcjs* esse *(C.)* 누구의 보호 밑에 있다 / 〔맹세·기원의 형식〕 Pro deórum atque hóminum fidem! *(C.)* 신들과 인간들의 도움으로! 천우신조로! 12. [F-] 신의·성실의 여신. 13. (종교적) 믿

옴, 신앙(심), 신덕(信德): ~ explícita 명시적(明示的) 신앙 / ~ implícita 암묵적(暗默的) 신앙 / ~ fiduciális (*Luther*의) 신뢰적 신앙 / ~ quā créditur 그것을 통해서 믿어지는 신앙(태도로서의 신앙) / ~ quæ créditur 믿어지는 신앙 (고백으로서의 신앙).

fides[2], is, *f*. 〔흔히 *pl*.로〕 1. (현악기의) 현(絃)·줄. 2. (lyra, cíthara 따위) 현악기, 칠현금(七絃琴): fídibus cánere*(C.)* lyra를 타다 / fídibus docére *alqm(C.)* 누구에게 현악기 연주법을 가르치다. 3. [F-] 《天》 금 ㄴ좌(琴座).

fidi, *pf*. [findo].

fídĭcen, cĭnis, *m*. [fides[2] + cano] 1. lyra[cíthara] 연주자. 2. 서정시인. 「자 (여자).

fidícĭna, æ, *f*. [fídicen] lyra[cíthara] 연주

fidicínĭus[-cĭus], a, um, *adj*. [fídicen] 1. lyra [cíthara]의. 2. lyra [cíthara] 연주의.

fidícŭla, æ, *f*. 〔흔히 *pl*.〕 1. 가는 심줄, (현악기의) 현·줄. 2. 작은 lyra [cíthara]. 3. (죄인을 고문대에 결박하는) 오랏줄; 형 ㄴ틀.

fidis, is, *f*. = fides[2].

Fídĭus, i, *m*. [fides[1]] 1. 진실[성실]의 신 (주로 *Júpiter*의 별칭). 2. ~; Deus ~, *Júpiter*의 아들.

fido, fisus sum, fíděre, *semidep. intr*. 〔*dat., abl., inf*.〕 믿다, 신뢰하다, 신임하다; 희망을 걸다: sibi ~ 자신을 가지다.

fidúcĭa, æ, *f*. 1. 〔*absol.; gen*.〕 믿음, 신뢰, 신임: ~ *alcjs(C.)* 누구에게 대한 신뢰심. 2. 자신(自信), 자부심: ~, ~ sui 자신 / ~ formæ*(Prop.)* 용모에 대한 자신. 3. 《法》 저당, 담보(물), 공탁(물).

fiduciális, e, *adj*. [fidúcia] 신뢰심을 가지는, 굳게 믿는; 신탁(信託)의.

fiduciárĭus, a, um, *adj*. [fidúcia] 위탁한, 신탁의; 신탁유증(信託遺贈)의.

fidúcĭo, ávi, átum, áre, *tr*. [fidúcia] 저당잡다; 저당잡히다.

fidus, a, um, *adj*. 1. 〔*absol.; dat., gen*.〕 믿을 수 있는, 믿음직한, 신실(信實)한, 충실(忠實)한. 2. 확실한, 보증[보장]된, 안전한, 마음놓을 수 있는.

fíěri, *inf*. [fio], *pass*. [fácio] 1. 되다: 《法》 ~ fácias. 강제집행영장, 차압영장(略: fi. fa.). 2. 《哲》 *n. indecl*. 생성(生成), 유전(流轉): in ~ 생성과정(에 있는).

figlínus, a, um, *adj*. 흙으로 빚은; 질그릇의, 옹기의, 도기(陶器)의; 〔*subst*.〕 *f*. 옹기기술[제조법]; 옹기공장; *n*. 질그릇, 옹기, 도기.

figmen, mĭnis, [**-méntum,** i,] *n*. [fingo] 1. 만들어 냄, 제조, 제작, 조형. 2. 제작품; 우상. 3. 가상(假想), 상상.

figo, fixi, fixum, ěre, *tr*. 1.〔*alqd[alqm] dat*., in *acc*., in *abl., abl*.〕 박다, 꽂다; 고착시키다, 부착시키다, 붙들어 매다, 매달다: ~ *alqm* cruci*(Q.)* 아무를 십자가에 못박다[매달다] / ~ óculos in *alqd(Sen.)* 뚫어지게 보다, 응시[주시]하다 / Pénitus se malum fixit. *(Sen.)* 악이 뿌리 깊이 박혔다. 2. 자국을 남기다. 3. (게시하여) 발표하다, 공포(公佈)하나: ~ tábulas legis, ~ leges*(C.)* 법을 공포하다, 포고령을 게시하다. 4. 세우다, 짓다, 건립하다, 정착하다, 설정하다: ~ domos*(Ta.)* 집들을 짓고 정착하다 / sedem ~ *(Juv.)* 자리잡고 살다. 5. 견고히 하다, (발걸음 따위를) 잘 가누다. 6. (깊숙이) 찌르다, 꿰뚫다, 상처입히다; (짐승을) 도살하다; 헐뜯다, 비난[공격]하다. 7. 〔*alqd* in *abl., dat*.〕 경주(傾注)하다; (마음속) 깊이 간직하다, (기억속에) 남겨두다.

figuláris, e, *adj*. [fígulus] 도공(陶工)의, 옹기장이의; 옹기 만드는데 쓰는.

figulátĭo, ónis, *f*. [fígulo] 형성(形成), 합성.

figulínus = figlínus. 「들다, 형성하다.

fígŭlo, ávi, átum, áre, *tr*. 흙으로 빚다; 만

fígŭlus[1], i, *m*. [fingo] 옹기장이, 토기장이, 도기 제조공.

Fígŭlus[2], i, *m*. 1. *Március* 씨족의 가문명. 2. *Nigídius* 씨족의 가문명.

figúra, æ, *f*. [fingo] 1. 모양, 생김새, 형상, 형태, 형체; 외관, 외형, 모양새, 자태, (뚜렷한) 모습; 탈, 허울. 2. (그림·조각 따위의) 인물, 상(像), 조상(彫像), 초상(肖像). 3. 그림, 도형(圖形), 도해, 삽화. 4. 죽은 사람의 그림자, 유령, 환영(幻影). 5. 종류, 유형, (사물의) 성질·성격. 6. 《文法》 (격·인칭 따위의) 어미(語尾); 어형; 《修》 사조(詞藻), 비유(법), 형용. 7. 《論》 (삼단논법의) 격(格: 매개념의 위치에 따라 생기는 형식). 8. 《哲·神》 표상(表像); 전형(典型), (구약성서에서 성령에 의한) 장래의 예시(豫示)로서의 인물·물건·사건. 「적. 2. 그림으로 표시된.

figurális, e, *adj*. [figúra] 1. 비유적, 표상

figurálĭtas, átis, *f*. [figurális] 비유적 표현.

figurátĭo, ónis, *f*. [figúro] 1. 형성, 조형(造形). 2. 모양, 형상, 생김새, 형태. 3. 공상, 상상. 4. 《文法》 어형(語形). 5. 《修》 사조(詞藻), 문채(文彩), 수식.

figuratívus, a, um, *adj*. 1. 비유적인, 형용적인; 수식적인, 비유가 많은. 2. 표상[상징]적인. 3. 형상묘사의, 조형(造形)의.

figúro, ávi, átum, áre, *tr*. [figúra] 1. 모양을 만들다, 빚다, 형성하다, 만들다. 2. 상상하다, 마음에 그리다. 3. 그리다, 형용하다, 비유하여 표현하다, 표상하다, 상징하다. 「의 화사(花糸).

filaméntum, i, *n*. 섬조(纖條); 《植》 수꽃술

filátim, *adv*. [filum] 실 한오라기씩, 실오라기 모양으로. 「liis] 딸.

fílĭa, æ, *f*. 〔*pl. dat., abl*.: filiábus, 간혹 fí-

filiális, e, *adj*. [fílius] 1. 아들의, 자식으로서의, 자식다운; 자식의 위치에 있는: píetas ~ 효성. **2.** 《가》 *f.* 모교회(母敎會)에 딸린 자(子)교회. 「계, 자손; 효성심.

filiálĭtas, átis, *f.* (아들 입장에서) 부자관

filiáster, tri, *m.* [fílius] 의붓아들; 전실아

filiástra, æ, *f.* [fília] 의붓딸; 전실딸. └들.

filiátĭo, ónis, *f.* (자식이 어버이에게 대한) 친자(親子) 관계, 부자관계, 자식의 위치[권리]: ~ adoptíva (민법상의) 양자결연; 《神》 은총으로 하느님의 자식이 됨.

filicáles, ĭum, *f.pl.* 《植》 양치류(羊齒類).

filicátus, a, um, *adj.* [filix] **1.** 고사리(모양으)로 장식된. **2.** 《植》 *n.pl.* 양치류.

filícŭla, æ, *f. dim.* [filix] 《植》 다시마일엽초, (작은) 고사리.

filíĕtas, átis, *f.* = filiátio.

filíŏla, æ, *f. dim.* [fília] **1.** 어린 딸, 귀여운 딸. **2.** 계집애 같은 사람.

filíŏlus, i, *m. dim.* [fílius] 어린 아들, 귀여운 아들, 아들녀석.

fílĭus, i, *m.* **1.** **아들,** 자식; *pl.* 자녀(란 뜻으로도 쓰임). **2.** 소생(所生): terræ~*(C.)* 하찮은 사람, 무명인사 / cellæ ~ 창녀의 자식 / ~ fortúnæ*(Ov.)* 행운아.

filiusfamílĭas, filii–, *m.* 슬하의 아들, 친권

filix, ĭcis, *f.* 《植》 고사리. └에 속한 아들.

filo, áre, *tr.* 실뽑다, 잣다.

fīlum, i, *n.* **1.** **실,** 양털[무명·명주]실. **2.** 가는 줄, 섬조(纖條), 섬유; 거미줄; 현악기의 줄. **3.** 《神話》 인간 수명의 실 (*Parcæ*라는 운명의 세 여신이 하나는 그 실을 잣고, 하나는 그 길이를 정하고, 하나는 그것을 끊는다 함). **4.** 직물, 실로 짠[뜬] 것. **5.** *Roma*의 제관(flamen[1])들이 평소에 모자 대신에 사용하던 털실 머리띠. **6.** 모양(새), 생김새, 자태; 상태. **7.** (연설·문장의) 짜임새, 구성, 구조; 성격, 문체.

fímbrĭa[1], æ, *f.* 〔주로 *pl.*〕 **1.** 맨 끝, 가장자리, 옷단, 옷자락, (띠·옷단 따위의) 술; 곱슬머리의 끝. **2.** 《植·動》 들쭉날쭉한 가장자리, 주름모양의 가장자리.

Fímbrĭa[2], æ, *m.* *Flávius* 씨족의 가문명.

fimbriátus, a, um, *adj.* [fímbria] **1.** 술달린, 좁은 띠모양의 선을 두른. **2.** 《植·動》 가장자리가 들쭉날쭉한, 가장자리에 털이 난, 파뿌리 모양의. 「엄 자리.

fimétum, i, *n.* [fimus] 똥거름 구덩이, 두

fimum, i, *n.* [**-us,** i, *m.*] **1.** (거름으로 쓰이는) 인분, 동물의 똥, 두엄. **2.** 흙탕, 진창.

finális, e, *adj.* [finis] **1.** 경계(境界)에 관한. **2.** **최종의,** 최후의, 결말의, 종국적. **3.** **목적의,** 목적에 관한, 목적을 나타내는: 《哲》 causa ~ 목적인(目的因) / 《文法》 datívus ~ 목적 3격[여격(與格)].

finálĭtas, átis, *f.* [finális] **1.** 최종적임, 종국성(終局性), 일의 끝장. **2.** 《哲》 목적성, 합목적성(合目的性).

findo, fidi, fissum, ĕre, *tr.* **1.** 쪼개다, 빠개다, 찢다, 가르다, 나누다, 벌어지게 하다. **2.** (물결을) 헤치다; 발고랑을 내다, 파헤치다. **3.** 〔*pass.*〕 findi 화가 치밀다, 분노를 터뜨리다. 「상상할 수 있는.

fingíbĭlis, e, *adj.* [fingo] 생각할 수 있는,

fingo, finxi, fictum, ĕre, *tr.* **1.** **빚다, 모양을 만들다,** 만들어 내다; (집을) 짓다: ~ pastíllos*(Scrib.)* 환약을 빚다 / ~ nidos*(C.)* (새들이) 보금자리를 짓다. **2.** 〔*alqd* - ex, de *abl.*〕 (그림 따위를) 그리다, 조각하다, 수공품을 만들다, 제작하다: fingéndi ars *(C.)* 조각술 / ficta imágo*(C.)* 조각상. **3.** 가지런히 하다, 정돈하다; 손질하다, **매만지다,** (머리를) 빗다[땋다]; 다듬다: vitem ~ putándo*(V.)* 포도나무를 가지쳐 다듬다. **4.** (어떤) 얼굴을 하다, 표정을 짓다, 짐짓[애써] …체 하다, 가장하다; …한 태도를 하다: neque vultum ~ *(Cæs.)* 얼굴 표정을 숨기지 않다. **5.** 〔*alqd[alqm]* - *acc. præd.*, ad *acc.*〕 **만들다,** 작성하다, (글·시를) 짓다; 되게 하다, 형성하다, …에 맞추다: *alqm* mendácem ~ *(V.)* 누구를 거짓말장이로 만들다 / ad *alcjs* arbítrium totum se ~ *(C.)* 자신을 온전히 누구의 뜻대로 되게 하다[뜻에 맞추다]. **6.** 교육하다, 훈련시키다. **7.** 생각해 내다, (속으로) 계획하다; 꾸며내다, 날조하다: ~ crímina in *alqm* *(C.)* 누구에게 대한 죄상을 날조하다. **8.** 〔*alqd; acc. c. inf.; pass.: nom. c. inf.*〕 **상상하다,** 마음속에 그리다, 표상하다, 생각하다, 생각해 보다, 짐작하다: ~ ánimo [cogitatióne] *alqd(C.)* 무엇을 상상하다 / Finge, *alqm* nunc fíeri sapiéntem.*(C.)* 누가 지금 현자가 된다고 상상해 봐라.

fínĭens, éntis, *m.* (*sc.* orbis, círculus) 〔*p. præs.* [fínĭo]〕 지평선, 수평선.

fínĭo, ívi [ĭi], ítum, íre, **I.** *tr.* **1.** 경계를 정하다[이루다], 한계짓다, 한정[제한]하다. **2.** 자세하게 선을 긋다, 규정하다, 결정하다: ~ spátia témporis número nóctium *(Cæs.)* 밤의 수효로 시간의 간격[기간]을 규정하다. **3.** 정의하다, 풀이하다. **4.** **끝내다, 마치다,** 끝나게 하다; 완성하다; 〔*pass.*〕 **finíri** 끝나다. **5.** vitam [ánimam, spíritum] ~ 죽다. **6.** 〔*alqm*〕 (병 따위가) 죽게 하다; 〔*pass.*〕 **finíri** 죽다. **7.** 없애버리다, 멸망시키다.

II. 〔드물게〕 *intr.* 끝나다, 말을 마치다; 죽다: Sic *alqs* finívit.*(Ta.)* 이렇게 아무는 죽었다.

finis, is, *m.(f.)* 〔*abl. sg.*로 -i를 쓰는 경우가 있음〕 **1.** **경계(선),** 한계(선); 한도; 〔숙어〕 fine *alcjs rei* (무엇·어디)까지. **2.** *pl.* **영토, 영역,** 판도, 국토; 지역, 지방. **3.** **끝,** 마침, 마지막, 결말, 종말, 종국; 결미(結尾): finem fácere *alcjs[alci] rei(C.,*

Pl., N.), finem impónere *alci rei(V.)* 무엇을 끝내다 / nullo (cum) fine, dempto fine *(Ov.)*, sine fine 끝없이 / Quem ad finem? *(C.)* 언제까지, 얼마동안? **4.** 죽음. **5.** 몰락, 파멸. **6. 목적**, 목표; 이도. **7.** 극도, 절정: ~ bonórum*(C.)* 최고의 선(善). **8.** 《修》 규정; 정의(定義). **9.** 《法》 정도, 비례, 비율: eā fine*(Col.)* 그 정도대로, 그에 따라, 그만큼. 「게. **2.** 자세하게.

finíte, *adv.* [finítus] **1.** 한계있게, 유한하

finítĭmus, a, um, *adj.* [finis] **1.** 〔*absol.; dat.*〕 **인접한**, 붙어[닿아] 있는, 인근의; 〔*subst.*〕 *m.pl.* 인접국민. **2.** 〔*absol.; dat.*〕 …와[에] 가까운, 비슷한, 닮은; 관련된.

finítĭo, ónis, *f.* [fínio] **1.** 경계(境界)를 정함, 한정. **2.** 규정, 정의(定義). **3.** 법칙, 규칙. **4.** 끝냄, 완결, 완성, 끝손질. **5.** 죽음.

finitívus, a, um, *adj.* **1.** 끝내는, 마지막의. **2.** 《修》 (누가 무엇을 했는지를) 결정짓는. **3.** 《文法》 ~ modus 직설법.

finítor, óris, *m.* [fínio] **1.** 한계선을 긋는 자, 측량사. **2.** 일주(一周) 완성자.

finítŭmus, a, um, *adj.* = finítimus.

finítus, a, um, *p.p., a.p.* [fínio] **1.** 경계지어진; 한정된, **유한한**. **2.** 끝난, 종결된. **3.** 《修》 인물·시간이 확정된, 특정의; (말·소리가) 적절한. **4.** 《文法》 (법·시칭[시제]·수·인칭이 갖추어진 형태의) 한정된: verbum finítum 종결동사, 정(定)(형)동사.

finxi, *pf.* [fingo].

fio, factus sum, fíĕri, *anom. pass.* [fácio] **1. 되다, 이루어지다**, 생기다, 생성하다, **일어나다**; 저질러지다: Fit strépitus.*(C.)* 요란한 소리가 일어난다 / Nihil fíeri potest. *(C.)* 아무것도 될 수 없다 / Fiet áliquid.*(T.)* 어떻게 될거다. **2.** 〔*nomen præd.; alci c. dat. finálī*〕 …가[…로] **되다**, …이다; 선출되다, 임명되다: Mélior fis.*(H.)* 너는 더 좋은 사람이 된다 / Hi cónsules facti sunt. *(C.)* 이들이 집정관으로 선출되었다 / Ter quinquagínta fiunt 150.*(Aug.)* 50의 3배는 150이다 / ex ínope dives factus*(Js.)* 가난뱅이에서 부자가 된 사람 / *alci* ~ ludíbrio 누구에게 조소거리가 되다. **3.** 제조되다, 만들어지다: Matéria a Deo facta est.*(C.)* 물질은 하느님에 의해 창조되었다. **4.** 〔*gen. prétii*〕 평가되다, 존중되다, 여겨지다: tanti ~ ab amícis*(C.)* 친구들 한테 그만큼 존중되다. **5.** 〔*alcjs, pron. poss.*〕 누구의 것이[소유가] **되다**, …에게 **귀속하다**. **6.** 〔시간〕 지나다: Biénnium jam factum (est). *(Pl.)* 벌써 2년이 지났다. **7.** …한 이야기가 있다: Nihil te fíeri posse jucúndius, dicunt.*(C.)* 사람들은 네게 대해 더 기분좋은 이야기가 있을 수 없다고 한다. **8.** 〔*impers.*〕 **되다, 있다**: ut fíeri solet [ut fit plerúmque]*(C.)* 흔히 되는[있는] 바와 같이 / Fíeri non pótuit áliter. *(C.)* 달리는 될 수 없었다 / Fiat.*(Pl.)* 그래 좋아 (양보·허가·긍정 따위의 표시). **9.** 〔*pr. subjectíva:* ut, ut non, quin〕 …일이[때가] 있다, …**게 되다**, …게 되는 수가 있다: Raro fit, ut omnes idem séntiant. 모든 사람들이 같은 것을 생각하는 일은 드물다 / Ita fit, ut ...*(C.)* 이렇게 해서 …게 된다 / Quo factum est, ut ...*(N.)* 이로 말미암아 …게 되었다 / fíeri potest, ut …일이 있을 수 있다 / fíeri non potest, quin(= ut non) …게 되지 **않을 수 없다**, 될 수 밖에 없다. **10.** 〔잃어버린 것에 대한 질문으로서〕 Quid factum est *alqo[alqā re]?* (누가) 어떻게 됐느냐? / Quid est argénto factum?*(Pl.)* 그 은화는 어떻게 됐지? **11.** Si quid me*[alqo]* factum sit, 내게[누구에게] 무슨 일이 일어나거든 (혹시라도 죽는 다든지 하면). 「팀목; 고임돌.

firmámen, mĭnis, *n.* [firmo] 지주(支柱), 버

firmaméntum, i, *n.* [firmo] **1.** 버티는 수단, 확립방도, 기둥, 견고히 하는 것. **2.** 흔들리지 않는 힘, 확고성(確固性); 확고한 근거, 증거, 확증. **3.** 창공(蒼空).

firmátor, óris, *m.* [firmo] 공고히 하는 자, 확립자.

fírmĭtas, átis, *f.* [firmus] 튼튼함, 견고(성); 굳건함, 견실; 강력함; 확고부동, 불변, 항구함, 항심(恒心). 「고히, 굳게, 굳건히.

fírmĭter, *adv.* [firmus] 튼튼히, 단단히, 견

firmitúdo, dĭnis, *f.* [firmus] 견고함, 굳음, 확고함, 단호함, 강력함, 항구성.

firmo, ávi, átum, áre, *tr.* [firmus] **1.** 〔*alqd [alqm] - alqā re*〕 튼튼하게 하다, 견고[공고]하게 하다, 굳히다, **다지다**. **2.** 안전하게 방비하다, 강화(强化)하다. **3.** 〔*alqm*〕 용기[사기]를 돋우어 주다, 자신을 갖게 하다, 격려하다, 고무하다. **4.** 확실하게 하다, 증명[확증]하다; 확인하다. **5.** 확언[단언]하다, 다짐하다, 보증하다.

Firmum, i, *n.* (*sc.* castéllum) [firmus] *Picénum* 지방의 요새 도시; 〔*adj.*〕 **-mánus,** a, um.

firmus, a, um, *adj.* **1.** **튼튼한**, 견고한; 굳은, 단단한. **2.** 오래 가는, 지속되는; 견디어 내는. **3.** 굳센, 흔들리지[움직이지] 않는, 확고한; 강력한, 힘찬. **4.** 확실한, 믿음직한.

fiscális, e, *adj.* [fiscus] 국고의, 국고 수입상의, 국가 재정의; 국가 소유의.

fiscárĭus, i, *m.* 국고의 채무자.

fiscélla, æ, *f.* [físcĭna] 작은 바구니, 채롱.

fiscéllus, i, *m.* **1.** 작은 바구니. **2.** 연한 치즈를 즐겨 먹는 사람.

físcĭna, æ, *f.* [fiscus] 바구니, 채롱.

fiscus, i, *m.* **1.** 바구니, 광주리, 채롱. **2.** 돈바구니, 돈궤, 금고. **3.** 국고(國庫); 국

고금, 공금(公金); 국유재산. **4.** 황제의 개인 금고. **5.** 세금; 돈.

físsĭlis, e, *adj.* [findo] **1.** 쉽게 쪼개지는, 갈라지는; 나누어지는. **2.** 쪼개진, 갈라진. 「열개(裂開), 분열.

físsĭo, ónis, *f.* [findo] 쪼갬, 가름, 나눔;

físsĭpes, pĕdis, *adj.* 갈라진 발굽을 가진, 우제류(偶蹄類)에 속하는.

fissum, i, *n.* [fissus] **1.** 균열, 갈라진[터진] 틈, 틈새기; 찢어진 상처. **2.** 간엽(肝葉).

fissúra, æ, *f.* [fissus] **1.** 균열, 갈라진[터진] 틈, 찢어진 곳. **2.** 《解·醫》 파열(破裂), 열구(裂溝); 열창(裂瘡).

fissus, a, um, *p.p.* [findo].

fistúca, æ, *f.* (= festúca²) 달구; (크고 무거운) 망치, 메, 공이. 「로 박음.

fistucátĭo, ónis, *f.* 달구질, 땅고르기; 망치

fistúco, ávi, átum, áre, *tr.* [fistúca] 달구질하다, 다지다, (땅을) 고르다; 말뚝 박다.

fístŭla, æ, *f.* **1.** 관(管), 도관(導管), 파이프; 수도관. **2.** (갈대·대나무의) 대롱, 대롱; 식물줄기[꽃꼭지]의 구멍. **3.** 음계(音階)피리, 목적(牧笛); (특히) 목신(牧神) *Pan*의 피리(= syrinx: 길고 짧은 여러 개의 대롱을 길이의 순서대로 나란히 엮은 취주악기). **4.** 《解》 기관지(氣管支); 요도(尿道); 《醫》 누(瘻), 누관(瘻管): ~ ani 치루(痔瘻). **5.** 해면(海綿)의 구멍. **6.** (파리 따위 곤충의) 주둥이. **7.** 고래의 숨구멍(분수 구멍). **8.** 펜대, 붓대.

fistuláris, e, *adj.* 도관(導管)의.

fistulárĭus, i, *m.* 목적(牧笛)부는 사람.

fistulátim, *adv.* [fístula] 도관(導管)을 통하여, 도관 모양으로.

fistulátor, óris, *m.* [fístula] syrinx 피리[목적(牧笛)]부는 사람.

fistulatórĭus, a, um, *adj.* 목적(牧笛)부는.

fistulátus, a, um, *adj.* [fístula] 도관(導管)이 장치된; 대롱 모양의, 관상(管狀)의.

fistulósus, a, um, *adj.* [fístula] **1.** 관(管) 모양의, 대롱 모양의, 속이 빈: 《植》 állium fistulósum 파. **2.** 관(管)이 많은, 구멍 많은. **3.** 누성(瘻性)의. 「을) 믿은, 믿고.

fisus, a, um, *p.p.* [fido] [*dat., abl.*] (무엇

fitílla, æ, *f.* 제사 때 쓰던 죽. 「筋).

fixátor, óris, *m.* [figo] 《解》 고정(근)(固定

fixúra, æ, *f.* (못 따위를) 박음; 못박은 자리.

fixus, a, um, *p.p., a.p.* [figo] **1.** 박힌, 꽂힌, 고정된, 붙어있는. **2.** 움직이지 않는, 변동없는, 불변(不變)의; 결정된, 확정된.

flabellífĕra, æ, *f.* 부채들고 다니는 시녀.

flabéllo, áre, *tr.* 부채질하다, 바람을 불어넣다. 「채.

flabéllŭlum, i, *n. dim.* [flabéllum] 작은 부

flabéllum, i, *n.* [flabra] **1.** 부채; 풍구 **2.** 공작새의 꼬리. **3.** 《가》 (교황의 공식 행렬 때 쓰는) 의식용 우선(羽扇), 성선(聖扇).

flábĭlis, e, *adj.* [flo] **1.** 바람의, 기체의; 날려갈 수 있는, 가벼운. **2.** 영신적(靈神的). 「바람결; 바람.

flabra, órum, *n.pl.* [flo] (바람이) 불어옴,

flabrárĭus, i, *m.* 시체 옆에서 부채로 파리 쫓는 사람.

fláccĕo, ére, *intr.* [flaccus] 느른해지다, 축 늘어지다, 시들다; 힘빠지다, 활기가 없다.

flaccésco, cŭi, ĕre, *intr. inch.* [flácceo] 축 늘어지다, 시들어지다, 마르다; 연해지다, 기운빠지다, 약해지다.

fláccĭdus, a, um, *adj.* [flaccus] 축 늘어진, 처진, 시든, 무른, 연한; 연약한, 쇠약한, 무기력한, 활기없는.

flaccus¹, a, um, *adj.* 축 늘어진, 처진, 느른한, 시든; 귀가 늘어진; *m.* 귀늘어진 사람. 「인 Q. Horátius ~ 가 유명함.

Flaccus², i, *m.* *Roma*인의 가문명; 특히 시

flagellátæ, árum, *f. pl.* 《植》 (딸기처럼) 포복지(匍匐枝)가 있는 식물.

flagellátĭo, ónis, *f.* [flagéllo] **1.** 매질, 태형(笞刑), 편태(鞭笞). **2.** 징계, 견책.

flagéllo, ávi, átum, áre, *tr.* [flagéllum] **1.** 채찍질하다, 매질하다, 편태(鞭笞)질하다: 《가》 flagellántes, ĭum, *m.pl.* 편태 고행자(苦行者). **2.** 도리깨질하다.

flagéllum, i, *n.* [flagrum] **1.** 채찍, 편태(鞭笞); 태형(笞刑). **2.** (투창에 달린) 가죽끈(= améntum). **3.** 새로 돋은 포도가지, 나긋나긋한 나뭇가지. **4.** 야심가책.

FLAGELLA

flagitátĭo, ónis, *f.* [flágito] 재촉, 졸라댐, 애원, 탄원, 청원.

flagitátor, óris, *m.* [flágito] 집요하게 요청하는 자, 재촉자, 애원[탄원·청원]자; 청구자.

flagitiósus, a, um, *adj.* [flagítium] 불명예[창피·망신·수치]스러운, 파렴치한, 방탕한, 추잡한, 외설한; 치욕적인.

flagítĭum, i, *n.* **1.** 파렴치한 행동; 방탕, 난잡[추잡]스러움, 외설, 추행. **2.** 악습, 악행. **3.** 수치, 치욕, 불명예. **4.** 파렴치한(漢).

flágĭto, ávi, átum, áre, *tr.* **1.** [*alqd* - ab *alqo; alqm alqd,* ut, ne; *acc. c. inf.; absol.*] 집요하게 청하다, 조르다, 탄원하다, 간청하다; 요구[요청]하다, 강요하다. **2.** 알려고 하다. **3.** (법정으로) 소환하다.

flagrans, ántis, *p.præs.* [flagro] **1.** 불타는, 타오르는. **2.** 빛나는, 반짝이는, 찬란한, 혁혁한, 명백한. **3.** (감정·욕망 따위가)

타오르는, 열렬한, 강렬한, 북받치는; 열성적인. 4. 〔*adv.*〕 **-ánter.**

flagrántĭa, æ, *f.* **1.** 뜨거운 열, 염열; 타오르는 불, 불길. **2.** 열정, 뜨거운 사랑, 열망. 「노예.

flagrĭtrĭba, æ, *m.* 채찍 소모자, 늘 매맞는

flagro, ávi, átum, áre, *intr.* **1.** **불타다, 타오르다;** 도가니속에 있다. **2.** **빛나다,** 찬란하게 나타나다. **3.** 〔*alqā re, inf.*〕 **열렬하다,** (감정·욕망 따위에) 불타다, 열중하다, 몹시 원하다. **4.** (감정·욕망 따위가) **타오르다,** 치열하다, 치밀다, 강렬하다: Flagrábant vítia apud illum. *(C.)* 그에게는 강렬한 악습들이 있었다. **5.** 〔*abl.*〕 (무엇에) 몹시 고생하다, 시달리다. **6.** *tr.* 〔*alqm*〕 누구에게 대한 사랑에 불타다.

flagrum, i, *n.* 채찍, 편태(鞭笞).

flāmen¹, mĭnis, *m.* 고대 *Roma*의 제관[신관(神官)] (처음에는 *Júpiter, Mars, Quirínus* 신에게 각각 봉사하도록 3명이 있었으나, 후에 차차 다른 여러 신들의 수효대로 그 수가 많아졌었음; 이들은 늘 모자를 쓰고 있어야 했으나 축제일 아닌 때에는 모자 대신 양털실로 만든 머리띠를 사용하기 시작하였음. *cf.* filum): ~ Diális, *Júpiter*신의 제관.

flāmen², mĭnis, *n.* [flo] **1.** (바람이) 붊. **2.** 바람결, 바람, 미풍; 숨결. **3.** 영감(靈感). **4.** 《가》 성신(聖神), 성령: baptísmus fláminis 성신의 세례, 화세(火洗).

flámĭna, æ, *f.* 제관직(祭官職)을 얻은 여자.

flaminális, e, *adj.* flamen¹제관직을 이행하는.

flaminátus, us, *m.* flamen¹ 제관직.

flamínĭa, æ, *f.* **1.** 제관(flamen¹)의 아내. **2.** 제관 관저(官邸).

flamínĭca, æ, *f.* 제관(祭官) 부인: ~ Diális *(Ta.)* *Júpiter*신의 제관 부인.

Flaminínus, i, *m.* *Roma*의 *Quíntia* 씨족의 가문명; 특히 T. Ouintius ~ 가 유명함 (*Macedónia*의 *Philíppus* 왕을 정복하였음).

flamínĭum, i, *n.* [flamen¹] *Roma* 제관(flamen¹)의 제관직.

flamínĭus¹, a, um, *adj.* 제관(flamen¹)의.

Flamínĭus², i, *m.* *Roma*인의 씨족명; 특히 *Trasiménus* 호반에서 *Hánnibal*과의 전투에서 대패한 C. ~ Nepos가 유명; 〔*adj.*〕 **-miniánus[-minĭus],** a, um: via Flamínia, *C. Flamínius*가 만든 국도 (*Roma*에서 *Aríminum*으로 가는 길).

flamma, æ, *f.* **1.** 불길, **화염,** 불꽃, 불빛. **2.** 불, 횃불: flammam concípere *(Cæs.)* 불붙다. **3.** 광채; 섬광(閃光); 별빛. **4.** 눈부신 빛깔; 눈빛(眼光). **5.** 열정, 정열. **6.** 타오르는 연정(戀情), 정화(情火). **7.** 등등한 노기(怒氣). **8.** 파멸, 와중(渦中).

flammabúndus, a, um, *adj.* 불타오르는.

flammátrix, ícis, *f.* 불태우는 여자.

flammeárĭus, i, *m.* 주홍색 면사포 제조인[상인].

flamméŏlus, a, um, *adj. dim.* [flámmeus] 주홍색의; 〔*subst.*〕 *n.* 작은 면사포.

flammésco, ĕre, *intr.* 불타다, 불붙다.

flámmĕum, i, *n.* [flámmeus] **1.** 불빛색, 주홍색. **2.** (주홍색의) 면사포. **3.** 결혼식 때 집에 세우는 불기둥.

flámmĕus, a, um, *adj.* [flamma] **1.** 불꽃의, 화염의; 불타는; 불같은. **2.** 불빛의, 주홍색의. **3.** 열화같은, 정열적인; 격렬한. 「인.

flammícrĕmus, a, um, *adj.* 불길에 휩싸

flámmĭdus, a, um, *adj.* 화염의, 불타는; 주홍색의.

flámmĭfer[-ger], ĕra, ĕrum, *adj.* [flamma + fero, gero¹] 불타는, 불길같은; 횃불 밝혀든. 「*cánus*의 아들 *Cacus*).

flammígĕna, æ, *m.* 불에서 난 자 (= *Vul-*

flámmĭgo, áre, *intr.* [flamma + ago] 불길을 내뿜다. 「듯 빠른.

flámmĭpes, pĕdis, *adj.* 불붙은 발의, 불난

flammípŏtens, éntis, *adj.* 불을 다스리는, *Vulcánus*의 별명. 「[토하는].

flammívŏmus, a, um, *adj.* 불을 내뿜는

flammo, ávi, átum, áre, [flamma] **I.** *tr.* **1.** 불태우다, 불붙이다, 타오르게 하다. **2.** 빨개지게 하다, 붉히게 하다. **3.** 격렬한 감정을 일으키게 하다, 자극하다, 덧들이다.

II. *intr.* 불타다, 불붙다: flammántia lúmina *(V.)* 불타는[부리부리한] 두 눈. 「는.

flammósus, a, um, *adj.* 불타는, 달아오르

flámmŭla, æ, *f. dim.* [flamma] 작은 화염[불꽃·불길].

flamónĭum, i, *n.* (flamen¹의) 제관직.

flasca, æ, *f.* (= phlasca) 술병.

flasco, ónis, *m.* 술병; 플라스크.

flátĭlis, e, *adj.* **1.** 입김[바람] 불어서 만들어지는; 날려서 들어가는. **2.** 녹여[부어] 만든, 주조된. **3.** ~ línea 쉼표.

flator, óris, *m.* **1.** 피리부는 사람. **2.** 주조자(鑄造者). 「어] 만듦, 주조.

flatúra, æ, *f.* **1.** 입김, 바람. **2.** 녹여[부

flaturárĭus, i, *m.* 녹여[부어] 만드는 사람, 주조자(鑄造者).

flatus, us, *m.* [flo] **1.** 호흡, 숨, 숨결. **2.** (바람이) 붊; 바람소리, 바람결; 바람, 미풍. **3.** 피리[퉁소]의 음향. **4.** 행운. **5.** 〔흔히 *pl.*〕 오만, 거만, 건방짐.

flávĕo, ére, *intr.* [flavus] 노랗다, 누렇다, 황금색이 나다: flavens *(V.)* 노란.

flavésco, ĕre, *intr. inch.* [fláveo] 노란[금] 빛이 되다, 누렇게 되다. 「족의 제관.

flaviális, is, *m.* (고대 *Roma*의) *Flávius* 씨

flavícŏmans, ántis, [**-cŏmus,** a, um,] *adj.*

[flavus] 금발의.
flávĭdus, a, um, *adj.* 노란; 누런.
Flavína, æ, *f.* *Etrúria*의 도시; 〔*adj.*〕 **-vínĭus,** a, um.
Flávĭus, i, *m.* *Roma*인의 씨족명(gens *Flávia*); *Vespasiánus* 황제, *Titus* 황제, *Domitiánus* 황제 등은 이 씨족의 출신이었음; 〔*adj.*〕 **-viánus,** a, um.
flāvus, a, um, *adj.* 노란, 황색의, 금빛의; 누런: flava arva*(V.)* 황금물결치는 밭.
flébĭlis, e, *adj.* [fleo] **1.** 눈물겨운, 슬픈, 비통한, 통탄할. **2.** 눈물나게 하는, 울게 하는. **3.** 몹시 우는, 눈물흘리는.
flecto, flexi, flexum, ĕre, *tr.* **1.** 굽히다, 구부리다, 만곡시키다, 꺾다, 꿇다. **2.** 돌리다, 우회시키다, 회전시키다, 전향시키다; 〔*pass. refl.*〕 **se ~, flecti** 돌아서다, 향하다. **3.** (음정·목소리 따위를) 바꾸다; 바꿔서 …하다. **4.** 〔*alqd* – ab *abl.* – ad, in *acc.*〕 (정신·생각·성격·모양을) 변화시키다, 향하게 하다, 기울어지게 하다. **5.** 감동케 하다, 움직이게 하다, (마음 따위를) 돌이키게 하다. **6.** 피하다, 벗어나다. **7.** 《文法》 단어의 (격·인칭) 어미를 변화하다; ~ verbum 외국어에서 말을 가져오다, 파생시키다; flexa sýllaba 악센트 받는 긴 음절. **8.** *intr.* 〔ex *abl.* – in, ad *acc.*〕 돌다, 돌아가다, (방향을) 돌리다, 향해 가다, 꺾이다, 구부러지다.
flegma, ătis, *n.* = phlegma.
flémĭna, um, *n.pl.* 《醫》 정맥류(靜脈瘤).
flĕo, flēvi, flētum, ēre, **I.** *intr.* **1.** 〔*absol.; alci;* de *abl.*〕 울다, 눈물흘리다: ~ *alci (Prop., Tib.)* 누구 앞에서 울다. **2.** 이슬 맺히다, 방울져 떨어지다, (물방울이) 듣다. **II.** *tr.* **1.** 〔*alqm, alqd; inf.*〕 슬퍼하다, 비탄하다, …때문에 울다; 〔*gerundív.*〕 **flendus,** a, um, 슬퍼해야[울어야] 할 (대상물), 비탄[통탄]할. **2.** 〔*alqd*〕 방울져 떨어지게 하다, 흘리다.
flétĭfer, ĕra, ĕrum, *adj.* [fletus[1] + fero] **1.** 눈물 흘리는, 우는. **2.** 이슬맺힌, 방울져 떨어지는.
fletus[1], a, um, *p.p., a.p.* [fleo] **1.** 울린, 슬픔[비탄]의 대상이 된. **2.** 〔*active*〕 몹시 운, 슬퍼한, 비탄에 잠긴. **3.** 이슬맺힌, (액체를) 흘리는.
fletus[2], us, *m.* 울음, 체읍, 통곡, 비탄; (넘쳐 흐르는) 눈물: fletum movére *alci (C.)* 누구를 울리다.
Flēvo, ónis, *m.* (*sc.* lacus) *Rhenus*강 하구에 있는 호수.
Flevum, i, *n.* *Frísii*인 나라의 성채(城砦).
flexánĭmus, a, um, *adj.* [flecto + ánimus] **1.** 마음을 움직이게 하는, 감동적인. **2.** 감동된.
flexíbĭlis, e, *adj.* [flecto] **1.** 굽히기[구부리기] 쉬운, 휘기 쉬운, 유연한, 꺾이는. **2.** 유순한, 고분고분한, 다루기 쉬운. **3.** 융통성있는, 적응성있는. **4.** 변덕스러운, 항구치 못한.
flexibílĭtas, átis, *f.* [flexíbilis] **1.** 구부리기 쉬움, 휘는 성질, 굴곡성; (빛의) 굴절성. **2.** 유순, 고분고분함, 다루기 쉬움; 융통성, 적응성.
fléxĭlis, e, *adj.* [flecto] **1.** 꺾이는, 굽어지는, 휘기 쉬운, 휘청휘청하는, 유연한. **2.** 유순한, 부드러운, 다루기 쉬운.
flexílŏquus, a, um, *adj.* [flexus + loquor] 애매(曖昧)한, 모호한.
fléxĭo, ónis, *f.* [flecto] **1.** 굽힘, 구부림, 꿇음, 꺾음; 굽음, 만곡; 굴곡, 굴절. **2.** 억양, 음성의 고저; (음의) 변조(變調). **3.** 돌아감, 우회; 빠져나감, 도피(구), 구실.
fléxĭpes, ĕdis, *adj.* [flexus + pes] 《植》 덩굴손을 가진.
flexor, óris, *m.* [flecto] 《解》 굴근(屈筋).
flexuósus, a, um, *adj.* [flexus] 꾸불꾸불한, 굴곡많은, 들쭉날쭉한.
flexúra, æ, *f.* [flexus] **1.** 굴곡, 만곡, 꾸불꾸불함. **2.** 《文法》 (명사·형용사의) 변화, (동사의) 활용. **3.** 《數》 쏠림. **4.** 《地質》 지층의 요곡(撓曲).
flexus, us, *m.* [flecto] **1.** 굴곡, 만곡, 굴절, 굽음, 휨; 굽힘. **2.** 모퉁이, 굽어지는 어귀, 다른 데로 꼬부라져 가는 길. **3.** 변화, 교체, 전환기: ~ ætátis *(C.)* 연기(年紀)[인생]의 전환기 / ~ autúmni *(Ta.)* 가을이 끝날 무렵. **4.** (연설에서) 목소리의 변화, 억양. **5.** 《文法》 (품사의) 변화, 활용. **6.** 완곡(婉曲), 교묘한 회피.
flictus, us, *m.* [fligo] 충격, 충돌, 부딪침.
flīgo, flixi, flictum, ĕre, *tr.* 치다, 때리다, 부딪치다.
flo, āvi, ātum, āre, **I.** *intr.* **1.** (바람이) 불다, 불어오다. **2.** (피리·통소 따위를 부는) 소리가 나다[울려 퍼지다].
II. *tr.* **1.** 후후 불다, 불어 일으키다, 내뿜다, 불어 날리다, 풀무로 바람을 보내다; (악기를) 불다: Tíbia flatur. *(Ov.)* 피리[통소]소리가 난다. **2.** 녹여서 만들다, (돈을) 주조하다. **3.** 과장하여 말하다; 얕잡다, 경멸하다.
floccósus, a, um, *adj.* [floccus] 양털로 덮인[가득찬].
flóccŭlus, i, *m.* 작은 양털 송이[송아리], 솜털.
floccus, i, *m.* **1.** 양털 송이[송아리]; 털(실) 부스러기, 실밥; 청과물 부스러기. **2.** 사소한[시시한] 것, 보잘것없는 것, 그까짓 것, 지푸라기: 〔*gen. prétii*〕 flocci fácere *(Pl.)* 대수롭지 않게 생각하다 / non flocci [flocci non] fácere *(C.)* 일고의 가치도 없는 것으로 생각하다, 무시해 버리다.
floces, um, *f.pl.* 술지게미.
Flora, æ, *f.* [flos] 꽃(과 봄)의 여신.

florális[1], e, *adj*. 꽃의, 꽃을 사용한; 꽃같은; 〔*subst.*〕 *n.pl.* 꽃밭.
Florális[2], e, *adj*. *Flora* 여신의; 〔*subst.*〕 *n. pl.* **1.** *Flora* 여신의 제전(4월말-5월초). **2.** ~ lúdere 아이들이 성행위 장난하다.
florens, éntis, *p.præs., a.p.* [flóreo] **1.** 꽃피는, 꽃이 만발한; 무성한. **2.** 찬란한, 혁혁한, 번쩍이는. **3.** (여러가지 색채로) 아롱진. **4.** 꽃같은, 피어오르는, 한창인; 번영[번창·번성·흥왕]하는, 세력이 뻗치는, 혈기 왕성한: ~ ætáte*(C.)* 한창 나이의 (젊은이) / ~ ætas*(C.)* 꽃다운 나이.
Floréntĭa, æ, *f*. *Etrúria*의 도시(지금의 *Firenze*); 〔*adj.*〕 **-tínus,** a, um.
flórĕo, rŭi, ére, *intr*. **1.** 꽃피다, 만발하다. **2.** 무성[번성]하다, 우거지다. **3.** 〔*abl.*, in *abl.*; *absol.*〕 번영[번창·흥왕]하다, 경기가 좋다; 이름을 떨치다, 빛나다; 원기[혈기] 왕성하다, 한창이다. **4.** 활약하다: flóruit(略: flor., fl.) (출생·사망 연월일이 분명치 않은 사람에게 대해서 언제쯤) 살았다, 재세(在世)기간이[활약기가] (언제쯤)이다.
florésco, ĕre, *intr. inch.* [flóreo] **1.** 꽃피기 시작하다, 꽃봉오리지다. **2.** (혈색이) 피기 시작하다, 혈기가 왕성해 지다. **3.** 번창하기 시작하다.
flórĕus, a, um, *adj*. [flos] **1.** 꽃으로 된[만든]; 꽃이 만발한, 꽃으로 뒤덮인. **2.** 눈부시게 아름다운, 화려한. 「게 핀.
floridŭlus, a, um, *adj. dim.* [flóridus] 곱
flórĭdus, a, um, *adj*. **1.** 꽃핀, 꽃이 만발한, 꽃으로 뒤덮인. **2.** 꽃으로 만든[장식한]. **3.** 꽃다운, 청춘의, 청신한, 발랄한. **4.** 눈부시게 아름다운, 찬란한, 화려한; 아롱진.
flórĭfer[-ger], ĕra, ĕrum, *adj*. [flos+fero, gero[1]] 꽃이 피는, 꽃이 달린, 꽃을 지닌.
florilégĭum, i, *n*. 《가》 교부(敎父)들의 문헌 발췌집, 사화집(詞華集).
florílĕgus, a, um, *adj*. [flos+lego[2]] 꽃 수집하는, 꽃을 찾아[따라] 다니는.
floríperus, a, um, *adj*. [flos+pário] 꽃을 피우는[피게 하는], 꽃피는: floríparum ver *(Auson.)* 꽃피는 봄철.
florítĭo, ónis, *f*. [flóreo] 개화(開花), 만발.
florósus, a, um, *adj*. [flos] 꽃이 만발한, 꽃으로 뒤덮인.
floruléntus, a, um, *adj*. [flos] **1.** 꽃이 만발한, 꽃으로 뒤덮인. **2.** 젊디젊은.
florus[1], a, um, *adj*. [flos] = flóreus.
Florus[2], i, *m*. 서반아 출신의 *Roma*군사 역사가 *Annæus* ~.
flos, ōris, *m*. **1.** 꽃. **2.** 꽃다발, 화환, 화관. **3.** 꽃의 즙액, 꿀. **4.** 으뜸가는 것[부분], 절정, 진수(眞髓), 정화(精華). **5.** 아름다움, 청춘, 혈기; 한창(때), 전성기: ~ ætátis*(L.)* 꽃다운 나이 / in flore vírium *(L.)* 힘이 한창일 때. **6.** 청소년의 정조, 처녀성. **7.** 수식, 미사여구. **8.** 《建》 원형 천정의 꽃장식. 「아주 작은 꽃.
floscéllus, i, *m. dim.* [flos] 조그마한 꽃,
flóscŭlus, i, *m. dim.* [flos] **1.** 작은 꽃, 어린 꽃. **2.** 장식, 영예, 자랑, 긍지. **3.** 미사여구, 수식. 「도 속에서 사는 (것).
fluctícŏla, æ, *adj.(m.f.)* [fluctus+colo[2]] 파
fluctícŏlor, óris, *adj. (m. f.)* [fluctus] 파도 빛깔의, 푸른 빛의.
fluctícŭlus, i, *m*. 잔잔한 물결.
fluctífrăgus, a, um, *adj*. [fluctus+frango] 파도를 가르는, 물결을 헤치는.
fluctígĕnus, a, um, *adj*. [fluctus+gigno] 파도에서 난[출생한], 바다에서 생겨난.
flúctĭo, ónis, *f*. [fluo] 흐름, 유출(流出).
fluctisŏnus, a, um, *adj*. 물결소리나는.
fluctívăgus, a, um, *adj*. 물결에 방황하는; 바다 위에서 움직이는[활동하는].
fluctuabúndus, a, um, *adj*. [flúctuor] 떠 있는, 흔들리는, 비틀거리는.
fluctuátim, *adv*. [flúctuo] 거드럭거리며, 거드름스럽게.
fluctuátĭo, ónis, *f*. [flúctuor] 흔들림, 동요(動搖), 불안정, 변동, 파동; 우유부단.
flúctŭo, ávi, átum, áre, [**-tŭor,** átus sum, ári, *dep.*] *intr*. [fluctus] **1.** 물결치다, 파도가 일다. **2.** 흔들리다, 요동[동요]하다, 꿈틀꿈틀하다, (파도처럼) 굽이치다; 이리저리 쏠리다, 밀려[몰려]다니다; 표류하다. **3.** 기체가 유동하다. **4.** (움직이는 물체를 따라) 빛이 물결처럼 반사하다. **5.** 머리카락이 흩어져 나부끼다. **6.** 《軍》 (전선이) 무너지다, 기울다. **7.** 설레다, 뒤흔들리다, (마음이) 동요하다, (마음을) 걷잡지 못하다, 안정을 잃다; 갈피를 못잡다, 망설이다, 결단을 내리지 못하다.
fluctuósus, a, um, *adj*. [fluctus] **1.** 파도가 몰아치는, 풍랑이 이는, 심한 풍파의. **2.** 물결무늬의.
fluctus, us, *m*. [fluo] **1.** (물의) 흐름, 조류(潮流); 파도, 물결. **2.** 바다, 강. **3.** 동요, 불안정, 소란, 소동, 풍파.
fluens, éntis, *p.præs., a.p.* [fluo] **1.** 유창한, 미끈히 흐르는; 〔*adv.*〕 **-énter,** 유창하게. **2.** 늘어진, 풀린; 무기력한. **3.** 단조로운, 특징없는. **4.** 유동적인.
fluéntĭa, æ, *f*. 흐름; (말의) 유창.
fluentisŏnus, a, um, *adj*. [fluéntum+sono] 파도소리나는. 「다; 물을 대다[공급하다].
fluénto, áre, *tr*. [fluéntum] 적시다, 담그
fluéntum, i, *n*. 〔흔히 *pl.*로〕 **1.** 흐르는 물, 물줄기, 하류(河流); 강. **2.** 젖. **3.** 불길. 「체]가 되다.
fluésco, ĕre, *intr*. (물에) 녹다, 유동체[액
flúĭdo, áre, *tr*. [flúidus] 유동체가 되게 하

다, 액체로 만들다.
flúĭdus, a, um, *adj.* [fluo] **1.** 흐르는, 액체의, 유동성의. **2.** (창자가) 이완(弛緩)한, 설사하는. **3.** 무른, 연한, 눅은; 문드러진. **4.** 축 늘어진, 노곤해진, 힘없는. **5.** 항구성 없는, 유동적인. **6.** 〔*active*〕 물러지게[늘어지게] 하는, 노곤하게 하는.
flúĭto, ávi, átum, áre, *intr. freq.* [fluo] **1.** 이리저리 흐르다. **2.** 물에 떠있다, 부유(浮遊)하다; 떠내려가다, 표류하다. **3.** 펄럭이다, 나부끼다, 휘날리다. **4.** (안정을 잃고) 흔들리다, 비틀거리다; 망설이다, 우유부단하다.
flumen, mĭnis, *n.* [fluo] **1.** 흐르는 물, 하류(河流), 조류(潮流); 강, 운하: secúndo [advérso] flúmine *(Cæs.)* 강물[물길]을 따라서[거슬러]. **2.** (피·눈물·비 따위의) 흐름, 쏟아짐, 퍼부음. **3.** (말의) 도도(滔滔)함, 유창; (어휘가) 풍부함.
Flumentána porta, æ, *f.* Roma시의 한 성문.
flumicéllum, i, *n. dim.*[flumen]작은 강, 내.
fluminális, e, [-**mínĕus,** a, um,] *adj.* [flumen] 강의, 강물의.
flumínĭa, æ, *f.* 작은 강, 내.
fluo, fluxi, fluxum, ĕre, *intr.* **1.** 흐르다. **2.** 〔흐르는 것을 *abl.*로〕 …에서 무엇이*(abl.)* 흐르다, 무엇을*(abl.)* 흘리다: Fluunt sudóre membra. *(L.)* 온몸에서 땀이 흐르고 있다. **3.** (흘러) 퍼지다, 퍼져나가다; 풍기다; (불길이) 번져나가다. **4.** 밀려[몰려] 나오다, 쏟아져 나오다. **5.** (머리채·옷자락 따위가) 흘러 내리다, 헐겁다, 늘어지다, 드리워지다, 처지다. **6.** 〔*absol.*; ad *acc.*〕 (제자리에서) 빠지다, 떨어지다; 흩어지다: Capílli fluunt. *(Cels.)* 머리카락들이 빠진다. **7.** 사라지다, 흘러가 버리다, (시간 따위가) 지나가다. **8.** 유약해 지다, 힘이 빠지다; 줄어들다, 풀어지다. **9.** 한결같이[거침없이] 흐르다, (말이) 유창하게 나오다, (글이) 술술 내려가다; 순조롭게 진행되다, 잘 되어[풀려] 나가다. **10.** (말의 내용이) 갈팡질팡하다. **11.** 〔ex, ab *abl.*〕 (흘러) 나오다, 유래하다, 기원[시작]되다, 파생하다. **12.** 〔in, ad *acc.*〕 …에까지 이르다[미치다], …로 끝나다. **13.** *tr.* 흐르게 하다; 쏟다, 붓다.
fluor, óris, *m.* [fluo] **1.** 흘러 나옴[내림], 유출(流出). **2.** 《醫》 설사; 월경: ~ albus 백대하(白帶下).
flustra, órum, *n.pl.* 바다의 고요·정적·평온.
fluto = flúito.
flúvĭa, æ, *f.* 강.
fluviális[-**átĭlis**], e, [-**átĭcus,** a, um,] *adj.* [flúvius] 강의, 강물의; 강가의; 강가에 나는.
fluviátus, a, um, *adj.* [flúvius] **1.** 여러 갈래로 갈라진. **2.** 강물에 적셔진[담근].
flúvĭdus = flúidus.
fluvíŏlus, i, *m. dim.* [flúvius] 작은 강, 시내.
flúvĭus, i, *m.* [fluo] 강; 강물, 흐르는 물.
flúxĭlis, e, *adj.* 흐르는, 유동성(流動性)의.
flúxĭo, ónis, *f.* 흐름, 유출.
fluxum, i, *n.* [fluxus[1]] 변화, 소멸성.
fluxúra, æ, *f.* [fluo] **1.** 즙(액); 포도즙. **2.** 관능적 쾌락.
fluxus[1], a, um, *p.p.*, *a.p.* [fluo] **1.** 흐르는, 액체의, 유동성의. **2.** 늘어진, 처진, 느슨한, 헐거운, 질질 끌리는. **3.** 약한, 무기력한; 허둥거리는, 우유부단한. **4.** 해이한, 산만한, 소홀히 하는; 〔*adv.*〕 **-xe,** 등한히, 소홀히. **5.** 덧없는, 잠깐의, 사라지는, 헛된, 무너지는; 미덥지 못한.
fluxus[2], us, *m.* **1.** 흐름, 유출, 유동(작용). **2.** (옷이) 헐거움, 흘러 내림.
focácĭus, a, um, *adj.* [focus] (벽) 난로의, 화로의; 〔*subst.*〕 *n.* 난로에 구운 빵.
focále, is, *n.* [fauces] 목도리.
focánĕus, a, um, *adj.* [faux] 목구멍 같이 생긴.
focárĭa, æ, *f.* [focus] 여자 요리사, 식모.
focáris, e, *adj.* 난로의, 화로의, 풍로의.
focárĭus, i, *m.* [focus] 남자 요리사.
fócĭlo[-**cíllo**], ávi, átum, áre, *tr.* [focus] **1.** 데우다, 따뜻하게 하다. **2.** 다시 살리다, 소생시키다, 기운차리게 하다.
fócŭla, órum, *n.pl.* [fóculus] **1.** 작은 화로, 난로. **2.** 땔감.
fócŭlo, áre, *tr.* 난로[화로]로 덥게 하다.
fócŭlus, i, *m.* [focus] **1.** 작은 난로[화로]. **2.** (풍로달린) 식탁용 (또는 제사용) 남비; 제단용 향로. **3.** 화로불.
focus, i, *m.* **1.** 벽로(壁爐), 난로, 화로; 아궁이. **2.** 집, 가호(家戶); 가정, 가족, 집안. **3.** 제단용 향로; 제단. **4.** 화장터의 장작더미[불가마]. **5.** 남비, 솥, 뚝배기.
fódĭco, ávi, átum, áre, *tr.* [fódio] **1.** 찌르다, 꿰뚫다; (주의 환기로) 옆구리를 찌르다. **2.** 고통을 주다, 아프게 하다.
fodína, æ, *f.* [fódio] 광산; 갱(坑), 갱도.
fódĭo, fodi, fossum, ĕre, *tr.* **1.** 파다, 파내다, 캐내다, 채굴하다, 파뒤집다[헤치다]; (밭 따위를) 갈다. **2.** 찌르다, 꿰뚫다, 관통하다. **3.** (주의 환기로) 옆구리를 찌르다. **4.** 눈을 도려내다. **5.** ~ remis 노질하다, 노를 젓다. **6.** 자극하다, 아프게 하다.
fœcund... *V.* fecund...
fœderátĭo, ónis, *f.* [fœ́dero] 연합, 동맹, 연맹; 연방.
fœderátus, a, um, *p.p.*, *a.p.* [fœ́dero] 〔*absol.*; *dat.*〕 동맹한, 연합한, 연맹의; 연방의.
fœ́dĕro, ávi, átum, áre, *tr.* [fœdus[2]] **1.** 〔*alqd*, inter *se*〕 연합시키다, 우호관계를 맺다[공고히 하다]. **2.** *dep. intr.* fœderári 동맹맺다, 연합하다, 우호관계를 맺다.

fœdífrăgus, a, um, *adj.* [fœdus² + frango] 계약[조약]을 위반하는, 동맹을 파기하는.

fœ́dĭtas, átis, *f.* [fœdus¹] 더러움, 추악, 추태, 보기흉함, 흉측함, 끔찍스러운 광경.

fœdo, ávi, átum, áre, *tr.* [fœdus¹] 1. 더럽히다, 불결하게 하다, 오염시키다, 추(악)하게 하다. 2. 흉하게 하다, 망그러뜨리다, 병신[기형]으로 만들다; 소름끼치게 하다. 3. 욕되게 하다, 망신시키다, 이름을 더럽히다, 불명예스럽게 하다.

fœdus¹, a, um, *adj.* 〔*absol.; dat.; supin. pass.*〕 1. 더러운, 추(악)한, 흉한, 보기싫은; 끔찍한, 소름끼치는: res visu fœda *(C.)* 보기에 끔찍한 것. 2. 수치[망신]스러운, 치욕이 되는.

fœdus², ĕris, *n.* 1. 조약, 맹약, 계약, 협약, 약조, 동맹, 연합: ~ fácere[feríre, ícere] cum *alqo (C.)* 누구와 조약맺다·동맹하다 / ~ fácere inter se *(C.)* 약조하다. 2. 법칙, 규칙, (자연의) 조화: ~ certum natúræ *(Lucr.)* 자연의 법칙.

fœn... *V.* fen...

fœtális[fetális], e, *adj.* 태아의.

fœ́tĕo, ére, *intr.* 고약한[썩는] 냄새가 나다, 악취를 풍기다; 썩다.

fœtésco, ĕre, *intr.* 악취가 나기 시작하다, 썩어가다.

fœ́tĭdo, áre, *tr.* [fœ́tidus] 썩게 하다.

fœ́tĭdus, a, um, *adj.* [fœ́teo] 고약한 냄새나는, 구린내나는, 악취 풍기는.

fœtor, óris, *m.* [fœ́teo] 고약한 냄새, 구린내, 썩은 내, 악취.

fœtutína, æ, *f.* [fœ́teo] 1. 악취풍기는 곳. 2. *pl.* 쓰레기, 오물.

foliácĕus, a, um, *adj.* [fólium] 잎의, 잎으로 된; 잎 모양을 한.

foliátĭlis, e, *adj.* [foliátus] 잎의, 잎들로 이루어진.

foliatúra, æ, *f.* [foliátus] (한 나무 전체의) 잎, 우거진 잎새; 잎새의 모양새.

foliátus, a, um, *adj.* 1. 잎이 있는; 잎이 무성한. 2. 감송향(甘松香) 잎에서 짜낸; 〔*subst.*〕 *n.* (*sc.* unguéntum) (감송향 따위 초목의 잎새에서 추출한) 향료.

foliósus, a, um, *adj.* [fólium] 잎이 많은, 잎이 무성한.

fólĭum, i, *n.* 1. 잎; 나뭇잎, 풀잎, 꽃잎. 2. *Sibýlla*가 자기의 예언[신탁(神託)]을 기록하던 팔마 나뭇잎; 그의 신탁(神託). 3. 종이; 종이의 낱장(帳). 4. 《醫》 …엽(葉). 5. 《建》 *pl.* 기둥머리의 나뭇잎 장식.

folleátus, a, um, *adj.* [follis] 헐거운, 늘어나는.

fóllĕo, ére, *intr.* [follis] 가죽부대 풀무처럼 움직이다, 늘어나다, 헐겁다.

fóllĭco, átum, áre, *intr.* [follis] (풀무처럼) 늘었다 줄었다 하다, 헐겁다.

folliculósus, a, um, *adj.* [follículus] 깍지 달린[많은], 껍질 있는.

follícŭlus, i, *m. dim.* [follis] 1. 작은 가죽주머니. 2. 풀무. 3. (콩)깍지. 4. 칼집. 5. 《動·解》 소낭(小囊), 난포(卵胞); 누에고치: ~ pili 모낭(毛囊). 6. 가죽(축구)공. 7. 찡자, 위주머니.

follis, is, *m.* 1. 가죽주머니. 2. (가죽부대) 풀무, 풍구, 송풍기. 3. 가죽(축구)공. 4. 바람넣은 방석. 5. 폐(肺); 위주머니. 6. 돈주머니[자루]. 7. 돈, 화폐.

follítus, a, um, *adj.* 돈주머니를 가지고 있는.

fomentátĭo, ónis, *f.* [foménto] 《醫》 찜질.

foménto, áre, *tr.* [foméntum] 찜질하다.

foméntum, i, *n.* [fóveo] 1. 《醫》 〔*pl.*〕 찜질; 붕대. 2. 진정(鎭靜), 완화, 위안. 3. 불쏘시개, 관솔, 부싯깃. 4. 음식물, 사료.

fomes, mĭtis, *m.* [fóveo] 1. 불쏘시개, 관솔, 대팻밥; 부싯깃. 2. 먹이, 자극제. 3. 도화선, 근원, 계기, 불씨; 정욕(情慾): ~ peccáti 죄로 이끄는 유도인(誘導因).

fons, fontis, *m.* [fundo²] 1. 샘, 분천(噴泉); 샘물, 물: 《가》 ~ baptismális 성세수반(聖洗水盤). 2. 기원, 근원, 본원(本源), 원인, 원천: 《가》 fontes revelatiónis 신앙 내용의 원천인 성서와 성전(聖傳)[전승(傳承)]. 3. 자료(資料). 4. [F-] 샘의 신(神).

fontána, æ, *f.* [fontánus] 샘, 분수.

fontánus[-nĕus], a, um, *adj.* [fons] 샘의, 수원(水源)의, 분천(噴泉)의, 분수의; 〔*subst.*〕 fontáni, órum, *m.pl.* 분수 관리인, 수도 관리인.

Fontéjus, i, *m.* *Roma*인의 씨족명; M. ~, *Gállia Transpadána*의 총독; 〔*adj.*〕 **-tejánus,** a, um.

fontícŏla, æ, *adj.(m.f.)* [fons + colo²] 우물가에[샘터 옆에] 사는.

fontícŭlus, i, *m. dim.* [fons] 작은 샘, 작은 분수.

fontígĕna, æ, *adj.(m.f.)* 샘터에서 태어난.

fontinális, e, *adj.* 샘의; Fontinális porta, *f.* *Roma*의 한 성문; 〔*subst.*〕 *m.* [F-] 샘들의 신(神).

for, *(fāris, fātur),* fātus sum, fari, *dep. tr.* 〔*def.*: 부분적인 활용이 있을 뿐이다〕 1. (아기가) 말을 하다; (일반적으로) 말하다, 이야기하다: Tália fatur. *(V.)* 그는 이런 이야기를 한다 / cópia fandi 말할 능력 / fando 말함으로; 풍문으로 / fando accípere *(Pl.)* 소문으로 듣다 / fatu *(supin. pass.)* 말하기에. 2. 예언하다. 3. 읊다, 찬양[찬미]하다.

forábĭlis, e, *adj.* [foro] 뚫을 수 있는, 구멍낼 수 있는, 찌를 수 있는.

forágo, gĭnis, *f.* (직조공이 당일 짠 데를 표시하는) 색실.

forámen, mĭnis, *n.* [foro] 1. 구멍, 틈. 2. (귀·눈 따위 사람 몸의) 구멍난 곳. 3. 통로, 입구. 4. 바늘귀. 5. 하수도, 하수구. 6. 우물. 7. 《植》 주공(珠孔), 소공(小孔).

foraminárĭus, i, *m.* [forámen] 구멍[틈] 속에 사는 제비.

foraminátus, a, um, *adj.* 구멍 뚫린.

foraminósus, a, um, *adj.* [forámen] 구멍 많은.

foránĕus, a, um, *adj.* [foras] **1.** 집밖의, 시골의, 외부의. **2.** 《敎法》 (행정) 지구(地區)의: Vicárius ~ 지구 대리, 지구장(地區長).

foras, *adv.* [foris²] **1.** (집)밖으로: 〔이혼하는 남자의 용어〕 I foras. 밖으로 나가라, 너하고 이혼이다 / Malum foras! 액운은 물러가라. **2.** 〔드물게는〕 밖에, 밖에서. **3.** 〔때로는 *c. gen.*, *c. acc.*〕 밖으로; 밖에: ~ córporis *(Apul.)* 신체 외부에 / ~ portam *(Hier.)* 성문밖으로. 「으로 내가는 자들.

forasgerónes, um, *m.pl.* [foras+gero¹] 밖

forástĭcus, a, um, *adj.* [foras] **1.** 집밖의. **2.** 바깥쪽의, 외부의, 외국의.

forátus, us, *m.* 구멍뚫음.

forceps, cĭpis, *m.f.* 〔*gen. pl.* -um, -ĭum〕 **1.** 집게, 부집게, 방울집게; 족집게, 핀셋, 뻰찌; (외과·치과·산과용) 집게, 겸자(鉗子). **2.** 집게발. **3.** 고문도구(의 일종). **4.**

forcíllo = furcíllo. ㄴ《軍》 학익진(鶴翼陣).

fordicídĭa, órum, *n.pl.* 새끼 밴 암소를 잡아 지내는 제사. 「〔*subst.*〕 *f.* 새끼 밴 암소.

fordus, a, um, *adj.* [fero] 새끼 밴(동물);

fore, *inf. fut.* [sum].

forem = essem, *impf. subj.*[sum].

forénsis, e, *adj.* [forum¹] **1.** 공공(公共) 장소(forum)의, 광장의: ~ fáctio [turba] 광장 건달패. **2.** 재판소의, **법정의**, 법정에 관한; 법정 변론의; 〔*subst.*〕 *m.* 변호사. **3.** 시장(市場)의; 〔*subst.*〕 *m.* 장사치. **4.** 밖의, 외출에 관한: vestítus ~ *(C.)* 나들이옷, 외출복; *n.pl.* 외출복, 제복(制服).

Foréntum, i, *n.* *Apúlia*와 *Lucánia* 경계에 있는 도시. 「산림간수, 산림관(官).

forestárĭus, i, *m.* [foréstis] **1.** 숲사람. **2.**

foréstis, is, *f.* 숲.

forfex, fĭcis, *f.* [forus+fácio] **1.** 가위. **2.** 집게발. **3.** (가위 모양의) 전투대열, 학익진(鶴翼陣). 「위. **2.** 작은 집게발.

forfícŭla, æ, *f. dim.* [forfex] **1.** 작은 가

fórĭa, æ, *f.* [-ĭa, órum, *n.pl.*] 돼지병; 설사.

fórĭca, æ, *f.* [forum¹] **1.** 공중변소. **2.** 세관(稅關).

foricárĭus, i, *m.* 공중변소 관리인.

forícŭla, æ, *f.* **1.** (창문에 달린) 작은 창구(窓口). **2.** 작은 공중변소. 「관세.

foriculárĭum, i, *n.* (*sc.* vectígal) [forícula]

forínsĕcus, *adv.* [foris²+secus] **1.** 밖으로부터, 밖에. **2.** 밖으로.

fórĭo, íre, *intr.* 설사하다.

forióľus, a, um, *adj.* 설사하는.

foris¹, is, *f.* 〔*pl. gen.* -um, -ĭum; 흔히 *pl.*〕 **1.** 현관문, 방문, 출입문; 문짝, *pl.* 쌍문짝. **2.** 입구, 통로, 들어가는 구멍.

foris², *adv.* **1.** 〔소재지〕 밖에(서); 외국에, 싸움(터)에(서). **2.** 〔외래의 뜻으로: *absol.*, *c.* a〕 ~ , a ~ 밖에서부터.

forma, æ, *f.* **1.** **모양**, 형상(形狀), 형태, 외견, 외관, 외형, 외모, 모습. **2.** 아름다움, 미; 미모, 고운 몸매. **3.** 몸집. **4.** 도형, 설계도, 도면, 약도. **5.** 본보기, 형(型), 모형, 나무골, 틀; 유형(類型), 양식, 형식, 서식(書式); 체제: ~ gubernatiónis 정치체제. **6.** 짜임(새), 구성, 구조; 테두리, 윤곽. **7.** 상(像), 모상, 초상, 조각상, 석상, 성상(聖像). **8.** 이상형(理想型), 전형(典型). **9.** 개념, 표현. **10.** 《哲》 **형상**(形相, matéria〈질료: 質料〉의 대어〈對語〉), 체형(體形): ~ substantiális 실체적(實體的) 형상 / 《神》 ~ sacraménti 성사의 본질 구성적 경문[요식(要式) 경문]. **11.** 《論》 종(種), 종개념; 인식[사유]의 형식. **12.** 《文法》 어미변화·활용의 양식; 성의 구별; 문법형식.

formábĭlis, e, *adj.* [formo] 형성될 수 있는.

formácĕus, a, um, *adj.* 토벽한.

formális, e, *adj.* [forma] **1.** 형상(形狀)의, 형태상의, 꼴을 이루는. **2.** 형식을 갖춘, 일정한 형식의, 공동형태의, 표준형의, 모형의: ~ epístola *(Suet.)* 회람. **3.** 형식적인, 표면상의. **4.** 정상(正常)의, 규격대로의. **5.** 《哲》 형상적(形相的): causa ~ 형상인(形相因). 「주의.

formalísmus, i, *m.* 형식론; (칸트의) 형식

formálĭtas, átis, *f.* 형식, 형식적 행위, 의식(儀式); 요식(要式), 정식(定式). 「것.

formaméntum, i, *n.* 형상, 모형; 형성된

formátĭo, ónis, *f.* [formo] **1.** 형성, 구성, 작성, 조립, 성립. **2.** 교육, 훈련, 훈도(薰陶); 교양.

formátor, óris, *m.* [formo] 형성자, 창조자, 창건자; 훈련시키는 사람, 교화자(敎

formatúra, æ, *f.* 형성; 형태. ㄴ化者).

forméella, æ, *f. dim.* [forma] 소형(小型).

Fórmĭæ, árum, *f. pl.* *Látium*의 도시; 〔*adj.*〕 **-miánus**, a, um; *m.pl.* **-miáni**, órum, 그곳 주민; *n.* *Fórmiæ*에 있는 별장.

formíca, æ, *f.* 《動》 개미.

formicá(bĭ)lis, e, *adj.* [formíca] 개미가 기는 것 같은, 개미가 기는 것 처럼 가려운, 의주감(蟻走感)의.

formicátĭo, ónis, *f.* [formíco] 근질거림, 가려움; 《醫》 의주감(蟻走感). 「개미같은.

formicínus, a, um, *adj.* [formíca] 개미의;

formíco, áre, *intr.* [formíca] **1.** 개미처럼 기다[뛰다]; 맥박이 약하게 자주 뛰다. **2.** 개미가 기어다니는 듯이 가렵다[간지럽다].

formicósus, a, um, *adj.* [formíca] 개미가 득실거리는, 개미떼의.

formícŭla, æ, *f.* 작은 개미. 「시무시한.
formidábĭlis, e, *adj.* [formído²] 무서운, 무
formidámen, mĭnis, *n.* [formído²] 무서운 형상, 요괴(妖怪).
formído¹, ávi, átum, áre, *tr., intr.* [formído²] ⌊*alqm/alqd*⌋, *inf.; ne, dat.; absol.*⌋ 몹시 무서워하다, 무서워[벌벌] 떨다.
formído², dĭnis, *f.* **1.** 공포, 무서움, 전율; 두려움. **2.** 무서운 광경, 무시무시한 것; 도깨비. 「서운 광경, 무시무시함.
formidolósĭtas, átis, *f.* [formidolósus] 무
formidolósus, a, um, *adj.* **1.** 무서운, 두려운, 무시무시한, 끔찍한, 소름끼치는. **2.** 무서워하는, 벌벌 떠는.
fórmĭdus, a, um, *adj.* 따뜻한.
formo, ávi, átum, áre, *tr.* [forma] **1.** 모양을 만들다, 형성하다; 구성하다, 빚다, 그리다, 윤곽을 잡다. **2.** 만들다, 제작하다, 창조하다; 맞추다, 조직하다. **3.** 말을 (또렷하게) 발음하다. **4.** (글·시 따위를) 짓다, 쓰다, 작성하다. **5.** 교육하다, 가르치다, 형성시키다, 훈련시키다, 길러내다, 양성하다.
Formósa, æ, *f.* (*sc.* ínsula) 대만(臺灣).
formósĭtas, átis, *f.* [formósus] 아름다움; 미모, 잘생김; 균형잡힘, 조화. 「장한.
formósŭlus, a, um, *adj.* 아름다운, 예쁘
formósus, a, um, *adj.* [forma] 잘생긴, 아름다운, 예쁜, 고운, 반듯한, 모양이 단정한, 우아한, 준수(俊秀)한.
fórmŭla, æ, *f. dim.* [forma] **1.** 예쁘장함. **2.** 도면, 설계(도); 처리[제조] 방법; (설계대로 만들어진) 물건, (특히) 수도(水道). **3.** 형식, 서식, 양식; 《數·化》 공식, 식, 화학식. **4.** (의식 따위에서 쓰이는) 일정한 형식의 글[경문]. **5.** 법률상의 서식[양식·규정], 법규; (계약·유언 따위의) 조문(條文), (형식을 갖춘) 계약, 조약; 정관. **6.** (일반적인) 규정, 규칙, 법칙, 원칙. **7.** 세율(稅率). **8.** (일정한 형식으로 표현된 개신교파의) 신조(信條), 신경(信經): ~ Concórdiæ (*Luther* 파의) 화해신조.
formulárĭus, a, um, *adj.* 법규[규정·서식]에 관한; *m.* 대서사. 「신의 축제.
Fornacálĭa, ĭum, *n.pl.* [fornacális] *Fornax*
fornacális, e, *adj.* [fornax] (빵 굽는) 가마의, 화덕의; (가마의 여신) *Fornax*에 관한.
fornacárĭus, a, um, *adj.* 가마의, 화덕의.
fornacátor, óris, *m.* 목욕탕 화부.
fornácŭla, æ, *f.* [fornax] 작은 가마[화덕]; 화로, 난로.
fornax, ácis, *f.* **1.** 아궁이, (석회·벽돌·그릇·숯·빵 따위를 굽는) 가마, 노(爐), 도가니. **2.** 분화구. **3.** [F-] 가마의 여신.
fornicárĭa, æ, *f.* 창녀, 창부; 간음한 (미혼·독신) 여자.
fornicárĭus, i, *m.* [fórnicor] 방탕아; 사통자(私通者), (미혼·독신의) 간음자.
fornicátim, *adv.* [fornix] 궁륭형으로.
fornicátĭo¹, ónis, *f.* [fornicátus] 궁륭형으로 만듦; 둥근 천장.
fornicátĭo², ónis, *f.* [fórnicor] 매음, 사통(私通); 《倫神》 (미혼자·독신자의) 간음.
fornicátor, óris, *m.* [fórnicor] 방탕자; (미혼·독신의) 간음자. 「혼·독신의) 간음녀.
fornicátrix, ícis, *f.* [fornicátor] 창녀; (미
fornicátus, a, um, *adj.* [fornix] 활 모양의, 궁륭형[반원형]으로 된; 둥근 천장의.
fórnĭcor, átus sum, ári, *dep.* **[fórnĭco,** áre,] *intr.* **1.** 매음하다, (특히 미혼·독신으로) 간음하다, 사통(私通)하다. **2.** (하느님을 떠나) 우상숭배하다.
fornix, nĭcis, *m.* **1.** 궁형(弓形), 궁륭; 둥근 천장; 반원형 지붕이 있는 통로. **2.** 궁형으로 만든 수로(水路). **3.** 창궁(蒼穹). **4.** 개선문. **5.** 유곽(遊廓), 매음굴. **6.** 《解》 뇌궁(腦弓), 원개(圓蓋): ~ pharýngis 인두(咽頭) 원개. 「덕.
fornus, i, *m.* (= furnus) 빵굽는 가마; 화
foro, ávi, átum, áre, *tr.* 구멍뚫다, 꿰뚫다,
forpex, pĭcis, *f.* 이발가위; 족집게. ⌊파다.
fors, *abl.* forte, *f.* 〔*nom., abl. tt.*〕 **1.** 운수, 재수, 우연, (우연한) 기회: forte quādam *(L.)* 특별히 재수가 있어서 / ~ fuit, ut ... *(Gell.)* 우연히 …하게 되었다 / forte, forte fortúnā *(C.)* 우연히 / si forte ... *(Pl., C.)* 혹시라도 …면. **2.** [F-] 〔*gen.* Fortis; 가끔 Fortúna와 함께 쓰기도 함〕 행운의 여신: ædes Fortis Fortúnæ *(Ta.)* 행운의 여신 신전 / Fors Fortúna *(T.)* 행운. **3.** fors, *adv.* (= forsit) 아마(도), 어쩌면.
forsan, forsit, fórsĭtan, *adv.* [fors+sit+an] 아마(도), 어쩌면, 두리건대, 혹시, 혹시라도, 우연히, 재수좋게도.
fortásse[-ssis], *adv.* **1.** 아마, 모르면 모르되, 어쩌면. **2.** 〔대략적인 수의 표시〕 대개, 약, …쯤.
forte, *adv.* [fors] **1.** 우연히, 우연한 기회에, 그만 어떻게 돼서. **2.** 〔가끔 조건 접속사 si, nisi 등과 함께 씀〕 혹시(라도).
fortícŭlus, a, um, *adj. dim.* [fortis] 꽤 용감한, 좀 용기있는. 「함, (체력) 강화.
fortificátĭo, ónis, *f.* [fortífico] 튼튼하게
fortífico, áre, *tr.* [fortis+fácio] 튼튼하게 하다, 굳게 하다, 강하게 하다.
fortis, e, *adj.* **1.** 건장한, 힘센, 튼튼한, 든든한, 단단한, 강한, 강력한, 강렬한. **2.** 용감한, 용맹한, 용기있는, 씩씩한, 꿋꿋한, 강인한, 정력적인: Fortes fortúna ádjuvat *(T., C.)* 운명[행운]은 용감한 자들을 돕는다 / fórtia facta *(Sall.)* 용감한 행위.
fortitúdo, dĭnis, *f.* [fortis] **1.** 강한 체력. **2.** 용기, 용맹, 씩씩함, 꿋꿋함, 굳셈, 힘; *pl.(C.)* 용감한 업적.

fortuíto[-tuítu], *adv.* [fortuítus] 우연히, 우발적으로, 예기치 않게, 불시에.
fortuítus, a, um, *adj.* [fors] 우연한, 우발적인, 예기치 않은, 불시의.
fortúna, æ, *f.* **1.** 운, **운명**, 운수, 재수, 우연: ~ secúnda[próspera] *(C.)* 행운, 다행 / ~ advérsa *(C.)* 불운, 불행. **2. 행운,** 요행, 좋은 기회; 행복, 성공, 번영. **3.** 불행. **4.** 지위, 신분, 처지, 형편, 상태, 조건. **5.** 〔*pl.*〕 **재산**, 재물, 부. **6.** [F-] 운명의 여신. 「운좋게.
fortunátim, *adv.* [fortunátus] 다행하게,
fortunátus, a, um, *p.p., a.p.* [fortúno] **1.** 다행한, 행운의. **2.** 부유한, 부자의.
fortúno, ávi, átum, áre, *tr.* [fortúna] 운좋게 만들다, 행운을 차지하게 하다, 다행스러워지게 하다, 복받게 하다, 순조로와지게 하다, 성공하게 하다, 번영케 하다.
fórŭli¹, órum, *m.pl.* [forus] **1.** 책장(冊欌), 서가(書架). **2.** 타원형 경기장의 관람석.
Fórŭli², órum, *m. pl. Sabíni*족의 옛 도시(지금의 *Civita Tommasa*).
forum¹, i, *n.* [foras, foris²] 〔고대어에는 forus, i, *m.*도 간혹 있음〕 **1. 시장**(市場), 장터: ~ bo(v)árium *(C.)* 우시장 / ~ (h)olitórium *(L.)* 야채시장 / ~ piscárium *(Var.)* 생선시장. **2.** (가끔 시장과 동일한 장소로서 민중연설·정치활동·재판 따위에 관한 집회장소로 쓰이던) **광장**: forum, ~ Románum, ~ magnum, ~ vetus *(Pl., C., Plin., L., H.)* *Roma* 대광장 (*Capitólium* 언덕과 *Palátium* 언덕 사이에 있던 *Roma*의 대표적인 광장으로서 그 주변에는 원로원 의사당·국민회의장·공회당·금융기관·신전 따위가 들어서 있었음). **3.** 정치생활, 공직(公職) 생활, 벼슬, 공무원직, 변론활동, 경제활동: ~ attíngere 공직 생활을 시작하다. **4. 법정**, 재판소: ~ ágere *(C.)* 소송사건을 심리하다, 재판권을 행사하다 / 《敎法》 ~ extérnum (교회 또는 신자의 공익·사회생활에 관한 것을 다루는) 외적(外的) 법정, 외법정 / ~ intérnum [consciéntiæ] (개인의 양심에만 관계되는 사건을 다루는) 내적(內的) 법정, 내법정 / ~ intérnum sacramentále [non sacramentále, extrasacramentále] (고해성사에서 이루어지는) 성사적 내법정 [(성사 이외의 사항에 관한 것을 다루는) 비(非)성사적 내법정] / ~ cómpetens 관할재판소. **5.** [F-] (상업·교역의 중심지, 행정·사법기관의 소재지로서의) 지방도시: ~ Appĭi, *Via Appĭa*에 있던 도시(지금의 *Foro Appio*) / ~ Aurélium, *Via Aurélia*에 있던 도시(지금의 *Montalto*) / ~ Cornélium, *Gállia Cispadána*의 *Via Æmília*에 있던 도시 / ~ Gallórum, *Gállia Cispadána*의 도시(지금의 *Castelfranco*) / ~ Júlii, *Gállia Narbonénsis*의 도시(지금의 *Fréjus*) / ~ Vocónii, *Gállia Narbonénsis*에 있던 도시.
forum², i, *n.* 포도나 올리브를 넣고 밟아서 짜는 일종의 큰 통.
forus, i, *m.* **1.** 갑판(甲板), 선실통로. **2.** *pl.* 타원형 경기장의 계단식 관람석. **3.** *pl.* 벌집.
Fosi, órum, *m.pl.* *Germánia*의 한 종족.
fossa, æ, *f.* [fódio] **1.** 도랑, 밭[논]도랑; (성벽 주위에 도랑처럼 파서 물을 괴게 한) 호(濠); 운하. **2.** 《解》 (뼈 따위의) 작은 구멍, 소와(小窩). **3.** 여자의 음부. **4.** 무덤. **5.** 한계선. 「초대교회의 성직자.
fossárĭus, i, *m.* 지하묘소를 파고 손질하던
fossátum, i, *n.* [fosso] 도랑, 호, 참호.
fossátus, i, *m.* [fosso] 경계를 이루는 밭도랑.
fossíbĭlis, e, *adj.* [fódio] 호를 팔 수 있는.
fossícĭus, a, um, *adj.* [fódio] 땅에서 파낸, 캐낸. 「(化石)의, 화석이 된.
fóssĭlis, e, *adj.* 땅에서 파낸, 캐낸; 화석
fóssĭo, ónis, *f.* [fódio] (땅·구덩이·구멍 따위를) 팜, 굴착; (밭) 갈아엎기. 「다, 굴착하다.
fosso, ávi, átum, áre, *tr. intens.* [fódio] 파
fossor, óris, *m.* [fódio] **1.** 땅 파는 사람, 경작자, 농부. **2.** 광부. **3.** 예모[교양]없는 자. **4.** 계간자(鷄姦者). **5.** (지하묘소에서) 산역(山役) 일하던 초대교회 성직자.
fossórĭum, i, *n.* [fódio] 삽, 곡괭이.
fossórius, a, um, *adj.* 땅 파는, 땅 파는 데 쓰는. 「랑].
fóssŭla, æ, *f. dim.* [fossa] 작은 구덩이[도
fossúra, æ, *f.* [fódio] **1.** 땅 파기. **2.** 도랑, 구덩이.
fotus, us, *m.* [fóveo] **1.** 따뜻하게 함. **2.** 부화(孵化). **3.** 찜질. 「**2.** 암계(暗計).
fóvĕa, æ, *f.* **1.** 함정, 허방다리; 구덩이.
fovéla, æ, *f.* [fóveo] 쓰다듬음, 위무, 위안.
fóvĕo, fovi, fotum, ére, *tr.* [*cf.* fáveo] **1. 따뜻하게 하다**, 데우다; 따뜻하게 감싸다, **품다**: pullos pennis ~ *(C.)* 병아리들을 날개로 품다. **2.** 찜질하다, 환부(患部)를 덥게 [시원하게] 하다, 약을 발라서 아픔을 가라앉히다. **3.** 껴안다, 쓰다듬다. **4.** 착 달라붙어 있다, (자리를) 떠나지 않다: castra ~ *(V.)* 진중에서 꼼짝않고 있다. **5.** 소중히 여기다, 귀여워하다; 돌봐주다, 보살피다; 기르다, 조장하다, 육성하다. **6.** 도와주다, 지원하다, 지지하다, 성원[응원]하다, 용기를 북돋아주다: *alqm* clamóre et plausu ~ *(Ta.)* 아무를 박수갈채로 응원하다. **7.** 마음에 품다, 간직하다, 생각하다.
frácĕo, ére, *intr.* 썩다, 악취나다.
fraces, um, *f.pl.* (올리브) 기름 찌꺼기, 유박(油粕).
fracésco, cŭi, ĕre, *intr. inch.* [fráceo] 물크러지다, 썩어 들어가다, 나쁜 냄새나다.
frácĭdus, a, um, *adj.* [fráceo] 물크러진,

씩는.

fráctĭo, ónis, *f.* [frango] **1.** 깨뜨림, 파쇄, 부러뜨림, 꺾음, 쪼갬, 나눔: 《가》 ~ panis (미사 때) 성체를 쪼개는 예식; 빵을 나눔. **2.** 파기(破棄).

fractor, óris, *m.* [frango] 깨는[부러뜨리는·꺾는] 사람.

fractúra, æ, *f.* [frango] **1.** 깨진 금, 부러진[꺾어진] 자리, 갈라진 틈, 파열구. **2.** 《醫》 골절, 좌상(挫傷). **3.** 단편(斷片), 조각.

fractus, a, um, *p.p., a.p.* [frango] **1.** 깨진, 부러진, 꺾어진, 조각난, 파괴된. **2.** 녹초가 된, 약해진, 쓰러진, 낙담한.

fræn... *V.* fren...

fraga, órum, *n.pl.* 《植》 딸기.

fragésco, ĕre, *intr. inch.* [frango] 깨지다, 꺾이다.

frágĭlis, e, *adj.* [frango] **1.** 깨지기 쉬운, 깨지는. **2.** 깨지는[꺾어지는·부러지는·튀는] 소리 나는. **3.** 쉬 없어지는, 오래 가지 못하는, 죽어 없어질; 덧없는. **4.** 연약한, 나약한.

fragílĭtas, átis, *f.* [frágilis] **1.** 깨지기 쉬움. **2.** 허약, 연약, 나약, 인생의 약점. **3.** 덧없음, 무상.

fragmen, mĭnis, *n.* [frango] **1.** 깨짐, 부러짐, 꺾어짐. **2.** 조각, 파편, 단편(斷片); 잔해; 나무토막.

fragméntum, i, *n.* [frango] 부서진 조각, 파편, 단편(斷片); 잔해: ~ Muratóri[-riánum] *Muratóri(1672-1750)*의 단편, 이태리의 학자신부인 그가 발견한 신약성서 정경(正經)목록.

fragor, óris, *m.* **1.** 깨짐, 부러짐, 꺾어짐; 파괴. **2.** 깨지는 소리, 요란한[우지끈하는] 소리, 굉음, 뇌성, 천둥. **3.** 잡음, 헛소문.

fragósus, a, um, *adj.* [fragor] **1.** 깨지기 쉬운, 무른. **2.** 거친, 험한, 울퉁불퉁한, 투박한. **3.** 시끄러운, 소란[요란]한.

fragrántĭa, æ, *f.* [fragro] 향기, 방향(芳香).

fragro, ávi, átum, áre, *intr.* **1.** 향기나다, 향기롭다, 방향(芳香)을 풍기다; *p.præs.* 냄새좋은, 향기로운, 방향성(芳香性)의. **2.** 고약한 냄새가 나다.

fragum, i, *n.* 《植》 딸기.

fráměa, æ, *f.* **1.** 장창(長槍). **2.** 넓적한 쌍날 검.

Franci, órum, *m. pl.* 프랑크족, 라인강 하류지방에 있던 게르만 민족의 한 부족.

Fráncĭa, æ, *f.* 프랑스, 프랑크족의 나라.

Franciscánus, i, *m.* 프란치스꼬 수도회원.

frangíbĭlis, e, *adj.* [frango] 깨지기 쉬운.

frango, frēgi, fractum, ĕre, *tr.* **1.** 꺾다, 부러뜨리다, 깨뜨리다, 조각내다, 부수다, 가루로 만들다. **2.** 약하게 하다, 완화하다: Calor se frangit. *(C.)* 더위가 좀 누그러진다. **3.** 파기하다, 끊다, 없애버리다: ~ fœdus *(C.)* 계약을 파기하다. **4.** 굽히게 하다, 유연하게 하다, 꺾다: Fletus fregére virum. *(L.)* 눈물이 (완고한) 사나이를 꺾었다. **5.** *intr.* 부서지다.

frator, tris, *m.* **1.** (남자) **형제**; 형, 동생; 오빠, 오라비: fratres gémini *(C.)* 쌍동이 형제 / fratres germáni *(C.)* 친형제 / fratres uteríni (어머니만 같은) 동복(同腹)형제 / fratres consanguínei (아버지는 같은) 이복형제 / ~ patruélis *(C.)* 친사촌 형제 / 《가》 ~ convérsus [láicus] (수도원의 성직자 아닌) 수사. **2.** (형제같은) 친구.

fratércŭlo, áre, *intr.* 아이들의 젖꼭지가 (형제처럼) 부풀어지다[함께 자라다]; (곡식의) 이삭이 함께 자라다.

fratércŭlus, i, *m. dim.* [frater] 어린 형제, 귀여운 형제.

fratérnĭtas, átis, *f.* [fratérnus] 형제관계, 형제간; 우애, 우의, 동포애.

fratérnus, a, um, *adj.* [frater] **1.** 형제의, 형제적, 형제관계의. **2.** 우애있는, 우의 깊은. **3.** 친척관계의.

frátrĭa[-tríssa], æ, *f.* [frater] 형수, 제수.

fratricída, æ, *m. f.* [frater+cædo] 형제 살해범 (범인은 자매일 수도 있음).

fratricídĭum, i, *n.* [fratricída] 형제 살해(죄).

fratruélis, is, *m.* [frater] 이종사촌 형제.

fraudábĭlis, e, *adj.* [fraudo] 사기의, 협잡의.

fraudáta, órum, *n.pl.* 횡령금액.

fraudátĭo, ónis, *f.* [fraudo] 사기, 기만, 속임수, 협잡.

fraudátor, óris, *m.* [fraudo] 속이는 자, 사기한, 협잡꾼.

fraudátrix, ícis, *f.* [fraudátor] 사기하는 여자.

fráudĭger, ĕra, ĕrum, *adj.* [fraus+gero[1]] 사기하는, 사기적인.

fraudo, ávi, átum, áre, *tr.* [fraus] **1.** 〔*alqm alqā re*〕 속이다, 속여 넘기다[먹다], 사기하다. **2.** 〔*alqm alqā re, alqd*〕 속여 뺏다, 편취[사취]하다, 횡령하다, 사욕을 채우다. **3.** 회피[기피]하다.

fraudulénter, *adv.* [frauduléntus] 속여서, 사기수단으로.

frauduléntĭa, æ, *f.* [frauduléntus] 속임수, 사기(詐欺), 책략, 기만, 협잡, 부정수단; 간계.

frauduléntus, a, um, *adj.* [fraus] 속이는, 정직하지 못한, 협잡하는; 사기적인, 기만적인, 사기수단으로 행해진.

fraudulósus, a, um, *adj.* [fraus] 기만의, 사기로 가득찬.

fraus, fraudis, *f.* 〔*gen. pl.* -dum, -dĭum〕 **1.** 사기, 기만, **속임수**, 배반; 사취, 편취: in fraudem *alcjs (Ulp.)* 누구를 속이려고 / sine fraude *(L., Cæs.)* 성실하게, 신의를 가지고. **2.** 범죄. **3.** 손해, 화(禍), 불리: fraudi*(= dat. finális)* esse *alci (C.)* 누구에게 손해가 되다. **4.** 〔*passíve*〕 속음, 착각, 오해, 틀린 생각, 편견, 오류.

frausus, a, um, *adj.* [fraudo] 사기를 꾸미는.

fraxíněus[fráxĭnus], a, um, *adj.* [fráxinus] 물푸레나무의, 물푸레나무로 만든.

fráxĭnus, i, *f.* **1.** 《植》 물푸레나무. **2.** 물푸레나무로 만든 창.

fraxo, áre, *intr.* 야경돌다.

Fregéllæ, árum, *f. pl. Látium*의 *Volsci*족의 도시; 〔*adj.*〕 **-llánus,** a, um; *m. pl.* 그곳 주민.

Fregénæ, árum, *f. pl.* 남부 *Etrúria*의 해안 「도시(지금의 *Maccarese*).

frēgi, *pf.* [frango].

fremebúndus, a, um, *adj.* 요란스러운; 으르렁대는, 포효(咆哮)하는.

frémĭdus, a, um, *adj.* [fremo] 요란스러운.

frémĭtus, us, *m.* [fremo] **1.** 으르렁거림, 포효(咆哮), 말울음소리; 붕붕거림, 윙윙소리, 씽하는 바람소리, 성난 파도소리, 뇌성, 굉음, 우르르하는[요란한] 소리. **2.** 웅성거림, 떠들썩한 소리, 법석, 아우성. **3.** 《醫》 진음(震音), 진전(震顫).

fremo, mŭi, mĭtum, ĕre, **I.** *intr.* **1.** 둔탁한 소리가 울리다, 진동소리가 나다[울려퍼지다]; 세찬 바람소리가 나다, 철썩거리다. **2.** **으르렁거리다, 포효(咆哮)하다,** (말이) 울다; 윙윙[붕붕]거리다. **3.** 웅성거리다, 술렁거리다, 법석하다, (소문이) 자자하다; 야단치다, **노호(怒號)하다.** **4.** 맹위를 떨치다.

II. *tr.* 〔*alqd, acc. c. inf.*〕 투덜거리다, (무엇에 대해) 불평[분통]을 터뜨리다, 원성이 자자하다, (중얼거리며) 거절하다·반대하다, …라고 고함지르다.

fremor, óris, *m.* [fremo] **1.** 으르렁 소리, 포효(咆哮), 노호(怒號); 아우성, 함성. **2.** 중얼거림.

frenátĭo, ónis, *f.* [freno] 제어(制御), 억제, 「견제, 제지(制止).

frenátor, óris, *m.* [freno] 제어자(制御者), 짐승 훈련사, 동물을 부리는 자.

frendo, fre(s)sum, ĕre, **I.** *intr.* 〔*absol.; déntibus, irā*〕 이를 갈다, 치를 떨다.

II. *tr.* **1.** 까다, 깨다, 찧다, 바수다. **2.** 〔*alqd, inf.*〕 통분해 하다, 원통하게 여기다.

frendor, óris, *m.* 절치(切齒).

frenétĭcus, a, um, *adj.* **1.** 정신착란의, 광란의, 미친. **2.** 열광적인, 광신적인.

fréniger, ĕra, ĕrum, *adj.* [frenum+gero[1]] 재갈물린; 말의: frenígera ala 기병대.

freno, ávi, átum, áre, *tr.* [frenum] **1.** 재갈물리다, 굴레 씌우다; 어거하다. **2.** 억제하다, 억누르다, 제어하다, 견제하다, 통제하다.

Frentáni, órum, *m. pl. Adrĭa* 바다쪽 지방에 있던 *Samnítes*인의 한 종족; 〔*adj.*〕 **-tánus,** a, um.

Frento, ónis, *m.* 남부 *Itália*의 강.

frénŭlum, i, *n. dim.* [frenum] **1.** 《解·動》 소계대(小繫帶). **2.** 《動》 (곤충의) 계모(繫毛).

frenum, i, *n.* 〔*pl.*에서 *m.*으로 freni, órum도 더러 있음〕 **1.** 재갈, 굴레; 고삐. **2.** 억제, 제어, 견제수단, 제한, 통제, 속박. **3.** 말(馬). **4.** 《解·動》 소대(小帶).

frenúscŭli, órum, *m. pl.* 입가의 찰과상(擦過傷).

frequens, éntis, *adj.* **1.** 〔*absol.; cum alqo, ad alqd; dat.,* in *abl.; inf.*〕 자주 드나드는[찾아가는·오는·만나는·모이는], 늘 참석하는, **늘[자주] …하는:** Erat ille Romæ ~. *(C.)* 그는 자주 *Roma*에 왔다 / ~ audítor. *(C.)* 꾸준한 청강생. **2. 잦은, 빈번한,** 흔한, 자주 일어나는, 흔히[늘] 있는, 거듭되는. **3.** (인원수가) 매우 많은, 수많은, 상당수의. **4.** 〔*absol.; abl., gen.:* 장소적으로〕 많이 모인[모이는], 인구 많은[조밀한], 만원의, 가득 들어찬[들어선]: frequentíssimum theátrum *(C.)* 초만원을 이룬 극장 / frequéntia ædifíciis loca *(L.)* 건물들이 가득 들어선 지역.

frequentaméntum, i, *n.* 자주 거듭함, 심 「한 반복.

frequentátĭo, ónis, *f.* [frequénto] **1.** 잦음, 빈번, 반복; 빈도(頻度). **2.** 잦은 방문[왕래·교제]; 많이 모임.

frequentatívus, a, um, *adj.* [frequénto] 반복적인, 반복을 표시하는.

frequentátor, óris, *m.* [frequénto] 단골 손님, 자주 참석하는 사람; 늘 하는 사람.

frequentátus, a, um, *p.p., a.p.* [frequénto] **1.** 〔*absol.; abl.*〕 …로 가득찬, 많이 모인. **2.** 상용(常用)의, 많은 사람이[많이] 사용하는; 왕래가 빈번한.

frequéntĭa, æ, *f.* [frequens] **1.** 많이 모임, 쇄도, 군집, 운집, 폭주(輻輳); 군중. **2.** 많음, 다량, 다수; 누적(累積).

frequénto, ávi, átum, áre, *tr.* [frequens] **1.** …에 자주[늘] 가다, 늘 드나들다, (정해놓고) …에 다니다; 자주 찾아가다: ~ domum *alcjs (C.)* 누구의 집에 드나들다 / scholam ~ 학교다니다 / ~ *alqm (Sall.)* 누구를 자주 찾아가다. **2.** 빈번히 하다, 반복하다; 늘[많이] 사용하다. **3.** 많이 모이게 하다, 많아지게 하다. **4.** 모여서 (축제 따위를) 지내다[거행하다].

fre(s)sus, a, um, *p.p.* [frendo].

fretále, is, *n.* 반찬 지지는 남비, 번철, 프라 「이팬.

fretális, e, *adj.* 해협의.

freténsis, e, *adj.* [fretum] 해협의, 협로(狹路)의: freténse mare *(C.) Sicília* 해협.

frĕtum, i, *n.* (=fretus[3]) **1. 해협. 2.** [F-] *Sicília*와 이태리 본토 사이의 해협. **3.** 바다. **4.** 봄철.

frētus[1], a, um, *adj.* 〔*abl., dat., inf.*〕 믿는, 의지하는, 신뢰하는, 기대를 거는.

frētus[2], us, *m.* 신뢰, 신용, 의지.

frĕtus[3], us, *m.* **1.** 해협. **2.** 봄철.

friábĭlis, e, *adj.* [frio] 부서지기 쉬운, 바슬

수 있는. 「[말다툼].

fribúscŭlum, i, *n.* 부부사이의 하찮은 일

fricábĭlis, e, *adj.* 깨지기 쉬운, 부서지기 쉬운.

fricaméntum, i, *n.* 마찰, 문지름; 안마.

fricátĭo, ónis, *f.* [frico] 문지름, 비빔, 마찰, 긁음; 안마. 「사람; 안마하는 사람.

fricátor, óris, *m.* [frico] 문지르는[비비는]

fricatúra, æ, *f.* [frico] 문지름, 비빔, 마

fricátus, us, *m.* = fricátio. ⌊찰, 긁음.

frícĭum, i, *n.* [frico] 치약.

frico, cŭi, cátum[ctum], áre, *tr.* 비비다, 비벼대다, 문지르다; 긁다, 마찰하다, 닦다, 갈다.

frictrix, ícis, *f.* [frico] 동성애에 빠진 여자.

frictus, us, *m.* 비빔, 문지름, 마찰.

frigdor, óris, *m.* (= frigor) 한기, 냉기.

frigédo, dĭnis, *f.* [frigus] 추위.

frigefácto, áre, *tr.* [frígeo + fácio] 얼게 하다, 동결시키다.

frígĕo, gŭi[frixi], ére, *intr.* **1.** 식다, 차지다, 싸늘하다; 춥다, 시리다. **2.** 약해지다, 활기가 없다, 무력하다. **3.** 냉대받다, 소외되다, 인기가 없다.

frígĕro, áre, *tr.* [frigus] 시원하게[서늘하게·차게] 하다, 식히다, 얼리다.

frigésco, frixi, ĕre, *intr. inch.* [frígeo] **1.** 식다, 차가와[싸늘해]지다, 시려오다. **2.** 생기가 없어지다, 무력해지다, 약해지다; 푸대접받다, 소외되다.

frigidárĭus, a, um, *adj.* **1.** 식히는, 차게 하는, 냉각시키는. **2.** 〔*subst.*〕 *n.* (목욕탕에서) 몸 식히는 방; *n.pl.* (음식) 냉장실, 냉장고. 「랭.

frigidĭtas, átis, *f.* [frígidus] 추위, 냉기, 한

frigidiúscŭlus, a, um, *adj. dim.* [frígidus] 조금 찬; 대단치 않은. 「다.

frígĭdo, áre, *tr.* [frígidus] 식히다, 차게 하

frigídŭlus, a, um, *adj. dim.* [frígidus] 조금 찬, 약간 싸늘해진, 좀 추운, 움추린.

frígĭdus, a, um, *adj.* [frígeo] **1.** 추운, 찬; 싸늘한, 식은; 〔*subst.*〕 *f.* (*sc.* aqua) 냉수, 찬물; *n.* 추위, 한기, 냉기. **2.** 겁에 질린. **3.** 무서운, 냉혹한: frígida mors*(V.)* 무서운 죽음. **4.** 생기[힘]없는, 느린, 둔한, 무감각한. **5.** 무미건조한.

frīgo[1], frīxi, frīctum[xum], ĕre, *tr.* 튀기다, 굽다, 볶다, 지지다.

frĭgo[2], ĕre, *intr.* 훌쩍훌쩍 울다.

frīgor, óris, *m.* 추위.

frigórĕus, a, um, *adj.* [frigus] 찬(冷).

frigoríficus, a, um, *adj.* [frigus + fácio] 차게 하는, 냉각시키는.

frīgus, gŏris, *n.* **1.** 추위, 냉기, 한랭. **2.** 서늘함, 신선함. **3.** 겨울. **4.** 죽음. **5.** 공포, 전율. **6.** 쌀쌀함, 냉대(冷待), 무관심. **7.** 무기력, 둔감.

frigúscŭlum, i, *n. dim.* [frigus] 서늘함.

frigút(t)ĭo, íre, *tr., intr.* **1.** 참새 따위가 지저귀다. **2.** 재잘거리다.

fri(n)gílla, æ, *f.* 《動》 되새; 참새.

Friniátes, um, *m.pl.* *Ligúria*에 있던 종족.

frĭo, ávi, átum, áre, *tr.* 부수다, 빻다, 찧다, 갈다, 분쇄하다.

Frísĭi, órum, *m.pl.* 북부 *Germánia*의 주민 (지금의 화란 최북부에 있었음); 〔*adj.*〕 **-sĭus,** a, um.

frit, *n.indecl.* 작은 낟알, 이삭 끝의 알갱이.

fritílla, æ, *f.* 제사에 쓰던 죽, 빵 넣은 죽.

fritíllus, i, *m.* 주사위를 넣고 흔드는 둥근 통, 주사위 통.

fritínnĭo, íre, *intr.* **1.** 지저귀다. **2.** (말 배우는 아기들이) 종잘거리다.

frívŏlus, a, um, *adj.* [*cf.* frio] **1.** 값싼, 보잘것없는, 하찮은, 사소한, 시시한, 가벼운; 〔*subst.*〕 *n.* 부부사이의 하찮은 일[말다툼]; *n.pl.* 보잘것 없는 가재도구. **2.** 경솔한, 덤벙대는. 「프라이 팬.

frixórĭum, i, *n.* [frigo[1]] 요리남비, 번철,

frixúra, æ, *f.* [frigo[1]] 요리남비, 번철.

frondárĭus, a, um, *adj.* [frons[1]] 잎의.

frondátĭo, ónis, *f.* [frons[1]] 가지치기, 전정(剪定), 이파리 따주기, 적엽(摘葉).

frondátor, óris, *m.* [frons[1]] **1.** 가지치는[전정(剪定)하는] 사람. **2.** 나뭇잎 사이에 깃들이는 새. 「아) 있다, 잎이 무성하다.

fróndĕo, ŭi, ĭtum, ére, *intr.*[frons[1]] 잎이 (돋

frondésco, ĕre, *intr. inch.* [fróndeo] 잎이 나다[피다·우거지다], 잎으로 덮이다.

fróndĕus, a, um, *adj.* [frons[1]] 잎의, 잎이 무성한; 잎으로 만든.

fróndĭfer, ĕra, ĕrum, *adj.* [frons[1] + fero] 잎으로 덮인, 잎이 우거진. 「진, 잎이 많은.

frondósus, a, um, *adj.* [frons[1]] 잎이 우거

frons[1], frondis, *f.* **1.** 잎, 나뭇잎, 풀잎. **2.** 우거진 잎, 잎이 무성한 나뭇가지. **3.** (잎달린) 나뭇가지 화관.

frons[2], frontis, *f.* **1.** 이마: frontem contráhere*(C.)* 이맛살을 찌푸리다. **2.** 기색, 얼굴: ~ tranquílla et seréna*(C.)* 평온하고 명랑한 얼굴. **3.** 전면, 앞, 정면. **4.** 일선(一線), 전선(前線). **5.** (도로·물가 따위에 면한) 임계지(臨界地). **6.** 책의 (앞) 표지, 책의 첫머리. **7.** 외관, 첫눈에 비치는 겉모양, 겉보기; 표면.

frontális, e, *adj.* [frons[2]] **1.** 이마의; 정면의, 전면의; 〔*subst.*〕 *n.pl.* 말·코끼리의 장식 굴레[이마 장식띠]. **2.** 《解》 전두부(前頭部)의, 앞이마의. 「(前面)의 큰 규격 돌.

frontáti, órum, *m.pl.* (*sc.* lápides) 벽 전면

frontispícĭum, i, *n.* [frons[2] + spécio] **1.** (건물의) 정면·앞면. **2.** 책의 내제(內題), 안겉장. 「람[짐승].

fronto, ónis, *m.* [frons[2]] 이마 큰[넓은] 사

frontósus, a, um, *adj.* [frons²] **1.** 이마가 여럿 있는. **2.** 의연(毅然)한, 대담한.
frúctĭfer, ĕra, ĕrum, *adj.* [fructus²+fero] 열매 맺는.
fructificátĭo, ónis, *f.* [fructífico] 결실.
fructífico, (ávi, átum), áre, *intr.* [fructus²+fácio] **1.** 결실하다, 열매 맺다[열리다]. **2.** 이익을 내다: Res fructíficat dómino. (소유물에서 나오는) 과실은 주인에게 귀속된다.
fructuárĭus, a, um, *adj.* [fructus²] **1.** 열매를 잘 맺는, 결실많은. **2.** 과일의, 과일에 관한. **3.** 용익권의; 〔*subst.*〕 *m., f.* 용익권자.
fructuósus, a, um, *adj.* [fructus²] **1.** 결실많은, 열매를 잘 맺는, 수확고가 큰. **2.** 풍작을 가져오는, 비옥한, 풍요한. **3.** 효과가 많은, 좋은 효과를 가져오는, 성과있는, 유익한, 이용가치가 있는.
fructus¹, a, um, *p.p.* [fruor].
fructus², us, *m.* [fruor] **1.** 용익권(用益權). **2.** 이용, 향유(享有), 향수(享受); 유쾌, 즐거움. **3.** **열매, 과실**; 수확물, 소산. **4.** (동물의) 새끼; 자식, 아들. **5.** 수입, 수익, 이익, 이윤, 이자. **6.** 편익, **편의**. **7.** 효과, 효력: 《가》 ~ generális (미사의) 일반적 효과 / ~ speciális 특수 효과.
frugális, e, *adj.* **1.** 곡식의, 농작물의. **2.** **검소한, 알뜰한**, 절약하는; 절제있는, 소박한; 건실한.
frugálĭtas, átis, *f.* [frugi] **1.** 농작물. **2.** **절약**, 검약, 검소, **알뜰함**, 건실, 절제.
fruges, um, *f.pl.* [frux] 농산물, 곡식, 곡물, 채소, 과일.
frugésco, ĕre, *intr. inch.* [frux] 결실하다.
frugi¹, *adj. indecl.* [frux] **쓸모있는, 알뜰한**, 검소한, 건실한, 착실한, 얌전한, 신중한, 자제심있는, 절제하는, 절도있는.
Frugi², *m. indecl.* (건실한 사람의 대명사로서) 많은 *Roma*인의 별호.
frúgĭfer, ĕra, ĕrum, [**-fĕrens,** éntis,] *adj.* [frux+fero] **1.** 결실많은, 풍요한. **2.** **비옥한**, 기름진. **3.** 유익한, 이로운, 성과있는.
frugílĕgus, a, um, *adj.* [frux+lego²] 열매를 모아들이는, 수확하는.
frugípărens, éntis,[**-părus,** a, um,] *adj.* [frux+pário] 결실하는, 생산하는, 풍요한.
frugipérd(ĭ)a, æ, *adj. f.* [frux+perdo] 결실하지 못하는.
fruítĭo, ónis, *f.* [fruor] 누림, 향유(享有), 수익; (소유의) 기쁨.
frumen, mĭnis, *n.* **1.** 제사용 죽. **2.** 식도, 목구멍.
frumentácĕus, a, um, [**-tális,** e,] *adj.* 곡물의; 곡식으로 만든.
frumentárĭus, a, um, *adj.* [fruméntum] 곡식[밀]의, 곡식[밀]에 관한, 양곡의, 식량의: res frumentária *(Cæs.)* 군량조달; 〔*subst.*〕 *m.* 곡물상인; 군량조달 군인.
frumentátĭo, ónis, *f.* [fruméntor] **1.** 곡물구입; 군량조달. **2.** 식량배급.
frumentátor, óris, *m.* [fruméntor] **1.** 양곡상, 곡물상. **2.** 군량 조달병.
fruméntor, átus sum, ári, *dep. intr.* [fruméntum] **1.** 양곡을 마련하다; 군량조달하다. **2.** *tr.* ~ províinciam *(Tertull.)* 지방의 양곡을 풍족히 마련하다.
fruméntum, i, *n.* [fruor] **곡식**, 알곡, 곡물, 양곡; 밀, 소맥.
fruor, *(frúĕris, ĭtur),* fructus[frúĭtus] sum, frui, *dep. intr.* **1.** 〔*alqā re; absol.*〕 이용하다, 사용하다, 차지하다, **누리다**, 향유하다. **2.** 〔*alqo*〕 누구와 함께 지내다, 사귀다. **3.** *tr.* 〔주로 *gerundív.*〕 **fruéndus,** a, um, 이용해야 할, 누릴, 누리는: voluptátis fruéndæ modus *(C.)* 쾌락을 누리는 방식.
Frúsĭno, ónis, *m. Látium*의 *Volsci*족의 도시(지금의 *Frosinone*); 〔*adj.*〕 **-sĭnas,** átis; **-sĭnátes,** ĭum, *m.pl.* 그곳 주민.
frustátim, *adv.* [frustum] 조각을 내어, 조각조각.
frustillátim, *adv.* [frustíllum] 아주 작은 조각으로, 조금씩 조금씩.
frustíllum, i, *n. dim.* [frustum] 작은 조각, 작은 파편.
frustra, *adv.* [fraus] **1.** 속여, 속아: ~ esse *(Pl.)* 속다, 실수하다 / *alqm* ~ habére 누구를 속이다 / ~ ductáre *(Pl.)* 속여 넘기다. **2.** **헛되이**, 공연히, 쓸데없이, 보람없이: Incéptum nullum ~ erat. *(Sall.)* 시작한 일은 하나도 헛되지 않았다. **3.** **까닭없이**, 목적없이.
frustrábĭlis, e, *adj.* 속기 쉬운, 헛된.
frustrámen, mĭnis, *n.* [frustro(r)] 기만; 착각, 오류.
frustrátĭo, ónis, *f.* [frustro(r)] **1.** 속임, 사기, 농간, 기만술책, 우롱. **2.** 기대에 어긋남, 실망시킴, 실패, 허탕. **3.** 《法》 연체(延滯).
frustrátor, óris, *m.* [frustro(r)] 사기한; 연체자(延滯者).
frustratórĭus, a, um, *adj.* 속이는, 헛된.
frustrátus, us, *m.* [frustro(r)] 사기, 속임.
frustro, ávi, átum, áre, *tr.* = frustror.
frustror, átus sum, ári, *dep. tr.* 〔*alqm, alqd; gen.; absol.*〕 속이다, 우롱하다, (누구의) 기대를 어기다; (계획·노력·희망 따위를) 헛되게 하다, 보람없게 하다.
frústŭlum, i, *n. dim.* [frustum] 작은 조각, 단편(斷片), 소량; 소량의 간식(間食).
frustum, i, *n.* 조각, 단편(斷片), 작은 덩어리, (음식물의) 한입, 소량, 얼마 안되는 것.
frute(c)tósus, a, um, *adj.* [frutéctum] **1.** 관목이 많은, 덤불의, 총림(叢林)의. **2.** 잔가지 많은 (나무).
fruté(c)tum, i, *n.* [frutex] 관목숲, 덤불.
frutex, tĭcis, *m.* **1.** **관목**, 덤불, 총림(叢林). **2.** 가지, 줄기. **3.** 바보, 멍청이.

fruticétum, i, *n.* [frutex] 관목숲, 덤불.
frútico, ávi, átum, áre, [**-tĭcor,** ári, *dep.*] *intr.* [frutex] 새순이 나다, 가지들이 돋아나다.
fruticósus, a, um, *adj.* [frutex] 새순이[가지가] 많이 돋은, 덤불투성이의, 잡목으로 덮인.
frux, frugis, *f.* 〔주로 *pl.*〕 1. **농산물,** 추수한 것; 곡식, 채소, 과일. 2. 원숙한 재능의 (정신적) 소산[결실], (근면·연구 따위의) 성과·업적·좋은 결과. 3. 이익, 이득. 4. 〔가끔 형용사 bona를 동반하면서〕 건실, 착실; 향상, 개선(改善): homo frugis bonæ *(Gell.)* 착실한 사람 / ad (bonam) frugem se recípere *(C.)* 개과천선하다. 5. 〔*adj. indecl. V.* frugi; bonæ를 함께 쓰기도 함〕 bonæ frugi *(C.)* 착실한.
fu, *interj.* 〔혐오·불쾌 따위 표시〕 체! 저런 고약한!
fuam, fuas, fuat,... 《古》 = sim, sis, sit,... 「*subj. præs.* [sum].
fucátĭo, ónis, *f.* [fuco] 1. 색칠, 착색(着色). 2. 화장(化粧), 분장.
fucátus, a, um, *p.p., a.p.* [fuco] 1. 염색한, 색칠한. 2. 분바른, 화장한. 3. 겉꾸민, 속이는, 가장한, 위장한, 모조(模造)의.
Fúcĭnus, i, *m.* 중부 이태리의 호수 (지금의 「*Lago Fucino*).
fuco, ávi, átum, áre, *tr.* [fucus] 1. 색칠하다, 물들이다, 염색[착색]하다. 2. 화장(化粧)하다, 연지 바르다. 3. 윤색(潤色)하다.
fucósus, a, um, *adj.* [fucus] 1. 분장한, 화장한. 2. 가장한, 위장한, 모조(模造)의.
fucus, i, *m.* 1. 《植》 모자반 (붉은 빛깔의 해초). 2. 빨강, 자홍색. 3. 분(粉), 연지, 화장품; (얼굴) 화장. 4. 겉꾸밈, 허식, 가장, 위장; 모조. 5. 《動》 무늬말벌.
fūdi, *pf.* [fundo²].
fue, *interj.* 〔혐의·아니꼬움 따위 표시〕 체!
Fúfius, i, *m.* *Roma*인의 씨족명.
fuga, æ, *f.* 1. **도망,** 도주, 도피, 탈주, 탈출; 탈출구: fugæ se mandáre *(Cæs.)* 도망치다. 2. 귀양, 유배, 추방; 유배지. 3. 도망자, 도주자. 4. 재빠른 걸음, 뛰어감; 빠름, 속력. 5. 회피, 기피, 피함: ~ dolórum *(C.)* 고통을 피함.
fugátor, óris, *m.* [**-trix,** ícis, *f.*] [fugo] 쫓아버리는 사람, 격퇴자.
fugax, ácis, *adj.* [fúgio] 1. 쉽게[잘] 달아나는, 도망질치는, 도주성(跳走性)의. 2. 도망[도주·탈주]하는; 비겁한. 3. 달리는, 뛰는, 빠른. 4. 〔*gen.*〕 회피[기피]하는, 거절하는, 마다하는. 5. 잠시 지나가 버리는, 덧없는. 6. 《植》 빨리 지는, 쉬 떨어지는.
fúgĭens¹, éntis, *p.præs., a.p.* [fúgio] 1. 사라지는, 없어지는; 얼마 못가는. 2. 〔*gen.*〕 회피[기피]하는, 거절하는.
fúgĭens², éntis, *m.* 1. 도망자, 기피자. 2. 피고, 피의자.
fúgĭo, fūgi, fúgĭtum, ĕre, I. *intr.* 1. 〔ab, ex, de *abl.* - ad, in *acc.*; *absol.*〕 **도망하다,** 도주[탈주·도피·패주]하다, 달아나다; 피신하다. 2. 귀양가다, 쫓겨나다, 망명하다. 3. 뛰다, 달음질치다, 빨리 지나가다[흘러가다], 시야에서 멀어지다. 4. 없어지다, 사라지다, 시들다, 한물 가다.
II. *tr.* 1. 〔*alqm, alqd*〕 피해 달아나다, **피하다:** Lupus me fugit. *(H.)* 늑대가 나를 피해 달아났다. 2. 멀리가다, 떠나다, 지나가다, 시야를 벗어나다: ~ áciem[visum] *(C., Ov.)* (시야에서 벗어나) 알아볼 수 없다. 3. 모면하다, 벗어나다, 들키지 않다. 4. 〔pátriam〕 망명하다; 귀양가다. 5. 거절하다, 회피[기피]하다, 배척하다. 6. 〔*inf.*〕 삼가다, …하지 않다, 그만두다: Fuge quǽrere. *(H.)* 묻지[찾지] 마라. 7. 〔*alqm; nom. rei (pron.), inf., acc. c. inf., interr. indir.*〕 모르다, 생각나지 않다, 잊다: Hoc me [te, eum...] fugit. 나는[너는, 그는…] 이것을 모른다 / Fugit me ad te scríbere. *(C.)* 나는 네게 편지 쓰는 것을 잊어버렸다.
fugitívus, a, um, *adj.* [fúgio] 1. 〔*absol.*; ab *abl.*; *gen.* loci〕 달아나는, 도망[도주·탈주]하는; 망명하는: servi fugitívi a dóminis *(C.)* 주인들에게서 도망쳐 나온 노예들; 〔*subst.*〕 *m.* 도망자, 도망친 노예, 탈주병. 2. 덧없는, 잠시의, 한때의.
fúgĭto, ávi, átum, áre, *freq.* [fúgio] 1. *intr.* 서둘러[이리저리] 도망치다. 2. *tr.* 피하다, 피해 달아나다, 회피하다.
fúgĭtor, óris, *m.* [fúgio] 도망자, 탈영병.
fugo, ávi, átum, áre, *tr.* [fuga] 1. 쫓다, 격퇴하다, 도망가게 하다. 2. 추방하다, 유배하다. 3. 몰아내다, 물리치다.
fulcímen, mĭnis, [**-mĕntum,** i,] *n.* [fúlcio] 버팀목, 기둥, 지주; 지탱, 의지.
fúlcĭo, fulsi[lcívi], fultum[lcítum], íre, *tr.* 1. 떠받치다, 버티다, 괴다. 2. 지지하다, 후원하다. 3. 튼튼하게 하다, 안전하게 하다, 보강(補强)하다. 4. 고무하다, 격려하다.
fulcrum, i, *n.* [fúlcio] 침대다리; 침대, 침「상.
Fúlfŭlæ, árum, *f.pl.* *Sámnium*의 도시.
fúlgĕo, fulsi, (sum), ére, *intr.* 1. 〔*impers.*; *pers.*〕 번쩍이다, 번개치다, 환하게 비치다: cælo fulgénte *(C.)* 하늘에서 번개칠 때. 2. 번득이다, 광채나다, 빛나다, 혁혁하다. 3. 유명해지다, 명성떨치다, 저명해지다.
fulgésco, ĕre, *intr. inch.* [fúlgeo] 번쩍 비치다, 밝아지다; 빛나다.
fulgétra, æ, *f.* [**-trum,** i, *n.*] 번개, 섬광.
fúlgĭdus, a, um, *adj.* [fúlgeo] 번쩍이는, 빛

나는.
fulgo, ĕre, 《古》 = fúlgeo.
fulgor, óris, *m.* [**fulgur,** ŭris, *n.*] [fúlgeo] **1.** 번개. **2.** 벼락. **3.** 섬광, 광채, 빛, 광휘. 「의, 번쩍이는; 빛나는.
fulgurális, e, *adj.* [fulgur] 번개의, 전광
fúlgŭrat, ábat, ávit, áre, *impers.* [fúlguro] **1.** 번개치다, 빛나다. **2.** 번득이다, 찬란히 빛나다.
fulgurátĭo, ónis, *f.* [fúlguro] 번개질; 번개.
fulgurátor, óris, *m.* [fúlguro] **1.** 번개를 던지는 자, 벼락 때리는 자. **2.** 번개 점술가(占術家). 「점(占).
fulguratúra, æ, *f.* [fúlguro] 번개질; 번개
fulgúrĕus, a, um, *adj.* 번개의.
fulgúrĭo, ívi, ítum, íre, [fulgur] **1.** *intr.* 번개치다. **2.** *tr.* …에 벼락치다; *p.p.* fulgurítus, a, um, 벼락맞은.
fulgurítum, i, *n.* 낙뢰한 자리.
fúlgŭro, ávi, átum, áre, *intr.* [fulgur] **1.** 번개치다, 벼락치다: Sine tonítribus fúlgurat. *(Plin.)* 천둥소리없이 번개치다. **2.** 빛나다, 찬란하다, 번쩍이다. **3.** (연사가) 포문을 열다, 일갈하다. 「오리.
fulĭca, æ, [**fulix,** ĭcis,] *f.* 《動》 물닭; 검둥
fuliginátus, a, um, *a.p.* [*inusit.* fulígino] 검정으로 칠한, 매연에 그을린.
fuligínĕus, a, um, *adj.* 검정의, 매연의.
fuliginósus, a, um, *adj.* 검정[그을음] 투성이의. 「2. 눈썹먹.
fulígo, gĭnis, *f.* **1.** 그을음, 매연, 검정.
fullo, ónis, *m.* 마전장이, 축융공(縮絨工).
fullónĭ(c)us, a, um, *adj.* [fullo] 마전의, 직물을 바래는[표백하는]; 〔*subst.*〕 **-nĭ(c)a,** æ, *f.*[**-nĭca,** órum, *n.pl.*] 직물 표백 기술[직업], 마전; **-nĭum,** i, *n.* 마전공장.
fulmen, mĭnis, *n.* [fúlgeo] **1.** 벼락, 벽력; 천둥: fúlmine ictus [percússus] *(C.)* 벼락맞은. **2.** 재앙, 비운, 참화. **3.** 맹렬한 힘, 불가항력. **4.** 무서운 눈초리.
fulménta, æ, *f.* [fúlcio] **1.** 버팀목, 지주. **2.** 신 뒤축. 「지탱. **2.** 침대다리.
fulméntum, i, *n.* [fúlcio] **1.** 지주(支柱),
fulminátĭo, ónis, *f.* [fúlmino] **1.** 벼락침, 뇌성벽력. **2.** 위협선언. 「때리는 자.
fulminátor, óris, *m.* [**-trix,** ícis, *f.*] 벼락
fulmínĕus, a, um, *adj.* [fulmen] **1.** 벼락의, 전광의. **2.** 전광석화의, 벼락같은, 맹렬한, 살인적인.
fúlmĭno, ávi, átum, áre, [fulmen] **1.** *intr.* 벼락치다, 천둥치다; 벼락치는 소리나다: 〔*impers.*〕 Fúlminat. 벼락친다. **2.** *tr.* 벼락으로 때리다, …에 낙뢰하다.
fulsi, *pf.* [fúlcio, fúlgeo].
fultor, óris, *m.* [**-trix,** ícis, *f.*] [fúlcio] 지지자, 부조자, 지원자(支援者).
fultúra, æ, *f.* [fúlcio] **1.** 지주(支柱); 버팀, 떠받침, 지탱. **2.** 보강(補强).
fulváster, tra, trum, *adj.* 다갈색의.
Fúlvĭa, æ, *f.* 호민관 *Clódius*의 아내, 후에 3두정치의 집정관 *M. Antónius*의 아내.
Fulviáster, tri, *m.* (어떤) *Fúlvius*의 모방자.
Fúlvĭus, i, *m.* *Roma*인의 씨족명.
fulvus, a, um, *adj.* 황갈색의, 사자빛깔의; 금빛의. 「뚝; 분화구.
fumaríŏlum, i, *n. dim.* [fumárium] 작은 굴
fumárĭum, i, *n.* [fumus] **1.** 훈증(燻蒸)으로 포도주 양조하던 방. **2.** 장작 건조실. **3.** 굴뚝, 연통. 「움, 분향.
fumátĭo, ónis, *f.* [fumo] 연기 뿜음; 향 피
fumátor, óris, *m.* [fumo] **1.** 포도주의 훈증(燻蒸) 양조자. **2.** 속이는 사람.
fumésco, ĕre, *intr. inch.* [fumus] 연기나다; 김이 서리다.
fúmĕus, a, um, *adj.* [fumus] **1.** 연기나는, 연기가 자욱한. **2.** 연기로 익힌 (포도주), 그을린.
fúmĭdus, a, um, *adj.* [fumus] **1.** 연기나는, 연기가 자욱한, 연기낀. **2.** 연기빛깔의. **3.** 내운, 연기냄새 나는.
fúmĭfer, ĕra, ĕrum, *adj.* [fumus + fero] 연기나는, 연기피우는.
fumífico, áre, *intr.* [fumus + fácio] 연기나다; 분향으로 연기일게 하다. 「내운.
fumíficus, a, um, *adj.* 연기를 내는[뿜는],
fumigabúndus, a, um, *adj.* [fúmigo] 연기가 자욱한. 「증(燻蒸), 훈증요법(療法).
fumígĭum, i, *n.* [fúmigo] **1.** 분향. **2.** 훈
fúmĭgo, ávi, átum, áre, [fumus + ago] **1.** *tr.* 연기내다, (향·담배를) 피우다; 연기를 쐬다. **2.** *intr.* 연기나다, 연기가 자욱하다.
fumo, ávi, átum, áre, *intr.* [fumus] **1.** 연기가 나다, 연기를 뿜다; 김이 나다, 김을 내다: equi sudóre fumántes *(V.)* 땀을 흘려 김이 나는 말. **2.** *tr.*, *p.p.* fumátus, a, um, 연기 쐰.
fumósus, a, um, *adj.* [fumus] **1.** 연기 자욱한, 연기나는. **2.** 그을린, 연기 쐰. **3.** 연기냄새 나는.
fumus, i, *m.* 연기; 김, 증기: téndere de fumo ad flammam 바늘도둑이 소도둑 된다.
funále, is, *n.* [funális] **1.** 줄팔매 끈. **2.** 밀초 심지; 횃불초, 촛불. **3.** 촛대.
funális, e, *adj.* [funis] 밧줄의, 끈의, 새끼의: funáles equi *(Suet.)* 봇줄멘 말들 / ~ céreus 밀초의 심지; 밀초 횃불.
funámbŭlus, i, *m.* [funis + ámbulo] 줄타기 곡예사, 줄광대. 「의(*cf.* funális).
funárĭus, a, um, *adj.* [funis] 밧줄의, 봇줄
fúnctĭo, ónis, *f.* [fungor] **1.** 이행(履行), 수행(遂行): ~ múneris *(C.)* 직무수행. **2.** 기능(機能); 직무, 직분, 임무: 《法》 functiónem recípere 대체(代替)하다, 대용되다.

3. 《가》 예식거행, 의식(儀式). 4. 세금납부. 5. 죽음, 사망.
functus, a, um, *p.p.* [fungor].
funda, æ, *f.* 1. (무기로서의) 줄팔매; 투석기(投石機). 2. 줄팔매의 돌[탄환]. 3. 삽단(三段) 그물. 4. 반시의 (보석을 물리는) 거미발. 5. (가난한 사람의) 돈주머니.
fundábĭlis, e, *adj.* 기초될 만한.
fundális, e, *adj.* 줄팔매의.
fundámen, mĭnis, *n.* [fundo[1]] 토대, 기초, 「근본.
fundamentális, e, *adj.* [fundaméntum] 1. 기초적인, 근본[기본]적인: theología ~ 기초 신학. 2. 본원적인, 근원적인.
fundaméntum, i, *n.* [fundo[1]] 1. 기초, 토대, 기반. 2. 기본, 근본, 바탕; 근거.
Fundánĭus, i, *m. Roma*인의 씨족명. 「인.
Fundánus, a, um, *adj. Fundi*의; *m. Fundi*
fundátĭo, ónis, *f.* [fundo[1]] 1. 기초(공사), 기초 다짐. 2. 창설, 창건, 건설, 설립, 창립. 3. 기금(基金): ~ pro clériciis emerítis 은퇴 성직자 생활보장 기금.
fundátor, óris, *m.* [**-trix,** ícis, *f.*] [fundo[1]] 1. 창설자, 창건자, 창립자; 설립자, 개조(開祖), 시조, 원조, 비조(鼻祖). 2. 재건자. 3. 기금갹출자, 재단 설립자[창설자].
fundátus, a, um, *p.p., a.p.* [fundo[1]] …에 기반을[근거를] 둔; 확고한; 설립된.
Fundi, órum, *m.pl. Látium*의 도시.
fundibalárĭus[-bulárĭus], i, *m.* [funda] 노포(弩砲)[쇠뇌] 사수(射手).
fundíbălum, i, *n.* [**-us,** i, *m.*] [funda] 암석 투척기; 노포(弩砲), 쇠뇌.
fundíbŭlum, i, *n.* [fundo[2]] 1. 투석기, 줄팔매. 2. 깔때기.
fúndĭto, áre, *tr. freq.* [fundo[2]] 1. 투석기[줄팔매]로 쏘다. 2. (말을) 퍼뜨리다.
fúndĭtor, óris, *m.* [funda] 줄팔매 사수(射手), 투석기(投石機) 사수.
fúndĭtus, *adv.* [fundus] 뿌리째, 밑바닥까지, 근본적으로, 철저하게; 송두리째, 온전히, 몽땅.
fundo[1], ávi, átum, áre, *tr.* [fundus] 1. 기초를 다지다[놓다·두다], 토대를 세우다. 2. 견고케 하다, 확립하다, 튼튼히 세우다; 근거를 두(게 하)다. 3. 설립[창립·창설·창건]하다.
fundo[2], fūdi, fūsum, ĕre, *tr.* 1. 붓다, 쏟다, 흘리다, 퍼붓다. 2. 녹이다, 거푸집에 붓다, 주조하다. 3. 《醫》 (대변 따위를) 묽게 하다. 4. (씨따위를) 뿌리다; 흩뜨리다, 퍼뜨리다, 전파하다; (냄새를) 풍기다, 발산하다; 〔*pass.*〕 흩어지다, 퍼지다; 드리워지다: fusi crines *(V.)* 늘어뜨린 머리. 5. 말을 퍼뜨리다, 발설하다, 소문내다. 6. 펴다, 펼치다, 전개시키다, 뻗치다: Vitis fúnditur. *(C.)* 포도넌출이 뻗어 나간다. 7. 내던지다; 발사(發射)하다. 8. 많이 내다[산출하다], 다량으로 생산하다; 많이 낳다, 번식시키다: flores ~ *(C.)* 꽃을 많이 피우다. 9. 넘어[자빠]뜨리다, 쓰러뜨리다; 〔*pass.*〕 쓰러지다, 자빠지다. 10. 빼앗다, 밀어 젖히다; 쫓다, 격퇴하다. 11. 〔*refl.*〕 **se** ~ 밀려[몰려] 나오다[가다], 쏟아져 나오다. 12. 내보내다; 쏟아 놓다: ánimam ~ *(Lucr.)* 숨을 거두다. 13. 늘이다, 확대시키다, 확장하다, (연설 따위를) 길게 끌다. 14. 말을 하다[쏟아 놓다], 소리를 내다; 읊다: ~ mendácia *(Pl.)* 거짓말을 하다.
fúndŭla, æ, *f.* 막다른 골목.
fúndŭlus, i, *m.* 1. 순대. 2. ~ ambulátilis (기계의) 피스톤.
fundus, i, *m.* 1. 바닥, 밑바닥, 밑: 〔속담〕 fundum non habére *(C.)* 밑빠진 독에 물 붓기. 2. 그릇, 잔. 3. 토대, 기초, 기본: 《神》 ~ ánimæ 영혼의 기체(基體). 4. 농토, 전답, 토지, 소유지, 농장; 부동산. 5. 보증인, 뒷받침: ~ esse[fíeri] *(C., Pl.)* 보증인이 되다, 뒷받침해주다.
fúnĕbris, e, *adj.* [funus] 1. 장례의, 초상의; 〔*subst.*〕 **-brĭa,** ĭum, *n.pl.* 장례식. 2. 불행한, 비참한, 처절한, 유해한, 비통한. 3. 치사(致死)의, 치명적.
funerális, e, *adj.* [funus] 장의의, 장례식의; 〔*subst.*〕 *n.* 만가(挽歌), 장송가.
funerárĭus, a, um, *adj.* [funus] 장례에 관한, 장례식의; 〔*subst.*〕 *m.* 장례식 지도자.
funeratícĭus, a, um, *adj.* [funus] 장례에 관한; 〔*subst.*〕 *n.* 장례 비용. 「례식.
funerátĭo, ónis, *f.* [fúnero] 장례, 매장, 장
funerépus, i, *m.* 줄타기 곡예사.
funérĕus, a, um, *adj.* [funus] 1. 장례(식)의, 초상의. 2. 비통한; 치사(致死)의, 치명적.
fúnĕro, ávi, átum, áre, [**fúnĕror,** átus sum, ári, *dep.*] *tr.* [funus] 1. 〔*alqm; absol.*〕 장례식을 거행하다, 매장하다. 2. *p.p.* 죽은.
funésto, ávi, átum, áre, *tr.* [funéstus] 1. 살인으로 더럽히다[부정타게 하다·모독하다]. 2. 더럽히다.
funéstus, a, um, *adj.* [funus] 1. 화를[파멸·죽음을] 가져오는, 치명적인, 불행한, 불길한. 2. 비통한, 슬픈, 비애에 가득찬. 3. (초상·살인 따위로) 부정탄·더럽혀진.
funétum, i, *n.* [funis] 활모양으로 휘어서 서로 얽어 놓은 포도넌출.
fungíbĭlis, e, *adj.* [fungor] 대체(代替)의, (다른 것으로) 대체[대용]될 수 있는.
fúngĭnus, a, um, *adj.* [fungus] 버섯의.
fungor, functus sum, fungi, **I.** *intr.* 1. 〔*abl.*〕 이행하다, (임무·기능 따위를) 다하다, 채우다, 마치다, 수행[완수]하다, 실행하다, 행사(行使)하다: ~ múnere *(C.)* 직

무를 수행하다 / functus dápibus *(Ov.)* 저녁 식사를 마친. **2.** 〔vitā, morte, fato; *absol.*〕 죽다, 생애를 마치다. **3.** 보존하다, 지키다. **4.** (세금 따위를) 납부하다, 치르다. **5.** 당하다, 겪다.
II. *tr.* 〔고전 초기에는 *gerundív.*으로; 고전 후기에는 *alqd*〕 **1.** 이행[수행]하다, 다하다, 마치다: múneris fungéndi grátiā *(C.)* 직무를 수행하기 위하여 / diem ~ *(Justin.)* 죽다. **2.** 〔*alqd*〕 당하다, 겪다, 견디다, 참다. 「이 많은, 해면질의.

fungósus, a, um, *adj.* [fungus] 작은 구멍
fúngŭlus, i, *m. dim.* [fungus] 작은 버섯.
fungus, i, *m.* **1.** 버섯, 진균식물(眞菌植物). **2.** 혹, 육종(肉腫), 균종(菌腫), 용류(茸瘤). **3.** (초의) 타고 남은 심지. **4.** 바보.
funícŭlus, i, *m. dim.* [funis] **1.** 노끈, 가는 밧줄. **2.** 《解》 색(索), 대(帶): ~ cuneátus 설상색(楔狀索) / ~ umbilicális 제대(臍帶), 탯줄. **3.** 몫, 배당. **4.** 바닷가. **5.** 《植》 주병(珠柄). 「예사.
funirépus, i, *m.* 줄타는 광대, 줄타기 곡
funis, is, *m.* 줄, 밧줄, 노끈: 〔격언〕 ex arénā funem effícere *(Col.)* (모래로 밧줄을 꼬다 즉) 불가능한 일을 시도하다.
funus, nĕris, *m.* **1.** 장례(식); 매장(식): ~ censórium 국장. **2.** 화장(火葬). **3.** 시체. **4.** 곡두, 망령(亡靈), 환영. **5.** 죽음; 변사, 살해. **6.** 멸망, 폐허, 몰락.
fŭo, fŭi, futúrus, ĕre, *intr.* 〔sum의 과거형을 이루는 어원적인 형태〕 되다, 있다.
fūr, fūris, *m. f.* **1.** 도둑, 절도. **2.** 표절자. **3.** (노예에 대한 욕설로) 도둑놈. **4.** 무뇌말벌. 「(盜癖).
furácĭtas, átis, *f.* [fur] 훔치는 버릇, 도벽
fūrātrína, æ, *f.* [furor¹] **1.** 도둑질, 절도 행위. **2.** ~ conjugális 간통.
fūrax, ácis, *adj.* [furor¹] 훔치는 버릇 있는, 훔치기 잘하는, 손버릇이 나쁜, 도둑질하는; 〔*adv.*〕 **-císsĭme,** 대단한 도둑질 솜씨로.
furca, æ, *f.* **1.** 두 가닥 갈퀴[쇠스랑·작살]. **2.** (Y자형으로 가랑이진 기둥머리에 노예나 죄인의 목을 달아 걸어 벌하던) 형틀, (일종의) 교수대. **3.** 지겟 작대기, 끝이 갈라진 버팀목; 까치발. **4.** 어린 소 길들이는 멍에. **5.** (게 따위의) 집게발. **6.** (사람의) 다리 가랑이. **7.** 협곡(峽谷), 협로(峽路).
fúrcĭfer, ĕri, *m.* [furca+fero] 〔노예에 대한 욕설〕 교수대에 매달 놈; 깡패, 망나니.
furcílla, æ, *f. dim.* [furca] **1.** (가랑이진) 작은 갈퀴[쇠스랑·작살]; 포크(fork). **2.** (지겟 작대기처럼 생긴) 막대기.
furcillátus, a, um, *adj.* [furcílla] 가랑이진, 두 가닥으로 갈라진, 분기(分岐)된.
furcíllo, ávi, átum, áre, *tr.* [furcílla] 버티다, 지탱하다.
furcósus, a, um, *adj.* 분기(分岐)된, 두 가닥으로 갈라진; 여러개의 가랑이가 있는.
fúrcŭla, æ, *f. dim.* [furca] **1.** (지겟 작대기처럼 생긴) 가랑이진 버팀목. **2.** 협곡(峽谷), 협로(峽路): Fúrculæ Caudínæ *(L.)* *Cáudium* 협곡(峽谷). 「광증의, 발광하는.
fŭrens, éntis, *a.p.* [furo¹] 정신나간, 미친,
furfŭr, ŭris, *m.* **1.** 겨, 밀기울; 왕겨. **2.** 비듬.
furfurácĕus, a, um, *adj.* [furfur] **1.** 겨의, 밀기울의; 겨모양의. **2.** 비듬많은.
furfurácŭlum, i, *n.* 《植》 권수(卷鬚), 덩굴손.
furfurárĭus, a, um, *adj.* 겨의, 밀기울의.
furfúrĕus, a, um, *adj.* [furfur] 겨[밀기울]로 만든.
furfurósus, a, um, *adj.* [furfur] 밀기울 섞인; 겨와 비슷한, 겨빛깔의.
fúrĭa, æ, *f.* [furo¹] 〔흔히 *pl.*로 씀〕 **1.** 광증, 미침, 발광, 광란. **2.** 맹렬, 맹위. **3.** 노발대발, 격분, 격노; 복수심. **4.** 흑사병. **5.** [F-] 복수의 3여신*(Fúriæ)*의 하나. 「3여신: *Alécto, Megæra, Tisíphone.*
Fúrĭæ, árum, *f. pl.* (머리털이 뱀인) 복수의
furiális, e, *adj.* [fúria] **1.** 미친듯한, 미치광이 같은, 광란의. **2.** 광포한; 맹렬한; 〔*adv.*〕 **-ále** [**-álĭter**], 미친듯이, 맹렬히. **3.** 〔*active*〕 미치게 하는, 격정을 일으키는. **4.** *Fúriæ*(복수의) 여신의. 「한.
furiátĭlis, e, *adj.* [fúria] 몹시 성난, 광포
furibúndus, a, um, *adj.* [furo¹] **1.** 몹시 성난, 광포한, 맹렬한, 미친듯이 날뛰는, 제정신이 아닌. **2.** 열광하는.
Furína, æ, *f.* 죽음과 지옥을 관할하며 공포를 주는 고대 *Itália*의 여신; 〔*adj.*〕 **-nális,** e; *n.pl. Furína* 여신의 축제 (7월 25일).
furínus, a, um, *adj.* [fur] 도둑의, 절도의.
fúrĭo¹, ávi, átum, áre, *tr.* [fúria] 미치게 하다, 광란시키다; 분격하게 하다.
fúrĭo², íre, *intr.* [fúria] 미쳐 날뛰다, 격노하다, 발광하다.
furiósus, a, um, *adj.* [fúria] 미친, 발광하는, 실성한, 제정신이 아닌; 미쳐 날뛰는, 광란하는; 광포한, 맹렬한, 맹위를 떨치는.
Fúrĭus, i, *m.* *Roma*인의 씨족명; 〔*adj.*〕 **-riánus,** a, um. 「마에 구운.
furnácĕus, a, um, *adj.* [furnus] 가마의, 가
furnárĭa, æ, *f.* [furnus] 빵 제조업, 제과점.
furnárĭus, i, *m.* 빵 제조인; 빵장수.
furnus, i, *m.* **1.** 빵 굽는 가마; 화덕. **2.** 난로, 화로.
fŭro¹, rŭi, ĕre, *intr.* **1.** 미치다, 실성하다, 제정신이 아니다. **2.** 미쳐 날뛰다, 격정에 사로잡히다, 격분하다; 열광하다. **3.** 맹렬하다, 맹위를 떨치다.

fūro², ónis, *m.* 《動》 흰 족제비.
fūror¹, átus sum, ári, *dep. tr.* [fur] **1.** 〔*alqd; absol.*〕 훔치다, 도둑질하다, 절취하다. **2.** 표절하다. **3.** 뒤로 빼돌리다, 착복하다, 사취(詐取)하다. **4.** (본색을) 감추다, …인 체하다, (누구) 행세를 하다.
fŭror², óris, *m.* [furo¹] **1.** 미침, 정신착란; 실성, 미쳐 날뜀. **2.** 격정, 격분; 걷잡을 수 없는 연정(戀情); 벅찬 감격, 미칠듯한 열중, 열광. **3.** 반란, 소동. **4.** 맹렬, 맹위.
furtíficus, a, um, *adj.* 도벽(盜癖)이 있는, 「도둑질하는.
furtim, *adv.* [fur] 몰래, 숨겨, 슬쩍, 비밀히, 은밀히.
furtívus, a, um, *adj.* [furtum] **1.** 훔친, 훔쳐온: furtíva res*(Q.)* 도난품, 장물. **2.** 몰래 하는. **3.** 숨긴, 비밀(리)의, 은밀한, 내밀(內密)의.
furto, *adv.* [furtum] 몰래, 숨겨, 슬쩍, 비밀히.
furtum, i, *n.* [fur] **1.** 도둑질, 절도(죄). **2.** 〔*pl.*〕 장물, 도난품. **3.** 사기; 음모, 흉계; 우물쩍 넘기는 구실[핑계]. **4.** 밀통(密通).
fūrúncŭlus¹, i, *m. dim.* [fur] 좀도둑, 바늘도둑.
fŭrúncŭlus², i, *m.* **1.** (= fervúnculus) 뾰루지, 종기. **2.** 쓸모없는 포도가지.
furvus, a, um, *adj.* [*cf.* fuscus] **1.** 거무스름한, 검은. **2.** 어두운, 컴컴한; 지하세계의. **3.** 우울한.
fuscátor, óris, *m.* 어둡게 하는 자.
fúscĭna, æ, *f.* **1.** 작살; 삼지창(三枝槍). **2.** *Neptúnus*신의 삼지창.
fuscínŭla, æ, *f. dim.* [fúscina] 작은 삼지창, 포크(fork).
fusco, ávi, átum, áre, *tr.* [fuscus] 거무스름하게[검게] 하다, 갈색으로 만들다; 어둡게 하다.
fuscus, a, um, *adj.* **1.** 거무스름한, 갈색의, 햇볕에 그을은; 검은. **2.** 어두운, 어둠침침한. **3.** (목소리가) 쉰 듯한, 흐린. **4.** (조점술〈鳥占術〉에서) 불길한, 나쁜 징조의.
fusífŏrmis, e, *adj.* [fusus² + forma] (양끝이 가늘게 된) 방추형(紡錘形)의.
fúsĭlis, e, *adj.* [fundo²] **1.** 묽은; 녹은, 용해된. **2.** 부어서 만든, 주조한.
fúsĭo, ónis, *f.* [fundo²] **1.** 쏟음, 부음, 흘림. **2.** 확산, 퍼짐. **3.** 융해(融解), 용해(鎔解); 주조. **4.** 채무상환, 빚갚음.
fúsĭtrix, ícis, *f.* 술 따르는 여자.
fusor, óris, *m.* [fundo²] **1.** (액체를) 붓는[쏟는] 사람. **2.** 주물사(鑄物師).
fusórĭum, i, *n.* [fundo²] 수채(통), 개천, 상[하]수도.
fusórĭus, a, um, *adj.* 주조(鑄造)의.
fustíbălus, i, *m.* 투석기 (옛날 무기).
fústĭgo, átum, áre, *tr.* [fustis] 몽둥이로 때리다[때려 죽이다].
fustim, *adv.* 몽둥이로, 곤봉으로.
fustis, is, *m.* 〔*abl.* -i, -e〕 **1.** 막대기, 지팡이. **2.** 도리깨. **3.** 몽둥이, 방망이, 곤봉. **4.** 말뚝.
fustuárĭus, a, um, *adj.* 몽둥이의; 〔*subst.*〕 *n.* 태형(笞刑); 몽둥이로 때려 죽임.
fusúra, æ, *f.* [fundo²] **1.** 융해, 용해(鎔解), 주조(鑄造). **2.** 흐르는 물, 유수(流水).
fusus¹, a, um, *p.p., a.p.* [fundo²] **1.** 쏟아진, 흘린; 부은. **2.** 퍼진, 확산된, 흩어진; 펼쳐진, 전개된, 뻗어나간. **3.** 풀린, 느슨한; 늘어뜨린, 드리워진. **4.** 펑퍼짐한; 널따란. **5.** 상세한, 내용 풍부한, 장황한.
fusus², i, *m.* [-**um**, i, *n.*] **1.** 물레 가락, 방추(紡錘). **2.** (*Parcæ*라는) 운명의 여신들이 잣는 운명의 물레.
fusus³, us, *m.* [fundo²] **1.** 쏟음, 부음. **2.** 유출(流出), 흘러나옴.
futátim, *adv.* 쓸데없이, 공연히, 헛되이.
fútĭle¹[futt-], *adv.* [fútilis] 쓸데없이, 공연히, 헛되이.
fútĭle², is, *n.* (*Vesta* 여신 제사 때 쓰던) 아가리가 넓고 밑굽이 빨고 좁은 그릇.
fútĭlis[futt-], e, *adj.* **1.** (그릇 따위가) 새는, 투과성(透過性)의. **2.** 쉽게 깨지는, 취약한. **3.** 헛된, 쓸데없는, 헛수고의, 효과[소용]없는. **4.** 경박한, 경망한, 경솔한, 입이 가벼운.
futílĭtas[futt-], átis, *f.* [fútilis] 경박, 경망, 쓸모없음, 무익, 무가치.
futis, is, *f.* 〔*acc.* -im〕 [fundo²] 귀때그릇; 「주전자.
fútŭo, ŭi, útum, ĕre, *tr.* 여자와 동침하다·교접하다.
futúrum, i, *n.* [futúrus] **1.** 미래, 장래: in futúro*(C.)*, in ~*(L.)* 미래에, 장차, 앞으로. **2.** 《文法》 (시칭[시제]의) 미래: ~ exáctum [prætéritum] 미래완료.
futúrus, a, um, *p.fut., a.p.* [sum] 미래의, 장래의, 장차의, 앞으로 있을; 〔*subst.*〕 *m. pl.* 장차 있을 사람들, 미래의 후손; *n.* 미래, 장래(일).
futútĭo, ónis, *f.* [fútuo] 교접(交接).

G

G¹, g, *f., n. indecl.* 라틴 자모의 일곱번째 문자: 〈제〉, 〔고전 *Latin*어〕〈게〉 [gē] (본시 C로 표기되었으나 *Roma* 기원 520년경부터 라틴 자모에 편입되었음).

G²., 《略》 **G.** = Gajus, Gállica, Gémina, Génius, Germánia; **G.I.** = Germánia inférior 남부 *Germánia*; **G.S.** = Germánia supérior 북부 *Germánia*.

Gábăles, um, [**-băli,** órum,] *m.pl. Gállia Céltica* 동남부 지방의 종족.

gabálĭum, i, *n.* 《植》 *Arábia*의 향목(香木).

gábălus, i, *m.* **1.** 십자가(형구〈刑具〉), 교수대. **2.** 악한(惡漢).

gábăta, æ, *f.* 사발, 주발, 대접.

gábbăræ, árum, *f.pl.* 이집트 미이라.

Gábĭi, órum, *m.pl. Látium*의 옛 도시; 〔*adj.*〕 **-bínus,** a, um; **-biénsis,** e.

Gabínĭus, i, *m. Roma*인의 씨족명; 특히 이집트의 왕 *Ptolemǽus Aulétes*를 복위시킨 *A.* ~ 가 유명함; 〔*adj.*〕 **-niánus,** a, um.

Gades, ĭum, *f.pl. Hispánia Bǽtica*에 있던 소도시(지금의 *Cadiz*); 〔*adj.*〕 **-ditánus,** a, um.

gæsáti, órum, *m.pl.* gæsum 창으로 무장한 「군인.

gæsum, i, *n. Gállia*의 알프스 종족의 크고 긴 투창(投槍).

Gætúlĭa, æ, *f. Afrĭca*의 사하라 사막과 접경한 한 지방; 〔*adj.*〕 **-lĭcus[-lus],** a, um.

gagátes, æ, *m.* 《鑛》 흑옥(黑玉).

Gajus, Gai, *m.* [**Gaja,** æ, *f.*] (= Cajus) *Roma*인의 개인 이름.

galáctĭcus, a, um, *adj.* 유질(乳質)의.

galáctĭtes, æ, *m.* [**-tĭtis,** títĭdis, *f.*] 유석(乳石).

Galǽsus, i, *m. Itália* 남부에 있는 강(지금 「의 *Galaso*).

Galánthis, ĭdis, *f. Alcména*의 시녀, *Lucína* 여신에 의하여 족제비로 변형됨.

Gálătæ, árum, *m.pl. Phrýgia* 지방에 정착한 *Celtæ*족의 한 종족(*sæc.* 3 A.C.에 *Gállia*에서 소아시아로 이주함).

Galatéa, æ, *f. Néreus*와 *Dōris²*의 딸인 바다의 요정(애꾸눈 거인 *Polyphémus*의 강제 청혼을 거절하고 바다로 뛰어들었음, 화가 난 애꾸눈 거인은 *Galatéa*의 애인 *Acis*를 돌로 쳐죽였음).

Galátĭa, æ, *f.* 소아시아 중부에 있던 *Gálatæ*인들의 나라, 후에 *Roma*의 속령.

galátĭcor, ári, *dep. intr. Gálatæ*인들처럼 유태 예식을 그리스도교 의식에 혼합하다.

galáxĭas, æ, *m.* **1.** 유석(乳石). **2.** 은하수.

galba¹, æ, *f.* **1.** 《動》 떡갈나무 벌레. **2.** (= calva nux) 호도의 일종(매끈매끈한 호도).

galba², æ, *m.* 뚱뚱한 배(나중에 *Roma*인들 「의 별명이 됨).

Galba³, æ, *m. Sulpícia* 씨족의 가문명; 특히 Sérvius Sulpícius ~, *Roma*의 제7대 황제(68 - 69 P.C.).

galbánĕus, a, um, *adj.* [gálbanum] 풍자향(楓子香)의, 풍자향내 나는.

gálbănum, i, *n.* **1.** 《植》 *Sýria*산(産) 풍자향(楓子香: 일종의 고무질 나무진). **2.** 화사한 초록빛 옷.

gálbănus[-bĭnus], a, um, *adj.* **1.** 초록빛의; 〔*subst.*〕 gálbĭna, órum, *n.pl.* (여자용) 초록빛 의복[의상]. **2.** 여성적인.

gálbĕum, i, *n.* [**-us,** i, *m.*] **1.** (개선장군·군인 무훈 표시의) 완장; (팔찌 비슷한) 장식용 완장. **2.** 약·호부(護符) 따위를 넣어 팔에 감고 다니는 띠.

Galbiáni, órum, *m.pl. Galba³*의 여당.

galbínĕus, a, um, *adj.* 초록빛의.

gálbŭla, æ, *f.* [**-lus,** i, *m.*] 《動》 꾀꼬리(의 일종).

gálĕa, æ, *f.* (*cf.* cassis¹) **1.** (가죽으로 만든) **투구** (나중에는 청동으로도 만들었고 물그릇 또는 제비 뽑을 때의 그릇으로도 사용되었음). **2.** 《植·動》 투구꼴 돌기, (새의) 도가머리; 《解》 모상건막(帽狀腱膜).

galeáris, e, *adj.* 투구의.

galeárĭus, i, *m.* 〔주로 *pl.*〕 투구쓴 병사.

galéna, æ, *f.* 《鑛》 방연광(方鉛鑛).

gálĕo, ávi, átum, áre, *tr.* [gálea] 투구를 씌우다; 〔*pass.*〕투구를 쓰다: galeátus, a, um, *p.p.* 투구를 쓴 / prólogus galeátus *(Hier.)* 저자가 자기 변론하는 서론.

galeóbdŏlon, i, *n.* **1.** 고양이 방귀. **2.** (= galeópsis) 《植》 야생마(野生麻), 쐐기풀.

galéŏla, æ, *f. dim.* [gálea] **1.** 작은 투구. **2.** 투구모양의 그릇.

galeópsis, is, *f.* 《植》 야생마(野生麻), 쐐기풀.

「장이] 단체.

Galeótæ, árum, *m.pl.* *Sicília*의 예언자[점

galeótes, æ, *m.* 《動》 도마뱀의 일종.

galerícŭlum, i, *n.* *dim.* [galérum] **1.** 두건, 작은 모피모자. **2.** 가발. **3.** 작은 투구.

galerítus, a, um, *adj.* [galérum] **1.** 모피모자를 쓴. **2.** 도가머리의, 관모(冠毛)의: galeríta avis 도가머리 종달새.

galérus, i, *m.* [-**rum,** i, *n.*] 모피모자; 둥근모자, 베레모.

「[*adj.*] -**lǽus,** a, um.

Galilǽa, æ, *f.* *Palæstína*의 북부지방;

galla[1], æ, *f.* 《植》 몰식자(沒食子), 오배자(五倍子), 충영(虫瘿).

Galla[2], æ, *f.* **1.** *Gállia* 여자. **2.** [*pl.*] *Cýbele*의 여신관(女神官).

Gallǽcĭa, æ, *f.* *Hispánia* 서북부지방(지금의 *Galicia*주); [*subst.*] -**lǽci,** órum, *m.pl.* 그곳 주민.

gallárĭus, i, *m.* (구두) 수리공, 수선공.

Galli, órum, *m.pl.* *Gállia*의 주민(주로 지금의 프랑스에 해당하는 *Gállia Transalpína* 및 북부 이태리인 *Gállia Cisalpína* 지방에 거주한 대종족).

Gállĭa, æ, *f.* **1.** (지금의 북부 이태리·프랑스·벨기에의 전부와 네델란드·독일·스위스의 일부를 포함하는) 서구(西歐)의 대지역(때로는 *Alpes* 산맥 이북지방만 지칭하기도 함): ~ Bracáta = ~ Narbonénsis / ~ Céltica = ~ Comáta / ~ Cisalpína, 지금의 북부 이태리 지방 / ~ Cispadána, *Padus*강 이남의 ~ / ~ Citérior = ~ Cisalpína / ~ Comáta, ~ *Narbonénsis*를 제외한 ~ *Transalpína* / ~ Lugdunénsis, *Lugdúnum (Lyon)* 부근의 ~ / ~ Narbonénsis, 프랑스의 동남부 지방 / ~ Togáta = ~ Cisalpína / ~ Transalpína, *Alpes* 산맥 이북의 ~ / ~ Transpadána, *Padus*강 이북의 ~ / ~ Ultérior = ~ Transalpína. **2.** 프랑스, 불란서.

galliámbus, i, *m.* *Cýbele* 여신의 제관들이 부르는 노래.

「신.

gállĭcæ, árum, *f.pl.* *Gállia*인들의 신발, 덧

Gallicanísmus, i, *m.* **1.** 갈리아 주의, 프랑스에 있어서의 교황권 제한주의(1682년 선언). **2.** [일반적으로] 교황청에 대하여 국내[자국] 교회의 독립자치권을 주장하는 설(說).

Gallicánus, a, um, *adj.* [Galli] *Gállia Cisalpína* 주(州)의; [*subst.*] -**ni,** órum, *m.pl.* 그곳 주민.

「인.

gallicárĭus, i, *m.* *Gállia* 신발[덧신] 제조

Gállĭce, *adv.* [Gállicus[1]] **1.** *Gállia*식[풍]으로, *Gállia* 사람처럼. **2.** *Gállia* 어(語)로; 불어(佛語)로.

「홰 우는 시간.

gallicínĭum, i, *n.* [gallus + cano] 닭이 첫

gállĭcrus, úris, *n.* 《植》 미나리 아재비.

gallícŭlæ, árum, *n.pl.* [gállicæ] 작은 덧신.

Gállĭcus[1], a, um, *adj.* [Gállia] **1.** *Gállia*의; *Gállia*인의. **2.** 프랑스의; 프랑스인의.

Gállĭcus[2], a, um, *adj.* [Gallus[2]] **1.** (*Phrýgia*의) *Gallus*강의; *Troja*의. **2.** (*Cýbele* 여신의 제관인) *Gallus[Galli]*의.

gallína, æ, *f.* [gallus[1]] 《動》 암탉: gallínæ albæ fílius *(Juv.)* 행운아.

gallinácĕus[-**cĭus**], a, um, *adj.* [gallína] 닭의: gallus ~ *(C.)* 수탉 / gallináceum ovum *(Cato)* 달걀.

gallinárĭus, a, um, *adj.* [gallína] **1.** 닭의, 닭에 관한: gallinária scala *(Cels.)* 홰로 오르는 작은 사다리. **2.** [*subst.*] *m.* 닭치는 사람; *n.* 닭장.

「리.

gallínŭla, æ, *f.* *dim.* [gallína] 《動》 암평아

Gállĭo, ónis, *m.* *Roma*인의 가문명; [때로는] 씨족명.

Gállĭus, a, um, *adj.* *Gállia*의; *Gállia*인의.

Gallogrǽci, órum, *m.pl.* 소아시아의 *Galátia*로 이주한 *Gállia* 종족 (= Gálatæ).

Gallogrǽcĭa, æ, *f.* *Gallogrǽci* 종족의 나라 (= Galátia).

Gallónĭus, i, *m.* *Roma*인의 씨족명.

gállŭla, æ, *f.* *dim.* [galla] 《植》 작은 오배자(五倍子).

「聲)하다, 목소리가 패다.

gallulásco, ĕre, *intr. inch.* [gallus[1]] 변성(變

Gállŭlus, a, um, *adj.* *Gállia*의; *Gállia*인의.

gallus[1], i, *m.* 《動》 수탉.

Gallus[2], i, *m.* **1.** [흔히 *pl.*] *Cýbele*의 제관. **2.** [흔히 *pl.*] (옛적) *Gállia*인; (현대의) 프랑스 사람. **3.** *Roma*인의 (*Cornélia, Sulpícia* 등) 씨족의 가문명. **4.** *Phrýgia*의 강.

gamba, æ, *f.* 네발짐승의 오금·정강이; 가축의 발회목·과관절(踝關節); [*adj.*] -**bósus,** a, um, 부은 오금[발회목]의.

gamélĭo(n), ónis, *m.* *Attĭca* 력(曆)의 달 이름 (지금의 1월·2월에 해당).

gamélĭus, a, um, *adj.* 혼인을 관장하는.

gaméta, æ, *f.* 《生》 생식세포(生殖細胞), 배우자(配偶子).

「子囊).

gametángĭum, i, *n.* 《生》 배우자낭(配偶

gametogénĕsis, is, *f.* 《生》 배우자 형성, 난(卵)이나 정자가 생기는 일.

「Γ, γ.

gamma, æ, *f.* 희랍 자모의 세번째 문자

gammátus, a, um, *adj.* gamma(Γ)형의.

gandéja, æ, *f.* (*Afrĭca*인들의 특유한) 작은 배(船).

「집, 유곽. **2.** 방탕생활.

gánĕa, æ, *f.* [-**ĕum,** i, *n.*] **1.** 술집, 기생

ganeárĭus, a, um, *adj.* 술집의, 유곽의; [*subst.*] *m.* 술집 출입자.

gáneo, ónis, *m.* [gánea] 방탕아, 난봉꾼.

gángăba, æ, *m.* 《*Pérsia*어》 짐꾼, 수하물 운반인.

「*ges*강 유역의 인도족.

Gangárĭdæ, árum, [-**des,** um,] *m.pl.* *Gan-*

Ganges, is, *m.* 인도의 *Ganges*강; [*adj.*]

-**gétĭcus,** a, um; [*adj. f.*] -**gétis,** tĭdis.

gánglĭon, i, *n.* **1.** 《解》 신경절. **2.** 《醫》 절종(瘤腫), 건초류(腱鞘瘤); 머리나 목의 혹. 「疽).

gangræna, æ, *f.* 《醫》 괴저(壞疽), 탈저(脫

gánnĭo, íre, *intr.* **1.** (강아지·여우 따위가) 우짖다, 깽깽거리다. **2.** 중얼대다, 투덜대다. **3.** 까불다, 장난치다.

gannítĭo, ónis, *f.* [gánnio] (강아지의) 우짖음, 깽깽거림.

gannítus, us, *m.* [gánnio] **1.** 강아지 울음, 깽깽거림. **2.** 새의 지저귐. **3.** 투덜댐, 중얼댐. **4.** 울부짖음. 「거위.

ganta, æ, *m.* (*Germánia* 지방의) 기러기;

Ganymédes, is, *m.* **1.** *Troja*의 *Tros*왕의 아들(*Júpiter*의 독수리에게 납치되어 신들에게 술 따르는 직책을 맡게 된 미소년); [*adj.*] -**déus,** a, um. **2.** 《天》 수병좌(水瓶座); 보병궁(寶瓶宮).

Garamántes, um, *m.pl. Afrĭca*의 한 종족; [*adj.*] -**tĭcus,** a, um; (*f.*) -**ntis,** ĭdis, **1.** *Garamántes*의. **2.** *Líbya*의, *Afrĭca*의.

Gargánus, i, *m. Apúlia*의 산, *Hádria* 바다에서 갑각(岬角)을 이룸; [*adj.*] -**nus,** a, um. 「에 있는 계곡 및 샘.

Gargáphĭe, es, *f. Bœótia*의 *Platǽæ* 부근

Gárgăra, órum, *n.pl. Troas*에 있는 *Ida*산의 최고봉. 「제(含漱劑).

gargarísma, ătis, *n.* 《藥》 양치질 약, 함수

gargarismátĭum, i, *n.* 양치질.

gargarizátĭo, ónis, *f.* [gargarízo] 양치질.

gargarízo, ávi, átum, áre, *intr., tr.* [(ex) *alqā re, alqd*] 양치질하다. 「rus).

Gargéttĭus, i, *m. Gargéttus*인 (= Epicú-

Gargéttus, i, *m. Hyméttus*산 부근에 있는 *Attĭca*의 한 구역, 철학자 *Epicúrus*의 고향.

Gargílĭus, i, *m. Roma*인의 씨족명.

gárrĭo, ívi[ĭi], ítum, íre, *tr.* **1.** [*alqd, absol.*] 재깔이다, 지껄이다, 재잘거리다, 수다떨다. **2.** (새들이) 지저귀다; (개구리가) 개골개골하다.

garrúlĭtas, átis, *f.* [gárrulus] **1.** 재깔임, 지껄임, 재잘거림, 수다스러움, 요설(饒舌). **2.** 지저귐, 지저거림.

gárrŭlus, a, um, *adj.* [gárrio] **1.** 수다스러운, 재깔[지껄]이는, 재잘대는, 시끄러운. **2.** 지저귀는. **3.** 졸졸 소리나는; 쏴쏴 소리나는: ~ rivus(*Ov.*) 졸졸 흐르는 내.

garum[-ron], i, *n.* 어즙(魚汁), 물고기즙으로 만든 소오스.

Garúmna, æ, *m. Gállia* 남부 *Aquitánia*의 큰 강 (지금의 *Garonne*). 「살던 종족.

Garúmni, órum, *m.pl. Garúmna*강 유역에

garus[-os], i, *m.* garum 소오스를 만드는

gaster, téris, *f.* 배(腹). ⌊바닷물고기.

gastrálgĭa, æ, *f.* 《醫》 위경련.

gástrĭcus, a, um, *adj.* [gaster] 《醫》 위(胃)의, 위에 관계되는: ulcus gástricum 위궤양. 「식.

gastrimárgĭa, æ, *f.* [gaster] 많이 먹음, 폭

gastrimárgus, i, *m.* 대식가, 폭식가.

gastrítis, tĭdis, *f.* 《醫》 위염(胃炎); [*adj.*] -**trítĭcus,** a, um. 「結腸)의.

gastrocólĭcus, a, um, *adj.* 《解》 위결장(胃

gastroduodenális, e, *adj.* 《解》 위십이지

gastrodýnĭa, æ, *f.* 위통(胃痛). ⌊장의.

gastroënterología, æ, *f.* 《醫》 위장(胃腸)병학, 소화기병학(消化器病學).

gastrología, æ, *f.* **1.** 《醫》 위(병)학. **2.** 미식학(美食學), 요리학. 「락.

gastronomía, æ, *f.* 요리법, 미식법, 식도

gástrŭla, æ, *f.* 《生》 장배(腸胚), 낭배(囊

gastrum, i, *n.* [gaster] 항아리. ⌊胚).

Gates, um, *m.pl. Aquitánia*의 한 종족.

gau = gáudium.

gáudĕo, gavísus sum, ére, *semidep. intr.(tr.)* **1.** [*absol.; abl.,* in *abl.; acc. c. inf., inf.;* quod, quum [cum], quia; *alqd, objéctum intérnum*] 기뻐하다, 즐거워하다, 무척 좋아하다. **2.** ~ in sinu, ~ in se 혼자 은근히[속으로] 좋아하다. **3.** [*alci*] 문안하다. **4.** [*abl.*] 향유(享有)하다, 누리다, (특권 따위를) 부여받아 가지고 있다. **5.** [*abl., inf.*] (사물이 무엇을) 좋아하다, …하는 성질[경향]이 있다.

gaudimónĭum, i, *n.* 즐거움.

gáudĭum, i, *n.* [gáudeo] **1.** (내면적인) 기쁨, 즐거움, 환희; 행복감, 복락(福樂): *alqm* gáudio affícere(*C.*) 누구를 기쁘게 하다. **2.** 기쁘게 해주는 것, 즐거움의 원천[근원]. **3.** 관능적 쾌락[기쁨].

gaudívĭgens, géntis, *a.p.* [*inusit.* gaudivígeo] 기뻐 뛰는.

Gaugaméla, órum, *n.pl. Assýria*의 지명.

gaulus, i, *m.* **1.** 달걀 모양의 배(船). **2.** 작은 배 모양의 단지. **3.** 《動》 깨새.

Gaurus, i, *m. Campánia*에 있는 화산.

gáusăpa, æ, *f.* [-**pe,** is, *n.;* -**pes,** is, *m.;* -**pum,** i, *n.*] **1.** (한쪽만 보풀을 세워 거칠게 짠) 나사(羅紗)·모직물, 양탄자, 털망토. **2.** 턱수염.

gausapátus, a, um, *adj.* [gáusapa] **1.** 털망토를 입은. **2.** 긴 턱수염의.

gávĭa, æ, *f.* 《動》 갈매기.

gavísus, a, um, *p.p.* [gáudeo].

gaza[1], æ, *f.* (*Pérsia* 어) **1.** 왕실 금고. **2.** 재물, 재산, 부(富).

Gaza[2], æ, *f. Palæstína* 서남부의 항구도시.

gazophylácĭum, i, *n.* 성전(聖殿) 금고, 자

Gebénna = Cebénna. ⌊선상자.

Gedrósĭa, æ, *f.* 인도양(印度洋) 해안에 있는 *Pérsia*의 지방; -**si[-sĭi],** órum, *m.pl.* 그곳 주민.

ge(h)énna, æ, *f.* **1.** 예루살렘 근처의 골

짜기 (쓰레기 버리던 곳으로서 더러운 공기를 없애려고 늘 불태우고 있었음). **2.** 지옥, 게헨나.

gehennális, e, *adj.* [gehénna] 지옥의.

Geidúmni[-úni], órum, *m.pl. Gállia*이 한 종족.

Gela, æ, *f. Sicília* 남해안의 소도시; 〔*adj.*〕 **-lóus,** a, um; **-lénsis,** e.

Gelas[-a], æ, *m. Sicília* 남해안에 있는 강.

gelásco, ĕre, *intr. inch.* [gelo] 얼다, 엉기다.

gelasínus, i, *m.* 보조개. 「製) 아교.

gelatína alba, æ, *f.* 《化》 젤라틴, 정제(精

gelatinósus, a, um, *adj.* **1.** 젤라틴의, 젤라틴으로 된. **2.** 젤라틴[아교] 모양의, 아교질의. 「결(氷結).

gelátĭo, ónis, *f.* [gelo] 엉김, 얼어붙음, 빙

Geldúba, æ, *f. Gállia Bélgica*의 *Ubĭi*족의 요새지. 「붙은, 결빙한.

gelefáctus, a, um, *adj.* [gelum+fio] 얼어

gelicídĭum, i, *n.*[gelu+cado] 서리, 서릿발.

gélĭdus, a, um, *adj.* [gelu] **1.** 얼음의, 얼음같이 찬, 얼어붙은: aqua gélida *(C.)*, gélida *(H.)* 얼음물. **2.** 싸늘한, 오싹하는, 쌀쌀한: ~ tremor *(V.)* 오싹하는 무서움. **3.** 〔*adv.*〕 **-de,** 싸늘하게, 차게.

Géllĭus, i, *m. Roma*로 이주한 *Samnítes*인의 씨족명; 2세기의 문법학자이며 "Noctes Attĭcæ"의 저자인 *Aulus* ~ 가 유명함.

gelo[1]**,** ávi, átum, áre, [gelu] **1.** *tr.* 얼게 하다, 얼리다. **2.** *intr.* 얼다.

Gelo[2]**,** ónis, *m. Syracúsæ*의 폭군.

Gelon, óntis, *m. Phrýgia*의 샘 (그 물을 마시면 웃음이 나온다고 함).

Gelóni, órum, *m.pl. Scýthia*의 종족 (문신〈文身〉으로 유명하였음); 〔*adj.*〕 **-nĭus [-nus],** a, um.

gelu, us, *n.*[**-um,** i, *n.;* **-us,** us, *m.*] **1.** 얼음, 결빙; 한랭(寒冷), 추위. **2.** (노령·죽음·공포 따위로 인한) 소름·오싹함·싸늘함.

gemebúndus, a, um, *adj.* [gemo] 탄식하는, 신음하는. 「(간막이가 있는) 기름그릇.

geméllar, áris, *n.* [**-rĭa,** æ, *f.*] [geméllus]

gemellípăra, æ, *f.* [geméllus+pário] 쌍둥이의 어머니 (특히 *Apóllo*와 *Diána* 쌍둥이 오누이의 어머니 *Latóna*의 별명).

geméllus[1]**,** a, um, *adj.* **1.** 쌍둥이의, 쌍생(雙生)의. **2.** 짝[쌍]을 이룬, 쌍둥이처럼 서로 닮은.

geméllus[2]**,** i, *m.* 《解》 쌍자근(双子筋).

gemíbĭlis, e, *adj.* [gemo] 통탄할, 한심스러운. 「중복, 이중, 배가(倍加).

geminátĭo, ónis, *f.* [gémino] (말의) 반복,

gémĭni, órum, *m.pl.* [géminus[1]] **1.** 쌍둥이 형제. **2.** 《天》 쌍둥이좌, 쌍자궁.

Gemínĭus, i, *m. Roma*인의 씨족명.

gémĭno, ávi, átum, áre, *tr.* [géminus[1]] **1.** 반복하다, 이중으로 하다, 두배로 하다, 겹으로[쌍으로]하다. **2.** 짝짓다, 결합시키다. **3.** *intr.* 겹[이중]으로 되다.

gémĭnus[1]**,** a, um, *adj.* [geno, gigno] **1.** 쌍둥이의; 〔*subst.*〕 *m.f.* 쌍동이, 쌍생아. **2.** 짝의, 짝지은, 쌍의, 이중의, 겹으로 된. **3.** 같이 생긴, 엇비슷한, 어울리는, 견줄 수 있는; 쌍벽을 이루는.

Gémĭnus[2]**,** i, *m. Servília*족의 가문명.

gémĭtus, us, *m.* [gemo] **1.** 탄식, 한탄, 신음, 한숨, 불평. **2.** 고통, 슬픔. **3.** (사물의) 요란한 소리.

gemma, æ, *f.* **1.** 식물의 새싹[눈], 움. **2.** 값진 보석, 보옥, 진주; 아름다움, 미, 장식. **3.** 보석으로 꾸민 술잔; 인장으로 쓰는 반지. **4.** *pl.* gemmæ *(Ov.)* 공작 꼬리의 눈알 모양의 무늬.

gemmásco[-mésco], ĕre, *intr. inch.* [gemma] 싹나기[싹트기] 시작하다.

gemmátus, a, um, *p.p., a.p.* [gemmo] **1.** 싹난, 싹튼. **2.** 보석이 박힌, 보석으로 장식된. **3.** 보석 제품의. **4.** 빛나는, 광채있는.

gémmĕus, a, um, *adj.* [gemma] 보석의, 보석처럼 생긴; 반짝이는, 빛나는.

gémmĭfer, ĕra, ĕrum, *adj.* [gemma+fero] 보석이 나는, 보석을 생산하는; 주옥을 지닌.

gemmo, ávi, átum, áre, *intr.* [gemma] **1.** 싹이 트다, 발아(發芽)하다. **2.** 보석으로 장식되다. **3.** 보석처럼 반짝이다.

gémmŭla, æ, *f. dim.* [gemma] **1.** 작은 싹. **2.** 작은 보석, 주옥.

gemo, ŭi, ĭtum, ĕre, **I.** *intr.* **1.** 한숨쉬다, 탄식하다, 신음하다. **2.** (짐승이) 울다, 포효하다, 으르렁 거리다. **3.** (사물이) 소리내다, 슬퍼하다.
II. *tr.* 〔*alqd*〕 (무엇을[에 대해]) 슬퍼하다, 가련히 여기다.

Gemónĭæ, árum, *f.pl.* (*sc.* scalæ) *Aventínus*[2] 언덕에서 *Tíberis* 강으로 통하는 층계 (이 아래로 악인들의 시체를 던졌음).

gemúrsa, æ, *f.* 티눈, 살에 박힌 못.

gena, æ, *f.* 〔흔히 *pl.*〕 **1.** 뺨, 볼; 턱. **2.** 눈꺼풀, 안과(眼窩); 눈.

Génăbum, i, *n. Gállia*의 *Carnútes*족의 수도 (후에 *Cívitas Aurelianórum*으로 불렀음, 지금의 *Orleans*); 〔*adj.*〕 **-bénsis,** e; *m. pl.* 그곳 주민.

Genáuni, órum, [**-nes,** ĭum,] *m. pl.* (*cf.* Vindélici) *Ræ̈tia*의 *Alpes*산에 사는 *Germánia*족.

Genáva[-néva], æ, *f. Helvétĭi*족과의 경계에 있는 *Allóbroges*족의 도시 (지금의 *Geneva*); 〔*adj.*〕 **-vénsis,** e. 「계보.

genealogía, æ, *f.* 가계(家系), 혈통, **족보,**

geneálŏgus, i, *m.* 계보학자(系譜學者), 족보학자, 계도가(系圖家).

gener, ĕri, *m.* [geno, gigno] **1.** 사위(壻); 손녀사위. **2.** 매부.
generábĭlis, e, *adj.* [género] **1.** 만들 만한, 창조력있는. **2.** 만들어질[일어날] 수 있는.
generális, e, *adj.* [genus] **1.** 종류의, 종족의. **2.** **일반적**, 보통의, 보편적, 전반적, 전체적인, 총체적인, 총(總); 〔*adv.*〕 **-lĭter,** 보통으로, 일반적으로; 대체로. **3.** 대개의, 개략적, 개괄적. **4.** 〔*subst.*〕《가》 [G-] *m.* 수도회 총장. 「괄.
generalisátĭo, ónis, *f.* 일반화, 보편화, 개
generálĭtas, átis, *f.* [generális] 일반성, 보편성. 「다.
generásco, ĕre, *intr.* 출생하다, 나다, 생기
generatianísmus, i, *m.* 《神》 영혼 출생[생식]설.
generátim, *adv.* [genus] **1.** 종류별로, 종족별로. **2.** 일반적으로, 보통으로, 주로, 흔히.
generátĭo, ónis, *f.* [género] **1.** 발생, 출생, 생식: ~ æquívoca 자연(적인) 발생 / ~ spontánea 우연발생. **2.** 종류, 혈통. **3.** (혈통의) 대(代), **세대**(世代); 시대.
generatívus, a, um, *adj.* 발생하는, 산출하는; 생식(력)의.
generátor, óris, *m.* [género] 낳아준 어버이, 아버지; 발생시키는 자, 생산자.
generatórĭus, a, um, *adj.* [generátor] 창조의, 생산의; 〔*subst.*〕 *n.* 생산수단.
generátrix, ícis, *f.* [generátor] 낳아준 어버이, 어머니; 발생시키는 자, 생산자.
génĕro, ávi, átum, áre, *tr.* [genus] **1.** 낳다, 생식하다, 존재케 하다, 발생시키다. **2.** 생산하다, (곡식을) 내다; 만들어내다, 제조하다. **3.** 창작하다.
generósĭtas, átis, *f.* [generósus] **1.** 고귀함, 선량, 귀족; 최고품. **2.** 관대, 아량, 도량이 큼. **3.** 활발함, 용기, 대담.
generósus, a, um, *adj.* [genus] **1.** 귀족출신의, 고귀한. **2.** 우수한, 고급의, 품종이 좋은. **3.** 도량이 넓은, 관대한, 아량있는; 고결한. 「[축제].
genesálĭa, ĭum, *n.pl.* [génesis] 생일 잔치
génĕsis, is, *f.* 〔*acc.* -im〕 **1.** 탄생, 출생, 발생, 생성(生成). **2.** [G-] 천지창조; (성서의) 창세기(略: Gen.). **3.** 사람의 출생과 그에 따른 운명을 관장하는 별.
genésta = genísta.
genethlíăce, es, *f.* 점성술.
genethlíăcon, i, *n.* 탄생일의 예찬 노래.
genethlíăcus, a, um, *adj.* 출생예지(豫知)에 관한, 출생점지(占知)의; 〔*subst.*〕 *m.* 점
genethlialŏgía, æ, *f.* 점성술. └성가.
genetívus[geni-], a, um, *adj.* [geno] **1.** 타고난, 선천적인, 고유한: genetívum nomen *(Ov.)* 성(姓). **2.** 《文法》 속격(屬格)의, 제2격의; 〔*subst.*〕 ~ (*sc.* casus) 속격, 제2격: ~ qualitátis 형용 2격[속격], *e.g.* hujúsmodi 이러한. **3.** 낳는, 산출하는, 창조하는. **4.** 본토박이의.
génĕtrix[-nĭtrix], ícis, *f.* [génitor] **1.** 생모(生母), 어머니; (동물의) 어미. **2.** 만들어내는 여자, 생산자: ~ frugum *(Ov.)* 수확의 어머니(= Ceres). **3.** *Cýbele*의 별명.
geni... *V.* gene...
geniálĭa, ĭum, *n.pl.* [geniális] **1.** 부부침상. **2.** *Roma* 국민의 수호신 축제.
geniális, e, *adj.* [Génius] **1.** 혼인의, 결혼의; 부부의; 출산에 관한: ~ torus 부부침상, 부부생활. **3.** 다산(多產)의, 비옥한: geniália arva *(Ov.)* 비옥한 땅. **4.** 축제의, 즐거운, 흥겨운 (*cf.* Génius): ~ dies *(Juv.)* 축제일.
geniátus, a, um, *adj.* [Génius] **1.** 즐거운, 기쁜, 유쾌한, 흥겨운. **2.** 사랑스러운, 귀여운.
geniculátim, *adv.* 마디마디; 매듭처럼, 매듭지어.
geniculátĭo, ónis, *f.* 무릎꿇음.
geniculátus, a, um, *adj.* [genículum] **1.** 무릎꿇은; 만곡(彎曲)한. **2.** 매듭이 많은.
genícŭlo, ávi, átum, áre,[**-lor,** ári, *dep.*] *intr.* [genu] 무릎꿇다; 마디가 생기다.
genícŭlum, i, *n. dim.* [genu] **1.** 무릎, 작은 무릎. **2.** 초본(草本)식물의 마디.
genícŭlus, i, *m. dim.* [genu] (건축에서) ㄱ자형의 부분. 「일. **2.** 싹; 자손, 혈족.
génĭmen, mĭnis, *n.* [gigno] **1.** 생산물, 과
genísta[-nésta], æ, *f.* 《植》 금작화(金雀花).
genitábĭlis, e, *adj.* [génitus[1], gigno] 생산력이 있는, 비옥한, 풍요한.
genitális[1], e, *adj.* [génitus[1], gigno] **1.** 출생의, 출산의; 생식의, 생식기의. **2.** 다산의, 풍요한, 비옥한. 「신의 별명.
Genitális[2], is, *f.* 출산을 주관하는 *Diána* 여
genitívus = genetívus. 「股)의.
genitofemorális, e, *adj.* 《解》 음부고(陰部
génĭtor, óris, *m.* [geno, gigno] **1.** (자식을 낳는·낳아준) 아버지. **2.** 만들어내는 자, 창조자; 생산자. **3.** 저자. 「머니; 어미.
génĭtrix, ícis, *f.* (= génetrix) [génitor] 어
genitúra, æ, *f.* [geno, gigno] **1.** 출생; 출산, 생식. **2.** 출산[출생]한 것, (동물의) 새끼. **3.** 출생을 주관하는 성좌(星座); 점성(占星). 「들, 자식.
génĭtus[1], a, um, *p.p.* [gigno] 〔*subst.*〕 *m.* 아
génĭtus[2], us, *m.* [gigno] 출생, 발생, 생산.
Génĭus, i, *m.* (*voc.* Geni) [geno] **1.** 사람·가족·도시·나라의 수호신, 출생을 주관하는 신. **2.** 재능, 천재; **축제.** **3.** 취미;
geno, ĕre, *tr.* 《古》 [gigno] 낳다. └쾌락.
gens, gentis, *f.* [geno] **1.** (고대 *Roma*인의) **씨족** (같은 조상에서 나와 같은 본을 가진

가문들의 총칭, 원래는 귀족에게만 쓰다가 나중에 평민에게도 쓰게 되었음), 일문(一門): ~ Cornélia *(L.)* *Cornélia* 씨족. **2.** 후손, 자손, 후예. **3.** **종족**, 부족: ~ Sabína *(C.)* *Sabíni*족. **4.** 도시의 선세시민; 주(州)·지방의 주민(전체); 백성, **민족**, 국민: ~ primitíva 미개[원시]민족. **5.** 〔*adv. loci*+géntium〕 세상…: nusquam géntium *(Pl.)* 세상 아무데도 아니; 〔*adv. negatívum*〕 mínime géntium *(T.)* 절대로 아니. **6.** 인종, (동물의) 종(류), 계통. **7.** 〔*pl.*〕 외국인, 이방인, 이교도.

gentiána, æ, *f.* 《植》 용담(龍膽), 과남풀.

géntĭcus, a, um, *adj.* [gens] **1.** 국민의, 민족의. **2.** 이방인의, 이교도의.

gentilícĭus[-tĭus], a, um, *adj.* [gentílis] **1.** 씨족의, 종족의, 국민의. **2.** 이교도의.

gentílis, e, *adj.* [gens] **1.** 씨족의; 같은 씨족의[씨족명을 가진]: gentíle nomen *(Suet.)* 씨족명; 〔*subst.*〕 *m.* 같은 씨족[문중]의 사람. **2.** 상전의 씨족명을 가진(노예). **3.** 같은 지방[고향·민족·나라]에 속한; 〔*subst.*〕 *m.* 동향인, 동포. **4.** (*Roma*인 편에서) 오랑캐의, 야만의, 외국인의; 이방인의, 이교도의, 비 그리스도교인의; 〔*subst.*〕 *m.* 이방인, 이교도. 「이교신봉.

gentilísmus, i, *m.* (종교로서) 이교(異敎),

gentílĭtas, átis, *f.* [gentílis] **1.** 한 gens를 (씨족을) 이루는 동족관계, 동족성. **2.** 같은 씨족의 사람, 친족. **3.** 가문들의 집단; 가풍. **4.** 식물의 아문(亞門). **5.** (그리스도교에서) 교외자(敎外者) 전체, 이교(異敎).

gentílĭtus, *adv.* [gentílis] 이교식으로; 야만족 풍습에 따라서, 그 나라 풍습대로.

genu, us, *n.* [간혹 **-us,** us, *m.*] **1.** 무릎. **2.** 초본식물의 마디. 「*Genoa*).

Génŭa, æ, *f.* *Ligúria*의 항구도시 (지금의

genuále, is, *n.* [genu] 〔주로 *pl.*〕 (갑옷의) 무릎덮개, 무릎가리개, 정강이받이.

genuflécto, fléxi, fléxum, ĕre, *intr.* [genu+flecto] 〔*absol.*; *alci*〕 무릎을 꿇다.

genufléxĭo, ónis, *f.* [genuflécto] 무릎 꿇음, 궤배(跪拜), 장궤(長跪).

génŭi, *pf.* [gigno].

genuínĭtas, átis, *f.* [genuínus[1]] **1.** 순정성(純正性), 정명성(正名性), 진실성, 진정성(眞正性), 진짜임. **2.** 순종(純種).

genuínus[1], a, um, *adj.* [geno, gigno] **1.** 날 때부터의, 타고난, 자연의, 본래의. **2.** 진짜의, 진정(眞正)한, 정명(正名)의, 순수한; 순종의.

genuínus[2], a, um, *adj.* [gena] 뺨의, 볼의: genuini dentes 사랑니.

genus, nĕris, *n.* **1.** 태생, **혈통,** 귀족혈통, 가문, 가계, 출신, 근본: patrícium ~, plebéjum ~ *(L.)* 귀족출신, 평민출신 / nóbili génere natus *(C.)* 귀족가문출신. **2.** **민족,** **종족,** 국민: ~ Románum *(C.)* *Roma* 민족. **3.** 자식, 자녀; 자손, 후예. **4.** **종류,** 부류, 족속, 계급, 유(類): ~ humánum *(C.)* 인류 / omnis géneris hómines *(C.)* 모든 종류의 인간들 / ~ irritábile vatum *(H.)* 민감하여 흥분하기 쉬운 시인[문인] 족속. **5.** 모양, 양식(樣式), 방법, 형태: ~ vitæ 생활양식. **6.** 《文法》 (명사·형용사 따위의) 성(性); (동사의) 형(形), 태(態): ~ masculínum (=*m.*) 남성 / ~ feminínum (=*f.*) 여성 / ~ néutrum (=*n.*) 중성 / ~ actívum 능동형[태] / ~ passívum 수동형[태]. **7.** 《論》 유(類), 유개념. **8.** 《生》 속(屬).

geodesía[-dæsía], æ, *f.* 측지학(測地學: 지구의 크기나 지표의 수학적 측정).

geographía[-áphĭa], æ, *f.* 지리학.

geográphĭcus, a, um, *adj.* 지리학적, 지리적.

geográphus, i, *m.* 지리학자.

geología, æ, *f.* 지질학(地質學).

geológĭcus, a, um, *adj.* 지질학(상)의.

geomántĭa, æ, *f.* 흙점(占: 한줌의 흙을 던져서 그 모양 또는 땅위의 점〈點〉·선 따위로 치는 점). 「사.

geómĕtres[-tra], æ, *m.* 기하학자, 측량기

geometría, æ, *f.* 기하(학), 측량(학).

geométrĭcus, a, um, *adj.* 기하학(상)의, 기하학적; 〔*subst.*〕 *m.* 기하학자; *n.pl.* 기하학적 문제, 기하학.

geomorphología, æ, *f.* 지형학(地形學).

geórgĭcon, i, *n.* [geórgicus] 농업론(農業論); *n.pl.* [G-] *Vergílius*의 농경시(農耕詩).

geórgĭcus, a, um, *adj.* 농사의, 농경의, 농업의, 전원의; 〔*subst.*〕 *f.* 농업, 농경법; 농경지.

geotáxis, is, *f.* 《生》 주지성(走地性).

Gerǽstus, i, *f.* *Eubœ́a*섬 남단에 있는 항구도시.

geránĭum, i, *n.* 《植》 쥐소니풀; 이질풀.

gérdĭus, i, *m.* 직조공(織造工).

Gergóvĭa, æ, *f.* *Arvérni*족의 소도시.

gerítĭo = géstio[1]. 「일부.

Gérmălus, i, *m.* *Roma*의 *Palatínus* 언덕의

germána, æ, *f.* [germánus] (같은 부모에서 난) 친자매(姉妹).

Germánĭa, æ, *f.* **1.** *Germáni*족의 나라; 〔*adj.*〕 **-nĭcus[-nus],** a, um; **-ni,** órum, *m.pl.* *Germánia*인; 독일인. **2.** 독일.

Germánĭcus, i, *m.* **1.** *Germánia*인을 정벌한 *Roma* 장군의 별명, *Drusus*의 아들이며 *Tibérius*의 조카인 ~ *Cæsar*. **2.** *Domitiánus*의 별명. **3.** 〔*adj.*〕 **-ciánus,** a, um.

germánĭtas, átis, *f.* [germánus] **1.** 친형제[자매]관계. **2.** 같은 기원에서 나온 여러 도시 국가들의 유대관계. **3.** (사물·동식물의) 유사성, 계보관계.

germánĭtus, *adv.* 친형제[자매]처럼, 우애

가 두텁게.

germánus, a, um, *adj.* [geno, gigno] **1. 친형제[자매]의,** 같은 부모에게서 난, (적어도) 한쪽 어버이가 같은; 〔*subst.*〕 *m.* 친형(제); *f.* 친자매. **2.** 형제[자매]다운, 우애가 두터운. **3.** 참된, 진실된, 진짜의, 순수한: ásinus ~ *(C.)* 진짜 바보.

germen, mĭnis, *n.* [gero¹] **1.** 새싹, 눈, 순; 새가지. **2.** 씨, 배자(胚子), 종자. **3.** 자식, 자녀; 새끼. **4.** 산물: autúmni gérmina *(Claud.)* 가을추수(물).

germinábĭlis, e, *adj.* 싹날 만한, 싹나는.

germinátĭo, ónis, *f.* [**-tus,** us, *m.*] [gérmino] **1.** 싹돋음, 눈틈, 발아(發芽), 발생. **2.** 싹튼 초목[농작물].

germinatívus, a, um, *adj.* [germen] 움트는, 발아성(發芽性)의. 「는 사람[것].

germinátor, óris, *m.* [gérmino] 싹트게 하

Germínĭi, órum, *m.pl.* 북부 *Epírus*의 한 종족.

gérmĭno, ávi, átum, áre, [germen] **1.** *intr.* 싹트다, 순이 돋다. **2.** *tr.* 생산하다, 나게 하다, 내다, 낳다.

gĕro¹, gessi, gestum, ĕre, *tr.* **1.** (몸에) **지니(고 있)다,** 가지(고 있)다. **2.** 〔in *acc.*; *absol.*〕 **나르다,** 운반하다. **3.** 낳다, 내다, 생산하다. **4.** (감정·정신·태도 따위를) **지니다,** 품다, 보이다, 드러내다: fortem ánimum ~ *(Sall.)* 용기를 보이다 / ~ ódium in *alqm (L.)* 아무에게 대한 미움을 품고 있다. **5.** 노릇[구실]을 하다, 대표하다, 대리역을 맡다: ~ persónam *alcjs* 누구 역할을 하다 / ~ regem *(Justin.)* 임금 노릇[구실]을 하다. **6.** 실행하다, 처리하다, 다스리다, 관리하다, 수행[이행·거행]하다, 완수하다, 해내다, 경영하다, 치르다: rem bene ~ *(C.)* 일을 잘 처리하다[돌보다], 성공하다 / bellum ~, rem ~ *(C.)* 전쟁하다, 전쟁을 수행하다 / ~ rem públicam *(C.)* 국정을 맡아 다스리다 / res gestæ *(C.)* 공적, 공훈; 전공(戰功). **7.** morem ~ *alci* (in *alqā re*) 순종하다, 따르다. **8.** 〔ætátem, annum, tempus, vitam〕 지내다, 살다. **9.** 〔*refl. c. adv.*〕 **se** ~ *alqo modo* 어떻게 행동하다, 처신하다, 태도를 가지다[드러내다]: se ~ honéste *(C.)* 단정하게 행동하다 / se ~ pro cive *(C.)* 시민으로 처신하다.

gero², ónis, *m.* 짐꾼, 운반인.

Gerónĭum, i, *n.* *Apúlia*에 있는 요새도시 (지금의 *Gerione*).

gerontéa, æ, *f.* 《植》 개쑥갓.

gerontocómĭum, i, *n.* 양로원.

gerontocrátĭa[-tía], æ, *f.* 노인정치, 노인정부.

gerræ, árum, *f.pl.* **1.** 버들가지로 엮은 발. **2.** 시시한 일, 되지도 않는 말[생각].

gerro, ónis, *m.* [gerræ] 농지거리하는 사람, 빈둥거리는 사람. 「사자(敎唆者).

gerulifígŭlus, i, *m.* [gérulus] 선동자, 교

gérŭlus, a, um, *adj.* [gero¹] 운반하는, 짐나르는; 운반에 사용되는; 〔*subst.*〕 *m.* 짐꾼, 운반인; *f.* 여자 짐꾼, 운반부(運搬婦).

gerúndĭum, i, *n.* [gero¹] 《文法》 동명사, 동사적 중성명사.

gerundívum, i, *n.* 《文法》 수동 당위분사(受動當爲分詞), 수동 형용사; 〔때로는〕 수동형 미래분사: amándus, a, um, 마땅히 사랑받아야 할. 「공원로(有功元老) 양로원.

gerúsĭa, æ, *f.* **1.** 원로원 의사당. **2.** 유

Gerўon, ónis, [**-ŏnes,** æ,] *m.* *Hispánia*의 *Erythía* (지금의 *Cadiz*) 섬에 살았다는 몸통 셋을 가진 전설적인 왕, *Hércules*에게 살해됨.

Gesoríăcus, i, *m.*[**-um,** i, *n.*] *Gállia* 북부 해안 도시, 후에 *Bonónia*로 불림 (지금의 *Boulogne*).

gessi, *pf.* [gero¹].

gesta, órum, *n.pl.* [gero¹] 업적, 행적, 공적.

gestábĭlis, e, *adj.* [gesto] 운반할 수 있는, 휴대용의.

gestámen, mĭnis, *n.* [gesto] **1.** (옷·장신구·무기 따위) 몸에 지닌[걸친] 것. **2.** 운반용으로 쓰이는 것, 들것, 수레, 마차, 가마.

gestátĭo, ónis, *f.* [gesto] **1.** 운반, 나르기. **2.** (말·가마·수레·배 따위를) 타고 다님, 운반되어 감. **3.** (가마타고) 소풍하는 그늘진 숲; 가로수 있는 길. **4.** 임신기간.

gestátor, óris, *m.* [gesto] **1.** 나르는 사람, 운반자; 휴대자. **2.** (말·가마·수레·배 따위를) 타고 다니는 사람.

gestatórĭus, a, um, *adj.* [gesto] 운반에 사용되는, 가마의: gestatória sella *(Suet.)*, 〔*subst.*〕 *f.*, *n.* 교자(轎子), 남여(籃輿), 떠받들고 가는 의자, 가마.

gestátrix, ícis, *f.* [gesto] 휴대자, 들고[지니고] 다니는 여자; 나르는 여자.

gestátus, us, *m.* [gesto] 운반, 나르기.

gesticulárĭus, i, *m.*[**-rĭa,** æ, *f.*] [gestículor] 남자[여자] 무언극 배우.

gesticulátĭo, ónis, *f.* [gestículor] 몸짓·손짓(하기), 무언극의 동작. 「배우.

gesticulátor, óris, *m.* [gestículor] 무언극

gestícŭlor, átus sum, ári, *dep.* [gestus] **1.** *intr.* 몸짓[손짓]하다, 무언극을 하다. **2.** *(tr.) p.p.* 몸짓[손짓]으로 표시된.

gestícŭlus, i, *m.* 몸짓, 손짓.

géstĭo¹, ívi[ii], ítum, íre, *intr.* [gestus] **1.** 몸짓하다, 손짓하다. **2.** 〔*abl.*; *absol.*〕 (몸짓·손짓·눈짓 따위로) 기쁨을 드러내다, 기뻐하다, 작약(雀躍)하다. **3.** 〔*inf.*, *acc.c. inf.*; *abl.*; *absol.*〕 몹시 원하다, …하고 싶다, 열망하다, …에 불타다: Géstiunt mihi pugni. *(Pl.)* 나는 주먹이 근질근질한다.

géstĭo², ónis, *f.* [gero¹] **1.** 처리, 관리; 이

행, 실행, 수행. **2.** 거동, 행동.
géstĭto, ávi, átum, áre, *tr. freq.* [gero[1]] **1.** 늘 가지고[지니고] 다니다, 몸에서 떼지 않다. **2.** (나무가) 열매를 맺다.
gesto, ávi, átum, áre, *tr. intens.* [gero[1]] **1.** 들고[지니고] 다니다, 휴대하다, 안고 다니다, 업고[짊어지고] 다니다. **2.** 가지고 있다, 지니다. **3.** (짐승이) 새끼를 배어가지고 있다. **4.** 실어 나르다, 태워 나르다; *pass.* 〔*abl.*; *absol.*〕 **gestári** (말·가마·수레·배 따위를) 타고 가다, 여행하다. **5.** (말을) 퍼뜨리다, 전파하다. **6.** *intr.* (말·가마·수레·배 따위를) 타고 가다.
gestor, óris, *m.* [gero[1]] **1.** (말·소식 따위를) 전하는 사람. **2.** (일을) 처리[관리]하는 사람. 「이 하는.
gestuósus, a, um, *adj.* [gestus] 몸짓을 많
gestus, us, *m.* [gero[1]] **1.** 손짓, 몸짓, 몸동작, 걸음걸이, 거동, 자세, 태도. **2.** (배우의) 연기. **3.** 일 처리, 관리.
gesum = gæsum.
Getæ, árum, *m. pl.* *Danúbius*강 하류의 *Thrácia* 종족; 〔*adj.*〕 **-tĭcus,** a, um, *Getœ*의, *Thrácia*의.
géthўum[-tĭum], i, *n.* 《植》 골파.
Getúli, órum, *m. pl.* *Gœtúlia*의 주민.
gēum, i, *n.* 《植》 뱀무우.
gibba, æ, *f.* [gibbus] (등이나 가슴의) 혹, 육봉(肉峰), 곱사등; 구루병(佝僂病).
gibber, ĕra, ĕrum, *adj.* [gibbus] 곱사등의, 등이 굽은, 혹이 난; 불룩한; 〔*subst.*〕 *m.* 곱사등. 「의.
gibberósus[-bbósus], a, um, *adj.* 곱사등
gibbus, a, um, *adj.* 불룩한, 도도록한, 철상(凸狀)의; 〔*subst.*〕 *m.* 혹, 곱사등, 육봉(肉峰); 곱사병.
gigas, ántis, *m.* 〔*acc. sg.*:-ta; *gen. pl.*-tum; *acc. pl.* -tas도 있음〕 **1.** 거인. **2.** *pl.*[G-] 거인족, 하늘나라의 *Olýmpus*[1]를 습격하려다가 *Júpiter*에게 벼락을 맞고 *Ætna* 화산 및 그 밖의 많은 화산 밑에 묻힘; 〔*adj.*〕 **-téus,** a, um, 거인의, 거인족의.
gigérĭa, órum, *n. pl.* 새의 사낭(砂囊), 모래주머니.
gigno, génŭi, génĭtum, ĕre, *tr.* [geno] **1.** 낳다; 〔*pass.*〕 나다, 태어나다. **2.** 내다, 나게 하다, 만들다, (열매를) 맺다, 산출하다, 소출을 내다. **3.** 일으키다, 야기시키다, 자아내다; (결과로서) 초래하다.
gillo, ónis, *m.* 물병, 술병.
gilvus, a, um, *adj.* 담황색(淡黃色)의, 회색에 가까운 (빛깔의).
gingídĭon, i, *n.* 《植》 야생 인삼, 산삼.
gingíva[-gívŭla], æ, *f.* 《解》 잇몸, 치은(齒齦).
gínglўmus, i, *m.* 《解》 경첩관절.
gingrína, æ, *f.* 작은 피리. 「꺽 울다.
gíngrĭo, íre, *intr.* (거위·기러기 따위가) 꺽
gíngrĭtus, us, *m.* 거위[기러기] 울음소리.
ginnus, i, *m.* (=hinnus) 조랑[왜소한] 노새.
gípsĕus, a, um, *adj.* 석고(石膏)의.
giro = gyro.
gith[git], *n. indecl.* 《植》 선옹초(仙翁草).
gizérĭa, órum, *n.pl.* = gigéria.
Gl. 《略》 = Glória. 《가》 영광송.
gl. 《略》 = glándula.
glabélla, æ, *f.* [**-um,** i, *n.*] 《解》 미간(眉間).
glabéllus, a, um, *adj.* 매끈매끈한, 털이 없는, 빤질빤질한.
glaber, bra, brum, *adj.* 털이 없는, 매끈매끈한, 빤질빤질한; 〔*subst.*〕 *m.* 홍안의 미소년; 소년 노예. 「여자.
glabrárĭa, æ, *f.* 어린 미소년을 사랑하는
glabrésco, ĕre, *intr. inch.* 털빠지다, 대머리가 되다. 「地).
glabréta, órum, *n.pl.* [glaber] 불모지(不毛
glâbrĭtas, átis, *f.* (살갗이) 매끈매끈함, 털나지 않음; 불모지(不毛地).
glabro, áre, *tr.* [glaber] 털뽑다, 털벗기다.
glaciális, e, *adj.* [glácies] 얼음의, 얼음으로 덮인; 혹한의: ~ hiems(*V.*) 몹시 추운 겨울.
glácĭes, éi, *f.* **1.** 얼음, 얼음덩어리. **2.** 냉혹(冷酷), 무정(無情). 「다.
glaciésco, ĕre, *intr.* [glácies] 얼다, 결빙하
glácĭo, ávi, átum, áre, [glácies] **1.** *tr.* 얼리다, 얼음이 되게 하다; 응고시키다, 굳히다; 소름끼치게 하다. **2.** *intr.* 얼다, 굳어지다, 엉기다.
gladiárĭus, a, um, *adj.* [gládius] 칼[검]의, 칼에 관한; 〔*subst.*〕 *m.* 칼 만드는 사람, 검제조인.
gladiátor, óris, *m.* [gládius] **1.** 검투사(劍鬪士) (보통 노예나 포로 중에서 선발된 자들이 관중 앞의 모래 경기장에서 서로 싸우거나 맹수와 격투하였음); *pl.* 검투사들; 검투경기. **2.** 산적(山賊). **3.** 검제조인.
gladiatórĭus, a, um, *adj.* [gladiátor] 검투사의, 검투사에 관한; 〔*subst.*〕 *n.* 검투사 급료[수당].
gladiatúra, æ, *f.* [gladiátor] 검투사의 신분[직업]; 검투, 검투사들의 시합[경기].
gladíŏlus, i, *m. dim.* [gládius] **1.** 작은 칼, 소검(小劍). **2.** 《植》 글라디올러스. **3.** 《解》 검상연골(劍狀軟骨).
gládĭus, i, *m.* **1.** 칼, 검(劍), 무력: glá-dium stríngere(*Cæs., C.*) 칼을 뽑다. **2.** 검투사의 신분; 검투경기. **3.** 살육(殺戮). **4.** 쟁기의 보습. **5.** 《動》 칼치.
glæb... *V.* gleb... 「의.
glæsárĭus, a, um, *adj.* [glæsum] 호박(琥珀)
glæsum, i, *n.* 《鑛》 호박(琥珀).
glándĭfer, ĕra, ĕrum, *adj.* [glans+fero] 도토리 열리는.
glandiónĭda, æ, *f.* **1.** 돼지나 멧돼지의 먹[목덜미] 고기. **2.** 《解》 소선(小腺).

glándĭum, i, *n.* [glans] **1.** 훈제(燻製)한 돼지 멱[목덜미]고기. **2.** 《解》 소선(小腺).
glándŭla, æ, *f.* [glans] 〔주로 *pl.*〕 **1.** 《解》 선(腺), 편도선. **2.** 편도선염. **3.** 돼지 멱[목덜미]의 고기.
glanis, is[ĭdis], *m.* 《動》 메기.
glans, glandis, *f.* **1.** 도토리, 도토리처럼 생긴 열매. **2.** (납이나 찰흙으로 만든) 줄팔매 탄환. **3.** 《解》 귀두(龜頭).
glárĕa, æ, *f.* 자갈, 조약돌.
glareósus, a, um, *adj.* [glárea] 자갈 많은, 자갈 투성이의.
glastum, i, *n.* 《植》 대청(大靑). 「종).
glaucéum[-cĭon], i, *n.* 《植》 양귀비(의 일
gláucĭto, áre, *intr.* 강아지가 짖다.
glaucóma, ătis, *n.* [-**cúma,** æ, *f.*] 《醫》 녹내장(綠內障). 「색과 회색이 섞인.
glaucus[1], a, um, *adj.* 회청색(灰靑色)의, 녹
Glaucus[2], i, *m.* **1.** *Sísyphus*의 아들. **2.** 해신(海神)이 된 *Anthédon*의 어부. **3.** *Troja* 전쟁 때의 *Lýcia*인의 장군.
glēba[glæba], æ, *f.* **1.** 흙덩이. **2.** 시체 묻는 흙. **3.** 밭, 전답. **4.** 땅, 토지. **5.** 덩이, 덩어리, 알맹이: sevi ~ *(Cæs.)* 비계 덩이 / turis glebæ *(Lucr.)* 향 알맹이.
glebális, e, *adj.* [gleba] 흙덩이의, 토양의.
glebárĭus, a, um, *adj.* 흙덩이의.
glebátim, *adv.* 흙덩이 모양으로.
glebósus, a, um, *adj.* [gleba] 흙덩이가 많은; 흙덩이처럼 생긴; 〔*subst.*〕 *n.pl.* 울퉁불퉁한 곳[길].
glébŭla, æ, *f. dim.* [gleba] **1.** 작은 흙덩이. **2.** 땅[밭]뙈기. **3.** 작은 덩이, 작은 덩어리.
glesum, i, *n.* (= glæsum) 《鑛》 호박(琥珀).
glirárĭum, i, *n.* (다람쥐 비슷한) 들쥐의 사육장. 「일종).
glīs[1], īris, *m.* 《動》 (다람쥐 비슷한) 들쥐(의
glis[2], itis, *f.* 점토(粘土), 진흙.
glisco, ĕre, *intr.* [*cf.* cresco] **1.** (불이) 피어오르다. **2.** 붓다, 부어오르다. **3.** 살찌다, 비대해지다. **4.** 〔*absol.*; *abl.*〕 점점 커지다, 확대되다, 더해가다; 성장하다, 부풀어 오르다. **5.** 기뻐 날뛰다. **6.** 〔*inf.*〕 열망하다, 몹시 …하고 싶어하다.
glit(t)us, a, um, *adj.* 착 달라붙은.
globátim, *adv.* [globus] 떼지어, 무리지어.
globo, ávi, átum, áre, *tr.* [globus] 둥글게 하다, 뭉치게 하다; 〔흔히 *pass.*〕 (공처럼) 둥글어지다; 뭉치다. 「근 형상.
globósĭtas, átis, *f.* 구형(球形), (공처럼) 둥
globósus, a, um, *adj.* [globus] 구형의, 공모양의, 둥근, 둥그스름한.
glóbŭlus, i, *m. dim.* [globus] **1.** 작은 구형체(球形體), 소구(小球): ~ ígneus 총탄. **2.** 둥글게 빚은 음식물, 단자(團子). **3.** 알약. **4.** (액체의) 작은 방울, 혈구(血球).
globus, i, *m.* **1.** 공, 구체(球體), 구형(球形); 천구(天球): ~ terræ *(C.)* 지구. **2.** 둥근 덩이[덩어리], 뭉치: ~ núbium *(Ta.)* 구름장. **3.** 둥글게 빚은 음식물, 만두, 단자. **4.** 무리, 떼, 군중, 집단, 일단(一團). **5.** 《軍》 둥근 전투대열. 「뭉치는.
glomerábĭlis, e, *adj.* [glómero] 뭉쳐지는,
glomerámen, mĭnis, *n.* [glómero] **1.** 둥근 덩어리, 구체(球體). **2.** 〔*pl.*〕 유동체의 분자(들); 염소똥.
glomerátim, *adv.* 집단으로, 무리지어.
glomerátĭo, ónis, *f.* [glómero] 말(馬)의 속보(速步), 구보, 포족(跑足).
glómĕro, ávi, átum, áre, *tr.* [glomus] **1.** 둥글게 감다, 공모양으로 둥글게 만들다. **2.** 모아놓다, 무리를 형성하다, 한 덩어리가 되게 하다, 뭉치게 하다; 〔*pass. refl.*〕 se ~ *(V.)*, **glomerári** *(Ta.)* 뭉치다, 한 덩어리가 되다, 모이다. **3.** 〔gressus *(acc.)*〕 말이 포족(跑足)으로 달리다, 구보하다.
glomerósus, a, um, *adj.* [glomus] 둥근, 뭉쳐진. 「체(糸球體), 신(腎) 사구체.
glomérŭlus, i, *m.dim.* [glomus] 《解》 사구
glomus, mĕris, *n.* **1.** 실꾸리, 실뭉치, 양털뭉치. **2.** 둥글게 뭉침.
glórĭa, æ, *f.* [clarus] **1.** 영광, 광영; 명성, 영예: 《가》 [G-] (in excélsis Deo) (미사 때의) 대영광송 / Glória Patri. (삼위일체께 드리는) 영광송. 「스러워 하는, 우쭐하는.
gloriabúndus, a, um, *adj.* [glórior] 자랑
gloriátĭo, ónis, *f.* [glórior] 자랑함, 뽐냄, 자만(自慢), 과시(誇示).
gloriátor, óris, *m.* [glórior] 자랑하는[뽐내는] 사람, 자랑으로 여기는 사람.
glorificátĭo, ónis, *f.* [glorífico] **1.** (흔히 하느님의 영광에 대한) 찬미·찬송·찬양·송덕(頌德). **2.** 《神》 (구원받은 사람에게 주시는 하느님의) 영원한 행복을 수반하는 영광수여.
glorífico, ávi, átum, áre, *tr.* [glória + fácio] 칭송하다, 표창하다, 찬양하다, (하느님의) 영광을 찬송[찬양·찬미]하다; (일반적으로) 칭송[칭찬·찬양]하다, …에게 영광을 더하다[드리다], …의 이름을 드높이다.
gloríficus, a, um, *adj.* [glorífico] 영광스러운, 영광된. 「자랑.
glorióla, æ, *f.dim.* [glória] 조그마한 영광;
glórĭor, átus sum, ári, *dep. intr., tr.* [glória] 〔*abl.*; de, in *abl.*; *alqd, acc. c. inf.*; *absol.*〕 영광[자랑]으로 생각하다, 자랑하다, 뽐내다, 빼기다.
gloriósus, a, um, *adj.* [glória] **1.** 영광스러운, 명예로운, 훌륭한, 빛나는. **2.** 뽐내는, 우쭐하는, 자랑하는, 자부하는, 자만하는. **3.** 허영심 많은, 야심적인.
glos, glōris, *f.* **1.** 시누이. **2.** 형수, 제수.
glossa, æ, *f.* **1.** (설명이 필요한) 난해한 어

휘. **2.** 주해(註解), 해설, 용어해석. **3.** 난해 어휘 소사전(小辭典). **4.** 《解》 중설(中舌). 「전, 고어(古語) 사전.

glossárĭum, i, *n.* (해석붙인) 난해 어휘 사

glossḗma, ătis, *n.* 〔*pl. gen.* -tum, -tórum〕 (설명이 필요한) 고어·외래어, 난해한 말; *pl.* 고어 사전, 난해 어휘 사전.

glossemátĭcus, a, um, *adj.* [glosséma] 고어의, 난해어의. 「난해어(難解語).

glóssŭla, æ, *f. dim.* [glossa] 주해붙인 작은

glottis, tĭdis, *f.* **1.** 《動》 메추라기(의 일종). **2.** 《解》 성문(聲門).

glubo, (upsi, uptum), ĕre, **1.** *tr.* 나무껍질을 벗기다, 가죽 벗기다. **2.** *intr.* 껍질을 벗다, 껍질이 벗어지다.

glucósum, i, *n.* 《化》 포도당.

glūma, æ, *f.* [glubo] **1.** 나무껍질. **2.** 왕겨, 곡물의 겉겨. 「膠), 풀(糊).

glus, glutis, *f.* [**gluten,** tĭnis, *n.*] 아교(阿

glutéus, i, *m.* 《解》 둔근(臀筋).

glut glut, *n. indecl.* (병목에서 물나오는) 꼴깍꼴깍 소리; 〔*adv.*〕 꼴깍꼴깍.

glutinaméntum, i, *n.* [glútino] **1.** 교착(膠着), 붙임. **2.** 붙인 자리. 「교제조인.

glutinárĭus, i, *m.* 풀(糊) 만드는 사람, 아

glutinátĭo, ónis, *f.* [glútino] 부착, 교착, 점착, (상처의) 유착; 응고(凝固), 굳어짐.

glutinatívus, a, um, *adj.* 부착시키는, 붙이는. 「자, 제본인, 제본업자.

glutinátor, óris, *m.* [glútino] 풀로 붙이는

glutinatórĭus, a, um, *adj.* 부착시키는, 풀로 붙이는.

glútĭno, ávi, átum, áre, *tr.* [gluten] **1.** 풀[아교]로 붙이다, 접착시키다. **2.** 아물게 하다, 유착시키다.

glutinósus, a, um, *adj.* [gluten] 풀기있는, 점착성의, 끈끈한, 차진.

glútĭnum, i, *n.* = glus, gluten.

glút(t)ĭo, ívi[ĭi], ítum, íre, *tr.* 꿀꺽 삼키다, 게걸스레 먹다; 쭉 들이켜다.

glūt(t)o, ónis, *m.* 대식가, 폭식가, 탐식자.

glut(t)us[1], a, um, *adj.* [glus] 착 붙은.

glut(t)us[2], i, *m.* **1.** 《解》 목구멍, 식도. **2.** 한입 삼킴. 「풀.

glycérĭa acutiflóra, æ, *f.* 《植》 육절보리

glycerínum, i, *n.* 《化》 글리세린.

Glyco(n), ónis, *m. Horátius* 당시의 유명한 운동 경기자 (c. 30 A.C.).

glycýrrĭza, æ, *f.* 《植》 감초(甘草). 「모란.

glycysíde, es, [**-cўsis,** ĭdis,] *f.* 《植》 작약,

Gnæus, i, *m. Roma*인의 개인 이름.

gnaphálĭum luteoálbum, i, *n.* 《植》 흰

gnare, *adv.* 유식하게. ⌊떡쑥.

gnárĭtas, átis, *f.* [gnarus] 지식, 인식.

gnárŭris, e, *adj.* 《古》 = gnarus.

gnarus, a, um, *adj.* [*cf.* gnosco, nosco] **1.** 〔*gen., acc. c. inf.; interr. indir.*〕 (무엇을) 잘 알고 있는, 정통한, 유식한. **2.** 〔*alci*〕 알려진. 「는 식객(食客)의 이름.

Gnatho, ónis, *m. Teréntius*의 희극에 나오

Gnátĭa = Egnátia.

gnatu..., **gnav...** *V.* natu..., nav...

Gnid... *V.* Cnid...

gnob... *V.* nob... 「**2.** 의견, 사상.

gnōme, es, *f.* **1.** 격언, 금언, 잠언; 경귀.

gnōmon, ŏnis, *m.* 해시계의 바늘.

gnomónĭca, æ, [**-e,** es,] *f.* 해시계 제작법.

gnomónĭcus, a, um, *adj.* 해시계에 관한; 해시계 제작법에 정통한.

Gnósĭa, æ, [**-(s)sĭas,** ădis; **-(s)sis,** ĭdis,] *f.* [Gnósius] *Creta* 여자 (= Ariádne 공주).

gnōsis, is, *f.* 학식, 인식; 구원(救援) [신앙] 인식.

gnóstĭci, órum, *m.pl.* gnosis파 이단자(들).

gnosticísmus, i, *m.* gnosis설(說)[파] (그리스도교 초기 2·3세기에 발전하여 4세기까지 영향을 끼쳤던 일련의 이단파 교설).

Gnōsus[-sos, -ossus], i, *f. Creta*섬의 고도(古都), *Minos*왕의 거주지, 미궁으로 유명함; 〔*adj.*〕 **-(s)sĭus[-ōsíăcus],** a, um, *Gnosus*의, *Creta*의; *Gnosus*인의.

Gobannítĭo, ónis, *m. Arvérni*족의 수령, *Vercingétorix*의 숙부.

góbĭo, ónis, *m.* 《動》 모샘치 (민물고기).

gommi = gummi. 고무.

Gomphi, órum, *m.pl. Thessália* 서부의 도시; 〔*adj.*〕 **-phénsis,** e, *Gomphi*의, 그곳 사람의. 「합(楔狀縫合).

gomphósis, is, *f.* 《解》 정식(釘植), 설상봉

gomphus, i, *m.* 못(釘), 나무못, 쐐기.

góngўlis, ĭdis, *f.* 《植》 둥근 무우, 순무, 무청(蕪菁). 「胞).

gónĭum, i, *n.* 《生》 생식원세포(生殖原細

Gonnus, i, *m.* [**-i,** órum, *pl.*] *Thessália*의 요새(要塞) 도시.

gonorrhœ́a[-éa], æ, *f.* 《醫》 임질.

gonothéca, æ, *f.* 《動》 생식체포(生殖體胞).

Gordǽi, órum, *m.pl.*(= Corduéni) *Corduéna* 주민. 「**-diénsis,** e; **-dĭus,** a, um.

Górdĭum, i, *n. Phrýgia*의 도시; 〔*adj.*〕

Górdĭus, i, *m. Górdium*의 왕 (전차의 끌채를 멍에에 매어 두었는데 이 매듭을 푸는 자가 *Asĭa*를 지배하리라는 신탁이 있었음, *Alexánder* 대왕이 그것을 잘라버렸음).

Gorgē, ēs, *f. Cálydon*의 *Œneus*왕의 딸.

Górgĭas, æ, *m.* **1.** *Sicília*의 *Leontíni* 사람으로서 *Sócrates* 시대의 유명한 궤변가 (c. *sæc.* 5 A.C.). **2.** *Cícero* 시대의 *Athénæ*인 수사학자. 「*Bóii*족의 도시.

Gorgóbĭna, æ, *f. Aquitánia*의 변경에 있는

Gorgo(n), ŏnis, *f.* 〔흔히 *pl.*로 씀〕 *Phorcus*의 세딸을 (*Stheno, Euryále,* 특히 *Medúsa*를) 지칭하는 말, 이들은 머리털이 뱀으로 되어 있는 괴물로서 이들을 보는 사람은 돌

이 되었다 함, *Pérseus*가 *Medúsa*를 죽여 그 머리를 *Minérva*의 방패 위에 올려놓았음; 〔*adj.*〕 **-góněus,** a, um, *Gorgo*의, *Medúsa*의: ~ equus, *Medúsa*의 피에서 난 말.

Górněæ, árum, *f.pl. Arménia*의 성채(城砦).

Gortýna, æ, *f. Creta*섬의 중심도시; 〔*adj.*〕 **-níăcus[-nĭus],** a, um; 〔*adj.f.*〕**-nis,** ĭdis.

gorýtus, i, *m.* (= corýtus) 화살통.

gossípĭum[-ĭon, -ýpĭum], i, *n.* **1.** 《植》 목화, 면화(棉花). **2.** 솜: ~ dupurátum 탈지면.

gossýmpĭnus, i, *f.* [-ýpĭon, i, *n.*] 《植》 목화, 면화.

Gothi, órum, *m.pl.* 북부 *Germánia*의 대종족; 〔*adj.*〕 **-thĭcus,** a, um.

Gothíni[-tíni], órum, *m.pl.* 지금의 *Cracow* 부근에 살던 *Celtæ*족.

Gothónes[-tónes], um, *m.pl. Germánia*의 「한 종족.

grabatárĭus, i, *m.* 이동식 간이 침대 제조인.

grabátŭlus, i, *m. dim.* [grabátus] 작은 침 「대, 들것.

grabátus, i, *m.* 초라한 침상, (접게 되어 있는) 이동식 간이 침대, 병상.

Gracchus, i, *m. Semprónia* 씨족의 한 가문명; 특히 유명한 인물은 대(大) *Tibérius Semprónius* ~와 그의 두아들 *Tibérius Semprónius* ~ (133 A.C. 호민관) 및 *Cajus Semprónius* ~ (123 A.C. 호민관); 〔*adj.*〕 **-chánus,** a, um.

gracilésco, ĕre, *intr.* 가늘어지다.

gracílĭpes, ĕdis, *adj.* 가늘고 긴 다리의, 날씬한 다리의.

grácĭlis, e, *adj.* **1. 가늘고 긴,** 가느다란, 홀쭉한, 호리호리한, 날씬한; 가냘픈, 얇은. **2.** 야윈, 마른; 약한, 섬약한, 빈약한. **3.** 간단한, 소박한. **4.** 《解》 박고근(薄股筋)의.

gracílĭtas, átis, *f.* [grácilis] 가느다라함, 가늘고 긴 모양; 길쭉함, 홀쭉함, 날씬함; 가냘픔, 빈약, 섬약.

gracíllo, ávi, átum, áre, *intr.* 암탉이 꼭꼭 「거리다.

grácŭlus, i, *m.* [-la, æ, *f.*] 《動》 갈가마귀.

gradális, e, *adj.* [gradus] 점진적인, 단계적인; 일보(一步)일보 다가서는.

gradárĭus, a, um, *adj.* [gradus] 일보(一步) 일보 나가는; (연설 따위가) 또박또박한.

gradátim, *adv.* [gradus] 한걸음 한걸음, 천천히, 단계적으로, 점진적으로, 점차로.

gradátĭo, ónis, *f.* [gradus] **1.** (좌석 따위의) 단(계), 층계; 등급, 순서. **2.** 《修》 점층법(漸層法). **3.** 점차적 이행(移行).

gradátus, a, um, *adj.* [gradus] 단계적으로 된, 층으로 된, 점진적.

grádĭlis, e, *adj.* **1.** 계단이 있는, 단계적인. **2.** 빈민계급에게 주는.

grádĭor, *(dĕris, dĭtur)*, gressus sum, grădi, *dep. intr.* [gradus] 〔*absol.;* ad, per *acc.;* viam〕 **걷다,** 보행(步行)하다, 나아가다, 전진하다: viam recte ~ *(Col.)* 길을 똑바로 걷다.

Gradivícŏla, æ, *m.* [Gradívus+colo[2]] 군신 「(軍神) *Mars* 숭배자.

Gradívus, i, *m.* 군신(軍神) *Mars*의 별명.

graduále, is, *n.* [gradus] 《가》 (미사 때의) 층계송.

gradus, us, *m.* [grádior] **1. 걸음,** 보(步): citáto gradu *(L.)* 빠른 걸음으로. **2.** 전진, 진행; 접근: gradum fácere *(C.)* 전진하다 / ~ ad consulátum *(L.)* 집정관직을 향한 일보 전진. **3.** 위치, 태세: stábili gradu *(L.)* 굳건한 태세로, 버티고 서서／stare in gradu *(Ov.)* (싸움에서) 한 자리에서 버티고 서 있다 / manére gradu *(Sil.)* 항구하다. **4.** 단(段), **계단,** 층계, **층. 5.** 계급, 지위, 등급. **6.** 단계; 음계: sonórum ~ *(C.)* 음계. **7.** 촌수. **8.** 땋은 머리가닥. **9.** 《文法》 (형용사의) 급(級): ~ comparatívus 비교급 / ~ superlatívus 최상급.

Grææ, árum, *f.pl. Phorcus*의 세 딸의 총칭으로서 *Górgones* 자매이며 《늙은 여자들》이라는 뜻, 이들은 날 때부터 회백색 머리에 눈하나 이 하나를 공유하였다는 3자매.

Græcánĭcus, a, um, *adj.* [Græcus] 희랍식의, 희랍풍의; 희랍어의.

Græcátim, *adv.* 희랍인식으로.

græcátus[1], a, um, *adj.* [græcor] 희랍식을 본딴, 희랍식으로 쓰인.

græcátus[2], us, *m.* 희랍식, 희랍풍속.

Grǽcĭa, æ, *f.* **1.** 희랍, 그리이스. **2.** Magna ~ *(C.)*, ~ Major *(L.) Itália* 남부의 희랍 식민지. **3.** 〔*adj.*〕 **-ciénsis,** e; **-cus,** a, um, *Grǽcia* (인)의.

græcísmus, i, *m.* 희랍어식의 표현.

græcissátĭo, ónis, *f.* [græcísso] 희랍인 모방, 희랍화.

græcísso, áre, *intr.* 희랍인을 모방하다, 희 「랍화하다.

Grǽcĭtas, átis, *f.* [Græcus] 희랍어(학).

græcor, átus sum, ári, *dep. intr.* [Græcus] 희랍인을 모방하다, 희랍식으로 살다.

Græcóstăsis, is, *f.* 〔*acc.* -in; *abl.* -i〕 희랍 기타 외국 사절들이 체류하던 *Roma* 시내 *Cúria* 옆의 건물.

Grǽcŭlus, a, um, *adj. dim.* [Græcus] (빈정대는 의미로) 희랍(인)의, 희랍놈의.

Græcus, a, um, *adj.* 희랍의, 희랍어의, 희랍인의: Græcā fide mercári 현금으로 거래하다; 〔*subst.*〕 *m., f.* 희랍인; *n.* 희랍어, 희랍문학; 〔*adv.*〕 **-ce,** 희랍어로.

Grăgus = Crăgus.

Grajócĕli, órum, *m.pl. Alpes Grajæ*의 *Gál-* 「*lia*족.

Grajúgĕna, æ, *m.* [Grajus+geno] 희랍 태생 사람.

Grājus, a, um, *adj.* 희랍의: Alpes Grajæ, 희랍 *Alpes* (라고 불리는 일부 산맥);

〔subst.〕 m.(pl.) 희랍인. 「말.

grallæ, árum, *f.pl.* [gradus] 죽마(竹馬), 대

grallátor, óris, *m.* [grallæ] 죽마 타는 사람.

grāmen, mĭnis, *n.* [*cf.* germen] **1.** 풀(草), 잔디; 꼴, 목초. **2.** 초목, 시물, 갈대, 초본식물. **3.** 《植》 갯보리.

grámĭæ, árum, *f.pl.* 눈곱.

gramínĕus, a, um, *adj.* [gramen] **1.** 풀(草)이 있는, 목초의, 잔디의; 풀로 덮인; 풀로 만든: gramínea coróna obsidionális *(L.)* 풀로 엮은 화관 (적의 포위를 물리친 장군에게 주는 영예의 관). **2.** 인도 갈대의, 대나무의: gramíneus hasta*(C.)* 죽창(竹槍). 「성한.

graminósus, a, um, *adj.* [gramen] 풀이 무

gramiósus, a, um, *adj.* 눈곱낀.

gramma[1], æ, *f.* 선(線), 책의 한줄, 행(行).

gramma[2], ătis[ătos], *n.* **1.** 알파벳 문자, 글자. **2.** 무게단위, 그람*(gr.)*.

grammátĕus, i, *m.* 〔*acc.* -ea도 있음〕 서기, 기록담당자. 「전(文典).

grammátĭca, æ, [-ce, es,] *f.* 문법(학), 문

grammaticális, e, *adj.* [grammática] 문법상의, 문법에 관한, 문법적.

grammátĭcus, a, um, *adj.* [gramma[2]] 문법(상)의, 문법적, 문법에 관한: ars grammática*(C.)* 문법학; 〔*subst.*〕 *m.* 문법교사, 문법가, 문법학자; *f.* 문법(학); *n.pl.* 문법교재, 문법지식[연구].

grammatísta, æ, *m.* 문법교사, 어학교사.

grammatophylácĭum, i, *n.* 기록[공문서] 보관소. 「의, 줄의, 행(行)의.

grámmĭcus, a, um, *adj.* [gramma[1]] 선(線)

Grāmpĭus mons = Gráupius mons.

granárĭa, órum, *n.pl.* [granum] 곡물창고.

granátim, *adv.* [granum] 한알씩.

granátum, i, *n.* [granátus] 《植》 석류열매.

granátus, a, um, *adj.* [granum] 알맹이가 많은, 알곡이 풍성한.

grandǽvus, a, um, *adj.* [grandis+ævum] 나이 많은, 연로한, 고령의.

grandésco, ĕre, *intr. inch.* [grandis] 커지다, 증대하다, 성장하다. 「큰, 꽤 잘 자란.

grandícŭlus, a, um, *adj. dim.* [grandis] 꽤

grándĭfer, ĕra, ĕrum, *adj.* [grandis+fero] 큰 이익을 내는, 큰 이득을 주는, 수익[수입]이 큰.

grandílŏquus, a, um, *adj.* [grandis+loquor] 거창하게 말하는, 허풍떠는, 호언장담하는, 과장된 표현을 쓰는. 「다.

grándĭnat, áre, *impers.* [grando] 우박이 오

grandínĕus, a, um, *adj.* 우박의, 우박이 많은.

grandinósus, a, um, *adj.* 우박이 많이오는.

grándĭo, íre, [grandis] **1.** *tr.* 크게 만들다, 커지게 하다; 자라게 하다. **2.** *intr.* 커지다, 확대되다; 자라다, 성장하다.

grandis, e, *adj.* **1.** 큰, 커다란, 큼직한, 거대한; 길다란, 장신(長身)의; (곡식·열매따위가) 다 큰, 한껏 자란: grándibus lítteris*(C.)* 커다란 글자들로. **2.** 나이 많은, 연장(年長)이, 연만한: ~ natu*(C.)* 연장자 / ~ ætas*(C.)* 노년. **3.** 우렁찬. **4.** 대단한, 굉장한, 중대한, 방대한, 막대한. **5.** 웅장한, 장중(莊重)한, 숭고한, 고상한.

grandiscápĭus, a, um, *adj.* [grandis+scapus] 아름드리의; 거대한 체구의. 「란한.

grandísŏnus, a, um, *adj.* 큰 소리나는, 요

grándĭtas, átis, *f.* [grandis] **1.** 나이 많음, 연만(年滿·年晩). **2.** 큼, 위대, 웅대, 장중(莊重), 숭고, 고상. 「꽤 큰, 좀 큰.

grandiúscŭlus, a, um, *adj. dim.* [grandis]

grando, dĭnis, *f.* **1.** 우박. **2.** 우박처럼 쏟아지는 것. 「알의, 알맹이의.

gránĕus, a, um, *adj.* [granum] 밀알의, 낟

grángĭum, i, *n.* 창고.

grāni, órum, *m.pl.* 콧수염, 코밑 수염.

Granícus, i, *m.* *Mýsia*의 작은 강, *Alexánder* 대왕이 이곳에서 *Pérsia*군과 싸워 이김 (334 A.C.). 「낟알을[알맹이를] 나르는.

gránĭfer, ĕra, ĕrum, *adj.* [granum+fero]

Gránĭus, i, *m.* *Roma*인의 씨족명.

granósus, a, um, *adj.* [granum] 알맹이 많은, 낟알이 많은.

granulósus, a, um, *adj.* [granum] 세립상(細粒狀)의, 과립(顆粒)의.

gránŭlum, i, *n.* **1.** 작은 알맹이, 미립(微粒). **2.** 묵주(默珠)·염주의 구슬알.

granum, i, *n.* **1.** 씨, **씨알**; 낟알, 밀알; **알맹**이, 낟알. **2.** 포도알, 장과(漿果). **3.** 진주[보석]알.

graphiárĭus, a, um, *adj.* [gráphium] 첨필(尖筆)의, 철필의, 붓의; 〔*subst.*〕 *n.* 필갑(筆匣), 필통. 「術), 서예(書藝).

gráphĭce, es, *f.* 화법(畵法); 제도술(製圖

gráphĭcus, a, um, *adj.* **1.** 솜씨좋게 끝낸, 완성된, 완전한, 더할 나위 없는; 그림같은, 미술적인. **2.** 능숙한, 능란한, 솜씨좋은, 숙련된.

graphíŏlum, i, *n. dim.* [gráphium] **1.** 작은 첨필[철필]. **2.** 접지(接枝), 접수(接穗).

grăphis, ĭdis, *f.* **1.** 철필, 석필, 연필, 화필(畵筆). **2.** 화법(畵法), 제도술. **3.** 소묘(素描), 도안.

gráphĭum, i, *n.* 첨필(尖筆), 철필, 석필.

graphología, æ, *f.* 필적학.

grassátĭo, ónis, *f.* [grassor] **1.** 부랑(浮浪), 방랑, 빈둥거림; (아부하며) 돌아다님. **2.** 횡행(橫行); 노상 강도질[약탈].

grassátor, óris, *m.* [grassor] **1.** 부랑객, 빈둥거리는 자. **2.** 노상 강도.

grassatúra, æ, *f.* **1.** 부랑(浮浪). **2.** 노상(路上) 약탈.

grassor, átus sum, ári, *dep. intr.* [grádior] **1.**

활보하다, 횡행하다. 2. (환심사려고·아부하며) 돌아다니다, 여기저기 밀려다니다. 3. 노상에서 강탈[약탈]하다. 4. 〔ad, in *alqd; abl. modi*〕 향해가다, 매진(邁進)하다, (어떤 모양으로) 나아가다, 행동하다, 처신하다, 착수하다. 5. 〔in, advérsus *acc.;* in *abl.; abl.; alqd; absol.*〕 덤벼[달려]들다, 적대행위를 하다; (전염병 따위가) 창궐하다.

gratánter, *adv.* [grator] 기꺼이.

gratatórĭus, a, um, *adj.* 축하의.

grate, *adv.* 1. 기꺼이, 즐거이. 2. 고마운 마음으로.

grates, *f.pl. indecl.* [gratus] 감사, 사례: ~ *alci* ágere [habére, persólvere, reférre, debére] *(Pl., C., V.)* 감사[사례]하다.

grátĭa, æ, *f.* [gratus] 1. 사랑, 애호, 총애, 호의, 후의, 친절: *alci* grátiam dare 누구에게 친절을 베풀다. 2. 우정, 우애, 친분, 사이좋음, 우호; 마음맞음, 이해, 화해; 신임: cum *alqo* in grátiā esse *(Cæs.)* 누구와 사이좋게 지내다 / pónere *alqm* in grátiā 누구를 친구로 삼다 / *alqm* restitúere [redúcere] in grátiam, in grátiam cum *alqo* redíre *(C.)* 누구와 화해하다. 3. **은혜**, 혜택, 성은(聖恩); 《神》 **은총, 성총**(聖寵): ~ actuális 조력 성총, 도움의 은총 / ~ habituális 상존(常存) 성총, 생명의 은총 / ~ sanctíficans 성성(成聖) [성화(聖化)]의 은총 (상존 성총) / ~ gratum fáciens 하느님의 마음에 들게 하는 은총 / ~ éfficax 효과적 은총 / ~ sacramentális 성사(聖事)의 은총. 4. 관용, 용서, 사면: *alci* delícti grátiam fácere 누구의 죄를 용서하다. 5. 고마워하는 마음, **감사**, 사은, 사례: grátias ágere *alci* (pro [in] *alqā re*) *(C.)* 누구에게 감사하다 / grátiam[-tias] *alci* reférre [réddere] *(C.)* 사례하다, 은혜를 갚다[보답하다] / gratiárum áctio 감사; 감사의 기도. 6. 신임으로 얻은 영향력, 세력, 권력. 7. 매력, 귀여움, 사랑스러움, 미, 우아, 고상: ~ córporis *(Suet.)* 육체미. 8. 유쾌, 즐거움. 9. 〔원인·목적 부사어 *(adverbiále causæ, ~ finis)*〕 *gen. [abl. pron. poss.]* + **grátiā** 때문에, 위하여, …목적으로: hóminum ~ *(C.)* 인간을 위해서 / exémpli [verbi] ~ *(C.)* 예를들면, 예컨대 (略: *e.g., v.g.*) / voluptátum adipiscendárum ~ *(C.)* 쾌락[즐거움]을 얻기 위하여 / meā ~ *(Pl.)* 나 때문에. 10. 〔*adv.*〕 *abl.pl.* (본래의 옛 형태는) grátiis, **gratis** 거저, 공으로, 무료로.

Grátĭæ, árum, *f.pl.* (= Chárites) 미(美)의 3 여신 *(Agláĭa, Euphrósyne, Thalía:* 각각 광휘〈光輝〉·기쁨·개화〈開花〉를 상징); *sg.* 이들 중 하나.

gratificátĭo, ónis, *f.* [gratíficor] 친절, 호의; (남을) 돌봐줌.

gratífico, áre, *tr.* [gratus + fácio] 감사의 뜻으로 주다; 기뻐하다.

gratíficor, átus sum, ári, *dep.* [gratus + fácio] 〔간혹 -fico도 있음〕 1. *intr.* 〔*alci - de alqā re; absol.*〕 기쁘게 하다, 흐뭇[만족]하게 해주다, 마음에 들게 하다, 호의[은혜]를 베풀다, 친절히 하다. 2. *tr.* 〔*alqd - alci*〕 후하게 주다, 거저 주다, 베풀다; 바치다, 희생하다; 양보하다.

gratíficus, a, um, *adj.* [gratus + fácio] 친절한.

gratíŏla, æ, *f. dim.* [grátia] 1. 은고(恩顧). 2. 《植》 ~ violácea 진땅고추풀.

gratiósus, a, um, *adj.* [grátia] 1. 〔*absol.;* ad *alqd; alci,* apud *alqm;* in *alqā re*〕 호감사는, 인심얻는, 인기있는, 신용[신임·혜택] 받는; 귀여운, 사랑스러운. 2. 호의를 보이는, 친절한.

gratis, *adv.* [grátia] 거저, 무료로, 공짜로, 무보수로.

gratitúdo, dĭnis, *f.* [gratus] 고마움, 감사하는 마음, 사은의 정.

grātor, átus sum, ári, *dep. intr.* [gratus] 〔*alci; acc. c.inf.*〕 축하하다, 기쁨을 표시하다, 기뻐하며 고맙게 여기다; 〔*refl.*〕 **sibi** ~ *(Ov.)* 혼자 기뻐하다.

gratúĭtas, átis, *f.* [gratúitus] 무상(無償) 수여; (은총의) 무상성(無償性).

gratúĭto, *adv.* [gratúitus] 거저, 무보수로, 무료로.

gratúĭtus, a, um, *adj.* [gratus] 거저[무상으로] 얻은, 무상의, 무료의, 무보수의; 자발적인.

gratulabúndus, a, um, *adj.* [grátulor] 〔*absol.; dat.*〕 축하하는.

gratulátĭo, ónis, *f.* [grátulor] 1. 축하, 경하, 기쁨(의 표시); 〔*pl.*〕 감사. 2. 감사 축제, 감사기도.

gratulátor, óris, *m.* [grátulor] 축하하는 사람, 칭찬하는 사람.

gratulatórĭus, a, um, *adj.* 축하의, 축하하는.

gratulátrix, ícis, *f.* [gratulátor] 축하하는 여자, 축복하는 여자.

grátŭlor, átus sum, ári, *dep. intr.* [gratus] 1. 〔*alci - alqā re;* de, pro, in *abl.; alqd;* quod *causále; acc. c. inf.*〕 축하하다, 경하하다, 축사하다, (남의 경사를) 기뻐하다. 2. 〔*alci - abl.;* quod, *acc. c. inf.*〕 감사하다, 고마워하다.

grātus, a, um, *adj.* 1. 〔*alci,* in *alqm, absol.*〕 **마음에 드는, 달가운, 고마운,** 기분좋게 하는[기분좋은], 좋게 해주는, 즐거운, 유쾌한, 쾌적한: *alqd* gratum habére *(C.)* 무엇을 마음에 들어하다 / persóna non grata (특히 외교관으로서) 달갑지 않은 인물. 2. 사랑스러운, 귀여운, 매력있는. 3. 〔*alci (rei);* in, erga *alqm; absol.*〕 **은혜아는, 고마워하는,** 고마운 줄 아는.

Gráupĭus mons, -pĭi montis, *m. Caledónia*의 중앙부를 가로 지르는 낮은 산맥 (지금의 *Grampian Hills*).

gravábĭlis, e, *adj.* [gravo] 귀찮은, 힘드는, 무거운.

gravámen, mĭnis, *n.* 1. 귀찮음, 불편, 거

북함, 번거로움, 괴로움, 짐스러움; 불쾌, 불평, 불만; 비난. **2.** 항고(抗告).

gravánter, *adv.* 짐스럽게, 귀찮게. 「구.

gravastéllus, i, *m.* (나이 많은 평교간의) 친

graváto[vátim], *adv.* [gravo] 마지못해, 억지로, 싫은[내키지 않는] 마음으로, 무겁게. 「거북함.

gravátĭo, ónis, *f.* 무거움, 중압감, 두통,

gravedinósus, a, um, *adj.* [gravédo] 몸살[감기·카타르]에 쉽게 걸리는, 찌뿌드드하게 되는.

gravédo, dĭnis, *f.* [gravis] **1.** 온몸이[머리가] 무거움, 찌뿌드드함, 골치아픔, 두통. **2.** 《醫》 코감기. **3.** 임신(상태).

gravéŏlens, léntis, *adj.* [gravis+óleo] 강렬한[독한] 냄새가 나는, 코를 찌르는, 악취를 내는. 「취.

graveoléntĭa, æ, *f.* 강렬한[독한] 냄새, 악

gravésco, ĕre, *intr. inch.* [gravis] **1.** 무거워지다. **2.** 임신하다, 임신중이다. **3.** 더해가다, 가중되다, 악화하다. 「娠).

gravídĭtas, átis, *f.* [grávidus] 임신, 회임(懷

grávĭdo¹, ávi, átum, áre, *tr.* [grávidus] **1.** 무겁게 하다, 짐을 지우다. **2.** 수태케 하다, 임신시키다, 결실케 하다: terra gravidáta semínibus*(C.)* 씨 뿌려진 땅; *p.p.(f.)*

gravído², dĭnis, *f.* = gravédo. 〔임신한.

grávĭdus, a, um, *adj.* [gravis] **1.** 임신한, 새끼밴, 알밴. **2.** 〔*abl., gen.; absol.*〕 가득한, 충만한, 풍부한, 무엇이 *(abl.)* 많은, 많이 (들어) 있는.

grăvis, e, *adj.* **1. 무거운,** 중량이 있는, 묵직한, 육중한. **2.** 〔*abl.*〕 가득 실은, 만재(滿載)한, 가득 가지고 있는. **3.** (화폐의 재료·무게를 저울에 달았던 데서부터) 덩어리째로의; 해당액(該當額)의, 값나가는: æs grave (돈의) 액수; 해당액의 동괴(銅塊) / argéntum grave 은괴(銀塊). **4.** 임신한. **5.** (목소리가) 굵직한, 저음의. **6.** (냄새 따위가) 강렬한; 지독한, 고약한. **7.** (음식물이) 소화시키기 어려운, 무거운, 소화에 해로운. **8.** (기후 따위가) 건강에 나쁜[해로운], 참기 힘든, 지독한, 혹심한; (병세가) 중한, 중태의: ~ æstus*(H.)* 혹서, 폭염 / ~ morbus*(N.)* 중병. **9.** 〔*abl.*, de *abl.; absol.*〕 쇠약해진, 활기없는; 시달리는, 짓눌린, 억눌린. **10.** 나이 먹은[많은], 늙은, 노쇠한. **11.** 맹렬한, 치열한. **12.** 귀찮은, 짐이 되는, 부담스러운, 괴로운; 고된, 힘든, 쓰라린. **13.** 엄중한, 준엄한, 가혹한, 혹독한, 신랄한. **14.** (성격 따위가) 까다로운, 무뚝뚝한, 거친. **15. 중요한, 중대한,** 소홀히 못할, 권위[무게] 있는, 가치있는, 강력한, 힘있는; 견고한. **16. 신중한;** 위엄있는, 근엄한, 엄숙한, 진지한. **17.** grave, *adv.* = gráviter.

Gravíscæ, árum, *f.pl. Etrúria*의 도시, 포도주로 유명. 「는.

gravísŏnus, a, um, *adj.* 굵고 낮은 소리 내

grávĭtas, átis, *f.* [gravis] **1.** 무거움, 무게, 중량. **2.** 값비쌈, 고가(高價), 고액: ~ specífica 비중(比重). **3.** 임신(상태). **4.** 냄새의 강렬함[지독함·고약함]. **5.** 일기[기후]의 불순, 중압감. **6.** 병세의 중태. **7.** 피로, 무지근함, 쇠약; 둔감: ~ cápitis *(Plin.)* 머리가 띵함 / ~ áurium [audítus] *(Plin.)* 난청. **8.** 귀찮음, 시달림, 고됨, 쓰라림; 압박, 부담. **9.** 힘, 세력. **10.** 신중; 위엄, 엄숙, 장엄; 품격, 권위, 무게. **11.** 신의(信義), 성실. **12.** 중대성, 중요성.

gravitátĭo, ónis, *f.* 중력, 인력: ~ universális 만유인력.

grávĭter, *adv.* [gravis] **1.** 무게있게; 낮고 굵은 목소리로. **2.** 힘있게, 힘차게, 거세게, 맹렬하게, 심하게. **3.** 억지로, 힘겹게, 싫증나도록; 못마땅하게, 언짢게, 괴롭게, 슬프게: ~ ferre*(C.)* 억지로 당하다[참다]. **4.** 신중히, 진지하게, 위엄있게. **5.** 준엄하게, 엄격하게.

gravitúdo, dĭnis, *f.* [gravis] 머리가 무거움, 두통, 몸이 불편함, 찌뿌드드함.

graviúscŭlus, a, um, *adj.* (소리가) 좀 낮은.

grăvo, ávi, átum, áre, *tr.* [gravis] **1.** 〔*alqm [alqd] - alqā re*〕 무겁게 하다, 짐을 지우다; 부담시키다; 누르다. **2.** 악화시키다, 가중시키다, 어려워지게 하다, 확대시키다. **3.** 괴롭히다, 귀찮게 하다, 시달리게 하다.

grăvor, átus sum, ári, *dep. intr., tr.* 〔*absol.; inf.; acc.*〕 언짢게[못마땅하게·성가시게] 여기다, 괴로와 하다, 싫어지다, 싫어하다, 억지로[싫은 마음으로·마지못해] 하다; 거절하다.

gregális, e, *adj.* [grex] **1.** 무리[떼]의, 같은 무리에 속하는, 같은 도당의; 〔*subst.*〕 *m.pl.* 동료, 친구; 전우(戰友); 같은 도당. **2.** 보통의, 일반의, 평범한, 수수한.

gregárĭus, a, um, *adj.* [grex] **1.** 짐승 특히 가축떼의, 가축떼에 관한. **2.** 일반의, 보통의, 평범한 무리에 속하는, 낮은 계급의: miles ~ *(Sall.)* 사병, 병졸.

gregátim, *adv.* [grex] 떼지어, 무리지어, 집단으로.

grĕgo, ávi, átum, áre, *tr.* [grex] 떼짓게 하다; 불러모으다, 소집하다; 〔*pass.*〕 모이다, 뭉치다.

Gregoriánus, a, um, *adj.* *Gregórius*의, 그레고리안: calendárium Gregoriánum 그레고리오력(曆: 1582년에 *Gregórius* 13세의 명으로 개정된 현행 태양력) / cantus Gregoriánus 그레고리오[-안] 성가 / 《가》 missæ Gregoriánæ 그레고리오 미사 (30일간 연속적으로 드리는 연〈煉〉미사[위령미사]) / aqua Gregoriána 그레고리오 성수(聖水: 포도주·재·소금 등을 섞어 주교 또는 집전 신부에 의하여 성별〈聖別〉된 성수, 성당 복성〈復聖: reconciliátio〉 예식에 씀).

Gregórĭus, i, *m.* (여러 유명인) 남자이름 (때로는 씨족명·가문명으로도 나타남): ~ Magnus 그레고리오(1세) 대교황 (재위 590 - 604) / ~XIII 그레고리오 13세 교황 (재위 1572 - 1585, 그레고리력을 만들었음).

gremiále, is, *n.* 《가》 (미사·기타 예식 때) 주교 무릎 위에 걸쳐놓는 보자기.

gremiális, e, *adj.* [crémium] 불태울 수 있는, 장작의.

grémĭum, i, *n.* [gérmium (gero[1])] **1.** (앉아서 아기 안을 때의 배에서 무릎까지의 공간) 품, 무릎 위; 슬하: ~ pátriæ 조국의 품. **2.** 중앙, 중심부, 내부. **3.** 한 아름; 보호, 도움.

gressus, us, *m.* [grádior] **1.** 발걸음, 보행(步行), 걸어감; 발길. **2.** 선박의 진로.

grex, grĕgis, *m.* **1.** 짐승떼, 가축떼, 새떼. **2.** 〔사람〕 무리, 군중. **3.** 대(隊), 동아리, 도당(徒黨), 집단, 단(團), 파(派). **4.** 묶음, 다발. 「울다.

grillo, áre, *intr.* 귀뚜라미가 울다; 여치가

grillus, i, *m.* 《動》 귀뚜라미; 여치.

grīphus, i, *m.* 난해한 문제, 수수께끼.

grōma [grūma], æ, *f.* 측량의 조준기.

gromátĭcus, a, um, *adj.* [groma] 측량의.

gromphǽna, æ, *f.* 《植》 맨드라미.

gromphéna, æ, *f.* 《動》 황새(의 일종).

grossitúdo, dĭnis, *f.* [grossus[1]] 두께, 굵음.

grossus[1], a, um, *adj.* 굵은, 두꺼운, 날씬하지 않은, 뚱뚱한.

grossus[2], i, *m.(f.)* 익지 않은 무화과.

Grúdĭi, órum, *m.pl.* *Gállia Bélgica*의 한

grŭis, is, *f.* = grus. ⌊종족.

grum(m)us, i, *m.* 더미, 흙더미, 돌더미.

grunda, æ, *f.* 처마.

grúndĭo[-únnĭo], ívi [ĭi], ítum, íre, *intr.* 돼지가 꿀꿀대다, 투덜대다.

grunnítus, us, *m.* 돼지의 꿀꿀 소리.

gruo, ĕre, *intr.* 두루미·학 따위가 울다.

grus, grŭis, *f.* **1.** 《動》 두루미, 학. **2.** (선박침입·성벽파괴에 쓰이면) 쇠갈고리.

gryllus, i, *m.* (= grillus) 《動》 귀뚜라미; 여치.

Grýnĭa, æ, *f.* [-ĭum, i, *n.*] *Apóllo* 신전이 있는 *Æŏlis*의 작은 도시; 〔*adj.*〕 **-néus,** a, um, *Grýnia*의, *Apóllo*신의.

grȳps, p(h)is, *m.* 사자의 몸통에다 독수리의 머리와 날개를 가진 괴물.

grȳpus, i, *m.* **1.** 매부리코. **2.** = gryps.

gubernábĭlis, e, *adj.* [gubérno] 다스릴 수 있는, 제어할 수 있는.

gubernác(ŭ)lum, i, *n.* [gubérno] **1.** (배의) 키, 조타장치. **2.** 지휘, 조종; 〔주로 *pl.*〕 통치, 정치, 정부(政府).

gubernátĭo, ónis, *f.* [gubérno] **1.** 키를 잡음, 조타(操舵), 조종. **2.** 지휘, 관리(管理), 통치, 다스림, 주재(主宰); 행정, 정치: ~(divína) mundi 하느님의 세계[우주] 주재.

gubernátor, óris, *m.* [gubérno] **1.** 키잡이, 조타수. **2.** 조종하는 사람, 마부, 운전수; 지도자, 지휘자, 통치자.

gubernatórĭus, a, um, *adj.* 조종하는, 지도하는, 다스리는, 관할의, 정치의, 통치의. 「는 여자.

gubernátrix, ícis, *f.* [gubernátor] 지휘하

gubérnĭum, i, *n.* [gubérno] **1.** 정부, 정치. **2.** 지도, 지배.

gubérnĭus, i, *m.* [gubérno] 키잡이, 조타수.

gubérno, ávi, átum, áre, *tr.* **1.** 키를 잡다, 조종하다. **2.** 지도하다, 통치하다, 관리하다, 조정하다, 다스리다, 지배하다.

gubérnum, i, *n.* = gubernáculum.

gúbĭa, æ, *f.* 반달형의 끌.

Gugérni, órum, *m.pl.* *Germánia*의 한 종족.

gŭla, æ, *f.* **1.** 식도(食道), 목구멍. **2.** 탐식, 폭식; 미식(美食), 식도락. 「가.

gŭlo, ónis, *m.* [gula] 대식가, 탐식가, 폭식

gulósĭtas, átis, *f.* [gulósus] 탐식, 폭식.

gulósus, a, um, *adj.* [gula] **1.** 게걸스러운, 탐식하는, 폭식하는, 식충이의. **2.** 미식(美食)의, 식도락의. 「의 아들.

Gulús(s)a, æ, *m.* *Numídia*의 *Masiníssa*왕

gumen, mĭnis, *n.* 고무나무 수액(樹液), 고무.

gúmĭa, æ, *m.f.* 대식가; 미식가, 식도락가.

gummátus, a, um, *adj.* 고무를 내는, 고무나무의: gummátæ (árbores) 고무나무.

gúmmĕus, a, um, *adj.* 고무의.

gummi, *n. indecl.* [**-is,** is, *f.*; **-mmus,** i, *m.*; **-mmen,** mĭnis, *n.*] 고무나무 수지, 고무: ~ Arábicum 아라비아 고무.

gummósus, a, um, *adj.* [gummi] 고무가 많은, 고무질[성]의, 고무 모양의.

gunna, æ, *f.* 모피, 모피로 만든 겉옷.

gunnátus, a, um, *adj.* 모피옷을 입은.

gurdus, a, um, *adj.* 우둔한, 미련한; 〔*subst.*〕 *m.* 우둔한 사람, 미련퉁이.

gurges, gĭtis, *m.* **1.** 소용돌이. **2.** 심해(深海), 심연; 소(沼); 격류. **3.** 구렁텅이; 끝없이 깊은 곳. **4.** 방탕아, 난봉꾼.

gúrgĭto, áre, *tr.* [gurges] 목까지 채우다, 잔뜩 먹이다. 「管), 인후. **2.** 《動》 바구미.

gurgúlĭo, ónis, *m.* **1.** 식도(食道); 기관(氣

gurgústĭum, i, *n.* [gurges] 움집, 움막, 오두막집; 초라한 식당, 선술집.

gurus, i, *m.* = gyrus.

gustátĭo, ónis, *f.* 맛봄, 시식(試食); (연회에서) 요리의 첫 접시.

gustátor, óris, *m.* 맛보는 사람, 시식자.

gustatórĭum, i, *n.* [gusto] **1.** 시식(試食) 요리; 전채(前菜), 식사 때 처음 들어오는 접시. **2.** 시식 요리상.
gustátus, us, *m.* [gusto] **1.** 미각. **2.** 맛보기, 시식. **3.** 맛, 풍미(風味). **4.** 취향, 기호(嗜好), 취미, 멋.
gusto, ávi, átum, áre, *tr.* [gustus] **1.** 맛보다, 시식하다, 한입 먹다[마시다], 입에 대다. **2.** 간식하다, 요기하다. **3.** 맛들이다, (일 따위를) 건드리다; 시험하다, 조금 경험하다.
gústŭlum, i, *n.* [**-us**, i, *m.*] **1.** (아침식사 때 먹는) 날계란. **2.** 가벼운 키쓰.
gustus, us, *m.* [gusto] **1.** 미각. **2.** (만찬에서) 처음 들어오는 음식[요리]. **3.** 맛봄, 시식; 한입 먹음, 한 모금 마심. **4.** 맛, 풍미; 취향, 취미, 멋. **5.** 견본, 표본.
gutta, æ, *f.* **1.** (액체의) 방울, 물방울, 빗방울. **2.** 반점(斑點), 얼룩점. **3.** (建) 물방울 모양의 장식.
guttátim, *adv.* [gutta] 한 방울씩, 방울지어, 방울방울, 조금씩.
guttátus, a, um, *adj.* [gutta] 반점(斑點) 있는, 반점 찍힌; 물방울 모양의 얼룩이 있는. 「울. **2.** 아주 소량(小量).
gúttŭla, æ, *f. dim.* [gutta] **1.** 작은 (물)방
guttur, ŭris, *n.[m.]* **1.** (解) 목구멍, 인후; 식도(食道); 기관(氣管). **2.** 대식, 폭식, 탐식.
gutturína, æ, *f.* [guttur] (醫) 인후병.
gutturinósus, a, um, *adj.* 인후병의.
guttúrnĭum, i, *n.* (목이 가는) 물주전자, 물병. 「선종(甲狀腺腫)의.
gutturósus, a, um, *adj.* [guttur] (醫) 갑상
guttus, i, *m.* [gutta] (방울로 따를 수 있도록 만든) 목이 가는 술병[기름병·향유병].
Gўăros[**-us**], i, *f.* [**-ra**, æ, *f.*] *Ægǽum*해에 있는 불모(不毛)의 작은 섬 (귀양살이 섬이었음). 「인. **2.** *Ænéas*의 친구.
Gўās[**-ēs**], æ, *m.* **1.** 백 개의 팔을 가진 거
Gўgēs, is[æ], *m.* *Lýdia*의 왕, 양치기로서 왕위를 뺏음, 억만장자로 유명.
Gylíppus, i, *m.* *Sparta*의 장군, *Syracúsæ* 인들을 도와 *Athénæ*군과 싸웠음.
gymnas, ădis, *f.* 씨름, 신체단련.
gymnasiárchus, i, [**-cha**, æ,] *m.* 체육학교 교장.
gymnásĭum, i, *n.* **1.** (*Grǽcia*의 청년들이 모여서 각종 경기 및 신체를 단련하던) 체육장, 체육관. **2.** 철학 토론장[강연장](가끔 체육장과 같은 장소였음). **3.** (독일의) 문과 고등학교.
gymnástĭcus [**gýmnĭcus**], a, um, *adj.* 체육의, 체조의, 신체훈련의, 씨름의.
gymnosophístæ, árum, *m.pl* 고대 인도의 나체 수도(修道) 철학자. 「子)식물.
gymnospérmæ, árum, *f. pl.* (植) 나자(裸
gymnótus, i, *m.* (動) 전기(電氣) 뱀장어.
gynæcéum[**-cíum**], i, *n.* **1.** 고대 희랍의 규방, 안방, 부인방. **2.** *Roma*의 고용된 여직공들이 모여 양털 길쌈하던 작업실. **3.** (植) 꽃의 자성(雌性) 기관, 암술군(群). **4.** 동방교회 성당의 부인석.
gynæciárĭus[**-cĭus**], i, *m.* *Roma*의 모직(毛織) 작업실 담당자.
gynæcocrátĭa, æ, *f.* **1.** 부인정치, 여성주권 정체(政體). **2.** 엄처시하.
gynæcología, æ, *f.* (醫) 부인과 의학, 부인생리과, 부인생리학.
gynæcologísta, æ, *m.* 부인과 의사.
gynæcomanía, æ, *f.* 여성광(狂).
gynæconítis, tĭdis, *f.* = gynæcéum.
gynæcophobía, æ, *f.* 여성공포증, 공처증.
Gyndes, is, *m.* *Tigris* 강의 한 지류.
gypsárĭus, a, um, *adj.* [gypsum] 석고의, 석고에 관한. 「입힌.
gypsátus, a, um, *p.p., a.p.* [gypso] 석고를
gýpsĕus, a, um, *adj.* [gypsum] 석고로 만든[된]; 석고(질)의, 석고를 바른[칠한].
gypso, ávi, átum, áre, *tr.* [gypsum] 석고를 입히다, 석고칠하다; 석고로 봉하다.
gypsoplástes, æ, *m.* (석고상이나 그릇 따위를 만드는) 석고장(石膏匠), 석고바르는 사람. 「석고상.
gypsum, i, *n.* **1.** 석고, 깁스(기프스). **2.**
gyrínus, i, *m.* (動) 올챙이.
gўro, ávi, átum, áre, [gyrus] **1.** *tr.* 빙빙 돌리다, 회전시키다. **2.** *intr.* 돌다, 회전하다. 「도는, 방랑하는.
gyróvăgus, a, um, *adj.* [gyrus+vagus[1]] 떠
Gyrton, ónis, *f.* *Thessália*의 *Penéus* 강변 도시.
gўrus, i, *m.* **1.** 동그라미, 원, 원형, 원주. **2.** 회전, 회전운동, 원운동, 선회(旋回), 순회, 순환, 주기; 승마의 선회운동[훈련]; (경주에서의) 한 바퀴. **3.** 승마장, 경기장; 연무장(演武場), 싸움터. **4.** 순번, 차례. **5.** 우회(迂廻), 에두름. **6.** 범위, 한계.
Gythéum[**-thĭum**], i, *n.* *Lacónia*의 항구 도시.

H

H, h[1], *f.*, *n.* *indecl.* 라틴어 자모의 여덟째 글자: 〈하〉[hā].

H., h[2]., 《略》 **1. H** = heres, honor, habet; **HH** = herédes. **2. HS.** = Sestértius 〔본래 1+1+S(= Semis), 즉 *2 as* 반〕. **3. h.e.** = hoc est 즉.

ha, *interj.* **1.** 〔충고나 주의줄 때〕 하! **2.** 〔웃을 때〕 ha ha he! 하하하! **3.** 〔비웃을 때〕 흥! **4.** 〔경악·회비·주저 표시〕 아.

habéna, æ, *f.* [hábeo] **1.** 〔흔히 *pl.*〕 **말고삐**: effúndere habénas *(Front.)* 고삐를 늦추어주다, (말을) 빨리 달리게 하다. **2.** 가죽끈, 혁대, (줄팔매질 때 쓰는) 가죽끈, 손잡이 가죽고리, 가죽채찍. **3.** 억제하는 끈; 제어(制御), 통제, 굴레: Classi immíttere habénas *(V.)* 배들의 돛을 펴서 바람을 받게 하다. **4.** 조종(操縱), 지휘, 감독, 통치: habénæ rerum 국정(國政). **5.** 밧줄.

habéntĭa, æ, *f.* [hábeo] 재산, 소유물.

habénŭla, æ, *f.* *dim.* [habéna] 《醫》 상처의 가늘고 긴 살조각.

háběo, bŭi, bĭtum, ére, *tr.* **1. 가지다,** (어떤 모양으로든지) **가지고[지니고] 있다;** 차지하고 있다, 소유하다: ~ *alqm* secum *(C.)* 누구를 데리고[거느리고·모시고] 있다. **2.** (감정 따위를) **품고 있다, 간직하다;** 지키다, 유지하다: ~ ódium in *alqm (C.)* 누구를 미워하다 / ~*alqd* in ánimo *(C.)* 마음 속에 품고 있다, 생각하고 있다 / Hæc tu tecum habéto. *(C.)* 너 혼자만 이것들을 알고 있어라 / 〔*pass.*〕 **habéri** 있다. **3.** 〔*alqd*, *absol.*〕 재산이 있다: Qui habet. *(Prisciánus)* 가진 자, 재산 있는 자. **4.** 〔*inf.*; quid, quod *c. subj.*; *n. gerundív.*〕 **(말)할 것이 있다,** 말해야겠다, …하는 바가 있다, **…할 수 있다, …해야 하다, …할 이유가 있다;** 알다: Nihil hábeo ad te scríbere [quod ad te scribam]. *(C.)* 너한테 편지 써보낼 것이 하나도 없다 / Illud affirmáre pro certo hábeo. *(L.)* 나는 그것을 확실한 것으로 단언할 수 있다 / Hábeo ipse, quid séntiam. *(C.)* 나도 어떻게 생각하는 지를 말해야 겠다 / Habes, quod irascáris. *(Q.)* 네가 화낼 만하게도 됐다 / ~ respondéndum 대답해야 하다 / Habétis, quid séntiam. *(C.)* 내가 무엇을 생각하는지 너희는 알고 있다. **5.** 〔*alqd*〕 **…하다,** (행사·회의 따위를) **베풀다,** 개최하다, 거행하다: ~ iter *(C.)* 여행하다 / Dimídium facti, qui cœpit, habet. *(H.)* 시작이 반이다 / Sermo habétur. 연설[강론]이 있다. **6.** 〔*alqd alci*〕 (누구에게) **주다, 돌리다,** 부여하다. **7.** …한 성질[성격]을 가지고 있다, …한 점이 있다: Habet hoc virtus, ut ... *c.subj.* *(C.)* 덕은 …게 되는 그런 성격을 지녔다. **8. 사용하다, 늘 쓰다:** Annŭlus tenuátur habéndo. *(Lucr.)* 반지는 늘 끼고 있으면 가늘어[닳아]진다. **9.** 〔*alqm[alqd]* in *abl.*, in *acc.*; *acc. præd.*〕 (어떤 상태·형편·조건·관계·결과 따위에) **놓다,** 두다, **머물러[잡아] 두다,** 이르게 하다, 되게 하다: ~ *alqm* in vínculis *(Sall.)* 감옥에 가두어 두다 / ~ in obscúro vitam *(Sall.)* 은둔생활을 하다 / Hoc ánimum meum sollícitum habet. *(C.)* 이것이 내 마음을 불안케 한다. **10.** 〔*alqm[alqd] acc. præd.*〕 **…로 삼다, 가지다, 여기다;** 경험하다: ~ *alqm* amícum *(C.)* 아무를 친구로 가지다[삼다]. **11.** 〔*alqm[alqd] c. acc. adj.*, *gen. prétii*, pro, in *abl.*; *abl.*; inter *acc.*; *dat. finális*〕 **여기다, 생각하다, 인정하다, 판단하다, 평가하다:** ~ suum negótium *(C.)* 일을 제 일처럼 여기고 수고하다 / ~ *alqd* magni 무엇을 중히 여기다 / ~ *alqm* pro hoste *(Cæs.)* 적으로 여기다 / *alqd* ~ pro níhilo 무시하다 / *alqd* in máximis rebus ~ *(C.)* 매우 중대한 일로 여기다 / ~ *alqm* (in) amíci loco [(in) amicórum número, inter amícos] 아무를 친구의 하나로 생각하다. **12.** 〔*alqm[alqd] c. adv.*, *dat. finális*〕 **다루다, 대하다:** *alqm* bene ~ *(Pl.)* 잘 대우하다 / mílites laxióre império ~ *(Sall.)* 사병들을 덜 엄하게 다루다 / ludíbrio ~ *alqm (Pl.)* 누구를 조롱하다. **13.** 〔*c. adv.*〕 *refl.* **se** ~ **있다, 지내다, 건강이 어떻다** (좋다, 나쁘다), **상태가[사정이] 어떻다:** Quómodo te habes? 어떻게 지내느냐? (잘 있느냐?) / bene ~ se *(C.)* 잘 있다 / se non gráviter ~ *(C.)* 건강이 아주 나쁘지는 않다 / Res sic se habet. *(C.)* 사정이 이렇다 / Male se res habet, cum ... *c. indic.* *(C.)* …할 때 일은 악

화된다 / 〔*intr.*〕 Qui bene habet. *(Pl.)* 잘 지내는[잘 되는] 사람 / Sic (res) habet.*(H.)* 사실이 그렇다. **14.** (도시·주·나라 따위를) 지배하다, 통치하다; 지휘하다, 조종하다. **15.** 〔*absol.*; *alqm* locum〕 (어디에) 살다, 거주하다: Quis istic habet?*(Pl.)* 누가 거기 사느냐? / Afrĭcam ~ *(Sall.) Afrĭca*에 거주하다.

hábĭlis, e, *adj.* [hábeo] **1.** 다루기 쉬운, **편리한,** 손쉬운, 잘맞는: brevitáte hábiles gládii*(L.)* 짧아서 다루기 쉬운 칼 / cálcei hábiles*(C.)* 편리한 신발, 잘 맞는 신. **2.** 〔*dat.*, ad *acc.*〕 …에 알맞는, 적당한, 적합한, 적응하는: vites pínguibus terris hábiles*(V.)* 비옥한 땅에 알맞는 포도나무들. **3.** 〔*absol.*; *dat.*, ad *acc.*; *inf.*〕 재능있는, 해낼 수 있는, **…할 능력이 있는;** 숙달한, 능숙한, 능란한.

habilĭtas, átis, *f.* [hábilis] **1.** 능력, 재능, 수완; 능숙, 숙달. **2.** 적합, 적당; …할 자격.

habilĭto, áre, *tr.* 능력있게 하다, 자격을 주다.

habitábĭlis, e, *adj.* [hábito] 거주할 수 있는, 사람이 살 수 있는.

habitácŭlum, i, *n.* [hábito] 집, 주택, 거처; 둥지, (동물의) 굴.

hábĭtat, *n. indecl.* [*(3 persóna sg.)* hábito] 《動·植》 동식물의 산지, 서식지, 서식 환경; 자생지(自生地); ~ factor *m.* 환경요인.

habitátĭo, ónis, *f.* [hábito] **1.** 거주, 서식. **2.** 거처. **3.** 집세; 거주비(居住費).

habitatiúncŭla, æ, *f. dim.* [habitátio] 작은 집, 작은 거처.

habitátor, óris, *m.* [hábito] 거주자, 주민; 본토인.

habítĭo, ónis, *f.* [hábeo] **1.** 소유, 가지고 있음. **2.** (진리·권리·소유 따위의) 인정, 승인.

hábĭto, ávi, átum, áre, *tr.*, *intr. freq.*[hábeo] **1.** 〔*acc.*; in, sub *abl.*; *abl.*, *adv. loci*; apud *alqm*〕 (어디에) 살다, 살고 있다, 거주[거처]하다, 영주하다: urbes ~*(V.)* 도시에 살다 / Romæ ~ *(C.) Roma*에 살다 / Habitári ait in lunā.*(C.)* 달에 사람이 산다고 그는 말했다 / habitántes*(L.)* 주민. **2.** 들어 박혀 있다, 죽치고 있다, 움직이지 않고 있다; (상태 따위가) 영속하다: ~ in foro*(C.)* 광장에 선채 움직이지 않고 있다. **3.** …에 몰두하다, 집착하다, 고집하다.

habituális, e, *adj.* [hábitus²] **1.** 상태적(狀態的·常態的)인, 상재적(常在的)인, 상존(常存)하는; 철회되지 않고 있는. **2.** 습관적인, 상습적인, 습성적인; 상례(常例)의, 평수의.

habitúdo, dĭnis, *f.* [hábitus²] **1.** 습관, 버릇, 습성, 성향; 상태. **2.** 육체의 생김새·외관·외형. **3.** 《哲》 관계, 관련.

hábĭtum, i, *n.* [hábitus¹] 소유물, 가지고 있는 것.

habitúrĭo, íre, *tr. desid.* [hábeo] 가지고 싶어하다.

hábĭtus¹, a, um, *p.p.*, *a.p.* [hábeo] 잘 보살핀, 돌본, 잘 손질한, 잘 기른, 살찐.

hábĭtus², us, *m.* [hábeo] **1.** 태도, 양상, 모습, 외모, 외관, 생김새; 꾸밈새: ~ oris *(C.)* 입의 생김새 / ~ virginális*(C.)* 처녀 같은 외모. **2.** 복장, 의상; 제복: pastórum hábitu*(L.)* 목동의 복장을 하고 / 《가》 ~ (mónachi [religiónis]) 수도복, 수도회 제복. **3.** 상태, 형편, 있는 모양; 체질: ~ Itáliæ*(L.)* 이태리의 형편. **4.** 천성, 성품, 기질, 성질, **습성,** 버릇, 습관, 특징, 특성: vir óptimo hábitu*(C.)* 썩 좋은 성격의 사람. **5.** 마음가짐, 기분, 감정, 기풍. **6.** 《哲》 (범주로서의) 소속(所屬), 소유; 성상(性狀), 습성, (고정적이며 지속적인) 성질.

habra, æ, *f.* 여종, 시녀.

habrodiǽtus, i, *m.* 여성화된 자.

habsis = absis.

hāc, *adv.* 이리로(해서), 이곳을 거쳐, 여기로.

hacprópter, *adv.* 그렇기 때문에, 그런 고로, 그런 까닭에.

háctĕnus, *adv.* [hāc (parte)+tenus] **1.** 여기까지, 이곳까지. **2.** 이 정도까지, 이만, 이만큼만: sed de Græcis ~ *(C.)* 희랍인들에게 대해서는 이만하면 충분하다. **3.** 지금까지, 이 시간까지, 이제껏.

Hádrĭa, æ, **1.** *f.* 동남 *Picénum*의 도시; 〔*adj.*〕 **-ríăcus,** a, um; **-riánus,** a, um. **2.** *m. Adrĭa*해(海: 이태리 반도의 동해); 〔*adj.*〕 **-átĭcus,** a, um; *n.* Hadriáticum, *Adrĭa*해.

Hadriánus, i, *m.* P. Ælĭus ~, *Roma* 황제(재위 117–138 P.C.).

Hadriátĭcum, i, *n.* (*sc.* mare) *Hádria*해.

hadrobólon, i, *n.* (아라비아·인도 등지에서 나는 bdéllium 나무의) 검정고무.

hadrosphǽrum, i, *n.* 《植》 감송(甘松).

Hadrumétum [**Adru-**], i, *n.* 북부 *Afrĭca*의 항구; 〔*adj.*〕 **-tínus,** a, um; *m.pl.* 그곳 주민.

hæccéĭtas, átis, *f.* 《哲》 개성원리(個性原理, 특히 *Scotus* 학파의 용어).

hædíllus, i, *m. dim.* [hædus] 작은 숫염소, 염소새끼.

hædínus, a, um, *adj.* [hædus] 염소의, 산양의; 〔*subst.*〕 *f.* (*sc.* caro²) 염소고기.

Hǽdŭi = Ædŭi.

hædúlĕa, æ, *f.* 암염소(새끼).

hǽdŭlus, i, *m. dim.* [hædus] 염소새끼.

hædus [**hœdus**], i, *m.* **1.** 어린 염소(수컷), 산양; 염소새끼. **2.** *pl.* [H-] 《天》 산양(성)좌.

hæma, ătis, *n.* 피(血).

hæmachátes, æ, *m.* 붉은 마노(瑪瑙).

hæmátĭnus, a, um, *adj.* 핏빛의.

hæmatósis, is, *f.* 《生理》 혈액 생성, 조혈.

hæmatúrĭa, æ, *f.* 《醫》 피오줌, 혈뇨(血尿).

hæmésis, is, *f.* 《醫》 눈의 충혈.

hæmolýsis, is, *f.* 《生理》 용혈(溶血).
Hæmon, ónis, *m.* *Thebæ*의 폭군 *Creon*의 「아들.
Hæmónĭa, æ, *f.* *Thessália*의 옛 이름; 〔*adj.*〕 **-nĭus,** a, um: júvenis ~ *(Ov.) Jason* / puer ~ *(Ov.) Achílles* / puppis Hæmónia *(Ov.) Argo*선(船). 「여자.
Hǽmŏnis, ĭdis, *f.* [Hæmónia] *Thessália*의
hæmoptýĭcus, a, um, *adj.* 각혈[객혈(咯血)]하는 (환자).
hæmóptȳsis, is, *f.* 《醫》 각혈, 객혈(咯血).
hæmorrhágĭa, æ, *f.* 《醫》 출혈(出血); 코피(쏟음). 「(流出).
hæmorrhóĭa, æ, *f.* 《醫》 출혈, 혈액 유출
hæmorrhóĭcus, a, um, *adj.* 치질병걸린.
hæmorrhóĭda, æ, *f.* 《醫》 치질병.
hæmorrhoĭdális, e, *adj.* **1.** 유혈(流血)의. **2.** 《醫》 치질의.
hæmórrhŏis, ĭdis, *f.* 《醫》 치질(병).
hæmorrhoíssa[-rhoúsa], æ, *f.* 하혈하는 여자, 하혈병 앓는 여자.
hæmóstăsis, is, *f.* 《醫》 지혈(止血).
hæmostátĭcum, i, *n.* 《藥》 지혈약.
Hæmus, i, *m.* *Thrácia*의 산맥 (지금의 *Balkan* 산맥).
hæred... *V.* hered...
hǽrĕo, hæsi, hæsum, ére, *intr.* **1.** 〔*abl.*; in, sub *abl.*; *dat.*; ad, intra, *acc.*; inter *se*; *absol.*〕 꽉 달라붙다, **붙어 있다,** 부착하다, 고착[점착·밀착]되어 있다; 매달려[걸려] 있다, 떨어지지 않고 있다, 헤어나지 못하다: ~ in equo *(C.)*, ~ equo *(H.)* 말안장에 착 붙어 앉아 있다 / gládius intra vagínam suam hærens *(Q.)* 칼집에 꽂혀 있는 칼 / in memóriā ~ *(C.)* 기억에서 사라지지[잊혀지지] 않다 / 《軍》 ~ in tergis [tergis, in terga] *(L., Curt., Ta.)* 바싹 뒤쫓다. **2.** 오래 머무르다, **체재(滯在)하다;** 거처[거주]하다; (어디에) 있다. **3.** 정지하다, 중지하다, 멎다; 좌절되다: Aqua hæret. *(C.)* (물시계가 멎었다), 제한된 시간이 다 되어 난처하게 되었다. **4.** (일이) 얽히다, 착잡해지다; 난처하게 되다, 난국에 처하다, 어찌할 바를 모르다, 망설이다.
hæres, édis, *m.* *f.* (= heres) 상속자.
hærésco, ĕre, *intr.* *inch.* [hǽreo] 점착하다, 딱 달라붙다, 집착하다.
hæresiárcha[-ches], æ, *m.* 이단설 창도자(唱道者), 이단 종파의 두목, 이교(異敎)의 개조(開祖)[시조].
hǽrĕsis, is [ĕos], *f.* **1.** 교설, 학설, 정론(定論). **2.** 이단(異端), 이단설, 이교(異敎), 열교(裂敎), 사교(邪敎). **3.** 직업, 신분.
hærétĭcus, a, um, *adj.* 이단(異端)의, 이단설의, 이교(異敎)의, 열교(裂敎)의, 사교(邪敎)의; 〔*subst.*〕 *m.* 이단자, 이단 신봉자, 열교인.
hæsitabúndus, a, um, *adj.* 머뭇거리는, 망설이는, 주저하는, 오래 걸리는, 결단성 없는. 「이며, 머뭇거리며, 우물쭈물.
hæsitánter, *adv.* [hǽsito] 주저하며, 망설
hæsitántĭa, æ, *f.* [hǽsito] **1.** 말더듬기, 우물쭈물함. **2.** **주저, 망설임,** 머뭇거림, 외축(畏縮), 우유부단.
hæsitátĭo, ónis, *f.* [hǽsito] **1.** 말더듬기, 우물쭈물함. **2.** **주저, 망설임,** 머뭇거림, 우유부단.
hæsitátor, óris, *m.* [hǽsito] 결단성없는[우유부단한] 사람, 머뭇거리는[주저하는·망설이는] 사람; 미루는 자.
hǽsĭto, ávi, átum, áre, *intr. freq.* [hǽreo] **1.** 꽉 달라붙다, 고착되다, 헤어나지 못하다, 꼼짝못하다. **2.** 〔*absol.*; in *abl.*; *interr. indir.*〕 머뭇거리다, **주저하다, 망설이다,** 의혹하다, 결정을 내리지 못하다, 우유부단하다. **3.** 말을 더듬다: ~ linguā *(C.)* 말을 더듬다. 「자 (= Hércules).
hagéter, téris, (*acc.* téra), *m.* 안내인, 지도
hagiógrăpha, órum, *n.pl.* **1.** 성인전기(聖人傳記) 및 그 연구. **2.** 구약성서 제3부·(율법서·예언서 이외의 부분인) 성문학(聖文學). 「기.
hagiográphĭa, æ, *f.* 성인(聖人)언행록·전
hagiógrăphus, i, *m.* **1.** 성인전기 작가. **2.** 구약성서 제3부 (hagiógrapha) 저자.
hagiología, æ, *f.* **1.** 성인(전) 연구. **2.** 성인열전(聖人列傳). 「위 표시〕 하하!
hahæ, háhăhæ, *interj.* 〔즐거움·흥겨움 따
Halǽsa[-lésa], æ, *f.* *Sicília* 북부 해안도시; 〔*adj.*〕 **-sínus,** a, um.
Halǽsus[-lésus], i, *m.* **1.** *Sicília*의 산 및 강(이름). **2.** *Agamémnon*의 아들. **3.** *Lápithæ*족의 한 사람.
halágŏra, æ, *f.* 소금 시장.
halátĭo, ónis, *f.* [halo] **1.** 호흡, 숨쉼. **2.** 김, 콧김, 입김.
halátus, us, *m.* [halo] 향기, 방향(芳香).
halc..., hale..., hali..., hall... *V.* alc..., ale..., ali..., all...
Hăles, étis, *m.* *Lucánia*의 강. 「강.
Haliácmon, ŏnis, *m.* 남부 *Macedónia*의
haliǽĕtus[-os], i, *m.* 《動》 바다 독수리.
Haliártus, i, *f.* *Bœótia*의 도시; 〔*subst. deriv.*〕 **-tĭi,** órum, *m.pl.* 그곳 주민.
Halicarnás(s)us[-os], i, *f.* 소아시아의 *Cária*의 도시, *Heródotus*의 출생지; 〔*adj.*〕 **-ssĭus,** a, um; 〔*subst. deriv.*〕 **-sssénses,** ĭum, [**-ssĭi,** órum,] *m.pl.* 그곳 주민.
Halícȳæ, árum, *f.pl.* *Sicília*의 도시; 〔*adj.*〕 **-cyénsis,** e. 「목 "어부".
hálĭeus, i, *m.* *Apícius*의 책 제10권의 제
haliéutĭcus, a, um, *adj.* 어업(漁業)의, 어부의; 〔*subst.*〕 *n.pl.* *Ovídius*의 어업에 관한 시집제목.
hálĭto, áre, *tr.* 세게 불다.
hálĭtus, us, *m.* [halo] **1.** 숨, 호흡, 입김·

2. 증발기체, 증기, 가스; 아지랑이. **3.** 미풍(微風). 「《헤브라이어》 할렐루야.

hallelúja, *interj.; n. indecl.* (= allelúja)

hallex [allex], lĭcis, *m.* 엄지발가락.

hallucinátĭo, ónis, *f.* 환각(幻覺); 환상, 환영(幻影).

hallúcĭnor, átus sum, ári, *dep. intr.* **1.** 꿈같은 생각 속에서 헤매다, 환상에 사로잡히다[잠기다], 헛된 상상에 속다. **2.** 우스꽝스럽게 속임수를 쓰다. **3.** 되는 대로 지껄이다, 횡설수설하다.

hallus [allus], i, *m.* 엄지발가락.

halmýrrhax, ăgis, *m.* 《化》 초석(硝石).

halo, ávi, átum, áre, **1.** *intr.* 입김불다, 숨을 내쉬다; 향기나다, (냄새가) 풍기다. **2.** *tr.* 내불다, 내뿜다, 발산하다, (냄새를) 풍기다.

halophánta, æ, *m.* 악한(惡漢), 무뢰한.

halos, ō, *f.* (해·달의) 무리, 햇무리, 달무

halósis, is, *f.* 침략, 점령. ⌊리.

halter, éris, *m.* 〔보통 *pl.*로〕 **1.** 아령 (운동기구). **2.** 《動》 쌍시류의 평형기(平衡器).

haluc... *V.* halluc... 「〔*adj.*〕 **-tínus,** a, um.

Halúntĭum, i, *n.* *Sicília*섬의 북부도시;

Halus, i, *f.* *Assýria*의 도시. 「강.

Hălys, ўos, *m.* 〔*acc.* -yn, -ym〕 소아시아의

hálўsis, is, *f.* (해·달의) 무리, 햇무리, 달

hăma, æ, *f.* 소방(消防) 물통. ⌊무리.

Hamádrўas, ădis, (*acc. pl.* das), *f.* 〔흔히 *pl.*로〕 숲의 요정(들). 「병.

hamarthrítis, is, *f.* 《醫》 통풍(痛風), 관절

hamátĭlis, e, *adj.* [hamátus] 낚시의, 낚시질의.

hamátus, a, um, *adj.* [*p.p.* hamo] **1.** 낚시 달린. **2.** 낚시 모양의, 갈고리 모양의; 구부러진. **3.** 걸려들게 하는, 미끼로 보내는 (선물 따위).

hamáxa, æ, *f.* 짐마차. 「는 사람.

hamaxagóga, æ, *m.* 수레에 짐 실어 나르

hamáxo, áre, *tr.* (말·소에게) 수레를 메우다. 「민.

Hamaxóbĭi, órum, *m.pl.* *Scýthia*의 유목

Hamílcar, ăris, *m.* *Hánnibal*의 아버지, 제1차 *Pœni* 전쟁 때의 *Carthágo*의 명장.

hamióta, æ, *m.* [hamus] 낚시꾼.

Hammon, ónis, *m.* 이집트인들의 신(神).

hammoníăcus, a, um, *adj.* 암모니아의: ~ sal 염화암모니아. 「혼합물.

hammonítrum, i, *n.* 모래와 초석(硝石)의

Hammónĭum, i, *n.* *Hammon*신에게 봉헌된 사막의 옥토; 〔*subst. deriv.*〕 **-nĭi,** órum, *m.pl.* 그곳 주민. 「다, 낚다.

hāmo, ávi, átum, áre, *tr.* [hamus] 낚시질하

hámŭla, æ, *f. dim.* [hama] 소방용 작은 물통.

hámŭlus, i, *m. dim.* [hamus] **1.** 작은 낚시. **2.** 작은 갈고리. **3.** (작은 갈고리 모양의) 외과용 기구.

hāmus, i, *m.* **1.** 작은 갈고리. **2.** 낚시. **3.** (갈고리 모양의) 외과용구. **4.** 속임수.

Hánnĭbal, ălis, *m.* *Hamílcar*의 아들, 제2차 *Pœni* 전쟁 때의 명장.

Hanno, ónis, *m.* **1.** *Afrĭca*의 서해안을 항해한 *Carthágo*의 장군(c. 500 A.C.). **2.** *Hánnibal*을 *Hásdrubal*의 후계자로 삼아서는 안된다고 강력히 주장한 사람.

hapalópsis, ĭdis, *f.* 향신료[조미료]의 일종.

hăphe, es, *f.* 운동선수들이 몸에 기름을 바른 후 문지르는 흙가루[먼지].

hapsus, i, *m.* 양털로 짠 찜질 붕대.

hăra, æ, *f.* **1.** 돼지우리. **2.** 새끼 거위

hare... *V.* are... ⌊[오리]우리.

Hárĭi, órum, *m.pl.* *Germánia*의 한 종족.

haríŏla, æ, *f.* 여자 점장이, 여자 예언자.

hariolátĭo, ónis, *f.* [haríolor] 점(占), 예언, 신탁(神託).

haríŏlor, átus sum, ári, *dep. intr.* [haríolus] **1.** 점치다, 예언하다. **2.** 횡설수설하다, 망령 부리다, 엉뚱한 말을 하다.

haríŏlus, i, *m.* 점장이, 예언자.

haríspex = harúspex.

Harmódĭus, i, *m.* *Athénæ* 사람, *Aristogíton*과 공모하여 독재자 *Hippárchus*를 살해함 (514 A.C.). 「합, 색조화.

hármŏge, es, *f.* 여러가지 색의 교묘한 혼

harmonía[-mónĭa], æ, *f.* **1.** 화음(和音), 화성(和聲). **2.** 조화, 융화, 해조(諧調); 화합; 균형. **3.** [H-] 조화의 여신, *Mars*와 *Venus*의 딸, *Cadmus*의 아내이며 *Sémele*의 어머니. 「學).

harmónĭca, æ, [-ce, es,] *f.* 화성학(和聲

harmónĭcus, a, um, *adj.* **1.** 화음(和音)의, 화성(和聲)의; 협화하는; 화성학(상)의. **2.** 조화의; 일치한, 화합한, 융화한.

harmónĭum, i, *n.* 풍금(風琴), 오르간.

harpa, æ, *f.* 하아프 (악기).

hárpăga, æ, [-ge, es,] *f.* = hárpago².

hárpăgo¹, ávi, átum, áre, *tr.* 〔*alci alqd*〕 훔치다, 뺏다, 약탈하다.

hárpăgo², ónis, *m.* 앞뒤로 여러가닥 붙은 쇠갈고리(성곽 공격용 무기로 많이 쓰였음).

HARPAGO

Hárpăgus, i, *m.* *Média*의 귀족, *Pérsia*의 *Cyrus* 대왕 막하의 장군.

Hárpălus, i, *m.* *Alexánder* 대왕의 친구, *Bábylon*의 지배자, *Creta*섬에서 살해됨.

Harpálўce, es, *f.* *Thrácia*의 발 빠른 여자.

harpástum, i, *n.* (두패로 나뉘어 상대방 경계선 밖으로 내차는 옛 경기의) 축구공.

harpátor, óris, *m.* 하아프 주자(奏者).

harpax, ăgis, *m.f.* 탐욕자, 약탈자.

harpe, es, *f.* **1.** 초승달 모양의 칼[검],

낫 모양의 검. **2.** 《動》 매의 일종.

Harpýĭæ, árum, *f.pl.* **1.** 얼굴과 몸은 여자 모양이고 새의 날개와 발톱을 가진 탐식하는 괴물. **2.** 탐욕가, 지독한 욕심장이.

Harúdes, um, *m.pl. Germánia*의 한 종족.

harund... *V.* arund...

harúspex, pĭcis, *m.* (희생동물의 내장을 보고 장래 일을 점치는) 장복(臟卜) 점장이.

harúspĭca, æ, *f.* [harúspex] 여자 장복(臟卜) 점장이. 「의, 내장점의.

haruspicális, e, *adj.* [harúspex] 장복(臟卜)

haruspicínus, a, um, *adj.* [harúspex] 내장점을 치는, 장복점(臟卜占)의; 〔*subst.*〕 *f.* 장복술. 「장복술(臟卜術).

haruspícĭum, i, *n.* [harúspex] 내장점술,

Hásdrŭbal, ălis, *m.* **1.** *Hamílcar*의 사위, 장인을 따라 *Hispánia*에서 *Carthágo*군의 장군으로 활약. **2.** *Hánnibal*의 형제, *Metáurus*에서 *Roma*군에 패하여 살해됨 (207 A.C.).

hashárdus, i, *m.* 내기, 도박, 투기.

hasta, æ, *f.* **1.** (전투용) **창(槍),** 던지는 창. **2.** (창을 꽂아 점령한 땅임을 알리던) 토지경매; (일반적으로) 경매, 입찰: sub ~ veníre*(Flor.)* 경매로 팔리다. **3.** 깃대, 장대, 막대기, 자루. **4.** 경기용 투창. **5.** 100인 법정에서 권위의 표로 꽂은 창. **6.** 결혼식 때 신랑이 신부의 머리칼을 가르는 데 쓰던 쇠꼬챙이. **7.** 왕장(王杖). **8.** 창 모양의 혜성.

hastárĭum, i, *n.* **1.** 창을 꽂아놓고 하는 경매. **2.** 경매장. **3.** 경매에 관해 기록한 책. 「장한. **2.** 경매의.

hastárĭus, a, um, *adj.* **1.** 창의; 창으로 무

hastátus, a, um, *adj. (p.p.)* [*inusit.* hasto] 창으로 무장한; *m.pl.* 군단의 투창부대.

hástĭfer, ĕra, ĕrum, *adj.* [hasta+fero] 창으로 무장한. 「(槍). **3.** 장대, 막대기.

hastíle, is, *n.* [hasta] **1.** 창자루. **2.** 창

hastína, æ, *f.* [hasta] 창(槍).

hástŭla, æ, *f. dim.* [hasta] **1.** 작은 창. **2.** 작은 막대기. **3.** 풀대: ~ régia 수선(水仙).

hau, *interj.* (= au) 〔놀람·혐오·경고·주의환기 따위 표시〕 아아! 어어!

haud, *adv.* 〔고어로 aud, haut, hau 등이 더러 있음〕 **1.** 〔주로 부사 앞에와 형용사·대명사·약간의 동사·명사 앞에도 쓰며, 부분부정으로 흔히 씀〕 **아니,** 전혀[조금도] 아니, 결코 …아니: ~ longe*(Pl.)*결코 멀리 (있지) 않다 / ~ dúbie*(Sall.)* 의심없이 / Haud mirábile est.*(T.)* 조금도 이상하지 않다 / ~ quisquam*(Pl.)* 아무도 아니 / ~ ego *(T.)* 절대로 내가 아니다 / ~ mutábo.*(Pl.)* 나는(…것을)결코 바꾸지 않겠다 / ~ uxórem, sed me*(Pl.)* 아내가 아니라 나를(복수하는 것이다). **2.** 〔흔히 노골적인 단언을 피하는 표현〕 ~ **scio, an**[*interr. indir.*] 잘은 모른다[모르겠다], …것으로 안다; 의심스럽기도 하다: Haud scio, an recte díxerim.*(C.)* 내가 옳게 말했는지는 모르겠다(옳게 말한 것으로 안다). **3.** 〔다른 부정사에 연결되면서 계속 부정하기도 함〕 *e.g.* Neque ille ~ objíciet mihi. 그도 나를 변박하지는 않을 것이다.

hauddum, *adv.* 아직(도) 아니. 「아니.

haudquáquam, *adv.* 절대로 아니, 결코

háurĭo, hausi, haustum, íre, *tr.* **1.** 〔*alqd* – de, ex, ab *abl.*; *abl.*; *absol.*〕 **긷다,** 푸다; 길어[퍼]내다. **2.** 마시다; 마셔버리다, 다 마시다, (잔 따위를) 비우다·바닥내다. **3.** 꺼내다, 뽑아내다, 파내다: terræ haustæ *(Ov.)* 파낸 흙. **4.** 찌르다, 뚫다: *alcjs* latus gládio ~ *(Curt.)* 아무의 옆구리를 칼로 찌르다. **5.** 삼키다, 삼켜버리다; 빨아들이다, 흡수하다; (공기를) 들이 마시다, 숨쉬다. **6.** (불길 따위를) 끌어들이다, 잡아당기다. **7.** 소비해 버리다, 탕진하다. **8.** 취(取)하다, 받아들이다, (어디서) 따오다·가져오다; 얻다, 받다. **9.** 겪다, 견뎌내다, 당하다. **10.** 만끽하다: óculis auribúsque gáudium ~*(L.)* 눈과 귀로 즐거움을 만끽하다. **11.** 듣다. **12.** 완성하다, 이루어놓다, 성취하다: Médium sol orbem háuserat.*(V.)* 이미 해가 중천에 떠 있

haurítor, óris, *m.* 물긷는 사람. ⌊었다.

hauritórĭus, a, um, *adj.* 긷는, 따르는; 삼키는; 〔*subst.*〕 *n.* 물푸는 그릇. 「(吸管).

haustéllum, i, *n.* 《動》 (곤충 따위의) 흡관

háustĭo, ónis, *f.* [háurio] 길어냄, 물 길음.

haustor, óris, *m.* [háurio] 긷는[푸는] 사람; 마시는 사람. 「(吸器), 기생근(寄生根).

haustórĭum, i, *n.* 《植》 (기생식물의) 흡기

haustrum, i, *n.* [háurio] 양수기.

haustus, us, *m.* [háurio] **1.** 물푸는 일, 물 길음. **2.** (이웃 우물·샘에서) 물 길을 권리. **3.** 마시는 일, 한 모금: ~ aquæ*(Ov.)* 물 한 모금. **4.** 한줌: ~ arénæ*(Ov.)* 모래 한줌. **5.** 흡수; 호흡, 숨.

have, hávĕo = ave, áveo.

he, *interj.* (*cf.* ha) 하! 허!

Heautontimorúmĕnos, i, *m.* 자책하는 자 (*Teréntius*의 희극 제목).

hebdómăda, æ, *f.* [hébdomas] **1.** 7의 수. **2.** 7일, 7일간, 일주간; 7년간: 《가》 ~ major [sancta] 성주간(聖週間).

hebdomadális, e, *adj.* 1주간(週間)의, 7일의; 7일마다의. 「(週間) 당번, 주번.

hebdomadárĭus, i, *m.* [hébdomas] 주간

hébdŏmas, mădis, *f.* 〔*acc.* -dem, -da〕 **1.** 7의 수, 일곱 개[사람]의 무리. **2.** 7일, 7일간, 일주간; 7년. **3.** (병자에게) 주기적으로 돌아오는 (위험한) 일곱째 날, 위기의 날.

Hebe, es, *f.* 청춘의 여신, *Juno* 여신의 딸, *Hércules*의 아내, 신들의 술시중을 들었음.

hébĕnus = ébenus.

hébĕo, ére, *intr.* **1.** 무디다, 둔하다. **2.** 둔감하다, 굼뜨다, (기능따위가) 약해지다.

hĕbes, ĕtis, *adj.* 〔*acc.* -bem도 보임(*En.*)〕 **1.** 무딘. **2.** 둔감한, 둔한. **3.** 굼뜬, 우둔한. **4.** 기력없는, 활기없는, 마비된.

hebésco, ĕre, *intr. inch.* [hébeo] 무디어지다, 둔하여지다, 약해지다. 「감. **2.** 쇠약.

hebetátĭo, ónis, *f.* [hébeto] **1.** 무딤, 둔

hebetésco, ĕre, *intr.* 무디어지다, 둔하여지다, 약해지다.

hébĕto, ávi, átum, áre, *tr.* [hebes] **1.** 무디게 하다, 둔하게 만들다, 약하게 하다. **2.** 무기력하게 하다, 힘빠지게 하다, 얼빠지게 하다. 「**2.** 태만.

hebetúdo, dĭnis, *f.* [hebes] **1.** 우둔, 박약.

Hebrǽus[-ráĭcus], a, um, *adj.* 헤브라이[히브리]의; 헤브라이말의, 헤브라이인의; 〔*subst.*〕 *m.pl.* 헤브라이인; 〔*adv.*〕 **-ráĭce,** 헤브라이어로; 헤브라이식으로. 「*za*).

Hebrus, i, *m. Thrácia*의 강 (지금의 *Marit-*

Hécăbe, es, *f. Dánaus*의 50명 딸중 한 명.

Hécăta, æ, [**-te,** es,] *f. Perses*와 *Astéria*의 딸, 달과 관계있는 여신으로 사냥·낚시·마법·도로의 여신, 이래서 *Diána* 여신, *Luna*[1] 여신과 가끔 동일시 되었음; 〔*adj.*〕 **-té-(ĭ)us,** a, um; 〔*adj. f.*〕 **-téis,** ĭdos.

Hécăto, ónis, *m. Stoa* 학파의 철학자.

hecatómbe, es, *f.* **1.** 소 백마리의 희생[제물]; 한 종류의 짐승 백마리 희생[제물]. **2.** (사람 또는 동물의) 다수의 희생, 대살육.

hecatómpŏlis, is, *adj.f.* 백개의 도시를 가지고 있는 (*Creta* 섬). 「지고 있는.

hecatómpўlos, on, *adj.* 백개의 성문을 가

hecatonstýlos, on, *adj.* 백개의 기둥을 가지고 있는.

hecatóntas, ădis, *f.* **1.** 100의 수. **2.** 백쯤.

Hectŏr, ŏris, *m. Troja*의 왕 *Príamus*와 그 왕비 *Hécuba*의 아들, *Andrómache*의 남편, *Troja*군의 용장, *Achílles*에게 살해됨; 〔*adj.*〕 **-rĕus,** a, um.

Hécŭba, æ, [**-be,** es,] *f. Príamus*의 왕비.

hédĕra, æ, *f.* 《植》 담장나무, 송악 (*Bacchus*신에게 바쳐진 나무).

hederácĕus [-cĭus], a, um, *adj.* **1.** 담장나무의, 송악의. **2.** 송악의 빛을 띤.

hederátus, a, um, *adj.* [hédera] 송악으로 장식된. 「송악을 지닌.

hedérĭger, ĕra, ĕrum, *adj.* [hédera+gero[1]]

hederósus, a, um, *adj.* [hédera] 송악이 많은, 송악으로 덮인.

hedónĭcus, a, um, *adj.* 쾌락의. 「설.

hedonísmus, i, *m.* 《哲》 쾌락주의, 쾌락

hédўchrum, i, *n.* 향료·향유(의 일종).

hedyósmos, i, *m.* 《植》 파상형의 박하.

hedýpnŏis, ĭdis, *f.* 《植》 꽃상치의 일종.

hedýsma, ătis, *n.* 향수, 향유. 「◡◡).

hégĕmon, ŏnis, *m.* (*sc.* pes) 단단격(短短格:

hegemónĭcon, i, *m.* 행동을 다스리는 원리; 으뜸가는 것.

Hegésĭas, æ, *m.* **1.** *Cyréne* 학파의 철학자. **2.** 희랍의 변론가.

hei, *interj.* (= ei) 〔슬픔·아픔·두려움·한탄 따위 표시; 가끔 mihi와 함께〕 아이고! 어이구! 아참! 휴! : Hei, périi miser.(*Pl.*) 어이구, 난 망했다!

heic, *adv.* (hic의 옛 형태) 여기(에).

hej... *V.* ej... 「슬러) 배 끄는 사람.

helciárĭus, i, *m.* [hélcium] (밧줄로 강을 거

hélcĭum, i, *n.* 봇줄, 수레나 짐을 끄는 밧줄.

Hélĕna, æ, [**-ne,** es,] *f. Júpiter*와 *Leda* 사이의 딸, *Castor, Pollux, Clytæmnéstra*의 자매, *Sparta*의 *Meneláus*왕의 아내, *Troja*의 왕자 *Paris*에게 유괴되어 *Troja* 전쟁의 원

helénĭum, i, *n.* 《植》 개곽향. └인이 됨.

Helénor, ŏris, *m. Ænéis*에 나오는 *Troja* 인의 이름 「들, 유명한 점장이.

Hélĕnus, i, *m. Príamus*왕과 *Hécuba*의 아

helépŏlis, is, *f.* 성(城) 공격용 이동식 누

Helíăcus, a, um, *adj. Hélios*의. └(樓).

Helíădes, um, *f.pl.* 태양신 *Hélios*의 딸들, *Pháëthon*의 자매들.

heliánthus[1] **ánnŭus,** i, *m.* 《植》 해바라기.

heliánthus[2] **tuberósus,** i, *m.* 《植》 돼지감자, 뚱딴지.

Hélĭce, es, *f.* **1.** *Achája*의 항구. **2.** *Arcádia*의 왕 *Lycáon*의 딸 (= Callísto), 별로 변함. **3.** 《天》 큰곰성좌.

helícĭnus, a, um, *adj.* 달팽이집 모양의.

Hélĭcon, ónis, *m. Bœótia*의 산, *Apóllo*신과 *Musæ* 여신들에게 봉헌되었음; 〔*adj.*〕 **-cónĭus,** a, um.

helicópterum, i, *n.* 헬리콥터.

heliocamínus, i, *m.* 일광직사실(日光直射室), 햇볕 잘 드는 방.

heliochromía, æ, *f.* 천연색 사진술.

Heliodórus, i, *m. Horátius* 시대의 유명한 희랍인 수사학자.

Heliópŏlis, is, *f.* **1.** 하부(下部) 이집트의 도시. **2.** *Cœle-Sýria*의 도시 (지금의 *Baalbek*).

hélĭos[-us], i, *m.* **1.** 해, 태양. **2.** [H-] (고대 *Roma* 인들의 *Sol*에 해당하는) 태양의 신; *Hyperíon*의 아들, *Pháëthon*의 아버지.

helioscópĭus, i, *m.* 태양관측경(觀測鏡).

heliósis, is, *f.* 《醫》 일사병.

heliotáxis, is, *f.* 《植》 주일성(走日性).

heliotherapía, æ, *f.* 《醫》 일광요법.

heliotrópĭum[-ĭon], i, *n.* 《植》 해바라기(의 일종), 향일성(向日性)을 가진 식물.

hĕlix, ĭcis, *f.* **1.** 《植》 송악·담장나무(의 일종); 버들(의 일종). **2.** 《解》 귓바퀴; 와우각(蝸牛殼). **3.** 기둥머리의 나선형으로 된[소용돌이 모양의] 장식.
Helládĭcus, a, um, *adj.* 희랍의.
Hellánĭce, es, *f.* *Clitus*의 자매, *Alexánder* 대왕의 유모. 「A.C.).
Hellánĭcus, i, *m.* *Mityléne*의 우화작가(450
Hellas, ădis, *f.* **희랍,** 그리이스(희랍인들이 자기 나라를 호칭하는 말; *Roma*인은 *Grǽcia*라 불렀음).
Helle, es, *f.* *Athămas*와 *Néphele* 여신의 딸, *Phrixus*의 여동생, 계모의 학대를 피하여 오빠와 함께 황금털의 수양(牡羊)을 타고 도망가다가 해협에 빠져 죽었음, 그 해협을 *Hellespóntus*라 함.
hellébŏrum, i, *n.*[**-rus,** i, *m.*] 《植》 박새 (약초, 특히 광증치료에 쓰였음).
Hellen, énis, *m.* *Deucálion*의 아들, *Thessália*의 왕, 여기서 희랍인들을 Hellénes라고 함.
Hellénĭcus, a, um, *adj.* 희랍의; 희랍인의.
Hellénis, ĭdis, *f.* 희랍 여자.
Hellenísmus, i, *m.* **1.** 헬레니즘, 희랍문화; 희랍정신[사상], 희랍국민성; 〔*adj.*〕 **-nístĭcus,** a, um. **2.** 《文法》 라틴어의 관습을 벗어나 희랍어의 규칙을 따르는 어형.
Helles, énis, *adj.m.f.* 희랍인의; 〔흔히 *pl.*〕 **-énes,** um, 희랍인.
Hellespóntus, i, *m.* 유럽과 아시아를 가르고 *Propóntis*해와 *Ægǽum*해를 잇는 해협 (지금의 *Dardanelles, cf.* Helle); 〔*adj.*〕 **-tĭăcus[-tĭus],** a, um.
helluátĭo, ónis, *f.* [hélluor] 폭식, 탐식; 식도락, 미식(美食), 홍청망청 먹어댐.
helluátor, óris, *m.* [hélluor] = hélluo.
héllŭo, ónis, *m.* **1.** 폭식가, 탐식가, 미식가; 홍청대는 사람; 재산낭비자, 방탕자. **2.** 탐독자(耽讀者).
héllŭor, átus sum, ári, *dep. intr.* [hélluo] 〔*abl., absol.*〕 **1.** 폭식[탐식]하다, 홍청망청 먹어치우다, 먹어서 없애버리다. **2.** ~ libris*(C.)* 책들을 탐독하다.
hĕlops, ŏpis, *m.*[**-pe,** es, *f.*] 《動》 철갑상어.
Helor... *V.* Elor...
Helótes, um, *m.pl.* *Lacónia*의 원주민, 후에 *Sparta*의 농노가 됨.
helu... *V.* hellu...
helvél(l)a, æ, *f.* 작은 야채, 작은 양배추.
helvenácus, a, um, *adj.* 황소 빛깔의, 누르스름한(포도 빛깔에 대해 씀).
Helvétĭa, æ, *f.* *Helvétii*족의 나라(지금의 *Switzerland*); 〔*adj.*〕 **-vétĭus[-vétĭcus],** a, um. 「(지금의 *Switzerland*)의 주민.
Helvétĭi, órum, *m. pl.* *Gállia Lugdunénsis*
Helvídĭus, i, *m.* *Roma*인의 씨족명; 특히 ~ Priscus, 스토아 학파로서 *Roma*의 유명한 원로원 의원.
Hélvĭi[-vi], órum, *m. pl.* *Gállia Narbonénsis*의 종족; 〔*adj.*〕 **-vĭcus,** a, um.
Helvína, æ, *f.* *Ceres* 여신의 별명.
Hélvĭus, i, *m.* *Roma*인의 씨족명.
helvus, a, um, *adj.* 누르스름한, 담황색의.
hem, *interj.* 〔부름·대답·제시(提示)·기쁨·아픔·탄식·분노·매질·감탄 따위 표시〕 야, 어이, 자! 응! 아아! 이런! 에잇! 「盲).
hemeralopía[-lópĭa], æ, *f.* 《醫》 주맹(晝
hemerésĭos, i, *adj.(m.f.)* 하루의, 하루 걸리는.
hemeróbĭon, i, *n.* 《動》 하루살이.
hemeródrŏmus, i, *m.* (하루 걸리는 거리를 용무전달로 급히 가는) 보행꾼, 급행(急行) 심부름꾼, 급사(急使).
hemi-, 《반(半)》이란 뜻의 접두어. 「통.
hemialgía[-álgĭa], æ, *f.* 《醫》 반쪽 신경
hemicíllus, i, *m.* 반 당나귀, 얼간이.
hemicránĕum[-nĭum], i, *n.* **1.** 두개골의 반쪽. **2.** 《醫》 편두통.
hemicránĭa, æ, *f.* 《醫》 편두통.
hemicýclĭum, i, *n.* **1.** 반원(半圓), 반원형. **2.** 의자들을 반원형으로 배치한 장소. **3.** 반원형 의자 (여럿이 앉을 수도 있음).
hemícy̆clus, i, *m.* 반원, 반원형.
hemicylíndrus, i, *m.* 반원통(半圓筒), 반원주(半圓柱). 「*270 ml*).
hemína, æ, *f.* 반(半) *Sextárius*의 용량(약
heminárĭus, a, um, *adj.* *1 hemína*의; 소량의.
hemiólĭus, a, um, *adj.* 1배 반의.
hemisphǽrĭum, i, *n.* **1.** 반구체(半球體); (지구·하늘의) 반구. **2.** 반구형 천장. **3.** 《解》 대뇌의 반구.
hemistépta lyráta, æ, *f.* 《植》 지칭개.
hemistíchĭum, i, *n.* 《詩》 반행(半行).
hemíthĕus, i, *m.* 반인반신(半人半神)의 영웅[용사].
hemitónĭum, i, *n.* 반음조(半音調).
hendecasýllăbus, i, *m.* 11음절의 시.
Hénĕti = Véneti.
Heníŏchi, órum, *m.pl.* 흑해 동북해안에서 약탈을 일삼던 종족; 〔*adj.*〕 **-chus,** a, um.
Henna, æ, *f.* *Sicília*의 중앙부에 있는 도시, 여기서 명부(冥府)의 신 *Pluto*가 *Prosérpina*를 지하세계로 납치했다고 함; 〔*adj.*〕 **-næus,** a, um; **-nénsis,** e; **-nénses,** ĭum, *m.pl.* *Henna*의 주민.
henotheísmus, i, *m.* 《宗》 (많은 신 중에서 특히 한 신을 섬기는) 단일신교(單一神敎).
heortología, æ, *f.* 교회 축일학(祝日學).
hēpar, ătis, *n.* **1.** 《解》 간(肝), 간장. **2.** 유화 알카리의 총칭. **3.** 《動》 물고기의 일종. 「의.
hepatárĭus, a, um, *adj.* [hepar] 간장의, 간
hepátĭa, órum, *n.pl.* (동물의) 내장; 맛있는 요리.

hepátĭca asiátĭca, æ, *f.* 《植》 노루귀.
hepátĭcus, a, um, *adj.* [hepar] **1.** 간병걸린. **2.** 간장의; 간장에 좋은; 간(肝) 빛깔의.
Hephǽstĭa, æ, *f. Lemnus*섬 북해안 도시.
Hephǽstĭo(n), ónis, *m. Alexánder* 대왕의 친구이며 장군.
hepséma, ătis, *n.* 3분의 1정도 괸 포도즙.
heptamétrum, i, *n.* (시의) 7보격(七步格: 7운각〈韻脚〉의 시행〈詩行〉).
heptas, ădis, *f.* 7, 일곱. 「는 배.
heptéres[-is], is, *f.* 7열(列)[7단]의 노가 있
hĕra[1], æ, *f.* (= era) **1.** 여주인, 주부, 마님. **2.** 땅, 지구.
Hēra[2], æ, *f.* 희랍의 *Zeus*신의 누이동생이며 아내인 여신, 주부의 여신; *Roma* 신화의 *Juno*에 해당.
Heracléa[-clía], æ, *f. Hércules*신이 세웠거나 그에게 봉헌된 도시들, 즉 *Lucánia, Sicília, Bithýnia, Thessália, Macedónia* 등에 있는 도시; 〔*adj.*〕 **-cleénsis,** e; 〔*subst. deriv.*〕 **-cleótes,** æ, *m. Heracléa* 출신, 그곳 사람. 「시. **2.** 이집트의 도시.
Heracléum, i, *n.* **1.** 남부 *Macedónia*의 도
Heracléus[-líus], a, um, *adj. Hércules*의.
Heraclídes, æ, *m.* **1.** 희랍철학자 (340 A. C.), *Plato*의 제자. **2.** *Syracúsæ*의 소(小) *Dionýsius*를 섬긴 기병 지휘관.
Heraclítus, i, *m.* **1.** *Ephĕsus*의 철학자 (500 A.C.). **2.** *Tyrus*의 철학자.
Heræ̂a[1], æ, *f. Arcádia*의 도시.
Heræ̂a[2], órum, *n.pl. Hera* 여신의 축제.
herba, æ, *f.* **1.** 풀, 잡초, 초본(草本) 식물: in herbis esse *(Cæs.)* 곡식이 아직 익지 않았다 / ~ cánnabis Indĭcæ 인도 대마초. **2.** 야채, 채소; 목초(牧草). **3.** 약초.
herbácĕus, a, um, *adj.* [herba] 풀의, 초본(草本)의; 풀색[녹색]의.
herbánus, a, um, *adj.* [herba] 풀먹고 사는, 초식하는; 〔*subst.*〕 *f.pl.* 초식동물.
herbárĭum, i, *n.* [herbárius] **1.** (초본) 식물지(誌). **2.** 납작하게 만들어 분류한 잎의 표본. **3.** 식물 표본첩[상자]; 식물 표본실.
herbárĭus, a, um, *adj.* [herba] 풀[초목식물]에 관한: herbárium spécimen 납작하게 말린 잎 표본; 〔*subst.*〕 *m.* (초본) 식물학자; *f.* (*sc.* ars) (초본) 식물학; *f.pl.* 초식동물. 「먹고 사는.
herbátĭcus, a, um, *adj.* [herba] 초식의, 풀
hérbĕo, ére, *intr.* [herba] 풀이 나다[자라다·우거지다], 풀밭이 되다.
herbésco, ĕre, *intr. inch.* [hérbco] 풀이 나다[돋다·자라다], 풀로 덮이다.
Herbésus, i, *m. Sicília*의 동남부 도시.
hérbĕus, a, um, *adj.* [herba] 풀색의, 초록색의; 초원의.
hérbĭdus, a, um, *adj.* [herba] **1.** 풀로 덮인, 풀이 우거진, 잔디밭의; 풀이 나는. **2.** 풀로[초본으로] 만든.
hérbĭfer, ĕra, ĕrum, *adj.* [herba+fero] 풀을 내는, 풀이 많은[우거진].
herbígrădus, a, um, *adj.* [herba+grádior] (달팽이 따위가) 풀밭을 거니는[기는].
hérbĭlis, e, *adj.* 풀먹고 사는.
Hérbĭta, æ, *f. Sicília*의 도시; 〔*adj.*〕 **-ténsis,** e, *Hérbita* (인)의.
herbósus, a, um, *adj.* [herba] **1.** 풀덮인, 풀많은, 풀이 우거진; 잔디심은; 〔*subst.*〕 *n.pl.* 초원, 풀밭. **2.** 풀색[녹색]을 띤. **3.** 식물성으로 만든. 「잎.
hérbŭla, æ, *f. dim.* [herba] 작은 풀, 풀 한
hercísco, (herctum), ĕre, *tr.* [herctum+ci-sco, cio] 유산을 분할하다.
hercle[-cŭle], *interj.* [Hércules] 맹세코!
herctum, i, *n.* [hercísco, *cf.* heres] 유산, 상속재산.
Herculánĕum, i, *n. Neápolis*와 *Pompéji* 사이에 있는 *Campánia*의 해안도시, 79 A. C.에 *Vesúvius* 화산이 터지면서 매몰되었음; 〔*adj.*〕 **-nénsis,** e.
Herculánĕus, a, um, *adj.* **1.** *Herculáneum*의. **2.** *Hércules*의. **3.** 굉장히 큰, 거대한.
Hércŭles, is [i], *m. Júpiter*신과 *Alcména* 사이의 아들, 열두가지 어려운 일을 해냈다는 희랍 신화의 최대의 용사: Hérculis colúmnæ *(L.) Hércules*가 힘으로 갈라 놓았다는 지금의 *Gibraltar* 해협의 양쪽 산 / 〔*interj.*〕 Hércules! 맹세코!; 〔*adj.*〕 **-lĕus,** a, um. 「독일의 *Schwarzwald*).
Hercýnĭa silva, æ, *f. Hercýnia* 숲(지금의
Herdónĭa, æ, *f. Apúlia*의 도시.
Herdónĭus, i, *m. Arícia* 사람 Turnus ~, *Tarquínius Supérbus*의 적.
hĕre, *adv.* (= heri) 어제. 「정하다.
heredífico, áre, *tr.* [heres+fácio] 상속인을
heredíŏlum, i, *n. dim.* [herédium] 얼마 안되는 유산.
heredípĕta, æ, *m.* [herédium+peto] (아부 따위의 온갖 수단으로 노인이나 과부의) 유산(상속)을 노리는 자.
hereditárĭus, a, um, *adj.* [heréditas] **1.** 유산[상속]의, 유산[상속]에 관한, 유산으로 얻은, 상속권에 의한, 세습(世襲)의. **2.** 유전(遺傳)의, 유전적인; 부모에게서 물려받은, 대대의.
herédĭtas, átis, *f.* [heres] **1.** 상속, 세습. **2.** 유산(遺產), 상속재산. **3.** 유전, 물려받음. 「다, 물려받다.
herédĭto, ávi, átum, áre, *tr.* [heres] 상속하
herédĭum, i, *n.* [heres] 유산으로 물려받은 토지[동산], 세습지(世襲地).
Herénnĭus, i, *m. Sámnium* 지방에서 기원

된 *Roma*인의 씨족명; 〔*adj.*〕 **-nniánus,** a, um.

hēres, édis, *m.f.* **1.** 상속자, 법적 상속인: ~ ex asse*(Q.)* 전체 유산상속인 / ~ est fratri suo.*(C.)* 그는 형제의 상속인이다. **2.** 계승자, 후계자.

hĕri, *adv.* **1.** 어제. **2.** 〔드물게는〕 며칠 전에, 최근에.

heri... *V.* eri...

herífŭga, æ, *adj.m.f.* 주인을 피하여 도망한.

herílis, e, *adj.* 가장의, 주인의, 주부의: ~ fílius*(T.)* 친아들, 적자 / ~fília*(Pl.)* 친딸.

Heríllus, i, *m.* *Carthágo*인, *Zeno*의 제자 (c. 260 A.C.).

herinácĕus, i, *m.* 《動》 고슴도치.

herínus, a, um, *adj.* 어제의.

heritúdo, dĭnis, *f.* 상전에게 매어 있음, 예속.

Herma, æ, *m.* 〔흔히 *pl.*〕 **1.** 사각형 기둥 꼭대기에 조각되어 있는 *Hermes* (= Mercúrius) 신의 머리상(像). **2.** *Hermes*의 머리를 새긴 칼집. **3.** 《가》 흉상형 유물(갑)(胸像型遺物匣).

Hermǽum, i, *n.* 동남 *Bœótia*의 도시.

Hermágŏras, æ, *m.* *Roma*에서 지낸 희랍의 수사학자 (c. 50 A.C.).

Hermaphrodítus, i, *m.* *Hermes*신과 *Aphrodíte* 여신 사이의 아들, 샘의 요정 *Sálmacis*와 일체가 되어 남녀 양성을 지님.

Hermárchus, i, *m.* *Epicúrus*의 후계자.

Hermathéna, æ, *f.* *Hermes* (= Mercúrius) 신과 *Athéne* (= Minérva) 여신의 이중상(二重像).

hermenéuma, ătis, *n.* (특히 성서의) 해석, 주석, 해설.

hermenéutĭca (bíblĭca), æ, *f.* 성서 해석학.

Hermerácles, is, *m.* *Hermes*신과 영웅 *Hércules*의 이중상(二重像).

Hermes, æ, *m.* *Mercúrius*신의 희랍명.

Hermínŏnes, um, *m.pl.* *Germánia*의 3대 종족 중 하나.

Hermíŏna, æ, [**-ne,** es,] *f.* **1.** *Meneláus*와 *Hélena* 사이의 딸, *Oréstes*의 아내. **2.** *Argŏlis*의 항구; 〔*adj.*〕 **-nĭcus,** a, um.

Hermodórus, i, *m.* *Sálamis*인, *Roma*의 건축가 (120 A.C.).

Hermundúri, órum, *m.pl.* *Germánia*의 한 종족.

Hermus, i, *m.* *Lýdia*의 강.

herna, æ, *f.* 바위.

hérnĭa, æ, *f.* 《醫》 헤르니아, 탈장(脫腸).

Hérnĭci, órum, *m. pl.* *Látium*의 종족; 〔*adj.*〕 **-nĭcus,** a, um.

Hēro, us, *f.* *Sestos*시(市)의 *Aphrodíte* 여신의 여제관, *Abýdus*의 *Leánder*에게 사랑받음.

Heródes, is, *m.* *Augústus* 황제 시대의 *Judæa*의 왕.

heródĭo, ónis, [**-dĭus,** i,] *m.* 《動》 왜가리.

Heródŏtus, i, *m.* 소아시아 *Halicarnássus* 태생의 유명한 희랍 역사가 (484–424 A.C.).

heroícĭtas, átis, *f.* [heróicus] 영웅성, 영웅다움.

heróĭcus, a, um, *adj.* **1.** 영웅의, (신화적) 용사의, 영웅(의 행위)에 관한, 영웅을 다룬. **2.** 영웅적인, 영웅다운; 용감한, 장렬한: actus ~ caritátis 영웅적 애덕(愛德) 행위.

heroína, æ, [**-ne,** es,] *f.* **1.** (신화시대의) 반여신(半女神); 여자 영웅, 여걸, 여장부; 영웅의 아내[딸]. **2.** (시·극·소설 따위의) 여주인공.

heróis, ĭdis, *f.* **1.** = heroína. **2.** *pl.* Heróides, 여걸들의 사랑 이야기를 다룬 *Ovídius*의 작품명.

heroísmus, i, *m.* 영웅적 소질; 영웅적 행위, 도덕적 영웅주의.

hēros, óis, *m.* **1.** (신화시대의) 반신적(半神的) 인물, 신인(神人). **2.** 영웅, 호걸, 용사, 위인: cultus heróum 영웅숭배. **3.** (극·문학작품의) 주인공.

heróum, i, *n.* [heróus] (신화적) 영웅·호걸의 사당(祠堂), 영웅의 능[묘].

heróus, a, um, *adj.* **1.** 영웅의, 영웅에 관한. **2.** 6보격(步格)시의, 6각운(脚韻)시의, 서사시의: herói versus 서사시.

herpes, étis, *m.* 《醫》 수포진(水泡疹): ~ faciális 안면 수포진.

herpetología, æ, *f.* 파충류학.

Herse, es, *f.* *Attĭca*의 *Cecrops*왕의 딸.

Hersílĭa, æ, *f.* *Rómulus*의 아내.

hérŭlus, i, *m.* *dim.* [herus] 젊은 주인.

hĕrus, i, *m.* **1.** 가장(家長), 주인, 상전(上典). **2.** 소유주. **3.** 남편.

Hesíŏdus, i, *m.* 희랍의 서사시인, *Bœótia*와 *Ascra*에서 살았음 (*sæc.* 9 A.C.); 〔*adj.*〕 **-déus[-díus],** a, um.

Hesíŏna, æ, [**-ne,** es,] *f.* *Laómedon*의 딸, *Príamus*왕의 자매.

Hespérĭa, æ, *f.* [Hespérius] 저녁별의 나라, 즉 서방국·서쪽나라 (*Grǽcia*에서는 *Itália*를, *Itália*에서는 *Hispánia*를 가리켜 부른 이름).

Hespérĭdes, um, *f. pl.* *Hésperus*의 딸들, *Atlas*산에 살았음, 그 산에는 금사과나무가 있었고 용이 지켰음.

hesperídĭum, i, *n.* 《植》 감과(柑果: 오렌지·귤 따위 과실).

Hespérĭe, es, *f.* *Troas*의 하신(河神)인 *Cebren*의 딸들 중 하나.

Héspĕris, ĭdis, *adj.f.* *Hespéria*의; 서쪽의, 해지는 쪽의.

Hésperus[-ros], i, *m.* *Auróra*와 *Atlas*의 아들, 저녁별이 됨; 〔*adj.*〕 **-rĭus,** a, um, *Hésperus*의; 서쪽의, 서쪽나라의: terra Hespéria 이태리.

hestérnus, a, um, *adj.* [heri] 어제의; 전날의: ~ dies*(C.)* 전날; 〔*subst.*〕 *n.pl.* 어제 일어난 일; 〔*adv.*〕 **-no,** (= heri) 어제.

hesterúgo, gĭnis, *f.* 저녁별, 금성, 개밥바라기.

hetǽrĭa, æ, *f.* 비밀결사, 동맹.

hetǽrĭce, es, *f.* 우군 기병대, 원군.

hetærísmus, i, *m.* **1.** (공공연한) 축첩(蓄妾). **2.** (원시사회에서의) 동부족내 잡혼.
heterocrânĕa[-nĭa], æ, *f.* 편두통.
heterodóxĭa, æ, *f.* 비정통적(非正統的) 교설, 이단(異端), 이교(異敎), 이설(異說).
heterodoxus, a, um, *adj.* 비정통설(非正統說)의; 이단의, 이교의, 이설의. 「生).
heterœ́cĭum, i, *n.* 《生》 이종기생(異種寄
heterogenéĭtas, átis, *f.* **1.** 이종(異種). **2.** 이성분(異成分), 이류(異類), 이질(異質).
heterogénĕsis, is, *f.* **1.** (어버이와 다른) 이형발생(異型發生). **2.** 자연발생.
heterogénĭtas, átis, *f.* 이질성(異質性).
heteromórphĭa, æ, *f.* 《生》 동종이형(同種異形), 변형, (곤충의) 완전 변태.
heteromórphŏsis, is, *f.* 《生》 이태재생(異態再生), 이형재생(異形再生). 「율성.
heteronomía, æ, *f.* 《哲》 타율(他律), 타
heteróptĕra, órum, *n.pl.* 《動》 이시류(異翅類).
heteropycnósis, is, *f.* 이상응축(異常凝縮).
heterósis, is, *f.* 《生》 잡종우세(雜種優勢).
heu, *interj.* 아아, 아이고, 불쌍한지고!: ~ me míserum! *(C.)* 아아, 내 신세야!
heurésis, is [ĕos], *f.* 발견, 창시(創始).
heuréta[-tes], æ, *m.* 발견자, 창시자.
heus, *interj.* 어이, 여보게, 이봐, 여보시오! 「*Ambrósius*의 저서명).
hexaémĕron, i, *n.* 6일간의 천지창조 (*S.*
hexagónum, i, *n.* 육각형. 「(六脚韻)의.
hexámĕter[-trus][1], tra, trum, *adj.* 육각운
hexámĕter[-trus][2], tri, *m.* (*sc.* versus) 육각운시(六脚韻詩). 「는] 가마[남여(籃輿)].
hexáphŏrum, i, *n.* 여섯 사람이 메는[드
héxăpla, æ, *f.* 《聖》 헤브라이어 및 희랍어 두 가지 말의 구약성서 *Orígenes*판 (여섯 개의 난〈欄〉으로 이루어져 있음, 군데군데 7·8개 난이 있는 곳도 있어 héptapla, óctopla 따위 말도 있음). 「섯 개의 성문.
hexápÿlon, i, *n.* *Syracúsæ*에 있던 입구 여
hexas, ădis, *f.* 6, 여섯.
hexástĭchus, a, um, *adj.* 여섯 줄의, 여섯 행(行)의; 6열(列)의.
hexástÿlos, on, *adj.* 기둥 여섯 개 있는.
hexasýllăbus, a, um, *adj.* 6음절의.
hexéris, is, *f.* 6열(列)의 노가 있는 배.
hexis, is, *f.* 소질, 적성(適性). 「지다.
hiásco, ĕre, *intr. inch.* [hio] 벌어지다, 갈라
hiátus, us, *m.* [hio] **1.** (입따위를) 벌림, 벌어짐, 하품: oris hiátu *(C.)* 입을 벌려. **2.** 열림, 갈라짐, 터진 틈, 극간(隙間), 구렁텅이. **3.** 갈망, 열망: ~ præmiórum *(Ta.)* 상(賞)에 대한 갈망. **4.** 《文法》 모음 연속[충돌]. **5.** 《論》 (논증의) 연쇄중단(連鎖中斷). **6.** 《解》 열공(裂孔).
Hiber... *V.* Iber...
hibérna, órum, *n. pl.* [hibérnus] **1.** 《軍》 (*sc.* castra) 겨울 진영, 동영(冬營). **2.** 겨울 외양간.
hibernácŭla, órum, *n.pl.* [hibérno[1]] **1.** 겨울 주택, 겨울지내는 집. **2.** 《軍》 겨울 막사(幕舍).
hibernális, e, *adj.* [hibérnus] 겨울의.
Hibérnĭa, æ, *f.* 애란(愛蘭), 아일랜드; [*adj.*] **-nĭus,** a, um.
hibérno[1], ávi, átum, áre, *intr.* [hibérnus] **1.** 겨울나다, 겨울 주택에서 지내다. **2.** 《軍》 겨울 진영에 주둔하다. **3.** 아무것도 하지 않고 있다, 동면하다.
hibérno[2], *adv.* 겨울철에.
hibérnus, a, um, *adj.* [hiems] 겨울의, 동계(冬季)의: hibérnum tempus anni *(C.)* 겨울철; [*subst.*] *n.* 겨울철; 겨울의 계절풍.
Hibérus, i, *m.* *Hispánia*의 강(지금의 *Ebro*).
hibíscum, i, *n.* 《植》 접시꽃(의 일종).
hibíscus syríăca, -i -æ, *f.* 《植》 무궁화나무. 「람의) 혼혈아.
híbrĭda, æ, *m.f.* (동물의) 트기, 잡종; (사
hic[1], hæc, hoc, *pron. demonstr.* **1.** [자기로부터 또는 현재로부터 가까이 있는 것을 가리킴] 이, 이 사람, 이 여자, 이것; 여기 있는, 지금의, 현재의, 문제의, 당면한: Hic est ille Demósthenes. *(C.)* 이 사람이 저[그] 유명한 *Demósthenes*이다 / his diébus *(C.)* 요사이에. **2.** [ille, illa, illud과 대립되면서] **후자(後者)**: hic... ille... 후자는 … 전자는… **3.** [앞으로 나올 말이나 열거할 내용을 미리 지시하는 경우] 다음과 같은, 이러한: Nos habémus hoc provérbium: 《…》. 우리는 이런 속담이 있다, 즉 《…》. **4.** [*acc. exclamatiónis*] Hanc audáciam! *(C.)* 이 얼마나한 담력이냐! **5.** *n.* hoc [*c. gen. partitívo*] 이, 이러한, 이와같은: ad hoc ætátis *(Plin.)* 이 시대까지. **6. hoc est**(略: h.e.) *(C.)* 즉, 다시 말하면.
hic[2], *adv.* **1.** 여기에, 여기서, 이곳에. **2.** [ibi, illic의 뜻으로 쓰이는 수도 있음] 거기에. **3.** 이 점에 있어서, 이 기회에, 이런 형편에서. **4.** 지금, 이 순간에: hic et nunc 지금 당장에.
hic(c)e, hæc(c)e, hoc(c)e, *pron. demonstr.* hic, hæc, hoc의 강세(强勢) 표시 (*cf.* -ce): hujúsce modi réquies *(C.)* 이러한 휴식.
híccĭne[1], hǽccĭne, hóccĭne, *pron. demonstr. interr.* [hicce+ne[4]] 바로 이 …냐? 이런 …냐?: Híccine percússit? *(Pl.)* 바로 이 자가
híccĭne[2], *adv.* 그래 여기냐? 「두드렸어?
Hícĕtas, æ, *m.* **1.** *Syracúsæ* 태생의 철학자(우주에서 지구만 움직이고 하늘의 모든 천체는 정지해 있나고 말했음). **2.** *Leontíni*의 독재군주.
hiemális, e, *adj.* [hiems] 겨울의, 동계(冬季)의; 겨울철에 일어나는.
hiemátĭo, ónis, *f.* 겨울을 남[지냄], 월동.

híĕmo, ávi, átum, áre, [hiems] **I.** *intr.* **1.** 겨울나다, 동면하다; 겨울 진영에서 지내다. **2.** 겨울이다, 춥다: Contínui dies híemant.*(Plin.)* 날이 계속적으로 춥다 / [*impers.*] Híemat.*(Col.)* 겨울 날씨다, 춥다. **3.** 날씨가 나쁘다, 폭풍이 불다, 풍파가 일다: Híemat mare.*(H.)* 바다가 몹시 설렌다. **II.** *tr.* 얼게 하다, 얼리다.

hiemps, (古) = hiems. 「*mídia*의 왕.

Hiémpsal, ălis, *m.* *Micípsa*의 아들, *Nu-*

hĭems, ĕmis, *f.* **1.** 겨울. **2.** 추위, 한랭: letális ~ *(Ov.)* 살을 에는 추위. **3.** 한 해, 1년. **4.** 나쁜 날씨, 폭풍우, 풍파; 맹렬한 세력. 「나물; ~ coreánum 껄껄이풀.

hierácĭum, i, *n.* (植) ~ umbellátum 조밥

hierarchía, æ, *f.* **1.** 교계제도(敎階制度), 성직의 위계(位階)제도. **2.** 교권(敎權)제도; 교회정치. **3.** 천사들의 9계급; 천신단(天神團). **4.** (動·植) (강·목·과·속 따위의) 분류단계. 「급제도의.

hierárchĭcus, a, um, *adj.* 교계제도의, 계

hierátĭcus, a, um, *adj.* 신성한 종교적 용도에 쓰이는; 성직자용의.

Hierocæsaréa[-ría], æ, *f.* 북부 *Lýdia*의 도시; [*adj.*] **-riénsis,** e; *m.pl.* 그곳 주민.

Hiérŏcles, is, *m.* *Alabánda* 태생의 희랍인 수사학자. 「(祭官).

hierodúlus, i, *m.* 신전(神殿)봉사자, 제관

hieroglýphĭcus, a, um, *adj.* 상형문자의, 그림문자의. 「진위판별(眞僞判別).

hierognosía, æ, *f.* (가) 성유물(聖遺物)의

hierográphĭcus, a, um, *adj.* 상형문자(象形文字)의; 상징적인.

Híĕro(n), ónis, *m.* *Syracúsæ*의 두 왕 이름 (*sæc.* 5; *sæc.* 3 A.C.); [*adj.*] **-nĭcus,** a, um. 「자.

hierónĭca, æ, *m.* 신성한 경기에서의 승리

Hierónўmus, i, *m.* **1.** *Rhodus*섬 태생의 철학자, *Aristóteles*의 제자. **2.** *Syracúsæ*의 군주(215 A.C.). **3.** S.~, 초대 그리스도교의 *Latin* 교부(340–420 P.C.).

Hierosólўma, æ, *f.* [**-ma,** órum, *n.pl.*] 예루살렘; [*adj.*] **-mitánus,** a, um, 예루살렘의, 예루살렘 사람의.

Hierosolymíta, æ, *m.* 예루살렘 사람.

hierothéca, æ, *f.* 성인의 유골·유물 모신 상자[갑(匣)].

hiĕto, áre, *tr.*, *intr.* *freq.* [hio] **1.** 입을 딱 벌리다, 입이 벌어지다, 크게 하품하다. **2.** [*tr. pass.*] (문이) 열리다.

hilarésco, ĕre, *intr.* *inch.* [hílaris] 쾌활[명랑·유쾌]해지다. 「분, 쾌활, 명랑.

hilárĭa¹, æ, *f.* [hílaris] 기쁜 마음, 좋은 기

Hilárĭa², ĭum [iórum], *n.pl.* *Cýbele* 여신의 축제일 (춘분). 「활한.

hilarícŭlus, a, um, *adj.* 꽤 명랑한, 꽤 쾌

hílăris, e,[**-rus,** a, um,] *adj.* 경쾌한, 쾌활한, 명랑한, 즐거운, 기분좋은.

hiláritas, átis, *f.* [hílaris] 경쾌, 쾌활; 즐거움, 기분좋음.

hilăro, ávi, átum, áre, *tr.* [hílarus] 기쁘게[즐겁게] 해주다, 유쾌하게 하다, 기분좋게 해주다. 「기있는, 경쾌한, 좀 즐거운.

hilárŭlus, a, um, *adj.* *dim.* [hílarus] 좀 활

hilla, æ, *f.* *dim.* [hira] **1.** 소장(小腸). **2.** 창자, 내장. **3.** 순대.

Hilótæ, árum, *m.pl.* = Helótes.

hīlum, i, *n.* **1.** [흔히 부정사(否定詞)와 함께] 약간의 것, 조금되는 것, 보잘것없는 것, 아무것, 조금: ... neque próficit ~. *(C.)* 그는 조금도 달성하지 못하고 있다. **2.** (植) 씨앗의 배꼽(태좌〈胎座〉에 붙는 부분). **3.** (解) (내장의 혈관·신경 따위가 드나드는) 문, 선문(腺門): ~ liénis 비문(脾門). 「강.

Himélla, æ, *f.* *Sabíni*인들의 나라에 있는

Hímĕra¹, æ, *m.* 북부 *Sicília*의 작은 강.

Hímĕra², æ, *f.* [**-ra,** órum, *n.pl.*] *Hímera* 강변도시; [*adj.*] **-ræus,** a, um.

hin, *indecl.* 힌(헤브라이인들의 액체 용량 단위, 달걀 72개 들이에 해당).

hinc, *adv.* [hic²] **1.** 여기서부터, 이곳[자리]에서부터. **2.** 이쪽으로부터, 이편에서(부터); (겹쳐 쓰일 때에는 《저쪽으로부터》의 뜻도 있음): ~ illinc*(Pl.)*, ~ atque ~*(V.)* 이쪽 저쪽에서부터 / ~ amnis, ~ hostis *(Curt.)* 이쪽에서는 강이, 저쪽에서는 적이. **3.** [시간] 이때부터, 지금으로부터. **4.** [이유·원인·기원·재료] 이것으로부터, 여기에서, 이런데서, 이래서, 그래서, 이런 까닭에: Hinc illæ lácrimæ.*(T.)* 그 눈물은 이래서였구나! **5.** [출처] 이 사람으로부터. **6.** 처음부터.

Hinduísmus, i, *m.* 인도교(印度敎).

hinníbĭlis, e, *adj.* 말울음소리내는.

hinnibúndus, a, um, *adj.* (말이) 울음소리내는, 울음소리내면서.

hínnĭo, ívi[ii], íre, *intr.* 말이 (큰 소리로) 울다, 말울음소리나다.

hinnítus, us, *m.* [hínnio] 말울음소리.

hinnúlĕus, i, *m.* *dim.* [hinnus] (한살짜리) 새끼[어린] 사슴. 「새. **2.** 사슴새끼.

hínnŭlus, i, *m.* *dim.* [hinnus] **1.** 새끼 노

hinnus, i, *m.* (말과 당나귀 사이에서 난) 노새.

hio, ávi, átum, áre, *intr.* **1.** 틈이 벌어지다, 열리다, 쪼개지다, 터져 갈라지다. **2.** (자연적으로 또는 놀라서·감탄하여) 입을 벌리다, 입이 벌어지다; 하품하다. **3.** 모음이 겹치다; 글에 모음이 연속되는 단어를 쓰다. **4.** (말의 내용이) 연결성이 없다·단절되다. **5.** [*absol.*; ad *alqd*, in *abl.*] 몹시 탐내다, 간절히 바라다, 생각이 간절하다. **6.** *tr.*[*alqd*] 입을 벌리고 토하다; 노

래하다, 낭독하다. 「필(馬匹)] 수송선.
hippágĭnes, um,[**-gógi,** órum,] *f.pl.* 말[마
híppălus, i, *m.* (= favónius) 서풍, 하늬 바람; 봄바람.
Hippárchus, i, *m.* **1.** *Pisístratus*의 아들, *Athónæ*의 참주(僭主) (c. 514 A.C.). **2.** *Nicæa*의 수학자·천문학자 (*sæc.* 2 A.C.).
Híppăsus[-os], i, *m. Centáurus*의 한 사람.
Híppĭas, æ, *m.* **1.** *Pisístratus*의 장남, *Athénæ*의 참주(僭主) (c. 511 A.C.). **2.** *Elis*의 궤변가 (*sæc.* 5 A.C.).
híppĭce, es, *f.* 승마경기, 마술(馬術).
Hippo, ónis, *m.* 여러 도시이름; 특히 *Numídia*의 도시, *S. Augustínus*가 이곳 주교였음 (지금의 *Bone*). 「타.
hippocamélus, i, *m.* (전설적 동물인) 말낙
hippocámpus[-pos], i, *m.* **1.** (신화에 나오는 해신〈海神〉의 수레를 끄는 말머리·물고기 꼬리의 괴물) 해마(海馬). **2.** 《動》 해마(海馬). **3.** 《解》 (뇌의) 해마상 융기(海馬狀隆起). 「인반마(半人半馬)의 괴물.
hippocentáurus, i, *m.* (신화에 나오는) 반
hippócŏmus, i, *m.* 마부(馬夫).
Hippócŏon, óntis, *m.* **1.** *Œbălus*의 아들, *Hércules*에게 살해됨. **2.** *Troja*사람으로서 *Ænéas*의 동료, 활의 명수.
Hippócrătes, is, *m. Cos*섬의 유명한 의사, 의학의 시조(始祖) (460 - 377 A.C.).
Hippocréne, es, *f. Hélicon*산의 샘, *Pégasus*가 땅을 파서 샘을 솟게 하였음.
Hippódăme, es, [**-mía,** æ,] *f.* **1.** *Pisa*의 왕 *Œnómaus*의 딸, *Pelops*의 아내, *Atreus*와 *Thyéstes*의 어머니. **2.** *Lápithæ*족의 *Piríthous*왕의 아내, 그 혼인석상에서 *Centáuri*족이 난동을 부렸음.
hippódămus, i, *m.* **1.** 말 훈련사. **2.** [H-] *Castor*의 별명. 「마차[전차] 경주장.
hippódrŏmus[-mos], i, *m.* 경마장; 이륜
Hippólȳta, æ, [**-te,** es,] *f. Amazónes*족의 여왕, *Mars*신의 딸, *Théseus*에게 납치되어 그 아내가 됨, *Hippólytus*의 어머니.
Hippólȳtus, i, *m. Théseus*와 *Hippólyte* 사이의 아들; 계모 *Phædra*의 사련(邪戀)을 물리치고 무고당해 아버지 *Théseus*의 고소로 *Neptúnus*가 시킨 바다괴물에 의해 살해됨.
hippómănes, is, *n.* **1.** 교미기에 있는 암말의 점액. **2.** 갓난 망아지의 머리를 덮은 막피(膜皮). 「일종).
hippomárăthrum, i, *n.* 《植》 회향풀(의
Hippómĕnes, is, *m. Mégăreus*의 아들, *Atalánta*의 남편.
Hippónax, áctis, *m. Ephĕsus*의 희랍시인 (c. 540 A.C.), 풍자시로 유명; 〔*adj.*〕 **-nactéus,** a, um.
hippopéræ, árum, *f.pl.* 기사의 여행가방.
hippopótămus, i, *m.* 《動》 하마(河馬).

Hippótădes, æ, *m. Híppotes*의 아들 또는 손자 (= Æŏlus). 「지(또는 할아버지).
Híppŏtes, æ, *m.* 바람의 신 *Æŏlus*의 아버
hippotóxŏtæ, árum, *m.pl.* 기마궁수(騎馬弓手) [사수(射手)].
hippúris, ĭdis, *f.* 《植》 속새.
hir, *n. indecl.* 손바닥. 「腸).
hira, æ, *f.* 《解》 공장(空腸), 제2 소장(小
hírcĭæ, árum, *f.pl.* 잘게 썬 고기(요리).
hircínus [-quínus], a, um, *adj.* [hircus] **1.** 염소의, 산양의; 〔*subst.*〕 *f.* (*sc.* caro²) 염소고기. **2.** 염소냄새나는, 노린내나는, 암내
hírcĭpes, ĕdis, *adj.* 염소발을 가진. ㄴ나는.
hircósus, a, um, *adj.* [hircus] 염소냄새나
hírcŭlus, i, *m.* 작은 염소. ㄴ는, 암내나는.
hircus[-quus], i, *m.* **1.** 《動》 염소, 산양. **2.** 암내, 염소냄새, 노린내. **3.** 〔욕설〕 더러운[지저분한] 놈; 호색한(好色漢).
hírnĕa, æ, *f.* 포도주 항아리, 단지, 잔.
hírnŭla, æ, *f. dim.* [hírnea] 작은 물병, 작은 물그릇. 「〔*adj.*〕 **-nus,** a, um.
Hirpíni, órum, *m. pl. Sámnium*의 주민;
hirpus, i, *m.* 〔*Sabína* 지방의 방언〕 늑대.
hirqu... *V.* hirc...
hírrĭo, íre, *intr.* (개가) 으르렁거리다.
hirrítus, us, *m.* (개의) 으르렁거리는 소리.
hirsútus, a, um, *adj.* [hirtus] **1.** 털이 곤두서있는[일어선], 털이 거센; 텁수룩한. **2.** 《動·植》 길고 거친 털로 덮인, 가시투성이의. **3.** 거친, 조야(粗野)한, 세련되지 않은.
Hírtĭus, i, *m. Roma*인의 씨족명; A. ~, 집정관(43 A.C.), *Bellum Gállicum*의 제8권 저자; 〔*adj.*〕 **-tiánus [-tínus],** a, um.
hirtus, a, um, *adj.* **1.** 우툴두툴한, 거친, 털이 곤두서 있는[일어선]. **2.** 거친 털로 덮인. **3.** 무례한, 상스러운, 우락부락한.
hirúdo, dĭnis, *f.* 《動》 거머리: ~ ærárii (*C.*) 공금 횡령자. 「의.
hirundínĕus, a, um, *adj.* [hirúndo] 제비
hirundinína, æ, *f.* 《植》 애기똥풀. 「의.
hirundinínus, a, um, *adj.* [hirúndo] 제비
hirúndo, dĭnis, *f.* 《動》 **1. 제비.** **2.** 날치(나는 물고기).
hisco, ĕre, [hio] **1.** *intr.* 벌어지다, 틈이 생기다, 열리다; 입을 열다, 입을 놀리다. **2.** *tr.* 말하다, 이야기하다.
Híspălis [Hispal], is, *f.* 남부 *Hispánia*의 도시(지금의 *Seville*); 〔*adj.*〕 **-lénsis,** e; *m.pl.* 그곳 주민.
Hispánĭa, æ, *f.* 서반아, 스페인: ~ citérior (*Cæs.*) *Ibéria* 반도의 동(남)부 지방 (나중에 ~ *Tarraconénsis*라 함) / ~ ultérior (*Cæs.*) *Lusitánia*를 포함하는 *Ibéria* 반도 서(남)부 지방 / 〔*pl.*〕 (앞의 둘을 합친) ~ 전토(全土); 〔*adj.*〕 **-nus [-nĭcus],** a, um; **-niénsis,** e; **-páni,** órum, *m.pl. Hispánia*인

[주민].
híspĭdus, a, um, *adj.* **1.** 털이 많은, 털보의, 텁수룩한; 빽빽한 털이 많은. **2.** 울퉁불퉁한, 고르지 않은; 매끈하지 못한.
hister¹, tri, *m.* = hístrio.
Hister² = Ister. 「직발생(론).
histogénĕsis, is, *f.* 《生·解》 조직형성, 조
histología, æ, *f.* 《生·解》 조직학. 「離)].
histolýsis, is, *f.* 《生》 조직분해[용리(溶
histon, ónis, (*acc. pl.* ónas), *m.* 직조공장.
histórĭa, æ, *f.* **1.** 역사; 사실(史實); 연대기, 연대사, 실록; 사기(史記); 전기, 전설: ~ ecclesiástica 교회사 / 〔*pl.*〕 históriæ (*C.*) 역사사실. **2.** (역)사학. **3.** 연혁, 내력; 발달사. **4.** 진실된 이야기; 서술, 해설, 기술(記述): *alqd* históriā dignum(*C.*) (이야기할 가치있는) 중요한 것, 특기할 만한 사실. **5.** 옛날이야기, 신화적 전설. 「역사의.
historiális, e, *adj.* [história] 역사에 관한,
históríce, es, *f.* **1.** (어떤) 작가에 대한 연구[설명]. **2.** 역사지식.
históricus, a, um, *adj.* 역사적, 역사(상)의, 역사에 관한; 역사를 연구하는[다루는]; 〔*subst.*〕 *m.* 역사가, 사학가; 〔*adv.*〕 **-ce,** 역사적으로; 역사가답게. 「찬.
historiográphĭa, æ, *f.* 역사(학), 사료편
historiógrăphus, i, *m.* 역사 저술가, 역사가, 역사 편찬자.
historísmus [**-ricísmus**], i, *m.* 역사주의.
Hístrĭa, æ, *f.* *Adrĭa*해(海) 동쪽에 있는 도시; 〔*adj.*〕 **-trĭcus,** a, um; 〔*subst. deriv.*〕 **-tri** [**-triáni**], órum, *m.pl.* 그곳 주민.
hístrĭcus, a, um, *adj.* [hístrio] 배우의, 배역의. 「극배우.
hístrĭo, ónis, *m.* 연극배우, 무언극배우, 희
histrionális, e, *adj.* [hístrio] 배우의, 희극배우의. 「技).
histriónĭa, æ, *f.* [hístrio] 연극술, 연기(演
histriónĭcus, a, um, *adj.* [hístrio] (희극) 배우의. 「벌리다, 찢다, 터뜨리다.
hiúlco, ávi, átum, áre, *tr.* [hiúlcus] 쪼개다,
hiúlcus, a, um, *adj.* [hio] **1.** 갈라진, 벌어진, 터진, 열린. **2.** 갈라지게 하는, 쪼개는. **3.** 《文法》 모음으로 접속된. **4.** 탐내는, 갈망하는, 탐욕적인.
hódĭe, *adv.* [hoc die] **1.** 오늘, 오늘날. **2.** 오늘까지, 오늘도. **3.** 지금, 현재, 현대: hodiéque(*Pl.*) 지금도.
hodiédum, *adv.* 오늘도.
hodiérnus, a, um, *adj.* [hódie] 오늘의; 현금(現今)의, 현대의.
Hodítes, æ, *m.* *Centáurus*의 한 사람.
hœd... *V.* hæd...
holcus fulvus, i, *m.* 《植》 수수새.
holit... *V.* olit...
Hollándĭa, æ, *f.* 화란, 네델란드.
holocáustum, i, [**-stóma, -cautóma,** ătis,] *n.* 번제(燔祭: 구약시대에 희생동물을 통째로 태워 바치던 제사).
holócўron, i, *n.* 《植》 금란초.
holosérĭcus, a, um, *adj.* 순견직의, 명주의.
homágĭum, i, *n.* 충성의 선서(宣誓).
Homerísta, æ, *m.* *Homérus*의 시 낭독자.
Homeromástix, ígis, *m.* **1.** *Homérus*의 비난자, *Zóilus*의 별명. **2.** 혹평가.
Homerónĭdes, æ, *m.* *Homérus*의 모방자.
Homérus, i, *m.* 희랍 최고(最古)의 서사시인 (*sæc.* 9 A.C.); 〔*adj.*〕 **-riăcus** [**-rĭcus, -ríus**], a, um. 「인범, 살해자.
homicída, æ, *m.* [homo+cædo] **살인자,** 살
homicídĭum, i, *n.* 살인(행위·죄), 살해.
homilétĭca, æ, *f.* 설교학(說敎學).
homilía, æ, *f.* **1.** 설교, 강론; 연설. **2.** 훈계, 교훈; (성서의) 성훈(聖訓).
homiliárĭus, a, um, *adj.* 성훈(聖訓)의: liber ~ 성서 성훈집(集).
homínĭum, i, *n.* 충성의 선서(宣誓).
homo, mĭnis, *m.* 〔옛형태: hemo, ŏnis, *cf.* nemo〕 **1.** **사람,** 인간, 인류의 일원(一員): Homo est ánimal rationále. 사람은 이성적 동물이다/ Homo sum; humáni nihil a me aliénum puto.(*T.*) 나는 인간이다, 그러므로 나는 인간적인 것으로 나와 관련없는 것은 하나도 없다고 생각한다 / ~ faber 공작인(工作人) / ~ sápiens 예지인(叡智人), 현대인류 / ~ viátor 지상(地上)의 인간 / hómines módicæ fortúnæ 중산계급. **2.** 〔여자와 대립적으로〕 남자, 사내. **3.** 〔여자에 대해서도 씀〕 Quæ ... quóniam homo nata fúerat.(*C.*) 그는 여자로 태어났던 것이므로. **4.** 〔vir의 뜻으로〕 (고귀한 지위에 있거나 덕성·탁월성을 지닌) 인격자, 인물, (존귀한) 인사(人士). **5.** (인간 수준 미달의) 고얀 놈, 돼먹지 않은 사람. **6.** 〔hic, ille의 뜻으로〕 이 사람, 이분; 저 사람, 저분. **7.** 친구, 동료, 편; 부하. **8.** 〔*pl.*〕 가구(家口), 가족. **9.** 〔*pl.*〕 보병(대).
homœomería, æ, *f.* 부분들의 동일성(同一性) [유사성·동류성(同類性)].
homœopathía, æ, *f.* 동종(同種) 치료법.
homogenéĭtas, átis, *f.* **1.** 같은 종류, 같은 성질; 동성(同性). **2.** 균일, 균등성.
homogénĕsis, is, *f.* 《生》 순일발생(純一發生: 각 세대가 같은 형태로 태어나는 일).
homogénĭtas, átis, *f.* 동종(同種), 동질(同質), 동질성.
homoiousía, æ, *f.* 《神》 유성(類性), 유질(類質) (*Semi-Arianísmus*의 설: 성자와 성부는 비슷하되 본질적으로는 다르다고 함).
Hómŏle, es, *f.* *Ossa*산의 북쪽 분맥(分脈).
homonymía, æ, *f.* **1.** 동음이의어(同音異義語). **2.** 동명이인(異人).
homónўmus, a, um, *adj.* **1.** 동음이의(異

義)(어)의. 2. 동명이인(異人)의, 같은 이름의.

homoousía [**-mousía**], æ, *f.* 《神》 (성자와 성부의) 동성(同性), 동질(同質), 동일실체(實體). 「lis) 《神》 동일실체(同一實體)의.

homoúsĭus, a, um, *adj.* (= consubstantiá-

homúllus [**hómŭlus**], i, *m. dim.* [homo] 작은 사람, 왜소한 사람, 소인(小人); 보잘것없는[천한] 사람.

homúncĭo, ónis, [**-múncŭlus**, i,] *m. dim.* [homo] 왜소한 사람, 소인; 보잘것없는 [천한] 사람. 「식; 미화(美化).

honestaméntum, i, *n.* [honésto] 꾸밈, 장

honéstas, átis, *f.* [honéstus] **1.** 고결(高潔), 품위, 기품; 점잖음, 정중, 단정(端正), 예의, 미풍, 양속. **2.** 위신, 체면; 영예, 명성, 명망, 신망, 호평. **3.** 청렴, 정직, 성실, 도의(道義); 정숙(貞淑); 선행. **4.** 명사(名士)의 신분, 고귀한 지위. **5.** 어울림, 균형, 조화; 아름다움, 잘생김.

honésto, ávi, átum, áre, *tr.* [honéstus] **1.** 영예를[영광을] 주다, 경의를 표시하다, 예우(禮遇)하다. **2.** 자랑이 되게 하다; 품위를 갖추게 하다. **3.** 아름다워지게 하다, 장식하다, 꾸미다.

honéstus, a, um, *adj.* [honor] **1. 존경받을 만한**, 명예로운, 훌륭한, 평판좋은, 인망있는, 신망두터운. **2. 존귀한**, 고귀한, 문벌좋은: honésto loco natus *(C.)* 양반 가문에서 난. **3. 고결한**, 품위[기품]있는, 점잖은, **신사적인**; **단정한**, 예의바른, 정숙(貞淑)한; 청렴한, 정직한, 성실한, 덕망있는; 윤리[도덕·도의]에 어긋나지 않는: ~ mendácium *(C.)* 윤리적으로 허용되는 거짓말; 〔*subst.*〕 *m.* 신사; *f.* 숙녀; *n.* 미덕, 정숙, 덕성(德性). **4.** 고상한, 아름다운, 잘생긴, 균형잡힌.

hŏnor, óris, *m.* **1. 존경**, 경의. **2. 명예**, **영예**, 영광, 명성; 찬미: ~ civílis 시민의 명예 / honóri esse *alci (C.)* 누구에게 명예가 되다 / honóris causā *(C.)* 명예를 (높여주기) 위하여; 경의를 표시하려고 / 《가》 Prælátus honóris causā 명예 고위 성직자. **3.** (사물의) 가치, 좋은 평판. **4.** 높은 지위, 고관직, 현직(顯職), 요직, 영예로운 직분. **5.** (신들에게 바치는) 제사, 찬양. **6.** 영광스러운 장례식, 호화로운 무덤. **7.** 표창(表彰), 포상(褒賞), 상금; 사례금. **8.** 아름다움, 장식, 자랑. **9.** [H-] 명예의 신(神).

honorábĭlis, e, *adj.* [honóro] **1.** 존경할 만한, 훌륭한. **2.** 영광스러운, 명예[영예]로운; 고귀한.

honorárĭum, i, *n.* [honorárius] **1.** 고관취임금(就任金). **2.** 명예표창 기념품. **3.** 사례금.

honorárĭus, a, um, *adj.* [honor] **1.** 명예(상)의, 명예를 나타내는, 명예직의, 명예만을 위한 무보수의. **2.** 명예직 때문에 주는, 고관직에 부수(附隨)되는.

honorátus, a, um, *p.p.*, *a.p.* [honóro] **1.** 명예로운, 명성좋은, 존경받는. **2.** 고관직에 있는, 높은 자리에 있는. 「광, 자랑.

honorificéntĭa, æ, *f.* [honorífico] 명예, 영

honorífico, ávi, átum, áre, *tr.* [honor+fácio] 명예롭게 하다; 존경하다.

honoríficus, a, um, *adj.* [honor+fácio] 영예롭게 하는, 영예를 갖다주는, 경의를 표하는, 경칭의, 존칭적인. 「위] 추구자.

honorípĕta, æ, *m.* [honor+peto] 명예[지

honóro, ávi, átum, áre, *tr.* [honor] **1.** 존경하다, 공경하다, 경의를 표하다. **2.** 〔*alqm alqā re*〕 표창하다, 포상(褒賞)하다.

honórus, a, um, *adj.* [honor] **1.** 명예[영예]로운, 자랑스러운; 존경받을 만한. **2.** 명예[영예]롭게 하는, 경의를 표하는.

hŏnos, óris, *m.* = honor.

honu... *V.* onu...

hoplítes, æ, *m.* 중무장병(重武裝兵).

hoplómăchus, i, *m.* 투사, 검객.

hōra, æ, *f.* **1.** (하루의 24분의1, 즉 60분의) **시간**; **시**(時), 시각 (고대 *Roma*인들은 밤을 군대식으로 제 1·2·3·4 vigília〈야경시〉로 나누었고, 낮을 오전·오후로 나누어 여기에 정오를 보태었었다. 나중에 태양시계를 거쳐 물시계를 법정에 설치하면서부터 시간분할을 하기 시작하여 밤과 낮을 각각 열두 시간씩으로 나누었으나, 계절에 따라서 시간의 길이가 달랐다. 제일 긴 여름날의 낮시간은 한 시간이 75분 가량이었고, 겨울날의 낮시간은 한 시간이 45분가량이었으며, 따라서 밤시간은 그에 비례해서 짧거나 길거나 하였다. 주야평균에 있어서의 낮시간의 시작은 지금의 오전 6시쯤이었다): prima ~ 제1시 (지금의 아침 6시경) / Hora quota est? *(H.)* 몇시냐? / 〔속담〕 in horam vívere (아무런 장래 계획·걱정도 없이) 순간순간 살다 / 《가》 ~ sancta 성시간. **2.** 〔점성(占星)〕 출생시(간). **3.** 〔*pl.*〕 시계: míttere ad horas *(C.)* 법정에서 (물)시계를 보고 오도록 (사람을) 보내다. **4.** 〔일반적인 뜻으로〕 **때**, 시간. **5.** 철, 계절. **6.** *pl.* [H-] (*Júpiter*와 *Themis*의 딸들인) 계절과 질서의 여신들. **7.** 《가》 〔흔히 *pl.*〕 성무일과(聖務日課)의 정시(定時) 기도.

horæus, a, um, *adj.* 제철에 소금에 절인; 〔*subst.*〕 *n.* (봄철의) 자반[절인] 다랑어.

horális, e, *adj.* 한 시간의.

horárĭus, a, um, *adj.* [hora] 시간의, 때의; 시간을 알리는; 〔*subst.*〕 *m.* 시간표 시행담당자; *n.* 시간표; 시계.

Horátĭa, æ, *f.* *Horátius* 3형제의 자매.

Horátĭus, i, *m.* **1.** *Horátii* 3형제의 아버지. **2.** *pl.* Horátii, *Alba*의 *Curiátii* 3형제

와 싸운 *Roma*의 *Horátius* 3형제. **3.** ~ Cocles, *Porséna*왕과의 싸움에서 단신 *Tíberis*강 다리를 지킨 *Roma*의 용사. **4.** Q. ~ Flaccus, *Roma*의 서정시인(65–8 A.C.). **5.** 〔*adj.*〕 **-tĭus,** a, um, *Horátius*의; *Horátii* 형제의. 「만든: panis ~ 보리빵[떡].

hordeácĕus, a, um, *adj.* 보리의, 보리로

hordeárĭus[-diárĭus], a, um, *adj.* [hórdeum] **1.** 보리의, 보리에 관한: æs hordeárium 기병에게 말사료[보리]값으로 주는 돈. **2.** 보리먹고사는: hordeárii *(Plin.) Roma* 칼잡이들에게 붙인 이름. **3.** 보리철의. **4.** 보리빵같이 부풀고 가벼운: rhetor ~ *(Suet.)* 경솔하고 과장하는 수사학자.

hórdĕo, átum, áre, *tr.* (말이) 생보리를 먹다. 「끼.

hordéŏlus, i, *m. dim.* [hórdeum] 《醫》 다래

hórdĕum, i, *n.* **1.** 보리. **2.** 말사료(보리). **3.** 《醫》 다래끼.

hórĭa, æ, *f.* 고기잡이배, 어선.

horíŏla, æ, *f. dim.* [hória] 작은 어선.

horízon, óntis, (*acc.* ónta), *m.* **1.** 지평선, 수평선. **2.** 시야의 한계, 시계(視界), 안계. 「수평선의, 수평면의, 수평의.

horizontális, e, *adj.* [horízon] 지평선의,

horno, *adv.* [hornus] 금년에, 올해에.

hornótĭnus, a, um, *adj.* = hornus. 「의.

hornus, a, um, *adj.* 올해의, 금년의; 당년

horológĭcus, a, um, *adj.* 시계의, 시계에 관한; 측시법(測時法)의.

horológĭum, i, *n.* 시계(고대에는 태양시계·물시계였음): ~(solárium) 태양시계 / ~(aquárium) 물시계.

horoscópĭcus, a, um, *adj.* [horóscopus] 점성(占星)의, 점성술의; 〔*subst.*〕 *f.* (*sc.* ars) 점성술. 「(天宮圖).

horoscópĭum, i, *n.* 점성용 기구; 천궁도

horóscŏpus, a, um, *adj.* **1.** 때를 가리키는, 때를 판별하는. **2.** 점성술하는; 〔*subst.*〕 *m.* 점성가; 출생시간을 가리키는 ⌊별의 위치.

horreárĭus, i, *m.* 창고지기.

horreátĭcus, a, um, *adj.* 창고에 있는.

horréndus, a, um, *gerundívum* [hórreo] **1.** 가공(可恐)할, 전율할, 무시무시한, 소름끼치는: horréndum dictu *(V.)* 말하기도 무서운. **2.** 경탄할, 기막힌, 놀라운, 경외할. **3.** 〔*adv.*〕 *n.* **-dum,** 무섭게, 가공스럽게.

hórrĕo, ŭi, ére, **I.** *intr.* **1.** 〔*absol.; abl.*〕 빳빳이 일어서다, 삐죽삐죽 서있다, 털이 곤두서다: Hastis campus horret.*(V.)* 창들이 들판에 삐죽삐죽 꽂혀 있다. **2.** 울퉁불퉁하다, 거칠게 나있다. **3.** 떨다, 전율하다, 소스라치다, 몸서리치다, 소름끼치다. **4.** 깜짝 놀라다, 경악하다.

II. *tr.* 〔*absol.; acc.; inf.*〕 몹시 두려워하다, 무서워하다, 겁내다, 지겨워하다, 징그러워하다. 「고.

horréŏlum, i, *n. dim.* [hórreum] 작은 창

horrésco, hórrŭi, ĕre, *intr. inch.*[hórreo] **1.** 〔*absol.; abl.*〕 삐죽삐죽 일어서다, (털이) 곤두서다; 거세게 일기 시작하다. **2.** 떨다; 소스라치다, 몸서리치다, 소름끼치다. **3.** *tr.* 무서워하다, 두려워하다.

hórrĕum, i, *n.* **1.** 창고, 곳간, 헛간. **2.** 지하 저장실, 술광. **3.** 벌집.

horríbĭlis, e, *adj.* [hórreo] **1.** 무서운, 가공할, 끔찍한, 소름끼치는, 몸서리 쳐지는, 지겨운. **2.** 놀라운, 경탄할.

horrídĭcus, a, um, *adj.* 끔찍한 소리하는, 소름끼치는 말을 하는.

horrídŭlus, a, um, *adj. dim.* [hórridus] **1.** 좀 빳빳이 일어선, 좀 거친, 다듬어지지 않은. **2.** (추워서) 떠는. **3.** 조잡한, 세련되지 않은: oratiónes horrídulæ *(C.)* 조잡한 연설.

hórrĭdus, a, um, *adj.* [hórreo] **1.** 곤두선, 빳빳이 일어선, 삐죽삐죽한, 텁수룩한. **2.** 세련되지 않은, 가꾸지 않은, 조야(粗野)한. **3.** 울퉁불퉁한, 험한, 거친, (바람·일기 따위가) 사나운. **4.** (맛이) 떫은; 시큼한. **5.** 무뚝뚝한, 거친, 사나운, 험상궂은. **6.** 끔찍한, 소름끼치는, 몸서리 쳐지는, 무서운.

hórrĭfer, ĕra, ĕrum, *adj.* [horror+fero] **1.** 추위를 몰아오는. **2.** 무서운, 가공할.

horrífico, ávi, átum, áre, *tr.*[horríficus] **1.** 곤두서게 하다; 물결일게 하다. **2.** 전율하게 하다, 무서워 떨게 하다, 몸서리나게[소름끼치게] 하다.

horríficus, a, um, *adj.* [horror+fácio] 전율하게 하는, 몸서리치게[소름끼치게] 하는, 가공할.

horripilátĭo, ónis, *f.* 머리털의 곤두섬.

horrípĭlo, áre,[**-lor,** ári, *dep.*] *intr.*[hórreo +pilus] 털이 곤두서다; 소름이 끼치다.

horrísŏnus, a, um, *adj.* [hórreo+sonus[1]] 무서운[무시무시한] 소리나는, 소름끼치게 하는 소리의.

horror, óris, *m.* [hórreo] **1.** 털이 곤두섬. **2.** 흔들림, 떨림, 진동. **3.** 진저리, 소름끼침, 소스라침, 전율, 공포, 경악. **4.** (말의) 조잡함, 세련되지 못함. **5.** 두려움, 경외(敬畏), 숙연. **6.** 무시무시한 것, 끔찍한 광경.

hórrŭi, *pf.* [hórreo, horrésco].

horsum, *adv.* [huc+vorsum] (말하는 사람 입장에서) 이쪽으로. 「**nus,** a, um.

Horta, æ, *f. Etrúria*의 지명; 〔*adj.*〕 **-tí-**

Hórtălus, i, *m. Roma*인의 *Horténsius* 씨족의 가문명; 특히 유명한 연설가 *P. Horténsius*와 그의 후예들을 지칭함.

hortámen, mĭnis, [**-méntum,** i,] *n.* [hortor] 자극, 격려, 장려, 권고.

hortárĭa, æ, *f.* 《植》 고추, 당추.
hortátĭo, ónis, *f.* [hortor] 권고, 장려, 격려, 고무(鼓舞).
hortatívus, a, um, *adj.* 권고를 드러내는, 권고[권유]의: 《文法》 (modus) conjunctívus ~ 권고 접속법. 「장려자, 독려자.
hortátor, óris, *m.* [hortor] 권고자, 격려자,
hortatórĭus, a, um, *adj.* [hortátor] 권고[권유]하는, 격려[장려]하는. 「고]하는 여자.
hortátrix, ícis, *f.* [hortátor] 격려[장려·권
hortátus, us, *m.* [hortor] 격려, 장려, 권고.
horténsĭa, órum, *n.pl.* 채소, 야채; 정원재배 식물.
horténsis, e, [-sĭus, a, um,] *adj.* [hortus] 동산의, 정원의, 채소밭의; 정원재배의.
Horténsĭus, i, *n.* *Roma*인의 씨족명; 특히 Q. ~ Hórtalus, 유명한 연설가로 *Cícero*의 적수였으나 나중에 친구가 됨.
hortor, átus sum, ári, *dep. tr.* 〔*alqm* – ad, in *acc.*; de *abl.*; ut, ne; *subj.*; *inf.*; *alqd*〕 권고[권유]하다, …하도록 격려하다, 고무하다, 자극하다, 용기를 북돋아 주다; 독려하다, 지시하다; (개나 말을) 달리게 하다, 박차를 가하다.
hortulánus, a, um, *adj.* [hórtulus] 정원의, 동산의, 뜰의; 〔*subst.*〕 *m.* 정원사, 동산지기. 「동산]; 〔*pl.*〕 공원.
hórtŭlus, i, *m. dim.* [hortus] 작은 정원[뜰·
hortus, i, *m.* **1.** 정원, 동산, 뜰; 화원, 과수원; 〔*pl.*〕 공원. **2.** 농장, 별장. **3.** 채소, 야채.
hosánna[-siánna(h)], *interj.* (원래는 《도와주소서, 구해주소서!》라는 탄원의 뜻, 나중에 찬미·승리·환희의 환호성으로 많이 사용됨) 호산나! 만세!
hospes[1], pĭtis, *m.f.* **1.** 손님, 나그네, 빈객. **2.** 손님맞는 집주인. **3.** 외국인, 낯선 사람.
hospes[2], pĭtis, *adj.* [hospes[1]] **1.** 낯선, 외래의, 외국의, 이국의. **2.** 따뜻이 맞아 주는.
hóspĭta, æ, *f.* [hospes[1]] **1.** 여자 손님, 여자 나그네. **2.** 손님맞는 여주인. **3.** 외국 여자.
hospitále, is, *n.* [hospitális] 병원, 구호소; 〔*pl.*〕 응접실; 객실, 손님방.
hospitális, e, *adj.* [hospes[1]] **1.** 손님의, 빈객의, 나그네에 관한: cubículum hospitále *(L.)* 객실 / ~ téssera *(Pl.)* (주인이 찾아오는 사람을 손님으로 확인할 수 있도록 반쪽을 나누어준) 빈객판(賓客板) / Júpiter ~ *(C.)* 나그네 보호신. **2.** 〔*absol.*; in *alqm*, *alcjs*〕 손님을 접대[후대·환대]하는, 손님 잘 모시는: ~ in *alqm* *(C.)* 누구를 손님으로 후대하는 / 〔*subst.*〕 *m.* 손님 잘 대접하는 사람; 여관업자. **3.** 〔현대어적으로〕 병원의, 병원에 관한.
hospitálĭtas, átis, *f.* [hospitális] **1.** 극진한 손님 대접[접대], (여행자나 손님에 대한) 환대, 후대. **2.** 나그네 처지.
hospitíŏlum, i, *n. dim.* [hospítium] 작은 여관, 여인숙.
hospítĭum, i, *n.* [hospes[1]] **1.** (서로 접대하도록 되어 있는 개인이나 국민사이의) 우호관계, 주객지의(主客之誼). **2.** 손님후대, 환대, 정중한 접대: *alqm* hospítio accípere *(C.)* 누구를 손님으로 모시다. **3.** 숙박소, 묵을 곳. **4.** (동물의) 굴, 보금자리; 피난처. 「손님으로 묵다, 숙박하다.
hóspĭtor, átus sum, ári, *dep. intr.* [hospes[1]]
hóspĭtus, a, um, *adj.* [hospes[1]] **1.** 손님으로 온, 외래의, 낯선. **2.** (손님을) 따뜻이 맞아 주는.
hosta clausa, æ, *f.* 《植》 참비비추.
hóstĭa, æ, *f.* 희생동물, 제물; 《가》 미사 때 (성체 축성을 위해) 쓰는 빵. 「비한.
hostiátus, a, um, *adj.* [hóstia] 희생물을 준
hóstĭcum, i, *n.* [hósticus] 적지(敵地), 적진, 적국.
hóstĭcus, a, um, *adj.* [hostis] **1.** 외국의. **2.** 적군[적국]의, 원수의. **3.** 적의(敵意)의, 적성(敵性)의.
hóstĭfer, fĕra, fĕrum, *adj.* [hostis+fero] 적(敵)의, 원수진, 적개심 품은.
hostíficus, a, um, *adj.* [hostis+fácio] 원수진, 적성(敵性)의.
Hostílĭa, æ, *f.* 북부 *Itália*의 도시.
hóstĭlis, e, *adj.* [hostis] **1.** 적(敵)의, 적군의, 적국의; 적에 관한. **2.** 적의(敵意)를 품은, 적의에 찬, 적성(敵性)의, 원수진; 비우호적(非友好的)인. **3.** 해끼치는, 치명적인. 「개심.
hostílĭtas, átis, *f.* 적대행위; 적의(敵意), 적
Hostílĭus, i, *m.* *Roma*인의 씨족명; 특히 *Roma*의 제3대 왕 Túllius ~; 〔*adj.*〕 **-lĭus,** a, um.
hostiméntum, i, *n.* 배상, 보상; 보복.
hóstĭo, ítum, íre, *tr.* **1.** 평등하게 하다, 같게 하다; 보복하다. **2.** 배상[보상]하다. **3.** 때리다, 상처내다.
hostis, is, *m.f.* **1.** 이방인, 외국인. **2.** 적(敵), 적군: capta ~ *(L.)* 여자 포로. **3.** 〔inimícus와 함께 쓰면서〕 원수, 앙숙. **4.** 적대자(敵對者); 경기의 상대편.
HS. 《略》 = sestértius.
huc, *adv.* [hic] **1.** 여기로, 이리로, 이곳으로, 이편으로; 〔화제에 오른 장소〕 거기로, 그리로: ~ usque 여기까지; 이 정도까지; 여태까지. **2.** (= ad hanc rem, ad hunc statum) 〔*absol.*; *c. gen. partitívo*; ut *consecut.*〕 여기에다, 이런 상태[형편·정도]에(까지).
húc(c)ĭne, *adv. interr.* 〔보통 ut *consecut.*을 동반〕 여기까지, 이렇게까지; (ut) …할 정

도이냐? 결국 …하게 되었느냐?

hucúsque, *adv.* (= huc usque) 여기까지, 거기까지, 이 정도까지; 아직까지, 이때까지. 「런!

hui, *interj.* 〔경탄·한탄·분노 표시〕 저런, 이

hujúsmŏdi [hujuscémŏdi], *gen. qualit.* 이러한, 이같은, 이 모양의.

hulcus = ulcus.

humáne, *adv.* [humánus] **1.** 인간 본성에 어울리게; 인간으로서. **2.** 인정있게, 친절하게, 부드럽게; 교양있게, 정중하게.

humanísmus, i, *m.* 인도주의, 인문주의, 인본주의.

humánĭtas, átis, *f.* [humánus] **1.** 인간성, 인간본성; 인간사(人間事). **2.** 《神》 그리스도의 인성(人性). **3.** 인류. **4.** 인간미, 인정, 친절, 자애, 자비; 박애, 인류애, 인도(주의). **5.** 교양, 소양, 예의(바름). **6.** 일반 교양(과목), 인문과학; 고전 문학 연구. **7.** (초자연을 부정하고 인류복지에 중점을 두는) 인도교(人道敎).

humánĭter, *adv.* [humánus] **1.** 인간 본성에 어울리게, 사람답게. **2.** 인정있게, 친절하게; 교양있게, 신사적으로, 예의바르게, 정중하게.

humánĭtus, *adv.* [humánus] **1.** 인간적인 면에서, 인간이란 조건에서, 인간의 운명상; 인간답게. **2.** 친절하게, 인정을 가지고.

humáno, átum, áre, *tr.* [humánus] 〔*pass. tt.*〕 사람이 되다, 혈육을 취하다: Verbum humanátum *(Cass.)* 사람이 되신〈말씀〉.

humánus, a, um, *adj.* [homo] **1.** 사람의, 인간의, 인간적: genus humánum *(C.)* 인류. **2.** 사람[인간]다운, 사람에게 있기 쉬운: humánum est *(T.)* 인간적이다, 인간상사(常事)이다 / 〔*subst.*〕 *n.pl.* humána 인간사. **3.** 인정있는, 친절한, 상냥한, 잘 어울리는, 사교적. **4.** 교양있는, 소양있는, 배운, 세련된.

humátĭo, ónis, *f.* [humo¹] 매장, 장례.

humátor, óris, *m.* [humo¹] 매장자, 파묻는 사람.

humécto, ávi, átum, áre, **1.** *tr.* 젖게 하다, 적시다, 축축하게 하다, 물에 담그다, 축이다. **2.** *intr.* 울다, 눈물흘리다.

huméctus, a, um, *adj.* 젖은, 축축한.

humefácĭo, féci, fáctum, ĕre, *tr.* [húmeo + fácio] 젖게 하다, 적시다, 축이다.

húmĕo, ĕre, *intr.* 축축해지다, 젖다, 젖어 있다; 〔*p.præs.*〕 **-mens,** éntis, 젖은, 물기있는; 눈물에 젖은: humens campus *(Sil.)* 바다 / huméntes óculi *(Ov.)* 눈물이 글썽한 눈. 「깨걸이 숄.

humerále, is, *n.* 어깨에 걸치는 덮개, 어

humeroradiális, e, *adj.* 《解》 상박요골(上膊橈骨)의.

humérŭlus, i, *m. dim.* [húmerus] 조그마한 어깨.

húmĕrus, i, *m.* **1.** 윗팔, 상박(上膊), 상완(上腕); 《解·動》 상완골, 상박골. **2.** 어깨, 어깻죽지. **3.** (나무·산 따위의) 꼭대기에 가까운 부분, 중턱 위의 부분.

humésco, ĕre, *intr.* 축축해지다, 젖다, 물기있다. 「땅바닥에, 대지에, 지상에.

humi, *adv. (gen. locatívus)* [humus] 땅에,

humicubátĭo, ónis, *f.* [humus + cubo] 땅바닥에 누움.

humídĭtas, átis, *f.* 습기, 축축함; 습도.

humídŭlus, a, um, *adj. dim.* [húmidus] 좀 축축한, 습기있는, 젖은.

húmĭdus, a, um, *adj.* [húmeo] **1.** 젖은, 축축한, 습기있는, 눅눅한; 눈물에 젖은. **2.** 수분의, 물(기)있는; 〔*subst.*〕 *n.* 습지; *n. pl.* 바다. **3.** 입빠른(말). **4.** 《生理》 임파의, 임파액을 분비하는.

húmĭfer, ĕra, ĕrum, *adj.* [humor + fero] 습기있는, 젖은, 물기있는, 축축한.

humífico, áre, *tr.* 축이다, 적시다.

humíficus, a, um, *adj.* 축축한, 습한.

humiliátĭo, ónis, *f.* [humílio] 낮춤, 비하; 겸허, 겸손; 굴욕, 굴종.

humílĭo, ávi, átum, áre, *tr.* [húmilis] **1.** 낮추다, 비하(卑下)시키다; 비천해지게 하다: se ~ 낮아지다, 겸손해지다. **2.** 경멸하다, 모욕하다.

húmĭlis, e, *adj.* [humus] 〔*superl.* -míllĭmus, a, um〕 **1.** 낮은, 얕은. **2.** 비천한, 천민의: ex húmili loco *(Cæs.)* 천한 가문에서. **3.** 약한, 빈약한, 작은, 하찮은, 보잘것없는, 천박한. **4.** 비겁한, 비열한, 비굴한. **5.** 겸손한, 겸허한, 허식없는, 소박한.

humílĭtas, átis, *f.* [húmilis] **1.** 낮음, 얕음. **2.** 낮은 신분, 천함, 비천, 미천, 보잘것없음. **3.** 소박(素朴), 허식없음. **4.** 비겁, 비열, 비굴. **5.** 겸손, 겸허, 겸양; 겸덕(謙德). **6.** 허약, 무기력, 의기소침.

humítĕnus, *adv.* 땅바닥[지면]까지.

hŭmo¹, ávi, átum, áre, *tr.* [humus] 흙으로 덮다, 묻다, 매장하다; 장례지내다.

hŭmo², *adv.* [humus] 땅에서, 지면에서.

hūmor, óris, *m.* [húmeo] **1.** 습기, 물기, 수분. **2.** 액체, 물: lácteus ~ *(Ov.)* 우유. **3.** 눈물; 침, 타액. **4.** 《古醫》 혈액, 담즙. **5.** 강; 바다.

humus, i, *f.* **1.** 땅, 토지, 평지, 흙, 대지; 〔*gen. locatívus*〕 humi *(C.)* 땅바닥에. **2.** 지방, 고장. 「〔*adj.*〕 **-níscus,** a, um.

Hunni, órum, *m.pl.* 훈족(族), 흉노(匈奴);

Hyacínthĭa, órum, *n.pl.* *Hyacínthus* 축제.

hyacínthĭnus, a, um, *adj.* **1.** 히아신드(hyacínthus) 꽃의. **2.** 히아신드색의, 푸르스름한, 보라색의.

hyacínthus[1], i, *m.* **1.** 《植》 히아신드(백합과에 속하는 다년초). **2.** 《鑛》 히아신드(색의) 보석, 풍신자석(風信子石).

Hyacínthus[2]**[-os]**, i, *m. Sparta* 왕 *Œbălus*의 아들, *Apóllo*신의 사랑을 받은 미소년, 죽은 후 히아신드로 변함.

Hŷădes, um, *f. pl.* **1.** *Atlas*의 일곱 딸, *Hyas*의 자매들로서 별로 변하여 비를 예고한다고 함. **2.** 《天》 히아데스 별무리 (황소좌〈*Taurus*〉 중의 산개성단〈散開星團〉, 고대인은 이것이 보이면 비가 내린다고 믿었음).

hyǽna, æ, *f.* 《動》 하이에나 (사육〈死肉〉을 먹는 포악한 동물).

hyálĭnus, a, um, *adj.* 유리의, 유리색의.

hỳălus, i, *m.* **1.** 유리. **2.** 유리색의, 푸르스름한.

Hyámpŏlis, is, *f. Phocis*의 도시.

Hyántes, um, *m.pl. Bœótia*에 있던 옛 *Pelásgi*족; 〔*adj.*〕 **-téus [-tĭus]**, a, um, *Hyántes*의; *Bœótia*의. 「류(지금의 *Rawi*).

Hyarótis, tĭdis, *m.* 인도의 *Acesínes*강의 지

Hỳas, ántis, *m. Atlas*와 *Æthra* 사이의 아들이며 *Hýades*의 오빠 (또는 남동생).

Hỳbla, æ, [**-le**, es,] *f. Sicília*의 산 (꿀로 유명함); 〔*adj.*〕 **-lǽus**, a, um; **-lénses**, ĭum, *m.pl.* 그곳 주민. 「**2.** 혼혈아.

hýbrĭda, æ, *m.f.* **1.** 동물의 트기, 잡종.

Hydáspes, pis, *m. Indus*강의 제일 큰 지류(지금의 *Jelum*).

hydra, æ, *f.* **1.** 《動》 물뱀. **2.** [H-] *Lerna* 호수에 있었다는 머리 일곱 개를(아홉·백 개라고도 함) 가진 괴물뱀, *Hércules*가 퇴치함; 〔*adj.*〕 **-drǽus**, a, um. **3.** [H-] 《天》 해사좌(海蛇座).

hydragógĭa, æ, *f.* 수도(水道), 운하.

hydragógus, a, um, *adj.* **1.** 수도의, 운하의. **2.** 《醫》 이뇨(利尿)의. 「국(水菊).

hydrángĕa macrophýlla, æ, *f.* 《植》 수

hydrárgўrum, i, *n.* 《化》 수은(水銀).

hydrárgўrus, i, *m.* 수은과 다른 물질과의 혼합물. 「자.

hydráula[-es], æ, *m.* 수력(水力) 풍금 연주

hydráulĭa, æ, *f.* [**-lĭa**, órum, *n.pl.*] 수력 풍금.

hydráulĭcus, a, um, *adj.* 수력(水力)의, 수력을 쓰는, 수력으로 움직이는, 수압의.

hydráulus, i, *m.* 수력 풍금.

hýdrĭa, æ, *f.* 항아리, 단지, 독; 아가리 좁은 물동이, 물독.

hýdrĭus, a, um, *adj.* 물 따르는.

hydroaëroplánum, i, *n.* 수상비행기.

hydrocéphălus, i, *m.* 《醫》 뇌수종(腦水腫). 「[H-] 《天》 보병궁(寶瓶宮).

hydróchŏus, i, *m.* **1.** 물 따르는 사람. **2.**

hydrodynámĭca, æ, *f.* (동)수력학(動水力學), 유체(流體) 역학.

hydrogénĭum, i, *n.* 《化》 수소(水素).

hydrología, æ, *f.* 수문학(水文學), 육수학(陸水學).

hydrolýsis, is, *f.* 《化》 가수분해(加水分解).

hydromántĭa, æ, *f.* 물로 치는 점, 수점(水占; 조수의 간만 따위에 의한 점).

hydromántis, is, *m.* 물점장이.

hydróměli, ĭtis, *n.* 꿀물.

hydromélum, i, *n.* 과즙음료(의 일종).

hydrophóbĭa[-phŏbía], æ, *f.* 《醫》 공수병, 광견병. 「견병의.

hydrophóbĭcus, a, um, *adj.* 공수병의, 광

hydróphŏbus, a, um, *adj.* 공수병[광견병]에 걸린. 「腫)에 걸린, 수종병을 앓는.

hydrópĭcus, a, um, *adj.* [hydrops] 수종(水

hydrópĭsis, is, [**-psĭa**, æ,] *f.* 《醫》 수종(水腫), 부종(浮腫). 「(浮腫).

hўdrops, ópis, *m.* 《醫》 수종(水腫), 부종

hydrotáxis, is, *f.* 《生》 주수성(走水性).

hydrotherapía, æ, *f.* 물치료법, 수치료법.

Hydrúntum, i, *n.*[**-drus**, úntis, *f.*] *Calábria* 동해안의 도시(지금의 *Otranto*).

hydrus[-os], i, *m.* **1.** 물뱀; 뱀. **2.** 〔*pl.*〕 *Fúriæ* 여신의 뱀들. **3.** 독소.

hyem... *V.* hiem... 「딸, 건강의 여신.

Hygéa [-gía, -geía], æ, *f. Æsculápius*의

hygiéne, es, *f.* **1.** 위생학. **2.** 위생법, 섭생법, 건강법.

hygiénĭcus, a, um, *adj.* 위생의, 건강의; 〔*subst.*〕 *f.* 위생학, 위생법.

hўgra, æ, *f.* 물약.

hygremplástrum, i, *n.* 물고약.

hygrotáxis, is, *f.* 《植》 주습성(走濕性).

hyla, æ, *f.* 《動》 청개구리. 「개 이름.

Hylǽus, i, *m.* **1.** *Centáuri*족의 하나. **2.**

Hўlas, æ, *m. Argonáutæ* 원정대에 가담했던 *Hércules*의 반려 미소년.

hўlē[1], es, *f.* (=matéria) 질료(質料), 원질(原質), 물질.

Hўlē[2], es, *f. Bœótia*의 옛 해안도시.

hylemorphísmus, i, *m.* 《哲》 질료형상론(質料形相論). 「꾼. **2.** *Hyle* 도시 사람.

Hýleus, i, *m.* **1.** *Cálydon*의 멧돼지 사냥

Hyllus, i, *m. Hércules*의 아들, 일부 *Doris*[1]족의 선조.

hylozoísmus, i, *m.* 《哲》 물활론(物活論).

Hўmen[1], ĕnis, [**-menǽus, -néus**, i,] *m.* **1.** 혼인의 신. **2.** [h-] 혼인의 노래, 처녀 결혼 축가. **3.** [h-] 결혼.

hўmen[2], mĕnis[mĭnis], *m.* 《解》 처녀막.

hymenáĭcus[-néĭus, -nǽus], a, um, *adj.* **1.** 혼인의, 결혼의. **2.** [H-] *Hymen*[1]의.

hymenális, e, *adj.* [hymen[2]] 《解》 처녀막의.

hyménĭum, i, *n.* 《植》 자실층(子實層).

Hyméttus, i, *m. Athénæ* 부근의 산, 꿀과 대리석으로 유명; 〔*adj.*〕 **-ttĭus**, a, um.

hymnídĭcus, a, um, *adj.* [hymnus+dico[2]] 찬미가를 노래하는.

hýmnĭfer, ĕra, ĕrum, *adj.* [hymnus+fero] 찬미가를 짓는; 찬미가를 부르는.

hymnífico, ávi, átum, áre, *tr.* [hymnus+fácio] 찬미가를 만들다[짓다].

hymníficus, a, um, *adj.* 찬미가를 짓는.

hýmnĭo, íre, *intr.* 찬미가를 부르다.

Hymnis, ĭdis, *f.* 여가수 (*Cæcílius Státius*의 희극 제목).

hymnísta, æ, *m.* [hymnus] 찬미가 작가.

hymnízo, áre, *intr.* 찬미가[찬송가]를 부르다. 「성가.

hymnodía, æ, *f.* 찬가, 찬미가, 찬송가,

hymnólŏgus, i, *m.* 찬미자; 성가학자, 송가 편작자.

hymnus, i, *m.* 찬미가, 찬송가, 성가(聖歌); 찬가, 송가: Hymnus Ambrosiánus (= Te Deum) *S. Ambrósius*의 감사 찬가.

hyoëpiglóttĭcus, a, um, *adj.* 《解》 설골회염(舌骨會厭)의.

hyoídĕus, a, um, *adj.* 설골(舌骨)의.

Hypæpa, órum, *n.pl. Lýdia*의 소도시; **-pæpéni,** órum, *m.pl.* 그곳 주민. 「는.

hypæthrus, a, um, *adj.* 노천의, 지붕없

hypállăge, es, *f.* 《修》 환치법(換置法).

Hýpănis, is, *m. Sarmátia*의 강 (지금의 *Bog, Bug*). 「花序), 무화과 화서.

hypanthódĭum, i, *n.* 《植》 은두화서(隱頭

Hýpăsis, is, *m. Indus*[2]강의 지류.

Hýpăta, æ, *f.* 남부 *Thessália*의 도시; 〔*adj.*〕 **-tæus,** a, um; *m.* 그곳 사람.

hyper-, 《초과, 초월, 지나침, 극단, 대단한》 따위 뜻의 접두사.

hypérbăton, i, *n.* 《文法·修》 전치법(轉置法: 뜻을 강조하기 위해 말의 위치를 바꿈).

hypérbŏla, æ, [**-le,** es,] *f.* **1.** 《修》 과장법. **2.** 《數》 쌍곡선.

hyperbólĭcus, a, um, *adj.* **1.** 과장한, 과대(誇大)한. **2.** 쌍곡선의.

Hyperbórĕus, a, um, *adj.* 극북(極北)의; 〔*subst.*〕 *m.pl.* 극북(極北) 상춘(常春)의 나라에 산다는 전설적 종족.

hyperdulía, æ, *f.* 《가》 성모 *María*께 대한 특별 숭경(崇敬), 상경지례(上敬之禮).

hyperémĕsis, is, *f.* 《醫》 구토과다, 극성구토(劇性嘔吐): ~ gravidárum 입덧.

Hyperídes, is, *m. Demósthenes*와 동시대의 *Athénæ* 변론가(c. *sæc.* 4 A.C.).

Hyperíon, ŏnis, *m.* **1.** *Urănus*와 *Terra*의 (하늘과 땅의) 아들, *Hélios*(=*Sol* 〈태양〉)의 아버지. **2.** 태양신. 「róra).

Hyperíŏnis, ĭdis, *f. Hyperíon*의 딸(= Au-

hypermetrópĭa, æ, *f.* 《醫》 원시(遠視).

Hyperm(n)éstra, æ, [**-stre,** es,] *f. Dánaus*왕의 50명 딸 중 하나, 이 여자만 자기 남편을 죽이지 않았음.

hyperópĭa, æ, *f.* 《醫》 원시(遠視).

hyperplásĭa, æ, *f.* **1.** 《醫》 과도형성(過度形成), 조직의 증식. **2.** 《植》 세포 이상(異常) 증식. 「생식물.

hýphĕar, áris, *n.* 《植》 (겨우살이 따위) 기

hypnología, æ, *f.* 최면학.

hypnósis, is, *f.* **1.** 최면, 최면상태. **2.** 최면술. **3.** 수면상태.

hypnótĭce, es, *f.* 수면초(睡眠草).

hypnótĭcus, a, um, *adj.* 최면의, 잠자게 하는, 최면술의; 〔*subst.*〕 *n.* 최면제.

hypnotísmus, i, *m.* 최면술. 「두사.

hypo-, 《밑, 아래, 낮은, 바닥》 따위 뜻의 접

hypocáustum, i, *n.* (고대 *Roma*의) 마루 밑 가열장치의 온돌 비슷한 방(증기욕·한증 따위를 하던 곳). 「(鼠蹊部), 서혜부.

hypochóndrĭa, órum, *n.pl.* 《解》 서계부

hypóchy̆ma, ătis, *n.* [**-chy̆sis,** is, *f.*] 《醫》 백내장(白內障). 「겉꾸밈.

hypócrĭsis, is [ĕos], *f.* **1.** 흉내. **2.** 위선,

hypócrĭta[-es], æ, *m.* **1.** 흉내내는 배우, 희극배우. **2.** 위선자, 겉꾸미는 자.

hypodérmis, is, *f.* **1.** 《解·植》 하피(下皮), 피하층. **2.** 《動》 상피세포막.

hypodidáscălus, i, *m.* 조교사(助敎師), (선생의) 조수. 「지하 묘소(墓所).

hypogæum[-géum], i, *n.* **1.** 지하실. **2.**

hypogástrĭcus, a, um, *adj.* 《解》 위(胃) 아래의; 아랫배의, 하복부의. 「부.

hypogástrĭum, i, *n.* 《解》 아랫배, 하복

hypoglóssus, a, um, *adj.* 《解》 혀밑의, 설하(舌下) 신경의.

hypokeímĕnon, i, *n.* 《哲》 기체(基體).

hypóly̆sos, i, *f.* 《植》 쑥. 「2. 기록, 주석.

hypomnéma, ătis, *n.* **1.** 비망록, 각서.

hypóphy̆sis, is, *f.* 《解》 뇌하수체.

hypóstăsis, is, *f.* **1.** 《哲》 기초, 근본; 본질, 원질; 기체(基體). **2.** 《神》 (삼위일체의) 위격(位格).

hypostátĭcus, a, um, *adj.* 《神》 위격적(位格的): únio hypostática (그리스도에게 있어서 삼위일체의 성자 제2위와 완전한 인성과의) **위격적 결합.** 「부.

hypothálămus, i, *m.* 《解》 시상(視床)하

hypothéca, æ, *f.* 저당권, 저당(물), 보증, 담보. 「권의.

hypothecárĭus, a, um, *adj.* 저당의, 저당

hypóthĕnar, aris, *m.* 《解》 소지구(小指球: 손바닥의 새끼손가락 쪽 융기).

hypóthĕsis, is, *f.* **1.** 가설(假說); 가정, 조건: ~ mútuæ dependéntiæ 《聖》 (공관복음 사가의) 이용설(利用說). **2.** 《文法》 (조건문의) 전건(前件)·전제.

hypothétĭcus, a, um, *adj.* 가설적(假說的), 가정적; 조건(부)의.

Hypsípy̆le, es, *f. Lemnos*섬의 *Thoas*왕의 딸, 이 섬의 여자들이 남자들을 모두 학살할 때 이 여자만 자기 아버지를 구하여 도망치게 했음; 〔*adj.*〕 **-læus,** a, um.

Hyrcánĭa, æ, *f. Pérsia* 제국의 동북부 *Cáspium* 해안의 고원지대;〔*adj.*〕**-nĭus[-cánus],** a, um: Mare Hyrcánum 카스피해(海); **-nĭi,** órum, *m.pl.* 그곳 주민.

Hýrĭe, es, *f. Ætólia*의 호수, 본래 요정으로 *Apóllo*이 사랑을 받아 *Cycnus*의 어머니가 되었지만 아들이 죽자 슬픔에 잠기다 호수로 변함.

Hýrĭeus, i, *m. Oríon*의 아버지;〔*adj.*〕**-riéus,** a, um: proles ~, *Oríon.* 「sus).

Hyrtácĭdēs, æ, *m. Hýrtacus*의 아들(= Ni-

Hýrtăcus, i, *m. Troja* 사람으로 *Arísbe*의 남편, *Nisus*의 아버지. 「우슬초.

hyssópum, i, *n.* [**-pus,** i, *f.*]《植》 히솝풀;

Hystáspes, is [i], *m. Pérsia*의 왕 *Darius 1*

hýstĕra, æ, *f.*《解》 자궁. ⌊세의 아버지.

hystérĭa[-ia], æ, *f.*《醫》 **1.** 히스테리. **2.** 병적 흥분. 「테리성의; 병적으로 흥분한.

hystérĭcus, a, um, *adj.* 히스테리의, 히스

hysterología, æ, *f.* **1.** 도치법(倒置法: 문장의 정상적인 순서를 바꿔 먼저 말해야 할 것을 뒤로 돌리는 일). **2.**《醫》 자궁학.

hysterotomía, æ, *f.*《醫》 자궁절개술.

hystrix, ĭcis, *f.*《動》 호저(豪猪).

I

I, i[1], *f., n. indecl.* 라틴 자모의 아홉째 글자: 〈이〉 [i].

I., i[2].,《略》 **1. I** =〔숫자〕1 또는 첫째;〔큰 숫자 앞에서는 빼기 1〕: IV = 4. **2. I.** = idem, infra, ipse; **IDQ** = iidémque; **IMP.** = impérium, imperátor. **3.**《論》**I**=〈특칭긍

i[3], *2. sg. imper.*[eo[3]](너) 가거라. ⌊정〉의 기호.

Iácchus, i, *m.* **1.** 주신(酒神) *Bacchus*의 다른이름, *Eléusis*에서 공경되었음. **2.** 포도주(*V.*).

Iálўsus, i, **1.** *m. Rhodus*섬의 *Iálysus*시의 창건자. **2.** *f. Rhodus*섬의 소도시;〔*adj.*〕**-sĭus,** a, um.

iambéus[-bĭcus], a, um, *adj.*《詩》 단장격(短長格)으로 된, 억양격(抑揚格)으로 된.

iámbus, i, *m.* **1.** 단장격(短長格: ⏑—). **2.** 단장격으로 된 시(詩).

iánthĭnus, a, um, *adj.* 보라빛의, 자색(紫色)의;〔*subst.*〕*n.* 보라빛; *n.pl.* 자색옷.

iánthis, ĭdis, *f.* 보라색꽃. 「las).

Iapetiónĭdes, æ, *m. Iápetus*의 아들(= At-

Iápĕtus, i, *m.* 거인족의 한 사람; *Atlas, Prométheus, Epimétheus*의 아버지.

Iápis, ĭdis, *m.* = Iápyx[1](4). 「*pýdia*의 국민.

Iápўdes, um, *m.pl. Illýria*의 한 종족, *Ia-*

Iapýdĭa, æ, *f. Iápydes*족의 나라;〔*adj.*〕

Iápys, ўdis. 「〔*adj.*〕**-gĭus,** a, um.

Iapýgĭa, æ, *f.* [Iápyx[1]] *Apúlia*의 남부지방;

Iápyx[1], ўgis, *m.* **1.** *Dædalus*의 아들이며 남부 *Itália(Apúlia)*의 왕. **2.** *Iapýgia*에서 *Græcia* 쪽으로 부는 서북서풍. **3.** *Iapýgia*사람 = Daunus (*Apúlia*의 전설적 왕). **4.** *Apúlia*의 강.

Iápyx[2], ўgis, *adj.* = Iapýgius.

Iárba(s), æ, *m. Afrĭca*의 *Mauretánia*의 왕.

Iarbíta, æ, *m. Iárbas*의 자손(*Mauretánia*인). 「phăle).

Iárdănis, nĭdis, *f. Iárdanus*의 딸(= Om-

Iárdănus, i, *m. Lýdia*의 *Omphăle* 여왕의 아버지. 「rus).

Iásĭdes, æ, *m. Iásius*(3)의 자손(= Palinú-

Iăsis, ĭdis [ĭdos], *f. Iásius*(1)의 딸(= Atalánta).

Iásĭus, i, [**-sĭon,** ónis,] *m.* **1.** *Argos*의 왕, *Atalánta*의 아버지. **2.** *Troja*인, *Júpiter*의 아들, *Dárdanus*의 형제, *Creta*섬에 이주함. **3.** *Ænéas*가 이끄는 함대의 키잡이였던 *Palinúrus*의 아버지.

Iáso(n), ŏnis, *m.* **1.** *Thessália*의 *Æson*왕의 아들, 황금 양털을 찾아 *Colchis*[1] 나라로 간 탐험대(Argonáutæ) 대장;〔*adj.*〕**-sónĭus,** a, um. **2.** ~ Pheræ̂us, *Thessália*의 폭군(*sæc.* 4 A.C.).

iáspis, ĭdis, *f.*《鑛》 벽옥(碧玉).

iáspĭus, a, um, *adj.* 벽옥(碧玉)의.

Iás(s)us, i, *f.* 서부 *Cária*의 소도시; **-sénses,** ĭum, *m.pl.* 그곳 주민.

iatralípta[-tes], æ, *m.* 욕장(浴場)의 의사, 기름 바르는 의사, 마찰사.

iatralíptĭce, es, *f.* 욕장(浴場) 의술, 기름 바르는 의술, 마찰술.

iatroníces, æ, *m.* (의사들 중) 으뜸가는 의사, 최고 명의(名醫).

Iázўges, um, *m.pl. Danúvius* 하류에 살던 *Sarmátia*족;〔*adj.*〕**-zyx,** ўgis.

ībam, ības, ībat,... *impf.* [eo[3]] 내가[네가…]

가고 있었다, 가곤 했다.

Iber[Hiber], éris, *m.* **1.** *Hispánia Tarraconénsis*의 강 (지금의 *Ebro*). **2.** (*Asĭa*의) *Ibéria*(2)에 있는 강. **3.** *Ibéria*사람; 〔*pl.*〕 *Hispánia* 주민. 「도시.

Ibéra[Hi-], æ, *f. Hispánia Tarraconénsis*의

Ibérĭa[Hi-], æ, *f.* **1.** *Hispánia*(에 대해 희랍인들이 붙인 명칭). **2.** (*Albánia*동쪽) *Asĭa*의 *Cáucasus*산맥 남방 지방 (지금의 *Georgia*).

Iberíăcus[Hi-], a, um, *adj. Hispánia*의.

Ibérĭcus[Hi-], a, um, *adj.* **1.** *Hispánia*의. **2.** (*Asĭa*의 *Cáucasus* 남방) *Ibéria*의.

Ibérus[1][Hi-], a, um, *adj.* **1.** *Hispánia*의; *Hispánia*인의; 〔*subst.*〕 *m.pl. Hispánia*주민. **2.** (*Cáucasus* 남방) *Ibéria*의; 〔*subst.*〕 *m.pl. Ibéria*주민.

Ibérus[2][Hi-], i, *m.* = Iber. 「羊).

ibex, íbĭcis, *m., f.* 《動》 야생 산양, 영양(羚

ibi, *adv.* **1.** 거기에, 그곳에: ubi tyránnus est, ibi ...*(C.)* 폭군이 있는 그곳에는. **2.** 그 때에: ~ tum*(Sall.)* (바로) 그 때에. **3.** 그 점[일]에 있어서, 그 경우에. **4.** 〔숙어〕 ~ esse 그 일을 하고 있다; 생각하고 있다.

ibídem, *adv.* [ibi+dem] **1.** 같은 곳에, 바로 그곳에: hic ~*(C.)* 바로 이곳에. **2.** 그 순간에. **3.** 같은 점에서.

ibis, ĭdis [is], *f.* 《動》 (뱀 잡아먹는) 따오기.

ibíscum = hibíscum.

ībo, ībis, ībit,... *fut.* [eo[3]] 내가[네가, 그가] 가겠다, 갈것이다. 「혈아.

íbrĭda, æ, *m.f.* (= híbrida) 트기, 잡종; 혼

Ibўcus, i, *m.* **1.** *Rhégium* 출신의 *Grǽcia* 서정시인(c. 540 A.C.). **2.** *Chloris*의 가난한 남편.

Icádĭus, i, *m.* 유명한 해적의 이름.

Icárĭa, æ, *f. Ægǽum* 해(海)의 섬.

Icariótis, tĭdis, [**Icăris,** ĭdis,] *f. Icárius*의 딸(= Penélope); 〔*adj.*〕 **-ótis,** ĭdis.

Icárĭus, i, *m.* **1.** *Penélope*의 아버지. **2.** *Icărus*(2).

Icărus, i, *m.* **1.** 명장(名匠) *Dǽdalus*의 아들, 아버지와 함께 *Creta*섬을 탈출하다가 바다에 떨어져 죽음; 〔*adj.*〕 **-rĭus,** a, um. **2.** *Athénæ*인으로서 *Attĭca*의 포도재배 창시자; 〔*adj.*〕 **-rĭus,** a, um.

īcas, ădis, *f.* **1.** 20, 스물. **2.** *Epicúrus*파 학도들이 *Epicúrus* 축제일로 지내는 매월

iccírco = idcírco. 그 때문에. ⌊20일.

Iccĭus[1], i, *m. Horátius*(4)의 친구였던 철학

Iccĭus[2] portus = Itĭus portus. ⌊자.

Icĕlos, i, *m.* 꿈의 신, *Mórpheus*의 형제.

Icéni, órum, *m.pl. Británnia*의 한 종족, *Boadicéa* 통솔하에 *Roma*인들을 배반함.

ichnéumon, ŏnis, *m.* 《動》 이집트 몽구우스 (족제비 비슷한 사향고양이과의 동물).

ichnográphĭa[-ía], æ, *f.* 초벌그림, 초안, 약도. 「풀.

2. 풀의 재료가 되는 철갑상어.

ichthyocólla, æ, *f.* **1.** 어교(魚膠), 부레

īco[ícĭo], īci, ictum, ĕre, *tr.* **1.** 치다, 때리다, 강타하다; 쏘다, 찌르다, 쏘아 맞히다: telo ictus*(C.)* 창에 찔린 / ictus e cælo*(C.)* 벼락맞은. **2.** ~ fœdus 조약을 체결하다. **3.** 충격을 주다, 감동시키다: desidériis ictus 야망에 사로잡혀.

īcon, ŏnis, *f.* **1.** 초상(肖像). **2.** (그리스도·성모마리아·성인들의 비잔틴식) 성화상(聖畵像), 성상(聖像). **3.** 《論·修》 유사(類似) 기호[표현].

icónĭcus, a, um, *adj.* 조각상(像)의, 초상(肖像)의; 성화상(聖畵像)의.

iconísmus, i, *m.* 《修》 생생한 표현.

icónĭum[1], i, *n.dim.* [icon] 작은 초상(肖像), 작은 성화상(聖畵像). 「*Kuniyeh*).

Icónĭum[2], i, *n. Lycaónia*의 도시 (지금의

iconoclásta, æ, *m.* 성(화)상(聖畵像) 파괴자, 성상숭경 반대자(聖像崇敬反對者).

iconográpha, æ, *f.* (하느님·성인등의) 성화상 (그림·조각·모자이크).

iconográphĭa[-ía], æ, *f.* 도상학(圖像學); 성화상학(聖畵像學)[연구].

iconómăchus, i, *m.* 우상 파괴자.

iconóstăsis, is, *f.* (비잔틴 전례〈典禮〉의 동방교회·희랍 정교회의 제단 쪽) 성화벽(聖畵壁), 성화병풍.

icosapróti, órum, *m.pl.* 고대 *Roma* 원로원의 위에서부터 20명의 의원. 「에 걸린.

ictérĭcus, a, um, *adj.* 《醫》 황달의, 황달

íctĕrus, i, *m.* **1.** 노란새 이름, 그 새를 보면 황달이 낫는다고 생각했음. **2.** 《醫》 황

ictis, ĭdis, *f.* 《動》 흰족제비. ⌊달.

ictus[1], a, um, *p.p.* [ico] 찔린, (살 따위에) 쏘인; 얻어 맞은, 타격[충격]받은.

ictus[2], us, *m.* [ico] **1.** 침, 때림, 발길로 참, 찌름, 쏨(刺), 물어뜯음; (화살·창 따위의) 적중, 쏘아 맞힘: ~ fúlminis*(C.)* 벼락때림, 낙뢰. **2.** 일격(一擊), 타격, 충격; 공격, 습격. **3.** 맥박, 고동(鼓動). **4.** (발이나 손으로) 장단맞춤. **5.** 깜빡함, 깜짝함: in ictu óculi 눈 깜빡할 사이에 / eódem ictu témporis*(Gell.)* 같은 순간에. **6.** 상처, 부상: medicári ictum hastæ*(V.)* 창에 찔린 상처를 치료하다. **7.** (계약의) 체

Id. 《略》 = Idus. ⌊결.

Ida, æ, [**-e,** es,] *f.* **1.** *Creta*섬의 산, *Júpiter*신이 양육된 곳; 〔*adj.*〕 **Idǽus,** a, um. **2.** *Phrýgia*의 산맥. **3.** 여자이름, *Nisus*의 어머니였던 요녀.

Idálĭa, æ, *f.* [**-lĭum,** i, *n.*] *Cyprus*섬의 산악도시, *Venus*신을 모셨음; 〔*adj.*〕 **-lĭus,** a, um.

Idálĭe, es, *f. Idálium*의 여신 즉 *Venus*.

idcírco, *adv.* [id+circa[1]] 〔가끔 이유문·목적문에 동반됨〕 그러므로, 그래서, 그 이유

때문에; …하려는 그 목적으로: ~, quod [quia] …하기 때문에 / ~, si …하기 때문에 그래서 / ~, ut [ne] … 하기[않기] 위하여.

idéa, æ, *f.* **1.** 형상, 본(보기), 원형(原型). **2.** 《哲》 관념, 이념(理念); 이상(理想); *Plato*n의 idéa, 영원절대의 형이상학적 개념적 실재(實在). **3.** 생각, 의견; 사상. **4.** 《心》 표상(表象), 의식(意識)내용. **5.** (음악의) 악상.

ideális, e, *adj.* [idéa] **1.** 관념적, 이념적(理念的): mundus ~ 관념계. **2.** 이상적(理想的).

idealísmus, i, *m.* [idéa] **1.** 관념론: ~ críticus(신 칸트주의의) 비판적 관념론 / ~ transcendentális (칸트의) 선험적(先驗的) 관념론. **2.** 이상주의. **3.** 유심론(唯心論).

īdem, eădem, ĭdem, *pron.* [is+dem] **1.** 〔*absol.*; 때로는 *pron. personále,* ille, iste, unus와도 함께 씀〕 **같은** (사람·것), **동일한**: ~ semper vultus *(C.)* 늘 같은 얼굴 / ~ velle *(Sall.)* 같은 것을 원하다. **2.** 〔비교: ~ atque[ac, et], quam, *pr. relatíva;* cum *abl.*; *dat.*〕 …와 같은, 동등한, 동일한: Non est éadem fortúna atque condítio. *(C.)* 행운은 지위와 동일한 것이 아니다. **3.** 〔*n. sg. c. gen.*〕 ĭdem juris *(C.)* 동등한 권리 / eódem loci (= eódem loco) *(Ta.)* 같은 곳에. **4.** 〔*adv.*〕 eádem 같은 길로; 같은 방법으로; eódem 같은 곳으로. 「(同一語重複).

idemlóquĭum[identi-], i, *n.* 동일어중복

idéntĭdem, *adv.* [idem + et + idem] 되풀이 해서, 여러번, 자주.

idéntĭtas, átis, *f.* [idem] 꼭 같음, 동일, 동일성, 일치, 평등: 《論》 princípium identitátis 동일성 원리, 동일률(同一律).

ídĕo, *adv.* (= idcírco) 그러므로, 그런 이유 때문에; 그런 목적으로. 「的)관념.

ideología, æ, *f.* 이데올로기, 주의적(主義

ideologísta, æ, *m.* **1.** 관념론자; 관념학파의 사람. **2.** 공론가, 공상가.

ideólŏgus, i, *m.* 관념론자.

idest = id est(略: i.e.). 즉.

Idib. 《略》 = Idĭbus. (3 · 5 · 7 · 10월) 15일에, (나머지 달의) 13일에.

idiógrăphus, a, um, *adj.* 자필의, 친필의.

idióma, ătis, *n.* [-a, æ, *f.*] **1.** 특수한 어법, 관용어(慣用語). **2.** 방언.

idióta[-es], æ, *m.* 무식한 사람, 배우지 못한 사람; 바보, 백치. 「련한, 서투른.

idiótĭcus, a, um, *adj.* 무식한, 무지한, 미

idiotísmus, i, *m.* (어느 지방) 말의 특수용법, 관용어법.

idípsum = id ipsum. 바로 그것.

Idmon, ŏnis, *m.* **1.** *Cólophon* 사람, *Aráchne*의 아버지; 〔*adj.*〕 **-ónĭus,** a, um. **2.** *Argonáutæ* 중의 한 사람, 유명한 점장

idolatría, æ, *f.* = idololatría. 「이.

idoléum[-líum], i, *n.* 이교도의 신전(神殿), 사당(祠堂).

idólĭcus, a, um, *adj.* 우상의.

idolólătra [-es], æ, *m.* 우상 숭배자.

idololatrĭa, æ, *f.* 우상 숭배. 「상 숭배하는.

idololátrĭcus, a, um, *adj.* 우상 숭배의, 우

idolólătris, ĭdis, *adj.f.* 우상 숭배하는(여자).

idolóthȳtes, æ, *m.* 우상에게 제물을 바치는 사람. 「우상 숭배 제물의.

idolóthȳtus, a, um, *adj.* 우상에게 바쳐진,

idólum[-on], i, *n.* **1.** 영상(影像·映像). **2.** **우상**(偶像), 우상신: idóla tribus, specus, fori, theátri (*Francis Bacon*이 말한 선입견적 유견〈謬見〉으로서의) 종족·동굴·시장(市場)·극장의 (네 가지) 우상. **3.** 환영(幻影), 환상, 허깨비.

Idómĕne, es, *f. Macedónia* 동북방의 소도시; 〔*subst. deriv.*〕 **-nénses,** ĭum, *m.pl.* 그곳 주민. 「*Creta*군의 지휘관.

Idómĕneus, i, *m. Troja* 전쟁에 참가한

idonéĭtas, átis, *f.* [idóneus] 적합성, 적격성, 알맞음, 적임(適任).

idónĕus, a, um, *adj.* 〔*comp.* magis ~; *superl.* máxime ~〕 **1.** 〔*absol.*; ad, in *acc.*; *dat.*; *inf.*; ut *consecut.*, *prop. relat. consecut.*〕 **적합한**, 정당한, 알맞는, 적절한, **합당한**, 어울리는, **적격의**, 제격인; 해낼 수 있는, 장래성있는, …에 훌륭한, 형편좋은, 편리한: ~ rhetóri puer *(Q.)* 수사학 선생에게 맡길만한 소년 / ~ non est, qui ímpetret. *(C.)* 그는 (이것을) 성취할 만한 사람이 못된다. **2.** 《法》 (빚 따위를) 갚을 능력이 있는, 신임할 수 있는.

īdos, *n. indecl.* 외관(外觀), 모양, 외양(外樣), 생김새.

id quod (concéptus), 《論·哲》 개념의 내용; **id quo** (concéptus) 개념의 양식(樣式).

Iduárĭus, a, um, *adj.* [Idus] (이자 받는 날인) 매월 13[15]일의.

Idūmǽa, æ, [-me, es,] *f. Palæstína* 남부지방; 〔*adj.*〕 **-mǽus,** a, um.

Idus, ŭum, *f.pl.* 〔소문자로 쓰는 수도 있고, 고어에는 Eĭdus로도 나타남〕 **1.** *Roma*력의 (3·5·7·10월의) 15일, (나머지 달의) 13일: postrídie ~ *(C.)* ~ 다음날(16일 또는 14일) / ante diem tértium ~ Novémbres *(C.)* 11월 11일. **2.** (매달 Idus는) *Júpiter*에게 바쳐진 날. **3.** 이자 받는 날 (계약에 따라 매달 초하루나 13일[15일]에 이자를 받고 물고 했음). 「(특히) 목가, 전원시.

idýllĭum [edý-], i, *n.* 소화체시(小話體詩),

i.e. 《略》 = id est. 즉.

ĭens, eúntis, *p.præs.* [eo³] 가는, 진행하는.

Iēsus, u, *m.* 〔*acc.* -um〕 (= Jesus) 예수.

Igílĭum, i, *n. Etrúria* 근해에 있는 작은 섬 (지금의 *Giglio*).

ígĭtur, *conj.* *(adv.)* 〔보통 한 두 단어 뒤에

놓음] **1.** 〔귀결·결론〕 그러므로, 따라서. **2.** 〔명령〕 그러니: fac ~ ...*(C.)* 그러니 … 해라. **3.** 〔질문·반어〕 그래서: Possumúsne ~ ...?*(C.)* 그래 우리가 할 수 있단 말이냐? **4.** 〔긴 삽입문을 거쳐 본래의 문장으로 되돌아올 때〕 여하튼, 어쨌든: Scripsi étiam (nam at oratiónibus disjúngo me fere), scripsi ~. *(C.)* 나는 이 글을 또한 썼다, 연설하는 일은 거의 중단하고 있지만, 여하간 나는 글을 썼다. **5.** 〔여러가지를 열거한 다음〕 결국, 요컨대, 한마디로: pro império, pro exércitu, pro provínciā, *etc.*, pro his ~ ómnibus rebus 나라를 위해, 군대를 위해, 지방을[주(州)를] 위해, 요컨대 모든 것을 위해서.

ignárus, a, um, *adj.* [in² + gnarus] **1.** 〔*absol.; gen.; acc. c. inf.; interr. indir.*〕 (무엇을) 모르는, …에 미숙한, 무식한, 사물에 어두운: me ignáro*(C.)* 나 모르게 / hujus ~ óppidi*(Pl.)* 이 도시를 모르는. **2.** 〔*absol.; dat.*〕 알려지지 않은: régio hóstibus ignára*(Sall.)* 적들이 모르는 지방.

ignavésco, ĕre, *intr. inch.* [ignávus] 무기력해지다, 게을러지다.

ignávĭa, æ, *f.* [ignávus] **1.** 게으름, 나태, 빈둥거림; 맥없음, 무기력. **2.** 비겁.

ignávus, a, um, *adj.* [in² + gnavus] **1.** 〔*absol.; gen.;* ad *acc.*〕 게으른, 나태한, 타성에 흐른, 빈둥거리는; 느린, 굼뜬. **2.** 활기없는, 움직이지 않는, 꼼짝 안하는, 맥못추는. **3.** 비겁한, 겁많은. **4.** 제 구실을 못하는, 생산력없는: némora ignáva*(V.)* 불모의 숲. **5.** 게을러지게[느른해지게] 하는; 움츠러들게 하는: ~ æstus*(Ov.)* 느른해지게 하는 더위. **6.** 〔*adv.*〕 **-ve[-vĭter],** 게으르게, 굼뜨게, 맥없이.

ignésco, ĕre, *intr. inch.* [ignis] **1.** 불붙다, 불타다. **2.** 발끈하다, (격정에) 불타다.

ígnĕus, a, um, *adj.* [ignis] **1.** 불의, 불붙는, 작열(灼熱)하는, 뜨거운: ~ sol*(C.)* 불타는 태양. **2.** (빛깔이) 타는 듯한, 불색의, 새빨간. **3.** 불같은, 격렬한.

igniárĭum, i, *n.* [igniárius] 불쏘시개, 점화재료, 부싯깃. 「불의: lapis ~ 부싯돌.

igniárĭus, a, um, *adj.* [ignis] 불 일으키는,

ígnĭcans, ántis, *adj.* [ignis] 불을 토하는, 화색의. 「(色)의, 불타는 듯한 빛의.

ignícŏlor, óris, [**-lórus,** a, um,] *adj.* 불색

ignícŏmans, ántis, [**-cŏmus,** a, um,] *adj.* [ignis + coma] 불길같은 모발의. 「는.

ignicrémus, a, um, *adj.* 불타는, 타오르

ignícŭlus, i, *m. dim.* [ignis] **1.** 작은 불[불길], 불꽃, 불티. **2.** 가냘픈 섬광[광채]. **3.** 〔*pl.*〕 소질, 재질, 싹수.

ígnĭfer, ĕra, ĕrum, *adj.* [ignis + fero] 불을 가진[지닌], 불붙은, 타고있는. 「져나오는.

igníflŭus, a, um, *adj.* 불꽃이는, 불길이 번

ignígĕna, æ, *m.* [ignis + gigno] 불에서 태어난 자, *Bacchus*의 별칭.

ígnĭo, ívi, ítum, íre, *tr.* [ignis] **1.** 불붙이다. **2.** 달구다, 뜨겁게 하다.

ígnĭpes, pĕdis, *adj.* [ignis + pes] 불붙는 듯한 발을 가진, 빠른.

ignípŏtens, éntis, *adj.* [ignis + potens] 불을 지배하는; 〔*subst.*〕 *m.* 불을 지배하는 자, *Vulcánus*의 별칭.

ignis, is, *m.* **1.** 불, 불길; 횃불; 화재: ignem concípere*(C.)* 불붙다 / ignem accéndere*(V.)* 불을 붙이다. **2.** 번개, 벼락. **3.** 해; 달; 별. **4.** 광채, 섬광. **5.** 열, 백열. **6.** 홍조(紅潮). **7.** 정열, 열정, 격정. **8.** 사랑(의 불길), 열애; 연인, 애인: meus ~ *(V.)* 내 사랑. **9.** 재앙[멸망·파멸]을 가져오는 것; 전화(戰火); 위험인물.

ignispícĭum, i, *n.* [ignis + spécio] 불을 보고 치는 점(占). 「깃; 성냥.

ignitábŭlum, i, *n.* [ígnio] 불쏘시개, 부싯

ignítŭlus, a, um, *adj.* (어느 정도) 타는, 뜨거운. 「인, 불붙는. **2.** 뜨거운.

ignítus, a, um, *p.p., a.p.* [ígnio] **1.** 불붙

ignívăgus, a, um, *adj.* 불길같은.

ignívŏmus, a, um, *adj.* [ignis + vomo] 불을 토하는, 분화(噴火)의.

ignóbĭlis, e, *adj.* [in² + nóbilis] **1.** 알려지지 않은, 무명(無名)의. **2.** (신분이) 천한, 비천한, 지체낮은. **3.** 상스러운.

ignobílĭtas, átis, *f.* [ignóbilis] **1.** 알려지지 않음. **2.** 비천한 가문의 태생, 천민의 신분, 지체낮음.

ignomínĭa, æ, *f.* [**-nĭum,** i, *n.*][in² + gnomen(= nomen)] 〔*absol.; gen.*〕 **1.** 불명예, 망신, 치욕, 오점(汚點). **2.** 불명예 제대, 제명처분. 「면목을 잃게하다, 치욕을 주다.

ignomínĭo, ávi, átum, áre, *tr.* [ignomínia]

ignominiósus, a, um, *adj.* [ignomínia] 창피한, 면목없는, 불명예스러운, 수치스러운, 치욕적인, 굴욕적인.

ignorábĭlis, e, *adj.* [ignóro] 알려지지 않은, 모르는, 미지의: líttteræ ignorábiles *(Apul.)* 알아보지 못할 글자들.

ignórans, ántis, *p.præs., a.p.* [ignóro] 모르는, 무식한; 무지한, 사물에 어두운; 〔*adv.*〕 **-ánter,** 모르고, 몰라서, 무식해서.

ignorántĭa, æ, *f.* [ignóro] 〔*absol.; gen.*〕 무지(無知), 무식, 알지 못함, 지식의 결핍: ~ prætéritæ culpæ*(Ov.)* 지난 잘못을 모름/ ~ vincíbilis 가피적(可避的) 무지, 태만의 무지 / ~ invincíbilis 불가피적 무지, 불가항력의 무지 / 《論》 ~ elénchi 논점무지(論點無知)의 오류, 논점망각[상위(相違)]의 오류. 「de *abl.*〕 알지 못함, 지식의 결핍, 무지.

ignorátĭo, ónis, *f.* [ignóro] 〔*absol.; gen.;*

ignorátus, a, um, *p.p., a.p.* [ignóro] 알려지지 않은, 모르는.

ignóro, ávi, átum, áre, *tr., intr.* [ignárus] **1.** 〔*acc.; inf., acc. c. inf.; interr. indir.;* de *abl.; absol.*: 의문·부정을 동반할 때에는 quin *c. subj.*도씀〕 **모르다,** 알지[깨닫지]못하다: Quis ignórat quin ...?*(C.)*···라는 것을 누가 모르랴? **2.** 〔*acc.*〕 무시하다, 모르는 체하다.

ignóscens, éntis, *p.præs., a.p.* [ignósco] 용서하는, 너그러운.

ignoscéntĭa, æ, *f.* [ignósco] 사면, 용서.

ignoscíbĭlis, e, *adj.* [ignósco] 용서할 만한.

ignósco, gnóvi, gnótum, ĕre, *intr., tr.* [in² + (g)nosco] 〔*dat.; alqd alci; alci* quod[si]〕 **용서하다,** 관용하다, 관대히 봐주다, 사면하다: Mihi ignóscas, quod ad te scribo tam multa. *(C.)* 너 한테 이렇게 긴 편지 쓰는 것을 용서해주기 바란다 / ~ sibi ómnia 자신에게는 모든 것을 허용하다[관대히 생각하다].

ignótus, a, um, *adj.* [in² + (g)notus] **1.** 〔*absol.; alci*〕 **알려지지 않은;** 모르는, 미상의, 불명의: ómnibus ~ *(N.)* 누구도 알지 못하는 사람 / *n.* 모르는 것: ignótum per ignótius 모르는 것을 더욱 모르는 것으로 설명함. **2.** 비천한, 천민 출신의. **3.** 무식한, 무지의, 모르는.

Igúvĭum, i, *n.* 서부 *Umbrĭa*의 소도시(지금의 *Gubbio*); 〔*adj.*〕 **-vínus,** a, um; *m.pl.* **-víni,** órum, [**-vinátes,** ĭum,] 그곳 주민.

ĭi, *pf.* [eo³] 내가 갔다.

ile, īlis, *n.* = ília¹.

ileocólĭcus, a, um, *adj.* 《解》 회장(回腸)의.

ileotýphus, i, *m.* 《醫》 장티프스.

Ilercavonénses, ĭum, *m. pl.* = Illurgavonénses.

「도시 (지금의 *Lerida*).

Ilérda, æ, *f. Hispánia Tarraconénsis*의 소

Ilergáŏnes, um, *m.pl.* = Illurgavonénses.

Ilergétes, um, *m.pl. Hispánia Tarraconénsis*의 한 종족.

íleŭm, i, *n.* 《解》 회장(回腸).

「우스.

íleŭs[-os], i, *m.* 《醫》 장(腸)폐색증, 일레

ilex, ílĭcis, *f.* 《植》 ~ cornúta 호랑가시나무; ~ crenáta 꽝꽝나무; ~ íntegra 감탕나무 (떡가지나무); ~ rotúnda 먼나무(좀감탕나무).

ílĭa¹, ílĭum, *n.pl.* 《解》 **1.** 서혜부(鼠蹊部); 아랫배 옆구리. **2.** 회장(回腸); 창자, 내장.

「*Remus*의 어머니.

Ilĭa², æ, *f. Rhea Sílvia*의 이름, *Rómulus*와

iliăcus¹, a, um, *adj.* 장골(腸骨)의; 회장(回腸)의: illíaca pássio *(Cœl.)* 장폐색증; 〔*subst.*〕 *m.* 장폐색증[일레우스] 환자.

Ilíăcus², a, um, *adj. Ilĭum²*의, *Troja*의.

Iliădes¹, æ, *m. Ilĭa*의 아들, 즉 *Rómulus* 또는 *Remus.*

「*nymédes.*

Iliădes², æ, *m.* [Ilĭum] *Troja*사람, 특히 *Ganymédes.*

Ilĭas, ădis, *f.* **1.** *Troja*의 여자. **2.** *Homérus*의 서사시 일리아드.

ilĭcet, *adv.* [ire + licet¹] **1.** 〔모임·행사가 끝났을때〕 자 이젠 그만 갑시다[가자]. **2.** 끝났다, 끝장이다, 다 틀렸군! **3.** 이서, 즉시, 끝장, 빨리, 당장.

「나무밭.

ilicétum, i, *n.* [ilex] 호랑가시나무밭, 감탕

ilíceŭs, a, um, *adj.* [ilex] 호랑가시나무의, (또는) 감탕나무의.

ílĭco, *adv.* [in¹ + loco] **1.** 그 자리에, 그곳에. **2.** 즉시, 곧, 당장, 즉석에서.

Iliénses, ĭum, *m.pl.* **1.** *Sardínia*의 주민. **2.** *Ilĭum*의 주민, *Troja*인.

ilígneŭs [-gnus], a, um, *adj.* [ilex] 호랑가시나무의, (또는) 감탕나무의.

「大腿)의.

iliofemorális, e, *adj.* 《解》 장골대퇴(腸骨

iliohypogástrĭcus, a, um, *adj.* 《解》 장골하복(腸骨下腹)의.

Ilĭŏna, æ, [-e, es,] *f. Troja*의 *Príamus*왕의 딸, *Polymnéstor*의 아내.

Ilióneŭs, i, *m.* **1.** *Níobe*의 아들. **2.** *Troja*사람, *Ænéas*의 친구.

「시.

Ilípa, æ, *f. Hispánia*의 *Bætis*강변의 소도

Ilithýĭa, æ, *f.* 출산의 여신.

Ilitúrgis, is, *f. Hispánia Bǽtica*의 요새(要塞) 도시; 〔*subst. deriv.*〕 **-gitáni,** órum, *m.pl.* 그곳 주민.

ílĭum¹, i, *n.* 《解》 장골(腸骨).

Ilĭum² [**-on**], i, *n.* [**Ilĭos,** lĭi, *f.*] *Troja*의 시적(詩的)인 이름; 〔*adj.*〕 **-lĭus,** a, um,

illā, *adv.* [ille] 저길로, 저편으로. ⌊*Troja*의.

illabefáctus, a, um, *adj.* [in² + labefácio] 움직이지 않는, 견고한, 부동의.

illábor, (*ĕris, ĭtur*), lápsus sum, bi, *dep. intr.* [in¹ + labor¹] 〔in, ad *acc.; dat.*〕 **1.** ···로 떨어지다, 빠지다, 미끄러져 들어가다. **2.** 흘러들다, 침투하다: pernícies illápsa cívium in ánimos 시민들의 가슴속을 파고든 멸망.

illaborátus, a, um, *adj.* [in² + labóro] **1.** 가공되지 않은, 가꾸지 않은, 다듬지 않은. **2.** 공으로 얻은, 수고들이지 않은.

illabóro, ávi, átum, áre, *intr.* [in¹ + labóro] 〔*dat.*〕 일을 하다, 애써 하다: ~ dómibus *(Ta.)* 집짓는 일을 하다.

illac, *adv.* [illic²] **1.** 저곳[그곳]을 거쳐서. **2.** 〔도착지〕 저곳으로, 그리로. **3.** 저쪽편을 들어, 그편에 가담하여.

illacerábĭlis, e, *adj.* [in² + lácero] 찢을 수 없는, 찢어지지 않는.

illacessítus, a, um, *adj.* [in² + lacésso] 공격을 받지 않은, 자극[도발]을 받지 않은.

illacrimábĭlis, e, *adj.* [in² + lácrimo] **1.** 눈물 흘리지 않는. **2.** 눈물에 감동되지 않는, 무정한.

illácrĭmo, ávi, átum, áre, *intr.* [in¹ + lácrimo] 〔*dat.; absol.*〕 (무엇 때문에) 눈물을 흘리다, 한탄하다, 슬퍼하다, 통곡하다: ~

sorti humánæ *(L.)* 인간적 운명을 슬퍼하다.

illácrĭmor, átus sum, ári, *dep. intr., tr.* 〔*dat.; acc.*〕 슬퍼하다, 애도하다: ~ morti *alcjs(C.)*, ~ *alcjs* mortem *(Justin.)* 누구의 죽음을 애도하다.

illáctĕnus, *adv.* 거기까지. 「는.

illæsíbĭlis, e, *adj.* [in[2]+lædo] 손상될 수 없

illǽsus, a, um, *adj.* [in[2]+lædo] 상처를 받지 않은, 다치지 않은, 손상되지 않은.

illætábĭlis, e, *adj.* [in[2]+lætábilis] 슬픈, 침울한, 기쁨없는, 서글픈. 「끈하지 못한.

illævigátus, a, um, *adj.* 거친, 조잡한, 매

illápsus, us, *m.* [illábor] 흘러들어감; 미끄러져 들어감.

illaqueátus, a, um, *adj.* [in[1], in[2]+laqueátus[1]] **1.** 올가미에 걸린, 함정에 빠진. **2.** 올가미에서 풀려난, 함정에서 빠져나온.

illáquĕo, ávi, átum, áre, *tr.* [in[1]+láqueo[1]] **1.** 올가미에 걸리게 하다, 올가미로 잡다. **2.** 걸려들게 하다, 유인해서 부패시키다.

illárgĭo, íre, *tr.* [in[1]+largus] 후히 베풀다, 후히 주다.

illatábĭlis, e, *adj.* [in[2]+latus[2]] 좁은. 「기다.

illátĕbro, áre, *tr.* [in[1]+látebra] 구석에 숨

illátĕnus, *adv.* [ille+tenus] 거기까지.

illátĭo, ónis, *f.* [ínfero] **1.** 운반해 감: ~ mórtui 매장. **2.** 납세. **3.** 해악을 끼침·입힘. **4.** 《論》 추리(推理), 추론; 직접추리. 「의; 결론적인.

illatívus, a, um, *adj.* [ínfero] 추리의, 추론

illátro, áre, *intr.*[in[1]+latro[1]] (안에서) 짖다;

illátus, a, um, *p.p.* [ínfero]. └꾸르륵거리다.

illaudábĭlis, e, [**-dándus,** a, um,] *adj.* [in[2]+laudábilis, laudándus (laudo)] 칭찬받지 못할, 칭찬받을 자격없는, 훌륭하지 못한.

illaudátus, a, um, *adj.* [in[2]+laudo] **1.** 칭찬받지 못한, 별로 이름없는. **2.** 지겨운, 저주받을, 고약한, 악명높은.

illáutus, a, um, *adj.* (= illótus) 씻지 않은, 더러운, 불결한, 때묻은.

ille, illa, illud, *pron. demonstr.* 〔고어에는 olle[ollus], a, um도 보임; *gen. sg.* illíus 대신에 *m.* illi, *f.* illæ도 간혹 보임〕 **1. 그, 저,** 저쪽에 있는; 〔가끔 3인칭의 대명사〕 **그**(사람), **그 여자, 그것**: ex illo (témpore) *(V.)* 그때부터. **2.** 〔가끔 ipse, hic, idem 따위의 다른 지시대명사와 함께 씀〕 바로 그: Ego ille ipse factus sum. *(C.)* 내가 바로 그 사람이[그런 꼴이] 되었다. **3.** 〔hic, hæc, hoc과의 대립〕 **전자**(前者), 먼저 말한. **4.** 〔널리 알려진 사람[것]〕 **저[그] 유명**한, 주지(周知)의; illud 저[그] (유명한) 말[속담·격언·명언·업적]: Hic est ille Demósthenes*(C.)* 이 사람이 그 유명한 *Demósthenes*다. **5.** 다음의, **다음과 같은. 6.** hi ... illi, illi ... illi 어떤 이들은 … 어떤 이들은.

illécĕbra, æ, *f.* [illício] **1.** 유혹, 꾐, 매력. **2.** 유혹물, 미끼, 낚싯밥. **3.** 유혹자, 유인자. 「다.

illécĕbro, áre, *tr.* [illécebra] 유혹하다, 꾀

illecebrósus, a, um, *adj.* [illécebra] 유혹적인, 매혹적인.

illectaméntum, i, *n.* [illécto] 유혹; 미끼.

illectátĭo, ónis, *f.* [illécto] 유혹.

illécto, ávi, átum, áre, *tr. freq.* [illício] 유혹하다.

illéctrix, ícis, *f.* [illício] 유혹하는 여자.

illéctus[1], a, um, *p.p., a.p.* [illício] 유혹당한, 꾐에 넘어간.

illéctus[2], a, um, *adj.* [in[2]+lego[2]] **1.** 모아지지[모아놓지] 않은. **2.** 읽지 못한[않은] (책·편지 따위).

illéctus[3], us, *m.* [illício] 유혹, 유인.

illegitimĭtas, átis, *f.* [illegítimus] **1.** 비합법, 불법. **2.** 야합(野合); 사생(私生), 서출(庶出).

illegítĭmus, a, um, *adj.* [in[2]+legítimus] **1.** 비합법적인, 불법적인, 정당하지 못한. **2.** 비적출(非嫡出)의, 서출(庶出)의: fílius ~ 사생아.

illépĭdus, a, um, *adj.* [in[2]+lépidus] 우아하지 않은, 곱지 않은, 멋없는, 조잡한, 버릇없는, 무례한.

illévi, *pf.* [íllino] 칠하였다.

illevigátus, a, um, *adj.* [in[2]+lævigátus] 거친, 조잡한, 매끈하지 못한.

illex[1], légis, *adj.* [in[2]+lex] 법이 없는, 무법의, 법을 모르는.

illex[2], lĭcis, *adj.* [illício] 〔*absol.; gen.*〕 유혹하는, 유혹적, 유인하는.

illéxi, *pf.* [illício]. 「= illic[2].

illi, **1.** ille의 *sg. dat.; pl. nom.* **2.** *adv.*

illībábĭlis, e, *adj.* [in[2]+libo] 감소되지 않는, 감소될 수 없는.

illibátus, a, um, *adj.* [in[2]+libo] 감소[손상]되지 않은, 이지러지지 않은, 온전한, 완전한.

illiberális, e, *adj.* [in[2]+liberális] **1.** 저속한, 상스러운, 교양없는, 비열한, 천한; 하찮은. **2.** 자유민이 될 자격없는. **3.** 인색한, 옹졸한, 쩨쩨한, 도량이 좁은, 너그럽지 못한: ~ in *alqm(C.)* 누구에게 대해서 너그럽지 못한. 「색함, 쩨쩨함.

illiberálĭtas, átis, *f.* [illiberális] 옹졸함, 인

illíbĕris[1], e, *adj.* [in[2]+líberi] 자식없는.

Illíbĕris[2], is, *m.* **1.** *Gállia Narbonénsis*에 있는 강. **2.** 남부 *Hispánia*의 도시.

illic[1], illæc, illuc [illoc], *pron. demonstr.* [ille+ce] 저 사람, 저 여자, 저것.

illic[2], *adv.* [illic[1]] **1.** 저기에, 저곳에, 그곳에. **2.** 그 일[점]에 있어서. **3.** 그때에.

illicéĭtas, átis, *f.* 불가(不可), 허가[허락]되

지 않음. 「허가없이, 불법으로.
illicénter, *adv.* [in² + licet¹] 법을 무시하고,
íllĭcet = ílicet. 「유혹적인, 꾀는.
illicíbĭlis, e, *adj.* [illício] 유혹[유인]하는,
illícĭo, léxi, léctum, cĕre, *tr.* [in¹ + lácio] 〔*alqm* in, ad *acc.*〕 꾀나, 꾀어 들이다, 유혹하다, 유인하다, 이끌다.
illicitátĭo, ónis, *f.* [in¹ + lícito] 유혹, 유인.
illicitátor, óris, *m.* [in¹ + lícito] 경매인의 한 통속으로서 경매에 참가하는 자.
illícĭtus, a, um, *adj.* [in² + lícitus] 불가한, 허가되지 않은, 불법의; 〔*adv.*〕 **-te, -to.**
illícĭum, i, *n.* **1.** 유혹, 유인. **2.** 연설장으로 불러모음.
íllĭco, *adv.* (= ílico) **1.** 그 자리에, 그곳에. **2.** 즉시, 곧, 당장, 즉석에서.
illído, lísi, lísum, ĕre, *tr.* [in¹ + lædo] **1.** 〔*alqd* - in, ad *acc.*; *dat.*; in *abl.*〕 부딪뜨리다, 부딪치다, 충돌하다: ~ naves vadis *(V.)* 배들을 모래펄에 부딪뜨리다. **2.** 밀어넣다, 처박다, 처넣다. **3.** 산산 조각내다, 깨뜨리다.
illigaméntum, i, *n.* [ílligo] 매는 끈. 「맴.
illigátĭo, ónis, *f.* 비끄러맴, 잡아맴, 옭아
íllĭgo, ávi, átum, áre, *tr.* [in¹ + ligo¹] **1.** 〔*alqd* [*alqm*] - in *abl.*, in *acc.*, *dat.*〕 비끄러[잡아] 매다, 묶다, 옭(아매)다, 얽매다: ~ arátra tauris *(H.)* 소에 쟁기를 메우다. **2.** 붙이다, 연결시키다; 맺다: amicítiā illigátus *alci* *(L.)* 누구와 우정으로 맺어져 있는. **3.** 얽히게 하다, 끌어넣다, 휘몰아 넣다, (병에) 걸리게 하다. **4.** 막다, 저지하다,
illim = illinc. ㄴ방해하다.
illímis, e, *adj.* [in² + limus²] (진)흙이 들어있지 않은, 흐리지[탁하지] 않은, 말간.
illimitátus, a, um, *adj.* [in² + limes] 한계없는, 제한없는, 경계없는, 무절제한.
illinc, *adv.* [illim + ce] **1.** 그곳[저곳]으로부터. **2.** 저편으로부터, 그 사람[것]으로부터. 「*alqā re*〕 바르다, 칠하다.
illínĭo, ívi, íre, *tr.* [in¹ + línio] 〔*alqd* - *alci*;
íllĭno, lévi, lĭtum, nĕre, *tr.* [in¹ + lino] **1.** 〔*alqd alci (rei)*〕 (무엇을 …에) 바르다, 발라넣다: óculis collýria ~ *(H.)* 눈약을 눈에 바르다. **2.** 〔*alqd alqā re*〕 어디에 *(alqd)* 무엇을 *(alqā re)* 바르다 · 칠하다: navis bitúmine íllita *(Curt.)* 역청 바른 배.
illiquefáctus, a, um, *adj.* [in¹ + liquefácio] 녹은, 용해된. 「부딪침.
illísĭo, ónis, *f.* [**-lísus,** us, *m.*] [illído] 충돌,
illitterátus, a, um, *adj.* [in² + litterátus] **1.** 배우지 못한, 교육받지 못한, 무식한; 세련되지 못한. **2.** 글로 적지 않은, 불성문
illĭtus, us, *m.* 칠함, 바름. ㄴ(不成文)의.
illiúsmŏdi, *gen. qualit.* 그런 종류의, 그 따
illix, lĭcis, *adj.* = illex². ㄴ위, 그런.
illo [illoc], *adv.* [ille] **1.** (= illuc) 저곳[그곳]으로, 저리로. **2.** (= ad eam rem) 그 일에. 「는; 결혼시킬 수 없는.
illocábĭlis, e, *adj.* [in² + loco] 치울 수 없
illocális, e, *adj.* [in² + loco] 어디에도 정착히지 않은. 「그곳을 향하여.
illórsum, *adv.* [illo + versum] 그쪽으로,
illótus, a, um, *adj.* [in² + lavo¹, lotus] **1.** 씻지 않은, 닦아내지 않은, 더러운: sudor ~ *(V.)* 닦아내지 않은 땀. **2.** 〔숙어〕 illótis pédibus [mánibus] *alqd* fácere 준비없이 [함부로 · 마구 · 엉터리로] 무엇에 착수하다.
illuc, *adv.* [ille] **1.** 저곳[그곳]으로, 저리로, 그리로: huc ~ *(Q.)*, huc atque ~ *(C.)* 이리저리로. **2.** 그 사람에게(로), 그 일로: Illuc, unde ábii, rédeo. *(H.)* 내가 말하다가 만 그 사람 얘기로 돌아간다. 「밝게 비치다.
illúcĕo, lúxi, ére, *intr.* [in¹ + lúceo] 빛나다,
illucésco, lúxi, ĕre, *intr. inch.* [in¹ + lucésco] **1.** 밝아오다, 빛나기 시작하다; 〔*impers.*〕 ubi illúxit 날이 밝자. **2.** 나타나다, 드러나다. **3.** *tr.* 비추다.
illúdo, lúsi, lúsum, ĕre, *intr.*, *tr.* [in¹ + ludo] 〔*absol.*; *dat.*; *acc.*〕 **1.** 가지고 놀다, 장난하다: ~ chartis *(H.)* 종이에 끄적거리다; 책을 뒤적거리다. **2.** (옷자락 따위가) 펄렁거리다. **3.** 〔*dat.*, in *acc.*, in *abl.*; *acc.*; *absol.*〕 비웃다, 조롱하다, 비죽거리다; 놀림감으로[웃음거리로] 삼다, 우롱하다. **4.** 〔*dat.*; *acc.*〕 손해를 끼치다, 망쳐놓다; 돈을 낭비하다. **5.** 〔*absol.*〕 창궐하다, 판치다.
illuminátĭo, ónis, *f.* [illúmino] **1.** 밝게 비춤, 조명; 점등(點燈)장식. **2.** 《神》 (신비신학에 있어서의) 조명의 길; 초자연적 조명[광명]. **3.** 계몽. **4.** ~ (librórum) 책의 꽃무늬 · 색글자 · 삽화.
illuminátor, óris, *m.* [**-nátrix,** ícis, *f.*] 비추어 주는 사람, 빛을 주는 사람; 계시[계몽]자. 「비추어진, 빛나는, 찬란한.
illuminátus, a, um, *p.p.*, *a.p.* [illúmino]
illuminísmus, i, *m.* 계몽주의.
illúmĭno, ávi, átum, áre, *tr.* [in¹ + lumen] **1.** 밝게 하다, 비추다, 조명하다, 빛을 주다. **2.** 찬란하게 꾸미다. **3.** 명백하게 하다, 밝히다, 명석하게 설명하다.
illúmĭnus, a, um, *adj.* [in² + lumen] 빛이 없는, 암흑의. 「luna] 달없는, 달빛이 없는.
illúnis, e, [**-lún**(ĭ)**us,** a, um,] *adj.* [in² +
Illurgavonénses, ĭum, *m.pl.* *Hispánia Tarraconénsis*의 *Iber*강 하구에 살던 종족.
illúsĭo, ónis, *f.* [illúdo] **1.** 반어(反語), 빈정댐. **2.** 착각, 속음. 「는 자.
illúsor, óris, *m.* [illúdo] 비웃는 자, 조롱하
illusórĭus, a, um, *adj.* 웃음거리의, 조롱의.
illustraméntum, i, *n.* [illústro] 장식, 장식품.
illustrátĭo, ónis, *m.* [illústro] **1.** 조명. **2.** 생생한 묘사; 실례를 들어 설명함, 예증(例

證). **3.** (책의) 삽화, 설명도(說明圖), 도해.

illustrátor, óris, *m.* [illústro] **1.** 비추는 사람, 조명자. **2.** 설명자, 해설자; 도해자(圖解者).

illústris, e, *adj.* [in¹+lustro] **1.** **밝은,** 환한, 빛나는, 찬란한, 맑은: ~ stella *(C.)* 밝은 별 / illústre cœlum *(Val.)* 맑은 하늘. **2.** 현저한, 명백한, 뚜렷한, 명료한. **3.** 유명한, **고명한,** 저명한, 이름있는: illustrióre loco natus *(Cæs.)* 명문가 출신. **4.** 뛰어난, 탁월한, 두드러진, 고귀한.

illústro, ávi, átum, áre, *tr.* [in¹+lustro] **1.** **비추다,** 밝게 하다, 환하게 하다. **2.** **밝히다,** 명백하게 하다, 명료하게 하다; 실례를 들어 설명하다, 해설하다, **풀이하다,** 주석하다: consília ~ *(C.)* 계획을 밝히다. **3.** 빛나게 하다, 유명해지게 하다, 존귀하게 하다, 칭송하다: ~ *alqm* láudibus *(C.)* 누구를 칭송하다. 「은, 조롱당한.

illúsus, a, um, *p.p.* [illúdo] 속은, 놀림받

illutíbĭlis[-tĭlis], e, *adj.* [in²+luo] 씻어버릴 수 없는, 지울 수 없는. 「더러워진.

illútus, a, um, *adj.* [in²+lotus] 씻지 않은,

illúvĭes, éi, [-vĭo, ónis,] *f.* [in²+luo] **1.** 더러움, 불결; 오물, 동물 몸뚱이의 때. **2.**

illúxi, *pf.* [illucésco, illúceo]. ⌊홍수, 범람.

Illýrĭa, æ, *f.* [-rĭcum, i, *n.*] *Adrĭa*해 동쪽 연안지방, *Illýrii*인의 나라; 〔*adj.*〕 **-rĭcus** [-rĭus], a, um; 〔*adj. f.*〕 **-ris,** ĭdis.

Illýrĭi, órum, *m.pl.* *Adrĭa*해 동쪽 연안에 살던 종족.

Ilus, i, *m.* **1.** *Tros*의 아들, *Laómedon*의 아버지, *Troja*의 창건자. **2.** *Ænéas*의 아들 *Ascánius*의 다른 이름(= Julus).

Ilva, æ, *f.* 지중해에 있는 섬 (지금의 *Elba*).

im = eum. 그를.

Imáchăra, æ, *f.* *Sicília*섬 동해안에 있는 소도시; 〔*adj.*〕 **-rénsis,** e, *Imáchara*의; *Imáchara* 인의. 「는.

imaginábĭlis, e, *adj.* [imágo] 상상할 수 있

imaginális, e, *adj.* [imágo] **1.** 원형(原型)의, 모형의; 형상의, 모습의; 〔*adv.*〕 **-lĭter** *(Augustin.)* 모습[형상]에 있어서. **2.** 상징적인; 비유적인.

imaginárĭus, a, um, *adj.* [imágo] **1.** 초상(肖像)의, 소상(塑像)의: ~ pictor 초상화가. **2.** 겉보기만의, 외관상의. **3.** 상상의, 상상만의, 가상(假想)의.

imaginátĭo, ónis, *f.* [imáginor] **1.** 상상, 공상; 상상력. **2.** 개념. 「의, 사생화의.

imagínĕus, a, um, *adj.* [imágo] 화상(畵像)

imagínĭfer, ĕri, *m.* 황제의 초상이 그려진 군기 기수(旗手). 「다; 형상을 만들다.

imágĭno, ávi, átum, áre, *tr.* [imágo] 표상하

imágĭnor, átus sum, ári, *dep. tr.* [imágo] **1.** 상상하다, 마음 속에 그리다, 생각하다. **2.** 꿈꾸다, 꿈에 보다. 「공상에 빠진[잠긴].

imaginósus, a, um, *adj.*[imágo] 공상 많은,

imágo, gĭnis, *f.* [*cf.* ímitor] **1.** 상(像), 초상(화), 조상(彫像), 소상(塑像), 영정(影幀). **2.** **모습,** 모상, **영상**(映像). **3.** 환영(幻影); 유령, 죽은 사람의 그림자; 허깨비. **4.** 꿈, 착각, 환상; 상상: noctúrnæ imágines *(Tib.)* 꿈. **5.** 반영(反影·反映): Imágo ánimi vultus est. *(C.)* 얼굴은 마음의 거울이다. **6.** 반향(反響), 메아리. **7.** 모조, 외관; 허상(虛像). **8.** 표상, 심상(心象[像]), 개념; 기억, 생각: illíus tristíssima noctis ~ *(Ov.)* 그다지도 슬펐던 그 밤의 기억. **9.** 재현: ~ antiquitátis *(C.)* 옛 시대의 재현. **10.** 《修》 비유적 표현, 비유. **11.** 《動》 (곤충의) 성충. 「상(肖像); 작은 성화(聖畵).

imagúncŭla, æ, *f. dim.* [imágo] 작은 초

imbalnítĭes, éi, *f.* [in²+bálneum] **1.** 목욕하지 않음. **2.** 불결, 때.

imbecíllis, e, *adj.* (= imbecíllus) 약한, 쇠약한, 무력한; 바보스런, 저능의; 〔*adv.*〕 **-lle** [-llĭter], 약하게, 소심스럽게.

imbecíllĭtas, átis, *f.* [imbecíllus] **1.** 허약, 쇠약, 병약. **2.** (정신의) 박약(薄弱), 저능: ~ ánimi hereditária 유전적 저능(低能). **3.** 무력, 윤리적 나약; 소심증. **4.** 부족, 결핍: ~ matériæ *(Cæs.)* 물자의 결핍.

imbecíllor, ári, *dep. intr.* [imbecíllis] 병들어 있다.

imbecíllus, a, um, *adj.* [in¹+bacíllus] **1.** 약한, 허약한. **2.** 박약한, 무력한, 무기력한, 저능의: regnum imbecíllum *(Sall.)* 약소국가. **3.** 가냘픈, 연약한, 미약한: ætas imbecílla *(H.)* 어린 나이.

imbéllĭa, æ, *f.* [in²+bellum] 전쟁에 적합치 못함; 전쟁에 대한 무식.

imbéllis, e, *adj.* [in²+bellum] **1.** 전쟁을 싫어하는, 반전적(反戰的)인, 평화적인; 전쟁에 적합하지 않은; 힘없는, 약한, 소심한. **2.** 전쟁없는, 평화로운, 평온한: ~ annus *(L.)* 전쟁없는 해.

imber, bris, *m.* 〔*abl.* -e, -i〕 **1.** 비, 폭우, 호우, 소나기. **2.** 비바람, 폭풍우. **3.** 빗물; 물, 액체. **4.** 비처럼 쏟아지는[흐르는] 것; (창·화살 따위의) 빗발침.

imbérbis, e, [-bus, a, um,] *adj.* [in²+barba] 수염없는, 턱수염이 없는.

ímbĭbo, bĭbi, ĕre, *tr.* [in¹+bibo¹] **1.** 빨아들이다, 흡수하다, 머금다; 마시다. **2.** 마음에 품다. **3.** 〔*inf.*; *alqd*〕 마음먹다, 작정하다.

imbíto, ĕre, *tr.* [in¹+bito] 안에 들어가다.

imbónĭtas, átis, *f.* [in²+bónitas] 불편, 괴로운 일.

imbrex, brĭcis, *f.* *(m.)* [imber] **1.** 수키와. **2.** 손바닥을 오목하게 하여 치는 박수.

imbriális, e, *adj.* [imber] 비의, 폭우의, 호

우의, 소나기의.
imbrícĭtor, óris, *m.* [imber+cíeo] 비오게 하는 자, *Júpiter, Apóllo*의 별칭.
ímbrĭco[1], ávi, átum, áre, *tr.* [imbrex] 1. 기와로 덮다. 2. 기왓장처럼 겹쳐 놓다.
ímbrĭco[2], ĕre, *tr.* [imber] 비에 젖게 하다, 비 맞히다.
imbrícŭlus, i, *m.dim.* [imbrex] 작은 기와.
ímbrĭcus, a, um, *adj.* [imber] 비(雨)의, 비 내리는; 비를 몰아오는.「는, 비가 자주 오는.
ímbrĭdus, a, um, *adj.* [imber] 비가 많이 오
ímbrĭfer, fĕra, fĕrum, *adj.* [imber+fero] 비를 몰고오는: auster ~ *(Ov.)* 비를 몰고 오는 남풍. 「에 젖게 하다.
imbrífico, átum, áre, *tr.* [imber+fácio] 비
Imbrus[-os], i, *f.* *Ægǽum*해에 있는 작은 섬; 〔*adj.*〕 **-brĭus,** a, um. 「더럽히다.
imbúlbĭto, áre, *tr.* [in[1]+bólbitum] 오물로
ímbŭo, bŭi, bútum, ĕre, *tr.* 〔*alqd alqm – alqā re*〕 1. 적시다. 2. 더럽히다, **오염시키다**: imbútus superstitióne *(C.)* 미신에 빠진. 3. 스며들게 하다, **물들이다**; 전염시키다: Váriis imbúimur erróribus. *(C.)* 우리는 여러가지 오류에 물들고 있다. 4. **가르치다**, 교육하다; 가축을 길들이다.
imbúrso, áre, *tr.* [in[1]+bursa] 주머니에 넣다, (돈을) 착복하다. 「육.
imbutaméntum, i, *n.* [ímbuo] 가르침, 교
imbútĭo, ónis, *f.* [ímbuo] 1. 물들게 함; 오염시킴. 2. 입문(入門).
imitábĭlis, e, *adj.* [ímitor] 본받을 만한, 모방할 수 있는, 배울 만한.
imitámen, mĭnis,[**-méntum,** i,] *n.*[ímitor] 본받음, 모방, 흉내.
imitátĭo, ónis, *f.* [ímitor] 1. 본받음, 모방, 흉내. 2. 모조(模造); 모조품, 위조품, 가짜. 「모방의.
imitatívus, a, um, *adj.* [ímitor] 흉내내는,
imitátor, óris, *m.* [**-tátrix,** ícis, *f.*] [ímitor] 본받는 사람; 모방자, 흉내내는 사람.
imitátus, us, *m.* [ímitor] 모방.
ímĭto, átum, áre, *tr.* 본받다, 모방하다.
ímĭtor, átus sum, ári, *dep. tr. freq.* [*cf.* imágo] 1. **모방하다**, 흉내내다, 모조하다, 복사하다; 대체하다, 위조하다: ~ chirógraphum *(C.)* 남의 싸인을 위조하다 / ~ ferrum súdibus *(V.)* 막대기로 쇠[무기]를 대체하다. 2. (무엇을) 닮다, …와 비슷하다. 3. 묘사하다: summum luctum penicíllo ~ *(C.)* 심한 슬픔을 붓으로 묘사하다. 4. **본받다**, 모범으로[본보기로] 삼다, 보고 배우다. 「적으로.
ímĭtus, *adv.* [imus] 밑바닥으로부터, 근본
immaculábĭlis, e, *adj.* [in[2]+máculo] 더럽혀질 수 없는.
immaculátus, a, um, *adj.*[in[2]+máculo] 1. 더럽혀지지 않은, 티없는, 오점없는, 순결한, 결백한. 2. 죄[원죄]에 물들지 않은: Immaculáta Concéptio 성모마리아의 원죄 없으신 잉태.
immácŭlo, áre, *tr.* [in[1]+máculo] 더럽히다.
immadésco, madŭi, ĕre, *intr.* [in[1]+madésco] 축축해지다, 젖다. 「다, 적시다.
immádĭdo, áre, *tr.* [in[1]+mádido] 젖게 하
immádĭdus, a, um, *adj.* [in[1]+mádidus] 젖은, 축축한. 「이, 야만적으로.
immáne, *adv.* [immánis] 잔인하게, 짐승같
immanéntĭa, æ, *f.* 1. 《哲》 내재성(內在性, transcendéntia〈초월성〉의 상대어〈相對語〉). 2. 《神》 하느님의 편재(遍在).
immánĕo, ére, *intr.* [in[1]+máneo] 안에 있다, 내재(內在)하다; 〔*p.præs.*〕 **immănens,** éntis, 내재적(內在的).
immaniféstus, a, um, *adj.* [in[2]+maniféstus] 명백[분명]하지 않은, 드러나지 않은, 희미한.
immánis, e, *adj.* [in[2]+manus] 1. 거대한, 엄청난; 굉장한. 2. 전율할, 무서운, 무시무시한. 3. 비인도적인, 야만스러운, 짐승같은, 잔인한.
immánĭtas, átis, *f.* [immánis] 1. 거대함, 엄청남. 2. 야만, 미개; 잔인, 잔학.
immansuétus, a, um, *adj.* [in[2]+mansuétus] 길들지 않은, 야성(野性)의, 사나운, 야만의. 「썩지 않을, 시들지 않는.
immarcescíbĭlis, e, *adj.* [in[2]+marcésco]
immateriális, e, *adj.* [in[2]+materiális] 비물질적인, 무형의.
immateriálĭtas, átis, *f.* 비물질성.
immatúrĭtas, átis, *f.* [immatúrus] 1. 미숙(未熟); 미성년. 2. 성급함, 조급함.
immatúrus, a, um, *adj.* [in[2]+matúrus] 1. **익지 않은**, 선, 미숙한, 원숙하지 못한; 미성년의. 2. **때아닌**, 시기상조의, **조기**(早期)의, 조산(早産)의: mors immatúra 요절(夭折) / infans ~ 조산아.
immediátĭo, ónis, *f.* 《哲》 직접성(直接性), 직접화(直接化); 접촉.
immediátus, a, um, *adj.* [in[2]+mediátus] **직접적**; 바로의, 맞닿는; 즉석의; 〔*adv.*〕 **-te,** 직접, 곧.
immedicábĭlis, e, *adj.* [in[2]+medicábilis] 치료할 수 없는, 불치(不治)의: vulnus ~ *(Ov.)* 불치의 상처 / telum ~ *(V.)* 치명상을 입히는 화살. 「약 바른.
immedicátus, a, um, *adj.* [in[1]+médicor]
immeditátus, a, um, *adj.* [in[2]+méditor, meditátus] 생각하지 않은, 무반성의, 무분별의; 자연의; 〔*adv.*〕 **-te,** 생각없이, 졸렬하게, 경솔하게. 「개량된, 개선된.
immeliorátus, a, um, *adj.* [in[1]+melióro]
ímmĕmor, ŏris, *adj.* [in[2]+memor] 〔*gen.; inf.; absol.*〕 **기억하지 않는**, 생각나지 않는, **잊어버리는**[잊어버린], 염두에 두지 않

는; 저버리는: ~ benefícii *(T.)* 은혜를 저버리고.

immemorábĭlis, e, *adj.* [in² + memorábilis] **1.** 기억할 가치가 없는. **2.** 기억할 수 없는, 먼 옛날의, 태고의. **3.** 형언할 수 없는, 가없는, 헤아릴 수 없는.

immemorátĭo, ónis, *f.* [ímmemor] 망각.

immemorátus, a, um, *adj.* [in² + mémoro] 말하지 않은, 언급되지 않은; 새로운, 전대미문의.

imménsĭtas, átis, *f.* [imménsus] 잴 수 없음, 광대무변, 무한, 무변성(無邊性), 무량성(無量性). 「대하게.

imménsĭter, *adv.* [imménsus] 끝없이, 광

imménsum, i, *n.* [imménsus] **1.** 잴 수 없음, 광대함, 무한: ad ~ 무한히. **2.** 〔*adv.*〕 끝없이, 무한히.

immensurábĭlis, e, *adj.* [in² + mensurábilis] 잴 수 없는, 광대무변한, 무한한, 헤아릴 수 없는.

imménsus, a, um, *adj.* [in² + métior] 측량할 수 없는, 광대한, 끝없는, 무한한, 무량(無量)한. 「투하다.

ímmĕo, áre, *intr.* [in¹ + meo] 들어가다; 침

ímmĕrens, éntis, *adj.* [in² + méreo] **1.** 가치없는, 자격없는, 부당한. **2.** 무죄한.

immérgo, mérsi, mérsum, ĕre, *tr.* (in¹ + mergo] **1.** 〔*alqd[alqm]* in *acc., dat.,* (in) *abl.*〕 (물 같은데) 잠그다, 담그다, 가라앉히다: ~ manus in aquam *(Plin.)* 물에 손을 잠그다. **2.** 〔*pass. refl.*〕 **immérgi, se immérgere** 잠기다, 들어가다; 잠적(潛跡)하다. **3.** *refl.* **se** ~ 〔in *alqd, dat.*〕 빠지다, 잠기다, 탐닉하다, 몰두하다: ~ se stúdiis *(Sen.)* 연구에 몰두하다.

immérĭto, *adv.* [imméritus] 받을 자격 없이, 과분하게, 부당하게, 까닭없이.

imméritus, a, um, *adj.* [in² + méreo] **1.** 무죄한, (벌같은 것을) 받지 않아도 되는. **2.** 받을 자격이 없는, 과분한, 부당한, 공없는.

immersábĭlis, e, *adj.* [in² + merso] **1.** 가라앉힐 수 없는. **2.** 정복할 수 없는, 좌절되지 않는.

immérsĭo, ónis, *f.* [immérgo] **1.** 물에 잠금[담금], 침수; 《宗》 침례(浸禮). **2.** 침투, 몰입(沒入); 잠입(潛入). **3.** 전심, 몰두.

immetátus, a, um, *adj.* [in² + meto¹] 측량할 수 없는, 경계선 긋지 않은.

immígro, ávi, átum, áre, *intr.* [in¹ + migro] 〔in *acc.*〕 옮겨 들어가다, 이사하다, 이주하다. 「위급.

imminéntĭa, æ, *f.* [immíneo] 임박, 절박,

immínĕo, ére, *intr.* [in¹ + míneo] **1.** 〔*dat.*〕 우뚝 솟아 있다, 돌출하다: Collis urbi ímminet. *(V.)* 언덕이 도시 위로 우뚝 솟아 있다. **2.** 〔*dat.*〕 가까이 있다, 임박하다, 절박하다, 위급하다: Mors ímminet. *(C.)* 죽음이 가까왔다. **3.** 〔*dat.*〕 적의를 가지고 가까이 있다, 위협하다. **4.** 〔in, ad *acc.; dat.*〕 열중하다, 얻으려고 애쓰다, 노리다: ~ in occasiónem *(L.)* 기회를 노리다.

immínŭo, nŭi, nútum, ĕre, *tr.* [in¹ + mínuo] **1.** 〔*alqd* - de *abl.*〕 작게하다, 줄이다, 덜다, 감소하다, 단축하다. **2.** 약하게 하다, 쇠약해지게 하다. **3.** 침해하다, 깨뜨리다.

imminútĭo, ónis, *f.* [immínuo] **1.** 감소, 감축, 축소; 약화. **2.** 침해: ~ dignitátis *(C.)* 권위의 침해. 「작아진, 감소된.

imminútus¹, a, um, *p.p., a.p.* [immínuo]

imminútus², a, um, *adj.* [in² + minútus] 감해지지 않은, 있는 그대로의.

immíscĕo, míscŭi, míxtum [místum], ére, *tr.* [in¹ + mísceo] **1.** 〔*alqd[alqm]* - *dat.*〕 섞다, 혼합하다; 섞여 들게 하다; 〔*pass. refl.*〕 immiscéri, se immiscére 섞이다, 끼어들다, 참여하다. **2.** 결합시키다, 연결하다: ~ se nocti *(V.)* 어둠속으로 사라지다.

immiserábĭlis, e, *adj.* [in² + miserábilis] 불쌍히 여기는 이 없는, 동정받지 못하는.

immisericórdĭa, æ, *f.* [immiséricors] 무자비, 무정, 냉혹.

immisérĭcors, córdis, *adj.* [in² + misericors] 무자비한, 무정한, 냉혹한.

immíssĭo, ónis, *f.* [immítto] **1.** 들여보냄. **2.** ~ sarmentórum *(C.)* 포도가지를 (자르지 않고 남겨두어) 자라게 함.

immíssus, a, um, *p.p., a.p.* [immítto] **1.** 보내진: dolor ~ a Deo *(C.)* 하느님이 보내신 고통. **2.** 이끌어들인: canálibus aqua immíssa *(Cæs.)* 운하에 끌어들인 물. **3.** 늦추어진: immíssis frenis *(V.)* 고삐를 늦추어서, 말들을 달려서. **4.** 기른, 자라도록 내버려둔: immíssa barba *(V.)* 기른 수염, 긴 수염. 「러뜨릴 수 없는.

immitigábĭlis, e, *adj.* [in² + mítigo] 누그

immítis, e, *adj.* [in² + mitis] **1.** 익지 않은, 떫은, 신; 너무 이른: ~ uva *(H.)* 신 포도 / ~ mors *(Tib.)* 요절(夭折). **2.** 거친, 조악한, 무자비한, 잔인한, 사나운, 포악한: immítes venti *(Tib.)* 사나운 바람.

immítto, mísi, míssum, ĕre, *tr.* [in¹ + mitto] **1.** 〔*alqm[alqd]* - in *acc., dat.*〕 들여보내다, 들어가게 하다, 집어 넣다, 삽입하다; 침투시키다; 접붙이다: rami álii in álios immíssi *(L.)* 접목한 가지. **2.** 〔*refl.*〕 **se** ~ 뛰어들다, 돌입하다, 돌진하다: se ~ in médios hostes *(C.)* 적중에 돌진하다. **3.** 풀어주다, 늦추어주다. **4.** 자라게 내버려두다. **5.** 가게 하다, 돌진시키다; 발사(發射)하다, 쏘아 보내다. **6.** (병에) 걸리게 하다. **7.** 충동하다, 자극하다, 부추기다.

immíxtĭo, ónis, *f.* [immísceo] 혼합. ⌊다.

immíxtus, a, um, **1.** *p.p.* [immísceo] 섞

인, 혼합된. 2. *adj.* [in²+mísceo, mixtus¹] 혼합되지 않은, 깨끗한, 순(純).

immo [imo], *adv.* 〔단독으로 또는 다른 부사나 감탄사와 함께 쓰며, 가끔 질문에서 요구되는 대답 이상의 것이나 그것의 표정을 표시하는 데 많이 씀〕 **더구나, 더욱, 오히려, 그뿐더러,** …커녕 도리어, 그와는 달리, 천만에, 물론, 확실히: Hæ quid ad me? - Immo ad te áttinet. *(Pl.)* 이 여자들이 나와 무슨 상관이냐? - 왜 상관없단 말이냐, 상관이 있구말구! / Causa non bona est? - Immo óptima. *(C.)* 기회[이유]가 좋지 않다구? - 천만에! 가장 좋은 기회이지 / Vivit? - Immo vero étiam in senátum venit. *(C.)* *(Catilína*가) 살아있어? - (살아있다 뿐인가) 오히려 원로원에까지도 나오고 있는 걸! / Silebítne fílius? - Immo vero obsecrábit patrem ... *(C.)* 아들 녀석이 잠잠할까? - 잠잠하기는 커녕 오히려 아버지에게 간청할 거야.

immóbĭlis, e, *adj.* [in²+móbilis] 1. 움직일 수 없는, 움직이기 어려운, 부동하는. 2. 흔들리지 않는. 3. 조용한, 고요한. 4. 불변한, 항구한, 변동없는. 5. 무관심한, 감동되지 않는: ~ lácrimis *(V.)* 눈물에도 무감동한. 6. 늦은, 느린, 융통성없는. 7. 〔*adv.*〕 **-lĭter,** 완고하게, 부동자세로.

immobílĭtas, átis, *f.* [immóbilis] 부동, 불변, 고정, 정지; 무감동.

immoderántĭa, æ, *f.* [immoderátus] 무절제, 방종; 과도(過度).

immoderátĭo, ónis, *f.* [immoderátus] 지나침, 무절제, 과격, 과도.

immoderátus, a, um, *adj.* [in²+moderátus] 1. 한계없는, 제한없는, 무한한. 2. 절제없는, 방종한, 과도한.

immodéstĭa, æ, *f.* [immodéstus] 무례, 버릇없음, 단정치 못함, 자제력이 없음; 불순종; 방종.

immodéstus, a, um, *adj.* [in²+modéstus] 1. 무례한, 버릇없는, 단정하지 못한. 2. 무절제한, 억제받지 않는, 지나친.

immódĭcus, a, um, *adj.* [in²+módicus] 1. 도를 지나친, 과도한, 극단의. 2. 절제없는, 한없는; 방종한: immódica orátio *(Plin.)* 끝없는 연설.

immodulátus, a, um, *adj.* [in²+modulátus¹] 조화가 안되는, 운(韻)이 맞지않는.

immœ́nis = immúnis.

immolatícĭus, a, um, *adj.* [ímmolo] 제헌되는, 제물의.

immolátĭo, ónis, *f.* [ímmolo] 희생을 바침, 제사.

immolátor, óris, *m.* [ímmolo] 희생을 바치는 사람, 제관.

immolátum, i, *n.* [ímmolo] 바쳐진 (희생) 제물.

immolítus, a, um, *adj.* [in¹+mólior] 건축된, 세워진, 건설된.

ímmŏlo, ávi, átum, áre, *tr.* [in¹+mola] 1. (잡으려는) 희생동물에 소금섞은 밀가루를 뿌리다. 2. 〔*alqd - alci; absol.*〕 동물을 잡아 (신에게) 제물로 바치다: ~ bovem Diánæ *(C.)* *Diána*여신에게 소를 제물로 바치다. 3. 죽이다, 희생하다: *alqm* vúlnere ~ *(V.)* 아무를 상처내어 죽이다.

immorális, e, *adj.* [in²+morális] 부도덕한, 품행[소행]이 나쁜, 음란한; 미풍양속을 해치는.

immorálĭtas, átis, *f.* [immorális] 부도덕(성), 품행[소행]이 나쁨; 난행(亂行), 추행, 외설.

immórdĕo, mórdi, mórsum, ére, *tr.* [in¹+mórdeo] 물다, 물어뜯다.

immórĭor, *(rĕris, rĭtur),* mórtŭus sum, mŏri, *dep. intr.* [in¹+mórior] 〔*dat.*, in *abl.*〕 1. …에서 죽다: ~ soróri *(Ov.)* 누님 시체위에 엎혀 죽다 / ~ Euxínis aquis *(Ov.)* 흑해에 빠져 죽다. 2. 죽을 힘을 다해 …하다.

ímmŏror, átus sum, ári, *dep. intr.* [in¹+moror¹] 1. 머무르다, 지체하다. 2. 〔in *alqā re, alci rei*〕 곰곰이 생각하다, 궁리하다.

immortális, e, *adj.* [in²+mortális] 1. 불사(不死)의, 죽지 않는, **불멸의,** 불후(不朽)의, 영원한. 2. (불멸의 신처럼) 행복한, 복된.

immortálĭtas, átis, *f.* [immortális] 1. 불사(不死), **불멸(성),** 불후성(不朽性). 2. 불멸의 부분, 영혼. 3. 영원성, 불멸의 영광, 영원한 존재: immortalitátes *(C.)* 신(神)들, 신적 존재들. 4. 행복, 복.

immortálĭtus, *adv.* [immortális] 하느님으로부터, 불멸의 신들의 은혜로.

immótus, a, um, *adj.* [in²+móveo] 1. 움직이지 않는, 흔들리지 않는, 확고부동한. 2. 불변한, 고요한, 조용한, 안온한, 침착한: immótus dies *(Ta.)* (바람이) 조용한 날. 3. 결정된, 결론이 내려진.

immúgĭo, ívi [ĭi], íre, *intr.* [in¹+múgio] 〔*dat.*〕 1. …에서 (소가) 영각하다; 울부짖다. 2. 요란하게 울려 퍼지다.

immukología, æ, *f.* 《醫》 면역학.

immúlgĕo, ére, *tr.* [in¹+múlgeo] (젖을) 빨리다, 젖을 짜내다.

immundábĭlis, e, *adj.* [in²+mundo] 깨끗하게 할 수 없는.

immundítĭa, æ, [-tĭes, éi,] *f.* [immúndus] 불결, 더러움.

immúndus, a, um, *adj.* [in²+mundus] 더러운, 불결한, 깨끗하지 못한, 지저분한; (종교적으로) 부정(不淨)한, 부정탄.

immúnĭo, ívi, íre, *tr.* [in²+múnio] 견고히 하다, 방비를 튼튼히 하다, 요새화하다.

immúnis, e, *adj.* [in²+munus] 〔*abl.*, *gen.*; *absol.*〕 1. 의무없는, **면제된,** 면세된, 자유로운, 해방된, 상관없는: milítiā ~ *(L.)* 병역이 면제된 / ~ portoriórum *(L.)* 면세된. 2. 부담없는, 호의로 얻은, 한가한: ~

fucus *(V.)* (꿀치지 않는) 한가한 수펄 / agri immúnes *(C.)* 도지 물지 않는 밭. **3.** 벗어난, 말려들지 않은: urbs ~ belli *(V.)* 전쟁에 참가하지 않은 도시. **4.** 더럽혀지지 않은, 죄없는: ~ manus *(H.)* 죄없는 손. **5.** (전염병 따위에 대해) 면역이 된.

immúnĭtas, átis, *f.* [immúnis] 〔*gen.*〕 **1.** (의무·부담·부채 따위의) 면제; 공무(公務) 면제 특권, 특권적 예외규정: ómnium rerum ~ *(Cæs.)* 온갖 의무의 면제 / ~ reális 면세. **2.** …에서의 자유, 간섭받지 않음. **3.** 외교관 특권. **4.** (병의) 면역, 면역성.

immunítus, a, um, *adj.* [in² + múnio, munítus] **1.** 방비되지 않은: immuníta óppida *(L.)* 무방비 도시들. **2.** 포장되지 않은: ~ via *(C.)* 비포장 도로.

immurmurátĭo, ónis, *f.* [immúrmuro] **1.** 원망, 투덜댐. **2.** (짐승의) 울부짖음.

immúrmŭro, (ávi), átum, áre, *intr.* [in¹ + múrmuro] 〔*dat.; absol.*〕 속삭이다; 중얼거리다, 투덜대다, 원망하다: Silvis immúrmurat auster. *(V.)* 남풍이 숲에서 속삭인다.

immúsĭcus, a, um, *adj.* [in² + músicus] 음악을 모르는[이해하지 못하는]; 비음악적인.

immús(s)ŭlus, i, *m.* 《動》 매(鷹)의 일종.

immutábĭlis¹, e, *adj.* [in² + mutábilis] 변할 수 없는, 불변의. 「는, 변하는.

immutábĭlis², e, *adj.* [in¹ + muto¹] 변화되

immutabílĭtas, átis, *f.* [immutábilis¹] 불변(성).

immutátĭo, ónis, *f.* [immúto] **1.** 변화, 변환(變換), 변경, 바꿈, 교환, 개정. **2.** 《修》 환유(換喩), 전유(轉喩); 환치(換置).

immutátus¹, a, um, *p.p., a.p.* [immúto] 변화된, 바뀐. 「하지 않은, 불변의.

immutátus², a, um, *adj.* [in² + muto¹] 변

immutésco, mútŭi, ĕre, *intr. inch.* [in¹ + mutésco] 벙어리가 되다, 아무 말 하지 않다, 침묵하다, 잠잠하다, 묵비권을 사용하다.

immutilátus¹, a, um, *adj.* [in¹ + mútilo] 불구가 된, 불완전한, 잘린, 절단된.

immutilátus², a, um, *adj.* [in² + mútilo] 잘리지 않은, 결함이 없는, 온전한.

immúto, ávi, átum, áre, *tr.* [in¹ + muto¹] 변경하다, 바꾸다, 개정하다.

imo, *adv.* = immo.

Imp. 《略》 = Imperátor (황제).

impacátus, a, um, *adj.* [in² + pacátus] 평화스럽지 못한, 소란한, 싸우기 좋아하는.

impacíficus, a, um, *adj.* [in² + pacíficus] 평화없는, 투쟁적.

impáctĭo, ónis, *f.* [impíngo] 충돌, 찌름.

impǽnĭtens, éntis, *adj.* [in² + pǽnitens] 후회하지[뉘우치지] 않는, 참회하지 않는.

impæniténtĭa, æ, *f.* [impǽnitens] 회개하지[뉘우치지] 않음.

impallésco, pállŭi, ĕre, *intr. inch.* [in¹ +] 창백해지다, 파랗게 질리다.

impalpábĭlis, e, *adj.* [in² + palpo¹] 만져서 알 수 없는, 만져지지 않는. 「비.

impalpebrátĭo, ónis, *f.* 《醫》 안검(眼瞼)마

impanátĭo, ónis, *f.* [in¹ + panis] 《神》 빵 속의 성체설(聖體說), 빵과 성체 양립설(兩立說).

impar, păris, *adj.* [in² + par] 〔*absol.; dat.; abl.*〕 **1.** 동등하지 않은, 같지 않은, 고르지 못한: sinus ímpares magnitúdine *(Sall.)* 크기가 같지 않은 호주머니. **2.** 기수(奇數)의, 홀수의: númerus ~ *(V.)* 홀수. **3.** 맞지 않는, 어울리지 않는, 틀리는. **4.** 필적(匹敵)하지 못하는, 뒤떨어지는: consílio et víribus *(abl.)* ~, 지혜와 힘이 미치지 못하는. 「(胃病), 위기능 약화.

imparátĭo, ónis, *f.* [in² + paro¹] 《醫》 위병

imparátus, a, um, *adj.* [in² + paro¹, parátus¹] **1.** 준비되지 않은[못한], 공급받지 못한: Sumus imparáti cum a milítibus, tum a pecúniā. *(C.)* 우리는 군대도 돈도 준비되어 있지 않다. **2.** 상태가 좋지 않은.

impárĭlis, e, *adj.* [impar] 같지 않은, 틀리는. 「름, 상이(相異).

imparílĭtas, átis, *f.* [impar] 같지 않음, 다

impárĭtas, átis, *f.* [impar] 불평등; 홀수임, 기수(奇數)임. 「수 없는, 불가분의.

impartíbĭlis, e, *adj.* (= impártilis) 분할할

imparticipábĭlis, e, *adj.* [in² + partícipo] 참여할 수 없는.

imparticipátus, a, um, *adj.* [in² + partícipo] 한몫 끼지 못한, 참여하지 못한[않은].

impártĭlis, e, *adj.* [in² + pártilis] 부분으로 나눌 수 없는, 분할할 수 없는, 불가분의.

impáscor, *(ĕris, ĭtur)*, sci, *dep. intr.* [in¹ + pasco] (가축·양따위가) 사육되다, 풀뜯어 먹다.

impassíbĭlis, e, *adj.* [in² + passíbilis] 고통[고난]당할 수 없는, 손상되지 못할; 고통을 느끼지 않는.

impassibílĭtas, átis, *f.* 《神》 (부활한 육체의) 고통[고난]당할 수 없는 특성, 손상될 수 없음, 무손상. 「굶주린, 먹지 못한.

impástus, a, um, *adj.* [in² + pascor, pastus¹]

impatefáctus, a, um, *adj.* [in² + patefácio] 드러나지 않은, 감추어진.

impatíbĭlis, e, *adj.* [in² + patíbilis] 참을 수 없는, 견딜 수 없는, 난감한.

impátĭens, éntis, *adj.* [in² + pátiens] **1.** 〔*gen.; inf.; absol.*〕 견디지 못하는, 참지 못하는; 감당하지 못하는. **2.** 느끼지 못하는[않는], 무감각의, 무감동의.

impatiéntĭa, æ, *f.* [impátiens] **1.** 견디지 못함, 참지 못함, 성급함. **2.** 느끼지 못함[않음], 무감각, 무감동.

impavíditas, átis, *f.* [impávidus] 용맹, 용감, 대담. 「내지 않는, 용감한, 대담한.

impávĭdus, a, um, *adj.* [in^{2}+pávidus] 겁

impeccábĭlis, e, *adj.* [in^{2}+pecco] 범죄할 수 없는, 죄없는, 흠이 없는.

impeccántĭa, æ, *f.* [in^{2}+pecco] 무죄, 무죄성, 범죄불능성. 「음.

impedátĭo, ónis, *f.* [ímpedo] 받침대를 넣

impediméntum, i, *n.* [impédio] **1.** 방해(물), 장애, 지장, 고장: impediménto esse *(C.)* 장애가 되다. **2.** (여행용) 짐, 수하물; 《軍》 수행원. **3.** 〔*pl.*〕 《軍》 보급품; 보급부대, 수송부대; 복마(卜馬). **4.** 《敎法》 (혼인을 무효 또는 비합적으로 만드는) 장애, 조당(阻擋): ~ dírimens 무효(성) 장애[조당] / ~ impédiens 금지(성) 장애[조당].

IMPEDIMENTA

impédĭo, ívi[ii], ítum, íre, *tr.* [in^{1}+pes] **1.** (발을) 묶다·얽다·옭다: Impédiunt víncula pedes. *(Ov.)* 발이 사슬에 묶인다. **2.** 난처하게 만들다: Te ipse impédies. *(C.)* 네 스스로 난처해지리라. **3.** 〔*acc. - alqā re,* ab, in *abl.;* quóminus, ne, quin; *inf.; absol.*〕 말리다, **방해하다**, 막다, **못하게 하다**: morbo impedítus *(C.)* 병 때문에 장애를 받아 / ab *alqo* in suo jure impedíri *(Cæs.)* 자기 권리를 행사 못하도록 누구의 방해를 받다 / Nec ætas ímpedit, quóminus *c. subj.* *(C.)* 나이도 (우리가) …하는 것을 막지 못한다.

impedítĭo, ónis, *f.* [impédio] 방해, 장애, 고장.

impedítus, a, um, *p.p., a.p.* [impédio] **1.** 짐을 진, 둘러막힌: ~ silva *(Cæs.)* 숲에 둘러막힌. **2.** 곤란해진, 난처해진: Victóribus nihil impedítum est. *(Cæs.)* 승리자들에게는 곤란한 일이 있을 수 없다. **3.** 방해받는. 「다, 버팀목으로 버티다.

ímpĕdo, áre, *tr.* [in^{1}+pedo^{1}] 받침대를 세우

impéllo, pŭli, púlsum, ĕre, *tr.* [in^{1}+pello] **1.** 때리다, 때려 부수다. **2.** 몰다, 움직이게 하다: ~ navem remis *(V.)* 노로 배를 젓다. **3.** 〔*alqm* ad, in *alqd;* ut, ne, *inf.*〕 자극하다, 충동하다, 유인하다: ~ *alqm* ad scelus *(C.)* 누구를 죄로 유인하다. **4.** (쓰러져가는 것을) 밀어 넘어뜨리다, 밀치다, 떼밀다, 함락시키다: ~ *alqm* ruéntem *(Ta.)* 넘어지는 사람을 빨리 넘어지게 하다.

impéndĕo, ére, *intr.* [in^{1}+péndeo] **1.** 〔*dat.*〕 위에 걸리다, 돌출하다: ~ cervícibus *alci* 누구의 목에 걸려있다. **2.** 〔in *alqm; alci*〕 가까이 있다, 절박하다, 위협하다, 닥치다, 임박하다. **3.** *tr.* 위협하다: Te impéndent mala. *(T.)* 불행이 너를 위협하고 있다.

impéndĭo, *adv.* [impéndium] 매우, 대단히, 많이, 풍족히: ~ magis *(C.)* 더 더욱.

impendiósus, a, um, *adj.* [impéndium] 낭비하는, 소비성의.

impéndĭum, ĭ, *n.* [**-dĭa,** æ, *f.*] [impéndo] **1.** 소비된 금전, 경비, 비용, 값, 지출. **2.** 이자(利子). **3.** 손실, 낭비, 허비.

impéndo, péndi, pénsum, dĕre, *tr.* [in^{1}+pendo] 〔*alqd* in *acc.;* in, pro *abl.; dat.; absol.*〕 소비하다, 지출하다, (시간·노력 따위를) 들이다: ~ pecúniam in bellum *(Curt.)* 전쟁에 돈을 쓰다 / ~ tempus stúdiis *(C.)* 공부에 시간을 들이다.

impenetrábĭlis, e, *adj.* [in^{2}+penetrábilis] **1.** 꿰뚫리지 않는, 꿰뚫을 수 없는; 뚫고 들어갈 수 없는. **2.** 접근할 수 없는; 난공불락의.

impenetrabílĭtas, átis, *f.* 불가침투성(不可浸透性), 불가입성(不可入性).

impénsa, æ, *f.* [impéndo] **1.** 지출, 비용: meis impénsis *(Ov.)* 내 부담으로. **2.** 희생: ~ cruóris *(Ov.)* (자기) 생명을 바쳐서.

impénse, *adv.* [impénsus^{1}] **1.** 큰 비용을 들여; 화려하게. **2.** 애써서, 열심히, 한껏, 대단히, 많이, 상당히; 열렬히. 「가.

impénsor, óris, *m.* [impéndo] 소비자; 노력

impénsus^{1}, a, um, *p.p., a.p.* [impéndo] **1.** (값이) 상당한, 비싼: impénso prétio *(C.)* 비싼 값으로, 비싸게. **2.** 강렬한, 열렬

impénsus^{2}, us, *m.* 비용. ⌊한; 간절한.

imperabílĭter, *adv.* [ímpero] 명령적으로.

imperátĭo, ónis, *f.* [ímpero] 명령, 통치.

imperatívus, a, um, *adj.* [ímpero] **1.** 명령적인. **2.** 《文法》 명령법의: (modus) ~ 명령법. **3.** 《哲》 *m.* ~ categóricus (*Kant* 의) 정언적(定言的) 명령, 지상명령.

imperátor, óris, *m.* [ímpero] **1.** (총)사령관, 원수(元帥); 개선장군 (전승장군에 대한 칭호). **2.** (*Július Cæsar* 이후) 황제(의 명칭): ~ Augústus *(Suet.)* *Augústus* 황제 / Imperátor, *Roma* 황제. **3.** 명령자, 지배자, 장(長).

imperatórĭus, a, um, *adj.* [imperátor] **1.** 사령관의, 개선장군의. **2.** 황제의; 〔*adv.*〕 **-rĭe,** 장군처럼; 황제처럼.

imperátrix, ícis, *f.* [imperátor] 명령하는 여자; 여황(女皇), 여제(女帝), 황후.

imperátus^{1}, a, um, *p.p.* [ímpero] 명령된, 지시된: orátio imperáta 명령기도 / imperáta pecúnia *(Cæs.)* 바쳐야 할 돈; 〔*subst.*〕 *n.* 명령, 지시, 칙령: imperátum fácere *(Cæs.)* 명령을 이행하다.

imperátus^{2}, us, *m.* 명령, 지시.

imperceptus, a, um, *adj.* [in^{2}+percípio] 감지(感知)되지 않은, 눈치채이지 않은.

impérco, ĕre, *intr.* [in^{1}+parco] 〔*dat.*〕 절약하다.

impercússus, a, um, *adj.* [in^2+percútio] 타격받지 않은; 요란한 소리 나지 않는, 조용한. 「되지 않은, 죽지 않은.

impérdĭtus, a, um, *adj.* [in^2+perdo] 파멸

imperféctĭo, ónis, *f.* [imperféctus] 불완전; 결점.

imperféctus, a, um, *adj.* [in^2+perfício] 불완전한, 미완성의; 《文法》 *n.* (prætéritum) imperféctum 미완료 과거, 반(半)과거.

imperfóssus, a, um, *adj.* [in^2+perfódio] 꿰뚫리지 않은. 「황실의. **2.** 제국(帝國)의.

imperiális, e, *adj.* [impérium] **1.** 황제의,

imperialísmus, i, *m.* **1.** 제정(帝政). **2.** 제국주의.

imperiósus, a, um, *adj.* [impérium] **1.** 지휘권[명령권]을 쥐고 있는, 권력[세력]있는, 지배권을 가진: urbes magnæ atque imperiósæ *(C.)* 크고 세력있는 도시 / ~ sibi *(H.)* 자제력 있는. **2.** 독단적인, 전제군주적인, 폭력적인, 공격적인, 엄한: nimis ~ philósophus 너무 엄격한 철학자.

imperítĭa, æ, *f.* [imperítus] 무식; 무경험, 미숙, 정통하지 못함.

impérĭto, ávi, átum, áre, *intr.*, *tr.* [ímpero] **1.** 〔*dat.*〕 지배하다. **2.** 〔*alqd alci; absol.*〕 명령하다, 지시하다: æquam rem ~ *(H.)* 옳은 일을 명하다.

imperítus, a, um, *adj.*[in^2+perítus^1] 〔*gen.*, in *abl.*; *absol.*〕 미숙한, 경험없는, 정통하지 못한, 서투른, 잘 모르는, 전문적이 아닌.

impérĭum, i, *n.* [ímpero] **1.** 명령, 지시; 칙령. **2.** 〔*absol.*; in *acc.*〕 명령권, 권한; 지배력, 제어력: ~ in te *(Pl.)* 너에 대한 권한. **3.** 통치권, (국가의) 절대권, 최고 지배권. **4.** 통치, 지배. **5.** 정부, 정권; 관권, 문관의 직권. **6.** (군대의) 통수권, 사령권, 지휘권: cum império esse *(C.)* 사령권을 가지고 있다 / summum ~ *(N.)* 최고 사령권. **7.** 통치되는 지역, 제국. **8.** 황제, 통치자.

imperjurátus, a, um, *adj.* [in^2+perjúro] 거짓 맹세를 하지 않는, 위증을 하지 않는.

impermeábĭlis, e, *adj.* [in^2+pérmeo] 통과할 수 없는; 물이 새지 않는.

impermíscĕo, míxtus, ére, *tr.* [in^1+permísceo] 혼합하다. 「금지된, 불가한.

impermíssus, a, um, *adj.* [in^2+permítto]

impermíxtus, a, um, **1.** *p.p.* [impermísceo] 혼합된, 섞인. **2.** *adj.* [in^2+permísceo, permíxtus] 섞이지 않은, 혼합되지 않은.

impermutábĭlis, e, *adj.* [in^2+permúto] 뒤바꿀 수 없는, 대치할 수 없는, 변동시킬 수 없는.

ímpĕro, ávi, átum, áre, [in^1+paro^1] **I.** *tr.* **1.** 〔*alqd - alci*; ut, ne, *subj.*; *inf.*, *acc. c. inf.*; *pass.*; *nom. c. inf.*; *absol.*〕 **명령하다,** …하도록 명하다: Mihi, ne abscédam, ímperat. *(T.)* 그는 나에게 떠나지 말라고 명한다. **2.** (돈·양곡·선박·군대·무기 따위의) 공급[조달]을 명하다, 납부(納付)하게 하다.
II. *intr.* 〔*dat.*; *absol.*〕 다스리다, 통치하다, 지배하다, 지휘하다, 통솔하다, 억제[제어]하다: ~ sibi *(C.)* 자신을 지배하다.

imperpétŭus, a, um, *adj.* [in^2+perpétuus] 비영구적, 영원히 가지 못하는, 덧없는.

imperscrutábĭlis, e, *adj.* [in^2+perscrútor] 조사할 수 없는, 측량할 수 없는.

impersonális, e, *adj.* [in^2+personális] **1.** 《文法》 비인칭의, 비인칭법의: verbum impersonále 비인칭동사; 〔*adv.*〕 **-lĭter,** 비인칭적으로. **2.** 개인에 관계없는, 개인[특정인물]을 지적하지 않은. **3.** 인격을 가지지 않는, 비인격적인.

impersonatívus, i, *m.* (*sc.* modus) [in^2+persóna] 《文法》 부정법(不定法).

imperspicábĭlis, e, *adj.* [in^2+perspicábilis 들여다 볼 수 없는; 관통할 수 없는.

imperspícŭus, a, um, *adj.* [in^2+perspícuus] 분명치 않은, 희미한, 통찰키 어려운.

impertérrĭtus, a, um, *adj.* [in^2+pertérreo] 겁내지[놀라지] 않는, 대담한.

impértĭnens, éntis, *adj.* [in^2+pértinens] 관계되지 않는, 상관없는, 속하지 않은, 엉뚱한.

impértĭo[**-pártĭo**], ívi[ĭi], ítum, íre, [**-tĭor,** íri, *dep.*] *tr.* [in^1+pártio^2] 〔*alqd dat.*〕 **1.** 나누어 주다, 분배하다; 주다, 베풀다, 부여하다; (무엇에) 바치다, 들이다: Collégæ meo laus impertítur. *(C.)* 내 동료가 칭찬을 받는다 / ~ tempus cogitatióni *(C.)* 생각할 시간의 여유를 주다 / labórem hóminum perículis sublevándis ~ *(C.)* 사람들의 위험을 덜어주는 데에 수고를 들이다. **2.** 〔*alqm alqā re*〕 참여케 하다, 한몫끼게 하다, 전해 주다, 갖추어 주다: ~ *alqm* salúte 누구에게 건강을 빌어 주다, 인사하다, 경의를 표하다 / *alqm* doctrínis ~ *(N.)* 누구에게 지식을 가르쳐 주다. 「택.

impertíta, órum, *n.pl.* [impértio] 받은 혜

impertítĭo, ónis, *f.* [impértio] 분배; 베풀어 줌, 시여(施與).

imperturbábĭlis, e, *adj.* [in^2+pertúrbo] 침착한, 초연한, 냉정한; 소란스럽지 않은.

imperturbátĭo, ónis, *f.* [in^2+pertúrbo] 침착, 냉정, 태연자약, 평온.

imperturbátus, a, um, *adj.* [in^2+pertúrbo] 동요되지 않은, 조용한, 침착한, 평온한, 안온한.

impérvĭus, a, um, *adj.* [in^2+pérvius] **1.** 통과[통행]할 수 없는, 통과시키지 않는; 실행할 수 없는. **2.** 받아들이지 않는.

impes, ĕtis, *m.* 〔*sg. gen.*, *abl. tt.*〕 (= ímpe-

tus) 공격, 돌격; 격렬; 폭력.
impetíbĭlis, e, *adj.* = impatíbilis.
impetiginósus, a, um, *adj.* [impetígo] 《醫》 농가진(膿痂疹)에 걸려 있는, 농가진성의.
impetígo, gĭnis, *f.* 《醫》 농가진(膿痂疹).
impetítus, a, um, *p.p.* [ímpeto] 공격받은.
impĕto, títum, ĕre, *tr.* [in¹ + peto] **1.** 공격하다, 습격하다, 치다. **2.** 고발하다.
impetrábĭlis, e, *adj.* [ímpetro] **1.** 〔*pass.*〕 쉽게 얻을 수 있는, 도달할[성취될] 수 있는: ~ vénia *(L.)* 쉽게 받을 수 있는 용서. **2.** 〔*act.*〕 쉽게 획득하는, 쉽게 이룩하는, 소원성취하는, 설득력있는: orátor ~ *(Pl.)* 설득력있는 연설가 / dies ~ *(Pl.)* 일이 잘 되어가는 날.
impetrátĭo, ónis, *f.* [ímpetro] 간청하여 얻음, 관철(貫徹); 성취, 목적달성.
impetratívus, a, um, *adj.* [ímpetro] 청하여 얻는, 소원성취하는.
impetrátor, óris, *m.* [ímpetro] 청하여 얻는 자; (소원) 성취자, 목적 달성자.
impétrĭo, ívi[ii], ítum, íre, *intr. desid.* [ímpetro] (조점술〈鳥占術〉의 점괘에서) 좋은 결과[징조]를 예고하다, 성취[달성]하려 하다.
impetrítum, i, *n.* [impétrio] 조점술(鳥占術)에서 좋은 점괘[징조]가 나옴·허가됨.
ímpĕtro, ávi, átum, áre, *tr.* [in¹ + patro] 〔*alqd*- ab *alqo;* ut, ne; de *alqā re; absol.*〕 (노력으로 혹 간청해서) 얻다, **구득(求得)하다,** 획득하다, **성취하다,** 목적달성하다, 실현하다: Impetrábis a Cǽsare, ut tibi abésse líceat. *(C.)* 너는 *Cæsar*에게 청하여 결석할 수 있으리라.
impetuósus, a, um, *adj.* [ímpetus] 격렬한, 공격적인.
ímpĕtus, us, *m.* 〔*dat.* -u도 있음〕 [ímpeto] **1.** 공격, 습격: ímpetum fácere in hostes *(C.)* 적을 공격하다. **2.** 심한 충동, 충격; 급격한 움직임, 격렬. **3.** (마음의) 충동, 열정, 격정; 설득력: divínus ~ *(C.)* 영감.
impéxus, a, um, *adj.* [in² + pecto] **1.** 빗질하지 않은, 흐트러진. **2.** 거친, 투박한, 꾸미지 않은.
impiaméntum, i, *n.* [ímpio] 더럽힘, 모독.
ímpĭco, átum, áre, *tr.* 송진을 바르다.
impíĕtas, átis, *f.* [ímpius] 불경건(不敬虔), 신심없음; 불경(不敬), 불효, 불충(不忠); 사악, 흉악, 배신; 〔*pl.*〕 죄, 악행.
ímpĭgens, éntis, *adj.* [in² + piget] 싫증모르는; 끊임없는, 연속적인.
ímpĭger, gra, grum, *adj.* [in² + piger] 〔in *abl.*, ad *acc.; abl., gen.; inf.*〕 게으르지 않은, 부지런한, 재빠른, 적극적인, 근실한, 꾸준한.
impígnĕro, áre, *tr.* [in¹ + pignus] 저당잡히다.
impígrĭtas, átis, [**-grítĭa,** æ,] *f.* [ímpiger] 근면; 활발, 민활, 능동성, 활동성.
impílĭa, ĭum, *n.pl.* [in¹ + pilus¹] 모전(毛氈)으로 만든 신.
impíngo, pégi, páctum, ĕre, *tr.* [in¹ + pango] 〔*alqd*[*alqm*] - in *acc.; dat.*〕 **1.** 박이[부서] 넣다, 처넣다, 몰아넣다: pugnum in os ~ *(Pl.)* 한 웅큼 입에 넣다. **2.** 던지다, 후려치다, 부딪치다, 떼밀다, 밀어 붙이다; 추격하다: *alci* lápidem ~ *(Phædr.)* 누구에게 돌을 던지다 / paríeti caput ~ *(Plin.)* 벽에 머리를 부딪다. **3.** 강요[강제]하다, 억지로 받게[…하게] 하다, 끼치다: *alci* cálicem ~ *(C.)* 아무에게 잔을 강제로 쥐어 주다.
impinguátĭo, ónis, *f.* [impínguo] **1.** 살찜, **2.** 살찌움. 비대해짐.
impínguo, ávi, átum, áre, [in¹ + pinguis] **1.** *tr.* 살찌우다, 비대해지게 하다. **2.** *intr.* 살찌다, 비대해지다.
ímpĭo, ávi, átum, áre, *tr.* [ímpius] 불효[불충]한 자 되게 하다, 경건하지 못하게 하다, (죄 따위로) 더럽히다; 〔*refl.*〕 **se** ~ 불효[불충]의 죄를 범하다, 죄를 짓다.
ímpĭus, a, um, *adj.* [in² + pius] **1.** 의무를 다하지 않는, 불충실한. **2.** 불경스러운, **경건하지 않은,** 신(앙)심없는; **불효한,** 불충한; 매국적인. **3. 흉악한,** 부도덕한, 패륜한.
implacábĭlis, e, *adj.* [in² + placábilis] 〔*alci,* in *alqm; absol.*〕 화해할 수 없는, 달랠 수 없는, 앙심먹은; 가차없는, 용서없는, 엄한.
implacabílĭtas, átis, *f.* [implacábilis] 달래기 어려움, 화해불능.
implacátus, a, um, *adj.* [in² + placo] 진정되지 않은, 만족하지 못한, 화해되지 않은, 앙심품은, 잔혹한.
implácĭdus, a, um, *adj.* [in² + plácidus] **1.** 차분하지 못한. **2.** 사나운, 잔인한.
implágĭum, i, *n.* 작은 그물.
implanátor, óris, *m.* [impláno] 사기꾼, 속이는 자.
impláno, ávi, átum, áre, *tr.* [in² + planus¹] 속이다.
implánus, a, um, *adj.* [in² + planus¹] 평평하지 않은.
implébĭlis, e, *adj.* [ímpleo] 채워질 수 있는; 충만케 할.
impléctо, pléxi, pléxum, ĕre, *tr.* [in¹ + plecto²] 섞어 짜다, 겯다, 합쳐 꼬다; 얽히게 하다: vídua impléxa luctu contínuo *(Ta.)* 계속되는 슬픔 속에 잠겨있는 과부.
impleméntum, i, *n.* [ímpleo] 채움; 완성.
implĕo, plévi, plétum, ére, *tr.* [in¹ + pleo] **1.** 〔*alqd*[*alqm*] - *alqā re,* 드물게는 *alcjs rei*〕 **가득 채우다,** 충만케 하다. **2.** 〔*refl.* (*pass.*)〕 **se**~, (impléri) 배불리 먹다. **3.** 뚱뚱해지게 하다, 굵어지게 하다; 새 살을 돋게 하다. **4.** 임신시키다. **5.** 수량에 이르게 하다, 수를 채우다; **시간[기한]을 채우다. 6.** (모자라는 부분을) 메우다, **채우다,** 보충하다. **7.** 만족시키다, 충족시

키다: ~ se regum sánguine(*C.*) 왕들의 피로 만족하다. **8.** 완료하다, 마치다, 완성하다, 수행(遂行)하다, 성취하다: offícium scribéndi ~ (*C.*) 쓰는 일을 마치다.

implétĭo, ónis, *f.* [ímpleo] **1.** 가득 채움; 가득 참, 충만. **2.** 완성; 완료.

impletívus, a, um, *adj.* [ímpleo] 채우는, 완성하는. 「음; 얽힘, 꼬임, 엉킴.

impléxĭo, ónis, *f.* [implécto] 섞어 짬, 엮

impléxus, us, *m.* [implécto] 엮음; 얽힘, 꼬임, 엉킴.

implicátĭo, ónis, *f.* [ímplico] **1.** 얽히게 함, 엮음; 얽힘. **2.** 연루, 관련, 휩쓸림, 밀접한 관계. **3.** 혼란, 어지러운 형편, 착잡, 분규.

implicátus, a, um, *p.p., a.p.* [ímplico] **1.** 끼어든, 말려든, 연루된; 엉킨, 얽힌, 복잡한, 혼란한, 곤란해진. **2.** 함축적; 분명하지 않은.

implicíscor, (*ĕris, ĭtur*), sci, *dep. intr. inch.* [ímplico] 엉키다, 혼란해지다; 정신이 착란해지다. 「규시키다, 엉키게 하다, 엮다.

implícĭto, ávi, átum, áre, *tr.* [ímplico] 분

implícĭtus, a, um, *p.p., a.p.* [ímplico] **1.** 함축적, 은연중 내포된, 은연한, 암암리의. **2.** 빠져든, 휘말린.

ímplĭco, cávi[cŭi], cátum[cĭtum], áre, *tr.* [in¹ + plico] **1.** 〔*alqd*[*alqm*] - *abl., dat.,* cum *abl.*〕 **얽히게 하다,** 엉키게 하다, 뒤섞이게 하다; 휘감다, 얼싸안다; 붙잡다: ~ brácchia collo *alcjs*(*Ov.*) 두 팔을 누구의 목에 감다 (두 팔로 목에 매달리다). **2.** 〔*alqm abl.; ad alqd; absol.*〕 (성가신 일에) 휩쓸어 넣다, 종사케 하다, 끌어넣다, 말려들게 하다, 간섭받게 하다, 관련시키다; 혼란하게 하다: *alqm* ~ bello(*V.*) 전쟁에 몰아넣다 / 〔*pass. refl.*〕 se ~, implicári *alqā re* [*alci rei*] 어떤 일에 휩쓸리다, 빠져들다, 걸려들다, 관련되다, 간섭받다, 혼란되다. **3.** 〔*dat.,* in *acc.; absol.*〕 implícitus morbo (*Cæs.*), ~ in morbum(*N.*) 병에 걸린. **4.** *pass. refl.* **se ~, implicári** 〔*abl.*〕 긴밀한 관계를[우정을] 맺다, 가까이 지내다: se ~ societáte cívium(*C.*) 시민들과 사귀다.

implorábĭlis, e, *adj.* [implóro] 애원[탄원]할 만한. 「도움을 간청함.

implorátĭo, ónis, *f.* [implóro] 탄원, 애원,

implóro, ávi, átum, áre, *tr.* [in¹ + ploro] 〔*alqm* - ut [ne]; *alqd* - ab *alqo; absol.*〕 탄원하다, 애원하다, 간청하다, 눈물로써 도움을 요청하다. 「을 씌우다; 납땜하다.

implúmbo, ávi, áre, *tr.* [in¹ + plumbo] 납

implúmis, e, *adj.* [in² + pluma] 깃털없는; 벌거벗은.

ímplŭo, plŭi, plútum, ĕre, [in¹ + pluo] **1.** *intr.* 〔in, super *acc.*〕 비가 내리다, 비가 들이치다; 비처럼 쏟아지다. **2.** *tr.* 적시다, 물뿌리다.

implúvĭum, i, *n.* [ímpluo] *Roma*식 주택에서 네모진 빗물 저수조가 있는 안뜰.

impœ́nĭtens, éntis, *adj.* [in² + pœ́nitens] 회개[참회]하지 않는, 뉘우치지 않는.

impœniténtĭa, æ, *f.* 회개[참회]하지 않음.

impœnítus, a, um, *adj.* (= impunítus) 벌받지 않은.

impolítĭa, æ, *f.* [impolítus] 손질하지[돌보지] 않음, 불결(不潔), 가꾸지 않음; 태만.

impolítus, a, um, *adj.* [in² + polítus] **1.** 다듬지 않은, 갈지[닦지] 않은, 윤을 내지 않은: lapis ~ (*Q.*) 자연석. **2.** 세련되지 않은, 불완전한, 미완성의.

impollútus, a, um, *adj.* [in² + pólluo] 더럽혀지지 않은, 깨끗한, 순결한.

impóno, pósŭi, pósĭtum, pónĕre, *tr.* [in¹ + pono] **1.** 〔*alqd* in, super *acc.;* in *abl.; dat.; absol.*〕 **얹다, 올려 놓다,** 씌우다, 두다, 배치하다: ~ dextram in caput(*L.*) 오른손을 머리에 얹다 / ~ *alci* corónam(*C.*) 누구에게 화관을 씌우다. **2.** 〔*alqm*[*alqd*] - in navem, nave〕 배에 태우다, 승선시키다, 싣다. **3.** 〔*alqd* in, super *acc.; dat.*〕 (약·치료제 따위를) 바르다, 붙이다, 대다. **4.** 〔*alqd* - *dat.*〕 끼치다, 입히다, (낙인 따위를) 찍다; (생각 따위를) 갖게 하다. **5.** 〔*alqd dat.*〕 (괴롭고 힘든 의무나 짐 따위를) **짊어지우다, 떠맡기다,** 책임지우다, 부과하다: ~ *alci* onus(*C.*) 누구에게 짐을 지우다 / ~ pœnas culpæ(*Phædr.*) 죄를 벌하다. **6.** 〔*alqd* - *dat.*〕 지시하다, 명하다, 규정하다, (법 따위를) 세우다, 제정하다. **7.** 〔nomen *alci* (*rei*)〕 이름 붙이다[지어주다], 명명하다. **8.** ~ finem[manum] *alci rei* 마무르다, 끝내다, 손떼다. **9.** 〔*alqm* - *dat.* - *acc. præd.*〕 **임명하다,** 직책을 맡기다: ~ custódem hortis(*N.*) 공원의 경비원을 임명하다 / Consul est impósitus is nobis.(*C.*) 그는 우리의 집정관으로 임명되었다. **10.** 〔*dat.*〕 속이다: Catóni egrégie impósuit Milo noster.(*C.*) 우리의 *Milo*가 *Cato*를 멋지게 속였다. 「드는 사람.

impórcĭtor, óris, *m.* [impórco] 밭이랑 만

impórco, átum, áre, *tr.* [in¹ + porca] 밭이랑을 만들다; 밭이랑에 씨를 뿌리다.

importábĭlis, e, *adj.* [in² + porto] 운반할 수 없는, 짊어질 수 없는; 견디기 어려운.

importatícĭus, a, um, *adj.* [impórto] 수입된, 외래(품)의.

impórto, ávi, átum, áre, *tr.* [in¹ + porto] **1.** 〔*alqd* - in, ad *acc.*〕 들여오다, 수입하다, 도입하다. **2.** 〔*alqd* - *dat.*〕 가져오다, 끼치다; 소개하다: ~ calamitátem *alci*(*C.*) 누구에게 재앙을 가져오다.

importúnĭtas, átis, *f.* [importúnus] **1.** (시간·장소의) 불리, 불편, 부적합; 귀찮음,

성가심, 집요하게 조름. **2.** 버릇없음, 무례, 오만불손, 주제넘게 나섬, 무분별, 난폭함.

importúnus, a, um, *adj.* [in² + porto] **1.** 부적합한, 부적당한, 불편한, 불리한: aggéribus locus ~ *(Sall.)* 제방을 쌓기에 불편한 장소 / ~ tempus *(C.)* 불리한 시간. **2.** 불길한, 재수나쁜; 위험한: ~ bubo *(V.)* 불길한(불길을 알리는) 올빼미. **3.** 성가신, 귀찮은, 집요한; 무분별한, 시간과 장소를 가리지 않는. **4.** 독단적인, 버릇없는, 오만불손한, 거친, 잔인한. **5.** 〔*adv.*〕 **-ne**, 귀찮게, 부적당하게; 불쑥; 계속하여.

importuósus, a, um, *adj.* [in² + portuósus] 항구가 없는; 피난처가 없는.

impos, pŏtis, *adj.* [in² + potis] 〔*gen.*; *absol.*〕 힘없는, 무능한, 불능한: ~ ánimi *(C.)*, ~ sui *(Sen.)* 정신없는[나간].

impositícius, a, um, *adj.* [impositio] 위에 둔, 얹어 놓은, 덧붙인.

impositĭo, ónis, *f.* [impóno] **1.** 얹어놓음, 덮음: ~ mánuum 안수(按手). **2.** 이름붙임, 명명.

impositívus, a, um, *adj.* [impositio] 얹어 놓은, 덧붙인; 보조적인.

impósĭtor, óris, *m.* [impóno] 명명자(命名者).

impossibĭlis, e, *adj.* [in² + possíbilis] 불가능한, 할[될] 수 없는.

impossibilĭtas, átis, *f.* [impossíbilis] 불가능(성), 불능.

impóstor, óris, *m.* [impóno] 기만자, 속이는 자.

impostúra, æ, *f.* [impóno] 기만, 사기.

impotábĭlis, e, *adj.* [in² + poto] 마실 수 없는.

ímpŏtens, éntis, *adj.* [in² + potens] **1.** 힘없는, 허약한, 무력한; (남자의) 교접불능의. **2.** 〔*gen.*〕 제어[지배]할 수 없는, 다스릴 줄 모르는, **무능한**, 할 자격이 없는: ~ rerum suárum *(L.)* 자기 일을 처리하지 못하는 / equi impoténtes regéndi *(L.)* 제어할 수 없는 말들. **3.** 〔*gen.*; *inf.*; *absol.*〕 자제력이 없는, 걷잡지 못하는; 걷잡을 수 없는, 제멋대로의, 방종한, 사나운, 난폭한: ~ sui *(Curt.)* 제 정신이 아닌.

impoténtĭa, æ, *f.* [ímpotens] **1.** 허약, 무력, 무능; (남자의) 교접불능, 음위(陰萎). **2.** 자제력이 없음; 무절제, 방종; 격정.

impræmeditáte, *adv.* [in² + præméditor] 예측 밖에, 계획없이.

impræparátus, a, um, *adj.* [in² + paro¹] 미리 준비되지 않은.

impræpedítus, a, um, *adj.* [in² + præpédio] 방해받지 않은; 〔*adv.*〕 **-te**, 방해없이, 무사히.

impræputiátus, a, um, *adj.* [in² + præpútium] 할례받지 않은.

impræsciéntĭa, æ, *f.* [in² + præ¹ + sciéntia] 선견없음, 미리 알지 못함.

impræsentiárum, *adv.* [in¹ + præséntia (harum) rerum] 현재 상태에서, 지금, 당장, 당분간.

impræstábĭlis, e, *adj.* [in² + præstábilis] 공급할 수 없는, 빌려줄 수 없는; (남에게) 아무것도 해주는 것이 없는.

imprúnsus, a, um, *adj.* [in² + pransus] 늦은 아침(또는 점심)을 먹지 않은; 굶은, 공복의, 단식의.

imprecátĭo, ónis, *f.* [ímprecor] **1.** 재난을 빎, 저주, 악담. **2.** 축원, (좋은 일의) 기원(祈願).

ímprĕcor, átus sum, ári, *dep. tr.* [in¹ + precor] **1.** 〔*alqd* - *alci*〕 (재난·손해 따위가) 내리라고 빌다, 저주하다, 악담하다. **2.** 〔*alqd alci*〕 축원하다. **3.** 〔*alqm*〕 (누구에게) 기도하다, 기구(祈求)하다.

imprensíbĭlis, e, *adj.* [in² + prehéndo] 파악할 수 없는, 깨달을 수 없는.

imprésse, *adv.* [ímprimo, impréssus] **1.** 세게 눌러서, 강하게, 자국이 남도록. **2.** 깊이 있게, 심각하게, 신중하게.

impréssĭo, ónis, *f.* [ímprimo] **1.** 새김, 찍음, 찍어서 자국을 남김[형상을 만듦]; 인쇄. **2.** 인상(印象), 감명, 감각 내용. **3.** 《가》 성흔(聖痕); 《醫》 상흔(傷痕); 《齒科》 (석고 따위로 만든 의치의) 틀. **4.** 압박, 공격, 습격: impressiónem fácere *(Var.)* 공격하다. **5.** 《修》 강세(强勢), 어세(語勢).

impressionísmus, i, *m.* 인상주의, 인상파.

impréssor, óris, *m.* [ímprimo] 인쇄인.

impréssus, us, *m.* [ímprimo] (= impréssio) 인상; 인각(印刻); 인쇄.

impretiábĭlis, e, *adj.* [in² + prétium] 평가하기 어려운, 가치를 헤아릴 수 없는.

imprímis [in-], *adv.* [in¹ + primus] 우선, 특히, 주로.

ímprĭmo, préssi, préssum, ĕre, *tr.* [in¹ + premo] 〔*alqd* - in *re*, *dat.*〕 **1.** 내리누르다, 눌러서 자국을 내다, (눌러) **찍다**; 인쇄하다, 박다: in cerā sigíllum ~ *(C.)* 밀랍에 도장을 찍다 / sigíllo imprésso *(Curt.)* 도장을 찍어 / Imprimátur. 《가》 출판허가함 / ~ dentes *alci* *(Lucan.)* 누구에게 이빨자국을 남기다. **2.** 〔*alqd* - *alqā re*〕 표를 하다[새기다], 표시하다, 흔적을 남기다, 상처를 남기다. **3.** 파다: sulcum áltius ~ *(C.)* 밭고랑을 더 깊이 파다. **4.** 〔*alqd* in *abl.*, *dat.*〕 인상을 박아주다; 새겨넣다.

improbábĭlis, e, *adj.* [in² + probábilis] 확실치 않은, 개연성이 없는; 믿을 수 없는, 인정키 어려운.

improbátĭo, ónis, *f.* [ímprobo] 부인(否認), 불찬성; 비난.

improbátor, óris, *m.* [ímprobo] 부인하는 사람, 불찬성자, 반대자; 비난자.

impróbĭtas, átis, *f.* [ímprobus] **1.** (품질의) 불량. **2.** 사악, 악질, 고약한 마음씨, 못된 짓, 부정직, 비행(非行).

impróbĭto, ávi, áre, *tr. intens.* [ímprobo] 강

력히 반대하다, 부정하다; 비난하다.
ímprŏbo, ávi, átum, áre, *tr.* [in[2]+probo] 인정하지 않다, 불찬성하다, 비난하다, 배척하다, 무효화하다: ~ judícium *(C.)* 재판을 무효화하다.
impróbŭlus, a, um, *adj. dim.* [ímprobus] 좀 뻔뻔스러운, 좀 몰염치한.
ímprŏbus, a, um, *adj.* [in[2]+probus] **1.** **불량한**, 하급의, 나쁜: ímproba merces *(Pl.)* 품질이 나쁜 상품 / lex ímproba *(C.)* 악법. **2.** 정도를 벗어난, 한도를 모르는; 고약한, 사나운, 고된, 모진, 험악한, 험상궂은: mons ~ *(V.)* 험악한 산 / ímproba hiems *(Ov.)* 날씨 고약한 겨울 / labor ~ *(V.)* 고된 일. **3.** **부정직한**, 불법의, **몹쓸**, 못된, 마음씨 고약한, 심술궂은; 악한, **흉악한**, 악질의, 악덕(惡德)한, 파렴치한, 뻔뻔스러운, 수치심없는, 야비한, 외설한, 음탕한: ímproba anus *(H.)* 뻔뻔스러운 노파.
improcérus, a, um, *adj.* [in[2]+procérus] 작은, 키가 작은; 비천한.
improcreábĭlis, e, *adj.* [in[2]+prócreo] 만들 수 없는, 생산할 수 없는, 조성(造成)할 수 없는.
improféssus, a, um, *adj.* [in[2]+profíteor] **1.** 신분을 밝히지 않은. **2.** 공표되지 않은; 신고되지 않은. 「는.
impróles, is, *adj.* *(m.f.)* 자식없는, 아이없
imprómptus, a, um, *adj.* [in[2]+promptus[1]] **1.** 준비[마련]되지 않은; 즉석의, 즉흥적인. **2.** 기민하지 못한, 느릿느릿한.
ímprŏpe, *adv.* [in[1]+prope[1]] 꽤 가까이; 아주 가까이. 「천히.
improperánter, *adv.* [in[2]+próperans] 천
improperátus, a, um, *adj.* [in[2]+própero] 급하지[바쁘지] 않은, 느린.
impropérĭum, i, *n.* [impróperoˀ] **1.** 비난, 비방, 욕설; 모욕, 치욕, 능욕; 《가》 *pl.* 유태인·불신자들의 구세주에 대한 모욕천대를 힐난하는 교송(交誦) (성금요일에 노래함). **2.** 외설(猥褻). 「들어가다.
impróperŏ[1], áre, *intr.* [in[1]+própero] 급히
impróperŏ[2], ávi, átum, áre, *tr., intr.* [in[1]+probrum] 〔*alqm; alci*〕 욕설하다, 비방[비난]하다, 멸시하다, 모욕하다.
impróperus, a, um, *adj.* [in[2]+próperus] 빠르지 않은, 느린. 「도 관리.
impropriátĭo, ónis, *f.* 교회 재산의 평신
impropríĕtas, átis, *f.* [imprórius] 부적합, 부적당, 부당; (말의) 잘못된 사용.
imprópriŭs, a, um, *adj.* [in[2]+próprius] 원래대로가 아닌, 적합치 않은, 어울리지[알맞지] 않는, 부적당한, 그릇된; 〔*subst.*〕 *n.* 부적합, 부적당; *n.pl.* 에둘러 하는 표현; 〔*adv.*〕 **-prĭe,** 적합하지 않게, 당치않게.
impropugnátus, a, um, *adj.* [in[2]+propúgno] 방어[방비]되지 않은.
improspéctus, a, um, *adj.* [in[2]+prospício] 예견[예측]하지 못한, 미리 내다보지 못한; 〔*adv.*〕 **-te,** 예견하지 못하고, 경솔하게, 지혜롭지 못하게.
imprósper, ĕra, ĕrum, *adj.* [in[2]+prosper] 〔*absol.; dat.*〕 불행한, 불운한, 불길한, 달갑지 않은; 성공하지 못한, 부진한, 불우한.
improtéctus, a, um, *adj.* [in[2]+prótego] 방비(防備)없는, 보호받지 못하는.
improvidéntĭa, æ, *f.* [imprόvidus] 선견이 없음, 단견(短見).
imprόvĭdus, a, um, *adj.* [in[2]+próvidus] 〔*absol.; gen.*〕 **1.** 선견지명이 없는, 앞을 내다보지 못하는, 미리 알지[예측하지] 못하는. **2.** 조심성없는, 경험없는.
improvísus, a, um, *adj.* [in[2]+provídeo] 예기치 않은, 뜻밖의, 예상외의, 갑작스런; 〔*adv.*〕 improvíso, de [ex] improvíso *(C.)* 뜻밖에, 갑자기, 돌연.
imprúdens, éntis, *adj.* [in[2]+prudens] **1.** 예기하지 못하고 있는, 미리 알고 있지 못한: imprudéntes hostes ággredi *(Cæs.)* 예기하지 못하고 있는 적을 공격하다. **2.** 〔*absol.; gen.*〕 알지 못하는, 무지한, 미숙한, 정통하지 못한: ~ legis *(C.)* 법을 모르는. **3.** 현명하지 못한, **미련한**, 슬기롭지 못한, 지각없는.
imprudéntĭa, æ, *f.* [imprúdens] **1.** 선견없음, 예기하지 못함. **2.** 〔*absol.; gen.*〕 모름, 무지, 무경험: ab ~ evéntus *(L.)* 사건을 몰랐기 때문에. **3.** 현명하지 못함, 미련함, 경솔, 부주의.
impúbes, ĕris, [**-bis,** is,] *adj.* [in[2]+pubes[1]] **1.** 사춘기에 이르지 않은, 수염나지 않은, 음모나지 않은; 어린애인, (남자 14세, 여자 12세에 이르지 못한) 미성년의. **2.** 결혼하지 않은, 미혼의.
ímpŭdens, éntis, *adj.* [in[2]+pudens] 창피한 줄 모르는, 파렴치한, 염치없는, 무례한, 뻔뻔스러운, 넉살좋은, 철면피의.
impudéntĭa, æ, *f.* [ímpudens] 뻔뻔스러움, 넉살좋음, 염치없음, 파렴치, 무례, 철면피. 「탕, 음분; 파렴치, 무절조.
impudicítĭa, æ, *f.* [impudícus] 음란, 음
impudícus, a, um, *adj.* [in[2]+pudícus] **1.** 창피한 줄 모르는, 파렴치한, 넉살좋은. **2.** 음탕한, 음분(淫奔)한, 정숙치 못한.
impugnátĭo, ónis, *f.* [impúgno] 공격, 습격; 논란, 논박. 「무합자.
impugnátor, óris, *m.* [impúgno] 공격자;
impúgno, ávi, átum, áre, *tr.* [in[1]+pugno] 공격하다, 무찌르다; 공박하다, 반대하다, 논박하다.
impúlsĭo, ónis, *f.* [impéllo] **1.** 밀침, 압력; 충격: impulsióne frangi *(C.)* 충격으로 깨지다. **2.** 충동, 자극. **3.** 영향, 선동.
impulsívus, a, um, *adj.* 충동적인; 일시적

감정에 끌린.

impúlsor, óris, *m.* [impéllo] 충동자, 선동자, 교사자(敎唆者), 발기인.

impúlsus, us, *m.* [impéllo] **1.** 밀기, 압력; 충격. **2.** 충동, 선동, 교사(敎唆), 부추김.

impulvérĕus, a, um, *adj.* [in² + pulvéreus] 먼지없는; 쉬운, 어려움없는, 힘들지 않는.

impúnctus, a, um, *adj.* [in² + pungo] 오점없는, 탓없는.

impúne, *adv.* [impúnis] **1.** 벌받지 않고; 겁없이, 자유로이, 기탄없이: ~ injúriam accípere *(Sall.)* 아무렇지도 않게 모욕을 당하다. **2.** 위험없이, 무사히, 안전하게: urbs ~ quiéta *(V.)* 평온한 도시.

impúnis, e, *adj.* [in² + pœna] 형벌을 면한, 벌받지 않은; 석방된.

impúnĭtas, átis, *f.* [impúnis] **1.** 형벌을 면함, 면벌(免罰), 사면(赦免); 무죄: *alci* impunitátem concédere *(Cæs.)* 사면을 허락하다. **2.** 경솔함, 방자함.

impunítus, a, um, *adj.* [in² + púnio] **1.** 벌받지 않은, 벌을 면한, 보복없는, 석방된. **2.** 방종한, 제한을 모르는.

impurátus, a, um, *p.p., a.p.* [impúro] 더럽혀진, 불명예스런; 부정(不淨)한, 지저분한; 파렴치한.

impurgábĭlis, e, *adj.* [in² + purgo] **1.** 깨끗해질 수 없는. **2.** 용서될 수 없는, 변명할 수 없는.

impúrĭtas, átis, [-tĭa, æ,] *f.* [impúrus] 더러움, 불결, 불순(不純), 부정(不淨); 외설, 음란. 「히다.

impúro, ávi, átum, áre, *tr.* [impúrus] 더럽

impúrus, a, um, *adj.* [in² + purus] **1.** 깨끗하지 못한, 더러운; 순수하지 못한, 불순(不純)한. **2.** 음란한, 음탕한, 추잡한, 상스러운. **3.** 고약한, 몹쓸, 못된, 악질의, 악한.

imputábĭlis, e, *adj.* [ímputo] 책임을 물을 수 있는, 책임지울 수 있는; (책임·탓·죄 따위를) 돌릴 수 있는, 전가할 수 있는.

imputabílĭtas, átis, *f.* [imputábilis] 인책성(引責性), 인책능력, 귀책성(歸責性).

imputátĭo, ónis, *f.* [ímputo] **1.** 계산, 계상(計上), 계정(計定); 견적. **2.** 책임돌림, 문책, (무엇을 죄로) 돌림; 전가(轉嫁), 넘겨씌움, 누명. **3.** 귀속.

imputatívus, a, um, *adj.* 셈을 요구하는; 고발하는, 전가(轉嫁)하는. 「고발자.

imputátor, óris, *m.* [ímputo] 셈하는 자;

imputátus¹, a, um, *adj.* [in² + puto¹] 가지를 쳐주지 않은, 손질해 주지 않은: imputáta vínea *(Ov.)* 손질하지 않은 포도밭.

imputátus², a, um, *p.p.* [ímputo] 책임 지워진, 탓으로[공으로] 돌려진.

ímpŭto, ávi, átum, áre, *tr.* [in¹ + puto²] 〔*alqd - alci*〕 **1.** 계산에 넣다, 계상하다; 여기다: sumptus *alci* ~ *(Ulp.)* 비용을 누구 앞으로 계산하다. **2.** 덕분으로[공로로] 돌리다, 생색내다; 은혜를 베풀다: Noli imputáre vanum benefícium mihi. *(Phædr.)* 아무것도 아닌 것을 가지고 내게 생색내지 마라. **3.** 전가(轉嫁)하다, 들씌우다, 탓으로 돌리다, 책임지우다: Advérsa uni imputántur. *(Ta.)* 불성공을 한 사람의 탓으로 돌리고들 있다. 「putrésco] 부패하다, 썩다.

imputrésco, pútrŭi, ĕre, *intr. inch.* [in¹ +

imputríbĭlis, e, *adj.* [in² + putrésco] 썩지 않을[않는].

ímŭlus, a, um, *adj. dim.* [imus] 가장 낮은, 맨 아래의, 최하의, 맨 밑바닥의.

imum, i, *n.* [imus] **1.** 밑바닥, 심부(深部), 하부; *pl.* ima 밑바닥; 저 세상. **2.** 마지막, 최종.

imus, a, um, *adj. superl.* [ínferus, inférior] **1.** 가장 낮은, 맨 밑바닥의, 최저의, 최하의; 깊은 속의: ex imo péctore *(V.)* 가슴속에서 (우러나오는), 가슴속으로부터, 진정으로 / ima vox *(H.)* 가장 낮은 목소리. **2.** 맨 마지막의, 맨 끝의: ab imis únguibus ad vérticem summum *(C.)* 발끝에서 머리끝까지 / ~ mensis *(Ov.)* 마지막 달.

in¹, *præp.* **I.** *c. abl.* **1.** 〔*adverbiále loci:* 넓은 의미의 소재지〕 **에, 에서; 안에,** 속에; **위에,** 사이에, 앞에: in urbe 도시에, 도시 안에서 / in convívio *(Pl.)* 연회석상에서 / in epístolā *(C.)* 편지에(서) / in tuto 안전한 곳에 / ánulum in dígito habére 손가락에 반지를 끼고 있다 / pontem fácere in flúmine 강에 다리를 놓다 / in armis esse 전장에 있다 / collocáre spem in *alqā re* 무엇에 희망을 두다 / in mensā 식탁에, 책상에 [위에] / Cǽsaris in bárbaris erat nomen obscúrius. *(Cæs.)* 미개인들 사이에는 *Cæsar*의 이름이 비교적 알려져 있지 않았다. **2.** 〔*adverbiále témporis*〕 **(때)에,** 안에; 기회에: in diébus decem *(Sall.)* 열흘 안에 / in brevi spátio *(Ta.)* 짧은 기간에, 잠깐 사이에 / in pueritiā *(N.)* 소년 시절에 / in bello 전시에, 전쟁에 / bis in die *(C.)* 하루에 두번 / in præsénti 현재(에) / in témpore *(Pl.)* 알맞는 때에, 적시에 / in fúnere amíci 친구의 장례식 때에. **3.** 〔사정·상태·착용·조건·관계·관점 따위 표시〕 **에, 에서,** 에 있어서; 에도 불구하고: in paupérie *(En.)* 가난속에서 / in rebus advérsis 역경에서 / in caténā 죄수로서 / esse in veste doméstica *(Ov.)* 집에서 입는 옷을 걸치고 있다 / Res in angústo est. *(Cæs.)* 사정이 곤경에 빠져있다 / fortis in dolóre *(C.)* 고통 속에서 용감한. **II.** *c. acc.* **1.** 〔*adverbiále loci:* 넓은 의미의 도착점·목적지·행선지〕 (어디)**로; 안으로,** 속으로; 위로, (무엇·어디)에: in montem 산으로, 산위로 / in ludum saltatórium *(Scípio)* 무도회장으로 / in jus vocáre *(Gell.)* 법정으로 부르다 / in pugnam proficísci *(Cæs.)* 결전장으로 출발하다 / ábdere se in silvas *(Cæs.)* 숲속에 숨다 / pónere *alqd* in ignem *(Cato)* 무엇을 불 속에 집어넣다 / Venit *(impers.)* mihi in mentem *alcjs.* 나는 누구 생각이 난다. **2.** 〔쪽·방향〕 향해서, 쪽으로: in merídiem spectáre *(Cato)* 남쪽을 향해 있다 / in Itáliam versus 이태리를 향해서 / in utrámque partem 양쪽으로 / in aurem dormíre, in latus cubáre 모로 누워 자다, 모로 눕다. **3.** 〔*adverbiále témporis:* 기한·기간·반복적 경과 따위 표시〕 까지, (언제)**로**, …도록, 마다, (시간이) **갈수록**; 동안; 에, 에 있어서: in multam noctem *(C.)* 밤이 이슥하도록 / in pósterum diem *(C.)* 다음날로 / in dies 날로 / in síngulos dies 나날이, 날이 갈수록 / cibária in dies quinque *(Cæs.)* 5일분 식량 / in diem 하루 동안; 날로 / in diem vívere (앞날을 생각지 않고) 그날 그날 살아가다 / in tempus 짧은 시간 안에, 순식간에 / in prætéritum 과거를 통해서, 과거에 / in præsens 현재(에) / in futúrum 장차, 앞으로 / in pósterum 앞으로, 이후로는. **4.** 〔*adverbiále finis[finále]:* 목적·의향·변화·결과·기여 따위 표시〕 **위해서**, (무엇이) **되도록**, …**로**, …에: In cellam oleáriam hæc opus sunt. *(Cato)* 술광에 이것들이 필요하다 / in auxílium 도움으로, 도움이 되도록 / in memóriam patris 아버지의 기념으로 / in hanc rem 이 일을 위해, 이 일에 / in altitúdinem sex metrórum 6미터 높이로 / súmere *alqam* sibi in uxórem 아무 여자를 자기 아내로 맞다 / mutáre *alqd* in *alqd* 무엇을 무엇으로 변하게 하다 / conférre in *alqd* 무엇에 기여[이바지·공헌]하다. **5.** 〔*adverbiále modi:* 모양·양식·유사·적응 따위 표시〕 (어떠)**하게**, …로, 처럼; 대로, …을 따라서: mirum in modum 기묘하게, 이상하게 / in vanum 헛되이 / in univérsum 일반적[통례적]으로 / in mélius 더 좋게, 더 낫게, 더 나은 것으로 / in lápidem 돌처럼, 돌로 / in hanc senténtiam 이 의견대로 / in leges meas *(Pl.)* 내 원칙대로. **6.** 〔호의적·적의적 태도, 입장 따위 표시〕 **대하여(대한)**, 향해(향한), 거슬러: amor in pátriam 애국심 / volúntas grata in paréntes *(C.)* 부모께 대해 고마워하는 마음 / ódium in malos 악인들에 대한 미움. **7.** 〔분배의 대상·분할의 결과 표시〕 (몇…)**으로**, 수대로: Gállia divísa est in partes tres. *(Cæs.)* *Gállia*는 세 부분으로 분할되어 있다 / divídere nummos in viros *(Pl.)* 사람 수대로 돈을 나누어 주다.

in²-, *prævérbium* (*partícula præfíxa*) **1.** 동사앞에 붙어서, 그 합성되는 동사의 뜻에다 전치사로서의 in이 가지는 여러 가지 뜻을 보태어 주기도 하고, 때로는 동사의 뜻을 강조하기도 함. 장모음으로 다루어짐. **2.** 형용사·명사·분사·드물게는 동사(자체)·부사의 접두어로서는 **《부정**(否定), **박탈, 반대》**의 뜻을 드러냄. 단모음으로 다루어짐. **3.** 접두사 in-은 b,m,p 앞에서는 im-으로, l 앞에서는 il-로, r 앞에서는 ir-로, gn 앞에서는 i-로 바뀌며, 나머지 자음 및 모음 앞에서는 in- 그대로 쓰임.

īna, æ, *f.* 엷은 막(膜), 엷은 종잇장.

inabrúptus, a, um, *adj.* [in²+ abrúmpo] 끊어지지 않은, 깨지지 않은, 풀리지 않은.

inabsolútus, a, um, *adj.* [in²+absolútus] 미완성의, 불완전한.

inabstinéntĭa, æ, *f.* [in²+abstinéntia] 부절제(不節制).

inaccénsus, a, um, *adj.* [in²+accéndo] 불붙지 않은.

inaccessíbĭlis, e, *adj.* [in²+accédo] 가까이 갈 수 없는, 접근할 수 없는; 달성하기 힘든, 쉽게 얻을 수 없는.

inaccessibílĭtas, átis, *f.* 접근할 수 없음.

inaccéssus, a, um, *adj.* [in²+accédo] 접근할 수 없는, 가까이하지 못할.

inaccrésco, ĕre, *intr.* [in¹+accrésco] 증가하다, 성장하다.

inaccusábĭlis, e, *adj.* [in²+accúso] 고발할 수 없는, 탓할 수 없는.

inaccusátus, a, um, *adj.* [in²+accúso] 고발당하지 않은.

inacésco, cŭi, ĕre, *intr. inch.* [in¹+acésco] 시어지다; 싫어져 가다.

Ináchĭdes, æ, *m.* *Inăchus*의 후손.

Inăchis, ĭdis, *f.* *Inăchus*의 딸(= Io).

Inăchus[-os], i, *m.* *Argos*의 최초의 왕, *Io*와 *Phorónĕus*의 아버지; 〔*adj.*〕 **-chĭus,** a, um.

inactuósus, a, um, *adj.* [in²+actuósus] 게으른; 무기력한; 한가한.

ináctus, a, um, *p.p.* [ínigo] 격려받은.

inadíbĭlis, e, *adj.* [in²+ádeo²] 가까이 갈 수 없는, 근접하지 못할.

inadp... *V.* inapp...

inads... *V.* inass...

inadt... *V.* inatt...

inadulábĭlis, e, *adj.* [in²+adúlor] 아첨할 수 없는.

inadulterátus, a, um, *adj.* [in²+adúltero] 위조아닌, 진짜의.

inadústus, a, um, *adj.* [in²+adúro] 타지 않은.

inadverténtĭa, æ, *f.* [in²+advérto] 부주의, 태만.

inædífico, ávi, átum, áre, *tr.* [in¹+ædífico] **1.** (기존 건물 안이나 위에) 건축하다: in domo ~ sacéllum *(C.)* 집안에 사당(祠堂)을 짓다. **2.** (막기 위해) 세우다, (건축해서 무엇을) 막다; 건축해서 점령하다: vicos plateásque ~ *(Cæs.)* 길과 광장을 막다.

inæquábĭlis, e, *adj.* [in²+æquábilis] 같지

않은, 고르지 못한; 불평등한.
inæquabílĭtas, átis, *f.* [inæquábilis] 부동(不同), 불균등, 불평등; 고르지 못함.
inæquális, e, *adj.* [in² + æquális¹] **1.** 평평하지 않은, 고르지 못한; 같지 않은, 변하기 쉬운, 불균일한, 불공평한. **2.** 평평하지 못하게 만드는: tonsor inæquális *(H.)* (머리를) 들쭉날쭉하게 깎는 이발사.
inæquálĭtas, átis, *f.* [inæquális] **1.** 불균등, 부등(不等), 부동(不同), 차별, 불균일, 불평등. **2.** 《文法》 변칙(變則). **3.** 건강에 나쁨[유해함].
inæquátus, a, um, *adj.* [in² + æquo] 같지 않은, 서로 다른, 불균형의, 불공평한.
inǽquo, ávi, átum, áre, *tr.* [in¹ + æquo] 같게 하다, 평평하게 하다.
inæstimábĭlis, e, *adj.* [in² + ǽstimo] **1.** 평가할 수 없는, 평가하기 어려운. **2.** 헤아릴 수 없는, 매우 값진, 비범한. **3.** 무가치한.
inæstimátus, a, um, *adj.* [in² + ǽstimo] 존경받지 못한, 평가받지 못한, 가치없는.
inǽstŭo, ávi, átum, áre, *intr.* [in¹ + ǽstuo] **1.** 뜨거워지다, 끓어오르다. **2.** 〔*dat.*〕 흥분하다, 화내다.
inaffectátus, a, um, *adj.* [in² + affécto] 있는 그대로의, 꾸밈없는, 단순한, 자연스러운, 애착심없는.
inaggerátus, a, um, *adj.* [in¹ + ággero¹] 더미로 쌓인.
inagitábĭlis, e, *adj.* [in² + ágito] 흔들릴 수 없는, 부동(不動)의.
inagitátus, a, um, *adj.* [in² + ágito] 동요되지 않은, 움직이지 않는; 진정된.
inálbĕo, ére, *intr.* [in¹ + álbeo] 희어지다; 밝아지다.
inalbésco, ĕre, *intr. inch.* [in¹ + albésco] 희어지다.
inálbo, áre, *tr.* [in¹ + albo] 희게 하다; 밝아지게 하다.
inalgésco, ĕre, *intr. inch.* [in¹ + algésco] 차게 되다, 얼다, 얼어 들어오다.
inalienátus, a, um, *adj.* [in² + aliéno] 바뀌지 않은, 달라지지 않은, 이지러지지 않은, 위조되지 않은.
inalpínus, a, um, *adj.* [in¹ + Alpínus] *Alpes* 산에 사는[있는].
ináltĕro, ávi, áre, *tr.* [in¹ + alter] 어떤것을 다른 것에 포함시키다.
inálto, ávi, átum, áre, *tr.* [in¹ + altus²] 들어높이다, 쌓아 올리다.
inamábĭlis, e, *adj.* [in² + amábilis] 사랑스럽지 못한, 혐오감을 주는, 싫은, 미운.
inamarésco, ĕre, *intr. inch.* [in¹ + amarésco] (맛이) 써지다, 쓰게(苦) 되다, 구역질나다.
inamárĭco, ávi, áre, *tr.* [in¹ + amárico] 쓰디쓰게 만들다; 골나게 하다.
inamátus, a, um, *adj.* [in² + amo, amátus] 사랑받지 못하는[못한], 미움받는.
inambitiósus, a, um, *adj.* [in² + ambitiósus] 야심없는, 공명심 모르는.
inambulátĭo, ónis, *f.* [inámbulo] **1.** 이리저리 거닒, 산책. **2.** 산책길.
inámbŭlo, ávi, átum, áre, *intr.* [in¹ + ámbulo] 〔in *abl.*, per *acc.*〕 이리저리 거닐다, 산책하다.
inamissíbĭlis, e, *adj.* [in² + amítto] 잃어버릴 수 없는.
inamóbĭlis, e, *adj.* [in² + amóveo] 움직일 수 없는, 부동의, 확보된.
inamœ́nus, a, um, *adj.* [in² + amœ́nus] 불쾌한, 쾌적하지 못한; (장소 따위가) 기분 나쁜, 험한, 무서운; 곱지 않은, 미운.
ináne, is, *n.* [inánis] **1.** 공간, 허공. **2.** 쓸데없는 것, 본질적이 아닌 것.
inanésco, ĕre, *intr.* [inánis] 비다, 허무하게 되다.
inánĭæ, árum, *f. pl.* [inánis] 공허, 쓸데없는 것, 아무것도 아님.
inanilogísta, æ, *m.* 공론가(空論家), 허튼 소리하는 사람.
inanilóquĭum, i, *n.* [inánis + loquor] 공언(空言), 빈말; 허튼 소리.
inanílŏquus, a, um, *adj.* 빈말하는, 허튼 소리하는.
inanimális, e, *adj.* [in² + animális] 생명없는; 영혼없는.
inanimátus, a, um, *adj.* [in² + animátus] **1.** 생명없는; 영혼없는; 무생물의. **2.** 생기없는, 활기없는.
inaniméntum, i, *n.* [inánio] 공허, 비어있음; 〔*pl.*〕 허공.
inánĭmis, e, *adj.* [in² + ánima] 생명없는, 호흡없는; 영혼없는.
inánĭmus, a, um, *adj.* [in² + ánima] 생명없는, 무생물의; *n.* 무생물, 무생명체.
inánĭo, ívi, ítum, íre, *tr.* [inánis] 비우다, 공허하게 하다, 헛되게 하다.
inánis, e, *adj.* **1.** 〔*absol.; gen., abl.*〕 텅빈, **비어있는,** 아무것도 들어있지 않는. **2.** 빈손의, 가난한, 빼긴: Inánes revertúntur.*(C.)* 그들은 빈털털이가 되어 돌아간다. **3.** 공허한, **헛된,** 쓸데없는, 허무한. **4.** 무익한, **효과[소용]없는,** 헛수고의, 공연(空然)한. **5.** 교만한, 허풍떠는. **6.** 한가한, 홀가분한.
inánĭtas, átis, *f.* [inánis] 비어 있음, 공허; 쓸데없음, 무용(無用); 헛됨, 허무.
inanítĭo, ónis, *f.* [inánis] 비움; 공허함.
inapértus, a, um, *adj.* [in² + apério] 열리지 않은, 막힌, 닫힌.
inapparátĭo, ónis, *f.* [in² + apparátio] 준비부족, 등한, 태만.
inapprehensíbĭlis, e, *adj.* [in² + apprehéndo] 잡을 수 없는; 이해[해득]할 수 없는.
inaquósus, a, um, *adj.* [in² + aquósus] 물이 적은, 마른; 〔*subst.*〕 *n.* 황야.
inarátus, a, um, *adj.* [in² + aro] 갈지(耕) 않은, 개간하지 않은, 황무지인.
inardésco, ársi, ĕre, *intr. inch.* [in¹ + ardésco] 불붙다, 타오르다; 붉어지다, (감정이) 타오르다.
inarésco, árŭi, ĕre, *intr. inch.* [in¹ + arésco]

마르다, 고갈(枯渴)하다, 건조하다.
inargentátus, a, um, *adj. (p.p.)* [*inusit.* inargénto] 은을 입힌, 은도금(銀鍍金)한.
Inárĭme, es, *f.* (= Ænária) *Campánia* 해안에 가까운 섬(지금의 *Ischia*).
ináro, ávi, átum, áre, *tr.* [in[1]+aro] (밭)갈다, 갈아 엎다, 개간하다.
inarticulátus, a, um, *adj.* [in[2]+artículus] **1.** 관절이 없는. **2.** 불명료한, 어눌(語訥)한, 뜻없는.
inartificiális, e, *adj.* [in[2]+artificiális] 소박한, 예술적이 아닌, 비인공적인.
inaspéctus, a, um, *adj.* [in[2]+aspício] 보이지 않는.
inassátus, a, um, *adj.* [in[1]+asso] 잘 구워진, 적당히 그슬린.
inassuétus, a, um, *adj.* [in[2]+assuétus] 익숙치 못한, 숙련되지 못한, 서투른, 습관되지 않은.
inattenuátus, a, um, *adj.* [in[2]+atténuo] 감소되지 않은, 빈약해지지 않은.
inattrítus, a, um, *adj.* [in[2]+áttero] 닳아 없어지지 않은, 사용되지 않은.
ináudax, ácis, *adj.* [in[2]+audax] 대담하지 못한, 겁이 많은, 용감하지 못한.
inaudíbĭlis, e, *adj.* [in[2]+audíbilis] 들리지 않는, 들을 수 없는.
inaudiéntĭa, æ, *f.* [in[2]+áudio] 불경청(不傾聽), 불복종.
ináudĭo, ívi [ĭi], ítum, íre, *tr.* [in[1]+áudio] 귀를 기울여 듣다, 경청하다.
inaudítus[1], a, um, *p.p.* [ináudio].
inaudítus[2], a, um, *p.p., a.p.* [in[2]+áudio] 듣지 못한, 들어보지 못한, 전대미문의, 언어도단의, 이상한.
inaugurális, e, *adj.* [ináuguro] 취임[즉위]식의, 낙성[제막·개관·개통]식의, 개회식의.
inaugurátĭo, ónis, *f.* [ináuguro] **1.** 즉위식, 취임식. **2.** 시작, 처음. **3.** 낙성[개관·제막·개통]식, 입학식.
inauguráto, *adv. (abl. absol.)* [ináuguro] 점을 친 후에, 점을 치고 나서.
ináugŭro, ávi, átum, áre, *intr., tr.* [in[1]+áuguro] **1.** 점치다, (특히 조점술〈鳥占術〉로) 점쳐 보다. **2.** 점을 쳐서 터를 잡다. **3.** (점을 치고 나서) 제관(祭官)[신관(神官)]으로 임명하다. **4.** (일반적으로) 봉헌식을 거행하다; 즉위식[취임식]을 올리다; 낙성[개관·제막·개통]식을 거행하다. **5.** 개시하다, 시작하다.
inaurátor, óris, *m.* [ináuro] 도금공, 금박사(金箔師).
inauratúra, æ, *f.* [ináuro] 도금.
inaurátus[1], a, um, *p.p.* [ináuro] 도금한, 금을 입힌.
inaurátus[2], a, um, *adj.* [in[2]+aurum] 도금하지 않은.
ináurĭo, íre, *tr.* [in[1]+auris] 귀를 열어주다, 듣게 해주다.
ináuris, is, *f.* **1.** 〔주로 *pl.*〕 귀고리. **2.** (*Arábia*에서 여자들 코에 장식으로 거는) 코고리.
inaurítus, a, um, *adj.* [in[2]+aurítus] **1.** 귀가 없는. **2.** 듣지 않는, 주의깊지 못한.
ináuro, ávi, átum, áre, *tr.* [in[1]+aurum] **1.** 금으로 입히다, 도금하다. **2.** 축재(蓄財)시키다, 횡재케 하다, 부요하게 하다.
inauspicáto, *adv.* [inauspicátus] 점을 치지 않고, 점을 잘못 치고서.
inauspicátus, a, um, *adj.* [in[2]+áuspicor] **1.** 점으로 길흉을 알아보지 않은, 점치지 않은. **2.** 불길한.
ináusus, a, um, *adj.* [in[2]+áudeo] 감히 하지 못한, 시도해보지 못한.
inauxiliátus, a, um, *adj.* [in[2]+auxílior] 도움없는, 도움받지 못한.
inavárus, a, um, *adj.* [in[2]+avárus] 탐욕이 없는.
inaversíbĭlis[-tíbĭlis], e, *adj.* [in[2]+avérto] 피할 수 없는, 변할 수 없는, 불가피한, 면하기 어려운.
inb... *V.* imb...
incǽdŭus, a, um, *adj.* [in[2]+cǽduus] 자르지 않은, 베지[벌채하지] 않은.
incalcátus, a, um, *adj.* [in[2]+calco] 짓밟히지 않은.
incalésco, lŭi, scĕre, *intr. inch.* [in[1]+calésco] 빨갛게 달아오르다, 더워지다, 뜨거워지다.
incalfácĭo, cĕre, *tr.* [in[1]+calfácio] 뜨거워지게 하다.
incállĭdus, a, um, *adj.* [in[2]+cállidus] 똑똑하지 못한, 미련한, 꾀없는, 수단없는; 경험없는.
incállo, ávi, áre, [in[1]+callum] **1.** *tr.* 굳은 살이 되게 하다. **2.** *intr.* 굳은 살이 박히다.
incandésco, dŭi, scĕre, *intr. inch.* [in[1]+candésco] **1.** (불에 달아) 희게 되다. **2.** (머리털 따위가) 세다, 회백색이 되다.
incándĭdo, áre, *tr.* [in[1]+cándidus] 희게 만들다.
incanésco, cánŭi, canéscĕre, *intr. inch.* [in[1]+canésco] 희어지다, 회백색으로 변하다, 백발이 되다.
incantaméntum, i, *n.* [incánto] 마법, 마술, 요술; 주문(呪文).
incantátĭo, ónis, *f.* [incánto] 마법, 마술, 요술.
incantátor, óris, *m.* [incánto] 마법사, 요술사.
incánto, ávi, átum, áre, *tr.* [in[1]+canto] **1.** 노래하다. **2.** 마술을 걸다, 호리다, 주문을 외다.
incánus, a, um, *adj.* [in[1]+canus] 회백색의, 백발의.
incapábĭlis, e, *adj.* [in[2]+cápio[1]] 잡을 수 없는, 이해할 수 없는.
íncăpax, ácis, *adj.* [in[2]+capax] 〔*gen.*〕 받아들일 능력없는, 감당하지 못하는, 적당하지 못한, 자격없는.
incapístro, ávi, áre, *tr.* [in[1]+capístro] 굴레를 씌우다; 걸려들게 하다.
incarcerátĭo, ónis, *f.* 투옥, 감금, 유폐.
incárcĕro, átum, áre, *tr.* [in[1]+carcer] 투옥

(投獄)하다, 감금하다, 유폐하다.

incardinátĭo, ónis, *f.* [incárdino] 《敎法》(성직자의) 교구입적(敎區入籍).

incárdĭno, ávi, átum, áre, *tr.* [in¹+cardo¹] 《敎法》(성직자를) 교구에 입적(入籍)시키다.

incarnátĭo, ónis, *f.* [incárno] **1.** 수육(受肉), 강생(降生), 하느님의 아들이 사람이 되심, 성자 인성을 취하심; 화신(化身). **2.** 《醫》 육아발생(肉芽發生).

incárno, ávi, átum, áre, *tr.* [in¹+caro²] 〔거의 *pass.*〕 **incarnári** 인간화하다, (하느님·정신적인 것이) 육체화하다, 강생(降生)하다. 「게.

incássum, *adv.* [incássus] 공연히, 무익하

incássus, a, um, *adj.* [in¹+] 쓸데없는, 무익한. 「계받지 않은, 벌받지 않은.

incastigátus, a, um, *adj.* [in²+castígo] 징

incastratúra, æ, *f.* [in¹+castro] 《建》 열장 이음, 열장 장부촉을 끼워 맞춤.

incathólĭcus, a, um, *adj.* [in²+] 보편적이 아닌, 공번되지 않은; 비가톨릭적인.

incautéla, æ, *f.* [incáutus] 경솔, 부주의.

incáutus, a, um, *adj.* [in²+] **1.** 〔*absol.; ab abl., gen.*〕 경솔한, 조심하지 않는, 조심성없는, 부주의한, 무모한. **2.** 막지 못한. **3.** 불의의, 뜻밖의, 생각지 않은.

incavíllor, ári, *dep. tr.* [in¹+] 조롱하다, 우롱하다.

íncăvo, áre, *tr.* [in¹+cavo] 움푹하게 파다.

incédo, céssi, céssum, ĕre, *intr.(tr.)* [in¹+cedo²] **1.** 〔*absol.;* per, ad, super *acc.;* in *abl.*〕 가다, 다니다, 거닐다; (위엄있게·점잖게) 걷다: ~ per sócios *(V.)* 동맹군 사이를 다니다. **2.** 〔in, ad *acc.; absol.; tr.: acc.*〕 나아가다, 진출하다, 다가가다[오다]; 다다르다, 이르다(至); 들어가다[오다]: ~ in silvas *(Ta.)* 숲속으로 들어가다. **3.** 《軍》 행군하다, 진입하다, 진격하다, 쳐들어가다. **4.** 〔*absol.;* in *acc.; dat.; tr.: acc.*〕 닥쳐오다, 내습하다, 엄습하다, (공포 따위가) 사로잡다: ubi tempéstas incéssit, *(Col.)* 폭풍우가 내습하자 / Perículum erat, ne timor in exércitum incéderet. *(L.)* 군대가 공포심에 사로잡힐 위험이 있었다. 「않은.

incelátus, a, um, *adj.* [in²+celo] 숨기지

incélĕber, bris, bre, *adj.* [in²+] 유명하지 않은, 알려지지 않은.

incelebrátus, a, um, *adj.* [in²+célebro] 공표되지 않은, 언급되지 않은, 드러나지 않은.

incenátus, a, um, *adj.* (= incœnátus) [in²+ceno, cœno] 저녁식사를 하지 않은, 공복의. 「cio] 태우다, 불지르다.

incendefácĭo, féci, cĕre, *tr.* [incéndo+fá-

incendiális, e, *adj.* [incéndium] 불의, 화재의.

incendiárĭus, a, um, *adj.* [incéndium] 발화성(發火性)의, 방화의, 화재의; *m.* 방화자(放火者). 「는, 뜨거운, 심한.

incendiósus, a, um, *adj.* [incéndium] 타

incéndĭum, i, *n.* [incéndo] **1.** 큰불, 화재: ~ fácere [excitáre] *(C.)* 화재를 일으키다. **2.** 불이 번져 나감; 연소(燃燒). **3.** 횃불; 불쏘시개. **4.** 열, 정열: cupiditátum incéndia *(C.)* 탐욕의 불길. **5.** 재난, 재해; 소멸(燒滅), 괴멸. **6.** ~ annónæ 곡가(穀價) 앙등[등귀].

incéndo, céndi, cénsum, ĕre, *tr.* [in¹+cándeo] **1.** 불붙이다, 불피우다, 불지르다, 방화하다. **2.** 밝게 하다, 비추다. **3.** 자극하다, 흥분시키다, 화나게 하다. **4.** ~ annónam 곡물값을 올리다. **5.** 괴멸시키다, 멸망시키다. 「움.

incensátĭo, ónis, *f.* [incéndo] 분향, 향피

incénsĭo, ónis, *f.* [incéndo] 화재, 불을 지름, 방화(放火); 분향. 「하다.

incénso, ávi, átum, áre, *tr.* 향피우다, 분향

incénsor, óris, *m.* [incéndo] **1.** 점화자, 불지르는 자, 방화자. **2.** 선동자.

incensórĭum, i, *n.* 들고 다니는 향로.

incénsum, i, *n.* [incéndo] **1.** 향, 말향(抹香), 훈향(薰香). **2.** 번제, 희생. **3.** 점등(點燈). 「은, 불에 탄.

incénsus¹, a, um, *p.p., a.p.* [incéndo] 불붙

incénsus², a, um, *adj.* [in²+cénseo] 헤아려지지 않은, 검열받지 않은, 사정(査定)받지 않은, 등록되지 않은. 「충동(물).

incentívum, i, *n.* [incentívus] 사주, 자극,

incentívus, a, um, *adj.* [íncino] **1.** 선창(先唱)하는. **2.** 선동하는, 자극하는, 격려하는.

incéntor, óris, *m.* [íncino] 선창자; 선동자.

incépi, *pf.* [incípio]. 「획.

incéptĭo, ónis, *f.* [incípio] 시작, 착수, 계

incépto, ávi, áre, *tr. freq.* [incípio] 시작하다, 착수하다, 시도하다. 「창시자.

incéptor, óris, *m.* [incípio] 시작하는 자,

incéptum, i, *n.* [-**tus,** us, *m.*] [incípio] 시작(한 것), 계획, 기도, 착수. 「어레미.

incernícŭlum, i, *n. dim.* [incérno] 체(篩),

incérno, crévi, crétum, nĕre, *tr.* [in¹+] 체로 치다; 거르다, 골라 내다.

incéro, ávi, átum, áre, *tr.* [in¹+cero] 밀랍으로 봉하다, 초로 바르다.

incertitúdo, dĭnis, *f.* [incértus] 불확실성.

incérto, áre, *tr.* [incértus] 애매하게 만들다, 의심스럽게 만들다.

incértum, i, *n.* [incértus] 불확실, 불명확; 애매함, 의심스러운 것; *pl.* 변천, 위험: ad [in] ~ revocáre *(C.)* 문제삼다 / in incérto esse *(Sall.)* 의심스럽다, 불확실하다; 망설이다.

incértus, a, um, *adj.* [in²+] **1.** 불확실한, 불명확한, 애매한, 의심스러운, 어두운;

일정하지[한결같지] 않은: incérti rumóres *(Cæs.)* 불확실한 소문 / spes incérta *(T.)* 어두운 희망. **2.** 위험한, 어려운: 〔격언〕 Amícus certus in re incértā cérnitur. *(C.)* 진정한 친구는 위험중에서[곤경에서] 알아본다. **3.** 〔*absol.*; *interr. indir.*; *gen.*〕 주저하는, 망설이는, 결정짓지 못하는, 흔들리는, 확신이 없는, 의심하는: Quid dicam, ~ sum. *(T.)* 나는 어떻게 말해야 할지 망설여진다 / ~ salútis *(Ov.)* 건강에 자신이 없는. **4.** 〔*adv.*〕 **-te, -to, -tum,** 불확실하게, 의심스럽게.

incessábĭlis, e, *adj.* [in[2]+cesso] 그칠 수 없는, 중단될 수 없는; 끊임없는, 연속적인, 연락부절의.

incéssans, ántis, *adj.* [in[2]+cesso] 그치지 않는, 끊임없는, 부단의, 연속적인.

incésso, cessívi[céssi], ĕre, *tr. freq.* [incédo] **1.** 공격하다, 습격하다. **2.** 비난하다, 욕설하다.

incéssus, us, *m.* [incédo] **1.** 보행, 걸어다님; 걸음걸이. **2.** 침입, 진격, 습격. **3.** 통로, 길목, 탈출구: álios incéssus hostis cláudere *(Ta.)* 적의 다른 탈출구들을 봉쇄하다.

incestátor, óris, *m.* [incésto] 근친상간자.

incestíficus, a, um, *adj.* [incéstus+fácio] 불륜[근친상간]을 범하는.

incésto, ávi, átum, áre, *tr.* [incéstus] **1.** 더럽히다, 불결하게 하다, 모독하다. **2.** (여자의) 정조를 더럽히다; 근친상간(近親相姦)하다.

incéstum, i, *n.* [**-tus,** us, *m.*] [incéstus] 난륜(亂倫); **근친상간**(近親相姦), 상피(相避).

incéstus, a, um, *adj.* [in[2]+castus] **1.** 순수하지 못한; 더러운, 불결한; 모독하는. **2.** 정숙치 못한, 음란한; 난륜(亂倫)의, 친족결혼의, **근친상간의,** 상피(相避)의.

incharáxo, áre, *tr.* 꿰뚫다, 뚫고 들어가다.

inchoaménta, órum, *n.pl.* [ínchoo] 시작, 초보.

inchoátĭo, ónis, *f.* [ínchoo] 시작, 초보; 개시, 발단.

inchoatívus, a, um, *adj.* [ínchoo] **1.** 개시의, 발단의, 시작하는. **2.** 《文法》 동작의 개시를 나타내는, 기동(起動)의: verbum inchoatívum 기동동사.

inchoátor, óris, *m.* [ínchoo] 시작하는 사람, 개시자, 창시자.

ínchŏo, ávi, átum, áre, *tr.* **1.** 시작하다, 착수하다; 〔*p.p.*〕 막 시작된, 미완성의, 마치지 못한. **2.** 〔*absol.*〕 논술하기[다루기] 시작하다: post longa siléntia rursus ~ *(Stat.)* 오랜 침묵 끝에 다시 논하기 시작하다.

incĭbo, áre, *tr.* [in[1]+cibo] 먹이다, 양육하다.

incĭcur, cŏris, *adj.* 길들지 않은, 사나운.

incĭdens, éntis, *p. præs.* [íncido[1]] **1.** …에 떨어지는, 빠지는; 걸리는, 일어나기 쉬운; 〔*adv.*〕 **-énter,** 우연히, 우발적으로. **2.** 《文法》 propositío ~ 종속문, 종속절. **3.** 《法》 부대(附帶)의.

incidéntĭa, ĭum, *n.pl.* [íncido[1]] 사고, 사건, 상황.

incĭdi, *pf.* [íncido[1]]; **incídi,** *pf.* [incído[2]].

incĭdo[1], cĭdi, cásum, ĕre, *intr.* [in[1]+cado] 〔in *acc.*, *dat.*; *absol.*〕 **1. 떨어지다,** 추락하다, **빠지다, 걸리다;** 당하다: ~ in fóveam *(C.)* 함정에 빠지다 / in morbum ~ *(C.)* 병에 걸리다. **2. 우연히 만나다,** 마주치다, 조우하다: ~ in *alqm* *(Q.)* 누구를 우연히 만나다. **3.** 덮치다, 불시에 공격하다, 기습하다; (불행·공포 따위가) 닥쳐들다, 엄습하다: in hostes de improvíso ~ *(C.)* 적군을 급습하다. **4.** 〔in *acc.*〕 시간적으로 맞아 떨어지다·일치하다. **5.** 〔in *acc.*〕 (무엇에) 언급하다; (무엇을) 회상하다. **6.** in mentem ~ 무엇이(=주어) 생각나다. **7.** 〔*alqd (nom.)*; *impers.*; ut〕 발생하다, 생기다, 일어나다, 제기되다, …게 되다: Incĭdunt sæpe témpora, cum ... *(C.)* …하는 때[시대]가 가끔 있다 / Potest incídere quǽstio. *(Q.)* 문제가 발생할[제기될] 수 있다 / Forte íncidit, ut *(consecut.)* ... *(L.)* 아마도 …한 일이 생겼다.

incído[2], cídi, císum, ĕre, *tr.* [in[1]+cædo] **1. 베다,** 자르다, 잘라내다, 쪼개다, 가르다, 째다, 찢어내다. **2.** 〔*alqd* in *acc.*, in *abl.*; *dat.*〕 (글자 따위를) **새기다,** 인각(印刻)하다. **3.** 단축하다, 중단하다, 그만 두다, 끝내다. **4.** 제거하다, 없애버리다: ~ spem *(L.)* 희망을 꺾어버리다.

íncĭens, éntis, *adj.* (짐승이) 새끼밴, 새끼낳을 때가 가까운.

incíle, is, *n.* [incído[2]] 도랑, (강에서) 물끌어들이는 수로; 배수로.

incílo, áre, *tr.* 비판하다, 비난하다, 꾸짖다.

incínĕro, áre, *tr.* [in[1]+cinis] 재를 뿌리다, 재를 바르다.

incíngo, cínxi, cínctum, gĕre, *tr.* [in[1]+] 〔*alqd alqā re*〕 두르다, 띠다; 둘러싸다, 에워싸다.

incíngŭlum, i, *n.* 띠, 허리띠.

incĭno, ĕre, *intr.*, *tr.* [in[1]+cano] 노래하다, (퉁소 따위를) 불다.

incípĭo, cépi, céptum, ĕre, [in[1]+] **1.** *tr.* 〔*inf.*; *acc.*; *absol.*〕 **시작하다,** 개시하다: ~ neglígere *(C.)* 등한히 하기 시작하다 / Opus íncipit nemo. *(L.)* 아무도 일을 시작하지 않고 있다 / ~ ab *alqā re* *(C.)* 무엇부터 시작하다. **2.** *intr.* 시작되다, 일어나다, 일다, 발단하다: Incípere ver arbitrabátur. *(C.)* 봄이 시작된다고 여겨졌다.

incipísso, ĕre, *tr.* [incípio] 열심히 시작하다.

incircumcísĭo, ónis, *f.* [incircumcísus] 할례받지 않음.

incircumcísus, a, um, *adj.* [in²+circumcído] 할례받지 않은, 이교도의.

incircumscríptĭo, ónis, *f.* [in²+circumscríbo] 제한없음, 무제한.

incircumscríptus, a, um, *adj.* [in²+] 제한되지 않은, 무한한, 무량(無量)한.

incircumspéctus, a, um, *adj.* [in²+] 경솔한, 조심성없는, 신중하지 못한.

incíse[-sim], *adv.* [incído²] 간단히, 짧게, 요약하면, 요약해서.

incísĭo, ónis, *f.* [incído²] **1.** 베어냄, 잘라냄, 절단, 절개(切開); 인각(印刻); 벤[짼] 자리. **2.** 《修》 (문장의) 짧은 구절.

incísor, óris, *m.* [incído²] **1.** 잘라내는 사람. **2.** 앞니.

incísum, i, *n.* [incído²] 《修》 짧은 구절.

incisúra, æ, *f.* [incído²] **1.** 베어낸[자른] 자리; 《醫》 절흔(切痕). **2.** 손금; 엽맥(葉脈); (곤충의) 시맥(翅脈).

incísus, us, *m.* [incído²] 벤 자리.

incitaméntum, i, *n.* [íncito] 자극, 박차; 고무, 격려; 선동, 충동; 동기, 유인(誘因).

incitátĭo, ónis, *f.* [íncito] **1.** 자극(함), 격려, 충동, 촉진, 박차를 가함. **2.** 빠른 움직임, 신속. **3.** 성급(性急)함, 맹렬함.

incitátor, óris, *m.* [**-átrix,** ícis, *f.*] [íncito] 격려자, 자극하는 자, 선동자.

incitátus, a, um, *p.p., a.p.* [íncito] **1.** 충동된, 선동된, 밀린, 촉진된. **2.** 맹렬한, 빠른. **3.** 〔*adv.*〕 **-te,** 빨리, 맹렬하게, 성급하게, 활발히, 열심히.

íncĭto, ávi, átum, áre, *tr.* [in¹+cito²] **1. 빨리 움직이게 하다,** 재촉하다, **촉진하다,** 박차를 가하다: 〔속담〕 curréntem ~ *(C.)* 주마가편(走馬加鞭)하다 / 〔*pass. refl.*〕 **se ~, incitári** 빨리 행동하다, 서두르다. **2.** 자극하다, 격려하다, 하게 하다. **3.** 〔*alqm* in[contra] *alqm*〕 (적대감을 갖도록) 부추기다, 충동하다. **4.** 기운을 돋구다. **5.** 증가시키다.

íncĭtus¹, a, um, *adj.* [in¹+cíeo] 급속한, 신속한, 빠른; 촉진된.

íncĭtus², a, um, *adj.* [in²+cíeo] 움직이지 않는.

íncĭtus³, us, *m.* [in¹+cíeo] 급속한 운동.

incivílĭa, ĭum, *n.pl.* [incivílis] 무법, 부정(不正), 폭정, 무례.

incivílis, e, *adj.* [in²+] 비(非)시민적, 무례한, 거만한; 비인간적, 무리한, 가혹한.

incivílĭtas, átis, *f.* 무례, **불손**; 난폭, 폭력, 잔인.

inclamátĭo, ónis, *f.* [inclámo] 야단침; 부르짖음, 절규, 호소.

inclámo, ávi, átum, áre, *tr., intr.* [in¹+] **1.** 〔*alqm;* in, contra *alqm; absol.*〕 야단치다, 견책하다, 꾸짖다. **2.** 〔*alqm; alci; absol.*〕 소리지르다, 소리질러 **부르다,** 절규하다, 외치다, (도움을) 간청하다: ~ *alci,* ut ... *(L.)* …해 주라고 외치다.

inclarésco, clárŭi, ĕre, *intr.* [in¹+] **1.** 밝아지다, 날이 밝아오다. **2. 유명해지다,** 알려지다, 명백해지다.

inclárus, a, um, *adj.* [in²+] 밝지 않은; 명확하지 않은, 똑똑치 않은, 애매한.

inclausíbĭlis, e, *adj.* [in²+claudo¹] 닫을 수 없는, 막을 수 없는.

inclémens, méntis, *adj.* [in²+] 무자비한, 무정한, 거친, 냉정한, 사나운.

incleméntĭa, æ, *f.* [inclémens] 무자비, 몰인정, 가혹, 무정.

inclinábĭlis, e, *adj.* [inclíno] 경향성있는, 온순한, 휘기 쉬운, 기울어지는.

inclinaméntum, i, *n.* 《文法》 명사 어미를 변화시켜 형용사를 만드는 전성어미(轉成語尾), *e.g.* vinum→ vin*ósus.*

inclinátĭo, ónis, *f.* [inclíno] **1. 기울임, 숙임,** 굽힘: ~ profúnda (허리를 굽혀 하는) 최경례, 국궁(鞠躬) / ~ medíocris (45도의) 중(中)경례 / ~ cápitis 머리[고개] 숙여 하는 경례. **2.** 기울기, **경사**(면). **3. 기울어짐, 경향,** 성향, 소질. **4.** 마음내킴, 좋아함, 애정, 애호, 기호(嗜好). **5.** 변화, 변천, 변동. **6.** 경각(傾角). **7.** 《文法》 어미의 전성(轉成) *e.g.* vinum→vinósus.

inclinatívus, a, um, *adj.* [inclíno] 《文法》 전접적(前接的)인, 전접어의(*cf.* enclíticus).

inclinátus¹, a, um, *p.p., a.p.* [inclíno] **1.** 〔ad, in *acc.*〕 굽은, 숙인, 기울어진, 치우친, 쏠린. **2.** 몰두한, 열중한. **3.** (목소리가) 낮고 우렁찬. **4.** 악화된. **5.** 〔ad *acc.*〕 (빛깔이) …에 가까운.

inclinátus², us, *m.* [inclíno] 《文法》 말의 파생, 어미의 전성(轉成).

inclínis, e, *adj.* [in¹+clino] 기울어진, 숙인.

inclíno, ávi, átum, áre, [in¹+] **I.** *tr.* **1.** 〔*alqd[alqm]* - ad, in *acc.; dat.*〕 기울이다, 굽히다, 숙이다: ~ malos *(L.)* 돛대를 기울어지게 하다 / 〔*pass. refl.*〕 **se ~, inclinári** 기울다. **2.** 《軍》 〔*pass.*〕 inclinári 후퇴하다, 도주하다. **3.** 돌리다, 쏠리게 하다: ~ omnem culpam in *alqm (C.)* 모든 탓을 누구에게 돌리다 / se ~ ad …로 (마음이) 쏠리다. **4.** 뒤바꿔 놓다, 악화시키다: Fraus rem inclinávit.*(L.)* 속임수가 일을 악화시켰다. **5.** 《文法》 어미를 전성(轉成)하다; 격(格)변화를 하다.

II. *intr.* 〔in, ad *acc.*〕 **1. 기울어지다,** (마음·의견 따위가) 쏠리다, 향하다: Sol inclínat.*(Juv.)* 해가 기울고 있다. **2.** 굴복하다. **3.** 돌다, 변하다, 전환하다.

ínclĭtus = ínclytus = ínclutus.

inclúdo, clúsi, clúsum, clúdĕre, *tr.* [in¹+claudo¹] **1.** 〔*alqd[alqm]* in *abl.,* in *acc., abl., dat.; absol.*〕 **가두다,** 둘러 싸다, 에워싸다; 《軍》 포위하다, 봉쇄하다. **2.** 막다, 차단하다, 방해하다: viam ~ *(C.)* 길

을 막다. 3. 봉해넣다, 동봉하다; 집어넣다, 새겨넣다. 4. 포함하다, 포괄하다; 함께 넣어 계산하다. 5. 억제하다, 제어하다, 제한하다: imperátor, nullis juris inclúsus angústiis *(L.)* 법의 아무런 제한도 받지 않는 황제. 6. 끝막다, 완결하다.

inclúsĭo, ónis, *f.* [inclúdo] 1. 가둠, 감금, 제한. 2. 포위, 봉쇄. 3. 포함.

inclusívus, a, um, *adj.* [inclúdo] (무엇을) 포함한, 함께 넣어 계산한; 〔*adv.*〕 **-síve,** 포함하여, 함께 넣은 계산으로: usque ad diem 5 ~, 5일까지(5일도 포함시킴).

inclúsor, óris, *m.* [inclúdo] 금을 은이나 구리와 합금시키거나 보석을 금·은에 박아넣는 세공인.

ínclŭtus[-clȳtus], a, um, *adj.* [in[1]+clúeo] 「널리 알려진, 이름난, 유명한.

incoáctus[1], a, um, *adj.* [in[2]+cogo] 강제당하지 않은, 자발적인.

incoáctus[2], a, um, *adj.* [in[1]+cogo] 엉긴, 응결된.

incoctílĭa, ĭum, *n.pl.* 주석입힌 그릇.

incóctus, a, um, *adj.* [in[2]+coquo] 익지 않은, 선. 「않은, (주요한 끼니를) 굶은.

incœnátus, a, um, *adj.* [in[2]+] 저녁 먹지

incœ́nis, e, *adj.* [in[2]+cœna] 저녁굶은.

incœ́no, áre, *intr.* [in[1]+] 저녁먹다.

incoërcíbĭlis, e, *adj.* [in[2]+coérceo] 제지할 수 없는, 단속할 수 없는.

incoércĭtus, a, um, *adj.* [in[2]+coérceo] 제한받지 않은, 단속[제어]되지 않은.

incogitábĭlis, e, *adj.* [in[2]+cógito] 숙고하지 않는, 헤아려보지 않는; 생각할 수 없는, 믿어지지 않는.

incógĭtans, ántis, *adj.* [in[2]+cógito] 깊이 생각지 않는, 지각없는, 경솔한.

incogitántĭa, æ, *f.* [incógitans] 깊이 생각지 않음, 무사려(無思慮), 무반성.

incogitátus, a, um, *adj.* [in[2]+cógito] 1. 숙고되지 않은. 2. 깊이 생각지 않는.

incógĭto, ávi, átum, áre, *tr.* [in[1]+] 〔*alqd alci*〕 (누구에게 대해서 무엇을) 궁리하다, 계획[획책]하다.

incógnĭtus, a, um, *adj.* [in[2]+cognósco] 1. 조사되지 않은. 2. 알려지지 않은. 3. 알 수 없는, 헤아릴 수 없는, 엄청난. 4. 승인되지 않은.

incognoscíbĭlis, e, *adj.* [in[2]+cognósco] 인식될 수 없는, 알 수 없는, 불가지(不可知)의; *n.* 불가지 체(體).

incohǽrens, éntis, *adj.* [in[2]+cohǽreo] 연결되지 않는, 붙어있지 않는.

incoha... *V.* inchoa...

incohíbĭlis, e, *adj.* [in[2]+cohíbeo] 제지[견제]할 수 없는, 금할 수 없는.

incŏho = ínchoo.

incoinquinátus, a, um, *adj.* [in[2]+coínquino] 더럽혀지지 않은, 깨끗한.

íncŏla, æ, *m.f.* [íncolo] 1. 주민, 거주자. 2. 외국 정착민. 3. 어떤 곳에 살고 있는 생물[동물].

incolátus, us, *m.* [íncolo] 거주, 정착; 체 「재, 체류.

íncŏlo, lŭi, cúltum, lĕre, *tr., intr.* [in[1]+] (어떤 곳에) 살다, 거주하다, 서식하다, 안주(安住)하다: eas urbes ~ *(C.)* 그 도시들에서 살다.

incólŭmis, e, *adj.* [in[1]+] 손상되지 않은, 안전한, 무사한; 건강한, 상처없는.

incolúmĭtas, átis, *f.* [incólumis] 안전, 무사, 안녕.

incombústus, a, um, *adj.* [in[2]+combúro] 「타지 않은, 불타버리지 않은.

incomitátus, a, um, *adj.* [in[2]+cómitor] 동행이 없는, 수행원이 없는, 단독의.

incomítĭo, áre, *tr.* 소집하다, 집합시키다.

incómma, æ, *f.* [-ma, ătis, *n.*] 징집 장정의 신장을 재는 기구, 신장측정기.

incommendátus, a, um, *adj.* [in[2]+comméndo] 1. 위탁받지 않은, 추천되지 않은. 2. 포기된, 내버려진.

incomminútus, a, um, *adj.* [in[2]+commínuo] 조각나지 않은, 분쇄되지 않은; 감소되지 않은, 완전한.

incommiscíbĭlis, e, *adj.* [in[2]+commísceo] 혼합할 수 없는, 섞을 수 없는.

incommobilĭtas, átis, *f.* [in[2]+commóveo] 무감각, 태연함, 부동. 「편, 손해.

incommódĭtas, átis, *f.* [incómmodus] 불

incómmŏdo, ávi, átum, áre, *intr., tr.* [incómmodus] 〔*alci; alqd*〕 불편을 주다, 불편[불리]하게 하다, 폐를 끼치다, 귀찮게 굴다, 괴롭히다, 곤란하게 하다.

incómmŏdum, i, *n.* [incómmodus] **불편, 불리,** 손해, 불운: magnum *alci* afférre ~ *(Cæs.)* 누구에게 큰 손해를 끼치다.

incómmŏdus, a, um, *adj.* [in[2]+] 〔*absol.; dat.*〕 1. 불편한, 형편이 나쁜, 불리한, 손해를 가져오는, 부적당한, 불쾌한. 2. 성가신, 귀찮은, 괴롭히는.

incommunicábĭlis, e, *adj.* [in[2]+] 상통될 수 없는, 통용(通用)될 수 없는.

incommunicabilĭtas, átis, *f.* 교관(交驩) 불능성, 불상통성. 「않은; 비공통의.

incommúnis, e, *adj.* 보통이 아닌, 흔치

incommutábĭlis, e, *adj.* [in[2]+commúto] 뒤바뀔 수 없는, 교환할 수 없는, 불변의.

incommutabilĭtas, átis, *f.* 불변성.

incomparábĭlis, e, *adj.* [in[2]+] 비교할 수 없는, 비교가 안되는, 비길 바 없는, 유례없는.

incompatíbĭlis, e, *adj.* [in[2]+compátior] 양립할 수 없는, 겸임할 수 없는, 서로 용납하지 못하는, 합치되지 못하는.

incompatibilĭtas, átis, *f.* [incompatíbilis] 양립[겸임]할 수 없음, 서로 용납하지 못함; 불일치.

incompértus, a, um, *adj.* [in²+] 확실하게 알려지지 않은, 확인되지 않은, 불명확한.

incómpĕtens, éntis, *adj.* [in²+] **1.** 자격[능력]없는, 적합하지 못한, 적인이 아닌. **2.** 관할이 틀리는, 권한없는.

incompeténtĭa, æ, *f.* [incómpetens] **1.** 무능력, 부적임(不適任), 무자격. **2.** 관할권 없음, 권한부재.

incomplétus, a, um, *adj.* [in²+] 다 채워지지 않은, 불충분한, 완성[완결]되지 않은, 불완전한.

incompósĭtus, a, um, *adj.* [in²+] 정돈되지 않은, 무질서한, 불규칙적인; (말·시 따위가) 격식을 벗어난.

incomprehensíbĭlis, e, *adj.* [in²+comprehéndo] 붙잡을 수 없는; 파악될 수 없는, 이해할 수 없는, 헤아릴 수 없는.

incomprehénsus, a, um, *adj.* [in²+comprehéndo] 파악[이해]되지 못한.

incóm(p)tus, a, um, *adj.* [in²+] **1.** (머리를) 빗지 않은. **2.** 말쑥하지 못한, 단정치 못한, 난잡한, 세련되지 못한.

inconcessíbĭlis, e, *adj.* [in²+concédo] 허락[인정]할 수 없는, 양보할 수 없는.

inconcéssus, a, um, *adj.* [in²+concéssus¹] 허락되지 않은, 금지된.

inconcílĭo, ávi, átum, áre, *tr.* [in²+] 계교를 써서 속이다, 유혹하다; 속여서 얻어내다, 횡령하다.

inconcínnĭtas, átis, *f.* [inconcínnus] 불균형, 부조화, 불합리, 짜임새없음.

inconcínnĭter, *adv.* [inconcínnus] 어울리지 않게, 맞지 않게.

inconcínnus, a, um, *adj.* [in²+] 조화되지 않은, 불합리한; 짜임새없는, 세련되지 못한, 우악스러운.

inconcrétus, a, um, *adj.* [in²+] 형태가 없는.

inconcússus, a, um, *adj.* [in²+concútio] 흔들리지 않는, 동요하지 않는, 확고부동한, 견고한.

incóndĭtus, a, um, *adj.* [in²+condo] **1.** 만들어지지[창조되지] 않은. **2.** 숨겨둔. **3.** 정돈되지 않은, 무질서한, 혼잡한. **4.** 난잡한, 조잡한, 거친, 서투른: cármina incóndita *(L.)* 서투른 노래. **5.** 묻지(埋) 않은, 매장되지 않은.

inconféctus, a, um, *adj.* [in²+confício] 미완성의, 만들다가 만, 끝나지 않은.

inconfusíbĭlis, e, *adj.* [in²+confúndo] 혼합될 수 없는; 부끄럼당하지 않는.

inconfúsus, a, um, *adj.* [in²+] 뒤섞이지 않은, 혼란하지 않은, 정돈된, 조용한, 안온한.

incongressíbĭlis, e, *adj.* [in²+congrédior] 접근할 수 없는, 가까이할 수 없는.

incóngrŭens, éntis, [**-grŭus,** a, um,] *adj.* [in²+cóngruens, -grŭus] 맞지 않는, 일치하지 않는, 조화되지 않는, 어울리지 않는, 부적당한, 부적합한.

incongruéntĭa, æ, [**-grúĭtas,** átis,] *f.* [incóngruens, -grŭus] 부적당, 불합, 불일치, 부조화, 어울리지 않음.

inconnívens, éntis, [**-nívus,** a, um,] *adj.* [in²+connívеo] 눈을 감지 않는, 눈뜬, 잠자지 않는; 못본체하지 않는.

incónscĭus, a, um, *adj.* [in²+] 모르는, 의식하지 않는; 〔*subst.*〕 *n.* 무의식.

inconsentánĕus, a, um, *adj.* [in²+] **1.** 일치하지[맞지] 않는; 어울리지 않는. **2.** 비합리적인, 모순된, 부당한.

incónsĕquens, éntis, *adj.* [in²+] 논리적으로 맞지 않는, 모순된.

inconsequéntĭa, æ, *f.* [incónsequens] 앞뒤가 맞지 않음, 모순됨.

inconsídĕrans, ántis, *adj.* [in²+consídero] 깊이 생각하지 않는, 경솔한, 분별없는.

inconsiderántĭa, æ, [**-derátĭo,** ónis,] *f.* [in²+consídero] 사색[반성]의 결핍, 무분별, 경솔, 부주의.

inconsiderátus, a, um, *adj.* [in²+consídero] **1.** 깊이 생각하지 못한, 조심성 없는, 경솔한, 소견없는. **2.** 대수롭지 않은, 마구 저질러진.

incónsĭtus, a, um, *adj.* [in²+cónsero²] 씨뿌리지 않은, 경작하지 않은.

inconsolábĭlis, e, *adj.* [in²+consólor] 위로할 수 없는, 달랠 수 없는.

incónsŏnans, ántis, *adj.* [in²+] 조화되지 않는, 발음이 나쁜; 불협화음의.

inconsonántĭa, æ, *f.* **1.** 불협화음. **2.** 부조화, 불일치.

inconspéctus, a, um, *adj.* [in²+conspéctus¹] 경솔한, 무모한, 소홀한.

inconspícŭus, a, um, *adj.* [in²+] 눈에 잘 띄지 않는, 현저하지 않은, 두드러지지 않은.

incónstans, ántis, *p.præs., a.p.* [in²+] 불안전한, 변하기 쉬운, 변덕스러운, 항구하지[꾸준하지] 못한, 한결같지 않은.

inconstántĭa, æ, *f.* [incónstans] **변하기 쉬움, 변덕,** 불안정, 항구심없음, 꾸준하지 못함, 한결같지 않음.

inconsuétus, a, um, *adj.* [in²+] 습관되지 않은, 미숙한; 보통이 아닌, 보기 드문, 이례적인.

inconsúltus¹, a, um, *adj.* [in²+] **1.** 문의받지 않은, 상의해 오지 않은, 조언을 요청받지 않은. **2.** 충고를 받지 않은. **3.** 경망한, 경솔한, 무분별한, 몰지각한, 함부로 하는, 무모한; 〔*subst.*〕 *n.* 무분별, 몰지각, 무모.

inconsúltus², us, *m.* [in²+cónsulo] 협의[상의]없음: inconsúltu meo *(Pl.)* 나와 협의없이.

inconsummátĭo, ónis, *f.* [in² +] 미완성, 미료(未了), 미필.
inconsummátus, a, um, *adj.* [in² +] 끝내지 못한, 미완성의.
inconsúmptus, a, um, *adj.* [in² + consúmo] 소모되지 않은, 사라져 버리지 않은; 불후의, 불멸의, 영원한, 끝없는, 완전한.
inconsútĭlis, e, [-**sútus,** a, um,] *adj.* [in² + cónsuo] 통으로 짠, 혼솔없는.
incontaminábĭlis, e, *adj.* [in² +] 더럽힐 수 없는, 더럽히지 못할.
incontaminátus, a, um, *adj.* [in² +] 더럽혀지지 않은, 깨끗한.
incontánter, *adv.* (= incunctánter) 지체없이, 주저치 않고, 서슴없이.
incontemplábĭlis, e, *adj.* [in² +] 똑바로 쳐다보지 못할.
incontemptíbĭlis, e, *adj.* [in² +] 업신여기지 못할.
inconténtus, a, um, *adj.* 1. [in² + conténtus¹] 잡아 당겨지지 않은; 긴장[마음]이 풀어진, 늦추어진, (악기의 줄이) 느슨한. 2. [in² + conténtus²] 불만족한, 충족되지 못한.
incontígŭus, a, um, *adj.* 손에 닿지 않는.
incóntĭnens, éntis, *adj.* [in² + contíneo] 1. 머물러[붙잡아] 두지 못하는. 2. 자제력이 없는, 절제없는, 삼가지 않는; 음란한.
incontinénti, *adv.* (= in continénti, *cf.* cóntinens¹) 즉시, 곧, 참지 못하고.
incontinéntĭa, æ, *f.* [incóntinens] 부절제, 무절제, 탐욕; 호색, 음란.
incontradicíbĭlis, e, *adj.* [in² + contradíco] 반박하지 못할, 반대하지 못할.
incontrectábĭlis, e, *adj.* [in² +] 만지지 못할, 감촉되지 않는, 건드리지 못할.
inconvénĭens, éntis, *adj.* [in² +] 맞지 않는, 일치되지 않는, 어울리지 않는.
inconveniéntĭa, æ, *f.* [inconvéniens] 불일치, 불화, 부적합.
inconversíbĭlis, e, *adj.* [in² + convérto] 돌려 놓을 수 없는, 다른 순서로 놓일 수 없는.
inconvertíbĭlis, e, *adj.* [in² + convérto] 변환될 수 없는, 바뀔 수 없는.
inconvertibilĭtas, átis, *f.* 불변성, 변환불능.
inconvincíbĭlis, e, *adj.* [in² + convínco] 설복[설득]시킬 수 없는.
inconvúlsus, a, um, *adj.* [in² + convéllo] 고스란한, 변함없는, 그대로 있는.
incopiósus, a, um, *adj.* [in² +] 풍부하지 못한.
incóquo, cóxi, cóctum, cóquĕre, *tr.* [in¹ +] 1. 〔*alqd alci rei,* (in) *abl.; absol.*〕 넣어 끓이다, 삶다, 굽다, 익히다. 2. 눋게 하다; 그을리다, 볕에 말리다. 3. 담가서 염색하다. 4. (주석·납을) 입히다.
incóram, *adv.* [in¹ + coram¹] 〔*gen.; absol.*〕 앞에서, 대면해서, 드러내 놓고.
incoronátus, a, um, *adj.* [in² + coróno] 영관(榮冠)[영광]을 빼앗긴.
incorporális, e, *adj.* [in² +] 형체가 없는, 무형의, 비물체[비물질]적인; 추상적.
incorporálĭtas, átis, *f.* 비물체성, 비물질(성).
incorporátĭo, ónis, *f.* [incórporo] 1. 육체를 갖추어 가짐. 2. 몸의 지체가 됨. 3. 합체, 합병, 편입, 가입; 결사(結社). 4. (재산의) 몰수.
incorpórĕus, a, um, *adj.* [in² +] 육체가 없는; 무형한, 비물체[비물질]적인.
incórpŏro, ávi, átum, áre, *tr.* [in¹ +] 1. 합체하다, 결합시키다. 2. 육체를 갖추어 주다. 3. 가입[편입]시키다, 합병하다. 4. (재산을) 몰수하다.
incorréctus, a, um, *adj.* [in² +] 개량되지 않은, 개선되지 않은, 교정되지 않은.
incorrigíbĭlis, e, *adj.* [in² + córrigo] 똑바르게 할 수 없는, 교정할 수 없는.
incorrigibílĭtas, átis, *f.* 교정[개선] 불가능(성).
incorruptéla, æ, *f.* [in² +] 썩지 않음; 불멸.
incorruptíbĭlis, e, *adj.*[in² +] 1. 썩지 않는, 불변의, 불후(不朽)의. 2. 청렴한, 결백한.
incorruptibílĭtas, átis, *f.* 1. 부패하지 않음, 불변성, 불멸성. 2. 청렴, 결백.
incorrúptĭo, ónis, *f.* [in² +] 부패하지 않음, 썩지 않는 상태; 불변, 완전, 순결; 청렴, 결백.
incorruptívus, a, um, *adj.* [in² +] 부패하지 않는, 불멸의, 불변의.
incorruptórĭus, a, um, *adj.* [in² +] 불멸의, 불변의, 손상되지 않는.
incorrúptus, a, um, *adj.* [in² +] 1. 썩지 않은, 부서지지 않은, 상하지 않은, 변질되지 않은, 손상되지 않은, 온근, 완전한. 2. 부패하지[타락하지] 않은, 순결한. 3. 공정한; 청렴결백한.
incrásso, ávi, átum, áre, *tr.* [in¹ +] 1. 두껍게 하다, 살찌게 하다. 2. 진하게 하다, 농축(濃縮)하다. 3. 둔하게[무디게] 하다; 후안무치하게 하다.
increátus, a, um, *adj.* [in² + creo] 만들어지지 않은, 창조되지 않은.
increb(r)ésco, b(r)ŭi, b(r)éscĕre, *intr. inch.* [in¹ +] 잦아지다, 빈번해지다; 강해지다, 증대하다, 확산되다.
incredéndus, a, um, *adj.* [in² + credo] 믿어서는 안될, 믿지 못할.
incredíbĭlis, e, *adj.* [in² + credo] 1. 믿어지지 않는, 믿을 수 없는, 불가사의한, 기묘한, 비상한, 엄청난, 보통이 아닌. 2. 믿지 않는.
incredibílĭtas, átis, *f.* 1. 믿을 수 없음, 믿지 못할 일, 기괴, 이상한 일. 2. 믿지 않음, 불신앙.
incrédĭtus, a, um, *adj.* [in² + credo] 믿지 못할, 믿어지지 않는.
incredúlĭtas, átis, *f.* [incrédulus] 믿지 않음, 불신, 불신앙.
incrédŭlus, a, um, *adj.* [in² +] 믿지 않는, 불신하는, 신앙없는.
increménto, áre, *tr.* [increméntum] 증가시키다.

increméntum, i, *n.* [incrésco] **1.** 성장, 생장, 발육, 증식. **2.** 증대, 증가, 증진, 발전. **3.** 종자(種子); 자손, 소생(所生).

increpátĭo, ónis, *f.* [íncrepo] 꾸지람, 나무람, 책망, 힐책, 책벌.

increpatíve, *adv.* 책망조로, 나무라면서.

increpátor, óris, *m.* [íncrepo] 꾸짖는 사람, 야단치는 사람.

increpatórĭus, a, um, *adj.* 책망조의, 비난하는.

incrépĭto, ávi, átum, áre, *intr.*, *tr. freq.* [íncrepo] **1.** 크게 소리지르다, 요란한 소리내다. **2.** 〔*alqm[alqd], alci; absol.*〕 마구 꾸짖다, 야단치다, 나무라다, 비난하다, 원망하다.

incrépĭtus, us, *m.* [íncrepo] 꾸지람, 책망, 비난.

íncrĕpo, pŭi[ávi], pĭtum[átum], áre, [in[1]+crepo] **I.** *intr.* **1. 요란하게[시끄럽게] 소리나다,** (여러가지) 소음이 나다: Discus incrépuit.*(C.)* 투원반소리가 쌩하고 났다 / Quidquid increpúerit,*(C.)* 무슨 소리만 나면. **2.** 말[소문]이 시끄럽게 퍼지다. **3.** 〔ad, in *acc.*〕 아우성치다, 질타(叱咤)하다, 야단치다, 비난하다. **4.** 터지다, 찢어지다.

II. *tr.* **1.** 소리내다, 울리게 하다, 울려 퍼지게 하다, (여러가지) 소음을 내다. **2.** (소리나도록) 때리다, 치다, 타다: lyram ~*(Ov.)* 리라를 타다 / Júpiter incrépuit nubes.*(Ov.)* *Júpiter*신이 구름을 쳐서 천둥소리를 냈다. **3.** 소리내어 자랑하다; 노래부르다. **4.** 〔*alqm - alcjs rei; alqd*〕 **꾸짖다, 책망하다,** 야단치다, 나무라다, 비난하다. **5.** 〔*alqm*〕 권고하다, 격려하다.

incrésco, crévi, scĕre, *intr.* [in[1]+cresco] **1.** 〔*dat.*〕 …에서 자라다, 돋아나다, 생겨나다. **2.** 〔*absol.; abl.*〕 커지다, 성장하다, 증대하다, 더해가다: Incréscunt flúmina lácrimis.*(Ov.)* 눈물로 강물이 붇는다[강물을 이룬다].

incréto, áre, *tr.* [in[1]+creta] 백토를 바르다, 백토로 희게 하다.

incrétus[1], a, um, *p.p.* [incérno] (체로)걸른.

incrétus[2], a, um, *adj.* [in[2]+cretus[1]] 걸르지 않은; 뒤섞인; 엄밀히 조사하지 않은.

incrévi, *pf.* [incérno, incrésco].

incriminátĭo, ónis, *f.* [in[2]+] 무죄.

incrispátĭo, ónis, *f.* [in[1]+crispus[1]] 머리털을 지짐[곱슬곱슬하게 함].

incruentátus, a, um, *adj.* [in[2]+cruénto] 피로 더럽혀지지 않은, 피묻지 않은; 피흐르지 않은.

incruéntus, a, um, *adj.* [in[2]+] 피흘리지 않은, 무혈의; 부상하지 않은: incruénto exércitu*(Sall.)* 군대가 한명의 사상자도 없이.

incrustátĭo, ónis, *f.* [incrústo] 대리석을 입힘; 상감(象嵌).

incrústo, ávi, átum, áre, *tr.* [in[1]+] 껍데기로 덮다, 덕지덕지 입히다, 칠하다; (벽에) 대리석 따위를 입히다, 모자이크를 만들다; (그릇에) 상감(象嵌)세공하다.

incubátĭo, ónis, *f.* [íncubo[1]] **1.** 알을 품음[안음], 부화(孵化). **2.** (토지·가옥 따위의) 불법 점유(占有).

incubátor, óris, *m.* [íncubo[1]] **1.** 숙직원, 신전에서 밤새우는 자. **2.** 불법 점유자.

incúbĭto, ávi, átum, áre, *intr. freq.* [íncubo[1]] 위에 눕다, 취침하다.

incúbĭtus, us, *m.* [íncubo[1]] **1.** 누움, 취침. **2.** 알품음[안음].

íncŭbo[1], cúbŭi, cúbĭtum, áre, [in[1]+cubo] **I.** *intr.* 〔*dat., absol.*〕 **1. 위에 눕다[누워 있다],** 누워 쉬다, **기대다,** 엎디다; 신전에서 밤을 새우다. **2.** (칼을 안고 엎어지며) 자결하다. **3.** 거주하다, 떠나지 않고 살다. **4.** 내리 덮다, 펼쳐져 있다, …위에 깔리다: Ponto nox íncubat.*(V.)* 밤이 바다 위에 깔렸다. **5.** 방심하지 않고 지키다; 놓칠까봐[뺏길까봐] 거머쥐고 있다[지켜보고 있다]. **6.** 불법으로 점유하고 있다.

II. *tr.* **1.** 〔-bo, ávi, átum, áre〕 (새·닭이 알을) **품다.** **2.** 서식(棲息)하다.

íncŭbo[2], ónis, *m.* [íncubo[1]] **1.** 보고(寶庫)지기, 야경원. **2.** (자는 사람을 놀라게 하는) 가위, 악몽.

incúbŭi, *pf.* [íncubo[1], incúmbo].

íncŭbus, i, *m.* (자는 사람을 놀라게 하는) 가위, 악몽; 귀신, 도깨비.

incudomállĕus, a, um, *adj.* 《解》 침추(砧鎚)의.

inculcátĭo, ónis, *f.* [incúlco] 알도록 가르쳐 줌, 명심하도록 타이름, 주입(注入).

inculcátor, óris, *m.* [incúlco] **1.** 짓밟는 자. **2.** 되풀이해서 가르치는[머리 속에 박아 넣어주는] 사람.

incúlco, ávi, átum, áre, *tr.* [in[1]+calco] **1.** 짓밟다, 밟아 뭉개다, 밟아서 밀어넣다. **2.** 억지로 집어넣다, (맞지도 않는 말로) 억지로 써넣다. **3.** 무리하게 강요하다, 억지로 떠맡기다; 깊이 새겨넣(어 주)다. **4.** 〔*alqd alci*〕 알도록 되풀이해서 가르치다, **머리 속에 박아 넣어주다,** 명심하도록 타이르다, 깊이 인상박히게 하다.

inculpábĭlis, e, *adj.* [in[2]+] **탓없는,** 탓할 수 없는, 비난받을 수 없는.

inculpátus, a, um, *adj.* [in[2]+] 잘못없는, 책망할 데 없는, 무죄한; 결함없는.

incúlpo, áre, *tr.* [in[1]+] 탓하다, 비난하다; 탓[잘못]을 돌리다.

incúltus[1], a, um, *adj.* [in[2]+colo[2]] **1.** 경작되지 않은, 개간되지 않은; 야생의, 미개의. **2.** 내버려진, 사람이 살지 않는. **3.** 손질하지 않은, 가꾸지 않은, 단정치 못한, 너저분한. **4.** 연마되지 않은, 세련되지 못한, 거친, 교양없는, 무례한.

incúltus², us, *m.* 1. 가꾸지 않음, 소홀, 방치. 2. 세련되지 못함, 무교양.
incúmba, æ, *f.* 《建》 홍예석(虹霓石), 출입문위의 채광창.
incúmbo, cúbŭi, cúbĭtum, ĕre, *intr.* [in¹+cubo] 1. 〔*dat.*; in, (ad, super) *acc.*; *acc.*; *absol.*〕 **기대다**, 의지하다, 가로[비스듬히] **눕다**. 2. 〔*dat.*, in *acc.*〕 (바람 따위가) 휘몰아치다. 3. 〔in, ad *acc.*; *dat.*; *acc.*〕 들이[밀어]닥치다, 밀려들다, 덤벼들다, 돌진하다, 습격하다. 4. 〔in *alqd* (*e.g.* gládium), *dat.*〕 가슴에 칼을 대고 엎어지다, 자결하다. 5. 〔*dat.*; in, ad *acc.*; ut; *inf.*; *absol.*〕 착수하다, **힘쓰다**, 주력하다, **몰두하다**, 열중하다, 열심히 …하다: ~ remis*(V.)* 열심히 노질하다. 6. 〔ad, in *acc.*〕 쏠리다, 기울어지다; 향해가다; (욕망·분노 따위를) 일으키다: ~ in iras*(Sen.)* 분노를 폭발시키다. 7. 〔in *acc.*; *dat.*〕 압력을 가하다, 압박하다. 8. 〔*alci*〕 (무엇이) 누구의 할 일이다, 누구의 본분[소관]이다.
incunábŭla, órum, *n.pl.* [in¹+] 1. 배내옷, 깃저고리, 두렁이; 기저귀, 강보(襁褓). 2. 요람; 출생지. 3. 기원, 발상(發祥); 어린 시절, 요람 시대, 여명기(黎明期).
incúnctans, ántis, *adj.* [in²+] 서슴치 않는, 망설이지 않는, 지체하지 않는; 〔*adv.*〕 **-tánter.**
incurábĭlis, e, *adj.* [in²+] 치료될[고쳐질] 수 없는.
incurátus, a, um, *adj.* [in²+] 잘 돌보지 않은, 손질하지 않은, 보살피지 않은, 정성들이지 않은, 등한히한, 관심두지 않은; 치료하지 않은.
incúrĭa, æ, *f.* [in²+cura] 보살피지 않음, 소홀, 등한, 무관심, 부주의.
incuriósĭtas, átis, *f.* [incuriósus] 등한, 소홀, 무관심.
incuriósus, a, um, *adj.* [in²+] 1. 〔*gen.*, (in) *abl.*; *absol.*〕 마음쓰지 않는, 무관심한, 구애되지 않는, 등한한; 호기심없는. 2. 등한시된, 소외된.
incúrro, (cŭ)cúrri, cúrsum, ĕre, *intr.*, *tr.* [in¹+] 1. 〔in *acc.*, *dat.*, *acc.*; *absol.*〕 (누구한테·어디로) **달려가다**, 뛰어들다, 돌진하다. 2. 《軍》 〔in *acc.*; *acc.*〕 **침략[침공·침입]하다**. 3. 〔in *alqm*〕 통렬히 비난하다, 욕설하다. 4. 〔in *alqd*〕 …에 이르다, 뻗치다. 5. 〔per, in *alqd*; *dat.*〕 (강물 따위가) 힘차게 흘러 내려가다, 흘러들다. 6. 〔in *acc.*, *dat.*〕 눈에 띄다, 눈앞에 나타나다; 만나다, 마주치다: Quæ in óculos incúrrunt. *(Q.)* 눈에 들어오는 것들. 7. 〔in *alqd*; *acc.*〕 (달갑지 않은 결과에) **빠지다**, 떨어지다, **걸리다**, 걸려들다, 부닥치다, **당하다**, (벌 따위를) 받다, (빚 따위를) 걸머지다: ~ in difficultátem*(C.)* 어려움을 당하다 / ~ in morbos*(C.)* 여러가지 병에 걸리다 / in ódia hóminum ~ *(C.)* 사람들의 미움을 받게 되다. 8. 〔*alqd*〕 (잘못 따위를) 저지르다. 9. 〔*alqm*, *alci*〕 욕정을 가지고 (침)범하다, 능욕하다. 10. 〔in *acc.*〕 생기다, 발생하다, 돌발하다, 동시에 일어나다, 당면하다, (시간이) 오다·되다: in sapiéntem ~ *(C.)* 현자가 당면하다 / Febris in tempus exercitatiónis incúrrit. *(Cels.)* 훈련시간과 같은 시간에 열이 났다.
incursátĭo, ónis, *f.* [incúrso] 침입, 침략, 공격.
incúrsax, ácis, *adj.* [incúrso] 침략근성이 있는.
incúrsim, *adv.* [incúrro] 빨리, 속히, 급히.
incúrsĭo, ónis, *f.* [incúrro] 1. 충돌, 부딪침, 조우(遭遇). 2. 침략, 침입, 침공. 3. (강물 따위가) 세차게 흘러들어옴.
incúrsĭto, áre, *intr. freq.* [incúrso] 〔in *acc.*〕 뛰어들다, 부딪치다, 충돌하다.
incúrso, ávi, átum, áre, *intr.*, *tr. intens.* [incúrro] 1. 〔in *acc.*; *acc.*, *dat.*〕 달려들다, 덤벼들다, 돌진하다, 뛰다. 2. 〔in *acc.*; *acc.*〕 침략[침입·침공]하다. 3. 〔*alqam*〕 여자를 능욕하다. 4. 〔*acc.*, *dat.*〕 치다, 때리다, 걷어차다; 부딪치다, 충돌하다. 5. 〔*dat.*〕 (눈·귀에) 들어오다; 만나다, 마주치다.
incúrsus, us, *m.* [incúrro] 1. 침략, 침공, 침입, 공격. 2. (강물 따위가) 세차게 흘러들어옴, 할퀴고 지나감.
incurvábĭlis, e, *adj.* [in²+] 휠 수 없는, 구부릴 수 없는.
incurvátĭo, ónis, *f.* [incúrvo] 구부림.
incurvésco[**-vísco**], ĕre, *intr. inch.* [incúrvus] 휘다, 굽다(曲), 구부러지다.
incurvicervícus, a, um, *adj.* [incúrvus+cervix] 목이 굽은.
incúrvo, ávi, átum, áre, *tr.* [incúrvus] 1. 구부리다, 만곡시키다, 휘다, 굽히다. 2. (용기 따위를) 꺾다.
incúrvus, a, um, *adj.* [in¹+] 굽은, 구부러진; 꾸불꾸불한, 만곡한.
incus, údis, *f.* [in¹+cudo¹] 1. 모루, 철침(鐵砧). 2. 수련장(修鍊場); 꾸준한 노력: 〔격언〕 uno ópere eándem incúdem túndere *(C.)* 한가지 일을 꾸준히 계속하다. 3. 《解》 침골(砧骨).
incusátĭo, ónis, *f.* [incúso] 비난, 책망; 고발.
incusátor, óris, *m.* [incúso] 고소인, 고발자.
incúso, ávi, átum, áre, *tr.* [in¹+causa] 〔*alqm* – *alcjs rei*, quod; *alqd* – *alci*, in *alqm*〕 고발하다, 고소하다; 비난하다, 나무라다.
incússus, us, *m.* [incútio] 충격, 타격.
incustodítus, a, um, *adj.* [in²+custódio] 1. 감시자[파수꾼]없는, 방치된. 2. 조심하지 않는.
incúsus, a, um, *p.p.* [*inusit.* incúdo] 1. 망

치로 두드린, 두드려 만든, 다듬은. **2.** 얻어맞은.

incútĭo, cússi, cússum, ĕre, *tr.* [in[1]+quátio] **1.** [*alqd* in *acc., dat., absol.*] 부딪치다, 들이 박다, 때리다, 후려치다; (밥을) 구르다. **2.** 쏘다, 발사하다, 던지다. **3.** [*alqd dat.*, in *acc.*] 불어넣다, 일으키다, 끼치다, (충격적인 소식 따위를) 전하다, 가져다 주다: ~ *alci* metum *(C.)* 누구에게 공포심을 일으키다 / ~ *alci* núntium *(L.)* 누구에게 소식을 불쑥 전하다.

indagábĭlis, e, *adj.* [indágo[1]] 탐구할 수 있는, 캐낼 수 있는. 「탐험, 탐색, 수색.

indagátĭo, ónis, *f.* [indágo[1]] 탐구, 연구;

indagátor, óris, *m.*[**-trix,** ícis, *f.*] [indágo[1]] **1.** (사냥의) 몰이꾼, 추적자. **2.** 탐구자, 발견자, 탐색자, 수색자.

indágo[1], ávi, átum, áre, *tr.* [in[1]+ago] 발자취를 쫓다, 추적하여 찾아내다; 탐색하다, 탐구하다, 연구하다, 조사하다.

indágo[2], gĭnis, *f.* [indágo[1]] **1.** 사냥꾼의 포위그물, 차단선(遮斷線), 포위. **2.** 치밀한 탐색, 탐구.

inde, *adv.* [in[1]+de] **1. 거기서부터,** 그곳에서부터. **2.** 그 사람으로부터. **3. 그때부터:** ~ a[ab] ... 이래로, … 때부터 / jam ~ ab ortu *(C.)* 날 때부터 이미. **4.** 그래서, 그러므로, 그로 인하여.

indébĭtus, a, um, *adj.* [in[2]+] **부당한,** 당연하지 못한, 의무없는; [*subst.*] *n.* 빚이 아닌 돈[물건]; [*adv.*] **-te, -to.**

indécens, éntis, *adj.* [in[2]+] **1.** 어울리지 않는, 걸맞지 않은, 품위에 어긋나는. **2.** 꼴사나운, 보기 흉한; 단정치 못한, 야비한.

indecéntĭa, æ, *f.* [in[2]+] 어울리지 않음, 품위에 어긋남, 야비, 단정치 못함.

indeclinábĭlis, e, *adj.* [in[2]+] **1.** 구부러지지 않는, 의연(毅然)한. **2.** 《文法》 격[어미]변화를 하지 않는. 「굴의, 변함없는.

indeclinátus, a, um, *adj.* [in[2]+declíno] 불

índĕcor, ŏris, [**-cŏris,** e,] *adj.* [in[2]+decórus] **1.** 어울리지 않는; 격에 맞지 않는; 망신스러운, 불명예스러운. **2.** 예의에 맞지 않는, 무례한; 꼴사나운, 보기 흉한.

indécŏro, áre, *tr.* [in[2]+] 꼴사납게[보기 흉하게] 만들다; 망신을 주다, 불명예스럽게 만들다, 욕되게 하다.

indecórus, a, um, *adj.* [in[2]+] **1.** 꼴사나운, 보기 흉한, 누추한. **2.** 어울리지 않는; 불명예스러운, 망신스러운, 불미스러운. 「르는, 지치지 않는.

indefatigábĭlis, e, *adj.* [in[2]+] 피로를 모

indefatigátus, a, um, *adj.* [in[2]+defatígo] 피곤하지 않은, 원기왕성한.

indeféctus, a, um, *adj.* [in[2]+] **1.** 영구한. **2.** 쇠약해지지 않은.

indefénsus, a, um, *adj.* [in[2]+deféndo] 방위가 없는, 무방비의; 보호[옹호]받지 못한. 「은, 피로해지지 않은.

indeféssus, a, um, *adj.* [in[2]+] 지치지 않

indefícĭens, éntis, *adj.* [in[2]+] 끊임없는, 불굴의, 부족함이 없는.

indefinítus, a, um, *adj.* [in[2]+] **1.** 무한정의, 한계없는. **2.** 명확하지 않은, 애매한, 모호한. **3.** 《文法》 부정(不定)의: pronómen indefinítum 부정[미한정] 대명사.

indeflétus, a, um, *adj.* [in[2]+défleo] 울어주는 사람없는. 「없는, 없애버릴 수 없는.

indelébĭlis, e, *adj.* [in[2]+] 지울[씻을] 수

indelibátus, a, um, *adj.* [in[2]+delíbo] 손상되지 않은, 침해되지 않은, 순수한, 순결한. 「없는, 잘못없는.

indelíctus, a, um, *adj.* [in[2]+delínquo] 죄

indemnátus, a, um, *adj.* [in[2]+damnátus] 유죄판결을 받지 않은, 처벌받지 않은, 무죄한. 「지[손해보지] 않은, 손해없는.

indémnis, e, *adj.* [in[2]+damnum] 손상받

indémnĭtas, átis, *f.* [indémnis] **1.** 안전, 무난. **2.** 보상, 배상(금).

indenuntiátus, a, um, *adj.* [in[2]+denúntio] 발표되지 않은, 신고되지 않은, 드러나지 않은.

indepéndens, éntis, *adj.* [in[2]+depéndeo] 아무데도 속하지 않은, 독립의; 자립의, 자주적인: 《文法》 propositio ~ 자립문. 「主).

independéntĭa, æ, *f.* 독립, 자립, 자주(自

indeplorátus, a, um, *adj.* [in[2]+deplóro] 아무도 울어주는[슬퍼해 주는] 사람없는.

indepravátus, a, um, *adj.* [in[2]+] 나빠지지 않은, 변질되지 않은, 부패[타락]하지 않은.

indeprehénsus[-prénsus], a, um, *adj.* [in[2]+deprehéndo] 파악되지 못한, 알려지지 않은, 알아내지 못한.

indéptus, a, um, *p.p.* [indipíscor].

indesértus, a, um, *adj.* [in[2]+] 버림받지 않은; 고독하지 않은.

indésĭnens, éntis, *adj.* [in[2]+désino] 끊임없는, 간단(間斷)없는.

indestríctus, a, um, *adj.* [in[2]+destríngo] 다치지 않은, 상처입지 않은.

indeterminátus, a, um, *adj.* [in[2]+] 미정(未定)의, 무한정의. 「決定論).

indeterminísmus, i, *m.* 《哲》 비결정론(非

indevitátus, a, um, *adj.* [in[2]+devíto] 피하지 못한, 피할 수 없는.

indevótĭo, ónis, *f.* [in[2]+] **1.** 준법정신의 결핍. **2.** 무신앙, 불경건.

indevótus, a, um, *adj.* [in[2]+] **1.** 준법정신이 없는. **2.** 충성심없는; 신심(信心)없는.

index, dĭcis, *m.f.* [índico[1]] **1.** 밀고자, 신고자, 정보 제공자. **2.** 가리키는 것, 지시기, (시계·계량기의) 바늘, **지침**; 안내(자),

뜻말, 표지(標識), 지수(指數). **3.** dígitus ~ *(H.)*, ~ *(C.)* 집게손가락. **4.** 목차(目次), **색인**(索引), **목록**, 내용편람, 명부, 일람표, 시간표: 《가》 ~ (librórum prohibitórum) 금서목록 / ~ expurgatórius 삭제 장절표(削除章節表). **5.** 표제, 제명(題名·題銘). **6.** 시금석(試金石).

Indi, órum, *m.pl.* *Indĭa* 백성; 〔*adj.*〕 **Indiánus,** a, um, 인도인의.

Indĭa, æ, *f.* 인도(印度); 〔*adj.*〕 **Indus,** a, um; **-dĭcus,** a, um: ~Océanus 인도양(洋) / ~ elephántus *(T.)* 인도코끼리.

indicátĭo, ónis, *f.* [índico¹] **1.** 지시, 지적. **2.** 값을 매김, 가격표시, 사정(査定), 평가.

indicatívus, a, um, *adj.* [índico¹] **1.** 지시하는, 표시하는, 나타내는. **2.** 《文法》 직설법의: (modus) ~ 직설법.

indicátor, óris, *m.* [índico¹] 가리키는[표시하는] 사람[것].

indicatúra, æ, *f.* [índico¹] **1.** 평가, 사정(査定), 가격표시. **2.** 징후.

indícens, éntis, *p.præs.* **1.** [in²+dico²] 말하지 않는: me indicénte *(T.)* 내 명령없이. **2.** [indíco²] 보고하는, 통지하는, 포고하는.

indícĭum, i, *n.* [index] **1. 밀고,** 정보제공, 신고, 고발: profitéri[offérre] ~ 자수한 자가 공범자나 주모자를 일러바치다. **2.** 통지, 통고. **3. 표,** 기호, 부호; 표시, **표징**; **징후. 4.** 흔적, 형적(形跡), 단서; **증거**(물). **5.** 밀고한 자수자의 면책권리. **6.** 밀고[신고] 보상금. **7.** 시금석.

índĭco¹, ávi, átum, áre, *tr.* [in¹+dico¹] **1.** 〔*alqd[alqm] - alci,* de *abl.; acc. c. inf.; interr. indir.*〕 **밀고하다,** 신고하다; 고발하다. **2.** 일러주다, 말해주다, **가리키다,** 지적하다, 지시하다, 드러내다. **3.** 평가하다, 사정(査定)하다, 가격표시하다.

indíco², díxi, díctum, ĕre, *tr.* [in¹+dico²] **1.** 〔*alqd - alci*〕 공표하다, 공고하다, **공포[선포]하다**: ~ bellum *alci (C.)* 누구에게 선전포고하다. **2.** (장소·날짜 따위를) **지정하여 통고하다**; 임시회의를 소집하다: ~ exércitum in *alqm* locum *(L.)* 군대를 어떤 장소로 집합시키다. **3.** 〔*alqd - alci; acc.c. inf.*〕 …하도록 **지시하다,** 명령하다. **4.** (세금·벌금 따위를) 부과하다, 통고하다.

indictícĭus, a, um, *adj.* [indíco²] 부과된.

indíctĭo, ónis, *f.* [indíco²] **1.** 공고, 공표, 포고. **2.** 현물세(現物稅); 과세의 목적으로 15년마다 재산평가를 지시하던 포고령. **3.** 6세기 교회에서 15년을 한 단위로 삼던 기(期: 임명장이나 기록문서에 연대표시로 사용되었음).

indictívus, a, um, *adj.* [indíco²] 소집공고의.

indíctus¹, a, um, *p.p.* [indíco²].

indíctus², a, um, *adj.* [in²+dico²] **1.** 언급되지 않은. **2.** indícta causa 변호인의 변론이 청취되지 않은 사건. **3.** 말로 표현될 수 없는.

Indĭcus, a, um, *adj.* [Indĭa] 인도의; 인도인의.

índĭdem, *adv.* [inde+dem] **1.** 같은 곳에서부터. **2.** 같은 일[것]에서부터.

indíffĕrens, éntis, *adj.* [in²+díffero] **1. 좋지도 나쁘지도 않은,** 아무래도 좋은[괜찮은]. **2. 무관심한,** 흥미를 느끼지 않는, 개의치 않는, 냉담한. **3.** 치우치지 않는, 차별을 두지 않는, 중립의.

indifferéntĭa, æ, *f.* [indífferens] **1.** 무차별, 균등. **2.** 무관심, 개의치 않음, 냉담; 종교적 무관심.

indifferentísmus, i, *m.* **1.** 무관심주의(일반적으로 진위〈眞僞〉·선악 따위에 무관심한 태도). **2.** 종교적 무관심주의, 신앙무차별론. **3.** 종교적 실천의 등한[소홀]. **4.** 종교에 대한 국가의 중립적 태도.

indígĕna, æ, *adj.* [indu (= in¹) + gigno] 본토의, 본방(本邦)의, 토착의, 원주민의; 국내산(國內產)의; 〔*subst.*〕 *m.f.* 본토인, 원주민, 본고장 사람, 내국인.

índĭgens, éntis, *p.præs.*, *a.p.* [indígeo] 〔*gen., abl.; absol.*〕 결핍된, 없는, 아쉬운, 필요를 느끼는, 군색한, 가지지 못한, 궁핍한, 가난한, 빈곤한.

indigéntĭa, æ, *f.* [índigens] **1.** 아쉬움, 필요, 요구, 결핍, 곤궁, 궁핍, 빈곤. **2.** 만족을 모름, 탐욕.

indígĕo, ŭi, ére, *intr.* [indu (= in¹) + égeo] **1.** 〔*abl.*〕 (누가 무엇이) **없다,** 결핍되어 있다, 궁핍하다, 부족하다: ~ pecúniā *(N.)* (누가) 돈이 없다. **2.** 〔*gen., abl.,* 간혹 *acc.; inf.*〕 (누가 무엇이) **필요하다,** 필요로 하다, **아쉽다**: ~ auxílii *(Pl.)* (누구에게) 도움이 필요하다. **3.** 〔*gen.*〕 열망하다, 탐하다.

indigérĭes, éi, *f.* [in²+dígero] 《醫》 소화불량.

índĭges¹, gĕtis, *m.* [indu (= in¹) + gigno] 〔주로 *pl.*〕 (그 고장 사람으로 신격화된) 지방 수호신, 신격화된 나라 영웅, 고대 *Roma*의 수호신.

índĭges², is, *adj.* = índigens.

indigestíbĭlis, e, *adj.* [in²+dígero] 소화시킬 수 없는.

indigéstĭo, ónis, *f.* [in²+] 소화불량, 체증.

indigéstus, a, um, *adj.* [in²+dígero] **1.** 혼란한, 혼잡한, 질서없는. **2.** 소화되지 않은; 소화불량의.

indigetaménta [indigi-], órum, *n.pl.* [indígeto] (신들의 이름과 기도 양식을 적은) 제관용(祭官用) 예식서.

indígĕto[-gĭto], áre, *tr.* 신들의 이름을 부르며 기도하다.

indignabúndus, a, um, *adj.* [indígnor] 분노[노여움]에 찬.

indígnans, ántis, *p.præs.*, *a.p.* [indígnor]

못마땅히 여기는, 화내는, 성내는, 노여워하는, 분하게 생각하는, 분노하는, 분개[분격]하는, 괘씸하게 여기는.

indignátĭo, ónis, *f.* [indígnor] **1.** 화냄, 성냄, 역정, 노여워함; 분개, 분격, 분노, 의분. **2.** 《醫》 염증, 성남.

indignatiúncŭla, æ, *f. dim.* [indignátio] 약간 화냄, 토라짐.

indígnĭtas, átis, *f.* [indígnus] **1.** 무가치, 무자격, 부당성; 천함, 보잘것없음. **2.** 수치스러운 행위, 비열. **3.** 부당한 처사, 억울함, 무례, 경멸, 모욕(적 대우). **4.** (불의에 대한) 분노, 분개.

indígnor, átus sum, ári, *dep. tr., intr.* [indígnus] **1.** 〔*alqd[alqm],* (de) *abl.;* quod, si; *inf., acc.c.inf.; absol.*〕 **못마땅하게**[언짢게·괘씸하게] **여기다,** 분하게[억울하게·부당하게] 여기다, 노엽게 생각하다, 화내다, **분개하다.** **2.** 《醫》 붓다, 성나다, 염증이 생기다.

indígnus, a, um, *adj.* [in² +] **1.** 〔*abl., gen.;* 결과 ut, 결과관계문; *inf.; absol.*〕 **자격없는,** 가치없는, 쓸모없는, …에 **부당한,** 가당하지[마땅하지] 않은, 어울리지 않는: honóre ~ *(C.)* 영예받을 자격이 없는. **2.** 불명예[수치]스러운, 치욕적인, 야비한, 끔찍한. **3.** 〔*absol.; abl.;* 결과관계문; *inf.*〕 억울한, 애매한, 무죄한: ~ injúriā *(T.)* 억울하게 모욕당하는.

índĭgus[-dígŭus], a, um, *adj.* [indígeo] **1.** 〔*abl., gen.; absol.*〕 (무엇이) 없는, 결핍된, 요구되는, 이지러진, 가난한. **2.** 탐하는.

indílĭgens, éntis, *adj.* [in² +] **1.** 〔*absol.; gen.*〕 소홀히[등한히] 하는, 태만한, 성의없는, 돌보지 않는, 부주의하는. **2.** 잘 가꾸어지지 않은.

indiligéntĭa, æ, *f.* 소홀, 등한, 불성실, 부주의, 태만. 「맞지 않은; 내보내지 않은.

indimíssus, a, um, *adj.* [in² + dimítto] 소박

indipíscor, *(ĕris, ĭtur),* déptus sum, písci, *dep. tr.* [indu (= in¹) + apíscor] **1.** 붙잡다, 얻다, 도달하다: ~ *alqd* ánimo *(Gell.)* 기억하다. **2.** 시작하다, 착수하다, 개시하다, 손대다.

indiréctus, a, um, *adj.* [in² +] 똑바르지 않은, 에두른, **간접의,** 간접적인: 《文法》 orátio indirécta 간접화법; 〔*adv.*〕 **-te, -to.**

indiréptus, a, um, *adj.* [in² + dirípio] 약탈당하지 않은.

indisciplinátus, a, um, *adj.* [in² +] 잘 훈련[교육]받지 않은, 교양없는; 무질서한.

indisciplinósus, a, um, *adj.* [in² + disciplína] 교육[훈련]이 잘 되지 않은.

indiscíssus, a, um, *adj.* [in² + discíndo] 흔솔이 없는, 통으로 짠.

indísco, ĕre, *tr.* [in¹ + disco] 완전히 배우다.

indiscréte[-tim], *adv.* [indiscrétus] 따로 구별하지 않고 어지럽게, 막연하게, 지혜롭지 못하게, 분별없이.

indiscrétus, a, um, *adj.* [in² + discérno] **1.** 따로 갈라놓지 않은, 분리되지 않은, 뒤섞인, 꽉 달라붙은. **2.** 분별[분간]되지 않는, 분명치 않은, 막연한, 비슷한; 〔*adv.*〕 **-te, -tim.** **3.** 분별없는, 지혜롭지 못한, 부주의한, 경솔한. 「없는.

indiscriminábĭlis, e, *adj.* 구별[분간]할 수

indiscrinátim, *adv.* [in² +] 구별없이, 분별없이. 「의[검토]되지 않은, 미결의.

indiscússus, a, um, *adj.* [in² + discútio] 토

indisértus, a, um, *adj.* [in² +] 말재주없는, 웅변적이 아닌. 「과도한, 과격한.

indispensátus, a, um, *adj.* [in² + dispénso]

indispósĭtus, a, um, *adj.* [in² +] **1.** 무질서한, 어지러운, 정리[정돈]되지 않은. **2.** 준비[마련]되지 않은, 태세를 갖추지 못한.

indisputábĭlis, e, *adj.* [in² + dísputo] 토론할 수 없는, 토론의 여지가 없는.

indissimulábĭlis, e, *adj.* [in² + dissímulo] 숨길 수 없는, 무시할 수 없는, 거부할 수 없는, 결정적인. 「수 없는, 딱 붙어 있는.

indissociábĭlis, e, *adj.* [in² +] 떼어 놓을

indissolúbĭlis, e, *adj.* [in² +] 분해[용해]될 수 없는; 풀릴 수 없는, 해소(解消)할 수 없는, 해제할 수 없는.

indissolubílĭtas, átis, *f.* 분해[용해]할 수 없음, 풀릴 수 없음; 불가해소성(不可解消性). 「끊지 않고, 단숨에.

indistánter, *adv.* [in² + disto] 쉬지 않고,

indistínctus, a, um, *adj.* [in² +] 구별되지 않은, 분명[명확]하지 않은, 뚜렷하지 않은, 정리되지 않은, 모호한. 「주어진.

índĭtus, a, um, *p.p.* [indo] **1.** 들어간. **2.**

individuális, e, *adj.* [indivíduus] **1.** 한 개의, 개체의, 개개의. **2.** 개인의. **3.** 제각기 다른. 「의.

individualísmus, i, *m.* 개인주의; 개체주

individuálĭtas, átis, *f.* 개성(個性).

indivídŭus, a, um, *adj.* [in² + dívido] **1.** 나눌 수 없는, 분할[분리]할 수 없는, 갈라지지 않는; 〔*subst.*〕 *n.* 원자(原子); 개체. **2.** 한 개의, 개체의, 개개의. **3.** 개인의. **4.** 제각기 다른, 개별적인.

indivisíbĭlis, e, *adj.* [in² +] 나눌 수 없는, 분할할 수 없는, 불가분의.

indivísus, a, um, *adj.* [in² + dívido] **1.** 나누어지지 않은, 분할되지 않은, 분리되지 않은. **2.** 따로따로가 아닌, 공동의: pro indivíso *(Cato)* 공동으로, 공유로.

indivúlsus, a, um, *adj.* [in² + divéllo] 떠나지 않는, 붙어다니는.

indo, dĭdi, dĭtum, ĕre, *tr.* [in¹ + do] **1.** 〔*alqd* in *acc.,* in *abl., dat., absol.*〕 안에 넣다[놓다·두다], 집어넣다, 들여보내다, 꽂다, 박

아넣다, 붙여놓다. **2.** 〔*alqd alci*〕 (사슬·족쇄 따위를) 채우다; 씌우다, 입히다. **3.** 〔*alqd alci(rei)*〕 (이름을) 붙이다·지어주다. **4.** 〔*alqd alci*〕 (어떤 감정을) 불어넣다, 일으키다.

indócĭlis, e, *adj.* [in²+] **1.** 〔*absol.; dat.; gen. poétic.; inf.*〕 교육할 수 없는, 쉽게 배우지 못하는, 순응[적응]하지 못하는; 배우기 싫어하는. **2.** 배울 만한 것이 못되는. **3.** 〔*absol.; gen., inf.*〕 모르는, 미숙한, 서투른.

indóctus, a, um, *adj.* [in²+] **1.** 배우지 못한, 무식한, 무지의, 교양없는, 재주없는. **2.** 〔*gen.*〕 모르는. **3.** 학문적이 아닌. **4.** 정교하지 못한, 조잡한 (물건). 「않은.

indolátus, a, um, *adj.* [in²+dolo] 다듬지

indoléntĭa, æ, *f.* [in²+dóleo] 무통(無痛), 무감각.

índŏles, is, *f.* [indu (= in¹)+olésco] **1.** **성품, 천성,** 소질, 성질, **타고난 재능,** 성향(性向): bonā índole prǽditus *(C.)* 좋은 성품을 지닌. **2.** 습성, 버릇, 성벽. **3.** 새 세대, 청춘.

indolésco, dólŭi, ĕre, *intr., (tr.) inch.* [in¹+dóleo] **1.** 〔*absol.; acc. Gr.*〕 아프다, 고통을 느끼다, 고통받다, 아파하다: Tactus locus indoléscit. *(Plin.)* 닿은[만진] 자리가 아프다. **2.** 〔*absol.; abl.; acc.; acc.c.inf.;* quod〕 마음아프다, 뼈저리게 느끼다, 고통을 겪다; 통탄하다. 「각.

indolórĭa¹, æ, *f.* [in²+dolor] 무고통, 무감

indolórĭa², órum, *n.pl.* [in²+dolor] 진통제.

indomábĭlis, e, *adj.* [in²+] 길들일 수 없는, 제어될 수 없는, 정복할 수 없는.

indómĭtus, a, um, *adj.* [in²+domo¹] **1.** 길들지 않은, 야성의; 순치(馴致)할 수 없는, 사나운, 고집센. **2.** 제어[억제]되지 않은; 억누를 수 없는, 걷잡을 수 없는, 정복할 수 없는. **3.** 소화되지 않는, 삭이기 힘든.

indonátus, a, um, *adj.* [in²+dono] 선물 받지 못한.

indórmĭo, ívi, ítum, íre, *intr.* [in¹+] **1.** 〔*dat.*〕 …(위)에서 잠들다, 잠자다: congéstis saccis ~ *(H.)* 쌓아놓은 자루 위에서 자다. **2.** 마비되다, 저리다. **3.** 〔in *abl.; dat.; absol.*〕 꾸물대다, 낮잠자다.

indotátus, a, um, *adj.* [in²+] **1.** 지참금[지참재산]이 없는. **2.** 장식없는. **3.** 격식대로의 장례식을 거행하지 않은 (시체).

indu, *præp.* 《古》 = in¹. 「는, 확실한.

indubitábĭlis, e, *adj.* [in²+] 의심할 수 없

indubitándus, a, um, *adj.* [in²+dúbito] 의심할 수 없는, 의심해서는 안되는.

indubitánter, *adv.* [in²+dúbito] 의심없이, 확실히.

indubitátus, a, um, *adj.* [in²+dúbito] 의심할 여지없는, 논쟁의 여지없는, 확실한; 〔*adv.*〕 **-táte, -tátim.** 「다.

indúbĭto, áre, *intr.* [in¹+] 〔*dat.*〕 의심하

indúbĭus, a, um, *adj.* [in²+] 의심의 여지없는, 확실한.

indúcĭæ, árum, *f.pl.* (= indútiæ) 휴전.

indúco, dúxi, dúctum, ĕre, *tr.* [in¹+] **1.** 〔*alqm*[*alqd*] - in *acc., dat.*〕 데리고[이끌고] 들어가다[오다], 몰고 가다, **끌어들이다,** 이끌어 오다, 도입하다: ~ exércitum in agrum *(L.)* 군대를 이끌고 밭으로 들어가다 / oves ~ in rura *(Var.)* 양들을 시골로 몰고 가다. **2.** **인솔하다,** 지휘하다. **3.** 관객 앞에 끌어내다, 소개하다. **4.** 법정에 끌어내다. **5.** ~ *alci* novércam 죽은 아내의 자식이 있는 남자가 새장가들다. **6.** 〔*alqd alci rei*〕 갖다대다, 놓다: ~ pontem saxis *(Curt.)* 바위 위에 다리를 걸쳐놓다. **7.** 〔*alqd - alqā re, alqd* supra *alqd*〕 **입히다,** 씌우다, 감싸다, 덮다: ~ paríetes mármore *(Sen.)* 벽에 대리석을 입히다. **8.** 〔*alqd dat.,* in *acc.*〕 (신 따위를) 신다. **9.** 〔*alqd - dat.*〕 **바르다,** 칠하다. **10.** 펴놓다, 고르게 하다, 평평하게 하다. **11.** 지워버리다, (밀랍입힌 서판의 글자를) 뭉개어 지우다, 취소하다. **12.** 〔*alqd* in *acc.,* in *abl.*〕 기입하다, 계산에 넣다. **13.** 〔*alqd* in *alqd*〕 불러들이다[일으키다], 초래하다: ~ discórdiam in civitátem *(C.)* 나라에 불목을 초래하다. **14.** 〔*alqm* in, ad *acc.;* ut; *inf.; absol.*〕 **…하게 하다,** 충동하다: ~ *alqm* in memóriam *(Pl.)* 누구로 하여금 기억해내게 하다 / ~*alqm* in errórem *(C.)* 누구를 오류에 빠뜨리다. **15.** ~ ánimum ad *alqd*[*inf.;* ut, ne]; ~ in ánimum *inf.* 결심하다, 마음먹다, …하기로 하다. **16.** 귀납(歸納)하다. **17.** 속이다.

indúctĭo, ónis, *f.* [indúco] **1.** 끌어들임, 유도, 인도, 유치(誘致), 유인, 유혹. **2.** 회칠함; 빛깔을 띠게 함. **3.** 결심, 작정: ~ ánimi *(C.)* 결심. **4.** (써 놓은 것을) 지워버림, 말소. **5.** 쇄신. **6.** 의인법(擬人法). **7.** 가설(假說), 가정. **8.** 《論》 귀납법(歸納法).

indúctor, óris, *m.* [indúco] **1.** 끌어들이는 사람. **2.** 노예를 채찍으로 때려 독려하는 사람. 「약, 연고.

inductórĭum, i, *n.* [indúco] 《藥》 바르는

inductórĭus, a, um, *adj.* [indúco] 유인하는, 초대하는.

indúctus¹, a, um, *p.p., a.p.* [indúco] 들여온, 이끌어 들인, 수입한, 외래의.

indúctus², us, *m.* [indúco] 자극, 충동, 권고, 유인.

indúcŭla, æ, *f.* [índuo] 부인의 속옷.

indúlco, ávi, átum, áre, *tr.* [in¹+] **1.** 달게 하다. **2.** 감언이설을 늘어놓다.

indúlgens, éntis, *p.præs., a.p.* [indúlgeo] **1.** 〔in *acc.*〕 관대한, 너그러운, 관용하는.

2. [*dat.*] 탐닉하는, 빠지는, …에 흐르는.

indulgéntĭa, æ, *f.* [indúlgens] **1.** 관대, **관용,** 너그러움, 인자, 자애, 용서. **2.** 탐닉(耽溺), 빠짐. **3.** 《가》 (벌에 대한) **대사**(大赦), 사면(赦免), 은사(恩赦): ~ plenária 전대사(全大赦) / ~ partiális 한대사(限大赦), 벌의 일부면제.

indulgentiárĭus, i, *m.* [indúlgeo] 대사(大赦)를 다루는 성직자.

indúlgĕo, dúlsi, dúltum, ére, **I.** *intr.* [*dat.*] **1. 관대하다,** 너그럽다, 관후하다; **용서하다,** 사면하다. **2.** …에 골몰하다, 전념하다, 열중하다; **탐닉하다,** 빠지다, 즐기다. **II.** *tr.* **1.** [*alqm*] 귀여워하다. **2.** [*alqd alci; inf.*] 동의하다, 허락하다, 양보하다; 후하게 주다.

indúltor, óris, *m.* [indúlgeo] **1.** ~ legis *(Tertull.)* 법률의 지지자·옹호자. **2.** 용서하는 사람.

indúltum, i, *n.* [indúlgeo] 특전(特典), 은전(恩典), 특권, 특별권능 수여. 「서.

indúltus, us, *m.* [indúlgeo] 사면(赦免), 용

induméntum, i, *n.* [índuo] 옷, 의복, 의상.

índŭo, dŭi, dútum, ĕre, *tr.* **1.** [*alqd alci, alqm alqā re; alqd*] (옷 따위를 남에게) **입히다;** (자기가) **입다,** 걸치다, (몸에) 두르다, (모자 따위를) 쓰다, (반지 따위 장신구를) 끼다·걸다, (신을) 신다: ~ vestem alci*(V.)* 누구에게 옷을 입히다 / ~ vestem *(T., Ov.)* 옷을 입다 / ~ ánulum artículis *(C.)* 손가락에 반지를 끼다. **2.** *pass. refl.* **índui** *alqā re[alqd(acc.Gr.)],* **se indúere** *alqā re* **입다,** 걸치다, (머리에) 쓰다: indútus longā veste [longam vestem] 긴 옷을 입은 / lorícam índui*(V.)* 갑옷을 입다. **3.** [se *alqā re*] 덮이다, 뒤집어 쓰다, 파묻히다: Pomis se arbor índuit.*(V.)* 나무가 과일로 뒤덮였다. **4.** [se in *alqd, alqā re*] 들어가다, 휩싸이다; 찔리다. **5.** [*alqd – sibi*] **가지다, 취**(取)**하다,** 받아들이다: ~ figúras hóminum*(Ov.)* 인간의 형상을 가지다 / ~ sibi cognómen*(C.)* 성(姓)을[별호를] 지어가지다. **6.** [se in *acc., dat.*] 말려들다, 걸려들다, 빠지다, 떨어지다: ~ se in fraudem*(Lucr.)* 사기에 걸려들다.

indupe... *V.* impe...

indurátus, a, um, *p.p., a.p.* [indúro] **1.** 굳어진, 단단해진. **2.** 굳세어진, 단련된, 완강해진.

indurésco, rŭi, ĕre, *intr. inch.* [in¹+] **1.** 굳어지다, 딱딱[단단]해지다. **2.** (태도·결심 따위를 굽히지 않고) 초지일관하다.

indúro, ávi, átum, áre, *tr.* [in¹+] **1.** 굳히다, 딱딱[단단]해지게 하다. **2.** 무감각하게 만들다. **3.** 굳세어지게 하다, 용감[과감]해지게 하다, 단련하다, 완강해지게 하다.

Indus¹, a, um, *adj.* *Indĭa*의; [*subst.*] *m.* *(pl.)* 인도사람.

Indus², i, *m.* **1.** 인도 서북부의 큰 강. **2.** *Phrýgia*의 강. 「주인.

indusiárĭus, i, *m.* [indúsium] 부인내복 제

indusiátus, a, um, *adj.* [indúsium] 내복을 입은.

indúsĭum, i, *n.* [índuo] **1.** 부인용 내복. **2.** 《植》 (양치류의 자낭군〈子囊群〉을 싸고 있는) 포막(包膜); 《解·動》 포피막(包被膜).

indústrĭa, æ, *f.* [indústrius] **1. 근면,** 노력, 열심, 전심; 활동성; 재간, 재능: de ~ *(C.)*, ex ~ *(L.)* 일부러, 고의로, 짐짓; 계획적으로. **2.** 생산업, 산업, 제조업, 공업.

industriósus [indústrĭus], a, um, *adj.* **부지런한,** 근면한, 열심히 하는, 정성껏 하는.

indútĭæ [-cĭæ], árum, *f.pl.* **1. 휴전. 2.** 일시적 중단. **3.** 밤의 휴식, 고요. **4.** 세금납부기일의 유예.

Indutiómărus, i, *m.* *Tréveri*족의 수령, *Roma*인의 적.

indutórĭus, a, um, *adj.* [índuo] 입을 만한.

indútus, us, *m.* [índuo] **1.** 옷입음, 착용. **2.** 옷, 의상. 「상.

indúvĭæ, árum, *f.pl.* [índuo] 옷, 의복, 의

inébrĭo, ávi, átum, áre, *tr.* [in¹+ébrius] 취하게 하다, **만취시키다,** 실컷 마시게 하다.

inédía, æ, *f.* [in²+edo¹] 굶음, 단식.

inédĭtus, a, um, *adj.* [in²+edo²] 발표되지 않은; 발간[간행]되지 않은.

ineffábĭlis, e, *adj.* [in²+] 말로 표현할 수 없는, 형언할 수 없는.

ineffabílĭtas, átis, *f.* 형언할 수 없음.

inéfficax, ácis, *adj.* [in²+] 효과없는, 무효의, 소용없는; 아무 활동[작용]도 못하는.

ineffugíbĭlis, e, *adj.* [in²+effúgio] 피할 수 없는, 불가피한.

inelaborátus, a, um, *adj.* [in²+elabóro] **1.** 공들이지 않은, 엉터리의. **2.** 수고들이지 않고 얻은.

inélĕgans, ántis, *adj.* [in²+] **1.** 고상[우아]하지 못한, 품위없는, 멋없는, 아취(雅趣)없는. **2.** 옳지 못한, 타당하지 않은.

inelegántĭa, æ, *f.* [in²+] **1.** 우아하지 않음, 멋없음. **2.** 타당치 못함, 불합리.

inelimátus, a, um, *adj.* [in²+elímo] 갈지[닦지] 않은; 공들이지 않은.

ineluctábĭlis, e, *adj.* [in²+] **1.** 벗어날[빠져나올] 수 없는. **2.** 극복할 수 없는, 불가피한, 면할 수 없는.

ineluíbĭlis, e, *adj.* [in²+éluo] 씻을 수 없는, 지울 수 없는. 「는, 교정불가능의.

inemendábĭlis, e, *adj.* [in²+] 고칠 수 없

inemórĭor, *(rĕris, rĭtur),* mórtŭus sum, mŏri, *dep. intr.* [in¹+] [*dat.*] …에서 죽다, …하다가 죽다.

inémptus, a, um, *adj.* [in²+emo] 산(買)것이 아닌, 사지 않은; 살것이 아닌.
inenarrábĭlis, e, *adj.* [in²+] 형언할 수 없는, 필설로 표현할 수 없는.
inenodábĭlis, e, *adj.* [in²+enódo] 풀리지 않는, 얽힌, 해결할 수 없는.
ínĕo, ĭi[ívi], ĭtum, íre, *anom.* [in¹+] **I.** *intr.* **1.** 〔in *acc.*〕 **들어가다. 2. 시작하다,** 시작되다: ineúnte vere*(C.)* 봄이 시작될 때, 이른 봄에 / ab ineúnte ætáte*(C.)* 어릴 때부터.
II. *tr.* **1. 들어가다:** domum ~ *(C.)* 집에 들어가다 / ~ viam*(C.)* 길에 들어서다. **2. 시작하다,** 개시하다: Bellum cum rege ínitum est. *(L.)* 왕과 전쟁을 시작했다. **3.** (관직에) **취임하다. 4. 맺다,** 체결하다: cum *alqo* societátem ~ *(C.)* 누구와 동맹을 맺다. **5.** 〔*objéctum*에 따라서 그때그때 적당한 뜻을 나타냄〕 númerum ~ *(L.)* 수를 헤아리다 / ratiónem ~ *(Cato)* 셈하다, 계산하다; *(C.)* 깊이 생각하다, 알아내다 / ~ suffrágia*(L.)* 투표하다 / ~ grátiam*(C.)* 호감을 사다 / ~consílium*(C., N., Cæs.)* 계획하다; 궁리하다, 의논하다 / ~ somnum *(V.)* 잠들다 / ~ munus *alcjs(V.)* 누구의 직무를 대신 수행하다 / matrimónium ~ 결혼하다. **6.** (범죄 행위를) 저지르다, (죄를) 범하다. **7.** 〔*pass.*〕(계절이) 시작되다.
inéptĭa, æ, *f.* [inéptus] 〔주로 *pl.*〕 **1.** 바보짓, 어리석음, 서투름. **2.** 객설.
inéptĭo, íre, *intr.* [inéptus] 바보같은 말[짓]을 하다.
ineptitúdo, dĭnis, *f.* [inéptus] 부적당, 부적격.
inéptus, a, um, *adj.* [in²+aptus] **1.** 〔*absol.*; ad *acc.*〕 **적합[적당]하지 않은,** 잘 맞지 않는, 엉뚱한. **2.** 바보스러운, 어리석은. **3.** 값어치없는, 쓸모없는.
inequitábĭlis, e, *adj.* [in²+] 말타고 갈 수 없는 (곳), 말이 달릴 수 없는, 승마에 부적당한.
inéquĭto, áre, *intr.* [in¹+] **1.** 〔*dat.*〕 말타고 가다, (어디서) 승마하다. **2.** *tr.* 〔*acc.*〕 말타고 달리다: cælum ~ *(Apul.)* 말을 타고 하늘을 날다. **3.** 〔*dat.*〕 모욕을 주다.
inérmis, e, [**-mus,** a, um,] *adj.* [in²+arma] **1. 무장하지 않은,** 비무장의, 무기없는. **2.** 병력(兵力)을 갖추지 않은, 무방비의, 약한. **3.** 소양(素養)이 없는. **4.** 해를 끼치지 않는.
inérrans, ántis, *adj.* [in²+erro¹] 헤매지 않는, 방황하지[떠돌아 다니지] 않는: stellæ inerrántes*(C.)* 항성(恒星).
inérro, áre, *intr.* [in¹+] **1.** 〔*abl.*, in *abl.*, in *acc.*; *absol.*〕 방황하다, 떠돌아 다니다. **2.** 〔*abl.*, in *abl.*〕 오락가락하다: óculis ~ *(Plin.)* 눈앞에서 가물거리다.
iners, értis, *adj.* [in²+ars] **1.** 아무 기술도 없는, 기교없는, 정교하지 못한, 서투른, 재능없는, 무능한. **2. 게으른,** 나태한, **타성적인**; 굼뜬, 제구실을 다하지 않는, 쓸모없는; 한가한, 한산한, 침체한, (액체가) 괴어있는; 생기[활기]없는.
inértĭa, æ, *f.* [iners] **1.** 아무것도 할 줄 모름, 무재무능(無才無能), 기술[예술]에 대한 무지[무식], 기교[정교]의 결핍. **2. 타성,** 게으름, 나태, 무위(無爲).
inerudítĭo, ónis, *f.* [in²+] 무식, 교양없음.
inerudítus, a, um, *adj.* [in²+] 무식한, 배우지 못한, 교양없는, 무례한, 세련되지 못한.
inésco, ávi, átum, áre, *tr.* [in¹+esca] **1.** 미끼던지다, 미끼로 유혹하다, 유인하다, 속이다. **2.** 배불리 먹이다.
inésse, [in¹+] **1.** *inf. præs.* [insum]. **2.** 《哲》 *n.* 내속(존)재(內屬存在).
inevéctus, a, um, *p.p.*, *a.p.* [in¹+éveho] 높이 솟은, 높이 오른.
inevitábĭlis, e, *adj.* [in²+] 피할 수 없는, 불가피한, 면할 길이 없는.
inexcitábĭlis, e, *adj.* [in²+éxcito] 흥분시킬 수 없는, 깨울 수 없는.
inexcítus, a, um, *adj.* [in²+éxcio] 들뜨지 않은, 조용한, 안온한.
inexcogitátus, a, um, *adj.* [in²+excógito] 생각해 내지 못한, 상상치 못한.
inexcúltus, a, um, *adj.* [in²+] 가꾸지 않은, 손질하지 않은.
inexcusábĭlis, e, *adj.* [in²+] **변명의 여지가 없는,** 변명할 도리가 없는; **이유가 닿지 않는;** 핑계대지 않는.
inexcússus, a, um, *adj.* [in²+excútio] 놀라지 않은, 흔들리지 않은.
inexercitátus, a, um, *adj.* [in²+] 연습을 쌓지 않은, 훈련[단련]되지 않은; 미숙한, 초심(初心)의.
inexháustus, a, um, *adj.* [in²+exháurio] 다 퍼낼 수 없는, 무궁무진한, 지칠 줄 모르는, 소모되지 않은.
inexorábĭlis, e, *adj.* [in²+] **1.** 〔in, advérsus, contra *acc.*; *absol.*〕 간청에 굽히지 않는, 인정에 끌리지 않는, 냉정한, 냉혹한. **2.** 〔*dat.*〕 엄격한, 용서없는. **3.** 청해서 얻지 못할.
inexpedítus, a, um, *adj.* [in²+] 방해[지장]받고 있는, 구애되고 있는, 쉽게 …할 수 없는.
inexperiéntĭa, æ, *f.* [in²+] 무경험, 시도(試圖)하지 않음.
inexperréctus, a, um, *adj.* [in²+expergíscor] 잠깨지 않은, 눈뜨지 않은.
inexpértus, a, um, *adj.* [in²+] **1.** 〔*gen.*, *dat.*; *absol.*〕 경험없는, 겪어보지 못한; 풋나기의, 배우고 있는, 자신없는, 미완성의. **2.** 〔*dat.*; ad *acc.*, *absol.*〕 시련을 겪지 않은, 시험해보지 않은. **3.** 새로운, 알려지

지 않은.

inexpiábĭlis, e, *adj.* [in^2+éxpio] **1.** 속죄할 수 없는. **2.** 화해될 수 없는.

inexplébĭlis, e, *adj.* [in^2+éxpleo] 배불릴 수 없는; 만족[싫증]을 모르는, 충족되지 않는; 탐욕스러운.

inexplétus, a, um, *adj.* [in^2+] 충만치 못한, 차지 않은, 만족하지 않은; 탐욕스러운.

inexplicábĭlis, e, *adj.* [in^2+] **1.** 풀 수 없는. **2.** 해결할 수 없는, 매우 어려운. **3.** 설명할 수 없는.

inexplorátus, a, um, *adj.* [in^2+] 조사하지 않은, 탐사하지 않은, 미지의, 미확인의; 〔*adv.*〕 **-te, -to.**

inexpugnábĭlis, e, *adj.* [in^2+] **1.** 공략[점령]할 수 없는, 함락시킬 수 없는, 난공불락의. **2.** 정복[극복]될 수 없는, 억척같은. 「릴 수 없는.

inexputábĭlis, e, *adj.* [in^2+éxputo] 헤아

inexsístens, éntis, *adj.* [in^1+exsísto] 안에 존재하는, 본질로 있는.

inexspectátus, a, um, *adj.* [in^2+exspécto] 예기[기대]치 않은, 기다리지 않았던, 돌연한.

inexstínctus, a, um, *adj.* [in^2+exstínguo] **1.** 꺼지지 않은; 불멸의. **2.** 충족되지 않는. 「는; 근절할 수 없는; 진압할 수 없는.

inexstinguíbĭlis, e, *adj.* [in^2+] 끌 수 없

inexstirpábĭlis, e, *adj.* [in^2+exstírpo] 뿌리뽑을 수 없는, 근절할 수 없는.

inexsuperábĭlis, e, *adj.* [in^2+] 넘을 수 없는; 이길 수 없는, 극복[정복]할 수 없는.

inexterminábĭlis, e, *adj.* 절멸되지 않는.

inextricábĭlis, e, *adj.* [in^2+extríco] 엉킨, 빠져나올 수 없는, 해결할 수 없는, 복잡한. 「지 않고, 정교하지 않게, 조잡하게.

ínfăbre, *adv.* [in^2+faber^1] 목수의 손이 닿

infabricátus, a, um, *adj.* [in^2+fábrico] 공작(工作)하지 않은, 정력을 쏟지 않은, 막 만들어진, 조잡한.

infacétĭæ, árum, *f. pl.* [infacétus] 재치없음, 멋없음; 조야(粗野)함; 바보같은 말[짓].

infacétus[infi-], a, um, *adj.* [in^2+] 재치없는, 멋없는, 세련되지 못한, 조야(粗野)한, 바보같은, 못생긴, 불쾌감을 주는.

infacúndus, a, um, *adj.* [in^2+] 말할 줄 모르는, 말재주없는, 표현능력이 없는, 표현을 잘 못하는. 「히다, 모독하다.

infæco, ávi, átum, áre, *tr.* [in^1+fæx^1] 더럽

infallíbĭlis, e, *adj.* [in^2+] 틀릴 수 없는, 오류를 범할 수 없는, 무류(無謬)의.

infallibĭlĭtas, átis, *f.* [infallíbilis] 틀릴 수 없음; 《가》(교황·공의회의) 무류성(無謬性), 불류성(不謬性), 불가류성(不可謬性).

infalsátus, a, um, *adj.* [in^1+falso^2] 날조된, 위조된.

infamátĭo, ónis, *f.* [infámo] 명예손상[훼손].

infámĭa, æ, *f.* [infámis] **1.** 추문, **불명예,** 오명(汚名), 망신, 치욕: ~ juris 법률상(으로 명백히 규정된) 불명예 / ~ facti 사실상의 불명예. **2.** 악평, 명예훼손, 오욕(汚辱).

infámis, e, *adj.* [in^2+fama] **1.** 평판나쁜, 나쁘게 소문난; 망신[창피]당한. **2.** 수치[망신]스러운, 불명예스러운, 창피한; 치욕적인.

infámo, ávi, átum, áre, *tr.* [infámis] 악평하다, 헐뜯다, 명예를 훼손하다, 창피주다, 낙인 찍다, 욕하다, 비난하다, 고발하다.

infándus, a, um, *adj.* [in^2+fari] 이루 말할 수 없는; 말해서는 안되는; 언어도단의; 치욕적인, 저주스러운, 끔찍한; *n.* 〔감탄부사로〕 끔찍하게도!

infans, ántis, *adj.* [en+fari] **1.** 말할 줄 모르는, 말못하는. **2.** 아기의, 어린; 〔*subst.*〕 *m.f.* 아기, 유아(乳兒); 태아.

infantárĭus, a, um, *adj.* [infans] 아기들을 좋아하는[돌보는].

infántĭa, æ, *f.* [infans] **1.** 표현능력없음, 말하지 못함. **2.** 유년기, 영아시절. **3.** 동식물의 어릴 때. **4.** 햇것.

infanticída, æ, *m.* [infans+cædo] 영아[유아] 살해자. 「[유아] 살해.

infanticídĭum, i, *n.* [infanticída] 영아

infantílis, e, *adj.* [infans] **1.** 아기의, 유아의. **2.** 아기같은, 천진난만한; 유치한, 철없는. 「아기, 갓난아기, 영아.

infántŭlus, i, *m.* [**-la,** æ, *f.*] *dim.* [infans]

infárcĭo [-fércĭo], rsi, rsum [rtum], íre, *tr.* [in^1+] 빈틈없이 채워넣다, 다져[쑤셔]넣다, 집어넣다, 처넣다.

infastidíbĭlis, e, *adj.* [in^2+fastídio] 싫증나지 않는, 지긋지긋하지 않은.

infatigábĭlis, e, *adj.* [in^2+] 지칠줄 모르는, 끈질긴.

infátŭo, ávi, átum, áre, *tr.* [in^1+fátuus] **1.** 바보로 만들다, 어리석게 만들다, 우롱하다. **2.** 제맛을 잃게 하다.

infáustus, a, um, *adj.* [in^2+] 불행한, 불운한, 운수사나운, 불길한, 상서롭지 못한.

infavorábĭlis, e, *adj.* [in^2+] 불리한, 불편한.

inféctĭo, ónis, *f.* [infício] **1.** 염색. **2.** 감염(感染), 전염. **3.** 더럽힘, 오염.

infectívus, a, um, *adj.* [infício] **1.** 염색에 관한, 염색이 잘되는. **2.** 전염성의.

inféctor, óris, *m.* [infício] **1.** 염색업자. **2.** ~ succus *(Plin.)* 액체염료.

infectórĭus, a, um, *adj.* [infício] 염색의; 〔*subst.*〕 *n.* 염색공장.

inféctus^1, a, um, *p.p.* [infício].

inféctus^2, a, um, *adj.* [in^2+factus^1] **1.** 만들어지지[가공하지] 않은; **이루어지지[되지]**

않은, 성취[실현]되지 않은, 하지 않았던, 없었던 것으로 한, 무효가 된: argéntum inféctum *(L.)* 돈으로 꿰어내지 않은[미가공의] 은 / inf écta victória *(L.)* 실패로 돌아간 승리 / inf écta dona fácere *(Pl.)* 약속했던 선물을 취소하다 / *alqd* pro inf écto habére *(C.)* 무엇을 무효로 간주하다. **2.** 하다가 만, 미완성의, 마무르지 않은; 진행중인: 《文法》 inféctum verbum (현재 진행·과거 진행 따위) 동사의 진행형(*Latin*어에서는 현재·반과거로 표시됨). **3.** 불가능한.

inféctus[3], us, *m.* [infício] 염색.

infecúndĭtas, átis, *f.* [infecúndus] **1.** (토지의) 메마름, 농작물이 안됨, 흉작, 불모(不毛). **2.** (초목이) 열매를 맺지 않음, 결실불능. **3.** 불임(不姙).

infecúndus, a, um, *adj.* [in[2]+] 〔*absol.; dat.*〕 열매를 맺지 않는; 비옥하지 않은, 불모의, 흉년드는; 불임의: ager árbori ~ *(Sall.)* 나무가 잘 안되는 땅.

infelícĭtas, átis, *f.* [infélix] 불행, 불운, 재난; 실패.

infelícĭto [-líco], áre, *tr.* [infélix] 불행하게 만들다.

infélix, lícis, *adj.* [in[2]+] **1.** 불모의, **열매 맺지 않는**, 흉작의: infelíces árbores *(Plin.)* 열매맺지 않는 나무. **2.** **불행한**, 불운한, 불우한, 복없는. **3.** 비참한, 불쌍한. **4.** 불길한, 흉조(凶兆)의, 상서롭지 못한; 불행을 가져오는.

inf énso, áre, [inf énsus] **1.** *tr.* 휩쓸어 피해를 입히다, 엄습하다, 황폐케 하다. **2.** *intr.* 적개심을 품다, 적대 행위를 하다.

inf énsus, a, um, *adj.* [in[2]+*inusit.* fendo] **1.** 〔*absol.; dat.,* in *acc.*〕 몹시 성난, 적의를 가진, 적대하는. **2.** 목표물을 겨누는, 위험한, 해를 주는.

inférc ĭo = infárcio.

ínfĕri, órum, *m.pl.* [ínferus] **1.** 지하세계, 저승, 황천, 명부(冥府). **2.** 지옥; 《가》 고성소(古聖所). **3.** 죽은 사람들.

infér ĭæ, árum, *f.pl.* [ínferi] 죽은 사람들의 영전(靈前)에 바치는 제사[제물], 망령제(亡靈祭).

inferiális, e, *adj.* [inf ériæ] 망령제(亡靈祭)의; 〔*subst.*〕 **-lĭa,** ĭum, *n.pl.* 망령에게 바치는 제사.

infér ĭor, ĭus, *gen.* óris, *adj. comp.* [ínferus] 〔다른 것과의 비교없이 단독으로 써서 그 자체의 뜻을 드러내는 경우가 많음, supérior의 반대〕 **1.** 〔장소·위치〕 (더) **아래의**, 아래쪽의, 밑의, 하부의: ex inferióre loco dícere *(C.)* (법정) 단하(壇下)에서 변론하다 / inférius labrum *(Cæs.)* 아랫입술. **2.** 〔*abl.; absol.*〕 나중의, 후시대의, 가까운 시대[시간]의, 최근의, 연하(年下)의, 젊은: inferióres quinque dies *(Var.)* 마지막[지난] 닷새 / ætáte inferióres quam Július *(C.)* *Július*보다 (나이가) 젊은 사람들. **3.** 〔*abl.,* in *abl.; absol.*〕 (지위·등급 따위가) 낮은, 아래의, 천한, (질·능력·수량 따위가) …만 못한, 뒤떨어지는, 열등의: belli laude non ~ quam pater *(C.)* 전공(戰功)에 있어서 아버지에게 뒤지지 않는; 〔*subst.*〕 *m.pl.* (손) 아랫사람들, 하급자, 부하.

infér ĭus[1], a, um, *adj.* [ínfero] *Júpiter*신의 제사에 쓰는 (햇포도주).

infér ĭus[2], *adv. comp.* [infra] (더) 아래에, 더 밑에, 더 낮게.

infermentátus, a, um, *adj.* [in[2]+fermén-to] 효모(酵母)를 넣지 않은.

inférna, órum, *n.pl.* [inférnus] **1.** 아랫배. **2.** 지하세계, 저승, 지옥.

infernális, e, *adj.* [inférnus] **1.** 지옥의. **2.** 악마같은, 흉악한.

infér nas, átis, *adj.* [inf érnus] 황천(黃泉)의, 저승의.

inférnus, a, um, *adj.* [ínferus] **1.** 하부(下部)[아래쪽]에 있는, 하계(下界)의: mare inférnum *(Lucan.)* *Tyrrhénia*바다. **2.** 지옥의, 저승의, 황천의; 〔*subst.*〕 *m., n.* 지옥; *m.pl.* 저승 사람들, 죽은 사람들.

ínfĕro, íntŭli, illátum, inférre, *anom. tr.* [in[2]+] **1.** 〔*alqd dat.,* in, ad *acc.; absol.*〕 …로 가져가다[오다], 운반해 오다, **들여가다[오다]**, 끌어들이다, 집어넣다; **갖다 대다[붙이다]**; 올려놓다: tectis ignem ~ *(C.)* 여러 집에 불을 지르다 / ~ *alqd* in ignem *(Cæs.)* 무엇을 불속에 집어던지다 / ~ scalas ad mœnia *(L.)* 사다리를 성벽에 갖다 대다 / 〔군사용어 아닌 때〕 ~ pedem *(Pl., C.)* 들어가다. **2.** 파묻다, 매장하다. **3.** 음식(상)을 들여오다. **4.** 〔*alqd alci*〕 제사지내다, 제물을 바치다. **5.** 〔*alqd - dat.*〕 (세금 따위를) 내다, 바치다, 납부하다. **6.** 〔*alqd - dat.,* in *alqd*〕 계산해 넣다, 계산하다. **7.** 《軍》 ~ signa in hostes [hóstibus *(dat.)*] *(Cæs., L.)* 적군에게로 쳐들어가다 / ~ pedem [gressum] *(L.)* 돌진하다, 육박해 가다 / ~ se *(L., V.)* 침공하다 / ~ bellum *alci (C.)* 누구에게 **전쟁을 걸다**[벌이다]. **8.** 〔*pass. refl.*〕 **se ~, inférri** 가다, 향해 가다. **9.** 〔*alqd alci,* in *alqm*〕 일으키다, 야기시키다, 초래하다; 품게 하다, 넣어 주다, **끼치다**; 가(加)하다: ~ spem *alci (Cæs.)* 누구에게 희망을 가지게 하다 / vim ~ *(C.)* 폭행하다, 폭력을 가하다 / vim vitæ suæ *(Vell.)*, ~ sibi manus *(Auct. B. Afr.)* 자살하다 / ~ vim et manus *alci,* ~ mortem *alci (C.)* 누구를 살해하다 / ~ vúlnera hóstibus *(Cæs.)* 적군에게 상처를 입히다[부상자를 내게 하다]. **10.** 〔*alqd alci*〕 (이유·구실 따위를) 내세우다; (기회 따위를) 제공하다. **11.** 〔*alqm* in *alqd*〕 몰아넣다, 빠지게 하다, (어떤 형편에) 이르게 하다. **12.** 〔*alqd alci,* in *alqm*〕 강박하다, 들씌우다. **13.** 추론[추리]하다, 결론내리다.

infértĭlis, e, *adj.* [in² +] 비옥하지 않은, 열매맺지 못하는. 「불모.
infertílĭtas, átis, *f.* 결실하지 못함, 불임,
infértor, óris, *m.* [ínfero] 연회상의 음식을 나르고 차리고 하는 사람.
ínfĕrus, a, um, *adj.* 〔고어에는 infer*(m.)*도 보임 ; *comp.* inférĭor ; *superl.* ínfimus, imus〕 아래의, 아래쪽의, 하부(下部)의 ; 하계(下界)의 : mare ínferum *(C.)* *Tyrrhénia*바다 ; 〔*subst.*〕 *m.pl.* *V.* ínferi.
infervefácio, féci, fáctum, cĕre, *tr.* [in¹ +] 끓이다, 뜨겁게 하다. 「거워지다.
inférvĕo, férbŭi, ére, *intr.* [in¹ +] 끓다, 뜨
infervésco, férbŭi, ĕre, *intr. inch.* [in¹ +] 끓다, 뜨거워지다.
infestátĭo, ónis, *f.* [inféstо] 괴롭힘, 성가시게함 ; 피해를 끼침, 유린.
infestátor, óris, *m.* 공격자, 유린자.
infestívus, a, um, *adj.* [in² +] 멋없는, 재치없는, 세련되지 못한 ; 재미없는, 기분나쁜 ; 〔*adv.*〕 **-vĭter.**
inféstо, ávi, átum, áre, *tr.* [inféstus] **1.** (도둑·짐승·병 따위가) 휩쓸다, 들끓다, 설치다, 횡행하다, 유린하다, 습격하다, 위협하다. **2.** 공격하다, 파괴하다, 망가뜨리다, 해를 끼치다.
inféstus, a, um, *adj.* [in¹ + festus, *inusit.* fendo] **1.** *active* 〔*absol.* ; *dat.*, in *acc.*〕 적의가 있는, 적개심을 품은, 공격적인, 공세(攻勢)의, 덤벼드는 ; 괴롭히는, 못살게 구는 ; 해를 끼치는, 들끓는, 습격하는. **2.** *passive* 〔*absol.* ; *abl.*〕 위험성있는, 안전하지 못한, (공격·위험 따위를) 당하기 쉬운.
infíbŭlo, ávi, átum, áre, *tr.* [in¹ + fíbula] 단추를 끼우다, 클립으로 묶다, 금속 실로 잡아 매다.
infice... *V.* inface...
inficia... *V.* infitia...
infícĭens[1], éntis, *adj.* [in² + fácio] 활발하지 못한, 게으른, 아무것도 하지 않는.
infícĭens[2], éntis, *p.prœs.* [infício].
infícĭo, féci, féctum, ĕre, *tr.* [in¹ + fácio] 〔*alqd - alqā re*〕 **1.** 물들이다, 염색하다. **2.** 더럽히다, 얼룩지게 하다 ; 감염시키다. **3.** 섞다, (독약 따위를) 넣다. **4.** 썩게 하다, 부패하게 하다 ; 병들게 하다, 나빠지게 하다. **5.** 교육시키다.
infidélis, e, *adj.* [in² +] **1.** **불성실한,** 믿음성없는, 약속이나 신용을 지키지 않는, **신의없는, 불충**(실)한, 지조없는, 변심하는. **2. 미신자**(未信者)**의,** 신앙심없는 ; 〔*subst.*〕 *m.f.* 미신자.
infidélĭtas, átis, *f.* [infidélis] **1.** 불성실, 불충실, 신의없음. **2.** 무신앙, 불신앙.
infídus, a, um, *adj.* [in² +] **1.** 미덥지 않은, 믿음성없는, 불성실한, 불충실한, 신의없는. **2.** 확실하지 않은, 안전하지 않은.
infígo, fíxi, fíxum, ĕre, *tr.* [in¹ +] 〔*alqd - dat.*, in *abl.*〕 **1.** 박아넣다, 꽂다, 찌르다. **2.** 새겨넣다, 집어넣다.
infigurábĭlis, e, [**-rátus,** a, um,] *adj.* 형상없는, 무형의.
infimátis, e, *adj.* [ínfimus] (신분이) 천한·낮은, 최하층민의, 서민의.
ínfimus, a, um, *adj.* *superl.* [ínferus] **1.** **맨 아래의,** 최하의, 최저의, 제일 밑의, 맨 밑바닥의, 가장 낮은 ; 맨 끝의 : ab ínfimo *(Cæs.)* 맨 아래서부터 / ~ collis *(Cæs.)* 산기슭. **2.** (신분·지위 따위가) 최하층의, 천한, 낮은 ; (품질 따위가) 제일 나쁜 ; 겸허한 : ínfimo loco natus *(C.)* 천한 가문에서 난 / ~ civis *(C.)* 천민 / ínfimis précibus *(L.)* 겸허한 간청으로.
infíndo, fĭdi, físsum, ĕre, *tr.* [in¹ +] 쪼개다, 빼개다, 패다 ; 찢다 ; 가르다 ; 파(들어가)다.
infínĭtas, átis, [**-nítĭo,** ónis,] *f.* [in² + finis] 무한성(無限性), 광대함, 무변, 무량, 무궁, 무극.
infinitívus, a, um, *adj.* [infinítus] 《文法》 부정법(不定法)의.
infinítus, a, um, *adj.* [in² +] **1.** 끝없는, **무한한,** 한계없는, 무궁무진한 ; 〔*subst.*〕 *n.* 무한 : in infinítum 무한히, 끝없이. **2.** 헤아릴 수 없는. **3.** 무한정한, 정해지지 않은, 보편적인. **4.** 《文法》 부정형(不定形)의, 비종결(非終結)의 : verbum infinítum 비종결동사 (부정법·분사·동명사 따위).
infirmárĭus, a, um, *adj.* [infírmus] 간호의 ; 〔*subst.*〕 *m.f.* (남자·여자) 간호원, 간호인 ; *n.* 병실. 「化).
infirmátĭo, ónis, *f.* [infírmo] **1.** 약화(弱化). **2.** 반박, 반증.
infírmĭtas, átis, *f.* [infírmus] **1.** 허약, 병약(病弱), 쇠약, 노쇠 ; 연약. **2.** 병(病), 질환. **3.** (물건·물체의) 약함, 견고하지 못함. **4.** 무기력, (정신·용기·마음·성격 따위의) 허약, 나약. **5.** 경솔, 변덕.
infírmo, ávi, átum, áre, *tr.* [infírmus] **1.** 약하게 하다, 약화시키다 ; 허약[쇠약]해지게 하다. **2.** 반박하다, 반증하다, 증명이 성립되지 않음을 지적하다, 잘못을 지적하다. **3.** 무효로 만들다.
infírmor, ári, *dep. intr.* 병들다, 앓다.
infírmus, a, um, *adj.* [in² +] **1.** **약한,** 약체의, 허약한, 쇠약한, 노쇠한 ; 병든 ; 〔*subst.*〕 *m.* 병자. **2.** 견실치 못한, 힘없는, 용기없는, 소심한. **3.** 설득력없는, 효과없는, 무게없는, 권위없는.
infit, *def.* [*inusit.* infío] (= íncipit) 〔*inf.*〕 …하기 시작한다 ; 이야기하기 시작한다.
infitiális, e, *adj.* [infítias] 부정적인, 인정하지 않는.
infítĭas, *f.pl. acc. tt.*, *def.* [infítior] 〔ire동사에만 쓰며 ; *alqd*, *inf.*, quin ; *absol.*〕 부정(否定) : ~ ire 부정[부인]하다, 인정치

않다. 「정치 않음, 잡아뗌·
infitiátĭo, ónis, *f.* [infítias] 부정, 부인, 인
infitiátor, óris, *m.*[**-trix,** ícis, *f.*] [infítior] 부인[부정]하는 사람, (특히 채무 따위를) 인정치 않는[잡아떼는] 사람.
infítĭor [-cĭor], átus sum, ári, *dep. tr.* [in² + fáteor] 〔*alqd, inf.; absol.*〕 부인[부정]하다, 인정치 않다, 잡아떼다.
infíxus, a, um, *p.p.* [infígo].
inflábĭlis, e, *adj.* [inflo] **1.** 공기로 부풀어질 수 있는. **2.** 부풀게 하는.
inflammábĭlis, e, *adj.* [inflámmo] **1.** 불붙기[타기] 쉬운, 가연성의. **2.** 흥분[격]하기 쉬운.
inflammátĭo, ónis, *f.* [inflámmo] **1.** 불붙임, 점화, 방화. **2.** 《醫》 타는 듯한 아픔, 염증. **3.** 자극, 충동.
inflammátrix, ícis, *f.* [inflámmo] 자극하는[흥분시키는] 여자.
inflámmo, ávi, átum, áre, *tr.* [in¹+] **1.** 불붙이다, 태우다, 방화하다. **2.** 《醫》 타는 듯이 아프게 하다, 염증을 일으키다. **3.** 자극하다, 흥분시키다, (어떤 감정을) 불지르다. 「관악기의.
inflátĭlis, e, *adj.* [inflo] 불어서 소리나는,
inflátĭo, ónis, *f.* [inflo] **1.** 부어오름, 부기(浮氣), 부증(浮症). **2.** 부풀음, 팽창; 과장. **3.** 인플레이션, 통화팽창; 물가앙등.
inflátus¹, a, um, *p.p., a.p.* [inflo] **1.** (바람 따위를) 불어넣은, 부푼, 팽창한. **2.** 교만한, 거만한, 거드름 피우는, 기고만장한. **3.** 과장된, 지나치게 강조된. **4.** 영감을 받은.
inflátus², us, *m.* [inflo] **1.** 불어넣음, (입김) 불기; 취주(吹奏). **2.** 영감(靈感).
inflécto, fléxi, fléxum, ĕre, *tr.* [in¹+] **1.** 굽히다, 구부리다, 휘게 하다, 접다. **2.** 〔*alqd* ad, in *acc.*〕 (방향을) 돌리게 하다, 돌리다. **3.** 〔*alqd* - ad *acc.*〕 음조(音調)[목소리]를 바꾸다. **4.** (마음·뜻 따위를) 바꾸다, 고치다, 돌리다, 굽히다.
inflétus, a, um, *adj.* [in²+] 울어주지 않은, 울어주는 사람 없는.
inflexíbĭlis, e, *adj.* [in²+] **1.** 구부릴 수 없는, 굽혀지지 않는, 수그러지지 않는, 꺾이지 않는; 완강한. **2.** 확고한, 단호한.
infléxĭo, ónis, *f.* [inflécto] **1.** 굽힘, 굽음, 만곡, 굴절, 굴곡. **2.** 《文法》 어미변화.
infléxus, us, *m.* [inflécto] **1.** 구부러짐, 굴절. **2.** 음조의 변화, 억양.
inflíctĭo, ónis, *f.* [inflígo] **1.** 부과(賦課), (벌금 따위를) 과(課)함. **2.** (가해진) 처벌, 고통, 시련.
inflíctus, us, *m.* [inflígo] 부딪침.
inflígo, íxi, íctum, ĕre, *tr.* [in¹+] 〔*alqd* - *alci*〕 부딪게 하다, 치다, 타격을 가하다, (상처·고통·형벌·손해따위를) 주다·끼치다·입히다, 처벌하다: ~ *alci* secúrim*(C.)* 아무를 도끼로 쳐죽이다 / ~ vúlnera*(C.)* 상처를 입히다.
inflo, ávi, átum, áre, *tr.* [in¹+] **1.** 불어넣다; 들이쉬다, (공기로) 불룩하게 부풀리다. **2.** 불어서 소리내다, 관악기를 불다. **3.** 붓게 하다; 팽창시키다. **4.** (희망·마음 따위를) 부풀게 하다; 뽐내게 하다, 으쓱거리게 하다. **5.** 영감(靈感)을 불어넣다.
ínflŭo, flúxi, flúxum, ĕre, *intr.* [in¹+] **1.** 〔in, per *acc.; absol.*〕 흘러 들어가다; 굴러 들어가다[오다]. **2.** 〔in *acc.*〕 침입하다. **3.** 〔in *acc., dat.; absol.*〕 물밀듯이 모여들다, 몰려[밀려]들다, 들이닥치다. **4.** 〔in *acc., dat.; absol.*〕 젖어 들어가다, 스며들다, 끼어들다, 침투하다.
ínflŭus, a, um, *adj.* [ínfluo] 넘치는.
inflúxĭo, ónis, *f.* [ínfluo] 흘러듦, 유입(流入); 스며듦. 「항구한.
inflúxus¹, a, um, *adj.* [in²+] 변하지 않는,
inflúxus², us, *m.* [ínfluo] **1.** 흘러듦. **2.** 영향, 작용, 감화: inflúxum exercére in *alqd* 무엇에 영향을 끼치다.
infódĭo, fódi, fóssum, ĕre, *tr.* [in¹+] **1.** 파다. **2.** 〔*alqd* in *acc., dat.*〕 심다; 파묻다.
infœc... *V.* infec...
informátĭo, ónis, *f.* [infórmo] **1.** 소묘(素描), 약도, 설계도. **2.** 형성. **3.** 개념; 표상. **4.** (말의) 뜻[어원] 설명, 풀이. **5.** 알려줌, 통지, 통보; 안내; 보고: ~ orális 구두(口頭)보고. 「을 주는, 보고(報告)의.
informatívus, a, um, *adj.* [infórmo] 지식
informátor, óris, *m.* [infórmo] 가르치는 자. 「두려워하지 않는, 겁내지 않는.
informidátus, a, um, *adj.* [in² + formído¹]
infórmis, e, *adj.* [in² + forma] **1.** 모양잡히지 않은, 형성되지 않은. **2.** 못생긴, 볼품없는, 흉측한; 끔찍한: ~ éxitus*(Ta.)* 끔찍한 최후. 「형.
infórmĭtas, átis, *f.* [infórmis] 볼품없음, 기
infórmo, ávi, átum, áre, *tr.* [in¹+] **1.** 형성하다, 모양을 빚다, 틀을 잡다; 만들다, 작성하다. **2.** 묘사하다, 상상하다. **3.** 가르치다, 교육하다, 도야(陶冶)하다. **4.** 보고하다, 알려주다; 안내하다.
ínfŏro, áre, *tr.* [in¹ + forum¹] (법정에) 불러내다, 소환하다.
infortunátus, a, um, *adj.* [in²+] 불행한, 불운한, 불우한, 비참한.
infortúnĭum, i, *n.* [in² + fortúna] 불행, 불운, 재앙, 역경, 곤궁.
infóssĭo, ónis, *f.* [infódio] 파묻음.
infra, [ínfer(us)] **I.** *adv.* 〔*comp.* inférius〕 **1.** 아래에, 하부에, 밑에, 낮게: ~ quam …보다 아래에[아래를]. **2.** 하계(下界)에. **3.** 낮은 자리에, 말단(계급)에. **4.** 〔시간적〕 나중에, 후에.

II. *præp. c. acc.* **1.** 〔장소적〕 아래에, 아래로, 밑에; …보다 낮게: ~ cælum *(Ta.)* 하늘 아래에[로]. **2.** 〔시간적〕 후에, …뒤에. **3.** 〔크기·수 따위〕 이하(以下)로, …보다 작게[작은]: magnitúdine ~ elephántos *(Cæs.)* 그키가 코끼리보다 작은. **4.** 〔지위·가치·유용성 따위〕 …보다 아래에, 보다 못하게[못한], …에 뒤지게[뒤진·떨어지는]: infra *alqd* esse *(Plin.)* 무엇보다 못하다 / ~ dignitátem 위엄을 손상하는, 품격을 낮추는, 체면에 관계되는.

infráctĭo, ónis, *f.* [infríngo] 꺾음, 깨뜨림, 분쇄: ~ ánimi *(C.)* 낙담, 의기소침.

infráctus[1], a, um, *p.p., a.p.* [infríngo] **1.** 깨진, 부러진, 꺾어진, 좌절된, 부서진, 조각난. **2.** (목소리가) 가는, 부드러운, 상냥한.

infráctus[2], a, um, *adj.* [in[2]+] 깨지지 않은, 부러지지[꺾어지지] 않은; 약해지지 않은. 「않는; 야무진, 견고한, 확고부동한.

infrágĭlis, e, *adj.* [in[2]+] 깨지지[분쇄되지]

infrascríptus, a, um, *p.p.* [infra+scribo] 아래에 기록된; 서명한; *n.* 아래에 적은 것.

ínfrĕmo, mŭi, ĕre, *intr.* [in[1]+] 으르렁대다, 포효(咆哮)하다. 「레씌움; 억제.

infrenátĭo, ónis, *f.* [infréno] 재갈물림, 굴

infrenátus[1], a, um, *adj.* [in[2]+freno] 굴레씌우지 않은, 재갈물리지 않은, 고삐풀린; 억제받지 않은, 자유분방한.

infrenátus[2], a, um, *p.p.* [infréno] 굴레쓴.

infréndĕo, ére, [**-do,** ĕre,] *intr.* [in[1]+] 이를 갈다, 치를 떨다.

infrénis, is, [**-nus,** a, um,] *adj.* [in[2]+frenum] **1.** 굴레쓰지 않은, 재갈물리지 않은; 재갈없는 말을 부리는. **2.** 거침없는; 억제받지 않은, 분방자재(奔放自在)한.

infréno, ávi, átum, áre, *tr.* [in[1]+] **1.** 재갈물리다, 굴레씌우다. **2.** 제어하다, 억제하다, 단속하다.

ínfrĕquens, éntis, *adj.* [in[2]+] **1.** 자주 드나들지[다니지] 않는. **2.** 수가 많지 않은[얼마 안되는], 정족수(定足數) 미달의. **3.** 왕래가 적은, 한적한. **4.** 흔하지 않은, 드물게 있는. **5.** 〔*abl., gen.*〕 빈약한, 많이 가지지 못한.

infrequéntĭa, æ, *f.* [ínfrequens] **1.** 소수(少數), 정족수(定足數) 미달. **2.** 한적함, 왕래가 없음.

ínfrĭco, cŭi, c(á)tum, áre, *tr.* [in[1]+] 비비다, 문지르다, 마찰하다; 긁다.

infríctĭo, ónis, *f.* [ínfrico] 비벼댐, 문지름, 마찰, 긁음. 「지다, 냉각하다.

infrigésco, ríxi, scĕre, *intr.* 식다, 차가와

infrigidátĭo, ónis, *f.* [infrígido] 냉각.

infrígĭdo, áre, *tr.* 냉각시키다, 식히다.

infríngo, frégi, fráctum, ĕre, *tr.* [in[1]+frango] **1.** 꺾다, 부러뜨리다, 깨뜨리다, 부서뜨리다, 파괴하다. **2.** 때리다, 치다: ~ *alci* cólaphos *(T.)* 누구의 뺨을 때리다 / ~ manus *(Q.)* 손뼉치다. **3.** ~ linguam 말을 더듬다. **4.** 약해지게 하다, 수그러지게 하다, 제한하다, 좌절시키다, 소침하게 하다: infrácto ánimo esse *(C.)* 의기소침해 있다. 「다; 바수어서 집어넣다.

ínfrĭo, ávi, átum, áre, *tr.* [in[1]+] 빻다, 찧

infrons, fróndis, *adj.* [in[2]+frons[1]] 잎새없는; 나무없는. 「뻔스럽게.

infrontáte, *adv.* [in[2]+frons[2]] 염치없이, 뻔

infructuósus, a, um, *adj.* [in[2]+] 열매맺지 않는, 결실없는; 성과없는, 효과없는, 쓸데없는.

infrunítus, a, um, *adj.* [in[2]+fruníscor] 몰상식한, 미련하게 행동하는; 무미건조한.

infucátus, a, um, *adj.* **1.** [in[1]+] 분바른, 화장한, 분장한; 번지르르한. **2.** [in[2]+] 겉꾸미지 않은, 소박한.

ínfŭla, æ, *f.* [filum] **1.** 머리띠, 댕기, 리본. **2.** (고대 *Roma* 제관의) 모직(毛織) 머리띠; 희생제물의 머리에 둘러 장식하는 띠. **3.** 《가》 (예식용) 주교관(主教冠). **4.** 탄원[애원]자의 머리띠. **5.** (일반적으로) 장식띠. **6.** 고관들의 머리띠; 고관. **7.** 저택이나 신전의 장식. **8.** 성역(聖域): ínfulæ impérii Románi *(C.)* *Roma*제국의 성역.

infulátus, a, um, *adj.* [ínfula] **1.** 머리띠를 두른(희생동물). **2.** 영예직의 표시로 머리에 띠를 두른.

infúlcĭo, fúlsi, fúltum, íre, *tr.* [in[1]+] **1.** 쑤셔넣다, 틀어박다, 꽂아넣다. **2.** 〔*alqd* - *alci rei*〕 끌어들이다, 집어넣다, 삽입하다.

ínfŭmus, a, um, *adj.* 《古》 = ínfimus.

infundíbŭlum, i, *n.* [infúndo] **1.** 깔때기. **2.** 《動》 누두상(漏斗狀) 기관. **3.** 《解》 누두관(漏斗管).

infúndo, fúdi, fúsum, ĕre, *tr.* [in[1]+] **1.** 〔*alqd* - in *acc.; dat.*〕 부어[쏟아]넣다: ~ sibi *alqd* 무엇을 온몸에 퍼붓다. **2.** 〔*alqd alci (rei)*〕 주다, 섞어 주다. **3.** 〔*alqd* - *alqā re*〕 무엇에 무엇을 *(abl.)* 뿌려 주다, 무엇을 적시다. **4.** 〔*alqd* - *dat.*, super *acc.*〕 퍼붓다, 뒤집어쓰게 하다; 우리다. **5.** 〔*refl.*〕 **se** ~ in *acc.* *(C.)* 섞이다. **6.** 〔*alqd* in *acc., dat.*〕 주입하다, 집어넣다, 불어넣다. 「劑).

infúsa, órum, *n.pl.* [infúsus] 《醫》 침제(侵

infúsco, ávi, átum, áre, *tr.* [in[1]+] **1.** 거무스름하게 만들다; 희미하게[흐리게] 하다, 침침하게 하다, 어둡게 하다. **2.** ~ sapórem 맛을 가게[변하게] 히다. **3.** ~ sonum 둔탁한[목쉰 듯한] 소리를 내다. **4.** 더럽히다, 얼룩지게 하다, 망가뜨리다, 손상하다. 「거무칙칙한, 암갈색의.

infúscus, a, um, *adj.* [in[1]+] 거무스름한,

infúsĭo, ónis, *f.* [infúndo] **1.** 부어넣음, 주

입; 살포, 적심. **2.** 빗물. **3.** 《神》 물을 부어서 주는 세례.
infusórĭum, i, *n.* [infúndo] 깔때기.
infúsus, a, um, *p.p.* [infúndo] **1.** 〔*dat.*; in, per *acc.*; in *abl.*; *alqā re*〕 부어넣은, 주입된; 뿌려진, 적셔진. **2.** 〔*dat.*; *absol.*〕 파묻힌, 가려진, 뒤덮인. 「있던 종족.
Ingævŏnes, um, *m.pl.* 북부 *Germánia*에
Ingáuni, órum, *m.pl.* *Ligúria*의 한 종족.
ingémĭno, ávi, átum, áre, [in[1]+] **1.** *tr.* 반복하다, 거듭하다, 다시 하다. **2.** *intr.* 배가(倍加)되다, 증가되다.
ingemísco [**-mésco**], mŭi, ĕre, *intr.*, *tr. inch.* [íngemo] 〔*dat.*, ad *acc.*, in *abl.*; *acc.*, *acc.c.inf.*, *absol.*〕 신음하다; 탄식하다, 한탄하다, 한숨쉬다.
íngĕmo, mŭi, ĕre, *intr.*, *tr.* [in[1]+] 〔in *abl.*, *dat.*, *acc.*; *inf.*〕 신음하다; 탄식하다, 한탄하다, 슬퍼하다.
ingénĕro, ávi, átum, áre, *tr.* [in[1]+] **1.** 〔*alqd* - in *alqm*, *alci*〕 가지고 태어나게 하다, 본성(本性)에 박아주다, 생기게 하다, 심다. **2.** 만들어 내다, 창조하다, 생산하다. 「난, 천부(天賦)의.
ingeniátus, a, um, *adj.* [ingénium] 타고
ingenicŭlo, ávi, átum, áre, *tr.* [in[1]+genu] 바른편[한] 무릎을 꿇게 하다; 〔*p.p.*〕 **-átus,** a, um, 한 무릎 꿇은. 「주[재능·재간].
ingenĭŏlum, i, *n. dim.* [ingénium] 작은 재
ingeniósus, a, um, *adj.* [ingénium] **1.** 〔*absol.*; ad, in *acc.*, *dat.*, in *abl.*〕 **천부의 재능을 지닌, 재주많은,** 영리한, 창의력있는, 연구력이 뛰어난. **2.** 〔*absol.*; *dat.*〕 (사물이) 정교한, 교묘하게 만들어진, 잘 고안된, 독창적인; …에 알맞는, 적합한.
ingénĭtus[1], a, um, *p.p.*, *a.p.* [ingígno] 타고난, 자연적인, 천부의. 「을 받지 않은.
ingénĭtus[2], a, um, *adj.* [in[2]+gigno] 낳음
ingénĭum, i, *n.* [in[1]+geno, gigno] **1.** (사물의) 성질, 성격, 본질. **2.** (사람의) 성품, 품성(稟性), 천성, 기질, 본성. **3.** **재주, 재능,** 재간, 소질, 재질, 능력. **4.** 천재(天才), 수재, 독창적인 사람. **5.** 천재적인 발견.
ingens, éntis, *adj.* [in[2]+gens, genus] **1.** 거대한, 막대한, 방대한, 엄청난, 보통이 아닌, 굉장한. **2.** 중요한, 막중한.
ingenúĭtas, átis, *f.* [ingénuus] **1.** 자유인 출신, 좋은 가문. **2.** 고귀한 품성[기질], 성실, 정직. **3.** 솔직, 소박(素朴).
ingénŭus, a, um, *adj.* [ingígno] **1.** 본토 출신의, 토박이의, 토산의, 토착의. **2.** 타고난, 자연대로의, 소박한. **3.** 자유민 출신의, 좋은 가문의, 양가 출신의. **4.** 자유인에 어울리는, 고상한, 교양있는; 교양에 속하는. **5.** 유약(柔弱)한, 연약한, 가냘픈.
ngĕro, géssi, géstum, ĕre, *tr.* [in[1]+] **1.** 〔*alqd* - in *acc.*, *dat.*〕 가지고 들어가다[오다]; 던져넣다; (씨앗 따위를) 심다. **2.** 〔*alqd alci*〕 먹을 것·마실 것을 주다, 공급하다. **3.** 〔*alqd dat.*, in *acc.*〕 후려치다, (상처·고통 따위를) 주다·끼치다·입히다, (형벌을) 가하다, (창·화살 따위를) 던지다. **4.** *refl.* **se** ~ 〔in *acc.*, *dat.*〕 뛰어들다, 끼어들다. **5.** 〔*alqd alci*, in *alqm*〕 (말을) 내뱉다, (욕설 따위를) 퍼붓다. **6.** 〔*alqm*[*alqd*] - *alci*〕 내놓다, 제출하다, 제공하다, 내세우다, 나서게 하다; 언급하다; 〔*refl.*〕 **se** ~ 나서다, 나타나다: ómnium se óculis ~ (*Justin.*) 모든 사람 앞에 나서다. **7.** 〔*alqd dat.*〕 보태다, 부가하다.
ingígno, génŭi, génĭtum, ĕre, *tr.* [in[1]+] 〔*alqd alci (rei)*〕 가지고 태어나게 하다, 천부적으로 가지게 하다, 본성(本性)에 박아[심어] 주다.
ingloriósus [**-rĭus**], a, um, *adj.* [in[2]+glória] 영광없는, 빛나지 않는; 유명하지 못한.
inglúvĭes, éi, *f.* [in[1]+gula] **1.** (새의) 모래주머니, 멀떠구니, 모이주머니. **2.** 목, 식도. **3.** 폭식. 「성장하다, 크게 자라다.
ingrandésco, dŭi, ĕre, *intr.* [in[1]+] 커지다,
ingráte, *adv.* [ingrátus] **1.** 불유쾌하게, 마음에 들지 않게, 싫게, 비위에 거슬리게, 마지못해. **2.** 은혜를 저버리고, 배은망덕하여. **3.** 기대에 어긋나게.
ingrátĭa, æ, *f.* [ingrátus] **1.** 배은망덕, 고마운 줄 모름. **2.** *abl. pl.*: ingrátiis [ingrátis] 불유쾌하게, 비위[뜻]에 거슬리게.
ingratíficus, a, um, *adj.* [ingrátus+fácio] 배은망덕하는, 은혜를 저버리는.
ingratitúdo, dĭnis, *f.* [ingrátus] **1.** 배은망덕, 은혜를 저버림. **2.** 불쾌, 혐오, 비위에 거슬림.
ingrátus, a, um, *adj.* [in[2]+] **1.** 〔*absol.*; *dat.*〕 불유쾌한, 마음에 들지 않는, 비위에 거슬리는; 고맙지 않은, 달갑지 않은. **2.** 〔*absol.*; in, contra *acc.*; *gen.*〕 **은혜를 저버리는, 배은망덕하는,** 고마운줄 모르는: ~ in *alqm* (*C.*) 누구에게 배은망덕하는 / ~ salútis (*V.*) 구원받은 은혜를 저버리는. **3.** (사물이) 별 소득없는, 헛수고가 된, 성과없는, 만족스럽지 못한.
ingravátĭo, ónis, *f.* [íngravo] 부담, 짐스러움, 가중(加重); 괴롭힘.
ingravésco, ĕre, *intr.* [in[1]+gravis] **1.** 무거워지다, 중량이 늘다, 가중되다. **2.** 임신하다. **3.** 증가되다, 증진하다. **4.** 악화되다, 우심(尤甚)해지다, 사정이 나빠지다: ingravéscens morbus (*C.*) 악화되는 병세.
íngrăvo, ávi, átum, áre, *tr.* [in[1]+] **1.** 짐지우다, 무겁게 하다; 괴롭히다. **2.** 악화시키다.
ingrédĭor, (*dĕris, dĭtur*), gréssus sum, grĕdi,

dep. intr., tr. [in¹ + grádior] **1.** 〔(in) *acc.; intra,* ad *acc.*〕 **들어가다[오다],** 들어서다: ~ in navem *(C.)* 배안으로 들어가다 / pontem ~ *(C.)* 다리에 들어서다. **2.** 〔*absol.;* per *acc.,* in *abl.; abl. poétic.*〕 걷다, 걸어다니다: Si stas, ingrédere *(C.)* 네가 일어선다면 걸어라. **3.** 〔*inf.; absol.; acc.;* in, ad *acc.*〕 **착수하다,** (말하기) 시작하다, 벌이다, 임하다; 겪다, 당하다: ~ dícere [ad dicéndum] *(C.),* ~ *(V.)* 말하기 시작하다 / ~ in disputatiónem *(C.)* 논쟁을 벌이다 / perícula ~ *(C.)* 위험을 겪다. **4.** 〔*acc., abl.,* per *acc.*〕 앞으로 나아가다, 전진하다; 따라가다: ~ vestígiis *alcjs (C.),* ~ vestígia *alcjs (L.)* 누구의 발자취를 따라가다. **5.** 들어가다, 접근하다.

ingréssĭo, ónis, *f.* [ingrédior] **1.** 들어감, 들어옴, 입장(入場). **2.** 걸어다님, 보행. **3.** 시작, 착수.

ingréssus, us, *m.* [ingrédior] **1.** 들어감, 입장(入場); 진입, 돌입, 입성(入城). **2.** 걸어다님, 보행; 걸음걸이. **3.** (어려움·위험 따위를) 겪음, 당함. **4.** 시작, 착수. **5.** 출입문.

íngrŭo, ŭi, ĕre, *intr.* [in¹ + gruo] **1.** 〔*absol.;* in *acc.*〕 달려들다, 닥치다, 돌진하다, 습격하다. **2.** 비오듯 쏟아지다; (질병이) 창궐하다; 엄습하다.

inguen, ínguĭnis, *n.* **1.** 샅, 사타구니; 아랫배, 하복부; 음부(陰部). **2.** 《解》 서혜부(鼠蹊部). **3.** 《醫》 가래톳. **4.** 《植》 가지가 줄기에 붙은 부분.

inguinális, e, [**-nárĭus,** a, um,] *adj.* [inguen] 《解》 샅의, 사타구니의, 서혜부의.

ingúrgĭto, ávi, átum, áre, *tr.* [in¹ + gurges] **1.** 소용돌이에 말려들게 하다; *refl.* **se** ~ 〔in *acc., abl.*〕 빠지다, 잠기다. **2.** 폭음폭식하다. 「없는, 시식할 수 없는.

ingustábĭlis, e, *adj.* [in² + gusto] 맛볼 수

ingustátus, a, um, *adj.* [in² + gusto] 맛보지 않은; 먹어본 일이 없는.

inhábĭlis, e, *adj.* [in² +] **1.** 다루기 힘든, 불편한. **2.** 〔*dat.,* ad *acc.; inf.*〕 부적당한, 맞지 않는, 능숙하지 못한, 능력없는.

inhabilĭtas, átis, *f.* [inhábilis] 졸렬; 부적당.

inhabitábĭlis, e, *adj.* **1.** [in² + hábito] (사람이) 살 수 없는, 거주할 수 없는. **2.** [in¹ + hábito] 살 수 있는, 거주할 만한.

inhabitátĭo, ónis, *f.* [inhábito] **1.** 거주, 서식(棲息); 거처, 주택. **2.** 《神》 (성신[성령]의) 내주(內住).

inhábĭto, ávi, átum, áre, *tr., intr.* [in¹ +] **1.** 〔*acc.*〕 …에 **살다, 거주하다,** 서식(棲息)하다, 깃들다: Inhabitátur illa régio. *(Plin.)* 그 지방에는 사람이 살고 있다; 〔*p. præs., subst. m.f.*〕 **inhábĭtans,** ántis, 거주자, 주민; (어떤 곳에) 살고 있는 생물. **2.** 옷입다, 걸치다. **3.** *intr.* 〔in *abl.*〕 살다, 거주하다, 깃들다, 머무르다.

inhærĕo, hǽsi, hǽsum, ére, *intr.* [in¹ +] **1.** 〔*dat.,* ad *acc.,* in *abl.; absol.*〕 **달라붙어 있다,** 밀착하다; 매달리다, 걸려있다; 끌어안고 있다. **2.** 〔*dat.,* in *abl.; absol.*〕 떠나지[멀어지지] 않다, 집착하다. **3.** 타고나다, 내재(內在)하다; 내포되다, 포함[함축]되다.

inhærĕsco, ĕre, *intr. inch.* [inhæreo] 〔in *abl., dat.; absol.*〕 달라붙다, 걸리다, 매달리다; 떠나지 않다.

inhǽsĭo, ónis, *f.* [inhæreo] **1.** 붙어있음; 타고남, 천부(天賦). **2.** 《哲》 내속성(內屬性), 부착성. 「기 풍김.

inhalátĭo, ónis, *f.* [inhálo] 입김 내뿜음, 향

inhálo, ávi, átum, áre, *intr., tr.* [in¹ + halo] **1.** 〔*dat.; absol.*〕 …에 (입김을) 불다. **2.** 〔*alqd* - *dat.*〕 내뿜다, (냄새 따위를) 풍기다. **3.** 〔*alqd*〕 주문을 외어 마술걸다.

inhámo, áre, *tr.* [in¹ + hamo] 낚시질하다, 낚다. 「림; 경악, 경탄. **2.** 탐욕, 욕심.

inhiátĭo, ónis, *f.* [ínhio] **1.** 놀라서 입벌

inhíbĕo, bŭi, bĭtum, ére, *tr.* **I.** [in² + hábeo] **1.** 〔*alqm[alqd]* - ab *alqā re; inf.;* 부정 뒤에 quin, quóminus〕 말리다, 못하게 하다, 그만두게 하다, 제지하다. **2.** 뒤로 노젓다; 뱃머리를 돌리다: ~ retro navem *(L.)* 배를 저어 뒤로 가다.

II. [in¹ + hábeo] 〔*alqd dat.,* in *acc.*〕 사용하다, 행사(行使)하다, 집행하다, 응용하다: ~ supplícium *alci (C.)* 누구에게 형벌을 가하다.

inhibítĭo, ónis, *f.* [inhíbeo] **1.** 뒤로 노저음, 뱃머리를 돌림. **2.** 《心》 억제, 억압, 제지. **3.** 《敎法》 ~ exercítii juris 권리행사의 금지. 「질; 《心》 억제인자(抑制因子).

inhíbĭtor, óris, *m.* [inhíbeo] 《醫》 억제물

ínhĭo, ávi, átum, áre, *intr., tr.* [in¹ +] **1.** 입벌리다, 입이 벌어지다. **2.** 〔*dat.*〕 입을 벌리고 놀라다[감탄하다], 경탄하다. **3.** 〔*dat.*〕 먹고 싶어하다, 군침을 삼키다. **4.** 〔*acc., dat.*〕 **몹시 탐내다,** 갈망하다.

inhonéstas, átis, *f.* [inhonéstus] 망신, 치욕. 「스럽게[불명예스럽게] 하다.

inhonésto, ávi, átum, áre, *tr.* [in² +] 망신

inhonéstus, a, um, *adj.* [in² +] **1.** 떳떳하지 못한, 망신스러운, **불명예스러운,** 치욕적인: mors inhonésta *(Prop.)* 개죽음. **2.** 관직에서 떨어진. **3.** 천한, 보잘것없는. **4. 점잖지 못한,** 단정치 못한, 품위없는, 비열한; 추잡한. **5.** 파렴치한, 정직[성실]하지 못한. **6.** 더러운, 추한, 못생긴, 흉한.

inhonorátus, a, um, *p.p., a.p.* [inhonóro] **1.** 벼슬하지 못한, 영예를 받지 못한, 붊

명예의; 공경받지 못한. 2. 포상(褒賞)[표창]받지 못한, 예물받지 못한.

inhonóro, ávi, átum, áre, *tr.* [in²+] 불명예스럽게 하다, 욕되게 하다, 천대하다; 관직을 떼다.

inhonórus, a, um, *adj.* [in²+] 1. 존경[공경]받지 못하는, 천대받는; 명성없는, 이름없는. 2. 추한, 흉한.

inhórrĕo, ŭi, ére, *intr.* [in¹+] 머리털이 곤두서다; 소름끼치다, 부르르 떨다, 무서워 떨다.

inhorrésco, hórrŭi, ĕre, *intr. inch.* [inhórreo] 1. 빳빳이 일어서다, 털이 곤두서다, 삐죽삐죽 솟아있다: Spícea campis messis inhórruit.*(V.)* 곡식들이 들판에서 삐죽삐죽 이삭이 패기 시작하였다. 2. 〔*alqā re*〕 부르르[덜덜] 떨다, 소름끼치다, 무서워 떨다, 전률하다. 3. *tr.* 무서워하다.

inhospitális, e, *adj.* [in²+] 손님 대접이 소홀한, 냉대하는, 푸대접하는.

inhospitálĭtas, átis, *f.* [-tális] 푸대접, 냉대, 불친절. 「는, 냉대하는, 불친절한.

inhóspĭtus, a, um, *adj.* [in²+] 푸대접하

inhumanátĭo, ónis, *f.* [in¹+homo] (= incarnátio) 사람이 됨, 화신(化身).

inhumánĭtas, átis, *f.* [inhumánus] 1. 몰인정, 잔인성, 무자비, 냉혹, 비인도. 2. 야만성, 무례, 상스러움. 3. 까다로운 성격, 불친절. 4. 인색.

inhumánĭter, *adv.* [inhumánus] 비인도적으로, 잔혹[냉혹]하게, 야만적으로, 무례하게.

inhumánus, a, um, *adj.* [in²+] 1. **비인간적인, 비인도적인,** 몰인정한, 냉혹한, 잔혹한. 2. 무례한, 조야(粗野)한, 세련되지 않은, 교양없는. 3. 까다로운. 4. 초인간적인; 신선(神仙)의.

inhumátus, a, um, *adj.* [in²+humo¹] 파묻지 않은, 매장하지 않은. 「은, 마른.

inhuméctus, a, um, *adj.* [in²+] 젖지 않

ínhŭmo, átum, áre, *tr.* [in¹+] 흙으로 완전히 덮다; 묻다, 매장하다.

inĭbi, *adv.* [in¹+] 1. 〔장소〕 바로 거기에, 그 자리에. 2. 〔시간〕 바로 그때에, 바야흐로, 막, 이제 막, 금방.

inícĭo = injício.

ínĭens, ineúntis, *p.præs.* [íneo].

ínĭgo, égi, áctum, ĕre, *tr.* [in¹+ago] 1. 〔*alqd* - in *acc.*〕 (가축 따위를) 몰아넣다, 들여보내다. 2. 〔*alqd* ad *acc.*〕 (무엇을 하도록) 몰고가다. 3. 떼밀다, 내던지다.

inimicítĭa, æ, *f.* [inimícus] 〔주로 *pl.*〕 1. 〔*absol.*; in *alqm*, cum *alqo*〕 **원수짐, 적대관계,** 반목. 2. 〔*sg.*〕 적의(敵意), 악감, 반감, 증오.

inimíco, ávi, átum, áre, *tr.* [inimícus] 원수로 만들다, 원수로 삼다, …와 원수지다.

inimícus, a, um, *adj.* [in²+amícus¹] 1. 〔*gen., dat.*〕 원수의, 원수 관계에 있는, 적의있는, 반목하는, 비우호적인; 〔*subst.*〕 *m.f.* 원수. 2. 〔사물〕 반대되는, 해로운, 불리한, 망쳐놓는: imber ~ *(V.)* 사나운 비.

inimitábĭlis, e, *adj.* [in²+] 모방할 수 없는, 본받을 수 없는.

iníquĭtas, átis, *f.* [iníquus] 1. (전투에서) 불리한 지세(地勢)[지형]. 2. 불균형, 불공정. 3. 불리한 여건, 난관, 역경, 장애(물). 4. **불의**(不義), 부정(不正), **불법,** 비행. 5. 불합리한[지나친] 요구.

iníquus, a, um, *adj.* [in²+æquus] 1. (지형 따위가) 평평하지 않은, 험한. 2. (무게·수량 따위가) 같지 않은, **불균형의**; 불평등한; 지나친: sol ~ *(V.)* 너무 뜨거운 해. 3. 불공정한, **불공평한, 불합리한.** 4. 불리한, 불편한, 어려운. 5. 〔*absol.*; in *acc.*〕 **불의**(不義)한, 부정(不正)한, 불법의, 비행의, **부당한.** 6. 〔*dat.*, in *acc.*〕 적의를 품은, 원수진, 비호의적인. 7. (마음이) 평온하지 못한, 침착하지 못한; 언짢은, 마지못해[억지로] 하는, 불만스러운.

initiális, e, *adj.* [inítium] 시작의, 최초의; 〔*subst.*〕 *m.pl.* 발기인. 「기초지도.

initiaménta, órum, *n.pl.* [inítio] 초보교육,

initiátĭo, ónis, *f.* [inítio] 1. 시작, 개시; 착수. 2. (종교예식 따위에 대한) 기초지도. 3. 입회, 입단(식); 성인식(成人式).

inítĭo, ávi, átum, áre, *tr.* [inítium] 1. **시작하다,** 착수하다. 2. 〔*alqm alqā re*〕 **초보를 가르치다** [전수(傳授)하다]; (특히) 종교예식을 가르쳐주다[전수하다], 종교적 예식에 참여시키다[받아들이다]. 3. 〔*alqm alqā re*〕 **성직**(聖職)을 **수여**하다. 4. 입교시키다, 세례주다*(Tertull.)*.

inítĭum, i, *n.* [íneo] 1. **처음,** 시초, **시작**; 서두, 첫머리; 〔*pl.*〕 출발: ab inítio *(C.)* 처음부터 / ~ cápere ab[ex] *abl.(Cæs.)* …부터 시작하다 / inítio *(C.)* 처음에. 2. 〔*pl.*〕 원소; 근본, 기원; 학문의 (기본)원리. 3. 〔*pl.*〕 (특히) *Ceres*신의 제사; 종교예식[제사]에 쓰는 물건. 4. 〔*pl.*〕 점(占): Novis inítiis opus est.*(Curt.)* 점을 다시 쳐야 한다. 「시작, 처음. 3. 교미.

ínĭtus, us, *m.* [íneo] 1. 도착, 도래. 2.

injéctĭo, ónis, *f.* [injício] 1. 《法》 manus ~ (in *acc.*) *(Q.)* (권리·소유권의 표시로) 손을 얹음, 손댐, 손으로 잡음. 2. 안으로 던져넣음; 주입, 주사, 관장(灌腸). 3. 암시, 유혹. 4. 이의(異議).

injectionále, is, *n.* 관장제(灌腸劑).

injécto, áre, *tr. freq.* [injício] 1. 힘차게 던져넣다. 2. 〔manum *alci (rei)*〕 손을 뻗치다, 장악하다.

injéctus, us, *m.* [injício] 1. 던져넣음, 던져서 씌움. 2. 부어넣음, 주입.

injícĭo, jéci, jéctum, ĕre, *tr.* [in¹+jácio] **1.** 〔*alqd - dat.*, in *acc.*〕 안으로 먼지다, **던져넣다**, 집어넣다; 〔*refl.*〕 **se** ~ 뛰어들다. **2.** 〔*alqd dat.*, in *acc.*〕 씌우다, 입히다: injéctus vestem *(acc. Gr.)* 옷을 입은. **3.** ~ manum *alci* [in *acc.*] 손을 얹다[대다], 손으로 움켜잡다; 때리다, **폭행하다**; 《法》 ~ manum 손으로 잡아 자기의 소유권을 드러내다; 법정으로 소환하다. **4.** ~ manum *alci* 멈추게 하다. **5.** 〔*alqd - alci*〕 **일으키다**, 야기시키다, **끼치다**: ~ metum *alci (Pl.)* 누구에게 공포심을 일으키다. **6.** 언급하다. **7.** ~ *alci* nomen *alcjs (C.)* 누구의 이름을 아무에게 (잊지않도록) 일러주다.

「재미없음.

injucúndĭtas, átis, *f.* [injucúndus] 불쾌함,

injucúndus, a, um, *adj.* [in²+] 불쾌한, 재미없는; (이야기 따위가) 딱딱한.

injudicátus, a, um, *adj.* [in²+júdico] 미결의, 판결받지 않은, 결정되지 않은.

ínjŭgis, e, *adj.* [in²+jugum] **1.** 아직 멍에를 메지 않은: ínjuges hóstiæ 아직 멍에를 메어보지 않은 동물의 희생. **2.** 《文法》 연계사(連繫詞)가 없는: ínjuges versus 연계사를 쓰지 않은 시.

injúnctus¹, a, um, *p.p.* [injúngo] 이어진.

injúnctus², a, um, *adj.* [in²+jungo] 결혼하지 않은.

injúngo, júnxi, júnctum, ĕre, *tr.* [in¹+jungo] **1.** 〔*alqd* in *acc.*, *dat.*〕 박아넣다, 꽂아넣다; 심다. **2.** 〔*alqd dat.*, ad *acc.*〕 연결시키다, 붙여놓다, 잇대다. **3.** 〔*alqd alci*〕 짊어지우다, 부과하다, 가(加)하다, 끼치다. **4.** 〔*alqd alci*〕 떠맡기다, 책임지우다, (하도록) 명하다. **5.** 〔*alqd dat.*〕 보태다, 더하다.

injúrĭa, æ, *f.* [injúrius] **1.** 불법, 위법행위, **불의**, 부정(不正). **2. 모욕**, 폭언; 폭행. **3.** 능욕, 강간. **4.** (권리) **침해**. **5.** 상해, 위해, 가해(加害); 손해, 손상. **6.** 명예훼손, 비방. **7.** (지나친) 엄격, 엄하게 다룸. **8.** (불의에 대한) 보복.

injúrĭo, ávi, átum, áre, *tr.* [injúria] 〔*alqm*〕 (누구에게) 폭행하다, 가해(加害)하다, 학대하다.

「욕하다, 폭행하다.

injúrĭor, átus sum, ári, *dep. tr.* [injúria] 모

injuriósus, a, um, *adj.* [injúria] 〔in *alqm*〕 **1.** 불의한, 부당한, 불법적인; 모욕적인, 폭행의. **2.** 손해끼치는; 권리침해의.

injúrĭus, a, um, *adj.* [in²+jus¹] 불의한, 부당한, 불법적인.

injúro, ávi, átum, áre, *tr.* [in²+] 맹세하지 않다; 〔*p.p. dep.*〕 injurátus, a, um, 맹세하지 않은.

injússus¹, a, um, *adj.* [in²+júbeo] **1.** 명령받지 않은. **2.** 자발적, 자연적으로의, 저절로의.

injússus², *abl.* u, *m.* 명령없음: injússu meo *(C.)* 내 명령없이.

injustítĭa, æ, *f.* [injústus] **1.** 불의, 부정(不正), 불법, 불공정, 불공평. **2.** 지나친 엄격.

injústus, a, um, *adj.* [in²+] **1.** 옳지[의롭지] 못한, **불의한**, 부정(不正)한, 불법의, **부당한**, 불공평한; 〔*subst.*〕 *n.* 불의, 불법, 부정. **2.** 악한, 악의에 찬. **3.** 지나친, 과도한; 비합리적인; 지나치게 엄격한. **4.** 불법으로 얻은.

「회춘하다.

injuvenésco, ĕre, *intr.* [in¹+] 젊어지다,

inl... *V.* ill...; **inm...** *V.* imm...

innábĭlis, e, *adj.* [in²+no] 헤엄쳐 건널 수 없는, 배를 저어갈 수 없는.

innascíbĭlis, e, *adj.* [in²+nascor] 출생할 수 없는, 창조될 수 없는.

innáscor, *(ĕris, ĭtur),* nátus sum, sci, *dep. intr.* [in¹+] **1.** 〔*absol.*; in *abl.*, *dat.*〕 출생하다, 나다; 돋아나다. **2.** 〔*dat.*, in *abl.*; *absol.*〕 자연적으로 있다, 누가*(alci)* 무엇을 타고 나다[선천적으로 지니다]: innátum vítium *(T.)* 타고난 악습 / Omnĭbus innátum est esse deos. *(C.)* 모든 사람은 신성을 타고 났다.

innatívĭtas, átis, *f.* [in²+] 창조되지 않음.

innáto, ávi, átum, áre, *intr.* [in¹+] **1.** 〔*dat.*, *abl.*; (in) *acc.*; *absol.*〕 위를 헤엄쳐 가다, 위에 떠있다. **2.** 〔in *acc.*〕 헤엄쳐 들어가다[건너가다]. **3.** 〔*dat.*〕 넘쳐흐르다, 범람하다. **4.** (머리털이) 나부끼다.

innátus, a, um, **1.** *p.p.* [innáscor] 선천적으로 지녀진[지닌], **생득(生得)의**, **타고난**, 자연스러운: idéa innáta 생득관념[개념]. **2.** *adj.* [in²+nascor] 창조되지 않은.

innavigábĭlis, e, *adj.* [in²+] 항해불능의, 배를 저을 수 없는.

「저어가다.

innávĭgo, áre, *intr.* [in¹+] 항해[항행]하다,

innécto, néxŭi, néxum, ĕre, *tr.* [in¹+] **1.** 매다, 감다, 묶다, 연결시키다. **2.** 보태다; (계획 따위를) 짜다. **3.** 관련시키다.

innérvis, e, *adj.* [in²+nervus] 힘없는, 약한, 탄력없는.

innítor, *(ĕris, ĭtur),* níxus[nísus] sum, níti, *dep. intr.* [in¹+] **1.** 〔*dat.*, *abl.*, in *acc.*; *absol.*〕 **의지하다**, 기대다; 기대어 쉬다. **2.** 〔in *abl.*, *dat.*〕 …에 **달려있다**, 좌우되다, 지탱되다; 맡겨지다.

inno, ávi, átum, áre, [in¹+] **1.** *intr.* 〔*absol.*; *dat.*, *abl.*〕 위에서 헤엄치다, 헤엄쳐 가다; 떠있다, 표류하다; 항해[항행]하다. **2.** *tr.* 항해[항행]하다, 배로 건너가다.

ínnŏcens, éntis, *adj.* [in²+nóceo] **1.** 〔*absol.*; *gen.*, *abl.*〕 **무죄한**, 무고(無辜)한, 애매한, 탓없는, 흠없는, 결백한; 《가》 *m.pl.* (예수 탄생 무렵에 살해당한) 무고한 어린이들. **2.** 해롭지 않은, 해를 끼치지 않는,

악의없는. 3. 바른, 청렴한, 사심없는; 순진한, 천진난만한.

innocéntĭa, æ, *f.* [ínnocens] 1. 해(끼)치지 않음. 2. **무죄, 결백**; 의로움. 3. 《神》 타락하기 전의 인류원조가 초자연적 은총을 받은 상태; 세례로써 원죄·개인죄 및 그 벌의 전적 사면을 받은 상태. 4. 사심없음, 청렴.

innócŭus, a, um, *adj.* [in^2+nóceo] 1. **해치지 않는**, 해롭지 않은, 해독이 없는. 2. 해받지 않는, 손상되지 않는, 무사한. 3. 무죄한, 착한, 결백한. 「속박, 규정.

innodátĭo, ónis, *f.* [innódo] 묶음, 얽음;

innódo, ávi, átum, áre, *tr.* [in^1+] 1. 묶다, 매다, 얽다. 2. 엉키게 하다, 뒤얽히게 하다. 「름 붙일 수 없는.

innominábĭlis, e, *adj.* [in^2+nómino] 이

innominátus, a, um, [-**mĭnis**, e,] *adj.* [in^2+nómino, nomen] 무명의, 이름없는.

innotésco, nótŭi, ĕre, *intr.* [in^1+notus, nosco] 1. 〔*alqā re; absol.*〕 널리 알려지다, 드러나다, 유명해지다. 2. 날이 새다, 밝아오다. 3. *tr.* 알다, 인식하다.

innotítĭa, æ, *f.* [in^2+] 무지, 무식, 모름.

innóto, áre, *tr.* [in^1+] 표하다, 기록하다.

innovátĭo, ónis, *f.* [innóvo] 갱신, 쇄신, 개선, 개량, 개혁, 혁신.

innóvo, ávi, átum, áre, *tr.*[in^1+] 갱신하다, 개혁하다, 새롭게 하다, 쇄신하다, 개량하다.

innóxĭus, a, um, *adj.* [in^2+] 1. 〔*absol.; dat.*〕 **해롭지 않은**, 해끼치지 않는, 무해한. 2. 〔*absol.; abl., gen.*〕 **무죄한**, 탓없는, 정직한, 악의없는: ~ críminis*(L.)* 죄없는. 3. 〔*absol.;* ab *abl.*〕 해받지 않는, 상처없는, 무사한, 안전한. 4. 벌받지 않은, ⌊(죄의) 근거없는.

ínnŭba, æ, *f.* 미혼처녀.

innúbĭlo, áre, *tr.* [in^1+] 어둡게 하다, 구름으로 덮다. 「인, 청명한, 맑은.

innúbĭlus, a, um, *adj.* [in^2+] 구름없이 개

innúbis, e, *adj.* [in^2+nubes] 구름없는.

innúbo, núpsi, núptum, ĕre, *intr.* [in^1+]〔*alci,* in *acc.*〕 출가하다, 시집가다, 결혼하다.

ínnŭbus, a, um, *adj.* [in^2+nubo] 시집가지 않은. 「없는, 무수한.

innumerábĭlis, e, *adj.* [in^2+] 헤아릴 수

innumerabílĭtas, átis, *f.* [-bĭlis] 무한한 수, 무수. 「[in^2+númerus] 무수한.

innumerális, e,[**innúmĕrus**, a, um,] *adj.*

ínnŭo, ŭi, útum, ĕre, *intr.* [in^1+] 〔*alci; absol.*〕 고개를 끄덕이다, 의사표시하다, 가리키다, 허락하다.

innúptus, a, um, *adj.* [in^2+nubo] 1. 미혼의; *f.* 미혼녀; *m.* 독신(남)자. 2. núptiæ innúptæ*(C.)* 불법적인 결혼.

innutríbĭlis, e, *adj.* [in^2+nútrio] 영양분 없는, 기를 수 없는.

innútrĭo, ívi, ítum, íre, *tr.* [in^1+] 〔*alqm - alqā re*〕 양육하다, 기르다, 키우다.

innutrítus, a, um, 1. *p.p.* [innútrio]. 2. *adj.* [in^2+nútrio] 양육되지 않은.

Ino, Inus[Inónis], *f.* 〔*acc.* Ino, Inónem〕 *Cadmus*와 *Harmonía*의 딸, *Thebæ*의 *Athămas*왕의 아내, *Leárchus*와 *Melicérta*의 어머니; 〔*adj.*〕 **Inóus**, a, um.

inobaudiéntĭa, æ, *f.* 불순종, 불순명.

inobedi...*V.* inobœdi... 「책망받지 않은.

inobjurgátus, a, um, *adj.* [in^2+objúrgo]

inobléctor, ári, *dep. intr.* [in^1+oblécto]〔in *abl.*〕 기뻐하다, 즐거워하다.

inoblitterátus, a, um, *adj.* [in^2+oblíttero] 지워지지 않은; 잊어버리지 않은.

inoblítus, a, um, *adj.* [in^2+oblivíscor] 잊지 않은, 기억하는.

inobœ́dĭens, éntis, *p.præs.* [inobœ́dio] 〔*dat.*〕 불순종하는, 반항하는.

inobœdiéntĭa, æ, *f.* [inobœ́diens] 불순종, 불순명, 반항.

inobœ́dĭo, íre, *intr.* [in^2+]〔*absol.; dat.*〕 불순명하다, 불복종하다, 반역하다.

inóbrŭtus, a, um, *adj.* [in^2+óbruo] 눌리지 않은, 잠기지 않은, 덮이지 않은, 끄떡도 안하는. 「히지 않은, 폐쇄되지 않은.

inobsǽptus, a, um, *adj.* [in^2+obsǽpio] 막

inóbsĕquens, éntis, *adj.* [in^2+óbsequor] 순종치 않는. 「복종.

inobsequéntĭa, æ, *f.* 불순명, 불순종, 불

inobservábĭlis, e, *adj.* [in^2+] 관찰할 수 없는, 눈에 뜨이지 않는; 지켜지기 어려운.

inobsérvans, ántis, *adj.* [in^2+óbsérvo] 주의하지 않는, 부주의한. 「혼란.

inobservántĭa, æ, *f.* [in^2+] 부주의, 산만,

inobservátus, a, um, *adj.* [in^2+obsérvo] 관찰되지 않은, 인정되지 않은; 지켜지지 않은; 감시받지 않은.

inobsolétus, a, um, *adj.* [in^2+] 소모되지 않은, 해어지지 않은, 피폐하지 않은.

inoccídŭus, a, um, *adj.* [in^2+] 1. (날이 저물어도) 사라지지 않는. 2. 깨어있는; 꺼지지 않는.

inócco, ávi, átum, áre, *tr.* [in^1+] 심은 씨앗을(농기구 따위를 써서) 보드라운 흙으로 덮다. 「않은, 드러난.

inoccúltus, a, um, *adj.* [in^2+] 숨겨지지

inoculátĭo, ónis, *f.* [inóculo] 접목, 접붙이기, 이식; 명심.

inoculátor, óris, *m.* [inóculo] 1. 접붙이는 사람. 2. 무엇을 가르쳐 마음에 박아주는 사람.

inócŭlo, ávi, átum, áre, *tr.* [in^1+óculus] 1. 접목하다, 접붙이다. 2. 마음에 박아주다 [심어주다]. 3. 장식하다.

inodóro, ávi, átum, áre, *tr.* [in^1+odor] 냄새를 배게 하다, 냄새를 내다.

inodóror, átus sum, ári, *dep. tr.* [in^1+odó-

ror] **1.** (개가) 냄새 맡다. **2.** (숨은 것을) 알아내다. 「는, 향기없는, 무취의.
inodórus, a, um, *adj.* [in² + odor] 냄새없
inofféneus, a, um, *adj.* [in² +] **1.** 부딪치지 않은, 상해입지 않은, 다치지 않은. **2.** 방해없는, 거침없는, 훤히 트인, 쉬운: inofféna via *(Martiális)* 트인 길.
inofficiósus, a, um, *adj.* [in² +] **1.** 〔*gen. objectív.; dat.; absol.*〕 의무를 소홀히 하는[다하지 않는], 존중하지 않는. **2.** 원하는 일을 해주지 않는, 불친절한, 인정없는, 도의심없는. 「없는.
ínŏlens, éntis, *adj.* [in² +] 향기없는, 냄새
inolésco, lévi, lĭtum, ĕre, [in² + olésco] **1.** *intr.* 함께 붙어 자라다, 엉겨붙다; 뿌리박고 자라다. **2.** *tr.* 〔*alqd dat.*〕 뿌리박게 하다; 자라게 하다; 심어주다, 박아주다; *p.p.* 뿌리박힌, 오래된. 「징조의, 불길한.
inominális, e, *adj.* [in² + omen] 좋지 못한
inominátus, a, um, *adj.* [in² + óminor] 불행한, 불길한, 처참한, 흉악한.
inopáco, áre, *tr.* [in¹ +] 그림자로 가리다, 컴컴하게 하다, 그늘지우다. 「림자없는.
inopácus, a, um, *adj.* [in² +] 그늘없는, 그
inoperátus, a, um, *adj.* [in² + óperor] **1.** 부지런하지 못한, 한가한. **2.** 만들어지지 않은, 창조되지 않은.
inópĕror, átum sum, ári, *dep. tr.* [in¹ +] 일하다, 공들이다; 노력하다, 힘쓰다.
inopértus, a, um, *adj.* [in² +] **1.** 덮이지[가리지] 않은, 노출된. **2.** 발견된, 드러난, 밝혀진.
inópĭa, æ, *f.* [inops] **1.** 부족, **결핍**, 결여. **2.** 가난, **빈곤**, 곤궁, 궁핍. **3.** 곤경, 어려움. 「작]할 수 없는, 뜻밖의, 이상한.
inopinábĭlis, e, *adj.* [in² +] 생각[상상·짐
inopínans, ántis, *adj.* [in² + opínor] 상상도[예측하지] 못하고 있는, 허점을 가지고 있는, 방심한, 뜻밖의.
inopinánter[-náte, -náto], *adv.* [inopínans, -nátus] 의외에, 뜻밖에, 갑자기.
inopinátus[-pínus], a, um, *adj.* [in² + opínor] **의외의**, 불의의, 예상외의, 생각[예측]하지 못했던, **갑작스런**, 불시(不時)의; 이상한; 〔*subst.*〕 *n.* 뜻밖의 일: ex inopináto *(C.)* 뜻밖에, 불시에. 「측하다, 짐작하다.
inopínor, ári, *dep. tr.* [in¹ +] 의심하다, 추
inopiósus, a, um, *adj.* [inops] 매우 결핍된, 부족한. 「도시없는, 도시생활을 하지 않은.
inoppidátus, a, um, *adj.* [in² + óppidum]
inopportúnĭtas, átis, *f.* 기회[시기]의 부적당함.
inopportúnus, a, um, *adj.* [in² +] (어떤 목적에) 적합[적당]치 않은; 기회[시기]가 적당치 않은, 시의(時宜)에 맞지 않는.
inops, ŏpis, *adj.* [in² + ops] **1.** 〔*absol.; abl.*, ab *abl.*, *gen.; inf.*〕 **없는**, 결여된, 도움없는, 희망없는, 뺏긴; 부족한, 결핍된, 필요한; 가난한, 빈곤한, **궁핍한**: ~ consílii *(Suet.)* 어찌할 바를 모르는 / terra ~ pacis *(Ov.)* 평화없는 땅. **2.** 〔*absol.; abl.*〕 (어휘 따위가) 빈곤한. **3.** 약한, 가련한, 보잘것없는. 「지] 않은; 불쾌한.
inoptátus, a, um, *adj.* [in² +] 바라지[원하
inorátus, a, um, *adj.* [in² + oro] 말로 설명하지 않은, 발표하지 않은. 「복잡하게.
inordinálĭter, *adv.* [in² + ordo] 순서없이,
inordináte[-nátim], *adv.* [inordinátus] 불규칙적으로, 순서[질서]없이, 난잡하게.
inordinátĭo, ónis, *f.* [inordinátus] 불규칙, 혼잡, 무질서.
inordinátus, a, um, *adj.* [in² +] 순서[질서]없는, 혼잡한; 방종한; 〔*subst.*〕 *n.* 무질서, 혼잡. 「입없는.
inóris, e, [**-órus,** a, um,] *adj.* [in² + os¹]
inornátus, a, um, *adj.* [in² +] **1.** 장식없는, 꾸미지 않은, 매만지지 않은; 단순한 **2.** 칭찬받지 못한.
inórno, áre, *tr.* [in¹ +] 꾸미다, 장식하다.
inotiósus, a, um, *adj.* [in² +] 한가하지 않은, 부지런한, 바쁜, 분주한.
inp .. *V.* imp...
in primis, *adv.* (= imprímis) 특히, 우선.
inquam[ínquĭo], *(-quis, -quit),* (*impf.* inquiébat, *fut.* ínquies, -et), *pf.* ínquĭi, (-quísti, -quit), *def.* 〔직접화법의 인용문 도중에 삽입됨〕 말하다: Tuémini, inquit, castra. *(Cæs.)* "너희는 진지를 지켜라"하고 그가 말했다. 「하는 한: ~ scio 내가 아는 한에는.
inquántum, *adv., conj.* [in¹ +] 얼마나, …
inquassátus, a, um, *adj.* [in² + quasso] 동요치 않은, 약해지지 않은.
ínquĭes, étis, *adj.* [in² +] 조용하지 않은, 불안한, 들뜬; 〔*subst.*〕 *f.* 불안, 번민, (마음의) 동요. 「하게 함.
inquietátĭo, ónis, *f.* [inquiéto] 불안, 동요
inquietátor, óris, *m.* [inquiéto] 혼란을 일으키는 자, 동요시키는 자.
inquiéto, ávi, átum, áre, *tr.* [inquiétus] **1.** 가만히 있지 못하게 하다, 불안하게 하다, 혼란시키다, 귀찮게 하다, 동요시키다. **2.** 《法》 시비걸다, 고소하다, 재판걸다.
inquietúdo, dĭnis, *f.* [inquiétus] **1.** 고요하지 못함, 불안, 걱정, 동요, 혼란; 귀찮게 함. **2.** 미열(微熱).
inquiétus, a, um, *adj.* 고요하지 못한, 불안한, 흔들리는, 동요한. 「임대차.
inquilinátus, us, *m.* [inquilínus] 셋집살림,
inquilínus, a, um, *adj.* [in + colo²] 〔흔히 명사적으로 씀〕 세들어 사는; 동거인, *Roma* 출신이 아닌 뜨내기 시민, 스승의 강의를 받지 않은 뜨내기 제자.
inquinaméntum, i, *n.* [ínquino] **1.** 불결, 오물, 쓰레기, 똥. **2.** 죄.

inquinátio, ónis, *f.* [ínquino] 더럽힘, 불결케 함.
inquinátus, a, um, *p.p., a.p.* [ínquino] **1.** 더럽혀진, 불결한, 오염된. **2.** 물들인, 물든. **3.** 오손된, 부당한; 추잡한, 상스러운.
ínquǐno, ávi, átum, áre, *tr.* [in[1]+cúnio] **1.** 〔*alqd[alqm] - alqā re*〕 더럽히다, 오염시키다. **2.** 물들이다, 칠하다. **3.** 못쓰게 만들다; 오점을 남기다, 욕되게 하다, 변질시키다.
ínquǐo, is = inquam.
inquíro, sívi, sítum, ěre, *tr., intr.* [in[1]+quæro] **1.** 〔*alqd*〕 찾(아보)다. **2.** 〔*alqd,* in *acc.,* de *abl., interr. indir.*〕 **탐구[연구]하다, 조사하다,** 검토하다. **3.** 〔*absol.;* in *acc.,* de *abl.*〕 물어보다, 알아보다, 캐묻다, 심사하다, 심문하다.
inquisítio, ónis, *f.* [inquíro] **1.** 조사, 탐구; 심문, 심사, 수사(搜査). **2.** 종교재판, 이단심문(略: Inq.). **3.** 징병, 징집.
inquisitívus, a, um, *adj.* 조사[탐구]를 위한, 열심히 탐구하는.
inquisítor, óris, *m.* [inquíro] **1.** 탐색자(探索者); 탐구자. **2.** 조사자, 수사관, 예심판사; 종교재판관, 이단심문관.
inquisítus, a, um, **1.** *p.p.* [inquíro]. **2.** *adj.* [in[2]+quæro] 탐색하지 않은; 검토하지 않은.
inr... *V.* irr...
insǽpio, insǽptus, íre, *tr.* [in[1]+] 둘러막다.
insǽptio, ónis, *f.* [insǽpio] (보석 따위의) 결정면(結晶面), 절단면.
insǽptus, a, um, **1.** *p.p.* [insǽpio]. **2.** *adj.* [in[2]+sǽpio] 둘러막지 않은.
insǽvio, íre, *intr.* [in[1]+] 포악한 행동하다, 미친 듯이 날뛰다, 격노하다.
insalúber, bris, e, [**-bris,** e,] *adj.* [in[2]+] 〔*absol.; dat.*〕 건강에 해로운, 비위생적인; 이롭지 못한.
insalutátus, a, um, *adj.* [in[2]+salúto] 인사하지[받지] 않은; 작별 허락받지 않은.
insanábǐlis, e, *adj.* [in[2]+] 고치지 못할, 불치의.
Insáni Montes, *m.pl.* 서부 *Sardínia*의 산맥.
insánǐa, æ, *f.* [insánus] **1.** 미침, **정신착란,** 광기, 발광; 〔*pl.*〕 미친 군중. **2.** 열광, 광란, 광분. **3.** 어리석음, 몰상식. **4.** 엄청나게 큼.
insánǐo, ívi[ǐi], ítum, íre, *intr.* [insánus] **1.** 〔*absol.;* (ex) *alqā re;* in *alqm*〕 미치다, 발광하다; 미치다시피 하다, 미쳐 날뛰다. **2.** 터무니없는[엉뚱한] 짓을 하다, 엄청나게 요구하다. **3.** 〔*acc. Gr.;* in *acc.*〕 범하다, 빠지다: ~ errórem símilem *(H.)* 같은 실수에 빠지다.
insánǐtas, átis, *f.* [insánus] **1.** 병; 불건전. **2.** 정신이상, 정신병, 광기, 발광. **3.** 엉뚱한 짓, 어리석은 짓, 미친 짓.
insánum, *adv.* 극도로, 대단히.
insánus, a, um, *adj.* [in[2]+] **1. 정신이상의,** 미친. **2.** 미친 듯한, 지각없는, 몰상식한, **불건전한. 3.** 성난, 사나운, 미쳐 날뛰는, 맹렬한, 격렬한. **4.** 과도한, 엄청난, 어마어마한, 굉장한, 대단한. **5.** 미치게 하는. **6.** 〔*adv.*〕 **-ne,** 미쳐서, 광적으로, 건전치 못하게; 격렬하게; **-num,** 대단히.
insápǐens = insípiens.
insapóro, ávi, átum, áre, *tr.* [in[1]+sapor] 맛을 더하다.
insatiábǐlis, e, *adj.* [in[2]+sátio[1]] **1.** 〔*absol.; gen.*〕 만족을 모르는, 배부를 줄 모르는, 싫증을 모르는, 탐욕스러운: ~ sánguinis *(Justin.)* 피에 굶주린. **2.** 끝을 모르는, 한없는, 싫증나지 않(게 하)는: ~ pulchritúdo *(C.)* 한없는 아름다움.
insatiabílǐtas, átis, *f.* [insatiábilis] 만족을 모름; 탐욕.
insatiátus, a, um, *adj.* [in[2]+sátio[1]] 배부르지 않은; 만족하지 않는.
insatíětas, átis, *f.* 충족되지 않는 욕망.
insaturábǐlis, e, *adj.* [in[2]+sáturo] 배불릴 수 없는, 만족시킬 수 없는.
insaturátus, a, um, *adj.* [in[2]+sáturo] 배부르지 않은; 만족하지 않는, 끝없는.
insauciátus, a, um, *adj.* [in[2]+sáucio] 상처받지 않은.
inscálpo = inscúlpo.
inscéndo, di, scénsum, ěre, *tr., intr.* [in[1]+scando] **1.** 〔*acc.;* in, supra *acc.*〕 올라가다, 타다: ~ equum *(Suet.)* 말을 타다. **2.** 〔*absol.*〕 배에 오르다, 승선하다.
inscénsǐo, ónis, *f.* [inscéndo] 올라감, 올라탐.
inscénsus, us, *m.* [inscéndo] (동물의) 교미, 교접.
ínscǐens, éntis, *adj.* [in[2]+scio] 모르는, 무식한; 어리석은: me insciénte *(C.)* 나 모르게.
insciéntǐa, æ, *f.* [ínsciens] 무지(無知), 모름, 무식, 알지 못함, 무경험.
inscítǐa, æ, *f.* [inscítus] **1.** 〔*gen.,* erga *acc.,* in *abl.; absol.; alcjs*〕 무지, 무경험, 무재주, 무능, 미숙함, 서투름: ~ témporis *(C.)* 시의(時宜)를 모름. **2.** 어리석음.
inscítǔlus, a, um, *adj. dim.* [inscítus] 서투른, 경험없는.
inscítus, a, um, *adj.* [in[2]+scitus, scio] **1.** (알 만한 것을) 모르는, 서투른, 어리석은, 바보같은. **2.** 이상한, 기괴한.
ínscǐus, a, um, *adj.* [in[2]+scio] 〔*absol.; gen.,* de *abl.; interr. indir.; inf.*〕 **1. 모르는,** 무식한, 경험이 없는, 무의식의, 능력이 없는: haud ~ 잘 아는, 의식하는. **2.** 알려지지 않은.
inscríbo, scrípsi, scríptum, ěre, *tr.* [in[1]+] **1.** 〔*alqd* in *acc., dat.*〕 **기입하다,** 써넣다, 기재하다; 새기다, 표적을 하다, 낙인을 찍다. **2.** 〔*alqd*〕 이름을[칭호를] 붙이다: sibi nomen philósophi ~ *(C.)* 스스로 철학자로 자처하다. **3.** ~ librum *c. acc. præd.*

책의 제목을 …라고 붙이다. 4. (편지·문서 따위를) 누구 앞으로 하다. 5. 〔*alqd alci*〕 (무엇을 누구에게) 돌리다.

inscríptĭlis, e, *adj.* [in²+scribo¹] 글자로 써질 수 없는.

inscríptĭo, ónis, *f.* [inscríbo] 1. 기입, 기재, 등록. 2. 인각(印刻), 각명(刻銘); 비문, 비명(碑銘); (책의) 제목; 제명(題銘). 3. 낙인. 4. 고소장(告訴狀).

inscriptúra, æ, *f.* 기입, 기재; 낙인.

inscríptus, a, um, 1. *p.p.* [inscríbo] 기입[기재·기록]된, 등록된; 새겨진. 2. *adj.* [in²+scribo] 기입되지 않은, 등록되지 않은.

inscrutábĭlis, e, *adj.* [in²+scrutor] 1. 탐구할 수 없는, 찾아낼 수 없는. 2. 헤아릴 수 없는, 신비로운, 깊은.

inscúlpo, psi, ptum, ĕre, *tr.* [in¹+]〔*alqd* in *abl.*, *dat.*〕 새기다, 새겨넣다, 조각하다.

insecábĭlis, e, *adj.* [in²+seco] 자를[절단할] 수 없는, 가를[분할할] 수 없는.

ínsĕco¹, sécŭi, séctum, áre, *tr.* [in¹+] 자르다, 가르다, 절개하다, 끊다, 찢다.

ínsĕco²[-sĕquo], is, *tr.* 말하다, 얘기하다; 〔실제로는 *imperatívus:* ínsece; *ger.:* insecéndo; *gerundív.:* insecénda 정도가 쓰임〕.

insectánter, *adv.* [inséctor] 모욕적으로, 핍박하여.

insectátĭo, ónis, *f.* [inséctor] 1. 추구(追求). 2. 공격, 비난, 박해, 모욕, 중상.

insectátor, óris, *m.* [inséctor] 1. 박해자, 폭군. 2. 신랄한 비난자[비판자].

inséctĭo, ónis, *f.* 1. [ínseco¹] 자름, 절단. 2. [ínseco²] 이야기.

inséctor, átus sum, ári, *dep. tr. freq.* [ínsequor] 1. 바싹 쫓아가다, 추적하다, 추격하다, 박해하다; 끈질기게 따라다니다. 2. 신랄하게 비난[비판·비평]하다, 아픈데를 찌르다.

inséctum, i, *n.* (*sc.* ánimal) [ínseco¹] 1. (통속적으로 온갖 종류의) 벌레. 2. 곤충.

insectúra, æ, *f.* 벤 자리, 절개.

inséctus, a, um, 1. *p.p.* [ínseco¹] 베어진, 잘린, 끊어진. 2. *adj.* [in²+seco] 잘리지 않은.

insecútĭo, ónis, *f.* [ínsequor] 추적.

insecútor, óris, *m.* [ínsequor] 1. 추적자. 2. 학대하는 자, 박해자.

insedábĭlis, e, *adj.* [in²+sedo] 진정시킬 수 없는, 가라앉힐[진압할] 수 없는.

insédi, *pf.* [insídeo, ínsido]. 「한.

insegéstus, a, um, *adj.* [in²+seges] 심지 못

inseĭtas, átis, *f.* [in¹+se¹] 《哲》 자기성(自己性), 유(有)의 자체내성(自體內性).

ínsĕmel, *adv.* 단 한번, 한번에.

insémĭno, ávi, átum, áre, *tr.* [in¹+] 1. 심다, 씨뿌리다. 2. 잉태케 하다.

insenésco, sénŭi, ére, *intr.* [in¹+] 〔*dat.*〕 (에서, …로) 늙어가다, 모질게 오래 머물러[붙어] 있다, 헐어지다: iísdem negótiis ~ *(Ta.)* 맨날 같은 일에 매달려 지내다.

insensátus, a, um, *adj.* [in²+sensus] 철없는, 지각없는, 몰상식한; *m.* 바보, 어리석은 사람.

insensíbĭlis, e, *adj.* [in²+sensus] 1. 느끼지 못하는, 감각이 없는. 2. 감각되지 않는; 알아들을 수 없는.

insensibílĭtas, átis, *f.* [-bĭlis] 감각의 결여, 무감각성; 느끼지 못함, 굳어진 마음.

insénsĭlis, e, *adj.* [in²+sensus] 감각기능이 없는, 느끼지 못하는; 목석같은.

insensuális, e, *adj.* [in²+sensus] 감각기능이 없는, 느끼지 못하는.

insensuálĭtas, átis, *f.* [-ális] 무감각.

inseparábĭlis, e, *adj.* [in²+sepáro] 나눌[가를] 수 없는, 분리할[떼어낼] 수 없는; 떨어질[헤어질] 수 없는.

inseparabílĭtas, átis, *f.* [-bĭlis] 불가해소의 결합, 불분리성.

insépĭo, inséptus = insǽpio, insǽptus.

insepúltus, a, um, *adj.* [in²+sepélio] 매장되지 않은, 묻히지 않은; 장례식을 치르지 못한.

insequénter, *adv.* 1. [ínsequor] 다음에 곧. 2. [in²+sequor] 연결없이, 비연속적으로.

ínsĕquor, *(quĕris, quĭtur),* secútus[sequútus] sum, sĕqui, *dep. tr.* [in¹+] 1. 〔*absol.; acc., dat., inf.*〕 따라가다, 뒤따르다; 잇따르다: nocte insequénti *(Hirt.)* 다음날 밤에. 2. 뒤쫓다, 추적하다, 추격하다. 3. 〔*alqm alqā re*〕 (누구에게 무엇을) 강권하다. 4. 〔*alqm[alqd] - alqā re*〕 비난하다, 모욕하다; 보복하다. 5. 이야기하다.

ínsĕro¹, sérŭi, sértum, ĕre, *tr.* [in¹+] 1. 〔*alqd - alci -* in *acc., dat., abl.,* per *acc.*〕 넣다, 삽입하다, 집어[끼워·꽂아]넣다: collum in láqueum ~ *(C.)* 목을 올가미에 집어넣다. 2. 접붙이다, 접목하다. 3. 〔*alqd dat.*〕 보태다, 첨가하다, 덧붙이다. 4. 〔*alqd - dat.*〕 섞다, 혼합하다; 끌어넣다, 개입시키다: ~ jocos históriæ *(Ov.)* 쓸데없는 소리를 역사에 섞다 / mínimis rebus deos ~ *(L.)* 하찮은 일에 신들을 개입시키다 / 〔*refl.*〕 se ~ alci *(rei)* 섞이다, 끼어들다, 뛰어들다, 개입하다 / ~ se turbæ *(Ov.)* 군중속에 섞이다. 5. 〔*alqm dat.,* in *acc.*〕 수에 넣다, …의 하나로 받아들이다, 가입시키다. 6. 맡기다: ~ nomen famæ *(Tu.)* 자기 이름을 빛내다.

ínsĕro², sévi, sĭtum, ĕre, *tr.* [in¹+] 1. 심다, 씨뿌리다. 2. 〔*alqd -* in *acc., dat.*〕 접목하다, 접붙이다. 3. 끼워넣다, 박아넣다. 4. 결합시키다, 융화시키다.

insérpo, psi, pĕre, *intr.* 〔*dat.*〕 기다, 기어들다, 잠입하다.
inséрta, æ, *f.* [ínsero[1]] 장식, 장식품.
insértĭo, ónis, *f.* [ínsero[1]] 삽입; 접목.
insertívus, a, um, *adj.* [ínsero[1]] 서출(庶出)의, 사생아의.
insérto, ávi, átum, áre, *tr. freq.* [ínsero[1]] 〔*alqd dat.*〕 끼우다, 집어넣다, 디밀다.
insértus, a, um, *p.p.* [ínsero[1]] 삽입된, 접목된.
insérvĭo, ívi[ĭi], ítum, íre, *intr.,tr.* [in[1]+] **1.** 〔*dat.; alqm; absol.*〕 **섬기다,** 시중들다, 봉사하다, 유익하다; 예속되다, **속해 있다. 2.** 〔*alci*〕 **도와주다,** 거들다; 흐뭇하게 해주다. **3.** 〔*dat.*〕 종사하다, 힘쓰다, 몰두하다: ~ ártibus *(C.)* 예술에 종사하다. **4.** 〔*dat.*〕 순응하다, 따르다: ~ tempóribus *(N.)* 환경에 적응하다.
insérvo, ávi, átum, áre, *tr.* [in[1]+] **1.** 살피다, 관찰하다. **2.** 보존하다, 유지하다.
inséssor, óris, *m.* [insídeo] **1.** 배의 승객. **2.** 날치기, 노상강도.
inséssus, a, um, **1.** *p.p.* [insídeo, insído] 점유된. **2.** *adj.* [in[2]+sédeo] 일정한 거처가 없는, 떠돌이의. 「바람소리 내다.
insíbĭlo, áre, *intr.* [in[1]+] 휘파람소리 내다;
insiccábĭlis, e, *adj.* [in[2]+sicco] 말릴 수 없는. 「썬 고기를 다져넣은) 순대.
insícĭa, æ, *f.* [-**cĭum,** i, *n.*] [ínseco[1]] (잘게
insídĕo, sédi, séssum, ére, *intr.,* 때로는 *tr.* [in[1]+sédeo] **1.** 〔*dat., abl.; acc.*〕 위에 앉다, (말·수레를) 타다, 걸터앉다. **2.** 〔*abl., acc.*〕 **자리잡고 있다,** 거처하다, 머물다; 위치하다. **3.** 〔*acc.*〕 (기다리거나 바라보기 위해서 어디에) 서있다. **4.** 〔*acc.*〕 자리를 차지하다, 점유하다, 살다: ~ locum 자리를 점유하다. **5.** 〔*dat.,* in *abl.*〕 붙어있다, 부착하다, 떠나지 않다.
insídĭæ, árum, *f.pl.* [insídeo] **1.** 매복 장소; 매복, **복병. 2. 암계,** 흉계, 간계, 음모. **3.** 사기, 속임수.
insidiátor, óris, *m.* [-**trix,** ícis, *f.*] [insídior] 암계자, 음모자, 복병.
insídĭor, átus sum, ári, *dep. intr.* [insídiæ] 〔*dat.*〕 **1. 암계[흉계·음모]를 꾸미다,** 함정을 파다, 복병을 두다. **2.** 노리다: ~ huic témpori *(L.)* 이 기회를 노리다.
insidiósus, a, um, *adj.* [insídiæ] **1.** 암계[음모]를 꾸미는, 모해(謀害)하는. **2.** 위험한.
insído, sédi, séssum, ĕre, *intr., tr.* [in[1]+] **1.** 〔*dat.,* in *abl.*〕 (위)에 **앉다:** Apes flóribus insídunt váriis.*(V.)* 벌들이 여러가지 꽃에 앉는다. **2.** 〔*dat.; absol.*〕 가라앉다, 닿다. **3.** 머물다, 살다, 자리잡다; 깃들이다. **4.** 붙어있다, 고착하다, 뿌리박다: ~ in memóriā *(C.)*, ~ memóriæ *(Q.)* 기억에 남아 있다, 잊혀지지 않다. **5.** 〔*dat.; acc.*〕 (자리·길 따위를) 차지하다, 점령하다, 장악하다.
insígne, is, *n.* [insígnis] **1.** 표, 신호. **2.** 특징, 징표. **3.** 〔흔히 *pl.*〕 휘장(徽章), 문장(紋章); 계급장, (신분·지위 표시의) 복장 [모자] 장식: insígnia régia *(C.)* 왕가의 문장. **4.** (영예·공훈 따위를 표시하는) 장식물, 기장(記章): insígnia virtútis *(C.)* 훈장.
insígnĭo, ívi, ítum, íre, *tr.* [insígnis] **1.** 특별히 표하다, 유별나게 하다, 구별하다, 두드러지게 하다. **2.** (나쁜 뜻으로) 유명해지게 하다, 폭로하다; 널리 알리다[드러내다], 공표하다.
insígnis, e, *adj.* [in[1]+signum] **1.** (몸에) 특징있는 표를 타고난: (bos) máculis ~ *(V.)* 얼룩소. **2.** 〔*absol.; alqā re,* ad *acc.*〕 **뚜렷한,** 현저한, 두드러진, 유별난, **뛰어난,** 탁월한; (좋게·나쁘게) **유명한,** 사람들 입에 오르내리는: puer ~ fácie *(V.)* 뛰어난 미모의 소년 / Insígnis totā cantábitur urbe. *(H.)* 그는 온 도시의 얘깃거리가 되리라 / ~ ad deformitátem puer *(C.)* 유별나게 못생긴 아이. **3.** 굉장한, 대단한. **4.** 〔*adv.*〕 -**gnĭter,** 몹시, 매우, 두드러지게, 특히, 유별나게, 유명하게. 「멍; 타박상.
insigníta, órum, *n.pl.* [insignítus] 내출혈,
insignítor, óris, *m.* [insígnio] 보석 세공인.
insignítus, a, um, *p.p., a.p.* [insígnio] **1.** 표시된; 명백한, 뚜렷한, 현저한, 눈에 띄는. **2.** insigníti mílites 군기(軍旗)호위병.
ínsĭle, is, *n.* [insílio] (편물기의) 북.
insílĭo, sílŭi, súltum, íre, *intr., tr.* [in[1]+sálio] 〔in *acc., dat., acc.; absol.*〕 뛰어오르다, 올라타다, (나무 따위에) 기어오르다; 뛰어들다, 달려들다, 덤벼들다.
ínsĭmul, *adv.* [in[1]+] 함께, 같이, 동시에.
insimulátĭo, ónis, *f.* [insímulo] 고발, 고소. 「원고.
insimulátor, óris, *m.* [insímulo] 고발자,
insímŭlo, ávi, átum, áre, *tr.* [in[1]+] 〔*alqm c. gen. [abl.] críminis; alqm alqd; acc.c. inf. [pass.: nom.c.inf.]*〕 고소하다, 고발하다; 무고(誣告)하다, 모략하다, 뒤집어씌우다: ~ se peccáti *(C.)* 죄를 뒤집어쓰다 / Alcibíades insimulátur mystéria enunciavísse. *(Justin.)* *Alcibíades*는 비밀을 누설했다는 고발을 당하고 있다.
insincérus, a, um, *adj.* [in[2]+] 부서진, 썩은, 불결한; 성실치 못한, 사기성을 띤.
insinuátĭo, ónis, *f.* [insínuo] **1.** 살며시 들이밀기[들여보냄]. **2.** 암시, 넌지시 알림, 시사(示唆). **3.** 권유. **4.** 짤막한 설명.
insinuátor, óris, *m.* [-**trix,** ícis, *f.*] [insínuo] (새로운 것을) 소개하여 가르치는 사람.
insínŭo, ávi, átum, áre, [in[1]+] **I.** *tr.* **1.**

(손 따위를) 품에 집어넣다. 2. 〔*alqd - dat.*〕 살며시 들이밀다, 들여보내다, 다가가게 하다, 스며들게 하다, 침투시키다: ~ ratem terris *(Avien.)* 배를 육지에 살며시 들이대다. 3. *refl.* **se** ~ 〔*dat.*; inter, ad, in *acc.*; *absol.*〕 들어가다, 다가가다, 끼어들다, 가납하다; 꿰뚫어 알다. 4. 〔*alqd alci*〕 **암시하다**, 넌지시 알게 하다; 은연중에 가르쳐주다. 5. 〔*alqm alci*〕 환심을 사게 하다, 총애를 받게 하다: *alqm* ánimo *alcjs* ~ *(Plin.)* 누구를 어떤 사람의 마음에 들게 하다 / 〔*refl. pass.*〕 **se** ~, **insinuári** *alci* (교묘하게) 누구의 환심을 사다: insinuátus Nerόni *(Suet.)* *Nero*의 환심을 산 / se ~ ad *alqm* [in familiaritátem *alcjs*] *(Pl., C.)* 누구와 친해지다. 6. 〔*alqd alci*〕 알려주다.

II. *intr.* 〔in *acc.*, *dat.*; *absol.*〕 슬그머니 기어들다, 들어가다, 젖어들다, 스며들다: in forum ~ *(C.)* 법정 안으로 슬그머니 들어가다 / Novus per péctora cunctis insínuat pavor. *(V.)* 새로운 공포가 모든 사람들의 가슴속에 스며들어 퍼졌다.

insípĭdus, a, um, *adj.* 맛없는, 무미한.

insípĭens, éntis, *adj.* [in² + sápiens] **어리석은**, 미련한, 우둔한, 몰상식한, 미숙한.

insipiéntĭa, æ, *f.* [insípiens] **어리석음**, 미련함, 우둔, 몰상식; 정신나감.

insísto, stĭti, ĕre, [in¹ +] **I.** *intr.* 1. 〔*dat.*, in *abl.*, *abl.*; in, super *acc.*; *absol.*〕 (위)에 서(있)다, **버티고[딛고] 서다**, 딛고 가다: fírmiter ~ *(Cæs.)* 굳건히 버티고 서 있다 / ~ altérnis pédibus *(Q.)* (비틀거리며) 발을 번갈아 옮겨놓다 / ~ in sinístrum pedem *(Q.)* 왼발을 딛고 서다. 2. 〔*dat.*〕 뒤쫓아가다, 육박하다; 짓밟다. 3. 〔*dat.*; in, ad *acc.*; ut〕 추구하다, **노력하다**, 성의를 다하다, 열중하다, 골몰하다: Instĭtit, ut *alqm* liberáret. *(Augustin.)* 그는 힘을 다하여 아무를 구출하려고 하였다. 4. 〔*dat.*〕 고집하다, 집착하다, 끝까지 머물러 있다, 계속하다. 5. 〔*alci - inf.*, ut〕 **조르다**, **강요하다**, 강권하다, 압력을 가하다, 강력히 주장하다. 6. (시간이) 다가오다, 임박하다.

II. *tr.* 1. 〔*alqd*〕 밟다, 딛고 가다, 밟고 지나가다. 2. 〔*alqd*〕 따르다, 견지하다; (들어선 길을) 걸어가다·따라가다: ratiónem pugnæ ~ *(Cæs.)* 전법을 따르다 / ~ iter [viam] *(L., T.)* 길을 (계속) 걸어가다. 3. 〔*inf.*〕 계속 …하다. 4. 〔*alqd*〕 몰두하다, 전념하다, 집착하다.

insitícĭus, a, um, *adj.* [ínsero²] 1. 사이에 넣은, 삽입된: ~ somnus 낮잠. 2. 느기의, 잡종의. 3. 외래의.

insítĭo, ónis, *f.* [ínsero²] 접목, 접목시기; 접목법; 접붙인 나무.

insitívus, a, um, *adj.* [ínsero²] 1. 접목된, 접붙인. 2. 외래의, 불순한, 진정치 않은; 불법의: ~ Gracchus *(C.)* 가짜 *Gracchus* / líberi insitívi *(Phædr.)* 사생아. 3. 양자로 삼은.

ínsĭtor, óris, *m.* [ínsero²] 접붙이는 사람.

ínsĭtus¹, a, um, *p.p.* [ínsero²] 1. 〔*absol.*; *dat.*, in *abl.*〕 **타고난**, 선천적, 천부적인; **자연적으로 박혀 있는**, 뿌리박힌. 2. 〔in *acc.*〕 삽입된, 외부로부터 받아들여진, 양자로 받아들인.

ínsĭtus², us, *m.* [ínsero²] 접목.

insociábĭlis, e, *adj.* [in² +] 〔*dat.*, cum *abl.*; *absol.*〕 서로 합칠 수 없는; 비사교적인, 교제성없는.

insociális, e, *adj.* [in² +] 비사교적인.

insolabíliter, *adv.* [in² + solor] 위로할 수 없을 정도로. 「광욕, 일광소독; 일사병.

insolátĭo, ónis, *f.* [insólo] 햇볕에 말림; 일

ínsŏlens, éntis, *adj.* [in² + sóleo] 1. 평소에 없는[하지않던], **이례적인**, 보통이 아닌, 엉뚱한. 2. 〔*gen.*, in *abl.*, *abl.*〕 **익숙하지 않은**, 서투른, 연습이 부족한: ~ belli *(Cæs.)* 전쟁에 익숙하지 않은 / ~ in dicéndo *(C.)* 화술(話術)이 서투른 웅변가. 3. 생소한, 처음 보는[듣는], 기이한, 괴상한. 4. 〔in *abl.*〕 절제없는, 지나친, 과도한, 헤픈: ~ in pecúniā *(C.)* 돈을 탕진하는. 5. 〔*absol.*; in *abl.*, *abl.*〕 **건방진**, **오만불손한**, 안하무인의, 무례한, 으스대는, 콧대높은, 거리낌없는, 뻔뻔스러운.

insoléntĭa, æ, *f.* [ínsolens] 1. 경험없음, 익숙치 못함. 2. 이상함, 신기함. 3. 무절제, 파도함. 4. **오만불손**, 안하무인, 건방짐, 거만, 야심.

insolésco, ĕre, *intr. inch.* [in² + sóleo] 1. 버릇없어지다, 오만[거만]해지다, 불손해지다. 2. 이례적이 되다, 이례적으로 커지다. 「연한.

insólĭdus, a, um, *adj.* [in² +] 굳지 않은,

insólĭtus, a, um, *adj.* [in² +] 1. 〔*absol.*; ad *acc.*, *gen.*〕 **익숙하지 못한**, 서투른, 습관없는: ~ ad labórem *(Cæs.)* 수고에 익숙하지 못한. 2. 〔*absol.*; *dat.*〕 드문, **흔하지 않은**, 이례적인, 보통이 아닌, 상도를 벗어난; 생소한, 신기한: móribus véterum insólitum *(Ta.)* 옛 관습에는 없던 것. 3. insólitum est, ut *(Plin.)* …것은 거의 없는 일이다.

insólo, ávi, átum, áre, *tr.* [in¹ + sol¹] 햇볕에 말리다[쬐다]; 일광소독하다: insoláti dies *(Col.)* 쨍쨍 내리쬐는 날.

insolúbĭlis, e, *adj.* [in² +] 1. 녹지 않는, 용해되지 않는. 2. **풀 수 없는**, 해결할 수 없는. 3. 갚을 수 없는 (빚 따위). 4. 의심할 수 없는, 확실한. 5. 분해될 수 없는, 죽지 않는.

insómnĭa, æ, *f.* [insómnis] 잠자지 않음; 불면증. 「자는, 불면증에 걸린.

insomniósus, a, um, *adj.* [insómnia] 잠 못

insómnis, e, *adj.* [in²+somnus] 잠자지 않는; 깨어 있는, 뜬 눈으로 있는.

insómnĭum, i, *n.* **1.** [in²+somnus] 불면증, 깨어 있음. **2.** [in¹+sómnium] 〔주로 *pl.*〕 꿈, 꿈속 광경; 환상, 악몽.

ínsŏno, nŭi, nĭtum, áre, [in¹+] **1.** *intr.* 〔*abl.; absol.*〕 소리내다, 불다; 소리나다, 울리다, 노래하려고 기침하다: cálamis ~ *(Ov.)* 통소를 불다 / Insonuére tubæ. *(Lucan.)* 나팔소리들이 울렸다. **2.** *tr.* 소리나게 하다: vérbera ~ *(V.)* 채찍을 휘둘러 위협하다.

insons, sóntis, *adj.* [in²+] **1.** 〔*gen.*, crímine *alcjs rei; absol.*〕 무죄한, 결백한, 탓없는: ~ fratérni sánguinis *(Ov.)* 형제살해에 대해 결백한. **2.** 해치지 않는, 악의없는. 「않는, 울리지 않는.

ínsŏnus, a, um, *adj.* [in²+sonus¹] 소리나지

insopítus, a, um, *adj.* [in²+sópio] 잠들지 않은, 항상 깨어 있는.

insordésco, dŭi, ĕre, *intr.* [in¹+] **1.** 더러워지다. **2.** 어두워지다, 흐려지다.

inspeciátus, a, um, *adj.* [in²+spécies] 비형식적, 형식을 갖추지 않은. 「흉한, 추한.

inspeciósus, a, um, *adj.* 모양없는, 보기

inspectábĭlis, e, *adj.* [inspécto] 볼 만한, 괄목할. 「검사, 검토.

inspectátĭo, ónis, *f.* [inspécto] 시찰, 관찰,

inspectátor, óris, *m.* [inspécto] 검사관, 관찰자.

inspéctĭo, ónis, *f.* [inspício] **1.** 관찰; 검사, 조사, 점검; 진찰. **2.** 감상(鑑賞); 고찰; 사색. 「는, 연구하는, 사변적(思辨的).

inspectívus, a, um, *adj.* [inspício] 사색하

inspécto, ávi, átum, áre, *tr. freq.* [inspício] 자세히 들여다보다, 바라보다, 지켜보다, 관찰하다, 시찰하다.

inspéctor, óris, *m.* [**-trix,** ícis, *f.*] [inspício] 살펴보는 사람, 관찰자; 검사하는 사람, 감정인(鑑定人). 「라봄; 노려봄; 관찰.

inspéctus, us, *m.* [inspício] 들여다봄, 바

insperábĭlis, e, *adj.* [in²+] 바랄 수 없는, 희망하지 못할.

inspérans, ántis, *adj.* [in²+spero] 희망하지[바라지] 않는, 기대하지 않는.

insperátus, a, um, *adj.* [in²+spero] 바라지 않은, 기다리지 않은, 놀라운: ex insperáto *(L.)* 뜻밖에; 〔*adv.*〕 **-te, -to,** 뜻밖에, 의외에.

inspérgo [-spárgo], spérsi, spérsum [spársum], ĕre, *tr.* [in¹+spargo] **1.** 〔*alqd - dat.*, in *acc.*〕 (무엇을 무엇 위에) 뿌리다, 끼얹다, 붓다. **2.** 〔*alqd alqā re*〕 …에 치다, 뿌리다: óleam sale ~ *(Cato)* 올리브에 소금을 뿌리다. **3.** 퍼뜨리다.

inspérsĭo, ónis, *f.* [**-spérsus,** us, *m.*] [inspérgo] 뿌림, 살포; 전파.

inspícĭo, spéxi, spéctum, ĕre, *tr.* [in¹+] **1.** **들여다보다,** 바라보다; 주시하다. **2.** 읽다; 연구하다, 통찰하다. **3.** (사려는 물건 따위를) **살펴보다,** 조사하다, 음미하다, 검사하다, 점검하다, (토지·가옥 따위를) 둘러보다; 진찰하다. **4.** 훑어보다, 알아보다: *alqm* ~ a púero *(C.)* 누구의 생애를 어릴 때부터 훑어보다. **5.** 고찰하다, 탐구하다.

inspícĭum, i, *n.* [inspício] 관찰.

inspíco, ávi, átum, áre, *tr.* [in¹+spica] 관솔 끝을 여러 갈래로 뾰족하게 하다.

inspirámen, mĭnis, *n.* [inspíro] 불어넣음, 주입.

inspirátĭo, ónis, *f.* [inspíro] **1.** 흡기(吸氣), 숨 들이쉼; 호흡. **2.** **영감(靈感), 신감(神感);** **감도(感導),** 권고, 암시, 묵시(默示), 계시: 《神》 ~ bíblica 성서의 신감[감도] / ~ verbális 축어적(逐語的) 신감[감도].

inspirátor, óris, *m.* [inspíro] 감도자(感導者), 암시자, 권고자, 영감을 주는 자.

inspiritális, e, *adj.* [in²+] 물질적, 형이하의, 유형(有形)한; 비정신적.

inspíro, ávi, átum, áre, **I.** *intr.* **1.** 숨을 들이쉬다, (공기를) 들이마시다. **2.** 〔*dat.*〕 들이불다, (바람이) …사이로 불다: ~ ramis *(Q.)* (바람이) 가지 사이로 불다.

II. *tr.* **1.** 〔*alqd*〕 (무엇에 입기운을) 불어대다, (뜨거운 것을 입속에 물고) 숨을 들이마시다. **2.** 〔*alqd*〕 (무엇을) 불어내다, 불어보내다. **3.** 〔*alqd - alci*〕 (생각·감정 따위를) **불어넣다,** 불러 일으키다, 고취하다, 생기띠게 하다. **4.** 〔*alqm, alqd*〕 (누구에게) 영감(靈感)을 주다, (누구를) 감도(感導)하다, 암시[계시]하다.

inspísso, ávi, átum, áre, *tr.* [in¹+] 두껍게 하다, 진하게 하다, 농후하게 하다.

inspúmo, áre, *intr.* [in¹+] 거품이 일다, 거품 뿜다.

ínspŭo, ŭi, útum, ĕre, *intr.* [in¹+] 〔*dat.*, in *acc.*〕 침뱉다: ~ *alci* in frontem *(Sen.)* 누구의 이마에 침을 뱉다.

inspúto, ávi, átum, áre, *tr. freq.* [ínspuo] (누구에게) 침을 뱉다, 침을 뒤집어 쓰게 하다.

instábĭlis, e, *adj.* [in²+] **1.** 고정되지 않은, 동요되는, 견고하지 못한. **2.** 변하기 쉬운, 불안정한, 차분하지 않은.

instabílĭtas, átis, *f.* 불안정, 차분하지 못함, 의지박약(意志薄弱), 무정견(無定見), 항구치 못함.

installátĭo, ónis, *f.* **1.** 임명, 임관, 서임(敍任); 취임식. **2.** 설정; 설비. **3.** 《가》 성직서임(聖職敍任); 교회 참사원의 착좌식.

instans, ántis, *p.præs., a.p.* [insto] **1.** 현

재의, 당장의; 임박한, **절박한**, 다급한, 긴급한, 걱정되는; 〔*subst.*〕 *n.* 현재; 〔*adv.*〕 **-ánter,** 절박하게, 강하게, 생생하게. **2.** 열심인, 간청[탄원]하는.

instántĭa, æ, *f.* [instans] **1. 현재; 순간;** 절박(切迫). **2.** 단원, 설원(切願). **3.** 《哲》 문제 해결의 불충분성에 대한 제기(提起). **4.** 《法》 소송; 심급(審級): prima ~ 제일심.

instar, *n. indecl.* 〔*c. gen.*〕 **1.** 표본, 모형, 실례(實例): primum óperis ~ *(Plin.)* 작품[업적]의 첫째 표본. **2. 흡사**, 유사, 외관; (크기·질에 있어서) …와 비슷함[**비슷한**], …와 같음[**같은**]: belli ~ *(Flor.)* 전쟁 같은 양상 / ~ montis equus *(V.)* 산같이 큰 말. **3.** ad ~ *c. gen.* …와 같이, 처럼: ad ~ proprietátis *(Ulp.)* 개인 소유물 처럼. **4.** 수량, 가치, 중요성; (수·가치 따위에 있어서) …만큼 한, 마치 …같은, 대략, 쯤: Plato mihi unus ~ est centum mílium. *(C.)* *Plato* 한 사람이 내게는 마치 만명과 같다. **5.** 모양, 꼴, 형국. **6.** 《動》 (곤충의 탈피와 탈피 사이의) 중간형태.

instaurátĭo, ónis, *f.* [instáuro] **1.** 경기의 재시합; 재심리(再審理), 반복. **2.** 재건, 복구, 수축(修築), 중수.

instaurativus, a, um, *adj.* [instáuro] (잘못된 축제·경기 따위를) 다시[새로이]하는, 재차(再次)의. 「구자, 중수자.

instaurátor, óris, *m.* [instáuro] 재건자, 복

instáuro, ávi, átum, áre, *tr.* **1.** 준비하다, 계획하다, 치르다; 설치하다, 세우다: ~ funus *(V.)* 장례식을 치르다. **2.** 갱신하다, 수리하다, 수축하다. **3.** 반복하다, 되풀이하다, 다시하다: ~ diem donis *(V.)* 같은 날 여러번 제사를 지내다.

instérno, strávi, strátum, ĕre, *tr.* [in¹+] **1.** 〔*alqd dat.*〕 위에 펴다, 넓히다, 확충하다. **2.** 〔*alqd alqā re*〕 덮다, 덮어 감추다: instráti equi *(L.)* 안장 올린 말. **3.** 펼쳐서 만들다, 깔다: instráta cubília fronde *(Lucr.)* 나뭇잎을 깐 침대.

instigátĭo, ónis, *f.* [instígo] 자극, 충동, 선동, 부추김, 교사(敎唆).

instigátor, óris, *m.* [**-trix,** ícis, *f.*] [instígo] 부추기는 사람, 선동자, 충동자.

instigátus, us, *m.* [instígo] 격려, 부추김, 충동, 선동, 교사(敎唆).

instígo, ávi, átum, áre, *tr.* 〔*alqm* - in *acc.*; *inf.*〕 자극하다, 격려하다, 촉구하다; 부추기다, 선동하다, 충동하다, 유발하다.

instillátĭo, ónis, *f.* [instíllo] 한 방울씩 떨어뜨림, 적하(滴下); 조금씩 스며들게 함, 주입.

instíllo, ávi, átum, áre, *tr.* [in¹+] **1.** 〔*alqd dat.*, in *acc.*; *absol.*〕 한 방울씩 떨어뜨리다, 찔끔찔끔 주입하다[붓다]. **2.** 〔*alqd* - *alci*〕 서서히 가르쳐 주다[집어넣다], 암시하다, 속삭이다.

instimulátor, óris, *m.* [instímulo] 선동자, 충동자, 자극하는 자, 교사자.

instímŭlo, ávi, átum, áre, *tr.* [in¹+] 〔*alqm* - *alqā re*〕 자극하다, 격려하다; 충동하다, 선동하다. 「동자.

instínctor, óris, *m.* [instínguo] 선동자, 충

instínctus, us, *m.* [instínguo] **충동**, 자극; **본능.**

instínguo, stínxi, stínctum, ĕre, *tr.* [in¹+] 충동하다, 자극하다; 고무하다, 격려하다.

instípŭlor, átus sum, ári, *dep. intr.* [in¹+] 계약하다, 약정(約定)하다, 규정하다, (조건으로) 명기(明記)하다.

ínstĭta, æ, *f.* **1.** 부인옷의 가장자리 장식. **2.** 귀부인. **3.** 묶는 끈[띠].

ínstĭti, *pf.* [insísto, insto].

instítĭo, ónis, *f.* [insísto] 멈춤, 정지함.

ínstĭtor, óris, *m.* [insto] 장사꾼, 상인, 소매상; 행상인, 도부장수.

institórĭus, a, um, *adj.* [ínstitor] 장사꾼의, 상인의; 행상인[도부장수]의; 〔*subst.*〕 *f.* 장사, 상업; *n.* 소매점.

instítŭo, tŭi, tútum, ĕre, *tr.* [in¹+státuo] **1.** …에 놓다, 두다; 심다. **2.** (건물 따위를) 짓다, 건설하다, 구축(構築)하다, 만들다. **3.** 마련하다, 장만하다; (잔치 따위를) 베풀다. **4.** 〔*alqm* - *acc. præd.*〕 **삼다,** 정하다, **지정하다**: ~ *alqm* herédem *(Plin.)* 아무를 상속자로 지정하다. **5.** 〔*alqd* - *alci*; ut, *inf.*〕 **제정하다,** 설정하다, 규정하다, 결정하다: ~ diem festum *(L.)* 축일을 제정하다 / ~, ut *c.subj.* *(C.)* …하도록 규정하다. **6. 설립하다,** 창설하다; 편성하다. **7.** 〔*alqd, inf.*〕 시작하다, 착수하다, (일을) 맡다. **8.** 〔*inf.*〕 계획하다, 작정하다. **9.** 실시하다, 실천하다. **10.** ánimum ad *acc.* ~ *(T.)* 정신[마음]을 무엇에 돌리다[쓰다]. **11.** 〔*alqm*[*alqd*] sibi〕 얻다, 자기 편[것]으로 만들다: ~ *alqos* sibi amícos *(C.)* 아무아무를 자기의 친구로 만들다 / quæstum sibi ~ 이익을 얻다. **12.** 〔*alqm* - ad, in *acc.*; *alqm alqā re*, *inf.*〕 **가르치다, 양성하다,** 교육[교화]하다, 훈련시키다. **13.** 임명하다; 성직을 부여하다.

institútĭo, ónis, *f.* [instítuo] **1.** 질서, **체계**, 조직, 제도; 관례. **2. 규정, 지침,** 원리, 원칙, 방법. **3. 교육, 양성,** 훈련, 수업(授業). **4. 제정,** 설정, 설립, 창설. **5.** 서임(叙任), 임명.

institútor, óris, *m.* [instítuo] **1.** 창설자, 제정자, 설립자. **2.** 교사(敎師).

institútum, i, *n.* [instítuo] **1. 계획, 목적,** 목표; 사업, 기업. **2.** 관례, 관습, 미풍양속; **제도**(制度), 규정; 생활양식[원칙]; 직업. **3.** 교육, 훈련. **4. 연구소;** 교육기관, 강습소; 학회: Pontifícium Institútum Bíblicum (교황청 직속의) 성서연구소. 5. 계약, 협정: ex institúto(*L.*) 계약대로. 6. 《가》 수도단체, 수도회; (수도회의) 회헌(會憲).

insto, stĭti, statúrus, stáre, *intr.*, *tr.* [in[1]+] 1. 〔*dat.*, in *abl.*〕 …(위)에 서(있)다: ~ jugis(*V.*) 산꼭대기에 서 있다. 2. 〔*dat.*; *absol.*; *acc.*〕 (공간·시간적으로) **닥치다, 임박하다,** 다가오다, 절박하다: Tibi instat perículum.(*C.*) 네게 위험이 닥쳐온다 / Partus instábat.(*T.*) 출산이 임박하고 있었다 / eum ~ (*Pl.*) (최후가) 그에게 임박하다 / quod instat(*C.*) 당장 급한 것. 3. 〔*dat.*; *absol.*; *acc.*〕 **바싹 뒤쫓다,** 추격[추적]하다, **육박하다, 죄어 들어가다**[오다], 압박하다, 공격해 들어가다: ~ vestígiis(*V.*) 발자취를 뒤따라가다 / hóstibus ~ (*N.*) 적군을 추격하다. 4. 〔*dat.*, ad *acc.*; *acc.*; *inf.*; *absol.*〕 계속 밀고 나가다, **꾸준히 해나가다**[힘쓰다], 열심히 하다[돌보다], (무슨 일에) 매달리다, 중단없이 …하다: ~ opéribus(*Plin.*) 자기 할 일만 꾸준히 하다 / ~ mercatúram(*Nóvius*) 장사만 열심히 하다 / Ut facis, insta.(*C.*) 너는 지금 하고 있는 대로 계속해라. 5. 〔*absol.*; (*alci*) ut, ne; *inf.*〕 **조르다, 탄원하다;** 재촉하다, 하도록 강요하다: Unum instat, ut conficiántur núptiæ.(*T.*) 그는 결혼식 올릴 것만 재촉한다 / instánti negáre(*C.*) 탄원하는 사람에게 거절하다. 6. **주장하다,** 고집하다, **우기다,** 강조하다: ~ factum (esse)(*T.*) 그 일이 있었다고 우기다. 7. ~ viam 길을 걸어가다, 길에 들어서다.

instrágŭlum, i, *n.* [instérno] 이불.

instrátus, a, um, 1. *adj.* [in[2]+sterno] 덮이지 않은, 깔지 않은. 2. *p.p.* [instérno] 덮인, 넓게 깔린.

instrénŭus, a, um, *adj.* [in[2]+] 무기력한, 「활기없는, 용기없는.

ínstrĕpo, ŭi, ĭtum, ĕre, *intr.* [in[1]+] 1. 삐걱거리다, 빠드득거리다. 2. 투덜대다.

instríngo, strínxi, stríctum, ĕre, *tr.* [in[1]+] 1. 묶다, 졸라매다, 결박하다, 속박하다. 2. 자극하다.

instrúctĭo, ónis, *f.* [ínstruo] 1. 건설, 구축(構築). 2. 정돈, 정렬, 배열, 배치; 준비, 절차. 3. **교육,** 지도, 훈련, 교화; 교훈: ~ sexuális 성교육. 4. 훈령, 지시, 명령.

instrúctor, óris, *m.*[**-trix,** ícis, *f.*] [ínstruo] 1. 식탁 차려놓는 사람, 배열자. 2. 가르치는 사람, 교사, 교육자.

instructúra, æ, *f.* [ínstruo] 1. 구조물. 2. 전열(戰列). 3. (말·단어의) 배열.

instrúctus[1], a, um, *p.p.*, *a.p.* [ínstruo] 1. 《軍》 〔*absol.*; *abl.*; *dat.*〕 정비된, 정돈된, 배치된, 태세[장비]를 갖춘: armis ~ 무장한. 2. 〔*abl.*〕 갖춘, 준비되어 있는, 차려진, 꾸며진. 3. 〔ab *abl.*, in *abl.*〕 전문적 지식을 갖춘: ~ in [a] jure civíli 민법의 전문가인. 4. 〔ad *acc.*〕 난, 된: ~ ad *alqd* 무엇을 위해 난 사람, 무엇을 위해 **마련된.** 5. 교육 잘 받은. 6. 〔*adv.*〕 **-te,** 훌륭하게, 솜씨좋게. 「해박한 지식.

instrúctus[2], us, *m.* [ínstruo] 장비, 준비;

instrumentális, e, *adj.* [-méntum] 기계[도구]에 의한, 기계의, 기계적, 도구적: 《哲》 causa ~ 도구인(道具因).

instruméntum, i, *n.* [ínstruo] 1. **도구, 연장,** 공구, 기구; 기계: ~ musicále [musicórum] 악기. 2. 가구. 3. 의복; 장신구. 4. 장식품. 5. 여장(旅裝), 장비. 6. 증거, 증서, 서류, 문서. 7. 수단, 방법. 8. 지식.

ínstrŭo, strúxi, strúctum, ĕre, *tr.* [in[1]+] 1. 끼우다, 집어넣다; 묶다, 붙이다. 2. 세우다, 만들다, 건설하다, 건축하다. 3. 〔*alci alqd, alqm alqā re*〕 **준비하다,** 갖추게 하다. 4. **정돈하다,** 배치하다: ~ cópias(*Cæs.*) 군대를 정돈[배치]하다. 5. 〔*alqm abl.*, ad *acc.*〕 가르치다, **훈련시키다, 교육하다:** ~ *alqm* sciéntiā(*L.*) 누구에게 지식을 가르치다 / ~ *alqm* ad *alqd*(*C.*) 어떻게 하도록 누구를 훈련시키다.

insuásum, i, *n.* 점토색, 진흙색.

insuávis, e, *adj.* [in[2]+] 달지 않은, 맛없는; 귀찮은, 고맙지 않은, 불쾌한.

insuávĭtas, átis, *f.* [insuávis] 달지 않은 맛, 쓴맛; 불쾌. 「착하지 못한.

insúbĭdus, a, um, *adj.* 우둔한; 경솔한, 침

Insŭbres, ĭum[um], *m.pl.* *Gállia Cisalpína* 의 한 종족, 그들의 수도는 *Mediolánum.*

insubstantívus, a, um, *adj.* [in[2]+] 골자 없는, 실체가 없는. 「자새.

insúbŭlum, i, *n.* (실을 감는) 실패, 얼레,

insúc(c)o, ávi, átum, áre, *tr.* [in[1]+succus] 물에 잠그다, 적시다. 「몹시 땀흘리다.

insúdo, ávi, átum, áre, *intr.* [in[1]+] 〔*dat.*〕

insuefáctus, a, um, *adj.* [in[1]+suésco+fácio] 익숙해진, 습관된.

insuésco, évi, étum, ĕre, [in[1]+] 1. *intr.* 〔*dat.*, ad *acc.*; *inf.*〕 익숙해지다, 습관되다. 2. *tr.* 〔*alqm alqd, alqā re*〕 익숙케 하다, 습관되게 하다: Insuévit pater hoc me.(*H.*) 아버지가 나를 이것에 익숙해지게 해주셨다.

insuétus[1], a, um, *adj.* [in[2]+] 1. 〔*gen.*, *dat.*, ad *acc.*, *inf.*; *absol.*〕 습관되지 않은, 생소한, 경험없는, 숙달되지 않은: ~ *alcjs rei*(*C.*, *Cæs.*) 무슨 일에 생소한. 2. 이상한, 엉뚱한, 낯선.

insuétus[2], a, um, *p.p.* [insuésco] 익숙해진.

insuffícĭens, éntis, *adj.* [in[2]+] 넉넉치 못한, 부족한. 「충분.

insufficiéntĭa, æ, *f.* [insuffíciens] 부족, 불

insufflátĭo, ónis, *f.* [insúfflo] 불어넣음, 취입.

insúfflo, ávi, átum, áre, *tr.*, *intr.* [in¹+] 불어넣다, 주입하다, 불다.

ínsŭla, æ, *f.* 1. 섬; 섬나라. 2. 〔*pl.*〕 섬[도서] 주민. 3. 외딴집, (세놓는) 외딴채. 4. *Syracúsæ*의 한 구역. 5. 성전(聖殿).

insulánus, a, um, *adj.* [ínsula] 섬에 사는, 섬나라의; *m.f.* 섬사람.

insuláris, e, *adj.* 섬의; 섬으로 유배된; 〔*subst.*〕 *m.pl.* 성전(聖殿) 경비원; 성전 구내에 세 들어 있는 사람.

insulárĭus, i, *m.* 1. 세 들어 사는 사람. 2. 집세 받는 사람; 셋집 관리인.

insulátus, a, um, *adj.* 섬에 옮겨진; 고립된, 격리된.

insulcátĭo, ónis, *f.* [in¹+sulcus] 고랑을 냄.

insulósus, a, um, *adj.* [ínsula] 섬이 많은, 섬이 점재(點在)하는.

insúlsĭtas, átis, *f.* [insúlsus] 무미건조; 우매, 멍청함.

insúlsus, a, um, *adj.* [in²+salsus] 1. 싱거운, 무미한, 풍미가 없는. 2. 어리석은, 바보같은, 멍청한.

insultátĭo, ónis, *f.* [insúlto] 1. 도약(跳躍). 2. 으스댐. 3. 모욕, 조롱, 능욕.

insúlto, ávi, átum, áre, *intr.*, *tr.* [insílio] 1. 〔*dat.*, *acc.*〕 뛰어들다; 덤벼들다; 춤추며 뛰어 돌아다니다. 2. 〔*dat.*〕 얕잡아 보고 뛰어들다. 3. 〔*dat.*, *acc.*, in *acc.*, *abl.*〕 학대하다, 짓밟다, 모욕하다, 조롱하다; 남의 불행을 기뻐하다: ~ morte *alcjs (Prop.)* 누구의 죽음을 기뻐하다.

insultúra, æ, *f.* [insílio] 뛰어오름.

insúltus, us, *m.* [insílio] 모욕, 욕설.

insum, ínfŭi [fŭi in], inésse, *anom. intr.* [in¹+] 〔*dat.*, in *abl.*; *absol.*〕 …(안)에 있다, 내재하다, 박혀있다, 머물다.

insúmo, súmpsi, súmptum, ĕre, *tr.* [in¹+] 1. 〔*alqd* in, ad *acc.*; *dat.*; in *abl.*〕 (비용·노력·시간 따위를) 들이다, 쓰다: paucos dies ~ *alci rei (Ta.)* (누가) 무엇을 하는 데 몇날 걸리다. 2. 《醫》 약하게 만들다, (체력을) 소모시키다. 3. (생각 따위를) 가지다, 마음먹다.

ínsŭo, sŭi, sútum, ĕre, *tr.* [in¹+] 1. 〔*alqd [alqm]* in, intra *acc.*; *dat.*, *abl.*; *absol.*〕 깁다, 집어넣고 꼬매다. 2. 〔*alqd alci rei*〕 재봉하다, 수놓다, …에 대고 깁다.

ínsŭper, [in¹+] I. *adv.* 1. (그) 위에, 위에서. 2. 뿐만 아니라, 한걸음 더 나아가서, 게다가. 「〔*c. abl.*〕 위에(서). II. *præp.* 1. 〔*c. acc.*〕 위에(놓다). 2.

insuperábĭlis, e, *adj.* [in²+] 극복[정복]할 수 없는, 이길[꺾을] 수 없는; 넘을 수 없는; 접근할 수 없는, 실천키 어려운; 면할 수 없는.

insúrgo, surréxi, surréctum, ĕre, *intr.* [in¹+] 1. 일어나다, 일어서다. 2. 솟아 있다, 우뚝 서있다. 3. (세력·재산 따위가) 상승일로에 있다, 커지다. 4. 〔*absol.*; *dat.*〕 들고 일어나다, 공세를 취하나, 저항하다. 5. (전쟁이) 일어나다, (어떤 감정이) 치솟다. 6. 〔*dat.*〕 힘을 기울이다, 힘쓰다. 7. *tr.* 〔*acc.*〕 올라가다.

insuspicábĭlis, e, *adj.* [in²+] 짐작할 수 없는, 생각지도 못할[않은]. 「는.

insustentábĭlis, e, *adj.* [in²+] 참을 수 없

insusurrátĭo, ónis, *f.* [insusúrro] 속삭임, 수군거림.

insusúrro, ávi, átum, áre, *tr.*, *intr.* [in¹+] 〔*alqd*; *alci*〕 속삭이다, 수군거리다: ~ ad aurem [in aures] *(C.)* 귀에 대고 속삭이다.

intabésco, tábŭi, ĕre, *intr.* [in¹+] 1. 시들어지다; 쇠약해지다. 2. 녹다.

intáctĭlis, e, *adj.* [in²+tango] 만질 수 없는, 감촉되지 않는.

intáctus[1], a, um, *adj.* [in²+tango] 1. 건드리지 않은, 만지지 않은, 새로운. 2. 상하지 않은, 무사한, 온전한. 3. 순결한, 깨끗한, 더럽혀지지 않은. 4. 〔*abl.*, ab *abl.*〕 자유스러운, 얽매이지 않은.

intáctus[2], us, *m.* [in²+] 만질 수 없음, 촉감으로 알 수 없음.

intaminátus, a, um, *adj.* [in²+támino] 더럽혀지지 않은, 순결한.

intéctus, a, um, 1. *adj.* [in²+tego] 옷입지 않은, 벗은; 덮이지 않은, 가리이지 않은, 열린, 개방된. 2. *p.p.* [íntego] 덮인, 가리워진.

integéllus, a, um, *adj. dim.* [ínteger] 온전한, 이지러지지 않은; 결백한, 순결한.

íntĕger, gra, grum, *adj.* [in²+ta(n)go] 1. 손을 대지 않은, **온전한, 완전무결한,** 고스란한, **옹근,** 통째로의, **이지러지지 않은,** 조금도 덜어내지 않은: íntegro die *(H.)* 온종일. 2. 〔*absol.*; *gen.*, *abl.*, in *abl.*〕 건강한, 앓는 데 없는, 신열이 없는; **싱싱한,** 한창 나이의, **원기왕성한,** 지치지 않은: ~ víribus *(Justin.)* 원기왕성한. 3. 〔*absol.*; *abl.*, ab *abl.*〕 **무사한, 재해입지 않은,** 다치지 않은, 손상[손실]없는. 4. 〔*fórmulæ adverbiáles*〕 in íntegrum restitúere *(alqm, alqd) (T., Cæs.)* 이전[원래의] 상태로 회복시키다[복귀시키다] / de [ab, ex] íntegro *(C., Q.)* 온전히 새로이, 처음부터 다시 / ad íntegrum 온전히; 시작[처음]으로 (돌아가다). 5. 순수한, 불순물이 섞이지 않은; 깨끗한, 신선한, 썩지[더러워지지] 않은. 6. 〔*absol.*; *gen.*, *abl.*, in *abl.*〕 흠잡을 데 없는, 원만한, 건전한; 무죄한, 결백한; 순결한, 청순한, 숫―, 더럽혀지지 않은. 7. 무관심한, 사심없는; 중립의: íntegrum se serváre *(C.)* 중립을 지키다. 8. 아무 경험도 없는, 풋나기의, 초심자의. 9. 착수

하지 않은, 미심리(未審理)의, 미결 상태의; 누구의 결정[권한·재량]에 달린: íntegra causa*(C.)* 미심리 소송사건 / íntegrum est *alci*,...*(C.)* 무엇을 마음대로 결정하다 / Res *alci* in íntegro est.*(C.)* 일이 누구의 권한에 속한다 / íntegrum *alci* dare*(C.)* 누구에게 자유재량대로 할 수 있게 하다.

integiméntum = integuméntum.

íntĕgo, téxi, téctum, ĕre, *tr.* [in¹+] 덮다, 가리다, 보호하다.

integrális, e, *adj.* [íntegro] **1.** 이지러짐 없는, 침해되지 않은. **2.** 불가결(不可缺)의. 「지다, 다시 시작하다, 다시 닥치다.

integrásco, ĕre, *intr. inch.* [íntegro] 새로와

integrátĭo, ónis, *f.* [íntegro] 갱신, 재생, 원상복귀. 「시키는[부활시키는] 사람.

integrátor, óris, *m.* [íntegro] 개혁자, 부흥

intégrĭtas, átis, *f.* [íntegro] **1.** 온전함, 완전성, 완전무결, 무손상. **2.** 건전함, 무죄함, 결백, 공정함, 정직함. **3.** 깨끗함, 덕성스러움, 순결함, 순박. **4.** 전체, 전부.

íntĕgro, ávi, átum, áre, *tr.* [íntegro] 〔*alqd* - *alqā re*〕 **1.** 모자람이 없도록 옹글게 하다, 원상대로 돌아가게[되게] 하다, 완전[온전]해지게 하다. **2.** 새로이 하다, 갱신하다, 또 다시 시작하다, 다시 일게 하다, 반복(하게)하다: ~ lácrimas*(L.)* (멎었던) 눈물을 다시 자아내다. **3.** (원기 따위를) 회복시키다, (심신을) 새로와지게 하다.

integuméntum[-gi-], i, *n.* [íntego] **1.** 덮개, 의복, 외투. **2.** 비호(庇護); 경호자. **3.** 《動》 외피, 피부; 껍질: ~ commúne 총피(總皮). 「만한.

intellectíbĭlis, e, *adj.* [intéllego] 깨달을

intelléctĭo, ónis, *f.* [intéllego] **1.** 이해. **2.** 《修》 (일부로써 전체를·전체로써 일부를 나타내는) 제유법(提喩法).

intellectívus, a, um, *adj.* [intéllego] 사변적, 이지적, 이론적.

intelléctor, óris, *m.* [intéllego] 알아듣는[지혜있는·총명한] 사람.

intellectuális, e, *adj.* [intelléctus] 지력(知力)의, 지(성)적, 이지적; 정신적, 영리한.

intellectualísmus, i, *m.* 《哲》 주지주의(主知主義), 이지주의(理知主義).

intellectuálĭtas, átis, *f.* [-ális] 지력, 이해력; 지성(知性), 이지성.

intelléctus, us, *m.* [intéllego] **1. 지력**, 총명, 인식, 지혜, 지능, 이해력; **지성**(知性), **오성**(悟性), 이지(理智). **2.** 이해, 통찰; 개념, 관념, 의식. **3.** 의미, 뜻. **4.** 예술감각; 식견(識見).

intéllĕgens, éntis, *p.præs., a.p.* [intéllego] 〔*gen.*〕 인식하는, 깨닫는, 아는; 총명한; 〔*subst.*〕 *m.* 총명한 사람; 지성인.

intellegéntĭa, æ, *f.* [intéllegens] 지력(知力), 지능, 이해력, 인식력; 이지(理知), 예지, 지혜, 총명, 영리; 의식, 각지(覺知), 지식, 관념, 개념.

intellegíbĭlis, e, *adj.* [intéllego] 알아들을 수 있는, 이해[해득]할 만한, 지력(知力)으로 파악되는, 명료한. 「知性).

intellegibílĭtas, átis, *f.* [-bĭlis] 가지성(可

intéllĕgo[-lĭgo], léxi, léctum, ĕre, *tr.*[inter³ + lego²] **1.** 〔*acc.; acc.c.inf.; interr. indir.; absol.*〕 **알아듣다, 깨닫다,** 이해하다; 알다, 식견(識見)이 있다. **2.** 식별하다, 알아보다. **3.** 〔*alqm* - *acc. præd.*〕 (누구의 성격·됨됨이 따위를) 잘 알다, 인정하다. **4.** 생각하다, 느낌이 들다. **5.** 감각하다, ⌊의식하다.

intellig... *V.* intelleg...

Intemélĭi, órum, *m.pl.* *Ligúria*의 한 종족.

intemerábĭlis, e, *adj.* [in² + témero] 범할 수 없는, 위반할 수 없는; 거룩한, 신성한.

intemerátus, a, um, *adj.* [in² + témero] 침범된 일이 없는, 더럽혀지지 않은, 깨끗한, 결백한, 순결한, 오점(汚點)없는.

intémpĕrans, ántis, *adj.* [in² + témpero] 한도를 넘은, 절제[절도]없는, 자제심없는, 방종한. 「제, 과도; 폭음, 폭식; 방종.

intemperántĭa, æ, *f.* [intémperans] 무절

intemperátus, a, um, *adj.* [in²+] **1.** 조절되지 않은; (기후가) 불순한; 때아닌. **2.** 무절제한, 지나친, 과도한.

intempérĭæ, árum, *f.pl.* [-**rĭes, éi,** *f.*] [in² + tempéries] **1.** 날씨의 불순함, 악천후, 혹서(酷暑), 혹한(酷寒), 폭우, 한발. **2.** 난폭, 사나움; 정신착란. **3.** 자제력없음; 무절제, 방종; 불순종. **4.** 폭음(暴飮).

intempestívĭtas, átis, *f.* [-tívus] 계제 나쁨, (시기의) 부적절.

intempestívus, a, um, *adj.* [in² + tempus¹] 때아닌, 때없는, 불시의; 시기에 안맞는, 계제가 나쁜; 철아닌.

intempéstus, a, um, *adj.* [in² + tempus¹] **1.** 때아닌, 불시의, 시기에 안맞는, 일하기에 좋지 않은 때의, 건강에 좋지 않은: nox intempésta*(C.)* 아닌 밤중, 한밤중. **2.** 일기 불순한, 악천후의; 폭풍우의.

intemporális, e, *adj.* [in²+] **1.** 영원한. **2.** 기회가 좋지 못한.

intempt... *V.* intent...

inténdo, téndi, téntum[-sum], ĕre, *tr.* [in¹ +] **1.** 〔*alqd* - ad *acc., dat.*〕 내뻗치다, 내지르다. **2.** 켕기다, 잡아당기다; 팽팽하게 매다, 죄다; 팽팽하게 늘리다[펴다]; 펼치다, 깔다. **3.** 〔*alqd* - ad, in *acc.; dat.*〕 **집중시키다,** 겨누다, **향하게 하다,** 돌리다, 주의를 기울이다: óculis mentibúsque ad pugnam inténtis*(Cæs.)* 눈과 마음을 전투에 집중시키고. **4.** 방향잡다, (어느) 방향으로 가다. **5.** 〔*alqd* (ánimum 따위) ad, in *acc.; dat.; alqd* - ánimo; *inf.; absol.*〕 힘쓰다, 해보다; **마음먹다, 의도**

(意圖)하다, …하려고 하다, 작정하다. 6. 높이다, 증대시키다, 과장하다: ~ prétia *(Ta.)* 값을 올리다 / ~ vocem *(V.)* 소리를 높이다 / ~ vera *(Ta.)* 진실을 과장하다. 7. (주의·반론 따위를) 환기시키다, 일으키다. 8. …라고 주장하다. 9. 추구하다, 계속하다.

inténsĭo, ónis, *f.* [inténdo] 1. 정신적 긴장, 노력. 2. 강렬함. 3. 경련. 4. 《論》 내포.

intensívus, a, um, *adj.* [inténdo] **강렬**한, 격렬한, 맹렬한; 팽팽한, 긴장한; **집중적인**, 철저한.

intentábĭlis[-tális], e, *adj.* [in[2]+tento] 시험해 볼 수 없는, 시도될 수 없는.

intentátĭo, ónis, *f.* [inténto] 1. 펼침. 2. 비난.

intentátor, óris, *m.* [in[2]+] 유혹하지[떠보지] 않는 사람.

intentátus[1], a, um, *p.p.* [inténto] 〔*subst.*〕 *n.* 협박, 위협.

intentátus[2], a, um, *adj.* [in[2]+tento] 해보지[시도되지] 않은, 손대보지 않은, 경험되지 않은.

inténtĭo, ónis, *f.* [inténdo] 1. 긴장, 켕김. 2. 증대, 높임; 강렬함, 강도(强度). 3. 노력, 애씀, 노심초사, 전심전력, 열심. 4. 세심한 주의, 배려. 5. 몰두, 열중, 정신집중. 6. **의향**, **지향**; 의지, 뜻, 생각, 의도, 취지, 목적, 계획: ~ actuális 현실적[현재적] 의향[지향] / ~ habituális 습성적[평소에 지니고 있는] 지향 / ~ virtuális 잠세적(潛勢的) 지향 / ~ interpretatíva 추정적(推定的) 의향. 7. 화음(和音). 8. 고발, 고소. 9. (삼단논법의) 대전제.

intentionális, e, *adj.* [inténtio] 1. 기도한, 계획적인, 고의의. 2. 지향적(志向的)인.

intentionálĭtas, átis, *f.* [-nális] 지향성(志向性).

intentívus, a, um, *adj.* 《文法》 말의 뜻을 강하게 하는, 강세를 주는.

inténto, ávi, átum, áre, *tr. freq.* [inténdo] 1. 〔*alqd* in, ad *acc.*〕 내뻗치다, 내밀다, 향하게 하다: ~ manus in *alqm (L.)* 누구에게 손찌검을 하다. 2. 〔*alqd* - *alci*, in *acc.*〕 위협적으로[해칠 목적으로] 던지다[휘두르다]; (무엇을) 협박·공갈의 재료로[수단으로] 삼다.

inténtus[1], a, um, *p.p.*, *a.p.* [inténdo] 1. 〔in, ad *acc.*; *dat.*, in *abl.*; *absol.*〕 팽팽한, 켕긴; 긴장한, 경계하는, 정신차린, 주목하는; 열중한, 골몰한, 여념이 없는. 2. 격렬한, 강렬한, 모진. 3. 엄격한, 엄중한, 준엄한, 철저한.

inténtus[2], us, *m.* [inténdo] 1. 내뻗침, 내지름. 2. 주목; 의도, 목적; 열중, 골몰.

intépĕo, pŭi, ére, *intr.* [in[1]+] 〔*absol.*; *abl.*〕 미지근해지다, 식다.

intepésco, ĕre, *intr. inch.* [intépeo] 1. 미지근해지다. 2. 가라앉다, 진정되다.

inter[1], *præp.c.acc.* 〔지배하는 말 뒤에 놓이는 수도 있고, 지배되는 말마나 그 앞에 매번 쓰는 수도 있음〕 1. 〔장소·위치〕 **사이에**, 중간에, **가운데에**, 틈에, 속에. 2. 〔구별·차이·거리·상대방 따위 표시〕 사이에[의], …와 …와는[의]: interésse ~ arguméntum conclusionémque *(C.)* 논증과 결론과는 차이점이 있다[구별된다] / Inter quos magna fuit conténtio. *(N.)* 그들 사이에는 큰 논쟁이 있었다. 3. 〔상호간·공동소유·협력 따위 표시〕 사이에, **서로**, **끼리**: ~ nos *(C.)* 우리끼리 / amáre ~ se *(C.)* 서로 사랑하다. 4. 〔시간〕 **동안**(에), 사이에: ~ tot annos 여러해 동안 / ~ ludéndum *(Q.)* 노는 동안에 / ~ hæc *(L.)* 이러는 사이에. 5. 〔셋 이상 중의 우월〕 사이에, 가운데서, **중에**(서), …**보다**, 비해서: Inter álias præstítimus pulchritúdine. *(Pl.)* 우리는 다른 여자들보다 뛰어나게 아름다웠다.

inter[2], *adv.* 〔드물게 씀〕 그 동안에.

inter-[3], *prævérbium* (접두사) 1. 합성어로서의 동사, 형용사, (파생명사, 파생부사)에 장소적·시간적인 **《중간에, 가운데에, 사이에(서)》** 따위의 뜻으로 〈삽입·상호관계·교호동작〉등을 나타내고, 〈온전히·철저히〉 따위 의미 강화의 뜻도 있으며, **때로는** 〈**죽음·파멸**〉로 이르게 하는 뜻도 있음. 2. intéllego 및 그 파생어에서만 intel-로 바뀌며, 그 외에는 그대로 inter- 임.

interǽstŭo, áre, *intr.* [inter[3]+] (간헐적으로) 경련[발작]을 일으키다; 격노하다.

interaménta, órum, *n. pl.* 내부 구조물, 골조(骨組), 뼈대.

Interámna, æ, *f.* 1. 남부 *Umbria*의 도시 (지금의 *Terni*). 2. 남부 *Látium*의 도시 (지금의 *Termini*). 3. 〔*adj.*〕 **-nánus,** a, um, [**-nas,** átis]; *m.pl.* **-átes,** 그곳 주민.

interámnus, a, um, *adj.* [inter[3]+amnis] 두 강 사이에 있는.

interánĕus, a, um, *adj.* [inter[3]+] 내부의; 내장의, 내장에 관한; *n.(pl.)* 내장, 오장육부.

interarésco, ĕre, *intr. inch.* [inter[3]+] 마르다, 고갈하다.

intérbĭbo, ĕre, *tr.* [inter[3]+] 다 마셔버리다.

intérbĭto, ĕre, *intr.* 죽다, 망하다.

interblándĭens, éntis, *p.præs.* [*inusit.* interblándior] 〔*dat.*〕 아첨하는.

intercaláris, e, [**-lárĭus,** a, um,] *adj.* [intércalo] 삽입된, 사이에 집어넣은; (날·달·해가) 윤(閏)의: ~ dies 윤일 / ~ mensis 윤달.

intercalátĭo, ónis, *f.* [intércalo] 1. 윤일(閏日)를 집어넣음. 2. 삽입, 끼움.

intércălo, ávi, átum, áre, *tr.* 1. 〔diem - *alci* mensi〕 윤일(閏日)을 집어넣다. 2. 삽입하다; 연장하다, 길게 끌다.

intercapédo, dĭnis, *f.* [inter³ + cápio¹] 중단, 휴식, 정지, 연기, 지연.

intercédo, céssi, céssum, ĕre, *intr.* [inter³ +] 1. 끼어들다, 사이에 있다[끼다], 개재하다. 2. 뜻밖에 오다, 가까이 오다; (무슨 일이) 일어나다, 생기다, 발생하다. 3. (…하는 사이에) 시간이 지나다[흐르다]. 4. 〔inter *acc.*; *dat.*; *absol.*〕 지나가다, 사라지다, 그치다, (관계·상태 따위가) 끝나다. 5. 〔*absol.*; pro *alqo*〕 (누구의) 보증을 서다, (누구 대신에) 나서서 얻어주다[성취시켜주다], **중재하다, 전구(轉求)하다.** 6. 〔*dat.*〕 (법안·원로원의 결정 따위를) 반대하다, 이의(異議)를 제기하다, 거부권을 행사하다. 7. 〔*dat.*, de *abl.*; quóminus, ne; *absol.*〕 방해하다, 못하게 하다.

intercéptĭo, ónis, *f.* [intercípio] 1. 뺏음, 가로챔, 불의의 습격, 강탈. 2. 《數》 뺄셈, 빼기. 「착복자, 탈취자.

intercéptor, óris, *m.* [intercípio] 횡령자,

intercéssĭo, ónis, *f.* [intercédo] 1. **간섭,** 개입, 조정(調停), 알선. 2. 보증, 담보(擔保). 3. 반대, 고대 *Roma* 호민관의 거부권. 4. **중재, 전구(轉求),** 대원(代願), 남을 위해 나서서 얻어줌[성취시켜줌]. 5. 집행(執行).

intercéssor, óris, *m.* [intercédo] 1. 보증인, 담보자. 2. 집행자. 3. 이의 신청자. 4. 반대자, 방해자, 거부자. 5. **중재자,** 조정자, 알선자; **전구자(轉求者).**

intercéssus, us, *m.* [intercédo] 1. 간섭, 개입. 2. 시간의 경과.

intércĭdo¹, cĭdi, ĕre, *intr.* [inter³ + cado] 1. 〔inter *acc.*, in *abl.*〕 (무엇) 사이로 떨어지다, 추락하다. 2. 쓰러지다, 무너지다, (불이) 꺼지다, (혈통 따위가) 끊어지다. 3. 없어지다, 망하다, 죽다.

intercído², cídi, císum, ĕre, *tr.* [inter³ + cædo] 1. 중간을 자르다, 가운데를 찢다, 절개하다, 쪼개다, 가운데를 트다. 2. 부수다, 파괴하다, (교량 따위를) 끊다, 차단하다; 중단하다. 「래하다.

intércĭno, ĕre, *tr.* [inter³ + cano] 막간에 노

intercípĭo, cépi, céptum, pĕre, *tr.* [inter³ + cápio¹] 1. 중간에서 가로채다, (남에게 가는 것을) 가로막다, 차단하다, (광선 따위를) 가리다. 2. **횡령하다,** 횡탈(橫奪)하다, 착복하다. 3. 〔*alqd* – ab *alqo*, *alci*〕 뺏다, 탈취하다, 강탈하다; 훔치다. 4. 〔*pass.* – *alqā re*〕 **intércipi** 죽다, 요절하다, 비명횡사하다: intercéptus venéno *(Ta.)* 독약으로 죽은. 「를 두고, 띄엄띄엄.

intercíse, *adv.* [intercísus, intercído²] 사이

intercísĭo, ónis, *f.* [intercído²] 벰, 자름, 절단, (도끼 따위로) 찍음[찍힘]; 중단.

interclúdo, clúsi, clúsum, ĕre, *tr.* [inter³ + claudo¹] 1. 〔*alqd* – *alci*〕 (가로) 막다, 차단하다, 끊다. 2. 〔*alqm* – *abl.*, ab *abl.*〕 막다, …하지 못하게 하다, 금지하다, 방해하다; 떼어놓다, 갈라놓다, 분리시키다: ~ fruménto *alqm (Cæs.)* 누구에게 식량보급을 차단하다. 3. 〔*alqm* [*alqd*] – *abl.*, in *abl.*〕 가두다, 포위하다, 봉쇄하다; 처넣다.

interclúsĭo, ónis, *f.* [interclúdo] 1. 차단, 막음, 폐쇄: ~ ánimæ *(C.)* 숨막히게 함. 2. 괄호, 삽입문, 삽입구. 「기둥사이.

intercolúmnĭum, i, *n.* [inter³ + colúmna¹]

intercommúnĭo, ónis, *f.* [inter³ +] 《가》 다른 교파 신자에게 대한 성사수여(聖事授與). ·「무차별 주의.

interconfessionalísmus, i, *m.* 《宗》 종파

intercúrro, cúrri [cucúrri], cúrsum, ĕre, *intr.* [inter³ +] 1. 사이를 뛰다, 가운데를 지나가다. 2. 〔*dat.*; *absol.*〕 사이를 뻗쳐나가다. 3. 〔*dat.*; *absol.*〕 참견하다, 간섭하다, 개입하다; 섞이다, 뜻밖에 끼어들다. 4. *tr.* 두루 돌아다니다.

intercúrso, ávi, átum, áre, *intr. freq.* [intercúrro] 사이를 뛰어다니다.

intercúrsus, us, *m.* [intercúrro] 간섭, 개입, 중재.

intércus, cŭtis, *adj.* [inter³ + cutis] 1. 피하(皮下)의: aqua ~ 수종(水腫). 2. 숨긴, 비밀의. 「주간의; 점심의.

interdiánus, a, um, *adj.* [intérdiu] 낮의,

interdíco, díxi, díctum, ĕre, *tr.*, *intr.* [inter³ +] 1. 지나가는 말을 하다. 2. 〔*alci alqd*; *alci alqā re*, de *abl.*; ne; *inf.*; *alqm alqā re*〕 **금지하다,** 못하게 하다: interdícti bonis 금치산자(禁治產者) / 〔숙어〕 ~ *alci* aquā et igni *(Cæs.)* 귀양보내다, 유배하다. 3. 〔*alci* de *alqā re*, ut〕 (법적 권한으로·판결에 의하여) 하도록[못하도록] 강권을 발동하다. 4. 〔*alci alqd*〕 (권리·효력 따위를) 정지시키다.

interdíctĭo, ónis, *f.* [interdíco] 1. 금지, 정지: aquæ et ignis ~ *(C.)* 귀양보냄, 유형. 2. 《法》 금치산(선고).

interdíctum, i, *n.* [interdíco] 1. 금지(령), 금령, 제지. 2. 《가》 성무집행 금지(명령)[정지].

intérdĭu, *adv.* [inter³ +] 낮에, 주간에.

intérdo, dătus, ăre, *tr.* [inter³ +] 제때에[때때로] 주다. 「붙임표, 하이픈, 구두점.

interdúctus, us, *m.* [inter³ + duco] 쉼표,

intérdum, *adv.* 1. 이따금, 때때로. 2. 그 동안에. 「그 동안에; 때때로.

intérĕa, *adv.* [inter³ + ea (*n.pl.*)] 그 사이에,

interémptĭo, ónis, *f.* [intérimo] 살해, 제거. 「rimo] 살해자.

interémptor, óris, *m.* [**-trix,** ícis, *f.*] [inté-

intérĕo, ĭi, ĭtum, íre, *anom. intr.* [inter³ +] **멸망하다,** 파멸하다, **죽다,** 없어지다, 사라지다, (불이) 꺼지다.

interéquĭto, áre, *intr., tr.* [inter³+] 사이로 [가운데로] 말타고 지나가다.
interérro, áre, *intr., tr.* [inter³+] 〔*absol.; dat.; acc.*〕 사이를 돌아다니다, 헤매다.
interfátĭo, ónis, *f.* [intérfor] 말을 도중에서 가로챔; 말 사이에 끼어든 말을 삽입함.
interféctĭo, ónis, *f.* [interfício] 살해.
interféctor, óris, *m.*[**-trix,** ícis, *f.*] [interfício] 살해자.
interfícĭo, féci, féctum, cĕre, *tr.* [inter³+] **1.** (말을) 잇지 못하다, 중단하다. **2.** **죽이다, 살해하다.** **3.** 멸망시키다, 없애버리다, 근절시키다.
intérfio, fíĕri, *anom. pass.* [interfício] 근절되다, 아주 없어지다, 사라지다.
intérflŭo, flúxi, ĕre, *intr., tr.* [inter³+] 〔*absol.; acc.*〕 **1.** 사이로 흐르다, (무엇을) 사이에 두고 흐르다. **2.** (…사이에 시간이) 지나다·흐르다.
intérflŭus, a, um, *adj.* [intérfluo] 사이로 흐르는.
intérfor, fátus sum, fári, *def. dep. tr.* [inter³+] 〔*absol.; alqm*〕 말을 가로채다.
interfúndo, fúdi, fúsum, ĕre, *tr.* [inter³+] 사이에[안에] 붓다, 쏟다, 뿌리다.
intergerívus, a, um, *adj.*[inter³+gero¹] 개재(介在)하는, 간막이의, 사이에서 생기는.
intérĭbi, *adv.* [inter³+] 그 동안에.
interícĭo = interjício.
íntĕrim, *adv.* [inter³+im(=eum)] **1.** 그 동안에, 그 사이에, 잠정적으로, 우선, 임시로. **2.** 이따금, 때때로.
intérĭmo, émi, ém(p)tum, ĕre, *tr.* [inter³+emo] **1.** 걷어치우다, **제거하다,** 처치하다, 파괴하다. **2.** 없애버리다, 절멸시키다, (불 따위를) 끄다; **죽이다.**
intérĭor, rĭus, *gen.* óris, *adj. comp.* [intus¹, intra] 〔원급없음; 최상급은 íntĭmus, a, um〕 **1.** **안의, 내부의,** 속의, **내면의;** 더 안쪽의; 〔*subst.*〕 *n.pl.* 내부; 내륙지방; 내장(內臟). **2.** (원형 경기장에서 진행 방향으로) 왼쪽의: ~ rota 왼쪽 바퀴. **3.** 〔*dat.*〕 (무엇에) 더 가까운: ~ perículo vúlneris *(L.)* 부상당할 위험이 더 큰. **4.** (걸을 때에) 벽[담]쪽에 더 가까운, 더 높은 지위의(더 높은 사람이 벽[담]쪽으로 붙어 걸었음). **5.** 깊숙이 있는, 감추어진, 은밀한, 공개되지 않은. **6.** 친밀한, 밀접한.
interítĭo, ónis, *f.* [intéreo] **1.** 소멸, 멸망, 전멸, 멸종, 폐허. **2.** 살해; 죽음.
intérĭtus, us, *m.* [intéreo] **1.** 파괴, **멸망,** 전멸, 괴멸; 패망. **2.** **죽음.**
intérĭus, **1.** *adj. n.* [intérior]. **2.** *adv. comp.* [intra] 더 안에, 깊숙이.
interjácĕo, ére, *intr* [inter³+] 〔*absol.; dat.,* inter *acc.*〕 사이에 누워있다, 펼쳐져 있다; 개재(介在)하다.
interjácĭo = interjício.
interjéctĭo, ónis, *f.* [interjício] **1.** 끼움, 삽입. **2.** 《文法》 **감탄사.** **3.** 《修》 삽입어구.
interjéctus¹, a, um, *p.p.* [interjício] 〔*dat.,* inter *acc.; absol.*〕 삽입된, 끼인, 사이에 놓인[있는], 축에 낀[든]; (시간의) 간격을 둔.
interjéctus², us, *m.* [interjício] **1.** 끼움, 삽입. **2.** 간섭, 개입, 개재. **3.** 시간 간격.
interjícĭo, jéci, jéctum, ĕre, *tr.* [inter³+jácio] **1.** 〔*alqd - dat.,* inter *acc.*〕 사이에 집어넣다, 삽입하다, 투입하다, 섞어넣다; 찔러[꽂아]넣다. **2.** 시간 간격을 두다.
interjúngo, júnxi, júnctum, ĕre, *tr.* [inter³+] **1.** 연결시키다, 결합시키다, 매다, 맺다: dextras ~*(L.)* 악수하다. **2.** 말을 수레에서 풀어서 잠시 쉬게 하다. **3.** 휴식을 취하다.
interlábor, *(ĕris, ĭtur),* lápsus sum, lábi, *dep. intr., tr.* [inter³+] 〔*absol.; acc.*〕 가운데로 미끄러져 빠지다[떨어지다]; (강 따위가) 흘러 들어가다.
interlátĕo, ére, *intr.* [inter³+] 사이에[안에] 숨다.
intérlĕgo, légi, léctum, ĕre, *tr.* [inter³+lego²] 여기저기서 따 모으다, 가운데서 뽑다, 솎다.
interlído, lísi, lísum, ĕre, *tr.* [inter³+lædo] **1.** 가운데를 뭉개서 없애다[지우다]. **2.** 마찰하다, (이를) 갈다.
intérlĭno, lévi, lĭtum, ĕre, *tr.* [inter³+] **1.** 여기저기 바르다, 칠하다, 섞다. **2.** (글자·그림 따위를 먹같은 것으로) 칠해서 지우다, 말소하다; 위조하다.
interlocútĭo, ónis, *f.* [intérloquor] **1.** 대화, 대담; 질문, 질의. **2.** 중간 재판.
interlocutórĭus, a, um, *adj.* [intérloquor] **1.** 대화체의, 문답체의; 대화중에 삽입한. **2.** 《法》 중간 판결의.
intérlŏquor, *(ĕris, ĭtur),* loquútus[locútus] sum, lŏqui, *dep. intr.* [inter³+] **1.** 〔*alci; absol.*〕 말을 가로채다, 말참견을 하다. **2.** 《法》 (판사가) 재판 중간에 발언하다, 중간 판결을 하다. **3.** (시냇물이) 졸졸 소리내다.
interlucátĭo, ónis, *f.* [interlúco] 가지치기, 전지(剪枝).
interlúcĕo, lúxi, ére, *intr.* [inter³+] **1.** 틈으로[사이에서] 비치다, 이따금씩 비치다. **2.** 드러나다, 나타나다, 보이다; 두드러지다. **3.** 드문드문[띄엄띄엄] 있다[보이다].
interlúco, átum, áre, *tr.* [inter³+] 나뭇가지를 치다, 전지(剪枝)하다.
interlúdo, lúsi, lúsum, ĕre, *tr.*[inter³+] 사이에서[가운데서] 놀다; 중간에 연주하다.
interlúnis, e, *adj.* [inter³+luna] 삭월(朔月)의, 음력 초하룻날의 달.
interlúnĭum, i, *n.* [inter³+luna] 삭월(朔

intérlŭo, ĕre, *tr.* [inter³+] 1. 씻다. 2. (무엇의) 가운데[사이]를 흐르다[씻어내리다]. 「의, 사이에 있는.
intermédĭus, a, um, *adj.* [inter³+] 중간
interménstrŭus, a, um, [**-méstris,** e,] *adj.* [inter³+mensis] 전 달과 다음 달 사이에 낀[있는], 삭월(朔月)의.
intérmĕo, ávi, átum, áre, *tr.* [inter³+] 사이를 지나가다[흐르다], 통과하다.
intérmĭco, cŭi, áre, *intr., tr.* [inter³+] 〔*absol.; ex abl., abl.; acc.*〕 여기저기 비치다, 가운데서 빛나다. 「없는, 무한한, 무궁한.
interminábĭlis, e, *adj.* [in²+términus] 끝
interminátĭo, ónis, *f.* [intérminor] 협박, 강박, 위협, 공갈.
interminátus, a, um, 1. *adj.* [in²+término] 한이 없는, 끝없는; 한정되지 않은. 2. *p.p.* [intérminor].
intérmĭnor, átus sum, ári, *dep. tr.* [inter³+] 1. 〔*alci alqd, inf. [acc.c.inf.]*〕 위협하다, 협박하다, 공갈하다. 2. 〔ne〕 위협하여 못하게 하다, 금지하다.
intérmĭnus, a, um, *adj.* [in²+] 한이 없는, 끝없는, 영구한.
intermíscĕo, míscŭi, míxtum, ére, *tr.* [inter³+] 〔*alqd alci (rei); absol.*〕 섞다, 혼합하다.
intermíssĭo, ónis, *f.* [intermítto] 잠시 쉼, 휴지(休止), 중절(中絕), 두절, 중지, 중단.
intermítto, mísi, míssum, ĕre, [inter³+] **I.** *tr.* 1. 사이에 집어넣다, **간격을 두다**, 떼어놓다: mille pássuum intermísso spátio *(Cæs.) 1000 passus*의 간격을 두고. 2. 〔*alqd, inf.*〕 **중단하다, 중지하다,** (무슨 일을) 잠깐 쉬다; 잠시 그치다. 3. 〔*acc.* [tempus *etc.*] - ab *alqā re,* ad *alqd;* 부정 뒤에 quin; *absol.*〕 (…하지 않고) 시간을 보내다[지내다·넘기다]: réliquum tempus a labóre ~ *(Cæs.)* 일을 중단하고 나머지 시간을 지내다 / Nunquam intermíttit diem, quin véniat.*(T.)* 그는 오지 않는 날이 하루도 없다. **II.** *intr.* 그치다, 그만두다, 끝나다.
intermórĭor, *(rĕris, rĭtur),* mórtŭus sum, mŏri, *dep. intr.* [inter³+] 1. 죽다, 시들어 죽다, 기운이 떨어져 죽다, 사그라지다, (불이) 꺼지다. 2. 졸도하다, 실신하다.
intermúndĭa, órum, *n.pl.* [inter³+mundus²] 천체간의 공간 (*Epicúrus*는 모든 신들이 여기에 거처한다고 했음). 「벽 사이의.
intermurális, e, *adj.* [inter³+] 성벽과 성
intermutátus, a, um, *p.p.* [*inusit.* intermútuo] X[십]자형으로 교차된.
internáscor, *(ĕris, ĭtur),* nátus sum, násci, *dep. intr.* [inter³+] …사이[가운데]에 나다, 여기저기 끼어 나다.
internationális, e, *adj.* [inter³+] 국제간의, 국제적인, 국제(상)의.
internecída, æ, *m.f.* [intérneco] 거짓 증언으로 사람을 죽이는 자. 「참살.
internécĭes, éi, *f.* [internécio] 살인, 살해,
internécĭo[-nícĭo], ónis, *f.* [inter³+neco] 학살, 몰살, 참살, 도살; 근절, 섬멸.
internecívus, a, um, *adj.* [internécio] 몰살의, 많은 사상자를 내는, 서로 죽이고야 마는. 「살하다, 전멸시키다, 없애버리다.
intérnĕco, ávi, átum, áre, *tr.* [inter³+] 몰
internécto, ĕre, *tr.* [inter³+] 잡아매다, 결합시키다, 연결하다, 하나로 묶다.
interníteo, ére, *intr.* [inter³+] …사이로[여기저기] 번쩍이다, 사이를 두고 번쩍이다.
internódĭum, i, *n.* [inter³+nodus] 1. (대나무 따위의) 마디와 마디 사이; 두 관절의 사이. 2. 〔*pl.*〕 다리(脚).
internósco, nóvi, nótum, ĕre, *tr.* [inter³+] 구별하다, 식별하다, 분별하다, 인식하다.
internunci... *V.* internunti...
internundínĭum[-dĭnum], i, *n.* [inter³+núndinæ] 연속적으로 장이 서는 9일간; 장날과 장날 사이의 8일간. 「교황 공사관.
Internuntiatúra, æ, *f.* [internúntius] 《가》
internúntĭo, áre, *tr.* [inter³+] (사절을 보내어) 교섭하다, 담판하다, 성명서를 교환하다.
internúntĭus, i, *m.* [**-tĭa,** æ, *f.*] 1. 담판자, 교섭자; 전령사(傳令使). 2. 《가》 Internúntius (Apostólicus) 교황 공사.
intérnus, a, um, *adj.* [intus¹, intra] **안의,** 내부의, 안쪽에 있는, 집안의, 국내의: intérnum bellum *(Ta.)* 내전; 〔*subst.*〕 *n.pl.* 1) 내장; 내부. 2) 집안일, 국내 일.
íntĕro, trívi, trítum, ĕre, *tr.* [in¹+] 〔*alqd* - in *acc., dat.*〕 빻아[찧어·갈아] 넣다[섞다], 부스러뜨려 넣다, 잘게 썰어넣다, 으깨다.
interordínĭum, i, *n.* [inter³+ordo] 줄지어 서있는 나무사이.
interpellátĭo, ónis, *f.* [interpéllo] 1. 훼방, 방해, (말 도중에) 중단시킴. 2. 불편, 폐끼침. 3. 《法》 소환, 최고(催告). 4. 《敎法》 바울로 특전 (privilégium Paulínum) 적용에 있어서 미신자 상대방에 대한 최고심문(催告尋問).
interpellátor, óris, *m.*[**-trix,** ícis, *f.*] [interpéllo] 1. 중단자, 방해자; 폐[누] 끼치는 자. 2. (여자[남자]를) 유혹하는 자.
interpéllo, ávi, átum, áre, *tr.* 1. 〔*alqm*〕 남의 말을 막다[가로 채다]. 2. 이의를 제기하다. 3. 〔*alqm, alqd; alqm* quóminus, ne, *inf.; absol.*〕 방해하다, 제지하다, 중지시키다. 4. 말을 걸다; 중재하다; 심문하다. 5. 탄원하다, 호소하다, 진정하다. 6. (여자[남자]를) 유혹하다. 7. 〔*alqm*〕 빚을 독촉하다, 빚상환을 청구하다.
interperiodísmus, i, *m.* 《神》 (창조 기록의) 시기단절설(時期斷絕說).

interpolátĭo, ónis, *f.* [intérpolo] **1.** 변조, 가필(加筆), 자구수정(字句修正); 가짜 어구(語句)의 기입. **2.** 착각, 환상, 오류.

intérpŏlis, e, *adj.* [inter³+pólio] 다시 고친, 개조의, 개신의, 수리의, 수선한.

intérpŏlo, ávi, átum, áre, *tr.* [intérpolis] **1.** 다시 고치다, 개조하다, 수리하다; 개비(改備)하다. **2.** 위조하다, 변조하다, 가필(加筆)하다, 써넣다.

interpóno, pósŭi, pósĭtum, ĕre, *tr.* [inter³+] **1.** 〔*alqd[alqm] dat.,* inter *acc.*〕 **사이에 두다[놓다·넣다]**, 틈에 끼우다, **삽입하다.** **2.** 중간에 **시간(간격)을 두다**, (시간을) 경과하게 하다, 늦어지게 하다: trídui morā interpósitā *(Cæs.)* 사흘동안 지체하고 나서. **3.** 〔*alqm alci rei*〕 참여케 하다, 참석시키다, 초청하다. **4.** *refl.* **se** ~ 〔in *acc., dat.*〕 끼어들다, 간섭하다, 개입하다, 조정하다, 중재하다; 반대하다, 제동을 걸다. **5.** 〔*alqd* pro *abl.*〕 (노력·수고 따위를) 들이다. **6.** fidem suam ~ in *alqd*[in *alqā re*] 언질을 주다, 보장하다. **7.** 제출하다, 내놓다, 제안하다. **8.** 집행하다, 실시하다.

interposítĭo, ónis, *f.* [interpóno] **1.** 틈에 끼움, 삽입; 개재. **2.** 삽입물. **3.** 개입, 간섭; 중재, 조정. **4.** 가필(加筆). **5.** 《修》 삽입어구.

interpósĭtus, us, *m.* [interpóno] 개입, 간섭.

intérpres, prĕtis, *m.f.* [inter³+pars] **1.** 중재자. **2.** 해설자, 해석자, 설명자; 연주자. **3.** 통역(자). **4.** 번역자.

interpretátĭo, ónis, *f.* [intérpretor] **1.** **해설**, 설명, **해석**, 해독, **주해**: ~ materialística históriæ 유물사관. **2.** **통역**, 번역. **3.** 《修》 동의어를 겹쳐쓰기.

interpretatiúncŭla, æ, *f.dim.* [interpretátio] 짧은 설명[해석].

interprétĭum, i, *n.* [inter³+] 이윤, 이문, 이익.

intérprĕtor, átus sum, ári, *dep. tr.* [intérpres] **1.** 설명하다, 해설하다, 밝히다, **해석하다.** **2.** 통역하다, 번역하다. **3.** 변명하다, 판단하다, 특정한 뜻으로 해석하다. **4.** 이해하다, 알아듣다. **5.** 풀려고 하다, 분간하려 하다. **6.** *intr.* 중재서다, 알선하다.

intérprĭmo, préssi, préssum, ĕre, *tr.* [inter³+premo] **1.** 압박하다, 죄다, 누르다. **2.** 감추려고 하다, 위장하려고 하다.

interpúnctĭo, ónis, *f.* [interpúngo] 《文法》 구두법(句讀法), 구두점.

interpúnctum, i, *n.* [interpúngo] 호흡하는 사이; 구두법(句讀法), 구두점.

interpúngo, púnxi, púnctum, ĕre, *tr.* [inter³+] 구두점을 찍다, 쉼표를 찍다.

interpúrgo, ávi, átum, áre, *tr.* [inter³+] 사이사이 가지치다.

intérpŭto, áre, *tr.* [inter³+] 사이사이 가지치다.

interquiésco, évi, étum, ĕre, *intr.* [inter³+] 도중에 쉬다, 틈틈이 쉬다, 조금 쉬다.

interrádo, rási, rásum, ĕre, *tr.* **1.** 구멍이 숭숭나게 깎다[세공하다]. **2.** 성기게 가지치다. **3.** 솎아내다.

interrársĭlis, e, *adj.* [interrádo] 구멍이 숭숭 뚫리게 세공한.

interrégnum, i, *n.* [inter³+] (왕·집정관 등의) 공위기간(空位期間).

intérrex, régis, *m.* **1.** (새 임금이 나올 때까지의) 섭정(왕). **2.** 집정관 서리.

intérrĭtus, a, um, *adj.* [in²+térreo] 〔*absol.; abl., gen.*〕 무서워하지[놀라지] 않는, 불굴의, 대담한, 용감한.

interrivátĭo, ónis, *f.* [inter³+rivo] 두 강[지점] 사이를 흐르는 물.

interrivátus, a, um, *adj.* [inter³+rivo] 가운데를 (강)물이 흐르는.

interrogátĭo, ónis, *f.* [intérrogo] **1.** **물음**, 물어봄, 질문, 심문, 의문: ~ de Fide (주교 서품 때의) 신앙시문(信仰試問). **2.** 논증, 삼단논법.

interrogatiúncŭla, æ, *f. dim.* [interrogátio] 사소한[간단한] 질문.

interrogatívus, a, um, *adj.* 의문의, 질문의; 의문을 나타내는.

interrogátor, óris, *m.* [intérrogo] 질문자, 심문자.

interrogatórĭus, a, um, *adj.* [intérrogo] 질문의, 심문의, 질문에 관한, 의문을 나타내는.

interrogátum, i, *n.* [intérrogo] 질문(내용).

intérrŏgo, ávi, átum, áre, *tr.* [inter³+] **1.** 〔*alqm* de *alqā re, interr. indir.; alqd; absol.*〕 **묻다**, 물어보다, 질문하다; 심문하다. **2.** 고소하다, 고발하다. **3.** 논증하다.

interrúmpo, rúpi, rúptum, ĕre, *tr.* [inter³+] **1.** 중단하다, 조각내다, 부수다, 파괴하다, 끊다. **2.** (말 따위를) 중단시키다, 중지시키다, 가로막다, 훼방놓다. **3.** 갈라놓다, 떼어놓다.

interrúpte, *adv.* [interrúmpo] 중단되어, 단속적(斷續的)으로.

interrúptĭo, ónis, *f.* [interrúmpo] 중단, 차단, 중지, 중절, 두절; 휴지(休止).

intersǽpĭo, sæpsi, sǽptum, íre, *tr.* [inter³+] 담을 둘러치다, 막다, 차단하다.

interscapílĭum[-pŭlum], i, *n.* 두 어깻죽지 사이.

interscíndo, scĭdi, scíssum, ĕre, *tr.* [inter³+] **1.** 가운데를 자르다, 가르다, 분단하다, 찢다, 깨뜨리다. **2.** 나누다, 분리시키다, 구별하다.

interscríbo, scrípsi, scríptum, ĕre, *tr.* [inter³+] **1.** 두 줄 사이에 쓰다, 써넣다. **2.** 엮다, 십자로 엇결다.

intérsĕco, cŭi, séctum, áre, *tr.* [inter³+] 가운데를 자르다, 가르다, 분단하다, 찢다.

interséctĭo, ónis, *f.* [intérseco] 《建》 소간

벽(小間壁).

intersep... V. intersæp...

intérsĕro[1], sérŭi, sértum, ĕre, *tr*. [inter³+sero³] 사이에 끼우다, 삽입하다; 집어넣다, 섞다, 첨가하다.

intérsĕro[2], sévi, sĭtum, ĕre, *tr*. [inter³+sero⁴] 사이에 심다, 씨뿌리다.

intersísto, stĭti, ĕre, *intr*. [inter³+] 사이에 서다, 중간에서 멈추다. 「있는[위치한].

intérsĭtus, a, um, *p.p.* [intérsero²] 중간에

interspirátĭo, ónis, *f*. [interspíro] 숨을 돌려 쉼, 한 숨 돌림.

interspíro, ávi, átum, áre, *intr*. **1.** 때때로 숨을 돌려 쉬다. **2.** 공기가 새다.

interstínguo, stínxi, stínctum, ĕre, *tr*. [inter³+] **1.** 아주 꺼버리다; 없애버리다, 죽여버리다. **2.** 구별하다, 갈라놓다, 떼어놓다; 〔주로 *p.p.*〕 interstínctus, a, um, 떼어[갈라]놓은.

interstítĭo, ónis, *f*. [intersísto] **1.** 공간, 간격. **2.** (일의) 침체, 중단, 휴지(休止). **3.** 차이, 구별.

interstítĭum, i, *n*. [intersísto] **1.** 중간 구역, 중간 간격. **2.** 기간(期間); 《가》 (상급품〈上級品〉을 받는데 필요한) 법정기간.

intérsto, stéti[stĭti], áre, *intr., tr*. [inter³+] 사이에 있다[서있다].

interstrátus, a, um, *adj*. [inter³+sterno] 사이에 깔아놓은[펼쳐놓은].

intérstrĕpo, ĕre, *intr*. [inter³+] 사이에서 소리내다, 잡음을 내다.

intérsum, fŭi, ésse, *anom. intr*. **1.** 〔inter *acc.*〕 **사이[가운데]에 있다. 2.** 〔inter *acc.*; in, ab *abl.*〕 **구별이 있다,** 멀어져 있다, 차이점이 있다. **3.** 〔*dat.*, in *abl.*; *absol.*〕 **참석[출석]하다,** 참가하다, 끼어있다, 가담하다. **4.** 〔*impers.*〕 **íntĕrest 관계된다[있다], 상관있다,** 문제가 된다, **중대한 일이다,** 중요성을 가진다. 〔1) 문법상 주어: 단수 중성 대명사 (id, hoc, illud, áliud, quid, quod *etc.*), *inf., propositiónes subjectívæ (acc.c. inf.*; ut, ne; *interr. indir.*). 2) 〈누구에게〉는 명사 및 3인칭 대명사의 *gen.*로 표시되나, 1·2인칭 및 재귀적 3인칭은 소유대명사의 *abl. sg. f.* 즉 meā, tuā, suā, nostrā, vestrā로 표시됨. 3) 관계되는 대상 〈무엇에, 무슨 일에〉는 ad *acc.*으로 씀. 4) 가끔 정도 표시의 여러가지 부사 및 *gen. prétii*를 동반함〕: Hoc veheménter ínterest reipúblicæ.*(C.)* 이것은 국가에 매우 중요한 일이다 / Meā máxime ~, te valére.*(C.)* 네가 세력을 가지고 있다[건강하다]는 것은 내게 대단히 중요한 일이다 / Nihil ~ ad beáte vivéndum, utrum hic an illic nati simus.*(C.)* 우리가 여기서 났던지 저기서 났던지 그것은 행복하게 사는 데에는 아무 상관도 없다.

intertéxo, téxŭi, téxtum, ĕre, *tr*. [inter³+] 섞어 짜다, 섞어넣다, 뒤섞다.

intértrăho, tráxi, tráctum, ĕre, *tr*. [inter³+] 힘차게 뽑아내다[떼내다], 잡아채다, 뺏어가다. 「진, 부르튼.

intertriginósus, a, um, *adj*. 껍질이 벗겨

intertrígo, gĭnis, *f*. [inter³+tero] 살가죽이 벗겨짐, 부르틈, 찰과상.

intertriméntum, i, *n*. [-**tritúra,** æ, *f*.] [inter³+tero] **1.** 닳아 해어짐, 마멸. **2.** 손해, 손실. 「혼란, 혼잡, 혼탁.

interturbátĭo, ónis, *f*. [intertúrbo] 격동,

intertúrbo, ávi, átum, áre, *tr*. [inter³+] 문란[혼란]하게 하다, 소요를 일으키다.

intérŭlus, a, um, *adj*. 내부의, 속의; 〔*subst.*〕 *f*. 속옷, 내의.

interundátus, a, um, *adj*. [inter³+undo] 물결 모양의, 물결무늬의.

interváll o, átum, áre, *tr*. [inter³+vallum] 간격을 두고 취(取)하다[가지다]; 〔*p.p.*〕 **intervallátus,** a, um, 간헐적(間歇的).

intervállum, i, *n*. [inter³+] **1. 간격,** 거리: pari intervállo*(Cæs.)* 같은 간격으로. **2.** (시간의) 간격, 사이, 동안; 휴지기간(休止期間), 휴식시간: ex intervállo*(Gell.)* 얼마 지나서, 잠시 후에. **3.** 구별, 차이, 대조.

intervéllo, vúlsi, vúlsum, ĕre, *tr*. [inter³+] 사이[가운데]에서 뽑아내다, 솎다; (나무에서 열매를) 여기저기서 따다.

intervénĭo, véni, véntum, íre, *intr*. [inter³+] **1.** 〔*absol.*; *dat.*〕 사이에 끼다, **끼어들다,** 참가하다; 불쑥 나타나다. **2.** 〔*absol.*; inter *acc.*〕 사이[중간]에 있다, 가로놓여 있다; 개재(介在)하다: flúmine interveniénte*(Plin.)* 중간에 강이 있어서. **3.** 〔*dat.*〕 겹치다, 덮치다; 중단시키다, 방해하다: ni nox prǽlio intervenísset,*(L.)* 전투에 밤이 겹치지 않았던들. **4.** 〔*alci*; *absol.*〕 돌발하다, **일어나다,** 생기다, 닥치다. **5.** 〔pro *alqo*; *absol.*〕 남을 위해 나서다, 중재하다, 보증서다, 책임지다. **6.** 〔*dat.*; *absol.*〕 **개입하다, 간섭하다,** 조정(調停)하다. 「라진 틈, 간극(間隙), 균열.

intervénĭum, i, *n*. [inter³+vena] 땅의 갈

intervéntĭo, ónis, *f*. [intervénio] 조정(調停), 중재, 간섭; 보증 섬.

interventionísmus, i, *m*. 간섭주의.

intervéntor, óris, *m*. [intervénio] **1.** 불의의 방문객, 불쑥 끼어드는 사람. **2.** 중재자, 조정자(調停者); 간섭자, 개입자. **3.** 남을 위하여 탄원하는 사람, 전구자(轉求者).

intervéntus, us, *m*. [intervénio] **1.** 갑자기 옴, 불쑥 나타남. **2.** 간섭, 개입; 중재, 조정(調停); 전구(轉求).

intervérsĭo, ónis, *f*. [intervénio] **1.** 뒤엎

음, 전복. **2.** 횡령, 착복.
intervérsor[1], ári, *dep. intr.* [inter[3]+versor] (물고기가) 헤엄쳐 왔다갔다하다.
intervérsor[2], óris, *m.* [intervérto] 독직자(瀆職者), 공금횡령자.
intervérto, vérti, vérsum, ĕre, *tr.* [inter[3]+] **1.** 방향을 돌려놓다, 다른 길로 들어서게 하다, 잘못 인도하다. **2.** (남에게 가는 것을) 가로채다, **횡령하다,** 착복하다. **3.** 낭비하다, 허비하다. **4.** 〔*alqm alqā re*〕 속여 뺏다, 편취[사취]하다.
intervíso, vísi, vísum, ĕre, *tr.* [inter[3]+] **1.** 몰래 가보다, 들여다보다. **2.** 때때로 찾아가다[방문하다].
intervocálĭter, *adv.* 큰 소리로, 분명히.
intervólĭto, áre, *intr. freq.* [intérvolo] 사이를 날아다니다.
intérvŏlo, ávi, átum, áre, *intr., tr.* [inter[3]+] 사이를 날아다니다, 가운데로 날다.
intestábĭlis, e, *adj.* [in[2]+] **1.** 증인설 수 없는. **2.** 증명할 수 없는. **3.** 불명예스러운; 가증스러운, 저주스러운.
intestáto, *adv.* [intestátus] 유언없이.
intestátus, a, um, *adj.* [in[2]+] **1.** 아무 유언도 상속도 남기지 않은, 유언되지 않은; 〔*adv.*〕 **-táto,** 아무 유언[상속]도 남기지 않고. **2.** 증인없는. **3.** 신용할 수 없는.
intestinális, e, *adj.* [intestínus] 장(腸)의, 창자에 있는.
intestinárĭus, a, um, *adj.* 쪽매 세공의; 〔*subst.*〕 *m.* (*sc.* faber) 쪽매 세공인.
intestínum, i, *n.* [intestínus] 《解》 창자, 내장, 장부(臟腑): ~ cæcum 맹장 / ~ crassum 대장 / ~ jejúnum 공장(空腸) / ~ rectum 직장(直腸) / ~ ténue 소장.
intestínus, a, um, *adj.* [intus[1]] **1.** 속의, 안의, 내부의, 속에 있는: bellum intestínum (*C.*) 내란. **2.** 쪽매의, 쪽매붙이는.
intéxo, xŭi, téxtum, ĕre, *tr.* [in[1]+] **1.** 〔*alqd alci rei; alqd alqā re*〕 짜넣다, 섞어 짜다, 합쳐서 꼬다, 엮다. **2.** 〔*alqd alci rei,* in *re*〕 끼우다, 삽입하다; 추가[첨부]하다; (뒤)섞다: parva magnis ~ (*C.*) 작은 것을 큰 것과 섞다. 「주교 착좌식.
inthronisátĭo, ónis, *f.* [in[1]+thronus] 《가》
inthronízo, átum, áre, *tr.* [in[1]+thronus] 〔*alqm*〕 (어느 지역의 주교로 임명하여) 주교좌에 올려놓다.
íntĭbus, i, *m.f.* (=íntubum) 《植》 꽃상치.
íntĭma, æ, *f.* 《解》 (특히 동맥·정맥 따위의) 내막(內膜). 「통고.
intimátĭo, ónis, *f.* [íntimo] 알림, 통지,
íntĭmo, ávi, átum, áre, *tr.* [íntimus] **1.** 〔*alqd alci rei*〕 깊숙이 들어가게 하다, 흘러들게 하다, 스며들게 하다. **2.** 〔*alqd alci*〕 통고하다, 알리다, 통지하다.
íntĭmus, a, um, *adj. superl.* [intérior] **1.** 제일 속[안]의, 가장 내부의, 중심부의. **2.** 가장 깊숙한, 심부(深部)의, 심오한; 마음속 깊은 곳의, 마음속 깊이 간직한. **3.** 〔*dat.; absol.*〕 밀접한, 친밀한, 친분이 두터운; 가장 믿음직한, 심복의; 〔*subst.*〕 *m.* 친구; 심복. 「냄. **2.** 세례.
intínctĭo, ónis, *f.* [intíngo] **1.** 적심, 담가
intínctus, us, *m.* [intíngo] 양념간장, 소스.
intíngo[-guo], tínxi, tínctum, ĕre, *tr.* [in[1]+] **1.** 〔*alqd* - in *abl.,* in *acc., abl.*〕 담그다, 적시다; 물들이다. **2.** 〔*alqd* in *acc.*〕 양념하다, 절이다. **3.** 〔*pass.*〕 세례받다.
intitubánter, *adv.* [in[2]+títubo] 흔들림없이, 주저하지 않고. 「제목붙이다.
intítŭlo, ávi, átum, áre, *tr.* [in[1]+títulus]
intolerábĭlis, e, *adj.* [in[2]+] 견딜 수 없는, 참을 수 없는, 심한, 가혹한.
intolerándus, a, um, *adj.* [in[2]+tólero] 견딜[참을] 수 없는, 배겨낼 수 없는; 혹독한, 혹심한; 〔*adv.*〕 **-dum,** 견딜 수 없게, 되게, 몹시.
intólĕrans, ántis, *adj.* [in[2]+tólero] **1.** *actíve:* 〔*gen.; absol.*〕 참지 못하는, 견디지[배겨내지] 못하는. **2.** *passíve:* 〔*absol.; dat.*〕 참아받을 수 없는.
intolerántĭa, æ, *f.* [intólerans] **1.** 참지 못함, 성급함. **2.** (이설이나 다른 종교를 용납하지 못하는) 불관용(不寬容), 편협. **3.** 거만함, 성질이 괴상함, 견딜 수 없는 폭정.
intolerátus, a, um, *adj.* [in[2]+tólero] (병자가) 음식을 섭취하지 못한, 기운차리지 못한. 「창(先唱).
intonátĭo, ónis, *f.* [íntono] 발성(發聲), 선
intóndĕo, ére, *tr.* 깎다, 베다.
íntŏno, nŭi [návi], nátum, áre, *intr.* [in[2]+] **1.** 〔*alqā re*〕 (대포 따위가) 쾅쾅 울리다, 요란한 소리가 나다[울려 퍼지다]. **2.** 〔*impers.*〕 **íntŏnat** 천둥소리가 난다. **3.** 〔*absol.; tr.: alqd*〕 야단치다, 크게[버럭] 소리지르다.
intónsus, a, um, *adj.* [in[2]+tóndeo] **1.** (머리·수염 따위를) 깎지 않은, 장발의, 수염이 텁수룩한. **2.** 잎새 많은, 잎이 우거진; 잡목[숲]이 우거진. **3.** (몸을) 가꾸지 않은, 초라한, 초췌한.
intórquĕo, tórsi, tórtum, ére, *tr.* [in[1]+] **1.** 안으로 비틀다[돌리다], 뒤틀다, 일그러지게 하다: óculos ~ (*V.*) 눈을 흘기다. **2.** 꼬이게 하다, 감다, 휘말다, 얽히게 하다: intórti rudéntes (*Catull.*) 얽힌 밧줄; 〔*pass. refl.*〕 **se~, intorquéri** 뒤틀리다, 감기다, 꼬이다, 휘말리다. **3.** 〔*alqd* - *dat.,* in *acc.*〕 휘두르다, 뒤흔들다; 쏘다, 던지다.
intortícĭum, i, *n.* (여러 가닥의 초를 묶어 만든) 횃불; 예식 때 손에 켜드는 촛불.
intóxĭco, ávi, átum, áre, *tr.* [in[1]+] 중독(中毒)이 되게 하다.

intra, I. *adv.* 안에(서), 내부에; 집안에서, 국내에(서), 내해(內海)[지중해]에.
II. *præp.c.acc.* **1. 안에(서)**, 속에(서): ~ navim *(En.)* 배 안에서. **2.** 안으로, 속으로: compúlsus ~ mœ́nia *(L.)* 성안으로 쫓겨 들어간. **3.** 〔거리·간격〕 이내에, 이내로: ~ jactum teli *(V.)* 투창의 사정거리 이내로. **4.** 〔시간: *absol.;* quam〕 이내에, (얼마) 안으로, 끝나기 전에, …이하로: ~ paucos dies *(L.)* 며칠 안에[안으로] / ~ annum vicésimum *(Cæs.)* 20세 이하로; 20세가 못되어. **5.** 〔정도·범위〕 …이하로, 아래로, **범위 안에서**, 한도[한계]내에서, …만(으로): ~ modum *(C.)* (정도를 넘기보다는 차라리) 정도 이하로 / ~ aquam manére *(Cels.)* (포도주없이) 물만 마시다. **6.** …보다 적게, 덜, …만 못하게.
intrābĭlis, e, *adj.* [intro²] 들어갈 수 있는.
intractábĭlis, e, *adj.* [in²+] **1.** 다룰 수 없는, 까다로운; 길들일[정복할] 수 없는; 거친, 난폭한. **2.** 어떻게 해볼 도리없는; 거처할 수 없는; 마실 수 없는.
intractátus, a, um, *adj.* [in²+tracto] 다루지 않은, 시험해보지 않은; 길들이지 않은.
íntrăho, tráxi, tráctum, ĕre, *tr.* [in¹+] **1.** 끌어 당기다. **2.** 모욕하다.
intramuránus, a, um, *adj.* [intra+murus] 성안에 있는, 도시에 있는.
intransíbĭlis, e, *adj.* [in²+tránseo] 통과할 수 없는, 횡단할 수 없는, 넘어갈 수 없는, 건너갈 수 없는. 「의, 자동사적.
intransitívus, a, um, *adj.* 《文法》 자동(사)
intremísco, ĕre, *intr. inch.* [íntremo] 무서워 떨다.
íntrĕmo, mŭi, ĕre, *intr.* [in¹+] 〔*absol.; abl., dat.*〕 (무엇 때문에) 덜덜 떨다, 무서워 떨다. 「있는. **2.** [in²+] 떨지 않는.
intrémŭlus, a, um, *adj.* **1.** [in¹+] 떨고
intrépĭdus, a, um, *adj.* [in²+] 겁없는, 무서움을 모르는, 용감한, 과감한, 대담무쌍한; 침착한. 「세금을 내다.
intríbŭo, ĕre, *tr.* [in¹+] 이바지[기여]하다;
intríco, (ávi), átum, áre, *tr.* [in¹+tricor] 혼란하게 하다, 당황케 하다; 엉키게 하다, 복잡하게 하다.
intrínsĕcus¹, *adv.* [intra+secus¹] 내부에(서), 속[안]에서, 속으로부터.
intrínsĕcus², a, um, *adj.* 안에 있는, 내부의, 내부로부터의; 본질적인, 고유의.
intrítus¹, a, um, *p.p.* [íntero] 으깨어진; (물·우유 따위로) 눅인, 무르게 한; 〔*subst.*〕 *f., n.* 으깬 것; 수우프, (진한) 육수, 고깃국(물). 「[으깨지] 않은. **2.** 지치지 않은.
intrítus², a, um, *adj.* [in²+tero] **1.** 찧지
intro¹, *adv.* (*sc.* loco) [inter³+] 안에, 속에; **안으로**, 속으로.
intro², ávi, átum, áre, *intr., tr.* [in¹, intus¹, intro¹+] 〔*acc.;* in, ad, intra, per *acc.; dat. poétic.; absol.*〕 **1. 들어가다[오다]**: limen ~ *(C.)* 문턱을 넘어 들어가다. **2.** 침입하다, 공격하다. **3.** 꿰뚫고 들어가다; 꿰찌르다.
introdúco, dúxi, dúctum, ĕre, *tr.* [intro¹+] **1.** 〔*alqm[alqd]* - in, ad *acc.*〕 안으로 인도하다, 이끌어 들이다, 인솔하여 들어가다, 소개하다, 안내하다. **2.** 수입하다, 도입하다; 보급하다. **3.** 제출하다, 제기하다, 주장하다, 가르치다.
introdúctĭo, ónis, *f.* [introdúco] **1.** 이끌어 들임, 도입, 첫 수입(輸入). **2.** 안내, 소개. **3. 서론, 입문**. **4.** (토지·상속의) 이양. 「안내자.
introdúctor, óris, *m.* [introdúco] 소개자,
introductórĭus, a, um, *adj.* [introdúctor] 소개의, 입문의, 서론의; 안내하는, 선도(先導)의.
intróĕo, ívi [ĭi], ĭtum, íre, *anom. intr., tr.* [intro¹+] 〔in, ad *acc.; acc.*〕 들어가다[오다]: in urbem ~ *(C.)*, ~ urbem *(Suet.)* 도시*(Roma)*로 들어가다 / ~ ad *alqm (T.)* 누구를 찾아가다.
intróféro, tŭli, látum, férre, *anom. tr.* [intro¹+] 안으로 가지고 들어가다.
introgrédĭor, *(dĕris, dĭtur),* gréssus sum, grédi, *dep. intr., tr.* [intro¹+grádior] 안으로 걸어 들어가다.
intróĭens, eúntis, *p.præs.* [intróeo].
intróĭtus, us, *m.* [intróeo] **1.** 들어감, 입장(入場); 《가》 (미사의) 입당송. **2.** (단체에의) 가입, 입단. **3.** 입구. **4.** 시작.
intrójŭgus, a, um, *adj.* [intro¹+jugum] 안쪽으로[왼쪽에] 메운 (말〈馬〉 따위).
intromítto, mísi, míssum, ĕre, *tr.* [intro¹+] **1.** 들여보내다, 들어가게[오게] 하다, 안내하다. **2.** 대표로 들여보내다, 파송하다. **3.** 제시하다, 제기하다.
intrórsum[-sus], *adv.* [intro¹+versum, versus] **1.** 안으로, 안을 향하여. **2.** 안에서, 안에.
introrúmpo, rúpi, rúptum, ĕre, *intr.* [intro¹+] 안으로 뛰어들다, 침입[난입]하다.
introspécto, áre, *tr.* [intro¹+] 안을 관찰하다, 들여다보다.
introspícĭo, spéxi, spéctum, cĕre, *tr., intr.* [intro¹+spécio] 〔*acc.,* in *acc.*〕 안을 들여다보다; 검토하다, 관찰하다. 「러들이다.
intróvŏco, ávi, átum, áre, *tr.* [intro¹+] 불
intrúdo, trúsi, trúsum, ĕre, *tr.* [in¹+] 던져넣다, 밀쳐넣다. 「치.
intŭbum, i, *n.* [-**bus,** i, *m., f.*] 《植》 꽃상
intúĕor, túĭtus sum, éri, *dep. tr., intr.* [in¹+] 〔*acc.,* in *acc.*〕 **1. 들여다보다, 바라[쳐다]보다**, 눈여겨보다, 자세히 보다, 주시하다, 응시하다. **2.** 관찰하다, 헤아려

살피다; 곰곰이 생각해 보다, 고려하다. **3.** 감탄하여 바라보다, 경탄하다. **4.** (건물 따위가 어느 쪽으로) 향하여 있다.
intuítĭo, ónis, *f.* [intúeor] **1.** 직관, 직각(直覺), 직감. **2.** 거울에 비쳐봄.
intuitionísmus, i, *m.* 직관설, 직각설.
intúĭtus, us, *m.* [intúeor] **1.** 바라보기; 눈길. **2.** 직관, 직각. **3.** 고려(考慮), 참작.
intumescéntĭa, æ, *f.* 《醫》 팽대(膨大).
intumésco, mŭi, ĕre, *intr. inch.* [in¹+] **1.** 붓다, 부어오르다, 불어나다, 부풀다. **2.** (목소리가) 점점 높아지다. **3.** 거만해지다. **4.** 화내다.
intumulátus, a, um, *adj.* [in²+túmulus] 묻히지 않은, 매장하지 않은.
íntŭmus, 《古》 = íntimus.
íntŭor, túĭtus sum, tŭi, 《古》 = intúeor.
inturbátus, a, um, *adj.* [in²+] 당황하지 않은; 고요한, 안온한. 「않은, 고요한.
intúrbĭdus, a, um, *adj.* [in²+] 혼동되지
intus¹, *adv.* **1.** 〔*absol.; in abl., abl., gen.*〕안에(서), 속에(서), 내부에(서): ~ in córpore *(C.)* 육체 안에 / templo ~*(V.)* 신전 안에서. **2.** 〔*absol.; in acc.*〕 안으로, 속으로: Intus est itum.*(Cæs.)* 안으로 들어갔다. **3.** 안에서부터.
intus², *præp. c. acc.* 안으로, 속으로.
intúsĭum, i, *n.* (= indúsium) 부인용 내의.
intútus, a, um, *adj.* [in²+] **1.** 안전하지 않은; 취약(脆弱)한, 보호되지 않은. **2.** 불확실한.
íntўbum[**-us**] = íntubum[-us].
inúber, ĕris, *adj.* [in²+] 메마른, 빈약한.
ínŭla, æ, *f.* 《植》 목향.
inúltus, a, um, *adj.* [in²+ulcíscor] **1.** 〔*actíve*〕 복수[보복]하지 않은. **2.** 〔*passíve*〕 복수[보복]당하지 않은, 벌받지 않은.
inumbrátĭo, ónis, *f.* [inúmbro] 그늘짐, 어두움; 분명치 않음.
inúmbro, ávi, átum, áre, *tr.* [in¹+] **1.** 〔*alqd - alqā re*〕 그늘지게 하다, 가리워주다. **2.** 어둡게 하다. **3.** 덮다.
inúnco, ávi, átum, áre, *tr.* [in¹+uncus²] 갈고리로 잡아채다.
inúnctĭo, ónis, *f.* [inúngo] 기름바름; 기름이나 고약을 바르고 문지름, 발라서 씻어냄.
inundátĭo, ónis, *f.* [inúndo] 홍수, 범람, 침수.
inúndo, ávi, átum, áre, *tr., intr.* [in¹+] **1.** 〔*acc.; abl.; absol.*〕 (물이) 범람하다, 물에 잠기게 하다, 침수하게 하다: Tíberis agros inundávit.*(L.)* *Tíberis*강의 범람으로 밭들이 침수되었다 / Flúvius inundáverat.*(L.)* 강(물)이 범람했었다. **2.** 〔*alqd - alqā re*〕 (홍수처럼) 넘치게 하다; 넘치다: Sanguis inúndat guttur.*(Ov.)* 피가 목구멍을 흘러 넘친다. **3.** 〔어디에*(acc.)* - *abl.; absol.*〕 쇄도하다, 밀려닥치다: Exercítibus Európa inundáta est.*(Curt.)* 군대들이 구라파에 밀려닥쳤다 / hostes inundántes 쇄도하는 적군. **4.** 〔*pass.*〕 **inundári** *alqā re* 가득차나, 풍부히 있다.
inúng(u)o, únxi, únctum, ĕre, *tr.* [in¹+] 〔*alqd - alqā re*〕 위에 바르다, 기름바르다; 문지르다, (눈을) 비비다.
inurbánus, a, um, *adj.* [in²+] 교양없는, 세련되지 못한, 예모없는, 버릇없는, 조야(粗野)한. 「덮쳐오다[가다].
inúrgĕo, úrsi, ére, *tr.* [in¹+] 들이받다, 부
inúro, ússi, ústum, ĕre, *tr.* [in¹+] **1.** 소인(燒印)을 찍다, 낙인찍다: *alci* famam supérbiæ ~ *(C.)* 누구에게 교만한 자라는 낙인을 찍다. **2.** 지지다. **3.** 뜨겁게 하다; 태우다. **4.** 괴롭히다.
inusitátus, a, um, *adj.* [in²+] 사용하지 않는, 폐지된; 비정상적, 별난, 이상한, 이례적인. 「흔적.
inústĭo, ónis, *f.* [inúro] 탄자리, 낙인찍힌
inústus¹, a, um, *p.p.* [inúro] 낙인찍혀 탄.
inústus², a, um, *p.p.* [in²+uro] 불에 타지 않은. 「는, 소용없는. **2.** 해로운.
inútĭlis, e, *adj.* [in²+] **1.** 무익한, 쓸데없
inutílĭtas, átis, *f.* [inútilis] **1.** 무익함, 소용없음. **2.** 손해, 해로움.
Inŭus, i, *m.* 가축을 번식시키는 자, *Faunus* 또는 *Pan*신의 별명. 「아내없는.
inuxórus, a, um, *adj.* [in²+uxor] 독신의,
invadábĭlis, e, *adj.* [in²+vado²] 건널 수 없는 (여울).
invádo, vási, vásum, ĕre, *tr., intr.* [in¹+] **1.** 〔*acc.*〕 들어서다[가다], 답파(踏破)하다. **2.** 〔in *acc., acc.*〕 덤벼들다, 습격하다, 쳐들어가다, 침입하다, 침략하다. **3.** 〔*acc. - abl.*〕 끌어안다, 껴안다, 덥석 잡다. **4.** 〔*alqd,* in *alqd*〕 탈취하다, 강탈하다, 불법으로 차지하다, 강점(强占)하다. **5.** 〔in *acc., acc.*〕 (병·고통·감정 따위가) 엄습하다. **6.** 〔*acc.; absol.*〕 착수하다, 떠맡다; 뛰어들다.
invaléntĭa, æ, *f.* [in²+] 허약, 쇠약.
inválĕo, lŭi, ére, *intr.* [in¹+] 원기왕성하다.
invalésco, lŭi, ĕre, *intr. inch.* [inváleo] 건강[기운]을 회복하다, 성하여지다.
invaletúdo, dĭnis, *f.* [in²+] 병, 병약(病弱), 불건강.
invalídĭtas, átis, *f.* [inválidus] 무효(성).
inválĭdus, a, um, *adj.* [in²+] **1.** 건강치 못한, 약한, 힘없는. **2.** 무효의, 효력이 없는. 「해, 습격.
invásĭo, ónis, *f.* [invádo] 침입, 침략, 침
invasívus, a, um, *adj.* 침입하는, 침략하는. 「약탈자, 강점자(强占者).
invásor, óris, *m.* [invádo] 침입자, 침공자;
invectícĭus, a, um, *adj.* [ínveho] 수입된,

외래의. 「실어들임. **2.** 악담, 욕설.
invéctĭo, ónis, *f.* [ínveho] **1.** 수입, 반입,
invectiváliter, *adv.* [invéctio] 악담하여.
invectívus, a, um, *adj.* [invéctio] 악담[욕설]하는. 「반입자.
invéctor, óris, *m.* [ínveho] 수입자(輸入者),
invéctus, us, *m.* [ínveho] 수입, 반입.
ínvĕho, véxi, véctum, ĕre, *tr.* [in¹+] **1.** 〔*alqd* in *acc., dat.*〕 도입하다, 실어들이다, 수입하다. **2.** *pass.* **ínvehi** 〔*abl.; absol.* - in, per *acc.; acc., dat.*〕 (말·수레·배 따위를) **타고 가다**[오다], **실려가다,** 운반되다. **3.** *pass. refl.* **se ~, ínvehi** 〔in *acc.*〕 달려들다, 덮치다, 습격하다. **4.** 주로 *pass.* **ínvehi** 〔in *acc.; acc.; absol.*〕 야단치다, 몰아세우다, 욕설하다, 비난하다.
invelátus, a, um, *adj.* [in²+velo] 옷벗은, 가리지 않은, 드러낸. 「않는.
invendíbĭlis, e, *adj.* [in²+] 쉽게 팔리지
invénĭo, véni, véntum, íre, *tr.* [in¹+] **1.** **발견하다,** 찾아내다, 만나다: Adulescéntes invénti sunt mórtui.*(C.)* 젊은이들이 시체로 발견되었다. **2.** 〔*pass.*〕 **inveníri** (= esse) **있다,** …이다, (어떠어떠)하다. **3.** **발명하다,** 고안하다; 꾸며내다, 날조하다. **4.** 알아내다, 알게 되다, 밝혀내다, 깨닫다; 보다: ~ ex captívis*(Cæs.)* 포로들한테서 알아내다. **5.** 마련하다, 장만하다, 얻다, 얻어가지다.
inventárĭum, i, *n.* [invénio] 물품 명세서, 재산 목록, 상품 목록, 표. 「창력(獨創力).
invéntĭo, ónis, *f.* [invénio] 발견; 발명, 독
inventiúncŭla, æ, *f. dim.* [invéntio] 사소한 발명[발견].
invéntor, óris, *m.*[**-trix,** ícis, *f.*] [invénio] 발견자, 발명자, 고안자, 발기인.
invéntum, i, *n.* [invénio] 발명, 발명품.
invéntus, us, *m.* [invénio] 발견, 발명.
invenústus, a, um, *adj.* [in²+] 우아[우미]하지 않은, 보기흉한, 미운.
inverecúndĭa, æ, *f.* [in²+] 뻔뻔스러움, 염치없음, 파렴치, 철면피.
inverecúndus, a, um, *adj.* [in²+] 뻔뻔스러운, 염치없는. 「쏟아붓다.
invérgo, ĕre, *tr.* [in¹+] …위에 붓다(注),
invérsĭo, ónis, *f.* [invérto] **1.** 바꿈, 뒤집음; 전도(轉倒), 도착(倒錯). **2.** 《文法》 도치법(倒置法). **3.** 《修》 반어(反語). **4.** 《論》 여환법(戾換法), 이환법(裏換法).
invérsus, a, um, *p.p.* [invérto] 전도(轉倒)된: 《文法》 cum invérsum, 전도 cum (*cf.* cum² II, 2).
invérto, vérti, vérsum, ĕre, *tr.* [in¹+] **1.** 뒤집다, 거꾸로 세우다, 반대 방향으로 바꾸어놓다, 전도(顚[轉]倒)시키다: ~ terram *(V.)* 땅을 갈아엎다. **2.** 바꾸다, 변경하다.
invesperáscit, ĕre, *impers. intr.* [in¹+] 저녁때가 되다.
investigábĭlis, e, *adj.* **1.** [investígo] 찾아낼 수 있는, 탐구[연구·조사]할 수 있는. **2.** [in²+vestígo] 탐구할[헤아릴] 수 없는.
investigátĭo, ónis, *f.* [investígo] 찾아냄; 탐구, 연구; 조사.
investigátor, óris, *m.* [**-trix,** ícis, *f.*] [investígo] **1.** 찾아내는 사람; 탐구자, 연구가, 조사자. **2.** 수사자(搜査者), 추적자.
investígo, ávi, átum, áre, *tr.* [in¹+] **1.** (사냥할 때) 발자취를 쫓아가다, **추적**(追跡)**하다**; 답사(踏査)하다, 탐사하다; **찾아내다.** **2.** 조사하다; **탐구하다,** 연구하다.
invéstĭo, ívi, ítum, íre, *tr.* [in¹+] 입히다, 덮다, 장식하다, 둘러막다.
invéstis, e, *adj.* **1.** 옷 안입은, 벗은. **2.** 사춘기에 이르지 않은, 순진한. **3.** 성(性)경험이 없는. **4.** 옷을 빼긴[박탈당한].
investitúra, æ, *f.* [invéstio] 《敎史》 (중세 군주의 주교·대수도원장에 대한) 서임권(叙任權), 임직권(任職權).
inveterásco, rávi, ĕre, *intr. inch.* [invétero] **1.** 늙다; 낡아지다, 헌 것이 되다, (낡아서) 못[안]쓰게 되다. **2.** 〔*absol.; dat.*〕 (좋게·나쁘게) 굳혀지다, 뿌리깊이 박히다, 오랜 관례가[버릇이] 되다, 고질이 되다.
inveterátĭo, ónis, *f.* [invétero] 지병(持病), 고질병.
invétĕro, ávi, átum, áre, *tr.* [in¹+] **1.** 오래 가게 하다, 오래도록 보존하다, 지속(持續)하게 하다, 묵히다, 오래 되어 낯설지 않게 하다. **2.** 〔*pass.*〕 **inveterári** 늙다, 낡아지다; 묵은 것이 되다, 오래 가다, 지속하다; 〔*p.p.*〕 inveterátus, a, um*(C.)* 늙은, 옛, 오래 된, 묵은, 오랫동안 계속된, 고질의, 뿌리깊은; 〔*subst.*〕 *n.* 낡아버린 것, 묵은 것, 고질. **3.** 폐기하다. 「않은.
invétĭtus, a, um, *adj.* [in²+veto] 금지되지
ínvĭcem, *adv.* [in¹+vicis] **1.** 자기 차례에, **겨끔내기로,** 번갈아, 번차례로, 교체하여: Defatigátis ~ íntegri succédunt.*(Cæs.)* 원기왕성한 자들이 지친 자들과 교체하여 들어선다 / régio ~ a suis atque hoste vexáta *(Curt.)* 자기 편과 적에게 번갈아가며 시달린 지방. **2.** **서로,** 상호간에: ~ salutáre *(Phædr.)* 서로 인사하다.
invíctus, a, um, *adj.* [in²+vinco] 〔ab, in *abl.; abl.;* ad, contra, in *acc.; gen.; inf.; absol.*〕 지지 않는, 정복되지 않은, (무엇을) 당하지 않는, **불굴의,** 무적(無敵)의: ~ ab hóstibus*(Sall.)* 적군에게 져본 일이 없는 / invíctum ad labórem corpus*(L.)* 수고에 지치지 않는 육체.
invidéndus, a, um, *gerundív.* [invídeo] 부러운; 질투해야 할. 「(羨望)[질투]하는 사람.
ínvĭdens, éntis, *m.* [*p.præs.* invídeo] 선망
invidéntĭa, æ, *f.* [invídeo] **1.** 질투. **2.**

부러워 함, 선망.

invídĕo, vídi, vísum, ére, *intr.*, *tr.* [in¹+] **1.** 〔*dat.; alci* (in) *abl.; alci alqd, inf.; absol.*〕 **질투[시기]하다,** 샘내다, 시새다; 부러워하다, 선망하다. **2.** 〔*inf.; abl.*〕 싫어하다. **3.** 〔*inf.*; ne; *alqd alci*〕 방해하다, 금하다, 못가지게 하다.

invídĭa, æ, *f.* [ínvidus] **1. 질투,** 시기, 시샘. **2.** 부러움, 선망. **3.** 반감, 미움(받음).

invidiósus, a, um, *adj.* [invídia] **1.** 질투하는, 시기심많은, 시새는, 샘하는. **2.** 부러운, 선망의 대상이 되는: pecúnia non invidiósa *(C.)* 부럽지 않은 돈. **3.** 반감을 사는, 미운.

ínvĭdus, a, um, *adj.* [invídeo] **1.** 〔*absol.; dat., gen.*〕 질투[시기]하는, 샘하는; 부러워하는, 선망하는. **2.** 반감품은, 적개심 있는.

invígĭlo, ávi, átum, áre, *intr.* [in¹+] **1.** 〔*dat.; inf.; absol.*〕 경계하다, 자지않고 지키다. **2.** 〔*dat.*; pro *abl., inf.; absol.*〕 주의깊게 돌보다, 염려하다, 마음쓰다.

invincíbĭlis, e, *adj.* [in²+] 이길 수 없는, 극복할 수 없는, 면할 수 없는, 부득이한, 불가피한; 〔*adv.*〕 **-bílĭter,** 어찌할 수 없이, 부득이.

inviolábĭlis, e, *adj.* [in²+] **1.** 다칠 수 없는, 상해(傷害)[손상]될 수 없는. **2.** 더럽힐 수 없는; 범해서는 안되는, 불가침의, 깨뜨릴 수 없는, 위반하지 못할.

inviolátus, a, um, *adj.* [in²+víolo] **1.** 상처없는, 손상되지 않은. **2.** 침범당하지 않은, 더럽혀지지 않은, 순결한.

invíscĕro, ávi, átum, áre, *tr.* [in¹+víscera] **1.** 내장속에 넣다. **2.** 마음속에 깊이 간직하다[뿌리 박히게 하다].

invisíbĭlis, e, *adj.* [in²+] 볼 수 없는, 보이지 않는, 무형의. 「음, 무형.

invisibilĭtas, átis, *f.* [invisíbilis] 보이지 않

invisitátus, a, um, *adj.* [in²+vísito] **1.** 방문받지 않은; 만나주지 않는. **2.** 진기한, 기이한, 평소에 없는, 이례적인.

invíso, si, sum, ĕre, *tr.* [in¹+] **1.** 방문하다, 찾아가다, 심방하다. **2.** 시찰하다, 검열[점검]하다; 사열하다. **3.** 보다, 들여다보다.

invísus¹, a, um, *p.p., a.p.* [invídeo] 〔*dat.; absol.*〕 **1.** 질투받고 있는, 미움받는. **2.** 마음에 안드는, 꼴보기 싫은.

invísus², a, um, *p.p.* [invíso]. 「않는, 숨은.

invísus³, a, um, *adj.* [in²+vídeo] 보이지

invitábĭlis, e, *adj.* [invíto] 초대해도 좋은, 재미있는, 매력있는.

invitaméntum, i, *n.* [invíto] **1.** 초대, 초청. **2.** 유혹, 미끼.

invitátĭo, ónis, *f.* [invíto] **1.** 〔*absol.*; in, ad *acc.*〕 초대, 초청; 안내. **2.** 권유, 유인, 유혹. 「víto] 초대하는 사람, 초청인.

invitátor, óris, *m.* [-**tátrix,** ícis, *f.*] [in-

invitatórĭus, a, um, *adj.* [invitátor] 초대[초청]의, 초대하는, 권유하는; 유혹하는, 유인하는; 〔*subst.*〕 *n.* 《가》 (성무일과〈聖務日課〉의 독서기도나 찬과〈讚課〉기도를 시작하기 전에 하는) 초대[권유]의 기도.

invitátus, us, *m.* [invíto] 초대, 안내, 권유.

invíto, ávi, átum, áre, *tr.* **1.** 〔*alqm* ad, in *acc.; abl.*; ut; *absol.*〕 **초대하다,** 접대하다. **2.** 〔*alqm* ad, in *acc.*; ut; *inf.; absol.*〕 권하다, **권유하다,** 유인[유혹]하다.

invítus, a, um, *adj.* **1.** 〔*absol.; gen.*〕 싫은 마음으로 하는, 억지로 하는, 마지못해 하는; 〔*abl. absolútus*〕 *alqo* invíto *(C., Cæs.)* 누가 싫어하는데도; 〔*adv.*〕 **-te, -to,** 싫은 마음으로, 억지로. **2.** 고의가 아닌, 본의 아닌, 자발적이 아닌, 무의식적인.

ínvĭus, a, um, *adj.* [in²+via]〔*absol.; dat.*〕 길이 없는[나지 않은]; 지나가기 어려운, 꿰뚫리지 않는; 〔*subst.*〕 *n.pl.* 길없는 곳.

invocátĭo, ónis, *f.* [ínvoco] (이름)부름; 호소, 부르짖음; (성인들에게 구원·보호 따위를 얻어달라고 청하는) 기도, (신에게 청하는) 짤막하고 절실한 기원, 화살기구(祈求). 「호소하는, 기원하는.

invocatívus, a, um, *adj.* [ínvoco] 부르는,

invocatórĭus, a, um, *adj.* [ínvoco] 부름[호소·기원]의, 기원을[기도를] 드러내는[나타내는].

invocátus¹, a, um, *p.p.* [ínvoco].

invocátus², a, um, *adj.* [in²+voco] 불리지 않은, 초대되지 않은.

invocátus³, us, *m.* [invocátus²] 부르지 않음, 초대없음.

ínvŏco, ávi, átum, áre, *tr.* [in¹+] **1.** (구원·보호 따위를 청하여 또는 증인으로 신을) 부르다; 기원하다, 기도[기구]하다, 호소하다, 부르짖다, 청하다: ~ deos testes *(L.)* 신들을 증인으로 부르다. **2.** (일반적으로) 이름부르다, …라고 부르다.

involátus, us, *m.* [ínvolo] (조점술〈鳥占術〉에서) 새의 날아가는 모양.

invólgo = invúlgo.

invólĭto, ávi, átum, áre, *intr. freq.* [ínvolo] 위를 날다, 훨훨 날다.

ínvŏlo, ávi, átum, áre, *intr., tr.* [in¹+] **1.** 〔in *acc., dat.*〕 날아들다. **2.** 〔in, ad *acc.; acc.; dat.; absol.*〕 덤벼들다, 달려들다, 주먹을 휘두르다. **3.** 〔*alqd*〕 훔쳐가다, 채어가다, 탈취하다.

involúcre, is, *n.* [invólvo] (머리깎을 때) 어깨·가슴에 두르는 보자기. 「하는.

involúcris, cre, *adj.* [in²+] 아직 날지 못

involúcrum, i, *n.* [invólvo] 보자기, **덮개,** 싸개; 포장하는데 쓰이는 여러가지 물건;

봉투: simulatiónum involúcra *(C.)* 가면, 위장. 「개, 강보.
involuméntum, i, *n.* [invólvo] 덮개, 싸
involuntárĭus, a, um, *adj.* 무의식중의, 저도 모르는 사이의, 고의가 아닌, 본의아닌, …하고 싶어한 것이 아닌.
involútĭo, ónis, *f.* [invólvo] 말아[감아·굴려]넣음, 회선(回旋); 말아넣은 것.
involútus, a, um, *p.p., a.p.* [invólvo] 덮인, 가리워진, 휩싸인; 분명하지 않은, 복잡한, 뒤얽힌.
invólvo, vólvi, volútum, ĕre, *tr.* [in¹+] **1.** 〔*alqd - dat.*, in *acc.*〕 안으로 굴리다, 굴러들게 하다; 굴러 떨어지게 하다. **2.** 〔*alqd - alqā re*, in *abl.*〕 싸다(包), 포장하다, 감싸다, 두르다, 가리다, 뒤덮다, 휩싸다, 휩싸이게 하다; 포함하다. **3.** 〔*alqd alqā re*〕 말아[감아]넣다, 휘감다, 휘말다, 접어넣다; (곤란 속에) 끌어넣다, 빠지게 하다, 연루시키다. **4.** 〔*pass. refl.*〕**se ~, invólvi** *alqā re* 빠지다, 걸려들다; 열중하다: líttera se ~ *(C.)* 공부에 열중하다.
invólvŭlus, i, *m. dim.* [invólvo] 《動》 (나뭇잎을 돌돌 말아놓는) 애벌레.
invúlgo, ávi, átum, áre, *tr.* [in¹+] 공표[발표]하다, 알리다; 퍼뜨리다, 보급시키다.
invulnerábĭlis, e, *adj.* [in²+vúlnero] 상처입을 수 없는, 상처입지 않는.
invulnerátus, a, um, *adj.* [in²+vúlnero] 상처입지 않은.
iō¹, *interj.* **1.** 〔급히 부름·권고·명령 따위에〕 어이! 여봐! **2.** 〔기쁨·환호〕 아! 만세! **3.** 〔감탄〕 아! 참! **4.** 〔고통〕 아이고.
Iō², Ius[Iónis], *f.* *Argos*의 *Inăchus*왕의 딸, *Júpiter*의 사랑을 받다가 *Juno*여신의 질투로 황소로 변함; 〔*adj.*〕 **Iónĭus,** a, um.
Iocásta, æ, [**-ste,** es,] *f.* *Menœceus*의 딸, *Láius*왕의 왕비, *Œdĭpus*의 어머니로서 후에 잘못되어 그의 왕비가 됨.
Ioláus, i, *m.* *Iphĭcles*의 아들, 그 삼촌인 *Hércules*의 동료가 됨.
Iólcus[-cos], i, *f.* *Thessália*의 소도시, 여기서 *Argonáutæ*가 출범하였음; 〔*adj.*〕 **-cíăcus,** a, um.
Iŏle, es, *f.* *Eubœa*섬의 *Œchália*의 왕 *Eurўtus*의 딸, *Hércules*의 총애를 받았으나 *Œchália* 멸망후 포로가 되었음.
Iōn, ónis, *m.* *Athénæ*사람, *Xuthus*의 아들, *Asĭa*에 이주.
Iónĭa, æ, *f.* 소아시아의 서해안 지방, *Cária*와 *Æŏlis*의 중간지역, 고대 희랍인들의 식민지; 〔*subst. deriv.*〕 **-nes,** um, *m.pl.* 그곳 주민; 〔*adj.*〕 **-níăcus [-nĭcus, -nĭus],** a, um; *n.* **Iónĭum** (mare) *Iónia*바다.
ióta, *n. indecl.* 희랍어의 아홉째 글자: I.
Iphĭas, ădis, *f.* *Iphis(2)*의 딸.
Iphĭcles, is, *m.* *Amphítrion*의 아들, *Hércules*의 형제, *Ioláus*의 아버지.
Iphícrătes, is, *m.* *Athénæ*의 유명한 장군 (c. 350 A.C.); 〔*adj.*〕 **-ténsis,** e.
Iphigenía, æ, *f.* *Agamémnon* 왕과 *Clytæmnéstra* 왕비의 딸.
Iphis, ĭdis, *m.* **1.** *Creta*섬의 *Ligdus*의 딸, 남자로 변했음. **2.** *Euádne*의 아버지.
Iphĭtus, i, *m.* *Eurўtus*의 아들, *Hércules*에게 살해됨.
ipse, a, um, *pron. demonstr.* [is+pse] 〔*gen.* ipsíus; *dat.* ipsi; 옛 형태로 ipsus, a, ud 및 *superl.* ipsíssimus도 간혹 만나게 됨〕 **1.** 〔다른 지시대명사·인칭대명사·명사와 함께 또는 단독으로〕 **자신**(自身), **자체, 바로 이[그], 친히,** 몸소; …**도 또한:** ego ipse *(C.)* 나 자신이[자신도] / ipso facto 사실[행위] 자체로써. **2.** 스스로, 자발적으로, 저절로: Valvæ se ipsæ aperuérunt. *(C.)* 문이 저절로 열렸다. **3.** 〔시간·수에 대해서〕 **바로 이[그],** 정확히 (그[이]), 에누리없이: eo ipso die *(C.)* 바로 그날에 / Trigínta dies erant ipsi,... *(C.)* 정확히 말해서 30일이 지났다. **4.** 〔접미사 -met, -ce를 가짐으로 강세를 드러내기도 함〕 ípsimet *(C.)* 바로 그 자신들이.
īra, æ, *f.* **1.** 분노, 진노, 골, 성, 화, 노여움, 분통, 노발대발: ~ in *alqm (L.)* 누구에 대한 분노 / ira fugæ *(L.)* 도주로 인한 분통. **2.** 분노의 동기(가 된것).
iracúndĭa, æ, *f.* [iracúndus] **1.** 성 잘내는 기질; 울화(통); 분노. **2.** 격정.
iracúndus, a, um, *adj.* [ira] 화[성] 잘내는, 노염 잘 타는; 화가난, 성급한, 격렬한.
irascíbĭlis, e, *adj.* 화 잘 내는, 성미급한.
iráscor, *(ĕris, ĭtur)*, irátus sum, sci, *dep. intr.* [ira] 〔*absol.*; *dat.*; in *alqd*, de *alqā re*〕 분노하다, 격분하다, 분통 터뜨리다, 성[골·화]내다, 노하다.
irátus, a, um, *p.p., a.p.* [iráscor] 〔*absol.*; *dat.*; de *alqā re*〕 노한, 화가 난, 성[골]난, 분이 치민, 격분한. 「안관.
irenárcha [-es], æ, *m.* 경찰관, 치안관, 보
iricŏlor, óris, *adj.* [iris+color] 무지개 빛의.
īris¹, is[ĭdis], *f.* **1.** 무지개. **2.** 《解》 (안구의) 홍채(虹彩). **3.** 《植》 붓꽃과의 식물: ~ ensáta 꽃창포 / ~ coreána [ko-] 노랑붓꽃. 「사자(使者).
Iris², is[ĭdis], *f.* 무지개의 여신, 신(神)들의
irn... *V.* hirn... 「댐, 비꼬기, 빗댐.
ironía, æ, *f.* **1.** 반어법. **2.** 풍자, 빈정
irónĭcus, a, um, *adj.* 반어(反語)의, 반어적인; 풍자의, 비꼬는, 빈정대는.
irpex, pĭcis, *m.* 쇠스랑.
irradiátĭo, ónis, *f.* [irrádio] **1.** 빛을 방사(放射)함, 조사(照射), 조명, 빛살을 보냄. **2.** 광선. **3.** 방열(放熱), 열의 방산(放散).

irrádĭo, ávi,átum, áre, *tr.*, *intr.*[in[1] + rádius] 1. 조명하다, 비추다, 빛살을 보내다. 2. 빛을 발산하다, 빛나다. 3. …에게 지식의 광명을 주다, 계몽하다.

irrásus, a, um, *p.p.* [in[2] + rado] (털 따위를) 깎지 않은.

irrationabĭlis, e, *adj.* [in[2] +] 1. 이성(理性)이 없는. 2. 불합리한, 비합리적인, 이치에 맞지 않는, 무리한; 〔*adv.*〕 **-bilĭter.** 「비합리성.

irrationabilĭtas, átis, *f.* [-bĭlis] 불합리성,

irrationális, e, *adj.* [in[2] +] 1. 이성(理性)이 없는. 2. 도리를 모르는, 무분별한.

irrationalísmus, i, *m.* 《哲·神》 비합리주의.

irraucésco, ráusi, ĕre, *intr. inch.* [in[1] + raucus] 목소리가 쉬다.

irrecitabilĭter, *adv.* [in[2] + récito] 말로 다 할 수 없게, 형언할 수 없도록.

irrecuperábĭlis, e, *adj.* [in[2] + recúpero] 회복할 수 없는, 물릴 수 없는.

irredivĭvus, a, um, *adj.* [in[2] +] 다시 살아날 수 없는, 회생[소생] 불능한.

irreformábĭlis, e, *adj.* [in[2] +] 개혁할 수 없는, 개정할 수 없는.

irrefragábĭlis, e, *adj.* [in[2] + refrágor] 논박할 수 없는, 논쟁의 여지가 없는.

irrefutábĭlis, e, *adj.* [in[2] +] 논박[반박]할 수 없는. 「돌아올 수 없는.

irregressíbĭlis, e, *adj.* [in[2] + régredi] 다시

irreguláris, e, *adj.* [in[2] +] 1. 불규칙한, 변칙의, 파격적인, 비정상적인, 무질서한. 2. 결격(缺格)의.

irregulárĭtas, átis, *f.* [-láris] 1. 불규칙, 변칙, 파격, 반칙, 무질서. 2. 《가》 수품부적격(受品不適格), 수품결격(사유)(缺格事由), 수품장애: ~ ex deféctu 결함에 의한 결격 / ~ ex delícto 범죄에 의한 결격.

irreligátus, a, um, *adj.* [in[2] + réligo[1]] 묶지 않은, 매지 않은. 「반종교.

irrelígĭo, ónis, *f.* [in[2] +] 무종교, 무신앙,

irreligiósĭtas, átis, *f.* 무종교, 무신앙, 불경건; 반종교적인 것; 불경(不敬), 불충, 불효.

irreligiósus, a, um, *adj.* [in[2] +] 무종교의, 종교심없는, 신앙심없는; 반종교적인; 신을 모독하는, 불경한.

irremeábĭlis, e, *adj.* [in[2] +] 돌아오지 못하는, 통행할 수 없는. 「질의.

írremediábĭlis, e, *adj.* [in[2] +] 불치의, 고

irremissíbĭlis, e, *adj.* [in[2] +] 용서될 수 없는, 사(赦)해지지 못할.

irremíssus, a, um, *p.p.*, *a.p.* [in[2] + remítto] 1. 늦추어지지 않은. 2. 사(赦)해지지 않은. 「없는, 보상될 수 없는.

irremunerábĭlis, e, *adj.* [in[2] +] 갚을 수

irremunerátus, a, um, *adj.* [in[2] + remúnero] 보상없는, 보수없는, 무상의.

irreparábĭlis, e, *adj.* [in[2] + réparo] 수선할 수 없는, 회복할 수 없는, 다시 돌이킬 수 없는, 보상할 길 없는.

irrepértus, a, um, *adj.* [in[2] + repério] 찾아내지[발견하지] 못한.

irreplétus, a, um, *adj.* 만족치 못한.

irrépo, répsi, réptum, ĕre, *intr.*, *tr.*[in[1] +] 1. 〔ad *acc.*; *dat.*; *acc.*; *absol.*〕 기어 들어가다[오다], 포복하다, 슬그머니 끼어들다. 2. 〔in *acc.*; *dat.*; *acc.*; *absol.*〕 굴러들어오다; 스며들다; 모르는 사이에 빠져들다.

irreposcíbĭlis, e, *adj.* [in[2] + repósco] 청구할 수 없는.

irreprehensíbĭlis, e, *adj.* [in[2] + reprehéndo] 나무랄 데 없는, 비난할 수 없는, 죄과없는.

irreprehénsus, a, um, *adj.* [in[2] + reprehéndo] 나무랄 데 없는, 결점없는, 하자없는, 책잡히지 않은. 「어감[옴].

irréptĭo, ónis, *f.* [irrépo] 슬그머니 기어 들

irrépto, áre, *intr.*, *tr.* [irrépo] 〔*dat.*; *acc.*〕 몰래 기어 들다; 둘러 묶다; 포위하다.

irrequiétus, a, um, *adj.* [in[2] +] 쉴 새 없는, 쉬지 않는. 「지 않은.

irreséctus, a, um, *adj.* [in[2] + réseco] 잘리

irresolúbĭlis, e, *adj.* [in[2] +] 풀 수 없는, 해결할 수 없는, 알아낼 수 없는.

irresolútus, a, um, *adj.* [in[2] + resólvo] 풀리지 않은, 늦추어지지 않은.

irrétĭo, ívi[ĭi], ítum, íre, *tr.*[in[1] + rete]〔*alqm [alqd] - alqā re*〕 그물질하다, 그물[올가미]에 걸리게 하다, 덫으로 잡다, 옭(아매)다; 걸려들게 하다, 유혹하다.

irretórtus, a, um, *adj.* [in[2] + retórqueo] 비틀리지 않은, 비뚤어지지 않은.

irretractábĭlis, e, *adj.* [in[2] + retrácto] 철회할 수 없는. 「의.

irrévĕrens, éntis, *adj.* [in[2] + revéreor] 불경

irreveréntĭa, æ, *f.* [irréverens] 불경, 무례.

irrevocábĭlis, e, *adj.* [in[2] + révoco] 1. 돌이킬 수 없는, 철회하지 못할. 2. 화해할 수 없는.

irrevocátus, a, um, *adj.* [in[2] + révoco] 소환되지 않은; 돌이키지 못한, 철회되지 않은.

irrídĕo, rísi, rísum, ére, *intr.*, *tr.* [in[1] +] 1. 〔in *abl.*; *dat.*; *absol.*〕 …에 대해서 웃다, (무엇을) 보고 웃다. 2. 〔*dat.*; *acc.*〕 비웃다, 조소하다, 조롱하다.

irridícŭle, *adv.* [in[2] + ridículus] 우습지도 않게, 재미없이, 유우머 없이. 「거리.

irridicŭlum, i, *n.* [irrídeo] 웃음거리, 조소

irrigátĭo, ónis, *f.* [írrigo] 물줌, 물댐, 물뿌림, 관개(灌漑). 「개자.

irrigátor, óris, *m.* [írrigo] 물주는 사람, 관

írrĭgo, ávi, átum, áre, *tr.* [in[1] +] 1. 〔*alqd*

(aquam) - in, ad, per *acc.*〕 (어디에) 물을 대다[끌다], 관개하다: aquam ~ in *alqd* *(Cato)* 무엇에 물을 끌어대다. 2.〔*alqd* - *abl.*〕 (어디에) 물을 넘치게 하다, 관개하다; 물을 뿌리다: Ægýptum Nilus írrigat. *(C.)* *Ægýptus*는 *Nilus*강에 의해 관개된다[물이 넘친다]. 3. 적시다, 젖어들게 하다, 스며들(게 하)다: Irrĭgat terram cruor. *(Sen.)* 피가 땅을 적시고 있다.

irrígŭus, a, um, *adj.* [írrigo] 1. 관개의, 물대는, 물이 나는, 잘 적시는. 2. 젖은, 젖어든, 물이 충분한; 흠씬 쏟아진.

irrisíbĭlis, e, *adj.* [irrídeo] 비웃을 만한, 가소로운. 「멸.

irrísĭo, ónis, *f.* [irrídeo] 비웃음, 조소, 경

irrísor, óris, *m.* [irrídeo] 비웃는 사람, 조소자, 경멸자. 「조소의.

irrisórĭus, a, um, *adj.* [irrídeo] 비웃음의,

irrísus, us, *m.* [irrídeo] 비웃음, 조소, 조롱: irrísui esse *(Cæs.)* 비웃음 거리가 되다.

irritábĭlis, e, *adj.* [irríto¹] 화 잘 내는, 성급한; 민감한, 흥분하기 쉬운, 예민한.

irritabílĭtas, átis, *f.* [-bĭlis] 화 잘 냄, 성급함; (자극에 대한) 감수성, 흥분.

irritámen, mĭnis, [**-méntum**, i,] *n.* [irríto¹] 자극물, 자극제, 흥분제.

irritátĭo¹, ónis, *f.* [irríto¹] 자극, 충동; 흥분시킴, 안달[초조]하게 함; 격앙시킴; 분발시킴. 「언.

irritátĭo², ónis, *f.* [írrito²] 무효화, 무효선

irritatívus, a, um, *adj.* [irríto¹] 자극하는, 자극성의.

irritátor, óris, *m.* [**-tátrix**, ícis, *f.*] [irríto¹] 자극자(刺戟者), 분발시키는 사람.

irritátus, a, um, *p.p.*, *a.p.* [irríto¹] 1. 화난. 2. 자극된, 흥분한.

irríto¹, ávi, átum, áre, *tr.* 1. 화나게 하다, 안달나게 하다, 초조하게 하다. 2. 자극하다, 흥분시키다, 분발시키다.

írrĭto², áre, *tr.* [írritus] 무효로 만들다.

írrĭtum, i, *n.* [írritus] 무효, 헛된 결과: spes ad ~ redácta *(L.)* 수포로 돌아간 희망 / in ~ cádere *(Ta.)* 수포로 돌아가다.

írrĭtus, a, um, *adj.* [in²+ratus] 1. 법적가치가[효력이] 없는, **무효의**: *alqd* írritum fácere *(C.)* 무엇을 무효화하다. 2. 공허한, 허무한, 헛된, 쓸모없는: írrito incépto *(L.)* 계획이 헛되게 되어 / írritum ovum *(Plin.)* 무정란, 홀알. 3. 〔*gen.*; *absol.*〕 성공못한, 성과[효과]를 거두지 못한, 불행한: ~ legatiónis *(Ta.)* 사명을 다하지 못한. 「부과(賦課).

irrogátĭo, ónis, *f.* [írrogo] (벌금 따위의)

írrŏgo, ávi, átum, áre, *tr.* [in¹+] 1. 〔*alqd alci*〕 법을 누구에게 적용하기를 청하다[제의하다]. 2. 〔*alqd alci*〕 (벌금·세금 따위를) **부과하다**, 벌금[세금]을 물리다, 처벌하다, (무슨) 형에 처하다. 「소독약 살포.

irrorátĭo, ónis, *f.* 물뿌리기, 살수(撒水);

irróro, ávi, átum, áre, *tr.* [in¹+ros] 1. 〔*alqd*〕 이슬에 적시다, 이슬맞히다. 2. 〔*alqd alqā re; alci rei alqd*〕 적시다, 젖게 하다, 물을 뿌리다: ~ liquóres cápiti *(Ov.)* 머리에 향수를 뿌리다. 3. *intr.* 〔*dat.*; *absol.*〕 방울져 떨어지다: Lácrimæ irrórant fóliis. *(Ov.)* 눈물이 책장 위에 뚝뚝 떨어진다. 「하다.

írrŏto, ávi, átum, áre, *tr.* [in¹+] 굴러가게

irrubésco, bŭi, ĕre, *intr. inch.* [in¹+] 빨개지다, 붉어지다.

irrúcto, áre, *tr.* [in¹+] 자주 트림하다.

irrúfo, ávi, átum, áre, *tr.* [in¹+rufus] 갈색으로 만들다.

irrugátĭo, ónis, *f.* [irrúgo] 주름 잡힘.

irrúgĭo, ívi [ĭi], ítum, íre, *intr.* [in¹+] 크게 소리지르다, 울부짖다. 「게] 하다.

irrúgo, áre, *tr.* [in¹+ruga] 주름 잡히게[짓

irrumátĭo, ónis, *f.* [írrumo] 젖먹임.

írrŭmo, ávi, átum, áre, *tr.* [in¹+ruma] 젖먹이다.

irrúmpo, rúpi, rúptum, ĕre, *tr.*, *intr.* [in¹+] 1. 〔*acc.*; in, ad *acc.*; *absol.*〕 돌입하다, **돌진**하다, 쇄도하다, **밀려닥치**다, 덮치다, 엄습하다, 침입[침략]하다, 습격하다, 쳐들어가다. 2. *refl.* ~ **se** 〔in, ad *acc.*〕 쏜살같이 달려가다.

írrŭo, rŭi, ĕre, *intr.* [in¹+] 1. 〔in *acc.*, *dat.*; *absol.*〕 **돌진해 들어가다**, 맹렬한 기세로 뛰어들다, **달려[덤벼]들**다; 난입하다, 침범하다, 침입[침략]하다, 돌격하다. 2. *(tr.)* *refl.* **se** ~ 뛰어들다, 끼어들다.

irrúptĭo, ónis, *f.* [irrúmpo] 돌입, 침입, 난입; 침략, 습격.

irrúptus, a, um, *p.p.*, *a.p.* [in²+rumpo] 끊어지지 않은, 중단되지 않은.

Irus, i, *m.* *Ithăca*섬의 *Ulíxes*의 집에 있던 거지 *Arnǽus*의 별명.

is, ea, id, *pron. demonstr.* 〔*sg. gen.* ejus; *dat.* ei; *pl. dat.*, *abl.* eis, iis〕 1. 〔단독으로 3인칭의 대명사〕 **그, 그 사람[여자], 그것**. 2. 〔드물게는 1·2인칭을 지시하는 수도 있음〕 Hæc ómnia is feci. *(C.)* 이 모든 것을 내가 했다. 3. 〔드물게는 재귀대명사처럼도 쓰임〕 Helvétii persuádent *alíquibus*, ut cum iis proficiscántur. *(Cæs.)* *Helvétia*인들은 그들에게 자기들과 함께 출발할 것을 설득시키고 있다. 4. 〔*adjectíve*〕 **그, 이**: is rex *(Plin.)* 그 임금 / ea res *(Cæs.)* 그 일. 5. 〔이미 나온 말에 대해서 et, atque, -que 따위 접속사와 함께 부가적 설명·강조·한정 따위 표시〕 그것도, 그나마도: cum unā legióne, eáque vacillánte *(C.)* 1개 군단 그것도 비틀거리는 군단과 함께 / Eos laudo, idque mérito. *(C.)*

나는 그들을 칭찬한다, 그것도 의당 칭찬할 만해서 하는 것이다. **6.** 〔이미 열거한 것을 총괄적으로 표시하기도 하고, 다음에 나올 말[문장] 전체를 명시하기도 함〕 Idem velle atque idem nolle, ea demum firma amicítia est.*(Sall.)* 같은 것을 원하고 같은 것을 싫어하는 그것이야말로 확고한 우정이다. **7.** 〔관계대명사의 선행사〕 사람, 자(者), 것; 그[그런] 사람[여자·것]: id, quod sentit.*(C.)* 그가 느끼는 것. **8.** 〔결과문, 결과관계문 앞에〕 **그러한**: Matris ea crudélitas est, ut (eam) nemo matrem appelláre possit.*(C.)* 그 어머니의 잔인함은 아무도 그를 어머니라고 부를 수 없는 그러한 것이다 / Neque tu is es, qui ... néscias.*(C.)* 너는… 모를 그런 사람도 아니다. **9.** 〔**id**의 특수용법〕 1) **id est**[idest](略: i.e.) 즉, 다시 말하면. 2) 〔명사의 *gen.*를 동반하면서 정도·분량·제한·상태 따위 표시〕 그[이], 그러한[이러한]: in id loci*(T.)* 그 자리로 / id vírium*(Ta.)* 그 정도의 세력 / hómines id ætátis*(C.)* 이[그] 나이의 사람들. 3) in eo est, ut *c.subj.* 바야흐로 …려 한다, … 이런 정도에[여기까지] 이르렀다.

Isǽus, i, *m.* 희랍의 웅변가 (c. 375 A.C.), *Demósthenes*의 스승.

isagóge, es, [**-góga,** æ,] *f.* (학문·예술 분야에 대한) 입문, 안내, 서론.

isagógĭcus, a, um, *adj.* [isagóge] 서론적인, (특히 성서의 연혁을) 안내하는.

Isăra, æ, *m. Rhódanus*강의 지류.

ísătis, tĭdis, *f.* 《植》 대청.

Isáurĭa, æ, *f. Pamphýlia*와 *Cilícia*사이에 있는 *Asĭa*지방; 〔*adj.*〕 **-rĭcus** [**-rus**], a, um.

ischǽmĭa, æ, *f.* 《醫》 국부[국소] 빈혈.

íschĭas, ădis, *f.* 《醫》 **1.** 요통. **2.** 좌골신경통; 〔*adj.*〕 **-chiádĭcus,** a, um, 좌골의; 좌골신경통의. 「해면체의.

ischiocavernósus, a, um, *adj.* 《解》 좌골

ischúrĭa, æ, *f.* 《醫》 요폐(尿閉), 소변불통.

iselástĭcus, a, um, *adj.* 승리 행진의, 승리자의 입장에 관한; 〔*subst.*〕 *n.* 경기 승리자의 상. 「〔*adj.*〕 **Isíăcus,** a, um.

Isis, is [ĭdis], *f.* (이집트의) 풍요의 여신;

Ismărus, i, *m.* [**-ra,** órum, *n.pl.*] *Thrácia*의 남해안에 있는 산; 그곳 도시; 〔*adj.*〕 **-márĭus,** a, um. 「친구.

Isménĭas, æ, *m. Thebæ*사람, *Pelópidas*의

Isménis, nĭdis, *f. Isménus*여자, *Thebæ*여자.

Isménus[**-os**], i, *m.* **1.** *Bœótia*의 *Thebæ*시를 가로지르는 강; 〔*adj.*〕 **-nĭus,** a, um, *Isménus*강의, *Thebæ*의. **2.** *Níobe*의 아들중 하나.

Isócrătes, is, *m. Athénæ*의 유명한 웅변가 (436 - 338 A.C.); 〔*adj.*〕 **-téus** [**-tíus**], a, um.

Israël, *indecl.*; **Israël,** élis, *m.* **1.** 구약시대의 *Isăāc*의 아들 *Jacob*의 다른 이름(*cf. Gen. 32, 28*). **2.** *Israël*의 후손 (*cf. Gen. 32, 32*), 하느님의 선민(選民)으로서의 *Israël* 백성. **3.** *Israël* 왕국.

Israëlíta [**-tes**], æ, *m.(f.)* **1.** *Israël* 사람; 〔*adj.*〕 **-lítĭcus,** a, um; 〔*adj.f.*〕 **-lítis,** tĭdis. **2.** 하느님의 진정한 숭경자 (*cf. Jo. 1, 47; Rom. 9, 6; 11, 1*).

Issa, æ, *f. Adrĭa*해의 섬; 〔*adj.*〕 **-sǽus,** a, um 및 **-sénsis,** e; *m.pl.* 그곳 주민; **-saĭcus,** a, um.

Issus [**-os**], i, *f. Cilícia*의 도시, *Pérsia*의 *Daríus*왕이 *Alexánder*대왕에게 참패한 곳; 〔*adj.*〕 **Issĭcus,** a, um.

istāc, *adv.* [iste] 저곳을 거쳐, 그리로[저리로]해서, 저편으로.

istáctĕnus, *adv.* 거기까지, 그 정도까지.

istæc, *f.* [istic[1]]. 「*Germánia*종족.

Istævónes, um, *m.pl. Rhenus*강변에 살던

iste, a, ud, *pron. demonstr.* 〔*gen.* istíus; *dat.* isti〕 [is + te] **1.** 저[이] 사람[여자], 저것, 이것; 저, 이, 그: multæ istárum árborum*(C.)* 저기 있는 많은 나무들. **2.** 〔가끔 경멸의 뜻이 있음〕 저[그] 놈(의), 이 따위, 그까짓: iste*(C.)* 그 작자 / canis iste 저놈의 개. **3.** 〔때로는 말의 강세(强勢)를 드러냄〕 이러한, 그러한, 이렇게[그렇게]

Ister[**Hi-**], tri, *m. Danúbius*강. 「큰.

isthic, æc, uc = istic[1], æc, uc.

Isthmĭa, órum, *n.pl. Corínthus*의 *Isthmus* (지협)에서 2년마다 거행되던 경기.

isthmus [**-os**], i, *m.* **1.** 지협(地峽); [I-] 특히 *Corínthus*의 지협; 〔*adj.*〕 **-mĭcus** [**-miăcus, -mĭus**], a, um. **2.** 해협(海峽). **3.** 《解·動》 협(峽), 협부, 협착부(峽窄部).

isti, *adv.* [iste] 저기에, 여기에.

istic[1], æc, oc [uc], *pron.* = iste, a, ud.

istic[2] [**-thic**], *adv.* **1.** 저기에, 여기에. **2.** 이 일[점]에 있어서.

istim [**istinc, isthinc**], *adv.* [iste + hinc] 거기서부터, 저곳으로부터; 그것에서부터.

istiúsmŏdi, *gen. qualit.* [istíus + modus] 그러한, 저러한, 이러한, 그 따위의, 저런 종류의. 「로. **2.** 그것에다, 거기에다.

isto, *adv.* [iste] **1.** 저기로, 저리로, 그리

istoc, *adv.* [istic[2]] **1.** 저기로, 저리로, 그리로. **2.** 거기서(부터), 그곳에서(부터).

istórsum, *adv.* [isto + versum] (네가 있는) 그곳으로, 그곳을 향해서.

Istri... *V.* Histri... 「저곳[그곳]으로.

istuc[**-thuc**], *adv.* [istic[1]] 저리로, 그리로,

ita, *adv.* 〔원칙적으로는 동사를 수식·제한하는 부사〕 **1.** 〔단언적 지시부사〕 **이렇게, 이렇듯이,** 이처럼, 이토록, 이다지; **그렇게,** 저렇게: Factum est ita.*(C.)* 그렇게 되었다 / Ut ita dicam.*(Suet.)* 말하자면. **2.**

〔판단〕 ~ esse 그렇다, 이렇다: Ita est. *(C.)* 그렇다 / Non est ~.*(C.)* 그렇지 않다/ Ita est vita hóminum.*(T.)* 인생이란 이런 것이다 / Quæ cum ita sint, *(C.)* 일[사정]이 이러하므로. **3.** 〔대화 따위에서 긍정적 대답·동감 표시〕 Ita. 그렇다 / ~ vero (est), ~ plane, ~ prorsus 과연[확실히·바로] 그렇다. **4.** 〔질문에서〕 Itáne (vero)? *(T., C.)* 그러냐? 정말이냐? **5.** 〔ut, sicut, quómodo, quemádmodum, prout, véluti, quasi, atque 따위 접속사에 대해 동등비교를 이루는 주문(主文)에〕 **그렇게**, 이렇게, 그와 같이, 그대로: Urbs est ita, ut dícitur.*(C.)* 도시는 사람들이 말하는 그대로이다. **6.** 〔결과문(ut)의 유도〕 (…할 만큼) **그 정도로**, (…할 정도로) **그만큼**, 그렇게: Ita vixi, ut ...*(C.)* 나는 …할 만큼 그렇게 살았다. **7.** 〔목적 ut[ne], si의 제한·조건표시〕 …하기로[않기로] 하고, …경우에 한해서, …라는 조건으로: Ita admíssi sunt, ne tamen ...*(L.)* …않는다는 조건으로 그들의 요구가 받아 들여졌다. **8.** 〔소원·맹세 표시: 흔히 *c.subj.*〕 바라건대, 부디; (어떻게 되어도) 좋다, 맹세코: Ita váleas.*(Suet.)* 부디 잘 있어다오 / Ita, incólumi Cǽsare, móriar.*(C.)* (맹세하거니와) *Cæsar*가 무사하다면 내가 죽겠다.

Ităla Vetus, -æ -tĕris, *f. S. Hierónymus* 이전의 *Latin*역(譯) 성서.

Itálĭa, æ, *f.* 이태리, 이탈리아; 〔*adj.*〕 **Itálĭcus,** a, um, 이태리의, 이태리식의, 이태리어의; 이태리와 동맹[관계]맺은: Itálicæ mensæ, 이태리식 식사 / *f. Hispánia Bǽtica*의 도시 / Itálice, 이태리식으로; 이태리말로; **Itălus,** a, um, **이태리(인)의**; 이태리어의; *m.(f.)* 이태리사람, *m.(V.)* 이태리의 영웅; 〔*adj.f.*〕 **Itălis,** ĭdis, 이태리 여성(의); *pl.* 이태리 여자들; 〔*subst. deriv.*〕 **Italicénses,** ĭum, *m.pl.* 이태리 주민.

ítăque, 1. *adv.* (= et ita) 그리고 이렇게, 이렇게 해서. 2. *conj.* 그래서, 따라서, 그러므로, 그 까닭에.

ĭtem, *adv.* [ita] **1.** 마찬가지로, 그와 비슷하게, 또한, 역시. **2.** 다시.

ĭter, itínĕris, *n.* [eo³] **1.** 걸어감, (어디로) 감. **2. 길 떠남, 여행; 행진,** 행군: ~ fácere*(Cæs.)* 길가다, 여행하다; 행진하다 / in itínere*(Cæs.)* 도중에. **3.** 행정(行程), **여정**(旅程), 길: ~ uníus diéi*(C.)* 하룻길. **4.** 길가는 모양[상태]: magnis diúrnis nocturnísque itinéribus*(Cæs.)* 밤낮으로 강행군하여. **5. 길**, 도로; 통로, 행로(行路), 항로(航路), 궤도. **6.** 통행권, 자유통과, 통행허가. **7.** 방법, 수단, 방편. 「있는.

iterábĭlis, e, *adj.* [ítero¹] 다시[반복]할 수

iterátĭo, ónis, *f.* [ítero¹] 거듭함, 되풀이, 반복.

iteratívus, a, um, *adj.* [ítero¹] 되풀이하는, 반복하는; 《文法》 반복을 나타내는, 반복의. 「또 한번.

iteráto, *adv.* [ítero¹] 되풀이 해서, 다시,

ítĕro¹, ávi, átum, áre, *tr.* [íterum] **1.** 다시하다, 거듭하다, 반복하다: ~ agrum*(C.)* 밭을 다시 갈다, 갈아엎다. **2.** 다시 말하다, 되풀이하다, 되뇌다.

ítĕro², *adv.* 다시, 재차.

ítĕrum, *adv.* [ítero²] 다시, 재차, 두번째: ~ atque ~ *(H.)* 재삼 / semel atque ~*(Cæs.)* 수차, 여러번.

Ithăca, æ, [**-ce,** es,] *f. Iónia*해의 섬, *Ulíxes*의 왕국; 〔*adj.*〕 **-cus,** a, um; **-cénsis,** e; *m.* 그곳 사람, 특히 *Ulíxes.*

ítĭdem, *adv.* [ita + dem] 마찬가지로, 역시, 같은 모양으로.

itinerárĭum, i, *n.* [itinerárius] **1.** 여행기, 여행 안내서. **2.** 순서. **3.** 《가》 여행기도(祈禱), 여행축복 기도문. 「행에 관한.

itinerárĭus, a, um, *adj.* [iter] 여행의, 여

itinerátor, óris, *m.* [itíneror] 여행자.

itínĕror, ári, *dep. intr.* [iter] 여행하다. 「발.

ítĭo, ónis, *f.* [eo³] 걸어감, (어디로) 감; 출

Itĭus portus, -i -us, *m. Gállia Bélgica*의 항구, 거기서 *Cæsar*가 *Británnia*로 건너갔

ito, áre, *intr. freq.* [eo³] 자주가다. 」음.

Itóne, es, *f.* [**-nus,** i, *m.*] *Bœótia*의 지방; 〔*adj.*〕 **-nĭus,** a, um.

Ituréa, æ, *f. Cœle-Sýria*에 있던 나라; 〔*adj.*〕 **-réus,** a, um; *m.pl.* 그곳 주민.

itus, us, *m.* [eo³] **1.** (어디로) 감, 보행, 왕래. **2.** 여행, 출발. **3.** 통행권, 자유통

Itўs, ўos, *m. Téreus*왕과 *Procne*의 아들. 」행.

Ixío(n), ŏnis, *m. Thessália*의 *Lápithæ*족의 왕, *Piríthous*의 아버지, *Hera*를 사랑한 죄로 *Júpiter*에게 *Tártarus*의 영원한 불수레 바퀴에 묶이는 벌을 받았음; 〔*adj.*〕 **-nĭus,** a, um; 〔*subst. deriv.*〕 **-nĭdes,** æ, *m. Ixíon*의 아들; **-nĭdæ,** árum, *pl. Ixíon*의 후손들 즉 *Centáuri.*

J

J[1], j, *f.*, *n. indecl.* 라틴 자모의 열째 글자: 〈예〉 [jē], 자음 〈이〉 (i cónsonans) 〔본시 모음 I, i와 똑같이 표기되었었으나 고대인들은 별개의 문자로 즉 자음으로 인정하였고 글자 이름도 i cónsonans(자음 i)라 불렀으며 글자 모양도 J, j로 표시하게 되었음; 경우에 따라서는 j를 i로 바꿔놓기도 하며 jácio의 합성동사 -jício에서 j를 빼버리는 수가 있음〕.

J[2]., 《略》 **J.O.M.** = Jovi óptimo máximo; **J.R.** = Juno regína; **J.V.T.** = Júlia victrix togáta.

jácĕo, cŭi, cĭtum, ére, *intr.* [*cf.* jácio] **1.** 〔in *abl.*; *abl.*; ad, super *acc.*; sub *abl.*〕 가로 눕다, **누워 있다**: ~ humi *(C.)* 땅바닥에 누워있다. **2.** 기대어 있다. **3.** 몸져 눕다. **4.** 죽어 누워있다; jacéntes, ĭum, *m.pl.* 전몰자. **5.** (지리적으로) 자리잡고 있다. **6.** 엎드러져 있다, 넘어져 있다; 깔려[널려] 있다, 오래 머물러 있다. **7.** (옷자락이) 땅에 끌리다; (매지 않은 머리가) 늘어져 있다. **8.** 의기소침해 있다, 무기력하다. **9.** 어떤 상태에 빠져 있다, 잠겨 있다: ~ in mæróre *(C.)* 근심에 잠겨있다. **10.** 등한시되다, 멸시받다. **11.** 세력을 잃다, 쇠퇴하다. **12.** 그치다, 멈추다, 그만두다; 활용되지 않다, 사장(死藏)되다. **13.** 값싸다, 보잘것없다. **14.** (말 따위가) 상용되다, 통용되다, 널리 일반에 쓰이다.

Jacetáni, órum, *m.pl.* 동북 *Hispánia* 지방에 살던 종족.

jácĭo, jēci, jactum, ĕre, *tr.* [ico, ício] **1.** 〔*alqd[alqm]* - in, ad, super, ante *acc.*; *dat.*〕 **던지다**, 내던지다; 발사하다: ~ ánchoram 닻을 내리다, 정박하다 / ~ semen 씨뿌리다, 전파시키다. **2.** 내보내다, 발산하다; 내다, 산출하다. **3.** 발언하다, (말을) 내뱉다; (말·글로) 퍼뜨리다. **4.** 세우다, 축조하다: ~ fundaménta 기초를 놓다.

jactabúndus, a, um, *adj.* [jacto] 자랑하는, 자만하는, 뽐내는.

jactans, ántis, *p.præs.*, *a.p.* [jacto] 자랑하는, 거만한, (자기의 능력 따위에) 자부심이 강한, 자만심이 대단한, 허영심이 강한.

jactántĭa, æ, *f.* [jacto] 자만, 뽐냄, 과시(誇示), 자만심, 허영심.

jactátĭo, ónis, *f.* [jacto] **1.** 내던짐; 뒤흔듦, 진동. **2.** 팽개쳐짐, 흔들림, 동요. **3.** 격한 감정. **4.** 자만, 뽐냄, 과시(誇示), 허세부림. **5.** 인기, 박수갈채.

jactátor, óris, *m.* [jacto] 자만하는 사람, 과시자(誇示者), 허세부리는 사람, 허풍떠는 사람.

jactátus, us, *m.* [jacto] 뒤흔듦, 진동, 동요.

jáctĭto, ávi, átum, áre, *tr. freq.* [jacto] 공표하다, 발언하다, 입밖에 내다.

jacto, ávi, átum, áre, *tr. freq.* [jácio] **1.** 〔*alqd[alqm]* - in, per, post *acc.*〕 세게 내던지다, 던져버리다. **2.** 주사위를 던지다. **3.** 발산하다, 방산하다, 넓히다, 유포하다, 흩뿌리다. **4.** 몸짓을 하며 팽개치다[흩뿌리다]. **5.** 이곳저곳으로 던지다, 이리저리 흔들다, 불안정하게 하다; 〔*pass.*〕 (화폐가치가) 불안정하다. **6.** 입밖에 내다, 떠들어대다. **7.** 이리저리 몰아치다. **8.** *pass.* 〔in *abl.*〕 (무슨) 일에 분주하다, (무슨) 일로 바쁘다. **9.** 〔*alqm[alqd] alqā re,* per *acc.*; 주로 *pass.*〕 괴롭히다, 시달리게 하다; 마음의 고요를 어지럽히다, 불안하게 하다. **10.** 되풀이하여 말하다, …에 대하여 이야기하다; (여러모로) 검토[음미]하다, 숙고하다. **11.** 자랑하여 말하다, 과장하다, 허풍떨다, 큰소리치다, 뇌까리다. **12.** *pass. refl.* **se ~, jactári** 〔*alci; abl.*, in, de *abl.*; *inf.*; *absol.*〕 자만하다, 우쭐하다, 과시하다. **13.** *pass. refl.* **se ~, jactári** 〔in *abl.*; *abl.*; ut〕 힘쓰다, 애쓰다, 전념하다, (무엇을 위해서) 열심히 일하다.

jactúra, æ, *f.* [jácio] **1.** (짐을 덜기 위해서) 배에서 바다로 내던짐. **2.** 손실, 손해, 희생: jactúram fácere *(C.)* 손실하다, 손해보다, 잃다. **3.** 대가(代價), 값, 비용.

jactus, us, *m.* [jácio] **1.** 던짐, 내던짐. **2.** 사정(射程). **3.** (주사위를) 던져 굴림. **4.** 발산, 확산. **5.** 한 그물의 분량 (한번 투망으로 잡힌 물고기).

jaculábĭlis, e, *adj.* [jáculor] 내던질 수 있는, 발사할 만한.

jaculátĭo, ónis, *f.* [jáculor] 던짐, 내던짐, 투창, 발사.

jaculátor, óris, *m.* [jáculor] **1.** 던지는 사

람, 투수. **2.** 투창사수(投槍射手), 경무장 한 병사. **3.** 투망 어부.

jaculatórĭus, a, um, *adj.* 투창의: ~ campus *(Ulp.)* 투창 훈련장 / 《가》 orátio jaculatória 화살기도, 짧고 강렬한 기도.

jaculátrix, ícis, *f.* [jaculátor] **1.** 던지는 여자, 여자 투수, 여자 사수. **2.** 사냥하는 여자.

jácŭlor, átus sum, ári, *dep. tr.* [jáculum] **1.** 〔*alqd[alqm]* - in *acc.; dat.*〕 던지다, 발사하다; 던져 맞히다, 맞혀 죽이다. **2.** 《軍》 〔*absol.*〕 창을 던지다, 투창하다. **3.** 〔*alqd* - in *alqm* - *alqā re*〕 말로써 공격하다, 쏘아 붙이다. **4.** (남에게) 빗대어 말하다. **5.** 얻으려고 하다, 힘을 기울이다.

jácŭlum, i, *n.* [jácio] **1.** (무기로서의) 투창. **2.** 투망.

jam, *adv.* **1.** 〔동시적 시간〕 …하는[한] **바로 그때에,** 동시에: Id tu ~ intélliges, cum in Gálliam véneris. *(C.)* 너는 *Gállia*로 오게 되는 바로 그때에 그것을 알게 될 것이다 / Qui omnes ~ tum floréntе repúblicā floruérunt. *(C.)* 그들은 모두 나라가 흥왕하던 바로 그 당시에 활약하였다. **2.** 〔경과〕 **이미, 벌써, 어느새;** 방금: Sunt duo menses ~. *(C.)* 어느새 두 달이 된다 / Multi ~ menses transíerant. *(Cæs.)* 이미 여러 달이 지났었다 / Jamne abis? 너 벌써 가느냐? / ~ a pueritiā *(C.)* 어렸을 때부터 이미 / jam dudum 이미 오래전부터. **3. 이제는,** 지금은: Loquar ~. *(Pl.)* 이제(는) 말하겠다 / Jam parce sepúlto. *(V.)* 묻힌 사람을 이제 그만 용서해라. **4.** 〔*c. fut.*〕 오래지[멀지] 않아, 이제 곧, **금방:** Jam ádero. *(T.)* 나 이제 곧 참석하겠다. **5.** 〔부정사(否定詞)와 함께〕 non[nihil, *etc.*] ~ **더 이상 …아니,** 이제부터는[앞으로는] … 아니: Nulla mihi res posthac potest ~ interveníre. *(T.)* 앞으로는 아무것도 나에게 간섭할 수 없다. **6.** ~ prope, prope ~, ~ ferme, ~ pæne 거의, …할 뻔하게. **7.** 결국, 마침내, 드디어; 이제야 겨우: Jam tandem ades. *(Pl.)* 네가 드디어 나타나는구나. **8.** 〔실현의 확실성·논리적 귀결〕 틀림없이, 꼭, 곧, 그러면: Accéde ad ignem hunc, ~ calésces. *(T.)* 불 가까이 오너라, 몸이 곧 녹을 것이다. **9.** 〔부분부정표시〕 non ~, ~ non …는 아니고, …가 아니라: non ~ secrétis collóquiis, sed apérte *(Ta.)* 비밀 회담으로써가 아니라 드러나게. **10.** 실로, 과연, 정말, 물론, …이기도 한; 즉 …한: lætánti ~ ánimo *(C.)* 정말 기쁜 마음으로. **11.** 그리고 또, 그밖에도, 더우기; 역시. **12.** ~ - ~ 때로는 - 때로는. **13.** 〔못마땅함·추궁적 질문〕 그래서, …란 말이냐?

Jana, æ, *f.* **1.** (= Diána) 달의 여신; 달. **2.** 통행의 여신.

Janícŭlum, i, *n.* [Janus] *Roma*의 일곱 언덕의 하나, *Tíberis*강 좌측 강변에 있음 (mons[collis] Janiculáris라고도 함). 「자식.

Janígĕna, æ, *m.f.* [Janus+gigno] *Janus*의

jánĭtor, óris, *m.* [-**trix,** ícis, *f.*] [jánua] 문지기, 수위: Cæli ~ *(Ov.)* 하늘의 문지기 (= Janus) / Inferórum ~ *(V.)* 지옥의 문지기 (= Cérberus).

Jansenísmus, i, *m.* *Jansénius*주의 (화란사람 *Cornélius Jansen*〈1585 - 1638〉 일파의 이단). 「관문; 대문.

jánŭa, æ, *f.* [Janus] **1.** (집의) **바깥문,** 현 **2.** 입구, 통로.

jánŭal, ális, *n.* *Janus*신에게 바치던 제사떡.

Januárĭus, a, um, *adj.* [Janus] **1.** *Janus* 신에 관한. **2.** 정월의, 1월의: mensis ~, ~ 정월, 1월 / Kaléndæ Januáriæ *(C.)* 정월 초하룻날, 1월 1일.

Janus[1], i, *m.* 고대 *Itália*의 신(머리의 앞뒤에 각각 얼굴이 있으며, 세상 만사의 시작과 끝을 맡아 다스리고 하늘의 문을 위시하여 지상의 모든 문과 모든 도로를 수호하는 신이었음); 〔*adj.*〕 **Janális,** e.

janus[2], i, *m.* **1.** 덮개있는 통로, 유개가로(有蓋街路); 현관, 입구. **2.** *Roma*시장(市場)의 지붕있는 장소 (세개의 궁형 유개통로〈弓形有蓋通路〉를 거쳐 들어가는 곳으로서 상점과 은행의 거리였음; 중심부를 summus ~, 중간부를 médius ~, 구석진 곳을 imus ~ 라 하였음). **3.** 정월, 1월; 새해.

Japónĭa, æ, *f.* 일본; 〔*adj.*〕 **-nĭcus,** a, um, 일본의, 일본어의; **-nénsis,** e, 일본 └의, 일본인의.

Jas... *V.* Ias...

jaspis, ĭdis, *f.* 《鑛》 벽옥(碧玉).

jēci, *pf.* [jácio].

jecinerósus [jecorítĭcus, -corósus], a, um, [**-corális,** e,] *adj.* [jecur] 간장병 앓는.

jecur, cŏris[cínŏris], *n.* **1.** 《解》 **간,** 간장(肝臟: 옛날에는 조혈기관〈造血器官〉으로 여겼으며, 여러가지 감정 및 정신기능의 중추로 생각하였음). **2.** 사랑, 정열; 격정, 분노; 고통; 용기; 지력(知力), 슬기.

jecúscŭlum, i, *n. dim.* [jecur] 작은 간(장).

jejunális, e, *adj.* [jejúnum] 《解》 공장(空腸)의. 「를 지킴), 대재(大齋).

jejunátĭo, ónis, *f.* [jejúno] 금식재(禁食齋

jejunátor, óris, *m.* [jejúno] 단식하는 사람.

jejuniósus, a, um, *adj.* [jejúnium] 굶은, 공복의, 단식하는, 허기진.

jejúnĭtas, átis, *f.* [jejúnus] **1.** 단식, 공복, 배고픔, 허기짐[증]. **2.** 무미건조, 빈약, 변변찮음, 범용(凡庸), 무기력; 결핍.

jejúnĭum, i, *n.* [jejúnus] **1. 금식, 단식:** 《가》 ~ naturále (음식·음료를 전혀 먹지 않는) 완전공복 / ~ ecclesiásticum, ~ 금식재, 대재(大齋) / ~eucharísticum (성체성사 받기전의) 공복재(空腹齋). **2.** 굶주림, 기아,

배고픔, 허기: ~ sólvere *(Ov.)* 허기증을 풀다. **3.** 허약, 쇠약. **4.** 토박함, 불모(不毛).

jejúno, ávi, átum, áre, *intr.* [jejúnus] 단식하다, 금식하다, 대재(大齋)지키다; 음식을 삼가다.

jejúnum, i, *n.* [jejúnus] 《解》 공장(空腸: 십이지장에 계속되는 소장의 부분).

jejúnus, a, um, *adj.* **1. 공복의,** (아침까지) 굶은. **2. 단식의; 굶주린,** 배고픈, 허기진. **3.** 빈, 공허한. **4.** 빈약한, 미미한, 변변찮은, 보잘것없는, 시시한. **5.** 토박한, 불모의. **6.** 무미한, 맥빠진.

jentácŭlum[jan-], i, *n.* 조반, 아침밥.

jento, ávi, átum, áre, *intr., tr.* 아침밥을 먹다, 조반을 들다. ｢루살렘.

Jerosólўma, æ, *f.* [**-ma,** órum, *n.pl.*] 예

Jerúsălem, *f. indecl.* (= Hierosólyma) 예루살렘. ｢회 회원.

Jesuíta, æ, *m.* 《가》 예수회 수도자, 예수

Jesus, u, *m.* 〔*dat., abl.* -u; *acc.* -um〕 **1.** 예수(그리스도). **2.** 〔구약성서〕 여호수아,

joca, jocórum, *n.pl.* = jocus. ⌊요수아.

jocabúndus, a, um, *adj.* [jocor] 농담하는, 익살스러운, 실없이 장난하는, 희롱하는.

jocátĭo, ónis, *f.* [jocor] 농담, 우스개, 실없는 장난, 익살, 놀림, 희롱.

jócĭnor, ŏris, *n.* 《古》 = jecur.

jōcor, átus sum, ári, *dep.* [jocus] **1.** *intr.* 〔*absol.;* cum *alqo,* de *alqā re*〕 농담하다, 익살부리다, 장난하다; 희롱하다. **2.** *tr.* 농담조로 말하다, 우스개로 말하다.

jocósus, a, um, *adj.* [jocus] 우습광스러운, 익살맞은, 농담하는, 우스갯소리 잘하는, 웃기는; 장난치는, 까부는; 유우머가 풍부한, 기지있는, 재치있는; 흥겨운, 즐거운.

joculánter, *adv.* 희롱하면서.

joculáris, e, [**-lárĭus,** a, um,] *adj.* [jóculus] 익살스러운, 우습광스러운, 웃을 만한, 재미있는, 기지에 찬; 〔*subst.*〕 *n.pl.* 농담, 희롱, 놀림.

joculátor, óris, *m.* [*inusit.* jóculor] 농담하는 사람, 장난꾼, 익살꾼; 어릿광대.

joculatórĭus, a, um, *adj.* [joculátor] 농담하는, 익살스러운; 〔*subst.*〕 *n. pl.* 농담.

jócŭlus, i, *m. dim.* [jocus] **1.** 자그마한 농담, 우스갯소리. **2.** 장난감.

jocund... *V.* jucund...

jocus, i, *m.* 〔*pl.:* joci *m.,* joca *n.*〕 농담, 농, 장난, 익살, 희롱: joci causā *(C.)* 농담으로, 순농담으로 / per jocum *(C.)* 농담으로, 농담조로 / extra jocum, remóto joco *(C.)* 농담은 그만두고 / joco serióve *(L.)* 농담이든 진담이든, 농담으로나 진담으로나.

jodofórmĭum, i, *n.* 《化》 요오드-포름

jodum, i, *n.* 《化》 옥도, 옥소. ⌊(CHI_3).

Jordánes [**-is**], is, [**-us,** i,] *m. Palæstína*의 강(*Lebanon* 남부에서부터 사해로 흘러들어 가는 길이 *320km*의 강).

Jovis, *gen.* [Júpiter].

juba[1], æ, *f.* **1.** (짐승의) 갈기. **2.** 닭의 볏, 개의 목털. **3.** 투구의 장식 깃털. **4.** 혜성의 꼬리. **5.** 나무의 우듬지 잎. **6.** 장광설(長廣舌).

Juba[2], æ, *m. Hiémpsal*의 아들로서 *Numídia*의 왕, *Thapsus* 전투(46 A.C.) 후에 자살함.

jŭbar, ăris, *n.* **1.** 번쩍이는 빛, (특히 천체의) 광채. **2.** 햇빛, 일광; 달빛, 월광; 불빛. **3.** 별, (특히) 샛별.

jubátus, a, um, *adj.* [juba] **1.** 갈기를 가진, 갈기있는, 볏·도가머리·투구장식·앞장식 따위가 있는. **2.** 빛 꼬리를 가진 (혜성).

júbĕo, jussi, jussum, ére, *tr.* **1.** 〔*acc.c. inf.; pass.: nom. c. inf.; alci - inf., alqd; alqm alqd;* 간혹 ut, ne, *subj.*〕 **명하다, 명령하다:** Jubéto, istos foras exíre. *(T.)* 저 사람들에게 밖으로 나가라고 해라 / Jussi sunt ægri deférri. *(Suet.)* 병자들을 데려오라고 명했다. **2.** 〔*inf.; acc. c. inf.*〕 충심으로 바라다[원하다], 간곡히 권고하다[당부하다]: Speráre nos amíci jubent. *(C.)* 친구들이 우리더러 꼭 희망을 가지라고 당부한다 / *alqm* salvére ~ *(H.)* 아무가 부디 안녕하기를 바라다, 충심으로 문안드리다. **3.** 〔*alqd;* ut〕 (통치기관·원로원에서 법 따위를) 제정하다, 결정하다, 규정하다; (원로원 등에서 결정된 사항을 *Roma* 국민이) 승인하다. **4.** 〔*alqm c. acc. præd.*〕 (아무를) …로 지명[임명]하다, 선출하다, 선언하다.

jubilǽum, i, *n.* [júbilo] **1.** (25주년·50주년 따위의) 기념제, 기념축전, 경축, 축제: ~ áureum (50주년) 금경축; 금혼식. **2.** 《가》 성년(聖年): ~ majus(= Annus Sanctus) (지금은 25년마다의) 정례적(定例的) 성년 / ~ minus 특별성년.

jubilǽus, i, *m.* [júbilo] (구약시대에 50년마다 지키던) 안식년(安息年: *cf. Levit. 25, 10-13; 27, 24*).

jubilátĭo, ónis, *f.* [júbilo] **1.** 목동·농부의 고함소리. **2.** 환희, 환호. **3.** 경축; 환희의 축전, 기념축제.

júbĭlo, ávi, átum, áre, *intr., tr.* [júbilum] **1.** (시골 농부·목동들 처럼) 소리쳐 부르다, (흥이 나서 아무렇게나) 노래하다. **2.** 환희에 넘쳐 외치다, 환호하다, 기뻐날뛰다; 기념축제를 경축하다.

júbĭlum, i, *n.* [júbilo] **1.** 농부·목동의 외쳐부르는 소리[노래]. **2.** 환호성, 환희에 넘쳐 부르는 노래.

jucúndĭtas, átis, *f.* [jucúndus] **1.** 유쾌함, 즐거움, 재미남, 쾌적함, 향락, 몹시 기분좋음: dare se jucunditáti *(C.)* 마음껏 즐기

다. **2.** 매력, 상냥함. **3.** 〔*pl.*〕 우정표시, 친절표시, 봉사. 「겁게 하다.
jucúndo, ávi, átum, áre, *tr.* [jucúndus] 즐
jucúndor, ári, *dep. intr.* [jucúndus] 기뻐하다, 즐거워하다; 즐겁게 놀다.
jucúndus, a, um, *adj.* [juvo] 유쾌한, 재미있는, 즐거운, 몹시 기분좋은, 명랑한, 쾌활한, 정다운, 쾌적한, 마음에 드는.
Judǽa, æ, *f. Judǽa*나라, (때로는) *Palæstína;* 〔*adj.*〕 **-dáĭcus [-dǽĭcus, -dǽus],** a, um; **-dǽus,** i, *m. Judǽa*사람, 유태인.
judaídĭo = judaízo. 「유태인 기질.
Judaísmus, i, *m.* **1.** 유태교, 유대교. **2.**
judaízo, áre, *intr.* 유태인처럼 살다.
jūdex, dĭcis, *m.* [jus dícere = judicáre] **1.** **재판관,** 사법관, 판사, **심판자:** júdicem dare *(C.)* 집정관(prætor)이 재판관을 지명하다 / júdicem ferre *alci (C.)* (원고가) 재판관을 선정하다 즉 아무를 재판에 넘기다 / júdicem dícere *(L.)* (피고가) 재판관을 선정하다 즉 재판을 받아들이다 / nemo ~ in própriā causā 아무도 자신의 사건에 재판관이 될 수 없다 / 《聖》 Liber Júdicum (구약성서의) 판관기(判官記), 사사기(士師記). **2.** (어떤 일이나 사건의) 결정자, 판정자, 판단자, 심판관; 정통한 사람; 심판: me júdice *(Ov.)* 내 생각으로는 / judex rerum *(C.)* 일을 잘 아는 자.
judicábĭlis, e, *adj.* [júdico] **1.** 쟁점이 있는, 판결해야 할. **2.** 판결될 수 있는.
judicátĭo, ónis, *f.* [júdico] **1.** 사법상의 조사, 재판상의 심문[심사]. **2.** 판단, 의견. **3.** 쟁점(爭點); 토의(사항). 「숙고하여.
judicáto, *adv.* [júdico] 잘 생각해서, 심사
judicatórĭus, a, um, *adj.* [júdico] 재판에 관한; 〔*subst.*〕 *n.* 재판하는 곳, 재판정.
judicátrix, ícis, *f.* [júdico] 판결[판단]하는 여자.
judicátum, i, *n.* [júdico] **1.** 기결사건, 기결사항. **2.** 판례(判例). **3.** 판결, 결정.
judicátus, us, *m.* [júdico] 판결자[재판관]의 권한[직책].
judiciális, e, *adj.* [judícium] **1.** 사법상의, 재판의, 재판관의: ~ potéstas 재판권. **2.** 재판에 의한; 〔*adv.*〕 **-lĭter,** 재판에 의하여, 합법적으로.
judiciárĭus, a, um, *adj.* [judícium] 재판[사법]의; 법정[재판소]에 관한, 법권에 관한.
judícĭum, i, *n.* [judex] **1.** 〔de *abl., gen.*〕 **심리**(審理); **재판,** 공판; **심판:** 《神》 ~ particuláre 사심판(私審判: 죽은 후 개인적으로 받는 즉석심판) / ~ universále 공심판(公審判), 최후의 심판. **2.** 소송. **3.** 재판소, 법정. **4.** (총칭적) 재판관들. **5.** 재결, 판결. **6.** **판단;** 의견, 견해: 《神》 ~ credenditátis 당신성(當信性)의 판단 / ~ credibilitátis 가신성(可信性)의 판단. **7.** 반성, 숙고: judício *alqd* fácere *(C.)* 숙고하여[고의로] 무엇을 하다. **8.** 유언, 유서, 유지(遺志). **9.** 판단력, 인식, 식별, 통찰력: homo sui judícii. *(N.)* 자기 주견을 가진 사람.
júdĭco, ávi, átum, áre, *tr.* [jus[1] + dico[1]] **1.** 재판관의 직무를 행사하다. **2.** 〔*alqm, alqd,* de *abl.; alci gen. críminis; absol.*〕 **재판하다, 심판하다, 판결하다,** 단죄하다, 선고하다. **3.** 〔*alqd, alqm,* de *alqo; acc. c. inf.; interr. indir.; absol.*〕 **판단하다,** 단정하다, **여기다,** …이라고 생각하다, 믿다, 간주하다. **4.** 평가하다. **5.** 〔*alqm [alqd] acc. præd.; acc. c. inf.*〕 선언하다, 공표하다, 공언하다: summos se ~ artífices *(Q.)* 자기들이 최고의 예술가라고 공언하다. **6.** 〔de *alqā re; absol.*〕 결정하다, 의결하다, 확정하다.
jugális, e, *adj.* [jugum] **1.** (두 마리에 메우는) 멍에의, 멍에 메는(짐승); 〔*subst.*〕 *m.pl.* 쌍으로 수레끄는 말, 쌍두마. **2.** 혼인의, 결혼의: ~ amor *(Sen.)* 부부애; 〔*subst.*〕 *m.f.* 남편, 아내.
jugárĭus, a, um, *adj.* [jugum] 멍에 메는 짐승의; 〔*subst.*〕 *m.* 겨릿소를 돌보는[부리는] 농부.
jugátĭo, ónis, *f.* [jugo] **1.** 포도덩굴을 격자 시렁에 올려 가꿈. **2.** (겨릿소가 하루에 갈아낼 만큼의) 토지면적 단위, 하루갈이. 「구히.
juge, *adv.* [jugis] 끊임없이, 항구하게, 영
júgĕrum, i, *n.* 〔*pl.* (제3변화) júgĕra, um〕 [jugis, jungo] (800평 가량되는) 토지면적 단위, 일정한 구획의 토지 (길이 *240 pedes,* 너비 *120 pedes*).
jugis, e, *adj.* **1.** 계속 샘솟는, 끊임없이 흘러나오는, (물이) 사철 마르지 않는; 무진장의: púteus ~ *(C.)* 물이 마르지 않는 우물. **2.** **끊임없는,** 연속[계속·지속]적인, 연이은; **영구한,** 영속적인, 영원한, 무궁한: juge triénnium *(Eutr.)* 연속 3년간. **3.** 멍에 메운 짐승의.
júgĭtas, átis, *f.* [jugis] **1.** 쉴새없이 흐름. **2.** 연속, 계속, 지속; 영구성.
juglans, ándis, *f.* [Jovis + glans] **1.** 호도 (= juglans nux). **2.** 호도나무.
jugo, ávi, átum, áre, *tr.* [jugum] **1.** 포도덩굴을 (격자 시렁 따위에) 올려 묶다. **2.** 〔*alqd dat.*〕 매다, 동여묶다. **3.** 잇다, 연결하다, 접속시키다, 결합시키다. **4.** 〔*alqm alci*〕 결혼시키다. 「많은, 산이 중첩한.
jugósus, a, um, *adj.* [jugum] 가파른; 산이
Júgŭla, æ, *f.* [jugum] 〔주로 *pl.*〕 *Oríon*성좌, 특히 이 성좌의 세 별.
juguláris, e, *adj.* [júgulum] 《解》 경부(頸部)의, 경정맥(頸靜脈)의.

jugulátĭo, ónis, *f.* [júgulo] 멱을 땀, 목을 찌름; 살해, 살육.

júgŭlo, ávi, átum, áre, *tr.* [júgulum] **1.** 멱따다, 목을 자르다[따다], 도살하다, 살해하다. **2.** 무찌르다, 파괴하다, 무너뜨리다, 망치다: se ~ *(C.)* 자멸하다. **3.** 〔*alqm*〕 급소를 찌르다, 두말 못하게 만들다.

júgŭlum, i, *n.* [드물게는 **-gŭlus,** i, *m.*] [jungo] **1.** 목의 앞부분, 멱, 멱살; 목. **2.** 목구멍, 인후, 식도; 숨통. **3.** 쇄골; 쇄골 위의 움푹 파인 곳. **4.** 핵심, 정곡(正鵠).

jugum, i, *n.* [jungo] **1.** (두 마리 마소의 목에 메우는) **멍에**; 말의 어깨에 맨 줄, (마소의) 봇줄. **2.** 겨릿소, 한 수레를 끄는 여러 마소들. **3.** 한 쌍, 한 조. **4.** 포도넌출을 얹어 잡아매는 가로장[대]. **5.** 《軍》 기둥처럼 벌려 세운 두 개의 창(槍)에 낮게 가로 지른 창 (패전한 적을 무장해제시키고 복장까지 벗겨서 굴복의 표시로 그 아래를 허리굽혀 지나가게 하였음): sub ~ míttere *(C.)* 치욕적으로 굴복시키다. **6.** 저울대, 천칭(天秤)대; 《天》 (= Libra) 천칭좌. **7.** 베틀의 말코, 도투마리. **8.** 꼭대기, 정상; 산마루, 산등성, 능선; 산(山), 산맥. **9.** 노예의 멍에, **예속**, 굴종(屈從). **10.** 부부의 유대[기반(覊絆)·인연]. **11.** 재난, 고생, 역경: ferre ~ páriter *(H.)* 고생을 같이하다. **12.** (겨릿소가 하루 갈 수 있는) 전답 면적의 단위, 하루갈이.

juguméntum, i, *n.* [jugo] 가로장[대]; 《建》 상인방(上引枋).

Jugúrtha, æ, *m.* *Numídia*의 왕, *Roma* 인들과의 오랜 전쟁 끝에 105 A.C.에 *Márius*에게 정복됨; 〔*adj.*〕 **-thínus,** a, um.

jugus[1], a, um, *adj.* [jugo] **1.** 합하는. **2.** 이어진, 결합된.

jugus[2], i, *m.* = jugum.

Júlĭa, æ, *f.* **1.** *Július Cæsar*의 딸, *Cn. Pompéjus*의 아내. **2.** *Augústus*황제의 딸, *Tibérius*의 아내.

Juliánus, i, *m.* *Roma*의 황제(재위 361-363 P.C.), Apóstata(배교자)라고 불리움.

Júlĭus[1], a, um, *adj.* **1.** *Július*[2]씨족의. **2.** 7월의; 〔*subst.*〕 *m.* 7월 (그전에는 Quintílis라 하였으나 *Július Cæsar*를 기념하기 위하여 후에 *M. Antónius* 집정관 때부터 그의 생일이 들어있는 7월을 Július로 개칭하였음).

Júlĭus[2], i, *m.* *Roma*인의 씨족명; 가장 유명한 인물은 C. ~ Cæsar; 〔*adj.*〕 **Juliánus,** a, um, *C. Július Cæsar*의: Calendárium Juliánum, *Július*력(歷).

Julus, i, *m.* *Ænéas*의 아들.

jumentárĭus, a, um, *adj.* [juméntum] 역축(役畜)의[에 관한]; 〔*subst.*〕 *m.* 마소[역축] 사육자; *n.* 외양간, 마구간.

juméntum, i, *n.* [jungo] **1.** (소·말·나귀·노새·낙타 따위) 역축(役畜); 일을 시키기 위하여 사육하는 짐승: 〔속담〕 malam rem juménto suo arcéssere *(Pl.)* 불행을 자초(自招)하다. **2.** 짐수레, 우마차.

juncétum, i, *n.* [juncus] 골풀밭, 등심초밭.

júncĕus[-cĭnus], a, um, *adj.* [juncus] 골풀의, 등심초의, 골풀로 만든.

juncósus, a, um, *adj.* [juncus] 골풀이 많은, 등심초로 뒤덮인.

junctim, *adv.* [jungo] **1.** 나란히, 붙어서. **2.** 잇따라, 계속[연속]적으로. **3.** 둘이서 함께, 다같이, 모두 합하여.

júnctĭo, ónis, *f.* [jungo] 결합, **연결**, 연락, 맥락(脈絡); 접합, 접속.

junctúra, æ, *f.* [jungo] **1.** 연결, 결합, 붙잡아 맴. **2.** 이은 자리, 이음매; **관절**, 마디. **3.** 붙잡아 매는 끈; 봇줄, (마소의) 뱃대끈. **4.** 혈연관계. **5.** 단어의 배합[배치].

junctus, a, um, *p.p., a.p.* [jungo] **1.** 이어진, 결합된, 연결된, 접합된, 일체(一体)의, (우정·인연·혈연 따위로) 맺어진, 가까운, 친밀한. **2.** 계속적인. **3.** 《修》 잘 배합된.

juncus, i, *m.* 《植》 골풀, 등심초(학명: ~ decípiens): ~ alátus 날개골풀.

jungo, junxi, junctum, ĕre, *tr.* [jugum] **1.** (마소에게) 멍에를 메우다, 수레의 끌채를 메우다: curru ~ equos *(V.)*, ad currum *(Plin.)* 말들에게 수레를 메우다 / rheda equis juncta *(C.)* 말메운 사륜마차. **2.** 〔*alqd - dat.*, cum *abl.*, inter *se*〕 잇다, 갖다대다, 이어붙이다, 연결하다, 결합시키다, 접합하다, 한데 묶다. **3.** 〔pontem, *alqd* ponte〕 다리를 놓다. **4.** (상처를) 아물리다. **5.** 말[문장]을 문법적으로 구성하다; 말을 하다[맺다]. **6.** 〔*alqd dat.*〕 계속[연속]시키다, 잇따르게 하다. **7.** 결혼시키다; (애정·우정·인연·혈연 따위로) 맺다; 결속하다. **8.** 〔*alqd alci*〕 동맹하다, 합병하다.

júnĭor, óris, *adj.* *(m.f.)* *comp.* [júvenis]〔*sénior*의 반대〕 (더) **젊은**, 연소(年少)한; 〔흔히 *subst.*〕 **젊은이**; 후배; 젊은 군인.

junípĕrus, i, *f.* 《植》 노간주(나무), 두송(杜松): ~ Coreána 해변노간주.

Júnĭus[1], i, *m.* *Roma*인의 씨족명; 유명한 인물은 *Cæsar*를 시살한 L. ~ Brutus, M. ~ Brutus 및 D. ~ Brutus; 〔*adj.*〕 **-niánus,** a, um, *Június*의.

Júnĭus[2], a, um, *adj.* [Június[1]] **1.** *Június*[1] 씨족의. **2.** 6월의; 〔*subst.*〕 *m.* 6월.

jūnix, ícis, *f.* **1.** 어린 암소; 암소. **2.** 창녀.

Jūno, ónis, *f.* *Satúrnus*의 딸, *Júpiter*의 누이이자 아내(희랍의 *Hera*여신에 해당); 〔*adj.*〕 **-nonális,** e; **-nónĭus,** a, um, *Juno*의, 6월의: Junónia ales *(Ov.)* 공작(새) / tempus Junonális, mensis Junónius *(Ov.)* 6월.

Junonícŏla, æ, *m.* [Juno+colo²] *Juno*여신의 숭배자.
Junonígĕna, æ, *m.* [Juno+gigno] *Juno*여신의 아들(= Vulcánus).
Júp(p)ĭter, Jovis, *m.* (= Diéspiter 〈날·빛의 아버지〉) **1.** (*Roma*인들에게 있어서) 모든 신들의 왕으로 하늘의 지배자인 최고의 신, *Satúrnus*신의 아들, *Juno*여신의 남편(우뢰소리와 번개를 무기로 씀, 희랍신화의 *Zeus*에 해당함): Jovis ales *(H.)* 독수리 / Jovis flos *(Plin.)* 서양 할미꽃 / Jovis flamma *(Plin.)* 오랑캐꽃 / Jovis glans 호도 / dies Jovis 목요일. **2.** 《天》 목성. **3.** 하늘, 천공, 대기, 대공, 기후: sub Jove *(Ov.)* 야외에(서).
Jura, æ, *m. Helvétia*에 인접한 *Gállia*의 산맥.
juraméntum, i, *n.* [juro] **선서,** 서약, **맹세**; 선서식: ~ assertórium 진술 후의 선서/ ~ promissórium 진술 전의 선서.
jurándum, i, *n.* [juro] (= jusjurándum) 맹세, 선서.
jurátĭo, ónis, *f.* [juro] 선서, 맹세.
jurátor, óris, *m.* [juro] **1.** 맹세하는 자. **2.** 선서한 증인. **3.** 호구조사·재산조사의 대상자에게 선서시키는 검찰관, 조세 사정인. **4.** 선거 감시인.
jurátus, a, um, *p.p., a.p.* [juro] 〔*passíve, actíve*〕 선서한, 맹세한; 선서한 증인의; 〔*adv.*〕 **-ráto,** 맹세[선서]하고.
jure, *adv.* [jus¹]〔*abl.*〕법률상, 법대로, 정당하게, 공명정대히, 정확히: ~ mérito 당연히, 의당히.
jureconsúltus, i, *m.* (= jurisconsúltus) 법률 전문가.
jurejúro, ávi, áre, *tr.* [jus¹+juro] **1.** 선서하다, 맹세하다. **2.** 선서하고 증언[진술]하다, 장담하다, 보증하다.
júrĕus, a, um, *adj.* [jus²] 국물의; *n. pl.* 개밥, 개죽.
jurgátĭo, ónis, *f.* [jurgo] 소송.
jurgatórĭus, a, um, *adj.* 말다툼하는, 시비하는, 논쟁 잘하는.
jurgátrix, ícis, *f.* [jurgo] 말다툼[시비]하는 여자.
jurgiósus, a, um, *adj.* [júrgium] 입씨름[말다툼] 잘하는.
júrgĭum, i, *n.* [jurgo] **1.** 입씨름, 말다툼, 시비, 언쟁, 논쟁. **2.** 법적 쟁의(爭議), 소송.
jurgo, ávi, átum, áre, [**jurgor,** átus sum, ári, *dep.*] *intr., tr.* [jure+ago] **1.** 〔cum *alqo,* ad *alqm; alqd (pron.); absol.*〕 입씨름하다, 말다툼하다, 시비하다; 쟁의(爭議)하다, 소송하다. **2.** 꾸짖다, 잔소리하다, 야단치다.
juridicátus, us, *m.* [jurídicus] 사법관직, 재판직.
juridiciális, e, *adj.* [jurídicus] 권리나 정의[정당성]에 관한, 시비를 가리는; 재판의.
jurídĭcus, a, um, *adj.* [jus¹+dico²] 법률상의, 합법의; 사법상의, 재판상의; 〔*subst.*〕 *m.* **1.** 재판관, 심판관. **2.** 법률가.
jurisconsúltus, i, *m.* 법률에 조예가 깊은 사람, **법학자,** 법률가, 법률고문, 변호사.
jurisdíctĭo, ónis, *f.* [jus¹+dico²] **1.** 재판행위, 집정관의 사법행정, 사법권, 재판권, **사법상의 관할권, 재치권**(裁治權). **2.** 관할구역, 재판소 관할구, 순회재판 개정도시. **3.** 재판관직의 기간. **4.** 재판정, 재판소.
jurisdictionális, e, *adj.* [jurisdíctio] 사법권의, 재판관할권[구역]의.
jurísŏnus, a, um, *adj.* [jus¹+sono] 법률을 인용하는, 법률만 들먹이는.
jurisperítus, i, *m.* [jus¹+] 법률전문가, 법학자.
jurisprúdens, éntis, *m.* 법률학자, 법률전문가.
jurisprudéntĭa, æ, *f.* [jus¹+] 법학, 법철학, 법리학.
jūro, ávi, átum, áre, [**jūror,** átus sum, ári, *dep.*] *intr., tr.* [jus¹] **1.** 〔*absol.;* (per) *alqm [alqd]; in acc.; alqd, acc. c. inf.*〕 서약하다, **선서하다, 맹세하다**; 선서로써 확인하다, 맹세로써 보증[보장]하다: ~ (per) *alqm [alqd]* 누구를[무엇을] 걸고 맹세하다 / ~ in verba *alcjs (L.)* 누가 불러주는 (일정한 형식의) 말을 받아서 선서하다; *(H.)* 누구의 말을 확실하고 진실한 것으로 믿다 / ~ in litem *(C.)* 계쟁물(係爭物)에 대하여 소유권을 맹세로써 주장하다 / ~ in legem *(C.)* 법률대로 할 것을 선서하다 / ~ *alci (Plin.)* 누구에게 충성을 맹세하다 / ~ in se *(L.)* 맹세로 자신을 저주하다 / ~ morbum *(L.)* (자기가 무슨) 병을 앓고 있다고 맹세하여 말하다. **2.** 〔*alqd* in *alqm*〕 맹세로써 부인하다: ~ calúmniam in *alqm (L.)* 누구에게 대한 무고를 부인하다. **3.** 〔in *alqm, inf.*〕 음모하다, 획책하다, 공모하다.
juruléntĭa, æ, *f.* [jus²] 국, 고깃국.
juruléntus, a, um, *adj.* [jus²] 국에 넣어 끓인.
jūs¹, jūris, *n.* 〔*gen. pl.* -ĭum〕 [júbeo] **1. 법,** 법조직; 법률, 법규: ~ divínum 신법(神法) / ~ humánum 인정법(人定法) / ~ naturále 자연법 / ~ civíle 민법; *(C.)* (*Roma*인을 위한) 시민법/ ~ Románum, *Roma*법 / ~ géntium *(C.)* 만민법; 국제법 / ~ universále 세계법 / ~ ecclesiásticum (광범위한) 교회법 / ~ Canónicum (1918년 시행된 현행 교회법전의) 교회법 / ~ consuetudinárium 관습법. **2.** 법률, 법규; 법률상 요구되는 정의(正義)[공정]: summum ~, summa injúria *(C.)* 최대의 공정은 최대의 불공정[불의]이다, 극단의 엄격한 법규정은 극단의 불의이다 / ipso jure 법률 자체에 의하여, 법규에 의하여, 명시된 법조문에 따라, 법률상 당연히. **3.** 판결, 선고: ~ dícere *(C.)* 판결[선고]하다. **4.** 재판소, 법정: in ~ vocáre *(C.)* 법정으로 소환하다. **5.** 정당함, 지당함, 의당함, 당연함: ~ pétere *(Pl.)* 정당한 것을 청하다 / jure 의당히. **6. 권리, 권**(權): Uxóres eódem jure

sunt quo viri.*(C.)* 아내는 남편과 동등한 권리를 가지고 있다 / ~ asýli 비호권(庇護權) / ~ vivéndi 생명권, 생존권. **7.** 특권. **8.** **권한**, 권능: sui juris *(gen. qualit.)* 독립적인, 자립적인 / sui juris esse*(C.)* 자주독립적이다, 자립하여 있다.

jūs², jūris, *n.* 국, 국물, 수우프.

júscŭlum, i, *n. dim.* [jus²] 국, 국물.

jusjurándum, jurisjurándi, *n.* 〔*absol.; inf., acc.c.inf.*〕 서약, **맹세**, 선서: Pater me jurejurándo adégit, numquam amícum fore pópuli Románi.*(L.)* 아버지는 나에게 결코 *Roma*인들의 친구가 되지 않겠다는 맹세를 시켰다.

jússĭo, ónis, *f.* [júbeo] 명령.

jussum, i, *n.* [júbeo] **1.** 명령, 지시. **2.** 의사의 지시. **3.** 법규, 법령. 「시된.

jussus¹, a, um, *p.p.* [júbeo] 명령받은, 지

jussus², us, *m.* [júbeo] 〔주로 *abl.*〕 명령, 지시: vestro jussu*(C.)* 당신들의 명령에 의하여.

justa, órum, *n.pl.* [justus] **1.** 지당한 일. **2.** 마땅한 요식과 관례(특히 초상예절). **3.** 급료, 보수.

justificátĭo, ónis, *f.* [justífico] **1.** (행동 따위의) **정당화**, (정당하다고 주장하는) 변명, 변명의 사유, 증명, 변호. **2.** 《神》 (인간이 하느님에 의하여) 의롭게 되기, **의화**(義化), 하느님과의 올바른 관계 회복.

justificátus, a, um, *p.p., a.p.* [justífico] **정당화된**, 변명된, 정당하다고 인정된; 의화된, 의롭게 된.

justífico, ávi, átum, áre, *tr.* [justíficus] **1.** 공정하게 다루다. **2.** **정당화**(正當化)**하다**, (행위·진술 따위를) 옳다고 주장[변명]하다, 정당성을 증명하다. **3.** 정당하다고 인정[판단]하다. **4.** 《聖》 죄가 없다고 하다 *(Prov. 17, 15)*. **5.** 《神》 하느님이 인간의 죄를 사면하여 그에게 은총받은 지위를 부여하다, 의화(義化)하다, 하느님 앞에 의인(義人)이 되게 하다.

justíficus, a, um, *adj.* [justus + fácio] 옳게[올바르게·정당하게] 행동하는[처신하는].

Justínus, i, *m.* **1.** *Roma*의 역사가 (c. 150 P.C.). **2.** 초기 그리스도교 시대의 순교 성인 철학자(c. 167 P.C.).

justítĭa, æ, *f.* [justus] **1.** 의(義), **정의**, **공정**, 정직, 공평, **공명정대**. **2.** 정당(正當), 타당, 지당. **3.** 적법(適法), 법. **4.** 의무 수행[완수]. **5.** 정확성. **6.** 온정(溫情), 부드러운 마음씨. **7.** 《神》 의덕(義德), 성덕(聖德); 하느님의 공정성. **8.** [J-] 정의의 여신.

justítĭum, i, *n.* [jus¹ + sisto] **1.** 재판 정지[중단]. **2.** 중지, 휴무, 멈춤, 정지; 미결, 미정, 보류, 유보, 유예. **3.** 국상(國喪), 거국적인 애도.

justum, i, *n.* [justus] **1.** 정의, 공정, 공명정대, 정당(正當), 적정(適正): plus justo 정당한 것 이상으로 / justo lóngior*(Q.)* 지나치게 긴. **2.** *pl.* (노예들에게 주는) 적정 식량. **3.** *pl.* 규정, 요건(要件), 구비조건; 적정량(適正量). **4.** *pl.* 장례(절차).

justus, a, um, *adj.* [jus¹] **1.** 법을 잘 지키는, 법대로 하는, **정의로운**, **공정한**, 공명정대한; 정직한, 올바른. **2.** (사물이) **정당한**, 합법적인, 이치에 맞는, 합당한, 근거있는. **3.** 당연한, 의당한, 지당한. **4.** **완전한**, 온전한, 정확한, 철저한. **5.** 넉넉한, 충분한, 적정(適正)한: justa altitúdo *(Cæs.)* 충분한 높이. **6.** 자랄 만큼 다 자란, 클 만큼 다 큰. 「서.

jusum, *adv.* 밑으로, 아래로, 아래를 거쳐

Jutúrna, æ, *f.* [juvo] *Látium* 샘의 요정, *Turnus*의 누이, *Roma*에서 숭배하였으며 특히 가뭄 때 기우제 지내던 여신. 「제.

Juturnálĭa, ĭum, *n.pl.* *Jutúrna* 여신의 축

juvámen, mĭnis, [**-méntum,** i,] *n.* [juvo] 도움, 원조, 협조, 협력.

juvenális¹, e, *adj.* [júvenis] **1.** (새파랗게) 젊은, 젊음을 지닌, 청춘의. **2.** 젊은이의, 젊은이다운. **3.** 힘센, 기력좋은.

Juvenális², is, *m.* D. Június ~, *Roma*의 풍자시인(c. 60 – 140 P.C.).

juvénca, æ, *f.* [juvéncus] **1.** 처녀, 젊은 여자. **2.** 암송아지.

juvéncŭla, æ, *f. dim.* [juvénca] 소녀.

juvéncŭlus, i, *m. dim.* [juvéncus] **1.** 소년, 사내아이. **2.** 숫송아지.

juvéncus¹, a, um, *adj.* [júvenis] 〔주로 동물에 대해서〕 어린, 젊은, 앳된.

juvéncus², i, *m.* **1.** 숫소. **2.** 새파란 젊은이, 청소년. **3.** 쇠가죽.

juvenésco, nŭi, ĕre, *intr. inch.* [júvenis] **1.** 성장하여 젊은이가 되다. **2.** 도로 젊어지다. **3.** 활기를 되찾다, 다시 번창하다.

juvenílis, e, *adj.* [júvenis] 나이 어린, 젊은, 청소년의, 청춘의; 젊은이다운; 발랄한.

juvenílĭtas, átis, *f.* [-nílis] 젊음, 청춘, 청소년기; 발랄한 때.

júvĕnis, is, *adj.* 〔*comp.* júnior〕 (새파랗게) **젊은**, 청소년의; (동물이) 어린; 〔*subst.*〕 *m.f.* **젊은이**, 청소년, 청춘남녀.

júvĕnix, ícis, *f.* [júvenis] 암송아지.

júvĕnor, ári, *dep. intr.* [júvenis] 젊은이처럼 행동[말]하다, 경솔하게[분별과 지각없이] 행동하다.

juvénta, æ, [**-tas, átis,**] *f.* [júvenis] **1.** 젊음, 연소(年少), **청춘**(기), 청춘시대; (식물의) 어릴 때. **2.** 솜털, 잔털: prima ~ *(V.)* 젊은이 볼의 잔털. **3.** 왕성한 혈기, 젊은 기운. **4.** 젊은이들. **5.** [J-] 청춘의 여신.

juvéntus, útis, *f.* [júvenis] **1.** (20세에서

40세 사이의) **청춘(기).** **2. 젊은이들**; 병역 적령자. **3.** *Roma*시대의 기병대원들(원로원 계급과 평민과의 중간 계급). **4.** *Roma* 황제의 아들에게 붙인 명예 칭호. **5.** [J-] 청춘의 여신.

jŭvo, jūvi, jūtum, *(jutúrus, juvatúrus)*, áre, *tr.* **1.** 〔*alqm* - (in) *alqā re*〕 **돕다,** 거들다, 원조하다, 조력하다, 지지하다, **도움이 되다, 이롭다**; 〔*impers.: (acc. c.)inf.*〕 유익하다, 좋다. **2.** 〔*alqm*〕 기쁘게 하다, 즐겁게 하다, 기분좋게 하다, 마음에 들게 하다. **3.** *impers.* 〔*alqm inf.; acc. c. inf.*〕 juvat me 나는 기뻐한다, **기쁘다,** 마음에 든다: Juvat me, tibi tuas lítteras profuísse. *(C.)* 나는 네 편지가 네게 이로웠다는 것이 기쁘다.

juxta[1], *adv.* [jungo] **1.** 〔장소〕 옆에, 가까이, 바로 곁에, 바싹 붙어[붙여], 인접하여. **2.** 〔시간〕 즉시, 곧, 바로, 뒤이어. **3.** 〔*c. adj.*; ac, atque, et, -que; quam; ac si; cum *abl.*〕 마냥, 계속, 같은 (방)식으로, 마찬가지로, …와 같이, 같은 정도로, 만큼, 동등하게: ~ inténtus*(L.)* 계속 정신 차려 / ~ ac si *c. subj.* …의 경우와 마찬가지로, …이기나 한 것처럼 / Juxta tecum æque scio.*(Pl.)* 나도 너만큼 안다.

juxta[2], *præp. c. acc.* **1.** 〔장소〕 **옆에**(서), 곁에, 가까이, 와 함께, 바싹 붙어[붙여], 인접하여, 밀착[밀접]하여: ~ murum*(Cæs.)* 성벽에 붙여서. **2.** 〔시간〕 직전에, 임박하여: ~ finem vitæ*(Ta.)* 임종이 가까와서. **3.** 〔차례〕 … 다음으로[다음에], 버금으로, 직후에: ~ *alqm* doctíssimus*(Gell.)* 누구 다음으로 가장 박학한. **4.** …에 **따라, 대로,** …에 의거하여. 「에, 옆에, 바로 곁에.

juxtim, *adv., præp.c.acc.* [juxta] …의 결

K

K, k, *f., n. indecl.* 본시 라틴 자모의 열한번째 글자로서 희랍어의 〈깝바, 캅바〉[kappa]에 해당하는 글자였으나, 후에 거의 완전히 사라져 버리고 C로 대치되면서 **K.** = Kæso(Cæso), **Kal.** = Kaléndæ(Ca-) 따위와 같이 오직 약어로만 쓰이게 되었고; 지금은 외래어 특히 희랍어의 표기에만 쓰이고 있음.

Kaléndæ, árum, *f.pl.* = Caléndæ.

kali cáutĭcum, i, *n.* 《化》 가성(苛性) 칼리.

kálĭum, i, *n.* 《化》 칼륨, 칼리: ~ bicarbónicum 중탄산 칼리 / ~ bichrómicum 중크롬산 칼리 / ~ bromátum 브롬칼리 / ~ carbónicum 탄산칼리 / ~ chlorátum 염화칼리 / ~ chlóricum 염소산칼리 / ~ nítricum 초석[초산]칼리 / ~ sulfurátum 유화칼리 / ~ sulfúricum 유산[황산]칼리 / ~ tartáricum 주석산칼리.

kámăla, æ, *f.* **1.** 《植》 예덕나무의 일종. **2.** 카말라 (그 씨에서 채취한 주황색 분말은 구충제 및 염료용).

Kantísmus, i, *m.* 칸트주의, 칸트파의 철학.

Karthágo, gĭnis, *f.* = Carthágo.

karyokinésis, is, *f.* 《生》 간접세포핵분열.

keratotomía, æ, *f.* 《醫》 각막절개술.

kilográmma, ătis, *n.* 킬로그람.

kilométrum, i, *n.* 킬로미터.

kinésis, is, *f.* 동성(動性), 운동.

kinetonúclĕus, i, *m.* 《生》 동원핵(動原核).

klimaktérĭum, i, *n.* 《醫》 월경폐지기, 폐경기, 갱년기.

koma, ătis, *n.* 《醫》 혼수(昏睡).

krisis, is, *f.* 《醫》 위기, 고비, 발증(發症).

Kyriále, is, *n.* 《가》 Kýrie등 미사의 불변부분의 그레고리안 성가집.

Kýrĭe, 《가》 ~, eléison 《주여, 자비를 베푸소서》로써 시작하는 여러가지 기도의 첫마디, 특히 미사 때의 기도문구; 미사곡 중의 Kýrie.

Kystotomía, æ, *f.* 《醫》 농종절개.

L

L[1], **l,** *f., n. indecl.* 라틴 자모의 열둘째 글자: 〈엘〉[el].

L[2]**.,** 《略》 **1. L.** = Lúcius. **2.** (고유명사 뒤의) **L.** = libértus, libérta (노예 신분에서 석방된 자유인). **3. L** = 50.

lábărum, i, *n. Constantínus* 황제가 그리스도교로 개종한 뒤 제정한 군기(軍旗).

labásco, ĕre, [**-scor,** *(ĕris, ĭtur),* sci, *dep.*] *intr. inch.* [labo, labor[1]] **1.** 흔들거리다, 비틀거리다; 무너지려[쓰러지려] 하다, 가누지 못하다. **2.** 용기를 잃다, 망설이다; 지고 말다, 굴복하다.

labdacísmus, i, *m.* L자 사용과다; L자의 그릇된 발음.

Lábdăcus, i, *m. Thebæ*의 왕, *Láius*의 아버지.

lábĕa, æ, *f.* [lábia] 《古》 입술.

Labeátes, ĭum[um], *m.pl. Illýria*에 있던 한 종족; 〔*adj. f.*〕 **-átis,** ĭdis.

labécŭla, æ, *f. dim.* [labes] 작은 하자, 오점, 때.

labefácĭo, féci, fáctum, fácĕre, *tr.* [labo+fácio] **1.** 동요케 하다, 흔들리게 하다, 뒤흔들다, 비틀거리게 하다: dentes ~ mihi *(T.)* (누가 나를 때려서) 이들을 흔들리게 하다. **2.** 쇠약해지게 하다, 약화시키다, 축 늘어지게 하다. **3.** 무너뜨리다, 뒤엎다, 멸망시키다, 몰락하게 하다. **4.** 〔*alqm*〕 뜻을 굽히게 하다.

labefactátĭo, ónis, *f.* [labefácto] 동요, 흔들림, 비틀비틀함; 몰락; 무너뜨림, 전복(顚覆).

labefácto, ávi, átum, áre, *tr. freq.*[labefácio] **1.** 뒤흔들다, 비틀거리게 하다; 무너뜨리다, 쓰러뜨리다. **2.** 쇠약해 버리게 하다, 재기불능케 하다; 전복시키다, 몰락시키다. **3.** 항구하지 못하게 하다.

labefáctor, óris, *m.* [labefácio] 동요시키는 사람.

labefío, fáctus sum, fíĕri, *intr. pass.*[labefácio] 흔들리다, 비틀거리다; 무너지다, 쓰러지다; 몰락하다.

labéllum[1]**,** i, *n. dim.* [labrum[1]] **1.** 작은 입술. **2.** 귀여운 입술.

labéllum[2]**,** i, *n. dim* [labrum[2]] 작은 대야; 양푼.

lábĕo[1]**,** ónis, *m.* 입술 큰 사람.

Lábĕo[2]**,** ónis, *m. Roma*의 *Accĭus, Fábius,* 기타 여러 씨족의 가문명.

labeósus, a, um, *adj.* [lábium] 두꺼운 입술을 가진.

Labérĭus, i, *m. Roma*인의 씨족명.

lābes, is, *f.* [labor[1]] **1.** (바닥 따위가) 꺼짐, 내려앉음, 함몰. **2.** 떨어짐, 추락, 낙하. **3.** 재난; 멸망, 파멸, 붕괴, 몰락, 와해(瓦解). **4.** 망쳐놓는 자, 망국배(亡國輩). **5.** 흠, 하자, 얼룩, 더럼, 때. **6.** 오점(汚点), 불명예, 치욕. **7.** 죄: ~ originális 원죄.

lábĭa, æ, *f.* 〔주로 *pl.*〕 입술.

labiális, e, *adj.* [lábia] **1.** 입술의. **2.** 《解》 음순(陰脣)의. **3.** 순음(脣音)의.

Labíci, órum, *m.pl.* [**-cum,** i, *n.*] *Látium*의 옛 도시; 〔*adj.*〕 **-cánus,** a, um; *m.pl.* 그곳 주민.

lábĭdus, a, um, *adj.* [labo, labor[1]] 미끄러운.

Labiénus, i, *m. Cæsar*의 부관, 나중에 *Pompéjus* 편이 됨.

lábĭlis, e, *adj.* [labor[1]] **1.** 미끄러져 떨어지는, 흐르는. **2.** 미끄러운. **3.** 타락하기[떨어지기] 쉬운. **4.** 사라지는.

labína, æ, *f.* [labor[1]] 붕괴, 산사태, 눈사태.

lábĭo = lábeo.

labiósus, a, um, *adj.* 입술이 두꺼운.

lábĭum, i, *n.* 〔가끔 *pl.*〕 입술: ductáre *alqm* lábiis*(Pl.)* 누구를 향해 입술을 비쭉거리다.

lăbo, ávi, átum, áre, *intr.* **1.** 흔들리다, 기우뚱하다, 넘어지려 하다, 쓰러지려[무너지려] 하다, 비틀거리다, 휘청거리다. **2.** 미결 상태에 있다, 의심스럽다, 아리송하다, 파국(破局)에 이르다. **3.** 주춤하다, 망설이다, 갈팡질팡하다.

lābor[1]**,** *(ĕris, ĭtur),* lapsus sum, lābi, *dep. intr.* [labo] **1. 미끄러지다,** 미끄러지듯이 움직이다[기어가다·날아가다]; 미끄러져 빠지다, 떨어지다. **2.** (강물 따위가) **흐르다,** (물에 떠서) 흘러 내려가다. **3.** (시간이) 지나가다, 경과하다. **4.** 〔ex *abl., abl.*〕 벗어나다, 탈출하다, 빠져나오다. **5.** 〔*absol.;* ad *acc.*〕 다른 데로 빗나가다, 기울어지다, 접근하다. **6.** 〔*absol.;* ad, in *acc.*〕 **타락하다,** 나빠지다, 악화하다. **7.** 〔in *acc.*〕 스르르 빠져들다, 스며들다, 빠지다: lapsus in somnum*(Ta.)* 잠들어 버린/ ~ in vítium*(H.)* 악습에 빠지다. **8.** 망해가다, 쇠(衰)하다, 쇠퇴하다; 죽어가다:

labénte disciplínā *(L.)* 규율이 해이해 지면서. **9.** 〔*absol.*; in *abl.*, *abl.*〕 그르치다, 잘못하다, 범죄하다; 실패하다, 속다; 떨어져 나가다, 배교(背敎)하다: ~ in *alqā re (C.)* 어떤 일에 실패하다, 속다 / lapsus spe *(Cæs.)* 실망하여.

lăbor², óris, *m.* **1. 수고,** 노력. **2. 일,** 노동, 노역(勞役): ~ servílis 육체노동. **3.** 직무, 임무. **4. 역사**(役事), 공사(工事), **사업. 5.** 근면, 열성. **6.** 수고[일]의 결과, 성과, 보람. **7.** 병, 앓음; 아픔, 병고: Valetúdo decréscit, accréscit ~. *(Pl.)* 건강은 줄어들고 병은 더해간다. **8.** 근심, 걱정. **9. 고생, 고달픔, 시달림,** 노고; 간난신고. **10.** 재난, 위험. **11.** labóres lunæ *(V.)* 월식.

laborátĭo, ónis, *f.* [labóro] 수고; 고생, 노고, 고달픔; 앓음.

laborátus, a, um, *p.p.*, *a.p.* [labóro] 공[정성]들여 만든, 애써 만든.

labórĭfer, ĕra, ĕrum, *adj.* [labor² + fero] 수고를 견디어 내는, 고생을 이기는; 수고로운.

laboriósus, a, um, *adj.* [labor²] **1. 수고로운, 수고스러운,** 고된, 힘드는, 고생스러운; 고생하는. **2.** 부지런한, 열심히 하는.

labóro, ávi, átum, áre, [labor²] **I.** *intr.* **1. 수고하다, 일하다:** Aratóres sibi labórant. *(C.)* 농부들은 자신들을 위해 일한다. **2.** 〔*absol.*; de, pro, in *abl.*; in, circa *acc.*; ut, ne; *inf.*〕 **애쓰다,** 힘쓰다; 걱정하다, 근심하다, 안타까와 하다, 불안하다. **3.** 〔*abl.*; ab, ex *abl.*; *absol.*〕 **고생하다,** 시달리다: ~ ab re frumentáriā *(Cæs.)* 식량사정으로 고생하다 / ex ære aliéno ~ *(Cæs.)* 빚에 시달리다. **4.** 〔*absol.*; 병명은 *abl.*, 부위(部位)는 ex *abl.*〕 **앓다,** (어디가) **아프다:** ~ morbo *alqo (C.)* 무슨 병을 앓다 / ~ ex pédibus *(C.)* 두 발이 아프다 / Ejus artus laborábant. *(C.)* 그는 관절염을 앓는다. **II.** *tr.* 공들여 만들다, 애써하다, 노작(勞作)하다.

lăbos, óris, *m.* 《古》 = labor².

Labro, ónis, *m.* *Etrúria*의 항구도시.

labrum¹, i, *n.* [lambo] **1.** 입술. **2.** 가, 가장자리; (그릇 따위의) 아가리; 경계.

labrum², i, *n.* [lavo] 대야, 양푼, 아가리 넓은 큰 그릇; 욕조(浴槽).

labrúsca, æ, *f.* [**-scum,** i, *n.*] 《植》 야생포도, 머루.

labyrinthéus[**-thĭcus**], a, um, *adj.* **1.** 미궁의, 미로(迷路)의; 미궁과 같은. **2.** 얽히고 설킨, 착잡한, 복잡한.

labyrínthus, i, *m.* **1.** 미궁(迷宮), 미로. **2.** [L-] *Creta*의 고도(古都) *Gnossus* 근교에 *Dædalus*가 세운 유명한 미궁. **3.** 《解》 내이(內耳), 미로.

lac, lactis, *n.* **1. 젖,** 유즙(乳汁); 우유. **2.** 식물의 유액. **3.** 젖빛, 유백색.

Lacǽna, æ, *adj.f.* *Sparta*(여자)의, *Lacedæmon* (여자)의; 〔*subst.*〕 *Sparta*의 여자, 특히 *Hélena.*

lacca, æ, *f.* 역축(役畜)의 다리가 붓는 병.

Lacedǽmon, mŏnis, *f.* *Lacónia*의 도시 즉 *Sparta*; 〔*adj.*〕 **-mónĭus,** a, um, *Lacedæmon*의, *Sparta*의; *m.* *Sparta*인.

lăcer, ĕra, ĕrum, *adj.* **1.** 〔*absol.*; *acc. Gr.*; *abl.*〕 절단된, 잘린: caput lácerum cornu *(Ov.)* 뿔잘린 머리. **2.** 찢어진; 파열된, 파손된, 부서진, 와해된: lácera vestis *(Ta.)* 찢어진 옷. **3.** 자르는, 찢는.

lacerábĭlis, e, *adj.* [lácero] 찢어질 수 있는, 찢어지기 쉬운.

lacerátĭo, ónis, *f.* [lácero] 찢음; 파열.

lacerátor, óris, *m.* [lácero] 찢는 사람.

lacérna, æ, *f.* (옛 *Roma*인들의) 외투의 일종; 비옷.

LACERNA

lacernátus, a, um, *adj.* [lacérna] 외투입은, 비옷입은.

lácĕro, ávi, átum, áre, *tr.* [lacer] **1. 찢다, 찢어 발기다;** 파열시키다, 부서뜨리다; 물어뜯다, 쥐어뜯다; 에다, 잘라내다; 헤어지게 하다. **2.** 헐뜯다, 중상하다, 비난하다, 욕설하다. **3.** 참혹하게 만들다. **4.** 낭비[허비]하다, 탕진하다. **5.** 괴롭히다, 곯리다, 못살게 굴다.

lacérta, æ, *f.* 《動》 **1.** 도마뱀. **2.** 고등어(의 일종).

lacertósus, a, um, *adj.* [lacértus¹] 힘줄이 많은, 힘이 센, 근육이 좋은, 강한, 강장한.

lacértus¹, i, *m.* **1.** 상박(上膊); 팔; 팔의 근육[알통]. **2.** 팔힘; 힘, 강력(强力).

lacértus², i, *m.* 《動》 **1.** 도마뱀. **2.** 고등어(의 일종).

lacessítĭo, ónis, *f.* [lacésso] 도발(挑發), 집적거림.

lacessítor, óris, *m.* [lacésso] 도발자, 선공자(先攻者).

lacésso, ívi [ĭi], ítum, ĕre, *tr.* [lácio] **1.** 〔*alqm* - *alqā re*〕 **도발하다,** 도전하다, 집적거리다, 건드리다; 못살게 굴다, 괴롭히다. **2.** 〔*alqm* ad *acc.*; *alqā re*〕 **자극하다,** 충동하다, 격려하다, 분기시키다, …하도록 권유하다[부탁하다]. **3.** 〔*alqd*〕 일으키다, **야기시키다,** 유발하다, 쑤석거리다: ~ bella *(V.)* 전쟁을 일으키다 / Córporis tractu risus lacéssitur. *(Q.)* 몸짓으로 웃음이 터진다. **4.** 〔*alqd* - *alqā re*〕 획책하다, 시도하다.

Lacetáni, órum, *m.pl.* *Lacetánia* 주민.

Lacetánĭa, æ, *f.* *Hispánia*의 동북지방.

lachanízo[**-nísso**], áre, *intr.* 힘이 없다, 느슨하다; 나태하다.

Laches, étis, *m.* *Athénæ*의 장군 (c. 430 A.C.).

Láchĕsis, is, *f.* 세 *Parcæ* 여신중의 하나.

Lacíădes, æ, *m.* *Attĭca*의 *Lacíadæ*(라는) 마을의 주민.

lacínĭa, æ, *f.* **1.** 옷깃 ; 옷자락, 옷단. **2.** 자락, 늘어진 것 [물건]. **3.** 옷. **4.** 조각, 부분. **5.** 땅뙈기.
laciniósus, a, um, *adj.* [lacínia] **1.** 끝부분이 여러 가닥으로 갈라진, 너덤너덤하는. **2.** 거추장스러운.
Lacínĭum, i, *n.* *Brúttium*의 갑각(岬角), *Juno* 여신의 신전이 있음 ; 〔*adj.*〕 **-nĭus,** a, um; *f.* *Juno* 여신.
lácĭo, cĕre, *tr.* 속이다.
Laco(n), ónis, *m.* **1.** *Lacónia*인, *Sparta*인. **2.** *Sparta*의 유명했던 개(犬).
Lacónĭ(c)a, æ, *f.* *Sparta*를 수도로 하는 *Peloponnésus* 반도에 있던 나라 ; 〔*adj.*〕 **-nĭcus,** a, um ; 〔*adj. f.*〕 **-nis,** ĭdis. 「탕.
Lacónĭcum, i, *n.* (*sc.* bálneum) 증기 목욕
lácrĭma, æ, *f.* **1.** 눈물. **2.** (어떤 종류의) 초목에서 듣는 물방울.
lacrimábĭlis, e, *adj.* [lácrima] 눈물을 자아내는, 눈시울을 뜨거워지게 하는, 비참한.
lacrimabúndus, a, um, *adj.* [lácrimo] 눈물흘리는, 눈물이 글썽한.
lacrimális, e, *adj.* [lácrima] **1.** 눈물의. **2.** 눈물의 분비에 관한, 누선(淚腺)의 : 《解》 artéria ~ 누선 동맥.
lacrimátĭo, ónis, *f.* [lácrimo] **1.** 눈물흘림, 낙루(落淚), 울음. **2.** 눈물나는 눈병.
lácrĭmo, ávi, átum, áre, [**-mor,** átus sum, ári, *dep.*] *intr.*, *(tr.)* [lácrima] **1.** 〔*absol.*; *alqd*〕 눈물흘리다, 울다. **2.** (어떤 초목에서) 물방울이 듣다.
lacrimoconchális, e, *adj.* 《解》 누골갑상(淚骨甲狀)의 ; **-maxilláris,** e, *adj.* 《解》 누골상악(淚骨上顎)의.
lacrimósus, a, um, *adj.* [lácrima] **1.** 눈물나는[흘리는], 눈물많은, 슬픈. **2.** 눈물나게 하는, 최루의. **3.** 진이 나오는 (식물).
lacrum[-crym]... *V.* lacrim...
lactánĕus, a, um, *adj.* 젖먹이는 ; 젖빛의.
lactáris, e, *adj.* [lac] 젖먹이는, 포유동물의.
lactárĭus, a, um, *adj.* [lac] **1.** 젖먹는. **2.** 우유넣어서 만드는 ; 〔*subst.*〕 *m.* 우유넣은 식료품 제조인[판매인] ; *n.* 우유넣어 만든 것[음식]. **3.** 우유담는 (그릇 따위). **4.** ~ mons, 젖소 기르는 목초가 많은 *Campánia*의 어떤 야산. 「함.
lactátĭo, ónis, *f.* [lacto¹] 젖먹임, 젖을 분비
lactátum, i, *n.* 우유로 만든 음료.
láctĕo, ére, *intr.* [lac] **1.** 〔주로 *p.præs.*를 씀〕 젖먹다. **2.** 젖먹이 시대에 있다, 어리다. 「깔의, 유백색의.
lactéŏlus, a, um, *adj.* *dim.* [lácteus] 젖빛
lactes, ĭum, *f.pl.* 《解》 소장(小腸).
lactésco, ĕre, *intr.* [lácteo] **1.** 젖으로 변하다, 젖이 되다. **2.** 젖이 생기다, 젖이 붇다, 젖이 지다.
láctĕus, a, um, *adj.* [lac] **1.** 젖의 ; 젖이 가득한. **2.** 젖먹는. **3.** 젖빛깔의, 유백색의 : ~ orbis *(C.)*, círculus ~ *(Plin.)*, via láctea *(Ov.)* 은하(銀河). 「든 음식.
lacticínĭa, órum, *n.pl.* 우유와 계란으로 만
lactícŏlor, óris, *adj.* [lac+color] 젖빛의, 유백색의.
láctĭfer, ĕra, ĕrum, *adj.* [lac+fero] **1.** 젖을 내는 ; 젖을 나르는. **2.** 《解》 젖을 보내는 ; 유관(乳管)의 ; 유미(乳糜)를 보내는. **3.** 《植》 젖 같은 액체를 내는.
lactínĕus, a, um, *adj.* 젖과 같이 흰.
láctĭto, ávi, átum, áre, *tr.* *freq.* [lacto¹] 젖먹이다, 젖주다.
lacto¹, ávi, átum, áre, *intr.* [lac] **1.** 젖먹이다, 젖을 내다. **2.** 젖빨다, 젖먹다. **3.** *tr.* 자기 젖을 먹여 기르다.
lacto², ávi, átum, áre, *tr.* *freq.* [lácio] 속이다 ; 유인하다, 꾀다, 구슬리다. 「빼기.
lactúca, æ, *f.* 《植》 상치 ; ~ índica 왕고들
lactucárĭus, i, *m.* 야채[상치]장수.
lacúlla, æ, *f.* *dim.* [lacúna] 보조개.
lacúna, æ, *f.* **1.** 웅덩이 ; 못(池). **2.** 구덩이 ; 구멍, 파인 곳, 움푹 들어간 곳. **3.** 함정. **4.** 결함, 결손, 빈자리, 손실.
lacúnar, áris, [**-árĭum,** i,] *n.* [lacúna] 《建》 판자붙인 천장, 우물천장, 우물반자.
lacúno, ávi, átum, áre, *tr.* [lacúna] **1.** 움푹 파이게 하다. **2.** 우물반자 모양으로 만들다.
lacunósus, a, um, *adj.* [lacúna] **1.** 웅덩이[구덩이] 투성이의. **2.** 울퉁불퉁한, 고르지 못한.
lăcus, us, *m.* 〔드물게는 제2변화 : -cus, i〕 **1.** 호수, 못. **2.** 통, 물통. **3.** 수도 용수 저수지. **4.** 포도즙 짜는 큰 통 ; 기름 거품 받는 통. **5.** (여러가지 용도의) 큰 물통. **6.** 사자 가두어 기르는 지하 수직 동굴. **7.** 우물반자.
lacúscŭlus, i, *m.* *dim.* [lacus] **1.** 작은 호수. **2.** 올리브 저장용 나무통.
Lacýdes, is, *m.* *Cyréne* 태생의 철학자(c. 250 A.C.).
Lādōn, ónis, *m.* *Arcádia*의 강이름.
Læca, æ, *m.* *Roma*인의 가문명.
lædo, læsi, sum, dĕre, *tr.* **1.** 〔*alqm[alqd] - alqā re*〕 상하게 하다, 다치게 하다, **상처입히다,** 생채기를 내다 ; (초목 따위를) 꺾다, 뜯다 ; 부러뜨리다 ; 훼손하다, 손해를 끼치다[주다]. **2.** 〔*alqm[alqd] - alqā re*〕 **마음 상하게 하다,** 가슴 아프게 하다, 감정을 해치다 ; 모욕하다, 비방하다, (명성 따위를) 더럽히다 : ~ *alqm* dicto *(Suet.)* 말로 누구의 감정을 상하게 하다. **3.** (신의 따위를) 깨뜨리다, 어기다. **4.** 〔*alqm*〕 피의자[피고]에게 불리한 증언을 하다.
Lælĭus, i, *m.* *Roma*인의 씨족명 ; 〔*adj.*〕 **-liánus,** a, um.

læna, æ, *f.* 외투; 소매없는 외투, 망토.

Laérta [**-tes**], æ, *m.* *Ulíxes*의 아버지; 〔*adj.*〕 **-tĭus,** a, um. 「*xes.*

Laërtĭădes, æ, *m.* *Laérta*의 아들 즉 *Ulí-*

læsĭo, ónis, *f.* [lædo] **1.** 상처입힘, 상해; 마음 상하게 함, 가슴 아픈 일. **2.** 《醫》 외상, 상처.

Læstrygónes, um, *m.pl.* 〔*sg.* Læstrýgon, ónis〕 *Látium* 지방의 *Fórmiæ* 주변에서 살다가 *Sicília*로 건너간 고대 *Itália*의 거인족; 〔*adj.*〕 **-gónĭus,** a, um.

læsúra, æ, *f.* [lædo] 상처; 마음 상하게 함.

lætábĭlis, e, *adj.* [lætor] 즐거운, 유쾌한, 기뻐할 만한.

lætabúndus, a, um, *adj.* [lætor] 대단히 즐거워[기뻐]하는, 행복스러운. 「물의 똥.

lætámen, mĭnis, *n.* 거름, 두엄, 퇴비; 동

lætans, ántis, *p.præs., a.p.* [lætor] **1.** 기뻐하는, 즐거워하는. **2.** 경치좋고 쾌적한.

lætátĭo, ónis, *f.* [lætor] 기쁨, 즐거움, 환희; 환호.

lætífico, ávi, átum, áre, *tr.* [lætus+fácio] **1.** 기쁘게 하다, 즐겁게 하다; 황홀케 하다. **2.** (밭을) 기름지게[비옥하게] 하다, 거름주다. 「하는; 즐거운.

lætíficus, a, um, *adj.* [lætus+fácio] 기쁘게

lætítĭa, æ, *f.* [lætus] **1.** **기쁨,** 환희, 희열, 흥겨움: *alci* lætítiæ esse *(C.)* 누구에게 기쁨이 되다. **2.** 아름다움, 예쁨, 매력, 우아. **3.** 풍요, 비옥.

læto, ávi, átum, áre, *tr.* [lætus] **1.** 기쁘게 하다, 즐겁게 하다. **2.** (밭·농작물에) 거름주다.

lætor, átus sum, ári, *dep. intr., tr.* [lætus] **1.** 〔*abl.;* de, ex, in *abl.; alqd; acc. c. inf.;* quod; *absol.*〕 **기뻐하다,** 기쁨을 느끼다, 즐거워하다. **2.** (농작물이 기후·지리적 조건 따위를) 좋아하다, 반기다.

lætus, a, um, *adj.* **1.** 〔*absol.; abl.;* de, in *abl.; inf., acc.c.inf.*〕 **기쁜,** 즐거운, 유쾌한, 반가운; **기뻐하는,** 즐거워하는, 반기는, 만족해 하는: lætus vultus *(C.)* 기쁜 얼굴 / dies lætíssimi *(C.)* 매우 즐거운 나날/ Lætus sum, laudári me abs te. *(Næv.)* 너한테 칭찬들으니 기쁘다. **2.** 기꺼이[기쁜 마음으로] 하는; 호의를 가진. **3.** 재미있는, 기쁨을 주는; 마음에 드는: Quid potest esse lǽtius? *(C.)* 무엇이 더 재미있을 수 있느냐? **4.** 다행한, 순조로운; 행운의, 길(吉)한. **5.** 비옥한, 기름진: ~ ager *(V.)* 비옥한 밭. **6.** 풍요한, 풍성한, 우거진: colles fróndibus læti *(Curt.)* 나무가 울창한 언덕. **7.** (사람·짐승 따위가) 살찐.

læva, æ, *f.* (*sc.* manus, pars) [lævus] 왼손; 왼쪽, 왼편: lævā *(L.)* 왼손으로, 왼편으로/ ad [in] lævam (위치상) 왼편에[으로, 을].

lævig... *V.* levig...

lævis = levis[1]. 「편으로.

lævórsum[**-sus**], *adv.* [lævus+versum] 왼

lævus, a, um, *adj.* **1.** 왼, **왼쪽의,** 왼편의, 좌측의; 〔*subst.*〕 *n.* 왼쪽, 왼편; *n.pl.* 왼편 지방. **2.** (새를 날려서 점을 칠 때 남쪽을 향해 서 있었으므로 왼편은 동쪽 즉 해뜨는 곳으로서) 상서로운, 길조(吉兆)의. **3.** **서투른,** 미련한, 지둔(遲鈍)한. **4.** 공교롭게도 나쁜, 역경의, 불행한.

lágănum, i, *n.* 기름에 튀긴 과자(의 일종).

lagéna, æ, *f.* (아가리 좁은 배불뚝이) 병, 술병; 단지.

lágĕos, i, *f.* 희랍종(種) 포도, 그 포도주.

Lagéus, a, um, *adj.* [Lagus] **1.** *Lagus*의. **2.** 이집트의.

lagœ́na[**-góna**], æ, *f.* = lagéna.

lagóis, ĭdis, *f.* 《動》 **1.** (바다 토끼라는 뜻의) 물고기. **2.** 들꿩, 멧닭.

lagóstŏma, ătis, *n.* 《醫》 언청이.

lagúna = lagéna. 「은 단지.

lagúncŭla, æ, *f. dim.* [lagéna] 작은 병, 작

Lāgus, i, *m.* 이집트의 *Ptolemǽus* 1세의 아버지; 〔*adj.*〕 **-géus,** a, um.

Laíădes, æ, *m.* *Láius*의 아들 즉 *Œdĭpus.*

laicális, e, *adj.* 속인(俗人)의, 평신도의.

laicísmus, i, *m.* 속화주의(俗化主義), 세속주의.

laicizátĭo, ónis, *f.* **1.** 교회의 인물 및 사물의 속용화(俗用化). **2.** (성직자의) 환속(還俗). **3.** (학교·병원 따위) 교회 사업의 국유화[국영화], 교회재산 몰수.

láĭcus, a, um, *adj.* 평신도의, 세속적; *m.* 속인, **평신도.**

Lāis, ĭdis, *f.* 희랍의 유명한 기생의 이름.

Láĭus[**-jus**], i, *m.* *Lábdacus*의 아들, *Thebæ*의 왕, *Œdĭpus*의 아버지.

lallo, áre, *intr.* 자장가를 부르다.

lalopathía, æ, *f.* 《醫》 언어장애.

lama, æ, *f.* 수렁, 진펄. 「A.C.).

Lámăchus[**-os**], i, *m.* *Athénæ*의 장군(414

Lamaísmus, i, *m.* *Lama*교(敎). 「다.

lámbĕro, ávi, átum, áre, *tr.* 찢다, 물어 뜯

lámbĭtus, us, *m.* [lambo] 핥음.

lambo, bi, bĭtum, ĕre, *tr.* **1.** 핥다. **2.** 불길이 슬쩍 스치다[넘실대다]. **3.** 물길이 스쳐 지나가다.

laméllа, æ, *f. dim.* [lámina] **1.** 박판(薄板), 얇은 금속판[석판], 엷은 조각; 엷은 잎, 엽층(葉層). **2.** 《動》 새엽(鰓葉). **3.** 《植》 (버섯의 갓 밑의) 주름, 균습(菌褶). 「의.

lamellósus, a, um, *adj.* 《醫》 판층(板層)

laménta, órum, *n.pl.* 슬픔, 슬퍼함, 한탄, 비탄, 통곡.

lamentábĭlis, e, *adj.* [laméntor] **1.** 슬퍼할, 비탄할, 통탄할, 통곡할. **2.** 슬퍼하는, 비탄에 잠긴. 「한, 가엾은.

lamentárĭus, a, um, *adj.* [laméntor] 불쌍

lamentátĭo, ónis, *f.* [laméntor] **1.** 애통, 비탄, 슬퍼함, 통곡. **2.** 비탄의 소리, 애도가; 《聖》 Lamentatiónes (구약성서의 *Jeremías* 예언자의) 애가(哀歌).

lamentátor, óris, *m.* [**-tátrix,** ícis, *f.*] [laméntor] 비탄[애통·통곡] 하는 사람.

laménto, ávi, átum, áre, *intr.* 슬퍼하다, 비탄하다.

laméntor, átus sum, ári, *dep. intr., tr.* 〔*absol.; alqd*〕 슬퍼하다, 비탄하다, 비통해 하다, 푸념하다, 통곡하다, 한탄하다, 애도하다.

lámĭa[1], æ, *f.* **1.** 흡혈귀; (상반신은 인간이고 하반신은 뱀으로서 아이들의 피를 빨아먹는다는) 여자괴물. **2.** 요부, 마녀.

Lámĭa[2], æ, *m.* *Ælĭa* 씨족의 가문명; 〔*adj.*〕 **-miánus,** a, um.

Lámĭa[3], æ, *f.* *Thessália*의 도시(지금의 *Zeitum*).

lámĭna[lámmĭna, lamna], æ, *f.* **1.** 널빤지 토막, 금속판, 대리석 토막, 얇은 판(板); 분판. **2.** (형구로 쓰이는) 불에 달군 철판[동판]. **3.** 톱. **4.** 접시. **5.** (금화·은화를 찍어내는) 금판, 은판; 미가공 금·은. **6.** 귓불.

laminósus, a, um, *adj.* 엷은 켜로[조각으로] 된.

lámpăda, æ, *f.* **1.** 횃불, 관솔불. **2.** 등불.

lampadárĭus, i, *m.* 횃불잡이, 등불잡이.

lampas, ădis, *f.* **1.** 횃불, 관솔불; 혼인 횃불. **2.** 등불, 등잔, 등(燈). **3.** 빛, 광채, 광명; 햇빛, 달빛. **4.** 유성(流星); 혜성.

Lámpsăcum, i, *n.* [**-cus,** i, *f.*] *Hellespóntus*에 있는 *Mýsia*의 도시; 〔*adj.*〕 **-psacénus,** a, um; *m.pl.* 그곳 주민.

lampter[1], éris, *m.* 촛대.

Lampter[2], éris, *m.* *Phocǽa*의 항구.

lampýris, ĭdis, *f.* 《動》 개똥벌레, 반디, 반딧벌레.

Lamus, i, *m.* *Læstrygónes*의 전설에 나오는 임금 이름, 바다의 신 *Neptúnus*의 아들, *Fórmiæ*의 창설자.

lāna, æ, *f.* **1.** 양털. **2.** 양털 빗질하는 일, 양털실 잣는 일, (양털) 길쌈. **3.** 모직물, 양모제품. **4.** (다른 동물의) 털; 고운 새털. **5.** (잎·열매 따위의) 솜털. **6.** 새털구름.

lanárĭus, a, um, *adj.* [lana] **1.** 양털의, 양털에 관한; 〔*subst.*〕 *m.* 양모 가공업자, 양모직물 제조인; *f.* (*sc.* officína) 양모직물 공장.

lanátus, a, um, *adj.* [lana] **1.** 양털로 덮인, 양털의: lanátæ oves *(Col.)* 털깎지 않은 양 / lanátæ pelles *(Col.)* 양모피(羊毛皮); 〔*subst.*〕 *f.pl.* 양. **2.** (잎·열매 따위가) 솜털있는.

láncĕa, æ, *f.* (자루 중간에 가죽고리 달린) 창(槍).

lanceárĭus[-ciárĭus], i, *m.* 창기병(槍騎兵).

láncĕo, ávi, átum, áre, *tr.* 창을 다루다; 창으로 찌르다, 창을 던지다; *p.p.* lanceátus 창으로 무장한.

lancéŏla, æ, *f.* *dim.* [láncea] 작은 창.

lanceolátus, a, um, *adj.* [*p.p. inusit.* lancéolo] **1.** 작은 창으로 무장한. **2.** 창 모양으로 된.

lancícŭla, æ, *f.* *dim.* [lanx] 작은 접시.

lancinátor, óris, *m.* 껍데기 벗기는 자.

láncĭno, ávi, átum, áre, *tr.* **1.** 부수다, 조각내다, 토막내다, 찢어 발기다. **2.** 허비[낭비]하다.

láncŭla, æ, *f.* *dim.* [lanx] (천칭의) 저울판.

lanéstris, e, *adj.* 양털의.

lánĕus, a, um, *adj.* [lana] **1.** 양털로 만든, 모직의. **2.** 솜털의. **3.** 부드러운.

Langobárdi, órum, *m.pl.* 북부 *Germánia*의 한 종족.

languefácĭo, féci, fáctum, cĕre, *tr.* 무력하게 하다, 둔하게 만들다, 쇠약하게 하다, 진정시키다.

languens, éntis, *p.præs., a.p.* [lángueo].

lánguĕo, gŭi, ére, *intr.* **1.** 지치다, 나른해지다, 녹초가 되다; 약해지다. **2.** 시들다, 이울다, 사그라지다, 수그러지다. **3.** 앓다, 병들어 있다. **4.** 힘이 없다, 활기[생기]가 없다, 둔해지다.

languésco, gŭi, ĕre, *intr. inch.* [lángueo] **1.** 허약[쇠약]해지다, 힘이 줄어들다; 세력이 약해지다, 풀죽다. **2.** 시들어지다; (바람이) 자다, 멎다, 진정되다. **3.** 병나다, 앓다.

languídŭlus, a, um, *adj. dim.*[lánguidus] 좀 시든, 약해진.

lánguĭdus, a, um, *adj.* [lángueo] **1.** 약한, 힘없는, 지친, 나른한. **2.** 시든, 사그라진, 풀죽은, 김빠진, 누그러진; (색이) 바랜, 빛을 잃은. **3.** 병든. **4.** 활기없는, 생기없는, 무기력한.

languor, óris, *m.* [lángueo] **1.** 나른함, 노곤함, 피곤. **2.** 힘없음, 쇠약, 허약, 병약. **3.** 퇴색, 빛이 바램. **4.** 병: ficto languóre *(Ov.)* 꾀병으로. **5.** 무기력, 활기[생기]없음; 이완(弛緩); 게으름, 침체. **6.** 울적함.

laniárĭum, i, *n.* 정육점, 푸줏간; 도살장.

laniátĭo, ónis, *f.* [lánio[1]] 잡아 찢음; 고문(拷問).

laniátus, us, *m.* 잡아 찢음.

lanícĭa, æ, [**-cĭes,** éi,] *f.*[**-cĭum,** i, *n.*] [lana] 양털; 모직물.

laniéna, æ, *f.* [lánius] 푸줏간, 정육점; 도살장.

lánĭfer, fĕra, fĕrum, *adj.* [lana+fero] **1.** 양털을 가진. **2.** (잎·열매 따위가) (솜)털이 있는.

lanífĭcus, a, um, *adj.* [lana+fácio] 양털 일을 하는, 양모 가공(加工)의; 〔*subst.*〕 *f.* 양

털로 길쌈하는 여자; *n.* 양모 가공업.

lánĭger, ĕra, ĕrum, *adj.* [lana+gero[1]] 양털을 가진; (솜)털이 있는: árbores lanígeræ *(Plin.)* 목화나무; 〔*subst.*〕 *m.* 숫양; 숫염소.

lánĭo[1], ávi, átum, áre, *tr.* **1.** 잡아 찢다, 찢어 발기다, 토막치다. **2.** 혹평하다.

lánĭo[2], ónis, *m.* 정육상인, 푸줏간 주인.

lanióniŭs, a, um, *adj.* [lánius] 정육점의, 푸주의.

lanipéndĭus, a, um, *adj.* [lana+pendo] (길쌈·가공 할) 양모의 분량을 달아서 나누어주는. 「인 발이 있는.

lánĭpes, pĕdis, *adj.* [lana+pes] 양털로 덮

lanísta, æ, *m.* [lánio[1]] **1.** 검투사(劍鬪士) 훈련 감독. **2.** 강도 두목. **3.** 싸움붙이

laniti...*V.* lanici... ㄴ는 사람.

lánĭum, i, *n.* [lánius] 푸줏간, 정육점.

lánĭus, i, *m.* [lánio[2]] **1.** 육류 상인, 푸줏간 주인, 정육업자. **2.** 백정, 도살자; 회광이, 회자수(劊子手).

Lanivíni = Lanuvíni (*cf.* Lanúvium).

lanósus, a, um, *adj.* [lana] 양털이 많은; 털보의; (잎 따위가) 솜털 많은.

lantérna, æ, *f.* (= latérna) 남포등, 제등(提燈), 초롱. 「덮인.

lanugínĕus, a, um, *adj.* [lanúgo] 솜털로

lanuginósus, a, um, *adj.* [lanúgo] 고운 털로 덮인, 솜털이 많은. 「난 아기의 솜털.

lanúgo, gĭnis, *f.* [lana] (동식물의) 솜털; 갓

lánŭla, æ, *f.* 양모의 적은 뭉치.

Lanúvĭum, i, *n.* *Via Appĭa*에 있는 *Látium*의 도시; 〔*adj.*〕 **-vínus,** a, um; *m.pl.* 그곳 주민. 「천칭(天秤)의 저울판.

lanx, lancis, *f.* **1.** 접시, 요리 접시. **2.**

Laócŏon, óntis, *m.* *Troja*의 *Apóllo*신의 제관, 그 두 자식과 함께 바다에서 나온 두 마리의 뱀에 물려 죽음.

Laodicéa[-cía], æ, *f.* 여러 도시의 이름, 특히 *Phrýgia*의 도시; 〔*subst. deriv.*〕 **-céni,** órum, *m. pl.* 그곳 주민; 〔*adj.*〕 **-cénsis,** e.

Laómĕdon, óntis, *m.* *Príamus*의 아버지, *Troja*의 왕; 〔*adj.*〕 **-dontéus[-tĭus],** a, um.

Laomedontíădes, æ, *m.* *Laómedon*의 직계 후손; 〔*pl.*〕 *Troja* 사람들.

laparotomía, æ, *f.* 《醫》 개복수술, 복벽절개수술(腹壁切開手術). 「승아.

lápăthus, i, *f.m.* [**-thum,** i, *n.*] 《植》 수영,

lapicída, æ, *m.* [lapis+cædo] 석공(石工), 석수. 「장.

lapicidínæ, árum, *f.pl.* [lapis+cædo] 채석

lapidárĭus, a, um, *adj.* [lapis] 돌의, 돌에 관한; *m.* 석공.

lapidátĭo, ónis, *f.* [lápido] **1.** 돌을 던짐, 돌로 치는 형벌, 돌로 쳐죽임. **2.** 우박.

lapidátor, óris, *m.* [lápido] 돌을 던지는 자, 돌로 치는 사람.

lapidésco, ĕre, *intr. inch.* [lapis] 돌이 되다, 돌같이 굳어지다; 화석이 되다.

lapídĕus, a, um, *adj.* [lapis] **1.** 돌의, 돌로 된, 석조의. **2.** 돌많은. **3.** 목석같은, 무정한, 무감각의.

lápĭdo, ávi, átum, áre, *tr.* [lapis] **1.** 돌을 던지다, 돌팔매질하다, 돌로 공격하다, 돌로 쳐죽이다. **2.** 돌로 덮다, 돌을 입히다. **3.** 〔*impers.*〕 돌비가 오다.

lapidósus, a, um, *adj.* [lapis] **1.** 돌이 많은. **2.** 돌같이 굳은.

lapíllus, i, *m. dim.* [lapis] **1.** 작은 돌, 조약돌. **2.** 보석. **3.** 《醫》 결석(結石). **4.** 묘석(墓石).

lăpis, ĭdis, *m.* **1.** 돌. **2.** 경계석(境界石). **3.** 이정표석(里程標石: *Roma*를 기점으로 하여 *1000 passus* 〈약 *1.5 Km*〉 마다 세웠음). **4.** (노예 매매할 때 군중이 모이던) 석조 계단. **5.** 기념비석. **6.** 묘석(墓石). **7.** 보석. **8.** 대리석. **9.** 우둔한 사람, 굼뜬 사람, 미련퉁이.

Lápĭthæ, árum, *m.pl.* *Thessália*의 산악지방에 살던 난폭한 종족; 〔*adj.*〕 **-thǽus [-théĭus],** a, um.

lappa, æ, *f.* 《植》 엉거시·엉겅퀴(의 일종).

lápsăna, æ, *f.* 《植》 야생 배추.

lápsĭo, ónis, *f.* [labor[1]] 추락, 실족; 실수.

lapso, áre, [**lapsor,** ári, *dep.*] *intr. freq.* [labor[1]] **1.** 계속 미끄러지다, 비틀거리다. **2.** 말이 불쑥 나오다.

lapsus[1], a, um, *p.p.* [labor[1]] **1.** 미끄러진, 떨어진. **2.** (물·시간 따위) 흘러간. **3.** 타락한, 범죄한; 배교(背敎)한; *m.pl.* lapsi (초대교회 박해시대의) 배교자.

lapsus[2], us, *m.* [labor[1]] **1.** **미끄러짐,** 활강(滑降), 스르르 기어감; 흘러내려감: volúcrium ~ *(C.)* 새들이 미끄러지듯 날아감. **2.** **떨어짐,** 추락; 무너짐; 실족(失足): móntium ~ *(Sen.)* 산사태. **3.** 실수, 과오; **타락, 범죄.** 「물반자.

láquĕar[-áre], áris, *n.* 〔흔히 *pl.*〕 반자, 우

laqueárĭus, i, *m.* 반자붙이는 사람.

láquĕo[1], ávi, átum, áre, *tr.* [láqueus] **1.** 올가미에 걸다, 올가미를 씌우다, 그물로 잡다. **2.** 함정에 빠뜨리다. 「붙이다.

láquĕo[2], ávi, átum, áre, *tr.*[láquear] 반자를

láquĕus, i, *m.* **1.** 고를 낸 매듭, 당기면 죄어지는 매듭, 목 매는 줄; **올가미,** 덫. **2.** 그물, (물고기 잡는) 통발, 함정. **3.** 음모, 계략, 책략.

Lar[1], Laris, *m.* 〔*gen. pl.* -um, -ĭum〕 (가정·도시의) 수호신.

lar[2], laris, *m.* [Lar[1]] **1.** 집, 가정; 고향. **2.** 새들의 보금자리. **3.** 벽난로. **4.** 본거지.

Lara, æ, *f.* 말이 많아 *Júpiter*가 그 혀를 잘라버린 *Tíberis*강의 요정.

Larálĭa, ĭum, *n.pl.* *Lar*신의 축제.
larárĭum, i, *n.* *Lar*신의 사당(祠堂).
Lárcĭus, i, *m.* *Roma*인의 씨족명.
lardum, i, *n.* (= láridum) (돼지) 비계, 지방층, 비계섞인 살. 「*Laróntia*의 축제.
Larentálĭa [**-tinálĭa**], ĭum, *n. pl.* *Acca*
Laréntĭa, æ, *f.* *Fáustulus*의 아내, *Rómulus*와 *Remus*를 양육했음.
Lares, ĭum, *f.pl.* *Numídia*의 도시.
larex = larix. 「은, 풍부한.
largíficus, a, um, *adj.* [largus+fácio] 많
largíflŭus, a, um, *adj.* [largus+fluo] 철철 넘치는, 흘러 넘치는.
largílŏquus, a, um, *adj.* [largus+loquor] 말많은, 수다스러운.
lárgĭor, ítus sum, íri, *dep. tr.* [largus] **1.** 〔*alqd- alci,* in *alqm;* ex, de *alqā re; absol.*〕 후히 베풀다, 너그러운 마음으로 주다; 희사하다, 증여하다: ex aliéno ~ *(C.)* 남의 것으로 생색내다. **2.** 〔*absol.;* de *alqā re*〕 돈으로 매수하다, 뇌물을 주다. **3.** 〔*alqd - alci*〕 주다, 수여하다, 맡기다, 바치다, 제공하다: ~ pátriæ suum sánguinem *(C.)* 자기 피를 나라에 바치다 / Si quis deus mihi largiátur, ut repuerráscam,*(C.)* 어떤 신이 나를 다시 소년이 되게 해준다 하더라도. **4.** 용서해주다, 너그럽게 보아주다. **5.** 허락하다, (소원 따위를) 들어주다.
lárgĭtas, átis, *f.* [largus] **1.** 관대, 너그러움, 관후. **2.** 넓음, 넓은 공간.
lárgĭter, *adv.* [largus] **1.** 충분히, 다량으로, 풍부하게, 많이. **2.** 관대하게.
largítĭo, ónis, *f.* [lárgior] **1.** 〔*absol.;* in *alqm, alcjs*〕 후하게 줌, 선뜻[아낌없이] 줌, 증여, 회사; 너그럽게 해줌, 관대. **2.** 뇌물, 매수. **3.** 낭비, 방탕. **4.** 승락, 허락. **5.** 국민에게 지급되던 보조금.
largítor, óris, *m.* [lárgior] **1.** 후하게 베푸는 사람, 회사자. **2.** (투표) 매수자.
largitúdo, dĭnis, *f.* = lárgitas.
largus, a, um, *adj.* **1.** 넓은, 크고 널찍한, 광대한; 많은, 풍부한. **2.** 〔*absol.; gen., abl.; inf.*〕 마음이 넓은, 관대[관후]한, 선뜻[아낌없이] 주는; 헤픈, 낭비하는.
lárĭdum, i, *n.* (= lardum) (돼지) 비계, 지방층. 「이.
larífŭga, æ, *m.* [lar+fúgio] 방랑아, 떠돌
larígnus, a, um, *adj.* [larix] 낙엽송의.
Larínum, i, *n.* *Frentáni*족의 도시; 〔*adj.*〕 **-rínas,** átis.
Larís(s)a, æ, *f.* *Thessália*의 *Penéus* 강변에 있는 도시; 〔*adj.*〕 **-s(s)æ̃us,** a, um; *m.pl.* 그곳 주민. 「*Como*).
Lárĭus, i, *m.* 북부 이태리의 호수 (지금의
lărix, ĭcis, *f.* 《植》 낙엽송.
lars, lartis, *m.* 군대의 지휘관; 군주.
Lártĭus = Lárcius.

lárŭa, larua... *V.* larva, larva...
Larúnda = Lara.
larus, i, *m.* 《動》 갈매기.
larva, æ, *f.* [Lar] (= lárua) **1.** 유령, 환영(幻影), 귀신, 도깨비. **2.** 가면, 탈. **3.** 애벌레, 유충. 「시한. **2.** 유충(幻虫)의.
larválĭs, e, *adj.* [larva] **1.** 유령의, 무시무
larvátĭo, ónis, *f.* [larvo] 환영; 간질(癎疾).
larvo, átum, áre, *tr.* [larva] 현혹하다; 유령[가면]으로 놀라게 하다.
larýngĕus, a, um, *adj.* [larynx] 《解》 목구멍의, 후두(喉頭)의. 「(喉頭鏡檢查法).
laryngoscópĭa, æ, *f.* 《醫》 후두경 검사법
larynx, rýngis, *m.* 《解》 후두(喉頭).
Las, sæ, *f.* *Lacónia*의 해안도시.
lásănum, i, *n.* 실내용 변기.
lascívĭa, æ, *f.* [lascívus] **1.** 명랑, 흥겨움, 들뜬 기분. **2.** 자제력의 결핍, 눈을 삼가지 않음, 자유분방, 방종; 방탕, 음탕.
lascivibúndus, a, um, *adj.* [lascívio] 놀기 좋아하는, 흥겨워하는; 방탕한.
lascívĭo, vĭi, ítum, íre, *intr.* [lascívus] **1.** 뛰놀다, 까불다, 장난하다, 희롱하다. **2.** 제멋대로 날뛰다, 자유분방하다; 방종[방탕]하다. **3.** (말·문장 따위가) 간드러지다.
lascívĭtas, átis, *f.* [lascívus] 자유분방, 방종.
lascívus, a, um, *adj.* **1.** 명랑한, 흥겨워하는, 뛰노는, 까부는, 장난치는. **2.** 제멋대로 날뛰는, 자유분방한, 방종한. **3.** 음탕한, 외설한. **4.** (말·문장 따위가) 간드러진. 「魏).
laserpícĭum[**-tĭum**], i, *n.* 《植》 아위(阿
lassésco, ĕre, *intr. inch.* [lassus] 지치다, 피로해지다, 피폐(疲弊)하다.
lassitúdo, dĭnis, *f.* [lassus] **1.** 피로, 나른함, 권태. **2.** 마음이 내키지 않음.
lasso, ávi, átum, áre, *tr.* [lassus] 진력나게 하다, 싫증나게 하다, 지치게 하다, 피로하게 하다. 「한.
lássŭlus, a, um, *adj. dim.* [lassus] 좀 피로
lassus, a, um, *adj.* **1.** 〔*abl.;* de, ab *abl.; gen., acc. Gr.; inf.; absol.*〕 지친, 피로해진, 기진맥진한, 싫증난. **2.** 처진, 숙인, 기운; 힘에 부치는.
lastáurus, i, *m.* 타락한[방탕한] 사람.
látĕbra, æ, *f.* [láteo] **1.** 숨는 곳, 잠복처, 은신처, 피난처, 대피소. **2.** 잠복; 은둔. **3.** 핑계, 구실; 빠져나갈 구멍.
latebrósus, a, um, *adj.* [látebra] **1.** 숨을 곳이 많은, 숨기에 적당한; 구멍이 많은. **2.** 숨은, 은밀한, 남모르는, 사람 눈에 띄지 않는.
latens, éntis, *p.præs., a.p.* [láteo] 숨어있는, 잠복한; 남모르는, 은밀한, 비밀의, 신비로운.
látĕo, tŭi, ére, *intr.* **1.** 숨어 있다, 숨겨져

있다. **2.** 안전한 곳에 있다, 안전하게 있다. **3.** 은거(隱居)하다, 칩거(蟄居)하다. **4.** 〔*dat.; absol.; alqm*〕 알려져 있지 않다, 모르다: Nec latuére doli *alqm.(V.)* 음모를 아무가 모르지 않았다 / latet me, *acc.c.inf.* 나는 …라는 것을 모른다.

lăter, ĕris, *m.* **1.** 벽돌. **2.** láteres áurei [argéntei] 금괴[은괴].

laterális, e, *adj.* [latus[3]] 옆구리의, 측면의; 방계(傍系)의.

laterámen, mĭnis, *n.* [later] 벽돌로 만든 것.

Lateranénsis, e, **[Lateránus,** a, um,] *adj. Lateránus* 궁전[대성전(大聖殿)]의: Basílica ~, (*Lateránus* 언덕에 있는) 구세주의 대성전 / Concílium Lateranénse, *Lateráno* 공의회(公議會: Ⅰ. 1123년; Ⅱ. 1139년; Ⅲ. 1179년; Ⅳ. 1215년; Ⅴ. 1512-17) / Pactum Lateranénse (1929년에 체결한 이태리와 교황청 사이의) *Lateráno* (정교)조약.

Lateránus, i, *m.* **1.** *Roma*인의 가문명; 〔*adj.*〕 **-nus,** a, um (흔히 *Roma*의 일곱 언덕의 하나인 Cælius mons에 자리잡고 있던 *Lateránus* 가문의 저택 자리를 뜻하는 지명 형용사로서, 가끔 그곳에 있는 교황 궁전 및 대성전을 지칭하기도 함). **2.** (*sc.* collis) *Lateránus* 언덕[궁전].

laterárĭus, a, um, *adj.* **1.** [later] 벽돌의; 〔*subst.*〕 *m.* 벽돌공(工); *f.* 벽돌공장. **2.** [latus[3]] 옆구리의, 측면의.

latércŭlum, i, *n. dim.* [later] (직책·직위·관리〈管理〉·경력 따위의) 기록장부.

latércŭlus, i, *m. dim.* [later] **1.** 작은 벽돌. **2.** 과자의 일종.

laterénsis, is, *m.* (높은 사람의) 호위자.

laterícĭus[-tĭus], a, um, *adj.* [later] 벽돌의, 벽돌로 된[구축한·쌓은].

laterína, æ, *f.* 벽돌공장.

Latérĭum, i, *n. Q. Cícero*의 농장 이름.

latérna, æ, *f.* (= lantérna) 등, 남포등, 제등(提燈), 초롱.

laternárĭus [lanter-], i, *m.* [latérna] 등불잡이, 초롱잡이.

latésco[1], ĕre, *intr. inch.* [láteo] 숨다.

latésco[2], ĕre, *intr. inch.* [latus[2]] 넓어지다, 확대되어 가다, 퍼지다.

lătex, tĭcis, *m.* **1.** 액체, 유동체; 샘물, 흐르는 물. **2.** 음료, 술, 젖.

lathyr, ÿris,**[-thÿris,** ĭdis,] *f.* 《植》 아주까리, 피마자.

Latiális[-áris], e, *adj. Látium*의: ~ Júpiter, *Látium* 사람들이 해마다 축제지내는 *Júpiter*신; 〔*adv.*〕 **-lĭter,** *Látium*식으로, *Latin*어로.

Látĭar, áris, *n.*[Látium] *Látium*인들이 거행하던 *Júpiter*신의 제전.

latíbŭlo, áre,**[-bŭlor,** ári, *dep.*] *intr.* 숨다.

latíbŭlum, i, *n.* [láteo] **1.** 숨는 곳, (동물의) 굴, 소굴. **2.** 안전한 곳, 피난처.

laticlávĭus, a, um, *adj.* [latus[2] + clavus] **1.** (túnica에) 주홍색의 넓은 띠를 단. **2.** 원로원 의원의, 귀족의; 〔*subst.*〕 *m.* 고대 *Roma*의 원로원 의원, 귀족; *n.* 귀족 신분[지위].

laticlávus, i, *m.* [latus[2] + clavus] 고대 *Roma* 원로원 의원의 넓은 주홍색띠 달린 제복.

latifólĭus, a, um, *adj.* [latus[2] + fólium] 넓은 잎의, 활엽(闊葉)의.

latifúndĭum, i, *n.* [latus[2] + fundus] 대지주의 토지, (노예를 부려 경영하던) 광대한 소유지.

Latínæ, árum, *f.pl.* (*sc.* fériæ) *Látium*의 남녀 주민들이 희생동물을 끌고 산에 올라가서 나흘동안 밤에 *Júpiter* 신에게 제사지낸 다음 제삿고기를 받아가지고 오던 축제.

Latíne, *adv.* [Latínus[1]] **1.** *Latin* 말로: ~ scire*(C.) Latin*말을 제대로 말할 줄 알다. **2.** 숨김없이[분명히·터놓고·솔직하게] (말하다).

Latínĭtas, átis, *f.* [Latínus[1]] **1.** *Latin* 어법; 정확한 *Latin*어. **2.** *Látium* 법(法).

latinízo[latíno], áre, *tr.* [Latínus[1]] *Latin*어로 번역하다.

Latínus[1], a, um, *adj. Látium*의; *Látium* 사람의; *Latin*어의: Latína lingua*(C.) Latin*어 / vértere in Latínum*(Q.) Latin*어로 번역[통역]하다; 〔*subst.*〕 *m.f.(pl.) Látium* 사람; *n.pl. (C.) Latin*어로 된 문헌.

Latínus[2], i, *m. Lauréntum*에 있던 이태리 원주민의 왕, 자기 딸 *Lavínia*를 *Ænéas*에게 시집보냈음.

látĭo, ónis, *f.* [fero] **1.** 이동(移動). **2.** 전달, 선포: ~ auxílii*(L.)* 원조 / suffrágii ~ *(L.)* 투표권(행사); 표결; 투표, 선거 / ~ legis 법률선포; 법률제정.

latitátĭo, ónis, *f.* [látito] 숨음.

látĭto, ávi, átum, áre, *intr. freq.* [láteo] **1.** 숨어 있다, 숨다, 죽치고 있다. **2.** 법정출두를 기피하다.

latitúdo, dĭnis, *f.* [latus[2]] **1.** 폭, 넓이. **2.** 광범함, 광대함, 광활, 광범위. **3.** 《地·天》 위도(緯度), 씨줄.

Látĭum, i, *n. Roma* 동남쪽에 있던 *Itália* 원주민의 지방[나라]; *Latin*어의 발상지: jus Látii*(Gal.)*, Látium*(Ta.) Látium [Latin]*법; 〔*adj.*〕 **-tiális[-ris],** e; **Latínus,** a, um; **-tĭus,** a, um.

Latmus, i, *m. Cária*의 산; 〔*adj.*〕 **-mĭus,** a, um.

Lato, us, *f.* = Latóna (희랍 신화의 *Leto*에 해당).

Latobrígi, órum, *m.pl.* = Latovíci.

latómĭæ = lautúmiæ.

látŏmus, i, *m.* 석공, 석수.

Latóna, æ, *f.* (= Lato) *Apóllo*와 *Diána*의 어머니; 〔*adj.*〕 **-tó(ĭ)us,** a, um; *m. Lato*의 아들 *Apóllo*; *f. Lato*의 딸 *Diána;* **-tónĭus,** a, um.

Latónĭa, æ, *f. Latóna*의 딸 즉 *Diána*.

Latonígĕna, æ, *m.,f. Latóna*의 아들[딸], 〔*pl.*〕 *Apóllo*와 *Diána*.

lator, óris, *m.* [fero] **1.** 운반자. **2.** 제안자, 입법자, (선거의) 유권자. 「족.

Latovíci, órum, *m.pl.* *Germánia*의 한 종

latrábĭlis, e, *adj.* [latro¹] 짖는.

latrátor, óris, *m.* [latro¹] 짖는 자, 고함치는 자, 울부짖는 자; 개.

latrátus, us, *m.* [latro¹] 짖음, 시끄럽게 짖어댐; 개짖는 소리.

latría, æ, *f.* 《가》 (하느님께만 바치는) 최고의 예배[공경], 흠숭(欽崇).

latrína, æ, *f.* [lavo] 화장실, 변소; 목욕실.

latro¹, ávi, átum, áre, *intr., tr.* **1.** 〔*absol.; acc.*〕 **짖다,** (누구·무엇을) 향해[보고] 짖다: latrans *(Ov.)* 개. **2.** (바닷물이 해안의 바위에 부딪치며) 철썩거리다. **3.** 〔*absol.; acc.*〕 꽥꽥 소리지르다, 야단치다, 욕설하다, 악담하다. **4.** 보채다, 조르다.

latro², ónis, *m.* **1.** 호위병, 신변 경호원; 용병(傭兵). **2. 강도,** 약탈자; 불한당; 밤도둑. **3.** 사냥꾼, 수렵자. **4.** 서양 고누[장기]의 말.

latrocinális, e, *adj.* [latro²] 강도의.

latrocinátĭo, ónis, *f.* [latrócinor] 강도질; 약탈.

latrocínĭum, i, *n.* [latrócinor] **1.** 신변 호위대, 경호원(직). **2. 강도질,** 약탈, 흉기 강도 범행. **3.** 해적질, 해적 행위. **4.** 사기, 협잡; 흉계, 폭력. **5.** 강도단; 불법집단 회의. **6.** 서양 고누, 서양 장기.

latrócĭnor, átus sum, ári, *dep. intr.*[latro²] **1.** 용병(傭兵)으로 복무하다. **2.** 강도질하다, 해적질하다, 약탈하다. **3.** 사냥하다.

latrunculárĭus, a, um, *adj.* [latrúnculus] 고누의, 장기의: latrunculária tábula *(Sen.)* 서양 장기. 「범 전담 사법관.

latrunculátor, óris, *m.* [latrúnculus] 강도

latrúncŭlus, i, *m. dim.* [latro²] **1.** 소매치기, 날치기. **2.** 비적(匪賊), 마적. **3.** (고누·장기의) 말, 졸.

latúmĭæ, árum, *f.pl.* = lautúmiæ.

latúra, æ, *f.* 운반, 짐져나르기.

laturárĭus, i, *m.* [latúra] 짐꾼, 운반인.

lātus¹, a, um, *p.p.* [fero].

lātus², a, um, *adj.* **1.** 〔*absol.; gen.[acc., abl.] extensiónis*〕 (폭이) **넓은. 2.** 광대한, 광활한, 널찍한. **3.** 우람한, 큰. **4.** 뽐내는, 의기양양한, 거만한. **5.** 널리 알려진, 널리 퍼져나간. **6.** 장황한.

lătus³, tĕris, *n.* **1. 옆구리. 2.** 곁, 옆: ad ~ *alcjs* sedére *(C.)* 누구 곁에 앉다. **3.** 측면, (왼·오른)편[쪽], (좌우의) 익(翼): a latéribus *(C.)*, ab utróque látere *(Cæs.)* 양측면으로부터. **4.** 측근, 진밀한 관계: legátus a látere 교황 특파 대사. **5.** 약점, 허점, 틈: adulatóribus ~ præbére *(Sen.)* 아부하는 자들에게 허점을 보이다. **6.** 집안, 방계 친척. **7.** 몸, 전신(全身).

latúscŭlum, i, *n. dim.* [latus³] 옆구리, 겨드랑.

laudábĭlis, e, *adj.* [laudo] 칭찬[찬미·찬양]받을 만한[자격있는]; 높이 평가할, 매우 좋은. 「훌륭함.

laudabilítas, átis, *f.* [-bĭlis] 칭찬할 만함;

laudátĭo, ónis, *f.* [laudo] **1.** 칭찬, 칭송, 찬양, 찬미, 예찬, 찬사. **2.** 추도사(追悼辭). **3.** 피고인의 무죄에 대한 증언.

laudatívus, a, um, *adj.*[laudo] 칭찬[칭송·찬미·찬양]에 관한, 칭찬하는, 찬미[찬양]의.

laudátor, óris, *m.*[**-trix,** ícis, *f.*] [laudo] **1.** 칭찬[찬미·찬양]하는 사람, 찬사를 보내는 이: ~ témporis acti *(C.)* 지나간 시대의 예찬자. **2.** 추도 연설을 하는 사람, 추도사 낭독자. **3.** 피고인의 무죄를 증언하는 사람. 「찬미[찬양]의.

laudatórĭus, a, um, *adj.* [laudo] 칭찬하는,

laudátus, a, um, *p.p., a.p.* [laudo] 칭찬[찬미]받은; 훌륭한, 좋은.

laudicœ́nus, i, *m.* [laudo + cœna] (저녁 얻어 먹으려고 남을) 치켜 세우는 사람, 아첨자.

laudo, ávi, átum, áre, *tr.* [laus] **1.** 칭찬[칭송]하다, **찬미[찬양·예찬]**하다, 찬사를 보내다. **2.** 추도사를 하다[읽다]. **3.** 값있게 여기다, 훌륭한[좋은] 것으로 인정하다. **4.** (증인 따위로) 지명하다, 부르다.

laura, æ, *f.* 길; 마을.

láurĕa, æ, *f.* [láureus] **1.** 《植》 월계수. **2.** (승리의) 월계관; (사회적·군사적) 영예·승리. **3.** 박사 학위[칭호].

laureátus, a, um, *adj.* [láurea] **1.** 월계수 잎으로 장식한, 월계관을 쓴. **2.** 박사 학위를 받은.

Lauréntum, i, *n.* *Látium*지방의 서부 해안 도시; 〔*adj.*〕 **-rentínus[-tĭus],** a, um; **-rens,** éntis; *m.pl.* **-réntes,** 그곳 주민.

lauréŏla, æ, *f. dim.* [láurea] 월계수 잎, 월계관; 작은 승리.

laurétum, i, *n.* [laurus] 월계수밭[숲].

láurĕus, a, um, *adj.* [laurus] 월계수의.

lauricŏmus, a, um, *adj.* [laurus + coma] 월계수 잎[가지]로 머리를 장식한.

láurĭfer, ĕra, ĕrum, *adj.* [laurus + fero] 월계수를 생산하는; 월계관을 쓴.

láurĭger, ĕra, ĕrum, *adj.* [laurus + gero¹] 월계수를 든, 월계수로 꾸며진.

laurínus, a, um, *adj.* [laurus] 월계수의.

laurus, i, *f.* **1.** 《植》 월계수. **2.** (승리·환희·영예의 상징으로서의) 월계수 잎[가지]; 월계관.

laus, laudis, *f.* **1. 찬미,** 찬양, 찬송, **칭찬,** 칭송, **예찬**: Hoc mihi laudi est. *(Ov.)* 이것은 내게 칭찬이 된다. **2.** 찬사, 찬가: 《가》 Laudes (아침의) 찬미기도, 찬과(讚課). **3.** 공적, 선행.

Lausus, i, *m.* *Mezéntius*의 아들, *Etrúria* 사람.

láutĭa, órum, *n. pl.* [lautus] *Roma*에 파견되어 온 외국 사절에게 숙소와 함께 배당되던 물건들, 접대, 향응.

lautítĭa, æ, *f.* [lautus] (의식주, 특히 식탁의) 사치, 호화, 성찬, 호강.

Láutŭlæ[-tŏlæ], árum, *f.pl.* **1.** *Roma*의 온천장 이름. **2.** *Látium*의 산림지대 이름.

lautúmĭæ, árum, *f.pl.* **1.** 채석장. **2.** *Syracúsæ*의 감옥; *Roma*의 감옥.

lautus, a, um, *p.p., a.p.* [lavo] **1.** 씻은, 목욕한. **2.** 찬란한, 화려한, 사치스러운, 번드르르한, 호화로운; 진수성찬의. **3.** 많은, 풍부한, 굉장한. **4.** 뛰어난, 품위있는, 훌륭한, 세련된.

lavácrum, i, *n.* [lavo] **1.** 씻음, 목욕. **2.** 세면소, 욕실, 목욕탕; 욕조. 「목욕설비.

lavátĭo, ónis, *f.* [lavo] **1.** 씻음, 목욕. **2.**

lavátor, óris, *m.*[**-trix,** ícis, *f.*] [lavo] 씻는 사람, 세탁하는 사람[여자]. 「소, 목욕탕.

lavatórĭum, i, *n.* [lavo] 세수대야; 세면

lavatrína, æ, *f.* [lavo] 목욕실; 화장실, 변

lăver, ĕris, *n.* 《植》 미나리. ⌊소.

Lavérna, æ, *f.* 도둑의 여신, 악한이나 도둑의 수호신.

lavérnĭo, ónis, *m.* [Lavérna] 도둑. 「름.

Lavérnĭum, i, *n.* 남부 *Látium*의 지방 이

lāvi, *pf.* [lavo].

Lavicánus, Lávĭci, *V.* Labic... 「내.

Lavínĭa, æ, *f.* *Latínus*[2]의 딸, *Ænéas*의 아

Lavín(ĭ)um, i, *n.* *Látium*의 해안도시; 〔*adj.*〕 **-n(ĭ)us,** a, um.

lăvo[1], lāvi[lavávi], lavátum[lautum, lotum], áre, **1.** *tr.* **씻다,** 빨다, 세탁하다; 목욕시키다: Manus manum lavat.*(Sen.)* 손이 손을 씻는다, 상부상조(相扶相助)한다. **2.** *intr.* 목욕하다. **3.** 〔*alqd*〕 적시다: ~ vultum lácrimis*(Ov.)* 얼굴을 눈물로 적시다.

lăvo[2], lāvi, lautum[lotum], lávĕre, (제3활용) = lavo[1].

laxaméntum, i, *n.* [laxo] **1.** 공간, 여유; 넓힘, 확장. **2.** 설사. **3.** 쉼, 휴식. **4.** 완화, 경감(輕減). 「약.

laxans, ántis, *n.* [laxo] 《藥》 완하제; 설사

laxátĭo, ónis, *f.* [laxo] **1.** 공간, 여유, 느슨함. **2.** 《醫》 완하(緩下); 완화, 경감.

laxatívus, a, um, *adj.* [laxo] 느슨하게 하는; (대변을) 완하(緩下)시키는.

laxísmus, i, *m.* (윤리적) 이완주의(弛緩主義), 이완설.

láxĭtas, átis, *f.* [laxus] **1.** 넓음, 널찍함, 여유있는 공간. **2.** 여유(있음), (옷 따위의) 넉넉함, 헐거움; 이완(弛緩), 느스러짐, 해이(解弛); 《倫神》 양심의 이완.

laxo, ávi, átum, áre, *tr.* [laxus] **1.** 넓히다, 확장하다; 펴다, (빨래 따위를) 널다. **2.** 열다, 벌리다. **3.** 풀다, 끄르다. **4.** **늦추어주다,** 느슨하게[느즈러지게] 하다, 누긋누긋하게 하다; 이완(弛緩)시키다, 해이해지게 하다. **5.** 쇠를 불에 달구어 마음대로 잡아 늘이다. **6.** 긴장을 풀다; 진정시키다, 가라앉히다. **7.** 〔*alqd [alqm] - ab abl., abl.*〕 **덜어주다,** 가볍게 해주다, **완화시키다**; 중단하다, **쉬게 하다**; 해방시키다, **벗어나게 하다**: laxáta pugna*(L.)* 휴전. **8.** ~ annónam*(L.)* 곡식 값을 내리다.

laxus, a, um, *adj.* **1.** 넓은, 널찍한, 광대한. **2.** 큰, 많은. **3.** **느슨한,** 느즈러진, 늘어진, 늦추어진, 헐거운, **이완**(弛緩)**해진,** 해이(解弛)해진, 긴장이 풀린: 《倫神》 consciéntia laxa 해이 양심.

lea, æ, *f.* [leo] 《動》 암사자.

leǽna[1], æ, *f.* 《動》 암사자.

Leǽna[2], æ, *f.* (폭군의 잔인한 고문에도 굴하지 않은) *Athénæ*의 유명한 창녀.

Leánder, dri, *m.* *Abýdus*의 청년, 물건너 *Sestos*에 사는 애인 *Hero*를 찾아 밤마다 *Hellespóntus* 해협을 헤엄쳐 건너다니다가 끝내 물에 빠져 죽음.

Leárchus, i, *m.* *Athămas*와 *Ino*의 아들, 자기 아버지에게 살해됨; 〔*adj.*〕 **-chéus,** a, um. 「는 *Bœótia*의 도시.

Lebadéa[-día], æ, *f.* *Hélicon*산 근처에 있

Léb̆edus[-os], i, *f.* *Cólophon* 북방에 있는 *Iónia*의 해안도시.

lĕbes, étis, *m.* **1.** 구리대야. **2.** 솥, 남비.

Lebínthus[-os], i, *f.* *Ægǽum* 바다의 *Naxos*섬 부근의 섬.

lecátor, óris, *m.* 대식가.

Lechǽum, i, *n.* *Corínthus*의 항구.

lectárĭus, i, *m.* [lectus[2]] 침대 제작인.

lectíca, æ, *f.* [lectus[2]] **1.** 사인교(四人轎), (4명 내지 8명의 노예가 메고 가던) 가마. **2.** 상여(喪輿). 「자.

lecticarí̆ola, æ, *f.* 교군꾼을 사랑하는 여

lecticárĭus, i, *m.* [lectíca] 가마메는 사람, 교군(꾼).

lectícŭla, æ, *f.* *dim.* [lectíca] **1.** 작은 가마. **2.** 작은 상여. **3.** 침대.

léctĭo, ónis, *f.* [lego[2]] **1.** 수집, 모음. **2.** 선택, 선발: ~ senátus*(L.)* 원로원의원 선발. **3.** **낭독, 독서**; (교과서의) 과(課), 수업(授業). 「췌집.

lectionárĭum, i, *n.* 예식 낭독용 성서 발

lectisterniátor, óris, *m.* [lectistérnium](고대 *Roma*식) 식탁 준비하는 사람.

lectistérnĭum, i, *n.* [lectus[2]+sterno] **1.** 신(神)들에게 차려놓은 제사상 및 음식. **2.** 신전(神殿)의 좌석. **3.** (초대 그리스도교의) 가족연회.

léctĭto, ávi, átum, áre, *tr. freq.*[lego[2]] **1.** 열심히 모으다, 자주 수집하다. **2.** 자주 읽다, 열심히 읽다.

lectiúncŭla, æ, *f.* [léctio] 짤막한 독서.
lecto, ávi, átum, áre, *tr. freq.* [lego[2]] 자주 읽다.
lector, óris, *m.* [**-trix,** ícis, *f.*] [lego[2]] **1.** 읽는 사람, 독자, 낭독자. **2.** *m.* 《가》 독서직(讀書職) 맡은 사람. **3.** 강사(講師).
lectorátus, us, *m.* 《가》 (성직 지망자에게 수여하는) 독서직(讀書職).
léctŭlus, i, *m. dim.* [lectus[2]] **1.** 침대. **2.** 부부용 침대. **3.** (고대 *Roma*식) 식탁. **4.** 상여(喪輿).
Lectum, i, *n. Troja*의 해안 갑각(岬角).
lectúrĭo, íre, *tr.* [lego[2]] 읽고 싶(어 하)다.
lectus[1]**,** a, um, *p.p., a.p.* [lego[2]] **1.** 선택된, 정선(精選)된, 탁월한, 훌륭한: léctior fémina *(C.)* 더 뛰어난 여자. **2.** 읽은, 낭독된.
lectus[2]**,** i [us], *m.* **1.** 침대, 침상. **2.** (고대 *Roma*식) 식탁. **3.** 야간 작업대. **4.** 상여(喪輿). **5.** 시체안치묘소.
lécy̆thus, i, *m.* 항아리, 단지.
Leda, æ, [**-de,** es,] *f. Sparta*의 *Tyndáreus*왕의 왕비; *Pollux, Hélena, Castor, Clytæmnéstra*의 어머니; 〔*adj.*〕 **-dæus,** a, um.
legális, e, *adj.* [lex] **1.** 법률(상)의, 법에 관한, 법적인. **2.** 법정(法定)의; 합법적, 적법(適法)의, 법률이 인정하는. **3.** 법률
legárĭum, i, *n.* 야채. ㄴ대로의.
legáta, æ, *f.* [legátus] 여자 사절(使節).
legatárĭus, a, um, *adj.* [legátus] 유서로[유언으로] 상속인에게 남겨진; 〔*subst.*〕 *m.f.* 유산 상속인.
legátĭo, ónis, *f.* [lego[1]] **1.** 파견; 사절임무, 사절직: ~ líbera *(C.)* 명예 사절직. **2.** 사절(使節), 사절단. **3.** (전쟁에서의) 부사령관직. 「는; *n.* 사절의 출장비.
legatívus, a, um, *adj.* 사절(使節)에게 주
legátor, óris, *m.* [lego[1]] 유언자, 유증자(遺贈者).
legatórĭus, a, um, *adj.* = legatárius, a, um.
legátum, i, *n.*[lego[1]] 유산(遺產),유증(遺贈).
legátus, i, *m.* **1.** 파견된 사람, 사절: 《가》 ~ a látere 교황 특파 대사. **2.** 부사령관.
legénda, æ, *f.*[**-da,** órum, *n.pl.*] [lego[2]] 읽을 거리, 전기(傳記), 성인전(聖人傳); 종교전설: Legénda Aurĕa, (복자 *Jacóbus de Vorágine*가 펴낸) 황금 성인전.
legendárĭus, i, *m.* (liber[3] ~) 성인전(聖人傳), 성인들의 전기를 수록한 책. 「서자.
legens, éntis, *m.* [*p.præs.* lego[2]] 낭독자, 독
lēgi, *pf.* [lego[2]]. 「만한, 읽기 쉬운.
legíbĭlis, e, *adj.* [lego[2]] 읽을 수 있는, 읽을
légĭfer, ĕra, ĕrum, *adj.* [lex + fero] 입법(立法)의. 「讀臺).
legíle, is, *n.* 책놓고 읽는 틀[상], 낭독대(朗
légĭo, ónis, *f.* [lego[2]] **1.** (보통 10개 보병부대와 3개 기병대로 편성된 *Roma*시대의) 군단 (병력 인원수는 시대에 따라 달랐음). **2.** 군대; 외래 구원부대. **3.** 떼, 무리.
legionárĭus, a, um, *adj.* [légio] 군단의, 군단에 속하는; 군대의, 외인부대의.
legírŭpa, æ, *m.f.* [lex + rumpo] 범법자.
legirúpĭo, ónis, *m.* [lex + rumpo] 범법자.
legislátĭo, ónis, *f.* [lex + fero] 입법, 법률제정. 「의, 입법에 관한.
legislatívus, a, um, *adj.* [lex + latus[1]] 입법
legislátor, óris, *m.* [lex + fero] 입법자, 법률제정자.
legisperítus, i, *m.* 법률가, 법률 전문가.
legísta, æ, *m.* [lex] 법학자, 법률가.
legitimátĭo, ónis, *f.* [legítimo] **1.** 적출(嫡出)로 고쳐 인정함; 합법인정, 적법선언. **2.** 자격인정, 권능부여.
legitímĭtas, átis, *f.* [legítimus] 적법, 합법, 정당성; 정통연면성(正統連綿性).
legítĭmo, ávi, átum, áre, *tr.* 합법화하다, 정당한 것으로 만들다; 적출자(嫡出者)로 인정하다.
legítĭmus, a, um, *adj.* [lex] **1.** **합법적인**, 적법(適法)의; **정당한**; 법률로 정해진. **2.** 당연한, 도리[이치]에 맞는; 제대로 되어 있는, 구비조건을 갖춘. **3.** 허락된, 용인(容認)된. **4.** 격식을 갖춘, 성대한. **5.** 진짜의. **6.** 상례적인, 정상적인. 「군대.
legiúncŭla, æ, *f.* [légio] 작은 무리, 작은
lēgo[1]**,** ávi, átum, áre, *tr.* [lex] **1.** (사명을 띠워) 보내다, 파견하다. **2.** 임명하다, 맡기다. **3.** 〔*alqd alci*〕 유언으로 (무엇을) 남겨놓다[물려주다], 유증(遺贈)하다.
lĕgo[2]**,** lēgi, lectum, ĕre, *tr.* **1.** 모으다, 수집하다, 줍다. **2.** (실따위를) 감다; (돛을) 말아 내리다; (배를 붙들어 맸던 밧줄을) 걷다. **3.** 훔치다. **4.** 엿듣다, 도청하다. **5.** 지나가다, 가로질러 건너가다; (발자취를) 따라가다; 해안선을 따라 항해하다: návibus oram Itáliæ ~ *(L.)* 배들로 이태리의 해안을 끼고 지나가다. **6.** 가려내다, **선발[선출]**하다, 선택하다, 뽑다. **7.** 훑어보다. **8.** 읽다, **낭독하다.** **9.** 강의하다, 가
légŭla, æ, *f.* 귓바퀴, 귓불. ㄴ르치다.
leguléjus, i, *m.* [lex] 소송절차에 까다로운 사람. 「으는 사람.
légŭlus, i, *m.* 올리브·포도 따위를 주워모
legúmen, mĭnis, *n.* [lego[2]] 콩꼬투리로 맺는 열매; 야채로서의 콩종류; 야채.
leguminárĭus, a, um, *adj.* 콩에 관한; 야채의; 〔*subst.*〕 *m.* 콩[야채]장수.
leióstrĕa[lióstrĕa], æ, *f.* 《動》 굴.
Lélĕges, um, *m.pl.* 소아시아와 희랍의 여러 지방에 살던 고대 민족; 〔*adj.*〕 **-géius,** a, um; 〔*adj.f.*〕 **-géĭs,** ĭdis.
lēma, æ, *f.* 눈곱.
Lemá(n)nus, i, *m. Genéva*의 호수.
lémbŭlus, i, *m. dim.* [lembus] 쪽배.

lembus, i, *m.* **1.** 소형 쾌속정. **2.** 거루, 거룻배, 나룻배; 어선.
lemma, ătis, *n.* **1.** 주제(主題), 제목; 소재(素材); 표제어. **2.** 부명제(副命題). **3.** 경구(警句). 「을 드리워서 장식한.
lemniscátus, a, um, *adj.* [lemnîscus] 리본
lemnîscus, i, *m.* 승리의 관에 매단 끈, 장식띠, 리본.
Lemnus[-os], i, *f.* *Ægǽum* 바다에 있는 큰 섬, *Vulcánus*신의 거주지; 〔*adj.*〕 **-níăcus[-nĭus],** a, um; **-niénsis,** e; **-nĭas,** ădis, *f.* 그곳 여자; **-nícŏla,** æ, *m.f.* 그곳 주민. 「**-nĭus,** a, um.
Lemónĭus, i, *m. Roma*인의 씨족명; 〔*adj.*〕
Lemónum, i, *n. Aquitánia*의 도시(지금의 *Vieux-Poitiers*). 「족.
Lemovíces, um, *m.pl. Aquitánia*의 *Celtæ*
lémŭres, um, *m. pl.* (죽은 사람의) 귀신, 망령(亡靈), 유령.
Lemúrĭa, órum[ĭum], *n.pl.* [lémures](5월에 거행되는) 망령(亡靈)들에게 지내는 제사.
lēna, æ, *f.* (여자) 뚜장이, 포주, 매춘부 소개하는 여자; 중매인.
Lenǽus, a, um, *adj.* 술에 관한; *Bacchus* 신의; *m. Bacchus*신. 「하게.
lēne, *adv.* [lenis] 조용히, 부드럽게, 양순
lenímen, mĭnis, *n.* [lénio] 완화, 진정(鎭靜), 위안. 「(鎭靜), 위안. **2.** 《藥》 진정제.
leniméntum, i, *n.* [lénio] **1.** 완화, 진정
lénĭo, ívi [ĭi], ítum, íre, *tr., intr.* [lenis] 진정시키다, 가라앉히다, 달래다; 경감시키다, 완화하다.
lēnis, e, *adj.* **1.** 매끄러운, 부드러운, 나긋나긋한; 온화한, 순한, 유순한. **2.** 침착한, 평정(平靜)한; 싹싹한, 까다롭지 않은.
lénĭtas, átis, *f.* [lenis] **1.** 매끄러움, 부드러움. **2.** 맵지 않음, (술 따위의) 순함. **3.** (강물의) 잔잔한 흐름. **4.** 싹싹함, 상냥함, 유순, 양순, 온화. 「(柔軟).
lenitúdo, dĭnis, *f.* [lenis] 유순, 양순, 유연
lēno, ónis, *m.* **1.** 매춘부 소개자, 포주, 뚜장이. **2.** 중개인, 중매인, 거간.
lenocínĭum, i, *n.* [leno] **1.** 매춘 소개(업). **2.** 유혹, 유인, 매혹; 아부. **3.** 눈길끄는 짙은 화장[장식·선전물].
lenócĭnor, átus sum, ári, *dep. intr.* [leno] **1.** 〔*dat.; absol.*〕 비위맞추다, 알랑거리다, 아부하다. **2.** 아름답게 장식하다, 수식(修飾)하다. 「의, 뚜장이의.
lenónĭus, a, um, *adj.* [leno] 매춘부 소개
lēns[1], lendis, *m.* 서캐.
lēns[2], lentis, *f.* **1.** 《植》 렌스콩, 제비콩, 불콩(扁豆). **2.** 렌스, 수정체: 《解》 ~ crystallína (안구의) 수정체.
lénteo, ére, *intr.* 느리다.
lentésco, ĕre, *intr. inch.* [lentus] **1.** 들러붙다, 달라붙다, 점착하다. **2.** 완화되다, 온화해지다, 약해지다, 누그러지다.
lentícŭla, æ, *f. dim.* [lens[2]] **1.** 《植》 제비콩; 불콩. **2.** 제비콩 모양으로 생긴 것[보석]. **3.** 주근깨, 기미.
lenticuláris, e, *adj.* [lentícula] 제비콩 모양의, 양면이 볼록한.
lentiginósus, a, um, *adj.* [lentígo](제비콩·불콩같은) 반점이 있는; 주근깨[기미] 낀.
lentígo, gĭnis, *f.* [lens[2]] **1.** 제비콩[불콩] 모양의 반점. **2.** 주근깨, 기미.
lentíscĭfer, fĕra, fĕrum, *adj.* [lentíscus+fero] 유향나무를 든.
lentíscĭnus, a, um, *adj.* 유향나무의.
lentíscus, i, *f.*[**-um,** i, *n.*] **1.** 《植》 유향나무. **2.** 유향(乳香).
lentítĭa, æ, [**-títĭes,** éi,] *f.* [lentus] **1.** 휘기 쉬움, 누글누글함, 무름, 유연성. **2.** 끈질김, 질깃질깃함; 차지고 끈끈함, 점성(粘性).
lentitúdo, dĭnis, *f.* [lentus] **1.** 쉽게 휘는 성질, 유연성. **2.** 더딤, 느림, 굼뜸, 느릿느릿함, 완만, 우둔. **3.** 둔감, 무감각.
lento, ávi, átum, áre, *tr.* [lentus] **1.** 휘다, 구부리다. **2.** 유연성있게 하다, 나긋나긋하게 하다. **3.** (노를) 젓다. **4.** 느리게[더디어지게] 하다, 늦추다, 미루다.
lentor, óris, *m.* = lentítia. 「계급.
Lentúlĭtas, átis, *f. Léntulus*[2] 가문의 귀족
léntŭlus[1], a, um, *adj. dim.* [lentus] 약간 끈적끈적한.
Léntŭlus[2], i, *m. Cornélius* 씨족의 가문명.
lentus, a, um, *adj.* **1.** 유연한, 잘 휘는, 나긋나긋한, 누글누글한, 무른. **2.** 점착력이 있는, 끈적끈적한. **3. 느린**, 느릿느릿한, 굼뜬, 지지부진한; **천천한**, 차근차근한; 〔*adv.*〕 **-te,** 천천히, 서서히, 차근차근: ~ amnis *(Plin.)* 천천히 흐르는 강. **4. 오래 지속되는**, 오래 가는, 질질 끄는, 오랜. **5.** 강렬하지 않은, 온화한. **6.** 온순한, 무골호인의. **7.** 둔감한, 무감각한, 무관심한, 대수롭지 않게 여기는, 태평의.
lenúllus, i, *m.dim.*[leno] 자그마한 뚜장이.
lenunculárĭus, i, *m.* [lenúnculus[1]] 작은 배의 사공. 「(舟).
lenúncŭlus[1], i, *m. dim.* [lembus] 작은 배
lenúncŭlus[2], i, *m. dim.* [leno] 자그마한 뚜장이.
lĕo, ónis, *m.* **1.** 《動》 **사자**. **2.** 사자 가죽. **3.** 사자같은 사람. **4.** 《天》 사자좌.
Leocórĭon, i, *n. Athénæ*에 있는 신전.
Leon, óntis, *m.* **1.** *Sicília*의 도시. **2.** *Phlīus*의 지배자.
Leónĭdas, æ, *m. Sparta*의 왕, *Pérsia*의 군대가 쳐들어 왔을 때 *Thermópylæ*에서 방어하다가 전사함 (490 A.C.).
Leónĭdes, æ, *m.* **1.** *Alexánder* 대왕의 선

생. 2. *Athénæ*의 유명한 교사(敎師), *Cícero* 아들의 선생.
leonínus, a, um, *adj.* [leo] 사자의.
Leonnátus, i, *m.* *Alexánder* 대왕의 장군.
leóntĭcus, a, um, *adj.* [leo] 사자에 관한.
Leontíni, órum, *m.pl.* *Sicília*의 동쪽에 있는 도시, 궤변학자 *Górgias*의 출생지; 〔*adj.*〕 **-tínus,** a, um.
leopardínus, a, um, *adj.* 표범의.
leopárdus, i, *m.* 《動》 표범.
lĕpas, ădis, *f.* 《動》 소라; 전복.
lépĭde, *adv.* [lépidus] **1.** 매력있게, 멋있게, 우아하게, 귀엽게, 깜찍하게, 매우 잘. **2.** 〔환성·찬성·긍정적 대답표시〕 좋아! 옳지!
lepídĭum, i, *n.* 《植》 다닥냉이. 　　　　⌊그래!
lépĭdus[1], a, um, *adj.* [lepor] **1.** 말쑥한, 멋있는, 우아한; 아담한; 매력있는, 귀여운. **2.** 재치있는, 재미있는, 깜찍한.
Lépĭdus[2], i, *m.* *Æmílius* 씨족의 가문명.
lĕpis, ĭdis, *f.* 동록(銅綠). 　　　　「던 *Celtæ*족.
Lepóntĭi, órum, *m.pl.* *Rhenus*강 상류에 살
lĕpor, óris, *m.* **1.** 우아함, 세련미, 멋, 매력. **2.** 즐거움, 유쾌, 쾌적, 쾌감. **3.** 재치, 익살, 명랑.
leporárĭum, i, *n.* [lepus] 토끼 사육장.
leporínus, a, um, *adj.* [lepus] 토끼의, 산토끼의; 〔*subst.*〕 *f.* 토끼고기.
lĕpos, óris, *m.* = lepor.
lepra, æ, *f.* 《醫》 나창; 나병, 문둥병.
leprosárĭum, i, *n.* 나환자 병원, 나환자 수용소. 　　　　「나환자의.
leprósus, a, um, *adj.* [lepra] 나병에 걸린,
Leptis, is, *f.* *Afrĭca* 북해안에 있는 같은 이름의 두 도시: **1.** ~ Magna[Major]; 〔*adj.*〕 **-tĭtánus,** a, um; **-timagnénsis,** e; *m.pl.* 그곳 주민. **2.** ~ Minor; 〔*adj.*〕 **-timinénsis,** e.
léptŏrax, ăgis, *f.* 《植》 알이 작고 단 포도.
lĕpus, pŏris, *m.* 《動》 토끼, 산토끼.
lepúscŭlus, i, *m.* *dim.* [lepus] 작은 토끼.
Lerna, æ,[**-ne,** es,] *f.* *Argos* 마을 부근의 숲과 늪; 〔*adj.*〕 **-næus,** a, um.
Lesbus[**-os**], i, *f.* *Ægǽum* 해의 섬, 그 옛날 서정시(敍情詩)로 이름났던 곳 (지금의 *Mytilini, Metelino*); 〔*adj.*〕 **-bĭăcus**[**-bĭus**], a, um: Lésbius civis [vates], *Alcǽus*/ Lésbia vates, *Sappho*.
lessus, us, *m.* 조사(弔詞), 곡(哭).
letális, e, *adj.* [letum] 치명적, 죽음을 가져오는, 많은 생명을 빼앗는; 〔*subst.*〕 *n.pl.* 극약, 독약; 〔*adv.*〕 **-le, -lĭter.**
Lethǽus, a, um, *adj.* **1.** *Lethe*의. **2.** 망
lethális = letális. 　　　　⌊각하게 하는.
lethargía, æ, *f.* **1.** 《醫》 혼수(昏睡), 혼수병, 혼수 상태. **2.** 무기력, 나른함, 무감각.
lethárgĭcus, a, um, *adj.* **1.** 혼수(昏睡)의, 병적으로 졸리는, 혼수상태의; *m.* 혼수병 환자. **2.** 혼수(상태)에 빠지게 하는.
lethárgus, i, *m.* **1.** 혼수(昏睡), 병적 기면(嗜眠), 혼수상태. **2.** 혼수병[기면병] 환자.
Lethe, es, *f.* 〈망각〉의 강 (그 물을 마시면 생전의 모든 일을 잊는다고 하는 저승의 강).
lētĭfer, ĕra, ĕrum, *adj.* [letum+fero] 죽음을 초래하는, 치명적인, 치사(致死)의.
lēto, ávi, átum, áre, *tr.* [letum] 죽이다, 죽음에 이르게 하다.
lētum, i, *n.* **1.** 죽음. **2.** 몰락, 파멸.
leuca, æ, *f.* *Gállia* 사람들이 사용하던 거리 단위(약 3.25 *km*). 　　　　「사나무.
leucacántha, æ, *f.* [**-thos,** i, *m.*] 《植》 산
Leucádĭa, æ, *f.* *Iónia*해에 있는 섬, *Apóllo*의 신전이 있음; 〔*adj.*〕 **-dĭus,** a, um; *m.pl.* 그곳 주민; *f.* 그곳 여자.
Leucæ, árum, *f.pl.* *Lacónia*의 도시.
leucæmía, æ, *f.* 《醫》 백혈병.
leucargíllos, i, *f.* 백점토(白粘土).
leucáspis, ĭdis, *m.* 주석입힌 방패로 무장한 군인. 　　　　「갑각(岬角).
Léucătas[**-tes**], æ, *m.* *Leucádia*섬의 남쪽
Leuce, es, *f.* *Lacónia*의 도시.
Leuci, órum, *m.pl.* *Gállia*의 한 종족. 「들.
Leucíppĭdes, um, *f.pl.* *Leucíppus*왕의 딸
Leucíppus, i, *m.* **1.** *Messéne*의 왕. **2.** 희랍철학자 (c. 500 A.C.). 　　　　「증가증.
leucocytósis, is, *f.* 《醫》 백혈병, 백혈구
leucocýtus, i, *m.* 《醫》 백혈구(白血球).
leucónŏtus, i, *m.* (날씨가 좋아지는) 남풍.
leucopathía, æ, *f.* 《醫》 백피병(白皮病).
Leucópĕtra, æ, *f.* *Brúttium*의 곶(岬). 「은.
leucophæátus, a, um, *adj.* 회백색 옷 입
leucophǽus, a, um, *adj.* 회백색의.
Leucophrýna, æ, *f.* (흰 눈썹을 가진 자란 뜻의) *Diána* 여신의 별명.
leucorrhœ́a, æ, *f.* 《醫》 백대하(白帶下).
Leucósĭa, æ, *f.* *Tyrrhénum* 해의 한 작은 섬. 　　　　「종족.
Leucósȳri, órum, *m.pl.* *Pontus* 연안의 한
Leucóthĕa, æ, [**-thĕe,** es,] *f.* *Cadmus*의 딸, *Ino*가 바다에 투신하여 바다의 여신이 된 후의 이름.
Leuctra, órum, *n.pl.* *Bœótia*의 작은 마을, 거기서 *Epaminóndas*가 *Sparta*의 군대를 격파함; 〔*adj.*〕 **-trĭcus,** a, um.
leuga = leuca.
leúncŭlus, i, *m.* *dim.* [leo] 사자새끼. 「족.
Levácí, órum, *m.pl.* *Gállia Bélgica*의 한 종
levámen, mĭnis, *n.* [levo[2]] 진정(鎭靜), 경감(輕減), 완화, 위로, 위안.
levaméntum, i, *n.* [levo[2]] 위로, 위안, 격려; 누그러짐, 경감(輕減), 완화: esse *alci* levaménto(*dat. finális*)(*C.*) 누구에게 위로가 되다. 　　　　「덜어줌, 경감, 완화.
levátĭo, ónis, *f.* [levo[2]] **1.** 들어 올림. **2.**

levátor, óris, *m.* [levo²] **1.** 도둑. **2.** 쉬게 해주는 자; 잠. **3.** 《解》 거근(擧筋).
levénna, æ, *m.* 까부는 자, 경솔한 자.
lēvi, *pf.* [lino]. 「구려의, 중요치 않은; 헛된.
levícŭlus, a, um, *adj.dim.* [lĕvis²] 값싼, 싸
levidénsis, e, *adj.* [lĕvis²+densus] **1.** 가볍게 스친[다친]. **2.** 별 가치없는, 보잘것없는.
levífidus, a, um, *adj.* 믿음성이 적은.
levigátĭo, ónis, *f.* [lévigo¹, lévigo²] **1.** 연마함, 갈고 닦음. **2.** 경감(輕減).
lévĭgo¹, ávi, átum, áre, *tr.* [lēvis¹+ago] 윤기나게 하다, 반들반들하게 하다, 닦다, 갈다. 「볍게 하다, 덜다.
lévĭgo², ávi, átum, áre, *tr.* [lĕvis²+ago] 가
lévĭpes, ĕdis, *adj.* [lĕvis²+pes] 발이 빠른.
lēvir, ĭri, *m.* **1.** 처남. **2.** 시아주버니, 시동생.
levirátus, us, *m.* [levi] 수혼제(嫂婚制: 과부가 된 형수나 제수와의 혼인, *cf. Deut.* 25, 5; *Matth.* 22, 23-27).
lēvis¹[lævis], e, *adj.* **1.** 윤기나는, 매끈매끈한, 반들반들한, 갈고 닦은. **2.** 유창한.
lĕvis², e, *adj.* **1.** **가벼운,** 경한, 경미한: ~ armatúra *(C.)* 경무장. **2.** 경쾌한, 빠른, 민첩한. **3.** 메마른, 토박한. **4.** 대단치 않은, 중대하지 않은; 쉬운. **5.** 경솔한. 「자는, 토끼잠 자는.
levisómnus, a, um, *adj.* [lĕvis²+] 얕은 잠
Levíta[-tes], æ, *m.* **1.** 《聖》 *Isrăël* 민족의 *Levi*족 사람, 예루살렘 성전(聖殿)에서의 제관(祭官) 보좌인. **2.** [l-]《가》부제(副祭).
lévĭtas¹, átis, *f.* [lēvis¹] **1.** 매끈함, 미끄러움, 반들반들함, 평탄, 평활(平滑). **2.** 유창.
lévĭtas², átis, *f.* [lĕvis²] **1.** 가벼움, 경량. **2.** 경쾌함, 민첩함. **3.** 경솔, 경거(輕擧), 경박; 들뜬 기분.
levitátĭo, ónis, *f.* [*inusit.* lévito] 《가》 (성인〈聖人〉의 몸이) 공중에 뜸, 공중부유(空中浮遊).
Levítĭcus, a, um, *adj.* Levíta의: 《聖》 (Liber³) Levíticus (구약성서의) *Levi* 기(記).
lēvo¹, ávi, átum, áre, *tr.* [lēvis¹] 닦다, 갈다, 반들반들하게 하다, 매끄럽게 하다, 다듬다, 평평하게 하다.
lĕvo², ávi, átum, áre, *tr.* [lĕvis²] **1.** **들어 올리다,** 일으키다, **일으켜 세우다;** *pass.refl.* **se ~, levári** 일어서다: aqua leváta vento *(L.)* 바람에 높아진 물결. **2.** 〔*alqd - alci; alqm alqā re*〕 덜다, 덜어주다, **가볍게 하다,** 완화하다, 경감시키다, 약화시키다; 제거하다, 없애주다: curam ~*(C.)* 걱정을 덜어주다[없애주다]. **3.** 〔*alqm*〕 위로하다, 힘을 북돋다, 격려하다: Me levant tuæ lítteræ.*(C.)* 네 편지로 내가 힘을 얻는다. **4.** 〔*alqd*〕 (병·상처 따위를) 고치다, 호전시키다. **5.** 〔*alqm alqā re*〕 구해내다, 벗어나게[면하게] 하다: ~ *alqm* curā*(C.)* 누구에게 걱정을 면하게 하다: ~ *alqm* ónere*(C.)* 누구의 짐을 벗겨주다. 「윤택.
lēvor, óris, *m.* [lēvis¹] 반들반들함, 매끈함,
lex, lēgis, *f.* [lego¹] **1.** 법률안: legem antiquáre*(C.)* 법안을 각하하다[부결하다]. **2.** **법,** 법률; 법령: legem ferre*(C.)* 법을 제정하다 / légibus *alqm* sólvere*(C.)* 누구에게 법률상 규정을 면제해주다 / ~ ætérna 영원법 / ~ divína 신법(神法) / ~ humána 인정법(人定法) / ~ ecclesiástica 교회법 / ~ naturális 자연법 / ~ positíva 실정법(實定法) / ~ Mosáica 모세의 법, 구약의 율법 / ~ scripta 성문율(成文律), 성문법 / ~ non scripta 불문율, 관습법 / ~ taliónis 동태복수법(同態復讐法). **3.** 규칙, 규정, 제도; 원칙. **4.** 대자연의 법칙[질서], 자연의 성질[조건]: ~ natúræ 자연법칙. **5.** 계약(조항), 계약 조건, 조약, 약정: Pacem iis légibus constituérunt, ut ...*(N.)* …한 그 조건으로 평화조약을 맺었다.
léxĭcon, i, *n.* 사전(辭典), 자전(字典): léxica bíblica 성서사전.
lexídĭum, i, *n. dim.* [lexis] 잔말.
lexis, is [ĕos], *f.* 말(言).
Lexóvĭi, órum, *m.pl.* *Gállia Céltica*와, 후에 *Gállia Lugdunénsis*에서 살던 종족.
liácŭlum, i, *n.* 흙손.
libámen, mĭnis, [**-méntum,** i,] *n.* [libo] **1.** (제사지낼 때 제단·공중·바다 따위에 뿌리는) 제주(祭酒), 제물, (신에게 바치는) 봉헌물. **2.** (군대식 장례 때 시체와 함께 태우기 위해서) 화장터에 던져넣는 유물(遺物). **3.** 맏물; 시식(試食); 견본(見本). **4.** 《가》 성체성사.
libanótis, ĭdis, *f.* 《植》 rosmarínus(라고도 하는) 관목, 로우즈메리; ~ Coreána 털기
líbănus¹, i, *m.* 향, 유향(乳香). └름나물.
Líbănus², i, *m.* *Sýria*의 산맥. 「자 상인.
libárĭus, i, *m.* [libum] 과자 제조업자, 양과
libátĭo, ónis, *f.* [libo] 제주(祭酒)·신주(神酒) 봉헌, 헌주(獻酒).
libatórĭum, i, *n.* [libo] 제주(祭酒) 담는 그릇, 헌주(獻酒) 때 쓰는 양푼.
libélla, æ, *f. dim.*[libra] **1.** (*denárius*의 10분의 1에 해당하는) 작은 은전. **2.** 가장 소액의 돈. **3.** 수평기(水平器), 수준기(水準器). 「공증인. **2.** 보잘것없는 책장사.
libéllĭo, ónis, *m.* [libéllus] **1.** 기록 담당자,
libéllus, i, *m. dim.* [liber³] **1.** 작은 책, **소책자.** **2.** 간단한 기록, 각서, 비망록; **수첩.** **3.** 〔~, supplex ~〕 간청서, 탄원서: ~ pacis [mártyrum] 대원서(代願書), 화해탄원서 (초기 그리스도교 박해시대에 순교자가 잘못을 뉘우치는 배교자〈lapsi〉나 배교로 말미암아 파문당한 자를 교회에 다

시 받아들여 주기를 청원한 문서). **4.** 초대장, 초청장; 프로그람. **5.** 게시(揭示), 공고문, 벽보, 광고. **6.** 고소장(告訴狀); 소환장(召喚狀). **7.** 편지. **8.** 문서; 증시, 증명시: 《聖》 ~ repúdii (남편이 이내에게 써주던) 이혼장(*cf. Matth. 5, 31*).

libens, éntis, *p.præs.,a.p.* [libet] 기꺼이[기쁜 마음으로·좋아서] 하는: libénte te(*C.*) 네가 좋아해서; 〔*adv.*〕 **-énter,** 기꺼이, 쾌히, 흔연히, 자발적으로. 「기분좋음.

libéntĭa, æ, *f.* [libens] 기쁨, 즐거움, 유쾌,

Libentína, æ, *f.* 쾌락의 여신, 성애(性愛)의 여신(= Venus).

lībĕr[1], ĕra, ĕrum, *adj.* **1.** 〔*absol.;* ab *abl.; abl., gen. poétic.*〕 **자유로운,** 마음대로 할 수 있는, 자유재량의; 매이지 않은, 구애[간섭]받지 않는: líberum arbítrium 자유의사. **2.** 〔*abl.,* ab *abl.; gen.*〕 해방된, 벗어난, **면제된, 관련되지 않은,** 상관없는, 없는: ~ a delíctis(*C.*) 죄과없는 사람. **3.** (집·장소 따위가) 비어있는, 비워놓은. **4.** 무료(無料)의, 빚없는. **5.** 자유시민의 신분인; (노예에서) 해방된: Qui est matre líberā, liber est. (*C.*) 자유민의 어머니에게서 난 사람은 자유민이다. **6.** 자주적(自主的)인, 독립적인. **7.** 방종한, 제멋대로의; 대담한, 거침[서슴]없는.

Lībĕr[2], ĕri, *m.* 옛 *Itália*의 재배·결실의 신, 가끔 *Bacchus*와 동일시됨.

lĭbĕr[3], bri, *m.* **1.** 나무의 속껍질, 인피부(靭皮部). **2.** 글쓴 종잇장; 두루마리. **3.** **책,** 서적; 저서, 작품: ~ litterárum(*C.*) 문학 작품집 / ad libros ire(*C.*), libros adíre (*L.*) 책에서 찾아보다 / ~ sententiárum 신학 명제론집(神學命題論集). **4.** (세금 따위의) 고지서 대장, 서신철; 공문서; 장부; 일기; 명부: 《가》 ~ baptizatórum 세례자 명부/~confirmatórum 견진자 명부 / 《聖》 Liber Proverbiórum (구약성서의) 잠언(箴言).

Líbĕra, æ, *f.* **1.** *Ceres* 여신의 딸인 *Prosérpina, Liber*[2]의 자매. **2.** *Liber*라고도 하는 *Bacchus*신의 아내였던 *Ariádne.* 「축제.

Liberálĭa, ĭum, *n. pl.* [Liber[2]] *Bacchus*신의

liberális, e, *adj.* [liber[1]] **1.** 자유의, 자유에 관한, 자유로운. **2.** **자유민[자유인]의,** 자유민적 신분의, 자유민다운, 자유인에게 어울리는; 교양과목의: artes liberáles (자유인에게 어울리는 지식으로 생각된 고대의) 문예·학예(문법·수사학·논리학·기하학·음악·문학·시 따위(*Ulp., C.*)); (중세의) 교양과목(문법·논리학·수사학·산수·기하·음악·천문의 7과); (근세 대학의) 교양학과(어학·자연과학·철학·역사·예술·사회과학 따위) / liberáles doctrínæ(*C.*) 문예(= ~ artes) / ~ erudítio(*Augustin.*) 교양과목. **3.** 〔*absol.; gen.,* ex *abl.,* in *acc.*〕 **너그러운, 관대한,** 신사다운, 선뜻 잘 주는, 대범한, 마음[도량]이 넓은, 아량있는, 인색하지 않은: pecúniæ ~ (*Sall.*) 돈에 인색하지 않은 / ~ in *alqm*(*C.*) 누구에게 대해 관대한. **4.** 많은, 풍부한, 풍족한, 푸짐한, 듬뿍한: liberále viáticum(*C.*) 풍족한 노자. **5.** 고상한, 고결한, 품위있는, 우아한; 아름다운; 친절한. 「주의.

liberalísmus, i, *m.* (정치·종교상의) 자유

liberálĭtas, átis, *f.* [liberális] **1.** 너그러움, 관대, **관용,** 아량, 대범함; 후한 인심. **2.** 친절, 정중. **3.** 선물, 선사, 은혜.

liberátĭo, ónis, *f.* [líbero] **1.** **해방,** 석방, 방면(放免). **2.** 구원, 구출. **3.** 〔*gen.*〕 (고통·불행 따위를) 면함, 면제, 해제. **4.** 부채청산(負債淸算).

liberátor, óris, *m.* [líbero] 해방자, 석방자; 구출자: [L-](*Ta.*) *Júpiter*(의 형용어).

liberátrix, ícis, *f.* [liberátor] 해방시켜 주는 여자.

lībĕri, rórum[rum], *m.pl.* [liber[1]] 자녀, 자식(원래는 노예의 자식과 구별하여 자유시민의 자녀를 일컫는 말이었음).

lībĕro, ávi, átum, áre, *tr.* [liber[1]] **1.** 자유를 주다, **해방하다,** 석방하다, 방면하다, 풀어주다. **2.** 〔*alqm* - ab, ex *abl.; abl.*〕 **구(救)하다,** 구원하다, 구출하다, 구제하다, …에서 풀려[벗어]나게 하다; 〔*refl.*〕 **se ~, liberári** 벗어나다; 빚을 청산하다, 부채의 의무를 벗다. **3.** 〔*alqm* - *abl., gen.*〕 무죄를 선고하다, 사면(赦免)하다, 용서하다. **4.** fidem ~ (*C.*) 약속을 이행하다. **5.** promíssa ~ (*C.*) (계약 따위를) 무효로 만들다, 폐기하다.

libérta, æ, *f.* [libértus] (상전으로부터 노예신분에서) 해방된[자유시민이 된] 여자.

libértas, átis, *f.* [liber[1]] **1.** 〔*absol.;* in *abl., gen.*〕 **자유**; 권리. **2.** 자유시민권. **3.** 자주독립; 자치권. **4.** [L-] 자유의 여신.

libertínĭum, i, *n.* 석방된 노예가 주인에게서 물려받는 상속재산.

libertínus, a, um, *adj.* [libértus] (노예신분에서 해방된) 자유인[자유민]의, (노예로 있다가) 자유의 몸이 된; 〔*subst.*〕 *m.f.* (노예에서 해방[석방]된) 자유인, 자유민.

libértus, i, *m.* (상전으로부터 노예신분에서 석방된) 자유인.

lĭbet, bŭit [bĭtum est], ére, *intr. impers.* **1.** 〔*alqd(nom. pronóminis)* - *alci; inf.; absol.*〕 마음에 든다, 뜻에 맞는다, 좋다, …하고 싶다: id quod mihi máxime ~ (*C.*) 가장 내 마음에 드는 그것 / si ~ (*C.*) 좋으시다면 / Non libet mihi deploráre vitam. (*C.*) 나는 인생을 슬퍼하고 싶지 않다. **2.** 〔*p.præs.*는 *adj.*로도 쓰임〕 **libens,** éntis, 마음에 들어 하는, 좋아하는; 기꺼이 하는.

Libéthra, æ, *f. Bœótia*의 샘, 시와 노래의 여신 *Musæ*에게 봉헌됨.

Libethrídes, um, *f.pl.* 시와 노래의 여신인 *Musæ*.
libídĭnor, átus sum, ári, *dep. intr.* [libído] 방탕에 흐르다, 음탕한 생활을 하다.
libidinósus, a, um, *adj.* [libído] **1.** 제멋대로 하는, 무절제한, 방종한. **2.** 음탕한, 호색의, 육욕적인, 선정적인.
libído, dĭnis, *f.* [libet] **1.** 욕구, 욕망; 생리적[자연적] 욕구[충동]: ~ urínæ *(C.)* 소변 마려움 / ~ ulciscéndi *(C.)* 복수심. **2.** 무절제한 욕망[자유], **방종,** 제멋대로 함. **3.** 방탕, 도락; 육욕, 성욕.
líbĭta, órum, *n. pl.* [líbitus[1]] 마음대로 하고 싶은 생각, 제멋대로의 욕망[충동].
Libitína, æ, *f.* **1.** 죽은 사람들의 신; 장례의 신 (그 신전에서 장례에 필요한 것들을 팔거나 빌려주었음). **2.** 죽음. **3.** 관. **4.** 장의사 직업. **5.** 〔*adj.*〕 **-tinénsis,** e: porta ~ (죽은 검투사의 시체를 내가던) 원형 경기장의 대문. 「주.
libitinárĭus, i, *m.* [Libitína] 장의사 경영
líbĭtus[1], a, um, *p.p., a.p.* [libet] 마음에 든, 뜻에 맞은.
líbĭtus[2], us, *m.* 마음에 든 것, 마음내킴: ad líbitum 마음내키는 대로, (하든지 말든지) 마음대로.
libo, ávi, átum, áre, *tr.* **1.** 맛보기 위해 떼어내다; 맛보다: ~ cibos dígitis *(Ov.)* 손가락으로 음식을 찍어 맛보다. **2.** 가볍게 접촉하다, 스치다. **3.** (제사 때) 제주(祭酒)를 (제단·공중·바다 따위에) 뿌리다[붓다]. **4.** 제헌(祭獻)하다, 제사지내다. **5.** 떼어내다, 덜어내다, 축내다. **6.** 따다, 따
libónŏtus, i, *m.* 남서풍. ㄴ모으다.
libra, æ, *f.* **1.** 〔무게 단위〕 *libra = 12 úncia =* 약 *327 gr.* **2.** (*Roma* 시대의) 액체의 용량 단위. **3.** 천칭 저울; 수준기, 수평기; 수평, 수준: ad libram *(Cæs.)* 수평으로. **4.** [L-] 《天》 천칭궁(天秤宮).
librális, e, *adj.* [libra] 한 *libra*의.
libraméntum, i, *n.* [libro] **1.** 무게, 중량; 일정한 중량의 힘. **2.** 물매, 구배(勾配), 경사도. **3.** 수평(면). **4.** 평형(平衡), 균형. 「직업인, 필사(筆寫)하는 사람.
libraríŏlus, i, *m.* [librárius[1]] 글을 베끼는
librárĭus[1], a, um, *adj.* [liber[3]] 책의, 책에 관한: librária tabérna *(C.)* 서점; 〔*subst.*〕 *m.* 1) 직업적으로 필사(筆寫)하는 사람. 2) 책장수, 서적상인; *f.* 1) 책 베끼는 여자. 2) 서점; *n.* 서류함(書類函), 서고.
librárĭus[2], a, um, *adj.* *libra*의, 저울의; 〔*subst.*〕 *m.f.* 양털을 직공들에게 분배하는 지배인.
librátĭo, ónis, *f.* [libro] **1.** 수평잡음, 수준측량. **2.** 균형, 평형. **3.** (투석기 따위의) 발사. **4.** 《天》 달의 칭동(秤動).
librátor, óris, *m.* [libro] **1.** 수준 측량자. **2.** 투석기 사수(投石器射手).
librátus, a, um, *p.p., a.p.* [libro] (투석기에서) 힘차게 발사된.
libríle, is, *n.* 저울.
librílis, e, *adj.* *libra*의: fundæ libríles *(Cæs.)* 한 *libra* 무게의 탄환을 발사하는 투석기(投石器). 「塊) 계량인.
líbrĭpens, péndis, *m.* (화폐 대용의) 동괴(銅
libritor, óris, *m.* [libro] 투석기 사수(射手).
libro, ávi, átum, áre, *tr.* [libra] **1.** 수평이 되게 하다, 평형을 잡다, 균등[평등]하게 하다. **2.** 고르게 하다, 평평하게 하다. **3.** 겨누다, 조준하다. **4.** 발사하다: glans libráta *(L.)* 발사된 포탄. **5.** 검토하다, 음
Libs, bis, *m.* 남서풍. ㄴ미하다.
Líbŭi, órum, *m.pl.* *Gállia Transpadána*의
libum, i, *n.* 과자의 일종. ㄴ주민.
libúrna[-nĭca], æ, *f.* 쾌속정.
Libúrnĭa, æ, *f.* *Hístria*와 *Dalmátia* 중간에 있는 *Illýria*의 해안지방; 〔*adj.*〕 **-nus [-nĭcus],** a, um.
Líby̆a, æ,[**-by̆e,** es,] *f.* **1.** *Afrĭca* 북부지방; 〔*adj.*〕 **-by̆cus[-býssus, -bystínus],** a, um; **-bys,** y̆os; 〔*adj.f.*〕 **-býstis,** stĭdis. **2.** *Afrĭca.*
Libyphœníces, um, *m.pl.* *Líbya*인과 *Phœnícia*인 사이의 혼혈 인종, 북 *Afrĭca* 해안에 살았음. 「*(Ta.)* *Líbya* 땅.
Líby̆us, a, um, *adj.* *Líbya*의: Líbya terra
licéĭtas, átis, *f.* [lícitus] 합법성, 가당성(可當性).
licens, éntis, *p.præs., a.p.* [licet[1]] 자유로운, 삼가지 않는, 무절제한, 제멋대로의, 방종한, 분방한, 거리낌없는, 과감한.
licéntĭa, æ, *f.* [licet[1]] **1.** 자유; 허가, 허락, 승낙, 권리, 자격, 면허, 인가: ~ ludéndi *(C.)* 놀아도 좋다는 허락. **2.** 제멋대로 함, 자유분방, 방종.
licentiátus, us, *m.* [licéntia] **1.** 자유, 면허. **2.** 석사(학위).
licentiósus, a, um, *adj.* [licéntia] **1.** 방종한, 제멋대로 하는, 조심성없는; 방탕한, 음란한. **2.** (문법·문체 따위의) 규칙을 무시한, 파격의.
lícĕo, cŭi, cĭtum, ére, *intr.* (경매에서) 팔리게 되다, 평가되다, 가격이 매겨지다, 값나가다.
lícĕor, cĭtus sum, éri, *dep. tr.* [líceo] 〔*absol.; alqd*〕 (주로 경매에서) 호가(呼價)하다, 값을 매기다, 입찰하다: Illo licénte, contra licéri audet nemo. *(Cæs.)* 그가 한번 값을 정했으면 아무도 감히 딴 값을 놓지 못한다 / hortos ~ *(C.)* 정원의 값을 놓다.
lĭcet[1], cŭit[cĭtum est], ére, *intr. impers.* 〔*alci - alqd, inf., acc.c.inf.*〕 **1.** 허락[허가]되다, …**해도 좋다**[괜찮다], **가하다,** 할 수 있다: Id ei licet. *(C.)* 그것은 그에게 허락된다 / si

illud non licet, *(T.)* 그것이 (해서는) 안되는 것이라면 / Licet rogáre? *(C.)* (법정에서 증인에게 〈질문하지만〉의 뜻으로) 질문해도 될까요? / Intéllegi jam licet. *(C.)* 그것은 이제 알아들을 수 있다. **2.** …해야 한다, …할 수 밖에 없다. 「도.
lĭcet², *conj. subord. c. subj.* 비록 …일지라
Lichas, æ, *m. Hércules*의 동반자.
lĭchen, énis, *m.* **1.** 《植》 지의류(地衣類)의 식물. **2.** 《醫》 태선(苔癬).
liciatórĭum, i, *n.* [lícium] 방직기계의 실패, 방추(紡錘); 북.
liciátus, a, um, *adj.* [lícium] 실패에 감은.
Licínĭus, i, *m.* *Roma*인의 씨족명; 〔*adj.*〕 **-nĭus[-niánus]**, a, um.
licitátĭo, ónis, *f.* [lícitor] (물건사는 사람이) 값놓음, 경매입찰자의 평가.
licitátor, óris, *m.* (경매 따위의) 입찰자.
licitátus, a, um, *p.p.* [lícitor] 경매된.
lícĭtor, átus sum, ári, *dep. tr. freq.* [líceor] 값을 매기다, 입찰하다.
lícĭtus, a, um, *adj.* [licet¹] 허락[허가]된, 가한, 해도 좋은, 정당한, 합법적인; 〔*adv.*〕 **-te, -to.**
lícĭum, i, *n.* **1.** 끈 양털실; (피륙·그물 따위의) 씨(줄). **2.** 실, 줄.
lictor, óris, *m.* (고대 *Roma*의) 고관 앞에서 권표(權標: fasces)를 들고 다니던 길라잡이 [길나장이].
lictórĭus, a, um, *adj.* 길나장이(lictor)의.
lĭēn, énis, [**-énis**, is,] *m.* 《解》 비장(脾臟), 지라. 「관한; 비장병 환자의.
lienósus, a, um, *adj.* [lien] 비장[지라]에
lientérĭa, æ, *f.* 《醫》 불완전 소화 설사.
lientérĭcus, a, um, *adj.* 불완전 소화 설사병에 걸린.
ligámen, mĭnis, [**-méntum**, i,] *n.* [ligo¹] **1.** (노)끈, 줄; 띠, 붕대. **2.** 유대, 사슬; 인연, 연줄, 결연: 《敎法·倫神》 impediméntum ligáminis 기혼 장애. **3.** 《解·動》 인대(靭帶). 「**-riánus**, a, um.
Ligárĭus, i, *m.* *Roma*인의 씨족명; 〔*adj.*〕
ligátĭo, ónis, *f.* [ligo¹] 잡아맴, 붙들어맴; 붕대를 처맴.
ligatúra, æ, *f.* [ligo¹] **1.** 끈, 띠. **2.** 묶음, 잡아맨 것; 잡아매는 실, 연결시키는 것.
Ligdus, i, *m.* *Creta*섬 사람, *Iphis*의 아버지. 「큰 강 (지금의 *Loire*).
Liger, ĕris, *m.* *Gállia Transalpína*의 제일
lignárĭus, a, um, *adj.* 목재의, 목재에 관한; 〔*subst.*〕 *m.* 1) 목수, 목공. 2) 벌목하는 사람; 나무꾼, 나무패는 사람; *n.* 나뭇광, 나무 창고. 「재목벌채.
lignátĭo, ónis, *f.* [lignor] 땔나무를 해옴,
lignátor, óris, *m.* [lignor] 나무꾼; 나무하는 군인. 「토막의.
lignéŏlus, a, um, *adj. dim.* [lígneus] 나무
lígnĕus, a, um, *adj.* [lignum] 나무의, 나무로 된, 목조의, 나무같은, 목질(木質)의.
lignor, átus sum, ári, *dep. intr.* [lignum] 나무하러 가다; 재목을 모아들이다.
lignósus, a, um, *adj.* [lignum] 목질(木質)의, 목재의, 나무로 된, 나무같은.
lignum, i, *n.* **1.** 장작, 화목(火木); 목재, 재목. **2.** 칠판. **3.** 올리브의 씨. **4.** 수목: ~ guajáci 《植》 유창목(癒瘡木).
lĭgo¹, ávi, átum, áre, *tr.* **1.** 매다, 묶다, 동이다, 동여 매다, 잡아[비끄러] 매다; 처매다. **2.** 맺다, 잇다, 연결시키다, 결합시키다, 합치다; 붙어 있게 하다: in glácie pisces ligáti *(Ov.)* 얼어붙은 물고기.
lĭgo², ónis, *m.* 호미, 괭이, 곡괭이.
lígŭla, æ, *f. dim.* [lingua] **1.** 작은 혀. **2.** 갑각(岬角). **3.** 숟가락. **4.** 피리의 청. **5.** 작은 검(劍). **6.** (구두의) 손잡이 가죽
ligulátus, a, um, *adj.* 협소한. ⌊고리.
Ligúrĭa, æ, *f.* *Itália* 서북부지방; 〔*adj.*〕 **-gur[-gus]**, gŭris; **-gúrĭcus[-gústĭcus]**, a, um. 「랑한 소년.
Ligurínus, i, *m.* *Q. Horátius Flaccus*가 사
ligúr(r)ĭo, ívi [ĭi], ítum, íre, *tr.*, *intr.* [lingo] **1.** 살짝 맛보다, 핥아보다. **2.** 핥다, 핥아먹다, 빨아먹다. **3.** 게걸스럽게 먹다. **4.** 몹시 탐내다. 「식도락; *pl.* 진수성찬.
ligur(r)ítĭo, ónis, *f.* [ligúrio] 탐식(貪食),
ligur(r)ítor, óris, *m.* [ligúrio] 미식가, 탐
ligústrum, i, *n.* 《植》 쥐똥나무. ⌊식자.
liliácĕus, a, um, *adj.* [lílium] 백합(百合)의.
liliátus, a, um, *adj.* [lílium] 백합꽃으로 꾸
liliétum, i, *n.* 백합꽃밭, 백합화단. ⌊민.
lílĭum, i, *n.* 《植》 백합(화), 나리꽃.
Lilybǽum, i, *n.* *Sicília* 서부 갑각(岬角) 지방 및 그곳 도시; 〔*adj.*〕 **-bǽus[-béjus, -bætánus, -bitánus]**, a, um.
līma, æ, *f.* **1.** 줄, 줄칼; 줄칼질. **2.** (문장 따위의) 수정, 다듬음, 추고(推敲). 「든.
limácĕus, a, um, *adj.* [limus²] 진흙으로 만
limátĭo, ónis, *f.* [limo] **1.** 줄로 쓸어 작아지게[가늘어지게] 함. **2.** 줄로 다듬음.
limátŭlus, a, um, *adj.dim.* [limátus] 매끈하게 다듬은.
limatúra, æ, *f.* 줄(칼)밥.
limátus, a, um, *p.p.*, *a.p.* [limo] **1.** 줄칼질한, 완성한. **2.** 공들여 만든, 다듬은, 세련된, 정제(精製)된.
līmax¹, ácis, *m.f.* **1.** 《動》 괄태충(括胎虫), 민달팽이. **2.** 창녀. 「는.
līmax², ácis, *adj.* 흘끗하는, 흘끗 쳐다보
limbátus, a, um, *adj.* 술로 꾸며진, 술을 단, 옷단을 장식한. ㅣ는 직공.
limbolárĭus, i, *m.* [limbus] 옷에 술을 다
limbus, i, *m.* **1.** 가장자리, 옷단, 술. **2.** 댕기, 리본, 띠, 허리띠. **3.** 땅의 끝, 해안선; 수평선. **4.** 《神》 림보: ~ patrum

고성소(古聖所) / ~ puerórum (세례받지 못하고 죽은) 어린이들의 자연 복락소.
līmen, mĭnis, *n.* 1. (상·하)인방(引枋), **문턱, 문지방.** 2. 문, 출입문, 대문; 입구. 3. 집, 주택: intráre in ~ *(Pl.)* 집안으로 들어가다. 4. 경주 출발점. 5. 처음, 시초, 시작; 출발: in límine mortis *(Sil.)* 죽음 일보 직전에. 6. 끝, 마지막. 7. 묘소: 《敎法》 Visitátio Líminum [ad Límina] Apostolórum 베드로·바울로 사도의 묘소 방문; 주교들의 정기적인 보고를 겸한 교황청 예방(禮訪: *cf. C.I.C. can. 299, can. 341*).
limenárcha, æ, *m.* 문지기, 수위, 수문장.
līmes, mĭtis, *m.* 1. (논·밭의) 두렁길; 작은 길, **샛길,** 지름길; 길, 도로. 2. 물길; 길게 끌려간 자리. 3. 지경(地境), 경계(선), 국경, **한계,** 한도, 범위. 4. 선(線). 「흙에서 태어난.
limígĕnus, a, um, *adj.* [limus² + gigno] 진
liminaris, e, *adj.* [limen] 인방(引枋)의; 문턱의; 시초의. 「접한, 국경의.
limitánĕus[-tánus], a, um, *adj.* 경계선에
límĭtans, ántis, *p.præs.* [límito] 《解》 분계(分界)…. 「계, **제한,** 한정.
limitátĭo, ónis, *f.* [límito] **한계**(지음), 경
limitátor, óris, *m.* [límito] 경계[한계]긋는 사람; 측량사; 제한자.
límĭto, ávi, átum, áre, *tr.* [limes] 경계를 긋다; **제한하다,** 국한시키다, **한정하다.**
Limnátis, ĭdis, *f. Diána*의 별명.
límnĭce, es, *f.* 《植》 글라디올러스.
limo, ávi, átum, áre, *tr.* [lima] 1. 줄칼로 쓸다; 문지르다, 날카롭게 하다; 뾰족하게 하다: ~ se ad *alqd (C.)* 애써 무엇에 적응하다. 2. **다듬다,** 끝손질하다, 완성하다. 3. 제거하다, 떼어내다, 줄이다. 4. 자세히 조사하다, 검토하다, 탐구하다, 파헤치다. 「의, 진창의.
limósus, a, um, *adj.* [limus²] 진흙의, 흙탕
limpidĭtas, átis, *f.* [límpidus] 투명, 맑음.
límpĭdus, a, um, *adj.* 맑은, 투명한.
límŭlus, a, um, *adj. dim.* [limus¹] 흘끗 보는, 곁눈질하는, 사시(斜視)의.
līmus¹, a, um, *adj.* 비스듬한, 비뚤어진, 사행(斜行)의, 곁눈의, 사팔눈의: Aspícito limis óculis, ne ille séntiat. *(Pl.)* 그가 눈치채지 않도록 흘끔 보아라; 〔*adv.*〕 **-mo,** 곁눈질로.
līmus², i, *m.* 진흙, 진창; 침전물.
līmus³, i, *m.* (희생동물을 잡는 제관 조수〈祭官助手〉나 길나장이 등이 입던) 자색 단두른 치마(의 일종), 앞치마.
Límўra, æ, *f. Lýcia*의 도시.
linaméntum, i, *n.* [linum] 아마포(亞麻布) 제품. 「마포 공장.
linárĭa, æ, *f.* 아마포 직조 여공(女工); 아
linárĭus, i, *m.* [linum] 아마포 직조공; 아
linctus, us, *m.* [lingo] 핥음. 「마포 상인.
Lindus[-os], i, *f. Rhodus* 섬의 소도시; 〔*adj.*〕 **-dĭus,** a, um.
línĕa, æ, *f.* [linum] 1. 실, 아마사(亞麻糸), 아마섬유. 2. 낚싯줄; 그물실; 그물. 3. (목수·석공의) **먹줄.** 4. 끈, 노끈; 밧줄. 5. **선**(線), 직선, **줄,** 금. 6. (글의) 행(行), 한 줄. 7. (경주의) 출발점(의 선); 결승선. 8. 경계선, 한계선. 9. 계보(系譜), 계도, 가계(家系). 10. 소묘(素描). 11. 진로(進路), 길.
lineális, e, *adj.* [línea] 선(線)의, 줄의.
lineaméntum, i, *n.* [línea] 1. (그어놓은) 선, 금. 2. 소묘(素描), 윤곽; 초안, 개요. 3. 얼굴생김새, 용모; 외형. 4. 특징, 특색.
lineáris, e, *adj.* [línea] 선(線)의, 직선의.
lineárĭus, a, um, *adj.* [línea] 줄의, 선의: ~ limes 샛길.
lineátĭo, ónis, *f.* [líneo] 1. 선을 그음; 선을 그어 나눔, 구획. 2. 선(線); 윤곽.
línĕo, ávi, átum, áre, *tr.* [línea] 1. (나란히) 줄지어 놓다, 일직선이 되게 하다. 2. 줄치다, 선을 긋다, 선으로 그리다.
linéŏla, æ, *f. dim.* [línea] 작은 줄, (글의) 행(行).
línĕus, a, um, *adj.* [linum] 아마(亞麻)의, 아마로 만든; 아마포의; 〔*subst.*〕 *n.pl.* 아마포로 만든 옷. 「다.
lingo, linxi, linctum, ĕre, *tr.* 핥다, 핥아 먹
Língŏnes, um, *m. pl. Gállia Céltica*에 있던 종족; 〔*adj.*〕 **-gónĭcus[-gŏnus],** a, um.
lingua, æ, *f.* 1. **혀.** 2. 혀 모양으로 생긴 것. 3. 말, 언사, 언어, 용어: linguam continére *(C.)* 말조심하다, 말을 안하다. 4. 변설, 웅변. 5. (한 나라·민족의) **언어, 국어:** ~ Latína *(C.)* *Latin*어 / ~ Coreána 한국말, 조선어. 6. 사투리, 방언. 7. 동물들의 (목)소리. 8. 피리의 청. 9. 갑각(岬角).
linguális, e, *adj.* [lingua] 《解》 혀의.
linguárĭum, i, *n.* [lingua] 함부로 말해서 무는 벌금.
linguátus, a, um, *adj.* [lingua] 1. 혀를 가진. 2. 달변의, 능변의, 웅변의. 「러운.
linguax, ácis, *adj.* [lingua] 말많은, 수다스
língŭla, æ, *f.* = lígula. 「로 생긴.
linguIátus, a, um, *adj.* [língula] 혀 모양으
linguósus, a, um, *adj.* [lingua] 말많은, 수다스러운, 잘 지껄이는; 지저귀는.
linia... *V.* linea... 「자.
linífĭcus, i, *m.* [linum, fácio] 아마포 직조
linĭger, ĕra, ĕrum, *adj.* [linum + gero¹] 아마포 옷을 입은. 「약(塗布藥), 바르는 약.
liniméntum, i, *n.* 《藥》 찰제(擦劑), 도포
linĭo, ívi, ítum, íre, *tr.* (= lino) 〔*alqd* – *alqā*

re〕무엇에 *(alqd)* 무엇을 *(abl.)* 바르다, 칠하다; 기름바르다.

linítĭo, ónis, *f.* [línio] 칠합, 문질러 바름.

linítus, us, *m.* [línio] 문질러 바름.

lino, līvi [lēvi, lini], litum, ĕre, *tr.* **1.** 〔*alqd* (무엇에) - *alqā re* (무엇을, 무엇으로); *alqd* (무엇을)〕 (기름·약·도료 따위를) **바르다, 칠하다**: succis ~ sagíttas *(Sen.)* 화살에 독을 바르다 / ~ fáciem *(Juv.)* 얼굴 화장을 하다 / ~ medicaménta *(Ov.)* 약을 바르다. **2.** 〔*alqd alqā re*〕 입히다, 씌우다. **3.** (북북 그어) 지우다, 지워버리다, 말소하다. **4.** 더럽히다. 「麻)와 양모(羊毛) 혼방의.

linostémus[-stímus], a, um, *adj.* 아마(亞

linquo, līqui, (lictum), ĕre, *tr.* **1.** (남겨두고) 떠나다, 포기하다, 버리다; 버려두다; 〔*pass.*〕 linqui (ánimo) 용기를[기운을] 잃다. **2.** 끝내다, 그만두다. **3.** 〔*impers.*〕 línquitur, ut ... *(Lucr.)* …것이 남아 있다.

linteámen, mĭnis, [**-méntum,** i,] *n.* [línteum] 아마포(제품); **수건, 보자기**: 《가》~ altáris 제대포(祭臺布).

linteárĭus, a, um, *adj.* [línteum] 아마포에 관한; 수건의, 보자기의; 〔*subst.*〕 *m.* 아마포[수건] 장수. 「을 입은.

linteátus, a, um, *adj.* [línteum] 아마포 옷

líntĕo, ónis, *m.* [línteum] 아마포 직조인(織造人). 「헝겊.

lintéŏlum, i, *n. dim.* [línteum] 작은 수건,

linter, tris, *f.* **1.** 배, 쪽배, 통나무배, 마상이. **2.** 포도 운반통; 포도즙 짜는 통.

Lintérnum = Litérnum. 「장; 돛.

líntĕum, i, *n.* **1.** 아마포; **수건**. **2.** 휘

líntĕus, a, um, *adj.* 아마포의.

lintrárĭus, i, *m.* [linter] (통나무배의) 사공.

lintrícŭlus, i, *m. dim.* [linter] 쪽배.

lintris, is, *f.* 작은 배, 통나무배.

linum, i, *n.* **1.** 《植》 **아마**(亞麻). **2.** 아마섬유, 삼실. **3.** **아마포**. **4.** 서류 꿰매는 실. **5.** 낚싯줄. **6.** 휘장. **7.** (사냥·물고기) 그물. **8.** 끈, 줄, 밧줄.

Linus[-os], i, *m.* *Apóllo*신의 아들, *Orpheus*

linxi, *pf.* [lingo]. ⌊와 *Hércules*의 스승.

Lípăra, æ,[**-re,** es,] *f.* *Sicília*의 북쪽 해안 가까이 있는 *Æólia* 군도 중의 하나; 그 섬에 있는 도시; 〔*adj.*〕 **-ræus[-ritánus],** a, um; **-rénsis,** e.

lipóma, ătis, *m.* 《醫》 지방종(脂肪腫).

lipothymía, æ, *f.* 《醫》 현휘졸도(眩暈卒倒). 「끼다, 눈이 침침하다.

líppĭo, ívi, ítum, íre, *intr.* [lippus] 눈곱이

lippitúdo, dĭnis, *f.* [lippus] 눈곱낌, 진눈, 눈이 침침함; 안구염(眼球炎), 삼눈.

lippus, a, um, *adj.* **1.** 눈곱낀, 진눈의; 눈병 걸린. **2.** 눈이 침침하여 잘 보이지 않는. **3.** 눈물어린; 한없이 눈물흘리는.

lipsanothéca, æ, *f.* 유물함(遺物函), 성물갑(聖物匣).

liquámen, mĭnis,[**-méntum,** i,] *n.* [liquo] 액체, 즙; (끓여서 녹인) 동물의 지방[기름], 어즙(魚汁). 「상인.

liquaminárĭus, i, *m.* [liquámen] 어류즙

liquátĭo, ónis, *f.* [liquo] 녹임, 용해.

liquatórĭum, i, *n.* [liquo] 여과기(濾過器), 여과장치.

liquefácĭo, féci, fáctum, cĕre, *tr.* [líqueo+fácio] **1.** 녹이다, 용해시키다, 액체가 되게 하다, 액화(液化)시키다. **2.** 물렁하게 하다, 약하게 하다. 「화(液化).

liquefáctĭo, ónis, *f.* [liquefácio] 용해, 액

liquefactívus, a, um, *adj.* [liquefácio] 녹이는, 유동체로 만드는, 액화(液化)의: liquefactíva virtus ignis 불의 용해력.

liquefío, *(fis),* fáctus sum, íĕri, *pass.* [liquefácio] 녹다, 용해하다, 액체가 되다.

liquens, éntis, *p.præs.* [líqueo, liquor[2]] 유동체의, 액체(상태)의.

líquĕo, qui [cŭi], ére, *intr.* **1.** 녹은[액체] 상태에 있다, 녹아 있다, 유동체이다: res liquéntes *(Var.)* 액체. **2.** 맑다, 투명하다; *impers.* **liquet** 〔*absol.*; *acc.c.inf.*, *interr. indir.*〕 명료하다, 분명하다, 뻔하다, 자명(自明)하다: Hoc non liquet. *(Pl.)* 이것은 분명치 않다 / Te liquet esse meum. *(Ov.)* 네가 내 편인 것은 뻔하다.

liquésco, (lícŭi), ĕre, *intr. inch.* [líqueo] **1.** 녹다, 액체가 되다. **2.** 여자같이 되다, 나약해 지다. **3.** 사라지다. 「queo 2.

liquet, (liquébat), quit, ére, *impers.* *V.* lí-

liquídĭtas, átis, *f.* [líquidus] **1.** 유동성. **2.** 소리의 맑음.

liquidiúscŭlus, a, um, *adj.dim.* [líquidus] 좀 부드러운, 나긋나긋한.

líquĭdum, i, *n.* **1.** 유동체, 액체. **2.** 정확, 명확, 명백, 자명(自明).

líquĭdus, a, um, *adj.* [líqueo] **1.** 유동하는, 흐르는; **액체의**, 유동체의; 묽은. **2.** 맑은, 투명한, 밝은. **3.** 유창한, 거침없는, 청산유수의. **4.** 뻔한, 분명한, 확실한, 명확한. **5.** 고요한, 조용한. **6.** 《文法》 유음(流音)의. **7.** 〔*adv.*〕 **-de, -do, -dum.**

lĭquo, ávi, átum, áre, *tr.* **1.** 액체가 되게 하다, 녹이다, 용해하다. **2.** 거르다, 여과하다, 맑아지게 하다, 깨끗해지게 하다.

lĭquor[1], *(quĕris, quĭtur)*, qui, *dep. intr.* **1.** 용해되어 있다, 흐르다, 녹다. **2.** 사라지다, 없어지다.

lĭquor[2], óris, *m.* [líqueo] **1.** 유동성. **2.** **액체**, 유동체; 즙액; 분비액; 알콜 음료; **물**: 《醫》 ~ Ríngeri 링게르액.

līra, æ, *f.* 이랑, 두둑; **밭고랑**. 「머니.

Liríŏpe, es, *f.* 물의 요정, *Narcíssus*의 어

Līris, is, *m.* *Campánia*와 경계선을 이루는

*Látium*의 강.

līro, ávi, átum, áre, *tr.* [lira] 이랑을 만들다.

lis, litis, *f.* **1. 말다툼,** 언쟁, **논쟁,** 분쟁, 토론. **2.** 쟁의, 법정투쟁, 소송. **3.** 쟁점, 소송사건. **4.** (사물의) 불일치, 상충(相衝).

Lissus, i, *f.* 남부 *Dalmátia*의 도시.

litábĭlis, e, *adj.* [lito] 희생물[제물]로 적합한.

litámen, mĭnis, *n.* [lito] 제물(祭物).

Litána, æ, *f.* (*sc.* silva) *Gállia Cisalpína*의 큰 수풀.

litanía, æ, *f.* **1.** 기도, 기원. **2.** 〔*pl.*〕 도문(禱文), 호칭기도: Litaníæ Lauretánæ (B. Maríæ V.) 성모 덕서도문(德叙禱文), 성모 호칭기도.

litátĭo, ónis, *f.* [lito] (희생물을 바쳐서 하는) 기원제(祈願祭), 길조를 비는 제사.

litáto, *adv.* [lito] (희생동물의 내장을 관찰했을 때) 길조(吉兆)를 근거로, 길조가 있어.

litátor, óris, *m.* [lito] 제사를 드려 속죄하는 사람; (하느님과 인간 사이의) 중재자.

lítĕra = líttera.

Liternínum, i, *n.* *Litérnum*에 있는 *Scípio Africánus Major*의 농장[별장].

Litérnum, i, *n.* *Campánia*의 항구; 〔*adj.*〕 **-nus[-nínus],** a, um; **-nénsis,** e.

lithárgўrum, i, *n.* [**-rus,** i, *m.*] 《化》 일산화연(一酸化鉛).

Lithostrótos, i, *m.* *Jerúsalem*의 *Roma* 총독관저 바깥 마당의 돌 깔아놓은 광장.

lithostrótus, a, um, *adj.* 네모난 작은 규격돌을 깔아놓은.

lítĭcen, cĭnis, *m.* [lítuus + cano] lítuus 나팔수.

litigátĭo, ónis, *f.* [lítigo] 싸움, 다툼, 분쟁; 소송.

litigátor, óris, *m.* [**-trix,** ícis, *f.*] [lítigo] 싸우는[다투는·언쟁하는] 사람; 소송인.

litigátus, us, *m.* [lítigo] 싸움, 다툼, 소송.

litigiósus, a, um, *adj.* [litígium] **1.** 싸움[다투기] 잘하는, 툭하면 싸우는, 싸움[소송]을 좋아하는. **2.** 싸움판의, 언쟁의. **3.** (사건 따위가) 싸움[분쟁]중인, 계쟁(係爭)의.

LITICEN

litígĭum, i, *n.* 말다툼, 언쟁, 논쟁, 분쟁.

lítĭgo, ávi, átum, áre, *intr.* [lis + ago] **1.** 다투다, 싸우다, 언쟁하다, 논쟁하다. **2.** 소송하다.

lĭto, ávi, átum, áre, *intr., tr.* **1.** 〔*absol.; alci - alqā re*〕 신에게 희생물을 바쳐 (길조가 나타나도록) 제사지내다: Ab collégā litátum est. *(L.)* 동료의 제사가 길조를 가져왔다. **2.** 〔*alqd - alci*〕 희생물을 잡다[도살하다], (신에게) 제물을 바치다, **제사드리다:** sacris litátis *(V.)* (신의 마음에 드는) 제물을 바치고 / ~ sacrum 미사성제를 드리다. **3.** (제물·제사가) 좋은 징조를 드러내다[나타내다]: Víctima litávit. *(Suet.)* 제물이 길조를 나타냈다. **4.** 〔*alci*〕 만족시키다. **5.** 〔*alqd alci*〕 바치다, 헌정(獻呈)하다.

litorális, e, *adj.* [litus[2]] 바닷가의, 해안의, 연안의.

litorárĭus[-tórĕus], a, um, *adj.* [litus[2]] 바닷가의, 해변의, 해안의.

líttĕra, æ, *f.* **I. 1. 글자,** 문자, 자모(字母): homo trium litterárum *(Pl.)* 세글자의 사람(fur) 즉 도둑 / ~ salutáris *(C.)* 살려주는[구원의] 글자 즉 A. (재판관들의 투표판에 새겨진 글자로서 《Absólvo. 나는 사면한다》의 약자) / ~ tristis *(C.)* 슬픈 글자 즉 C.(《Condémno. 나는 단죄한다》의 약자). **2.** 글씨 모양, 필적, 필법, 필치. **3.** 말, 말마디, 일언반구, 자구(字句), 문구(文句). **II.** *pl. tt.* **1. 편지,** 서신, 서간, 서장(書狀): binæ lítteræ *(C.)* 편지 두 장 / lítteras réddere *alci (C.)* 편지를 (어떤) 수신인에게 전해주다. **2. 문서,** (각종) **서류,** 서면(書面): ~ públicæ *(C.)* **공문서** / ~ commendatítiæ 추천서 / 《가》 ~ testimoniáles (서품 지원자에 대한 주교의) 품행 증명서 / ~ Apostólicæ 교황의 (여러가지) 문서. **3.** 칙령(勅令), 공고문, 포고문. **4.** 기록, 문헌; 역사: custodíre *alqd* lítteris *(C.)* 무엇을 기록해서 보관하다. **5. 학문,** 지식, **문학:** lítteras nescíre *(C.)* 무식하다.

litterális, e, *adj.* [líttera] 글자의, 문자상의, 글자대로의; 편지의, 서신의.

litterárĭus, a, um, *adj.* [líttera] **1.** 글자에 관한, 문자의; 글자 배우는[가르치는], 초보의: ~ ludus *(Pl.)* 초등 학교(생활) / institútio litterária 초보, 입문. **2.** 문학의.

litterátĭo, ónis, *f.* [líttera] 문법초보(공부).

litterátor, óris, *m.* [líttera] **1.** 아이들에게 읽고 쓰고 하는 법을 가르치는 선생, 초등학교 교사. **2.** 문학 연구가, 문학자.

litteratórĭus, a, um, *adj.* [líttera] **1.** 문법에 관한. **2.** 학문의.

litteratúra, æ, *f.* [líttera] **1.** 습자, 글씨쓰기. **2.** 자모(字母), 알파벳. **3.** 문법, 어학. **4.** 문학, 문예; 문예 작품. **5.** 학문, 학식; 문학 연구, 저술.

litterátus, a, um, *adj.* [líttera] **1.** 글자로 표시된, 문자로 쓴: servus ~ (도망치거나 훔친 죄로) 낙인찍힌 노예. **2.** 유식한, **학식있는, 교양있는.**

littérŭla, æ, *f. dim.* [líttera] **1.** 잔[작은] 글자. **2.** *pl.* (간단한) 편지, 엽서. **3.** *pl.* 보잘것없는 학식.

littor... *V.* litor...

littus, líttŏris, *n.* 바닷가, 해변, 해안.

Litúbĭum, i, *n.* *Ligúria*의 도시.

litúra, æ, *f.* [lino] **1.** 도료, 칠. **2.** (밀초 칠한 목판의) 글자를 뭉개 지우거나 밀칠을 다시 함; 삭제, 말소. **3.** (글씨 쓸 때

의) 얼룩, 번진 오점. 「(典禮), 예전(禮典).

liturgía, æ, *f.* 예배의식(禮拜儀式), **전례**

litúrgĭcus, a, um, *adj.* [liturgía] 전례(典禮)의, 전례에 관한: annus ~ 교회의 전례력(典禮曆); ⌊*subst.*⌋ *m.* 전례 학자, *f.* 전

lĭtus[1], a, um, *p.p.* [lino]. ⌊례학.

lītus[2], tŏris, *n.* **1.** 바닷가, 해변, 해안. **2.** 강가; 호숫가. **3.** 해안지방.

lĭtus[3], us, *m.* 바름, 칠함.

lítŭus, i, *m.* **1.** 조점사(鳥占師)의 (위가 구부러진) 지팡이. **2.** (전장에서 쓰는) 나팔(의 일종, *cf.* líticen). 「른. **2.** 질투하는.

livens, éntis, *p.præs., a.p.* [líveo] **1.** 검푸

lívĕo, ére, *intr.* **1.** 검푸르다; 멍이 들다. **2.** 〔*dat.*〕 부러워하다, 질투하다.

livésco, ĕre, *intr.* [líveo] **1.** 검푸르러지다. **2.** 부러워하다.

Lívĭa, æ, *f.* **1.** ~ Drusílla, *Augústus* 황제의 후처. **2.** *Calígula* 황제의 비(妃).

livídŭlus, a, um, *adj. dim.* [lívidus] 약간 검푸른; 창백한.

lívĭdus, a, um, *adj.* [líveo] **1.** 검푸른, 멍든. **2.** 질투하는, 샘내는.

Lívĭus, i, *m.* *Roma*인의 씨족명; 특히 **1.** L. ~ Andronícus, *Roma* 최초의 비극시인 (c. 278–204 A.C.). **2.** T. ~ (59 A.C.–17 P.C.), *Patávium[Pádua]* 출신의 유명한 역사가, *Augústus* 황제의 친구. **3.** 〔*adj.*〕 **Lívĭus,** a, um; **-viánus,** a, um.

līvor, óris, *m.* [líveo] **1.** 검푸름, 멍든 빛깔; 멍, 타박상. **2.** 질투, 샘, 악의, 심

lix, lĭcis, *m.* 재; 잿물. ⌊술궂음.

lixa, æ, *m.* **1.** 종군상인(從軍商人), 주보상인(酒保商人). **2.** 고관의 하인, 길나장이. 「*f.* 잿물.

lixívĭus, a, um, *adj.* [lix] 잿물의; 〔*subst.*〕

lóbŭlus, i, *m. dim.* [lobus] 《解》 소엽(小葉): ~ aurículæ 귓불.

lobus, i, *m.* **1.** (호두·조개·계란 따위의) 껍질; (누에)고치; (콩)꼬투리, 깍지. **2.** 《解》 …엽(葉). 「지방, 나라.

loca, órum, *n.pl.* [locus] 장소, 지형, 지세;

locális, e, *adj.* [loco] 장소의, 장소에 관한; 지방의: 《文法》 advérbium locále 장소부사.

locálĭtas, átis, *f.* [locális] 장소를 점유하는 성질.

locárĭus, a, um, *adj.* [loco] 세받는, 세놓는; 〔*subst.*〕 *m.* (극장에서 먼저 점령한) 자리 팔아먹는 사람; *n.* (마구간을 포함한) 여인숙 숙박료.

locátĭo, ónis, *f.* [loco] **1.** 자리잡음; **배치,** 배열, 위치선정. **2.** 위치, 소재 **3.** 세놓음, **임대**(賃貸). **4.** 임대 계약.

locatívus, a, um, *adj.* [loco] 장소의, 위치를 나타내는: 《文法》 genetívus ~ 장소[위치] 2격[속격], 지격(地格), 처격(處格), *e.g.* humi 땅바닥에.

locátor, óris, *m.* [loco] 임대인(賃貸人), 세놓는 사람. 「약.

locátum, i, *n.* [loco] 임대, 대여; 임대 계

locéllus, i, *m. dim.* [locus] **1.** 작은 장소. **2.** 작은 상자, 향료함. 「인용상소.

loci, órum, *m.pl.* [locus] 책의 군데, 대목,

lócĭto, áre, *tr.freq.* [loco] 세놓다, 임대하다.

lŏco, ávi, átum, áre, *tr.* [locus] **1.** 〔*alqd*– in *abl.*, inter, ad, apud *acc.*〕 **놓다,** 두다, 자리잡게 하다, 배치하다: membra suo quæque loco locáta *(C.)* 각각 제자리에 놓인 사지(四肢) / ~ *alqm* in amplíssimo gradu dignitátis *(C.)* 누구를 매우 높은 지위에 올려놓다 / apud gratos benefícia locáta *(L.)* 고마운줄 아는 사람들에게 베푼 은혜. **2.** 〔*alqam* – *alci;* in matrimónium, in matrimónio〕 시집보내다, 출가시키다, 결혼시키다. **3.** 〔*alqd* – *alci*〕 **세놓다,** 세주다, 임대하다, (땅을) 소작주다. **4.** 〔*alqd* – *alci*〕 삯을 주고 일을 부탁하다[맡기다], 청부맡기다. **5.** **se ~, óperam** (suam) ~ 〔ad *alqd* – *alci*〕 품을 팔다, 청부맡다. **6.** ~ pecúniam 1) 돈을 쓰다, 소비하다. 2) 빚주다, 돈놀이하다. **7.** ~ nomen (남의 채무에 대하여) 보증서다, 담보하다.

locomotívus, a, um, *adj.* 움직여가는, 이동하는, 이행(移行)하는.

Locrénses, ĭum, *m.pl.* **1.** 희랍의 *Locri* 족. **2.** 남부 이태리의 *Locri*의 주민.

Locri, órum, *m.pl.* **1.** 여러 종족으로 된 희랍주민. **2.** 남부 이태리의 *Brúttium*의

Locris, ĭdis, *f.* 중부 희랍 지방. ⌊도시.

loculaméntum, i, *n.* [lóculus] **1.** (벌집·비둘기집 따위와 같이) 간막이로 나란히 붙어있는 상자, (분류해 넣도록 되어있는) 책장. **2.** 궤, 함. 「막이한.

loculátus, a, um, *adj.* [lóculus] 촘촘히 간

loculósus, a, um, *adj.* [lóculus] 간막이가 많은.

lócŭlus, i, *m. dim.* [locus] **1.** 작은 장소. **2.** 간막이한 양어장·닭장·외양간·동물의 우리. **3.** 묘혈(墓穴). **4.** 관(棺). **5.** 돈주머니; 보물상자.

lócŭples, étis, *adj.* [locus + pleo] **1.** 토지를 많이 가진. **2.** 〔*absol.; abl.*〕 재산많은, 부자의, **부유한;** 풍부한. **3.** 축복받은. **4.** 믿을 수 있는, 신용할 만한, 확실한. 「하게 함. **2.** 풍부, 풍요.

locupletátĭo, ónis, *f.* [locupléto] **1.** 부유

locupletátor, óris, *m.* 부유[풍부]하게 하는 사람.

locupléto, ávi, átum, áre, *tr.* [lócuples] 부유[풍부]하게 하다, 가멸게 하다, 부자가 되게 하다. 「자의, 풍부한.

locuplétus, a, um, *adj.* 〔*abl.*〕 부유한, 부

locus, i, *m.* 〔1) 소재지·위치 따위의 부사어에는 in 없이 *abl.*만 씀. 2) *pl.*: 〈책의

대목·군데〉는 loci, órum, *m.*;〈지리적인 장소〉는 loca, órum, *n.*〕 **1. 곳, 자리, 장소,** 군데, 지형(地形): loca commúnia *(C.)* 공공 장소[건물] / locum dare *alci (C.)* 양보하다. **2.** 특정한 곳, 좌석: ex superióre loco ágere 연단에서 군중을 향해 발언하다. **3.** 제자리, 있어야 할 자리, 위치. **4.** 마을, 동네. **5.** 지방. **6.** 밭. **7.** loca públiea 광장; 국도. **8.** 묘지, 무덤. **9.** 문제(섬), (책·학문 따위의) 주요한 대목, 주제: loci theológici 신학의 인식원천. **10.** 때, 기회, 계제, 구실, **여지,** 틈, 원인: dare suspicióni locum *(C.)* 의심받을 여지가 있(게 하)다 / dare respondéndi locum *(C.)* 답변할 기회를 주다. **11.** 시점(時點). **12.** 소용(닿음), 효력, 작용, 힘, 적용; 용납, 인정, 받아들임: Legi ~ est. *(Ulp.)* 법이 유효하다[적용된다] / Locus est némini. *(C.)* 아무에게도 용납되지 않는다. **13.** 순위, 차례: secúndo loco *(C.)* 둘째로, 두번째 자리에. **14.** 처지, 경우, 형편, 상황, 사정, 입장, 조건, 상태: Sæpe in eum locum ventum est, ut ... *(Cæs.)* 가끔 …한 형편에 이르렀다. **15.** 신분, **지위, 계급, 가문**: in summum locum ascéndere *(C.)* 최고의 지위에 오르다 / summo[ínfimo] loco natus *(C.)* 귀족[천민]출신. **16.** **대신,** 대리, 대용(代用); (빈)자리: habére *alqm* loco patris *(C.)* 아무를 아버지로 삼다 / Sum in ejus locum invitátus. *(C.)* 내가 그 사람 대신으로 초청되었다.

locústa[1], æ, *f.* 《動》 메뚜기.

Locústa[2], æ, *f.* 독약에 정통한 유명한 여자 (c. 50 P.C.), *Nero* 등을 방조하여 여러 사람을 독살하게 했음.

locútĭo, ónis, *f.* [loquor] **1.** 말함; 말, **말투, 말씨,** 발음. **2.** 《神》 (들려온) 초자연적 말[생각]. **3.** 선언(宣言).

Locútĭus, i, *m.* = Aius [Ajus] Locútius.

locútor, óris, *m.* [loquor] 말하는 사람; 입빠른 사람. 「布).

lodícŭla, æ, *f. dim.* [lodix] 작은 모포(毛

lōdix, ícis, *f.* 모포, 이불.

logárĭum, i, *n.* 계산서.

logéum, i, *n.* 기록, 공문서, 옛 기록.

logi, órum, *m.pl.* [logos] **1.** 말, 말씀. **2.** 허튼 소리, 엉터리 같은 소리. **3.** 우스갯소리, 농담. **4.** 동화, 우화.

lógĭa, órum, *n.pl.* 언설집(言說集); Lógia Jesu 예수의 언행(言行)[훈언(訓言)](1897년 이집트에서 발견된 2매의 papýrus 기록에 붙여진 이름). 「리; 논법.

lógĭca, æ, [**-ce,** es,] *f.* **1.** 논리학. **2.** 논

logicísmus, i, *m.* 논리주의.

lógĭcus, a, um, *adj.* 논리학적, 논리적, 논리상의, 논리에 맞는. 「무원.

logísta, æ, *m.* 회계원, 경리; 재경담당 공

logístĭca, æ, *f.* **1.** 논리 계산, 기호 논리학. **2.** 계산법. 「um.

lógĭum, i, *n.* **1.** 신탁(神託). **2.** = logé-

logos[-us], i, *m.* **1.** 말, 말씀; 《聖·神》 (삼위일체의) 제2위, 성자(聖子); 성언(聖言). **2.** 《哲》 이성(理性), (우주의 구성원리·우주질서의 근본원리로서의) logos.

logothéta, æ, *m.* 사무장(事務長).

loliácĕus, a, um, *adj.* [lólium] 가라지의, 독보리의.

lolígo [lollí-], gĭnis, *f.* 《動》 오징어.

loligúncŭla [lolli -], æ, *f. dim.* [lolígo] 《動》작은 오징어; 꼴뚜기. 「léntum 독보리.

lólĭum, i, *n.* 《植》 가라지, 바랭이; ~ temu-

Lóllĭus, i, *m.* *Roma*인의 씨족명; 〔*adj.*〕 **-liánus,** a, um.

loméntum, i, *n.* [lotus] **1.** (피부의 주름살을 없애는 화장품의 일종인) 잠두 콩가루, 세제(洗劑). **2.** 정화(淨化) 수단[방법].

lonchus, i, *m.* 창(槍). 「**-n(i)énsis,** e.

Londínĭum, i, *n.* (영국의) *London;* 〔*adj.*〕

longǽvĭtas, átis, *f.* [longǽvus] 장수(長壽), 고령(高齡).

longǽvus, a, um, *adj.* [longus + ævum] 나이 많은, 늙은, 고령의, 장수의, 오래 사는, 오래된. 「을성 있는, 관대한.

longánĭmis, e, *adj.* [longus + ánimus] 참

longanímĭtas, átis, *f.* [longánimis] 참을성, 인내, 너그러움, 관대, 관용.

lóngănon, i, *n.* [**-găno, -găvo,** ónis, *m.*; **-găvus,** i, *m.*] **1.** 《解》 직장(直腸). **2.** 순대.

longe, *adv.* [longus] **1.** 길게, 멀리: ~ latéque *(C.)* 길고 넓게, 광범위하게: ~ abésse *(C.)* 멀리 떨어져 있다 / labi lóngius *(C.)* (주제에서) 너무 멀리 나갔다. **2.** 오래, 장구하게; 오랜만에: lóngius anno *(Cæs.)* 1년 이상. **3.** 아주, 매우, 훨씬: ~ eloquentíssimus *(C.)* 최대의 웅변가 / ~ mélior *(V.)* 훨씬 나은.

longínquĭtas, átis, *f.* [longínquus] **1.** 길이, 거리, 원거리. **2.** 동안, 소요시간.

longínquus, a, um, *adj.* [longus] **1.** 긴; **먼,** 멀리 있는[떨어진]: longínqua *(n.pl.)* 먼 지방 / ex longínquo *(Plin.)* 멀리서. **2.** 먼 지방의, 외국의, 타국에서 온; 알지 못하는, 멀리 지내는. **3.** 〔시간적〕 먼, 오랜, 오래 된; 장구한, 오래 걸리는[가는], 장기(長期)의; 옛. **4.** 나중의.

Longínus, i, *m.* *Cássia* 씨족의 가문명.

longitudinális, e, *adj.* [longitúdo] 세로의, 날줄의, 경도(經度)의, 종적(縱的)인.

longitúdo, dĭnis, *f.* [longus] **1.** 길이, 거리. **2.** (시간적) 길이, 기간, 장기(長期): in longitúdinem diérum 영구히. **3.** 경도(經度).

longitúrnĭtas, átis, *f.* 오랜 세월, 장기간, 장수(長壽).

longitúrnus, a, um, *adj.* [longus] 장기간의, 오랜 세월의.
longiúscŭlus, a, um, *adj. dim.* [longus, lóngior] 약간 긴, 약간 오래 걸리는.
longo, áre, *tr.* [longus] 길게 하다; 오래 가게 하다, 장기화하다.
Longobárdi = Langobárdi.
Lóngŭla, æ, *f. Látium* 지방에 있던 *Volsci* 족의 도시; 〔*adj.*〕 **-lánus,** a, um. 「좀 긴.
lóngŭlus, a, um, *adj. dim.* [longus] 좀 먼,
Longúntĭca, æ, *f. Hispánia Tarraconénsis*
longúrĭo, ónis, *m.* 키다리. 　　　└의 도시.
longúrĭus, i, *m.* [longus] 장대, 막대기.
longus, a, um, *adj.* **1.** 〔*absol.; acc. extensiónis,* in *acc.; abl.*〕 **긴,** 기다란, 길이를 가진, 길이의: umbílicus septem pedes ~ *(Plin.)* 일곱자 길이의 권축(卷軸) / in quáttuor pedes ~ *(Colum.)* 길이가 넉자되는 / navis longa *(C.)* 군함. **2. 먼,** 원격한. **3.** 넓은. **4. 오랜,** 오래 걸리는, **지루한. 5.** 〔*subst.*〕 longum, i, *n.* 긴 것; 먼 거리, 먼 곳; 오랜 시간. **6.** 〔*adv.*〕 **-ge, -gum.**
lŏpas, ădis, *f.* (= lepas) 《動》 전복; 소라.
loquácĭtas, átis, *f.* [loquax] 잘 지껄임, 수다스러움.
loquax, ácis, *adj.* [loquor] **1.** 수다스러운, 말많은, 재잘거리는. **2.** 지저귀는, 우짖는, (새·개구리 따위가) 시끄럽게 우는, 짹짹거리는. 　　「마디, 언어, 방언.
loquéla, æ, *f.* [loquor] 말, 말씨, 말투, 말
loquéntĭa, æ, *f.* 언변, 능란한 말솜씨; 말많음. 　　「수다떨다.
lóquĭtor, átus sum, ári, *dep. intr.* [loquor]
lŏquor, *(quĕris, ĭtur),* locútus [loquútus] sum, qui, *dep. intr., tr.* **1.** 〔*absol.;* de *abl.;* cum *alqo;* apud, ad *acc.; dat.; alqd; acc. c. inf.*〕 **말하다,** 이야기하다, 수작하다; 지껄이다, 떠들어대다: Latíne ~ *(C.)* 라틴어로 말하다 / Lóquere tuum mihi nomen. *(Pl.)* 네 이름을 대라. **2.** (사물·사실이) 말해주다, 드러내다, 보여주다: Res ipsa lóquitur. *(C.)* 사실 자체가 증명한다.
loquútio = locútio.
loraméntum, i, *n.* [lorum] 가죽띠, 가죽끈. 　　「하는 사람.
lorárĭus, i, *m.* [lorum] 가죽채찍으로 매질
lorátus, a, um, *adj.* [lorum] 가죽띠로 묶은. 　　「포도주.
lór(ĕ)a, æ, *f.* 포도 찌꺼기로 만든 술, 막
Lorentánus Portus, -i -us, *m. Etrúria*의 해안도시. 　　「끈의; 가죽채찍의.
lórĕus, a, um, *adj.* [lorum] 가죽띠의, 가죽
loríca, æ, *f.* [lorum] **1.** 갑옷, 흉갑(胸甲). **2.** (성곽·포대 따위의) 흉벽(胸壁), 흉장(胸牆). **3.** 《動》 갑각(甲殼).
loricárĭus, a, um, *adj.* [loríca] 갑옷에 관한, 갑옷 만드는.
loríco, ávi, átum, áre, *tr.* [loríca] **1.** 갑옷을 입히다, 무장하다. **2.** (대리석·금속 따위를) 입히다. 　　「**2.** 방책(防柵).
loricŭla, æ, *f. dim.* [loríca] **1.** 작은 갑옷.
lórĭpes, ĕdis, *adj.* [lorum + pes] 무릎이 안쪽으로 휜. 　　「**고삐. 3.** 가죽채찍.
lōrum, i, *n.* **1.** 가죽띠, **가죽끈,** 혁대. **2.**
Lorýma, órum, *n.pl. Cária*의 항구도시; 〔*subst. deriv.*〕 **-méni,** órum, *m.pl.* 그곳 주
lótĭo, ónis, *f.* [lavo[1]] 씻음; 세탁. 　　└민.
Lōtis, ĭdis, *f.* 연꽃으로 변한 요정.
lótĭum, i, *n.* 오줌, 소변.
Lotóphăgi, órum, *m.pl.* (《lotos를 먹는 사람》이란 뜻) *Afrĭca* 북쪽의 *Syrtis Minor* 해변가에 있었다는 전설적 종족.
lōtos[-us], i, *f. (m.)* **1.** 《植》 연(蓮), 백련. **2.** 백련으로 만든 피리. **3.** 《植》 ~ corniculátus 벌노랑이.
lotúra, æ, *f.* 세탁, 빨래; 씻음, 세척.
lotus, a, um, *p.p.* [lavo[1]] 씻은, 목욕한.
lub... *V.* lib...
lubrícĭtas, átis, *f.* [lúbricus] **1.** 미끄러움, 평활(平滑). **2.** 매끄럽게 하는 성질[작용]. **3.** (정신적) 불안정.
lúbrĭco, ávi, átum, áre, *tr.* [lúbricus] **1.** 미끄럽게[미끄러지게] 하다, 매끄럽게 만들다, 매끈매끈하게 하다. **2.** 아리송하게 하다, 불안정하게 하다.
lúbrĭcum, i, *n.* [lúbricus] **1.** 미끄러운 곳, 미끄러움: in lúbrico versári *(C.)* 미끄러운 곳에 있다. **2.** 위험, 불안정: ~ ætátis *(Plin.)* 젊은 나이의 위험.
lúbrĭcus, a, um, *adj.* **1. 미끄러운,** 매끄러운, 잘 미끄러지는; 반들반들한, 평활(平滑)한. **2.** 빨리[원활하게] 움직이는. **3.** 빨리 지나가는, 유수같은. **4.** 위험한, 위태로운, 불안정한, 불확실한: viæ adolescéntiæ lúbricæ *(C.)* 청년시기의 위태로운 길. **5.** 속이는, 얼렁뚱땅하는. 　「**sis,** e.
Lūca[1], æ, *f. Etrúria*의 도시; 〔*adj.*〕 **-cén-**
Lūca[2] **bos,** Lucæ bovis, *m.f.* 코끼리(*Roma* 인들이 *Lucánia*의 소라고 잘못 부른데서 기인함).
Lucánĭa, æ, *f.* 이태리 남부지방 이름; 〔*adj.*〕**-nus[-nĭcus],** a, um; **-cáni,** órum, *m.pl.* 그곳 주민. 　　「기로 만든) 순대.
lucánĭca, æ, *f.* [Lucánia] (잘게 썬 돼지고
Lucánus[1], i, *m. Roma*인의 가문명; 특히 M. Annǽus ~, 〈Pharsália〉라는 긴 서사시의 작자, *Nero* 황제의 사형선고를 받고 자결함 (65 P.C.). 　　「사슴벌레.
lucánus[2], i, *m.* 《動》 (~ maculifemorátus)
lūcar, ăris, *n.* 관리의 월급.
Lucas, æ, *m.* (신약성서 제3복음과 사도행전을 기록한) 복음사가(福音史家) 성(聖)루가; Luc., Lc. 루가 복음의 약자. 　　「은 소득.
lucéllum, i, *n. dim.* [lucrum] 작은 이익, 작

lúcĕo, luxi, ére, *intr.* [lux] **1.** (발광체가) 빛나다, 반짝이다, 번뜩이다; 〔*impers.*〕 lucet 날이 밝는다, 해가 뜬다. **2.** 비치다, 보이다, 선명하다, 명백하다, 드러나다; 화려하다. 「의 하나.

Lúcĕres, um, *m.pl. Roma*인의 세 원시종족

Lucérĭa, æ, *f. Apúlia*의 도시; 〔*adj.*〕 **-rínus,** a, um; *m.pl.* 그곳 주민.

lucérna, æ, *f.* [lúceo] 등잔, 등불.

LUCERNA

lucernárĭum, i, *n.*[lucérna] 《가》 저녁기도, 야간기도. 「켜 비춘.

lucernátus, a, um, *adj.* [lucérna] 등불을

lucésco, luxi, ĕre, *intr.* [lúceo] **1.** 비치기 시작하다, 빛나기 시작하다; 빛나다. **2.** 〔*impers.*〕 lucéscit 동이 튼다, 날이 새기 시작한다. 「광휘. **2.** 맑음, 투명; 선명.

lucídĭtas, átis, *f.* [lúcidus] **1.** 밝음, 광명,

lúcĭdo, ávi, átum, áre, *tr.* [lúcidus] 밝히다, 비추다.

lúcĭdus, a, um, *adj.* [lux] **1.** 밝은, 맑은, 투명한, 선명한. **2.** 빛나는, 찬란한; 훤한, 화려한, 훤칠한. **3.** 또렷한, 분명한, 명쾌한. **4.** 〔*adv.*〕 **-de, -dum.**

lúcĭfer¹, ĕra, ĕrum, *adj.* [lux+fero] 광명을 가져다 주는, 빛을 지닌.

Lúcĭfer², ĕri, *m.* **1.** 《天》 금성, 샛별. **2.** 《聖》 반역한 천사, 마왕.

Lucífĕra, æ, *f. Diána* 여신의 별명.

lucífico, áre, *tr.* [lux+fácio] 밝게 하다, 비추다. 「이 흐르는. **2.** 정신을 비추는.

lucíflŭus, a, um, *adj.* **1.** 빛을 발하는, 빛

lucífŭga, æ, *m.* 빛[낮]을 피하는[싫어하는] 자, 야간 이용자.

lucífŭgus, a, um, *adj.* [lux+fúgio] **1.** 햇빛을 피하는[싫어하는], 배일성(背日性)의. **2.** 낮을 피하고 밤을 이용하는, 어두움을 좋아하는. 「**-liánus,** a, um.

Lucílĭus, i, *m. Roma*인의 씨족명; 〔*adj.*〕

Lucína, æ, *f.* **1.** *Hécate* 여신, 달·밤의 여신. **2.** 해산(解産)[분만]을 주관하는 여신 (= Juno). **3.** [l-] 해산, 분만. 「출생의.

lucínus, a, um, *adj.* [Lucína] 출산(出産)의;

lucísco = lucésco.

lúcĭus, i, *m.* **1.** 《動》 곤들매기(민물고기). **2.** [L-] *Roma*인의 개인 이름.

lucratívus, a, um, *adj.* [lucror] **1.** 벌이가 되는, 수지 맞는, 이익 보는, 유리한. **2.** (유언·선사·호의 따위에 의해서) 얻어가진, 거저 받은.

Lucrétĭa, æ, *f.* **1.** *Roma*인의 씨족명(*f.*); 특히 *Sp. Lucrétius*의 딸, *Collatínus*의 아내. **2.** [l-] 정숙하고 어진 여자.

Lucrétĭlis, is, *m. Sabína* 지방에 있는 산.

Lucretínum, i, *n. Lucrétilis* 부근에 있던 *Attĭcus*의 별장.

Lucrétĭus, i, *m. Roma*인의 씨족명: **1.** Sp. ~, *Lucrétia*의 아버지(508 A.C. 집정관). **2.** T. ~ Carus, 〈De rerum natúrā〉란 시의 작가 (98 – 55 A.C.).

lucrifácĭo, féci, fáctum, cĕre, *tr.* [lucrum+fácio] 이익 얻다[내다], 벌다, 이득을 보다. 「익을 가져오는.

lúcrĭfer, ĕra, ĕrum, *adj.* [lucrum+fero] 이

lucrificábĭlis, e, *adj.* [lucrífico] 이익을 가져오는. 「다, 벌다.

lucrífico, áre, *tr.* [lucrum+fácio] 이익내

lucríficus, a, um, *adj.* [lucrum+fácio] 이익있는, 이익많은, 수지 맞는.

lucrifío, fáctus sum, fíĕri, *pass.* [lucrifácio] 이익보다, 벌이가 되다.

Lucrínus, i, *m.* (*sc.* lacus) *Campánia* 해안의 작은 호수; 〔*adj.*〕 **-nénsis,** e; **-nus,** a, um.

lúcrĭo, ónis, *m.* 이익만 바라는 자.

lucrípĕta, æ, *m.* [lucrum+peto] 이익 추구자, 이익만 아는 자, 이기주의자.

lucror, átus sum, ári, *dep. tr.* [lucrum] 벌다, 이득을 보다, (승리·칭찬 따위를) 얻다, 획득하다.

lucrósus, a, um, *adj.* [lucrum] 벌이가[이익이] 되는, 수지 맞는, 이득있는.

lucrum, i, *n.* **1.** 이익, 이득, 이윤, 벌이: in lucris pónere*(C.)* 이득으로 간주하다 / lucri causā*(C.)* 이익을 위하여 / *alci* esse lucro*(dat. finális)* 아무에게 이익이 되다. **2.** 욕심, 탐욕; 인색. **3.** 재물, 부(富).

lucta, æ, *f.* 씨름, 레슬링.

luctámen, mĭnis, *n.* [luctor] **1.** 씨름; 경쟁. **2.** 애씀, 수고, 분투, 노력. **3.** 저항, 항쟁. **4.** 혼합.

luctans, ántis, *p.præs., a.p.* [luctor] **1.** 애쓰는, 노력하는, 수고하는, 분투하는. **2.** 싸우는, 대항하는.

luctátĭo, ónis, *f.* [luctor] **1.** 씨름. **2.** 수고, 노력, 분투. **3.** 싸움, 다툼, 논쟁; 경쟁, 대결, 암투. 「사. **2.** 노력가.

luctátor, óris, *m.* [luctor] **1.** 씨름꾼; 투

luctátus, us, *m.* [luctor] **1.** 씨름, 대결, 충돌. **2.** 논쟁.

lúctĭfer, ĕra, ĕrum, *adj.* [luctus+fero] 슬픔을 가져오는, 부음(訃音)을 전하는.

luctíficus, a, um, *p.p.* [luctus+fácio] 슬프게 하는; 슬픔에 잠긴, 구슬픈.

luctísŏnus, a, um, *adj.* [luctus+sono] 슬퍼하는[곡하는] 소리의.

luctor, átus sum, ári, *dep.* **[lucto,** áre,**]** *intr.* **1.** 씨름하다, 맞붙잡고 겨루다. **2.** 〔*absol.; inf.*〕 애쓰다, 노력하다, 분투하다. **3.** 〔cum *abl., abl.*〕 싸우다, 다투다, 논쟁하다; 투쟁하다, 대항하다.

luctuósus, a, um, *adj.* [luctus] **1.** 슬픔을 가져오는, 비참한, 불행한. **2.** 슬픈, 비

통한, 비애에 가득찬; 초상을 당한. 3. 〔*adv.*〕 **-se,** 불쌍하게, 가엾게, 비참하게, 근심스럽게.
luctus, us, *m.* [lúgeo] 1. **슬픔,** 비애, **비탄,** 비통, 애통; 통곡. 2. 상복(喪服), 애도의 표시. 3. 슬픔의 원인; 불행, 재난, 초상(初喪).
lucubrátĭo, ónis, *f.* [lúcubro] 1. 밤일, 야간작업; 밤공부. 2. 밤일의 성과. 3. 사기(詐欺), 속임수.
lucubratiúncŭla, æ, *f. dim.* [lucubrátio] 1. 작은 밤일, 야간작업. 2. 소책자.
lucubratórĭus, a, um, *adj.* [lúcubro] 야간작업에[밤새워 하기에] 적당한.
lúcŭbro, ávi, átum, áre, *intr., tr.* [lux] 등잔밑에서 일하다[만들다], 야간작업하다, 밤새워 작성하다[글쓰다·공부하다].
luculéntus, a, um, *adj.* [lux] 1. 이글이글한; 환한, 밝은, 선명한, 빛나는, 찬란한. 2. 아름다운, 뛰어난, 눈부신, 화려한, 훌륭한, 혁혁한. 3. 눈에 띄는, 두드러진, 현저한, 큰, 중요한. 4. 명쾌한. 5. 부유한. 6. 다행한, 행운의. 7. 신용할 만한, 믿음직한.
Lucúllus, i, *m. Licínius* 씨족의 한 가문명; 특히 L. Licínius ~, *Mithridátes*의 격파자 (117–66 A.C.); 〔*adj.*〕 **-lánus,** a, um.
lúcŭlus, i, *m. dim.* [lucus] 숲, 작은 숲.
Lúcŭmo[-cmo, -cmon], ónis, *m. Rómulus*의 동료.
lucuns, úntis, *m.* 과자, 케이크.
lucus, i, *m.* [lúceo] 1. 신성한 숲. 2. 숲.
lúdĭa, æ, *f.* [ludus] 1. 여배우; 무희. 2. 배우의 아내; 배우를 사모하는 여자.
ludibriósus, a, um, *adj.* [ludíbrium] 조소에 가득찬, 조롱[우롱]하는, 모욕적인.
ludíbrĭum, i, *n.* [ludus] 1. 비웃음, 조소, **조롱,** 우롱, 모욕: ludíbrio habére *alqm* *(Pl.)* 아무를 조롱하다 / ludíbrio esse *alci* *(C.)* 아무의 조소거리가 되다. 2. 웃음거리; 장난감, 노리개.
ludibúndus, a, um, *adj.* [ludo] 장난[놀기] 좋아하는, 장난기 있는, 농담하는, 익살맞은; 명랑한.
lúdĭcer[-crus], cra, crum, *adj.* [ludus] 1. 유희의, 오락의, 재미있는, 기분을 전환시키는, 유쾌한. 2. 구경거리의, 축제의, 경기(競技)의; 무대활동의. 3. 〔*subst.*〕 *n.* 놀이, 유희, 장난, 오락; 경기, 축제, 연극.
ludifácĭo, féci, fáctum, cĕre, *tr.* [ludus+fácio] 장난으로 속이다, 놀림감으로 삼다, 농락하다.
ludificábĭlis, e, *adj.* [ludífico] 속임수 쓰는, 기만하는.
ludificátĭo, ónis, *f.* [ludífico] 놀림, 속임수, 기만, 조롱, 우롱.
ludificátor, óris, *m.* [ludífico] 속임수 쓰는 자; 조롱[우롱]하는 자.
ludificatórĭus, a, um, *adj.* 속이는; 우롱하는.
ludífico, ávi, átum, áre, [**-cor,** átus sum, ári, *dep.*] *tr.* [ludus+fácio] 놀림감으로 삼나; 속여 넘기나, 속임수를 쓰나, 조롱[우롱]하다, 농락하다.
ludimagíster, tri, *m.* [ludus] 초등학교 교사.
lúdĭo, ónis, *m.* [ludus] 광대, 어릿광대, 배우.
lúdĭus, i, *m.* [ludus] 1. 연예인; 배우, 무용가, 음악 연주가; (어릿)광대. 2. 검투사.
lūdo, lusi, lusum, ĕre, *intr., tr.* [ludus] 1. 〔*abl.;* ad, in *acc.; acc.; absol.*〕 **놀다,** 놀음[놀이]하다, 장난하다, 유희하다, 경기하다: áleā ~ *(C.)*, áleam ~ *(Suet.)* 주사위를 놀다 / ~ prælia 전쟁놀이를 하다 / in númerum ~ *(V.)* 율동에 맞춰 춤추다. 2. 〔*alqā re, alqd; absol.*〕 (공부되는 것을) 재미삼아 하다, 흉내내다, 모방하다; 공부하다, 연습하다: ~ versu *(V.)* 시 공부를 하다. 3. 〔*alqm, alqd*〕 …노릇하다. 4. 〔*alqd*〕 (무엇으로) 시간보내다, 소일거리로 (무엇을) 하다. 5. 〔*alqm, alqd*〕 놀리다, 야유하다, 비웃다, 조롱[우롱]하다. 6. 〔*alqm*〕 속이다.
lūdus, i, *m.* 1. **장난,** 유희, 놀이, **놀음,** 경연(競演). 2. 〔주로 *pl.*〕 **경기,** 시합, **축제,** (연극 따위의) 공연: ludi Circénses, *Roma*의 원형 경기장에서의 경기대회 / ludos dare *(L.)* 경기대회를 개최[거행]하다 / ludis *(C.)* 축제[경기]가 거행되는 동안에. 3. 대단치 않은 일, 사소한 일. 4. 농담, 익살. 5. 놀림, 조롱, 우롱. 6. **오락,** 여흥. 7. 체육 훈련장; 검투사 도장(劍鬪士道場). 8. 학교: ~ litterárum *(L.)*, ~ litterárius *(Q.)* 국민학교, 초등학교 / ludi magíster *(C.)* 초등학교 선생.
luéla, æ, *f.* [luo] 벌, 처벌.
lŭes, is, *f.* 1. 전염병, 유행병, 역병(疫病): ~, ~ venérea 매독. 2. 재난, 재해. 3. (눈·얼음 따위가 녹은) 오수(汚水), 진창.
Lugdúnum, i, *n. Gállia*의 도시(지금의 *Lyon*); 〔*adj.*〕 **-nénsis,** e.
lúgĕo, luxi, luctum, ére, *intr., tr.* 1. 〔*absol.;* pro *alqo, alqm, alqd; inf.*〕 슬퍼하다, 애도하다, 통탄하다, 울다, 통곡하다. 2. 상복을 입다, 몽상(蒙喪)하다.
lúgŭbris, e, *adj.* [lúgeo] 1. 초상(初喪)의: domus ~ *(L.)* 초상집 / ~ vestis *(T.)*, *n.pl.* lugúbria *(Ov.)* 상복. 2. 슬픔에 잠긴, 애통하는, 통곡하는. 3. 슬픈, 비통한, 비탄의, 구슬픈. 4. 슬픔[재난]을 가져오는, 쓰라린, 처참한.
luma, æ, *f.* (식물의) 가시.
lumárĭus, a, um, *adj.* 가시(나무)에 관한.
lumbágo, gĭnis, *f.* [lumbus] 《醫》 요통.

lumbáris, e, *adj.* [lumbus] 허리의, 요부(腰部)의; 〔*subst.*〕 *n.* 허리에 두르는 넓은 띠, 요대(腰帶). 「절(腰切), 허리꺾음.

lumbifrágĭum, i, *n.* [lumbus+frango] 요

lumbricális, e, *adj.* 《解》 지렁이 모양의 (근육), 충양근(虫樣筋)의. 「충.

lumbrícus, i, *m.* 《動》 **1.** 지렁이. **2.** 회

lúmbŭlus, i, *m. dim.* [lumbus] 작은 허리.

lumbus, i, *m.* **1.** 《解》 허리, 요부(腰部). **2.** (짐승 따위의) 등심(고기). **3.** 성욕의

luméctum, i, *n.* [luma] 가시덤불. ⌊자리.

lūmen, mĭnis, *n.* **1.** 빛, 광선, 불빛. **2.** 횃불, 관솔불, 등잔, 등불, 촛불: lúmini óleum instilláre*(C.)* 등잔에 기름을 붓다 / ~ eléctricum 전등. **3.** 광채, 광휘, 찬란한 빛; 밝음, 광명: 《神》 ~ glóriæ (지복직관〈至福直觀〉의) 영광의 빛. **4.** 날, 낮: lúmine quarto*(V.)* 네째 날에 / in lúmine 대낮에. **5.** 생명(의 빛). **6.** 안광(眼光); 눈: lumínibus amíssis*(C.)* 두 눈을 잃고 / lúmine torvo*(V.)* 흘긴 눈으로. **7.** 틈, 구멍; 창문; 들창; 시야: lúmina*(C.)* 전망. **8.** 장식, 자랑; 지도적[자랑스러운] 인물, 대가, 권위자.

lumináre, ris, *n.* [lumen] **1.** 창문, 들창. **2.** 빛, 발광체(發光體), 광원(光源); (해·달·별 따위) 천체. **3.** 등잔불, 촛불, 초롱불. **4.** 장식, 자랑. 「식조명.

luminátĭo, ónis, *f.* [lúmino] 축제일의 장

lúmĭno, ávi, átum, áre, *tr.* [lumen] 비추다, 밝게 하다, 조명하다.

luminósus, a, um, *adj.* [lumen] **1.** 밝은, 조명이 잘된, 맑은, 빛나는. **2.** 명확한.

lūna¹, æ, *f.* [lúceo] **1.** 《天》 달: plena ~ *(C.)* 보름달. **2.** 달빛, 월광. **3.** 밤, 달밤. **4.** 음력의 (한)달. **5.** 《解》 기관(氣管)의 윤상 연골. **6.** [L-] 달의 여신.

Lūna², æ, *f.* *Etrúria*의 도시; 〔*adj.*〕 **-nénsis**, e. 「2. 달 모양의, 달처럼 생긴.

lunáris, e, *adj.* [luna] **1.** 달의; 음력의.

lunátĭcus, a, um, *adj.* [luna] **1.** 달의 영향을 받는. **2.** 간질[지랄병]에 걸린, 전간(癲癎) 환자의.

lunátĭo, ónis, *f.* [luna] 삭망월(朔望月), 달의 한달 동안의 운행(기간).

lunátus, a, um, *p.p.* [luno] 반달 모양의, 상현달같은, 초승달 모양으로 된.

lūno, ávi, átum, áre, *tr.* [luna] 초승달 모양

lunter = linter. ⌊으로 둥글게 구부리다.

lúnŭla, æ, *f. dim.* [luna] **1.** 초승달, 신월. **2.** 초승달같이 생긴 것[장신구]. **3.** 《가》 성체 모시는 초승달 모양의 그릇. **4.** 《數》 궁형(弓形). **5.** 《解》 속손톱.

lŭo, lŭi, lúĭtum, ĕre, *tr.* **1.** 씻다, 씻어내다; 깨끗이 하다. **2.** 지불하다, 갚다: ~ æs aliénum*(Curt.)* 부채를 갚다. **3.** 〔*alqd - alqā re*〕 죄를 씻다, 죄의 대가를 치르다, 속죄하다. **4.** 벌을 주다, 형벌하다.

lupa, æ, *f.* [lupus] **1.** 《動》 암늑대. **2.** 창녀(娼女).

lupána, æ, *f.* [lupa] 창녀, 매춘부.

lupánar, áris, [**-nárĭum**, i,] *n.* [lupa] 창녀들의 소굴, 유곽.

lupárĭæ, árum, *f.pl.* 유곽.

lupárĭus, i, *m.* [lupus] 늑대 사냥꾼.

lupátus, a, um, *adj.* [lupa] 늑대의 이(齒)를 가진; 〔*subst.*〕 *m.pl.*, *n.pl.* 거칠게 만든 재갈.

lupéllus, i, *m. dim.* [lupus] 새끼 늑대.

Lupércal, ális, *n.* [Lupércus] *Roma*의 *Palatínus*산에 있는 동굴, 여기서 *Rómulus*와 *Remus*가 늑대의 젖을 얻어먹으며 성장했다 함. 「의 축제(2월 15일).

Lupercálĭa, ĭum [iórum], *n.pl.* *Lupércus*신

Lupércus, i, *m.* **1.** *Pan*의 다른 이름, 양을 늑대에게서 보호하는 신; 〔*adj.*〕 **-cális**, e. **2.** *Lupércus*신의 제관(祭官).

Lúpĭa, æ, *f.* *Rhenus*강 지류. 「에 관한.

lupínus, a, um, *adj.* [lupus] 늑대의, 늑대

lupus, i, *m.* **1.** 《動》 늑대, 이리. **2.** 쇠갈고랑이. **3.** 재갈. **4.** 《醫》 낭창(狼瘡).

lura, æ, *f.* (액체 담는) 가죽부대의 아가리; 가죽부대. 「게걸스럽게 먹다.

lurco¹, áre, [**-cor**, ári, *dep.*] *tr.* 탐식하다,

lurco², ónis, *m.* 대식가.

lúrĭdus, a, um, *adj.* [luror] **1.** 창백한, 파랗게 질린; 검푸른. **2.** 질리게 하는.

lūror, óris, *m.* 검푸른 빛, 파랗게 질린 빛.

luscínĭa, æ, *f.*[**-nĭus**, i, *m.*] [luscus+sano] 《動》 밤꾀꼬리; 꾀꼬리; 지빠귀. 「리.

lusciníŏla, æ, *f. dim.* [luscínia] 작은 꾀꼬

luscínus, a, um, *adj.* [luscus] 애꾸눈의; 야맹증의.

luscítĭo, ónis, *f.* 애꾸눈, 반맹(半盲).

luscitiósus, a, um, *adj.* [luscítio] 애꾸눈의, 반맹(半盲)의; 야맹(夜盲)의. 「의.

luscus, a, um, *adj.* 애꾸눈의, 반맹(半盲)

lúsĭo, ónis, *f.* [ludo] 장난, 오락, 유희; 경기.

Lusitánĭa, æ, *f.* (대략 지금의 포르투갈에 해당하는) *Ibéria* 반도의 서부지방; 〔*adj.*〕 **-tánus**, a, um; *m.pl.* 그곳 주민.

lúsĭto, ávi, átum, áre, *intr. freq.* [ludo] 자주 장난하다, 놀다.

Lúsĭus, i, *m.* *Arcádia*의 강.

lūsor, óris, *m.* [ludo] **1.** 놀이하는 사람; 경기자; 검투사. **2.** 취미로 글쓰는 사람. **3.** 조롱자.

lusórĭum, i, *n.* 유희실; 원형극장, 경기장.

lusórĭus, a, um, *adj.* [lusor] **1.** 놀음놀이의, 놀이[오락]에 관한[사용되는]. **2.** 장난기가 있는, 농담의. **3.** lusóriæ naves 강에서 경비하면 유격선. **4.** 효과없는, 무효한, 헛된.

lustrágo, gĭnis, *f.* 《植》 마편초(馬鞭草).
lustrális, e, *adj.* [lustrum²] **1.** 깨끗이 하는, 정결케 하는, 부정(不淨)을 씻는: dies ~ 재계일(齋戒日) / aqua ~ 성수(聖水). **2.** 5년마다의, 5년에 한번씩의.
lustraméntum, i, *n.* **1.** (제사 따위 속죄 행위로) 깨끗하게 함. **2.** 깨끗하게 해야 할 대상물, 부정한 것.
lustrátĭo, ónis, *f.* [lustro] **1.** 재계식(齋戒式), 정화(淨化). **2.** 속죄의 희생. **3.** 편력(遍歷), 돌아다님; 여행. **4.** 사열(査閱).
lustrátor, óris, *m.* [lustro] **1.** 정화(淨化)예식 거행자. **2.** 편력자(遍歷者).
lústrĭcus, a, um, *adj.* [lustrum²] 깨끗이하는, 정결케 하는, 부정을 씻는.
lustro, ávi, átum, áre, *tr.* [lustrum²] **1.** (종교적 의식으로) 깨끗이 하다, 부정(不淨)을 몰아내다. **2.** 〔*alqm, alqd*〕 (누구·무엇의) 주위를 빙빙 돌다. **3.** (군대를) 사열하다. **4.** 두루 살피다, 관찰하다; 고찰하다, 숙고하다. **5.** 순방하다, 돌아다니다, 편력하다, 둘러보다. 「창녀집을 다니다.
lustror, átus sum, ári, *dep. intr.* [lustrum¹]
lustrum¹, i, *n.* [lŭtum¹] **1.** 진흙탕, 진창; 수렁. **2.** 누추한 곳. **3.** 야수(특히 멧돼지)의 자는 곳[굴]. **4.** 외딴 수풀. **5.** 요정(料亭), 유곽. **6.** 방탕.
lustrum², i, *n.* [luo] **1.** 속죄의 제사: lustra Apollíni sacrificáre *(L.)* *Apóllo*에게 속죄의 제사를 지내다. **2.** (5년마다 호구조사가 끝난 다음 지내던 고대 *Roma*의) 재계식(齋戒式). **3.** 5년; 장기간. **4.** 회계연도.
lusus, us, *m.* [ludo] **1.** 장난, 놀이, 내기, 오락. **2.** 농담, 익살, 희롱. **3.** 유흥, 방탕. **4.** 조롱. 「는.
lutárĭus, a, um, *adj.* [lŭtum¹] 진흙 속에 사
Lutátĭus, i, *m.* *Roma*인의 씨족명.
luténsis, e, *adj.* [lŭtum¹] 진흙의.
lutéŏlus, a, um, *adj. dim.* [lúteus²] 누르스름한, 노란 빛이 도는.
lutésco, ĕre, *intr.* [lŭtum¹] 진흙탕으로 되다, 길이 질어지다, 질다.
Lutétĭa, æ, *f.* *Gállia*의 도시(지금의 빠리): ~ Parisiórum *(Cæs.)* 빠리(의 완전한 이름).
lútĕus¹, a, um, *adj.* [lŭtum¹] **1.** 진흙의, 진창의, 이토(泥土)의. **2.** 진흙투성이가 된, 더러운. **3.** 보잘것없는, 값싼, 천한.
lútĕus², a, um, *adj.* [lūtum²] 노란, 황색의.
luto¹, ávi, átum, áre, *tr.* [lŭtum¹] 진흙으로 바르다 · 칠하다; 더럽히다.
luto², ávi, átum, áre, *tr.* [luo] 지불하다.
lutósus, a, um, *adj.* [lŭtum¹] 진흙(탕)의, 진창의, 진흙투성이의.
lutra, æ, *f.* 《動》 수달(水獺).
lutuléntus, a, um, *adj.* [lŭtum¹] **1.** 진흙으로 칠한, 진흙투성이의. **2.** 덕지덕지 바른, 칠한. **3.** 더러운; 천한, 야비한.
lŭtum¹, i, *n.* **1.** 진흙탕, 이토(泥土), 진창. **2.** 찰흙, 점토(粘土). **3.** 이탄(泥炭), 토탄(土炭).
lūtum², i, *n.* **1.** 긴벌에 나는 풀이름 (노랑 물감의 원료로 쓰였음). **2.** 노랑, 황색.
lux, lucis, *f.* **1.** 빛, 광채: ~ solis *(C.)* 햇빛. **2.** 새벽빛, 여명(黎明); 새벽: cum primā luce *(C.)*, primā luce *(Cæs.)* 첫 새벽에. **3.** 낮의 밝은 빛, 낮: luce, luci *(C.)* 낮에. **4.** 날: centésima ~ ab intéritu *alcjs* *(C.)* 누가 죽은지 백일째 되는 날. **5.** 〔*pl.*〕 별. **6.** 생명. **7.** 눈, 시력: siccā luce *(Rutil.)* 마른 눈으로 즉 눈물없이. **8.** 대중 앞, 공석(公席). **9.** 세상: in lucem edi *(C.)* 세상에 나오다[태어나다]; (책 따위가) 출판되다. **10.** 희소식, 구원, 희망. **11.** 빛나는[자랑스러운] 존재.
luxátĭo, ónis, *f.* [luxo] 관절을 삠, 탈골.
luxatúra, æ, *f.* 탈골, 탈구(脫臼).
luxi, *pf.* [lúceo, lucésco, lúgeo].
luxo, ávi, átum, áre, *tr.* **1.** 관절을 삐게하다[삐다], 탈골[탈구]하다. **2.** (제자리에서) 물러나게 하다.
luxúrĭa, æ, [-ĭes, éi,] *f.* [luxus²] **1.** 무성함, 풍성, 넘쳐흐름, 과잉. **2.** 사치, 호사, 호화로움. **3.** 무절제, 방탕, 방일(放逸), 호색; 《倫神》 성욕의 무질서한 남용[오용]. **4.** (기름지고 한가한 소 따위의) 힘이 넘침, 사나움. **5.** (말·글의) 현란함.
luxuriális, e, *adj.* [luxúria] 방탕한.
luxúrĭo, ávi, átum, áre, [-rĭor, átus sum, ári, *dep.*] *intr.* [luxúria] **1.** 〔*abl.*〕 (땅이) 비옥하다, 기름지다, 걸다; (초목이) 우거지다, 무성하다. **2.** (가축 따위가) 사나와지다, 날뛰다, 힘이 넘치다. **3.** 〔*abl.*〕 풍부[풍성]하다, 넘쳐 흐르다. **4.** 〔*abl.*〕 사치에 흐르다, 호화롭게 살다; 무절제하다, 방탕하게 살다. **5.** (말·글 따위가) 자유분방하다.
luxuriósus, a, um, *adj.* [luxúria] **1.** 우거진, 무성한; 풍성한, 넘쳐 흐르는, 왕성한, 과잉한. **2.** 자유분방한, 무절제한. **3.** 사치스러운, 호화로운; 방탕한.
luxus¹, a, um, *adj.* **1.** 탈골된, 제자리에서 물러난. **2.** 사치한, 향락적인.
luxus², us, *m.* **1.** 탈골, 탈구(脫臼). **2.** 주색잡기, 방탕, 난봉, 외도. 「**us**, a, um.
Lyǽus, i, *m.* *Bacchus*의 별명; 〔*adj.*〕 **-ǽ-**
Lycǽus, i, *m.* *Pan*신(神)에게 바쳐진 *Arcádia*의 산; 〔*adj.*〕 **-ǽus**, a, um.
Lycámbes, æ, *m.* *Sparta* 사람, 자기 딸 *Neobule*를 시인 *Archílochus*와 약혼시켰다가 파혼시켰기 때문에 그의 시로 저주받고 고민 끝에 부녀가 함께 죽었음; 〔*adj.*〕 **-béus**, a, um.
Lycáon, ŏnis, *m.* *Arcádia*의 왕, *Callísto*

의 아버지; 〔*adj.*〕 **-ónĭus,** a, um.

Lycaónĭa, æ, *f.* 소아시아의 지방; 〔*adj.*〕 **-ónĭus,** a, um; 〔*subst. deriv.*〕 **-ŏnes,** um, *m.pl.* 그곳 주민.

Lycáŏnis, ĭdis, *f.* *Lycáon*의 딸(=Callísto).

Lycéum[1]**[-cíum],** i, *n.* *Athénæ* 교외의(숲·산책길 따위가 있던) 유명한 학원, *Aristóteles*도 여기서 철학을 강의했음.

Lycéum[2], i, *n.* **1.** *Cícero*가 *Túsculum* 별장에 개설했던 도서관을 겸한 학원. **2.** *Tiburtínum* 별장에 있던 *Hadriánus* 황제의 학원. **3.** 고등교육기관; 고등학교.

Lýchnĭdus, i, *f.* *Illýricum*의 도시.

lychnis cognáta, -ĭdis -æ, *f.* 《植》 동자꽃.

lychnóbĭus, i, *m.* (낮을 피해서) 밤에 활동하는 사람.

lychnúchus, i, *m.* 큰 촛대, 가로등.

lychnus, i, *m.* 등잔, 남포.

Lýcĭa, æ, *f.* 소아시아 서남부의 산악지방; 〔*adj.*〕 **-cĭus,** a, um.

Lyco, ónis, *m.* 소요학파의 철학자(269–225 A.C.).

Lycomédes, is, *m.* *Scyrus*섬의 왕.

lycopódĭum, i, *n.* 《植》 석송(石松); ~ alpínum 산석송.

Lycórĭas, ădis, *f.* 바다의 요정(妖精).

Lycóris, ĭdis, *f.* (=Cythéris) *Volúmnius Eutrápelus*라는 원로원 의원한테 해방된 여자노예, *Antónius*의 정부.

Lycórmas, æ, *m.* *Ætólia*의 강.

lycos, i, *m.* 《動》 독거미(의 일종).

Lyctus, i, *f.* *Creta*섬의 도시; 〔*adj.*〕 **-tĭus,** a, um.

Lycúrgus, i, *m.* **1.** *Bacchus*가 미치게 만든 *Thessália*의 왕. **2.** *Sparta*의 입법자(c. 825 A.C.); 〔*adj.*〕 **-géus,** a, um.

Lycus, i, *m.* **1.** *Pandíon* 2세의 아들, *Lýcia*의 왕. **2.** *Bœótia*의 왕, *Antíope*의 남편. **3.** 소아시아의 강이름.

Lýdĭa, æ, *f.* 소아시아 서부지방의 옛 왕국, 그 수도는 *Sardis;* 여기서 *Etrúria*인들이 왔다고 함; 〔*adj.*〕 **-dĭus[-dus],** a, um, *Lýdia*(인)의; *Etrúria*인의.

Lýgĭi, órum, *m.pl.* *Suébia*의 한 종족.

lympha, æ, *f.* **1.** 맑은 물, 샘물. **2.** 《解·生理》 임파; 임파액.

lymphátĭcus, a, um, *adj.* [lympha] **1.** 미친, 정신나간, 정신착란의, 발광적인, 광란의; 〔*subst.*〕 *m.* 정신착란증에 걸린 사람; *n.* 광기, 발광(상태); 정신나간 짓. **2.** 임파의.

lymphátĭo, ónis, *f.* [lympho] 공포, 경악, 아연실색.

lympho, ávi, átum, áre, *tr.* 정신나가게 하다, 공포에 질리게 하다, 아연실색케 하다.

lymphoglándŭla, æ, *f.* 《解》 임파선.

Lyncéstæ, árum, *m.pl.* 서부 *Macedónia*의 한 종족; 〔*adj.*〕 **-stĭus,** a, um.

lyncéus[1], a, um, *adj.* [Lýnceus] 날카로운 시선의, 투시안(透視眼)의.

Lýnceus[2], ĕi [ĕos], *m.* **1.** *Messénia*사람, *Argonáutæ*의 한 사람, 날카로운 투시안(透視眼)으로 유명; 〔*adj.*〕 **-éus,** a, um. **2.** 이집트의 *Ægýptus*왕의 아들, *Hypermnéstra*의 남편, 그의 형제들은 다 아내에게 살해되었으나 그만은 아내에게 구출되었음.

Lyncus, i, *m.* **1.** *Scýthia*의 왕, *Ceres*여신한테 삵괭이로 변신됨. **2.** *Macedónia*의 도시.

lynx, lyncis, *m.f.* 《動》 삵괭이.

lўra, æ, *f.* **1.** 리라, (고대 희랍의) 7현금. **2.** 노래, 서정시. **3.** [L-] 《天》 금좌(琴座).

LYRA 1

Lyrcéus, i, *m.* *Argŏlis*와 *Arcádia*의 경계를 이루는 산 및 도시; 〔*adj.*〕 **-cé(ĭ)us,** a, um.

lýrĭcen, ĭnis, *m.* lyra 연주자.

lýrĭcus, a, um, *adj.* **1.** lyra의, 7현금의. **2.** 서정(敍情)의; 서정시의; 서정시같은; 〔*subst.*〕 *m.pl.* 서정시인; *n.pl.* 서정시.

lyrístes, æ, *m.* lyra 연주자, 7현금 타는 사람.

lyrístrĭa, æ, *f.* lyra 연주하는 여자.

Lyrnésis, ĭdis, *f.* *Lyrnésus*의 여자(=Briséis).

Lyrnés(s)us, i, *f.* *Troas*의 도시; 〔*adj.*〕 **-sĭus,** a, um.

Lysánder, dri, *m.* *Sparta*의 유명한 장군(404 A.C.).

Lýsĭas, æ, *m.* *Athénæ*의 유명한 웅변가 (c. 450–373 A.C.).

Lysimáchĭa, æ, *f.* **1.** *Thrácia Chersonésus*의 요새. **2.** 남부 *Ætólia*의 도시.

Lysímăchus, i, *m.* *Alexánder* 대왕 휘하의 유명한 장군.

Lysíppus, i, *m.* *Alexánder* 시대의 유명한 조각가.

Lysis, ĭdis, *m.* **1.** *Athénæ*사람, *Aristídes*의 아버지. **2.** *Taréntum* 출신의 *Pythágoras* 학파의 철학자.

Lysíthŏē, es, *f.* *Océanus*의 딸.

lyssa, æ, *f.* 《醫》 광견병.

lytrum, i, *n.* 몸값, 속량 대금(贖良代金).

lytta, æ, *f.* 《動》 (육식동물의 혀에 있는) 종행근(縱行筋)의 섬유 (고대에는 개의 혓바닥에 있는 광견병 옮기는 벌레로 생각했음).

M

M¹, m, *f.,n. indecl.* 라틴 자모의 열세째 글자: 〈엠〉[em].

M²., 《略》 **1. M.** = Marcus. **2. M** = 1,000 (본래 CIↃ로 표기하던 것이 M으로 바뀜). **3. M'.** = Mánius. 「딸(= Issa).

Macaréis, ĭdis, *f.* 〔*acc.* -ĭda〕 *Mácareus*의

Mácăreus, ĕi[ĕos], *m.* **1.** *Lápithæ*족의 한 사람. **2.** *Ulíxes*의 반려, 후에 *Ænéas*의 반려가 됨. 「端).

macarísmus, i, *m.* 《聖》 진복팔단(眞福八

maccis, ĭdis, *f.* 조미료의 일종; 육두구(肉荳蔻)꽃. 「똑똑치 못한 자.

maccus, i, *m.* 어릿광대, 익살꾼; 멍청이,

Mácĕdo(n), ŏnis, *m.* *Macedónia*인.

Macedónĭa, æ, *f.* 희랍의 북부지방, *Thessália*와 *Thrácia*사이에 있던 나라; 〔*adj.*〕 **-nĭ(c)us,** a, um; **-niénsis,** e.

Macélla, æ, *f.* *Sicília*의 서부도시.

macellárĭus, a, um, *adj.* [macéllum] 시장의, 식육시장의, 식료품시장의; 〔*subst.*〕 *m.* 식육상인. 「료품시장.

macéllum, i, *n.*[**-us,** i, *m.*] 식육시장; 식

macéllus, a, um, *adj. dim.* [macer] 좀 야윈, 마른편인. 「파리해지다.

mácĕo, ére, *intr.* [macer] 야위다, 마르다,

macer¹, cra, crum, *adj.* **1.** 야윈, 파리한, 수척한. **2.** 메마른, 토박한.

Macer², cri, *m.* *Roma*인의 씨족명.

macerátĭo, ónis, *f.* [mácero] **1.** 물에 담가 부드럽게 함. **2.** 부패. **3.** 금욕, 단식, 고행(苦行). 「워지다.

maceréscо, ĕre, *intr. inch.* [mácero] 부드러

macérĭa, æ, [**-rĭes,** éi,] *f.* 울타리, 담; 울짱. 「담을 둘러침.

maceriátĭo, ónis, *f.* [macéria] 울타리를 함,

maceriátus, a, um, *adj.* [macéria] 울타리 두른, 담쌓은.

mácĕro, ávi, átum, áre, *tr.* **1.** 〔*alqd* - in *acc.*, in *abl.*〕 물에 담가[물로 축여] 부드럽게 하다, 눅눅하게 하다; 반죽이기다. **2.** 약[쇠약]하게 하다, 약화[쇠뇌]시키다; 바르게 하다, 파리하게 하다; 다하여 없어지게 하다, 자지러지게 하다. **3.** 고통을 주다, 괴롭히다, 들볶다, 시달리게 하다; 극기하다.

macésco, ĕre, *intr. inch.* [máceo] 야위다, 수척해지다, 파리해지다, 빈약해지다, 초 ⌊췌해지다.

machǽra, æ, *f.* 검(劍), 칼.

machǽrĭum, i, *n.* 단검(短劍).

machæróphŏrus, i, *m.* 검을 가지고 다니는 시종, 친위병; 단검으로 무장한 군인.

Măcháon, ŏnis, *m.* 의신(醫神) *Æsculápius*의 아들; 〔*adj.*〕 **-ónĭus,** a, um.

Machiavellísmus, i, *m.* 마키아벨리주의, 목적을 위하여는 수단 방법을 가리지 않는 주의.

máchĭna, æ, *f.* **1.** **기계**, 도구, 연장, 공구(工具); 기구(器具), **장치**, 고안품: ~ mundi(*Lucr.*) 조화(造化) / ~ typográphica 인쇄기 / ~ ad exstinguéndum incéndium 소화기(消火器) / ~ itíneri aério destináta 비행기. **2.** (건축의) 발판, 비계. **3.** 노예매매대(臺). **4.** 화가(畵架). **5.** 기중기; 양수기. **6.** 기계장치로 된 무기; 쇠뇌, 노포(弩砲), 대포, 파성추(破城槌). **7.** 음모, 술책. 「에 관한.

machinális, e, *adj.* [máchina] 기계(장치)

machinámen, mĭnis, *n.* [máchinor] 음모, 술책.

machinaméntum, i, *n.* [máchinor] **1.** 기계, 도구, 기구, 기계장치. **2.** 감각기관. **3.** 음모, 술책.

machinárĭus, a, um, *adj.* [máchina] **1.** 기계장치로 된. **2.** 기계장치를 돌리는[움직이는]; 〔*subst.*〕 *m.* 기계공, 기계로 일하는 사람.

machinátĭo, ónis, *f.* [**-átus,** us, *m.*] [máchinor] **1.** 기구(機構), 장치. **2.** 기계, 도구; 《軍》 포위공격의 각종 무기. **3.** 음모, 간계, 술책.

machinátor, óris, *m.* [máchinor] **1.** 기계 발명자; 기계 조종자, 기사. **2.** 창조자. **3.** 발기인, 주모자, 음모자.

máchĭnor, átus sum, ári, *dep. tr.* [máchina] **1.** 만들어내다, 제작하다; 고안하다, 발명하다. **2.** 〔*alqd alci,* in *alqm; absol.*〕 계획하다, **음모하다, 계교를 꾸미다.**

machĭnósus, a, um, *adj.* [máchina] 기계의, 기계장치로 된.

machínŭla, æ, *f.dim.* [máchina] 소형기계.

máchĭo, ónis, *m.* 미장이; 벽돌쌓는 사람.

mácĭes, éi, *f.* [máceo] **1.** 야윔, 수척, 파리함. **2.** (땅의) 메마름, 토박함; (농작물의) 흉년. **3.** (말·글의) 빈약.

maciléntus, a, um, *adj.* [mácies] **1.** 야윈, 마른, 파리한, 수척한. **2.** (땅이) 메마른. **3.** 빈약한.

mácĭo, áre, *tr.* 마르게 하다, 약하게 하다.

Macra, æ, *m.* *Itália*의 북부 *Ligúria*의 강 (지금의 *Magra*).

macrésco, crŭi, ĕre, *intr. inch.* [macer] 야위다, 마르다, 쇠약해지다.

Macri Campi, órum, *m.pl.* *Gállia Cispadána*의 한 지방. 「야윈.

macrícŭlus, a, um, *adj. dim.* [macer] 좀

mácrĭtas, átis, *f.* [macer] 쇠약함, (땅의) 토박함.

macritúdo, ĭnis, *f.* [macer] 야윔, 수척.

Macro, ónis, *m.* *Tibérius* 황제를 섬긴 *Roma*의 장군. 「법(長壽法).

macrobiótĭca, æ, *f.* 양생술(養生術), 장수

macrochérus, a, um, *adj.* 소매가 긴; *f.* 소매 긴 겉옷.

mácrŏchir, íros [íris], *m.* **1.** 손이 긴 사람. **2.** *Pérsia*왕 *Artaxérxes*의 별명. 「접은 종이.

macrocól(l)um, i, *n.* 옹근 장의 종이; 한번

macrocósmos, i, *m.* 대우주(大宇宙).

macrología, æ, *f.* 장황한 이야기.

macrosporángĭum, i, *n.* 《植》 대포자낭(大胞子囊). 「는, 치명적인.

mactábĭlis, e, *adj.* [macto] 죽음을 가져오

mactátĭo, ónis, *f.* [macto] **1.** 도살, 동물을 잡음. **2.** 제사지냄. 「자.

mactátor, óris, *m.* [macto] 살인자, 도살

mactátus, us, *m.* [macto] **1.** 살해, 도살. **2.** 제물을 바침.

macte, *voc.* [mactus] 〔*interj.*로 쓰이며, 《축하, 축복, 찬탄(讚嘆), 격려》 따위의 뜻을 드러냄; 흔히 virtúte*(abl.)*를 동반함〕 Macte virtúte esto. *(Sen.)*, Macte virtúte! *(C.)* 장하다, 만세! / ~ ánimo! 용기를 내어라.

macto, ávi, átum, áre, *tr.* [mactus] **1.** 〔*alqm alqā re*〕 찬양하다, 현양하다. **2.** 〔*alqm alqā re*〕 (불행·고통·벌 따위를) 주다, 끼치다, 괴롭히다. **3.** (신에게) 제물을 바치다. **4.** 죽이다, 잡다, 도살하다.

mactra, æ, *f.* 반죽하는 나무통[큰 그릇].

mactus, a, um, *adj.* **1.** (희생제물에 향이나 술을 부어) 예배의식이 이루어진. **2.** 〔*voc.c. alqā re*〕 macte, macti 용맹하여라, 영광있으라! 만세(*cf.* macte).

mácŭla, æ, *f.* **1.** 그물코. **2.** 얼룩점, 반점(斑點). **3.** 얼룩, 오점(汚點), 흠, 티; 오욕, 오명(汚名).

maculátĭo, ónis, *f.* [máculo] **1.** 얼룩지게 함, 반점배열. **2.** 때묻힘, 더럽힘.

mácŭlo, ávi, átum, áre, *tr.* [mácula] **1.** 얼룩지게 하다, 반점(斑點)을 만들다. **2.** 더럽히다, 때묻히다. **3.** 명예를 손상시키다.

maculósus, a, um, *adj.* [mácula] **1.** 얼룩덜룩한, 반점이 많은. **2.** 더러워진, 때많이 묻은, 불결한. **3.** 모독당한; 망신스러운. **4.** 타락한, 부패한.

Mádărus, i, *m.* 대머리(*C. Mátius*의 별명).

madefácĭo, féci, fáctum, cĕre, *tr.* [mádeo + fácio] **1.** 〔*alqd alqā re*〕 적시다, 축이다, 담그다. **2.** 술취하게 하다. 「임.

madefáctĭo, ónis, *f.* [madefácio] 적심, 축

madefío, fáctus sum, fíĕri, *pass.* [madefácio] 젖다.

mádĕo, dŭi, ére, *intr.* **1.** 〔*abl.; absol.*〕 젖어있다, 축축하다, 물기를 머금다; 스미어 젖다, 배다. **2.** 거나하게 취해있다. **3.** 삶아서 흐무러지다. **4.** 충만하다, 넘쳐흐르다, 충일하다.

madésco, dŭi, ĕre, *intr. inch.* [mádeo] **1.** 젖다, 젖어들다. **2.** 취하다. **3.** 흐무러지다.

mádĭdo, ávi, átum, áre, *tr.* [mádidus] **1.** 젖게 하다, 적시다. **2.** 취하게 하다.

mádĭdus, a, um, *adj.* [mádeo] **1.** 〔*abl., gen.; absol.*〕 젖은, 축축한, 물기를 머금은. **2.** 물든. **3.** 취한, 거나한. **4.** 흐무러진, (삶아서) 연해진. **5.** 충만한, 충일한, 넘치는.

mador, óris, *m.* [mádeo] 습기, 축축함.

madúlsa, æ, *m.* 술취한 사람, 취객.

Mádўtus[-tos], i, *f.* *Thrácia Chersonésus*의 항구(지금의 *Maitos*); 〔*subst.*〕 **-duatóni,** órum, *m.pl.* 그곳 주민. 「(大蟹).

mæa, æ, *f.* 《動》 프랑스에서 나는 큰 게

Mæánder[-drus, -ros], dri, *m.* **1.** 소아시아의 *Phrýgia*에서 발원(發源)하여 *Ægǽum* 바다로 흘러드는 강, 굽이 많기로 유명; 〔*adj.*〕 **-drĭus,** a, um. **2.** [m-] 꾸불꾸불한 길; 옷 가장자리의 꼬불꼬불한 장식. 「인.

mæandrátus, a, um, *adj.* 꾸불꾸불한, 꼬

mæándrĭcus, a, um, *adj.* 꾸불꾸불한, 굴곡이 많은.

Mæcénas, átis, *m.* *Etrúria*인들에게 흔한 가문명; 특히 C. Clínius ~, *Roma*의 귀족, *Augústus*황제의 친우, *Virgílius, Horátius* 등 많은 문인들의 후원자(c. 70 – 8 A.C.).

Mædi, órum, *m.pl.* *Thrácia*에 있던 한 종족. 「**-cus,** a, um.

Mǽdĭca, æ, *f.* *Mædi*인의 나라; 〔*adj.*〕

mæéutĭca, æ, *f.* 《醫》 산과학(產科學), 조

mæles = meles. 「산술(助產術).

mǽlĭum = mellum.

Mǽlĭus, i, *m.* *Roma*인의 씨족명; 특히 Sp. ~ Capitolínus, 왕권을 노린 혐의로 *Ahála*에 의해 살해됨(c. 450 A.C.); 〔*adj.*〕 **-liánus,** a, um; *m.pl.* **-áni,** *Mǽlius*의 일당.

mæna, æ, *f.* 《動》 정어리.

Mǽnăla, órum, *n.pl.*[-**lus, -los,** i, *m.*] *Arcádia*의 산맥, *Pan*신에게 봉헌됨; 〔*adj.*〕 -**lĭus,** a, um; 〔*adj. f.*〕 -**nălis,** ĭdis; 〔*subst. deriv.*〕 -**álĭdes,** æ, *m. Mǽnala*산의 *Pan*신.
mænas, ădis, *f. Bacchus*신의 여신관[무당].
Mǽnĭa Colúmna, æ, *f. Roma*의 *Forum*에 있던 기둥(태형〈笞刑〉 집행때 사용되었음). 「니.
mæniána, órum, *n.pl.* 노대(露臺), 발코
Mǽnĭus, i, *m. Roma*인의 오래된 씨족명; 〔*adj.*〕 -**nĭus,** a, um. 「독성있는 꿀.
mænóměnon mel, *n.* (먹으면 미친다는)
Mǽŏnes, um, *m.pl. Mæónia*의 주민; -**nis,** ĭdis, *f. Mæónia*의 여자. 「*Etrúria.*
Mæónĭa, æ, *f.* 1. *Lýdia*(의 옛 명칭). 2.
Mæónĭdes, æ, *m. Mæónia* 출신의 사람; 특히 *Homérus*의 시적 명칭.
Mæónĭus, a, um, *adj.* 1. *Mæónia*의, *Lýdia*의. 2. *Homérus*의. 3. *Etrúria*의. 「족.
Mæótæ, árum, *m.pl. Scýthia*에 있던 한 종
Mæótis, ĭdis[is], *f.* 흑해(黑海) 위쪽에 있는 *Sarmátia* 또는 *Scýthia*의 해만(海灣); 〔*adj.*〕 -**tĭcus,** a, um; 〔*adj. f.*〕 -**tis,** ĭdis.
mærens, éntis, *p.præs., a.p.* [mǽreo] 수심에 싸인, 근심하는.
mǽrĕo, ére, 1. *intr.* 근심하다, 슬퍼하다, 비애에 잠기다, 한탄하다. 2. *tr.* 애도하다: mortem *alcjs* ~ *(C.)* 누구의 죽음을 애도하다.
mæror, óris, *m.* [mǽreo] 슬픔, 비애, 애수, 비탄(悲歎), 애도: esse in mæróre*(T.)* 슬픔에 잠겨 있다.
mæstífico, ávi, átum, áre, *tr.* [mæstus+fácio] 근심을 끼치다, 슬프게 하다.
mæstíficus, a, um, *adj.* 근심을 끼치는, 슬프게 하는. 「슬픔, 비애, 비탄(悲歎).
mæstítĭa, æ,[-**stitúdo,** dĭnis,] *f.* [mæstus]
mæstus, a, um, *adj.* [mǽreo] 1. 슬퍼하는, 상심한, 비탄에 잠긴, 애도하는. 2. 슬픈, 구슬픈, 애처로운; 슬픔을 자아내는. 3. 슬픔을 표시하는.
Mǽvĭus, i, *m. Vergílius*나 *Horátius*를 악평
mafors = mavors. 「한 졸렬한 시인.
maga, æ, *f.* [magus²] 무당, 여자 마법사, 여자 요술사. 「임시 막사.
magálĭa, ĭum, *n.pl.* 오두막(집), 오막살이;
mage, *adv.* (= magis¹) 더욱, 보다 더.
magía, æ,[-**gĭce,** es,] *f.* 마술, 마법, 요술.
mágĭcus, a, um, *adj.* 마술의, 마법의; 마
mágĭda, æ, *f.* 큰접시(의 일종). 「법에 의한.
magíra, æ, *f.* 요리기술, 요리법.
magírus, i, *m.* 요리사.
magis¹, *adv. comp.* 1. 더, 더욱, 더 많이, …이상: ~ quam ... …보다 더 / ~ sólito *(L.)* 보통보다 더 / multo ~ 훨씬 더 / non ~ quam ...*(C.)* …와 동등으로[같게·같이], …만큼. 2. 차라리, 오히려: tum ~ id díceres, si ...*(C.)* 만일 …하면 차라리 말할 기회를 얻을 것이다.
magis², ĭdis, *f.* 큼직한 접시.
magíster, tri, *m.* [magnus] 1. 지도자, 지휘자, 두목, 명령자, 감독관; 장(長): ~ pópuli*(C.)* 총통 / ~ équitum*(L.)*(총통 직속의) 기병대장 / ~ morum*(C.)* 풍기 감찰관 / ~navis*(L.)* 선장 / 《가》 ~ novitiórum (수도회의) 수련장. 2. **스승, 선생,** 교사. 3. 교사자(敎唆者); 조언자. 4. 충고, 조언.
magistérĭum, i, *n.* [magistérius] 1. 지휘자직, 지도책임, 지휘권; 감독권. 2. 《가》 **교도권**(敎導權). 3. 선생의 직분.
magistérĭus, a, um, *adj.* 최고 지휘권의, 지도자의; 대가(大家)다운, 권위있는.
magístĕro, áre, 1. *intr.* 선생노릇하다. 2. *tr.* 지휘하다, 지도하다, 명령하다.
magístra, æ, *f.* [magíster] 여성 지도자, 여감독; 여교사, **여선생.**
magistrális, e, *adj.* 1. 지휘자의, 감독자의; 관리의. 2. 스승의, 선생[교사]의.
magístras, átis, *m.* 지도자, 지휘자, 장(長). 「감독, 지도; 명령. 2. 교육기관, 학교.
magistrátĭo, ónis, *f.* [magístro] 1. 지휘,
magistrátus, us, *m.* [magíster] 1. 높은 벼슬, 관직, 직권. 2. (행정) **관리**(官吏); 관청. 3. 교권(敎權). 「의, 선생[교사]의.
magistriánus, a, um, *adj.* [magíster] 스승
magístro, áre, *tr.* 지휘하다, 지도하다.
magma, ătis, *n.* 향료[향유]의 찌꺼기.
magmentárĭus, a, um, *adj.* [magméntum] 제물 부대품(附帶品)의. 「보충제물.
magméntum, i, *n.* 제물의 부대품(附帶品),
magnǽvus, a, um, *adj.* [magnus+ævum] 고령(高齡)의. 「랍 식민지구.
Magna Grǽcĭa, æ, *f.* 남부 이태리의 희
magnálĭa, ĭum, *n.pl.* [magnus] 위업(偉業), 놀라운 일, 절묘(絕妙).
magnánĭmis, e, [-**mus,** a, um,] *adj.* [magnus+ánimus] **관대한,** 도량이 큰, 아량있는, 대범한. 「량, 도량, 대범함, 관대함.
magnanímĭtas, átis, *f.* [magnánimus] 아
magnárĭus, i, *m.* 장사를 크게 하는 사람, 무역상인. 「족, 유지(有志).
magnátes, um, *m.pl.* 고관(高官), 부호, 귀
magnátus, i, *m.* 고관(高官), 양반, 중요한 인물. 「이란 뜻으로) 자석(磁石).
magnes, étis, *m.*(*sc.* lapis) (*Magnésia*의 돌
Magnésĭa, æ, *f.* 1. *Ægǽum*해에 면한 *Thessália*의 한 지방. 2. *Cária*의 도시. 3. *Lýdia*의 도시. 4. 〔*adj.*〕 **Magnes,** étis; *m.pl.* 그곳 주민; -**gnésĭus,** a, um.
magnesium, i, *n.* 《化》 마그네슘: ~carbónicum 탄산마그네슘.
Magnéssa, æ, *f. Magnésia*의 여자.
Magnetárches, æ, *m. Magnésia*의 최고 행정장관.

magnétĭcus, a, um, *adj.* 자석(磁石)의, 자기(磁氣)의, 자력(磁力)의.

magnetísmus, i, *m.* **1.** 자기(磁氣), 자성, 자기작용. **2.** 자기학.

Magni Campi, órum, *m.pl.* *Utĭca*의 지구(地區)이름.

magnídĭcus, a, um, *adj.* [magnus+dico²] 과장해서 말하는, 허풍떠는.

magnifácĭo, cĕre, *tr.* [magnus+fácio] 존중하다, 소중히 여기다, 높이 평가하다.

magnificátĭo, ónis, *f.* [magnífico] **1.** 과장, 확대. **2.** 찬양.

magnificéntĭa, æ, *f.* [magníficus] **1.** 굉장, 호사, 호화, 화려, 웅대, 장엄; 대규모. **2.** 우수(優秀), 탁월; 고결, 고매; 위대, 원대, 심원. **3.** 큰 도량, 아량. **4.** 과시, 호언장담.

magnífico, ávi, átum, áre, *tr.* [magnus+fácio] **1.** 존중하다, 크게 평가하다. **2.** 칭찬하다, **찬양하다**, 찬미하다: Magníficat.(〈내 영혼이 주님을 찬양하며〉로 시작되는) 성모마리아의 찬미가*(Luc. 1, 46-55)*.

magníficus, a, um, *adj.* [magnus+fácio] 〔*comp.* -céntĭor, ĭus; *superl.* -centíssĭmus〕 **1. 훌륭한**, 도량이 큰, 고결한. **2. 호화로운**, 사치스러운; **화려한**, 찬란한. **3. 웅장한**, 장려한, 장중한; 숭고한. **4.** 과장된, 허세부리는. **5.** 〔*adv.*〕 **-fice, -ficénter.**

magnílŏquax, ácis, *adj.*[magnus+loquor] **1.** 고상하게 말하는. **2.** 크게 떠들어대는, 과장하는, 허풍떠는.

magniloquéntĭa, æ, *f.* [magníloquus] **1.** (말의) 고상함. **2.** 자만(自慢), 과장, 허풍.

magnílŏquus, a, um, *adj.* [magnus+loquor] **1.** 자랑하는, 자만하는, 뽐내는. **2.** 말이 많은, 허풍떠는, 과장하는. **3.** 고상하게 말하는.

magnítĭes, éi, *f.* [magnus] 큼, 크기, 부피.

magnitúdo, dĭnis, *f.* [magnus] **1. 크기**, 부피: ~ mundi*(C.)* 우주의 크기. **2.** 큼, 방대, 광대; 대량, 다량, 풍부, 많음. **3.** 힘, 세력, 위력: ~ frígoris*(C.)* 추위의 위력. **4.** 시간의 길이: diérum ac nóctium magnitúdines*(Plin.)* 낮과 밤의 길이. **5.** 중요성, 중대성. **6. 위대**, 고상, 고귀, 고결; 관대: ~ ánimi*(C.)* 마음의 고상함. **7.** 존귀한 지위[신분]; (존칭으로서의)각하.

magnópĕre, *adv.* 〔*superl.* maximópĕre〕 [magnus+opus¹] **1.** 크게, 많이, 매우, 대단히; 특히. **2.** 격렬하게, 힘있게, 강력하게.

magnus¹, a, um, *adj.* 〔*comp.* major, majus; *superl.* máxĭmus〕 **1. 큰**, 대(大), 막대한, 방대한; (공간적 차원에 있어서) 높은, 긴, 넓은, 먼: Magna Carta [Charta] (영국의 1215년) 대헌장. **2.** 대량(大量)의, 많은, 풍부한: ~númerus fruménti*(C.)* 다량의 곡식 / magna pars 대부분 / major pars 과반수. **3.** 강한, 세력있는: magnā voce*(C.)* 큰 소리로. **4. 위대한**, 당당한, 뛰어난: vir ~ *(C.)* 위대한 인물 / magnā cum laude (성적의) 제2위 우등(으로). **5.** 중요한, 중대한, 현저한: magni moménti *(gen. qualit.)* 중대한, 중요한. **6.** 고상한; 고매한; 아량있는, 관대한: magno ánimo esse 관대한 마음의 소유자이다. **7.** (시간적으로) 긴, 오랜, 많은: natu major *(C.)* 나이가 더 많은, 연상(年上)의; 연장자; 〔*subst.*〕 **majóres,** um, *m.pl.* 조상. **8.** 성대한, 대규모의, 훌륭한, 매우 좋은. **9.** 가치있는, 비싼, 귀중한, 고귀한; 〔특히 가치부사어 *(adverbiále prétii)*로 중성의 *gen., abl.*를 씀〕: magni æstimáre 중히 여기다, 크게 평가하다 / condúcere *alqd* nímium magno*(C.)* 너무 비싸게 세내다 / magni esse*(C.)* 귀중하다; 값이 비싸다, 가치가 크다.

Magnus², i, *m.* 〔인명뒤에〕 대(大): Alexánder~, *Alexánder* 대왕.

Mago, ónis, *m.* **1.** *Carthágo*인, *Hánnibal*의 형제, 농사에 대해 28권의 책을 썼음. **2.** *Hamílcar*의 아버지.

magus¹, a, um, *adj.* 마술의, 마법의, 요술의, 무당의.

magus², i, *m.* **1.** 마술사, 마법사. **2.** *Pérsia*의 현인(賢人), 현자. **3.** 《聖》 Magi 동방의 세박사*(Matth. 2, 1-12)*.

Mahárbal, ălis, *m.* 제2 *Pœni*전쟁때 *Hánnibal*밑에서 활약한 유명한 기병사령관.

Mahumetánĭsmus, i, *m.* 마호멧교, 회교(回教), 이슬람교.

Mahumetánus, a, um, *adj.* 회교의; *m.* 회교도.

Mahumétus, i, *m.* 회교의 개조(開祖: c. 570-632 P.C.).

Máĭa¹ [Maja], æ, *f.* *Atlas*의 딸, *Pleiádes* 7자매중의 큰 언니, *Mercúrius*신의 어머니.

máĭa², æ, *f.* 《動》 (대단히 큰) 게.

Máĭus, a, um, *adj.* [Máia] 5월의; *m.* (*sc.* mensis) 5월.

majális, is, *m.* 거세한 돼지.

majéstas, átis, *f.* [major, majus] **1.** 위대, 유력, 우수, 탁월, 권위. **2. 위엄**, 존엄, 위광(威光). **3.** 폐하(陛下): crimen majestátis*(C.)* 대역죄(大逆罪).

majestósus, a, um, *adj.* 위엄있는.

major, majus, *gen.* óris, *comp.* [magnus] **1.** 더 큰: majóris æstimáre 더 크게 평가하다, 더 중히 여기다. **2.** (나이가) 더 많은, 연장(年長)의. **3.** 더 뛰어난, 더 높은.

majordómus, majorisdómus, *m.* 궁정 집사장(宮廷執事長).

majóres, um, *m.pl.* **1.** 연장자들. **2. 조상**, 선조.

majorínus, a, um, *adj.* (다른 것들 보다) 매우 큰, 매우 굵은.

majorísta, æ, *m.* 《가》 (부제 따위) 상급 성

직품 받은 사람.
majórĭtas, átis, *f.* **1.** 대다수, 과반수, 태반: ~ absolúta 절대다수. **2.** 성년(成年).
majúma, æ, *m.* 5월에 거행되던 수영경기.
Majus, a, um, *adj.* 5월의: mensis ~ *(C.)* 5월; *m.* 5월.
majúscŭlus, a, um, *adj. dim.* [major] **1.** 좀 큰, 좀더 뛰어난[높은], 나이가 좀 많은. **2.** 《文法》 대문자(大文字)의.
mala, æ, *f.* [maxílla] **1.** 《解》 악골(顎骨), 턱뼈. **2.** 뺨, 볼.
malabáthron, i, *n.* 계피유(桂皮油).
málăche, es, *f.* 《植》 아욱, 동규(冬葵).
malácĭa, æ, *f.* **1.** 바다의 고요함[잔잔함], 무풍상태. **2.** 무기력; 구역증, 입덧.
malacísso[-cízo], áre, *tr.* 유순하게 하다, 길들이다, 유약하게 하다.
maláctĭcus, a, um, *adj.* 《醫》 완화시키는.
málăcus, a, um, *adj.* 유약한, 부드러운, 잘 휘어지는. 「(濕布), 찜질.
malágma, ătis, *n.* 《醫》 엄법(罨法), 습포
malándrĭa, æ, *f.* [-rĭa, órum, *n.pl.*] 말목에 생기는 부스럼.
malárĭa, æ, *f.* 《醫》 말라리아, 학질.
maláxo, ávi, átum, áre, *tr.* 무르게 하다, 부드럽게 하다; 유약하게 하다.
male, *adv.* [malus^1] 〔*comp.* pejus; *superl.* péssime〕 **1. 나쁘게, 악하게,** 고약하게; 틀리게, **잘못**: ~ olére *(C.)* 고약한 냄새가 나다. **2.** 불행하게, 난처하게: Male est *alci. (C.)* 누가 매우 난처하게 되었다. **3.** 매우, 몹시, 지독히: ~ odísse *alqm (Cæs.)* 누구를 매우 미워하다. **4.** 모자라게, 겨우. 「있는 갑각(岬角).
Maléa, æ, *f. Peloponnésus*반도의 동남단에
malecástus, a, um, *adj.* 정결치 못한, 음란한. 「쁘게 말하는 사람.
malédĭcax, ácis, *m.* [maledíco] 비방자, 나
maledícens, éntis, *p.præs., a.p.* [maledíco] 비방하는, 나쁘게 말하는, 욕하는, 저주하는. 「악담.
maledicéntĭa, æ, *f.* [maledíco] 비방, 욕설,
maledíco, díxi, díctum, ĕre, *intr., tr.* [male+] 〔*absol.; dat.; acc.*〕 나쁘게 말하다, 비방하다, 악담하다, **저주하다.**
maledíctĭo, ónis, *f.* [maledíco] **저주, 악담,** 비방; 모독.
maledíctor, óris, *m.* [maledíco] 욕설자, 비방자; 저주[악담]하는 자.
maledíctum, i, *n.* [maledíco] 악담, 저주.
malédĭcus, a, um, *adj.* [maledíco] 〔*comp.* -céntĭor, ĭus; *superl.* -centíssĭmus〕 욕하는, 욕지거리[악담]하는, 비방하는.
maléfăber, bra, brum, *adj.* [male+] 교활한, 성실치 못한.
malefácĭo, féci, fáctum, cĕre, *intr.*[male+] 잘못하다, 죄를 범하다; 해를 끼치다.
malefáctĭo, ónis, *f.* [malefácio] 병세의 악화, 쇠약. 「하는 사람, 악행자, 범죄자.
malefáctor, óris, *m.* [malefácio] 나쁜 짓
malefáctum, i, *n.* 악행, 과실, 죄.
maléfica, æ, *f.* [maléficus] 마녀(魔女).
maleficéntĭa, æ, *f.* [maléficus] **1.** 악행, 악덕(惡德); 악심, 악의. **2.** 해로운 것, 해악.
malefícĭum, i, *n.* [maléficus] **1.** 잘못, 과오. **2.** 악행, 범죄. **3.** 사기, 간계. **4.** 손해끼침, 위해(危害), 침해. **5.** 해로운 것, 해독.
maléficus, a, um, *adj.* [malefácio] 〔*superl.* -ficentíssimus〕 **1.** 나쁜 짓 하는, 악한; 악행의, 범행을 저지르는. **2.** 짓궂은, 악의가 있는; 해를 끼치는.
malefídus, a, um, *adj.* 믿을 수 없는, 신용이 안되는; 안전하지 못한, 위험한.
malefírmus, a, um, *adj.* 약한, 견고하지 못한; 병든. 「없는.
malefórtis, e, *adj.* [male+] 약한, 용기가
malemorátus, a, um, *adj.* [male+] 품행이 나쁜. 「냄새가 고약한.
maleodorátus, a, um, *adj.* 악취가 나는,
malesánus, a, um, *adj.* [male+] 미친, 정신이 돈; 몰상식한, 건강이 나쁜, 변변치 않은. 「악한 의견을 주는, 악을 권유하는.
malesuádus, a, um, *adj.* [male+suádeo]
maletractátĭo, ónis, *f.* [male+] 천대, 학대, 천시. 「않은, 위태로운, 불안전한.
maletútus, a, um, *adj.* [male+] 확실하지
Malevéntum, i, *n. Sámnium*의 도시 (그곳의 점〈占〉이 좋다하여 *Benevéntum*으로 불렀음).
malévŏlens [malí-], éntis, *adj.* [male+volo^2] 악의[적의]를 가진, 앙심품은; 심술궂은, 남의 불행을 좋아하는.
malevoléntĭa, æ, *f.* [malévolens] 심술사나움, 악의, 적의, 질투, 증오.
malévŏlus, a, um, *adj.* 〔*superl.* -lentíssimus〕 심술사나운, 남의 불행을 좋아하는, 질투하는, 악의[적의]있는; *m.pl.* 원수.
Malĭăcus Sinus, -i -us, *m. Thessália*와 *Phocis*사이에 있는 해만(海灣); 〔*adj.*〕 **Maliénsis,** e; **Málĭus,** a, um.
malicórĭum, i, *n.* 《植》 석류껍질.
málĭfer, ĕra, ĕrum, *adj.* [malum^2+fero] 사과가 많은; 사과를 생산하는.
málĭger, ĕra, ĕrum, *adj.* [malum^1+gero^1] 불행을 초래하는.
malígnĭtas, átis, *f.* [malígnus] **1. 악의,** 적의, 심술, 질투. **2.** 인색, 탐욕(貪慾).
malígno, ávi, átum, áre, [**-gnor,** átus sum, ári, *dep.*] *intr.* 악의[적의]를 품다, 심술궂게 행동하다.
malígnus, a, um, *adj.* [malus^1+gigno] **1.** 악의가 있는, 나쁜 근성의, 심술궂은. **2.**

인색한, 째째한. 3. 토박한. 4. 작은,

málĭnus, a, um, *adj.* 사과나무의. └옹색한.

malítĭa, æ, [**-tĭes,** éi,] *f.* [malus[1]] 1. 악한 성질, 악질. 2. **악의**. 3. 악심, **범의**(犯意); 적의. 4. 간악성(奸惡性), 심술궂음, 교활, 간계. 「악.

malitiósĭtas, átis, *f.* [malitiósus] 악의, 간

malitiósus, a, um, *adj.* [malítia] 악의가 있는, 음험한, 간악한, 교활한; 악랄한.

malleátor, óris, *m.* [málleus] 망치질하는 사람. 「들긴, 망치질한.

malleátus, a, um, *adj.* [málleus] 망치로 두

malleoláris, e, *adj.* [malléolus] 1. 《解》 복사뼈의. 2. 《植》 삽목(揷木)에 소용되는.

malléŏlus, i, *m. dim.* [málleus] 1. 작은 망치[마치]. 2. 삽목용 나뭇가지. 3. 화전(火箭), 불화살. 4. 《解》 복사뼈.

mállĕus, i, *m.* 1. 쇠망치, 철추; 나무망치. 2. 《解》 추골(槌骨). 「족.

Malli, órum, *m.pl.* *Indĭa*에 있었던 한 종

mallo, ónis, *m.* 1. 파(葱)묶음. 2. 가축의 관절 부종. 「**-llótes,** æ, *m.* 그곳 사람.

Mallus[1], i, *f.* *Cilícia*의 도시; 〔*subst. deriv.*〕

mallus[2], i, *m.* 양털송이. 「손씻는 대야.

mallúvĭa, æ, *f.* [**-vĭum,** i, *n.*] 세수대야,

mālo, *(mavis, mavult),* málŭi, malle, *anom. tr.* [magis[1] + volo[2]] 〔*alqd, alqm; inf., acc. c. inf.*〕 더 원하다, 더 좋아하다, 낫게 여기다, …보다 차라리 …을 택하다: Malo me vinci quam víncere. *(C.)* 나는 이기기보다 차라리 지는 것을 원한다.

malobáthron [-um], i, *n.* 계피유(桂皮油).

malogranáta, æ, *f.* 《植》 석류나무.

malogranátum, i, *n.* 석류.

maltha, æ, *f.* 1. 역청(瀝靑); 아스팔트. 2. 유약한 사람. 「역청으로 굳히다.

maltho, ávi, átum, áre, *tr.* 역청을 바르다,

Malthusianísmus, i, *m.* 맬더스 인구론.

mălum[1], i, *n.* [malus[1]] 1. **악**: ~ morále 도덕적 악 / ~ phýsicum 물리적 악. 2. **불행**, 재난, 재해; 손해, 손실, 해독; 병: malo *(dat. finális)* esse *alci (dat. incom.)* 아무에게 화[손해]가 되다. 3. 벌, 고통, 쓰라림. 4. 결점, 악습; 악행, 죄악. 5. 고장, 불량.

mālum[2], i, *n.* [malus[3]] 실과, 사과, 능금: ~ púnicum [granátum] 석류(柘榴) / ab ovo usque ad mala *(H.)* 달걀에서 사과까지 즉 만찬 시작부터 끝까지.

mălum[3], *adv.* (= male) 악하게.

mălus[1], a, um, *adj.* 〔*comp.* pejor; *superl.* péssimus〕 1. **나쁜**, 불량한; **악한**, 고약한, 악질의. 2. 서투른, 어설픈, 신통치 않은. 3. 불행한, 불운한, 불리한; 치명적인: mala pugna *(C.)* 참패한 싸움. 4. 못생긴. 5. 간사한, 교활한.

mālus[2], i, *m.* 1. 돛대. 2. 말뚝.

mālus[3], i, *f.* 《植》 사과나무.

malva, æ, *f.* 《植》 아욱, 접시꽃. 「시꽃의.

malvácĕus, a, um, *adj.* [malva] 아욱의, 접

Mamércus, i, *m.* 1. 군신(軍神) *Mars*와 *Sýlvia*사이에서 난 아들. 2. 기타 인명.

Mamers, értis, *m.* 군신(軍神) *Mars* (*Osci*인이 부르는 명칭); 〔*adj.*〕 **-tínus,** a, um; **-tíni,** órum, *m.pl.* *Agáthocles*의 용병(傭兵)들이 자신들에게 붙인 이름.

Mamílĭus, i, *m.* *Roma*인의 씨족명.

mamílla, æ, *f. dim.* [mamma] 유방(乳房); 젖꼭지. 「처럼 생긴; 젖꼭지 모양의.

mamillánus, a, um, *adj.* [mamílla] 유방

mamilláris, e, *adj.* [mamílla] 유방의, 가슴의; 유두의.

mamma, æ, *f.* 1. 젖, **유방**(乳房); 젖꼭지. 2. (나무의) 눈. 3. (아기들이 부르는) 엄마; 유모. 「*st.*〕 *n.pl.* 포유동물.

mammális, e, *adj.* [mamma] 유방의; 〔*sub-*

mammárĭus, a, um, *adj.* [mamma] 《解》 유방의; 유선(乳腺)의.

mammátus, a, um, *adj.* [mamma] 1. 유방이 있는. 2. 유방처럼 생긴. 「인.

mammeáta, æ, *f.* [mamma] 유방이 큰 부

mammícŭla, æ, *f. dim.* [mamma] 작은 젖꼭지. 「na.

mammon, *n. indecl.* 《*Sýria*어》 = mammó-

mammóna[-as], æ, *m.* 1. 재물, 재산, 돈. 2. [M-] 재물의 신(神) *Plutus.*

mammónĕus, a, um, *adj.* [mammóna] 재물의, 재물에 관한.

mammósus, a, um, *adj.* [mamma] 1. 유방이 큰, 큰 유방이 있는. 2. 유방형(乳房形)의, 부풀어 오른.

mámmŭla, æ, *f. dim.* [mamma] 1. 작은 유방. 2. (아기들이 부르는) 할머니.

mámphŭla, æ, *f.* (*Sýria*식의) 빵.

manábĭlis, e, *adj.* [mano] 쉽게 흘러드는; 스며드는.

manális, e, *adj.* [mano] 흘러나오는.

manámen, mĭnis, *n.* [mano] 흐름. 「나옴.

manátĭo, ónis, *f.* [mano] 누출(漏出), 새어

manceps, cĭpis[cŭpis], *m.* [manus + cápio[1]] 1. 구매인(購買人), 매입자. 2. (세금징수·공공〈公共〉 토목공사 따위의) 청부인, 입찰자; (토지·가옥 따위의) 차용인. 3. 보증인. 4. 소유자, 소유주.

mancipátĭo, ónis, *f.* [máncipo] 1. 재산 이양, 매각. 2. 구매(購買), 공식매매.

mancipátus, us, *m.* [máncipo] 1. 재산 양도, 매각. 2. (세금징수·토목공사·농토경작 따위를) 청부맡는 직업[직책].

mancípĭum, i, *n.* [manceps] 1. (법적 절차를 밟은) 재산취득, 구매, 구입, 소유권 취득: lex mancípii *(C.)* 구매계약, 거래계약 / mancípio dare *(C.)* 매각하다. 2. 소유권. 3. 소유 가축. 4. **노예**.

máncĭpo, ávi, átum, áre, *tr.* [manus + cápio¹] **1.** 손으로 잡다, 움켜쥐다. **2.** 팔다, 매도하다, 양도하다. **3.** 넘기다, 맡기다, 바치다.

mancup... *V.* mancip...

mancus, a, um, *adj.* **1.** (신체의 부분 특히) 손이 불구인, 병신의. **2.** 기형(畸形)의, 결함있는.

mandatárĭus, i, *m.* [mandátum] **1.** 위임을 받은 사람, 수임자(受任者), 대리인. **2.** 성직 수임을 명령받은 사람.

mandatéla, æ, *f.* 위임, 위탁.

mandátĭo, ónis, *f.* [mando¹] **1.** 위임, 위탁. **2.** 지령.

mandátor, óris, *m.* [mando¹] **1.** 위임자, 위탁자. **2.** 살인 의뢰인[훈령자]. **3.** 고발 선동자. **4.** 금전 대부 소개인[청탁자].

mandatórĭus, a, um, *adj.* [mandátor] 위임의, 위탁의; 명령의, 훈령(訓令)의.

mandátum, i, *n.* [mando¹] **1.** 위임, 위탁, 위촉. **2. 명령**, 지령, 훈령; 계명: mandáta Dei 하느님의 계명. **3.** 위임권.

mandátus, us, *m.* [mando¹] 위탁, 위임; 명령.

mandíbŭlum, i, *n.* [-la, æ, *f.*] [mando²] 《解》 턱; 턱뼈, 하악골(下顎骨).

mando¹, ávi, átum, áre, *tr.* **1.** 〔*alqd [alqm] - alci*〕 **맡기다**, 위탁하다, 위촉하다, 내어주다, 부탁하다, 의뢰하다: ~ se fugæ *(Cæs.)* 도망하다. **2.** 〔*alqd alci,* ad *acc.;* ut, ne; *subj., inf.*〕명하다, **명령하다**, 시키다, 책임지우다. **3.** 심다, (씨)뿌리다; 묻다: ~ semen terræ *(Col.)* 밭에 씨를 뿌리다 / ~ corpus humo *(V.)* 땅에 시체를 묻다. **4.** (마음에) 새기다, 간직하다: ~ memóriæ *alqd (C.)* 기억해두다 / ~ *alqd* lítteris [scriptis] *(C.)* 기록해두다.

mando², mandi, mansum, ĕre, *tr.* **1.** 씹다. **2.** 먹다. **3.** ~ humum *(V.)* 부상으로 땅에 쓰러져 죽다.

mando³, ónis, *m.* [mando²] 대식가, 탐식가.

mandra, æ, *f.* **1.** 가축우리, 외양간. **2.** 역축(役畜)의 떼.

mandrágŏras, æ, *m.* 《植》 흰독말풀.

Mandúbii, órum, *m.pl.* *Gállia Céltica*에 있던 한 종족, 그 수도는 *Alésia.*

manducábĭlis, e, *adj.* [mandúco¹] 먹을 수 있는, 먹을 만한.

manducátĭo, ónis, *f.* [mandúco¹] 먹음.

mandúco¹, ávi, átum, áre, *tr.* [mando²] 먹다; 씹다.

mandúco², ónis, *m.* [mandúco¹] 대식가, 탐식가.

mandúcus, i, *m.* [mandúco²] **1.** 대식가. **2.** 축제 때 입을 벌려 이빨을 드러내며 구경꾼들을 웃기던 큰 인형[가면].

Mandúrĭa, æ, *f.* *Calábria*의 지명.

mane, **1.** *n. indecl. (nom., acc.)* 아침. **2.** 〔*abl. adv.*〕 아침에: multo ~ *(C.)*, summo ~ 이른 아침에 / hódie ~ *(C.)* 오늘 아침에 / cras [crástino] ~ 내일 아침에.

mánĕo, mānsi, mānsum, ére, **I.** *intr.* **1.** 〔*absol.;* in *abl.,* ad *acc.*〕 **머무르다**, 정지하다. **2.** 묵다, 체류하다, 숙박하다, 밤을 지내다. **3.** 〔in *abl., abl.,* inter *acc.; absol.; alci*〕 계속되다, 지속[영속]하다, 남아있다; 효력을 계속 지니다: Mihi manébat solátium. *(C.)* 내게는 위로가 남아 있었다. **4.** 〔in *abl.,* intra *acc., absol.*〕 고집하다, 버티다, 견지하다, 항구하다: ~ in senténtiā *(C.)* 자기 생각을 굽히지 않다. **II.** *tr.* **1.** 기다리다, 참고 기다리다: ~ advéntum *alcjs (L.)* 도착을 기다리다 / Manébo te domi. *(H.)* 너를 집에서 기다리겠다. **2.** 〔*alqm*〕 (누구에게) 닥칠 것이다, 임박하다, (무슨 일이) 장차 있을 것이다: Te pœna manet. *(V.)* 너는 벌 받게 된다.

mānes, ĭum, *m.pl.* [manus] **1.** 죽은 사람들의 혼, 망령(亡靈). **2.** 시체. **3.** 하계(下界); 지옥의 고통.

mango, ónis, *m.* **1.** (물건을 털고 닦고 하여 비싸게 파는) 장사꾼. **2.** 인신(人身)상인, 소년·소녀 상인, 노예상인.

mangónĭco, ávi, átum, áre, *tr.* [mango] 상품(商品)을 돋보이게 꾸미다[눈가림하다], 속여서 팔다.

mangónĭcus, a, um, *adj.* [mango] 장사꾼의; 인신·노예 상인의.

mangónĭum, i, *n.* 상품(商品)에 대한 눈가림.

mánĭa[-nía], æ, *f.* 《醫》 조광(躁狂), 착란증.

maníăcus, a, um, *adj.* [mánia] 미친, 광란의.

mánĭca, æ, *f.* [manus] **1.** 긴 소매 (한쪽). **2.** 바른손 장갑.

mánĭcæ, árum, *f. pl.* [mánica] **1.** 긴 소매. **2.** 장갑. **3.** 수갑.

manicátus, a, um, *adj.* [mánicæ] 소매있는, 긴 소매가 달린.

mánĭco, ávi, átum, áre, *intr.* 아침에 오다.

manícŭla, æ, *f. dim.* [manus] **1.** 작은 손. **2.** 쟁기자루.

mánĭcus, a, um, *adj.* [mánia] 정신착란의; 조울병(躁鬱病)의.

manifestárĭus, a, um, *adj.* [maniféstus] 명백한, 뚜렷한, 부인할 수 없는, 범죄현장에서 발견된.

manifestátĭo, ónis, *f.* [manifésto] **1.** 드러냄, 명시, 표명, 발표; 발로(發露). **2.** 선언; 시위.

manifestátor, óris, *m.* [manifésto] 드러내는 사람, 발표자.

manifésto, ávi, átum, áre, *tr.* [maniféstus] 드러내다, 나타내다, 명백히 하다, 명시하다, 발표하다, 공표하다.

maniféstus, a, um, *adj.* [manus + *inust.* fendo] **1.** 명백한, 드러난, 분명한. **2.** 현장에서 붙잡힌; 증명된, 부인할 수 없는. **3.** 〔*adv.*〕 **-te, -to.**

Manílĭus, i, *m.* *Roma*인의 씨족명.

manipl... *V.* manipul...

maniprétĭum = manuprétium.

manipuláris, e, [**-rĭus,** a, um,] *adj.* 보병 중대의; 사병의; 같은 중대의.

manipulátim, *adv.* **1.** 한 묶음으로, 일단이 되어서. **2.** 중대(中隊) 단위로.

manípŭlus, i, *m.* [manus+pleo] **1.** 한줌, 작은 다발, 묶음. **2.** 《軍》 중대(中隊), 소부대. **3.** 《가》 수대(手帶).

Manísmus, i, *m.* 조상숭배.

Manliánum, i, *n. Cícero*의 별장.

Mánlĭus, i, *m. Roma*인의 씨족명; 특히 M. ~ Capitolínus, *Gállia*전쟁에서 *Roma*의 *Capitólium*을 구한 공이 있었으나 후에 왕권을 노렸다는 혐의로 살해되었음 (c. 384 A.C.); 〔*adj.*〕 **-liánus,** a, um: Manliána impéria *(L.)* 엄격한 명령, 압제(壓制), 폭군적 권력; *m.pl.* **-liáni,** *Mánlius*의 여당.

manna[1], æ, *f.* **1.** 유향(乳香) 알[부스러기]. **2.** 소량. 「장).

manna[2], *n. indecl.* 《聖》 만나 (*Exŏdus* 16

mánnŭlus, i, *m. dim.* [mannus] 《動》 작은 버새. 「에서 난 체구가 작은) 버새.

mannus[1], i, *m.* 《動》 (숫말과 암나귀 사이

Mannus[2], i, *m.* 고대 *Germánia*인들의 신으로서 최초의 인간이라고도 함.

mano, ávi, átum, áre, *intr., tr.* [*cf.* mádeo] **1.** 〔ex *abl., abl.*〕 흐르다, **흘러나오다,** 유출하다, 스며나오다: Sudor manat. *(Lucr.)* 땀이 흐른다 / Simulácrum multo sudóre manávit. *(C.)* 우상에서 많은 땀이 흘러나왔다. **2.** 쏟아지다, 쏟아져 나오다, 뿌려지다. **3.** 널리퍼지다, 발산하다, 전파되다. **4.** 〔*alqd*〕 흘리다, 쏟다: lácrimas ~ *(Ov.)* 눈물을 흘리다.

mánsĭo, ónis, *f.* [máneo] **1.** 머무름, 체류. **2.** 거처, 주택; 숙소, 여관.

mansionárĭus, a, um, *adj.* [mánsio] **1.** 건물의 문지기[수위], 건물 수직인. **2.** 《가》 직록(職祿)이 붙어있는 주교좌 성당 거주 성직자.

mánsĭto, ávi, átum, áre, *intr. freq.*[máneo] 거주하다, 살다, 정주(定住)하다; 동거하다.

mansiúncŭla, æ, *f.dim.* [mánsio] 작은 방.

mansor, óris, *m.* [máneo] 거주자; 체류자, 손님. 「는, 영주하는.

mansórĭus, a, um, *adj.* [mansor] 거처하

mansuárĭus, i, *m.* [mánsio] 소작지에 거주하는 농부.

mansuefácĭo, féci, fáctum, cĕre, *tr.* [mansuésco+fácio] **1.** 길들이다, 순치(馴致)하다. **2.** 교화[교육]하다, 감화시키다. 「致).

mansuefáctĭo, ónis, *f.* 길들임, 순치 (馴

mansuefío, fáctus sum, fíĕri, *pass.* [mansuefácio] 길들다, 순해지다, 양순해지다; 교화되다. 「진, 교화된.

mánsŭes, étis, *adj.* 길든, 순치된, 양순해

mansuésco, évi, étum, ĕre, *intr., tr. inch.* [manus+suésco] **1.** 길들다, 순해지다, 교화되다. **2.** 길들이다, 순하게 만들다, 교화하다. 「들이는 사람, 맹수 조련사.

mansuetárĭus, i, *m.* [mansuésco] 동물 길

mansuéto, áre, *tr.* [mansuétus] 길들이다.

mansuetúdo, dĭnis, *f.* [mansuétus] **1.** 길들어 있음, 순치(馴致)된 상태. **2.** **온순, 유순,** 양순, 온유. **3.** (아부배들이) 군주를 부를 때의 호칭.

mansuétus, a, um, *p.p., a.p.* [mansuésco] **1.** 길든, 순치(馴致)된. **2.** 온순한, 유순한, 양순한, 온유한.

mantéle, is, [**-lĭum,** i,] *n.* [manus+térgeo] 세수수건, 손수건; 식탁수건, 냅킨.

mantél(l)um, i, *n.* [mantéle] **1.** 식탁수건, 손수건. **2.** 구실, 핑계. 「자루.

mántĭca, æ, *f.* 배낭, 주머니, 자루, 동냥

mantícĭnor, átus sum, ári, *dep. tr.* 점치다, 예언하다. 「루, 주머니, 지갑.

mantícŭla, æ, *f. dim.* [mántica] 작은 자

manticulárĭus, i, *m.* 소매치기.

manticulátĭo, ónis, *f.* [mantículo] 소매치기함; 사기, 기만.

mantícŭlo, áre, [**-lor,** átus sum, ári, *dep.*] *tr.* **1.** 소매치기하다, 도둑질하다. **2.** 속

mantíle = mantéle. └이다, 협잡하다.

Mantĭnéa, æ, *f. Arcádia*의 도시, 이 부근에서 *Epaminóndas*가 *Sparta*군을 격파했음 (362 A.C.).

mantísa, æ, *f.* 덤, 좀더 얹어 주는 것.

manto[1], áre, *intr., tr. freq.* [máneo] 머물다, 기다리다.

Manto[2], us, *f. Thebæ*시의 예언자인 *Tirésias*의 딸, 이 딸도 예언자[무당]이었음.

Mántŭa, æ, *f. Gállia Transpadána*의 도시, *Míncius*강변에 있으며 그 부근에 *Virgílius*의 출생지인 *Andes*가 있음 (지금의 *Mantova*). 「서; 편람(便覽); 기도서.

manuále, is, *n.* [manuális] 작은 책, 교과

manuális, e, *adj.* [manus] 손의; 손안의, 손에 들만한, 손으로 하는: vehículum manuále *(Cœl.)* 손수레 / manuále saxum *(Ta.)* 손으로 던질 수 있는 돌.

manuárĭus, a, um, *adj.* [manus] 손의; 〔*subst.*〕 *m.* 손버릇 나쁜자, 도둑.

manuátus, a, um, *adj.* [manus] 손이 있는.

manuballísta, æ, *f.* (손으로 쏘는) 작은 투석기(投石機). 「수(射手).

manuballistárĭus, i, *m.* 작은 투석기 사

manúbĭa, æ, *f.* [manus] 번개, 벼락, 전광.

manúbĭæ, árum, *f.pl.* [manúbia] **1.** 전리품을 팔아서 얻은 돈 (특히 사령관은 자기 몫의 돈으로 공공 건물을 지었음). **2.** 전리품, 약탈물. **3.** 지방관리들의 횡령행위.

manubiális, e, *adj.* [manúbiæ] 전리품의; 전리품을 팔아서 생긴.

manubiárĭus, a, um, *adj.* [manúbiæ] **1.** 전리품의, 약탈하여 얻은. **2.** 이익을 얻

어낼 수 있는, 도움이 되는.

manubriátus, a, um, *adj.* [manúbrium] 자루 달린, 손잡이 달린.

manubríŏlum, i, *n. dim.* [manúbrium] 작은 자루, 작은 손잡이.

manúbrĭum, i, *n.* [manus] 자루, 손잡이.

manudúco, ĕre, *tr.* [manus+] 손잡고 인도하다.

manufactúra, æ, *f.* [manus+fácio] 수공업, 세공, 제작.

manufáctus, a, um, *adj.* [manus+] 손으로 만든, 인조의.

manufest... *V.* manifest...

manúlĕa, æ, *f.* [manus] **1.** 소매. **2.** 노포(弩砲)의 걸쇠.

manuleárĭus, i, *m.* [manúlea] 소매있는 옷 만드는 사람.

manuleátus, a, um, *adj.*[manúlea] 소매가 달린; 소매 달린 túnica를 입은.

manúlĕus, i, *m.* [manus] (옷의) 소매. 「방.

manumíssĭo, ónis, *f.* [manumítto] 노예해

manumítto, mísi, míssum, ĕre, *tr.* [manus+mitto] (노예를) 석방하다, 해방하다 (주인이 노예의 손·머리 따위를 붙잡고 세번 《Hunc hóminem líberum esse volo.》《나는 이 사람이 자유민이 되는 것을 원한다》라고 말하면서 손을 뗌으로써 노예의 자유해방이 성립되었음).

mánŭor, ári, *dep. tr.* 도둑질하다, 남의 물건에 손대다. 「보수, 급료.

manuprétĭum, i, *n.* [manus] **1.** 노임. **2.**

manus, us, *f.* **1. 손**: suā manu*(C.)* 제손으로, 자신이 / dare manum*(Q.)* 도와주다, 거들다 / dare manus *alci(Pl.)* 항복하다 / accédere ad manum*(C.)* 동물이 길들다 / injícere manum *alci(C.)* 체포하다, 붙잡다 / in mánibus habére*(C.)*〔*alqm*〕누구를 소중히 여기다;〔*alqd*〕무엇에 힘을 기울이다, 한창 하는 중이다 / in mánibus esse *(C.)* (책이 보급되어) 손쉽게 읽을 수 있다 / In mánibus est *alqd.(Cæs.)* (손) 가까이 있다 / Manus manum lavat.*(Petr.)* 손이 손을 씻는다, 상부상조 / mánibus pedibúsque *(T.)* 온갖 힘을 다해서 / plenā manu*(C.)* 한껏, 듬뿍; 힘껏. **2.** 동물의 앞발; 코끼리의 코. **3.** 나무의 가지. **4.** 힘, 용기, 용맹: manu fortis 용감한. **5.** 무력, 병력; 격투, 접전: conférre manum*(V.)* 접전하다, 백병전하다. **6.** 무기, 검, (해전 무기로서의) 쇠갈고리. **7.** 지배, 권력, (상관할 수 있는) 권리, 관할권, 재량권, 수중(手中); 부권(父權·夫權), 친권: in manu *alcjs[alci]* esse*(C., Pl.)* 누구의 지배하에 있다, 누구에게 달려있다, 예속되다. **8.** 폭력, 완력: afférre manus*(C.)* 폭력을 가하다, 치명상을 입히다, 살해하다 / sibi inférre manus*(C.)* 자살하다. **9.** 공력(功力), (미술 작품 따위의) 손질: ~ extréma [última]*(C.)* 끝손질; 마무리. **10.** 인공(人工), 수공, 손일, 기술. **11.** 솜씨; 글씨, 필치, 필적(筆蹟); 미술작품. **12.** 집단, 군중, 무리. **13.** 《軍》 부대, **군대.** **14.** (칼 싸움에서) 공격, 일격(一擊). **15.** 편, 쪽: esse ad hanc manum*(T.)* 이쪽에 있다.

manuscríptus, a, um, *adj.* [manus+scribo] 손으로 쓴;〔*subst.*〕*n.* **1.** 사본(寫本). **2.** 원고. 「건.

manutérgĭum, i, *n.* [manus+térgeo] 손수

manutígĭum, i, *n.* [manus+tango] 손으로 비빔, 문지름.

manzer, ĕris, *m., f.* 사생아.

mapálĭa, ĭum, *n.pl.* 오두막, 천막, 막사.

mappa, æ, *f.* **1.** 식탁수건; 상보, 식탁보; 《가》 altáris ~ 제대포(祭臺布). **2.** (내던져서 경기 개시를 알리던) 신호깃발.

máppŭla, æ, *f. dim.* [mappa] 작은 식탁수건; 작은 상보. 「(지금의 *Samarkand*).

Maracánda, órum, *n.pl. Sogdiána*의 수도

marásmus, i, *m.* 《醫》 소모, 쇠약.

Márăthon, ónis, [**-thóna,** æ,] *f. Attĭca*의 동해안에 있는 촌, 이곳 평원에서 *Athénæ*의 장군 *Miltíades*가 *Pérsia*의 대군을 격파했음(490 A.C.);〔*adj.*〕**-ónĭus,** a, um.

marathrítes, æ, *m.* 회향주(茴香酒).

maráthrum, i, *n.* 《植》 회향(茴香).

Marcelléa[-ía], órum, *n.pl. Syracúsæ*에서 거행된 *Marcéllus* 가문 기념 축제.

Marcéllus, i, *m. Roma*인의 *Cláudia*씨족의 가문명. **1.** M. Cláudius ~, *Hánnibal*과 싸워 처음으로 승리한 사람으로 *Syracúsæ*를 점령함(212 A.C.). **2.** M. Cláudius ~, *Augústus*의 조카로 그의 요절을 *Virgílius*가 서술함(23 A.C.);〔*adj.*〕**-lliánus,** a, um.

márcĕo, ŭi, ére, *intr.* **1.** 시들다, 이울다, 마르다, 위축하다. **2.** 쇠약하다, 무력해지다, 나른하다; 의기소침하다.

marcésco, ĕre, *intr. inch.* [márceo] **1.** 시들다, 이울다, 마르다; (빛이) 바래다. **2.** 쇠약해지다, 나른해지다; 의기소침하다.

márchĭa, æ, *f.* 변경(邊境), 변방.

márchĭo, ónis, *m.* 변경백(邊境伯, 신성〈神聖〉 *Roma* 제국 변경의 태수〈太守〉), 후작(侯爵).

márcĭdus, a, um, *adj.* [márceo] **1.** 시든, 이운, 말라죽은. **2.** 쇠약한, 쇠잔한, 무력한; 나른한. **3.** 의기소침한.

Márcĭus, i, *m. Roma*인의 씨족명; 특히 Ancus ~, *Roma* 제4대 왕(재위 640-616 A.C.);〔*adj.*〕**-ciánus[-cĭus],** a, um.

Marcodúrum, i, *n. Ubii*족의 도시 (지금의 *Düren*).

Marcómăni[-mánni], órum, *m.pl.* 중부 *Germánia*에 있었던 유력한 종족, *Suévi*족의 일부;〔*adj.*〕**-mán(n)ĭcus,** a, um.

marcor, óris, *m.* [márceo] **1.** 삭음, 사그라짐, 문드러짐, 부패. **2.** 나른함, 쇠약,

무력. 「[망치].

márcŭlus, i, *m. dim.* [marcus] 작은 마치

marcus[1]**,** i, *m.* 망치.

Marcus[2]**,** i, *m.* **1.** *Roma*인의 개인명(略: M.). **2.** 신약성서의 둘째 복음사가(福音史家): Evangélium secúndum Marcum 마르꼬의 복음서(略: Marc., Mc.).

Mardi, órum, *m.pl. Média*에서 주로 약탈을 행하던 종족.

Mardónĭus, i, *m. Pérsia*의 *Daríus Hystáspes*왕의 양자, *Pérsia*군의 장군, *Platǽæ*에서 전사(479 A.C.).

mare, is, *n.* **1.** 바다: ~ Océanum *(Cæs.)* 대서양 / nostrum ~ *(Cæs.)* 지중해 / ~ clausum 영해(領海) / ~ líberum 공해(公海) / terrā maríque *(C.)* 육지와 바다에서 / mária et montes pollicéri (바다와 산을 즉) 엄청난 것을 약속하여 유혹하다. **2.** 바닷물, 짠물. **3.** 바닷물빛. **4.** 해안지방.

Márĕa [Mareóta], æ, *f. Ægýptus*[1]의 *Alexandría*에서 멀지 않은 곳에 있는 도시 및 호수; 〔*adj.*〕 **-ótĭcus,** a, um; **-ótis,** tĭdis, *Márea*호수의.

margaríta, æ, *f.* [**-tum,** i, *n.*] 진주, 보석.

margaritárĭus, a, um, *adj.* 진주의; 〔*subst.*〕 *m.* 진주조개잡이하는 사람, 진주상인; *f.* 여자 진주상인.

margaritátus, a, um, *adj.* 진주로 장식된.

margarítĭfer, ĕra, ĕrum, *adj.* 진주를 산출하는, 진주조개의. 「**-ánus,** a, um.

Margiána, æ, *f. Pérsia*의 지명; 〔*adj.*〕

marginális, e, *adj.* [margo] **1.** 가장자리의, 변두리의, 가의, 테두리의. **2.** (책의) 난외의. **3.** 변경(邊境)의.

márgĭno, ávi, átum, áre, *tr.* [margo] 테를 두르다, 에워싸다, 깃을 달다.

margo, gĭnis, *m.f.* **1. 가장자리, 가,** 테두리, 변두리, 시울. **2.** 강변, 해변. **3.** 경계; 변경(邊境). **4.** 책장의 가장자리, 난외(欄外), 여백. 「어머니 마리아.

María, æ, *f.* 여자이름; 특히 그리스도의

Mariális, e, *adj.* 성모 *María*에게 바쳐진: rosárium Mariále, *María*의 묵주.

Mariánus, a, um, *adj.* **1.** 성모 *María*의. **2.** *Márius*의. 「아내, *Latínus*의 어머니.

Maríca, æ, *f. Itália*의 옛 여신, *Faunus*의

marínus, a, um, *adj.* [mare] **1.** 바다의, 해양의; 바다에 사는, 해산(海産)의. **2.** 해상(海上)의. 「리아론.

Mariologia, æ, *f.* 《神》 마리아(신)학, 마

marísca, æ, *f.* 《植》 무화과의 일종 (실과는 크고 맛이 없음).

maríta, æ, *f.* [marítus] 아내, 처(妻).

maritális, e, *adj.* [marítus] **1.** 남편의: potéstas ~ 부권(夫權). **2.** 결혼한, 부부의.

marítĭmus, a, um, *adj.* [mare] **1.** 바다의, 바다에 사는, 바다에서 나는. **2.** 바닷가의, 해안의, 연안의, 연해(沿海)의; 〔*subst.*〕 *n.pl.* 해안지방.

márĭto, ávi, átum, áre, *tr.* [marítus] **1.** 결혼시키다, 장가들이다; 시집보내다. **2.** 〔*pass.*〕 (동물이) 교미하다. **3.** 접목(接木)시키다, 접붙이다. **4.** 수태시키다.

marítŭmus = marítimus.

marítus, a, um, *adj.* [mas] **1.** 결혼의, 혼인의; 부부의. **2.** 교미의; 접목의; 비옥하게 하는. **3.** 〔*subst.*〕 *m.* 1) **남편,** 장부, 신랑. 2) (동물) 수컷; *f.* 아내; *m.pl.* 부부.

Márĭus, i, *m. Roma*인의 씨족명; 특히 C. ~, *Jugúrtha* · *Cimbri*족 · *Téutoni*족의 정복자(156－86 A.C.); 〔*adj.*〕 **-riánus[-rĭus],** a, um.

Marmárĭca, æ, *f.* 북부 *Afrĭca*의 지명(지금의 *Barka*); 〔*adj.*〕 **-cus[-cénus],** a, um.

Marmárĭdes, æ, *m. Marmárica* 출신의 사람.

marmor, ŏris, *n.* **1. 대리석. 2.** 대리석판, 대리석상, 대리석 가루. **3.** 잔잔하고 빛나는 해면(海面).

marmorárĭus, a, um, *adj.* [marmor] 대리석의, 대리석으로 만든; *m.* 대리석공, 대리석의 조각가. 「로 건축함.

marmorátĭo, ónis, *f.* [mármoro] 대리석으

marmorátum, i, *n.* [mármoro] **1.** (벽이나 도로 포장에 쓰는) 석회와 대리석 부스러기를 풀가사리의 액체로 이긴 반죽. **2.** 대리석 건물.

marmórĕus, a, um, *adj.* [marmor] **1.** 대리석의, 대리석으로 만든. **2.** 대리석 같이 흰[빛나는·반들반들한].

mármŏro, ávi, átum, áre, *tr.* [marmor] 대리석으로 입히다, 대리석을 깔다.

marmorósus, a, um, *adj.* [marmor] 대리

marmur = marmor. 「석의 성질이 있는.

marmúscŭlum, i, *n.* 대리석 조각[파편].

Maro, ónis, *m. Virgílius*의 성(姓)[가문명]; 〔*adj.*〕 **-ronéus[-niánus],** a, um.

Marobódŭus, i, *m. Suévi*족의 왕, *Germánia*의 한 수령인 *Armínius*에게 패하여 *Augústus*에게로 도망감.

Maronéa[-ía], æ, *f.* **1.** *Thrácia*의 해안도시, 포도주 생산지로 유명함. **2.** *Sámnium*의 도시. **3.** 〔*adj.*〕 **-néus,** a, um; 〔*subst. deriv.*〕 **-nítæ,** árum, *m.pl.* 그곳 주민.

Marpéssus, i, *m. Paros*섬의 산; 〔*adj.*〕 **-sĭus,** a, um.

marra, æ, *f.* 호미.

Marrúbĭum[-vĭum], i, *n. Marsi*족의 수도; 〔*adj.*〕 **-bĭus,** a, um.

Marrucíni, órum, *m.pl.* 중부 *Itália*의 동해안 지방에 있던 한 종족.

Mars, Martis, *m.* **1.** 전쟁의 신, **군신**(軍神), 희랍의 *Ares*에 해당: Martis dies 화요일. **2.** 전쟁, 싸움, 전투. **3.** 무용(武

勇), 사기(士氣). 4. Marte, 자력(自力)으로: Marte nostro *(C.)* 우리들만의 힘으로. 5. 무운(武運), 전쟁의 결과. 6. 《天》 화성.
Marsáci, órum, *m.pl. Gállia Bélgica*에 있던 한 종족.
Marsi, órum, *m.pl. Látium*에 있던 한 종족, *Roma*인의 강적이었던 때가 있음; 〔*adj.*〕 **-sĭcus[-sus],** a, um.
marsúpĭum, i, *n.* 돈주머니, 돈지갑.
Mársўa(s), æ, *m. Apóllo*신과 퉁소불기 내기에 져서 산 채로 가죽 벗김을 당했음.
Martiális[1], e, *adj. Mars*의; 전쟁의: lex ~ 계엄령; 〔*subst.*〕 *m.pl.* 1) Mártia légio (*Mars*군단)의 병사. 2) 일부 도시의 *Mars* 신의 제관.
Martiális[2], is, *m.* M. Valérius ~, *Hispánia*의 *Bílbilis* 출신인 *Roma*의 풍자시인 (c. 40 - 98 P.C.). 「배자.
Martícŏla, æ, *m.* [Mars + colo[2]] *Mars*의 숭
Martígĕna, æ, *m.* [Mars + gigno] 군신(軍神) *Mars*의 아들.
Mártĭus[1], a, um, *adj.* **1.** 군신(軍神) *Mars*에게 봉헌된: Mártia légio *(C.)* *Mars* 군단. **2. 3월의.**
Mártĭus[2], i, *m.* (*sc.* mensis) [Mártius[1]] 3월.
martyr, tўris, *m., f.* **1.** 증인. **2.** 순교자. **3.** 순국자, 순직자.
martyriális, e, *adj.* 순교의, 순교자에 관한; 〔*subst.*〕 *m.* 순교자의 분묘나 유해 관리인.
martýrĭum, i, *n.* [martyr] **1.** 순교; 순국, 순직. **2.** 순교자 묘소. **3.** (순교자가 아니더라도) 성인에게 봉헌된 성당.
martyrízo, áre, *tr.* 순교시키다, 순교자로 죽게 하다.
martyrológĭum, i, *n.* 순교록(殉敎錄), (간단한 역사적 설명을 붙인) 순교자 (및 성인) 축일표. 「의 한 지류. 2. 인명.
Marus, i, *m.* **1.** *Hister* (*Danúbius*강 하류)
mas, măris, *m., adj.* **1.** 사내, 남자, 남성; 수컷. **2.** 남자의, 남성의; 수컷의; 《植》 웅성(雄性)의. **3.** 남자다운, 힘센, 꿋꿋한: mares ánimi *(H.)* 남성다운 용기.
masculésco, ĕre, *intr.* [másculus] (식물이) 웅성화(雄性化)하다.
masculínus, a, um, *adj.* [másculus] **1.** 사내의, 남성의, 남자의; 수컷의. **2.** 남자다운, 남성적. **3.** 《文法》 남성의: genus masculínum (명사·대명사·형용사의) 남성 *(m.)*.
máscŭlus, a, um, *adj. dim.* [mas] **1.** 사내의, 남성의; 수컷의. **2.** 《植》 웅성(雄性)의. **3.** 남성적인, 힘센, 꿋꿋한.
Masinissa, æ, *m. Numídia*의 왕, *Jugúrtha*의 조부.
massa, æ, *f.* **1.** 덩어리, 덩이. **2.** 치즈, 건락(乾酪). **3.** 금속괴(金屬塊). **4.** 집단. **5.** 질량(質量). 「있던 *Scýthia*의 한 종족.
Masságĕtæ, árum, *m. pl.* 카스피해 동쪽에
massális, e, *adj.* [massa] 덩어리를 이룬, 덩어리진.
mássăris, is, *f.* 《植》 *Africa*산 약용 미루.
massatícius, a, um, *adj.* 덩어리진.
masséter, tri, *m.* 《解》 교근(咬筋).
masseterĭcus, a, um, *adj.* [masséter] 《解》 교근(咬筋)의.
Mássĭcus, i, *m. Campánia*의 산, 포도주로 유명했음 (지금의 *Monte Massico*); 〔*adj.*〕 **-cus,** a, um; *n.* **-cum,** *Mássicus*의 포도주; *n.pl.* **-ca,** *Mássicus*의 산간지방.
Massílĭa, æ, *f. Gállia Narbonénsis*의 항구 (지금의 *Marseilles*); 〔*adj.*〕 **-liénsis,** e; **-litánus,** a, um.
Massinissa = Masinissa. 「만들다.
masso, ávi, átum, áre, *tr.* [massa] 덩어리로
massónĭcus, a, um, *adj.* **1.** 숙련 석공조합의. **2.** 프리이메이슨의, 비밀결사의: secta massónica 프리이메이슨 단(團).
mássŭla, æ, *f. dim.* [massa] 작은 덩어리.
Massýli, órum, *m.pl.* 동부 *Numídia*에 있던 한 종족; 〔*adj.*〕 **-l(ĭ)us,** a, um.
Mastánăbal, ălis, *m. Masinissa*의 막내아들, *Jugúrtha*의 아버지. 「(咀嚼).
masticátĭo, ónis, *f.* [mástico] 씹음, 저작
masticatórĭus, a, um, *adj.* 씹기에 알맞는, 저작(咀嚼)의.
mastichátus, a, um, *adj.* 유향으로 바른.
mástĭc(h)e, es, *f.* 유향수지(乳香樹脂).
mastíc(h)ĭnus, a, um, *adj.* 유향수지의.
mástĭco, ávi, átum, áre, *tr.* 씹다, 저작(咀嚼)하다. 「(惡漢).
mastígĭa, æ, *m.* 매맞을 놈, 나쁜 놈, 악한
mastítis, stítĭdis, *f.* 《醫》 유선염(乳腺炎), 유방염.
mastix, ĭchis, *f.* 유향수지(乳香樹脂).
mastoídĕus, a, um, *adj.* 《解》 유두상(乳頭狀)의, 유양(乳樣)돌기의.
mastrúca[-rúga], æ, *f.* 모피(毛皮)옷.
mastrucátus, a, um, *adj.* [mastrúca] 모피옷을 입은.
masturbátĭo, ónis, *f.* [mastúrbo] 수음(手淫), 자독행위(自瀆行爲).
mastúrbo, ávi, átum, áre, *tr., intr.* [manus + stupro] 수음[자독(自瀆)]행위를 하다.
mátăra, æ, [**-is,** is,] *f.* (던지는) 창(槍).
matélla, æ, *f. dim.* [mátula] **1.** 단지, 항아리. **2.** 요강. 「단지.
matéllĭo, ónis, *m. dim.* [mátula] 물항아리,
māter, tris, *f.* 〔*gen. pl.* **-trum**〕 **1.** 어머니, 모친: píetas in matrem *(C.)* 어머니에게 대한 효성 / ~ famílias 주부(主婦) / Mater dolorósa 비애의 성모 (마리아). **2.** 유모. **3.** 마님. **4.** (동물의) 어미. **5.** 대지(大地). **6.** 모국, 조국; 수도(首都). **7.** 모교(母校).

8. 기원, 원인, 근원, 원천: Mater ómnium bonárum ártium sapiéntia est.*(C.)* 모든 예술의 근원은 지혜이다. 9. 《解》 뇌막.

matércŭla, æ, *f. dim.* [mater] 엄마; 소심한 어머니.

materfamílĭas, matrisfamílĭas, *f.* 주부(主婦), 안주인.

matérĭa, æ, [**-rĭes,** éi,] *f.* 1. **물질; 재료,** 원료; 바탕, **질료**(質料). 2. 나무, 나뭇가지, 나무줄기[등걸]; 목재, 재목. 3. 음식물, 영양분. 4. (동물의) 혈통, 종(種). 5. (책·논문·연설 따위의) **내용,** (토의 따위의) 문제, 주제; (시험의) 범위. 6. 거리, 재료, 감: ~ ad jocándum*(C.)* 농담거리. 7. 기회, 원인, 동기, 계기, 구실. 8. 정신적 바탕, 재능, 천성.

materiális, e, *adj.* 1. **물질의,** 물질상의, **물질적.** 2. 재료의; **질료적**(質料的). 3. 유형(有形)의.

materialísmus, i, *m.* 1. 유물론, 유물주의. 2. 물질주의; 실리주의.

materialísta, æ, *m.(f.)* 유물론자, 유물주의자; 물질주의자; 실리주의자.

materialístĭcus, a, um, *adj.* 유물론적; 물질주의적, 실리주의의: interpretátio materialística históriæ 유물사관.

materiálĭtas, átis, *f.* [materiális] 1. 물질성, 유형(有形). 2. 유형물, 실체.

materiárĭus, a, um, *adj.* [matéria] 목재의, 재목의.

materiátĭo, ónis, *f.* [matério] 건축용 재목, 건축의 목재부분.

materiatúra, æ, *f.* 대목(大木) 기술[일].

matérĭes, éi, *f.* = matéria.

materínus, a, um, *adj.* 목재같이 굳은.

matérĭo, ávi, átum, áre, *tr.* [matéria] 목조로 건축하다[짓다], 목재로 조립하다: male materiátus*(C.)* 뼈대가 변변치 않은.

matérĭor, átus sum, ári, *dep. intr.* [matéria] 재목을 베다, (방책을 만들) 나무를 자르다.

materiósus, a, um, *adj.* 재료가[물질이] 풍부한.

mátĕris, is, *f.* (무기로서의) 투창(投槍).

matérnĭtas, átis, *f.* [mater] 모성(母性); 어머니다움, 모성애.

matérnus, a, um, *adj.* [mater] 1. 어머니의, 어머니다운, 모성의. 2. (혈연관계가) 모계(母系)의, 외가의.

matértĕra, æ, *f.* [mater] 이모, 어머니의 자매: ~ magna 할머니의 자매 / ~ major 증조모의 자매.

mathemátĭca, æ, *f.* 1. 수학(數學). 2. 점성술, 점성학.

mathemátĭcus, a, um, *adj.* [mathésis] 수학(數學)의, 수학상의, 수학적: mathemáticæ disciplínæ, 수리학(數理學: 기하, 대수; 천문학, 음악, 지리학, 광학 따위의 총칭); 〔*subst.*〕 *m.* 1. 수학자, 수학선생, 2. 점성가.

mathésis, is, *f.* 1. 수학. 2. 점성학, 점성술.

Matínus, i, *m.* *Apúlia*에 있는 산 (지금의 *Matinata*); 〔*adj.*〕 **-nus,** a, um.

Matísco, ónis, *f.* *Ædŭi*족의 도시.

Mátĭus, i, *m.* *Roma*인의 씨족명; 〔*adj.*〕 **-tĭus** [**-tiánus**], a, um.

Matrálĭa, ĭum, *n.pl.* *Matúta*의 제전 (귀부인들이 7월 11일에 지냈음).

matrális, e, *adj.* [mater] 어머니의, 모성의.

matrésco, ĕre, *intr.* [mater] 어머니를 닮다.

matriárcha, æ, *f.* 여가장(女家長), 여족장(女族長).

matriarchátus, us, *m.* 모권제(母權制).

matricális, e, *adj.* [matrix] 《解》 자궁의.

matricída, æ, *m. f.* [mater + cædo] 어머니를 죽인 자, 모친살해범.

matricídĭum, i, *n.* [mater + cædo] 어머니 살해(죄).

matrícŭla, æ, *f.* (회원·학적·병적 따위의) 명부, (특정인의) 명단, 등록부, 등록, 등록번호.

matriculárĭus, i, *m.* 교구(敎區) 명단에 오른 극빈자.

matrimoniális, e, *adj.* [matrimónium] 결혼에 관한, 결혼의, 혼인의.

matrimónĭum, i, *n.* [mater] **결혼, 혼인:** in ~ ire *(Pl.),* ~ iníre 결혼하다 / in ~ *alqam* dúcere*(C.)* 아무를 아내로 맞아 들이다 / in ~ collocáre*(C.)* [dare*(Cæs.)*] (딸을) 결혼시키다 / ~civíle 민법상의 혼인 / ~ratum 유효[확인]혼인 / ~ consummátum 기수혼인(旣遂婚姻) / ~ legítimum 미신자 사이의 합법적 (정식)혼인.

matrímus, a, um, *adj.* [mater] 살아 계신 어머니가 있는.

matrína, æ, *f.* [mater] 대모(代母).

matrix, ícis, *f.* [mater] 1. (번식목적으로 사육되는) 가축[짐승]의 암컷; 씨암탉. 2. 모수(母樹). 3. 《解》 자궁. 4. 모체(母体), 모조직(母組織), 모질(母質), 기질(基質): ~ unguis 조상(爪床). 5. 《生》 세포간질(細胞間質). 6. 주형(鑄型). 7. 명부(名簿). 8. 기원(起源).

matróna[1], æ, *f.* **기혼부인,** 아내; **귀부인;** 여자.

Matróna[2], æ, *f.* *Séquana*강의 지류.

Matronálĭa, ĭum, *n.pl.* *Roma*의 부인들이 매년 3월 1일 거행한 *Mars*신의 제전.

matronális, e, *adj.* [matróna] 아내의, 아내다운, 부인다운; 귀부인의.

matronátus, us, *m.* [matróna] 귀부인의 몸가짐, 주부의 지위.

matronómĭcus, a, um, *adj.* [mater + nómino] 어머니 이름에서 온.

matruélis, is, *m.* [mater] 이종 사촌.

matta, æ, *f.* 멍석, 돗자리, 매트.

mattárĭus, i, *m.* [matta] 돗자리에 누워서 자는 사람.

máttĕa [**-tĕŏla**], æ, *f.* 맛있는 것, 과자, 진미.

mátŭla, æ, *f.* 단지, 병; 타구, 요강.

maturátĭo, ónis, *f.* [matúro[1]] 1. 촉성(促成); 서두름, 조급. 2. 성숙, 원숙.

matúre, *adv.* [matúrus] **1.** 제때에, 시간에 알맞게, 때마침. **2.** 일찍, 즉시, 신속히. **3.** 이르게, 시기상조하게.

maturésco, rŭi, ĕre, *intr. inch.* [matúrus] **1.** 익어가다, 익다, 성숙하다. **2.** 필요한 때가 되다, 만기(滿期)가 되다; 성년(成年)이 되다.

matúrĭtas, átis, *f.* [matúrus] **1.** 성숙, 원숙, 완성. **2.** 충분한 발달, 성숙기, 성년(成年). **3.** 기회, 적기(適期), 적시(適時). **4.** 조기(早期), 빠름, 신속. **5.** 《醫》 화농(化濃).

matúro¹, ávi, átum, áre, [matúrus] **I.** *tr.* **1.** 익히다, 익게 하다, 성숙하게 하다. **2.** 마치다, 완성하다: ~ cœpta *(L.)* 시작한 것을 마치다. **3.** 〔*alqd; inf.*〕 서두르다, 급히 하다, 촉진하다. **4.** 시기를 앞당기다, 앞질러하다. **II.** *intr.* **1.** 익다, 성숙하다. **2.** 서두르다, 빨리 하다: Maturáto opus est.*(L.)* 서둘러야 한다.

matúro², *adv.* 때마침, 일찌기.

matúrus, a, um, *adj.* **1.** **익은,** 성숙한, 여문, 영근. **2.** 적령의, 성년(成年)의. **3.** 적기(適期)의, 적시의. **4.** 〔*absol.; gen.,* ad *acc.*〕 완전히 발달한, **원숙한,** **숙련된,** 완성된. **5.** 조급한; (때·철이) **이른,** 시기상조의; **일찍 오는[하는].** **6.** 〔*absol.; abl., gen.*〕 나이 많은, 연로한: ~ ævi *(V.)* 노인.

Matúta, æ, *f.* **1.** 고대 *Itália*의 새벽[서광]의 여신. **2.** 새벽.

matutinális, e, *adj.* [matutínus] 이른 아침의.

matutínus, a, um, *adj.* [Matúta, *cf.* mane] 아침의, 이른 아침의; 〔*subst.*〕 *n.* 아침(시간), 이른 아침; 〔*adv.*〕 **-ne, -no.**

Mauretánĭa, æ, *f.* = Mauritánia.

Mauri [-rúsĭi], órum, *m.pl.* *Mauritánia*에 있던 종족; 〔*adj.*〕 **-rus,** a, um.

Mauritánĭa, æ, *f.* 서북 *Afrĭca*의 옛 왕국, *Mauri*인의 나라; 〔*adj.*〕 **-ritánĭcus [-retánĭcus],** a, um.

Maurúsĭa, æ, *f.* *Mauritánia*의 희랍명칭; 〔*adj.*〕 **-sĭus [-síăcus],** a, um.

Mausoléum, i, *n.* **1.** *Artemísia*가 자기 남편인 *Mausólus* 왕을 위하여 만든 유명한 왕릉. **2.** 왕의 묘, 능; 화려한 묘역.

Mausólus, i, *m.* *Cária*의 왕, *Artemísia*의 남편; 〔*adj.*〕 **-soléus,** a, um.

mavis, *2. pers. sg. præs. indic.* [malo].

mávŏlo, malo의 옛 형태.

mavors¹, órtis, *m.* 목과 어깨를 가리는(어린이·부인용) 옷.

Mavors², órtis, *m.* 《古·詩》 *Mars* 군신(軍神); 〔*adj.*〕 **-vórtĭus,** a, um.

maxílla, æ, *f. dim.* [mala] **1.** 《解》 턱, 턱뼈, 상악골(上顎骨). **2.** 뺨.

maxilláris, e, *adj.* [maxílla] 턱의; 뺨의.

máxĭme, *adv. superl.* [magis¹, máximus] **1.** 매우 크게, 매우, 극히, 무한히, 제일 크게, 제일로: res ~ necessária *(C.)* 지극히 필요한 것 / quam ~, 최대한으로 / quam ~ possum, 내가 할 수 있는 대로. **2.** 훨씬: unus ómnium ~, 누구보다도 힘센 큰. **3.** 특히, 주로: poétæ, maximéque Homérus, 시인들(그중에서도) 특히 *Homérus* / et ~ *(C.)* 그리고 특히. **4.** 정확히: cum ~, nunc cum ~ *(C.)* 정확히…한 때. **5.** 〔대답〕 물론, 그렇고 말고.

maxímĭtas, átis, *f.* 크기, 광대(廣大).

maximópĕre, *adv. superl.* = magnópere.

máxĭmus¹, a, um, *adj. superl.* [magnus] 제일 큰, 최대의, 가장[지극히] 큰.

Máxĭmus², i, *m.* *Roma*인의 가문명[성].

maxum... *V.* maxim...

maza, æ, *f.* 보리떡; 개밥.

Mázăca, æ, *f.* *Cappadócia*의 수도.

mazónŏmus, i, *m.* 큰 접시, 고기접시.

me, *acc., abl.* [ego] 나를, 나로써.

meábĭlis, e, *adj.* [meo] **1.** 통행[통과]할 수 있는. **2.** 투과(透過)할 수 있는.

meácŭlum, i, *n.* [meo] 통로, 길.

meátim, *adv.* 내식대로, 나하는 대로.

meátĭo, ónis, *f.* [meo] 보행; 통행.

meátor, óris, *m.* [meo] 길가는 사람, 행인; 여행자.

meátus, us, *m.* [meo] **1.** 운동, **운행; 통행,** 통과, **왕래,** 갔다옴; (새의) 날아다님. **2.** 길, 통로, 통행로, 수로. **3.** 《解》 …도(道): ~acústicus 이도(耳道) / ~ nasi 비도(鼻道).

mecástor, *interj.* [Castor²] 〔여자들이 맹세할 때에 쓰는 말〕 맹세코! 정말로, 진짜로!

mechanéma, ătis, *m.* 수공예품, 미술작품.

mechánĭca, æ, [-ce, es,] *f.* [mechánicus] **1.** 기계학, 역학(力學). **2.** 제작기술.

mechánĭcus, a, um, *adj.* **1.** **기계의,** 기계학의; *m.* 기계학자, 기계제작자, 기계공. **2.** **기계적인,** 기계와 같은. **3.** 《哲》 기계론의.

mechanísmus, i, *m.* **1.** 기구(機構), 기계장치[구조]; 기계작용. **2.** 《哲》 기계론. **3.** (예술 작품의) 기교, 수법. **4.** 《心》 심리과정.

mechir, ĭris, *m.* 이집트인들의 달 이름, 정월 하순부터 2월 상순에 해당함.

mēcon, ónis, *f.* 《植》 앵속(의 일종).

mecónĭum, i, *n.* **1.** 아편. **2.** (아기의) 배내똥.

mecum, (= cum me) 나와 함께.

meddix, ĭcis, *m.* 《*Osca* 지방어》 수령(首領), 최고 장관.

Medéa, æ, *f.* *Colchis*의 *Æétes*왕의 딸 (*Argonáutæ*의 수령인 *Iáson*과 연애하여 목적하던 황금의 양모피를 얻게 한 후 연인과 함께 희랍으로 갔다가 *Iáson*이 *Medéa*를 버리고 *Corínthus*의 *Creon*왕의 딸인 *Creúsa*

와 결혼하자 *Iáson*과 자기 사이에서 출생한 두 아들을 죽이고 *Athénæ*로 도망감); 〔*adj.*〕 **-déis,** ĭdis, *Medéa*의, 마법의.
medéla, æ, *f.* [médeor] 약, 치료, 치료법.
medélĭfer, ĕra, ĕrum, *adj.* [medéla+fero] 치료의, 치유의, 회복시키는.
medens, déntis, *m.* [médeor] 의사.
médĕor, éri, *dep. intr., tr.* **1.** 〔*dat.;* 간혹 *acc.; absol.*〕 고치다, 치료하다, 낫게 하다: medéndi ars *(Ov.)* 의술. **2.** 〔*dat., acc.; absol.*〕 바로잡다, 교정하다; 덜어주다, 도와주다.
Medi[1], órum, *m.pl. Asĭa*의 *Média*의 한 민족; *Assýria*인 · *Pérsia*인 · *Párthia*인을 지칭할 때도 있음.
Medi[2] = Mædi.
Médĭa[1], æ, *f.* 카스피해 서남부에 있던 *Medi*인의 나라; 〔*adj.*〕 **Medus [-dĭcus],** a, um.
médĭa[2], æ, *f.* 《解》 (혈관의) 중막(中膜).
mediále, is, *n.* 중앙, 중심.
mediális, e, *adj.* [médius[1]] 중앙에 있는, 가운데의.
mediánus, a, um, *adj.* [médius[1]] 중앙에 있는, 가운데에 있는, 복판의, 정중(正中)의; **-num,** i, *n.* 중앙.
mediastinális, e, *adj.* [mediastínum] 《解》 종격(縱隔)의.
mediastínum, i, *n.* 《解》 (두 폐〈肺〉 사이의) 종격동(縱隔洞).
mediastínus, a, um, *adj.* [médius[1]] (일정한 직책없이 닥치는 대로 명령받고 일하는) 최하급 노예의; *m.* 사환, 막일하는 종.
mediátĕnus, *adv.* 중앙까지.
mediátĭo, ónis, *f.* [médio] 중재, 중개, 거중조정(居中調停); 매개, 촉매(觸媒).
mediátor, óris, *m.* [**-trix,** ícis, *f.*] [médio] 중재자, 중개인, 매개인.
mediátus, a, um, *adj.* [médius[1]; *p.p.* médio] 중개에 의한; **간접의, 간접적.**
medíbĭlis, e, *adj.* 고칠 수 있는, 치료될 수 있는.
médĭca[1], æ, *f.* [médicus] 여의사; 간호원, 산파.
médĭca[2], æ, *f.* 《植》 개자리.
medicábĭlis, e, *adj.* [médicor] 치료할 수 있는.
medicábŭlum, i, *n.* [médicor] 치료소.
medicámen, mĭnis, *n.* [médicor] **1.** 의약, 약제, 약물. **2.** 연고, 고약. **3.** 독약, 유독음료. **4.** 묘약, 마법의 약. **5.** 치료법; 구조법; 구제수단(救濟手段); 도움, 교정수단. **6.** 염료(染料); 화장품, 연지.
medicamentárĭus, a, um, *adj.* [medicaméntum] **1.** 의약[약물]에 관한; 〔*subst.*〕 *m.* 약(제)사; *f.* 약조제법. **2.** 독약[독물]에 관한; 〔*subst.*〕 *m. f.* 독살자, 독살 음모자.
medicamentósus, a, um, *adj.* [medicaméntum] 약효있는, 효험있는.
medicaméntum, i, *n.* [médicor] **1.** 의약, 약제, 약물, 약품. **2.** 독약, 유독음료. **3.** 마법을 지닌 약, 회춘시키는 약. **4.** 염료; 화장품, 연지, 분. **5.** (술통 따위의 아가리를 봉하는) 접착제. **6.** 마음을 달래는 수단. **7.** 구조법, 구제수단; 교정수단, 도움.
medicátĭo, ónis, *f.* [médicor] **1.** 약물치료, 치료법, 처방. **2.** 약물 가공법.
medicátor, óris, *m.* [médicor] 의사, 치료자.
medicátus[1], a, um, *p.p., a.p.* [médico] **1.** 약효있는, 치료효능이 있는. **2.** 염색된. **3.** 독물에 중독된.
medicátus[2], us, *m.* [médicor] **1.** 약물치료. **2.** 마법의 약.
medicína, æ, *f.* [medicínus] **1.** **의학;** 의술, 치료법. **2.** **약,** 치료제; 독약. **3.** 약국. **4.** 화장품.
medicinális, e, *adj.* [medicína] **1.** **의학의,** 의술의; 의사의. **2.** **약의,** 의약의, 약효가 있는. **3.** 치료의. **4.** 교정(矯正)의: pœna ~ 교정적 처벌, 견책.
medicínus, a, um, *adj.* [médicus] 의사의, 의학의.
médĭco, ávi, átum, áre, *tr.* [médicus] **1.** 약으로 낫게 하다, 고치다, 치료하다. **2.** 적시거나 섞어서 다루다, (물 따위에) 불리다: ~ sémina *(V.)* 종자를 물에 불리다. **3.** 독약을 넣다, 독을 바르다. **4.** 물들이다, 염색하다. **5.** 화장(化粧)하다.
médĭcor, átus sum, ári, *dep. intr., tr.* [médicus] 〔*alci, alqd*〕 (병을) 고치다, 치료하다; 구제하다.
medicósus, a, um, *adj.* [médicor] **1.** 독성(毒性)의, 중독시키는. **2.** 치료의.
médĭcus[1], a, um, *adj.* [médeor] **1.** 의술의, 의료의, 의학의; 〔*subst.*〕 *m.* **의사,** 전문의. **2.** 치료의, 간호의; 약의, 약이 되는, 치료력이 있는: dígitus médicus *(Plin.)* 약손가락, 무명지.
Médĭcus[2], a, um, *adj. Média*의, *Média*인의.
medíĕtas, átis, *f.* [médius[1]] **1.** 중앙, 중간, 가운데; 중용. **2.** 반, 절반.
medilúnĭa, æ, *f.* [médius[1]+luna] 반달.
medímnum, i, *n.* [**-us,** i, *m.*] (희랍의) 곡물 되는 말(약 *51.78 l*).
médĭo, ávi, átum, áre, *intr., tr.* [médius[1]] **1.** 중개하다, 중간에 있다; 중반에 접어들다. **2.** 가운데를 가르다[나누다], 반분하다.
medíŏcris, e, *adj.* [médius[1]] **1.** 중용의, 중간의, 알맞는. **2.** 절도있는, 온건한. **3.** 보통의, 평범한, 어중간한, 웬만한: non ~ *(T.)* 상당한, 대단한, 훌륭한.
medíócrĭtas, átis, *f.* [medíocris] **1.** 중용, 평범. **2.** 절제, 절도. **3.** 약함, 좀 부족함, 열등.
Mediolánum[-nĭum], i, *n.* 북 이태리의 도시 (지금의 *Milano*); 〔*adj.*〕 **-nénsis,** e.
medíŏlum, i, *n.* [médius[1]] (알의) 노란자위.
Mediomátrĭci, órum, *m.pl. Gállia Bélgica*에 있던 한 종족.
Médĭon, ónis, *m.* 동북 *Acarnánia*의 도시; **-ónii,** órum, *m.pl.* 그곳 주민.

medióxĭmus, a, um, *adj.* [médius¹의 고형(古形)] **1.** 한가운데의, 중앙의. **2.** 평범한. 「이 생각하고 있는, 명상하고 있는.
meditabúndus, a, um, *adj.* [méditor] 깊
meditámen, mĭnis, [**-méntum,** i,] *n.* [méditor] **1.** 계획, 준비, 예비연습, 훈련. **2.** 고찰, 내성(內省), 묵상.
meditátĭo, ónis, *f.* [méditor] **1.** 심사숙고, 숙려(熟慮), 고려, 궁리: ~mali *(C.)* 불행에 대한 생각. **2.** 묵상, 명상. **3.** 훈련, 예비연습. **4.** 《醫》 예비조치.
meditatívus, a, um, *adj.* [méditor] 깊이 생각하는, 묵상의, 명상에 관한.
meditátor, óris, *m.* [**-tátrix,** ícis, *f.*] [méditor] 곰곰이 생각하는 사람, 묵상하는 사람. 「준비. **2.** 묵상하는 장소.
meditatórĭum, i, *n.* [méditor] **1.** 예비,
meditátus¹, a, um, *p.p., a.p.* [méditor] 〔*actíve, passíve*〕 심사숙고한, 묵상한.
meditátus², us, *m.* = meditátio.
mediterránĕus, a, um, *adj.* [médius¹ + terra] **1.** 내륙의; 〔*subst.*〕 *n.* 내지(內地), 내륙. **2.** 육지로 둘러싸인, **지중해의**: Mare Mediterráneum 지중해.
méditor, átus sum, ári, *dep. tr., intr.* **1.** 〔*acc.,* de *abl.; inf.; acc.c.inf.*〕 깊이 생각하다, 궁리하다, 묵상하다, 명상하다. **2.** 준비하다, 구상(構想)하다; 연습하다, 꾀하다.
meditúllĭum, i, *n.* [médius¹ + tellus] 중앙, 중간, 중심.
médĭum, i, *n.* [médius¹] **1.** **중앙**, 중심; **가운데**, 중간; 중용: ~ diéi *(L.)* 정오 / In médio stat virtus. 덕재중용(德在中庸). **2.** **수단**, 방도; 매개물, 매체, 매질(媒質). **3.** 공개장소, 뭇사람이 보는 앞, 만인의 주시(注視); 대중, 공중(公衆): in medio pónere [propónere] *(T., C.)* 공개하다 / in médio esse *(T., C.)* 있다, 살아있다; 와있다 / vocáre in médium *(C.)* 토의하다, 판단하다 / in médio relínquere *(C.)* 미결로 남겨두다, 각자의 판단에 맡기다 / veníre in médium *(C.)* 나타나다[오다] / recédere de médio *(C.)* 물러가다, 떠나다 / e médio excédere [abíre] *(T.)* 죽다. **4.** 공안(公安), 공익: consúlere in médium *(V.)* 공익을 돌보다.
médĭus¹, a, um, *adj.* **1.** **가운데의**, 사이의, 중간의, **중앙의**, 한가운데의, 복판의: in médiā ínsulā *(C.)* 섬의 한가운데에 / médiā æstáte *(C.)* 한여름에 / médiā nocte 한밤중에 / média ætas *(C.)* 장년(청년과 노인 사이). **2.** 양극의 중간인, 중립(中立)의, 중용의: médium se gérere *(L.)* 중립을 지키나. **3.** 보통의, 평범한. **4.** 절도있는. **5.** 모호한, 애매(曖昧)한: respónsum médium *(L.)* 모호한 대답. **6.** 중재(仲裁)의, 거간의. **7.** 중재인의.
médĭus² Fídĭus, *interj.* *(Júpiter)* 신 앞에 맹세하거니와.
medix = meddix.
medúlla, æ, *f.* **1.** **골수**; 《解》 수(髓): ~ oblongáta 연수(延髓) / ~ spinális 척수. **2.** 고갱이, 목수(木髓). **3.** 정수(精髓), 진수(眞髓), 알짜; 가장 **중요**한[귀중한] 것.
medulláris, e, *adj.* [medúlla] **1.** 골수의; 수(髓)의. **2.** 진수(眞髓)의.
medullátus, a, um, *p.p.* [medúllo] 골수있는; 수(髓)의, 골수의; 알찬.
Medúllĭa, æ, *f.* *Látium*의 도시; 〔*adj.*〕 **-línus,** a, um.
medúllĭtus, *adv.* [medúlla] **1.** 깊숙이, 속에. **2.** 골수에 사무칠 정도로, 철저히, 진심으로. 「로 차게 하다; 알차게 하다.
medúllo, ávi, átum, áre, *tr.* [medúlla] 골수
medullósus, a, um, *adj.* [medúlla] 골수가 있는; 골수로 가득찬.
Medus¹, a, um, *adj.* *Média*의, *Média*인의.
medus², i, *m.* 벌꿀, 꿀.
Medúsa¹, æ, *f.* *Phorcus*의 딸, 괴물 *Górgones*의 한 사람(*cf.* Gorgo); 〔*adj.*〕 **-sǽus,**
medúsa², æ, *f.* 《動》 해파리. ⌊**a,** um.
mefi... *V.* mephi... 「개(頭蓋) 용적이 큰.
megacéphălus, a, um, *adj.* 머리가 큰, 두
Megǽra, æ, *f.* *Fúriæ*의 한 사람.
Mégăle, es, *f.* *Cýbele*(= Mater Magna)여신.
Megalé(n)sĭa, ĭum, *n.pl.* *Cýbele*여신의 축제(매년 4月 4日); 〔*adj.*〕 **-lé(n)sis,** e; **-síă-**
megalíum, i, *n.* 값진 향유. ⌊**cus,** a, um.
megalocéphălus, a, um, *adj.* 거대한 두개(頭蓋)의. 「의 그림, 대화폭.
megalográphĭa[-ía], æ, *f.* 웅대한 소재
megalománĭa[-ía], æ, *f.* 《醫》 존대광(尊大狂), 과대망상증.
Megalópŏlis, is, *f.* *Arcádia*의 도시; 〔*adj.*〕 **-tánus,** a, um; 〔*subst. deriv.*〕 **-lítæ,** árum, *m.pl.* 그곳 주민.
megaloprépĭa, æ, *f.* 관대, 대량(大量).
Mégăra, æ, *f.* [**-ra,** órum, *n.pl.*] **1.** *Mégaris*의 수도. **2.** *Sicília*의 도시. **3.** 〔*adj.*〕 **-rénsis,** e; **-réus[-rĭcus],** a, um; **-rĭci,** órum, *m.pl.* *Mégara*학파의 철학도들, *Euclídes*의 제자들. 「*Hippómenes*의 아버지.
Mégăreus, ĕi [ĕos], *m.* *Neptúnus*신의 아들,
Mégăris, ĭdis, *f.* *Phocis*와 *Attĭca*사이에 있던 희랍의 한 나라.
megascópus, i, *m.* 확대 환등기.
megistánes, um, *m.pl.* 시종, 대관(大官), 귀족, 고관. 「앞에 맹세코.
mehérc(ŭ)le[-les], *interj.* *(Hércules)* 신
meiósis, is, *f.* **1.** 《修》 완서법(緩敍法). **2.** 《生》 (세포핵의) 감수분열(減數分裂).
mejo, jĕre, *intr.* (= mingo) 오줌누다, 소변보다, 배뇨하다.
mel, mellis, *n.* **1.** **꿀**: ~ **depurátum** 정제한 꿀, 약용꿀. **2.** 감미(甘味), 단것.

Melámpus, pŏdis, *m.* *Argos*의 유명한 의사 겸 점장이.
melanchólĭa[-ía], æ, *f.* **1.** 우울, 침울, 《醫》 우울증. **2.** 《古》 검은담즙 (옛날 사람들은 신장〈腎臟〉의 분비물인 이것이 과다하면 우울증이 생긴다고 여겼음).
melanchólĭcus, a, um, *adj.* 우울한, 침울한, 우울증의.
melándrўum, i, *n.* 저린 다랑어 토막.
melánĭa, æ, *f.* 피부의 검은 반점.
Melaníppa, æ, [**-e,** es,] *f.* *Æŏlus*의 딸.
Melaníppus, i, *m.* *Thebæ*시의 용사.
Melántho, us, *f.* *Deucálion*의 딸.
Melánthus, i, *m.* **1.** *Néleus*의 아들, *Codrus*의 아버지, *Athénæ*의 왕이 됨. **2.** *Sarmátia*의 강. 「애인.
mélcŭlum, i, *n.* *dim.* [mel] 꿀같이 단것;
Meldi, órum, *m.pl.* *Gállia Céltica*의 한 종족. 「*neus*왕의 아들.
Meléăger [**-grus**], gri, *m.* *Cálydon*의 *Œ-*
Meleágrĭdes, um, *f.pl.* *Meléager*의 자매들.
Meles[1], létis, *m.* *Smyrna* 도시 부근의 *Iónia*의 강 (*Homérus*가 이 강 연안에서 출생했으므로 *Melesígenes*라고도 불리움); 〔*adj.*〕 **-letéus** [**-letínus**], a, um, *Meles*의; *Homérus*의.
Meles[2], ĭum, *f.pl.* *Sámnium*의 지명.
mēles[3] [**-lis**], is, *f.* 《動》 담비.
Melibœ́a, æ, *f.* *Thessália*의 도시; 〔*adj.*〕 **-bœ́us,** a, um. 「기.
melicéris, ĭdis, *f.* **1.** 개꿀. **2.** 《醫》 종
Melicérta, æ, *m.* *Ino*와 *Athămas*사이에서
melicrátum, i, *n.* 꿀물. 〔난 아들.
mélĭcus, a, um, *adj.* **1.** 시가(詩歌)의, 선율이 아름다운, 음악적인. **2.** 서정적(叙情的)인; *m.* 서정시인.
melilótos, i, *m.* 《植》 진동싸리. 「갠 과일.
melimélum, i, *n.* **1.** 꿀사과. **2.** 꿀에
melínus[1], a, um, *adj.* [*cf.*(malum[2]) cotóneum] 마르멜로(marmelo라는 과일)의; *n.* 마르멜로 기름[향유], 마르멜로 빛깔.
melínus[2], a, um, *adj.* [meles[3]] 담비의.
mélĭor, ĭus, *adj.* *comp.* [bonus] 더 좋은, 더 나은, 더 착한.
meliorátĭo, ónis, *f.* [melióro] 개량, 개선.
meliorésco, ĕre, *intr.* [mélior] 나아지다, 개량되다, 개선되다. 「탁월.
meliórĭtas, átis, *f.* [mélior] 더 나음, 우월,
melióro, ávi, átum, áre, *tr.* [mélior] 나아지게 하다, 개량하다, 개선하다. 「사풀.
melisphýllum, i, *n.* 《植》 향수박하, 멜리
Melíssus, i, *m.* *Samos*의 정치가·철학자(c. 450 A.C.).
Mélĭta, æ, [**-te,** es,] *f.* *Sicília*섬과 *Afrĭca* 사이에 있는 섬 (지금의 *Malta*); 〔*adj.*〕 **-ténsis,** e. 「류].
Meliténsĭa, ĭum, *n.pl.* *Mélita*섬의 직물[의
melítĭnus, a, um, *adj.* 꿀섞인, 꿀의.
melitítes, æ, *m.* 감주, 꿀섞은 포도즙.
mélĭus, **1.** *adj.* *comp.* *n.* [mélior]. **2.** *adv.* *comp.* [bene] 더 좋게, 더 잘, 더 낫게. 「게, 꽤 좋게, 조금 더 잘.
meliúscŭle, *adv.* *dim.* [mélius] 조금 더 좋
meliúscŭlus, a, um, *adj.* *dim.* [mélius] 약간[좀] 더 좋은, 조금 더 나은.
melizómum, i, *n.* 꿀물.
Mella[1], æ, *m.* *Gállia Transpadána*의 강.
mella[2], æ, *f.* (꿀을 재료로 한) 조청.
mellárĭum, i, *n.* [mel] **1.** 벌통. **2.** 꿀통, 꿀담는 그릇. 「관한; *m.* 양봉업자.
mellárĭus, a, um, *adj.* [mel] 벌꿀의; 꿀에
mellátĭo, ónis, *f.* [mel] 꿀을 뜸.
méllĕus, a, um, *adj.* [mel] **1.** 꿀의, 꿀로 만든; 꿀맛이 나는. **2.** 단, 감미로운.
mellícŭlus, a, um, *adj.* *dim.* [mélleus] 꿀처럼 단. 「만드는, 꿀벌의.
méllĭfer, ĕra, ĕrum, *adj.* [mel+fero] 꿀을
méllĭfex, fĭcis, *m.* [mel+fácio] 꿀벌을 치는 사람, 양봉업자. 「일[역사].
mellifícĭum, i, *n.* [mel+fácio] 꿀 만드는
mellífico, áre, *tr.* [mellíficus] 꿀을 만들다.
mellíficus, a, um, *adj.* [mel+fácio] 꿀을 만드는.
mellíflŭens, éntis, *adj.* [mel+fluo] 달콤한 말의, 감언이설의.
mellíflŭus, a, um, *adj.* [mel+fluo] **1.** 꿀이 흐르는. **2.** 꿀같은, 달콤한, 온화한.
mellígĕnus, a, um, *adj.* [mel+genus] 꿀 종류의, 꿀과 비슷한.
mellígo, gĭnis, *f.* [mel] 밀원(蜜源); (나무·꽃 따위의) 꿀성분.
mellílla, æ, *f.* *dim.* [mella] 애인, 사랑.
mellínĭa, æ, *f.* 꿀물, 단것, 쾌락.
mellítŭlus, a, um, *adj.* *dim.* [mellítus] 달콤한; 사랑스러운.
mellítus, a, um, *adj.* **1.** 꿀의, 꿀이 들어있는. **2.** 단, 달콤한; 귀여운, 사랑스러운. 「득한, 꿀같이 단.
mellósus, a, um, *adj.* 꿀로 만든, 꿀이 가
mellum, i, *n.* 개목도리.
mēlo, ónis, *m.* 《植》 멜론; 참외.
melódĭa[-ía], æ, *f.* 선율, 멜로디; 가락, 해조(諧調). 「가락의.
melódĭcus, a, um, *adj.* [melódia] 선율의;
melódus, a, um, *adj.* 아름다운 노래의, 곱게 노래하는.
melofólĭum, i, *n.* 잎사귀 붙은 사과.
mēlos[1], i, *n.[m.]* 〔*pl.* mele〕 노래, 시, 선율, 가락, 음악. 「**-lĭus[-lĭnus],** a, um.
Mēlos[2] [**-us**], i, *f.* *Ægǽum*바다의 섬; 〔*adj.*〕
melóta, æ, [**-e,** es,] *f.* 염소모피.
Melpómĕne, es, *f.* 비극의 *Musa*여신.
membrána, æ, *f.* [membrum] **1.** 외피(外皮), 가죽, 껍질; 뱀껍질; 왕겨. **2.** 양피

지(羊皮紙). 3. 《解》 막(膜), 피막(皮膜).

membranácĕus[-cĭus], a, um, *adj.* [membrána] 1. 외피(外皮)의, 막(膜)으로 덮인, 막질(膜質)의, 껍질의. 2. 양피지의.

membranárius, i, *m.* [membrána] 양피지 제조인.

membránĕus, a, um, *adj.* [membrána] 양피지의.

membránŭla, æ, *f. dim.* [membrána] 1. 작은 막(膜), 작은 껍질. 2. 양피지, 문서.

membránŭlum, i, *n.* 작은 껍질.

membránum, i, *n.* = membrána.

membrátim, *adv.* [membrum] 1. 사지(四肢)가 따로따로. 2. 부분별로, 따로따로, 하나씩. 3. 토막토막 잘라서.

membratúra, æ, *f.* 지체(肢体)의 구조.

membrípŏtens, éntis, *adj.* [membrum+potens] 힘센, 강한.

membro, ávi, átum, áre, *tr.* 사지(四肢)를 가지도록 만들다, 지체(肢体)를 형성하다.

membrósĭtas, átis, *f.* [membrósus] 체격, 체구, 지체(肢体).

membrósus, a, um, *adj.* [membrum] 큰 지체(肢体)를 가진.

membrum, i, *n.* 1. **사지**(四肢), **지체**(肢体), 신체의 부분. 2. *pl.* 전신(全身), 온몸. 3. 부분, 일부. 4. **구성원**(構成員), 회원, 단원(團員): membra ecclésiæ 교회의 소속원(所屬員), 신자.

memet, *acc.* [égomet, *cf.* -met] 바로 나를.

mémĭnens, éntis, *p.præs.* [mémini].

mémĭni, nísse, *def.* [*cf.* mens] 〔*imperatívus:* meménto, -tóte〕 1. 〔*gen., acc.,* de *abl., acc. c. inf.; interr. indir.*〕 기억하고 있다, 생각나다, 회상하다, 잊지 않고 있다. 2. 〔*gen.,* de *abl.*〕 언급하다, 기술하다.

Mémmĭus, i, *m.* *Roma*인의 씨족명; 〔*adj.*〕 **-miánus,** a, um.

Memnon, ŏnis, *m.* *Tithónus*와 *Auróra*사이에서 난 아들, *Æthiópia*인의 왕, *Troja*전쟁때 *Troja*를 도우러 가서 *Achílles*한테 살해됨; 〔*adj.*〕 **-nĭus,** a, um.

mĕmor, ŏris, *adj.* [mémini] 1. 〔*gen., acc. c. inf., interr. indir.*〕 **기억하는, 잊지 않는,** 생각하는, 상기(想起)하는; 고마워하는. 2. 잊혀지지 않는: ~ Junónis ira *(V.)* *Juno*의 잊혀지지 않는 노여움. 3. 기억력이 좋은. 4. 기억나게 하는.

memorábĭlis, e, *adj.* [mémoro] 기억[기념]할 만한; 기억해야 할, 잊을 수 없는, 잊지못할; 유명한, 찬양할 만한.

memorácŭlum, i, *n.* [memória] 기념물, 기념품.

memorális, e, *adj.* [memória] 기념적인, 유물의.

memorándus, a, um, *gerundív.* [mémoro] 1. 기억해야 할, 기억[기념]할 가치가 있는; 〔*subst.*〕 *n. (pl.)* 각서, 비망록. 2. 유명한, 저명한.

memorátĭo, ónis, *f.* [mémoro] 기억, 추억, 회고.

memorátor, óris, *m.* [**-trix,** ícis, *f.*] [mémoro] 이야기하는 사람, 회고[기억]하는 사람.

memorátus[1], a, um, *p.p., a.p.* [mémoro] 기억되고 있는, 기념의 대상이 되는; **유명한.**

memorátus[2], us, *m.* [mémoro] 이야기, 회고, 추억.

mémŏre, *adv.* 기억으로.

memórĭa, æ, *f.* [memor] 1. **기억, 기억력**: memóriā tenére *alqd (C.)* 기억하다, 잊어버리지 않다 / *alqd* memóriæ mandáre *(C.)* 기억해두다 / depónere *alqd* ex memóriā *(C.)* 무엇을 잊어버리다 / e memóriā excédere *(L.)* 기억에서 사라지다. 2. 〔*gen.*〕 **회상,** 추억, 옛 생각; **기념**: habére memóriam *alcjs rei (C.)* 무엇을 추억하다 / in memóriam *alcjs* 누구의 기념으로. 3. 시대; 지난날: patrum nostrórum ~ *(Cæs.)* 우리 조상 시대 / usque ad nostram memóriam *(C.)* 우리 시대까지 / post hóminum memóriam *(C.)* 유사이래. 4. (말이나 글로 전해지는) 이야기, 구전(口傳), 전설: memóriæ pródere sermónem *alcjs (C.)* 누구의 말을 후대에 전해주다 / Tráditur memóriæ, *acc.c.inf.(N.)* …라고 전해진다. 5. 〔흔히 *pl.*〕 역사, 전기, 연대기, 역사적 기록, 문헌; 기념탑, 기념물, 유물; 분묘: omnis rerum ~ 세계사. 6. 생각, 의향, 의도: belli inferéndi ~ *(L.)* 도전할 생각.

memoriále, is, *n.* [memoriális] 1. 기록, 회고케 하는 물건, 기념물, 추억. 2. 기념비, 비망록.

memoriális, e, *adj.* [memória] 추억이 될 만한, 기념이 되는; 〔*adv.*〕 **-lĭter.**

memoríŏla, æ, *f. dim.* [memória] 1. 사소한 추억, 조그만 기억[기념]. 2. 작은 무덤.

memoriósus, a, um, *adj.* 기억력이 풍부한 [좋은]; 〔*adv.*〕 **-se,** 확실한 기억으로.

memórĭter, *adv.* [memor] 1. 기억에 의해서, 암기하여. 2. 정확한 기억으로.

mémŏro, ávi, átum, áre, *tr.* [memor] 1. 〔*alqd*〕 상기시키다, 생각나게 하다, 일깨우다; 〔*pass.*〕 생각나다, 기억하다, 상기하다. 2. 〔*alqd,* de *abl.; acc.c. inf., interr. indir.*〕 **이야기하다,** 말하다, **언급하다;** 〔*pass.*〕 …라는 말이 있다, 전해져 내려오다, 알려지다: Oppĭdi cónditor Hércules memorabátur.*(Sall.)* 그 도시의 창설자는 *Hércules*라고 알고들 있었다. 3. 기억해두다, 잊지않다.

mémŏror, átus sum, ári, *dep. intr., tr.*[memor] 〔*gen.; acc.*〕 기억하다, 생각하다, 회상하다.

Memphis, is [ĭdis], *f.* 중부 이집트의 옛 도시(지금은 폐허); 〔*adj.*〕 **-phítĭcus,** a, um; 〔*adj. f.*〕 **-phítis,** tĭdis. 관장하는 여신.

Mēna, æ, *f.* *Júpiter*의 딸, 여자의 생리를

Menæ, árum, *f.pl.* *Sicília* 도시; 〔*adj.*〕 **-nǽnus,** a, um.
Menánder [-dros, -drus], dri, *m.* 희랍의 유명한 희극시인 (c. 315 A.C.), 그는 *Roma*의 희극시인 *Teréntius*의 본보기가 되었음; 〔*adj.*〕 **-dréus,** a, um.
Menápĭi, órum, *m. pl.* *Gállia Bélgica*의 *Rhenus*강과 *Mosa*강 사이에 있던 종족.
menceps, cĭpis, *adj.* 미친.
menda, æ, *f.* **1.** 결함, 신체적 결함, 흠. **2.** (말·글의) 틀림.
mendacilóquĭum, i, *n.* [mendacíloquus] 「거짓말.
mendacílŏquus, a, um, *adj.* [mendácium + loquor] 거짓말하는.
mendácĭtas, átis, *f.* [mendax] 거짓말, 거짓말하는 버릇.
mendácĭum, i, *n.* [mendax] **1.** 거짓말, 허위, 날조. **2.** 모조(模造), 위조. **3.** 착각, 환상.
mendaciúncŭlum, i, *n. dim.*[mendácium] 「사소한 거짓말.
mendax, ácis, *adj.* [méntior] **1.** 거짓말하는, 거짓말장이의. **2.** 속이는, 거짓의, 헛된, 위장[가장]하는, …하는 척하는.
mendicábŭlum, i, *n.* [mendíco] 거지, 걸인, 문전 걸식자.
mendicabúndus, a, um, *adj.* [mendíco] 「구걸하는, 빌어먹는.
Mendicántes, ĭum, *m.pl.* 탁발(托鉢) 수도회 회원.
mendicátĭo, ónis, *f.* [mendíco] 걸식, 구걸, 동냥.
mendícĭtas, átis, *f.* [mendícus] **1.** 거지노릇, 걸식. **2.** 빈궁, 적빈(赤貧), 극빈.
mendíco, ávi, átum, áre, [**-cor,** átus sum, ári, *dep.*] [mendícus] **1.** *intr.* 거지노릇하다. **2.** *tr.* 구걸하다, 빌어먹다, 비럭질하다.
mendícŭla, æ, *f.* [mendículus] 거지의 남루한 옷, 누더기.
mendícŭlus, a, um, *adj. dim.* [mendícus] 거지의, 걸인의; 남루한.
mendícus, a, um, *adj.* [mendum] **1.** 아주 가난한, 극빈한, 빈궁한; 구걸하는, 비럭질하는, 거지의; 〔*subst.*〕 *m.* **거지.** **2.** 가련한, 비참한, 불쌍한.
mendósĭtas, átis, *f.* 틀림, 오류, 착오, 부정확.
mendósus, a, um, *adj.* [mendum] **1.** 신체적 결함이 있는, 못생긴. **2.** (말·글·책 따위의) 틀린 데가 많은, 틀림 투성이의, 정확치 않은, 잘못된. **3.** 잘못의, 결점[결함]있는; 퇴폐한, 부패한. **4.** 거짓의, 속이는, 위장하는.
mendum, i, *n.* **1.** 신체적 결함, 흠. **2.** 틀림, 오류(誤謬), (글·글자 따위를) 틀리게 씀, 잘못된 것.
Méněcles, is, *m.* *Cária*의 수사학자; 〔*adj.*〕 **-clíus,** a, um.
Meneláus, i, *m.* *Atreus*의 아들, *Sparta*의 왕, *Agamémnon*왕의 동생, *Hélena*의 남편; 〔*adj.*〕 **-lāéus,** a, um.
Menénĭus, i, *m.* *Roma*인의 씨족명; 특히 ~ Agríppa, 귀족계급에 대하여 불평을 품고 산속으로 들어간 평민들에게 《(인체의) 배에 대항한 지체들》의 우화를 이야기하여 그들을 설득하였다는 일화로 유명(494 A.C.); 〔*adj.*〕 **-niánus [-nĭus],** a, um.
menínga, æ, *f.* 《解》 뇌막(腦膜).
meníngĕus, a, um, *adj.* 뇌막의, 수막(髓膜)의.
meningítis, tĭdis, *f.* 《醫》 뇌막염.
meninx[1], níngis, *f.* 《解》 뇌막, 수막(髓膜).
Meninx[2], níngis, *f.* *Afrĭca* 북쪽 지중해의 작은 섬.
meníscus, i, *m.* **1.** 초승달 모양(의 물건). **2.** 《解》 (관절안에 있는) 반월(半月), 관절간연골(關節間軟骨).
Menœ́ceus, i, *m.* *Thebæ*의 왕 *Creon*의 아들, 조국을 위해 자신을 희생했음; 〔*adj.*〕 **-céus,** a, um.
Menœ́tĭus, i, *m.* *Pátroclus*의 아버지, *Argonáutæ*의 한 사람.
Meno(n), ónis, *m.* 소(小) *Cyrus*왕의 장군.
menorrhágĭa, æ, *f.* 《醫》 월경과다.
menorrhœ́a, æ, *f.* 《醫》 월경.
mens, mentis, *f.* [*cf.* mémini] **1. 정신**; 이성, 지력, 이지, 이해력, 사고력, 판단력; 지능: mentis suæ esse *(C.)* 제 정신이다 / mentis compos *(C.)* 이성을 가진[잃지 않은] / captus mente *(C.)* 미친 사람 / ~ cónscia recti 맑은[곧은] 양심. **2. 생각,** 마음; 기억: (in) mente *alqd* agitáre *(C.)* 숙고하다, 검토하다 / in mentem veníre *(Pl., C.)* 생각나다 / 〔*impers.*〕 Mihi venit in mentem *alcjs (rei)*. *(C.)* 나는 누가[무엇이] 생각난다, 머리에 떠오른다. **3.** 의도, 의향, 의견, 뜻, 속셈, 생각, 계획, 결심: eádem mente esse *(N.)* 같은 생각이다 / In mente est mihi dormíre. *(Petr.)* 나는 자려고 한다. **4.** 현명, 총명. **5.** 분노. **6.** 용기. **7.** 심정, 기질; 심보, 정서.
mensa, æ, *f.* **1.** 밥상, 식탁, **상, 탁자.** **2.** 계산대, 판매대, 은행창구. **3.** 제상(祭床), 제대, 제단. **4.** 푸줏간의 도마. **5.** 요리, 식사, 연회.
mensális, e, *adj.* 식탁의, 식탁에 관한.
mensárĭus, a, um, *adj.* [mensa] 은행의, 재정의, 회계의; *m.* 은행가, 환전상.
mensátim, *adv.* 식탁에서 식탁으로, 식탁마다 하나씩.
ménsĭo, ónis, *f.* [métior] 계측(計測), 측량, 계량, 평가.
mensis, is, *m.* [*cf.* métior] **1.** (달력의) **달,** 1개월: paucos menses *(C.)* 몇달 동안. **2.** 《生理》 월경, 경도.
mensor, óris, *m.* [métior] 측량(기)사, 측정자; 건축가.
mensórĭus, a, um, *adj.* 측량의, 측량[측정]하는.
ménstrŭa, órum, *n.pl.* 《醫》 월경.
menstruális, e, *adj.* [mensis] 달마다의, 매월의; 월경의.
menstruátĭo, ónis, *f.* [ménstruus] 월경, 월경기간.
menstruátus, a, um, *adj.* [ménstruus] 월경중에 있는.

ménstrŭum, i, *n.* [ménstruus] 일개월분의 식량.

ménstrŭus, a, um, *adj.* [mensis] **1.** (달력의) 달의, 매달의. **2.** 일개월간의, 한달가는[걸리는]. **3.** 월경의. 「은 탁자.

ménsŭla, æ, *f. dim.* [mensa] 작은 상, 작

mensúra, æ, *f.* [métior] **1.** 계량, 측정, 측량. **2.** 도량 측정기구(器具); (일정한 단위로 표시되는) 크기, 넓이, 길이, 부피, 양(量). **3.** 한도, 정도, 척도, 측량의 결과: mensúras itínerum nosse *(Cæs.)* 길이 얼마나 먼지 알다. **4.** 운율(韻律); (미술작품의) 균형, 조화. 「할 수 있는. **2.** 짧은.

mensurábĭlis, e, *adj.* [mensúra] **1.** 측정

mensurális, e, *adj.* [mensúra] 측량에 관한, 도량에 사용되는, 측량의; 〔*adv.*〕 **-lĭter,** 측량해서. 「정.

mensurátĭo, ónis, *f.* [mensúro] 측량, 측

mensurátor, óris, *m.* [mensúro] 측량사, 측정하는 사람.

mensúro, ávi, átum, áre, *tr.* [mensúra] 측정하다, 측량하다, 재다, 되다.

mensus, us, *m.* [métior] 측정, 측량, 도량.

menta, æ, *f.* 《植》 박하. 「~ orátio 묵도.

mentális[1], e, *adj.* [mens] 마음의, 정신의:

mentális[2], e, *adj.* [mentum] 《解》 턱(顎)의.

mentálĭtas, átis, *f.* [mentális[1]] 정신성, 심보, 정신, 마음가짐, 심적상태, 심리.

mentha, æ, *f.* 《植》 박하(薄荷).

menthólum, i, *n.* 《化》 박하뇌(薄荷腦).

méntĭo, ónis, *f.* [mémini] **1.** 〔*gen.*, de *abl.*, *inf.*, *acc.c.inf.*; *absol.*〕 언급, 진술, 기재, 이름을 들어 말함: mentióne dignus 기억할 만한 사람 / mentiónem fácere *alcjs rei (C.)* 무엇에 대해 언급하다[쓰다]. **2.** 청혼(請婚).

méntĭor, ítus sum, íri, *dep.* [mens] **I.** *intr.* **1.** 〔*absol.*; *alci*, apud *alqm*; de, in *alqā re*〕 거짓말하다, 생각[사실]과 달리 말하다, 속이다, 약속을 어기다. **2.** (사물이) 겉보기와는[사실과는] 다르다.
II. *tr.* **1.** 〔*alqd*; *acc.c.inf.*〕 거짓말하다, 속이다; 약속을 지키지 않다, 기대를 속이다. **2.** 〔*acc.*〕 겉꾸미다, …하는 체하다, 가장하다, 위조하다, 꾸며내다. 「사람.

mento, ónis, *m.* 주걱턱(의 사람), 턱이 큰

Mentor, ŏris, *m.* **1.** *Ulíxes*의 친구. **2.** 어떤 금속세공의 명인. **3.** 〔*adj.*〕 **-rĕus,** 「a, um.

méntŭla, æ, *f.* 음경(陰莖).

mentum, i, *n.* 턱(顎).

mĕo, ávi, átum, áre, *intr.* 가다, 통행하다, 왔다갔다 하다, 산책하다.

mephítĭcus, a, um, *adj.* [mephítis] 독기를 품은, 악취나는. 「독기(毒氣), 악취.

mephítis[1], is, *f.* (땅 속 같은 데서 나오는)

Mephítis[2], is, *f.* *Hirpíni*인의 여신, 독기를 뿜는다 함.

merácŭlus, a, um, *adj. dim.* [merácus] 꽤 순수한, 혼합되어 있지 않은.

merácus, a, um, *adj.* [merus] 순수한, 다른 것이 섞이지 않은, 진짜의.

merális, e, *adj.* [merus] 순수한 술의.

mercábĭlis [-cális], e, *adj.*[mercor] (돈으로) 살 수 있는.

mercántĭa, æ, *f.* [mercor] 상업, 거래.

mercátĭo, ónis, *f.* [mercor] 장사, 매매, 거래. 「인. **2.** 구매자, 사는 사람.

mercátor, óris, *m.* [mercor] **1.** 장사꾼, 상

mercatórĭus, a, um, *adj.* [mercátor] 상업의, 장사[상업]에 관한: navis mercatória *(Pl.)* 상선, 화물선.

mercátum, i, *n.* [mercor] 시장; 상업.

mercatúra, æ, *f.* [mercor] 상업, 장사, 매매, 무역, 거래.

mercátus, us, *m.* [mercor] **1.** 상업, 장사, 매매, 판매. **2.** 시장(市場): ~ públicus 공설시장. **3.** 집회.

mercedárĭus, i, *m.* 임금(賃金) 지불자.

mercedónĭus, a, um, *adj.* **1.** 월급주는, 임금[급료] 지불하는. **2.** ~ mensis, 윤달.

mercédŭla, æ, *f. dim.* [merces] **1.** 박봉(薄俸). **2.** 가격.

mercen(n)árĭus, a, um, *adj.* [merces] **1.** 고용된, 품팔이의; 용병의; 〔*subst.*〕 *m.* 품꾼, 삯꾼, 노임 노동자, 용병(傭兵). **2.** 매수된.

merces, cédis, *f.* [méreo, merx] **1.** 품삯, 임금, 보수, 봉급, 급료. **2.** 수업료. **3.** 뇌물. **4.** 값, 대가(代價). **5.** 벌; 손해. **6.** 이자, 임대료, 이익.

mercimónĭum, i, *n.* [merx] **1.** 상품, 화물, 잡화. **2.** 상품매매, 장.

mercor, átus sum, ári, *dep. tr.* [merx] **1.** 〔*alqd* - ab, de *alqo*; *abl.*, *gen. prétii*〕 사다, 사들이다: *alqd* ~ vitā *(C.)* 무엇을 생명과 바꾸다. **2.** 장사하다, 매매하다, 거래하다, 무역하다.

Mercuriális, e, *adj.* **1.** *Mercúrius*의. **2.** 상업에 종사하는. **3.** 상업[무역] 협회원의. **4.** 서정시인·문필인의. **5.** 수성(水星)의.

Mercúrĭus[1], i, *m.* **1.** *Júpiter*와 *Maja*사이에서 난 아들, 여러 신들의 심부름하는 신, 웅변·상업·도둑·도로의 수호신, 사망자의 혼을 하계(下界)로 안내하는 신 (희랍 신화의 *Hermes*에 해당함). **2.** 《天》 수성(水星).

mercúrĭus[2], i, *m.* (소나 말의) 멀미.

merda, æ, *f.* 똥. 「더러운.

merdácĕus[-dálĕus], a, um, *adj.* 똥칠한,

mere, *adv.* [merus] 순수하게, 순전히, 섞임없이, 속임없이.

merénda, æ, *f.* [méreo] **1.** 간식, 곁두리, 도시락, 점심. **2.** 가축의 먹이.

merendárĭus, i, *m.* [merénda] 간식 모으는 사람, 거지.

meréndo, áre, *intr.* [meréndа] 도시락 먹다, 점심먹다; 간식[곁두리] 먹다.

merens, éntis, *p.præs., a.p.* [méreo] **1.** 공로있는, 가치있는, (상·벌을 받기에) 합당한. **2.** 봉사하는, (남에게) 잘해주는.

méreŏ, ŭi, rĭtum, ére, *tr.* **1.** 〔*alqd,* ut, *inf.; absol.*〕 합당하다, 지당하다, 받을 만하다, 받을 만한 공적이 있다[일을 하다], …할 자격이[가치가] 있다, **마땅히 받다. 2.** 벌다. **3.** 보수로 받다; 《軍》 ~ (stipéndia) 군인 봉급을 받다, **군에 복무하다. 4.** 저지르다. **5.** 〔de *abl.; c. adv.*〕 공로 세우다, …에 대해 (무슨) 일을 하다: si bene quid de te mérui, *(V.)* 내가 너한테 공로 세운 것이 있다면 / óptime ~ de república *(C.)* 국가에 대해 공훈을 세우다.

méreŏr, rĭtus sum, éri, *dep. tr.* = méreo.

meretricábĭlis[-cárĭus], a, um, *adj.* 창부의, 매음녀의. 「업, 매춘업.

meretricátĭo, ónis, *f.* [meretrícor] 창녀직

meretrícĭus, a, um, *adj.* [méretrix] 창녀의, 매음녀의; 〔*adv.*〕 **-cĭe,** 창녀처럼.

meretrícor, átus sum, ári, *dep. intr.* 매음하다. 「춘부.

meretrícŭla, æ, *f. dim.*[méretrix] 창녀, 매

mérĕtrix, ícis, *f.* [méreo] 창녀, 매춘부.

mergæ, árum, *f.pl.* 농사용 삼지창(포오크).

merges, gĭtis, *f.* 곡식 단, 묶음.

mergo, mersi, mersum, ĕre, *tr.* 〔*alqd* - in *acc.;* in, sub *abl.; abl.*〕 **1.** (물에) 잠그다, 담그다, 가라앉히다; 〔*pass.*〕 **mergi** 가라앉다, 침몰하다. **2.** 처박다, 억지로 들여보내다, 꽂다; 내리누르다. **3.** 감추다, 숨기다, 보이지 않게 하다. **4.** 빠지게[멸어지게] 하다, 잠기게 하다: 〔*pass. refl.*〕 mergi [se ~] in voluptátes *(L.)* 쾌락에 빠

mérgŭlus, i, *m.* 잠수조(潛水鳥). 」지다.

mergus, i, *m.* [mergo] 《動》 (물새의 일종인) 아비(阿比), 잠수하는 새. 「는.

meribíbŭlus, a, um, *adj.* 순 포도주 마시

meridiális, e, *adj.* [merídies] 남쪽의, 정오의, 남향의.

meridiánus, a, um, *adj.* [merídies] **1. 낮의,** 정오의. **2. 남쪽의,** 남향의. **3.** 《天·地》 자오선(子午線)의, 경선(經線)의.

meridiátĭo, ónis, *f.* [merídio] 낮잠, 오수(午睡).

merídĭes, éi, *m.* [médius[1] + dies] **1.** 낮, **정오:** ante merídiem 오전(略: A.M.) / post merídiem 오후(略: P.M.). **2.** 남쪽.

merídĭo, ávi, átum, áre, [**-dĭor,** ári, *dep.*] *intr.* [merídies] 낮잠자다. 「남방의.

meridionális, e, *adj.* [merídies] 남쪽의,

mérĭto[1], *adv.* [méritus] 정당하게, 공로에 따라, 당연히, 의당하게.

mérĭto[2], ávi, átum, áre, *tr. freq.* [méreo] **1.** 벌다, 수입을 올리다, 노임을 받다. **2.** 군대에 복무하다.

meritórĭa, órum, *n.pl.* 셋집, 셋방.

meritórĭum, i, *n.* 창녀의 방.

meritórĭus, a, um, *adj.* [méreo] **1.** 돈벌이 되는, 세놓는: meritória salutátio *(Sen.)* 이해 타산적인 인사, 아부. **2.** 매음의, 매춘의. **3.** 공로되는, 공훈있는, 상받을 만한.

mérĭtum, i, *n.* [méreo] **1.** 상벌, 당연한 보답·보수(報酬). **2. 공로,** 공훈, **공덕**(功德), 선행: 《神》 ~ de condígno 보수적(報酬的) 공로 (정의에 의거해서 마땅히 상받을 수 있는 권리를 내포하는 공로) / ~ de cóngruo 의합적(宜合的) 공로 (하느님이 자유로운 자비와 약속과 성실성에서 인정해 주는 공로). **3.** 덕(분), 덕택, 은혜. **4.** 탓, 잘못, 죄. **5.** 공과(功過), 행실. **6.** 값, 가치; 품질; 중요성. **7.** 근거, 이유. **8.** 봉급.

mérĭtus, a, um, *p.p., a.p.* [méreo, méreor] **1.** 〔de *alqo; c. adv.*〕 공로있는, 공을 세운. **2.** 당연한, 합당한, 의당한, 정당한: iracúndia mérita *(C.)* 당연한 분노 / jure mérito 의당히.

mĕro, ónis, *m.* [merum] 술고래, 대주가(大酒家); *Ti. Cláudius Nero*의 별명.

meróbĭbus, a, um, *adj.* [merum + bibo] (물타지 않은) 포도주를 좋아하는, 음주가의.

Méroē, es, *f. Æthiópia*의 한 지방.

Mérŏpe, es, *f. Atlas*의 딸, *Pleíades*의 한 사람, *Sísyphus*의 아내, *Glaucus*의 어머니.

mĕrops[1], ŏpis, *f.* 《動》 벌 잡아먹는 새, 깨새. 「의 남편.

Mĕrops[2], ŏpis, *m. Æthiópia*의 왕, *Clýmene*

Meros, i, *m. Indĭa*의 산악지방. 「료 따위).

merósus, a, um, *adj.* [merum] 순수한 (음

mérsĭo, ónis, *f.* [mergo] 물에 잠금, 잠수.

merso, ávi, átum, áre, *tr. intens.* [mergo] 물에 잠그다[들이박다].

merténsĭa asiátĭca, æ, *f.* 《植》 갯지치.

mérŭla, æ, *f.* 《動》 지빠귀, 티티새.

meruléntus, a, um, *adj.* [merum] **1.** 술 많이 마시는. **2.** 젖은; 씻은.

merúlĕus, a, um, *adj.* [mérula] 지빠귀(새) 빛깔의, 검은.

mĕrum, i, *n.* (*sc.* vinum) [merus] 물타지 않은 포도주, 순수한 포도주.

mĕrus[1], a, um, *adj.* **1.** 아무것도 섞지 않은, **순수한, 순전한;** 물타지 않은: aurum merum *(Pl.)* 순금. **2.** 유일한, 뿐인, …에 불과한: merum bellum loqui *(C.)* 전쟁 이야기만 하다. **3.** 참된, 진정한, 완전한: mera libértas *(H.)* 완전한 자유. **4.** mero pede 맨발로.

Merus[2], i, *m. Indĭa*의 산악지방.

merx, mercis, *f.* [méreo] **1.** 상품, 물품, 화물: merces adventíciæ *(C.)* 외래상품. **2.**

나쁜[고약한] 사람. **3.** 짐스러운 것.
měsa, æ, *f.* 중간치기.
Mesémbrĭa, æ, *f.* 흑해의 서해안에 있는 *Thrácia*의 도시;〔*adj.*〕**-íăcus,** a, um.
mesencéphălon, i, *n.* 《解》 중뇌(中腦).
mesentérĭcus, a, um, *adj.* 《解》 장간막(腸間膜)의.
mesentérĭum, i, *n.* 《解》 장간막(腸間膜).
měses, æ, *m.* 북북동풍.
mesóchŏrus, i, *m.* **1.** 합창대 선창자. **2.** 고용되어 박수치는 자. 「腹)의.
mesogástrĭcus, a, um, *adj.* 《解》 중복(中
mesogástrĭum, i, *n.* 《解》 중복부(中腹部), 위간막(胃間膜). 「(絃).
mesoídes, is, *f.* 《音》 중음에 해당하는 현
mesolíthĭcus, a, um, *adj.* 중(中) 석기시대의. 「間膜).
mesométrĭum, i, *n.* 《解》 자궁간막(子宮
mesonýctĭum, i, *n.* 한밤중, 심야(深夜).
Mesopotámĭa, æ, *f.* 서부 아시아의 *Euphrátes*강과 *Tigris*강 사이의 지역 (그 대부분이 지금의 *Iraq*).
Messál(l)a, æ, *m.* *Roma*인의 *Valéria*씨족의 가문명;〔*adj.*〕**-línus,** a, um.
Messal(l)ína, æ, *f.* [Messála] **1.** *Cláudius* 황제의 비(妃). **2.** *Nero*황제의 비.
Messána, æ, *f.* *Sicília*의 도시 (지금의 *Messina*);〔*adj.*〕**-nĭus,** a, um.
Messápĭa, æ, *f.* *Apúlia*와 *Calábria*를 포함한 남부 *Itália* 지역의 옛날 명칭;〔*adj.*〕**-pĭus,** a, um; *m.pl.* 그곳 주민.
Messápus, i, *m.* *Neptúnus*신의 아들, *Messápia*의 왕.
Messéna, æ, [**-e,** es,] *f.* *Peloponnésus*의 *Messénia*국의 수도;〔*adj.*〕**-nĭus,** a, um; *m.pl.* 그곳 주민.
Messénĭa, æ, *f.* *Peloponnésus*의 한 나라, *Lacedæmónia*의 서쪽에 있음. 「아의.
Messiánĭcus, a, um, *adj.* 구세주의, 메씨
Messías, æ, *m.* 《헤브라이어》 구세주, 메씨아, 그리스도.
méssĭo, ónis, *f.* [meto²] 걷어들임, 추수, 수확.
messis, is, *f.* [meto²] **1. 추수,** 수확. **2.** 추수기, 수확기. **3.** 수확물, 수익(收益).
messor, óris, *m.* [meto²] 걷어들이는 사람, 추수인, 수확자. 「추수에 관한.
messórĭus, a, um, *adj.* [messor] 추수인의;
messúra, æ, *f.* 추수, 수확.
-met, *partícula suffíxa* 〔인칭대명사·인칭표시의 지시대명사 ipse, ille 따위 꼬리에 붙여서 그 뜻을 강화함; tu만은 tútemet으로 함〕 바로, 자신(自身), 친히: *e.g.* nosmet 바로 우리.
meta, æ, *f.* [*cf.* metor] **1.** 원추형, (원추형의) 푯말·표주(標柱). **2.** (경기장의) 회전표시 말뚝. **3.** 목표, 표적, 과녁. **4.** 끝, 종점, 도착점, 결승점; 한계, 한도.
metábăsis, is, *f.* **1.** 《修》 주제전이(主題轉移). **2.** 《醫》 변증(變症), 병상전이(病狀轉移). 「化). **2.** 어구전환(語句轉換).
metábŏle, es, *f* **1.** 《音》 음조변화(音調變
metabolísmus, i, *m.* 《生》 신진대사, 물질교환. 「*mílla*의 아버지.
Métăbus, i, *m.* *Volsci*족의 왕, 여장부 *Ca-*
metacárpus, i, *m.* 《解》 장골(掌骨), 손바닥뼈.
metacéphălon, i, *n.* 《解》 후뇌(後腦).
metacísmus, i, *m.* M자(字)의 반복사용.
metagénĕsis, is, *f.* 《生》 순정세대교번(純正世代交番).
metalépsis, is, *f.* 《修》 전유법(轉喩法).
metális, e, *adj.* [meta] 원추형의, 피라밋
metallárĭus, i, *m.* 광부. ㄴ형의.
metállĭca, æ, *f.* [metállicus] 야금(冶金)학.
metállĭcus, a, um, *adj.* [metállum] 금속의;〔*subst.*〕*m.* **1.** 광부. **2.** 광산 노동형을 받은 죄수. **3.** 형편없이 서투른 대목(大木).
metállĭfer, ĕra, ĕrum, *adj.* [metállum + fero] **1.** 광물이 나는. **2.** 대리석이 나는.
metallifóssor, óris, *m.* [metállum + fódio] 광부, 갱부.
metállum, i, *n.* **1. 금속. 2. 광물;** 대리석, 보석, 유황. **3. 광산:** damnáre in ~, 광산 노동형에 처하다. 「視症).
metamorphopsía, æ, *f.* 《醫》 변시증(變
metamorphósis, is, *f.* 변형, 변모, 변질; 형태변화, 변태.
metáphŏra, æ, *f.* 《修》 은유법(隱喩法).
metaphórĭcus, a, um, *adj.* 은유(隱喩)의; 비유적인. 「字譯), 축어역.
metaphrásis, is, *f.* 번역; 직역, 축자역(逐
metaphýsĭca, æ, *f.* 《哲》 형이상학.
metaphýsĭcus, a, um, *adj.* 형이상학적.
metaplásmus, i, *m.* **1.** 《文法》 어형변화(語形變化). **2.** 《生》 원형질 중의 성형(成
metapódĭum, i, *n.* 뒷발. ㄴ形) 부분.
Metapóntum, i, *n.* *Lucánia*의 도시, 철인 *Pythágoras*의 거주지;〔*adj.*〕**-tínus,** a, um. 「**2.** 《醫》 (암 따위의) 전이(轉移).
metástăsis, is, *f.* **1.** 《修》 (화제의) 급변전.
metatársus, i, *m.* 《解》 척골(蹠骨).
metathálămus, i, *m.* 《解》 시상후부(視床後部).
metathésis, is, *f.* 《修》 자위전환(字位轉換).
metathórax, ácis, *m.* 《動》 곤충의 후흉(後胸). 「량(測量). **2.** 관리의 숙소.
metátĭo, ónis, *f.* [metor] **1.** 경계확정, 측
metátor, óris, *m.* [metor] **1.** 경계 확정자, 측량자. **2.** 지방으로 오는 군인·관리의 숙소를 마련해 주는 사람.
Metáurus, i, *m.* *Umbrĭa*의 강, 이 부근에서 당한 *Hásdrubal*의 패전은 유명함 (207

A.C.).
metáxa, æ, *f.* 생사(生糸).
Metéllus, i, *m.* *Roma*의 *Cæcília*씨족의 가문명; 특히 Q. Cæcílius ~ Numídicus, *Jugúrtha*를 무찔러 이긴데서 *Numídicus*라는 별명이 있음 (c. 100 A.C.); 〔*adj.*〕 **-línus,** a, um. 「魂移體), 윤회(輪廻), 윤회설.
metempsychósis, is, *f.* 《哲》 영혼이체(靈
metencéphălon, i, *n.* 《解》 후뇌(後腦).
meteórĭa, æ, *f.* 망각, 잊어버림.
meteorísmus, i, *m.* 《解》 고장(鼓腸).
metéŏrum, i, *n.* 유성(流星).
Metérĕa turba, æ, *f.* *Hister* (= Danúbius) 강 상류에 있던 한 종족.
methódĭce, es, *f.* 문법상의 방법론.
methódĭcus, a, um, *adj.* 일정한 방법을 따른, 방법론적인.
methódĭum, i, *n.* 농담, 익살.
methodología, æ, *f.* 방법학, 방법론.
méthŏdus[-os], i, *f.* **1.** (일정한 원칙에 의해서 세워진) 방법, 방식, 교수법. **2.** 체계.
Methýmna, æ, *f.* *Lesbos*섬에 있는 도시, 시인 *Aríon*의 출생지; 〔*adj.*〕 **-nǽus,** a, um; 〔*adj. f.*〕 **-nĭas,** ădis.
meticulósus, a, um, *adj.* [metus] **1.** 소심한, 세심한, 꼼꼼한. **2.** (남에게) 까다로
Metílĭus, i, *m.* *Roma*인의 씨족명. 「운.
Métĭon, ónis, *m.* *Phorbas*의 아버지.
métĭor, mensus [드물게 metítus] sum, íri, *dep. tr.* **1.** 재다, 측정하다, 측량하다. **2.** 〔*alqd alci*〕 분배하다, 할당[배당]하다. **3.** 돌아다니다, 편력(遍歷)하다. **4.** 〔*alqd alqā re*〕 판단하다, 평가하다.
metítor, óris, *m.* [métior] 측량사.
mēto[1], átum, áre, *tr.* 측량하다.
mĕto[2], méssŭi, messum, ĕre, *tr.* **1.** 추수하다, 수확하다, 곡식거두다, 가을하다. **2.** 과일을 따다. **3.** 베다, 자르다. **4.** 살륙하다.
Meton, ónis, *m.* *Athénæ*의 유명한 천문학자 (c. 440 A.C.). 「전유(轉喩).
metonýmĭa[-ía], æ, *f.* 《修》 환유(換喩),
metonýmĭcus, a, um, *adj.* 환유(換喩)의.
metoposcópus, i, *m.* 골상학자.
metor, átus sum, ári, *dep. tr.* [meta] **1.** 측량하다, 경계를 정하다. **2.** 돌아다니다, 편력하다.
metréta, æ, *f.* **1.** 통, 동이. **2.** 포도주나 기름의 용량측정의 (희랍) 단위(약 *40l*).
métrĭcus, a, um, *adj.* **1.** 척도의. **2.** 운율의, 박자의.
metrítis, tĭdis, *f.* 《醫》 자궁염.
Metrodórus, i, *m.* *Epicúrus*파의 철학자(c. 250 A.C.).
metrománĭa[-ía], æ, *f.* 작시벽(作詩癖).
metrópŏlis[1], is, *f.* **1.** 수도(首都); 본국. **2.** 주요도시, 중심지. **3.** 수도[도시] 대주교좌.
Metrópŏlis[2], is, *f.* *Thessália*의 도시; 〔*adj.*〕 **-litánus,** a, um; 〔*subst. deriv.*〕 **-lítæ,** árum, *m.pl.* 그곳 주민.
metropolíta, æ, *m.* [metrópolis[1]] **1.** 수도(首都)에 사는 사람. **2.** 수도 대주교.
metropolitánus, a, um, *adj.* [metrópolis[1]] 수도(首都)의; 수도 대주교 소재지의; *m.* 수도 대주교; (동방교회의) 수석 대주교.
metrum, i, *n.* **1.** 척도(尺度); 미터. **2.** 운율(韻律), 시격(詩格).
métŭens, éntis, *p.præs., a.p.* [métuo] 〔*absol.; gen.*〕 무서워하고 있는, 의구심을 품고 있는; 염려하는. 「角柱), 피라밋.
métŭla, æ, *f. dim.* [meta] 작은 삼각주(三
métŭo, ŭi, (útum), ĕre, [metus] **I.** *tr.* **1.** 〔*alqm[alqd]; alqm* de *abl., alqd alci; alqm* ne; *alqd* ab, ex *alqo*〕 무서워하다, 두려워하다, 공포심을 갖다. **2.** 〔*inf.*〕 망설이다, 서슴다, 주저하다, 겁내다. **3.** 〔*interr. indir.*〕 의혹을 품다, 겁내며 의심스러워하다.
II. *intr.* **1.** 〔*absol.;* de *re,* ab *alqo;* ne〕 두려워[무서워]하다, 겁내다. **2.** 〔*dat.,* pro *alqo*〕 걱정하다, 염려하다. **3.** 경외하다.
metus, us, *m.* **1.** 공포, 무서움, 두려움; 불안, 근심. **2.** 공포의 대상, 무섭게 하는 것. **3.** 경외심.
meus, a, um, *pron. poss.* 〔*m. voc. sg.* mi, meus〕 **1.** 나의, 내 소유의, 나에게 속한, 내 소관의, 나와 관계되는: nomen meum abséntis *(C.)* 결석중인 내 이름. **2.** 〔친밀·호의 따위 표시〕 나의 사랑하는, 내 친구인. **3.** 나로서 자유로이 하는, 자립한; 내 정신인: Meus ab *alqo* recéssi. *(Pers.)* 나는 아무한테서 자유로이 물러섰다/nisi plane esse vellem meus, *(C.)* 온전히 내 마음대로 하고 싶다고 가정하지 않는다면. **4.** 〔명사적 용법〕 1) *m.pl.* (*sg.*는 드물게만) 내 가족[식구·친구·동료·동포·부하]. 2) *f.sg.* a) *voc.* (여자들 회화에서 친밀·아양·경탄 따위 표시의 상대방 호칭): mea(혹 mea tu) 얘 글쎄. b) *abl.* (비인칭 동사 ínterest, refert 《관계된다, 문제가 된다, 중대한 일이다…》에서 관계되는 인칭표시): Id meā ínterest. 그것은 내게[나와] 관계되는 일이다. 3) *n. sg.* 내 특징[표·이름·본분·의무; 내것·차지·소유·재량]; *pl.* 내것[재산]: de meo*(T., C.)* 내것(중)에서; 내 생각[말]에서 / Omnĭa mea mecum porto.*(C.)* 나는 나의 전 재산을 지니고 다닌다. 「의 *Bevágna*).
Mevánĭa, æ, *f.* 남부 *Umbrĭa*의 도시 (지금
Mezéntĭus, i, *m.* *Cære* 또는 *Agýlla*의 독재자, *Ænéas*에게 살해됨.
mi, **1.** *voc. sg. m.* [meus]. **2.** = mihi.
miásma, ătis, *n.* 《醫》 장기(瘴氣, 대기 속에 있는 전염병 독).

mica, æ, *f.* **1.** 부스러기, 작은 조각; 소량. **2.** 작은 식당.

micans, ántis, *p.præs., a.p.* [mico] **1.** 펄떡거리는. **2.** 빛나는, 번쩍[반짝]이는; 불꽃튀는. ⌊람, 철삭하는 사람.

micárĭus, i, *m.* [mica] 부스러기 줍는 사

micátus, us, *m.* [mico] 번쩍임.

míccĭo, íre, *intr.* (염소가) 울다.

Micípsa, æ, *m.* *Masiníssa*의 아들, *Numídia*의 왕.

mĭco, cŭi[cávi], (átum), áre, *intr.* **1.** 파르르 떨다, 흔들거리다, 날름거리다, 꿈틀거리다, 펄떡거리다: Artériæ micant.*(C.)* 맥이 뛴다 / Linguis micat ore trisúlcis.*(V.)* (뱀이) 입에서 세 갈래 혀를 날름거린다 / ~ dígitis, ~, 상대자가 내미는 손가락 수를 알아 맞히는 놀이를 하다. **2.** 탁탁 튀며 타다, 불꽃이 튀다; 깜박거리다, **번쩍[반짝]이다:** Micat sidus.*(H.)* 별이 반짝인다.

micrucóccus, i, *m.* 《生》 미구균(微球菌), 구상세균(球狀細菌). ⌈宙).

microcósmos[-mus], i, *m.* 소우주(小宇

micropsýchos, i, *m.* 소심한 사람.

microscópĭum, i, *n.* 현미경. ⌈胞子囊).

microsporángĭum, i, *n.* 《植》 소포자낭(小

míctĭo, ónis, *f.* [mingo] 《醫》 오줌눔, 이뇨(利尿), 배뇨(排尿): ~ involuntária 야뇨증(夜尿症). ⌈설케 하는, 이뇨(利尿)의.

mictórĭus, a, um, *adj.* [mingo] 오줌을 배

mictuális, e, *adj.* [mingo] 이뇨(利尿)의.

mictúrĭo, íre, *intr. desid.* [mingo] 오줌 마렵다, 소변보고 싶다.

mictus, us, *m.* [mingo] 오줌눔, 배뇨(排尿).

mícŭla, æ, *f. dim.* [mica] 작은 부스러기 [조각], 작은 부분.

Midǽum, i, *n.* 동북 *Phrýgia*의 도시; 〔*subst. deriv.*〕 **-dæénses,** ĭum, [**-dǽi,** órum,] *m.pl.* 그곳 주민.

Midas, æ, *m.* *Górdius*의 아들, *Phrýgia*의 왕, 그의 손에 닿는 것은 모두가 금으로 변했다는 전설로 유명함.

mígdĭlix, ícis, *adj.* 두 언어의.

migma, ătis, *n.* 혼합물, 혼합사료[여물].

migrátĭo, ónis, *f.* [migro] 이사, 이주, 이전, 이동. ⌈사람.

migrátor, óris, *m.* [migro] 이사[이주]하는

migro, ávi, átum, áre, *intr., tr.* **1.** 〔ab, ex, de *abl.* – in, ad *acc.; absol.*〕 이사하다, 이주하다, 이전하다, 이동하다. **2.** ~ ex[de] vitā*(C.)* 죽다. **3.** 〔*alqd*〕 운반해 가다, 옮기다. **4.** 〔*alqd*〕 어기다, 위반하다.

mihi, *pron. person., dat.* [ego] 내게.

Milánĭon, ónis, *m.* *Atalánta*의 남편, 황금 사과를 던져 *Atalánta*와의 경주에서 승리함으로써 그를 아내로 삼게 됨.

mile = mille.

mīles, lĭtis, *m.(f.)* **1. 군인,** 병정, 전사(戰士). **2.** 보병. **3.** 병졸, 일반 병사. **4.** 군대. **5.** 장기의 졸. **6.** 친위병, 신병(新兵). **7.** *f.* 초산모(初產母). **8.** [M-] *f.* *Diána*여신의 동료이며 사냥꾼인 요정(妖精).

Milésĭæ, árum, *f.pl.* (*sc.* fábulæ) [Milétus²] 음담패설.

Milétus¹, i, *m.* *Caunus*와 *Byblis*의 아버지; 〔*adj. f.*〕 **-létis,** ĭdis, *Milétus*의(딸 = Byblis).

Milétus², i, *f.* *Cária*의 주요도시 중 하나; 〔*adj.*〕 **-lésĭus,** a, um, *Milétus*도시의; 방탕한. ⌈천(數千, 2천 이상의 천 단위 수).

mīlĭa, ĭum, *n.pl.* *(num. cardin.)* [mille] 수

miliácĕus, a, um, *adj.* [mílium] 조(粟)의.

miliáre, is, *n.* 마일(哩).

miliárĭus, a, um, *adj.* 조(粟)에 관한.

mílĭo, ónis, *m.* 《動》 소리개, 솔개.

militárĭa, ĭum, *n.pl.* [militáris] 《軍》 군무, 군사훈련.

militáris, e, *adj.* [miles] **군인의,** 군대의, 군인에 알맞는, 군인이 하는; 군인다운; 군(軍)의, **군사(軍事)의:** ~ ætas 군복무 연령(보통 18세부터 46세까지) / ~ via*(L.)* 군사도로; 〔*subst.*〕 *m. (pl.)* 군인; 〔*adv.*〕 **-rĭter,** 군대식으로.

militárĭus, a, um, *adj.* [miles] 군인의, 군대의; 군사(軍事)의; 〔*adv.*〕 **-rĭe,** 군대식으로.

milítĭa, æ, *f.* [miles] **1. 병역,** 군무; 군대시절: milítiæ*(gen.) (C.)* 군복무시에, 군대에 있을 때에 / domi militiǽque*(C.)* 집에서나 군대에서나, 평화시나 전시나. **2.** 전쟁, 출병. **3.** 군대. **4.** 무용(武勇), 용맹. **5.** 군대 계급. **6.** 친위병 직무. **7.** 힘든 일. **8.** 《가》 Milítia Aurĕa (교황 훈장 중의) 금군훈장(金軍勳章).

militíŏla, æ, *f. dim.* [milítia] 단기 군복무.

mílĭto¹, ávi, átum, áre, *intr.* [miles] **1.** 군인 노릇을 하다, 군대에 복무하다. **2.** 싸우다.

mílĭto², ónis, *m.* 군인; 선수.

mílĭum, i, *n.* 《植》 조(粟).

mille, *n., num. cardin.* 〔*indecl. in sg.; pl.:* míllia[mília], ĭum〕 **1. 천**(千), 1000 〔천 단위의 수에서는 *num. cardin.*로 쓰는 것이 원칙이나 명사적으로 쓰는 수도 있음, 이 경우에는 다른 명사의 *gen. pl.*를 동반함; 2천 이상의 천 단위는 míllia[mília]이며 역시 다른 명사의 *gen. pl.*를 동반함〕: ~ anni, ~ annórum*(Pl.)* 천년 / sex míllia hóminum *(L.)* 6천명의 사람들. **2.** 다수의, 무수한.

millefólĭa, æ, *f.* [**-lĭum,** i, *n.*] 《植》 오이풀; 시양 기세풀. ⌈dus.

milleфórmis, -mŏdus = millifórmis, -mŏ-

millenarísmus, i, *m.* 《宗》 천복년설(千福年說).

millenárĭum, i, *n.* 천년의 기간.

millenárĭus, a, um, *adj.* 천(千)의, 천 단

위의, 천을 포함하는.　「씩의, 천마다의.
milléni, æ, a, *num. distrib.* [mille] 천(千)
millénnĭum, i, *n.* 천복년(千福年).
millésĭma, æ, *f.* 천분의 일.
millésĭmus, a, um, *num. ordin.* [mille] 천번째의, 제1천; 〔*adv.*〕 **-mum.** 「신봉자.
milliárĭi, órum, *m.pl.* 천복년설(千福年說)
milliárĭum, i, *n.* [milliárius] **1.** (국도의 *1,000 passus*마다 세운) 이정표석(里程標石). **2.** 천의 수를 포함한 것.
milliárĭus, a, um, *adj.* [mille] 천(千)을 갖고 있는, 천개가 있는.　「수없이.
míllĭe(n)s, *adv. num.* **1.** 천번, 천배. **2.**
millifórmis, e, *adj.* [mille+forma] 천태만상의.　「모양의, 천태만상의.
millímŏdus, a, um, *adj.* [mille+] 수 많은
míllĭo = mílio.
millus, i, *m.* 사냥개의 목도리.
Milo(n), ónis, *m. Annĭa*씨족의 가문명; 특히 T. Annĭus ~, *Cícero*의 친구로서 *Cláudius*의 살해자; 〔*adj.*〕 **-loniánus,** a, um; 〔*subst.*〕 *f. Milo*의 연설.
Miltíădes, is, *m. Márathon* 전투에서 *Athénæ*인들을 지휘하여 승리를 얻게 한 장군 (490 A.C.).
miltítes, æ, *f.* 《鑛》 혈석(血石).
miluínus, a, um, *adj.* [míluus] **1.** 소리개의. **2.** 강탈적인, 탐욕적인; 〔*subst.*〕 *f.* (*sc.* fames) 탐욕, 강탈.
mílŭus, i, *m.* **1.** 《動》 소리개, 솔개. **2.** 탐욕자, 강탈자. **3.** 《動》 (바다의) 날치.
milva, æ, *f.* **1.** 《動》 암소리개. **2.** 탐욕
milvínus = miluínus.　⌊적인 여자.
mílvĭus[-vus], i, *m.* (= míluus) **1.** 《動》 소리개. **2.** 탐욕자, 강탈자.
Mílўas, ădis, *f. Lýcia*의 북부지방.
mīma, æ, *f.* [mimus] 춤추는 소녀, 무희(舞姬), 희극 여배우.　「도들.
Mimallónes, um, *f.pl. Bacchus*신의 여신
mimárĭus, a, um, *adj.* 무언극의, 무언극배우의; 광대극의.　「거인(巨人)의 이름.
Mimas, ántis, *m.* **1.** *Iónia* 해안의 산. **2.**
mimiámbi, órum, *m.pl.* 삼음장단격(三音長短格)의 풍자 희극시.
mímĭcus, a, um, *adj.* [mimus] **1.** 흉내내는, 익살광대의, 익살극의, 풍자 희극의. **2.** 모조의, 가짜의, 위장된.
Mimnérmus, i, *m. Cólophon*의 희랍시인 (c. 560 A.C.).
mimógrăphus, i, *m.* 풍자 희극작가.
mimología, æ, *f.* 목소리 흉내내기, 희극.
mimólŏgus, i, *m.* 풍자 희극배우.　「사.
mimósa, æ, *f.* 《植》 함수초(含羞草), 미모
mímŭla, æ, *f. dim.* [mima] 춤추는 작은 소녀, 풍자 희극 여배우.　「우.
mímŭlus, i, *m. dim.* [mimns] 풍자 희극배
mīmus, i, *m.* **1.** 풍자 희극배우, 익살광대. **2.** (주로 흉내와 춤으로된) 익살극, 풍자 희극. **3.** 웃음거리 이야기.
min? = mihíne? 내게 말이냐?
mĭna, æ, *f.* **1.** 고대 희랍의 중량 또는 화폐 단위. **2.** ~ (ovis) 배의 털이 닳아 빠진 양(羊). **3.** 말라붙은 젖. **4.** 〔보통 *pl.* 로〕 돌출한 부분. **5.** 〔간혹〕 위협, 협박.
minácĭæ, árum, *f.pl.* [minax] 위협, 협박.
mĭnæ, árum, *f.pl.* **1.** 성(城)의 흉벽(胸壁), 첨탑(尖塔), 총안(銃眼). **2. 위협, 협박,** 공갈. **3.** 양심의 가책, 회한(悔恨). 「갈.
minátĭo, ónis, *f.* [minor[1]] 협박, 위협, 공
minátor, óris, *m.* [minor[1]] **1.** 협박자, 위협자. **2.** 가축 몰이꾼.
minax, ácis, *adj.* [minor[1]] **1.** 높이 솟아있는, 돌출한; 뛰어난. **2.** 위협적인, 협박적인, 공갈하는: ~ scópulus *(V.)* 위태로운 암초; 〔*subst.*〕 *m.* 협박자.
Míncĭus, i, *m. Gállia Transpadána*의 강.
mínctĭo, ónis, *f.* [mingo] 오줌눔, 소변봄, 배뇨.
minctúra, æ, *f.* [mingo] 오줌눔, 소변봄.
mínĕo, ére, *intr.* 돌출하다, 우뚝 솟아있다.
minerális, e, *adj.* 광물의.
mineralogía, æ, *f.* 광물학.
Minérva[1], æ, *f. Roma*의 재능·지혜의 여신, 희랍의 *Athéna*여신에 해당함: invítā ~ *(C.)* 자연법칙[질서]에 어긋나게, 순리를 거슬러.　「혜. **2.** 양모(羊毛) 길쌈.
minérva[2], æ, *f.* [Minérva[1]] **1.** 재능, 지
minérval, ális, *n.* 수업료, 선생에게 드리는 선물.　「전. **2.** 남부 *Calábria*의 도시.
Minérvĭum, i, *n.* **1.** *Minérva*여신의 신
mingo, minxi, mi(n)ctum, ĕre, *intr.* [*cf.* mejo] 소변보다, 오줌누다.　「砂)의.
miniácĕus, a, um, *adj.* [mínium] 진사(辰
miniánus, a, um, *adj.* [mínium] 진사(辰砂)를 바른.
miniárĭus, a, um, *adj.* [mínium] 진사(辰砂)의; 〔*subst.*〕 *f.* 진사(辰砂) 광산.
miniátŭlus, a, um, *adj. dim.* [miniátus] 좀 붉게 물들인.
miniatúra, æ, *f.* [miniátus] (양피지 따위에 세밀하게 그려진) 작은 화상, 삽화; 미세화법(微細畫法).
miniátus, a, um, *p.p.* [mínio] 진사(辰砂)로 붉게 물들인, 주홍색 칠한.
mínĭme, *adv.* [mínimus] **1.** 아주 조금, 가장 적게. **2.** 조금도 아니, 결코 아니, 절대로 아니.
minĭmum[1], *adv.* [mínimus] (= mínime) 조금, 아주 적게: ne ~ quidem *(C.)* 조금도 아니.
mínĭmum[2], i, *n.* [mínimus] 극히 작은 분량, 최소한도: quam ~ témporis *(C.)* 아주 짧은 시간.
mínĭmus, a, um, *adj. superl.* [parvus] **1.**

제일 작은, 최소의; 미소(微小)한. 2. 가장 나이 어린, 최연소의, 막내의.
mínĭo[1], ávi, átum, áre, *tr.* [mínium] 진사(辰砂)로 붉게 물들이다, 주홍색으로 바르다.
Mínĭo[2], ónis, *m.* 남부의 *Etrúria*의 강.
miníster[1], tra, trum, *adj.* [minor[2]] 섬기는, 봉사하는, 시중하는.
miníster[2], tri, *m.* [miníster[1]] **1. 하인**, 종, 시종, 심부름[시중]하는 사람, 봉사자. **2.** 후원자, 조수, 거들어 주는 사람, 조력자. **3.** 장관, 대신. **4.** 종교예식 거행자; 제관(祭官); 교역자, 사제(司祭); **성사 수여자[집행자]**. **5.** 《가》 미사의 주례자를 도와주는 시자(侍者)[부제]. **6.** 《가》 몇몇 수도회의 부원장. **7.** 《가》 ~generális 프란치스꼬 수도회 총장; ~ provinciális 관구장.
ministeriális, e, *adj.* [ministérium] **1.** 봉사의, 시중드는, 보좌의, 도와주는, 심부름하는. **2.** 도움이 되는, 수단이 되는. **3.** 교역자(敎役者)의, 성직자의, 종교예식을 집행하는. **4.** 신하(臣下)의; *m.* 왕실 측근 시종. **5.** 장관의; 행정직무의.
ministérĭum, i, *n.* [miníster[1]] **1.** 시중, 심부름, 봉사; 봉사직무. **2.** 근무, 집무, 사무; 직분, 직책, 직무. **3.** 국가 행정부서; 장관직. **4.** 시중드는[심부름하는] 사람, 봉사자; 집무자.
minístra, æ, *f.* [miníster[2]] **1.** 하녀, 시녀, 잔 심부름하는 여자; 거드는 여자[조수]. **2.** (제사의) 여제관; 초대 그리스도 교회의 여자 집사. **3.** 여자 장관[행정관리].
minístrans, ántis, *m.* [minístro] 《가》 복사(服事), (미사 따위 예식에서) 주례자의 시중드는 사람[소년].
ministrátĭo, ónis, *f.* [minístro] **1.** 봉사, 근무, 사무, 집무. **2.** 일, 활동, 직무. **3.** 《가》 성사 집행[거행].
ministrátor, óris, *m.* [minístro] **1.** 하인, 심부름꾼. **2.** 제사의 보좌인; 《가》 부제. **3.** 소송 배석인; 변호사, 고문.
minístro, ávi, átum, áre, *intr.*, *tr.* [miníster[1]] **1.** 〔*alci*〕 **시중들다, 섬기다**, 봉사하다. **2.** 〔*alqd - alci; inf.*〕 음식을 차려주다, 상 심부름하다: Cœna ministrátur púeris.*(H.)* 아이들에게 저녁상을 차려준다 / *alci* bíbere ~ *(C.)* 누구에게 술을 따라 권하다. **3.** 〔*dat.; alqd*〕 돌보다, 보살피다, 관리하다; 다스리다, (선박 따위를) 조종하다. **4.** 〔*alqd - alci*〕 주다, 수여하다, 공급하다: 《가》 sacraméntum ~ 성사(聖事)를 주다[거행하다].
minitabúndus, a, um, *adj.* [mínitor] 협박하는, 강요하는, 어거지의.
mínĭtor, átus sum, ári, *dep. intr.*, *tr.* [minor[1]] 〔*alqd alci; alci - alqā re; inf.; absol.*〕 자주 위협하다, 협박하다, 공갈하다.
mínĭum, i, *n.* **1.** 《鑛》 진사(辰砂), 주사(朱砂). **2.** 《化》 연단(鉛丹).
mínĭus[1], a, um, *adj.* 주홍색의.
Mínĭus[2], i, *m.* *Lusitánia*의 강.
mĭno, ávi, átum, áre, *tr.* 가축을 소리질러 몰다.
Minóis, ĭdis, *f.* *Minos*의 딸(= Ariádne).
mĭnor[1], átus sum, ári, *dep. intr.*, *tr.* [minæ] **1.** 솟아 있다, 높다, 돌출하다. **2.** 닥치다, 임박하다. **3.** 〔*alqd - alci, alqā re, acc.c. inf.; absol.*〕 **위협하다, 협박하다**, 공갈하다, 강요하다. **4.** 호언장담하다, 큰소리 치다.
minor[2]*(m.f.)*, **minus** *(n.)*, *gen.* óris, *adj. comp.* [parvus] **1.** 더 작은, (둘 중에서) 작은 편의, 나이가 아래인, 소(小)… **2.** 〔*gen. prétii*〕 minóris 더 싸게, 더 헐하게(팔다·사다).
minorátĭo, ónis, *f.* [minóro] 감소.
minorátus, us, *m.* [minor[2]] 천한 신분, 열등의 위치.
minorísta, æ, *m.* 《가》 하급 성직자.
minorítæ, árum, *m.pl.* 《가》 프란치스꼬회의 수사들.
minórĭtas, átis, *f.* [minor[2]] (다수에 대한) 소수.
minóro, átum, áre, *tr.* [minor[2]] 작게 하다, 줄이다.
Mīnos, óis, *m.* **1.** *Zeus[Júpiter]*와 *Európa* 사이의 아들, *Creta*섬의 왕으로 입법자, 사후에는 하계(下界)의 재판관이 됨. **2.** 전자(前者)의 손자, *Creta*섬의 왕, *Pasíphaē*의 남편. **3.** 〔*adj.*〕 **-nó(ĭ)us**, a, um.
Minotáurus, i, *m.* 몸뚱이는 사람이고 머리는 소인 괴물, *Creta*섬의 미궁 깊숙한 곳에 갇혀 있다가 *Théseus*에 의해 살해됨.
míntrĭo, íre, **[mintro**, áre,] *intr.* 쥐가 찍찍거리다.
Mintúrnæ, árum, *f.pl.* *Látium*의 도시; 〔*adj.*〕 **-nénsis**, e.
minuátim, *adv.* 조각 조각으로, 조각으로.
Minúcĭus, i, *m.* *Roma*인의 씨족명.
minum... *V.* minim...
mínŭo, ŭi, útum, ĕre, *intr.*, *tr.* [minus[1]] **1.** 작게 하다, **감소시키다, 줄이다**, 덜다, 축소하다, 감퇴시키다. **2.** 깨뜨리다, 부수다, (나무를) 패다. **3.** 하락시키다, 깎아내리다. **4.** 약화시키다, 제한하다. **5.** 진정시키다, 가라앉히다. **6.** 제거하다, 뿌리뽑다. **7.** 침해하다. **8.** 그만두다, 포기하다.
minurítĭo, ónis, *f.* (새들의) 재잘거림.
minúr(r)ĭo, íre, *intr.* (새들이) 재잘거리다.
minus[1], óris, *n.* [minor[2]] 더 작은 것.
minus[2], *adv. comp.* [minus[1]] **1. 덜**, …만 못하게: ~ minúsque*(T.)*, ~ atque minus *(V.)* 점점 덜 / ~ quam 보다 덜 / non ~... quam*(C.)* …보다 못지 않게 / multo ~ 훨씬 덜. **2.** (전혀) 아니: si ~ 그렇지 않다면 / sin ~ 반대의 경우에는.
minus[3], a, um, *adj.* 털빠진.
minusculárĭus, a, um, *adj.* 자그마한, 소량의, 소액의.

minúscŭlus, a, um, *adj. dim.* [minor²] 작은, 왜소한, 꽤 작은; 《文法》 소문자(小文

minútal, ális, *n.* 잡채, 고기잡채. ⌊字)의.

minutális, e, *adj.* [minútus] 작은, 약한, 보잘것없는; 〔*subst.*〕 *n.pl.* 대단치 않은 물건[것].

minutátim, *adv.* [minútus] **1.** 작은 조각으로, 잘게. **2.** 조금씩, 부분적으로, 분할하여, 자세히.

minúte, *adv.* [minútus] 적게, 조각을 내서, 부분적으로, 부스러기로, 조금씩, 분할하여, 자세히.

minútĭa, æ, [**-tĭes,** éi,] *f.* [minútus] **1.** 부스러기, 미세한 조각; 가루. **2.** 〔*pl.*〕 사소한 것[일], 대단치 않은것.

minutilóquĭum, i, *n.* [minútus+loquor] 자세한 이야기. ⌈밀히.

minútim, *adv.* 잘게, 작은 조각으로; 면

minútĭo, ónis, *f.* [mínuo] 감소, 감축.

minutívus, a, um, *adj.* 작게 하는, 감소시키는.

minúto, áre, *tr. freq.* [mínuo] 감소시키다.

minútor, óris, *m.* 《醫》 사혈시술자(瀉血施術者). ⌈우 작은, 보잘것없는, 천한.

minútŭlus, a, um, *adj. dim.* [minútus] 매

minútum, i, *n.* [minútus] **1.** 작은 것[조각·부분]. **2.** (시간의) **분** (옛적에는 한 시간의 10분의 1이었으나 지금은 60초의 분으로 통용됨).

minútus, a, um, *p.p., a.p.* [mínuo] **1.** 작은, 세분(細分)된; 잔, 자질구레한; 사소한, 얼마 안되는. **2.** 짧은, 짤막짤막한: lítteræ minútæ*(C.)* 짧은 편지. **3.** 소심한. **4.** 하찮은, 경미한; 천한, 값싼.

minxi, *pf.* [mingo].

Mínўæ, árum, *m.pl.* *Mínyas*왕의 후손, 이들 대부분이 *Argonáutæ*였음.

minyánthes, is, *n.* 《植》 토끼풀, 클로버.

Mínўas, æ, *m.* *Thessália* 또는 *Bœótia*의 전설상의 왕; 〔*adj.*〕 **-nyéĭus,** a, um; 〔*subst. deriv.*〕 **-nyéĭas,** ădis, [**-éis,** ĭdis,] *f.* *Mínyas*의 딸.

miósis, is, *f.* 《醫》 동공축소(瞳孔縮少).

miótĭcum, i, *n.* 《藥》 동공축소제(劑).

mirabilárĭus, i, *m.* 기적을 행하는 사람.

mirábĭlis, e, *adj.* [miror] 이상한, 기묘한, 불가사의한; 〔*subst.*〕 *n.pl.* 기적. ⌈묘함.

mirabílĭtas, átis, *f.* [mirábilis] 이상함, 기

mirabúndus, a, um, *adj.* [miror] 매우 이상히[기묘히] 여기는. ⌈게 생긴 창녀.

mirácŭla, æ, *f.* 기막히게 못난 여자, 추하

miraculósus, a, um, *adj.* 기적적인, 초자연적인, 불가사의한, 신기한.

mirácŭlum, i, *n.* [miror] **1. 기적,** 이적(異蹟). **2.** 경이(驚異), 기적적인[신기한] 일.

mirándus, a, um, *gerundív.* [miror] 이상한, 기이한, 놀랄 만한, 경탄할: mirándum in modum*(C.)* 놀랍게(도).

mirátĭo, ónis, *f.* [miror] 경탄, 찬탄.

mirátor, óris, *m.* [**-trix,** ícis, *f.*] [miror] 경탄하는 사람.

miríſico, ávi, átum, áre, *tr.* [mirus+fácio] **1.** 기묘하게[놀랍게] 하다. **2.** 찬양하다, 찬탄하다.

miríficus, a, um, *adj.* [mirus+fácio] 이상한, 기이한, 기묘한, 불가사의한; 경탄할.

mirímŏdis, *adv.* [mirus+modus] 기묘하

mírĭo, ónis, *m.* 얼굴 찡그린 사람. ⌊게.

mirmíllo, ónis, *m.* (짧은 아랫도리 옷을 입고 방패와 짧은 칼을 들고 싸우는 고대 *Roma*의) 검투사(劍鬪士).

MIRMILLONES

mirmillónĭcus, a, um, *adj.* [mirmíllo] 검투사의.

mīror, átus sum, ári, *dep. tr.* [mirus] **1.** 이상히[기묘히] 여기다, 놀라다, 경탄하다; 어리둥절해 하다. **2.** 관상하다, 감상하다, 경탄하는 눈으로 바라보다.

mirus, a, um, *adj.* **이상한, 기묘한**; 경탄할 만한, 희한한: mirum in modum*(Cæs.)* 기묘하게. ⌈어하는 사람, 염세가.

misanthrópus, i, *m.* 사람[사람접촉]을 싫

miscellánĕa, órum, *n.pl.* [mísceo] **1.** 여러가지를 넣어서 만든 음식. **2.** 순서없이 다채로운 구경거리[경기]. **3.** 잡문집(雜文集), 수필집.

miscellánĕus, a, um, *adj.* [miscéllus] 잡다하게 뒤섞어 놓은, 혼합된. ⌈은, 혼합된.

miscéllus, a, um, *adj.* [mísceo] 뒤섞어 놓

míscĕo, míscŭi, mixtum [mistum], ére, *tr.* **1.** 〔*acc.* - *abl., dat.;* cum, in *abl.;* inter, ad *acc.*〕 **섞다,** 타다, 혼합하다. **2.** *pass. refl.* 〔*dat.*〕 **miscéri, se miscére** 합세하다, 가담하다. **3.** ~manus[prœlia]*(Prop.)* 접전하다; vúlnera ~ *(V.)* 서로 상처를 입히다. **4.** 혼란시키다, 어지럽히다. **5.** 결합시키다. **6.** 나누다, (고락 따위를) 함께[같이] 하다. **7.** 획책하다, 일으키다, 선동

miscill... *V.* miscell... ⌊하다.

miscix, miscícis, *m.* 변덕장이, 의지가 굳지 못한 사람. ⌈불쌍한, 불행한.

miséllus, a, um, *adj. dim.* [miser] 가련한,

Misénum, i, *n.*[**-na,** órum, *n.pl.;* **-nus,** i, *m.* (*sc.* mons)] *Campánia*의 갑각(岬角); 〔*adj.*〕 **-nénsis,** e.

Misénus, i, *m.* *Æŏlus*의 아들, *Ænéas*의 나팔수; 〔*adj.*〕 **-nus,** a, um.

miser, ĕra, ĕrum, *adj.* **1. 불쌍한,** 가련한, 가엾은: Heu me míserum!*(C.)* 오 가련한 내 신세여! **2.** 불행한, 비참한, 통탄할, 참혹한: míserum!*(V.)* 오, 저런! 쯧쯧. **3.** 앓고 있는; 지쳐버린.

miserábĭlis, e, *adj.* [míseror] 불쌍한, 가련한, 가엾은, 비참한, 불행한, 통탄할; 동정할 만한; 〔*adv.*〕 **-lĭter, -le.**

miserátĭo, ónis, *f.* [míseror] **1.** 불쌍히 여김, 동정. **2.** 자비: miseratiónibus uti *(C.)* 자비를 베풀다. 「는[동정하는] 사람.

miserátor, óris, *m.* [míseror] 불쌍히 여기

mísĕre, *adv.* [miser] 가련하게, 불쌍하게.

miséreo, ŭi, értum[érĭtum], ére, *intr.* **1.** 〔*dat., gen.*〕 불쌍히 여기다. **2.** 〔흔히 *impersonáliter*〕 Míseret me *(acc.) alcjs.* 내가 누구를 불쌍히 여긴다.

miserĕor, sértus[sérĭtus] sum, éri, *dep. intr.* [miser] 〔*gen., dat.; absol.*〕 불쌍히[가엾게] 여기다, 동정하다, 애처로와하다.

miserésco, ĕre, *intr.* **1.** 〔*gen.*〕 불쌍히[가엾게] 여기다, 동정하다. **2.** 〔*impersonáliter*〕 Miseréscit me *(acc.) alcjs.* 내가 누구를 동정한다. **3.** 불쌍하게 되다.

misĕret, ére, *impers.* [miséreo] 〔*alqm alcjs (rei)*〕 누가*(alqm)* 아무를*(alcjs)* 불쌍히 여기다: Eórum nos míseret.*(C.)* 우리는 그들을 불쌍히 여긴다.

misérĭa, æ, *f.* [miser] **1.** 환난, 불행, 역경, 가련한 처지, 비참, 곤궁. **2.** 고통, 괴로움; 수고, 간난신고.

misericórdĭa, æ, *f.* [miséricors] **1.** 자비(심), 동정(심), 측은히 여기는 마음, 연민의 정. **2.** 자선사업.

misérĭcors, órdis, *adj.* [miser+cor] 자비로운, 인정많은, 동정심 있는. 「불행하게.

misérĭter, *adv.* [miser] 불쌍하게, 가엾게,

misĕror, átus sum, ári, *dep. tr., intr.* [miser] 〔*acc., inf.; gen.; absol.*〕 불쌍히[가엾게] 여기다, 동정하다.

missa, æ, *f.* [mitto] **1.** 보냄, 파견. **2.** 《가》 **미사**: ~ solémnis 장엄미사 / ~ cantáta 창(唱)미사.

missále, is, *n.* [missa] 《가》 미사경본.

missícĭus, a, um, *adj.* [mitto] 《軍》 퇴역하는, 제대하는; 〔*subst.*〕 *m.* 예비역 군인.

míssĭle, is, *n.* [míssilis] 던지는 무기[창], 화살, 투석기로 발사되는 돌, 미사일.

míssĭlis, e, *adj.* [mitto] **1.** 던질 만한, 발사되는: míssile telum[ferrum]*(L., V.)* 화살, 투창. **2.** res míssiles, missília 군중에게 던져서 주워가지게 하는 선물.

míssĭo, ónis, *f.* [mitto] **1.** 보냄, **파견**, 발송: ~ canónica 교리교사 임명파견[사령]. **2. 사명**(使命), 임무. **3.** 선교사 파견; **포교**(布敎), 전교; 포교단체. **4.** 사절단. **5.** (창·화살·돌 따위의) 무기발사. **6.** 《法》 넘겨줌, 양도. **7.** 포로석방; 노예해방. **8.** 《軍》 제대: ~ ignominiósa 불명예 제대. **9.** 해임(解任). **10.** (시합중에 부상 당한 검투사에게 관중 또는 군주로부터 생명의 보장을 위해 허락되는) 시합중지: sine missióne*(L.)* 죽기까지 (싸워야 하는 시합). **11.** 확실한 죽음. **12.** 중지(中止), 중단. **13.** (벌의) 사면(赦免).

missiología, æ, *f.* 포교(신)학.

missionárĭus, i, *m* [míssio] 선교사.

míssĭto, ávi, átum, áre, *tr. freq.* [mitto] 자주 보내다. 「자, 사수(射手); 보내는 사람.

missor, óris, *m.* [mitto] 던지는 사람; 발사

missórĭum, i, *n.* [mitto] 음식나르는 쟁반.

missum, i, *n.* [mitto] 경기시합의 보수.

missus[1], a, um, *p.p.* [mitto]. 「도.

Missus[2], i, *m.* 파견된 사람, 구세주 그리스

missus[3], us, *m.* [mitto] **1.** 파견, 보냄, 명령. **2.** 던짐, 투척, 발사. **3.** (경기·시합의) 판, 진행회수(進行回數).

mist... *V.* mixt...

mitélla, æ, *f. dim.* [mitra] **1.** 챙없는 모자; 두건(頭巾). **2.** 붕대(끈).

mitésco, ĕre, *intr. inch.* [mitis] **1.** (과실〈果實〉이) 익다. **2.** 부드러워지다, 누그러지다, 따뜻해지다. **3.** (짐승이) 길들다; 양순해지다.

Mithras[-es], æ, *m. Pérsia*인들의 태양신.

Mithridátes, is, *m. Pontus*의 여러 왕 이름, 특히 ~6세는 Magnus(대왕)의 칭호가 있었으며 *Roma*인들과 격전을 거듭하다가 마침내 패하여 자살하였음 (63 A.C.); 〔*adj.*〕 **-téus[-tĭcus],** a, um.

mitífico, ávi, átum, áre, *tr.* [mitis+fácio] **1.** 부드럽게 만들다, 양순하게[온화하게] 만들다, 길들이다. **2.** 소화(消化)하다.

mitíficus, a, um, *adj.* 양순한, 온화한.

mitigátĭo, ónis, *f.* [mítigo] 완화, 경감, 진정. 「하는, 진정시키는.

mitigatívus[-gatórĭus], a, um, *adj.* 완화

mítĭgo, ávi, átum, áre, *tr.* [mitis+ago] **1.** 부드럽게 하다. **2.** (과실·음식 따위를) 잘 익히다. **3.** 완화하다, 늦추다, 진정시키다, 가라앉히다, 누이다; 양순해지게 하다.

mītis, e, *adj.* **1.** (과일 따위가) 잘 익은. **2.** 부드러운, 순한, 양순한, 길든. **3.** 잔잔한, 평온한: ~ flúvius*(V.)* 천천히 흐르는 강. **4.** 완화된, 진정된; 가벼운. **5.** 온화한, 유순한, 상냥한. 「완화된, 유순한.

mitiúscŭlus, a, um, *adj. dim.* [mitis] 좀

mitósis, is, *f.* 《生》 (세포핵의) 유사(有絲) 분열, 간접핵분열.

mitra, æ, *f.* **1.** 고대 *Pérsia*인의 모자, 챙없는 모자. **2.** 《가》 (예식 때에 쓰는) 주교관(主敎冠). 「를 쓴.

mitrátus, a, um, *adj.* [mitra] mitra (모자)

mittendárĭus, i, *m.* 세금징수 관리.

mitto, mīsi, missum, ĕre, *tr.* **1. 보내다,** 파견하다. **2.** 선물로 보내다, 선사하다, 증정하다. **3.** 생산하다, 산출(産出)하다. **4.** 〔ut; *absol.*〕 (서면·인편으로) 시키다, 명

하다. **5.** 〔*alqd alci,* ad *alqm; acc.c.inf.*〕 보고하다, 전하다, 알리다. **6.** 그만두다, 그치다, 집어 치우다, 버리다, 단념하다: timórem～*(V.)* 공포심을 버리다 / missam iram fácere *(T.)* 분노를 거두다. **7.** 〔*alqd,* de *abl.; inf.;* quod〕 (이야기·연설 따위에서) 빼놓다, 생략하다, 넘어가다, 언급하지 않다. **8.** 놓아주다, 석방하다, 출발시키다. **9.** 해고하다, 해임하다, 내보내다; 제대시키다; 해산시키다: missam fácere uxórem *(Suet.)* 아내를 내쫓다. **10.** ～ sánguinem 피를 흐르게 하다[뽑다]. **11.** 쏟다, 흘리다; 내뿜다. **12.** (소리를) 내다; 말하다. **13.** 던지다, 쏘다, 발사하다; 돌진시키다: ～ lápides in *alqm (Petr.)* 누구에게 돌을 던지다 / ～ se in *alqm (C.)* 누구에게 덤벼들다, 공격하다. **14.** 들여보내다, 들이밀다.

mitŭlus[-tўlus], i, *m.* 섭조개.

Mityléne, es, *f.* [**-lénæ,** árum, *f.pl.*] *Lesbos*의 수도.

mixtárĭus, i, *m.* [mísceo] 술에 물타는 그릇.

mixte, *adv.* [mixtus[1]] 섞어서.

mixtícĭus, a, um, *adj.* [mísceo] 혼혈아의.

mixtim, *adv.* [mísceo] 섞어서.

míxtĭo, ónis, *f.* [mísceo] **1.** 섞음, 혼합, 혼성(混成). **2.** 혼합물.

mixtúra, æ, *f.* [mísceo] **1.** 섞음, 혼합, 혼성(混成). **2.** 교미, 교접. **3.** 섞인 물건, 혼합물, 혼성물(混成物). **4.** 《藥》 (내복용) 합제(合劑).

mixtus[1], a, um, *p.p., a.p.* [mísceo] 혼합된, 섞인: mixta relígio 《가》 (혼인의) 혼종장애(混宗障碍); 〔*subst.*〕 *n.* 혼합물.

mixtus[2], us, *m.* 혼합.

mna, æ, *f.* (= mina) 고대 희랍의 화폐(단위).

Mnemon, ŏnis, *m. Pérsia*왕 *Artaxérxes* 2세의 이명(異名).

Mnemónĭdes, um, *f.pl. Mnemósyne*여신의 딸들인 *Musæ.*

Mnemósўne, es, *f.* 기억의 여신, *Musæ*의 어머니.

mnemósўnon[-num], i, *n.* 기념, 기념품.

móbĭlis, e, *adj.* [móveo] **1.** 움직일 수 있는, 쉽게 움직이는, 가동성의, 이동성의: bona mobília 동산(動産). **2.** 흔들리는, 불안정한. **3.** 빠른, 신속한, 기동성 있는. **4.** 신축성 있는, 융통성 있는. **5.** 변동하는, 변하기 쉬운, 변덕스러운, 항구하지 못한, 이랬다 저랬다 하는.

mobílĭtas, átis, *f.* [móbilis] **1.** 이동성, 가동성, 옮기기 쉬움. **2.** 신속, 빠름, 경쾌, 기동성; 민첩. **3.** 변덕, 경솔; 불안정, 동요.

mobílĭto, áre, *tr.* [móbilis] 움직이게 하다.

moderábĭlis, e, *adj.* [móderor] 조절될 수 있는; 절도있는.

moderámen, mĭnis, [**-méntum,** i,] *n.* [móderor] **1.** 조종[제어]장치; (배의) 키; 고삐. **2.** 조종, 지휘, 통치. **3.** 조절, 완화, 절제. **4.** 억제, 제한.

moderátim, *adv.* [moderátus] 절제있게; 천천히, 서서히.

moderátĭo, ónis, *f.* [móderor] **1.** 조절, 절제, 절도(節度); 중용, 알맞음. **2.** 온건, 유화(柔和), 관대. **3.** 지도, 다스림, 통치. **4.** 억제, 극기(克己).

moderátor, óris, *m.* [**-trix,** ícis, *f.*] [móderor] **1.** 조절[절제]하는 사람, 절도있는[중용을 지키는] 사람. **2.** 지휘자, 통치자, 지배인.

moderátus, a, um, *p.p., a.p.* [módero, móderor] **1.** 절도[절제]있는, 중용(中庸)의, 알맞는; 온건한, 조절된. **2.** 통제된.

modernísmus, i, *m.* 근대주의, 현대주의.

modérnus, a, um, *adj.* 요즈음의, 근래의; 현대의, 근대의; 신식의.

módĕro, ávi, átum, áre, *tr.* [modus] = móderor.

módĕror, átus sum, ári, *dep. intr., tr.* [modus] 〔*dat., acc.; absol.*〕 **1.** …의 절도를[중용을] 지키다, 알맞게 하다, 조절하다. **2.** 억제하다, 제어하다, 통제하다, 한계를 두다. **3.** 지도하다, 지휘[조정]하다, 다스리다, 통치하다. **4.** 〔*alqd* ex *abl., abl.*〕 규정하다, 조정(調整)하다, 바로잡다.

modéstĭa, æ, *f.* [modéstus] **1.** 절도(節度), 절제, 중용, 알맞음. **2.** 조심성, 신중, 자제(自制). **3.** 평범, 소박(素朴), 수수함. **4.** 단정(함), 얌전함, 점잖음; 수줍음, 겸손. **5.** 온화, 순함: ～ híemis *(Ta.)* 따뜻한 겨울.

modéstus, a, um, *adj.* [modus] **1.** 적절한, 알맞는, 중용의. **2.** 절제[절도]있는, 자제심 있는. **3.** 단정한, 얌전한, 점잖은; 품위있는. **4.** 자기 분수를 아는, 야심없는, 겸손한, 겸양의, 온건한. **5.** 조심성 있는, 신중한.

modiális, e, *adj.* [módius] (곡식을 되는) 말의.

modiátĭo, ónis, *f.* [módius] (곡식을) 말로 됨, 계량.

modicéllus, a, um, *adj. dim.* [módicus] 매우 작은[적은].

modícĭtas, átis, *f.* [módicus] 소량, 소액.

módĭcum, *adv.* 잠시.

módĭcus, a, um, *adj.* [modus] **1.** 중용의, 절도있는, 알맞는; 〔*adv.*〕 **-ce.** **2.** 중간 정도의, 보통의. **3.** 적은, 조금의, 소량의, 얼마 안되는; 〔*adv.*〕 **-ce, -cum, -co,** 조금, 잠시: módico ante *(Apul.)* 조금전에. **4.** 작은, 보잘것없는; (시간이) 짧은.

modificátĭo, ónis, *f.* [modífico] **1.** 규정, 규칙, 법칙, 방식; 짜임새. **2.** 부분적 변경, 수정, 개정, 조정(調整), 가감(加減).

modificátor, óris, *m.* [modífico] 재는[측정하는] 사람; 법칙[규격]에 맞추는 사람; 작곡가.

modífico, ávi, átum, áre, *tr.* [modus+fácio] 정리하다, 조절하다, 가감하다, 수정하다.
modíficor, átus sum, ári, *dep. tr., intr.* [modus+fácio] **1.** 〔*acc.*〕 (치수를) 재다, 측정하다. **2.** 〔*dat.*〕 조절하다, 완화하다, 가감하다; 통제하다, 한정하다. **3.** (부분적으로) 변경하다, 수정하다.
modíficus, a, um, *adj.* [modus+fácio] 규칙적인, 규격적인; 일정한 양식의.
modimperátor, óris, *m.* [modus+imperátor] (연회에서의) 음주량 규정자.
modíŏlus, i, *m. dim.* [módius] **1.** 작은 말, 되. **2.** 잔, 컵. **3.** 물레방아식으로 만든 급수기에 고정된 두레박. **4.** (수레의) 바퀴통. **5.** 《解》 내이(內耳)의 와우축(蝸牛軸).
módĭus, i, *m.*[**-dĭum,** i, *n.*] [modus] 〔*gen. pl.* 흔히 -ĭum〕 **1.** (곡식이나 액체를 되는) 말(약 *7l*). **2.** (밭면적의) 3분의 1 *júgerum* (약 260 평).
modo, [modus] **I.** *adv.* **1.** 〔제한표시〕 다만, 뿐, …만; …만이라도: uni ~ *(Pl.)* 한 사람에게만 / semel ~ *(En.)* 한번만이라도 / non ~ ..., sed[verum] étiam ... *(C.)* …뿐 아니라 또한 / non ~ non ..., sed ne ... quidem *(C.)* 아닐뿐 아니라 …도[조차] 아니. **2.** 〔명령법·접속법과 함께 쓰이면서 재촉·권유·경고 표시〕 자! 꼭, 부디: Véniat modo.*(C.)* 자! 그가 올테면 오라 / Modo fácito, ut ... *(T.)* 너는 꼭 …하도록 해라. **3.** 〔시간부사〕 방금, 조금 전에, 금방, 지금 막; 이제 곧, 잠시 후에. **4.** 〔중복적 사용 또는 다른 시간부사 병용〕 때로는… 때로는, 금방… 금방 (이랬다 저랬다): ~ hoc, ~ illud *(C.)* 금방 이것을, 금방 저것을 / Modo ait, ~ negat.*(T.)* 그는 금방 시인했다 금방 부인한다 / ~ ... tum ... *(C.)* 때로는 … 다음엔.
II. *conj.* 〔다른 접속사와 함께 쓰는 수도 가끔 있음〕 **1.** 〔*subj.*〕 ~, dum ~ …(하기)만 하면; ~ ne …(하지)만 않(는)다면[아니라면]: ~ id fáciat, ...*(C.)* 그가 그것을 하기만 한다면 / valetúdo modo bona sit, ... *(C.)* 건강만 좋다면 / ..., modo ne summa turpitúdo sequátur.*(C.)* 극도의 추악함이 따르지만 않는다면. **2.** 〔*c. indicatívo*〕 si ~ …만 하면, …한 경우에만, 단(但) …한 경우에(한해서): si ~ meminísti,*(C.)* 네가 잊어버리지만 않았다면.
modulábĭlis, e, *adj.* [módulor] (곡을 붙여) 노래할 수 있는.
modulámen, mĭnis, [**-méntum,** i,] *n.* [módulor] 곡조; 선율; 박자; 운율(韻律).
modulátĭo, ónis, *f.* [módulor] **1.** 조절, 조정, 가감. **2.** 박자, 선율.
modulátor, óris, *m.* [**-trix,** ícis, *f.*] [módulor] **1.** 조절하는 사람. **2.** 박자치는 사람, 지휘자, 음악가.
modulátus[1], a, um, *p.p., a.p.* [módulor] 곡조에 맞춘, 선율적인; 박자가 잘맞는, 음악적.
modulátus[2], us, *m.* 노래, 가락.
mŏdŭlor, átus sum, ári, *dep. tr.* [módulus] **1.** 조절[조정]하다, 가감하다. **2.** 박자[가락]에 맞추다, 소리를 격식에 맞춰 내다, 노래하다, 반주하다, 연주하다.
módŭlus, i, *m. dim.* [modus] **1.** 크기, 척도, 표준단위, 규범. **2.** 비례척(比例尺), 축척(縮尺), 축도(縮圖); 율(率), 계수(係數). **3.** 수도관의 용량[직경]. **4.** 선율, 박자, 가락. **5.** 태도.
modus, i, *m.* **1.** 도량형의 단위; 크기, 길이, 높이, 넓이, 치수, 척도, 기준. **2.** 한도, **절도**(節度), 적정선, 한계. **3.** 박자; 선율; 가락, (음악의) 선법(旋法). **4.** 운율(韻律). **5.** **모양, 방법, 양식**(樣式), 방식, 형태, 태도, 투: quo modo[quómodo]? 어떻게? / nullo modo*(C.)* 절대로 아니 / ~ vivéndi 생활양식[태도] / ejúsmodi, hujúsmodi, istiúsmodi 그런, 이런, 저런. **6.** 《文法》 (동사의) 법: ~ indicatívus 직설법 / ~ conjunctívus [subjunctívus] 접속법. **7.** 《論》 식(式); 《哲》 양식, 양태(樣態), 양상.
mœcha, æ, *f.* 간음한 여자, 첩.
mœchía, æ, *f.* 간음, 간통.
mœchísso, áre, *intr.* [mœchus] 간음하다, 첩을 두다.
mœchor, átus sum, ári, *dep. tr.* 간음[간통]하다.
mœchus, i, *m.* 간음[간통]한 남자, 간부(姦夫).
mœni... *V.* muni...
mœ́nĭa, ĭum, *n.pl.* [múnio] **1.** 성(城), 성벽, 성축, 성곽, 담. **2.** 방책(防柵), 철책, 제방. **3.** 건물, 가옥.
Mœnus, i, *m.* *Germánia*의 강 (*Rhenus*강의 제일 큰 지류, 지금의 *Main*).
mœ́rĕo, ére, *intr., tr.* 근심하다, 걱정하다; 슬퍼하다.
Mœris, ĭdis, *f.(m.)* 중부 이집트의 호수.
mœror, óris, *m.* 근심, 걱정, 비애, 비탄, 비수(悲愁).
Mœsi, órum, *m.pl.* *Mœ́sia*에 살던 종족.
Mœ́sĭa, æ, *f.* *Thrácia*의 *Hæmus*산맥과 *Danúbius*강 사이에 있던 나라: ~ supérior, (지금은 *Yugoslávia*의 일부인) *Sérbia* / ~ inférior 지금의 *Bulgária*; 〔*adj.*〕 **-sĭcus** [**-sĭăcus**], a, um, *Mœ́sia*의, *Mœsi*의.
mœst... *V.* mæst...
Mogontĭăcum, i, *n.* *Vangíones*족의 도시(지금의 *Mainz*).
mola, æ, *f.* **1.** 맷돌, 연자매. **2.** 제분기, 압착기, 방아: 〔*pl.*〕 molæ; molæ oleáriæ *(Var.)* 올리브 기름 짜는 기계. **3.** (제물 위에 뿌리던) 밀가루, 소금 뿌린 밀가루. **4.** 《醫》 기태(奇胎).
moláris, e, *adj.* [mola] 맷돌의, 연자의; 씹어 바수는, 어금니의; 〔*subst.*〕 *m.* **1.** (*sc.* lapis) 맷돌. **2.** (*sc.* dens) 어금니, 구치

(臼齒).
molárĭus, a, um, *adj.* 맷돌의, 연자의: ásinus ~ *(Cato)* 연자매 돌리는 나귀.
molátĭo, ónis, *f.* 가루로 만듦, 제분.
molátor, óris, *m.* 제분업자.
molendárĭus, a, um, *adj.* 맷돌의.
molendinárĭus, a, um, *adj.* 맷돌의, 제분소의; *m.* 제분업자(製粉業者).
molendínum, i, *n.* [mola] 제분소.
moles, is, *f.* **1. 덩어리,** 큰 덩어리, 뭉텅이; 거체(巨体), 거구(巨軀). **2.** 거대한 구조물[축조물], 큰 건물. **3.** 제방, 부두, 방파제, 둑. **4.** 큰 전투장비, 무기. **5.** 군중, 집단; 대군. **6.** 대량(大量), 다량. **7.** 수고, 노력, 애씀; 곤란, 어려움.
moléste, *adv.* [moléstus] 귀찮게, 성가시게; 불쾌하게, 못마땅히: ~ ferre*(C.)* 못마땅히 여기다.
moléstĭa, æ, *f.* [moléstus] **1. 귀찮음,** 괴로움, 성가심; 걱정, 번민, 불쾌. **2.** (얼굴의) 반점.
molésto, ávi, átum, áre, *tr.* [moléstus] 귀찮게 하다, 성가시게 굴다, 괴롭히다.
moléstus, a, um, *adj.* [moles] **1. 귀찮은,** 성가신; 괴로운. **2.** 불쾌한, 못마땅한. **3.** 난삽(難澁)한; 부자연하게 꾸민, 아니꼬운. **4.** 힘든, 수고로운. **5.** 해로운.
moletrína, æ, *f.* 정미소, 제분소.
molíle, is, *n.* 연자매 돌리는 자루[봇줄].
molímen, mĭnis, [**-méntum,** i,] *n.* [mólior] **1.** 노력, 애씀, 진력, 기도(企圖). **2.** (노력·비용 따위가 많이 드는) 거대한 장치[설비·기구(機構)].
molímĭna, órum, *n.pl.* [molímen] 《醫》 괴로움, 곤란: ~ ménstrua 월경곤란. 「분소.
molína, æ, *f.* [mola] 방앗간, 정미소, 제
molinárĭus, i, *m.* [molína] 제분업자.
molínus, a, um, *adj.* [mola] 맷돌의, 분쇄기의.
mólĭor, ítus sum, íri, *dep. tr.* [moles] **1.** (큰 덩어리를) 움직이게 하다, 이동하다, 옮겨놓다: ~ áncoras*(L.)* 닻을 올리다. **2.** 힘들여[애써] 하다. **3.** 필사적으로 탈출하다. **4.** 건설[건축]하다, 역사하다, 쌓다, 구축하다, **공사하다;** 완성하다, 성취하다. **5.** 〔*alqd; inf.;* de *abl.*〕 **계획하다,** 생각하다, 꾀하다, **기도**(企圖)**하다;** 음모를 꾸미다, 획책하다; **준비하다,** 기획하다. **6.** 유발하다, 일으키다, 자극하다. **7.** 무너뜨리다, 쳐부수다, 파괴하다.
molítĭo, ónis, *f.* [mólior] **1.** 경작, 밭갈이. **2.** 무너뜨림, 파괴. **3.** 준비, 마련, 기도(企圖), 기획. **4.** 음모, 획책.
molítor[1], óris, *m.* [**-trix,** ícis, *f.*] [mólior] **1.** 건설자, 건축가. **2.** 기획자.
mólĭtor[2], óris, *m.* [molo] 제분업자, 맷돌질하는 사람.
molítus[1], a, um, *p.p.* [mólior].
mólĭtus[2], a, um, *p.p.* [molo] 가루가 된: mólita cibária*(Cæs.)* 밀가루.
mollésco, ĕre, *intr. inch.* [mollis] **1.** 부드러워지다, 물러지다, 허약해지다. **2.** 양순해지다. 「드러운, 무른, 연약한.
mollícŭlus, a, um, *adj. dim.* [mollis] 좀 부
mollífico, áre, *tr.* [mollis + fácio] 무르게 하다, 완화시키다.
mollíficus, a, um, *adj.* [mollis + fácio] 무르게 하는, 부드럽게 하는. 「히 흐르는.
mollíflŭus, a, um, *adj.* [mollis + fluo] 잔잔
mollígo, gĭnis, *f.* 빵의 속부분. 「위로.
molliméntum, i, *n.* [móllio] 완화(수단),
móllĭo, ívi[ĭi], ítum, íre, *tr.* [mollis] **1.** 부드럽게 하다, 무르게 하다, 유연하게 하다. **2.** 약하게 하다, 덜다, 경감하다, 완만하게 만들다: ~ clivum*(Cæs.)* 언덕을 갈지(之)자 모양으로 오르다. **3.** 진정시키다, 가라앉히다, 완화시키다.
móllĭpes, pĕdis, *adj.* [mollis + pes] 느리고 게으른, 발을 질질 끄는.
mollis, e, *adj.* **1. 부드러운,** 연한, **무른,** 여린. **2.** 유연한, 휘기 쉬운. **3.** 약한, 연약한, 박약한. **4.** 유약한, 우유부단한, 계집애같은, 여성적인, 내성적인, 수줍은. **5.** 가파르지 않은, 완만한; 험하지 않은, 평탄한. **6.** 순한, 독하지 않은: mollíssima vina*(V.)* 순한 포도주. **7.** 유순한, 양순한, 온화한. **8.** 상냥한, 정다운, 다정한, 다감한. **9.** 쉬운, 편한. **10.** 재미있는, 유쾌한, 명랑한, 쾌적한. **11.** 안일한, 사치한, 향락적인, 방탕한. **12.** 〔*adv.*〕 **móllĭter, molle.**
mollítĭa, æ, [**-tĭes,** éi,] *f.* [mollis] **1.** 부드러움, 무름, 유연함. **2.** 약함, 연약, 유약, 나약; 수줍음. **3.** 유순, 양순. **4.** 무기력, 이완, 해이, 의지박약, 수고·고통 따위를 회피하려는 마음[태도]. **5.** 음탕, 호색. 「응성. **2.** 부드러움, 정다움.
mollitúdo, dĭnis, *f.* [mollis] **1.** 유연성, 적
mollúgo, gĭnis, *f.* **1.** 《植》 ~ stricta 석류풀. **2.** 빵의 속부분, 빵 속.
molo[1], lŭi, lĭtum, ĕre, *tr.* [mola] 맷돌에 갈다, 빻다: hórdeum in farínam ~ *(Plin.)* 보리를 빻아 가루로 만들다.
Molo[2][**-on**], ónis, *m.* *Rhodus*섬 출신의 희랍의 유명한 수사학 교수, *Apollónius*의 이명, *Cícero*의 선생.
mólŏche, es, *f.* 《植》 접시꽃.
molochinárĭus, i, *m.* [móloche] 접시꽃 빛깔을 물들이는 사람.
Molórchus, i, *m.* *Némea*부근에서 포도를 재배한 사람, *Hércules*를 환대하였음.
Molóssĭa, æ, [**-ssis,** ĭdis,] *f.* *Epírus*의 동북부 지방; 〔*adj.*〕 **-lóssus,** a, um, *Molóssia* (인)의: Molóssi canes*(H.)* (사냥·경비·가축

몰이를 잘하는) *Molóssia* 개.

mōly, ўos, *n.* 《植》 젖빛의 꽃과 검은 뿌리가 있다는 전설상의 마초(魔草), *Mercúrius*가 *Ulíxes*에게 주어 *Circe* 주문(呪文)으로부터 구했다 함. 「신) 몰립덴

molybdǽna, æ, *f.* 《化》 (금속원소의 하나

momen, mĭnis, *n.* [móveo] **1.** 움직임, 충동. **2.** 중량, 무게.

momentálĭter, *adv.* 순간적으로.

momentánĕus[-**tárĭus, -tórĭus**], a, um, *adj.* [moméntum] 순간적, 순식간의, 잠깐 동안의; 덧없는.

moméntum, i, *n.* [móveo] **1.** 움직임, 충동: árbores levi moménto impúlsæ *(L.)* (바람으로) 약간 움직이는 나무. **2.** 무게, 중량. **3.** 작은 분량, 작은 조각. **4.** 변화, 영향(력). **5.** 계기(契機). **6.** 시간, 동안; 순간, 잠깐: horæ moménto *(H.)* 한시간 동안에. **7.** 중요성, 가치, 의의: máximi moménti *(C.)* 대단히 중요한 / nullíus moménti *(C.)* 무가치한 / nihil habére moménti *(C.)* 조금도 중요치 않다 / levi moménto æstimáre *alqd (Cæs.)* 무엇을 대단치 않게 여기다[평가하다].

momérĭum, i, *n.* 조소, 조롱.

momórdi, *pf.* [mórdeo].

mónăcha[-**ca**], æ, *f.* 수녀(修女); 여승.

monachális, e, *adj.* [mónachus] 수도원의, 수도자의. 「신분.

monachátus, us, *m.* [mónachus] 수도자

monáchĭcus, a, um, *adj.* [mónachus] 수

monachíum, i, *n.* 수도원. ⌊도자의.

mónăchor, ári, *dep. intr.* 수도자가 되다,

mónăchus, i, *m.* 수도자. ⌊수도생활하다.

Monǽses, is, *m.* *Párthia*인의 장군(將軍).

monárcha, æ, *m.* (원래는 〈독재적 통치자〉) 군주(君主), 임금. 「군주국.

monarchía, æ, *f.* 군주정치[정체(政体)],

monas, ădis, *f.* **1.** 단일(單一), 단일성, 개체. **2.** 《哲》 단자(單子). **3.** 《生》 단세포 생물. 「도원의.

monasteriális, e, *adj.* [monastérium] 수

monastérĭum, i, *n.* 수도원.

monástĭcus, a, um, *adj.* 수도원의, 수도자의, 수도생활의.

monástrĭa, æ, *f.* 수도자처럼 사는 여자.

monáulos[-**lus**], i, *m.* 단음(單音) 피리.

monédŭla, æ, *f.* [móneo] **1.** 《動》 갈가마귀(의 일종); 까치(의 일종). **2.** 수다스러운 여자.

mónĕo, ŭi, ĭtum, ére, *tr.* [*cf.* mens, mémini] **1.** 〔*absol.; alqm* de *alqā re, alcjs rei, acc. c. inf.;alqm alqd*〕 **생각나게 하다,** 상기(想起)시키다, 주의를 불러 일으키다; **알려[일러]주다,** 통지하다: Fábius ea me mónuit. *(C.) Fábius*가 그것들을 내게 알려주었다 / ea, quæ *(acc.)* a natúrā monémur. *(C.)* 자연이 우리에게 일러준 것들. **2.** 〔*alqm* ut, ne〕 (하도록, 하라고; 말도록) **권고하다,** 충고하다, 타이르다: monéndus, ne me móneat. *(Pl.)* 나에게는 충고하지 말라고 충고받아야 할 사람. **3.** 〔*alqm, alqd, inf.*〕 가르치다. **4.** 예고하다, 신탁(神託)으로 일러주다. **5.** 벌하다, 징계하다. 「배.

monéris, is, *f.* 노(櫓)가 일렬(一列)만 있는

monéta[1], æ, *f.* [móneo] 화폐; 조폐소.

Monéta[2], æ, *f.* [móneo] **1.** *Juno*여신의 별명, *Roma*에 있던 그의 신전에서 화폐가 주조되었음. **2.** = Mnemósyne.

monetális, e, *adj.* **1.** 돈의, 화폐의. **2.** *m.* 고리 대금업자.

monetárĭus, i, *m.* [monéta] 화폐주조직공.

monéto, áre, *tr.* [monéta] 화폐를 만들다.

moniális, is, *f.* 수녀; 여승.

moníle, is, *n.* **1.** 목걸이. **2.** 〔*pl.*〕 보석.

moniméntum = monuméntum.

monísmus, i, *m.* 《哲》 일원론(一元論).

monítĭo, ónis, *f.* [móneo] 권고, 훈계, 충고, 경고. 「다.

mónĭto, áre, *tr.* 충고하다; 일러주다, 알리

mónĭtor, óris, *m.* [móneo] **1.** 권고자, 충고자, 경고자. **2.** 법률고문. **3.** 농장 노예감독. **4.** (어린이의) 가정교사. **5.** 무대 연출자.

monitórĭus, a, um, *adj.* 권고의, 충고의; 알리는, 예고하는, 경고하는.

mónĭtrix, ícis, *f.* [mónitor] 권고[충고·경고]하는 여자.

mónĭtum, i, *n.* [-**us,** us, *m.*] [móneo] **1.** 권고, 충고, 훈계. **2.** 예고, 신탁(神託).

monobíblos, i, *m.* 단 한권의 책.

monócĕros, ótis, *m.* 《動》 코뿔소.

monochásĭum, i, *n.* 《植》 단출취산화서(單出聚繖花序). 「음(單音)의.

monochórdos, on, *adj.* 단현(單絃)의, 단

monochrómăta, órum, *n.pl.* 단색(單色)의 그림.

monochromătéus, a, um, [-**tos,** on,] *adj.* 한가지 빛깔의, 단색(單色)의, 단채(單彩)의. 「雄同花)의, 양성화(兩性花)의.

monoclínus, a, um, *adj.* 《植》 자웅동화(雌

monóclĭtus, a, um, *adj.* 《文法》 불변화(품사)의. 「子葉植物).

monocotylédon, i, *n.* 《植》 단자엽식물(單

monócŭlus, i, *m.* 애꾸눈, 애꾸눈이.

monódĭa, œ, *f.* [-**ĭum,** i, *n.*] **1.** 독창(곡), 단성부곡(單聲部曲). **2.** (희랍 비극의) 독창(獨唱); 애가, 비가.

monodiárĭa, æ, *f.* 독창하는 여자.

monodiárĭus, i, *m.* 독창하는 남자.

Monœ́cus, i, *m.* **1.** *Hércules*의 별명. **2.** Monœ́ci arx, *Ligúria*의 갑(岬)(지금의 *Monaco*). 「도, 단혼제(單婚制).

monogamía, æ, *f.* 일부일처(一夫一妻) 제

monógămus, i, *m.* 일부일처의 남자, 한 아내만 가진 남자.

monógĕnes, is, *m.* 외아들, 독자.

monogénĕsis, is, *f.* **1.** 일원(一元). **2.** 《生》 일원 발생설; 단성(單性) 생식; 동태(同態) 발생. 「元論)[일조설(一祖說)].

monogenísmus, i, *m.* 인류일원론(人類一

monográmma, ătis, *n.* (두 개 이상의 글자 특히 이름의 첫머리 글자를 합쳐서 한 글자 모양으로 도안화한) 조합문자(組合文字), 합일문자(合一文字).

monográmmus, a, um, *adj.* 선(線)만의, 한 줄의, 윤곽만의. 「진주].

monolĭnum, i, *n.* 한 줄에 꿴 구슬[보석·

monolĭthus, a, um, *adj.* 한 개의 돌로 된, 돌멩이 하나의.

monolóris, e, *adj.* 띠 하나만 있는.

monomáchĭa, æ, *f.* 일대일(一對一)의 격투[시합].

monomăchus, i, *m.* 격투하는 사람.

monománĭa, æ, *f.* 일물광(一物狂), 편집광(偏執狂); 외곬으로 나감, 한가지 일에만 열중함. 「단모음(單母音)만으로 이루어진.

monophthóngus, a, um, *adj.* 중모음없이

monophysíta, æ, *m.* 《神》 그리스도 단성론자(單性論者). 「성설(單性說).

monophysitísmus, i, *m.* 《神》 그리스도 단

monoplégĭa, æ, *f.* 《醫》 국부마비, 국부불수(局部不隨).

monopódĭum, i, *n.* **1.** 다리 하나만 있는 상(床). **2.** 《植》 외줄기, 단축(單軸), 단축형(型). 「는.

monopódĭus, a, um, *adj.* 다리 하나만 있

monopólĭum, i, *n.* 전매(專賣), 독점판매.

monoschemastístĭcus, a, um, *adj.* 한 모양만 가진. 「(單胞子囊).

monosporángĭum, i, *n.* 《植》 단포자낭

monostíchĭum[-stĭcum], i, *n.* 일행시(一行詩). 「節)의, 외마디 소리의.

monosýllăbus, a, um, *adj.* 단음절(單音

monotheísmus, i, *m.* 일신교(一神敎); 〔*adj.*〕 **-ístĭcus,** a, um. 「자, 일신론자.

monotheísta, æ, *m.(f.)* 일신교(一神敎) 신

monotheléta, æ, *m.* 그리스도 단의론자(單意論者).

monotheletísmus, i, *m.* 《神》 그리스도의 이성일의론(二性一意論)[단의론(單意論)].

monótŏnus, a, um, *adj.* 단음(單音)의, 단조(單調)의; 늘 같은 소리의, 단조로운, 변화없는, 천편 일률의, 지루한.

monótrŏphus, i, *m.* (시중드는 사람도 없이) 혼자 식사하는 사람, 외톨이.

mons, montis, *m.* **1.** 산(山); 높은 언덕; 산맥. **2.** 산더미. **3.** 암석; 대리석. **4.** 산(山)짐승. **5.** 《解》 불두덩, 음부(陰阜). **6.** 《가》 ~ pietátis 중세의 수도원 경영의 자선 전당포.

monstrábĭlis, e, *adj.* [monstro] **1.** 보여 줄 만한, 잘 보이는. **2.** 주목할 만한, 현저한, 훌륭한.

monstrátĭo, ónis, *f.* [monstro] 보여줌, 제시; 가리킴, 지시; (길)안내.

monstrátor, óris, *m.* [monstro] 보여주는 사람, 가리키는 사람, 안내자.

mónstrĭfer, ĕra, ĕrum, *adj.* [monstrum+fero] **1.** 괴물을 내는[일으키는]. **2.** 괴상한, 기괴한, 괴물같은.

monstríficus, a, um, *adj.* [monstrum+fácio] **1.** 괴이한, 괴상한, 괴물같은. **2.** 괴상한 것을 만들어 내는.

monstrívŏrus, a, um, *adj.* [monstrum+voro] 괴물을 잡아먹는.

monstro, ávi, átum, áre, *tr.* [móneo] **1.** 〔*alqd alci; inf.*〕 보여 주다, 표시하다, 가리키다, 일러 주다, 지적하다. **2.** 지시하다, 지정하다, 명령하다, 권고하다. **3.** 일러 바치다. **4.** 증명하다.

monstrum, i, *n.* [móneo] **1.** 괴상한 일[것], (길흉의) 전조; 기이한[불가사의한] 일. **2. 괴물,** 도깨비; 괴이한 것, (선천적) **기형**(물). **3.** 거대한 물건. **4.** 극악무도한 사람.

monstruósĭtas, átis, *f.* [monstruósus] **1.** (크기·모양·성질 따위의) 괴상, 기괴(奇怪). **2.** 괴물; 기형; 엄청나게 큰 물건. **3.** 비인도적 행위, 극악무도.

monstruósus, a, um, *adj.* [monstrum] **1.** 괴상한, 괴물같은, 기형의; 거대한. **2.** 비인도적, 극악무도한, 끔찍한.

montána, órum, *n.pl.* [montánus] 산지(山地), 산간지방. 「의.

montaniósus, a, um, *adj.* 산 많은, 산골

montánus, a, um, *adj.* [mons] 산의, 산맥의; 산골의, 산(골)에 사는: (loca) montána *(L.)* 산간지방, 산골; 〔*subst.*〕 *m.pl.* 산(山)사람, 산간주민, 산골사람.

monticéllus, i, *m. dim.* [mons] 작은 산.

montícŏla, æ, *m.f.* [mons+colo[2]] 산(山)사람, 산간주민, 화전민(火田民). 「산, 언덕.

montícŭlus, i, *m. dim.* [mons] 작은 산, 야

montígĕna, æ, *m. f.* [mons+gigno] 산에서 난 사람. 「산속에서 헤매는.

montívăgus, a, um, *adj.* [mons+vagus[1]]

mont(u)ósus, a, um, *adj.* [mons] 산이 많은, 산악지대의, 산골의; 〔*subst.*〕 *n.pl.* (*sc.* loca) 산악지대, 산골.

monumentális, e, *adj.* [monuméntum] 기념비·기념탑의, 기념물로서 쓸모있는, 기념이 되는; 불후의, 불멸의.

monumentárĭus, a, um, *adj.* [monuméntum] **1.** 분묘의, 묘소의. **2.** 기념비·기념탑의, 기념건물의, 기념상(像)의; 기념물이 될 만한.

monuméntum, i, *n.* [móneo] **1.** (죽은 사

람·역사적 사건 따위의) 기념비, 기념탑, 기념상, 기념건물. **2.** 분묘; 묘비. **3.** 기념물; 유적, 고적. **4.** 고문서(古文書), 기록, 서적.
Mopsópĭa, æ, *f.* *Attĭca* 혹은 *Athénæ*의 옛 이름; 〔*adj.*〕 **-pĭus,** a, um.
Mopsuhéstĭa, æ, *f.* *Cilícia*의 도시.
mŏra[1], æ, *f.* **1. 지체**(遲滯), 지연, 유예; 체류: nullā interpósitā morā *(Cæs.)*; sine morā *(C.)* 지체없이, 즉시 / Est mora.*(Pl.)* (이야기가) 길어진다, 오래 걸린다. **2.** 휴지(休止), 휴식. **3.** 시간, 동안. **4.** 장애, 방해: Restituéndæ Románis Cápuæ mora es.*(L.)* *Cápua*를 *Roma*인들에게 돌려주는 데에 네가 장애물이 된다.
mŏra[2], æ, *f.* *Sparta*군 부대[병단(兵團)].
morálĭa, ĭum, *n.pl.* [morális] 도덕, 윤리, 도덕률.
morális, e, *adj.* [mos, mores] **1.** 도덕상의, 도덕적 관념상의, 풍기상의; **도덕적, 윤리적, 도의적**: sensus ~ 윤리적 감각[양심]. **2.** 도덕을 가르치는, 교훈적인. **3.** (물질적·육체적이 아닌) 정신적, 사기(士氣)에 관한. **4.** (일의 형편·도리·건전한 상식적 판단으로 보아) 틀림없는, 있을 법한, 개연적(蓋然的): certitúdo ~ 개연적 확실성, 심증(心證).
moralísmus, i, *m.* [morális] **1.** 교훈주의, 설교하는 버릇. **2.** (종교와 구별되는) 윤리주의, 도덕적 실천.
moralísta, æ, *m.* [morális] **1.** 윤리(신)학자; 도학자. **2.** 윤리주의자, 도덕가.
morálĭtas, átis, *f.* [morális] **1.** 도덕, 윤리, 도의; 도덕적 관념[실천], 도덕성, 윤리성. **2.** 자체(字体), 성격, 특징.
morátĭo, ónis, *f.* [moror[1]] **1.** 지체(遲滯), 지연. **2.** 체류, 체재(滯在).
morátor, óris, *m.* [moror[1]] **1.** 지체자, 지연자. **2.** 《軍》 낙오병; 후미부대 병사. **3.** 저질 변호사. **4.** 방해자, 장애가 되는 사람.
moratórĭum, i, *n.* [moratórius] **1.** 《法》 (비상시 따위의) 법률에 의한 지불 정지[연기], 지불 유예령. **2.** 유예기간.
moratórĭus, a, um, *adj.* [morátor] **1.** 지체하는, 지연하는. **2.** 체류하는, 체재하는, 머무는.
morátum, i, *n.* [morum] 오디술.
morátus[1], a, um, *p.p.* [moror[1]] **1.** 지체한, 지연한. **2.** 체류한, 두류(逗留)한, 체재한, 머문.
morátus[2], a, um, *adj.* [mos] **1.** 소행(素行)의, 틀이 잡힌, …상태[성실]의, (어떤) 습성[소양]을 가진: si múlier moráta est male,*(Pl.)* 여자가 교양이 없으면. **2.** 소양(素養)있는, 특색있는.
morbéscens, éntis, *p.præs. (adj.)* [*inusit.* morbésco] 병에 걸리기[병들기] 시작하는.
morbídĭtas, átis, *f.* [mórbidus] **1.** 병에 걸려 있음; 병적 상태[성질]. **2.** 《醫》 질병률(疾病率), 환자율[수].
mórbĭdo, áre, *tr.* [mórbidus] 병들게 하다.
mórbĭdus, a, um, *adj.* [morbus] **1.** 병의, 병에 잘 걸리는; 병든, 탈난. **2.** 병에 기인하는, 병적인. **3.** 병에 관한, 환부(患部)의. **4.** 병을 가져오는, 병들게 하는. **5.** 부드러운, 연약한.
morbílli, órum, *m.pl.* 《醫》 마진(痲疹), 홍진, 홍역.
morbósus, a, um, *adj.* [morbus] **1.** 잘 앓는, 병걸리는, 병난, 병약한. **2.** 병적인, 불건전한.
morbus, i, *m.* [mors] **1. 병**, 질병, 질환; 병세: ~ major *(Cels.)* 간질병 / ~ régius *(Cels.)* 황달병 / ex morbo convaléscere *(C.)* 앓다가 건강이 회복되다. **2.** 병폐, 악습; 탐욕, 야욕, 허영.
mordácĭtas, átis, *f.* [mordax] **1.** 찌름, 씀; 매움, 자극. **2.** 신랄한 비판, 독설.
mordax, ácis, *adj.* [mórdeo] **1.** 잘 무는, 물어뜯는. **2.** 찌르는, 쏘는. **3.** 뾰족한, 날카로운. **4.** 매운, 신, 떫은. **5.** 통렬한, 신랄한.
mórdĕo, momórdi, morsum, ére, *tr.* **1. 물다**, 깨물다, 물어뜯다. **2.** 찌르다, 쏘다. **3.** 씹다, 짓씹다; 뜯어먹다. **4.** 다 써버리다, 탕진하다. **5.** 잡아채다, 물고 늘어지다. **6.** 에다, 깎다. **7.** 매운 감각을 주다, 맵다. **8.** 헐뜯다, 혹평하다. **9.** 들볶다, 괴롭히다. **10.** 파고 들다, 곰곰이 생각하다.
mórdĭcans, ántis, *p.præs.* [*inusit.* mórdico] 찌르는, 쏘는; 매운, 신, 떫은.
mordicátĭo, ónis, *f.* 《醫》 복통, 진통.
mordicatívus, a, um, *adj.* 콕 쏘는, 자극성의.
mórdĭcus[1], *adv.* [mórdeo] **1.** 깨물어서. **2.** 꽉. **3.** 끈덕지게, 끈기있게.
mórdĭcus[2], a, um, *adj.* [mórdeo] 무는.
mores, um, *m.pl.* [mos] 품행, 도덕, 풍습, 풍속, 상례(常例).
moretárĭum[-rétum], i, *n.* 마늘·양파·파슬리·고수·치즈를 섞어 짓찐 것에 올리브기름과 식초를 친 요리.
mori, *inf.* [mórior] 죽다.
móría, æ, *f.* 《醫》 유치상쾌상태(幼稚爽快狀態).
moribúndus, a, um, *adj.* [mórior] **1.** 죽어가는, 빈사 상태의, 운명하는. **2.** 치명적.
morigerátĭo, ónis, *f.* [morígeror] 친절, 상냥, 고분고분함.
morígĕror, átus sum, ári, *dep. intr.* [mos+gero[1]] 〔*dat.*〕 뜻맞추나, 순종하다, 만족시키다, 고분고분하다.
morígĕrus, a, um, *adj.* [mos+gero[1]] 친절한, 상냥한, 순종하는, 고분고분한.

Mórĭni, órum, *m.pl.* *Gállia Bélgica*의 한 종족.

mórĭo, ónis, *m.* 바보, 천치, 얼간이; 익살광대.

mórĭor, *(rĕris, rĭtur),* mórtŭus sum, (moritúrus), mori, *dep. intr.* **1.** 죽다. **2.** (초목이) 말라 죽다, (빛·불이) 꺼지다, (날이) 저물다. **3.** 멸망하다, 없어지다, 사라지다. **4.** [in *abl.*] (결사적으로) 진력하다. **5.** 죽을 듯이 기뻐하다.

moritúrus, a, um, *p.fut.* [mórior] 장차 죽을: Moritúri te salútant [salutámus].*(Suet.)* 《목숨 바치려는 자들이 폐하께 인사드립니다》(*Roma*의 검투사들이 경기장에서 황제 앞을 행진하면서 외치던 말).

mormyr, y̆ris, *f.* 《動》 흑해에서 나는 물고기의 일종.

morólŏgus, a, um, *adj.* 어리석은[정신나간] 말을 하는.

mŏror[1], átus sum, ári, *dep.* [mora[1]] **I.** *intr.* **1.** [*absol.; inf.*] 지체하다, 지연하다, 유예하다; 머뭇거리다, 망설이다: ne multis (*sc.* verbis) morer,*(C.)* 긴 말은 생략하거니와. **2.** 체류하다, 머무르다. **3.** 오래 가다, 지속하다.

II. *tr.* **1.** 지연시키다, 늦추다, 유예하다. **2.** [*acc.; acc. c. inf.;* 부정(否定) 뒤에 quóminus] 중지[정지]시키다, 방해하다, 제지하다: Nihil moror.*(C.)* 나는 방해[거절]하지 않는다 / ~ *alci* manum *(Cæs.)* 누구에게 일(손)을 중지시키다 / Nihil te moror. *(L.)* (죄인을 석방할 때의 말) 이제 가도 좋다. **3.** [*alqm alqā re*] (즐거움으로) 황홀하게 하다, 사로잡다. **4.** 상관하지 않다, 대수롭게 생각하지 않다. **5.** 싫어하다, 거절하다.

mōror[2], ári, *dep. intr.* 바보짓하다.

morósĭtas, átis, *f.* [morósus] **1.** 괴까다로움, 괴팍, (아무리 해도) 만족하지 않음. **2.** 뚱함, 침울.

morósus, a, um, *adj.* [mos] **1.** (성미가) 까다로운, 괴팍한, 투정하는, 못마땅해 하는. **2.** 뚱한, 무뚝뚝한, 침울한: morósi senes *(C.)* 침울한 노인들. **3.** 힘들게[어렵게] …되는: ~ morbus *(Ov.)* 잘 낫지 않는 병. **4.** 싫증나게 하는, 지루한.

Mórpheus, ĕi [ĕos], *m.* 꿈의 신.

morphinísmus, i, *m.* 《醫》 모르핀 중독, 아편중독.

morphínum, i, *n.* 《化》 모르핀.

morphogénĕsis, is, *f.* 《生》 형태 발생(形態發生).

morphología, æ, *f.* **1.** 《生》 형태학(形態學). **2.** 《文法》 형태론.

mors, mortis, *f.* [mórior] **1.** 죽음, 사망: morte suā mori *(Sen.)* 제 명에 죽다, 천수를 다하다 / mortem sibi conscíscere *(C.)* 자결하다. **2.** 시체. **3.** 끝, 파멸. **4.** 죽음의 원인[원흉]. **5.** [M-] 사신(死神).

morsicátim, *adv.* [mórsico] 신랄하게, 통렬하게.

morsicátĭo, ónis, *f.* [mórsico] 씹음, 저작(咀嚼).

mórsĭco, áre, *tr. freq.* [mórdeo] **1.** 자주 물다; 씹다. **2.** 뚫어지게 쳐다보다.

morsor, óris, *m.* [mórdeo] 무는 사람[것].

morsum, i, *n.* [mórdeo] 한입 물어 뜯어낸 것.

morsus, us, *m.* [mórdeo] **1.** 물어뜯음; (새가) 주둥이로 쫌. **2.** 교상(咬傷), 물어뜯은 상처. **3.** 먹음. **4.** 찌름, 쏨, 쑤심, 쥠. **5.** 매움; 짠 맛, 신 맛. **6.** ~ rubíginis *(Lucan.)* 녹으로 인한 부식(腐蝕). **7.** 걱정, 고통. **8.** 질시(疾視·嫉視), 헐뜯음. **9.** 양심의 가책.

mortális, e, *adj.* [mors] **1.** 죽을 운명의, 죽음을 면치 못할, 죽어 없어질, 사멸할. **2.** 인생의, 인간의; [*subst.*] *m.* 인간; *n.pl.* 인간사(人間事). **3.** 죽음을 가져오는, 치명적, 치사적(致死的), 생명을 뺏는. **4.** 덧없는, 사라질, 잠시 지나가는, 잠깐 동안의. **5.** 영원한 죽음에 이르게 하는: peccátum mortále (구원받지 못하게 하는) 대죄.

mortálĭtas, átis, *f.* [mortális] **1.** 죽을 운명[성질], 사멸성; 죽음. **2.** 덧없음. **3.** 인간. **4.** 《醫》 사망률.

mortariŏlum, i, *n. dim.* [mortárium] 작은 절구.

mortárĭum, i, *n.* **1.** 절구. **2.** 모르타르, 회반죽; 회반죽통. **3.** 《軍》 박격포.

morticínus, a, um, *adj.* [mors] (자연사로) 죽은, 시체의; [*subst.*] *n.* 시체; *n.pl.* 식용육(食用肉).

mórtĭfer[-fĕrus], ĕra, ĕrum, *adj.* [mors+fero] 죽음을 가져오는, 치명적인, 치사(致死)의.

mortificátĭo, ónis, *f.* [mortífico] **1.** 고행, 금욕, 극기. **2.** 죽음.

mortificátus, a, um, *p.p.* [mortífico] 죽인, 죽임을 당한; 절제한, 금욕한[하는].

mortífico, ávi, átum, áre, *tr.* [mors+fácio] **1.** 죽게 하다, 죽이다. **2.** 극기하다, 고행하다, 정욕을 억제하다.

mortíficus, a, um, *adj.* [mors+fácio] 치명적, 죽게 하는.

mortuálĭa, ĭum, *n.pl.* [mórtuus] **1.** 상복(喪服). **2.** 만가(輓歌).

mortuárĭus, a, um, *adj.* 죽은 사람에 관한.

mortuósus, a, um, *adj.* [mórtuus] 죽은 사람같은, 핏기가 없는.

mortúrĭo, íre, *intr. desid.* [mors] 죽고 싶어 하다.

mórtŭus, a, um, *p.p.* [mórior] 죽은; *m., f.* 죽은 사람.

mórŭla, æ, *f. dim.* [mora[1]] 잠시, 잠깐 지체함, 짧은 시간.

mórŭlus, a, um, *adj.* [morus[2]] 흑색의, 까만; 깜둥이의.

morum, i, *n.* 《植》 뽕나무 열매, 오디.

morus[1], a, um, *adj.* 미련한, 우둔한.

morus[2], i, *f.* 《植》 뽕나무.

mos, mōris, *m.* **1.** 관습, 풍습, 풍속, 습

속(習俗), **관례**, 행습(行習), 상례(常例): sicut meus est mos*(H.)* 내가 늘 해오던 대로 / mos est, ut *subj.[inf., acc.c.inf.](C.)* …하는 것이 관례[상례]이다 / more*(C.)*, de [ex] more*(V., II.)* 관습[관례]대로, 종전대로. **2.** (태도·행동 따위의) 양식, 습관, (생활) 방식, 방법, 나름; 유행: suo more vívere 자기 나름대로 살다 / morem *alci* gérere*(C.)* 누구의 식대로 행동하다[따르다] / ~ vestis*(Justin.)* 옷의 유행. **3.** 〔흔히 *pl.*〕 미풍양속, 풍기, 도덕; **품행**, 몸가짐: móribus præféctus*(C.)* 풍기 감찰관. **4.** 성격, 특징. **5.** 법, 규칙, 규정, 원칙.

mosáĭcus¹, a, um, *adj.* 모자이크의, 상감(象嵌)의. 「sáica, *Moses*의 율법.

Mosáĭcus², a, um, *adj. Moses*의: lex Mo-

Moschi, órum, *m.pl. Cáucasus* 산맥 남방의 한 종족. 「A.C.).

Moschus, i, *m.* 희랍의 전원시인(c. 250

Moses, is, *m.* (= Móyses) 모세(구약시대의 이스라엘 민족의 지도자). 「희극) 유령.

Mostellárĭa, æ, *f.* [mostéllum] *(Plautus*의

mostéllum, i, *n. dim.* [monstrum] 작은 괴

motacílla, æ, *f.* 《動》 할미새. 」물.

motátĭo, ónis, *f.* [moto] 빈번한 운동.

mótĭo, ónis, *f.* [móveo] **1.** 움직임, 운동; 발동. **2.** 맥박; 발열(發熱). **3.** 파면, 면직. **4.** 감정.

motiúncŭla, æ, *f.dim.* [mótio] 미열(微熱).

motívum, i, *n.* [móveo] **1. 동기**(動機), 동인(動因). **2.** 결정 이유, 진의(眞意), 목적. **3.** (예술작품의) 주제, 제재(題材); 악상(樂想).

motívus, a, um, *adj.* [móveo] **1.** 원동력이 되는; 결정하는. **2.** 동기의, 동기가 되는.

moto, ávi, átum, áre, *tr. freq.* [móveo] 이리저리 움직이다, 흔들어대다.

motor, óris, *m.* [móveo] **1.** 움직이게 하는 사람. **2.** 원동력; 발동기.

motórĭus, a, um, *adj.* 움직이는, 운동의, 동적(動的)인; 운동을 일으키는; 〔*subst.*〕 *n.* 동력, 원동력.

mōtus, us, *m.* [móveo] **1. 움직임, 운동,** 진동, 요동: terræ ~*(C.)* 지진. **2.** 이동, 운행. **3.** 춤, 율동; 몸짓. **4.** 초목의 싹틈[성장]. **5.** 정신 활동; 감정, 감동, 감격; 정서. **6.** 충동, 영감(靈感): motu próprio 자기 충동으로, 자발적으로; 《가》 교황 자발교서(自發敎書). **7.** 소동, 소요, 소란, 폭동. **8.** 변동, 변화. **9.** 《修》 비유, 전의(轉義).

móvĕo, mōvi, mōtum, ére, *tr.* **1. 움직이게 하다,** 움직이다; 신동시키다: vis movéndi *(C.)* 움직이는 힘; 〔*pass. refl.*〕 **movéri, se movére** (스스로) 움직이다; 춤추다; 가다, 걸어가다, 떠나가다, 이동하다, 운행하다. **2.** 옮기다, 이전하다, 이동시키다: gradum ~ *(Sen.)* 발걸음을 옮기다. **3.** 현악기를 타다, 줄[현]을 튀기다[튀기어 소리내다]. **4.** 〔*alqm[alqd] - abl.*; ex, ab *abl.*〕 제거하다, 해임하다, 파면하다, 쫓아내다, 축출하다. **5.** 〔*alqm* de *abl.*〕 떼어놓다, 멀어지게 하다, 버리게 하다. **6.** ~ se 식물이 싹트다, 자라다. **7. 일으키다,** 야기하다, 나(오)게 하다, 선동하다, 자극하다, 자아내다, 유발하다: ~ *alci* exspectatiónem de *alqā re(C.)* 누구로 하여금 무엇에 대해 기대를 가지게 하다. **8.** 〔*alqm* - ad *acc.*, ut〕 충동하다, …하게 하다, 쑤석거리다. **9.** 착수하다, 시작하다; 진행[추진]시키다; 계획하다, 획책하다. **10.** 혼란시키다, 어지럽히다; 소란[폭동]을 일으키게 하다. **11.** 뒤흔들다, 동요케 하다; 약화시키다. **12.** 영감(靈感)을 일으키다[받게 하다]. **13.** 마음을 움직이게 하다, **감동시키다,** (어떤) 감정을 일으키게 하다; 〔*pass.*〕 **movéri** 마음이 움직이다, 감동하다, (어떤) 감정에 사로잡히다. **14.** 깊이 생각하다, 헤아리다. **15.** 바꾸다, 변하다. **16.** *intr.* 움직이다, 진동하다: Terra movit.*(L.)* 지진이 있었다 / res movéntes*(L.)* 동산(動産).

mox, *adv.* **1.** 오래지 않아, 이제 곧, 미구에. **2.** 그리고 즉시, 그리고 나서, 거의 동시에. **3.** 후에, 그 다음에.

Móўses, is, *m.* (= Moses) 모세.

mu, *interj.* 〔고통·신음·실망 표시〕 으음!

mucc... *V.* muc...

múcĕo, cŭi, ére, [**mucésco,** ĕre,] *intr.* [mucus] 곰팡이나다, 쉬다, 썩다.

múcĭdus, a, um, *adj.* [mucus] **1.** 곰팡난, 쉰. **2.** 코흘리는.

mucilágo, gĭnis, *f.* 점액(粘液): ~ gummi arábici 아라비아 고무장(漿). 「건.

mucínĭum[muccí-], i, *n.* 코푸는 (손)수

Múcĭus, i, *m. Roma*인의 씨족명; 〔*adj.*〕 **-ciánus,** a, um.

mucor, óris, *m.* [múceo] 곰팡이.

mucósa, æ, *f.* 《解》 점막(粘膜).

mucósus, a, um, *adj.* 점액(粘液)의, 점액질의; 점액을 분비하는, 점액을 함유한: 《解》 membrána mucósa 점막.

mucro, ónis, *m.* **1.** 뾰족한 끝, 날카로운 끝, (칼·낫·도끼 따위의) 날; (잎사귀 따위의 끝에 있는) 가시 모양의 돌기(突起). **2.** 칼, 검, 단도. **3.** 끝, 말단. **4.** 권위, (예리한) 힘.

mucronátim, *adv.* 뾰족하게, 예리하게.

mucronátus, a, um, *adj.* [mucro] 뾰족한, 날카로운, 예리한; 가시 모양의 돌기가 있는. 「의; 진이 많은; 콧물나는[많은].

muculéntus, a, um, *adj.* 점액의, 점액성

mucus [muccus], i, *m.* 점액, 진, **콧물.**

mūgil[-lis], is, *m.* 《動》 숭어.

múgĭnor, ári, *dep. intr., tr.* [múgio] **1.** 꿍꿍[낑낑]대며 옮기다. **2.** 빈둥거리다, 늑장부리다, 꾸물거리다, 빈들빈들 지내다.

múgĭo, ívi[ĭi], ítum, íre, *intr.* **1.** 송아지가 울다, 영각하다. **2.** (소리가) 요란하게 울려 퍼지다, 굉음을 내다, 명동(鳴動)하다.

mugítor, óris, *m.* [múgio] 요란한 소리 내는 자, 명동(鳴動)하는 자.

mugítus, us, *m.* [múgio] **1.** (소의) 영각, 황소 울음. **2.** 요란한 소리가 울려 퍼짐, 명동(鳴動). **3.** 울고불고함, 아우성.

mula, æ, *f.* [mulus] 《動》 암노새.

muláris, e, *adj.* [mulus] 노새의.

mulcátor, óris, *m.* [mulco] 매질하는 사람, 학대하는 자. 「다듬음; 매력, 매혹.

mulcédo, dĭnis, *f.* [múlceo] 어루만짐, 쓰

múlcĕo, mulsi, mulsum, ére, *tr.* **1.** 어루만지다, 쓰다듬다. **2.** 살짝 닿다[만지다]. **3.** 진정시키다, 가라앉히다. **4.** 달게[달콤하게]하다, 꿀맛나게 하다. **5.** 즐겁게 해

múlcĕtra, æ, *f.* 《植》 해바라기. └주다.

Múlcĭber, ĕri, *m.* **1.** 불의 신 *Vulcánus*의 별명. **2.** [m-] 불.

mulco, ávi, átum, áre, *tr.* **1.** 때리다, 치다, 매질하다, 두들기다. **2.** 부딪치다. **3.** 모질게 다루다, 학대하다. 「금(違約金).

mulcta, æ, *f.* (=multa[1]) 벌금, 과료, 위약

mulcta... *V.* multa...

mulcto, ávi, átum, áre, *tr.* = multo[2].

mulctra, æ, *f.* [**-trum,** i, *n.*] [múlgeo] **1.** 소젖[염소젖] 짜는 그릇[통]. **2.** 우유, 젖.

mulctrále, is, *n.* [**-trárum, -trum,** i, *n.*] 젖 짜는 그릇.

mulctus, us, *m.* [múlgeo] 젖짬, 착유(搾乳).

múlgĕo, mulsi[lxi], mulsum[mulctum], ére, *tr.* 젖을 짜다: ~ hircos*(V.)* 숫염소의 젖을 짜다, 불가능한 일을 하려하다.

mulíĕbris, e, *adj.* [múlier] **1.** 여자의, 부녀의, 여자에게 속하는. **2.** 여자다운, 여자같은; 연약한. 「부녀 신분.

muliébrĭtas, átis, *f.* [mulíebris] 여자임,

múlĭer, ĕris, *f.* **1.** 여자, 여인, **부인.** **2.** 아내. 「부녀의.

mulierárĭus, a, um, *adj.* [múlier] 여자의,

muliércŭla, æ, *f. dim.* [múlier] **1.** (가엾은·대단치 않은) 여자. **2.** 창녀.

mulierculárĭus, a, um, *adj.* 외도하는.

muliérĭtas, átis, *f.* [múlier] 부녀 신분.

mulíĕro, áre, *tr.* [múlier] 여성화시키다, 유약하게 하다. 「좋아함, 여자에 대한 애착.

mulierósĭtas, átis, *f.* [mulierósus] 여자를

mulierósus, a, um, *adj.* [múlier] 여자를 좋아하는[바치는].

mulínus, a, um, *adj.* [mulus] 노새의.

múlĭo, ónis, *m.* [mulus] 노새몰이꾼, 노새 부리는 사람. 「새 부리는, 노새몰이의.

mulionĭcus[-nĭus], a, um, *adj.* [múlio] 노

múllĕus, a, um, *adj.* 붉은, 빨간, 진홍색의.

mullus, i, *m.* 《動》 노랑촉수, 붉은 숭어.

mulomedicína, æ, *f.* 수의학(獸醫學).

mulomédĭcus, i, *m.* 수의사.

mulsa, æ, *f.* 꿀물. 「꿀탄.

múlsĕus, a, um, *adj.* [mulsus[1]] 꿀같이 단,

mulsi, *pf.* [múlceo, múlgeo].

mulsúra, æ, *f.* [múlgeo] 젖[우유] 짬, 착유(搾乳).

mulsus[1], a, um, *p.p., a.p.* [múlceo] **1.** 꿀을 섞은, 꿀맛이 나는, 꿀같이 단; 〔*subst.*〕 *n.* 꿀탄 포도주. **2.** 달콤한, 감미로운, 사

mulsus[2], a, um, *p.p.* [múlgeo]. └랑스러운.

multa[1], æ, *f.* **1.** 벌금, (양이나 소로 배상하는) 과료. **2.** 형벌. 「수, 다량.

multa[2], órum, *n.pl.* [multus] 온갖 것, 다

multángŭlus[-tiángŭlus], a, um, *adj.* [multus+ángulus] 다각형의.

multatícĭus, a, um, *adj.* [multa[1]] 벌금의, 벌의, 징벌[형벌]의. 「림; 징벌, 형벌.

multátĭo, ónis, *f.* [multo[2]] 벌과금, 벌금물

multésĭmus, a, um, *adj.* [multus] 여럿 중에 하나인, 작은, 약한. 「대다수의 사람.

multi, órum, *m.pl.* [multus] 군중, 대중,

multíbĭbus, a, um, *adj.* [multus+bibo[1]] 많이 마시는.

multicáulis, e, *adj.* 줄기가 많은.

multicavátus, a, um, *adj.* [multus+cavo] 구멍이 많은. 「성이의.

multícăvus, a, um, *adj.* [multus] 구멍 투

multícĭa, órum, *n.pl.* 부드러운 옷, 가벼운 옷. 「실로 짠[뜬], 고운 실로 짠.

multícĭus[-tĭus], a, um, *adj.* 여러가지 색

multiclinátum, i, *n.* 《修》 동어반복(同語反覆).

multícŏla, æ, *f. m.* 다신교(多信敎) 신자.

multícŏlor, óris, [**-lórus,** a, um,] *adj.* 여러가지 빛깔의, 얼룩 빛깔의. 「가진.

multicúpĭdus, a, um, *adj.* 많은 욕망을

multifácĭo, féci, ĕre, *intr.* 중하게[진중히] 여기다, 존중하다.

multifárĭam, *adv.* **1.** 여러 군데에, 여러 곳에(서), 군데군데. **2.** 여러 가지로, 여러 겹으로.

multifárĭus, a, um, *adj.* **1.** 여러 군데[곳]의. **2.** 여러가지 모양의, 여러가지 종류의, 갖가지의.

múltĭfer, ĕra, ĕrum, *adj.* [multus+fero] 비옥한, 풍요한, 생산력이 많은.

multífidus, a, um, *adj.* [multus+findo] 여러 부분으로 갈라진, 여러 갈래의.

multiflórus, a, um, *adj.* 꽃이 많은.

multíflŭus, a, um, *adj.* 풍부한, 다량(多量)의. 「은, 출입구가 많은.

multífŏris, e, *adj.* [multus+foris[1]] 구멍많

multifórmis, e, *adj.* [multus+forma] 여

러가지 모양[형태]의, 다양한, 형형색색의.
multifórmĭtas, átis, *f.* [multifórmis] 다양성, 잡다함.
multifŏrus, a, um, *adj.* [multus+foris[1]] 구멍이 많은.
multigénĕris, e, [**-génĕrus, -gĕnus,** a, um,] *adj.* [multus+genus] 여러 종류의, 여러가지의.
multíjŭgus, a, um,[**-jŭgis,** e,] *adj.*[multus+jugum] **1.** 여러 멍에를 멘. **2.** 복잡한, 여러 겹의. 「측면(側面)이 많은, 다면의.
multilátĕrus, a, um, *adj.* [multus+latus[3]]
multilocátĭo, ónis, *f.* [multus+] 동시에 여러 곳에 있음, 동시 다소 존재(同時多所存在). 「많음, 수다.
multilóquĭum, i, *n.* [multus+loquor] 말
multílŏquus, a, um, *adj.* [multus+loquor] 말 많이 하는, 수다스러운.
multimámmĭa, æ, *f.* [multus+mamma] 유방[젖꼭지] 많은 여신(*Ephĕsus*의 *Diána* 여신). 「가지 모양[방법]으로, 여러가지로.
multimŏdis, *adv.* [multus+modus] 여러
multimŏdus, a, um, *adj.* [multus+modus] 여러가지 모양의, 여러가지의, 다양한.
multinódus, a, um, *adj.* [multus+nodus] 마디가 많은. 「이름의.
multinómĭnis, e, *adj.* 명칭이 많은, 여러
multinúbus, a, um, *adj.* [multus+nubo] 여러번 시집간, 개가(改嫁)한.
multinúmmus, a, um, *adj.* 비싼.
multípăra, æ, *f.* [multus+pário[2]] 《醫》 경산부(經產婦), 다산부(多產婦).
multipartítus, a, um, *adj.* [multus+pártior] 여러 부분으로 나누인.
multípĕda, æ, *f.* 발 많이 가진 곤충.
múltĭpes, ĕdis, *adj.* 발 많이 가진.
múltĭplex, plĭcis, *adj.* [multus+plico] **1. 여러 겹의**; 여러 갑절[곱절]의. **2.** 여러가지의, 여러 종류의, 다양한; **다수의**, 많은. **3.** 여러가지 요소의, 복합된. **4.** 여러 면(面)의. **5.** 여러 굽이의.
multiplicábĭlis, e, *adj.* [multíplico] 증가시킬 수 있는.
multiplicándus, a, um, *gerundív.* [multíplico] **1.** 증가[증식·번식]될; 많아질. **2.** 피승(被乘)의: *m.* (*sc.* númerus) 피승수.
multiplicátĭo, ónis, *f.* [multíplico] **1.** 많아지게 함, 증가, 증식, 번식: ~ panis 빵을 많아지게 한 기적(*Matth. 14, 13-21*). **2.** 《數》 곱셈: tabélla multiplicatiónis 구구표.
multiplicatívus, a, um, *adj.* [multíplico] **1.** 증가하는, 번식성의, 증식력이 있는. **2.** 승법의, 곱셈의. **3.** 《文法》 배수사(倍數詞)의, 배수형용사의.
multiplicátor, óris, *m.* [multíplico] **1.** 증가시키는 사람. **2.** 곱수, 승수(乘數).
multiplícĭtas, átis, *f.* [múltiplex] 많음, 다량, 다수; 다수성, 다양성.
multíplĭco, ávi, átum, áre, *tr.* [múltiplex] **1.** 늘이다, 증가[증식·번식]시키다, 많아지게 하다, 붇게 하다. **2.** 곱하다.
multípŏtens, éntis, *adj.* [multus+] 권력이 대단한, 여러가지를 능히 해내는, 대단히 유능한. 「많은.
multirádix, ícis, *adj.* [multus+] 뿌리가
multirámis, e, *adj.* [multus+ramus] (나무 따위가) 가지 많은.
multíscĭus, a, um, *adj.* [multus+] 많은 것을 아는, 지식이 많은, 박학한.
multisígnis, e, *adj.* [multus+signum] 기호(記號)가 많은. 「리가 많이 나는.
multisonális, e, *adj.* [multus+sonus[1]] 소
multisonórus[-sŏnus], a, um, *adj.* [multus+sonus[1]] **1.** 요란한, 소란한, 큰 소리 내는. **2.** 말 많은.
multitúdo, dĭnis, *f.* [multus] **1.** 다수(多數), 많음. **2. 군중**, 대중, 무리, 떼.
multívăgus, a, um, *adj.* [multus+] 방황하는, 거처가 일정치 않은.
multívĭdus, a, um, *adj.* [multus+vídeo] 많은 것을 보는, 매우 총명한, 똑똑한.
multívĭra, æ, *f.* [multus+vir] 여러번 결혼한 여자. 「동의어(同義語)의.
multívŏcus, a, um, *adj.* [multus+vox]
multívŏlus, a, um, *adj.* [multus+volo[2]] 욕심이 많은.
multivorántĭa, æ, *f.* 폭식, 탐식, 폭음.
multo[1], *adv.* [multus] 많이, 훨씬.
multo[2], ávi, átum, áre, *tr.* 〔*alqm[alqd] abl.*〕 벌금을 물리다, 과료에 처하다; **처벌하다**, 처형하다: ~ *alqm* morte(*C.*) 누구를 사형에 처하다 / ~ *alqm alqā re*(*C.*) 누구에게서 무엇을 (벌로) 몰수하다, 박탈하다.
multótĭe(n)s, *adv.* [multus] 여러번, 자주.
multum[1], i, *n.* [multus] 많음, 다수, 다대함: ~ témporis(*C.*) 오랜[많은] 시간.
multum[2], *adv.* [multus] **1.** 많이, 대단히, 대부분. **2.** 자주: ~ esse Athénis(*C.*) *Athénæ*에 자주 들리다.
multus, a, um, *adj.* 〔*comp. pl.* plures(*m. f.*), -ra(*n.*); *gen.* -rĭum; *n. sg.* plus, pluris; *superl.* plúrimus〕 **1.** 〔수효 표시는 원칙적으로 *pl.*로 하는 것이지만 시문 따위에서는 *sg.*로 쓰는 수도 있음〕 **많은**, 다수의, 수많은: multi álii(*T.*) 다른 많은 사람들 / multa avis(*Ov.*) 많은 새들 / *m.pl.* multi 많은 사람들 / *n.pl.* multa 많은 것; 많은 말. **2.** 큰, 거대한, **알찬**, 밀도(密度)있는, 심도(深度)있는, 대단한, 두드러진, 심한, 강한, 격렬한: multo labóre(*C.*) 큰 노력으로. **3.** (시간이) 많이 지난, 늦은 시간의: multā nocte(*C.*) 밤이 이슥해서 / ad multum diem(*C.*) 해가 기울 때까지. **4.**

〔in *abl.*〕 잦은, 빈번한; 꾸준한, 끊임없는, 열심한, 열성적인, 몰두하는, 활기있는. **5.** 〔in *abl.*〕 오래 끄는, 장황한.
mulus, i, *m.* 《動》 노새.
Múlvĭus pons, -vĭi pontis, *m. Roma*의 *Tíberis*강 최북단에 있는 다리.
mulxi, *pf.* [múlgeo].
Múmmĭus, i, *m. Roma*인의 씨족명; 특히 L. ~ Acháicus, *Corínthus*시의 파괴자(146 A.C.). 「의 *Monda*); 〔*adj.*〕 **-dénsis,** e.
Munda, æ, *f.* 남부 *Hispánia*의 도시 (지금
mundánus, a, um, *adj.* [mundus²] **1.** 세계의, 우주의. **2.** 현세의, 이 세상의, 속세의, 세속의, 세속적.
mundátĭo, ónis, *f.* [mundo] 깨끗하게 함, 정화, 청정, 청결, 청소.
mundátor, óris, *m.* [**-trix,** ícis, *f.*][mundo] 깨끗하게 하는 사람; 청소부.
mundatórĭus, a, um, *adj.* 깨끗하게 하는, 청결케 하는.
mundátus, a, um, *p.p., a.p.* [mundo] 깨끗해진; 나쁜 것에 물들지 않은.
mundiális, e, *adj.* [mundus²] 세계의, 우주의; 지상(地上)의, 세속의.
mundicína, æ, *f.* 청정제(淸淨劑): ~ déntium *(Apul.)* 치약.
múndĭcors, córdis, *adj.* 마음이 깨끗한.
mundífico, áre, *tr.* [mundus¹ + fácio] 깨끗하게 하다, 정화하다, 청소하다.
múndĭter, *adv.* 깨끗하게.
mundítĭa, æ, [**-tĭes,** éi,] *f.* [mundus¹] **1.** 청결, 깨끗함, 산뜻함, 말쑥함, 조촐함. **2.** 우아, 간결, 세련.
mundívăgus, a, um, *adj.* [mundus² +] 세상을 방랑하는, 방황하는.
mundo, ávi, átum, áre, *tr.* [mundus¹] 깨끗하게 하다, 청결하게 하다, 조촐케 하다, 정화하다; 청소하다, 세탁하다.
múndŭlus, a, um, *adj. dim.* [mundus¹] 깔끔한, 결벽(潔癖)한.
mundum, i, *n.* 장식품, 화장품.
mundus¹, a, um, *adj.* **1.** 깨끗한, 청결한. **2.** 잘 가꾼, 다듬은, 정돈[정리]된. **3.** 우아한, 고운, 아담한, 말쑥한. **4.** 몸치장하는.
mundus², i, *m.* [mundus¹] **1. 우주, 세계. 2.** 하늘, 천공. **3. 세상,** 지상(地上), 사람이 사는 곳, 사회, **세속**; 인류, 인간. **4.** 지구. **5.** 저승, 지하세계. **6.** 화장품, 장신구, 의상. 「선사하는.
munerárĭus¹, a, um, *adj.* [munus] 선물의,
munerárĭus², i, *m.* (고대 *Roma*에서) 검투(劍鬪) 경기 개최자. 「시사(施捨), 애긍.
munerátĭo, ónis, *f.* [múnero] 회사, 선사,
munerátor, óris, *m.* [**-trix,** ícis, *f.*] **1.** 선사[회사]하는 사람. **2.** 검투 경기 개최자.
munerigérŭlus, i, *m.* [munus + gero¹] 선물을 지닌 사람.
múnĕro, ávi, átum, áre, [**-ror,** átus sum, ári, *dep.*] *tr.* [munus] 〔*alqd alci, alqm alqā re*〕 **1.** 증여하다, 선물하다, 선물로 주다. **2.** 보답하다, 사례하다, 상[벌]주다. **3.** 〔*absol.*〕 *dep.* 공직(公職)을 이행하다.
mungo, munxi, nctum, ĕre, *tr.* 코를 풀다.
múnĭa, órum [ĭum], *n.pl.* [*cf.* mœ́nia, munus] 직분, 직무, 직책, 본분.
múnĭceps, cĭpis, *m.f.* [múnia + cápio¹] **1.** (자유)시민. **2.** 동향인.
municipális, e, *adj.* [municípium] (지방)도시의, 자유도시의; 지방도시민의; 〔*adv.*〕 **-lĭter,** 지방도시답게, 지방도시티나게. 「시에 걸쳐.
municipátim, *adv.* [municípium] 지방도
municipátus, us, *m.* **1.** 자유시로의 권리[지위]. **2.** 자유시민권.
municipíŏlum, i, *n. dim.*[municípium] 작은 지방도시, 작은 자유도시.
municípĭum, i, *n.* [múniceps] **1.** 지방도시, (고대 *Roma*의) 자치도시. **2.** (지방도시의) 자유시민. 「는, 직분을 이행하는.
múnĭfex, fĭcis, *adj.* (무슨 직에) 종사하
munificéntĭa, æ, *f.* [munífícus] 관대함, 아낌없이 줌, 선심, 인심좋음, 자선심.
munífico, áre, *tr.* 선사하다, 선물로 주다.
munífícus, a, um, *adj.* 〔*comp.* -céntĭor, ĭus; *superl.* -centíssĭmus〕 [munus + fácio] **1.** 관대한, 인심좋은, 아낌없이 주는, 후하게 내놓는. **2.** 화려한, 훌륭한. **3.** 자기 직무에 충실한, 직분을 다하는.
munímen, mĭnis, *n.* [múnio] 방어, 방비; 보호, 방위; 방어수단, 방어물.
muniméntum, i, *n.* [múnio] **1.** 방어수단, 방어물, 엄폐물; 방책(防柵), 진막, 요새, 성채(城砦); 갑옷. **2.** 보호, 보호책.
múnĭo, ívi[ii], ítum, íre, *tr.* [mœ́nia] **1.** 성[담]을 둘러쌓다, 울짱을 두르다. **2.** 구축(構築)하다, (길을) 내다·닦다·트다. **3.** 튼튼하게 하다, 강화하다, 방어시설을 하다, 버티어 놓다. **4. 보호하다, 방비하다,** 대비하다, 장비하다, 안전하게 하다, 수비하다: se ~ ad *alqd (C.)* 무엇에 대해 자신을 방비하다.
munis, e, *adj.* [munus] 의무[직무]를 다하는, 본분을 잘 지키는; 고마워할 줄 아는; 잘 돌봐주는.
munítĭo, ónis, *f.* [múnio] **1.** 방어, 방비, 방위; 방어[제방]공사, 축성(築城). **2.** 도로공사[개척]. **3.** 방어물, 요새, 성채(城砦). 「마한 성채(城砦), 작은 보루.
munitiúncŭla, æ, *f. dim.* [munítio] 자그
muníto, ávi, átum, áre, *tr. freq.* [múnio] (길을) 내다, 개척하다, 개통하다.
munítor, óris, *m.* [múnio] **1.** 방어물 시설자; 공병(工兵). **2.** 방어자.

munitúra, æ, *f.* 담, 울타리.
munítus, a, um, *p.p., a.p.* [múnio] 〔*abl.; contra alqd*〕 방책을 두른, 방어진을 친, 방비가 되어있는, 장비를 갖춘, 무장한.
munus, nĕris, *n.* [*cf.* múnia] **1. 직분,** 직무, **임무,** 소임, 구실, 책임; **사명. 2.** 해놓은 일, **업**적, 성과. **3.** (죽은 사람에게 해주는 마지막 일이란 뜻에서) 장례(식): supréma múnera *(V.)* 장례. **4. 예물, 선물. 5.** 경기(競技), (특히) 검투시합(劍鬪試合), 공연(公演). **6.** (개인이 기증한) 공공건물[극장]. 「물, 변변치 않은 예물.
munúscŭlum, i, *n. dim.* [munus] 작은 선
Munýchĭa, æ, *f.* *Athénæ*의 항구; 〔*adj.*〕 **-chĭus,** a, um.
murǽna, æ, *f.* 《動》 곰치(바닷물고기).
murális, e, *adj.* [murus] 담의, 성벽(城壁)의, 성벽에 관한: muráles falces *(Cæs.)* 성벽 파괴용 갈고랑이 / ~ coróna *(L.)* (적의 성벽을 제일 먼저 올라간 군인에게 준) 성벽 훈장.
Múrcĭa, æ, *f.* *Venus*여신의 별명.
múrcĭdus, a, um, *adj.* 게으른, 무기력한.
murcus, i, *m.* 비겁한 자, 군복무를 피하려고 엄지손가락을 자른 자. 「닷물고기).
muréna[1], æ, *f.* (= murǽna) 《動》 곰치(바
Muréna[2], æ, *m.* *Licínia*씨족의 가문명.
mūrex, rĭcis, *m.* **1.** 《動》 소라. **2.** 소라껍데기. **3.** 자줏빛.
Murgántĭa, æ, *f.* **1.** *Sámnium*의 도시 (지금의 *Baselice*). **2.** *Sicília*의 한 도시 (지금의 *Mandri Bianchi*). **3.** 〔*adj.*〕 **-tínus,** a, um. 「금물.
múrĭa, æ, [**-rĭes,** éi,] *f.* (음식물 절이는) 소
muriátĭcus, a, um, *adj.* [múria] 소금물에
muricátim, *adv.* 나선형으로. 」절인.
muricátus, a, um, *adj.* [murex] 나선형으로 된. 「껄한; 끝이 뾰족한.
murícĕus, a, um, *adj.* [murex] 소라의; 껄
murícĭdus, a, um, *adj.* [mus+cædo] 겁장이의, 비겁한. 「는 어부.
murilégŭlus, i, *m.* [murex+lego[2]] 소라 잡
murílĕgus, i, *m.* [mus+lego[2]] 쥐잡는 사람.
murínus, a, um, *adj.* [mus] 쥐의.
murmíllo, ónis, *m.* = mirmíllo.
murmur, ŭris, *n.* **1. 웅성거림,** 수군거림, 중얼거림, 투덜거림. **2.** 웡웡거림; 으르렁거림. **3.** 철렁[철썩]거림; (바람 따위가) 설렁거림; 우르르 울리는 소리: ~ maris *(C.)* 철썩거리는 파도소리.
murmurátĭo, ónis, *f.* [múrmuro] 원망, 불평, 투덜거림. 「임, 소곤거림; 투덜거림.
murmuríllum, i, *n. dim.* [murmur] 속삭
múrmŭro, ávi, átum, áre, *intr.* [murmur] **1.** 원망하다, 투덜거리다, 불평하다, 중얼거리다. **2.** (바다·강 따위가) **철썩거리다;** (천둥이) 우르르 울리다; (배에서) 쪼르륵 소리나다. 「을 둘러쌓다.
muro, ávi, átum, áre, *tr.* [murus] 성[돌담]
murra [murrha], æ, *f.* **1.** (고대 *Roma*인들이 값진 잔을 만들던) 무지개빛 돌, (아마도) 형석(螢石). **2.** (술)잔. **3.** (= myrrha) 몰약(沒藥).
Murránus, i, *m.* *Latíni*족의 전설적 왕.
múrr(h)ĕus, a, um, *adj.* murr(h)a 돌의, 형석(螢石)으로 만든.
múrr(h)ĭnus, a, um, *adj.* murr(h)a돌의[돌로 만든], 형석(螢石)의; 〔*subst.*〕 *n.pl.* (*sc.* vasa) 형석그릇[잔].
murus, i, *m.* **1. 성,** 성벽, 돌담. **2.** 울타리. **3.** 보루, 보호.
mus, muris, *m.,f.* 〔*gen. pl.* -rĭum〕 《動》 쥐.
Musa, æ, *f.* **1.** (*Zeus*와 *Mnemósyne*사이에서 난) 문예·미술을 다스리는 (세 자매 또는) 아홉 자매 여신중의 하나. **2.** 노래, 시, 문예, 미술. **3.** 학문·예술의 재능.
musæu... *V.* museu... 「적 시인.
Musǽus, i, *m.* *Orpheus* 시대의 희랍의 전설
musca, æ, *f.* 《動》 파리. 「2. 총채.
muscárĭum, i, *n.* [muscárius] **1.** 파리채.
muscárĭus, a, um, *adj.* [musca] 파리의.
muscérda, æ, *f.* 쥐똥. 「cápio[1]] 쥐덫.
muscípŭla, æ, *f.* [**-pŭlum,** i, *n.*] [mus+
muscipulátor, óris, *m.* **1.** 쥐덫놓는 사람, 덫으로 쥐 잡는 사람. **2.** 사기꾼.
muscósus, a, um, *adj.* [muscus] 이끼가 많은, 이끼낀, 이끼덮인.
múscŭla, æ, *f. dim.* [musca] 작은 파리.
musculáris, e, *adj.* [músculus] 근육의.
musculatúra, æ, *f.* 《解》 근육조직.
musculocutánĕus, a, um, *adj.* 《解》 근피(筋皮)의.
musculósus, a, um, *adj.* [músculus] **1.** 근육으로 이루어진; 근육이 많은. **2.** 힘센.
múscŭlus, i, *m. dim.* [mus] **1.** 《動》 작은 쥐, 생쥐. **2. 근육,** 힘살. **3.** 《動》 섭조개. **4.** 《軍》 (성곽 포위 작전에 쓰는) 이동식 엄폐물, (일종의) 장갑차.

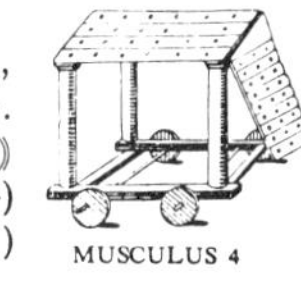
MUSCULUS 4

muscus, i, *m.* 《植》 이끼.
muséum, i, *n.* **1.** *Musæ*의 사당(祠堂)[신전]. **2. 박물관;** (학문연구의) 학원.
muséus, a, um, *adj.* [Musa] *Musæ*의; 음악의, 시의.
músĭca[1], æ, [**-ce,** es,] *f.* 음악, 음악학: ~ sacra 교회[종교] 음악, 성음악(聖音樂).
músĭca[2], órum, *n.pl.* 음악.
musicárĭus, i, *m.* 악기제조인.
músĭcus, a, um, *adj.* **1.** 음악의, 음악에 관한, 음악적. **2.** 시에 관한. **3.** 〔*subst.*〕 *m.* 음악가, 시인; 〔*adv.*〕 **-ce,** 음악적으로, 기분좋게.

mús(ĭ)mo, ónis, *m.* **1.** 야생 양(羊). **2.** (동물의) 트기.

musivárĭus, i, *m.* (대리석 따위 재료를 쓰는) 상감세공(象嵌細工) 기술자, 모자이크 기술자. 「세공(象嵌細工).

musívum, i, *n.* (*sc.* opus[1]) 모자이크, 상감

musívus, a, um, *adj.* 상감세공(象嵌細工)의, 모자이크의. 「얼거림.

mussitátĭo, ónis, *f.* [mússito] 수군거림, 중

mussitátor, óris, *m.* [mússito] 불평객.

mússĭto, ávi, átum, áre, *intr. freq.* [musso] **1.** 수군거리다, 속삭이다; 중얼거리다. **2.** 가만히 있다, 잠잠하다, 말없이 내버려두다.

musso, ávi, átum, áre, *tr.*, *intr.* **1.** 수군거리다, 못마땅한 듯이 입속으로 말하다, 중얼거리다. **2.** (곤충 따위가) 윙윙거리다. **3.** 잠잠하다, 가만히 있다. **4.** 주저하다, 머뭇거리다, 망설이다.

mustácĕum, i, *n.* [**-cĕus,** i, *m.*] [mustum] (월계수 잎사귀에 싸서 손님들에게 들려 보내는 갸름한) 잔치떡.

mustél(l)a, æ, *f.* [mus] 《動》 족제비.

mustel(l)ínus, a, um, *adj.* 족제비의.

mústĕus, a, um, *adj.* [mustum] **1.** (발효하기 전의) 포도즙[액]의; 햇포도주의. **2.** 신선한, 싱싱한. 「한 포도즙의; 햇포도주의.

mustuléntus, a, um, *adj.* [mustum] 풍부

mustum, i, *n.* [mustus] **1.** (발효하기 전의) 포도즙[액]; 햇포도주. **2.** 포도 추수; 가을. 「어린.

mustus, a, um, *adj.* 신선한, 새, 햇, 풋,

Musulámĭi, órum, *m.pl.* *Numídia*의 한 종족.

Musulmáni, órum, *m.pl.* 회교도(回敎徒).

Muta, æ, *f.* [mutus] 수다를 떠는 탓으로 *Júpiter*가 말을 못하게 만든 요정(妖精), *Lara*또는 *Tácita*라고도 함.

mutábĭlis, e, *adj.* [muto[1]] 변하기 쉬운, 변할 수 있는, 바뀔 수 있는, 변경할 만한; 변덕스러운.

mutabílĭtas, átis, *f.* [mutábilis] 변하기 쉬움, 변덕스러움, 무상(無常); 가변성(可變性).

mutátĭo, ónis, *f.* [muto[1]] **1.** 변함, **변화,** 변경; 변천, 추이(推移); 《生》 돌연변이. **2.** 바꿈, 교환, 교체.

mutátor, óris, *m.* [muto[1]] 변화시키는 사람, 바꾸는 사람, 교환자, 교역자(交易者).

mutatórĭus, a, um, *adj.* [muto[1]] **1.** 변천의. **2.** 교환의, 바꾸는, 갈아입는(옷).

mutésco, ĕre, *intr.* [mutus] 벙어리가 되어 가다; 말하지 않다.

mutilátĭo, ónis, *f.* [mútilo] 지체(肢體)의 절단, 신체(기능)부분의 절단; 주요 부분의 절단[삭제].

mútĭlo, ávi, átum, áre, *tr.* [mútilus] **1.** 지체(肢體)를 절단하다, (신체의 기능 부분을 잘라) 불구로 만들다. **2.** (말·글 따위의 주요 부분을) 빼먹다, 불완전하게 하다.

mútĭlus, a, um, *adj.* 〔*absol.*; *abl.*〕 **1.** 뿔을 잘린, 뿔이 빠진: ~ bos *(Var.)* 뿔잘린 소. **2.** 지체(肢體)를 잘린; 주요 부분을 잘린, 병신의, 불구의: uno pede ~ *(Apul.)* 한쪽 발 병신 / versus unā sýllabā ~ *(Capélla)* 한 음절이 불구인 시구(詩句).

Mútĭna, æ, *f.* *Gállia Cisalpína*의 도시 (지금의 *Modena*); 〔*adj.*〕 **-nénsis,** e.

mútĭo, ívi, ítum, íre, *tr.* 중얼거리다, 들릴락 말락 (겨우) 말하다.

mutítĭo, ónis, *f.* [mútio] 중얼거림.

mútĭto, áre, *intr.* 번갈아 잔치하다.

mūto[1], ávi, átum, áre, *tr.* [móveo] **1.** 옮기다, 움직이다, 치우다. **2.** 〔*alqd[alqm]* - *abl.*; in, ad *acc.*〕 **변화시키다,** 변하게 하다, **바꾸다,** 갈다, 변경하다, 변형(變形)시키다, 달라지게 하다; 〔*pass. refl.*〕 **mutári, se mutáre** 변하다, 바뀌다: mutári in pejus *(Q.)* 나빠지다 / E nigro color est mutátus in album. *(Ov.)* 검은 빛깔이 흰 빛깔로 변했다 / mutátis mutándis *(abl. absol.)* 필요한 변경을 가하여. **3.** 고치다, 개량[개선]하다. **4.** 나쁘게 하다, 개악하다. **5.** 〔*alqd[alqm]* - cum *abl.*〕 교환하다, 바꾸다, 교역(交易)하다. **6.** 버리고 떠나다. **7.** *intr.* (어떤 상태로) 변하다, 바뀌다, 달

mūto[2], ónis, *m.* 음경(陰莖). └라지다.

múttĭo = mútio. 「호간의.

mutuárĭus, a, um, *adj.* 서로 관계되는, 상

mutuatícĭus, a, um, *adj.* [mútuor] 차용한, 빌린. 「부채.

mutuátĭo, ónis, *f.* [mútuor] 꾸어옴, 차용;

mutúĭter, *adv.* [mútuus] 서로, 상호간, 주거니 받거니.

mutúĭto, áre, *tr.* [mútuo[2]] 빌리고 싶어하다.

mútŭlus, i, *m.* 《建》 초엽(蕉葉), (도리·들보의) 받침나무[돌], 까치발.

mutum, i, *n.* (*sc.* ánimal) [mutus] 말할 줄 모르는 것, 짐승.

mútŭo[1], *adv.* [mútuus] 서로, 상호간.

mútŭo[2], ávi, átum, áre, *tr.* [mútuus] 꾸다, 빌리다, 차용하다.

mútŭor, átus sum, ári, *dep. tr.* [mútuus] 〔*alqd* - ab *abl.*〕 **1.** 꾸다, 차용하다, 빌리다. **2.** 얻어 오다, 얻어 가지다.

mutus, a, um, *adj.* **1.** 벙어리의, 말못하는; 말안하는. **2.** 잠잠한, 조용한, 고요한. **3.** 소리 안나는.

mútŭum, i, *n.* [mútuus] **1.** 부채, 차용금, 빌린 물건. **2.** 상호성(相互性): cum *alqo* ~ fácere *(Pl.)* 상대방과 똑같은 짓을 하다, 맞갚다 / per mútua *(V.)* 상호간에.

mútŭus, a, um, *adj.* [muto[1]] **1.** 꾼, 차용한: *alqd* mútuum dare *(C.)* 무엇을 꾸어주다 / *alqd* mútuum accípere 무엇을 꾸어오

다. **2. 서로의, 상호적인.**
Mútўce, es, *f.* 동남 *Sicília*의 도시 (지금의 *Modica*); 〔*adj.*〕 **-cénsis,** e. 「(岬).
Mýcălc, es, *f.* *Samos*섬 맞은 편 *Iónia*의 갑
mycélĭum, i, *n.* 《植》 균사체(菌絲體).
mycemátĭas, æ, *m.* 지진(地震).
Mycénæ, árum, *f.pl.* [**-na,** æ, *f.*] *Argŏlis*의 유명한 옛 도시, *Agamémnon*왕의 거주지; 〔*adj.*〕 **-næus,** a, um; 〔*subst. deriv.*〕 **-nénses,** ĭum, *m.pl.* 그곳 주민; **-cénis,** ĭdis, *f.* *Mycénæ* 여자 즉 *Iphigenía.*
mycétĭas, æ, *m.* = mycemátias. 「섬.
Mýcŏnos[-nus], i, *f.* *Cýclades* 군도의 한
mycorrhíza, æ, *f.* 《生》 균근(菌根).
mydríăsis, is, *f.* 《醫》 동공산대(瞳孔散大), 산동증(散瞳症).
mydriátĭcum, i, *n.* 《藥》 산동제(散瞳劑).
myelítis, tĭdis, *f.* 《醫》 척수염(脊髓炎), 수염(髓炎). 「의 옛 왕.
Mygdon, ónis, *m.* *Acmon*의 아들, *Phrýgia*
Mýgdŏnes, um, *m.pl.* *Mygdónia*의 주민, 주로 *Phrýgia*의 주민.
Mygdónĭa, æ, *f.* **1.** *Phrýgia;* 〔*adj.*〕 **-dónĭus,** a, um. **2.** *Macedónia*의 지방. **3.** *Bithýnia*의 다른 이름. 「*Corœbus.*
Mygdónĭdes, æ, *m.* *Mygdon*의 아들 즉
Mýgdŏnis, ĭdis, *f.* *Phrýgia* 여자.
myísca, æ, *f.* 《動》 소라(의 일종).
Myla, æ, *m.* *Sicília*의 강.
Mýlăsa, órum, *n.pl.* *Cária*의 도시; 〔*adj.*〕 **-sénus[-sĭus],** a, um; 〔*subst. deriv.*〕 **-sénses,** ĭum, *m.pl.* 그곳 주민.
Myndus, i, *f.* *Cária*의 항구.
myocárdĭum, i, *n.* 《解》 심근(心筋).
myología, æ, *f.* 《解》 근육학.
myóma, ătis, *n.* 《醫》 근종(筋腫). 「시.
Myonnésus, i, *f.* *Iónia*해안의 갑(岬)과 도
myópăro, ónis, *m.* 좁고 길다란 배; 해적들의 약탈선.
myopathía, æ, *f.* 《醫》 근육 질환.
myópĭa, æ, *f.* 《醫》 근시(近視).
myops, ópis, *m.f.* 근시(近視)의 사람.
myósis, is, *f.*(= miósis) 《醫》 동공축소(瞳孔縮少).
myosóta, æ, [**-tis,** ĭdis,] *f.* 《植》 물망초.
myríca rubra, æ, *f.* 《植》 소귀나무.
Myrína, æ, *f.* *Mýsia*의 항구.
myrinx, íngis, *f.* 《解》 고막(鼓膜).
myriónўmus, a, um, *adj.* 무수한 이름을 가진. 「족, *Achílles*의 지배를 받았음.
Myrmidónes, um, *m.pl.* *Thessália*의 한 종
myrmíllo, ónis, *m.* = mirmíllo.
Myro(n), ónis, *m.* 희랍의 유명한 조각가 (c. 430 A.C.).
myropóla, æ, *m.* 향유상인(香油商人).
myropólĭum, i, *n.* 향유판매점.
myrothécĭum, i, *n.* 향유담는 그릇.
myrrha[1]**[murr(h)a],** æ, *f.* 몰약(沒藥).
Myrrha[2]**,** æ, *f.* *Cínyras*의 딸, 아버지와의 불륜관계에서 *Adónis*를 낳았음, *Arábia*로 피신하여 몰약(沒藥)나무로 변신함.
myrrhátus[mu-], a, um, *adj.* [myrrha[1]] 몰약(沒藥)바른, 몰약섞인. 「약(沒藥)의.
mýrrhĕus[mú-], a, um, *adj.* [myrrha[1]] 몰
myrtétum[mur-], i, *n.* [myrtus] 도금양(桃金孃)나무밭. 「양(桃金孃)의.
mýrtĕus[múr-], a, um, *adj.* [myrtus] 도금
Mýrtĭlus, i, *m.* *Mercúrius*신의 아들; *Œnómaus*왕의 불충한 마부. 「金孃)의.
mýrtĭnus, a, um, *adj.* [myrtus] 도금양(桃
myrtítes, æ, *m.* [myrtum] 도금양(桃金孃) 열매로 만든 술. 「〔*adj.*〕 **-tóus,** a, um.
Myrtos, i, *f.* *Eubœa* 남쪽 해안의 작은 섬;
myrtum, i, *n.* 도금양(桃金孃) 열매.
myrtus, i [us], *f.* **1.** 《植》 도금양(桃金孃) 나무. **2.** 도금양숲.
myrum, i, *n.* 향유(香油). 「(*sæc.* 5 A.C.).
Mys, yos, *m.* *Phídias* 시대의 유명한 조각가
Mýscĕlus, i, *m.* *Alémon*의 아들, *Croton*시의 창설자. 「〔*adj.*〕 **-sĭus[-sus],** a, um.
Mýsĭa, æ, *f.* 소아시아 서북부에 있던 나라;
mysta[-es], æ, *m.* (신)비교를 전수받은 자; (신)비교승(神秘敎僧). 「授者)[해설자].
mystagógus, i, *m.* (종교적) 신비 전수자(傳
mysteriósus, a, um, *adj.* [mystérium] 신비로운, 불가사의한, 오묘한.
mystérĭum, i, *n.* **1.** 신비, 불가사의; 현의(玄義), 신비적 교리. **2.** 비법(秘法), 비방(秘方); 비교(秘敎); 비교의식(秘敎儀式).
mýstĭca, æ, *f.* 《神》 신비신학; 신비사상.
mysticísmus, i, *m.* 신비주의, 신비론; 신비사상.
mýstĭcus, a, um, *adj.* **1.** 신비의, 신비적, 오묘한: theología mýstica 신비신학/corpus Christi mýsticum 그리스도 신비체(神秘體). **2.** 비법(秘法)의, 비교(秘敎)의.
Mysus, a, um, *adj.* *Mýsia*의.
mytacísmus, i, *m.* = metacísmus.
mýthĭcus, a, um, *adj.* [mythos] 신화적(神話的); *m.* 신화작가.
mythología, æ, *f.* 신화(神話); 신화학.
mythológĭcus, a, um, *adj.* 신화적(神話的), 신화학(상)의.
mythos[-us], i, *m.* 신화(神話); (영웅)전설.
Mytilénæ, árum, *f.pl.* [**-léne,** es, *f.*] *Lesbos*섬의 큰 도시, *Sappho*의 출생지(지금의 *Mytilíni*); 〔*adj.*〕 **-næus,** a, um; **-nénsis,** e. 「개.
mýtĭlus[-tŭlus, mítŭlus], i, *m.* 《動》 섭조
Myus, úntis, *f.* *Iónia*의 도시.
myxmœba, æ, *f.* 《生》 점액 아메바.
myxóma, ătis, *n.* 《醫》 점액종(粘液腫).
myxomycétes, um, *f.pl.* 《生》 점균(粘菌), 점균류.

N

N¹, n, *f., n. indecl.* 라틴 자모의 열네번째 글자: 엔〈en〉. 「nómine, novum, número.
N²., 《略》= Numérius; nepos; Nonæ; natus,
Nabálĭa, æ, *f.* 서북 *Germánia*에 있는 강.
Nabatǽa, æ, *f.* *Arábia* 북부의 한 지방; 〔*adj.*〕 **-tǽus,** a, um. **1.** *Nabatǽa*의. **2.** *Arábia*의, 동방[동양]의.
Nabis, ĭdis, *m.* *Sparta*의 폭군(c. 207 A.C.).
náblĭa[-bla], órum, *n.pl.* 10현금(絃琴) 또는 12현금. 「사람; 마전장이.
nacca[nacta, natta], æ, *m.* 천한 일하는
nactus, a, um, *p.p.* [nancíscor].
næ, *adv.* 〔흔히 대명사와 함께 씀〕 참으로, 실로, 정말, 확실히: ~ ego*(Pl.)* 정말 나는 / ~ illi*(C.)* 확실히 그들은.
nǽnĭa, æ, *f.* = nénia.
nǽvĭus¹, a, um, *adj.* [nævus] (피부에) 검은 반점있는, 모반(母斑)있는.
Nǽvĭus², i, *m.* *Roma*인의 씨족명; 특히 Cn. Nǽvius, 서정시인이며 극작가(272 - 204 A.C.); 〔*adj.*〕 **-viánus[-vĭus],** a, um.
nǽvŭlus, i, *m. dim.* [nævus] 작은 모반(母斑), 기미, 주근깨.
nævus, i, *m.* **1.** 몸의 반점, 모반(母斑), 기미, 사마귀, 점. **2.** 흠, 오점, 허물, 불명예.
Náĭas, ădis, *f.* **1.** (샘·강·호수 따위에 사는 예쁜 소녀 모습의) 물의 요정(妖精). **2.** (일반적으로) 요정. 「精)의.
Náĭcus, a, um, *adj.* [Nais] 물의 요정(妖
Nāis, ĭdis [ĭdos], *f.* = Náias.
nam, *conj.* **1.** 왜냐하면, 이유는, 즉. **2.** 물론, 확실히, 의심없이. **3.** 한편. **4.** 〔의문 강조의 전접어(前接語)〕 quisnam? 도대체 누가? / úbinam? 도대체 어디에?
Namnétes, um, *m.pl.* *Gállia*에 있던 *Celtæ*족 (지금의 *Nantes*).
namque, *conj.* = nam.
nana, æ, *f.* 여자 난장이. 「얻어 만나다.
náncĭo, íre, [**-cĭor,** íri, *dep.*] *tr.* 획득하다,
nancíscor, *(ĕris, ĭtur),* nanctus [nactus] sum, sci, *dep. tr.* [náncior] **1.** 우연히 얻다, 운좋게 얻다, 얻어 만나다. **2.** 우연히 만나다, 찾아내다, 얻어 걸리다; 잘못
nanque = namque. └걸리다.

Nantuátes, um, *m.pl.* *Alpes* 산맥지방에 있던 *Celtæ*족.
nanus, i, *m.* **1.** 난장이. **2.** (보통 것보다) 작은 동물.
Napǽæ, árum, *f.pl.* 계곡의 요정.
napǽus, a, um, *adj.* (양편에 나무가 무성한) 계곡의, 골짜기의.
naphta, æ, *f.* (특히 *Bábylon* 부근에서 산출되던) 인화성(引火性)이 강한 역청; 나프타기름, 석뇌유(石腦油); 휘발유.
naphthalínum, i, *n.* 《化》 나프탈린.
napína, æ, *f.* [napus] 순무밭, 무청(蕪菁)
nāpus, i, *m.* 《植》 순무, 무청(蕪菁). └밭.
Nār, Nāris, *m.* 중부 *Itália*의 강, *Tíberis*강의 지류(지금의 *Nera*).
Narbo, ónis, *m.*[**-bóna,** æ, *f.*] *Gállia*의 도시(지금의 *Narbonne*); 〔*adj.*〕 **-bonénsis,** e. 「선화의. **2.** 미소년의; 자기 도취의.
narcíssĭnus, a, um, *adj.* [narcíssus¹] **1.** 수
narcíssus¹, i, *m.* 《植》 수선화. 「로 변신.
Narcíssus², i, *m.* *Cephísus*의 아들, 수선화
narcósis, is, *f.* 《醫》 마취, 마취법; 마취상
narcótĭcum, i, *n.* 《藥》 마취제. └태.
narcótĭcus, a, um, *adj.* 마취성의, 최면성의. 「향료를 가진.
nárdĭfer, ĕra, ĕrum, *adj.* 감송(향)을 내는,
nárdĭnum, i, *n.* (*sc.* vinum) 감송주(甘松酒), 감송향을 섞은 술[기름].
nárdĭnus, a, um, *adj.* [nardus] 감송(甘松)의, 감송향의.
nardum, i, *n.* [**-dus,** i, *f.*] **1.** 《植》 감송(甘松). **2.** 감송향(甘松香), 나르드 향유.
nares, ĭum, *f.pl.* [naris] 《解》 전비공(前鼻孔), 콧구멍. 「은.
narinósus, a, um, *adj.* [naris] 콧구멍이 넓
nāris, is, *f.* [*cf.* nasus] **1.** 〔주로 *pl.*〕 콧구멍. **2.** 코. **3.** 냄새[낌새] 맡음, 예리한 판단. **4.** 코웃음, 비웃음: náribus uti*(H.)* 코웃음치다. **5.** 공기구멍.
Narísti, órum, *m.pl.* (= Varísti) *Germánia* 남부지방의 주민.
Nárnĭa, æ, *f.* *Nar* 강변의 *Umbrĭa*의 도시 (지금의 *Narni*); 〔*adj.*〕 **-niénsis,** e.
Naróna, æ, *f.* *Dalmátia*의 도시(지금의 *Opus*).

narrábĭlis, e, *adj.* [narro] 이야기할 만한, 이야깃거리가 될 만한.

narrátĭo, ónis, *f.* [narro] **1.** 이야기, 담화, 시술(敍述), 설화. **2.** 《修》 고전적 변론 형식의 제3단계 (문제의 해명).

narratiúncŭla, æ, *f. dim.* [narrátio] 짧막한 이야기.

narratívus, a, um, *adj.* [narro] 이야기의, 서술의, 서술적; 이야기식의, 서술체의.

narrátor, óris, *m.* [**-trix,** ícis, *f.*] [narro] 이야기하는 사람, 서술자.

narrátum, i, *n.* [narro] 이야기한 것, 서술된 것.

narrátus, us, *m.* = narrátio.

narro, ávi, átum, áre, *tr.* [gnarus] **1.** 〔*alqd* - *alci,* de *abl., acc.c. inf.*〕 **이야기하다, 서술하다,** 설명하다, …라고 하다. **2.** 〔*pass.*〕 이야깃거리가 되다. **3.** 〔bene, male - de *abl.*〕 좋은[나쁜] 소식을 전하다. **4.** 〔*alqd alci*〕 단언[확언]하다, 다짐하다, 진실을 말하다: Quam tu mihi navem narras? *(Pl.)* 너는 어느 배라고 단언하는 거냐? **5.** 언급하다.

narthécĭum, i, *n.* 약상자; 향료갑.

narthex, écis, *m.* 《植》 대회향(大茴香).

narus, a, um, *adj.* (= gnarus) 잘 아는, 정통한.

Nārýcĭa, æ, [**-ryx,** ўcis,] *f.* **1.** 중부 *Græcia*의 *Locris*의 도시. **2.** 남부 *Itália*의 *Brúttium*의 도시. **3.** 〔*adj.*〕 **-ýcĭus,** a, um.

nasális, e, *adj.* [nasus] **1.** 코의, 코에 관한. **2.** 비음(鼻音)의.

Nasamónes, um, *m.pl.* *Líbya*의 한 종족, 대 *Syrtis* 지방에까지 퍼져 있었음; 〔*adj.*〕 **-moniăcus,** a, um.

nascens, éntis, *p.præs., a.p.* [nascor] **1.** 출생하는, (돋아) 나는, 발생하는, 시작하는. **2.** 미숙한.

nascéntĭa[1], æ, *f.* [nascor] 탄생, 출생.

nascéntĭa[2], ĭum, *n.pl.* 식물.

nascitúrus, a, um, *p.fut.* [nascor].

nascor, *(ĕris, ĭtur),* nātus sum, nasci, *dep. intr.* [*arch.* gnascor] **1.** 〔ex *abl., abl.; absol.*〕 **나다,** 출생[탄생]하다, 태어나다; 후예[후손]이다; 출신이다. **2.** 돋다, 돋아나다; 산출되다. **3.** 〔ab, ex *abl.*〕 생기다, 일어나다, 발생하다, 유래하다, 기원되다, 나오다. **4.** 시작되다, 나타나다.

Nasídĭus, i, *m.* *Roma*인의 씨족명; 〔*adj.*〕 **-diánus,** a, um.

nasitérna, æ, *f.* 조오로, 살수기; 물주전자.

Nāso[1], ónis, *m.* *Roma*인의 가문명(큰코를 가진 사람 뜻의 별명).

naso[2]- 《코의》라는 뜻의 연결형: 《解》 -frontális, e, *adj.* 비액(鼻額)의, 비전두(鼻前頭)의 / -lacrimális, e, *adj.* 비루(鼻淚)의 / -palatínus, a, um, *adj.* 비구개(鼻口蓋)의 / -phárynx, ýngis[ýnxis], *f.* 비인두(鼻咽頭).

nassa, æ, *f.* (고기 잡는) 어항, 어살, 어전(魚箭); 그물.

nastúrtĭum[-cĭum], i, *n.* [nasus+tórqueo] 《植》 한련(旱蓮), 한련꽃.

nasus[1], i, *m.* **1.** 코. **2.** 후각. **3.** (남의 약점을 찾아내어) 비웃음: *alqd* naso suspéndere 무엇을 비웃다. **4.** 그릇의 주둥이.

Nasus[2]**[-os],** i, *f.* *Syracúsæ*시의 한 구역.

nasútus, a, um, *adj.* [nasus[1]] **1.** 큰코의. **2.** 눈치 빠른, 낌새채는; 비웃는.

nata[1], æ, *f.* [natus[1]] 딸.

nata[2], órum, *n.pl.* [nascor] 소출, 농산물.

natábĭlis, e, *adj.* [nato] 헤엄칠 수 있는, 물에 떠 있는.

natábŭlum, i, *n.* [nato] 수영장.

natále, is, *n.* [natális] 태생지, 고향.

natáles, ĭum, *m.pl.* [natális] **1.** 출생, 출신, 가계(家系), 혈통, 신분; 유래. **2.** 생득권(生得權).

natalícĭus, a, um, *adj.* [natális] 생일의; 〔*subst.*〕 *f.* *(sc.* cœna) 생일 잔치, 생일 축하연; *n.* 생일 선물; *n.pl.* 생일 축하, 생일 잔치, 생일 선물.

natális, e, *adj.* [natus[1], nascor] **1.** 탄생의, 출생의, 출생과 관계되는: dies ~ *(C.)* 생일 / humus ~, natále solum *(Ov.)* 출생지, 고향; 〔*subst.*〕 *m.* 생일; 《가》 (성인·순교자의) 죽은 날; *Roma* 건국 기원(建國紀元); *n.* 출생지, 고향. **2.** 해마다의 기념일의.

natalítĭus = natalícius.

natántes, ĭum, *m. pl., p.præs.* [nato] 물고기.

natátĭo, ónis, *f.* [nato] **1.** 헤엄, 수영, 유영(遊泳), 물 위에 떠 있음. **2.** 수영장.

natátor, óris, *m.* [nato] 헤엄치는 사람.

natatórĭa, æ, *f.* [**-rĭa,** órum, *n.pl.*] [nato] 수영장, 목욕탕; 양어장.

natatórĭus, a, um, *adj.* [nato] 헤엄치는 데 쓰이는, 헤엄치는 데 적합한.

natátŭs, us, *m.* [nato] 헤엄, 수영.

naticídĭum, i, *n.* [natus[2]+cædo] 자식 살해.

nátĭnor, ári, *dep. intr.* (장터에서) 장사하다, 떠들썩하다.

nátĭo, ónis, *f.* [nascor] **1.** 출생; [N-] 출생의 신(神). **2.** 출신 가문[계급], 집안, 족속, 부류; 파벌, 당파. **3. 민족,** 종족, **국민;** 나라, 국가. **4.** 〔*pl.*〕 이교도.

nationális, e, *adj.* [nátio] 민족의, 국민의, 국민적인; 국가의, 국립의.

nationalísmus, i, *m.* 국가주의, 민족주의; 〔*adj.*〕 **-lístĭcus,** a, um.

natis, is, *f.* 〔주로 *pl.*〕 궁둥이, 엉덩이, 볼기, 꽁무니.

natívĭtas, átis, *f.* [nascor] **1.** 출생, 탄생; 탄신일. **2.** 생산, 소출. **3.** 후손, 후예. **4.** 《가》 [N-] 탄생, 성탄(聖誕): ~ D.N.J.C. 예수 성탄(축일, 12월 25일) / ~ B.M.V. 성모 성탄(9월 8일) / ~ S.Joánnis Baptístæ 요한 세자 탄일(6월 24일).

natívus, a, um, *adj.* [nascor] **1.** 출생한; 출생으로 존재하는. **2.** 날 때부터의, 생래적(生來的)인, 타고난, 천부의: jus ~ 생득권(生得權). **3.** 자연적인, 인공적이 아닌. **4.** 그 지방 태생의, 본토박이의.

nato, ávi, átum, áre, *intr., tr. freq.* [no] **1.** 헤엄치다, 수영하다. **2.** 파선하여 물 위에 떠 있다, 표류하다, 풍파에 밀려다니다. **3.** 큰 파도가 일다, 출렁이다. **4.** 〔*abl.; absol.*〕 넘쳐 흐르다, 철철 흐르다. **5.** 거슴츠레하다, 혼미해지다: Ocŭli animíque natábant.*(Ov.)* 눈과 마음이 혼미해졌다. **6.** 축 늘어지다. **7.** 뻗어 나가다, 구불거리다. **8.** 흔들리다, 불안정하다, 우유부단하다. **9.** *tr.* 헤엄쳐 건너다.

nátrĭum acétĭcum, i, *n.* 《化》 나트륨, 소다: ~ carbónicum 탄산소다 / ~ chlorátum 식염(食鹽).

natrix¹, ícis, *f.* [no] 헤엄치는 여자.

natrix², ícis, *f.m.* **1.** 바다뱀; 머리가 아홉 달린 괴물뱀(=Hydra). **2.** 회초리.

natu, *abl.* [natus³, us] 나이가, 나이로 보아서: grandis ~ *(C.)* 늙은이, 고령자 / major ~ *(C.)* 나이가 위인, 연장자, 형, 언니.

nátŭla, æ, *f.* [nata¹] 귀여운 딸, 어린 딸.

natúra, æ, *f.* [nascor] **1.** 출생, 출산: tuus natúrā fílius*(C.)* 너의 친아들. **2.** 생식기. **3.** 자연 상태[환경], (자연적) 구조(構造)[형세]. **4.** 자연, 천연; 자연 그대로임, 본래의 것: natúrā*(Plin.)* 자연적으로 / 《哲》 ~ natúrans 능산적(能産的) 자연 / ~ naturáta 소산적(所産的) 자연. **5.** 자연계, 세상, 우주, 만물: rerum ~ *(C.)* 자연계, 대자연; 인간사 / cognítio natúræ*(C.)* 자연 과학(지식) / cultus natúræ 자연숭배. **6.** 자연 질서, 자연 법칙[현상], 자연의 섭리: natúræ satisfácere*(C.)*, natúræ concédere*(Sall.)* 죽다 / lex natúræ*(C.)* 자연 법칙. **7.** 천성, 성질, 성정, 소질, 성격, 특징; (성질상의) 종류. **8.** 본성, 본질; (실질을 이루는) 성(性): 《神》 ~ pura 본래의 (순수한) 본성 / ~ lapsa 타락한 본성 / ~ eleváta 들어 높여진 본성 / ~ humána 인성(人性) / ~ divína 신성(神性).

naturális, e, *adj.* [natúra] **1.** 출생상의, 혈육의; 사생(私生)의; 생식에 관한: fílius ~ *(L.)* 친아들; *(Ulp.)* 사생아 / *n.(pl.)* 음부(陰部). **2.** 생래적(生來的)인, 타고난, 선천적인, 본래의, 천성의. **3.** 자연의, 자연적; 본성적, 본성에서 오는; 자연에 따른: lex ~ 자연법. **4.** 자연계의, 천연의, 자연 그대로의, 가공하지 않은, 인위적[제도적]이 아닌: *n.pl.* naturália 자연 만물. **5.** 자연스러운, 꾸밈없는. **6.** 마땅한, 당연한. **7.** 실제적인, 사실적인, 꾸며낸 것이 아닌. **8.** 〔*adv.*〕 **-lĭter,** 자연적으로, 자연으로부터; 자연에 따라, 본성적으로.

naturalísmus, i, *m.* 자연주의.

naturálĭtus, *adv.* [naturális] 자연으로부터.

nātus¹, a, um, *p.p., a.p.* [nascor] **1.** 〔*absol.; abl.,* ex *alqo*〕 출생한, (사람으로) 태어난; 세상에 출현한: nemo ~ *(Pl.)* 사람으로서는 아무도 …아니 / summo génere ~ *(Gell.)* 귀족 집안에 태어난. **2.** 〔*acc. témporis*〕 (몇살의) 나이먹은, (몇)세 된, (몇)년 된: undevigínti annos natus*(C.)* 열아홉살 된. **3.** 〔*dat.;* ad, in *alqd*〕 (무엇을 위하여) 태어난, 똑 알맞는, 천생(天生)의, 생겨난: Ad cursum equus natus est.*(C.)* 말은 달리기 위해서 생겨난 것이다. **4.** 자연적으로 만들어진[이루어진], …한 성질을 가진.

nātus², i, *m.* [nascor] **1.** 아들, 자식; *pl.* 자녀. **2.** 동물의 새끼.

nātus³, us, *m.* 〔*abl. tt.*〕 [nascor] **1.** (식물이) 싹틈. **2.** (사람의) 나이.

nauárchus, i, *m.* 선장(船長), 함장.

nauclérĭcus[-rĭus], a, um, *adj.* 선주(船主)의.

nauclērus, i, *m.* 선주(船主).

Náucrătes, is, *m.* *Isócrates*의 제자, 회랍의 웅변가.

náucŭla, æ, *f. dim.* [navis] (=navícula) 작은 배, 쪽배.

naucum, i, *n.* [**-cus,** i, *m.*] **1.** 호도의 보늬, (과실의) 껍질. **2.** 하찮은 것, 쓸모없는 것.

naufragiósus, a, um, *adj.* 파선이 잦은; 폭풍이 센.

naufrágĭum, i, *n.* [navis+frango] **1.** 파선, 난파(難破): ~ fácere*(C.)* 파선하다. **2.** 난파선의 잔해(殘骸), 파편. **3.** 낭패, 불행, 재앙, 폐허.

náufrăgo, ávi, áre, *intr.* [navis+frango] 파선하다, 난파(難破)하다.

náufrăgus, a, um, *adj.* [navis+frango] **1.** 파선한, 난파(難破)한; 〔*subst.*〕 *m.* 파선당한 사람. **2.** 낭패한, 잃어버린. **3.** 파선[난파]하게 하는.

náulĭa, órum, *n.pl.* = náblia.

naulum[-on], i, *n.* 뱃삯, 선임(船賃).

naumáchĭa, æ, *f.* **1.** 해전(海戰); 해전장(海戰場). **2.** 해전놀이, 해전연극; 그 극장.

naumachiárĭus, a, um, *adj.* [naumáchia] 해전(海戰)연극의.

Naupáctus, i, *f.* *Coríntthus*만(灣) *Locris*의 도시(지금의 *Lepanto*); 〔*adj.*〕 **-ctóus,** a, um.

naupathía, æ, *f.* 뱃멀미.

náuphўlax, ăcis, *m.* 선객(船客)이 맡긴 짐을 보관하는 사람.

Nauplĭădes, æ, *m.* *Náuplius*의 아들(=Palamédes).

Náuplĭus, i, *m.* 바다의 신 *Neptúnus*의 아들, *Eubœa*섬의 왕, *Palamédes*의 아버지.

náusĕa[-ĭa], æ, *f.* **1.** 욕지기, 구역질, 메스꺼움; 뱃멀미. **2.** 싫증, 혐오.

nauseabúndus, a, um, [**-ábĭlis,** e,] *adj.* [náuseo] 뱃멀미하는, 구역질 나는.

nauseátor, óris, *m.* [náuseo] 뱃멀미하는

사람.

náusĕo, ávi, átum, áre, *intr.* [náusea] **1.** 뱃멀미하다. **2.** 구역질하다, 구토를 느끼다. **3.** 혐오하다, 싫어하다, 쉽죽나다.

nauséŏla, æ, *f. dim.* [náusea] 메스꺼움, 욕지기. 「일으키는, 구역질 나게 하는.

nauseósus, a, um, *adj.* [náusea] 뱃멀미를

Nausícăa, æ, [-cāē, es,] *f. Phæácia*의 왕인 *Alcínous*의 딸, 파선한 *Ulíxes*를 영접했음. 「뱃사람. **2.** 선주, 무역상(인).

nauta, æ, *m.* **1.** 선원, 뱃사공, 수부(水夫),

nautális, e, *adj.* [nauta] 선원의, 뱃사공의, 수부의.

náutĕa, æ, *f.* **1.** 욕지기, 구역질, 뱃멀미. **2.** 배밑에 괸 물. **3.** 무두질하는 데 쓰는

nauticárĭus, i, *m.* 선주(船主). 「풀(草).

náutĭcus, a, um, *adj.* **1.** 선원의, 뱃사공의. **2.** 바다의, 수상(水上)의, 해상의, 항해에 관한, 항해의. 「앵무조개.

náutĭlus, i, *m.* 《動》 **1.** 낙지(의 일종). **2.**

Nava, æ, *m. Rhenus*강의 지류 (지금의 *Nahe*). 「소.

navácŭlum, i, *n.* [navis] 조선소, 선박수리

naválе, is, *n.* [naválіs] **1.** 항구, 선거(船渠); *pl.* 조선소, 선박수리소. **2.** *pl.* (*Roma*의) 선박창(船舶廠). **3.** *pl.* 선구(船具); 선박.

naválіs, e, *adj.* [navis] 배의, 선박에 관한; 군함의, 해군의; 바다의: pugna ~ *(C.)*

návărchus, i, *m.* 선장(船長). 「해전.

návĭa, æ, *f.* [navis] **1.** 카누우, 통나무배. **2.** 포도 수확을 위한 함지.

navícŭla[-céllа], æ, *f. dim.* [navis] 작은 배, 종선; 나룻배, 거루.

naviculárĭa, æ, *f.* (*sc.* res) [naviculárius] 해운업, 해상[연안]무역.

naviculárĭus, a, um, [-láris, e,] *adj.* [navícula] 나룻배의, 거루의; 〔*subst.*〕 **-lárĭus,** i, *m.* 선주(船主). 「담는 그릇.

navícŭlum, i, *n.* (쪽배 모양으로 생긴) 향

navífrăgus, a, um, *adj.* [navis+frango] 배를 부수는, 파선하게 하는, 돌풍의.

navigábĭlis, e, *adj.* [návigo] 항해할 만한.

navigátĭo, ónis, *f.* [návigo] **1.** 항해, 항행, 배 여행. **2.** 항로. 「(水夫).

navigátŏr, óris, *m.* [návigo] 항해자; 수부

návĭger, gĕra, gĕrum, *adj.* [navis+gero¹] **1.** 배가 다닐 수 있는, 항해할 수 있는. **2.** 배처럼 나르는. 「cula) 작은 배.

navigíŏlum, i, *n. dim.* [navígium](=naví-

navígĭum, i, *n.* [návigo] **1.** 각종 선박, 배; 옛복. **2.** 항해, 항행.

návĭgo, ávi, átum, áre, [navis+ago] **I.** *intr.* **1.** 항해[항행]하다, 배타고 다니다, 배로 여행하다. **2.** 헤엄치다, 떠 있다. **3.** 파도치다, 물결이 일다.
II. *tr.* **1.** 배타고 건너다, (어디를) 항해[항행]하다: lacus clássibus navigáti *(Ta.)* 함대가 지나간 호수들. **2.** 해전에 출정하다. **3.** 해상 무역으로 벌다.

nāvis, is, 〔*acc.* -vem, -vim; *abl.* -ve, -vi〕 *f.* **1.** 배, 선박: navem dedúcere *(Cæs.)* 배를 띄우다, 출범[출항]하다 / navem subdúcere *(Cæs.)* 배를 육지에 올려놓다 / ~ longa *(Cæs.)* 군함 / ~ oneráriа *(Cæs.)* 화물선. **2.** ~ (ecclésiæ) 성당의 신자석: ~ laterális (옛 건축 양식의) 성당 내부의 측랑(側廊).

návĭta, æ, *m.* [navis](=nauta) 선원, 뱃사공, 수부; 항해자. 「근면, 활동.

návĭtas, átis, *f.* [navus] 열성, 열심, 열중,

návĭter, *adv.* [navus] 분발하여, 열성적으로, 열심히, 부지런히; 완전히.

nāvo, ávi, átum, áre, *tr.* [navus] 〔*alqd* - *alcl;* in, ad *acc.*〕 열심히 하다, 억척같이 노력하다, 있는 힘을 다하다, 정성껏 돌보다: bellum ~ *(Ta.)* 악착같이 전쟁하다 / ~ óperam *(C.)* 혼신(渾身)의 힘을 기울이다 / ~ óperam *alci (C.)* 누구를 힘껏 도와주다.

nāvus, a, um, *adj.* (=gnavus) 열심한, 근면한, 공들이는; 악착같은, 끈기있는.

Naxŏs[-us], i, *f. Cýclades* 군도중의 제일 큰 섬.

Názăra, æ, *f.* = Názareth.

Nazarǽus, a, um, *adj.* **1.** *Názareth*(사람)의; *m.pl.* 그리스도 신자(에 대한 경멸적인 명칭). **2.** 하느님께 봉헌되고 서원(誓願)한 (사람). **3.** *Názareth* 이단파의.

Nazarénus, i, *m. Názareth* 사람 예수 그리스도.

Názăreth, *f. indecl. Palæstína*의 도시, 예수 그리스도의 (청소년 시절의) 고향; 〔*adj.*〕 **-zarǽus[-zárĕus, -zarénus],** a, um.

ne¹, *adv.* (=næ) 참으로, 정말, 확실히.

ne², *adv. (negatívum)* **1.** 아니: ne - quidem …라도 아니, 조차 아니. **2.** 〔금령(禁令) 표시로 ne와 함께 접속법 현재 (각 인칭) 또는 특히 전과거(*pf.*)의 2·3인칭을 씀; 미래 명령법을 쓰기도 함〕 … 하지 마라: Ne me moneátis. *(Pl.)* 너희는 내게 권고하지 마라 / Ne credíderis. *(Curt.)* 너는 믿지 마라 / Bóreā flante ne aráto. *(Plin.)* 북풍이 불어올 때에는 밭갈지 말라. **3.** 〔*subj.*와 함께 부정적으로 표시하는 소원·맹세〕 않았으면 (좋겠다), …하지 말기를!: Ne id Júpiter síneret ... *(L.)* *Júpiter*신이 그것을 허락하지 않았으면 좋으련만 / Illud útinam ne scríberem. *(C.)* 나는 그것을 쓰지 않게 되었으면 좋겠는데! / Ne vivam, si scio. *(C.)* 내가 알고 있다면 (나는) 죽일 놈이다 (맹세코 나는 모른다). **4.** 〔*subj.*와 함께 부정적 내용의 양보 표시〕 아니라고 하자[하더라도]: Ne sit sane summum malum dolor, malum certe est. *(C.)* 고통이 최대의 불행은 아니라고 하자, 그러나 불행임에는 틀림없다.

ne³, *conj. subord. c. subj.* **1.** 〔부정적 목적문(ut의 부정)〕 **…않기 위해서,** 않도록, 말도록: Ne ... putétis,... *(C.)* 너희가 …여기지 않도록 / 〔더 이상의 엄중한 표현을 피하려는 체하면서 실제로는 말해 버리는 삽입문〕 ne dicam ... *(C.)* …라고 까지는 말하지 않겠지만. **2.** 〔공포동사*(verba timéndi)*의 *propositio objectíva*〕 **…할까봐,** -ㄹ까(겁나다): Tímeo, ne hoc própalam fiat.*(Pl.)* 나는 이 일이 공개될까봐 겁난다 / Véreor, ne ... habére non possit.*(C.)* 나는 그가 … 가지지 못하게 될까봐 두렵다. **3.** 〔조심·경계·예방·금지·방해 따위의 내용 표시〕 **않도록, 말도록:** Qui cavet, ne despiciátur.*(Pl.)* 멸시당하지 않도록 조심하는 사람 / Vide, ne frustrétur.*(C.)* 그것이 실패되지 않도록 조심해라 / Impédior verecúndiā, ne te plúribus verbis rogem.*(C.)* 나는 부끄러워서 너한테 청하는 말을 더 이상 하지 못한다. **4.** 〔부정적 내용의 양보문〕 **비록 …아니라 할지라도**[하지만], 아니더라도.

-ne⁴, *partícula interrogatíva* 〔의문의 중점이 되는 말꼬리에 붙임〕 **1.** 〔직접의문, 선언적(選言的)인 경우에는 먼저 나오는 의문에 씀〕 **…냐?:** Visne ...?*(C.)* 너 원하느냐? …하고 싶으냐? / Egóne? 내가? / Nonne ...? …아니란 말이냐? 그렇지 않으냐? / Licétne vívere, an non licet?*(Pl.)* 살아도 되느냐 안 되느냐? **2.** 〔간접의문[의혹]에서는 주로 선언적(選言的)인 경우 먼저 나오는 의문에 씀, *c. subj.*〕 …는지[인지] (혹은…): Intérrogo, unúsne an plures véniant. 한 사람이 오는지 혹은 여럿이 오는지를 나는 묻는다.

ne⁵, *imper.* [neo].

Neápŏlis, is, *f.* *Campánia*의 도시(지금의 *Napoli*); 〔*adj.*〕 **-politánus,** a, um; *m.pl.* 그곳 주민; *n.* 그곳 부근에 있는 시골별장.

nebris, ĭdis, *f.* 새끼사슴 가죽(*Bacchus*가 입었다는 것, 후에 *Bacchus* 축제 때 그 제관이나 신도들이 입었음).

nébŭla, æ, *f.* **1. 안개.** **2.** 《詩》 구름. **3.** 김, 증기, 아지랭이; 연기. **4.** 가볍고 비치는 옷. **5.** 오리무중(五里霧中), 어렴풋함, 흐릿함. **6.** 부피만 크고 가벼운 것; 보잘것없는 것.

nébŭlo¹, áre, *tr.* [nébula] 안개로 덮이게 하다.

nébŭlo², ónis, *m.* [nébula] 쓸모없는 사람, 몹쓸 놈, 협잡꾼, 사기꾼, 허풍선이.

nébŭlor, ári, *dep. intr.* [nébulo²] 고약해지다, 못된 놈 되다.

nebulósus, a, um, *adj.* [nébula] **1.** 안개의, 안개낀, 흐린; 어두운, 희미한. **2.** 알아듣기 어려운, 오리무중의.

nec, *conj.* **1.** 《古》 〔부정의 강세〕 아니: nec obœdiéntem et nóxium civem*(C.)* 복종은 하지 않고 해독만 끼치는 시민을. **2.** 〔앞에 나온 긍정에 대립시켜진 부정〕 그러나 …는 아니. **3.** 〔부정의 연속〕 **…도 아니:** quia non vidérunt nec sciunt,*(C.)* 그들은 보지 못했고 또 알지도 못하기 때문에. **4.** 〔앞에 나온 것의 설명적 부정〕 즉 …아니, …아니기 때문에. **5.** 〔부정적 결론〕 그러므로 …아니.

necátor, óris, *m.* [-**trix,** ícis, *f.*] [neco] 살해자.

necdum, *adv., conj.* [nec+dum] 아직(도) … 아니.

necessárĭo[-ĭe], *adv.* [necessárius] 반드시, 꼭, 필연적으로.

necessárĭus, a, um, *adj.* [necésse] 〔*comp.* magis ~; *superl.* máxime ~〕 **1.** 피할 수 없는, 어쩔 수 없는, 불가피한, **필연적인:** 《哲》 ens necessárium 필연(적)유(必然的有). **2.** 급박한, 긴요한, 절대적인: tam necessário témpore*(Cæs.)* 이렇게 긴급한 때에. **3. 필요한,** 필수적인, 빼놓을 수 없는: res magis necessáriæ*(C.)* 더 필요한 것들[물건] / *n.pl.* 필수품; ad vivéndum necessária*(C.)* 생활 필수품. **4.** 육친(肉親)의, (혈연·우정으로) 맺어진, 절친한; 〔*subst.*〕 *m.f.(pl.)* 혈육, 친척, 인척, 친구: necessárii ac consanguínei*(Cæs.)* 혈육들과 일가친척들. **5.** 밀접한 관련성이 있는.

necésse, *adj. n. indecl.* 〔동사 esse나 habére에 동반되면서 *præd.*으로 쓰임〕 꼭 필요한, **필수적,** 꼭 해야만 하는, 필연적: 1) 〔*(alci)* ~ esse의 경우: *pron. relat. n.; inf., acc.c. inf.;* ut, *subj.*〕 Emas, quod ~ est.*(Sen.)* 꼭 필요한 것만 사라 / Hómini ~ est mori.*(C.)* 사람이 죽는 것은 필연적이다 / Istum contemnétis, ~ est.*(C.)* 너희는 그를 반드시 멸시해야만 한다. 2) 〔~habére *inf.*〕 Non habébimus ~ semper conclúdere.*(C.)* 우리가 반드시 결론내려야 할 필요는 없게 될 것이다.

necéssĭtas, átis, *f.* [necésse] **1. 필연성,** 필연적인 연관성; 숙명: 《神》 ~ médii 방법[수단]적 필연성[필요성] / ~ præcépti 명령[계명]에 의한 필연성. **2. 필요성,** 필요, 요구, 긴요, 필수. **3. 긴급,** 급박, **위급,** 긴박한 경우[형편·사정·상태]: necessitáti subveníre*(C.)* 긴급한 때에 도와주다 / 《神》 ~ extréma 극도의 위급(상태), 사활적(死活的) 위급. **4.** 강박(强迫), 자백강요. **5.** 본능적 욕망. **6.** 필요한 것[일·물건], 필수품; 필수적인 의무[경비(經費)]. **7.** 궁핍, 곤궁. **8.** 혈육관계, 혈연, 친족[인척]관계; 우의(友誼).

necessitúdo, dĭnis, *f.* [necésse] **1.** 필연성, 불가피, **불가항력,** 숙명, 인연. **2.** 혈족[친족·인척]관계; (친우·고객·동맹 따위의) 밀접한 관계. **3.** 〔*pl.*〕 친척; 친구.

necésso, áre, *tr.* [necésse] 불가피하게 하다, 부득이하게 하다.

necéssum, *adj. n.* 《古》 = necésse.

necne, *adv.* [nec+ne⁴] 〔선언적(選言的) 의

문문에서 앞의 것에 대한 부정적 의문[질문]을 단적(端的)으로 드러냄] (혹은) 아니냐?: Sunt hæc tua verba, necne?*(C.)* 이것이 네 말이냐 아니냐?
necnon[nec non], *conj.* 그리고 또, 그 뿐 아니라, 또한.
neco, ávi, átum, áre, *tr.* [nex] **1.** 죽이다, 살해하다. **2.** 멸하다, 없애다.
necopínans, ántis, *adj.* [non+opínans, opínor] 미처 생각하지 못한, 예기치 못한, 갑작스러운, 뜻하지 않은.
necopináto, *adv.* [necopinátus] 갑자기, 생각지도 않은 때에, 뜻밖에.
necopinátus, a, um, *adj.* [nec+opínor] 예기치 못한, 예측하지 못한, 갑작스러운, 의외의: hóstium advéntu necopináto*(C.)* 적군들의 급습으로 / *n.pl.* necopináta 돌발사건 / ex necopináto 뜻밖에, 갑자기.
necopínus, a, um, *adj.* [nec+opínor] 예견되지 않은[못한], 예기치 못한.
necrobiósis, is, *f.* 《醫》(체내 세포의) 사멸과정, 가성회사(假性壞死), 변성회저(壞疽).
necrolatría, æ, *f.* 사자(死者) 숭배.
necrológĭa[-gía], æ, *f.* **1.** 사망자 명부[대장(臺帳)]. **2.** 추도문(追悼文), 조사(弔辭).
necrológĭum, i, *n.* 사망자 명부[대장].
necromantía, æ, *f.* (죽은 사람의 영혼과 통한다는) 무술(巫術), 강신술(降神術).
necrophóbĭa[-bía], æ, *f.* 죽음에 대한 공포증; 시체 공포증.
necrópsĭa, æ, *f.* 《醫》 검시(檢屍).
necrósis, is, *f.* **1.** 《醫》 회사(壞死), 회저(壞疽). **2.** 《植》 퇴괴(頹壞: 점진적인 부패).
nectar, ăris, *n.* **1.** (신화에서) 신들이 마시는 술[음료]. **2.** 달콤한 음료, 감로주(甘露酒); 우유. **3.** 방향(芳香). **4.** 꿀. **5.** 감미로움.
nectárĕus[-rĭus], a, um, *adj.* [nectar] **1.** 신(神)들의 음료인. **2.** 신들의 술[음료]같은; 달콤한, 감미로운.
necto, néxŭi[xi], nexum, ĕre, *tr.* [*cf.* neo] **1.** 매다, 묶다, 엮다, 짜다, 얽다, 땋다. **2.** 연결시키다, 결합시키다; 관련시키다. **3.** 구속(拘束)하다, 의무지우다. **4.** 채무불이행의 경우 채권자가 채무자를 자기에게 예속시켜 채무를 청산할 때까지 종으로 삼다.
nécŭbi, *conj. subord.* [ne³+alícubi] 〔*c. subj.*〕 어디서든지[아무데서도] …(하지) 않도록[못하도록].
necúnde, *conj. subord.* [ne³+alicúnde] 〔*c. subj.*〕 어디서부터라도 …(하지)않도록[못하도록].
nēdum, *conj. coord., adv.* 〔*conj.* 일 때에는 흔히 *c. subj.*〕 **1.** 〔부정문(否定文) 뒤에, 또는 전제(前提)하고〕 더군다나 …아니[못], 고사하고[커녕] …도 아니: Claríssimi viri ... non potuérunt, ~ ... possímus.*(C.)* 유명 인사들이 …할 수 없었는데, 우리는 더군다나 …할 수 없다. **2.** 〔때로는 앞에 나온 긍정에 뒤따르면서〕 더군다나, 더욱: ornaménta étiam legióni, ~ míliti, satis multa *(Val. Max.)* 군단에게도 과하지만 더구나 일개 사병에게는 너무 과한 장식. **3.** 〔앞자리에 놓일 때〕 뿐 아니라, 물론이고: nedum humílium, sed étiam amplissimórum consília*(C.)* 천민의 의견뿐 아니라 고관들의 의견까지도.
nefándus, a, um, [**nefans,** ántis,] *adj.*[ne²+fari] **1.** 말할 수 없는, 어마어마한, 끔찍스러운, 언어도단의. **2.** 사악한, 흉악한, 죄악의; 〔*subst.*〕 *m.pl.* 죄인들; *n.* 사악, 죄악.
nefárĭus, a, um, *adj.* [nefas] 고약한, 끔찍한, 흉악한; 중죄의; 〔*subst.*〕 *m.* 죄인, 흉악범; *n.* 끔찍한 죄악.
nefas, *n. indecl.* [ne²=non+fas] **1.** 하느님 뜻에 어긋나는 것, 법[도]에 어긋나는 것, 자연을 거슬르는 것, 불경, 독성(瀆聖). **2.** 불의, 죄악; 부당, 불가, 옳지 않음: nefas putáre*(C.)* 부당한 것으로 여기다. **3.** 흉악한 사람. **4.** 괴물; 끔찍한 것. **5.** 불가능한 것. **6.** 〔*interj.*〕 저런! 고약하게시리!
nefástus, a, um, *adj.* [ne²=non+fastus¹] **1.** 개정(開廷)이 불가능한 날의, 법을 집행할 수 없는 (날의): dies nefásti*(L.)* 개정[재판] 금지일. **2.** 종교상으로 금지된, 불경건에 속하는. **3.** 불길한, 불행한, 재수없는, 해로운: nefásto die*(H.)* 재수없는 날에. **4.** 흉악한, 고약한.
negántĭa, æ, *f.* [nego] 부정, 부인(否認).
negátĭo, ónis, *f.* [nego] **1.** 부인(否認), 부정(否定), 취소. **2.** 거부, 거절. **3.** 《文法》 부정사(否定詞).
negatívus, a, um, *adj.* [nego] **1.** 부정(否定)의, **부정적**, 부인하는; 금지[거부·반대]하는. **2. 소극적.**
negátor, óris, *m.* [**-trix,** ícis, *f.*] [nego] 부인[부정]하는 사람; 거절[거부]하는 사람.
negatórĭus, a, um, *adj.* [negátor] 부정[부인]하는; 거부[거절]하는.
negátum, i, *n.* [nego] 부정[부인]된 것; 금지된 것, 거절된 것.
négĭto, ávi, átum, áre, *tr. freq.* [nego] 〔*alqd; acc.c.inf.; absol.*〕 완강히 부인하다, 거듭[끝까지] 부인하다.
neglécte[-tim], *adv.* [negléctus¹] 소홀히, 등한히.
negléctĭo, ónis, *f.* [néglego] 소홀, 등한, 경시(輕視), 태만, 부주의.
negléctor, óris, *m.* 등한히[부주의·소홀히]하는 자.
negléctus¹, a, um, *p.p., a.p.* [néglego] 소홀히[등한히] 다루어진, 내버려둔, 돌보아

지지 않은, 멸시받은. 「등한, 태만.
negléctus², us, *m.* [néglego] 부주의, 소홀,
néglĕgens, éntis, *p. præs., a.p.* [néglego] 〔*absol.; gen.; alqm* in *abl.*〕 소홀히[등한히] 하는, 무관심한, 마음쓰지 않는; 태만한: amicórum ~ *(C.)* 친구들을 소홀히 하는.
neglegéntĭa, æ, *f.* [néglegens] 등한, 소홀, 태만, 부주의, 돌보지 않음, 무관심, 무성의.
néglĕgo, léxi[드물게 légi], léctum, ĕre, *tr.* [nec+lego] **1.** 등한히 하다, 소홀히 하다; 경시(輕視)하다, 업신여기다. **2.** 마음 쓰지 않다, 돌보지[보살피지] 않다, 무관심하다, 무성의하다.
neglig... *V.* negleg...
nego, ávi, átum, áre, *intr., tr.* [ne²+ago, ne²+ajo] **1.** 〔*absol.; alqd; acc. c. inf.; pass.: nom.c.inf.*〕 "아니"라고 하다, 부인[부정]하다. **2.** 〔*alci alqd; inf.*〕 (요구·부탁 따위를) 거절[거부]하다, 물리치다, 퇴박하다.
negotiális, e, *adj.* [negótium] **1.** 업무상의, 일에 관한, 거래상의. **2.** 민사소송 사건의.
negótĭans, ántis, *p.præs., a.p.* [negótior] 사업하는, 상업하는; 〔*subst.*〕 *m.* 사업가, 은행가; 상인.
negotiátĭo, ónis, *f.* [negótior] **1.** 장사, 상업, 거래, 도매업; 금융업. **2.** 사업, 업무.
negotiátor, óris, *m.* [**-trix,** ícis, *f.*] [negótior] **1.** 은행가, 금융업자. **2.** 상인, 장사꾼. **3.** 청부업자. 「는.
negotiatórĭus, a, um, *adj.* 상업에 관계되
negotíŏlum, i, *n. dim.* [negótium] 작은 사업, 조그마한 장사.
negótĭor, átus sum, ári, *dep. intr., tr.* [negótium] **1.** 금융업[은행업]을 경영하다; 크게 사업하다, 도매상하다. **2.** 장사하다, 돈벌이하다. **3.** 무슨 일에 종사하다, 골몰하다, 힘쓰다.
negotiósus, a, um, *adj.* [negótium] **1.** 사업에 종사하는, 일에 바쁜, 수고하는, …에 정신팔린, 골몰한. **2.** 일하는, 근무하는: negotiósi dies *(Ta.)* 일하는 날.
negótĭum, i, *n.* [nec+ótium] **1.** 분주함, 분망. **2.** 일, 용무, 사업, 업무, 사무; 임무, 직무. **3.** 공무(公務), 국무; 관직(官職). **4.** 재판[법정]에 관한 일. **5.** 영업, 장사, 상업; 금융업. **6.** 집안일, 가정(家政). **7.** 수고, 힘든 일, 골치 아픈[난처한] 일, 걱정: ~ *alci* facéssere *(C.)* 아무를 난처하게 만들다. **8.** 사건, 문제; 〔*pl.*〕 경우, 사정, 관계.
Néleus, ĕi, *m.* 해신(海神) *Neptúnus*의 아들, *Pylos*의 왕, *Nestor*의 아버지; 〔*adj.*〕 **-lé(ĭ)us,** a, um.
Nelídes, æ, [**-léĭus,** i,] *m. Néleus*의 아들.
nema, ătis, *n.* 실, 섬유.
Nemáusum, i, *n. Gállia Narbonénsis*의 도시(지금의 *Nismes*).
Némĕa¹, æ, [**-mĕe,** es,] *f.* **1.** *Argŏlis*의 도시[숲], 그 부근에서 *Hércules*가 사자를 퇴치 했음; 〔*adj.*〕 **-meǽus,** a, um. **2.** *Corínthus*와 *Sícyon*의 경계를 이루는 강.
Némĕa², órum, *n.pl.* 2년마다 거행되는 *Némea*¹의 경기, 희랍의 4대 축제의 하나.
Némĕsis, is [ĕos], *f.* 교만한 자·부정축재자 따위를 벌하는 복수의 여신.
Némĕtes, um, [**-tæ,** árum,] *m.pl. Gállia Bélgica*의 *Germánia* 족.
Nemetocénna, æ, *f. Gállia Bélgica*의 도시(지금의 *Arras*).
nemo, némĭnis [nullíus], *m. f.* [ne²+homo] **1.** 아무도 아니, 아무도 …않(다)[못(하다), 없(다)]: Nemon? (=Nemóne?) 아무도 없느냐? / némine contradicénte [dissentiénte] 한 사람의 반대도 없이, 만장일치로 / Vicínam néminem amo. *(Pl.)* 나는 아무 이웃 여자도 사랑하지 않는다. **2.** 보잘것없는[아무것도 아닌] 사람. **3.** ~ non 누구나 다, 모두; non ~ 어떤 사람. **4.** 〔*adj.*= nullus〕 vir ~ bonus *(C.)* 선량한 사람은 아무도 …아니.
nemorális[-rénsis], e, *adj.* [nemus] **1.** 숲의, 산림의. **2.** *Arícia* 부근에 있던 *Diána* 여신의 성림(聖林)의. 「는 것[산돼지].
nemoricúltrix, ícis, *f.* [nemus] 숲속에 사
nemorívăgus, a,um, *adj.* [nemus+vagus¹] 숲속을 방황하는.
nemorósus, a, um, *adj.* [nemus] 숲이 많은, 숲이 우거진, 나무가 많은.
nempe, *adv., conj.* [nam+-pe] **1.** 사실, 과연, 확실히, 분명히, 의심없이, 물론, 뻔한 일이지만: Nempe ita animáti estis vos. *(Pl.)* 분명히 너희는 그렇게 용기있는 자들이다. **2.** 즉, 그러니까: bona, ~ pecus, ... argéntum *(H.)* 재산 즉 가축…돈. **3.** 그렇지만, 하지만. **4.** 〔의문문에서〕 그렇지? 그렇지 않으냐? **5.** 〔조소·반어(反語)로서〕 그럴테지.
nĕmus, mŏris, *n.* **1.** 경관좋은 숲, 놀이터로 알맞는 숲, 초원을 겸한 숲. **2.** *Diána* 여신의 성림(聖林). **3.** 수목(樹木).
nénĭa, æ, *f.* **1.** 조가(弔歌), 만가(輓歌), 비가(悲歌). **2.** (대중)가요, 민요, 타령, 동요, 자장가. **3.** (노래의) 후렴. **4.** [N-] 장례[만가]의 여신.
neo, nēvi, nētum, nēre, *tr.* **1.** 실뽑다, 잣다. **2.** 짜다, 엮다, 얽다.
Neobúle, es, *f. Lycámbes*의 딸.
Néŏcles, is [i], *m. Themístocles*의 아버지.
Neoclídes, æ, *m. Néocles*의 아들(=Themístocles).
neócŏrus, i, *m.* 신전(神殿) 청소부.
neoménĭa, æ, *f.* 새로 뜬 달, 초승달.
neonátus, i, *m.*[**-ta,** æ, *f.*] 《醫》 생후 1개월 이내의 아기, 신생아.

neóphy̆tus, a, um, *adj.* 새로 귀의한, 새로 신자가 된; 〔*subst.*〕 *m.f.* 새로 입교한 신자, 신문교우(新門敎友); 초학자.

neoplásma, ătis, *n.* 이상신생물(異狀新生物), 종양(腫瘍). 「파].

neoplatonísmus, i, *m.* 신플라톤 주의[학

neoprésby̆ter, ĕri, *m.* 새로 서품된 신부.

Neoptólĕmus, i, *m.* *Achílles*의 아들, *Pyrrhus*라고도 함, 희랍군의 장군.

neoscholástĭcus, a, um, *adj.* 신(新) 스콜라 학파의; *f.* 신 스콜라 철학.

neotérĭcus, a, um, *adj.* (신앙·관습·작가 따위) 새로운, 최근의, 근대[현대]의, 신식의; *m.pl.* 현대인; 현대작가.

neothomísmus, i, *m.* 신(新) 토마스 학파; 〔*adj.*〕 **-místĭcus,** a, um.

nepa, æ, *m.* **1.** 《動》 전갈. **2.** 《動》 〔*pl.*〕 게. **3.** [N-] 《天》 전갈성좌.

népĕta, æ, *f.* 《植》 개박하.

Népĕte [Nepe], is, *n.* 남부 *Etrúria*의 도시 (지금의 *Nepi*); 〔*adj.*〕 **-pesínus,** a, um.

Néphĕle, es, *f.* *Athămas*왕의 아내, *Phrixus*와 *Helle*의 어머니, 구름의 여신이 됨.

nephrálgĭa, æ, *f.* 《醫》 신장통(腎臟痛).

nephrectomía, æ, *f.* 《醫》 신장절제(腎臟切除). 「管).

nephrídĭum, i, *n.* 《解》 배설관, 신관(腎

nephrítĭcus, i, *m.* 신장염(腎臟炎) 환자.

nephrítis, tĭdis, *f.* 《醫》 신장염.

nephrolithíăsis, is, *f.* 《醫》 신장결석.

nĕpos¹, ótis, *m.* **1.** 손자, 친[외]손자. **2.** 〔*pl.*〕 후예, 후손. **3.** 조카, 생질. **4.** 방탕아.

Nĕpos², ótis, *m.* *Cornélia* 씨족의 가문명[성]; 특히 Cornélius ~, *Roma*의 역사가, *Cícero*의 친구(c. 94 – 24 A.C.).

nepotális, e, *adj.* [nepos¹] 방탕한.

nepotátus, us, *m.* [nepótor] 방탕, 난봉.

nepotínus, a, um, *adj.* [nepos¹] 방탕한; 사치스러운. 「족 추만주의(推輓主義).

nepotísmus, i, *m.* 친족등용(親族登用), 친

nepótor, átus sum, ári, *dep. intr.* [nepos¹] 낭비하다, 방탕생활하다. 「린 손자[손녀].

nepótŭlus, i, *m.*[-la, æ, *f.*]*dim.*[nepos¹] 어

neptis, is, *f.* [nepos¹] **1.** 손녀, 친[외]손녀. **2.** 조카딸.

Neptunálĭa, ĭum, *n.pl.* *Neptúnus* 축제.

Neptuníne, es, *f.* *Neptúnus*의 손녀(= Thetis).

Neptúnus, i, *m.* **1.** 바다의 신, *Satúrnus*의 아들, *Júpiter*의 형제, *Amphitríte*의 남편(희랍 신화의 *Poséidon*에 해당); 〔*adj.*〕 **-túnĭus,** a, um: Neptúnia arva[prata] *(V., C.)* *Neptúnus*의 들판 즉 바다. **2.** 바다, 대양, 강, 물. **3.** 물고기.

nēquam, **1.** *adj.indecl.*〔*comp.* néquior; *superl.* nequíssimus〕[ne² + quidquam] **쓸모없는**, 나쁜, 몹쓸, **악한**; 방탕한. **2.** 〔*subst.*〕 *n. indecl.* 해(害), 악: *alci* ~ dare*(Pl.)* 누구에게 해를 끼치다.

nequándo, *conj. subord. c. subj.* [ne³ + quando] 언제라도[단 한번이라도] …하지 않기 위하여.

nequáquam, *adv.* 절대로 아니, 결코 아니.

nĕque, néquĕdum, neque opínans = nec, necdum, necopínans.

néquĕo, quívi[quĭi], quĭtum, quíre, *intr. anom.* [ne² = non + queo] **1.** 〔*inf.*; *absol.*〕 … 할 수 없다, …할 능력이 없다. **2.** 〔*dep.*〕 quidquid ... ulcísci néquitur, *(Sall.)* 복수할 수 없는 것은 무엇이나 다. 「quam.

nequícquam, nequídquam = nequí-

néquĭor, ĭus, *adj. comp.* [nequam].

nequíquam, *adv.* **1.** 쓸데없이, 소용없이, 공연히, 보람없이, 무익하게. **2.** 탈없이, 무사히. **3.** 이유없이, 목적없이, 동기없이. 「quam].

nequíssĭmus, a, um, *adj. superl.* [ne-

néquĭter, *adv.* [nequam] **1.** 쓸모없이, 무익하게; 나쁘게, 불의하게. **2.** 낭비하여, 사치하게, 방탕하게. **3.** 불쌍하게, 슬프게.

nequítĭa, æ, [-tĭes, éi,] *f.* [nequam] **1.** 쓸모없음, 나쁜 상태, 품질조악, 변질. **2.** 게으름; 경솔. **3.** 낭비, 사치; 방탕, 음탕. **4.** 악, 악의(惡意), 악질, 고약함, 나쁜 짓. 「바다의 요정 중의 하나.

Neréĭs, ĭdis, [-r(e)íne, es,] *f.* *Néreus*의 딸,

Néreus, ĕi[ĕos], *m.* **1.** *Océanus*와 *Tethys*의 아들, 바다의 신(神), *Neréis* 50명의 아버지; 〔*adj.*〕 **-réĭus,** a, um. **2.** 바다.

Nérĭtos[-us], i, *m.* *Ithăca*섬의 산; 〔*adj.*〕 **-tĭus,** a, um.

Nĕro, ónis, *m.* *Cláudia* 씨족의 가문명; 특히 **1.** C. Cláudius ~, *M. Lívius*와 함께 집정관이 되어 *Hásdrubal*을 정복함(207 A.C.). **2.** C. Cláudius ~ Cæsar, *Roma*의 잔학하고 음탕한 황제(재위 54 – 68 P.C.). **3.** 〔*adj.*〕 **-rōnéus[-niánus, -nĭus],** a, um.

Nersæ, árum, *f.pl.* *Látium*의 *Æqui*족의 도

Nerthus, i, *f.* *Germánia*의 여신. ∟시.

Nérŭlum, i, *n.* 남부 *Lucánia*의 도시.

Nerva, æ, *m.* *Coccéjus* 씨족과 *Sílius* 씨족의 가문명; M. Coccéjus ~, *Roma* 황제(재위 96 – 98 P.C.). 「의 줄[현]. **2.** 힘줄.

nérvĭæ, árum, *f. pl.* [nervus] **1.** 현악기

nervícĕus, a, um, *adj.* [nervus] 힘줄의.

Nérvĭi, órum, *m.pl.* *Gállia Bélgica*의 용감한 *Germánia*족, *Cæsar*에게 정복당함; 〔*adj.*〕 **-vĭcus,** a, um.

nervínus, a, um, *adj.* **1.** 신경의. **2.** 힘줄로 만든, 현(絃)의.

nervósĭtas, átis, *f.* [nervósus] **1.** 신경계통[조직]. **2.** 힘, 견고함, 강인함. **3.** 신경과민(성).

nervósus, a, um, *adj.* [nervus] **1.** 힘줄이 많은, 힘줄이 센, 근육이 좋은. **2.** (식물의) 섬유가 많은. **3.** 억센, 강인한, 힘센, 강건한, 정력이 좋은; 힘찬. **4.** 〔현대의 뜻〕 신경에 관한; 신경성의, 신경질의, 신경이 과민한.

nérvŭlus, i, *m. dim.* [nervus] **1.** 작은 힘줄. **2.** 〔*pl.*〕 힘, 정력, 활력, 기력.

nervum, i, *n.* **1.** 통나무. **2.** 질곡(桎梏).

nervus, i, *m.* **1.** 힘줄, 건(腱); 근육. **2.** 신경; 신경섬유. **3.** 현악기의 장선(腸線), 현(絃). **4.** 활시위; 활. **5.** 가죽끈. **6.** 족쇄, 수갑; 감옥. **7.** 힘, 기력, 정력, 활력. **8.** 중요한 부분, 중추 부분, 핵심, 근원; 추진력; 주요 인물, 주모자. **9.** (연설 따위의) 박력. **10.** 《植》 엽맥(葉脈); 《動》 (곤충의) 시맥(翅脈).

nesápĭus, a, um, *adj.* [ne² + sápio] **1.** 맛 모르는. **2.** 미련한.

nesciéntĭa, æ, *f.* [néscio] 무지, 무식.

néscĭo, ívi[ĭi], ítum, íre, *tr.* [ne² + scio] **1.** 〔*acc.*, de *abl.*; *acc.c.inf.*; *interr. indir.*〕 **모르다,** 알지 못하다, 인식하지 못하다: Quod scis, nescis. *(T.)* 네가 아는 것을[이것은] 모르는 것으로 한다 (비밀 부탁의 말). **2.** 〔*alqm, alqd*〕 안면이 없다, 알지 못하는 사이이다, 상관이 없다. **3.** 〔*absol.*; *inf.*〕 하지 못하다, 할줄 모르다; 하기 싫어하다: Illi omníno irásci nésciunt. *(C.)* 그들은 전혀 화낼줄 모른다.

néscĭus, a, um, *adj.* [néscio] **1.** 〔*gen.*, de *abl.*; *acc.c.inf.*, *interr. indir.*; *absol.*〕 모르는; 의식하지 못하는, 느끼지 못하는. **2.** 〔*inf.*; *gen. gerúndii*〕 …할줄 모르는, 하지 못하는. **3.** 〔*pass.*〕 알려지지 않은, 미지의, 사람들이 모르는.

Nēsis, ĭdis, *f.* *Neápolis*만에 있는 작은 섬 (지금의 *Nisita*).

Nessus, i, *m.* **1.** *Centáurus*의 한 사람, *Hércules*의 아내인 *Deianíra*에게 폭행하려다 *Hércules*의 독화살에 맞아 죽음. **2.** *Thrácia*의 강. **3.** 〔*adj.*〕 **-sséus,** a, um.

nēstis, tĭdis, *f.* 《解》 공장(空腸).

Nestor¹, ŏris, *m.* *Néleus*의 아들, *Pylos*의 왕, *Troja* 전쟁 때 희랍군의 나이 많은 고문(顧問)으로서 지혜와 웅변으로 유명.

nestor², ŏris, *m.* 현명한 장로(長老), 경험 많은 노인.

Nestorianísmus, i, *m.* 《敎史》 *Nestórius* 이단파, 경교(景敎).

Nestórĭus, i, *m.* *Sýria* 출신의 수도자로 후에 주교, *Nestórius* 이단파의 시조가 되었음 (? - 451 P.C.); 〔*adj.*〕 **-riánus,** a, um.

nete, es, *f.* **1.** lyra의 최고음의 현(絃). **2.** 새끼 손가락.

Nētum, i, *n.* *Syracúsæ*의 서남부에 있는 지명; 〔*subst. deriv.*〕 **-tinénses,** ĭum, [**-tíni,** órum,] *m. pl.* 그곳 주민.

neu = neve.

neumæ, árum, *f.pl.* 그레고리안 성가의 고대 음부(古代音符).

neumatízo, áre, *tr.* 선율을[음부(音符)를] 붙이다.

neurálgĭa, æ, *f.* 《醫》 신경통.

neurasthénĭa, æ, *f.* 《醫》 신경쇠약증.

neurítis, tĭdis, *f.* 《醫》 신경염: ~ múltiplex 다발성 신경염 / ~ múltiplex endémica 각기 / ~ óptica 시신경염 / ~ tóxica 독성(毒性) 신경염.

neuróbăta[-tes], æ, *m.* 줄타는 광대.

neurología, æ, *f.* 《醫》 신경학, 신경병학.

neuróma, ătis, *n.* 《醫》 신경종(神經腫).

neuron, i, *n.* 《解》 신경단위, 신경세포.

neuropathía, æ, *f.* 《醫》 신경질환, 신경병.

neurósis, is, *f.* 《醫》 신경증, 노이로제.

neurospáston, i, *n.* 꼭두각시.

neurotomía, æ, *f.* 《醫》 신경 절제(술).

neŭter, tra, trum, *adj.* 〔*gen.* -utríus; *dat.* -ŭtri〕 [ne² + uter] **1.** **둘 중 하나[아무]도 아니,** 이쪽도 저쪽도 아닌: ~ eórum *(Cæs.)* 그들 둘 중 아무도 아니. **2.** 중립의, 무관한; 선도 악도 아닌. **3.** 《文法》 중성의; 자동사의, 중간태(中間態)의: genus néutrum (명사·대명사·형용사 따위의) 중성.

neútĭquam[-tĭque], *adv.* [ne² + útiquam, útique] 절대로 아니, 단연코[결코] 아니, 천만에.

neutrális, e, *adj.* [néuter] **1.** 《文法》 중성의. **2.** **중립의,** 아무 편도 아닌, 불편부당의.

neŭtrim, *adv.* [néuter] 중립적으로.

neŭtro, *adv.* [néuter] 둘 중 어느 쪽으로도 아니.

neutropassívus, a, um, *adj.* 《文法》 (= semidepónens) 반탈형(半脫形)(동사)의.

neútrŭbi, *adv.* [néuter + ubi] 여기에도 저기에도 아니.

nēve [neu]¹, *adv.* [*cf.* ne²] 〔명령·권고 뒤에 따르는 금령에, 또는 연속적인 금령 따위에서 둘째 이하에 씀〕 …(하지)**도 마라,** 그리고 또 …마라[말기를!]: Ne difficília optémus neve inánia consectémur. *(C.)* 우리는 어려운 일들을 원하지 말고 또 헛된 것을 추구하지도 말자.

nēve [neu]², *conj. subord. c. subj.* [*cf.* ne³] 〔목적 ut에 연속되는 부정목적문에, 또는 연속적인 부정목적문에서 둘째 이하에 씀〕 **…하지도 않기 위하여**[않도록·말도록]: Obsĕcro te, ut óperam des mihi, neu sinas ... *(Pl.)* 나를 도와주고 그리고 …는 허용하지 말아주기를 나는 네게 간청한다 / Cavéndum est, ne ..., neve ... *(C.)* …하지 않도록 그리고 …하지도 않도록 주의해야 한다.

névŏlo, nevis, nevult = nolo, non vis, non vult.

nex, nĕcis, *f.* [neco] **1.** 죽임, 살육, 도살: vitæ necísque potestátem habére in *alqm* *(Cæs.)* 누구에 대한 생사권을 가지다 / necem sibi consciscere*(C.)* 자살하다. **2.** 죽음, 자연사. **3.** 피살자의 피, 유혈. **4.** 파멸, 손해 : in necem *alcjs(Ulp.)* 누구의 손해가 되도록. 「결시킨, 엉켜있는, 얽힌.

néxĭlis, e, *adj.* [necto] 서로 감아매인, 연

néxĭo, ónis, *f.* [necto] 연결, 이음; 매듭.

nexo[1], áre, *tr. freq.* [necto] 매다, 맺다, 연결하다, 결합시키다.

nexo[2], xŭi[xi], ĕre, *tr. intens.* [necto] 붙잡아 매다, 비끄러매다.

nexum, i, *n.* [necto] **1.** (채무 불이행의 경우 채무자가 채권자의 예속하에 있게 되는) 채무(계약), 대부계약. **2.** 저당권 계약. **3.** 의무; 속박, 구속.

nexus[1], a, um, *p.p.* [necto] 〔*subst.*〕 *m.* 채무(계약)에 의한 노예 (채무가 청산되면 해방됨).

nexus[2], us, *m.* [necto] **1.** 붙들어 맴, 얽어 맴; 얽힘, 휘감김. **2.** 유대, 연줄. **3.** (채무 불이행의 경우 청산할 때까지 채권자의 노예가 된다는) 채무(계약). **4.** 의무; 속박, 구속.

ni[1], *adv.* (=ne[2]) **1.** 아니 : quidni?*(C.)* 뭐가 아니냐? **2.** 〔*c.subj., imper. fut.*〕 … (하지)마라 : Vinum ni laudáto.*(Var.)* 포도주를 칭찬하지 마라.

ni[2], *conj. subord.* **1.** (=ne[3]) 않도록, 말도록. **2.** (=si non) 만일 …아니면 : ni fallor, 내가 속는 것이 아니라면, 내가 알기로서는.

Nicæ̃a[-céa], æ, *f. Bithýnia*의 *Ascánius* 호반도시(지금의 *Isnik*); 〔*adj.*〕 **-cǽnus[-cénus],** a, um; **-cæénsis,** e. 「별칭.

Nicǽus, i, *m.* 승리를 내리는 자, *Júpiter*의

Nicánder, dri, *m. Cólophon* 태생의 희랍시인이며 문법가이며 의사(*sæc.* 2 A.C.).

Nicánor, ŏris, *m. Alexánder* 대왕의 장군.

Nicephórĭum, i, *n.* **1.** *Pérgamum* 근처의 성림(聖林), *Venus*의 신전이 있음. **2.** *Mesopotámia*의 도시.

nicetérĭum, i, *n.* 승리의 상품(賞品).

nĭco, ci, ĕre, *tr.* 손짓하여 부르다.

Nícŏcles, is, *m. Sícyon*의 독재자.

Nicoláus, i, *m. Damáscus* 출신의 역사가·소요학파 철학자, *Augústus* 황제의 친구.

Nicomédes, is, *m. Bithýnia*의 여러 왕 이

Nicomedía, æ, *f. Bithýnia*의 수도. ∟름.

Nicópŏlis, is, *f. Epírus*의 도시, *Actĭum* 전투의 기념으로 *Augústus* 황제가 창건.

nictátĭo, ónis, *f.* [nicto] 눈 깜박거림, 깜짝거림; 눈짓.

nicto, ávi, átum, áre, [**-tor,** átus sum, ári, *dep.*] *intr.* [nico] **1.** 눈을 깜박거리다, 깜짝이다. **2.** 눈짓하다. **3.** (불이) 깜박이다. **4.** 해보려고 힘쓰다. 「림; 눈짓.

nictus, us, *m.* [nico] 눈 깜박거림, 깜짝거

nidaméntum, i, *n.* [nidus] **1.** 둥지 만드는 재료. **2.** 둥지.

nídĭcus, a, um, *adj.* [nidus] 둥지의.

nidifícĭum, i, *n.* 둥지; 개미집.

nidífico, ávi, átum, áre, *tr.* [nidus+fácio] 둥지짓다, 보금자리를 만들다.

nidíficus, a, um, *adj.* [nidus+fácio] 둥지짓는.

nīdor, óris, *m.* **1.** 음식만드는 냄새; 음식타는 냄새[연기]. **2.** 밥김, 음식만들 때의 증기. 「냄새나는.

nidorósus, a, um, *adj.* [nidor] 음식물 타는

nídŭlus, i, *m. dim.* [nidus] **1.** 작은 둥지, 작은 보금자리. **2.** 작은 거처.

nīdus, i, *m.* **1.** 둥지, 보금자리. **2.** 새새끼, 한배새끼. **3.** 거처, 안락한 집. **4.** 책 진열장. **5.** 새둥지 모양의 잔.

nigéllus, a, um, *adj. dim.* [niger] **1.** 거무스름한, 검은 빛이 도는. **2.** 어두운, 진한.

nĭger[1], gra, grum, *adj.* **1.** 검은, 흑색의; 어두운 : cælum pice nígrius*(Ov.)* 칠흑같이 어두운 하늘. **2.** (구름 따위에 가려) 흐린, 어둠침침한. **3.** 우울한, 침울한, 슬픔에 잠긴. **4.** 죽을 운명에 놓인; 화장터의. **5.** 불길한. **6.** 흉악한, 음침한, 교활한, 믿을 수 없는 (사람). **7.** *n.* 흑색; 검은 반점.

Niger[2], gris, *m.* 중앙 *Afrĭca*의 강.

Nigídĭus, i, *m. Roma*인의 씨족명; 특히 철학자 P. ~ Fígulus(c. 50 A.C.). 「어두운.

nigrans, ántis, *p.præs., a.p.* [nigro] 검은;

nigrédo, dĭnis, *f.* [niger] 검은 색.

nígrĕo, ére, *intr.* [niger] 검다, 검어지다.

nigrésco, grŭi, ĕre, *intr. inch.* [nígreo] 검어지다, 어두워지다; 퇴색하다.

nígrĭco, áre, *tr.* [niger] 거무스름하다, 검다 : nígricans color*(Plin.)* 거무스름한 색.

nigrícŏlor, óris, *adj.* 검은 빛의.

nigrítĭa, æ, [**-ítĭes,** éi; **-itúdo,** dĭnis,] *f.* 검은 색, 어두움. 「하)다, 어둡(게 하)다.

nĭgro, ávi, átum, áre, *intr., tr.* [niger] 검(게

nĭgror, óris, *m.* [niger] **1.** 검은 색, 흑색. **2.** (밤의) 어두움, 암흑. 「반점.

nigrum, i, *n.* [niger] 검은 색, 흑색; 검은

nĭhil, *n. indecl.* 〔필요한 경우의 *gen.* nullíus rei; *dat.* nulli rei; *abl.* nullā re〕 **1.** 아무것도 아니; 무(無); 무의미[무가치]한 것 : ~ ágere*(C.)* 아무것도 하지 않다[작용하지 못하다] / ~ novi*(C.)* 아무 새로운 것도 아니[없(다)] / Nihil obstat. 교회 출판검열자의 검열필(증명) / 〔~ 다음에 nec이 오더라도 긍정을 표시하는 것이 아니고 계속 부정적인 뜻을 지님〕 ~ ... nec ... nec ... *(C.)* 아무것도 … 아니고 또 아무것도 아니. **2.** ~ mihi cum *abl.* est. 나는 아무와[무엇과] 아무 관계[상관]도 없다. **3.** ~ (causæ) est, cur [quod, quare] *c. subj.* …할 이유[까닭·재료]가 없다. **4.** ~ (áliud) nisi [quam] (다만) …만(뿐). **5.** non ~ 어떤 것; 다소간. **6.** ~ non 전부, 모두. **7.** 〔*adv.*〕 **조금도 아니**, 쓸데[소용]없이, 헛되이.

nihíldum, *adv.* 아직 아무것도 아니.

nihilísmus, i, *m.* 허무주의; 〔*adj.*〕 **-lísticus,** a, um. 「회의론자.

nihilísta, æ, *m.(f.)* 허무주의자, 극단적인

níhĭlo, ónis, *m.* 아무 쓸모도 없는 사람.

nihilómĭnus, *adv.* [níhilum+minus²] **1. 그럼에도 불구하고,** 그럴지라도, 그렇지만. **2.** 〔*absol.*; ac, quam 따위 동반〕 못지 않게, 같은 정도로, 역시, 같이.

níhĭlum, i, *n.* [ne²+hilum] **1. 무(無),** 아무것도 아님, 허무, 공허, 영(零), 무효: ex[de] níhilo 무에서부터 / pro níhilo putáre[dúcere, habére] *(C.)* 아무것도 아닌 것으로 여기다 / pro níhilo esse *(C.)* 아무것도 아니다[아닌 것이나 마찬가지다] / de níhilo 아무 이유없이, 아무 근거없이. **2.** 〔*gen. prétii*〕 níhili 아무것도 아니게[아닌], 무가치하게, 무가치한: homo níhili *(Var.)* 무가치한 사람 / níhili fácere [æstimáre] *(C.)* 아무것도 아닌 것으로 여기다. **3.** 〔*abl. prétii*〕 non níhilo æstimáre *(C.)* 가치를 약간은 인정하다. **4.** 〔*abl. comparatiónis*〕 조금도 더…아니: níhilo beátior *(C.)* 전연 더 행복하지 않다 / níhilo minus 그럼에도 불구하고; 못지 않게. **5.** 〔*adv.*〕 조금도 아니.

nil, *n. indecl.* 〔*nom., acc. tt.*〕 (= nihil) 아무것도 아니[없(다)]: ~ nisi bonum 좋은 것만 (말해라). 「이집트의.

Niliăcus, a, um, *adj.* **1.** *Nilus*강의. **2.**

Nilícŏla, æ, *m.f.* [Nilus+colo²] *Nilus*강 주변 주민, 이집트사람.

Nilígĕna, æ, *m.f.* [Nilus+gigno] *Nilus*에서 태어난 자, 이집트사람.

nilum = níhilum.

Nīlus¹, i, *m.* **1.** 나일강, *Afrĭca* 최대의 강. **2.** *Nilus*강 신(神). 「河).

nilus², i, *m.* [Nilus¹] 수로(水路), 운하(運

nimbátus, a, um, *adj.* [nimbus] 뜬구름 같은, 시시한, 보잘것없는.

nímbĭfer, fĕra, fĕrum, *adj.* [nimbus+fero] 소나기[폭우]를 몰고 오는, 먹구름의.

nimbósus, a, um, *adj.* [nimbus] 폭우의, 호우의, 먹구름에 덮인.

nimbus, i, *m.* **1. 소나기,** 호우, 폭우, 억수. **2.** 먹구름; 운무(雲霧). **3.** 화재 연기. **4.** 후광(後光), 원광(圓光); 빛나는 구름. **5.** 다량으로 퍼붓는 것[돌·화살·창], 온통 파묻히게 하는 것; 밀려 닥치는 무리. **6.** 불의의 재난, 불행. **7.** ~ vítreus 유리잔(의 일종).

nimíĕtas, átis, *f.* [nímius] **1.** 과다(過多), 과도, 과잉, 과량(過量). **2.** 충일. **3.** 과장. 「장히.

nimiópĕre, *adv.* [nímio+ópere] 너무, 굉

nimírum, *adv.* [ni¹+mirum] **1. 즉. 2.** 확실히, 분명히, 물론, (비꼬는 말로서) 어련히.

nĭmis, *adv.* **1. 너무,** 지나치게, 과도히: Ne quid ~. *(T.)* 아무것도 과도히 하지 말라. **2.** 대단히, 굉장히, 아주, 훨씬.

nímĭum, i, *n.* [nímius] 지나침, 과도함, 과잉, 너무 많음, 과다, 과대: inter ~ et parum esse *(C.)* 중용에 있다, 똑 알맞다 / ~ lucri *(C.)* 너무 많은 이익.

nímĭus, a, um, *adj.* [nimis] **1. 지나친,** 과도한; 너무 많은, 너무 큰. **2.** 대단히 많은[큰], 엄청난. **3.** 〔*adv.*〕 **-mĭe, -mĭo, -mĭum.**

ningit, (ningébat), ninxit, ĕre, *impers. intr.* **1.** 눈이 오다. **2.** *pers.* 〔*abl.*〕 눈처럼 쏟아지다.

ningor, óris, *m.* [ningit] 함박눈; 폭설.

nínguĭdus[-gĭdus], a, um, *adj.* 눈많은, 눈쌓인.

ninguis, is, *f.* 《古》 (= nix) 눈(雪).

ninguit = ningit.

Nínĭve[-nĕve], es, *f.* 고대 *Assýria*의 수도; 〔*adj.*〕 **-vítĭcus,** a, um; 〔*subst. deriv.*〕 **-vítæ,** árum, *m.pl.* 그곳 주민.

Ninus¹, i, *m. Assýria*의 초대 왕, *Semíramis*의 남편, *Nínive* 도시를 건설하였음.

Ninus², i, *f. Assýria*의 수도 *Nínive.*

Nióba, æ, [**-be,** es,] *f. Tántalus*의 딸, *Thebæ*의 *Amphíon*왕의 아내, *Latóna* 여신에 대하여 불경죄를 범한 탓으로 그 자녀들을 잃게 되고 끝내 돌로 변함; 〔*adj.*〕 **-béus,** a, um. 「일부.

Niphátes, æ, *m. Arménia*의 *Taurus* 산맥의

Nírĕus, ĕi[ĕos], *m. Troja* 전쟁 때 희랍군인 중에서 *Achílles* 다음으로 잘 생긴 미남.

Niséis, ĭdis, *f. Nisus³ (1)*의 딸(= Scylla).

nĭsi, *conj. subord. (conditionális negatíva)* [ne²+si] **1. 만일 …아니면,** …않는 경우에: Memória minúitur, ~ eam exérceas. *(C.)* 기억력은 (사람이 만일 그것을) 훈련하지 않으면 감퇴된다 / ~ si …경우가 아니면[경우 외에는] / ~ forte [vero] 혹시라도 …아니면. **2.** …는 제외하고, **빼놓고:** Cálices omnes confrégit, nisi ... *(Pl.)* 그는 …를 제외하고 모든 잔을 다 깨뜨려 버렸다. **3.** 〔특히 **부정사**와 함께 배타적인 뜻을 지님; 이 경우 부사처럼 사용되기도 함〕 아니고서는 아니, …라야만, …해야만, 외에는, 밖에는; **다만,** …일[할] 따름(이다): Dícere nemo potest, ~ qui intélligit. *(C.)* 알아듣는 사람만이 말할 수 있다 / Nihil áliud ~ de laude cógitat. *(C.)* 그는 칭찬 밖에는 (다른) 아무것도 생각하지 않는다 / Jurávit se, ~ victórem, non reversúrum. *(Cæs.)*

그는 승리하지 않고서는 돌아오지 않겠다고 맹세했다 / non ~ [nónnisi] 다만 / non ... ~ prius …하기 전에는 아니, 하고서야만 / 〔배타적 이유〕 non ... ~ quod[quia] 때문이 아니면 …아니다, 때문에만. **4.** 〔quid áliud에 연결되면서 결론의 타당성을 드러냄〕 Quid est áliud fortitúdo ~ virtus? *(C.)* 용맹은 덕이 아니고 무엇이냐?

Nísĭbis, is, *f. Mesopotámia*의 *Mygdónia* 주의 수도.

nīsus[1], a, um, *p.p.* [nitor[1]].

nīsus[2], us, *m.* **1.** 의지, 기댐. **2.** 올라감, 기어오름; 날아오름. **3. 노력,** 안간힘, 수고, 애씀. **4.** 진통(陣痛).

Nīsus[3], i, *m.* **1.** *Mégara*의 왕, *Scylla*의 아버지. **2.** *Hýrtacus*의 아들, *Eurýalus*의 친구. **3.** 〔*adj.*〕 **-sǽus[-séĭus],** a, um.

nitéla[1], æ, *f.* [níteo] **1.** 빛남, 찬란함. **2.** 반짝이는 먼지. **3.** 윤내는 것: nitélæ oris *(Catull.)* 치약.

nitéla[2]**[-lla],** æ, *f.* 《動》 들쥐.

nitelínus, a, um, *adj.* 들쥐의.

nĭtens, éntis, *p.præs., a.p.* [níteo] **1.** 빛나는, 찬란한, 반짝[번쩍]이는. **2.** (동물이) 윤기도는, 반지르르한, 살찐. **3.** 활짝 핀, 웃는. **4.** (밭·나무 따위가) 잘 가꾸어진·손질한, 다듬어진. **5.** (연설 따위가) 세련된. **6.** 유명한.

nítĕo, tŭi, ére, *intr.* **1.** 빛나다, 반짝[번쩍]이다, 찬란하다; (금속 따위가) 길들어 반들반들 빛나다, 윤이 나다. **2.** 건강하다, 살쪄 있다, 윤기가 돌다. **3.** 화사하다, 눈부시다, 화려하게[아름답게] 꾸며져 있다, 돋보이다. **4.** (밭·나무·농작물 따위가) 잘 가꾸어져 있다, 다듬어져 있다. **5.** 세련되다, 말쑥하다, 깨끗하다, 산뜻하다, 두드러지다. **6.** 풍부하다; 번창하다, 번영하다. **7.** 활약하다, 유명하다.

nitésco, nítŭi, ĕre, *intr. inch.* [níteo] **1.** 빛나기 시작하다, 번쩍이다, 찬란하다. **2.** 통통해지다, 살찌다. **3.** (식물이) 잘 자라다. **4.** 세련되어 가다. **5.** 유명해지다.

nitibúndus, a, um, *adj.* [nitor[1]] 힘쓰는, 노력하는.

nitídĭtas, átis, *f.* [nítidus] 광채, 빛남, 찬란함; 산뜻함, 말쑥함.

nitidiúscŭlus, a, um, *adj. dim.* [nítidus] 빛나는, 말쑥한.

nítĭdo, ávi, átum, áre, *tr.* [nítidus] **1.** 빛내다, 윤내다. **2.** 씻다, 목욕하다.

nítĭdus, a, um, *adj.* [níteo] **1.** 빛나는, 광채나는, 찬란한. **2.** 살찐, 푸둥푸둥한, 건강한. **3.** 단장한, 몸치장한, 멋내는. **4.** 세련된, 교양있는. **5.** 비옥한, 잘 가꾸어진. **6.** (연설이) 잘 다듬어진.

Nitióbrŏges[-brĭges], um, *m.pl. Aquitánia*에 있던 한 *Celtæ*족.

nĭtor[1], *(ĕris, ĭtur),* nīsus[xus] sum, nīti, *dep. intr.* **1.** 〔*abl.,* in *acc.; absol.*〕 기대다, **의지하다,** 받쳐있다, 업혀있다: báculo ~ *(Ov.)* 지팡이에 의지하다 / ~ génibus 두 무릎을 꿇고 있다. **2.** 〔*abl.,* in *abl.*〕 **의탁하다, 의존[의지]하다, 달려있다. 3.** 〔*abl.; absol.*〕 걸음발 타다, 걸으려고[움직이려고·일어서려고] 애쓰다; 걷다, 올라가다: ~ grádibus *(V.)* 올라가다. **4.** (낳으려고·대변볼 때) 힘을 쓰다[주다], 힘들여 낳다. **5.** 〔*abl.* in *acc.*〕 버티고 서다, 버티어[견디어] 내다. **6.** 〔in, ad *alqd; inf.*〕 얻으려고[도달하려고] 노력하다; 해보다, 시도하다. **7.** 〔*absol.;* pro *alqo,* contra *acc.;* ut, ne〕 힘을 기울이다, 애쓰다, 수고하다.

nĭtor[2], óris, *m.* [níteo] **1.** 광채, 광휘; 광택. **2.** (나무가) 미끈함. **3.** 건강한 혈색, 매력, 우아, 아름다움. **4.** 세련. **5.** 선명한 색채. **6.** 명문(名門).

nitrátus, a, um, *adj.* [nitrum] 초석(硝石)섞인.

nítrĕus, a, um, *adj.* [nitrum] 초석(硝石)의, 초석으로 된.

nitrogénĭum, i, *n.* 《化》 질소.

nitrósus, a, um, *adj.* 초석(硝石)을 함유하는.

nĭtrum, i, *n.* 《化》 초석(硝石), 질산칼륨.

nivális, e, *adj.* [nix] **1.** 눈(雪)의, 눈오는, 눈이 많은. **2.** 추운. **3.** 눈처럼 흰. **4.** 순수한.

nivárĭus, a, um, *adj.* [nix] 눈(雪)의.

nivátus, a, um, *adj.* [nix] 눈으로 식힌[냉각시킨].

nīve = neve.

nivésco, ĕre, *intr.* 눈같이 희어지다.

nívĕus, a, um, *adj.* [nix] 눈(雪)의; 눈에 덮인; 눈오는, 눈처럼 흰; 맑은.

nivósus, a, um, *adj.* [nix] 눈이 많은, 눈덮인.

nix, nĭvis, *f.* 〔*gen. pl.* -ĭum〕 **1.** 눈(雪): nives *(C.)* 적설(積雪), 눈뭉치. **2.** 흰 빛, 백발: nives cápitis *(H.)* 백발.

Nixi, órum, *m.pl.* [nitor[1]] 해산(解產)의 세 신(神).

nixor, ári, *dep. intr. freq.* [nitor[1]] **1.** 〔*abl.; absol.*〕 기대다, 의지하다. **2.** 힘쓰다, 기꺼이 수고하다.

nixúrĭo, íre, *intr. desid.* [nitor[1]] **1.** 하려고 힘쓰다, 자꾸 해보다. **2.** 아기 낳으려고 하다.

nīxus[1], a, um, *p.p.* [nitor[1]].

nīxus[2], us, *m.* = nisus[2].

N.L. 《略》 = non liquet.

no, āvi, āre, *intr.* **1.** 헤엄치다, 부유(浮遊)하다, 물위에 떠 있다. **2.** 항해[항행]하다. **3.** 파도치다, 물결일다. **4.** (벌 따위가) 날다.

Nōa, æ, **[Nōĕ,** *indecl.*] *m.* 구약의 성조(聖祖) *(cf. Gen. 5, 28 - 8, 22)*: arca Noe 노아의 방주(方舟).

nóbĭlis, e, *adj.* [nosco] **1.** 알 수 있는, **알려진,** 주지(周知)의. **2.** 유명한, 이름난, 저명한; 악명높은. **3.** 훌륭한, 뛰어난, 탁월한. **4. 고상한,** 고결한, 숭고한. **5. 고귀한,** 존귀한, **귀족의,** 신분이 높은. **6.**

(가축 따위) 순종의.
nobilissimátus, us, *m.* [nóbilis] (황제나 그 자녀·형제·자매 등 가족에게 nobilíssimus [a]라는 존칭을 붙였던 데서부터) 존귀한 신분.
nobílĭtas, átis, *f.* [nóbilis] **1.** 유명(有名), 저명; 주지의 사실. **2.** 고상, 고결. **3.** 존귀, 고귀; 양반, 귀족. **4.** 우수성, 탁월성. **5.** 뽐냄, 긍지, 자랑.
nobílĭto, ávi, átum, áre, *tr.* [nóbilis] **1.** 널리 알리다, 유명하게 하다; 악명높게 하다. **2.** 고귀[존귀]하게 하다, 귀족으로 만들다. **3.** 우수한 것으로 만들다.
nobis, *dat., abl. pl.* [nos] 우리에게; 우리(의 *abl.*): nobíscum 우리와 함께.
nŏcēns, éntis, *p.præs., a.p.* [nóceo] 해를 끼치는, 해하는, 유해한; 불의(不義)를 범한, 죄가 있는; 〔*subst.*〕 *m.* 죄인, 범죄자; *n.pl.* 유해물, 해로운 것; 〔*adv.*〕 **-nter.**
nocéntĭa, æ, *f.* [nocens] 죄 있음, 유죄.
nócĕo, cŭi, cĭtum, ére, *intr.* **1.** 〔*dat.; acc. pron. n.*〕 해를 끼치다[주다], 해치다, 가해하다, 해롭다: ~ *alqd* [nihil] 무엇을 해치다[아무것도 해치지 않다] / 〔*pass. impers.*〕 Mihi nihil ab istis nocéri potest. *(C.)* 나는 이 자들에게서 아무런 해도 받을 수 없다 / 〔간혹 *pass. personáliter*〕 Nocéntur ægróti. *(Cœl.)* 병자들이 해를 받는다. **2.** 범죄하다, 나쁜 짓하다. 「칠 수 있는.
nocíbĭlis, e, *adj.* [nóceo] 해로운, 해를 끼
nociméntum, i, *n.* [nóceo] 손해.
nocívus, a, um, *adj.* [nóceo] 해로운, 유해한; 위험성 있는.
noctambulísmus, i, *m.* [nox+ámbulo] 몽유병(夢遊病), 몽중 보행.
noctánter, *adv.* [nox] 밤(중)에.
noctéscit, (scébat), ĕre, *impers.* [nox] 어두워지다, 밤이 되다. 「하는.
noctícŏla, æ, *m.f.* [nox+colo²] 밤을 좋아
Nóctĭfer, fĕri, *m.* [nox+fero] 저녁별, 개밥바라기, 태백성, 금성. 「것, 달, 등불.
noctilúca, æ, *f.* [nox+lúceo] 밤을 비추는
noctívăgus, a, um, *adj.* [nox+vagus¹] 밤에 떠돌아 다니는. 「에 보는.
noctívĭdus, a, um, *adj.* [nox+vídeo] 야간
noctivígĭlus, a, um, *adj.* [nox+vígilo] 밤새하는.
noctu, *adv.* [nox] 밤에, 야간에.
nóctŭa, æ, *f.* [nox] 《動》 올빼미. 「가는.
noctuābúndus, a, um, *adj.* [noctu] 밤길
noctuínus, a, um, *adj.* [nóctua] 올빼미의.
nocturnális, e, *adj.* 밤의.
noctúrnus, a, um, *adj.* [noctu] 밤의, 야간의; 밤에 행하여지는; *m.* [N-] 밤의 신(神).
noctuvígĭlus, a, um, *adj.* [nox+vígilo] 밤샘하는.
nocuméntum, i, *n.* [nóceo] 해(害), 손해.
nócŭus, a, um, *adj.* [nóceo] 유해한, 해로운. 「매듭, 맺음, 이음.
nodámen, mĭnis, [**-méntum,** i,] *n.* [nodo]
nodátĭo, ónis, *f.* [nodo] (나무의) 마디 많음.
nōdo, ávi, átum, áre, *tr.* [nodus] **1.** 마디 나게 하다. **2.** 매듭을 짓다, (끈 따위로) 매다·맺다; (그물의) 코를 뜨다[깁다]; 얽어매다, 얽히게 하다. 「잡, 복잡.
nodósĭtas, átis, *f.* [nodósus] 매듭 많음; 착
nodósus, a, um, *adj.* [nodus] **1.** 매듭 많은, 마디 많은, 마디마디 이어진. **2.** 옹이 많은. **3.** 풀기 어려운, 꼬인, 까다로운, 얽힌, 복잡한. **4.** 《醫》 결절(結節)의.
nódŭlus, i, *m. dim.* [nodus] 작은 매듭, 작은 마디[옹이], 작은 결절(結節).
nōdus, i, *m.* **1.** 매듭, 이음매; 《醫》 결절(結節), 혹, 융기(隆起). **2.** 마디, 관절. **3.** 띠. **4.** 땋은 머리. **5.** 그물. **6.** (식물의) 마디·눈, 옹이. **7.** 연결, 유대, 관계. **8.** 의무, 속박. **9.** 착잡, 분규, 엉크러짐, 난관, 장애. **10.** 《天》 교점(交點).
nŏla¹, æ, *f.* 방울, 작은 종. 「**nus,** a, um.
Nōla², æ, *f.* *Campánia*의 도시; 〔*adj.*〕 **-lá-**
nōlo, *(non vis, non vult)*, nólŭi, nolle, *anom. tr.* [non+volo²] **1.** 〔*absol.; alqd; inf., acc.c.inf.; subj.*〕 원하지 않다, …하고 싶지 않다, 싫어하다: me nolénte *(Q.)* 내가 싫어하는 데도 불구하고 / velim nolim [vellem nollem] 내가 원하든 원치 않든; 좋든 싫든 / nolens volens 싫든 좋든. **2.** 〔*imper.*와 함께 다른 동사의 *inf.*〕 …하지 마라: Nolíte existimáre. *(C.)* (너희는) 대단스럽게 생각하지 마라. **3.** 〔*alci*〕 호의를 가지지 않다, 친절하지 않다, 반대하다.
noma, æ, [**-me,** es,] *f.* 《醫》 수암(水癌).
Nomas, ădis, *m.f.* 유목민(遊牧民); *Numídia*인.
nōmen, mĭnis, *n.* [nosco] **1.** 이름: Mihi ~est Marcus[Marco *(dat.)*] 내 이름은 *Marcus*다 / ~ dare [édere, profitéri] 군대에 들어가다 / dare ~ in conjuratiónem *(Ta.)* 음모에 가담하다[이름을 걸다]. **2.** 〔*Roma*의 자유시민의 정식 이름은 개인이름(prænómen), 씨족이름(nomen, 우리의 본관 비슷한 것), 가문명(cognómen, 우리의 성), 이렇게 적어도 셋이 있었음 (*cf.* agnómen); 그러나 가끔 <nomen> 이라고 할 때 cognómen의 뜻으로도 쓰여졌음〕 씨족명(nomen gentis): Marcus Túllius Cícero, *Túllius*씨족의 *Cícero* 가문의 *Marcus.* **3.** 명칭, 칭호. **4.** 가문(家門); 가계, 혈통. **5.** 국민, 민족: ~ Románum, *Roma* 국민[민족]. **6.** 인물, 사람. **7.** 명성, 평판. **8.** 이유, 구실, 명목: nómine conjuratiónis damnáti *(C.)* 공모죄로 단죄된 사람들. **9.** 권리, 자격: próprio nómine ágere 자기 권리로

행하다. **10.** 《法》 deférre ~ *alcjs* 누구를 고발[고소]하다 / ~ recípere (법관이) 고소를 접수하다. **11.** (장부에서) 채무자(이름); 채무증서, 채무액(債務額), 부채: ~ sólvere*(C.)* 빚을 갚다. **12.** 《文法》 명사; 격변화하는 품사.

nomenclátĭo, ónis, *f.* [nomen+calo[1]] **1.** 이름 부름; 이름을 열거함. **2.** 명단, 목록.

nomenclátor, óris, *m.* [nomen+calo[1]] (특히 선거운동 때) 주인을 따라 다니며 만난 사람들의 이름을 일러주는 노예; 아침 인사 올 사람들의 이름을 일러주는 노예; 상전에게 다른 종들의 이름을 일러주는 하인.

nomenclatúra, æ, *f.* [nomen+calo[1]] **1.** 조직적인 명명법; 학명 명명법. **2.** 학명, 전문어, 학술어.

Noméntum, i, *n.* *Látium*의 도시(지금의 *Mentana*); 〔*adj.*〕 **-tánus,** a, um.

nominális, e, *adj.* [nomen] **1.** 이름의, 명칭상의, 이름에 관한; 〔*subst.*〕 *n.pl.* 아기 이름 붙인 날. **2.** 이름뿐인, 명목상의, 명의의. **3.** 《文法》 명사(용법)의, 명사적.

nominalísmus, i, *m.* 《哲》 유명론(唯名論), 명목론(名目論).

nominárĭi, órum, *m.pl.* [nómino] 이름 글자를 읽을 줄 아는 어린이.

nominátim, *adv.* [nómino] 이름 불러, 이름을 대며, 하나씩 지명하여.

nominátĭo, ónis, *f.* [nómino] **1.** 이름 부름; 명명. **2.** 지명(指名), 지정, **임명,** 임관.

nominatívus, a, um, *adj.* [nómino] **1.** 《文法》 주격(主格)의, 1격의: (casus) ~ 주격, 1격. **2.** 지명(指名)된.

nominátor, óris, *m.* [nómino] 호명자, 명명자; 임명자, 지명자. 「명한, 이름난.

nominátus[1], a, um, *p.p.*, *a.p.* [nómino] 유

nominátus[2], us, *m.* [nómino] 명사(名詞), 사물의 이름.

nomínĭto, ávi, átum, áre, *tr. freq.* [nómino] 명명하다; 지명하다, 임명하다.

nómĭno, ávi, átum, áre, *tr.* [nomen] **1.** 〔*alqd*[*alqm*] *- acc. præd.*〕 **이름 부르다,** …라고 부르다, 이름하다, 이름 붙이다[짓다], **명명하다:** Nóminor leo.*(Phædr.)* 나는 사자라고 한다. **2.** …의 이름을 대다, 이름을 들어 말하다, 이름을 인용하다, 언급하다. **3.** 유명해지게 하다, 찬양[칭찬]하다: Nominári volunt.*(C.)* 그들은 칭찬 받기를 원하고 있다. **4.** 지명하다, **임명하다,** (누구를 어떤) 직책에 지정하다. **5.** 〔*alqm*〕 고발하다, 고소하다: inter sócios Catilínæ nominátus*(Suet.)* *Catilína*의 일당으로 고발된. 「이름난.

nominósus, a, um, *adj.* [nomen] 유명한,

nomísma, ătis, *n.* **1.** 주화(鑄貨), 화폐. **2.** 고전(古錢); 메달.

nomos [-us], i, *m.* **1.** 구역, 주(州), 범위. **2.** 박자(拍子).

non, *adv.* **1.** 〔원칙적으로 전체 부정에는 서술동사 또는 종결동사*(verbum finítum)* 앞에 놓고, 부분 부정에는 그 부정되는 단어 앞에 놓음〕 **아니,** 않(다), 없(다): Non erat abúndans, non inops tamen.*(C.)* 풍부하지 않았으나 그렇다고 부족한 것은 아니었다 / ~ solum ... sed étiam ... 뿐 아니라 …도 또한 / non ita longa disputátio*(C.)* 그다지 길지 않은 토론. **2.** 〔연발적인 non은 뜻을 강화하는 수도 있음〕 Non ~ sic futúrum est.*(T.)* 아니 아니, 절대로 그렇게 되지 않을 것이다. **3.** 〔다른 부정사 앞에 놓이면서 제한적인 긍정의 뜻을 드러냄〕~ nemo*(C.)* 어떤 사람 / nónnihil 어떤 것 / nonnúllus (a, um) 어떤, 일부의. **4.** 〔다른 부정사 뒤에 놓이면 전적(全的)인 긍정을 드러냄〕 nihil ~*(C.)* 전부. **5.** ~ posse ~ *inf.* 하지 않을 수 없다: ... ~ potest mortem non timére*(C.)* (…한 사람은) 죽음을 두려워하지 않을 수 없다. **6.** unus ~ 한 사람도 아니[없]. **7.** 〔명사의 부정은 《아닌, 비(非)》의 뜻을 가지기도 함〕 ~ corpus *(C.)* 비물체(非物體). **8.** 〔의문문에서 nonne의 뜻으로 쓰이기도 함〕 아니냐? 아니란 말이냐?: Quid (hoc) signíficat ? ~ vim? 이것은 무엇을 뜻하느냐? 폭력이 아니란 말이냐? **9.** 〔2중부정을 이루면서 힘있는 긍정을 표시하는 경우〕 non nisi 다만, 오로지. **10.** 〔대답으로서〕 아니다.

Nona[1], æ, *f.* 세 *Parcæ* 여신 중의 하나.

nona[2], æ, *f.* [nonus] **1.** (*sc.* hora) 제9시 (*cf.* hora). **2.** (*sc.* pars) 9분의1.

Nonácris, is, [**-crĭa,** æ,] *f.* *Arcádia*의 산과 도시의 이름; 〔*adj.*〕 **-crínus** [**-crĭus**], a, um.

Nōnæ, árum, *f.pl.* [nonus] 1·2·4·6·8·9·11·12월의 5일; 3·5·7·10월의 7일: ~ Februáriæ, 2월 5일. 「으로 된; 90세의.

nonagenárĭus, a, um, *adj.* [nonagéni] 90

nonagéni, æ, a, *num. distrib.* [nonagínta] 90씩의. 「gínta] 90번째의, 제90의.

nonagésĭmus, a, um, *num. ordin.* [nona-

nonágĭe(n)s, *adv. num.* [nonagínta] 90번.

nonagínta, *indecl. num. card.*[nonus] 90, 아흔.

nonális, e, *adj.* [Nonæ] 매월 5일[7일]의.

nonánus, a, um, *adj.* [nona[2] (légio)] 제9 군단의; 〔*subst.*〕 *m.(pl.)* 제9 군단 병사.

nonárĭus, a, um, *adj.* [nonus] 제9시의; 아홉째 날[달]의.

nondum, *adv.* 아직 아니.

nongenténi[**-géni**], æ, a, *num. distrib.* [nongénti] 900씩의.

nongentésĭmus, a, um, *num. ordin.* [nongénti] 제900, 900번째의.

nongénti, æ, a, *num. card.* **1.** 900(의). **2.** *sg.* nongéntus 900 중의 하나. 「번.

nongéntĭe(n)s, *adv. num.* [nongénti] 900

nonna, æ, *f.* [nonnus] **1.** 수도하는 여자, 수녀. **2.** 유모.

nonne, *adv.* **1.** 〔*interr. dir.*〕 (긍정적 대답을 기대하며) …하지 않느냐? 아니란 말이냐? **2.** 〔*interr. indir.*〕 …하지 않는지: Quæro a te, nonne ... putes.*(C.)* 나는 네가 …라고 생각하지 않는지 네게 묻는다.

nonnémo, *m.f.* [non+nemo] **1.** 어떤 사람. **2.** 몇몇 사람. 「얼마, 다소, 더러.

nónnĭhil, *n. indecl.* [non+nihil] 어떤 것,

nónnĭsi, *adv.* [*cf.* nisi] 다만, 오로지.

nonnúllus, a, um, *adj.* [non+nullus] 몇몇, 어떤, 일부의; *m.pl.* 몇몇 사람들, 어떤 이들. 「로는, 가끔.

nonnúmquam, *adv.* 이따금, 어떤 때, 때

nonnus, i, *m.* **1.** 수도자(님). **2.** 기르는 사람; 교육자. 「에.

nonnúsquam, *adv.* 어떤 곳에, 여러 곳

nonus, a, um, *num.ordin.* 제9, 아홉번째의.

nonusdécĭmus, nonadécĭma, nonumdécĭmum, *num. ordin.* 제19, 19번째의.

Nora[1], æ, *f.* *India*의 도시.

Nōra[2], órum, *n.pl.* **1.** *Sardínia*의 도시; 〔*adj.*〕 **-rénsis,** e; *m.pl.* 그곳 주민. **2.** *Cappadócia*의 성채(城砦).

noram, as, *etc.* = nóveram, as, *etc.*, *plqpf.* [nosco]. 「**nus,** a, um.

Norba, æ, *f.* *Látium*의 도시; 〔*adj.*〕 **-bá-**

Noréĭa, æ, *f.* *Nóricum* 지방의 수도.

Nórĭcum, i, *n.* *Danúbius* 강과 *Alpes*산 사이에 있는 산간지방; 〔*adj.*〕 **-rĭcus,** a, um.

norim = nóverim, *pf. subj.* [nosco].

norma, æ, *f.* **1.** 곱자, 곡척(曲尺). **2.** 규칙, **규정**, 규격, 표준, 규준(規準), 모범, 기준, **규범**.

normális, e, *adj.* [norma] **1.** 곱자의, 곡척의; 직각의: ~ ángulus 직각. **2.** 규격대로의, 표준적인; 규정의, 정규의, 제대로 된, **정상적인**; 규범의.

normo, ávi, átum, áre, *tr.* [norma] **1.** 곱자에 맞추다, 직각으로 만들다. **2.** 규칙[규정]대로 하다; 정상대로 하다.

Nórtĭa, æ, *f.* *Etrúsci*족의 운명의 여신.

nos, 〔*gen. objectív.* nostri; *gen. partit.* nostrum; *dat.* & *abl.* nobis; *acc.* nos〕 *pron. person. pl.* [ego] **1.** 우리(들): Miserére nostri. *(V.)* 우리를 불쌍히 여겨라 / unus nostrum 우리중의 하나. **2.** 〔존귀[위엄]복수(尊貴[威嚴]複數 *plurális majestátis*): 왕·교황·주교 기타 고위 인사가 공식적으로 자기를 지칭할 때 씀〕= ego. 「될 수 있는.

noscíbĭlis, e, *adj.* [nosco] 알 수 있는, 인식

noscitabúndus, a, um, *adj.* [nóscito] 인정하는, 재인(再認)하는.

nóscĭto, ávi, átum, áre, *tr. freq.* [nosco] **1.** 알다, 인정하다, 깨닫다; 재인(再認)하다. **2.** 검토하다, 알아보다, 알려고 하다.

nōsco, nōvi, nōtum, ĕre, *tr.* [*inusit.* gnosco] **1.** 알다, 알게 되다, 배우다, 지식을 얻다: Nosce te.*(C.)*네 자신을 알라. **2.** 검토하다, 심리(審理)하다, 연구하다. **3.** 알아보다, 식별하다. **4.** 깨닫다, 이해하다, 인정하 ㄴ다.

nosmet, *pron. person.* 우리 자신.

nosocomíum, i, *n.* 병원.

nosócŏmus, i, *m.* (남자) 간호원.

nosologĭa, æ, *f.* 《醫》 질병(분류)학.

nosse, nossem = novísse, novíssem, *inf. præt.*, *plqpf. subj.* [novi].

nostálgĭa, æ, *f.* **1.** 향수병(鄕愁病). **2.** 회구(懷舊)(의 정), 향수, 노스탤지어.

noster, stra, strum, *pron. poss.* [nos] **1.** 우리(의), 우리에게 속한, 우리 소유의; 〔*subst.*〕 *n.pl.* 우리 재산; 우리와 관계 있는 것. **2.** 우리와 가까운, 동족의, 우리 민족의, 우리 고향의, 우리편의: ~ Ennĭus *(C.)* 우리의 *Ennĭus* / mare nostrum*(Plin.)* 지중해; 〔*subst.* 주로 *m.pl.*〕 우리의 부모·가족·식구·친척·친구·동료·군대·부하… **3.** 우리가 말하고[다루고] 있는: hic noster *(C.)* 우리가 말하고 있는 그 친구. **4.** 우리에게 유리한[알맞는], 우리를 도와주는: nostra loca*(L.)* 우리를 위한 땅[자리].

nostras, átis, *adj.*[noster] 우리 조국의, 우리 민족의, 우리 종교의: nostrátes philósophi *(C.)* 우리의 (즉 *Latin*) 철학자들.

nostrátim, *adv.* [nostras] 우리 식으로.

nŏta, æ, *f.* [nosco] **1.** 표, 자국, 흔적; 얼룩, 반점. **2.** 문자, 글자, 숫자. **3.** 기호, 신호, 암호. **4.** 문장부호, 구두점(句讀點). **5.** 약자, 약호, 속기 기호. **6.** 음부(音符), 악보. **7.** 도장, 인장. **8.** 낙인. **9.** (주조) 화폐의 인각(印刻). **10.** 특징, 표징(標徵): 《神》 notæ Ecclésiæ 참된 (그리스도) 교회의 표징. **11.** 징표(徵表). **12.** (술독에 표시한) 연대표시, 상표. **13.** 품질; 품종, 종류: mel secúndæ notæ*(Col.)* 제2품질의 꿀. **14.** 붉은 표, 주의표. **15.** 손짓, 눈짓. **16.** 소견표, 감찰관의 기록. **17.** 점수, 평점. **18.** 주(註), 주해(註解).

notábĭlis, e, *adj.* [noto] **1.** 표해 둘 만한; 주의[주목]할 만한, 두드러진, **뚜렷한, 현저한**, 저명한. **2.** 치욕이 되는.

notárĭus, a, um, *adj.* [nota] 문자에 관한, 글에 관한; 기록의, 속기의; 〔*subst.*〕 *m.* **서기**, 속기사, 비서, 공증인; *f.* 고소장, 고발서류; 재판서류.

notátĭo, ónis, *f.* [noto] **1.** 표를 함, 표시, 표기; 기록, 속기; 표시법, 기호법. **2.** 감찰관에 의한 징계[치욕]. **3.** 재판관 선정. **4.** 심리(審理), 심사, 조사. **5.** 관

찰, 주목. 6. 평점기록; 적요(摘要), 주(註). 7. 어원(語源). 「중요한 표시가 된.
notátus, a, um, *p.p., a.p.* [noto] 표를 한,
notésco, tŭi, ĕre, *intr. inch.* [notus¹] 알려지다.
nŏthus, a, um, *adj.* **1.** 비합법의, 서출(庶出)의, 사생(私生)의. **2.** (동물이) 잡종인, 순종이 아닌. 「석.
nótĭa, æ, *f.* 비올 때 떨어진다고 하는 보
notiális, e, *adj.* 남부의, 남방의.
notífico, ávi, átum, áre, *tr.* [notus¹+fácio] 알리다, 통지하다.
nótĭo, ónis, *f.* [nosco] **1.** 앎, 지식, 인식. **2.** 감찰관(censor)의 심사, 재판권; 징계: notiónes censóriæ*(C.)* 감찰관에 의한 징계. **3.** 개념, 관념.
notítĭa, æ, [**-tĭes,** éi,] *f.* [notus¹] **1.** 알려져 있음; 명성, 평판. **2.** 아는 사이, 알게 됨. **3.** 지식, 인식; 개념, 이념, 관념. **4.** 알림, 통지, 통보, 고시(告示), 공지 사항. **5.** 고급 공무원 명단; 부서별 행정 계획서. 「의.
nótĭus, a, um, *adj.* [notus²] 남쪽의, 남방
nŏto, ávi, átum, áre, *tr.* [nota] **1.** 표를 하다, 점찍어 놓다, 표해서 구별하다, 밑줄 치다; 유의하다, 주의하다. **2.** 적어놓다, 기록하다, 기입하다. **3.** 약자[기호]로 표시하다; 속기하다. **4.** 기록으로 남기다. **5.** 주를 달다, 주해하다. **6.** 언급하다, 설명하다; 증명하다; 어원(語源) 설명하다: Mélius hæc notáta sunt verbis Latínis.*(C.)* 이것들은 *Latin*어로 더 잘 설명되어 있다. **7.** 관찰하다, 살펴보다, 관측하다. **8.** (감찰관·재판관이) 범법자 명부에 기입하다, 징계하다, 불명예 처분을 내리다, 낙인 찍다, 단죄하다. **9.** 맹렬히 비난하다, 혹평하다, 망신을 주다.
nōtor, óris, *m.* [nosco] 잘 아는 자, 증인.
notoriĕtas, átis, *f.* [notórius] (주로 나쁜 뜻으로) 잘 알려짐, 유명, 평판, 소문남.
notórĭus, a, um, *adj.* [notor] **1.** 세상에 널리 알려진, 소문난, 유명한. **2.** 알리는, 통지하는; 〔*subst.*〕 *f.* (*sc.* epístola) 알리는 편지; *n.* 밀고.
nótŭla, æ, *f. dim.* [nota] **1.** (작은) 표, 부호. **2.** 작은 기입장(記入帳), 수첩; 〔*pl.*〕 강의 내용 초록(抄錄), 강의록.
notum, i, *n.* 《動》 배판(背板).
nōtus¹, a, um, *p.p., a.p.* [nosco] **1.** 〔*alci; absol.; abl.*〕 **잘 알려진,** 아는 사이의, 친한: ~ mihi nómine tantum*(H.)* 내가 이름만 아는 사람 / res nota ómnibus*(C.)* 주지의 사실 / *alqd alci* notum fácere*(C.)* 무엇을 누구에게 알리다 / 〔*subst.*〕 *m.pl.* 식구, 친구, 친지, 이웃. **2.** 소문난, 이름난, 평판 나쁜, 악명높은. **3.** 〔*gen., inf.*〕 잘 아는, 정통한: ~ fugárum*(Sil.)* 잘 도망칠 줄 아는.
nŏtus²[**-tos**], i, *m.* **1.** 남풍. **2.** 바람.
novácŭla, æ, *f.*[**-cŭlum,** i, *n.*] *dim.*[novo] 면도칼, 예리한 칼; 뾰족한 끝.
novális, e, *adj.* [novus] **1.** 묵혔다가 다시 경작하는 (밭), 휴한지(休閑地)의; 〔*subst.*〕 *n.* 휴한지. **2.** 새로 일군, 개간한; 경작된, 경작지의. **3.** 개간되지 않은. 「신.
novámen, mĭnis, *n.* [novo] 새롭게 함, 쇄
novánus, a, um, *adj.* [novus+vénio] 새로 온.
novátĭo, ónis, *f.* [novo] **1.** 새롭게 함, 쇄신, 일신, 혁신. **2.** 새살이 돋음. **3.** 갱신, 경신.
novátor, óris, *m.* [novus] **1.** 개혁자, 쇄신자. **2.** 잘 쓰지 않는 옛 말을 발굴하여 부활시키는 사람. 「자.
novátrix, ícis, *f.* [novátor] 새롭게 하는 여
novátus, us, *m.* [novo] 혁신, 변혁.
nŏve, *adv.* [novus] **1.** 새롭게, 새로이. **2.** 요사이, 최근에.
novélla, æ, *f.* [novus] **1.** 새로 심은 포도나무; 묘목, 새순, 새가지. **2.** *Roma* 법전의 새 법률 부분. 「곳
novellétum, i, *n.* [novéllus] 새로 식목한
novéllo, ávi, átum, áre, *tr.* [novéllus] 개간한 밭을 경작하다; 새로 포도밭을 일구다, 새로 심다.
novéllus, a, um, *adj. dim.* [novus] 새로 난, 갓난, 새(가지), 햇, 풋, 어린; 새로 온.
novem, *indecl. num. card.* 9, 아홉.
Novémber, bris, bre, *adj.* [novem] 11월의; *m.* (*sc.* mensis) 11월.
novemd... *V.* novend...
novéna, æ, *f.* [novéni] 《가》 9일 기도.
novenárĭus, a, um, *adj.* [novem] 아홉의, 9의. 「decem] 열아홉, 19.
novénděcim, *indecl. num. card.* [novem+
novendiális, e, *adj.* [novem+dies] **1.** 9일간의, 9일 동안 계속되는. **2.** 아홉째 날의.
novéni, æ, a, *num. distrib.* [novem] 아홉씩의. 「의, 9세의.
novénnis, e, *adj.* [novem+annus] 아홉살
novénnĭum, i, *n.* [novem+annus] 9년간.
Novénsĭdes[**-sĭles**] **dii,** -ĭum deum(=deórum), *m.pl.* 외래의 신들.
novérca, æ, *f.* [novus] **1.** 계모, 의붓어머니. **2.** 《軍》 병영에 불리한 지형[장소].
novercális, e, *adj.* [novérca] **1.** 계모의. **2.** 악독한, 원수처럼 구는.
novércor, ári, *dep. intr.* [novérca] 계모 노릇하다; 악독하게 굴다.
nōvi, novísse [nosse], *def. tr.* 〔원래는 nosco의 *pf., inf. præt.*이지만 흔히 따로 분리해서 다룸〕 (과거에 얻은 지식으로) **알고 있다,** 잘 알다: Novi omnem rem.*(T.)* 나는 모든 사정을 다 알고 있다 / Non nosti

(= novísti) nomen meum?*(Pl.)* 너 내 이름 ⌊모르니?
novici... *V.* noviti...
nóvĭe(n)s, *adv.* 아홉번 : ~ décies 열아홉번.
Noviodúnum, i, *n.* **1.** *Bituríges*인들의 도시(지금의 *Nouan*). **2.** *Ædŭi* 인들의 도시(지금의 *Nevers*). **3.** *Suessónes* 인들의 도시(지금의 *Soissons*).
novíssĭma, órum, *n.pl.* [novus] 최후의 사정 ; 세상 종말(終末), 종말의 운명, 《가》(죽음, 심판, 천국, 지옥의) 네 가지 종말, 사말(四末). ⌈마지막의.
novissimális, e, *adj.* 종말(終末)의, 제일
novíssĭmus, a, um, *adj. superl.* [novus] **1.** 최신의, 가장 새로운. **2. 최후의**, 최종의, 맨 나중의, 맨 마지막의, 제일 뒤에 처진 : agmen novíssimum 후미부대(後尾部隊).
nóvĭtas, átis, *f.* [novus] **1.** 새로움, 신식, 새것 : ~ anni*(Ov.)* 새 계절, 봄. **2.** 여느 것이 아님, 예사롭지 않음, 진기(珍奇), 신기함. **3.** 뜻밖의 일, 돌연한 일. **4.** (명문 출신도 아닌) 신출내기의 입신양명(立身揚名). ⌈[노예]. **2.** 《가》 수련 수녀.
novítĭa, æ, *f.* [novítius] **1.** 신출내기 여종
novitiátus, us, *m.* [novítius] 《가》 (수도생활 지망자의) 수련기(간) ; 수련자 신분.
novítĭus, a, um, *adj.* [novus] **1.** 새로운 ; 풋, 햇. **2.** 풋나기의, 신출내기의, (노예 따위가) 새로 들어온, 신참의 ; 〔*subst.*〕 *m.* 1) 신참 노예. 2) 《가》 수련 수도자, (수도회의) 수련자.
novo, ávi, átum, áre, *tr.* [novus] **1. 새롭게 하다**, 새로 만들다. **2.** 다시 만들다, 재발시키다, (상처를) 더치다. **3.** 휴한지(休閑地)를 다시 경작하다 : ager novátus *(C.)* 묵혔다가 다시 경작한 밭. **4.** 새로운 것을 만들어 내다, 발명하다, 창작하다. **5.** 새것으로 바꾸다, 개비(改備)하다, 변경하다, 갱신[경신]하다, 혁신하다, 개혁하다.
nŏvus, a, um, *adj.* **1.** 새로운, 새, 신(新), 새로 만든[된·나타난] ; 최근의 : novæ res *(C.)* 최근에 일어난 일 ; 혁명, 개혁 / novum*(Pl.)* 새로운 것. **2.** 갱신[경신]된. **3.** novus homo (명문 출신도 아니면서) 입신양명(立身揚名)한[출세한] 신출내기. **4.** 여느 것이 아닌, 신기한, 진기한, 일찌기 보지[듣지] 못한. **5.** 〔*absol.; dat.; inf.*〕 서투른, 익숙하지 못한, 생소한, 잘 알지 못하는, (무엇에) 어두운. **6.** *superl. V.* novíssimus.
nox, noctis, *f.* **1. 밤**, 야간 : die et [ac] nocte*(C.)* 밤낮으로 / médiā nocte*(C.)* 한밤중에 / noctes et dies[dies noctésque]*(C.)* 밤낮으로 여러날 동안. **2.** [N-] 밤의 여신, *Terræ*의 딸. **3.** 밤의 휴식, 잠 ; 꿈. **4.** 방사(房事). **5.** 영면(永眠). **6.** 암흑, 어두움, 암야. **7.** 폭풍. **8.** 맹목, 눈 어두움. **9.** 지하세계. **10.** 모호함. **11.** 암담한 사태, 혼란(상태). **12.** 무지, 몽매.
noxa, æ, *f.* [nóceo] **1.** 해, 화(禍), 손해, 손실. **2.** 잘못, 과실, 범죄. **3.** 벌, 형벌, 벌금. **4.** 종, 노예. **5.** 손해 끼치는 짐승.
noxális, e, *adj.* [noxa] 손해에 관한, 손해배상의 : ~ áctio 손해 끼친 종이나 짐승의 주인에 대한 소송 ; *n.* (*sc.* judícium) 손해배상에 관한 재판.
nóxĭa, æ, *f.* [nóxius] **1.** 손해, 해, 손실. **2.** 잘못, 범죄, 과실 : Nóxiæ pœna par esto.*(C.)* 벌은 죄에 상응해야 한다.
noxiális, e, *adj.* [nóxia] 해로운 ; 손해가 되는.
noxiósus, a, um, *adj.* [nóxia] **1.** 해로운, 해가 되는. **2.** 잘못이 있는, 죄있는.
nóxĭus, a, um, *adj.* [noxa] **1.** 〔*dat.; absol.*〕 **해로운**, 유해한, 손해끼치는. **2.** 잘못있는, 죄있는, 죄인의 ; 벌받을.
N.T. 《略》 = Novum Testaméntum. 신약(新約), **신약성서.**
nubécŭla, æ, *f. dim.* [nubes] **1.** 한 조각의 구름. **2.** 암영(暗影). **3.** 음울한 표정, 걱정스러운 얼굴. **4.** 《醫》 (오줌속의) 각막편운(角膜片雲).
nubes, is, *f.* **1. 구름. 2.** 가리우는 것, 그늘. **3.** 비치는 옷. **4.** 몽롱(朦朧). **5.** 어두운 표정, 걱정스러운 얼굴. **6.** 근심, 걱정 ; 재난. **7.** 어두움, 은밀. **8.** 암운(暗雲). **9.** 구름처럼 몰려드는 떼, 무리 ; 운집. **10.** 뜬구름, 공허.
núbĭfer, ĕra, ĕrum, *adj.* [nubes+fero] **1.** 구름을 (머리에) 인 ; 드높이 솟은. **2.** 구름을 몰아오는 ; 구름낀. ⌈름을 쫓는.
nubífŭgus, a, um, *adj.* [nubes+fugo] 구
nubígĕna, æ, *m.f.* [nubes+gigno] **1.** 구름에서 난 것 ; 안개 ; 강. **2.** *pl.* = Centáuri(l). **3.** = Phrixus.
nubiláre, is, [**-rĭum,** i,] *n.* [núbilum] 추수한 곡식을 쌓아두는 헛간.
núbĭlis, e, *adj.* [nubo] 결혼 적령의 (여자), 시집갈 나이의, 묘령의.
núbĭlo, áre, [núbilum] **1.** *intr.* 구름이 끼다 ; 구름에 싸여 있다, 흐리다. **2.** *tr.* 어둡게[캄캄하게] 하다.
nubilósus, a, um, *adj.* [núbilus] 구름 많은, 구름낀, 흐린, 어두운.
núbĭlum, i, *n.* [núbilus] 구름낀[흐린] 날씨 ; 짙은 구름 ; 〔*pl.*〕 구름, 먹구름 ; 운무.
núbĭlus, a, um, *adj.* [nubes] **1.** 구름낀, 흐린. **2.** 구름을 몰고오는. **3.** 어두운, 침침한. **4.** 혼란한, 산란(散亂)한. **5.** 침울한, 우울한. **6.** 불행에 싸인, 불운한 : núbila témpora*(Ov.)* 불행한 시대. **7.** 〔*alci*〕 무뚝뚝한, 불친절한.
nūbo, nūpsi, nuptum, ĕre, *tr., intr.* **1.** 가리다, 덮다, 싸다. **2.** 〔*absol.; alci*〕 시집

가다, 결혼하다: ~ in famíliam clarissímam*(C.)* 훌륭한 가문으로 시집가다 / nupta 시집간 여자. **3.** 〔드물게 남자에 대해서〕 장가들다.
nucélla, æ, *f. dim.* [nux] 작은 호도.
nucéllus, i, *m.* 《植》 배주심(胚珠心).
Nucérĭa, æ, *f.* 남부 *Campánia*의 도시; 〔*adj.*〕 **-rínus,** a, um.
nucétum, i, *n.* [nux] 호도밭.
núcĕus, a, um, *adj.* [nux] 호도나무의, 호도나무로 만든.
nucha, æ, *f.* 《解·動》 목덜미.
nucifrangíbŭlum, i, *n.* [nux+frango] (호도를 까는 도구라는 뜻의) 이빨.
núcĭnus, a, um, *adj.* [nux] 호도나무로 만든.
nucléŏlus, i, *m.* 《生》 (세포핵 내에 있는) 작은 핵, 핵인(核仁), 핵소체(小體).
núclĕus, i, *m. dim.* [nux] **1.** 호도 알맹이. **2.** (복숭아 따위 과일의) 씨, 핵. **3.** 알맹이, 심(心), 핵심, 중심부. **4.** 《解》 신경핵.
núcŭla, æ, *f.* 《植》 작은 호도.
nudátĭo, ónis, *f.* [nudo] 옷벗김; 옷벗음.
nudátus, a, um, *p.p., a.p.* [nudo] 빼앗긴, 없어진, 헐벗은.
nudipedálĭa, ĭum, *n.pl.* 발벗고 다님.
núdĭpes, ĕdis, *m.f.* 맨발.
nudísmus, i, *m.* [nudus] 나체주의, 나체문화.
núdĭtas, átis, *f.* [nudus] **1.** 벌거숭이(임), 알몸, 나체; 적나라(赤裸裸), 노출. **2.** 빈궁, 빈곤.
núdĭus, *adv.* [nunc+dies] 〔순서수사의 *m.*이 뒤따르며 가끔 복합명사를 이룸〕 (오늘이 그날부터) …번째 날(이다): ~ tértius *(Pl.)* 그저께 / ~ quartus 그끄저께.
nudiustertiánus, a, um, *adj.* 그저께의.
nudiustértĭus, a, um, *adj.* 그저께의; *m.* (*sc.* dies) 그저께.
nūdo, ávi, átum, áre, *tr.* [nudus] 〔*alqm [alqd] - alqā re*〕 **1.** (옷 따위를) **벗기다,** 벌거숭이로 만들다, 드러나게 하다, 노출시키다. **2.** 무방비 상태로 만들다. **3.** 약탈하다, 털다, 빼앗다. **4.** 비밀을 밝히다, 폭로하다, 털어놓다.
nūdus, a, um, *adj.* **1.** 〔*abl., acc. Gr.; absol.*〕 (옷 따위를) **벗은,** 벌거숭이의, 노출된; 겉옷(만) 벗은. **2.** 〔*abl.; absol.*〕 무장하지 않은, 장비[방비]없는: certámen nudum*(Sil.)* 맨주먹 전투. **3.** 〔*absol.; gen.*〕 빈, (평소에 가졌던 것을) 치워버린, 헐벗은: ~ ensis*(V.)* 칼집에서 뽑은 칼 / nuda subséllia*(C.)* 비어있는 의자 / nuda vada*(Sen.)* 물이 마른 여울. **4.** 〔*abl.*, ab *abl., gen.; absol.*〕 빼긴, 결여된, (무엇이) 없는: urbs nuda præsídio*(C.)* 무방비 도시. **5.** 빈궁한, 가난한. **6.** 홀로의, 단지 …만인[뿐인]. **7.** 간단한, 꾸밈없는, 단순한, 소박한.
nugácĭtas, átis, *f.* [nugax] 쓸모없음, 시시함, 무가치, 하찮음, 수다, 희롱.
nūgæ, árum, *f.pl.* **1.** 하찮은 것[일], 시시한 것[일]. **2.** 객적은[시시한] 소리, 객설. **3.** 만가(挽歌), 조사(弔辭). **4.** 노리개, 장난감. **5.** 거짓말, 감언이설. **6.** 시시한[농지거리하는] 사람, 경솔한 사람.
nugátor, óris, *m.* [nugor] **1.** 시시한 소리[농지거리]하는 사람, 익살꾼. **2.** 사기꾼, 협잡꾼. **3.** 방탕자.
nugatórĭus, a, um, *adj.* [nugátor] **1.** 허튼, 쓸데없는, 시시한, 경솔한, 농지거리하는. **2.** 사기의, 협잡의.
nugax, ácis, *adj.* [nugor] 시시한, 하찮은, 보잘것없는, 성실치 못한, 경솔한, 경망한, 장난기있는.
nugivéndus, i, *m.* [nugæ+vendo] (노리개따위) 부인 장식용품 상인.
nūgor, átus sum, ári, *dep. intr.* [nugæ] **1.** 허튼소리하다, 시시덕거리다, 농담하다. **2.** 속이다, 사기하다.
nullátĕnus, *adv.* 절대로[결코] 아니, 무슨수로도 아니.
núllĭbi, *adv.* 아무데도 아니.
nullificátĭo, ónis, *f.* [nullífico] **1.** 무시(無視). **2.** 무효, 파기(破棄).
nullífico, áre, *tr.* [nullus+fácio] **1.** 무로 돌리다, 무효로 하다; 파기하다. **2.** 무시하다.
nullípăra, æ, *f.* [nullus+pário[2]] 《醫》 미산부(未産婦).
núllĭtas, átis, *f.* [nullus] **1.** 무(無). **2.** 무가치. **3.** (법률상의) **무효.**
nullomódo, *adv.* 결코[절대로] 아니.
nūllus, a, um, *adj.* [ne[2]+ullus] 〔*gen.* nullíus; *dat.* nulli〕 **1. 아무 …도 아니,** 하나도 아니[없는]: ~ homo*(Pl.)* 아무 사람도 아니 / nullo pacto*(C.)* 절대로 아니 / nullo certo órdine*(Cæs.)* 전혀 무질서하게 / nullíus moménti 조금도 중요하지 않은, 무가치한 / unus ~*(C.)* 한 사람도 아니 / ~ non *(L.)* 모두 / non ~ *(C.)* 어떤 사람. **2.** (법률상으로) **무효인;** 헛된, 영(零)의. **3.** 없어진, 다 틀려버린: Nullus sum.*(T.)* 나는 이제 다 틀렸다[망했다]. **4.** (=non) 아니: Nullus dúbito.*(C.)* 나는 의심하지 않는다.
nullúsdum, núllădum, nullúmdum, *adj.* 아직 아무 …도 아니.
nŭm, *adv.* **1.** 〔*interr. dir.*: 원칙적으로 부정적 대답을 전제[기대]하는 것이지만 때로는 긍정적 대답을 만나게도 됨〕 **…란 말이냐?** 그래 …냐?: Num te fugi?*(Pl.)* 내가 그래 너를 피했단 말이냐? **2.** 〔*interr. indir. c. subj.*〕 …는지, …느냐고: Interrogátus a Tibério, num se mandánte eam senténtiam prompsísset, sponte dixísse respóndit. *(Ta.)* 그는 *Tibérius*로부터 자기가 부탁했기 때문에 그런 의견을 발표했느냐는 질문을

받고서, 자발적으로 말한 것이라고 대답했다.

Numántĭa, æ, *f.* 북부 *Hispánia*의 도시, *Scípio Africánus Minor*에 의해서 파괴되었음(133 A.C.); 〔*adj.*〕 **-tínus,** a, um.

numa... *V.* numma... 「칼.

numélla, æ, *f.* 노예나 짐승 목에 씌우는

nūmen, mĭnis, *n.* **1.** 머리 끄덕임, 의사표시, 명령. **2.** 하느님의 뜻[명령], 신의 뜻. **3.** 황제[권력자]의 뜻. **4.** 신성(神性), 신의 능력, 수호신, 신령, 하느님.

numerábĭlis, e, *adj.* [número[1]] **1.** 셀 수 있는, 헤아릴 수 있는, 수를 가진. **2.** 소수의.

numerárĭus, a, um, *adj.* [númerus] 수에 관한; *m.* 계산하는 사람, 계리사, 회계원.

numerátĭo, ónis, *f.* [número[1]] 셈, 계산; 지불. 「[헤아리는] 사람.

numerátor, óris, *m.* [número[1]] 세어 보는

numerátum, i, *n.* [número[1]] **1.** 현금, 현찰. **2.** in numeráto habére (언제든지 할) 준비가 되어 있다. 「금으로 지불된.

numerátus, a, um, *p.p., a.p.* [número[1]] 현

numérĭus, a, um, *adj.* [númerus] 수(數)의.

núměro[1], ávi, átum, áre, *tr.* [númerus] **1.** (수를) 세다, 헤아리다: ~ senátum 원로원 의원의 찬부(贊否)의 수를 세다. **2.** 현금으로 치르다, 계산하다, 지불하다. **3.** 소유하다, 가지다: Multos numerábis amícos. *(Ov.)* 너는 많은 친구를 가질 것이다. **4.** 〔*alqm[alqd]* in *abl.*, inter *acc.*〕 수에 넣다, …중에[대열에] 끼워주다, 삼다, 여기다: inter viros óptimos numerári*(C.)* 저명인사 가운데 끼다[들다] / ~ *alqd* in benefícii loco *(C.)* 무엇을 은덕으로 여기다. **5.** 〔*alqm [alqd] acc. præd.*〕 여기다, 인정하다: síngulas stellas ~ deos*(C.)* 별 하나하나를 신으로 인정하다 / *Alqs* numquam est numerátus orátor.*(C.)* 아무는 한번도 연설가로 인정받지 못했다.

núměro[2], *adv.* [númerus] **1.** 정확하게, 때맞추어, 마침, 즉시, 곧, 당장에. **2.** 빨리. **3.** 너무 일찍, 너무 빨리.

numerósĭtas, átis, *f.* [numerósus] **1.** 많음, 다수, 다량, 군중. **2.** 균형, 조화.

numerósus, a, um, *adj.* [númerus] **1.** 수많은, 다수의, 여러가지의. **2.** 율동적인, 박자에 맞는, 운율적인. **3.** 조화된.

núměrus, i, *m.* [*cf.* nummus] **1.** 수, 수효; 정족수, 정원(定員). **2.** 많음, 다수, 다량, 대량: ~ cívium*(C.)* 많은 시민 / magnus ~ fruménti*(C.)* 다량의 식량. **3.** 종류, 부류, 범주(範疇): Ex quo número incípiam?*(C.)* 어떤 종류의 사람부터 시작할까? **4.** 〔*pl.*〕 수학; 천문학. **5.** 편성된 군부대. **6.** 서민, 대중. **7.** 《文法》 수: ~ singuláris 단수 / ~ plurális 복수. **8.** 지위, 등급, 서열, 석차, 자리: in *alqo* número esse*(C.)* 어떤 지위에 있다. **9.** (전체에 대한) 부분, 여럿 중의 하나[일부]. **10.** 순서; 번호: in númerum digérere *(V.)* 순서대로 정리하다. **11.** 율동, 음률, 박자. **12.** (글·연설 따위의) 경쾌한 장단. **13.** (시의) 운율, 운각(韻脚); 시. **14.** 《聖》 Liber Númeri (略: Num.) (구약성서의) 민수기(民數記). 「타기로 유명함.

Númĭdæ, árum, *m.pl.* *Numídia*의 주민, 말

Numídĭa, æ, *f.* 북부 *Afrĭca*의 옛 왕국(대략 지금의 알제리아에 해당); 〔*adj.*〕 **-diánus [-dĭcus],** a, um.

numísma, ătis, *n.* = nummísma.

numismátĭca, æ, *f.* [numísma] 화폐학, 고전학(古錢學). 「시.

Numístro, ónis, *f.(m.)* 북부 *Lucánia*의 도

Númĭtor, óris, *m.* *Alba*의 왕, *Amúlius*의 형제, *Ilĭa*의 아버지, *Rómulus*와 *Remus*의 할아버지.

nummárĭus, a, um, *adj.* [nummus] **1.** 주조화폐의, 금전의; 화폐에 관한. **2.** 돈에 매수된[팔린], 뇌물받은. 「은, 부유한.

nummátus, a, um, *adj.* [nummus] 돈 많

nummísma, ătis, *n.* **1.** 주화(鑄貨), 화폐. **2.** 고전(古錢); 메달. **3.** 《가》 성패(聖牌), 패.

nummósus, a, um, *adj.* 화폐[돈] 많은.

nummularíŏlus, i, *m. dim.* [nummulárius] 소규모 환전상.

nummulárĭus, a, um, *adj.* [nummus] **1.** 화폐의, 화폐에 관한; 〔*subst.*〕 *f.* 조폐술. **2.** 은행의, 금융업의, 환전상의; 〔*subst.*〕 *m.* 은행가, 환전상.

númmŭlus, i, *m. dim.* [nummus] 소액의 돈, 한두푼, 보조화폐.

nu(m)mus, i, *m.* 〔*gen. pl.* -um〕 **1.** 주화(鑄貨), 화폐. **2.** (= sestértius[2]) *Roma*의 은화. **3.** 푼돈, 화폐의 최하 단위, 한푼: ad nummum*(C.)* 한푼까지. **4.** 희랍 은화[금화]. 「란 말이냐?

numnam[-ne], *adv.* [num+nam, ne[4]] …

numquam, *adv.* [ne[2]+umquam] 한번도 아니, 언제든지 아니: ~ non 언제나 / non ~ 이따금 / ~ adhuc *(C.)* 아직 한번도 아니.

numquándo, *adv.* 언제 …란 말이냐?

numqui, *adv.* 도대체 어떤 모양으로?

numquid, *adv.* [num+quid[2]] **1.** 도대체…란 말이냐? **2.** 무엇이 …란 말이냐?

nunc, *adv.* **1.** 지금, 이제, 현재: ~ demum[dénique]*(C.)* 이제야, 이제 겨우 / ut nunc est*(C.)* 현상태대로. **2.** 〔과거에 대한 서술에서〕 그래서, 그때에. **3.** 〔미래·명령·권유〕 자 이제, 자 그러니: I nunc. *(H.)* 자 이제 그만 가거라. **4.** 〔대립·반대〕 그런데, 그러나. **5.** ~ ... ~ 어떤 때는 …어떤 때는: Nunc hāc parte, ~ illā mílites educébat. *(L.)* 그는 군인들을 이편으로 이끌고 갔다 저편으로 이끌고 갔다 하였다.

núnccĭne, *adv.* [nunc+ce+ne[4]] 지금이냐?

nunci... *V.* nunti...

nuncjam, *adv.* (= jam nunc) 바로 지금.

núncŭbi, *adv.* [num+alícubi] **1.** 도대체 어디에? **2.** 도대체 언제?

nuncupátĭo, ónis, *f.* [núncupo] **1.** 이름 부름, 명칭, 지칭(指稱). **2.** (증인 앞에서의) 상속인 지명. **3.** 책의 헌정(獻呈). **4.** 서원문(誓願文) 낭독.

nuncupatívus, a, um, *adj.* [núncupo] **1.** 일컬어진, 명칭상의. **2.** 구두(口頭)의.

nuncupátor, óris, *m.* [núncupo] 명명자(命名者).

núncŭpo, ávi, átum, áre, *tr.* [nomen+cápio[1]] **1.** (무슨 이름으로) 부르다, 명칭을 붙이다, 일컫다. **2.** (증인 앞에서 누구를) 상속자로 지명하다. **3.** (형식을 갖춘 말로) 성대하게 서원(誓願)을 (신에게) 밝히다.

núndĭnæ, árum, *f.pl.* [novem+dies] **1.** (7일의 간격을 두고 정기적으로 열리던) 장, 장날; 장터. **2.** 장사, **상업.** **3.** 밀매음.

nundinális, e, *adj.* [núndinæ] **1.** 아흐레만의. **2.** 장날의 (아흐레마다 장이 섰음).

nundinárĭus, a, um, *adj.* [núndinæ] 장날의, 시장의; 장터로 지정된.

nundinatícĭus, a, um, *adj.* [núndinor] 팔려고 내놓은, 남에게 보이려고 하는.

nundinátĭo, ónis, *f.* [núndinor] **1.** 거래, 매매: ~ puellárum 소녀 매매. **2.** 뇌물 주고 받기, 매수. 「상인.

nundinátor, óris, *m.* [núndinor] 장사꾼,

núndĭno, ávi, átum, áre, *tr.* [núndinus] **1.** (장터에서) 장사하다, 거래하다, 매매하다. **2.** 돈으로 매수하다.

núndĭnor, átus sum, ári, *dep. tr.*[núndinæ] **1.** 장사하다, 거래하다, 매매하다. **2.** 불법적으로 거래하다.

núndĭnum, i, *n.* [núndinus] 다음 장날까지의 기간: trinum ~ *(C.)* 장이 세번 서는 기간. 「번째 날의, 장날의.

núndĭnus, a, um, *adj.* [novem+dies] 아홉

nunqu... *V.* numqu...

núntĭa, æ, *f.* [núntius[2]] 알리는 여자, 통보자, 소식 전달자, 사자(使者).

nuntiátĭo, ónis, *f.* [núntio] **1.** 알림, 통보, 통지. **2.** (점괘 따위를) 일러줌, 발표. **3.** 소유자 부재 고시(告示), 재산 몰수 통고, 최고(催告).

nuntiátor, óris, *m.*[-**trix,** ícis, *f.*] [núntio] **1.** 알리는 사람, 통보자, 소식 전달자: cicónia redeúntis anni nuntiátrix *(Cass.)* 봄 소식 전달자인 황새. **2.** 고시인(告示人), 통고인. 「사관.

Nuntiatúra (Apostólĭca), æ, *f.* 교황 대

núntĭo, ávi, átum, áre, *tr.* [núntius[2]] **1.** 〔*alqd[alqm], acc.c.inf.; pass. nom.c.inf.;* de *abl.;* ut; *absol.*〕 알리다, 통지하다, 보고하다. **2.** 《法》 통고(通告)하다, 최고(催告)하다; 신고하다. 「림, 통지, 예보.

núntĭum, i, *n.* [núntius[1]] 소식, 통보, 알

núntĭus[1], a, um, *adj.* [novus+vénio] 통보하는, 알리는, 예보하는, 소식 전하는.

núntĭus[2], i, *m.* [núntius[1]] **1.** 알리는 사람, **소식 전달자,** 통보자, 통지자, 전령(**傳令**), 인편: per núntium *alqm* certiórem fácere *(C.)* 인편으로 누구에게 알리다. **2.** 《가》 [N-] Apostólicus 교황 대사. **3.** 소식: acérbus ~ *(C.)* 나쁜 소식. **4.** 명령, 지령, 지시. **5.** 이혼 통고(장), 파혼 통고: núntium uxóri remíttere *(C.)* 이혼하다 / Si núntium sponsa libérta remíserit, *(Ulp.)* 해방된 노예 규수가 파혼을 통고하였을 경우

nŭo, nŭi, ĕre, *intr.* 끄덕이다. 「에.

nuper, *adv.* 〔*comp.* nupérius; *superl.* nupérrime〕 **1.** 요새, 최근에, 근일, 일전에, 아까. **2.** 꽤 오래 전에.

núpĕrus, a, um, *adj.* [nuper] 최근의, 요

nūpsi, *pf.* [nubo]. 「새의.

nupta, æ, *f.* [nubo] 새색시, 새댁, 새로 시집간 여자.

núptĭæ, árum, *f.pl.* [nubo] **1.** 혼인, 결혼식, 결혼 잔치. **2.** 동거생활.

nuptiális, e, *adj.* [núptiæ] 혼인의, 결혼의, 부부의.

nuptiálĭter, *adv.* 혼인하는 날같이.

núptŭla, æ, *f.* 시집갈 여자.

nuptúrĭo, ívi, íre, *intr. desid.* [nubo] 시집가고 싶어하다. 「한.

nuptus[1], a, um, *p.p.* [nubo] 시집간, 결혼

nuptus[2], us, *m.* [nubo] 결혼, 혼인.

Núrsĭa, æ, *f.* *Sabíni*인들의 도시; 〔*adj.*〕 **-sínus,** a, um; *m.pl.* 그곳 주민.

nurus, us, *f.* **1.** 며느리, 자부(子婦). **2.** 손자며느리.

nusquam, *adv.* [ne[2]+usquam] **1.** 아무데도 아니; 아무 때도 아니: ~ géntium *(T.)* 세상 아무데도 아니, 절대로 아니. **2.** 쓸데없이, 아무것도 아니게.

nutátĭo, ónis, *f.* [nuto] **1.** 끄덕끄덕함, 흔들거림. **2.** 비틀거림, 위기.

nūto, ávi, átum, áre, *intr. freq.* [nuo] **1.** 머리를 끄덕거리다, 머리를 젓다. **2.** 이리저리 움직이다, 흔들리다, 둥둥 떠 있다. **3.** 주저하다, 망설이다, 머뭇거리다. **4.** 굽히다, 굴복하다.

nutríbĭlis, e, *adj.* [nútrio] 자양분있는.

nutricátĭo, ónis, *f.* [-**cátus,** us, *m.*] [nutríco] **1.** 젖먹임, 양육. **2.** (식물의) 성장, 발육.

nutrícĭus, a, um, *adj.* [nutrix] 양육하는, 먹이는, 기르는; 〔*subst.*〕 *m.f.* (어린이의)

양육[교육] 책임 맡은 사람; *n.pl.* 양육자 보수[급료], 교육자 보수.
nutríco, ávi, átum, áre, [**-cor,** átus sum, ári, *dep.*] *tr.* [nutrix] 젖먹이다, 양육하다, 기르다, 교육하다.
nutrícŭla, æ, *f. dim.* [nutrix] 유모, 젖어머니.
nutrímen, mĭnis, [**nutriméntum,** i,] *n.* [nútrio] 1. 양식(糧食), 먹이, 영양물, 양분. 2. 양육, 부양. 3. 〔*pl.*〕(어린이들의) 초보교육. 4. 〔*pl.*〕 교육시킨 자식들.
nútrĭo, ívi[ĭi], ítum, íre, *tr.* 1. 젖먹이다, **기르다, 양육하다**; 사육하다, 영양분을 주어 키우다, 배양하다. 2. 보살피다, 돌보다, 보호하다; 보존하다.
nutrítĭo, ónis, *f.* [nútrio] 1. 기름, 양육. 2. 영양섭취. 3. 영양물.
nutrítĭus = nutrícius.
nutritívus, a, um, *adj.* [nútrio] 영양분 있는.
nutrítor, óris, *m.* [nútrio] 양육자, 교육자.
nutritórĭus, a, um, *adj.* [nutrítor] 1. 양분있는, 힘을 주는. 2. 유아 양육의.
nutrítus, us, *m.* [nútrio] 음식물, 영양물.
nūtrix, ícis, *f.* [nútrio] 1. 유모, 젖어머니; 양육하는 여자. 2. 보살피는 여자. 3. 〔*pl.*〕 유방, 젖가슴.
nutus, us, *m.* [nuo] 1. 끄덕임. 2. (아래로) 숙임, 숙어짐. 3. 뜻, 의사(표시); 지시: ad nutum *alcjs (C.)* 누구의 뜻을 받들어[따라]. 4. 수긍(首肯), 동의, 허락. 5. 고개를 가로 저음.
nux, nŭcis, *f.* 1. (호도·가래·밤 따위의) 딱딱한 껍질있는 열매; **호도.** 2. 호도나무.
nyctalópĭa, æ, *f.* 《醫》 1. 야맹증(夜盲症). 2. 주맹증(晝盲症).
nýctălops, ópis, *adj.* 1. 밤눈 어두운, 야맹의. 2. 주맹(晝盲)의.
Nyctéis, ĭdis[ĭdos], *f.* *Nýcteus*의 딸(= Antíope).
Nyctélĭus, a, um, *adj.* 1. *Bacchus*신의. 2. [n-] 밤(夜)의.
Nýcteus, ĕi [ĕos], *m.* *Bœótia*의 왕, *Antíope*의 아버지.
nyctícŏrax, ăcis, *m.* 《動》 수리부엉이.
nyctúrĭa, æ, *f.* 《醫》 밤에 오줌 싸는 병.
nympha[1], æ, *f.* 1. 신부(新婦), 새색시. 2. 양가집 처녀, 규수, 소녀, 아가씨. 3. 물. 4. 벌의 유충. 5. 《解》 소음순(小陰脣).
Nympha[2], æ, [**-phe,** es,] *f.* 바다·강·샘·호수·숲속 따위에 사는 아름다운 반신반인(半神半人)의 소녀, 물의 요정(妖精): ~ vocális*(Ov.)* 요정 *Echo.*
nymphǽa, æ, *f.* 《植》 수련(睡蓮).
Nymphǽum[1], i, *n.* *Illýria*의 항구.
nymphǽum[2][**-phéum**], i, *n.* 1. 분수(噴水). 2. *Corínthus*시에 있는 분수, *Nympha*들에게 바쳐졌음.
nymphománĭa, æ, *f.* 《醫》 (여자의) 색정광(色情狂), 성욕 이상 항진증.
Nys(s)a, æ, *f.* 1. *Cária*의 도시. 2. *Bacchus*신의 출생지라는 *Indĭa*의 산; 그가 이곳 *Nympha*들에게 양육됨. 3. 〔*adj.*〕 **-sǽus**[**-séĭus**], a, um, *Nysa*의, *Bacchus*의.
Nýseus, ĕi, *m.* *Bacchus*의 별칭.
Nysígĕna, æ, *m.f.* [Nysa + gigno] *Nysa* 태생.
nystágmus, i, *m.* 《醫》 안구진탕(眼球震盪).

O

O[1], **o,** *f., n. indecl.* 라틴 자모의 열다섯째 글자: 〈오〉 [o].
O[2]**.,** 《略》 1. **O.** = óptimus; omnis. 2. **O.** = ossa(유골). 3. 《論》 **O** = nego. 〈특칭부정(特稱否定)〉의 기호.
o[3]**,** *interj.* 〔기쁨·감탄·고통·분노·조소 따위를 나타냄; *c. nom., voc., acc.*〕 오! O pater!*(C.)* 오 아버지! / O fáciem pulchram! *(T.)* 오 아름다운 얼굴!
Oænéum, i, *n.* *Illýria*의 도시.
Oárĭon, ónis, *m.* = Oríon.
oásis, is, *f.* 《希》 1. 오아시스, (물이 솟고 수목이 자라며 보통 사람이 사는) 사막의 옥지(沃地); (쓸쓸함을 잊게 하는) 위안을 주는 곳. 2. [O-] *Líbya*의 오아시스.
Oáxes, is, *m.* *Creta*섬의 강.
ob[1]**,** *præp. c. acc.* 1. (어디를) 향하여. 2. **앞에**: ob óculos versári*(C.)* 눈앞에 있다. 3. **때문에,** 인하여: ob eam rem*(Pl.)* 그일 때문에. 4. 대가(代價)로, 대신에. 5. ob rem *(T., Sall.)* 유리하게, 이롭게, 성공적으로.
ob-[2]**,** *prævérbium* 1. 접두사로서 그 합성되는 단어에 **《앞에, 두루, 둘레에, 곁에, 해롭게, 거슬러》** 따위의 뜻을 붙여줌. 2. 모음, b, d, l, m, n, r, s, t, v 자로 시작되는 단어 앞에서는 ob-으로 합성되며, 그 밖의 자음 앞에서는 ob- 그대로도 쓰고 때로는 뒷 자음과 같은 자음으로 동화되기도 함, *e.g.* obfício → offício.
obærátus, a, um, *adj.* [*inusit.* obǽro] (갚지 못해서 몸으로 대신 때울 정도로) 빚진, 채무에 얽매인; *m.* 채무자.
obambulátĭo, ónis, *f.* [obámbulo] 왔다갔다함, 소요, 배회.
obámbŭlo, ávi, átum, áre, *intr., tr.* [ob²+] **1.** 〔*absol.; dat., præter acc.*〕 앞으로 가다, 돌아다니다, 왔다갔다하다, 배회하다. **2.** 〔*acc.*〕 답파(踏破)하다.
obármo, ávi, átum, áre, *tr.* [ob²+] 무기를 잡다[갖추다], 무장하다. 「다, 경작하다.
óbăro, ávi, átum, áre, *intr., tr.* 주위를 갈
obáter, tra, trum, *adj.* [ob²+] 거무스름한.
obatrátus, a, um, *adj.* [ob²+ater] 거무스름한, 어두운.
obaudiéntĭa, æ, *f.* [obáudio] 복종, 순종.
obáudĭo, ívi[ĭi], ítum, íre, *intr.* 〔*dat.*〕 순종하다, 복종하다, 따르다.
obaudítĭo, ónis, *f.* [obáudio] 복종, 순종.
obaurátus, a, um, *adj.* [ob²+] 도금된, 금
obba[1], æ, *f.* 아가리가 좁은 잔. └칠한.
Obba[2], æ, *f.* *Cartágo* 부근의 도시.
óbbĭbo, ĕre, *tr.* [ob²+] 단숨에 마시다.
obbrutésco, brútŭi, ĕre, *intr. inch.* [ob²+] 짐승처럼 되다; 이성[정신]을 잃다, 혼비백
obc... *V.* occ... └산하다.
obdensátĭo, ónis, *f.* 조밀케 함, 빽빽하게 함.
obdo, dĭdi, dĭtum, ĕre, *tr.* [ob²+do] **1.** 〔*alqd alci rei*〕 (막기 위해서) 앞에 놓다, 대립시키다; 닫다, 막다. **2.** 싸다, 휘감다, 매다.
obdórmĭo, ívi, ítum, íre, *intr.* [ob²+] 잠들다, 깊이 잠들다: ~ in Dómino 선종하다.
obdormísco, ĕre, *intr. inch.* [obdórmio] 잠들다.
obdúco, dúxi, dúctum, ĕre, *tr.* [ob²+] **1.** 앞으로 끌어내다, (어디를 향해) 인도하다, 앞에다 쳐놓다[설치하다]. **2.** 〔*alqd – alci rei*〕 꺼풀지게 하다, 덧씌우다, 아물게 하다: obdúctā nocte*(N.)* 밤이 되어. **3.** 〔*alqd – alqā re*〕 덮다, 가리다, 싸다. **4.** 들이마시다, 들이켜다. **5.** 찌푸리다, 주름살짓다: frons obdúcta*(H.)* 찌푸린[주름잡힌] 이마. **6.** 길쭉하게 하다. **7.** 숨기다, 감추다. **8.** ~ diem*(C.)* 날을 보내다[지내다].
obdúctĭo, ónis, *f.* [obdúco] **1.** 덮음, 가림. **2.** (사형수에게 씌우는) 용수.
obdúctus, a, um, *p.p., a.p.* [obdúco] **1.** 덮인. **2.** 흐린. **3.** 주름진, 구겨진, 찌푸린. **4.** 유착(癒着)된, 아문.
obdúlco, ávi, átum, áre, *tr.* 달게 하다, 단맛이 나게 하다; 양념하다. 「고집, 무정.
obdurátĭo, ónis, *f.* [obdúro] 완고, 굳어짐,
obdurésco, rŭi, ĕre, *intr.* [ob²+durus] 굳어지다, 딱딱해지다, 견고해지다; 몰인정해지다, 완고해지다.
obdúro, ávi, átum, áre, [ob²+] **1.** *tr.* 굳어지게 하다; 완고해지게 하다. **2.** *intr.* 완고해지다, 끗끗이 시마, 버티다.
obedi... *V.* obœdi... 「크.
obelíscus, i, *m.* 방첨탑(方尖塔), 오벨리스
óbĕo, ívi [ĭi], ĭtum, íre, *anom.* [ob²+] **I.** *intr.* **1.** 〔*absol.;* in, ad *acc.*〕 향해서 가다, …로 가다, 맞닥뜨리다, 접근하다. **2.** 수평선 저쪽으로 사라지다, (달·해·별이) 지다. **3.** 패망[몰락]하다. **4.** 〔사람에 대해서만〕 죽다.
II. *tr.* **1.** 가까이 가다, 찾아가다, 만나다. **2.** 당하다, 겪다. **3.** 두루 돌아다니다, 편력하다; 볼일 보러 분주히 돌아다니다, 유세(遊說)하다, 시찰하다, 사열하다. **4.** 쳐들어가다, 공격하다, 무찌르다. **5.** 이행하다, 완수하다, 다하다, 실행하다. **6.** ~ diem*(C.)* 정해진 날에 나타나다, 날짜를 지키다. **7.** ~ diem (suum, suprémum), ~ mortem 죽다 / morte óbitā*(C.)* 죽은 뒤에.
obéquĭto, ávi, átum, áre, *intr., tr.* 〔*dat., acc.*〕 (어디를) 말타고 돌다[일주하다].
obérro, ávi, átum, áre, *intr.* **1.** 〔*dat.,* in *abl.; absol.*〕 이리저리 방황하다, 돌아다니다. **2.** 눈앞에서 아물거리다.
obésĭtas, átis, *f.* [obésus] 살찜, 비대, 비만, 비만증, 지방과다; (식물의) 과대성장.
obésus, a, um, *adj.(p.p.)[inusit.* óbedo] **1.** 갉아먹은, 침식된, 파먹은 (광산 따위). **2.** 야윈, 깡마른, 호리호리한. **3.** 살찐, 비대한, 풍만한. **4.** 두꺼운; 부은, 붙은, 팽창한. **5.** 미련한, 둔한.
obex, ĭcis [óbjĭcis], *m.f.* [objício] **1.** 문빗장. **2.** 방색물(防塞物), 방책. **3.** 방해(물), 장
obf... *V.* off... └애, 지장.
obg... *V.* ogg... 「붙어 있다, 부착해 있다.
obhǽrĕo, ére, *intr.* [ob²+] 〔*dat.,* cum *abl.*〕
obhærésco, hǽsi, ĕre, *intr. inch.* [obhǽreo] 〔*dat.,* in *abl.*〕 붙다, 부착하다, 점착하다.
obícĭo = objício.
óbĭens, eúntis, *p.præs.* [óbeo].
obiráscor, *(ĕris, ĭtur),* irátus sum, sci, *dep. intr.* [ob²+] 〔*dat.*〕 분노하다, 몹시 화내다.
óbĭter, *adv.* [ob²+iter] **1.** 지나는 길에; 내친[하는] 김에; 잠깐, 우연히: ~ dictum 부언(附言); 《法》 (재판관이 판결할 때 말하는) 부수적 의견. **2.** 동시에. **3.** 거의(다).
óbĭtus, us, *m.* [óbeo] **1.** 도착, 접근; 만남, 방문. **2.** (해·별·별이) 진, 사라짐. **3.** 죽음, 최후, 파멸: dies óbitus 사망일, 기일(忌日). **4.** 이행, 완수, 실행.
objácĕo, jácŭi, ére, *intr.* [ob²+] 〔*dat.*〕 앞

에 누워있다[놓여있다], 위치하고 있다, 향하여 있다.

objectácŭlum, i, *n.* [objécto] 장애, 방축.

objéctămen, mĭnis, [**-méntum,** i,] *n.* [objécto] 질문, 비난. 「음. **2.** 반대, 비난.

objectátĭo, ónis, *f.* [objécto] **1.** 마주 놓

objéctĭo, ónis, *f.* [objícĭo] **1.** 앞에 내던짐; 맞세움. **2.** 반대, 이론(異論), 이의(異議), 불복; 비난.

objectivísmus, i, *m.* 객관주의.

objectívĭtas, átis, *f.* 객관성, 타당성.

objectívus, a, um, *adj.* [objéctum] **1.** 대상의, 목적물의, 객체의. **2.** 객관적. **3.** 《文法》 객어적(客語的), 목적어의: genetívus ~ 객어적 2격[속격].

objécto, ávi, átum, áre, *tr. freq.* [objícĭo] **1.** 〔*alqd alci rei*〕 앞에 내던지다[내놓다], 노출시키다; 맞놓다, 맞세우다. **2.** 〔*alqd alci, inf.*〕 비난하다, 나무라다; 듣기 싫은 소리하다, 반대하다. 「자, 비평가.

objéctor, óris, *m.* [objícĭo] 비난자, 반대

objéctum, i, *n.* [objícĭo] **1.** 대상, 목적물. **2.** 물건, 물체; 사물. **3.** 《哲》 객관, 객체. **4.** 《文法》 목적어, 객어(客語).

objéctus, us, *m.* [objícĭo] **1.** 앞에 내놓음, 제시, 대립시킴. **2.** 장애, 지장, 방해물;

objex, jĭcis, *m.* = obex. ㄴ방축.

objícĭo, jéci, jéctum, ĕre, *tr.* [ob² + jácio] **1.** 〔*alqd[alqm] - alci(rei)*; ad, ob *acc.*〕 앞에 내던지다, 앞에 내놓다[내밀다], 앞에 내맡기다; 직면하게 하다: ~ cibum cánibus *(Plin.)* 음식물을 개들에게 던져주다 / óbjici rei[ad rem]*(C.)* (무슨) 일에 직면하다 / objécta*(n.pl.)* 돌출부, 내민 곳. **2.** 보이게 하다, 제시하다: Objiciúntur sæpe formæ.*(C.)* 가끔 어떤 모습들이 눈에 보인다. **3.** 〔*alqd[alqm] alci (rei)*〕 대립시키다, 맞세우다; 대항해서 …하다. **4.** 〔*alqd alci*〕 일으키다, 끼치다, 주다, 침투시키다: ~ terrórem *alci(L.)* 누구에게 공포심을 일으키다. **5.** 〔*alqd alci; inf.;* de *abl.;* quod〕 나무라다, 비난하다. **6.** (방어하기 위하여) 반대하다, 논박하다. 「음, 견책, 비난.

objurgátĭo, ónis, *f.* [objúrgo] 책망, 꾸짖

objurgátor, óris, *m.* [objúrgo] 책망자, 꾸짖는 사람, 비난자.

objurgatórĭus, a, um, *adj.* [objurgátor] 책망하는, 꾸짖는, 비난하는.

objúrgĭto, áre, *tr. intens.* [objúrgo] 몹시 꾸짖다, 야단치다.

objúrgo, ávi, átum, áre, *tr.* [ob² +] **1.** 〔*alqm* - in, de *abl.; alqd; absol.*〕 나무라다, 질책하다, 책망하다, 비난하다. **2.** 〔*alqm alqā re*〕 벌주다.

oblanguésco, lángŭi, ĕre, *intr.* [ob² +] 쇠약해지다, 시들다, 피로하다, 신음하다.

obláti, órum, *m.pl.* [oblátus] **1.** (중세기에 수도원 안에 거주하던) 수도 지원 아동. **2.** 헌신자(獻身者).

oblatícĭus[**-tĭus**], a, um, *adj.* [óffero] 봉헌되는, 바쳐지는, 드리는.

oblátĭo, ónis, *f.* [óffero] **1.** 봉헌, 헌납, 바침. **2.** (경매의) 입찰. **3.** 선물, 예물; 봉헌물. 「물[선물].

oblatiúncŭla, æ, *f. dim.* [oblátio] 작은 제

oblatívus, a, um, *adj.* 자진(自進)하여 바치는; 자발적인.

oblátor, óris, *m.* [óffero] 헌납자; 봉헌자.

oblatrátor, óris, *m.* [**-trix,** ícis, *f.*] [oblátro] 짖어대는 자, 욕설자.

oblátro, áre, *intr., tr.* [ob² +]〔*absol.; acc.*〕 향해서 짖다; 욕설하다.

oblátum, i, *n.* 예물, 봉헌물.

oblátus, a, um, *p.p.* [óffero].

oblectámen, mĭnis, [**-méntum,** i,] *n.*[obléсto] **1.** 오락, 여흥, 위안. **2.** 진정제.

oblectátĭo, ónis, *f.* [obléсto] 오락, 여흥, 쾌락, 낙, 매력.

oblectátor, óris, *m.* [obléсto] 재미있게 해주는 사람, 위로[위안]해 주는 사람.

oblectatórĭus, a, um, *adj.* 재미있는, 오락의.

obléсto, ávi, átum, áre, *tr.* [ob² + lacto²] **1.** 즐겁게 하다, 재미나게[흥나게] 하다: ~ se in *alqā re* 재미있게 지내다. **2.** 심심치 않

oblícus = oblíquus. ㄴ게 보내다.

oblído, lísi, lísum, ĕre, *tr.* [ob² + lædo] **1.** 세게 조르다[죄다], 질식시키다, 압축하다. **2.** 찌부러뜨리다.

obligátĭo, ónis, *f.* [óbligo] **1.** 붙들어 맴, 속박; 사슬. **2.** 의무, 책무, 책임. **3.** 채무관계, 부채, 부담. **4.** 저당권.

obligatórĭus, a, um, *adj.* **1.** (법률상·도덕상으로) 의무적인. **2.** 구속력 있는.

obligátus, a, um, *p.p., a.p.* [óbligo] **1.** 속박받은, 구속된; 책임지워진. **2.** 저당잡힌. **3.** 봉헌된, 신성한.

óblĭgo, ávi, átum, áre, *tr.* [ob² + ligo¹] **1.** 동여매다, 비끄러매다, 처매다. **2.** 한데 묶다. **3.** 〔*alqm - alqā re,* in *abl., dat.;* in, ad *acc.; inf.; absol.*〕 의무를[책임을] 지우다, (무엇에 대해서) 구속력을 가지다, 강제하다: se ~ 의무를 지다, 의무가 있다. **4.** 〔*alqm - abl.*〕 고맙게 여기게 하다, 은혜를[무엇을 은혜로] 베풀다, 누구의 청을 들어주다. **5.** 재판에 걸다, 죄인으로 몰다. **6.** 저당잡히다.

oblímo, ávi, átum, áre, *tr.* [ob² + limus²] **1.** 진흙으로 덮다, 더럽히다. **2.** 탕진하다. **3.** 틀어막다. **4.** 혼란케 하다, 어둡게 하다.

óblĭno, lévi, lĭtum, ĕre, *tr.* [ob² +] **1.** 〔*alqd alqā re*〕 바르다, 칠하다. **2.** 틀어막다, 밀봉하다. **3.** 지우다, 말소하다. **4.** 스며

들게[물들게] 하다. **5.** (빈 데를) 차곡차곡 채우다. **6.** 더럽히다.

obliquátĭo, ónis, *f.* [oblíquo] 경사(傾斜), 사면(斜面), 사선(斜線).

oblíquĭtas, átis, *f.* [oblíquus] **1.** 경사(傾斜), 기울어져 있음. **2.** 부정(不正), 부정직. **3.** (말의) 모호함, 넌지시 말함.

oblíquo, ávi, átum, áre, *tr.* [oblíquus] **1.** 비스듬하게 하다, 기웃하다, 기울게 하다, 빗나가게 하다, 비뚤어지게 하다. **2.** 넌지시 말하다.

oblíquus, a, um, *adj.* **1.** 비스듬한, 삐딱한, 기웃한, 경사진; 사면(斜面)의, 사각(斜角)의; 비뚤어진, 옆으로의: oblíquo itínere*(Cæs.)* 옆길로 / oblíquo óculo aspícere 곁눈으로 보다, 질시(嫉視)하다 / línea oblíqua 사선(斜線) / ab [ex] oblíquo *(Ov., Plin.)*, in [per] oblíquum*(H.)* 비스듬하게. **2.** 간접의, 완곡한, 넌지시하는 (말). **3.** 《文法》 간접(화법)의, 사격(斜格)의: orátio oblíqua 간접화법 / casus ~ 간접격, 사격 *(gen., dat., abl.)*. **4.** 적의를 가진, 적대시 ⌊하는.

obliter... *V.* oblitter...

oblitésco, tŭi, ĕre, *intr.* [ob[2]+latésco[1]] 숨다, 피하다. 「말소; 잊어버림, 망각.

oblitterátĭo, ónis, *f.* [oblíttero] 지워버림,

oblitterátor, óris, *m.* [oblíttero] 지우는[말소하는] 사람; 잊어버리는 사람.

oblíttĕro, ávi, átum, áre, *tr.* [ob[2]+líttera] **1.** 지워버리다, 말소하다. **2.** 잊어버리다, 기억에서 지워버리다.

óblĭtus[1]**,** a, um, *p.p.* [óblino].

oblítus[2]**,** a, um, *p.p.* [oblivíscor].

obliviális, e, *adj.* 잊어버리게 하는.

oblívĭo, ónis, *f.* [oblivíscor] **1.** 잊어버림, 망각. **2.** 잘 잊어버림, 건망(健忘). **3.** 사면(赦免), 대사(大赦).

obliviósus, a, um, *adj.* [oblívio] **1.** 잘 잊어버리는. **2.** 잊어버리게 하는.

oblivíscor, *(ĕris, ĭtur)*, lítus sum, vísci, *dep. intr.(tr.)* **1.** 〔*gen., inf.*; 중성대명사는 *acc.*로; 추상명사는 *acc.*로도〕 **잊어버리다**, 망각하다. **2.** 등한히 하다, 게을리하 ⌊다.

oblívĭum, i, *n.* [oblívio] 잊음, 망각.

oblívĭus, a, um, *adj.* [oblívio] 기억에서 사라진, 잊혀진; 폐기된. 「임대(賃貸)하다.

óblŏco, ávi, átum, áre, *tr.* [ob[2]+] 세주다,

oblocútĭo, ónis, *f.* [óbloquor] 말을 중단시킴, 반대. 「중단시키는 자, 반대자.

oblocútor, óris, *m.* [óbloquor] 남의 말을

oblongátus, a, um, *adj.* 《解》 연(延)…: medúlla oblongáta 연수(延髓).

oblóngŭlus, a, um, *adj. dim.* [oblóngus] 약간 길쭉한, 기름한.

oblóngus, a, um, *adj.* 장방형(長方形)의, 길쭉한, 옆으로 긴. 「무함.

oblóquĭum, i, *n.* [óbloquor] 반대, 억지,

óblŏquor, *(quĕris, ĭtur)*, locútus[-quútus] sum, qui, *dep. intr.* **1.** 〔*alci; absol.*〕 남의 말에 반대하다, 남의 말을 가로채다[중단시키다]. **2.** 〔*dat.*〕 노래에 맞춰 반주하다, (새가) 지저귀다. **3.** 욕하다, 악담하다. **4.** 비난하다, 혹평하다.

obluctátĭo, ónis, *f.* [oblúctor] 씨름, 투쟁.

oblúctor, átus sum, ári, *dep. intr.* [ob[2]+] 〔*dat.*〕 씨름하다; 겨루다; 싸우다, 항쟁하다, 저항하다.

oblúdo, lúsi, lúsum, ĕre, *intr.* [ob[2]+] **1.** 〔*absol.*〕 (누구 앞에서) 놀다. **2.** 〔*dat.*〕 농담하다, 우롱하다, 속이다. 「한.

oblúrĭdus, a, um, *adj.* [ob[2]+] 매우 창백

obmítto = omítto.

obmólĭor, ítus sum, íri, *dep. tr.* [ob[2]+] (무엇을) 쌓아서 방책(防柵)으로 삼다; 막다, 방어하다. 「망, 불평, 반대.

obmurmurátĭo, ónis, *f.* [obmúrmuro] 원

obmúrmŭro, ávi, átum, áre, *intr., tr.* [ob[2]+] **1.** 〔*dat.*〕 불평하다, 원망하다, 투덜대다. **2.** 〔*acc.*〕 중얼거리다, 반대하다.

obmússo, áre, *tr.* 〔*alqd alci*〕 원망하다, 투덜대다, 중얼거리다.

obmutésco, mútŭi, ĕre, *intr.* [ob[2]+] **1.** 벙어리가 되다, 말을 못하다. **2.** 묵묵하다, 잠잠하다, 입다물다; 그치다.

obnátus, a, um, *p.p.* [*inusit.* obnáscor] 〔*dat.*〕 곁에[주위에] 난.

obnéxus, us, *m.* [ob[2]+] 속박; 약속, 계약.

obnísus, us, *m.* [obnítor] 노력, 힘씀, 수고.

obnítor, *(ĕris, ĭtur)*, níxus [nísus] sum, níti, *dep. intr.* [ob[2]+] **1.** 〔*dat., abl.*, in *abl.*〕 기대다, 의지하다. **2.** 〔*dat.*〕 노력하다, 투쟁하다, 저항하다.

obníxus[-sus], a, um, *p.p., a.p.* [obnítor] 힘쓰는, 애쓰는, 완강한, 요지부동의.

obnoxíĕtas, átis, *f.* [obnóxius] 묶임, 예속, 복종.

obnoxiósus, a, um, *adj.* [obnóxius] **1.** 〔*dat.*〕 예속된, 복종하는, 따르는. **2.** 해를 가져오는.

obnóxĭus, a, um, *adj.* [ob[2]+noxa] **1.** 〔*dat.*〕 묶인, 매인, 구속받는, 의무있는, 채무있는, 신세진. **2.** 〔*dat., gen.*〕 관련된, 연루된, 벌받을, 죄있는. **3.** 〔*dat.*〕 예속된, 노예가 된, 굴복하는. **4.** 〔*dat.*, ad *acc.; absol.*〕 (위험·비난 따위를) **받기 쉬운**, 위험을 지닌, (운명·불행·결과 따위를) **당할 수 있는**[면할 수 없는], …에 노출된, 내맡겨진; (병 따위에) 걸리기 쉬운: urbs incéndiis obnóxia*(Ta.)* 화재의 위험성을 지닌 도시. **5.** 비열한, 겁많은.

obnubilátĭo, ónis, *f.* [obnúbilo] 《醫》 실신, 몽롱: ~ cápitis 혼수(상태), 인사불성.

obnúbĭlo, ávi, átum, áre, *tr.* [ob[2]+] **1.** 구름으로 가리다; (표정 따위를) 어둡게[흐리

게] 하다. 2. 실신하게 하다. ⌈두운.
obnúbĭlus, a, um, *adj.* 구름낀, 흐린, 어
obnúbo, núpsi, núptum, bĕre, *tr.* [ob²+] 〔*alqd - alqā re*〕 가리다, 덮다.
obnunciátĭo[-tiátĭo], ónis, *f.* [obnúntio] 불길한 예고, 흉조의 예고.
obnúntĭo, ávi, átum, áre, *tr.* 〔*alqd - alci*〕 (점장이·관리 따위가) 흉보를 전하다, 흉조를 알리다, 불길한 예고를 하다, 말리다, 반대하다.
obœ́dĭens, éntis, *p.præs., a.p.* [obœ́dio] 〔*dat.*, ad *alqd*〕 순종하는, 복종하는, 따르는, 고분고분한.
obœdiéntĭa, æ, *f.* [obœ́diens] 순종, 복종.
obœ́dĭo, ívi[ĭi], ítum, íre, *intr.* [ob²+áudio] 1. 〔*dat.*〕 귀를 기울이다, 경청하다. 2. 〔*dat.*, ad *alqd; absol.*〕 순종하다, 복종하다: ~ *alci* ad verba*(C.)* 누구의 말대로 하다. 3. *tr.* 〔*alqd*〕 완수하다, 실행하다.
obœdítĭo, ónis, *f.* [obœ́dio] 순종, 복종.
obólĕo, lŭi, lére, *tr.* [ob²+] 〔*alqd; absol.*〕 (무슨) 냄새를 풍기다[피우다]: ~ állium *(Pl.)* 마늘냄새를 풍기다.
óbŏlus, i, *m.* 1. 돈, 희랍의 화폐(6분의 1 *drachma*). 2. 옛 희랍의 중량 단위; 소량(小量·少量).
obórĭor,*(rĕris, rĭtur)*, órtus sum, oríri, *dep. intr.* [ob²+] 곁에 [앞에] 나다, 파생하다, 나타나다, 자라다, 일어나다, 시작하다, ⌊우연히 되다.
obp... *V.* opp...
obrádĭo, áre, *intr.* [ob²+rádius] 눈앞에 빛나다.
obrépo, répsi, réptum, ĕre, *intr., tr.* [ob²+] 1. 〔*absol.; dat.*〕 몰래 기어들다, 잠입(潛入)하다. 2. 〔*absol.; dat.;* in, ad *acc.; acc.*〕 모르는 사이에 다가오다; 성큼 다가서다, 기습하다. 3. 그럴싸하게 보이다.
obreptícĭus, a, um, *adj.* [obrépo] 몰래 이루어진, 사기로 얻은.
obréptĭo, ónis, *f.* [obrépo] 1. 몰래 기어들어감; 기습. 2. 사기수단; 사실은폐.
obrépto, ávi, átum, áre, *intr. freq.*[obrépo] 잠입하다, 사기하다. ⌈쳐서 잡다, 덮치다.
obrétĭo, ívi, ítum, íre, *tr.* [ob²+rete] 그물
obrigésco, gŭi, ĕre, *intr.* [ob²+] 차가와지다, 완전히 얼어붙다.
obroborátĭo, ónis, *f.* [*inusit.* obróboro] 굳어짐; 《醫》 신경경직(神經硬直).
obródo, rósi, rósum, ĕre, *tr.* 갉아먹다.
obrogátĭo, ónis, *f.* [óbrogo] 1. 법률 수정 [개정]. 2. 법안 반대.
óbrŏgo, ávi, átum, áre, *intr.* [ob²+] 〔*dat.; absol.*〕 1. 법률을 수정하다, 개정안을 내다. 2. 법안을 반대하다.
óbrŭo, rŭi, rŭtum, ĕre, *tr.* [ob²+] 1. 〔*alqd - alqā re*〕 덮다, 덮어[덮쳐] 씌우다, 파묻다. 2. (시체를) 매장하다. 3. (씨를) 심다. 4. se ~ 술취하다: óbrutus vino*(C.)* 술이 잔뜩 취한. 5. 짓누르다, 덮쳐 누르다, 짓밟다, 파묻다: ære aliéno óbrui*(C.)* 빚으로 망하다. 6. 지워버리다, 없애버리다: *alqd* oblivióne ~*(C.)* 기억에서 지워버리다. 7. 능가하다.
obrússa, æ, *f.* 1. 금을 불로 시험함, 시금(試金). 2. (도가니 따위에서의) 정련(精鍊): aurum ad obrússam 순금.
obryzátus, a, um, *adj.* (도가니에서 정련된) 순금의.
obrýzum, i, *n.* (정련〈精鍊〉된) 순금.
obrýzus, a, um, *adj.* (도가니로 시험된) 순금의.
obsǽpĭo, psi, ptum, íre, *tr.* [ob²+] 1. 울타리를 치다, 둘러막다. 2. 가로막다: *alci* viam ~ *(C.)* 누구에게 길을 막다.
obsátŭro, áre, *tr.* [ob²+] 한껏 배부르게 하 ⌊다.
obscæn... *V.* obscen...
obscǽvo, ávi, átum, áre, *intr.* [ob²+scævus] 흉조를 보여주다.
obscéna, órum, *n.pl.* [obscénus] 1. 배설물, 똥, 오줌. 2. 음부(陰部).
obscénĭtas, átis, *f.* [obscénus] 1. 불길(不吉), 흉조(凶兆). 2. 음란, 외설. 3. 음부(陰部).
obscénus, a, um, *adj.* [obs (=ob²)+cænum, ob²+scena] 1. 불길한, 흉조(凶兆)의, 상서롭지 못한. 2. 더러운, 깨끗하지 못한; 못생긴, 흉한; 입맛 떨어지는. 3. 음란한, 추잡한, **외설한**, 음담패설의; 〔*subst.*〕 *n.* 음부(陰部).
obscurátĭo, ónis, *f.* [obscúro] 1. 어둡게 함. 2. 어두워짐, (날이) 흐림, 희미함: ~ solis*(Plin.)* 일식.
obscúrĭtas, átis, *f.* [obscúrus] 1. 희미함, 어두움, 침침한, 몽롱; 어두운 곳. 2. 불분명, 모호(模糊), 불확실; 분명하지 않은 곳 [것·점·말]. 3. 세상에 알려지지 않음; 이름없는 존재, 미천한 신분.
obscúro, ávi, átum, áre, *tr.* [obscúrus] 1. 희미하게 하다, 어둡게[캄캄하게] 하다. 2. 가리다, 덮다, 감추다. 3. 모호[애매]하게 하다, 분명하지 않게 하다. 4. 세상에 알려지지 않게 하다. 5. (눈·귀 따위를) 어둡게 하다, 아둔하게 하다. 6. 퇴색케 하다.
obscúrum, i, *n.* [obscúrus] 1. 어두움; 희미함. 2. 불분명, 모호, 애매(曖昧).
obscúrus, a, um, *adj.* 1. **어두운**, 어두컴컴한; 잔뜩 흐린; **희미한**. 2. 가려진, 숨은, 보이지 않는. 3. **분명[명료]하지 않은**, 뚜렷하지 않은, 모호한, 알아들을 수 없는. 4. 알려지지 않은, 비천한: obscúro loco natus*(C.)* 천민 태생. 5. 알 수 없는, 비밀에 싸인.
obsecrátĭo, ónis, *f.* [óbsecro] 1. 간원(懇願), 탄원, 애원. 2. (기우제 따위에서 일

정한 양식대로 하는) 공식기도. 3. (신의 이름을 부르며 하는) 저주·맹세.

obsecrátor, óris, *m.* [óbsecro] 탄원자, 애원자.

óbsĕcro, ávi, átum, áre, *tr.* [ob^2+sacro] 1. 〔*alqm; alqm alqd,* ab *alqo;* ut, ne; *absol.*〕 간청하다, 간원[탄원·애원]하다. 2. 〔경탄·간청 따위 뜻의 삽입형식〕 óbsecro 제발, 청컨대 / Obsĕcro, quem vídeo?*(T.)* 아니 이게 누구야?

obsecúndo, ávi, átum, áre, *intr.* [ob^2+] 〔*dat.*〕 남의 뜻을 따르다, 순종하다, 동의하다: ~ impériis*(Amm.)* 명령을 실천하다.

obsecútĭo, ónis, *f.* [óbsequor] 동의, 승낙, 복종. 「종자.

obsecútor, óris, *m.* [óbsequor] 복종자, 순

obsédi, *pf.* [obsídeo, obsído].

obsépĭo = obsǽpio. 「종, 고분고분함.

obsequéla, æ, *f.* [óbsequor] 비위 맞춤; 순

óbsĕquens, éntis, *p.præs., a.p.* [óbsequor] 1. 〔*dat.*〕 누구의 뜻을 따르는, 순종하는. 2. 〔신들 특히 *Fortúna* 신에게 붙이는 형용사〕 어진, 호의를 가진[보이는].

obsequéntĭa, æ, *f.* [óbsequens] 순종.

obséquĭæ, árum, *f.pl.* [óbsequor] 장례.

obsequíbĭlis, e, *adj.* [óbsequor] 친절한.

obsequiósus, a, um, *adj.* [obséquium] 순종하는, 고분고분한; 비위 맞추는, 환심을 사려는.

obséquĭum, i, *n.* [óbsequor] 1. 상냥함, 친절, 호의, 관대. 2. 아첨, 아부, 비위 맞춤. 3. 순종, 복종; 고분고분함, 공손. 4. 충성. 5. 흐뭇하게 함. 6. 〔*pl.*〕 수행원, 경호대.

óbsĕquor, *(quĕris, ĭtur),* secútus[-quútus] sum, qui, *dep. intr.* 〔*dat.; in alqā re, alqd (pron.); absol.*〕 1. (누구의) 뜻을 따르다, 하자는 대로 하다, 비위를 맞추다, 고분고분하다, 순종하다. 2. 친절을 베풀다, 돌보아주다. 3. 힘쓰다, 전념하다, 몰두하다. 「그다, 폐쇄하다, 막다.

óbsĕro^1, ávi, átum, áre, *tr.* [ob^2+sero^2] 잠

óbsĕro^2, sévi, sĭtum, ĕre, *tr.* [ob^2+sero^4] 1. 씨뿌리다, 심다. 2. 〔*alqd alqā re*〕 뒤덮다: loca óbsita virgúltis*(L.)* 잡목숲이 우거진 곳: montes óbsiti nívibus*(Curt.)* 온통 눈으로 뒤덮인 산들.

observábĭlis, e, *adj.* [obsérvo] 1. 관찰할 수 있는; 눈에 뜨이는, 주목할 만한. 2. 지킬 수 있는, 준수할 수 있는.

obsérvans, ántis, *p.præs., a.p.* [obsérvo] 〔*gen.; absol.*〕 1. (규칙·법칙 따위를) 잘 지키는, 준수하는, (지분·책임을) 이행[완수]하는. 2. 경의를 표시하는, 존경[공경]하는.

observántĭa, æ, *f.* [obsérvans] 1. 관찰, 감시, 주목, 주의. 2. (규칙·의무·관례·의식 따위를) 지킴, 준수(遵守), 준봉. 3. 경의(敬意), 존경.

observátĭo, ónis, *f.* [obsérvo] 1. **관찰**, 관측, 주목, 감시; 주의줌. 2. 규칙, 법칙, 규정, 관례. 3. 세심한 주의, 신중. 4. 경의(敬意), 존경.

observátor, óris, *m.*[-**trix,** ícis, *f.*] [obsérvo] 1. 관찰자, 관측자, 감시인. 2. (규칙 따위를) 지키는 사람, 준수자, 준봉자.

obsérvĭto, ávi, átum, áre, *tr. freq.*[obsérvo] 열심히 지키다[준수·준봉하다]; 주의깊게 살피다[관찰하다].

obsérvo, ávi, átum, áre, *tr.* [ob^2+] 1. 살피다, **관찰하다**, 주시하다, 관측하다. 2. 감시하다; 경비하다. 3. **지키다**, 준수(遵守)하다, 준봉하다, (의식 따위를) 거행하다. 4. 알아채다, 깨닫다. 5. 존경하다, 경의를 표시하다. 「질(人質). 2. 저당, 보증.

obses, sĭdis, *m.f.* [ob^2+sédeo] 1. **볼모**, 인

obséssĭo, ónis, *f.* [obsídeo] 1. 포위; 봉쇄. 2. 들러붙음, 귀신[악귀] 들림: ~ dæmoníaca 마귀 들림. 3. 고착[강박]관념, 망상.

obséssor, óris, *m.* [obsídeo] 1. (어떤 곳에) 앉아서 머물러 있는 사람. 2. 포위자, 봉쇄자.

obséssus, a, um, *p.p.* [obsídeo, obsído].

obsidátus, us, *m.* 볼모로 넘겨줌[잡혀감]; 볼모 신세.

obsídĕo, sédi, séssum, ére, [ob^2+sédeo] I. *intr.* 〔in *abl.; absol.*〕 (우두커니) 앉아있다, 자리잡고 있다, 머무르다.

II. *tr.* 1. 〔*alqd*〕 (어디에) 정착하다, 자리잡다, 머물러 있다: Ranæ stagna óbsident. *(Plin.)* 개구리들이 연못(가)에 서식한다. 2. 〔*alqd*〕 (장소 따위를) 차지하고 있다, 점유하다, 가로막고 있다. 3. **포위하다**, 봉쇄하다. 4. 꼼짝못하게 하다. 5. 곁에 붙어 있다, (마음·정신 따위를) 사로잡다. 6. 점령하다, 소유하다. 7. 지켜보다, 염탐하다, 노리다. 「위에 관한, 봉쇄의.

obsidiális, e, *adj.* [obsídium^1] 포위의, 포

obsídĭo, ónis, *f.* [obsídeo] 1. 포위, 봉쇄. 2. 점령, 점유. 3. 감금, 억류. 4. 위급(危急), 큰 위험, 위기.

obsidionális, e, *adj.* [obsídio] 포위[봉쇄]에 관한, 포위를 물리친: ~ coróna*(L.)* 적의 포위를 물리친 장군에게 주는 화관.

obsídĭor, ári, *dep. intr.* [obsídium^1] 〔*dat.*〕 포위하여 잠복하다, 흉계를 꾸미다, 노리다.

obsídĭum^1, i, *n.* [obsídeo] 1. 방어 시설, 방어망. 2. 포위(공격); 봉쇄. 3. 잠복(潛伏), 매복. 4. 깊은 주의, 경계. 5. 위급, 위기. 「신세; 볼모.

obsídium^2, i, *n.* [obses] 볼모로 잡힘, 인질

obsído, sédi, séssum, ĕre, *tr.* 1. (자리를) 차지하다, 점령하다. 2. 포위하다, 봉쇄하다. 3. 지키다, 수비하다.

obsignátĭo, ónis, *f.* [obsígno] 봉(封)함, 도장 찍음, 봉인. 「서 봉인한 증인.
obsignátor, óris, *m.* [obsígno] 날인자, 유
obsígno, ávi, átum, áre, *tr.* [ob[2]+] **1.** 날인하다, 봉인하다. **2.** 서명날인하다. **3.** (문서·유서 따위를) 작성하다. **4.** 새겨넣다. **5.** 포위하다. 「뿌리다.
óbsĭpo, áre, *tr.* [ob[2]+sipo[1]] (물·흙 따위를)
obsísto, stĭti, stĭtum, ĕre, *intr.* [ob[2]+] **1.** 〔*absol.; dat.*〕 앞에 버티고 서다, 막아서다, 가로막다. **2.** 〔*dat.;* ne; *inf.; absol.*〕 방해하다, 못하게 하다, 대립하다, **저항[대항]하다**, 반대하다, 맞싸우다.
óbsĭtus, a, um, *p.p.* [óbsero[2]] 〔*abl.*〕 무엇으로 꽉 찬, 가득 들어선; 뒤덮인, 싸인.
obsolefácĭo, féci, fáctum, cĕre, *tr.* [obsóleo+fácio] 폐물[고물]이 되게 하다, 품위[권위]를 떨어뜨리다.
obsólĕo, ére, *intr.* [ob[2]+sóleo, obs=ob[2]+óleo] 쓰이지 않다, 폐물이 되어있다.
obsolésco, lévi, létum, ĕre, *intr. inch.* [obsóleo] 폐물[고물]이 되어 가다, (풍습 따위가) 없어지다, 가치가 떨어지다, 약화되다, 빛을 잃다.
obsolétus, a, um, *p.p., a.p.* [obsolésco] **1.** 낡아빠진, 헌것이 된, 해어진, 폐물이 된, (빛이) 바랜; 안쓰이는, 폐용(廢用)의, 구식의. **2.** 보통의, 진부(陳腐)한, 저속한, 상스러운.
obsonátĭo, ónis, *f.* [obsóno[1]] (빵과 포도주 이외의) 식료품 구입, 반찬 준비. 「자.
obsonátor, óris, *m.* [obsóno[1]] 식료품 구매
obsonátus, us, *m.* [obsóno[1]] 반찬 준비, 생선 장만.
obsónĭum, i, *n.* 반찬, 요리; (특히) 생선.
obsóno[1], ávi, átum, áre, [**-nor,** átus sum, ári, *dep.*] *tr.* **1.** 식료품을 사다, 장보다. **2.** 잘 차려 먹다. **3.** ~ famem*(C.)* 식욕을 돋구려고 굶다. 「로 훼방하다.
obsóno[2], áre, *intr.* [ob[2]+] 소리내다, 소리
obsópĭo, ívi, ítum, íre, *tr.* [ob[2]+] 잠재우다, 깊이 잠들게 하다; 〔*pass.*〕 깊이 잠들다. 「삼키다.
obsórbĕo, bŭi, ére, *tr.* [ob[2]+] 몽땅 마시다,
obsordésco, dŭi, ĕre, *intr.* [ob[2]+] **1.** 더러워지다. **2.** 낡아지다. 「방해(물).
obstácŭlum, i, *n.* [obsto] 장애(물), 지장,
obstántĭa, æ, *f.* [obsto] 반대, 저항, 장애.
obstetrícĭus, a, um, *adj.* [obstétrix] 분만을 돕는, 산과(產科)의, 조산(助產)의; 〔*subst.*〕 *n.pl.* 산부인과학, 조산술(助產術).
obstetríco, ávi, áre, *intr.* [obstétrix] 분만을 돕다, 조산(助產)하다, 아기받다.
obstétrix, ícis, *f.* [ob[2]+sto[2], sisto] 산파, 조산원, 분만돕는 여자.
obstinátĭo, ónis, *f.* [óbstino] **1.** 고집, 완고, 완강. **2.** 끈질김, 확고, 견인(堅忍), 불굴.
obstinátus, a, um, *p.p., a.p.* [óbstino]〔*absol.; inf.;* ad, advérsus, contra, erga *acc.*〕 **1.** 결의가 굳은, 꿋꿋한, 확고한, 불굴의, 단호한, 변함없는. **2.** 고집하는, 끝까지 버티는, 완고한, 완강한.
óbstĭno, ávi, átum, áre, *tr.* 〔*alqd, inf.*〕 결의를 굳히다, 관철하다, 주장하다; 끝까지 버티다, 끈질기게 추구하다; 고집하다.
obstipátĭo, ónis, *f.* [obstípo] **1.** 군중, 운집. **2.** 《醫》 (완고한) 변비. 「어넣다
obstípo, áre, *intr.* 다져넣다, 꾹꾹 눌러 밀
obstípus, a, um, *adj.* [ob[2]+stipes] 한쪽으로 기울어진, 삐딱한, 비스듬한; 젖혀진;
óbstĭti, *pf.* [obsísto, obsto]. ⌊숙인.
óbstĭtus, a, um, *p.p.* [obsísto] **1.** 〔점술에서〕 벼락맞은. **2.** 기울어진, 비스듬한, 경사진.
obsto, stĭti, státum, áre, *intr.* [ob[2]+] **1.** 〔ab *abl.*〕 앞에 서다, 앞을 가리다[막다]. **2.** 〔*absol.; dat.*, ne, quin, quóminus〕 가로막다, 방해하다, 못하게 하다, 훼방하다, 장애가 되다; 반대하다, 저항하다.
obstrágŭlum, i, *n.* 신을 발등이나 발가락 사이에 걸어매는 가죽끈.
óbstrĕpo, strépŭi, strépĭtum, ĕre, *intr.* **1.** 〔*absol.; dat.*〕 …소리가 요란하다, 앞에서[곁에서] 소리내다. **2.** 〔*dat.; absol.*〕 (연설 따위를 방해하기 위해) 소음을 내다, 소란으로 중단시키다. **3.** 〔*dat.*〕 성가시게[귀찮게] 굴다. **4.** 방해하다, 훼방하다.
obstríctus, a, um, *p.p., a.p.* [obstríngo] **1.** 묶인, 졸라맨; 의무가 있는. **2.** 〔*abl. críminis*〕 (무슨) 죄인이 된. 「자, 반대자.
obstrigillátor, óris, *m.* [obstrigíllo] 방해
obstri(n)gíllo, ávi, átum, áre, *intr.* [obstríngo] 〔*absol.; dat.;* ne〕 방해하다, 못하게 하다, 반대하다.
obstríngo, strínxi, stríctum, ĕre, *tr.* [ob[2]+] **1.** 단단히 매다, 붙들어 매다. **2.** 〔*alqd – alqā re*〕 동여매다, 얽어[걸어]매다, 졸라매다. **3.** 〔*alqm alqā re*〕 (떠나지 못하게) 붙잡아 두다, (어떤 유대로) 묶어놓다·속박하다, 의무를 지우다, (법·선서·신의 따위로) 책임을 지우다[약속받다]: benefícii vínculis obstríctus*(C.)* 크게 신세진. **4.** 〔*alqm alqo* crímine〕 누구에게 무슨 죄를 돌리다, 단죄하다: se ~ *alqo* crímine*(C.)* (무슨) 죄인이 되다 / obstríctus pátriæ parricídio*(C.)* 조국반역의 죄인.
obstrúctĭo, ónis, *f.* [óbstruo] **1.** 폐색(閉塞), 막음, 봉쇄. **2.** 《醫》 변비. **3.** 방
obstrúdo = obtrúdo. ⌊해; 장애, 지장.
óbstrŭo, strúxi, strúctum, ĕre, *tr.* [ob[2]+] **1.** 앞에[옆에] 구축(構築)하다[쌓다]. **2.** ~ lumínibus vicíni*(C.)* (건물을 높이 지어) 옆집의 채광을 가로막다. **3.** 닫다, 막다, 가

로막다, 틀어막다, 봉쇄하다; 못하게 하다. 4. 무디게 하다, 방해하다.

obstupefácĭo, féci, fáctum, ĕre, *tr.* [obstupésco+fácio] 깜짝 놀라게 하다, 아연실색게 하다, 간담을 서늘게 하다; 멍(청)하게 만들다, 얼빠지게 하다, 무감각해지게 하다, 마비시키다.

obstupefío, fáctus sum, fíĕri, *pass.* [obstupefácio] 깜짝 놀라다; 얼빠지다, 멍청해지다, 마비되다.

obstupésco, stúpŭi, ĕre, *intr.* [ob²+] **1.** 마비되다, 굳어지다. **2.** 깜짝 놀라다, 아연실색하다; 얼빠지다. **3.** 이가 시어지다. **4.** *tr.* 놀라다, 경탄하다.

obstúpĭdus, a, um, *adj.* [ob²+] 무감각한, 마비된, 얼빠진; 아연실색한.

obsum, *(obes),* óbfŭi[óffŭi], obésse, *anom. intr.* [ob²+] 〔*dat.*〕 해롭다, 손해가 되다, 방해가 되다. 「2. 봉하다, 막다.

óbsŭo, sŭi, sútum, ĕre, *tr.* [ob²+] **1.** 깁다.

obsurdésco, dŭi, ĕre, *intr.* [ob²+] **1.** 귀머거리가 되다. **2.** 귀를 기울이지 않다, 듣지 않다. **3.** 약해지다, 감소되다.

óbtĕgo, téxi, téctum, ĕre, *tr.* [ob²+] **1.** 덮다, 가리다. **2.** 숨기다, 감추다. **3.** 보호하다.

obtemperátĭo, ónis, *f.* [obtémpero] 복종, 순종: ~ légibus*(C.)* 법률에의 복종.

obtemperátor, óris, *m.* [obtémpero] 복종자, 순종자.

obtémpĕro, ávi, átum, áre, *intr.* [ob²+] 〔*dat.*, ad *alqd*; *absol.*〕 순종하다, 순명하다, 순응하다.

obténdo, di, téntum, ĕre, *tr.* [ob²+] **1.** 앞으로 내펴다[펼치다], 내세우다, 앞으로 뻗게 하다; 향하게 하다, 대립시키다; 〔*pass.*〕 마주 서 있다, 반대편에 있다. **2.** 구실을 대다, 핑계하다. **3.** 덮다, 가리다.

obtenebrésco, ĕre, *intr.* [ob²+] 어두워지다. 「게 하다, 캄캄하게 하다.

obténĕbro, ávi, átum, áre, *tr.* [ob²+] 어둡

obténtĭo, ónis, *f.* [obténdo] 가리움.

obténtus[1], a, um, *p.p.* [obténdo, obtíneo].

obténtus[2], us, *m.* [obténdo] **1.** 내뻗침. **2.** 앞에 내세우는 것, 핑계, 구실; 겉보기. **3.** 가리움, 덮음, 감춤.

óbtĕro, trívi, trítum, ĕre, *tr.* [ob²+] **1.** 짓밟다, 깔아 뭉개다, 부수다, 분쇄하다; 꺾다, 부러뜨리다. **2.** 섬멸하다, 없애버리다. **3.** 짓이기다, 유린하다, 압박하다. **4.** 모욕하다, 무시하다.

obtestátĭo, ónis, *f.* [obtéstor] **1.** 신(神)을 증인으로 불러댐, 신의 조람(照覽)을 기원함, 신의 이름으로 선서함. **2.** 간구, 탄원.

obtéstor, átus sum, ári, *dep. tr.* [ob²+] **1.** (신이나 권위있는 사람을) 증인으로 부르다, 증인으로 삼다. **2.** 〔*alqm*, *alqd*, ut, ne〕 간구하다, 탄원[애원]하다, 간청하다. **3.** 〔*alqd*, *acc.c.inf.*〕 엄숙히 맹세하다, 맹

obtéxi, *pf.* [óbtego]. ⌊세로써 확언하다.

obtéxo, téxŭi, téxtum, ĕre, *tr.* [ob²+] **1.** 둘러서 짜다(織), 뜨다, 엮다. **2.** 덮다, 가리다. 「說法).

obticéntĭa, æ, *f.* [obtíceo] 《修》 묵설법(默

obtícĕo, cŭi, ére, *intr.* [ob²+táceo] 말을 안 하다, 묵묵하다. 「하다, 묵묵하다.

obticésco, ĕre, *intr. inch.* [obtíceo] 말을 안

obtinéntĭa, æ, *f.* 얻음, 소유; (말의) 의미.

obtínĕo, nŭi, téntum, ére, [ob²+téneo] **I.** *tr.* **1.** 차지하다, 점유하다, 확보하다, 손에 넣다, 소유하다, 가지고 있다, 꽉 잡고 있다. **2.** (어떤 지방을) 다스리다, 통치하다. **3.** 유지하다, 보존[보전]하다, 계속지키다, 고수하다: ~ prístinam dignitátem *(C.)* 지난 날의 품위를 보존하다. **4.** 〔*alqd*, *acc. c. inf.*〕 (의견을) 굽히지 않다, 관철하다, 주장하다, 옹호하다; 증명하다. **5.** 〔*alqd*; ut, ne; *inf.*〕 얻다, 획득하다, 성취하다, 성공하다, (목적·지위 따위에) 도달하다; 이기다, 승리로 이끌다. **II.** *intr.* **1.** 우세하다. **2.** 계속되다, 유지되다, 오래 가다.

obtíngo, tĭgi, ĕre, *intr.*, *tr.* [ob²+tango] **1.** 〔*alci*; *absol.*〕 (무슨 일이) 생기다, 일어나다, 닥치다: Mihi obtínget sors. *(Pl.)* 나는 당첨될 것이다. **2.** 〔*alci*〕 배당[배정]되다, 몫이 되다: Quod cuíque óbtigit, id quisque téneat.*(C.)* 제 몫으로 돌아오는 것을 누구나 잡아야 한다. **3.** *tr.* 〔*alqd*〕 닿다.

obtorpésco, tórpŭi, ĕre, *intr. inch.* [ob²+] 뻣뻣해지다, 굳어지다, 곱아들다, 몹시 저리다, 마비되다, 무감각해지다.

obtórquĕo, tórsi, tórtum, ére, *tr.* [ob²+] 비틀다, 뒤틀다; 빙빙 돌리다, 홱 돌리다.

obtrectátĭo, ónis, *f.* [obtrécto] 비난, 험담, 혹평, 비방, 중상(中傷), 헐뜯음, 깎아내림.

obtrectátor, óris, *m.* [obtrécto] 비난자, 악평자, 비방자, 중상자(中傷者).

obtrécto, ávi, átum, áre, *intr.*, *tr.* [ob²+tracto] **1.** 〔*dat.*, *acc.*; *absol.*〕 비난하다, 깎아내리다, 비방하다, 혹평하다, 중상하다, 헐뜯다. **2.** 〔inter se〕 경쟁하다.

obtrítus, us, *m.* [óbtero] 짓밟음, 짓누름.

obtrúdo, trúsi, trúsum, ĕre, *tr.* [ob²+] **1.** 세게 떼밀다. **2.** 마구 처먹다, 꿀떡꿀떡 삼키다. **3.** 강요하다, 억지로 받아들이게 하다, 떠맡기다. **4.** 닫다, 막다, 닫치다; 다물다.

obtruncátĭo, ónis, *f.* [obtrúnco] **1.** (나무 따위의) 윗동을 자름, 가지치기, 순치기. **2.** 참수(斬首).

obtrúnco, ávi, átum, áre, *tr.* [ob²+] **1.** 가지치다, 순을 치다. **2.** 목을 자르다; 죽이다.

obtrúsĭo, ónis, *f.* [obtrúdo] 억지로 집어넣음, 밀쳐넣음.

obtúĕor, éri, *dep. tr.* [ob²+] 보다; 뚫어지게 바라보다, 응시하다, 자세히 보다.

obtúĭtus, us, *m.* [obtúeor] 뚫어지게 바라

óbtŭli, *pf.* [óffero]. └봄, 응시(凝視).

obtúndo, tŭdi, tú(n)sum, ĕre, *tr.* [ob²+] **1.** 때리다, 치다, 두들기다, 후려갈기다. **2.** 무디게 하다, 약하게 하다; (눈·귀 따위를) 어둡게 하다, (목소리를) 잠기게 하다. **3.** 진력나게 하다, 시달리게 하다, 지치게 하다. 「김.

obtúnsĭo, ónis, *f.* [obtúndo] 때림, 후려갈

obtúnsus = obtúsus. 「마개.

obturácŭlum[**-méntum**], i, *n.* [obtúro]

obturátĭo, ónis, *f.* [obtúro] **1.** 틀어막음; 마개막음; 밀폐. **2.** 경화(硬化). **3.** 《醫》 폐쇄, 폐색.

obturbátĭo, ónis, *f.* [obtúrbo] 혼란.

obtúrbo, ávi, átum, áre, *tr.* [ob²+] **1.** 혼란시키다, 교란하다. **2.** 소란피워 (말·낭독 따위를) 방해하다. 「부풀다.

obturgésco, túrsi, ĕre, *intr.* [ob²+] 붓다,

obtúro, ávi, átum, áre, *tr.* **1.** 막다, 마개를 박다, 밀폐하다. **2.** 시장기를 풀다.

obtúsĭo, ónis, *f.* [obtúndo] **1.** 때림, 구타, 타격. **2.** 감각의 무딤, 마비.

obtúsus, a, um, *p.p.*, *a.p.* [obtúndo] **1.** 얻어맞은, 부딪친. **2.** 무딘, 무디어진; 둔한, 무감각한, 마비된; (눈·귀가) 어두운, (목소리가) 잠긴.

obtútus, us, *m.* [obtúeor] **1.** 응시(凝視), 주목, 주시. **2.** 눈. **3.** 생각.

obumbrátĭo, ónis, *f.* [obúmbro] **1.** 그늘지움, 어둡게 함. **2.** 어두움.

obumbrátrix, ícis, *f.* [obúmbro] 감싸주는[비호하는] 여자.

obúmbro, ávi, átum, áre, *tr.* **1.** 그늘 지우다. **2.** 어둡게 하다, 흐리게 하다. **3.** 덮다, 가리우다. **4.** 감추다, 숨기다. **5.** 보호[비호]하다, 감싸주다.

obúnclus, a, um, *adj. dim.* [obúncus] 조금 갈고리진, 꼬부라진.

obúncus, a, um, *adj.* 갈고리진, (새의 부리·발톱·매부리코 따위가) 아래쪽으로 꼬부라진.

obundátĭo, ónis, *f.* 홍수, 범람.

obústus, a, um, *p.p.* [*inusit.* obúro] **1.** 온통 그을린, 돌아가며 타버린. **2.** (쇠가) 달구어져서 굳어진. **3.** (흙덩이가) 얼어서 단단해진. 「채다.

obvágĭo, íre, *intr.* [ob²+](아기가) 울다, 보

obvállo, ávi, átum, áre, *tr.* [ob²+] 방책(防柵)을 두르다, 성벽을 쌓아 방비하다.

obveniéntĭa, æ, *f.* [obvénio] (우발)사건.

obvénĭo, véni, véntum, íre, *intr.* [ob²+] **1.** 〔*dat.*〕 앞에 오다, 마주 오다, 만나다; (시간·기회 따위에) 대어오다. **2.** (일이) 생기다, (우연히) 일어나다, (기회 따위가) 돌아오다. **3.** 〔*alci*〕 (유산 따위가 누구 앞으로) 돌아오다[가다], (누구의) 차지가 되다. 「생각지 아니한.

obventícĭus, a, um, *adj.* [obvénio] 우연한,

obvéntĭo, ónis, *f.* [obvénio] (정상 수입 이외의) 우연한 수입.

obvéntus, us, *m.* [obvénio] 조우(遭遇).

obvérsor, átus sum, ári, *dep. intr.* [ob²+] 〔*dat.; absol.*〕 **1.** 앞에 나타나다, 출석하다. **2.** 눈앞에서 어른거리다. **3.** 저항[대항]하다.

obvérto, ti, vérsum, ĕre, *tr.* [ob²+verto] **1.** 〔*alqm[alqd] dat.*, ad, in *acc.*〕 향해 돌리다, 향하게 하다; 겨누다. **2.** 〔*pass.*〕 향하다, 향해 있다.

óbvĭam, *adv.* [ob²+viam] 〔*dat.*〕 **1.** 마주쳐, 마주치게, 만나게; **마중**하러, 맞으러: ~ *alci* fíeri*(C.)*누구를 만나다/ ire [prodíre] ~ *alci(C.)*, exíre ~ *alci(Cæs.)* 누구를 마중(나)가다. **2.** 맞서, 거슬러, 대항하여, 저지하여: cupiditáti ~ ire*(C.)* 탐욕과 싸우다. **3.** 대책을 강구하여[하러].

obvígĭlo, átum, áre, *intr.* [ob²+] 철야하다, 밤새하여 지키다.

óbvĭo, ávi, átum, áre, *intr.* [ob²+] **1.** 〔*dat.*〕 만나다, 마주치다. **2.** 반대하다, 대항하다. **3.** 미연에 방지하다, 피해를 막다.

obvíŏlo, áre, *tr.* [ob²+] 범하다, 침범하다, 침해하다.

óbvĭus, a, um, *adj.* [ob²+via] **1.** 〔*dat.*〕 마주치는, 지나는 길에[오다가다] 만나게 되는; 마중 가는[오는]: montes óbvii itíneri*(N.)* 도중에 있는 산들. **2.** 저항[대항]하는, 반대해 오는, 맞서는. **3.** 쉽게 만날 수 있는, 쉽게 얻어지는, 손쉬운, 가까이 있는. **4.** 상냥한, 친절한.

obvolútĭo, ónis, *f.* 쌈(包), 싸맴, 처맴.

obvólvo, vi, volútum, ĕre, *tr.* [ob²+] (보자기 따위로) 싸다, 포장하다, 씌우다, 덮다, 가리다; 싸매다, 처매다.

occa, æ, *f.* [occo] 써레.

óccăbus [**-vus**], i, *m.* 팔가락지, 팔찌.

occæcátĭo, ónis, *f.* [occǽco] 심은 씨를 흙으로 덮음; 맹목적임.

occǽco, ávi, átum, áre, *tr.* [ob²+cæco] **1.** 눈멀게 하다, 소경되게 하다. **2.** 어둡게 만들다, 캄캄하게 하다, 보이지 않게 하다. **3.** 정신 나가게[얼빠지게] 하다, (무엇에) 눈이 어두워지게 하다. **4.** (심은 씨를) 흙으로 덮다.

occallátus, a, um, *adj.* [ob²+callum] 피부가 두꺼운; 무감각해진, 철면피의.

occallésco, cállŭi, ĕre, *intr. inch.* [ob²+cálleo] **1.** (피부·가죽 따위가) 굳어지다, 굳

은 살이 박히다. 2. 무감각해지다, 아무렇지도 않게 되다.

óccăno, ŭi, ĕre, *intr.*, *tr.* [ob²+cano] 나팔소리나다; 신호 나팔을 불다.

occánto, ávi, átum, áre, *tr.* [ob²+canto] 마술걸다, 매혹시키다; 즐겁게 하다.

occásĭo, ónis, *f.* [óccido¹] **1. 기회**, (적당한) 시기, 호기(好機), 우연: occasióne datā *(C.)* 좋은 기회를 만나; 기회 있는 대로. 2. 넉넉한 분량. 3. [O-] 호기(好機)의 여신.

occasionális, e, *adj.* [occásio] 1. 우연한 기회의; 〔*adv.*〕 **-lĭter,** 우연한 기회에. 2. 때때로의; 임시의. 「우인론(偶因論).

occasionalísmus, i, *m.* 《哲》 기회 원인론,

occasionárĭus, a, um, *adj.* [occásio] 죄의 기회를 피하지 않고 그대로 계속하는.

occasiúncŭla, æ, *f. dim.* [occásio] 작은 기회, (마침 잘된) 호기.

occásus¹, a, um, *p.p.* [óccido¹].

occásus², us, *m.* [óccido¹] 1. (해·달·별이) 사라짐, **일몰**(日沒), 해넘이, 해거름: ~ solis 일몰. 2. 해지는 곳, 서쪽. 3. 죽음; 멸망, 몰락. 4. 우연한 기회.

occátĭo, ónis, *f.* [occo] 1. 써레질. 2. 씨앗을 흙으로 덮음.

occátor, óris, *m.* [occo] 1. 써레질하는 사람; 흙덩이를 바수는 사람. 2. 씨앗을 흙으로 덮는 사람. 「는, 흙덩이를 바수는.

occatórĭus, a, um, *adj.* [occátor] 써레질하

occédo, céssi, céssum, ĕre, *intr.* [ob²+cedo²] (누구) 앞으로 나아가다. 「리.

occentátĭo, ónis, *f.* [occénto] 신호 나팔소

occénto, ávi, átum, áre, *tr.* [ob²+canto] 1. 문[누구] 앞에서 노래하다, 소야곡을[세레나데를] 부르다[연주하다]. 2. 풍자하는 노래를 하다, 비꼬는 노래로 공격하다. 3. 새들이 불길하게 우짖다.

occéntus, us, *m.* [óccino] (부엉이·올빼미의) 우는 소리. 「*inf.*〕 시작하다.

occépto, ávi, áre, *tr. freq.* [occípio] 〔*absol.*;

occidánĕus, a, um, *adj.* 서쪽의: ventus ~ 서풍.

óccĭdens, éntis, *p.præs.* [óccido¹] 1. 서쪽의, 서쪽 나라의. 2. *m.* 서양, 서방(西方).

occidentális, e, *adj.* [óccidens] 서쪽의, 서양의.

óccĭdi¹, *pf.*[óccido¹]; **occídi²,** *pf.*[occído²].

occídĭo, ónis, *f.* [occído²] 살육, **몰살, 멸종**, 전멸, 절멸(絶滅).

óccĭdo¹, cĭdi, cásum, ĕre, *intr.* [ob²+cado] 1. 떨어지다, 낙하하다, 추락하다. 2. 죽다, 멸망하다. 3. (해·달·별이) **지다**, 저물다: occidénte sole *(C.)* 해가 질 때에. 4. 없어지다, 꺼지다, 사라지다.

occído², cídi, císum, ĕre, *tr.* [ob²+cædo] 1. 몹시 때리다, 후려치다. 2. **죽이다**, 살육하다. 3. 죽일 듯이 괴롭히다.

occídŭus, a, um, *adj.* [óccido¹] 1. 해가 지는, 일몰의, (달·별이) 지는. 2. 서쪽의, 서방의. 3. 죽을 때가 가까운.

occillátor, óris, *m.* [occíllo] 괭이로 흙을 고르는 사람, 농부. 「농사일하다.

occíllo, áre, *tr.* [occa] 흙덩이를 깨뜨리다,

óccĭno, cínŭi[cécĭni], ĕre, *intr.* [ob²+cano] 1. 새가 불길하게 울다. 2. 노래하다.

occípĭo, cépi[cœpi], céptum[cœptum], ĕre, [ob²+cápio¹] 1. *tr.* 〔*alqd, inf.*〕 시작하다, 계획하다, 손대다. 2. *intr.* 첫발을 내딛다, 시작하다. 「후두의.

occipitális, e, *adj.* 《解》 후두부(後頭部)의,

occipítĭum, i, *n.* [ob²+caput] 1. 후두부(後頭部). 2. 뒤편. 「頭), 후두부.

óccĭput, pĭtis, *n.* [ob²+caput] 《解》 후두(後

occísĭo, ónis, *f.* [occído²] 죽임, 살인, 살해.

occísor, óris, *m.* [occído²] 살인자.

occisórĭus, a, um, *adj.* [occído²] 제물로 쓸, 희생될. 「해된. 2. 망한, 전멸한.

occísus, a, um, *p.p.*, *a.p.* [occído²] 1. 살

occlámĭto, áre, *tr. freq.* [ob²+] 고함지르다, 함부로 떠들다.

occlúdo, clúsi, clúsum, ĕre, *tr.* [ob²+claudo¹] 막다, 차단하다, 닫다, 잠그다, 폐쇄하다: ~ óstium *(Pl.)* 문을 잠그다 / occlúsis áuribus *(Apul.)* 두 귀를 틀어막고 / ~ linguam *(Pl.)* 말을 못하게 하다. 「쇄.

occlúsĭo, ónis, *f.* [occlúdo] 폐색(閉塞), 폐

occlúsus, a, um, *p.p.*, *a.p.* [occlúdo] 1. 닫은, 잠근; 막은. 2. (사람이) 꽉 막힌, 어리석은. 「부수다.

occo, ávi, átum, áre, *tr.* 밭갈다, 흙덩이를

occúbĭtus, us, *m.* [occúmbo] 해짐, 일몰.

óccŭbo, bŭi, bĭtum, áre, *intr.* [ob²+cubo] 1. 〔*dat., abl.*〕 (옆에·곁에) 누워 있다. 2. 무덤에서 쉬고 있다.

occúbŭi, *pf.* [óccubo, occúmbo]. 「밟다.

occúlco, ávi, átum, áre, *tr.* [ob²+calco] 짓

óccŭlo, cúlŭi, cúltum, ĕre, *tr.* [ob²+colo²] 1. (씨앗·초목 따위를 심고 흙으로) 덮다. 2. 〔*alqm[alqd] alqā re*〕 숨기다, 감추다, 가리우다, 위장하다; 〔*pass. refl.*〕 **se ~, ócculi** 숨다, 가리워지다.

occultátĭo, ónis, *f.* [occúlto] 숨김, 은닉, 감춤, 《修》 암시적 간과법(暗示的看過法).

occultátor, óris, *m.* [occúlto] 감추는[숨기는] 사람, 은닉자. 「비밀히, 가만히.

occúlte[-to, -tim], *adv.* [occúltus] 몰래,

occultísmus, i, *m.* 심령론(心靈論); 신비학.

occúlto, ávi, átum, áre, *tr. intens.* [óccŭlo] 〔*alqm[alqd]* - *alci*, ab *abl.*; in *abl.*, *abl.*; in, post *acc.*〕 숨기다, 감추다; 〔*refl. pass.*〕 **se ~, occultári** 숨다.

occúltum, i, *n.* [occúltus] 〔흔히 *pl.*〕 비밀,

은밀; 가려진 곳[것]: in occúlto(*C.*) 비밀 장소에서, 비밀히 / per ~(*Ta.*) 비밀로.

occúltus, a, um, *p.p., a.p.* [ócculo] **1.** 숨겨진, 감추어진, 가려진. **2.** 비밀의, 몰래 하는, 눈치채이지 않은: Occúltus venit.(*Sall.*) 그는 몰래 왔다. **3.** 위장한, 가장한, 정체를 드러내지 않은, 엉큼한, 음험한.

occúmbo, cúbŭi, cúbĭtum, ĕre, *intr., tr.*[ob[2] +cubo] **1.** 쓰러지다, 넘어지다. **2.** (해·달·별이) 지다. **3.** 〔때로는 mortem, morte, morti를 동반하기도 함〕 **죽다. 4.** 식탁에 마주 앉다[비스듬히 기대어 앉다].

occupátĭo, ónis, *f.* [óccupo[1]] **1.** 차지함, 소유, 점유, 점령, 점거. **2.** 일, **업무,** 직**업,** (일의) 종사(從事), 분주: in máximis occupatiónibus(*C.*) 극도로 바쁜 중에. **3.** 《修》 예변법(豫辯法).

occupátor, óris, *m.* [óccupo[1]] 점령자.

occupatórĭus, a, um, *adj.* 점유의.

occupátus[1], a, um, *p.p., a.p.* [óccupo[1]] **1.** 주인있는, 남편있는. **2.** 점령된, 차지된. **3.** 〔in *abl., abl.,* circa *acc.*〕 (일에) 바쁜, 분주한, 종사하는, 몸담은. **4.** (돈이) 쓰여진, 소비된.

occupátus[2], us, *m.* [óccupo[1]] = occupátio.

óccŭpo[1], ávi, átum, áre, *tr.* [ob[2]+cápio[1]] **1. 차지하다,** 소유하다; **점령하다,** 점유하다, 강점하다, (제쳐 놓고) 먼저 차지하다; 붙잡다, 손에 넣다. **2.** 〔*alqd alqā re*〕 가득 채우다, 메우다, 막다. **3.** 급습하다, 달려들다. **4.** 〔*alqd, inf.*〕 앞지르다, 선수(先手)를 쓰다; 서두르다. **5.** (마음 따위를) **사로잡다,** 엄습하다: ~ ánimos(*C.*) 사람들의 마음을 사로잡다. **6.** 〔*alqm* in *abl.,* circa *acc.*〕 **종사하게 하다,** 골몰[전념]하게 하다, **바빠지게 하다. 7.** (돈을) 사용하다, 쓰다. **8.** 중지시키다, 그치게 하다.

óccŭpo[2], ónis, *m.* 도둑의 수호신, *Mercúrius*의 별명. 「날에 겹치는) 축일의 경합.

occurréntĭa, æ, *f.* (~festórum) 《가》 (같은

occúrro, (cu)cúrri, cúrsum, ĕre, *intr.* [ob[2] +curro] **1.** 〔*dat.*〕 만나다, 마주치다, 마주 가다[오다], 앞으로 나아가다. **2.** 《軍》 마주쳐 싸우다, 습격[공격]하다. **3.** 〔*dat.,* ad, in *acc.*〕 (때맞추어) 출석하다, 대어가다[오다]. **4.** 앞에 놓여 있다, 맞은 편에 있다[위치하다]: Silex sæpe occurrébat.(*L.*) (그곳에는) 가끔 바위가 있었다. **5.** 〔*dat.,* in *acc.*〕 눈에 띄다; 생각나다, 머리에 떠오르다. **6.** 반대하다, 저항하다, 대립하다. **7.** 미리 막다, 예방하다; 고치다, 대책을 강구하다. **8.** 도와주러 가다[오다]. **9.** 대답[응답]하다.

occursátĭo, ónis, *f.* [occúrso] **1.** 마중, 만남. **2.** 쏘다님, 만나러 다님, 인사다님.

occursátor, óris, *m.* [**-trix,** ícis, *f.*] [occúrso] 쏘다니는[만나러 다니는] 사람; 출영인.

occúrsĭo, ónis, *f.* [occúrro] 만남, 상봉, 해후; 방문, 인사(다님).

occúrso, ávi, átum, áre, *intr. freq.* [occúrro] 〔*dat.*〕 **1.** 만나다, 마주치다, 마주 가다[오다]. **2.** 《軍》 접근하다, 기선(機先)을 제하다. **3.** 달려오다[가다]. **4.** 반항[저항]하다. **5.** 생각나다. **6.** 출석하다, 앞에 나타나다. 「람; 마주치는 사람.

occúrsor, óris, *m.* [occúrro] 마중하는 사

occursórĭus, a, um, *adj.* [occúrsor] 식사전에[식사 처음에] 마시는. 「조우(遭遇).

occúrsus, us, *m.* [occúrro] **만남,** 마주침,

Oceanénsis, e, *adj.* [Océanus] 대양(大洋)의, 큰 바닷가에 있는.

Oceánĕus[**-ánĭcus, -nĭus**], a, um, *adj.* *Océanus*의; 대양(大洋)의.

Oceánĭdes, æ, *m.* *Océanus*의 아들. 「여신.

Oceanítis, tĭdis, *f.* *Océanus*의 딸, 바다의

Océănus, i, *m.* **1.** 대양(大洋)의 신(神). **2.** (지구의 대륙을 둘러싸고 있는) 대양, 해양, 대해: ~ Atlánticus 대서양. **3.** *Roma*의 큰 **저**수지 이름. 「양의.

ocellátus, a, um, *adj.* [océllus] 작은 눈 모

océllus, i, *m. dim.* [óculus] **1.** 작은 눈, 귀여운 눈. **2.** 눈(眼). **3.** 귀중한[소중한] 것. **4.** 갈대뿌리에 난 옹이(마디).

ochra, æ, *f.* 황토(黃土). 「양의 탁엽(托葉).

óchrĕa, æ, *f.* 《植》 엽초(葉鞘), 꼬투리 모

ócĭnum, i, *n.* 《植》 토끼풀(의 일종).

ócĭor(*m.f.*), ĭus(*n.*), *gen.* óris, *adj. comp.* 〔원급 없음〕 더 빠른; 더 이른, 더 일찍익는. 「빠른; 가장 이른.

ocíssĭmus, a, um, *adj. superl.* [ócior] 가장

ócĭter, *adv.* 〔*comp.* ócĭus; *superl.* ocíssime〕 빨리, 일찍. 「을 부시게 하는.

ocliférĭus, a, um, *adj.* [óculus+fério] 눈

Ocnus, i, *m.* **1.** *Tíberis*강의 하신과 *Manto* 사이의 아들, *Mántua* 시(市)의 창설자. **2.** 〔*Roma* 우화〕 당나귀가 자꾸 먹어 치우는 새끼를 끝없이 꼬던 사람; 〈밑빠진 독에 물 붓기〉하는 사람.

ócrĕa, æ, *f.* [crus] 각반(脚絆), (특히 군인용의) 행전(行纏), (갑옷의) 정강이받이.

ocreátus, a, um, *adj.* [ócrea] 행전(行纏)친; (군인용) 정강이받이를 착용한.

Ocrésĭa, æ, *f.* 노예로서 *Sérvius Túllius*의 어머니. 「**-lánus,** a, um.

Ocrícŭlum, i, *n.* *Umbrĭa*의 도시; 〔*adj.*〕

octagónon, i, *n.* 팔각형.

octáhĕdrum, i, *n.* 팔면체(八面體).

octámĕter, tra, trum, *adj.* 여덟 개의 시각(詩脚)으로 된. 「팔각형의.

octángŭlus, a, um, *adj.* [octo+ángulus]

octans, ántis, *m.* 8분의 1.

octasémus, a, um, *adj.* 8박자의.

octastýlos, on, *adj.* 전면 기둥이 여덟 개

있는.
octáva, æ, *f*. [octo] **1.** 《音》 8도. **2.** (*sc*. hora) 제8시. **3.** (*sc*. pars) 8분의 1 세(稅). **4.** 1주간 축제(8일간의 축제).
octaváni, órum, *m. pl*. 제8 군단 군인.
octavárĭus, a, um, *adj*. [octávus] 8분의 1에 관한; 〔*subst*.〕 *m*. 8분의 1 세(稅) 징수원; *n*. 8분의 1 세금.
Octávĭus, i, *m*. [-**vĭa,** æ, *f*.] *Roma*인의 씨족명; 〔*adj*.〕 -**viánus,** a, um.
octávus, a, um, *num. ordin*. [octo] 제8의, 여덟째의; 〔*adv*.〕 -**távum,** -**távo,** 여덟번째로.
octavusdécĭmus, octavadécĭma, um, *num. ordin*. 18째의, 제18.
octénnis, e, *adj*. [octo+annus] 여덟 살의, 8년의.
octénnĭum, i, *n*. [octo+annus] 8년간.
octídŭum, i, *n*. [octo+dies] 8일간.
óctĭe(n)s, *adv. num*. [octo] 여덟 번.
octiesdécĭes, *adv. num*. 열여덟 번.
octingenárĭus, a, um, *adj*. 800에 달하는, 800으로 된.
octingéni[-genténi], æ, a, *num. distrib*. 800씩의, 매번 800.
octingentésĭmus, a, um, *num. ordin*. [octingénti] 제8백의.
octingénti, æ, a, *num. card*. [octo+centum] 800.
octingéntĭes, *adv. num*. 800번.
óctĭpes, ĕdis, *adj*. [octo+pes] 발이 여덟 달린; 문어의.
óctĭpus, i, *m*. 《動》 문어; 팔각류(八脚類)의 동물.
octo, *indecl. num. card*. 8, 여덟.
Octóber, bris, bre, *adj*. [octo] 10월의; *m*. (*sc*. mensis) 10월(본래는 제8월).
octódĕcim, *indecl. num. card*. [octo+decem] 18, 열여덟.
octogenárĭus, a, um, *adj*. [octogéni] 80세 된, 80의; *m*. 80명의 수병(水兵)을 거느리는 지휘관.
octogéni, æ, a, *num. distrib*. 여든씩의.
octogésĭmus, a, um, *num. ordin*. [octogínta] 제80, 80째의.
octogéssis, is, *m*. [octogínta+as] 80 *as*.
octógĭe(n)s, *adv. num*. [octogínta] 여든번.
octogínta, *indecl. num. card*. 여든, 80.
octogónus, a, um, [-**os,** on,] *adj*. 8각형의.
octójŭgis, e, *adj*. [octo+jugum] **1.** 말 여덟 필이 끄는. **2.** 팔인조(八人組)의.
octonárĭus, a, um, *adj*. [octóni] 여덟 개 있는, 여덟씩 있는.
octóni, æ, a, *num. distrib*. [octo] **1.** 여덟씩의. **2.** 〔*pl. tt*. 명사에 대해〕 여덟.
octóphŏros, on, *adj*. 여덟 사람이 멘[메는]; -**on,** i, *n*. 8명이 메는 가마.
octóvir, vĭri, *m*. [octo+] 8인 위원회의 한 사람.
octuag... *V*. octog...
octuplicátĭo, ónis, *f*. [octo+plico] 여덟곱, 8배.
octuplicátus, a, um, *adj*. [*inusit*. octúplico] 여덟 배 한, 8배 큰.
óctŭplus, a, um, *adj*. 8배의, 여덟 갑절의, 여덟 겹의; *n*. 8배의 형벌[벌금]: damnáre *alqm* óctupli(*C*.) 아무에게 8배의 벌을 주다.
octússis, is, *m*. [octo+as] 8 *as*.
oculáris, e, *adj*. [óculus] 눈의, 눈에 관한: ~ médicus(*Veget*.) 안과의사 / testis ~ 목격증인; *n*. 안약.
oculárĭus, a, um, *adj*. [óculus] 눈의, 눈과 관계되는; *m*. 안과의사.
oculátus, a, um, *adj*. [óculus] **1.** 눈을 가진. **2.** 눈 모양의, 눈처럼 생긴, 눈같이 생긴 반점이 있는. **3.** 똑똑히 잘 보이는, 눈에 잘 띄는.
ocúlĕus, a, um, *adj*. [óculus] **1.** 눈(眼)이 많은. **2.** 날카로운 눈의, 형안(炯眼)의.
oculiférĭus, a, um, *adj*. [óculus+fério] 눈을 부시게 하는.
oculíssĭmus, a, um, *adj*. [óculus] 눈(동자)처럼 귀중한, 매우 사랑스러운.
ócŭlo, áre, *tr*. [óculus] **1.** 눈을 주다, 시력을 주다. **2.** 밝혀 주다, 명확하게 하다. **3.** 잘 보이게 하다, 미화하다.
oculomotórĭus, a, um, *adj*. 《解》 눈을 움직이는, 동안(動眼)신경의.
ócŭlus, i, *m*. **1.** 눈(眼): fácere *alqd* in óculis *alcjs* 누가 보는 앞에서 무엇을 하다 / esse in óculis *alcjs*(*C*.) 1) 누구 앞에 나타나다. 2) 아무의 (*alcjs*[*alci*]) 눈에 들다, 사랑받다 / sub óculis *alcjs*(*Cæs*.) 누구의 눈앞에(서) / habére *alqd* in óculis(*Pl*.) 지켜보다. **2.** 시력, 시각; 관찰력. **3.** 마음의 눈, 심안: propónere óculis suis *alqd* (*C*.) 무엇을 상상하다. **4.** 눈(동자)같이 귀중한 존재, 자랑거리, 보배, 주옥. **5.** (표범 가죽이나 공작 꽁지의) 눈알무늬. **6.** (식물의) 눈(芽), 싹. **7.** *Alci* óculi dolent. (*C*., *T*.) (누구의) 눈꼴이 시다.
ōda, æ,[**ōde,** es,] *f*. 노래, 시가(詩歌), 서정단시가(叙情短詩歌).
odárĭum, i, *n*. 노래, 대중가요.
odéum, i, *n*. (고대 희랍·로마의) 간이 음악당(簡易音樂堂), 주악당; 소극장.
ōdi, (ōsus sum), odísse, *def. tr*. 〔*acc*., *inf*.〕 **1.** 미워하다. **2.** 싫어하다, 경멸하다.
odíbĭlis, e, *adj*. 미움받을, 가증스러운.
ódĭens, éntis, *p. præs*. [odi] 미워하는.
odiósus, a, um, *adj*. [ódium[1]] 가증스러운, 미운, 밉살스러운; 싫은, 불쾌한.
ódĭum[1], i, *n*. [odi] **1.** 〔*gen*.; in, erga, advérsus *acc*.〕 **미움,** 증오; 반감, 원한, 앙심: *alqd* ódio habére(*Ov*.) 무엇을 미워하나, 싫어하나 / habére ódium(*Sen*.) 미움받다 / ódio esse *alci*, in ódio esse *alci*(*C*.) 누구의 미움을 받다. **2.** 싫음, 혐오, 불쾌, 귀찮음. **3.** 상극.
odíum[2], i, *n*. = odéum.
Odomántes, um, *m.pl*. *Thrácia*의 한 종족.

odontagógum, i, *n.* 이 빼는 기구.
ŏdor, óris, *m.* **1.** 냄새; 향기. **2.** 〔*pl.*〕 향료, 향수, 향유(香油), 유향(乳香). **3.** 악취. **4.** 예감, 낌새, 기미.
odorábĭlis, e, *adj.* [odóror] 향기[냄새] 풍기는.
odorámen, mĭnis, [**-méntum,** i,] *n.* 향료; 향.
odorárĭus, a, um, *adj.* [odor] 향기의, 냄새의; 〔*subst.*〕 *m.* 향료장수.
odorátĭo, ónis, *f.* [odóror] **1.** 냄새맡음. **2.** 후각.
odoratívus, a, um, *adj.* 향내나는.
odorátus[1], a, um, *p.p., a.p.* [odóro] **1.** 향기로운, 향긋한, 방향(芳香) 풍기는. **2.** 냄새 밴, 냄새나는.
odorátus[2], us, *m.* [odóror] **1.** 냄새맡음. **2.** 후각(嗅覺). **3.** 향기, 냄새.
odórĭfer, fĕra, fĕrum, *adj.* [odor+fero] **1.** 향기로운, 방향(芳香) 풍기는. **2.** 향료를 생산하는.
odorísĕquus, a, um, *adj.* 냄새맡고 따라가는.
odóro, ávi, átum, áre, *tr.* [odor] 냄새 피우다[나게 하다], 방향(芳香) 풍기다.
odóror, átus sum, ári, *dep. tr.* [odor] **1.** 냄새맡다. **2.** (냄새로) 찾다; 눈치[낌새]채다. **3.** 탐구하다, 알아내다, 조사하다; 추적하다. **4.** (학문 따위의) 겉만 핥다.
odórus, a, um, *adj.* [odor] **1.** 향내나는, 향기로운. **2.** 코를 찌르는, 역한 냄새나는. **3.** 예리한 후각의.
ŏdos, óris, *m.* 《古》 = odor.
Odrўsæ[Odrŭ-], árum, *m.pl.* *Hebrus* 강변에 살던 *Thrácia*의 한 종족; 〔*adj.*〕 **-sĭus,** a, um.
Odysséa[-ía], æ, *f.* *Homérus*의 2대 서사시의 하나.
Œa, æ, *f.* *Afrĭca* 북쪽 해안도시(지금의 *Tripoli*); 〔*adj.*〕 **Œénsis,** e.
Œágrus, gri, *m.* *Thrácia*의 왕, 악성(樂聖) *Orpheus*의 아버지; 〔*adj.*〕 **-grĭus,** a, um.
Œbálĭa, æ, *f.* *Taréntum*시(市)의 문학적 별칭.
Œbálĭdes, æ, *m.* *Œbălus*의 남계자손. **1.** *Sparta*인. **2.** *Hyacínthus*[2]. **3.** 〔*pl.*〕 *Castor*와 *Pollux*.
Œbálĭus, a, um, *adj.* **1.** *Œbălus*의. **2.** *Sparta*의. **3.** (*Sparta*의 식민지인) *Taréntum*의. **4.** (*Sparta*인의 자손인) *Sabíni*의.
Œbălus, i, *m.* *Sparta*의 왕, *Tyndáreus*의 아버지.
Œchálĭa, æ, *f.* **1.** *Eubœ́a*섬의 도시. **2.** *Bœótia*의 도시. **3.** 북부 *Ætólia*의 도시.
Œcleus*(disyll.)*, ĕi, *m.* *Argos*인, *Amphiaráus*의 아버지.
Œclídes, æ, *m.* *Œcleus*의 아들(=Amphiaráus).
œcónŏma, æ, *f.* **1.** 가정살림을 담당하는 여자. **2.** 주부.
œconómĭa[-mía], æ, *f.* **1.** 가정경제 관리, 가정(家政); 재산 관리[처리·분배]. **2.** 관리, 경영, 경리. **3.** 절약, 검약; **경제. 4.** 《神》 (인류의 창조·구원에 관한 하느님의) 계획, 경륜.
œconómĭcus[1], a, um, *adj.* **1.** 가사 관리의, 가정(家政)에 관한. **2.** 계획성 있게 정돈[배열]된, 짜임새있는. **3.** 경제상의; 경제학적. **4.** 경제적인, 절약이 되는.
œconómĭcus[2], i, *m.* **1.** 가산 관리인, 집사. **2.** [Œ-] 가정경제에 관한 *Xénophon*의 저서명.
œcónŏmus, i, *m.* **1.** 가정경제 관리인, 집사. **2.** 《敎法》 (교구·수도원·신학교의) 경리 담당자.
œcuménĭcus, a, um, *adj.* **1.** 전세계적인, 보편적인, 전반적인. **2.** 전(全) 그리스도교회의: 《가》 Concílium œcuménicum 공의회(公議會).
œcus[-os], i, *m.* 식당, 응접실.
œdéma, ătis, *n.* 《醫》 수종(水腫), 부종(浮腫).
Œdĭpus[1], i[pŏdis], *m.* *Thebæ*의 왕 *Láius*와 *Iocásta*의 아들 (숙명적으로 부왕을 모르고 살해했으며, *Sphinx*의 수수께끼를 풀어 왕이 됨, 역시 모르고 어머니인 왕비를 아내로 삼았다가 어머니는 목매어 죽고 스스로는 두 눈을 빼고 방랑함); 〔*adj.*〕 **-podiónĭus,** a, um.
Œdĭpus[2] Colonéus, i, *m.* *Colónus*의 *Œdĭpus* (*Sóphocles*의 비극 작품 이름).
Œénses, ĭum, *m.pl.* *Œa*의 주민.
œnánthe, es, *f.* 야생 포도.
Œneus*(disyll.)*, ĕi [ĕos], *m.* *Cálydon*의 왕, *Althǽa*의 남편, *Meléager*와 *Deianíra*의 아버지; 〔*adj.*〕 **-néus,** a, um.
Œniádæ, árum, *m.pl.* *Achelóus* 강변의 주민[도시].
Œnídes, æ, *m.* *Œneus*의 아들(=Meléager) 또는 손자(=Diomédes).
œnógărum, i, *n.* 포도주와 어즙(魚汁)섞은 양념의 일종.
Œnómăus, i, *m.* *Mars*의 아들; *Elis*와 *Pisa*의 왕, *Hippodamía*의 아버지.
œ́nŏmel, méllis, [**-nómĕlum,** i,] *n.* 꿀섞은 술.
Œnóne, es, *f.* *Phrýgia*의 요정; *Príamus* 왕의 아들 *Paris*의 아내, 후에 버림받음.
œnóphŏrum, i, *n.* 휴대용 술통, 술병.
Œnópĭa, æ, *f.* *Ægína*섬의 옛 이름; 〔*adj.*〕 **-pĭus,** a, um.
Œnópĭon, ónis, *m.* *Creta*섬의 사람; *Bacchus*신의 아들, *Chios*의 왕, *Mérope*의 아버지.
œnopōlíum, i, *n.* 선술집, 주점.
œnothéra, æ, *f.* 수면제 약초.
Œnótrĭa, æ, *f.* **1.** (희랍인들이 붙여준) *Itália* 동남부 지방의 옛 이름. **2.** *Itália* 전토의 별칭.
Œnótrĭus, a, um, *adj.* *Œnótria*의; *Itália*의; *Roma*의.
Œnótrus, i, *m.* *Lycáon*의 아들, *Arcádia*에서 *Itália*로 이주.
œnus[1], a, um, *adj.* 《古》 = unus, a, um.

Œnus², úntis, *m.* *Lacónia*의 강(지금의 *Kefelina*).

œonístĭce, es, *f.* 점술(占術), 점술학.

œsóphăgus, i, *m.* 《解》 식도(食道).

œstrus, i, *m.* 1. 《動》 등에, 쇠파리. 2. 광증(狂症); 격렬한 욕망, 심한 충동; 시인의 영감(靈感). 3. 동물의 발정.

œsus, us, *m.* 《古》 = usus².

œ́sўpum, i, *n.* 1. 양털에 낀 때와 기름기. 2. 양털의 때와 기름기에서 추출한 약.

Œta, æ,[-**e**, es,] *f.* 남부 *Thessália*에 있는 산, 이 산위에서 *Hércules*가 불속에 누워 자살하였음; 〔*adj.*〕 **-tǽus**, a, um.

ofélla, æ, *f.* *dim.* [offa] 한 입, 한 조각, 고기의 한 점, 살점; 소량.

offa, æ, *f.* [*cf.* os¹] 1. (음식물의) 한 입, 한 조각; 소량. 2. 밀가루 단자(團子). 3. 살점. 4. (알 모양의) 둥근 덩어리. 5. 미완성의 덩어리.

offátim, *adv.*[offa] 한 점씩 잘라서[떼어서].

offéctĭo, ónis, *f.* [offício] 물들임, 염색.

offéctor, óris, *m.* [offício] 물들이는 사람, 염색공.

offéctus, us, *m.* [offício] 요술, 마술, 주문(呪文).

offendícŭlum, i, *n.* [offéndo¹] 장애물, (발길에 채는) 돌부리.

offéndix, ĭcis, *f.* [offéndo¹] 갓끈, 모자끈.

offéndo¹, di, fénsum, ĕre, *tr.*, *intr.* [ob²+*inusit.* fendo] **I.** *tr.* 1. 〔*alqd* - ad *alqd*, *alci rei; alqm[alqd] alqā re*〕 **부딪치다, 다치다,** (머리로) 받다, (발 따위가 무엇에·무엇이 발에) 걸리다, 찌르다, 치다: cápite offénso*(L.)* 머리를 다쳐서 / caput ad *alqd* ~*(Q.)* 머리를 무엇에 부딪치다 / offénso límine*(Ov.)* 문턱에 걸려서 / *alqm* cúbito ~ *(Pl.)* 팔꿈치에 누가 부딪치다. 2. 상처내다, 상하게 하다, 파손하다. 3. 〔*alqm, alqd - acc. prœd.*〕 마주치다, 만나다; 발견하다: *alqm* in platéā ~*(T.)* 누구를 거리에서 만나다 / Imparátum te offéndam.*(C.)* 내가 너를 불쑥 찾아갈 것이다. 4. 〔*alqm - abl.*, in *abl.*〕 **마음 상하게 하다,** 마음[가슴] 아프게 하다, 성나게 하다, 섭섭하게[불쾌하게] 하다, 감정을 해치다. 5. 〔*alci alqd(pron.)*〕 **잘못을 저지르다,** 범죄하다. 6. 〔*alqd* in *alqo*〕 못마땅히[불쾌하게] 여기다.
II. *intr.* 1. 〔in, ad *acc.*〕 부딪치다, 받히다, 걸리다; 다치다: in córnua ~*(Solínus)* 뿔에 받히다. 2. 〔apud *alqm* de *abl.*, in *abl.*〕 (누구의) 마음에 들지 않다, 미움을 사다, 환영받지 못하다. 3. 〔in *abl.*〕 잘못을 저지르다, 범죄하다. 4. 〔in *abl.*〕 못마땅히[불쾌하게] 여기다, 마음에 들지 않다; 반대하다.

offéndo², dĭnis, *f.* = offénsio.

offénsa, æ, *f.* [offéndo¹] 1. 부딪침, 충돌, 타격, 손상. 2. 푸대접, 구박, 무례, 모욕. 3. 마음 상하게 함, 가슴 아프게 함. 4. 마음 상함, 언짢음, 짜증, 불쾌, 혐오, 반감. 5. 위법, 위반.

offensácŭlum, i, *n.* [offénso] 충돌, 장애, 걸려 넘어지게 하는 돌.

offensátĭo, ónis, *f.* [offénso] 찌름, 부딪침, 거치적거림, 걸림. 「사람; 실수하는 자.

offensátor, óris, *m.* [offénso] 비틀거리는

offénsĭo, ónis, *f.* [offéndo¹] 1. 부딪침, 충돌; 걸려 넘어짐. 2. 손해끼침, 상해, 손상. 3. 재난, 불운, 실패, 패배. 4. 불건강, 찌뿌드드함. 5. 마음 상함; 짜증, 언짢음, 불쾌, 혐오. 6. 구박, 냉대, 모욕; 명예훼손. 「정 상함, 좀 언짢음, 불쾌.

offensiúncŭla, æ, *f.* *dim.* [offénsio] 좀 감

offensívus, a, um, *adj.* [offéndo¹] 1. 감정을 상하는, 불쾌하게 하는, 비위에 거슬리는. 2. 공격하는, 공격적인, 도발적인; 공세의.

offénso, ávi, átum, áre, *intens.* [offéndo¹] 1. *tr.* 부딪치다: ~ cápita*(L.)* 머리들을 (어디에다) 부딪치다. 2. *intr.* 말을 더듬다, 말하다가 가끔 막히다.

offénsor, óris, *m.* [offéndo¹] 1. 남의 감정을 해치는 사람. 2. (법률) 위반자, 범인.

offénsum, i, *n.* [offénsus¹] 1. 감정을 상케 하는 것, 꼴사나움. 2. 위반; 무례, 모욕.

offénsus¹, a, um, *p.p.*, *a.p.* [offéndo¹] 1. 부딪쳐진. 2. 〔*absol.; alci,* in *alqm*〕 감정 상한, 짜증내는, 화난, 혐오하는, 반감을 가진. 3. 〔*absol.; dat.*〕 미움받는[받은]. 「침. 2. 괴로움, 짜증, 불쾌.

offénsus², us, *m.* [offéndo¹] 1. 충돌, 부딪

óffĕro, *(fers, fert)*, óbtŭli, oblátum, férre, *anom. tr.* [ob²+fero] 1. 앞으로 가지고 가다, 앞에 갖다 놓다; 대립[대치]시키다. 2. 〔*alqm[alqd] - alci*〕 제시하다, 나타내다, 드러내다, 보이다; 〔*refl. pass.*〕 se ~ *alci*, offérri 나타나다. 3. 〔*alqd dat.*〕 주다, 베풀다; 제공하다; **바치다,** 봉헌하다, 제헌하다. 4. 〔*alqd alci*〕 끼치다, 생기게 하다, 일으키다. 5. 〔*alqm[alqd] dat.;* ad, in *acc.*〕 (불리한 일·위험·죽음 따위 앞에) 내던지다·내놓다, 맡기다, 당하게 하다; 〔*refl.*〕 se ~ 당하다, 무릅쓰다: ~ se perículis sine causā*(C.)* 까닭없이 위험을 당하다 / ~ se ad mortem*(C.)* 목숨을 바치다.

offertórĭum, i, *n.* 《가》 1. (미사의) 제물[빵과 포도주] 봉헌. 2. (제물) 봉헌문, 봉헌노래 (전례 개혁후 없어졌음).

offeruménta¹, æ, *f.* [óffero] (등을 얻어 맞은) 채찍 자국. 「봉헌물, 공양물.

offeruménta², órum, *n.pl.* [óffero] 제물,

officiális, e, *adj.* [offícium] 1. 직무상의, 직책에서 오는, 공무(公務)에 관한; 관(官)

의; 공적(公的) 임무를 맡은; [*subst.*] *m.* 1) (고대 *Roma*의) 장관의 보좌관, 관리. 2) 《가》 법무관. 3) 공적 직책을 맡은 사람. 2. 공식(公式)의, 정식(正式)의.

offíciăns, ántis, *m.* [offícium] 제례 집행자(祭禮執行者).

officína, æ, *f.* [opificína, ópifex] **1.** 공장, 제조소, 제작소, 공작실. **2.** ~ (cohortális) 닭장, 양계장. **3.** 훈련소, 강습소: ~ eloquéntiæ*(C.)* 웅변 연습장. **4.** (음모 따위의) 발생지, 책원지(策源地).

officinátor, óris, *m.* [**-trix,** ícis, *f.*] [officína] 직공장(職工長); 직공.

offícĭo, féci, féctum, ĕre, *intr., tr.* [ob²+fácio] **1.** [*dat.; acc.*] 가로막다, 차단하다, 방해하다: soli ~*(C.)* 해를 가리다. **2.** 해롭게 하다, 해치다, 손해주다.

officiósus¹, a, um, *adj.* [offícium] **1.** [*absol.; in acc.*] 친절한, 호의적인; 자진해서 하는, 예의바른, 정중한, 공손한. **2.** 제구실하는, 본분을 지키는, 직책에 충실한.

officiósus², i, *m.* 목욕탕에서 옷 지키던 노예.

offícĭum, i, *n.* [opifícium, opus¹+fácio] **1.** 제구실, (자연으로부터 받은) 기능. **2. 직책,** 직분, 직무, 임무, **본분,** 할일: ex offício*(Ulp.)* 직책상. **3.** (도덕상·법률상) **의무,** 책임. **4.** 관청(부서): 《가》 Offícia Cúriæ Románæ 교황청 비서국. **5.** 호의, 친절, 봉사, 시중: supréma offícia*(Ta.)* (마지막 봉사 즉) 장사지냄. **6.** 《가》 ~ divínum 성무일과(聖務日課); 《敎法》 *pl.* offícia divína 신품권(神品權) 보유자만 수행할 수 있는 온갖 의식(儀式)*(cf. C.I.C. can. 2256).* **7.** 관리, 공무원.

offígo, fíxi, fíxum, ĕre, *tr.* [ob²+] 박다, 붙들어 매다, 고정시키다.

offirmátus, a, um, *p.p., a.p.* [offírmo] 견고한, 확고한; 완고한, 고집센.

offírmo, ávi, átum, áre, *tr.* [ob²+] 견고히 하다, 공고히 하다: ~ viam*(T.)* 초지를 관철하다.

offlécto, ĕre, *tr.* [ob²+] 구부리다, 돌아가게 하다.

offóco, áre, *tr.* [ob²+faux] 질식시키다, 숨막히게 하다, 목을 조르다.

offrenátus, a, um, *p.p., a.p.* [*inusit.* offréno] 길든, 훈련된, 제어된.

offríngo, frégi, fráctum, ĕre, *tr.* [ob²+frango] 깨뜨리다; 땅을 고르다, 두 번 갈다.

offúcĭa, æ, *f.* [ob²+fucus] **1.** 화장; 화장품, 분. **2.** 사기, 속임, 거짓.

óffŭla, æ, *f. dim.* [offa] 고기 한 점, 음식 한 조각.

offúlgĕo, fúlsi, ére, *intr.* [ob²+] 앞에서 빛나다, 빛나다; 드러나다, 나타나다.

offúndo, fúdi, fúsum, ĕre, *tr.* [ob²+] **1.** 앞으로 쏟다·흘리다·뿌리다. **2.** 주위를 덮다, 주위에 퍼지게 하다, 어둡게 하다, 뒤덮다. **3.** 엄습하다, (공포심·생각 따위로) 휩싸다.

offúsco, ávi, átum, áre, *tr.* [ob²+fuscus] **1.** 어둠침침하게 하다, 어둡게 하다. **2.** 낮추다, 창피주다, 폄척(貶斥)하다.

ógdŏas, ădis, *f.* 여덟의 수.

oggánnĭo, ívi [ii], ítum, íre, *intr.* [ob²+] 투덜거리다, 뇌까리다; 수군거리다.

óggĕro, ĕre, *tr.* [ob²+] 무더기로 가져오다, 한껏 안겨주다.

Ogúlnĭus, i, *m.* *Roma*인의 씨족명.

Ogўges, is, [**-gus,** i,] *m.* *Thebæ*의 옛 왕; [*adj.*] **-gĭus,** a, um.

oh, *interj.* [기쁨·고통·의아·경이 따위의 표시] 오!

ohe, *interj.* [불러세우며 말릴 때] 어이, 그만! 게 섰거라!

oho, *interj.* [예상외의 일에 대한 의아·놀람 표시] 아니 왜?

oiéi, *interj.* [비탄의 소리] 아이고!

Oíleus*(trisyll.)*, ĕi [ĕos], *m.* *Locris*의 왕, 소(小) *Ajax*의 아버지.

Oilí(ă)des, æ, *m.* *Oíleus*의 아들, 소(小) *Ajax.*

olácĭtas, átis, *f.* [óleo] 고약한 냄새, 악취.

Olbĭa, æ, *f.* 동북 *Sardínia*의 항구(지금의 *Terranóva*); [*adj.*] **-biénsis,** e.

ólĕa, æ, *f.* **1.** 《植》 올리브나무, (올리브의 한역〈漢譯〉) 감람나무. **2.** 올리브 열매.

oleácĕus, a, um, *adj.* [ólea] **1.** 올리브 비슷한. **2.** 기름기 있는.

oleágĭna, æ, *f.* 올리브나무.

oleagínĕus[-ágĭnus], a, um, *adj.* [ólea] **1.** 올리브나무의. **2.** 올리브나무 비슷한. **3.** 올리브빛의. **4.** 유질(油質)의, 유성(油性)의.

oleáris, e, *adj.* [ólea] **1.** 올리브(나무)의. **2.** 기름의, 유성(油性)의.

oleárĭus, a, um, *adj.* [óleum] 기름에 관한: cella oleária*(C.)* 기름 창고; [*subst.*] *m.* 기름장수; 기름짜는 사람; *n.* 기름그릇.

oleastéllus, i, *m.* 《植》 **1.** 야생 올리브나무. **2.** 쥐똥나무.

oleáster, tri, *m.* [ólea] 《植》 야생 올리브나무.

oleátus, a, um, *adj.* [óleum] 기름으로 만든.

olecránon, i, *n.* 《解》 주두(肘頭), 척골(尺骨) 위끝의 돌기.

oléĭtas, átis, *f.* [ólea] 올리브 수확(계절), 올리브 기름짜는 일.

olens, éntis, *p.præs., a.p.* [óleo] **1.** 향기풍기는. **2.** 나쁜 냄새나는.

oléntĭa, æ, *f.* [óleo] 향기, 냄새.

olenticétum, i, *n.* [óleo] **1.** 두엄발치, 두엄더미. **2.** 더러운 곳.

ólĕo, ólŭi, ére, *intr., tr.* **1.** [*absol.; abl.; alqd*] 냄새나다, 냄새를 풍기다, 냄새 피우다: súlfure ~*(Ov.)* 유황 냄새나다 / ~ unguénta*(Pl.)* 향유 냄새를 풍기다. **2.** [*absol.; alqd*] (본색이) 드러나다, 알려지다; 드러내다, 낌새가 있다.

oleósus, a, um, *adj.* [óleum] 기름 많은,

기름기 있는. 「럼 생긴; 초본(草本) 모양의.
olerácĕus, a, um, *adj*. [olus] 야채(野菜)처
olerátor, óris, *m*. [ólero] 야채장수.
ólĕro, ávi, átum, áre, *intr*. [olus] 야채를 재배하다.
olésco, ĕre, *intr*. 자라다, 성장하다. 「브숲.
olétum¹, i, *n*. [ólea] 올리브 심은 곳, 올리
olétum², i, *n*. [óleo] **1.** 변소. **2.** 배설물, 똥, 오줌, 오물.
ólĕum, i, *n*. [ólea] **1.** 올리브 기름, 기름: 《가》 ~ infirmórum 병자 성사의 성유(聖油). **2.** ~ et óperam pérdere *(C., Pl.)* 비용[시간]과 수고를 낭비하다, 헛수고하다. **3.** 씨름, 레슬링. **4.** ~ (vivum) 석유.
olfácĭo, féci, fáctum, cĕre, *tr*. [óleo+fácio] **1.** 냄새맡다. **2.** 눈치채다, 낌새채다, 예감하다.
olfácto, ávi, átum, áre, *tr. freq*. [olfácio] **1.** (자주) 냄새맡다. **2.** 예감하다.
olfactoríŏlum, i, *n*. 향수그릇.
olfactórĭus, a, um, *adj*. 후각(嗅覺)의, 냄새맡는; 〔*subst*.〕 *n*. 향수병.
olfáctrix, ícis, *f*. [olfácio] 냄새맡는 여자; 알아채는 여자. 「후각(嗅覺).
olfáctus, us, *m*. [olfácio] **1.** 냄새맡음. **2.**
ólĭdus, a, um, *adj*. [óleo] **1.** 고약한 냄새 나는, 썩은 내 나는. **2.** bene ~ 냄새 좋은, 향긋한. 「수 독재정치.
oligarchía, æ, *f*. 과두정치(寡頭政治), 소
oligophrénĭa, æ, *f*. 《醫》 정신박약.
oligúrĭa, æ, *f*. 《醫》 요량(尿量) 감소, 핍뇨증(乏尿症).
olim, *adv*. [ollus] **1.** 오래 전에, **일찌기, 옛날에**: Fuit ~ senex: *(Pl.)* 옛날에 한 노인이 있었는데 / ~ conditóres*(Justin.)* 옛 창시자들. **2.** 요즈음에, 요사이. **3.** 벌써 전에, 오래 전부터. **4.** 장차, 앞으로, 이 다음에, 언젠가는. 「수.
ólĭtor, óris, *m*. [olus] 야채 재배인, 야채장
olitórĭus, a, um, *adj*. [ólitor] 야채의, 야채 재배하는, 야채파는.
olíva, æ, *f*. **1.** 올리브 (열매). **2.** 올리브 나무; 올리브나뭇가지.
olivárĭus, a, um, *adj*. [olíva] 올리브의; 〔*subst*.〕 *n*. 올리브나무밭.
olivétum, i, *n*. [olíva] 올리브나무밭.
olívĭfer, fĕra, fĕrum, *adj*. [olíva+fero] **1.** 올리브를 생산하는. **2.** 올리브가지로 만든. 「기].
olívĭtas, átis, *f*. [olíva] 올리브 추수[수확
olívĭtor, óris, *m*. 올리브 재배자.
olívo, áre, *intr*. [olíva] 올리브를 따다.
olívum, i, *n*. **1.** 올리브 기름. **2.** 향유(香油). **3.** 씨름. 「유골(遺骨)단지.
olla, æ, *f*. **1.** 뚝배기; 질그릇단지. **2.**
olláris, e, *adj*. 단지에 있는[저장된].
ollárĭum, i, *n*. [ollárius] 유골단지 넣어 두는 곳, 지하 납골소.
ollárĭus, a, um, *adj*. [olla] 단지의.
olle, *pron. demonstr*. 《古》 = ille.
óllŭla, æ, *f. dim*. [olla] 작은 단지.
ollus, a, um, *pron. demonstr*. 《古》 = ille, a, ud. 「리.
ololýgon, ŏnis, *m*. 개구리(숫놈) 우는 소
ŏlor¹, óris, *m*. 《動》 백조, 고니.
ŏlor², óris, *m*. [óleo] 냄새. 「드는.
olórĭfer, ĕra, ĕrum, *adj*. [olor¹] 백조가 깃
olorínus, a, um, *adj*. [olor¹] 백조의.
ólŭi, *pf*. [óleo].
ŏlus [holus], lĕris, *n*. 〔*gen. pl*. -rórum; *abl*. -ris도 간혹 만남〕 나물, 푸성귀, 채소, 야채; 양배추. 「작은 종류의 야채.
olúscŭlum, i, *n. dim*. [olus] 소량의 채소;
Olýmpĭa¹, æ, *f*. *Peloponnésus* 서부의 *Elis* 지방의 유명한 도시, 가까이에 *Júpiter*(즉 희랍의 *Zeus*)의 신전이 있었으며, 그곳에서 4년마다 *Olýmpia*² 체전이 개최되었음.
Olýmpĭa², órum, *n.pl*. (4년마다 *Olýmpia*¹의 *Júpiter* 신전있는 곳에서 개최되던) 올림픽 경기대회; 〔*adj*.〕 **-pĭ(c)us[-píăcus]**, a, um.
Olýmpĭas¹, ădis, *f*. [Olýmpia²] **1.** (한 *Olýmpia*² 경기에서 다음 경기까지의 기간인 4년간을 단위로 하는) 올림피아 기(紀, 희랍인들은 이것을 연대 계산의 기준단위로 삼았었음, 최초의 *Olýmpias*는 776 A.C.부터 773 A.C.까지의 4년간이었음). **2.** 4년간*(C.)*, 5년간*(Ov.)*.
Olýmpĭas², ădis, *f*. *Macedónia*의 왕 *Philíppus II*의 아내이며 *Alexánder*대왕의 어머니.
olýmpĭas³, æ, *m*. *Eubœa*섬의 서북서풍.
olympioníces, æ, *m*. 올림픽 경기에서의 우승자. 「던 *Júpiter*신의 신전.
Olympíum[-piéum], i, *n*. *Olýmpia*¹에 있
Olýmpus¹**[-os]**, i, *m*. **1.** 희랍의 북부 *Thessália*와 *Macedónia*사이에 있는 연산(連山) 동쪽의 최고봉, 신들의(특히 *Júpiter[Zeus]* 신의) 거주지. **2.** 하늘. **3.** *Lýcia, Bithýnia, Mýsia* 등 지방에도 있는 같은 이름의 산[연산]. 「*Mársyas*의 제자.
Olýmpus², i, *m*. *Phrýgia*사람, 플루트 주자
Olýnthos[-us], i, *f*. *Thrácia*의 도시(*Athénæ*인들에 의해 파괴됨); 〔*adj*.〕 **-thĭus**, a, um.
omásum, i, *n*. **1.** 소의 창자, 소의 내장. **2.** 《動》 중판위(重瓣胃, 반추동물의 제3위).
omen, mĭnis, *n*. **1.** (좋은·나쁜) **징조, 전조**; 예시(豫示), 예언: accípere ~ *(L.)* (우연히 한 남의 말 따위를 무슨 일의) 좋은 징조로 돌리다. **2. 축원**, 상서로움[행운]의 기원(祈願). **3.** 성대한 약속, 장중한 관습: prima ómina *(V.)* (처음) 결혼(식). **4.** (장담할 때의) 조건: eo ómine,

ut ... *c. subj.(T.)* …한 조건으로.

oméntum, i, *n.* **1.** 비계, 지방. **2.** 《解》 장망막(腸網膜). **3.** 내장.

ominális, e, *adj.* [omen] 나쁜 징조의, 흉조(凶兆)의, 불길한. 「전조.

ominátio, ónis, *f.* [óminor] 점괘; 징조,

ominátor, óris, *m.* [óminor] 점장이.

óminor, átus sum, ári, *dep. tr.* [omen] **1.** 점치다, (전조 따위로) 예측[예견·예언]하다. **2.** 축원하다, 간원하다, 서약하다.

ominósus, a, um, *adj.* [omen] **1.** 흉조(凶兆)의, 나쁜 징조의, 불길한. **2.** 미리 알리는.

omíssio, ónis, *f.* [omítto] **1.** 빼놓음, 생략, 빠뜨림, 누락; 묵과(默過). **2.** (해야 할 것을 하지 않은) 태만.

omíssus, a, um, *p.p., a.p.* [omítto] 내버려 둔, 소홀히 한, 무관심의; 빼놓은, 빠뜨린.

omítto, mísi, míssum, ĕre, *tr.* [ob²+] **1.** 가게 버려두다, 놓아주다, 내보내다, 돌려보내다: ánimam ~ *(Pl.)* 죽다. **2.** 내버리다, 집어 던지다, 포기하다, 단념하다, 초탈하다, 무시하다: ~ timórem*(C.)* 공포심을 집어 던지다. **3.** 등한히[소홀히] 하다, 해야 할 것을 하지 않다. **4.** 〔*inf.*〕 **그만두다,** 그치다. **5.** 빼놓다, **빠뜨리다,** 제쳐놓다, 생략하다, 묵과(默過)하다.

ommatéum, i, *n.* 《動》 (절족〈節足〉동물의) 복안(複眼).

ommatídium, i, *n.* 《動》 복안(複眼)을 구성하는 눈 한 개[개안(個眼)].

omnícănus, a, um, *adj.* [omnis+cano] 모든 것을 노래[말]하는. 「에서, 사방에서.

omnifáriam, *adv.* [omnifárius] 모든 방면

omnifárius, a, um, *adj.* 모든 모양의, 각종의, 온갖 방법의, 다방면에 걸친.

ómnĭfer, fĕra, fĕrum, *adj.* [omnis+fero] 모든 것을 가진, 모든 것을 생산하는.

omnifórmis, e, *adj.* [omnis+forma] 모든 종류의, 온갖 모양의.

omnígĕnus[1], a, um, *adj.* 〔*gen. pl.* -num도 보임〕 [omnis+genus] 모든[온갖] 종류의.

omnígĕnus[2], a, um, *adj.* [omnis+gigno] 모든 것을 낳는. 「모든 병을 고치는.

omnímĕdens, éntis, *adj.* [omnis+médeor]

omnimŏdus, a, um, *adj.* [omnis+modus] 온갖 방법의, 모든 수단의, 온갖 모양의, 모든 종류의; 〔*adv.*〕 **-de, -do, -dis.**

omníno, *adv.* [omnis] **1.** 모두, 합쳐서; 오직, 다만. **2.** **온전히,** 완전히, **전적으로,** 예외없이: ~ non*(Q.)* 전적으로 아니. **3.** 일반적으로, 보편적으로. **4.** 한마디로, 간단히 말해서. **5.** 확실히, 의심없이.

omnípărens, éntis, *adj.* [omnis+pário²] 만물을 낳는[내는]. 「버지.

omnípăter, tris, *m.* [omnis+] 만물의 아

omnipóllens, éntis, *adj.* [omnis+pólleo] 전능한, 만능의.

omnípŏtens, éntis, *adj.* [omnis+] 전능한, 만능의; *m.* 전능자, 전능하신 하느님.

omnipoténtia, æ, *f.* [omnípotens] 전능, 만능. 「(遍在)하는, 무소부재(無所不在)한.

omnipræsens, éntis, *adj.* [omnis+] 편재

omnipræséntia, æ, *f.* 《神》 (하느님의) 편재(遍在).

omnis, e, *adj.* **1.** **모든,** 전체의, 전부의, (있는 수의) 모두를 망라한, 하나도 빠짐없는; 〔*subst.*〕 *m.pl.* omnes 모든 사람, (인원) 전체·모두; *n.* omne 전부; *n.pl.* ómnia *(C.)* 전부, 모든 것, 만사, 모든 점; 만물, 만유: ante ómnia*(L.)* 우선, 무엇보다도 먼저 / per ómnia*(Q.)* 모든 점에서, 온전히 / in ómnibus 모든 일[점]에 있어서, 만사에. **2.** 각(各), 하나하나 모두: ómnibus ménsibus*(C.)* 다달이. **3.** **온,** 전(全), 전적(全的)인, 전체적인: omnis ínsula*(Cæs.)* 온 섬이. **4.** **온갖,** 모든 종류의, 온갖 수단의.

omnísciens, éntis, *adj.* [ómnis+scio] 전지(全知)한. 「(全知)한, 모든 것을 다 아는.

omníscius, a, um, *adj.* [omnis+scio] 전지

omnítŭens, éntis, *adj.* [omnis+túeor] 모든 것을 다 보는.

omnívăgus, a, um, *adj.* [omnis+vagor¹] 온갖 곳을 방황하는[떠도는].

omnívŏlus, a, um, *adj.* [omnis+volo²] 모든 것을 원하는.

omnívŏmus, a, um, *adj.* [omnis+vomo] 죄다 뱉아 버리는.

omnívŏrus, a, um, *adj.* [omnis+voro] **1.** 아무거나 다 먹는, 닥치는 대로 삼키는. **2.** 《動》 잡식(雜食)의; *n.pl.* (돼지·하마 따위) 잡식동물. 「[육회] 먹음.

omophágia, æ, *f.* 날고기를 먹는 일, 회

omphácinus, a, um, *adj.* 덜 익은, 떫은, 쓴. 「설익은 포도즙.

omphácium, i, *n.* 덜 익은 올리브즙(汁),

Omphăle, es, *f.* *Lýdia*의 여왕, *Hércules*를 종으로 데리고 있던 적이 있음.

omphálos, i, *m.* **1.** 《解》 배꼽. **2.** 중심.

ónăger[-grus], gri, *m.* **1.** 《動》 야생 노새. **2.** (무기의 일종인) 암석발사기(岩石發射機).

onanía, æ, *f.* 수음, 자독행위(自瀆行爲).

onanísmus, i, *m.* **1.** 《倫神》 성교중절(性交中絕); (피임도구를 사용하는 남녀의) 피임행위. **2.** 수음.

Onchesmítes, æ, *m.* (*sc.* ventus²) *Epírus*의 *Onchésmus*항구에서 *Itália*로 불어오는 바람. 「음소리를 내다.

onco, áre, *intr.* 당나귀가 울다; 당나귀 울

oncología, æ, *f.* 《醫》 종양학(腫瘍學).

oncóma, ătis, *n.* 《醫》 종창(腫脹).

oneirodýnia, æ, *f.* 《醫》 악몽: ~ actíva 몽유증(夢遊症) / ~ passíva 가위눌림.

oneirógmus, i, *m.* 《醫》 유정(遺精).

onerárĭus, a, um, *adj.* [onus] 짐나르는, 짐싣는, 화물 운반의: oneraria juménta *(L.)* 짐나르는 짐승; *f.* (*sc.* navis) 화물선.

ónĕro, ávi, átum, áre, *tr.* [onus] 〔*absol.*; *alqd*[*alqm*] - *alqā re*〕 **1. 짐지우다,** 짐싣다. **2.** (소화가 잘 안되는 음식이) 배를 가쁘게 하다. **3.** 가득하게 하다, 채우다: ~ mensas dápibus*(V.)* 여러 식탁에 진수성찬을 가득 차리다. **4.** 뒤덮다. **5.** (아무에게 무엇을) 해내게 하다, 무거운 책임을 맡기다. **6.** 괴롭히다, 못살게 굴다, 압박하다, 지치게 하다, 힘들게[어렵게] 만들다. **7.** (불행·모욕 따위를) 끼치다, (욕설을) 퍼붓다. **8.** 악화시키다, 가중(加重)하다. **9.** 〔*alqd* vasi〕 (그릇에 무엇을) 가득 담다.

onerósus, a, um, *adj.* [onus] 무거운, 짐스러운, 과중한; 어려운, 힘든, 괴로운, 수고로운; 〔*adv.*〕 **-se,** 힘들게, 괴롭게.

Onesícrĭtus, i, *m.* *Alexánder* 대왕의 전기를 쓴 사람.

oniróćrĭtes, æ, *m.* 해몽가, 꿈을 점치는 사람.

oniromántĭa, æ, *f.* 꿈으로 치는 점(占); 해몽.

oníscus, i, *m.* 《動》 쥐며느리.

onocœ́tes, æ, *m.* 이교도들이 《당나귀의 침대》라는 이름으로 욕한 그리스도교의 하느님.

ónŏma, ătis, *n.* 이름, 명칭.

onomástĭcus, a, um, *adj.* 이름의, 명칭의.

onomatopœ́ĭa, æ, *f.* **1.** 의성(擬聲). **2.** 의성어(擬聲語). **3.** 《修》 성유법(聲喩法: 글 뜻을 언어의 음운효과로 나타내는 수사법).

ononychítes, æ, *m.* 당나귀 발굽을 가진 자 (이교도들이 그리스도교 신자를 욕해서 하던 말).

ontogénĕsis, is, *f.* 《生》 개체발생(個體發生).

ontogenétĭcus, a, um, *adj.* 《生》 개체발생의.

ontología, æ, *f.* 《哲》 존재론(存在論), 실체론(實體論), 본체론(本體論).

ontológĭcus, a, um, *adj.* 본체론적(本體論的).

ontologísmus, i, *m.* 《神》 본체론주의.

onus, nĕris, *n.* **1. 짐**; 하중(荷重), 하물, 화물: tanti óneris turris*(Cæs.)* 육중한 탑. **2.** 태아(胎兒): ~ natúræ depónere*(Phædr.)* 분만하다. **3.** (체내에 있는) 배설물·똥. **4. 책임,** 직책, 중책: ónera ferre*(C.)* 중책을 맡다 / 《法》 ~probándi 거증책임(擧證責任), 입증책임. **5.** 부담; 귀찮음, 괴로움, 수고, 고생. **6.** 비용, 세금부담; 손해.

onústo, ávi, átum, áre, *tr.* [onústus] 짐싣다, 짐지우다.

onústus, a, um, *adj.* [onus] **1.** 〔*abl.*; *absol.*〕 심진, 실실은: naves onústæ fruménto*(C.)* 곡식 실은 배. **2.** 가득찬: onústi cibo*(C.)* 밥을 잔뜩 먹은 사람들. **3.** 만족한.

onyx, ўchis, *m.* **1.** 《鑛》 무늬[얼룩줄] 마노(瑪瑙). **2.** 마노로 만든 향유그릇. **3.** 손톱색의 보석.

oogénĕsis, is, *f.* 《生》 난형성(卵形成).

oogónĭum, i, *n.* **1.** 《生》 난원세포(卵原細胞). **2.** 《植》 (집상〈集狀〉식물의) 장란기(藏卵器), 난포낭(卵胞囊).

opácĭtas, átis, *f.* [opácus] **1.** 그늘짐; 그늘진 곳, 음지. **2.** 어두움, 컴컴함. **3.** 불투명.

opáco, ávi, átum, áre, *tr.* [opácus] **1.** 그늘로 가리다, 그늘지게 하다. **2.** 덮다, 가리다, 어둡게 하다.

opácus, a, um, *adj.* **1.** 그늘진, 그늘 많은, 가려진: opácum frigus*(V.)* 그늘로 인한 냉기(冷氣) / in opáco*(Plin.)* 그늘에서. **2.** 그늘지우는. **3.** 침침한, 컴컴한, 어두운, 깊숙한 곳에 있는. **4.** 빽빽한, 조밀한, 두터운.

ópălus, i, *m.* 《鑛》 단백석(蛋白石).

opélla, æ, *f.* *dim.* [ópera] 작은 일, 잔일.

ópĕra, æ, *f.* [opus[1]] **1. 일,** 노동, 수고, 노고. **2.** 공적(公的) 활동, 봉사: esse in óperis*(C.)* 공무에 종사하다. **3.** 보살핌, 배려, 도와줌, 보조; **힘씀,** 애씀, 노력: óperam dare *alci(Pl.)* 누구를 도와주다 / óperam dare *alci rei(C.)* 무슨 일에 힘쓰다 / óperam dare fúneri*(C.)* 장례를 치르다 / óperam dare, ut [ne] *c. subj.(C., Cæs.)* …하도록[않도록] 힘쓰다 / datā óperā*(C.)* 애써, 짐짓, 일부러 / *alcjs* óperā vívere *(T.)* 누구의 보조로 살다 / óperæ prétium *(L.)* 일의 평가[대가]. **4.** (meā [tuā, *alcjs*]) óperā 누구 덕분으로·힘으로; 누구 때문에, 누구의 탓[잘못]으로. **5.** eádem [unā] óperā 같은 식으로, 동시에. **6.** (신에게 드리는) 제사. **7.** (무엇을 할) 틈, 여가, (시간·마음의) 여유: Deest mihi ~. *(C.)* 나는 틈이 나지 않는다. **8.** 볼일. **9.** 밭일의 하루 품, 하루 일. **10.** 일의 성과, 결과, 작품: óperæ araneórum*(Pl.)* 거미줄. **11.** 사실, 실제. **12.** 일꾼, 품팔이꾼, 노동자, 삯꾼; 돈받고 박수치는 자.

ópĕrans, ántis, *p.præs., a.p.* [óperor] 일하는, 작용하는, 효과를 낳는: 《神》 ex ópere operántis **인효적(人效的)으로,** 성사(聖事)·준성사(準聖事) 이용자의 마음자세[준비태세]에 의해서.

operárĭus, a, um, *adj.* [ópera] 일[노동]에 관한, 노동(자)의, 직공의: operárium vinum*(Plin.)* 일꾼들에게 주는 술; 〔*subst.*〕 *m.f.* (남녀) 노동자, 일꾼, 직공.

operátĭo, ónis, *f.* [ópera] **1.** 일, 노동, 노력. **2. 작용,** 활동; 효과, 효능: 《神》 ~ theándrica 신인양성(神人兩性)의 작용 / ~ ad intra 내향적(內向的) 활동 / ~ ad extra 외향적(外向的) 활동. **3.** 제사, 희생. **4.** 자선, 자선사업. **5.** 《醫》 수술: ~ chi-

rúrgica 외과수술.
operatívus, a, um, *adj.* [óperor] **1.** 작용하는, 작용적; 일하는, 활동하는. **2.** 효력이 있는.
operátor, óris, *m.* [**-trix,** ícis, *f.*] [óperor] **1.** 일하는 사람, 조작자, 작용자. **2.** 작용인자(作用因子), 효과인자. **3.** 창조자.
operatórĭus, a, um, *adj.* [ópera] 활동적, 유효한, 효과적.
operátus, a, um, *p.p., a.p.* [óperor] **1.** 일한, 작용하는, 효과있는. **2.** 이루어진, 행하여진: 《神》 ex ópere operáto **사효적(事效的)으로,** 성사(聖事) 자체의 힘으로, 자공적(自功的)으로. 「[덮다], 마개를 막다.
opércŭlo, ávi, átum, áre, *tr.* 뚜껑을 닫다
opércŭlum, i, *n.* [opério] **1.** 덮개, 뚜껑, 마개. **2.** 《植》 선개(蘚蓋), 삭개(蒴蓋). **3.** 《動》 (물고기의) 아가미뚜껑; (소라·고둥 따위의 구멍을 막는) 딱지. 「개; 이불.
operiméntum, i, *n.* [opério] 덮개, 가리
opérĭo, pérŭi, pértum, íre, *tr.* [ob² + *inusit.* pério] **1. 덮다, 가리다;** 묻다(埋): esse cápite opérto*(C.)* 머리를 가리고[모자를 쓰고] 있다. **2.** 닫다, (눈을) 감다: ~ óculos *alci(Plin.)* 누구에게 눈을 감겨주다. **3.** 감추다, 숨기다, 모르는 체하다. **4.** 휩싸다, 가득 채우다, 끼치다: contuméliis opértus*(C.)* 크게 모욕당한.
opérĭor = oppérior.
ópĕro, ávi, átum, áre, *tr.* [opus¹] 작용하다, 효과를 내다, (결과 따위를) 일으키다.
ópĕror, átus sum, ári, *dep. intr.* [opus¹] **1.** 〔*dat.*, in *abl.*, *absol.*〕 **일하다,** 활동하다, 노력하다, 애쓰다, 전념하다, 몰두하다, 종사하다, 분주하다, 바쁘게 지내다: ~ reipúblicæ*(L.)* 나라 일에 헌신하다 / operátus in *alqā re(H.)* 무슨 일에 종사하는[분주한]. **2.** 제사지내다. **3.** 〔ad *acc.*〕 **작용하다,** 효력을[효과를] 내다. **4.** *tr.* 〔*alqd*〕 일을 하다, 사업하다, 실천하다, 행[실행]하다; 활동하다, 작용하다; 힘쓰다.
operósĭtas, átis, *f.* [operósus] **큰 수고,** 애씀, 공들임, 노력, 열심, 마음씀; 어려움.
operósus, a, um, *adj.* [ópera] **1.** 힘들이는, 애쓰는, 마음쓰는, 열심히 일하는, 근면한, 분주한, 활동적인. **2.** 공들인, 공드는. **3.** 어려운, 힘드는.
opertánĕus, a, um, *adj.* [opértum] 은밀한, 신비로운, 감추어진.
opérte, *adv.* [opértus¹] 은밀히, 몰래, 신비로이, 풍자적으로.
opértĭo, ónis, *f.* 덮음, 가리움.
opertórĭum, i, *n.* [opério] **1.** 덮개, 가리개; 옷. **2.** 무덤. 「곳; 숨겨진 것, 비밀.
opértum, i, *n.* [opério] 비밀장소, 아늑한
opértus¹, a, um, *p.p., a.p.* [opério] **1.** 덮인, 가려진. **2.** 숨겨진, 비밀의.
opértus², us, *m.* 덮개, 가리개.
opérŭla, æ, *f. dim.* [ópera] **1.** 작은 일, 작은 수고. **2.** 하찮은 보수.
opēs, um, *f.pl.* [ops] **1.** 재산, 부(富), 재화(財貨), 자원, 풍요. **2.** 힘, 세력; 재력(財力); 국력; 병력; 체력, 기력. **3.** 도움, 원조.
ophíăca, órum, *n.pl.* 뱀에 관한 서적·시.
ophídĭon, i, *n.* 《動》 붕장어.
ophidísmus, i, *m.* 《醫》 독사 중독.
Ophiúsa¹, æ, *f.* **1.** *Hispánia Tarraconénsis* 동쪽 앞바다의 섬. **2.** *Rhodus*섬(의 딴 이름). **3.** *Cyprus*섬의 옛 이름. **4.** 〔*adj.*〕 **-sĭus,** a, um.
ophiúsa², æ, *f.* *Æthiópia* 지방에 난다는 검푸른 풀로서, 그것을 달여 마시면 뱀에 대한 공포에 질려 자살까지도 하게 된다는 전설적인 풀.
ophthálmĭa, æ, *f.* 《醫》 안염(眼炎).
ophthalmiátrĭa, æ, *f.* 《醫》 안질 치료법.
ophthálmĭcus, a, um, *adj.* 눈의, 안과(眼科)의; 안염(眼炎)의; *m.* 안과의사.
ophthalmología, æ, *f.* 《醫》 안과학(眼科學). 「안뇌막(眼腦膜)의.
ophthalmomeníngĕus, a, um, *adj.* 《解》
Opĭci, órum, *m.pl.* (= Osci) 이태리 *Campánia*지방에 살던 고대 미개민족.
ópĭcus, a, um, *adj.* [Opĭci] 야만의, 미개한, 조야한, 무지한.
ópĭfer, fĕra, fĕrum, *adj.* [ops + fero] 도움을 가져다 주는, 잘 도와주는, 구원의.
ópĭfex, fĭcis, *m.f.* [opus¹ + fácio] **1.** 만드는 이, 제작자, 창조자. **2.** 수공업인, 세공인(細工人). 「소, 제작소, 공작실.
opificína, æ, *f.* (= officína) 공장, 제조
opifícĭum, i, *n.* [ops + fácio] 일, 활동; 제조, 제작; 직업.
opílĭo, ónis, *m.* 양(羊) 치는 목자.
opímĭtas, átis, *f.* [opímus] 풍성, 풍부.
Opímĭus, i, *m.* 집정관 등 여러 고관을 배출한 *Roma*인의 씨족명.
opímo, ávi, átum, áre, *tr.* [opímus] **1.** 부풀어 커지게 하다, 불어나게 하다. **2.** 비옥하게 하다. **3.** 풍성[풍부·풍요]하게 하다, 비옥하게 하다.
opímus, a, um, *adj.* [ops] **1.** 비옥한; 살찌게 하는. **2.** 살찐, 비만(肥滿)한. **3.** 많은, 풍부한, 풍성한, 푸짐한; 알찬; *n.pl.* 푸짐한 전리품. **4.** 부요[부유]한, 부자의.
opinábĭlis, e, *adj.* [opínor] 억측의, 추측의, 유력한 의견의.
opinátĭo, ónis, *f.* [opínor] 짐작, 추측.
opinátor, óris, *m.* [opínor] **1.** 추측자, 짐작으로만 아는 사람. **2.** 지방 군대의 식량 공급자.
opinátus¹, a, um, *p.p., a.p.* [opínor] **1.** 생각된, 여겨진, 믿어진, 짐작된, 상상된.

2. 유명한.

opinátus², us, *m.* [opínor] 짐작, 추측.

opínĭo, ónis, *f.* [opínor] **1.** 의견, 견해, 생각: ut ~ mea est [fert], *(C.)* 내 생각대로는, 내 생각에는 / ~ pública 여론. **2.** 기대, 예상, 상상: præter [contra] opiniónem *(C.)* 예상 외로. **3.** 억측, 추측, 편견, 짐작. **4.** (좋은) 평판, 명성, 명망. **5.** 소문, 소식. 「추측]을 많이 하는.

opiniósus, a, um, *adj.* [opínio] 상상[짐작·

opiniúncŭla, æ, *f. dim.* [opínio] 작은 의견, 변변치 못한 견해.

opínor, átus sum, ári, *dep. tr.* 〔*absol.; alqd, acc.c.inf.*〕 **1.** 생각하다, 여기다, 믿다, (어떻다고) 보다. **2.** 짐작하다, 추측하다; 근거없이 판단하다: ~ falso *(C.)* 잘못 짐작하다. **3.** 상상하다, 가정하다. **4.** 〔bene [male] de *alqo*〕 누구에게 대하여 좋게[나쁘게] 생각하다[말하다]. **5.** 〔삽입어구〕 opínor, ut opínor 내 생각인데, 내 생각에는.

opípărus, a, um, *adj.* [ops+paro¹] 많은, 풍성한; 화려한, 호화로운, 굉장한.

Opis, is, *f.* *Diána*여신의 동료 요정.

opisthódŏmus, i, *m.* 신전이나 공공 건물의 뒤쪽. 「록된.

opisthógrăphus, a, um, *adj.* 뒷장에도 기

opitulátĭo, ónis, *f.* [ops+fero] 구원, 도와줌, 원조, 지원(支援).

opitulátor, óris, *m.* [opítulor] 원조자, 지원자(支援者), 도와주는[편들어주는] 사람.

opítŭlor, átus sum, ári, *dep. intr.* [ops+tuli(fero)] **1.** 〔*dat.*〕 도와주다, 원조[지원]하다, 구원하다. **2.** 〔contra *acc.*〕《醫》 효험이[효과가] 있다. 「의 별명.

opítŭlus, i, *m.* 〈원조자〉란 뜻으로 *Júpiter*

ópĭum[-ĭon], i, *n.* 아편: ~ pulverátum 아편 분말.

opobalsamétum, i, *n.* 발삼나무밭.

opobálsămum, i, *n.* 발삼나무, 발삼 향액.

opópănax, ăcis, *m.* 일종의 방향수지(芳香樹脂, 약에도 쓰고 향료로도 쓰임). 「장소.

oporothéca, æ, [-ce, es,] *f.* 가을 과일 저

opórtet, tŭit, ére, *impers.* [opus²] 〔*acc.c. inf., inf.; p.p. pass.* (esse); *subj.*; 드물게는 ut *c. subj.*〕 **1.** (현명한 판단·이치상으로) 마땅하다, …해야 한다, 합당하다, 필요하다, …할 필요가 있다: Eum scire opórtet. *(C.)* 그는 알아야 한다 / Opórtet exstent vestígia. *(C.)* 흔적이 남아 있어야 한다 / At non missam opórtuit. *(Pl.)* 그 여자를 보내지 않았어야 했다 / álio témpore atque oportúerit *(Cæs.)* 적당치 않은 때에. **2.** 〔추측·개연성 표시〕 아마도 …한다, …것이 틀림없다[분명하다]: Nostram hæc rem fabulátur: hanc scire opórtet, fília tua ubi sit. *(Pl.)* 이 여자가 우리 일을 이야기하고 있는데, 아마도 네 딸이 어디 있는지를 알고 있는 것이 분명하다. **3.** 〔*pron. n.*에 대해서는 *personáliter*〕 Hæc facta ab illo oportébant. *(T.)* 이 일들은 그가 했어야 했다.

oportu... *V.* opportu...

oppallésco, pállŭi, ĕre, *intr.* [ob²+] 창백해지다.

oppándo, pándi, pánsum[pássum], ĕre, *tr.* [ob²+] 확장시키다, 발전시키다, 넓히다.

oppécto, ĕre, *tr.* [ob²+] 빗어 뜯다; 껍질 벗기다; 생선가시를 발라내다.

oppédo, ĕre, *intr.* [ob²+pedo²] 〔*alci*〕 **1.** (누구에게 대고) 방귀를 뀌다. **2.** 모욕하다, 조롱하다.

oppérĭor, pértus[perítus] sum, íri, *dep. tr.* 〔*absol.; alqm, alqd*〕 기다리다, 기대하다.

óppĕto, ívi [ĭi], ítum, ĕre, *tr.* [ob²+] **1.** 마주 나아가다, 직면하다, 받다, 당하다: ~ mortem *(En.)* 죽음을 당하다, 죽다. **2.** 〔*absol.*〕 죽다.

oppéxus, us, *m.* 빗질, 머리 가꿈. 「다.

óppĭco, áre, *tr.* [ob²+pico] 송진으로 바르

oppidán(ĕ)us, a, um, *adj.* [óppidum] (*Roma* 이외의) 지방도시의; 〔*subst.*〕 *m. pl.* 지방도시민. 「여러 도시에 걸쳐.

oppidátim, *adv.* [óppidum] 도시마다에서,

óppĭdo, *adv.* **1.** 많이, 매우, 과하게, 극단으로, 온전히, 충분히: ~ pauci *(C.)* 아주 작은 수(數)의. **2.** 〔연극속에서의 대답〕 물론, 아무렴. 「시, 작은 성채.

oppídŭlum, i, *n. dim.* [óppidum] 작은 도

óppĭdum, i, *n.* [ops+do] **1.** 성곽도시(城廓都市), (일반적으로) 도시; (*Roma* 이외의) 지방도시. **2.** *Roma*시. **3.** 경기하는 4두 마차 출발 대기소.

oppignerátor, óris, *m.* [oppígnero] 저당잡는 사람, 전당포 주인.

oppígnĕro, ávi, átum, áre, *tr.* [ob²+] 저당하다, 전당잡히다, 보증금을 내다.

oppilátĭo, ónis, *f.* [oppílo] 막음, 차단.

oppílo, ávi, átum, áre, *tr.* [ob²+pilo¹] 막다(塞), 저지하다, 차단하다.

oppíngo, ĕre, *tr.* [ob²+pango] (무엇에) 대고 누르다, 찍다.

Oppĭus, i, *m.* *Roma*인의 씨족명.

óppleo, évi, étum, ére, *tr.* [ob²+] 〔*alqm [alqd] alqā re*〕 **1.** 가득 채우다; 뒤덮다. **2.** 어디에 *(acc.)* 쫙 퍼지다.

opplóro, áre, *intr.* [ob²+] 〔*dat.*〕 옆에서 울어대다. 「립하는, 반대의, 적대의.

oppónens, éntis, *p.præs., a.p.* [oppóno] 대

oppóno, pósŭi, pósĭtum, ĕre, *tr.* [ob²+] 〔*alqd [alqm] - dat.*; ante, ad *acc.*〕 **1.** 앞에 놓다, 갖다대다: ante óculos ~ manus *(Ov.)* 두 손으로 눈을 가리다. **2.** 마주 배치하다, 맞서게 하다, 맞은 편에 놓다, 대립시키다, 대치시키다; 대항케 하다: ad omnes intróitus armátos hómines ~ *(C.)* 모든 입구에다 무장한 사람들을 배치하다 / *alci* se ~ *(C.)* 몸으로 누구 앞을 가로막다. **3.** 저당하다, 전당잡히다; (내기에 무엇을) 걸다: Ager oppósitus est pígnori.*(T.)* 밭이 저당되었다. **4. 앞에 드러내다,** 노출시키다, 노정(露呈)하다, 내맡기다, 무릅쓰게 하다: ~ se perículis*(C.)* 위험을 당하다, 위험 속에 뛰어들다. **5.** (말로) 대들다, 위협하다; 들이대다; 앞에 내세우다, 주장하다. **6.** 개입시키다. **7.** (무엇을) 핑계대다. **8.** 비교하다, 대비(對比)하다. **9.** (무엇을 약으로) 쓰다·바르다.

opportúnĭtas, átis, *f.* [opportúnus] **1.** (장소·시기·인물 따위의) 적당함, 좋은 기회, 알맞음. **2.** 유리함, 편리함: opportunitátes loci*(Cæs.)* 유리한 장소.

opportúnus, a, um, *adj.*[ob² + portus] 〔*absol.; ad acc.; dat.*〕 **1.** (장소·시기 따위가) **적당한, 알맞는:** locus ~ ad eam rem *(C.)* 그것에 알맞는 자리. **2.** 유익한, 좋은, 유리한, 편리한, 쾌적한. **3.** 할 준비를 갖춘, …할 자격있는, 적임(適任)의. **4.** 공격받기 쉬운, 방비가 잘 안된. **5.** (위험 따위를) 당하기 쉬운, (병에) 걸리기 쉬운.

opposítĭo, ónis, *f.* [oppóno] **1.** 반대, 대항, **대립**; 맞은 편. **2.** 대조, 대비(對比). **3.** 《論》 대당(對當): ~ contradictória 모순대당 / ~ contrária 반대 대당.

oppósĭtor, óris, *m.* [oppóno] 반대자, 대립자; 이의자(異議者).

oppósĭtus[1], a, um, *p.p., a.p.* [oppóno] 〔*dat.*〕 **1.** 면전에 있는, 직면한, 반대편에 있는, 대립해 있는. **2.** 반대의; 〔*subst.*〕 *n.* 반대. 「대, 대치; 대조.

oppósĭtus[2], us, *m.* [oppóno] 앞에 놓음; 반

oppréssĭo, ónis, *f.* [ópprimo] **1.** 힘있게 누름, 압박. **2.** 억압, 압제, 학대, 박해. **3.** 급습, 기습. 「볍게 누름.

oppressiúncŭla, æ, *f. dim.* [oppréssio] 가

oppréssor, óris, *m.* [ópprimo] 압박자, 억압자. 「억압; 덮쳐 누름.

oppréssus, us, *m.* [ópprimo] 누름, 압박,

óppr̆imo, préssi, préssum, ĕre, *tr.* [ob² + premo] 〔*alqd[alqm] - alqā re*〕 **1.** 세게 누르다, 짓누르다, **압박하다. 2.** 막다, 닫다, 가리다: os ~ *(T.)* 입을 막다, 잠잠하다 / óculos ~ *(Ov.)* 두 눈을 가리다. **3.** 덮쳐 누르다, 눌러 덮다; 숨막히게 하다, 조르다. **4.** 거꾸러뜨리다. **5. 억누르다,** 억제하다, 억압하다. **6.** 부당한 압박을 가하다, 학대하다, 탄압하다. **7.** 숨기다, 감추다, 비밀로 하다. **8.** 괴롭히다, 시달리게 하다, 허덕이게 하다: ópprimi ære alién o*(C.)* 빚에 쪼들리어 허덕이다. **9.** (기회 따위를) 포착하다. **10.** 들이닥치다, 기습하다, 엄습하다, 꼼짝못하게 하다. **11.** 타도하다, 압도해 버리다, 진압하다, 정복하다, 재기불능케 하다. **12.** 없애버리다, 제거하다, 죽이다.

opprobraméntum, i, *n.* [ópprobro] 비난, 모욕, 치욕. 「책.

opprobrátĭo, ónis, *f.* [ópprobro] 비난, 질

opprobriósus, a, um, *adj.* 치욕적, 모욕의.

oppróbrĭum, i, *n.* [ob² + probrum] **1.** 치욕, 모욕, 불명예, 오명: oppróbrio*(dat. finális)* esse *alci(C.)* 누구에게 치욕이 되다. **2.** 욕설, 폭언, 비난.

ópprŏbro, ávi, átum, áre, *tr.* [ob² + probrum] 〔*alqd - alci*〕 비난하다, 모욕[치욕]을 주다.

oppugnátĭo, ónis, *f.* [oppúgno¹] **1.** 돌격, (도시에 대한) 공격, 공략. **2.** 고발, 비난, 탄핵. 「자, 습격자. **2.** 비난자, 반대자.

oppugnátor, óris, *m.* [oppúgno¹] **1.** 공격

oppugnatórĭus, a, um, *adj.* 공격하는, 반대하는.

oppúgno[1], ávi, átum, áre, *tr.* [ob² + pugno] **1.** 공격하다, 침공하다. **2.** 비난하다, 논박하다. **3.** 고발하다, 탄핵하다.

oppúgno[2], ávi, átum, áre, *tr.* [ob² + pugnus] 주먹으로 때리다.

óppŭto, áre, *tr.* [ob² +] 자르다, 절단하다.

ops[1], ŏpis, *f.* 〔*sg. nom., dat.*는 없어졌음; *pl.* opes, opum, *etc.*〕 **I.** 〔*sg.*〕 **1. 힘,** 능력, 권한; 체력, 용기: ..., non opis est nostræ.*(V.)* …하는 것은 우리 능력 밖의 일이다, …하기에는 우리의 힘이 미치지 못한다. **2. 도움,** 원조, 조력, **구조수단:** ab *alqo* opem pétere*(C.)* 아무에게 도움을 청하다.

II. 〔*pl.*〕 **1. 재산,** 부(富), 재화(財貨), 자원, 풍요. **2.** 능력, **세력,** 영향력; 재력(財力), 자력(資力). **3. 병력**(兵力), 국력. **4.** 체력, 기력. **5.** 도움.

Ops[2], Opis, *f.* 풍요와 수확의 여신, *Satúrnus*신의 누이동생이며 아내, *Júpiter*의 어

ops... *V.* obs... ⌊머니.

optábĭlis, e, *adj.* [opto] 바랄 만한, 바람직한, 추구해야 할; 바라마지 않던 [않는].

optátĭo, ónis, *f.* [opto] **1.** 바람, 희망, **소원,** 희구(希求), 기원(祈願). **2.** 선택(권). **3.** 《修》 소원[원망(願望)] 표현법.

optatívus, a, um, *adj.* [opto] 《文法》 소원[원망(願望)·기원(祈願)]을 나타내는: modus ~ 기원법(祈願法) = subjunctívus optatívus 소원 접속법. 「로.

optáto, *adv.* [optátus] 소원대로, 바라던 대

optátum, i, *n.* [optátus] 소원, 희구(希求): impetráre ~ *(C.)* 소원성취하다.

optátus, a, um, *p.p., a.p.* [opto] **1.** 바라마지 않던[않는], 탐내던[내는], 희구(希求)한;

바랄 만한; 마음에 드는: Nihil mihi fuit optátius, quam ut ...*(C.)* 내게는 …이상으로 바랄 것이 없었다. **2.** 소중한, 귀중한, 사랑스러운.

óptĭce, es, *f.* 광학(光學).

opticésco = obticésco.

óptĭcus, a, um, *adj.* **1.** 눈의, 시력의; 시각의. **2.** 광학(光學)의, 광학적.

óptĭmas, átis, *adj.* [óptimus] 귀족의, 양반의; 귀족정치의. 「족, 양반; 귀족당.

optimátes, ĭum[um], *m. f. pl.* [óptimas] 귀

óptĭme, *adv. superl.* [bene] 매우 좋게, 매우 잘, 완전히.

optimísmus, i, *m.* 낙관[낙천]주의; 낙관론; 《哲·倫》 낙천관(樂天觀)[주의], 최선관(最善觀). 「가, 태평스러운 사람.

optimísta, æ, *m.(f.)* 낙관(주의)자, 낙천

optimístĭcus, a, um, *adj.* 낙관[낙천]적인, 낙관주의의. 「좋은 것, 최적(最適), 최우수.

óptĭmum, i, *n.* [óptimus] 최선(最善), 제일

óptĭmus, a, um, *adj. superl.* [bonus] 가장 좋은, 제일 훌륭한; 최선의, 최적(最適)의, 가장 착한[선량한]; *m.pl.* 대단히 착한 사람들; 양반, 귀족.

óptĭo[1], ónis, *f.* [opto] **1.** 자유의사; 골라잡음, 선택. **2.** 선택의 자유, 자유 선택권, 자결권: eligéndi optiónem dare *alci* *(C.)* 누구에게 선택의 자유를 주다. **3.** 선택할 수 있는 것. **4.** 《敎法》 추기경의 명의성당 칭호 변경 지망(권), 또는 위계지망(位階志望)*(cf. C.I.C. can. 236)*.

óptĭo[2], ónis, *m.* [opto] 보좌관; 보조장교(補助將校), 백인대장(百人隊長) 보좌, 부관(副官). 「좌관 계급.

optionátus, us, *m.* [óptio[2]] 보좌관직, 보

óptĭto, áre, *tr. freq.* [opto] 갈망하다.

opto, ávi, átum, áre, *tr.* **1.** 마음대로 고르다, 더 좋아하다, 낫게 여기다. **2.** 〔*alqd - ab alqo; alqd alci; inf., acc.c.inf.;* ut, ne; *subj.*〕 **원**하다, 희구(希求)하다, 축원하다, 기원하다, 열망하다, 간절히 바라다.

óptŭmus = óptimus.

ópŭlens, éntis, *adj.* [ops] **1.** 풍요한, 부유한. **2.** 영향력있는, 세력[권세]있는; 중요한. **3.** 귀족의.

opuléntĭa, æ, [**-tĭtas,** átis,] *f.* [ópulens] **1.** 재산, 재력; 부유, (물자의) 풍부, 윤택. **2.** 호화로움. **3.** 세력, 세도.

opulénto, áre, *tr.* [opuléntus] 풍요[풍부·풍성]하게 하다.

opuléntus, a, um, *adj.* [ops] **1.** 〔*absol.; abl., gen.*〕 부유한, 풍부한, 풍족한: opuléntï*(C.)* 부자 / opuléntior agro virísque *(Sall.)* 토지도 많고 하인도 더 많은. **2.** 사치스러운, 화려한, 호화로운. **3.** 세력있는, 권력 많은, 영향력있는. **4.** (책이) 두꺼운, 두툼한. **5.** *m. pl.* 귀족, 양반.

opulésco, ĕre, *intr.* 부유해지다.

ŏpus[1], ópĕris, *n.* **1.** **일**, 작업, 역사(役事), 노동: servíle ~ *(L.)* 노동일, 노예노동 / ópera liberália (직업적이 아닌 노동·두뇌노동 따위) 사유노동 / ópera forénsia 관공서 업무 및 시장노동(상업행위). **2.** 농사일, 밭일; 공예[공업]에 속하는 일; 건축공사, 토목공사; 군사시설공사. **3.** 병역, 군무(軍務). **4.** 인공(人工); 기술, 예술. **5.** 방사(房事). **6.** 활동, 행동, **행위**, 소행(所行), 선업(善業), **사업**: ópera pia 신심(信心)행위 / ~ misericórdiæ, ~ caritátis 자선사업 / ópera bona (신학적 의미의 공로를 이루는) 선업·선행 / ~ supererogatórium 의무 이외의 선업 / ~ Dei (베네딕또 수도회 회칙 43조의) 미사와 성무일과 / 《神》 ex ópere operáto 사효적(事效的)으로; ex ópere operántis 인효적(人效的)으로. **7.** 직무, **업무**, 사무: ~ oratórium*(C.)* 법정에서의 변론(업무). **8.** 이루어 놓은 일, 성과, **업적**, 공훈, 공덕; **작품**, 저작품, 저서, 완성품, 예술품. **9.** 건물. **10.** 축성(築城), 군사시설. **11.** 효과, 작용. **12.** 수고, 노력. **13.** *abl.:* ópere*(Pl.)* 매우, 힘차게, 열심히.

ŏpus[2], *n. indecl.* 〔수단으로서의 필요성, 때로는 유용성을 표시하며 esse (간혹 habére)와 함께 씀〕 **1. opus est 필요하다**, 필요가 있다; 소용되다: 1) 〔*personáliter: alqd - alci*〕 Si quid ~ est, *(Pl.)* 무엇이 필요하면 / Opus sunt boves. *(Var.)* 소들이 필요하다 / Mílites ~ sunt tibi. *(Pl.)* 네게는 군인들이 필요하다. 2) 〔*impersonáliter: absol.; alqā re - alci; alcjs rei; supínum pass.; inf., acc.c.inf.;* ut〕 Non est ~, pater. *(T.)* 아버지, 필요가 없어요 / Eam, si ~ esse vidébitur, convéniam. *(C.)* 필요하다고 생각될 경우 내가 그 여자를 만나겠다 / Multis ~ est tibi milítibus. *(Pl.)* 많은 군인들이 네게 필요하다 / Quid ~ est tam valde affirmáre? *(C.)* 뭐가 그렇게 강력히 주장할 필요가 있느냐? / Mi(= mihi) quoque opus est, ut lavem. *(C.)* 나도 씻어야 하겠다. **2.** opus habére *alqā re* (누가) 무엇이 필요하다.

Opūs[3], úntis, *f.* 희랍의 *Locris*의 도시; 〔*adj.*〕 **-úntĭus,** a, um.

opúscŭlum, i, *n. dim.* [opus[1]] 작은 일; 작은 작품, 소논문.

ōra[1], æ, *f.* [os[1]] **1.** 가, 가장자리, 언저리, 변두리: ~ vestiménti 옷 가장자리. **2.** 바닷가, **해안**, 연안. **3.** 경계(境界), (공간적) 한계. **4.** 지방, 지역. **5.** 시내(地帶). **6.** 땅, 지구; 하늘. **7.** lúminis oræ *(C.,V.)* 이 세상, 우리가 살고 있는 땅.

ōra[2], æ, *f.* [os[1]] (배를 붙들어 매는) 밧줄.

orácŭlum[-clum], i, *n.* [oro] **1. 신탁**(神

託), 탁선(託宣); 《聖》 하느님의 (지시) 말씀[명령]. 2. 예언, 현몽(現夢)에서의 예언[지시], 신관(神官)의 예언[지시]. 3. 신탁을 받는 곳, **탁선소.** 4. 교훈의 말씀, 격언, 경구(警句). 「으로 하는.

orális, e, *adj.* [os[1]] 입의, 구두(口頭)의, 입

orámen, mĭnis, [**-méntum,** i,] *n.* [oro] 기

orárĭum, i, *n.* [os[1]] 입 닦는 수건. ㄴ도; 담화.

orárĭus, a, um, *adj.* [ora[1]] 해안의.

orátĭo, ónis, *f.* [oro] 1. 말, 담화, 말함. 2. 말투, 표현. 3. 언어. 4. 구두제안, 진술. 5. **연설,** 강연, **변론;** 구변, 웅변, 화술. 6. 산문(散文); 산문체. 7. 《文法》 화법: ~ diréсta 직접화법 / ~ oblíqua 간접화법. 8. 칙서(勅書), 국가기관의 공문. 9. **기도,** 기도문: ~ mentális 묵념기도 / ~ orális [vocális] 구두기도, 소리내어 하는 기도 / ~ jaculatória 화살기도 / ~ imperáta 명령기도 / ~ Domínica 주의 기도, 천주경.

oratiúncŭla, æ, *f. dim.* [orátio] 1. 짧막한 담화[연설]. 2. 짧막한 기도.

orátor, óris, *m.* [**-trix,** ícis, *f.*] [oro] 1. 말하는 사람, 담화자. 2. 대변자; 사절(使節). 3. 연사, **연설가,** 웅변가. 4. **변론인,** 변호인. 5. 수사학[웅변] 선생. 6. 기도하는 사람; 청원인.

oratórĭa, æ, *f.* (*sc.* ars) [oratórius] 웅변술.

oratoríŏlum, i, *n. dim.* [oratórium] 소성당, 기도소, 기도원.

oratórĭum, i, *n.* [oratórius] 1. 예배소, 예배당, 성당: 《敎法》 *(cf. C.I.C. can. 1188)* ~ públicum 공용(公用) 예배(성)당 / ~semipúblicum 준공용(準公用) 예배(성)당 / ~ privátum 사용(私用) 소성당 / ~ doméstícum 가정용 소성당[기도실]. 2. 오라또리오 수도회(의 성당). 3. 성담곡(聖譚曲); 성가를 곁들인 특수 기도(모임·행사).

oratórĭus, a, um, *adj.* [orátor] 1. 연설의, 웅변의; 변론의; 수사학적(修辭學的)인. 2. 기도에 관한. 「청.

orátus, us, *m.* [oro] 간구, 기도; 청원, 요

orbátĭo, ónis, *f.* [orbo] 1. 결핍, 상실, 결여. 2. 빼앗음.

orbátor, óris, *m.* [**-trix,** ícis, *f.*] [orbo] 1. 자식을[부모를] 뺏어가는[죽이는] 사람. 2. 탈취자. 「형의.

orbiculáris, e, *adj.* [orbículus] 둥근, 원

orbiculátim, *adv.* 원형으로, 둥글게.

orbiculátus, a, um, *adj.* [orbículus] 원형의, 둥근, 고리 모양의, 환상(環狀)의.

orbícŭlus, i, *m. dim.* [orbis] 1. 작은 동그라미[원형]. 2. 활차(滑車), 작은 바퀴.

órbĭcus, a, um, *adj.* 동그라미의, 원형의.

Orbilĭus Pupíllus, i, *m.* *Benevéntum* 사람, 63 A.C.이래 *Roma*에서 교사로 지냈음.

orbis, is, *m.* 1. **동그라미, 원;** 둥근 것, **원형**(圓形); 원형대열; 원형배치; 바퀴, 차륜; (사리어진 물건·뱀 따위의) 사리; (눈의) 검은 자위, 홍채(虹彩). 2. 〔드물게는〕 구형(球形). 3. (천체의) 궤도, 회전; 계절의 순환. 4. 둥근 표면; 둥글게 만든 여러가지 물건(덮개·탁자·거울·저울판·원반〈圓盤〉·방패). 5. 해·달의 둥근 표면. 6. 눈구멍, 안와(眼窩); 눈. 7. 우주, 천공. 8. 땅, **지구:** ~ terrárum*(C.)* 지구, 세상, 천하. 9. 지방(地方). 10. 《修》 종합문(綜合文); 도미문(掉尾文). 11. 체계, 전체적 견지. 12. 총체적 지식, 백과사전.

órbĭta, æ, *f.* [orbis] 1. 수레바퀴자국, 전철(前轍); 궤도. 2. 포도가지의 묶였던 자국[흔적]. 3. 나쁜 전례(前例).

órbĭtas, átis, *f.* [orbus] 1. 부모여읨, 고아상태; 자식여읨[잃음]; 홀아비상태, 과부생활. 2. 결여(缺如), 결핍, 상실.

orbitósus, a, um, *adj.* [órbita] 바퀴자국이

orbitúdo, ĭnis, *f.* = órbitas. ㄴ많은.

orbo, ávi, átum, áre, *tr.* [orbus] 1. 〔*alqm alqo*〕 부모를[자식을·형제를] **여의게 하다** [앗아가다]: mater orbáta fílio*(C.)* 아들을 잃은 어머니. 2. 〔*alqm[alqd] alqā re*〕 (누구에게서 무엇을) 빼앗다, 탈취하다, 잃어버리게 하다. 「지 않게 해주는 보호 여신.

Orbóna, æ, *f.* [orbus] 부모에게 자식을 잃

orbus, a, um, *adj.* 1. 〔*absol.; abl.,* ab *abl.*〕 자식없는, 자식잃은, (어버이·배우자를) 여읜, 고아의: ~ senex*(C.)* 자식없는 노인 / virgo orba patre*(T.)* 아버지를 여읜 처녀; 〔*subst.*〕 *m.f.* 고아; 홀아비, 과부. 2. 〔*abl., gen.; absol.*〕 (무엇이) 없는, 결여된, 잃은, 빼앗긴, 결핍된, 빈. 3. 불모의, 메마른.

orca, æ, *f.* 1. 《動》 범고래. 2. 항아리, 단지; 바다에 띄운 부표. 3. 주사위통.

Orcădes, um, *f.pl.* *Scótia*북부의 섬들 (지금의 *the Orkneys*).

orchas, ădis, *f.* 《植》 올리브의 일종.

orchésta[-stes], æ, *m.* 무언극의 무용가.

orchéstra, æ, *f.* 1. (*Roma*의) 극장 앞쪽의 원로원 의원 지정석. 2. 무대앞의 악단[합창단]석. 3. 원로원. 4. 관현악단; 관현악.

órchĭon, i, *n.* 《植》 골하늘지기. ㄴ관현악.

orchis, is[ĭtis], *f.* 《植》 1. 난초: ~ bracteáta 개제비란/ ~ rupéstris 나비난초. 2. 올리브의 일종.

orchítis, tĭdis, *f.* 《醫》 고환염(睾丸炎).

Orchóměnus[-os], i, *m.* *Bœótia*의 도시; *Arcádia*의 도시; 〔*adj.*〕 **-méníus,** a, um.

orciniánus[-cínus], a, um, *adj.* [Orcus] 지하세계의; 죽음에 관한: orcíni senatóres *(Suet.)* *Cæsar*가 살해된 다음에 억지로 된 원로원 의원들. 「단지].

órcŭla, æ, *f. dim.* [orca] 작은 병[항아리·

orculáris, e, *adj.* [órcula] 작은 병[항아리·단지]의.

Orcus, i, *m.* **1.** 저승의 주재신(主宰神, Pluto). **2.** 저승, 황천, 지하세계, 지옥. **3.** 죽음.

ordálĭum, i, *n.* (불 또는 뜨거운 물에 손을 넣거나 독을 마셔도 해를 받지 않는 사, 싸워서 이기는 자는 무죄로 판결되던 옛) 신명심판(神明審判), 신재(神裁), 시죄법(試罪法).

orde... *V.* horde...

órdĭa prima = primórdia. 시초.

ordinális, e, *adj.* [ordo] 《文法》 순서[차례]를 표시하는: numerália ordinália 서수(序數), 순서 수사.

ordinárĭum, i, *n.* 《가》 (미사·성무일과의) 통상문(通常文).

ordinárĭus[1], a, um, *adj.* [ordo] **1.** 순서에 관한; 순서지워진, 순서대로의. **2.** 규칙을 따르는, 질서바른. **3.** 정기적인, **정규의**; 통상[관례]적인, **정상적인**, 보통의, 일반적인. **4.** 평범한.

ordinárĭus[2], i, *m.* **1.** 보통 병사; 대장(隊長), 선두자(先頭者), 장교. **2.** 《가》 [O-] 교구장.

ordináte[-tim], *adv.* [ordinátus] 줄을 지어, 질서정연하게, 규모있게.

ordinátĭo, ónis, *f.* [órdino] **1.** 줄섬, **정리, 정돈, 배열** 배치, 질서. **2.** 다스림, 행정, 통치. **3.** 임명, 서임(敍任). **4.** 칙령. **5.** 《가》 **서품**(敍品). **6.** 《神》 하느님의 섭리, 안배.

ordinátor, óris, *m.* [**-trix,** ícis, *f.*] [órdino] **1.** 정리자, 질서잡는 사람; 섭리자. **2.** 명령자, 지도자; 사회자.

ordinátus, a, um, *p.p., a.p.* [órdino] 정리된, 잘 배치된, 질서잡힌, 제자리에 있는.

órdĭno, ávi, átum, áre, *tr.* [ordo] **1.** 순서대로 놓다, 가지런히 하다; **정돈하다**, 배열하다, **정리하다**. **2.** (군대를) 편성하다. **3.** 규정하다, 지시하다. **4.** 다스리다, 관리하다. **5.** 안배하다, 골고루 분할하다. **6.** (장관·관리를) 임명[선정]하다. **7.** (성직에) 서품(敍品)하다.

órdĭor, orsus sum, íri, *dep. tr.* **1.** (베틀에) 날을 날다, 짜다, 엮다. **2.** 〔*alqd* - ab *abl.; inf.*〕 **시작하다**, 개시하다, 착수하다. **3.** 〔*absol.;* ab *abl.*〕 이야기를 시작하다; 이야기하다, 말하다: A princípio ordiámur. *(C.)* 처음부터 이야기하기로 하자.

ordo, dĭnis, *m.* **1. 열**(列), 나란히 선 줄, 선(線): árbores in órdinem satæ*(Var.)* 줄맞추어 심은 나무. **2.** (배의) 노열(櫓列). **3.** (극장 따위의) 좌석줄(계급별로 좌석줄이 지정되었었음; 맨 앞줄은 원로원 의원 지정석, 14단〈段〉 좌석은 기사계급 지정석 따위). **4.** 어휘의 배열; 어순(語順). **5.** 《軍》 전열(戰列); 편대, 부대, 중대; 백인대장(百人隊長). **6. 계급**, 신분: senatórius [amplíssimus] ~ *(C.)* 원로원 의원 계급 / equéster ~ *(C.)* 기사계급(騎士階級) / ~ plebéjus 평민계급. **7.** 〔숙어〕 Cógere [redígere] in órdinem 1) 장관[관리]에게 반항[항거]하다, 불복종하다, 모멸하다. 2) 계급을 떨어뜨리다, 강등시키다. **8. 순서**, 차례, 순위, 서열; 계열, 연속적 계통, 일련(一連): órdine*(C.)* 차례로; 차근차근 / in órdinem*(C.)* 규격대로, 순서있게 / in órdine*(V.)* 하나씩하나씩, 차례대로 / per órdinem*(Q.)* 차례로. **9. 질서, 정돈**; 배열, 정렬, 영역(領域), 계(界): ~ supernaturális 초자연적 질서, 초자연계 / ~ cognitiónis 지식상의 영역. **10.** 규정, 정규(正規), 관례: extra órdinem*(C.)* 변칙적으로. **11.** 지령(指令). **12.** 《가》 [O-] **신품**(神品): sacraméntum Ordĭnis 신품성사. **13.** 《가》 [O-] (votum solémne 즉 장엄서원〈莊嚴誓願〉·성대허원〈盛大許願〉을 하는) 수도회 *(cf. C.I.C. can. 488)*: Ordo Sancti Benedícti 성 베네딕또 수도회 / ~ exémptus 면속(免屬) 수도회(교황 직할 수도회). **14.** 《가》 [O-] (Pontificális) 교황훈장: Ordo S. Gregórii Magni 대 그레고리오 교황훈장.

órĕæ, árum, *f.pl.* [os[1]] 재갈.

Orĕas, ădis, *f.* 산(山)의 요정.

Oréstæ, árum, *m.pl.* *Epírus*의 한 종족.

Oréstes, is[æ], *m.* *Agamémnon*과 *Clytæmnéstra*의 아들 (*cf.* Clytæmnéstra); 〔*adj.*〕 **-téus,** a, um.

Oretáni, órum, *m.pl.* *Hispánia Tarraconénsis*의 한 종족.

orétĕnus, *adv.* 구두(口頭)로, 말로.

Orĕus, i, *f.* *Eubœa*의 도시.

órĕxis, is, *f.* 식욕.

organárĭus, i, *m.* 오르간 제조인; 오르간 연주자.

orgánĭcus, a, um, *adj.* [órganum] **1.** 기계의, 기구(機構)의. **2.** 악기의; 풍금의, (특히) 파이프 오르간의; *m.* 파이프 오르간 제작자[연주자]. **3.** 조직적인, **유기적**(有機的)**인**, 계통적인. **4.** (신체) **기관**(器官)**의**, 장기(臟器)의. **5.** 유기체(有機體)의, 생명있는. **6.** 《化》 유기(有機)의: chímia orgánica 유기화학. **7.** 《醫》 기질성(器質性)의.

organisátĭo[-zátĭo], ónis, *f.* [organízo] **1.** 조직, 체제, 편제(編制), 구성; 기구(機構): ~ œconómica 경제조직 / ~ professionális 직분적 사회질서. **2.** (어떤 목적을 위하여 조직된) 단체, 조합, 협회.

organísmus, i, *m.* **1.** 유기적 조직, 편제(編制); 기구(機構). **2. 유기체**(有機體); (유기적) 생체(生體), 생물.

organísta, æ, *m.(f.)* 파이프 오르간 연주자.

organízo, ávi, átum, áre, *tr.* [órganum] **1.** 조직하다, 편제(編制)하다, 편성하다; 창립하다. **2.** 조합에 가입시키다, 조합으로 조직하다. **3.** (무엇에) 유기적인 형태를 주다, 체계화하다. **4.** (조직적으로) 계획준비하다.

orgánŭlum, i, *n.* **1.** 작은 오르간. **2.** 새의 부리.

órgănum[-non], i, *n.* **1.** 기계, 기구. **2.** (각종) 악기; **풍금,** 오르간, (특히) **파이프 오르간.** **3.** (신체의) **기관(器官);** 장기(臟器). **4.** 발성기관: ~ oris 혀. **5.** (유기적 통일조직의) 기관(機關).
orgásmus, i, *m.* 성교 쾌감의 절정.
Orgétŏrix, ígis, *m.* (*Július Cæsar* 시대의) *Helvétii*족의 수령(58 A.C.).
Orgĭa, órum, *n.pl.* **1.** *Bacchus*신의 대주연, 주신제(酒神祭). **2.** 비교의식(秘敎儀式).
órĭa, æ, *f.* 고기잡이 배, 어선.
oríbăta[-es], æ, *m.* 산에 오르는 사람, 산타는 사람.
orichálcum, i, *n.* **1.** 놋쇠, 황동. **2.** 놋쇠로 만든 나팔, 놋쇠 무기.
oricílla, æ, *f. dim.* [auris] (= auricílla) 깜찍하게 작은 귀; 귓불.
Oricíni, órum, *m.pl.* *Orĭcum*의 주민.
oricul... *V.* auricul...
Orĭcum, i, *n.* [**-cus,** i, *f.*] *Illýria*의 항구도시; 〔*adj.*〕 **-cĭus,** a, um.
orídĭa, æ, *f.* (= orýza) 쌀.
órĭens, éntis, *p.præs.* [órior] 〔*subst.*〕 *m.* **1.** 동녘, **동쪽,** 동방, 동양. **2.** **아침해;** 낮.
orientális, e, *adj.* [órior] 동녘의, **동쪽의, 동양의;** 〔*subst.*〕 *m. pl.* 동방인, 동양인; *f.pl.* 동양산의 맹수들.
orientátĭo, ónis, *f.* (제단을 동쪽에 놓도록 하는) 교회 건축 방위(方位), 동향(東向).
orifícĭum, i, *n.* 좁은 입구[출구], 좁은 아가리, 구멍: ~ vagínæ 질구(膣口).
orígănum, i, *n.* 《植》 꽃박하.
originális, e, *adj.* [orígo] 본원적(本源的)인, 근원[근본]의, 원시(原始·元始)의; 원본(原本)의: 《神》 peccátum originále 원죄 / textus ~ 원문(原文).
originálĭtas, átis, *f.* [originális] 본원성, 근원성, 근본성.
originárĭus, a, um, *adj.* [orígo] 출신상의, (그 고장) 출신의, 원산(原産)의.
originátĭo, ónis, *f.* [orígo] **1.** 어원(語源). **2.** 개시, 시작, 시초.
orígo, gĭnis, *f.* [órior] **1.** **기원(起源),** 근원, 원천; 근본, 시초, 출발; 태생, 출신, 혈통: oríginem dúcere ab *alqo(H.)* 기원을 누구에게 두다, 누구의 후예이다 / ~ speciéi (다윈의) 〈종의 기원〉. **2.** 원인, 유래. **3.** 조상; 창시자. **4.** 출생지, 조국. **5.** 모체가 되는 도시.
orínda, æ, *f.* *Æthiópia* 빵(의 일종).
Oríon, ónis, *m.* **1.** *Diána*에 의해 별이 된 *Bœótia*의 거인 사냥꾼. **2.** 《天》 오리온 성좌.
órĭor, *(ĕris, ĭtur),* ortus sum, (oritúrus), íri, *dep. intr.* 〔*indic. præs.*와 *imper.*는 제3활용; *subj. impf.*은 제3·제4활용〕 **1.** (해·달·별이) **뜨다,** 돋다, 솟아오르다; (날이) 밝다: ortā luce*(Cæs.)* 날이 밝은 뒤. **2.** 〔*absol.;* ab, ex *abl.*〕 일다, 일어나다, **발생하다,** 나오다, 생기다: Clamor óritur. *(Cæs.)* 고함소리가 일어난다. **3.** 〔*absol.;* ab, ex *alqo; abl.*〕 나다, 출생하다, **태어나다:** loco obscúro ortus*(L.)* 비천한 가문의 태생. **4.** 기원(起源)되다, 기인하다, 유래하다.
Orítæ, árum, *m.pl.* *Gedrósia*의 한 종족.
Oritáni, órum, *m.pl.* *Orĕus*의 주민.
Orithyía, æ, *f.* *Athénæ*의 왕 *Eréchtheus*의 딸, *Thrácia*의 왕인 *Bóreas*가 그를 얻으려고 하다가 못얻자 납치해 갔음, *Cálais*와 *Zetes*의 어머니.
oritúrus, a, um, *p. fut.* [órior].
oriúndus[1], a, um, *adj. (gerundív.)*[órior] 〔a, ex *abl.; abl.*〕 (어디) 출신의, 태어난; 생겨난: ~ a Syracúsis, *Syracúsæ* 출신.
Oriúndus[2], i, *m.* *Illýria*의 강.
oríza = orýza.
Orménĭon[-nĭum], i, *n.* *Thessália*의 도시, *Eurýpylus*가 함대를 이끌고 *Troja*전장으로 떠난 곳.
Ormĕnis, nĭdis, *f.* *Ormĕnus*의 딸.
Ormĕnus, i, *m.* *Orménion*의 창건자.
ornaméntum, i, *n.* [orno] **1.** 장비(裝備); 장치, 설비: ornaménta equórum 마구(馬具). **2.** 의상(衣裳); 장신구, 패물, 보석. **3.** **장식,** 장식품; 훈장. **4.** 명예, 영예, 영광, 자랑. **5.** 화려한 문체.
ornátĭo, ónis, *f.* [orno] 꾸밈, 장식.
ornátor, óris, *m.* [orno] 장식하는 사람.
ornátrix, ícis, *f.* [orno] 장식하는 여자, 미용사.
ornátus[1], a, um, *p.p., a.p.* [orno] 〔*absol.; abl.*〕 **1.** 필수품이 구비된, 장비를 갖춘, 마련된. **2.** 꾸며진, 장식된, 다듬어진, 고운, 우아한. **3.** 재능[덕성·소양]을 지닌. **4.** 고귀한, 영예로운, 존귀한.
ornátus[2], us, *m.* [orno] **1.** 장비(裝備), 설비, 장치; 무장. **2.** 의상(衣裳), 장신구. **3.** 꾸밈, 장식, 미화, 몸치장; 머리 매만짐.
órnĕus, a, um, *adj.* [ornus] 마가목의.
Orni, órum, *m.pl.* *Alcibíades*가 설계해서 구축했던 *Thrácia*의 요새.
orníthon, ónis, *m.* 큰 새장, 닭장.
orno, ávi, átum, áre, *tr.* 〔*alqd* – *alqā re*〕 **1.** 설비하다, 차려 놓다, **장비하다,** 무장하다. **2.** **꾸미다,** 장식하다, 화장(化粧)하다; 머리를 손질하다, 머리 빗다. **3.** 준비하다, 필요한 것을 갖추다[마련하다]: ~ fugam*(T.)* 도망갈 태세를 갖추다. **4.** 칭찬하다, 영예롭게 하다, 표창하다.
ornus, i, *f.* 《植》 마가목.
ōro, ávi, átum, áre, *tr.* [os[1]] **1.** 〔*absol.; alqd,* cum *alqo,* de *abl.*〕 말하다, 이야기하다, 회담하다. **2.** 〔*alqd;* pro *alqo; absol.*〕 변론하다, 변호하다; 연설하다: ~ causam

(*C.*) 소송변론을 하다 / ~ pro *alqo*(*L.*) 누구를 위해 변호하다. **3.** [*absol.*; *alqm, alqd; alqm alqd; alqd* ab *alqo; alqm* pro *abl.*, ut, ne; *subj.*; *inf.*] **청하다**; 빌다, **기도하다**, 기구하다: auxília regem ~(*L.*) 왕에게 구원병을 청하다 / hoc ~ a vobis(*Pl.*) 이것을 너희에게 청하다 / Orat (me), ut sibi rescríbam.(*C.*) 그는 자기에게 회답을 써보내 주기를 나한테 청하고 있다 / [삽입어형] oro te [vos] 제발, 부탁이다 / Dic, oro te, clárius.(*C.*) 제발 더 분명하게 말해다오.

Oroánda, órum, *n.pl. Pisídia*의 도시; [*adj.*] **-dĭcus,** a, um; [*subst. deriv.*] **-dénses,** ĭum, *m.pl.* 그곳 주민.

Oródes, is, *m. Párthia*의 여러 왕 이름.

Oróntes, is, [**-ta,** æ,] *m. Sýria*의 유명한 강; [*adj.*] **-téus,** a, um.

orphanotrophíum, i, *n.* 고아원. 「원].

orphanótrŏphus, i, *m.* 고아원 경영자[직

órphănus, a, um, *adj.* 부모잃은, 고아의; [*subst.*] *m.* (*f.*) 고아.

Orpheus (*disyll.*), ĕi [ĕos], *m. Œágrus*와 *Callíope* 여신의 아들, *Thrácia*의 시인이며 lyra의 명수, *Eurýdice*의 남편; [*adj.*] **-phéus[-phĭcus],** a, um.

orsa, órum, *n.pl.* [órdior] **1.** 시작한 일, 계획, 기획. **2.** 말, 말투.

orsus, us, *m.* [órdior] **1.** 개시, 시작. **2.** 계획, 기도(企圖).

orthocíssos[-us], i, *f.* 《植》 상춘등(常春藤), 곧바로 올라가는 등나무.

orthocólus, a, um, *adj.* 사지가 빳빳해진, (말이) 제충혈(蹄充血)에 걸린.

orthodoxía, æ, *f.* **1.** 정통신앙(正統信仰). **2.** 정교(正敎).

orthodóxus, a, um, *adj.* **1.** 정통적(正統的), 정통교리를 가진, 정통파의. **2.** 정교(正敎)의.

orthogénĕsis, is, *f.* **1.** 정통발생(正統發生). **2.** 《生》 정향진화(定向進化). **3.** 《社》 계통발생설.

orthográphĭa[-ía], æ, *f.* **1.** 《文法》 철자법, 정자법(正字法). **2.** 《建》 건축물의 정사도(正射圖).

orthógrăphus, a, um, *adj.* 철자법의, 정자법(正字法)의; [*subst.*] *m.* 철자법 선생.

orthomástĭus, a, um, *adj.* 가슴이 볼록 나온: ~ mala(*Pl.*) 큰 사과의 일종. 「술.

orthopǽdĭa, æ, *f.* 《醫》 정형외과학; 정형

orthopnœ́a, æ, *f.* 《醫》 호흡곤란.

orthopnóĭcus, a, um, *adj.* 호흡곤란의.

orthopýgĭum, i, *n.* 꽁무니, 미저골(尾骶骨). 「솟는, 동쪽의.

ortívus, a, um, *adj.* [ortus[1]] (해·달이) 뜨는,

Ortóna, æ, *f. Látium*의 *Æqui*족의 도시.

ortus[1], a, um, *p.p.* [órior].

ortus[2], us, *m.* [órior] **1.** (해·달·별이) **떠오름,** 돋음, 솟음; 뜰 때, **해돋이,** 일출, 월출. **2. 동쪽,** 동녘: ab ortu ad occásum (*C.*) 동쪽에서 서쪽까지. **3.** (바람 따위가) 일어남; **발생,** 출생, 출현, 생겨남. **4.**

ortus[3] = hortus. └시작, 기원, 유래.

Ortýgĭa, æ, [**-gĭe,** es,] *f.* **1.** *Delos*섬의 옛이름. **2.** *Syracúsæ* 앞바다에 있는 섬. **3.** *Ephĕsus*의 성역(聖域). **4.** [*adj.*] **-gĭus,** a, um. 「기. **2.** 메추라기.

ortygométra, æ, *f.* 《動》 **1.** 흰눈썹 뜸부

oryx, ўgis, *m.* 《動》 영양(羚羊).

orýza, æ, *f.* 《植》 벼, **쌀.**

ōs[1], oris, *n.* **1. 입,** 아가리, 주둥이; 구강(口腔): esse in ore ómnium(*C.*) 뭇사람 입에 오르내리다 / uno ore(*C.*) 이구동성으로. **2.** 얼굴, 용모, 모습, 표정: hábitus oris (*C.*) 얼굴표정. **3.** 보는 앞, 면전; 눈앞에 있음, 현존. **4.** 외관, 가면. **5.** 뻔뻔스러움, 후안(厚顔), 파렴치, 철면피. **6.** 구멍, 출입구, 문: ~ flúminis 하구(河口)/ ~ portus(*C.*) 항구의 출입구. **7.** 언어, 말, 말씨. **8.** 뱃머리. **9.** 《植》 ~ leónis 금어초(金魚草), 금붕어꽃.

ŏs[2], ossis, *n.* **1. 뼈;** [*pl.*] 골격; 골수. **2.** 화장한 뼈; 재, 유골: ossa légere(*Sen.*) 화장한 다음 남은 뼈를 추리다. **3.** 뼈로 만든 펜. **4.** 나무·과일 따위의 속, 핵심, 핵.

osánna, *interj.* = hosánna.

Osca, æ, *f. Hispánia Trarraconénsis*의 도시(지금의 *Huesca*); [*adj.*] **-scénsis,** e.

Osce, *adv. Osci*족의 말[언어]로.

oscédo, dĭnis, *f.* [óscito] **1.** 자주 하품하는 병. **2.** 입에 나는 종기, 아구창(鵞口瘡).

oscĕn, cĭnis, *m.* [os[1]+cano; obs(=ob[2])+cano] 울음소리로 길흉을 알리는 새 (특히 까마귀).

Osci, órum, *m.pl.* 이태리 *Campánia*지방에 살던 고대 미개민족; [*adj.*] **-scus,** a, um.

oscillátĭo, ónis, *f.* [oscíllo] 좌우로 흔들림, 진동(振動); 줄에 매달려 흔들림: oscillatióne lúdere(*Petr.*) 그네 뛰다.

oscíllo, áre, [**-lor,** ári, *dep.*] *intr.* [oscíllum[2]] **1.** 좌우[앞뒤]로 흔들리다, 진동(振動)하다, 오뚜기 운동하다. **2.** (마음·의견 따위가) 동요하다, 망설이다.

oscíllum[1], i, *n. dim.* [os[1]] **1.** 콩 중앙부의 옴폭 파인 곳. **2.** *Bacchus*나 *Satúrnus*에 대한 미신행위로 나무에 걸던 가면상(假面像). 「진동(振動), 흔들림.

oscíllum[2], i, *n.* [os[1]+cillo] **1.** 그네. **2.**

óscĭnis, is, *m.f.* **1.** 울음소리로 길흉을 알리는 새. **2.** 명금류(鳴禽類)의 새.

óscĭnus, a, um, *adj.* [oscen] 울음소리로 길흉을 알리는 새의.

oscitabúndus, a, um, *adj.* 자주 하품하는.

oscitátĭo, ónis, *f.* [óscito] **1.** 입벌림. **2.**

하품; 권태, 싫증, 무료.

óscĭto, ávi, átum, áre, [-**tor**, ári, *dep*.] *intr*. [os[1]+cito[2], cíeo] **1.** 입을 크게 벌리다; (꽃잎·잎 따위가) 벌어지다. **2.** 하품하다. **3.** 권태를 느끼다, 등한히 하다, 무관심하다. 「*sol*.; *acc*.〕 입맞추는.

osculabúndus, a, um, *adj*. [ósculor] 〔*ab-*

osculátĭo[1], ónis, *f*. [ósculor] 입맞춤.

osculátĭo[2], ónis, *f*. [ósculo] 《醫》 정맥파열.

óscŭlo, áre, *tr*. [os[1]] **1.** 《古》 입맞추다. **2.** 정맥을 파열시키다.

óscŭlor, átus sum, ári, *dep*. *tr*. [ósculum] **1.** 〔*absol*.; *acc*.〕 **입맞추다**: ～ fílium suum*(C.)* 자기 아들에게 키쓰하다 / manum ～ 손에 키쓰하다. **2.** 애무하다, 귀여워하다, 애지중지하다; 비위맞추다. **3.** 《醫》 정맥이 터지다.

óscŭlum, i, *n*. *dim*. [os[1]] **1.** 작은 입, 귀여운 입. **2.** **입맞춤**: supréma óscula*(Ta.)* ⌊작별키쓰.

Oscus, a, um, *adj*. *Osci*족의.

Osi, órum, *m.pl*. *Germánia*의 한 종족.

Osíris, is[ĭdis], *m*. 이집트의 신, *Isis*여신의 남편. 「한 종족.

Osísmi, órum, *m.pl*. 서북 *Gállia Céltica*의

osmósis, is, *f*. 《生理》 삼투(滲透), 삼투성; 〔*adj*.〕 -**mótĭcus**, a, um.

ōsor, óris, *m*. [odi] 〔*absol*.; *gen*. *objectív*.〕 (누구를) 미워하는 사람, 증오자.

ospratúra, æ, *f*. 야채를 사들임.

Ossa, æ, *f*. *Thessália*의 산; 〔*adj*.〕 **Ossǽus**, a, um. 「堂).

ossárĭum, i, *n*. 유골 안치소, 납골당(納骨

óssĕus, a, um, *adj*. [os[2]] **1.** 뼈의; 뼈로 만든. **2.** 뼈와 비슷한, 뼈처럼 딱딱한.

ossiculáris, e, *adj*. [ossículum] 잔뼈의.

ossícŭlum, i, *n*. *dim*. [os[2]] 작은 뼈, 잔뼈; 《解》 소골(小骨); 뼈 같은 조직; (특히) 고실(鼓室) 소골. 「(骨化), 골화된 부분.

ossificátĭo, ónis, *f*. [os[2]+fácio] 《醫》 골화

ossífrăgus[1], a, um, *adj*. [os[2]+frango] 뼈를 부러뜨리는.

ossífrăgus[2], i, *m*. [-**ga**, æ, *f*.] 《動》 **1.** 물수리. **2.** (유럽산의) 수염수리. 「살.

ossilágo, gĭnis, *f*. 피부 경결(硬結), 굳은

ossilégĭum, i, *n*. [os[2]+lego[2]] 화장 후 유골

ossílĕgus, i, *m*. 뼈를 모으는 사람. ⌊을 추림.

ossuárĭus, a, um, *adj*. [os[2]] 뼈의; 〔*subst*.〕 *n*. 유골상자, 납골당, 유골단지; 고대인의 유골로 된 동굴[퇴적물].

ossuósus, a, um, *adj*. [os[2]] 뼈 많은.

osténdo, téndi, ténsum[téntum], ĕre, *tr*. [obs(=ob[2])+tendo[1]] **1.** 앞에 내놓다, 제시하다; **보이다, 드러내다**, 전시하다; 〔*refl*. *pass*.〕 **se～, osténdi** 나타나다, 드러나다: ～ os suum pópulo Románo *(C.)* 자기 모습을 *Roma*국민 앞에 드러내다. **2.** 과시(誇示)하다, (적군에게) 위협적으로 보여주다. **3.** 노출시키다. **4.** 〔*alqd* - *alci*〕 일러주다, 알리다. **5.** 〔*acc*., *acc*. *c*. *inf*.; *interr*. *indir*.; *absol*.〕 말로 증명하다[드러내다], 설명하다, 밝히다. **6.** 〔*acc.c.inf*.; *absol*.〕 약속하다, 기대하게 하다.

osténsĭo, ónis, *f*. [osténdo] **1.** 보여줌, 드러냄, 제시(提示), 명시(明示); 과시(誇示); 《가》 성체현시(聖體顯示). **2.** 증명.

ostensívus, a, um, *adj*. [osténdo] **1.** 분명히 나타내는, 명시하는. **2.** 표면상의.

osténsor, óris, *m*. [osténdo] 보여주는 사람, 제시자.

ostensórĭum, i, *n*. [osténdo] 《가》 성체현시대(聖體顯示臺), 성광(聖光).

ostentárĭus, a, um, *adj*. 불가사의[경이(驚異)·기적]에 관한.

ostentátĭo, ónis, *f*. [osténto] **1.** 보여줌, 드러냄. **2.** 자랑, **과시**. **3.** 열병(閱兵). **4.** **겉치레**, 허식, 체면.

ostentátor, óris, *m*. [-**tátrix**, ícis, *f*.] [osténto] **1.** 드러내 보이는 자, 자랑[과시]하는 자. **2.** 남의 주의를 끄는 자.

osténto, ávi, átum, áre, *tr*. *freq*., *intens*.[osténdo] **1.** 자꾸 보여주다, 드러내다, 진열하다, 펼쳐놓다. **2.** 자랑하다, **과시하다**: ～ se*(C.)* 자기 자랑하다. **3.** 위협하다: ～bellum*(Plin.)* 전쟁을 위협하다. **4.** 내보이고 유혹하다. **5.** 일러주다, 알리다. **6.** 허세를 부리다, 과장하다; 겉치레하다. **7.** 증명해 보이다, 밝히다, 설명하다. **8.** 기대를 갖게 하다, 약속하다.

osténtum, i, *n*. [osténdo] **1.** 징조, 전조(前兆). **2.** 불가사의, 경이(驚異), 믿어지지 않는 것; 이적(異蹟). **3.** 괴물.

osténtus, us, *m*. [osténdo] **1.** 보여줌, 관람시킴, 전시. **2.** 겉치레, 허식; 과시(誇示).

osteo- 〈뼈〉와 관계되는 연결형: osteología, æ, *f*. 《醫》 골학(骨學) / osteóma, ătis, *n*. 《醫》 골종(骨腫) / -malácĭa, æ, *f*. 《醫》 골연화증(骨軟化症) / -myélĭtis, tĭdis, *f*. 《醫》 골종염.

Ostĭa, æ, *f*. [-**a**, órum, *n.pl*.] *Látium*의 항구, *Tíberis*강 하구에 위치함; 〔*adj*.〕 -**stiénsis**, e. 「(守門職, 1972년 폐지).

ostiariátus, us, *m*. [óstium] 《가》 수문직

ostiárĭus, a, um, *adj*. [óstium] 문에 관한; 문지기의, 수위의; *m*. 문지기, 《가》 수문직(守門職) 받은 최하급 성직자; *f*.(*sc*. ancílla) 여자 문지기; *n*. (*sc*. tribútum) 문세(門稅). 「호마다. **2.** 샅샅이, 낱낱이.

ostiátim, *adv*. [óstium] **1.** 집집마다, 매

ostíŏlum, i, *n*. *dim*. [óstium] **1.** 작은 문. **2.** 작은 구멍.

óstĭum, i, *n*. [os[1]] **1.** **문**, 출입문: ～ rectum*(Pl.)* 정문. **2.** 입구, 출구. **3.** 목구멍. **4.** 항구의 출입통로. **5.** 하구(河口).

6. ~ Océani*(C.)* *Gibraltar* 해협.
ostócŏpos, i, *m.* 뼈아픔, 뼈가 쑤심.
Ostórĭus, i, *m.* *Roma*인의 씨족명.
ostracísmus, i, *m.* (*Athénæ*에서의) 추방 (위험인물을 재판하지 않고 서금피리·기왓조각·조가비 따위로 시민에게 투표시켜 10년간 국외로 추방하던 방법), 패각 추방.
ostracítes, æ, *m.* 《鑛》 부석(浮石), 속돌.
óstrĕa, æ, *f.* [-**ĕum,** i, *n.*] 《動》 굴.
ostreárĭus, a, um, *adj.* [óstrea] 굴의; 〔*subst.*〕 *m.* 굴장수; *n.* 굴 많이 붙은 곳.
ostreátus, a, um, *adj.* [óstrea] **1.** 굴껍데기 달린. **2.** 딱딱한, 껄껄한.
ostreósus[-iósus], a, um, *adj.* [óstrea] 굴이 많이 나는, 굴이 많은.
óstrĭfer, fĕra, fĕrum, *adj.* [óstreum+fero] 굴 생산하는, 굴 많이 나는.
ostrínus, a, um, *adj.* [ostrum] 심홍색(深紅色)의, 자홍색(紫紅色)의.
ostrum, i, *n.* 붉은 빛, 자홍색; 홍의(紅衣).
osúrus, a, um, *p.fut.* [odi]. 「**2.** 미움받는.
ōsus, a, um, *p.p.*, *a.p.* [odi] **1.** 미워하는.
Otacílĭus, i, *m.* *Roma*인의 씨족명.
Otho, ónis, *m.* *Roma*인의 가문 이름; 특히 **1.** L. Róscius ~, *Cícero*의 친구. **2.** M. Sálvius ~, *Roma*의 황제(69 P.C.). **3.** 〔*adj.*〕 **-niánus,** a, um.
Othrȳ̆ădes, æ, *m.* **1.** *Othrys*의 아들(=Panthus). **2.** *Sparta*의 장군, *Argos*와의 싸움에서 유일한 생존자.
Othrys, ўos, *m.* *Thessália* 남부의 산맥(신격화해서 쓰이기도 함). 「가가 많은.
otiabúndus, a, um, *adj.* [ótior] 한가한, 여
ótĭcus, a, um, *adj.* 귀의, 귀에 관한.
otíŏlum, i, *n. dim.* [ótium] 작은 여가(餘暇) [한가·겨를].
ótĭor, átus sum, ári, *dep. intr.* [ótium] 한가하다, **한가로이 지내다,** 여가를 즐기다, 휴식을 갖다, **쉬다,** 놀고 있다: Doméstícus ótior.*(H.)* 나는 집에서 쉬고 있다 / Otiáre, quo mélius labóres. 더 잘 일할 수 있기 위해서 쉬어라. 「안일, 나태, 무료.
otiósĭtas, átis, *f.* [otiósus] 한가로움, 여가;
otiósus, a, um, *adj.* [ótium] **1. 한가한,** 하는 일 없는, 아무것도 하지 않는, 쉬고[놀고]있는; 게으른; 유휴(遊休)의. **2.** 공직에서 물러나 사생활에 전념하는; 학문연구 따위에만 종사하는. **3.** (전쟁 따위에서) 어느 편에도 가담하지 **않는,** 중립의. **4.** 고요한, 평온한, **평화로운**: spátium ab hoste otiósum*(Cæs.)* 적의 공격이 없는 시간. **5.** 장황한, 시간낭비의, 무익한, 쓸데없는.
otítis, otítĭdis, *f.* 《醫》 이염, 귓병.
ótĭum, i, *n.* [*opp.* negótium] **1. 한가(閑暇),** 틈, 겨를, 여가; **휴식**; 한산, 무위. **2.** (공직·공생활에서의) 은퇴, 유유자적(悠悠自適): ~ cum dignitáte*(C.)* 명예로운 퇴임. **3.** 서재활동(書齋活動), 학예활동, 시작(詩作). **4.** 평온, 평화, 평시(平時). **5.** 휴가 지내는 장소, 별장.
otología, æ, *f.* 《醫》 이과학(耳科學).
otorhinolaryngología, æ, *f.* 이비인후과 [(학).
otorhœ́a, æ, *f.* 《醫》 이루(耳漏).
otus, i, *m.* 《動》 부엉이.
ovális, e, *adj.* [ovo] 군중의 열렬한 환영의.
ovariotomía, æ, *f.* 《醫》 난소 절제술.
ovárĭum, i, *n.* **1.** 《解·動》 난소. **2.** 《植》 자방. 「관리하면 노예.
ovárĭus, i, *m.* [ovum] 양계 책임자, 계란
ovátĭo, ónis, *f.* [ovo] 군중의 열렬한 환영, 갈채, 소규모[약식] 개선. 「원형의.
ovátus[1], a, um, *adj.* [ovum] 알 모양의, 타
ovátus[2], us, *m.* [ovo] 개선[환영]의 환성, 환호성. 「*st.*〕 *f.* 양떼, 양무리.
oviárĭus, a, um, *adj.* [ovis] 양(羊)의; 〔*sub-*
ovícŭla, æ, *f. dim.* [ovis] 작은 양, 새끼양.
Ovídĭus, i, *m.* *Roma*인의 씨족명; 특히 P. ~ Naso, *Augústus*황제 시대의 유명한 시인(43 A.C. – 17 P.C.); 〔*adj.*〕 **-diánus,** a, um.
ovíle, is, *n.* [ovis] **1.** 양(羊)우리. **2.** campus Mártius(연병장)에 있던 (*Roma*국민회의) 투표소.
ovílĭo, ónis, *m.* 양치는 목동.
ovílis, e, *adj.* 양(羊)의. 「한.
ovíllus, a, um, *adj.* [ovis] 양의, 양에 관
ovínus, a, um, *adj.* [ovis] 양의, 양에 관한; 〔*subst.*〕 *f.* (*sc.* caro[2]) 양고기.
ovípărus, a, um, *adj.* [ovum+pário[2]] 알낳는, 난생(卵生)의.
ŏvis, is, *f.* **1.** 《動》 **양**(羊), 면양. **2.** 《宗》 신자, 신도. **3.** 양털. **4.** 순한 사람, 특징없는 사람.
ŏvo, ávi, átum, áre, *intr.* [ovis] **1.** 개선하다, 소규모의 개선식을 올리다 (말 한 필을 타고 군중이나 기병대의 환영을 받으며 Capitólium 신전으로 가서 양을 잡아 제헌했음), 환영받다. **2.** 기뻐하다, 기뻐 춤추다, 환성을 지르다: ovántes gútture corvi *(V.)* 소리질러 기쁨을 나타내는 까마귀.
óvŭlum, i, *n. dim.* [ovum] **1.** 작은 알, 난자(卵子). **2.** 《植》 배주기관(胚珠器管).
ōvum, i, *n.* **1. 알,** 계란. **2.** (식사 **때** 맨 처음에 계란이 나오고 맨 나중에 과일이 나온데서부터) 만찬의 시작. **3.** (신화에서) *Leda*가 낳은 백조알. **4.** Circus(타원형 경기장)에서 4륜 경기마차의 경기장을 도는 회수를 지시하던 난형(卵形)의 목구(木球).
óxălis, ĭdis, *f.* 《植》 **1.** 승아. **2.** ~ obtrianguláta 큰괭이밥.
Oxónĭum, i, *n.* (영국의) *Oxford;* 〔*adj.*〕 **-niénsis,** e: Univérsitas Oxoniénsis, *Oxford* 대학(교). 「앙 아시아의 강.
Oxos[-us], i, *m.* 카스피해로 흘러드는 중

oxydátĭo, ónis, *f.* 《化》 산화(酸化); 산화

oxýgărum, i, *n.* 초 섞은 소오스. ㄴ물.

oxygénĭum, i, *n.* 《化》 산소: ~ comprés-sum 압축산소.

óxўmel, mĕllis, [**-mĕli,** ĭtis,] *n.* 《藥》 초밀(醋蜜: 벌꿀에 초산을 타서 묽게 한 것), 꿀 들어간 초.

oxypæderótĭnus, a, um, *adj.* 유광색(乳光色)의.

oxypórĭum, i, *n.* 액체 소화제.

oxýpŏrus, a, um, *adj.* 소화 촉진제의.

ozǽna, æ, *f.* 《醫》 취비증(臭鼻症), 축농증.

P

P[1]**, p,** *f., n. indecl.* 라틴 자모의 열여섯째 글자: 〈뻬〉[pē].

P[2]**.,** 《略》 **1. P.** = Públius. **2. P.C.** = Patres conscrípti 원로원 의원; **P.M.** = Póntifex Máximus 대제관; 《가》 교황; **P.P.** = pater pátriæ 국부(國父); **P.R.** = pópulus Románus *Roma*국민; **P.S.** = 1) pecúniā suā 자기 돈으로. 2) post scriptum 추신(追伸). 「초(馬草)의.

pabuláris, e, *adj.* [pábulum] 사료의, 마

pabulárĭus, a, um, *adj.* [pábulum] 사료의, 사료 마련하는.

pabulátĭo, ónis, *f.* [pábulor] **1.** 사료를 모음, 꼴베러 감. **2.** 사육, 풀먹임, 목축.

pabulátor, óris, *m.* [pábulor] **1.** 짐승에게 사료주는 사람, 목동. **2.** 사료 마련하는 군인, 마량(馬糧) 수집인[징발인].

pabulatórĭus, a, um, *adj.* [pábulor] 사료의, 마초의, 목초의.

pábŭlor, átus sum, ári, *dep. intr.* [pábulum] **1.** (짐승·가축이) 사료를 먹다, 먹이를 찾아다니다. **2.** 사람이 양식 구하러 다니다. **3.** 《軍》 마량(馬糧)을 수집[징발]하다. **4.** *tr.* 비료를 주다.

pábŭlum, i, *n.* [pasco] **1.** 사료, 목초, 건초, 여물, 꼴; 마량(馬糧). **2.** 식품, 식량, 양식, 먹이. 「화를 뜻하는.

pacális, e, *adj.* [pax[1]] 평화의, 평화로운, 평

pacátĭo, ónis, *f.* [paco] 평정, 평화롭게 함.

pacátor, óris, *m.* [paco] **1.** 평화를 도모하는 사람. **2.** 조정자, 중재인.

pacátus, a, um, *p.p., a.p.* [paco] 평화로운, 평정된, 평온한; 〔*subst.*〕 *n. pl.* (*sc.* loca) 우방, 우호국. 「후피증(厚皮症).

pachydérmĭa, æ, *f.* 《醫》 상피병(象皮病),

pachyméninx, íngis, *f.* 《解》 경수막(硬膸膜). 「동남쪽에 있는 갑각(岬角).

Pachýnum, i, *n.*[**-os, -us,** i, *f.*] *Sicília*섬

pácĭfer, fĕra, fĕrum, *adj.* [pax[1] + fero] 평화를 가져오는[이룩하는].

pacificátĭo, ónis, *f.* [pacífico] **1.** 평화롭게 함, 강화, 화해, 유화. **2.** 중재, 조정(調停). 「정자(調停者); 화해자.

pacificátor, óris, *m.* [pacífico] 중재자, 조

pacificatórĭus, a, um, *adj.* [pacificátor] 평화를 도모하는[이룩하는]; 중재의, 조정(調停)하는, 유화적인, 화해적인; 달래는.

pacífico, ávi, átum, áre, [**-cor,** átus sum, ári, *dep.*] *intr., tr.* [pax[1] + fácio] 평화를 이룩하다, 평화롭게 하다, 평화조약을 맺다, 조정하다, 중재하다, 평정하다, 화해시키다.

pacíficus, a, um, *adj.* [pax[1] + fácio] **1.** 평화를 이룩하는[좋아하는], 평화적인; 중재의, 조정(調停)의; 〔*subst.*〕 *m.* 평화를 가져다 주는 사람. **2.** 태평한, 평화로운, 안온한, 평온한.

pacíscor, (*ĕris, ĭtur*), pactus sum, pacísci, *dep. intr., tr.* [pango] **1.** *intr.* 〔cum *alqo;* ut; *inf.*〕 계약하다, 협정하다, 동의하다. **2.** 〔*alqd* – cum *alqo;* ab *alqo*〕 합의하다, 약정하다, 계약조건으로 유보(留保)하다[요구하다]: tantum ab *alqo* vitam ~ *(Sall.)* (…하는 대신) 누구에게 목숨만은 살려주기를 요청하다. **3.** 혼인을 약속하다. **4.** 〔*alqd* pro *abl.*〕 바꾸다, 걸다: ~ vitam pro laude(*V.*) 명예를 위해 생명을 걸다.

pāco, ávi, átum, áre, *tr.* [pax[1]] **1.** 평화롭게 하다, 평정하다, 진정시키다, 조정하다. **2.** 개척[개간]하다.

Pácŏrus, i, *m. Párthia*의 *Oródes*왕의 아들.

pacta, æ, *f.* [pactus[1]] 약혼녀.

pactícĭus[-tĭus], a, um, *adj.* [pacíscor] 계약된, 약정된, 협정된.

páctĭlis, e, *adj.* [pango] 짜인, 엮어진.

páctĭo, ónis, *f.* [pacíscor] **1.** 협정, 계약, 약정, 조약. **2.** 약속, 언약. **3.** 화해, 휴전. **4.** 세금 결정. **5.** 불법타협, 부패.

Pactólus[-os], i, *m.* *Lýdia*의 강 (황금모래가 깔렸다 함); 〔*adj. f.*〕 **-tólis,** ĭdis.

pactor, óris, *m.* [pacíscor] **1.** 계약자. **2.** 중재인, 알선자, 조정자(調停者).

pactum, i, *n.* [pacíscor] **1.** 협성, 서약, 약정, 조약; 언약: Pactum Lateranénse, *Lateráno*조약. **2.** *abl.*: pacto 방법[모양]으로, (무슨) 수로: quo pacto?*(C.)* 어떻게? / álio pacto*(T.)* 달리 / nullo pacto*(C.)* 절대로 …아니.

pactus[1], a, um, *p.p.*, *a.p.*[pacíscor] 〔*pass.*〕 약정한, 협정된, 계약된; 언약한, 약속된, 약혼한: pactum prétium*(C.)* 협정가격 / pacto inter se, ut ... *(L.)* …한다는 자기들끼리의 계약에 따라 / fília pacta *alci(C.)* 누구에게 정혼한 딸.

pactus[2], a, um, *p.p.* [pango].

Pacúvĭus, i, *m.* *Brundísium*출신의 *Roma*의 유명한 비극시인(c. 220 - 132 A.C.); 〔*adj.*〕 **-viánus,** a, um.

Padǽi, órum, *m.pl.* 서북 인도 (*Indus*강 하구)의 유목민.

Pádŭa, æ, *f.* 북부 이태리의 도시 *Patávium*의 통속명.

Padus, i, *m.* *Itália*의 제일 큰 강(지금의 *Po*); 〔*adj.*〕 **-dánus,** a, um.

Padúsa, æ, *f.* *Padus*강의 지류.

Pæan, ánis, *m.* **1.** 치유(治癒)의 신으로서의 *Apóllo.* **2.** *Apóllo*에게 (때로는 다른 신들에게) 바치는 찬가 · 개선가.

pædagóga, æ, *f.* 여자 가정교사, 소녀들을 보살피는 여선생.

pædagógĭa, æ, *f.* **1.** 교육학, 교수법. **2.** 교육, 교수.

pædagógĭcus, a, um, *adj.* **1.** 교육학의, 교수법의; *f.* 교육학. **2.** 교육자의.

pædagogíum, i, *n.* **1.** 저택에서 어린 노예들이 교사한테 교육받던 곳. **2.** 교육받는 소년(노예)들. **3.** 교육시설, (기숙사 시설이 있는) 학교.

pædagógus, i, *m.* **1.** 어린이들의 가정 교육을 담당하던 교사[보호자], 가정교사. **2.** 지도자, 안내자. **3.** 교육자, 교육가. **4.** (경멸의 뜻이 내포된) 훈장; 현학자(衒學者), 도학자(道學者).

pæderástĭa, æ, *f.* 남색, 계간(鷄姦).

pædiatría, æ, *f.* 《醫》 소아과 (의학).

pædiátros[-us], i, *m.* 《醫》 소아과 의사.

pædicátĭo, ónis, *f.* [pædíco[1]] 계간(鷄姦).

pædíco[1], áre, *tr.* 계간(鷄姦)하다.

pǽdĭco[2], ónis, *m.* 소년 상대의 계간자.

pædogénĕsis, is, *f.* 《動》 유생생식(幼生生殖).

pædor, óris, *m.* 더러움, 불결; 악취.

Pælígni, órum, *m.pl.* *Sámnium* 지방의 한 종족; 〔*adj.*〕 **-lígnus,** a, um.

Pæmáni, órum, *m.pl.* *Gállia Bélgica*의 한 종족.

pæminósus, a, um, *adj.* 깨진, 금이 많이 간, 쏘개신, 살다신.

pæne, *adv.* 거의, 전적으로, …라고 할 수 있을 만큼, 자칫, 하마터면, …할 뻔(하다): Pæne décidi.*(Pl.)* 나는 떨어질 뻔했다.

pænínsŭla, æ, *f.* [pæne+ínsula] 반도(半島).

pænite... *V.* pœnite...

pǽnŭla, æ, *f.* (비올 때·추울 때 입는) 겉옷, 외투; 여행용 외투.

pænulárĭus, i, *m.* 외투 제조인.

pænulátus, a, um, *adj.* [pǽnula] 외투[비옷] 입은.

pænúltĭmus, a, um, *adj.* [pæne] 끝에서 둘째의.

pænúrĭa = penúria.

pæon[1], ónis, *m.* 장음절 하나와 단음절 셋으로 이루어진 4음절의 시각(詩脚).

Pæon[2], ónis, *m.* *Pæónia*사람.

Pæon[3], ónis, *m.* = Pæan.

pæónĭa[1], æ, *f.* 《植》 작약.

Pæónĭa[2], æ, *f.* 북부 *Macedónia*지방; **-ŏnes,** um, *m. pl.* 그곳 주민.

Pǽŏnis, ĭdis, *f.* *Pæónia*의 여자.

Pæónĭus, a, um, *adj.* *Pæan*의, *Apóllo*의, 의사의.

Pæstum, i, *n.* *Lucánia*의 도시(지금의 *Pesto*); 〔*adj.*〕 **-tánus,** a, um.

pǽtŭlus, a, um, *adj. dim.* [pætus] 약간 흘겨보는; 곁눈질하는, 힐끗 보는.

pætus, a, um, *adj.* 흘겨보는, 곁눈질하는.

paganálĭa, ĭum, *n.pl.* 시골 축제.

pagánĭcus, a, um, *adj.* **1.** 시골의, 촌락의; *f.* (*sc.* pila[3]) 깃털을 넣은 공. **2.** 이교(도)의, 미신숭상의.

paganísmus, i, *m.* [pagánus] **1.** 이교(異敎), 사교(邪敎), 미신숭상. **2.** 이교정신.

pagánus, a, um, *adj.* [pagus] **1.** 시골의, 촌락의; 〔*subst.*〕 *m.(f.)* 시골 사람, 무식장이. **2.** (군인에 대하여) 일반 시민의, 민간인의. **3.** 이교(異敎)의; 미신자(未信者)의; 〔*subst.*〕 *m.f.* 미신자.

Págăsa, æ, [**-se,** es; **-sæ,** árum, *pl.*] *f.* *Thessália*의 도시; *Argo*선(船)을 만든 곳; 〔*adj.*〕 **-sǽus,** a, um.

pagátim, *adv.* [pagus] 촌에서 촌으로.

pagélla, æ, *f. dim.* [página] 작은 책장(册張)의 한 면.

pagénsis, is, *m.* [pagus] **1.** 시골 사람. **2.** 농부.

págĭna, æ, *f.* [pago, pango] **1.** 책장(册張), 책장[장부(帳簿)]의 한 **면**(面), 페이지. **2.** 책장[장부]의 난(欄): 〔속담〕 *alci* páginam utrámque fácere*(Plin.)* (〈수입지출의 두 난을 각각 다 기재하다〉의 뜻으로) 잘된 것과 잘못된 것을 다 아무에게 돌리다. **3.** (책장의 여러 난에 가지런히 써놓은) 시문(詩文). **4.** 책, 서적.

paginális, e, *adj.* [página] 책장(册張) 면의, 페이지의.

pagínŭla, æ, *f. dim.* [página] 작은 책장의 한 면.

pago, ĕre, *tr.* = pango.

pagus, i, *m.* [pango] **1.** (성〈城〉을 두르지 않은) 마을, **촌락,** 시골. **2.** (*Germánia, Gállia*의) 구역, 지역. **3.** 촌사람.

pala, æ, *f.* [pango] **1.** 삽, 가래, 부삽. **2.** 반지의 거미발.

palabúndus, a, um, *adj.* [palor] 방랑하는, 정처없이 떠돌아다니는.
palácra[-crána], æ, *f.* 지금(地金).
Palǽmon, ŏnis, *m.* **1.** 바다의 신 이름, 신이 되기 전에는 *Melicérta*라고 불렸음. **2.** Q. Rémmius ~, *Tibérius*와 *Cláudius* 시대의 문법가.
palæográphĭa[-ía], æ, *f.* **1.** 고문서학(古文書學), 고문자학(古文字學). **2.** 고자체(古字體).
Palǽpŏlis, is, *f.* *Neápolis*시의 일부; **-litáni,** órum, *m.pl.* 그곳 주민.
Palæstína, æ, [**-ne,** es,] *f.* 지중해에 면한 서남 아시아의 지역, 북으로는 *Phœnícia*와 *Cœlesýria*, 동남으로는 *Arábia*, 서남으로는 *Ægýptus*에 둘러싸인 지방; 〔*adj.*〕 **-tínus,** a, um.
palǽstra, æ, *f.* **1.** 격투[씨름] 연습장, 각종 경기 연습장, 도장(道場), 체육장(體育場). **2.** 격투, 씨름, 레슬링. **3.** 웅변술, 웅변 연습장, 학교.
palǽstrĭcus, a, um, *adj.* [palǽstra] 경기 연습장의, 체육장의, 도장(道場)의, 씨름의; 〔*subst.*〕 *m.* 씨름 사범, 체육선생; *f.* (*sc.* ars) 씨름, 레슬링, 경기.
palæstríta, æ, *m.* 씨름꾼; 씨름 사범, 체육선생.
palǽstro, áre, *intr.* [palǽstra] 씨름[경기] 연습에 전념하다.
palága, æ, *f.* 지금(地金), 금괴.
palam, **1.** *adv.* 드러나게, 숨김없이, 만인 앞에서, 공적으로, 공공연하게, 알려지게: Palam est res.*(Pl.)* 알려진 일이다, 다 아는 바이다. **2.** *præp. c. abl.* 보는 앞에서, 면전에서: ~ pópulo*(L.)* 국민 앞에서.
Palamédes, is, *m.* *Eubœ́a*의 *Náuplius*왕의 아들, *Troja* 전쟁에서 *Ulíxes*의 계략에 걸려 죽었음.
palángæ, árum, *f. pl.* 목도(몽둥이); 굴림대.
paláris, e, *adj.* [palus[1]] 말뚝의, 버팀목의.
palásĕa, æ, *f.* (제사에 쓰던) 소의 꼬리 달린 채로의 엉덩이살[홍두깨살].
Palatínus, a, um, *adj.* **1.** *Palátium* 언덕의. **2.** 황제의: ~ domus*(Suet.)* (*Palátium* 언덕에 있던) 궁전.
palátĭo, ónis, *f.* [palus[1]] 말뚝 박음.
Palátĭum[1], i, *n.* 옛 *Roma*의 일곱 언덕의 하나.
palátĭum[2], i, *n.* [Palátium[1]] **1.** 궁전, 왕궁; (지위높은 사람들의) 관저. **2.** 호화로운 저택.
palátum, i, *n.* [**-us,** i, *m.*] **1.** 《解》 입천장, 구개(口蓋). **2.** 미각; 심미감각(審美感覺). **3.** 천공(天空).
pálĕa, æ, *f.* **1.** 짚, 볏짚, 밀짚, 지푸라기; 왕겨. **2.** ~ æris*(Plin.)* 구리 부스러기.
paleális, e, *adj.* [pálea] 짚의, 밀짚의, 볏짚의, 지푸라기의; 왕겨의.
pálĕar, áris, *n.* [pálea] 〔주로 *pl.*〕 **1.** 소의 목 부분에 처진 가죽. **2.** 인후.
paleáris, e, *adj.* [pálea] 왕겨의; 짚의.
paleárĭum, i, *n.* 헛간.
paleátus, a, um, *adj.* 밀짚섞인; 왕겨섞인.
paleográphĭa, æ, *f.* = palæográphia.
Pales, is, *f.* 목동이나 가축의 수호여신; 〔*adj.*〕 **-lílis,** e; 〔*subst.*〕 *n. pl.* *Pales*신 축제(4월 21일).
Palíci, órum, *m.pl.* *Júpiter*와 요정 *Thalía* 사이의 쌍동이 아들인 *Sicília*의 신들.
palimpíssa, æ, *f.* 다시 녹인 송진.
palimpséstos[-us], i, *m.* (썼다가 지워서) 다시 이용된 양피지.
palingénĕsis, is, *f.* **1.** 재생(再生). **2.** 세례. **3.** 전생(轉生), 윤회(輪廻). **4.** 《生》 반복발생(反復發生).
palinódĭa, æ, *f.* **1.** 반복노래, 후렴. **2.** 앞에서 말한 것을 번복함, 바꾸어 딴 말을 함.
Palinúrus, i, *m.* **1.** *Ænéas*가 이끄는 함대의 조타수, *Lucánia* 앞바다에서 익사. **2.** *Lucánia* 서쪽끝의 갑(岬)(지금의 *Capo Palinuro*).
pálĭtor, ári, *dep. intr.* [palor] 방랑하다.
paliurǽus, a, um, *adj.* 가시나무의.
paliúrus, i, *m. f.* 《植》 갯대추나무
palla, æ, *f.* **1.** (고대 *Roma*의) 길고 넓은 부인용 외투[망토]. **2.** 《가》 성작(聖爵) 덮개. **3.** 관(棺) 씌우는 검은 보.
pállăca, æ, *f.* 첩(妾).
pallacána, æ, *f.* 《植》 골파.
Palládĭum, i, *n.* [Pallas] *Troja*에 있던 *Pallas*[1] 여신의 동상 (하늘에서 내려왔다고 전해짐).
Pallantéum, i, *n.* **1.** *Euánder*가 *Itália*에 세운 도시 (후에 *Roma* 가 그 자리에 창건됨). **2.** *Pallas*[2]에 의해 창건된 *Arcádia*의 도시.
Pallántĭas, ădis,[**-lántis,** ĭdos,] *f.* *Pallas*[2]의 자손(= Auróra).
Pallas[1], ădis[ădos], *f.* *Athéne*여신(*Roma*의 *Minérva*여신)의 다른 이름: Pálladis arbor *(Ov.)* 올리브나무; 〔*adj.*〕 **-ládĭus,** a, um.
Pallas[2], ántis, *m.* **1.** *Euánder*의 조상인 *Arcádia*의 왕. **2.** 거인족의 한 사람. **3.** 〔*adj.*〕 **-lantéus[-lántĭus],** a, um.
pallens, éntis, *p.præs., a.p.* [pálleo] **1.** 〔*abl.; absol.*〕 핏기가 없는, 창백한, 파랗게 질린. **2.** 누렇게 뜬. **3.** 빛깔이 죽은, 퇴색한. **4.** 어두운, 검은. **5.** 위태로운; 나쁜.
pállĕo, ŭi, ére, *intr., tr.* **1.** 핏기가 가시다, 창백해지다, 파랗게 질리다. **2.** 색이 바래다, 퇴색하다. **3.** 〔*abl.*〕 (일·피로·탐욕 따위로) 초췌해지다, 얼굴빛이 누렇게 뜨다. **4.** 근심하다, 걱정하다; 겁에 질리다. **5.** 〔*acc.*〕 두려워하다, 무서워하다, 겁내다.
pallésco, pállŭi, ĕre, *intr. inch.* [pálleo] 창

백해지다, 겹에 질리다; 퇴색하다. 「투.
palliástrum, i, *n.* [pállium] 다 떨어진 외
palliátus, a, um, *adj.* [pállium, pállio] **1.** 희랍식의 외투를 입은. **2.** 희랍식을 따른.
pallídŭlus, a, um, *adj. dim.* [pállidus] 약간 창백한.
pállĭdus, a, um, *adj.* [pálleo] **1.** 창백한, 핏기가 가신, 파랗게 질린. **2.** 색이 바랜, 퇴색한. **3.** 어두운, 컴컴한. **4.** 초췌한.
pállĭo, áre, *tr.* [pállium] 가리우다, 겉꾸미다, 가식하다.
palliolátim, *adv.* [pállium] 외투를 입고.
palliolátus, a, um, *adj.* [pallíolum] 두건 달린 망토를 입은, 희랍식 주의(周衣)를 입은.
pallíŏlum, i, *n. dim.* [pállium] **1.** 작은 주의(周衣), 두건 달린 희랍식 외투. **2.** 두건, 고깔.
pállĭum, i, *n.* [palla] **1.** 희랍식의 주의(周衣), 망토; 외투. **2.** 《가》 교황·대주교의 제복(祭服)의 일부로 어깨 앞뒤로 둘러 걸치는 양털로 된 흰 띠. **3.** 침대보. **4.** 휘장.
pallor, óris, *m.* [pálleo] **1.** 창백, 핏기 가심. **2.** (얼굴빛이) 누렇게 뜸; 초췌. **3.** 공포, 경악. **4.** 바랜 빛깔. **5.** [P-] 공포의 신. 「투.
pállŭla, æ, *f. dim.* [palla] 부인용 작은 외
palma, æ, *f.* **1.** 손바닥; 손. **2.** 노(櫓)의 물젓는 넓적한 부분. **3.** 종려나무. **4.** 종려나무 열매; 종려가지; 종려잎으로 만든 비. **5.** 승리, 우승; 승리의 상(賞); 명예, 영광. **6.** 승리자. **7.** 포도나무의 새가지[햇가지]. **8.** (=parma) 작고 둥근 방패. **9.** 손바닥 모양의 낙인.
palmáris, e, *adj.* [palma] **1.** 손바닥만한, 손바닥 크기의; 한 뼘되는. **2.** 종려나무의. **3.** 승리의, 뛰어난, 칭찬받을 만한, 훌륭한, 굉장한.
palmárĭum, i, *n.* [palma] **1.** 우수한 것, 걸작, 역작. **2.** (승소한) 변호사 사례금.
palmátĭas, æ, *m.* 지진의 진동.
palmátus, a, um, *adj.* [palma, *p.p.* palmo¹] **1.** 손바닥 자국이 난, 손바닥 모양의. **2.** 종려가지로 장식한.
palmes, mĭtis, *m.* [palma] **1.** 포도가지, 포도나무의 새[햇]가지. **2.** 포도나무; 포도밭. **3.** (포도나무 이외의) 새가지.
palmétum, i, *n.* [palma] 종려나무숲[밭].
pálmĕus, a, um, *adj.* [palma] **1.** 손바닥만한, 손바닥 크기의; 한 뼘되는. **2.** 종려나무(가지)로 만든. 「려잎으로 엮은[결은].
palmicéus[-cius], a, um, *adj.* [palma] 종
pálmĭfer, ĕra, ĕrum, *adj.* [palma+fero] 종려를 가진, 종려를 생산하는.
palmipedális, e, *adj.* [palmus+pedális] 한 자(尺)와 한 뼘 길이의.
pálmĭpes¹, pĕdis, *adj.* [palma+pes] 물갈퀴를 가진, 오리발의. 「(尺)와 한 뼘 간격의.
pálmĭpes², pĕdis, *adj.* [palmus+pes] 한 자
palmo¹, ávi, átum, áre, *tr.* [palma] 손바닥 사국을 내다[남기다]. 「지를 묶는어 매다.
palmo², áre, *tr.* [palmes] 포도나무의 새가
palmósus, a, um, *adj.* [palma] 종려나무가 많은.
pálmŭla, æ, *f. dim.* [palma] **1.** 작은 손바닥; 손. **2.** (배젓는) 노의 넓적한 부분. **3.** 종려 열매. **4.** 작은 손바닥 모양의 낙인.
palmuláris, e, *adj.* [pálmula] 손바닥의.
palmus, i, *m.* [palma] **1.** 손바닥. **2.** 〔길이의 단위〕 뼘: ~ major (통속적으로는 엄지손가락과 새끼손가락을 벌린 뼘), 4분의 3 *Roma*척(尺, 1척 = 약 *29.5cm*) / ~ minor 4분의 1 *Roma*척.
palo, ávi, átum, áre, *tr.* [palus¹] (포도나무를) 말뚝으로[막대기로] 버티다.
palor, átus sum, ári, *dep.* [-**lo,** áre,] *intr.* [pando²] **1.** 뿔뿔이 흩어지다, 해산하다. **2.** 방황하다, 방랑하다.
palpábĭlis, e, *adj.* [palpo¹] 손으로 만져볼 수 있는, 감촉할 수 있는.
palpaméntum, i, [-**men,** mĭnis,] *n.* [palpo¹] **1.** 만짐, 어루만짐, 쓰다듬음. **2.** 아첨.
palpátĭo, ónis, *f.* [palpo¹] **1.** 어루만짐, 더듬음, 쓰다듬음; 《醫》 촉진(觸診). **2.** 아첨. 「루만지는[쓰다듬는] 사람; 아첨자.
palpátor, óris, *m.* [palpo¹] 만지는 사람, 어
pálpĕbra, æ, *f.* [palpo¹] 〔주로 *pl.*〕 **1.** 눈꺼풀. **2.** 속눈썹.
palpebrális, e, *adj.* [pálpebra] 눈꺼풀의.
palpebrátĭo, ónis, *f.* [pálpebro] 눈깜박임.
pálpĕbro, áre, *intr.* [pálpebra] 눈깜박이다.
palpitátĭo, ónis, *f.* [pálpito] (심장의) 고동(鼓動), 맥박; 두근거림.
pálpĭto, ávi, átum, áre, *intr. freq.* [palpo¹] **1.** 심장[맥박]이 뛰다, 두근거리다. **2.** 펄떡이다, 경련을 일으키다.
palpo¹, ávi, átum, áre, [-**or,** átus sum, ári, *dep.*] *tr.* **1.** 만져보다; 어루만지다, 쓰다듬다, 애무하다. **2.** 〔*absol.; alqm, alci*〕 아첨하다, 아부하다.
palpo², ónis, *m.* [palpo¹] 아첨자. 「아첨.
palpum, i, *n.* [-**us,** i, *m.*] 애무, 쓰다듬음;
paludaméntum, i, *n.* (장군·사령관의) 군용 외투.
paludátus, a, um, *adj.* 군용 외투를 입은.
paludícŏla, æ, *m.f.* [palus²] 늪지대의 주민. 「난 것[사람].
paludígĕna, æ, *m.f.* [palus²] 늪지대에서
paludívăgus, a, um, *adj.* [palus²+vagor¹] 늪지대를 방황하는[헤매는].
paludósus, a, um, *adj.* [palus²] 늪지대의,

소택지(沼澤地)의, 습지의.

palúmbes, is, *m.f.* [**-bus,** i, *m.*; **-ba,** æ, *f.*] 《動》 산비둘기: 〔격언〕 palúmbem ad áream *alci* addúcere*(Pl.)* (누구에게 산비둘기를 잡을 수 있도록 타작 마당으로 몰아주다, 즉) 좋은 기회를 제공하다.

palumbínus, a, um, *adj.* 산비둘기의.

palúmbŭlus, i, *m. dim.* [palúmbes] 산비둘기새끼; (애칭으로) 귀여운 산비둘기.

palus[1]**,** i, *m.* **1.** 말뚝, 기둥, 막대기. **2.** 군사 훈련용 말뚝. **3.** 한계선 푯말.

palus[2]**,** údis, *f.* 늪지대, 소택지(沼澤地), 습지, 진펄, 수렁.

palúster, tris, tre, [**-tris,** e,] *adj.* [palus[2]] 소택지(沼澤地)의, 늪이 많은, 진펄의, 수렁의.

pammáchĭum[**-chum**], i, *n.* 권투와 씨름을 혼합한 경기.

Pámmĕnes, is, *m. Cícero*시대의 *Athénæ*의 수사학자·웅변가, *Brutus*의 선생.

Pamphýlĭa, æ, *f.* 소아시아 남쪽 지중해 연안에 있던 나라; 〔*adj.*〕 **-lĭus,** a, um.

pampinárĭus, a, um, *adj.* [pámpinus] (포도) 넌출의.

pampinátĭo, ónis, *f.* [pámpino] 포도넌출의 잎 따주기.

pampinátor, óris, *m.* [pámpino] (포도넌출의) 잎을 따주는 사람, 넌출 자르는 사람.

pampinátus, a, um, *adj.* [pámpinus] **1.** (포도나무 따위의) 넌출로 장식한. **2.** 넌출 모양의.

pampínĕus, a, um, *adj.* [pámpinus] 포도넌출의.

pámpĭno, ávi, átum, áre, *tr.* [pámpinus] **1.** 포도넌출[덩굴손]을 자르다. **2.** 연한 가지를 자르다[꺾다], 잎을 따주다, 순 자르다.

pampinósus, a, um, *adj.* [pámpinus] 새싹과 잎이 많은, 넌출이 우거진.

pámpĭnus, i, *m.* **1.** 포도나무순, 포도나무의 새[햇]가지. **2.** 포도나뭇잎, 덩굴손.

Pan[1]**,** nis[nos], (*acc.* na), *m.* 숲·들·목동의 신(머리에 뿔이 있으며 다리는 양을 닮았고, 일곱 개의 대롱으로 된 피리를 불고 있음).

pan-[2]**,** 《모든, 범(汎), 총(總)》 따위의 뜻을 주는 접두사.

panacéa, æ, *f.* [**-ces,** is, *n.*] 만병통치의 약초.

Panǽtĭus, i, *m.* 유명한 스토아 철학자, *Rhodos*섬 사람(*sæc.* 2 A.C.).

Panætólĭ(c)us, a, um, *adj.* 전(全) *Ætólia*의; **-lĭum,** i, *n. Ætólia*인의 전체 회합.

panaríŏlum, i, *n. dim.* [panárium] 빵 광주리.

panárĭum, i, *n.* [panis] 빵 바구니.

panárĭus, i, *m.* 빵장수.

Panathenǽa[**-náĭca**], órum, *n.pl.* (4일내지 6일간에 걸쳐 거행되던) *Athénæ* 최대의 축제.

Panathenáĭcus, i, *m.* (*Panathenǽa* 축제 때 낭독되던) *Isócrates*의 유명한 *Athénæ* 예찬 연설문 (c. 334 A.C.).

panax, ăcis, *m.* 《植》 만병통치의 영약(靈藥); ~ Schinseng 산삼(山蔘).

Pancháĭa, æ, *f. Arábia* 동해안 지방, 향료로 유명하였음; 〔*adj.*〕 **-chǽus** [**-cháĭ-(c)us**], a, um.

panchréstus, a, um, *adj.* 모든 것에 소용닿는[유용한].

panchrus, i, *m.* 《鑛》 (보석으로서의) 단백석(蛋白石), 오팔(opal).

pancratiástes, æ, *m.* (권투와 씨름의 혼합식) 투기(pancrátium)의 경기자[승리자].

pancrátĭon[1]**,** i, *n.* 《植》 꽃상치.

pancrátĭum[**-ĭon**[2]], i, *n.* (주먹·팔굽·발길을 사용하여 하는) 권투와 씨름의 혼합식 투기(鬪技).

páncrĕas, átis, *f.* 《解》 췌장(膵臟), 지라.

pancreatítis, títĭdis, *f.* 《醫》 췌장염.

panctus, a, um, *p.p.* [pango].

Pándărus, i, *m. Lýcia*인의 수령; *Troja* 전쟁 때의 유명한 사수(射手).

Pandatárĭa[**-térĭa**], æ, *f. Campánia* 앞바다의 섬.

pandéctæ, árum, *m.pl.* **1.** 전집, 백과사전, 총람. **2.** *Justiniánus*의 법전.

pandémĭa, æ, *f.* 《醫》 **1.** 대유행. **2.** (전국적·세계적) 유행병.

pandémus, a, um, *adj.* 유행병의, 유행성의.

pandiculátĭo, ónis, *f.* [pandículor] 기지개.

pandícŭlor, ári, *dep. intr.* [pando[2]] 하품하며 기지개 켜다.

Pandíon, ŏnis, *m. Athénæ*의 왕, *Procne*와 *Philoméla*의 아버지; 〔*adj.*〕 **-ónĭus,** a, um.

pando[1]**,** ávi, átum, áre, [pandus] **1.** *tr.* 굽히다, 굴곡케 하다. **2.** *intr.* 굽다, 휘다.

pando[2]**,** pandi, pansum[passum], ĕre, *tr.* **1.** 펴다, 벌리다, 확장하다. **2.** 펼쳐 놓다, 널다, 펴서 말리다: ~ uvam in sole*(Col.)* 포도를 햇볕에 말리다. **3.** 열다; 개척하다: ~ jánuam*(Pl.)* 문을 열다 / ~ viam fugæ*(L.)* 도망갈 길을 개척하다. **4.** 드러내다, 개방하다. **5.** 뚫다, 쪼개다: ~ rupem ferro*(L.)* 쇠로 바위를 쪼개다. **6.** 설명하다, 풀이하다, 알려[일러]주다, 공표하다. **7.** 선전하다.

Pandóra, æ, *f. Júpiter*의 명으로 *Vulcánus*가 만든 최초의 여인, *Epimétheus*의 아내가 되어 *Pyrrha*를 낳음.

Pándrŏsos, i, *f. Cecrops*왕의 세 딸 중의 하나.

pandúra, æ, *f.* 《音》 기타 모양의 3선 악기, 삼현금.

pandúrĭzo, áre, *intr.* 삼현금(三絃琴)을 타다.

pandus, a, um, *adj.* 둥글게 굽은, 휜.

panegýrĭcus, a, um, *adj.* 대중 앞에서 예찬하는, 칭찬[찬양]하는; 〔*subst.*〕 *m.pl.* 칭찬하는 연설[글], 찬사; 특히 *Isócrates*의 *Athénæ* 찬양 연설.

Pangǽus, i, *m.* [**-gǽa,** órum, *n.pl.*] *Thrácia*와 *Macedónia*를 지나는 산맥.

pango, pépĭgi [panxi, pēgi], pactum [panctum], ĕre, *tr.* **1.** 박다, 처박다. **2.** 든든하게 고정시키다. **3.** (나무 따위를) 심다, 꽂다: ~ rámulum*(Suet.)* 나뭇가지를 심다. **4.** 글을[시를] 짓다, 쓰다; 시를 읊다; 노래로 찬미하다. **5.** 〔*alqd* - cum *alqo*, ut, ne〕 맺다, 협정하다, 약정하다, 작정하다, 결정하다: ~ términos*(C.)* 경계를 정하다 / ~ indútias*(L.)* 휴전협정을 맺다. **6.** 〔*alqm* - *alci*〕 약혼시키다; se ~ *alci* 약혼하다.
panicéllus, i, *m. dim.* [panis] 작은 빵.
panícĭum, i, *n.* [panis] **1.** 《植》 기장. **2.** 빵.
panícŭla, æ, *f.* **1.** (보리·기장·벼 따위의) 팬 이삭. **2.** 《植》 원추화서(圓錐花序).
panícŭlus, i, *m. dim.* [panis] 작은 빵.
pánĭcum, i, *n.* 《植》 기장; ~ bisulcátum 개기장.
pánĭfex, ficis, *m.* [panis + fácio] 빵 제조인.
panifícĭum, i, *n.* [panis + fácio] **1.** 빵 제조업, 제과. **2.** 빵, 과자. 「빵 제조인.
paníficus, i, *m.* [**-ca,** æ, *f.*] [panis + fácio]
panis, is, *m.* **1.** 빵; 떡. **2.** 양식(糧食).
Paníscus, i, *m. dim.* [Pan] 작은 *Pan*신.
panlogísmus, i, *m.* 범논리주의(汎論理主義). 「남루한.
pánnĕus, a, um, *adj.* [pannus] 누더기의,
pannícŭlus, i, *m. dim.* [pannus] 천조각, 걸레조각, 헝겊.
Pannónĭa, æ, *f. Danúbius*강변 지역[지구(地區)]의 옛 이름; 〔*adj.*〕 **-nĭcus[-níăcus],** a, um; 〔*subst.*〕 *m.pl.* 그곳 주민.
pannósĭtas, átis, *f.* [pannósus] 피부가 힘없이 무른 상태[쭈글쭈글함].
pannósus, a, um, *adj.* [pannus] **1.** 떨어진 옷의, 누더기의; 남루한 옷을 입은. **2.** 쭈글쭈글한. 「누더기옷.
pannúcĕa[-ĭa], órum, *n.pl.* [pannúceus]
pannúcĕus[-cĭus], a, um, *adj.* [pannus] **1.** 남루한, 누더기를 입은. **2.** 쭈글쭈글한, 주름살 있는.
pánnŭlus, i, *m. dim.* [pannus] **1.** 천조각, 헝겊. **2.** 남루한 옷, 누더기옷.
pannus, i, *m.* **1.** 천, 옷감. **2.** 옷; 누더기. **3.** 붕대. **4.** 깃저고리; 포대기.
pannuvéllĭum, i, *n.* 가락꼬치에 감은 실.
pannychísmus, i, *m.* 철야, 밤샘. 「는.
pannýchĭus, a, um, *adj.* 철야의, 밤새우
Panomphǽus, i, *m.* 모든 일의 예언자(*Júpiter*의 별명).
Pánŏpe[1], es, [**-éa,** æ,] *f.* 바다의 요정.
Pánŏpe[2], es, *f. Phocis*의 도시.
Panórmus, i, *f.* [**-um,** i, *n.*] **1.** *Sicília*의 북해안의 도시(지금의 *Palermo*). **2.** *Samos* 섬의 도시. **3.** 〔*adj.*〕 **-mitánus,** a, um.
panósus, a, um, *adj.* [panis] 빵의, 영양분 있는, 빵의 성질있는.
panpsychísmus, i, *m.* 범심론(汎心論).
pansa, æ, *m.* [pando[2]] 편평족(扁平足)의 사람.
pansus, a, um, *p.p.* [pando[2]].
pantex, tĭcis, *m.* **1.** 위(胃), 밥통; 배(腹). **2.** 내장. 「범신론(汎神論).
pantheísmus, i, *m.* 만유신교(萬有神敎);
Pánthĕon[-um], i, *n.* **1.** *M. Agríppa*가 *Campus Mártius*에 건립하여 *Júpiter*신에게 봉헌했던 *Roma*의 대신전(大神殿); 지금은 〈*S. María Rotúnda* 대성당〉으로 불림. **2.** 만신전(萬神殿).
panther, éris, *m.* **1.** 《動》 표범. **2.** 야수 사냥용 그물. 「냥그물.
panthéra, æ, *f.* **1.** 《動》 암표범. **2.** 사
pantherínus, a, um, *adj.* [panthéra] **1.** 표범의. **2.** 표범 반점 같은 무늬의. **3.** 교활한. 「phórbus).
Panthŏídes, æ, *m. Panthus*의 아들 (= Eu-
Panthus[-thŏus], i, *m. Troja*에 있던 *Apóllo*의 제관, *Euphórbus*의 아버지.
Pantílĭus, i, *m.* (쏠아대는 자의 뜻) *Horátius*를 비방한 시인. 「여배우.
pantomíma, æ, *f.* [pantomímus] 무언극
pantomímĭcus, a, um, *adj.* [pantomímus] 무언극의. 「무언극.
pantomímus, i, *m.* **1.** 무언극배우. **2.**
pantopólĭum, i, *n.* 백화점. 「소리.
papa[1], æ, *f.* 아기들이 먹고 싶을 때 내는
papa[2], æ, *m.* **1.** 아버지, 아버님. **2.** [P-] 교황. 「어렵쇼! **2.** 암, 그렇지!
păpæ, *interj.* (= babæ) **1.** 어어! 어머나!
papális, e, *adj.* [papa[2]] 교황의.
papárĭum, i, *n.* [papa[1]] 아기들 음식(죽).
papas, æ, *m.* 길러준 아버지.
papátus, us, *m.* 교황직위, 교황권.
papáver, ĕris, *n.* 《植》 양귀비, 앵속.
papaverátus, a, um, *adj.* [papáver] 앵속으로 희게 만든[부드럽게 만든].
papavérĕus, a, um, *adj.* [papáver] 양귀비의, 앵속의.
Paphlagónĭa, æ, *f.* 흑해 연안의 소아시아의 한 나라; 〔*adj.*〕 **-lăgo(n),** ŏnis; *m.pl.* 그곳 주민; **-lagónĭus,** a, um.
Paphus[-os], i, *f. Cyprus*섬의 도시, *Venus*에게 바쳐졌음; 〔*adj.*〕 **-phĭus,** a, um.
papílĭo, ónis, *m.* **1.** 《動》 나비. **2.** 천막(天幕), 군막(軍幕).
papílla, æ, *f.* [pápula] **1.** 《解》 젖꼭지, 유두. **2.** 젖, 유방. **3.** 구진(丘疹), 여드름. **4.** 장미꽃봉오리. 「작은 돌기가 있는.
papilláris, e, *adj.* 유두의, 젖꼭지 모양의,
papillátus, a, um, *adj.* [papílla] 젖꼭지 모양의, 봉오리신.
papillóma, ătis, *n.* 《醫》 유두종(乳頭腫).
Papírĭus, i, *m.* *Roma*인의 씨족명; 〔*adj.*〕 **-riánus[-rĭus],** a, um.
papísta, æ, *m.* [papa[2]] 교황 지지자.

papístĭcus, a, um, *adj*. [papa²] 교황의.
Pápĭus, i, *m*. *Roma*인의 씨족명.
papo, áre, *tr*. (아기가) 먹을 것을 달라고
papp... *V*. pap... 「하다, 먹다.
pappus, i, *m*. **1.** 노인, 할아버지. **2.** (민들레·엉겅퀴 따위 씨의) 관모(冠毛).
pápŭla, æ, *f*. **1.** 《醫》 구진(丘疹), 뾰루지, 여드름. **2.** 《植》 작은 융기, 혹.
pápŭlo, áre, *intr*. 뾰루지가 생기다, 여드름 나다. 「의; papýrus를 엮어 만든.
papyrácĕus, a, um, *adj*. papýrus의, 종이
papýrĭfer, fĕra, fĕrum, *adj*. [papýrus+fero] papýrus를 내는. 「의.
papýrĭnus, a, um, *adj*. papýrus의, 종이
papýrĭo, ónis, *m*. papýrus숲.
papýrĭus, a, um, *adj*. papýrus의, papýrus로 만든; 종이의.
papýrus, i, *m*. *f*. [**-um,** i, *n*.] **1.** 《植》 (*Ægýptus*, 기타 *Afrĭca*의 *Nilus*강 유역, *Sýria* 등지의 물가에 나는) 파피루스 (방동사니과에 속하는 다년초). **2.** papýrus 종이; 종이. **3.** papýrus 사본(寫本) [문서·서적·편지]. **4.** papýrus로 엮어 만든 것. **5.** (papýrus의 섬유로 만든) 밧줄; 짚신; 옷.
pār, păris, **I.** *adj*. **1.** 〔*absol*.; *dat*., *gen*., cum *abl*.; et, ac, atque, quam; *abl*., in *abl*., ad *acc*.〕 **같은, 동등한,** 같은 정도의, 같은 수의, 필적하는: pari intervállo*(Cæs.)* 같은 간격으로 / ～ *alci* consílio*(C.)* 지혜에 있어서 누구와 동등한. **2.** 〔*absol*.; *dat*.〕 …할 능력이 있는, 상응한, 어울리는, 적당한. **3.** ～ est 합당하다, 마땅하다: ut ～ fuit*(C.)* 그랬어야 했듯이.
II. 1. *m*.*f*. 한 쌍, 배우자, 동료. **2.** *m*. (격투에 있어서의) 호적수. **3.** *n*. 쌍, 짝수: tria pária amicórum*(C.)* 친구 세 쌍. **4.** *n*. 같은 것: Par pari respóndet.*(Pl.)* 똑같이 보복하다, 같은 것으로 응수하다 / ex pari *(Sen.)* 같은 입장에서.
para-, *prævérbium* 《옆, 병렬(並列), 부(副), 종(從); 이외(以外), 이(異); 역(逆), 반대, 대립, 대향(對向), 방호(防護); 부정(不正), 과오》 따위의 뜻을 주는 접두어.
parábĭlis, e, *adj*. [paro¹] 쉽게 얻을[장만할] 수 있는.
parabiósis, is, *f*. 《生》 병체유합(並體癒合).
parábŏla, æ, [**-le,** es,] *f*. **1.** 비교, 대치(對置), 대조. **2.** 비유, 비유담, 우화. **3.** 《數》 포물선(抛物線). 「비유를 들어.
parabólĭce, *adv*. [parábola] 비유적으로,
parábŏlus, i, *m*. 무모한 자, 목숨을 마구 던지는 자. 「술(穿刺術), 침술(鍼術).
paracentésis, is, *f*. 《醫》 천개(穿開), 천자
paracharáctes, æ, *m*. 화폐 위조자.
paracharágma, ătis, *n*. 위조 화폐. 「의.
paracharáxĭmus, a, um, *adj*. 위조 화폐
paraclétus[**-lítus**], i, *m*. **1.** 법률고문, 변호인. **2.** 보호자, 위로자, 안위자. **3.** 《가》 성신, 성령.
paracorólla, æ, *f*. 《植》 부화관(副花冠).
párăda, æ, *f*. 작은 배 위에 치는 천막.
paradígma, ătis, *n*. **1.** 보기, 견본, 모범; 예증(例證). **2.** 《文法》 (격어미·인칭어미 변화의) 범례(範例). 「원의.
paradisíăcus, a, um, *adj*. [paradísus] 낙
paradisícŏla, æ, *m*.*f*. [paradísus+colo²] 낙원 거주자.
paradísus, i, *m*. **1.** 낙원, 에덴의 낙원, 지상(地上)의 낙원. **2.** 천국. **3.** (교회 건축의) 앞뜰.
paradóxa, órum, *n*.*pl*. [paradóxus] **1.** 역설(逆說); 기론(奇論). **2.** 배리(背理), 모순되는 말.
paradóxi, órum, *m*.*pl*. [paradóxus] **1.** 같은 날 예기치 않게도 씨름(lucta)과 권투(pancrátium)에서 둘다 승리한 사람. **2.** 무언극배우. 「외의, 전대미문의.
paradóxus, a, um, *adj*. 예기치 않은, 의
paræsthésĭa, æ, *f*. 《醫》 감각이상(感覺異常), 착감각증(錯感覺症). 「있는 산악지대.
Parætacéne, es, *f*. *Média*와 *Pérsia* 중간에
paragóga, órum, *n*.*pl*. 《文法》 파생어(派生語).
paragóge, es, *f*. **1.** 어미음 첨가(語尾音添加). **2.** 후첨(後添: 한 단어에 한 자 또는 한 음절을 첨가함). 「관.
paragógĭa, órum, *n*.*pl*. 수도(水道), 수도
paragórĭcus, a, um, *adj*. 진정(鎭靜)의, 진통의. 「書).
paragrámma, ătis, *n*. 잘못 씀, 오서(誤
parágrăphus, i, *m*.*f*. 절(節), 항(項); §.
Paralipómĕna, órum[on], *n*.*pl*. (빠뜨린 것, 옆에 남겨논 것): 《聖》 Liber Paralipómenon. (구약성서의) 역대기(歷代記).
parálĭus, a, um, *adj*. 해변의, 해변에 나는.
parallelísmus, i, *m*. **1.** 평행(平行). **2.** 《修》 병행체(並行體), 대구법(對句法). **3.** 《哲》 병행론(並行論).
parallélus, a, um, *adj*. **1.** 평행(平行)의, 병행의. **2.** 서로 비슷한, 상사(相似)의, 대응하는. 「배리(背理).
paralogísmus, i, *m*. 논과(論過), 비논리,
parálўsis[**-lýsis**], is, *f*. 《醫》 마비, 반신불수, 중풍(증). 「된, 반신불수의, 중풍병의.
paralýtĭcus, a, um, *adj*. [parálysis] 마비
paraménĭa, æ, *f*. 《醫》 월경불순.
paraméntum, i, *n*. 제복(祭服); 제식장식(祭式裝飾).
parangárĭa, æ, *f*. 임시 부역, 비상 부역.
parangárĭus, a, um, *adj*. 비상 부역의.
paranóĭa, æ, *f*. 《醫》 편집병(偏執病).
paranýmpha, æ, *f*. 신부의 들러리.
paranýmphus, i, *m*. (신랑을 신부의 집으로 안내하던) 신랑의 들러리.

paraphásĭa, æ, *f*. 《醫》 언어착오증.
paraphemía, æ, *f*. 《醫》 언어착오증, 착어증(錯語症). 「산[개인 소유물].
paraphernálĭa, ĭum, *n.pl*. 《法》 아내의 재
paraphernális, c, *adj*. 아내의 재산의[소유물의]. 「調).
paraphonía, æ, *f*. 《醫》 성음변조(聲音變
paraphonísta, æ, *m*. 성가대의 선창자.
paráphrăsis, is, *f*. 풀이말, 주해(註解); 의역(意譯). 「풀이하는 사람.
paraphrástes, æ, *m*. 주해자, 알기 쉽게
paraphrénĭa, æ, *f*. 《醫》 편집성치매(偏執性痴呆).
paraplégĭa, æ, *f*. 《醫》 하반신 불수.
paraplέxĭa, æ, *f*. 《醫》 부분마비.
parapódĭum, i, *n*. 《動》 환형동물의 사마귀발, 곤충 애벌레의 측각(側脚).
parapráxis, is, *f*. 실언; 깜박 잊어버림.
parápsis = parópsis. 「재인.
parárĭus, i, *m*. [paro[2]] 대리인, 중개인, 중
Parascéve, es, *f*. **1.** 안식일 준비일(즉 금요일). **2.** 부활주일 전 성(聖)금요일.
parasiopésis, is, *f*. 묵설법(默說法), 궐어법(闕語法). 「기식객.
parasíta, æ, *f*. [parasítus] 여자 식객(食客),
parasitátĭo, ónis, *f*. [parasítor] 기식(寄食); 얻어 먹으려고 아첨함. 「체학.
parasitología, æ, *f*. 《醫》 기생충학, 기생
parasítor, ári, *dep. intr*. [parasítus] 기식(寄食)하다, 얻어 먹기 위하여 아첨하다.
parasítus, i, *m*. **1.** 식객, 기식자(寄食者). **2.** 회식자(會食者), 잔치 손님. **3.** (남의 식탁에 참석해서 이야기 따위로 흥을 돋우는 것을 업으로 삼던) 반식자(伴食者); 아첨꾼. 「의.
parastátĭcus, a, um, *adj*. 사각주(四角柱)
parasynápsis, is, *f*. 《生》 염색체의 측면
parasynáxis, is, *f*. 불법 비밀집회. 」접착.
parasýphĭlis, is, *f*. 《醫》 부매독(副梅毒), 변태매독(變態梅毒).
paráte, *adv*. [parátus[1]] 준비하여; 조심스럽게, 정성들여; 자유로이.
parátĭo, ónis, *f*. [paro[1]] **1.** 준비, 장만, 계획. **2.** 획득, 노력.
paratragœ́dĭo, áre, *intr*. 변사처럼 연극조로 말하다; 과장하다.
paratúra, æ, *f*. [paro[1]] 준비, 예비.
parátus[1], a, um, *p.p.*, *a.p.* [paro[1]] **1.** 〔*absol.*; ad *acc.*, in *abl.*; *inf.*〕 **준비된**, 장만된; …할 태세를 갖춘, **각오가 된**, **용의가 있는**. **2.** 〔*absol.*; *abl.*〕 장비를 갖춘; 전투 준비가 된. **3.** 〔in *abl.*, *abl.*〕 정통한, 난선을 겪은. **4.** 쾌적한.
parátus[2], us, *m*. [paro[1]] **1.** 준비, 계획, 마련; 장비. **2.** 의상(衣裳), 성장(盛裝).
paratýphus, i, *m*. 《醫》 파라티푸스.
paraverédus, i, *m*. 역마(驛馬).

Parca, æ, *f*. 〔흔히 *pl.*〕 운명의 세 여신의 통칭(通稱: 각자의 회랍명은 Clotho, Láchesis, Atrŏpos; 라틴명은 Nona, Décima, Morta). 「묵, 말이 없음.
paroilóquĭum, i, *n*. [parcus+loquor] 과
parcimónĭa, æ, *f*. 검소, 절약.
parciprómus, i, *m*. [parcus+promo] 인색하고 욕심많은 사람, 구두쇠.
párcĭtas, átis, *f*. [parcus] **1.** 절약, 검약. **2.** 관대, 용서, 사정봐줌, 정상참작.
parco, pepérci [드물게 parsi], (parsum[párcĭtum]), ĕre, *intr*., *tr*. [parcus] **1.** 〔*dat.*; 간혹 *alqd*〕 **아끼다**, 절약하다. **2.** 〔*dat.*〕 잘 보존하다, 잘 유지하다. **3.** 〔*dat.*〕 **용서하다**, 사(赦)하다. **4.** 〔*dat.*, *abl.*, ab *abl.*; *inf.*; *acc.*〕 중지하다, 그만두다, 삼가다, 절제하다.
parcus, a, um, *adj*. [parco] **1.** 〔*absol.*; *gen.*, in *abl.*, in *acc.*〕 **절약하는**, 아끼는, 검약하는; **인색한**. **2.** 문체가 간결한. **3.** 얼마 안되는, 약간의, 풍부치 못한, 적은.
párdălis, is, *f*. 《動》 암표범.
pardalíum, i, *n*. 표범 냄새 같은 향료.
pardus, i, *m*. [**-da**, æ, *f*.] 《動》 표범.
parectátus, a, um, *adj*. 장성한, 다 자란.
paregórĭa, æ, *f*. 《醫》 진통, 완화.
paregórĭcus, a, um, *adj*. 진통의.
parenchýma, ătis, *n*. **1.** 《解》 (내장의) 실질(實質), 선세포조직(腺細胞組織). **2.** 《醫》 (종양 따위의) 이상 발육조직. **3.** 《植》 유연(柔軟)조직.
părens[1], éntis, *m.f*. [pário[2]] **1.** **어버이**, 아버지, 어머니; (동물의) 아비, 어미. **2.** 《法》 조부, 조상. **3.** 친족. **4.** 시조, 창시자, 창건자, 발견자, 발명가. **5. paréntes**, um, *m.pl*. 부모, 양친.
pārens[2], éntis, *p.præs*. [páreo] 순종[복종]하는, 온순한: paréntes(*Sall.*) 신하, 부하.
parentálĭa, ĭum, *n.pl*. [parentális] 죽은 사람[친척]들을 위한 위령제.
parentális, e, *adj*. [parens[1]] **1.** **부모의**, 양친의. **2.** 죽은 친척의.
parentátĭo, ónis, *f*. [parénto] 죽은 부모[친척]에게 제사지냄.
parentéla, æ, *f*. [parens[1]] 친족, 일가.
parénthĕsis, is, *f*. **1.** 삽입문(挿入文), 삽입어구. **2.** 괄호.
paréntĭa, æ, *f*. [páreo] 순종, 복종.
parenticída, æ, *m*. [parens[1]+cædo] 부모살해범.
parénto, ávi, átum, áre, *intr*. [parens[1]]〔*absol.*; *dat.*〕 **1.** (부모·친척에게) 제사지내다, 성묘하다. **2.** 죽은 사람의 원수를 갚다. **3.** 만족시키다.
párĕo, rŭi, rĭtum, ére, *intr*. **1.** 나타나다, 출현하다. **2.** 〔*impers.*〕 명백하다, 뻔하다. **3.** 〔*dat.*〕 **순종하다**, 복종하다, 순명

하다. 4. 〔*dat.*〕 종속되다, 양보하다, 굴복하다, 꺾이다: ~necessitáti*(C.)* 필요 앞에 굴복하다. 5. 〔*dat.*〕 (권한·영역·범위에) 들어있다, 속해있다.

parérgon, i, *n.* (그림의) 부수장식.

párĕsis, is, *f.* 《醫》 국부마비, 부전마비(不全麻痺).

pariámbus, i, *m.* 1. (고전시의) 단단격(短短格: ⏑⏑). 2. 단장장격(⏑——). 3. 1장 4단(—⏑⏑⏑⏑).

pariátĭo, ónis, [**-tórĭa,** æ,] *f.* [pário[1]] 청산(淸算), 결제(決濟)·

pariátor, óris, *m.* [pário[1]] 부채 상환자.

paricid... *V.* parricid...

párĭens, éntis, *p.præs.* [pário[2]] 〔*subst.*〕 *f.* 산모.

pariéntĭa, æ, *f.* [páreo] 복종.

párĭes, ĕtis, *m.* 1. **벽**(壁), 바람벽: intra paríetes*(C.)* 집안에서, 사사로이 /〔격언〕 utrósque paríetes línere*(Petr.)* 양쪽 벽을 바르다, 즉 양쪽에 다 아첨하다. 2. 집.

parietális, e, *adj.* [páries] 벽의.

parietárĭus[-étĭnus], a, um, *adj.* [páries] 벽의, 바람벽의; 〔*subst.*〕 **pariétĭnæ,** árum, *f.pl.* 쓰러져가는 벽; 허물어진 벽, 폐허.

párĭlis, e, *adj.* [par] 동등한, 같은 모양의.

parílĭtas, átis, *f.* [párilis] 동등(同等).

párĭo[1], ávi, átum, áre, *tr.* [par] 1. 같게 하다, 균형잡히게 하다, 수입과 지출을 맞아 떨어지게 하다. 2. 청산하다, 빚을 완전히 갚다. 3. *intr.* 같다, 동등하다.

párĭo[2], pépĕri, partum [párĭtum], (paritúrus), ĕre, *tr.* 1. (어머니·어미가) **낳다,** 해산[분만]하다. 2. 생산하다: quæ terra parit*(C.)* 땅이 생산하는 것. 3. 생기게 하다, 일으키다, 초래하다. 4. 얻다, 획득하다, 손에 넣다, 장만하다. 5. 생각해 내다, 발명하다, 만들어 내다.

Părĭs, ĭdis, *m.* *Príamus*와 *Hécuba* 사이의 아들, *Alexánder*라고도 함.

Parisiénsis, e, *adj.* (불란서) 빠리의: Univérsitas ~ 빠리대학.

Parísĭi, órum, *m.pl.* *Gállia*에 살던 한 종족, 그 수도는 *Lutétia Parisiórum*(지금의 *Paris*).

párĭtas, átis, *f.* [par] 같음, 동등함, 평등함.

párĭter, *adv.* [par] 1. 〔*absol.;* cum *abl.*, *dat.;* ac, atque, et, ut〕 같게, 같이, 동등하게: ~ ac [atque] ...*(C.)*, ~ut ...*(Pl.)* …와 동등하게. 2. 〔*absol.;* cum *abl.*, *dat.;* ac, atque, et〕 와 동시에, 함께, 나란히: cum lunā ~*(C.)* 달과 함께. 3. 또한, 역시.

párĭto, áre, *tr. freq.* [paro[1]] 〔*alqd*, *inf.*, ut〕 준비중이다; …할 준비가 되어 있다, …하려고 하는 찰나에 있다.

párĭtor, óris, *m.* [páreo] 수위; 수비병.

paritúrus, a, um, *p.fut.* [pário[2], páreo].

Párĭum[-on], i, *n.* *Hellespóntus*에 면한 *Mýsia*의 항구도시; 〔*adj.*〕 **-riánus,** a, um.

Párĭus, a, um, *adj.* *Paros*섬의: ~ lapis 대리석.

parliaméntum, i, *n.* 의회(議會), 국회.

parma[1], æ, *f.* 1. 작고 둥근 방패. 2. 방패. 3. 검투사(劍鬪士).

Parma[2], æ, *f.* *Gállia Cispadána*의 도시(지금의 *Paroma*); 〔*adj.*〕 **-ménsis,** e.

parmátus, a, um, *adj.* [parma[1]] 둥근 방패로 무장한.

Parménĭdes, is, *m.* *Elĕa* 태생의 희랍 철학자 (*sæc.* 5 A.C.).

Parménĭo(n), ónis, *m.* *Alexánder* 대왕의 장군.

pármŭla, æ, *f. dim.* [parma] 작은 원형 방패.

parmulárĭus, i, *m.* [pármula] 원형 방패로 무장한 투사.

Parnás(s)us[-os], i, *m.* *Phocis*의 높은 산, *Apóllo*와 *Musæ*여신에게 봉헌됨, 그 산 경사진 곳에 *Delphi*시와 *Castália*샘(泉)이 있었음; 〔*adj.*〕 **-nás(s)ĭus[-éus],** a, um.

păro[1], ávi, átum, áre, *tr.* 1. **준비하다,** 장만하다, 마련하다; 차리다, 차려놓다. 2. *refl. pass.* 〔ad, in *acc.; dat.; inf.*〕 태세를 갖추다, 채비를 하다; 마음준비를 하다, 각오하다, 대비하다: se ~ ad discéndum*(C.)* 배울 태세를 갖추다. 3. 〔*absol.; inf.;* ut, ne〕 마음먹다, 작정하다, 하려고 하다, 벼르다. 4. 얻다, 획득하다, 주선하다. 5. 조달하다, 사들이다.

păro[2], (ávi), átum, áre, *tr.* [par] 같게 하다, 동등한 위치에 두다, 동등하게 평가하다.

paro[3], ónis, *m.* 좁고 길다란 배(船).

párŏcha, æ, *f.* 숙식제공.

paróchĭa, æ, *f.* 《가》 (교구내의 사목구역의 하나인) 성당구(聖堂區), 본당(本堂).

parochiális, e, *adj.* [paróchia] 성당구(聖堂區)의, 본당의.

parochiánus, i, *m.* [paróchia] 본당교우, 성당구(에 소속된) 신자.

párŏchus, i, *m.* 1. 공무 출장의 장관[관리]에게 숙식과 그밖의 필수품을 마련[주선]해 주던 공무원. 2. 《가》 주임신부, 본당신부.

paródĭa, æ, *f.* (남의 작품·연설 따위를 형식은 모방하고 내용은 익살스럽게 고친) 개작시문(改作詩文), 희문(戲文).

parœ́cĭa, æ, *f.* = paróchia.

parœcia... *V.* parochia...

parœ́mĭa, æ, *f.* 격언(格言), 속담.

paronomásĭa, æ, *f.* 음이 비슷한 말을 익살맞게 쓰는 일; 동음이의어(同音異義語)의 익살맞은 사용.

paronýchĭa, órum, *n.pl.* 《醫》 손가락·발가락의 조하조직(爪下組織)의 화농성 염증, 손톱눈[발톱눈]의 염증.

parópsis, ĭdis, *f.* 접시, 대접.

paróptus, a, um, *adj.* 설구운, 겉만 구운.

Paros[-us], i, *f.* *Cýclades* 군도의 섬, 흰 대

리석으로 유명; 〔*adj.*〕 **-rĭus,** a, um.

parótis, ĭdis, *f.* 《解》 이하선(耳下腺).

parra, æ, *f.* 《動》 올빼미(의 일종, 불길한 새로 여겼음).

Parrhásĭa, æ, *f. Messénia* 국경에 있는 *Arcádia*의 지방 및 도시; 〔*adj.*〕 **-sĭus,** a, um, *Parrhásia*의, *Arcádia*의.

Parrhásĭus, i, *m. Ephĕsus* 태생의 희랍의 유명한 화가(c. 400 A.C.).

parricída, æ, *m.f.* [pater+cædo] **1.** 어버이 살해자, 존속 살해자; 친족[동족] 살해자. **2.** 살해자, 자객(刺客).

parricid(i)ális, e, *adj.* [parricída] 어버이[존속] 살해의, 친족 살해의.

parricídĭum, i, *n.* [parricída] **1.** 어버이 살해, 존속 살해. **2.** 친족 살해. **3.** 동포 살해; 국가원수 살해. **4.** 대반역, 반란; 매국행위, 매국죄.

pars, partis, *f.* **1. 부분,** (한) 조각, 일부, 더러, 부분품: pars ..., pars ...*(L.)* 더러는 …하고, 더러는 …하다. **2.** 〔집합명사*(subst. collectívum)*적으로도 쓰임, 이 경우에는 의미상의 일치법*(constrúctio ad sensum)*을 따르는 것이 통례이다〕 magna [bona, multa] ~ 많은[상당수의] 사람[것]들; major ~ 더 많은 사람들; maxíma ~ 대다수의 사람들: magna pars in certámine cæsi, céteri in castris*(L.)* 많은 군인들이 전투에서 죽고, 나머지는 진막 안에 (있었다). **3.** 〔부사어적 용법*(usus adverbiális)*〕 magnam [máximam] partem*(Cæs.)* 대부분, 주로; ex magnā [máximā] parte 대체로, 대부분; ex áliquā parte 어느정도, 다소간, 부분적으로; multis pártibus 훨씬; (ab) omni parte 전적으로, 온전히. **4. 몫,** 차지, 배당; 나름; 역할, 배역(配役); 관여(關與): pro parte 제 나름대로 / pro meā[tuā, suā] parte *(C.)* 내[네·자기] 힘껏 / veníre in partem, partem fácere [habére] 관여하다, 한몫끼다. **5.** 〔*num. ordin.*와 함께〕 …분의 1: tértia pars 3분의 1 / duæ tértiæ partes 3분의 2. **6.** 〔주로 *pl.*〕 정당(政黨), **당파. 7.** 소송당사자[원고·피고]. **8. 편,** 쪽, 측(側); 면(面), 입장: in utrámque partem 두편을 다(찬성·반대하다) / ex unā parte 한편으로는/ ex áliā parte 다른 한편으로는 / ex parte viri 남편 쪽에서. **9. 방면,** 방향. **10.** 지방, 지역. **11.** (책의) 부(部): ~ prima 제 1부.

parsimónĭa, æ, *f.* [parco] **1.** 절약, 검소, 「검약, 경제. **2.** 절제, 절식. **3.** 살림.

parta, órum, *n.pl.* [partus¹] 획득[취득]한 것.

Partháon, ŏnis, *m. Cálydon*의 왕, *Œneus*「의 아버지; 〔*adj.*〕 **-ónĭus,** a, um.

Parthénĭæ, árum, *m.pl.* (처녀의 아들이란 뜻) *Phalántus*에게 인솔되어 *Sparta*를 떠나 *Itália*로 가서 *Taréntum*을 창건한 이주민.

parthenogénĕsis, is, *f.* 《生》 단성생식(單性生殖), 처녀생식(處女生殖).

Párthĕnon, ónis, *m. Athénæ*의 *Minérva*여「신의 신전.

Parthenopæus, i, *m. Arcádia*인, *Adrástus*의 형제.

Parthénŏpe, es, *f.* **1.** 바다에 투신 자살한 *Sirénes* 중의 하나. **2.** (이 *Parthénope*가 가닿은 곳에 세워진 도시인) *Neápolis*의 옛 이름. **3.** 〔*adj.*〕 **-nopéĭus,** a, um.

Párthĭa, æ, [**-thiéne,** es,] *f.* 이해(裏海) 동남쪽에 있던 나라; (넓은 의미로는) *Pérsia* 제국; 〔*adj.*〕**-thĭcus**[**-thicárĭus, -thus**], a, um.

Parthíni, órum, *m.pl. Parthus²*의 주민.

Parthus¹, a, um, *adj. Párthia*의; *m.pl. Párthia*에 있던 *Scýthia* 종족.

Parthus², i, *f. Dyrráchium*근처에 있던 *Illýria*의 도시.

partiális, e, *adj.* [pars] 일부분의, 부분적인, 부분을 이루는, 국부의; 불완전한.

partiárĭo, *adv.* 나누어서.

partiárĭus, a, um, *adj.* 참여하는, 한몫 보「는[끼는].

partiátim, *adv.* 부분적으로, 부분부분으「로.

partíbĭlis, e, *adj.* 나눌 수 있는.

pártĭceps, cĭpis, *adj.* 〔*gen. pl.* -um〕 [pars +cápio]〔*gen., dat.,* de *abl.*〕 참가[참여]하는, 관여[관계]하는, 한몫 끼는, 가입하는; 〔*subst.*〕 *m.* 관계자, 참여자, 동료, 협력자, 공모자.

participális, e, *adj.* [párticeps] 참여하는, 「관여하는.

participátĭo, ónis, *f.* [partícipo] 참가, 참여, 관여, 가입, 한몫 낌, 나누어 받음[줌], 분여(分與).

participátor, óris, *m.*[**-trix,** ícis, *f.*][partí「cipo] 참여자, 한몫 끼는 사람.

participátum, i, *n.* [partícipo] 몫, 배당액.

participiális, e, *adj.* [particípium] 《文法》 분사(分詞)의, 분사적, 분사에서 나온.

particípĭum, i, *n.* [párticeps] **1.** 참여, 관여. **2.** 《文法》 **분사**(分詞).

partícĭpo, ávi, átum, áre, *tr.* [párticeps] **1.** 〔*alqm alcjs rei[alqā re]*〕 **참여[참가]시키다,** 관여[관계]시키다; 한몫 끼워주다; 일러주다. **2.** 〔*alqd* cum *alqo*〕(무엇을 누구와) 함께 하다, 나누다, (누구에게) 일부를 주다. **3.** 〔*alqd*〕 **참여하다,** 관여[가담]하다, 한몫 끼다, 한몫 나누어 받다[가지다].

partícŭla, æ, *f. dim.* [pars] **1.** 미세한 부분, 분자, 극히 작은 조각, 단편; 《가》 작은 제병(祭餠): ~ consecráta (신자들이 배령하는) 축성된 제병[성체]. **2.** 《文法》 불변화 품사 특히 부사; (의미가 명료한) 접두사·접미사. **3.** 《修》 문장 토막.

particuláris, e, *adj.* [partícula] **1.** 작은 부분에 관한, 부분적인 부정을 드러내는. **2. 특별한, 특수한,** 독특한. **3.** 개별적, 개개의; 개인으로서의, 사사로운. **4.** 각별한.

particuláritas, átis, *f.* **1.** 특별함, 독특함, 특수성. **2.** 상세함, 자세함. **3.** 배타적인 개별성.

particulátim, *adv.* [partícula] 개별적으로, 따로따로, 부분적으로, 자세히, 특별하게.

particulátio, ónis, *f.* 작게 나눔, 세분(細分).

partícŭlo, ónis, *m.* 배당[한몫] 받은 사람, 「참여자.

pártĭlis, e, *adj.* 분할할 수 있는, 가분성의.

partim[1], *acc.* [pars] 《古》= partem.

partim[2], *adv.* [pars] **1.** 일부분은, 약간은, 개별적[부분적]으로: partim ... partim ... *(C.)* 일부는 … 일부는 … **2.** 주로, 특히.

pártĭo[1], ónis, *f.* [pário[2]] 출산, 해산, 분만, 산란(産卵).

pártĭo[2], ívi[ĭi], ítum, íre, *tr.* [pars] 나누다, 「할당하다, 분배하다.

pártĭor, ítus sum, íri, *dep. tr.* [pars] 쪼개다, 나누다, 분배하다: ~ *alqd* cum *alqo (Cæs.)* 무엇을 누구와 나누다.

partíte, *adv.* [pártior] 조목조목, 또박또박, 질서있게, 순서대로, 방법론적으로.

partítĭo, ónis, *f.* [pártior] **1.** 구분, 구획, 분리, 나눔; 간막이. **2.** 분류, 정리. **3.** 분할, 분배, 배당, 몫. **4.** 분석, 해석.

partitúdo, dĭnis, *f.* [pário[2]] 출산, 해산, 분만.

partuális, e, *adj.* [partus[2]] 출산의, 분만「의.

Pártŭla, æ, *f.* [partus[2]] 해산의 여신.

partúra, æ, *f.* [pário[2]] 출산, 분만.

partúrĭo, ívi[ĭi], íre, *tr., intr.* [pário[2]] **1.** 낳으려고 하다, 진통을 겪다, 산고중에 있다: 〔속담〕 Partúriunt montes, nascétur ridículus mus.*(H.)* 태산명동(泰山鳴動)에 서일필(鼠一匹). **2.** 낳다, 분만하다. **3.** 산출(産出)하다, 내다. **4.** 고생하다, 괴롭받다. **5.** 획책하다, 계획하다, (생각을) 품고 있다. 「2. 고통.

parturítĭo, ónis, *f.* **1.** 해산, 출산, 분만.

partus[1], a, um, *p.p.* [pário[2]].

partus[2], us, *m.* 〔*dat., abl. pl.* -ŭbus〕[pário[2]] **1.** 낳음, 출산, 해산, 분만: ~ immatúrus 유산(流産) / ~ præmatúrus 조산(早産). **2.** 산기(産期), 해산 시기. **3.** 신생아, 아기; (짐승의) 새끼. **4.** 열매. **5.** 시초, 기원(起源).

parum, *adv.* [parvus] **1.** 〔동사·형용사·부사를 수식함〕 **적게, 조금**; 너무 적게, 좀 모자라게, 부족하게, 불충분하게, 조금 밖에, 덜, 얼마 안되게: Parum intellexísti.*(Pl.)* 네가 충분히 알아듣지 못했다 / ~ multi*(C.)* 얼마 되지 않는 사람들 / ~ diu*(C.)* 잠깐동안 / non ~*(C.)* 충분히. **2.** 〔명사적 용법: *absol.; gen.*〕 적음, 과소(過少), 좀 모자람, 불충분, 얼마 안됨, 조금: sapiéntiæ ~*(Sall.)* 좀 부족한 지혜 / si una ~ est,*(Pl.)* 한 여자가[여자로써] 부족하다면 / ~ est, quod [ut] …만으로는 불충분하다[부족하다] / ~ habére [fácere] 대수롭지 않게 여기다.

parúmper, *adv.* [parum+per[1]] 잠깐.

parúncŭlus, i, *m. dim.* [paro[3]] 작은 배.

parvipéndo, ĕre, *tr.* [parvus+] 경시하다, 작게 평가하다. 「소함; 중요치 않음, 약함.

párvĭtas, átis, *f.* [parvus] 작음, 소량, 근

párvŏlus = párvulus.

párvŭlum, *adv.* [párvulus] 조끔.

párvŭlus, a, um, *adj. dim.* [parvus] **1.** 조그마한, 아주 작은; 어린, 젖먹이의; *m. (f.)* 어린이, 어린 것. **2.** 서투른, 무식한, 우매한; 보잘것없는.

parvum, i, *n.* [parvus] **1.** 작음, 조금, 소량, 근소, 소수, 소액; 과소(過小·過少): ~ sánguĭnis*(Lucan.)* 소량의 피. **2.** 〔*gen. prétii*〕 작게, 작은 가치의: parvi fácere [æstimáre, dúcere] 경시하다 / parvi esse *(C.)* 별 가치가 없다 / parvo conténtus*(C.)* 적은 것에 만족하는.

parvus, a, um, *adj.* 〔*comp.* minor, minus; *superl.* mínimus〕 **1.** 작은, 꼬마의, 소형의. **2.** 적은, 근소한, 얼마 안되는; 미약한, 약소한: ~ númerus návium*(N.)* 몇척 안되는 배. **3.** 잠시의, (시간이) 짧은. **4.** 나이 어린. **5.** 보잘것없는, 싼, 천한: prétio parvo véndere*(C.)* 싼 값으로 팔다 / parvi esse ánimi*(C.)* 용기가 적다 / parvo labóre*(C.)* 별로 수고 없이. **6.** 대단찮은, 변변치 않은, 하급의. **7.** 불초(不肖): Parvus cármina fingo.*(H.)* 보잘것없는 내가 시를 쓰는 척합니다.

Pasárgăda, órum, *n.pl.*[-**dæ**, árum, *f.pl.*] *Pérsia*의 옛 수도.

pascális, e, *adj.* [pasco] 목장의, 목축의.

pascéŏlus, i, *m.* 돈주머니, 지갑.

Pascha, æ, *f.* [-**a**, ătis, *n.*] **1.** (이스라엘 민족의) 과월절(過越節), 해방절. **2.** 과월절에 잡는 양. **3. 부활절**, 부활 대축일.

paschális, e, *adj.* [Pascha] **1.** 과월절의. **2.** 부활 대축일의, 부활절의, 부활시기의: tempus paschále 부활시기.

pasco, pavi, pastum, ĕre, *tr.* **1.** (가축을) **치**다, 사료를 주다[먹이다], 풀을 뜯기다, 방축(放畜)하다, 목축하다. **2.** 양육하다, 부양하다. **3.** (가끔) 손님을 청해 대접하다. **4.** 기르다, 가꾸다: ~ barbam*(H.)* 수염을 기르다. **5.** 〔*alqd[alqm] alqā re,* in *abl.*〕 만족시키다, 즐겁게 하다: ~ óculos *alqā re(C.)* 무엇으로 눈을 만족시키다.

pascor, *(ĕris),* pastus sum, pasci, *dep. tr.* **1.** 풀뜯어 먹다. **2.** 먹고 살다. **3.** 즐기다.

páscŭa, æ, *f.* **1.** 목초지(牧草地), 풀밭, 목장. **2.** 목초, 사료.

pascuális, e, *adj.* = pascális.

pascuósus, a, um, *adj.* [páscuum] 목초가 많은, 목축에 알맞는.

páscŭum, i, *n.* 〔가끔 *pl.*〕 **1.** 목초지(牧草地), 풀밭, 목장. **2.** 목초, 사료. **3.** (사람이 먹는) 음식.

páscŭus, a, um, *adj.* [pasco] 목축의, 목축에 적합한, 목장의.

Pasíphăē, es, [-**phăa,** æ,] *f.* 태양신 *Hóli os[Sol]*의 딸, *Minos*왕의 아내, *Circe*의 누이, *Andrógeus, Phædra, Ariádne, Minotáurus*의 어머니; 〔*adj.*〕 **-phaéĭus,** a, um.

Pasíthĕa, æ, [-**thĕe,** es,] *f.* 세 *Grátiæ*여신 중의 하나.

passer, ĕris, *m.* 《動》 **1. 참새.** **2.** 넙치, 가자미(의 일종). **3.** ~ marínus 타조.

passerárĭus, a, um, *adj.* [passer] 참새의.

passércŭla, æ, *f.* [passérculus] **1.** 작은 참새. **2.** 소녀의 애칭.

passércŭlus, i, *m. dim.* [passer] **1.** 작은 참새. **2.** 애송이; 애인(의 애칭).

passerínus, a, um, *adj.* [passer] 참새의, 참새에 관한.

passíbĭlis, e, *adj.* [pátior] (고통을) 당할 수 있는; 감수적(感受的)인; (종교적으로) 감동하기 쉬운.

passibílĭtas, átis, *f.* [passíbilis] **1.** (고통 따위를) 당할 수 있는 성질. **2.** (종교적인) 감동성, 감수성.

passim, *adv.* [pando[2]] **1.** 도처에, **사방에,** 여기저기, 무질서하게, **마구** 흩어져. **2.** 구별없이, 잡다하게.

pássĭo, ónis, *f.* [pátior] **1. 고뇌, 수난;** 병, 병고. **2.** [P-] 그리스도의 수난; 수난기(受難記). **3.** 순교기록, (순교자들의) 수난기. **4.** 작용당함, 수동(受動), 피동. **5.** 열정, 열광; **격정,** 정동(情動). **6.** 자연의 혼란상태.

passionális, e, *adj.* [pássio] 감수성의, 고통을 받을 수 있는; 정열적, 정욕적, 격정적.

passívĭtas[1], átis, *f.* [passívus[1]] **1.** (동사의) 수동성, 피동성. **2.** (일반적으로) 수동성, 수동적 행위; 소극성, 무저항, 묵종(默從), 인내.

passívĭtas[2], átis, *f.* [passívus[2]] 난잡성, 무분별, 혼란.

passívĭtus, *adv.* [passim] 여기저기, 사방에, 순서없이.

passívus[1], a, um, *adj.* [pátior] **1.** 다른 것의 작용을 받는[당하는], 수동적인, 소극적인, 마지못해 하는. **2.** 《文法》 수동(형)의, 피동(태)의.

passívus[2], a, um, *adj.* [pando[2]] **1.** 여기저기 널려있는, 뒤섞여 있는. **2.** 일반적인, 공통적인.

passum, i, *n.* [passus[1]] 건포도로 만든 술.

passus[1], a, um, *p.p.* [pando[2]] **1.** 펼쳐진, 펴놓은, 열린, 트인. **2.** 볕에 말린, 햇볕에 쏘인.

passus[2], a, um, *p.p.* [pátior].

passus[3], us, *m.* [pando[2]] **1.** 발걸음; 보조(步調): associáre passus *alci(Stat.)* 누구와 함께 가다, 보조를 맞추다. **2.** 발자국. **3.** 〔5*pes[pedes]*에 해당하는 길이[거리] 단위〕 *passus*(약 *150cm*); ~ minor (전자의 반으로서 약 *75cm*).

pasta, æ, *f.* **1.** 풀(糊). **2.** 《藥》 연고. **3.** 살찐 암탉.

pástĭcus, a, um, *adj.* [pascor] (젖 뗄어지고) 풀뜯어 먹는.

pastillárĭus, i, *m.* [pastíllus] 환약[정제] 제조인.

pastíllum, i, *n. dim.* [pastíllus] **1.** 작은 떡, 과자. **2.** 제사에 쓰는 둥근 빵.

pastíllus, i, *m. dim.* [panis] **1.** 작은 빵, 과자. **2.** 알약, 환약, 정제(錠劑).

pastinátĭo, ónis, *f.* [pástino] **1.** 포도밭 일구는 일. **2.** 포도밭.

pastinátor, óris, *m.* [pástino] 괭이로 땅을 일구는 사람, 포도밭 가는 사람.

pastinátum, i, *n.* 괭이로 파일군 땅.

pástĭno, ávi, átum, áre, *tr.* [pástinum] 땅을 파일구다, 포도밭을 일구다.

pástĭnum, i, *n.* **1.** 괭이. **2.** 땅을 고름, 포도밭 일굼. **3.** 밭.

pástĭo, ónis, *f.* [pasco] **1.** 목축, 방목. **2.** 목장, 목초지(牧草地). **3.** 목초.

pastophórĭum, i, *n.* 신전에서 신상(神像)을 지키는 제관들이 사는 방.

pastor, óris, *m.* [pasco] **1. 목자,** 목동. **2.** (신자들의 영혼 사정을 보살피는) 사목자(司牧者); (교구) 주교; 주임신부. **3.** (신교의) 목사.

pastorális, e, *adj.* [pastor] **1.** 목자[목동]의. **2.** 목축에 알맞는, 목장의; 전원(田園)의, 전원 생활의. **3.** 사목(司牧)의: lítteræ pastoráles (교구장의) 사목교서 /medicína ~ 사목의학; 〔*subst.*〕 *n.* pastorále epíscopi (주교의) 목장(牧杖).

pastorícĭus[-rĭus], a, um, *adj.* 목자[목동]의.

pastúra, æ, *f.* 꼴, 목초(牧草), 사료.

pastus[1], a, um, *p.p.* [pasco, pascor].

pastus[2], us, *m.* [pasco] **1.** 먹이, 목초, 사료, 여물. **2.** (사람이 먹는) 양식, 식량.

patagiárĭus, i, *m.* [patágium] 옷의 가장자리 장식을 만드는 사람.

patagiátus, a, um, *adj.* [patágium] 술달린.

patágĭum, i, *n.* **1.** 술, 가장자리 술장식, 술달린 가장자리. **2.** 머리장식.

Pátăra, órum, *n.pl.* *Lýcia*의 항구, *Apóllo*의 유명한 신탁소가 있었음; 〔*adj.*〕 **-ræus,** a, um.

Pataráni, órum, *m.pl.* *Pátara*의 주민.

Pátăreus, i, *m.* (*Pátara*에 있는) *Apóllo*의 별명.

Patavínĭtas, átis, *f.* *Patávium*의 방언.

Patavium, i, *n.* 북부 *Itália*의 도시, 역사가 *Lívius*의 출생지(지금의 *Padova*); 〔*adj.*〕 **-vínus,** a, um; *m.pl.* 그곳 주민.

patefácĭo, féci, fáctum, cĕre, *tr.* [páteo+fácio] **1.** (문 따위를) 열다. **2.** (접근할

수 있도록 길 따위를) 개척하다. **3.** 공개하다, 드러내다. **4.** 찾아내다, 폭로하다.

patefáctĭo, ónis, *f.* [patefácio] 개방; 공개, 드러냄.

patefío, fáctus sum, fíĕri, *pass.* [patefácio] 열리다; 드러나다, 알려지다, 공개되다.

patélla, æ, *f. dim.* [pátera] **1.** 접시, 대접. **2.** 제사용 그릇. **3.** 《解》 종지뼈, 슬개골(膝蓋骨).

patellárĭus, a, um, *adj.* [patélla] **1.** 접시의, 대접의. **2.** 제물 담는 (그릇 따위).

pátĕna, æ, *f.* **1.** 운두가 얕은 남비. **2.** 음식 접시. **3.** 제물 담는 그릇[접시]. **4.** 《가》 성반(聖盤). **5.** 접시 모양의 과자.

patens, éntis, *p.præs., a.p.* [páteo] **1.** 열리는 (문 따위), 열려있는, 개방된, 드러난, 활짝 트인. **2.** 넓은, 뻗어나간. **3.** 명료한, 명백한.

pátĕo, tŭi, ére, *intr.* **1.** 〔*absol.; alci*〕 **열려있다**; 개방되다, 길이 나있다. **2.** 노출되다, 드러나 있다. **3.** 뻗쳐 있다, 펼쳐지다. **4.** 할 수 있다, 접근할[들어갈] 수 있다. **5.** 지배하에 있다, 예속되다. **6.** 맹위를 떨치다, 세력을 뻗치다, 파급되다. **7.** 〔흔히 *impers.*〕 드러나다, 명백하다, 분명하다, 확실하다: Patet, *acc.c. inf.(C.)* …것은 명백하다.

pater, tris, *m.* **1.** **아버지**: ~ famílias 가장(家長); 〔*pl.*〕 양친. **2.** 조부; 할아버지 세대의 어른들. **3.** 〔흔히 *pl.*〕 원로원 의원. **4.** 〔국가·도시에 공헌한 사람에 대한 경칭〕 *e.g.* ~ pátriæ 국부. **5.** 〔신(神)들을 지칭하는 말로도 쓰임〕 …신, (특히) *Apóllo* 신. **6.** 창시자: ~ Stoicórum*(C.)* 스토아학파의 창시자. **7.** 《敎史》 *pl.* [P-] (ecclésiæ) 교부(敎父): Patres apostólici 사도 시대의 교부. **8.** 《가》 수도회 신부; (요새는 일반적으로) 신부(神父); (주교·교황에 대한 존칭으로도 사용됨). **9.** 《神》 [P-] (삼위일체의) 성부(聖父), (하느님) 아버지: Pater noster. 주의 기도, 천주경.

pátĕra, æ, *f.* [páteo] (흔히 제사 때 쓰는) 운두 얕은 술잔, 대접.

paterfamílĭas, patrisfamílĭas, *m.* 가장(家長).

patérne, *adv.* 부성애로, 아버지답게.

patérnĭtas, átis, *f.* [patérnus] **1.** 아버지임, 부성(父性), 아버지 자격, 아버지의 권리의무, 아버지다움. **2.** 부계(父系), 아버지의 혈통; 같은 아버지의 자손.

patérnus, a, um, *adj.* [pater] **1.** 아버지의, 아버지로서의, 아버지다운, 아버지로부터의; 부계(父系)의; 부조(父祖)의. **2.** 조국(祖國)의, 고향의. **3.** 《文法》 ~ casus = genetívus 속격(屬格), (제)2격.

patésco, pátŭi, ĕre, *intr. inch.* [páteo] 열리다, 펼쳐지다, 전개되다, 명백하게 되다, 드러나다.

patet, *intr. impers.* [páteo]〔*acc.c.inf.*〕 …것이 명백하다, 분명하다.

pathétĭcus, a, um, *adj.* 감동적인, 감동시키는; 연민의 정을 자아내는, 슬픈, 비창한.

páthĭcus, a, um, *adj.* 쾌락에 젖은, 음탕에 빠진.

pathología, æ, *f.* 《醫》 병리학.

pathológĭcus, a, um, *adj.* **1.** 병리학(상)의. **2.** 병적인.

pathos, *n.* 열정, 감동, 감동적 표현; 측은한 느낌, 연민의 정을 자아내는 힘, 비애.

patíbĭlis, e, *adj.* [pátior] **1.** 참을 수 있는, 견딜 만한, 감당할 만한. **2.** 다감(多感)한, 감수성있는. **3.** 수동적인.

patibulátus, a, um, *adj.* [patíbulum] 교수대에 묶인, 형틀에 달린.

patíbŭlum, i, *n.* [páteo] **1.** (사형수의 목을 걸어 매다는 Y자형의) 교수대, 형틀. **2.** 포도나무의 받침대. **3.** 문잠그는 빗장. **4.** 《宗》 십자가, 형구.

pátĭens, éntis, *p. præs., a.p.* [pátior] **1.** 〔*gen.; absol.*〕 참을 줄 아는, 견디어 내는, 인내력있는; 자제력있는. **2.** 감당할 수 있는, 허용하는: amnis návium ~ *(L.)* 배가 지나갈 수 있는 강. **3.** 괴로움 당하는, 병앓는. **4.** 꿋꿋한, 확고한.

patiéntĭa, æ, *f.* [pátiens] **1.** **인내**, 참아받음, 견디어 냄. **2.** 인내력; 내구력, 지속성, 견인(堅忍), 끈덕짐. **3.** 관용, 관대; 허용. **4.** 굴복, 순종, 복종, 비굴. **5.** (쾌락·욕정 따위에) 빠짐, 탐닉.

pátĭna, æ, *f.* (= pátena) 운두 얕은 남비, 접시; 접시 모양의 과자.

pátĭor, *(tĕris, ĭtur),* passus sum, pătì, *dep. tr.* **1.** **당하다**, 감당하다, **견디다**, **참다**. **2.** 고통받다, 수난하다. **3.** 순종하다, 따르다, 감수(甘受)하다: impérium *alcjs* ~ *(L.)* 누구의 명령에 따르다. **4.** 견디어 내다, 배겨내다; 오래 가다, 지속하다, 수명이 계속되다, 명맥을 부지하다: Vinum non pátitur ætátem, quod ...*(Sen.)* …한 술은 오래 가지 못한다. **5.** 〔*absol.; alqd; acc.c.inf.*〕 허용하다, 허락하다, **내버려두다**, (하는 대로) 맡겨두다, 보고만 있다: Hunc patiémur fíeri míserum?*(T.)* 이 사람이 가련하게 되는 것을 우리가 보고만 있겠느냐? / Nullum patiebátur esse diem, quin ...*(C.)* 그는 하루라도 …하지 않는 날이 없었다 / Non possum pati, quin ...*(T.)* 나는 …하지 않을 수 없다 / fácile [æquo ánimo] ~ 기꺼이 허락하다[당하다], 싫어하지 않다, 만족하다. **6.** (욕정·쾌락 따위에) 빠지다, 탐닉하다.

patísco = patésco.

pator, óris, *m.* [páteo] 열림, 벌어짐.

patrá(s)ter, tri, *m.* [pater] 의붓아버지.

patrátĭo, ónis, *f.* [patro] 완성, 완수, 수행(遂行), 성취, 달성, 이룩함; 저지름.

patrátor, óris, *m.* [patro] 수행자(遂行者), 달성자, 행하는[이룩하는] 사람; (일을) 저지르는 사람, 범인.

pátrĭa, æ, *f.* [pátrius] **1.** **조국,** 고국; **고향,** 태생지. **2.** 발상지(發祥地), 원산지(原產地).

patriárcha[-ches], æ, *m.* **1.** 시조(始祖); 가장(家長), 족장(族長); 《聖》 (구약시대의 *Abrăham, Isăac, Jacob* 등) 이스라엘 백성의 선조[성조(聖祖)]. **2.** 대원로. **3.** (학파·교파·종족 따위의) 창시자, 개조(開祖). **4.** 《가》 총대주교(總大主敎).

patriarchális, e, [**-chĭcus,** a, um,] *adj.* [patriárcha] **1.** 시조(始祖)의; 족장의, 가장의. **2.** 총대주교의.

patriarchátus, us, *m.* 총대주교직.

patriciátus, us, *m.* [patrícius] 귀족의 지위[신분].

patricída, æ, *m.* [pater+cædo] = parricída.

patrícĭi, órum, *m. pl.* [patrícius] (고대 *Roma*의) 귀족, 특권층: exíre e patríciis *(C.)* 평민이 되다.

patrícĭus, a, um, *adj.* [pater] 귀족의.

pátrĭcus, a, um, *adj.* [pater] 아버지의, 아버지다운.

patrimoniális, e, *adj.* [patrimónium] 전래의, 세습의, 유산의, 상속재산의.

patrimónĭum, i, *n.* [pater] **1.** 상속재산, 세습재산. **2.** 가산, 재산. **3.** 《가》 ~ páuperum (주교좌 수입의 4분의 1로 충당되는) 빈민구제 기금; ~ Petri 1) (*Constantínus* 대제 개종후) 교황에게 바친 토지 및 기타 재산, 베드로 세습령(世襲領). 2) 교황령(敎皇領).

patrímus, a, um, *adj.* [pater] 아버지가 아직 살아계신, 생존한 아버지를 모시고 있는.

patrínus, i, *m.* 《가》 대부(代父).

patrióta, æ, *m.* **1.** 동포, 동향인. **2.** 애국자, 우국지사.

patriótĭcus, a, um, *adj.* **1.** 같은 조국에 속하는, 동포의, 동향(同鄕)의. **2.** 애국[우국]의, 애국심이 강한.

patriotísmus, i, *m.* 애국심.

patrísso[-trízo], áre, *intr.* [pater] 아버지를 본받다[뒤따르다].

patrístĭcus, a, um, *adj.* (초기 그리스도교의) 교부(敎父)의, 교부들의 문헌[연구]에 관한.

patrítus, a, um, *adj.* [pater] 아버지의, 아버지로부터의.

pátrĭus, a, um, *adj.* **I.** [pater] **1.** 아버지의; 아버지다운: pátria potéstas*(C.)* 부권(父權). **2.** 조상전래(傳來)의, 옛: mos ~ *(C.)* 가풍(家風). | sermo*(C.)* 모국어. **II.** [pátria] 조국의, 모국의, 고향의: ~ sermo*(C.)* 모국어.

patro, ávi, átum, áre, *tr.* **1.** (일·계획 따위를) 다하다, 이룩하다, 이루다, 완수[완성]하다, 성취[달성]하다. **2.** 저지르다, (죄·잘못을) 범하다. **3.** 〔*p.p. dep.*〕 patrátus 관여한, 참여한: pater patrátus 선전(宣戰)·강화(講和)에 관여한 제관단장.

patrocinális, e, *adj.* [patrocínium] 보호자의, 보호하는, 비호(庇護)의.

patrocínĭum, i, *n.* [patrónus] **1.** 담당 귀족의 평민비호(平民庇護). **2.** 법정변호. **3.** 보호, 수호, 비호(庇護). **4.** 식민지·속령(屬領)에 대한 *Roma* 귀족의 보호.

patrócĭnor, átus sum, ári, *dep. intr.* [patrónus] 〔*dat.*〕 비호권(庇護權)을 행사하다, **보호하다,** 변호하다, 편들다: ~ sibi*(Plin.)* 자기 변호를 하다.

Pátrŏclus, i, *m.* *Menœtius*의 아들, *Achílles*의 친구, *Hector*에게 사살됨.

patrología, æ, *f.* 《神》 교부학(敎父學), 교부신학.

Patro(n), ónis, *m.* **1.** *Epicúrus* 학파의 학자, *Cícero*의 친구. **2.** *Euánder*의 동료.

patróna, æ, *f.* [patrónus] **1.** (남을) 수호하는 여자, 수호자, 후원자; 석방한 노예의 보호자로서의 옛 여주인. **2.** 《가》 수호성녀.

patronális, e, *adj.* [patrónus] 수호자[보호자]에게 관한.

patronátus, us, *m.* [patrónus] 보호자[수호자·후원자] 신분[지위], 노예석방한 주인의 권리: jus patronátus 보호권.

patrónus, i, *m.* [pater] **1.** 평민 보호를 담당하던 귀족; 석방한 노예의 보호자로서의 옛 주인. **2.** 보호자, **수호자,** 후원자. **3.** 법정 변호인. **4.** 《가》 수호성인.

patronýmĭcus, a, um, *adj.* 아버지[조상]의 이름을 딴[나타내는], 아버지[조상]의 이름에서 유래한.

patruélis, e, *adj.* [pátruus[1]] 친사촌의, 종형제[자매]의; 〔*subst.*〕 *m.* 친사촌 형제; *f.* 친사촌 누이[자매].

pátrŭus[1], a, um, *adj.* [pater] 숙부의, 백부의, 친삼촌의.

pátrŭus[2], i, *m.* [pátruus[1]] **1.** 백부, 숙부, 친삼촌: ~ magnus 할아버지의 형제 / ~ major 증조부의 형제 / ~ máximus 고조부의 형제. **2.** 훈계자, 엄격한 사람.

Patúlcĭus, i, *m.* **1.** 하늘을 여는 자, *Janus*의 별명. **2.** *Cícero*의 채무자(이름); 〔*adj.*〕 **-ciánus,** a, um: -ciánum nomen *(C.)* *Cícero*에게서 꾸어간 *Patúlcius*의 빚.

pátŭlus, a, um, *adj.* [páteo] **1.** 열린, 개방된, 벌어진: pátulæ aures*(H.)* 주의를 기울이는 귀. **2.** 넓게 펼쳐진, 광대한, 번잡한. **3.** 누구에게나 개방된, 대중적.

pauca, órum, *n.pl.* [paucus] 간단한 말, 몇 마디 말; 약간의 것.

páucĭes[-cĭens], *adv.* [paucus] 드물게, 어쩌다가.

paucilóquĭum, i, *n.* [paucus+loquor] 말이 적음, 과묵.

páucĭtas, átis, *f.* [paucus] 소수(少數), 얼마 안되는 수. 「적은, 극소수의.
páucŭlus, a, um, *adj. dim.* [paucus] 아주
paucus, a, um, *adj.* **1. 적은, 소수(少數)의,** 많지 않은, 얼마 안되는: in paucis diébus*(T.)* 며칠안에 / paucis verbis 몇 마디로, 간단히; 〔*subst.*〕 *m.pl.* 소수의 사람들; *n.pl.* 몇 마디(말), 간단한 말. **2.** 드문, 희귀한.
Paulínus[1], a, um, *adj.* 사도 *Paulus*의: privilégium Paulínum (혼인상의) 바오로 특전(特典, *cf. C.I.C. can. 1120*).
Paulínus[2], i, *m.* *Roma*인의 가문명.
paul(l)átim, *adv.* [paulum] 점차, 조금씩, 차차, 점점. 「깐동안.
paul(l)ísper, *adv.* [paulum+per[1]] 잠깐, 잠
paul(l)o, *adv.* [paulus] 조금, 약간: ~ plures*(C.)* 좀더 많은 / ~ præstáre 조금 낫다[초월하다] / ~ post*(L.)* 조금 후에.
paul(l)úlo, *adv. dim.* [paulo] (아주) 조금.
pául(l)ŭlum, *adv.* 아주 조금, 아주 적게, 잠깐만.
pául(l)ŭlus, a, um, *adj. dim.* [paulus] 아주 작은, 근소한; 〔*subst.*〕 *n.* 극소량.
paul(l)um, i, [paulus] **1.** *adv.* 조금: ~ commorári*(C.)* 잠깐 머물다 / post ~ *(Cæs.)* 조금 후에 / ~ supra*(Cæs.)* 조금 위에. **2.** *n.* 〔*absol.; gen.*〕 적은 분량, 소량, 근소.
paul(l)us, a, um, *adj.* 매우 적은, 근소한, 얼마 안되는, 약한: paulo sumptu*(T.)* 적은 비용으로.
Paulus, i, *m.* **1.** *Roma*인의 *Æmília*씨족의 가문명; 특히 L. Æmílius ~, *Cannæ*전투에서 전사함(216 A.C.). **2.** 사도 바오로.
pauper, ĕris, *adj.*〔*abl. sg.* -e; *gen. pl.*-um; *superl.* -pérrimus〕 **1.** 〔*absol.; gen.*〕 **가난한,** 빈궁한, 빈곤한; 불쌍한: ex paupérrimo dives factus*(C.)* 극빈자에서 부자가 된 / *alqs* ~ aquæ*(H.)* 물이 귀한 아무개 / páuperes*(C.)* 가난한 이들. **2.** 빈약한; 토박한: ~ ager*(Tib.)* 토박한 땅.
paupércŭlus, a, um, *adj. dim.* [pauper] 매우 가난한, 빈궁한; 빈약한, 보잘것없는, 불쌍한. 「여 지다.
pauperésco, ĕre, *intr.* 가난해 지다, 빈궁하
paupérĭa, æ, [-rĭes, éi,] *f.* **1.** 가난, 빈궁. **2.** 《法》 (짐승이 끼치는) 손해: paupériem fácere 손해끼치다.
páupĕro, ávi, átum, áre, *tr.* [pauper] **1.** 가난하게 만들다, 가난해 지게 하다. **2.** 〔*alqm alqā re*〕 빼앗다, 탈취하다.
paupértas, átis, *f.* [pauper] **1. 가난,** 빈곤, 쪼들림. **2.** 궁핍, 적빈(赤貧).
paupertínus, a, um, *adj.* 가난한; 빈약한.
pausa, æ, *f.* 쉼, 휴식; 중지, 끝남, 휴지(休止); 중단, 휴전, 휴무(休務).
Pausánĭas, æ, *m.* **1.** *Platǽa* 전쟁 때의(*sæc.* 5 A.C.) *Sparta*의 유명한 장군. **2.** *Macedónia*의 *Philíppus*왕의 군인, 유명해지기 위해 왕을 죽인 자. **3.** (*Sýria* 태생으로 믿어지는) 유명한 역사가·지리학자·여행가(*sæc.* 2 A.C.), 〈Descríptio Grǽciæ〉의 저자. 「게 신호를 주는 지휘자.
pausárĭus, i, *m.* [pausa] 노젓는 사람들에
pausátĭo, ónis, *f.* [pauso] **1.** 중지, 중단, 휴식, 휴지(休止), 종지(終止). **2.** 죽음.
páusĕa[-sĭa], æ, *f.* 고급 기름을 내는 올리브나무의 일종.
Páusĭas, æ, *m.* *Sícyon*사람, 유명한 화가(*sæc.* 4 A.C.); 〔*adj.*〕 **-síăcus,** a, um.
pauso, ávi, átum, áre, *intr.* [pausa] 서다, 정지하다, 쉬다, 휴지(休止)하다.
pauxillátim, *adv.* [pauxíllus] 조금씩, 차차로. 「안에, 잠깐.
pauxillísper, *adv.* [pauxíllus] 작은 시간
pauxíllŭlus, a, um, *adj. dim.* [pauxíllus] 아주 조금의, 매우 적은; *n.* 소량, 조금.
pauxíllum, *adv.* [pauxíllus] 조금.
pauxíllus, a, um, *adj. dim.* [paucus] 적은 분량의, 작은, 약간의; *n.* 소량, 적은 것.
pava, æ, *f.* 《動》 암공작.
pavefácĭo, féci, fáctum, cĕre, *tr.* [páveo] 겁에 질리게 하다, 놀라게 하다.
pávĕo, pāvi, ére, **1.** *intr.* 〔*absol.; dat.*〕 무서워 떨다, 겁에 질리다. **2.** *tr.* 두려워하다, 무서워하다.
pavésco, ére, *intr., tr. inch.* [páveo] 〔*absol.; dat.;* ad *acc., alqd; inf.*〕 무서워하다, 겁내다.
pávĭdus, a, um, *adj.* [páveo]〔*absol.; gen.*〕 **1.** 무서워하는, 겁이 많은, 겁에 질린, 놀라 떠는; 〔*adv.*〕 **-de, -dum. 2.** 무시무시한, 무서움을 일으키는.
pavimentárĭus, i, *m.* [paviméntum] (길·바닥 따위를) 포장하는 사람, 길에 돌을 까는 사람.
pavimentátus, a, um, *p.p., a.p.* [paviménto] (콘크리트·돌 따위로) 포장(鋪裝)한.
paviménto, ávi, átum, áre, *tr.* [paviméntum] (길·바닥 따위를) 포장(鋪裝)하다.
paviméntum, i, *n.* [pávio] 콘크리트·돌 따위로 깐 바닥, 포장도로.
pávĭo, ívi, ítum, íre, *tr.* **1.** 두드리다, 치다; 편편하게 하다. **2.** 다져서 굳게 하다.
pávĭto, ávi, átum, áre, *intr., tr. freq.*[páveo] 매우 놀라다, 무서워 떨다.
pavo, ónis, *m.* 《動》 공작. 「와 비슷한.
pavonácĕus, a, um, *adj.* [pavo] 공작 꽁지
pavonínus, a, um, *adj.* [pavo] **1.** 공작(孔雀)의. **2.** 공작 꽁지무늬의.
pavor, óris, *m.* [páveo] **1.** 두려움, 공포, 전율: ~ aquæ*(Plin.)* 공수병. **2.** 위구(危懼). **3.** [P-] 공포의 신.

pavus, i, *m.* = pavo.

pax[1]**,** pacis, *f.* [*cf.* pacíscor, pango] **1.** 평화, 평안, 평온, 태평; 평시(平時): in pace *(C.)* 평(화)시에 / summā in pace*(C.)* 태평세월속에서. **2.** 화평, 강화(講和), 평화협정: pacem fácere cum *alqo(C.)* 강화하다, 평화협정을 맺다. **3.** (마음의) 평정(平靜), 안온, 침착: 〔숙어〕 pace tuā*(C.)* 양해해주실 줄 믿고, 죄송한 말씀이지만. **4.** (신의) 가호, 도움. **5.** 신의 뜻. **6.** [P-] 평화의 여신. 「가만히 있어라!

pax[2]**,** *interj.* 조용히! 이제 그만 닥쳐라! 좀

p. Chr. n. **[P.C.]** = post Christum natum.

peccámen, mĭnis, *n.* 죄. ㄴ서력 기원(후).

peccans, ántis, *p.præs., a.p.* [pecco] 죄짓는, 범죄하는, 죄있는; 〔*subst.*〕 *m.f.* 죄인.

peccátĭo, ónis, *f.* [pecco] 범죄, 과오.

peccátor, óris, *m.* [**-trix,** ícis, *f.*][pecco] 죄인, 범죄자.

peccatórĭus, a, um, *adj.* [peccátor] 죄의.

peccátrix, ícis, *f.* [peccátor] 죄지은 여자; 〔*adj.* (*f.*)〕 죄많은.

peccátum, i, *n.* [**-us,** us, *m.*] [pecco] **죄,** 죄악, 죄과, 범죄, 과오, 잘못, 과실: ~ originále 원죄(原罪) / ~ mortále 대죄 / ~ veniále 소죄.

pecco, ávi, átum, áre, *tr., intr.* [per[2]+ago] **1.** 죄짓다, 범죄하다, 과오를 범하다, 악행하다: ~ in gestu*(C.)* 행동으로 범죄하다. **2.** (동물이) 병신이다, 결함이 있다. 「의.

pecorális, e, *adj.* [pecus[1]] 가축의, 가축떼

pecorátus, a, um, *adj.* [pecus[1]] 가축이 많은. 「의.

pecorínus, a, um, *adj.* [pecus[1]] 작은 가축

pecorósus, a, um, *adj.* [pecus[1]] 가축이 많은.

pecten, tĭnis, *m.* **1.** 빗, 얼레빗. **2.** (베틀의) 바디. **3.** (양털 빗겨주는) 소모(梳毛)빗. **4.** 쇠스랑, 갈퀴. **5.** 엇매낀[엇물린] 상태: dígiti inter se péctine juncti *(Ov.)* 깍지낀 손가락. **6.** ~ déntium 치열(齒列). **7.** (리라 연주용) 작은 채; 리라. **8.** 노래, 시가(詩歌).

pectinárĭus, a, um, *adj.* [pecten] (양털 빗는) 소모(梳毛)빗의.

pectinátim, *adv.* 빗 모양으로.

pectinátor, óris, *m.* [péctino] 소모(梳毛)하는[양털 빗는] 사람.

péctĭno, ávi, átum, áre, *tr.* [pecten] 빗다, 빗질하다; 갈퀴질하다.

péctĭo, ónis, *f.* 빗질, 빗음.

pecto, pexi, pexum [péctĭtum], ĕre, *tr.* **1.** 빗다, 빗질하다. **2.** 소모(梳毛)하다. **3.** (쇠스랑 따위로 땅을) 고르게 하다. **4.** 정제하다.

pectoræle, is, *n.* [pectorális] **1.** 흉갑(胸甲), 갑옷. **2.** 《가》 주교 가슴에 패용하는 십자가.

pectorális, e, *adj.* [pectus] 가슴의, 흉부의.

pectorósus, a, um, *adj.* [pectus] 가슴이 넓은, 가슴이 떡 벌어진.

pectus, ŏris, *n.* **1.** 《解》 **가슴,** 흉부, 흉곽. **2.** 심정; 마음, 감정. **3.** 양심. **4.** 용기. **5.** 지혜, 생각, 기억력: toto péctore cogitáre*(C.)* 지혜를 다해 생각하다.

pectúscŭlum, i, *n. dim.* [pectus] 작은 가슴, 가냘픈 가슴.

pecu, us, *n.* 가축, 짐승: pécua 가축떼.

pecuális, e, *adj.* [pecu] 가축의.

pecuárĭum, i, *n.* (*sc.* tintinnábulum) [pecuárius] 가축의 목에 다는 방울.

pecuárĭus, a, um, *adj.* [pecus[1]] 가축의; 〔*subst.*〕 *m.* 가축떼를 가지고 있는 사람, 축산가(畜産家); *f.* 가축떼; 축산기술; *n.pl.* 가축떼.

pecuátus, a, um, *adj.* 가축의, 짐승의.

pecudális, e, *adj.* 짐승의.

pecuínus, a, um, *adj.* [pecu] 가축의, 짐승의. 「국가재산 착복자, 독직자.

peculátor, óris, *m.* [pecúlor] 공금 횡령자,

peculátus, us, *m.* [pecúlor] 공금횡령, 독직.

peculiáris, e, *adj.* [pecúlium] **1.** 개인재산의, 사유재산의. **2.** 독특한, 고유의; 특별한, 특수한. **3.** 색다른, 특이한, 두드러진. 「특별, 독특, 특유.

peculiárĭtas, átis, *f.* [peculiáris] 특수성,

peculiárĭus, a, um, *adj.* [pecúlium] 개인재산의. 「돈많은, 부유한.

peculiátus, a, um, *adj.* 개인재산이 많은,

pecúlĭo, áre, *tr.* [pecúlium] 〔*alqm*〕 (누구에게) 개인재산으로 주다, 용돈을 주다.

peculiósus, a, um, *adj.* [pecúlium] 유복한, 주인으로부터 개인재산을 많이 받은.

pecúlĭum, i, *n.* [pecus[1]] **1.** 개인재산. **2.** 주인으로부터 받은 노예의 개인재산[돈], 아버지로부터 받은 아들[딸]의 개인재산. **3.** 남편이 아내로부터 받은 (지참금 이외의) 재산. **4.** 노예가 절약[저축]하여 모은 재산.

pecúlor, átus sum, ári, *dep. tr.* [pecúlium] 공금을 횡령하다, 독직하다.

pecúnĭa, æ, *f.* [pecus[2]] **1.** **돈,** 금전, 화폐: ~ numeráta*(C.)* 현금 / dies pecúniæ 지불일. **2.** 소유물, 재산: pecúniam fácere *(C.)* 재산을 모으다. **3.** [P-] 돈[재산]의 여신. 「한.

pecuniális[-áris], e, *adj.* 돈의, 돈에 관

pecuniárĭus, a, um, *adj.* [pecúnia] 돈의, 돈에 관한, 금전상의, 돈으로의; 재산의.

pecuniósus, a, um, *adj.* [pecúnia] **1.** 돈많은, 부자의, 부유한. **2.** 이득이 되는, 돈벌이가 되는. ㅣ부한, 가축 많은.

pecuósus, a, um, *adj.* [pecus[2]] 가축이 풍

pecus[1]**,** cŏris, *n.* **1.** **가축떼;** (특히) 양떼: balátus pécorum*(V.)* 양떼의 우는 소리. **2.** 짐승, 동물.

pecus[2], ŭdis, *f.* **1.** 짐승. **2. 가축**, 사육동물. **3.** 양떼, 염소떼. **4.** 〔*pl.*〕 육지동물. **5.** 짐승 같은 놈, 미련한 놈.

pedális, e, *adj.* [pes] 발만한; (*Roma* 척도인) 1척(尺＝약 *29.5cm*)의.

pedámen, mĭnis, [**-méntum,** i,] *n.* [pedo[1]] (포도나무 따위의) 버팀목, 지주(支柱).

pedánĕus, a, um, *adj.* [pes] **1.** 한 자되는. **2.** 지위가 낮은, 중요치 않은, 이류(二流)의.

pedárĭus, a, um, *adj.* [pes] **1.** 발의, 발크기의; 1척의. **2.** pedárii senatóres, pedárii *(C.)* 2류 원로원 의원, 발의권(發議權)은 없고 남의 제안에 대한 찬성권만 있는 의원.

pedátim, *adv.* [pes] 한 발짝씩.

pedátus[1], a, um, *p.p., a.p.* [pes] **1.** 발이 달린: male ~ *(Suet.)* 의족을 한. **2.** 지주(支柱)를 세운. 「격.

pedátus[2], us, *m.* [pedo[1]] 발로 걸어참, 공

pedepláná, órum, *n.pl.* 일층, 단층(집).

pedes, dĭtis, *m.* [pes＋eo[3]] **1.** 보행자, 도보자(徒步者). **2. 보병. 3.** 보병대. **4.** 평민, 서민: équites peditésque 귀족과 서민, 전 국민.

pedéster, stris, stre, *adj.* [pes] **1.** 걸어서 가는, 도보(徒步)의, 보행의. **2.** 보병(步兵)의: pedéstres cópiæ*(C.)* 보병부대; *m. pl.* 보병. **3.** 육지의, 육상의, 육군의: pedéstres navalésque pugnæ*(C.)* 육지전과 해전. **4.** 평범한, 소박한; 산문적(散文的)인.

pedeténtim[-témptim], *adv.* [pes＋tendo] 한 발짝씩, 천천히 걸어서, 점차적으로, 신중하게, 서서히, 차차.

pédĭca, æ, *f.* [pes] **1.** 올가미, 덫. **2.** 거미줄*(Plin.)*. 「발.

pedícĭnus, i, *m.* 지주, 기둥, 그릇 따위의

pedicósus, a, um, *adj.* 이(虱)가 많은[핀].

pediculáris[1], e, [**-árĭus,** a, um,] *adj.* [pedículus[2]] 이(虱)의, 이에 관한; 이로 말미암은. 「송이풀.

pediculáris[2] **resupináta,** -is -æ, *f.* 《植》

pediculátĭo, ónis, [**-lósis,** is,] *f.* [pedículus[2]] 《醫》 이 기생증(寄生症). 「이가 핀.

pediculósus, a, um, *adj.* 이(虱)가 많은,

pedícŭlus[1], i, *m. dim.* [pes] **1.** 작은 발. **2.** 《植》 화경(花梗), 꽃자루, 열매꼭지.

pedícŭlus[2], i, *m. dim.* [pedis] 《動》 이(虱).

pedis, is, *m.f.* [pes] 《動》 이(虱).

pedísĕqua, æ, *f.* [pedísequus] 시녀, 하녀, 동반여자.

pedísĕquus, i, *m.* [pes＋sequor] 남자 시종, 하인, 주인 따라다니는 종; 수행원.

peditátus[1], a, um, *adj.* [pedes] 보병으로 편

peditátus[2], us, *m.* [pedes] 보병대. 」성된.

pédĭtum, i, *n.* [pedo[2]] 방귀; 무례, 실례.

pedo[1], ávi, átum, áre, *tr.* [pes] **1.** 발을 달다. **2.** (포도나무 따위를) 버티어 주다.

pedo[2], pepédi, pédĭtum, ĕre, *intr.* 방귀뀌다,

pedo[3], ónis, *m.* 발 큰 사람. 」실례하다.

pedúlis, e, *adj.* [pes] 발에 관한, 발에 마춘; 〔*subst.*〕 *n.* 신바닥; 샌들.

pedum[1], i, *n.* [pes] 목자의 꼬부랑 지팡이.

Pedum[2], i, *n.* *Látium*의 옛 도시. 「들.

Pegásĭdes, um, *f.pl.* [Pégasis] *Musæ*여신

Pégăsis, ĭdis, *f.* 샘의 요정, *Musæ*의 샘.

Pégăsus[-os], i, *m.* *Pérseus*에게 살해된 *Medúsa*의 피에서 났다는 날개 돋친 준마(駿馬), *Bellérophon*이 이 말을 타고 *Chimæra*를 격퇴했음; 〔*adj.*〕 **-séus,** a, um.

pege, es, *f.* 샘(泉).

pegma, ătis, *n.* **1.** 건축의 비계, 발판. **2.** 서가(書架), 시렁, 선반. **3.** 무대의 효과용 기계장치. **4.** 〔*pl.*〕 장식품.

pejerátĭo, ónis, *f.* [péjero] 거짓 맹세, 위증.

péjĕro, ávi, átum, áre, *intr., tr.* [per[2]＋juro] **1.** 〔*absol.; de abl.; inf.; alqd*〕 거짓맹세하다, 위증하다; 맹세[서약]한 것을 지키지 않다. **2.** 거짓말하다.

pejor, pejus, *gen.* pejóris, *adj. comp.* [malus[1]] 더 나쁜, 더 악한.

pejóro, áre, [pejor] **1.** *tr.* 더 나쁘게 만들다, 악화시키다. **2.** *intr.* 더 나빠지다, 악화되다.

pejus, *adv.* [pejor] 더 악하게, 더 나쁘게.

pelágĭa, æ, *f.* 《動》 진홍색의 바다소라.

pelágĭcus[-gĭus], a, um, *adj.* [pélagus] 바다의, 해양의, 원양의, 깊은 바다의.

pelágĭum, i, *n.* [pelágius] (바다소라의) 진홍색.

Pelágŏnes, um, *m.pl.* *Pelagónia*의 주민.

Pelagónĭa, æ, *f.* 서북 *Macedónia*의 도시.

pélăgus, i, *n.* 바다, 대양, 원양.

pélămis, ĭdis, [**-mys,** ÿdis,] *f.* 《動》 (1년생 미만의) 다랑어새끼.

Pelásgi, órum, *m. pl.* 희랍의 태고 민족, 소아시아 및 그밖의 비옥한 지방에도 거주하였음; 시문에서는 가끔 희랍인의 뜻으로 쓰였음.

Pelásgĭa, æ, *f.* **1.** *Peloponnésus*의 옛 이름. **2.** *Thessália*의 한 지방. **3.** *Lesbos* 섬. **4.** 〔*adj.*〕 **-gĭ(c)us[-gus],** a, um, *Pelásgia*의, 희랍의. 「*lásgia*의. **2.** 희랍의.

Pelásgĭas, ădis, [**-gis,** ĭdis,] *f. adj.* **1.** *Pe-*

pelecínon, i, *n.* 태양시계(의 일종).

Pelethrónĭa, æ, *f.* *Thessália*의 지방, 말잘 타는 *Lápithæ*인들과 반인반마의 *Centáuri*가 살았다함; 〔*adj.*〕 **-nĭus,** a, um.

Péleus *(disyll.)*, ĕi [ĕos], *m.* *Thessália*의 한 지방 왕, *Æăcus*의 아들, *Thetis*여신의 남편, *Achílles*의 아버지.

Pelíădes, um, *f. pl.* *Pélias*[1]의 딸들.

Pélĭas[1], æ, *m.* *Thessália*의 왕, *Neptúnus*의

들, *Æson*과 *Néleus*의 형제, *Iáson*의 삼촌.

pelicánus, i, *m.* 《動》 사다새, 펠리컨.

Pelídes, æ, *m.* **1.** *Péleus*의 아들 *Achílles*. **2.** *Péleus*의 손자, *Achílles*의 아들 *Neoptólemus*.

Pélĭon, i, *n.* [**-os,** i, *m.*] 동부 *Thessália*의 높은 산맥; 〔*adj.*〕 **-líăcus[-lĭus],** a, um.

Pella, æ, [**-le,** es,] *f.* *Macedónia*의 도시, *Alexánder* 대왕의 출생지; 〔*adj.*〕 **-lǽus,** a, um: Pellǽus júvenis, *Alexánder* 대왕.

pellácĭa, æ, *f.* [pellax] **1.** 꾐, 유혹; 사기. **2.** 아첨.

pellárĭus, i, *m.* 모피 제조인.

pellax, ácis, *adj.* [pellício] **1.** 꾀는, 유혹하는. **2.** 속이는.

pellécĕbræ, árum, *f.pl.* 미끼; 유혹, 매혹.

pelléctĭo, ónis, *f.* [péllego] 통독(通讀), 독

péllĕgo = pérlego. ⌊파.

Pelléne, es, *f.* *Acháia*의 도시; 〔*adj.*〕 **-nǽus,** a, um; **-nénsis,** e.

pellesuína, æ, *f.* 모피점(毛皮店). 「의.

péllĕus, a, um, *adj.* [pellis] 가죽의, 모피

pellex, lĭcis, *f.* 첩, 시앗.

pelléxi, *pf.* [pellício].

pellicátor, óris, *m.* 유혹자.

pellicátus, us, *m.* 첩살이.

pellícĕus, a, um, *adj.* 가죽의, 피혁의.

pellícĭo, léxi, léctum, ĕre, *tr.* [per² + lácio] **1.** 끌어내다, 꾀다, 유혹하다. **2.** 교묘한 수단으로 손에 넣다, 사기하다, 속이다, 구슬리다. **3.** 끌어당기다, 유인하다.

pellícĭus, a, um, *adj.* 가죽으로[모피로] 만든; *n.* 가죽옷.

pellícŭla, æ, *f. dim.* [pellis] **1.** 작은 모피(毛皮), 얇은 가죽. **2.** 피부, 몸: pellículam curáre*(H.)* 몸을 돌보다. **3.** 처지, 분수. **4.** 버릇, 성품. 「죽을 입히다.

pellícŭlo, áre, *tr.* [pellis] 모피로 덮다, 가

pellínus, a, um, *adj.* 가죽으로 만든, 가죽의. 「[상인], 군용 가죽천막 제조인.

péllĭo, ónis, *m.* [pellis] 모피[피혁] 제조인

pellis, is, *f.* **1.** **가죽, 모피**; 피부, 외피(外皮). **2.** 모포, 모피제품, 가죽으로 만든 텐트[옷]. **3.** 신분, 처지, 분수: in própriā pelle quiéscere*(H.)* 제 신분에 알맞게 살다. **4.** 포장, 덮개, 봉투.

pellítus, a, um, *adj.* [pellis] 모피[가죽]옷을 입은, 모피로 덮인.

pello, pépŭli, pulsum, ĕre, *tr.* **1.** **두드리다, 치다,** 때리다; 짓밟다; (현악기를) 타다. **2.** 〔*alqm[alqd]* ex, ab, de *abl.*; *abl.*- in *acc.*; *absol.*〕 밀치다, 내보내다, **내쫓다,** 떼밀어내다, 떼어놓다, 추방하다, 귀양보내다: *alqm* ex fínibus ~ *(Cæs.)* 영토에서 내쫓다 / aquam de agro ~ *(Plin.)* 밭에서 물을 빼다. **3.** 감동[감격·흥분]시키다, 충격을 주다, 충동을 일으키다; 인상을 주다. **4.** 물리치다, 격퇴하다. **5.** (적군을) 이기다, 승리하다. **6.** 없애다, 제거하다, 진정시키다; (허기·갈증 따위를) 풀다.

pelluc... *V.* perluc... 「세척하다.

péllŭo, ŭi, útum, ĕre, *tr.* [per² + luo] 씻다,

pellúvĭa, æ, *f.* [**-vĭum,** i, *n.*] [pes + luo] 발 씻는 대야.

Pelópĭdæ, árum, *m.pl.* *Pelops*의 자손.

Pelópĭdas, æ, *m.* *Thebæ*의 유명한 장군.

Peloponnésus[-os], i, *f.* 희랍의 남부반도; 〔*adj.*〕 **-ponnesíăcus[-sĭus],** a, um; **-ponnénsis,** e.

Pelops, ŏpis, *m.* *Phrýgia*의 *Tántalus*왕의 아들, *Atreus*의 아버지; 〔*adj.*〕 **-pé(ĭ)us,** a, um; 〔*adj. f.*〕 **-péis,** ĭdis.

pelóris, ĭdis, *f.* 《動》 굵은 진주조개.

Pelórus[-os], i, *m.* *Sicília*섬 동북부 갑(岬) (지금의 *Capo del Faro*).

pelta, æ, *f.* 작은 방패, 반달 모양의 방패.

peltástæ, árum, *m.pl.* 반달 모양의 방패로 무장한 군인. 「패로 무장한.

peltátus, a, um, *adj.* [pelta] 반달 모양의 방

péltĭfer, ĕra, ĕrum, *adj.* 반달 모양의 방패를 가진. 「〔*adj.*〕 **-síăcus[-sĭus],** a, um.

Pelúsĭum, i, *n.* *Nilus*강 동쪽에 있는 도시;

pelvícŭla, æ, *f. dim.* [pelvis] 작은 대야.

pelvis[-lŭis], is, *f.* **1.** 대야, 쟁반. **2.** 《解》 골반(骨盤).

pémphĭgus, i, *m.* 《醫》 천포창(天疱瘡).

penárĭus, a, um, *adj.* [penus] 식료품 저장(貯臟)의, 비축양식의: cella penária*(C.)* 식료품 저장실.

Penátes, ĭum, *m.pl.* [penus] **1.** 고대 *Roma*의 가정의 수호신, 가신(家神). **2.** 집, 저택, 가정.

penátĭger, gĕra, gĕrum, *adj.* [Penátes + gero¹] *Penátes*신을 가신으로 모신. 「니는 자.

penátor, óris, *m.* [penus] 식량을 가지고 다

péndĕo, pepéndi, ére, *intr.* [pendo] **1.** 〔ab, ex, in, de *abl.*; super *acc.*〕 **매달려 있다,** 걸려 있다, 드리워져[늘어져·처져] 있다; (옷 따위가 몸에) 걸쳐져 있다: ~ ab húmero [ex árbore]*(C.)* 어깨에[나무에] 매달려 있다. **2.** 법령·포고문 따위가 나붙어 있다; 고발된 피의자의 이름이 관청문서에 기록되어 있다. **3.** 팔릴 물건이 진열되어 있다; 압류재산이 공매에 붙여지다. **4.** 공중에 떠 있다. **5.** 닥치다, 임박하다. **6.** (높은[험한] 곳에) 아슬아슬하게 서 있다. **7.** 멈추다, 우뚝 서 있다. **8.** 〔ex, ab, in de *abl.*; *abl.*〕 **속하다, 달려 있다,** 의존하다: ~ narrántis ab ore*(V.)* 말하는 이의 입에 달려 있다. **9.** 의거하다, 기인하다, 유래하다. **10.** 중지[중단]되다, 그치다. **11.** 미결상태이다, 계류중에 있다. **12.** 끝나지 않은 상태에 있다, 미확정이다, 미완성이다: 〔숙어〕 in pendénti esse*(Ulp.)* 불

확실하다. **13.** 위기에 처해 있다, 파멸 직전에 있다. **14.** 걱정[근심]하고 있다.

pendígo, ĭnis, *f.* [péndeo] 《醫》 종기, 농양(濃瘍).

pendo, pepéndi, pensum, ĕre, **I.** *tr.* **1. 저울에 달다,** 무게를 달다; 깊이 생각하다, 고려하다, 전형하다, 검토하다; 판단하다. **2.** 여기다, 평가하다: parvi ~*(T.)* 경시(輕視)하다. **3.** 지불하다 (주화가 나오기 전에는 동괴 따위를 저울로 달아서 치렀음), (돈을) 치르다·갚다: pecúniæ usúram *alci* ~ *(C.)* 이자를 아무에게 갚다. **4.** 벌금을 물다; 벌을 받다, 죄의 값을 치르다: pœnas ~ temeritátis*(C.)* 무모한 행동에 대한 벌을 받다 / culpam ~*(Val. Fl.)* 과오를 속죄하다. **5.** ~ grates 감사하다.
II. *intr.* 무게가 나가다, 무겁다.

péndŭlus, a, um, *adj.* [péndeo] **1.** 디룽디룽 달린, 매달린; 흔들리는; 〔*subst.*〕 *n.* (시계 따위의) 추, 진자(振子). **2.** 경사진. **3.** 확실하지 않은, 미결의, 미정의.

pene, *adv.* (= pæne) 거의.

Penélŏpe, es,[**-pa,** æ,] *f. Icárius*의 딸, *Ulíxes*의 아내 (남편의 장기간 부재중에도 끝내 정절을 지켰음); 〔*adj.*〕 **-péus,** a, um.

penes, *præp. c. acc.* **1.** (누구의) 손에, 수중에, (누구)에게[한테] (있는), 소유하고 있는, 장악한, (누구의) 뜻에 달린: ~ quem est potéstas*(C.)* 권력을 가진 사람 / Penes te culpa est.*(T.)* 탓은 너한테 있다 / ~ se esse 제정신이다 / Penes te es?*(H.)* 너 네 정신이냐? **2.** (누구의) 집에, 곁에, 편에: ~me*(Pl.)* 내 집에. 「**-stiánus,** a, um.

Penéstĭa, æ, *f. Illýria*의 한 지방; 〔*adj.*〕

penetrábĭlis, e, *adj.* [pénetro] 〔*passíve* & *actíve*〕 관통할 수 있는, 뚫을 수 있는, 침투할 수 있는.

penétrăl(e), is, *n.* [penetrális] 〔흔히 *pl.*로〕 **1.** 내부, 깊숙한 곳. **2.** 신주 모신 곳, 신전의 가장 깊숙한 안채. **3.** 비밀, 속마음.

penetrális, e, *adj.* [pénetro] **1.** 꿰뚫는, 관통하는; 깊숙이 스며드는. **2.** 깊숙한, 내부의, 그윽한, 비밀의.

penetrátĭo, ónis, *f.* [pénetro] 꿰뚫음, 관통, 침투, 통달; 통찰.

penetrátor, óris, *m.* [pénetro] 관통자; 꿰뚫어 보는 자, 통찰자, 통달자.

pénĕtro, ávi, átum, áre, [pénitus²] **I.** *tr.* **1.** ~ pedem 발을 들여놓다. **2.** 〔in *acc.*; ex *abl.*〕 se ~ 달아나다. **3. 꿰뚫다,** 관통하다; 안으로 파고들다, 스며들다, **침투하다,** 침입하다. **4.** 꿰뚫어보다, 통찰하다. **5.** 〔in *acc.*〕 se ~ 통달하다. **6.** 깊이 감동시키다, 깊은 인상을 받게 하다.
II. *intr.* 〔in, sub, intra, per, ad *acc.*; *absol.*〕 **깊숙이 들어가다,** 파고들다, 스며들다, 박히다; 통과하다, 도달하다; 침투하다, 침입하다.

Penéus[-os], i, *m. Thessália*의 제일 큰 강; *Daphne*의 아버지; 〔*adj.*〕 **-néĭus,** a, um; 〔*adj. f.*〕 **-néis,** ĭdis.

penicíllĭnum, i, *n.* 《藥》 페니실린.

penicíllum, i, *n.* [**-us,** i, *m.*] *dim.* [penículus] **1.** 붓, **화필(畵筆). 2.** 해면(海綿), 스폰지. **3.** 헝겊조각, 상처에 대는 헝겊. **4.** 그림, 회화; 그림솜씨. **5.** 문체.

penícŭlus, i, *m. dim.* [penis] **1.** 작은 꼬리; 꼬리 끝에 있는 털뭉치. **2.** 화필(畵筆), 솔, 귀얄.

penínsŭla, æ, *f.* [pæne+ínsula] 반도.

penis, is, *m.* **1.** 꼬리. **2.** 《解》 남근, 음경.

pénĭtus¹**[-te],** *adv.* **1.** 깊숙이, 속속들이, 내부까지. **2. 온전히,** 깡그리, 온통, 전적(全的)으로, **완전히,** 철저히: ~ intellégere*(C.)* 완전히 알아듣다.

pénĭtus², a, um, *adj.* 깊은, 심오한, 내부의. 「꼬리를 끼운.

pénĭtus³, a, um, *adj.* [penis] (고기를 팔 때)

Pénĭus, i. *m. Colchis*의 강.

penna, æ, *f.* **1.** 깃, 깃털. **2. 날개. 3.** 날음, 비상(飛翔). **4.** 화살의 깃; 화살. **5.** 깃촉; 깃펜, **펜. 6.** = pinna¹.

pennátus, a, um, *adj.* [penna] **1.** 깃털 있는; **날개 있는[달린]:** pennátum ferrum *(Plin.)* (깃 달린) 화살. **2.** 깃털처럼 생긴.

pennésco, ĕre, *intr.* 깃털이 나다, 깃이 돋다.

pénnĭfer[-ger], ĕra, ĕrum, *adj.* [penna+fero, gero¹] **1.** 날개 달린. **2.** 지느러미 달린.

pénnĭpes, pĕdis, *adj.* [penna+pes] 발에 날개를 단, 걸음이 빠른.

penníрŏtens, éntis, *adj.* [penna+potens] 날 수 있는, 날개 달린, 새의.

pennor, ári, *dep. intr.* 깃이 나다.

pénnŭla, æ, *f. dim.* [penna] **1.** 작은 새털[깃], 작은 날개. **2.** 작은 지느러미.

pensábĭlis, e, *adj.* [penso] 갚을 수 있는, 보상될 수 있는, 상쇄될 수 있는.

pensátĭo, ónis, *f.* [penso] **1.** 보상, 변상, 배상. **2.** 저울질함; 심사숙고, 검토.

pensátor, óris, *m.* [penso] 저울에 다는[저울질하는] 사람.

pensícŭlo, (ávi), átum, áre, *tr.* [penso] **1.** 측정하다. **2.** 검토하다.

pénsĭlis, e, *adj.* [péndeo] **1.** (매)달려 있는, 걸려 있는. **2.** 기둥 위에 있는, 높은 곳의.

pénsĭo, ónis, *f.* [pendo] **1.** 저울질. **2.** 지불, 돈 치름. **3.** 연금(年金). **4.** 세금. **5.** 셋돈, 집세. **6.** 이자, 변리.

pensionárĭus, a, um, *adj.* [pénsio] 연금(年金)[은급]을 받는.

pensitátĭo, ónis, *f.* [pénsito] **1.** 돈 지불[치름]. **2.** 보상, 배상. **3.** 비용.

pensitátor, óris, *m.* [pénsito] **1.** 무게를 다는 사람. **2.** 검토하는 사람.
pénsĭto, ávi, átum, áre, *tr. freq.* [penso] **1.** 무게를 달다. **2.** 지불하다, 치르다: ~ vectigália *(C.)* 세금을 내다. **3.** 싶이 생각하다, 검토하다. **4.** 〔*alqm[alqd]* cum *abl.*〕 비교하다. 「되는 지불(支拂).
pensiúncŭla, æ, *f. dim.* [pénsio] 얼마 안
penso, ávi, átum, áre, *tr. freq.* [pendo] **1.** 저울에 달다, 무게를 달다. **2.** 〔*alqd alqā re,* cum *abl.*〕 갚다, 상쇄하다, 보상하다: benefíciis benefícia ~ *(Sen.)* 은혜를 은혜로 갚다. **3.** 〔*alqd - alqā re*〕 대가(代價)를 치르다, 속죄하다, 보속(補贖)하다. **4.** 평가하다, 판단하다: ex factis amícos ~ *(L.)* 행동을 보고 친구를 평가하다. **5.** 생각해보다, 숙고하다, 검토하다. **6.** 매달다. 「찰[검토·음미]하는 사람.
pensor, óris, *m.* [pendo] **1.** 계량자. **2.** 고
pensum, i, *n.* [pendo] **1.** (하루 길쌈의) 계량된 양털의 분량. **2.** 하루 일, 숙제, 과제, 의무. **3.** 인간의 수명. **4.** 무게, 중
pensúra, æ, *f.* 계량(計量). ㄴ량.
pensus, a, um, *p.p., a.p.* [pendo] 무게 나가는, 값있는, 귀중한, 중요한: nihil pensi habére *(Sall.)* 대수롭지 않게 여기다, 개의(介意)하지 않다.
pentachórda, æ, *f.* 오현금(五絃琴).
pentachórdus, a, um, *adj.* 오현금의.
pentacontárchus, i, *m.* 50인 대장.
pentagónĭum, i, *n.* **1.** 오각형, 오각. **2.** 미국 국방성.
pentagón(ĭ)us, a, um, *adj.* 오각형의.
pentaphármăcum, i, *n.* 다섯가지 종류로 된 요리. 「5인 장관 위원회.
pentaprotía, æ, *f.* 오대관단(五大官團),
pentas, ădis, *f.* 5, 다섯.
pentasýllăbus, a, um, *adj.* 5음절의.
Pentatéuchus, i, *m.* [**-um,** i, *n.*] 《聖》 모세 5경(經).
pentáthlum, i, *n.* 5종 경기(원반던지기, 넓이뛰기, 씨름, 달리기, 창던지기).
pentáthlus, i, *m.* 5종 경기자.
pentecostális, e, *adj.* [Pentecóste] 오순절의, 성신 강림절의. 「강림절.
Pentecóste, es, *f.* 《聖·가》 오순절; 성신
Pentélĭcus, i, *m.* (*sc.* mons) *Athénæ*부근의 산, 대리석으로 유명함.
pentelóris, e, *adj.* 띠 다섯 있는.
penterémis, is, *f.* 노가 다섯 줄 있는 배.
pentéris[-es], is, *f.* 노젓는 자리가 다섯 줄 있는 배.
Penthesiléa, æ, *f. Amázon*족의 여왕, 희랍인들과 싸우다가 *Achílles*에게 살해됨.
Pentheus *(disyll.)*, ĕi [ĕos], *m. Thebæ*의 왕, *Echíon*왕과 *Agáve* 사이의 아들, *Bacchus*신을 경멸하여 자기 어머니와 누이들에게 살해됨; 〔*adj.*〕 **-thé(ĭ)us,** a, um.
pentórŏbon, i, *n.* 《植》 작약, 모란.
penúltĭmus, a, um, *adj.* [pæne+] 마지막[끝으로] 둘째의.
penum, i, [**-nus,** nŏris,] *n.* = penus.
penúrĭa, æ, *f.* 〔*gen.*〕 식량결핍, 빈곤, 가난, 빈궁, 빈약.
penus, i [us], *m.f.* **1.** 비축식량(備蓄食糧), 저장한 식료품. **2.** *Vesta* 신전의 안채.
Peparéthus[-os], i, *f. Thessália*해안의
pepédi, *pf.* [pedo²]. ㄴ섬(지금의 *Piperi*).
pepéndi, *pf.* [péndeo, pendo].
pepérci, *pf.* [parco].
pépĕri, *pf.* [pário²].
pépĭgi, *pf.* [pango].
peplum, i, *n.* [**-lus,** i, *m.*] **1.** (희랍의 여신상〈女神像〉 장식용의) 화려한 양모직 겉옷. **2.** 화려한 겉옷, 예복. **3.** 《醫》 눈에 막이 덮이는 병.
pepo, ónis, *m.* 《植》 멜론, 큰 참외.
péptĭcus, a, um, *adj.* 《醫》 소화의, 소화
pépŭgi, *pf.* [pungo]. ㄴ를 돕는, 소화제의.
pépŭli, *pf.* [pello].
per¹, *præp. acc.* **1.** 〔장소〕 **통하여,** 거쳐서, 경유하여, (꿰뚫고) 지나서, 걸쳐, (어디를) 두루: invitáti ~ domos *(L.)* 이집 저집에 (걸쳐) 초대된 사람들 / ~ manus *(Cæs.)* 손에서 손으로. **2.** 〔시간〕 **동안**(내내), 걸쳐, 걸려: ~ triénnium *(C.)* 3년동안 / ~ síngulos dies *(Suet.)* 매일 / per ludos *(L.)* 경기대회 기간 동안. **3.** 〔중개·도움·간접적 전달 따위〕 (누구의) 도움으로·덕분에, 힘을 빌어, (누구를) 통하여, 거쳐, 중개로; 시켜서, (누구) 편에·인편에; 말미암아, 의하여: ~ *alqm* vívere *(Suet.)* 누구의 원조로 살아가다 / ~ se *(C.)* 자신이, 스스로, 남의 힘을 빌리지 않고; 그 자체로서 / Per te tibi cónsulis. *(H.)* 너는 자신을 스스로 돌보고 있다. **4.** 〔수단·도구·방법·방식·모양 따위〕 …로: ~ lítteras *(C.)* 편지로, 서면으로 / ~ ludum et jocum *(C.)* 장난삼아 농담으로 / ~ vim 힘으로, 폭력으로. **5.** 〔허락·묵인·양해 따위〕 허락으로: si ~ vos licet, *(Pl.)* 너희가 괜찮다면 / ~ valetúdinem [ætátem] *(C., T.)* 건강이[나이가] 허락해서. **6.** 핑계삼아, 구실로, 내세워, 빙자하여, 명목으로: ~ tutélam *(C.)* 보호라는 명목하에 / ~ causam *(Cæs.)* 이유로 내세워. **7.** 〔동기·원인·계기 따위〕 때문에, 말미암아: ~ metum *(Pl.)* 공포 때문에 / ~ hoc *(Plin.)* 이로 말미암아. **8.** 〔맹세·간청 따위의 근거〕 …의 이름으로, (무엇을) 걸어·내세워: ~ deos *(C.)* 여러 신들의 이름으로 / ~ uxórem tuam *(Pl.)* 네 아내의 이름으로.
per-², *præverb.* **1.** 《**매우,** 대단히, 몹시, **철저히, 완전히,** 계속적으로》 따위의 뜻을 나

타냄. **2.** 뜻의 약화 또는 반대를 표시하는 때도 더러 있음, *e.g.* perjúrus (거짓맹세하는; 서약을 깨뜨린).

pera, æ, *f.* 자루, 배낭, 전대, 망태.

perabjéctus, a, um, *adj.* [per[2]+] 매우 미천한.

perabsúrdus, a, um, *adj.* [per[2]+] 크게 부조리한, 말도 안되는, 이치에 맞지 않는.

peraccommodátus, a, um, *adj.* [per[2]+] 매우 편리한, 최적의.

peraccurátus, a, um, *adj.* [per[2]+] 정성들인, 매우 상세한, 정밀한, 정확한, 완전한.

perácer, cris, cre, *adj.* 매우 날카로운, 매우 예민한, 철두철미한; 대단히 매운.

peracérbus, a, um, *adj.* 매우 떫은; 매우 불쾌한; 매우 쓰라린.

peracésco, ácŭi, ĕre, *intr. inch.* **1.** 몹시 시어지다. **2.** 쓰라려지다. 「성, 해결.

peráctĭo, ónis, *f.* [pérago] 결말, 완료, 완

peracútus, a, um, *adj.* 매우 뾰족한[예리한], 매우 예민한, 날카로운, 재간있는.

peraduléscens, éntis, [**-scéntŭlus,** i,] *m.* 아주 젊은이, 어린 사람.

Peræ̃a, æ, *f.* **1.** *Palæstína*의 *Jordánis*강 및 사해의 동쪽지방. **2.** *Cária*의 지방. **3.** *Æŏlis*의 도시. 「완전 적합, 일치.

peræquátĭo, ónis, *f.* [peræ̃quo] 완전 동등,

peræquátor, óris, *m.* [peræ̃quo] (재산 정도에 따라) 세금을 공평[적정]하게 부과하는 사람. 「같게 하다, 평등하게 만들다.

peræ̃quo, ávi, átum, áre, *tr.* [per[2]+] 온전히

peræ̃quus, a, um, *adj.* 아주 동등한.

perágĭto, ávi, átum, áre, *tr.* **1.** 마구 뒤흔들다, 진동케 하다, 교란하다. **2.** 흔들어 뒤섞다. **3.** 괴롭히다, 시달리게 하다.

pérăgo, égi, áctum, ĕre, *tr.* **1.** 꿰찌르다, 뚫고 지나가다. **2.** 죽이다. **3.** 끝까지 가다, 답파(踏破)하다. **4.** 사정없이 몰다. **5. 완수하다,** 끝까지 해내다, 끝까지 밀고 나아가다, 실행하다, 관철하다, 마치다, 성취하다, 달성하다, 완성하다. **6.** (시간 따위를) 지내다·보내다, (나이를) 살다, (생애를) 마치다. **7.** 혐의 사실을 증명하다; (기소〈起訴〉하여 정식 절차대로) 단죄하다, 유죄판결을 내리다. **8.** 완전히 설명하다, 진술하다; 변론하다. **9.** 꾸준히 경작하다. **10.** (음식을) 삭이다, 소화시키다.

peragrátĭo, ónis, *f.* [péragro] 돌아다님, 편력, 유람.

pérăgro, ávi, átum, áre, *tr.* **1.** 돌아다니다, 찾아다니다, 편력하다, 답사하다: silvas ~*(V.)* 여러 숲들을 돌아다니다. **2.** 순항(巡航)하다. **3.** 남김없이 언급하다, 파고들다.

perálbus, a, um, *adj.* [per[2]+] 새하얀.

perá̆ltus, a, um, *adj.* 아주 높은.

pérămans, ántis, *p.præs., a. p.* [per[2] +] 〔*gen.*〕 대단히 사랑하는.

perámbŭlo, ávi, átum, áre, *tr.* [per[2]+] 돌아다니다, 배회하다, 찾아다니다, 순방하다. 「우 우호적인.

peramícus, a, um, *adj.* [per[2]+] 절친한, 매

peramœ́nus, a, um, *adj.* [per[2]+] 매우 고운, 매력있는. 「은, 매우 큰.

perámplus, a, um, *adj.* [per[2]+] 매우 넓

perangústus, a, um, *adj.* 매우 좁은, 옹색한. 「지내다[살다].

peránno, ávi, áre, *intr.* [per[2]+] 만 1년을

perantíquus, a, um, *adj.* [per[2]+] 대단히 오래 된. 「절한, 대단히 잘 맞는.

perappósĭtus, a, um, *adj.* [per[2]+] 아주 적

perárdŭus, a, um, *adj.* [per[2]+] 매우 어려운, 매우 곤란한. 「르다.

perarésco, árŭi, ĕre, *intr.* [per[2]+] 아주 마

perargútus, a, um, *adj.* [per[2]+] **1.** 높은 소리나는. **2.** (재능이) 매우 날카로운.

perárĭdus, a, um, *adj.* [per[2]+] 아주 마른, 바싹 마른. 「무장하다.

perármo, ávi, átum, áre, *tr.* [per[2]+] 완전

péră̆ro, ávi, átum, áre, *tr.* **1.** (땅을) 충분히 파헤치다[갈다]. **2.** 항해하다, 물결을 헤치고 가다. **3.** 주름살이 지게 하다. **4.** (글자를) 쓰다, 박아쓰다.

perásper, ĕra, ĕrum, *adj.* [per[2]+] 아주 깔끄러운, 거친.

perássus, a, um, *adj.* [per[2]+] 바싹 구운.

peratténtus, a, um, *adj.* [per[2]+atténtus[1]] 크게 정신차린, 주의깊은.

perátticus, a, um, *adj.* [per[2]+Attĭcus[1]] 매우 우아한, 기품있는.

peraudiéndus, a, um, *gerundív.* [*inusit.* peráudio] 귀담아 들어야 할.

perbácchor, átus sum, ári, *dep. intr.* 진탕 마시고 떠들다. 「한, 지극히 복된.

perbeátus, a, um, *adj.* [per[2]+] 매우 행복

perbéllus, a, um, *adj.* [per[2]+] 대단히 귀여운, 매우 사랑스러운.

pérbĕne, *adv.* [per[2]+] 썩 잘.

perbenévŏlus, a, um, *adj.* [per[2]+] 매우 우호적인, 친절한.

perbenígne, *adv.* 매우 친절히.

pérbĭbo, bĭbi, ĕre, *tr.* **1.** 마셔 치우다, 몽땅 빨아들이다. **2.** 잘 빨아들이다. **3.** 잘 [순순히] 받아들이다.

perbíto, ĕre, *intr.* [per[2]+] **1.** 이동하다, 옮겨가다. **2.** 멸망하다.

perblándus, a, um, *adj.* [per[2]+] 매우 매력적인, 매우 친절한[상냥한].

pérbŏnus, a, um, *adj.* [per[2]+] 아주 좋은.

pérbrĕvis, e, *adj.* 매우 짧은.

perca, æ, *f.* 《動》 농어.

percalefácĭo, féci, fáctum, cĕre, *tr.* [per[2]+] 매우 따뜻하게 하다[덥게 하다].

percalésco, cálŭi, ĕre, *intr. inch.* [per[2]+]

매우 더워지다[뜨거워지다].
percallésco, cállŭi, ĕre, **1.** *intr.* 굳어지다, 무감각하게 되다. **2.** *tr.* 철저히 알다, 능통하다. 「끗한.
percándĭdus, a, um, *adj.* [per^{2}+] 매우 깨
percárus, a, um, *adj.* [per^{2}+] **1.** 대단히 비싼. **2.** 대단히 사랑스러운, 소중한.
percáutus, a, um, *adj.* [per^{2}+] 몹시 조심하는. 「유명한.
percélĕber, bris, bre, *adj.* [per^{2}+] 대단히
percélĕbro, ávi, átum, áre, *tr.* [per^{2}+] 사방에 알려지게 하다, 유명하게 하다, 많이 이야기하다.
pércĕler, ĕris, ĕre, *adj.* [per^{2}+] 매우 빠른.
percéllo, cŭli, cúlsum, ĕre, *tr.* **1. 거꾸러뜨리다,** 넘어뜨리다. **2. 내리치다, 타격을 가하다,** 강타하다; 망쳐놓다, 멸망시키다, 붕괴시키다. **3.** 정신적 충격을 주다, 겁에 질리게 하다, 혼비백산케 하다, 절망에 빠뜨리다. **4.** 충동하다.
percénsĕo, sŭi, ére, *tr.* [per^{2}+] **1.** 헤아리다, 열거하다. **2.** 훑어보다, 하나하나 검사하다, 살펴보다, 조사하다. **3.** 편력하다, 답사하다. **4.** 검토하다, 비판하다.
perceptíbĭlis, e, *adj.* [percípio] **1.** 감지(感知)될 수 있는; 파악될 수 있는. **2.** 지각(知覺)[인지(認知)]할 수 있는.
percéptĭo, ónis, *f.* [percípio] **1.** 거두어들임, 수확. **2.** 받음. **3.** 지각(知覺), 파악, 인식, 이해.
percéptor, óris, *m.* [percípio] 지각(知覺)[인식·이해]하는 사람.
percéptum, i, *n.* [percípio] **1.** 원리, 원칙. **2.** 지각(知覺)의 대상, 지각된 것, 지각에 의해서 만들어지는 표상(表象).
percído, cídi, císum, ĕre, *tr.* [per^{2}+cædo] **1.** 후려치다; 찢다; 분쇄하다. **2.** 계간(鷄姦)하다.
percíĕo, ére, [-cĭo, cívi, cĭtum, círe,] *tr.* [per^{2}+] **1.** 격렬히 움직이게 하다, 뒤흔들다, 동요케 하다. **2.** 자극하다, 흥분시키다; 선동하다. **3.** 외치다.
percipíbĭlis, e, *adj.* [percípio] 지각할 수 있는, 파악[이해]할 수 있는.
percípĭo, cépi, céptum, pĕre, *tr.* [per^{2}+cápio] **1.** 꽉 잡다. **2.** 온전히 받아들이다, 받다. **3.** 모으다, 거두다, 줍다. **4.** 얻다, 획득하다. **5.** 감각하다, 느끼다, **감지하다:** *alqd* áuribus~ *(C.)* 귀로 듣다. **6.** 깨닫다, **지각(知覺)하다,** 이해하다, **파악하다,** 통달하다, 해득하다.
percivílis, e, *adj.* 매우 친절한, 예의있는.
percognósco, gnóvi, gnĭtum, ĕre, *tr.* [per^{2}+] 완전히 알다[인식하다]. 「걸러냄.
percolátĭo, ónis, *f.* [percólo^{1}] 여과(濾過),
percólo^{1}, ávi, átum, áre, *tr.* [per^{2}+colo^{1}] **1.** 거르다, 밭다, 여과하다. **2.** 통과시키다, 스며들게 하다.
pércŏlo^{2}, cólŭi, cúltum, ĕre, *tr.* [per^{2}+colo^{2}] **1.** 완성하다, 끝손질하다. **2.** 가꾸다, 닦다, 다듬다. **3.** 공경하다, 존경하다; (저자를) 극진히 사랑하다. **4.** (행사를) 거행하다, 기념하다.
percómis, e, *adj.* [per^{2}+] 매우 우호적인, 상냥한, 호의를 가진; 예의바른, 세련된.
percómmŏdus, a, um, *adj.* [per^{2}+] 매우 편리한, 합당한.
percónor, ári, *dep. tr.* [per^{2}+] 계획을 수행하다, 끝까지 해내다, 노력하다.
percontátĭo, ónis, *f.* [percóntor] **1.** 질문, 조회. **2.** 심문(審問), 탐문, 탐색, 수색.
percontatívus, a, um, *adj.* [percóntor] **1.** 일반적으로 알려진. **2.** 《文法》 의문의, 질문의. 「사람, 질문자, 심문자.
percontátor, óris, *m.* [percóntor] 캐묻는
percóntor, átus sum, ári, *dep. tr.* 〔*alqm* – de *abl.*; *alqm alqd*; *alqd* – ex, ab *alqo*; *interr. indir.*; *absol.*〕 묻다, 캐묻다, 질문하다, 탐문하다; 물어서 알아내다.
percóntŭmax, ácis, *adj.* [per^{2}+] 고집장이의, 완고한.
percopiósus, a, um, *adj.* 대단히 풍부한, 수북한, 아주 많은, 말많은.
pércŏquo, cóxi, cóctum, ĕre, *tr.* [per^{2}+] **1.** 푹 끓이다[삶다]. **2.** (과일·술 따위를) 완전히 익히다.
percreb(r)ésco, b(r)ŭi, ĕre, *intr. inch.* (소문 따위가) 널리 퍼지다, 화제가 되다.
pércrĕpo, pŭi, pĭtum, áre, [per^{2}+] **1.** *intr.* 메아리치다, 크게 울려 퍼지다, 시끄럽게 들리다. **2.** *tr.* 크게 외치다, 찬양하다.
percríbro, ávi, átum, áre, *tr.* [per^{2}+] **1.** 곱게 빻아서 체질하다. **2.** (글의 내용 따위를) 다듬다. 「한.
percrúdus, a, um, *adj.* 아주 날것인, 미숙
pércŭli, *pf.* [percéllo].
percúlsus, us, *m.* [percéllo] 충격, 동요.
percúnctor = percóntor.
percúpĭdus, a, um, *adj.* 〔*gen.*〕 열망하는.
percúro, ávi, átum, áre, *tr.* [per^{2}+] 완치시키다, 완전히 낫게 하다.
percúrro, (cu)cúrri, cúrsum, ĕre, [per^{2}+]
I. *intr.* **1.** (목적지까지) 뛰어가다, 달려가다, 빨리 가다, 뛰어 통과하다, 주행(走行)하다. **2.** 〔per *acc.*〕 쫙 퍼져나가다, 통해 지나가다.
II. *tr.* **1.** (어디를) 뛰어 돌아다니다, 이곳저곳 거쳐 지나가다, 통행하다. **2.** (여러 벼슬을) 역임하다. **3.** 쫙 퍼지다[번지다]: ómnium péctora metu percurrénte *(Curt.)* 모든 이의 가슴에 공포가 퍼져서. **4.** (이야기·연설에서) 여러가지를 다루다, 광범위하게 언급하다, 열거하다. **5.** 두루 생각하다; 두루 읽다. **6.** 죽 훑어보다.

percursátĭo, ónis, *f.* [percúrso] 편력, 통과, 일주(一周).

percúrsĭo, ónis, *f.* [percúrro] **1.** 뛰어 지나감[돌아다님]. **2.** (여러가지를) 훑어가며 생각함. **3.** 대충 이야기함, 개술(概述).

percúrso, ávi, átum, áre, *tr., intr. intens.* [percúrro] 뛰어 돌아다니다, 뛰어서 지나가다; 횡행하다, 배회하다. 「行).

percúrsus, us, *m.* [percúrro] 통행, 주행(走

percússĭo, ónis, *f.* [percútio] **1.** 타격, 때림, 구타; 충격, 충돌. **2.** 박자를 침. **3.** 《醫》 타진(打診). 「같은 것을) 치는.

percussionális, e, *adj.* 《音》 박자의, (북

percússor, óris, *m.* [percútio] **1.** 때리는 사람, 구타자, 타격자. **2.** 자객(刺客), 고용된 살해자. 「격; 타박상.

percussúra, æ, *f.* [percútio] 구타, 타격, 충

percússus, us, *m.* [percútio] 때림, 구타, 타격, 충격.

percútĭo, cússi, cússum, ĕre, *tr.* [per[2] + quátio] **1.** 찔러서 구멍내다, 관통하다, 꿰찌르다, 찔러 박다; 절개(切開)하다. **2.** 세게 흔들어 대다. **3.** 〔*alqm[alqd]* - *alqā re*〕 치다, 때리다, 타격주다; 충돌시키다, 부딪게 하다: percússus lápide*(C.)* 돌에 맞은. **4.** 죽이다, 쳐죽이다. **5.** (돈을) 주조하다. **6.** (악기를) 치다, 타다. **7.** 감동시키다; 정신적 타격[충격]을 주다, (감정·고통 따위를) 끼치다: percússus lítteris*(C.)* 편지에 충격받은. **8.** 〔*alqm*〕 처벌하다; 속이다; 생명과 재산을 뺏다. **9.** (계약을) 맺다, 체결하다. 「의 유명한 장군.

Perdíccas[-a], æ, *m.* *Alexánder* 대왕 휘하

perdíco, díxi, díctum, ĕre, *tr.* [per[2] + dico[2]] 말을 마치다. 「운.

perdiffícĭlis, e, *adj.* [per[2] +] 대단히 어려

perdílĭgens, éntis, *adj.* [per[2] +] 매우 근면한[성실한]. 「우다, 깊이 연구하여 알다.

perdísco, dídĭci, ĕre, *tr.* [per[2] +] 철저히 배

pérdĭte, *adv.* [pérditus] **1.** 재생의 길이 없이, 방탕하게. **2.** 열렬히, 몹시.

pérdĭtim, *adv.* 열렬히.

perdítĭo, ónis, *f.* [perdo] **1.** 파멸, 멸망. **2.** 파괴된 곳. **3.** 분실. **4.** 낭비, 탕진.

pérdĭtor, óris, *m.* [**-trix,** ícis, *f.*] [perdo] 망치는 자, 파괴자, 파멸시키는 자; 타락시키는 자.

pérdĭtus, a, um, *p.p., a.p.* [perdo] **1.** 잃은, 손해본, 망쳐진, 탕진된. **2.** 가망없는, 비참한, 절망에 빠진. **3.** 망한, 신세망친, 파멸한. **4.** 사랑에 빠져 정신없는, 사랑하다 죽은. **5.** 타락한, 방탕한. **6.** 지독한: ~ dolor*(Q.)* 지독한 고통.

pérdĭu, *adv.* [per[2] +] 매우 오랫동안.

pérdĭus, a, um, *adj.* 하루종일의.

perdiutúrnus, a, um, *adj.* 대단히 오랫동안의, 장구한.

perdíves, vĭtis, *adj.* 거부(巨富)의, 부호의.

perdix[1], ícis, *m., f.* 《動》 자고(꿩과에 속하는 새).

Perdix[2], ícis, *m.* *Dǽdalus*의 생질, 이 외삼촌에게 살해되어 자고(perdix)가 되었음.

perdo, dĭdi, dĭtum, ĕre, *tr.* [per[2] + do] **1.** 망하게 하다, 멸망시키다, 파멸[불행]에 몰아넣다; 붕괴시키다, 파괴하다. **2.** 죽이다. **3.** 허비하다, 낭비하다, 탕진하다. **4.** 손해보다, 잃다; 실패하다, (경기·재판 따위에서) 지다. **5.** 타락시키다, 부패케 하다.

perdócĕo, cŭi, ctum, ére, *tr.* [per[2] +]〔*alqm, alqd; alqm alqd; inf.*〕 완전히[철저히] 가르치다, 일러주다.

perdólĕo, dólŭi, dólĭtum, ére, *intr.* [per[2] +] 몹시 아파하다, 매우 괴로와하다[원통해 하다].

perdolésco, dólŭi, ĕre, *intr. inch.* [perdóleo] 큰 고통을 느끼다, 매우 애석[원통]해하다. 「(加工)하다, 깎다, 세공하다.

pérdŏlo, ávi, átum, áre, *tr.* [per[2] +] 가공

perdómĭtor, óris, *m.* [pérdomo] 정복자.

pérdŏmo, mŭi, mĭtum, áre, *tr.* **1.** 완전히 정복하다, 진압하다. **2.** 충분히 길들이다.

perdormísco, ĕre, *intr.* [per[2] + dórmio] 계속 자다, 밤새도록 자다.

perdúco, dúxi, dúctum, ĕre, *tr.* [per[2] +] **1.** 〔*alqm[alqd]* ad, in *acc.*〕 (끝까지) 인도하다, 안내하다, 데리고 가다, 이끌고 가다. **2.** (공간적·시간적으로) 연장하다, 길게 끌다, 계속하다; 끝까지 이끌고 나가다. **3.** 〔*alqm* ad *alqd*〕 (지위 따위에) 올려놓다. **4.** 〔*alqm* ad, in *alqd; ut*〕 …에 이르게 하다, 이끌다, …로 하여금 하게 하다.

perdúctĭo, ónis, *f.* [perdúco] 인수(引水), 수도[물] 끌어옴.

perdúcto, áre, *tr.* 가게 하다.

perdúctor, óris, *m.* [perdúco] **1.** 안내인, 인도자. **2.** 중매인, 뚜장이.

perdúdum, *adv.* 상당히 오래 전에.

perduéllĭo, ónis, *f.* [perduéllis] (국가·군주·상관에 대한) 반역, 반란, 매국행위.

perduéllis, is, *m.* (전쟁중인) 적, 적군.

perdurátĭo, ónis, *f.* [perdúro] **1.** 영속(永續), 지속. **2.** 인고(忍苦).

perdúro, ávi, átum, áre, [per[2] +] **1.** *intr.* (시간이) 걸리다, 오래 가다, 지속[영속]하다, 견디다, 계속하여 나아가다. **2.** *tr.* 굳세어지게 하다.

perdúrus, a, um, *adj.* **1.** 매우 굳은. **2.** 억지스러운, 견강부회(牽强附會)의.

pérĕdo[1], édi, ésum, ĕre, *tr.* [per[2] + edo[1]] **1.** 먹어치우다. **2.** 소모시키다; 소멸시키다.

perédo[2], ĕre, *tr.* [per[2] + edo[2]] **1.** 일을 끝내다, 완성하다, 완료하다. **2.** 세상에 내놓다.

peréfflŭo, ĕre, *tr.* [per² +] 아주 흐르게 버려두다; 바른 길에서 벗어나게 하다.
pereffóssus, a, um, *adj.* [*p.p. inusit.* pereffódio] 군데군데 구멍난[뚫어진].
perĕger, grĭs, *adj.(m. f.)* [per¹ + ager] 멀리 여행 떠난.
pérĕgre, *adv.* [péreger] **1.** 타향에, 외국에, 고향떠나. **2.** 타향으로, 외국으로. **3.** 타향으로부터, 외국에서(부터).
peregrégĭus, a, um, *adj.* [per² +] 매우 우수한, 매우 수려한, 훌륭한. 「(서).
pérĕgri, *adv.* [péreger] 외국에(서), 타향에
peregrinabúndus, a, um, *adj.* [peregrínor] 고향떠나 돌아다니는, 여행하는.
peregrinátĭo, ónis, *f.* [peregrínor] **1.** 편력, 외국여행; 타향살이, 방랑. **2.** 《가》 성지순례[참배].
peregrinátor, óris, *m.* [peregrínor] **1.** 편력자, 고향떠나 여행하는 사람. **2.** 순례자.
peregrínĭtas, átis, *f.* [peregrínus] **1.** (*Roma* 시민권이 없는) 외국인 신분: peregrinitátis reus*(Suet.)* (시민권 없이) *Roma*인 행세한 죄인. **2.** 외국풍, 외국어.
peregrínor, átus sum, ári, *dep. intr.* [peregrínus] **1.** 외국을 여행하다, 외국에서 살다; 타향살이하다. **2.** 편력(遍歷)하다, 여행하다; 순례하다. **3.** 외국인이다, 외래인이다. **4.** 마음[정신]이 딴 곳에 가 있다.
peregrínus, a, um, *adj.* [péregre] **1.** 외국(인)의, 타국의; 외래의, 외국산의: peregrína navis*(Pl.)* 외국선박; 〔*subst.*〕 *m.f.* 외국인, 타국인; 《敎法》 본주소 (domicílium) 또는 기류지(quasi-domicílium) 이외의 곳에 임시 체재하는 신자. **2.** 나그네의, 타향인의: ~ homo*(Pl.)* 타향사람 / peregrína mors*(C.)* 객사(客死) / peregrínæ aves *(Plin.)* 철새; 〔*subst.*〕 *m.f.* 타향사람. **3.** *Roma* 시민권없이 거주하는. **4.** 순례자의; 〔*subst.*〕 *m.f.* 순례자. **5.** 낯선, 생소한; 서툰, 잘모르는, 풋나기의. 「한.
perélĕgans, ántis, *adj.* [per² +] 매우 우아
perélŏquens, éntis, *adj.* [per² +] 말을 매우 잘하는, 매우 구변좋은.
perémne, is, *n.* [perémnis¹] (장관이나 고관이) 강 건널 때 치는 점(占), 강점(江占).
perémnis¹, e, *adj.*[per² + amnis] 도강(渡江)
perémnis² = perénnis. 「에 관한.
pérĕmo = périmo. 「파괴하는.
peremptális, e, *adj.* [perémptio] 살해하는,
perémptĭo, ónis, *f.* [périmo] 살해, 박멸.
perémptor, óris, *m.* [**-trix,** ícis, *f.*] [périmo] 살해자, 박멸자.
peremptórĭus, a, um, *adj.* [périmo] **1.** 살해의. **2.** 결정적인, 단호한.
peréndĭe, *adv.* 모레, 명후일(明後日).
perendinátĭo, ónis, *f.* [peréndinus] 모레까지의 연기.
peréndĭnus, a, um, *adj.* [peréndie] 모레의: peréndino die*(Cæs.)* 모레.
perénne, *adv.* [perénnis] **1.** 일년 동안 내내. **2.** 영구히.
perénnis, e, *adj.* [per² + annus] **1.** 일년간 내내 계속되는. **2.** 계속되는, 끊임없는: ~ fons*(Cæs.)* 고갈되지 않는 샘. **3.** 영구한, 영원한, 구원(久遠)의.
perennisérvus, i, *m.* 종신 노예. 「계속.
perénnĭtas, átis, *f.* [perénnis] 영구, 영속,
perénnĭter, *adv.* [perénnis] 끊임없이, 계속하여, 항상, 영구히.
perénno, ávi, átum, áre, [perénnis] **1.** *tr.* 계속시키다, 영속시키다, 오래 보존하다. **2.** *intr.* 일년간 지속되다; 여러 해 동안 지속되다, 오래 가다.
pérĕo, ívi[ĭi], ítum, íre, *anom. intr.* [per² + eo³] **1.** 망하다, 멸망하다, 소멸하다, 없어지다, 허물어지다, 파괴되다. **2.** 죽다: fame ~ *(C.)* 굶어 죽다 / ~ ab *alqo(Ov.)* 누구의 손에 죽다 / 〔맹세·장담형식〕 Péream, si [si non, nisi] ...*(C., Ov.)*…라면[아니라면] 내가 죽겠다. **3.** 〔*abl., acc.*〕 죽도록[애타게] 연모하다. **4.** 헛수고[수포]로 돌아가다, 성과를 내지 못하다, 실패하다: Opĕra périit.*(C.)* 일이 수포로 돌아갔다. **5.** (재산·지위·상태 따위를) 잃다, 몰락하다: 〔실망의 절규〕 Périi! *(Pl., T.)* 난 이제 망했다!
peréquĭto, ávi, átum, áre, *intr., tr.* [per² +] 〔per, inter *acc.*〕 말타고 지나가다, 말타고 돌아다니다.
perérro, ávi, átum, áre, *tr.* [per² +] 방랑하다, 돌아다니다, 방황하다, 헤매다.
pereruditus, a, um, *adj.* [per² + erúdio] 매우 잘아는, 정통(精通)한, 박학한.
perexígŭus, a, um, *adj.* [per² +] 매우 작은, 매우 짧은, 잠시간의.
perexílis, e, *adj.* [per² +] 매우 엷은[가는].
perexpedítus, a, um, *adj.* [per² +] 장해물이 적은, 마음 가벼운, 거리낌없는, 매우 쉬운. 「난.
perexplicátus, a, um, *adj.* 완수한, 다 끝
perexspécto, áre, *tr.* 학수고대하다, 오랫동안 기다리다.
perfábrĭco, ávi, áre, *tr.* 속여 넘기다.
perfácĭlis, e, *adj.* [per² +] **1.** 대단히 쉬운. **2.** 매우 상냥한[친절한]. 「달변의.
perfacúndus, a, um, *adj.* 매우 말 잘하는,
perfálsus, a, um, *adj.* 전적으로 거짓인.
perfamiliáris, e, *adj.* [per² +] 매우 친밀한, 절친한; 친지의.
perféctĭo, ónis, *f.* [perfício] **1.** 완성, 미무리. **2.** 완전성. **3.** 《가》 완덕(完德).
perfectissimátus, us, *m.* (*Constantínus*이래로) *Roma*황제 지위. 「을 표시하는.
perfectívus, a, um, *adj.* 완성하는, 완성

perféctor, óris, *m.* [**-trix,** ícis, *f.*][perfício] 완성자.

perféctus[1], a, um, *p.p., a.p.* [perfício] **1. 완성된**; 완료된: 《文法》(prætéritum) perféctum (라틴어의) 완전과거, 전과거(全過去). **2. 완전한,** 완벽한, 더할 나위없는. **3.** 〔*abl.,* in *abl.*〕 통달한, 숙달한, 정통한, 조예가 깊은. **4.** 완전한 덕성을 갖춘, 완덕의 경지에 이른.

perféctus[2], us, *m.* [perfício] 완성.

pérfĕrens, éntis, *p.præs., a.p.* [pérfero] 〔*gen.*〕 인내심이 매우 강한.

pérfĕro, *(fĕrs, fĕrt),* tŭli, látum, férre, *anom. tr.* [per[2]+] **1.** 〔*alqd[alqm]* - per, ad *acc.*〕 (목적지·지정 장소로) 가져가다[오다], 운반하다: se ~ *(V.)* 가다. **2.** 〔*alqd alci,* ad *alqm; acc.c. inf.*〕 (명령·소식·소문·편지 따위를) 전달하다, 통지하다, 알리다, 보고하다. **3.** 완성하다. **4.** (법을) 통과시키다, 실시하다. **5.** 견디다, 견디어 내다, **감당하다; 참다. 6.** 겪다, 당하다.

pérfĕrus, a, um, *adj.* 잔인무도한, 야만적인.

perfícĭo, féci, féctum, ĕre, *tr.* [per[2]+fácio] **1.** 끝내다, 마치다, 종결하다, **완성하다. 2.** 완전하게 만들다, 제대로 만들다, 다듬다. **3.** 〔*alqd;* ut, ne〕 성취하다, 이룩하다, 성과를 거두다, …게 하다.

pérficus, a, um, *adj.* [perfício] 완성시키는, 성취시키는.

perfidélis, e, *adj.* [per[2]+] 아주 믿을 만한, 극히 충실한.

perfídĭa, æ, *f.* [pérfidus] 불성실, 배신, 배반.

perfidiósus, a, um, *adj.* [pérfidus] 늘 배신하는, 불성실한, 불신실(不信實)한.

pérfidus, a, um, *adj.* [per[2]+] **1.** 배신하는, 신의가 없는, 불성실한, 신용지키지 않는. **2.** (동물·사물 따위가) 마음놓을 수 없는, 믿을 수 없는, 위험한.

perfígo, fíxi, físum, ĕre, *tr.* [per[2]+] 관통하다; 여러 군데를 뚫다.

perflábĭlis, e, *adj.* [perflo] 통풍할 수 있는, 바람이 불어 들어갈 수 있는; 고루 불어 들어가는, 관통할 수 있는.

perflagitiósus, a, um, *adj.* 매우 창피한, 망신스러운, 수치스러운, 욕되는.

perflámen, mĭnis, *n.* 바람, 숨.

perflátus, us, *m.* [perflo] **1.** 바람이 불어 들어감, 통풍. **2.** 부는 바람, 공기의 흐름.

perfléxus, a, um, *adj.* [per[2]+flecto] 많이 구부러진.

perflo, ávi, átum, áre, *tr., intr.* [per[2]+] **1.** 〔*alqd*〕 불어 버리다, 불어 들어가다. **2.** (남에게) 비밀을 들려주다. **3.** (바람이) 불다. 거리다, 들끓다.

perflúctŭo, áre, *tr.* [per[2]+] 퍼지다, 움직거리다, 들끓다.

pérflŭo, úxi, úxum, ĕre, *intr.* [per[2]+] **1.** 〔per *acc.*〕 흐르다. **2.** 〔in *acc.*〕 세차게 흐르다, 계속 흐르다. **3.** 〔*alqā re*〕 (무엇이) 흘러 떨어지다. **4.** 흘러 넘치다.

pérflŭus, a, um, *adj.* [pérfluo] **1.** 흐르고 있는. **2.** 부드러운.

perfódĭo, fódi, fóssum, ĕre, *tr.* [per[2]+] **1.** 뚫다, 꿰뚫다, 관통하다. **2.** 파다.

perforácŭlum, i, *n.* 송곳.

perforátĭo, ónis, *f.* [pérforo] 구멍 뚫음, 관통.

pérfŏro, ávi, átum, áre, *tr.* 뚫다, 꿰뚫으다, 구멍내다, 돌파하다, 관통하다.

perfóssĭo, ónis, *f.* [perfódio] 구멍냄, 뚫음.

perfóssor, óris, *m.* [perfódio] 뚫는 사람.

perfóvĕo, ére, *tr.* [per[2]+] 따뜻하게 하다, 위안을 주다.

pérfrĕmo, mŭi, ĕre, *intr.* [per[2]+] 큰소리로 포효하다, 으르렁거리다, 씩씩거리다.

pérfrĕquens, éntis, *adj.* [per[2]+] 매우 빈번한.

perfrequénto, áre, *tr.* [per[2]+] 뻔질나게 다니다.

perfricátĭo, ónis, *f.* [pérfrico] 세게 긁음, 비빔, 마찰.

pérfrĭco, cŭi [cávi], cátum[ctum], áre, *tr.* [per[2]+] 세게 긁다, 비비다, 마찰하다, 문지르다, 바르다.

perfríctĭo[1], ónis, *f.* [perfrigésco] 오한(惡寒).

perfríctĭo[2], ónis, *f.* [pérfrico] 긁음, 긁어서 낸 부스럼, 찰과상.

perfrigefácĭo, ĕre, *tr.* [per[2]+] 간담을 서늘케 하다.

perfrígĕro, ávi, átum, áre, *tr.* [per[2]+] 냉각시키다, 차게 하다.

perfrigésco, fríxi, ĕre, *intr. inch.* [per[2]+] 매우 차게 되다, 식다; 감기에 걸리다.

perfrígĭdus, a, um, *adj.* [per[2]+] 매우 찬, 몹시 추운.

perfríngo, frégi, fráctum, ĕre, *tr.* [per[2]+frango] **1.** 깨다, **깨뜨리다,** 파손하다, 부수다, **분쇄하다,** 부러뜨리다, 꺾다. **2.** 돌파하다, 뚫고 나아가다, 극복하다, 정복하다. **3.** 뒤엎다, 폐기하다; 침해하다, 손상시키다, 파괴하다.

pérfrĭo, áre, *tr.* 부수다, 분쇄하다.

perfrúctĭo[-fruítĭo], ónis, *f.* [pérfruor] 향유(享有), 향수(享受), 누림; 향락, 쾌락.

pérfrŭor, *(ĕris, ĭtur),* frúctus[frúĭtus] sum, frŭi, *dep. intr.* **1.** 〔*abl.; gerundívum*은 *tr.* 처럼 씀〕 누리다, 향수(享受)하다, 향유(享有)하다, 향락하다: ~ ótio*(C.)* 한가한 시간을 즐기다 / ad perfruéndas voluptátes *(C.)* 쾌락을 누리기 위해서. **2.** 이행하다.

pérfŭga, æ, *m.* [perfúgio] **1.** 도망자, 탈주병, 망명자. **2.** 변절자, 투항자.

perfúgĭo, fúgi, fúgĭtum, ĕre, *intr.* [per[2]+] **1.** 〔ad, in *acc.*〕 피난하다, 피신하다, 도피하다; 도망치다, 탈주하다. **2.** 〔ab *alqo* - ad *alqm,* in *alqd*〕 (누구에게서 아무한테로) 넘어가다, (적에게) 투항하다.

perfúgĭum, i, *n.* [perfúgio] 피난처, 대피

소, 안전지대: ~ bonórum(*C.*) 선인들의 피난처.

perfúlgĭdus, a, um, *adj.* [per^{2}+] 번쩍이는, 빛나는.

perfúnctĭo, ónis, *f.* [perfúngor] **1.** 관리(管理), 집행, 이행. **2.** 극복, 성취.

perfunctórĭus, a, um, *adj.* [per^{2}+fungor] 소홀한, 태만한, 아무렇게나[건성으로] 하는, 되는 대로의; 겉으로만의, 형식적인.

perfúndo, fúdi, fúsum, ĕre, *tr.* [per^{2}+] 〔*alqm[alqd] alqā re*〕 **1.** (물 따위를 누구에게) 끼얹다, 퍼붓다, 흠뻑 적시다, (물에) 담그다, 물뿌리다; 〔*pass.*〕 젖다, 물에 몸을 담그다; 목욕하다. **2.** 〔*alqd*〕 (물이 무엇을) 적시며 흐르다, (액체가 무엇을) 적시다. **3.** (강물이 어떤 곳에) 창일하다: Insŭla perfúnditur amne.(*Plin.*) 섬이 강물에 잠긴다. **4.** 〔*alqd* in *alqd*〕 붓다, 쏟다. **5.** 〔*alqd alqā re*〕 물들이다. **6.** (먼지 따위를 뿌려서) 뒤집어 쓰게 하다, …투성이가 되게 하다, 뒤덮다; (빛 따위로) 충만케 하다: púlvere perfúsus(*V.*) 먼지에 뒤덮인. **7.** (마음·감정을) 사로잡다, 파묻히게 하다, 넘치게 하다, 물들게 하다: ~ *alqm* voluptátibus(*C.*) 누구를 쾌락에 파묻히게 하다 / mentem amóre ~(*Catull.*) 정신을 사랑으로 사로잡다 / lætítiā perfúndi(*C.*) 기쁨에 넘치다. **8.** ~ *alqm* judício 누구에게 재판의 번거로움을 끼치다, 법정으로 소환하다.

perfúngor, (*ĕris, ĭtur*), fúnctus sum, fúngi, *dep. intr.*(*tr.*) **1.** 〔*abl.*; 간혹 *acc.*〕 이행하다, 다하다, 수행하다, 완수하다, 성취하다, 실행하다, 마치다: ~ múnere(*C.*) 임무를 수행하다 / vitā perfúnctus(*Lucr.*) 생애를 마친 (사람). **2.** 〔*abl.*, ab *abl.*; 간혹 *acc.*; *absol.*〕 당하다, 겪다, 치르다: perícula, quibus perfúncti sumus(*C.*) 우리가 당한 위험. **3.** 〔*passíve*〕 경험되다, 겪어지다: memória perfúncti perículi(*C.*) 당했던 위험의 기억. **4.** 〔*abl.*〕 누리다, 향수(享受)하다.

pérfŭro, ĕre, *intr.* 미쳐 날뛰다, 격노하다; 맹위를 떨치다.

perfúsĭo, ónis, *f.* [perfúndo] 물 끼얹음, 물뿌림[퍼부음], 살수(撒水), 적심, 물에 담금.

perfusórĭus, a, um, *adj.* [perfúndo] **1.** 피상적인, 겉면의; 천박한. **2.** 모호한, 알쏭달쏭한.

Perga, æ, *f.* *Pamphýlia*의 도시.

pergaména, æ, *f.* 양피지(羊皮紙).

Pérgămum^{1}, i, *n.* [**-ma,** órum, *n.pl.*; **-mus,** i, *f.*] **1.** *Troja*의 성채(城砦); 〔*adj.*〕 **-mĕus,** a, um. **2.** *Troja.*

Pérgămum^{2}, i, *n.* *Mýsia*의 도시, *Pérgamum*왕국의 수도, 유명한 도서관이 있었음; 〔*adj.*〕 **-ménus[-mĕus],** a, um.

pergáudĕo, ére, *intr.* [per^{2}+] 〔*acc.c.inf.*〕 매우 기뻐하다[기쁘다].

pergnárus, a, um, *adj.* [per^{2}+] 〔*gen.*〕 잘 아는, 정통한, 완전히 아는.

pergo, perréxi, perréctum, ĕre, *tr.*, *intr.* [per^{2}+rego] **1.** 〔*alqd*; *inf.*; *absol.*〕 (시작한 것을) **계속하다**, 계속해서 하다, 계속 가다. **2.** 〔ad, in *acc.*〕 곧바로 가다, 직행하다, 전진하다. **3.** 착수하다, …하려고 하다. **4.** 이야기를 계속하다.

pergrǽcor, átus sum, ári, *dep. intr.* [per^{2}+] 희랍식으로 살다, 폭음폭식하다.

pergrandésco, ĕre, *intr.* [per^{2}+] 커지다, 크게 자라다.

pergrándis, e, *adj.* **1.** 대단히 큰, 엄청나게 큰. **2.** 〔natu〕 아주 나이 많은, 고령의.

pergrátus, a, um, *adj.* 매우 기쁜; 대단히 고마운.

pérgrăvis, e, *adj.* 대단히 무게 있는, 중대한.

pérgŭla, æ, *f.* [pergo] **1.** 발코니, 노대(露臺). **2.** 화랑(畵廊). **3.** 노점(露店). **4.** 수학(數學) 교실. **5.** 초가집. **6.** 창녀의 방. **7.** 포도넌출 시렁.

perháurĭo, háusi, stum, íre, *tr.* [per^{2}+] 다 마시다, 마셔버리다, 다 써버리다.

perhíbĕo, bŭi, bĭtum, ére, *tr.* [per^{2}+hábeo] **1.** 내세우다, 끌어대다, **제시하다, 제공하다**, 제출하다: ~ exémplum(*Plin.*) 예를 하나 들다 / ~ locum(*Pl.*) 자리를 제공하다. **2.** 〔*alqd alci rei*〕 (어떤 것에 효능·힘 따위가 있는 것으로) 인정하다, 돌리다. **3.** ~ *alci* grátias(*Apul.*) 누구에게 감사하다. **4.** 〔*alqm*〕 천거하다, 내세우다. **5.** testimónium ~(*Var.*) 증명하다, 증언하다. **6.** 〔*absol.*; *acc.c.inf.*〕 말하다, 주장하다, 전하다, 보고하다: (Rómulus) perhibétur tantum céteris præstitísse, ut ...(*C.*) 전하는 바에 의하면 *Rómulus*는 …할 만큼 다른 사람들을 능가했다 한다. **7.** 〔*alqm[alqd] c. acc. præd.*〕 …라고 부르다.

perhíĕmo, áre, *intr.* [per^{2}+] 겨울을 지내다, 겨울나다, 월동하다.

perhílum, *adv.* 아주 적게.

perhonoríficus, a, um, *adj.* [per^{2}+] **1.** 대단히 영예[명예]로운. **2.** 존경을[경의를] 표시하는.

perhórrĕo, ére, *tr.* [per^{2}+] 몹시 두려워하다, 무서워하다.

perhorrésco, hórrŭi, ĕre, *intr.*, *tr. inch.* [perhórreo] **1.** 무서워 떨다, 전율하다. **2.** 〔*alqd*〕 몹시 무서워하다, 두려워하다.

perhórrĭdus, a, um, *adj.* [per^{2}+] 대단히 무서운, 끔찍한.

perhumánus, a, um, *adj.* [per^{2}+] 매우 친절한, 인정있는.

perhúmĭlis, e, *adj.* [per^{2}+] 왜소한, 아주 낮은, 보잘것없는.

Periánder[-drus], dri, *m.* *Corínthus*시의 왕, 희랍 7현인 중 한 사람 (*sæc.* 5 A.C.).

pericardítis, dítĭdis, *f.* 《醫》 심낭염(心囊炎).

pericárdĭum, i, *n.* 《解》 심낭(心囊).

pericárpĭum, i, *n.* 《植》 과피(果皮).
pericárpum, i, *n.* 《植》 식용구근(食用球根) 식물의 일종. 「膜).
perichóndrĭum, i, *n.* 《解》 연골막(軟骨
perichorésis, is, *f.* 《神》 성삼위(聖三位)의 상호내재(相互內在) (관계).
Perĭcles, is[i], *m.* *Athénæ*의 유명한 정치가 (499 - 429 A.C.). 「험.
periclitátĭo, ónis, *f.* [perīclitor] 시험, 실
perīclĭtor, átus sum, ári, *dep. tr., intr.* [perículum] **1.** 〔*alqd, alqm; interr. indir.; si c. subj.*〕 시험하다, 실험하다, 겪어보다, 음미하다, 해보다. **2.** 〔*alqd*〕 위험한 경우[위기]에 몰아넣다, 위태롭게 하다: Non est salus periclitánda rei públicæ.*(C.)* 국가 안녕을 위태롭게 해서는 안된다. **3.** 〔*absol.; abl.*, de *abl., gen.; inf.*〕 위험 속에 놓여 있다, 위험을 당하다, 위기에 처해 있다. **4.** 〔*absol.*〕 모험하다, 감행(敢行)하다.
Periclýmĕnus, i, *m.* *Néleus*의 아들, *Nestor*의 형제, *Argonáutæ*의 하나.
perícŏpe, es,[-**a,** æ,] *f.* 책의 한 구절(句節); 성서에서 발췌한 장구(章句), 그날 읽을 성서 발초(拔抄). 「膜).
pericránĭum, i, *n.* 《解》 두개골막(頭蓋骨
periculósus, a, um, *adj.* [perículum] **1.** 〔*absol.; dat.*〕 위험한, 위태로운. **2.** 〔in *acc.*〕 위험성을 조성하는, 위험에 빠뜨리는. **3.** 모험적인, 무모한, 아슬아슬한.
perícŭlum, i, *n.* **1.** 시험, 실험, 시도: ~ *alcjs rei* [in *alqā re*] fácere*(C.)*무엇을 시험해 보다. **2. 위험,** 위난(危難). **3.** 모험. **4.** 소송, 재판. **5.** 판결문. **6.** 중병(重病). **7.** 파멸, 멸망. 「합한, 적당한.
peridónĕus, a, um, *adj.* [per²+] 가장 적
periegésis, is, *f.* 여행기, 답사기.
periegétĭcus, i, *m.* 여행기 작자.
pérĭi, *pf.* [péreo].
Perillus, i, *m.* *Agrigéntum*의 청동 조각가 (*sæc.* 6 A.C.); 〔*adj.*〕 **-lléus,** a, um.
perillústris, e, *adj.* [per²+] **1.** 매우 밝은, 명백한. **2.** 매우 명성 높은, 고명한.
perimáchĭa, æ, *f.* 공격. 「약한, 약골의.
perimbecíllus, a, um, *adj.* [per²+] 매우
Periméde, es, *f.* 희랍의 유명한 여자 마술사(*sæc.* 1 A.C.); 〔*adj.*〕 **-déus,** a, um.
perimetrítis, tĭdis, *f.* 《醫》 자궁외막염.
perimétrĭum, i, *n.* 《解》 자궁외막.
perímĕtros, i, *f.* 둘레, 주위(周圍), 주변.
pérĭmo, émi, ém(p)tum, ĕre, *tr.* [per²+emo] **1.** 제거하다, 파괴하다, 없애버리다, 전멸[멸망]하다. **2.** 실패케 하다. **3.** 죽이다.
perimpedítus, a, um, *adj.* [per²+] 방해가 대단한, 험난한. 「완전히 이행하다.
perímplĕo, évi, ére, *tr.* [per²+] 꽉 채우다,
perimpróprĭus, a, um, *adj.* [per²+] 역설적(逆說的).

perinǽon[**-néon, -néum**], i, *n.* 《解》 회음(會陰).
perinánis, e, *adj.* [per²+] 아주 쓸데없는, 헛된, 공허한. 「확실한, 의심스러운.
perincértus, a, um, *adj.* [per²+] 매우 불
perincómmŏdus, a, um, *adj.* 매우 불편한, 크게 불리한.
perínde, *adv.* **1.** 같은 모양[방법]으로, 비슷하게. **2.** ~ ut, ~ ac [atque]*(C.)* …와 같은 모양으로 / ~ ac si ..., ~ quasi ...*(C.)* …이기나 한 듯이 / haud ~*(Ta.)* 불충분하게. 「궁핍하다.
perindígĕo, ére, *intr.* 몹시 필요하다, 매우
perindúlgens, éntis, *adj.* 〔in *acc.*〕 매우 관대한, 마음이 약한.
perínĕos, i, *m.* 《解》 회음(會陰). 「膜).
perinéurĭum, i, *n.* 《解》 신경주막(神經周
perinfámis, e, *adj.* [per²+] 아주 불명예스러운. 「한.
perinfírmus, a, um, *adj.* [per²+] 매우 약
peringeniósus, a, um, *adj.* [per²+] 매우 재능있는, 영리한.
periníquus, a, um, *adj.* [per²+] **1.** 매우 불공정한. **2.** 대단히 불만스러운, 못마땅한. 「지 못한, 부당한, 불공정한.
perinjúrĭus, a, um, *adj.* [per²+] 매우 옳
perinsígnis, e, *adj.* [per²+] 매우 현저한; 저명한. 「한, 아주 바른, 매우 완전한.
períntĕger, gra, grum, *adj.* [per²+] 순수
Perínthus[**-os**], i, *f.* *Propóntis* 내해(內海)에 임한 *Thrácia*의 도시; 〔*adj.*〕 **-thĭus,** a, um. 「다, (물에) 잠기게 하다.
perinúndo, áre, *tr.* [per²+] 몹시 범람하
perinválĭdus, a, um, *adj.* [per²+] 매우 약한. 「이 미움받는.
perinvísus, a, um, *adj.* [per²+] 〔*dat.*〕 많
perinvítus, a, um, *adj.* [per²+] 마음이 내키지 않는, 몹시 싫은 마음의, 억지로 하는.
periodéuta, æ, *m.* **1.** (주교 대리로서의) 사목순찰인(司牧巡察人). **2.** 순회 의사.
periódĭcus, a, um, *adj.* **1.** 규칙적으로 나타나는, 주기적(周期的), 정기적; 간헐적. **2.** 고대 희랍의 4대 경기대회의(*cf.* períodus 5.). 「(창조 기록의) 시기설(時期說).
periodísmus, a, um, *adj.* [períodus] 《神》
períŏdus, i, *f.* **1. 시**기, **시대**; (발달 과정의) **기**(期). **2.** 구분, 단락. **3. 주기**(周期); 계절. **4.** 《修》 종합문(綜合文), 완결문. **5.** (순차적으로 개최되는 고대 희랍의) *Pýthia, Isthmĭa, Némea, Olýmpia*의 4대 경기대회에서의 종합 성적.
perióstĕum[**-ĕon**], i, *n.* 《解》 골막(骨膜).
periostítis, stítĭdis, *f.* 《醫》 골막염.
Peripatétĭci, órum, *m.pl.* (*Aristóteles*의 제자들인) 소요 학파(逍遙學派) 철학자들.
peripatétĭcus, a, um, *adj.* **1.** 거니는, 소요(逍遙)하는. **2.** 소요 학파의, *Aristóteles*

학파의.　「벽 장식용으로 쓰는) 양탄자.
peripetásma, mătis, *n.* (방바닥에 깔거나
periphérĭa[-ía], æ, *f.* **1.** 주위, 둘레, 원주(圓周). **2.** (물체의) 외면, 외위(外圍); 주변. **3.** 《解》 말초(末稍).
períphrăsis, is, *f.* 《修》 완곡법(婉曲法), 우회적(迂廻的) 표현법.
periphrástĭcus, a, um, *adj.* 《修·文法》 완곡(婉曲)한, 우회적(迂廻的)인, 용장(冗長)한: conjugátio periphrástica 용장활용, *e. g.* -úrus, (a, um,) esse.
peripneumónĭa, æ, *f.* 《醫》 늑막 폐렴.
peripséma, ătis, *n.* 쓰레기; 찌꺼기, 오물(汚物).
períptĕros, i, *m.* 기둥으로 둘러싼 건축.
perirátus, a, um, *adj.* 〔*dat.*〕 크게 성난, 격노한.　「끼던 장식용 금[은]고리.
periscĕlis, ĭdis, *f.* [**-lĭum,** i, *n.*] 종아리에
perissodáctўlus, a, um, *adj.* 기수(奇數)의 발가락이 있는, 기제류(奇蹄類)의.
perissologia, æ, *f.* 《修》 용어법(冗語法).
peristálsis, is, *f.* 《生理》 연동(蠕動).
perístăsis, is, *f.* 강연의 제목, 주제.
perístŏma, ătis, *n.* **1.** 《植》 (이끼류의) 삭치(朔齒), 치모(齒毛). **2.** 《動》 입언저리, 입가, 입둘레.
peristróma, ătis, *n.* 모포, 양탄자.
perístrŏphe, es, *f.* 《論》 환위(換位).
peristýl(ĭ)um, i, *n.* 《建》 **1.** 열주랑(列柱廊). **2.** 기둥으로 에워싼.
perithécĭum, i, *n.* 《植》 (지의류〈地衣類〉의) 피자기(被子器). 「적) 지식, 숙달, 숙련.
perítĭa, æ, *f.* [perítus[1]] 경험, (실제적·전문
peritonǽum, i, *n.* 《解》 복막(腹膜).
perítus[1], a, um, *adj.* [*inusit.* périor] 〔*absol.; gen., abl.,* de *abl.,* ad *acc.; inf.*〕 **경험 많은**, 숙련된, 숙달한, 노련한, 능숙한, **전문지식이 있는**, 전문가인, 잘아는, 정통한; *m.* 전문가, 감정인(鑑定人).
pérĭtus[2], a, um, *p.p.* [péreo].
perizóma, ătis, *n.* 속잠방이, 팬티.
perjucúndus, a, um, *adj.* [per[2]+] 매우 즐거운[유쾌한].
perjuriósus, a, um, *adj.* [perjúrium] **1.** 위증하는, 헛맹세의, 서약위반의. **2.** 거짓말하는.　「증; 맹세를 깨뜨림.
perjúrĭum, i, *n.* [perjúrus] 거짓맹세, 위
perjúro, ávi, átum, áre, *intr.* **1.** 〔*absol.;* de *abl.; inf.*〕 거짓맹세를 하다, 위증하다; 맹세를 깨뜨리다. **2.** 거짓말하다.
perjúrus, a, um, *adj.* [per[2]+jus[1]] **1.** 거짓맹세한, 맹세를 깨뜨린, 위증한, 위증죄를 범한. **2.** 거짓말하는.
perlábor, *(ĕris, ĭtur),* lápsus sum, bi, *dep. intr., tr.* [per[2]+] 〔per, super, ad *acc.; alqd*〕 미끄러져[미끄러지듯] 지나가다.
perláte, *adv.* [per[2]+latus[2]] 매우 넓게, 멀리.　「다, 숨어 살다.
perlátĕo, látŭi, ére, *intr.* [per[2]+] 아주 숨
perlátĭo, ónis, *f.* [pérfero] **1.** (목표물로) 가져감. **2.** 인내, 참아받음.
perlátor, óris, *m.* [**-trix,** ícis, *f.*] [pérfero] 운반인, 전달자, 배달인.
perlátus, a, um, *p.p.* [pérfero].　「만한.
perlaudábĭlis, e, *adj.* 크게 칭송[찬미]할
pérlăvo, ávi, átum, áre, *tr.* [per[2]+] 아주 깨끗이 씻다.
perlécĕbra, æ, *f.* [perlício, pellício] **1.** 유혹, 꾐, 매혹. **2.** 유혹물, 미끼.
pérlĕgo, légi, léctum, ĕre, *tr.* [per[2]+] **1.** 정확히 관찰하다, 훑어보다. **2.** 끝까지 읽다, 통독하다; 큰소리로 읽다.　「한.
pérlĕvis, e, *adj.* 매우 가벼운, 경미(經微)
pérlĭbens, éntis, *p.præs., a.p.* [pérlibet] 매우 기뻐하는[좋아하는], 기분좋은.
perlibénter, *adv.* [pérlibet] 대단히 기꺼이, 매우 기분좋게.
perliberális, e, *adj.* [per[2]+] **1.** 매우 관대한, 매우 호의적인. **2.** 잘 교육된, 교양있는.
pérlĭbet, (bŭit [bĭtum est]), ére, *impers.* 〔*alqm inf.; p.præs.*는 인칭적 용법으로〕 매우 기뻐하다, 좋아하다, 마음에 들어하다.
perlibrátĭo, ónis, *f.* [perlíbro] 수평으로 함, 수준 측량.
perlíbro, ávi, átum, áre, *tr.* [per[2]+] **1.** 정확히 수평이 되게 하다, 같아지게 하다. **2.** 조준하여 발사하다[맞히다].
perlícĭo, léxi, léctum, ĕre, *tr.* [per[2]+lácio] **1.** 꾀다, 꾀어내다, 유인하다, 유혹하다, 후리다, 유괴하다. **2.** 자기편에 끌어들이다.
perlínĭo, íre, [**-líno,** lĭtum, ĕre,] *tr.* 〔*alqd [alqm] alqā re*〕 온통 바르다[칠하다].
pérlĭto, ávi, átum, áre, *intr.* [per[2]+] 길조(吉兆)가 나타나도록 신에게 희생물을 바치다, 신에게 제사를 드려 소원성취하다.
perlitterátus, a, um, *adj.* [per[2]+] 학식이 매우 많은, 박학한, 교양있는.
perlóngus, a, um, *adj.* [per[2]+] **1.** 대단히 먼. **2.** (시간이) 아주 오래 걸리는, 지루
perlub... *V.* perlib...　└한.
perlúcĕo, lúxi, ére, *intr.* [per[2]+] **1.** 찬란히 빛나다. **2.** 투명하다, 꿰뚫어 비치다.
perlucídĭtas, átis, *f.* [perlúcidus] 투명.
perlucídŭlus, a, um, *adj. dim.* [perlúcidus] 약간 투명한.
perlúcĭdus, a, um, *adj.* [per[2]+] **1.** **투명한**, 비치는, 맑은. **2.** 밝은. **3.** 명료한.
perluctuósus, a, um, *adj.* [per[2]+] 매우 슬픈, 비통한.
pérlŭo, ŭi, útum, ĕre, *tr.* [per[2]+] **1.** 깨끗이 씻다, 세척(洗滌)하다: se ~*(Plin.)* 목욕하다. **2.** 흠뻑 적시다: sudóre perlútus

(Apul.) 땀에 흠뻑 젖은.
perlústro, ávi, átum, áre, *tr.* **1.** 둘러보다, 답사(踏査)하다; 편력하다. **2.** 검토하다, 심사숙고하다, 음미하다. **3.** 두루 살피다: ~ óculis(*L.*) 훑어보다. **4.** (종교적 의식으로) 깨끗이 하다, 부정(不淨)을 몰아내다. 「+] 푹 젖게 하다, 흠뻑 적시다.
permadefácĭo, féci, fáctum, cĕre, *tr.* [per²
permadésco, mádŭi, ĕre, *intr.* [per²+] **1.** 많이 젖다, 물에 붇다. **2.** 약해지다, 흐무러지다. 「운.
permagníficus, a, um, *adj.* 매우 호화로
permágnus, a, um, *adj.* **1.** 매우 큰, 굉장히 큰; (수가) 대단한; 매우 중대한[중요한]. **2.** 〔*adv.*〕 permágni(*gen. prétii*) 대단히(크게): quod permágni est,(*C.*) 대단히 중대한 것; permágno(*abl. prétii*) 매우 비싸게. 「문이) 들리다, 쫙 퍼지다.
permanásco, ĕre, *intr. inch.* [permáno] (소
pérmănens, éntis, *p.præs., a.p.* [permáneo] **1.** 영구적인, 불변의, 내구의. **2.** 상설(常設)의.
permánĕo, mánsi, mánsum, ére, *intr.* [per²+] 〔*absol.; in abl.*〕 **1.** 끝까지 머물다, 계속하여 있다, 고수(固守)하다. **2.** 오래 가다, 지속하다, 영속(永續)하다, 항구하다.
permáno, ávi, átum, áre, *intr.* **1.** 〔in *abl.*, per *acc.; absol.*〕 흘러 지나가다, 흘러 퍼지다. **2.** 〔in, per, ad *acc.; absol.*〕 침투하다, 뚫고 들어가다, 퍼지다, 확산되다; 이르다, 도달하다. **3.** 스며들다, 번지다. **4.** 〔*absol.;* ad *alqm*〕 소문나다, 알려지다, 전해지다. 「름; 고수(固守); 인내, 항구.
permánsĭo, ónis, *f.* [permáneo] 계속 머무
permarínus, a, um, *adj.* 항해를 안내하는, 바다에서 보호하는: permaríni (dii) 바다[항해]의 보호신. 「히 익다, 성숙하다.
permaturésco, rŭi, ĕre, *intr.* [per²+] 충분
permatúrus, a, um, *adj.* [per²+] (과일 따위가) 충분히[잘] 익은.
permeábĭlis, e, *adj.* [pérmeo] 통과할 수 있는, 투과(透過)[침투]할 수 있는.
permeátor, óris, *m.* [pérmeo] 통과자, 침투자, 투과자(透過者).
permeátus, us, *m.* [pérmeo] 통로; 통과.
permedíŏcris, e, *adj.* [per²+] 썩 알맞는, 중용의, 온건한. 「의, 꼭 중간의.
permédĭus, a, um, *adj.* [per²+] 한가운데
pérmĕo, ávi, átum, áre, *tr., intr.* [per²+] **1.** 〔*alqd;* per *acc.*〕 통과하다, 가로 질러 지나가다, 통행하다, 왕래하다. **2.** 〔ad, in *acc.*〕 도달하다, 침투하다. **3.** 계속 전진하다, 가다.
perméreo, mérŭi, ére, *intr.* [per²+] 병역을 마치다, 장기복무를 하다, 공을 세우다.
Perméssus, i, *m.* *Eœótia*의 강 이름, *Musæ* 들에게 봉헌됨; 〔*adj.*〕 **-méssĭus,** a, um.
permétĭor, ménsus sum, íri, *dep. tr.* [per²+] **1.** 온전히 측량[측정]하다. **2.** 통과하다, 지나가다, 순행(巡行)하다, 편력(遍歷)하다. **3.** 주의깊게 살피다. **4.** (시간을) 지내다.
permílĭto, ávi, áre, *intr.* 군복무를 다하다.
permíngo, mínxi, ĕre, *tr.* 오줌을 싸서 더럽히다. 「할.
permírus, a, um, *adj.* 매우 놀라운, 경탄
permíscĕo, míscŭi, míxtum[místum], ére, *tr.* [per²+] **1.** 〔*alqd[alqm]* - cum *abl., abl., dat.*〕 섞다, 뒤섞다, 혼합하다. **2.** 혼란시키다, 혼잡하게 만들다, 뒤죽박죽으로 만들다.
permíssĭo, ónis, *f.* [permítto] **1.** (무조건) 항복; 처분[상대방 의사]에 내맡김. **2.** **허가, 허락,** 승락; 묵인, 허용; 인가: ~ impriméndi 출판인가.
permíssum, i, *n.* [permítto] 허가(된 것).
permíssus[1], a, um, *p.p., a.p.* [permítto] **1.** 허락된, 허가받은. **2.** 면제된, 하지 않아도 되도록 된. 「허용.
permíssus[2], us, *m.* [permítto] 허가, 인가;
permist... *V.* permixt...
permítĭes, éi, *f.* (= perníćies) 파멸, 멸망.
permítto, mísi, míssum, ĕre, *tr.* [per²+] **1.** 통행시키다, 드나들게 하다. **2.** 〔*alqd [alqm]* in, ad *acc.;* ex *abl.*〕 돌진시키다, 앞으로 내몰다, 달려가게 하다, 쳐들어가게 하다; 뛰어내리게 하다: equos ~ in hostem(*L.*) 말들을 적진으로 돌진시키다 / se in hostem ~ 적을 향해 달려가다 / ex summo se ~ 꼭대기에서 뛰어내리다 / ~ habénas equo(*Sen.*) 말의 고삐를 늦추어주다, 말을 달리다. **3.** 〔*pass.*〕 **permítti** 퍼져나가다, 뻗어 나가다, 확장되다. **4.** 보내다, 운송하다, 송달하다. **5.** 〔*alqd* - in *acc.*〕 세게 던지다, 쏘다, 발사하다, (목표물을) 맞히다. **6.** 〔*alqd[alqm] alci*〕 맡기다, 위탁하다, 넘겨주다, 부여하다: ~ *alci* potestátem infinítam(*C.*) 아무에게 무제한의 권한을 부여하다. **7.** se ~ in *acc.* [*alci rei*](*Cæs., L.*) 항복하다, 투항하다, 자신을 내맡기다. **8.** 〔*alqd* - *alci, alqd acc. præd. gerundívi; inf.;* ut, ut non; *absol.*〕 **허락하다, 허가하다,** 허용하다: *alci alqd* fácere ~(*C.*) 누구에게 무엇을 하도록 허가하다. **9.** 〔*alqd alci*〕 용서하다, 관용하다; 묵인하다. 「서, 한데 혼합하여.
permíxte[-tim], *adv.* [permísceo] 뒤섞어
permíxtĭo, ónis, *f.* [permísceo] **1.** 섞음, 혼합. **2.** 혼잡, 혼란.
permoléstus, a, um, *adj.* [per²+] 매우 귀찮은, 매우 번거로운; 성가신, 괴로운.
permóllis, e, *adj.* [per²+] 매우 부드러운, 매우 무른. 「다, 아주 곱게 빻다.
pérmŏlo, ĕre, *tr.* 빻아서[찧어서] 가루를 내

permótĭo, ónis, *f.* [permóveo] **1.** 자극, 흥분, 감동, 격동. **2.** 격정, 감격.
permóvĕo, móvi, mótum, ére, *tr.* [per[2]+] **1.** 세게 움직이다, 격동시키다. **2.** (감정을) 자극하다 일으키게 하다, 감동시키다, 감격하게 하다; 마음의 충격을 주다, 교란시키다. **3.** 설득[설복]하다.
permúlcĕo, lsi, lsum [múlctum], ére, *tr.* [per[2]+] **1.** 살짝 대다[닿다]; 쓰다듬다, 어루만지다. **2.** 달래다, 즐겁게 하다, 아부하다. **3.** 진정시키다, 누그러뜨리다, 위무하다.
permúltus, a, um, *adj.* [per[2]+] 대단히[굉장히] 많은, 다수의; 〔*adv.*〕 **-to, -tum.**
permúndo, áre, *tr.* [per[2]+] 깨끗하게 하다, 말끔히 닦다. 「깨끗한.
permúndus, a, um, *adj.* [per[2]+] 대단히
permúnĭo, ívi, ítum, íre, *tr.* 방어 공사를 완성하다[마치다], 튼튼하게 방비하다.
permutábĭlis, e, *adj.* 쉽게 바꿀 수 있는, 매우 변하기 쉬운.
permutátĭo, ónis, *f.* [permúto] **1.** 변화, 변천; 변경. **2.** 바꿈, 교환, 물물교환; 환전(換錢), 환금.
permúto, ávi, átum, áre, *tr.* [per[2]+] **1.** 바꾸다; 변경하다. **2.** 교환하다, 물물교환하다, 교역하다. **3.** 사다. **4.** 환전(換錢)하다, 환금하다. **5.** (방향 따위를) 돌려놓다. 「고기, 훈육(燻肉), 햄.
perna, æ, *f.* **1.** 넓적다리. **2.** 절인 돼지
pernárĭus, i, *m.* [perna] 훈육(燻肉)장수[제조인].
pernecessárĭus, a, um, *adj.* [per[2]+] **1.** 매우 필요한. **2.** 절친한; 친척되는, 혈육의.
pérnĕco, ávi, áre, *tr.* [per[2]+] 죽여버리다.
pérnĕgo, ávi, átum, áre, *tr.* [per[2]+] **1.** 단연코 거부하다, 부정(否定)하다, 전적으로 부인하다. **2.** 단호히 거절하다.
perniciábĭlis[-ciális], e, *adj.* [pernícies] 해로운; 치명적인, 파멸을 가져오는.
perníciēs, éi, *f.* [per[2]+nex] **1.** 재앙, 파멸, 멸망, 파괴. **2.** 해독(害毒). **3.** 손해, 손실, 치명상. **4.** 멸망의 원인, 위험인물, 원흉.
perniciósus, a, um, *adj.* [pernícies] 〔*absol.; dat.*〕 해로운, 해독을 끼치는, 위험한, 파멸[멸망]을 가져오는, 치명적인.
perníciтas, átis, *f.* [pernix] 빠름, 신속, 기민(機敏).
pérnĭger, gra, grum, *adj.* [per[2]+] 새까만.
pernímius, a, um, *adj.* 너무 많은; 너무 큰. 「동상(凍傷).
pérnĭo, ónis, *m.* [perna] 발[발뒤꿈치]의
pernítĕo, ére, *intr.* 매우 빛나다.
pernix, ícis, *adj.* [nitor[1]] **1.** 지칠 줄 모르는, 꾸준한. **2.** 빠른, 신속한, 민첩한, 민활한, 활기있는, 경쾌한. 「진, 유명한.
pernóbĭlis, e. *adj.* [per[2]+] 널리 잘 알려
pernoctánter, *adv.* [pernócto] 밤을 새워.
pernoctátĭo, ónis, *f.* [pernócto] **1.** 밤을 지냄. **2.** 밤샘, 철야(徹夜).
pernócto, ávi, átum, áre, *intr.* **1.** 밤을 지내다. **2.** 밤을 새우다, 밤샘하다.
pernónĭdes, æ, *m.* [perna] (놀리는 말로) 훈육(燻肉)의 자손.
pernósco, nóvi, ĕre, *tr.* [per[2]+] 정확히[똑똑히] 알다, 정통(精通)하다.
pernotésco, nótŭi, ĕre, *intr.* [per[2]+] 정확히[확실히] 알려지다. 「우 잘 알려진.
pernótus, a, um, *p.p., a.p.* [pernósco] 매
pernox, óctis, *adj.* [per[2]+] 밤새도록의.
pernúmĕro, ávi, átum, áre, *tr.* [per[2]+] 빠짐없이 셈하다, 지불을 완료하다.
pēro[1], ónis, *m.* (주로 군용) 가죽반장화.
Pēro[2], us, *f.* *Néleus*의 딸, *Nestor*의 자매.
perobscúrus, a, um, *adj.* [per[2]+] 대단히 모호한, 잘 알 수 없는.
peródi, *(odísti)*, odísse, *def. tr.* 〔*pf.*의 형태이나 뜻은 현재적임, *plqpf.*은 전과거의 뜻으로, *fut. exáct.*은 미래의 뜻으로; *p.p.* perósus〕 몹시 미워하다.
perodiósus, a, um, *adj.* [per[2]+] 매우 미운; 성가신, 골치아픈, 불쾌한.
perofficióse, *adv.* [per[2]+officiósus[1]] 매우 친절하게, 정중하게. 「나다.
peróleo, ére, *intr.* [per[2]+] 고약한 냄새가
peronátus, a, um, *adj.* [pero] 가죽반장화를 신은. 「한.
peropácus, a, um, *adj.* [per[2]+] 어두컴컴
peropportúnus, a, um, *adj.* [per[2]+] 매우 편리한, 적절한. 「던[바라던] 대로.
peroptáto, *adv.* [peroptátus] 간절히 원하
peroptátus, a, um, *adj.* [per[2]+] 간절히 원하는, 바라고 바라던.
pérŏpus est, (*cf.* opus[2]) 매우 필요하다.
perorátĭo, ónis, *f.* [peróro] (연설 따위의) 결론, 종결부(終結部), (앞에서 말한 것을 요약해서 힘있게) 맺는 말.
perórno, ávi, átum, áre, *tr.* 굉장하게 장식하다, 성장하다.
peróro, ávi, átum, áre, *tr.* [per[2]+] **1.** 빼지 않고 다 말하다, 자초지종을 이야기하다; 열변을 토하다. **2.** (연설에서) 결론을 내리다, (앞에서 말한 것을 요약해서 힘있게) 말을 맺다. **3.** 이야기를 마치다.
perósus, a, um, *p.p., a.p.* [peródi] **1.** 〔*actíve: acc., gen.*〕 몹시 미워하는. **2.** 〔*passíve*〕 몹시 미움받는.
perpáco, ávi, átum, áre, *tr.* [per[2]+] 완전히 진정시키다, 가라앉히다; 평정시키다.
pérpărum, *adv.* [per[2]+] 매우 적게, 너무
perparvo... *V.* perparvu... ㄴ적게.
perpárvŭlus, a, um, *adj. dim.* [perpárvus]

극히 작은, 미소한.

perpárvus, a, um, *adj.* [per² +] 아주 작은.

perpásco, pávi, pástum, ĕre, *tr.* [per² +] (가축 따위를) 양껏 먹이다.

perpástus, a, um, *p.p.* [perpásco] 영양 섭취가 매우 좋은, 잘 먹인.

perpáucŭlus, a, um, *adj. dim.* [perpáucus] 매우 적은, 극소수의.

perpáucus, a, um, *adj.* [per² +] 〔보통 *pl.*〕 매우 적은, 극소수의.

perpáulum, i, *n.* [per² +] 극소량.

perpáuper, ĕris, *adj.* [per² +] 적빈(赤貧)의, 극빈의.

perpauxíllum, *adv.* 아주 조금.

perpavefácĭo, ĕre, *tr.* [per² +] 몹시 겁나게 하다, 두렵게 하다.

perpéllo, pŭli, púlsum, ĕre, *tr.* [per² +] **1.** 몹시 때리다; 짓밟다; 세게 떼밀다, 밀치다. **2.** 〔*alqm*〕 깊은 감명을 주다, 감동시키다. **3.** 〔*alqm* ad *acc.*; ut, ne; *inf.*〕 …하게 하다, …하도록 결심시키다, 설복하다.

perpendiculáris, e, [**-lárĭus,** a, um,] *adj.* [perpendículum] 수직(垂直)의, 연직(鉛直)의, 곧추 선, 직립의.

perpendiculátor, óris, *m.* [perpendículum] 수직[연직(鉛直)]을 잡는 사람.

perpendiculátus, a, um, *p.p.* [*inusit.* perpendículo] 수직으로 놓인.

perpendícŭlum, i, *n.* [perpéndo] **1.** 연추(鉛錘): ad ~ *(C.)* 수직으로. **2.** 규범, 규정, 규칙.

perpéndo, di, sum, ĕre, *tr.* [per² +] **1.** (무게를) 정확히 달다. **2.** 심사숙고하다. **3.** 자세히 조사하다, 검토하다, 판단하다.

perpensátĭo, ónis, *f.* [perpénso = *freq.* perpéndo] 엄밀점검, 검토, 숙고.

perpénsĭo, ónis, *f.* [perpéndo] 심사숙고, 검토.

perpénsus, a, um, *p.p.* [perpéndo] 〔*adv.*〕 **perpénse,** 심사숙고하여, 깊이 헤아려.

pérpĕram, *adv.* [pérperus] 잘못, 틀리게, 그릇되게, 나쁘게.

pérpĕrus, a, um, *adj.* 그릇된, 잘못된, 그르친, 결점있는.

perpes, ĕtis, *adj.* **1.** 영속하는, 오래 가는, 영구적. **2.** (시간적으로) 온, 만(滿): nox ~ 꼬바기 하룻밤 / ~ dies 하루 종일 / per annum pérpetem 만 일년동안.

perpessícĭus, a, um, *adj.* [perpétior] 잘 참는, 인내심 많은, 잘 단련된, (고통·불행 따위에) 시련된.

perpéssĭo, ónis, *f.* [perpétior] 겪음, 당함; 참음, 견디어 냄, 인내.

pérpĕtim, *adv.* [perpes] 영구히, 계속적으로.

perpétĭor, *(tĕris, tĭtur),* péssus sum, ti, *dep. tr.* [per² + pátior] **1.** 당하다, 겪다; 참다, 인내하다, 견디어 내다. **2.** 〔*acc.c. inf.*〕 허락하다, 내버려두다. **3.** 해보다, 모험하다. 「있는, 해낼 수 있는; 허용되는.

perpetrábĭlis, e, *adj.* [pérpetro] 감행할 수

perpetrátĭo, ónis, *f.* [pérpetro] 실행, 완성, 수행(遂行), 실천, 자행(恣行).

perpetrátor, óris, *m.* [pérpetro] 실행자, 실현자, 장본인, 범행자, 자행자.

pérpĕtro, ávi, átum, áre, *tr.* [per² + patro] **1.** 〔*alqd; inf.; absol.*〕 완성하다, 마치다, 성취하다, 실행하다, 수행(遂行)하다, 실천하다. **2.** 저지르다, (죄를) 범하다, 자행(恣行)하다.

perpetuális, e, *adj.* [perpétuus] **1.** 영원한, 무궁한, 영구적인. **2.** 계속적인, 연속적인, 중단없는. **3.** 일반적인, 보편적인.

perpetuárĭus, a, um, *adj.* [perpétuus] 불변의, 영구적인, 항상 활동하는.

perpetuátĭo, ónis, *f.* [perpétuo²] 영속시킴.

perpetúĭtas, átis, *f.* [perpétuus] 영속성, 영존(永存), 끝없이 계속됨, 불멸; 영구성, 무궁. 「히; 끝없이, 끝까지; 종신토록.

perpétŭo¹, *adv.* [perpétuus] 영구히, 영원

perpétŭo², ávi, átum, áre, *tr.* [perpétuus] **1.** 영구화(永久化)하다, 영속시키다. **2.** 쉬지[끊지] 않고 계속하다.

perpétŭus, a, um, *adj.* [perpes] **1.** 계속적인, 연이어진, 연속적인, 끊임없는, 부단(不斷)한. **2.** 영원한, 무궁한, 영구적인, 변동없는; 종신(終身)의, 일평생의: in perpétuum *(C.)* 영원히, 항구적으로; 〔*adv.*〕 **-tŭum,** 영원히, 영구히, 종신토록. **3.** 일반적인, 보편적인, 보편성을 지닌. 「다.

perplácĕo, ére, *intr.* [per² +] 썩 마음에 들

perplánus, a, um, *adj.* [per² +] 대단히 명확한[명료한]; 평이(平易)한.

perplexábĭlis, e, *adj.* [perpléxor] 어리둥절하게 하는, 분명치 않은, 갈피를 잡지 못할, 모호한, 아리송한.

perpléxe[-xim], *adv.* [perpléxus] 모호하게, 아리송하게, 섞갈리게.

perpléxĭo, ónis, *f.* **1.** 착잡, 뒤얽힘. **2.** 불분명, 불투명.

perpléxĭtas, átis, *f.* [perpléxus] 섞갈림, 까다로움, 복잡, 불명료, 모호.

perpléxor, ári, *dep. tr.* [perpléxus] 혼란하게 하다, 복잡하게 하다, 섞갈리게[헛갈리게] 하다, 아리송하게 하다.

perpléxus, a, um, *adj.* [per² + plecto²] **1.** 뒤얽힌, 복잡한, 착잡한, 섞갈린, 갈피를 잡을 수 없는. **2.** 불명료한, 모호한, 아리송한. 「뒤얽힌, 복잡한, 착잡한.

perplicátus, a, um, *p.p.* [*inusit.* pérplico]

pérplŭo, ĕre, *intr.* **1.** 〔*impers.*〕 pérpluit 비가 들이치다. **2.** 비가[물이] 새다: Quum cœnáculum perplúeret,*(Q.)* 식당에 비가 새기 때문에 / Ex ímbribus aqua pérpluit. 소나기로 물이 샌다. **3.** (비밀 따위가) 새다, 새어나가다. **4.** *tr.* 적시다.

perplúres, ĭum, *adj.* [per[2]+] 상당히 많은.

perplúrĭmus, a, um, *adj.* [per[2]+] 대단히 많은.

perplúvĭum, i, *n.* 큰비, 호우, 폭우.

perpólĭo, ívi, ítum, íre, *tr.* [per[2]+] **1.** 길 갈고 닦다. **2.** 다듬다, 끝손질하다, 완성하다. 「음, 세련되게 함.

perpolítĭo, ónis, *f.* [perpólio] (말을) 다듬

perpolítus, a, um, *p.p.* [perpólio] 잘 연마된, 다듬어진, 매우 세련된.

perpópŭlor, átus sum, ári, *dep. tr.* [per[2]+] 완전히 황폐하게 하다, 파괴하다, 약탈하다, 유린하다. 「술을 계속 마심, 폭음.

perpotátĭo, ónis, *f.* [perpóto] 주연(酒宴),

perpótĭor, ítus sum, íri, *dep. intr.* [per[2]+] 완전히 차지하다.

perpóto, ávi, átum, áre, [per[2]+] **1.** *tr.* 다 마시다. **2.** *intr.* 쉴새없이 마시다, 주연을 베풀다, 폭음하다.

pérprĭmo, préssi, préssum, ĕre, *tr.* [per[2]+premo] 억세게 누르다, 압박하다.

perprobábĭlis, e, *adj.* [per[2]+] 매우 그럴듯한[그럴 수 있는], 있음직한.

perpropínquus, a, um, *adj.* 매우 가까운.

perprósper, ĕra, ĕrum, *adj.* [per[2]+] 매우 순조로운, 호조(好調)의. 「몹시 가렵다.

perpruríisco, ĕre, *intr. inch.* [per[2]+prúrio]

perpúgnax, ácis, *m. adj.* [per[2]+] 논쟁을 좋아하는, 호전적인. 「우 아름다운.

perpúlcher, chra, chrum, *adj.* [per[2]+] 매

perpúlsus, a, um, *p.p.* [perpéllo] 강타당한, 충격받은.

perpúrgo, ávi, átum, áre, *tr.* [per[2]+] **1.** 아주 깨끗해지게 하다. **2.** 설사시키다. **3.** 철저히 해결하다. **4.** 명백히 하다, 밝히다. **5.** (빚 따위를) 갚다, 청산하다.

perpusíllus, a, um, *adj.* [per[2]+] 매우 작은, 매우 어린.

pérpŭto, áre, *tr.* 충분히 설명[논술]하다.

perquam, *adv.* 최대한으로, 극단으로, 지극히; 몹시, 지독히: Perquam velim scire. *(Plin.)* 알고 싶어 죽겠다.

perquíro, quisívi, quisítum, ĕre, *tr.* [per[2]+quæro] **1.** 확실하게 조사하다, 애써 찾아내다, 탐구하다, 깊이 연구하다. **2.** 캐어묻다. 「세하게, 철저히.

perquisíte, *adv.* [perquisítus, perquíro] 자

perquisítĭo, ónis, *f.* [perquíro] 엄밀한 조사. 「문자.

perquisítor, óris, *m.* [perquíro] 조사인, 심

perrárus, a, um, *adj.* [per[2]+] 매우 드문; 〔*adv.*〕 **-ráro.**

perrecóndĭtus, a, um, *adj.* [per[2]+recóndo] **1.** 온전히 덮인[숨겨진]. **2.** 알기 어려운, 오묘한, 심원한.

perréctus, a, um, *p.p.* [pergo].

perrépo, répsi, réptum, ĕre, *intr., tr.*[per[2]+] 〔ad, in *acc.; acc.*〕 (어디까지) 기어가다, 기어서 도착하다.

perrépto, ávi, átum, áre, *intr., tr. freq.* [perrépo] 〔in *abl.; acc.*〕 기어 지나가다, 기어 돌아다니다.

porréxi, *pf.* [pergo].

Perrhæbĭa, æ, *f.* 북부 *Thessália*의 지방; 〔*adj.*〕 **-bus,** a, um. 「스운.

perridícŭlus, a, um, *adj.* [per[2]+] 매우 우

perródo, rósi, rósum, ĕre, *tr.* [per[2]+] 아주 쏠아버리다; 침식(浸蝕)하다.

perrogátĭo, ónis, *f.* 법률통과.

pérrŏgo, ávi, átum, áre, *tr.* **1.** 일일이 찾아 다니며 묻다, 참석한 전원에게 묻다: ~ senténtias*(Ta.)* 모든 참석자의 투표를 모으다. **2.** 〔legem〕 법을 통과시키다.

perrúmpo, rúpi, rúptum, ĕre, [per[2]+] **I.** *intr.* 〔per, in, ad *acc.*〕 부수고 지나가다, 뚫고 가다[들어가다], 길을 개척하다, 돌파하다.
II. *tr.* **1.** 쳐부수다, 깨뜨리다, 부러뜨리다. **2.** 뚫고 지나가다, 돌파하다, 무찌르다. **3.** (법을) 위반하다. **4.** (위험·난관 따위를) 극복하다, 벗어나다. **5.** 감동시키다. 「니.

Persa[1], æ, *f.* *Æétes, Circe, Perses*의 어머

Persa[2], æ, *m.* 〔흔히 *pl.*로〕 *Pérsia* 사람.

persæpe, *adv.* 매우 자주. 「지있는.

persálsus, a, um, *adj.* 매우 재치있는, 기

persalutátĭo, ónis, *f.* [persalúto] 모든 사람에게 하는 인사, 전반적인 인사.

persalúto, ávi, átum, áre, *tr.* [per[2]+] 〔*alqm*〕 일일이[두루] 인사하다; 정중히 자주 인사하다. 「성(至聖)의.

persánctus, a, um, *adj.* 매우 거룩한, 지

persáno, ávi, átum, áre, *tr.* [per[2]+] 완전히 고치다, 완치시키다. 「한[건전한].

persánus, a, um, *adj.* [per[2]+] 매우 건강

persápĭens, éntis, *adj.* 매우 현명한, 지극히 지혜로운. 「scio] 철저히 아는.

pérscĭens, éntis, *p.præs., a.p.* [*inusit.* pér-

persciénter, *adv.* [pérsciens] 잘 알면서, 짐짓. 「찢어버리다.

perscíndo, scĭdi, scíssum, ĕre, *tr.* [per[2]+]

perscísco, ĕre, *tr.* [per[2]+] 자세히 알다.

perscítus, a, um, *adj.* [*inusit.* pérscio] **1.** 매우 영리한, 재치있는. **2.** 매우 아름다운, 예쁜, 귀여운, 고운.

perscríbo, scrípsi, scríptum, ĕre, *tr.* [per[2]+] **1.** 상세히[정확히] 기록하다. **2.** 전부 기록하다, 수록하다; 등록하다. **3.** 문서를 작성하다. **4.** 장부에 적어 넣다, 기재하다. **5.** 서면으로 알리다. **6.** 횡선(橫線)을 그이[기로 그이] 니누디[분할히디].

perscríptĭo, ónis, *f.* [perscríbo] **1.** 기재, 기록; 문서 작성. **2.** 부기(簿記), 기장(記帳). **3.** 지불명령서, 수표. 「기 기록인.

perscríptor, óris, *m.* [perscríbo] 서기, 부

perscriptúra, æ, *f.* [perscríbo] 문서, 등기, 송장(送狀), 수표, 사본.

perscrutábĭlis, e, *adj.* [perscrútor] 샅샅이 뒤질 수 있는, 정밀 조사할 수 있는.

perscrutátĭo, ónis, *f.* [perscrútor] 정밀 조사[검사], 탐구. 「자.

perscrutátor, óris, *m.* [**-trix,** ícis, *f.*] 탐구

perscrúto, ávi, átum, áre, *tr.* = perscrútor.

perscrútor, átus sum, ári, *dep. tr.* [per[2]+] **1.** 빈틈없이 찾다, 샅샅이 뒤지다, 수사하다. **2.** 검토하다, 깊이 연구하다, 탐구하다.

perscúlptus, a, um, *adj.* 완전히 조각된.

per se, 자체, 그 자체로서, 본연의, 본래의; 자립적.

pérsĕco, sécŭi, séctum, áre, *tr.* [per[2]+] **1.** 잘라버리다, 가운데를 자르다, 절단하다, 베어내다. **2.** 구명(究明)하다, 분석하다, 세밀히 조사하다.

perséctor, átus sum, ári, *dep. tr. freq.* [per[2]+] **1.** 쫓다, 추적하다. **2.** 열심히 탐구하다.

persecútĭo, ónis, *f.* [pérsequor] **1. 추격,** 추적; 추구. **2.** 소송; 추궁. **3. 박해;** 학대: ~ Christianitátis 그리스도교에 대한 박해. **4.** 속행(續行), 계속.

persecútor, óris, *m.* [**-trix,** ícis, *f.*] [pérsequor] **1.** 뒤쫓아가는 사람; 수행원. **2.** (권익 보호를 위한) 소송인. **3. 박해자.**

persédĕo, sédi, séssum, ére, *intr.* [per[2]+] 오래[계속] 앉아 있다.

persédi, *pf.* [persédeo, persídeo, persído].

perségnis, e, *adj.* [per[2]+] 힘이 쭉 빠진, 느른한. 「己性), 자체성, 자립성.

perséĭtas, átis, *f.* [per se] 《哲》 자기성(自

persenésco, nŭi, ĕre, *intr. inch.* [per[2]+] 늙어 빠지다, 늙어 꼬부라지다. 「진.

pérsĕnex, sĕnis, *adj.* [per[2]+] 늙어 꼬부라

persenílis, e, *adj.* [per[2]+] 매우 늙은, 노쇠한.

perséntĭo, sénsi, sénsum, íre, *tr.* [per[2]+] **1.** 깊이 느끼다, 통감하다. **2.** 〔*acc.; acc. c.inf.*〕 알아차리다, 깨닫다.

persentísco, ĕre, *tr. intens.* [perséntio] **1.** 감각하다, 분명히 느끼다. **2.** 깨닫다.

Perséphŏne, es, *f.* **1.** *Prosérpina*의 희랍 이름. **2.** 죽음.

persephónĭum, i, *n.* 《植》 야생앵속.

Persépŏlis, is, *f.* *Pérsia*의 수도, *Cambýses*가 건설.

pérsĕquax, ácis, *adj.* 끈덕지게 추궁하는.

pérsĕquens, éntis, *p.præs., a.p.* [pérsequor] 〔*gen.*〕 열심히 뒤쫓는.

pérsĕquor, *(quĕris, ĭtur),* secútus sum, qui, *dep. tr.* [per[2]+] **1.** 뒤쫓다, 추적하다, 뒤따라가다. **2.** 끈덕지게 뒤쫓다, **추격하다.** **3.** 사냥하다. **4. 박해하다.** **5.** 원수갚다, 복수하다: ~ mortem *alcjs(Cæs.)* 누구의 죽음을 복수하다. **6.** 법정에서 투쟁하다, 권리를 주장[옹호·행사]하다. **7. 추구하다,** 탐구(探求)하다, 집념하다. **8.** (모범·풍습·제도 따위를) 따라가다, 좇아가다, 본받다. **9.** 답사(踏査)하다. **10.** 받아쓰다, 기록하다, 문서로 작성하다. **11. 계속해 나가다,** 속행(續行)하다; 수행(遂行)하다, 완수하다, 실천하다, 실현하다. **12.** (말이나 글로) 설명하다, 이야기하다.

persérvo, ávi, átum, áre, *tr.* [per[2]+] 끝까지 보존하다, 항구하다.

Perses[1], æ, *m.* **1.** *Sol*과 요정 *Persa*[1]의 아들, *Hécata*의 아버지. **2.** *Pérseus*의 아들. **3.** *Philíppus*왕의 아들로서 *Macedónia* 최후의 왕.

Perses[2], æ, *m.* *Pérsia* 사람.

Pérseus*(disyll.)*, ĕi[ĕos], *m.* *Júpiter*와 *Dánaë*의 아들, 괴물 *Medúsa*를 퇴치함; 〔*adj.*〕 **-sēĭus[-séus],** a, um.

persevérans, ántis, *p.præs., a.p.* [persevéro] 〔*absol.; gen.*〕 견지(堅持)하는, 고수하는, 꾸준한, 끝까지 밀고 나가는, 집요한, 불굴의, 끈기있는, 지속하는.

perseverántĭa, æ, *f.* [persevéro] 인내, **견인불발**(堅忍不拔), 백절불굴(百折不屈); **항구**(恒久), 지속(持續): 《神》 ~ finális 선종(善終)의 은총.

persevéro, ávi, átum, áre, [per[2]+sevérus] **I.** *intr.* **1.** 〔in *abl., abl.; absol.*〕 견지(堅持)하다, 고수(固守)하다, 고집하다, 관철하다, 버리지 않다, 끝까지 버티다, 꾹 배겨내다, 항구하다, 꾸준하다: ~ in suā senténtiā*(C.)* 자기 의견을 고집하다. **2.** 계속하다, 지속하다; 견디어 내다.
II. *tr.* **1.** 〔*alqd; inf.*〕 계속하다, 꾸준히 …하다. **2.** 고집하다, 우기다, 주장하다: Oréstem se esse perseverábat.*(C.)* *(Oréstes*는) 자기야말로 *Oréstes*라고 계속 주장하였다. 「격한

persevérus, a, um, *adj.* [per[2]+] 대단히 엄

Pérsĭa, æ, *f.* 중동 아시아의 페르샤만(灣, sinus Pérsicus) 북동에 위치한 지방(지금의 *Iran*), 페르샤제국(c. 330 A.C. *Alexánder* 대왕에게 멸망당함); 〔*adj.*〕 **-sĭcus[-séus],** a, um; 〔*adj. f.*〕 **-sis,** ĭdis. 「말리다.

persícco, ávi, átum, áre, *tr.* [per[2]+] 바싹

persíccus, a, um, *adj.* 바싹 마른.

pérsĭcum, i, *n.* [Pérsicus[1]] 복숭아.

Pérsĭcus[1], a, um, *adj.* *Pérsia*의: Pérsica malus*(f.)* 복숭아나무 / Pérsicum malum 복숭아; 〔*adv.*〕 **-ce,** *Pérsia*인의 풍습대로; *Pérsia*말로.

pérsĭcus[2], i, *f.* 《植》 복숭아나무.

persídĕo, sédi, séssum, ére, *intr.* [per[2]+sédeo] 앉아서 버티다, 앉아있다, 묵다.

persído, sédi, séssum, ĕre, *intr.* [per[2]+] 〔in, ad *acc.; absol.*〕 내려가다, 흐르다, 스며들

다; 정착(定着)하다.

persígno, áre, *tr.* [per²+] 정확히 기록하다, 기재하다, 표하다. 「주 흡사한.

persímĭlis, e, *adj.* [per²+] [*dat., gen.*] 아

persímplex, plĭcis, *adj.* 매우 간단한.

Persis, ĭdis, *f.* **1.** *Pérsia.* **2.** [*adj.f.*] *Pérsia*의.

persísto, stĭti, ĕre, *intr.* [per²+] [in *abl.*] 항구하게 머무르다, 여전히 계속하다, 집요하다, 고집하다, 지속하다.

persólĭdo, áre, *tr.* [per²+] 굳어지게 하다, 엉기게 하다. 「**2.** [욕설] 흉측한 놈.

persólla, æ, *f. dim.* [persóna] **1.** 작은 가면.

perso(l)láta, æ, *f.* 《植》 우엉.

persólvo, sólvi, solútum, ĕre, *tr.* [per²+] [*alqd alci*] **1.** 완전히 지불하다, 청산하다. **2.** 돌려주다, 갚다, 보답하다: diis grátiam ~*(C.)* 신들에게 감사하다. **3.** (죄의) 대가를 치르다, (벌을) 받다; 속죄하다. **4.** (의무·약속 따위를) 이행하다, 수행하다. **5.** epístolæ*(dat.)*~*(C.)* 편지 답장을 쓰다, 회답하다. **6.** (문제·의문 따위를) 풀다, 해결하다.

persóna, æ, *f.* [per²+sono] **1.** (광대의) 탈, 가면; 마스크. **2.** 배우, 역할, 배역, 등장인물. **3.** 신분, 지위; 직분, 직책, 노릇; 대리(代理), 대신, 대표: persónam tenére príncipis*(C.)* 원수직(元首職)을 맡다 / persónam *alcjs* gérere 누구를 대리하다[대표하다]. **4. 인물, 인격**; 사람, 개인: ~ grata 뜻에 맞는[마음에 드는] 사람 / ~ non grata 마음에 들지 않는 사람, (특히 외교관으로서) 달갑지 않은 인물, 기피인물 / in própriā persónā 스스로, 친히, 몸소 / in persónā *alcjs* (누구)라는 사람으로[사람이 되어]. **5.** 《法》 인(人), 인격: ~ phýsica 자연인 / ~ morális 법인(法人) / ~ morális collegiális 사단법인 / ~ morális non collegiális 재단법인 / ~ major 성년자(成年者) / ~ minor 미성년자. **6.** 《哲·神》 **위격**(位格), **위**(位). **7.** 《文法》 인칭.

personális, e, *adj.* [persóna] **1.** 사람의, 개인의, 사사로운, 일신상의, 자기의, 본인(직접)의: nomen personále 개인 이름. **2.** 인격의, 위격적(位格的): ~ Deus 인격신, 위격적 신. **3.** 《文法》 인칭의, 인칭 활용의, 인칭 활용을 하는. **4.** [*adv.*] **-lĭter,** 개인적으로, 개인을 대상으로; 자기로서는; 친히, 직접; 《文法》 인칭적으로.

personalísmus, i, *m.* 《哲》 인격주의.

personálĭtas, átis, *f.* **1.** 개성, 인격, 인품, (개성을 지닌) 인물. **2.** 위격성(位格性). 「링찬 소리.

personátĭo, ónis, *f.* [pérsono] 소리냄, 우

personátus, a, um, *adj.* [persóna] **1.** (가면극에서) 가면을 쓴, 탈을 쓴; 변장한. **2.** 가장한, …인 체하는.

personificátĭo, ónis, *f.* [persóna+fácio] **1.** 화신(化身). **2.** 인격화, 의인(擬人). **3.** 《修》 의인법(擬人法).

pérsŏno, sónŭi, sónĭtum, áre, **I.** *intr.* **1.** [*abl.*] 울리다, 울려 퍼지다, 반향하다, 메아리치다: Domus cantu personábat.*(C.)* 온 집안에 노래소리가 울려 퍼지고 있었다 / Ululátus pérsonant totā urbe.*(L.)* 온 도시에서 통곡소리가 터져 나오고 있다. **2.** [*abl.*] 악기를 연주하다: Citharā Iópas pérsonat.*(V.)* *Iópas*가 거문고를 탄다.
II. *tr.* **1.** (요란한) 소리로 가득차게 하다, 울려 퍼지게 하다: totam ejulátu ~ régiam *(Curt.)* 온 궁중에 통곡소리를 울려 퍼지게 하다. **2.** [*alqd; acc.c.inf.;* ut] 큰소리로 외치다; 소리내어 노래하다[찬미하다]. **3.** 악기를 연주하다; 악기소리를 울려 퍼지게 하다: clássicum ~*(Apul.)* 신호 나팔을 우렁차게 불다.

pérsŏnus, a, um, *adj.* [*abl.*] **1.** (소리를) 울려 퍼지게 하는. **2.** 온통 소리나는.

perspécte, *adv.* [perspéctus] 식견(識見)을 가지고. 「식견(識見).

perspéctĭo, ónis, *f.* [perspício] 이해, 통찰,

perspectívus, a, um, *adj.* [perspécto] 원근법(遠近法)에 의한 배경의, 투시화법(透視畵法)의.

perspécto, ávi, átum, áre, *tr. freq.* [perspício] **1.** 전체를 보다, 끝까지 지켜보다. **2.** 주의깊게 관찰하다, 뚫어지게 바라보다.

perspéctor, óris, *m.* [perspício] 식별자, 탐구자, 통찰자.

perspéctus, a, um, *p.p.,a.p.* [perspício] 세밀히 조사된, 주의깊게 관찰된, 인정받은, 확실한, 명백한, 잘 알려진.

perspécŭlor, átus sum, ári, *dep.tr.* [per²+] 자세히 조사하다[살피다].

perspérgo, spérsi, spérsum, ĕre, *tr.* [per²+spargo] [*alqd alqā re*] **1.** (물을) 뿌리다, 물에 적시다. **2.** 맛을 내다, 양념하다.

perspicácĭtas, átis, *f.* [pérspicax] 총명, 명민(明敏), 형안(炯眼), 통찰력.

pérspĭcax, ácis, *adj.* [perspício] 총명한, 명민한, 이해가 빠른, 형안(炯眼)의, 통찰력(洞察力) 있는, 선견지명이 있는.

perspiciéntĭa, æ, *f.* [perspício] 충분한 인식(認識), 통찰, 명찰(明察).

perspícĭo, spéxi, spéctum, ĕre, *tr.* [per²+spécio] **1.** 속속들이 들여다보다, 꿰뚫어 보다. **2.** [*alqd; interr. indir.*] **자세히 살펴보다**, 주의깊게 관찰하다, 주시하다, 검사하다; 정찰하다. **3.** [*acc.; acc.c.inf.; interr. indir.*] 통찰(洞察)하다, 전체를 파악하다, 명찰(明察)하다; 깨닫다, 정확히 인식하다, 명확히 알다.

perspicúĭtas, átis, *f.* [perspícuus] **1.** 투명. **2.** 명료, 명쾌함. **3.** 자명(自明).

perspícŭus, a, um, *adj.* [perspício] **1.** 들여다보이는, 투명한, 말간, 비치는. **2.** 명백한, 명료한, 확실한, 자명(自明)한.

perspirátĭo, ónis, *f.* [perspíro] 피부 호흡; 발한(發汗), 발한 작용. 「이) 계속 불다.

perspíro, áre, *intr.* 사방으로 불다; (바람

perspísso, *adv.* 유유히, 아주 천천히.

perstérno, strávi, strátum, ĕre, *tr.* [per^2+] 완전히 포장(鋪裝)하다, 온전히 평평하게 하다. 「멀어지다[흐르다].

perstíllo, áre, *intr.* [per^2+] 물방울이 계속

perstípo, áre, *tr.* [per^2+] 빽빽하게 하다, 죄어들게 하다.

pérstĭti, *pf.* [persísto, persto].

persto, stĭti, statúrus, áre, *intr.* [per^2+] **1.** 꿋꿋이 서 있다, 움직이지 않고 서 있다. **2.** 오래 가다, 지속하다. **3.** 〔in *abl.*, *abl.*; *inf.*; *absol.*〕 계속 머무르다, 끝까지 버티다, 고집하다, 버리지 않다, 변치 않다, 꾸준히 계속하다: in senténtiā ~ *(Cæs.)* 의견을 굽히지 않다.

pérstrĕpo, pŭi, pĭtum, ĕre, *intr.*, *tr.* 〔in *abl.*; *acc. loci*; *absol.*〕 요란한 소리를 내다, 요란스럽게 울려 퍼지다, 떠들썩하다.

perstríctus, a, um, *p.p.* [perstríngo] 졸라맨, 꽉 죈; 매우 엄격한, 간단한; 〔*adv.*〕 **-te, -tim.**

perstríngo, strínxi, stríctum, ĕre, *tr.* **1.** 꽉 죄다, 꽉 붙들어 매다, 꽉 끼게 하다. **2.** 얼어붙게 하다. **3.** 스치다, 스치고 지나가다, 스쳐서 상처내다. **4.** (밭을) 갈다. **5.** 무디게 하다; (감각·감정을) 마비시키다, (보지 못할 정도로) 눈을 부시게 하다. **6.** 움츠러들게 하다. **7.** 〔*alqm[alqd] - alqā re*〕 비난하다, 나무라다, 공박하다, 비판하다. **8.** 간단히 언급하다, 잠깐 이야기하고 지나가다.

perstudiósus, a, um, *adj.* [per^2+] 〔*gen.*〕 매우 열심한, 매우 노력하는.

persuádĕo, suási, suásum, ére, *intr.*, *tr.* [per^2+] **1.** 〔*alci acc.c. inf.*, *alqd*; de *abl.*; *alqm*; *absol.*〕 **확신시키다,** 믿게 하다, **설복하다,** 설득하다, 납득시키다; 〔*refl.*〕 **sibi** ~ *(C.)* 확신하다, 납득하다: milítibus ~, *acc.c.inf.(N.)* …라는 것을 군인들에게 확신시키다 / 〔*pass. impers.*〕 De *alqā re* persuásum est nobis.*(C.)* 무엇에 대해서 우리는 확신을 가지고 있다. **2.** 〔*alci* ut, ne, *subj.*; *alqm*; *inf.*〕 설득[설복·권유]하여 …하게 하다, …하도록 마음먹게 하다: Huic persuádet, ut ad hostes tránseat.*(Cæs.)* 적군한테로 넘어가도록 이 사람을 그가 설복한다. 「만한; 설득력있는.

persuasíbĭlis, e, *adj.* [persuádeo] 납득할

persuásĭo, ónis, *f.* [persuádeo] **1.** 설복, 설득. **2.** 납득, 확신, 신념, 정견(定見).

persuasívus, a, um, *adj.* [persuásio] 설득력이 있는, 납득이 가게 하는.

persuásor, óris, *m.* [**-suástrix,** ícis, *f.*] [persuádeo] 설득자, 설복자.

persuasórĭus, a, um, *adj.* [persuásor] 설복하는, 납득시키는.

persuásus^1, a, um, *p.p.*, *a.p.* [persuádeo] **1.** 확실한 것으로 믿어진: habére persuásum, *acc.c.inf.(C.)* …라는 것을 확신하다. **2.** 설복당한, 확신하게 된.

persuásus^2, us, *m.* [persuádeo] 설득.

persuávis, e, *adj.* 매우 감미로운.

persubtílis, e, *adj.* [per^2+] 매우 섬세한, 정교한, 훌륭한.

persúlto, ávi, átum, áre, *intr.*, *tr.* [per^2+salto] **1.** 〔in, super *abl.*; *abl.*; per *acc.*; *acc.*〕 뛰어오르다, 깡충깡충[날렵하게] 뛰어다니다, 뛰놀다, 날뛰다, 뛰어 돌아다니다. **2.** 기뻐 춤추다, 작약하다. **3.** (소리가) 울려 퍼지다. **4.** 〔*alqd*〕 호령하다.

pertǽdet, tǽsum est, ére, *intr. impers.* 〔*alqm alcjs (rei)*, *inf.*〕 몹시 싫증나다[싫어지다], 권태를 느끼다, 진저리가 나다.

pertǽsus, a, um, *p.p.*, *a.p.* [pertǽdet] 〔*gen.*, *acc.*〕 몹시 싫증난, 싫어진, 진저리난, 혐오하는. 「히 덮다[가리다].

pértĕgo, téxi, téctum, ĕre, *tr.* [per^2+] 온전

pertémpto = perténto.

perténdo, di, sum, ĕre, *tr.*, *intr.* [per^2+] **1.** 〔*alqd*〕 마치다, 끝내다, 수행(遂行)하다. **2.** 〔in, ad *acc.*〕 (향하여) 가다, 곧장 달려가다. **3.** 〔*absol.*; in *abl.*〕 끝까지 하다, 고집하다.

perténto, ávi, átum, áre, *tr.* [per^2+] **1.** 두루 시험해 보다. **2.** 떠보다, 알아보다, 캐내다, 탐색하다, 뒤지다, 이것저것 해보다. **3.** 잘 생각해 보다, 검토하다, 연구하다. **4.** 감동시키다, 가슴 벅차게 하다. **5.** 엄습하다.

perténŭis, e, *adj.* **1.** 아주 얇은[가는], (모래 따위가) 고운. **2.** 가냘픈, 빈약한, 사소한. 「로) 뚫어버리다, 구멍뚫다.

pertérĕbro, ávi, átum, áre, *tr.* (송곳 따위

pertérgĕo, térsi, térsum, ére, *tr.* [per^2+] **1.** 닦(아내)다, 훔치다. **2.** 살짝 닿다, 스치다.

pértĕro, trívi, trítum, ĕre, *tr.* [per^2+] **1.** 비비다, 빻다, 찧다, 갈다. **2.** 〔*pass.*〕 닳다.

perterrefácĭo, féci, fáctum, cĕre, *tr.* [pertérreo+fácio] 위협하다, 공갈하다, 몹시 놀라게 하다.

pertérrĕo, térrŭi, térrĭtum, ére, [**-térrĭto,** áre,] *tr.* [per^2+] **1.** 몹시 놀라게 하다. **2.** 위협하다.

perterrícrĕpus, a, um, *adj.* [pertérreo+crepo] 무섭게 울리는, 굉음이 나는.

pertéxo, xŭi, xtum, ĕre, *tr.* [per^2+] **1.** 끝

까지 짜다(織). **2.** 완성하다, 마무리하다 **3.** 말을 마무르다, 끝맺다.

pértĭca, æ, *f.* **1.** 막대기, 장대, 삿대; 지팡이; 도리깨. **2.** 어린 나무. **3.** (척도의 단위로서) 열(pool)끼리 막대기(약 *3m*). **4.** 도지(賭地). 「의.

perticális, e, *adj.* [pértica] 장대의, 막대기

pertíměo, ére, *tr.* [per²+] 몹시 무서워하다, 두려워하다, 겁내다.

pertimésco, tímŭi, ĕre, *tr., intr. inch.* [pertímeo] 〔*alqd;* de *abl.;* ne〕 몹시 무서워하다[두려워하다]; 크게 놀라다.

pertinácĭa, æ, *f.* [pértinax] **1.** 견인(堅忍), 불굴(不屈), 끈기있음. **2.** 고집, 완고, 완강.

pértĭnax, nácis, *adj.* [per²+tenax] **1.** 단단히 붙잡고 놓지 않는, 거머쥐는. **2.** 구두쇠의, 인색한. **3.** 줄기찬. **4.** 〔*absol.; gen.; inf.*〕 **꾸준한**, 한결같은, 항구한, 끈기있는, 끈질긴, 끊임없는: ~ stúdium(*Q.*) 꾸준한 노력. **5. 완고한**, 고집센, 외고집의, 굽히지 않는; 완강한.

pertinénter, *adv.* [pertíneo] 적절하게, 타당하게, 적당하게, 정당하게.

pertínĕo, tínŭi, ére, *intr.* [per²+téneo] **1.** 〔ab, ex *abl.* - ad, in, per *acc.*〕 …까지 미치다, 뻗다, 다다르다, 이르다, 파급되다. **2.** 〔ad *acc.*〕 **속**(屬)**하다**, 소속하다, 딸리다; 귀속하다. **3.** 〔ad *acc.*〕 **관계되다**, 상관되다; 이롭다, 소용닿다, 적합하다.

pertíngo, ĕre, *tr.* [per²+tango] 닿다, 다다르다, 이르다, 뻗다. 「다, 견디어 내다.

pertólĕro, ávi, áre, *tr.* [per²+] 끝까지 참

pertractátĭo, ónis, *f.* [pertrácto] **1.** 다룸, 취급, 처리. **2.** 연구, 논고(論攷).

pertrácto, ávi, átum, áre, *tr.* [per²+] **1.** 만지다, 쓰다듬다, 주무르다, 접촉하다. **2.** 자세히 살피다, 검토하다, 숙고하다, 연구하다, 탐구하다. **3.** 다루다, 설명하다.

pertráctus, us, *m.* [pértraho] (시간의) 연장(延長); 지속, 영속.

pértrăho, tráxi, tráctum, ĕre, *tr.* **1.** 〔*alqd [alqm]* - in, ad *acc.*〕 끌어당기다, 잡아끌다; 끌고가다, 데려가다. **2.** 끌어내다, 뽑아내다. **3.** (시간을) 길게 끌다, 연장하다.

pertránsĕo, ívi [ĭi], ĭtum, íre, *anom. intr.* (가운데나 옆을) 지나가다, 통과하다, 넘어가다; 경과하다.

pertranslúcĭdus, a, um, *adj.* 매우 투명한.

pertrécto = pertrácto.

pertremísco, ĕre, *intr., tr.* [per²+] 크게 떨다, 전율하다, 몹시 무서워하다.

pertríbŭo, ŭi, ĕre, *tr.* [per²+] 나누어 주다, 교부하다. 「복잡한, 까다로운.

pertricósus, a, um, *adj.* 심히 얽힌, 매우

pertrístis, e, *adj.* **1.** 매우 슬퍼하는, 슬픔에 잠긴. **2.** 매우 역정내는.

pertrítus, a, um, *p.p.* [pértero] 낡아빠진, 진부(陳腐)한, 통속화한.

pértŭli, *pf.* [pérfero].

pertumultuóse, *adv.* 매우 소란스럽게.

pertúndo, túdi, túsum[túnsum], ĕre, *tr.* 꿰뚫다, 관통하다.

perturbátĭo, ónis, *f.* [pertúrbo] **1.** 날씨 사나움, 악천후. **2. 혼란**, 무질서. **3. 소동**, 소란, 난동, 교란. **4.** 당황, (마음의) 산란(散亂)·동요, 불안; 격정. **5.** 《天》 섭동(攝動).

perturbátor, óris, *m.* [-**trix,** ícis, *f.*] [pertúrbo] 교란자, 난동자, 소동 일으키는 자.

perturbátus, a, um, *p.p., a.p.* [pertúrbo] **1.** (일기 따위가) 몹시 사나운, 격렬한. **2.** 어지러운, 소란한, 혼란[산란]해진, 동요된, 당황한, 불안해진, 깜짝 놀란, 겁에 질린.

pertúrbo, ávi, átum, áre, *tr.* [per²+] **1.** 뒤섞어 놓다, 혼잡하게 하다. **2.** 어지럽게 하다, **혼란시키다, 교란하다,** 질서를 문란케 하다. **3.** (마음을) 산란케 하다, 당황하게 하다, 어리둥절하게 하다, 불안하게 하다. 「망신스러운.

pertúrpis, e, *adj.* [per²+] 몹시 추한, 몹시

pertússis, is, *f.* 《醫》 백일해.

pérŭla, æ, *f. dim.* [pera] 작은 자루, 배낭, 동냥주머니.

perúngo, únxi, únctum, ĕre, *tr.* [per²+] 〔*alqd alqā re*〕 (기름·고약 따위를) 두루 바르다, 칠하다, 문지르다.

perurbánus, a, um, *adj.* [per²+] 매우 예모있는, 교양있는, 세련된, 기품있는; 재치있는.

perúrgĕo, úrsi, ére, *tr.* [per²+] **1.** 밀어닥치다, 죄어 들어가다, 쳐들어가다; 압박하다, 압력을 가하다. **2.** 몹시 재촉하다, 다그치다.

perúro, ússi, ústum, ĕre, *tr.* [per²+] **1.** 태우다, 태워 버리다. **2.** 몹시 그슬리다, 그을리다; 몹시 뜨겁게 하다. **3.** 가죽을[피부를] 벗겨지게 하다. **4.** 동상(凍傷)에 걸리게 하다. **5.** (욕망 따위에) 불타게 하다, 타오르게 하다; 〔*pass.*〕 **perúri** (욕망 따위에) 불타다, 갈망하다. **6.** (걱정 따위로) 괴롭히다, 고민하게 하다.

Perúsĭa, æ, *f. Etrúria*의 12 동맹시(同盟市) 중의 하나(지금의 *Perugia*); 〔*adj.*〕 **-sínus,** a, um. 「傷); 동상(凍傷).

perústĭo, ónis, *f.* [perúro] 태움; 화상(火

perútĭlis, e, *adj.* [per²+] 매우 유익한.

pervácŭus, a, um, *adj.* [per²+] **1.** 텅빈, 매우 공허한. **2.** 대단히 허약한.

pervádo, vási, vásum, ĕre, *intr., tr.* [per²+] **1.** 〔per *acc.; acc.; absol.*〕 뚫고 지나가다, 통과하다; 퍼지다, 번지다. **2.** 〔in, ad, sub *acc.; acc.*〕 뚫고 들어가다, 침범하다, 침입하다, 침투하다; 스며들다. **3.**〔per *acc.; acc.; absol.*〕 휩쓸고 지나가다, (소문·원성〈怨聲〉 따위가) 쫙 퍼지다. **4.**〔ad, in *acc.; acc.*〕 다다르다, 이르다, 달하다.

pervagátus, a, um, *p.p., a.p.* [pérvagor] 널리 퍼진, 알려진; 보급된, 보편화한, 일반적인, 평범한, 진부한.

pérvăgor, átus sum, ári, *dep. intr., tr.* [per² +] **1.**〔*acc.,* in *abl.; absol.*〕 배회하다, 횡행하다; 편력하다, 두루 다니다. **2.**〔in *abl.; acc.*〕 널리 퍼지다, 전파되다, 확산하다, 번지다. **3.**〔*acc.*〕 침투하다, 스며들다. **4.** 보통이 되다, 일반화되다, 너무 많아지다.

pérvăgus, a, um, *adj.* [per²+] 방황하는, 방랑하는.

perválĭdus, a, um, *adj.* [per²+] 대단히 강한.

pervárĭus, a, um, *adj.* [per²+] 여러가지의, 다양한, 잡다한.

pervásĭo, ónis, *f.* 침입, 침범, 침해, 침략.

pervásto, ávi, átum, áre, *tr.* [per²+] 완전히 파괴하다, 황폐케 하다; 약탈하다.

pervéctĭo, ónis, *f.* [pérveho] 운송, 운반.

pervéctor, óris, *m.* [pérveho] 배달인.

pérvĕho, véxi, véctum, ĕre, *tr.* [per²+] **1.** 운반하여 지나가다, 통과하다. **2.** 운반하다, 나르다; (말·수레·배 따위로) 실어 나르다 ;〔*pass.*〕 **pérvehi** (말·수레·배 따위를)타고 가다. **3.** 도달하게 하다;〔*pass.*〕 도달하다.

pervéllo, vélli, vúlsum, ĕre, *tr.* [per²+] **1.** 꼬집다; 잡아 뽑다; (귀 따위를) 잡아당기다:〔숙어〕 ~ *alci* aurem*(Sen.)* 생각나게 하다. **2.** (신체의 기관을) 자극하다, 자극을 주다. **3.** 아프게 하다, 고통을 주다. **4.** 나쁘게 말하다, 비난하다, 혹평하다. **5.** 격려하다.

pervénĭo, véni, véntum, íre, *intr.* [per²+] **1.**〔in, ad, sub *acc.; absol.*〕 마침내 이르다, 다다르다, 도착하다, 도달하다. **2.**〔ad *alqm,* in *alqd*〕 (누구에게) 돌아가다, (누구의) 차지가 되다: ut omnis heréditas ad fíliam perveníret,*(C.)* 모든 유산이 딸에게 돌아가도록. **3.**〔ad *alqm,* ad aures *alcjs*〕 (누구에게) 알려지다, (누구의 귀에) 들어가다. **4.**〔ad, in *acc.*〕 얻다, 달성하다; (무슨 일을) 당하다, 받다, (무엇에) 멀어지다·빠지다, (어떤 상태에) 이르다: ~ in ódium *alcjs(N.)* 누구의 미움을 받다 / ~ ad desperatiónem*(Cæs.)* 실의에 잠기다, 실망하게 되다 / ~ ad primos comœ́dos*(C.)* 일류 희극배우가 되다.

pervéntĭo, ónis, *f.* [pervénio] 도착, 도달.

pervéntor, óris, *m.* [pervénio] 도달자.

pervenústus, a, um, *adj.* [per²+] 대단히 매력있는, 우아한, 품위있는, 대단히 아름다운.

pervérsĭo, ónis, *f.* [pervérto] **1.** 거꾸러뜨림, 전도(顚倒), 전복; 차례를 뒤바꿈. **2.** (뜻 따위의) 왜곡, 곡해. **3.** 도착(倒錯): ~ sexuális 성욕 도착.

pervérsĭtas, átis, *f.* [pervérsus] **1.** 선후도착(先後倒錯), 부조리, 엉뚱함, 반자연(反自然). **2.** 전복, 파괴, 타도, 도괴(倒壞). **3.** 악화, 타락, 부패; 사악.

pervérsus, a, um, *p.p., a.p.* [pervérto] **1.** 거꾸러진, 붕괴된, 전복된, 전도(顚倒)된, 도착(倒錯)한. **2.** 비뚤어진, 비틀어진, 뒤틀린, 일그러진, 찌그러진, 흐트러진, 너더분하게 흩어진. **3.** 잘못된, 그릇된, 나쁜, 정도(正道)에서 벗어난, 사악한; 타락된. **4.** 심술궂은, 악의에 찬.

pervérto, vérti, vérsum, ĕre, *tr.* **1.** 거꾸러뜨리다, 뒤집어엎다, 전복시키다, 전도(顚倒)시키다, 쓰러뜨리다. **2.** 붕괴[몰락]시키다, 유린하다, 격파[격멸]하다, 파괴하다, 멸망시키다. **3.** 타락시키다, 부패케 하다, 악화시키다, 망쳐놓다.

pervestigátĭo, ónis, *f.* [pervestígo] 탐사; 탐구;

pervestigátor, óris, *m.* [pervestígo] 탐구자.

pervestígo, ávi, átum, áre, *tr.* [per²+] **1.** 뒤쫓아가 찾아내다, 미행하다. **2.** 발견하다, 찾아내다; 탐사하다, 탐구[연구]하다.

pérvĕtus, vétĕris, (*gen. pl.* um; *n.pl. nom., acc.* a), *adj.* [per²+] 매우 오래 된, 오래 묵은; 아주 낡은, 오래 된, 낡아빠진.

pervetústus, a, um, *adj.* [per²+] 매우 오

pervicácĭa, æ, *f.* [pérvicax] **1.** (외)고집, 완고, 완강. **2.** 견고, 확고, 단호(斷乎), 불굴; 항구성, 내구력, 끈덕짐.

pérvĭcax, ácis, *adj.* [pervínco] **1.** 고집센, 완고한, 완강한. **2.** 불굴의, 확고한, 단호한; 꾸준한, 끈기있는, 집요한; 내구력있는.

pérvĭcus, a, um, *adj.* = pérvicax.

pervídĕo, vídi, vísum, ére, *tr.* [per²+] **1.** 바라보다, 전망[조망(眺望)]하다, 두루 보다. **2.** 자세히 관찰하다[알아보다], 식별하다, 통찰하다. **3.** 깨닫다, 인식하다, 파악하다.

pervígĕo, gŭi, ére, *intr.* [per²+] 매우 융성하다, 강대해 지다.

pérvĭgil, ĭlis, *adj.* [per²+] 밤새 깨어있는; 계속 경계하여 살피는.

pervigilátĭo, ónis, *f.* [pérvigil] 밤샘.

pervigílĭum, i, *n.* [pérvigil] **1.** 밤샘, 철야. **2.** 철야제. **3.** 《醫》 불면증.

pervígĭlo, ávi, átum, áre, *intr.* [per²+] 밤을 꼬박이 새우다, 철야하다, 자지 않다; 불침번을 서다.

pervílis, e, *adj.* [per²+] 값이 매우 싼, 헐값의.

pervínco, víci, víctum, ĕre, *intr., tr.* [per² +] **1.** 완전히 이기다, 극복하다, 온전히 정복하다. **2.** 능가하다, 월등히 낫다. **3.**〔*alqm;* ut〕 설복하여 …하게 하다. **4.**

〔*alqd;* ut〕 노력하여 성취[달성]하다, 성공하다, 하고야 말다. **5.** ~ *alqd* dictis *(Lucr.)* 증명하다. 「상록(常綠)의.

pérvĭrens, éntis, *p.præs.* [*inusit.* pervíreo]

pervírĭdis, e, *adj.* 새파란.

pérvĭum, i, *n.* [pérvius] 통행, 통로.

pérvĭus, a, um, *adj.* [per² + via] **1.**〔*absol.; dat.*〕 통행할 수 있는, 통하는; 접근할 수 있는, 개방된: equo loca pérvia *(Ov.)* 말이 지날 수 있는 곳. **2.** 통과시키는, 뚫고 지나가게 하는. 「속하다, 오래 살다.

pervívo, víxi, víctum, ĕre, *intr.* [per² +] 존

pervolg... *V.* pervulg...

pervŏlĭto, ávi, átum, áre, *intr., tr. freq.* [pérvolo¹]〔per *acc.; acc.*〕 날아서 지나가다 [돌아다니다].

pérvŏlo¹, ávi, átum, áre, *intr., tr.* [per² +] **1.**〔*absol.; acc.*〕 날아다니다, 날아서 돌아다니다: aérium ~ iter *(Ov.)* 공중을 날아다니다 / Rumor agitátis pérvolat alis. *(Ov.)* 소문이 날개돋친 듯이 빨리 퍼져나간다. **2.**〔in *acc.*〕 (어디로) 날아가다. **3.**〔*absol.; acc.*〕 날아가듯 빨리 가다; 뛰어다니다: totam ~ urbem *(Juv.)* 온 도시를 뛰어다니다.

pérvŏlo², *(vis, vult),* vólŭi, vélle, *anom. tr.*〔*inf., acc. c.inf.*〕 몹시 원하다, 무척[많이] …하고 싶다.

pervolúto, áre, *tr. freq.* [pervólvo] 책장을 부지런히 넘기다, 열심히 읽다, 자세히 조사하다.

pervólvo, vólvi, volútum, ĕre, *tr.* [per² +] **1.**〔*alqm* in *abl.;* in *acc.*〕 (어디에다) 굴리다. **2.** (책장을) 넘기다, 열심히 읽다, 통독(通讀)하다. **3.** *pass.*〔in *abl.*〕 (어디에) 오래 머무르다[있다].

pervor... *V.* perver...

pervulgátus, a, um, *p.p., a.p.* [pervúlgo] 널리 퍼진, 다 아는; 보통인, 누구나[늘] 하는, 공통적인, 통상적인, 예사인.

pervúlgo, ávi, átum, áre, *tr.* [per² +] **1.**〔*alqd* - per, in, apud *acc.;* in *abl.*〕 두루 퍼뜨리다, 전파하다, 널리 알려지게 하다, 공개하다, 보급시키다. **2.** se ~ *alci (C.)* 매음(賣淫)하다.

pervúlsus, a, um, *p.p.* [pervéllo].

pēs, pĕdis, *m.* **1.** (사람·동물의) **발**: pédibus *(C.)* 걸어서, 도보로; 육로로 / pedem ferre *(V.)* 가다, 오다 / pedem inférre *(C.)* 들어가다 / pedem effférre *(C.)* 나가다 / pedem reférre *(Ov.)* 돌아오다[가다] / ad pedes *alcjs* accídere [procídere, se abjícere, se projícere, se prostérnere; ante pedes *alcjs* procúmbere] 누구의 발앞에 엎드리다 / pede terram pulsáre *(H.)* 춤추다 / conjícere se in pedes *(T.)* 도망가다 / sub pédibus esse 지배하에 있다 / sub pédibus pónere *(Sen.)* 무시하다 / pedem oppónere *alci (rei) (Ov.)* 가로막다, 방해하다 / ante pedes (esse) *(C., T.)* 발앞에[눈앞에] 있다, 당면하다 / stans pede in uno *(H.)* 빨리[척척·힘안들이고](…하다) / omni pede stare *(Q.)* 있는 힘을 다해서 하다 / pes dexter [felix, secúndus] *(V., Ov.)* 순조로운 도착, 행운을 동반하는 도착. **2.** 《軍》 ad pedes descéndere [desilíre] *(L., Cæs.)* 기병이 말을 버리고 보병전으로 들어가다 / pédibus merére *(L.)* 보병으로 복무하다 / conférre pedem *(L., C.)* 백병전을 하다, 돌격전을 벌이다. **3.** pédibus ire in senténtiam *alcjs (L.)* (특히 원로원에서) 누구의 의견[제안]에 찬성[찬동]하다. **4.** (상·걸상·침대 따위의) 다리. **5.** (돛을 올리고 내리는) 용층줄: fácere pedem *(V.)* 돛을 올리다 / æquo pede *(Ov.)* 순풍에 돛을 달고. **6.** (배젓는) 노. **7.** 산[언덕]기슭. **8.** 샘, 강물. **9.** 《詩》 운각(韻脚), 운율(韻律). **10.** 《音》 박자. **11.**〔척도 단위〕 자, 척(尺: 약 *29.5cm*). **12.** 이(虱).

pessárĭum, i, *n.* 《醫》 **1.** 자궁 압정기(子宮壓定器). **2.** (피임용) 자궁전(子宮栓).

pessimísmus, i, *m.* [péssimus] 비관주의, 비관론; 염세관;〔*adj.*〕 **-ístĭcus,** a, um.

pessimísta, æ, *m., f.* 비관론자; 염세주의자. 「해을 끼치다, 망그러뜨리다.

péssĭmo, áre, *tr.* 아주 나쁘게 만들다, 불

péssĭmus, a, um, *adj. superl.* [malus¹] 가장[대단히] 나쁜, 가장 불량한[악질의], 극악한, 최악의.

Péssĭnus, úntis, *f. Galátia*의 도시, *Cýbele* 여신 숭배로 유명하였음;〔*adj.*〕 **-núntĭ(c)us,** a, um. 「um.

péssŭlum, i, *n. dim.* [pessum²] = pessári-

péssŭlus, i, *m.* 빗장.

pessum¹, *adv.* [pes] 아래로, 깊이, 밑바닥까지: ~ abíre *(Pl.)* 바다[물]에 가라앉다, 침몰하다 / ~ ire *(Ta.)* 망하다 / ~ dare [pessúmdare] *(Pl.)* 망하게 하다, 몰락시키다.

pessum², i, *n.*[**-us,** i, *m.*] (옛날에는 부드러운 양털로 만든) 자궁전(子宮栓).

pessúmdo [pessúndo], dĕdi, dătum, dăre, *tr.* 바다 밑으로 밀쳐넣다, 침몰시키다; 전멸시키다, 망하게 하다, 몰락시키다.

péstĭfer, ĕra, ĕrum, *adj.* [pestis + fero] **1.** 페스트병을 퍼뜨리는; 전염력이 강한. **2.** 악취를 풍기는. **3.** 유해한, 해로운, 유독한; 해독을 끼치는, 파괴적인.

péstĭlens, éntis, *adj.* [pestis] **1.** 전염병의, 페스트성의, 전염성의, 전염병을 일으키는: ~ annus *(L.)* 전염병이 도는 해. **2.** 병들게 하는, 유해한, 해독을 끼치는, 악성의. **3.** 위험한, 치명적인, 파괴적인.

pestiléntĭa, æ, *f.* [péstilens] **1.** 페스트, **흑사병**; (사망률이 높은) **전염병**, 유행병. **2.** 병들게 하는 기후[풍토·공기·악조건], 공해(公害). **3.** 독소, 해독(害毒).

pestilentiárĭus, a, um, *adj.* [pestiléntia] 해독을 끼치는, 독소를 지닌.
pestilentiósus, a, um, *adj.* [pestiléntia] **1.** 전염병의, 디프테리아의. **2.** 악취를 풍기는. **3.** 유해한, 해독을 끼치는.
péstĭlis, e, *adj.* [pestis] **1.** 전염병의; 흑사병의. **2.** 병들게 하는, 건강을 해치는, 유해한.
pestílĭtas, átis, *f.* [péstilis] **1.** 나쁜 병, 전염병, 돌림병, 흑사병. **2.** 재난, 재앙, 불행. **3.** 해독(害毒), 독소.
pestis, is, *f.* **1.** 페스트, **흑사병; 전염병. 2. 불행**, 재해, **재난**, 재앙; 패전; 죽음, 파멸, 멸망. **3.** 해충, 병충; 병충해. **4.** 해독(害毒), 해악. **5.** 해악을 끼치는 사람, (사회의) 유해인물, 위험인물.
petaminárĭus, i, *m.* 곡예사, 줄타기 광대.
petasátus, a, um, *adj.* [pétasus] 여행용 모자를 쓴, 여행 떠날 채비가 된. 「훈육.
pétăso, ónis, *m.* (돼지다리의 고기로 만든)
pétăsus, i, *m.* 챙이 넓은 여행용 모자.

PETASUS

petaurísta, æ,[**-ristárĭus,** i,] *m.* (평행봉·공중 도약판·그네 따위에서 재주부리며 뛰어 내리는) 곡예사, 줄타기 광대.
petáurum, i, *n.* (흔히 곡예사들이 쓰는) 공중 도약판, 철봉, 평행봉; 그네; (줄타기하는) 줄. 「갈망하는.
petax, ácis, *adj.* 〔*gen.*〕 몹시 찾는[탐하는],
petéchĭæ, árum, *f.pl.* 《醫》 소자반(小紫斑), 혈반(血斑), 반상출혈(斑狀出血).
Petélĭa[-tílĭa], æ, *f.* *Brúttium* 해안의 희랍도시; 〔*adj.*〕 **-línus,** a, um.
petens, éntis, *m.f.* [*p.præs.* peto] **1.** 탄원자. **2.** 건의자(建議者). **3.** 알현 신청자.
petésso, ĕre, *tr.* [peto] 졸라대다, 얻으려고 노력하다, 추구하다, 열망하다, 간청하다.
petherédĭum, i, *n.* 《法》 상속청구. 「림.
petímen, mĭnis, *n.* 짐승 어깨에 나는 부스
petiŏlus, i, *m.* [pes] **1.** 작은 발; (양·염소·송아지 따위의) 족발. **2.** 과일 벌레. **3.** 《植》 잎꼭지. **4.** 《動》 육병(肉柄), 육경(肉莖).
petítĭo, ónis, *f.* [peto] **1.** 공격, 무찌름; 일격(을 가함), 강타. **2. 청원**, 신청, 탄원; 의뢰; 요청, **청구**, **요구**, 요망. **3.** 《論》 ~ princípii 선결 문제 요구의 허위. **4.** 관직 지원[지망], 입후보: petitióni se dare*(C.)* 관직에 입후보하다. **5.** 《法》 청구(소송), 청구권: ~ hereditátis*(Ulp.)* 상속재산 청구소송.
petítor, óris, *m.* [peto] **1.** 청구인, 요청자, 요망자; 청원자, 신청인, 간청자, 탄원자; 구혼자. **2.** 관직 지망자, 입후보자. **3.** 소유권 확인 소송자, 민사소송의 원고.
petitórĭus, a, um, *adj.* [petítor] **1.** 청원의, 탄원의; 〔*subst.*〕 *n.* 청원서, 탄원서. **2.** 엽관 운동의, 관직 입후보자의. **3.** 청구(권)의, 청구소송의, 소유권 확인 청구의: áctio petitória 소유권 확인 청구소송.
petítrix, trícis, *f.* [petítor] **1.** 여제관직 지망자[입후보자]. **2.** 민사소송 원고.
petitúrĭo, íre, *tr.* *desid.* [peto] 관직 얻기를 열망하다. 「구, 요구, 요망.
petítus, us, *m.* [peto] **1.** 기울어짐. **2.** 청
pĕto, tívi [tĭi], títum, ĕre, *tr.* **1.** 〔*acc.*〕 (어디를) 향하다; (어느 방향으로) **가다**; 날아가다, 흘러가다: Romam ~ *Roma*로 가다 / loca calidióra ~*(C.)* (새들이) 더 따뜻한 지방으로 날아가다 / Submíssi pétimus terram.*(V.)* 우리는 무릎을 꿇는다, 땅에 엎드린다 / ~ cursu desérta*(V.)* 광야로 달려가다. **2.** 〔viam, iter〕 길을 가다, 진로를 잡다. **3.** ~ fugam*(Cæs., L.)* 도망갈 길[곳]을 찾다, 도주하다. **4.** 〔*alqm*〕 찾아가다, 방문하다, 만나다; 사랑을 구하다, 구혼하다. **5.** 〔*alqm, alqd - abl.(instruménti)*〕 **공격하다**, 쳐들어가다, 습격하다, 무찌르다; 타격을 가하다, (말이나 글로) 공격하다, 비난하다: ~ *alqm* spículo*(L.)* 누구를 창으로 찌르다 / caput ~*(C.)* 머리를 (겨냥하여) 공격하다 / *alqm* epístolā ~ *(C.)* 누구를 편지로 공격[비난]하다. **6.** 〔*alqd* - in, ad *acc. loci*〕 (무엇을) 찾아[얻으려고] (어디로) 가다, (어디로 가서 무엇을) 구하다: in Itáliam ~ óstreas*(Plin.)* 이태리로 가서 (바다의) 굴을 구하다. **7.** 〔*alqd* - ex, de *abl.*; *abl.*〕 (무엇을 어디서) 찾다, 얻다, 구해오다, 노획하다; (우려)나오게 하다, 이끌어내다: e flammā ~ cibum *(T.)* 화염에서 음식을 구해오다 / gémitus alto de corde petíti*(Ov.)* 마음속으로부터 우러나온 탄식[불평]. **8.** 〔*alqd* - ex *abl.*; *inf.*〕 가지고[얻고] 싶어하다, 몹시 바라다, 열망[갈망]하다, 동경하다, 추구하다: præsídium ~ ex *alcjs* benevoléntiā*(C.)* 누구의 호의에서 보호를 얻어내려고 하다 / ~bene vívere*(H.)* 잘 살아보려고 몹시도 바라다. **9.** 〔*alqd* - ab *alqo*; ut, ne; *inf.*; *alqm alqd*〕 **청하다**, 부탁하다, 간청하다, 탄원하다, 구하다; 청구[요구]하다: ~ opem ab *alqo(C.)* 누구에게 도움을 청하다 / a te peto, ut ...*(C.)* 너한테 …하기를 부탁한다 / Ranæ regem petiérunt Jovem.*(Phædr.)* 개구리들이 *Júpiter*에게 왕을 청하였다. **10.** 〔*acc.*; *absol.*〕 벼슬자리를 구하다[부탁하다·지망하다], 입후보하다. **11.** 〔*alqd* - ab *alqo*; *absol.*〕 소구(訴求)하다, 소송으로 청구하다, 재판으로 자기 것을 찾다: is qui petit 청구 소송인, 원고 / (is,) unde [a quo] pétitur (민사소송의) 피고.

petór(r)ĭtum, i, *n.* 무개(無蓋) 사륜마차.
petra¹, æ, *f.* **1.** 돌, **바위,** 반석; 암초. **2.** ~ sacra (이동 제단 또는 휴대용 제단의) 성석(聖石, *cf. C.I.C. can. 1197 §1 num. 2*).
Petra², æ, *f.* **1.** *Illýria*의 해변지방. **2.** *Thrácia*의 도시. **3.** *Idumǽa* 인들의 수도. **4.** *Sicília*의 도시. **5.** *Roma*인의 개인 이름.
petrǽus, a, um, *adj.* 바위에서 나는.
petrárĭum, i, *n.* [petra¹] 채석장.
Petréjus, i, *m.* *Roma*인의 씨족명; 〔*adj.*〕 **-jánus,** a, um.
petrénsis, e, *adj.* [petra¹] 바위틈에서 사는.
pétrĕus, a, um, *adj.* **1.** [petra¹] 돌의, 바위의. **2.** [P-] *Petrus*의.
Petríni, órum, [**-trénses,** ĭum,] *m.pl.* [Petra²] *Sicília*의 *Petra* 주민.
Petrínum, i, *n.* *Campánia*의 *Sinuéssa* 부근에 있던 (*Lepta*란 사람의) 소유지[농장] (*C.*). 「위의.
pétrĭnus, a, um, *adj.* [petra] **1.** 돌의, 바 **2.** [P-] *Petrus* (사도)의.
petro, ónis, *m.* [petra¹] **1.** 촌사람. **2.** 늙은 숫양. 「*Celtæ*족.
Petrocórĭi, órum, *m.pl.* *Aquitánia*의 한
petrólĕum, i, *n.* 석유.
petrónĭus¹, a, um, *adj.* [petra] 바위의: petrónii canes *(Grat.)* 험한 바위산에서 사냥하는 개.
Petrónĭus², i, *m.* *Roma*인의 씨족명; ~ Arbĭter, *Nero*와 친근했다는 *Roma*의 풍자작가.
petrósus, a, um, *adj.* [petra] **1.** 바위 많은, 돌밭의; 바위로 된. **2.** 바위처럼 딱딱한; 《解》 암상(골)(岩狀骨)의, 측두골(側頭骨)의, 추체부(錐體部)의.
petrótos, on, *adj.* [petra] 화석(化石)이 된.
Petrus, i, *m.* 예수의 수제자, 12사도의 으뜸, 초대 교황; 《聖》 Epístola B. Petri Apóstoli prima[secúnda] (신약성서의) 베드로 사도의 첫째[둘째] 편지, 베드로 전서(前書)[후서] (略: *I Petr., II Petr.*).
pétŭlans, ántis, *adj.* [peto] **1.** 거드럭거리는, 주제넘은, 건방진, 뻔뻔스러운, 염치없는, 제멋대로의, 버릇없는, 경박한: imitátio ~*(Petr.)* 버릇없는 흉내. **2.** 극성스러운; 쏘아붙이는. **3.** 외설한, 음탕한.
petulántĭa, æ, *f.* [pétulans] **1.** 뿔로 받음. **2.** 거드럭거림, 주제넘음, 건방짐, 뻔뻔스러움, 몰염치; 버릇없음, 무례, 불손; 경박, 경망, 경솔.
petúlcus, a, um, *adj.* [peto] **1.** 뿔로 받는; 함부로 날뛰는. **2.** 뻔뻔스러움, 넉살좋은. 「이집트 포도.
peuce, es, *f.* 《植》 **1.** 소나무의 일종. **2.**
Peucétĭa, æ, *f.* *Apúlia*의 중부지방; 〔*adj.*〕 **-tĭus,** a, um. 「을 입은.
pexátus, a, um, *adj.* [pexus] 빳빳한, 새옷
pexi, *pf.* [pecto].
pexus, a, um, *p.p., a.p.* [pecto] pexa vestis *(Plin.)* (보풀이 아직 빳빳한) 새옷.
Phacus, i, *m.* *Macedónia*의 *Pella* 부근의 요새.
Phæáces, um, *m.pl.* *Phæácia*의 주민, 향락생활에 탐닉했다 함; *sg.* Phæax, ácis.
Phæácĭa, æ, *f.* *Iónia* 바다에 있는 섬나라; 〔*adj.*〕 **-c(ĭ)us,** a, um. 「의) 흰구두.
phæcásĭa, æ, *f.* [**-sĭum,** i, *n.*] (희랍인들
phæcasiátus, a, um, *adj.* 흰구두 신은.
Phædon, ónis, *m.* *Elis*사람, *Sócrates*의 제자이며 *Plato*의 친구.
Phædra, æ, *f.* *Creta*섬의 *Minos*왕과 *Pasíphăë* 사이의 딸, *Théseus*의 아내.
Phædrus, i, *m.* **1.** *Epicúrus*파의 *Athénæ* 출신 철학자, *Cícero*의 스승. **2.** 기원 1세기에 활약한 *Roma* 최초의 우화작가.
phænolgía, æ, *f.* 생물 기후학; 〔*adj.*〕 **-lógĭcus,** a, um.
phænomenális, e, *adj.* [phænómenon] 자연 현상의, 현상계의; 현상적인.
phænomenalísmus, i, *m.* 《哲》 현상론, 현상주의; 〔*adj.*〕 **-lístĭcus,** a, um. 「mus.
phænomenísmus, i, *m.* = phænomenalís-
phænomenología, æ, *f.* **1.** 《哲》 현상학(現象學). **2.** 《醫》 징후학.
phænómĕnon[-num], i, *n.* **1.** 현상(現象), 자연 현상. **2.** 《醫》 징후.
Phæstum, i, *n.* *Creta*섬의 도시; 〔*adj.*〕 **-stĭus,** a, um; 〔*subst. deriv.*〕 **-stĭas,** ădis, *f.* 그곳 여자.
Pháĕthon, óntis, *m.* 태양신 *Hélios*와 *Clýmene* 사이의 아들, 아버지의 일륜(日輪) 수레를 서투르게 몰다가 지구에 근접하였으므로 *Zeus*신이 번개로 그를 죽였음; 〔*adj.*〕 **-thontéus,** a,um; 〔*adj.f.*〕 **-thóntis,** ĭdis, *Pháëthon*의(자매의); *f.pl.* *Pháëthon*의 자매들인 *Phaëthúsa, Lampétia, Lampetúsa.* 「*Pháëthon*의 자매.
Phaëthúsa, æ, *f.* *Helíades*의 한 사람,
phagedǽna, æ, *f.* **1.** 허기증, 이상(異常) 허기증. **2.** 《醫》 침식성 궤양(浸蝕性潰瘍).
phagedǽnĭcus, a, um, *adj.* **1.** 이상(異常) 허기증에 걸린. **2.** 《醫》 침식성 궤양의.
phăgo, ónis, *m.* 대식가(大食家), 폭식가.
phagocytósis, is, *f.* 《動》 식세포 활동(食 細胞活動).
phala = fala.
phalángæ[palán-], árum, *f.pl.* **1.** 굴림대. **2.** 목도(몽둥이). **3.** 막대, 몽둥이.
phalangárĭus¹[palan-], i, *m.* [phalángæ] 굴림대로 무거운 물건을 옮기는 사람, 목도꾼. 「집부대의 병사.
phalangárĭus²[falan-], i, *m.* [phalanx] 밀
phalangítæ, árum, *m.pl.* [phalanx] (창·방패 따위로) 중무장한 밀집부대.

phalángĭum[-ĭon], i, *n.* 《動》 독(毒)거미.
phalángo[palán-], áre, *tr.* [phalángæ] 굴림대로 무거운 물건을 옮기다; 목도로 운반하다.
Phalántus, i, *m.* *Sparta*인, *Itália*에 이주하여 *Taréntum*시를 창건함; 〔*adj.*〕 **-téus[-tínus],** a, um, *Phalántus*의, *Taréntum*의.
phalanx, ángis, *f.* **1.** 《軍》 (창·방패로 무장한) 밀집부대(密集部隊), (일반적으로) 밀집군대; (*Sparta*나 *Athénæ*의 결전 태세를 갖춘) 정예부대; (만 육천명으로 편성된 *Macedónia* 보병대의) 방진(方陣)·어린진(魚鱗陣). **2.** 집결, 군집(群集), 대량(大量): phalánges culpárum*(Prud.)* 수많은 잘못. **3.** 《解·動》 지골(指骨·趾骨). **4.** 《植》 수꽃술 다발. 「일종). **2.** 《植》 갈풀, 뱀풀.
phaláris[1]**[-léris],** ĭdis, *f.* **1.** 《動》 물닭(의
Phálăris[2], ĭdis, *m.* *Agrigéntum*의 폭군, 그 잔인성으로 유명.
Phalasárna, æ, [-ne, es,] *f.* *Creta*섬 서해안의 도시; 〔*adj.*〕 **-néus,** a, um.
phálĕræ, árum, *f.pl.* **1.** (귀족, 특히 군인들이) 가슴에 주렁주렁 다는 (금·은제의 둥근) 장식, 훈장. **2.** 말의 이마·목 따위의 장식물. **3.** 미사여구, (말·문체의) 허식.
phalerátus, a, um, *adj.* [pháleræ] **1.** 가슴에 둥근 훈장을 주렁주렁 단. **2.** 이마·목 따위에 장식물을 단 (말). **3.** 미사여구의.
Phalérĕus, i, *m.* *Demétrius*의 이명(異名).
phálĕro, ávi, átum, áre, *tr.* 장식하다, 꾸미다. 「〔*adj.*〕 **-lérĭcus,** a, um.
Phalérum, i, *n.* *Athénæ* 항구의 하나;
phallísmus, i, *m.* 남근 숭배.
phallus, i, *m.* (*Bacchus* 축제 때에 메고 돌아다니던 나무·유리·가죽 따위로 만든 생식력 상징의) 남근상(男根像).
Phalórĭa, æ, *f.* *Penéus* 강변의 도시.
Phanæ, árum, *f.pl.* *Chios*섬 남단의 항구; 〔*adj.*〕 **-næus,** a, um. 「던 *Phocis*의 도시.
Phanotéa, æ, *f.* *Roma*인들에게 점령당했
phantásĭa, æ, *f.* **1.** 상상, 공상, 몽상, 망상, 환상(幻想); 환각. **2.** 《音》 환상곡.
phantásma, ătis, *n.* 유령, 곡두, 환영(幻影), 환상(幻像).
phantasmátĭcus, a, um, *adj.* [phantásma] 유령의, 환영(幻影)의, 환상(幻像)의, 헛것의. 「제.
Phántăsos, i, *m.* 꿈의 신, *Mórpheus*의 형
phantástĭcus, a, um, *adj.* [phantásia] **1.** 공상적인, 상상의; 환상적(幻想的)인, 망상적인; 가공(架空)의. **2.** 터무니 없는, 엉청난.
Phaon, ónis, *m.* *Lesbos*섬의 소년, 그곳 여류시인 *Sappho*의 사랑을 받았으나 이를 경멸하였음.
Phárăo, ónis, *m.* (구약의 *Abrăham, Joseph, Móyses* 당시의) 고대 이집트왕의 칭호.
phárĕtra, æ, *f.* 화살통, 전통(箭筒).
pharetrátus, a, um, *adj.* [pháretra] 화살통을 멘: pharetráta Virgo*(Ov.)* 화살통 멘 처녀(=Diána). 「사이파의 교리[관습·전통].
Pharisæísmus, i, *m.* 바리사이주의, 바리
Pharisǽus, i, *m.* 〔흔히 *pl.*로 쓰임〕 (유태교의 율법과 전통을 중시하던) 바리사이파(派) 사람 (본래는 반대파 사람들이 붙인 비방적 의미의 〈분리파〉란 뜻이었음).
Pharisáĭcus [간혹 **-sǽus],** a, um, *adj.* [Pharisǽus] **1.** 바리사이파(사람)의. **2.** [ph-] 겉꾸미는, 위선의, 독선가의: 《倫神》 scándalum pharisáicum 남의 선행을 자기 표준으로[악의로] 해석하여 단죄하거나 그것을 계기로 자신이 범죄하는 따위의 행위.
Pharítæ, árum, *m.pl.* *Pharos*의 주민.
pharmacéutĭcus, a, um, *adj.* 약학(藥學)의, 제약(製藥)의, 조제(調劑)의.
pharmacéutrĭa, æ, *f.* 여자마법사, 마녀.
pharmacía, æ, *f.* **1.** 제약학, 조제학; 제약술(製藥術), 조제술. **2.** 제약[조제]업; 약국, 약방.
pharmacísta, æ, *m., f.* 약제사, 약사.
pharmacología, æ, *f.* 약물학, 약리학(藥理學).
pharmacopœ́ĭa, æ, *f.* 약전(藥典).
pharmacopóla, æ, *m.* 약장수.
phármăcum, i, *n.* 약.
phármăcus, i, *m.* 재난 때에 도시의 주민을 대신하여 액땜으로 희생물이 되던 사람.
Phárnăces, is, *m.* **1.** *Pontus*의 *Mithridátes* 왕의 조부(*sæc.* 2 A.C.). **2.** *Mithridátes*의 아들, *Cæsar*한테 격파됨(c. 45 A.C.).
Pharos[-us], i, *f.* **1.** *Ægýptus*의 *Alexandría* 근처의 섬, 기원전 3세기에 세워졌던 등대로 유명함; 〔*adj.*〕 **-ríăcus[-rĭus],** a, um. **2.** [ph-] 등대, 신호등, 등표(燈標), 항로표지; 망루.
Pharsálĭa, æ, *f.* *Pharsálus* 부근의 지방, 여기서 *Cæsar*가 *Pompéjus*를 격파했음 (*sæc.* 1 A.C.); 〔*adj.*〕 **-lĭ(c)us,** a, um.
Pharsálus[-os], i, *f.* *Thessália*의 도시.
pharýngĕus, a, um, *adj.* 《解》 인두(咽頭)의.
pharyngítis, tĭdis, *f.* 《醫》 인두염(咽頭炎).
pharynx, rýngis, *m.* 《解》 인두(咽頭).
Phase, *n. indecl.* 《聖》 과월절(過越節).
Phasélis, ĭdis, *f.* *Lýcia*의 도시; 〔*subst. deriv.*〕 **-lítæ,** árum[um], *m.pl.* 그곳 주민.
phasél(l)us, i, *m.f.* **1.** 《植》 완두콩; 강남콩; (일반적으로) 콩. **2.** 돛으로도 삼렬노(三列櫓)로도 추진되는 (기름한) 쾌속선.
phaséŏlus, i, *m.* 《植》 ~ vulgáris 강남콩.
phasianárĭus, i, *m.* 꿩 기르는 사람.
phasianínus, a, um, *adj.* 꿩의.

phasiánus, i, *m.* [**-na,** æ, *f.*] [Phasis] 《動》 꿩. 「*éta*왕의 딸(= Medéa).
Phásĭas, ădis, [**-sis,** sĭdis,] *f. Colchis*의 *Æ-*
Phasis[1], is [ĭdis], **1.** *m. Colchis*의 강, 흑해로 흐름; 〔*adj.*〕 **-siăcus** [**-siánus**], a, um: Phasiánæ aves 꿩; 〔*adj.f.*〕 **-sis,** ĭdis. **2.** *f. Phasis* 하구의 도시.
phasis[2], is, *f.* **1.** (눈 또는 마음에 비치는 변화하는 것의) 상(相), 면(面), 형상. **2.** (변화·발달의) 단계, 양상, 국면, 형세. **3.** 《天》 (천체의) 상(相), (달의) 위상(位相).
phasma, ătis, *n.* 유령, 귀신.
Phégeus *(disyll.)*, ĕi, *m. Alphéus*의 아들, *Phégia*의 왕, 자기 딸 *Alphesibǿea*를 버린 사위 *Alcmǽon*을 죽였다 함; 〔*adj.*〕 **-géĭus,** a, um. 「*Psophis*라 함.
Phégĭa, æ, *f.* 서북 *Arcádia*의 도시, 후에
phellos, i, *m.* **1.** 《植》 코르크나무. **2.** 물시계의 작은 코르크 바퀴.
Phénĕus [**-os**], i, *f.* [**-nĕum,** i, *n.*] *Arcádia*의 도시; 〔*subst. deriv.*〕 **-neátæ,** árum, *m.pl.* 그곳 주민.
phengítes, æ, *m.* 《鑛》 투명석고(유리 대용으로 창문 같은 데 썼음).
phenobarbitálum, i, *n.* 《藥》 페노바르비탈(수면제로 쓰이는 극약).
phénŏlum, i, *n.* 《化》 석탄산(石炭酸); ~ liquefáctum 액상(液狀) 석탄산.
Pheræ, árum, *f.pl.* **1.** *Thessália*의 도시, *Admétus* 왕의 거주지; 〔*adj.*〕 **-rǽus,** a, um. **2.** *Messénia*의 도시.
Phérĕclus, i, *m. Troja*의 *Paris* 왕자의 배를 만든 사람; 〔*adj.*〕 **-cléus,** a, um.
Pherécrătes, is, *m. Athénæ* 출신의 희극시(詩) 작가 (c. 430 A.C.); 〔*adj.*〕 **-cratíus,** a, um.
Pherecýdes, is, *m. Syros*섬의 철학자(c. 550 A.C.), *Pythágoras*의 선생; 〔*adj.*〕 **-déus,** a, um.
Pheres, étis, *m. Thessália*의 *Pheræ*의 왕.
Pheretĭădes, æ, *m. Pheres*의 아들(= Admétus). 「집합소.
phétrĭum, i, *n.* (단체·조합·협회의) 회원
phétrĭus, i, *m.* (단체·조합·협회의) 회원(會員).
phéugўdros, i, *f.* 《醫》 공수병, 광견병.
phéugўdrus, a, um, *adj.* 공수병에 걸린.
phíăla, æ, *f.* 대접, 넓적하고 운두가 낮은 잔.
Phídĭas, æ, *m. Athénæ*의 유명한 조각가, *Péricles*와 동시대인 (*sæc.* 5 A.C.); 〔*adj.*〕 **-díăcus,** a, um.
phidítĭa, órum, *n. pl.* = philítia.
Phila, æ, *f.* **1.** *Gállia Narbonénsis*의 도시. **2.** *Macedónia*의 도시.
Philadélphĭa, æ, *f.* 동부 *Lýdia*의 도시; 〔*subst. deriv.*〕 **-phéni,** órum, *m.pl.* 그곳 주민. 「2세의 별명(*sæc.* 3 A.C.).
Philadélphus, i, *m.* 이집트왕 *Ptolemǽus*
Philæ, árum, *f.pl.* 이집트 남부 *Nilus* 강에 있는 섬, 옛 사원이 있음(지금은 *Aswan* 댐의 수문이 열려 있지 않을 때는 물속에 잠김).
Philǽni, órum, *m. pl.* 조국의 영토 확대를 위해 생매장 당한 *Carthágo*의 두 형제.
Philámmon, ónis, *m. Apóllo*신의 아들, 고대 희랍의 시인가수.
philanthrópĭa, æ, *f.* **1.** 박애(주의), 자선, 인애(仁愛). **2.** 〔가끔 *pl.*〕 인류에의 공헌, 자선[박애] 행위[사업·단체].
philanthrópĭcus, a, um, *adj.* 박애(博愛)의, 인애(仁愛)의; 박애주의의. 「수수료.
philanthrópĭon[**-pium**], i, *n.* 구전, 중개
philanthropísmus, i, *m.* 박애주의.
philanthrópos, i, *f.* 《植》 갈퀴덩굴.
philárgĭcus, a, um, *adj.* 쾌락[안일]을 좋아하는, 향락적인.
philargýrĭa, æ, *f.* 금전에 대한 욕심.
philéma, ătis, *n.* 입맞춤.
Philémo(n), ŏnis, *m.* **1.** *Phrýgia*의 노인, *Baucis*의 남편. **2.** *Athénæ*에서 활약한 희극시 작가(*sæc.* 4 A.C.). **3.** 《聖》 (바오로 사도 서간 수신인명) Epístola B. Pauli Apóstoli ad Philémonem, *Philémon*에게 보낸 바오로 사도의 편지, *Philémon*서 (略: Philem., Phm.).
Philétas, æ, *m. Cos*섬 태생의 희랍 문법가 겸 시인, *Alexánder* 대왕과 가깝게 지냈음.
Philíppi, órum, *m. pl. Macedónia*의 옛 도시, *Octaviánus*와 *Antónius*가 *Brutus*와 *Cássius*를 격파한 곳 (42 A.C.); 사도 *Paulus*가 (두번째 여행 때) 최초로 유럽에 교회를 세운 곳; 〔*adj.*〕 **-lippéus** [**-líppĭcus**], a, um; **-lippénsis,** e: 《聖》 Epístola B. Pauli Apóstoli ad Philippénses, *Philíppi*인들에게 보낸 바오로 사도의 편지, *Philíppi*서(略: Phil.).
Philippópŏlis, is, *f.* **1.** *Philíppus II*가 *Thrácia*의 *Hebrus* 강가 언덕에 건설한 도시. **2.** *Roma*의 *Philíppus* 황제가 건설한 *Arábia*의 도시.
Philíppus, i, *m.* **1.** *Macedónia*의 여러 왕 이름, 특히 유명한 왕으로는 1) ~ II [~ Mácedo](재위 360 – 336 A.C.), *Amýntas*의 아들, *Alexánder* 대왕의 아버지. 2) ~ V (235 – 178 A.C.), *Hánnibal*과 동시대인. **2.** 예수의 12사도 중의 한 사람. **3.** *Philíppus II*의 초상이 새겨져 있는 화폐. **4.** 〔*adj.*〕 **-lippéus** [**-piánus, -pínus, -pĭcus**], a, um: Philippéus nummus, *Philíppus II*의 초상이 새겨져 있는 화폐 / (orátio) Philíppica, *Philíppus II*에 대한 *Demósthenes*의 공격연설.
Philist(h)ǽa, æ, *f.* (구약성서에 나오는)

Palæstína 서남해안 지방. 「틴) 사람.

Philist(h)ǽus, i, *m.* *Philist(h)æa* (필리스

Philístus, i, *m.* *Syracúsæ* 출신의 역사가 (430 - 356 A.C.).

philítĭa, órum, *n.pl.* (자기 먹을 것을 가져오던) *Sparta*인들의 회식[연회].

philo- 《사랑하는, 좋아하는》이라는 뜻의 접두사.

Philo(n), ónis, *m.* **1.** *Alexandría* 태생의 유태인, 헤브라이 종교·문화 및 희랍 철학에 조예가 깊었음(c. 20 A.C. - 50 P.C.). **2.** *Alexánder* 대왕 시대의 유명한 조각가. **3.** *Athénæ*의 건축가. **4.** *Laríssa* 출신의 *Académia* 학파 철학자·수사학가, *Cícero*도 그의 강의를 들었음. 「련미 추구.

philocálĭa, æ, *f.* 미(美)의 애호, 교양·세

Philoctéta [-tes], æ, *m.* *Pœas*의 아들, *Hércules*의 동료, 그의 전통(箭筒)과 독화살을 물려받은 활의 명수, *Troja* 전쟁에서 *Paris*를 사살했음; 〔*adj.*〕 **-ctetǽus,** a, um.

Philodémus, i, *m.* *Palæstína*의 *Gádara* 출신의 *Epicúrus*파 철학자이며 시인(*sæc.* 1 A.C.). 「을[용어를] 좋아하는.

philogrǽcus, a, um, *adj.* 희랍식 표현법

Philoláus, i, *m.* *Taréntum* 출신의 *Pythágoras* 학파 철학자.

philología, æ, *f.* **1.** 학식, 조예, 교양. **2.** 언어학. **3.** 문헌학.

philólŏgus, a, um, *adj.* **1.** 호학(好學)의, 학식있는, 조예깊은, 교양있는. **2.** 언어학의, 언어학적; 문헌학의. **3.** 〔*subst.*〕 *m.* 박학다식한 사람; 언어학자; 문헌학자.

Philoméla, æ, *f.* **1.** *Athénæ*의 *Pandíon* 왕의 딸, *Procne*의 동생, 형부 *Téreus*에게 능욕당한 후 비밀 누설 방지로 혀를 잘림, 후에 밤꾀꼬리(나이팅게일)로 변함. **2.** [ph-] 밤꾀꼬리.

Philomélĭum, i, *n.* 동남 *Phrýgia*의 도시; 〔*subst. deriv.*〕 **-meliénses,** ĭum, *m.pl.* 그곳 주민.

Philométor, ŏris, *m.* 이집트의 왕 *Ptolemǽus VI* (181 - 146 A.C.)의 별명(〈어머니를 사랑하는 자〉라는 뜻).

Philópător, ŏris, *m.* 이집트의 왕 *Ptolemǽus IV*(222 - 205 A.C.)의 별명(〈아버지를 사랑하는 자〉라는 뜻, 사실은 반어〈反語〉로 쓰인 것으로서 그는 부모를 살해한 자였음).

Philopœ́men, mĕnis, *m.* *Achája*의 유명한 장군(253 - 183 A.C.), (*Achája*와 다른 희랍 도시간의 정치 동맹인) *Achája* 동맹(*Acháicum concílium*)으로부터 크게 인정받았던 사람.

Philoromǽus, i, *m.* *Cappadócia*의 *Ariobarzánes*왕의 별명(*Roma*인의 친구라는 뜻).

philosárca, æ, *m.* 육체를 사랑[존중]하는 자 (동일한 육체로 부활한다고 생각하는 사람). 「자.

philósŏpha, æ, *f.* [philósophus] 여류 철학

philosopháster, tri, *m.* 철학자인 체하는 사람, 사이비 철학자.

philosophía, æ, *f.* **1.** 〈예지에 대한 사랑〉, **철학**: ~ christiána 그리스도교 철학 / ~ cultúræ 문화철학 / ~ históriæ 역사철학 / ~ Indĭca 인도철학 / ~ juris 법철학 / ~ morális 윤리철학 / ~ naturális 자연철학 / ~ perénnis 구원(久遠)의[영구] 철학 / ~ prima (*Aristóteles*의) 제1 철학[형이상학] / ~ religiónis 종교철학 / ~ scholástica 스콜라 철학 / ~ sociális 사회철학 / ~ valóris 가치철학 / ~ vitæ 생(生)의 철학, 인생철학. **2.** (*Cícero* 시대에는 특히) 자연철학, 윤리(철)학, 형이상학. **3.** 〔*pl.*〕 철학부문; 철학파. 「적.

philosóphĭcus, a, um, *adj.* 철학의, 철학

philósŏphor, átus sum, ári, *dep. intr., tr.* [philósophus] 철학하다, 철학을 논하다; 철학적으로 사색[탐구·고찰]하다.

philósŏphus, a, um, *adj.* 철학의, 철학적; 철학자의; 〔*subst.*〕 *m.* **철학자.**

philostórgus, a, um, *adj.* (부모 자식간의) 애정어린.

Philótas, æ, *m.* **1.** *Alexánder* 대왕의 기병대장. **2.** *Alexánder* 대왕의 장군인 *Parménio*의 아들, 대왕에 대한 음모혐의로 사형되었음. 「예술에 관한.

philotéchnus, a, um, *adj.* 예술 애호의;

Philótĭmus, i, *m.* **1.** *Cícero*의 해방노예 이름. **2.** *Ægína*섬의 조각가 이름.

philtrum, i, *n.* **1.** 미약(媚藥), 음약(淫藥). **2.** 마약.

philus, a, um, *adj.* 친근한, 친구인.

phílўra[1][-lŭra], æ, *f.* **1.** 《植》 보리수(菩提樹). **2.** 보리수의 인피(靭皮). **3.** papýrus의 인피.

Phílўra[2], æ, *f.* *Océanus*의 딸, *Chiron*의 어머니, 보리수로 변함; 〔*adj.*〕 **-réĭus,** a, um. 「ron).

Philýrĭdes, æ, *m.* *Phílyra*의 아들(= Chi-

phimus, i, *m.* (= fritíllus) 주사위통, 주사위를 넣고 흔드는 둥근 통.

Phíneus *(disyll.)*, ĕi[ĕos], *m.* **1.** *Thrácia*의 도시 *Salmydéssus*의 왕, 후처의 무고를 듣고 전처의 아들들을 소경으로 만든 죄로 벌을 받아 자신도 소경이 됨; 〔*adj.*〕 **-é(ĭ)us,** a, um. **2.** *Cépheus*의 동생, 조카딸 *Andrómeda*를 두고 *Pérseus*와 크게 싸우다가 우연히 *Medúsa*의 머리를 쳐다보고 돌로 변함.

Phíntĭa, æ, *f.* *Sicília*의 남해안 도시.

Phíntĭas, æ, *m.* *Syracúsæ* 사람, *Damon*의 친구, *Pythágoras* 학파의 철학자 (*sæc.* 5 A.C.).

phlasca, æ, *f.* 술병; 플라스크.
phlebítis, ĭdis, *f.* 《醫》 정맥염.
phlebotómĭa [-mía], æ, *f.* 《醫》 정맥절개술, 사혈(瀉血), 방혈(放血).
phlebótŏmo, ávi, átum, áre, *tr.* 〔*alqm, alqd; absol.*〕 (치료를 목적으로 정맥을 가르고) 피를 뽑다.
phlebótŏmus, i, *m.* [**-um,** i, *n.*] 《醫》 란셋(lancet), (정맥절개 따위에 사용되는) 의료용 뾰족 칼.
Phlégĕthon, óntis, *m.* 불이 흐르는 저승의 강(江); 〔*adj.*〕 **-thontéus,** a, um; 〔*adj. f.*〕 **-thóntis,** ĭdis.
phlegma, ătis, *n.* **1.** 《生理》 점액(粘液); 점액질. **2.** 담, 가래. **3.** 둔감, 지둔(遲鈍), 냉담.
phlegmátĭcus, a, um, *adj.* **1.** 점액질의. **2.** 둔감한, 지둔한, 냉담한. **3.** 가래가 많은.
phlégmŏne, es, [**-mon,** ŏnis,] *f.* 《醫》 급성 결체조직염(結締組織炎), 봉과직염(蜂窠織炎).
Phlegra, æ, *f.* *Palléne* 반도의 옛 이름; 〔*adj.*〕 **-græus,** a, um, 1) *Phlegra*의: Phlegræi campi*(Ov.)* 거인족(Gigántes)이 신들과 싸우다가 *Júpiter*에게 벼락맞아 멸망한 곳. 2) 〔*transláte*〕 치열한 싸움이 벌어진; 불붙는: Phlegræus campus*(Prop.)* *Cæsar*가 *Pompéjus*를 격파한 *Pharsália*의 격전장 / Phlegræi campi*(Plin.)* *Campánia*의 *Acherúsia* 호수 근방의 유황 온천과 분화구 많은 지방 / Phlegræus Vertex*(Sil.)* *Vesúvius* 화산(꼭대기).
Phlégўæ, árum, *m.pl.* [Phlégyas] 약탈을 일삼던 남부 *Thessália*의 한 종족.
Phlégўas, æ, *m.* *Mars*의 아들, *Lápithæ*족의 왕, *Ixíon*의 아버지.
Phlīus, úntis, *f.* *Corínthus* 서남쪽에 있는 도시; 〔*adj.*〕 **-liásĭus,** a, um.
phlomis, ĭdis, *f.* 《植》 ~ umbrósa 속단.
phlox, ŏgis, *f.* 《植》 야생 오랑캐꽃(의 일종), 플록스.
Phobétor, ŏris, *m.* *Somnus*의 아들(또는 신하), *Mórpheus*와 *Phántasos*의 형제.
phóbĭa, æ, *f.* 공포증, 병적 공포.
phōca, æ, [**-ce,** es,] *f.* 《動》 바다표범.
Phocǽa, æ, *f.* (기원전 6세기에 *Phocis*의 희랍인들이 서부 진출의 기지로 삼았던) *Iónia*의 항구도시; 〔*adj.*〕 **-cáĭcus [-cǽus],** a, um; **-cæénsis,** e; 〔*subst.*〕 **-cǽi,** órum, [**-cæénses,** ĭum,] *m.pl.* 그곳 주민.
Phócĭon, ónis, *m.* *Athénæ*의 장군이며 정치가(*sæc.* 4 A.C.).
phocis¹, ĭdis, *f.* *Chios*섬의 배나무(의 일종).
Phocis², ĭdis, *f.* 중부 희랍의 *Bœótia*와 *Ætólia* 사이에 있던 지방[나라], 그 지방의 소도시 *Delphi*는 *Apóllo*의 신전과 신탁(神託)으로 매우 유명하였음; 〔*adj.*〕 **-cáĭcus [-céus],** a, um; 〔*subst. deriv.*〕 **-cénses,** ĭum, [**-cĭi,** órum,] *m.pl.* 그곳 주민.
Phocus, i, *m.* *Ægína*섬의 *Æăcus*왕의 아들, 형제인 *Télamon*과 *Péleus*에게 살해됨.
Phocýlĭdes, is, *m.* *Milétus²* 태생의 희랍시인 (*sæc.* 6 A.C.).
Phœbas, ădis, *f.* *Phœbus*신의 여제관 겸 예언녀.
Phœbe, es, *f.* 달의 여신, *Phœbus*의 누이동생(= Artĕmis[Diána]).
Phœbé(ĭ)us, a, um, *adj.* *Phœbus*의, *Apóllo*의: Phœ́bea lampas*(V.)* 해, 태양 / ~ ictus*(Ov.)* 태양광선 / Phœ́bea ars*(Ov.)* 의술 / ~ ales*(Ov.)* 까마귀; 〔*subst.*〕 *n.* *Sparta* 근교의 *Phœbus* 신전. 「Æsculápius).
Phœbígĕna, æ, *m.* *Phœbus*신의 아들(=
Phœbus, i, *m.* **1.** 태양신으로서의 *Apóllo*의 별명. **2.** 태양, 일륜(日輪). **3.** (방위의) 동·서(東·西): sub utróque Phœbo*(Ov.)* 동쪽과 서쪽에.
Phœníca, æ, [**-ce¹,** es,] *f.* = Phœnícia.
phœníce², es, *f.* 《植》 **1.** 독보리. **2.** 메귀리. 「*nícia* 사람들.
Phœníces, um, *m.pl.* [Phœnix l.] *Phœ-*
Phœnícĕus [-cĭus], a, um, *adj.* **1.** *Phœnícia*의. **2.** [ph-] 화려한 붉은 색의, 빨간, 주홍색의.
Phœnícĭa, æ, *f.* *Sýria* 연안의 옛 해양국.
phœnícĭnus, a, um, *adj.* 빨간; 빨갛게 익은 종려 열매의.
phœnícĭum, i, *n.* 붉은 색, 주홍색.
phœnicóptĕrus, i, *m.* 《動》 홍학(紅鶴).
phœnicúrus, i, *m.* 《動》 딱새.
Phœníssa, æ, *f.* **1.** *Phœnícia*의 여자, 특히 *Dido.* **2.** *Carthágo.*
phœnix¹, ícis, **1.** *m.* 불사조(不死鳥: *Arábia*의 전설적인 새), (이집트 신화의) 영조(靈鳥); 봉황. **2.** *f.* 종려나무.
Phœnix², ícis, *m.* **1.** 〔주로 *pl.*〕 *Phœnícia*인. **2.** *Amýntor*의 아들, *Achílles*의 *Troja* 전쟁 동반자. **3.** *Agénor*의 아들, *Cadmus*의 형제, *Európa*의 오빠. **4.** 《天》 봉황좌.
Phólŏē, es, *f.* **1.** *Arcádia*와 *Elis* 사이에 있는 삼림우거진 산(맥). **2.** 반인반마(半人半馬)의 괴물(Centáurus)들이 살았다는 *Thessália*의 산(맥); 〔*adj.*〕 **-loétĭcus,** a, um: Pholoética monstra, *Centáuri*(반인반마의 괴물들).
Pholus, i, *m.* *Ixíon*의 아들, *Centáuri* 중의 하나, 술을 몹시 좋아했음.
phonáscus, i, *m.* 발성법[낭독법] 선생.
phonéma, ătis, *n.* **1.** 말, 금언(金言), 격언. **2.** 음소(音素), (더 이상 나눌 수 없는) 음성학적 또는 음운학적(音韻學的) 단위.
phonétĭcus, a, um, *adj.* **1.** 음성의, 음성을 나타내는, 발음의. **2.** 음성학의, 발음

학의; *f*. 음성학, 발음학.
phonologia, æ, *f*. 음성학(音聲學), 성음론; 음운론(音韻論). 「딸(= Medúsa).
Phorcis, ĭdis, [-**cýnis**, ĭdos,] *f*. *Phorcus*의
Phorcus, i, [-**cys**, y̆is; -**cyn**, ýnis,] *m*. *Neptúnus*의 아들, *Græcæ*의 아버지, 죽어서 바다의 신이 됨.
phórmĭo[1], ónis, *m*. 거적, 멍석; 돗자리.
Phórmĭo[2], ónis, *m*. 소요 학파의 철학자, *Hánnibal*이 *Carthágo*에서 망명하여 *Ephĕsus*의 *Antíochus* 한테로 피신하여 왔을 때 그 *Hánnibal*에게 사령관의 임무와 그 밖의 군사관계의 이야기를 해 준 일이 있음 (이 고사〈故事〉에서 자기가 알지도 못하는 것을 지껄이는 사람들을 〈Phormiónes〉라 함).
Phoróneus, i, *m*. *Argos*의 왕, *Inăchus*의 아들, *Io*의 오빠; 〔*adj*.〕 -**néus**, a, um.
Phorónis, ĭdis [ĭdos], *f*. *Phoróneus*의 여동생(= Io). 「명성(明星), 효성(曉星).
Phósphŏros [-**us**], i, *m*. (= Lúcifer) 샛별,
photográphĭa, æ, *f*. **1.** 사진술. **2.** 사진.
photográphĭcus, a, um, *adj*. **1.** 사진의, 사진용의, 사진으로 만든; 사진술의. **2.** 사진 같은, (묘사·서술 따위가) 정밀한. **3.** 기계적으로 모방한, 예술성이 없는.
photophóbĭa, æ, *f*. 《醫》 수명(羞明), 광선 공포증. 「위의) 광합성(光合性).
photosýnthĕsis, is, *f*. 《植》 (탄수화물 따
phototáxis, is, *f*. 《植》 주광성(走光性).
Phraátes, is, *m*. *Párthia*의 여러 왕들의 이름. 「대.
phragmítis longiválvis, is, *f*. 《植》 갈
phrasis, is, *f*. **1.** 말씨, 말투, 어법. **2.** 성구(成句), 숙어, 관용어[구]. **3.** 문구(文句), 간결한 표현(어구), 명구. **4.** 미사여구, 췌언(贅言).
phrenasthénĭa, æ, *f*. 《醫》 정신박약.
phrenésis, is, [-**nésĭa**, æ,] *f*. **1.** 《醫》 섬망(譫妄), 정신착란. **2.** 광란, 열광.
phrenétĭcus [-**nítĭcus**], a, um, *adj*. **1.** 섬망(譫妄)의, 정신착란의, 미친. **2.** 광란의, 열광적인. 「**2.** 《生理》 정신적인.
phrénĭcus, a, um, *adj*. **1.** 《解》 횡경막의.
phrenítis, tĭdis, *f*. 《醫》 **1.** 뇌염. **2.** 횡경막염. **3.** (뇌염 따위에 의한) 급성 섬망(譫妄).
phrenopathía, æ, *f*. 《醫》 정신병.
Phrixus [-**os**], i, *m*. *Athămas*와 *Néphele*의 아들, *Helle*의 오빠 (오누이가 계모의 학대를 피해 황금털의 숫양을 타고 *(Hellespóntus)* 해협을 건너 *Colchis*의 *Æéta*왕에게로 가다가 *Helle*는 바다에 빠져 죽었음); 〔*adj*.〕 -**xéus** [-**xiánus**], a, um.
Phryges, um, *m.pl*. *Phrýgia* 사람.
Phrýgĭa, æ, *f*. 소아시아의 중앙 및 서북부에 걸쳐 있던 나라. 「사람.
phrýgĭo, ónis, *m*. [Phrýgia] 금실로 수놓는
Phrýgĭus, a, um, *adj*. **1.** *Phrýgia*의: Phrýgia mater*(V.)* *Cýbele* / Phrýgiæ vestes*(V.)* *(Phrýgia*인들의) 금실로 수놓은 옷. **2.** *Troja*의 (*Troja*는 *Phrýgia*에 있었음). 「풀.
phryma leptostáchy̆a, æ, *f*. 《植》 파리
Phryx, y̆gis, *m*. **1.** *Phrýgia* 사람. **2.** *Lýdia*의 *Hermus* 강의 지류.
Phthia, æ, *f*. (*Thessália*의 한 지방인) *Phthiótis*의 도시, *Achílles*의 출생지; 〔*adj*.〕 **Phthius**, a, um.
Phthias, ădis, *f*. *Phthia* 여자.
Phthióta [-**tes**], æ, *m*. *Phthiótis* 사람; *Phthia* 사람. 「*Phthia*의; *Thessália*의.
Phthiótĭcus, a, um, *adj*. *Phthiótis*의;
Phthiótis, ĭdis, *f*. 남부 *Thessália*의 한 지방.
phthiríăsis, is, *f*. 《醫》 이(虱)가 한없이 꾀는 병(옛적에는 이 병으로 죽기까지 했음); 이 때문에 생기는 피부병.
phthiscíscens, éntis, *p.præs*. [*inusit*. phthisísco] 폐병[폐결핵]에 걸리기 시작한.
phthísĭcus, a, um, *adj*. [phthisis] 폐병의, 폐결핵의; 폐결핵을 앓는.
phthisis, is, *f*. **1.** 소멸(消滅), 소모. **2.** 《醫》 폐결핵, 폐병.
phthŏe, es, *f*. 《醫》 폐결핵.
phu, phui, *interj*. 〔악취·경멸 표시〕 푸!
phýlăca, æ, *f*. 감옥; (노예 가두는) 감방.
Phýlăce, es, *f*. *Protesiláus*가 통치하던 남부 *Thessália*의 도시; 〔*adj*.〕 -**céĭus**, a, um: Phylacéia conjux, *Protesiláus*의 아내인 *Laodamía*; 〔*adj*. *f*.〕 -**céis**, ĭdis.
Phylácĭdes, æ, *m*. *Phýlacus*의 손자인 *Protesiláus*.
phylacísta, æ, *m*. 감방지기.
phylactérĭum, i, *n*. **1.** 부적, 호부(護符). **2.** 《聖》 구약성서의 귀절을 적은 양피지를 접어 넣은 작은 갑(유태인들은 끈으로 이것을 이마와 왼팔에 하나씩 잡아매어 가지고 다녔음. *cf*. *Deut*. *6, 8; 11, 18; Matth*. *23, 5*). **3.** 씨름꾼이나 검투사들이 승리의 수(數)대로 목에 걸던 목걸이.
Phýlăcus, i, *m*. *Thessália*의 *Phýlace* 도시의 창설자, *Protesiláus*의 할아버지.
phylárchus, i, *m*. 족장, 추장. 「항력.
phyláxis, is, *f*. 《醫》 감염(感染)에 대한 저
Phyle, es, *f*. *Attĭca*의 요새, *Bœótia*와의 경계에 있었음.
Phyllis, ĭdis [ĭdos], *f*. **1.** *Thrácia*의 *Lycúrgus*왕의 딸 (약혼자인 *Athénæ*의 *Demóphoon*이 다른 볼일로 정한 날까지 돌아오지 않자 배신당한 줄로 알고 목매어 죽은 다음 편도〈扁桃〉나무로 변하여 잎을 피우지 않고 있다가 뒤늦게 온 약혼자가 그 나무를 끌어안자 잎을 피웠다 함). **2.** (일반적으로) 예쁜 시골처녀.
phyllocládĭum, i, *n*. 《植》 (선인장 같은) 편평지(偏平枝), 엽상경(葉狀莖).

phyllódĭum, i, *n.* 《植》 가엽(假葉).
Phyllódŏce, es, *f.* *Néreus*와 *Doris*²의 딸, 바다의 요정.
phylum, i, *n.* 《生》 (생물분류의) 문(門).
physéter, éris, *m.* 《動》 고래(의 일종).
phýsĭca¹, æ, [**-ce,** es,] *f.* [phýsicus] **1.** (원래는 일반적으로) 자연과학. **2.** **물리학.**
phýsĭca², órum, *n.pl.* [phýsicus] **1.** 자연과학. **2.** 자연과학[물리학] 서적.
phýsĭcus, a, um, *adj.* **1.** 자연(계)의, 자연의 법칙에 의한; 물질(계)의, 물질적인, 유형(有形)의, 형이하(形而下)의. **2.** 자연에 관한, 자연과학의; 〔*subst.*〕 *m.* 자연과학자. **3.** **물리적,** 물리학(상)의, 물리학적; 〔*subst.*〕 *m.* 물리학자. **4.** 육체의, 신체의.
physiognómĭcus, a, um, *adj.* 관상학(觀相學)의, 인상학(人相學)의. 「자.
physiognómon, ŏnis, *m.* 관상가, 인상학
physiognomónĭa, æ, *f.* 관상학, 인상학.
physiología, æ, *f.* **1.** (옛적에는 일반적으로) 자연과학. **2.** **생리학.**
physiológĭcus, a, um, *adj.* **1.** 자연(계)에 관한, 자연과학의. **2.** **생리학(상)의, 생리적인.**
physiólŏgus, i, *m.* **1.** 자연신비의 탐구가, 자연과학자. **2.** **생리학자.**
phŷsis, is, *f.* **1.** **자연.** **2.** 존재물, 피조물; (고유한 이름이 붙지 않은) 보석.
phytogénĕsis, is, *f.* 식물발생론.
pia mater, -æ -tris, *f.* 《解》 연막(軟膜), 유막(柔膜), 연뇌막. 「는, 속죄할 수 있는.
piábĭlis, e, *adj.* [pio] 보상(補償)할 수 있
piaculáris, e, *adj.* [piáculum] **1.** 보상(補償)[배상]의, 속죄의, 보속(補贖)하는: piaculária (sacrifícia)*(L.)* 속죄의 제사. **2.** 속죄할 필요가 있는, 죄많은; 〔*adv.*〕 **-rĭter.**
piácŭlo, ávi, átum, áre, *tr.* [piáculum] 〔*alqm*〕 속죄의 제사로 노여움을 풀게 하다, (누구에게) 속죄하다.
piácŭlum, i, *n.* [pio] **1.** 속죄의 제사: porco piáculum fácere*(Cato)* 돼지를 잡아서 속죄의 제사를 지내다. **2.** 속죄의 제물[희생물]: Duc nigras pécudes; ea prima piácula sunto.*(V.)* 검은 가축들을 끌어오너라, 그것들이 첫번째 제물이 되어야 한다 / ~ rupti fœderis*(L.)* 계약파기에 대한 속죄의 제물. **3.** 죄의 대가(代價), **벌,** 속죄, 보속(補贖); 보상(補償), 배상: grávia piácula exígere*(L.)* 엄중한 처벌을 요구하다. **4.** 속죄해야 할 악행, **죄,** 범죄; 신성모독: ~ commíttere*(L.)* 죄를 범하다. **5.** 불길한 징조; 재난, 불행, 위험.
piámen, mĭnis, [**-méntum,** i,] *n.* 속죄; 속죄의 제사[제물·희생·수단].
piátĭo, ónis, *f.* [pio] 속죄(행위).
piátor, óris, *m.* [**-trix,** ícis, *f.*] 속죄의 희생을 바치는 사람.
pica, æ, *f.* **1.** 《動》 까치. **2.** (희랍 신화의) 여면사자신(女面獅子身)의 괴물. 「所).
picárĭa, æ, *f.* [pix] 역청 제조소(瀝青製造
picátĭo, ónis, *f.* [pix] 역청을 바름.
pícĕa, æ, *f.* [pix] 《植》 가문비나무.
Picénum, i, *n.* 중부 이태리의 *Adrĭa* 해안지방 (지금의 *Piceno*); 〔*adj.*〕 **-cens,** éntis; **-centínus** [**-cénus**], a, um; 〔*subst.*〕 **-céntes,** ĭum [um], *m.pl.* 그곳 주민.
pícĕus, a, um, *adj.* [pix] **1.** 목(木)타르의, 역청의, 피치의. **2.** 역청같이 새까만.
pico, ávi, átum, áre, *tr.* [pix] **1.** 목(木)타르를[역청을] 바르다. **2.** (포도주 양조 때에 맛을 내기 위해) 송진을 뿌리다. 「종).
picrídĭæ, árum, *f.pl.* 《植》 씀바귀(의 일
picris, ĭdis, *f.* 《植》 쇠서나물, 모련채(毛蓮菜).
Pictáva, æ, *f.* *Aquitánia*의 도시 (지금의 *Poitiers*); 〔*adj.*〕 **-viénsis,** e.
Pictávi, órum, *m.pl.* *Gállia Céltica*에서 *Aquitánia*로 이주 정착한 종족, 그들의 수도는 *Pictáva;* 〔*adj.*〕 **-távĭcus,** a, um.
píctĭlis, e, *adj.* [pictus] 수놓은, 그림으로
Píctŏnes, um, *m.pl.* = Pictávi. 」장식한.
pictor¹, óris, *m.* [pingo] **1.** 화가, 화공(畵工). **2.** 수놓는 사람. **3.** 얼굴 화장.
Pictor², óris, *m.* *Roma*인의 *Fábius*씨족의 가문명. 「림의.
pictórĭus, a, um, *adj.* [pictor] 화가의; 그
pictúra, æ, *f.* [pingo] **1.** 그림 그리기, 화법. **2.** 그림, 회화: ~ lacunáris 천정화(天井畵) / ~ paríetum 벽화. **3.** 자수(刺繡); 모자이크*(V.)*: ~ téxtilis*(C.)* 장식 융단. **4.** 얼굴 화장. **5.** (말·글로 하는) 생생한 묘사.
picturátus, a, um, *adj.* [pictúra] **1.** 그림 그려진. **2.** **수놓은.** **3.** 여러가지 빛깔로 채색된[장식된].
pictus, a, um, *p.p., a.p.* [pingo] **1.** 그려진; 여러가지 빛깔로 장식된[채색된], 화려한. **2.** 공들인. **3.** 겉치레뿐인, 허황된, 내용없는.
pícŭla, æ, *f.* *dim.* [pix] (아이들이나 씨름꾼의 기름 발랐던 몸에) 덕지덕지 앉은 때.
Picúmnus, i, *m.* (*Pilúmnus*와 함께) 부부와 갓난아이의 수호신. 「gryps.
picus¹, i, *m.* **1.** 《動》 딱다구리. **2.** =
Picus², i, *m.* *Aborígines*(이태리 원주민)의 신이며 왕, *Satúrnus*의 아들, *Faunus*의 아버지, *Latínus*의 조부.
Piérĭa, æ, *f.* **1.** *Macedónia*의 *Olýmpus*산 동쪽의 연안지역, *Orpheus*와 *Musæ*의 출생지로 여겨졌음; 〔*adj.*〕 **-rĭcus,** a, um. **2.** *Sýria*의 지방 및 (같은 이름의) 산과 도시. **3.** *Thrácia*에 있는 산과 숲. **4.** *Thessália*의 도시.

Píĕris, ĭdis [ĭdos], *f.* **1.** (본래는) *Píerus*의 딸. **2.** *Musa.*

Piérĭus, a, um, *adj.* **1.** *Píeris(2)*의. **2.** 시가(詩歌)의, 문예의. **3.** (*Thessália*에 있는) *Píerus(2)*산의; *Thessália*의.

Píĕrus [**-os**], i, *m.* **1.** *Emáthia*의 왕, *Piérides*라고 불리는 자기 아홉 딸들에게 *Musæ*라는 이름을 붙여주었음, 이들은 (진짜) *Musæ*에게 노래시합을 걸었다가 져서 까치로 변해버림. **2.** (*Macedónia*와의 접경지대에 있는) *Thessália*의 산.

píĕtas, átis, *f.* [pius] **1.** (부모·조상에게 대한) **효도**, 효심, **효성**, 효행, 효경(孝敬): ~ erga paréntes 부모님께 대한 효성. **2.** 가족애, 혈족애, 우애, 우의(友誼), 우정. **3.** 애국심, 조국애, 충의(忠義), 충성. **4.** **경건**, 신심(信心), 신앙심. **5.** 신(神)의 신상필벌, 신의 정의(正義); 신의 자비. **6.** **자애**, 사랑, 인자, 관대. **7.** [P-] 경건의 여신.

pietísmus, i, *m.* (17세기말에 일어난) 경건파, 경건주의.

pĭger, gra, grum, *adj.* [piget] **1.** 〔*absol.; ad acc., in abl., gen., inf.*〕 게으른, 태만한; 나태한; 마지못해 하는, 억지로 하는, 성의없는: ad lítteras scribéndas ~ *(C.)* 마지못해 편지 쓰는. **2.** 〔*absol.; in abl.; gen.*〕 느린, 느릿느릿한, 더딘, 굼뜬, 활기없는, 꾸물거리는. **3.** 〔*absol.; gen.*〕 (강·호수·바다 따위가) 잔잔한, 흐르지 않는; 완만하게 흐르는: mare pigrum*(Ta.)* 잔잔한 바다. **4.** 한가로운, 빈둥빈둥하는. **5.** 지루한, 진절머리나는: ~ annus *(H.)* 지루한 1년. **6.** 불모(不毛)의, 메마른. **7.** 육중한. **8.** (추위 따위로) 움츠러든, 꼼짝 않는, 둔감(鈍感)한, 감각이 마비된; (동물이) 동면하는. **9.** 〔*active*〕 움츠러들게 하는, 감각을 마비시키는. **10.** 슬픈, 낙심한, 풀이 죽은.

piget, gŭit [gĭtum est], ére, *impers.* 〔*alqm alcjs (rei), inf., acc. c. inf.; nom. pron. [n. adj.]*〕 **1.** **싫증을 느끼다**, 싫다, 귀찮(아지)다, **짜증나다**, 지긋지긋하다: Me piget stultítiæ meæ.*(C.)* 나는 나의 어리석음에 짜증이 난다. **2.** 뉘우쳐 지다, 후회하다. **3.** 부끄럽다, 거북살스럽다.

pigmentárĭus, i, *m.* [pigméntum] 염료[안료·향료·화장품·약품]상인.

pigmentátus, a, um, *p.p.* [*inusit.* pigménto] **1.** 색칠한, 물감칠한, 채색한. **2.** 향유바른; 화장한.

pigméntum, i, *n.* [pingo] 〔주로 *pl.*〕 **1.** 그림 물감; 물감, 염료. **2.** 분, 화장품. **3.** 향신료 식물(植物)의 즙, 향료. **4.** 약재, 약품. **5.** 문채(文彩), 문식(文飾), 사조(詞藻), 문체; 가식(假飾), 허식.

pigneratícĭus, a, um, *adj.* [pignus] 저당[담보]의, 저당권 설정의. 「전당, 담보.

pignerátĭo, ónis, *f.* [pígnero] 저당(抵當),

pignerátor, óris, *m.* 저당잡는 사람, 질권자(質權者).

pígnĕro, ávi, átum, áre, *tr.* [pignus] **1.** 〔*alqd [alqm] - alci*〕 저당(抵當)하다, 저당에 넣다, 전당잡히다; 보증으로[담보로] 맡기다. **2.** 〔*alqm alci - alqā re*〕 의무지우다, 매이게 하다, 묶어 놓다, 붙잡아 놓다[두다]; 〔*refl.*〕 **se** ~ 약속하다.

pígnĕror, átus sum, ári, *dep. tr.*[pignus] **1.** 〔*alqm [alqd] - sibi*〕 자기 것으로 요구하다, 당연한 권리로 요구하다; 매이게 하다, 묶어 놓다, 붙잡아 두다. **2.** 증거로[보증으로] 받아들이다: Quod das mihi, pígneror omen.*(Ov.)* 나는 네가 주는 것을 틀림없는 좋은 징조로[나에게 대한 신의의 증거로] 받아들인다.

pignor... *V.* pigner...

pignus, nŏris [nĕris], *n.* [pango] **1.** **담보, 저당**(抵當); 담보물, 저당물: *alqd* pígnori dare*(Pap.)* 무엇을 저당하다 / Ager oppósitus est pígnori.*(T.)* 밭이 저당에 들어갔다 / rem *alcjs* pígnori accípere*(Ta.)* 누구의 물건을 담보로 잡다. **2.** (원로원 의원을 출석시키는 강제수단으로서의) 의무 담보, 공탁물. **3.** **볼모**, 인질. **4.** 내기; 내기에 건 돈[물건]: certáre pígnore cum *alqo(V.)* 누구와 내기하다 / pósito pígnore *(Ov.)* 돈[물건]을 걸고, 내기로. **5.** **보증**, 증거(물), 표적(表迹). **6.** 〔*pl.*〕 (사랑의 표·유대인) 아이(들), 자식, 아들딸; 자손; 부모, 형제, 가족; 일가친척. **7.** (나무의) 접붙인 가지.

pigrédo, dĭnis, *f.* [piger] 게으름, 나태.

pigrésco, ĕre, *intr. inch.* [piger] 게을러지다, 나태해지다; 느려빠지다, 굼뜨다.

pigrítĭa, æ, [-tĭes, éi,] *f.* [piger] **1.** **게으름**, 나태, 태만; 빈둥거림, 늑장(부림). **2.** 위(胃)의 기능저하.

pígrĭtor, átus sum, ári, *dep. intr. freq.* [pigror[1]] 〔*inf.*〕 게으름 부리다, 꾸물거리다, 늑장부리다, 지체하다.

pigro, ávi, átum, áre, [**-gror**[1], ári, *dep.*] *intr.* [piger] 〔*absol.; inf.*〕 게으르다, 게으름 부리다; 꾸물거리다, 굼뜨다; 느럭느럭 미루다, 질질 끌다.

pigror[2], óris, *m.* = pigrítia.

pīla[1], æ, *f.* [pinso] **1.** 절구, 방아; 약연(藥碾). **2.** 마전통, 피륙 표백통.

pīla[2], æ, *f.* [pango] **1.** 기둥, 받침다리: ~ pontis*(L.)* 교각(橋脚). **2.** (건물 기둥 주위에 벌여 놓은) 서적 노점(書籍露店). **3.** 방축, 방파제.

pīla[3], æ, *f.* **1.** (가지고 노는) **공**, 구(球); 공놀이: pilā lúdere*(C., H.)* 공을 가지고 놀다 / 〔속담〕 Mea ~ est.*(Pl.)* 내가 이겼다; 칼자루는 내가 잡았다. **2.** 공 모양의

물건; 실꾸리. **3.** 지구. **4.** 천구의(天球儀). **5.** pila vítrea[crystallína] 화경(火鏡). **6.** (여름에 더위를 가시게 하려고 손에 들고 있던) 수정구(水晶球), 호박구(琥珀球). **7.** 투표용 작은 공[구슬]. **8.** (속에 헝겊이나 양털을 넣어 만든) 인형얼굴.

pilánus, i, *m.* [pilum] (= triárius) 제3 전열(戰列)에 배치되던 투창병(投槍兵).

piláris, e, *adj.* [pila³] (가지고 노는) 공의, 구(球)의.

pilárĭum, i, *n.* [pila²] 납골당(納骨堂).

pilárĭus, i, *m.* [pila³] 몇개의 공을 가지고 재주부리는 사람.

pilátim, *adv.* [pila²] **1.** 받침기둥들을 세워. **2.** 《軍》 길게 뻗친 밀집전열(密集戰列)로.

pilátrix, ícis, *f.* [pilo²] 약탈하는 여자.

pilátus¹, a, um, *p.p.* [pilo¹, pilo²].

pilátus², a, um, *adj.* [pilum] 투창으로 무장한.

Pilátus³, i, *m.* *Roma*인의 가문명: Póntius ~, 예수 처형 때의 *Judǽa* 지방의 총독.

pileátus, a, um, *p.p.* [píleo] 모자(píleus)를 쓴; 자유를 얻은 (석방되는 노예에게 píleus 모자를 씌워 주었음): plebs pileáta*(Suet.)* 질곡에서 벗어난 서민(庶民) / pileáti fratres*(Gell.)* *Castor*와 *Pollux* 형제.

piléntum, i, *n.* (제사 도구 운반용 또는 귀부인용으로 축제일에 쓰이던) 2륜 마차.

pílĕo, ávi, átum, áre, *tr.* [píleus] 노예에게 자유의 표시로 píleus 모자를 씌우다.

piléŏlus, i, *m.*[**-um,** i, *n.*] *dim.*[píleus] 작은 모자; 《가》 꼭뒤에 얹어놓는 주발뚜껑처럼 생긴 성직자용 모자 (교황용은 흰빛, 추기경용은 빨강, 주교·고위 성직자용은 자주, 특전받은 그밖의 성직자용은 검은 빛).

pílĕus, i, *m.* [**-um,** i, *n.*] **1.** (주로 양털을 축융〈縮絨〉하여 만든 계란껍질 반쪽 모양의) 모전(毛氈) 모자 (흔히 *Satúrnus* 축제 때 썼음). **2.** (새로 해방된 노예들이) 자유의 표시로 쓰던 모자; 해방, 자유(신분): servos ad píleum vocáre*(L.)* 자유 부여를 약속하며 노예들을 징집하다[격려하다]. **3.** (모피로 만든 평상시의) 군인모자. **4.** 양막(羊膜). **5.** *m.* 《植》 균산(菌傘); *n.* 《動》 (새의) 머리, 두부(頭部).

PILEUS 1

pilícrĕpus, i, *m.* [pila³ + crepo] 공을 던지고 받고 하며 노는 사람.

pililúdĭus, i, *m.* [pila³ +] 여러 개의 공을 가지고 재주부리는 사람.

pille... *V.* pile...

píllŭla, æ, *f. dim.* [pila³] **1.** 작은 열매. **2.** 환약, 알약.

pīlo¹, ávi, átum, áre, *tr.* [pila²] 세게 누르다, 짓누르다, 압축하다; 깊이 박다, 꽂다.

pĭlo², ávi, átum, áre, [pilus¹] **1.** *intr.* 털이 나다. **2.** *tr.* 털뽑다, 털을 깎다, 대머리로 만들다. **3.** *tr.* 약탈하다, 강탈하다.

pilósĭtas, átis, *f.* [pilósus] 다모성(多毛性).

pilósus, a, um, *adj.* [pilus¹] 털많은, 털로 덮인, 털부의.

pílŭla, æ, *f. dim.* [pila³] **1.** 작은 공(球); 작고 동그란 열매. **2.** 환약, 알약.

pīlum, i, *n.* [pinso¹] **1.** 공이, 절굿공이, 유봉(乳棒). **2.** (*Roma* 보병의) 투창(投槍): murália pila*(Cæs.)* 성벽에서 적군에게 던지는 창.

Pilúmnus, i, *m.* **1.** *Júpiter*의 아들, 제분업자들이 수호신인 동시에 자기 형제 *Picúmnus*와 더불어 부부와 아기들의 수호신이기도 함. **2.** *Daunus*의 아버지, *Turnus*의 할아버지 (또는 조상).

pĭlus¹, i, *m.* **1.** 털; 머리털, 머리카락: caudæ pili equínæ*(H.)* 말총. **2.** 털끝(만큼의 것), 하찮은 것: ... ne pilum quidem (accépi)*(C.)*나는 털끝만큼도 (받지 못했다).

pīlus², i, *m.* [pilum] 제3 전열(戰列)의 (제1) 투창 중대[100인대].

Pimpla, æ, *f.* *Macedónia*의 *Piéria* 지방의 소도시, 그곳 산 및 샘, *Musa* 여신들의 성역(聖域)이었음; 〔*adj.*〕 **-pléus,** a, um.

Pimpléa, æ, *f.* *Pimpla* 샘의 *Musa* 여신 또는 요정(妖精).

Pimpléis, ĭdis, *f.* **1.** *Pimpla.* **2.** *Musa* 여신.

pīna, æ, *f.* 《動》 삿갓조개 (또는) 섭조개.

pinacothéca, æ, [**-ce,** es,] *f.* (저택의) 초상화 따위 그림 진열실, 화랑(畵廊).

pinális, e, *adj.* 소나무의.

Pinárĭi, órum, *m.pl.* [Pinárius] *Hércules*신의 제관(祭官)들; 〔*adj.*〕 **-rĭus,** a, um.

Pinárĭus, i, *m.* 고대 *Roma*인의 씨족명.

Pínărus, i, *m.* *Cilícia*의 강.

pĭnax, ăcis, *m.* 널빤지; 널빤지에 그린 그림.

pincérna, æ, *m.* 술따르는 심부름꾼, 헌작시종(獻酌侍從).

Píndărus, i, *m.* 희랍의 서정시인, *Thebæ* 사람 (522 - 442 A.C.); 〔*adj.*〕 **-rĭcus [-réus],** a, um.

Pindeníssus, i, *f.* *Cilícia*의 요새도시, 51 A.C.에 *Cícero*에게 점령당하였음; 〔*subst. deriv.*〕 **-nissítæ,** árum, *m.pl.* 그곳 주민.

Pindus [-os], i, *m.* *Thessália*와 *Epírus* 사이에 있는 산맥 (지금의 *Mezzara*).

pínĕa, æ, *f.* [pinus] **1.** 솔방울; 잣. **2.** 소나무.

pineális, e, *adj.* **1.** 솔방울 모양의. **2.** 《解》 송과선(松果腺)의, 송과체(松果體)의.

pinétum, i, *n.* [pinus] 소나무숲, 솔밭.

pínĕus, a, um, *adj.* [pinus] 소나무의; 소나무로 만든.

pingo, pinxi, pictum, ĕre, *tr.* **1.** (그림) 그리다; 그려 보이다, 그림으로 나타내다. **2.** 수놓다, 자수하다: ~ acu*(Ov.)* 수를 놓다 / picta toga*(L.)* (개선하는 장군이나 축제 때

에 집정관이 입던) 수놓은 toga / picti reges*(Mart.)* 수놓은 옷을 입은 왕들. **3.** 물감칠하다, 채색하다, 여러가지 빛깔로 아롱지게 하다. **4.** 꾸미다, 장식하다. **5.** (문장·이야기 따위를) 다채롭게 수식하다, 윤색(潤色)하다. 「기.

pinguámen, mĭnis, *n.* [pinguis] 비계, 기름

pingue, is, *n.* [pinguis] 지방(脂肪), 비계.

pinguécŭla, órum, *n.pl.* 《醫》 검열반(瞼裂斑).

pinguédo, dĭnis, *f.* [pinguis] **1.** 지방(脂肪), 비계, 기름기. **2.** 걸쭉함; 농도(濃度). **3.** 살찜, 비만, 풍만.

pinguefácĭo, féci, fáctum, ĕre, *tr.* [pinguis] **1.** 살찌게 하다, 비대하게 하다. **2.** 걸게[되게] 하다.

pinguésco, ĕre, *intr.* [pinguis] **1.** 살찌다, 비만[비대]해 지다. **2.** 비옥해 지다. **3.** 부풀다; 두꺼워지다, 굵어지다. **4.** 윤나다, 윤기가 돌다. **5.** 세게 발음되다. 「람.

pinguiárĭus, i, *m.* 기름기를 좋아하는 사

pinguícŭlus, a, um, *adj. dim.* [pinguis] 좀 살찐, 통통한, 토실토실한.

pinguis, e, *adj.* **1.** **살찐**, 투실투실한, 비대한, 비만한; 통통한. **2.** 지방질의; 기름기가 도는, 윤기있는. **3.** 비옥한, 기름진, 건. **4.** 비옥하게 하는, 걸어지게 하는: fimus ~*(V.)* (땅을) 기름지게 하는 두엄. **5.** 풍요로운: pingues horti*(V.)* 실과를 많이 산출하는 과수원. **6.** (실과가) 굵고 수분 많은, (이파리가) 두꺼운. **7.** (무엇이) 많은, …투성이의: pingues aræ*(V.)* (잦은 희생 봉헌으로) 온통 피투성이가 된 제단들. **8.** ~ mensa*(Catull.)* 푸짐한 식탁. **9.** 진한, 되직한, 걸쭉한. **10.** (기름·진흙 따위를) 잔뜩 처바른. **11.** 짙은, 농후한; 뭉게뭉게 피어오르는; 공기가 무겁고 습기찬: ~ vapor*(Sen.)* 짙은 김. **12.** 훨훨 타오르는. **13.** 숱이 많은. **14.** 맛이 부드러운. **15.** (재능 따위가) 지둔(遲鈍)한, 우둔한. **16.** (입을 크게 놀려서) 둔중(鈍重)한 (말). **17.** 시름없이 푹 쉬는, 마냥 늘어진; 방해받지 않고 깊이 든 (잠).

pinguítĭa, æ, [**-tĭes,** éi,] *f.* [pinguis] 비계, 지방.

pinguitúdo, dĭnis, *f.* [pinguis] **1.** 지방(脂肪). **2.** 비만, 비대. **3.** 걸쭉함, (유동체의) 된 상태. **4.** 짙은 색. **5.** (발음할 때의) 과장된 입놀림.

pínĭfer [-ger], ĕra, ĕrum, *adj.* [pinus + fero, gero[1]] 소나무가 나는, 소나무가 많은.

pinna[1], æ, *f.* (= penna) **1.** 깃, 깃털. **2.** 날개. **3.** 지느러미. **4.** 투구 꼭대기의 장식깃털. **5.** (탑이나 성벽 꼭대기에 사이사이 띄어서 쌓아올린) 흉장(胸墻)·흉벽(胸壁). **6.** 수차(水車)의 물받이 날개. **7.** 《植》 우상복엽(羽狀複葉)의 한쪽 잎. **8.** 귓바퀴. 「는) 섭조개(의 일종).

pinna[2], æ, *f.* (= pina) 《動》 삿갓조개 (또

pinnácŭlum, i, *n. dim.* [pinna[1]] **1.** 뾰족탑, 작은 첨탑(尖塔); **지붕 꼭대기. 2.** 첨봉(尖峰), 정상; 절정.

pinnátus = pennátus.

pinni... *V.* penni...

pinnírăpus, i, *m.* [pinna[1] + rápio] *Sámnium*인(人) 검투사의 투구 꼭대기 장식깃털을 잡아채 가는 사람.

pinóphy̆lax, ăcis, [**pinotéres,** æ,] *m.* 《動》 pina 조개 안에 살면서 그 조개에게 먹이 있는 데를 일러주는 작은 게, 속살이.

pinsátĭo, ónis, *f.* [pinso[1]] 짓찧음, 두들김.

pínsĭtor, óris, *m.* [pinso[2]] 찧는 사람, 절구질하는 사람. 「만들다, 갈다.

pīnso[1], átum, áre, *tr.* 빻다, 찧다, 가루로

pīnso[2], si [sŭi], sum [sĭtum, pistum], ĕre, *tr.* **1.** 빻다, (짓)찧다, 갈아서 가루를 내다; 으깨다, 짓이기다. **2.** 매질하다, 채찍으로 때리다.

pinus, us [i], *f.* **1.** 《植》 (일반적으로) **소나무**, 솔: ~ densíflora 소나무, 육송 / ~ koraiénsis 잣나무 / ~ rígida 리기다소나무. **2.** (소나무 목재로 만든) 배. **3.** ~ flagrans *(V.)* 솔가지 횃불. **4.** 소나무 창(槍). **5.** (배젓는) 노. **6.** 솔잎으로 엮은 *Pan*신의 ⌊목걸이[관(冠)].

pinxi, *pf.* [pingo].

pio, ávi, átum, áre, *tr.* [pius] **1.** (신들의 마음을) 누그러지게 하다, 달래다, 흐뭇하게 하다. **2.** 종교적으로 공경하다, 경건하게 거행하다. **3.** 종교적으로 정화(淨化)하다, 액막이하다. **4.** 〔*alqd - alqā re*〕 속죄하다, (무엇의) 대가(代價)를 치르다; 배상[보상]하다. **5.** (신들이) 벌하다, 복수하다. **6.** 정신이상을 고쳐주다. **7.** 자녀를 극진히 사랑하다. 「리.

pipátus, us, *m.* 병아리의 삐삐하고 우는 소

pĭper, ĕris, *n.* **1.** 《植》 후추나무; 후추. **2.** 신랄(한 말). 「후추가 들어간.

piperatárĭus, a, um, *adj.* [piper] 후추의,

piperatórĭum, i, *n.* [piper] 후추그릇.

piperátus, a, um, *adj.* [piper] **1.** 후추 친, 후추가 들어간; *n.* 후추양념. **2.** 신랄한.

piperítis, is [ĭdis], *f.* 《植》 고추.

pípĭlo, áre, *intr.* [pípio[1]] 삐삐 울다; (작은 새들이) 지저귀다, 종잘거리다. 「고 울다.

pípĭo[1], áre, *intr.* (병아리나 아가가) 삐삐하

pípĭo[2], íre, *intr.* (병아리나 작은 새가) 삐삐[짹짹]하고 울다, 지저귀다, 종잘거리다.

pípĭo[3], ónis, *m.* 비둘기새끼.

pípĭzo, ónis, *m.* 새끼 학.

pīpo, áre, *intr.* **1.** 암탉이 꼬꼬하고 울다; 새매가 울다. **2.** (어린아이들이) 볼멘소리를 내며 훌쩍훌쩍 흐느껴 울다.

pípŭlum, i, *n.* [**-lus,** i, *m.*] **1.** 아기들의 울음소리; 아이들의 **훌쩍이며 우는 소리.**

2. 빽빽 소리지름.
pirácĭum, i, *n.* [pirum] 배술(梨酒).
Piræ̋us [-ræ̋eus], i, *m.* [**-ræ̋um,** i, *n.*; **-ræ̋a,** órum, *n.pl.*] *Athénæ*시의 제일 큰 항구; 〔*adj.*〕 **-ræ̋us,** a, um.
piráta, æ, *m.* 해적(海賊).
piratérĭa, æ, *f.* 해적질, 약탈.
piratía, æ, *f.* 해적질, 해적행위.
pirátĭca, æ, *f.* [piráticus] 해적질, 해적행위, 해상 약탈.
pirátĭcus, a, um, *adj.* 해적의, 해적행위를 하는: piráticum bellum*(C.)* 해적과의 싸움.
Piréne, es, [**-na,** æ,] *f. Corínthus*의 성채에 있는 샘 (신화에서는 *Achelóus*의 딸로서 *Diána*에게 살해된 자기 아들의 죽음을 슬피 울다가 샘으로 변하였음); 〔*adj. f.*〕 **-énis,** ĭdis, *Piréne* 샘의; *Corínthus*의.
Piríthŏus, i, *m. Ixíon*의 아들, *Lápithæ*족의 왕, *Hippódame*의 남편.
pirum, i, *n.* 배(梨).
pirus, i, *f.* 《植》 배나무.
Pirústæ, árum, *m.pl. Illýria*의 한 종족.
pīsa[1], æ, *f.* 《植》 완두(콩).
Pīsa[2], æ, *f.* [**-sæ,** árum, *f.pl.*] *Elis* 지방의 *Alphéus* 강변의 도시, 그 이웃에 *Olýmpia*[1]가 있었음; 〔*adj.*〕 **-sǽus,** a, um.
Pisæ, árum, *f.pl. Etrúria*의 도시, *Pisa*[2]의 식민지였음 (지금의 *Pisa*); 〔*adj.*〕 **-sánus,** a, um.
Piséa, æ, *f. Pisa*[2]의 여인 (= Hippodamía).
Pisánder [-drus, -dros], dri, *m.* 1. *Rhodus*섬 출신의 서사시인. 2. *Penélope*의 구혼자 중 하나. 3. *Athénæ*의 400인 위원의 한 사람. 4. *Sparta*의 유명한 제독.
Pisáurum, i, *n. Umbrĭa*의 해안도시(지금의 *Pesaro*); 〔*adj.*〕 **-rénsis,** e.
piscárĭus, a, um, *adj.* [piscis] 물고기의; 고기잡이의: forum piscárium*(Pl.)* 어물시장; 〔*subst.*〕 *m.* 생선장수; *f.* 어시장.
piscátĭo, ónis, *f.* [piscor] 고기잡이, 어업(漁業), 낚시질.
piscátor, óris, *m.* [**-trix,** ícis, *f.*] [piscor] 어부, 고기잡이, 낚시꾼.
piscatórĭa, æ, *f.* [piscátor] 어업.
piscatórĭus, a, um, *adj.* [piscátor] 고기잡이의, 어부의, 고기잡는, 어업의: piscatóriæ naves*(Cæs.)* 고기잡이배; 〔*subst.*〕 *n.* 어시장.
piscatúra, æ, *f.* 고기잡이.
piscátus, us, *m.* [piscor] 1. 고기잡이, 어로작업(漁撈作業). 2. 어획물(漁獲物), 잡은 물고기.
píscĕus, a, um, *adj.* [piscis] 물고기의.
piscícăpus, i, *m.* [piscis + cápio[1]] 어부, 고기잡이.
píscĭceps, cĭpis, *m.* [piscis + cápio[1]] 어부, 고기잡이.
piscícŭlus, i, *m. dim.* [piscis] 1. 작은 물고기. 2. 〔초기 그리스도교의 통용어〕 그리스도 신자.
piscína, æ, *f.* [piscis] 1. 양어장, 못(池). 2. 수영장, 목욕하는 샘. 3. (집오리·가축 따위를 위한) 물통, 물웅덩이. 4. (나무로 만든) 저수탱크. 5. 《가》 (초대 교회의) 세례반(洗禮盤); 제단 우측의 제기상(祭器床), 물버리는 곳; 성수반(聖水盤).
piscinális, e, *adj.* [piscína] 목욕실의.
piscinárĭus, a, um, *adj.* [piscína] 양어장의; 〔*subst.*〕 *m.* 양어장 소유자, 양어 애호가.
piscínŭla, æ, *f. dim.* [piscína] 작은 양어장.
piscínus, a, um, *adj.* [piscis] 물고기의, 어류의, 어류에 관한.
piscis, is, *m.* 1. 《動》 물고기, 〔*pl.*〕 어류; (때로는) 패류(貝類). 2. (초기 그리스도교 신자들 사이에 통용되던) 예수 그리스도, 예수 그리스도를 상징하는 어형장(魚形章, 희랍어의 *Ιησοῦς Χριστὸς Θεοῦ ὑιὸς σωτήρ* = Jesus Christus Dei Fílius Salvátor 〈하느님의 아들 구세주 예수 그리스도〉의 머리글자들을 모으면 *ἰχθύς* = piscis 〈물고기〉가 됨). 3. 《天》 Pisces 어좌(魚座); 쌍어궁(雙魚宮: 황도대의 제12궁); Piscis Austrínus [-strális] 남어좌(南魚座).
pisciúncŭlus, i, *m. dim.* [piscis] 작은 물고기.
piscor, átus sum, ári, *dep. intr.* [piscis] 고기잡이하다, 물고기를 낚다: ~ hamo*(Suet.)* 낚시로 고기를 잡다 / 〔속담〕 ~ in áëre*(Pl.)* 공중에서 고기를 잡다, 헛수고하다.
piscósus, a, um, *adj.* [piscis] 물고기가 많은, 고기가 많이[쉽게] 잡히는.
pisculéntus, a, um, *p.p.* [piscis] 물고기 많은: flúvii pisculénti*(Cato)* 물고기 많은 강들; 〔*subst.*〕 *n.* 물고기로 만든 약.
Pisídĭa, æ, *f. Pamphýlia, Lýcia, Phrýgia Cilícia* 등 지방과 접경한 소아시아 남부지방; 〔*adj.*〕 **-dĭcus,** a, um; 〔*subst. deriv.*〕 **-sĭdæ,** árum, *m.pl.* 그곳 주민.
pisifórmis, e, *adj.* [pisum + forma] 《解·動》 완두 모양의.
Pisistrátĭdæ, árum, *m.pl. Pisístratus*의 두 아들 즉 *Híppias*와 *Hippárchus.*
Pisístrătus, i, *m. Athénæ*의 정치가·참주(僭主), 문학과 예술 진흥에 힘썼음.
pīso[1], átum, áre, *tr.* = pinso[1].
pīso[2], si, ĕre, *tr.* = pinso[2].
pīso[3], ónis, *m.* 절구.
Pīso[4], ónis, *m. Roma*인의 *Calpúrnius*씨족의 가문명; 〔*adj.*〕 **-soniánus,** a, um.
pissasphá ltus, i, *m.* 목(木)타르 섞인 아스팔트.
píssĭnus, a, um, *adj.* 목(木)타르의, 역청(瀝青)의.
pistácĭa, æ, *f.* 《植》 피스타치오 (남유럽 및 *Sýria, Palæstína* 등지에서 나는 옻나무과의 작은 나무).
pistácĭum, i, *n.* 피스타치오 열매 (핵 속의

살은 식용·식료품 향료). 「의.
Pístĭcus, a, um, *adj.* 순수한, 순(純), 진짜
pistíllum, i, *n.* [**-us,** i, *m.*] [pinso²] 공이, 절굿공이. 「다, 빻다, 가루로 만들다.
pisto, átum, áre, *tr. freq.* [piso², pinso²] 찧
pistor, óris, *m.* [pinso²] **1.** 절구질하는 사람, 방아찧는 사람, 물방앗간 일꾼. **2.** 빵 제조인; 빵 판매인. **3.** 과자 제조인 [판매인]. **4.** *Júpiter*의 별칭.
Pistórĭum, i, *n.* 북부 *Etrúria*의 도시 (지금의 *Pistoia*); 〔*adj.*〕 **-riénsis,** e.
pistórĭus, a, um, *adj.* [pistor] 제분업의, 빵 만드는, 제과(製菓)의: ars pistória 빵·과자 제조업.
pistrílla, æ, *f. dim.* [pistrína] 작은 방앗간.
pistrína, æ, *f.* [pistor] 제과점, 빵 제조소.
pistrinális, e, *adj.* [pistrínum] 방앗간의, 제분소의, 빵가게의.
pistrinárĭus, i, *m.*[pistrínum] 방앗간 주인.
pistrinénsis, e, *adj.* [pistrínum] 방앗간의.
pistrínum, i, *n.* [pinso²] **1.** 절구로 찧는 정미소, (물·풍차) 방앗간, (말·나귀·노새 따위, 때로 노예가 돌리는) 연자맷간; 제분소. **2.** 빵 제조소: ~ exercére*(Suet.)* 빵 제조업을 하다. **3.** 고된 일.
pistrínus, a, um, *adj.* [pistor] 빵집의, 빵 제조업의, 제과점의.
pistris [pistrix¹], ícis, *f.* (= pristis) **1.** 바다의 괴물; 고래, 상어. **2.** [P-] 《天》 고래좌, 경좌(鯨座). **3.** 좁고 길다란 배[선박].
pistrix², ícis, *f.* [pistor] 가루빻는 여자; 빵 만드는 여자. 「아서 가루로 만듦.
pistúra, æ, *f.* [pinso²] 절구질, 맷돌질, 빻
pistus, a, um, *p.p.* [pinso²].
pisum, i, *n.* 《植》 **완두**; 콩, 팥.
Pítăne, es, *f.* *Æólia* 지방의 항구도시 (지금의 *Sandarlik*).
pithecanthrópus, i, *m.* 원인(猿人: 1891년에 자바〈Java〉에서 발견된 뼈에 붙여진 명칭): ~ eréctus 직립원인(直立猿人), 자바인(Java人).
pithécus, i, *m.* 《動》 원숭이.
Pithecúsa, æ, *f.* [**-sæ,** árum, *pl.*] *Tyrrhénum* 바다의 섬 (지금의 *Ischia*).
pithiatísmus, i, *m.* 《醫》 (설득에 의해 치유될 수 있는) 신경장애, 히스테리.
Pitholáus, i, [**-lĕo(n),** óntis,] *m.* *Rhodus* 섬 태생의 험구가 시인 (c. 50 A.C.).
pittácĭum, i, *n.* **1.** 양피지조각(片); (물건에 붙이는) 표찰. **2.** 쪽지, 메모, 비망록; 지급전표; 영수증; (제비로) 추첨될 사람의 이름을 적은 쪽지. **3.** 반창고, (살에 붙이는) 고약. **4.** (옷이나 구두 따위를 깁는) 형겊조각, 가죽조각.
Píttăcus [-os], i, *m.* 희랍의 칠현(七賢) 중의 한 사람, *Lesbos*섬의 *Mityléne* 출신 (*sæc.* 7 A.C.).
Pittheís, ĭdis [ĭdos], *f.* *Píttheus*의 딸 (= *Æthra*).
Píttheus *(disyll.)*, ĕi [ĕos], *m.* *Trœzen*의 왕, *Æthra*의 아버지; 〔*adj.*〕 **-thé(ĭ)us,** a, um.
pituíta, æ, *f.* **1.** 콧물, 코; 담(痰), 가래(침); 점막 분비물(粘膜分泌物), 점액(粘液). **2.** 고름, 피고름; 종기. **3.** 닭의 혓바닥병. **4.** 수액(樹液).
pituitárĭus, a, um, *adj.* [pituíta] 점액(粘液)의, 점액을 분비하는; 뇌하수체의.
pituitósus, a, um, *adj.* [pituíta] 콧물이 많이 나는, 가래가 많은; 점액이 많은; 점액의, 점액 같은; 점액을 분비하는.
pityocámpa, æ, [**-pe,** es,] *f.* 《動》 송충이.
pityríăsis, is, *f.* 《醫》 머리에 볏겨 같은 발진(發疹)이 생기는 피부병.
pĭus, a, um, *adj.* 〔*comp.* magis pius; *superl.* píissimus〕 **1. 효성스러운**, 효도심있는: ~ in[erga] paréntes*(C.)* 부모에게 효성을 다하는. **2.** (부부간에, 혈육·친구에게 대하여) 애정이 두터운, 우애깊은. **3.** 나라를 사랑하는, 애국심이 강한, 나라에 충성을 다하는: pium bellum*(L.)* 조국을 위한 전쟁. **4. 경건한, 신심(信心)깊은,** (종교적으로) 열심한; 덕성있는. **5.** 신(神)의 영감을 받은. **6.** 신의 뜻에 맞는; 신의(神意)에 의한. **7.** 거룩한, 신성한. **8. 자애로운,** 자비로운, 어진. **9.** 상냥한, 사근사근한. **10.** 극락세계의; 〔*subst.*〕 *m.pl.* 극락세계로 간 사람들, 고인(故人)들.
pix, pĭcis, *f.* 목(木)타르, 피치, 불에 그을린 수지(樹脂)[송진].
placábĭlis, e, *adj.* [placo] **1.** 〔*passíve*〕 화해될 수 있는, 쉽게 달래어질 수 있는, 회유(懷柔)될 수 있는, 진정(鎭靜)될 수 있는; 온화한, 관후한. **2.** 〔*actíve*〕 쉽게 화해시키는, 잘 무마하는, 진정시키는.
placabílĭtas, átis, *f.* [placábilis] 화해성, 달래기 쉬움, 쉽게 누그러짐, 온화.
placámen, ĭnis, [**-méntum,** i,] *n.* [placo] 화해수단, 화해방법, 회유[무마]수단; 진정제. 「화해.
placátĭo, ónis, *f.* [placo] 진정(鎭靜), 완화,
placatórĭus, a, um, *adj.* [placo] 속죄의, 화해의, 진정시키는. 「는] 여자.
placátrix, ícis, *f.* [placo] 달래는[무마시키
placátus, a, um, *p.p., a.p.* [placo] **1.** 〔*absol.; alci*〕 누그러진, 가라앉은, 무마된, 화해한. **2.** 조용한, 고요한, 평온한, 차분한, 평화로운; 잔잔한. **3.** 〔in *alqm*〕 상냥한, 친절한, 온유한.
placens, éntis, *p.præs.* [pláceo] 〔*dat.; absol.*〕 (누구의) 마음에 드는; (연극·배우 따위가) 갈채받는, 인기있는.
placénta¹, æ, *f.* 과자, 케이크.
placénta², æ, *f.* **1.** 《解·動》 태반(胎盤):

~ diffúsa 균등(均等) 태반; 《動》 산재(散在) 태반 / ~ zonária 대상(帶狀) 태반; 《動》 환상(環狀) 태반. **2.** 《植》 태좌(胎座).

placentárius, i, *m.* [placénta[1]] 과자 제조인. 「씀, 환심 삼, 팔방미인 노릇.

placéntia[1], æ, *f.* [pláceo] 마음에 들려고 애

Placéntia[2], æ, *f.* *Padus* 강변에 있는 *Gállia Cisalpína*의 도시 (지금의 *Piacenza*); 〔*adj.*〕 **-tínus,** a, um.

pláceo, cŭi, cĭtum, ére, *intr.* **1.** 〔*alci*〕 (누구의) **마음에 들다,** 뜻에 맞다, 즐겁게 하다, 마음에 흡족하게 하다, 좋아하게 하다: ut illi pláceam,*(Pl.)* 내가 그의 마음에 들도록 / Placet hoc tibi?*(C.)* 이것이 네 마음에 드느냐? **2.** 〔*refl.*〕 sibi ~ 스스로 흡족해 하다, 기뻐하다; 우쭐해 지다, 스스로 자랑스러워하다, 자신을 대견하게 여기다: Ego mihi plácui.*(C.)* 나는 내 자신이 대견했다. **3.** (배우·작품 따위가) 갈채를 받다, 인기를 끌다.

placet[1], plácŭit [plácĭtum est], ére, *impers.* [pláceo] 〔*alci – inf., acc. c. inf.;* ut; *absol.*〕 **1.** 좋게 여기다, 찬동하다; 생각하다, 누구의 의견[견해·생각·주장]이다, 누구의 뜻이다; 작정되다, …하기로 하다: ut doctíssimis plácuit,*(C.)* 여러 학자들이 주장한 바와 같이 / Ita nobis plácitum est, ut ea conscriberémus.*(C.)* 우리는 그것들을 함께 저술하기로 합의했다 / si placet,*(C.)* 좋다면 / si pecúnias æquári non placet,*(C.)* 금액이 등분되는 것이 싫다면 / 〔못마땅히 여기며 비꼬는 말투〕 si diis placet,*(T.)* 주제넘게도, 아니꼽게시리. **2.** (원로원 따위에서) 토의되다; 의결되다, 결정되다; …하도록 지시하다.

Placet[2], *n.* [placet[1]] **1.** (placet라는 말을 써서 나타내는) 찬성(표명); 찬성투표: non ~ 불찬성, 반대투표. **2.** 《敎史》 (교황·주교의 교서에 대하여 정부나 군주가 요구한) 교서 인가제도. 「차분함; 안온, 평온.

placíditas, átis, *f.* [plácidus] 유순, 온유,

plácido, ávi, áre, *tr.* [plácidus] 차분해 지게 하다. 「드라운, 고운.

placídŭlus, a, um, *adj. dim.* [plácidus] 보

plácĭdus, a, um, *adj.* [pláceo] **1.** 온화한, 온유한, 유순한; 친절한, 관대한. **2.** 차분한, 조용한, 고요한, 평온한, 잔잔한, 평화로운: plácidum mare*(Plin.)* 잔잔한 바다; 〔*adv.*〕 **-de,** 고요하게, 차분히; 평온히; 사뿐히; 지그시. 「들다.

plácĭto, áre, *intr. freq.* [pláceo] 썩 마음에

plácĭtum, i, *n.* [plácitus] **1.** 마음의 흡족. **2.** 〔주로 *pl.*〕 의견, 학설; 전통적 가르침: philosophórum plácita*(Ta.)* 여러 철학자들의 학설. **3.** 뜻, 생각; 지시, 결정: medicórum plácita*(Plin.)* 의사들의 처방 / 《敎史》 ~ régium (= Placet[2]) (교회의 교서에 대하여 요구한 군주의) 교서 인가제도.

plácĭtus, a, um, *p.p., a.p.* [pláceo] **1.** 〔*dat.; absol.*〕 마음에 드는, (누구의) 마음에 흡족한; 합의된; 귀여운, 소중한: locus ambóbus ~*(Sall.)* 두 사람이 다 합의한 장소 / plácita bona*(Ov.)* 귀중한 재산. **2.** 결정된.

plāco, ávi, átum, áre, *tr.* **1.** 달래다, 가라앉히다, **진정시키다,** 무마하다, 차분해 지게 하다, 평온해 지게 하다, 조용해[잔잔해] 지게 하다: ~ ánimum*(C.)* 마음을 가라앉히다 / ~ ǽquora túmida*(V.)* 성난 바다를 잔잔해 지게 하다. **2.** (시장기·갈증 따위를) 풀다. **3.** 〔*alqm alci,* in *alqm*〕 **화해시키다,** 마음을 돌리게 하다: Fac, illa ut placétur nobis.*(T.)* 그 여자로 하여금 우리와 화해하게 해라.

placor[1], óris, *m.* [pláceo] 환심(歡心).

placor[2], óris, *m.* [placo] 고요함, 평온.

Plætórius, i, *m.* *Roma*인의 씨족명.

plāga[1], æ, *f.* [*cf.* plango] **1.** 타격, 강타, 구타. **2.** 상처, 타박상, 창상(創傷): ~ mortífera*(C.)* 치명상. **3.** 재앙, 재난, 천재(天災). **4.** 질병.

plăga[2], æ, *f.* **1.** 그물코; 〔*pl.*〕 (야수 사냥) 그물, 올무, 올가미. **2.** 거미줄. **3.** 베갯잇, 방석 덮개. **4.** 지역, 지방, 지대: ardens ~*(Sen.)* 열대지방 / septentrionális ~*(Plin.)* 북부지방 / æthéria ~*(V.)* 천공, 하늘. **5.** 구역, 지구(地區).

plagális, e, *adj.* [plaga[1]] 구타의, 매의: pœna ~ 태형(笞刑).

plagiárius, i, *m.* [plágium] **1.** 노예 유괴자[납치자]; 자유인을 노예로 매매하는 자. **2.** 표절자.

plagiatícius, a, um, *adj.* [plagiátor] **1.** 표절의. **2.** 노예 유괴의; 어린이 유괴의.

plagiátor, óris, *m.* [plágium] **1.** 노예 유괴자[납치자]; 노예 매매자. **2.** 어린이 유괴자. 「늘 매만 얻어맞는.

plágĭger, gĕra, gĕrum, *adj.* [plaga[1] + gero[1]]

plagigérŭlus, a, um, *adj.* [plágiger] 늘 매맞는. 「인을) 노예로 팔다.

plágio, ávi, átum, áre, *tr.* [plágium] (자유

plagipátĭda, æ, *m., f.* [plaga[1] + pátior] 채찍에 얻어맞는 사람, 노예.

plágium, i, *n.* **1.** 노예 유괴죄; 자유인을 노예로 매매하는 행위. **2.** 표절. **3.** 코가 많은 그물. 「상해하다.

plago, ávi, átum, áre, *tr.* [plaga[1]] 때리다,

plagósus, a, um, *adj.* [plaga[1]] **1.** 매맞은 상처투성이의. **2.** 매질하기 좋아하는.

plágŭla, æ, *f. dim.* [plaga[2]] **1.** 침대보; 홑이불. **2.** 옷자락에 다는 천. **3.** 종잇장.

plana, æ, *f.* [plano] 대패. 「기.

planarátrum, i, *n.* 두개의 바퀴가 달린 쟁

planáris, e, [**-rius,** a, um,] *adj.* [planus[1]]

평평한, 평면의.
Planásĭa, æ, *f.* *Ilva*섬 남쪽에 있는 섬 (지금의 *Pianosa*); 제정시대에는 유형지(流刑地)였음. 「석관(石棺)에 씌우는 대리석판.
planca, æ, *f.* **1.** 널빤지, 널판대기. **2.**
Pláncĭus, i, *m.* *Roma*인의 씨족명.
planctus, us, *m.* [plango] **1.** 소리나게 때림; (날개를) 푸덕거리는 소리; 철썩거리는 파도소리. **2.** 가슴을 치며 통곡함, 체읍(涕泣).
plancus, a, um, *adj.* 편평족(扁平足)의.
plane, *adv.* [planus[1]] **1.** 판판하게, 평평하게. **2.** 분명히, 명백히, 똑똑히, 알기 쉽게. **3.** 온전히, 전적으로, 아주, 전혀, 전연, 도무지; 완전히, 철두철미, 철저히, 고스란히; 썩(잘). **4.** 〔대답〕 아무렴, 암 그렇고 말고, 물론이지. 「星).
planes, étis, *m.* 《天》 혹성(惑星), 유성(遊
planésco, ĕre, *intr.* [planus[1]] 평평하게 되다, 판판해 지다, 평면이 되다.
planéta[1], æ, *m.* 《天》 혹성(惑星), 유성(遊星), 행성(行星).
planéta[2], æ, *f.* 《가》 (미사 때 입는) 제의(祭衣): ~ plicáta (대림절〈待臨節〉·사순절〈四旬節〉 장엄미사 때 착용하는) 앞자락을 반쯤 접어올린 부제용(副祭用) 제식복(祭式服). 「(占星家).
planetárĭus, i, *m.* 천체 관측자, 점성가
planétĭcus, a, um, *adj.* [planéta[1]] 혹성의, 유성(遊星)의.
plango, planxi, planctum, ĕre, *tr.* **1.** 치다, 때리다, 부딪치다: fluctus plangéntes saxa *(Lucr.)* 바위에 부딪치는 파도. **2.** 〔*pass.*〕 날개를 푸덕거리다. **3.** 몹시 울면서 (가슴·무릎 따위를) 치다: ~ péctora *(Ov.)* 가슴을 치며 통곡하다; 〔*pass.*〕 plangi 통곡하다. **4.** 〔*alqm, alqd; absol.*〕 매우 슬퍼하다, 애통해 하다, 통곡하다.
plangor, óris, *m.* [plango] **1.** (소리나게) 때림, 타격; 철썩거림. **2.** (가슴·무릎 따위를 치면서 하는) 통곡, 체읍, 비탄, 애통.
plangúncŭla, æ, *f.* 밀랍으로만든작은인형.
planílŏquus, a, um, *adj.* [plane+loquor] 분명하게 말하는. 「희극배우, 어릿광대.
plánĭpes, pĕdis, *m.* [planus[1]+pes] 맨발의
plánĭtas, átis, *f.* [planus[1]] (문장의) 명료.
planítĭes, éi, [-**tĭa,** æ,] *f.* [planus[1]] 평지, 벌판, 평야, 평원; 평면.
plano, ávi, átum, áre, *tr.* [planus[1]] 평평[판판·평탄]하게 하다, (길·땅 따위를) 고르다.
planta, æ, *f.* **1.** (나무의) 햇가지, 새가지, 새싹돋은 가지; 접지(接枝); 묘목. **2.** **초목**, 식물, 풀. **3.** **발바닥**; 발. 「이.
plantágo, gĭnis, *f.* 《植》 ~ (asiática) 질경
plantárĭa, ĭum, *n.pl.* [plantáris] **1.** 식물, 초목. **2.** 음모(陰毛). **3.** *Mercúrius*의 발뒤축에 달린 작은 날개.
plantáris, e, *adj.* [planta] **1.** 초목의; 묘목의. **2.** 발바닥의: plantáres alæ *(Stat.)* *Mercúrius*의 발뒤축의 작은 날개. 「목밭.
plantárĭum, i, *n.* [planta] 묘포(苗圃), 묘
plantátĭo, ónis, *f.* [planto] (나무 따위를) 심음, 식목, 이식(移植), 재배.
plantátor, óris, *m.* [-**tátrix,** ícis, *f.*] [planto] 심는 사람, 재배자.
planto, ávi, átum, áre, *tr.* **1.** 심다, 식목하다, 이식하다. **2.** 세우다: ~ crucem 십자가를 세우다. 「지면(地面); 바닥.
planum, i, *n.* [planus[1]] **1.** 평지, 평야. **2.**
planúra, æ, *f.* [planus[1]] 평지, 평원, 평야, 벌판.
plānus[1], a, um, *adj.* **1.** **평평한**, 판판한, **평탄한**; (바다가) 잔잔한; 평면의; **바닥의**: ~ locus *(C.)* 평지 / planus pes *(Vitr.)* (지하실도 다락방도 없는) 단층(집) / 《가》 cantus planus 그레고리안 성가. **2.** 납작한. **3.** 손쉬운, 평이(平易)한, 순탄한: de plano *(Lucr.)* 손쉽게, 어렵지 않게, 즉석에서. **4.** 명료한, 명확한, 분명한, 쉽게 알아들을 수 있는: *(alqd)* planum fácere *(C.)* 무엇을 분명히 밝히다, 명확하게 설명하다.
plănus[2], i, *m.* **1.** 방랑자. **2.** 건달, 사
plásĕa, æ, *f.* = palásea. ⌊기꾼, 협잡꾼.
plasma, ătis, *n.* **1.** 피조물, 인간. **2.** 가상, 허구, 꾸며낸 이야기. **3.** 가성(假聲). **4.** 《生》 원형질. **5.** 《解·生理》 혈장(血漿), 임파장(淋巴漿): ~ sánguinis 혈장. 「조.
plasmátĭo, ónis, *f.* [plasmo] 조성, 형성; 창
plasmátor, óris, *m.* [plasmo] 제조인, 창조자.
plasmo, ávi, átum, áre, *tr.* [plasma] 흙으로 빚다; 만들다, 조형(造形)하다, 형성하다.
plasmódĭum, i, *n.* **1.** 《生》 변형체(變形體). **2.** 《動》 말라리아원충(原虫). 「殖).
plasmogonía, æ, *f.* 《生》 형질생식(形質生
plasmolýsis, is, *f.* 《植》 원형질분리.
plastes, æ, *m.* **1.** 도공(陶工), 소조자(塑造者), 조소가(彫塑家), 조형자(造形者). **2.** 조물주, 창조자.
plástĭca, æ, [-**ce,** es,] *f.* 소조술(塑造術), 소상술(塑像術), 조소(彫塑).
plasticátor, óris, *m.* [plásticus] 소조자(塑造者), 조소가(彫塑家).
plástĭcus, a, um, *adj.* [plástice] 이겨서[빚어서] 만드는[만든], 소조(塑造)의, 조소(彫塑)의; 〔*subst.*〕 *m.* 소조자(塑造者), 조소가(彫塑家).
plastus, a, um, *adj.* **1.** = plásticus. **2.** 모방의, 가장(假裝)의, 거짓의, 속이는.
Platǽæ, árum, *f.pl.* 남부 *Bœótia*의 도시, 이 부근에서 *Athénæ*의 *Aristídes*와 *Sparta*의 *Pausánias*가 *Pérsia*의 대군을 전멸시켰음 (479 A.C.); 〔*adj.*〕 -**tæénsis,** e; *m.pl.* 그곳 주민; -**tæéus** [-**táĭcus**], a, um.

platálĕa [-ĭa], æ, *f.* 《動》 저어새 ; 넓적부리 오리(의 일종); 펠리칸, 사다새.
platanétum, i, *n.* 플라타너스숲. 「너스의.
platánĭnus, a, um, *adj.* [plátanus] 플라타
plátănon, ónis, *m.* [plátanus] 플라타너스 숲. 「lis) 플라타너스.
plátănus, i, [-**us,** us,] *f.* 《植》 ~ (orientá-
platéa[1], æ, *f.* **1.** 길거리, 가로(街路), 저자거리, 한길, 큰 길. **2.** 안뜰.
plátĕa[2], æ, *f.* (= platálea) 《動》 저어새 ; 넓적부리 오리 ; 사다새.
platéssa, æ, *f.* 《動》 가자미.
plátĭce, es, *f.* 개략(概略), 개요(概要).
plátĭcus, a, um, *adj.* 초보의, 기초적인, 대강의 ; 〔*adv.*〕 **-ce,** 대충, 대강.
Plato(n), ónis, *m.* 희랍의 대철학자 (428-347 A.C.); 〔*adj.*〕 **-tónĭcus,** a, um; *m.pl. Platon*학파의 철학자들.
Platonísmus, i, *m. Platon*주의, *Platon* 철학: ~ médius 중간 *Platon*주의.
Platónĭtas, átis, *f. Platon*의 특성.
platycoríăsis, is, *f.* 《醫》 동공확대증.
platyophtálmus, i, *m.* 《鑛》 안티몬 (옛적에는 눈을 크게 하고 예쁘게 하는 데 썼음).
platýsma, ătis, *n.* 《解》 광경근(廣頸筋).
plaudo, plausi, plausum, ĕre, **I.** *intr.* **1.** 〔*alqā re; absol.*〕 쳐서 소리내다, (소리나게) 치다: alis[pennis] ~ *(V., Ov.)* 날개치다, 홰치다. **2.** 손뼉치다, **박수하다**: Pláudite. *(T., Pl., Q., H., C.)* (끝났으니) 박수들을 보내주십시오! (연극이 끝날 때 배우나 가수가 하던 말). **3.** 〔*alci; absol.*〕 칭찬하다, **갈채하다**; 찬동하다; 〔*refl.*〕 sibi ~ 자화자찬하다; 스스로 만족해 하다, 흐뭇해 하다. **4.** 〔in *alqm*〕 야유하다.
II. *tr.* 〔*alqd alqā re*〕 (소리나게) 치다, 쳐서 소리내다, 툭툭 두드리다: péctora ~ manu*(Ov.)* 손으로 가슴들을 치다 / pédibus ~ choréas*(V.)* 발(과 몸)의 동작으로 윤무(輪舞)들을 추다 / plausis alis*(Ov.)* 날개를 쳐서.
plausíbĭlis, e, *adj.* [plaudo] 박수갈채받을 만한, 칭찬할 만한; 인기를 얻을 만한.
plausor, óris, *m.* [plaudo] 박수(갈채)하는 사람. 「달구지.
plaustéllum, i, *n. dim.* [plaustrum] 작은
plaustrárĭus, a, um, *adj.* [plaustrum] 달구지의 ; 〔*subst.*〕 *m.* 달구지꾼.
plaustrum, i, *n.* **1.** 달구지: 〔속담〕 Plaustrum pérculi. *(Pl.)* (내가 달구지를 넘어뜨렸다), 큰 낭패를 했다. **2.** 《天》 대웅좌(大熊座).
plausus, us, *m.* [plaudo] **1.** 소리나게 침; (새·닭의) 홰침; (벌이 날개를) 진동시켜 붕붕 소리냄. **2.** 손뼉침, 박수, 갈채, 칭찬. 「**-tiánus** [**-tĭus**], a, um.
Pláutĭus, i, *m. Roma*인의 씨족명; 〔*adj.*〕
plautus[1], a, um, *adj.* **1.** 평평한, 넓적한; 귀가 넓적하고 늘어진(개). **2.** 편평족(扁平足)의.
Plautus[2], i, *m. Roma*인의 가문명; (특히) T. Máccius ~, *Roma*의 유명한 희극시인, *Umbrĭa*의 *Sársina* 사람 (254-184 A.C.); 〔*adj.*〕 **-tínus,** a, um. 「빈민.
plebécŭla, æ, *f. dim.* [plebs] 천민, 하층민,
plebéjus, a, um, *adj.* **1.** 평민의, 서민의, (*Roma*의 제3 계급인) 하층계급의; 〔*subst.*〕 *m.f.* 평민. **2.** 대중적인; 천한, 저속한, 세련되지 못한, 아류(亞流)의.
plebes [**-bis**], is [ĕi, i], *f.* 《古》 = plebs.
plebícŏla, æ, *m., f.* [plebs + colo[2]] 평민 편드는 사람, 서민영합자.
plebiscítum, i, *n.* [plebs + scitum] *Roma* 국민의 결의(決議), 국민투표. 「분.
plébĭtas, átis, *f.* [plebs] 평민신분, 서민신
plebs, bis, *f.* **1.** (엄밀하게는 *Roma* 국민의 제1 계급인 귀족과 제2[중간]계급인 기사계급에 속하지 않은 제3 계급의) **평민, 서민** (때로는 기사계급도 서민층에 포함되었음). **2.** 일반 대중, **민중,** 백성; 하층민, 천민, 빈민. **3.** 하층에 속하는 집단; (꿀벌의) 일벌떼. 「받을 만한. **2.** 처벌하는.
plectíbĭlis, e, *adj.* [plecto[1]] **1.** 처벌될, 벌
pléctĭlis, e, *adj.* **1.** 엮은, 결은, 짠. **2.** 얽힌, 복잡한.
plecto[1], ĕre, *tr.* 〔*alqm[alqd] – abl. causæ, abl. pœnæ*〕 때리다, 체형을 가하다, 처벌하다: multis in rebus neglegéntiā plecti *(C.)* 많은 일에 있어서 소홀한 탓으로 벌받다 / cápite *alqm* ~ 아무를 사형에 처하다 / ut in judíciis culpa plectátur,*(C.)* 과오가 재판을 통해서 처벌되도록.
plĕcto[2], plexi [xŭi], plexum, ĕre, *tr.* 섞어 짜다, 엮다, 겯다, 땋다, 합쳐 꼬다.
plēctrum, i, *n.* **1.** (lyra 따위 현악기를 탈 때에 사용하던 상아로 만든) 채·양금채. **2.** 〔*poética*〕 칠현금(lyra); 서정시. **3.** (배의) 키.
plectúra, æ, *f.* 얽힘, 교착(交錯).
Pléĭădes [**Pléjădes, Plíădes**], um, *f.pl.* [Pléias] **1.** *Atlas*와 *Pléione*의 일곱 딸(*Eléctra, Alcýone[Hal-], Celǽno, Maja, Stérope[Asté-], Taýgete, Mérope*), 이들은 별이 되어 황소좌(座) 무릎 앞에 옮겨짐, 다른 자매들이 신들의 아내가 된 반면 *Mérope*만은 인간 *Sísyphus*의 아내가 되었던 것을 부끄럽게 여겨 흔히 숨어 버리는 까닭에 *Pléiades* 성단(星團)에서 육안으로는 별이 보통 여섯 개만 보인다고 함. **2.** 《天》 *Pléiades* 성단(星團), 칠요성(七曜星).
Pléĭas [**Plējas, Plias**], ădis, *f. Pléiades*의 한 사람.
pleiochásĭum, i, *n.* 《植》 다출집산화서(多出集散花序), 의산화본(擬繖花本).
Pléiŏne, es, *f. Océanus*의 딸, *Atlas*의 아

내, *Pléiades*의 어머니.

Ple(m)mýrĭum, i, *n. Sicília*의 *Syracúsæ* 근처에 있는 갑각(岬角) 및 같은 이름의 산성(山城, 지금의 *Murro di Porco*).

plenárĭus, a, um, *adj.* [plenus] **1.** 완전한; 전권(全權)의; 절대적, 무조건의: plenária disposítio 완전 처분권 / 《가》 indulgéntia plenária (in artículo mortis) (임종) 전대사(全大赦). **2.** (회의 따위) 전체의, 전원 출석의, 전체구성의: 《教法》 Concílium plenárium 전국 주교회의, 관구 연합회의.

plenilúnĭum, i, *n.* [plenus + luna] 보름달, 만월, 망월(望月).

plenípŏtens, éntis, *adj.* [plenus + potens] 전권을 가진.

plénĭtas, átis, *f.* [plenus] **충만**, 충분, 풍만, 풍요; 포화(飽和).

pléniter, *adv.* [plenus] 가득히, 충분히, 완전히, 온전히.

plenitúdo, dĭnis, *f.* [plenus] **1. 충만**, 가득함, 충분, 완전; 풍만, 풍부. **2.** 《醫》 포만(飽滿), 만복(滿腹).

plēnus, a, um, *adj.* **1.** 〔*gen., abl.; absol.*〕 **가득한**, 그득한, **충만한**, 꽉 찬, 포화상태에 이른, 넘치는, …투성이의: vita plena voluptátibus*(C.)* 쾌락에 파묻힌 생활 / ~ labóris*(C.)* 수고로 가득 찬, 수고로운 / pleníssimis velis*(C.)* 모든 돛에 바람을 가득 받고, 전속력으로. **2.** 〔*abl.; absol.*〕 배부른, 실컷 먹은; 만족한. **3.** 〔*absol.; abl.*〕 임신한. **4.** 〔*absol.; abl.*〕 뚱뚱한, 살찐, 비만한; 굵은. **5.** 〔*abl.*〕 (짐 따위를) 잔뜩 진, 가득 태운[실은]. **6.** 충분한, 부족함이 없는, 하나도 덜지 않은, 완비한, 모두 발휘한: pleno gradu*(C.)* 빠른 걸음으로, 뛰다시피 / pleno ore laudáre*(C.)* 극구 칭찬하다. **7.** 완전한, 온전한. **8.** 힘찬, 우렁찬: plenā voce*(V.)* 우렁찬 목소리로. **9.** 풍부한, 알찬, 많은; 자세한: plena pecúnia*(C.)* 거액의 돈 / epístola plena*(C.)* 길고 자세한 편지 / orátio plena*(C.)* 내용이 풍부한 연설. **10.** 다 큰, 장성한, 충분한 나이에 이른, 나이 먹은.

plĕo, plēre, *tr.* 〔실제로는 com-, ex-, im-, re- 따위 접두사와 합성되어 사용됨〕 채우다.

pleonásmus, i, *m.* 《修》 (논리적으로는 불필요한 말을 써서 표현하는) 용어법(冗語法), 용어구(冗語句).

pleríque, ǽque, ăque, *adj. pl.* [plerúsque] **1.** 〔흔히 명사적 용법: *absol.; gen. partit.,* ex *abl.*〕 **대부분의**, 대다수의, 상당수의, 태반의: pleræque boves*(Var.)* 대부분의 암소 / pleríque omnes*(T.)* 거의 모든 사람 / pleræque géntium*(Plin.)* 대부분의 인종 / Pleríque credébant.*(Pl.)* 대다수의 사람들이 믿고 있었다 / pléraque*(n.pl.)* 모든 것; 대부분 / in plerísque 대개는, 대부분의 경우. **2.** 〔*acc. Gr. (adv.)*〕 pléraque*(n.pl.)* 거의 모든 점에서, 대부분의 경우.

pleróma, ătis, *n.* 충만.

plerúmque, [plerúsque] **1.** *n. indecl.* 〔*gen.*〕 대부분: ~ noctis*(Sall.)* 거의 밤새도록. **2.** *adv.* 대부분, 거의 다, 일반적으로, 흔히.

plerus, 《古》 = plerúsque.

plerúsque, ăque, úmque, *adj.* 대부분의, 대단히 많은: juvéntus pléraque*(Sall.)* 대부분의 젊은이들.

plethóra[pletúra], æ, *f.* **1.** 과다(過多), 충만, 충일(充溢). **2.** 《醫》 충만증, 다혈(多血)증, 적혈구 과다증: ~ abdominális 복부다혈.

Pleumóxĭi, órum, *m.pl. Gállia Bélgica*의 한 종족.

pléura, æ, *f.* 《解》 늑막(肋膜), 흉막(胸膜).

pléurĭcus, a, um, *adj.* 옆구리의, 측면의.

pleurísis, is, [-rítis, tĭdis,] *f.* 《醫》 늑막염, 흉막염(胸膜炎).

pleurítĭcus, a, um, *adj.* [pleurítis] 늑막염의, 늑막염 환자의.

pléuron[1], i, *n.* 《動》 (갑각류 따위의) 옆구리, 갑측(甲側).

Pléuron[2], ónis, *f. Ætólia*의 도시; 〔*adj.*〕 **-rónĭus,** a, um.

pleuroœsophágĕus, a, um, *adj.* 흉막식도(胸膜食道)의.

plexus[1], a, um, *p.p.* [plecto[2]] **1.** 섞어 짠, 엮은, 땋은, 합쳐 꼰. **2.** 복잡한, 얼기설기 얽힌.

plexus[2], us, *m.* [plecto[2]] **1.** 엮음, 땋음; 뒤얽힘, 착잡. **2.** 《解》 (신경·혈관·섬유 따위의) 총(叢), 망상조직(網狀組織): ~ soláris 태양신경총.

Plīas, ădis, *f.* = Pléias.

plica, æ, *f.* [plico] **1.** 주름; 접음. **2.** 《解·動》 습벽(褶壁).

plicátĭlis, e, *adj.* 접을 수 있는.

plicátrix, ícis, *f.* [plico] 옷을 개키는 여자.

plicatúra, æ, *f.* [plico] **1.** 접음, 개킴: locus plicatúræ (종이 따위의) 접는 곳. **2.** 주름, 습벽(褶壁).

plicátus, a, um, *p.p.* [plico] **1.** 접힌. **2.** 《植·動》 주름이 있는, 습벽(褶壁)이 있는.

plĭco, ávi [cŭi], átum [cĭtum], áre, *tr.* **접**다, 접어 겹치다, 개키다, 포개다; **사리**다, 말다.

Plínĭus, i, *m. Roma*인의 씨족명; 특히 **1.** C. ~ Secúndus Major, 박물지(博物誌)의 저자, *Vesúvius*화산 폭발 때 죽었음 (c. 23 - 79 P.C.). **2.** C. ~ Cæcílius Secúndus Júnior, 전자의 생질이며 양자, 〈서간집〉과 〈*Trajánus* 황제에 대한 찬사〉의 저자 (c. 62 - 113 P.C.). **3.** 〔*adj.*〕 **-niánus,** a, um, (앞에 열거한) *Plínius*의.

plínthĭum, i, *n.* (사각형 석판 따위에 금을 그어 만든) 태양시계.

plinthus, i, *f.* 《建》 (둥근 기둥 밑의 네모진) 주초(柱礎); (동상 따위의) 대좌(臺座), 대석.

Plísthĕnes, is, *m. Pelops*의 아들, *Aga-*

mémnon 왕의 친아버지, 죽을 때에 아들들을 자기 형제 *Atreus*에게 맡겨 기르게 해서 후에 일반적으로 *Atreus*가 *Agamémnon*의 아버지로 여겨지게 되었음.
Plodo = plaudo.
plœres, 《古》 = plures.
plorábĭlis, e, *adj.* 한탄스러운, 통탄할, 울「어야 할, 비통한.
plorabúndus, a, um, *adj.* 몹시 우는, 통탄하는.
plorátĭo, ónis, *f.* [ploro] 울음, 울부짖음.
plorátor, óris, *m.* [ploro] 목놓아 우는 사람, 슬피 우는 사람.
plorátus, us, *m.* **1.** 울음, 울부짖음, 통곡, 체읍(涕泣). **2.** 방울져 떨어지는 수액(樹液).
plōro, ávi, átum, áre, *intr., tr.* **1.** 〔*absol.; alqd*〕 슬피 울다, 목놓아 울다, 통곡하다, 울부짖다, 체읍(涕泣)하다: Júbeo te ploráre *(H.)* 천벌받아라. **2.** 〔*alqd, acc. c. inf.*〕 └슬퍼하다, 비탄하다.
plos... *V.* plaus...
plostror, ári, *dep. intr.* [plaustrum] 짐수레 └꾼 노릇하다.
Ploti... *V.* Plauti...
plóxĕmum [-num, -xĭmum], i, *n.* 이륜(二輪)마차의 (가마처럼 생긴) 좌석.
pluit, pluit [pluvit], ĕre, *impers.* [pluo] **1.** 비가 오다: Pluet hódie.*(Pl.)* 오늘 비가 오겠다. **2.** 〔*abl., acc.*〕 비오듯하다: Pluit lapídibus.*(L.)* 돌이 비오듯 쏟아졌다 / In áreā Vulcáni sánguinem pluit.*(L.)* *Vulcánus*신의 마당에는 피가 비오듯 흘렀다.
plūma, æ, *f.* **1.** 새털, 부드럽고 가벼운 깃털, 우모(羽毛); 솜털. **2.** 홍모(鴻毛); 사소한 것: Plumā haud ínterest, ...*(Pl.)* 조금도 대단한 것이 아니다. **3.** 새털 넣은 침구[베개, 요, 이불]. **4.** 처음 나기 시작하는 수염. **5.** (갑옷 따위의) 미늘.
plumácĭum, i, *n.* [pluma] 새털 넣은 요.
plumárĭus, a, um, *adj.* [pluma] **1.** 새털의, 부드러운 깃털의. **2.** 수놓은; 수놓는; 〔*subst.*〕 *m.* 수놓는 사람. 「(刺繡)의.
plumátĭlis, e, *adj.* [pluma] 깃털의; 자수
plumbágo, gĭnis, *f.* [plumbum] **1.** 《鑛》 흑연. **2.** 흑연 빛깔.
plumbárĭus, a, um, *adj.* [plumbum] 납의, 연(鉛)의; 〔*subst.*〕 *m.* 납으로 가공하는 사람; *n.* 납으로 만든 기구(器具)를 두는 곳.
plumbátæ, árum, *f.pl.* [plumbo] **1.** 연구(鉛球). **2.** 끝에 납덩어리를 단 채찍.
plumbatúra, æ, *f.* 납땜.
plumbátus, a, um, *p.p., a.p.* [plumbo] 납땜한; 납으로 만든, 납붙이가 달린.
plúmbĕus, a, um, *adj.* [plumbum] **1.** 납의, 연(鉛)의, 납으로 만든; 〔*subst.*〕 *f.* 연구(鉛球), 탄환(彈丸); *n.* 납으로 만든 그릇. **2.** 무딘, 날카롭지 못한: ~ gládius *(C.)* 날이 무딘 검(劍). **3.** 무가치한, 싸구려의, 품질이 나쁜; 위조된: ~ nummus *(Pl.)* 위조화폐 / plúmbea vina*(Martiális)* (품질 나쁜) 막포도주 / plúmbea cármina *(Auson.)* 시가(詩歌)의 태작(駄作). **4.** 다습(多濕)한, 음산한. **5.** 무거운; 심한. **6.** 둔감한, 미련한.
plumbo, ávi, átum, áre, *tr.* [plumbum] 납으로 때우다, 납을 입히다; 납으로 만들다.
plumbósus, a, um, *adj.* [plumbum] 납이 많이 섞인.
plumbum, i, *n.* **1.** 납, 연(鉛): 《化》 ~ acéticum 초산연 / ~ oxydátum 일산화연 / ~ subcarbónicum 연백(鉛白). **2.** 연으로 만든 물건; 탄환; 연관(鉛管). **3.** 납덩어리를 단 채찍. 「시작하다.
plumésco, ĕre, *intr. inch.* [plumo] 털나기
plúmĕus, a, um, *adj.* [pluma] **1.** 새털의, 깃털의, 우모(羽毛)의; 깃털로 된. **2.** 새털 같은. **3.** 수놓은.
plúmĭger, gĕra, gĕrum, *adj.* [pluma + gero[1]] 깃털 달린, 깃털이 난. 「발을 가진.
plúmĭpes, pĕdis, *adj.* [pluma + pes] 깃털 난
plūmo, ávi, átum, áre, **I.** *tr.* [pluma] **1.** 깃털로 덮다. **2.** 수놓다. **3.** 미늘을 입히다. **II.** *intr.* (새·병아리 따위가) 털이 나다.
plumósus, a, um, *adj.* [pluma] 깃털이 많은; 솜털로 덮인.
pluo, plui [pluvi], ĕre, **I.** *intr.* **1.** 〔*impers.*〕 *V.* pluit. **2.** 〔*person.*〕 비가 오다; 비오듯하다: Non pluit cælum.*(Arn.)* (하늘에서) 비가 오지 않는다, 비오지 않는 하늘이다 / Bellária adórea pluébant.*(Stat.)* 무훈을 세운 (군인들에게 주는) 상(賞)이 무더기로 쏟아졌다. **3.** 〔*person.*〕 비를 내리다: qui pluit*(Mt. 5, 45)* 비를 내리시는 분. **II.** *tr.* 〔*acc.*〕 비처럼 내리우다, 쏟아지게 하다: Fundæ saxa pluunt.*(Stat.)* 많은 줄팔매가 돌을 비처럼 내리퍼부었다 / ~ panem de cælo*(Ex. 16, 4)* 하늘로부터 빵을 비처럼 내리우다 / Nubes pluant justum. *(Is. 45, 8)* 구름은 의인을 비처럼 내리우라.
plurális, e, *adj.* [plus[1]] **복수의,** 두개 이상의, 여러: 《文法》 genitívus ~ *(Q.)* 복수 2격; 〔*subst.*〕 *m.* plurális (*sc.* númerus) 복수; *n.pl.* plurália (tantum) 복수형 명사(들).
pluralísmus, i, *m.* **1.** 《哲》 다원론(多元論). **2.** 이중직록(二重職祿).
pluralístĭcus, a, um, *adj.* 다원론적.
plurálĭtas, átis, *f.* [plurális] **1.** 복수(성), 다수성(多數性), 다양성, 다종성(多種性): ~ formárum 형상(形相)의 다수성. **2.** 대다수, 과반수.
plures *(m.f.)*, plura *(n.)*, *gen.* plúrĭum, *adj. comp. pl.* [multus, plus[1]] **1.** 더 많은. **2.** 상당수의, 여러; 〔*subst.*〕 plures 1) 여러[많은] 사람. 2) 작고(作故)한 사람들; plura (verba) 많은 말. 「이해서.
plúrĭes [-ĭens], *adv.* [plus[1]] 여러번, 되풀

plurifárĭam, *adv.* **1.** 여러 곳에서, 여러 방면에(서). **2.** 여러 모양으로, 여러가지로. 「여러가지의, 여러가지 모양의.

plurifárĭus, a, um, *adj.* **1.** 여러 곳의. **2.**

plurifórmis, e, *adj.* [plus¹+forma] 여러 모양의, 잡다한, 여러가지의.

plúrĭmum¹, i, *n. superl.* [multum¹] **1.** 〔*absol.; gen. partit.*〕 가장 많음, 최다(수), 최대, 최대 분량, 대부분: ~ stúdii*(N.)* 최대의 노력. **2.** 〔*adv. prétii*〕 plúrimi*(gen.)* 가장 비싸게, 최고 가격으로; 가장 중요하게: plúrimi esse*(C.)* 값이 가장 비싸다, 가치가 제일 크다 / plúrimi fácere*(N.)* 가장 존중하다, 제일 중대하게 여기다 / quam plúrimo*(abl. prétii)* véndere*(C.)* 최대한으로 비싸게 팔다.

plúrĭmum², *adv.* [plúrimum¹] **1.** 〔때로는 ut, quum과 함께 씀〕 가장 많이; 대단히, 최대한(으로): ut ~, quum ~*(Plin.)* 최대한. **2.** 대단히 오랫동안.

plúrĭmus, a, um, *adj. superl.* [multus] **1.** 가장 많은, **대단히 많은, 대다수의.** **2.** 최대의, 대단히 큰; 대단한, 굉장한: ~ sol *(Ov.)* 대단히 큰 태양. 「가지 뜻을 지닌.

plurívŏcus, a, um, *adj.* [plus¹+vox] 여러

plūs¹, plūris, *(adj.) n. comp.* [multus, multum¹] 〔본래는 multus의 비교급 중성으로서 단수에서 *nom., acc.*는 명사적으로 쓰고, *gen.*는 주로 가치부사어*(adv. prétii)*로 씀. 복수는 plura, rĭum으로서 제대로 형용사 구실을 함〕 **1.** 〔*absol.; gen. partit.*〕 더 많음, **더 많은;** 더 이상의 것, 한층 더한 것; 더 오랫동안: ~ mihi debére*(C.)* 내게 더 많은 빚을 지다 / ~ pecúniæ*(C.)* 더 많은 돈 / ~ quam pollícitus erat*(Cæs.)* 그가 약속했던 이상의 것 / cum matre ~ esse *(T.)* 어머니와 함께 더 오래 지내다 / plúribus verbis*(C.)* 더 많은 말로. **2. pluris** *(gen. prétii)* 더 비싸게, 더 가치있는 것으로, 더 중요하게, 더 크게: pluris esse*(C.)* 더 비싸다 / pluris émere*(C.)* 더 비싸게 사다 / pluris æstimáre pecúniam*(C.)* 돈을 더 중히 여기다 / pluris fácere [dúcere, habére, putáre]*(C.)* 더 중히 여기다, 더 높이 평가하다.

plūs², *adv.* [plus¹] 〔*absol.;* quam(보다), *abl. comparatiónis;* 비교 접속사(quam) 뒤에 수량표시의 말이 따를 경우에는 quam이 생략되기도 함〕 (…보다) **더 많이, 더, 더 이상**(以上): ~ valére*(C.)* 힘이 더 있다 / non ~ quam semel*(C.)* 한번 이상은 아니 / ~ annum*(C.)* 1년 이상을 / parte ~ dimídiā *(L.)* 절반 이상 / ~ minúsve*(Pl.)* 다소간 / ~ minus [minúsve] 대략, 대개, 약.

plúscŭlum, *adv.* 약간 더, 조금 더(많이).

plúscŭlus, a, um, *adj. dim.* [plus¹] 조금 더 많은.

plusquamperféctum, i, *n.* (*sc.* tempus prætéritum) 《文法》 대과거(大過去), 과거완료.

Plutárchus, i, *m.* *Chæronéa* 출신의 *Platon* 학파 (희랍인) 철학자, Vitæ parallélæ(소위 플루타아크 〈영웅전〉)의 저자 (c. 50-125 P.C.).

plútĕus, i, *m.* [-tĕum, i, *n.*] **1.** 《軍》 성곽 공격용의 바퀴 셋 달린 이동식 흉장(胸牆, 사립짝·판자 따위에 가죽을 씌운 엄폐물). **2.** 판자로 된 차폐물(遮蔽物), 흉벽(胸壁). **3.** 침대의 한쪽 옆구리를 병풍처럼 막은 판자. **4.** (벽에 붙여 놓은) 선반, 서가(書架). **5.** 《建》 난간 궁창, 난간 청판.

PLUTEUS 1

Pluto(n), ónis, *m.* **1.** 명부(冥府)의 왕신(王神), *Júpiter*신과 *Neptúnus*신의 형제; 〔*adj.*〕 **-tónĭus,** a, um. **2.** 《天》 명왕성(冥王星).

Plutónĭa, órum, *n.pl.* (*sc.* loca) [Plutónius] 아시아에 있는 불건강지대(不健康地帶).

Plutus, i, *m.* 부(富)의 신.

plúvĭa, æ, *f.* (*sc.* aqua) [plúvius] 비(雨).

pluviále, is, *n.* **1.** 비옷. **2.** 《가》 cappa (2). 「오는.

pluviális, e, *adj.* [plúvia] 비의, 비가 많이

pluviósus, a, um, *adj.* [plúvia] 비가 많이 [자주] 오는.

plúvĭus, a, um, *adj.* [pluo] 비의, 비를 가져오는, 비가 자주 오는; 비와 관계있는: aquæ plúviæ*(C.)* 비; 빗물 / plúvii venti*(H.)* 비를 몰고 오는 바람 / arcus ~*(H.)* 무지개.

P.M. 《略》 **1.** = Póntifex Máximus 대제관(大祭官); 《가》 교황. **2.** P.M., p.m. = post merídiem 오후, 하오.

pneuma, ătis, *n.* **1.** 숨, 호흡; 공기, 바람. **2.** 정신, 영혼, 영(靈). **3.** 성령, 성신(聖神). 「학(氣力學).

pneumátĭca, æ, *f.* 기체학(氣體學), 기력

pneumátĭcus, a, um, *adj.* [pneuma] **1.** 공기의, 공기가 든; 기체(氣體)의; 호흡의. **2.** 공기 작용[압력]에 의한, 압축공기에 의한. **3.** 영적(靈的)인; 영혼의; 성령의.

pneumatómăchi, órum, *m.pl.* 《敎史》 성령피조설(聖靈被造說) 이단파.

pneumónĭa, æ, *f.* 《醫》 폐렴, 폐염: ~ tuberculósa 결핵성 폐렴.

pneumónĭcus, a, um, *adj.* 폐(肺)의.

pnīx, pnīgis, *f.* 《醫》 경련. 「잔.

pocíllum, i, *n. dim.* [póculum] 작은 잔, 술

poculáris, e, [-rĭus, a, um,] *adj.* 마시는데 사용되는, 마시는.

poculéntum, i, *n.* 음료.

poculéntus, a, um, *adj.* [póculum] 음료(飮料)의, 마시는 것의.

pócŭlum, i, *n.* **1.** 잔, 술잔. **2.** 음료. **3.**

음주, 주연(酒宴). **4.** 독배, 사약(死藥).
pódăger, gri, *m.* 통풍환자(痛風患者).
pódăgra [-ágra], æ, *f.* 《醫》 발의 통풍(痛風); (일반적으로) 통풍, 관절염.
podágrĭcus, a, um, *adj.* [podágra] 통풍(痛風)의; 통풍에 걸린, 관절염을 앓는; 〔*subst.*〕 *m.* 통풍환자.
Podalírĭus, i, *m.* **1.** *Æsculápius*의 아들, *Macháon*의 형제, 유명한 의사. **2.** *Troja* 사람, *Ænéas*를 따라 *Itália*로 건너갔음.
podéres [-ris], is, *m.(f.)* (발목까지 내려오는) 제관(祭官)의 긴 두루마기.
pōdex, dĭcis, *m.* [pedo[2]] 궁둥이; 항문(肛門).
pódĭcus, a, um, *adj.* [*cf.* pes] 운각(韻脚)의.
podismátĭo, ónis, *f.* [podísmo] *Roma* 척(尺) 단위의 면적측량, 평방 *Roma*척.
podísmo, átum, áre, *tr.* *Roma*척(尺)으로 (면적 따위를) 측량하다. 「량.
podísmus, i, *m.* *Roma*척(尺) 단위의 면적측
pódĭum, i, *n.* **1.** (장독대처럼) 높게 돋운 곳[대(臺)], 높이 쌓은 단(壇). **2.** 노대(露臺), 발코니. **3.** 원형극장의 투기장(aréna)을 에워싼 넓고 얕은 담[언덕] (그 위에 황제·고관 등의 귀빈 관람석이 있었음).
Pœantíădes, æ, *m.* *Pœas*의 아들 (= Philoctétes).
Pœas, ántis, *m.* *Philoctétes*의 아버지, *Thessália*인; 〔*adj.*〕 **-ántĭus,** a, um. 「(柱廊).
Pœ́cĭle, es, *f.* *Athénæ*에 있던 화려한 주랑
poéma, ătis, *n.* 시, 시가(詩歌).
poëmátĭum, i, *n.* 단시(短詩), 짤막한 시.
pœna, æ, *f.* **1. 벌**, 징벌, 처벌, 형벌, 형(刑); 과료, 벌금; 보상(補償), 보속(補贖): ~ medicinális 교정적(矯正的) 처벌, 목적형(目的刑), 교육형, 견책 / ~ vindicatíva 응보적(應報的) 형벌, 응보형 / pœnas sólvere*(C.)* 벌을 받다. **2.** 고생, 고통, 고달픔; 고민, 가책: 《神》 ~ damni 실고(失苦), 지복직관(至福直觀) 상실의 형벌과 고통 / ~ sensus 각고(覺苦), 감각의 형벌과 고통. **3.** [P-] 복수의 여신.
pœnális, e, *adj.* [pœna] **1.** 벌의, 형벌의, 형(刑)의, 처벌의: remédium pœnále 예방처분(豫防處分). **2.** 죄있는, 벌받을; 〔*subst.*〕 *m.(f.)pl.* 죄수. 「의; 형법(상)의.
pœnárĭus, a, um, *adj.* [pœna] 벌의, 형(刑)
Pœni, órum, *m.pl.* *Carthágo*의 주민; 〔*adj.*〕 **-nícĕus [-nĭcus, -nínus],** a, um, *Carthágo*의, *Carthágo*인의.
pœ́nĭo, 《古》 = púnio.
pœniténdus, a, um, *gerundív.* [pœníteo]뉘우쳐야 할, 후회의 대상이 될: haud pœniténdus magíster*(L.)* 조금도 후회되지 않는 [손색없는] 선생.
pœ́nĭtens, éntis, *p.præs.* [pœníteo] 뉘우치는; *m.f.* 고백성사 받는 사람.
pœniténtĭa, æ, *f.* [pœníteo] **1. 뉘우침,** 후회, 회개, 참회, 통회(痛悔): pœniténtiam ágere 뉘우치다. **2.** 《가》 ~, sacraméntum pœniténtiæ 고백성사, 고해성사. **3.** (고백성사의) 보속(補贖), 속죄행위로서의 기도·고행(苦行)·선업(善業).
pœnitentiális, e, *adj.* [pœniténtia] 참회의, 통회(痛悔)의.
Pœnitentiárĭa Apostólĭca [Sacra Pœnitentiárĭa], æ, *f.* 《敎法》 (내법정〈內法廷〉에 속하는 사항만 다루는 최고 법원인) 교황청의 내사원(內赦院).
pœnitentiárĭus, a, um, *adj.* [pœniténtia] 고백신부의, 징계의; *m.* 고백신부.
pœnítĕo, ŭi, (-túrus), ére, *tr., intr.* **1.** 〔*absol.; alqd; gen.;* de, ab *abl.*〕 뉘우치다, 후회하다, 유감으로 여기다: Pœnitébunt. *(Pacúvius)* 그들은 후회할 것이다 / Sapiéntis est próprium, nihil, quod pœnitére possit, fácere.*(C.)* 후회할 (수 있게 될) 일은 조금도 안하는 것이 현자의 특징이다 / Non vult pœnitére a fornicatióne suā. *(Apoc. 2, 21)* 그 여자는 자기의 음행을 뉘우치려 하지 않는다 / pœ́nitens consílii*(Sall.)* 계획을 후회하는 / pœ́nitens de matrimónio*(Suet.)* (자기의) 결혼을 후회하는. **2.** 〔*alqm*〕 뉘우치게[후회하게] 하다 (우리 말로는 〈누가 뉘우치다〉로): Me hæc condítio nunc non pœ́nitet.*(Pl.)* 나는 지금의 이 처지를 후회하지 않는다.
pœ́nĭtet, tŭit, ére, *impers.* [pœníteo] 〔*alqm* (누가) *alcjs rei* (무엇을), *nom. pron. n., inf., acc. c. inf.,* quod, *interr. indir.; absol.*〕 **1. 뉘우치**다, 후회하다, 참회[통회(痛悔)]하다: Pópulum judícii sui pœnitébat.*(N.)* 국민은 자기들의 판결을 후회하고 있었다 / Neque me vixísse pœ́nitet.*(C.)* 나는 내가 살아온 것을 후회하지 않는다 / Quintum pœ́nitet, quod ánimum tuum offéndit.*(C.)* *Quintus*는 네 마음을 상케 한 것을 뉘우치고 있다. **2.** 불만이다, 한스럽다, 여한이 있다, 짜증나다, 못마땅해 하다: Me mei pœ́nitet.*(C.)* 나는 내자신이 짜증난다. 「회.
pœnitúdo, dĭnis, *f.* [pœníteo] 뉘우침, 후
poésis, is, *(acc.* in), *f.* **1.** 작시법(作詩法), 시작(詩作), 시풍(詩風). **2.** 시(詩), 시가(詩歌); 운문(韻文). 「시인.
poéta, æ, *m.* **1.** 만드는 사람, 제작자. **2.**
poétĭca, æ, [-ce[1], es,] *f.* [poéticus] 작시법(作詩法), 시학(詩學).
poétĭce[2], *adv.* [poéticus] 시적(詩的)으로.
poétĭcus, a, um, *adj.* 시의, 시인의: poéticum 시적인 것. 「인생활을 하다.
poétor, ári, *dep. intr.* [poéta] 시를 짓다, 시
poétrĭa, æ, [-tris, ĭdis,] *f.* 여류시인, 규수시인; 시에 조예가 깊은 여자. 「코!
pŏl, *interj.* [Pollux] 참으로, 정말이지, 맹세

poláris, e, *adj.* [polus] **1.** (지구의 남·북)극의, 극지(極地)의. **2.** (전기·자기〈磁氣〉의) 극의.

Pólĕmo(n), ónis, *m.* **1.** *Athénæ*의 철학자 (*sæc.* 4 - 3 A.C.); 〔*adj.*〕 **-monéus,** a, um. **2.** *Pontus*의 왕; 〔*adj.*〕 **-moníăcus,** a, um. 「고비.

polemónĭum racemósum, i, *n.* 《植》 꽃

polénta, æ, *f.* [**-tum,** i, *n.*] 보릿가루로 만든 죽. 「루로 만든 죽의.

polentárĭus, a, um, *adj.* [polénta] 보릿가

polímen, mĭnis, *n.* **1.** 장식용 금속 구슬. **2.** 《解》 고환.

poliménta, órum, *n.pl.* 《解》 고환.

pólĭo[1], ívi [ĭi], ítum, íre, *tr.* **1.** 닦다, 갈다, 다듬다, 광을 내다, 매끄럽게 하다. **2.** 가꾸다, 깨끗이 손질하다, 꾸미다, 치장하다, 단장하다. **3.** 마지막 손질을 하다, 끝마무리하다, 완성하다. **4.** 세련되게 하다, 연마하다, 품위있게 하다. 「는 사람.

pólĭo[2], ónis, *m.* 무기를 손질하는 사람, 닦

polioencephalítis, tĭdis, *f.* 《醫》 뇌회백질염(腦灰白質炎).

poliomyelítis, tĭdis, *f.* 《醫》 척수회백질염(脊髓灰白質炎: 소아마비).

Poliorcétes, æ, *m.* (〈도시 함락자〉란 뜻) *Macedónia*의 *Demétrius*왕의 별명.

Polítes, æ, *m.* *Príamus*왕의 아들.

politía, æ, *f.* **1.** 국가, 공화국; 정부. **2.** 정책. **3.** [P-] *Plato*의 저서명: 〈국가〉.

polítĭca, æ, *f.* 정치; 정책.

polítĭcus, a, um, *adj.* **1.** 정치의, 정치에 관한, 정치적; 국가에 관한. **2.** 정치학상의.

polítĭo, ónis, *f.* [pólio[1]] **1.** 닦음, 연마; 치장, 단장. **2.** 밭을 가꿈. **3.** 끝손질, 마무리, 완성.

polítor, óris, *m.* [pólio[1]] **1.** 닦는 사람, 연마공(硏磨工). **2.** 가꾸는 사람, 밭에 끝손질을 하는 사람.

politúra, æ, *f.* [pólio[1]] **1.** 갈고 닦음, 연마(硏磨). **2.** 수선하여 정비함. **3.** 치장, 단장.

polítus, a, um, *p.p.*, *a.p.* [pólio[1]] **1.** 갈고 닦은, 연마된, 잘 다듬어진. **2.** 장식된, 치장한, 단장한. **3.** 세련된, 교양있는, 품위있는, 우아한, 고상한.

pollen, lĭnis, *n.* **1.** 밀가루. **2.** 고운 가루, 분말. **3.** 《植》 꽃가루.

pollens, éntis, *p.præs.*, *a.p.* [pólleo] 〔*absol.; abl., gen., acc.; inf.*〕 강한, 유능한, 능력있는, 세력있는, 영향력있는; 효력있는: ~ vini*(Pl.)* 술에 강한 (*Bacchus*의 별명) / cuncta ~*(Sen.)* 만능의.

polléntĭa[1], æ, *f.* [pólleo] 힘, 세력, 권력.

Polléntĭa[2], æ, *f.* **1.** 힘의 여신. **2.** *Ligúria*의 도시. **3.** *Picénum*의 도시.

póllĕo, (póllŭi), ére, *intr.* **1.** 〔*absol.; alqā re;* ad *acc.;* in *abl.*〕 능력이 있다; 세력[영향력·권력]이 있다, 유력하다, 강력하다. **2.** 효력[효능]이 있다.

pollex, lĭcis, *m.* **1.** 엄지손가락 (꼽으면 호의를 표시하는 것이었음): póllicem préme-re*(Plin.)* 호의표시로 엄지손가락을 꼽다 / utróque laudáre póllice*(H.)* 양엄지손가락으로 (즉 무조건) 찬양하다 / póllice verso *(Juv.)* (《죽여라》의 뜻으로) 엄지손가락을 세워 아래로 향하게 하고. **2.** 손. **3.** 엄지발가락.

pollicáris, e, *adj.* 엄지손가락만한.

pollícĕo, cĭtum, ére, *tr.* 《古》 = pollíceor.

pollícĕor, cĭtus sum, éri, *dep. tr.* 〔*alci - alqd, inf., acc. c. inf. fut.*〕 약속하다, 허락하다; 보증하다; 제안하다, 제공하다.

pollicitátĭo, ónis, *f.* [pollícitor] 약속, 자진약속(自進約束).

pollicitátor, óris, *m.* [**-trix,** ícis, *f.*] [pollícitor] 자진하여 약속하는 사람.

pollĭcĭtor, átus sum, ári, *dep. tr. freq.* [pollíceor] 자주[여러가지를] 약속하다, 자진하여 약속하다, 자청하여 하다.

pollícĭtus, a, um, *p.p.* [pollíceo, pollíceor] 약속된; 약속한; 〔*subst.*〕 *n.* 약속; 약속된 것.

pollinárĭus, a, um, [**-áris,** e,] *adj.* 밀가루의; 고운 가루를 치는: cribrum pollinárium*(Pl.)* 고운 체.

pollí(n)ctor, óris, *m.* [pollíngo] **1.** (장의사의) 시체다루는 사람. **2.** 인신 공양자.

pollíngo, ínxi, ínctum, ĕre, *tr.* 시체를 씻고 향유를 발라서 매장하다.

pollínĭum, i, *n.* 《植》 화분괴(花粉塊).

pollinósis, is, *f.* 《醫》 화분증(花粉症).

Póllĭo, ónis, *m.* *Roma*인의 가문명; 특히 C. Asínius ~, 유명한 변론가·시인·역사가 (76 A.C. - 6 P.C.).

pollis, lĭnis, *m.f.* = pollen.

pollúbrum, i, *n.* 대야, 세면기.

pollúcĕo, úxi, úctum, ére, *tr.*, *intr.* **1.** 신에게 희생을 바치다, 제사지내다, 희생연(犧牲宴)을 베풀다. **2.** 제사 때 나머지 제물을 사람들에게 나누어 먹이다; 식탁에 차려 내놓다. **3.** 한턱 내다, 향응(饗應)하다. 「숭한.

pollucíbĭlis, e, *adj.* [pollúceo] 푸짐한, 융

pollucibílĭtas, átis, *f.* [pollucíbilis] 푸짐함, 융숭함.

pollúctum, i, *n.* [pollúceo] **1.** 신에게 (특히 *Júpiter*나 *Hércules*신에게) 베푸는 연회[제사], 희생연(犧牲宴). **2.** (여러 사람에게 나누어 먹이는) 제사의 나머지 제물.

polluctúra, æ, *f.* [pollúceo] 성대한 향연(饗宴), 진수성찬.

pollúctus, a, um, *p.p.* [pollúceo] **1.** 참석

한 모든 사람이 먹도록 식탁에 차려 내놓은. 2. 푸짐하게 얻어 먹은, 한턱 먹은.

póllŭo, ŭi, útum, ĕre, *tr.* [por = pro² + luo] **1.** 더럽히다, 불결하게 하다, 오염시키다. **2.** 모독하다, 욕되게 하다, 손상하다; 범하다, 능욕하다, 침해[침범]하다; 위반하다, (규정 따위를) 깨뜨리다. **3.** 망신스럽게 하다.

pollútĭo, ónis, *f.* [pólluo] **1.** 더럽힘, 오염. **2.** 《醫》 유정(遺精); 《倫神》 자위행위(自慰行爲), 수음: ~ noctúrna 몽정(夢精) / ~ involuntária 불수의적 사정(不隨意的射精).

pollútus, a, um, *p.p., a.p.* [pólluo] 더럽혀진, 오염된; 모독된; 난잡한.

Pollux, úcis, *m.* **1.** *Tyndáreus*와 *Leda*의 아들, *Castor*와 쌍동이 형제. **2.** 《天》 쌍동이좌(座: Gémini)의 β성(星).

Polónĭa, æ, *f.* 폴란드; 〔*adj.*〕 **Polocénsis,** e, 폴란드(인)의.

polúbrum, i, *n.* 대야.

pŏlus, i, *m.* **1.** 《天·地文》 (우주축·지축 따위의) 극(極), 북극, 남극; 극지(極地). **2.** 《天》 북극성. **3.** 하늘; 지구. **4.** 《物》 (전기·자기〈磁氣〉의) 극. 「러내는 접두사.

poly- 《여러, 다(多), 복(複)》 따위의 뜻을 드

polyandría, æ, *f.* 일처다부(一妻多夫).

polyarthrítis, tĭdis, *f.* 《醫》 다발성 관절염.

Polýbĭus, i, *m.* 희랍인 역사가 (c. 205 - 123 A.C.), *Scípio Africánus Minor*의 친구.

polycárpos, i, *f.* 《植》 여뀌.

Polyclétus [**-clítus**], i, *m.* 희랍의 조각가 (*sæc.* 5 A.C.). 「(*sæc.* 6 A.C.).

Polýcrătes, is, *m.* *Samos*섬의 전제군주

Polydéctes, æ, *m.* *Seríphus*섬의 왕, *Perseus*를 양육하였으나 후에 *Perseus*의 원한을 산 탓으로 돌로 변신당함.

Polydórus, i, *m.* *Príamus*왕과 *Hécuba*왕비 사이의 아들, *Polymnéstor*에게 살해됨; 〔*adj.*〕 **-doréus,** a, um. 「부다처제(制).

polygamía, æ, *f.* 일부다처(一夫多妻), 일

polýgămus, i, *m.* 일부다처자(一夫多妻者).

polygénĕsis, is, *f.* 《生》 다원 발생설(多元發生說).

polyglóttus, a, um, *adj.* **1.** 여러 나라 말로 쓴; 수개 국어 대역(對譯)의; 〔*subst.*〕 *f.* (*sc.* bíblia) 수개 국어 대역성서. **2.** 수개 국어를 말하는, 여러 나라 언어에 능한.

Polygnótus, i, *m.* *Thasos*섬 태생의 유명한 화가·조각가(*sæc.* 5 A.C.).

polygónĭus, a, um, *adj.* 다각형의, 다변형의; 〔*subst.*〕 *n.* 다각형.

polygónum, i, *n.* **1.** 다각형, 다변형. **2.** 《植》 ~ (aviculáre) 마디풀.

polýgŏnus, i, *f.* 《植》 여뀌.

Polyhýmnĭa, æ, *f.* 찬미가의 *Musa* 여신.

polymitárĭus, a, um, *adj.* 알록달록한 무늬옷(감)을 짜는; 〔*subst.*〕 *m.* 무늬옷감 짜는 사람.

polýmĭtus, a, um, *adj.* 여러가지 빛깔의 실로 짠, 알록달록한 무늬의; 〔*subst.*〕 *n. pl.* 알록달록한 옷(감). 「*lydórus*의 살해자.

Polym(n)éstor, óris, *m.* *Thrácia*의 왕, *Po*

Polýmnĭa = Polyhýmnia.

polyneurítis, tĭdis, *f.* 《醫》 다발성 신경염(多發性神經炎).

Polyníces, is, *m.* *Thebæ*의 *Œdĭpus*왕의 아들, 후에 자기 형 *Etéocles*와의 왕권 쟁탈전에서 둘다 죽고 말았음. 「이 있는.

polyónўmus, a, um, *adj.* 여러가지 이름

polyópĭa, æ, *f.* 《醫》 복시(複視), 중시증(重視症), 다시증(多視症).

Polypérc(h)on, óntis, *m.* *Alexánder* 대왕의 신임을 받던 장군.

polýphăgus, i, *m.* 대식가.

Polyphémus [**-os**], i, *m.* *Neptúnus*의 아들, *Sicília*의 *Cyclópes*족의 한 사람, *Galatéa*에게 청혼을 거절당함. 「(重複旋律法).

polyphonía, æ, *f.* 혼성음악, 중복선율법

polyplúsĭus, a, um, *adj.* 매우 부요한.

polýpŏda, órum, *n.pl.* 《動》 다족류(多足類)·두족류(頭足類) 따위 (발많은) 동물.

polypódĭum, i, *n.* 《植》 나도우드풀.

polýptўcha, órum, *n.pl.* 장부(帳簿), 대장(臺帳), 명부.

pólўpus, i, *m.* **1.** 《動》 폴립 (강장〈腔腸〉동물에 고착하여 생활하는 동물의 한 형체). **2.** 욕심장이. **3.** 《醫》 비용(鼻茸); 용종(茸腫). 「가진, 다의(多義)의.

polysémus, a, um, *adj.* 여러가지 의미를

polysýllăbus, a, um, *adj.* 다음절(多音節)

polytheísmus, i, *m.* 다신교(多神敎). ㄴ의.

Polýxĕna, æ, *f.* *Príamus*왕의 딸, *Neoptólemus*가 자기 아버지 *Achílles*의 무덤 앞에서 죽여버린 여자; 〔*adj.*〕 **-xénĭus,** a, um.

pomárĭum, i, *n.* [pomárius] **1.** 과수원. **2.** 실과 저장소.

pomárĭus, a, um, *adj.* [pomum] 실과의, 과수(果樹)의; 〔*subst.*〕 *m.* 과수 재배인, 과

pomátĭo, ónis, *f.* 과실 수확. ㄴ일장수.

pomeridiánus, a, um, *adj.* (= postmeridiánus) 오후의, 하오의.

pomerídĭem, *adv.* 오후에.

pomérĭum [**-mœ́rĭum**], i, *n.* [post¹ + mœrus = murus] **1.** (도시 특히 *Roma*시의) 성벽 주위 안팎의 건축·거주·경작이 금지되었던 지대[성역(聖域)]. **2.** 경계(境界), 한계.

Pométĭa, æ, *f.* [**-métĭi,** órum, *m.pl.*] *Látium*에 있던 *Volsci*족의 도시; 〔*adj.*〕 **-tínus,** a, um.

pométum, i, *n.* [pomus] 과수원.

pómĭfer, fĕra, fĕrum, *adj.* [pomum + fero] 열매맺는, 실과가 열리는, 과일을 생산하는, 결실의.

Pomóna, æ, *f.* [pomum] **1.** 과일과 과수(果樹)의 여신; 〔*adj.*〕 **-nális,** e. **2.** [p-] 과수 재배법; 실과 저장법.

pomósus, a, um, *adj.* [pomum] 과일이 많은, 실과가 풍성한.

pompa, æ, *f.* **1.** 화려하고 성대한 행렬, 성대한 결혼[장례·개선] 행렬, 축제 행렬. **2.** 일단(一團)의 수행원. **3.** 화려, 호화, 장관(壯觀), 현란(絢爛). **4.** 허세, 허식, 과시, 허영. 「로운, 찬란한.

pompábĭlis, e, *adj.* [pompa] 화려한, 호화

pompabílĭtas, átis, *f.* (시·글의) 현란(絢爛).

pompális, e, *adj.* [pompa] 화려한, 눈부신.

pompálĭtas, átis, *f.* (시·글의) 현란(絢爛).

pompátĭcus, a, um, *adj.* [pompa] 화려한, 현란(絢爛)한; 성대한 행렬을 지은.

Pompejáni, órum, *m.pl.* **1.** *Pompéji*의 주민. **2.** *Pompéjus*의 도당(徒黨).

Pompejánum, i, *n.* [Pompejánus] *Pompéji* 부근에 있던 *Cícero*의 별장.

Pompéji, órum, *m.pl.* *Campánia*의 남부 도시 이름, 79 P.C.에 *Vesúvius* 화산의 폭발로 매몰됨; 〔*adj.*〕 **-pejánus,** a, um; *m.pl.* 그곳 주민. 「름은 *Soli.*

Pompejópŏlis, is, *f.* *Cilícia*의 도시, 옛 이

Pompéjus [**-péĭus**], i, *m.* *Roma*인의 씨족명; 특히 Cn. ~ Magnus, *Július Cæsar*와 *Pharsálus*에서 싸워 크게 패함 (106 - 48 A.C.); 〔*adj.*〕 **-pejánus** [**-péjus**], a, um.

Pompílĭus, i, *m.* *Roma*인의 씨족명; 특히 Numa ~, *Roma*의 제2대 왕; 〔*adj.*〕 **-liánus** [**-lĭus**], a, um.

pómpĭlus, i, *m.* 《動》 방어(의 일종).

Pompónĭus, i, *m.* *Roma*인의 씨족명; T. ~ Attĭcus, *Cícero*의 친우 (109 - 32 A.C.).

Pomptínum, i, *n.* *Látium*의 연안 소택지(沿岸沼澤地).

Pomptínus, a, um, *adj.* *Pomptínum*의: Pomptínæ palúdes, *Látium*의 연안 소택지.

pōmum, i, *n.* **1.** (흔히는 견과〈堅果〉를 제외한) 식용하는 나무 열매, **실과, 과일.** **2.** 오디; 포도; 올리브. **3.** 실과나무, 과수.

pōmus, i, *f.* **1.** 과수(果樹), 과실나무. **2.** 과일. 「수 있는, 무게가 있는.

ponderábĭlis, e, *adj.* [póndero] 무게를 달

ponderátim, *adv.* [póndero] 무겁게, 진지하게. 「아봄, 저울질.

ponderátĭo, ónis, *f.* [póndero] 무게를 달

ponderátor, óris, *m.* [póndero] 무게를 다는 사람, 저울질하는 사람.

ponderátus, a, um, *p.p.*, *a.p.* [póndero] **1.** 저울에 단. **2.** 심사숙고된, 검토된.

pónděro, ávi, átum, áre, *tr.* [pondus] **1.** 무게를 달다, 저울에 달다. **2.** 〔*alqd alqā re,* ex *abl.*〕 숙고하다, 고찰하다, 검토하다, 평가하다.

ponderósus, a, um, *adj.* [pondus] 무거운, 무게있는; 유력한, 중요한.

pondo, *indecl.* **1.** 〔*adverbiále limitatiónis (abl.)* [*inusit.* pondus, i]: 중량 표시의 명사와 함께〕 무게가, 중량이, 무게로 (보아서): Neque píscium ullam únciam ~ cepi. *(Pl.)* 나는 물고기들을 (무게로) 한 *úncia*도 못잡았다. **2.** 〔*subst. n.:* 중량 단위〕 (= libra: *327.45 gr.*) *Roma*근(斤)[폰드·파운드]: auri quinque ~ *(C.)* 금 *5 pondo.*

pondus, dĕris, *n.* [pendo] **1.** 저울추. **2.** (= libra: *327.45 gr.*) *Roma*근(斤)[폰드·파운드]. **3. 무게, 중량:** saxa magni pónderis *(Cæs.)* 대단히 무거운 바위[돌]들. **4.** 중력; 충격력. **5.** 균형, 평형. **6.** 무게나가는 것, 덩어리, …괴(塊): magnum argénti ~ *(Cæs.)* 커다란 은괴. **7.** 많음, 다수(多數): magnum ~ artíficum *(Var.)* 대단히 많은 기능공들. **8.** 권위, 영향력. **9.** 중요성, 무게, 믿음직함. **10.** 짐, 부담.

pōnĕ, 〔장소적 의미로만〕 **1.** *adv.* 뒤에, 뒤에서: ~ versus *(Cato)* 뒤로 / movéri et ante et ~ *(C.)* 앞뒤로 움직이다. **2.** *præp. c. acc.* 뒤로, 뒤편에, 후방에: Pone nos recéde. *(Pl.)* 우리 뒤로 물러가거라 / ~ ædem *(Pl.)* 신전 뒤편에.

pono, pósŭi, pósĭtum [postum], ĕre, *tr.* **1.** 〔*alqd* - in *abl.;* in, ante *acc.;* sub *abl.*〕 **놓다, 두다,** 넣다: in foro sellam ~ *(C.)* 법정에 걸상을 놓다 / *alqd* in ærário ~ *(Cæs.)* 무엇을 금고에 넣다 / *alqd* in ignem ~ *(Ov.)* 무엇을 불속에 집어넣다 / se ~ *(Ov.)* 앉다 / génua ~ *(Curt.)* 두 무릎을 꿇다. **2.** 〔pedem - in *abl.*, in *acc.*〕 발을 들여놓다, 들어가다: Ubi pedem póneret, non habébat. *(C.)* 그는 발들여 놓을 자리가[들어갈 곳이] 없었다 / in possessiónem libertátis pedem ~ *(C.)* 자유를 차지하다[누리다]. **3.** 《軍》 배치하다, 설치하다, (진을) 치다, **구축(構築)하다:** in colle castra ~ *(Cæs.)* 야산에 진을 치다. **4.** 세우다, 건립하다, 건설하다, 짓다, 건축하다; 창건하다, 만들어 놓다: Roma in móntibus pósita *(C.)* 여러 언덕 위에 세워진 *Roma.* **5.** 심다. **6.** 정돈하다, (머리를) 쓰다듬어 가지런히 하다. **7.** 〔*alqd* in *abl.*〕 (돈을 어디에) 투자하다, 대출(貸出)하다, 돈놀이하다. **8.** 전당잡히다; 내기에 걸다; 현상(懸賞)하다. **9.** 곁에[주위에] 놓다, (감시인·경비원 따위를) 배치하다·붙여놓다·세우다: *alci* custódes ~ *(Cæs.)* 누구에게 감시원들을 배치하다. **10.** (식탁에) 차려 내놓다. **11.** 주다, 드리다. **12.** 〔*alqd* - de, e *abl.*〕 (지녔던 것을) 놓다, 내려 놓다, 벗어 놓다: arma ~ *(Cæs.)* 무기를 놓다 / ~ vestem *(C.)* 옷을 벗어 놓다 / ~ libros e mánibus *(C.)* 책을 손에서 내려 놓다, 책에서 손을 떼다. **13.**

매장하다, 파묻다; *p.p.* pósitus, a, um, 매장된, 죽은. **14.** 가라앉히다, (세력 따위를) 늦추다, (바람을) 자게 하다, 멎게 하다; 〔*intr.*〕(바람이) 자다, 멎다. **15.** (눈·이슬 따위를) 내리게 하다: pósita sub nive *(Ov.)* (하늘에서) 내린 눈 밑에. **16.** 〔*alqd* in *abl.*; ante, in *acc.*; sub *abl.*〕(어떤 상태·형편·상황에) 놓다, 두다: ~ ante óculos lætítiam *(C.)* 기쁨을 보이다 / in laude pósiti *(C.)* 칭찬받은 사람들 / *alqm* in metu non ~ *(C.)* 누구를 두려워하지 않다. **17.** 내놓다, 드러나게 하다, 노출시키다. **18.** 〔*alqd* in *abl.*〕맡기다, 걸다: omnem spem in *alqā re* [in *alqo*] ~ *(Cæs., C.)* 온 희망을 무엇에[아무에게] 걸다. **19.** 〔*alqd* - in *abl.*, apud *alqm*〕(시간·염려·정성·노력·비용 따위를) 들이다, 쓰다, 소비하다, 쏟다, 바치다: tempus in attentíssimā cogitatióne ~ *(C.)* 정신차려 생각하는 데에 시간을 바치다. **20.** 〔*alqd* [*alqm*] in *abl.*, inter *acc.*; *acc. præd.*〕여기다, …로 생각하다, …중의 하나로 간주하다, 평가하다, 판단하다: mortem in malis ~ *(C.)* 죽음을 하나의 악[불행]으로 여기다 / inter poétas poni *(H.)* 시인 중의 하나로 인정되다 / *alqm* primum ómnium ~ *(N.)* 아무를 모든 이 중의 제1인자로 판단하다. **21.** 〔*alqd* - in *abl.*, *dat.*〕(법·규정 따위를) 제정하다, 세우다, (새로운 말을) 만들어 내다, (이름 따위를) 붙여 주다, 값을 놓다[정하다]: leges in póculis ~ *(C.)* 음주 규칙을 세우다 / rebus novis nova nómina ~ *(C.)* 새것들에는 새 이름들을 붙여 주다. **22.** 값을 놓다, 가치를 부여하다: huic signo ~ míllia centum *(H.)* 이 조각품에 10만(萬)어치 값을 놓다. **23.** ratiónem ~ *alcjs rei* [cum *alqo*] *(Col., Suet.)* 무엇의[누구와] 계산을 하다, 셈을 밝히다. **24.** 〔*alqd*, *acc. c. inf.*; *absol.*〕(…라고) 말하다, 주장하다, (…라고) 쓰다: *alqd* pro certo ~ *(L.)* 무엇을 확실한 것으로 주장하다. **25.** …라고 치다, …라고 인정하다, 가정하다: hoc pósito *(C.)* 이것이 사실이라면 (그렇다고 하면), 이것을 인정한다면. **26.** 〔*alqd* - *alci*〕(문제·주제 따위를) 내놓다, 제출하다, 제기하다, 개진(開陳)하다: ~ *alci* quæstiúnculam *(C.)* 누구에게 조그마한 문제를 내놓다. **27.** 버리다, 포기하다, 그만두다, (생명을) 내놓다·바치다: ~ vítia *(C.)* 악습들을 버리다 / pósito bello *(Ta.)* 전쟁이 중지되었을 때에 / ~ ánimam *(Sil.)* 목숨을 바치다.

pōns, pontis, *m.* **1.** 다리(橋), 교량: pontem in flúmine fácere *(Cæs.)* 강에 다리를 놓다 / pons flúmini impósitus *(Curt.)* 강에 놓은 다리. **2.** 국민회의 때에 울타리로 막은 투표소로 건너가던 육교. **3.** 선제(船梯). **4.** 갑판(甲板). **5.** 망루(望樓)에서 포위된 적군의 성벽에 걸쳐 놓는 다리. **6.** 《解》 다리(橋, 접합부): ~ Varólii 뇌교(腦橋). **7.** [P-] 〔고유명사를 동반하면서 여러 지방의 도시·역참(驛站)·다리 따위를 표시함〕 *e.g.* Pons Sarávi, *Gállia Bélgica*에 있는 *Sarávus*강가의 도시.

pontárĭus, i, *m.* (가벼운 상처만 입히는) 검투사(劍鬪士).

Póntĭa, æ, *f.* *Látium* 해안에 있는 섬.

pontícŭlus, i, *m. dim.* [pons] 작은 다리(橋).

Póntĭcus[1], a, um, *adj.* *Pontus*[2](2)의.

Póntĭcus[2], i, *m.* *Roma*의 시인, *Ovídius*와 *Propértius*의 동시대인.

póntĭfex, ficis, *m.* [pons+fácio] **1.** 대제관(大祭官): ~ máximus *(L.)* (제사나 종교에 관한 사항의 재판관으로서의) 수석(首席) 대제관 / collégium pontíficum *(L.)* 대제관단. **2.** [P-] 《가》 주교(主敎): ~ Máximus, Summus ~ 교황.

Pontificále Románum, -lis -ni, *n.* 주교용 예식서.

pontificális, e, *adj.* [póntifex] **1.** 대제관(大祭官)의. **2.** 《가》 주교의: missa ~ 주교 대례(大禮)미사; 〔*subst.*〕 *n.pl.* 주교용 전례복(典禮服) 및 착용품.

pontificátus, us, *m.* [póntifex] **1.** 대제관직. **2.** 주교직, 주교 지위; 교황직.

pontifícĭum, i, *n.* [pontifícius] **1.** 대제관의 권한·권위·권능; 대제관직(위). **2.** 교황직위; 주교직.

pontifícĭus, a, um, *adj.* [póntifex] **1.** 대제관의: pontifício jure *(C.)* 대제관의 권한으로. **2.** 주교의, 교황의; 교황(청) 설립의: Pontifícium Institútum Bíblicum 교황청립 성서대학.

pontílis, e, *adj.* [pons] 다리의, 교량의.

Póntĭus, i, *m.* *Roma*인의 씨족명. **1.** C. ~ (Telesínus), *Sámnium*인들의 수령, 321 A.C.에 *Cáudium* 근방의 *Fúrculæ Caudínæ*에서 *Roma*인들을 포위 섬멸함. **2.** L. ~ Aquĭla, *Cæsar*의 살해자 중의 하나. **3.** ~ Pilátus, 예수를 처형하도록 유태인들에게 내어준 *Judǽa*의 *Roma*총독.

pontívăgus, a, um, *adj.* [pontus+vagor[1]] 바다를 방황하는.

ponto, ónis, *m.* [pons] 바닥이 평평한 나룻배, 가축·차량 수송선.

pontónĭum, i, *n.* 나룻배.

pontus[1], i, *m.* **1.** 바다. **2.** 심연(深淵). **3.** 해파(海波), 파도.

Pontus[2], i, *m.* **1.** 흑해(黑海), 흔히 *Pontus Euxínus*라고 함. **2.** 흑해에 면한 소아시아의 옛 나라; 62 P.C.에 *Roma* 영토가 되었었음; 〔*adj.*〕 **-tĭcus,** a, um

pŏpa[1], æ, *m.* **1.** 희생제물을 잡아 준비해 주는 조수. **2.** 뚱뚱이 배.

pŏpa[2], æ, *f.* 희생동물의 육류장사하는 여자; 주점 여주인.

pópănum, i, *n.* 제사용 과자.
popéllus, i, *m. dim.* [pópulus[1]] 영세민, 천민(賤民), 하층계급.
Popílĭus, i, *m. Roma*인의 씨족명.
popína, æ, *f.* **1.** 음식점, 요리점; 술집. **2.** 요리(음식). **3.** 요리점 여주인.
popinális, e, *adj.* [popína] 음식점의, 요리점의; 술집의.
popinárĭus, i, *m.* 음식점 주인, 요리점 주인; 술집 주인.
popinátor, óris, *m.* [popína] 요리점[술집] 단골 손님. 「드나드는 사람, 식도락가.
popíno, ónis, *m.* [popína] 요리점에 자주
popínor, ári, *dep. intr.* 요리점[술집]에 드나들다.
poples, lĭtis, *m.* 《解》 **1.** 오금. **2.** 무릎: duplicáto póplite*(V.)* 무릎을 구부리고.
poplícŏla[1], æ, *m.* [pópulus[1]+colo[2]] 민중에게 아첨[영합]하는 자. 「의 별명.
Poplícŏla[2], æ, *m. P. Valérius*와 그 자손들
poplítĕus, a, um, *adj.* 《解》 오금의.
pópŏlus, i, *m.* 《古》 = pópulus[1].
popósci, *pf.* [posco]. 「**nus,** a, um.
Poppǽa, æ, *f. Nero*의 아내; 〔*adj.*〕 **-pæá-**
poppýsma, ătis, *n.* [**-smus,** i, *m.*] 입술을 다물었다 터뜨리는 소리, (찬의〈贊意〉표시로) 혀끝 차는 소리, 손뼉치는 소리.
populábĭlis, e, *adj.* [pópulor] 파괴될 수 있는, 유린당할 수 있는, 황폐해질 수 있는. 「케 하는, 파괴하는, 유린하는.
populabúndus, a, um, *adj.* [pópulor] 황폐
populáris, e, *adj.* [pópulus[1]] **1. 국민의,** 인민의, 백성의; 민주의: populáres leges*(C.)* 국민의 결정에 의해 제정된 법률 / opínio ～*(C.)* 국민여론 / cívitas ～*(Plin.)* 민주국가, 공화국. **2.** 평민의, 서민의; 민중의, 대중의, 민중을 상대로 하는: orátio ～*(C.)* 대중연설 / aura ～*(C.)* 대중의 인기, 민중의 지지; 〔*subst.*〕 populárĭa, ĭum, *n.pl.* (*sc.* subséllia)*(Suet.)* 극장의 평민석·보통석. **3.** 국민 편에 드는, 민중의 환심을 사는; 〔*subst.*〕 populáres, ĭum, *m.pl.* 평민당, 민주주의자들. **4.** 같은 조국의, 같은 겨레의, 동포의, 동향(同鄕)의; 〔*subst.*〕 *m.* 동포, 동향인: ～ tuus*(C.)* 너의 동포[동향인]. **5.** 같은 지방의: leǽna ～*(Ov.)* 같은 지방의 암사자. **6.** 같은 무리의, 같은 파(派)[단체]에 속하는; 공범의: populáres conjuratiónis*(Sall.)* 음모의 공범자들. **7.** populáres, ĭum, *m.pl.* (군인과 구별하여) 민간인. **8.** 통속적인, 보통의, 천한, 값싼.
populárĭtas, átis, *f.* [populáris] **1.** 같은 나라 국민임, 동포관계. **2.** 민중의 환심을 사려는 노력; 대중성, 인기, 인망. **3.** 인구. **4.** 가담(加擔), 참여.
populárĭter, *adv.* [populáris] **1.** 통속적으로, 서민적으로. **2.** 인기작전을 써서, 선동적으로.
populátĭo[1], ónis, *f.* [pópulor] **1.** 유린, 파괴, 황폐, 약탈. **2.** 약탈품, 노획물.
populátĭo[2], ónis, *f.* [pópulus[1]] 인구, 주민수.
populátor, óris, *m.* [**-trix,** ícis, *f.*] [pópulor] 파괴자, 황폐케 하는 자, 약탈자.
populátus, us, *m.* [pópulor] 파괴, 황폐, 약탈. 「플라숲, 양버들숲.
populétum, i, *n.* [pópulus[2]] 백양나무숲, 포
popúlĕus, a, um, *adj.* [pópulus[2]] 백양나무의, 포플라나무의, 양버들의.
popúlĭfer, fĕra, fĕrum, *adj.* [pópulus[2]+fero] 포플라를 생산하는.
populiscítum [pópŭli scitum], i, *n.* [pópulus[1]+scio] 국민의결(國民議決), 국민의 결정. 「포플라의.
popúlnĕus [-nus], a, um, *adj.* [pópulus[2]]
pópŭlo, ávi, átum, áre, [흔히는 **pópŭlor,** átus sum, ári, *dep.*] *tr.* [pópulus[1]] **1. 황폐케 하다,** 파괴하다, 유린하다, **약탈하다:** **2.** 침식(侵蝕·浸蝕)하다, 망치다; 없애버리다: Formam populábitur ætas.*(Ov.)* 나이는 용모를 볼품없이 만들 것이다 / populátus hamus*(Ov.)* 미끼 떼인 낚시.
Populónĭa, æ, *f.* [**-nĭum,** i, *n.*] *Etrúria*의 항구도시; 〔*adj.*〕 **-iénsis,** e; *m.pl.* 그곳 주민. 「무리. **2.** 인구가 많음.
populósĭtas, átis, *f.* [populósus] **1.** 군중,
populósus, a, um, *adj.* [pópulus[1]] 인구가 많은; 식구 많은.
pópŭlus[1], i, *m.* **1. 국민, 백성,** 인민; (한 지방의) 주민. **2.** (고대 *Roma*의 귀족·기사계급·평민을 망라한) 전국민; (때로는 원로원 의원을 제외하고 기사계급과 평민을 포함하는) 국민, 인민; 평민, 서민: ～ Románus*(C.) Roma* 국민(전체) / et patres in pópuli for epotestáte*(L.)* 원로원 의원들도 국민의 권한에 속하게 될 것이라(고) / Senátus populúsque Románus (略: S.P.Q.R.) *Roma*의 원로원과 국민, 전(全) *Roma* 국가. **3.** ～ urbánus (군인과 구별되는) 민간인, 시민. **4.** 민중, 대중, 군중. **5.** (사람사는) 지방. **6.** 벌떼.
pópŭlus[2], i, *f.* 《植》 백양나무, 포플라: ～ alba 은백양 / ～ Davidiána 사시나무 / ～ glandulósa 수원사시나무 / ～ koreána 물황철 / ～ monilífera 미류나무 / ～ nigra 양버들. 「두둑, 이랑.
porca, æ, *f.* [porcus] **1.** 《動》 암돼지. **2.**
porcárĭus, a, um, *adj.* [porcus] 돼지의; 〔*subst.*〕 *m.* 돼지치는 사람.
porcélla, æ, *f. dim.* [pórcula] 돼지새끼.
porcéllĭo, ónis, *m.* 《動》 쥐며느리.
porcéllus, i, *m. dim.* [pórculus] 새끼 돼지; 새끼 산돼지.
porcílĭa, æ, *f.* 젖먹이는 암돼지. 「기.
porcína, æ, *f.* (*sc.* caro[2])[porcínus] 돼지고

porcinárĭum, i, *n.* [porcínus] 돼지우리.
porcinárĭus, i, *m.* [porcus] 돼지고기장수.
porcínus, a, um, *adj.* [porcus] 돼지의:《軍》caput porcínum*(Veget.)* 어린진(魚鱗陣).
Pórcĭus, i, *m.* *Roma*인의 씨족명.
pórcŭla, æ, *f. dim.* [porca] 새끼 암돼지.
porculátĭo, ónis, *f.* [pórculus] 돼지 사육.
porculátor, óris, *m.* [pórculus] 새끼 돼지 돌보는 사람.
porculétum, i, *n.* 이랑낸 밭.
pórcŭlus, i, *m. dim.* [porcus] **1.** 새끼 돼지. **2.** 포도 압착기의 밧줄거는 쇠고리.
porcus, i, *m.* **1.**《動》돼지: ~ fémina*(C.)* 암돼지. **2.** 돼지같이 처먹는 놈. **3.** ~ (marínus)*(Plin.)* 해돈(海豚), 돌고래. **4.**《軍》porci caput 어린진(魚鱗陣).
porgo = pórrigo². 「色)의.
porphyréticus, a, um, *adj.* 자홍색(紫紅
porphyrítes, æ, *m.* (이집트에서 산출되는) 붉은 반암(斑岩). 「의.
porphyrítis, ĭdis, *adj.(f.)* 자홍색(紫紅色)
Porphýrĭus, i, *m.* *Tyrus* 출신, *Athénæ* 및 *Roma*에서 수학(修學)한 신(新) 플라톤 학파의 철학자 (233 - 304 P.C.).
porréctĭo, ónis, *f.* [pórrigo²] **1.** (손·팔 따위를) 폄[펴는 동작], 신장(伸張). **2.** 직선(直線). 「*(Plin.)* 길이로. **2.** 직선(直線).
porréctum, i, *n.* [porréctus²] **1.** in ~
porréctus¹, a, um, *p.p.* [porrício] 제공된, 제물로 바쳐진.
porréctus², a, um, *p.p., a.p.* [pórrigo²] **1.** 길게 뻗은; 펼쳐진, 신장(伸張)된; 〔*adv. comp.*〕 **-tĭus,** 더 넓게; 더 멀리: porréctius ire*(Amm.)* 더 (멀리) 가다. **2.** 주름살 없는 (이마), 명랑한.
porrícĭo, réci, réctum, ĕre, *tr.* [por = pro² + jácio] **1.** 신에게 제물로 바치다. **2.** (땅이) 산출하다. 「는.
porrigíbĭlis, e, *adj.* [pórrigo²] 펴칠 수 있
porriginósus, a, um, *adj.* [porrígo¹] 두부백선(頭部白癬)[두창(頭瘡)]에 걸린; 버짐이 생긴. 「部白癬); 버짐; 가축의 피부병.
porrígo¹, gĭnis, *f.* 두창(頭瘡), 두부백선(頭
pórrĭgo², réxi, réctum, ĕre, *tr.* [por = pro² + rego] **1.**〔*alqd* - in, ad *acc.; dat.*〕 펴다, 벌리다, 뻗다, 내밀다, 펼치다; 〔*pass.*〕 뻗쳐 있다, 펼쳐지다, 이르다: dígitum ~*(C.)* 손가락을 펴다 / ~ *alci* bráchia*(Ov.)* 누구를 향해 두 팔을 벌리다 / porréctis mánibus*(C.)* 두 손을 벌려서 / península ad formam gládii porrécta*(Plin.)* 검(劍) 모양으로 길게 뻗은 반도. **2.** 길게 하다; 넓히다, 확대하다, 신상(伸張)하다, 퍼뜨리다. **3.** 땅에 눕히다, 바닥에 깔다. **4.** 주다, 수여하다, 내놓다, 제공하다, 드리다: ~ púero poma*(H.)* 소년에게 과일들을 주다 / déxteram *alci* ~*(C.)* (우정·신의·도움의 표시로) 오른손을 내밀다. **5.** ~ manum 1) 찬성의 표시로 손을 들다, 찬성하다. 2) (필요한 것을 집거나 얻기 위해서) 손을 내밀다[뻗치다]. **6.** (시간을) 끌다, 천연(遷延)하다, 연장하다, 미루다, 연기하다.
porro, *adv.* **1.** 더 앞으로, 전방으로, 더 멀리: ~ ire*(Cato)* 앞으로 더 가다. **2.** 더 멀리에, 떨어진 곳에. **3.** 〔시간: 간혹 과거적, 주로 미래적〕 오래 전에; 금후, 장차, 이 다음에, 앞으로: Tu ~ sequéris? *(Stat.)* 네가 장차 따라가겠느냐? **4.** 역시, …까지도: áliis ~ impertíre gáudium*(L.)* 남들에게도 기쁨을 나누어 주다. **5.** 〔연속·접속표시〕 그리고, 다음에: in Sicíliam, ~ ex Sicíliā in Afrĭcam*(Sall.)* *Sicília*로, 그리고 *Sicília*에서 *Afrĭca*로. **6.** 그런데. **7.** 계속해서 (말하다).
porrum, i, *n.* [**-us,** i, *m.*]《植》부추.
Porsén(n)a[-sín(n)a], æ, *m.* *Clúsium*의 왕.
porta, æ, *f.* **1.** 대문, 성문(城門), 관문. **2.** 문, 출입문: Porta sacra[sancta] (성년〈聖年〉시작에 열고 마지막에 닫는) *Roma* 베드로 대성당의 성문(聖門). **3.** 영문(營門). **4.** 방법: Quibus e portis?*(Lucr.)* 어떤 방법으로? 무슨 수로?
portábĭlis, e, *adj.* [porto] 지닐 수 있는, 휴대할 수 있는, 짊어질 수 있는; 운반할 수
portárĭus, i, *m.* 문지기. 」있는.
portátĭlis, e, *adj.* [porto] 휴대할 수 있는, 휴대용의: altáre portátile 휴대 제단.
portátĭo, ónis, *f.* [porto] 운반, 수송, 운송; 휴대(携帶), 지님.
portátor, óris, *m.* [**-tátrix,** ícis, *f.*] [porto] 운반인; 휴대자, 지니고 다니는 사람.
portatórĭus, a, um, *adj.* [porto] 나르기에 적합한, 운반하는.
porténdo, ndi, ntum, ĕre, *tr.* [por = pro² + tendo¹] 〔*alqd - alci; acc. c. inf.*〕 미리 알리다, 예고하다, 예언하다, 전조(前兆)로 나타내다; 〔*pass.*〕 예고되다, …의 전조가 있다.
porténsis, e, *adj.* [portus] 항구(港口)의.
portentíficus, a, um, *adj.* [porténtum + fácio] **1.** 놀라운, 경이적인, 기적적인. **2.** 괴상한, 기형적인, 괴물의.
portentilóquĭum, i, *n.* [porténtum + loquor] 괴담(怪談).
portentósus, a, um, *adj.* [porténtum] **1.** 놀라운, 경이적인, 굉장한. **2.** 괴상한, 기이한, 기형적인.
porténtum, i, *n.* [porténdo] **1.** (길흉의) 전조, 징조, 조짐. **2.** 경이(驚異), 놀라운 일, 불가사의; 이적(異蹟), 기적. **3.** 괴이(怪異), 괴상한 일, (청천벽력 따위) 이상한 자연현상; 괴물, 기형. **4.** (해독·파멸을 가져오는) 위험인물. **5.** 꾸며낸 기담(奇談), 괴담.

Portháon = Partháon.

porthmeus(*disyll.*), ĕi [ĕos], *m.* 〔*acc.* -ĕa〕 나루터의 뱃사공 (*Charon*²을 가리킴).

porticátĭo, ónis, *f.* [pórticus] 주랑(柱廊), 열주(列柱). 「(柱廊).

portícŭla, æ, *f. dim.* [pórticus] 작은 주랑

pórtĭcus, us, *f.* [porta] **1.** (지붕있는) **주랑**(柱廊: 주로 산책, 때로는 여러가지 사무처리·재판·약혼식·진귀한 물건 전시·학술토론 따위를 하던 장소였음); 회랑(回廊), 행각(行閣). **2.** 누각. **3.** 스토아 학파.

pórtĭo, ónis, *f.* [pars] **1. 부분,** 일부: vitæ ~ *(Juv.)* 생명의 일부분 / magna mortálium ~ *(Plin.)* 대부분의 사람들. **2.** 〔*num. ordin.*와 함께〕 …분의 1: tértia ~ *(Plin.)* 3분의 1. **3. 몫,** 차지, 할당. **4.** 비율, 비례; (다른 것과 비교한) 분량, 정도; 응분: pari portióne*(Cels.)* 같은 비율로, 같은 분량으로 / pro portióne ad *alqd(Var.)* 무엇에 비례하여, 비례대로. 「분적인.

portionális, e, *adj.* [pórtio] 일부분의, 부

portíscŭlus, i, *m.* 노젓는 사람들에게 (가락을 맞추도록 구령으로나 마치처럼 생긴 막대기로) 신호를 주는 지휘자; (이 지휘자의) 신호 막대기.

pórtĭtor¹**,** óris, *m.* [portus] 관세 징수인(關稅徵收人), 통행세 징수인.

pórtĭtor²**,** óris, *m.* [porto] **1.** 나룻배사공. **2.** (*Charon*²을 지칭하여) 나루터지기. **3.** 운반인, 나르는 사람.

portiúncŭla, æ, *f. dim.* [pórtio] **1.** 작은 부분, 조각. **2.** 《가》 이태리의 *Assisi* 남쪽에 있는 *Portiúncula* 소성당(小聖堂)에서 얻을 수 있던 전대사(全大赦; 후에 *Francísco* 수도회 성당 및 주교의 특별 지정 성당에서도 가능해졌음).

porto, ávi, átum, áre, *tr.* **1. 나르다,** 운반하다, 운송[수송]하다, 데려가다[오다], 지니고 다니다, **지니고 있다:** vehículo portári*(N.)* 수레에 실려가다 / sub alā *alqd* ~ *(H.)* 겨드랑이에 끼고 다니다 / *alqd* húmeris ~ *(H.)* 어깨에 메고 가다 / *alqd* collo ~ *(Ov.)* 목에 걸고 다니다 / *alqd* manu ~ *(Ov.)* 손에 들고 다니다[있다] / *alqd* in sinu ~ *(Ov.)* 가슴에 품고 있다 / se ~ *(Veget.)* 가다, 다니다 / Omnĭa mea mecum porto.*(C.)* 나는 나의 전재산을 몸에 지니고 있다 / has spes secum portántes ...*(L.)* 그들은 이런 희망을 품고… **2.** 가져다주다, 가져오다: *alci* auxília ~ *(Sall.)* 누구를 도와주다. **3.** (의미 따위를) 지니다, 내포하다. 「출세, 통과세; 입항세; 통행세.

portórĭum, i, *n.* [porto] 관세, 수입세, 수

portuénsis, e, *adj.* [portus] **1.** 항구의. **2.** *Ostĭa* 항구의. 「문, 샛문.

pórtŭla, æ, *f. dim.* [porta] 작은 문(門), 옆

portuláca (olerácĕa), æ, *f.* 《植》 쇠비름.

Portunálĭa, ĭum, *n.pl. Portúnus*신의 축제.

Portúnus, i, *m.* [portus] (*Roma*인들이 공경하던) 항구의 수호신; 〔*adj.*〕 **-nális,** e.

portuósus, a, um, *adj.* [portus] **1.** 항구가 많은. **2.** 배를 쉽게 댈 수 있는.

portus, us, *m.* 〔*dat., abl. pl.:* -tĭbus, -tŭbus〕 [*cf.* porta] **1. 항구:** esse in portu *(C.)*, in portu navigáre*(T.)* 안전한 곳에 있다, 위험을 벗어나 있다. **2.** 포구(浦口), 하구(河口). **3.** 관세(關稅); 관세 징수인: in portu óperas dare*(C.)* 항만세관에 종사하다. **4.** 피난처, 안식처. **5.** 화물창고.

pŏrus¹**,** i, *m.* **1.** 도관(導管). **2.** 기공(氣孔), 호흡공.

pōrus²**,** i, *m.* 《鑛》 석회화(石灰華).

Pōrus³**,** i, *m. Alexánder* 대왕과 싸운 *Indĭa*의 왕.

pōsca, æ, *f.* [poto] 물과 식초의 혼합음료.

poscǽnĭum, i, *n.* 무대의 뒤.

poscinúmmĭus, a, um, *adj.* [posco+nummus] 돈을 요구하는.

posco, popósci, ĕre, *tr.* **1.** 〔*alqd, alqm* - ab *alqo; alqm alqd;* ut; *inf.; absol.*〕 **요구하다,** 청구하다; 청하다, 요청[간청]하다: Fíliam tuam mihi posco uxórem.*(Pl.)* 당신의 딸을 저의 아내로 삼게 해주십시오 / ~ *alqm* numos*(C.)* 누구에게 돈을 요구하다. **2.** 〔*alqm*〕 (누구의) 처벌을 요구하다. **3.** (무엇을) 필요로 하다, (사물·형편·사정 따위가) 요구하다: Quum tempus pósceret, ... *(N.)* 시간이 필요하므로[지나야 하므로]. **4.** 소리질러 부르다. **5.** 물어보다, 알아보다. **6.** 값을 부르다, 값을 매기다.

pósĕa, pósĭa = páusia.

Posidónĭus, i, *m.* 유명한 스토아 학파의 철학자이며 역사가·지리학자, *Panǽtius*의 제자, *Cícero* 및 *Cn. Pompéjus* 등의 스승 (133-49 A.C.).

posítĭo, ónis, *f.* [pono] **1.** 놓음. **2.** (씨·묘목 따위를) 심음. **3.** 놓여 있는 자리, **위치,** 장소. **4.** 지위, 신분. **5.** 상황, 형편; 상태; 자세. **6.** 기분. **7.** 《修》 어휘의 용법, 어휘의 배열위치. **8.** 《論》 (긍정)명제; 주제(主題), 논제. **9.** 《文法》 어미(語尾); (음절에 있어서) 모음의 장단(長短)을 바뀌게 하는 위치 (단모음이 두 개 이상의 자음 또는 x, z자 앞에 놓일 때에는 원칙적으로 장모음이 되며 이것이 마지막 두번째 음절일 경우에는 accéntus를 받게 됨; 그리고 모음으로 시작되는 음절 앞에 있는 모음은 일반적으로 단모음이 됨, *e.g.* senéctus, necessárius). **10.** 《詩》 본래는 단모음이더라도 운율상 이유로 장모음이 되는 위치. **11.** 《敎法》 (원고·피고 등이 서로) 재판관에게 제출하는 심문요항(尋問要項, *cf. C.I.C. can. 1745*).

positivísmus, i, *m.* [positívus] 실증주의(實

證主義), 실증론, 실증철학; 〔*adj.*〕 **-stĭcus,** a, um: theoría positivística juris 법실증론.
positívus, a, um, *adj.* [pono] **1.** 확실한, 명확한, 실체의; 절대적인. **2.** 실증적, 실정적(實定的), 인위적: lex positíva 실정법. **3.** **적극적**; **긍정적**; 〔*adv.*〕 **-ve,** 긍정적으로; 적극적으로. **4.** 《文法》 원급의: gradus ~ 원급. **5.** 《醫》 양성(陽性)의. **6.** 《數》 정수(正數)의. **7.** 《電》 양(陽)의; 《寫》 양화(陽畵)의.
pósĭtor, óris, *m.* [pono] 건설자, 창건자.
positúra, æ, *f.* [pono] **1.** 위치; 배치, 배열, 놓인 모양. **2.** 《文法》 구두법(句讀法); 구두점.
pósĭtus[1], a, um, *p.p.* [pono].
pósĭtus[2], us, *m.* [pono] **1.** 위치, 부위(部位). **2.** 머리맵시, 머리장식.
posología, æ, *f.* 《醫》 **1.** 용량학(用量學), 약량학(藥量學). **2.** 용량, 약량.
possésšio, ónis, *f.* [possídeo, possído] **1.** **소유**, 소유권; 취득, **점유**(占有). **2.** canónica ~ *(cf. C.I.C. can. 334 §3; can. 313 §1)* 교구 정주주교(定住主敎)의 교구장 취임; 교황청 임명의 교구 임시 관리직(管理職) 취임. **3.** **소유물**, 재산, **부동산**, 소유지. **4.** 마귀들림.
possessiúncŭla, æ, *f. dim.* [posséssio] 작은 재산, 약간의 소유물.
possessívus, a, um, *adj.* [possídeo] 소유에 관한, 소유를 표시하는: pronómen possessívum 소유대명사 / casus ~ 소유격, 속격(屬格).
possésšor, óris, *m.* [possídeo] **1.** 소유자, 소유주, 지주(地主); 점유자. **2.** 《法》 (민사소송의) 피고인.
possessórĭus, a, um, *adj.* [possídeo] 소유의, 소유에 관한; 점유의, 점유에 관한: áctio possessória 소유권 확정소송.
posséssus[1], a, um, *p.p.* [possídeo, possído] 소유된; 점유된.
posséssus[2], us, *m.* [possídeo] **1.** 소유; 점유. **2.** 소유권.
posséstrix, ícis, *f.* [posséssor] 소유자(여자), 소유주.
possíbĭlis, e, *adj.* [possum] 있을 수 있는, 일어날[될] 수 있는, **가능한**.
possibílĭtas, átis, *f.* [possíbilis] **가능성**; 능력.
possídĕo, sédi, séssum, ére, *tr.* [pos = potis + sédeo] **1.** **소유하다**, 가지다, 차지하다, 얻다, 취득하다, 확보하다. **2.** 점유(占有)하다, 점거하다.
possído, sédi, séssum, ĕre, *tr.* [potis + sido] 손에 넣다, 차지하다, 점유(占有)하다, 침입하다, 점령하다.
possum, *(potes, potest),* pótŭi, posse, *anom. intr.,(tr.)* [potis + sum[1]] **1.** 〔*absol.; inf.*〕 **할 수 있다**, 있을 수 있다, 가능하다: plus, quam pótero,*(C.)* 내가 장차 할 수 있는 것 이상으로 / potest fíeri, ut ... 될 수 있다, ... 일이[때가] 있을 수 있다 / Potest fíeri, ut fallar.*(C.)* 내가 속을 수 있다, 속는지는 모르지만. **2.** 〔non possum, quin *(c.subj.)*; non possum fácere, quin[ut non]; non possum non + *inf.*〕 나는 ... 하지 않을 수 없다. **3.** 〔*c. superl. adv., adj.:* 최대한의 최상급 표시〕 ut gravíssime pótui,*(C.)* (그때에) 나로서는 최대한으로 엄중히 / Quam possum máximā voce dico. *(C.)* 나는 최대한의 큰 목소리로 말한다. **4.** 세력[영향력]이 있다, 효과가[효력이] 있다: plúrimum ~ *(C.)* 대단한 영향력을 가지고 있다. **5.** 〔*alqam*〕 여자를 망쳐놓다, 능욕하다. **6.** 〔때로는〕 해야 하다, 마땅하다.
post[1], *adv.* **1.** 〔장소〕 뒤에, 뒤쪽에, 뒤편에, 뒤쪽으로. **2.** 〔시간: *absol.; abl. mensúræ (témporis)*〕 후에, 뒤에, 나중에: multis ~ annis*(C.)* 여러 해 뒤에 / paucis diébus ~ *(Pl.)* 며칠 후에.
post[2], *præp. c. acc.* **1.** 〔장소·위치〕 **뒤에**, 뒤편에, 다음에, 후방에: ~ me*(C., Pl.)* 내 뒤에(서). **2.** 뒤를 따라서·쫓아서: ~ odórem*(Pal.)* 향기를 쫓아서. **3.** 〔시간·사건 따위 표시; 간혹 전치사가 그 지배하는 *acc.* 뒤에 놓임〕 **후에**, 뒤에, 다음에, 지나서, 이래(以來): ~ paucos dies*(Phædr.)* 며칠 후 / ~ médiam noctem*(Cæs.)* 밤중이 지나서 / ~ hómines natos*(C.)* 유사 이래로 / hunc ~ *(C.)* 이 사람 다음으로는. **4.** 〔순서·서열 따위〕 다음(으로), 버금으로, 보다 못하게: ~ Sabínum habéri*(Ta.)* *Sabínus*보다 못하게 여겨지다.
postdelíctum, i, *n.* 재범행(再犯行).
póstĕa, *adv.* [post[1] + ea] **1.** 〔시간〕 (그)후에, 나중에, 그다음에, 이다음에. **2.** 〔정도·서열〕 그다음에, 그다음으로. **3.** 그밖에 또, 그리고 또. **4.** 〔반문〕 Quid ~? 그래서? 그리고는? 그다음에는 (뭐냐)?
posteáquam, *conj. subord.* = postquam.
póstĕri, órum, *m.pl.* [pósterus] 후대 자손, 후손, 후예.
postérĭor, ĭus, (*gen.* ióris), *adj. comp.* [pósterus] **1.** 〔흔히는 비교의 뜻없이 단순히 공간적·시간적으로〕 **뒤의**, 후면의; **후의**, 나중의, 다음의: pedes posterióres*(Plin.)* 뒷발; 〔*subst.*〕 *m.pl.* (3대손 이하의) 자손, 후손. **2.** 아래의: Pária esse debent posterióra superióribus.*(C.)* 아래의 것들이 위의 것들과 같아야 한다. **3.** ... 만 못한, 가치없는: hæc libertáte posterióra dúcere *(C.)* 이것들을 자유보다 못하게 여기다.
postérĭtas, átis, *f.* [pósterus] **1.** 미래, 장래. **2.** 후세, 후대 사람들.
postérĭus, *adv.* [pósterus] 그다음에, 나중에.
postérŭla, æ, *f. dim.* [pósterus] **1.** 뒷문.

2. 뒷길.

póstĕrus, a, um, *adj.* [post¹] 〔*superl.* postrémus, póstumus〕 **1.** 〔시간〕뒤에 오는, 뒤따르는, 다음의, 후의, 장래의: póstero die mane*(C.)* 다음날 아침에 / in pósterum *(C.)* 다음날로; 장래로, 미래로. **2.** … 만 못한, (질적으로) 떨어지는.

postfáctus, a, um, *p.p.* [*inusit.* postfácio] 후에 생긴, 나중에 된, 사후(事後)의.

póstfĕro, *(fers, fert),* látum, férre, *anom. tr.* [post¹+] 〔*alqd – alci rei*〕 경시하다, (무엇보다) 못하게 여기다.

postfutúrus, a, um, *p.fut.* [post¹+] 후에 있을, 뒤에 올; 〔*subst.*〕 *m.pl.* 후대인들, 후손들, 후세; *n.* 미래.

postgénĭtus, a, um, *adj.* [post¹+] 나중에 「[후에] 태어난.

posthábĕo, bŭi, bĭtum, ére, *tr.* 〔*alqd – alci (rei)*〕 경시하다, 제쳐놓다, … 보다*(dat.)* 못하게 여기다: ómnibus rebus posthábitis *(C.)* 만사를 제쳐놓고.

posthac, *adv.* 금후, 앞으로, 장차, 이후, 「이제부터.

posthæc [post hæc], *adv.* 그후에, 그다음에.

posthinc [post hinc], *adv.* 그다음에.

posthoc [post hoc], *adv.* 그뒤에; 이다음에; 이것 후에: post hoc, ergo propter hoc, 이것 후에 그러므로 이것 때문에, 오비이락(烏飛梨落), 시간적 전후관계를 직접적인 인과관계로 삼는 논리상의 허위[오류].

pósthŭmus, a, um, *adj.* = póstumus.

póstĭbi, *adv.* 그다음, 그후.

postíca, æ, *f.* [postícus] 뒷문.

postícum, i, *n.* [postícus] **1.** 뒷문. **2.** 뒷방. **3.** 집 뒤; 집 뒤에 있는 변소. **4.** 뒤쪽, 후면. **5.** 항문(肛門).

postícus, a, um, *adj.* [post¹] 뒤에 있는, 뒤쪽의, 후부(後部)의, 후면의.

postídĕa, *adv.* [post¹+id+ea] 그후, 그다「음에.

postiléna, æ, *f.* [post¹] 껑거리(끈), 밀치끈.

postílĭo, ónis, *f.* [póstulo] 신이 배상 또는 액막이로 요구하는 제사.

postílla, *adv.* 그후에.

postis, is, *m.* **1.** 문설주. **2.** 문, 문짝.

postlimínĭum, i, *n.* [post¹+limen] **1.** 귀향(歸鄕), 귀가; 귀가할 권리, 귀국권(歸國權). **2.** 복귀, 회복.

postmeridiánus, a, um, *adj.* [post¹+] 오「후의, 하오의.

póstmŏdo [-dum], *adv.* 잠시 후에, 곧, 이어서.

postpártor, óris, *m.* 상속인, 후계자.

postpóno, pósŭi, pósĭtum, ĕre, *tr.* [post¹+] 〔*alqd, alqm – dat.*〕 경시하다, …보다*(dat.)* 못하게 여기다, 제쳐놓다.

postpositívus, a, um, *adj.* 《文法》 (다른 말) 뒤에 두는, 후치(後置)의.

postprincípĭa, órum, *n.pl.* **1.** 계속, 속행. **2.** 결과.

póstpŭto, ávi, áre, *tr.* [post¹+] 대수롭지 않게 여기다, 경시하다.

postquam, *conj. subord.* **1.** 〔*indic. pf.*, 주문에 *abl. mensúræ* 따위 시간경과 표시의 부사어가 있을 때에는 *plqpf.*; post를 quam과 갈라서 쓰는 수도 있음〕 …**한 후**에, …한 다음, …하고서, …하자; …한 후로부터, …한 이래로: Postquam ille uxóri justa fecit, huc commigrávit.*(Pl.)* 그는 아내에게 정당한 것을 해준 다음 이리로 옮아왔다 / undécimo die, ~ a te discésseram.*(C.)* 내가 너한테서 떠나온지 열하루되던 날에 / quartum post annum, quam redíerat,*(N.)* 그가 돌아온 후 4년만에. **2.** 〔*indic. impf.*: 과거진행·반복·이유 따위 표시〕 …하고, …때에, 때문에: Postquam res eórum próspera videbátur, invídia orta est.*(Cæs.)* 그들의 일이 순조로운 것을 보고 있다가 질투가 일어났다. **3.** 〔주문이 미래일 경우에는 속문에 *fut. exact.*〕 …하거든, …하자. **4.** 〔속문의 동사가 vidére, cérnere 따위 감각동사이거나 현재의 상태·이유를 표시하는 경우에는 *præs.*〕 …하자, …하고서; 때문에: Abĕo ab illis, ~ vídeo, ...*(Pl.)* 나는 … 것을 보고서 그들로부터 떠나간다.

postrémus, a, um, *adj. superl.* [pósterus] **1. 마지막의**, 최후의, 제일 뒤의, 최종의, 끝의: mense postrémo*(Pal.)* 마지막 달에 / in postrémo libro*(Justin.)*책끝(장)에; 〔*subst.*〕 *n.* 마지막, 최후, 끝: in postrémo vitæ*(Gell.)* 죽기 직전에 / ad postrémum*(Pl., Augustin.)* 끝내, 마침내, 드디어, 기어이; 〔*adv.*〕 **-mo, -mum,** 마침내, 결국, 끝으로, 마지막으로; 요컨대. **2.** 형편없는, 가장 저열(低劣)한, 최하의, 최악의. **3.** 〔비교급과 최상급으로 쓴 경우가 있음〕 *comp.* -mĭor, ĭus; *superl.* -míssĭmus, a, um.

postrídĭe[-dŭo], *adv.* [pósterus+dies]〔*absol.; gen., acc.;* quam〕 다음날에, 그 이튿날에: ~ ejus diéi*(Cæs.)* 그날 다음날에 / ~ quam discéssi,*(C.)* 내가 떠난 다음날에.

postriduánus, a, um, *adj.* [postrídie] (그) 다음날의.

postscǽnĭum [-scénĭum], i, *n.* [post¹+ 「scena] 무대 뒤, 막후.

postscríbo, scrípsi, scríptum, ĕre, *tr.* 〔*alqd alci rei*〕 (무엇) 뒤에 쓰다, 뒤에 이어쓰다.

postscrutínĭum, i, *n.* 선거결정.

postsignáni, órum, *m. pl.* (*sc.* mílites) [post¹+signum] 군기 뒤에 배치된 병사.

póstŭlans, ántis, *m., f.* *(p.præs.)* [póstulo] **1.** (수도회의) 수련 청원자. **2.** ~ baptísmi 영세지망자(領洗志望者).

postulatícĭus, a, um, *adj.* [póstulo] 요청된, 순서에 없이 청해진.

postulátĭo, ónis, *f.* [póstulo] **1.** 요구, 청구, 신청, 청원, 제청(提請). **2.** 불평; 탄

원. **3.** 배상 또는 액막이로 신이 요청하는 제사. **4.** 《法》 소송신청; 고소. **5.** 《敎法》 피선거인에 대한 선거인들의 추천, 추거(推擧); 추거장(推擧狀).

postulàtor, óris, *m.* [póstulo] **1.** 요구인, 청구인, 신청인, 청원인, 제청자; (권리의) 주장자. **2.** 《法》 고소인, 원고.

postulatórĭus, a, um, *adj.* [póstulo] 신이 (제사를) 독촉하는.

postulátum, i, *n.* [póstulo] 요구, 청구, 요청, 청원; (권리의) 주장.

postulátus, us, *m.* **1.** = postulátio. **2.** 《敎法》 (수도회의) 지원기(志願期).

póstŭlo, ávi, átum, áre, *tr.* [posco] **1.** 〔*alqd [alqm]* - ab *alqo;* ut, ne; de *re; alqm alqd; absol.*〕 **요구하다, 청구하다,** 요청하다, 청원하다, 부탁하다: Suum jus póstulat.*(T.)* 그는 자기 권리를 주장한다 / Póstulo abs te, ut ...*(Pl.)* 나는 …해 주기를 네게 요구한다. **2.** (사정·상황으로 보아) …할 형편에 있다, (무엇을) 필요로 하다: Res hoc póstulat, ut ...*(C.)* 사정이 …해야 할 형편에 있다. **3.** 〔*inf.; acc. c. inf.*〕 원하다, 갈망하다, 바라다, 기대하다; …하려고 하다: Ego a meis me amári póstulo. *(T.)* 나는 내 가족들한테 사랑받기를 원한다. **4.** (군중이 예정이나 순서에 없는 권투·검투〈劍鬪〉 따위를) 청하다. **5.** 〔*alqd; alqm* - de *re; abl., gen. críminis; alqā* lege; *absol.*〕 고발하다, 기소(起訴)하다; 법정으로 소환하다, 소송하다.

Postúmĭus, i, *m.* *Roma*인의 씨족명; 〔*adj.*〕 **-miánus,** a, um.

póstŭmus, a, um, *adj. superl.* [pósterus] **1.** 맨 끝의, 마지막의, 최후의; 막내의; 〔*subst.*〕 *m.* 막내아들; *f.* 막내딸; *n.* 맨 뒤, 말단. **2.** 아버지가 죽은 뒤에 난, 유복자의; 유언장을 작성한 후에 난.

Postvérta [-vórta], æ, *f.* 난산(難產)을 돕는 *Roma*의 여신.

pósŭi, *pf.* [pono].

potábĭlis, e, *adj.* [poto] 마실 수 있는, 마실 만한.

potácŭlum, i, *n.* [poto] 마심; 음주, 주연.

potaméntum, i, *n.* [poto] 마실 것, 음료.

pótămis, ĭdis, *adj. f.* 강의, 하천의.

potamophylácĭa, æ, *f.* 하천감시(河川監視).

potátĭcus, a, um, *adj.* [poto] 음주가의.

potátĭo, ónis, *f.* [poto] 마심; 음주, 주연.

potátor, óris, *m.* [poto] 음주가, 주객, 술꾼.

potatórĭus, a, um, *adj.* [poto] 마시는데 쓰는.

potátus, us, *m.* [poto] 마심, 음주.

pŏte = potis.

pŏtens, éntis, *p.præs., a.p.* [possum] **1.** 〔*absol.; abl., gen.,* apud *alqm*〕 **세력있는,** 권세있는, 영향력이 큰; 강력한, 힘센: Roma ~ ópibus*(Ov.)* 막대한 재력의 *Roma*. **2.** 〔*absol.; gen., inf.*〕 **능력이 있는,** …할 수 있는, (유)능한, 재능있는: volándi ~ *(Plin.)* 날 수 있는 / hostes neque pugnæ poténtes*(L.)* 전투할 능력도 없는 적군. **3.** 〔*gen.*〕 통제력이 있는, 지배하는, 좌우하는, 제어력이 있는: Potens mei non eram. *(Curt.)* 나는 내 정신이 아니었다 / ~ iræ *(Curt.)* 분노를 잘 참는. **4.** 〔*gen.*〕 성취한, 차지한, 갖춘: ~ voti*(Ov.)* 소원을 이룬. **5.** 행복한. **6.** 〔ad, contra *alqd; absol.*〕 (약재 따위가) 효력[효험]이 있는, (사물이) 효과적인.

potentátus, us, *m.* **1.** 힘, 능력. **2.** 주권, 통치권, 지배권, 패권; 세력. **3.** 힘센 사람, 세력가.

poténtĭa[1], æ, *f.* [potens] **1.** 힘, **능력,** 잠재력: 《神》 ~ obœdientiális 종순(從順) 능력 / ~ passíva 수동적 능력. **2.** 약효, 효력, 효험. **3.** 권능, **권력, 세력,** 위력, 권위; 통치권, 지배권. **4.** 《哲》 **가능태**(可能態), 가능유(可能有); 가능성: ~ actíva 능동적 가능유 / ~ pura 순수 가능성.

Poténtĭa[2], æ, *f.* **1.** 동북 *Picénum*의 도시. **2.** 북부 *Lucánia*의 도시; 〔*adj.*〕 **-tínus,** a, um.

potentiális, e, *adj.* [poténtia] **1.** 힘있는, 강력한. **2.** 가능한, 가능성을 지닌, 잠재적인, 잠세력의.

potérĭum, i, *n.* [poto] 술잔.

potéstas, átis, *f.* [possum] **1.** 능력. **2.** **권**(權), 권리, 권능, 권한: vitæ necísque potestátem habére in *alqm(C.)* 누구에게게 대해 사생권(死生權)을 가지고 있다 / esse in potestáte *alcjs(C.)* 누구에게 속해[달려] 있다 / 《神》 ~ administratíva 행정권 / ~ coactíva 강제권 / ~ doméstica 친권(親權) / ~ dominatíva 지배권 / ~ domínica 가장권(家長權) / ~ judiciális 사법권, 재판권 / ~ jurisdictiónis 재치권(裁治權) / ~ legislatíva 입법권 / ~ órdinis 신품권(神品權) / ~ pátria 부권(父權). **3.** 주권, 통치권, 지배, 패권. **4.** (관리들의) 직권, 직책; 장관, 관리. **5.** 자연물의 힘·성질. **6.** 제정신, 이성, 통제력: exíre ex [de] potestáte *(C.)* 이성을 잃다, 제 정신이 아니다 / esse suæ potestátis*(L.)* 자제력이 있다. **7.** 할 수 있음, 해도 좋음, 허가, 기회, 편의: fácere *alci* potestátem*(C.)* 누구에게 허가를 주다 / potestátem sui fácere*(C.)* 자기를 만날 기회를 주다. **8.** 《聖》 Potestátes 능품천사(能品天使).

potestatívus, a, um, *adj.* [potéstas] 능력[권능]을 가진.

Potidánĭa, æ, *f.* *Ætólia*의 동북부 요새도시.

pótĭlis, e, *adj.* [poto] = potábilis.

potin' = potísne (es)? 너 할 수 있느냐?

pótĭo[1], ónis, *f.* [poto] **1.** 음료를 마심, 음주. **2.** 마실 것, 음료. **3.** 물약. **4.** 독

약; 마약, 미약(媚藥).

pótĭo², ívi, ítum, íre, *tr.* [potis] 〔*alqm* servitútis〕 *(Pl.)* 누구를 노예로 만들다.

potióno, átum, áre, *tr.* [pótio¹] 〔*alqm*〕 마실 것을 주다; 물약을 먹이다.

pótĭor¹, ítus sum, íri, *dep. intr., tr.* 〔*gerundív.* -iúndus, -iéndus; 고대문에는 *præs. indic., impf. subj., inf.*(poti)가 제3 활용으로 쓰인 수가 있음〕 [potis] 〔*abl., gen., acc., absol.*〕 **1. 차지하다,** 소유하다, 잡다, 장악하다; 정복하다, 점령하다, 노획하다: urbe ~*(C.)* 도시를 점령하다 / rerum ~ *(C.)* 정권을 잡다. **2.** 누리다, 얻다; 도달하다: voluptátibus ~*(C.)* 쾌락을 누리다 / potítus monte 산꼭대기에 올라간. **3.** (불행 따위에) 빠지다, (재난을) 당하다.

pótĭor², ĭus, (*gen.* óris), *adj. comp.* [potis] **1.** (더) **나은,** 우세한, 우월한, 우선권이 있는; 더 능한: Ităque cives potióres quam peregríni.*(C.)* 그래서 동포가 외국인보다 낫다. **2.** 더 중요한, 더 가치있는, 더 위대한, 더 유익한.

pŏtis [-te], *adj. indecl.* 〔*inf.; absol.*〕 …할 수 있는, 능력이 있는: quoad potis es reperíre,*(Lucr.)* 네가 발견할 수 있을 때까지 / Videámus, quid pastóres potis sint. *(Var.)* 목동들이 무엇을 할 수 있는지 보자 / Potin' (= potísne es) dícere?*(T.)* 네가 말할 수 있느냐? / Nec quisquam pote (est) dícere.*(Catull.)* 아무도 말할 수 없다.

potíssĭmum [-ŭmum], *adv.* [potíssimus] 무엇보다도, 그중에서도, **특히,** 우선, 주로, 첫째로.

potíssĭmus, a, um, *adj. superl.* [potis] 제일 좋은, 가장 나은, 제일 우수한, 뛰어난, 가장 중요한, 첫째의. 「문명.

Potítĭus, i, *m. Hércules*신 제관(祭官)의 가

pótĭto, áre, *tr. freq.* [poto] 자주 마시다, 많이 마시다.

potítor, óris, *m.* [pótior¹] 점령자.

potítus, a, um, *p.p.* [pótio², pótior¹] **1.** 〔*actíve*〕 차지한; 다다른. **2.** 〔*passíve*〕 (적군의) 포로가 된, 잡혀서 노예가 된.

potiúncŭla, æ, *f. dim.* [pótio¹] 소량의 음료. 「리, 오히려.

pótĭus, *adv.* [pótior²] 〔*absol.; quam*〕 차라

Pótnĭæ, árum, *f.pl. Bœótia*의 *Asópus* 강가에 있는 도시, 그 근처의 목초를 먹은 말들은 미쳤다고 함; 〔*adj. f.*〕 **-nĭas,** ădis.

pōto, ávi [potus sum], átum [potum], áre, *tr., intr.* **1.** 〔*alqd; absol.*〕 **마시다;** 술마시다, 폭음하다: 〔*impers.*〕 Totos dies potabátur.*(C.)* 그들은 여러 날 동안 종일 마시고 있었다 / ~ *alqod* flumen 무슨 강가에 살다. **2.** 〔*alqm - alqā re*〕 마시게 하다. **3.** 〔*alqd*〕 흡수하다, 빨아들이다; 물이 들다: Vestis sudórem potat.*(Lucr.)* 옷이 땀을 흡수한다.

pōtor, óris, *m.* [**-trix,** ícis, *f.*] [poto] **1.** (물·술 따위를) 마시는 사람. **2.** 술꾼, 술고래, 주정뱅이. 「는; 〔*subst.*〕 *n.* 술잔.

potórĭus, a, um, *adj.* [potor] 마시는 데 쓰

pótŭi, *pf.* [possum].

potuléntus, a, um, *adj.* [potus²] **1.** 마실 수 있는, 음료의; 〔*subst.*〕 *n.pl.* 마실 것, 음료; 술. **2.** (술)취한, 만취한.

pōtus¹, a, um, *p.p.* [poto] 〔*actíve, passíve*〕 (술)마신; (술)취한: anus pota*(H.)* 취한 노파 / sánguine tauri poto*(C.)* 황소피를 마시고.

pōtus², us, *m.* [poto] **1.** 마심; 음주. **2.** 마실 것, 물, 음료. **3.** 주연, 만취. **4.** 오줌.

P. R. 《略》 = pópulus Románus.

práctĭce¹, es, *f.* 실천, 실행, 실습, 실시; 실제, 실지.

práctĭce², *adv.* [prácticus] 실제로.

práctĭcus, a, um, *adj.* **1. 실천적,** 실행의, 활동적; 실무에 종사하는, 실지 경험이 있는, 노련한. **2.** 실제의, 실지의. **3.** 실용적인.

præ¹, *adv.* **1.** 먼저. **2.** ~ ut, ~ quam …와 비교하여, …에 비해서; …(하)기에 앞서.

præ², *præp. c. abl.* **1. 앞에, 앞으로,** 앞서: ~ se ágere*(L.)* 앞으로 몰고 가다 / ~ se ferre*(C.)* 보이다, 드러내다, 과시하다 / ~ se pugiónem ferre *(C.)* (방어태세로) 단도를 쥐고 있다. **2.** 〔비교급을 쓰지 않고〕 비(교)해서, …**보다:** Tu ~ nobis beátus es. *(C.)* 네가 우리보다는 복되다. **3. 때문에,** …한 나머지: Præ gáudio, ubi sim, néscio. *(H.)* 나는 너무 기뻐서 내가 어디 있는지 모르고 있다. **4.** 외에, 말고도.

præ-³, *prævérbium* **1.** 합성된 동사·형용사 및 그 파생어에 《앞에, 먼저, 앞서, 앞질러, 미리, 지레, 일찍》 따위의 뜻을 부여함. *e.g.* prædícere(미리 말하다, 예언하다), præmatúrus(조숙한). **2.** 형용사와 합성되면서 《대단히, 매우, 퍽》 따위의 뜻을 보태어줌. *e.g.* præclárus(대단히 유명한).

præácŭo, ŭi, útum, ĕre, *tr.* [præ³+] 앞[끝]을 뾰족하게 하다. 「매우 깊은.

præáltus, a, um, *adj.* [præ³+] 매우 높은;

præámbŭla, órum, *n.pl.* [præámbulus] 예비적 전제, 전구(前驅): 《神》 ~ fídei 신앙의 (논리적) 제전제(諸前提).

præámbŭlo, áre, *intr.* 앞서가다.

præámbŭlus, a, um, *adj.* [præámbulo] 앞서가는.

præáudĭo, ívi, ítum, íre, *tr.* 미리 듣다.

præbénda, æ, *f.* [præbeo] 《敎法》 주교좌성당의 수입에서 참사회원에게 지급되는 성직록(聖職祿). 「직록 수령자.

præbendátus, i, *m.* [præbénda] 《敎法》 성

prǽbĕo, bŭi, bĭtum, ére, *tr.* [præ³ + hábeo] **1.** 〔*alqd* - *alci (rei)*〕 내주다, 내밀다, 디밀다, 들이대다, 내맡기다: canis párvulo præbens úbera*(Justin.)* 강아지에게 젖을 내맡기는 개 / terga fugæ ~ *(Ov.)* 도망가다 / ~ aurem[aures]*(Plin.)* 경청하다. **2.** 〔*alqd* - *alci*〕 주다, 공급하다, 제공하다, 베풀다, 바치다; 생활필수품을 지급하다. **3.** 〔*alqd* - *acc. præd.*〕 (어떻게) 드러내다, 보이다: ánimum ~ leníssimum*(C.)* 마음을 대단히 침착하게 드러내다[가지다]. **4.** 〔*refl.: se acc. præd., abl.;* 간혹 *acc. præd.* 만〕 (무엇으로·어떤 사람으로) 드러나다, (어떻게) 행동하다, 처신하다, 태도를 가지다, …노릇하다: ~ se supérbum*(C.)* 교만하게 행동하다. **5.** 〔*inf.*〕 …하게 내버려두다, 허락하다: Prǽbuit ipsa rapi.*(Ov.)* 그 여자는 납치되도록 자신을 내맡겼다.

prǽbĭa, órum, *n.pl.* [prǽbeo] 호부(護符).

prǽbĭbo, bĭbi, ĕre, *tr.* [præ³ +] 〔*alqd* - *alci*〕 앞에서 마시다, 건강을 빌며 마시다, 축배를 들다. 「비; (지급되는) 생활필수품.

prǽbĭta, órum, *n.pl.* [prǽbeo] 생계보조

præbítĭo, ónis, *f.* [prǽbeo] **1.** 만찬 대접[초대]. **2.** 제공(提供), 공급. 「급인.

prǽbĭtor, óris, *m.* [prǽbeo] 주는 사람, 공

præcálĭdus, a, um, *adj.* [præ³ +] 매우 따뜻한, 뜨거운. 「흰, 희게 빛나는.

præcándĭdus, a, um, *adj.* [præ³ +] 매우

prǽcăno, ĕre, *tr.* [præ³ +] **1.** 예언하다. **2.** 마법의 힘을 막다. 「술.

præcantátĭo, ónis, *f.* [præcánto] 마법, 요

præcantátor, óris, *m.* [**-tátrix,** ícis, *f.*] [præcánto] 마술사, 마법사; *f.* 마녀.

præcánto, ávi, átum, áre, *tr.* [præ³ +] **1.** 예언하다. **2.** 마법을 쓰다, 홀리게 하다.

præcántor, óris, *m.* [**-trix,** ícis, *f.*] [prǽcano] 마술사, 마법사; *f.* 마녀. 「이 된.

præcánus, a, um, *adj.* [præ³ +] 지레 백발

præcárpo, psi, ptum, ĕre, *tr.* (= præcérpo) 익기 전에 따다, 미리 따다. 「싼.

præcárus, a, um, *adj.* [præ³ +] 대단히 비

præcáutĭo, ónis, *f.* [præcáveo] 경계, 조심; 미리 조심함, 예방(조치).

præcávĕo, cávi, cáutum, ére, *tr.*, *intr.*[præ³ +] **1.** 〔*alqd*〕 피하다, 예방하다, 방지하다. **2.** 〔*absol.; ab abl.; ne*〕 (미리) 조심하다, 주의하다, 경계하다. **3.** 〔*sibi*〕 자신의 안전을 도모하다, 자신의 안전에 유의하다.

præcedéntĭa, æ, *f.* [præcédo] **1.** 앞섬, 선행(先行); 우위(優位), 우선(권), 우선 순위, 서열. **2.** 《天》 세차(歲差).

præcédo, céssi, céssum, ĕre, *tr.*, *intr.* [præ³ +] **1.** 〔*alqm, alqd; absol.*〕 앞서가다, 선행(先行)하다, 먼저 일어나다[생기다], 먼저 있다, 먼저 이르다. **2.** 〔*alqm, alqd* - *alqā re,* in *abl.; dat.*〕 우월하다, 앞서다, …보다 낫다, …보다 우위이다[뛰어나다], …보다 많다: ~ *alqm* ætáte*(Q.)* 나이가 누구보다 위다. 「른.

præcĕler, ĕris, ĕre, *adj.* [præ³ +] 매우 빠

præcélĕro, áre, [præ³ +] **1.** *tr.* 〔*alqm*〕 빨리 걸어 앞지르다. **2.** *intr.* 매우 빨리 가다. 「뛰어난, 탁월한, 우수한.

præcéllens, éntis, *p.præs.*, *a.p.* [præcéllo]

præcellénťia, æ, *f.* [præcéllens] 우월, 탁월, 우수성.

præcéllo, célsum, ĕre, *tr.*, *intr.* [præ³ + cello²] **1.** 〔*alqm; abl. limitatiónis,* per *acc.*〕 뛰어나다, 탁월하다; 더 낫다, 초월하다, 능가하다. **2.** 〔*alci*〕 지배하다, 통치하다; 지휘하다. 「은, 우뚝 솟은.

præcélsus, a, um, *adj.* [præcéllo] 매우 높

præcéntĭo, ónis, *f.* [prǽcino] 제사나 전쟁 전에 부는 나팔소리, 나팔신호.

præcénto, áre, *intr.* [præ³ + canto] 주문(呪文)을 외다. 「창지휘자.

præcéntor, óris, *m.* [prǽcino] 선창자; 합

præceps¹, cípĭtis, *adj.* [præ³ + caput] **1.** 곤두박이는, 거꾸로 떨어지는: *alqm* de pórticu præcípitem in forum dejícere*(C.)* 아무를 회랑에서 광장으로 거꾸러 떨어뜨리다. **2.** 급한, 황급한, 쏜살같은, 잽싼, 신속한. **3.** 빨리 흐르는, 휙 지나가는. **4.** 가파른, 몹시 비탈진, 급경사진, 험한. **5.** 위험한, 위급한, 위기의: in tam præcípiti témpore*(C.)* 이렇게 위급한 때에. **6.** 〔*absol.;* in *acc.*〕 끝나가는, 저무는: Præceps in occásum sol erat.*(L.)* 해가 뉘엿거렸다 / præcípiti jam die*(L.)* 날이 다 저물었을 때에. **7.** 〔*absol.;* in *abl.;* ad, in *acc.*〕 성급한, 경솔한, 무모한, 지각없는, 저돌적인; (어떤 성격에) 잘 기울어지는, 경향있는.

præceps², cípĭtis, *n.* [præceps¹] **1.** 낭떠러지, 절벽, 벼랑; 심연(深淵). **2.** 위기, 위험한 고비; 파멸: in ~ dare*(L.)* 위기[파멸]로 몰아넣다. 「로(몰아넣다), 파멸로.

præceps³, *adv.* **1.** 곤두박이게. **2.** 위기

præceps⁴, cípĭtis, *adj.* [præcípio] 〔*gen.*〕 먼저[일찍] 당하는.

præcéptĭo, ónis, *f.* [præcípio] **1.** 《法》 유산의 선취(先取); 선취권. **2.** 선입견. **3.** 가르침, 교훈. **4.** 명령, 계명.

præceptívus, a, um, *adj.* [præcípio] 명령적인; 교훈적인. 「령하다, 자주 교훈하다.

præcépto, áre, *tr. freq.* [præcípio] 자주 명

præcéptor, óris, *m.* [**-trix,** ícis, *f.*] [præcípio] **1.** 교사, 선생, 스승, 지도자, 교훈사. **2.** 명령자.

præcéptum, i, *n.* [præcípio] **1.** 명령, 계명, 지시; 규정, 규칙, 법칙. **2.** 가르침, 교훈.

præcérpo, cérpsi, cérptum, ĕre, *tr.* [præ³ +

carpo] **1.** 지레 거둬들이다[추수하다], 미리 따다[뜯다]. **2.** 먼저 가지다, 선수를 치다; 가로채다. **3.** 따다, 뜯다. **4.** 발췌하다. 「앞지름. **2.** 《天》 세차(歲差).

præcéssĭo, ónis, *f.* [præcédo] **1.** 앞서감;

præcéssor, óris, *m.* [præcédo] 전임자(前任者).

prǽcĭa, æ, *m.* (고대 *Roma*의) 제관(祭官)이 지나가기 전에 앞질러 가며 직공·노동자들에게 작업중지를 외치던 사람.

præcidánĕus [-dárĭus], a, um, *adj.* [præcédo, præcído] **1.** 먼저 도살되는 (희생동물). **2.** fériæ præcidáneæ*(Gell.)* 본 축제일 전에 미리 지내는 휴가[휴일].

præcído, cídi, císum, ĕre, *tr.* [præ³+cædo] **1.** 먼저 도살하다. **2.** 앞을 자르다, 끝을 자르다; 잘라내다, 베어내다, 절단하다. **3.** 토막내다, 토막으로 자르다. **4.** 후려치다. **5.** 짧게 하다, 단축하다; 요약하다: præcísum iter*(Plin.)* 지름길 / ~ sinum (maris)*(Sen.)* 해만(海灣)을 질러가다. **6.** 중단하다, 단절하다; 중단시키다: amicítiam ~*(C.)* 절교하다 / linguam ~*(Pl.)* 말을 못하게 하다. **7.** 뺏다, 제거하다; 포기하다: *alci* spem ~*(C.)* 누구의 희망을 꺾다 / ~ sibi réditum*(C.)* 자기의 수입[귀환]을 포기하다. **8.** 〔*alqd - alci*〕 한마디로 거절하다.

præcínctĭo, ónis, *f.* [præcíngo] **1.** 원형극장의 관람석 계층 사이에 (다닐 수) 있는 좀 넓은 장소. **2.** 허리띠. 「앞치마.

præcinctórĭum, i, *n.* [præcíngo] 허리띠;

præcinctúra, æ, *f.* [præcíngo] **1.** 허리띠. **2.** 옷자락을 끌릴 정도로 둘러 걸친 모양.

præcínctus[1], a, um, *p.p.* [præcíngo] **1.** 〔*abl.; absol.*〕 띠를 띤, 허리에 두른; 허리를 졸라맨, 가뜬한 차림의. **2.** 군인신분인. 「름. **2.** 옷; 옷맵시, 매무새.

præcínctus[2], us, *m.* [præcíngo] **1.** 띠를 두

præcíngo, cínxi, cínctum, ĕre, *tr.* **1.** 〔*alqm*〕 **띠로 묶다,** 띠를 매 주다; 〔*pass. refl.: alqā re*〕 **se ~, præcíngi** 띠를 띠다[매다], 허리에 두르다; (칼 따위를) 차다: anus línteo præcíncta*(Petr.)* 아마포(치마)를 두른 노파. **2.** 두르다, 둘러싸다.

prǽcĭno, cínŭi [cécĭni], céntum, ĕre, [præ³+cano] **I.** *intr.* **1.** 〔*dat.; absol.*〕 앞에서 노래[연주]하다, 연회나 제사에서 노래하다. **2.** (병자를 고쳐주는) 노래를 하다·주문(呪文)을 외다. 「고하다, 예언하다. **II.** *tr.* 〔*alqd*〕 **1.** 선창(先唱)하다. **2.** 예

prǽcĭpes, is, *adj.* 《古》 = præceps[1].

præcípĭo, cépi, céptum, ĕre, *tr.* [præ³+cápio[1]] **1.** 〔*alqd*〕 **먼저 잡다**[차지하다·받다]; 앞질러 가다[오다], 먼저 출발[도착]하다; 앞당기다, 먼저[미리·지레] …하다: mons ab *alqo* præcéptus*(Sall.)* (누가) 먼저 차지한 산 / præcépta benefícia*(N.)* 일찌기 받은 은혜. **2.** 먼저[우선적으로] 상속받다. **3.** 〔*alqm*〕 (누가) 먼저 당하다: si me præcéperit fatum,*(Curt.)* 내가 먼저 죽거든. **4.** 미리 알다, 예감하다, 예견하다, 예측하다, 예기하다: ~ ánimo victóriam*(Cæs.)* 승리를 예기하다. **5.** 〔*alqd - alci;* ut, ne; *interr. indir.; inf., acc. c. inf.*〕 미리 일러[가르쳐] 주다; 권유[권고]하다; 경고[충고]하다, 지시하다, **명하다.** **6.** 〔de *abl.; alci*〕 가르치다, 강의하다.

præcipitátĭo, ónis, *f.* [præcípito] **1.** 추락, 곤두박질. **2.** 성급함.

præcipítĭum, i, *n.* [præceps[1]] **1.** 절벽, 낭떠러지, 벼랑. **2.** 위기. **3.** 추락, 몰락.

præcípĭto, ávi, átum, áre, [præceps[1]] **I.** *tr.* **1.** 〔*alqm, alqd* - ex, de *abl.;* ad, in *acc.; dat.*〕 추락시키다, 곤두박이치게 하다; 〔*refl. pass.*〕 se ~, præcipitári 거꾸로 떨어지다, 곤두박이치다, 추락하다. **2.** (나뭇가지 따위를) 아래로 휘어 당기다. **3.** 〔*alqm, alqd* - ex *abl.;* ad, in *acc.*〕 높은 지위에서 해임시키다[물러나게 하다]; 몰락시키다, 붕괴시키다, 망쳐놓다, (나쁜 결과·상태·위기로) 몰아넣다. **4.** 〔*alqd; inf.*〕 다그치다, 촉진하다, 앞당기다; 단축하다, 빨리 끝나게[지나가게] 하다.

II. *intr.* **1.** 〔*absol.;* in, ad, per *acc.;* ex *abl.*〕 거꾸로[아래로] 떨어지다, 추락하다, 급강하하다, 곤두박질하다, 급히 굴러 떨어지다; 급하게 흐르다: in fossam ~*(L.)* 호(濠)에 굴러 떨어지다 / Nilus præcípitat ex móntibus.*(C.)* *Nilus* 강은 산간지방으로부터 급하게 흘러 내린다. **2.** 〔시간〕 끝나가다, 다 지나가다, 다 되어가다: sol præcípitans*(C.)* 다 저물어가는 태양. **3.** 〔in, ad *acc.; absol.*〕 (어떤 일에) 빠져 들어가다; 몰락하다, 망해가다, 멸망으로 치닫다.

præcípŭe, *adv.* [præcípuus] 주로, 특히, 무엇보다도, 유별나게.

præcípŭum, i, *n.* [præcípuus] **1.** (유산의) 독점권·선취권. **2.** 독특한 우월성, 탁월. **3.** 주요한 것, 요점(要點), 주안점(主眼點). **4.** 《스토아 철학》 〔*pl. tt.*〕 최고선 버금가는 것, 최고선에 가까운 것.

præcípŭus, a, um, *adj.* [præcípio] **1. 독특한,** 특유한, 독자적인, **특수한,** 특별한, 유별난. **2.** 독차지의, 독점(獨占)의. **3.** 〔*absol.; abl.,* in *abl.*〕 두드러진, **주요한,** 특출한, 뛰어난; 저명한, 유명한; 으뜸가는, 첫째가는. **4.** 〔*dat.,* ad *acc.*〕 특효(特效)의, 특효가 있는.

præcisaméntum, i, *n.* 잡색 줄무늬.

præcíse, *adv.* [præcísus] **1.** 간결하게, 간단명료하게; 단적으로. **2.** 무조건, 덮어놓고, 아무거나.

præcísĭo, ónis, *f.* [præcído] **1.** 잘라버림,

절단. 2. 자른 자리. 3. 《修》 돈절법(頓絕法).

præcísor, óris, *m.* [præcído] 앞니.

præcisúra, æ, *f.* **1.** (야채 따위의) 다듬어 버리는 부분; 부스러기. **2.** 발꽤기.

præcísus, a, um, *p.p., a.p.* [præcído] **1.** 절단된, 잘라낸; 〔*subst.*〕 *n.* 창자토막, 고기토막. **2.** 거세된. **3.** 험준한, 깎아지른 듯한, 험한. **4.** 간결한, 간단명료한; 명확한, 정확한.

præclámo, ávi, átum, áre, *tr.* [præ[3]+] 미리 소리지르다, 경고하여 소리지르다.

præcláre, *adv.* [præclárus] **1.** 아주 똑똑히, 분명히, 명쾌하게. **2.** 훌륭하게, 뛰어나게, 썩 잘, 참 잘; 영광스럽게.

præcláreo, ére, *intr.* [præ[3]+] 〔*dat.*〕 뛰어나게 빛나다[유명하다].

præclárus, a, um, *adj.* [præ[3]+] **1.** 매우 밝은, 환한, 찬란한, 대단히 맑은. **2.** 잘생긴, 아름다운; 화려한. **3.** 고귀한, 명문(名門)의. **4.** 〔*absol.; abl., gen.*〕 대단히 유명한, 이름난; 뛰어난, 비범한, 훌륭한, 굉장한, 빛나는; 악명높은.

præclávĭum, i, *n.* [præ[3]+clavus] 주홍색의 세로띠를 아직 붙이지 않은 옷.

præclúdo, clúsi, clúsum, ĕre, *tr.* [præ[3]+claudo[1]] **1.** 〔*alqd - alci*〕 닫다, 막다, 차단하다, 봉쇄하다. **2.** 〔*alqm, alqd - alqā re; alqd alci*〕 제지하다, 방해하다, 가로막다, 못하게 하다, 금지하다.

præclúĕo, ére, [**-clŭo,** ĕre,] *intr.* [præ[3]+] 매우 유명하다, 널리 알려져 있다.

præclúsĭo, ónis, *f.* [præclúdo] 막음, 차단.

præclúsor, óris, *m.* [præclúdo] 가로막는 사람, 방해자.

præco, ónis, *m.* **1.** 전령사(傳令使), 선포자(宣布者), 큰소리로 포고(布告)를 알리는 사람; 정리(廷吏), (법정에서의) 죄수 호명자. **2.** 경매부르는 사람. **3.** (집회에) 군중을 불러모으는 사람; 극장의 장내 정리인; 장례 주관인. **4.** 분실광고를 하며 (분실물) 찾는 직책을 맡은 사람. **5.** 예찬자, 선전자, 경기 승리자의 선전인. **6.** 전구자(前驅者).

præcogitátĭo, ónis, *f.* [præcógito] 미리 생각함, 사전 계획.

præcógĭto, ávi, átum, áre, *tr.* 미리 생각하다, 궁리하다, 사전에 계획하다.

præcognítĭo, ónis, *f.* [præcognósco] 미리 앎, 예지(豫知).

præcógnĭtor, óris, *m.* [præcognósco] 예지자(豫知者).

præcognósco, gnóvi, gnĭtum, ĕre, *tr.* [præ[3]+] 미리 알다.

prǽcŏlo, cólŭi, cúltum, ĕre, *tr.* [præ[3]+] **1.** 미리 가꾸다[닦다·연마하다], 미리 마련하다. **2.** 낮게 여기다, 숭상하다. **3.** 다듬다, 세련하다; 꾸미다.

præcompósĭtus, a, um, *p.p.* [*inusit.* præcompóno] 미리 준비된, 미리 계획된.

præconcinnátus, a, um, *p.p.* [*inusit.* præconcínno] 계획적인, 미리 준비된.

præcóndĭtus, a, um, *p.p.* [*inusit.* præcóndo] 먼저 창조된, 미리 만들어진.

præconféssĭo, ónis, *f.* [præ[3]+] 미리 인정함, 사전 고백(事前告白).

præconiális, e, *adj.* [præcónium] 칭찬받을, 칭송될 만한.

præcónĭum, i, *n.* [præcónius] **1.** 경매인의 직책. **2.** 공고(公告), 공시(公示). **3.** 선전, 광고. **4.** 예찬, 칭찬, 칭송, 찬양, 찬사: 《가》 ~ paschále (부활 전야에 부활초 앞에서 노래하는) 부활찬송.

præcónĭus, a, um, *adj.* [præco] 경매부르는, 경매인의; 선전자의, 광고인의.

præcónor, ári, *dep. tr.* [præco] 공고(公告)하다, 포고하다; 큰소리로 두루 알리다.

præconsúmo, súmpsi, súmptum, ĕre, *tr.* [præ[3]+] 미리 써버리다, 미리 소비하다.

præcontemplátĭo, ónis, *f.* [præ[3]+] 미리 내다봄.

præcontrécto, áre, *tr.* [præ[3]+] 미리 건드려 보다, 시험해 보다.

præcóquis, e, [**-quus,** a, um,] *adj.* [præ[3]+coquo] 일찍 익은; 조숙한; 〔*subst.*〕 *n. pl.* 조생종(早生種) 실과.

prǽcŏquo, cóxi, cóctum, ĕre, *tr.* [præ[3]+] **1.** 먼저 익히다; 일찍 익히다. **2.** 완전히 익히다.

præcórdĭa, órum, *n.pl.* 〔*sg.*는 단 한번〕 [præ[3]+cor] **1.** 《解》 횡격막(橫隔膜). **2.** 폐; 내장, 오장육부. **3.** 심장, 가슴. **4.** 마음, 심정, 폐부; 감정.

præcorrúmpo, rúpi, rúptum, ĕre, *tr.* [præ[3]+] 〔*alqm*〕 뇌물로 미리 부패시키다; 미리 매수하다.

præcox, cŏcis, *adj.* [prǽcoquo] **1.** 일찍 익은, 조생종(早生種)의, 올-, 일찍 꽃피는; 〔*subst.*〕 *n.pl.* præcócia (loca) 조생종 실과가 나는 지방. **2.** 조숙한, 조기(早期)의, 조기발생의.

præcrássus, a, um, *adj.* [præ[3]+] 매우 두꺼운.

præcúlco, ávi, átum, áre, *tr.* [præ[3]+calco] 명심하도록 미리 가르치다.

præcúpĭdus, a, um, *adj.* [præ[3]+] 〔*gen.*〕 몹시 탐내는, 매우 애호하는, 열중하는.

præcúro, áre, *tr.* [præ[3]+] 미리 준비[장만]하다, 손질하다, 예비하다.

præcúrro, (cu)cúrri, cúrsum, ĕre, *intr., tr.* [præ[3]+] **1.** 먼저 달려가다[오다], 앞질러 뛰다. **2.** 〔*alqd, alqm; alci - (in) alqā re*〕 앞서다, 능가하다, 탁월하다, 우위(優位)에 있다, 월등하다: *alqm* ætáte ~ *(C.)* 누구보다 시대적으로 앞서다.

præcursátor, óris, *m.* [præcúrro] 정찰병, 척후병.

præcúrsĭo, ónis, *f.* [præcúrro] **1.** 앞섬, 먼저 감. **2.** 전초전(前哨戰), 탐색전. **3.**

(변론의) 준비작업, 예비과정.

præcúrsor, óris, *m.* [præcúrro] **1.** 먼저[앞서] 가는 사람, **전구자**(前驅者), **선구자**. **2.** 《軍》 선봉, 첨병(尖兵), 군기(軍旗)의 전위. **3.** 정탐자, 염탐꾼.

præcursórĭus, a, um, *adj.* [præcúrsor] **1.** 선행하는, 선구적; 미리 알리는. **2.** 예비의, 준비로서의. 「름.

præcúrsus, us, *m.* [præcúrro] 앞서감, 앞지

præcútĭo, cússi, cússum, ĕre, *tr.* [præ[3]+quátio] 앞에서[미리] 흔들다.

præda, æ, *f.* **1.** 노획물, 전리품, 약탈품. **2.** 사냥거리, (사냥) 포획물, 먹이; 어획물. **3.** 이득, 이익, 횡재, 습득물.

prædabúndus, a, um, *adj.* [prædor] 많이 노획한; 약탈하는, 노략질하는.

prædamnátĭo, ónis, *f.* [prædámno] 미리 내린 유죄판결.

prædámno [-démno], ávi, átum, áre, *tr.* [præ[3]+] **1.** 미리[앞당겨] 유죄선언하다. **2.** 미리 단정[단념]하다, 지레 포기하다.

prædatícĭus, a, um, *adj.* [præda] 노획한, 노획물의, 전리품의. 「략; 수탈.

prædátĭo, ónis, *f.* [prædor] 노획, 약탈, 노

prædátor, óris, *m.* [**-trix,** ícis, *f.*] [prædor] **1.** 노획자, 약탈자, 강탈자, 날강도. **2.** 사냥꾼. **3.** 탐욕자.

prædatórĭus, a, um, *adj.* [prædátor] 노획의, 약탈의, 강탈하는, 노략질하는, 강도의.

prædátus[1], a, um, *p.p.* **1.** [prædor] 노획한, 약탈한; 노획물을 많이 가진. **2.** [prædo[1]] 노획된, 포획된.

prædátus[2] **[-dătus],** a, um, *adj.* [præ[3]+do] 먼저 주어진[준]. 「임자, 선배.

prædecéssor, óris, *m.* [præ[3]+] 선임자, 전

prædelásso, ávi, átum, áre, *tr.* [præ[3]+] 미리[일찍] 지치게 하다; 미리 약화시키다.

prædelegátĭo, ónis, *f.* [præ[3]+] 사절의 조기 파견(早期派遣). 「빽한.

prædénsus, a, um, *adj.* [præ[3]+] 매우 빽

prædesignátus, a, um, *adj.* [præ[3]+] 예정된, 미리 지정된.

prædestinatianísmus, i, *m.* 《神》 예정설.

prædestinátĭo, ónis, *f.* [prædéstino] 예정; 《神》 구령예정(救靈豫定): ~ gémina 이중(二重) 예정.

prædéstĭno, ávi, átum, áre, *tr.* [præ[3]+] 〔*alqd alci, alqm*〕 미리 (지)정하다, 예정하다, 미리 작정하다.

prædeterminátĭo, ónis, *f.* [præ[3]+] 《神》 선정(先定): ~ phýsica 물리적[형이하적] 선정. 「는, 매우 능숙한, 능란한.

prædéxter, tĕra, tĕrum, *adj.* 매우 재간있

prædiátor, óris, *m.* [prǽdium] (세금미납으로) 압류된 토지의 구매자, 토지경매 낙찰자.

prædiatórĭus, a, um, *adj.* [prædiátor] 압류된 토지구매에 관한; 압류된 토지경매의.

prædiatúra, æ, *f.* [prǽdium] 세금미납으로 압류된 토지의 구매[경매낙찰].

prædiátus, a, um, *adj.* [prǽdium] **1.** 토지를 소유하고 있는, 부유한. **2.** 토지를 압류당한.

prædicábĭlis, e, *adj.* [prǽdico[1]] **1.** 공개할 만한, 칭찬[찬미]받을 만한, 자랑할 만한. **2.** 단정할 수 있는, 속성(屬性)으로 돌릴 수 있는; 〔*subst.*〕 *n.(pl.)* 《論》 객위어(客位語), 빈위어(賓位語).

prædicaméntum, i, *n.* [prǽdico[1]] 《論》 범주, 빈위어(賓位語).

prædicátĭo, ónis, *f.* [prǽdico[1]] **1.** 공표, 공개, 공포(公布), 선포. **2.** 칭찬, 예찬, 찬양, 상찬. **3.** 설교, 전도(傳道), 전교. **4.** 서술; 단언, 단정; 명제.

prædicatívus, a, um, *adj.* [prædicátum] **1.** 단순단정(單純斷定)의, 단정적. **2.** 《文法》 서술어의, 서술어 노릇하는, 서술(어)적, 설명어적: usus ~ 서술적 용법.

prædicátor, óris, *m.* [**-trix,** ícis, *f.*] [prǽdico[1]] **1.** 공개자, 공표자, 선포자. **2.** 예찬[칭찬·찬양]하는 사람. **3.** 설교자, 전도자(傳道者). 「찬[찬양]하는, 찬사의.

prædicatórĭus, a, um, *adj.* [prǽdico[1]] 칭

prædicátum, i, *n.* [prǽdico[1]] **1.** 《文法》 (서)술어, 설명어. **2.** 《論》 빈사(賓辭), 빈(위)개념(賓位槪念).

prǽdĭco[1], ávi, átum, áre, *tr.* [præ[3]+dico[1]] **1.** 〔*alqd; acc. c. inf.; absol.*〕 소리높여 발표[공포]하다, (상인·경매인 따위가) 외치다. **2.** 〔*alqd - alci; acc. c. inf.*〕 공표하다, 드러나게 말하다, 선포하다. **3.** 〔*alqm, alqd* - de *abl.*〕 **칭찬**[예찬·찬양·찬미]하다. **4.** 전교[전도(傳道)]하다, 가르침을 전하다, **설교하다**, 강론하다. **5.** 《文法》 〔de *abl.*〕 서술하다; 속성(屬性)을 나타내다. **6.** 〔*alqd; acc. c. inf.*〕 예고하다, 예언하다.

prædíco[2], díxi, díctum, ĕre, *tr.* [præ[3]+dico[2]] **1.** 〔*alqd - alci; absol.*〕 미리[전에·그때 벌써] 말하다. **2.** 〔*alqd,* de *abl.; acc. c. inf., interr. indir.*〕 **예언하다**, 예보하다, 예고하다. **3.** (일정·시간 따위를) 정식으로 정하다. **4.** 〔ut, ne; *alqd; acc. c. inf.; absol.*〕 권고[충고]하다, 명하다, …하도록[않도록] 지시하다·타이르다.

prædíctĭo, ónis, *f.* [prædíco[2]] **1.** 예언, 예고. **2.** 《修》 모두(冒頭); 예변법(豫辯法).

prædictívus, a, um, *adj.* [prædíco[2]] 예측하는, 예언의, 예보의.

prædíctum, i, *n.* [prædíco[2]] **1.** 예언. **2.** 지시, 명령. **3.** 약속, 협정. 「운.

prædiffícĭlis, e, *adj.* [præ[3]+] 매우 어려

prædíŏlum, i, *n. dim.* [prǽdium] 자그마

한 토지, 땅뙈기. 「찍한; 고약한, 흉악한.
prædírus, a, um, *adj*. [præ^{3}+] 지겨운, 끔
prædísco, dídĭci, ĕre, *tr*. [præ^{3}+] 미리 공부하다, 미리 익히다, 예습하다.
prædispósĭtus, a, um, *p.p.* [*inusit.* prædispóno] 미리 준비된, 미리 배치된; 준비태세를 갖춘.
prǽdĭtus, a, um, *adj*. [præ^{3}+do] **1.** 〔*abl.*〕 **구비한**, 갖추어 가진, 부여되어 있는, **타고난**, 천부의, (무엇이) 있는; (병 따위에) 걸려있는, (어떤 악습에) 빠져 있는. **2.** 〔*dat.*〕 (신이 무엇을) 맡아 다스리는, 관장하는. 「소유물, **부동산**.
prǽdĭum, i, *n*. [præs^{1}] **토지**, 농장, 전답,
prædíves, vĭtis, *adj*. [præ^{3}+] 매우 부유한, 부호의. 「예감, 예측, 예상, 미리 짐작함.
prædivinátĭo, ónis, *f*. [prædivíno] 예견,
prædivíno, ávi, áre, *tr*. [præ^{3}+] 예견[예감·예측·예상]하다, 미리 알다, 미래를 알아내다. 「하다, 강탈하다, 탈취하다.
prædo^{1}, ávi, átum, áre, *tr*. (=prædor) 약탈
prædo^{2}, ónis, *m*. [præda] **1.** 약탈자, 강도, 해적. **2.** 유산의 불법 점유자.
prædócĕo, (dócŭi), dóctum, ére, *tr*. [præ^{3}+] 미리 가르쳐 주다.
prǽdŏmo, dómŭi, áre, *tr*. [præ^{3}+] 미리 길들이다; 사전에 극복하다. 「강도의.
prædónĭus, a, um, *adj*. [prædo^{2}] 약탈의,
prædor, átus sum, ári, *dep. intr., tr*. [præda] **1.** 〔*absol.; ex abl.; alqd*〕 노획하다; 훔쳐내다; 강탈하다, 약탈하다, 노략질하다. **2.** 〔*alqm*〕 (누구의 물건을) 뺏다, 탈취하다. **3.** 〔in, de, ex *abl.*〕 …에서 이득을 보다, 이익을 얻다. **4.** (짐승·물고기 따위를) 잡다·포획하다.
prædúco, dúxi, dúctum, ĕre, *tr*. [præ^{3}+] 〔*alqd – alci rei*〕 앞에다 구축(構築)[축조]하다, 전면에 (호를) 파다; (줄 따위를) 앞으로 그어나가다; 앞으로 끌어가다.
prædúlcis, e, *adj*. [præ^{3}+] **1.** 매우 단; 〔*subst.*〕 *n.pl.* 아주 단 것. **2.** 매우 유쾌한, 기분좋은, 감미로운; 매혹시키는; 〔*adv.*〕 **-ce,** 매혹적으로.
prædúro, ávi, átum, áre, [præ^{3}+] **1.** *tr*. 몹시 굳게 하다, 딱딱해지게 하다, 견고하게 하다; 냉정해 지게 만들다. **2.** *intr*. 몹시 굳어지다.
prædúrus, a, um, *adj*. [præ^{3}+] **1.** 매우 굳은, 딱딱한, 단단한; 몹시 질긴. **2.** 대단히 힘센, 건장한, 강인한. **3.** 완고한. **4.** 매우 힘드는, 고된. **5.** 뻔뻔스러운, 무례한.
præeléctĭo, ónis, *f*. [præéligo] **1.** 예선, 선발. **2.** 더 낫게 여김, 우선적 선택.
præélĭgo, légi, léctum, ĕre, *tr*. [præ^{3}+] 선발(選拔)하다, 선택하다, 더 낫게 여기다, 더 좋아하다.
præémĭnens, éntis, *p.p., a.p.* [præemíneo] 우월한. 「우월, 탁월, 출중, 걸출.
præeminéntĭa, æ, *f*. [præemíneo] 뛰어남,
præ(e)míněo, ére, *intr., tr*. [præ^{3}+] 〔*alci (rei); alqm [alqd] alqā re; absol.*〕 뛰어나다, 출중하다, 두드러지다; 능가하다, 우월[탁월]하다, 우위에 있다.
prǽĕo, ívi [ĭi], ĭtum, íre, *anom. intr., tr*. [præ^{3}+eo^{3}] **1.** 〔*alci, alqm; absol.*〕 **앞서 가다**, 앞장 서다, 선도(先導)하다; 앞지르다, **먼저 가다**. **2.** 〔verba, carmen; verbis; *alci; absol.*〕 선창(先唱)하다, (종교적 예식·선서 따위의 격식을 갖춘) 말을 복창하도록 불러주다, 노래를 받아 부르게 하다; 미리 일러주다. **3.** 〔*alci; absol.*〕 명하다, 지시하다, 가르쳐 주다. 「행(豫行).
præexercitátĭo, ónis, *f*. [præ^{3}+] 예습, 예
præex(s)ístens, éntis, *p.præs.* [præexsísto] 먼저 있는, 먼저 존재하는.
præex(s)isténtĭa, æ, *f*. [præexsístens] 먼저 있음, 선재(先在).
præex(s)istentianísmus, i, *m*. 《神》 영혼선재설(靈魂先在說).
præex(s)ísto, éxstĭti, ĕre, *intr*. [præ^{3}+] 먼저 존재하다; 전생(前生)에 존재하다.
præfámen, mĭnis, *n*. [præ^{3}+for] 서문(序文), 서언.
præfátĭo, ónis, *f*. [præfor] **1. 서언, 서문**; 서설(序說), 입문. **2.** 종교적 예식문; (선서·계약 따위의) 소정 양식. **3.** 《가》 (미사의) 서송(序誦), 감사송.
præfátus^{1}, a, um, *p.p.* [præfor] 〔*act., pass.*〕 (무엇에 앞서) 먼저 말한, 서언으로 [모두(冒頭)에서] 말한; 〔*subst.*〕 *n.* 서문, 서론. 「고.
præfátus^{2}, us, *m*. [præfor] 미리 말함, 예
præfécta, æ, *f*. (*sc.* doméstĭcæ rei) 가정주부. 「장(長)[감독] 임명.
præféctĭo, ónis, *f*. [præfício] 앞에 내세움;
præféctor, óris, *m*. [præfício] (*Roma*의) 장관, 총독.
præfectórĭus, a, um, *adj*. [præféctus^{2}] **1.** 장관의, 총독의; 전직 장관[총독]의. **2.** 친위대장의.
præfectúra, æ, *f*. [præféctus^{2}] **1.** 감독 직책, 관리직(管理職), 지휘관 직책: ~ morum(*Suet.*) 풍기 감찰관직. **2.** 지방 사령관직. **3.** 총독의 직책[직권], 지방장관직. **4.** (고대 이태리의) 지방 자치도시. **5.** 주(州). **6.** 《가》 ~ Apostólica (포교지방의 교황 직할) 감목(교)구(監牧敎區).
præféctus^{1}, a, um, *p.p.* [præfício].
præféctus^{2}, i, *m*. [præféctus^{1}] **1.** 관리사, 지휘관, 장(長), 감독관; 장관: ~ ærárii, ~ ærário(*Plin.*) 재무관; 재무장관 / ~ móribus(*C.*), ~morum(*N.*) 감찰관(=censor) / ~ sacrórum 지방도시·식민지의 종교담당

관. **2.** 군대의 (각급) 최고 지휘관, 지방사령관; 기병[보병]대장: ~ legiónis*(Ta.)* 군단장 / ~ classis*(L.)* 함대사령관, 제독 / ~ navis*(L.)* 함장, 선장 / ~ fabrum*(Cæs.)* 공병대장; 무기공작창 담당 지휘관 / ~ prætório, ~ prætórii*(Suet.)* 친위대장 / ~ evocatórum 징병사령관 / ~ vígilum, ~ vigílibus*(Suet.)* 수도*(Roma)* 경비사령관. **3.** 식민지 총독. **4.** 지방 자치도시의 (임기 6개월의 임시) 총독. **5.** 《가》 1) 교황청 성성(聖省) 장관. 2) ~ Apostólicus (포교지방의 교황 직할) 감목교구장(監牧敎區長). **6.** 학생감(學生監), 사감.

præfĕro, *(fers, fert),* tŭli, látum, férre, *anom. tr.* [præ³+] **1.** 〔*alqd - alci*〕 앞으로 들다, 앞에 지니다; 앞에서 들고 다니다[지나가다], 앞으로 가져가다[오다], (손 따위를) 내밀다. **2.** 〔*alqd - alci(rei)*〕 가져다 주다, 제공하다: lumen ~ menti meæ *(C.)* 내 정신을 비춰주다 / ~ opem*(Stat.)* 도움을 주다. **3.** 〔*pass. refl.* præférri (흔히 *p.p.* **prælátus**): *absol.; præter acc.; acc.*〕 앞으로 달려오다, 앞을[옆을] 달려서 지나가다. **4.** 〔*pass.*〕 **præférri** (소문 따위가) 퍼지다. **5.** 드러내다, 나타내다, 보이다: vultu ~ dolórem ánimi*(Curt.)* 마음의 고통을 얼굴에 드러내다 / in vultu ~... *(L.)* 얼굴에 드러내다. **6.** 〔*alqm[alqd] alci (rei); inf.*〕 더 낫게 여기다, 더 좋게 여기다, 더 좋아하다, 앞세우다, …보다*(dat.)* 차라리 (무엇을) 택하다: pecúniam ~ amicítiæ*(C.)* 우정보다 돈을 더 중히 여기다 / se ~ áliis*(C.)* (자기가) 남들보다 낫다 [뛰어나다]. **7.** (기일을) 앞당기다: ~ diem*(L.)* 날짜를 앞당기다 / prælάto die *(Ulp.)* 날짜를 앞당겨서.

præfĕrox, ócis, *adj.* [præ³+] **1.** 매우 사나운, 난폭한. **2.** 오만불손한.

præferrátus, a, um, *adj.* [præ³+] **1.** 쇠를 붙인, 쇳조각이 달린, 쇠테를 두른. **2.** 쇠사슬에 묶인. 「매우 풍요한.

præfértĭlis, e, *adj.* [præ³+] 매우 비옥한,

præférvĭdus, a, um, *adj.* [præ³+] **1.** 몹시 뜨거운. **2.** 격렬한.

præfestíno, ávi, átum, áre, *tr.* [præ³+] **1.** 〔*alqd; inf.*〕 몹시 급하게 하다, 너무 빨리 서두르다. **2.** 〔*alqd*〕 재빨리 통과하다.

præfica, æ, *f.* [præfício] (초상집에) 고용되어 곡하는 여자 우두머리.

præfícĭo, féci, féctum, ĕre, *tr.* [præ³+fácio] 〔*alqm - dat.*〕 누구로 하여금*(alqm)* 무엇을*(dat.)* 지휘[감독]하게 하다, 관장하게 [맡아 다스리게] 하다, 장(長)으로 임명하다: ~ *alqm* classi*(L.)* 누구를 함대사령관으로 임명하다 / *alqm* Arméniis ~ *(Ta.)* 누구를 *Arménia*인들의 왕으로 삼다.

præfídens, éntis, *a.p.* [præ³+] 〔*dat. refl.*〕 너무 자신있는, 자부심이 강한: ~ tibi*(C.)* 자신만만한 너.

præfígo, fíxi, fíxum, ĕre, *tr.* [præ³+] **1.** 〔*alqd - in abl.; dat.*〕 앞에[끝에·가에] 박다, 꽂다. **2.** 〔*alqd alqā re*〕 앞에 붙이다[대다], 끝에[꼭대기에] 붙이다: jácula præfíxa ferro*(L.)* 쇠칼날을 붙인 투창. **3.** (창문 따위를) 가려 막다. **4.** 꿰찌르다, 관통하다. **5.** 요술걸다. 「示).

præfigurátĭo, ónis, *f.* [præfigúro] 예시(豫

præfigúro, ávi, átum, áre, *tr.* [præ³+] 미리 형성하다; 미리 표상하다, 예시(豫示)하다.

præfínĭo, ívi [ĭi], ítum, íre, *tr.* [præ³+] 미리 정해놓다, 규정하다, 한정[제한]하다.

præfinítĭo, ónis, *f.* [præfínio] 미리 정함.

præfiníto, *adv.* [præfínio] 예정된 시간에; 제한된 시간내에.

præfíscĭne [-ni], *adv.* [præ³+fáscinum] 〔자랑하거나 칭찬받을 경우의 삽입어〕 (아무도) 언짢게 생각하지 말기를 바라면서, 외람되지만. 「피다.

præflórĕo, flórŭi, ére, *intr.* [præ³+] 일찍

præflóro, ávi, átum, áre, *tr.* [præ³+flos] **1.** 꽃을 일찍 지게 하다[시들게 하다]. **2.** (영광·세력 따위를) 감소[실추]시키다, 한물가게 하다. **3.** (여자의 정조를) 먼저 짓밟다.

præflŭo, ĕre, *intr., tr.* [præ³+] 〔*absol.; alqd*〕 앞으로 흐르다, 흘러 지나가다.

præflŭus, a, um, *adj.* [præ³+] 앞으로 흐르는, 흘러 지나가는. 「하는, 질식시키는.

præfocábĭlis, e, *adj.* [præfóco] 숨막히게

præfocátĭo, ónis, *f.* [præfóco] 질식(시킴).

præfóco, ávi, átum, áre, *tr.* [præ³+faux] **1.** 숨막히게 하다, 질식시키다, 교살(絞殺)하다. **2.** (길·구멍 따위를) 메게 하다, 메우다.

præfódĭo, fódi, fóssum, ĕre, *tr.* [præ³+] **1.** 앞을 파다. **2.** 미리[먼저] 파다, 일단 팠다가 묻어두다.

præfor, fátus sum, ári, *dep. tr.* [præ³+] **1.** 〔*alqd - alci rei*〕 (무엇을) 하기에 앞서 말하다[외다], (종교예식 따위에서) 선창하다: ómnibus rebus agéndis "Quod bonum, faustum, felix fortunatúmque esset!" præfári*(C.)* 모든 일을 하기에 앞서 《이 일이 좋고 순조롭고 다행하고 잘되기를!》하고 축원하다 / ~ carmen*(L.)* (종교예식에서 주례자가) 선창하다 / ~ honórem*(C.)* (말하기 거북할 때) 《실례올시다만, 죄송합니다만》 따위의 말을 미리 말하다 / ~ véniam *(Apul.)* (말을 시작하기 전에) 미리 양해를 구하다, 미리 용서를 청하다. **2.** 〔*alqd, de abl.; acc. c. inf.*〕 서두에서 말하다, 서론으로 말하다; (무엇을) 먼저 말하다. **3.** 〔*alqm*〕 (유명한 권위자의) 이름을 미리 들다[인용하다]. **4.** 예언하다.

præformátor, óris, *m.* [præ^3+] 교사, 교육자.

præformído, (ávi), átum, áre, *tr.* [præ^3+] 미리 놀라다, 지레 겁내다, 예비하다, 만들다.

præfórmo, ávi, átum, áre, *tr.* [præ^3+] **1.** 미리 형성하다. **2.** 미리[일찍] 교육시키다, 준비교육을 시키다. 「우 용감한.

præfórtis, e, *adj.* [præ^3+] 매우 힘센; 매

præfráctus, a, um, *p.p., a.p.* [præfríngo] **1.** 앞부분[끝]이 부러진. **2.** (문장이 급전하여) 연락이 끊긴. **3.** 신축성이 없는, 완고한, 딱딱한, 엄격한, 강직한. 「한랭한.

præfrígĭdus, a, um, *adj.* [præ^3+] 몹시 찬,

præfríngo, frégi, fráctum, ĕre, *tr.* [præ^3+frango] 앞부분[끝]을 부러뜨리다·꺾다·깨뜨리다. 「하다.

præfúgĭo, fúgi, ĕre, *intr.* [præ^3+] 미리 피

præfúlcĭo, fúlsi, fúltum, íre, *tr.* [præ^3+] **1.** 앞에서 떠받치다, 버티다, 괴다. **2.** 보강(補强)하다.

præfúlgĕo, fúlsi, ére, *intr.* [præ^3+] **1.** 눈부시게 빛나다. **2.** 눈길을 끌다, 두드러지다. 「빛나는, 눈부신.

præfúlgĭdus, a, um, *adj.* [præ^3+] 찬란히

præfúndo, fúdi, fúsum, ĕre, *tr.* [præ^3+] **1.** 먼저[미리] 붓다. **2.** 〔*alqd alqā re*〕 적시다, 담그다. **3.** 〔*alqd alci rei*〕 보태다.

præfúrnĭum, i, *n.* [præ^3+furnus] 아궁이.

prægélĭdus, a, um, *adj.* [præ^3+] 몹시 추운; 매우 차가운.

prǽgĕro, géssi, géstum, ĕre, *tr.* [præ^3+] **1.** 앞에 지니다, 앞에서 들고 있다. **2.** 먼저 행하다. 「일.

prægésta, órum, *n.pl.* [prǽgero] 전에 있은

prægéstĭo, íre, *tr.* [præ^3+] 〔*inf.*〕 간절히 원하다, 몹시 …하고 싶어하다.

prægnans, ántis, [**-gnas,** átis,] *adj.* [præ^3+gigno] **1.** 잉태한, **임신한**; 〔*subst.*〕 *f.* 임신부. **2.** 《植》 발아(發芽)한; 수정된. **3.** 부푼, 불룩한. **4.** 〔*abl.*〕 가득한, 많이 함유한. **5.** 함축성있는.

prægnátĭo, ónis, *f.* [prægnas] **1.** 임신, 잉태. **2.** 《植》 발아(發芽); 수정(受精). **3.** 번식력을 주는 근원(하느님)*(Apul.)*.

prægrácĭlis, e, *adj.* [præ^3+] 매우 가느다란, 훌쭉한. 「거대한. **2.** 고령(高齡)의.

prægrándis, e, *adj.* [præ^3+] **1.** 매우 큰,

prægrávĭdus, a, um, *adj.* [præ^3+] 몹시 무거운.

prǽgrăvis, e, *adj.* [præ^3+] **1.** 매우 무거운. **2.** 다루기 힘든, 거추장스러운. **3.** 대단히 힘든, ㄱ된. **4.** 크게 부담스러운, 비용이 많이 드는.

prǽgrăvo, ávi, átum, áre, *tr.* [præ^3+] **1.** 몹시 무겁게 하다, (무게로) 처지게 하다, 무겁게 내리누르다; 큰 부담을 주다. **2.** 〔*alqd*〕 (무엇보다) 훨씬 우세하다, 압도하다. **3.** *intr.* 축 늘어지다, 처지다: prægravántes aures*(Col.)* 축 늘어진 두 귀.

prægrédĭor, *(dĕris, dĭtur)*, gréssus sum, grĕdi, *dep. intr., tr.* [prœ^3+grádior] **1.** 〔*alci, alqm; absol.*〕 앞서가다, 먼저 가다, 앞질러 가다. **2.** 〔*alqd*〕 통과하다, 지나가다, 앞을 지나가다. **3.** 〔*alqm*〕 능가하다, 앞지르다.

prægréssĭo, ónis, *f.* [prægrédior] 선행(先行); 우위(優位), 우선(優先).

prægustátor, óris, *m.* [prægústo] 미리 맛보는 사람, 시식·시음하는 종.

prægústo, ávi, átum, áre, *tr.* [præ^3+] **1.** 미리 맛보다, 시식하다, 시음하다. **2.** 음식물의 독약투입 여부를 알기 위하여 먼저 먹어보다. **3.** 먼저 음미하다.

præhíbĕo, bŭi, bĭtum, ére, *tr.* (=prǽbeo) 주다, 제공하다. 「다.

præhonóro, áre, *tr.* [præ^3+] 가장 존경하

prǽĭens, eúntis, *p.præs.* [prǽeo].

præjácĕo, cŭi, ére, *intr., tr.* [præ^3+] 〔*dat., acc.; absol.*〕 앞에 누워있다, 앞에 놓여있다.

præjácĭo, jéci, jáctum, cĕre, *tr.* [præ^3+] **1.** 앞으로 던지다. **2.** 능욕을 가하다, 모욕을 주다.

præjácto, ávi, átum, áre, *tr.* [præ^3+] 거만스럽게 말하다, 큰소리치다, 호언하다.

præjícĭo, ĕre, *tr.* [præ^3+jácio] 앞에다 놓다.

præjúdex, dĭcis, *m.* [præ^3+] 예심판사.

præjudicátum, i, *n.* [præjúdico] **1.** 당초의 결정, 당초의 계획. **2.** 선입견.

præjudicátus, a, um, *p.p., a.p.* [præjúdico] **1.** 예심에서 판결받은; 인정신문을 받은. **2.** 예측된; 미리 판단내려진: opínio præjudicáta*(C.)* 선입견, 편견.

præjudiciális, e, *adj.* [præjudícium] **1.** 예심의; 제1심의. **2.** 선결(先決)의; 잠정적, 예비적인. **3.** 선입견의, 편견의. **4.** 〔*dat.*〕 (손)해를 가져오는, 불리한; 〔*adv.*〕 **-lĭter,** 손해되게, 불리하게.

præjudícĭum, i, *n.* [præ^3+] **1.** 예심(豫審). **2.** 선례(先例), 전례; 판례. **3.** 인정신문(人定訊問). **4.** 예정, 당초의 결심. **5.** 예측, 예단(豫斷), 억측. **6.** **선입견**, 선입관, **편견**. **7.** 손해, 불리; 장애.

præjúdĭco, ávi, átum, áre, *tr.* [præ^3+] **1.** 〔de *abl.; alqd*〕 인정신문(人定訊問)하다; 예심에서 처리하다, 예비심사하다. **2.** 〔de *abl.; alqd*〕 미리 판단하다; 미리 결정하다. **3.** 〔*dat.*〕 법적으로 불리하게 만들다.

præjurátĭo, ónis, *f.* [præ^3+] 선서문 선창(先唱). 「주다.

prǽjŭvo, júvi, áre, *tr.* [præ^3+] 미리 도와

prælábor, *(ĕris, ĭtur)*, lápsus sum, lábi,

dep. intr., tr. [præ³+] **1.** 〔*absol.; in, juxta acc.; alqd*〕 미끄러지듯 나가다[들어오다]; (강이) 흘러 지나가다. **2.** 〔*absol.; alqd*〕 (시간·감정 따위가) 지나가다, 흘러가다.
prælámbo, ĕre, *tr.* [præ³+] **1.** 미리 핥아보다, 맛보다. **2.** 강물이 스쳐가다.
prælárgus, a, um, *adj.* [præ³+] 대단히 광대한; 푸짐한.
prælátĭo, ónis, *f.* [prǽfero] 더 좋아함, 낫게 여김, 선택, 우선(優先).
prælatúra, æ, *f.* 《敎法》 고위 성직(자의 지위): ~ nullíus (=abbátia nullíus) 면속(免屬)[독립] 대수도원구(大修道院區).
prælátus, a, um, *p.p.* [prǽfero] 〔*subst.*〕 *m.* 《敎法》 고위 성직자, 주교, 대수도원장: ~ honóris causā 명예 고위 성직자.
præláutus, a, um, *adj.* [præ³+] 대단히 사치스러운, 호화로운. 「교수, 강의.
præléctĭo, ónis, *f.* [prǽlego²] 수업(授業),
præléctor, óris, *m.* [prǽlego²] 강사, 교사.
prælégo¹, ávi, átum, áre, *tr.* [præ³+lego¹] 〔*alqd alci*〕 유언으로 미리[먼저] 상속시키다, 유산분배 전에 (받도록) 증여하다.
prǽlĕgo², légi, léctum, ĕre, *tr.* [præ³+lego²] **1.** 〔*alqd - alci*〕 **강의하다,** 낭독하며 설명하다[가르치다]. **2.** 미리 골라내다, 선택하다. **3.** (해안 따위를) 따라서 지나가다.
prælíber, ĕra, ĕrum, *adj.* [præ³+] 매우 자유로운.
prælíbo, ávi, átum, áre, *tr.* [præ³+] **1.** 미리 맛보다, 맛보기 위해 떼어내다. **2.** 훑어보다, 음미하다. 「유롭게, 제멋대로.
prælicénter, *adv.* [præ³+licens] 너무 자
præligámen, mĭnis, *n.* [prǽligo] 호부(護符).
prǽlĭgo, ávi, átum, áre, *tr.* [præ³+] **1.** 〔*alqd - dat.; abl.*〕 앞[끝]에다 (무엇을) 묶다, 둘레[가장자리]에 동여매다; 붙들어 매다. **2.** 싸매다, 처매다; 덮다, 가리다. **3.** 꼼짝못하게 묶다, 속박하다.
prǽlĭno, lĭtum [linítum], ĕre, *tr.* [præ³+] (앞면을) 칠하다, 바르다.
prǽlĭor, prǽlĭum, *V.* prœ́lior, prœ́lium.
prælocútĭo, ónis, *f.* [prǽloquor] **1.** 미리[먼저] 말함. **2.** 서언(序言), 서설.
prælóngus, a, um, *adj.* [præ³+] 상당히 긴. 「서언(序言).
prælóquĭum, i, *n.* [prǽloquor] 전제(前提),
prǽlŏquor, *(ĕris, ĭtur),* locútus sum, qui, *dep. intr., tr.* [præ³+] **1.** 먼저 말하다. **2.** 서론을 말하다.
prælúcĕo, lúxi, ére, *intr., tr.* [præ³+] **1.** 〔*absol.; dat.*〕 앞에서 비추다, 앞을 비춰주다. **2.** (빛 따위가) 밝게 비치다. **3.** 〔*alqd*〕 비추다. **4.** 〔*dat.*〕 더 빛나다, … 보다 뛰어나다.
prælúdĭum, i, *n.* [præ³+ludus] **1.** 준비행위; 서막(序幕). **2.** 《音》 전주(곡), 서곡.
prælúdo, lúsi, lúsum, ĕre, *intr., tr.* [præ³+] **1.** 〔*absol.; dat.*〕 서막을 상연하다; 전주곡을 연주하다. **2.** 〔*alqd,* ad *alqd*〕 준비하다, 준비태세를 갖추다. **3.** 〔*absol.; dat.*〕 예행(豫行)하다, 미리 해보다.
prælum, i, *n.* (=prelum) **1.** 압착기. **2.** 인쇄기, 복사기.
prælúmbo, áre, *tr.* [præ³+lumbus] 허리를 부러뜨리다; 두들겨 패다. 「곡; 서막.
prælúsĭo, ónis, *f.* [prælúdo] 전주(前奏), 서
prælusórĭus, a, um, *adj.* [prælúdo] **1.** 서두(序頭)가 되는, 전조가 되는. **2.** 전주의, 서곡의.
prælústris, e, *adj.* [præ³+lustro] 매우 빛나는, 찬란한; 맑게 갠, 쾌청한. 「체포령.
præmandáta, órum, *n. pl.* [præmándo¹]
præmándo¹, ávi, átum, áre, *tr.* [præ³+mando¹] **1.** 주문하다; 구해달라고 부탁하다. **2.** 〔ut〕 영장을 발부하다.
præmándo², ĕre, *tr.* [præ³+mando²] **1.** 미리 씹다[먹다]. **2.** 〔*alqd alci*〕 차근차근 설명하다.
præmatúrus, a, um, *adj.* [præ³+] **1.** 일찍 익는, 조생종의. **2.** 너무 이른, 시기상조의, 조숙한; 〔*adv.*〕 **-túre,** 너무 일찍, 조숙하게.
præmedicátus, a, um, *p.p., a.p.* [præ³+médico] 예방약을 먹은; 약·주문(呪文) 따위로 예방책을 쓴.
præmeditátĭo, ónis, *f.* [præméditor] 대비(對備), 준비, 예비조치. 「비실(準備室).
præmeditatórĭum, i, *n.* [præméditor] 준
præmeditátus, a, um, *p.p.* [præméditor] 〔*actíve, passíve*〕 미리 생각한; 사전에 고려된.
præméditor, átus sum, ári, *dep. tr.* [præ³+] **1.** 〔*inf.; acc. c. inf.; interr. indir.*〕 **미리 생각하다,** 미리 궁리하다, 대비(對備)하다. **2.** 〔*absol.*〕 서곡을 연주하다.
prǽmĕmor, ŏris, *adj.* [præ³+] 잘 기억하는, 생생하게 기억하는.
præménsus, a, um, *p.p.* [*inusit.* præmétior] 〔*passíve*〕 미리 측정된.
præmércor, átus sum, ári, *dep. tr.* [præ³+] 미리 사두다.
præmétĭum, i, *n.* [præ³+métior] *Ceres* 여신에게 바치는 첫 수확[만물]. 「거두다.
præméto, ĕre, *tr.* [præ³+] 첫 수확[만물]을
præmétor, átus sum, ári, *dep. tr.* **1.** 미리 측량하다, 미리 경계를 정하다. **2.** *p.p.* præmetátus, a, um, 〔*passíve*〕 미리 측량된.
præmétŭo, tŭi, ĕre, *intr., tr.* [præ³+] 〔*alci; inf.; alqd*〕 미리 염려[걱정]하다; 미리 두려워하다, 조심하다.
præmínĕo = præeminéo.
præminíster, tri, *m.* [**-stra,** æ, *f.*] 앞에서

시중드는 사람, 심부름꾼, 사환; 시녀.
præminístro, áre, **1.** *intr.* 〔*dat.; absol.*〕 시중들다, 심부름하다. **2.** *tr.* 공급하다.
prǽmĭo, áre, *tr.* [prǽmium] 포상(褒賞)하다, 상주다, 보답하다. 「익을 얻다.
prǽmĭor, ári, *dep. tr.* [prǽmium] 벌다, 이
præmíssa, æ, *f.* [præmítto] 《論》 전제(前提): ~ major 대전제 / ~ minor 소전제.
præmíssĭo, ónis, *f.* [præmítto] **1.** 앞으로 가져감. **2.** 서언(序言), 서설.
præmítis, e, *adj.* [præ³+] 매우 온화한.
præmítto, mísi, míssum, ĕre, *tr.* [præ³+] **먼저 보내다,** 미리 보내다; 앞으로 보내다.
prǽmĭum, i, *n.* [præ³+emo] **1.** 노획물, 전리품; (사냥에서 잡은) 포획물. **2.** 소득, 벌이, 이득; 이익, 편리. **3.** 특전, 혜택, 특권. **4. 보수,** 사례, 품삯; **상**(賞), 상급, 상금, 상품. 「게, 너무 지나치게.
prǽmŏdum, *adv.* [præ³+modus] 과도하
præmoléstĭa, æ, *f.* [præ³+] 장래에 대한 걱정·불안.
præmólĭor, ítus sum, íri, *dep. tr.* [præ³+] 미리 준비[계획·기도]하다.
præmóllĭo, (ívi), ítum, íre, *tr.* [præ³+] **1.** 미리 부드럽게 만들다. **2.** 미리 달래다, 미리 진정시키다[가라앉히다·완화시키다].
præmóllis, e, *adj.* [præ³+] 매우 연한, 매우 부드러운, 말랑말랑한.
præmónĕo, nŭi, nĭtum, ére, *tr.* [præ³+] **1.** 〔*alqm,* ut, ne; *subj.; interr. indir.;* de *abl.; absol.*〕 미리 주의시키다, 당부하다, 미리 일러주다, 미리 권고[충고·경고]하다. **2.** 〔*alqd; inf.; interr. indir.*〕 예고하다, 예보하다; 예언하다.
præmonítĭo, ónis, *f.* [præmóneo] 미리 충고함, 예계(豫戒); 예고.
præmónĭtor, óris, *m.* [præmóneo] 미리 충고[경고]하는 사람; 예고자.
præmonitórĭus, a, um, *adj.* [præmónitor] 미리 경고하는, 미리 알리는, 전조(前兆)의.
præmónĭtum, i, *n.* 주의, 경고, 예계(豫戒); 예고. 「고, 예계(豫戒); 예고, 예보.
præmónĭtus, us, *m.* [præmóneo] 충고, 경
præmonstrátĭo, ónis, *f.* [præmónstro] 미리 가리킴, 미리 일러줌, 예시(豫示).
præmonstrátor, óris, *m.* [præmónstro] 미리 일러주는 사람, 안내자, 예시자.
præmónstro, ávi, átum, áre, *tr.* [præ³+] **1.** 〔*alqd - alci;* ut; *absol.*〕 미리 지시하다, 미리 일러주다[가르쳐 주다]. **2.** 예언하다, 예고하다.
præmórdĕo, mórdi [mórsi], mórsum, ére, *tr.* [præ³+] **1.** (몹시) 물다, 끝을 깨물다, 물어뜯다. **2.** 〔*alqd* ex *abl.*〕 조금씩 덜어내다, 깎아 들어가다.
præmórdĭcus, a, um, *adj.* [præmórdeo] 가장자리[끝]만 먹는, 연한 부분만 먹는 (야채 따위).
præmórĭor, *(rĕris, rĭtur),* mórtŭus sum, mŏri, *dep. intr.* [præ³+] **1.** 일찍 죽다, 요절(夭折)하다. **2.** (감각 기능·기력 따위가) 쇠약해지다.
præmótĭo, ónis, *f.* [præmóveo] 《神》 선동(先動), 예동(豫動): ~ morális 정신상의 선동 / ~ phýsica 물리적 선동.
præmóvĕo, móvi, mótum, ére, *tr.* [præ³+] 먼저[미리] 움직이다.
præmúnĭo [-mœ́nĭo], ívi, ítum, íre, *tr.* [præ³+] **1.** 〔*alqd - alqā re*〕 앞을 가려 막다, 앞쪽에 보루를 구축하다. **2.** 〔*alqd - alqā re*〕 방비[대비]하다, 튼튼하게 보호하다, 안전하게 만들다; 예방하다; 미리 갖추다. **3.** 〔*alqd - alci rei*〕 앞세우다, 앞에 내놓다.
præmunítĭo, ónis, *f.* [præmúnio] **1.** 방비, 방위; 방어물, 예방. **2.** 《修》 청중에게 마음준비를 시키는 일; 복선(伏線).
prænárro, ávi, átum, áre, *tr.* [præ³+] 미리 이야기하다.
prǽnăto, áre, *intr., tr.* **1.** 앞서서 헤엄치다. **2.** 〔*alqd; absol.*〕 (앞[옆]을) 흘러 지나가다; 헤엄쳐 지나가다.
prænavigátĭo, ónis, *f.* [prænávigo] 항해, 연안 항해.
prænávĭgo, ávi, átum, áre, *intr., tr.* [præ³+] **1.** 〔*absol.; alqd*〕 해안을 따라 항해하다, (앞[옆]을) 항행하다, 배타고 지나가다. **2.** ~ vitam *(Sen.)* 인생행로를 항해하다[걸어가다].
Prænéste, is, *n.* *Látium* 지방의 도시 (지금의 *Palestrina*); 〔*adj.*〕 **-stínus,** a, um; *m.pl.* 그곳 주민.
prænítĕo, tŭi, ére, *intr.* [præ³+] **1.** 유난히 번쩍이다, 찬란히 빛나다, 혁혁하다. **2.** 〔*dat.*〕 …보다 뛰어나다. 「훌륭한.
prænóbĭlis, e, *adj.* [præ³+] 매우 고귀한;
prænómen, mĭnis, *n.* [præ³+] **1.** (고대 *Roma*인의) 첫째 이름, 개인 이름, *e.g.* Marcus Túllius Cícero의 *Marcus;* 세례명. **2.** 〈Imperátor(황제)〉라는 칭호.
prænómĭno, átum, áre, *tr.* [præ³+] (개인) 이름을 지어붙이다, (개인) 이름을 부르다.
prænoscéntĭa, æ, *f.* [prænósco] 미리 앎, 예지(豫知), 선견(先見). 「미리 알다.
prænósco, nóvi, nótum, ĕre, *tr.* [præ³+]
prænotátĭo, ónis, *f.* [prǽnoto] **1.** 앞에 표시함. **2.** 책 이름·저자 이름을 표지에 써붙임; 책 이름. 「직관적 인식.
prænótĭo, ónis, *f.* [prænósco] 예비지식;
prǽnŏto, ávi, átum, áre, *tr.* **1.** 미리 표를 하다; 앞에다 표시하다. **2.** ~ librum *(C.)* 책의 이름을 (뭐라고) 붙이다. **3.** 미리 일러주다, 예언하다; 미리 제시하다. **4.** 미리 적어놓다.

prænúbĭlus, a, um, *adj.* [præ^{3}+] 구름이 많이 낀; 몹시 어두운.

prænunci... *V.* prænunti... 「예보.

prænuntiátĭo, ónis, *f.* [prænúntio] 예언,

prænuntiátor, óris, *m.* [**-trix,** ícis, *f.*] [prænúntio] 예언자.

prænúntĭo, ávi, átum, áre, *tr.* 〔*alqd; acc. c. inf.; de abl.*〕 미리 알리다, 예고하다; 예보하다, 예언하다.

prænúntĭus, a, um, *adj.* [prænúntio] 미리 일러주는, 예고하는, 예보하는, 예언하는, 전조[징조]인: lucis ~ ales*(Ov.)* 새벽빛을 예고하는 새, 수탉; 〔*subst.*〕 *m., f.* 예고자, 미리 일러주는 자, 예언자; *n.* 징조, 전조.

præoccupátĭo, ónis, *f.* [præóccupo] **1.** 선취(先取), 선점(先占), 먼저 차지함. **2.** 《修》 예변법(豫辯法). **3.** 《醫》 장폐색증(腸閉塞症).

præóccŭpo, ávi, átum, áre, *tr.* [præ^{3}+] **1.** 먼저 차지하다, 먼저 점령하다, 선취(先取)하다. **2.** 〔*alqm*〕 (아무에게) 선수를 쓰다, 기습하다; 〔*inf.*〕 앞질러 …하다. **3.** 마음을 빼앗다·사로잡다. 「기다.

præólĕo, ére, *intr.* [præ^{3}+] 냄새가 멀리 풍

præopímus, a, um, *adj.* [præ^{3}+] 많이 살찐. 「다, 예상하다.

præopínor, ári, *dep. tr.* [præ^{3}+] 예측하

præópto, ávi, átum, áre, *tr.* [præ^{3}+] 〔*alqd - alci (rei); inf.;* quam; ut〕 더 좋아하다, 더 낫게 여기다, 차라리 (무엇을) 선택하다.

præórdĭno, ávi, átum, áre, *tr.* [præ^{3}+] 미리 정하다, 작정하다, 미리 결정하다.

præosténdo, di, énsum, ĕre, *tr.* [præ^{3}+] 미리 보여 주다; 미리 지시하다.

præpándo, ĕre, *tr.* [præ^{3}+] 앞에 열어놓다, 앞에 펼쳐놓다.

præparátĭo, ónis, *f.* [prǽparo] **1.** 예비, 준비, 마련, 장만; 기초작업; 마음 준비, 각오, 용의. **2.** 예습. 「사람.

præparátor, óris, *m.* [prǽparo] 준비하는

præparátus^{1}, a, um, *p.p., a.p.* [prǽparo] **1.** 미리 준비된, 미리 차려 놓은, 미리 마련된, 태세를 갖춘, 대기하고 있는. **2.** 〔*adv.*〕 præparáto, ex præparáto*(Q., L.)* 미리 준비해 가지고, 태세를 갖추고 있다가. 「채비.

præparátus^{2}, us, *m.* 준비태세, 대기태세,

præpárcus, a, um, *adj.* [præ^{3}+] 몹시 절약하는[아끼는], 인색한.

prǽpăro, ávi, átum, áre, *tr.* [præ^{3}+] **1.** 〔*alqd, alqm* - ad, in *acc.; dat.*〕 **준비하다,** 대비하다, 예비하다, 마련[장만]하다, 채비를 하다; 예습하다; 태세를 갖추게 하다, 각오하게 하다, 준비시키다. **2.** (약·음료·요리 따위를) 조제하다, 조리하다. **3.** 〔*alqd* ex *abl.*〕 (무엇을 어떤 원료에서) 만들어 내다. **4.** 〔*alqd*〕 획득[성취·달성]하려고 기도(企圖)하다. 「방해물, 장애.

præpediméntum, i, *n.* [præpédio] 방해,

præpédĭo, ívi [ĭi], ítum, íre, *tr.* [præ^{3}+pes] **1.** (사슬로) 묶어 놓다; (자유를) 속박하다. **2.** 〔*alqd - alci, alqm - alqā re*〕 방해하다, 훼방하다, 못하게 하다, 막다, 저지하다, 지장을 주다.

præpéndĕo, péndi, ére, *intr.* [præ^{3}+] 〔*absol.; dat.*〕 앞에 걸려 있다, 앞에 매달려 있다.

præpes, ĕtis, (*abl.* -te, -ti; *gen. pl.* -tum), *adj.* [præ^{3}+peto] **1.** 앞으로 질주하는, 빠른, 쾌속한, 날아가는: ~ ferrum*(En.)* 날아드는 창. **2.** 날개달린, 날아다니는: ~ deus*(Ov.)* 날개달린 신(*Cupído*신); 〔*subst.*〕 *m., f.* 새, 날개가진 동물: ~ Jovis*(Ov.)* *Júpiter*의 새, 독수리 / ~ Meduséus*(Ov.)* *Pégasus* (날개돋친 전설상의 말). **3.** 〔조점술(鳥占術)〕 (새가 날아가는 모양새 또는 날아가 앉는 자리로 보아) 길조(吉兆)의, 행운의.

præpilátus, a, um, *adj.* [præ^{3}+pila^{3}] 끝이 (공처럼) 둥근, (칼날 없이) 깃대의 봉오리처럼 만든 (연습용 창).

præpínguis, e, *adj.* [præ^{3}+] **1.** 대단히 살찐; 대단히 비옥한. **2.** 굵직한 (목소리).

præpóllens, éntis, *p.præs., a.p.* [præpólleo] 대단히 강력한, 세력이 매우 큰, 탁월한, 우월한. 「탁월.

præpolléntĭa, æ, *f.* [præpólleo] 큰 세력;

præpóllĕo, lŭi, ére, *intr.* [præ^{3}+] 더욱 강력하다, 세력이 매우[더] 크다; 우월하다, 우세하다, 뛰어나다. 「무거움, 우세함.

præponderátĭo, ónis, *f.* [præpóndero] 더

præpóndĕro, ávi, átum, áre, [præ^{3}+] **I.** *intr.* **1.** 더 무겁다, 무게가 더 나가다. **2.** 〔in *acc.; absol.*〕 (한쪽으로) 기울어지다. **3.** 더 중요하다.
II. *tr.* **1.** 무겁게 내리누르다. **2.** 능가하다, 압도하다, …보다 우세하다.

præpóno, pósŭi, pósĭtum, ĕre, *tr.* [præ^{3}+] **1.** 〔*alqd - alci (rei)*〕 **앞에 놓다[두다],** …에 앞서 내놓다[말하다]: ~ última primis *(H.)* 맨 마지막 것을 맨 처음 것 앞에다 놓다 / priúsquam ..., pauca præpónam. *(C.)* 나는 …하기 전에 먼저 몇 마디 말을 하겠다. **2.** 〔*alqm alci rei*〕 (누구에게 무엇을) 지휘[감독]하게 하다, (누구를 무엇의) 장(長)으로 세우다: ~ *alqm* provínciæ*(C.)* 누구를 주지사(州知事)로 임명하다. **3.** 〔*alqm [alqd] alci (rei)*〕 …보다*(dat.)* **더 중히 여기다,** 더 낫게 생각하다, 차라리 (무엇을) 택하다: hóminem ~ Jovi*(Ov.)* 인간을 *Júpiter* 신보다 상위에 두다.

præpórto, ávi, átum, áre, *tr.* [præ^{3}+] 앞에 지니고 있다; 드러내다.

præposítĭo, ónis, *f.* [præpóno] **1.** 먼저 내놓음, 앞에 둠. **2.** 지휘자로[감독·장(長)으로] 세움. **3.** 《文法》 전치사.
præpositívus, a, um, *adj.* [præpóno] 《文法》 앞(자리)에 놓이는, 선치(前置)의.
præpositúra, æ, *f.* [præpóno] 상관의 지위[직책], 장상의 지위; 수석(首席)의 위치.
præpósĭtus, a, um, *p.p.* [præpóno] 〔*subst.*〕 **1.** *m.* 1) 군대 지휘관, 사령관. 2) 책임자, 감독, 관리인. 3) 《가》 주교좌 성당의 주임[수석](신부); 수도 원장 대리, 원장신부(Prior); 교회재산 관리자. **2.** *f.* 수녀원장. **3.** *n.(pl.)* (최고의 선은 아닌) 비교적 좋은 것, 보통의 선(善).
præpóssum, pótŭi, pósse, *anom. intr.* [præ³+] 세력이 강대하다, 강력하다.
præpostérĭtas, átis, *f.* [præpósterus] 앞뒤를 바꿈. 「rus] 앞뒤[순서]를 바꾸다.
præpóstĕro, ávi, átum, áre, *tr.* [præpóste-
præpóstĕrus, a, um, *adj.* [præ³+] **1.** 〔*absol.; dat.*〕 앞뒤[순서]가 뒤바뀐, 거꾸로 된, 도착(倒錯)된, 잘못된, 비정상적. **2.** 거꾸로 하는, 심술궂은.
prǽpŏtens, éntis, *a.p.* [præpóssum] **1.** 〔*absol.; abl.*〕 대단히 세력있는, 강대한 세력의, 강력한; 〔*subst.*〕 **-éntes,** ĭum, *m.pl.* 권력층, 세력가; 부호. **2.** 〔*gen.*〕 지배하는, 관장하는. 「능, 강대한 권력.
præpoténtĭa, æ, *f.* [prǽpotens] 탁월한 권
præproperánter, *adv.* [præprópero] 몹시 서둘러, 황급히. 「르다.
præprópĕro, áre, *intr.* [præ³+] 몹시 서두
præprópĕrus, a, um, *adj.* [præ³+] 매우 급속한, 몹시 서두르는; 조급한; 경솔한.
præputiátĭo, ónis, *f.* [præpútio] 할례(割禮)를 받지 않고 있음, 이교도임.
præpútĭo, (átum), áre, *tr.* [præpútium] 할례(割禮)를 받지 않은 상태에 두다; *p.p.* præputiátus, a, um, 할례받지 않은, 할례없는. 「(종교적) 부정(不淨).
præpútĭum, i, *n.* **1.** 《解》 포피(包皮). **2.**
præquam, *adv.* …에 비하여.
præquéstus, a, um, *p.p.* [*inusit.* prǽqueror] 먼저 불평부터 말한, 미리 투덜댄.
prærádĭo, áre, *tr., intr.* [præ³+] 찬란하게 비추다; 눈부시게 빛나다.
prærápĭdus, a, um, *adj.* [præ³+] 매우 빠른, 매우 급한.
præredémptĭo, ónis, *f.* [præ³+] 《神》 예견구원[구령](豫見救援·救靈).
præréptor, óris, *m.* [prærípio] 선취자(先取者); 강탈자, 횡령자.
prærigésco, rígŭi, ĕre, *intr. inch.* [præ⁰+] 몹시 굳어지다, 뻣뻣해지다, 경직(硬直)하다. 「강가.
prærípĭa, órum, *n.pl.* [præ³+ripa] 강변,
prærípĭo, rípŭi, réptum, ĕre, *tr.* [præ³+rápio] **1.** 〔*alqm [alqd] - alci*〕 탈취하다, 불시에 빼앗다, 채가다, 가로채다. **2.** 일찍 뺏어가다. **3.** 선수를 쓰다, 먼저 차지하다, 앞질러 …하다.
præródo, rósi, rósum, ĕre, *tr.* [præ³+] 끝을 갉아먹다[쏠다], 깨물어 끊다[뜯다]; 아주 쏠아버리다. 「급.
prærogátĭo, ónis, *f.* [prǽrogo] 분배, 배
prærogatíva, æ, *f.* [prærogatívus] **1.** (고대 *Roma* 국민회의에서) 먼저 투표하는 부족[100인조]. **2.** (100인조의) 우선투표(優先投票). **3.** 미리 선정(選定)함. **4. 특권, 특전**, 우선권. **5.** 사전보증(事前保證), 확실한 보증, 징후.
prærogatívus, a, um, *adj.* [præ³+rogo] **1.** (고대 *Roma* 국민회의에서) 먼저 투표하는, 우선투표권이 있는. **2. 특권의**, 특권이 있는.
prærogátor, óris, *m.* [prǽrogo] 분배자.
prǽrŏgo, ávi, átum, áre, *tr.* [præ³+] **1.** 〔*alqd*〕 먼저 물어보다; 먼저 청하다. **2.** 미리 지불하다, 선불하다. **3.** 분배하다, 배정하다, 갖다주다, (자비 따위를) 미리 베풀다.
prærúmpo, rúpi, rúptum, ĕre, *tr.* [præ³+] 앞[끝]을 자르다, 끊다, 부러뜨리다, 찢다.
prærúptĭo, ónis, *f.* [prærúmpo] 벼랑, 양쪽으로 갈라진 낭떠러지.
prærúptum, i, *n.* [prærúptus] 〔주로 *pl.*〕 벼랑, 낭떠러지, 절벽.
prærúptus, a, um, *p.p., a.p.* [prærúmpo] **1.** 험준한, 급경사의, 깎아지른 듯한, 낭떠러지의, 벼랑의, 층암절벽의; 〔*adv.*〕 **-pte,** 깎아지른 듯이. **2.** 성급한, 난폭한, 우락부락한, 우악스러운, 무모한; 위험천만한.
præs[1], prædis, *m.* **1.** 보증인. **2.** 보증인
præs[2], *adv.* = præsto[1]. ㄴ의 재산.
præsǽpe [**-sépe**], is, *n.* [præ³+sæpes] **1. 구유**, 짐승의 먹이통, 여물통. **2.** 짐승 우리, 가축 우리. **3.** 헛간; 집. **4.** 벌통. **5.** 유곽. 「sǽpe.
præsǽpes [**-pis**], is, *f.* [**-pĭa,** æ, *f.*] = præ-
præsǽpĭo, sǽpsi, sǽptum, íre, *tr.* [præ³+] 울짱으로 앞을 막다, 울타리를 치다, (입구·통행 따위를) 차단하다.
præsǽpĭum [**-sépĭum**], i, *n.* 구유.
præságĭo, ívi [ĭi], ítum, íre, [**-gĭor,** íri, *dep.*] *tr.* [præ³+] **1.** 〔*alqd; acc. c. inf.; absol.*〕 **예감하다**, 예측[예견]하다, 미리 알다. **2.** 〔*alqd*〕 예고하다, 예시(豫示)하다, 미리 알게 하다, 미리 짐작케 하다, 예언하다. 「예견. **2.** 예시(豫示), 예언.
præsagítĭo, ónis, *f.* [præságio] **1. 예감,**
præságĭum, i, *n.* [præságio] **1.** 예감, 예상. **2.** 전조, 징조, 예고; 예시, 예언.
præságus, a, um, *adj.* [præ³+] **1.** 〔*absol.; gen.*〕 예감하는, 예측하는. **2.** 예언

하는, 점치는, 예시(豫示)하는.

præsáno, ávi, átum, áre, *tr.* [præ³+] 일찍 [빨리] 고치다[낫게 하다]. 「견.

præsciéntĭa, æ, *f.* [prǽscio] 예지(豫知), 선

præscíndo, ĕre, *tr.* [præ³+] 앞[끝]을 찢다; 갈라 놓다, 분리하다.

prǽscĭo, ívi [ĭi], ítum, íre, *tr.* [præ³+] 미리 알다, 예지(豫知)하다.

præscísco, scívi, ĕre, *tr. inch.* [prǽscio] 미리[사전에] 알다, 예지(豫知)하다, 감지(感知)하다. 「(豫知), 예견, 예감.

præscítĭo, ónis, *f.* [prǽscio] 미리 앎, 예지

præscítum, i, *n.* [prǽscio] 예감, 예지(豫知).

prǽscĭus, a, um, *adj.* [præ³+] **1.** 〔*absol.; gen.*〕 미리 아는, 예견하는, 선견지명이 있는. **2.** 예언하는, 미래를 점쳐 아는.

præscríbo, scrípsi, scríptum, ĕre, *tr.* [præ³ +] **1.** 〔*alqd - dat.*, in *abl.; absol.*〕 첫머리에 쓰다, 앞에 기록하다, 먼저[이미] 쓰다[언급하다]; 제목을 붙이다, (저자 따위의 이름을) 써넣다: auctoritátes præscríptæ *(C.)* 원로원의 결의문에 기입된 의원 명단. **2.** 윤곽을 그리다. **3.** 〔*alqd - alci rei*〕 결정하다, **규정하다**, 한정하다. **4.** 〔*alqd - alci;* ut, ne; *interr. indir.; absol.*〕 **명령하다**, 지시하다; 일러주다. **5.** 《法》 〔*alci*〕 항변하다, 이의를 제기하다. **6.** 〔*alqd alci*〕 받아쓰게[외게] 하다, 구수(口授)하다. **7.** 핑계[구실]로 내세우다. **8.** 시효(時效)에 걸리게 하다.

præscríptĭo, ónis, *f.* [præscríbo] **1.** 제목. **2.** (원로원 결의문의) 명단기입. **3.** 이의(異議), 항변. **4.** **지시, 명령**, 규정. **5.** 제한, 한정. **6.** 구실, 핑계, 변명. **7.** 《法》 **시효**: ~ acquisitíva 취득시효 / ~ liberatíva [exstinctíva] 소멸시효.

præscriptívus, a, um, *adj.* [præscríbo] **1.** 규정하는, 지시하는, 규제하는. **2.** 《法》 시효에 의한. 「에 의하여 취득하다.

præscrípto, áre, *tr. freq.* [præscríbo] 시효

præscríptum, i, *n.* [præscríbo] **1.** 어린이들에게 공부시키는 글씨본, 덧글씨본. **2.** (횡가루로 그어놓은) 결승선. **3.** **규정, 지시, 명령**; 법규, 규칙. **4.** 한계(선). **5.** 처방.

prǽsĕco, sécŭi, secátum [séctum], áre, *tr.* [præ³+] 앞[끝]을 자르다, 가장자리를 자르다; 잘라버리다, 깎다.

præségmen, mĭnis, *n.* [prǽseco] 잘라낸[베어 내버린] 조각, 깎은 부스러기.

præseminátĭo, ónis, *f.* [præ³+sémino] 태아(胎兒). 「리[먼저] 씨뿌리다[심다].

præsémĭno, ávi, átum, áre, *tr.* [præ³+] 미

præsens, éntis, *p.præs., a.p.* [præsum] **1.** 이[그] 자리에 있는, 현장에 있는, **출석한**, 참석한. **2.** 현존한, 현실의, 당장 있는, 존재하는; (마음속·기억 따위에) 있는. **3.** **현재의, 지금의**, 현금(現今)의; 목하(目下)의, 당면한, 문제되고 있는; 현행의: ~ tempus *(Cæs.)* 현재(시간), 지금 시대 / 《文法》 (tempus) ~ 현재(시칭·시제) / præséntia verba *(Gell.)* 지금 사용되고 있는 말 / in ~ (tempus) *(H., C.)*, ad ~ (tempus) *(Ta.)* 지금(은) / præsénti témpore *(Ov.)* 지금(은) / in præsénti *(C.)* 지금 / in rem præséntem *(C.)* 문제되고 있는 곳으로, 현장으로. **4.** 즉각의, 즉시의, 즉석의, 당장의; 당장 쓸 수 있는: ~ pœna *(C.)* 즉각적인[당장 받는] 벌 / pecúnia ~ *(C.)* 현금. **5.** 분명한, 틀림없는, 확실한: præséntes insídiæ *(C.)* 분명한 흉계. **6.** 절박한, 긴박한, 다급한. **7.** 유효적절한, 실효있는, 효능있는, 즉효(卽效)의; 강력한, 대단한, 강렬한, 생생한; 〔*inf.*〕 …해낼 수 있는: præsentíssimum remédium *(Plin.)* 매우 효과있는 치료제 / memória præséntior *(L.)* 더 생생한 기억. **8.** 단호한, 확고한, 용감한, 과감한; 날카로운, 명민(明敏)한. **9.** 〔*absol.; dat.*〕 (어려울 때) 도와주는, 구원의 손길을 펴는, 자비로운, 호의를 베푸는.

præsénsĭo, ónis, *f.* [præséntio] **1.** 예감, 예상. **2.** 선천적 관념[개념].

præsentális, e, *adj.* [præsens] 현재의, 현실의, 눈앞의; 지금 데리고 있는.

præsentánĕus, a, um, *adj.* [præsens] **1.** 현실의, 현재의. **2.** 즉효(卽效)의, 당장에 작용하는, 즉각적인; 〔*adv.*〕 **-tánĕe,** 즉시, 곧.

præsentárĭus, a, um, *adj.* [præsens] 수중(手中)에 있는, 당장 쓸 수 있는; 즉시 작용하는.

præsentátĭo, ónis, *f.* [præsens] **1.** 봉헌, 봉정(奉呈), 진정(進呈): Præsentátio Dómini 주님(아기예수)의 봉헌 (축일 2월 2일). **2.** 《敎法》 성직천거, 지명(指名). **3.** 소개, 추천. **4.** 제출, 제시; 제공.

præséntĭa[1], æ, *f.* [præsens] **1.** **현존**, 실재: ~ morális 정신적 현존 / ~ phýsica 물리적 현존 / ~ circumscriptíva 획계적(劃界的) 현존 / ~ definitíva 한정적(限定的) 현존 / ~ sacramentális 성사적(聖事的) 현존. **2.** 이[그] 자리에 있음, 재석, 출석, 참석, **임석**, 나타남: ~ passíva seu mere materiális 수동적 또는 순 신체적 참석 / præséntiam sui fácere 나타나다, 사람들 앞에 나오다. **3.** **면전**(面前), 목전, (누구) 앞, (누가 보는) 앞, 어전(御前); (남이) 있는 곳: *alcjs* præséntiam vitáre *(C.)* 누구의 면전을 피하다. **4.** 〔시간〕 in præséntiā *(N., L., C.)* 지금(은), 현재로는, 우선 당장, (화제의 내용이 되어 있는) 그때(에). **5.** ~ ánimi *(Cæs., C.)* 침착, 평정(平靜). **6.** 효과, 힘, 위력: ~ veri *(Ov.)* 진리의 힘.

7. 보호, 도와줌.

præséntĭa², ĭum, *n.pl.* [præsens] 현상(現狀), 현재의 상황, 지금의 형편.

præsentiálĭter, *adv.* [præséntia¹] 자신이 직접, 친히, 스스로, 몸소.

præséntĭo, sénsi, sénsum, sentíre, *tr.* [præ³+] 〔*alqd; acc. c. inf.*〕 예감하다, 미리 짐작하다, 미리 깨닫다.

præsénto, ávi, átum, áre, *tr.* [præsens] **1.** 〔*alqd - alci*〕 (누구) 앞에 내놓다, 제출하다, **보이다**, 제시하다. **2.** 〔*alqd, alqm - alci*〕 주다, 제공하다; 바치다, 진정(進呈)하다, **봉헌하다**. **3.** 〔*alqm - alci*〕 추천하다, 천거하다, 지명하다.

præsep... *V.* præsæp...

prǽsĕro, ĕre, *tr.* [præ³+sero⁴] 미리 씨뿌리다, 미리 심다.

præsértim, *adv.* [præ³+sero³] **특히**, 무엇보다도, 유달리.

præsérvĭo, íre, *intr.* [præ³+] 〔*dat.*〕 섬기다, 봉사하다.

præses¹, sĭdis, *adj.* [præ³+sédeo] 보호하는, 관장하는, 맡아 돌보는, 보살피는.

præses², sĭdis, *m.f.* [præses¹] **1.** 호위자, 보호자, **수호자**, 옹호자: ~ libertátis*(C.)* 자유의 수호자. **2. 우두머리**, 주재자, 지휘자, 감독자. **3.** 지방장관, 지사(知事), 총독; (황제가 파견한) 대사. **4.** 의장(議長); 총재; **대통령**.

præsidális [-diális], e, *adj.* [præses²] 지방장관의, 지사의, 총독의.

præsidátus, us, *m.* [præses²] **1.** 수호 임무. **2.** 지방장관직, 지사직, 총독의 직위[직무].

prǽsĭdens, éntis, *p.præs.*, *a.p.* [præsídeo] 주재하는, 통할하는, 다스리는; 〔*subst.*〕 *m.* 주관자(主管者), 주재자; 의장(議長); 통치자, 감독자, 총독.

præsídĕo, sédi, (séssum), ére, *intr.*, *tr.* [præ³+sédeo] **1.** 앞에 앉다. **2.** 〔*dat.*, *acc.*〕 보호[수호]하다, 지키다, 방어하다. **3.** 〔*dat.*, *acc.; absol.*〕 **주재(主宰)하다**, 관장(管掌)하다, 통할하다, 지휘하다, 다스리다, 통치하다, 관리[감독]하다.

præsidiárĭus, a, um, *adj.* [præsídium] **1.** 경비하는, 수비하는: præsidiárii mílites *(L.)* 경비병. **2.** 지방장관의, 총독의.

præsídĭor, ári, *dep. tr.* [præsídium] 지키다, 수비하다, 수호하다.

præsídĭum, i, *n.* [præsídeo] **1. 보호**, 수호, 호위, 경호: præsídio esse *alci(C.)* 누구에게 보호가 되다. **2.** 방위수단, 보호대책, 예방책. **3.** 경호인. **4.** 호위병, 위수병(衛戍兵); 수비대, 주둔군. **5. 보루**(堡壘), 참호; 요새, (수비대의) 주둔지. **6. 도움**, 원조, 조력, 거들어줌; (보조)수단, 방편; 안전책, 안전지대, 피난처. **7.** 치료제, 약.

præsignátĭo, ónis, *f.* [præsígno] 미리 표시함, 사전지시(事前指示).

præsignátor, óris, *m.* [præsígno] 유산처리를 미리 지시하는 자.

præsignificátĭo, ónis, *f.* [præsignífico] 예시(豫示), 암시.

præsignífico, áre, *tr.* [præ³+] 미리 보여주나, 미리 알려주다.

præsígnis, e, *adj.* [præ³+signum] 뛰어난, 탁월한, 눈에 띄는, 주목할 만한.

præsígno, ávi, átum, áre, *tr.* [præ³+] 미리 표시하다.

prǽsŏno, sónŭi, áre, [præ³+] **1.** *intr.* 앞에서 연주되다, 먼저 소리나다[소리내다]. **2.** *tr.* 〔*alqd*〕 (무엇보다) 소리가 더 낫다, (다른 소리를) 압도하다.

præspárgo [-spérgo], ĕre, *tr.* [præ³+spargo¹] 앞에[미리] 뿌리다[살포하다].

præstábĭlis, e, *adj.* [præsto²] **1.** 뛰어난, 탁월한, 훌륭한, 가치있는, 고귀한. **2.** 〔*dat.*〕 이로운, 유익한, (더) 나은.

præstabilítus, a, um, *adj.* [præ³+stabílio] 미리 설정된, 예정된: 《哲》 harmonía præstabilíta 예정 조화.

præstans, ántis, *p.præs.*, *a.p.* [præsto²] **1.** 〔*absol.; alci* - (in) *alqā re, gen.; inf.*〕 **뛰어난, 탁월한**, 출중한, 우수한, 더할 나위 없는, 훌륭한, 두드러진, 눈에 띄는: ómnibus ~ ingénio*(C.)* 재능이 누구보다도 뛰어난 / ~ ánimi júvenis*(V.)* 뛰어나게 용맹한 젊은이. **2.** 훌륭한 효과를[효력을] 내는.

præstántĭa, æ, *f.* [præstans] **1.** 탁월, 우수, 우월, 우위, 우세. **2.** 효력, 효능.

præstat, *impers.* [præsto²] 〔*acc. c. inf.; inf.* - quam〕 더 좋다, 더 낫다.

præstátĭo, ónis, *f.* [præsto²] **1.** 보증(함), 책임짐: ad præstatiónem scríbere*(C.)* 기록내용에 대해 책임지다[보증하다]. **2.** 지불(支拂), 납부; 지불이행(履行).

præstátor, óris, *m.* [præsto²] 보증인.

præstérno, strávi, strátum, ĕre, *tr.* [præ³+] 〔*alqd - alqā re*〕 앞에 깔다[펴다], (덮일 정도로) 뿌리다, 뿌려서 덮다.

præstes, stĭtis, *adj.* [præsto²] 보호[수호]하는: Lares prǽstites*(Ov.)* 도시의 수호신 (그 제단·신상〈神像〉 따위가 거리·골목길 곳곳에 있었음); 〔*subst.*〕 *m.*, *f.* 보호자, 수호자; 우두머리, 지휘자.

præstígĭæ, árum, *f.pl.* [**-gĭum**, i, *n.*]〔간혹 *sg.*도〕 [præstríngo] **1.** 눈속임, 요술. **2.** 현혹, 사기, 협작, 속임(수): verbórum ~ *(C.)* 감언이설, 엉터리 수작.

præstigiátor, óris, *m.* [**-átrix**, ícis, *f.*] [præstígiæ] **1.** 요술장이, 마술사. **2.** 사기꾼.

præstigio, áre, [**-gior**, ári, *dep.*] *tr.* [præstígiæ] 〔*alqd alci*〕 속임수를 쓰다, 현혹시키다, 착각을 일으키게 하다.

præstigiósus, a, um, *adj.* [præstígiæ] 요술의, 눈속임하는, 교식(嬌飾)하는; 사기로

가득찬.

præstínguo, nxi, nctum, ĕre, *tr.* [præ³+] 어둡게[캄캄하게] 하다, 끄다.

prǽstĭno, ávi, átum, áre, *tr.* 사다, 사들이다.

prǽstĭtor, óris, *m.* [præsto²] 주는 사람, 공급자.

præstítŭo, ŭi, útum, úĕre, *tr.* [præ³+státuo] 미리 정하다.

præsto¹, *adv.* [præ³+situs¹] 〔흔히 esse와 함께〕 **1.** 〔*alícubi; alci,* apud *alqm;* ad *acc.,* in *abl.; absol.*〕 여기에, **자리에** (있다), **가까이에,** 마침 (있다), 출석하여, 나타나(다), 대령하여, 대기태세에, 준비된 상태에: Hic ~ est.*(T.)* 그는 여기 있다 / ad portam ~ esse*(L.)* 성문간에 모이다 / Ibi mihi ~ fuit *(alqs)* cum lítteris tuis.*(C.)* 그는 네 편지를 가지고 거기에 있는 내 앞에 나타났다. **2.** 〔*dat.; absol.*〕 유익하게, 유리하게, 도움되게: *alci* esse ~*(Var.)* 누구를 도와주다 / salúti *alcjs* ~ esse*(C.)* 누구의 안전에 도움이 되다. **3.** 〔*alci*〕 적대하여, 불리하게, 방해하여.

præsto², stĭti, stĭtum, (statúrus), áre, *intr., tr.* [præ³+] **1.** 앞에 서다. **2.** 〔*alci - alqā re,* in *re;* inter *alqos; alqm alqā re*〕 **뛰어나다,** 우수하다, 출중하다, **더 낫다,** 우월하다, **능가하다,** 초월하다, 앞서다. **3.** 〔*impers.: acc. c. inf.; inf.* - quam〕 (…보다) 더 낫다, 더 좋다: Mori mílites prǽstitit quam hæc pati.*(C.)* 군인들은 이런 일들을 당하느니 차라리 죽는 편이 더 나았다. **4.** 〔*alqm, alqd - alci; alci alqd* a *re; alqd* de *alqo; acc. c. inf.*〕 보증하다, 보장하다, 책임지다, 장담하다: Ego tibi a vi *(alcjs)* nihil ~ possum.*(C.)* 나는 (아무의) 폭력에 대해서 네게 아무것도 책임질 수 없다. **5.** 〔*alqd*〕 **성취하다,** 달성하다; **다하다,** 완수하다, 이행하다, 실행하다, 채우다, 지키다, 준수하다: suum munus ~ *(C.)* 자기의 사명[직책]을 다하다 / vicem *alcjs rei* ~*(Sall.)* 무엇을 대신하다, 무엇 노릇하다. **6.** 인정하다. **7.** 보존하다, 보호하다. **8.** 〔*alqd - alci*〕 **드러내다,** 드러내 보이다, 보여주다, 증명하다; 〔*refl.*〕 se ~*(acc. præd.)* 자기를 (무엇으로·어떻게) 드러내다, (어떤) 태도를 보이다, (어떻게) 행동하다: virtútem ~*(Cæs.)* 용기를 드러내다 / ~ se invíctum *(Ov.)* 굴하지 않다. **9.** 〔*alqd - alci; inf.;* ut〕 주다, 제공하다, 해주다, 베풀어 주다, …하게 하다: ~ *alci* certam summam pecúniæ*(Suet.)* 아무에게 일정한 액수의 돈을 주다.

præstolátĭo, ónis, *f.* [præstólor] 기다림, 기대, 희망.

præstólor, átus sum, ári, *dep.* [-**stólo,** áre,] *intr., tr.* [præsto¹]〔*dat.; acc.; abl.; absol.*〕 기다리고 있다, 대기하다; 기대하다.

præstrángŭlo, áre, *tr.* [præ³+] 목을 죄다; 말을 막다.

præstríctim, *adv.* [præstríngo] 매우 간단히.

præstríngo, strínxi, stríctum, ĕre, *tr.* [præ³+] **1.** 몹시 죄다; 앞을 죄다; **졸라 매다,** (목 따위를) 조르다. **2.** 엉기게 하다, 굳어지게 하다. **3.** 싸매다, 처매다. **4.** 가볍게 대다[닿다], **스치다,** 스쳐 지나가다. **5.** 〔*alqd; acc. c. inf.*〕 언급하다. **6.** 몹시 놀라게 하다, 얼빠지게 하다. **7.** (눈을) **부시게 하다;** 현혹시키다, **홀리게 하다,** 속임수에 걸리게 하다. **8.** (칼날 따위를) 무디게 하다; (광택을) 흐려지게 하다.

præstrúctĭo, ónis, *f.* [prǽstruo] 준비(작업), 기초.

præstructúra, æ, *f.* [prǽstruo] 얼개.

prǽstrŭo, úxi, úctum, ĕre, *tr.* [præ³+] **1.** 먼저 구축[건축]하다, 앞에 구축하다, 기초작업을 하다, 기초를 닦다. **2.** 차단하다, 막다. **3.** 준비작업을 하다.

præstúpĭdus, a, um, *adj.* [præ³+] 매우 우직한, 매우 우둔한.

præsul, sŭlis, *m.f.* [præ³+sálio¹] **1.** 하늘에서 내려왔다는 방패를 들고 해마다 축제때에 *Roma* 시내를 춤추며 돌아다니던 *Mars* 신의 제관단장(祭官團長). **2.** 관리인, 감독, 장(長); 지도자, 스승; 장관. **3.** 《가》 주교, 고위 성직자. **4.** 보호자, 후원자.

præsulátus, us, *m.* [præsul] 주교직.

præsúlsus, a, um, *adj.* [præ³+salsus] 매우 짠.

præsultátor [-súltor], óris, *m.* [præsúlto] 무용 지도자.

præsúlto, áre, *intr.* [præ³+salto] 앞에서 춤추다, 날뛰다.

præsum, *(-es, -est),* fŭi, ésse, *anom. intr.* [præ³+] **1.** 〔*dat.;* in *abl. loci; absol.*〕 **지휘하다, 감독하다,** 관리하다, 다스리다, 통치하다; (지방)장관으로 지내다: ~ classi *(Cæs.)* 함대를 지휘하다 / in eā província ~ 그 주(州)의 지사로 지내다. **2.** 〔*alci rei*〕 앞장서서 하다, 주모자(主謀者)이다: illi crudelitáti ~*(C.)* 그 포학성의 주모자이다. **3.** 〔*dat.*〕 보호하다, …의 보루가 되다.

præsúmo, súmpsi, súmptum, ĕre, *tr.* [præ³+] **1.** 먼저[미리] 취(取)하다, 먼저 먹다[마시다·복용하다], 예방으로 먹다. **2.** (껍질 따위를) 미리 벗기다[떼내다]. **3.** 미리[먼저] 얻다[차지하다·향유(享有)하다]. **4.** 선행(先行)시키다, 미리[먼저·지레] 하다, 앞질러 하다, 지레 가지다: spem ~*(Val. Max.)* 미리부터 희망을 가지다 / opínio præsúmpta*(Q.)* 선입견. **5.** 〔*alqd; acc. c. inf.*〕 예기하다, 예상[예측]하다; 짐작하다, 추측하다, 넘겨짚다; 《法》 **추정**(推定)**하다:** fílium obiísse falso ~*(Pap.)* 아들이 죽은 줄로 잘못 짐작하다. **6.** **감행하다,** 대담하게[감히] 하다. **7.** 주제넘게 기대하다, (자격도 없이) 뻔뻔스럽게 자신을 가지다.

præsúmptĭo, ónis, *f.* [præsúmo] **1.** 미리 가짐; 미리 먹음, 미리 마심. **2.** 미리[먼저] 얻음[차지함·누림], 사전 향유(事前享有). **3.** 짐작, 추측; 억측, 지레짐작. **4.** 《法》 **추정**(推定). **5.** 주제넘은 기대[자신·자부(自負)]; 《神》 **과망**(過望), (필요한 수단을 강구하지 않고 함부로 자신하는) 구령(救靈)에 대한 참월(僭越)한 기대. **6.** 그릇된 선입견.

præsumptiósus, a, um, *adj.* [præsúmptio] 당돌한, 참월(僭越)한, **주제**넘은, 건방진, 자부심이 강한.

præsumptívus, a, um, *adj.* [præsúmo] **1.** 추정(推定)의, 추정에 의거한, 추측의. **2.** 당돌한, 건방진, 참월(僭越)한.

præsúmptor, óris, *m.* [præsúmo] **1.** 횡탈자(橫奪者), 불법 선취자. **2.** 자부심이 강한 사람, 당돌하게 자신만만한 사람.

præsumptórĭus, a, um, *adj.* [præsúmptor] 자부심이 강한, 당돌하게 자신만만한, 참월(僭越)한.

præsumptuósus = præsumptiósus.

præsúmptus, a, um, *p.p., a.p.* [præsúmo] 추정된; 지레짐작의, 미리 단정된.

prǽsŭo, sŭi, sútum, ĕre, *tr.* 〔*alqd alqā re*〕 앞을 꿰매다; 앞[끝]을 가리다[싸매다].

præsuppóno, ĕre, *tr.* [præ[3]+] **1.** 예상[예측]하다. **2.** (무엇을) 전제 조건으로 하다.

prǽtĕgo, téxi, téctum, ĕre, *tr.* [præ[3]+] 〔*alqd - alqā re*〕 (앞을) 덮다, 가리다, 감추다, 보호하다.

præténdo, téndi, téntum [ténsum], ĕre, *tr.* [præ[3]+] **1.** 앞으로 펴다, 내밀다, 내뻗게 하다. **2.** 〔*alqd - alci rei*〕 앞에 벌여[펼쳐] 놓다, (울타리·그물 따위를) 치다; (어디에 무슨 재료를) 입히다. **3.** *pass.* præténdi 〔*absol.; dat.*〕 펼쳐져 있다, 뻗어 있다, …에까지 미치다. **4.** 〔*alqd - alci rei*〕 정당화하다, 구실로 삼다, 표면에 내세우다, 빙자하다, 겉꾸미다. **5.** 보여 주다, 표시하다, 내색하다.

prætént o[1] [-témpto], ávi, átum, áre, *tr.* [præ[3]+tento] 미리 조사[검토]하다, 미리 알아보다, 정찰[탐색]하다, (앞을) 더듬어보다, 짚어보다; 미리 해보다, 먼저 시험해보다, 떠보다, 건드려보다: ~ báculo iter *(Ov.)* (장님이) 지팡이로 길을 더듬다.

prætént o[2], ávi, átum, áre, *tr.freq.* [præténdo]앞으로 펼치다.

prætentúra, æ, *f.* [præténdo] 국경 수비대, 변경(邊境) 경비대.

prætepésco, tépŭi, ĕre, *intr. inch.* [præ[3]+] 미리 더워지다.

præter[1], *adv.* 제외하고, …이외에, …밖에는: Nil ~ canna fuit. *(Ov.)* 갈대 밖에는 아무것도 없었다 / ~ si …하는 경우 외에는 / ~ quod …를 제외하고 / prætérque 그리고 또, 게다가, 그밖에 또 / ~ quam … 보다 더, …이상으로.

præter[2], *præp. c. acc.* [præ[3]+] **1.** 앞에(서), 옆에서, 앞[옆]을 **지나서**, (무엇을) 따라서: ~ pedes *(Pl.)* 발앞에서 / ~ oram *(L.)* 해안선을 따라서. **2. 외에,** 외로, 밖에; 넘어서; …와는[보다는] 달리: ~ opinionem *(N.)* 뜻밖에, 예상 외로 / ~ spem *(Pl.)*, ~ exspectatiónem *(C.)* 기대와는 달리 / ~ sólitum *(V.)* 여느 때와는 달리 / ~ ánimi senténtiam *(Pl.)* 본의 아니게 / ~ modum *(C.)* 지나치게, 정도를 넘어서. **3. …말고도,** 외에도, …에다: ~ supra dicta *(Plin.)* 앞에서 말한 것 말고도. **4. 제외하고, 빼놓고,** 내놓고, 외에는, 밖에는: Omnes ~ eum *(C.)* 그를 제외하고는 (나머지 사람) 모두가. **5.** 보다 더[이상], …에 비해 더: ~ céteros, ~ álios *(C.)* 다른 사람들보다 더.

præter-[3], *prævérbium,* 복합어에서 《앞에(서), 옆에서, 옆을 지나서, 넘어서, 초과하여, 과(過), 더욱》 따위의 뜻을 드러냄.

prætérăgo, áctum, ĕre, *tr.* [præter[3]+] (말 따위를) 몰아서 (어디를) 지나가다, 달려서 통과하다.

præterbíto, ĕre, *intr., tr.* [præter[3]+] 지나가다, 지나쳐 가다.

præterdúco, ĕre, *tr.* [præter[3]+] 데리고 지나가다.

prætérĕa, *adv.* [præter[3]+ea *(n.pl.)*] **1.** 그 외에는, 그외에 또, 그밖에도, 게다가, 더우기(또), 그뿐 아니라 또한; 그리고. **2.** 그다음에.

prætérĕo, *(-is,-it),* ívi [ĭi], ĭtum, íre, *anom.* [præter[3]+eo[3]] **I.** *intr.* **1.** 〔per *acc.; alqā* (viā); *absol.*〕 **지나가다,** 통과하다, 스쳐 가다. **2.** 〔시간〕 **지나다,** 흐르다, 경과하다: nocte, quæ prætériit *(Pl.)* 지난밤에.
II. *tr.* **1.** 〔*alqm, alqd*〕 **지나가다,** 지나치다, 통과하다: *alqm* ~ *(Pl.)* 누구를 지나치다. **2.** 따라서 흐르다, 흘러 지나가다: ripas ~ *(H.)* 강변을 따라 흐르다. **3.** 〔*alqd; inf.;* quod; 부정 뒤에 quin〕 **묵과하다,** 언급하지 않다, **그냥 넘어가다,** 내버려 두다: nihil ~ *(Plin.)* 아무것도 묵과하지 않다 / ~ dícere *(Pl.)* 말하지 않고 넘어가다 / ~ non pótui, quin ... *(Cæs.)* 나는 … 않고서는 그냥 넘어갈 수 없었다. **4.** 〔*alqd*〕 빼놓다, 빠뜨리다: sýllabas ~ *(Suet.)* 음절들을 빠뜨리다. **5.** 〔*alqm*〕 소홀히 하다, 고려해 주지 않다, 무시하다; 제외하다, 배제하다, 빼놓다, 누락시키다; 제명(除名)하다: prætériti senatóres 제명된 원로원 의원. **6.** 〔*alqm*〕 앞지르다, 능가하다. **7.** 〔*alqd*〕 면하다, 피하다. **8.** *impers.* **prǽterit me** *(acc.)* 〔흔히 부정적으로 쓰며, 문법상 주어는 *acc. c. inf., interr. indir.; alqd (nom.)*〕 나는 모른다: Non me prǽterit, me prolápsum esse. *(C.)* 내가 실

수했다는 것을 모르는 바 아니다 / Te non prǽterit, quam sit diffícile, ... *(C.)* 얼마나 어려운지를 너는 알고 있다.

præteréquĭtans, ántis, *p.præs.* [*inusit.* -équito] 말타고 지나가는.

prætereúndus, a, um, *gerundív.* [prætéreo] 지나쳐 버려야 할. 「에, 아무렇게나.

prætereúnter, *adv.* [prætéreo] 지나는 길

prætérflŭo, ĕre, *intr., tr.* **1.** 〔*absol.; acc.*〕 흘러 지나가다. **2.** (시간적으로) 지나가다, 경과하다. 「빨리 지나가다.

præterfúgĭo, ĕre, *tr.* [præter[3] +] 도망가다,

prætergrédĭor, *(dĕris, dĭtur)*, gréssus sum, grĕdi, *dep. tr.* [præter[3] + grádior] **1.** 〔*absol.; acc.*〕 (옆을) 지나가다. **2.** 〔*alqm*〕 능가하다, …보다 뛰어나다.

prǽtĕrhac, *adv.* [præter[3] +] 이 이상(以上) 더, 더 계속해서.

prætérĭens, eúntis, *p.præs.* [prætéreo].

præterítĭo, ónis, *f.* [prætéreo] **1.** 지나감. **2.** (상속의 일부를 받아야 할 사람에 대한) 유언의 누락. **3.** 《修》 암시적 간과법(看過法).

prætérĭtum, i, *n.* [prætéritus] **1.** 과거: in ~ *(Plin., Suet.)* 과거로 소급해서. **2.** 《文法》 과거(시칭·시제), 완료시제: (~) perféctum 전과거(全過去) / (~) imperféctum 반과거(半過去), 미완료 과거 / (~) plusquamperféctum 대과거(大過去), 과거완료. **3.** 〔*pl.*〕 지난 일, 과거지사. **4.** 〔*pl.*〕 = Paralipómena *(S. Hierónymus)*.

prætérĭtus, a, um, *p.p., a.p.* [prætéreo] **지나간,** 과거의, 이전의.

præterlábor, *(ĕris, ĭtur)*, lápsus sum, lábi, *dep. intr.* [præter[3] + labor[1]] **1.** 〔*absol.; acc.*〕 옆[앞]을 흐르다, 흘러 지나가다; 옆으로 지나가다; 항해하여 지나가다. **2.** 머리속에서 사라지다. 「러 지나가다.

præterlámbo, ĕre, *tr.* [præter[3] +] 옆을 흘

prætérmĕo, áre, *intr., tr.* 옆[앞]을 지나가다, 통과하다.

prætermíssĭo, ónis, *f.* [prætermítto] **1.** 빠뜨림, 빼놓음, 생략. **2.** 소홀, 등한, 태만, 부주의.

prætermítto, mísi, míssum, ĕre, *tr.* [præter[3] +] **1. 지나가게 하다,** 지나쳐 보내다, (기회 따위를) 놓치다: nullum diem ~ *(C.)* 하루도 그냥 보내지 않다 / ~ néminem *(C.)* 아무도 지나쳐 보내지 않다. **2.** 〔*alqd; inf.;* 부정 뒤에 quin〕 소홀히 하다, 등한히 하다, 빠뜨리다, (…하는 것을) 잊어버리다; 무관심하다, 내버려 두다, 방치하다: nihil ~, quin ... *(C.)* 하나도 빼지 않고 …하다. **3.** (말·글에서) 그대로 넘겨 버리다, 묵과하다, 생략하다, 빼놓다. **4.** 〔*alqd; acc. c. inf.*〕 용서하다, 관용하다; 눈감아 주다, 간과하다, 묵인하다.

præternaturális, e, *adj.* [præter[3] +] 《神》 외자연적(外自然的), 자연외적, 과자연적(過自然的): dona præternaturália 과자연적[과성(過性)] 은혜.

præternávĭgo, áre, *intr., tr.* [præter[3] +] 〔*absol.; acc.*〕 항해하여 지나가다.

prǽtĕro, trívi, trítum, ĕre, *tr.* [præ[3] +] (줄 따위로) 쓸다, 갈다, 마멸케 하다; 짓찧다.

præterprópter, *adv.* 대개, 가량; 그럭저럭.

prætérquam, *adv.* **1.** 외에(는), 밖에(는), 제외하고, 빼고, 말고: ~ quod te rogo, ... *(T.)* 내가 너한테 묻는 것 외에는 / Nullas iis, ~ ad te, dedi lítteras. *(C.)* 나는 너한테 보내는 편지말고는 그들에게 아무 편지도 부탁한 일이 없다 / ~ ..., étiam... *(L.)* … 뿐 아니라 …도, …말고도 또한. **2.** 〔가끔 접속사 quod을 동반함, 이 경우 quod 속의 서술동사는 생략되는 수가 있음〕 Ego me, ~ quod sine te, céterum satis cómmode oblectábam. *(C.)* 나는 네가 없다 뿐이지 그 외에는 상당히 쾌적한 생활을 하고 있었다. **3.** ~ si … 경우가 아니고서는.

prætérsum, fŭi, ésse, *anom. intr.* [præter[3] +] 〔*dat.*〕 주의하지 않다, 등한히 하다.

prætervéctĭo, ónis, *f.* [prætérvehor] 배타고 지나감, 항해.

prætérvĕhor, *(hĕris, hĭtur)*, véctus sum, hi, *dep. tr., intr.* [præter[3] +] **1.** 〔*absol.; acc.*〕 (말·수레·특히 배 따위를) 타고 (어디를) 지나가다, 항해하여 통과하다. **2.** 〔*acc.*〕 (일반적으로) 지나가다, 넘어가다: locum siléntio ~ *(C.)* 어떤 대목을 그냥 넘어가다.

prætérvŏlo, ávi, átum, áre, *intr., tr.* [præter[3] +] **1.** 〔*absol.; acc.*〕 날아서 지나가다. **2.** 〔*acc.*〕 (공기·물 따위를) 가르고 빨리 지나가다. **3.** 〔*acc.*〕 깨닫지 못하게 지나가다; 사라지다, 자취를 감추다.

prætéxo, téxŭi, téxtum, ĕre, *tr.* [præ[3] +] **1.** 앞자락을 짜다, 가장자리를 달다, 선을 두르다; (그물 따위를) 뜨다. **2.** 〔*alqd alqā re*〕 (앞·전면을) 장식하다. **3.** 〔*alqd* - in *abl.; dat.*〕 첫머리에 (엮어) 놓다. **4.** 〔*alqd [alqm]* - *alqā re*〕 (앞을) 가리다, 뒤덮다. **5.** 〔*alqd alqā re*〕 호도(糊塗)하다, 어물어물 덮어 버리다. **6.** 〔*alqd*〕 구실로 내세우다, 빙자하다.

prætéxta, æ, *f.* [prætéxtus[1]] **1.** 심홍색 술을 달거나 선을 두른 toga (미성년복은 귀족 자녀들이 남자 15 - 17세까지, 여자는 결혼 때까지 입었음; 성년복은 고관·원로원 의원·제관 등이 축제일에 입었음). **2.** (*sc.* fábula[2]) *Roma* 상류사회의 생활을 소재로 한 비극.

prætextátus, a, um, *adj.* [prætéxta] **1.** 심홍색 선이 둘린 겉옷을 입은. **2.** 소년의,

소녀의; 유치한. **3.** 외설한, 음탕한.
prætéxtum, i, *n.* [prætéxtus[1]] **1.** 가장자리의 마무리. **2.** 장식. **3.** 핑계, 구실.
prætéxtus[1], a, um, *p.p., a.p.* [prætéxo] **1.** 가장자리에 선을 두른; 장식된. **2.** 앞을 가린. **3.** 심홍색 선이 둘린 겉옷을 입은; 아동복을 입은.
prætéxtus[2], us, *m.* [prætéxo] **1.** 구실, 핑계, 빙자. **2.** 장식; 겉모양, 외관.
prætíměo, ŭi, ěre, *tr.* [præ[3]+] 지레 겁먹다, 미리부터 무서워하다.
prætímĭdus, a, um, *adj.* [præ[3]+] 매우 겁 많은, 지레 겁먹는, 소심한.
prætínctus, a, um, *p.p.* [*inusit.* prætíngo] 미리 적신[축인]; (물에) 담근.
prætítŭlo, átum, áre, *tr.* [præ[3]+] 표제를 [제목을] 붙이다.
prætor, óris, *m.* [prǽeo] **1.** 선두에 선 사람, 지휘자. **2.** 장수(將帥), **총사령관**; 군을 통솔한 집정관. **3.** 집정관; 최고 행정장관. **4.** (출전한 집정관의 직무를 대행하던) *Roma*의 최고 사법행정(장)관 (처음에는 1명이었으나 나중에는 16명까지 증원되었음): ~ urbánus, *Roma* 시민 전담 사법관 / ~ peregrínus 외국인 전담 사법관. **5.** (지방의) 군정장관, 총독.
prætoriánus, a, um, *adj.* **1.** [prætórium] 근위병의, 친위대의; 〔*subst.*〕 *m.pl.* 근위병. **2.** [prætor] (집정관의 직무대행을 하는) *Roma*의 최고 사법행정관의.
prætoríŏlum, i, *n. dim.* [prætórium] **1.** 귀족의 시골별장. **2.** 선장실.
prætórĭum, i, *n.* [prætórius] **1.** 본영(本營), 총사령관 막사[관저]. **2.** (최고) 참모회의. **3.** (법정을 겸한) 지방장관 관저, 총독 관저. **4.** 〔*pl.*〕 왕궁, 궁전. **5.** (시골에 있는) 호화별장. **6.** (*Roma* 황제의) 근위대, 친위대.
prætórĭus, a, um, *adj.* [prætor] **1.** 집정관의; (집정관의 직무대행을 하는) *Roma*의 최고 사법행정관의: prætórium jus *(C.)* 집정관(대행자)의 권한. **2.** 지방장관의, 총독의. **3.** 전(前) 집정관의. **4.** **총사령관의**; **본영**(本營)**의**: prætória cohors *(C.)* 총사령관 직속 보병대[친위대] / prætória porta *(Cæs.)* (적군에 직면한) 본영 정문 / prætória navis *(L.)* (함대 사령관의) 지휘함. **5.** (*Roma* 황제의) 친위대의, 수도*(Roma)* 경비대의. 「앞으로 비틀다.
prætórquěo, tórsi, tórtum, ére, *tr.* [præ[3]+]
prætractátus, us, *m.* [prætrácto] 서론, 서설(序說), 입문(入門), 서언. 「미리 다루다.
prætrácto, áre, *tr.* [præ[3]+] 미리 검토하다,
prætrépĭdo, áre, *intr.* [præ[3]+] 몹시 떨다, 몹시 불안[초조]해 하다.
prætrépĭdus, a, um, *adj.* [præ[3]+] **1.** 설레는. **2.** 매우 떠는, 안절부절 못하는, 불안한, 초조한. 「내다.
prætrúnco, áre, *tr.* [præ[3]+] 자르다, 잘라
prǽtŭli, *pf.* [prǽfero]. 「법관직.
prætúra, æ, *f.* [prætor] 집정관 대행직; 사
Prætútĭi, órum, *m.pl.* 남부 *Picénum*의 한 종족; 〔*adj.*〕 **-tutiánus** [**-tútĭus**], a, um.
præúmbrans, ántis, *p.præs.* [*inusit.* præúmbro] 그늘지게 하는, 그림자를 던지는.
præúro, ússi, ústum, ěre, *tr.* [præ[3]+] 동상걸리게 하다; 앞[끝]을 태우다. 「어 보아.
præut, *adv.* [præ[3]+ut] …에 비하면, 비추
prǽvălens, éntis, *p.præs., a.p.* [præváleo] 매우 힘센, 대단히 세력있는, 강대한; 더 우세한, 더 나은. 「우세, 더 나음.
prævaléntĭa, æ, *f.* [præváleo] 우월, 탁월,
præválěo, válŭi, ére, *intr.* [præ[3]+] **1.** 〔*abl.; absol.*〕 매우 건장하다; 더[대단히] 강하다, 더 힘있다. **2.** 〔*abl.*; in, ad *acc.*; in *abl.*; apud *alqm*; *absol.*〕 **우세하다**, 우월하다, 더 낫다, 더 가치있다; 세력[영향력]이 더 크다. **3.** 〔contra, ad *acc.*〕 …에 특효가 있다.
prævalésco, ěre, *intr. inch.* [præváleo] (식물이) 더 튼튼해 지다, 억세어지다.
prævalĭdus, a, um, *adj.* [præ[3]+] **1.** 매우 강한, 억센, 매우 강력한. **2.** **강대한**, 팽창한 세력을 가진.
præválIo, áre, *tr.* 전면(前面)의 방어시설을 튼튼히 하다, 방책(防柵)을 구축하다.
prævaricátĭo, ónis, *f.* [prævaricor] **1.** 불성실, 직무 태만[유기·일탈]; 《法》 **통모**(通謀), 결탁 소송; 배임 수증재죄(背任收贈財罪). **2.** 법률위반, 범법, 범죄; 거역, 반역.
prævaricátor, óris, *m.* [**-cátrix,** ícis, *f.*] [prævaricor] **1.** 직무 유기자[일탈자]; 《法》 **통모자**(通謀者), 소송에서 상대방[피고측]과 결탁[공모]한 자. **2.** 범법자, 범죄자, 죄인.
prævárĭco, ávi, átum, áre, *intr.* [præ[3]+] (법을) 거스르다·어기다, 범법[위법]하다, 범죄하다.
prævárĭcor, átus sum, ári, *dep. intr. (tr.)* [præ[3]+várico] **1.** 빗나가다, 비뚜로 나가다. **2.** 〔*absol.*; *dat.*; *alqd*〕 《法》 **통모**(通謀)하다, 상대방과 (특히 원고가 피고와) 공모[결탁]하다, 배임행위를 하다. 「엉망인.
prævárus, a, um, *adj.* [præ[3]+] 불규칙적,
prævěhor, *(hěris, hĭtur)*, véctus sum, hi, *dep.* [præ[3]+veho(r)] **1.** *intr.* (말·배·수레 따위를) 타고 앞으로 가다; 운반되어 가다; 발사(發射)되어 날아가다. **2.** *tr.* 〔*alqd*〕 (강이) 흘러 지나가다.
prævéllo, vélli [vúlsi], vúlsum, ěre, *tr.* [præ[3]+] 뽑아내다. 「리다, 덮어 가리다.
prævélo, átum, áre, *tr.* [præ[3]+] (앞을) 가
prævélox, lócis, *adj.* [præ[3]+] 매우 빠른,

재빠른.

prævénĭo, véni, véntum, íre, *intr., tr.* [præ³+] **1.** 〔*absol.; alqm, alqd - alqā re*〕 먼저[일찍] 오다, 앞서다, 앞지르다; 미리[일찍] 당하게 하다, (누구에게 무엇을 ⟨*abl.*⟩) 미리[먼저·앞당겨] 베풀다: nisi morte prævéntus fuísset *(Justin.)* 그가 먼저[일찍] 죽지 않았더라면. **2.** 〔*alqd*〕 앞질러 점령하다, 먼저 차지하다. **3.** 〔*alqm*〕 먼저 고소[고발]하다. **4.** 〔*alqd*〕 앞당겨 하다. **5.** 〔*alqd; alqā re*〕 더 낫다, 능가하다.

prævéntĭo, ónis, *f.* [prævénio] **1.** 먼저[일찍] 옴, 앞지름, 선행(先行). **2.** 선수를 씀, 사전조치, 예방. 「초병, 공격개시병.

prævéntor, óris, *m.* [prævénio] 정찰병, 전

prævéntus, us, *m.* [prævénio] 불의의 내습, 갑자기 닥쳐옴. 「접두사, 접두어.

prævérbĭum, i, *n.* [præ³+verbum] 《文法》

prævérro, ĕre, *tr.* [præ³+] 미리 쓸다, 미리 청소하다.

prævérto, vérti, vérsum, ĕre, *tr.* [præ³+] **1.** 〔*alqd [alqm] alci rei, præ abl.*〕 더 중히 여기다, 낫게 여기다, …보다 앞세우다, 우선적으로 택하다. **2.** 〔*alqd*〕 앞지르다, 앞서다, 더 빨리 달리다: cursu pedum ~ ventos *(V.)* 바람보다 더 빨리 달려가다. **3.** 〔*alqm, alqd*〕 앞질러 방해하다, 선수를 쓰다, 못하게 막다, 쓸모없게 만들다. **4.** 〔*alqd*〕 예방하다, 미리 피하다[면하다]. **5.** 먼저 건드리다, 먼저 헐뜯다. **6.** 미리[먼저] 마시다, 미리 먹다. **7.** 먼저[앞질러] 차지하다, 먼저 (마음을) 사로잡다. **8.** *intr.* 〔*absol.; dat.*〕 우선(優先)하다, 우위에 있다, 능가하다. **9.** se ~ 〔ad *acc.*〕 …로 방향을 돌리다; 전념하다.

prævértor, *(tĕris, tĭtur)*, vérsus sum, ti, *dep. intr., tr.* **1.** 〔*dat.; acc. dat.;* ad, in *acc.*〕 다 제쳐 놓고 (무엇을) 하다, 전념하다, (무슨 일에) 파묻히다, 일삼다; (어디로) 주의를 돌리다, 관심을 가지다. **2.** 〔*acc.*〕 앞지르다, 더 빨리 가다.

prævĭans, ántis, *p.præs.* [*inusit.* prævio] 앞에서 길을 인도하다.

prævídĕo, vídi, vísum, ére, *tr.* [præ³+] **1.** 앞을 내다보다, 예견하다, 예상하다. **2.** 멀리서 이미 바라보다. **3.** 미리 조심하다, 염려하다, 대비하다.

prǽvĭdus, a, um, *adj.* [prævídeo] 앞을 내다보는, 용의주도한, 조심성있는.

prævígĭlo, áre, *intr.* [præ³+] 매우 조심하다, 정신차리다.

prævíncĭo, vínxi, vínctum, íre, *tr.*[præ³+] 먼저[미리] 묶다; 단단히 묶다.

prævísĭo, ónis, *f.* [prævídeo] 선견(先見), 예견, 예측, 예상.

prævítĭo, (ávi), átum, áre, *tr.* [præ³+] 미리 망쳐 놓다, 미리 더럽혀 놓다, 미리 못쓰게 만들다.

prǽvĭus, a, um, *adj.* [præ³+via] 〔*absol.; gen., dat.*〕 앞서가는, 선행(先行)하는, 앞선; 선도(先導)하는. 「서 날아가다.

prǽvŏlo, ávi, áre, *intr.* [præ³+volo¹] 앞에

prævórto, vórti, vórsum, ĕre = prævérto.

pragma, ătis, *n.* 사무, 실무.

pragmaticárĭus, i, *m.* [pragmáticus] 칙령 기초자(勅令起草者).

pragmátĭcus, a, um, *adj.* [pragma] **1.** 사무[실무]의, 실무에 관한, 실무에 경험있는 [익숙한]; 법률사무에 관한, 법률에 정통한; 〔*subst.*〕 *m.* 법률(사무)에 조예가 깊은 사람, 법률고문. **2.** 국사(國事)에 관한: pragmática sánctio (전문가들의 자문을 거쳐 작성된 것으로서 기본법의 효력을 가지는 국왕의) 칙령, 조칙(詔勅), 국본조서(國本詔書). **3.** 《哲》 실용주의적. **4.** (역사의 인과관계를 밝혀) 실천적[실제적] 효과를 노리는, (역사의) 교훈적·계몽적.

pragmatísmus, i, *m.* **1.** 《哲》 실용주의, 실제주의. **2.** 실용주의적[계몽적] 역사(서술).

prándĕo, prandi, prānsum, ére, [prándium] **1.** *intr.* 아침 식사를 하다, **점심먹다**. **2.** *tr.* 아침[점심] 식사에 (무엇을) 먹다.

prándĭum, i, *n.* **1.** **점심** (원래는 간단한 조반·점심 전의 곁두리였음). **2.** (일반적으로) 식사, 연회. **3.** 가축에게 주는 먹이.

pránsĭto, ávi, átum, áre, *freq.* [prándeo **1.** *intr.* 아침밥 먹다, (오전에) 곁두리를 먹다. **2.** *tr.* 아침[점심]식사로 (무엇을) 먹다.

pransor, óris, *m.* [prándeo] 아침밥[점심] 먹는 사람, 아침[점심] 식사에 초대된 사람.

prānsus¹, a, um, *p.p., a.p.* [prándeo] 조반먹은, 점심먹은: ~ et parátus 아침밥을 든든히 먹고 전투준비가 되어있는 (군인) / ~ potus *(C.)* 활동에 지장이 있을 정도로 배불리 먹고 마신.

prānsus², us, *m.* [prándeo] 조반, 점심.

Prásĭi, órum, *m.pl. Indĭa*의 유력한 한 종족; 〔*adj.*〕 **-siánus,** a, um.

prasiniánus, i, *m.* [prásinus] 녹색조(綠色組)에 속한 마차 경주 선수단원(*cf.* fáctio).

prásĭnus, a, um, *adj.* [prásius] 부추 빛깔의, 녹옥색(綠玉色)의, 녹색의: fáctio Prásina 마차 경주 선수의 녹색조(綠色組); 〔*subst.*〕 *m.* (*sc.* lapis) 녹옥(綠玉). 「玉).

prásĭus, i, *m.* 《鑛》 벽옥(碧玉), 녹옥(綠

praténsis, e, *adj.* [pratum] 풀밭의, 목장의, 초원에서 자라는. 「[초원·목장].

prátŭlum, i, *n. dim.* [pratum] 작은 풀밭

prātum, i, *n.* **1.** **풀밭, 초원**, 목초지, 목장. **2.** 목초, 풀. **3.** 잔잔한 해면(海面).

pravicórdĭus, a, um, [**-vĭcors,** córdis,] *adj.* 마음이 악한, 나쁜.

právĭtas, átis, *f.* [pravus] **1.** 비뚤어져[비틀려·찌그러져·꾸부러져] 있음, 기형. **2.** 불량, 나쁨, 잘못되었음, 흠, 결점, 결함. **3.** 부정(不正), 사악(邪惡), 악함, 악의, 고약함; 타락, 부패.

práviter, *adv.* [pravus] 고약하게, 악의를 가지고.

prāvus, a, um, *adj.* **1.** 비뚤어진, 비틀린, 찌그러진, 꾸부러진, 기형의, 제대로 생기지 않은. **2.** 〔*absol.*; *gen.*〕 **나쁜,** 불량한, **그릇된,** 잘못된. **3. 악한,** 부정(不正)한, **못된,** 고약한, 악의를 품은, 사악한; 타락한.

praxis, is, *f.* **1. 실행, 실지,** 실제; 실습, 연습, 응용. **2.** 경험, 노련. **3.** 관습.

Praxíteles, is, *m.* *Athénæ*의 유명한 조각가 (*sæc.* 4 A.C.); 〔*adj.*〕 **-telíus,** a, um.

precámen, mĭnis, *n.* [precor] 간청, 간원, 탄원, 애원; 기도.

precárĭo, *adv.* [precárius] 간청[간원·탄원]하여, 빌어서, 졸라서, 달래서.

precárĭum, i, *n.* [precárius] **1.** 가점유(假占有). **2.** 기원소(祈願所).

precárĭus, a, um, *adj.* [precor] **1.** 간청해서 얻는[얻은]; 주는 사람이 허락하는 동안만의, (주었다가) 도로 거두어 갈 때까지만의, 가점유(假占有)의: precária vita *(Ta.)* 덤으로 사는 목숨. **2.** 한때의, 일시적인, 임시의, 언제 어떻게 될지 모르는, 확실하지 않은.

precátĭo, ónis, *f.* [precor] 청원, 간청, 탄원; 기도, 기구(祈求), 기원.

precatiúncŭla, æ, *f. dim.* [precátio] 조그마한 청.

precatívus, a, um, *adj.* [precor] 청원의, 간청의, 부탁의, 간청·부탁을 나타내는; 간청하여 얻는[얻은]: precatívo modo *(Ulp.)* (유언 따위에서) 부탁[간청]하는 형식으로 / 《文法》 verba precatíva (oro, óbsecro *etc.* 〈청하다, 간청하다, 부탁하다〉 따위의) 청원동사 / precatíva pax *(Amm.)* 청해서 얻은 평화.

precátor, óris, *m.* [**-trix,** ícis, *f.*] [precor] **1.** 간청[간구·탄원·기원·기구(祈求)]하는 사람. **2.** 남을 위해 대신 간청[탄원]하는 사람, 전구자(轉求者).

precatórĭus, a, um, *adj.* [precor] 간청하는, 탄원하는; 기원하는, 기구(祈求)의.

precátus, us, *m.* [precor] 간청, 간구.

prĕces, um, *f. pl.* [prex] **1.** 간청, 간원, 탄원. **2. 기도, 기구**(祈求); 기도문: ~ matutínæ 아침기도 / ~ vespertínæ 저녁기도. **3.** 저주.

preciæ [-tiæ], árum, *f.pl.* 조생종(早生種) 포도(의 일종).

prĕcor, átus sum, ári, *dep. tr.* [prex] **1.** 〔*alqm, alqd; alqd* ab *alqo;* ad *alqm; alci,* pro *alqo;* ut, ne, quóminus; *acc. c. inf.; absol.*〕 **빌다, 간청하다,** 탄원[애원]하다; 기도드리다, **기구(祈求)하다:** Deum ~ 하느님께 기구하다 / ~ opem *(L.)* 도움을 청하다 / Parce, precor, fasso. *(Ov.)* 자백한 자를 제발 용서해 주어라 / Ossa quiéta, precor, quiéscite. *(Ov.)* 유해(遺骸)들이여, 부디 고이 쉬시라 / verba precántia *(Ov.)* 애원하는 말. **2.** 〔*alqd alci; alci* bene [male]〕 **기원하다, 축원하다;** 저주하다: perpétuam felicitátem rei públicæ ~ *(Suet.)* 나라에 무궁한 행복[발전]이 있기를 기원하다 / *alci* bene ~ *(Q.)* 누구에게 잘되기를 축원하다 / *alci* mortem ~ *(C.)* 죽으라고 저주하다.

prehéndo, héndi, hénsum, ĕre, *tr.* [præ³ +] **1.** 〔*alqm - alqā re, alqd - alci*〕 잡다, 붙잡다, 부여잡다, 움켜잡다; 껴안다; 포획하다, 손아귀에 넣다, 차지하다, 점령하다: *alqm* ~ pállio *(Pl.)* 누구의 망토자락을 잡다 / Prehénde furem. *(Petr.)* 도둑놈 잡아라! **2.** 〔*alqm*〕 누구를 붙잡고 이야기하다[청하다]. **3.** 〔*alqm* - (in) *alqā re, alcjs rei*〕 (현장에서) 체포하다, 덮치다: prehéndi in furto *(Pl.)* 훔치다가 현장에서 붙잡히다. **4.** 《法》 체포하여 구금[투옥]하다. **5.** 다다르다, 이르다: ~ oras Itáliæ *(V.) Itália*의 해안에 이르다. **6.** 깨닫다, 파악하다, 알아듣다. **7.** (땅이 식물을) 뿌리박고 자라게 하다; 〔*intr.*〕 뿌리박고 자라다.

prehénsĭo, ónis, *f.* [prehéndo] **1.** 붙잡음, 파악. **2.** 체포, 구금; (호민관의) 구속할 권리.

prehénso, ávi, átum, áre, *tr. freq.* [prehéndo] **1.** 자주 잡다, 꽉 붙잡다; 집다. **2.** 〔*alqm*〕 붙잡고 청하다; 관직을 청탁하다.

prēlum, i, *n.* [premo] **1.** (포도·올리브 따위의) 압착기. **2.** (종이·옷 따위의 주름을 펴는) 압착기. **3.** 인쇄기.

prĕmo, pressi, pressum, ĕre, *tr.* **1.** 〔*alqm, alqd - alqā re*〕 **누르다,** 짓누르다, 압박을 가하다. **2.** (발자취를) 밟다·따르다, 뒤쫓다; 본받다: vestígia *alcjs* ~ *(Ta.)* 누구를 본받다 / presso gressu *(Ov.)* 바싹 뒤쫓아. **3. 죄다,** 조르다; **꽉 잡다,** 거머쥐다; 꽉 껴안다; 바싹 붙이다, 꼭 끼게 하다; 스치다: Matres pressére ad péctora natos. *(V.)* 어머니들이 아들들을 가슴에 꼭 껴안았다 / ense presso *(Lucan.)* 칼을 빼어 꽉 잡고 / ~ litus *(H.)* 해안에 바싹 붙어 항해하다 / presso gradu [pede] *(L.)* 꿋꿋한 발걸음으로. **4.** 깨물다, 물어 뜯다, 씹다; 먹다. **5.** 짜내다, **압착하다,** 압축하다: nudo pressa uva pede *(Ov.)* 맨발로 밟아 짠 포도(즙). **6.** (엉긴 우유를 짜서) 치즈를 만들다: pressum lac *(V.)* 치즈. **7.** …위에 누워 있다, …에 앉아 있다, 기대고 있다: ~ humum *(Ov.)* (죽어서) 땅에 쓰러져 있다. **8.** 〔*alqd, alqm - alqā re*〕 (짐을) 지우다, 짊어지우다, (멍에 따위를) 메우다;

싣다: gravi ónere armórum pressi *(Cæs.)* 무거운 무기를 짊어진 병사들 / ~ mercem ratem *(Tib.)* 배에 짐을 싣다. **9.** 〔*alqd alqā re*〕 장식하다. **10.** 〔*alqm - alqā re*〕 **짓누르다**, 압박하다, 괴롭히다, 시달리게 하다, 허덕이게 하다, 쪼들리게 하다, 몰아 넣다: ære aliéno premi *(Cæs.)* 빚에 쪼들리다. **11.** 〔*alqd* - in, ad *acc.*〕 박아 넣다, 처박다, 꽂아 넣다, 눌러[밀어] 넣다; (이빨 따위의) 자국을 내다, 새기다, 표를 하다: *alqd* ~ acu *(Val. Fl.)* 수놓다. **12.** 파다: ~ sulcum *(V.)* 밭고랑을 내다 / cavérnæ in altitúdinem pressæ *(Curt.)* 깊이 판 동굴들. **13.** (나무를) 심다. **14.** (나무의) 가지를 치다[다듬다]. **15.** 낮추다, 얕게 하다: cúbito presso *(H.)* (식탁에서) 팔꿈치를 낮추고. **16.** 멎게 하다, 멈추다: ~ sánguinem *(Ta.)* 피를 멎게 하다 / ~ gradum *(Val. Fl.)* 발걸음을 멈추다. **17.** 닫다, 막다, 폐쇄하다: ~ óculos *(V.)* 눈을 감다 / presso ore *(V.)* 입을 꽉 다물고. **18.** 〔*alqd - alqā re*〕 덮다, 뒤덮다, 씌우다, 가리다; 감추다, 숨기다; 파묻다: canítiem gáleā ~ *(V.)* 백발에 투구를 눌러 쓰다 / ~ ossa *(Ov.)* 뼈를 파묻다. **19.** 〔*alqd* - ad, in *acc.*〕 (사냥할 때 짐승을) 몰아 넣다. **20.** 〔*acc. - abl.*〕 추격하다, 돌격하다, 육박해 들어가다, 궁지로 몰아 넣다: obsidióne urbem ~ *(Cæs.)* 도시를 포위공격하다. **21.** 내리누르다, 떨어뜨리다, 깎아 내리다, 헐뜯다: ~ famam *alcjs (Ta.)* 누구의 명예를 훼손하다. **22.** 경시하다, 무시해 버리다. **23.** 억누르다, 억제하다, 꾹 참다, 드러내지 않다; 저지[제지]하다: ~ iram *(Ta.)* 분노를 참다 / ~ curam sub corde *(V.)* 마음속 걱정을 드러내지 않다 / ~ vocem *(Phædr.)* 목소리를 죽이다[낮추다] / ~ ore *alqd (V.)* 침묵을 지키다. **24.** 억압하다, 지배하다, 예속시키다. **25.** 때려 눕히다, 찔러 죽이다. **26.** 압도하다, 위압하다, 능가하다. **27.** 추궁하다, 을러대다, 독촉[재촉]하다, 끈덕지게 요구하다, 강제하다. **28.** 〔*alqd; acc. c. inf.*〕 강조하다, 역설하다; 증명하다. **29.** 간단하게 줄이다, 요약하다.

prendo, di[*Vulg.* dĭdi], sum, ĕre = prehéndo.

prensátĭo, ónis, *f.* [prenso = prehénso] 관직 청탁운동.

presbyophrénĭa, æ, *f.* 《醫》 노인성 백치, 노망, 망령.

presbyópĭa, æ, *f.* 《醫》 노안(老眼).

présbўter, ĕri, *m.* 원로, 장로; 《가》 **신부**(神父), 사제.

presbyterálĭs, e, *adj.* [présbyter] 신부의, 사제의: 《가》 Consílium presbyterále 사제평의회.

presbyterátus, us, *m.* [présbyter] 신부직, 신(부)품, 사제품.

presbyterianísmus, i, *m.* (교회의) 장로제도.

presbyteriánus, i, *m.* 〔주로 *pl.*〕 장로교파 사람.

presbytérĭum, i, *n.* [présbyter] **1.** 원로단(元老團), 장로단. **2.** 한 성당 소속의 신부 전체. **3.** 성당 안의 신부석. **4.** 신부 거주소, 사제관(司祭館).

presse, *adv.* [pressus¹] **1.** 눌러서, 죄어서; 혹독하게. **2.** 치밀하게, 좁게, 촘촘히; 짧게; 꽉꽉. **3.** 또박또박, 똑똑히, 명확하게. **4.** 간결하게, 간단명료하게.

préssĭo, ónis, *f.* [premo] **1. 누름**, 중량, 압박, 압착, **압력**: ~ sánguinis 혈압. **2.** 지레의 지점(支點).

presso, áre, *tr. intens.* [premo] **1.** (꽉) 누르다. **2.** 짜다, 압착하다.

pressor, óris, *m.* [premo] 몰이꾼.

pressórĭus, a, um, *adj.* [premo] 누르는, 압박하는; 짜는, 압착하는; 〔*subst.*〕 *n.* 압착기.

pressúra, æ, *f.* [premo] **1.** 압박, 압력. **2.** 짜냄, 압착. **3.** (무거운) 짐. **4.** 혼합, 밀집. **5.** 혼수(昏睡). **6.** 재앙, **재난**, 환난; 고생, 고통, 진통.

pressus¹, a, um, *p.p., a.p.* [premo] **1.** 눌린, 짓눌린, 억눌린, 억제된; 압착된; 꽉 쥐어진. **2.** 박아 넣은; 새겨진, 표해진. **3.** (목소리 따위가) 낮은. **4.** 암갈색의. **5. 간결한**, 간단명료한. **6.** 정확한, 치밀한.

pressus², us, *m.* [premo] **1.** 누름, 압박, 압력. **2.** 오므림; 움켜잡음.

prester, éris, *m.* **1.** 불회오리바람, 빙빙 도는 불기둥. **2.** *Afrĭca* 독사의 일종 (물리면 몹시 부어오르며 심한 갈증을 일으켜 목숨을 잃게도 됨).

prétĭo, áre, *tr.* [prétium] 값을 매기다, 평가하다.

pretiósĭtas, átis, *f.* [pretiósus] 값, 가치, 고가(高價); 고귀, 귀중함.

pretiósus, a, um, *adj.* [prétium] **1.** 비싼, 고가(高價)의, **값진**, 보배로운, **귀중한**. **2.** 돈을 헤프게 쓰는, 사치한, 낭비하는.

prétĭum, i, *n.* **1. 값**, 가격, 가치: ~ fácere (파는 사람이) 값을 부르다[매기다]; (사는 사람이) 값을 놓다 / duóbus prétiis véndere *(C.)* 이중가격으로 팔다 / parvi prétii esse *(C.)* 싸다, 가치가 작다. **2.** 비용, **대가**(代價); 몸값, 포로석방금: paráre prétio *(Pl.)* 대가를 치르고 장만하다. **3.** 돈, 재산; 금, 은. **4. 보수**, 임금, 품삯: pro prétio fácere *(Pl.)* 보수만큼 하다. **5.** 상, 상급, 상금. **6.** (높은) 평가, 존중, 존경: óperæ eórum ~ fácere *(C.)* 그들의 수고를 높이 평가하다[인정하다·존중하다]. **7.** 호평, 명성. **8.** 애써 …할 만한 가치, **보람**, 쓸모(있음): ~ curæ, ~ óperæ *(Plin., L.)* 애쓴[수고한] 보람(있는 일) / Opĕræ ~ habent libertátem. *(L.)* 그들은 애쓴 보람으로 자유를 가지고 있다 / óperæ ~ fácere

(*Sen.*) 애쓴 보람이 있는 일을 하다 / Opĕræ ~ est audíre ...(*L.*) (누구의) 말은 경청할 만한 가치가 있다, … 듣는 것은 유익한 일이다. **9.** 벌, 응보(應報).

prex, prĕcis, *f.* 〔주로 *pl.*〕 **1.** 간청, 간인, 탄원, 애원. **2.** 기도, 기구(祈求); 기도문. **3.** 저주. 「sándra.

Priaméis, ĭdis, *f.* *Príamus*의 딸, 특히 *Cas-*

Priámĭdes, æ, *m.* *Príamus*의 아들.

Príămus, i, *m.* *Laómedon*의 아들, *Troja*의 마지막 왕, *Hécuba*의 남편, *Hector*와 *Paris*의 아버지, *Troja* 함락 때 피살; 〔*adj.*〕 **-méĭus,** a, um. 「설물을 다룬 시가(詩歌).

Priapéĭa, órum, *n.pl.* [Priápus, -péius] 외

priapísmus, i, *m.* [Priápus] 《醫》 음경경직증, 병적 지속발기(持續勃起).

Priápus, i, *m.* **1.** *Bacchus*와 *Venus*의 아들, 풍요한 과수원의 신, 남성 생식력의 신; 〔*adj.*〕 **-pé(ĭ)us [-píus],** a, um. **2.** 남경(男莖); (남경 모양의) 술잔·빵. **3.** 호색한.

prīdem, *adv.* 얼마 전에, 꽤 오래 전에, 이전에, 예전에; 전부터, 벌써부터: quod ad me ~ scrípseras(*C.*) 네가 꽤 오래 전에 나한테 써 보낸 것 / quam ~...(?)(*C.*) 1) 얼마나 오래 전에[전부터](?) 2) …하기 얼마 전에 / non ~(*Plin.*, *T.*) 최근에 / non ita ~(*C.*) 그다지 오래 전은 아니지만.

pridiánus, a, um, *adj.* [prídie] 전날의; 어제의: ~ cibus(*Suet.*) 어제 먹은[먹던] 음식.

prídĭe, [*obsolet.* pris + dies] **1.** *adv.* 〔*absol.*; *gen.*, *acc.*; quam〕 전날에, 하루 전에: ~ ejus diéi (*Cæs.*, *C.*), ~ eum diem(*C.*) 그(날) 전날에 / ~, quam Athénas veni, (*C.*) 내가 *Athénæ*로 오기 전날에. **2.** *n. indecl.* (하루)전날, 전일: usque ad ~ Nonas Majas(*C.*) 5월 6일까지.

Priéne, es, *f.* *Iónia*의 해안도시; 〔*adj.*〕 **-næus [-néĭus, -neus],** a, um; **-nénsis,** e. 「호수(지금의 *Lago di Castiglione*).

Prílĭus Lăcus, -i -us, *m.* *Etrúria*의 작은

Prima[1], æ, *f.* (*sc.* hora) [primus] 《가》 성무일과(聖務日課)의 제1시(時) 기도.

prima[2], órum, *n.pl.* [primus] 시작, 시초.

primæ, árum, *f.pl.* (*sc.* partes) [primus] **1.** (연극의) 주역(主役). **2.** 첫째가는 것, 첫째 자리[직책·지위], 1등. 「의 초기.

primævĭtas, átis, *f.* [primǽvus] 청년시대

primǽvus, a, um, *adj.* [primus + ævum] 젊디젊은, 청춘기의; 초기의.

primánus, a, um, *adj.* [primus] 제1 군단의; 〔*subst.*〕 *m.* (*pl.*) 제1 군단(légio) 군인; 제1반(班) 소속자.

primárĭus, a, um, *adj.* [primus] **1.** 으뜸가는, 첫째가는, 제1위의, 수위(首位)의, 제1급의, 첫 줄의; 주된, 주요한: vir ~ pópuli(*C.*) 국민 중에 첫째가는 인물 / primário loco(*C.*) 첫 자리에. **2.** 원래의, 본래의: sensus ~ (말의) 본뜻, 첫째 뜻. **3.** 《文法》 일차(一次)의, 제1의: tempus primárium 제1 시칭[시제], 일차 시칭 (주문의 현재 미래 및 그에 대응하는 접속법 속문의 시칭). **4.** 《敎法》 (단체의) 본부가 되는: sociétas primária, primária único 본부단(本部團).

prīmas, átis, *m.*, *f.* **1.** 으뜸가는 자. **2.** 《가》 [P-] 수석[수위(首位)] 대주교: ~ Abbas 수석 대수도원장.

primátus, us, *m.* **1.** 수위(首位), 수석, 수좌(首座); 우위(優位). **2.** 《가》 수석 대주교권; (베드로 사도·교황의) **수위권**(首位權).

prīme, *adv.* [primus] 특히, 우선.

primiceriátus, us, *m.* [primicérius] 최상위자의 지위·직책.

primicérĭus, i, *m.* [primus + cera] 최상위자, (각급 관공서·공공단체 따위의) 장(長).

primifórmis, e, *adj.* [primus + forma] 원형(原形·原型)의.

primígĕnes, æ, *m.* [primus + gigno](*Ambr.*) 최초로 태어난 사람. 「신의 별칭.

Primigénĭa, æ, *f.* [primigénius] *Fortúna* 여

primigénĭus, a, um, *adj.* [primus + gigno] 최초로 생겨난, 최초의, 근원(根源)의, 원시(原始)의, 원시형태의, 자연 그대로의; 〔*subst.*〕 (*n.pl.*) primigénia rerum(*Amm.*) 자연계, 대자연. 「최초의.

primígĕnus, a, um, *adj.* [primo + gigno]

primípăra, æ, *f.* [primus + pário[2]] 《醫》 초산부.

primipiláris [primo-], is, *m.* [primipílus] **1.** 제3 전열(戰列) 제1 백인대장(百人隊長)[투창부대장]. **2.** 전직 제1 백인대장[투창부대장]. **3.** 《敎史》 주교. 「부대장직.

primipilátus, us, *m.* 제1 백인대장직, 투창

primipílus, i, *m.* [primus + pilus[2]] (제3 전열〈戰列〉의) 제1 백인대장, 투창부대장.

primípŏtens, éntis, *adj.* [primus + potens] 제일 능한, 전능한. 「처음에.

prímĭter, *adv.* [primus] 첫째로, 처음으로;

primítĭæ, árum, *f.pl.* [primus + eo[3] (itum)] **1.** **맏물**, 계절 최초의 수확물, 첫 열매; 맏물 봉헌. **2.** 최초의 것[성과·결과]; 첫 은혜, 첫 혜택. **3.** 시초.

primitívus, a, um, *adj.* [primus] **1.** 맨 먼저 생겨난[열린], (꽃 따위가) 맨 먼저 핀, 최초의. **2.** **원시의**, 원시시대의, 초기의. **3.** 근본의, **근원의**, 본원의: color ~ 원색. **4.** 《文法》 복합되지 않은, 기본의: primitívum verbum 기본동사. **5.** 원시적인, 미개한; 소박한, 단순한, 발달되지 않은.

prímĭtus, *adv.* [primus] **1.** 처음으로, 맨 먼저; 시초에, 처음에, 애초에. **2.** 우선, 무엇보다도 먼저. 「저; **첫째(로)**.

prīmo, *adv.* [primus] 최초에, **처음에는**, 먼

primogenitális, e, *adj.* [primogénitus] 맨 먼저 난.

primogénĭtor, óris, *m.* [primus + geno = gigno] 조상, 선조, 시조.

primogenitúra, æ, *f.* [primogénitus] **1.** 맏아들임, 장자의 신분. **2.** 《法》 장자 상속권·상속법.

primogénĭtus, a, um, *adj.* [primus + génitus[1]] 맨 먼저 난, 첫아이의, 맏아이[아들]의; 〔*subst.*〕 *n.pl.* 장자권.

primopílus = primipílus.

primoplástus, i, *m.* 최초로 창조된 인간, 아담.

primordiális, e, *adj.* [primórdium] 최초의, 초기의, 원시의, 원시시대부터의; 〔*adv.*〕 **-lĭter,** 처음부터, 당초부터, 본래.

primórdĭum, i, *n.* [primus + órdior] 〔주로 *pl.*〕 **1.** 처음, 시작, 시초, 초기; 기원, 발단. **2.** 즉위(即位). **3.** 원소. **4.** 《生》 원시세포.

primóris, e, *adj.* [primus] **1.** 첫, 맨 처음[먼저]의, 초기(初期)의; 맨 앞의: primóre aspéctu*(Gell.)* 첫눈에 / in primóre puerítiā *(Gell.)* 소년시대의 초기에 / primóres dentes*(Plin.)* 앞니. **2.** 첫부분의, 앞[끝]부분의; 전방에 있는: in primóre libro*(Gell.)* 책의 첫머리에 / primóri in ácie*(Ta.)* 일선에서 / primóribus labris*(C.)* 입술 끝으로; 건성으로, 수박 겉 핥기로 / 〔*subst.*〕 *m.pl.*: inter ~ dimicáre*(Curt.)* 일선에서 싸우다. **3.** 지체높은, 명문(名門)의; 고귀한 지위의, 으뜸가는, 중추적인: primóres féminæ*(Ta.)* 귀부인들; 〔*subst.*〕 *m.pl.* 귀족, 지도계급(의 인물들).

primótĭnus, a, um, *adj.* [primus] 일찍[먼저] 나는, 조생(早生)의, 이른.

prímŭlus, a, um, *adj. dim.*[primus] 첫, 맨 처음의, 막 시작한: prímulo dilúculo*(Pl.)* 첫새벽에, 꼭두새벽에.

prīmum[1], *adv.* [primus] **1.** 첫째로, 우선; 처음에는: ~ ómnium*(C.)* 무엇보다도 먼저. **2.** 비로소, 처음으로. **3.** 〔약간의 종속접속사에 동반되면서 《…직후》를 나타냄〕 cum [quum] ~, ut ~, ubi ~, simul ac ~ …하자마자. **4.** quam ~ 즉시, 될 수 있는 대로 빨리.

prīmum[2], i, *n.* [primus] **1.** 전구(前驅), 전위(前衛). **2.** 당초, 시초, 시작, 개시. **3.** 전제(前提); 전치문(前置文).

prīmus, a, um, *adj. superl.* [prior] **1.** **첫, 첫째의,** 제1, 맨 먼저의, 최초의, 처음의; 첫머리의: Primus venísti.*(C.)* 네가 첫째로 왔다 / a primo 처음부터. **2.** 맨 앞의, 선두의, 최전방의: in primis*(N.)* 선두에 나서서, 선두에서 / in primo*(Sall.)* 맨 앞에(서). **3.** 이른, 빠른, 초(初), 시작의: primā luce*(L.)* 첫새벽에 / primā nocte 초저녁에 *(H.)*; 첫날밤에 / primo vere*(H.)* 이른 봄에 / 〔quisque, quæque, quidque, quodque를 동반하면서 《될 수 있는 대로 이른·빠른, 맨 첫번의》 따위로 뜻이 강화됨〕 primo quoque témpore*(C.)* 될 수 있는 대로 빠른 시간에[빨리]. **4.** 으뜸가는, 첫째가는, 제1인자의; 고귀한, 지위높은, 존귀한 신분의; 주요한, 중요한, 두드러진, 뛰어난, 탁월한, 훌륭한, 우수한: primæ partes 주역(主役), 주연 배우 / 〔*subst.*〕 primi urbis*(H.)* 도시의 유지들 / primas ágere *(C.)* 중요한 역할[직책]을 담당하다 / *alci rei* primas dare*(C.)* 무엇에 제일 큰 몫[가장 큰 비중]을 두다 / in primis*(C.)* 특히, 주로; 우선.

princeps[1], cĭpis, *adj.* [primus + cápio[1]] **1.** 첫, 첫째, 최초의; 선두의, 제일 먼저의. **2.** **으뜸가는, 제1 인자의,** 수위(首位)의, 주요한, 두드러진, 뛰어난, 우수한; 고위층의, 존귀한: fácile ~*(C.)* 능히[사계(斯界)의] 제1인자인(아무개) / príncipes féminæ*(Plin.)* 귀부인들 / príncipe loco génitus *(Plin.)* 양반 집안에 태어난.

princeps[2], cĭpis, *m.* [princeps[1]] **1. 군주, 임금,** 국가원수, 제후. **2.** [P-] (*Augústus* 황제가 정책적 칭호로 사용하기 시작한) 황제, 제왕. **3.** ~ juventútis (명문 출신 특히 기사계급의) 장래가 유망한 젊은이; (명예칭호로서의) 왕자(王子); 〔*pl.*〕 *Alexánder* 대왕의 (젊은) 경호원. **4.** ~ senátus 원로원의 유공 수석의원(有功首席議員), 원로원 의장. **5. 으뜸, 장**(長), 단장(團長); 감독, 관리자, 지도자: ~ sacerdótum 대제관. **6. 시조**(始祖), 창시자(創始者); **제안자, 주동자,** 주모자. **7.** 《軍》 제2 전열(戰列)의 (hastáti 뒤에 배치된) 중무장한 정예병[정예부대]. **8.** 《解》 ~ cervícis 후두동맥(後頭動脈)의 지맥(支脈) / ~ póllicis 엄지손가락 안쪽 동맥.

principális, e, *adj.* [princeps[1]] **1.** 원시의, 당초의, 본래의, 근원의, 최초의, 시조의. **2.** 제1의, **으뜸가는, 주요한,** 주된, 가장 중요한, 중심이 되는: principáles viri *(Apul.)* 주요인물, 중심인물 / causa ~ *(C.)* 주원인 / 《文法》 propositio ~ 주문(主文), 주절(主節); 〔*subst.*〕 *m.* 으뜸, 장(長), 감독자. **3.** 군주의, 임금의, 제왕의; 제후의; 지배자의. **4.** 《軍》 지휘관의, 장교의; **총사령부의,** 본영(本營)의: ~ porta *(L.)* 본영 대문 (4대문의 하나).

principátus, us, *m.* [princeps[1]] **1.** 제1위, **수위**(首位), 수석, 최상위, 우위; 최우선권: principátum senténtiæ tenére *(C.)* (원로원에서) 우선적 투표권을 가지다; 최우선적 제안권이 있다. **2. 패권, 최고 권력,** 왕권; 최고 지위, 지배자의 지위, 제위(帝位); (어느) 황제시대. **3.** 시작, 최초, 기원: témporis ~*(C.)* 시간의 시작. **4.** 《聖》 권품천신(權品天神).

principiális, e, *adj.* [princípium] 맨 처음의, 최초의, 원시의.

princípĭo, áre, *tr.* [princípium] 말머리[모두]를 꺼내다.

princípĭum, i, *n.* [princeps¹] **1. 시작,** 개시, 처음, 시초, 최초, 발단, 단서(端緖); 태초: nec ~ nec finem habére *(C.)* 시작도 끝도 없다 / críminis ~ inveníre *(C.)* 범죄의 단서를 발견하다 / ~ *alcjs rei* capéssere *(Ta.)* 무슨 일을 시작하다, 착수하다 / princípio *(C., T.)* 최초에; 최초로, 처음으로; 처음부터, 원래부터 / princípio atque ... *(Pl.)* …하자마자 / in princípio 처음에, 시초에, 우선 *(C., T.)*; 태초에. **2.** 모두(冒頭), 연설[이야기]의 첫머리. **3.** 기원, 근원; 《神》 궁극적 근원: dúcere ~ ab *abl.* *(C., Ov.)* …로부터 기원되어 나오다; 누구의 후예이다. **4.** 경계(境界), 지경. **5.** 기초, 기초적인 것, 기본, (기본)요소, 근원적 요소; 기본명제. **6. 원리, 원칙,** 법칙, 율(律): 《論·哲》 ~ contradictiónis 모순율 / ~ identitátis 동일률(同一律) / ~ exclúsi tértii [médii] 배중률(排中律) / ~ causalitátis 인과율 / ~ ratiónis sufficiéntis 충족이유(充足理由)의 원리 / ~ quod 원리자체, 작용주체 / ~quo 작용동인(作用動因)/ 《生》 ~ selectiónis naturális 자연도태(自然淘汰)의 원리. **7.** 주의(主義), 근본방침. **8.** 투표의 우선권을 얻은 cúria(행정관구)·tribus(부족). **9.** 시조(始祖), 조상. **10.** 《軍》 〔*pl.*〕 1) 제1선, 최전선; 최전선 부대. 2) 사령부. 3) 참모부; 참모장교. **11.** 제1위, 수위.

príncĭpor, ári, *dep. intr.* [princeps¹] 〔in *acc.*, in *abl.*〕 지배하다, 지배자이다; 으뜸가다.

prīnus, i, *f.* 《植》 떡갈나무.

prĭor, prĭus, *gen.* óris, *adj. comp.* [*obsolet.* pris; præ] 〔흔히는 은연중에 다른 것과 비교됨〕 **1. 먼저의,** (둘 중에) 첫, **전(前)의,** 지난(날의): consul anni prióris *(L.)* 전해의 집정관 / prióre loco dícere *(C.)* (차례에 있어서 둘 중에) 먼저 말하다 / Ille ~ quam pater, móritur. *(L.)* 그는 아버지보다 먼저 죽는다 / opuléntius quam prióres reges *(L.)* 이전 왕들보다 더 화려하게; 〔*subst.*〕 *m.pl.* (= majóres) 조상, 선조. **2.** 앞의: pedes prióres *(Plin.)* 두 앞발. **3.** 더 나은, 더 뛰어난, 우월한, 능가하는; 장상(長上)의: color flore ~ rosæ *(H.)* 장미꽃보다 더 아름다운 빛깔; 〔*subst.*〕 *m.* 1) 시장(市長). 2) 《가》[P-] (베네딕또 수도회의) 원장신부; ~ provinciális (아우구스띠노 수도회·도미니꼬 수도회 등의) 관구장. **4.** 더 중요한, 더 중대한, 우선적인, 더 긴요한, 더 긴급한.

priorátus, us, *m.* [prior] **1.** 우위(優位), 우월. **2.** 《가》 (베네딕또 수도회의) 수도분원(修道分院).

prióritas, átis, *f.* [prior] **1.** 선행(先行), 선행성, 선재성(先在性): ~ natúræ 본질상의 선행 / ~ témporis 시간상의 선행 / ~lógica 논리학상의 선행 / ~ oríginis 기원상의 선행. **2.** 우위, 상위, 우선(권).

Prisciánus, i, *m.* *Mauritánia*의 *Cæsaréa*출신인 *Roma*의 유명한 문법가 (*sæc.* 6 P.C.).

prīscus, a, um, *adj.* [*obsolet.* pris] **1.** 옛, 옛적의, 고대의; 〔*subst.*〕 *m.pl.* 옛 사람들. **2.** 이전의, 지난날의; 먼저 있은. **3.** 고풍의, 질박한; 오래 되어 위풍이 있는, 근엄한; 〔*adv.*〕 **-ce,** 근엄하게.

prisma, ătis, *n.* 《幾》 각주(角柱); 《光》 프리즘, 능경(稜鏡).

prista, æ, *m.* 톱질하는 사람.

prīstĭnus, a, um, *adj.* [*obsolet.* pris] **1.** 이전의, 그전의, 지난날의, 기왕의: in prístinum statum redíre *(Cæs.)* 그전 상태로 돌아가다. **2.** 바로 전의, 전날의, 최근의: sómnium prístinæ noctis *(Suet.)* 지난[전날]밤의 꿈. **3.** 옛, 오래 된. **4.** 위에서 언급한, 이미 말한.

pristis, is, *f.* = pistris[pistrix¹].

prĭus, *adv.* [prior] **1. 먼저,** 미리, 일찌기: Prius disce, quid sit vívere. *(T.)* 산다는 것이 무엇인지를 먼저 배워라 / cármina non ~ audíta *(H.)* 일찌기 들어보지 못한 시가(詩歌). **2.** ~ quam …하기 전에. **3.** 차라리, 오히려. **4.** 예전에, 옛적에.

priúsquam, *conj. subord.* (= ántequam) 〔*c. indic., subj.*; prius와 quam을 갈라놓기도 함〕 …하기 전에, …하기 보다 먼저, …하기에 앞서: Quod ego, ~ loqui cœpísti, sensi. *(C.)* 네가 말을 시작하기 전에 나는 벌써 그것을 느꼈다 / Non ~ sum conátus ..., quam ... *(C.)* 나는 …하기 전에는 (…에) 힘쓰지 않았다.

privántĭa¹, æ, *f.* [privo] **1.** 제거, 박탈. **2.** 결여(缺如), 상실, 결성(缺性).

privántĭa², ĭum, *n.pl.* [privo] **1.** 《文法》 결성사(缺性辭), 결여를 나타내는 말. **2.** 《論》 결성 개념(缺性槪念), 결여 개념.

privátim, *adv.* [privátus] **1. 사사로이,** 사적(私的)으로, 개인적으로, 비공식으로; (자기) 개인의 힘으로. **2.** 따로, 특별히. **3.** 자기 집에: ~ se tenére *(L.)* 자기 집에 틀어 박히다.

privátĭo, ónis, *f.* [privo] **1. 빼앗음,** 탈취, **박탈,** 제거. **2.** 없음, **결여**(缺如), 결핍, 상실.

privatívus, a, um, *adj.* [privo] **1.** 박탈적인, 뺏는 힘이 있는. **2.** 결여(缺如)를 나타내는, 결여되어 있는, 결성(缺性)의; 소극(消極)의: concéptus ~ 결성 개념.

privátus, a, um, *p.p., a.p.* [privo] **1.** 뺏긴, 박탈당한. **2. 사사로운,** 사적(私的)인, **개인의,** 사용(私用)의, 사유(私有)의;

관직에 있지 않는, 재야(在野)의; 비공식의: vita priváta(*C.*) 사생활; 〔*subst.*〕 *m.* 일개인, 사인(私人); 〔*adverbiália*〕 in priváto(*L.*) 사적(私的)으로, 집에서, 집안 사람들끼리 / in privátum (*L.*) 개인용으로 / ex priváto(*L.*) 개인 돈으로[돈에서]. **3.** 황제 이외의, 황제의 것이 아닌.

Privérnum, i, *n.* *Látium*의 *Volsci* 사람들의 도시 (지금의 *Piperno*); 〔*adj.*〕 **-nas,** átis; **-nátes,** ĭum, *m.pl.* 그곳 주민.

privígna, æ, *f.* [privígnus²] **1.** 의붓딸; 전처의 딸. **2.** (어머니가) 결혼 전에 낳아가지고 들어온 딸.

privígnus¹, a, um, *adj.* 〔식물에 대해서만 씀〕 옮겨심은, 자생(自生)이 아닌.

privígnus², i, *m.* [privus+gigno] **1.** 의붓아들; 전처의 아들. **2.** (어머니가) 결혼 전에 낳아가지고 들어온 아들.

privilegiárĭus, i, *m.* [privilégium] 특권을 누리는 사람, 특권자.

privilegiátus, a, um, *adj.* [privilégium] 특권을 가진, 특권[특전]이 부여된.

privilégĭum, i, *n.* [privus+lex] **1.** 예외법규. **2. 특권, 특전:** 《가》 ~ fori (성직자의 민사·형사소송상의) 법정특권(法廷特權, *cf. C.I.C. can. 120*) / ~ Paulínum, ~ fídei (미신자 사이의 적법 혼인의 해소〈解消〉에 관한) 바오로(사도의) 특전, 신앙특전 (*cf. I Cor. 7, 12-15; C.I.C. can. 1120*).

prīvo, ávi, átum, áre, *tr.* [privus] 〔*alqm alqā re*〕 **1. 빼앗다, 박탈하다:** ~ *alqm* vitā(*C.*) 아무에게서 생명을 빼앗다, 죽이다 / me somno ~ (*C.*) 나를 못자게 하다 / óculis se ~ (*C.*) 자기의 두눈을 빼어버리다. **2.** 사면하다, 면제해 주다, 풀어주다, 해방시키다, 덜어주다, 없애주다: ~ *alqm* exsílio(*C.*) 누구에게 귀양을 풀어주다 / ~ *alqm* dolóre(*C.*) 누구의 고통을 덜어주다.

prīvus, a, um, *adj.* **1.** 매(每), 개개의, 각각의, 하나씩의, …마다: in dies privos (*Lucr.*) 날로, 나날이. **2.** 각자의, 저마다의; 개인의, 특별한, 독특한. **3.** 〔*gen.*〕 (무엇이) 없는, (무엇을) 면한.

pro¹, *præp. c. abl.* **1.** 앞에(서), 전면에: ~ æde Cástoris(*C.*) *Castor* 신전 앞에 / ~ contióne(*Sall., L.*) (연설을 듣기 위해) 집합한 군대 앞에서, 대중 앞에서, 공개적으로 / ~ rostris (*Suet., Flor.*) 연단 앞에(서); 연단에서 / ~ tribunáli(*C.*) 법정에서. **2.** 앞으로: ~ castris cópias prodúcere(*Cæs.*) 병영 앞으로 군대를 인솔해 나오다. **3.** (누구·무엇을) **위하여,** 위한, 편들어: ~ me(*C.*) 나를 위해서 / Cicerónis ~ *alqo* 누구를 위한[변호하는] *Cícero*의 변론 / stare ~ *alqo*(*L.*) 누구의 편을 들다 / esse ~ *alqo* (*L., Ta.*) 누구에게 유리하다, 누구를 위하는 것이다, 누구 편이다. **4.** …에 대한 보답으로[대가로], **대하여,** 때문에: ~ benefíciis(*Sall.*) 은혜에 대하여 / *alqm* ~ dictis ulcísci(*T.*) 아무에게 (무슨) 말에 대한 보복을 하다. **5. 대신에,** 대신하여; 대리, 부(副): Ego ibo ~ te.(*Pl.*) 내가 너 대신 가겠다 / ~ cónsule(=procónsule, procónsul)(*C.*) 집정관 대리; 지방총독. **6.** …(으)로, 처럼, …와 마찬가지로, …나 다름없이, …답게, (무슨) 구실을 하는: *alqd* ~ certo habére(*C.*) 무엇을 확실한 것으로 여기다 / Hunc amávi ~ meo.(*T.*) 나는 이 사람을 내 아들처럼 사랑했다 / Ille mihi unus est ~ centum míllibus.(*C.*) 그는 혼자이지만 나에게는 10만명이나 같다 / se ~ cive gérere(*C.*) 시민으로 행동하다, 시민노릇을 하다 / esse *alci* ~ hoste(*L.*) 누구에게 적(敵)이나 다름없다. **7.** ~ eo ac [atque, quasi] (*c. verbo finíto*) 처럼, 듯이, …나 다름없이[없다], …나 마찬가지로: ~ eo ac débui, ...(*C.*) 나는 의당 그랬어야 했듯이 / Pro eo est, atque si adhíbitus non esset. (*Ulp.*) 그가 채용되지 않았던 경우나 마찬가지다. **8.** ~ eo quod …하(였)기 때문에. **9. 대로,** …에 따라, 만큼, -껏: ~ víribus 힘대로, 힘껏 / ~ viríli parte(*C.*) 있는 힘을 다하여 / ~ meā parte (*C.*) 나로서 할 만큼 / ~ se quisque(*C.*) 각자의 능력대로, 각자 자기가 할 수 있는 대로 / pro eo quanti te fácio, ...(*C.*) 내가 너를 평가하는 그만큼. **10.** …에 **비하여:** Prœlium atrócius quam ~ número pugnántium fuit.(*L.*) 교전은 전투원의 수에 비해 너무 치열하였다.

pro-², *prævérbium* **1.** 합성된 단어에 《**앞**(앞으로, 앞을, 앞의); 먼 조상의; 드러나게, 공공연하게; 대신에[의], 부(副); 에 따라; 염려, 옹호, 유리함》 따위의 뜻을 보태어 줌, *e.g.* procédere(앞으로 나아가다), próavus(증조부), procónsul(집정관 대리), propórtio(조화, 비례), protégere(보호하다). **2.** 다음의 몇몇 동사 및 그 파생어에서는 pro- 뒤에 따르는 모음 앞에 d를 삽입한다, *e.g.* prodésse(pro+esse; prodes, prodest), pródeo(pro+eo³), pródigo (pro+ago).

pro³ [proh], *interj.* 〔경탄·비탄·절규 따위 표시; *voc., acc., gen.; absol.*〕 아! 오! 슬프도다!: Pro dii immortáles!(*C.*) 아! 불사의 신들이여 / Pro scelus!(*V.*) 끔찍도 하여라! / Pro dolor! 슬프게도 / Pro deum hominúmque fidem!(*C.*) 아! 신들과 사람들의 성실함이여! / Tantum pro! degenerámus ...(*L.*) 슬프게도 우리가 이렇게까지 타락하다니! 「리.

proábbas, átis, *m.* [pro²+] 대수도원장 대

proágŏrus, i, *m.* *Sicília*의 *Cátina*시와 *Týndaris*시의 최고 장관. 「의 고모

proámĭta, æ, *f.* 증조부의 자매, 할아버지

proárche, es, *f.* 만물의 첫원리[근원].

proáuctor, óris, *m.* [pro²+] **1.** 시조(始祖), 먼 조상. **2.** 창시자, 원저자. **3.** 최초의 소유자.

proávĭa, æ, *f.* [próavus] 증조모.

proavítus, a, um, *adj.* [próavus] 증조부[모]의, 선조의. 「자)형제.

proavúncŭlus, i, *m.* [pro²+] 증조모의 (남

próăvus, i, *m.* [pro²+] **1.** 증조부; 외증조부. **2.** 조상.

probábĭlis, e, *adj.* [probo] **1.** 있음직한; 있을 수 있는, 그럴싸한, 아마 그럴듯한, 믿을 만한, **개연적**(蓋然的)인. **2.** 알아줘야 할, 인정받을 자격이 있는, 칭찬받을 만한, 훌륭한. **3.** 〔*adv.*〕 **-lĭter,** 아마, 십중팔구는; 훌륭하게.

probabilísmus, i, *m.* 《哲·倫神》 개연론(蓋然論), 개연설.

probabílĭtas, átis, *f.* [probábilis] **1.** 있음직함, 있을 법함, 그럴듯함, 믿을 만함; 가망성, 확률, 공산(公算). **2.** 《哲》 개연성(蓋然性).

probaméntum, i, *n.* [probo] 증거, 증명.

próbăta, órum, *n.pl.* (일반적으로) 가축, (특히) 양(떼). 「양에 관한.

probátĭcus, a, um, *adj.* [próbata] 양떼의,

probátĭo, ónis, *f.* [probo] **1. 시험**, 시험해 봄, 살펴봄, 전형(銓衡), 감정(鑑定). **2. 시련**, 수련. **3.** 인가, 승인. **4. 증명**, 증거.

probatívus, a, um, *adj.* [probo] **1.** 시험해 보는. **2.** 입증의, 증명하는, 증거를 제공하는.

probátor, óris, *m.* [probo] **1.** 관찰자, (시련 따위로) 시험해 보는 자. **2.** 찬성자, 찬동자. **3.** 증명인.

probatórĭus, a, um, *adj.* [probátor] 증명하는, 추천하는; 〔*subst.*〕 *f.* (*sc.* epístola) 자격 증명서, 추천서.

probátus, a, um, *p.p.*, *a.p.* [probo] **1.** 시험을 거친, 훌륭히 증명된, **훌륭한**, (자격·성능·가치 따위를) 인정받은[받는], 정평있는; 〔*adv.*〕 **-te,** 훌륭히. **2.** 〔*alci*〕 (누구의) 마음에 드는, 마음을 흡족하게 하는; 사랑[귀염]받는.

prŏbe, *adv.* [probus] **1.** 참 잘, 좋게, 옳게, 올바로, 똑바로, 제대로, 훌륭히: ~ scire(*C.*) 똑바로 알다 / Narras ~ .(*T.*) 거참 좋은[반가운] 소식이다! / 〔찬성·찬탄 표시의 내답〕 Probe! 바로 그렇나! 좋아! 참 잘했다! **2.** 매우, 심히; 온전히, 아주.

próbĭtas, átis, *f.* [probus] 착함, 덕성; 성실, 정직, 청렴, 결백, 겸허; 정숙(貞淑), 단정, 얌전함.

probléma, ătis, *n.* **문제**, 과제, 의문, 문제점; 난문, 난제, 난점: problémata de frequéntia incolárum 인구문제 / problémata operariórum [rurália, sociália] 노동[농업·사회]문제.

problemátĭcus, a, um, *adj.* 문제의, 문제가 되는, 문제거리의; 미해결의, 의문의, 의심스러운.

prŏbo, ávi, átum, áre, *tr.* [probus] **1.** 〔*alqd, alqm - alqā re,* ab *abl.*〕 (자격·적성·성능·가치·진위〈眞僞〉 따위를) **시험하다**, 시험해 보다, 감정하다, 시련하다, 겪어보다, 살펴보다, 조사[검사]하다, 확인하다: locus probándæ virtútis(*Cæs.*) 용기를 시험해 볼 기회 / ~ pecúniam(*Africánus*) 돈을 확인해 보다 / argéntum igne probátum(*Aug.*) 불로 감정한 은. **2.** 〔*alqd, alqm* - (ab, ex) *abl.*〕 평가하다, (어떤 기준으로) 판단하다, 알아보다: amicítias utilitáte ~(*Ov.*) 우정을 이용가치로 평가하다. **3.** 〔*alqm, alqd - acc. præd.; acc. c. inf.; absol.*〕 **인정하다**, 승인하다, 받아들이다, 찬성[찬동·동의·환영]하다; **칭찬하다**, 찬양하다: Vídeo melióra probóque, deterióra sequor.(*Ov.*) 나는 (더) 좋은 것을 보고 인정하지만 그러나 (실제로는) 나쁜 것을 따라간다/ ~ *alqm* júdicem(*C.*) 누구를 재판관으로 받아들이다 / probári *alci* [ab *alqo*] (*C.*) 누구에게 받아들여지다, 인정받다. **4.** (건축·제작품 따위를 검사하여)합격시키다, (제대로 되었음을)인정하다. **5.** 여기다, 생각하다, 믿다. **6.** 〔*alqd [alqm] - alci; alci* de *abl.*〕 (무엇을 누구에게 좋게)인정받다, 마음에 들게 하다, 환영받게 하다; 납득시키다: Libros tibi probábo.(*C.*) 내 책들이 너한테 호평을 받을 것이다 / ~ se *alci* (*C.*), probári *alci* (*Cæs.*) 누구에게 호감을 사다, 칭찬받다, 인정받다, 신임을[신뢰를] 받다. **7.** 〔*alqd alci - alqā re; acc. c. inf.*〕 **증명하다**, 입증하다; 믿게 하다. **8.** 〔*alqm* pro *alqo*〕 누구를 …라고 하다[소문퍼뜨리다].

probóscis, ĭdis, *f.* (개·돼지 따위의 코를 포함한) 내민 주둥이; (특히) 코끼리의 코.

probrósus, a, um, *adj.* [probrum] **1.** 치욕적인, 모욕적인, 명예훼손의. **2.** 수치스러운, 불명예스러운.

prŏbrum, i, *n.* **1.** 비도덕적 행위, 파렴치죄. **2.** 부정(不貞), 음탕, 간통; 추행, 능욕, **강간**. **3.** 수치, 망신, 창피, 불명예, **치욕**. **4.** 욕설, 모욕, 비난.

prŏbus, a, um, *adj.* **1.** (질적으로) 좋은, 쓸모있는, 유용한, 적합한. **2.** 착한, 덕성있는; 성실한, **정직한**, 올곧은, 청렴한, 결백한. **3.** 예의바른, 겸허한, 염치있는, 단정한, 정숙한. **4.** 능숙한, 노련한.

Prŏca[-as], æ, *m.* *Alba Longa*의 왕, *Aven-*

tínus[2]의 아들, *Númitor*와 *Amúlius*의 아버지.

procácĭtas, átis, *f.* [procax] 뻔뻔스러움, 철면피, 후안무치, 염치없음, 건방짐, 무례함, 오만불손.

procámbĭum, i, *n.* 《植》 전형성층(前形成層).

procátĭo, ónis, *f.* [proco] 개가(改嫁)할 남편을 구함.

prŏcax, ácis, *adj.* [procor] **1.** 자꾸 달라고만 하는, **뻔뻔스러운**, 후안무치한, 염치없는, 넉살좋은, 짓궂은, 건방진, 불손한. **2.** 함부로 내뱉는, 마구 헐뜯는, 분방자재(奔放自在)한, 미친 듯이 날뛰는.

procédo, céssi, céssum, ĕre, *intr.* [pro[2]+] **1.** 〔ad, in, ante *acc.; acc. distántiæ; absol.*〕 가다, 앞으로 **나아가다**, **전진하다**; 《軍》 진군하다, 진격하다. **2. 행렬하다**, 행진하다. **3.** 〔*abl.;* ex, de, ab *abl.* – in, extra *acc.;* óbviam *dat.; absol.*〕 나가다, 나오다: ~ castris*(V.)* 진영에서 나오다. **4.** 나타나다, 출현하다; 돋다, 돋아나다. **5.** 돌출하다, 내밀다, 뻗다. **6.** (시간이) 지나다, 경과하다. **7.** 〔in *abl.; alqā re;* in *acc.;* eo(그리로); *absol.*〕 진척하다, 진전하다, 진보하다, 한걸음 더 나아가다; 승진하다; …에까지 이르다, 도달하다: ~ honóribus lóngius*(C.)* 더 높은 벼슬에 오르다 / Eo ira procéssit, ut ...*(L.)* 분노는 …할 정도에까지 이르렀다. **8.** 〔*alci; absol.*〕 (한 가지가) 죽 계속되다; 쌓이다, 누적되다. **9.** 〔*alci* – *c. adv.; absol.*〕 어떤 결과에 이르다; **잘되다**, 성공하다, 성취되다: *alci* bene ~*(C.)* (누구의 일이) 잘되다/ Omnĭa próspere procédent.*(C.)* 모든 것이 순조롭게 될 것이다 / si *alci* consília processíssent,*(L.)* 아무의 계획이 성공되었더라면 / non satis ~, parum ~*(C.)* 잘되지 않다. **10.** 〔*dat.*〕 도움[보탬]이 되다, 이롭다, 유익[유리]하다. **11.** 일어나다, 발생하다. **12.** 〔in *abl.*, contra〕 법적[소송] 절차를 밟다, …에 대한 처분을 내리다.

procélla, æ, *f.* [procéllo] **1. 폭풍(우)**, **풍랑**, 풍파. **2.** 돌풍; 회오리바람, 선풍. **3.** 격동; 소동, 소란. **4.** 맹렬한 공격, 돌격, 습격, 강습(强襲). **5.** 사자후(獅子吼).

procéllo, ĕre, *tr.* [pro[2]+cello[1]] **1.** 앞으로 내던지다: ~ se*(Pl.)* 앞으로 다가가다. **2.** 뒤엎다, 둘러엎다.

procellósus, a, um, *adj.* [procélla] **1.** 폭풍우가 심한[휘몰아치는], 풍랑이 이는. **2.** 폭풍우를 몰고 오는.

procéphălon, i, *n.* 《動》 전두부(前頭部); 〔*adj.*〕 -**lĭcus,** a, um.

prŏcer, ĕris, *m.* [*cf.* procérus] 〔주로 *pl.*〕 **1.** 지도층, 요인(要人), 간부, 고관, 장관; 귀족. **2.** 권위자, 대가, 거장(巨匠); 스승, 선생.

procérĭtas, átis, *f.* [procérus] **1.** 높이, 키, 신장; 크기. **2.** 길이.

procérus, a, um, *adj.* [pro[2]+cresco] **1.** 높은, (키가) 큰. **2.** 긴, 길다란, 길게 내민.

processícŭlus, i, *m. dim.* [procéssus[2]] 재판[소송]절차의 기록: 《敎法》 ~ diligentiárum (시복 후보자의 기록물 조사에 있어서) 충분한 주의를 기울인 조사보고서[소송기록].

procéssĭo, ónis, *f.* [procédo] **1.** 전진, 진격. **2. 행렬**, 행진. **3.** 《神》 ~ divínæ persónæ (삼위일체인 하느님의) 위격(位格)의 발출(發出).

processuális, e, *adj.* [procéssus[2]] 소송의, 수속법의.

procéssus[1], a, um, *p.p.* [procédo] 지나간 (시간).

procéssus[2], us, *m.* [procédo] **1.** 전진. **2.** 행렬, 행진. **3.** 《解·動·植》 돌기, 융기(隆起). **4.** (시간의) 경과. **5.** 진행, **과정**, 추이(推移); 공정(工程). **6.** 절차, 순서, 처리, 방법. **7.** 진보, 향상, 증진; 성공, 행운: in *alqā re* magnum procéssum habére*(Suet.)* 무엇에 큰 진보를 하다 / procéssus effícere*(C.)* 진보하다. **8. 소송**, 재판(심리), 소송절차, 수속법, 절차법; 소송기록: 《敎法》 ~ canónicus 교회법상의 절차법 / ~ informatívus 시복조사(諡福調査) / ~canonisatiónis 시성조사(諡聖調査)/ ~ summárius 약식재판절차

Próchўta, æ, [-**te,** es,] *f.* *Campánia* 해안의 섬(지금의 *Procida*).

procidéntĭa, æ, *f.* [prócido] 《醫》 탈수(脫垂), 탈출: ~ ani [sedis]*(Cels.)* 탈항(脫肛).

prócĭdo, cĭdi, ĕre, *intr.* [pro[2]+cado] **1.** 〔in, ad, ante *acc.; absol.*〕 앞에 떨어지다; 앞으로 넘어지다, 엎어지다, 무너지다; 엎드리다. **2.** (신체의 기관이) 제자리에서 물러나다[빠지다], 탈출하다: Ocŭli prócidunt.*(Cels.)* 눈알들이 튀어나오다.

procídŭus, a, um, *adj.* **1.** 앞으로 넘어진, 엎어진; 엎드린. **2.** (신체의 기관이) 제자리에서 빠져나온: sedes procídua*(Plin.)* 탈항(脫肛).

procínctus[1], a, um, *p.p.* [*inusit.* procíngo] 전투준비[태세]를 갖춘.

procínctus[2], us, *m.* [pro[2]+cingo] **1.** 전투장비, 전투준비, 전투태세; 전투직전: in procínctu testaméntum fácere*(C.)* 전투직전에 전우들 앞에서 유언을 발표하다. **2.** 전투; 전장, 싸움터. **3.** 준비태세, (언제든지 할 수 있는 상태의) 준비·용의·각오. **4.** 전투준비를 갖춘 군대.

proclamátĭo, ónis, *f.* [proclámo] **1.** 소리지름, 부르짖음, 절규. **2.** (노예의) 자유요구, 자유 청구의 호소. **3.** 발표, 고시: ~ elécti Papæ 교황당선 확정의 발표.

proclamátor, óris, *m.* [proclámo] **1.** 소리[고함]지르는 사람, 외치는 사람. **2.** 형

편없는[나쁜] 변호사. **3.** 공표자, 선언자.
proclámo, ávi, átum, áre, *intr.*, *tr.* [pro^{2}+] **1.** 〔*absol.*; *acc. c. inf.*〕 고함지르다, 큰소리로 외치다, 소리쳐 알리다. **2.** 〔*absol.*; pro *alqo*〕 법정에서 큰소리로 변론[변호]하다, 소리높여 항의하다. **3.** ~ ad [in] libertátem (노예가) 법에 호소하여 자유를 요구[주장]하다, 자유신분 확인을 호소하다.
Prŏcles, is, *m.* *Eurýsthenes*와 쌍둥이 형제, *Sparta*의 왕. 「울어짐; 경사, 언덕.
proclinátĭo, ónis, *f.* [proclíno] 앞으로 기
proclíno, ávi, átum, áre, *tr.* [pro^{2}+] 〔*alqd* - in, ad *acc.*〕 (앞으로) 기울어지게 하다, 경사지게 하다, 굽히다.
proclívis, e, [-**vus,** a, um,] *adj.* [pro^{2}+clivus] **1.** 앞으로 기울어진; 경사진, 언덕진, 비탈진; 〔*subst.*〕 *n.* 경사면, 언덕, 비탈: per proclíve *(L.)* 내리받이로; 〔*adv.*〕 **-ve,** 아래쪽으로, 내리받이로. **2.** 끝나가는, 종말에 가까운, 막바지의. **3.** 〔ad, in, circa *acc.*; *dat.*; *absol.*〕 …에 잘 기울어지는, 경향[소질·성향]이 있는, (병 따위에)잘 걸리는. **4.** 〔*alci*; *absol.*〕 쉬운, 용이한: Omnĭa sibi proclívia fore sperábant. *(Auct. B. Afr.)* 모든 것이 자기들에게는 쉬우리라는 희망들을 가지고 있었다 / Dictu est proclíve. *(C.)* (그것이) 말하기는 쉽다; 〔*subst.*〕 *n.* 쉬움, 쉬운 것: esse in proclívi *(T.)* 쉽다; 〔*adv.*〕 **-vĭter,** 쉽게.
proclívĭtas, átis, *f.* [proclívis] **1.** 경사, 언덕, 비탈. **2.** 〔ad *acc.*; *absol.*〕 (악 따위에) 기울어짐, 버릇, 성향. 「비탈.
proclívĭum, i, *n.* [proclívis] 경사면, 언덕,
proclúdo, ĕre, *tr.* [pro^{2}+claudo^{1}] 막다, 가두다.
Procne, es, *f.* **1.** *Pandíon*의 딸, *Philoméla*의 언니, *Téreus*의 아내, 제비로 변함. **2.** 《詩》 제비. 「구하다.
proco, áre, [**-cor,** ári, *dep.*] *tr.* 조르다, 요
procœ́ton, ónis, *m.* 옆방, 부속실, 대기실. 「리석으로 유명(지금의 *Marmora*).
Proconnésus, i, *f.* *Propóntis*의 섬, 흰 대
procónsul, ŭlis, *m.* [pro cónsule] 집정관 대리; 지방총독, 주지사(州知事).
proconsuláris, e, *adj.* [procónsul] 집정관 대리의; 지방총독의, 주지사(州知事)의.
proconsulátus, us, *m.* [procónsul] **1.** 집정관 대리직, 지방총독직, 주지사직(州知事職), 총독의 직. **2.** 지방총독.
procrastinátĭo, ónis, *f.* [procrástino] 미룸, 연기, 지연(遲延), 천연(遷延).
procrástĭno, ávi, átum, áre, *tr.* [pro^{2}+crástinus] 미루다, 연기하다, 질질 끌다, 천연(遷延)하다.
procreátĭo, ónis, *f.* [prócreo] **1.** 생식(生殖), 출산; 자손. **2.** 생산, 산출(産出); 산물(産物).
procreátor, óris, *m.* [**-trix,** ícis, *f.*] [prócreo] **1.** 낳는 사람, 어버이, 아버지[어머니]; 〔*m. pl.*〕 부모. **2.** 창조자, 만들어 내는 사람.
prócrĕo, ávi, átum, áre, *tr.* [pro^{2}+] **1.** 낳다, 생식하다. **2.** 산출(産出)하다, 생산하다, 나게 하다. **3.** 만들어 내다.
procrésco, crévi, ĕre, *intr. inch.* [pro^{2}+] **1.** 나다, 발생하다. **2.** 자라다, 성장하다. 「*lus*의 아내.
Procris, ĭdis, *f.* *Eréchtheus*의 딸, *Cépha-*
Procrústes, æ, *m.* *Attĭca* 지방의 유명한 강도(잡은 사람을 강제로 쇠침대에 눕혀 놓고 침대보다 키가 크면 자르고 작으면 늘였음), *Théseus*에게 살해되었음.
proctítis, títĭdis, *f.* 《醫》 항문염, 직장염.
proctodǽum, i, *n.* 《發生》 항문도(肛門道), 항함(肛陷). 「불침번.
procúbĭtor, óris, *m.* 야간 보초병, 파수병,
prócŭbo, áre, *intr.* [pro^{2}+] 엎드려 있다, 땅에 펴놓아져 있다, 깔려 있다, (그림자가) 뻗쳐 있다. 「있는.
prócŭbus, a, um, *adj.* [procúmbo] 엎드려
procúdo, cúdi, cúsum, ĕre, *tr.* [pro^{2}+] **1.** 두들겨 늘이다[펴다], 두들겨서 날을 세우다, 벼리다. **2.** (금속을) 두들겨서 (돈 따위를) 찍다. **3.** 형성하다, 틀을 잡다, 모양새를 만들다; 갈고 닦다, …의 훈련을 쌓다. **4.** 만들어 내다, 퍼지게 하다; 낳다.
prŏcul, *adv.* **1.** 〔ab *abl.*, *abl.*; *absol.*〕 **멀리,** 떨어져, …에서 먼 곳에, 멀리서, …와 간격을 두고: Abs te ~ recédam. *(Pl.)* 나는 너한테서 멀리 물러가겠다 / ~ hinc *(T.)* 여기서 멀리 떨어져 / haud ~ (ab) *abl.* *(L.)* …에서 멀지 않은 곳에(서). **2.** 〔ab *abl.*, *abl.*; *absol.*〕 …와 상관없이, 동떨어지게, …에서 사라져, 없이: ~ dúbio *(L.)* 의심없이, 확실히. **3.** haud [non] ~ est, quin ... *(L.)* …할 뻔하다. **4.** 〔시간적〕 오래: haud ~ occásu solis *(L.)* 해 지기 조금 전에.
proculcátĭo, ónis, *f.* [procúlco] **1.** 짓밟음, 밟고 다님. **2.** 전복, 파괴.
proculcátor, óris, *m.* [procúlco] 척후병, 첨병(尖兵).
procúlco, ávi, átum, áre, *tr.* [pro^{2}+] **1.** 짓밟다, 밟아 뭉개다. **2.** 무시하다, 멸시하다, 경멸하다.
prócŭlus, a, um, *adj.* [procul] 아버지가 멀리 떠나가 있는 동안에 난; 늙마에 낳은.
procúmbo, cúbŭi, cúbĭtum, ĕre, *intr.* [pro^{2}+cubo] **1.** 〔in, ad *acc.*; *absol.*〕 앞으로 숙다[기울어지다], 구부러지다, 휘어 늘어지다; (식사 때 비스듬히 누워 먹던 풍습대로) 앞으로 다가눕다. **2.** 〔in *acc.*; *absol.*〕 길게 뻗어 있다, (벌판 따위가) 펼쳐져 있다. **3.** 〔ad, ante *acc.*; *dat.*; *absol.*〕 엎드

리다, 부복하다, 절하다: ad génua *alcjs* [génibus *alcjs*] ~ *(L., Ov.)* 누구의 무릎 아래[앞]에 엎드리다 / ante pedes *alcjs* ~ *(Ov.)* 누구의 발앞에 부복하다 / ~ humi *(Ov.)* 땅바닥에 엎드려 절하다. **4.** 눕다, 누워 쉬다[자다]; (짐승이) 앉아 있다[쉬다]. **5.** 고꾸라지다, 자빠지다, 무너지다, **쓰러지다**; 죽어 넘어지다: Tremens procúmbit humi bos. *(V.)* 소가 부르르 떨며 땅에 죽어 자빠진다. **6.** 〔in *alqm*〕 덤벼들다. **7.** 몰락하다, 영락(零落)하다, 붕괴하다, 망하다. **8.** 〔in *alqd*〕 (쾌락 따위에) 빠져[파묻혀] 버리다.

procúra, æ, *f.* [pro² +] **1.** 살림 맡은 부서, 경리. **2.** 관리; 대리, 대행, 위임.

procurátĭo, ónis, *f.* [procúro] **1.** 관리, 경영, 처리, 조처, 조치. **2.** 지방[주(州)] 재무행정. **3.** 배려, 염려; 도모(圖謀). **4.** 주선, 실시: ~ abórtus 낙태 시행[주선]. **5.** (제사에 의한) 속죄, 고사(告祀).

procuratiúncŭla, æ, *f. dim.* [procurátio] 사소한 직무[관리].

procurátor, óris, *m.* [**-trix,** ícis, *f.*] [procúro] **1. 관리인**, 지배인; **대리인**. **2.** 회계 담당 노예. **3.** 섭정(攝政). **4.** (재정·행정권을 가진) 행정장관; 지방[주(州)] 재무행정관. **5.** 《가》 수도원의 당가(當家) [경리·회계]; ~ generális 로마 주재의 수도회 대표[총대리].

procuratórĭus, a, um, *adj.* [procurátor] **1.** 대리의. **2.** 회계의. **3.** 행정장관의; 지방 재무행정관의.

procúro, ávi, átum, áre, *tr., intr.* [pro² +] **1.** 돌보다, 보살피다, (나무 따위를) 가꾸다. **2.** 〔*dat.*〕 염려하다, 걱정하다. **3.** 〔*inf.*〕 …하도록 하다[힘쓰다]. **4.** 관리하다, 관장하다, 감독하다, 맡아 보다[다스리다], 처리하다. **5.** 〔*alci*〕 대리하다. **6.** 지방 행정장관으로 있다, 행정관직을 이행하다: ~ in Hispániā *(Plin.)* *Hispánia*의 행정장관이다. **7.** 〔*alqd; alci* deo; ne; *pass. impers.*〕 (액막이로) 제사[고사]를 지내다: Procurátum est. *(L.)* 고사를 지냈다. **8.** 주선하다, 시행하다: ~ abórtum 낙태시키다.

procúrro, (cu)cúrri, cúrsum, ĕre, *intr.* [pro² +] **1.** 〔ex, ab *abl.* - in, ad, contra, extra *acc.*; *absol.*〕 앞으로 뛰어가다, 내닫다. **2.** 〔*absol.*; ab *abl.*; in, per *acc.*〕 돌출하다, 내밀어 있다, 뻗다. **3.** 전진하다, 진보하다.

procursátĭo, ónis, *f.* [procúrso] 탐색전, 전초전, 소전투.

procursátor, óris, *m.* [procúrso] 척후병, 첨병(尖兵), 전초병; 〔*pl.*〕 전위대.

procúrsĭo, ónis, *f.* [procúrro] **1.** 전진. **2.** 본론에서의 일탈(逸脫).

procúrso, ávi, átum, áre, *intr. freq.* [procúrro] **1.** 전초전을 벌이다. **2.** 〔in *acc.*〕 힘차게 전진하다.

procúrsus, us, *m.* [procúrro] **1.** 《軍》 탐색; 전초전; 진격. **2.** 앞으로 뛰어감; 힘찬 전진, 진보. **3.** 돌출.

procúrvo, ávi, átum, áre, *tr.* [pro² +] 앞으로 구부리다, 휘게 하다.

procúrvus, a, um, *adj.* [pro² +] 구부러진, 굽은, 휜, 만곡한.

prŏcus, i, *m.* [procor] **1.** 구혼자. **2.** (지위 따위를) 노리는 사람, 야심가.

Prócўon, ónis, *m.* (= Antécanis) 《天》 (소견좌〈小犬座〉의 1등성인) 프로키온.

prodatárĭus, i, *m.* 《가》 교황청 장새원(掌璽院) 장관 대리.

prodeámbŭlo, áre, *intr.* [pro² +] 산책나가다.

prodecéssor, óris, *m.* = prædecéssor.

pródĕo, ĭi, ĭtum, íre, *anom. intr.* [pro² + eo³] **1.** 〔*absol.*; in, ad *acc.* - ab, ex, de *abl.*; *abl.*〕 **나가다, 나오다, 나서다**: Nuntiáte, ut pródeat foras. *(Phædr.)* 그에게 밖으로 나오란다고 전해라 / in prœ́lium ~ *(Cæs.)* 전투하러 나가다. **2.** 전진하다: extra modum ~ *(C.)* 한도를 넘다, 정도를 지나치다. **3.** 〔in, ad *acc.*; in *abl.*; *absol.*〕 (사람들 앞에) 나타나다, 세상에 나오다, 생기다, 등장하다: novæ quæ pródeunt comœ́diæ *(Pl.)* 새로 나오는 희극들 / Hæc consuetúdo ~ cœpit. *(C.)* 이런 관습이 생기기 시작했다. **4.** 〔*absol.*; in *acc.*〕 돌출하다, 쑥 나오다, 내밀다. **5.** (초목이) 나다, 싹이 트다. **6.** …가 되다: Prodis ex júdice turpis. *(H.)* 재판관이던 네가 결국 불명예스럽게 되는구나. **7.** (시간이) 경과하다.

prodésse, *inf. præs.* [prosum¹].

prodícĭus, a, um, *adj.* [prodo] (비밀 따위를) 누설하는, 폭로하는, 내통하는, 배신하는.

prodíco, díxi, díctum, ĕre, *tr.* [pro² +] **1.** 예언하다, 예고하다. **2.** (날짜 따위를) 미리 정하다, 예정하다. **3.** ~ diem 기일(期日)을 옮기다, 연기하다.

prodictátor, óris, *m.* [pro² +] 독재 집정관 서리, 임시 독재자.

prodíctĭo, ónis, *f.* [prodíco] 연기(延期).

Pródĭcus, i, *m.* *Ceos*섬 태생의 희랍인 궤변철학자 (*sæc.* 5 A.C.), *Sócrates*와 동시대인; 〔*adj.*〕 **-dícĭus,** a, um.

pródĭens, eúntis, *p. præs.* [pródeo].

prodigális, e, *adj.* [pródigus] 낭비하는, 아까운 줄 모르고 쓰는, 사치한, 방탕한.

prodigálĭtas, átis, *f.* [prodigális] 낭비, 허비, 사치.

prodigéntĭa, æ, *f.* [pródigo] 낭비, 허비, 사치.

prodigiális, e, *adj.* [prodígium] **1.** 이상한, 신기(神奇)한, 놀라운, 경이적인, 기적

적인; 〔*adv.*〕 **-lĭter, -le.** **2.** 괴물의, 괴기한, 불길한. **3.** 불길(不吉)을 막는[몰아내는].

prodigiátor, óris, *m.* [prodígium] 점장이.

prodigiósus, a, um, *adj.* [prodígium] **1.** 이상한, 놀라운, 경이적인, 신기한, 불가사의한, 기적적인. **2.** 불길한, 괴이한.

prodígĭum, i, *n.* [prodíco*(C.)*] **1. 놀라운 일,** 기이한[신기(神奇)한] 일, 경이, 불가사의, 기적. **2.** 이상한 전조(前兆); 흉조, 불길한 일, 괴변(怪變). **3.** 괴물.

pródĭgo, égi, áctum, ĕre, *tr.* [pro² + ago] **1.** 앞[밖]으로 몰다, 멀리 쫓다. **2.** 낭비하다, 아까운 줄 모르고 쓰다. **3.** 알맞게[넉넉히] 쓰다.

pródĭgus, a, um, *adj.* [pródigo] **1.** 〔*absol.; gen.*〕 낭비의, 허비의, 헤프게 쓰는; 사치한, 방탕한: fílius ~ 탕자(蕩子). **2.** 〔*absol.; gen.,* in *acc.*〕 삼가지 않는, 신중하지 못한: lingua pródiga*(Gell.)* 함부로 놀리는 혀. **3.** 〔*gen.*〕 (생명 따위를) 아끼지 않는, 대수롭지 않게 여기는, 자학적인. **4.** 〔*gen.*〕 풍부한, (무엇이) 많은, 많이 산출하는; (냄새 따위가) 온통 풍기는: locus ~ herbæ*(H.)* 풀이 많이 나는 곳.

prodítĭo[1], ónis, *f.* [prodo] **1.** 누설, 폭로. **2.** 내통, 배신, 반역. **3.** 연기(延期).

prodítĭo[2], ónis, *f.* [pródeo] **1.** 나타남, 출현. **2.** 진출, 진격.

prodítius, a, um, *adj.* [prodo] = prodícius.

pródĭtor, óris, *m.* [**-trix,** ícis, *f.*] [prodo] **1.** 누설자, 폭로자. **2.** 내통자, 밀통자, 배신자, 반역자, 매국노.

prōdo, dĭdi, dĭtum, ĕre, *tr.* [pro² + do] **1.** 〔*alqd - abl.* - in *acc.*〕 밖으로 내보내다[내놓다]: alto suspíria ~ péctore*(Ov.)* 가슴속으로부터 한숨을 내쉬다. **2. 드러내다,** 나타내다, 보이다: *alqd* ~ vultu*(Ov.)* 무엇을 얼굴에 드러내다 / prodéndi exémpli causā*(L.)* 모범을 보이기 위해서. **3.** 공표[발표]하다, 일반에게 알리다. **4.** 〔*alqd - alci; alqm*〕 **누설하다,** 폭로하다, 털어놓다, 일러주다: ~ cónscios*(C.)* 공모자들의 이름을 대다. **5.** 세상에 내놓다; 산출(産出)하다. **6.** 〔*alqd - alci;* de *abl.; acc. c. inf.; absol.*〕 글로 남겨 놓다, (후대에) **전하다,** (전설 따위로) 전해 내려가게 하다: ea, quæ scriptóres prodidérunt.*(C.)* 저술가들이 써 남겨 놓은 것 / *alqd [acc. c. inf.]* memóriæ*(dat.)*[memóriā] ~ *(C., Cæs.)* 무엇을[…라고] 후대에 전하다 / Próditum est, *acc. c. inf.* …라고 전해 내려왔다. **7.** 〔*alqd - alci*〕 수교(手交)하다, **물려주다,** 선승시키다. **8.** (관직 따위에) 임명하다. **9.** 〔*alqm, alqd - alci*〕 **배신하다,** 배반하다, 내통하다, (적에게) 팔아 넘기다: ~ pátriam *(C.)* 조국을 팔아먹다. **10.** 〔*alqm* in, ad *alqd*〕 (위험·불행 따위를) 당하게 하다. **11.** 버리다, 포기하다, 잃다. **12.** 연기하다, (시간을) 미루다·끌다. 「해서 자다.

prodórmĭo, ívi [ĭi], íre, *intr.* [pro² +] 계속

pródrŏmus, i, *m.* **1.** 선구사, 사사(使者), 밀사(密使). **2.** 삼복(三伏) 전에 약 8일간 부는 북북동풍. **3.** 조생 무화과.

prodúco, dúxi, dúctum, ĕre, *tr.* [pro² +] **1.** 〔*alqm* - ex, de *abl.;* in, ad, ante *acc.*〕 앞[밖]으로 인도하다, 이끌다, **이끌어 내다,** 불러내다: ~ *alqm* in contiónem*(C.)* 대중 앞으로 불러내다 / ~ *alqm* ad necem*(C.)* 사형장으로 이끌어 가다. **2.** 〔*alqm* - ad, in *acc.*〕 데리고 가다, 대동하다. **3.** 《軍》 〔*alqm* - (de) *abl.;* in *acc.,* pro *abl.*〕 인솔하여 나가다, (전선으로) 출동시키다: castris ~ exércitum*(Pl.)* 진영에서 군대를 인솔하여 나오다 / pro castris cópias ~ *(Cæs.)* 군대를 진영 앞으로 인솔하다 / in áciem cópias ~ *(C.)* 군대를 전선으로 출동시키다. **4.** (법정으로) 소환(召喚)하다. **5.** (증인·변호인·변론인을 법정에서) 소개하다. **6.** (배우를) 등장[출연]시키다; (검투사를) 출전시키다. **7.** (팔려고) 내놓다, 경매에 붙이다. **8.** 장례행렬을 따라가다. **9.** 〔*alqam*〕 성대한 행렬을 지어 시집으로 데려가다. **10.** 창녀로 몸을 팔게 하다: prodúcta *(Suet.)* 창녀. **11. 길게 하다, 늘이다;** 펼쳐 놓다; 음절(音節)을 길게 하다[길게 발음하다·뽑다]. **12. 산출(産出)하다,** 내다, **생산하다,** 만들어 내다; **낳다.** **13.** 돋아나게 하다, 생겨나게 하다; 유래하게 하다. **14.** 〔*alqm* - ad *acc.;* per *acc.; absol.*〕 (어떤 지위에) 올려 놓다, 높여 주다, 승진시키다. **15.** 〔*alqm - alqā re;* ad, in *acc.*〕 촉진시키다, 분발시키다, 유인하다. **16.** 〔*alqm*〕 오래 머물러 두다, 오래 있게 하다. **17.** 〔*alqd* - in, ad, ultra *acc.*〕 길게 끌다, 연장시키다, 오래 가게 하다, 계속하다: vitam ~ *(C.)* 생명을 연장시키다 / sermónem in multam noctem ~ *(C.)* 밤이 이슥하도록 이야기를 계속하다. **18.** (시간을) 보내다, 지내다. **19.** 가르치다, 교육하다.

prodúcta, órum, *n.pl.* [prodúctus] (= proégmena) 〔스토아학파 용어〕(재산·건강·명예 따위와 같은) 외부적인 선(善).

prodúctĭlis, e, *adj.* [prodúco] (마치 따위로) 두드려 만든.

prodúctĭo, ónis, *f.* [prodúco] **1.** 연장, 천연(遷延). **2.** 음절을 길게 함, (음절의 모음을) 길게 뽑음[발음함]. **3.** 이끌어 냄, 인솔. **4.** 생산, 산출, 만들어 냄: supervísio productiónis 생산관리[통제] / média productiónis 생산수단.

productívus, a, um, *adj.* [prodúco] **1.** 연장된; 연장시키는. **2.** 《文法》 파생(派生)

의. **3.** 생산적인; 생산력 있는, 산출하는.
prodúctus, a, um, *p.p., a.p.* [prodúco] **1.** 긴, 길어진, 늘어난; 연장된, 뻗은; 〔*adv* 〕 **-te,** 음절을 길게 뽑아, 긴 음절로. **2.** 오래 계속된, 길게 끈[끄는].
produúmvir, vĭri, *m.* 이두정치자(duúmvir)의 대리인. 「[prodúco].
prodúxe = produxísse, *inf. prætéritus*
prœ́bĭa, órum, *n.pl.* 호부(護符).
proégmĕna, órum, *n.pl.* 〔스토아학파 용어〕(재산·건강·명예 따위와 같은) 외부적인 선(善). 「의, 교전의.
prœliáris[-ális], e, *adj.* [prœ́lium] 전투
prœliátor, óris, *m.* [prœ́lior] 전투[교전]하는 사람, 전투원, 전사(戰士).
prœ́lĭor, átus sum, ári, *dep. intr.* [prœ́lium] **1.** 전투하다, 교전하다, 접전하다: cum equítibus ~ *(Cæs.)* 기병들과 교전하다. **2.** 투쟁하다.
prœ́lĭum, i, *n.* **1. 전투, 교전,** 접전. **2.** 전쟁. **3.** (동물의) 싸움. **4.** 다툼, 경쟁, 대항. **5.** 〔*pl.*〕 전투원, 전투병(들).
proémbrўo, ónis, *f.* 《動》 전배(前胚).
Prœ́tĭdes, um, *f.pl. Prœtus*의 세 딸 (Lysíppe, Iphínoë, Iphianássa).
Prœtus, i, *m. Tiryns*의 왕, *Abas*의 아들, *Acrísius*의 형제.
profanátĭo, ónis, *f.* [profáno²] **1.** 신성을 더럽힘, 신성모독. **2.** 속화(俗化). **3.** 남용, 오용. 「자.
profanátor, óris, *m.* [profáno²] 신성모독
profánĭtas, átis, *f.* [profánus] 신성하지 못함; 이교도(異敎徒)임.
profáno¹, ávi, átum, áre, *tr.* [pro² + fanum] 봉헌하다, 제헌하다.
profáno², ávi, átum, áre, *tr.* [profánus] **1.** 신성한 것을 욕되게 하다, 신성(神聖)을 모독하다, 불경한 짓을 하다. **2.** 속화(俗化)시키다. **3.** 더럽히다: ~ pudórem *(Curt.)* 매음하다, 정조를 팔다. **4.** (비밀을) 누설하다, 탄로시키다.
profánus, a, um, *adj.* [pro² + fanum] **1.** 신성하지 못한, 부정(不淨)한; 세속적인, 속된, 범속한, 비속한; 속인(俗人)의; 〔*subst.*〕 *m.* 속인(俗人); *n.pl.* 속된 것, 부정한 것. **2.** 신성모독의, 불경스러운, 불경건한; 흉악한; 〔*subst.*〕 *n.* 불경; 흉악, 죄악. **3.** 〔*gen.*, ab *abl.*〕 모르는, 문외한의. **4.** (조점술〈鳥占術〉에서) 불길한, 흉조(凶兆)의. 「격언, 금언. **3.** 신(神)의 지시[명령].
profátum, i, *n.* [profor] **1.** 말, 발언. **2.**
profátus, us, *m.* [profor] 말(함), 발언; 말투.
profectícĭus, a, um, *adj.* [proficíscor] 아버지나 할아버지한테서 나오는: dos profectícia 아버지가 [친정에서] (직접·간접으로) 마련해준 지참금.
proféctĭo, ónis, *f.* [proficíscor] **1.** 떠남, 출발; 여행. **2.** 유래, 기원, 출처.
profécto, *adv.* [pro² + facto (factum)] 확실히, 과연, 참으로, 의심없이; 결단코.
proféctus¹, a, um, *p.p.* [profício & proficíscor].
proféctus², us, *m.* [profício] **1.** 진보, 전진, 향상; 증대, 성장. **2.** 성공, 이익, 이윤, 성과. **3.** (병세 따위의) 호전(好轉), (건강의) 회복.
prófĕro, *(fers, fert),* tŭli, látum, férre, *anom. tr.* [pro² +] **1.** 〔*alqd* - ex *abl.*; in *acc.*〕 밖[앞]으로 운반하다, 내가다, 내오다, 꺼내다; 내밀다, 내놓다: arma ex óppido ~ *(Cæs.)* 도시[성안]에서 무기를 운반해 내오다 / Rana profert ex stagno caput. *(Phædr.)* 개구리가 연못에서 머리를 내밀고 있다 / ~ gradum [pedem] *(Pl., Q.)* 앞으로 걸어가다, 발걸음을 내딛다. **2.** 〔*refl.*〕 **se** ~ 나가다, 나오다, 나타나다: Próferunt se stellæ. *(Plin.)* 별들이 나타난다. **3.** 〔*alqd alci,* ad *alqm*〕 주다, 내놓다. **4.** 산출(産出)하다, 나게 하다, 내다, (씨 따위를) 맺다. **5.** 발음하다: extrémas sýllabas non ~ *(Q.)* 마지막 음절들을 발음하지 않다. **6.** 만들어 내다, 발명하다, 세상에 내놓다: nova nómina ~ *(H.)* 새 이름들을 만들어 내다. **7.** 발표하다, **드러내다,** 나타내다, 폭로하다, 공개하다; 알려주다, (소문을) 퍼뜨리다. **8.** 표현하다. **9.** 인용하다, 끌어 대다. **10.** 이야기하다, 말하다, 언급하다, 열거하다, 내리 외다; 논평하다. **11.** 〔*alqd* - in, ad *acc.*〕 연기하다, 미루다, 천연시키다; (어떤 상태를) 연장시키다. **12.** 늘리다, 확장하다.
proféssĭo, ónis, *f.* [profíteor] **1.** 공언(公言), 선언, 표명; 공약(公約); (신앙)고백: ~ fídei 신앙선언[고백]. **2.** 재산신고; 등록, 등기. **3.** 직업, 전문직, 기술. **4.** 《가》 (수도자의) 서원(誓願), 서원식: ~ religiósa 수도 서원 / ~ perpétua 종신 서원 / ~ temporária 유기(有期) 서원.
professionális, e, *adj.* [proféssio] 전문직업의, 직업적, 직업으로 삼은: organisátio ~ 직분적 사회질서. 「관세를 내는 사람.
professionárĭus, i, *m.* 수입품을 신고하고
professívus, a, um, *adj.* [profíteor] 공언(公言)하는, 공식적으로 알리는.
proféssor, óris, *m.* [profíteor] **1.** (초등학교를 제외한 교육기관에서 가르치는) 선생, **교수,** 전문가: ~ eméritus 명예교수. **2.** 〔때로는〕 의사 *(Cels.)*; 철학자 *(Amm.)*; 수사학자. 「의, 교수다운; 수사학자적.
professórĭus, a, um, *adj.* [proféssor] 교수
proféssus, a, um, *p.p.* [profíteor] **1.** 공언(公言)한; 드러낸, 솔직히 드러내는. **2.** 〔*passíve*〕 공공연한, 드러난, 널리 알려진,

밝혀진, 명백한; 〔*adv.*〕 **-sse,** 명백하게, 솔직하게; **ex profésso** 1) 공공연하게, 드러나게; 솔직하게. 2) 직업상, 직무상. 3) 사정을 알면서, 고의로. **3.** 《가》 〔*subst.*〕 *m., f.* 서원(誓願)한 수도자.

proféstus, a, um, *adj.* [pro² + festus, *cf.* profánus] **1.** 축제일이 아닌, 평일의, 일하는 날의: ~ dies*(L.)* 평일, 일할 수 있는 날. **2.** 세속의, 속인(俗人)의.

proficiénter, *adv.* [profício] 이롭게, 유리하게, 성공적으로.

profícĭo, féci, féctum, ĕre, *intr.* [pro² + fácio] **1.** 앞으로 나아가다, 전진하다. **2.** 〔in *abl.*, ad *acc.*; *pron. n.*; *absol.*〕 **진보하다,** 성과를 거두다, 성공하다, 잘 진행하다, 진전이 있다; 달성하다: Si in philosophīā *alqd* profécimus, *(C.)* 철학에서 우리가 어떤 성과를 거두었다면. **3.** (값이) 오르다; (초목 따위가) 자라다. **4.** 〔ad, in *acc.*; in *abl.*; *absol.*〕 이롭다, 유익하다, 유리하다, 도움이 되다, 공헌하다, 영향을 미치다. **5.** 건강이 회복되다, 추서다. **6.** 〔ad, contra *acc.*; in *abl.*; *absol.*〕 약효가 있다, 효능이 있다.

proficíscor, *(ĕris, ĭtur)*, féctus sum, sci, *dep. intr.* [profício] **1.** 〔ex, ab, de *abl.* - in, ad *acc.*; *absol.*〕 가다, **출발하다, 떠나다,** 물러가다: ex Asĭā domum versus ~ *(C.)* *Asĭa*에서 본국을 향해 출발하다 / a me ~ *(C.)* 내게서 떠나다 / in pugnam ~ *(Cæs.)* 전장으로 떠나다 / ad eam domum ~ *(C.)* 그 집으로 가다 / ~ ad dormiéndum*(C.)* 자러 가다 / subsídio *(dat. final.)* *alci* ~ *(N.)* 누구를 도와주러 떠나다. **2.** 가려고 하다[마음먹다]. **3.** 〔ad *alqd*〕 (…에 대해서) 말을 계속하다. **4.** (말·글 따위가) 시작되다, 출발하다: Quǽstio ab eo proficíscitur, quod …*(C.)* 문제는 …하는 거기에서부터 시작된다. **5.** 〔ab, ex *abl.*〕 …에서 비롯되다, 시작하다, 발단하다, 출발하다; **나오다,** 기원(起源)하다, 기원을 두다, …의 계통을 이어 내려오다; 〔ad, in *acc.*〕 …에 이르다, 미치다: ómnia, quæ a me profécta sunt in te, *(C.)* 나한테서 발단해서 네게 미친 것이 모두 / profécti ab Aristótele*(C.)* *Aristóteles*의 제자들.

profícŭus, a, um, *adj.* [profício] 유익한, 이로운, 유리한.

profílĭus, i, *m.* [pro² +] 손자.

profitĕor, féssus sum, éri, *dep. tr.* [pro² + fáteor] **1.** 〔*alqd*; *acc. c. inf.*; *absol.*〕 **공언(公言)하다,** 언명하다, 드러내 놓고 말하다; 공약(公約)하다; 솔직히 인정하다. **2.** (종교 신봉을) 고백하다, (신앙을) 선언하다, (교·교리를) 믿다, **신봉하다. 3.** 〔*se alqm*〕 자처하다, (자기가 …임을) 밝히다·드러내다·알리다: grammáticum se ~ *(C.)* 문법학자로 자처하다. **4.** 〔*alqd*〕 (직업적·전문적으로) 가르치다, 교수하다: ~ philosophíam*(C.)* 철학을 가르치다 / 〔*absol.*〕 qui profiténtur, *(Plin.)* 수사학 교수들. **5.** 〔*alqd*; *acc. c. inf.*〕 제안하다, 자진 약속하다. **6.** indícium ~ *(Sall.)* 공범자를 대다[폭로하다]. **7.** 〔*alqd* - apud, ad *alqm*; *absol.*〕 (이름·재산 따위를) 신고하다, 등록하다, (관직 따위의) 지원[입후보]등록을 하다. **8.** (수도회에서) 서원(誓願)하다, 서원을 세우다. 「대리.

proflámen, mĭnis, *m.* 고대 *Roma*의 제관

proflátus, us, *m.* [proflo] **1.** 바람. **2.** 코 고는 소리. 「진; 허비된.

proflíctus, a, um, *p.p.* [pro² + fligo] 망쳐

profligátĭo, ónis, *f.* [proflígo] **1.** 낭비. **2.** 빚갚음, 청산. 「방탕자. **2.** 파괴자.

profligátor, óris, *m.* [proflígo] **1.** 낭비자,

profligátus, a, um, *p.p.*, *a.p.* [proflígo] **1.** 타격받은, 기가 꺾인, 풀이 죽은, 낙심한. **2.** 부패한, 타락한. **3.** 흉악한, 천하에 고약한. **4.** 끝나가는, 다 된; 고령(高齡)의.

proflígo, ávi, átum, áre, *tr.* [pro² + fligo] **1.** 때려 눕히다. **2.** (적을) 격파하다, 무찌르다, 패주시키다. **3.** 망쳐 놓다, 무너뜨리다, 멸망[파멸]시키다, 파괴하다: rempúblicam ~ *(C.)* 나라를 망쳐 놓다. **4.** 소비하다, 낭비하다: valetúdinem ~ *(Gell.)* 체력을 소모시키다, 건강을 해치다. **5.** 끝내가다, 종반에 접어들게 하다, 거의 결판나게 하다: profligátum bellum ac pæne sublátum *(C.)* 끝판에 이른 전쟁 / profligátæ ætátis homo*(Sen.)* 고령의 노인.

prōflo, ávi, átum, áre, *tr.* [pro² +] **1.** 내불다, 내뿜다, 분출하다. **2.** (분통이 터져) 씩씩거리다. **3.** ~ péctore somnum *(V.)* 코를 골다. **4.** (금속을) 용해하다, 녹이다.

prófluĕns, éntis, *p.præs.*, *a.p.* [prófluo] **1.** 흐르는, 흘러가는: aqua ~ *(C.)* 흐르는 물/ éxitus profluéntes *(V.)* 하수구; 〔*subst.*〕 *f.* 흐르는 물. **2.** 유창한, 거침없는, 거침없이 나오는. 「침. **2.** 유창함, 달변.

profluéntĭa, æ, *f.* [prófluens] **1.** 흘러 넘

prófluo, flúxi, flúxum, ĕre, *intr.* [pro² +] 〔ex, ab *abl.* - in, ad, per *acc.*; *absol.*〕 **1.** 흐르다, 흘러 나오다[내리다]: Lácrimæ ab óculis prófluunt. *(Col.)* 두 눈에서 눈물이 주르르 흐른다. **2.** 유창하게[거침없이] 나오다, 말이 술술 나오다. **3.** 배출(輩出)되다. **4.** 〔ab *abl.*, ad *acc.*〕 …에서 출발하여 …에까지 이르다.

prófluŭus, a, um, *adj.* [prófluo] **1.** 흐르는, 흘러 나오는. **2.** 〔*gen.*〕 물흐르듯하는, 유창한.

proflúvĭum, i, *n.* [proflúvius] 흘러 나옴, 유출; 배출(排出), 배설: ~ sánguinis

(Lucr.) 출혈 / ~ urínæ *(Plin.)* 배뇨 / ~alvi *(Col.)* 설사 / ~ mulíerum *(Plin.)* 월경.

proflúvĭus, a, um, *adj.* [prófluo] **1.** 흘러나오는; 〔*subst.*〕 *m.* 가축 특히 말의 코에서 화농성 분비물이 배출되는 병. **2.** 불안정한, 항구하지 못한, 한결같지 않은.

proflúxĭo, ónis, *f.* [prófluo] 흐름, 격류(激流).

prŏfor, átus sum, ári, *dep. tr.* [pro[2]+] **1.** 말하다, 입 밖에 내다; 솔직히 말하다. **2.** ⌊예언하다.

prófŏre, *inf. fut.* [prosum[1]].

prófŭga, æ, *m.* 도망자; 탈주병.

profúgĭo, fúgi, fúgĭtum, ĕre, [pro[2]+] **1.** *intr.* 〔ex, ab *abl.* - in *acc.*; *absol.*〕 도망하다, 도주하다; 〔ad *alqm*〕 피신하다, 피난하다. **2.** *tr.* 〔*acc.*〕 피하다, 피해 가다.

prófŭgus, a, um, *adj.* [profúgio] **1.** 〔ab, ex *abl.*; *abl.*, *gen.* - ad *acc.*; *absol.*〕 도망하는, 도피하는. **2.** 쫓긴, 격퇴당한. **3.** 추방된, 유배된; 〔*subst.*〕 *m.* (*f.*) 추방당한 사람. **4.** 방랑하는, 방황하는.

profúndĭtas, átis, *f.* [profúndus] **1.** 깊이; 높이. **2.** 심원(深遠), 심오(深奧). **3.** 위력, 막강(莫强).

profúndo, fúdi, fúsum, ĕre, *tr.* [pro[2]+] **1.** 흘리다, 쏟다, 붓다; 쏟아 버리다. **2.** 〔*refl.*〕 **se** ~ 쏟아져 나오다, 넘쳐나오다, 몰려나오다: Multitúdo se profúdit. *(Cæs.)* 무리가 몰려나왔다 / Lácimæ se súbito profudérunt. *(C.)* 눈물이 왈칵 쏟아졌다. **3.** 축 늘어지게 하다: Somnus membra profúdit. *(Lucr.)* 늘어지게 잤다. **4.** 내다, 내보내다, 쏟아놓다, 산출(産出)하다: ~ voces *(Catull.)* 목소리를 내다 / ~ clamórem *(C.)* 고함지르다 / Púerum natúra profúdit. *(Lucr.)* 자연은 사내아이를 출생시켰다. **5.** (감정 따위를) 터뜨리다, 토로하다, 드러내다, 발산시키다: ódium in *alqm* ~ *(C.)* 누구에게 대한 증오심을 드러내다 / se ~ *(C.)* 터지다, 폭발하다. **6.** (정력·노력 따위를) 기울이다, (힘·재능 따위를) 발휘하다: ~ vires ánimi *(C.)* 정력을 기울이다. **7.** 내던지다, 내닫게 하다: se ~ in *acc.* 몰두하다, 마음을 쏟다; 자신을 내맡기다. **8.** (돈·재산 따위를) 낭비[남비]하다, 물쓰듯 하다. **9.** 쾌척하다, 희사하다; 바치다, 희생하다: ~ vitam pro pátriā *(C.)* 조국을 위하여 목숨을 바치다. **10.** 말하다, 설명하다.

profúndum, i, *n.* [profúndus] **1.** 깊이; 깊은 곳. **2.** 심연, 구렁; 바다. **3.** 헤아릴 수 없는 것, 심오함, 신비.

profúndus, a, um, *adj.* [pro[2]+fundus] **1.** 깊은, 깊숙한. **2.** 밑바닥의, 지하세계의. **3.** 높은, 드높은: cælum profúndum *(V.)* 높은 하늘. **4.** 빽빽한, 밀집한: profúndæ silvæ *(Lucr.)* 밀림. **5.** 한이 없는, 끝이 없는, 무한한; 만족을 모르는. **6.** 심오한, 심장(深長)한, 심원한, 헤아릴 수 없는.

profúse, *adv.* [profúsus] **1.** 질서없이, 혼잡하게, 앞을 다투어. **2.** 흥청망청, 큰 돈을 들여, 낭비하여. **3.** 마구, 가리지 않고.

profúsĭo, ónis, *f.* [profúndo] **1.** 쏟음, 흘림, 유출(流出), 일출(溢出): ~ sánguinis *(Cels.)* 출혈. **2.** 〔*pl.*〕 profusiónes (parentáles) (제사지낼 때 무덤 위에) 술·우유·향유·회생물의 피 따위를 따라 붓는 의식. **3.** 낭비, 남비.

profúsus, a, um, *p.p.*, *a.p.* [profúndo] **1.** 긴, 늘어진; 길게 뻗어나간. **2.** 지나친, 과도한. **3.** 흥청망청 쓰는, 낭비[남비]하는, 방탕한; 사치스러운, 호화로운. **4.** 너그러운, 인색하지 않은.

progémmans, ántis, *p.præs.* [*inusit.* progémmo] 싹트는, 싹이 돋는. ⌈녀의 남편.

prógĕner, ĕri, *m.* [pro[2]+] 손서(孫婿), 손

progenerátĭo, ónis, *f.* [progénero] 낳음, 생식.

progenerátor, óris, *m.* [progénero] 조상.

progénĕro, ávi, átum, áre, *tr.* [pro[2]+] 낳다, 생식하다.

progénĭes, éi, *f.* [progígno] **1.** 계통, 혈통, 가계(家系); 기원, 유래. **2.** 자식, 자손, 후손, 후예. **3.** 세대. **4.** 동물의 새끼; 식물의 새싹.

progenitívus, a, um, *adj.* [progígno] 생식력있는, 번식하는; 파생케 하는.

progénĭtor, óris, *m.* [-**trix,** ícis, *f.*] [progígno] 할아버지[할머니], 조상, 선조.

progérmĭno, áre, *intr.* [pro[2]+] 싹이 나다, 발아하다.

prógĕro, géssi, géstum, ĕre, *tr.* [pro[2]+] 밖으로 내가다, 들어내다, 실어내다, 반출하다; 앞으로 가져가다.

progígno, génŭi, génĭtum, ĕre, *tr.* [pro[2]+] 낳다; 생기게 하다, 발생시키다.

proglóttis, ĭdis, *f.* 《動》 (촌충의 몸의) 한 마디, 체절(體節). ⌈확하게, 능란하게.

prognárĭter, *adv.* [pro[2]+ gnarus] 매우 정

prognátus, a, um, *p.p.* [*inusit.* pronáscor] 〔ab, ex *alqo*; *alqo*; *absol.*〕 **1.** (손자·증손·고손 따위의) 후손으로 태어난; 〔*subst.*〕 *m.pl.* 후손, 후예. **2.** (부모에게서) 난; 〔*subst.*〕 *m.*, *f.* 아들; 딸. **3.** 〔식물〕 난, ⌊자생(自生)한.

Progne, es, *f.* = Procne.

prognósis, is, *f.* **1.** 미리 앎, 예지(豫知). **2.** 《醫》 예후(豫後).

prognóstĭca, órum, *n.pl.* [prognósticus] (*Arátus*의 원작을 *Cícero*가 번역한) 〈기상(氣象)의 징조〉에 관한 시집(의 이름).

prognóstĭcus, a, um, *adj.* **1.** 미리 아는, 예지능력이 있는. **2.** 전조(前兆)의, 징조의; 〔*subst.*〕 *n.* 전조, 징조. **3.** 《醫》 예후(豫後)의.

prográmma, ătis, *n.* **1.** 공고문, 공시(公示), 포고(布告), 선포. **2.** 프로그램, 목록, 계획; (행사 따위의) 진행순서표, 예정표, 계획표.

progrédĭor, *(dĕris, dĭtur),* gréssus sum, grĕdi, *dep. intr.* [pro² + grádior] **1.** 〔*absol.; in, ad, intra, extra acc.; ex, ab abl.; abl.; viam*〕 (앞으로) 걸어가다, **나아가다, 전진하다**; 나가다, 나오다: ~ foras*(Pl.)* 밖으로 나가다 / Trídui viam progréssi revertérunt.*(Cæs.)* 그들은 사흘길을 전진했다가 돌아왔다. **2.** 〔*absol.; ad acc.*〕 진행하다, 진척하다; (말·일 따위를) 계속하다: lóngius ~ *(C.)* (말을) 계속하다 / ad réliqua ~ *(C.)* 나머지에 대해서 말을 계속하다. **3.** 〔ad *acc.*〕 집적거리다, 착수하다. **4.** 나이가 많아지다, 나이를 먹다: progrediéntibus ætátibus *(C.)* (우리는) 나이가 많아짐에 따라 / paulum ætáte progréssus*(C.)* 나이를 좀 먹고. **5.** 〔in *abl.*〕 진보하다, 발전하다. **6.** 〔in *acc.*〕 (어느 정도에까지) 이르다, 다다르다.

progréssĭo, ónis, *f.* [progrédior] **1.** 나아감, **전진,** 진행; 진보, 향상, 발전, 증진. **2.** 《修》 누진법(累進法), 점층법(漸層法). **3.** 《數》 급수(級數).

progréssus, us, *m.* [progrédior] **1.** 나아감, 전진, 진행. **2.** 《軍》 진격, 접근(전). **3.** 진보, 발전, 향상; 점진(漸進), 증진: ~ ætátis*(C.)* 나이를 먹어감 / in stúdiis tantos progréssus fácere *(C.)* 연구에 있어서 이토록 크게 진보[발전]하다. **4.** 시작, 처음 단계; (진행)과정. **5.** 《天》 (혹성의) 운행. 「잡이, 부조타수(副操舵手).

progubernátor, óris, *m.* [pro² +] 대리 키

proh, *interj.* (= pro³) 슬프게도!

prohíbĕo, bŭi, bĭtum, ére, *tr.* [pro² + hábeo] **1.** 〔*alqm, alqd* - ab *abl., alqā re; alqd alci; alqd* de *abl.;* ut, ne, quóminus, 부정 뒤에 quin; *acc. c. inf.; absol.*〕 **막다, 말리다,** 못하게 하다, 방해하다; (법령·명령·실제 행동 따위를) **금하다**; 가까이 가지[오지] 못하게 하다, 쫓아버리다, 격퇴하다; 억제하다, 제지하다, 견제하다; 자제하게 하다, 삼가게 하다: *alqm* ab illā ~ *(Pl.)* 아무를 그 여자에게 가까이 가지 못하게 하다 / itínere exércitum ~ *(Cæs.)* 군대의 전진[행진]을 견제하다. **2.** 〔*alqm alci*〕 누구에게 아무를 알지 못하게 하다[일러주지 않다]. **3.** 〔*alqd, alqm* ab *abl., alqā re*〕 보호하다, 지키다, 안전하게 하다, 방어[방위]하다: a perículo ~ rem públicam *(C.)* 나라를 위험에서 보호하다.

prohibítĭo, ónis, *f.* [prohíbeo] **금지,** 금제(禁制), 금령(禁令); 저지, 제지(制止).

prohibitívus, a, um, *adj.* [prohíbeo] 금지하는, 금령(禁令)의: 《文法》 propositío prohibitíva 금령문.

prohíbĭtor, óris, *m.* [prohíbeo] 금지하는 사람, 제지자(制止者), 막는 사람.

prohibitórĭus, a, um, *adj.* [prohíbitor] 금지의, 방해의. 「나타시.

prŏhinc, *adv.* [pro² +] 그러므로, 그래서,

proícĭo, iéci, iéctum, ĕre, *tr.* = projício.

proínde [proin], *adv.* **1.** 〔*imper., subj.* 와 함께 씀〕 그러므로, 그러니, 따라서: Proínde elóquere istud quid sit.*(Pl.)* 그러니 그게 뭔지 말해봐라. **2.** 〔atque, ac; ut, sicut; ac si, quasi, tamquam si 따위의 비교접속사와 함께; *absol.*〕 …와 마찬가지로, …하는[한] 것처럼, 마치 …한 듯이, …것 같이: ~ quasi plures fortunáti sint quam infelíces *(C.)* 행운을 타고난 사람들이 불행한 사람들보다 더 많기나 한 듯이.

projectícĭus, a, um, *adj.* [projício] **1.** 버림받은, 내버려진. **2.** 무시당한.

projéctĭo, ónis, *f.* [projício] **1.** 내던짐, 발사, 투사(投射). **2.** 뻗침, 내뻗음. **3.** 투영(投影), 사영(射影). **4.** 돌출; 돌출부.

projécto, áre, *tr. freq.* [projício] **1.** 앞에 내던지다, (위험 앞에) 내놓다, 노출시키다. **2.** 나무라다, 비난하다. 「러진 부분.

projectúra, æ, *f.* [projício] 돌출부, 두드

projéctus[1], a, um, *p.p., a.p.* [projício] **1.** 앞으로 나아가는, 쑥[불룩] 내민, 튀어나온, 돌출한, 두드러진; 〔*subst.*〕 *n.* 돌출부, 튀어나온 것; 발코니. **2.** 뻗어나간, 뻗쳐 있는. **3.** 〔ad, in *acc.;* in *abl., abl.*〕 엎드린; 드러누운. **4.** 〔*absol.;* ad, in *acc.*〕 제멋대로의, 걷잡을 수 없는, 무절제한, 방종한, 탐닉하는; 뻔뻔스러운. **5.** 천한, 비굴한, 비열한; 멸시당한. **6.** 처뜨린.

projéctus[2], us, *m.* [projício] 돌출, 뻗음, 펼쳐짐.

projícĭo, jéci, jéctum, ĕre, *tr.* [pro² + jácio] **1.** 〔*alqm, alqd* - *alci;* in, ante, intra *acc.*〕 앞으로 던지다, **내던지다,** 내팽개치다; 던져 주다; 던져 넣다: Diógenes prójici se jussit inhumátum.*(C.)* *Diógenes*는 자기(시체)를 묻지 말고 내팽개쳐 두라고 부탁했다 / ~ *alqd* in ignem *(Cæs.)* 불속에 던져 넣다. **2.** 〔*pass. refl.*〕 **se ~, prójici** 〔ad, ante, in *acc.;* in *abl., abl.; absol.*〕 엎드리다, 쓰러지다; 드러눕다; 〔in *acc.*〕 뛰어들다; 급히 가다, 달려가다; 〔ex *abl.*〕 급히 나오다[내리다]: projécti ad terram ...*(Cæs.)* 그들은 땅에 엎드려 / ~ se in flumen*(Curt.)* 강에 뛰어들다 / ~ se ex navi *(Cæs.)* 배에서 급히 내리다. **3.** (무기 따위를) 놓다, 내던지다; (옷 따위를) 벗어 던지다. **4.** (아기를) 버리다, 유기하다. **5.** 쏟다, (눈물을) 흘리다. **6.** 〔*alqm* - ab *abl.,* in *acc.*〕 내쫓다, 추방하다; (적군을) 격퇴하다: *alqm* ~ ab urbe *(Ov.)* 도시에서 추방하다 / *alqm* in ínsulam [exsílium] ~ *(Ta., Sen.)* 섬으로 추방하다[귀양보내다]. **7.** 내밀다, 내뻗게 하다, 돌출시키다, 두드러지게 하다: bráchium projéctum *(C.)* 쭉 내뻗은 팔. **8.** 포기하다, 버리다, 단념하다: ~ spem *(Plin.)* 희망을 버리다 / ~ vitam *(Lucan.)* 죽다. **9.** 멸시하다, 무시하다, 따돌리다; (권위 따위를) 떨어뜨리다. **10.** 〔*alqm* in, ad *alqd*〕 (위험·불행 따위를) 당하게 하다, 무릅쓰게 하다, 끼어들게 하다, (전쟁 따위에) 내몰다: In has misérias projéctus sum. *(Sall.)* 나는 이런 불행에 떨어지고 말았다 / se ~ *(C.)* 모험하다 / se ~ in *alqd* *(C.)* 무엇에 끼어들다, 뛰어들다. **11.** 미루다, 연기하다, 늦추다.

prolábor, *(ĕris, ĭtur),* lápsus sum, lábi, *dep. intr.* [pro²+] **1.** 〔in, ad *acc.*; ex *abl.*; *absol.*〕 (앞으로) 미끄러지다, 미끄러져 내려가다[떨어지다·빠지다], 미끄러져 나오다: ex árbore ~ *(Plin.)* 나무에 미끄러져 떨어지다. **2.** 무너지다, 내려앉다, 푹 꺼지다. **3.** 〔ad, in *acc.*〕 끌려 들어가다, 빠져들다, 기울어지다, …에 이르다, …게 되다: ad supérbiam ~ *(Ta.)* 교만에 빠져들다 / in misericórdiam ~ *(L.)* 측은한 마음이 들기 시작하다. **4.** 〔in *abl.*; in *acc.*; *abl.*〕 그르치다, 과오를 범하다, 저지르다, 실패하다. **5.** 〔*alqā re*; *absol.*〕 타락하다, 전락하다, 잘못되다, 파멸하다. **6.** (말이) 빗나가다; 생각나지 않다.

prolápsĭo, ónis, *f.* [prolábor] **1.** 미끄러져 떨어짐, 낙하; 무너짐, 붕괴. **2.** (청소년의) 탈선, 실수.

prolápsus, us, *m.* [prolábor] **1.** = prolápsio. **2.** 《醫》 탈출, 탈수(脫垂), 탈증(脫症): ~ úteri 자궁탈증.

prolátĭo, ónis, *f.* [prófero] **1.** 발음(發音). **2.** 인용, 언급, (예를) 들어 말함. **3.** 확장, 확대: ~ fínium *(L.)* 영토 확장. **4.** 연기, 미룸; 유예; 보류.

prolatívus, a, um, *adj.* [prófero] (입으로) 발음되는, 말해지는.

proláto, ávi, átum, áre, *tr. freq.* [prófero] **1.** 넓게 하다, 확장하다, 확대하다. **2.** 연장하다, 연기하다, 미루다.

prolátor, óris, *m.* [prófero] **1.** 생산자, 제작자. **2.** 입법자, 공포자(公布者).

prolátus[1], a, um, *p.p.* [prófero].

prolátus[2], us, *m.* [prófero] **1.** 생산, 제조. **2.** 발음. 「유혹적인.

prolectíbĭlis, e, *adj.* [prolício] 매혹적인,

proléсto, ávi, átum, áre, *tr.* [pro²+lacto²] **1.** 꾀다, 유혹하다, 유인하다, (마음을) 끌다. **2.** 자극하다, 화나게 하다.

prolegátus, i, *m.* [pro²+] 사절대리(使節代理), 대리대사.

prolegómĕna, órum, *n. pl.* 서문, 서론.

prolépsis, is, *f.* **1.** 《修》 예변법(豫辯法). **2.** 시일전기(時日前記: 나중에 발생한 사건 따위를 실제보다 먼저 있었던 것으로 기록하는 일). **3.** 예기, 예상.

prōles, lis, *f.* 〔*gen. pl.* -um도 있음〕 [pro²+olésco] **1.** 자녀, 직계비속(直系卑屬), 자손, 후예; 자식. **2.** 인간, 인류; 종족: argéntea ~ *(Ov.)* 은시대(銀時代)의 인류. **3.** (동물의) 새끼; 품종; (식물의) 열매. **4.** 젊은이들, 젊은 세대; 젊은 군인들. **5.** 〔*pl.*〕 고환(睾丸). 「사회; 무산계급.

proletariátus, us, *m.* [proletárius] 최하층

proletárĭus, a, um, *adj.* [proles] 최하층 사회의; 저속한; 〔*subst.*〕 *m.* 최하층 시민 (평상시에는 병역의 의무가 없고 인구증식에만 기여하는 계급이었음), 빈민, 천민.

prólĕvo, áre, *tr.* [pro²+] 구조하다, 건져 주다. 「다.

prolícĕo, ŭi, ére, *intr.* [pro²+líqueo] 흐르

prolícĭo, (léxi), ĕre, *tr.* [pro²+lácio] **1.** 〔*alqm* - ad *alqd*〕 유혹하다, 꾀어내다. **2.** 흥분시키다, 자극하다.

proliquátus, a, um, *p.p.* [*inusit.* próliquo] 유동체로 된, 액체화한.

prolíxe, *adv.* [prolíxus] **1.** 풍부[풍성]하게, 후하게, 아낌없이; 무성하게. **2.** 길게, 장황하게. **3.** 쾌히, 기꺼이, 선뜻.

prolíxĭtas, átis, *f.* [prolíxus] **1.** 길이, 길다람. **2.** 광대함, 넓음. **3.** 길게 끌어감, 오램; 장황함, 용장(冗長), 지루함.

prolixitúdo, dĭnis, *f.* [prolíxus] 장황함, 용장(冗長). 「이다.

prolíxo, áre, *tr.* [prolíxus] 길게 하다, 늘

prolíxus, a, um, *adj.* [pro²+laxus] **1.** 긴, 길다란, 길게 늘어진, 쭉 뻗은; 늘씬한; 넓게 퍼진, 우거진. **2.** 먼. **3.** (시간이) 긴, 오랜, 오래 된; 길게 끈, 장황한, 용장(冗長)한; 지루하도록 이야기하는; 〔*adv.*〕 **-líxum,** 오래, 오래도록. **4.** (말의) 내용이 풍부한, 뜻이 깊은[넓은]. **5.** 관후한, 호의적인, 남에게 잘해주는, 기꺼이 하는. **6.** 다행스러운, 순조로운, 뜻대로 잘되는. 「리; 서언. **2.** 말함, 제의, 주장.

prolocútĭo, ónis, *f.* [próloquor] **1.** 말머

prolocútor, óris, *m.* [próloquor] 변호사.

prológĭum, i, *n.* = prólogus.

prólŏgus, i, *m.* **1.** 머리말, 서언; (연극의) 개막 전의 서언, 서사(序詞), 서시(序詩); 개회, 개회사. **2.** 서막; 서곡. **3.** 서사·서시 낭독자.

prolóngo, ávi, áre, *tr.* [pro²+] 길어지게 하다, (시간을) 오래 끌다, 오래 걸리게 하다, 천연시키다, 연장하다.

prolóquĭum, i, *n.* [próloquor] **1.** 말머리; 머리말. **2.** 명제(命題). **3.** 선고(宣告).

prólŏquor, *(ĕris, ĭtur),* locútus sum, qui, *dep. tr., intr.* [pro²+] **1.** 〔*alqd*; *absol.*〕

말하다, (생각을) 말로 표시하다·발표하다, 말을 꺼내다, 서론을 펴다: ~ mendácium *(Pl.)* 거짓말을 하다. **2.** 예언하다.

prolúbĭum, i, *n.* [pro² + lubet] **1.** 욕망, 갈망, 충동, 소원; 부러움, 선망. **2.** 흐뭇함, 유쾌, 통쾌, 쾌감. 「사연습.

prolúdĭum, i, *n.* [prolúdo] 예행연습, 군

prolúdo, lúsi, lúsum, ĕre, *intr.* [pro²+] 〔ad *acc.; dat.; absol.*〕 (전투·시합 따위에 대비하여) 연습하다, 작전훈련을 하다, 모의전을 실시하다; (낭독·연설 따위를) 준비하다.

prólŭo, lŭi, lútum, ĕre, *tr.* [pro²+] **1.** 적시다; 씻다, 깨끗이[말끔히] 씻다. **2.** (물을 넣어) 부시다, 세척하다. **3.** (폭우·폭풍 따위가) 휩쓸어 가다. **4.** 낭비하다, 탕진하다.

prolúsĭo, ónis, *f.* [prolúdo] **1.** 군사연습, 작전훈련. **2.** 준비(행위), (예행) 연습.

prolúvĭes, éi, *f.* [próluo] **1.** 홍수, 범람. **2.** 설사; 배설물.

prolúvĭo, ónis, *f.* [próluo] 홍수, 범람.

proluviósus, a, um, *adj.* [prolúvio] 범람하는, 휩쓰는.

prolúvĭum, i, *n.* [próluo] **1.** 범람, 과도함, 풍부. **2.** 낭비. **3.** 오물(汚物).

prólўtæ, árum, *m. pl.* 5년간의 법률공부를 하고 졸업한 법학도. 「의 대리.

promagíster, tri, *m.* [pro²+] 부관, 장(長)

promatértĕra, æ, *f.* [pro²+] 증조모의 자매. 「내놓은, 장사속의, 매매되는.

promercális, e, *adj.* [pro²+merx] 팔려고

promércĭum, i, *n.* [pro²+merx] 장사, 매매, 상업.

promérĕo, mérŭi, mérĭtum, ére, [**-rĕor,** ĭtus sum, éri, *dep.*] *tr., intr.* [pro²+] **1.** 〔*alqd;* de *abl.;* bene, male; *absol.*〕(상·벌·칭찬·비난·감사 따위를) **마땅히 받다**, 받을 만하다, 받을 만한 일을 하다; 공로를 세우다, 공헌하다, 은혜[호의]를 베풀다; 나쁜[벌받을] 일을 하다: ~ pœnam *(Ov.)* 벌받을 짓을 하다 / reus lévius punítus, quam sit ille proméritus. *(C.)* 자기의 죄상에 비해서 가벼운 벌을 받은 죄인 / Velim me promeréntem ames. *(C.)* 내가 너의 사랑을 받을 자격이 있기를 바란다 / Promeruísti, ut ...*(Pl.)* 너는 …할 만큼 공로가[자격이] 있다 / bene de multis ~ *(C.)* 많은 사람들에게 은혜를 베풀다[도움·기쁨을 주다, 공을 세우다]. **2.** 〔*alqm, alqd*〕 (공들여) 얻다, 손에 넣다, 획득하다; 환심을 사다, 지지를 얻다: ~ ómnium voluntátem *(Suet.)* 모든 사람의 지지를 얻다 / ~ actióni favórem *(Q.)* 행동에 지지를 얻다 / in promeréndis sóciis *(Suet.)* 동료들의 지지를 받음에 있어서. 「다.

promérgo, ĕre, *intr.* [pro²+] 나타나다, 돋

promérĭtum, i, *n.* [proméreo] **1.** 공로, 잘한 일. **2.** 잘못한 일, 죄과. **3.** 공과(功過); (당연한) 상벌.

Prométheus, ĕi [ĕos], *m.* **1.** *Iápetus*의 아들, *Epimétheus*의 형제, *Deucálion*의 아버지, 하늘에서 불을 훔쳐다가 흙으로 빚은 인형에 생명을 주어 인류를 창조하였다는 신, *Zeus*의 노여움을 사게 되어 *Cáucasus*산의 바위에 묶여 독수리에게 내장을 파먹혔다함; 〔*adj.*〕 **-théus,** a, um. **2.** 토기장이. 「즉 *Deucálion.*

Promethídes, æ, *m.* *Prométheus*의 아들,

prómĭco, áre, [pro²+] **1.** *intr.* 반짝이다, 반짝반짝 빛나다; 반짝이며 나오다[내밀다·보이다]. **2.** *tr.* 튀어나오게 하다, 내던지다.

prómĭnens, éntis, *p.præs., a.p.* [promíneo] 돌출한, 내민, 툭 비어진, 불거진, 튀어나온; 솟아 있는, 치솟은; 〔*subst.*〕 *n.* 돌출부; 〔*adv.*〕 **-ter,** 앞쪽으로.

prominéntĭa, æ, *f.* [próminens] **1.** 돌기, 돌출(부); 융기(隆起). **2.** 두드러짐, 현저함; 탁월.

promínĕo, mínŭi, ére, *intr.* [pro²+] **1.** 〔*absol.;* in, per, inter *acc.*〕 **돌출하다**, 내밀어져 있다, 돌기하다, 튀어나오다, (앞·밖으로) 길게 뻗어나와 있다, 불거지다, 비어지다; **솟아 있다**: Próminet in pontum collis. *(Ov.)* 바다쪽으로 언덕이 돌출해 있다 / Phasélis próminet in altum. *(L.)* *Phasélis*(란 도시)가 높이 치솟아 있다 / dentes qui próminent *(Plin.)* 밖으로 길게 뻗어나온 한쌍의 이(상아). **2.** 〔in *acc.*〕 …에까지 이르다, 미치다: in posteritátem ~ *(L.)* 후손에게까지 이르다. 「몰고 가다.

prómĭno, áre, *tr.* [pro²+] (가축을) 몰다,

promínŭlus, a, um, *adj. dim.* [próminens] 도드라진, 도도록한, 좀 솟아 있는, 약간 돌출한, 볼록한. 「하다.

promíscĕo, ére, *tr.* [pro²+] 뒤섞다, 혼합

promiscúĭtas, átis, *f.* [promíscuus] **1.** 뒤섞인 상태, 혼잡; 무차별. **2.** 잡혼(雜婚), 난혼(亂婚).

promíscŭus, a, um, *adj.* [pro²+mísceo] **1.** **뒤섞인**, 혼합된, 혼잡한, **차별없는**, 구별없는: connúbia promíscua *(L.)* 귀족과 평민 사이의 혼인 / promíscua cædes *(L.)* 무차별 살육 / in promíscuo spectáre *(L.)* (신분·지위의 고하를 막론하고) 함께 뒤섞여서 구경하다; 〔*adv.*〕 **-scŭe,** 뒤섞여서, 혼합되어, 혼잡하게, 뒤범벅이 되어, 구별없이. **2.** 보통의, 통상적인, 일상(日常)의, 평범한: promíscua ac vília mercántes *(Ta.)* 값싼 일용품 상인들.

promíssĭo, ónis, *f.* [promítto] **1.** 약속, 언약; 서약. **2.** 장래의 희망, 촉망.

promissívus, a, um, *adj.* [promítto] 약속

의; 장래의: tempus promissívum *(Consén-tius)* 미래(시칭·시제).

promíssor, óris, *m.* [promítto] **1.** 약속자, 서약자. **2.** 약속만 하는 사람, 허풍선이.

promissórĭus, a, um, *adj.* [promíssum] 약속의, 약정한. 「서약, 계약; 약속된 것.

promíssum, i, *n.* [promíssus[1]] 약속, 언질,

promíssus[1], a, um, *p.p., a.p.* [promítto] **1.** 자라게 내버려둔, 길게 자란, 늘어진, 긴; 내민. **2.** 약속된, 언약된. **3.** 기대된, 촉망된.

promíssus[2], us, *m.* [promítto] 약속.

promítto, mísi, míssum, ĕre, *tr.* [pro[2]+] **1.** 자라게 내버려두다, 길어지게 하다, 뻗어나가게 하다; (소리를) 길게 뽑다: ramos ~*(Col.)* 가지들을 (치지 않고) 자라게 내버려두다 / capíllum et barbam ~*(L.)* 머리와 수염을 (특히 애도의 표시로) 깎지 않고 기르다 / Gállia est longe huc usque promíssa. *(Mela) Gállia*가 여기까지 길게 뻗어나와 있다. **2.** 〔*alqd, alqm - alci,* de *abl.; gen.;* ad *acc.; acc. c. inf.*〕 **약속하다,** 언약하다, 기대하게 하다, 확약하다, 서약하다: ~ sibi ómnia *(Lucan.)* 자기가 모든 것을 차지하게 될 줄로 기대하다 / ad fratrem ~*(C.)* 형제의 집에(만찬 초대에) 갈 것을 약속하다 / Ad cœnam mihi promítte. *(Phædr.)* 내 집 만찬에 꼭 와 다오(온다고 약속해 다오) / damni inſécti ~*(C.)* 끼친 손해의 배상을 약속하다 / *alqs,* qui et promísit oratórem et præstitit. *(Sen.)* 연설가로 촉망되었고 또 실제로 된 아무. **3.** 〔*alqd - alci; se alqm; acc. c. inf.*〕 엄포하다, 위협하다, 으르다: Me promísi ultórem. *(V.)* 내가 복수하겠노라고 을러놓았다. **4.** 〔*alqd alci; acc. c. inf.*〕 장담하다, 보증하다, 다짐하다. **5.** (징조를 보여) 미리 알리다, 예고하다, 예언하다, 예상하게 하다. **6.** 서원(誓願)하다. **7.** (얼마에 사겠다고) 값을 놓다, 입찰하다.

prōmo, prompsi, promptum, ĕre, *tr.* [pro[2] +emo] **1.** 〔*alqd* - ex, de *abl.; abl.; alci*〕 **꺼내다,** 내놓다, 내밀다: ~ *alci* vinum *(Pl.)* 누구에게 술을 내놓다 / linguam ~ 혀를 내밀다 / se ~ *(V.)* 나오다; *(Col.)* (싹이) 나서 자라다. **2.** 제시하다, 드러내다, 발휘하다. **3.** 설명하다, 말하다, 발표하다, 진술하다, 개진하다, 공개하다: senténtiam ~*(Petr.)* 의견을 말하다.

promónĕo, ére, *tr.* [pro[2]+] 미리 경고하다, 미리 알리다, 예고하다.

promontórĭum, i, *n.* **1.** 돌출부; 등성이, 마루터기; 산등성이. **2.** 갑(岬), 갑각, 해각(海角): ~ Bonæ Spei 희망봉. **3.** 《解》 융기, 돌기, 갑각(岬角).

promóta, órum, *n.pl.* = proégmena.

promótĭo, ónis, *f.* [promóveo] **1.** 승진, 승급, 진급, 발탁. **2.** 전진; 촉진. **3.** 발기(發起).

promótor, óris, *m.* [promóveo] **1.** 승진발령자, 발탁자. **2.** 발기인, 제기인(提起人), 제안자; 선동자. **3.** 《敎法》 ~ fídei (시복〈諡福〉·시성〈諡聖〉 절차에서의) 신빙성 조사 담당 검사; ~ justítiæ 교구의 검사.

promótus[1], a, um, *p.p.* [promóveo].

promótus[2], us, *m.* [promóveo] 전진, 진보.

promóvĕo, móvi, mótum, ére, *tr.* **1.** 〔*alqd* - in, ad *acc.*〕 앞으로 움직여 보내다, 앞으로 밀다[옮겨 놓다], **전진시키다,** 뻗치다. **2.** 확대[확장]하다, 증대시키다, 신장(伸張)하다. **3.** 증진시키다, 발전시키다, 촉진하다. **4.** 〔*alqm* - in, ad *acc.; absol.*〕 **승진시키다,** 진급시키다, 발탁하다. **5.** 〔*c. adv.,* in *abl.,* ad *acc.*〕 진보하다, 성과를 거두다, 성공하다, 성취[달성]하다; 기여하다, 도움이 되다: in stúdio abúnde ~ *(Gell.)* 공부에서 크게 진보하다 / ~ parum *(T.)* 별로 성공하지 못하다. **6.** 세상에 드러내다, 발표하다. **7.** 연기하다, 미루다.

prompte[-tim], *adv.* [promptus[1]] **1.** 즉시, 빨리, 선뜻, 기쁜 마음으로, 흔연히; 얼른, 냉큼, 주저하지 않고. **2.** 쉽게, 손쉽게. **3.** 분명하게; 솔직하게.

promptitúdo, dĭnis, *f.* [promptus[1]] 민속, 기민, 민첩; 즉각적 반응.

prompto, áre, *tr. freq.* [promo] 선뜻 내주다, 아낌없이 쓰다.

prompt(u)árĭus, a, um, *adj.* [promo] 저장해 두는, 보관하는: armárium promptuárium *(Cato)* 광, 식료품 저장실; 찬장; 옷장, 장롱: cella promptuária *(Apul.)* 광, 생활용품 저장실; *(Pl.)* 감옥; 〔*subst.*〕 *n.* 생활용품 넣어두는 방[장], 일용품창고.

promptus[1], a, um, *p.p., a.p.* [promo] **1.** 〔*absol.;* in *abl.,* in *acc.*〕 겉으로 드러난, 내놓여진, 노출된; 명백한: áliud clausum in péctore, áliud promptum in linguā habére *(Sall.)* 어떤 것은 가슴 속에 깊이 간직해 두고 어떤 것은 입밖에 드러내다. **2.** (언제라도) **준비가 되어 있는,** 손닿는 곳에 있는, 즉석의: prompta sagítta *(Ov.)* 당장 쏠 수 있는 화살 / prompta et prófluens eloquéntia *(Ta.)* 유창한 즉석 웅변. **3.** 〔*absol.;* ad, in *acc.;* in *abl.; abl., gen., dat.*〕 태세를 갖춘, 용의가 있는, 각오가 된, 자진하여[기쁘게·즉시] …하는, 선뜻 마음내키는; 사양하지 않는, 서슴치 않고 해낼; 민속한, 민첩한, (재)빠른: ad vim ~ *(C.)* 폭력사용도 불사하는 / ~ libertáti aut ad mortem ánimus *(Ta.)* 자유 아니면 죽음을 각오한 마음 / in rebus geréndis ~*(N.)* 일처리를 신속히 하는 / prómptior linguā quam manu *(Sall.)* 행동보다 말이

앞서는. **4.** 용감한; 단호한. **5.** 쉬운, 용이한: ... *(inf.)* promptum est. *(Q.)* …하기는 쉽다.

promptus², us, *m.* [promo] 〔실제로는 **in promptu**로만 쓰임〕 **1.** 드러나 있음, 드러내 보임; 명백함: *alqd* in promptu habére [gérere, pónere] *(Sall., Pl., C.)* 무엇을 드러내 보이다, 겉으로 드러나게 하다 / Hoc in promptu manifestúmque esse vidémus. *(Lucr.)* 우리는 이것이 명명백백함을 본다. **2.** 준비가 되어 있는 상태, 준비완료태세, 손닿는 곳: Ea dicam, quæ mihi sunt in promptu. *(C.)* 나는 준비되어 있는 것을 말하겠다 / in promptu habére *(C.)* 준비해 가지고 있다 / ómnia, quæ in promptu erant, ... *(L.)* (손닿는 곳에 있던 것은) 닥치는 대로 전부. **3.** 쉬움, 용이: in promptu esse *(Ov., Sall.)* 쉽다.

promúlcum, i, *n.* (배를) 끄는 밧줄.

promulgátĭo, ónis, *f.* [promúlgo] 공포(公布), 발포(發布), 반포(頒布); 공표, 발표.

promulgátor, óris, *m.* [promúlgo] 공포자(公布者), 발포자; 공표자, 발표자; 퍼뜨리는 사람.

promúlgo, ávi, átum, áre, *tr.* [pro²+(vulgus)] 공포(公布)하다, 발포(發布)하다, 반포(頒布)하다; 공고하다, 공표하다, 발표하다, 두루 알리다, 퍼뜨리다.

promulsidáre, is, [-rĭum, i,] *n.* [promúlsis] 처음에 나오는 요리접시.

promúlsis, ĭdis, *f.* 맨 먼저 나오는 요리.

promuntúrĭum, i, *n.* = promontórium.

promurále, is, *n.* [pro²+murális] 외곽(外廓).

prōmus, a, um, *adj.* [promo] 식료품[식량] 저장의; 저장한 식료품을 꺼내는; 〔*subst.*〕 *m.* (식구들의 식량을 창고에서 꺼내주는) 집사, 식료품 분배인; *n.* 식량창고, 식료품 저장실.

promútŭus, a, um, *adj.* [pro²+] 미리 받은, 선불(先拂)의, 가불의; 〔*subst.*〕 *n.* 선불금, 가불금.

promycélĭum, i, *n.* 《植》 전균사체(前菌糸體).

pronátĭo, ónis, *f.* [prono] 《生理》 (손·발의) 내전(內轉); 내전 위치.

prónăto, áre, *intr.* [pro²+] 헤엄쳐 나아가다.

pronátor, óris, *m.* 《解》 회전근(回前筋), 회내근(回內筋).

pronáus, i, *m.* 신전(神殿)의 현관(의 주랑).

pronécto, ĕre, *tr.* [pro²+] 길게 엮다[짜다]; (시간을) 길게 끌어나가다, 이어나가다, 연장하다.

prónĕpos, ótis, *m.* [pro²+] 증손.

pronéptis, is, *f.* [pro²+] 증손녀.

prōnis, e, *adj.* = pronus.

prōno, ávi, átum, áre, *tr.* [pronus] 앞으로 수그리다, 엎드리다; 앞으로 기울게 하다.

pronœ́a, æ, *f.* 신의 뜻, 섭리.

pronómen, mĭnis, *n.* 《文法》 대명사.

pronominális, e, *adj.* [pronómen] 대명사의, 대명사적.

pronominátĭo, ónis, *f.* 《修》 환칭(換稱).

pronómĭno, áre, *tr.* [pronómen] 대명사로 누구를 지칭하다.

pronótum, i, *n.* 《動》 (곤충의) 전배판(前背板).

prónŭba, æ, *f.* [prónubus] 규수를 신랑 집으로 데려다 주던 여자 들러리 (신랑 편은 auspex; prónubus).

prónŭbus, a, um, *adj.* [pro²+nubo] 혼인을 맺어주는, 중매하는; 들러리 서는.

pronúclĕus, i, *m.* [pro²+] 《生》 전핵(前核), 난기(卵基), 수정(受精) 전의 알 및 정자의 핵(核).

pronum, i, *n.* [pronus] 언덕, 경사면.

pronunci... *V.* pronunti...

pronuntiátĭo, ónis, *f.* [pronúntio] **1.** 발음; 발음법. **2.** 말. **3.** 공시(公示), 포고, 선포; 발표. **4.** 판결, 선고, 언도. **5.** 《修》 (연설의) 음성 및 몸짓·손짓. **6.** 《論》 명제.

pronuntiatívus, a, um, *adj.* [pronúntio] 직설적, 직설법의.

pronuntiátor, óris, *m.* [pronúntio] **1.** 낭독자. **2.** (말·글로) 서술하는 사람, 이야기하는 사람. **3.** 선포자.

pronuntiátum, i, *n.* [pronúntio] **1.** 《論》 공리(公理), 명제. **2.** 《軍》 (하달되는) 지시, 명령.

pronuntiátus, us, *m.* [pronúntio] 발음, 어조; 낭독.

pronúntĭo, ávi, átum, áre, *intr., tr.* [pro²+] **1.** 〔*alqd; acc. c. inf.; absol.*〕 말하다, 이야기하다; 소리지르다, 외치다: Dolóre prohíbeor ~, quæ gesta sunt. *(Cæs.)* 나는 고통 때문에 사건의 경위를 이야기할 수가 없다 / Alĭus capta (esse) jam castra pronúntiat. *(Cæs.)* 다른 사람은 병영이 이미 점령되었다고 외치고 있다. **2.** 〔*alqd*, de *alqā re, alqm acc. præd.; acc. c. inf.; absol.*〕 공표하다, 발표하다; 공포하다, 선포하다, 선언하다: nómina magnā voce ~ *(C.)* 이름들을 큰소리로 발표하다 / leges ~ *(C.)* 법률들을 공포하다 / ~ eos prætóres *(L.)* 그들을 집정관으로 (임명하여) 선포하다. **3.** 〔*alqd, alqm* – ad *alqd; acc. c. inf.;* de *alqā re; absol.*〕 선고하다, 언도하다, 판결문을 낭독하다; 판결하다, 단죄하다: ~ senténtiam *(C.)* 판결을 내리다, 선고하다 / ~ de calúmniā *(Plin.)* 무고죄에 대하여 재판하다 / servus pronuntiátus *(Paul.)* 유죄판결을 받은 노예 / pronuntiári ad béstias *(Tertull.)* 맹수형을 선고받다. **4.** 〔*alqd; acc. c. inf.;* ut, ne; 가끔 비인칭적으로 *(impersonáliter)* 쓰임〕 명령하다, 지시하다, 명령을 하달하다: prœ́lio in pósterum diem pronuntiáto *(L.)* 다음날의 전투를 명령내리고 / Pronuntiátur, primā luce itúros (esse). *(Cæs.)* 첫새벽에 행군하라는 지시가 있다. **5.** 〔*alqd* - *alci*〕(군중·군인들에게) 공약(公約)하다, 현상(懸賞)하다. **6.** (계약 따위를) 체결하다, 약정하다, (계약조건 따위를) 규정하다; (상속자를) 지명하다. **7.** (사는 사람에게 물건의 흠 따위를) 밝히다, 일러주다. **8.** **발음하다**; 음독(音讀)하다. **9.** 낭독하다, 낭송(朗誦)하다.

pronúper, *adv.* [pro² +] 최근에, 얼마전.

prónŭrus, us, *f.* [pro² +] 손자며느리.

prōnus, a, um, *adj.* [pro² +] **1.** 〔*absol.*; in *acc.*〕앞으로 굽은, 앞으로 기울어진, 수그린, **엎드린**, 아래를 향한, 엎어놓은: pécora, quæ natúra prona finxit. *(Sall.)* 자연이 땅을 향하도록 만들어 놓은 짐승들 / ~ in ventrem *(Var.)* 배를 깔고 엎드린. **2.** 〔*dat.*, ad *acc.*〕(어느 쪽을) 향한: loca aquilóni prona *(Col.)* 북향지방 / ~ ad merídiem *(Var.)* 남쪽을 향한. **3.** 경사진, 비탈진, 가파른, 내리받이의: prona via *(Ov.)* 가파른 길; 〔*subst.*〕*n.* 비탈, 내리받이. **4.** 저무는, (해·달·별 따위가) 막 지려고 하는. **5.** 급히 (흘러) 내려가는, 미끄러져 내려가는. **6.** 줄달음치는. **7.** (시간이) 빨리 지나는. **8.** 〔ad, in *acc.*; *dat.*〕**기울어지는**, 경향이 있는, 쉽게 …하는, 버릇이 있는: ~ ad iracúndiam *(Plin.)* 화를 잘 내는 / ~ in obséquium *(H.)* 잘 순종하는. **9.** 〔in *alqm*, *alci*; *absol.*〕친절한, 호의적인: ~ in *alqm* *(Ta.)* 누구에게 친절한 / pronis áuribus accípere *alqd* *(Ta.)* 기꺼이 듣다, 경청하다. **10.** 〔*dat.*, ad *acc.*; *absol.*〕쉬운: iter pronum ad honóres *(Plin.)* 입신양명의 쉬운 길 / Id prónius ad fidem est. *(L.)* 그것은 더 믿을 만하다 / Pronum est, *inf.* …하기는 쉬운 일이다.

proœconómĭa [-**mía**], æ, *f.* [pro² +] 준비.

proœ́mĭor, ári, *dep. intr.* [proœ́mium] 머리말을 시작하다, 서두를 꺼내다.

proœ́mĭum, i, *n.* **1.** 서언(緖言), 서론, 서문, 입문. **2.** 시작, 처음. **3.** 전주곡, 서곡; 서막.

propagátĭo, ónis, *f.* [propágo¹] **1.** 번식, 증식, 배양(培養): ~ vítium *(C.)* 포도넌출의 번식. **2.** **전파**(傳播), 선전, 보급; 만연. **3.** 포교(布敎), 전교, 선교, 전도. **4.** 확장, 확대, 신장(伸張).

propagátor, óris, *m.* [propágo¹] **1.** 번식시키는 사람; 전파자. **2.** 확장자, 확대자.

propáges, gis, *f.* [propágo¹] **1.** 취목(取木)[휘묻이] 가지, 꺾꽂이 싹. **2.** 자손, 후예.

propaginátĭo, ónis, *f.* [propágino] 취목(取木), 휘묻이; 꺾꽂이.

propágĭno, ávi, átum, áre, *tr.* [propágo²] 취목(取木)하다, (특히 포도나무를) 휘묻이하여 번식시키다.

propágo¹, ávi, átum, áre, *tr.* [pro² + pango] **1.** 취목(取木)으로 번식시키다, 휘묻이하다. **2.** 자손을 번식시키다, 후손을 남기다, 대를 잇게 하다. **3.** **전파하다**, 널리 전하다, 선전하다, 보급하다, 퍼뜨리다, 만연시키다: Congregátio de Propagándā Fide, *(Roma* 교황청의) 포교성성(布敎聖省, 지금은 Congregátio pro Géntium Evangelīzatióne 〈인류 복음화성성〉으로 개칭). **4.** (영토 따위를) 넓히다, 신장(伸張)하다, 확장하다, 확대하다. **5.** 〔*alqd* - ad, in *acc.*; *dat.*〕(시간적으로) 연장시키다, 계속되게 하다, 오래 가게 하다, 후대에까지 전해지게 하다: ~ vitam *(C.)* 생명을 연장시키다.

propágo², gĭnis, *f.* [propágo¹] **1.** 취목(取木) 가지, 휘묻이 묘목, 꺾꽂이 가지. **2.** 자식, 자녀; 자손, 후예; (동물의) 새끼. **3.** 혈통, 가문, 문벌; 〔*pl.*〕족보.

própălam, *adv.* [pro² +] 드러나게, 드러내 놓고, 공공연하게, 버젓이.

própălo, ávi, átum, áre, *tr.* [própalam] 드러내다, 드러나게 하다, 공개하다; 퍼뜨리다, 폭로하다.

propánsus [-**pássus**], a, um, *p.p.* [*inusit.* propándo] (날개 따위가) 펼쳐진, 편.

própător, ŏris, *m.* 조상, 선조.

propátrŭus, i, *m.* [pro² +] 증조부의 형제.

propátŭlus, a, um, *adj.* [pro² + (páteo)] 드러나 있는, 노출된, 훤히 트인, 가려지지 않은, 한데의, 노천의: in propátulo loco *(C.)* 훤히 트인 앞뜰에; 〔*subst.*〕*n.* 한데, 노천, 옥외; 공개된 장소, 사람들이 보는 앞: in propátulo *(L.)* 옥외에서, 앞뜰에서; *(Sall.)* 공공연히.

prŏpe¹, *adv.* 〔*comp.* própius; *superl.* próxime〕 **1.** 〔*absol.*; ab *abl.*, ad *acc.*; 비교급·최상급에서는 *acc.*, *dat.*도 만나게 됨〕**가까이**, 부근에, 가까이에서, 곁에, 옆에: ~ a domo *(C.)* 집에서 가까이. **2.** 거의, 거의 다, 거지반, 임박한 상태에, (시간적으로) 멀지 않게: ~ adest, quum ... *(T.)*; ~ est, quando ... *(Pl.)* …할 때가 거의 되었다·가까왔다 / ~ adest, ut fiat palam. *(Pl.)* 그것이 거의 드러나게 되어 있다 / ~ est factum, ut ... 할 뻔하였다 / Prope summa céperant. *(Sall.)* 그들은 (산)꼭대기를 거의 다 점령했었다 / ~ annos nonagínta natus *(C.)* 거의 90세가 다 된.

prŏpe², *præp. c. acc.* **1.** 〔장소·시간〕**가까이**, …에 가깝게, 부근에(서), 곁에: ~ te *(C.)* 네 곁에서. **2.** 이제 곧, 금방, 직전에, 입박하여: Prope seditiónem ventum est. *(Ta.)* (사태는) 폭동 직전에 와 있(었)다. **3.** 쯤에, 경(頃)에.

propédĭem, *adv.* [prŏpe dĭem] 머지 않아, 곧, 얼마 안있어서.

propéllo, própŭli, púlsum, ĕre, *tr.* [pro² +] **1.** 〔*alqm*, *alqd* - in, ad *acc.*〕(짐승 따위

를 앞으로) **몰다**, 몰고 가다, 내몰다. **2.** 〔*alqd, alqm* - ab *abl.*, in *acc.*〕 **추진하다**, 나아가게 하다, 앞으로 밀다. **3.** 〔*alqm* - ab *abl.*〕 쫓다, 격퇴하다, 가까이 오지 못하게 하다 **4.** 뒤엎다, 쓰러뜨리다, 무너뜨리다. **5.** 〔*alqm, alqd* - ad *acc.*〕 자극하다, 감동시키다, 충동하다, 몰아넣다, (억지로) …하게 하다: *alqm* ad voluntáriam mortem ~ *(Ta.)* 아무를 자살하게 하다. **6.** 〔*alqm* - ab *alqo*〕 막다, 물리치다.

propémŏdum, *adv.* [prope[1] + modus]대개, 대체로, 거의, 얼추, 대부분. 「사.

propémptĭcum [-on], i, *n.* 송별시, 송별

propéndĕo, péndi, pénsum, ére, *intr.* [pro[2] +] **1.** 〔*absol.*; ex *abl.*〕 아래로[앞으로] 늘어져 있다, 처지다: herba ex ramis propéndens *(Plin.)* 나뭇가지들에서 늘어져 있는 풀 / propendéntes aures *(Col.)* (개의) 축 늘어진 두 귀. **2.** (저울판 따위가) 무게로 기울어지다. **3.** 무게가 더 나가다, 우세하다: Nec depéndes nec propéndes. *(Pl.)* 너는 무게가 덜 나가지도 더 나가지도 않는다. **4.** 〔*absol.*; in *alqm*〕 (누구에게) 마음이 기울어지다[향하다], 호의를 가지다. 「으로 늘어진.

propéndŭlus, a, um, *adj.* [propéndeo] 앞

propénsĭo, ónis, *f.* [propéndeo] (마음이) 기울어짐, 경향.

propénsus, a, um, *p.p.*, *a.p.* [propéndeo] **1.** 아래로[앞으로] 늘어진, 처진. **2.** 〔ad, in *acc.*; pro *abl.*; *absol.*〕 **기울어지는**, 쏠리는, 치우치는, (마음이) 향하는, 경향이 있는; 마음쓰는, 호의적인, 편드는, 관대한; 자발적인, 자진하여 하는: ~ ad misericórdiam *(C.)* 동정심이 많은 / in neutram partem propénsior *(C.)* 어느 편에도 치우치지 않은; 〔*adv.*〕 **-se,** 자발적으로, 자진[자청]하여, 선뜻. **3.** 무게가 더 나가는, 우세한. **4.** 〔ad *acc.*〕 가까운, 근사한.

própĕrans, ántis, *p.præs.*, *a.p.* [própero] 빠른; 서두는, 바삐 하는, 조급한; 〔*adv.*〕 **-ánter,** 서둘러서, 빨리, 바삐, 급히, 허둥지둥. 「서두름, 급히 함, 바삐 감.

properántĭa, æ, *f.* [própero] 빠름, 급속;

properátim [-to], *adv.* [properátus] 빨리, 급히, 바삐, 허둥지둥, 서둘러.

properátĭo, ónis, *f.* [própero] 서두름, 급히 함; 급히 감; 급속.

properátus, a, um, *p.p.*, *a.p.* [própero] 급속한, 신속한; 황급한; 서두른, 빨리 된, 급조(急造)의; 이른; 〔*subst.*〕 *n.* 서두름, 급히 함: Properáto opus est. *(C.)* 서둘러야 한다. 「이 빠른.

propérĭpes, pĕdis, *adj.* [próperus + pes] 발

própĕro, ávi, átum, áre, *tr.*, *intr.* [própe-rus] **1.** 〔*alqd*; *inf.*, *acc. c. inf.*; *absol.*〕 **급히 하다**, 서두르다, 빨리[서둘러] …하다, 빨리 …하려고 하다, 촉진하다. **2.** 〔*absol.*; in, ad *acc.*〕 빨리[바삐] 가다·오다; 〔*abl.*〕 빨리 떠나다[물러가다].

Propértĭus, i, *m.* Sextus Aurélius ~, *Roma*의 비가(悲歌) 시인 (c. 49 - 15 A.C.).

própĕrus, a, um, *adj.* [prope[1]] 〔*absol.*; *gen.*; *inf.*〕 빠른, 재빠른; 급한, 빨리[바삐] …하는, 서두르는: ~ iræ *(Ta.)* 분노잘내는; 〔*adv.*〕 **-re [-rĭter],** 빨리, 급히, 얼른. 「들어 매는 줄.

prŏpes, pĕdis, *m.* [pro[2] +] 돛 아래쪽을 붙

propéxus, a, um, *adj.* [pro[2] + pecto] (머리털·수염 따위가) 길게 늘어진, 빗어 내린.

prophéta [-tes], æ, *m.* **1.** (신탁소〈神託所〉에서) 신탁을 해석하던 신관(神官). **2.** **예언자**, 선지자.

prophetális, e, *adj.* [prophéta] 예언자의.

prophetátĭo, ónis, *f.* [prophéto] 예언.

prophetía, æ, *f.* 예언; 《聖》 예언서.

prophetiális, e, *adj.* [prophetía] 예언의.

prophétĭcus, a, um, *adj.* [prophéta] **1.** 예언자의, 예언자적. **2.** 예언의, 예언을 기록한; 예언하는, 예언적. 「언자.

prophetíssa, æ, [**-étis,** tĭdis,] *f.* 여자 예

prophetízo, áre, *tr.* 알아맞추다.

prophéto, ávi, átum, áre, *tr.* **예언하다.**

prophyláctĭcus, a, um, *adj.* [prophyláxis] 《醫》 (병을) 예방하는. 「방; 예방법.

prophyláxis, is, *f.* 《醫》 (병 따위의) 예

propinátĭo, ónis, *f.* [propíno] **1.** 술잔을 돌림, 권주(勸酒), 주연(酒宴)에의 초대; 건배, 건강을 위한 축배. **2.** 장례 때의 주연. 「는 사람.

propinátor, óris, *m.* [propíno] 술을 권하

propíno, ávi, átum, áre, *tr.* **1.** 〔*alqd* - *alci*〕 (자기가 마시던) 술잔을 돌리다: Nulli cálicem tuum propínas. *(Martiális)* 너는 네 술잔을 아무에게도 돌리지 않고 있다. **2.** 〔*alqd* - *alci*〕 축배를 들다, 건배하다: ~ salútem tibi *(Pl.)* 네 건강을 빌며 건배하다. **3.** 술을 권하다, 주연에 초대하다. **4.** (술·음료 따위의) 마실 것을 주다. **5.** 〔*alqm, alqd* - *alci*〕 내주다, 내맡기다, 넘겨주다.

propínquĭtas, átis, *f.* [propínquus] **1.** **가까움**, 이웃, 근처, 인접, 근접. **2.** 친척관계, 일가친척 사이. **3.** 친밀(한 사이), 친근.

propínquo, ávi, átum, áre, *intr.*, *tr.* [propínquus] **1.** 〔*dat.*, *acc.*; *absol.*〕 **가까이 가다[오다]**, 다가가다[오다], 가까와지다, 접근하다; 임박하다, 박두하다. **2.** 친밀해 지다. **3.** 〔*alqd*〕 가까와지게 하다, 빨라지게 하다, 재촉하다.

propínquus, a, um, *adj.* [prope[1]] **1.** 〔*absol.*; *dat.*; inter se〕 **가까운**, 가까이 있는, 인접한, 인근의; 〔*subst.*〕 *n.* 가까운 곳:

ex propínquo *(L.)* 가까이서 / in propínquo esse *(L.)* 가까이 있다. **2.** (시간적으로) 가까운, 임박한, 박두한. **3.** 〔*dat.*〕 비슷한, 근사한, 유사한. **4.** 친척되는; 친밀한, 친근한; 〔*subst.*〕 *m.*, *f.* 친척; 친구.

própĭo, ávi, átum, áre, *intr.* [prope[1]] 〔*dat.*〕 접근하다, 가까이 가다[오다].

própĭor, ĭus, *gen.* óris, *adj. comp.* [prope[1]] 〔*superl. V.* próximus〕 **1.** 〔*dat.*, ab *abl.*, *gen.*; *absol.*〕 더 가까운, 비교적 가까운; 〔*subst.*〕 *n.pl.* 가까운 곳[것], 근처; 근접점. **2.** 〔*dat.*; *absol.*〕 임박한, (시간적으로) 별로 멀지 않은; 비교적 최근의, (지나간 둘 중에) 나중의: ~ epístola *(C.)* 최근의[나중에 받은] 편지. **3.** 〔*dat.*〕 (혈연관계에서) 더 가까운; 더 친밀한, 더 친근한. **4.** 〔*dat.*, *acc.*〕 (유사성에 있어서) 더 가까운, 더 비슷한, 더 닮은: vacca fáciem tauro ~ *(V.)* 얼굴이 황소같이 생긴 암소 (fáciem은 *acc. Gr.*) / Quod própius vero est. *(L.)* 그것은 진실에 더 가깝다. **5.** 〔*dat.*, *acc.*; *absol.*〕 더 긴밀한, 깊이 관계되는, 더 긴급한, 더 긴박한, 더 중대한. **6.** 〔*dat.*, ad *acc.*〕 더 적절한, 더 어울리는.

propitiábĭlis, e, *adj.* [propítio] **1.** 화해적인, 자비로운, 관용을 베푸는. **2.** 〔*alci*〕 (누구의) 관용을[자비를] 받을 만한.

propitiátĭo, ónis, *f.* [propítio] **1.** 신의 노여움을 풀게 함, 속죄; 속죄의 제물[제사·기도]. **2.** 자비, 관용, 관서(寬恕).

propitiátor, óris, *m.* [**-trix,** ícis, *f.*] [propítio] (속죄의 제사로) 화해시키는 사람, 중재자, 죄의 용서를 얻어주는 사람.

propitiatórĭum, i, *n.* [propitiatórius] **1.** 화해[속죄]수단. **2.** 속죄소(贖罪所).

propitiatórĭus, a, um, *adj.* [propitiátor] **1.** 화해적인, 유화적(宥和的)인. **2.** 속죄의: sacrifícium propitiatórium 속죄의 제사[제물].

propítĭo, ávi, átum, áre, *tr.* [propítius] **1.** 〔*alqm*〕 노여움을 풀게 하다, 달래다, 유화(宥和)하게 하다, 화해시키다; (누구에게) 속죄행위를 하다, 속죄의 제물을 바치다. **2.** 안심시키다, 마음을 가라앉히게 하다.

propítĭus, a, um, *adj.* [prope[1]] **1.** 호의를 가진, 호의적인, 자비를[관용을] 베푸는, 관대한, 유화적(宥和的)인; 인자한, 온유한. **2.** 평온한.

própĭus, *adv. comp.* [prope[1]] 더 가까이(서): ~ a terris *(C.)* 지구에서 더 가까이.

proplásma, ătis, *n.* 백점토(白粘土)로 만든 모형[본], 원형(原型).

propnigéum, i, *n.* 땀을 말리도록 욕탕 또는 격투 연습장에 붙어 있는 따뜻한 방.

propódĭum, i, *n.* 《動》 전족(前足), 앞발.

Propœ́tĭdes, um, *f.pl.* *Cyprus*섬의 도시 *Amăthus*의 처녀들, *Venus*를 멸시한 죄로 돌로 변함.

〔**2.** *f.* 소매상점, 고물상점.

propóla, æ, **1.** *m.* 소매상인, 고물상인.

própŏlis, is, *f.* 밀랍(蜜蠟), 봉랍(蜂蠟).

própŏma, ătis, *n.* 식사 전에 마시는 음료, 식욕 증진제.

propóno, pósŭi, pósĭtum, ĕre, *tr.* [pro[2] +] **1.** 앞에 놓다[두다], 내놓다, 내걸다, 진열하다, 내세우다; 팔려고 내놓다. **2.** 공시(公示)하다, 게시하다, 발표하다; 공포(公布)하다. **3.** 제시하다; 드러내다, 공개하다. **4.** 〔*alqd*, *alqm* - *sibi*〕 머리속[눈앞]에 그리다, 상상하다, 생각하다, 설정하다, 염두에 두다: Propóne tibi duos reges. *(C.)* 두 명의 왕을 상상해 봐라 / *alqd* sibi ~ exémplar *(C.)* 무엇을 본보기로 삼다 / sibi quisque ante óculos famem proponéntes *(Justin.)* 그들은 각자 자기들 눈앞에 굶주림을 그려보면서. **5.** 〔*alqd*, *alqm alci (rei)*〕 내맡기다, …앞에 내던지다. **6.** 〔*alqd* - *alci*; de *abl.*; *interr. indir.*〕 말하다, 이야기하다, 진술하다, 설명하다; 일러주다, 전하다. **7.** 〔*alqm*〕 언급하다, 상기시키다; 인용하다. **8.** 〔*alqd*; *inf.*, *acc. c. inf.*〕 주장하다, 단언하다. **9.** 제안하다, 제의하다. **10.** (문제·안건 따위를) 제출하다. **11.** 전제(前提)로 말하다; (삼단논법의) 대전제를 전개시키다. **12.** 〔*alqd* - *alci*; *acc. c. inf.*〕 약속하다: ~ prǽmium *alci (C.)* 아무에게 상을 약속하다, 현상(懸賞)하다. **13.** 〔*alqd* - *alci*〕 위협하다, 으르다, 경고하다: *alci* pœnam ~ *(C.)* 누구를 처벌한다고 위협하다. **14.** 〔*alqd*; ut; *inf.*〕 결정하다, 결심하다, 작정하다, …할 생각이다, 목표하다, 계획하다, 기도(企圖)하다: ~ illuc ire *(Juv.)* 그리로 가기로 작정하다 / Propósitum est mihi hoc fácere. *(C.)* 나는 이것을 하기로 작정했다 / Huic sermóni propósitum est, ut ... *(C.)* 이 연설의 의도는 …하는 것이다.

Propóntis, ĭdis [ĭdos], *f.* *Thrácia*와 소 *Asĭa* 사이의 바다; 〔*adj.*〕 **-pontĭácus,** a, um.

propórro, *adv.* **1.** 그밖에, 게다가, 더우기. **2.** 전혀, 온전히, 아주.

propórtĭo, ónis, *f.* [pro[2] +] **1.** 비례, 비율. **2.** 균형, 조화, 어울림, 상칭(相稱).

proportionális, e, *adj.* [propórtio] 균형잡힌, 조화된, 비례하는.

proportionálĭtas, átis, *f.* [proportionális] 균형잡힘, 비례를 이룸; 비례(성), 균형성.

proportionátus, a, um, *adj.* [propórtio] 균형잡힌, 조화된, 비례한, 상응한.

propositĭo, ónis, *f.* [propóno] **1.** 내놓음, 차려놓음: panes propositiónis *(Ex. 25, 30; Matth. 12, 4)* (구약시대에 제상에 차려놓은) 봉헌빵. **2.** 제시, 제출; 제안, 제의. **3.** 의도, 계획, 작정, 결심. **4.** 명제. **5.** 주제, 제목, 논제. **6.** 《文法》 문

(文), 절(節): ~ simplex 단(순)문 / ~ compósita 복합문 / ~ principális 주문(主文) / ~ íncidens, ~ depéndens (종)속문 / ~ subjectíva 주어문. 7. 《數》 정리(定理). 8. (삼단논법의) 내선세.

propósĭtum, i, *n.* [propóno] **1.** 제안, 제의. **2.** **결심,** 결의; 초지(初志). **3.** **계획,** 기획, 계략. **4.** 의향, **의도, 목적,** 목표. **5.** 제목, 주제, 논제. **6.** 생활방침[원칙], 생활철학. **7.** (삼단논법의) 대전제.

proprǽtor, óris, [**pro prætóre,** *indecl.*] *m.* (*Roma*에서 1년간 집정관 직무대행을 한 후 파견된 사령관 겸직의) 지방장관[총독].

propriátim [**-rítim**], *adv.* [próprius] 특별히, 각별히; 독특하게.

própriē, *adv.* [próprius] **1.** 개인적으로, 사사로이, 개별적으로, 독자적으로. **2.** 고유하게, 특유하게, 독특하게, 유독, 국한되게. **3.** 본시, 원래; 본래의 의미로, 정확히, 꼭 들어맞게.

proprietárĭus, a, um, *adj.* [proprietas] 소유자의, 본 임자인, 자기 소유의 (것인); 〔*subst.*〕 *m.* 소유주.

propríĕtas, átis, *f.* [próprius] **1.** 고유성, 독자성, 특(유)성, 독특, 개성, 특질, 특색. **2.** 소유권, 재산권; 소유물, 재산. **3.** (말의) 적절, 적확; 독특한 표현.

proprioceptor, óris, *m.* 《生理》 자기 감수체(自己感受體, 자기 자극을 감응하는 말초신경). 「특색. **2.** 자기 것, 소유(물).

própriŭm, i, *n.* [próprius] **1.** 특성, 특징,

própriŭs, a, um, *adj.* **1.** **고유한,** 특유한, **독특한,** 특수한, 남다른, 독자적인, 개인적인: Id non próprium senectútis vítium est. *(C.)* 그것은 노인들만의 결점은 아니다 / 《文法》 nomen próprium 고유명사. **2.** 〔소유의 뜻 강조〕 (남의 것이 아닌) **자기자신의** (것인), 개인 소유의. **3.** **원래의,** 본래의. **4.** 적절한, 적합한. **5.** 항구한, 영구한, 고정적인.

propter[1], *adv.* [prope[1]] 가까이, 옆에, 곁에, 나란히: duo fílii ~ cubántes *(C.)* 나란히 누워 있는 두 아들.

propter[2], *præp. c. acc.* [prope[2]] 〔간혹 지배하는 말 뒤에 놓이는 수 있음〕 **1.** 가까이, 옆에, 곁에: ~ Platónis státuam *(C.)* *Plato*의 동상 옆에. **2.** **때문에,** …로 인하여; 위하여: ~ metum *(C.)* 무서워서 / ~ me *(C.)* 나 때문에 / ~ injúriam *(Pal.)* 손해를 피하기 위하여.

proptérĕa, *adv.* **1.** 그때문에, 그러므로, 그래서. **2.** 〔이유문·목적문 강조〕 ~ quod [quia, quóniam] ...*(C., T., Pl., Gell.)* 하기 때문에 / ~ ..., ut ...*(C., Pl.)* …하기 위해서.

proptósis, is, *f.* 《醫》 (눈알 따위가) 튀어나옴, 돌출.

propudiósus, a, um, *adj.* [propúdium] 파렴치한, 상스러운, 음탕한.

propúdĭum, i, *n.* [pro[2] + pudet] **1.** 파렴치한 짓, 추잡함, 외설, 음탕. **2.** 〔욕설〕 쌍놈, 후레자식.

propugnácŭlum, i, *n.* [propúgno] **1.** 성채, 요새; 성벽, 방책(防柵), 엄폐물, 방어시설. **2.** 방어, 수비; 수호, 보호, 방패, 간성.

propugnátĭo, ónis, *f.* [propúgno] **1.** 방어전, 수비전. **2.** 방어, 방위; 수호, 보호, 옹호.

propugnátor, óris, *m.* [**-trix,** ícis, *f.*][propúgno] **1.** 방어하는 전투원, 방어자, 수비자. **2.** 수호자, 보호자, **옹호자;** 변호자.

propúgno, ávi, átum, áre, *intr., tr.* [pro[2] +] **1.** 〔ex *abl.*; *absol.*〕 (잠복했다가) 튀어나와 싸우다, 출격하다: ex silvis ~ *(Cæs.)* 숲속에서 튀어나와 싸우다. **2.** 〔*absol.*; pro *abl., dat.*〕 방어하기 위해 싸우다, 방위하다, 수비하다. **3.** 〔pro *abl., dat.*; *alqd*〕 지키다, 보호하다, 수호하다, **옹호하다,** 엄호하다; 변호하다.

própŭli, *pf.* [propéllo].

propulsátĭo, ónis, *f.* [propúlso] 물리침, 격퇴; 배제(排除). 「사람, 격퇴자.

propulsátor, óris, *m.* [propúlso] 물리치는

propúlsĭo, ónis, *f.* [propéllo] **1.** 전진, 추진. **2.** 추진력. 「시키는, 추진력있는.

propulsívus, a, um, *adj.* [propéllo] 추진

propúlso, ávi, átum, áre, *tr. intens.* [propéllo] 〔*alqd, alqm* - ab *abl.*〕 물리치다, 격퇴하다, 멀리 쫓다; 막다, 배제하다: frigus, famem ~ *(C.)* 추위와 기아를 몰아내다 / clípeo tela ~ *(Curt.)* 방패로 창들을 막아내다.

propúlsor, óris, *m.* [propéllo] 가축몰이꾼.

propúlsus, us, *m.* [propéllo] 전진; 추진, 추진력.

propylǽum [**-on**], i, *n.* **1.** (신전 따위의) 입구, 정문, 현관; 성문(城門). **2.** 〔*pl.*〕 *Athénæ*의 성채(城砦)인 *Acrópolis*의 입구가 되는 성문.

proquǽstor, óris, [**-stóre,** *indecl.*] *m.* 고대 *Roma*의 지방재무관(財務官).

prōquam [**pro quam**], *conj.* …에 비하여, 준하여, …에 따라, …하는 만큼, …하는 비례로.

proquiríto, ávi, átum, áre, *tr.* [pro[2] +] 큰 소리로 외치다; 선포하다, 공포(公布)하다.

prōra, æ, *f.* **1.** 이물, 뱃머리: ~ et puppis *(C.)* (이물과 고물 즉) 전체, 온통; 동기·목적·이유의 진부. **2.** 배, 선박.

prorépo, répsi, réptum, ĕre, *intr.* [pro[2] +] **1.** 기어나오다; (어디로) 기어가다. **2.** (뿌리·넌출 따위가) 뻗어 나가다. **3.** (액체가) 새다, 스며나오다.

proréta, æ, [**prōreus,** ĕi,] *m.* 뱃머리에서 풍향(風向)·항로 따위를 감시하는 선원, 2등 항해사.

proripĭo, rípŭi, réptum, pĕre, *tr.* [pro[2]+rápio] **1.** (강제로) 끌어내다, 빼내다, 붙잡아오다. **2.** *refl.* **se** ~ 〔*absol.*; ex, de *abl.*; *abl.* - in *acc.*〕 잽싸게 빠져 나오다[나가다], 냅다 달려 나오다[나가다], 훌쩍 퇴장하다: e cúriā per iram se ~ *(Suet.)* 분격하여 의사당에서 퇴장해 버리다.

prorito, ávi, átum, áre, *tr.* 〔*alqd*, *alqm* - ad, in *acc.*〕 자극하다, 유발시키다, 고무하다, (용기 따위를) 북돋우다: stómachum ~ *(Scrib.)* 식욕을 돋구다 / ~ *alqm* ad fúrias *(Arn.)* 누구를 분격시키다.

prorogátĭo, ónis, *f.* [prórogo] (임기 따위의) 연장; 연기.

prorogatívus, a, um, *adj.* [prórogo] 연기될 수 있는, 미룰 수 있는.

prorogátor, óris, *m.* [prórogo] 나누어주는 사람, 회사자(喜捨者).

prórŏgo, ávi, átum, áre, *tr.* [pro[2]+] **1.** (임기 따위를) 연장하다. **2.** 연기하다, 미루다, 천연하다: paucis ad solvéndum prorogátis diébus *(C.)* 지불날짜를 며칠 연기하고. **3.** 오래 보존하다. **4.** 신장(伸張)하다, 번식시키다; 퍼뜨리다. **5.** 선불(先拂)하다; 회사하다.

Prorsa (dea), æ, *f.* [prorsus[2]] 순산(順産)의 여신.

prorsus[1] [-sum], *adv.* [pro[2]+versus] **1.** 앞으로, 곧장: ire prorsum in navem *(Pl.)* 배 있는 데로 곧장 가다. **2. 전적으로,** 철저히, 모조리, 몽땅, 쫄딱, 전부, 아주, **전혀,** 도무지: Prorsus périi. *(Pl.)* 난 쫄딱 망했다 / ~ jucúnde *(H.)* 아주 유쾌하게 / ~ nemo *(C.)* 전혀 아무도 아니. **3.** 정확히, 틀림없이. **4.** 한마디로, 간단히.

prorsus[2], a, um, *adj.* [pro[2]+versus] **1.** 곧은, 직선의. **2.** 산문의, 산문적인.

prorúmpo, rúpi, rúptum, ĕre, [pro[2]+] **1.** *tr.* 〔*alqd*, *alqm* - ad, in *acc.*〕 세게 밀쳐내다, 내던지다, 내달리게 하다, 분출하다, 터뜨리다: se ~ *(Gell.)*, prorúmpi *(Lucr.)* 내닫다, 돌진하다 / prorúpta audácia *(C.)* 만용. **2.** *intr.* 〔in, ad, per *acc.*; ab, ex *abl.*; *abl.*; *absol.*〕 쏟아져[터져] 나오다, 분출하다; 튀어 나오다, 불쑥 나타나다; 번져 나가다; 내닫다, 돌진하다, 뛰어들다, 달려들다; 힘차게 흘러들다: Lácrimæ prorúmpunt. *(Plin.)* 눈물이 펑펑 쏟아진다 / ~ in hostes *(V.)* 적군들 속으로 뛰어들다.

prórŭo, rŭi, rŭtum, ĕre, *intr.*, *tr.* **1.** 〔in *acc.*; *absol.*〕 **돌진하다,** 달려들다, 맹렬히 습격하다. **2.** 〔*absol.*; in *acc.*〕 쓰러지다, 무너지다, 붕괴하다, 거꾸러지다. **3.** 〔*alqd*, *alqm*〕 넘어뜨리다, 쓰러뜨리다, 거꾸러뜨리다, 무너뜨리다, 붕괴시키다, 파괴하다: ~ colúmnam *(H.)* 기둥을 넘어뜨리다 / prorúptæ domus *(Ta.)* 쓰러진 집들. **4.** 〔*refl.*〕 ~ se *(T.)* 내닫다.

prorúptĭo, ónis, *f.* [prorúmpo] 달려듦, 습격, 돌진.

prōsa, æ, *f.* [prorsus[2]] **1.** 산문(散文), 산문체. **2.** 《가》 (=sequéntia) 속송(續誦).

prosáĭcus, a, um, [**-sális,** e,] *adj.* [prosa] **1.** 산문(散文)의, 산문체로 된; 〔*subst.*〕 *m.* 산문작가. **2.** 산문적인, 평범한, 단조로운, 무미건조한.

prosápĭa, æ, [**-pĭes,** éi,] *f.* **혈통,** 가계(家系), 가문, 문벌.

prosárĭus, a, um, *adj.* 산문의, 일상 쓰는 말의.

prósător, óris, *m.* [prósero[2]] 생식자(生殖者).

proscǽnĭum [-scénĭum], i, *n.* **1.** 앞무대, (막을 내려도 관중석에서 보이는) 무대의 전면(前面); **무대.** **2.** 극장.

próschŏlus, i, *m.* [pro[2]+schola] 조교사(助敎師).

proscíndo, scĭdi, scíssum, ĕre, *tr.* [pro[2]+] **1.** 찢다, 쪼개다; 자르다, 토막내다; 가르다. **2.** 일구다, 개간하다; (밭을) 갈다, 경작하다. **3.** 헐뜯다, 비방하다; 비웃다, 모욕하다; 비난하다, 혹평하다.

proscíssĭo, ónis, *f.* [proscíndo] 개간, 개척; 경작.

proscíssum, i, *n.* [proscíndo] 고랑, 밭고랑.

proscríbo, scrípsi, scríptum, ĕre, *tr.* [pro[2]+] **1.** 〔*alqd*; *acc. c. inf.*〕 써붙이다, **게시하다,** 공고(公告)하다, 광고하다, 발표하다; 공포(公布)하다. **2.** 〔*alqd*〕 (팔거나 세놓을 물건의) 값을 매겨 게시하다; 경매광고를 내다. **3.** 〔*alqm*, *alqd*〕 (아무의) 재산을 몰수하다, 공매처분하다. **4.** 〔*alqm*〕 추방자 명단에 올려 공표하다, 추방하다. **5.** (법적 절차없이) 사형에 처하다. **6.** (품위를) 욕되게 하다. **7.** 금지하다, 못하게 하다.

proscríptĭo, ónis, *f.* [proscríbo] **1.** 팔 것으로 내놓음, 매각광고. **2.** 재산몰수·추방·사형 대상자 공표. **3.** 추방.

proscríptor, óris, *m.* [proscríbo] 추방하는 자.

proscriptúrĭo, íre, *intr. desid.* [proscríbo] (남의) 재산을 몰수하고 추방하려 하다.

proscríptus, i, *m.* [proscríbo] 〔주로 *pl.*〕 재산을 몰수당하고 추방된 자.

prósĕco, cŭi, séctum, áre, *tr.* [pro[2]+] **1.** (제사용으로 삶은 희생물 특히 그 내장을) 자르다, 썰다, 희생물을 바치다. **2.** 자르다, 베다. **3.** 밭을 일구다, 개간하다.

prosécta, æ, *f.* [**-ta,** órum, *n.pl.*] = proséctum.

proséctĭo, ónis, *f.* [próseco] 절단, 잘라냄.

proséctor, óris, *m.* [próseco] 절단하는 사람; 해부하는 사람.

proséctum, i, *n.* [próseco] 희생동물을 삶아서 잘라낸 내장(일부는 제단에, 일부는 제관에게 바쳤고 나머지는 나누어 먹었음).

proséctus, us, *m.* [próseco] 자름, 벰; 창상(創傷).
prosecútĭo [-quútĭo], ónis, *f.* [prósequor] 1. 따라감, 수행(隨行), 동반; 호위, 경호. 2. 배웅, 작별인사. 3. 연설이 계속.
prosecútor, óris, *m.* [prósequor] 1. 동반자, 수행원, 호위자, 경호원, 안내자; 호송하는 사람. 2. 자기 권리를 추구[옹호]하는 사람. 「장(公金護送狀).
prosecutórĭa, æ, *f.* [prósequor] 공금 호송
prósĕda, æ, *f.* [pro[2]+sédeo] 창녀, 매춘부.
prosély̆tus, a, um, *adj.* 1. 이교도로서 유태교에 개종한; [*subst.*] *m., f.* 유태교로 개종한 이교도. 2. 개종(改宗)한, 새로 귀의(歸依)한, 새로 입교(入敎)한.
prosémĭno, ávi, átum, áre, *tr.* [pro[2]+] 씨를 뿌리다, 번식시키다, 증식시키다; 퍼뜨리다.
prosencéphălon, i, *n.* 《解》 전뇌(前腦).
prosenchýma, ătis, *n.* 《植》 방추조직(紡錘組織). 「예상하다.
proséntĭo, sénsi, íre, *tr.* [pro[2]+] 예감하다,
prósĕquor, (*quĕris, quĭtur*), secútus sum, qui, *dep. tr.* [pro[2]+] 1. [*alqm, alqd – alqā re*] 따라가다[오다], 뒤쫓다, 계속 뒤따르다, 동반하다, 수행하다; 호위하다, 호송하다: marítum rus ~(*Pl.*) 시골로 남편을 따라가다 / óculis abeúntem ~ udis(*Ov.*) 떠나가는 사람을 눈물어린 눈으로 뒤쫓다 / Eum virórum bonórum benevoléntiā prosecúta est.(*C.*) 착한 사람들의 호의가 그에게 대해 끊이지 않았다. 2. [*alqm – alqā re*] 추격하다, 추적하다, 박해하다, 공격하다: ~ hostem (*Cæs.*) 적을 추격하다 / *alqm* lapídibus ~ (*Petr.*) 아무에게 돌들을 던지다 / *alqm* verbis vehementióribus ~ (*C.*) 누구를 맹렬히 공박하다. 3. [*alqd – alqā re*] 본받다. 4. [*alqm, alqd – alqā re*] (누구에게 무엇으로써) 경의를 표시하다, 존중하다, 알아주다, 예우(禮遇)하다, 대(對)하다, 기리다, (호의 따위를) 보이다, 너그러이 베풀다[주다·바치다]: ~ *alqm* láudibus (*L.*) 누구를 칭찬하다 / misericórdiā ~ *alqm* (*C.*) 누구에게 자비를 베풀다 / invitátos ~ ubérrimo congiário (*Suet.*) 초청객들에게 푸짐한 선물을 증정하다 / gratā memóriā virtútem *alcjs* ~(*C.*) 누구의 덕행을 추모하다 / delíctum véniā ~ (*Ta.*) 죄를 용서하다. 5. (말·글로) 다루다, 표현하다, 이야기하다, 언급하다. 6. 말을 계속하다.
prósĕro[1], sérŭi, sértum, ĕre, *tr.* [pro[2]+sero[0]] 내밀다, 내보내다, 나오게 하다, 나타나게 하다.
prósĕro[2], sévi, sătum, ĕre, *tr.* [pro[2]+sero[4]] 1. 씨를 뿌려서 생산하다, 심어서 산출하게 하다. 2. *p.p.* **prósatus,** a, um, [*abl.*, ex *abl.*] …에(게)서 난, 출생한, 나온. 발생한. 3. 만들어내다, 창조하다.
Prosérpĭna, æ, *f.* *Júpiter*신과 *Ceres* 여신의 딸, *Pluto*신의 아내(희랍신화의 *Perséphono*에 해당함).
proserpináca, æ, *f.* 《植》 마디풀(의 일종).
prosérpo, ĕre, *intr.* [pro[2]+] 1. 기어가다[오다], 기어나오다. 2. 움트다; 서서히 솟아나오다. 3. (상처 따위가) 파고 들다.
proséucha, æ, *f.* 유태 교회당. 「séctum.
prosícĭæ, árum, *f.pl.* [-cĭes, éi, *f.*] = pro-
prosílĭo, lŭi [lívi, lĭi], íre, *intr.* [pro[2]+sálio[1]] 1. [*absol.*; ex, de, ab *abl.*; *abl.*; in, ad *acc.*] 뛰어나오다[나가다], 튀어나오다, 돌진하다, 뛰어들다; 벌떡 일어나다; 뛰어내리다. 2. 나다, 출생하다. 3. (초목이) 싹트다; 자라다. 4. 흘러나오다, 솟아나오다, 내뿜다. 5. (불꽃 따위가) 튀다. 6. 불쑥 나타나다, 닥치다. 7. [*absol.*; ad, in *acc.*] 달려가다, 달려들다.
prosístens, éntis, *p.præs.* [*inusit.* prosísto] 비죽비죽 내민. 「아내의 할아버지.
prósŏcer, ĕri, *m.* [pro[2]+] 장인의 아버지,
prósŏcrus, us, *f.* 아내의 할머니.
prosódĭa, æ, *f.* 1. 음절의 억양, 음조(音調), 어조. 2. 작시법, 운율학.
prosodíăcus, a, um, *adj.* [prosódia] 1. 신들에게 탄원하는 노래에 맞는 억양의, 음조(音調)가 바른. 2. 운율학의, 작시법의.
prosopálgĭa, æ, *f.* 《醫》 삼차신경통(三叉神經痛), 안면통(顔面痛).
prosopoplégĭa, æ, *f.* 《醫》 안면마비.
prosopopœ́ĭa, æ, *f.* 《修》 의인법(擬人法); 활유법(活喩法). 「심성있게, 현명하게.
prospécte, *adv.* [prospício] 주의깊게, 조
prospéctĭo, ónis, *f.* [prospício] 선견(先見), 염려, 배려, 세심한 주의; 점검.
prospectívus, a, um, *adj.* [prospéctus] 훤히 내다보이는(창문 따위), 전망의, 조망(眺望)의.
prospécto, ávi, átum, áre, *tr.* *intens.* [prospício] 1. 멀리 바라보다, 조망(眺望)하다: incéndium e turre ~ (*Suet.*) 망루에서 화재를 바라보다. 2. [방위(方位)·장소] (어느 쪽으로) 향해 있다, 바라보이는 위치에 있다, 트여 있다: villa, quæ prospéctat Sículum mare.(*Ta.*) *Sicília* 바다가 바라보이는 별장 / locus late prospéctans (*Ta.*) 훤히 트여 있는 곳. 3. 관찰하다, 주시하다, 응시하다. 4. 기대하다, 기다리다, 대기하고 있다; 예기[예상]하다. 5. 앞을[미리] 내다보다. 「望者); 관망자(觀望者).
prospéctor, óris, *m.* [prospício] 조망자(眺
prospéctus, us, *m.* [prospício] 1. 멀리 바라봄, **조망**(眺望), **전망**; 경관, 풍경. 2. **시야**, 시계(視界): esse in prospéctu(*Cæs.*) 바라보이는 곳에 있다, 시야에 들어오다.

3. 일별(一瞥). 4. 외관. 5. 멀리 바라볼 수 있는 곳: ~ in urbem *(L.)* 도시를 바라볼 수 있는 고지. 6. 고려, 참작. 7. 예견, 예측.

prospécŭlor, átum, ári, *dep. intr., tr.* [pro²+] 1. 〔*alqd;* de, ex *abl.*〕 멀리서 바라보다, 관찰하다: advéntum imperatóris e muris ~ *(L.)* 총사령관의 도착을 성벽 위에서 바라보다. 2. 살피다, 정찰하다, 답사하다: *alqm* prospeculátum míttere *(L.)* 누구를 보내어 정찰하게 하다.

prosper [-ĕrus], ĕra, ĕrum, *adj.* [pro²+spero] 〔*superl.* -spérrĭmus〕 1. **소원대로 되는**, 잘되는, 순조로운, 유리한; **축복받은**, 행운의, **다행한**, 행복한; **번영하는**, 번창하는, 융성한: próspera advérsaque fortúna *(C.)* 행운과 불행; 〔*subst.*〕 *n. pl.* 행운, 성공. 2. 호의적인, 자애로운, 자비를 베푸는. 「공.

prosperátĭo, ónis, *f.* [próspero] 행운, 성

prospérĭtas, átis, *f.* [prosper] 소원대로 됨, **행운**, 행복, 순경, 순조로움; 성공, **번영**, 번창, 융성.

próspĕro, ávi, átum, áre, *tr.* [prosper] 1. 〔*alqd - alci*〕 소원대로 되게 하다, 성공하게 하다, 순조로와지게 하다, 유리하게 하다; 다행하게 하다, 행운을 안겨주다, 행운이 깃들게 하다, 축복하다; 번영[번창]하게 하다. 2. 〔*absol.*〕 (조점술〈鳥占術〉에서) 길조(吉兆)를 보이다. 3. 〔*alqm*〕 자비[자애]로와지게 하다.

prospex, spĭcis, *m.* [prospício] 예언자, 점장이. 「양돌기 절제술.

prosphysectómĭa, æ, *f.* 《醫》 (맹장의) 충

prospícĭens, éntis, *p.præs.* [prospício] 〔*gen.*〕 미리 내다보는, 조심하는, 주의하는; 〔*adv.*〕 **-énter,** 주의깊게, 신중히.

prospiciéntĭa, æ, *f.* [prospício] 1. 조심, 경계, 주의. 2. 배려, 대비(對備). 3. 〔*pl.*〕 겉모양, 외형.

prospícĭo, spéxi, spéctum, cĕre, [pro²+spécio] I. *intr.* 1. 〔*absol.;* ex *abl.*, in *acc.*〕 앞쪽을 바라보다, 내다보다, **멀리 바라보다**: ex superióribus locis ~ in urbem *(Cæs.)* 높은 곳에서 도시를 바라보다 / homo longe in pósterum prospíciens *(C.)* 장래를 멀리 내다보는 사람. 2. 〔*absol.;* ab *abl.*〕 망보다, 지켜보다. 3. 〔*dat.;* ut, ne *c. subj.; absol.; pass. impers.*〕 보살피다, **돌보다, 장래를 염려하다**; 조심하다, 경계하다, 예방조치하다: ~ salúti *alcjs (Cæs.)* 누구의 안전을 돌보다 / Ego jam prospíciam mihi. *(T.)* 나 이제는 몸조심하련다 / Prospéxit legislátor, ne ... *(Ulp.)* 입법자는 …하지 못하도록 미리 조치하였다.
II. *tr.* 1. 〔*alqd, alqm* - ex, de, ab *abl.*〕 앞쪽으로 (무엇을) **바라보다**, 조망(眺望)하다, 멀리서 살펴보다: ex édito monte cuncta ~ *(Curt.)* 높은 산에서 전체를 내려다보다 / imménsum mare prospéctum *(Plin.)* 아득히 보이는 광대한 바다. 2. 〔장소·방위(方位)〕 **바라다보다**, (어느 쪽을) 향해 있다: domus, quæ próspicit agros. *(H.)* 밭들이 바라다보이는 집. 3. 〔*alqd*〕 바로 앞에서 바라보다, 눈앞에 두다: prospíciens senectútem *(Sen.)* 노년기를 바라보는[노년기에 접어들려는] 사람. 4. 〔*alqm, alqd; absol.*〕 보다, 쳐다보다: Neque óculis prospício satis. *(Pl.)* 나는 눈도 잘 보이지 않는다 / *alqm* ~ propter novitátem ornátus *(N.)* 아무를 새로운 의상 때문에 쳐다보다. 5. 〔*alqd; interr. indir.*〕 예견하다, 미리 내다보다, 예측하다, 미리 알다: ~ tempestátem futúram *(C.)* 앞으로 닥쳐올 폭풍을 미리 알다. 6. 〔*alqd alci*〕 마련하다, 장만하다.

prospícŭus, a, um, *adj.* [prospício] 1. 멀리서 보이는, 우뚝 솟아 있는. 2. 미래를 내다보는, 선견이 있는; 〔*adv.*〕 **-cŭe,** 장래

prostas, ădis, *f.* 현관, 입구. └를 염려하여.

prostáta, æ, *f.* 《解》 섭호선(攝護腺), 전립선(前立腺).

prostérno, strávi, strátum, ĕre, *tr.* [pro²+] 1. 먼저 깔다; (땅에) 깔다: Cadávera prostráta sunt in desérto. *(Hebr. 3,17)* 시체들이 광야에 깔려 있었다. 2. **쓰러뜨리다**, 넘어뜨리다, 땅에 거꾸러뜨리다, 엎드러뜨리다; 〔*refl.*〕 **se ~ 엎드리다**, 부복(俯伏)하다: se ad pedes *alcjs* ~ *(C.)* 누구의 발앞에 엎드리다. 3. 타도하다, 몰락하게 하다, 파괴하다, 멸망시키다; 타락하게 하다. 4. 〔*alqam alci;* pudicítiam〕 정조를 바치게 하다, 매음하게 하다.

prósthĕsis, is, *f.* 1. 《文法》 어두음첨가(語頭音添加). 2. 《外科·齒科》 (의수·의족·의안·의치 따위를 해넣는) 보철(補綴), 보철술.

prostíbĭlis, e, *adj.* [prosto] 창녀의, 매음

prostíbŭla, æ, *f.* [prosto] 창녀. └의.

prostíbŭlum, i, *n.* [prosto] 1. 창녀. 2. 유곽, 창녀소굴.

prostítŭo, tŭi, tútum, ĕre, *tr.* [pro²+státuo] 1. 〔*alqam - alci*〕 매음시키다, 몸을 팔게 하다. 2. 〔*se,* pudicítiam〕 매음하다, 몸을[정조를] 팔다. 3. 나쁜 소문을 퍼뜨리다, (남의 명예를) 훼손하다. 4. 〔*alqd- alci rei*〕 (명예·지조·재능 따위를) 비열하게 팔아먹다, 욕되게 쓰다.

prostitútĭo, ónis, *f.* [prostítuo] 1. 매음, 매춘: pública ~ *(Arn.)* 공창(公娼). 2. 욕되게 함, 모독.

prostitútor, óris, *m.* [prostítuo] 1. 뚜쟁이, 매음 중개자. 2. 모독자.

prostitútus, a, um, *p.p., a.p.* [prostítuo] 1. 몸을 판, 매음한; 〔*subst.*〕 *f.* 창녀, 매춘부. 2. 외설한.

prosto, stĭti, státum, áre, *intr.* [pro²+] **1.** 두드러지다, 돌출하다, 내밀다. **2.** (거래하러) 나서 있다. **3.** 팔릴 것으로 내놓아져 있다: Liber prostat.*(H.)* 팔릴 책이 나와 있다. **4.** 몸을 팔다, 매음하다.

próstŏmis [póstŏmis], ĭdis, *f.* (철사로 얽은) 부리망.

prostómĭum, i, *n.* 《動》 구전엽(口前葉).

prostrátĭo, ónis, *f.* **1.** 엎드림, 부복(俯伏), 엎드려 절함. **2.** (육체적·정신적) 쇠약.

prostrátus, a, um, *p.p., a.p.* [prostérno] 쓰러진, 엎드린, (지쳐서) 쭉 뻗은: arbor prostráta*(Suet.)* 쓰러진 나무 / ~ ad pedes *(C.)* 발아래 엎드린. 「柱)가 있는.

prostýlos, on, *adj.* 전면(前面)에 원주(圓

prosúbĭgo, ĕre, *tr.* [pro²+] 〔*alqd* pede〕 발로 파서 밟아 다지다, 짓밟다, 밟아 으깨다.

prōsum¹, *(prodes, prodest),* prófŭi, prodésse, *anom. intr.* [pro²+] **1.** 〔*absol.; dat.;* ad, in *alqd*〕 **이롭다, 유익하다**; 유리하다, 도움이 되다, 소용이 있다, 쓸모가 있다: nec sibi, nec álteri ~ *(C.)* 자신에게도 남에게도 이롭지 못하다 / in commúne profutúra *(Q.)* 공익이 될 (것). **2.** 〔*absol.; dat.;* ad, contra *acc.*〕 약효가 있다, 효험이 있다, …에 좋다.

prōsum², *adv.* = prorsum. 「선.

prosúmĭa, æ, *f.* 작은 탐사선(探査船)·관측

prosyllogísmus, i, *m.* 《論》 (그 결론이 다음 삼단논법의 결론이 되는) 전삼단논법(前-). 「481-411 A.C.), 궤변철학의 원조.

Protágŏras, æ, *m.* *Abdéra*의 철학자 (c.

prótăsis, is, *f.* **1.** 《論》 삼단논법의 대전제; 가언적(假言的) 삼단논법(*syllogísmus hypothéticus*)의 대전제의 전건(前件 *antecédens*). **2.** (고대 희랍) 연극의 전제부(前提部, 등장인물이 소개되며 주제〈主題〉가 제시됨). 「제의. **2.** 연극의 전제부의.

protátĭcus, a, um, *adj.* [prótasis] **1.** 대전

prótĕa, æ, *f.* 《植》 수련(睡蓮).

protéctĭo, ónis, *f.* [prótego] **1.** 처마를 냄. **2.** 보호, 옹호, 비호; 방비, 방어. **3.** 후원. 「는, 옹호하는; 방어하는, 지키는.

protectívus, a, um, *adj.* [prótego] 보호하

protéctor, óris, *m.* [prótego] **1.** 경호원, 호위병. **2. 보호자,** 옹호자, 방어자. **3.** 후원자. 「자의; 호위병의.

protectórĭus, a, um, *adj.* [protéctor] 보호

protéctum, i, *n.* [prótego] 처마.

protéctus, us, *m.* [prótego] 처마, 차양.

prótĕgo, téxi, téctum, ĕre, *tr.* [pro²+] **1.** 〔*alqd, alqm - alqā re;* ab *abl.,* contra *acc.*〕 (앞을) 가리다, 덮다, 막다. **2.** 처마를 내다. **3.** 〔*alqm - alqā re;* ab *abl.,* advérsus *acc.*〕 보호하다, 옹호하다; 비호하다. **4.** 숨기다, 감추다, 은폐하다.

protélo, ávi, átum, áre, *tr.* [pro²+telum] **1.** 멀리 쫓다, 축출하다, 격퇴하다. **2.** 길게 연장하다, 뻗게 하다. **3.** 연기하다, 미루다. **4.** 이끌어 가다.

protélum, i, *n.* **1.** 봇줄. **2.** 여러 마리의 소를 한데 연이어 맴. **3.** 연속, 계속, ⌊일련(一連).

prótĕnam = prótinam.

proténdo, téndi, téntum [ténsum], ĕre, *tr.* [pro²+] **1.** 〔*alqd, alqm* - ad, in *acc.*〕 **내뻗다,** 쭉 펴다, 내밀다, 내지르다; 길어지게 하다: hastas ~*(V.)* 창(槍)들을 앞으로 내지르다; 〔*refl. pass.*〕 **se ~, proténdi** 뻗어나가다, 길게 뻗다. **2.** (시간적으로) 길게 끌다, 연장하다; 연기하다. **3.** 말의 표현을 길게 하다. **4.** 음절을 길어지게 하다, 장음절(長音節)이 되게 하다.

proténsĭo, ónis, *f.* [proténdo] **1.** 뻗침, 내뻗음. **2.** 연장(延長), 길이. **3.** = prótasis. 「[proténdo] 늘린, 연장된, 긴.

proténtus [-ténsus], a, um, *p.p., a.p.*

prótĕnus, *adv.* = prótinus.

proteolýsis, is, *f.* 《生化》 단백질 가수분해(加水分解).

prótĕro, trívi, trítum, ĕre, *tr.* [pro²+] **1.** 짓밟다, **밟아 뭉개다,** 유린하다, 밟아 쓰러뜨리다; 깔아 뭉개다, 찌부러뜨리다: *alqm* pédibus ~ *(Pl.)* 아무를 밟아 뭉개다 / ágmina curru ~ *(V.)* 전투마차로 군대를 깔아 뭉개다. **2.** (곡식을) 떨다. **3.** (줄칼 따위로) 쓸다, 마멸시키다. **4.** 구박하다, 천대하다, 학대하다. **5.** 쳐부수다, 분쇄하다, 박살내다, 격파하다, 궤주(潰走)하게 하다, 궤멸시키다, 패배시키다. **6.** 파괴하다, 폐허로 만들다. **7.** 쫓아내다, 사라지게 하다: Ver próterit æstas.*(H.)* 여름이 봄을 사라지게 한다.

protérrĕo, rŭi, rĭtum, ére, *tr.* [pro²+] 〔*alqm - abl. médii;* ab *abl., abl. separatiónis*〕 위협하여 쫓아버리다, 혼겁하여[놀라서] 도망치게 하다: protérritus *(Pl., C.)* 놀라서 달아난, 혼나서 쫓겨간.

protérvĭtas, átis, [**-vĭa,** æ,] *f.* [protérvus] 주제넘음, 뻔뻔스러움, 건방짐, 당돌함, 안하무인, 제멋대로 함.

protérvus, a, um, *adj.* [prótero] **1.** 뻔뻔스러운, 철면피의, 넉살좋은; 건방진, 주제넘은, 당돌한, 제멋대로의, 방약무인한, 안하무인의, 오만불손한; 〔*adv.*〕 **-ve, -vĭter. 2.** 세찬, 사나운, 격렬한, 맹렬한.

Protesiláus, i, *m.* *Thessália*인들의 장군, *Troja* 전쟁에서 제일 먼저 전사함; 〔*adj.*〕 **-laéus,** a, um.

protestántes, ĭum, *m.pl.* [protéstor] (원래 1529년 독일의 *Speyer* 국회에서 신교파가 다수파의 결의에 대하여 〈항의〉한 이래의 명칭) 개신교도.

protestantísmus, i, *m.* 개신교(의 교리); 개신교도; 〔*adj.*〕 **-tĭcus,** a, um.
protestátĭo, ónis, *f.* [protéstor] **1.** 공언(公言), 언명, 확언, 증언. **2.** 항의.
protésto, átum, áre, *tr.* 《古》 = protéstor.
protéstor, átus sum, ári, *dep. tr.* [pro² +] **1.** 〔*alqd; acc. c. inf.*〕 공언(公言)하다, 언명하다, 주장하다, 단언[확언]하다, 증언하다, (드러내어) 증명하다. **2.** 항의하다, 이의를 제기하다.
Próteus *(disyll.)*, ĕi [ĕos], *m.* **1.** 모습을 제 마음대로 바꾸고 예언하는 힘을 가졌던 바다의 신. **2.** 쉽게 변절하는 사람, 변덕장이; 변하기 쉬운 것[사람].
prothállĭum, i, *n.* 《植》 (양치류〈羊齒類〉의) 전엽체(前葉體). 「원리.
protheorémăta, um, *n.pl.* 기하학 초보·
próthĕsis, is, *f.* **1.** = prósthesis. **2.** 제의실(祭衣室), 미사제구(祭具) 따위의 준비실. 「物)의 전흉(前胸).
prothórax, ácis, *m.* 《動》 절족동물(節足動
prótĭnam, *adv.* 《古》 = prótinus.
prótĭnus, *adv.* [pro² + tenus²] **1.** 앞으로, 곧장. **2.** 잇따라, 연속적으로. **3.** 멈추지[쉬지] 않고, 끊임없이, 간단(間斷)없이; 계속, 연면(連綿)히. **4.** 〔*absol.;* ab, de, ex *abl.; abl.;* post *acc.;* ut, quum, ubi, quam, ac, atque〕 곧, 즉시, 즉각, 바로, 당장, …하자 곧, …하자마자: ~ dícere *(H.)* 당장 말하다 / ~ post cibum *(Cels.)* 식사 후 즉시 / ~ ut descéndit, *(Val. Max.)* 그는 내려오자마자 / ~ atque poma decidérunt, *(Solínus)* 열매들이 떨어지자 곧. **5.** 《法》 자신[본인]이 직접.
proto- 《최초의, 원시의, 주요한, 원형의》 따위를 뜻하는 접두사.
protocanónĭcus, a, um, *adj.* 《聖》 (구약성서의) 원정경(原正經)에 속하는, 원정전(原正典)의. 「腦).
protocérĕbrum, i, *n.* 《動》 전대뇌(前大
protocóllum, i, *n.* **1.** 공문서의 서식. **2.** (교황의 칙서 따위의) 첫머리와 끝의 정식문(定式文), 정식전문(定式前文), 정식결문(結文). **3.** (재판소 따위의) 기록, 조서, 조사서. **4.** 외교 문서, (외교상의) 의정서. **5.** (공식적인 의식·행사의) 의례준칙.
protoevangélĭum, i, *n.* 《神》 구세주에 대한 맨 처음 약속, 최초의 복음*(Gen. 3,15)*.
Protógĕnes, is, *m.* 희랍의 유명한 화가 (*sæc.* 4 A.C.).
protóllo, ĕre, *tr.* [pro² + tollo¹] **1.** 앞으로 내밀다, 뻗다. **2.** 쳐들다. **3.** 미루다, 연기하다, 연장하다, 늦추다. **4.** (목소리를) 높이다.
protomártyr, tўris, *m.* 최초의 순교자.
protomýsta, æ, *m.* 고대 *Roma*의 비교(秘敎)의 대사제(大司祭).
protonéma, ătis, *n.* 《植》 원사체(原糸體), 사상체(糸狀體). 「腎管).
protonephrídĭum, i, *n.* 《動》 원신관(原
protonotárĭus (apostólĭcus), i, *m.* 교황청 성성(聖省)의 대서기관(大書記官): protonotárius partícipans 현직 대서기관 / ~ tituláris [honorárius] 명예 대서기관.
protoparéntes, um, *m.pl.* 인류의 원조 (*Adam*과 *Eva*).
protoplásma, ătis, *n.* **1.** 최초의 피조물, 최초의 인간. **2.** 《生》 원형질(原形質).
protoplástus, a, um, *adj.* 맨 처음 형성된, 최초로 발생한; 〔*subst.*〕 *m.pl.* (*sc.* hómines) 인류의 원조, *Adam*과 *Eva*.
protopráxĭa, æ, *f.* 선취특권(先取特權), 채무이행에 대한 우선 청구권(優先請求權).
protostásĭa, æ, *f.* 세무서장의 직위.
protótŏmus, a, um, *adj.* 맨 처음 잘라낸: caules protótomi*(Col.)* (봄에 돋아난 야채에서) 맏물로 잘라낸 연한 줄기.
prototýpĭcus, a, um, *adj.* [protótypus] 원형(原型)의.
protótўpus, a, um, *adj.* 원형(原型)의, 전형(典型)의, 표준의; 〔*subst.*〕 *m.* **원형,** 본.
protozóa, zoórum, *n.pl.* 《動》 원생동물(原生動物), 원충류(原虫類).
protráctĭo, ónis, *f.* [prótraho] **1.** 길게 끌어감[잡아당김], 연장. **2.** 연기, 천연.
protráctor, óris, *m.* [prótraho] **1.** 시간·행위 따위를 오래 끄는 사람. **2.** 《解》 신근(伸筋), 신장근(伸長筋). **3.** 《數·측량》 분도기. **4.** 《醫》 이물 적출기(異物摘出器).
prótrăho, tráxi, tráctum, ĕre, *tr.* [pro² +] **1.** 〔*alqm, alqd* - ex *abl.;* in, ad *acc.*〕 **끌어내다,** 뽑아내다: ~ *alqm* e tentório*(Ta.)*아무를 천막에서 끌어내다 / *alqm* ~ in médium *(V.)* 아무를 가운데로 끌어내다 / *alqd* vulséllā ~ *(Cles.)* 무엇을 족집게로 뽑아내다. **2.** 드러내다, 나타내 보이다: *alqd* ~ in lucem *(Lucr.)* 무엇을 백일하에 드러내다. **3.** 폭로하다, 알려주다, 누설하다. **4.** 〔*alqm* ad *alqd*〕 억지로[할 수 없이] …하게 하다, …하도록 강요하다: *alqm* ad indícium ~ *(L.)* 아무로 하여금 정보를 제공하지 않을 수 없게 하다. **5.** 〔*alqd* - in, ad *acc.*〕 미루다, 연기하다; 오래 끌다, 연장하다. **6.** 〔*alqd* ad *acc.*〕 (범위 따위를) 확대하다. 「奬詩), 교훈서(敎訓書).
protrépticon [-um], i, *n.* 권고, 권장시(權
protrítus, a, um, *p.p., a.p.* [prótero] 닳도록 사용된, 일상적으로 쓰이는, 대중화된.
protrívi, *pf.* [prótero].
protrúdo, úsi, úsum, ĕre, *tr.* [pro² +] **1.** 내밀다, 앞으로 밀어내다, 추진시키다, 떼밀다. **2.** 〔*alqd* in *acc.*〕 연기하다, 미루다.
protuberántĭa, æ, *f.* [protúbero] **1.** 융기(隆起), 돌기(突起). **2.** 결절(結節).

protúběro, áre, *intr.* [pro²+] 불룩이 내밀다, 돌기[융기]하다; 혹처럼 자라다.
prótŭli, *pf.* [prófero].
protúmĭdus, a, um, *adj.* [pro²+] 부풀어 오른.
protúrbo, ávi, átum, áre, *tr.* [pro²+] **1.** 〔*alqm, alqd* - ex, de *abl.*; *abl.*; extra, in *acc.*〕 쫓아버리다, 몰아내다, 격퇴하다; 내쫓다, 추방하다. **2.** (불평·원망 따위를) 터뜨리다. **3.** 쓰러뜨리다, 무너뜨리다. **4.** 몹시 혼란[당황]케 하다, 혼란에 빠뜨리다, 혼내다.
protutéla, æ, *f.* [pro²+] 부후견직(副後見職), 후견인 대리임무.
protútor, óris, *m.* [pro²+] 후견인 대리.
prŏut, *conj.* …에 따라, …는 대로, 만큼, 와 같이: ~ intélligo, 내가 알아듣기에는 / Prout cujúsque ingénium erat, interpretabántur.*(L.)* 각자 자기 나름대로 해석하였다.
provéctĭo, ónis, *f.* [próveho] **1.** 진급, 승진, 영전, 출세. **2.** 진보, 전진, 진출; 추진. **3.** 운송, 해상 수송.
provéctor, óris, *m.* [próveho] 추진인(推進人).
provéctus[1], a, um, *p.p.* [próveho] **1.** 〔*abl.*; *absol.*〕 (배·수레·말 따위를) 타고 나아간. **2.** 〔*absol.*; ad, in *acc.*; ab *alqo*; *alqā re*〕 승진한; 전진한, 진출한. **3.** *a.p.* 〔*abl.*; *absol.*〕 나이가 많은, 나이를 많이 먹은; 시간이 경과한: ætáte ~*(C.)* 노경(老境)에 이르른; 노인 / provéctior natu *(Amm.)* 더 고령인 (늙은이) / die jam provécto*(Apul.)* 날은 이미 저물었는데.
provéctus[2], us, *m.* [próveho] **1.** 전진, 진출, 진취, 진보. **2.** 승진, 영전. **3.** 나이먹음, 나이가 많아짐; 시간의 경과. **4.** 향상; 제고(提高).
próvěho, véxi, véctum, ěre, *tr.* [pro²+] **1.** 앞으로 끌어가다[오다], (배·수레·말 따위로, 또는 배 따위가) 나르다, 실어 나르다, 운반하다, 태워가다: alvos apum mulis ~ *(Plin.)* 벌통들을 노새에 실어 나르다 / Saxa navis próvehit.*(Plin.)* 배가 바위들을 실어 나른다. **2.** *pass.* **próvehi** 〔*absol.*; in *acc.*; ab *abl.*, *abl.*〕 (배·수레·말 따위를) 타고 나아가다[전진하다]; (배가) 전진[항행]하다: ~ portu*(V.)* 배를 타고 항구에서 나오다[떠나다] / equo provéctus*(L.)* 말을 타고 전진한 / a terrā provéctæ naves*(Cæs.)* 육지에서 떠나 바다로 나간 배들. **3.** 전진[진보]하게 하다, 향상시키다; 격려하다, 성원하다: studiósos ~*(Plin.)* 학문애호가들을 성원하다. **4.** 〔*alqm* - ad *acc.*〕 **승진시키다,** 지위를 높여 주다, 발탁하다, 출세하게 하다: ~ *alqm* ad summos honóres *(L.)* 아무를 최고의 관직으로 영전시키다 / e gregário ad summa milítiæ provéctus *(Ta.)* 일개 병졸로 (출발하여) 군대의 최고 지위에까지 승진한. **5.** 〔*alqm, alqd* - ad, in *acc.*; ut〕 이끌어 가다, 끌어[몰아] 넣다, …에 이르게 하다, (아무로 하여금) …하게 하다[해 내게 하다]; 〔*pass.*〕 próvehi 이끌리다, 끌려들다, …에 이르다: Id vitam provéxit in altum.*(Lucr.)* 그것이 생명을 험난한 바다로[재난의 위험속으로] 몰아넣었다 / ~ omnes ad lárgius vinum*(Curt.)* 모든 이로 하여금 술을 더 많이 마시게 하다 / Hæc spes provéxit, ut (illi) ...*(L.)* 이 희망이 그들로 하여금 …하게 하였다 / Stúdio rerum rusticárum provéctus sum.*(C.)* 나는 시골 생활에 취미를 [애착을] 가지게 되었다 / eo usque corruptiónis provéctus, ut ...*(Ta.)* 그는 …할 정도로 부패하게 되어. **6.** 자극하다, 격앙케 하다: si me ultérius provéxerit ira, *(Prop.)* 나를 더 이상 화나게 할 것 같으면. **7.** *pass. refl.* **próvehi** 〔*absol.*; in *abl.*〕 계속해 나아가다, 유지해 나아가다: ~ lóngius in amicítiā*(C.)* 우정을 더 오래 유지해 나아가다 / Quid ultra próvehor?*(C.)* 무엇 때문에 내가 더 계속한단 말이냐? **8.** *pass. refl.* **próvehi** 〔*absol.*; *abl.*〕 (시간이) 지나가다, 경과하다, 길어지다; (나이가) 많아지다: Provécta nox erat.*(Ta.)* 밤이 이슥했었다 / Bellum lóngius provéctum est.*(Ta.)* 전쟁이 상당히 길어졌다 / senéctus provécta*(Ta.)* 노령, 고령.
provénĭo, véni, véntum, íre, *intr.* [pro²+] **1.** 〔*absol.*; ex *abl.*, in *acc.*〕 **나오다;** 등장하다. **2.** 나타나다, 출현하다; 배출(輩出)하다. **3.** 〔*absol.*; ex *abl.*, in *alqo loco*〕 나다, 출생하다; 부화(孵化)하다; 산출되다: ínsula, in qua plumbum próvenit. *(Plin.)* 연(鉛)이 산출되는 섬. **4.** 〔*absol.*; in *alqo loco*〕 (식물이) 돋아나다, 자라다. **5.** 〔ex *abl.*, *abl.*; *alci*; *absol.*〕 발생하다, 생기다, 일어나다, (일·불행 따위가) 닥치다, (결과로서) 나오다·나타나다: Ex stúdiis gáudium próvenit.*(Plin.)* 노력에서 기쁨이 나온다. **6.** 〔*c. adv.*; *absol.*〕 잘되다, 성공하다, 성과가 좋다[나쁘다]: rebus felíciter proveniéntibus*(Justin.)* 그 일들이 잘되어서 / Tu recte proveinísti.*(Pl.)* 너는 일이 잘되었다 / Provéni néquiter.*(Pl.)* 나는 일이 고약하게 되었다 / si destináta proveníssent,*(Ta.)* 마음먹은 일들이 성공되었더라면.
proventrícŭlus, i, *m.* 《動》 (조류의 모래주머니 앞쪽에 있는) 전위(前胃).
provéntus, us, *m.* [provénio] **1.** 출생, 발생; 생장(生長); 출산, 산출, 생산. **2.** 수확, 수익. **3.** 번식; 배출(輩出). **4.** 풍요, 풍부, 다량. **5.** 결과; 좋은 성과, 성공.
proverbiális, e, *adj.* [provérbium] 속담의; 격언의, 금언의; 속담식의.
provérbĭum, i, *n.* [pro²+verbum] **속담;** 격언, 금언, 잠언(箴言): in provérbii con-

suetúdinem veníre*(C.)*, in ~veníre*(L.)* 속담이 되다 / ut in provérbio est,*(C.)* 속담에 있는 대로 / 《聖》 Liber Proverbiórum (구약성서의) 잠언(箴言).

provérsus, a, um, *p.p., a.p.* [*inusit.* pro-vérto] 앞으로 향해 가는.

Provicárĭus (Apostólĭcus), i, *m.* 교황 대목교구장(代牧敎區長) 서리.

próvĭdens, éntis, *p.præs., a.p.* [provídeo] 선견지명이 있는; 주의깊은, 조심성있는, 신중한, 용의주도한, 슬기로운, 현명한; 〔*adv.*〕 **-énter.**

providéntĭa, æ, *f.* [provídeo] **1.** 선견, 선견지명, 예견. **2.** 조심, 주의, 신중, 용의주도. **3.** (신의) **섭리**, 신의(神意); 천우(天祐): ~ divína 하느님의 섭리. **4.** [P-] 섭리의 여신.

provídĕo, vídi, vísum, ére, *intr., tr.* [pro²+] **1.** 〔*absol.; alqd*〕 앞쪽을 보다, 멀리 떨어져 보다: navis provísa*(Suet.)* 멀리 보인 배. **2.** 〔*alqd, alqm; interr. indir.*〕 미리 보다, **예견하다, 예측하다**, 예감하다, 미리 알다. **3.** 〔*absol.;* ne〕 미리 조심[주의·경계]하다, 예방하다: Nisi providísses, tibi pereúndum fuísset.*(C.)* 네가 미리 조심하지 않았더라면 파멸을 면치 못했을 것이다. **4.** 〔*absol.; dat.,* de *abl.;* ut, ne〕 **대비(對備)하다**, 미리 조치하다, 배려하다, 섭리하다; 미리 돌보다, 보살피다: ~ futúro témpori*(Col.)* 장래에 대비하다 / salúti [sibi] ~*(C.)* 안전[자신]을 미리 돌보다 / Ut rectíssime agántur ómnia, ~*(C.)* 모든 것이 똑바로 잘되도록 조치하다. **5.** 〔*alqd; dat.,* de *abl.*〕 마련하다, 장만하다, **준비하다**, 필요한 것을 공급하다.

próvĭdus, a, um, *adj.* [provídeo] **1.** 〔*gen.*〕 앞을 내다보는, 예견하는, 예측하는, 미리 아는, 선견지명이 있는. **2.** 조심성있는, 주의하는, 신중한, 용의주도한, 현명한. **3.** 〔*absol.; gen.*〕 염려하는, 배려하는, 돌보는, 보살피는.

províncĭa[1], æ, *f.* [pro²+vinco] **1.** (*Itália* 본토 이외의 *Roma* 통치하에 있던) **주**(州), (행정구역으로서의) 도(道), 성(省); (막연하게) 지방: ~ consuláris (임기를 마친) 전직 집정관이 부임하여 통치하던 주. **2.** 지방주민, 주(州)의 주민. **3.** 직무, 직분, 직책, 할 일, 소임(所任), 임무, 활동분야[범위]: Provínciam cepísti duram!*(T.)* 너 어려운 일 맡았구나. **4.** prætor의 관할권 [사법권·관할구역], 재무관의 관할구역. **5.** 육군[함대]사령관직. **6.** 지방장관직, 총독직, 주(州)의 통치권. **7.** 《가》 대주교 관구(管區); (수도회의) 관구.

Províncĭa[2], æ, *f.* *Gállia*의 동남부지방, *Roma* 통치하의 으뜸가는 주(州)였음 (지금의 *Provence*).

provinciális, e, *adj.* [província] **1.** 주(州)의, 속령(屬領)의; (행정구역으로서의) 성(省)의, 도(道)의; 지방의, 시골의; 〔*subst.*〕 *m.* 주(州)에 사는 사람, 지방민, 지방출신. **2.** 《가》 (수도회) 관구의; 〔*subst.*〕 *m.* (수도회) 관구장.

provinciátim, *adv.*[província] 주(州)마다, 「지방별로.

provísĭo, ónis, *f.* [provídeo] **1.** 예지(豫知), 선견, 예견, 예측, 예상. **2.** 조심, 주의, 경계, 예방. **3.** 대비(對備), 대책; 준비. **4.** 식량공급[조달], 식량장만. **5.** 《敎法》 서임(敍任): ~ offícii ecclesiástici 교회직 서임 / ~ canónica 법정(法定) 서임.

províso, ĕre, *tr. freq.* [provídeo] 〔*alqm; interr. indir., absol.*〕 보러 가다[오다], 알아보다.

provísor, óris, *m.* [provídeo] **1.** 예견자, 미리 아는 사람. **2.** 장만[준비]하는 사람. **3.** (교회경영의) 자선사업 관리자.

provisórĭus, a, um, *adj.* [provídeo] **1.** 미리 앞을 내다본; 앞일에 대비한, 미리 장만한. **2.** 일시적인, **잠정적인**, 임시의, 당분간의.

provísus, us, *m.* [provídeo] **1.** 멀리 떨어져 봄. **2.** 선견, 예견. **3.** 조심, 경계, 주의. **4.** 장만, 공급: ~ rei frumentáriæ *(Ta.)* 식량공급. **5.** (신의) 섭리.

provívo, víxi, ĕre, *intr.* [pro²+] 더 살다, 생명을 연장하다. 「하는, 쉽게 화내는.

provocábĭlis, e, *adj.* [próvoco] 쉽게 흥분

provocábŭlum, i, *n.* [pro²+] 다른 말 대신에 쓰는 말, 대명사.

provocátĭo, ónis, *f.* [próvoco] **1. 도발; 도전. 2.** 공소(控訴), 상소. **3.** 자극, **유발**; 성나게 함. **4.** 격려.

provocatívus, a, um, *adj.* [próvoco] **1.** 유발된, 촉발된; 자극된, 흥분한. **2.** 유발하는, 자극하는, 야기시키는; 화나게 하는, 도발하는; 도전적인. **3.** 설사나게 하는. 「voco] 도전자; 도발자, 유발자.

provocátor, óris, *m.* [**-trix,** ícis, *f.*] [pró-

provocatórĭus, a, um, *adj.* [provocátor] **1.** 도전에 관한, 도전의. **2.** 유발하는, 일으키는; 〔*subst.*〕 *n.* 하제(下劑).

próvŏco, ávi, átum, áre, *tr.* [pro²+] **1.** 불러내다, 나오게 하다. **2.** 〔*alqm* in, ad *acc.; alqā re*〕 **도전하다**, 도발하다, 시합을 걸다: ~ *alqm* ad pugnam*(C.)* 누구에게 도전하다 / Crispínus mínimo me próvocat: Videámus, uter plus scríbere possit.*(H.)* *Crispínus*가 새끼손가락으로 내게 시합을 걸어온다, 누가 더 많이 쓸 수 있나 보자. **3.** 〔*alqm, alqd* - ad *acc.; inf.*〕 자극하다, (감정 따위를) **불러 일으키다**, 야기하다, 유발하다; 자극하여 …하게 하다, 분발시키다, 흥분시키다; 분개시키다: *alqm* omni comitáte ad hilaritátem ~*(Suet.)* 명랑과

상냥함을 다하여 아무를 기분좋게 하다 / *alqm* maledíctis ~ *(C.)* 욕설로 아무를 성나게 하다 / me ad iracúndiam ~ *(Is. 1, 20)* 나를 분노하게 하다 / bellum ~ *(Ta.)* 전쟁을 유발하다. **4.** 〔*alqm*〕 조르다, 청하여 …하게 하다. **5.** 〔*alqm, alqd – alqā re*〕 필적(匹敵)하다, …와 견줄 만하다, 맞먹다: elegíā Græcos ~ *(C.)* 비가(悲歌)에 있어서 희랍인들과 견줄 만하다. **6.** 〔*alqm*, ad *alqm;* ab *alqo; absol.*〕 상소하다, 공소(控訴)하다, 상고하다, 항고하다: júdicem ~ *(Ulp.)* 재판관에게 상소하다 / ad pópulum ~ *(C.)* 국민들의 판결에 호소하다 / Ab omni judício provocári licet. *(C.)* 모든 재판에 대하여 상소할 수 있다.

próvŏlo, ávi, átum, áre, *intr.* [pro²+] **1.** (앞으로·멀리·훌쩍) 날아가다. **2.** 〔*absol.;* in, ad *acc.*〕 빨리 달려가다[오다], 급히 뛰어가다: súbito ~ *(Cæs.)* 갑자기 달려나오다. **3.** 터져 나오다. **4.** 〔*p. præs.*〕 próvolans 돌출한.

provólvo, vólvi, volútum, ĕre, *tr.* [pro²+] **1.** 〔*alqm, alqd –* in *acc.;* ab, ex *abl.*〕 앞으로 굴리다, 굴려 넘어뜨리다[떨어뜨리다], 나동그라지게 하다, 굴려 던지다, 굴려 뒤치다. **2.** 〔*pass. refl.*〕 **se ~, provólvi** 엎드리다, 엎드려 절하다: se ~ *alci* ad pedes, ad génua *alcjs* provólvi *(L.)* 누구의 발앞에 부복하다 / provolútus ad pedes *(Curt.)*, génibus *alcjs* provolútus *(Ta.)* (누구의) 발앞에 엎드려. **3.** 〔*pass.*〕 provólvi (불행 따위에) 떨어지다, 망하다: fortúnis ~ *(Ta.)* 불운에 떨어지다.

próvŏmo, ĕre, *tr.* [pro²+] 토해 내다.

provúlgo [-vólgo], ávi, átum, áre, *tr.* [pro²+] 공적으로 발표하다, 공개하다; 누설하다, 폭로하다.

prox, *interj.* 미안합니다만, 죄송하지만.

proxenéta [-tes], æ, *m.* 중개인, 중매인.

proxenétĭcum, i, *n.* 구전, 중개료, 주선료.

proximális, e, *adj.* 《解》 (몸의) 중심[기부(基部)]에 가까운 쪽의, 근측(近側)…, 근위(近位)….

próxĭme, *superl.* [prope¹] **I.** *adv.* **1.** 〔*absol.;* ab *abl.; dat.*〕 아주 가까이. **2.** 아주 최근에, (지나간) 마지막 번에. **3.** 아주 가까운 장래에, 머지 않아 곧. **4.** ~ atque …와 거의 같게, 비슷하게. **5.** 바로 다음에[으로], 버금으로: Próxime accéssit [accessérunt]. (略: prox. acc.) 그는[그들은] (경주·시험·경쟁 따위에서) 2등했다, 차석[차점자]이다. **6.** 아주 정확하게, 정밀히.

II. *præp. c. acc.* **1.** 아주 가까이, 아주 가까운 곳에. **2.** 직후에, …한 다음에 곧: ~ solis occásum *(Pal.)* 일몰 직후에. **3.** 비슷하게, 처럼, 같이: ~ morem Románum, *Roma*(인들의) 풍습과 같이.

proxímĭtas, átis, *f.* [próximus¹] **1.** 가까움, 인근, 부근; 인접. **2.** 비슷함, 유사성. **3.** 친척관계, 혈연.

próxĭmo¹, *adv.* = próxime.

próxĭmo², ávi, átum, áre, *intr., tr.* [próximus¹] 〔*dat.;* in, ad *acc.; acc.; absol.*〕 가깝다, 가까이 있다; 가까와지다, 가까이 가다, 접근하다.

próxĭmus¹, a, um, *adj. superl.* [própior] **1.** 〔*dat., acc.,* ad *acc.;* ab *abl.; absol.*〕 **제일 가까운,** 가장[대단히·아주] 가까운, 바로 이웃의: Próximus *alqm* sedébam. *(C.)* 나는 누구에게서 아주 가까이 앉아 있었다; 〔*subst.*〕 *n.* 아주 가까운 곳: ex próximo *(N.)* 아주 가까이에서 / in próximo *(C.)* 아주 가까운 곳에. **2.** 〔과거〕 최근의, (지나간) 마지막의: próximā nocte *(C.)* 간밤에 / Próximæ (lítteræ), quas accépi. *(C.)* 내가 받은 마지막 편지. **3.** 〔미래〕 가장 가까운 장래의, 바로 다음의, 다음, 오는, 내(來): próximā æstáte *(Cæs.)* 오는 여름에. **4.** 〔*absol.; dat.,* ab *abl.*〕 (차례에 있어서) 바로 다음의, 둘째가는, 버금의; 다음에 뒤따르는, 다음 차례의: mihi, qui a te ~ sum. *(Plin.)* 너 버금가는 내게 / Próximum est, ut ... *(C.)* 이제 남은 것은 …하는 것이다. **5.** 〔*absol.; dat.*〕 (아주) 비슷한, 근사한, 그럴듯한: próxima virtútibus vítia *(Q.)* 덕행처럼 보이는 악습. **6.** 〔*absol.; dat.*〕 친밀한, 친근한; 가까운 친척되는, 혈육관계에 있는, 친족의; 친구인. **7.** 쉬운, 손쉬운, 비근한; 명백한, 뻔한.

próxĭmus², i, *m.* **1.** 친척; 친구. **2.** 남, 타인, 이웃. **3.** (고대 *Roma*의) 문서 보관 책임자·감독.

proxum... *V.* proxim...

prūdens, éntis, *adj.* [próvidens] **1.** 〔*absol.; inf.*〕 미리 내다보는, 예견하는, 미리 아는. **2.** 알면서도 하는, 고의적인: Amícos ~ prætéreo. *(H.)* 나는 친구들을 고의로 지나친다 / Prudens, sciens péreo. *(T.)* 나는 뻔히 알면서도 망한다. **3.** 〔*gen.,* in *abl., abl.; absol.*〕 전문지식이 있는, 조예가 깊은, 해박한; **정통한,** 경험 많은, **노련한,** 능란한, 숙련된: mílites belli prudéntes *(Sall.)* 전쟁에 노련한 군인들 / ~ in jure civíli *(C.)* 민법에 정통한; 〔*subst.*〕 *m.* juris ~ *(Ulp.)* 법률가, 법학자. **4.** 〔*absol.;* in *abl.,* ad *acc.*〕 **현명한,** 슬기로운, 지혜로운, 분별있는, 통찰력있는. **5.** 신중한, 용의주도한, 주의깊은. **6.** 〔*adv.*〕 **-énter,** 현명하게, 능란하게; 해박하게.

prudéntĭa, æ, *f.* [prudens] **1.** 미리 앎, 예견. **2.** 〔*gen.*〕 전문지식, 조예(造詣), 숙지(熟知), 정통(精通); 숙련, 노련. **3.** 통찰력, 이해력. **4.** **현명,** 슬기, 지혜; 분

별, 지각; 재량: pro suā ~ 자기 재량에 따라. 5. 신중, 용의주도.

pruína, æ, *f*. **1.** 서리(霜), 된서리. **2.** 눈(雪). **3.** 추위; 겨울.

pruinósus, a, um, *adj*. [pruína] 서리가 많이 내린, 서리에 덮인.

prūna, æ, *f*. 잉걸불, 이글이글한 숯불.

prunícĕus, a, um, *adj*. [prunus] 오얏나무의, 자두나무의. 「이글이글 타오르는.

prunícĭus, a, um, *adj*. [pruna] 잉걸불의,

prūnum, i, *n*. [prunus] 오얏, 자두.

prūnus, i, *f*. 《植》 오얏[자두]나무; 〔학명〕 ~ Ansu 살구나무 / ~ mandshúrica 개살구나무 / ~ Mume 매화[매실]나무 / ~ padus seouléns is 서울귀룽나무 / ~ pérsica 복숭아나무 / ~ robústa 거문도(巨文島)벚나무 / ~ salicína 오얏[자두]나무 / ~ serrulá-ta 벚나무 / ~ tomentósa 앵두나무.

pruriginósus, a, um, *adj*. [prurígo] **1.** 가려운. **2.** 호색(好色)의.

prurígo, gĭnis, *f*. [prúrio] **1.** 가려움, 《醫》 양진(痒疹). **2.** 색정(色情).

prúrĭo, íre, *intr*. **1.** 가렵다. **2.** 〔in *acc*.〕 몹시 …하고 싶다. **3.** 색정이 일어나다.

prurítus, us, *m*. [prúrio] **1.** 가려움, 소양증(搔痒症). **2.** 색욕, 색정.

Prusa, æ, *f*. 서부 *Bithýnia*의 도시; 〔*subst. deriv*.〕 **-sénses**, ĭum, *m.pl*. 그곳 주민.

Prúsĭas [**-ĭa**], æ, *m*. *Bithýnia*의 왕, *Hánnibal*을 처음엔 환영했다가 배반함; 〔*adj*.〕 **-síăcus**, a, um. 「*ssen*).

Prússĭa, æ, *f*. 독일의 프로시아주(州, *Preu-*

prymnésĭus, a, um, *adj*. 고물의, 선미(船尾)의.

prytanéum, i, *n*. (*Athénæ*와 기타 몇몇 도시의) 장관·원로들의 집회공관; (국가의 유공자들을 위로하고 접대하던) 귀빈관.

prýtănis, is, *m*. **1.** (고대 희랍의) *Athénæ*의 시장(市長), 원로원 의장. **2.** *Rhodus*섬의 수상(首相).

psallo, psalli, ĕre, *intr*. **1.** (거문고·수금〈竪琴〉 따위의) 현악기를 타다·연주하다. **2.** 거문고 따위 현악기 반주에 맞추어 노래하다. **3.** (구약성서의) 시편을 읊조리다, 성시(聖詩)를 노래하다; 찬미가를 부르다, 노래불러 찬미하다.

psalma, ătis, *n*. **1.** 거문고 따위의 현악기 연주; 현악기 반주로 부르는 노래. **2.** (구약성서의) 시편, 성시(聖詩); 성가.

psálmĭcen, cĭnis, *m*. [psalma+cano] 성가 부르는 사람.

psalmísta, æ, *m*. **1.** 시편[성시(聖詩)·성가] 작가. **2.** 성가부르는 사람.

psalmódĭa [**-día**], æ, *f*. 시편 송독(詩篇誦讀); (송독·영창을 위한) 성시 편성. 「시인.

psalmógrăphus, i, *m*. 성시 작가, 찬미가

psalmus, i, *m*. **1.** 거문고소리에 맞추어 부르는 노래. **2.** (구약성서의) 시편의 한 편(篇), 시편(略: Ps.): Liber psalmórum (구약성서의) 시편, 시편서(詩篇書). **3.** 찬미가, 찬송가.

psaltérĭum, i, *n*. **1.** 수금(竪琴) 비슷하게 생긴 현악기의 일종; (일반적으로) 현악기. **2.** 현악기 반주에 맞추어 부르는 노래. **3.** 시편, 성시집; (성무일과〈聖務日課〉의 기도용으로 편집한) 시편부(詩篇部).

psaltes, æ, *m*. (수금〈竪琴〉 따위의) 현악기 연주자; 가수. 「여자; 가희(歌姬), 기생.

psáltrĭa, æ, *f*. [psáltrius] 현악기 연주하는

psáltrĭus, i, *m*. 현악기 연주자; 가수.

Psámăthe, es, *f*. **1.** *Argos*의 왕 *Crotópus*의 딸. **2.** *Néreus*와 *Doris*의 딸, *Phocus*의 어머니, 바다의 요정. **3.** *Lacónia*의 샘.

psĕcas, ădis, *f*. 여주인의 머리를 매만져 주는 여종, 여자 미용사.

psephísma, ătis, *n*. (*Athénæ*의 국민회의에서 투표에 의하여 통과된) 법령.

pseudapóstŏlus, i, *m*. 가짜 사도.

pseudo-, *prævérbium* 《위(僞)…, 가(假)…, 가짜, 사이비(似而非)》라는 뜻의 접두사.

Pseudócăto, ónis, *m*. 가짜 *Cato*.

Pseudochrístus, i, *m*. 가(假)그리스도.

pseudodiácŏnus, i, *m*. 가짜 부제(副祭).

pseudœpíscŏpus, i, *m*. 가짜 주교.

pseudográphĭa, æ, *f*. 위서(僞書), 위작(僞作). 「희극 제목).

Pséudŏlus, i, *m*. 〈거짓말장이〉 (*Plautus*의

pseudóměnus [**-os**], i, *m*. 궤변, 궤변적 삼단논법. 「짜 중.

pseudomónăchus, i, *m*. 가짜 수도자, 가

pseudóny̆mus, a, um, *adj*. 필명(筆名)의, 가명(假名)의. 「직(僞柔組織).

pseudoparenchýma, ătis, *n*. 《植》 위유조

pseudoperíptĕrus, a, um, *adj*. 주위에 열주(列柱)를 세운 것 같이 보이는.

pseudopódĭum, i, *n*. 《動》 (원생동물의) 위족(僞足), 가족(假足), 허족(虛足).

pseudoprésby̆ter, ĕri, *m*. 가짜 장로(長老).

pseudoprophéta, æ, *m*. 가짜 예언자, 사이비 예언자.

pseudoprophetía, æ, *f*. 거짓 예언.

pseudoprophétĭcus, a, um, *adj*. 거짓 예언의, 사이비 예언의.

pseudoprophétis, ĭdis, *f*. 가짜 예언녀.

pseudostellárĭa coreána, æ, *f*. 《植》 참개별꽃. 「뒷문. **2.** 비밀 방법.

pseudóthy̆rum, i, *n*. **1.** 비밀통로로서의

psiáthĭum, i, *n*. 돗자리.

psīla, æ, *f*. 한 면에만 털이 있는 이불.

psilocitharísis, is, *f*. 노래없는 비파 연주.

psíthĭa, æ, *f*. (*sc*. vitis) 희랍 원산(原産)의 포도나무(의 일종).

psíthĭus, a, um, *adj*. psíthia 포도의; 〔*subst*.〕 *n*. psíthia 포도주.

psittacósis, is, *f.* 《獸醫》 앵무병 (폐염·장질부사 비슷한 증후의 전염병, 사람에게도 전염됨).

psíttăcus, i, *m.* 《動》 앵무새.

psoas, ătis, *m.* 《解》 요근(腰筋).

Psophis, ídis, *f.* 서북 *Arcádia*의 도시; 〔*adj.*〕 **-dĭus,** a, um.

Psophódēes, is, *m.* 〈수줍어하는 사나이〉 (*Menánder*의 희극 작품명).

psōra, æ, *f.* 《醫》 **1.** 개선(疥癬), 옴. **2.** 건선, 마른 버짐.

psoríăsis, is, *f.* 《醫》 건선(乾癬), 마른 버짐.

psórĭcus, a, um, *adj.* [psora] 개선(疥癬)의, 옴의; 〔*subst.*〕 *n.* 옴약.

psyche[1], æ, *f.* 영혼, 정신, 마음.

Psyche[2], es, *f.* *Cupído*신의 사랑을 받은 아름다운 소녀, *Júpiter* 신으로부터 불사불멸성이 부여되었음.

psychiatría, æ, *f.* 《醫》 정신의학; 정신병치료법.

psýchĭcus, a, um, *adj.* [psyche[1]] **1.** 영혼의, 정신의, 마음의. **2.** 물질을 대상으로 삼는 심성(心性)의, 물질주의의, 유물주의의; 〔*subst.*〕 *m.pl.* psýchici *(Tertull.)* (인간의 육체적·동물적 면만 보는) 유물주의자.

psychoanalýsis, is, *f.* 정신분석(학).

psychogénĕsis, is, *f.* 정신발생; 정신발생학.

psychogonía[-gónĭa], æ, *f.* (*Platon* 철학에서) 영혼 발생설.

psychología, æ, *f.* 심리학: ~ animálium 동물심리학 / ~ collectíva 집합심리학 / ~ comparatíva 비교심리학 / ~ criminális 범죄심리학 / ~ empírica 경험심리학 / ~ experimentális 실험심리학 / ~ formæ 형태심리학 / ~ genética 발생심리학 / ~ mysticórum 신비사상의 심리학 / ~ populórum 민족심리학 / ~ religiónis 종교심리학 / ~ sociális 사회심리학.

psycholόgĭcus, a, um, *adj.* **1.** 심리학(상)의, 심리학적. **2.** 심리상태의, 정신의, 정신현상의.

psychologísmus, i, *m.* 심리주의.

psychomantíum, i, *n.* **1.** 죽은 사람의 영혼이 심문받는 장소. **2.** 정신감응, 무술(巫術), 교령술(交靈術).

psychopathía, æ, *f.* 《醫》 정신병, 정신장애[이상]; 〔*adj.*〕 **-páthĭcus,** a, um.

psychopathología, æ, *f.* 정신병리학; 〔*adj.*〕 **-lógĭcus,** a, um.

psychóphthŏros, i, *m.* 그리스도의 영혼을 부정하는 자 (*Apollinárius*라는 이단자).

psychósis, is, *f.* 《醫》 정신병, 정신이상.

psychrolúsĭa, æ, *f.* 냉수욕.

psychrolúta [-tes], æ, *m.* 냉수욕하는 사람.

Psylli, órum, *m.pl.* *Africa* 북부 해안의 *Syrtis Major* 지방 주민, 독사에게 마술을 거는 힘을 가졌으며 물린 상처에서 독을 빨아내어 고쳤다 함.

psyth... *V.* psith...

-pte, *adjéctio syllábica*(접미사) 〔원칙적으로 소유대명사의 단수 *abl.*에 (간혹 *acc.*에) 붙임; 1인칭 대명사의 *acc.* me에 붙인 경우도 있음〕 (내·네·제·우리·너희) 자신의 (…로), 바로 자신의: suápte manu*(C.)* 바로 제 손으로 / suópte póndere*(C.)* 자체의 무게로 / nostrápte culpā*(T.)* 우리 자신의 탓으로.

Ptélĕum, i, *n.* [**-ĕos,** i, *f.*] **1.** *Thessália*의 항구. **2.** *Iónia*의 *Erўthræ*의 성채. **3.** *Elis*의 도시.

ptérĭdĭum aquilínum, i, *n.* 《植》 고사리.

pteridophýta, órum, *n. pl.* 《植》 양치류식물.

ptĕris, ĭdis, *f.* 《植》 양치류식물; 〔학명〕 ~ inæquális 깃반쪽고사리 / ~ multífida 봉의꼬리 / ~ semipinnáta 큰반쪽고사리.

pternix, ĭcis, *f.* 선인장의 곧은 줄기.

pteróma, ătis, *n.* 희랍 신전의 측면주랑(側面柱廊).

pterygoídĕus, a, um, *adj.* 《解》 익상돌기(翼狀突起)의.

ptilósis, is, *f.* 《醫》 눈썹탈락증.

ptísăna, æ, *f.* **1.** 보리쌀. **2.** 보리미음.

ptisanárĭum, i, *n. dim.* [ptísana] 미음, 보리미음.

ptochéum [-chíum, -chotrophíum], i, *n.* 빈민수용소.

ptochótrŏphus, i, *m.* 빈민급식자.

Ptolemǽum, i, *n.* *Ptolemǽus* 왕(들)의 왕릉.

Ptolemǽus, i, *m.* **1.** (*Alexánder* 대왕이 죽은 후 그의 휘하 장군이었던 *Soter*에 의해 창시된) 이집트 *Macedónia*왕조 (323-30 A.C.)의 여러 왕 이름. **2.** Cláudius ~, *Ptolemáis* 출신의 희랍인으로서 *Alexandría*에서 활약한 수학·천문·지리학자 (*fl.* 127-151 P.C.). **3.** 〔*adj.*〕 **-mǽus [-máĭcus],** a, um, 1) *Ptolemǽus* 왕[왕조]의; 이집트의. 2) 천문학자 *Ptolemǽus*의: theoría Ptolemáica (그가 주창한) 천동설(天動說).

Ptolemáis[1], ĭdis, *f.* **1.** *Ptolemǽus*왕의 딸 특히 *Cleópatra*. **2.** (*Ptolemǽus* 왕들이 건설한) *Cyréne* 지방의 해안도시. **3.** 북부 이집트의 *Nilus* 강변의 도시 (희랍인들의 식민지였음). **4.** *Phœnícia*의 항구도시; 〔*adj.*〕 **-maidénsis [-ménsis],** e; *m.pl.* 그곳 주민.

Ptolemáis[2], ĭdis [ĭdos], *adj. f.* *Ptolemǽus* 왕의; 이집트의.

Ptolom... *V.* Ptolem...

ptosis, is, *f.* 《醫》 하수증(下垂症); (특히) 안검하수증(眼瞼下垂症).

ptyalísmus, i, *m.* 《醫》 침흘리는 병, 유연증(流涎症).

pubéda, æ, *m.* [pubes[1]] 젊은이.

pūbens, éntis, *adj.* [pubes[1]] **1.** 사춘기에 접어든, 결혼적령기에 이른, 묘령의. **2.** (성숙한 잎·열매 따위가) 솜털에 덮인; 활짝 핀: pubéntes rosæ *(Stat.)* 활짝 핀 장미.

pūber, ĕris, *adj.* = pubes[1].

pubértas, átis, *f.* [pubes[1]] **1.** 사춘기 (그 시작은 남자 만 14세, 여자 만 12세로 삼

았었음), 성숙기, 발정기; 청춘기, 묘령. **2.** (성년의 표인) 수염, 음모. **3.** 생식력. **4.** 성년이 되었음, 남자다움. **5.** 젊은이, 청소년. **6.** 《植》 개화기. **7.** (열매 따위의) 솜털.

pūbes[1], ĕris, *adj.* **1.** 사춘기에 이른, 성숙기에 접어든; 묘령의; 〔*subst.*〕 *m.pl.* 사춘기 남녀. **2.** 장성한, 성년이 된, 성년의; 병역 적령의, 장정의; 〔*subst.*〕 *m.pl.* 장정. **3.** (잎·줄기·열매 따위가) 솜털이 있는, 솜털에 덮인; 싱싱한.

pūbes[2], is, *f.* [pubes[1]] **1.** 음모(陰毛). **2.** 머리털; 수염. **3.** 음부, 치부, 살; 《解》 치골. **4.** 젊은이들, 청장년층. **5.** 사람들, 민중, 백성. **6.** 어린 가축.

pubésco, púbŭi, ĕre, *intr. inch.* [pubes[1]] **1.** 사춘기[성숙기]에 접어들다, 장성하다, 청년[어른]이 되다. **2.** (앳된) 수염이 나기 시작하다. **3.** (초목이) 자랄 대로 자라다, (과일·술 따위가) 한창 익다. **4.** 성숙하다, 한창이다, 무르익다, 무르녹다: pubescénte vere *(Amm.)* 봄이 한창 무르녹을 때에 / ántequam pubéscat bellum, *(Amm.)* 전쟁이 고비에 이르기 전에. **5.** (무엇으로) 온통 뒤덮이다, 싸이다: Prata pubéscunt variórum flore colórum.*(Ov.)* 풀밭들이 가지각색의 꽃으로 뒤덮여 있다.

pubis, is, *f.* [pubes[2]] 《解》 치골(恥骨).

públĭca, æ, *f.* [públicus[1]] **1.** (*sc.* via) 공로(公路), 국도; 가두(街頭). **2.** 매춘부, 창녀.

publicánus, a, um, *adj.* [públicum] 세리(稅吏)의, 징세원(徵稅員)의, 징세청부를 맡은: muliércula publicána*(C.)* 세리의 아내; 〔*subst.*〕 *m.* 세리 (흔히 기사계급에 속하는 사람들이었음).

publicátĭo, ónis, *f.* [público] **1.** 몰수, 압류(押留). **2.** 발표, 공표; 공고(公告), 공시(公示); 발포(發布), 공포(公布). **3.** (판결의) 언도. **4.** 출판, 발행, 간행.

publicátor, óris, *m.* [-**trix**, ícis, *f.*] [público] **1.** 공표자, 발표자; 비밀공개자[누설자]. **2.** 출판인, 발행인.

públĭce [-**cĭtus**], *adv.* [públicus[1]] **1.** 국가[국민]의 이름으로, 국가공권으로, 국가[국민]의 대표로, 국가의 이익이 되도록. **2.** 공식적으로, 공적(公的)으로; 공무(직책)상으로: lítteras ~ míttere*(C.)* 공한을 보내다. **3.** 국고금으로, 공비(公費)로, 공금으로. **4. 공공연히**, 사람들 면전에서, 드러내 놓고, 공개적으로. **5.** 모두, 누구나 다, 전체적으로, 일반에게 널리.

Publícĭus, i, *m.* (*Látium* 출신인) *Roma*인의 씨족명; 〔*adj.*〕 -**ciánus** [-**cĭus**], a, um.

públĭco, ávi, átum, áre, *tr.* [públicus[1]] **1.** 국가소유로 만들다, 몰수하다; 공유재산(公有財產)으로 만들다, 공용(公用)에 제공하다. **2.** 발표[공표]하다, 공고(公告)[공시]하다; 공포(公布)[발포(發布)]하다. **3.** 출판[발간]하다, 발행하다. **4.** 공개하다, (일반에게) 개방하다; 드러내다, 누설하다. **5.** 몸을 팔다, 매음하다.

publícŏla, æ, *m.* [públicus[1]+colo[2]] 대중에게 아첨[영합]하는 자.

públĭcum, i, *n.* [públicus[1]] **1.** 공유지(公有地), 국유지; 공유재산, 국유재산; 국고(금), 국고수입: in ~ redígere [reférre] *(L., N.)* 국가소유로[국고에] 몰수하다. **2.** 조세, 국세; 세원(稅源). **3.** 공익(公益). **4.** 정부의 (곡물저장)창고. **5.** 공문서 보관소. **6.** 공중 목욕탕. **7. 공공장소**, 광장, 가두(街頭), 거리; 공중(公衆), 사람들 눈앞, 세상: in ~ [in público] propónere*(C.)* 공포[공표]하다, 게시하다 / carére público*(C.)* 은퇴하다.

públĭcus[1], a, um, *adj.* [pópulus[1]] **1. 공공(公共)의**, 국민의; 공적(公的)인, 공식적인; 관공서의; 국가 명의(名儀)의, 국가의, 국유의, 공유(公有)의; 공립의: tábulæ públicæ*(C.)* (국세조사·호적·원로원의 의결사항 따위의) 기록원본, 등록대장 / pública sacra *(Festus)* 국민이나 공익을 위해서 공금으로 지내는 제사 / bonum públicum*(L.)* 공익, 국민의 복리 / péssimum públicum*(L.)* 국가의 손실[손해] / res pública*(C.)* 국사(國事), 국정(國政); 나라, 공화국. **2.** 공중(公衆)의, 일반 사람들의; 공용(公用)의, 통용되는: pública verba*(Ov.)* 의례적(儀禮的)인 공용어 / opínio pública 일반 여론. **3.** 공개의, 일반에게 개방된, 누구나 참가하는. **4.** 공공연한, 세상에 드러난, 공개된, 널리 알려진. **5.** 대중적인, 보통의, 평범한, 범속한, 별로 신통치 않은, 시시한.

públĭcus[2], i, *m.* [públicus[1]] **1.** 관리, 공무원. **2.** 고관 호위(노예).

Publílĭus, i, *m.* *Roma*인의 씨족명.

Públĭus, i, *m.* *Roma*인의 개인명 (略: P.).

pubocapsuláris, e, *adj.* 《解》 치골낭(恥骨囊)의.

pudéndum, i, *n.* 《解》 **1.** (여성의) 외음부 (~ mulíebre). **2.** 〔*pl.*〕 음부. **3.** 〔*pl.*〕 항문.

pudéndus, a, um, *gerundív.* [púdeo] 부끄러워해야 할, 창피하게 여겨져야 할, 수치스러운.

pŭdens, éntis, *p.præs.*, *a.p.* [púdeo] **1.** 부끄러워하는, 수줍어하는, 수줍은, 얌전한, 단정한, 정숙한; 염치를 아는, 점잖은, 조심성있는; 〔*adv.*〕 -**énter.** **2.** 면목[체면]이 서는.

pudéntĭa, æ, *f.* [púdeo] 수줍음, 수줍어함; 「단정함.

púdĕo, dŭi, dĭtum, ére, *intr.*, *tr.* **1.** 〔*absol.*〕 부끄러워하다, 부끄럽다, 창피하다: Ita nunc púdeo.*(Pl.)* 이렇게도 지금 나는 부끄

럽다. 2. 〔*alqm*〕 부끄럽게 하다 (우리 말로는 〈누가(*alqm*) 부끄러워하다〉로): Non te hæc pudent?(*T.*) 너는 이 일들이 부끄럽지도 않으냐?
pudéscit, ĕre, *impers. inch.* [pudet] 〔*alqm alcjs rei*〕 부끄러워지다, 부끄럽다.
pudet, dŭit [dĭtum est], ére, *impers.* [púdeo] 〔*alqm - gen.; inf., acc. c. inf.; nom. pron. n.; supin. pass.*〕 부끄러워하다, 부끄럽다, 창피(해)하다: Sunt hómines, quos infámiæ suæ neque púdeat.(*C.*) 자기들의 불명예를 부끄럽게 여기지도 않는 그따위 사람들이 있다 / Pudet me non tui.(*C.*) 내가 너를 창피하게 생각하는 것이 아니다 / Te id fácere púduit.(*T.*) 너는 그런 짓 하는 것을 부끄러워했다 / Me quid púdeat?(*C.*) 내가 부끄러울 것이 뭐냐? / Nihil pudet.(*T.*) 조금도 부끄럽지 않다 / 〔삽입문〕 pudet dictu,(*Ta.*) 말하기(조차) 부끄럽지만.
pudibúndus, a, um, *adj.* [púdeo] 1. 〔*active*〕 부끄러워하는, 부끄럽게 여기는, 창피해 하는. 2. 〔*passive*〕 부끄럽게 여겨져야 할, 창피한, 불명예스러운.
pudicítĭa, æ, [-tĭes, éi,] *f.* [pudícus] 1. **정숙**(貞淑), 단정, 점잖음; **정조**, 정결(貞潔), 청순, 순결. 2. 부부의 신의, 정절. 3. [P-] 순결의 여신.
pudícus, a, um, *adj.* [púdeo] 1. 정숙한, 얌전한, 단정한, 점잖은; 정결(貞潔)한, 순결한, 청순한; 정조를[정절을] 지키는. 2. 염치를 아는. 3. 순수한, 흠없는, 나무랄데 없는, 어엿한, 떳떳한.
pŭdor, óris, *m.* [púdeo] 1. **부끄러움**, 수치심; 수줍음: Pudórem rubor conséquitur.(*C.*) 부끄러우면 얼굴이 빨개진다. 2. 염치; 체면, 점잖음. 3. 정숙, 정결(貞潔), 정조. 4. 〔*gen.*; ne〕 염려, 걱정, 불안. 5. 존경, 존중, 경의. 6. 명성, 평판. 7. 수치, 창피, 치욕, 불명예, 망신감: pudóri esse *alci*(*L.*) 누구에게 수치가 되다. 8. 붉은 피부색, 홍조(紅潮). 9. 음부(陰部).
pudorátus, a, um, *adj.* [pudor] 정숙(貞淑)한.
puélla, æ, *f.* 〔*dat., abl. pl.* -is, -ábus〕 [púera] 1. **소녀**, 계집아이. 2. 애인. 3. 젊은 여자, 젊은 부인; 아기엄마.
puelláris, e, *adj.* [puélla] 1. 소녀의; 소녀다운; 〔*adv.*〕 **-rĭter,** 소녀처럼, 소녀답게. 2. 어린, 젊은; 연약한. 3. 순진한, 청순한.
puellásco, ĕre, *intr. inch.* [puélla] 1. 소녀가 되다. 2. 소녀답게 되다, 여성적이 되다. 「녀.
puéllŭla, æ, *f. dim.* [puélla] 아주 어린 소
puéllus, i, *m. dim.* [puer] 작은 사내아이, 어린 소년.
pŭer, ĕri, *m.* 1. 〔*m., f.*〕 아이, 어린이, 아동, 어린것: Mea puer,...(*Charísius*) 내(어린) 딸아 / púeri(*H.*) 어린 자녀, 어린 자식들. 2. **사내아이, 소년**. 3. 어린 아들. 4. 어린 시절: a púero, a púeris(*C.*) 어릴 때부터, 소년시절부터 / ex púeris excédere (*C.*) 소년기를 벗어나다. 5. 〔애칭적인 나무람〕 녀석: Désine plura, puer.(*V.*) 이 녀석아, 이제 그만 말해라. 6. 총각, 독신. 7. 종, 노예.
púĕra, æ, *f.* [puer] 1. 소녀, 계집아이. 2. 〔*adj.*〕 소녀의, 소녀 같은.
puerárĭa Thunbergiána, æ, *f.* 《植》 칡.
puerárĭus, i, *m.* [puer] 어린이를 사랑하는 사람. 「로 접어들다. 2. 젊어지다.
puerásco, ĕre, *intr. inch.* [puer] 1. 소년기
puerílis, e, *adj.* [puer] 1. 어린이의, 소년의; 어린이다운: ætas ~(*C.*) 소년기. 2. 철없는, 유치한; 미련한; 〔*adv.*〕 **-lĭter,** 소년으로서, 어린애답게; 어린애같이, 철없이, 유치하게.
puerílĭtas, átis, *f.* [puerílis] 1. 소년기, 어린 시절. 2. 어린이다움, 철없음, 유치함.
puerítĭa, æ,[-tĭes, éi,] *f.* [puer] 1. **소년기, 소년시절** (7-8세부터 14-17세까지): a ~(*C.*) 어려서부터 / in ~(*C.*) 소년시절에. 2. 순결. 3. 시작, 초기. 「산부.
puérpĕra, æ, *f.* [puer+pário[2]] 산모(產母),
puerpérĭum, i, *n.* [puérpera] 1. 분만, 해산(解產); 산고(產苦). 2. 산기(產期), 해산시기; 《醫》 산욕기(產褥期). 3. 갓난아기, 영아. 4. (갓난 동물의) 새끼; 한배 새끼. 5. (식물의) 열매.
puérpĕrus, a, um, *adj.* [puer+pário[2]] 분만의, 해산의; 분만에 관한, 분만을 돕는.
puértĭa, æ, *f.* = puerítia.
puérŭlus, i, *m. dim.* [puer] 1. 어린 소년, 어린애. 2. 어린 노예.
pūga, æ, *f.* 궁둥이, 엉덩이, 둔부(臀部).
pŭgil, gĭlis, *m.* [pugnus] 권투경기자, 권투가.
pugilátĭo, ónis, *f.* [púgilor] 권투(경기).
pugilátor, óris, *m.* [púgilor] 1. 권투경기자, 권투가. 2. 도둑. 「하는, 권투가의.
pugilatórĭus, a, um, *adj.* [pugilátor] 권투
pugilátus, us, *m.* [púgilor] 권투.
pugílĭce, *adv.* [pugil] 권투선수 모양으로;
pugíllar, áris, *n.* = pugilláres. ㄴ힘차게.
pugilláres, ĭum, *m.pl.* (*sc.* tabéllæ, libélli) [pugilláris] 밀초 입힌 칠판(여러 장을 철하여 첨필〈尖筆〉로 그 위에 글을 썼음), (간편한) 분판; 필기장. 「판] 제조인.
pugillariárĭus, i, *m.* [pugilláres] 분판[칠
pugilláris, e, *adj.* [pugíllus] 손아귀로 잡을 수 있는; 필기용 분판의; 〔*subst.*〕 *m. sg.* = pugilláres. 「배달인. 2. 사기꾼, 협잡꾼.
pugillátor[1], óris, *m.* [pugilláres] 1. 편지
pugillátor[2], óris, *m.* [pugíllor] = pugilátor.

pugíllus, i, *m.* [**-um,** i, *n.*] *dim.* [pugnus] **1.** 작은 주먹. **2.** 한움큼, 한줌.

púgĭlor [**-gíllor**], átus sum, ári, *dep. intr.* [pugil] **1.** 주먹으로 때리다[싸우다], 권투하다. **2.** (말이) 앞발질하다.

púgĭo, ónis, *m.* [pungo] **1.** 단도(短刀), 단검, 비수(황제·사령관·호민관 등이 권한과 위엄의 표로도 차고 다녔음). **2.** plúmbeum ~*(C.)* (납으로 만든 단도란 뜻으로서) 무력한 논증. 「도.

pugiúncŭlus, i, *m. dim.* [púgio] 작은 단

pugna, æ, *f.* [pugnus] **1.** 주먹다짐, 권투. **2. 전투,** 싸움: ~ equéstris*(C.)* 기병전 / ~ navális*(N.)* 해전. **3.** 전투부대, 전열(戰列). **4.** (일반적으로) 투쟁; 논쟁, 논전. **5.** 사기, 속임(수). 「있는.

pugnábĭlis, e, *adj.* [pugno] 싸워 이길 수

pugnácĭtas, átis, *f.* [pugnax] 전투욕, 투지, 호전성. 「채(城砦).

pugnácŭlum, i, *n.* [pugno] 요새(要塞), 성

pugnans, ántis, *p.præs.* [pugno] **1.** 싸우는, 전투하는; 〔*subst.*〕 *m. pl.* 전투원, 전투부대. **2.** 〔*dat.*〕 반대하는, 저항하는. **3.** 〔*dat.; cum abl.*〕 대립하는, 상반하는, 모순된. **4.** 완강한. 「립.

pugnántĭa, ĭum, *n.pl.* [pugnans] 모순, 대

pugnátor, óris, *m.* [pugno] **1.** 전투원, 전투병, 전사(戰士), 투사. **2.** 싸움하는 짐승: ~ gallus*(Plin.)* 투계(鬪鷄).

pugnatórĭus, a, um, *adj.* [pugnátor] 전투용의, 전투원이 사용하는: pugnatória arma*(Suet.)* 전투무기.

pugnátrix, ícis, *f.* [pugnátor] **1.** 〔*adj.*〕 호전적인: ~ nátio*(Amm.)* 호전적 민족. **2.** 〔*subst.*〕 여자 전투원, 여자 투사.

pugnax, ácis, *adj.* [pugno] **1.** 싸우기 좋아하는, 호전적인, 투쟁적인, 투지가 왕성한. **2.** 시비조(是非調)의, 신랄한. **3.** 완고한, 완강한, 악착스러운.

púgnĕus, a, um, *adj.* [pugnus] 주먹의.

púgnĭtus, *adv.* [pugnus] 주먹으로, 주먹다짐으로.

pugno, ávi, átum, áre, *intr., tr.* [pugna] **1.** 〔*absol.; cum alqo;* contra, advérsus, in *alqm; objéctum intérnum*〕 **싸우다, 전투하다,** 교전하다: cum hoste ~*(C.)* 적과 싸우다 / ~ ex equo*(C.)* 말타고 전투하다 / magnam pugnam ~*(T.)* 큰 싸움을 싸우다, 큰 전투를 하다 / pugna summā contentióne pugnáta*(C.)* 악착스럽게 싸운 전투 / 〔*pass. impers.*〕 Pugnátur armis. *(V.)* 무기를 가지고 싸우고 있다 / Bene pugnátum est.*(Sall.)* 잘 싸웠다. **2.** 〔*cum alqo;* de, in *alqā re*〕 토론하다, 논쟁하다. **3.** 〔*dat.*〕 반대하다, 저항하다, 대항하다; 반박하다. **4.** 〔*dat.; secum;* inter *acc.; absol.*〕 상반하다, 상충(相衝)하다: In oratióne tuā tecum ipse pugnábas.*(C.)* 너는 네 연설에서 자가당착에 빠지고 있었다. **5.** 〔id, illud, hoc; ut, ne; *inf.; absol.*〕 힘쓰다, 애쓰다, 분투[노력]하다, …하려고 하다. **6.** 〔희극용어〕 속이다, 속여먹다.

pugnus, i, *m.* **1.** 주먹, 주먹질: pugnum fácere*(C.)* 주먹을 쥐다. **2.** 권투. **3.** 한줌, (한)움큼; 한주먹의 부피.

pulce..., pulcri... *V.* pulche..., pulchri...

pulchéllus, a, um, *adj. dim.* [pulcher] 예쁘장한, 귀여운, 고운, 곱살한.

pulcher[1], chra, chrum, *adj.* **1. 아름다운,** 예쁜, 고운, 잘생긴. **2. 훌륭한,** 멋진, 좋은, 제대로 갈된; 귀중한, 값진. **3.** 존귀한, 명문(名門)의; 유명한. **4.** 즐거운 (날 따위); 행복한 (죽음 따위). **5.** 영광스러운, 영예로운. **6.** 용감한; 늠름한, 당당한.

Pulcher[2], chri, *m.* (*Appĭus Cláudius Cæcus* 의 아들인) *P. Cláudius*와 그 후손에게 붙여졌던 별명.

pulchre, *adv.* [pulcher] **1. 아름답게, 훌륭하게;** 제대로 잘, 썩잘: Mihi ~ est.*(C.)* 나는 일이 다 잘돼간다 / ~ esse*(Pl.)* 잘 지내다, 잘 살아가다. **2.** 후하게, 푸짐하게. **3.** 〔나쁜 뜻으로〕 아주, 철저히: Perísti ~. *(Pl.)* 너는 (이제) 아주 망했다. **4.** 〔감탄사〕 좋아! 잘했다! 잘됐다!

pulchrésco, ĕre, *intr. inch.* [pulcher] 아름다와지다, 고와지다. 「답게 만들다.

pulchrífico, áre, *tr.* [pulcher+fácio] 아름

pulchritúdo, ĭnis, *f.* [pulcher] **1. 아름다움, 미(美);** 잘생김. **2.** 훌륭함, 우수함, 탁월, 미점(美點).

puléjum [**-légĭum**], i, *n.* [pulex] **1.** 《植》 박하의 일종. **2.** 감미(甘味)로움, 향긋함.

pūlex, lĭcis, *m.* 《動》 벼룩. 「의.

pulicósus, a, um, *adj.* [pulex] 벼룩투성이

pullárĭus[1], a, um, *adj.* [pullus[4]] **1.** 병아리의. **2.** 망아지의. **3.** 어린이의: pullária feles*(Auson.)* 어린이를 유괴하여 부패시키는 자.

pullárĭus[2], i, *m.* [pullus[4]] **1.** 병아리의 모이먹는 모양새를 보고 점치는 사람. **2.** 어린이를 유괴하여 부패시키는 자.

pullátĭo, ónis, *f.* (암탉이) 알을 품음, 포란(抱卵).

pullátus, a, um, *adj.* [pullus[3]] **1.** 상복(喪服)을 입은. **2.** 때묻은[남루한] 옷을 입은, 노동복을 입은; 〔*subst.*〕 *m.pl.* 천민, 서민, 빈민. 「튀한, 거무스름한, 흑갈색의.

pullejácĕus, a, um, *adj.* [pullus[3]] 거무튀

pullicénus, i, *m. dim.* [pullus[4]] 병아리.

púllĭger, ĕra, ĕrum, *adj.* [pullus[4]+gero[1]] 유정란(有精卵)의.

pullígo, ĭnis, *f.* [pullus[3]] 흑갈색.

pullínus, a, um, *adj.* [pullus[1]] **1.** (짐승)새

끼의, 망아지의. **2.** 병아리의: stercus pullínum*(Veget.)* 병아리똥.

pullítĭes, éi, *f.* 알을 품음, 포란(抱卵).

pullulásco, ĕre, *intr. inch.* [púllulo] **1.** 싹이 트다, 순이 돋다. **2.** (초목이) 자라다, 발육하다.

pullulátĭo, ónis, *f.* [púllulo] **1.** 싹틈, 발아(發芽). **2.** 새싹, 순, 움. **3.** (초목의) 상록(常綠). **4.** (죄악 따위의) 만연(蔓延).

púllŭlo, ávi, átum, áre, *intr., tr.* [púllulus[2]] **1.** 싹이 트다, 그루터기에서 순이 돋다. **2.** (동물의 몸 같은 데서) 돋아나다. **3.** 만연하다, 번지다, 퍼지다. **4.** 〔*acc.*〕 낳다, 발생하게 하다. 「스름한.

púllŭlus[1], a, um, *adj. dim.* [pullus[3]] 거무

púllŭlus[2], i, *m. dim.* [pullus[4]] **1.** 동물의 새끼; 병아리, 비둘기새끼. **2.** (남자) 어린 아기, 귀염둥이. **3.** 새싹, (특히 그루터기·등걸에서 돋는) 순.

pullus[1], a, um, *adj.* **1.** 어린, 새끼의. **2.** (토양 따위가) 부드러운, 기름진.

pūllus[2], a, um, *adj. dim.* [purus] 깨끗한, 순수한.

pullus[3], a, um, *adj.* **1.** 어두운 빛깔의, 칙칙한; 거무스름한, 흑갈색의. **2.** 표백[가공]하지 않은 모직물로 만든; 서민층이 사용하는: pulla vestis*(Calp.)* 거무튀튀한 생모직옷 (주로 가난한 사람들이 입었으며, 상복으로나 슬픔·불길의 표시로도 입었음) / ~ sermo*(Var.)* 서민대중의 언어. **3.** 〔*subst.*〕 *n.* 칙칙한 빛깔; 생모직옷, 상복.

pullus[4], i, *m.* [pullus[1]] **1.** (포유)동물의 새끼, (특히) 망아지: ~ *(Juv.)*, ~ equinínus *(Plin.)* 망아지 / ~ asinínus*(Var.)* 나귀새끼 / ~ glírium*(Var.)* 들쥐새끼. **2.** (알에서 부화하는) 새끼; (특히) **병아리**: pulli columbíni*(C.)* 비둘기새끼 / pulli hirúndinum*(Plin.)* 제비새끼 / pulli gallinácei*(L.)* 병아리 / pulli*(C., H., Sen.)* 병아리 / ~ apum*(Plin.)* 아기벌 / ~ ranæ*(H.)* 올챙이. **3.** 〔애칭〕 어린 아이, 귀여운 아이, 귀염둥이; 애인. **4.** ~ milvínus*(C.)* (〈솔개새끼〉처럼) 욕심사나운 녀석, 탐욕자. **5.** (식물의) 새싹, (그루터기·등걸에서 돋는) 순, 새가지.

pulmentáris, e, *adj.* [pulméntum] 빵에 곁들여 먹는 식료의, 부식물(副食物)의.

pulmentárĭum, i, *n.* [pulméntum] **1.** (빵에 곁들여 혹은 빵 다음에 먹는) 부식물(副食物). **2.** 음식. **3.** 새의 먹이, 모이.

pulméntum, i, *n.* [pulpaméntum] **1.** 빵에 곁들여 먹는 부식물. **2.** 죽. **3.** (일반적으로) 음식, 먹을 것. 「pulmónes*(C.)* 폐엽.

pulmo, ónis, *m.* 《解》 폐(肺), 허파; 폐엽:

pulmonális, e, *adj.* [pulmo] 폐의.

pulmonárĭus, a, um, *adj.* [pulmo] **1.** 폐질환의; 폐질환에 걸린, 폐를 앓는. **2.** 폐질환에 좋은.

pulmonátus, a, um, *adj.* [pulmo] 폐를[폐 모양의 기관을] 가진; 유폐류(有肺類)의; 〔*subst.*〕 *n. pl.* 유폐류.

pulmónĕus, a, um, *adj.* [pulmo] **1.** 폐의. **2.** 폐처럼 물렁물렁한, 해면질의.

pulmónĭa, æ, *f.* [pulmo] 《醫》 폐염(肺炎).

pulpa[1], æ, *f.* **1.** 살, 살코기. **2.** 과일의 살, 과육(果肉). **3.** (식물의) 수(髓). **4.** 《生理》 치수(齒髓).

pulpa[2], æ, *f.* 《動》 낙지; 문어.

pulpāméntum, i, [**-men,** mĭnis,] *n.* [pulpa[1]] **1.** 살, 살코기. **2.** 다진 고기로 만든 요리; 맛있는 요리. **3.** 부식물(副食物).

púlpĭtum, i, *n.* [**-us,** i, *m.*] **1.** 발판. **2.** 무대; 연단(演壇), 강론대(講論臺), 설교단, 교단. 「소리지르다.

pulpo, áre, *intr.* (고기 본 독수리 따위가)

pulpósus, a, um, *adj.* 살이 많이 붙은; 살찐. 「된죽 (점치는 새에게도 먹였음).

puls, pultis, *f.* (콩·밀가루 따위로 만든) 죽,

pulsábŭlum, i, *n.* [pulso] (현악기 연주용의) 채, 픽 (*cf.* plectrum).

pulsátĭo, ónis, *f.* [pulso] **1.** 두드림, 때림, 침, 구타, 타격: ~ óstii*(Pl.)* 문을 두드림 / ~ pudóris*(Paul.)* 강간. **2.** 맥박이 뜀, 고동.

pulsátor, óris, *m.* [pulso] **1.** 두드리는[치는] 사람, (거문고 따위 현악기의) 탄주자(彈奏者). **2.** 소송인.

púlsĭo, ónis, *f.* [pello] 밀쳐냄, 내쫓음.

pulso, ávi, átum, áre, *tr. freq.* [pello] **1.** 떼밀다, 밀치다. **2.** **두드리다, 치다, 때리다,** 갈기다, 구타하다: ~ óstium*(Pl.)* 문을 두드리다 / ~ campánam 종을 치다 / ~ *alqm* manu*(Suet.)* 아무를 손으로 때리다 / ~ terram grándine*(Ov.)* 우박으로 땅을 후려갈기다 / Pulsant acres látera (navis) fluctus.*(Ov.)* 거센 파도들이 배의 양옆구리를 후려치다 / Ululátus pulsat aures.*(Claud.)* 울부짖는 소리가 귓전을 때린다. **3.** (땅바닥을) 내리밟다, 구르다: ~ humum pédibus*(Sen.)* 두 발을[발로 땅바닥을] 구르다 / prata ~ choréis*(Claud.)* 풀밭에서 떼지어 춤추다. **4.** 찧다, 빻다. **5.** 탄주(彈奏)하다, (악기를) 치다, 타다: chordas dígitis ~*(V.)* (현악기의) 줄을 손가락으로 퉁기다. **6.** 자극하다, 일으키다; 충동하다: ~ verecúndiam*(Pap.)* 수치심을 일으키다. **7.** 부딪다, 가 닿다, 충돌하다. **8.** 무찌르다, 쳐부수다, 함락시키다: ~ aríete muros*(V.)* 파벽차(破壁車)로 성벽들을 쳐부수다. **9.** (마음을) 산란케 하다, 설레게 하다, 두근거리게 하다, 떨리게 하다, 충격을 주다; 괴롭히다, 귀찮게 하다. **10.** 몰아내다, 물리치다, 모면하(게 하)다, 막다: ~ omne, quod obstat.*(H.)* 장애가 되는

모든 것을 물리치다 / perícula ~ *(Claud.)* 위험들을 막다. **11.** 침해하다, 모독하다. **12.** 고소(告訴)하다, 고발하다: pulsári crímine falso*(Claud.)* 무고당하다.
pulsus¹, a, um, *p.p.* [pello].
pulsus², us, *m.* [pello] **1.** 때림, 타격, 일격, 충격: ~ terræ*(Amm.)* 지진 / ~ remórum*(C.)* 노를 저음 / ~ pedum*(V.)* 걸어 참; 발을 구름. **2.** 밀침; 추진력. **3.** 탄주(彈奏), (현악기를) 탐. **4.** 《醫》 맥박; 고동: ~ venárum*(Ta.)* 맥박 / ~ altus 강맥(强脈) / ~ celer 속맥(速脈) / ~ débilis 약맥(弱脈) / ~ irreguláris 부정맥(不整脈) / ~ tardus 지맥(遲脈). **5.** 인상, 감동, 충동, 자극. 「긴) 죽 남비; 뚝배기, 단지.
pultárĭus, i, *m.* [puls] (약탕관 비슷하게 생
pultátĭo, ónis, *f.* [pulto] (문 따위를) 두드
pultícŭla, æ, *f.* *dim.* [puls] 죽. └림.
pultiphagónĭdes, æ, [-**phăgus**, i,] *m.* 죽 먹는 사람(희극에서 *Roma*인을 지칭).
pulto, áre, *tr.* *freq.* [pello] 두드리다, 때리다, 치다. 「먼지투성이의.
pulverárĭus, a, um, *adj.* [pulvis] 먼지의,
pulverátĭca, æ, *f.* [-**cum**, i, *n.*] [pulvis] **1.** 행하, 팁, 봉사료, 사례금. **2.** 품삯, 노임, 보수.
pulverátĭo, ónis, *f.* [púlvero] (포도가 익기 시작할 무렵에 포도 보호의 수단으로) 포도나무 주위를 파헤쳐서 먼지를 일으키는 일.
púlvĕres compósĭti, -um -órum, *m.* *pl.* 《藥》 복합산제(複合散劑).
pulvérĕus, a, um, *adj.* [pulvis] **1.** 먼지의; 먼지투성이의. **2.** 가루의; 분말 모양의. **3.** 먼지를 일으키는. 「들다, 빻다.
pulverízo, átum, áre, *tr.* [pulvis] 가루로 만
púlvĕro, ávi, átum, áre, *tr.*, *intr.* [pulvis] **1.** 먼지를 일으키다, 먼지로 덮다. **2.** 가루로 만들다, 빻다; 바스러뜨리다. **3.** 나무뿌리 주위를 김매주다; (특히 익어가는 포도를 보호할 목적으로) 포도나무 주위의 흙을 파거나 흙덩이를 바스러뜨려서 먼지를 일으키다. **4.** 먼지가 앉다, 먼지로 덮이다.
pulveruléntus, a, um, *adj.* [pulvis] **1.** 먼지투성이의, 먼지로 덮인. **2.** 수고스러운, 노고(勞苦)로 얻어지는. 「다.
pulvésco, ĕre, *intr.* *inch.* [pulvis] 먼지가 되
pulvíllus, i, *m.* *dim.* [pulvínus] 작은 방석; 작은 베개.
pulvínar, áris, *n.* [pulvínus] **1.** (신전〈神殿〉에서 신들에게 향연을 베풀 때) 신상(神像)들을 받쳐놓는 방석. **2.** (신들의 기념 축제 때 타원형 경기장에서) 방석에 받쳐놓은 신상들을 두는 곳. **3.** 신전(神殿). **4.** (일반적으로) **베개**; **방석**, 보료. **5.** (고대 *Roma* 식탁에서의) 귀빈석. **6.** 황제의 부부침상. **7.** 《生理》 시상침(視床枕).
pulvináris, e, *adj.* [pulvínar] 방석의; 베개의, 침구의.
pulvinárĭum, i, *n.* [pulvínar] **1.** 방석 받쳐놓은 신상(神像)들의 좌석. **2.** 정박하는 곳. 「[베개] 모양의, 방석처럼 부푼.
pulvinátus, a, um, *adj.* [pulvínus] 방석
pulvínus, i, *m.* **1.** **방석**, 보료. **2.** **베개**. **3.** 두둑; 화단; 앉기 위해 돋우어 놓은 땅; 모래 둔덕; 모랫돌.
pulvis, vĕris, *m.* (드물게는 *f.*) **1.** **먼지**, 티끌, 사진(砂塵); 고운 모래: erudítus ~ *(C.)* 수학연습용 사판(砂板); 수학연구 / 〔속담〕 sulcos in púlvere dúcere*(Juv.)* 〈모래밭에 고랑을 내다〉, 헛수고를 하다. **2.** 가루, 분말; 《藥》 가루약, 산제(散劑): ~ aerophórus 비등산(沸騰散) / ~ stomáchicus 건위산(健胃散). **3.** 화장(火葬)한 유골(의 재). **4.** 흙, 땅; 토기흙. **5.** 전진(戰塵); 전투, 전쟁. **6.** 경기장, 시합장, 격투장: ~ Olýmpicus*(H.)* 올림픽 경기장. **7.** 수고, 노력, 노고.
pulvíscŭlus, i, *m.* *dim.* [pulvis] **1.** 먼지, 티끌: 〔숙어〕 cum pulvísculo*(Pl.)* 먼지 하나 남기지 않고, 깨끗이. **2.** 미소분말; 치마분(齒磨粉). **3.** 수학공부.
pūmex, mĭcis, *m.* **1.** 부석(浮石), 경석(輕石), 속돌. **2.** 구멍 많은 바위. 「사람.
pumicátor, óris, *m.* [púmico] 갈고 닦는
pumícĕus, a, um, *adj.* [pumex] 부석(浮石)의, 경석(輕石)의; 경석으로 된; 구멍이 숭숭한 돌의.
púmĭco, ávi, átum, áre, *tr.* [pumex] 부석(浮石)으로 갈다[닦다]; 〔*p.p.*〕 pumicátus, a, um, 매끈하게 다듬은, 갈고 닦은.
pumicósus, a, um, *adj.* [pumex] 부석(浮石)처럼 생긴, 구멍이 많은.
pumílĭo, ónis, *m.*, *f.* [púmilus] **1.** 난장이. **2.** 왜소한[소형의·꼬마] 동식물.
púmĭlus, a, um, *adj.* 난장이의, 왜소한, 소형(小型)의, 꼬마의; 〔*subst.*〕 *m.* 난장이.
puncta, æ, *f.* [pungo] 뾰족한 끝으로 찌름.
punctátim, *adv.* [punctum] 한마디로, 요컨대. 「석 검사원(出席檢査員).
punctátor, óris, *m.* [punctum] 《敎法》 출
punctátus, a, um, *adj.* [punctum] (주로 동식물이) 작은 반점(斑點)이 있는.
punctíllum, i, *n.* *dim.* [punctum] 아주 작은 반점(斑點).
punctim, *adv.* [pungo] 찔러서.
púnctĭo, ónis, *f.* [pungo] **1.** 찌름, (벌 따위가) 쏨. **2.** 찌르는 듯한 아픔, 쑤심. **3.** 《醫》 천자술(穿刺術). 「찌름; 가벼운 고통.
punctiúncŭla, æ, *f.* *dim.* [púnctio] 살짝
púnctŭlum, i, *n.* *dim.* [punctum] **1.** 가볍게 찌름. **2.** 작은 첨단. **3.** (바늘·가시 따위에) 찔린 자리. **4.** 작은 점[오점].
punctum, i, *n.* [-**us**, i, *m.*] [pungo] **1.** (바

늘·가시·살 따위로) 찌름, 쏨. **2.** 뾰족한 끝. **3.** (찔러서 생긴) 작은 구멍; (바늘 따위에) 찔린 자리; 통점(痛點). **4.** 작은 반점(斑點). **5.** **점**(點); 종지부; (comma, colon 따위의) 구두점. **6.** (기하학적 개념의) 점. **7.** 공간상의 점; 지점(地點). **8.** (국민회의에서 투표자에게 나누어준) 약자로 쓴 입후보자의 이름표, 투표. **9.** (경기·놀이 따위에서의) 점수. **10.** (극히 작은) 부분으로서의 점, 저울 눈금. **11.** 시점(時點), 순간, 일순(一瞬): puncto témporis*(Cæs.)* 순식간에. **12.** 문제점, 논점; 요점(要點), (글·말의) 작은 대목, 소절(小節).

punctúra, æ, *f.* [pungo] **1.** 찌름. **2.** 찔린 자국; 자상(刺傷).

punctus, us, *m.* [pungo] **1.** 찌름. **2.** 찔린 상처, 자상(刺傷). **3.** 점(點).

pungo, púpŭgi, punctum, ĕre, *tr.* **1.** **찌르다,** (벌레 따위가) 쏘다; (뱀이) 물다: vulnus acu punctum*(C.)* 바늘에 찔린 상처. **2.** 꿰찌르다, 꿰뚫다, 관통하다. **3.** 점찍다, 점으로 표시하다: puncto témpore *(Lucr.)* 순식간에. **4.** (감각 따위를) 자극하다, (맛 따위가) 콕 쏘다. **5.** 마음아프게 [상하게] 하다, 괴롭히다, 못살게 굴다, 안타깝게 하다, 마음에 걸리게 하다.

Punicánus, a, um, *adj.* [Púnicus] *Pœni*인(人)식의, *Carthágo*풍의: Punicáni léctuli *(C.) Carthágo*식 침대.

Punícĕus¹, a, um, *adj.* [Pœni] = Pœnícĕus.

punícĕus², a, um, *adj.* **1.** 자주빛의. **2.** 붉은, 빨간.

púnĭcum, i, *n.* [Púnicus] **1.** (*sc.* malum²) 《植》 석류. **2.** (*sc.* libum) *Carthágo*식의 과자.

Púnĭcus, a, um, *adj.* [Pœni] **1.** *Carthágo*의, *Carthágo* 사람의: Púnica fides*(Sall.)* 〈*Carthágo* 사람의 신의〉 (즉) 배신(背信), 신의없음 / Púnica malus*(Plin.)* 석류나무. **2.** [p-] = punícĕus².

púnĭo, ívi [ĭi], ítum, íre, *tr.* [pœna] **1.** 〔*alqm* - *alqā re; alqd; absol.*〕 **벌하다,** 벌주다, 처벌하다, 징벌하다: *alqm* morte ~ *(Suet.)* 누구를 사형하다 / suā manu vitam ~*(Q.)* 자살하다 / Non fuit illud fácinus puniéndum.*(C.)* 그 행위는 처벌해야 할 것이 아니었다 / reus punítus*(C.)* 처벌된 죄인. **2.** 〔*alqd*〕 원수를 갚다, 복수하다, 보복하다, 앙갚음하다.

púnĭor, ítus sum, íri, *dep. tr.* = púnio.

punítĭo, ónis, *f.* [púnio] 처벌, 징벌, 징계.

punítor, óris, *m.* [púnio] **1.** 벌하는 사람, 처벌[징벌]자. **2.** 보복자, 복수자, 앙갚음하는 사람.

punxi, *pf.* [pungo] 《古》 = púpugi.

pūpa, æ, *f.* [pupus] **1.** 소녀, 아가씨. **2.** 인형. **3.** 《動》 번데기; 〔*adj.*〕 **-pális,** e.

pupárĭum, i, *n.* 번데기껍질.

pupílla, æ, *f. dim.* [pupa] **1.** 부모를 여읜 어린 소녀, 피후견소녀. **2.** 《解》 **눈동자,** 동공. **3.** 눈.

pupilláris, e, *adj.* [pupíllus, -a] **1.** 피후견소년[소녀]의, 미성년(기)의: ~ substitútio *(Justin.)* 미성년의 자녀를 두고 죽는 아버지가 그 자녀가 죽을 경우에 대비하여 제2의 상속자를 유언으로 지명해 놓는 일. **2.** 눈동자의, 동공의.

pupillátus, us, *m.* [pupíllus] 부모를 여읜 미성년(의 신분), 피후견(被後見) 연령.

pupíllus, i, *m. dim.* [pupus] 어린 소년; 아버지[부모]없는 미성년소년, 피후견소년.

Pupínĭa, æ, *f. Látium*의 한 지방, 불모지였음, *Pupínia* 씨족의 발상지; 〔*adj.*〕 **-nĭus,** a, um, [**-niénsis,** e]: -nĭus [-niénsis] ager = Pupínia.

Púpĭus, i, *m. Roma*인의 씨족명; 〔*adj.*〕 **-pĭus,** a, um.

puppis, is, *f.* 〔*acc.* -im, -em; *abl.* -i, -e〕 **1.** 고물, 배의 뒤쪽, 선미(船尾). **2.** 배. **3.** 〔희극에서〕 (사람의) 등.

púpŭla, æ, *f. dim.* [pupa] **1.** 작은 여자아이. **2.** 눈동자; 눈.

púpŭlus, i, *m. dim.* [pupus] **1.** 작은 남자아이, 소아(小兒). **2.** 인형.

pūpus, i, *m.* **1.** 남자아이, 아동. **2.** 눈동자.

pūre, *adv.* [purus] **1.** 깨끗이, 맑게, 말끔히, 말쑥하게. **2.** 순수하게; 순전히. **3.** 덕스럽게, 깔끔하게; 순결하게, 정결하게; (종교의식 따위에서) (목욕)재계하고. **4.** 성실하게, 있는 그대로. **5.** 세련된 솜씨로, 정확하게, 더할 나위 없이. **6.** 명백[명확]하게. **7.** 무조건, 대번에, 단박에.

purgábĭlis, e, *adj.* [purgo] **1.** 쉽게 발라낼 수 있는, (알맹이의) 껍질이 쉽게 벗겨지는. **2.** 쉽게 정화(淨化)될 수 있는.

purgámen, mĭnis, *n.* [purgo] **1.** 쓰레기, 오물. **2.** 속죄 수단[예식], 정결례. **3.** 깨끗함, 청정, 순수성; 순도(純度).

purgaméntum, i, *n.* [purgo] **1.** 쓰레기, 찌꺼기, 오물: purgaménta oris*(Sen.)* 가래침. **2.** 속죄 수단[제사]; 액막이로 강이나 길거리에 버리는 물건. **3.** 인간쓰레기, 찌꺼기 같은 인간. **4.** 잡초. **5.** 세정제(洗淨劑), 하제(下劑). **6.** 속죄.

purgans, ántis, *n.* [purgo] 《藥》 설사약.

purgátĭo, ónis, *f.* [purgo] **1.** 깨끗하게 함, 깨끗이 씻어냄, **정화**(淨化), **청소,** 소제. **2.** 설사시킴, 하제복용; 세척. **3.** 월경. **4.** 쓰레기, 찌꺼기, 오물. **5.** 속죄*(Plin.)*. **6.** (유대인들의) 정결예식. **7.** 《神》 (연옥에서) 잠벌(暫罰)을 치름, 영혼의 정화. **8.** 해명, 변명, 혐의 따위에서 벗어남, 무죄증명.

purgatívus, a, um, *adj.* [purgo] **1.** 설사

나게 하는, 하제(下劑)의. **2.** 깨끗하게 하는, 정화(淨化)의: 《修德神》 via purgatíva 정화의 길. **3.** 혐의에서 벗어나는, 해명의.

purgátor, óris, *m.* [**-trix,** ícis, *f.*] [purgo] 청소하는[깨끗하게 하는] 사람, 정화자(淨化者). 「(下劑). **2.** 《神》 연옥(煉獄).

purgatórĭum, i, *n.* [purgatórius] **1.** 하제

purgatórĭus, a, um, *adj.* [purgo] **1.** 설사나게 하는. **2.** 깨끗하게 하는, 정화력(淨化力) 있는, 교정(矯正)시켜 주는; 연옥의.

purgátus, a, um, *p.p., a.p.* [purgo] **1. 정화(淨化)된**, 말끔히 씻은, 닦아낸, 청소한, 깨끗한, 청결한: purgáta auris*(H.)*〈깨끗이 닦은 귀〉(즉) 정신차려 듣는 귀. **2.** 순수한, 사심(邪心)없는, 순정의, 순결한. **3.** 해명된, 변명된, 혐의 (따위)를 벗은, 잘못[탓]없음이 증명된.

púrgĭto, áre, *tr. freq.* [purgo] **1.** 깨끗해지게 하다. **2.** 변명하다.

purgo, ávi, átum, áre, *tr.* [purus+ago] **1.** 〔*alqd - abl.*, ab *abl.*〕 **깨끗이 하다, 청소하다,** 말끔히 씻다[닦다·치우다], 청결하게 하다: óleam a fóliis et stércore ~*(Cato)* 올리브에서 잎사귀들을 골라내고 새똥을 말끔히 닦다. **2.** (몸·마음 따위를) 깨끗이 씻다, **정화(淨化)하다.** **3.** 〔*alqm - abl.*, ab *abl., gen.; alqd*〕 설사나게 하다, 세척하다; (상처 따위를) 소독하다, 치료하다: is, qui sæpe purgátus est, ...*(Cels.)* 가끔 설사난 사람 / Miror purgátum te illíus morbi esse.*(H.)* 나는 네가 그 병이 나은 것이 신통하다 / ~ vúlnera*(Plin.)* 상처를 치료하다. **4.** 제거하다, 일소(一掃)하다, 쓸어내다: metum dolóris ~*(Q.)* 고통에 대한 공포를 떨쳐 버리다 / vermes ~*(Pal.)* 구더기를 죽여 없애버리다 / purgátis sórdibus *(Claud.)* (양털의) 때를 뺀 다음. **5.** 발라내다, (껍데기·껍질 따위를) 벗기다, (콩·호도 따위를) 까다; 다듬다. **6.** 바로잡다, 숙청하다. **7.** 〔*alqd alqā re*〕 (전과〈前科〉 따위를) 씻다, 지우다; 〔*alqm* crímine〕 사면하다. **8.** 셈을 치르다, 청산하다. **9.** 〔*alqm*〕 변명해 주다, 변호하다, (누구의) 무죄를 증명하다; 〔*refl. pass.*〕 **se** ~ *alci* (de *abl.*), **purgári** *alci* (자신을) 변명하다, 자기에게 잘못[탓]이 없음을 증명하다, (혐의 따위를) 벗다: Te mihi de *alqo* purgas.*(C.)* 네가 나한테 아무에 대하여 변명한다 / si parum vobis essem purgátus.*(C.)* 나의 무죄가 너희에게 불충분하게 증명되었더라면. **10.** 〔*alqd; acc. c. inf.*〕 (어떤 사실을) 증명하다, 해명하다, 잘못되지 않았음을 밝히다, 정당성을 인정하게 하다. **11.** 〔*alqm, alqd - alqā re*〕 (종교적으로) 깨끗해지게 하다, 부정(不淨)을 몰아내다; 죄를 씻다.

purificális, e, *adj.* [puríﬁco] 깨끗하게 하는.

purificátĭo, ónis, *f.* [puríﬁco] **1.** 깨끗하게 함, 청결하게 함. **2.** 종교적으로 깨끗해지게 함, 부정(不淨)을 몰아냄. **3.** (특히 산후의 부인에 대한 유태인들의) 정결예식, 청정식(清淨式). 「수건.

purificatórĭum, i, *n.* [puríﬁco] 《가》 성작

purífico, ávi, átum, áre, *tr.* [purus+fácio] **1.** 깨끗하게 하다, 깨끗이 씻다[닦다], 청소하다, 정화(淨化)하다. **2.** (종교적으로) 깨끗하게 만들다, 부정(不淨)을 몰아내다, 재계(齋戒)하다; 죄를 씻다. **3.** 정제(精製)하다, 순화(純化)하다.

púrĭtas[1], átis, *f.* [purus] **1. 깨끗함,** 청결, 결백, 조촐함, 정결; (액체의) 맑음. **2.** 청순, **순결,** 청정(清淨). **3. 순수성.** **4.** 말쑥함, 청아(清雅), 청초(清楚), (문체 따위의) 우아함.

púrĭtas[2], átis, *f.* [pus] 고름.

púrĭter, *adv.* [purus] 깨끗하게; 맑게.

purítĭa, æ, [**-tĭes,** éi,] *f.* [purus] 깨끗함, 정결함. 「이 부시다[닦다].

pūro[1], áre, *tr.* [purus] 깨끗하게 하다, 깨끗

pūro[2], áre, *intr.* [pus] 곪다, 화농하다.

púrpŭra, æ, *f.* **1.** 자(홍)색의 권패류 (특히 소라), 그 즙액 (자홍색 염료로 쓰였음). **2.** 자주빛, 자색; 심홍색. **3.** 자(홍)색 옷 (아이들이나 지위높은 사람들이 입었음). **4.** 황제; 고관, 장관, 대신. **5.** 《가》 고위 성직자의 표지. **6.** 《醫》 자반(紫斑), 자반병.

purpurárĭus, a, um, *adj.* [púrpura] 자(홍)색의, 자색 염료의; 〔*subst.*〕 *m.* 자(홍)색 옷감 가공업자·상인; *f.* 1) 자(홍)색 의류 파는 여자. 2) 자(홍)색 염색[옷감]공장.

purpurásco, ĕre, *intr. inch.* [púrpuro] 자주빛이 되다, 자(홍)색을 띠다.

purpurátus, a, um, *p.p.* [púrpuro] 자색[심홍색] 복장을 한; 〔*subst.*〕 *m.(pl.)* (왕을 모시는) 고관 대작, 대신; 《가》 고위 성직자; 추기경.

purpúrĕus, a, um, *adj.* [púrpura] **1.** 자색의; 심홍색의: purpúream vómere ánimam*(V.)* 선혈을 토하다. **2.** 자색[심홍색] 옷을 입은. **3.** 빛나는, 번쩍거리는, 화사한. 「붉은 색 칠한; 홍조(紅潮)를 띤.

purpurissátus, a, um, *adj.* [purpuríssum]

purpuríssum, i, *n.* 홍색, 붉은 빛; 연지.

purpurítes, æ, *m.* 《鑛》 운반석(雲斑石), 흰 반점이 있는 붉은 돌.

púrpŭro, ávi, átum, áre, *tr., intr.* **1.** 〔*alqd*〕 자주빛[심홍색]으로 만들다, 붉게[피로] 물들이다. **2.** 장식하다. **3.** 자주[붉은]빛이 돌다, 붉게 물들다; 찬란히 꾸며지다. 「꽃; ~ koreána 할미꽃.

pursatílla cérnua, æ, *f.* 《植》 가는잎할미

purulentátĭo, ónis, *f.* [puruléntus] 고름; 화농(化膿). 「화농.
puruléntĭa, æ, *f.* [puruléntus] 고름; 곪음,
puruléntus, a, um, *adj.* [pus] 곪은, 고름이 가득한, 화농성(化膿性)이; 〔*subst.*〕 *n. pl.* 고름.
purum, i, *n.* [purus] 청명한 하늘.
pūrus, a, um, *adj.* [*cf.* puto[1]] **1.** 깨끗한, 맑은, 말간, 밝은: mánibus puris*(Tib.)* 깨끗한 손으로 / ~ fons*(Prop.)* 맑은 샘 / sol ~*(H.)* 밝은 태양. **2.** 순수한, 잡물이 섞이지 않은, 순전한, 순(純), 순종의; (다른 것 없이) 그것뿐인: ~ campus*(L.)* 허허벌판. **3.** 무늬 따위가 없는, 민패의, 민…; 맨송맨송한: argéntum purum*(C.)* 아무 장식도 없는 은그릇 / puræ genæ*(Sen.)* 맨송맨송한 두 볼 / charta pura*(Ulp.)* (아무것도 쓰지 않은) 백지. **4.** 본래의 목적대로 사용된, 제구실을 한. **5.** 〔*absol.; gen., abl.*〕 (무엇에) 더럽혀지지 않은, 악에 물들지 않은, 덕성스러운, 죄가 없는, 결백한: ~ vítio*(H.)* 악습에 빠지지 않은. **6.** 정당한, 합법적인. **7.** 순결한, 정결(貞潔)한, 정숙한, 청순한. **8.** (연설·문체 따위가) 꾸미지 않은, 현란(絢爛)하지 않은, 소박한. **9.** 《法》 무조건의, 예외가 인정되지 않는, 절대적인. 「간.
pus, pūris, *n.* **1.** 고름. **2.** 독살스러운 인
pūsa, æ, *f.* [pusus] 소녀.
pusillánĭmis, e, [**-mus,** a, um,] *adj.* [pusíllus+ánimus] 소심한, 겁많은, 용기가 없는.
pusillanímĭtas, átis, *f.* [pusillánimis] 소심(小心), 겁많음, 용기가 없음, 담소(膽小)함.
pusíllĭtas, átis, *f.* [pusíllus] **1.** 아주 작음, 미소(微小), 미약. **2.** 소심(小心).
pusíllum[1], *adv.* [pusíllus] 조금, 약간.
pusíllum[2], i, *n.* [pusíllus] **1.** 아주 작음, 사소한 것[일]; 약간. **2.** 잠깐, 잠시.
pusíllus, a, um, *adj. dim.* [pusus] **1.** 작은, 조그마한, 미소한, 사소한, 꼬마…, 짤막한. **2.** 보잘것없는, 하찮은, 빈약한, 미약한; 가냘픈. **3.** 도량이 좁은, 아량없는, 째째한; 소심한, 용기[과단성]없는.
púsĭo, ónis, *m.* [pusus] 어린 소년, 애송이.
pusíŏla, æ, *f. dim.* [pusa] 아주 작은 소녀.
pustélla [-tílla], æ, *f. dim.* [pus] 물집, 부르튼 데; 농포(膿疱).
pústŭla, æ, *f. dim.* [pus] **1.** 물집, 부르튼 데; 《醫》 농포(膿疱); 여드름. **2.** 수포(水泡), 비누거품; 기포(氣泡). **3.** 《植》 (잎 표면에 생기는 수포 모양의) 부르튼 부분. **4.** 《動》 (두꺼비 등 따위의) 작은 융기.
pustulátĭo, ónis, *f.* [pústulo] 부르틈, 물집이 생김; 농포(膿疱)가 생김.
pustulátus, a, um, *adj.* [pústula] **1.** 물집이 가득한, 온통 부르튼; 농포(膿疱)투성이의; 여드름이 많이 난. **2.** 기포(氣泡)가 많은; 제련(製錬)된.
pústŭlo, ávi, átum, áre, [pústula] **1.** *tr.* 부르트게 하다, 물집을[농포(膿疱)를] 생기게 하다. **2.** *intr.* 부르트다; 물집이[농포가] 생기다.
púsŭla, æ, *f. dim.* [pus] **1.** 부르튼 데, 물집; 농포(膿疱). **2.** 거품, 수포; 기포(氣泡).
pusulátus, a, um, *adj.* [púsula] 기포(氣泡)가 많은; 오돌도돌한; 제련(製錬)된, 정련(精錬)된.
pusulósus, a, um, *adj.* [púsula] 물집투성이의; 농포(膿疱)로 고생하는, 농포(膿疱) 「투성이의.
pūsus, i, *m.* [puer] 사내아이.
pŭta, *adv. (2. persóna imper. præs.)* [puto[2]] 예를 들면, 즉, 가령, 이를테면.
putámen, mĭnis, *n.* [puto[1]] **1.** (나무에서) 쳐낸 가지. **2.** 다듬어 버리는 부분[것], 잘라[깎아]낸 것, 자투리. **3.** 외각(外殼), 껍데기, 껍질, (특히) 계란껍질, (콩)깍지, 겨. **4.** 《植》 핵과(核果)의 내과피(內果皮)·핵. 「기, 전지(剪枝).
putátĭo[1], ónis, *f.* [puto[1]] (나무의) 가지치
putátĭo[2], ónis, *f.* [puto[2]] **1.** 계산, 헤아림, 산정(算定). **2.** 촌수; 부자관계. **3.** 여김, 추정(推定).
putatívus, a, um, *adj.* [puto[2]] (그렇다고) 추정(推定)되고 있는, (그런 줄로) 여겨지고 있는, 추측상의, 가상적인.
putátor, óris, *m.* [puto[1]] (나무의) 가지치는 사람, 전정(剪定)[전지(剪枝)]하는 사람.
pútĕal, ális, *n.* [púteus] **1.** (대리석 따위로 만든) 우물둔덕. **2.** 환전상들이 둘러앉았던 *Roma* 대광장의 한 장소. 「우물의.
puteális, e, [**-ánus,** a, um,] *adj.* [púteus]
puteárĭus, i, *m.* [púteus] 우물파는 사람.
pútĕo, tŭi, ére, *intr.* [pus] 악취가 나다, 썩다.
Putéŏli, órum, *m.pl.* *Campánia*의 해안도시 (지금의 *Pozzuoli*); 〔*adj.*〕 **-lánus,** a, um; 〔*subst.*〕 *m.pl.* **-láni,** 그곳 주민; *n.* *Putéoli*에 있는 *Cícero*의 별장.
pŭter, tris, tre, [**-tris,** e,] *adj.* [púteo] **1.** 썩은, 삭은, 문드러진; 썩은 냄새 나는. **2.** 부스러지기 쉬운, 무른, 푸석푸석한, (흙·모래·재 따위가) 마른. **3.** (근육 따위가) 축 늘어진, 처진; 시들어 버린, 생기없는, 기운없는, 초췌한.
putésco [-tísco], tŭi, ĕre, *intr. inch.* [púteo] 썩다, 썩어가다.
pútĕus, i, *m.* [**-um,** i, *n.*] **1.** 우물. **2.** 구덩이, 굴; 갱도. **3.** 움, 움막. **4.** 수도(水道)의 공기통. **5.** 노예를 가두어 벌주던 (우물같이 생긴) 땅굴.
putícŭli, órum, *m.pl.* [**-cŭlæ,** árum, *f.pl.*]

[púteus] *Esquíliæ* 성문 밖에 있던 시체 매장 구덩이.

putidiúscŭlus, a, um, *adj. dim.* [pútidus] 좀 귀찮은, 꽤 성가신, 추근추근한, 좀 아니꼬운.

putídŭlus, a, um, *adj. dim.* [pútidus] …인 체하는, 부자연하게 꾸미는, 같잖은, 아니꼬운.

pútĭdus, a, um, *adj.* [púteo] **1.** 썩은 냄새 나는, 악취를 풍기는; 썩은, 문드러진. **2.** 늙어빠진. **3.** 귀에 거슬리는, 아니꼬운, 불쾌감을 주는, (연설·글 따위가) 지긋지긋한, 넌더리나는, 지나치게 자세한; 현학적(衒學的)인.

putíllus, i, *m. dim.* [putus²] 어린 소년.

pŭto¹, ávi, átum, áre, *tr.* [putus¹] **1.** 깨끗하게 하다, 부시다. **2.** (나무를) 가지치다, 전지(剪枝)[전정(剪定)]하다.

pŭto², ávi, átum, áre, *tr.* [puto¹] **1.** 계산하다, 셈하다, 회계하다, 따지다. **2.** 〔*alqd, alqm abl., gen.(prétii)*〕 평가하다: magni ~ *alqd (C.)* 무엇을 존중하다. **3.** 〔*alqd; acc. c. inf.; absol.*〕 깊이[곰곰이] 생각하다, 심사숙고하다. **4.** 〔*alqd, alqm* in, præ, pro *abl.; acc. præd.; acc. c. inf.*〕 **여기다,** 생각하다, 간주하다, 치다, 삼다; 추정(推定)하다; 믿다: hoc pro certo ~ *(C.)* 이것을 확실한 것으로 여기다 / In fortúnā quādam est illa mors, non in pœnā putánda. *(C.)* 그 죽음은 천벌로 여길 것이 아니고 하나의 행운으로 여겨야 한다 / ~ se solum beátum*(C.)* 저혼자만 복된 줄로 생각하다 / Te repertúrum (esse) putas?*(C.)* 네가 찾아낼 줄 아니? / 〔비인칭적 접속법 단수 2인칭〕 putes [putáres] (*inf., acc. c. inf.*: …줄로) 여길[여겼을]지도 모른다 / 〔삽입어〕 puto, 생각컨대, 아마; 틀림없이 / ut puto*(Ov.)* 내 생각에는 / 〔*adverbiáliter*〕 puta, 예를 들자면, 가령, 이를테면.

pŭtor, óris, *m.* [púteo] 악취, 썩는 냄새, 고약한 냄새.

putrámen, mĭnis, *n.* [puter] 부패, 부패물.

putrédo, dĭnis, *f.* [pútreo] 썩음, 부패.

putrefácĭo, féci, fáctum, cĕre, *tr.* [puter+fácio] 썩게 하다, 썩히다; 삭게 하다, 부식(腐蝕)하다, 녹게 하다.

putrefáctĭo, ónis, *f.* [putrefácio] 부패, 썩음.

putrefío, fáctus sum, fíĕri, *anom. pass.* [putrefácio] 썩다, 부패하다; 삭다, 부스러지다.

pútrĕo, ŭi, ére, *intr.* [puter] 썩어 있다; 노쇠하다.

putrescíbĭlis, e, *adj.* [putrésco] 썩을 (수 있는).

putrésco, trŭi, ĕre, *intr. inch.* [pútreo] **1.** 썩다; 삭다. **2.** (흙 따위가) 푸석푸석해지다, 물러지다, 부드러워지다.

putríbĭlis, e, *adj.* [puter] 삭아버릴.

pútrĭdus, a, um, *adj.* [pútreo] **1.** 썩은, 삭은: dentes pútridi*(C.)* 썩은 이(齒). **2.** 무른; 쇠약한.

putris, e, *adj.* = puter.

pŭtus¹, a, um, *adj.* 〔가끔 purus와 겹쳐 씀〕 **1.** 순수한, 순전한, 진짜의: argéntum purum putum*(Gell.)* 순은(純銀). **2.** (다른 것이 아니고) 바로 그(본인, 본 물건).

pŭtus², i, *m.* (=pusus) 사내아이.

pyǽmĭa, æ, *f.* 《醫》 농독증(膿毒症), 농혈증(膿血症).

pycnídĭum, i, *n.* 《植》 분포자기(粉胞子器).

pycta [-tes], æ, *m.* 권투선수.

Pydna, æ, *f. Macedónia*의 도시, *Æmílius Paulus*가 *Macedónia*의 왕 *Pérseus*를 무찔러 승리한 곳 (168 A.C.); 〔*adj.*〕 **-nǽus,** a, um.

pyelítis, tĭdis, *f.* 《醫》 신우염(腎盂炎).

pýĕlus, i, *m.* 욕조(浴槽).

pȳga, æ, *f.* (=puga) 궁둥이, 둔부(臀部).

pygárgus, i, *m.* 《動》 **1.** 독수리의 일종. **2.** 영양(羚羊)의 일종.

Pýgēla, órum, *n.pl. Iónia*의 항구.

Pygmǽi, órum, *m.pl.* **1.** (두루미와 싸워 멸망하였다는 전설상의) *India, Thrácia, Lýbia, Æthiópia* 등지의 왜인족(矮人族, 키가 35cm가량이었다고 믿었음). **2.** *Afrĭca*의 (실재하는) 왜소인종 (신장 150cm이하). **3.** 〔*adj.*〕 **-mǽus,** a, um.

Pygmálĭon, ónis, *m.* **1.** *Belus*의 아들, *Tyrus*의 왕, 자기 자매 *Dido*의 남편 *Sychǽus*를 죽임. **2.** 조각에 능숙한 *Cyprus*의 왕, 자기가 만든 상아 여인상에 반한 그의 소원이 이것에 생명을 준 *Venus*에 의하여 이루어지자 그 여인에게서 *Paphus*라는 아들을 낳게 됨.

Pýlădes, æ [is], *m. Phocis*의 왕인 *Stróphius*의 아들, *Oréstes*의 절친한 친구; 〔*adj.*〕 **-déus,** a, um: ~ amicítia*(C.)* 진정한 우정.

pȳlæ, árum, *f.pl.* **1.** 협로(峽路), 좁은 골짜기 길; 〔흔히 고유명사적으로 쓰임〕 Pylæ Amánicæ, *Sýria*와 *Cilícia* 사이에 있는 *Amánus*산의 좁은 길. **2.** [P-] = Thermópylæ.

Pylǽmĕnes, is, *m. Paphlagónia*인의 장군, *Troja*의 동맹자, *Meneláus*에게 살해됨.

Pyláĭcus, a, um, *adj. Thermópylæ*의.

Pýlĭus, a, um, *adj. Pylus*의; 〔*subst.*〕 *m. Pylus* 사람 (즉) *Nestor; m.pl. Pylus*의 주민.

pylórus, i, *m.* 《解》 (위의) 유문(幽門).

Pylus[-os], i, *f. Peloponnésus* 반도에 있던 같은 이름의 세 도시, 저마다 *Nestor*를 자기네 왕이라고 하였음. **1.** *Messénia*의 도시. **2.** *Elis*의 도시. **3.** *Triphýlia*의 도시.

pyogénĕsis, is, *f.* 《醫》 화농(작용).

pyogenétĭcus, a, um, *adj.* 《醫》 고름있는, 고름이 생기는, 화농성의.

pyométra, æ, *f.* 《醫》 농자궁(膿子宮), 자궁축농(子宮蓄膿).
pyorrhœa, æ, *f.* 《醫》 농루(膿漏): ~ alveoláris 치조농루(齒槽膿漏).
pyósis, is, *f.* 《醫》 화농(化膿).
pyothórax, ácis, *m.* 《醫》 농흉(膿胸), 흉강축농(胸腔蓄膿).
py̆ra[1], æ, *f.* 화장터에 쌓아올린 장작더미.
Pyra[2], æ, *f.* *Hércules*가 *Œta* 산에서 스스로 불에 타 죽은 곳.
Pyrácmon, ónis, *m.* *Vulcánus*신의 대장간 조수였던 외눈박이 거인족의 한 사람.
pyrális, lĭdis, *f.* 불속에서 산다는 파리만한 곤충.
pyramidális, e, *adj.* [pýramis] 피라밋 모양의, 첨탑(尖塔)의, 각추(角錐)의; 《解》 추체(錐體)의, 능추(稜錐)의: músculus ~ 추체근(錐體筋) / procéssus ~ 추체돌기.
pyramidátus, a, um, *adj.* 피라밋 모양으로 된, 각추(角錐)의.
pýrămis, ĭdis, *f.* **1.** 피라밋, 금자탑(金字塔); 첨탑(尖塔), 각추(角錐). **2.** 장미꽃봉오리.
Pýrămus, i, *m.* **1.** *Bábylon*의 청년, 약속한 장소에 자기 애인 *Thisbe*가 없자 사자에게 잡혀먹힌 줄로 알고 자살하였음. **2.** *Cilícia*의 강. 「서 산다는 파리만한 곤충.
pyráusta [-tes], æ, *m.* (= pyrális) 불속에
Pyréne[1], es, *f.* **1.** *Pyréne*[2] 지방의 왕인 *Bebryx*의 딸, *Hércules*의 애인. **2.** *Dánaus*의 다섯째 딸.
Pyréne[2], es, *f.* **1.** *Hispánia*의 북쪽 국경에 있는 산맥; 〔*adj.*〕 **-næus** [**-náĭcus**], a, um: -næus mons [-næi montes] *(Cæs.)* *Pyréne* 산맥. **2.** *Hispánia*(의 환유어〈換喩語〉).
Pyréneus, i, *m.* *Thrácia*의 왕, *Phocis*의 *Daulis*를 공략, *Musæ* 여신들에게 살해됨.
pýrĕthrum [-on], i, *n.* 《植》 **1.** 제충국(除蟲菊). **2.** ~ Pallasiánum 솔인진.
pyréum, i, *n.* *Vesta* 여신의 신전, 특히 *Pérsia*인들이 성화를 보존하던 신전.
Pyrgi, órum, *m.pl.* 남부 *Etrúria*의 항구; 〔*adj.*〕 **-génsis,** e. 「한 여자.
Pyrgo, us, *f.* *Príamus* 왕의 아들들을 양육
pyrgus[1], i, *m.* 주사위를 던지기 전에 집어넣고 흔들던 탑 모양의 그릇. 「의 도시.
Pyrgus[2], i, *m.* 성채(城砦)로 되어있던 *Elis*
Pyriphlégĕthon, óntis, *m.* (=Phlégethon) 불이 흐르는 명부(冥府)의 강.
pyrítes, æ, *m.* 《鑛》 **1.** 부싯돌. **2.** 절구 만들던 돌. **3.** 황동광(黃銅鑛); 황철광; 백철광.
pyrítis, tĭdis, *f.* 검은 색 보석의 일종.
Pýrŏis, roéntis, *m.* **1.** 화성. **2.** 태양신의 말 이름.
pýrŏla denticuláta, æ, *f.* 《植》 애기노루발; ~ incarnáta 분홍노루발; ~ japónica 노루발풀; ~ minor 주걱노루발.
pyromanĭa [-nía], æ, *f.* 방화광(放火狂).
pyromantía, æ, *f.* 불로 치는 점. 「火症).
pyrophóbĭa [-bía], æ, *f.* 《醫》 공화증(恐
pyrópus, i, *m.* **1.** 금과 동의 1:4 비율의 합금(合金). **2.** 홍류석(紅榴石).
pyrósis, is, *f.* 《醫》 탄산증(呑酸症).
pyrotéchnĭca, æ, *f.* 화공술(火工術), 꽃불제조술.
Pyrrha, æ, [**-e,** es,] *f.* **1.** *Epimétheus*의 딸, *Deucálion*의 아내; 〔*adj.*〕 **-rhæus,** a, um. **2.** *Lesbos*섬의 동해안 도시; 〔*adj.*〕 **-rhæus,** a, um; 〔*adj. f.*〕 **-rhĭas,** ădis, *Lesbos*섬의 여자(의).
Pýrrhĭas, ădis, *f.* *Lesbos*섬의 서해안 도시.
pýrrhĭcha, æ, [**-che,** es,] *f.* *Sparta*의 젊은이들의 전무(戰舞)·검무(劍舞).
pyrrhichárĭus, i, *m.* [pýrrhicha] 전무(戰舞)추는 사람.
pyrrhíchĭus, a, um, *adj.* [pýrrhicha] 《詩》 단단격(短短格: ◡ ◡)의; 〔*subst.*〕 *m.* 단단격(의 운율).
pýrrhĭcus, a, um, *adj.* [pýrrhicha] **1.** 전무(戰舞)의. **2.** 《詩》 단단격(◡ ◡)의, 단단격으로 된. 「의 회의론자.
Pyrrho, ónis, *m.* *Elis*사람, *Aristóteles*시대
pyrrhócŏrax, ăcis, *m.* *Alpes*산에 사는 까마귀(의 일종). 「疑論); 절대회의설.
Pyrrhonísmus, i, *m.* *Pyrrho*의 회의론(懷
pýrrhŭla, æ, *f.* 《動》 피리새.
Pyrrhus, i, *m.* **1.** *Achílles*와 *Deidamía*의 아들, *Neoptólemus*라고도 함. **2.** *Epírus*의 왕(c. 300 A.C.), *Taréntum* 사람들을 도와 *Itália*에 쳐들어가 *Roma*인들과 싸웠음.
pyrum, pyrus = pirum, pirus.
pyrus montána, -i -æ, *f.* 《植》 돌배나무; ~ seoulénsis 문배나무.
Pythágŏras, æ, *m.* *Samos*섬 출신인 희랍의 유명한 철학자·수학자 (*sæc.* 6 A.C.): líttera Pythágoræ (인생의 덕성과 악습·선악의 두 갈래 길을 표시하는) Y자; 〔*adj.*〕 **-goréus** [**-górĭcus**], a, um; *m.* *Pythágoras*파 철학자. 「생각하다.
pythagorísso, áre, *intr.* *Pythágoras*적으로
Pytharátus, i, *m.* *Athénæ*의 집정관.
pytháules, æ, *m.* **1.** *Apóllo*가 *Python*[1] 뱀과 싸워 이긴 승리를 찬미하여 피리부는 자, *Pýthia*[2] 경기대회 때의 피리연주자. **2.** 희극·비극 따위에서 찬양의 피리부는 사람.
Pýthĭa[1], æ, *f.* *Delphi*에 있는 *Apóllo*신의 여제관(女祭官).
Pythia[2], órum, *n.pl.* *Apóllo*가 *Python*[1] 뱀을 죽인 것을 기념하여 4년마다 *Pytho(Delphi)*에서 지내던 축하경기, 희랍의 4대 경기대회의 하나. 「*Delphi*의; *Apóllo*의.
Pýthĭcus [**-thĭus**[1]], a, um, *adj.* *Pytho*의,

Pýthĭus[2], i, *m.* *Apóllo*(의 별명).
Pytho, us, *f.* 희랍의 도시 *Delphi*(의 옛 이름).
Pȳthon[1], ónis, *m.* *Apóllo*가 *Delphi*에서 죽인 (*Parnássus*산의 동굴에 살던) 큰 뱀.
pȳthon[2], ónis, *m.* **1.** (무당 등에게) 들리는 신, 점치고 예언하게 하는 신. **2.** 신들린 사람; 점장이.
pythónĭcus, a, um, *adj.* 탁선(託宣)의; 예언의.
pythoníssa, æ, *f.* 무당.
pytísma, ătis, *n.* 포도주를 맛보고 뱉는 침.
pytísso, áre, *intr.* 포도주를 맛보고 뱉다.
pyúrĭa, æ, *f.* 《醫》 농뇨증(膿尿症).
pyxidícŭla, æ, *f. dim.* [pyxis] 작은 갑(匣).
pyxídĭum, i, *n.* 《植》 개과(蓋果); 《解》 배상와(杯狀窩).
pyxis, ĭdis, *f.* **1.** (화장품·약품 따위를 넣는) 상자, 작은 합, 갑(匣). **2.** 《가》 (병자한테 성체를 모셔갈 때 쓰는) 성체갑(聖體匣); 성합(聖盒).

Q

Q[1], **q,** *f., n. indecl.* 라틴 자모의 열일곱째 글자: 〈꾸(쿠)〉 [cu] (원칙적으로 자기 뒤에 u를 동반하며 뒤따르는 다른 모음과 함께 비로소 완전한 음절을 이룸).
Q[2]. 《略》 **1. Q.** = (개인이름의) Quintus. **2. Q.** = quæstor 재무관(財務官): Q.A. = quæstor ærárii 국고 재무관; Q.K. = quæstor kandidátus 재무관 지망자; Q.P.P. = quæstor pecúniæ públicæ 공금 재무관. **3. Q., QQ., Q.Q.** = quinquennális 5년간의. **4. Q.** = -que: S.P Q.R. = senátus populúsque Románus, *Roma*의 원로원 및 *Roma*국민, 전(全)*Roma*. **5. Q.** = qui, quæ, quod: Q.D.A. = quā de ágitur 문제중에 있는; Q.I.S.S. = quæ infra scripta sunt 이하에 기록된 사항들; Q.V.A. = qui vixit annos ... 그는 …년 동안 살았다.
Qóhēlet, *m. indecl.* 《헤브라이어》 = 《聖》 Ecclesiástes (전도서〈傳道書〉).
quā, *adv.* *(abl. sg. f.)* [qui[1]] **1.** 〔통과지 표시의 의문부사〕 어느 길로, 어디로 해서, 어디를 거쳐서[통과하여]: Illuc ~ véniam? *(C.)* 그리로 나는 어느 길로 해서 갈까? / scire, ~ itúri sint. *(C.)* 그들이 어디를 통과해 갈지 알다. **2.** 〔통과지·소재지·출발점 따위 표시의 관계부사〕 (그곳을) 통해서·거쳐서, 그리로 해서; …하는 그곳[쪽]에(서): omnes intróitus, ~ adíri póterat in eum fundum. *(C.)* 그 토지로 들어갈 수 있는 모든 입구 / plúrima ~ silva est, *(Ov.)* 많은 숲들이 있는 그곳에 / porta, ~ gressum extúleram. *(V.)* 내가 걸어 나왔던 그 성문 / vagári, ~ velit. *(C.)* 그는 마음내키는 곳 어디나 방황하다. **3.** 〔방법·정도·한도·비례 따위 표시의 관계부사〕 …하는 방법으로, …하는 한(限)에 있어서, …는 점에 있어서, …대로: ~ possum *(Ov.)* 내가 할 수 있는 한에서 / ~ par est, 마땅한 (대로) / homo ~ talis 인간인 한(限)의 인간. **4.** …로서, 자격으로: non ~ fílius *alcjs,* sed ~ homo *(Paul.)* 누구의 아들로서가 아니라 한 인간으로서. **5.** ~ ... ~ …도 …도; 한편 … 한편: omnes ~ viri, ~ mulíeres *(Pl.)* 남자들도 여자들도 모두.
quāad = quoad.
quacúmque [-cúnque], *adv.* 〔qua와 cumque를 갈라쓰기도 함〕 **I.** 〔*relatívum*〕 **1.** 〔통과지〕 어느 길[곳·쪽]을 통해서 …든지, 어디로해서 …거나: Quacúmque ingrédimur, ... *(C.)* 우리가 어느 길을 통해서 들어가든지(간에). **2.** 〔소재지·방면〕 어디서 …든지(간에): Quacúmque custódiant, ... *(L.)* 그들이 어디서 지키고 있든간에 (들어갈 길이 있다) / mundus convéxus, ~ cernátur. *(Plin.)* 어디서 보든지 궁륭형(穹窿形)인 우주.
II. 〔*indefinítum*〕 어느 길로든지 (상관하지 않고), 어디든지 닥치는 대로 통해서.
quadámtĕnus [quadán-], *adv.* 〔quadam과 tenus를 갈라쓰기도 함〕 어느 정도[점]까지.
Quadi, órum, *m.pl.* *Germánia*의 *Suévi*계의 한 종족.
quădra, æ, *f.* [quadrus] **1.** 네모꼴, 정사각형, 정방형. **2.** 네모진 물건. **3.** 주추. **4.** 빵덩어리의 4분의 1, 빵조각, 과자조각: aliénā vívere quadrā *(Juv.)* 다른 사람의 것을 얻어먹으며 살다.
quadragéna, órum, *n. pl.* [quadragéni] 고대의 속죄규정의 40일간 단식.
quadragenárĭus, a, um, *adj.* 40의, 40세의, 40주년의.

quadragéni, æ, a, *num. distrib.* **1.** 〔*gen.* -órum 대신에 -um도 있음〕 각각 40씩되는, 마흔씩의. **2.** 〔*pl. tt.* 명사의 기본수사〕 마흔, 40개의.

quadragennális, e, *adj.* [quadragínta+annus] 40(수)년의, 40년째의.

quadragésĭma, æ, *f.* [quadragésimus] **1.** (*sc.* pars) 40분의 1. **2.** 40분의 1 세금. **3.** 《가》 사순절(四旬節)의 단식재; 사순절, 봉재시기(封齋時期).

quadragesimális, e, *adj.* [quadragésima] 《가》 사순절(四旬節)의.

quadragésĭmus, a, um, *num. ordin.* [quadragínta] 제40, 마흔번째의.

quadrágĭe(n)s, *adv. num.* [quadragínta] 마흔번, 40번, 40배.

quadragínta, *indecl. num. card.* 40, 마흔.

quadranguláris, e, [**-látus,** a, um,] *adj.* [quáttuor+ángulus] 사각형의, 네모난.

quadrángŭlus, a, um, *adj.* [quáttuor+ángulus] 사각형의, 네모난; 〔*subst.*〕 *n.* 사각형.

quadrans[1], ántis, *adj.* *(p.præs.)* [quadro] 연리(年利) 4%의.

quadrans[2], ántis, *m.* [quadro] **1.** 4분의 1. **2.** 하루의 4분의 1, 여섯시간. **3.** 전체유산의 4분의 1. **4.** 〔무게〕 4분의 1 *libra, 3 únciæ.* **5.** 4분의 1 척(尺: *pes*). **6.** 〔토지면적〕 4분의 1 *júgerum.* **7.** 〔용량〕 4분의 1 *sextárius.* **8.** 〔화폐〕 4분의 1 *as, 3 únciæ,* 소액(小額), 푼돈. **9.** 〔시간〕 15분.

quadrántal, ális, *n.* [quadrantális] **1.** 입방체(立方體). **2.** 〔용량단위〕 *8 cóngii, 48 sextárii, 1 ámphora* (약 *20 l*).

quadrantális, e, *adj.* 4분의 1 척(尺: *pes*)의.

quadrantárĭus, a, um, *adj.* [quadrans²] **1.** 4분의 1의: tábulæ quadrantáriæ *(C.)* 채무를 4분의 1로 삭감하는 *Valérius*법. **2.** 4분의 1 *as*짜리의, 싸구려의.

quadras, ădis, *f.* 4, 넷(의 수).

quadratárĭus, a, um, *adj.* [quadrátum] 네모꼴의, 사각형으로 다듬은; 〔*subst.*〕 *m.* (대리석을 사각형으로 다듬거나 거기에 대문자로 글자를 새기는) 석공, 석수.

quadrátĭo, ónis, *f.* [quadro] 정방형, 정사각형, 평방.

quadrátor, óris, *m.* [quadro] = quadratárius, i, *m.*

quadrátum, i, *n.* [quadrátus] **1.** 사각형; (특히) 정방형, 평방형. **2.** 네모난 물건. **3.** 《天》 구(矩).

quadratúra, æ, *f.* [quadro] **1.** 정방형, 정사각형. **2.** 《數》 구적법(求積法). **3.** 사분원(四分圓). **4.** 《天》 구(矩).

quadrátus, a, um, *p.p., a.p.* [quadro] **1.** **정방형의, 평방의**; 직각(直角)사각형의: quadrátum agmen *(Sen.)* 보급품 수송마차 주위를 사각형으로 둘러싼 무장병 대열; 〔*subst.*〕 *m.* (*sc.* lapis) 네모나게 다듬은 돌[대리석]. **2.** 자승(自乘)의: ~ númerus 자승수. **3.** 대문자의: quadráta líttera *(Petr.)* 대문자. **4.** 균형이 잘 잡힌, (키가) 크지도 작지도 않은. **5.** (말·문장 따위가) 짜임새있는, 잘 다듬어진.

quadriángŭlus, a, um, *adj.* (= quadrángulus) 사각형의, 네모난.

quádrĭceps, cípĭtis, *adj.* [quáttuor+caput] 머리가 넷 있는; 〔*subst.*〕 *m.* 《解》 사두근(四頭筋).

quadridu... *V.* quatridu...

quadriénnis, e, *adj.* [quáttuor+annus] 4년(간)의; 네살된.

quadriénnĭum, i, *n.* [quáttuor+annus] 4년간.

quadrifárĭam, *adv.* **1.** 네 부분으로, 네 방면으로; 넷으로 나누어. **2.** 네 가지 모양[방법]으로; 네 겹으로.

quadrifárĭus, a, um, *adj.* [quáttuor] 네 겹의, 4중의; 네 가지의, 네 갈래의.

quadrífidus[1], a, um, *adj.* [quáttuor+findo] 넷으로 쪼개진[쪼개지는], 네 쪽으로 된, 네 갈래로 된, 네 부분으로 이루어진.

quadrífidus[2], a, um, *adj.* [quáttuor+fides²] 사현(四絃)의.

quadrifínĭus, a, um, *adj.* [quáttuor+finis] 사방으로[사면이] 경계진.

quadríflŭus, a, um, *adj.* [quáttuor+fluo] 4면으로[네 갈래로] 흐르는.

quadrífŏris, e, *adj.* [quáttuor+foris¹] 네 개의 문이 있는, 사방으로 열린[통하는].

quadríga, æ, *f.* [quáttuor+jugum] 〔주로 *pl.*〕 **1.** 4두마차의 마필. **2.** 4두마차, (특히) 4두2륜 경기마차[전투마차·전차]. **3.** 4인조; 네 짝으로 된 1조(組).

quadrigális, e, *adj.* [quadríga] 4두2륜마차의.

quadrígămus, i, *m.* 네번째 결혼한.

quadrigárĭus, a, um, *adj.* [quadríga] 4두2륜 경기[전투]마차의; 〔*subst.*〕 *m.* 4두2륜마차 경기선수; 2륜전차(戰車) 조종자.

quadrigátus, a, um, *adj.* [quadríga] 4두2륜마차가 새겨져 있는 (화폐).

quadrigémĭnus, a, um, *adj.* [quáttuor+] 네 개로 된, 넷으로 짝을 이룬.

quadrigéni = quadringéni.

quadrigónus, a, um, *adj.* 사변형의, 사각형의.

quadrígŭla, æ, *f. dim.* [quadríga] **1.** 4두마차의 작은 말. **2.** 〔*pl.*〕 작은 4두2륜마차.

quadríjŭgus, a, um, [**-jŭgis,** e,] *adj.* [quáttuor+jugum] **1.** 4두마차를 끄는 네 필의; 〔*subst.*〕 *m.pl.* 2륜마차를 끄는 네마리 말. **2.** 4두2륜마차의.

quadrilátĕrus, a, um, *adj.* [quáttuor+latus²] 사변형의, 사각형의.

quadrilíbris, e, *adj.* [quáttuor+libra] 4 *libra*의.

quadrímănis, e, [**-mănus,** a, um,] *adj.* [quáttuor+manus] 손이 넷 있는; 사수류(四手類)의.

quadrimátus, us, *m.* [quadrímus] 네살; 네살박이.

quadrimémbris, e, *adj.* [quáttuor+membrum] 네발가진.

quadriménstrŭus, a, um, *adj.* [quáttuor+mensis] 4개월의, 4개월되는.

quadriméstris, e, *adj.* [quáttuor+mensis] 4개월의, 4개월되는, 4개월짜리의; 〔*subst.*〕 *n.* 4개월간, 1/4분기.

quadrímŭlus, a, um, *adj. dim.* [quadrímus] 겨우 네살된, 네살짜리의.

quadrímus, a, um, *adj.* [quáttuor+annus] 네살되는, 4년되는.

quadringenárĭus, a, um, *adj.* [quadringéni] 4백개가 있는, 4백명되는, (수가) 4백에 이르는.

quadringéni, æ, a, *num. distrib.* [quadringénti] 4백(개)씩의, 각 4백의.

quadringentésĭmus, a, um, *num. ordin.* [quadringénti] 제4백, 4백번째의.

quadringénti, æ, a, *num. card.* [quáttuor+centum] 4백, 4백개의.

quadringéntĭe(n)s, *adv. num.* [quadringénti] 4백번.

quadríni, æ, a, *num. distrib.* (=quatérni) 각각 넷씩, 넷씩의.

quadrinóctĭum, i, *n.* [quáttuor+nox] 나흘밤(동안).

quadripártĭo, íre, *tr.* [quáttuor+] 넷으로 나누다, 사분하다.

quadripártĭor [-pértĭor], títus sum, íri, *dep. tr.* [quáttuor+] 넷으로 나누다.

quadripartítĭo [-pertítĭo], ónis, *f.* [quadripártio(r)] 넷[네몫]으로 나눔.

quadripartíto [-pertíto], *adv.* [quadripartítus] 네몫으로, 넷으로 나누어.

quadripartítus [-pertítus], a, um, *p.p., a.p.* [quadripártior] 〔*pass.*〕 넷[네몫·네 부분]으로 나누인.

quadripe..., quadripl... *V.* quadrupe..., quadrupl...

quadrirémis, e, *adj.* [quáttuor+remus] 사단노(四段櫓)의, 사열노(四列櫓)의; 〔*subst.*〕 *f.* 노가 네줄 있는 배.

quadrisémus, a, um, *adj.* [quáttuor] 4음절의.

quadrisómum, i, *n.* 시체 넷이 묻힌 무덤.

quadrisýllăbus, a, um, *adj.* [quáttuor+sýllaba] 4음절의.

quadrívĭum, i, *n.* [quadrívius] **1.** 네거리. **2.** 4학과(교양과목으로서의 산술, 음악, 기하학, 천문학).

quadrívĭus, a, um, *adj.* [quáttuor+via] 네거리의: dii quadrívii 네거리 수호신.

quadro, ávi, átum, áre, [quadrus] **I.** *tr.* **1.** 사각형[정방형]으로 만들다, 네모지게 하다. **2.** 네째 것을 마무르다. **3.** 꼭 맞게 하다, (말·글 따위를) 짜임새있게 하다, 적절하게 하다, 운율적으로 만들다. **II.** *intr.* **1.** 〔*absol.*; in, ad *acc.*; *dat.*〕 규격이 맞다, 꼭 들어맞다, 잘 어울리다, 알맞다; 운율적으로 되다. **2.** 계산이 맞아 떨어지다, 남지도 모자라지도 않다.

quádrŭla, æ, *f. dim.* [quadra] 작은 정사각형.

quadrum, i, *n.* [quadrus] **1.** 정사각형, 정방형. **2.** (문장의) 균정(均整), 균제(均齊).

quadrúpĕdans, ántis, *p.præs., a.p.* [quadrúpedo²] 네발로 다니는, 네발로 달리는; 〔*subst.*〕 *m.* 말, 준마(駿馬).

quadrúpĕdo¹, *adv.* (*sc.* gradu) [quadrúpedus] 네발로 뛰어, 질주하여.

quadrúpĕdo², áre, *intr.* [quadrúpedus] 네발로 걷다[뛰다·달리다].

quadrúpĕdus, a, um, *adj.* [quáttuor+pes] 네발로 다니는[기는]; 네발로 뛰는[달리는], 질주하는.

quádrŭpes, ĕdis, *adj.* [quáttuor+pes] **1.** 네발달린, 네발로 다니는[뛰는]; 〔*subst.*〕 1) *m.* 말; 소; 사슴; (욕설로) 개돼지 같은 놈. 2) *f.* (*sc.* béstia), *n.* (*sc.* ánimal, pecus) 네발짐승. **2.** 〔사람〕 손발을 한데 묶은; 손발로 기는.

quadruplátor, óris, *m.* [quádruplor] **1.** 네배로 늘리는 사람; 과장하는 사람. **2.** 밀고자 (도박이나 고리대금 행위를 밀고하고 관계된 재산의 4분의 1을 받았음). **3.** 관세 징수 청부인 (관세의 4분의 1을 가졌음).

quádrŭplex, ĭcis, *adj.* [quáttuor+plico] **1.** 4배의, 4중의, 네 겹의, 네 개로 이루어진: ~ judícium*(Plin.)* (100인 법정 <centúmviri> 의) 4개 분과위원회의 연석(連席) 재판. **2.** 네번 (되풀이)하는. **3.** 《詩》 넷.

quadruplicátĭo, ónis, *f.* [quadrúplico] 4배, 네 곱; 네 벌, (문서 따위의) 4통 작성.

quadruplicáto, *adv.* [quadrúplico] 4배로.

quadrúplĭco, ávi, átum, áre, *tr.* [quadrus+plico] 4배로 하다[늘리다].

quádrŭplo, ávi, átum, áre, *tr.* [quádruplus] 4배로 하다.

quádrŭplor, ári, *dep. intr.* [quádruplus] 밀고자 노릇하다 (*cf.* quadruplátor).

quádrŭplum, i, *n.* [quádruplus] **1.** 4배; 4중, 네 겹. **2.** 4배의 배상[벌금·형량(刑量)].

quádrŭplus, a, um, *adj.* [quáttuor] 4배의; 4중의.

quadrus, a, um, *adj.* [quáttuor] 네모난, 사각형의, 정방형의.

quádrŭus, a, um, *adj.* [quadrus] **1.** 네모난, 정방형의. **2.** 4배의; 4중의.

quærĭto, ávi, átum, áre, *tr. freq.* [quæro] **1.** 열심히 찾다, 뒤적이다; 얻으려고 힘쓰다. **2.** 물어보다, 알아보다, 조사하다.

quæro, quæsívi [sĭi], sítum, ĕre, *tr.* **1.** 〔*alqm, alqd*〕 **찾다,** 찾아다니다, 구(求)하다, 얻으려고 하다: te ipsum ~*(T.)* 바로 너를 찾다 / in sterquilínio escam ~*(Phædr.)* (병아리가) 두엄더미에서 먹이를 찾다. **2.** 〔*inf.*〕 …려고 하다, …하고 싶어하다, …려고 애쓰다, 해보다, 추구하다: ~ páscere tigres*(H.)* 호랑이들을 사육해 보려고 하다. **3.** 〔*alqd – alci (rei), sibi; alqā re*〕 찾아 얻다, 장만하다, 마련하다, 확보하다, 획득하다: Quæ plúrimis meis labóribus quæsívi.*(Sall.)* 그것들은 내가 많은 수고를 들여 얻은 것들이다 / glóriam sibi ~*(L.)* 영광을 얻다. **4.** 〔*rem; absol.*〕 애써 벌다, 밥벌이를 하다, (생활수단 따위를) 수고해서 얻다: ea, quæ (is) voce quæsíerat.*(C.)* 그가 목소리로 벌어들였던 것. **5.** 〔*alqd, alqm*〕 필요를 느끼다, 필요로 하다, 아쉬워하다, (무엇이·누가) 없는 것을 한스러워하다, 간절히 바라다, 요망하다, 요구하다. **6.** 〔*alqd; interr. indir.; absol.*〕 골똘히 생각하다, 궁리하다, 검토하다, 알려고 하다, 연구하다, 탐구하다, 모색하다: consílium ~*(T.)* 의견[계획]을 생각해내다 / verum ~*(C.)* 진실을 알고 싶어하다 / Quǽritur inter médicos, cujus géneris aquæ sint utilíssimæ.*(Plin.)* 어떤 종류의 온천이 가장 이로운지 하는 것이 의사들 사이에서 연구되고 있다 / si quæris,*(C.)* 네가 알고 싶다면, 궁금하다면 / 〔삽입문〕 Noli quǽrere.*(C.)* 말도 마라; Quid quæris? 말해 뭣하니? **7.** 〔*alqd* – ab, ex, de *alqo; interr. indir.*〕 (누구에게 무엇을) **묻다, 물어보다,** 알아보다, 질문하다: a púero ~ horas*(Plin.)* 소년에게 시간들을 알아보다 / Quæsívit a médicis, quemádmodum se habéret.*(N.)* 그는 의사들에게 자기의 건강상태가 어떤지를 물어보았다. **8.** 〔*alqd*, de *alqā re;* de *alqo* (누구를) in *alqm* (누구에게 대하여)〕 심문하다, 조사하다, 심리(審理)하다: rem ~*(T.)* 사실을 심문하다 / ~ de morte *alcjs(C.)* 누구의 사망에 대해 조사하다 / De servo in dóminum ne torméntis quidem quæri potest.*(C.)* 주인에 대해서 종을 고문할 수도 없다 / légibus ~*(Plin.)* 법대로 심리하다, 엄정한 심판을 내리다.

quæsítĭo, ónis, *f.* [quæro] **1.** 질문, 심문. **2.** 고문(拷問).

quæsítor, óris, *m.* [quæro] **1.** 찾는 사람; 탐광자(探鑛者); 조사하는 사람. **2.** 탐구자, 연구자. **3.** 예심판사, (*Roma*시대의) 검찰관.

quæsítum, i, *n.* [quæsítus[1]] **1.** 얻은 것, 벌어들인 것, 이득, 소득, 축적물. **2.** 질문, 심문; 문제.

quæsítus[1], a, um, *p.p., a.p.* [quæro] **1.** 찾은, 찾아낸. **2.** 얻은, 획득한, 애써 벌어놓은. **3.** 짐짓[억지로] 꾸민. **4.** 보통 아닌, 특별한, 골라 찾아낸, 희귀한. 「문.

quæsítus[2], us, *m.* [quæro] 탐구, 조사, 탐

quæso, ívi [ĭi], ĕre, *tr.* [quæro] 〔직설법 현재 1인칭 복수는 quǽsumus〕 **1.** 〔*alqd, alqm*〕 찾다, 구하다, 찾아 얻으려고 하다. **2.** 〔*alqm* – ut; ab *alqo,* ut; ne; *subj.; alqd*〕 청하다, 간청하다, 빌다, 탄원하다, 기원하다: deos ~, ut ...*(T.)* …하여 주기를 신들에게 빌다 / Quæso parcas mihi.*(Phædr.)* 나를 용서해 주기를 네게 청한다 / ~ ventórum paces*(Lucr.)* 좋은 날씨를 기원하다. **3.** 〔정중한 부탁·요청·간구·물음 따위에 곁들이는 말〕 **quæso, quǽsumus,** 제발, 청컨대: Tu, quæso, crebro ad me scribe.*(C.)* 제발 편지나 자주 보내주시오.

quæstícŭlus, i, *m. dim.* [quæstus] 작은 소득[이득·이익].

quǽstĭo, ónis, *f.* [quæro] **1.** 찾음. **2.** 물음, 질문, 질의, 설문. **3. 문제,** 문제점, 현안(懸案), 논점, 논제. **4.** 심문, 신문(訊問), 조사, 수사; 고문(拷問): quæstiónes perpétuæ 공금횡령·살인·모반(謀叛) 따위의 특별 범죄에 대한 심문(법정) / judex quæstiónis 주심판사, 수석판사. **5.** 신문하는 재판관. 「[방법]으로.

quæstionálĭter, *adv.* [quǽstio] 질문형식

quæstionárĭus, i, *m.* [quǽstio] **1.** (죄인의 자백을 받기 위한) 고문(拷問)을 가하는 형리(刑吏). **2.** 문제집(問題集).

quæstióno, átum, áre, [**-nor,** ári, *dep.*] *tr.* [quǽstio] 심문하다; 고문하다.

quæstiúncŭla, æ, *f. dim.* [quǽstio] 변변찮은 질문; 작은 문제.

quæstor, óris, *m.* [quæsítor] **1.** (*Roma*의) **검찰관** (국민에 의해 2명이 선정되었으며 그 임무는 살인·공금횡령 따위 형사사건의 중범죄를 심문·심리하고 재판관들을 소집하여 선고를 내리게 하는 따위였음, 사형·추방에 관여한 까닭에 quæstóres rerum capitálium, quæstóres parricídii 〈살인범 검찰관〉이라고도 하였음). **2.** quæstóres urbáni [ærárii], *Roma*의 **재무관**(그 임무는 *Satúrnus* 신전에 비치되어 있던 국고 관리·전리품 매각·군기〈軍旗〉를 보관했다가 출전하는 집정관들에게 내어주는 일·외국사절 접대·국민보건 담당 따위였음, 양곡관리 재무관은 quæstor Ostiénsis 〈*Ostĭa* 주재 재무관〉이라고도 했음). **3.** quæstóres militáres 총사령관·출전 집정관의 재무 보좌관. **4.** quæstóres provinciáles 지방장관[주지사(州知事)·총독]의 재무 보좌관, 부지사. **5.** quæstóres candidáti príncipis, quæstóres Cǽsaris[príncipis, palátii], *Roma* 제정시대에 원로원에서 황제를 대리하여 교서·칙령 따위를 전달하던 보좌관.

quæstórĭus, a, um, *adj.* [quæstor] 검찰관의; 재무관의, 재무관에 관한; 〔*subst.*〕 *m.* 전(前) 재무관; *n.* 1) (*sc.* tentórium) 병영내의 재무 보좌관 막사. 2) (*sc.* ædifícium) 지방 재무관[부지사] 관저.

quæstuárĭus, a, um, *adj.*[quæstus] 벌이하는, 장사하는, 거래하는; 〔*subst.*〕 *f.* (*sc.* múlier) 매춘부; *m.* (*sc.* homo) 기능공, 목

수, 석공.
quæstuósus, a, um, *adj.* [quæstus] **1.** 벌이가 되는, 이득이 있는, 이윤이 많은, 이익이 되는. **2.** 이득을 추구하는, 돈벌이에 악착스러운. **3.** 돈을 많이 번, 부유한.
quæstúra, æ, *f.* [quæstor] 검찰관직; 재무관직.
quæstus, us, *m.* [quæro] **1.** 이득, 이문, 이윤, 이익, 수익(收益), 소득, 수입, 벌이: quæstum fácere ex *alqā re(C.)* 어떤 일에서 이득을 취하다, 무엇으로 돈벌이하다. **2.** 생업, 직업, 영업. **3.** 매춘; 매춘 소개업.
quálĭbet [-lŭbet], *adv.* **1.** 어느 길로든지, 어디로 해서든지. **2.** 어떤 방법으로든지, 어떻게 해서든지.
qualificátĭo, ónis, *f.* [qualífico] **1.** 성질을 부여함, 형용(形容). **2.** 자격·권한·권능의 부여[인정·증명]; (부여·인정·증명된) 자격·권한·권능·능력·적성·적임·적격·자질(資質): ~ doctrinális 교리교수 자격(인정). **3.** 《法》 정상이 참작된 (가중되는 수도 있음): delíctum qualificátum 특수한 사정에 의한 범죄.
qualificátor, óris, *m.* [qualífico] 《敎法》 (교황청의 검사성성〈檢邪聖省 S. Congregátio Sancti Offícii〉에 제소된) 교리·도덕문제 관계의 명제(propositiónes)나 서적 내용의 오류여부를 심의규정하는 (성성 소속의) 신학자.
qualificátus, a, um, *p.p., a.p.* [qualífico] **1.** (어떤) 성질을 부여받은, 형용된. **2.** 자격[권능·권한]이 있는, 적성이 있는, 적임의, 적격의: 《敎法》 testis ~ (자기가 직무상 다루었던 사항에 대해 증언하는 경우의) 공직자로서의 증인.
qualífico, ávi, átum, áre, *tr.* [qualis+fácio] **1.** 성질을 부여하다[나타내다], 형용하다. **2.** 자격·권한·권능·적성을 부여[인정·증명]하다. **3.** 《法》 (죄의 경중에 관하여) 정상을 참작[해석]하다.
quālis, e, *pron. (adj.)* **1.** 〔*interr., exclam.,* 성질·품질·특성 표시〕 어떠한, 어떤, 어떻게 생긴: Qualis ista philosophía est?*(C.)* 그 철학은 어떤 것이냐? / Ego te, ~ sis, scio.*(Pl.)* 나는 네가 어떤 (성품의) 사람인지를 안다 / Qualem te pátriæ custódem di genuérunt!*(C.)* 신들이 너를 얼마나 훌륭한 조국의 수호자로 만들어 놓았느냐! **2.** 〔*correlat.:* talis의 기준〕 (어떠한) 만큼 (그러한 = talis): Qualis pater (est), talis fílius (est). 부전자전, 그 아버지에 그 아들. **3.** 〔*relat.*〕 〔앞에 말한 것의 예로서〕 그러한 것은 …따위다, 이를테면 …따위의: Ad apérta (sómnia) veniámus, quale est de illo interfécto ..., quale (est) de Simónide.*(C.)* 분명한 꿈 이야기로 돌아가자, 이를테면 … 살해된 그 사람에 대한 것이라든가 *Simónides*에 대한 것 따위 말이다. **4.** 〔*indef.*〕 (막연하게) 어떤 성질을 띤, 어떤 성질의. **5.** 〔겹쳐서 총망라·무제한 표시〕 ~ ~ ..., 어떠한 …든지간에, 어떠한 …든지를 막론하고.
qualiscúmque [-cúnque], qualecúmque, *pron. (adj.) indef.* [qualis] **1.** 〔*relat.*〕 어떤 …든지간에 (여하튼), 무슨 …든지를 막론하고: Qualescúmque sumus, hæc pati non debúimus.*(L.)* 우리가 어떤 사람이든간에 이 일들을 참을 것이 아니었다. **2.** 〔막연한 무한정〕 어떤 …든지 가리지 않고, 아무거나 덮어놓고: cármina commendáre qualiacúmque*(Ov.)* 무슨 시든지 덮어놓고 칭찬하다.
qualíslĭbet, qualélĭbet, *pron. indef.* 어떤 …든지 (상관없이), 어떤 (종류의) …이거나.
qualísnam, quálĕnam, *pron. interr.* 도대체 어떤 (성질·종류의).
quálĭtas, átis, *f.* [qualis] 성질, 질(質), 품질, 종류; 자질, 속성, 특질, 특성; 품성, 됨됨이; 자격, 신분, (사회적) 지위.
qualitatívus, a, um, *adj.* [quálitas] 성질(상)의, 질적(質的)인; 성질[품질]을 표시하는.
quálĭter, *adv.* [qualis] **1.** 〔*interr.*〕 어떻게? 어떤 모양[방법]으로? **2.** 〔*relat.*〕 …하는 그런 모양으로, …처럼, …와 같이.
qualitercúmque, *adv.* [quáliter+] 어떤 모양[방법]으로든지.
qualus, i, *m.* [**-um,** i, *n.*] 바구니, 광주리.
quam[1], *adv.* **1.** 〔주로 형용사·부사·때로는 동사를 수식하는 의문·감탄부사〕 **얼마나,** 어느 만큼: Quam multis opus erit? *(C.)* 얼마나 많은 사람들이 필요하겠느냐? / Heri ~ immodéstus fuísti!*(T.)* 네가 어제 얼마나 무례했는지 모른다! / Nescis, ~ dóleam.*(T.)* 내가 얼마나 아픈지 너는 모른다. **2.** 〔최상급의 최대한 수식, 때로는 posse를 동반〕 한껏, 최대한으로, 할[될]수 있는 대로, 더할수 없이: ~ máximum malum*(En.)* 또 있을 수 없는 최대의 불행 / ~ citíssime 될수 있는 대로 빨리 / Quam máximā possum voce dico.*(C.)* 나는 낼 수 있는 최대한의 목소리로 말하고 있다. **3.** 〔원급의 정도 강화〕 매우, 크게, 대단히: ~ familiáriter*(T.)* 매우 친근하게.
quam[2], *conj.* **1.** 〔동등비교, 흔히 tam과 함께 상관비교〕 **…만큼,** 처럼: tam plácidum, ~ ovem réddere*(T.)* 양만큼 유순하게 만들다 / homo non, ~ isti sunt, gloriósus*(L.)* 저 사람들처럼 우쭐하지 않는 사람. **2.** 〔우열의 비교〕 **…보다,** …에 비해서 (더, 너무; 덜): major ~ ...*(C.)* …보다 더 큰 / pluris fácere libertátem ~ pecúniam*(Nævius)* 자유를 돈보다 더 중히 여기다 / major, ~ pro número, jactúra*(L.)* 수에 비해

서 너무 큰 손실 / commodióra multo, ~ ut erat nobis nunciátum.*(C.)* 우리에게 알려졌던 것보다 훨씬 더 유리한 것들 / Major sum, ~ ut*(consecutívum)*...*(Sen.)* 나는 …하기에는 너무 크다 / Mori præstitit ~ hæc pati.*(C.)* 이런 일들을 당하기 보다는 죽는 편이 더 나았다. **3.** 〔간혹 비교급 없이도 비교를 이루는 수 있음〕 …보다: Tácita bona est múlier ~ loquens.*(Pl.)* 말하는 여자보다 묵묵한 여자가 좋다 / Pacem ~ bellum probábam.*(Ta.)* 나는 전쟁보다 평화를 찬성하였다. **4.** 〔차이·상이(相異)·반대·상사(相似)·정도·초과 따위를 드러내는 말과 함께〕 …와(는), 이외에, …보다, 만큼: áliter, ~ ...*(C.)* …와 달리 / Quid est áliud fortitúdo ~ virtus?*(C.)* 용맹은 덕이 아니고 무엇이냐? / Nihil æque eos térruit ~ ... *(L.)* 아무것도 …와 같은 정도로 그들을 놀라게 하지는 못했다 / Contra fáciunt, ~ proféssi sunt.*(C.)* 그들은 공언한 바와는 반대로 행한다 / ultra, ~ satis est*(C.)* 충분한 것 이상으로 / supra, ~ fíeri possit.*(C.)* 될 수 있는 것 이상으로. **5.** 〔수량표시의 말과 함께〕 …보다, …에 비해서: múltiplex, ~ pro número, damnum*(L.)* 수에 비해서 여러 갑절되는 손해 / ferraménta duplícia, ~ númerus servórum éxigit.*(Col.)* 노예들의 명수에 요구되는 것보다 2배나 되는 농기구 / dimídium, ~ quod accéperat.*(L.)* 그가 받았던 것에 비해 절반. **6.** 〔전후를 표시하는 시간부사어 뒤에 (*cf.* ántequam, priúsquam, prídie, postquam, postrídie)〕 …보다, …하기(전에), …한지(얼마 후에): Hæc epístola est prídie data ~ illa.*(C.)* 이 편지가 그 편지보다 하루 전에 발송된 것이다 / post diem sextum, ~ discésserant. *(C.)* 그들이 떠난지 엿새만에 / die vicésimā, ~ creátus est, ...*(L.)* 그가 선출된지 20일되던 날에. **7.** tam ... ~... 도 …도.

quámdĭu [quán-], *adv.* 〔quam¹과 diu를 갈라쓰기도 함〕 **1.** 〔*interr.*〕 얼마 동안? 얼마나 오래[오랫동안]? **2.** 〔*relat.*〕 …하는 (그)동안, …하는 한(限): Quámdiu mihi insidiátus es, ...*(C.)* 네가 내게 대해 음모를 꾸민 그동안 (나는)… / Quámdiu pótuit, tácuit.*(Cæs.)* 그는 침묵을 지킬 수 있는 한[있을 때까지] 가만히 있었다.

quamdúdum, *adv.* [quam¹+] 얼마 전부터? 얼마나 오랫동안?

quámlĭbet [-lŭbet], **1.** *adv.* 얼마든지 (마음대로), 좋을 대로. **2.** *conj. subord. c. subj.* 어느 정도이든 상관없이, 얼마나 …든지(간에), 아무리 …더라도, …(할)지라도: ~ parvum sit, ...*(Q.)* 얼마나 작든(간에).

quámŏbrem [quam ob rem], *adv.* **1.** 〔*interr.*〕 왜? 무슨 이유로? 무엇 때문에? **2.** 〔*relat.*〕 …하는[…한] (이유): Hoc est hómini, ~ vitam amet.*(Pl.)* 이것이 바로 사람이 생명을 사랑하는 이유이다 / Multæ sunt causæ, ~ cúpio ...*(T.)* 내가 …하고 싶어하는 이유는 많다. **3.** 〔*connéxio relat.*〕 그래서, 그때문에.

quamplúres, ra, *adj. pl.* [quam¹+] 수많은, 다수의, 상당수의, 여러.

quamplúrĭmus, a, um, *adj.* [quam¹+] 대단히 많은, 최다수의, 한없이[한껏] 많은.

quamprímum, *adv.* [quam¹+] 될수 있는 대로 빨리·일찍.

quamquam, **1.** *conj. subord. concess.* 〔원칙적으로 *indic.*, 가능문*(prop. potentiális)*의 성격을 띠었을 경우에는 *subj.*로 씀; 형용사나 분사와 함께 쓸 적에는 *v. fínitum*이 생략되는 수가 있음; 뒤따르는 주문에는 가끔 반대접속사 tamen을 씀〕 **비록 …할지라도,** …더라도, …기는 하지만: Quamquam est sceléstus, ...*(T.)* 그가 흉악한 사람이기는 하지만 / ómnia illa, ~ expeténda, ...*(C.)* 그 모든 것이 비록 추구되어야 할 것들이지만. **2.** *adv.* 〔새문장 첫머리에 또는 자기 말을 교정할 적에〕 그렇지만, 그럴지라도, 그러나 역시.

quamvis, [quam+(volo²), vis] **I.** *adv.* **1.** 아무리 …라도: ~ longum tempus*(L.)* 아무리 긴 시간이라도 / ~ diu*(C.)* 아무리 오래더라도. **2.** 한껏, 최대한으로, 극히, 몹시, 지독히, 매우, 대단히: ~ ridículus*(Pl.)* 대단히 우습광스러운.
II. *conj. subord. concess.* **1.** 〔원칙적으로 *subj.*, 간혹 *indic.*〕 **아무리 …(할)지라도,** 아무리 …다 해도, 비록 …일지라도[…지만]: Quamvis prudens sis, tamen ...*(C.)* 네가 아무리 현명하다 해도 그러나 / ~ est rústica,*(V.)* 비록 시골여자이긴 하지만. **2.** 〔서술동사없이 쓰는 수도 있음〕 *alqā* ratióne, ~ falsā, ...*(V.)* 비록 틀린 방법이긴 해도 어떻게 해서.

quānam, *adv. interr.* **1.** 어느 길로? 어디로 해서? 어느 곳을 통하여? **2.** 무슨 방법으로? 어떻게 해서?

quando, **I.** *adv.* **1.** 〔*interr.*〕 **언제?** 어느 시대에? **2.** 〔num, ne, si, nisi 뒤에서는 *indef.*〕 (=aliquándo) 언젠가, 장차; 일찌기.
II. *conj. subord.* **1.** 〔*temporális*〕 …때에: tum, ~ ... mísimus.*(C.)* 우리가 보낸 그때에. **2.** 〔*causális; c. indic.*, 간혹 *subj.*〕 …(하)기 때문에, …이기에, …므로, …니까: Quando hoc bene succéssit, ...*(T.)* 이 일이 잘 되었으므로.

quandocúmque [-cúnque], **1.** *conj.* …할 때에는 언제나, …할 때마다. **2.** *adv.* 언제라도, 언제든지.

quandónam, *adv.* 도대체 언제?

quandóque [quán-], **I.** *adv.* **1.** 언제고, 언젠가, 장차; 어떤 때, 한때, 일찌기.

2. 때때로, 이따금. 3. (=et quando) 그리고 또 언제? **II.** *conj. subord.* **1.** 〔*temporális*〕 …할 때에는 언제나. **2.** 〔*causális; c. indic.*〕 …(하)기 때문에, …므로.

quandóquĭdem, *conj. subord. causális* 〔*indic.*〕 (실로·사실) …(하)기 때문에, …니까, …므로, …한 이상.

quanti, *adv.* [quantum²] 〔가치동사(*v. prétii*)·평가동사(*v. æstimatiónis*)와 함께 쓰는 *gen. prétii*〕 **1.** 〔*interr., exclam.*〕 **얼마에,** 얼마의 값으로; 얼마나 중히[크게·높이·값지게]: Quanti emit?*(T.)* 그가 얼마에 샀느냐? / Scis, ~ *alqm* fáciam.*(C.)* 내가 아무를 얼마나 귀중히 여기는지 너는 안다 / Quanti est sápere!*(T.)* 이해한다는 것은 얼마나 값진 것이냐! **2.** 〔tanti, tantus와의 상관비교의 기준〕 …값만큼, …값에 따라: Emit tanti, ~ vóluit.*(C.)* 그는 자기가 원하는 만큼의 값으로 샀다 / ~ id eo anno fuit, tantum æs dare ...*(Caj.)* 그 해에 그것이 값나갔던 만큼의 돈을 주다. **3.** 〔중복해서 *indef.*〕 ~ ~, ...*(C.)* 값이야 얼마이든.

quantíllus, a, um, *adj. dim.* [quántulus] 〔*interr., exclam.*〕 얼마나 작은[적은].

quantísper, *adv.* [quantus] **1.** 〔*interr.*〕 얼마동안? **2.** 〔*relat.*〕 …하는 동안[한(限)].

quántĭtas, átis, *f.* [quantus] **1. 크기; 양**(量), 분량, 수(량), 액수, 정도, 경중: 《法》 ~ delícti 범죄의 경중. **2.** 《論》 ~ propositiónis [enunciatiónis] (주사〈主辭〉의 외연〈外延〉에 의한) 명제의 양. **3.** 《文法》 모음·음절의 장단(長短).

quanto, *adv.* *(abl.)* [quantum²] 〔주로 비교급과 함께〕 **1.** 〔*interr., exclam.*〕 **얼마나** (더): Quanto magis delectábunt!*(C.)* 그들이 (사람들을) 얼마나 더 기쁘게 해주겠는가? / Videtóte, ~ secus fécerim.*(Cato)* 내가 얼마나 달리 했는지 너희는 보아라. **2.** 〔*correlat.*〕 〈~ + 비교급〉 (…하면) **할수록** (〈tanto+비교급〉 더욱더, 그만큼 더): Quanto diútius consídero, tanto mihi res vidétur obscúrior.*(C.)* 나는 오래 생각하면 생각할수록 일이 더욱 모호해지는 것 같다 / 〔tanto가 생략된 예외적인 경우〕 Sus fémina ~ fecúndior est, celérius senéscit. *(Col.)* 암퇘지는 다산형일수록 더 빨리 늙는다. 「빨리[속히].

quantócĭus, *adv.* [quanto+ócius] 되도록

quantópĕre, *adv.* [quantus+opus] 〔quanto ópere로 쓰는 수도 있음〕 **1.** 〔*interr.*〕 얼마나, 얼마만큼, 얼마나 많이[열심히]. **2.** 〔*correlat.*〕 …하는 만큼 (그만큼 = tantópere). 「나 작게[적게], 얼마나 조금?

quántŭlum¹, *adv. interr.* [quántulus] 얼마

quántŭlum², i, *n.* [quántulus] **1.** 〔*interr.*〕 얼마나 작음[적음], 얼마만큼의 소량? **2.** 〔*relat.*〕 (…하는) 만큼의 소량.

quántŭlus, a, um, *adj. dim.* [quantus] **1.** 〔*interr., exclam.*〕 얼마나 작은[적은]: Id autem quántulum est?*(C.)* 그것은 얼마나 작으냐? / Sol ~ nobis vidétur!*(C.)* 태양이 우리에게 얼마나 작게 보이는가! **2.** 〔*correlat.*〕 (얼마나) 작은[적은] 만큼 (그만큼 작은[적은] = tántulus).

quantuluscúmque[**-cúnque**], lacúmque, lumcúmque, *pron. indef. relat.* 아무리 작은[적은] …라도, 아무리 작더라도: libéllum tuum ego, quantuluscúmque est, ...*(Suet.)* 네 책자가 아무리 작더라도 나는 그것을 …; 〔*subst.*〕 *n.* 아무리 작은[적은] 것(이라도); 〔*adv.*〕 (아무리) 조금이라도.

quantum¹, *adv.* [quantus] **1.** 〔*interr., exclam.*; 원칙적으로 동사와 함께, 간혹 형용사·부사와도〕 **얼마나,** 얼마만큼, 어느 정도까지나: Credíbile non est, ~ scribam die.*(C.)* 내가 하루에 얼마나 쓰는지는 믿어지지 않을 정도이다. **2.** 〔*pr. relat. restrictíva;* in ~ 으로도 씀〕 **…하는 만큼,** …하는 대로, … 한(限)에서, …하는 바에 따라: Rescríbas ad me, ~ potest(= ~ fíeri potest). *(C.)* 될수 있는 대로 (빨리) 나한테 회답을 써 보내다오 / Scribe, ~ potes.*(C.)* 할수 있는 대로 빨리 편지 써 보내라 / ~ áudio, *(T.)* 들리는 바에는 / ~ súspicor, *(T.)* 추측컨대 / ~ in te est, *(C.)* 네게 관한 한(限) / ~ ad *alqm* (est), *(Ov.)* 아무에게 관한 한 / In ~ sitis atque fames poscunt, ...*(Juv.)* 갈증과 기아가 요구하는 만큼[한도에서] / in ~ fíeri potest, ... 될수 있는 대로. **3.** 〔*correlat.*: tantum의 기준〕 …하는 만큼 (그만큼 = tantum), …하는 정도대로: Quantum quisque timet, tantum fugit.*(Petr.)* 각자는 무서워하는 정도에 따라 도주한다.

quantum², i, *n.* [quantus] **1.** 〔*interr., exclam.*; 흔히 *gen. partit.*를 동반함〕 얼마나 큰 것, 얼마만큼의 것: Quantum est labóris? *(Phædr.)* 얼마나 큰 수고냐? **2. quanti** *(gen. prétii)* 얼마의 값으로, 얼마에, 얼마나 중하게 (*v.* quanti). **3.** 〔*relat.*〕 …만큼 큰 것, …만큼의 것: Quantum is vóluit, datum est.*(T.)* 그는 원하는 것만큼 받았다.

quantumcúmque, *adv.* [quantuscúmque] 얼마나 크게 또는 작게 …든지; 얼마나 많이 또는 적게 …든지.

quantúmlĭbet, [quantúslibet] **1.** *adv.* 얼마든지. **2.** *conj. subord.* 아무리 많이 …더라도.

quantúmvis, [quantúsvis] **1.** *adv.* 얼마든지 (많이), 대단히, 매우. **2.** *conj. subord.* 〔가끔 서술동사가 생략됨〕 아무리 …더라도, 비록 …이지만: ille catus, ~ rústicus.*(H.)* 비록 시골뜨기이기는 해도 영리

한 그 사람.
quantus, a, um, *adj.* [quam[1]] **1.** 〔*interr., exclam.*〕 얼마나 큰; 얼마나 다량[다수]의; 얼마나 긴: Quanti hóminis putas esse históriam scríbere?*(C.)* 역사를 기록하는 것이 얼마나 위대한 사람의 일이라고 생각하느냐? / Quantum ádiit perículum!*(C.)* 그는 얼마나 큰 모험을 하였는가! **2.** 〔*correlat.*: tantus의 기준〕 (얼마나 큰·많은) 만큼 (그 만큼 큰·많은 = tantus): cum tantis cópiis, quantas nemo hábuit.*(N.)* 아무도 일찌기 가지지 못했던 만큼 큰 재산을 가지고. **3.** 〔*relat.*, 흔히 máximus, plúrimus를 동반하면서 posse와 함께 가능한 〈최대〉를 드러냄〕 nox acta, quanta fuit.*(Ov.)* 지나간 온 밤 / Dedit mihi, quantum máximum pótuit.*(Plin.)* 그는 자기가 줄수 있었던 최대한의 것을 내게 주었다 / Quantas máximas possum grátias ago.*(Apul.)* 나는 최대한의 감사를 드린다 / quantā máximā pótuit celeritáte*(Curt.)* 그에게 가능했던 최대한의 신속[속력]으로. **4.** 〔겹쳐 쓰면〕 ~ ~ 얼마나 크든지, 아무리 클지라도: Quanta quanta mea paupértas est, tamen ...,*(T.)* 내가 아무리 가난할지라도 그러나.
quantuscúmque, tacúmque, tumcúmque, *pron. (adj.)* **1.** 〔*relat.*〕 얼마나[아무리] 크든지(간에), 그 크기가 얼마이든; 아무리 작든간에; 얼마나 많든지, 그 수량이 얼마이든. **2.** 〔*indef.*〕 크든작든, 얼마간의: datā quantacúmque quiéte témporis, ...*(L.)* 얼마간의 고요한 시간이 있은 다음.
quantúslĭbet, tálĭbet, túmlĭbet, *adj. indef.* 아무리 큰 …라도, 어떤 크기의 …라도.
quantúsvis, tăvis, túmvis, *pron. (adj.) indef.* 아무리 큰 …라도[든지]; 자기 나름으로 큰.
quaprópter, *adv.* **1.** 〔*interr.*〕 왜, 무엇 때문에? **2.** 〔*relat.*〕 (그것 때문에) …하는[한·된] 이유·까닭: Tu miráris, quid sit, ~ jussi.*(T.)* 내가 명령한 이유가 무엇인가 하며 너는 이상히 여긴다. **3.** 〔*connéxio relat.*〕 그래서, 그때문에, 그런 이유로.
quāquā, *adv.* [quisquis] **1.** 〔*relat.*〕 어디로(해서) …든지, 아무 쪽으로 …든지, 어디에 …든지. **2.** 〔*indef.*〕 사방으로, 어디로든지. 「사방으로.
quaquavérsum [**-sus**], *adv.* 어디로든지,
quāque, *adv.* [quisque] 어디로든지, 어느 쪽으로든지.
quāre, *adv.* [qui[1] + res] **1.** 〔*interr.*〕 왜, 무엇때문에?: Illud ~ negásti? 그것을 네가 왜 부인했느냐? / 〔삽입어〕 néscio ~,*(C., Pl.)* 왠지 모르나. **2.** 〔*relat.; c. subj.*〕 …하는[할] (이유·원인·동기·방법·목적 따위가 되는 것): Quærámus, quæ tanta vítia fúerint in único fílio, ~ is patri displicéret.*(C.)* 그 외아들이 아버지의 마음에 들지 못할 만한 큰 악습들이 무엇이었는지 알아보자 / Quid affers, ~ ... putémus?*(C.)* 너는 우리가 …라고 생각할 이유로 무엇을 대겠느냐? / Permúlta sunt, quæ dici possunt, ~ intelligátur, ...*(C.)* …라는 것이 이해되도록 말할 수 있는 것이 대단히 많다. **3.** 어떻게, 어떤 방법으로? **4.** 〔*connéxio relat.*〕 그래서, 그때문에, 그러니, 그러므로.
quarta, æ, *f.* (*sc.* pars) [quartus] 4분의 1: ~ funerária 장례식 사례금의 4분의 1.
quartadecumáni, órum, *m.pl.* [quartus + decumánus] 제14 군단의 군인들.
quartána, æ, *f.* [quartánus] 《醫》 사일열(四日熱). 「열에 걸린.
quartanárĭus, a, um, *adj.* [quartána] 4일
quartáni, órum, *m.pl.* [quartánus] 제4 군단 군인들.
quartánus, a, um, *adj.* [quartus] **1.** 제4 군단[학년]의. **2.** 나흘마다의.
quartárĭus, i, *m.* [quartus] **1.** 〔용량〕 *sextárius*의 4분의 1. **2.** (이익금의 4분의 1을 받던) 노새몰이 품꾼.
quartáto, *adv.* 네번(연거푸).
quarto, *adv.* [quartus] 네째로, 네번째로.
quartodecimáni, órum, *m.pl.* (부활축일의 날짜 결정에 대한) 14일 파(派).
quartum[1], *adv.* [quartus] (가끔 동일한 것에 대해서) 네번째(로).
quartum[2], i, *n.* [quartus] 4분의 1.
quartus, a, um, *num. ordin.* [quáttuor] 네째, 제4: quarta pars*(Cæs.)* 4분의 1; 〔*subst.*〕 1) *m.* (*sc.* liber[3]) 제4권. 2) *m.* (*sc.* lapis) 제4 이정표석(里程標石). 3) *m.* (*sc.* dies) 제4일: Quarto Idus Apríles*(C.)* (4월 Idus 전 제4일 즉) 4월 10일에. 4) *f.*, *n.* 4분의 1. 5) *f.* (*sc.* hora) 제4시, 오전 10시. 「네째, 제14.
quartusdécĭmus, a, um, *num. ordin.* 열
quasi, [quam + si] **I.** *conj. subord. comp.* **1.** 〔가상적·가정적 비교에는 *subj., partichípium;* proínde, quippe, si, ut, uti; vero 따위의 부사·접속사를 동반하기도 함, 주문에는 가끔 sic, ita, ítidem, idem 따위의 부사·대명사를 씀〕 …**기나 한 듯이**, …인 듯이, …인 것처럼: Assimilábo, ~ nunc éxeam.*(T.)* 나는 지금 나가는 것처럼 가장하겠다 / Sensu amísso fit idem, ~ natus non esset omníno.*(C.)* (사람이) 감각을 잃으면 전혀 나지 않았던 것과 같이 된다 / Sic ávide ..., ~ diutúrnam sitim explére cúpiens.*(C.)* 마치 오랜 갈증을 풀고 싶어 못견뎌하듯이 그렇게 열망적으로. **2.** 〔실제적 비유·비교에는 *indic.;* 주문에 ita, sic 따위 부사를 쓰기도 함〕 …처럼, …하듯이, …와 같이, …와 마찬가지로: Quasi poma ex ar-

bóribus, cruda si sunt, vix avellúntur, sic ...*(C.)* 마치 과일이 익지 않았을 때에는 나무에서 억지로 비틀어 따게 되는 것처럼 그렇게. **3.** 〔생략법에 의한 직접비교〕 마치 …처럼, (말하자면) …와도 같이[같은], 어떤 의미에서(의): Quasi mures, semper édimus aliénum cibum. *(Pl.)* 우리는 쥐들처럼 늘 남의 밥만 먹고 있다 / philosophía ... ~ parens*(C.)* 어머니와도 같은 철학.
II. *adv.* 거의, 얼추, 대략, 약, 가량; 준(準): ~ decem*(C.)* 열 가량 / hora ~ séptima*(Suet.)* 7시 경 / ~ in extrémā página *(C.)* 거의 마지막 페이지에 / ad médium ~*(Sall.)* 거의 중간까지.

quasidomicilĭum, i, *n.* [quasi+] 《敎法》 준주소(準住所), 기류처.

quasillárĭa, æ, *f.* 서민가정의 하녀; 양털 길쌈하는 여직공.

quasíllum, i, *n.* [**-us,** i, *m.*] *dim.* [qualus] 바구니, 광주리; (특히) 양털 바구니.

quasipárŏchus, i, *m.* [quasi+] 《敎法》 (quasiparœ́cia의) 본당신부, 주임신부.

quasiparœ́cĭa, æ, *f.* [quasi+] 《敎法》 (포교지방의 대목교구〈代牧敎區 Vicariátus Apostólicus〉나 감목교구〈監牧敎區 Præfectúra Apostólica〉에 있는) 본당(本堂), 성당구(聖堂區, diœcésis의 parœ́cia에 해당함).

quasipossésĭo, ónis, *f.* [quasi+] 《法》 준점유(準占有).

quassábĭlis, e, *adj.* [quasso] **1.** 〔*passive*〕 뒤흔들릴 수 있는, 동요되기 쉬운, 부서지기[으스러지기] 쉬운. **2.** 〔*active*〕 뒤흔드는, 부서뜨리는, 으스러뜨리는.

quassátĭo, ónis, *f.* [quasso] 흔들어댐, 동요, 진동, 교란; 충격, 타박(打撲), 진탕(震盪).

quassatúra, æ, *f.* [quasso] 타박상.

quasso, ávi, átum, áre, *intens.* [quátio] **I.** *tr.* **1.** 세게 흔들다, 뒤흔들다, 후둘거리다; 동요시키다, 진동시키다, 휘두르다, 설레설레 젓다. **2.** 부들부들 떨게 하다. **3.** 부서뜨리다, 부러뜨리다, 깨뜨리다, 타박상을 주다, 으스러지게 하다, 허물어뜨리다, 파손시키다. **4.** 혼란시키다, 약화시키다, 쇠약하게 하다, 시달리게 하다, 지치게 하다.
II. *intr.* 흔들리다, 떨다.

quassus[1], a, um, *p.p., a.p.* [quátio] **1.** (뒤)흔들린, 동요된, 휘둘린; 충격받은; 떨리는: quassā voce*(Curt.)* 떨리는 목소리로. **2.** 부서진, 파손된, 깨진, 쪼개진, 부러진, 무너진. **3.** 약화된, 쇠약해진; 시달린, 지친.

quassus[2], us, *m.* [quátio] 진동, 동요; 충격, 타격.

quatefácĭo, féci, fáctum, ĕre, *tr.* [quátio+fácio] 뒤흔들다, 동요케 하다, 교란하다, 타격을 주다.

quátĕnus, [qua+] **I.** *adv.* **1.** 〔*interr. indir.*〕 어디까지, 어느 정도[한도]까지나, 얼마나: ~ prógredi débeat, *(C.)* 어디까지 나아가야 할지. **2.** 〔*relat.*〕 …하는 한(限)에 있어서, …하는 범위[한도·정도]에서, …라는 점에서, …함에 따라, …대로; …하는 데까지: ~ intélligit, putat ...*(C.)* 그는 자기가 알아듣는 한도에서 …라고 믿는다 / Præcíditur inférior pars (árboris), ~ vidétur inhabitári (ab ápibus). *(Col.)* 벌들이 살고 있음직한 곳까지 나무의 밑동을 자른다 / 〔*subst. i.e. absol.*〕 statúere quátenus. *(C.)* 한도를 정하다. **3.** 언제까지? **4.** 어떻게?
II. *conj.* **1.** 〔이유; quátinus로 쓴 것도 있음〕 …므로, …니까, 때문에: ~ nobis denegátur diu vívere, ...*(Plin.)* 오래 사는 것이 우리에게 허락되지 않으므로. **2.** 〔목적〕 …하도록, …하기 위하여, …하라고: Præcéperat ei pater, ~ moderarétur ... *(Macr.)* 아버지는 그에게 (무엇을) 조절하라고 일러 놓았었다.

quăter, *adv. num.* [quáttuor] 네 번; 네 곱: ter et ~, ter aut ~, terque quatérque *(H., V.)* 서너번 / ~ quatérna 4 곱하기 4.

quaternárĭus, a, um, *adj.* [quatérni] 넷의, 넷을 포함한, 네 요소로[부분으로] 된, 한 벌이 네 개로 된.

quatérni, æ, a, *num. distrib.* [quáttuor] 〔*gen.* 흔히 -um〕 **1.** (각각·매번) 넷씩. **2.** 〔*pl. tt.* 및 그밖에서도 *num. card.*로 쓰임〕 4, 넷, 네개.

quatérnĭo, ónis, *m.* [quatérni] **1.** 넷(이라는 수). **2.** 4인조, 4인대. **3.** (넉장으로 된) 공책.

quatérnĭtas, átis, *f.* **1.** 사위일체(四位一體). **2.** 넷임; 네개 한벌; 4인조.

quátĭo, (quassi), quassum, ĕre, *tr.* **1.** 흔들다, **휘두르다**; 동요시키다, **진동케 하다,** (발로 땅을) 구르다: ~ secúrim*(V.)* 도끼를 휘두르다. **2.** 떨(리)게 하다, 울리게 하다, 명동(鳴動)하게 하다: ~ membra*(V.)* 사지를 덜덜 떨게 하다 / Aspĕra pulmónem tussis quatit. *(Sil.)* 모진 기침이 폐를 울리게 한다. **3.** 떼밀어 내몰다. **4.** (웃음·울음 따위를) 터뜨리게 하다. **5.** 후려치다. **6.** 부서뜨리다, 깨뜨리다; 무너뜨리다, 쳐부수다, 격파하다, 파손하다. **7.** 혼란케 하다, 당황케 하다, 놀라게 하다, 뒤흔들어 놓다, 불안하게 하다, 발칵 뒤집다. **8.** 충격[타격]을 주다. **9.** 괴롭히다, 시달리게 하다, 지치게 하다.

quatriduánus, a, um, *adj.* [quatríduum] 나흘된; 4일간의.

quatrídŭum, i, *n.* [quáttuor+dies] 나흘, 4일간.

quátrĭo, ónis, *f.* (주사위의) 4점.

quát(t)ŭor, *indecl. num. card.* 넷, 4, 네개.

quat(t)uordécĭes, *adv. num.* [quattuórdecim] 열네번. 「넷, 14.

quat(t)uórděcim, *indecl. num. card.* 열

quat(t)uorprími, órum, *m. pl.* [quáttuor + primus] (고대 *Roma*의 자치 도시·식민지 의회의원들 중에서) 상위(上位)의 4인 의원.

quat(t)uorvirátus, us, *m.* [quattuórviri] **1.** *Roma*의 4인 (도로)감독관직. **2.** 자치도시·식민지의 4인 연대장관직(連帶長官職).

quat(t)uórvĭri, órum, *m.pl.* [quáttuor + vir] **1.** *Roma*시의 도로포장 담당 4인 감독관. **2.** (자치도시·식민지의 의회의원 중에서 선출된) 4인 연대장관(連帶長官).

-que, *conj. enclítica* **1.** [et, ac, atque와 같은 뜻을 가진 전접 연계접속사(前接連繫接續詞)로서 그 이어주는 단어 꼬리에 붙임, 전치사 뒤에서는 하나 더 뒤로 물러나기도 하고, 여러 단어를 나열할 경우에는 맨 끝에만 붙이기도 함] …**와[과]**, 그리고 (또): terrā maríque 육지와 바다에(서) / domi bellíque 평화시와 전시에. **2.** -que -que, ~ et, ~ et ~ …도 …도, …나 …나. **3.** 혹은, …나, 내지(乃至): terque quatérque*(V.)* 서너번. **4.** 즉, 다시 말하면: ambáctus clientésque habére*(Cæs.)* 하인들 즉 부하들을 거느리다. **5.** [부정 뒤에서] (…아니고) 도리어, 오히려, 오직.

queis, *dat. pl.* [quis] 《古》= quibus.

quemádmŏdum, [quem ad modum으로도 씀] **I.** *adv.* **1.** [*interr.*] 어떻게? 어떤 방법[방도·방식]으로? **2.** [*relat.*] (어떻게) …하는[할] 방법[방도·방식]: Neque, ~ óppida defénderent, habébant.*(Cæs.)* 그들은 도시들을 방어할 방도도 없었다. **II.** *conj. subord. comp.* [주문에는 sic, ita, eódem modo 따위의 지시부사도 가끔 씀] … 바와 같이, 처럼, 대로: ~ spero,*(C.)* 내가 바라는 대로 / ~ supra dixi.*(Q.)* 위에서 내가 말한 바와 같이.

quĕo, īvi [ii], ĭtum, īre, *anom. tr.* [eo³와 같이 활용함] **1.** [*inf.; absol.*] …할 수 있다: Non queo réliqua scríbere.*(C.)* 나는 나머지를 쓸 수 없다 / Si queant, *(Justin.)* 그들이 만일에 할 수 있다면. **2.** [*inf. pass.*를 지배할 경우에는 queo 자체를 *pass.* 또는 *dep.*로 쓰는 수가 많음] Forma nosci non quita est. *(T.)* 형상은 알아볼 수가 없었다.

quércĕrus = quérquerus.

quercétum, i, *n.* [quercus] 참나무숲, 떡갈나무숲.

quércĕus[**-cĭcus, -cínus**], a, um, *adj.* [quercus] 참나무의, 상수리나무의, 떡갈나무의.

quercus, us, [**-us,** i,] *f.* [*dat., abl. pl.* -ŭbus] **1.** 《植》참나무, 떡갈나무: [학명]~ acutíssima 상수리나무 (도토리나무, 참나무) / ~ aliéna 갈참나무 / ~ dentáta 떡갈나무(가랑잎나무). **2.** 참나무·떡갈나무 잎으로 엮은 관(冠): ~ *(Ov.)*, ~ civílis*(V.)* 동족을 살린 용사에게 주는 관. **3.** 참나무·떡갈나무의 열매, 도토리. **4.** 참나무[떡갈나무]로 만든 배·창·술산.

querél(l)a, æ, *f.* [queror] **1.** **불평**, 불만, **원망**, 푸념, 투덜거림; 하소연; 야속하게 여김; 가정불화. **2.** (법에의) 호소, 고소, 제소, 소송: ~ damni 손해배상 소송 / ~ nullitátis 무효확인 소송. **3.** 자장가. **4.** 동물의 울음소리, (특히) 개구리·소·까치·까마귀·비둘기·백조·밤꾀꼬리(philoméla)의 울음소리. **5.** (구슬픈) 피리소리. **6.** 신음, 병고(病苦).

queribúndus, a, um, *adj.* [queror] 불평하는, 불만스러워하는, 투덜대는, 푸념하는, 원망하는; 신음하는.

querimónĭa, æ, *f.* [**-nĭum,** i, *n.*] [queror] **1.** **불평**, 불만, **원망**, 투덜댐, 푸념; 야속하게 여김. **2.** 가정불화. **3.** 탄식, 한탄, 비탄.

quérĭtor, ári, *dep. intr. intens.* [queror] 몹시 원망하다, 불평하다, 통탄해 하다.

quérnĕus [**-nus**], a, um, *adj.* [quercus] 참나무의, 떡갈나무의.

quĕror, *(rĕris, rĭtur)*, questus sum, quĕri, *dep. tr., intr.* **1.** [*alqd; de abl.; inf., acc. c. inf.;* quod *(causále);* cum *alqo,* apud *alqm,* ad *alqm, alci; absol.*] **원망하다**, 한탄하다, **불평하다**, 투덜대다, 푸념하다, 야속하게 여기다; 하소연하다: suum fatum ~ *(Cæs.)* 자기들의 운명을 한탄하다 / ~ de conditióne*(Suet.)* 조건에 대해서 불평하다 / ~, quod sermo est dissipátus.*(C.)* 그 말이 쫙 퍼진 것을 한탄하다 / ~ tecum *(C.)*, ~ tibi*(H.)* 너한테 하소연하다. **2.** (새·짐승 따위가) 청승맞게 울다, 지저귀다. **3.** (피리·7현금 따위 악기가) 청승맞은 소리를 내다. **4.** 법에 호소하다, 고소하다, 소송하다.

「리(종류).

querquédŭla, æ, *f.* 《動》(일반적으로) 오

quérquĕrus, a, um, *adj.* 덜덜 떠는, 오한(惡寒)의; [*subst.*] *f.* 오한.

Querquetulánus, a, um, *adj.* [querquétum] (본뜻은) 참나무[떡갈나무]숲의: ~ mons, *Roma*의 *Cælius*산의 옛 이름 / Querquetulána porta, *Cælius*산과 *Esquilínus*산 사이의 성문.

「갈나무숲.

querquétum, i, *n.* [quercus] 참나무숲, 떡

querulósus, a, um, *adj.* [quérulus] 불평 많은, 투덜대는.

quérŭlus, a, um, *adj.* [queror] **1.** 불평만 늘어놓는, 불만에 가득찬, 투덜대는, 한탄하는. **2.** 한탄스러운, 통탄할, 원통한. **3.** 청승맞은, 구슬픈.

「*pl.*).

ques, *m.pl. pron. interr.* 《古》= qui (quis의

quéstĭo, ónis, *f.* [queror] 불만스러운 호소,

비탄, 비장함; 〔*pl.*〕 questiónes*(C.)* 비장한 대목.

questus, us, *m.* [queror] **1.** 한탄, 신음, 비탄, 비통. **2.** 불평, 불만섞인 호소, 원성, 비난. **3.** (새·짐승의) 구슬픈 울음소리.

qui[1]**, quæ, quod,** *pron. adj.* 〔*sg.*: *gen.* cujus; *dat.* cui; *acc.* quem, quam, quod; *abl.* quo, quā, quo; *pl.*: *nom.* qui, quæ, quæ; *gen.* *(m., n.)* quorum, *(f.)* quarum; *dat., abl.* quibus; *acc.* quos, quas, quæ〕 **I.** *interr. (dir. & indir.), exclam.* 어느, 무슨, 어떤: Quod verbum áudio?*(T.)* 내가 무슨 말을 듣는 거냐? / Qui fúeris, memíneris. *(Pl.)* 네가 어떤 사람이었는지를 기억해주기 바란다. **II.** *relat.* 〔고어에는 *abl. sg.*로 quī를 쓴 것도 있음〕 **1.** 〔성과 수는 선행사와 일치되고 격은 관계문에서의 성분·직분에 따라 결정됨, 지시대명사로만 표시되는 선행사는 생략되는 경우도 있음〕 *e.g.* Abĭge a me hanc vim, quæ me excrúciat. *(C.)* 나를 몹시 괴롭히는 이 폭력을 내게서 제거해 다오 / Qui ... non quit, ... *(C.)* …할 수 없는 자는 (=Is, qui ...). **2.** 〔성과 수의 동화법칙(同化法則 *attráctio géneris et número*): 관계문 속의 주격보어·목적보어가 보통 명사일 경우에는 관계대명사의 성과 수를 그 선행사보다는 가끔 그 보어와 일치시킴〕 *e.g.* ánimal, quem vocámus hóminem. *(C.)* 우리가 사람이라고 부르는 동물. **3.** 〔관계문이 현실문*(pr. reális)*의 성격을 띠었을 경우에는 그 종결동사*(verbum finítum)*를 직설법으로 쓰고, 가능문*(pr. potentiális)*·비현실문*(pr. irreális)*·소원문*(pr. optatíva)*·권고문*(pr. hortatíva)*·결과문*(pr. consecutíva)*·이유문*(pr. causális)*·목적문*(pr. finális)*·양보문*(pr. concessíva)*·조건문*(pr. conditionális)*·제한관계문*(pr. relat. restrictíva)* 따위 부사문*(pr. adverbiális)*의 뜻을 지녔을 경우에는 그 종결동사를 필요한 시칭(시제 *tempus*)의 접속법으로 씀〕 *e.g.* Sunt quidam, qui moléstas amicítias fáciunt. *(C.)* 우정을 괴롭게 만드는 사람들이 더러 있다 / 〔결과관계문〕 Qui paret, dignus est, qui aliquándo ímperet. 복종하는 사람은 장차 명령할 자격이 있는 그러한 사람이다 / est [sunt], qui *c. subj.*; inveniúntur [reperiúntur], qui *c. subj.* …한 그런 사람(들)이 있다 / Quis est, qui hoc fáciat? 이것을 할 사람은 누구냐? / 〔이유관계문〕 Antíochus, qui ánimo pueríli esset, ... *(C.)* *Antíochus*는 어린애 마음이었기 때문에. **4.** 〔비교급+quam+결과관계문〕 …하기에는 너무: Majóra delíquerant quam quibus ignósci posset. *(L.)* 그들은 용서받을 수 있기에는 너무나 큰 죄를 범했었다. **5.** 〔제한관계문〕 1) 〔관계대명사+quidem[modo]+접속법〕 …하는 한(限), … 한(限)에 있어서: Aristídes unus, quem quidem audiérimus. 우리가 들은 한에 있어서는 *Aristídes* 한 사람만이. 2) 〔선행사 없이 〈quod+접속법〉의 특수형태〕 … 한(限)에 있어서는: quod sciam 내가 아는 한에 있어서는. 3) 〔비인칭적인 〈quod ad *acc.* áttinet〉, 때로는 복수 3인칭의 선행사를 따라가는 〈관계대명사+ad *acc.* áttinent〉 (ad *acc.*는 quod 앞에 오는 수도 있음)〕 …에 관해서는, …에 있어서는, …로 말하면: quod ad me áttinet [ad me quod áttinet] 나로 말하면, 나에게 관해서는. **6.** 〔quā+명사의 *abl.*+esse〕 …함에 따라, 대로: Tu, quā es prudéntiā, (=pro tuā prudéntiā) 너는 너의 현명함에 따라. **7.** 〔*connéxio relatíva*(연락관계문): 앞에 나온 말 또는 문장과의 긴밀하고도 우아한 연결의 표시로 지시대명사 대신에 관계대명사를 쓴 것임, 이 경우에는 지시대명사적으로 알아들어야 함〕 *e.g.* Quæ cum ita sint, (= Cum hæc ita sint,) (앞에 말한) 사정이 이렇기 때문에.

qui[2]**,** qua [quæ], quod, *pron. indef.* (= áliqui[1], qua, quod) 〔si, nisi, ne, num 따위 뒤에서는 ali-가 생략됨〕 (막연하게) 어떤, 무슨, 특정되지 않은, 모(某).

quī[3]**,** *adv.* (*abl.* = quo[qui[1]]의 옛 형태) **1.** 〔*interr. dir. & indir.*〕 1) 어떻게, 무슨 수로[방법으로], 무엇으로?: Quī scire possum? *(Pl.)* 어떻게 내가 알 수 있느냐? 2) 왜, 무엇 때문에? 3) 〔가치·평가〕 얼마나, 얼마나 중하게? **2.** 〔*exclam.*〕 (=útinam) 바라건대, …했으면 좋으련만. **3.** 〔*relat.* (= *abl. sg.* quo, quā, quo), 복수 선행사에 대해서도 씀〕 …하는[할] 방법·수단·근거 (따위가 되는 것): Dóleo me non habére, ~ tradam. *(C.)* 나는 전해줄 방도가 없는 것이 괴롭다 / vehícula, ~ vehar. *(Pl.)* 내가 탈 수레들.

quĭa, *conj. subord.* **1.** *causális* 〔원칙적으로 *indic.*; 법의 동화*(assimilátio modi)* 또는 타인의 주관적 이유 표시에는 *subj.*; 주문에는 eo, ídeo, idcírco, proptérea 따위의 이유 지시부사가 쓰이기도 함〕…**므로**, …(하)기 **때문**에, 까닭에, …하는 그 이유로: Quia natúra mutári non potest, idcírco veræ amicítiæ sempitérnæ sunt. *(C.)* 본성은 변할 수 없는 것이기 때문에 참된 우정은 영원한 것이다 / Mater iráta est mihi, ~ non redíerim domum. *(Pl.)* 내가 집으로 돌아오지 않았다고 해서 어머니는 내게 화내셨다. **2.** 〔후기 라틴어에서는 *verba sentiéndi vel dicéndi*(지각동사 및 언명동사)에 속하는 *acc. c. inf.* 또는 접속사 quod*(reále, explicatívum)* 대신에 쓴 경우도 많음〕 …라는 것을, …라고: scire, ~... …라는 것을 알다 / dícere, ~... …라고 말하다.

quíănam, *adv.* 왜, 무슨 이유로?

quiăne, *conj.* …하기 때문이냐?

quicqu... = quidqu...(*cf.* quisqu...).

quīcum = quocum, cum quo, [qui[1], II.].

quicúmque[-cúnque], quæcúmque, quodcúmque, *pron. indef.* **1.** 〔*relat.*〕 …하는 사람은 누구든지, 누구를 막론하고 …하는 사람, …하는 것은 무엇이나; (그것이) 누구[무엇]이든: Quicúmque is est, ei ...(*C.*) 그가 누구이든 그에게 / Omnĭa, quæcúmque ágimus, ...(*C.*) 우리가 하는 것은 무엇이나 다 / hoc præcéptum, cujuscúmque est, ...(*C.*) 누구의 명령이든간에 이 명령은. **2.** 〔*adj. indef.*〕 누구든지, 아무 …든지: quamcúmque in partem(*C.*) 어느 방면으로든지 / de quacúmque causā(*L.*) 무슨 이유에서든지.

quid[1], *n. pron.* **I.** *interr., exclam.* [quis[1]] **1. 무엇**? 어떤 것? 어느것?: Quid? 뭐라고? / 〔*c. gen. partit.*〕 ~ novi? 무슨 새로운 것? 무슨 새소식? / Quid est, quod ...(*indic.*)? …것은 (도대체) 뭐냐[무슨 뜻이냐]? / Quid ergo?(*Cæs.*) 그래서 뭐란 말이냐? **2.** 〔*c. gen.*〕 얼마나 (많은[큰] 것?): Quid mármoris apud illum putátis esse?(*C.*) 너희는 그에게 대리석이 얼마나 있다고 생각하느냐? / Captivórum ~ ducunt!(*Pl.*) 그들이 포로들을 얼마나 많이 데려오고 있느냐! **3.** 무슨 이유, 무엇 때문이냐?: Quid est, quod álios accúses?(*C.*) 네가 다른 사람들을 비난하는[할] 이유가 무엇이냐? / In ~ sol diem exténdit et cóntrahit?(*Sen.*) 무엇 때문에 태양이 날을 연장시켰다 단축시켰다 하는가?

II. *indef.* [quis[2]] (=áliquid[áliquis]) 〔si, nisi, ne, num 따위 뒤에서 ali-가 생략됨〕 (막연하게) 무엇, 어떤 것: quid pro quo 무엇 대신에 어떤 것, 대상물(代償物); 가는 말에 오는 말, 보복, 응수.

quid[2], *adv.* [quid[1]] 왜, 무엇 때문에?: Quid venísti?(*Pl.*) 왜 왔느냐? / Quæsívi, ~ dubitáret proficísci.(*C.*) 그가 왜 출발을 주저하는지를 나는 물어 보았다 / Quid ita?(*C.*) 왜 이러냐? / Quid ni? 1) 왜 아니(겠느냐)? 2) 어떻게?

quīdam, quædam, quoddam(*subst.*), quoddam(*adj.*), *pron. indef.* 〔알면서도 특정적으로 명시하지 않음, 그러나 가끔 막연한 부정(不定)의 뜻으로도 씀; *m.f.*도 명사적으로 씀〕 **1. 어떤** (사람·것), 그 어떤, 그 어느, 아무, 모(某): ~ notus homo(*H.*) 어떤 아는 사람 / quodam témpore(*C.*) 그 어느 때에, 옛적에 한번 / quodam modo 어떤 모양[방법·양식]으로, 어느 모로(보아) / ~ ex advocátis(*C.*) 변호사들 중 한 사람 / quidam bonórum cæsi(*Ta.*) 선량한 사람들 중에서 살해된 여러 명 / quidam quartam partem, nonnúlli ...(*Col.*) 어떤 사람들은 4분의 1을, 어떤 사람들은 … / quiddam mali (*C.*) 어떤 악, 일종의 악. **2.** 일종의, (말하자면) …와 같은, 어떤 의미에서의; 어느 정도의: quasi quædam eloquéntia(*C.*) 말하자면 일종의 웅변이랄 것.

quíddĭtas, átis, *f.* [quid[1]] 하성(何性), (사물의) 본질, 본성; 통성원리(通性原理).

quĭdem, *adv.* **1.** 참으로, 정말, 사실, 실로, 과연, 확실히: Ista ~ vis est.(*Suet.*) 그것은 정말 폭력이다. **2.** 〔앞의 것에 대한 부가[보충]설명〕 et ~ 그것도, 좀더 자세히 말하면, 더구나: Mihi uno die tres (lítteræ) sunt rédditæ, et ~ abs te datæ.(*C.*) 나한테 편지가 하루에 세 통이나 그것도 너한테서 보내온 세 통이 날아들었다. **3.** 〔중요한 단어 하나만 강력히 부정함〕 ne ... ~ 조차 아니[못], …(라)도 아니: ne unus ~ 단 한 사람도 아니. **4.** 〔양보·용인 표시; 뒤에는 sed 따위의 반대접속사가 따름〕 (비록) …기는 하지만 (그러나): Mísera est illa ~ consolátio, sed tamen necessária.(*C.*) 그 위로가 비참한 것이기는 하지만 그러나 필요하다. **5.** 〔범위 제한〕 적어도 …는[만은]: Nunc ~ profécto Romæ es.(*C.*) 네가 지금은 확실히 *Roma*에 있다 / Non vídeo causam, cur ita sit, hoc ~ témpore.(*C.*) 왜 그런지 지금으로서는 그 원인을 모르겠다. **6.** 그러나 …는[은]: ..., re ~ verā(*N.*) 그러나 사실은.

quidni, *adv.* [quid[2]+ni] 왜 아니?

quidquid[1], *n. pron. indef.* [quisquis] 〔*relat.*〕 (그것이) 무엇이든지, 무엇이거나를 막론하고.

quidquid[2], *adv.* 〔*relat.*〕 얼마나 …하든간에.

quĭes[1], étis, *f.* **1. 쉼, 휴식,** 휴게; 휴지(休止); 휴양, 안정, 안식: quiéti se dare, quiétem cápere(*Cæs.*) 쉬다, 휴식을 취하다; 자다. **2.** 잠, 수면: ire ad quiétem (*C.*) 자러 가다. **3.** 꿈. **4.** 취침시간, 밤. **5.** 정계에서의 은퇴. **6.** 중립; 평화. **7. 고요함,** 조용함, 정적, 침묵; 평온, 안온. **8.** 영면(永眠), 죽음. **9.** 휴식처, 안식처.

quĭes[2], étis, *adj.* 《古》 고요한, 평온한, 안온한.

quiésco, évi, étum, ĕre, *intr., tr.* [quies[1]] **1.** 〔*absol.; abl.*〕 **쉬다,** 휴식하다, 휴지(休止)하다. **2.** 자다. **3.** 〔*absol.;* (ab) *abl.*〕 시름[마음]놓고 지내다, 안심하고 있다; 평화롭게 지내다. **4.** 중립을 지키다. **5.** 〔in *abl.*〕 (정치·관직에서) 은퇴하다, 사인(私人)으로 지내다. **6.** 잠잠하다, 가만히 있나, 조용해 지다, 고요해 지다: Quiescébant voces hominúmque canúmque.(*Ov.*) 사람소리도 개짖는 소리도 조용해져 갔다. **7.** 멎다, 움직이지 않다, 활동하지 않다; 평온하다, (바람·물결 따위가) 자다. **8.**

(죽어서) 고이 잠들다. **9.** 〔*absol.; inf.; alqd*〕 그치다, 그만두다, 중지하다. **10.** 〔*acc. c. inf.*〕 내버려두다, 허용하다. 「지.

quietátĭo, ónis, *f.* [quies¹] 그침, 끝남, 중

quietísmus, i, *m.* [quies¹] 정적주의(靜寂主義), 정관파 신비주의(靜觀派神秘主義).

quiéto, áre, [-**tor,** ári, *dep.*] *tr.* [quies¹] 쉬게 하다, 고요하게 하다.

quiétus, a, um, *p.p., a.p.* [quiésco] **1.** 쉬고 있는, 가만히 있는; 잠자는. **2.** **고요한, 조용한,** 한적한. **3.** 안심하고 있는, 걱정없는; **차분한,** 침착한, 안온한. **4.** 싸움에 말려들지 않는, 중립의, 중립을 지키는. **5.** (공직에서) 은퇴한. **6.** 공명심[야심]없는. **7.** **평화로운, 평온한;** 전쟁없는. **8.** 유순한, 온화한, 잔잔한. **9.** 죽은(사

quĭi, *pf.* [queo]. ㄴ람).

quílĭbet[-lŭbet], quǽlĭbet, quídlĭbet(*subst.*), quódlĭbet(*adj.*), *pron. indef.* 〔*m.f.* 도 명사적으로 씀〕 **1.** 아무[어느·무슨] …든지 (닥치는 대로·가리지 않고); 아무것이나: ~ unus(*L.*) 아무나 한 사람 / quódlibet nomen(*H.*) 아무 이름이나 / cuílibet dare (*H.*) 아무에게나 주다 / quídlibet dícere 아무 말이나 하다. **2.** 하찮은, 별것아닌, 보잘것없는, 닥치는 대로의: cum quólibet hoste(*Plin.*) 보잘것없는 적과.

quin¹, *conj. subord. c. subj.* [qui³+ne²] 〔주문에 원칙적으로 부정사(否定詞) 또는 의문사가 있음〕 **1.** …하지 않고, …않고서는: Fácere non possum, ~ ad te mittam.(*C.*) 나는 너한테 보내지 않고서는 못배긴다[않을 수 없다] / Fíeri non potest, ~ (= ut non) …게 되지 않을 수 없다, …게 될 수 밖에 없다 / Exspectári diútius non opórtuit, ~ irétur. 가지 않고 더 오래 기다릴 필요가 없었다. **2.** 〔다음의 quin은 문법적으로는 주어문(*pr. subjectíva*)을 이루는 접속사임〕 non multum[haud multum, non longe, paulum, nihil] abest, ~ …할 뻔하다, 거의[자칫하면] …게 되다: Paulum áfuit, ~ Varum interfíceret.(*Cæs.*) 그는 *Varus*를 죽일 뻔했다 / Pæne factum est, ~ castra relinqueréntur.(*Gell.*) 천막들을(버리고) 떠날 뻔했다. **3.** 〔부정결과문 (ut non)·부정 결과관계문(qui non, quæ non, quod non) 대신에〕 …않을 만큼[정도로], … 못하도록, …(하지) **않을[않는]:** Numquam tam male est Sículis, ~ áliquid facéte dicant.(*C.*) *Sicília*인들은 재치있는 말을 하지 못할 만큼 그렇게 난처해지는 때가 한번도 없다 / Nemo erat, ~... díceret.(*C.*) …라고 말하지 않을 사람은 아무도 없었다 / Nulla est cívitas, ~...(*Cæs.*) …하지 않을 도시는 하나도 없다 / Nihil est, ~ ...(*T.*) …하지 못할 것은 하나도 없다 / Dies fere nullus est, ~ hic véntitet.(*C.*) 이 사람이 오지 않는 날은 거의 없다 / Quis est, ~...?(*C.*) …하지 못할 사람이 누구냐? **4.** 〔부정이나 의문을 동반하는 의혹·방해·제지·불확실·무지(無知)·소홀 따위를 표시하는 말 뒤에서는〕 …(하)는[하다는] 것(을), …하기(를); (때로는 《…하기 위하여, …하는 데에》 따위로도 **번역됨**): Non dúbito, ~... vitáre non possim.(*C.*) 나는 내가 (무엇을) 면할 길이 없다는 것을 의심하지 않는다 / Non dubitári debet, ~ fúerint ante Homérum poétæ.(*C.*) *Homérus* 이전에도 시인들이 있었다는 것을 의심해서는 안된다 / Haud dúbium est, ~...(*T.*) …것은 조금도 의심없다, …에 대해 의심이 없다 / Quis ignórat, ~...?(*C.*) …라는 것을 누가 모르느냐? / De viā nihil prætermísi, ~ enucleáte ad te scríberem.(*C.*) 나는 길에 대해서 조금도 빠뜨리지 않고 분명하게 너한테 써 보냈다 / Mílites ægre sunt reténti, ~ óppidum irrúmperent.(*Cæs.*) 군인들이 도시로 돌입하는 것을 막을 수 없었다. **5.** 〔부정·의문의 이유명사 뒤에〕 …하지 않을(이유·까닭): Nihil causæ [nulla causa] est, ~...(*C.*) …하지 않을 이유가 없다 / Quid est causæ, ~... possint?(*C.*) 그들이 …하지 못할 이유가 뭐냐? **6.** 〔부분부정의 이유접속사(non quod) 대신에〕 Non ~ ipse dis-séntiam, sed quod ...(*C.*) 내 자신이 달리 생각해서가 아니라 …하기 때문에.

quin², *adv.* [qui³+ne²] **1.** 왜 아니?: Quin áccipis?(*T.*) 왜 안받느냐? **2.** 〔단언의 강화·보강〕 더구나 또한, 오히려[도리어] (더욱), 차라리: ~ mihi moléstum est.(*T.*) 그것은 오히려 내게 귀찮은 것이다 / Te non rogo, ut domum rédeas; ~ hinc ipse evoláre cúpio.(*C.*) 내가 너더러 집으로 돌아가라고 청하는 것이 아니다, 도리어 내 자신이 여기서 빠져나가고 싶을 뿐이다 / ~ immo, ~ étiam(*C.*) 더구나 또한 / ~ pótius(*L.*) 오히려 더욱 / ~ contra(*L.*) 도리어 반대로. **3.** 〔권유·재촉〕 자 그러면: Quin uno verbo dic.(*T.*) 자 그러면 한마디로 말해봐라.

quīnam, quænam, quodnam, *pron.(adj.) interr.* [qui¹+] 도대체 어떤, 어느, 무슨?

quinárĭus, a, um, *adj.* [quini] **1.** 다섯의, 다섯 개[가지]로 된. **2.** 〔*subst.*〕 *m.* ~ (nummus) 반 *denárius*짜리 은화.

Quincti... 《古》 = Quinti...

quincunciális, e, *adj.* [quincunx] 12분의 5의, *5 úncia* 짜리의.

quincunx, úncis, *m.* [quinque+úncia] **1.** (전체 특히 *1 as*의) 12분의 5, *5 únciæ.* **2.** 〔용량단위〕 *5 cýathus*(에 해당). **3.** 5부이자. **4.** (사각형의 네 각과 복판에 배열한) 다섯 눈[점] 모양(⁙), 오점형(五點形): di-récti in quincúncem órdines(*C.*) 오점형으

로 심은 나무의 열(列).
quíncŭplex, plĭcis, *adj.* [quinque+plico] 다섯 겹의, 다섯 번 접은.
quindecenniális, e, *adj.* 15주년의.
quindecénnĭum, i, *n.* [quíndecim+annus] 15년, 15년간.
quindécĭes[-ens], *adv. num.* [quíndecim] 열다섯 번.
quíndĕcim, *indecl. num. card.* [quinque+decem] 15, 열다섯.
quindecimprími, órum, *m.pl.* 자치도시·식민지 의회의 상위(上位) 15인 의원(議員).
quindécĭmus, a, um, *num. ordin.* 열다섯째, 제15.
quindecímvir, vĭri, *m.* **1.** quindecímviri 중의 1인. **2.** 경작지 분배의 특별 감독관.
quindecimvirális, e, *adj.* [quindecímviri] 옛 *Roma*의 15인 신관(神官)의.
quindecímvĭri, órum, *m.pl.* [quíndecim+vir] *Sibýlla*(여자 예언자)의 예언서를 낭독하고 해석하던 15인 신관(神官).
quindéni, æ, a, *num. distrib. pl.* (=quinidéni) 열다섯씩(의).
quingenárĭus, a, um, *adj.* [quingéni] 500의; 500명으로 편성된.
quingéni, æ, a, *num. distrib.* [quingénti] **1.** 각 500씩의, 매번 500씩. **2.** 〔*pl. tt.* 명사의 기본수〕 500.
quingentenárĭus, a, um, *adj.* 500주년의.
quingentésĭmus, a, um, *num. ordin.* [quingénti] 500번째의, 제500.
quingénti, æ, a, *num. card.* [quinque+centum] 500.
quingéntĭes[-tĭens], *adv. num.* [quingénti] 500번.
quīni, æ, a, *num. distrib.* [quinque] 〔*gen. pl.* -um도 있음〕 **1.** 각 다섯씩의, 매번 다섯씩. **2.** 〔*pl. tt.* 명사의 기본수〕 5, 다섯.
quinidéni, quinædénæ, quinadéna, *num. distrib. pl.* 〔갈라서 quini deni로도 씀〕 각 열 다섯씩의.
quinímmo, *adv.* [quin²+] 더구나 또한.
quínĭo, ónis, *m.* **1.** 다섯(이라는 수). **2.** (주사위의) 다섯 점.
quinivicéni, quinævicénæ, quinavicéna, *num. distrib.* 〔갈라서 quini vicéni로도 씀〕 각 스물 다섯씩의.
quinquagenárĭus, a, um, *adj.* [quinquagéni] 50의, (어떤 단위의) 50을 포함하는; 50주년의, 50세 된, 50대의 (사람): equárum grex ~*(Var.)* 50마리의 암말떼; 〔*subst.*〕 *m.* 50인대장*(Hier.)*.
quinquagéni, æ, a, *num. distrib.* [quinquagínta] 〔*gen. pl.* -um도 있음〕 **1.** 각 50씩의. **2.** 〔*pl. tt.* 명사의 기본수〕 50.
quinquagésĭes, *adv. num.* [quinquagínta] (=quinquágies) 50번.
quinquagésĭma, æ, *f.* [quinquagésimus] **1.** 50분의 1 세금. **2.** 《가》 1) (옛 전례력〈典禮曆〉에서) 부활축일 전 50일 되는 날: Domínica in ~ 오순주일(五旬主日). 2) 오순절(五旬節, 부활축일 후 50일 되는 날), 성령강림주일.
quinquagésĭmus, a, um, *num. ordin.* [quinquagínta] 쉰번째의, 제50.
quinquágĭes [-ens], *adv.* 쉰번, 50번.
quinquagínta, *indecl. num. card.* 쉰, 50.
quinquángŭlus, a, um, *adj.* [quinque+ángulus] 오각형의.
Quinquátrus, ŭum, *f. pl.* [**-trĭa,** iórum 또는 ĭum, *n. pl.*] [quinque] *Minérva*신의 축제일(두 가지가 있었음): ~ majóres*(C.)* (3월 19일-23일의) 대축제일 / ~ minúsculæ *(Var.)*, ~ minóres*(Ov.)* (6월 13일의) 소축제일.
quinque, *indecl. num. card.* 다섯, 5.
quinquefólĭus, a, um, *adj.* [quinque+fólium] 다섯 잎의, 잎이 다섯 있는; 〔*subst.*〕 *n.* 다섯 잎의 풀(이름).
quinquelibrális, e, *adj.* [quinque+libra] (무게가) 5 *libra*의.
quinqueméstris, e, *adj.* [quinque+mensis] 다섯 달의, (생후) 5개월 되는.
quinquennális, e, *adj.* [quinquénnis] **1.** (5년째마다의 뜻으로) 4년마다의, (만) 4년마다 한번씩의; 〔*subst.*〕 *n. pl.* (만) 4년마다 거행되는 경기대회. **2.** 5년 동안의, 5년간 계속되는, 임기(任期) 5년의; 〔*subst.*〕 *m.* (*Roma*시의 censor에 해당하는) 자치도시·식민지의 (임기 5년의) 감찰관.
quinquennálĭtas, átis, *f.* [quinquennális] 자치도시·식민지의 감찰관직.
quinquénnis, e, *adj.* [quinque+annus] 5년의, 5년 되는; 다섯살 된, 5세의: vinum quinquénne*(H.)* 5년 묵은 포도주 / fília ~ *(Pl.)* 다섯살 된 딸.
quinquénnĭum, i, *n.* [quinquénnis] 5년간.
quinquepartítus [-pertítus], a, um, *adj.* [quinque+pártio²] 다섯 부분으로 나누어진, 다섯으로 갈라진.
quinqueprími, órum, *m. pl.* 〔갈라서 quinque primi로도 씀〕 자치도시 의회의 5인 최고 원로.
quinquerémis, e, *adj.* [quinque+remus] 노가 다섯줄 있는, 오단노(五段櫓)의; 〔*subst.*〕 *f.* 오단노의 배[군함].
quinquevirátus, us, *m.* [quinquéviri] (관직으로서의) 5인위원직.
quinquévĭri, órum, *m. pl.* **1.** (관리로서의) 5인위원(위원회 별로 국유 농경지 분배·금융기관 감독·성곽보수·야간순찰 등 여러가시 특수임무에 임했음). **2.** 〔*sg.*〕 5인위원 중의 한 사람.
quínquĭes [-ens], *adv. num.* [quinque] 다섯번.
quinquíplĭco, áre, *tr.* [quinque+plico] 5배하다, 다섯곱하다.

quintadecumáni [**-cimáni**], órum, *m. pl.* [quintus[1] + décimus] 제15 군단 병사들.
quintánus, a, um, *adj.* [quintus[1]] 다섯번째에 속하는[해당하는]; (어느 달) 5일에 해당하는; 제5 군단의; 〔*subst.*〕 **-ni,** órum, *m. pl.* 제5 군단 병사들; **-na,** æ, *f.* *Roma* 병영의 제5 중대[부대]와 제6 중대[부대] 사이를 가로지른 큰 길(시장거리였음).
Quintiliánus, i, *m.* *Roma*인의 가문명: M. Fábius ~, *Hispánia*의 *Calagúrris* 출신의 유명한 수사학자 (c. 45 - 95 P.C.).
Quintílis, e, *adj.* *Roma*력의 제5월의, 7월의 (지금의 *Július*의 옛 명칭); 〔*subst.*〕 *m.* (*sc.* mensis) 7월. 「**-tiánus,** a, um.
Quíntius, i, *m.* *Roma*인의 씨족명; 〔*adj.*〕
quinto, *adv.* [quintus[1]] (순서에 있어서) 다섯째로.
quintum, *adv.* [quintus[1]] 다섯번째로.
quintus[1], a, um, *num. ordin.* [quinque] 다섯째의, 제5의.
Quintus[2], i, *m.* *Roma*인의 개인명.
quintusdécimus, -tadécima, -tumdécimum, *num. ordin.* 열다섯째의, 제15의.
quinus, a, um, *adj. sg.*[quini] 5의: lex quina vicenária*(Pl.)* 25세 미달자의 계약을 인정하지 않는 법.
quippe, *conj., adv.* **1.** 〔앞의 말에 대한 이유 제시〕 …니 말이다, 왜냐하면 …기 때문이다: Jam fáteor, ... Quippe vides, ... *(C.)* 이제 나는 (…라는 것을) 고백하는 바이다, 네가 (…것을) 아니까 말이다. **2.** 〔이유 제시의 다른 접속사 앞에서 의미 강화〕 ~ enim, ~ étenim 왜냐하면 …(하)기 때문이다; ~ quia, ~ quod, ~ quóniam, ~ quando, ~ ubi; (특히) ~ cum*(c. subj.)* 사실[특히] …(하)므로, …(하)기 때문에. **3.** 〔이유문*(pr. causális)*을 대신하는 이유관계문*(pr. relat. causális)*을 명시함〕 ~ qui [quæ, quod]*(c. subj.)* 사실 …(하)므로, …(하)기 때문에: Convívia non iníbat, ~ qui ne in óppidum quidem veníret.*(C.)* 그는 도시에조차 오지 않았으므로 연회석에는 참석하지 않았다. **4.** 물론, 확실히, 정말, 참으로, 의심없이, 과연: Sol Demócrito magnus vidétur, ~ hómini erudíto.*(C.)* *Demócritus*에게는 태양이 크게 보인다, 과연 박학한 사람인 그에게는 말이다(비꼬는 뜻이 있음).
quíppiam = quídpiam *V.* quíspiam.
quíppini [**-pěni**], *adv.* 왜 아니냐? 물론이지.
quire, *inf.* [queo].
Quirinális, e, *adj.* *Quirínus(Rómulus)*의, *Quirínus*에게 관한: ~ collis [mons], *Roma*의 일곱 언덕의 하나(지금의 *Monte Cavallo*); 〔*subst.*〕 **-nália,** ium, *n.pl.* *Quirínus (Rómulus)*의 축제(2월 17일).
Quirínus, i, *m.* **1.** *Roma* 초기의 군신(軍神, *Rómulus*가 죽어서 신으로 받들어진 이름): urbs Quiríni*(Ov.)* *Roma*시 / 〔*pl.*〕 gémini Quiríni*(Juv.)* *Rómulus*와 *Remus* 쌍동이 형제; 〔*adj.*〕 **-nus,** a, um; **-nális,** e. **2.** (때로는) *Mars*신, *Janus*신, *Apóllo* 신(의 별명). **3.** *Augústus*의 별명.
Quiris[1], rítis, *m.* [Quiríes] *Roma*인, *Roma* 시민.
quiris[2] = curis.
quiritátio, ónis, *f.* [**-tátus,** us, *m.*] [quiríto] 구조요청의 고함소리, 절규, 비명.
Quiríes, ium [um], *m. pl.* [Cures] **1.** (원래는 *Tátius* 통치하의 *Sabína*의 옛 도시인) *Cures*의 주민, *Sabíni*인. **2.** (*Tátius*와 *Rómulus*의 동맹으로 두 나라가 통합된 후부터 공민 자격을 가진 민간인으로서의) *Roma*인, *Roma*시민 (정치·군사상 자격에 있어서의 Románi와 구별되었음): jus Quirítium*(Plin.)* *Roma*인의 시민권 / ~*(Lucan., Cæs., Ta.)* (군인들을 나무라는 말로) 얼간이 *Roma*인들. **3.** 〔*Roma*인과 *Sabíni*인을 동일시하는 뜻으로〕 pópulus Románus Quiríes [Quiritésque, Quirítium] *(L., Gell.)* *Roma* 국민.
quiríto, átum, áre, [**-tor,** ári, *dep.*] *intr., tr.* [Quiríes] 〔원래는 *Roma*인들의 보호·도움을 소리높이 청한다는 뜻〕 **1.** 〔*absol.*〕 소리질러 도움을[구조를] 청하다. **2.** 〔*alqd; acc. c. inf.*〕 소리지르다, 부르짖다, 절규하다, 날카롭게 외치다; 호소하다. **3.** 비명을 지르다; 울부짖다.
quis[1], **quid,** *pron. interr.* **1.** quis 〔*gen.* 이하의 격변화는 qui[1]*(m.)*와 같음〕 누구, 누가?: Quis (es) tu?*(C.)* 너는 누구냐? / Qui sunt?*(C.)* 그들이 누구냐? / Quis ea est? *(Pl.)* 그 여자는 누구냐? / Cujus es?*(Pl.)* 너는 누구에게 속한 사람이냐? / Quis sim, ex eo cognóscas.*(Sall.)* 내가 누구인지는 그에게 알아보시오 / Consídera, quis quem fraudásse dicátur.*(C.)* 누가 누구를 속였다는 건지 자세히 알아보아라. **2.** (=qualis) 어떤 사람?: "Quis vídeor?" - 〔대답〕 "Miser æque atque ego." 《내가 어떤 사람으로 보이느냐?》-《나와 마찬가지로 가련한 사람으로 (보인다)》. **3.** quid 무엇?(*cf.* quid[1], quid[2]): Quid dicam de pietáte?*(C.)* 내가 효성[경건]에 대해 무슨 말을 할까?
quis[2], qua [quæ], quid, *pron. indef.* 〔사람·사물을 막연하게 지시함, 가끔 관계문 안에서 또는 특히 si, ne, num 따위의 접속사·부사 뒤에서 áliquis *etc.*의 ali-가 생략된 것〕 아무, 어떤 누구, 누가, 누군가; 어떤 것, 무엇: Simóni me adésse, quis (vestrum) nuntiáte.*(Pl.)* 내가 *Simon*을 도와주고 있다고 (너희 중에) 누가 전해라 / Si quis quid rumóre accéperit, ...*(Cæs.)* 누가 만일 풍문에 무슨 말을 들을 것 (같으면) / Ne quid nimis.*(T.)* 무엇이나 지나치지 않

게. 「구[누가]; 도대체 무엇?
quisnam, quidnam, *pron. interr.* 도대체 누
quíspĭam, quǽpĭam, quídpĭam [quíppĭam] *(subst.)*, quódpĭam*(adj.)*, *pron. indef.* **1.** 어떤 사람, 혹기, 아무; 이떤것, 무엇; (막연하게) 어떤, 무슨, 아무: ~ dicet, ...*(C.)* 혹자는 …라고 말하리라 / áliud quódpiam membrum*(C.)* 다른 어떤 지체(肢體) / grávius quíppiam dícere*(C.)* 좀더 중대한 것을 말하다. **2.** 〔*adv.*〕 **quíppiam,** 좀, 약간.
quisquam*(m.f.)*, **quidquam** [quicquam], *pron. indef.* 〔*n. gen.* ullíus rei; *dat.* ulli rei; *abl.* ullā re〕 **1.** 〔부정사 뒤에〕 **아무도** …(아니), **아무것도** …(아니); 아무[어떤]… 도(아니): nec quisquam*(V.)* 아무도 아니 / neque hómini cuíquam crédere *(Sall.)* 아무 사람도 믿지 않다 / Nec quisquam locus est.*(Lucr.)* 아무 자리도 없다 / nec quisquam ália múlier*(Pl.)* 다른 어떤 여자도 아니 / Nil vidétur múndius, nec magis compósitum quidquam.*(T.)* 아무것도 더 깨끗하게 보이지 않고 또 아무것도 더 질서정연한 것으로 보이지 않는다. **2.** 〔(함축적으로 부정적 대답·결론이 전제되는) 의문문에〕 어떤 사람, 누가 (또); 어떤 것, 무엇: An quisquam est æque miser? *(T.)* 누가 그렇게 (같은 정도로) 불쌍한 사람이 또 있(겠)느냐? **3.** (막연하게) 어떤; 누가; 무엇이, 어떤것: Nemo est indígnior, quem quisquam homo ádeat.*(Pl.)* 누구의 방문을 받기에는 너무 부당한 그런 사람은 아무도 없다 / Indígnor quidquam reprehéndi.*(H.)* 무슨 일이 비난당하는 것을 나는 못마땅히 여긴다. **4.** 〔드물게는〕 아무든지 (상관없이).
quisque, quæque, quidque*(subst.)*, quodque*(adj.)*, *pron. indef.* **1.** 〔주로 재귀대명사, 의문대명사[부사], 관계대명사[부사], 비교급·최상급·(간혹) 원급, 순서수사 따위 뒤에 쓰는 것이 원칙이나 때로는 아무 제약 없이도 씀〕 **각자,** 누구나; 무엇이나; **각,** …마다; 어떤[무슨]…든지 (빠짐없이): suum cuíque 각자에게 자기 것을 (주라) / Quod cuíque óbtigit, id quisque téneat.*(C.)* 누구나 자기 몫으로 돌아오는 것을 잡아야 한다 / Quo majus (est) quodque ánimal, eo ...*(Cels.)* 어떤 동물이나 크면 클수록 그만큼 더 / Optĭmum quidque raríssimum est. *(C.)* 무엇이나 제일 좋은 것은 매우 드물다 / Ut quisque est vir óptimus, ita difficíllime esse álios ímprobos suspicátur.*(C.)* 사람은 누구나 착하면 착할수록 남을 악인으로 추측하기가 대단히 어려운 법이다 / quinto quoque anno*(C.)* 다섯째 해마다 (4년마다) / annis quibúsque*(Plin.)* 해마다 / prout cuíque libído est.*(H.)* 누구에게나 자기 나름대로의 욕구가 있듯이 / tuórum quisque necessariórum*(C.)* 네 친척들이 저마다. **2.** 〔primus (a, um) ~ +시간명사〕 될수 있는 대로 이른[빠른], 맨 처음의, 첫 번째로 돌아오는: primo quoque die*(C.)* 될 수 있는 대로 빠른 시일에 / primā quāque occasióne*(Plin.)* 첫번째 기회가 있을 때 곧. **3.** 〔의미상의 일치법*(constrúctio ad sensum)*: quisque에 대한 종결동사*(v. finítum)*의 수와 인칭은 실질적인 의미대로 결정됨〕 *e.g.* Pro se quisque nostrum ... debémus.*(C.)* 우리는 각자 자기 나름대로 …해야 한다. **4.** 〔둘에 대해서는 utérque와 같음〕 둘이 각각 다. **5.** 〔*relat. indef.* = quicúmque〕 …하는 사람은 누구나: Quemque vidéritis hóminem, deturbatóte in viam.*(Pl.)* 너희는 눈에 띄는 사람은 모조리 한길로 몰아내어라.
quisquílĭæ, árum, *f.pl.* [**-lĭa,** órum, *n.pl.*] **1.** 나무 부스러기, 낙엽, 검불; 쓰레기, 폐물: ~ littoráles*(Apul.)* 바닷가의 나무 부스러기. **2.** 인간쓰레기, 무용지물.
quisquis, quidquid*(subst.)*; quisquis, quæquæ, quodquod*(adj.)*, *pron. indef.* **1.** 〔*relat.*〕 (…하는 사람이) 누구이든; (그것이) 무엇이든; 어떤 …든지: Quisquis est ille, ...*(C.)* 그가 누구이든간에 / ..., múlier, quisquis es.*(Pl.)* 부인이여, 당신이 누구이든간에 / Quidquid id est, jam sciam. *(Pl.)* 그것이 무엇이든간에 나는 이제 곧 알게 될 것이다 / Quisquis erit ventus, ...*(Plin.)* (장차 그것이) 어떤 바람이든간에 / Quemquem hóminem attígerit, ...*(Pl.)* 그가 (장차) 어떤 사람과 마주치든간에 그 사람은 / Quoquo modo se res hábeat,...*(C.)* 사정이야 어떻든 / quidquid sit, 하여간, 아뭏든, 어떻든 / Quidquid movétur, ab álio movétur. 움직이는 것은 무엇이나 타(他)에 의해서 움직여진다 / Quidquid recípitur, ad modum recipiéntis recípitur. 수용(受容)되는 것은 무엇이나 수용자의 (받아들이는) 양식대로 수용된다. **2.** (=quisque, quidque) 각자, 누구나; 아무것이나: Quocúmque in loco quisquis est, ...*(C.)* 각 사람은 어떤 곳에 있든간에. **3. quidquid,** *adv.* 〔*relat. indef.*〕 얼마나 …하든간에: quidquid progrédior, ...*(L.)* 내가 얼마나 전진하든간에.
quĭtus, a, um, *p.p.* [queo].
quīvis, quævis, quidvis*(subst.)*; quodvis *(adj.)*, *pron. indef.* 아무나, 누구든지; 아무것이나, 무엇이든지; 아무[어느·어떤·무슨] …든지(가릴 것 없이, 마음대로): quivis unus*(C.)* 아무나 한 사람 / Dícere hic quidvis licet.*(Pl.)* 여기서는 무슨 말이나 할 수 있다 / quamvis excípere fortúnam *(C.)* 어떤 운명이든지 감수하다 / Cujúsvis hóminis est erráre.*(C.)* 사람은 누구든지

잘못하는 수가 있다 / quidvis anni*(Cato)* (=quovis anni témpore) 연중 아무 때나.

quiviscúmque, quæviscúmque, quodviscúmque, *pron. (adj.) indef.* = quivis.

quo[1]**,** *adv.* [qui] **I.** *interr.* **1.** 〔목적지·도착지〕 **어디로?** 어디를 향해서?: Quo me ducis?*(En.)* 어디로 나를 끌고 가느냐? / Quo vadis? 어디로 가십니까? / ~terrárum [géntium] *(L., Pl.)* (이 세상) 어느 곳으로? / Quo illæ nubent? *(Pl.)* 저 여자들이 누구들한테로 시집갈 것이냐? **2.** 〔*c. gen.*〕 어느정도에까지? 어디까지? 어느만큼?: Ne hódie quidem scire vidémini, ~ améntiæ progréssi sitis. *(L.)* 너희는 너희의 미친 짓이 어디까지 이르렀는지를 오늘도 알지 못하는 모양이다. **3.** 〔목표·목적·의도·용도〕 무엇을 목표하여? 무슨 목적으로? 무엇 때문에? 어디에 쓰려고?: Quo hæc spectat orátio?*(C.)* 이 연설은 무엇을 노리고 있느냐? / ~ tantam pecúniam?*(C.)* 어디에 쓰려고 이렇게 큰 돈을? / Dixit, ~ vellet aurum. *(C.)* 그는 무엇 때문에 금을 원하는지 말했다. **4.** ~ mihi [tibi] *alqd (acc.)* 또는 *inf.* 내게[네게] 무슨 소용이 있느냐?: Quo mihi fortúnam, si non concéditur uti?*(H.)* 행운은 누리는 것이 허락되지 않는다면 내게 무슨 소용이 있(겠)느냐? **5.** Quo bonum est *inf.*? …하는 것이 무슨 이익이 있느냐?

II. *indef.* 〔si, ne, num 따위 뒤에서 áliquo의 ali-가 생략된 것〕 어디로, 어디론가: Si quo tu me ire vis, ...*(Pl.)* 내가 어디로 가는 것을 네가 원한다면.

III. *relat.* **1.** 〔도착지·목적지·접근의 대상 따위를 표시하는 관계부사〕 가는[오는] (곳·그곳으로): vici, ~ adíre póterant. *(Cæs.)* 그들이 쳐들어갈 수 있었던 마을들 / ~ telum ádjici potest*(Cæs.)* 창을 던져 보낼 수 있는 곳 / Quo ego vado, vos non potéstis veníre. *(Jo. 13, 13)* 내가 가는 곳으로 너희는 올수 없다 / apud eos, quo(=ad quos) se cóntulit. *(C.)* 그가 접근해간 그사람들 앞에서. **2.** 〔*c. subj.*〕 …할 이유·까닭·근거·재료·수단·방법 (따위가 되는 것): Non habes, ~ vincáris. 너는 질래야 질 것이 없다.

IV. *comp. correlat.* 〔⟨eo [hoc, tanto]+비교급⟩의 기준; 주문에 eo 따위 부사 없이 비교급만 쓰는 수도 간혹 있음〕 ⟨quo+비교급⟩ (…하면) **할수록** (더욱더 =⟨eo+비교급⟩), …하는 만큼 (그만큼 더): Quo magis novi, eo sæpius ...*(T.)* 내가 더 알면 알수록 그만큼 더 가끔.

V. *connéxio relat.* 〔이유·원인 표시〕 그로[이로] 말미암아, 그래서, 이리하여, 그때문에: Quo étiam scripsit, ...*(C.)* 그때문에 그는 또한 …라고 썼다 / Quo factum est, ut ...*(N.)* 그래서 …게 되었다.

quo[2]**,** *conj. subord. c. subj.* **1.** *finális* 〔목적 ut과 같음, 특히 비교급이 따를 경우에는 quo를 씀〕 …하기 위하여, …하려고, …하도록: Quo mare fíniat iram, ...*(Ov.)* 성난 바다가 가라앉도록 / Otiáre, ~ mélius labóres. 너는 일을 더 잘하기 위해서 쉬어라 / ~ ne ...*(C.)* …하지 않도록 / ~ minus *V.* quóminus. **2.** *causális* 〔이유·원인 표시〕 …하기 때문에, …한 이유로, 까닭에: Quod scribis, non ~ ipse audíeris, sed ...*(C.)* 네가 그 말을 기록하는 것은(네가) 직접 들었기 때문이 아니고 … / Non eo dico, ~ mihi véniat in dúbium tua fides. *(C.)* 내가 이렇게 말하는 것은 너의 성실성이 의심스러워서가 아니다.

quŏad[1]**,** *adv.* **I.** *interr.* **1.** 언제까지? 얼마동안이나?: Senem ~ exspectátis vestrum?*(T.)* 너희의 영감을 언제까지 기다릴 셈이냐? **2.** 어디까지? 어느 한도[정도]까지? 얼마나?: Vidéte, ~ fécerit iter, apértius. *(C.)* 그가 어디까지 갔는지 더 똑똑히들 보아라.

II. *relat. restrictívum* **1.** 〔범위·한도 표시(의 *conj.*로 해석해도 무방함)〕 …하는 데까지, …하는 한도[범위]에서, …한 만큼, …하는 한(限): summā voce, ~ vires valent. *(Pl.)* 힘자라는 데까지 큰 목소리로 / ~ possunt ab hómine cognósci. *(C.)* 인간이 인식할 수 있는 한도까지 / 〔~ ejus와 함께 posse로써 가능한 한도 표시〕 quoad ejus fácere póteris, ...*(C.)* 네가 장차 할수 있는 한에서. **2.** 〔*c. acc.*〕에 관해서는, …로 말하(자)면: ~ vólucres*(Caj.)* 날짐승들에 관해서는 / ~ me 나로 말하면.

III. 〔최상급의 수식〕 될수 있는 대로, 최대한으로: ~ longíssime*(C.)* 될수 있는 한 멀리[오래].

quŏad[2]**,** *conj. subord. temporális* **1.** 〔주문의 기간과 동일한 기간 표시: *c. indic.*〕 …하는 동안: Cato ~ vixit, virtútum laude crevit. *(N.)* *Cato*는 살아있는 동안 그의 덕망에 대한 칭송이 줄곧 커가기만 했다. **2.** 〔기한: *c. indic.*, 기대·목적·가능성 따위의 뜻이 내포되었을 경우에는 *c. subj.*〕 …할 때까지: ~ te non pœnitébit. *(C.)* 네가 후회하지 않게 될 때까지.

quoadúsque, *conj. subord.* …할 때까지.

quocírca, *conj.* 그래서, 그러므로, 그때문에.

quocúmque, *adv. relat. indef.* 어디로 …든지: Sequar te, ~ íeris. *(Mt. 8, 19)* 당신이 어디로 가시든지 따라가겠읍니다.

quod[1]**,** *n. pron.* **1.** *interr.* (qui[1]의 I.) 어느, 무슨. **2.** *indef.* (qui[2]의 *n.*) 어떤. **3.** *relat.* (qui[1]의 II.). **4.** *connéxio relat.* 〔앞에 나왔거나 전제된 중성 단수의 선행사 또는

문장 전체의 사실·내용을 이어받음, 지시 대명사로 알아들을 것〕 그것, 그 사실, 이 일 *etc.*: Mílites turrim ædificavérunt; ~ nuntiátum est hóstibus. 군인들이 망루를 구축하였는데 이 사실이 적군들에게 전하여졌다 / quod est, (略: q.e.) 그것은, 즉.

quod², *conj.* **I.** *causális* **1.** 〔이유 표시에 있어서 실제적인 사실에 대해서는 *indic.*, 남의 주관적인 이유·의견·생각에 대해서는 *subj.*; 흔히 감정동사(*v. affectuum*) 또는 찬미·축하·감사·책망·고발·단죄 따위를 표시하는 동사의 이유·동기·내용을 드러냄; 주문에는 eo, idcírco, proptérea, ob eam causam [rem], eā de causā 따위의 이유 지시의 부사어가 쓰이기도 함〕 …(하)기 **때문에**, …므로, …기에; …라는 이유로, …라고 하여: Tibi ago grátias, ~ me vívere coëgísti. *(C.)* 나를 억지로라도 살게 해주어서 네게 감사한다 / Noctu ambulábat in público Themístocles, ~ somnum cápere non posset. *(C.)* *Themístocles*는 잠들 수가 없다면서 밤에 큰 거리를 거닐고 있었다. **2.** non ~ ... *(subj.)*, sed ~ [quia] ...*(indic.)* …기 때문이 아니고 …기 때문에. **3.** 〔원칙적으로 *subj.*〕 …할[하는] 이유·까닭·필요: Nil est illic, ~ morémur diútius. *(T.)* 거기에서 우리가 더 오래 지체할 이유는 조금도 없다 / Non est, ~ multa loquámur. *(H.)* 우리가 많은 말을 할 필요가 없다 / est, ~ ...; hábeo, ~ …할 이유가 있다 / Quid est (causæ), ~...? *(C.)* …할[하는] 이유가 무엇이냐? / nihil est (causæ), ~ ...; nihil [non] hábeo, ~ …할 이유가 없다.

II. 사실 quod (~ *reále*, 현실 ~), **설명 quod**(~ *explicatívum*) 〔종결동사(*v. finítum*)는 원칙적으로 *indic.*, 희망·기대·의견·추측·우연한 지식 따위의 대상을 표시할 경우에는 *subj.*로 쓰기도 함〕 …한다는[…라는] **사실·것**. **1.** 〔주어문(*pr. subjectíva*) 도입; 주문에는 가끔 hoc, illud, id 따위의 가주어가 나타남〕 *e.g.* Magnum benefícium est natúræ, ~ necésse est mori. *(C.)* 죽는 것이 필연적이라는 것은 자연의 큰 은혜이다 / Quod victor victis pepércit, laudándum est. 승자가 패자들을 용서했다는 것은 칭송할 일이다 / accédit, ~ ...*(C.)* 게다가 …하기까지 하다, …하는 일도 또 있다. **2.** 〔객어문(*pr. objectíva*) 도입; 지각동사(*v. sentiéndi*), 언설동사(*v. dicéndi*) 따위에 속하는 *acc. c. inf.*를 대신하기도 함〕 *e.g.* Nemo refert, ~ Itália extérnæ opis índiget. *(Ta.)* *Itália*가 외부의 도움을 필요로 한다는 사실을 아무도 보고하지 않고 있다 / áddere, ~ ...*(Ov.)* …라는 것[점]을 보태다[덧붙여 말하다·아울러 생각하다] / præteríre, ~ ...*(C.)* …하는 것을 묵과하다 / bene fácere, ~ ...*(C.)* …하는 것은 잘하는 일이다. **3.** 〔설명적 보충(*epexegésis*)〕 *e.g.* oblivísci recéntium injuriárum, ~ ..., ~ ...*(Cæs.)* 최근의 모욕들 즉 …한 것과 …한 것을 잊어버리다 / vítium, ~ tu nimis magnum stúdium in rem non necessáriam confers. 네가 불필요한 일에 너무 큰 열성을 들이는 그 결점 / In hoc omnis est error, ~ exístimant ...*(C.)* 모든 오류는 그들이 …라고 생각하는 그 점에 있다 / ex hoc, ~ ...*(C.)* …라는 이 사실에서 / pro eo, ~ ...*(C.)* …하는[한] 그것 때문에.

III. 〔기타〕 **1.** 〔제한관계문(*pr. relat. restrictíva*, 주문의 판단에 대한 제한)〕 …하는 한에서는·한에 있어서; …에 관해서는, …로 말하면: ~ sciam, ...*(C.)* 내가 아는 한(限)에서는 / Quod vero impudéntiam admirátus es eórum, ...*(C.)* 그들의 파렴치에 대해 네가 놀란 사실에 관해서는 / ~ ad *acc.* áttinet, …에 관해서는, …로 말하면. **2.** 〔시간 경과〕 … **때부터**, …한지: Jam diu est, ~ victum non datis. *(Pl.)* 너희가 식량을 주지 않는지가 벌써 오래 된다. **3.** 〔양보·용인〕 비록 …지만: ~ dicas mihi, ...*(T.)* 너는 내게 말하지만. **4.** 〔대립적인 문장을 새로 시작할 때, 특히 si, nisi, cum(*temporále*), ubi(…때에, …하자마자), ut, ne 따위의 접속사 또는 útinam, contra, nunc 따위의 부사 앞에〕 **그런데, 그러나**: Quod si ..., *(C.)* 그러나 만일 …면.

quod³, 《古》 = quot.

quodámmŏdo, *adv.* [quidam+modus] 어떤 모양[양식·방법]으로, 어느 모로, 어떻게 보면, 어느 의미에서, 어느 정도, 다소.

quoi, quojus, 《古》 = cui, cujus(*dat.*, *gen. sg.*) [qui¹, quis].

quólĭbet, *adv.* 어디로든지 (마음대로).

quom, *conj.* 《古》 = cum².

quóminus, *conj. subord. c. subj.* [quo²+minus²] 〔방해·저항·제지·거절·경고 따위를 표시하는 일련의 방해동사(*v. impediéndi*)의 종속문〕 …하지 못하게, 못하도록, 않도록; …하기를, …하는 것을: deterrére *alqm*, ~ ...*(C.)* 누구로 하여금 …하지 못하도록 말리다, 못하게 하다 / *alqm* tenére, ~ ...*(C.)* 누구로 하여금 못하도록 지장을 주다, 못하게 하다 / recusáre, ~ ...*(N.)* 하기를 거절하다 / Deest *alqd*, ~ ...*(C.)* 무엇이 부족해서 …하지 못하게 되다, …하기에는 무엇이 부족하다.

quómŏdo, [qui¹+modus] 〔quo와 modo를 갈라쓰기도 함〕 **I.** *adv.* **1.** 〔*interr.*〕 **어떻게?** 어떤 모양[방법]으로?: Quómodo se res habet? *(Pl.)* 사정이 어떠하냐? / Quómodo te habes? 너 어떻게 지내느냐? / Hæc negótia ~ se hábeant, ne epístolā quidem narráre áudeo. *(C.)* 이 난처한 사정이 어떠한지를 나는 편지로도 감히 이야

기할 수 없다. 2. 〔*exclam.*〕 어떻게, 그렇게도: Quómodo mortem fílii tulit! *(C.)* 그가 어떻게 용케도 아들의 죽음을 견디어 냈구나!
II. *conj.* 〔주문에 가끔 ita, sic 따위의 지시부사를 씀〕 …와 같이, 처럼, 듯이, …하는 모양[방법]대로: ~ nunc est, ...*(C.)* 지금 그러한 바와 같이 / Quo modo hoc est cónsequens illi, sic illud huic. *(C.)* 이것이 그 사람에게 적절한 것과 마찬가지로 그것은 이 사람에게 적절하다.
quomodocúmque, *adv.* 1. 〔*relat.*〕 어떻게 …든지, 어떤 모양으로 …든지. 2. 〔*indef.*〕 어떻게든지, 어떤 모양으로든지.
quomodólĭbet, *adv.* 어떤 모양으로든지 마음대로, 아무렇게나.
quomódŏnam, *adv.* 그래[도대체] 어떻게?
quōnam, *adv. interr.* 1. 도대체 어디로? 2. 도대체 어디까지? 어느 정도까지? 3. 언제까지?
quondam, *adv.* [quom+] 1. 옛적에, 옛날에, 이전에, 일찌기, 한때는. 2. 어떤 때, 때로는; 때때로. 3. (장차) 언제고, 언젠가는.
quónĭam, *conj.* [quom+jam] 1. *causális* 〔객관적 이유·동기 표시에는 *indic.*, 남의 주관적 이유·의견 또는 채택되지 않는 이유에 대해서는 *subj.*〕 …하기 때문에, …하므로, …한 까닭에, …니까, …것으로 보아서: Quóniam ad hunc locum pervéntum est, ...*(Cæs.)* 이곳까지 왔으니 / non ~ hoc sit necésse, verum ut ...*(C.)* 이것이 꼭 필요해서가 아니라 오직 …하기 위해서. 2. 〔시간〕 …하고 나서, …한 후에, …하자: Quóniam nos delusístis, ...*(Pl.)* 너희가 우리를 속이고 나서. 3. 〔후기 라틴어에서는 지각동사(*v. sentiéndi*), 언설동사(*v. dicéndi*)의 *acc. c. inf.* 대신에 쓰기도 함〕 …한다는[…라는] 것, …라고. 「곳으로.
quópĭam, *adv.* [quíspiam] 어디론가, 어떤
quōquam, *adv.* 1. 어디로도, 어느 곳으로도. 2. 어떤것을 목표로, 어떤 방향으로.
quŏque[1], *adv.* 〔역설하는 말 뒤에 놓음〕 …도 또한, …까지도: Helvétii ~ *(Cæs.)* *Helvétia*인들도 또한 / álii ~ étiam *(C.)* 다
quōque[2] = et quo. ⌊른 사람들까지도.
quoquevérsus [-vérsum] = quoquovérsus. 「로 …든지, 어느 곳으로 …든지.
quōquo, *adv. relat. indef.* [quisquis] 어디
quoquómŏdo, *adv.* [quisquis+modus] 1. 〔*relat.*〕 어떻게 …든지, 어떤 모양[방법]으로 …든지. 2. 〔*indef.*〕 어떻게든지, 아무렇게나.
quoquovérsus [-sum, -vórsum], *adv.* 모든 방향[방면]으로, 어느 쪽으로든지.
quorsum [-sus], *adv.* [quo[1]+versus[1], versum] 1. 어느 곳[쪽]으로, 어디로? 2. 무엇을 목표로, 무엇 때문에, 무슨 목적으로? 어떤 결과로[에]?: Verébar, ~ id casúrum esset. *(C.)* 그것이 어떤 결과에 이를지 나는 불안스러웠다.
quot, *adj. pl. indecl.* 1. 〔*interr., exclam.*〕 몇? 얼마나? 얼마나 많은?(!): Quot sunt? *(Pl.)* 그들이 모두 몇이냐? / Si, bis bina ~ essent, didicísset, ...*(C.)* 그가 만일 2×2가 얼마인지를 배웠더라면. 2. 〔*correlat.:* tot, tótidem의 기준〕 …의 수만큼[대로], … 많은 만큼(그만큼 많은 = tot): Quot hómines (sunt), tot senténtiæ (sunt). *(C.)* 사람 수만큼 많은 의견, 십인십색(十人十色). 3. 〔연(annus), 월(mensis), 일(dies) 따위 시간명사의 *abl. pl.*와 함께 써서 〈…마다〉, 〈매(每)…〉의 부사를 이루기도 함〕 *e.g.* quot annis(=quotánnis) *(V.)* 해마다. 「년.
quotánnis, *adv.* [quot+annus] 해마다, 매
quotcúmque, *adv.* 수가 얼마나 많이 …든지: ~ senátus créverit, ...*(C.)* 원로원이 (인원수에 있어서) 얼마나 증가되었든지간에.
quoténi, æ, a, *adj. pl. (num. distrib.)* [quot] 몇씩, 얼마씩, 각각 얼마나 많은?
quoténnis, e, *adj.* [quot+annus] 몇해나 된? 몇년 묵은?
quotidiánus, a, um, *adj.* [quotídie] 1. 매일의, 날마다의, 나날의, 그날그날의, 일상의; 〔*adv.*〕 **-no,** 날마다. 2. 보통있는, 늘 있는, 통상(通常)의.
quotídĭe, *adv.* 매일, 날마다.
quótĭe(n)s, *adv.* [quot] 1. 〔*interr., exclam.*〕 몇번? 몇번이나! 2. 〔*relat.*, 흔히 *correlat.:* tóties(그만큼 번번이, 이렇게 여러번)의 기준〕 …할 때마다.
quotiescúmque, *adv. relat. indef.* …할 때마다 (번번이). 「번이든지.
quotiéslĭbet, *adv.* 몇번이고 마음대로, 몇
quotquot, *adj. num. indecl.* 1. 〔*relat.*〕 몇이든지, 얼마이든지, 얼마나 많든지간에: ~ estis omnes. *(Catull.)* 너희가 모두 몇이든간에. 2. …마다: ~ annis *(Gell.)* 해마다.
quótŭmus, a, um, *adj.* [quotus] 몇번째의?
quótŭplex, plĭcis, *adj.* 몇갑절의, 몇겹의?
quŏtus, a, um, *adj.* [quot] 〔*num. ordin.*에 대한 물음〕 1. 몇째의? 몇?: Quota hora est? 몇시냐? / Quotus esse velis, rescríbe. *(H.)* (내 집 만찬식탁에서 네가 몇째이기를 즉) 너까지 몇사람이나 초대되기를 원하는지 회답해 다오. 2. 얼마나 적은[작은].
quotuscúmque, tacúmque, tumcúmque, *adj.* 수가 몇이든지; 아무리 적은[작은] …이라도, 얼마 안되는 …이라도.
quotusquísque, taquǽque, tumquódque, *adj.* 〔quotus와 quisque를 갈라쓰기도 함〕 얼마나 적은[소수의·드문]; 얼마나 작은:

Quotus quisque juris perítus est?*(C.)* 법률 전문가가 얼마나 적으냐? / Quotocuíque loríca est! 갑옷 있는 사람이 얼마나 소수인지!

quoúsque, *adv.* 1. 어니까지? 어느 정도까지? 2. 언제까지? 3. 〔*relat.*〕 …하는 데까지.

quōvis, *adv.* [quivis] 어디로든지.

quum, 《古》 = cum[2].

R

R[1], **r,** *f., n. indecl.* 라틴 자모의 열여덟번째 글자: 〈에르〉 [ĕr].

R[2]. 《略》 1. **R.** = Románus: P.R. = Pópulus Románus; R.C. = Romána Cívitas. 2. **R.** = Rufus. 3. **R.** = recte, regnum, reficiéndum. 4. **R.P.** = res pública. 5. **R.R.** = ratiónes relátæ. 6. **R.P.XX.** = retro pedes vigínti.

rabbi, *m. indecl.* 《헤브라이어》 선생님, 스승님; (유대교의) 율법학자.

rábĭdus, a, um, *adj.* [rábies] 1. 미친, 발광하는, 실성한, 제정신이 아닌. 2. 광견병[공수병]에 걸린. 3. 사나운, 미친 듯이 날뛰는, 광포한, 광란의, 맹렬한, 격렬한, 걷잡을 수 없는. 4. 몹시 화난, 대단히 성난, 격노하는, 노발대발하는.

rábĭes, éi, [-bĭa, æ,] *f.* [rábio] 1. 《醫》 광견병, 공수병. 2. 광기(狂氣), 미침, 실성, 광란; 광포, 사나움, 맹렬, 격렬. 3. 격노, 분노, 노발대발. 4. 걷잡을 수 없는 욕망[욕구]: ~ ventris*(V.)* 허기증.

rábĭo, ĕre, *intr.* 미쳐 있다, 실성하다; 격노[격분]하다.

rabiósŭlus, a, um, *adj. dim.* [rabiósus] 미친 듯한; 막 갈겨쓴, 난필(亂筆)의.

rabiósus, a, um, *adj.* [rábies] 1. 광견병[공수병]에 걸린. 2. **미친**, 실성한, 정신착란의. 3. 사나운, 광포한; 맹렬한, 격렬한; 광란의, 아우성치는. 4. 몹시 성난, 격노하는, 노발대발하는.

Rabírĭus, i, *m. Roma*인의 씨족명; 〔*adj.*〕 **-riánus,** a, um.

răbo[1], ĕre, *intr.* = rábio.

răbo[2], ónis, *m.* (= árrabo) 보증금, 계약금, 담보.

rábŭla, æ, *m.* [rábio] 수다스러운 엉터리 변호사, 악덕변호사.

rabulátĭo, ónis, *f.* [rábula] 억지부리며 떠들어댐.

răca, *m. indecl.* 《헤브라이어》 바보, 미련한 놈.

ra(c)co, áre, *intr.* (호랑이가) 울다.

racemárĭus, a, um, *adj.* [racémus] 1. 포도나무 가지의. 2. 포도 달리지 않는 가지의.

racematĭo, ónis, *f.* [racémor] 포도 이삭줍기, 따고 남은 포도 주워 모으기.

racemátus, a, um, *adj.* [racémus] (포도 따위의) 송이가 달린.

racémĭfer, fĕra, fĕrum, *adj.* [racémus + fero] 포도송이를 맺는; 송이가 달린.

racémor, átus sum, ári, *dep. tr.* [racémus] 수확 후 남은 포도를 따[주워] 모으다.

racemósus, a, um, *adj.* [racémus] 1. 송이가 가득한, (포도)송이가 많은; 송이가 알찬[굵은]. 2. 포도송이 모양으로 된. 3. 《植》 총상화서(總狀花序)의.

racémus, i, *m.* 1. 포도송이. 2. (포도처럼) 송아리로 맺힌 과실. 3. 포도; 포도즙. 4. 《植》 총상화서(總狀花序).

rachis, ĭdis, *f.* 1. 《動》 우축(羽軸, 깃의 윗부분). 2. 《植》 (총상화서의) 꽃대, 화축(花軸); (작은 잎사귀가 여럿 붙은) 잎대, 엽축(葉軸). 3. 《解》 척추, 등(골)뼈.

rachítis, tĭdis, *f.* 1. 《醫》 곱사병, 구루병(佝僂病). 2. 《植》 과실위축(果實萎縮).

Racílĭus, i, *m. Roma*인의 씨족명; L. ~, *Cícero*시대의 유명한 호민관(護民官).

racísmus, i, *m.* 인종주의(人種主義).

radiális, e, *adj.* [rádius] 1. 광선의; 방사형(放射形)의, 복사(輻射)의. 2. 반경(半徑)의. 3. 《解》 요골(橈骨)의.

radiátĭlis, e, *adj.* [radiátio] 빛을 발산하는.

radiátĭo, ónis, *f.* [rádio] 1. **방사**(放射), **복사**(輻射), (열·빛·전기·소리 따위의) 발산, 방산, 발광(發光), 방열(放熱). 2. 빛살, 햇살; 방사선; 복사열.

radiátus, a, um, *p.p., a.p.* [rádio] 1. (바퀴의) 살을 댄. 2. 햇살 비치는, 빛을 발산하는, 빛나는. 3. 방사(放射)하는, 복사(輻射)의; 방사형의.

radicális, e, *adj.* [radix] 1. 뿌리의, 뿌리에서 나는; 뿌리깊은. 2. 근본적; 철저한, 완전한; 〔*adv.*〕 **-lĭter,** 뿌리째, 근본적으

로, 철저히. **3.** 급진적, 과격한.

radicalísmus, i, *m.* 급진주의, 과격론.

radicésco, ĕre, *intr. inch.* [radix] 뿌리박다, 뿌리를 내리다.

radícĭtus, *adv.* [radix] **뿌리째,** 뿌리까지, 송두리째, 밑바닥까지, 근본적으로, 철저히.

radíco, ávi, áre, [**-cor,** átus sum, ári, *dep.*] *intr.* [radix] 뿌리박다, 뿌리내리다: sémina radicáta*(Col.)*, planta radicáta*(Pal.)* (식물의) 모종, 묘목.

radicósus, a, um, *adj.* [radix] 뿌리가 많은.

radícŭla, æ, *f. dim.* [radix] **1.** 작은 뿌리, 잔뿌리. **2.** 무우. **3.** 《解》 (혈관·신경의) 끝뿌리, 근상부(根狀部).

radiculárĭus, a, um, *adj.* [radix] 《解》 근상부(根狀部)의.

rádĭo, ávi, átum, áre, [rádius] **I.** *intr.* 빛을 발하다, 찬란히 빛나다, 빛이 방사(放射)되다, 빛이 사방으로 퍼지다, 번쩍이다, 번득이다: Félium in ténebris rádiant óculi. *(Plin.)* 고양이들의 눈이 어둠 속에서 번득인다 / radiántia lúmina solis*(Ov.)* 찬란히 비치는 햇빛 / rádians aurum*(Ov.)* 번쩍이는 금.

II. *tr.* **1.** (수렛바퀴에) 살을 붙이다[대다]: rota radiáta*(Var.)* 살을 댄 바퀴. **2.** 빛나게 하다, 빛살을 뻗치다, 번쩍이게 하다, 빛을 방사[발산]시키다: Templa auro radiántur.*(Ta.)* 신전들이 금으로 번쩍인다 / radiáta coróna*(Suet.)* 후광(後光), 원광(圓光). **3.** 방열(放熱)시키다, (열을) 복사(輻射)시키다.

radioactívĭtas, átis, *f.* 방사능.

radioactívus, a, um, *adj.* 방사성의; 방사능이 있는.

radíŏlus, i, *m. dim.* [rádius] **1.** 적은 햇살, 빠끔히 비치는 햇빛. **2.** 《植》 올리브의 일종.

radiophónĭum, i, *n.* 라디오.

rádĭor, ári, *dep. intr.* [rádio] 빛나다, 찬란하다, 빛이 퍼지다, 번쩍이다.

radiósus, a, um, *adj.* [rádius] 많은 광선을 발하는; 찬란히 빛나는.

rádĭus, i, *m.* **1.** 막대기, 말뚝. **2.** 평미레. **3.** 자막대기. **4.** (원〈圓〉·구〈球〉의) **반경,** 반지름. **5.** 수렛바퀴의 살. **6.** (베틀의) 북. **7.** (닭 따위의) 며느리발톱. **8.** 기름한 올리브(의 일종). **9.** 《解》 요골(橈骨). **10. 광선,** 빛살; 햇살, 햇빛, 달빛, 별빛; 번개빛; 불빛. **11.** 광휘(光輝), 광채. **12.** 눈빛, 안광, 눈의 정기.

rādix, ícis, *f.* **1. 뿌리:** radícem [-ces] ágere*(Var., Ov.)* 뿌리를 뻗다[박다] / 《藥》 ~ liquirítiæ 감초(甘草) / ~ platýcodi*(n. gen.)* 도라지뿌리. **2.** 무우. **3.** 밑동, 밑뿌리, 기저(基底). **4.** 산기슭. **5.** 근본, 바탕, 근원, 기원; 확고한 기초, 지반.

rādo, rāsi, rāsum, ĕre, *tr.* **1.** (머리·수염·털 따위를) **깎다,** 밀다, 면도하다. **2.** 긁다, 문지르다, 비비다; 긁어서 벗기다, 문질러 벗어지게 하다; 할퀴다. **3.** 대패질하다, (재목을) 다듬다; (바닥·길 따위를) 빤빤하게 깎다[밀다]; (줄 따위로) 쓸다. **4.** 닦다, 갈다, 연마하다; 솔질하다, (비로) 쓸다. **5.** 지워버리다, 문질러[긁어] 없애다. **6.** 스쳐 지나가다; 닿을듯 말듯 지나가다; (강물이 강변을) 스쳐서 흙·모래 따위를 씻어가다. **7.** aures ~*(Q.)* 귀에 거슬리게 하다. **8.** (돈을) 긁어 모으다. **9.** 문장을 뜯어 고치다, 다듬다.

rádŭla, æ, *f.* [rado] **1.** 긁어내는 도구, 깎아내는 기구. **2.** 《動》 (연체동물의) 치설(齒舌).

ræda, æ, *f.* 사륜 마차.

rædárĭus, a, um, *adj.* [ræda] 사륜 마차의; 〔*subst.*〕 *m.* 사륜 마차꾼.

Rǽtĭa [Rhǽ-], æ, *f.* *Rhenus*강 및 *Danúbius*강과 *Alpes*산맥 사이에 있던 지방; 〔*adj.*〕 **-tĭcus [-tus],** a, um; 〔*subst.*〕 **Ræti,** órum, *m. pl.* 그 지방 주민.

ráĭa, æ, *f.* 《動》 가오리.

rāllum, i, *n.* 쟁기의 흙을 긁어내는 철제기구.

rāllus, a, um, *adj. dim.* [rado] (옷감이) 성긴, 엷은; 〔*subst.*〕 *f.* 엷은 옷.

ramále, is, *n.* [ramus] 마른 나뭇가지, 꺾은 잔가지, 삭정이, 섶.

ramentósus, a, um, *adj.* [raméntum] **1.** 깎은 부스러기가 많은. **2.** 부스러기같이 생긴.

raméntum, i, *n.* [rado] 〔주로 *pl.*〕 **1.** 깎은[긁어낸] 부스러기, 지저깨비, 파편, 조각: raménta ferri*(Lucr.)* 줄밥 / raménta (ligni) *(Plin.)* 대팻밥 / ~ sulphurátum *(Mart.)* 성냥 / raménta flúminum*(Plin.)* (강의) 모래. **2.** 음식 부스러기. **3.** 보잘것없는 것. **4.** 《植》 (잎·열매의) 비늘 모양의 털, 인모(鱗毛).

rāmes, mĭtis, *m.* 《醫》 탈장(脫腸), 헤르니아.

rámĕus, a, um, *adj.* [ramus] 나뭇가지의.

rāmex, mĭcis, *m.* [ramus] **1.** 막대기, 지팡이. **2.** 〔*pl.*〕 《解》 기관지(氣管支); 폐동맥[정맥]; 폐. **3.** 《醫》 탈장(脫腸); 정색정맥류(精索靜脈瘤).

ramicósus [-mitiósus], a, um, *adj.* [ramex, rames] 탈장에 걸린.

Ramnes [-nénses], ĭum, *m. pl.* **1.** *Rómulus* 지배하의 원시 라틴족. **2.** 고대 *Roma*의 기사계급(騎士階級)·귀족.

ramósus, a, um, *adj.* [ramus] **1.** 가지가 많은[무성한]. **2.** 여러 가닥이 있는, 여러 가닥으로[갈래로] 갈라진.

ramulósus, a, um, *adj.* [rámulus] 잔가지가 많은; 여러 가닥으로 잘게 갈라진.

rámŭlus, i, *m. dim.* [ramus] 작은[잔] 가지, 어린 가지.

rāmus, i, *m.* **1.** (나무의) **가지. 2.** 나무, 수목; 나뭇잎. **3.** 사슴뿔의 가지. **4.** 분

지(分枝), 가닥, 갈래; 지류(支流); 지맥(支脈); 분파(分派), 지파(支派); 부문(部門). **5.** 족보(의 촌수), 계보. **6.** 〔*pl.*〕 rami Sámii (*Samos*섬 출신인 *Pythágoras*가 Y자에 비유한) 인생의 선악 두 갈래 길.
ramúscŭlus, i, *m. dim.* [ramus] **1.** 작은[잔] 가지, 어린 가지. **2.** 파생된 학설. **3.** 족보(의 촌수), 계보.
rāna, æ, *f.* **1.** 《動》 **개구리**: 〔속담〕 Inflat se tamquam rana. *(Petr.)* 개구리가 황소 배를 흉내내듯 한다, 뱁새가 황새를 따라가면 가랑이가 찢어진다. **2.** 《動》 ~ marína*(C.)* 아귀 (바닷물고기); 빨간씬벵이. **3.** 소 혓바닥에 생기는 종기.
ranácĕus, a, um, *adj.* [rana] 개구리의.
rancens, éntis, *adj.* [*inusit.* ránceo] 부패한, 썩은.
rancésco, ĕre, *intr. inch.* [*inusit.* ránceo] 악취가 나다, 썩기 시작하다, 산패(酸敗)하다, 쉬다. 「다, 역겹게 하다.
ráncĭdo, áre, *tr.* [ráncidus] 아니꼬와지게 하
rancídŭlus, a, um, *adj. dim.* [ráncidus] **1.** 약간 쉰내나는, 산패(酸敗)한, 좀 썩은. **2.** 아니꼬운, 불쾌한.
ráncĭdus, a, um, *adj.* [rancor] **1.** 썩은 냄새나는, 악취나는; 쉰, 산패(酸敗)한. **2.** 불쾌한, 기분나쁜, 아니꼬운, 역겨운.
ranco, áre, *intr.* 호랑이가 울다.
rancor, óris, *m.* **1.** 쉰내; 썩은 냄새, 구린 냄새. **2.** 숙원(宿怨), 원한.
ránŭla, æ, *f. dim.* [rana] **1.** 《動》 작은 개구리; 올챙이. **2.** 소 혓바닥의 종기.
ranúncŭlus, i, *m. dim.* [rana] **1.** 《動》 올챙이; 작은 개구리, (일반적으로) 개구리. **2.** 《植》 미나리아재비.
rāpa, æ, *f.* 《植》 순무.
rapácĭa, órum, *n. pl.* 요리재료로 쓰이는 순무의 잎과 줄거리. 「도.
rapácĭda, æ, *m.* [rapax] 날도둑놈, 노상강
rapácĭtas, átis, *f.* [rapax] 탐욕, 욕심; 착취, 강탈.
răpax, ácis, *adj.* [rápio] **1.** 잡아채는, 착취하는, 약탈하는, **강탈하는**: dentes rapáces*(Veget.)* 앞니; 〔*subst.*〕 *m.* 날도둑놈, 강도. **2.** 다른 동물을 잡아먹는, 맹수의, 맹금(猛禽)의. **3.** 휩쓸어가는, 맹렬한 세력[기세]의, 맹위를 떨치는: ~ ventus*(Ov.)* 휩쓸어가는 바람; 〔*subst.*〕 *f.* [R–] 맹위 군단(제21 군단의 별명); *m. pl.* [R–] 제21 군단의 병사들. **4.** 〔*gen.*〕 욕심 많은, …에 대한 욕망이 강한, 움켜잡는, 놓지 않는, 제것으로 만드는: rapácia virtútis ingénia *(Sen.)* 덕행을 제것으로 만드는 개질.
Ráphăēl, élis, *m.* 《聖》 라파엘 대천사.
raphánĭnus, a, um, *adj.* 무우의. 「종.
raphanítis, ĭdis, *f.* 《植》 창포(菖蒲)의 일
ráphănus, i, *m.* 《植》 무우, 무; 〔학명〕 ~ satívus. 「이어 아문 자리.
raphe, es, *f.* 《醫》 봉합(縫合), 봉선(縫線),
raphis, ĭdis, *f.* 《植》 세포속에 엉겨있는 바늘 모양의 결정체.
rapícĭus, a, um, *adj.* [rapum] 순무의; 〔*subst.*〕 *n.pl.* = rapácia.
rapídĭtas, átis, *f.* [rápidus] 신속, 빠름, 급격; 세참; 급류(急流), 격류. 「빠른.
rapídŭlus, a, um, *adj. dim.* [rápidus] 쾌
rápĭdus, a, um, *adj.* [rápio] **1.** 신속한, 빠른, 쾌속의. **2.** 급격한, 빠르고 세찬, 격렬한, 맹렬한; 급류의, 격류의: ~ flúvius *(Pl.)* 물살이 센 강 / rápidum venénum *(Ta.)* 맹독 / orátio rápida*(C.)* 격렬한 연설. **3.** 날쌘, 잽싼; 덥석 잡아채는. **4.** 타는 듯한, 찌는 듯한: ~ æstus*(V.)* 폭염, 혹서.
rapína[1], æ, *f.* [rápio] **1.** 강탈, 약탈, 강도죄, 탈취; 착취. **2.** 약탈품, 노획물; 사냥거리, 어획물.
rapína[2], æ, *f.* [rapa] 순무밭.
rápĭo, pŭi, ptum, ĕre, *tr.* **1. 날쌔게 잡다,** 잽싸게 붙잡다, 덥석 움켜잡다. **2. 잡아채다,** 날름 가로채다. **3.** 〔*alqd* (ex) *abl.*〕 후딱 꺼내가다[오다]. **4.** 붙들어가다, 억지로 끌어가다[데려가다]: Quo rápitis me? *(Pl.)* 너희가 나를 어디로 끌어가느냐? **5.** 재판정에 내세우다, 법정으로 끌어오다. **6.** 〔*alqm* – ad, in *acc.*〕 당장 끌어다 벌하다, (형장으로) 끌어내다. **7.** 날쌔게 빼내다, 비틀어 떼다[뜯다], 빨리 떼어놓다[멀어지게 하다]. **8.** (발걸음을) 재촉하다, (어디를) 뛰어 지나가다. **9.** 빨리 가져가다[옮기다]: I, pedes quo te rápiunt. *(H.)* 발길닿는 곳으로 빨리 가거라; 〔*refl.*〕 **se** ~ 잽싸게 가다, 빨리 달려가다; 곧 물러가다, 도망하다. **10.** 급히 출동시키다, 별안간 끌어내다. **11. 빼앗다,** 강탈하다, **약탈하다,** 휩쓸어가다, 훔쳐가다. **12. 납치하다.** **13.** (병·재난 따위가) 일찍[갑자기] 죽게 하다; 〔*pass.*〕 일찍 죽다: júvenem raptum ploráre*(H.)* 젊은이의 요절을 슬퍼하여 울다. **14.** 〔*alqm* – in, ad *acc.*〕 (무엇에) 이르게 하다, 빠지게 하다, 끌어들이다: ~ *alqm* in invídiam*(V.)* 누구로 하여금 질투심을 일으키게 하다 / opiniónibus vulgi rapi in errórem*(C.)* 대중의 여론 때문에 오류에 빠지다. **15.** 〔*alqm, alqd* – *alqā re;* in, ad *acc.*〕 끌어당기다, 마음을 뺏다, 사로잡다, 매료하다: cæco raptus amóre*(Ov.)* 눈먼 사랑에 사로잡힌. **16.** 제것으로 만들다, 놓치지 않고 빨리 포착하다, 재빨리 해치우다: ~ fugam *(Val. Fl.)* 즉시 도망하다. **17.** 〔*pass.*〕 (책 따위가) 동날 정도로 잘 팔리다.
rapístrum, i, *n.* [rapum] 《植》 야생 순무.
răpo, ónis, *m.* [raptor] 강탈자, 약탈자.
rapsi, 《古》 = rápui, *pf.* [rápio].

rapta, æ, *f.* [rápio] 〔*dat., abl. pl.* -ábus〕 약탈혼(掠奪婚)의 규수. 「유괴, 유혹.

raptátĭo, ónis, *f.* [**-tátus,** us, *m.*] [rapto]

raptim [**-te**], *adv.* [raptus, rápio] **1.** 강탈하여, 뺏어. **2.** 황급히, 급하게, 급속히, 총총히.

ráptĭo, ónis, *f.* [rápio] 납치, 유괴. 「앗다.

ráptĭto, áre, *tr. freq.* [rápio] 탈취하다, 빼

rapto, ávi, átum, áre, *tr. intens.* [rápio] **1.** 강제로 끌어가다[오다]; 급히 끌고 가다[돌아다니다]. **2.** 빼앗다, 강탈하다, 약탈하다. **3.** 고발하다, 고소하다. **4.** (마음을) 사로잡다, 넋을 잃게 하다.

raptor, óris, *m.* [**-trix,** ícis, *f.*] [rápio] **1.** 강탈자, 약탈자; 절취자; 횡령자. **2.** 생포자. **3.** 유괴자, 납치자. **4.** 강간자. **5.** magnes ~ ferri*(Augustínus)* 쇠를 끌어당기는 자석. 「아당기는, 견인(牽引)하는.

raptórĭus, a, um, *adj.* [raptor] 강탈의; 잡

raptum, i, *n.* [rápio] **1.** 약탈, 강탈; 절취, 횡령. **2.** 빼앗은 물품, 강탈한 물건, 약탈품.

raptus, us, *m.* [rápio] **1. 약탈,** 강탈, 노략질. **2. 유괴, 납치;** (약탈혼인 <matrimónium per raptum> 에서) 여자납치[약탈]. **3.** 《醫》 발작폭행. **4.** 《神》 (일종의) 탈혼상태(脫魂狀態). 「《植》 작은 순무.

rápŭla, æ, *f.* [**-lum,** i, *n.*] *dim.* [rapum]

rāpum, i, *n.* 《植》 순무.

rarefácĭo, féci, fáctum, ĕre, *tr.* [rarus+fácio] 희박하게 하다; 〔*pass.*〕 rarefío, fáctus sum, fíeri 희박해지다.

rarésco, ĕre, *intr. inch.* [rarus] **1.** 희박해지다, 엷어지다. **2.** 넓어지다, 트이다. **3.** (수가) 적어지다, 듬성듬성해지다, 성기어지다, 엉성해지다. **4.** 드물어지다, 뜸해지다. 「적은[성긴].

raripĭlus, a, um, *adj.* [rarus+pilus[1]] 털이

rárĭtas, átis, *f.* [rarus] **1.** 성김, 듬성듬성함, 엉성함; 희박; (허파·해면 따위의) 다공성(多孔性). **2.** 드문드문함, 적음, **희소,** 희귀. **3.** 좀처럼 없는 것[일], 진품

raritúdo, dĭnis, *f.* [rarus] 희박. 「(珍品).

raro, *adv.* [rarus] **1. 드물게,** 어쩌다. **2.** 듬성듬성, 성기게.

rārus, a, um, *adj.* **1. 성긴,** 듬성듬성한, 띄엄띄엄[드문드문] 있는, 배지[빽빽하지] 않은, (그물의) 코가 큰; **희박한,** 가벼운; (직물이) 얇고 비치는: árbores raræ*(N.)* 띄엄띄엄 서 있는 나무들 / rétia rara*(V.)* 코가 큰 그물 / rárior aër*(Lucr.)* 비교적 희박한[가벼운] 공기 / textum rarum*(Q.)* 비치는 천. **2. 드문,** 희소한, 흔치 않은, 소수의, 어쩌다 있는, 좀처럼 없는, 잦지 않은: Optĭmum quidque raríssimum est.*(C.)* 무엇이나 최선의 것은 매우 드물다 / Océanus raris návibus áditur.*(Ta.)* 대해에는 소수의 배들이 다닌다 / Cæsar ~ egréssu*(Ta.)* 좀처럼 외출하지 않는 Cæsar / leónes rari in potu*(Plin.)* 물을 드물게 마시는 사자들. **3. 희귀한,** 희유(稀有)의, 진귀한, 진기한, 보기 드문, 특출한, 아주 뛰어난: rara avis*(H.)* 희귀조; 희유의 인물; 진귀한 것, 진품(珍品). **4.** 〔*adv.*〕 **rare** [**-rénter, -rĭter, -ro**].

rāsi, *pf.* [rado].

rásĭlis, e, *adj.* [rado] **1.** 깎을 수 있는, 연마할 수 있는. **2.** 깎은, 간, 닦은, 다듬은, 매끈한.

rásĭo, ónis, *f.* [rado] **1.** (머리·수염 따위를) 깎음. **2.** 문지름, 비빔, 마찰.

rāsis, is, *f.* 마른 송진. 「하다.

rásĭto, ávi, áre, *tr. freq.* [rado] 자주 면도

rasor, óris, *m.* [rado] **1.** 7현금 따위의 현악기 연주자. **2.** 이발사; 면도해주는 사람.

rasórĭum, i, *n.* [rado] 이발기구, 면도기구.

rasta, æ, *f.* *Germánia*인들의 거리 단위(약 *4.5 km*). 「은 쇠스랑.

rastéllus, i, *m. dim.* [raster] 작은 갈퀴, 작

rāster, tri, *m.* [**-trum,** i, *n.*] [rado] (쇠나 나무로 만든 여러가지 종류의) 갈퀴, 쇠스랑; 써레.

RASTRI

rasúra, æ, *f.* [rado] **1.** 깎음, 면도질; 긁어냄. **2.** 깎은[긁어낸] 부스러기. **3.** ~ gulæ*(Hier.)* 후두음(喉頭音)의 조악한 발음.

rāsus, us, *m.* [rado] 긁음, 깎음.

ratárĭæ, árum, *f. pl.* [ratis] 뗏목, 뗏목배.

ratiárĭus, i, *m.* [ratis] 뗏목꾼. 「준(批准).

ratificátĭo, ónis, *f.* [ratífico] 재가, 인준, 비

ratífico, ávi, átum, áre, *tr.* [ratus+fácio] 재가하다, 인준하다, 비준(批准)하다.

ratihabítĭo, ónis, *f.* [ratus+hábeo] 승인, 인정, 재가; 추인(追認).

rátĭo, ónis, *f.* [reor, ratus] **1. 계산,** 셈, 헤아림, 타산, 회계, 결산, 산정(算定): ratiónem dúcere [iníre] *(C., Cæs.)* 계산하다 / ratiónem numerúmque habére piratárum*(C.)* 해적들의 수를 헤아리다 / pónere ratiónem *alcjs rei(Ulp.)* 무엇에 대한 셈을 따지다[밝히다] / in ratiónem indúcere*(C.)* 계산에 넣다 / libri ratiónum*(Aurélius Victor)* 장부. **2.** 기록부, 출납부, 장부, 대장(臺帳); 일람표, 통계표; 재산[비품]목록, 물품명세서: ~ cárceris*(C.)* 감옥의 수감자 대장. **3.** 수량, 액수: pro ratióne pecúniæ *(C.)* 돈의 액수에 비해 / Ea nímia est ~. *(Pl.)* 그 수량은 너무 많다. **4.** 비례, 비(比), 비율. **5.** 일, 사업, 용건, 용무, 사무, 업무; (현안의) 문제, (일의) 관계; 거래, 장사, 영업; 경영, 운영, 처리: ~ nummária*(C.)* 금전관계[거래·문제]. **6.** ~ rei públicæ 정치; 정책: ~ rei públicæ sociális [de frequéntiā incolárum] 사회[인구] 정책. 7. 〔pl.〕 이익, 이해관계: meæ [tuæ, etc.] ratiónes 나[너]의 이익. 8. (전말) 보고, 석명(釋明), 해명, 실명, 답변: *alci* ratiónem *alcjs rei* [de *alqā re*] réddere *(C.)* 아무에게 무엇에 대해 사실대로 보고하다, 석명하다; 셈해 바치다 / ratiónem ab áltero vitæ repóscere*(C.)* 사생활의 내막을 털어놓기를 남에게 요구하다. 9. **고려**, 감안, 참작, 유의(留意), 주시(注視), 관심, 괘념, 개의(介意); 견지(見地), 관점: non ullíus ratiónem sui cómmodi dúcere*(C.)* 자신의 어떠한 이익도 전혀 고려하지 않다 / ratiónem *alcjs rei* habére 무엇을 고려[참작]하다 / sauciórum hábitā ratióne*(Cæs.)* 부상자들이란 점을 감안하여 / ratióne hábitā témporis 시간적 관점[의미]에서는. 10. (사물의) 성질, 성격, 특질; 양상, 상태, 정도, 형편, 사정. 11. 종류, 부류, 부문, 계열, 분야. 12. **양식**(樣式), **방식**, 모양; 수법, 기술, **방법**, 수단, 방도: cogitándi ~ *(C.)* 사고방식 / mea ~ in dicéndo *(C.)* 나의 말하는 방식 / quā ratióne*(C.)* 어떻게, 어떤 방법으로 / omni ratióne 온갖 방법으로 / nullā ratióne 결코 아니, 어떤 모양으로도 아니[못] / malā ratióne*(H.)* 졸렬하게 / ratiónes belli geréndi*(Cæs.)* 작전, 전술. 13. 순서, 차례; 조리: ut ratióne et viā procédat orátio*(C.)* 변론이 이로정연하게 진행되도록. 14. (말·글의) 내용, 화제, 주제. 15. 관련, 상관, 교섭, 관계; 교제, 접촉: cum hac áliquid ratiónis habére*(C.)* 이 여자와 어떤 관계가 있다 / neque quidquam cum *alqo* ratiónis habuísse*(C.)* 누구와는 아무 관련[접촉]도 없었다. 16. 규칙, 법칙, 규정, 규준: ~ studiórum 예수회의 학사규정. 17. 균형, 조화. 18. **이성**(理性), 이지(理智). 19. 이해(력), 사고(력), 판단(력). 20. 지각, 분별, 양식(良識), 도리. 21. 합리성, 현명, 잘함, 당연함: Minári divisóribus, ~ non erat.*(C.)* 득표공작금 배부자들을 협박한 것은 미련한 짓이었다 / ratióne fácere*(C.)* 잘하다, 잘하는 일이다. 22. **이유**, **까닭**, 동기: Cur sic opinétur, ratiónem súbjicit. *(C.)* 그는 왜 그렇게 생각하는지 이유를 댄다 / 《論》 princípium ratiónis sufficiéntis 충족이유의 원리. 23. **근거**: ~ concépta 주관적 근거. 24. 원칙, 방침. 25. 의견, 견해, 생각: Mea sic est ~.*(T.)* 내 의견은 이렇다. 26. 의도, 계획, (…할) 생각. 27. 논제, 논설. 28. 지식, 아는 바: sine ullā ratióne dijudicáre*(C.)* 아무런 전문지식도 없으면서 판결하다. 29. 이론, 학설, 주의(主義), 학문체계, 철학: Platónis ~ *(C.)* *Platon*의 학설 / ratiónes semináles (*Augustínus*의) 배종설(胚種說). 30. 개념; 이념. 31. 논거, 논증; 추리, 추론.

ratiocinális, e, *adj.* [ratiócinor] 추리에 바탕을 둔, 추론의.

ratiocinátĭo, ónis, *f.* [ratiócinor] 1. **추리**(推理), 추론, 추리작용. 2. 심사, 숙고, 반성; 자문자답식 추론. 3. 삼단논법. 4. 철학적 논거. 5. 건축의 이론.

ratiocinatívus, a, um, *adj.* [ratiocinátio] 1. 추리의, 추론적인; 삼단논법적. 2. 《文法》 결론의: conjúnctio ratiocinatíva 결론접속사 (ergo, ígitur 따위).

ratiocinátor, óris, *m.* [ratiócinor] 1. 심사숙고하는 사람; 추론자. 2. 계산하는 자, 평가자.

ratiocínĭum, i, *n.* [ratiócinor] 1. 계산, 평가. 2. 회계, 기록. 3. 《論》 **추리**, 추론.

ratiócĭnor, átus sum, ári, *dep. intr., tr.* [rátio] 1. 계산하다, 타산하다. 2. 〔*pass.*〕 계산되다. 3. 심사숙고하다, 반성하다, 검토하다. 4. 추리하다, 추론하다, …에서 결론을 내다.

rationábĭlis, e, *adj.* [rátio] 1. 이성(理性)을 가진. 2. 이유가 있는, 이치에 맞는, **합리적인**; 〔*adv.*〕 **-lĭter,** 합리적으로.

rationabílĭtas, átis, *f.* [rationábilis] 1. 이성(理性), 판단력. 2. 합리성.

rationále, is, *n.* 1. 《가》 (중세에) 주교 제의(祭衣)의 어깨 앞뒤로 둘러 걸치던 장식띠. 2. ~ (judícii) 고대 유태교 대제관의 흉패(胸牌)·흉판(胸板).

rationális, e, *adj.* [rátio] 1. 계산의; 회계의, 수납의; 〔*subst.*〕 *m.* 회계관, 수납관, 수세관(收稅官). 2. **이성적**, 이성있는: Homo est ánimal rationále.*(Q.)* 사람은 이성적 동물이다. 3. 이치에 맞는, 합리적; 논리적, 이론적: ~ philosophía, ~ pars philosophíæ*(Sen., Q.)* 논리학, 변증법 / disciplína ~ *(Cels.)* 이론과학. 4. 추리의, 삼단논법의. 5. 《數》 유리(有理)의: númerus ~ 유리수. 「화; 이론적 설명.

rationalisátĭo, ónis, *f.* [rationális] 합리

rationalísmus, i, *m.* [rationális] 이성주의(理性主義), 합리주의, 유리주의(唯理主義), 주리론(主理論); 〔*adj.*〕 **-lístĭcus,** a, um.

rationalísta, æ, *m.(f.)* 합리주의자, 유리주의자.

rationálĭtas, átis, *f.* [rationális] 1. 이성향유(理性享有). 2. 합리성, 이치에 맞음; 합리적인 의견·행동. 3. 추리력.

rationárĭus, a, um, *adj.* [rátio] 계산의, 회계의; 통계의; 〔*subst.*〕 *m.* 회계원; *n.* 통계표, 예정표, 계산표; 장부.

rătis, is, *f.* 1. 떼(筏), 뗏목. 2. 배, 선박.

Ratisbŏna, æ, *f.* 독일의 *Regensburg.*

ratítus, a, um, *adj.* [ratis] 배(船)의 그림을

새긴 (돈).

ratiúncŭla, æ, *f. dim.* [rátio] **1.** 짧은[자그마한] 계산. **2.** 빈약한 이론, 궤변; 변변치 못한 이유, 박약한 근거.

rătus, a, um, *p.p., a.p.* [reor] **1.** 여긴, 생각한. **2.** 〔*sensu pass.*〕 계산된, 산정(算定)된, 배정된, **일정한**: pro ratā parte [portióne] *(C., Plin.)*, pro ratā *(L.)* 일정한 비율로[비례대로], 배정된 몫에 따라, 그에 비례하여. **3.** 결정된, 확정된, 고정된, 부동(不動)의, 바뀌지 않는, 항구한, 영구불변의: motus síderum rati *(C.)* 고정된[일정한] (궤도상의) 운행. **4.** **인정된**, 인준된, 재가된; **유효한**: *alqd* ratum habére *(C.)* (법적으로) 무엇을 유효한 것으로 인정하다 / 《敎法》 matrimónium ratum (교회법상) 유효(로 인정된) 혼인 (육체적 교섭 이전 상태) / Ratum mihi est. 나는 인정한다. 「게.

rauca[1], *adv.* [raucus] 목쉰 소리로; 시끄럽

rauca[2], æ, *f.* 《動》 굼벵이.

raucédo, dĭnis, *f.* [raucus] 목소리가 쉼, 목쉼, 목이 잠김. 「다.

raucésco, ĕre, *intr. inch.* [raucus] 목이 쉬

raucídŭlus, a, um, *adj. dim.* [raucus] 약간 목쉰. 「목이 쉬다; 목이 쉬어 있다.

ráucĭo, rausi, rausum, íre, *intr.* [raucus]

raucísŏnus, a, um, *adj.* [raucus+sonus[1]] 쉰 목소리의, 목쉰 소리의.

ráucĭtas, átis, *f.* [raucus] **1.** 목이 쉼; 쉰 목소리. **2.** 코고는 소리.

rauco, áre, *intr.* (호랑이가) 울다.

raucus, a, um, *adj.* **1.** **목쉰**, 목소리가 쉰[잠긴]; 쉰 목소리의. **2.** 볼멘소리의. **3.** (여러가지 동물이 귀에 거슬리는 소리로) 시끄럽게 우는, 까악까악[꺽꺽·쓰르람쓰르람·개골개골 …] 우는: ranárum vox rauca *(Ov.)* 뭇개구리의 개골개골 우는 소리. **4.** (파도·폭풍·천둥 따위의 소리가) 소란스러운, (악기의 소리가 맑지 못하고) 거센소리 나는, 시끄러운. **5.** 〔*adv.*〕 **-ce** [**-cum, -ca**], 목쉰 소리로; 시끄럽게.

Ráudĭus campus, i, *m.* 북부 이태리 *Veróna* 근처의 평야.

raudus [**rodus, rudus**], dĕris, *n.* [rudis[1]] (금속 특히 구리의) 조광(粗鑛), 가공하지 않은 동(銅); (때로는) 화폐로서의 동.

raudúscŭlum, i, *n. dim.* [raudus] **1.** 작은 동괴(銅塊); 동전. **2.** 소액의 돈.

Ráurăci [**-rĭci**], órum, *m.pl.* *Rhenus* 강변에 살던 *Gállia Céltica* 종족.

Ravénna, æ, *f.* *Adrĭa* 해변에 있는 *Gállia Cispadána*의 도시(지금의 *Ravenna*); 〔*adj.*〕 **-nnas,** átis.

rávĭdus, a, um, *adj.* [ravus[1]] 회색빛을 띤.

rávĭo, íre, *intr.* [ravis] 목이 쉬도록 이야기하다.

rāvis, is, (*acc.* im), *f.* 목이 쉼, 목소리가 잠김; 쉰 목소리. 「사.

ravistéllus [**rava-**], i, *m.* 반백(半白)의 신

rávŭlus, a, um, *adj. dim.* [raucus] 약간 목쉰. 「갈색의, 황갈색의.

rāvus[1], a, um, *adj.* (누런 바탕의) 회색; 다

rāvus[2], a, um, *adj.* (=raucus) 목쉰.

re-[1], **red-**, *prævérbium* **1.** 합성되는 단어에 (주로 동사에) 《**다시**, 반복, **도로**, 되…, 뒤로, 서로, 상호, 완성, 반대, 대항, 이탈, 멀리, 대단히, 정반대의 상태》 따위의 뜻을 보태어 주는 접두어. **2.** 모음 및 h자 앞에서는 red-로, k와 r자를 제외한 자음 앞에서는 re-로 합성됨. 후기 라틴어에서는 모음 앞에서도 re-로 합성됨. réd-dere(돌려주다)와 redí-vivus(재생한)의 특수한 경우도 있으며, 자음으로 시작하는 동사 앞에서 그 같은 자음을 하나 더 보태어 가지는 경우도 있음, *e.g.* rét-tuli(도로 가져왔다). 「실은.

re[2] [**re verā**], *adv.* [res] 과연, 실제로, 사

rĕa[1], æ, *f.* [reus] 죄있는 여자, 여자 피고.

Rēa[2] **Sílvĭa,** æ, *f.* = Rhea Sílvia.

reaccénsus, a, um, *p.p.* [*inusit.* reaccéndo] 다시 불붙은; 다시 달아오른. 「라매다.

reaccíngo, ĕre, *tr.* [re[1]+] 다시 두르다·졸

reáctĭo, ónis, *f.* [re[1]+] **1.** 반작용, 반동, 반응. **2.** (진보적인 운동에 대한) 보수적 경향, 역행. 「축(改築).

reædificátĭo, ónis, *f.* [reædífico] 재건, 개

reædífico, ávi, átum, áre, *tr.* [re[1]+] 다시 짓다, 재건하다, 개축하다, 다시 건설하다.

reagéntĭa, órum, *n.pl.* **1.** 《藥》 시약(試藥), 시제(試劑). **2.** 반응물, 반응력.

reagnósco, ĕre, *tr.* [re[1]+] 재인식하다, 생각해내다, 다시 알아보다.

réago, ĕre, *tr.* [re[1]+] 다시 몰다·밀어내다.

reális, e, *adj.* [res] **1.** 물적(物的)인, 물건에 관한. **2.** **현실적**, **실제적**, 실지의, 사실(상)의, **실질적**, 실물의. **3.** **실재적**(實在的).

realisátĭo, ónis, *f.* 실현, 현실화.

realísmus, i, *m.* **1.** 현실주의. **2.** (문학·예술의) 사실주의(寫實主義). **3.** 《哲》 실재론(實在論): ~ ontológicus 본체론적 실재론. 「실(성), 실지. **2.** 실재(성).

reálĭtas, átis, *f.* **1.** 현실(성), 실제(성), 사

reápse, *adv.* [re[2]+eápse] 실지로, 실제로, 참으로, 사실로, 사실은.

reassúmo, súmpsi, súmptum, ĕre, *tr.* [re[1]+] 되찾다, 다시 맡다, 다시 인수하다.

reassúmptĭo, ónis, *f.* [re[1]+] 되찾음, 다시 인수함.

Reáte, *n. indecl.* *Sabíni*인들의 아주 오랜 도시(지금의 *Rieti*); 〔*adj.*〕 **-tínus,** a, um.

reátus, us, *m.* [reus] **1.** 미결중에 있는 피의자[피고인] 신분, 미결 (구류의) 상태[기

간]. 2. 죄책, 죄, 죄과, 죄목. 3. 미결 중인 피고인의 복장. 4. 《神》 ~ culpæ 죄과있는 상태, 단죄성(斷罪性); ~ pœnæ (죄과에 대한) 처형성(處刑性), 마땅히 벌 받아야 하는 상태[성질·입장·신분].

rebaptísma, ătis, *n.* [re¹+] 다시 받는 세례, 재세례. 「례줌.

rebaptizátĭo, ónis, *f.* [rebaptízo] 다시 세

rebaptizátor, óris, *m.* [rebaptízo] 다시 세례주는 사람. 「례주다.

rebaptízo, áre, *tr.* [re¹+] 〔*alqm*〕 다시 세

Rebécca, æ, *f.* 《聖》 *Isaac*의 아내, *Esau*와 *Jacob*의 어머니 *(cf. Gen. 25, 20)*.

rebellátĭo, ónis, *f.* [rebéllo] 반란, 폭동, 모반, 반역; 반항. 「는 여자, 반란자.

rebellátrix, ícis, *f.* [rebéllo] 폭동 일으키

rebéllĭo¹, ónis, *f.* [rebéllis] 반란, 폭동, 모반, 반역; 반항, 적대행위를 취함.

rebéllĭo², ónis, *m.* [rebéllis] 반란자, 반역자, 폭도.

rebéllis, e, *adj.* [re¹+bellum] 1. 투항했다가 다시 도전하는. 2. 반란을 일으키는, 반역[모반]하는, 반역(자)의; 〔*subst.*〕 *m.pl.* 반란자들, 반역도.

rebéllĭum, i, *n.* [rebéllo] 반란.

rebéllo, ávi, átum, áre, *intr.* [re¹+] 1. 투항했다가 다시 도전하다. 2. 반란을 일으키다, 반역[모반]하다, 폭동을 일으키다, 적대행위를 하다. 3. 반항하다, 거역하다. 4. (결점·욕망·감정·세력 따위가) 되살아나다, 다시 일어나다. 「다].

rebíto, ĕre, *intr.* [re¹+beto] 돌아오다[가

rébŏo, áre, *intr., tr.* [re¹+] 1. 되울리다, 메아리치다, 반향하다. 2. 맞서 으르렁대다. 3. 〔*alqd, alqm*〕 메아리치게 하다.

rebúllĭo, ívi [ii], ítum, íre, [re¹+] 1. *intr.* 다시 부글부글 끓다, (술이) 부걱부걱 괴다. 2. *tr.* 〔*alqd*〕 끓어오르며 (무엇을) 내보내다.

recálcĭtro, ávi, áre, *intr.* [re¹+] 1. (말 따위가) 뒷발질하다. 2. 〔*alci*〕 반항하다.

recálco, átum, áre, *tr.* [re¹+] 1. 되밟다, 다시 짓밟다. 2. 되풀이하다.

recal(e)fácĭo, féci, fáctum, ĕre, *tr.* [re¹+] 1. 다시 덥히다, 다시 따뜻해지게 하다; 〔*pass.*〕 -fío, fáctus sum, fíeri 다시 더워지다. 2. 되살려 일으키다.

recálĕo, ére, *intr.* [re¹+] 1. 다시 더워지다; 몹시 뜨거워지다. 2. 소생해 있다, 생생하게 남아있다.

recalésco, cálŭi, ĕre, *intr. inch.* [recáleo] 1. 다시 더워지다. 2. 다시 분발하다.

recalváster, tri, *m.* [recálvus] 이마 벗어진 사람, 대머리. 「이마, 대머리.

recalvátĭo, ónis, [-**vítĭes,** éi,] *f.* 벗어진

recálvus, a, um, *adj.* [re¹+calvus¹] 이마 벗어진, 대머리의.

recandésco, dŭi, ĕre, *intr. inch.* [re¹+] 1. 희어지다, 흰거품이 일다. 2. 다시 뜨거워지다, 달아오르다; 작열하다. 3. 다시 격앙하다, (분노가) 다시 치밀다.

récăno, ĕre, *intr.* [re¹+] 1. 서로 노래로 응답하다, 화답(和答)하다. 2. 걸린 마술을 벗어나다.

recánto, ávi, átum, áre, *intr., tr.* 1. 메아리치다, 울려 돌아오다. 2. 〔*alqd*〕 다시 [반복해서] 노래하다. 3. 〔*alqd*〕 마술로 [주문을 외어] 물리치다·제거하다. 4. 〔*alqd*〕 취소하다, 철회하다.

recapitulátĭo, ónis, *f.* [recapítulo] 요점의 되풀이, 요약, 개괄(概括); 요약 복습.

recapítŭlo, áre, [-**or,** átus sum, ári, *dep.*] *tr.* [re¹+capítulum] 요점을 다시 말하다, 요점을 추려서 다시 설명하다, 요약하다.

recasúrus, a, um, *p. fut.* [récido¹]. 「면체.

recáuta, órum, *n.pl.* [recáveo] 석방, 방면;

recávĕo, cávi, cáutum, ére, *intr.*[re¹+]서로 안전조치를 취하다, 보증을 서로 주고받다.

récăvus, a, um, *adj.* [re¹+] 오목한: recávum spéculum*(Prud.)* 오목거울.

réccĭdi = récidi, *pf.* [récido¹].

recédo, céssi, céssum, ĕre, *intr.* [re¹+cedo²] 〔ab, ex, de *abl.*; *abl.*; in *acc.*; *absol.*〕 1. **물러가다,** 돌아가다. 2. 자러[침실로] 가다. 3. 가버리다, 떠나가다. 4. **물러나다,** 떠나다, 그만두다, 손떼다, 버리다: ~ a vitā*(C.)* 자살하다. 5. 멀어지다, 사라지다: Urbes recédunt.*(V.)* 도시들이 점점 멀어진다. 6. 떨어져 나가다, 분리되다, 헤어지다, 갈라지다. 7. 먼 곳에 있다, 멀리 떨어져 있다; 깊숙이 (들어가) 있다.

recéllo, ĕre, [re¹+cello¹] 1. *intr.* 뒤로 기울어지다, 나자빠지다, 뒤로 주저앉다. 2. *tr.* 뒤로 잡아젖히다.

rĕcens, éntis, *adj.* 〔*abl. sg.* -ti, -te; *gen. pl.* -tĭum, -tum〕 1. **신선한, 싱싱한,** 오래되지[묵지] 않은, 생생한, 막[방금·새로] …한, 갓난, 햇-, 풋-: lac ~*(Ov.)* 신선한 우유 / cátuli recéntes*(Var.)* 갓난 (토끼) 새끼들 / ~ aqua*(Ov.)* 생수, 방금 길어온 물, 찬물 / sol ~*(C.)* 막 솟아오르는 해; 동방, 동쪽 지방 / ~ sanguis*(Catull.)* 선혈, 유혈 / recénti re [negótio] *(Pl.)* 즉시, 곧, 당장. 2. 흐르는: ~ fretum*(Col.)* 흐르고 있는 해협. 3. **새로운,** 신참(新參)의: Deus ~*(Ps. 80, 10)* 새로운[다른] 신(神). 4. **최근의,** 최근에 일어난[생긴·있은]: epístola recentíssima*(C.)* 가장 최근의 [마지막] 편지; 〔*subst.*〕 *n.pl.* recéntia *(C.)* 최근의 일들 / 〔*adverbiále*〕 in recénti*(Ulp.)* 최근에, 새로이. 5. 〔ab *abl.*, *abl.*〕 …하자마자의, 바로 직후의, …한지 얼마 안되는, 거의 동시(대)의: pullum asinínum a partu recéntem*(Var.)* 막 출생한 당나귀새

끼를 / ~ a vúlnere Dido*(V.)* 방금 부상한 *Dido* / Hæc vox est, a qua ~ sum.*(Sen.)* 이것은 금방 내가 들은 소리다 / Homérus, qui ~ ab illórum ætáte fuit.*(C.)* 시대적으로 그들의 바로 직후에 있었던 *Homérus* / Eo venérunt, Romā recéntes.*(C.)* 그들은 *Roma*를 떠나는 길로 그곳에 왔다. **6.** 〔ex *abl.*〕 최근에 그만둔[떠난]: e provínciā ~ *(C.)* 최근에 지방장관직을 그만둔 / poma ex arbóribus recéntia*(Trebéllius)* 나무에서 갓 딴 과일들. **7.** 〔감정에 대해 in *abl.*, *abl.*〕 아직도 생생한[새로운], 새삼스러운: recéntes in dolóre*(Ta.)* 새삼스럽게 괴로와하는 그들. **8.** 〔비교급으로〕 근대(近代)의, 현대의: ætas recéntior, recéntius ævum 근대, 근세(近世); 〔*subst.*〕 *m.pl.* recentióres*(C.)* 현대의 저술가[철학자·작가]들. **9.** 발랄한, 생기있는, 팔팔한, 원기왕성한, 활기찬. **10.** 〔*adv.*〕 **recénter, recens,** 최근에, 요사이, 요즈음, 근래에; 새로, 막, 방금.

recénsĕo, sŭi, sum [sítum], ére, *tr.* [re[1]+] **1.** 점검하다, 점호하다, (수·상태 따위를) 조사하다, 검사하다, 검열하다; 사열하다, 열병하다. **2.** 곰곰이 생각하다, 숙고하다, 음미하다. **3.** 〔*alqd, acc. c. inf.; absol.*〕 이야기하다, 열거하다. **4.** (글·책 따위를) 교정(校訂)하다, 교열하다.

recénsĭo, ónis, *f.* [recénseo] **1.** 인구[호구] 조사 (등록). **2.** 검사, 음미. **3.** 교정(校訂). 「조사. **2.** 검사, 검열; 반성, 성찰.

recénsus, us, *m.* [recénseo] **1.** 인구[호구]

recentárĭus, i, *m.* [-**rĭa,** æ, *f.*] [recens] 눈으로 냉각시킨 포도주 파는 사람.

recentórĭcus, a, um, *adj.* [recens] 새로 개간한: ~ ager Siciliénsis*(C.)* *Sicília*에 새로 개간한 *Roma* 국유 농토.

recépi, *pf.* [recípio].

receptábĭlis, e, *adj.* [recépto] 〔*gen.*〕 받아들일 수 있는, (고난 따위를) 당할 수 있는.

receptácŭlum, i, *n.* [recépto] **1.** 용기(容器), 그릇. **2.** 저장소; 저수지. **3.** 피난처, 은신처, 대피소.

recéptans, ántis, *m.(f.)* [recépto] (가해자[범죄자]를) 은닉하는 자; 장물취득자.

receptátĭo, ónis, *f.* [recépto] **1.** 다시 취함; 숨을 다시 쉼. **2.** 《法》 (범죄자의) 은닉·은신처 제공.

receptátor, óris, *m.* [-**átrix,** ícis, *f.*] [recépto] **1.** 받아들이는 사람, 수용자(受容者). **2.** (도둑·강도·적군 따위의) 은닉자; 장물보관인.

receptíbĭlis, e, *adj.* [recípio] 받아들일 수 있는; 도로 찾을 수 있는, 회복할 수 있는.

receptícĭus [-**títĭus**], a, um, *adj.* [recéptio] 유보(留保)의, 유보되어 있는.

recéptĭo, ónis, *f.* [recípio] **1.** 받아들임, 수용(受容), 접수; 수령(受領), 영수. **2.** 맞아들임, 모셔들임, 응접, 영접, 환영. **3.** 입회허가, 가입(시킴).

receptívus, a, um, *adj.* [recípio] **1.** (사상·인상 따위를) 잘 받아들이는, 감수성이 예민한, 이해력이 빠른. **2.** 감각기관의.

recépto, ávi, átum, áre, *tr. freq.* [recípio] **1.** 도로 잡아채다, 잡아뽑다. **2.** 〔*refl.*〕 **se** ~ (in *acc.*) 물러가다, 돌아가다; 피난하다, 숨어들다. **3.** 다시 잡다[가지다], 도로 받아들이다, 회복하다. **4.** (사람을) 자주 받아들이다, 숨겨주다, 숨을 곳을 제공하다, 은닉하다: Meum recéptas fílium ad te.*(T.)* 너는 내 아들을 너한테 자주 드나들게 한다. **5.** 접수하다, 받다.

recéptor, óris, *m.* [-**trix,** ícis, *f.*] [recípio] **1.** 받아들이는 사람, 수용자(受容者); 영수자. **2.** (도둑·강도·적군 따위의) 은닉자; 장물보관자. **3.** 되찾는 사람, 회수자(回收者); 만회자. **4.** 《生理》 감각기관; 《生》 (세포의) 감각 접수체.

receptórĭus, a, um, *adj.* [recípio] 은신하기에 적당한, 피난처의; 〔*subst.*〕 *n.* 피난처, 은신처.

recéptum, i, *n.* [recípio] **1.** 약속, 언질, 보증, 책임짐, 담보. **2.** (약의) 처방.

recéptus[1], a, um, *p.p., a.p.* [recípio] 받아들여진, 만인에게 인정받은, 일반적으로 행하여지고 있는, 관례적인, 통례적인, 통용되는.

recéptus[2], us, *m.* [recípio] **1.** 되돌림; 되돌아옴, 회복, 회수: Spíritus ... sit nec in recéptu diffícilis.*(Q.)* 숨을 들이쉬기가 곤란해서도 안된다. **2.** 철회, 취소; 중지, 포기. **3.** 물러남, 은퇴. **4.** 후퇴, 퇴각, 철수: recéptui cánere*(Cæs.)* 나팔신호로 철수시키다 / recéptui signum dare*(L.)* 퇴각신호를 하다. **5.** 썰물, 간조, 퇴조. **6.** 피신처, 피난처, 안전지대; 보금자리.

recéssa, æ, *f.* [recédo] 썰물, 간조, 퇴조.

recéssim, *adv.* [recédo] 뒤로 물러나서·물러가서. 「거, 후퇴.

recéssĭo, ónis, *f.* [recédo] 물러감, 퇴장, 퇴

recéssus[1], a, um, *p.p., a.p.* [recédo] 뒤로 물러나 있는, 안쪽으로 깊숙이 들어간.

recéssus[2], us, *m.* [recédo] **1.** 물러감, 떠나감, 퇴거, 후퇴; 퇴근, 귀가. **2.** 멀어짐; 멀찍이 함, 기피, 회피, 혐오. **3.** 썰물, 퇴조, 간조. **4.** 피신처. **5.** 격리된 장소, 외딴 곳, 한적한 곳. **6.** 후미진 곳, (해)만(海灣). **7.** 그윽한[깊숙한] 곳, 구석진 곳; 마음속; 심오(深奧): in recéssu oris *(Q.)* 입속에서 / In ánimis hóminum sunt tanti recéssus.*(C.)* 사람들 마음속에는 대단히 그윽한 데가 있다. **8.** 《解》 와(窩), (기관의) 오목 들어간 곳. **9.** 휴식. 「래.

réchămus, i, *m.* 복활차(複滑車)의 첫도르

recidivátus, us, *m.* [recidívus] 재건, 복구, 재생.

recidívus, a, um, *adj.* [récido¹] **1.** (병이) **재발하는,** 다시 일어나는, 회귀(回歸)의. **2.** 재건(再建)의, 재생의. **3.** (같은 죄를) 거듭 범하는, **재범의, 누범(累犯)의,** 상습범의; 〔*subst.*〕 *m.* 재범자, 누범자.

récĭdo¹, cĭdi, cásum, ĕre, *intr.* [re¹+cado] **1.** 〔ex *abl.* - in *acc.*〕 다시[도로] 떨어지다: ~ in terram*(Ov.)* 땅에 도로 떨어지다. **2.** 〔in *acc.*〕 …에 다시 빠지다, (병에) 다시 걸리다, 다시[또·도로] 당하다: ~ in invídiam*(N.)* 다시 질투하다 / in morbum ~ *(L.)* 병에 다시 걸리다 / ~ in eámdem fortúnam*(C.)* 같은 운명을 또 당하다. **3.** 〔ex *abl.* - in, ad *acc.*; *alqo*(어디로)〕 (다시) 돌아가다, 다시 …에 이르다, 전락하다, (누구에게) 또 닥치다: ~ in antíquam servitútem*(L.)* 옛 노예지위로 돌아가다 / ~ in cassum*(Col.)* 수포로 돌아가다 / ex lætítiā ad luctum ~*(C.)* 기쁨에서 슬픔으로 전락하다 / periculósa in illos recasúra*(Suet.)* 그들에게 또 닥쳐올 위험한 일들 / Húccine tandem hæc ómnia recidérunt, ut ...?*(C.)* 이 모든 것이 결국 …할 정도[사태]에까지 이르렀는가? **4.** 〔ad *alqm*〕 귀속하다, (누구의) 소유로 돌아가다.

recído², cídi, císum, ĕre, *tr.* [re¹+cædo] **1.** **자르다,** 잘라내다, 잘라버리다, 절단하다, 베어내다, (털·손[발]톱·풀 따위를) 깎다; (풀 따위를) 뜯어먹다. **2.** (벌집에서 꿀을) 뜨다. **3.** 덜다, 감소시키다, 줄이다, 삭감하다, (품삯을) 깎다. **4.** 지워버리다, 삭제하다, 생략하다, 없애버리다, 제거하다, 근절시키다.

recíngo, cínxi, cínctum, ĕre, *tr.* [re¹+] **1.** (띠 따위로 졸라맸던 것을) 풀다, 끄르다: ~ zonam*(Ov.)* 띠를 풀다 / vestis recíncta *(V.)* 풀어 헤친 옷. **2.** *pass. refl.* **recíngi** 〔*alqd(acc. Gr.)*; *absol.*〕 (지녔던 것을) 내려[벗어]놓다, 옷을 벗다: recíngi ferrum *(Stat.)* 찼던 검을 내려놓다 / Recíngor. *(Ov.)* 나는 옷을 벗는다. **3.** 띠를 다시 띠다, 띠로 다시 졸라매다; 〔*pass. refl.*〕 (칼을) 다시 차다, 무기를 다시 잡다.

récĭno, ĕre, *intr.*, *tr.* [re¹+cano] **1.** 〔*absol.*〕 거듭 울려나오다, 반향하다, 메아리치다; 계속 지저귀다. **2.** 〔*alqd*〕 거듭[받아] 노래하다, 복창하다, 받아 외다. **3.** 〔*alqd*; *alqm*〕 메아리치게 하다, 거듭 울리게 하다; 소리내어 찬미하다. **4.** 후렴을 노래하다.

reciper... *V.* recuper...

recípĭo, cépi, céptum, ĕre, *tr.* [re¹+cápio¹] **1.** 다시 잡다; **돌려받다, 도로 찾다,** 회복하다: dandis recipiendísque méritis*(C.)* 서로 신세들을 입히거니지거니하며 / post libertátem recéptam*(C.)* 자유를 다시 찾은 후 / spíritum ~*(Q.)*, ánimam ~*(T.)* 다시 숨쉬다, 숨을 돌리다 / Paullátim ánimum recépit et circumstántes cœpit agnóscere. *(Curt.)* 그는 점차 정신을 차리고 주위 사람들을 알아보기 시작했다 / mente recéptā *(H.)* 정신을 차리고 / a pavóre ánimum ~ *(L.)* 공포심을 버리고 용기를 되찾다 / Arma et ánimos recepére.*(Curt.)* 그들은 다시 용기를 내어 무기를 잡았다. **2.** 도로 뺏다, 탈환하다, 수복(收復)하다: Præda omnis recépta est.*(L.)* 약탈당했던 것을 모두 도로 뺏었다 / óppidum ~ *(C.)* 도시를 탈환하다. **3.** 〔*alqd* (ab) *abl.*〕 (도로) 빼다·뽑다: Sagítta ab álterā parte recipiénda est.*(Cels.)* (박힌) 화살을 다른 쪽으로 뽑아야 한다. **4.** 〔*alqm* - ex *abl.*〕 구출하다, 구해내다, 무사히 데려내오다: Illum médio ex hoste recépi.*(V.)* 나는 그를 적의 한가운데로부터 구해냈다. **5.** *refl.* **se** ~ 1) 〔ex, ab *abl.*; - in, ad *acc.*〕 **돌아오다**[가다]: e Sicíliā se ~*(C.)* *Sicília*에서 돌아오다 / Récipe te ad me.*(Pl.)* 나한테로 돌아오너라. 2) 〔ad *acc.*〕 돌아서다, 전향하다, 방향을 돌리다: se ad frugem bonam ~*(C.)* 착실한 생활로 돌아서다, 개과천선하다. 3) 〔ex *abl.*; *absol.*〕 원상으로 돌아가다, 원래대로 되다; 완쾌하다; 제정신으로 다시 돌아오다, 정신을 차리다; …에서 벗어나다: Nondum totā me mente recépi. *(Ov.)* 내가 아직 정신을 온전히 차리지 못했다 / ex timóre se ~*(Cæs.)* 공포에서 벗어나 원기를 되찾다. 4) 《軍》 〔ex *abl.*; inde, hinc - in, ad, intra *acc.*; eo(그리로)〕 **철수하다,** 후퇴[퇴각]하다. **6.** 〔*alqd* - *sibi*〕 (팔리는 물건에) 포함시키지 않다, 따로 떼어두다, 유보(留保)하다. **7.** **받다,** 영수(領收)하다: Heri duas epístolas recépi. *(C.)* 어제 나는 편지 두 장을 받았다 / Récipe ferrum. 칼 받아라! (쓰러져 시합중지 처분을 간청하는 검투사에게 이를 허용치 않던 관중의 고함소리). **8.** 〔*alqm, alqd* - ad, in, intra, inter *acc.*; in *abl.*; *abl.*; *acc. loci*〕 **받아들이다,** 들여놓다; (회·단체 따위에) 가입시키다, 입회를 허가하다; 맞이하다, **맞아들이다,** 영접[환영·환대]하다: ~ *alqm* spléndide*(C.)* 아무를 성대하게 환영하다 / Récipe me ad te, mors, amícum.*(Pl.)* 죽음아, 나를 너의 친구로 받아들여다오 / *alqm* in deditiónem ~*(Cæs.)* 아무의 투항을 받아들이다 / ~ *alqam* in matrimónium *(Justin.)* 어떤 여자를 아내로 맞다 / *alqm* tecto [domum suam] ~ *(L., C.)* 아무를 (자기) 집에 맞아들이다 / preces recéptæ *(Stat.)* 받아들여진 간청 / verba aure recépta*(Ov.)* 귀로 들은 말 / eucharistíam ~ 성체(성사)를 받아모시다. **9.** 〔*alqm* in *acc.*〕 (아무를 어떤 관계·상태에) 놓이게 하

다, (아무와 어떤) 사이가 되다, (아무와 어떻게) 지내다: *alqm* in amicítiam meam ~*(C.)* 아무를 나의 친구로 삼다(나의 우정에 받아들이다) / *alqm* in familiaritátem ~ *(C.)* 아무와 친밀한 사이가 되다. **10.** 〔*alqd* in *acc.*〕 채용[채택]하다, (무슨 용도로) 쓰다: Scólymon in cibos récipit Orĭens. *(Plin.)* 동양에서는 엉겅퀴(의 일종)도 식용으로 한다 / gallínæ Afrĭcæ in mensas recéptæ *(Plin.)* 요리에 쓰여지는 *Afrĭca* 암탉. **11.** (장사에서) 이익을 얻다, 이득을 보다, 수입을 올리다. **12.** 《軍》 점령하다, 장악하다. **13.** 허락[허용]하다, **용납하다**, 인정하다, 받아들이다, 참아주다: nec recipiénte jam dilatiónem re, *(L.)* 사태가 더 이상의 지연을 허락치 않아서 / Antíquitas recépit fábulas, hæc autem ætas réspuit. *(C.)* 신화들을 옛시대는 용납하였으나 현대는 배척하고 있다. **14. 떠맡다,** 담당하다, 책임맡다: causam ~*(C.)* 소송사건을 떠맡다 / recéptum offícium*(C.)* 맡은 직책. **15.** 〔*alqd* - *alci; de abl.*, pro *alqo;* ad, in *se; acc. c. inf.*〕 보증[보장]하다, 장담하다, 책임지다, 약속하다: Si neque de fide barbarórum quidquam ~ nobis potes, ...*(L.)* 야만인들의 신의에 대해 네가 우리에게 아무것도 보증할 수 없다면 / Omnĭa ei peténti recépi. *(C.)* 나는 그가 청하는 것을 다 약속했다 / ~ in se períıculum *(Ulp.)* (결과·품질 따위에 대해) 책임지다, 보증하다 / Recípio ad me: fáciet. *(T.)* 장담하거니와 그는 (꼭) 할것이다. **16.** 《法》 〔nomen *alcjs, alqm* inter reos〕 (집정관 <prætor> 이 아무에게 대한) 고소를[소송을] 접수하다[받아들이다], 아무를 피의자로 인정하다. **17.** (노예를) 숨겨주다, 은닉하다, 피신처를 제공하다. **18.** 약이 (여러가지 성분으로) 조제되다: Antídotos [-us] récipit hæc: ...*(Scrib.)* 해독제는 다음과 같은 것들로 즉 …로 만들어진다.

reciprocátĭo, ónis, *f.* [**-tus,** us, *m.*] [recíproco] **1.** 뒷걸음질로 되돌아옴, 본 위치로 돌아옴. **2.** 역류(逆流); 썰물. **3.** 상호적임, 교환, 주고받기, 겨끔내기, 호혜(互惠). **4.** 보복, (같은 모양·방법의) 앙갚음. **5.** 교체(交替). **6.** (기계의) 왕복운동.

recipróc ĭtas, átis, *f.* [recíprocus] **1.** 상호성(相互性), 상호관계; 교호성(交互性), 교호작용(交互作用), 상호작용, 상호의존. **2.** 교환. **3.** 호혜관계(互惠關係).

recíprŏco, ávi, átum, áre, [recíprocus] **I.** *tr.* **1.** (앞뒤로) 왔다갔다하게 하다, 밀었다당겼다하다, 드나들게 하다, 왕복운동을 시키다; 교호작용(交互作用)을 하다, 주거니받거니하다; 뒷걸음치게 하다, 되돌아가게 하다, (물을) 빠지게 하다: ~ ánimam *(L.)* 숨을 쉬다[내쉬다] / ~ serram*(T.)* 톱질하다 / Reciprocári mare cœpit. *(Curt.)* 바닷물이 빠지기[나가기] 시작했다. **2.** 〔*pass.*〕 명제(命題)를 역(逆)으로 만들다. **II.** *intr.* **1.** 되돌아가다, (바닷물이) 빠지다·나가다. **2.** 왔다갔다하다, 조수(潮水)가 드나들다.

recíprŏcus, a, um, *adj.* **1.** 썰물의, 퇴조(退潮)의; 조수가 밀려왔다 밀려가는: mare recíprocum*(Ta.)* 썰물때의 바다 / æstus maris recíproci*(Plin.)* 밀물과 썰물, 간만(干滿). **2.** (왔다가) 되돌아가는, (갔다가) 되돌아오는, 회귀(回歸)의: voces recíprocæ *(Plin.)* 되울려 퍼지는 메아리. **3. 상호적(相互的)인,** 주고받고하는, **대갚음하는,** 호혜적인; 교호적(交互的)인: recíprocæ epístolæ*(Hier.)* 서신교환 / recíprocæ taliónes *(Gell.)* 상호간의 동태복수(同態復讐). **4.** 교대의, 갈마드는, 파상적(波狀的)인. **5.** 《文法·古》 재귀(再歸)의: pronómina recíproca 재귀대명사.

recisaméntum, i, *n.* [recído²] (깎여·잘려 떨어진) 조각, 부스러기.

recísĭo, ónis, *f.* [recído²] **1.** 자름, 절단, 깎음, 가장자리를 침. **2.** 감소, 감축, 감원(減員).

recísus, a, um, *p.p.*, *a.p.* [recído²] 잘린, 깎인; 축소된, 짧아진, 단축된, 간단한.

recitátĭo, ónis, *f.* [récito] **1.** 소리내어 읽음, **낭독,** 낭송, 암송; 기도문을 욈, 독경; (시·연설문 따위의) 공개발표[낭송·낭독]. **2.** (법정에서 증빙문서·판례문 따위의) 인증낭독(引證朗讀), 열거.

recitátor, óris, *m.* [récito] **1.** 낭독자, 낭송자; 암송자; (자작시·연설원고 따위의) 공개발표자. **2.** (법정에서 증빙문서·판례문 따위를) 인증(引證)하여 낭독하는 사람.

récĭto, ávi, átum, áre, *tr.* [re¹+cito²] **1. 낭독하다,** 소리내어 외다, **낭송하다;** 암송하다: ~ sacraméntum*(Ta.)* 선서문을 낭독하다. **2.** 기도문을 외다, 기도드리다. **3.** (주로 친구들 모임에서 자작시·연설원고 따위를) 공개발표하다. **4.** 〔*alqd, alqm* - ex, de *abl.*〕 (법정·원로원 같은 공석에서 증빙문서·유언장·법조문·판례문·명단 따위를) 인증(引證)하다, 인용하여 읽다, 열거하다. **5.** 다시 불러오다, 소집하다.

reclamátĭo, ónis, *f.* [reclámo] **1.** 환호(성). **2.** 소리질러 항의함; 불찬성[반대·비난]의 함성.

reclámĭto, áre, *intr. freq.* [reclámo] 〔*dat.*〕 소리질러 항의하다, 반대하여 소리지르다.

reclámo, ávi, átum, áre, *intr.*, *tr.* [re¹+] **1.** 〔*dat.; ne; acc. c. inf.; absol.*〕 소리질러 항의하다, 반대하여 소리지르다, 비난하다, 아우성치다, 외치다, 부르짖다. **2.** 〔*poética*〕 울려퍼지다, 메아리치다. **3.** 〔*alqm*〕

거듭 소리쳐 부르다. **4.** in libertátem ~ *(Paul.)* 자유를 요구하다, 자유신분 확인을 호소하다.

reclinátĭo, ónis, *f.* [reclíno] **1.** 뒤로 젖힘; 뒤로 기울어짐. **2.** 휴식, 쉼: a labóribus ~ *(Ambr.)* 일을 쉼.

reclinatórĭum, i, *n.* [reclíno] (의자의) 등받이; (침대의) 머리 기대는 부분.

reclínis, e, [**-nus,** a, um,] *adj.* [reclíno] 〔*absol.; in abl., dat.,* super *acc.*〕 뒤로 젖혀진[기울어진], 뒤로 기댄, 자빠진, (바로·모로) 누운.

reclíno, ávi, átum, áre, *tr.* [re^1+] **1.** 〔*alqm, alqd*〕 (뒤로·옆으로) 기울이다, 뒤로 젖히다, 뒤로 기대어 놓다, 눕히다, 누이다: se ~ *(Cæs.)* 뒤로 기대다; *p.p.* **reclinátus,** a, um 〔*absol.; in acc., in abl.*〕 뒤로 기댄, 누운, 누워있는. **2.** 〔*alqm* ab *abl.*〕 (무엇에서) 떼어놓다, 쉬게 하다: Nullum a labóre me reclínat ótium. *(H.)* 나는 일에서 벗어나 한가로이 쉴 틈이 조금도 없다. **3.** 〔*alqd* in *alqm*〕 (누구에게 책임·짐을) 짊어지우다, 떠맡기다. **4.** *intr.* 눕다, 누워 자다.

reclívis, e, [**-vus,** a, um,] *adj.* [re^1+clivus] (뒤로) 기울어진, 경사진, 비스듬한.

reclúdo, clúsi, clúsum, ĕre, *tr.* [re^1+claudo^1] **1.** 〔*alqd - alci*〕 **열다,** 열어주다, 개방하다, 열어헤치다, 드러내다, 터놓다; 파일으키다; 절개(切開)하다: hosti ~ portas*(V.)* 적군에게 성문을 열어주다 / ensem ~ *(V.)* 칼을 뽑다 / via reclúsa*(Ov.)* 터놓은[뚫린] 길. **2.** 털어놓다, 폭로하다, (분노 따위를) 터뜨리다. **3.** 〔*alqm, alqd* - in *acc.,* in *abl.*〕 가두다, 감금하다; 따로 격리시키다. **4.** 닫다, 폐쇄하다. **5.** 〔*alqd - alci*〕 비밀로 하다, 숨기다.

reclúsĭo, ónis, *f.* [reclúdo] 개방; (눈을) 뜸.

recogitátĭo, ónis, *f.* [recógito] **1.** 회상, 추억. **2.** 숙고, 재고, 반성.

recógĭto, ávi, átum, áre, *intr.* [re^1+] 〔*secum; absol.;* de *abl.; interr. indir.*〕 재고하다, 다시 생각하다, 심사숙고하다, 반성하다, 연구하다.

recognítĭo, ónis, *f.* [recognósco] **1.** 재조사, 재검토, 다시 살핌, 검열, 심사, 검증(檢證): ~ sui *(Sen.)* 자기 자신에 대한 성찰(省察), 자성(自省) / ~ jurídica 법정심사(法定審查). **2.** 제인(再認), 인정, 승인, 인가.

recógnĭtor, óris, *m.* [recognósco] 다시 조사[검열]하는 사람.

recognósco, gnóvi, gnĭtum, ĕre, *tr.* [re^1+] **1.** 다시 알아보다, **새인식하다,** 다시 깨닫다; 인정하다, 승인하다. **2.** 기억해내다, 기억을 되살리다, 돌이켜 생각하다, (무엇이) 생각나다. **3.** 재검토하다, 음미하다, 검열하다, 다시 살펴보다, **점검하다,** 교열(校閱)하다; **검증하다.**

recógo, ĕre, *tr.* [re^1+] 다시 모이게 하다, 재조직하다.

recollééctĭo, ónis, *f.* [recólligo] (주로 묵상에 있어서의) 정신집중[통일]: ~ ménstrua 일례 1일 대묵상.

recóllĭgo, légi, léctum, ĕre, *tr.* [re^1+cólligo^2] **1.** 다시 모으다, 거두어 모으다, 모아들이다, 수집하다; 집합[집결]시키다; (버렸던 것을) 다시 거두어 오다: nata ova ~ *(Col.)* (새로) 난 달걀들을 거두어 모으다 / recollécta multitúdine*(Justin.)* 군중이 다시 모였을 때. **2.** (무기를) 다시 잡다. **3.** (회상하기 위해서) 기록해 두다. **4.** 되찾다, 회복하다: vires ~ *(Plin.)* 힘을 회복하다 / primos ~ annos*(Ov.)* 지난 날의 젊음을 되찾다 / se ~ 1) *(Ov.)* 제정신이 들다, 침착해지다. 2) *(Plin.)* 건강을 회복하다. **5.** 화해시키다. **6.** ~ sese in antrum *(Commodiánus)* 굴속으로 들어가 숨다.

recólo^1, áre, *tr.* [re^1+colo^1] 다시 거르다[밭다], 여과시키다.

récŏlo^2, cólŭi, cúltum, ĕre, *tr.* [re^1+colo^2] **1.** 다시 경작하다, 재개발하다: ~ metálla *(L.)* 광산을 다시 캐내다. **2.** (어떤 곳을) 다시 찾아가다; 다시 거주하다. **3.** 새롭게 하다, 다시 실행하다, (재능·정신을) 다시 연마하다. **4.** 다시 공경하다, 다시 숭상하다, 다시 선양하다. **5.** (명예·지위 따위를) 회복하다. **6.** 〔*alqd; interr. indir.*〕 다시 생각하다, 다시 음미하다, 깊이[곰곰이] 생각하다. **7.** 〔*alqm, alqd; acc. c. inf.*〕 추모하다, 추억하다, 기념하다, 회상하다, 상기하다.

recomméntor, átus sum, ári, *dep. tr.* [re^1+comméntor^1] 생각나다, 기억해 내다.

recomminíscor, *(ĕris, ĭtur),* méntus sum, nísci, *dep. tr.* [re^1+] 기억해 내다, 생각나다.

recommónĕo, ére, *tr.* [re^1+] 〔*alqm; ut*〕 다시 일깨우다[상기시키다], 다시 권고[경고]하다.

recompensátĭo, ónis, *f.* [recompénso] 배상(賠償), 보상.

recompénso, ávi, átum, áre, *tr.* [re^1+] 배상하다, 보상하다.

recompóno, pósŭi, pósĭtum, ĕre, *tr.* [re^1+] **1.** 다시 정리[정돈]하다, 재조정하다; 수리[수선]하다. **2.** 〔*alqm*〕 다시 진정시키다, 침착성[냉정]을 되찾게 하다, 다시 차분해지게 하다.

reconciliátĭo, ónis, *f.* [reconcílio] **1.** 회복, 갱신, 복구. **2.** **화해, 화합;** 중재, 조정: ~ grátiæ*(C.)* 화해. **3.** 《가》 (배교자 등 특징 범죄자의) 교회와의 화해·교회로의 복귀 허용, 법적 절차에 의한 파문처분 따위의 사면; 《敎法》 (독성〈瀆聖〉된 성당·묘지 따위의) 복성(復聖).

reconciliátor, óris, *m.* [**-trix,** ícis, *f.*][reconcílio] 회복시키는 사람; 화해시키는 사람, 조정자.

reconcílĭo, ávi, átum, áre, *tr.* [re¹+] **1.** 〔*alqd* – cum *alqo, alci*〕 (우호관계·화목·평화·영예 따위를) **회복하다**, 되찾다, 다시 얻다, 다시 이룩하다, 다시 달성하다: grátiam cum fratre ~ *(L.)* 형제와의 우애를 회복하다, 형제와 화해하다 / ~ pacem *(L.)* 평화를 회복하다. **2.** 〔*alqm alci*, cum *alqo*, in grátiam; ánimum *alcjs alci*〕 **화해시키다**, 융화시키다, 화합[화목]하게 하다, (누구의) 마음을 되돌아오게 하다, 중재하다: me cum *alqo* ~ *(C.)* 나를 아무와 화해시키다 / ~ mundum Deo *(Hier.)* 세상을 하느님과 화해시키다 / ánimum patris sui soróri ~ *(C.)* 자기 아버지를 누이와 화해시키다 / eos in grátiam ~ *(L.)* 그들을 화해시키다 / Inimíci in grátiam reconciliabántur. *(C.)* 원수졌던 사람들이 화해하고 있었다 / de reconciliándis ínvicem ánimis *(Ta.)* 서로 화목함에 대하여. **3.** 다시 데려오다, 다시 돌아오게 하다: artículum ~ *(Apul.)* 관절을 제자리에 맞추다 / *alqm* domum ~ *(Pl.)* 아무를 집으로 다시 데려오다. **4.** 〔활용 특례 *(Pl.)*〕 reconciliásso = reconciliávero *(fut. exact.)*; reconciliássere = reconciliatúrum esse. 「다, 복구하다; 만회하다.

reconcínno, áre, *tr.* [re¹+] 수리[수선]하

recóndĭta, órum, *n.pl.* [recónditus] 제관만 출입할 수 있는 신전(神殿)의 깊숙한 곳.

recondítĭo, ónis, *f.* [recóndo] 재건(再建).

recóndĭtor, óris, *m.* [recóndo] 감추어 두는 사람.

reconditórĭum, i, *n.* 저장실, 창고.

recóndĭtus, a, um, *p.p., a.p.* [recóndo] **1.** 숨겨놓은, 감추어진, 비밀로 한; 알려지지 않은, 발길이 미치지 않은; 〔*subst.*〕 *n.* 비밀장소. **2.** 격리된, 외딴. **3.** 폐쇄된, 개방되지 않은. **4.** 심원한, 심오한, 비밀에 싸인, 알기 어려운, 난해한.

recóndo, dĭdi, dĭtum, ĕre, *tr.* [re¹+] **1.** 〔*alqd* – in *acc.*〕 (제자리에) 다시 두다[꽂다]: gládium in vagínam ~ *(C.)* 칼을 칼집에 다시 꽂다 / 〔*poética*〕 óculos ~ *(Ov.)* 눈을 다시 감다. **2.** 〔*alqd* – in *acc.*, (in) *abl.*〕 **저장하다**, 보관하다, 담아두다, 덮어[묻어] 두다. **3.** 〔*alqm, alqd* – in *acc.*, (in) *abl.*〕 **감추다**, 숨기다, 은닉하다; 드러나지 않게 하다: se ~ in locum ...*(Q.)* (어떤) 곳에 숨다 / se ~ *(Sen.)* 은퇴하다, 칩거(蟄居)하다. **4.** 박다, 찌르다: ~ ensem in pulmóne *(V.)* 칼로 폐를 찌르다. **5.** *alqd* ~ alvo *(Ov.)* 꿀꺽 삼키다. **6.** 파묻다, 매장하다. **7.** 〔*alqd*〕 비밀로 하다, 비밀을 지키다. **8.** (마음속에) 품고 있다.

recondúco, dúxi, dúctum, ĕre, *tr.* [re¹+] **1.** 다시 빌리다, 다시[계속해서] 세 들다. **2.** 보수를 받고 떠맡다[책임지다]. **3.** 청부맡아 실어나르다. 「다.

recónflo, áre, *tr.* [re¹+] 다시 타오르게 하

reconstítŭo, ĕre, *tr.* [re¹+] 다시 구성[편성·조직]하다. 「[개축]하다.

recónstrŭo, ĕre, *tr.* [re¹+] 재건하다, 개조

recóntrans, ántis, *p.præs.* [*inusit.* recóntro] 〔*dat.*〕 뒷발질하는, 반항하는, 반역하는. 「복하다.

reconvalésco, ĕre, *intr.* [re¹+] 건강을 회

reconvéntĭo, ónis, *f.* [re¹+convénio] 《法》 반소(反訴). 「반소(反訴)의: áctio ~ 반소.

reconventionális, e, *adj.* [reconvéntio]

reconvínco, ĕre, *tr.* [re¹+] 완전히 납득[설득·확신]시키다.

recŏquo, cóxi, cóctum, ĕre, *tr.* [re¹+] **1.** 다시 삶다[끓이다·익히다·굽다], 재탕하다; 별에 여러번 바꿔다. **2.** 다시 달구다[단련하다], 다시 벼리다; (금속을) 다시 녹이다, 개주(改鑄)하다. 「있는 (것); 기억해야 할 (것).

recordábĭlis, e, *adj.* [recórdor] 기억할 수

recordántĭa, æ, *f.* [recórdor] 기억; 회상, 추억; 기념.

recordátĭo, ónis, *f.* [recórdor] 〔*gen.; absol.*〕 생각나는 일, 기억; 회상, 추억; 기념: grata ~ *(C.)* 즐거운 추억 / acérba ~ *(C.)* 쓰라린 추억.

recordátus, us, *m.* [recórdor] 추억, 회상.

recórdo, ávi, átum, áre, *tr.* [re¹+cor] 〔드물게 쓰이며 격지배는 *alqm alcjs rei*〕 다시 생각나게 하다, 기억[회상·추억]하게 하다: Is pátriæ eum recordávit. *(Quadrigárius)* 그가 이 사람에게 조국을 기억하게 했다.

recórdor, átus sum, ári, *dep. tr., intr.* [re¹+cor] **1.** 〔*acc., gen.*, de *abl.; acc. c. inf.; interr. indir.;* quod *c. subj.; absol.*〕 다시 생각나다, **기억하고 있다**, 잊지 않고 있다; 회상하다: Recórdor desperatiónes eórum. *(C.)* 그들이 실망하던 것을 나는 기억하고 있다 / recordátus, quod nihil cuíquam præstitísset. *(Suet.)* 그는 자기가 아무에게도 뭐 하나 해준 것이 없었다는 것이 생각나서. **2.** 깊이 생각하다; 상상하다: Quæ sum passúra, recórdor. *(Ov.)* 나는 (여자인) 내가 장차 당할 일들을 곰곰이 생각해 본다.

recorporátĭo, ónis, *f.* [recórporo] **1.** (그 전 상태대로의) 육체의 재형성[재구성]. **2.** 육체의 기능을 회복시킴.

recorporatívus, a, um, *adj.* [recórporo] 육체의 기능을 회복시켜 주는 (힘이 있는).

recórpŏro, áre, *tr.* [re¹+] **1.** 육체를 (이전 상태대로) 다시 갖추게 하다[형성하다]. **2.** 육체의 기능을 회복시키다. 「정, 개정(改正).

recorréctĭo, ónis, *f.* [recórrigo] 고침, 수

recórrĭgo, réxi, réctum, ĕre, *tr.* [re¹+] 고치다, 바로잡다, 수정하다, 개정(改正)하다.

recrástĭno, áre, *tr.* [re¹+crástinus] (내일

로) 미루다, 연기하다.

recreábĭlis, e, *adj.* [récreo] 휴식이 되는, 상쾌한, 즐거운, 오락의.

recreátĭo, ónis, *f.* [récreo] **1.** 재창조, 개조; (건강 따위의) 회복. **2.** 휴식, 휴게, 오락, 기분전환.

recreátor, óris, *m.* [récreo] **1.** 재창조자, 개조자. **2.** (체력·정신력 따위를) 회복[소생]시키는 사람.

recreatórĭum, i, *n.* [récreo] 휴양소.

recreméntum, i, *n.* [re¹+cerno] 폐물, 쓰레기, 오물, 부스러기, 찌꺼기; 광재(鑛滓); 똥, 오줌.

récrĕo, ávi, átum, áre, *tr.* [re¹+] **1.** 다시 창조하다, 고쳐 만들다, 개조하다, 개신(改新)하다. **2.** 〔*alqm, alqd* - ex *abl.*; *abl. médii*〕 다시 살리다, **소생시키다**; 부흥시키다, 보강(補强)하다; 심신을 새롭게[상쾌하게] 하다, 기운[활력]을 되찾게 하다, 활기를 띠게 하다, 용기를 불어넣다[북돋다], **회복시키다**, 다시 낫게 하다; 쉬게 하다, 휴식을 취하게 하다; 〔*pass. refl.*〕 **se ~, recreári** 소생하다, 회복되다, 힘을 얻다; 쉬다, 휴식하다: provínciam afflíctam et pérditam erígere atque ~*(C.)* 시달려 비참해진 주(州)를 일으켜 부흥시키다 / ~ afflíctos ánimos bonórum*(C.)* 절망에 빠진 선량한 사람들의 용기를 북돋아 주다 / récreans vires potus vini*(Plin.)* 기운을 회복시켜 주는 음주 / e gravi morbo recreáti*(C.)* 중병에서 회복된[소생한] 사람들 / Lítteris récreor.*(C.)* 나는 문학으로 활력을 되찾는다. **3.** 다시 선출하다.

récrĕpo, áre, [re¹+] **1.** *intr.* (악기·소리가) 울리다. **2.** *tr.* (소리를) 울리다.

recrésco, crévi, crétum, ĕre, *intr.* [re¹+] 다시 자라다[성장하다·커지다], 다시 생장(生長)하다, 재생하다.

recrudésco, crúdŭi, ĕre, *intr. inch.* [re¹+] (병·상처 따위가) 도지다; 다시 악화하다, 다시 격화하다.

rectā, *adv.* (*sc.* viā)[rectus] 곧바로, 일직선으로, 직접.

rectagónum, i, *n.* 구형(矩形), 장방형(長方形).

rectángŭlus, a, um, *adj.* [rectus+] **1.** 직각의, 직각이 있는: rectángulum triángulum 직각삼각형. **2.** 구형(矩形)의, 장방형의.

recte, *adv.* [rectus] **1. 곧게,** 바르게, 똑바로, 직선으로, **수평[수직]으로,** 직립하여. **2.** 곧장, 쉬지않고 줄곧: ~ ambuláre*(C.)* 곧장 가다. **3. 옳게, 바로,** 제대로, 규격대로, 잘, 좋게. **4.** 의당히, 당연히, 으례. **5.** 안전하게, 무사히. **6.** 다행히, 성공적으로, 성과있게. **7.** 유리하게, 이롭게. **8.** 상서롭게, 좋은 징조로. **9.** 명백하게, 솔직하게, 똑바로, 곧이곧대로. **10.** 조심하여, 정신차려. **11.** 상당히, 많이, 대단히; 좋이. **12.** 후하게, 관대하게. **13.** 아주, 완전히, 철저히. **14.** 태연하게, 담담하게. **15.** 건강하게, 몸성히, 탈없이: Apud matrem ~ est.*(C.)* 그는 어머니 곁에서 잘 지낸다. **16.** 〔친근한 사이의 동감·찬성·칭찬하는 대답〕 좋아! 잘한다! 됐어! **17.** 〔정중한 회피의 대답〕 아무것도[뭐 별것] 아니다: "Quid es tam tristis?" "Recte, mater." 《너 뭐가 그렇게 슬프냐?》 《아무것도 아니예요, 어머니.》

rectiángŭlus, a, um, *adj.* [rectus+]=rectángulus; 〔*subst.*〕 *n.* 직각삼각형*(Isid.)*.

rectificátĭo, ónis, *f.* [rectífico] 교정, 정정, 바로잡음.

rectífico, áre, *tr.* [rectus+fácio] 바르게 하다, 바로잡다, 교정하다, 수정하다, 고치다.

rectilínĕus, a, um, *adj.* [rectus+línea] 직선의, 직선으로 된[둘러싸인].

réctĭo, ónis, *f.* [rego] 다스림, 통치, 관리(管理), 지도, 지휘.

réctĭtas, átis, *f.* [rectus] 곧음, 똑바름, 올바름.

rectitátor, óris, *m.* [*inusit.* réctito] 통치자, 지배자, 지도자.

rectítis, títĭdis, *f.* 《醫》 직장염(直腸炎).

rectitúdo, dĭnis, *f.* [rectus] **1.** 곧음, 똑바름. **2.** 옳음, 올바름, 공정, 정직. **3.** 정확(성), 바른 방법.

recto, *adv.* [rectus] 바로, 직접.

rector, óris, *m.* [rego] **1.** 키잡이, 조타수(操舵手). **2.** 마소나 코끼리 부리는 사람. **3.** 통치자, 지배자, 행정책임자, 통솔자, 통제자, 지도자, 주관자; (각급) 학교장; 《가》 (예수회의) 수도원장: reipúblicæ ~*(C.)* 국가 통치자 / ~ scholæ 교장 / ~Magníficus 대학교 총장 / ~ ecclésiæ*(C.I.C. can. 479 §1)* 성당 주관자(교회 주임신부라고도 하는 수 있음). **4.** 사령관, 부대장, 군대지휘관. **5.** 청소년 지도자, 선생, 교사.

rectouterínus, a, um, *adj.* 《解》 직장자궁(直腸子宮)의.

rectovesicális, e, *adj.* 《解》 직장방광의.

rectrix, ícis, *f.* [rector] 지배[통솔·통제·주관]하는 여자.

rectum, i, *n.* [rectus] **1.** 곧은 것, 직선: in ~*(Ov.)* 직선으로, 곧게, 곧은 길로. **2.** 옳은 것, 바른 것, 공정, 정당. **3.** 《解》 ~ (intestínum) 직장(直腸).

rectúra, æ, *f.* [rectus] **1.** 똑바른 방향, 정면 방향. **2.** 지도, 지휘, 통솔.

rectus, a, um, *adj.* [*p.p.* rego] **1. 곧은,** 똑바른, 꼿꼿한, 직선의: rectis óculis aspícere*(Suet.)* 똑바로 쳐다보다 / rectum æs *(Juv.)* (곧은) 나팔 / ángulus ~ 직각; 〔*subst.*〕 *m.* (*sc.* músculus) 《解》 직근(直筋). **2.** 곧추 선, 직립의, 일어선, 기립한; 깎아지른 듯한: equus ~ in pedes*(Sen.)* (앞발을

쳐들고) 뒷발로 일어선 말 / saxa recta*(L.)* 깎아지른 듯한 암석. **3.** 정면의, 정면으로 향한. **4. 옳은, 바른**; 정확한, 맞는, 틀림없는. **5.** 합리적인, 도리[이치]에 맞는, 정당한, 타당한; 공정한. **6.** 적합한, 적절한, 알맞는. **7.** 건전한, 올바른, 온전한, 완벽한, 좋은. **8.** 흠잡을 데 없는, 잘생긴, 참한. **9.** 솔직한, 고지식한, 정직한, 성실한. **10.** 소박한, 꾸미지 않은, 자연스러운. **11.** (목소리·말 따위가) 억양이 없는. **12.** 굳건한, 굳센, 확고부동의. **13.** 건장한; 정정한. **14.** 정식의, 제대로의, 규정[규격]대로의, 정규(正規)의: cœna recta*(Suet.)* 정찬(正餐). **15.** 《文法》 casus ~*(Q.)*(= nominatívus) 주격(主格).

recubatórĭum, i, *n.* [récubo] 발 올려놓는 「상(床), 발걸이 상.

recúbĭtus, us, *m.* [recúmbo] **1.** (바닥에 떨어졌다가) 튀어오름. **2.** (옛 풍습대로) 식탁 앞에 모로 비스듬히 기대어 눕는 자리, 연석(宴席).

récŭbo, (bŭi, bávi), áre, *intr.* [re¹+] 드러눕다, (똑바로) 누워 있다, 자빠져 자다.

récŭla, æ, *f. dim.* [res] **1.** 사소한 일[것]. **2.** 작은 재산, 보잘것없는 가산(家産).

recúltus, a, um, *p.p.* [récolo²].

recúmbo, cúbŭi, cúbĭtum, ĕre, *intr.* [re¹+cubo] **1.** 〔*absol.*; in *abl.*; *abl. loci*〕 (다시) 드러눕다, 누워 자다. **2.** 식탁에 다가앉다[다가눕다 (비스듬히 누워서 먹었음)]. **3.** 〔*absol.*; (in) *abl.*〕 (안개 따위가 땅에) 깔리다, 가라앉다, 잠기다, 내려앉다; 잔잔해지다. **4.** 〔*absol.*; (in) *abl.*〕 자빠지다, 쓰러지다, 주저앉다. **5.** 〔in *acc.*; in *abl.*〕 쏠리다, 기울어지다, 치우쳐 있다.

recuperátĭo, ónis, *f.* [recúpero] 회복, 회수(回收), 만회, 탈환; 건강회복, 병이 나음.

recuperatívus, a, um, *adj.* [recúpero] 회복의, 회복될 수 있는, 회수(回收)의; 회복력이 있는.

recuperátor, óris, *m.* [recúpero] **1.** 회복[회수]하는 자, 탈환자. **2.** (*Roma*인과 외국인 또는 자국인들 사이의 보상문제나 그밖의 분쟁을 조정·심판하기 위해 구성된) 3명 또는 5명의 중재단(仲裁團)·심판위원회.

recuperatórĭus, a, um, *adj.* [recuperátor] (3명 또는 5명으로 구성되는) 중재단(仲裁團)의, 심판위원회의.

recúpĕro[-cípĕro], ávi, átum, áre, *tr.* [recípio] **1.** 〔*alqd, alqm* - ab, ex *abl.*; *alqā re*〕 **도로 찾다, 회복하다,** 회수(回收)하다; 만회하다; 다시 얻다, (호감·환심을) 다시 사다: villam suam ab *alqo* ~*(C.)* 자기 별장을 누구한테서 도로 찾다 / sanitátem ~*(Justin.)* 건강을 회복하다 / reciperátæ cibo somnóque vires*(Ta.)* 음식과 수면으로 회복된 기력. **2.** 〔*pass. refl.*〕 **se ~, recuperári** 원기를[건강을] 회복하다.

recúro, ávi, átum, áre, *tr.* [re¹+] **1.** 열심히 보살피다[돌보다·간호하다·치료하다], 완쾌시키다, 회복시키다. **2.** 정성들여 만들다[손질하다].

recúrrens, éntis, *adj.* [*p.præs.* recúrro] **1.** 주기적으로 재발하는, 회귀성(回歸性)의; 〔*subst.*〕 *m.* 《醫》 회귀열(回歸熱). **2.** 《解·植》 (신경·동맥·가지 따위가) 원래 방향으로 되돌아가는, 회귀의.

recúrro, cúrri, cúrsum, ĕre, *intr.* [re¹+] **1.** 〔*absol.*; in, ad *acc.*; *adv. loci*〕 뛰어 돌아가다[오다], 급히 돌아가다. **2.** 원래의 자리로 돌아가다, 회귀(回歸)하다; 주기적으로 돌아오다: valetúdines témpore certo recurréntes*(Suet.)* 일정한 때가 되면 다시 도지는 병. **3.** 〔ad *acc.*〕 (단순히) 달려가다[오다]. **4.** 〔ad *acc.*〕 회상[회고]하다, 기억을 더듬어 생각해 보다; 〔memóriæ *(dat.)*〕 기억속에 되살아나다. **5.** 〔ad *acc.*; *adv. loci*〕 (동일한 것으로) 되돌아가다: ad eásdem deditiónis conditiónes ~ *(Cæs.)* 같은 항복조건으로 되돌아가다. **6.** 〔ad *acc.*〕 …에 호소하다, 힘을 빌리다, 도움을 청하다, 의지하다; 《法》 **소원(訴願)하다.**

recúrsĭo, ónis, *f.* [recúrro] **1.** 되돌아옴; 「회전, 운행. **2.** 《醫》 구토.

recúrso, áre, *intr. freq.* [recúrro] **1.** 뛰어[급히] 돌아오다; 자주 되돌아오다. **2.** 기억[마음]속에 다시 떠오르다.

recúrsus, us, *m.* [recúrro] **1.** 뛰어 돌아옴; 다시 돌아옴, 복귀, 회귀(回歸); 역류. **2.** 《醫》 구토. **3.** 《法》 **소원(訴願),** 상소: ~ ad Sedem Apostólicam 교황청에 제출된 소원 / ~ in suspensívo 집행정지의 효력이 있는 소원 / ~ in devolutívo 집행정지의 효력이 없는 소원.

recúrvo, (ávi), átum, áre, *tr.* [re¹+] 뒤로[다시] 구부리다, 휘게 하다; 뒤틀리게 하다, 뒤로 젖히다.

recúrvus, a, um, *adj.* [re¹+] 뒤로 구부러진[꼬부라진], 뒤로 휜, 뒤틀린, 꼬불꼬불한, 굴곡된: æra recúrva*(Ov.)* 낚시 / tectum recúrvum*(Ov.)* 미궁.

recusábĭlis, e, *adj.* [recúso] 거절[거부]될 「수 있는.

recusátĭo, ónis, *f.* [recúso] **1.** 거절, 사절, 거부, 기피. **2.** 《法》 항의, 항변, 이의; (피고인의) 자기 변호의 답변, 반증제시.

recusatívus, a, um, *adj.* [recúso] 거절의, 거절하는.

recúso, ávi, átum, áre, *tr.* [re¹+causa] **1.** 〔*alqm, alqd* - *alci*; de *abl.*; *inf.*; ne, 부정다음에 quin, quóminus; *absol.*〕 **거절하다,** 사절[사양]하다, 마다하다, 거부하다, 물리치다, 퇴박하다, 받아들이지 않다, 기피하다; 말리다. **2.** 항의[항변]하다; 반증(反

證)하다, 반대의 이유[근거]를 대다.

recússus, us, *m.* [recútio] 튀어 돌아옴, 반동, 반발.

recútĭo, cússi, cússum, ĕre, *tr.* [re[1]+quátio] **1.** 되받아 치다, 물리치다, 뒤에 되돌아가게 하다, 되밀치다. **2.** 뒤흔들다: recússus somno(*Apul.*) 흔들어 깨우는 바람에 잠을 깬.

recutítus, a, um, *adj.* [re[1]+cutis] **1.** 껍질이 벗겨진. **2.** 포피(包皮)를 잘라낸.

rēda = ræda.

redaccéndo, nsum, ĕre, *tr.* [re[1]+] 다시 불켜다.

redáctĭo, ónis, *f.* [rédigo] **1.** 감산(減算), 빼기, 삭감, 감소, 할인; 축소. **2.** 편집; 개정(改訂). **3.** 《化》 환원.

redáctus, us, *m.* [rédigo] **1.** 이익, 수입. **2.** 성과.

redámbŭlo, áre, *intr.* [re[1]+] 다녀오다, 돌아오다.

rédămo, ávi, átum, áre, *tr.* [re[1]+] 사랑을 사랑으로 갚다, 사랑에 보답하여 사랑하다.

redanimátĭo, ónis, *f.* [redánimo] 부활, 소생, 생명의 회복.

redánĭmo, ávi, átum, áre, *tr.* [re[1]+] 생명을 다시 넣어주다, 부활시키다, 소생시키다.

redapérĭo, íre, *tr.* [re[1]+] 다시 열다.

redardésco, ĕre, *intr.* [re[1]+] 다시 타오르다, 다시 뜨거워지다.

redárgŭo, gŭi, gútum, ĕre, *tr.* [re[1]+] **1.** 〔*alqm, alqd; alqm alcjs rei; absol.*〕 거짓·잘못 따위를 지적[증명·폭로]하다, 반박[논박·변박]하다. **2.** 비난하다, 꾸짖다; 경멸하다.

redargútĭo, ónis, *f.* [redárguo] **1.** 비난; 경멸, 모멸. **2.** 반박, 논박, 변박, 반론.

redárĭus = rædárius.

redármo, (ávi), átum, áre, *tr.* [re[1]+] 다시 무장시키다.

redáuspĭco, áre, *intr.* [re[1]+] 다시 새점[조점(鳥占)]을 치다; 처음으로 되돌아가다, 다시 시작하다.

reddítĭo, ónis, *f.* [reddo] **1.** 돌려줌, 반환; (세금)납부. **2.** 이유설명; 보고, 제시. **3.** 《修》 (조건문의) 귀결(문), 결론. **4.** 《가》 ~ sýmboli 영세(領洗) 직전(옛적에는 직후)의 신경공송(信經公誦)[복송(復誦)].

rédditor, óris, *m.* [reddo] 반환하는 사람, 지불인; 대갚음하는 사람.

reddo, dĭdi, dĭtum, ĕre, *tr.* [re[1]+do] **1.** 〔*alqm, alqd - alci (rei)*〕 **돌려주다**, 돌려보내다, 반환하다, 갚다: Potes nunc mútuam drachmam dare mihi unam, quam cras reddam tibi?(*Pl.*) 내일 갚을테니 너 지금 나한테 *1 drachma*만 꿔줄 수 있니?/ ~ *alqm* pátriæ(*C.*) 아무를 본국으로 돌려보내다. **2** 〔*alqm alci rei*〕 (아무를) 어떤 상태에 두다[있게 하다·이르게 하다]: ~ *alqm* ótio(*Plin.*) 누구를 쉬게 하다 / ex magnā desperatióne tandem salúti rédditus (*Justin.*) 큰 실망 속에서 마침내 무사히 구원된. **3.** 〔*refl.*〕 **se ~ *alci rei*** (어디로) 되돌아가다[오다]: se ~ astris(*Sil.*) 별나라로 돌아가다. **4.** 〔*alqd alci*〕 (편지·명령 따위를) 전해주다, 전달하다: Lítteras mihi réddidit.(*C.*) 그가 내게 편지를 전해주었다. **5.** 〔*alqd alci*〕 (줄 것을) 주다, 수여하다, 맡기다; …하여 주다: *alci* prǽmium ~(*Phædr.*) 누구에게 상을 주다 / suum cuíque honórem ~(*C.*) 각자에게 (마땅한) 요직을 맡겨주다 / ~ *alci* testimónium indústriæ(*Q.*) 누구에게 근면성을 증명해 주다 / Tibi ego ratiónem reddam?(*Pl.*) 내가 네게 이유를 설명해야겠느냐? / ratiónem eárum rerum ~(*L.*) 그 일들에 대한 보고(서)를 내다 / peccátis véniam ~(*H.*) 죄를 용서해주다. **6.** (은혜·신세 따위를) 갚다, 보답하다: benefícium *alci* ~(*Sen.*) 누구에게 은혜를 갚다 / grátiam ~(*Sall.*) 누구에게 사례[감사]하다. **7.** 보복하다, 복수하다, 앙갚음하다; 응수하다: ~ hosti cladem (*L.*) 적에게 (당한) 패배를 보복하다. **8.** (대가를·대가로 무엇을) 치르다, 지불하다; 죄의 값을 치르다, (벌을) 받다: pro vitā hóminis vitam hóminis ~(*Cæs.*) 인명(人命)의 대가로 인명을 치르다 / pœnas ~ (*Sall.*) (죄의) 벌을 받다. **9.** vitam [ánimam, últimum spíritum, lucem, summum diem] ~(*Lucr., Vell., Ov., Sen.*) 죽다, 숨을 거두다. **10.** corpus humo [sepultúræ] ~ (*Prop., Justin.*) 시체를 땅에 묻다, 매장하다. **11.** 내보내다, 토하다, 배설하다: spinam fáucibus adhæréntem ~(*Plin.*) 목구멍에 걸린 가시를 토해내다 / sánguinem ~(*Plin.*) 피를 토하다 / urínam ~(*Plin.*) 오줌을 누다. **12.** (소리 따위를) 내다: ~ voces(*H.*) 여러가지 목소리를 내다 / sonum ~(*H.*) (악기가) 소리를 내다. **13.** (땅이) 내다, 산출하다, 생산하다. **14.** (나머지를) 계속해서 이야기[서술·진술·기술]하다, 이야기를 마저 하다: Tértium actum póstea tibi reddam.(*Var.*) 제3막은 다음에 이야기해 주마. **15.** (들은 것을) 따로 외다, 암송하다, 복창하다, 강바치다; (말을) 흉내내어 되풀이하다: verba bene ~(*Ov.*) (앵무새가 사람의) 말을 잘 흉내내다. **16.** 〔*alqd - alci*〕 대답하다, 응답하다. **17.** 번역하다, 다른 말로 옮기다: *alqd* Latíne ~(*C.*) 무엇을 라틴어로 옮기다 / verbum pro verbo ~(*C.*) 직역하다, 축자역하다. **18.** 〔*alqm, alqd*〕 재현하다, 반영시키다, 닮(았)다, 어떤 모양을 하다[드러내다]; (문체·서체 따위를) 모방하다, 복사[모사(模寫)]하다; (무슨 맛·냄새 따위를) 내다, 풍기다. **19.** (약속 따위를) 지키다, 이행하다: ~ promíssa *alci*(*V.*) 누구에게 약속한 것을 지키다[해주다]. **20.** (서원〈誓願〉·맹세한

것을) 이행하다; (제물을) 바치다. **21.** 〔*alqd alci*〕 주다, 부여하다; (요청을) 들어주다. **22.** judícium ~*(T., Cæs.)* 재판을 해주다; 판결을 내리다; ~ jus*(Ta.)* 판결을 내리다, 선고하다. **23.** 〔*alqm [alqd] c. acc. præd.*(주로 형용사·분사)〕 (누구를·무엇을 어떤 상태·성질의 것으로) **만들다,** (어떻게) **되게 하다:** *alqm* plácidum ~*(C.)* 누구를 유순해지게 하다 / ~mare tutum*(N.)* 바다를 안전하게 하다 / ~*alqm* irátum*(C.)* 누구를 화내게 만들다 / ~ *alqd* efféctum *(Pl.)* 무엇을 이루어지게 하다 / *(Alqd)* dictum ac factum réddidi.*(T.)* 나는 그것을 즉시 해치웠다 / *alqm* avem ~*(Ov.)* 누구를 새로 만들다[새가 되게 하다].

redémptĭo, ónis, *f.* [rédimo] **1.** 몸값을 치르고 (노예·포로·죄수 등을) 풀려나게 함, 속량(贖良); 몸값, 속금(贖金). **2.** (재판관) 매수, 증회(贈賄). **3.** (조세 따위의) 징수청부. **4.** 《神》 **구속**(救贖), 구세(救世), **구원,** 구제, 구령(救靈); 속죄: ~ liberatíva 해방적 구원, 치료적 구원(治療的救援) / ~ præservatíva 예방적 구원, 보존적 구원 / 《敎史》 redemptiónes (중세 초기의) 엄격한 특정보속(特定補贖)의 사면(赦免).

redémpto, áre, *tr. freq.* [rédimo] 되사다, 몸값을 치르고 구해내다.

redémptor, óris, *m.* [rédimo] **1.** (공공사업의) 청부업자: ~ óperis*(Festus)* 건축·수리·운송·그밖의 각종 공사의 청부업자 / ~ vectigálium*(Pap.)* 관세 징수 청부인. **2.** 몸값을 치르고 노예나 포로를 구출하는 사람. **3.** 《神》 [R-] **구세주,** (인류의) 구원자. 「져오는 여자.

redémptrix, ícis, *f.* [redémptor] 구원을 가

redemptúra, æ, *f.* [rédimo] 청부(업), 도

redemt... *V.* redempt... └급맡음.

rédĕo, ĭi [ívi], ĭtum, íre, *anom. intr.* [re[1]+eo[3]] **1.** 〔ex, ab *abl.*; *abl.*; *adv. loci*; in, ad *acc.*; *objéctum intérnum*; *absol.*〕 **돌아가다[오다]:** a cœnā ~*(Phædr.)* 만찬에서 돌아오다 / in cælum ~*(H.)* 하늘로 돌아가다 / Itque redítque viam.*(V.)* 길을 왔다갔다한다 / 〔*pass. impers.*〕 Redeúndum est mihi. *(Pl.)* 나는 돌아가야 한다. **2.** 〔ad *se*〕 제정신으로 돌아가다[오다], 의식을 회복하다; 침착해지다, 냉정을 되찾다; 본래의 상태로 돌아가다, 본색을 드러내다: Réprime iracúndiam atque ad te redi.*(T.)* 분노를 누르고 냉정해져라. **3.** 〔in viam〕 옳은 길로 들어서다, (잘못 따위를) 바로잡다, 고치다, 각성하다. **4.** 〔in, ad *acc.*〕 (그전 상태로) 복귀하다, 회복하다, 다시 …하게 되다: ~ in amicítiam *alcjs(L.)* 누구와의 우정을 회복하다, 화해하다 / ~ in concórdiam*(Pl.)* 다시 화목하다. **5.** 〔in grátiam – cum *alqo*〕 화해하다, 사이가 다시 좋아지다. **6.** (정신·용기·기억이) 나다, (정신이) 들다: Et mens et rédiit versus in ora color.*(Ov.)* 정신이 들며 입가에 혈색이 돌았다 / Memória redit.*(Q.)* 기억이 난다. **7.** 〔in memóriam〕 기억을 더듬다, 기억에 떠올리다: In memóriam rédiit Quínctius, quo die proféctus sit.*(C.)* *Quínctius*는 기억을 더듬어 자기가 어느날 떠났는지를 돌이켜 생각해 보았다. **8.** 〔ánimo〕 (무엇이) 생각나다, 회상되다, 그립다. **9.** 〔*absol.*; *alci*〕 회귀(回歸)하다, 정기적[주기적]으로 돌아오다. **10.** 〔ad, in *acc.*; illuc〕 말머리[화제]를 (어디로) 돌리다: Ad rem redi.*(T.)* 본론으로 돌아가거라 / Illuc redeámus.*(N.)* 화제를 그리로 돌리자. **11.** ad pauca ~ 요약하다: ut ad pauca rédeam, *(T.)* 요컨대. **12.** 〔*alqd* ex *abl.* – *alci*〕 수확되다, (수입으로) 들어오다, (이익·과실이) 나오다: pecúnia, quæ ex metállis redíbat.*(N.)* 광산에서 나오던 (수입으로서의) 돈. **13.** 〔ad *alqm*〕 (어떤 것이·특히 유산 따위가 누구에게) 돌아가다, 귀속되다, (누구의) 차지가 되다. **14.** 〔ad, in *acc.*〕 (무엇에·어떤 지경에) 이르다, 귀착[낙착]하다, (결국) …게 되다: In eum res rédiit locum, ut sit necésse.*(T.)* 그 일은 그렇게 될 수밖에 없는 그런 형편에 이르러 있었다 / Collis léniter fastigátus paulátim ad planítiem redíbat.*(Cæs.)* 완만하게 경사져 올라갔던 언덕이 다시 비스듬히 내려가 평지에 가 닿았다. 「내쉬다.

redhálo, áre, *tr.* [re[1]+halo] 내뿜다; 숨을

redhíbĕo, bŭi, bĭtum, ére, *tr.* [re[1]+hábeo] **1.** (판 사람이) 물러주다; (샀던 것을) 도로 무르다, 돌리다. **2.** 반환하다, 되돌려주다.

redhibítĭo, ónis, *f.* [redhíbeo] **1.** (판 사람이) 물러줌; (샀던 것을) 도로 무름, 물러받음; 매매(계약)의 취소. **2.** 돌려줌, 반환. 「사람; 무르는 사람.

redhíbĭtor, óris, *m.* [redhíbeo] 물러주는

redhibitórĭus, a, um, *adj.* [redhíbeo] (팔았던 것을) 물러주는 데 관한, 상각(償却)의, 매매 취소의. 「이해서 말하다.

redíco, ĕre, *tr.* [re[1]+] 거듭 말하다, 되풀

rédĭens, redeúntis, *p.præs.* [rédeo].

rédĭgo, redégi, redáctum, ĕre, *tr.* [re[1]+ago] **1.** 〔*alqm, alqd* – in *acc.*〕 되돌려오다, 다시 돌아오게[가게] 하다, 다시 데려오다, (짐승 따위를) 몰아오다[가다]: ~ capéllas*(Ov.)* 암염소들을 몰아오다 / ~ *alqos* in grátiam *(T.)* 어떤 사람들을 화해시키다 / *alqd* ~ in memóriam*(T.)* 무엇을 기억해내다. **2.** 〔*alqm* in *acc.*〕 쫓아보내다, 물러가게 하다. **3.** 거두어 들이다, 모으다: fructus ~*(Ulp.)* 과실들을 거두어 모으다. **4.** 〔pecúniam – ex *abl.*〕 (돈을) 받아내다, 수금하다, 회수하다, 징수하다; 〔*alqd* in pecúniam] (팔아서) 돈으로 만들다. **5.** [*alqm, alqd* - in, ad, sub *acc.*; ut; *acc. præd.*] 강제하다, 강박하다, 강제로 …하게[되게] 하다; (어떤 상태·처지로) 몰아넣다[밀어넣다·빠지게 하다·빨어지게 하다], 예속시키다, …에 이르게 하다, …로 만들다, (어떻게) 되게 하다: Ædŭi in servitútem redácti*(Cæs.)* 꼼짝못하고 노예(신세)가 된 *Ædŭi*족 / civitátem in potestátem ~ *(Cæs.)* 도시를 장악하다 / ad inópiam ~ *alqm(T.)* 아무를 곤경에 빠뜨리다 / ad summam desperatiónem rédigi*(Justin.)* 극도의 실망에 빠지다 / ~ victóriam ad vanum et írritum*(L.)* 승리를 수포로 돌아가게 하다 / *alqd* ad níhilum ~ *(Lucr., L.)* 무엇을 무(無)로 돌아가게 하다 / *alqd* in unum ~*(C.)* 무엇을 하나로[한 덩어리로] 만들다 / *alqm* in númerum ~*(Q.)* 아무를 (같은 종류의) 수에 집어넣다, …의 하나로 열거하다[삼다] / hos infirmióres ~ *(Cæs.)* 이들을 더 약화시키다. **6.** [*alqm, alqd* ad *acc.* - ex *abl.*] 줄이다, 감소[감축·축소]하다, (값을) 저락[하락]시키다: família ad paucos redácta *(C.)* 소수의 식구로 줄어든 가정 / Ex hóminum mílibus sexagínta ad quingéntos ... sese redáctos esse, dixérunt.*(Cæs.)* 그들은 자기들의 병력이 6만명에서 5백명으로 줄어들었다고 말했다.

redímĭæ, árum, *f. pl.* [rédimo] 속금(贖金), 인질대금.

redimícŭlum, i, *n.* [redímio] **1.** (머리·이마를 장식하는) 끈·리본, 머리끈, 댕기; 목걸이; 모자 장식띠. **2.** 사슬, 줄.

redímĭo, ĭi [ívi], ítum, íre, *tr.* [*alqd, alqm alqā re; acc. Gr.*] (어디에 띠 따위를) 두르다, 감다, (화환 따위로) 장식하다, 화관을 씌우다: frontem corónā~*(Mart.)* 화환으로 이마를 장식하다 / redimítus témpora lauro*(Tib.)* 머리에 월계관을 쓴.

rédĭmo, émi, ém(p)tum, ĕre, *tr.* [re¹+emo] **1.** 다시 사다, 되사다. **2.** [*alqm - alqā re* - ab, ex *abl.*] **몸값을 치르고** (포로·노예 따위를) **구해내다,** 해방시키다, 자유의 몸으로 만들다: Suis facultátibus captos a prædónibus rédimunt.*(C.)* 그들이 자기 재산을 털어서 몸값으로 치르고 납치된 자들을 강도들로부터 구해낸다 / se a Gallis auro~*(L.)* 황금을 주고 *Gállia*인들에게서 해방되다 / ~ e servitúte captos *(C.)* 몸값을 치르고 포로들을 노예의 멍에에서 구출하다. **3.** [*alqm, alqd* - *alqā re* - ab *abl.*] 대가를 치르고 (무엇을: ab) 면하게 하다, 벗어나게[빠져나오게] 하다, 구원하다: eum suo sánguine ab Acherónte ~ *(N.)* 자기 피로 그를 황천[죽음]에서 구원하다 / [*refl.*] se ~ 면하다, 벗어나다. **4.** 《神》 (하느님의 아들 예수 그리스도가 인간을) 구원하다, 구속(救贖)하다, 구제하다. **5.** 속죄하다, 보속(補贖)하다, (잘못·죄 따위를) 씻다·갚다, 보상하다: cóngio culpam~ *(Plin.)* 무상배급으로 잘못을 속죄하다 / ~ vítia virtútibus *(Sen.)* 허물을 덕행으로 보상하다. **6.** (다른 것을) 대신 사주다; 서로 사다. **7.** 매수하다, 고용하다: plausor redémptus *(Petr.)* 매수되어 박수치는 자. **8.** 청부하다, 도급으로 맡다: navem fabricándam ~ *(Ulp.)* 선박건조를 청부하다 / vectigália parvo prétio redémpta habére *(Cæs.)* 싼값으로 관세징수를 도급맡아 가지고 있다. **9.** [*alqd alqā re*] (대가를 치르고) 얻다, 확보하다, 장만하다, 사다: parte áliquā suórum frúctuum pacem sibi sempitérnam ~*(C.)* 자기 수입의 일부를 들여 영구한 평화를 얻다 / illórum amicítiam ejus morte ~*(Cæs.)* 그의 죽음으로 저들과의 우호관계를 확보하다 / largitióne ~ mílitum voluntátes *(Cæs.)* 관대함을 보여 군인들의 환심을 사다. **10.** [*alqm, alqd* - ab *abl.*] (돈이나 무슨 수를 써서) 막다, 못하게 하다: ~ delatórem *(Ulp.)* 밀고자를 매수하여 고발을 막다 / canis sævítiem óffulā ~ *(Apul.)* 고깃점으로 개의 사나움을 달래다.

redintegrátĭo, ónis, *f.* [redíntegro] **1.** 다시 새롭게 함, 갱신, 일신; 부흥. **2** 반복, 되풀이. **3.** (원기·건강 따위의) 회복; 복구.

redintegrátor, óris, *m.* [redíntegro] **1.** 갱신자, 재건자. **2.** 회복자: somnus~ vírium *(Tertull.)* 원기를 회복시켜 주는 잠.

redíntĕgro, ávi, átum, áre, *tr.* [re¹+] **1.** 처음부터 새로 하다; 새롭게 하다, 갱신하다. **2.** 반복하다. **3.** 보완하다, 보충하다. **4.** (힘 따위를) 회복하다, 되찾다. **5.** *intr.* 새로와지다: Jucúnditas redintegrábit. *(Var.)* 즐거움이 새로와질 것이다.

redinvénĭo, íre, *tr.* [re¹+] 다시 발견하다.

redipíscor, *(ĕris, ĭtur),* sci, *dep. tr.* [re¹+apíscor] 다시 손에 넣다, 다시 찾아얻다.

redítĭo, ónis, *f.* [rédeo] 다시 돌아옴, 귀환.

rédĭtus, us, *m.* [rédeo] **1.** [*absol.*; in, ad *acc.*; *acc. loci*] 다시 돌아옴[감], **귀환:** ~in cælum *(C.)* 하늘로 돌아감 / ~ ad *alqm(C.)* 누구에게로 돌아감 / ~Romam *(C.) Roma* 귀환. **2. 수입,** 수익, 소득.

redívĭa, redivĭósus *V.* reduvi...

redivívus, a, um, *adj.* [re¹+vivus] **1.** 다시 살아난, 소생한, 부활한, 갱생한, 재생한. **2.** (다른 데에 쓰였다가) 다시 쓰이는, 재활용되는, 재생품의: lapis~*(C.)* 재활용의 석재. 「종).

rēdo, ónis, *m.* 가시가 없는 물고기(의 일

redólĕo, lŭi, ére, *tr., intr.*[re¹+] [*alqd; abl. limitatiónis; absol.*] 냄새를 풍기다, 냄새

가 나다: frusta esculénta vinum redoléntia *(C.)* (토해놓은) 술냄새 나는 음식물 / redoléntia mala*(Ov.)* 향긋한 사과 / Mella rédolent thymo.*(V.)* 꿀이 백리향 냄새가 난다 / ~ antiquitátem *(C.)* 옛 냄새를 풍기다.

redómĭtus, a, um, *p.p., a.p.* [*inusit.* rédomo] 다시 길들여진. 「살던 *Celtæ*족.

Rédŏnes, um, *m.pl. Gállia Lugdunénsis*에

redóno, ávi, átum, áre, *tr.* [re[1]+] **1.** 돌려주다, 반환하다. **2.** 다시 은혜를 베풀다, 허락하다. 「기다, 드러나게 하다.

redopérĭo, rŭi, íre, *tr.* [re[1]+opério] 다시 벗

redórdĭor, íri, *dep. tr.* [re[1]+órdior] 실을 풀다; 실을 뽑다.

redórmĭo, íre, *intr.* [re[1]+] 다시 자다.

redormítĭo, ónis, *f.* [redórmio] 다시 잠.

redúco, dúxi, dúctum, ĕre, *tr.* [re[1]+] **1.** 〔*alqm, alqd* - ad, in *acc.*; ab, de, ex *abl.*〕 도로 데려오다[가다], 데리고 돌아오다, 다시 돌아오게 하다, 다시 인도하다; (원래의 자리·상태로) 환원시키다; (군대를) 철수하다, 철병하다: uxórem *~(T.)* (헤어졌던) 아내를 다시 데려오다 / *~alqm* de exsílio*(C.)* 아무를 유배지에서 귀국시키다 / *~alqm* ad rectam viam *(Q.)* 아무를 바른 길로 돌아오게 하다 / *~alqm* in grátiam cum *alqo(C.)* 아무를 누구와 다시 화해시키다 / *~alqm* in memóriam *alcjs rei(Plin.)* 누구에게 무엇을 상기시키다. **2.** 〔domum; *absol.*〕 집으로 데려다 주다, 모셔다 드리다. **3.** 〔*alqm* ab *abl.*〕 빼내다, 구출하다: ~sócios a morte *(V.)* 동료들을 죽음에서 구출하다. **4.** 〔*alqd* - ab *abl.*〕 도로[뒤로] 당기다, 뒤로 물러나게 하다. **5.** 〔*alqd*〕 다시 끌어들이다[도입하다], 부흥[복구·회복]시키다: ~ejúsmodi exémplum *(Plin.)* 그런 전례를 다시 끌어들이다 / hábitum vestitúmque prístinum~ *(Suet.)* 옛 의상을 다시 도입하다. **6.** 〔*alqd*〕 열어젖뜨리다, 벌려 젖히다, (옷 따위를) 풀어헤치다. **7.** 〔*alqd*〕 수축시키다, 줄어들게 하다. **8.** 〔*alqd* in, ad *acc.*〕 (무엇을 어떤 형상·상태로) 만들다, (어떻게) 되게 하다: corpus sensim ad máciem~ *(Plin.)* 몸을 점점 야위게 만들다 / fæcem in summum *~(Col.)* 찌꺼기를 위로 떠오르게 하다.

redúctĭo, ónis, *f.* [redúco] **1.** 도로[다시] 데려옴, 복귀[복직]시킴. **2.** 《敎法》 ~clericórum ad statum laicálem 성직자의 환속처분(還俗處分). **3.** (내렸다가) 다시 들어올림. **4.** 삭감, 감면, 할인: ~ónerum 부담삭감. **5.** 《論》 변격법(變格法), 환원(법): ~indirécta, ~ad absúrdum, ~ad impossíbile 간접 환원법, 귀류법(歸謬法), 배리법(背理法). **6.** 《數》 약분, 환산. **7.** 《化》 환원. **8.** 《生》 감수분열. **9.** 〔주로 *pl.*〕 (17세기초의 남미에 있어서의) 보호통치. 「수하다.

redúcto, áre, *tr. freq.* [redúco] (군대를) 철

redúctor, óris, *m.* [redúco] **1.** 다시 데려오는[가는] 사람. **2.** 복구자, 재건자.

redúctus, a, um, *p.p., a.p.* [redúco] 〔*absol.*; ab *abl.*〕 뒤로 물러난; 격리된, 멀리 떨어진, 외딴, 구석진.

redúlcĕro, ávi, átum, áre, *tr.* [re[1]+úlcero] **1.** 긁어서 다시 부스럼나게[헐게] 하다, 상처를 덧들이다. **2.** 아픈 데를 다시 건드리다. 「굽은, 뒤로 꼬부라진.

redúncus, a, um, *adj.* [re[1]+uncus[1]] 뒤로

redúndans, ántis, *p.præs., a.p.* [redúndo] 〔*gen.*〕 넘쳐흐르는, 남아도는; 〔*adv.*〕 **-dánter,** 넘쳐흐르도록, 풍부하게; 지나치게.

redundántĭa, æ, *f.* [redúndo] **1.** 넘쳐흐름, 과잉, 과다, 과도; 풍부. **2.** 군말, 쓸데없는 말.

redundátĭo, ónis, *f.* [redúndo] **1.** 충일, 넘침, 과다: ~stómachi *(Plin.)* 구토; 속이 뒤집힘. **2.** 천체의 공전(公轉); 별의 운행, 역행. 「흐르는.

redundátus, a, um, *a.p.* [redúndo] 넘쳐

redúndo, ávi, átum, áre, *intr.* [re[1]+undo] **1.** (강·물·액체 따위가) **넘쳐흐르다,** 범람하다, 충일하다: Nilus redúndat. *(Lucr.)* *Nilus*강이 범람한다 / Gútture fac pleno sumpta redúndet aqua. *(Ov.)* 목구멍까지 가득 마신 물이(물을) 쏟아져 나오게 해라. **2.** 〔*abl.*; *absol.*〕 넘치다, (무엇으로) 가득차다; 넘치도록[남아 돌아갈 만큼] **많다,** 풍부하다: Hic locus acérvis córporum et cívium sánguine redundávit.*(C.)* 여기는 시체더미로 가득 차고 시민들의 유혈이 낭자했던 곳이다 / Hæc defénsio redundávit joco.*(C.)* 이 변론은 익살에 넘쳐 있었다. **3.** 〔*absol.*; *abl.*〕 지나치게 많다[풍부하다], 과잉상태이다: Asiátici oratóres nimis redundántes *(C.)* 말이 너무 많은 아시아의 연설가들. **4.** 〔in, ad *acc.*〕 넘쳐서 …에게 이르다[돌아가다·미치다·끼쳐지다]: natiónes, quæ número hóminum ac multitúdine póterant in províncias nostras~.*(C.)* 인구가 넘쳐서 우리의 속령에까지 흘러들 수 있었던 민족들 / Gáudeo tuā glóriā, cujus ad me pars áliqua redúndat. *(Plin.)* 내게도 그 한몫이 돌아오는 너의 영광을 나는 기뻐한다.

reduplicátĭo, ónis, *f.* [redúplico] **1.** 이중, 중복, 배가, 반복. **2.** 《文法》 동일한 글자·음절의 중복.

redúplĭco, átum, áre, *tr.* [re[1]+] 배가하다, 중복되게 하다, 반복하다.

reduresco, ĕre, *intr.* [re[1]+] 다시 견고하여지다, 다시 굳어지다.

redúvĭa, æ, *f.* **1.** 손거스러미, 발톱의 거

스러미. **2.** 사소한[하찮은]일, 쓸데없는 것. **3.** 먹다 남은 찌꺼기.

reduviósus, a, um, *adj.* [redúvia] **1.** 거스러미투성이의. **2.** 조잡한, 엉성한, (문제가) 난삽한.

rĕdux, ŭcis, *adj. m., f.* [redúco] **1.** (남을) 데려다 주는. **2.** (무사히) **돌아온,** 귀환한, 복귀한: *alqm* réducem fácere in pátriam*(Pl.)* 누구를 고향으로 돌아오게 하다.

refábrĭco, áre, *tr.* [re[1]+] 다시 만들다, 개축하다.

reféctĭo, ónis, *f.* [refício] **1.** 수리, 수선, 보수(補修), 중수, 개수(改修). **2.** 휴식, 휴양, 피로회복, 원기회복. **3.** 가벼운 식사. 「보수자, 개수자(改修者).

reféctor, óris, *m.* [refício] 수리자, 수선자,

refectórĭus, a, um, *adj.* [refício] (음식 따위로) 기운을 회복시켜 주는; 〔*subst.*〕 *n.* (수도원·학교·기숙사 등의) 식당.

reféctus[1], a, um, *p.p., a.p.* [refício] 다시 힘을 얻은; 보수된.

reféctus[2], us, *m.* [refício] **1.** (음식 따위에 의한) 원기회복, 영양보충. **2.** 수익(收益).

reféllo, félli, ĕre, *tr.* [re[1]+fallo] 〔*alqm, alqd*〕 물리치다, 논박[반박]하다, 허위를 지적하다, 거짓임을 증명하다.

refércĭo, férsi, fértum, íre, *tr.* [re[1]+fárcio] 〔*alqd - alqā re*〕 **1.** 가득 채우다, 쑤셔넣다, 가득 집어넣다, 꽉 들어차게 하다. **2.** 가득 늘어놓다: *alqd* ~ in oratióne suā*(C.)* 자기 연설에서 무엇을 가득 늘어놓다.

referendárĭus, i, *m.* [réfero] (중세기에) 상소를 전달하고 군주[교황]의 지시를 재판관에 전하던 관리, 승지(承旨), 전지관(傳旨官).

referéndum, i, *n.* [*gerundív.* réfero] **1.** (의회를 통과한 정책 따위에 대하여 그 가부를 선거민에게 묻는) 국민투표, 일반투표. **2.** 국민결의권. **3.** (외교관이 본국 정부에 보내는) 특별 지령 청원서.

referéndus, i, *m.* [*gerundív.* réfero] 군주에게 특별 임명을 받은 원로원 의원.

refério, íre, *tr.* [re[1]+] **1.** 맞때리다, 매를 매로 갚다, 반격하다. **2.** 〔*pass.*〕 반사되다, (거울에) 비치다; 메아리치다.

réfĕro, *(fers, fert),* ré(t)tŭli, relátum, férre, *anom. tr.* [re[1]+] **1.** 〔*alqd, alqm* - ad, in *acc.; dat.;* ab, ex *abl.*〕 **도로**[다시] **가져오다**[가다], **가지고 돌아오다,** 집으로 가져가다; 되돌려 오다: Reférte ánulum ad me. *(Pl.)* 너희는 반지를 나한테 도로 가져오너라 / ad me ~ pedem *(Pl.)* 나한테 되돌아오다 / ~ in convívia gressum *(Sil.)* 연회장으로 돌아가다 / Me réferunt pedes in Tusculánum *(C.)* 나는 발길따라 *Túsculum*에 있는 별장으로 돌아가고 있다 / ~ caput *(Suet.)* 자객이 살해한 사람의 머리를 (자기에게 시킨 사람한테로) 갖다주다 / ~ victóriam *(L.)* 승리를 안고 돌아오다. **2.** *pass. refl.* **se ~, reférri** 〔ad, in *acc.;* ab *abl.*〕 돌아가다·오다: íterum Romam se ~*(C.)* *Roma*로 다시 돌아오다. **3.** 《軍》 〔se, pedem, gradum, *etc.; pass.*〕 후퇴하다, 퇴각하다. **4.** 뒤로 돌리다, 뒤로 가져가다; 뒤로 밀다: ad nomen caput ~ *(Ov.)* 이름 부르는 소리에 뒤를 돌아보다 / naves eódem, unde erant proféctæ, relátæ *(Cæs.)* 출발했던 그 자리로 되밀려간 배들. **5.** 〔*alqd - alci*〕 되돌려주다; (빚 따위를) 갚다, 물어주다, 지불하다. **6.** (소리를) 반향시키다, 메아리치게 하다, 울려퍼지게 하다; (소문·명성 따위를) 퍼져나가게 하다. **7.** 〔*alqd* ad, in *acc.* - ab *abl.*〕 (마음·눈길 따위를) 돌리다, 향하게 하다: ad *alqm* óculos animúmque ~ *(C.)* 누구에게 눈과 마음을 돌리다 / a parvis ánimum ad majóra ~*(Ov.)* 작은것에서 더 큰것으로 마음을 돌리다. **8.** 〔*alqd* in, ad *acc.*〕 (탓·죄 따위를) 돌리다, 전가하다: culpam in *alqm* ~ 탓을 아무에게 돌리다 / Causa ad matrem referebátur.*(Ta.)* 원인을 어머니에게 돌리고 있었다. **9.** 가져다 주다, 기여하다, 끼치다. **10.** 〔*alqd alci (rei)*〕 갚다, **보답하다:** par pari ~*(T.)* 대갚음하다 / ~*alci* plúrimam (salútem)*(C.)* 답례하여 문안하다 / *alci* ~ grátiam [드물게는 grátias]*(C.)* (수고·신세·은혜 따위를) 실제행위로 보답하다, **사례하다. 11.** 다시 (시작)하다, 재개하다, 반복하다. **12.** 〔*alqd, alqm - alqā re*〕 재현하다, (풍습 따위를) 다시 끌어들이다, 본뜨다, 모방하다, **닮다,** 반영시키다. **13.** 회상하다, 돌이켜 생각하다. **14.** 〔*alqd - alci,* ad *alqm; acc. c. inf.*〕 이야기하다, **보고하다,** 전하다, 알리다. **15.** 〔*alqd,* de *alqā re* ad *alqm*〕 의견을 청하다, (누구의) 결정에 맡기다, 결정을 따르다: ómnia ad oráculum ~*(N.)* 모든 일에 신탁(神託)의 지시를 따르다 / de hoc ad consílium ~*(N.)* 이것을 참모위원회의 결정에 맡기다. **16.** 〔de *alqā re, alqd* ad senátum〕 원로원에 제출하다, 제안하다, (토의·결정하도록) 회부하다, 문의하다, (결정·지시 따위를) 요청하다. **17.** 〔*alqd - alci; acc. c. inf.*〕 (말·글로) 대답하다, 회답하다, 답변하다. **18.** 〔*alqd* in *alqd*〕 기록하다, 등록하다, 기입하다, 기재하다, 장부에 올리다. **19.** 〔ratiónes〕 계산서에 기입하다; 계산서를 제출하다, 계산을 보고하다. **20.** 〔*alqm, alqd* in, inter *acc.*〕 수에 집어[계산해]넣다, …의 하나로 꼽다[포함시키나·여기다·삼다]: ~*alqm* in oratórum númerum *(Suet.)* 아무를 연설가로 꼽다 / in reos reférri *(C.)* 죄인 축에 들다. **21.** 〔*alqd, alqm* ad *acc.*〕 (무슨 기준으로) 평가하다,

…에 비추어 판단하다, …의 기준을[목표를] (어디에) 두다. 22. 〔alqd, alqm ad acc.〕 관련[연관·관계]시키다.

refert, rétŭlit, férre, *impers., intr.* [res+fero; réfero] 관계된다, 상관있다, 문제가 된다, 중대한 일이다, 중요하다; 이롭다, 유익하다. 1. 〔(*cf.* ínterest) 1) 문법상 주어: *pron. n. sg.* (hoc, id, illud, quid, quod); *inf.; prop. subjectíva (acc. c. inf.;* ut; *interr. indir.).* 2) 〈누구에게·무엇에〉는 1·2인칭 및 재귀적 3인칭은 소유대명사의 *abl. sg.*(meā, tuā, suā, nostrā, vestrā); 그밖의 명사·대명사는 *gen.*, 간혹 *dat.(alci rei),* ad *acc.* 3) 흔히 여러가지 정도표시의 부사나 *gen. prétii*를 동반함〕: Id meā mínime refert.*(T.)* 그것은 내게 조금도 대단한 것이 못된다 / Ipsíus ducis hoc reférre vidétur, ut ...*(Juv.)* …하다는 이것은 장군자신에게 관계되는 것으로 생각된다 / Nihil refert. 괜찮다, 아무 상관없다, 무방하다. 2. 〔아주 드물게는 명사가 주어로 나타나는 수 있으며, 중성대명사에 한하여 복수로 쓰는 수도 있음〕: Longitúdo refert.*(Plin.)* 길이가 문제가 된다 / percontári, quæ ad rem réferunt.*(Pl.)* 그일과 관계되는 것들을 물어보다.

refértus, a, um, *p.p., a.p.* [referćio] 〔*abl., gen.; absol.*〕 가득한, 가득[꽉] 차있는; 풍부한, 많이 있는, 득실거리는.

refervĕo, férbŭi [férvi], ére, *intr.* [re[1]+] 1. 끓어오르다, 부글부글 끓다. 2. 포악하다, 악독하다. 3. 끓다가 멈추다, 식다.

refervésco, ĕre, *intr. inch.* [reférveo] 다시 뜨거워지다, 다시 끓기 시작하다.

refícĭo, féci, féctum, ĕre, *tr.* [re[1]+fácio] 1. 다시 만들다; 복구하다, 재건하다; 고치다, 수리[수선]하다. 2. (불을 살려서) 다시 붙게 하다. 3. 보충하다, 보강(補强)하다; (군대를 신병으로) 충원(充員)하다. 4. 〔*alqd* – ex *abl.*〕 (재산·비용 따위를) 마련하다, 장만하다: pecúnia ex venditiónibus refécta *(Pap.)* (여러가지를) 팔아서 마련한 돈. 5. (집정관 등을) 재선하다, 재임명하다. 6. 〔*alqm, alqd – alqā re* – ex, ab *abl.*〕 기운을 회복시키다, 쉬게 하다, 활기를 띠게 하다, 소생시키다; 완쾌하게 하다; 고무하다, 정신차리게 하다: quoad me refíciam, *(C.)* 내가 건강을 회복할 때까지 / cibo ~ vires *(L.)* 음식으로 힘을 다시 얻다 / sociórum ánimos ~*(Sall.)* 동료들의 용기를 북돋다.

refígo, íxi, íxum, ĕre, *tr.* [re[1]+] 1. 뜯다, 떼다, 뽑다: dentes ~*(Cels.)* 이를 뽑다. 2. (법률을) 폐지하다. 3. 치우다, 제거하다.

refigurátĭo, ónis, *f.* [refigúro] 모양을 바꿈, 변형, 고쳐 만듦.

refigúro, áre, *tr.* [re[1]+] 모양을 바꾸다, 변형시키다, 고쳐 만들다.

refíngo, ĕre, *tr.* [re[1]+] 1. 다시 만들다, 다시 형성하다. 2. *refl.* **se** ~ 〔*acc. præd.*〕 …처럼 보이게 하다, …인 체하다.

refirmátus, a, um, *p.p., a.p.* [*inusit.* refírmo] 다시 튼튼하게 만들어진.

reflábĭlis, e, *adj.* [reflo] 1. 쉽게 증발하는, 수분이 쉽게 빠지는. 2. 다시 부풀어오르는.

reflágĭto, áre, *tr.* [re[1]+] 다시 간청하다, 다시 요구[요청]하다.

reflátĭo, ónis, *f.* [reflo] 증발, 발산; 발한(發汗).

reflátus, us, *m.* [reflo] 1. 역풍, 거슬러 부는 바람. 2. (고래의) 내뿜는 숨. 3. 역운(逆運), 역경.

refléсto, fléxi, fléxum, ĕre, *tr., intr.* [re[1]+] 1. 뒤로 구부리다[꼬부리다]; 비틀어 돌리다; 빼드러지게 하다. 2. 뒤로 돌리다: léviter caput ~*(Catull.)* 고개를 살짝 돌리다 / ~gressus *(Sen.)* 돌아오다. 3. 딴데로 돌리다, 방향을 바꾸다: visus ~*(Val. Fl.)* 시선을 돌리다. 4. 반사하다. 5. (마음·정신 따위를) 돌리게 하다·돌리다, 바꾸게 하다. 6. 〔ánimum〕 반성하다, 곰곰이 생각하다. 7. 《論》 환위(換位)시키다. 8. *intr.* (병세 따위가) 돌리다.

refléxĭo, ónis, *f.* [refléсto] 1. 뒤로 돌림. 2. 반사, 반영. 3. 반성, 심사, 숙고. 4. 《論》 환위(換位).

refléxus, us, *m.* [refléсto] 1. 굽이진[후미진] 곳, 만(灣); 《解》 와(窩). 2. 되돌아감, 회귀(回歸).

rĕflo, ávi, átum, áre, [re[1]+] I. *intr.* 1. (바람이) 거슬러[거꾸로·반대로] 불다, 역풍이 불다. 2. 역운(逆運)이 닥치다, 역경을 가져오다.
II. *tr.* 1. 내뿜다, 입김을 내불다. 2. 증발시키다, 발산시키다. 3. (불어서) 부풀게 하다, 팽창하게 하다.

refloréscо, rŭi, ĕre, *intr. inch.* [re[1]+] 1. 다시 꽃피다; 다시 무성해지다. 2. 혈기가 다시 왕성해지다.

refluámen, mĭnis, *n.* [réfluo] 넘쳐흐른 것; 대단치 않은 것.

reflúctŭo, áre, *intr.* [re[1]+] 물결쳐 왔다가 되돌아가다, 역류하다.

réflŭo, flúxi, ĕre, *intr.* [re[1]+] 1. 거꾸로 흐르다; 역류하다, (조수가) 써다. 2. 넘치다.

réflŭus, a, um, *adj.* [réfluo] 1. 역류의, 거슬러[거꾸로] 흐르는; (물이) 써는. 2. 남아 도는, 먹다가 남은[흘린].

reflúxĭo, ónis, *f.* [réfluo] 역류(逆流), 썰물.

refocillátĭo, ónis, *f.* [refocíllo] 회복, 기운 차리게 함.

refocíllo[-cĭlo], ávi, átum, áre, *tr.* [re[1]+] 활력을 넣어주다, 원기를 회복케 하다, 소생시키다.

refódĭo, fódi, fóssum, ĕre, *tr.* [re¹+] 파내다, 발굴하다.
reformábĭlis, e, *adj.* [refórmo] 뜯어고칠 수 있는; 개량[개선·개혁]할 수 있는.
reformátĭo, ónis, *f.* [refórmo] **1.** 변신(變身), 탈바꿈. **2.** 개조, 개량, 개선, 개정, 개혁, 변혁, 혁신: ~ agrária 토지개혁 / ~ calendárii 개력(改曆) / [R-] (protestántica) 종교개혁.
reformátor, óris, *m.* [refórmo] 개조자, 개량자, 개혁자, 혁신자.
református, us, *m.* [refórmo] 개조, 개혁, 혁신.
reformidátĭo, ónis, *f.* [reformído] 공포, 두려움, 전율.
reformído, ávi, átum, áre, *tr.* [re¹+][*alqd, alqm; inf.;* quod*(causále); absol.*] 두려워하다, 무서워하다; …에 기가 죽다, 전율하다; 무서워 뒷걸음치다[피하다].
refórmo, ávi, átum, áre, *tr.* [re¹+] **1.** 본래의 모양[형상·모습]을 되찾다. **2.** [*alqm, alqd* - in, ad *acc.*] (다른 형상으로) 바꾸어 놓다, 변형[변신]케 하다, 탈바꿈하게 하다. **3.** [*alqd* - in *acc.*] 번복하다. **4.** 개선[개량]하다, 개조[개정]하다, 바로잡다, 개혁하다, 혁신[변혁]하다, 일신하다. **5.** (변상으로) 물어주다.
refóvĕo, fóvi, fótum, ére, *tr.* [re¹+] **1.** 다시 따뜻하게 하다, 덥히다; 따뜻하게 감싸다, 품어주다. **2.** 소생시키다, 원기를 회복시키다, 기운내게 하다; (불·열심 따위를) 다시 일으키다, 재흥시키다.
refractariŏlus, a, um, *adj. dim.* [refractárius] 억지스러운, 좀 고집센, 곧잘 대드는, 잘 따지는.
refractárĭus, a, um, *adj.* [refríngo] 완강한, 고집센, 자기 주장만 내세우는.
refráctĭo, ónis, *f.* [refríngo] 굴절(屈折).
refractívus, a, um, *adj.* [refríngo] **1.** 굴절의. **2.** 《文法》 재귀(再歸)의: pronómina refractíva *(Prisc.)* 재귀대명사.
refráctus, us, *m.* [refríngo] 굴절, 반사, 반향(反響).
refræn... *V.* refren...
refragátĭo, ónis, *f.* [refrágor] 저항, 반대.
refragátor, óris, *m.* [refrágor] 반대자, 적대자, 대항자; 정적.
refrágĭum, i, *n.* [refrágor] **1.** 저항, 반대. **2.** 방해, 장애.
refrágor, átus sum, ári, *dep. intr.* [*dat.; absol.*] **1.** 반대투표를 하다, (입후보자·지망자 따위를) 반대하다, 불찬성하다, 지지하지 않다, 반대입장을 취하다, 좌절시키다. **2.** 반항하다, 거스르다, 배치(背馳)되다, 지장을 가져오다.
refrenátĭo, ónis, *f.* [refréno] 제어, 견제, 억제.
refréno, ávi, átum, áre, *tr.* [re¹+] **1.** (재갈로 어거하여[고삐를 당겨] 말 따위를) 세우다. **2.** [*alqd, alqm* - ab *abl.; abl.(médii)*] 억제하다, 억누르다, 제어하다, 견제하다, 못하게 하다, 막다.
réfrĭco, cŭi, átum, áre, *tr., intr.* [re¹+] **1.** [*alqd - alqā re*] 다시[몹시] 문지르다, 마찰하다, 비비다. **2.** (상처 따위를) 긁어서 덧내다. **3.** 새삼스럽게 하다, 다시 들추어내다, 다시 느끼게 하다, 되살아나게 하다. **4.** [*intr.*] 덧나다, 도지다.
refrígĕo, frígŭi [fríxi], fríctum, ére, *intr.* [re¹+] 식다, 차가와지다, 냉각되다.
refrígĕrans, ántis, *n.* [refrígero] **1.** (암모니아 따위) 냉각제, 냉각용 얼음[물·눈]. **2.** 청량제, 청량음료. **3.** 《藥》 해열제.
refrigerátĭo, ónis, *f.* [refrígero] **1.** 시원[서늘]하게 함, 청량; 차게 함, 냉각, 냉동; 냉장. **2.** 아픔이 가심[멎음], 진정(鎭靜).
refrigeratívus, a, um, *adj.* [refrígero] 차게 하는, 냉각시키는.
refrigerátor, óris, *m.* [refrígero] [현대어적 용법] 냉각시키는 물건; 냉장고, 냉동기, 냉각 장치.
refrigeratórĭus, a, um, *adj.* [refrígero] 시원[서늘]하게 하는, 청량한, 차게 하는: pótio refrigeratória *(Pelagónius)* 청량음료.
refrigerátrix, ícis, *f.* [refrígero] [여성명사의 동격어로] 시원[서늘]하게 하는 (여자).
refrigérĭum, i, *n.* [refrígero] **1.** 서늘함, 시원함, 청량; 냉각. **2.** (고통 따위의) 경감, 완화; 위안.
refrígĕro, ávi, átum, áre, *tr., intr.* [re¹+frigus] **1.** 차게 하다, 식히다, 냉각시키다; 시원[서늘]하게 하다. **2.** (심신을) 상쾌하게 하다, 느긋하게 하다. **3.** 한풀 꺾이게[죽게] 하다, 누그러지게 하다, 겁을 먹게 하다, 약화시키다. **4.** (열의·흥미 따위를) 잃게 하다, 무관심하게 하다, 냉담케 하다. **5.** [*alqm, alci*] 기운내게 하다, 격려하다. **6.** [*intr.*] 식다.
refrigescéntĭa, æ, *f.* [refrigésco] 상쾌; 위안.
refrigésco, fríxi, ĕre, *intr. inch.* [re¹+] **1.** 식다, 차가와지다; 서늘해지다. **2.** 쇠퇴[감퇴]하다, 세력이 약화되다, 힘이 떨어지다, 침체하다. **3.** (열의·흥미 따위가) 식다, 관심이 없어지다, 냉담해지다.
refríngo, frégi, fráctum, ĕre, *tr.* [re¹+frango] **1.** 짓부수다, 깨뜨리다, 파쇄[분쇄]하다. **2.** 꺾다, 부러뜨리다; 잡아찢다. **3.** (문 따위를) 부수고 열다. **4.** 타파하다; 타도하다. **5.** 막다, 제지하다. **6.** [*pass.*] (광선이) 굴절하다, 반사하다. **7.** verba ~ *(Stat.)* (아기들의 발음처럼) 말을 부정확하게 하다.
refríva [-feríva], æ, *f.* (*sc.* faba) 밭에서 제사용으로 집에 가져온 콩.
refrondésco, ĕre, *intr. inch.* [re¹+] 잎이 다시 돋다.
réfŭga, æ, *m., f.* [refúgio] **1.** 도주자, 탈주자, 탈옥수. **2.** 배교자.
refúgĭo, fúgi, fúgĭtum, ĕre, [re¹+] **I.** *intr.* **1.** [ex, ab *abl.;* in, ad, intra *acc.; absol.*] 도망하여 돌아가다[오다], 퇴각하다, 도주

[탈주]하다, 피해 달아나다. **2.** 〔ab, ex *abl.*; *absol.*〕 시야에서 멀어지다[사라지다], 멀리 떨어지다. **3.** 〔ab *abl.*; *absol.*〕 피하다, 회피하다, 기피하다, 뿌리치다. **4.** 〔ad *acc.*〕 피신하다, 피난하다, (어디로·누구에게로) 도피하다; 의지하다.
II. *tr.* 〔*alqd*, *alqm*〕 피하다, 회피하다, 꺼려하다, 멀리하다, 물리치다, 거절하다: ália, quæ nunc memóriam meam refúgiunt. *(Col.)* 지금 생각나지 않는 다른 것들.

refúgĭum, i, *n.* [refúgio] **1.** 피난, 피신, 도피, 대피; 의지. **2.** 피난처, 대피소, 피신처, 은신처.

réfŭgus, a, um, *adj.* [refúgio] 달아나는, 도망하는, 도주[탈주]하는, 퇴각[후퇴]하는; 〔*subst.*〕 *m.* 도망자, 탈주자. 「광채.

refulgéntĭa, æ, *f.* [refúlgeo] 광휘, 찬란,

refúlgĕo, fúlsi, ére, *intr.* [re¹+] 반사광으로 번쩍이다; 찬란히 빛나다, 반짝이다, (빛·희망 따위가) 비치다.

refúndo, fúdi, fúsum, ĕre, *tr.* [re¹+] **1.** 다시 붓다, 퍼붓다, 되쏟다. **2.** 되돌아 흐르게 하다, 되흘러가게 하다, 역류하게 하다. **3.** 넘쳐 흐르게 하다, 쏟아놓다; 흘러내리게 하다. **4.** 녹아 흐르게 하다, 융해(融解)시키다. **5.** 다시 흘러들게 하다; 다시 집어[밀어]넣다. **6.** 〔*pass.*〕 펼쳐지다. **7.** 돌려주다, 되돌리다; 회복시키다. **8.** 〔*alqd* in *acc.*〕 (탓·원인 따위를 어디에) 돌리다.

refúsĭo, ónis, *f.* [refúndo] **1.** 다시 쏟음; 다시 쏟아짐, 일출(溢出). **2.** 되돌려줌, 반환.

refusórĭus, a, um, *adj.* [refúndo] 반환[반송(返送)]에 관한: refusóriæ lítteræ *(Sidon.)* 반송장(返送狀).

refutábĭlis, e, *adj.* [refúto] **1.** 반박할 수 있는. **2.** 물리쳐야 할, 내버려야 할.

refutátĭo, ónis, *f.* [refúto] 논박, 반박, 변박. 「자.

refutátor, óris, *m.* [refúto] 논박자, 반박

refutatórĭus, a, um, *adj.* [refúto] 논박의, 반박의, 변박하는; 〔*subst.*〕 *n.pl.* 반박문.

refutátus, us, *m.* [refúto] 논박, 반박, 변박.

refúto, ávi, átum, áre, *tr.* **1.** 물리치다, 격퇴하다. **2.** 수락하지 않다, 거절[사절]하다; 제지하다. **3.** 논박[반박·변박]하다.

regalíŏlus, i, *m. dim.* [regális] 《動》 굴뚝새.

regális, e, *adj.* [rex] **1.** 왕의, 임금의; 왕에게 속한[관한], 왕이 사용하는: ~ potéstas *(C.)* 왕권 / ~ res pública *(C.)* 군주국가 / 《敎史》 jus regále 교구장(주교) 공석(空席)인 교구의 수입에 대한 국왕의 소득권; 〔*subst.*〕 *m.pl.* 왕자들, 왕족; *n.pl.* 1) 왕궁, 궁전. 2) 왕에게 어울리는 물건. 3) (왕관·왕장〈王杖〉·왕검 따위) 왕위·왕권의 표지[상징], 왕권. **2.** 왕다운, 고귀한, 장엄한, 호화로운; 〔*adv.*〕 **-lĭter,** 1) 왕처럼, 호화롭게, 굉장하게. 2) 폭군처럼, 횡포하게, 거만하게. 「(君主敎權主義).

regalísmus, i, *m.* [regális] 군주교권주의

regelátĭo, ónis, *f.* [régelo] 녹임; 녹음, 해빙, 융해(融解).

régĕlo, ávi, átum, áre, *tr.* [re¹+gelo¹] **1.** (얼음·언 것을) 녹이다, 해빙하게 하다, 융해(融解)하게 하다. **2.** 〔*pass.*〕 녹다, 온기(温氣)를 되찾다. **3.** (통풍을 시켜) 차게 [서늘하게] 하다, 냉각시키다.

regenerátĭo, ónis, *f.* [regénero] 재생, 갱생; 부흥, 부활; 혁신, 갱신: lavácrum regeneratiónis *(Augustin.)* 세례 / ~ mundi 세계의 갱신. 「는 여자.

regenerátrix, ícis, *f.* [regénero] 재생시키

regénĕro, ávi, átum, áre, *tr.* [re¹+] **1.** 다시 나게 하다, 갱생하게 하다, 재생시키다, 다시 살게 하다. **2.** 같은 것을 만들어 내다, 닮게 만들다.

regens, éntis, *m.* *(p.præs.)* [rego] 군주, 통치자; 관리자: ~ (seminárii) 신학교 교장.

regerminátĭo, ónis, *f.* [regérmino] 싹이 새로[다시] 돋아남; 새순.

regérmĭno, áre, *intr.* [re¹+] 새순이 돋아나다, 새싹이 나다.

régĕro, géssi, géstum, ĕre, *tr.* [re¹+gero¹] **1.** 가지고 돌아오다[가다], 다시 운반해 오다, (다른 것을) 대신 날라오다: Líntribus afferúntur ónera et regerúntur. *(Plin.)* 거룻배로 짐들을 실어가고 실어오고 한다. **2.** 반환하다, 되돌려보내다, 되받아 던지다, 반사하다. **3.** 〔*alqd* in *acc.*〕 (무더기로) 쌓다, 퇴적(堆積)하다. **4.** (흙을) 파내다; (부싯돌 따위로 불을) 일으켜 내다. **5.** (가열하여) 증발시키다. **6.** 〔*alqd* in *acc.*〕 옮겨 쓰다, 베끼다, 모아서 기록하다. **7.** 〔*alqd alci*, in *alqm*〕 들씌우다, (탓·책임·미움 따위를 누구에게) 돌아가게 하다, 전가하다. **8.** 보복하다, 응수하다.

regésta, órum, *n. pl.* [regéstum] 목록, 일람표, 요람, 명단. 「흙더미.

regéstum, i, *n.* [régero] 파내어 쌓아놓은

régĭa, æ, *f.* [régius] **1.** 왕궁, 궁궐; 궁성, 궁정, 조정. **2.** 야전지에서의 왕의 천막. **3.** 왕의 신변. **4.** 왕이 있는 도시, 수도. **5.** 조신(朝臣)의 생활[신분]. **6.** (*Roma*에서 제관들이 모여 제사를 지내거나 회의를 하던) 신성한 장소.

regíbĭlis, e, *adj.* [rego] 다스리기[다루기] 쉬운; 가르치기 쉬운, 유순한, 고분고분한.

regíficus, a, um, *adj.* [rex+fácio] 호화로운, 화려한, 으리으리한.

regifúgĭum, i, *n.* [rex+fugo] *Roma* 제7대(마지막) 왕인 *Tarquínius Supérbus*의 축출을 기념하던 축제일(2월 24일).

regígno, ĕre, *tr.* [re[1]+] 다시 낳다; 재생시키다.

regíllus[1], a, um, *adj.* **1.** [rego, rectus]〔직조방법〕서서 바디를 치켜올리며 짠. **2.** *dim.* [régius]〔해악직 의미〕왕이기나 한듯한; 호화로운 듯한.

regíllus[2], i, *m. dim.* [rex] 작은 왕.

Regíllus[3], i, *m.* **1.** *Sabíni*족의 도시;〔*adj.*〕**-lánus,** a, um; **-lénsis,** e. **2.** *Látium*에 있는 작은 호수, 그 근처에서 *Roma*인들이 *Látium* 인들을 대파하였음 (495 A.C.);〔*adj.*〕**-lénsis,** e.

régĭmen, mĭnis, *n.* [rego] **1.** 지도, 지휘, 통솔. **2.** 조타(操舵), 조종(기술); (배의) 키. **3.** 통치, 지배, 관리(管理), 정치; 정권, 통치권; 정부: forma regíminis 정체(政體). **4.** 지도자, 지휘자; 통치자. **5.** 《文法》 격지배(格支配).

「권.

regiméntum, i, *n.* [régimen] 통치; 통치

regína, æ, *f.* [rex] **1.** **여왕**; 왕후, 왕비; 모후(母后). **2.** 여신. **3.** 왕녀, 공주. **4.** 귀부인, 마님. **5.** 여왕격인 여자[것], (…의) 여왕.

Regínus, a, um, *adj.* *Brúttium*의 도시 *Régium*의;〔*subst.*〕*m.pl.* 그 도시의 주민.

régĭo, ónis, *f.* [rego] **1.** 방향, 쪽, 방면: rectā regióne *(Cæs.)* 직선방향으로[거리로]/ rectā flúminis Danúbii regióne *(Cæs.)* *Danúbius*강쪽으로 병행하여 / de rectā regióne defléctere *(C.)* 바른 길에서 빗나가다[벗어나다]. **2.** 직선: e regióne *(C.)* 직선으로, 곧게. **3.** e regióne〔*c. gen., dat.; absol.*〕맞바로, 맞은편에(서), 정면에서[으로], 정반대쪽에: e regióne óppidi *(Cæs.)* 도시 맞은편에 / e regióne nobis *(C.)* 우리와 정반대쪽에 / e regióne *(N.)* 정면으로; *(Hier.)* 그와 반대로. **4.** 점지팡이로 하늘에 그은 경계선. **5.** 한계, 범위, 경계선. **6.** 방위(方位), 녘: regiónes 동서남북. **7.** 곳, 장소; 공간; (우주의) 한 구역, 층. **8.** **지방**; 지대, 지역, 구역. **9.** (*Roma*시의) 행정구. **10.** (이태리 본토의) 행정구역, 주(州). **11.** (*Roma*본토 이외의) 통치지역, 식민지, 속주(屬州). **12.** 영역, 분야. **13.** 《解·動》 (신체의) 부위, 국부.

regionális, e, *adj.* [régio] **1.** 지방의, 지역의;〔*adv.*〕**-lĭter,** 지방별로, 지역적으로, 각 지방에서. **2.** 속주(屬州)의. **3.** 《敎法》 (어느 나라의) 전국적: Concílium regionále 전국 주교회의[교회회의].

regionátim, *adv.* [régio] 지방별로, 지역별로.

「등록, 기록.

registrátĭo, ónis, *f.* [regístro] 기재, 등기,

regístro, ávi, átum, áre, *tr.* [regésta, régero] 정식으로 기재하다, 등기하다, 등록하다.

regístrum, i, *n.* [regésta] **1.** 표, 목록, 색인; 기록부, 등록부. **2.** 《音》 오르간의 스톱, 음전(音栓).

Régĭum [-on], i, *n.* **1.** *Gállia Cispadána*의 도시 (~ Lépidum이라고도 함);〔*subst. deriv.*〕**-giénses,** ĭum, *m.pl.* 그곳 주민. **2.** *Brúttium*의 도시 (지금의 *Reggio di Calabria*);〔*adj.*〕**-gínus,** a, um.

régĭus, a, um, *adj.* [rex] **1.** 왕의, 임금의, 왕에게 속한[관한]: régia potéstas *(C.)* 왕권 / régia família 왕가, 왕실 / régia áuctio *(Plin.)* 왕의 재산 경매 /〔*subst.*〕*m.pl.* 신하들; 왕의 친위병. **2.** 왕다운, 군림하는, 왕처럼 행동하는, 위풍있는; 뛰어난, 으뜸가는; 호화로운, 화려한: morbus ~ *(H., Cels.)* 황달 (왕처럼 호화롭고 안락하게 지내야 낫는 병이라 하여 붙여진 이름). **3.** 전제[독재]적인, 횡포한.

reglútĭno, (ávi), átum, áre, *tr.* [re[1]+] **1.** 떼어내다, 떨어내다. **2.** 다시 붙이다·접착시키다.

regnális, e, *adj.* [regnum] 국왕 재위중의, 성대(聖代)의, …왕 치하의, 왕(국)의.

regnátor, óris, *m.* [regno] 군주, 왕, 통치자, 군림하는 자.

regnátrix, ícis, *f.* [regnátor]〔여성명사의 동격어로〕다스리는[통치·지배·군림하는] (여성).

「의 시민.

regnícŏla, æ, *m., f.* [regnum+colo[2]] 왕국

regno, ávi, átum, áre, [regnum] **I.** *intr.* **1.**〔*absol.;* in, super *acc.;* in *abl.; gen. Hellenísmi; pass. impers.*〕왕노릇하다, 군림하다, 왕권을 장악[행사]하다, 통치하다, 다스리다, 지배하다. **2.**〔*absol.;* in *abl.*〕절대적 권한을 행사하다, 좌우하다. **3.** 권세를 부리다[휘두르다]. **4.**〔*absol.;* in *abl.,* per *acc.*〕(사물이) 위력을 발휘하다, 맹위를 떨치다, 기승을 부리다, 판을 치다, 온통 휩쓸다.

II. *tr. pass. tt.*〔*absol.; p.p.*에서 *c. dat. agéntis*〕통치되다, 지배받다: regnáta féminis gens *(Plin.)* 여자들의 통치를 받은 종족.

regnum, i, *n.* [rex] **1.** 왕권, 왕위; 왕정(王政). **2.** 왕령(王領); **왕국, 나라,** 국가: ~ cælórum *(Matth. 3, 2)* 천국, 하늘나라. **3.** 최고 권한, 절대적 세력; 최고의 권위. **4.** 전제, 독재; 폭정, 학정; 횡포. **5.** 소유지, 땅; 농장. **6.** 임금, 왕.

rĕgo, rēxi, rēctum, ĕre, *tr.*〔*alqd, alqm - abl. médii*〕**1.** 조종하다, 부리다, 조작(操作)하다; 인도하다, 이끌어 주다, 몰고 가다; 겨누어 던지다·쏘다. **2.** 토지를 구획하다, 경계를 긋다. **3.** **다스리다,** 통치하다, 지배하다, 관리하다; 지휘[지도]하다, 감독하다, 통솔하다, 명령하다, 통제하다: ~ império pópulos *(V.)* 절대권을 가지고 백성을 다스리다 / suscípere júvenem regéndum *(C.)* 젊은이의 지도를 떠맡다 /

~ ánimi motus *(C.)* 감정들을 통제하다. **4.** 충고하다, 바로잡아 주다, 고쳐주다, 선도하다; (의심 따위를) 풀어주다.

regradátĭo, ónis, *f.* **1.** [régrado] 좌천, 강등, 파면. **2.** [régrador] 혹성(惑星)의 역행.

régrădo, ávi, átum, áre, *tr.* [re[1]+gradus] 〔*alqm* - ad, in *acc.*〕 **1.** 좌천[강등]시키다, 파면하다. **2.** 그전 위치로 돌려놓다.

régrădor, átus sum, ári, *dep. intr.* [régrado] (혹성이) 역행하다.

regrédĭor, *(dĕris, dĭtur),* gréssus sum, grĕdi, *dep. intr.* [re[1]+grádior] **1.** 〔*absol.;* ex *abl.;* in, ad *acc.*〕 뒷걸음질하다, 뒤로 물러나다, 후퇴하다, 퇴각하다, 철수하다. **2.** 돌아오다[가다], 회귀(回歸)하다: In memóriam regrédior audísse me. *(Pl.)* 들은 기억이 난다. **3.** 〔ad *alqm*〕 상환청구하다, 소구(遡求)하다.

regréssĭo, ónis, *f.* [regrédior] **1.** 돌아감[옴], 귀환; 회귀. **2.** 후퇴; 퇴보, 퇴화. **3.** 역행. **4.** 《修》 (열거한 것의 더 자세한) 반복설명.

regréssus, us, *m.* [regrédior] **1.** 돌아감[옴], 귀환; 회귀. **2.** 후퇴, 퇴각. **3.** 역행. **4.** 〔ab *abl.; absol.*〕 물러섬, 버림, 그만둠. **5.** 〔ad *acc. gerúndii*〕 …할 여지(餘地). **6.** 만회, 돌이킴. **7.** 〔ad *alqm*〕 호소. **8.** 소급(遡及): ~ in infinítum 무한한 소급[후퇴]*(Aristóteles)*. **9.** 상환청구, 소구(遡求).

régŭla, æ, *f.* [rego] **1.** 곧은 자, 자막대기; 곱자, 곡척(曲尺). **2.** 곧은 막대기, 오리목; 부목(副木); 납작한 쇠막대기. **3.** 착유기(搾油機)의 평원반(平圓盤). **4.** 척도, 표준. **5.** **규칙**, 규정, 법칙, 규율; 규준; 규범; 정규, 규격; 관례, 통례, 상례; 양식, 방식, (…하는) 법; 원칙, 주의(主義); 《가》 (수도회의) 회칙: 《神》 ~ fídei 신앙규준, 신조.

reguláris, e, *adj.* [régula] **1.** 막대기의, 막대기로 된: æs reguláre *(Plin.)* 구리막대기, 제련된 동괴. **2.** **규칙적인**; 질서정연한, 균형잡힌. **3.** 규칙·규격·표준에 맞는, 정규의. **4.** 통례의, 관례적인, 보통의; 정례적인, 정기적인. **5.** 일정한, 고른, 이상없는. **6.** 《文法》 규칙변화[활용]의. **7.** 《敎法》 성대서원(盛大誓願)을 하는 수도회의: Ordo (~) (위와 같은) 수도회; 〔*subst.*〕 *m.(f.)* 성대서원을 한 수도회원, 정규 수도자.

reguláriter [-látim], *adv.* [reguláris] 규칙에 따라서, 규칙대로; 통례대로, 으례 하듯이.

régŭlo, áre, *tr.* [régula] **1.** 지도하다, 바로잡다; 조절[조정]하다, 가감하다, 정리하다. **2.** 규정하다, …의 규칙을 만들다, 통제하다.

régŭlus[1], i, *m. dim.* [rex] **1.** 어린 왕, 젊은 왕. **2.** 왕자. **3.** 작은 나라의 군주; 제후, 영주. **4.** 왕봉, 장수벌. **5.** 굴뚝새. **6.** = basilíscus (괴상한 독사, 독기있는 도마뱀의 일종).

Régŭlus, i, *m.* *Roma*인의 가문명; M. Atílius ~, 제1차 *Pœni*전쟁때의 *Roma*집정관(장군). 「김질, 반추(反芻). **2.** 혈액의 역류.

regurgitátĭo, ónis, *f.* [re[1]+gúrgito] **1.** 새

regústo, ávi, átum, áre, *tr.* [re[1]+] **1.** 다시 맛보다, 맛을 즐기다. **2.** (편지·책 따위를) 다시 읽어보다, 음미하다.

regýro, ávi, áre, *intr.* [re[1]+] 선회하다.

reici..., reiect... *V.* rejici..., reject...

reincarnátĭo, ónis, *f.* [re[1]+] (죽은 후에 영혼이 다시 새 육신에 깃들어 태어난다는) 영혼 재래설(再來說); 재화신(再化身), 윤회.

reintegr... *V.* redintegr...

reinvíto, áre, *tr.* [re[1]+] 다시 초대하다; (초대받은) 답례로 초대하다. 「실.

reípsā, *adv.* [res+ipsa] 참으로, 과연, 사

reitĕro, áre, *tr.* [re[1]+] 되풀이하다, 반복하다, 거듭하다, 다시 하다.

rejectaménta, órum, *n. pl.* [rejécto] **1.** 폐물, 폐기물, 쓰레기. **2** 해안에 밀려오른 해초·표착물·난파물. **3.** 배설물.

rejectánĕus, a, um, *adj.* [rejício] 버릴 만한, 거절[거부]할 만한; 버려야 할.

rejéctĭo, ónis, *f.* [rejício] **1.** 뱉음, 토함. **2.** 내던짐, 내버림, 포기; 배제, 폐기. **3.** (재판관) 기피. **4.** 거절, 거부, 배척; 각하, 기각, 부결.

rejécto, ávi, áre, *tr. freq.* [rejício] **1.** 반향시키다, 메아리쳐 돌아가게 하다. **2.** 도로 내던지다·내버리다. **3.** 토하다, 게우다.

rejícĭo, jéci, jéctum, ĕre, *tr.* [re[1]+jácio] **1.** 〔*alqd* - in *acc.*〕 마주[맞받아] 던지다, 되던지다, 되짚어 보내다; 반사시키다. **2.** 〔*alqd* - in, ad, post *acc.*〕 뒤로 보내다, 뒤로 돌리다: mánibus ad tergum rejéctis *(Póllio in C.)* 뒷짐을 지고서. **3.** 〔*alqd* - de, ex *abl.*〕 벗어 던지다, 벗어 젖히다. **4.** (문 따위를) 밀어 열다. **5.** 내던지다: fatigáta membra ~ *(Curt.)* 지쳐버린 나머지 벌렁 나자빠지다. **6.** *refl. pass.* **se ~, rejici** 〔in *acc.*〕 드러눕다, 자빠지다, 쓰러지다: se in grabátum ~ *(Petr.)* 침상에 드러눕다 / ~ se in eum flens*(T.)* 울면서 그의 품에 쓰러져 안기다. **7.** 〔*alqm* in *acc.*〕 다시 몰아넣다, 도로 들이몰다. **8.** 토하다, 게우다. **9.** 〔*alqm* - ab *abl.*〕 내쫓다, 쫓아버리다. **10.** 〔*alqd* - ab, ex *abl.*〕 멀리하다, 떼어놓다, 멀쳐버리다; 내버리다, 팽개치다. **11. 물리치다, 거절하다,** 거부하다, 배척[배격]하다, 받아들이지

않다, 되박하다, 퇴짜놓다. **12.** 경멸[멸시]하다, 무시하다. **13.** 격퇴하다. **14.** *pass.* réjici 〔*absol.; in acc.*〕 (배·항해자가 풍랑을 만나) 되돌아가다, 후퇴하다; 항로를 바꾸다. **15.** 〔*alqd* - ab *abl.*〕 막다, 저지하다, 방지하다. **16.** 〔*alqd, alqm* ad *acc.*〕 딴데로 넘기다[보내다], 남에게 밀다, 이관하다. **17.** 〔*alqd* in *acc.*〕 미루다, 연기하다. **18.** (재판관을) 기피하다, 거부하다.

rejicŭlus, a, um, *adj.* [rejício] 버릴, 무용지물의, 쓸모없이 된.

relábor, *(ĕris, ĭtur),* lápsus sum, lábi, *dep. intr.* [re[1]+labor[1]] **1.** 도로 흐르다, 흘러 되돌아가다; 역류하다. **2.** 뒤로 떨어지다, 미끄러져 내려오다; 미끄러지듯 빠져나가다. **3.** 〔in *acc.*〕 다시 스르르 빠져들다. **4.** 〔in *acc.*〕 (예전 상태로) 되돌아가다. **5.** 다시 떨어지다·빠지다; 다시 범죄하다.

relámbo, ĕre, *tr.* [re[1]+] 다시 핥다.

relanguésco, gŭi, ĕre, *intr. inch.* [re[1]+] **1.** 쇠약해지다, 힘이 빠지다; 힘없이 쓰러지다. **2.** (바람 따위가) 자다, 가라앉다, 멎다. **3.** (빛깔이) 날다; 희미해지다. **4.** (의욕 따위가) 사라지다, 시들해지다; 누그러지다; (애정 따위가) 식다.

relátĭo, ónis, *f.* [réfero] **1.** 다시 가져감. **2.** (탓·책임 따위의) 전가, 넘겨씌움; 반소(反訴). **3.** 갚음, 보답: ~ grátiæ*(Sen.)* 사례, 고마움의 표시. **4.** (원로원에서의) 제안, 제의. **5.** **보고**, 보고서: relatiónem fácere [exhibére] *alci* de [super] *alqā re* 무엇에 대해서 누구에게 보고하다·보고서를 제출하다 / relatiónem confícere 보고서를 작성하다. **6.** 이야기; 진술. **7.** **관계**, 관련, 연관: ~ ratiónis 논리적[사고상(思考上)의] 관계 / ~ reális 실재적(實在的) 관계 / ~ mútua 상호관계 / ~ mundi ad Deum 우주의 대신관계(對神關係).

relativísmus, i, *m.* [relatívus] 《哲》 상대론, 상대주의.

relatívĭtas, átis, *f.* [relatívus] **1.** 관련성, 상관성. **2.** 《哲·物》 상대성: theoría [princípium] relativitátis 상대성 이론·원리.

relatívus, a, um, *adj.* [réfero] **1.** 〔*absol.;* ad *acc.*〕 (…에) 관계가 있는, 서로 관련된, 엇갈린, 상관적인; …에 관한. **2.** **상대적**; 비교적인. **3.** 《文法》 관계를 나타내는, 관계문을 이루어주는: pronómen relatívum 관계대명사.

relátor, óris, *m.* [réfero] **1.** (원로원에서의) 제안자. **2.** 보고자, 전언자(傳言者), 진술자, 시술자; (누구의) 전기(傳記)를 쓴 사람. **3.** 《敎法》 (재판 절차법상의) 보고관.

relatórĭa, æ, *f.* 영수증, 인수증.

relátrix, ícis, *f.* [relátor] 보고[이야기]하는 여자.

relátum, i, *n.* [réfero] 《修》 같은 말의 의식적 반복.

relátus[1]**,** a, um, *p.p.* [réfero].

relátus[2]**,** us, *m.* [réfero] 보고, 설명, 이야기.

rélăvo, lávi, áre, *tr.* [re[1]+] 다시 씻다.

relaxátĭo, ónis, *f.* [reláxo] **1.** 이완, 해이, 풀림. **2.** 누그러짐, 완화, 경감. **3.** 휴식, 편히 쉼, 기분전환, 긴장해소, 소창(消暢), 오락.

relaxátor, óris, *m.* [reláxo] 늦추어주는 사람, 터주는[열어주는] 사람.

reláxo, ávi, átum, áre, *tr.* [re[1]+] **1.** 〔*alqd; alqm abl.*〕 풀(어주)다, 느슨하게[느즈러지게] 하다, 늦추다, 힘이 풀리게[빠지게] 하다; 이완하게 하다, 해이해지게 하다: ~ se vínculis*(C.)* 사슬에서 풀려나다. **2.** (얼음 따위를) 녹이다, 풀리게 하다. **3.** 열다, 벌리다. **4.** 〔*alqm, alqd* - (ab) *alqā re*〕 푹 쉬게 하다, 긴장을 풀다, (휴식 따위로) 가뜬해지게 하다, 홀가분해지게 하다, 명랑해지게 하다: ~ ánimum *(C.)* 마음의 긴장을 풀다 / se occupatióne ~*(C.)* 분주한 일에서 떠나 푹 쉬다 / tristem vultum ~*(Sen.)* 슬픈 얼굴을 밝아지게 하다. **5.** 누그러지게 하다, 완화하다, 경감하다, 덜어주다.

reléctus, a, um, *p.p.* [rélego[2]].

relegátĭo, ónis, *f.* [relégo[1]] **1.** 귀양, 유배, 유형(流刑), 추방. **2.** 《法》 유증(遺贈).

relégo[1]**,** ávi, átum, áre, *tr.* [re[1]+lego[1]] **1.** 〔*alqm* - ab *abl.;* in *acc.*〕 외딴 곳으로 보내다, 멀리 보내다, 물러나게[떠나게] 하다; 격리시키다, 떨어져있게 하다. **2.** 추방하다, 유배(流配)하다, 귀양보내다. **3.** 거절[사절]하다, 물리치다; 경원하다. **4.** 〔*alqd alci;* in, ad *acc.*〕 전가(轉嫁)하다, 돌리다. **5.** 유증(遺贈)하다.

rélĕgo[2]**,** légi, léctum, ĕre, *tr.* [re[1]+lego[2]] **1.** 다시 모으다, 다시 거두어들이다, 회수하다: filo relegáto*(Ov.)* (늘여놓았던) 실을 다시 감아 가지고. **2.** (같은 길·항로·장소 따위를) 되돌아가다; 전철을 밟다. **3.** 다시 읽다, (편지 따위를) 다시 훑어보다; 다시 음미하다; 돌이켜 생각하다.

relentésco, ĕre, *intr. inch.* [re[1]+] **1.** (다시) 늦추어지다, 느슨해지다; 느려지다. **2.** 약해지다.

relevámen, mĭnis, *n.* [re[1]+] 경감(輕減), 완화; 위로, 위안, 안심시킴.

relevátĭo, ónis, *f.* [rélevo] **1.** 짐을 덜어줌; 줄임, 경감(輕減), 완화. **2.** (오줌의) 거품.

rélĕvo, ávi, átum, áre, *tr.* [re[1]+levo[2]] **1.** 〔*alqd* - ex, ab *abl.;* in *acc.*〕 들어올리다, 치켜올리다, (다시) 일으키다, 쳐들다: e terrā corpus ~*(Ov.)* 땅에서 몸을 일으키다 / ~ membra in cúbitum*(Ov.)* 침대에 올라가 눕다. **2.** 가볍게 하다, 덜다, 덜어

주다, 완화시키다, 경감하다; 줄이다, 절감(節減)하다. **3.** 〔*alqm alqā re*〕 (누구에게 무엇을) 감면해주다. **4.** 〔*alqm* - (ab) *alqā re*〕 벗어나게 하다, 면하게 하다: curā et metu relevári*(C.)* 걱정과 공포에서 벗어나다. **5.** 위로[위안]하다, 안심시키다, 견디어낼 수 있게 하다, 격려하다. **6.** 쉬게 하다, 피로를 풀게 하다; 힘을 회복하게 하다. **7.** 원래의 상태로 회복시켜주다. 「젖힌; (이마가) 벗어진.

relícĭnus, a, um, *adj.* (머리를 뒤로) 빗어

relíctĭo, ónis, *f.* [**-tus**[1], us, *m.*] [relínquo] **1.** 포기, 버림. **2.** 분리.

relíctus[2], a, um, *p.p., a.p.* [relínquo] 남겨진, 남아있는; 버려진; 〔*subst.*〕 *n.* 나머지, 잔여(殘餘).

relícŭus = réliquus.

relído, lísi, lísum, ĕre, *tr.* [re[1]+lædo] **1.** 힘있게 부딪다, 부딪쳐 깨지게 하다. **2.** (탄주 악기가) 힘찬 소리를 내다, 울려 퍼지게 하다. **3.** 부정[부인]하다, 거절하다.

religámen, mĭnis, *n.* [réligo] 끈, 띠.

religátĭo, ónis, *f.* [réligo] 묶음, 붙들어 맴, 잡아맴.

rélĭgens, éntis, *adj.(p.præs.)* [*inusit.* relígere] 경건한, 신앙[종교]심 있는.

relígĭo, ónis, *f.* [réligo] **1.** (신적인 존재에 대한) 경외(敬畏), 경건, 숙연; 종교심, 신앙(심). **2.** **종교**, …교: ~ primitíva 원시종교 / ~ naturális 자연종교 / ~ supernaturális 초자연적 종교 / ~ reveláta 계시종교 / ~ Christiána 그리스도교 / ~ Judáica 유태교 / ~ nationális 국민종교 / ~ públicæ auctoritátis 국교 / ~ ratióni soli ínnitens 이성(理性)종교. **3.** 경신행위(敬神行爲), 경신덕; 〔*pl.*〕 종교예식[행사]. **4.** 신성함, 신성성; 신성한 물건[장소]; 숭배의 대상(물), 신상(神像). **5.** 위구심, 양심의 불안[가책], 죄책(감). **6.** 도덕의식, 양심; 양심적임. **7.** 종교적 모독, 신성모독, 독성(瀆聖). **8.** 신(神)의 저주. **9.** 미신. **10.** 진실(성), 성실; 사실대로의 증언. **11.** 신성[엄숙]한 약속, 선서; (선서) 준행(遵行)의 의무. **12.** 성실한 직무수행[이행]. **13.** (생활의) 결백. **14.** 치밀, 빈틈없음, 용의주도, 완벽; 엄정. **15.** 공경, 존중, 소중히 여김. **16.** 수도회*(cf. C.I.C. can. 488)*.

religióse, *adv.* [religiósus] **1.** 종교적으로. **2.** 경건하게, 독실하게, 종교적 열성으로, 신앙심을 가지고. **3.** 양심적으로, 성실하게, 세심하게, 정성껏. **4.** 조심스럽게, 조심조심.

religiósĭtas, átis, *f.* [religiósus] **1.** 종교성; 종교심, 경건. **2.** 양심적임. **3.** 감상적 신심(感傷的信心), 광신; 신앙심이 깊은 체함. 「좀 열심한.

religiósŭlus, a, um, *adj. dim.* [religiósus]

religiósus, a, um, *adj.* [relígio] **1.** 하느님을 경외하는, 천지신명을 두려워하는; 경건한, 종교심[신앙심]이 있는, 독실한, 경신적(敬神的), 치성(致誠)하는, 숭배하는; 신의 마음을 기쁘게 하는: ~ de Capitólio, *Capitólium*의 *Júpiter*신을 열렬히 섬기는 / ~ a Matre Magnā, (*Mater Magna*라고도 불리우던) *Ceres*여신의 숭배자. **2.** 종교의, 종교적, 종교에 관한. **3.** 종교적 위구심의, 삼가는; 금기(禁忌)의, 불경스러운. **4.** 미신의, 미신적. **5.** 양심적인, 성실한, 진실한: in testimónio ~*(C.)* 진실을 증언하는. **6.** 신성한, 거룩한. **7.** (일진이) 불길한; 종교적으로 금지된. **8.** 수도회의, 수도자의: domus religiósa (일반적으로) 수도원; 〔*subst.*〕 *m., f.* 수도자; 수녀.

rélĭgo, ávi, átum, áre, *tr.* [re[1]+ligo[1]] **1.** 〔*alqd, alqm* - *abl.*; ad *acc.*; ab *abl.*; *dat.*〕 뒤로 묶다; 묶다, 매다, 동이다: ad currum religátus*(C.)* 수레에 비끄러매어진. **2.** 〔*alqd* ad *acc.*; *abl.*; *dat.*〕 (선박을) 계류하다, 정박시키다: naves ad terram ~*(Cæs.)* 배를 육지에 대어 정박시키다. **3.** 얽매이게 하다. **4.** 풀다, 끄르다.

rélĭno, lévi, lĭtum, ĕre, *tr.* [re[1]+] **1.** (밀랍·송진 따위로 봉했던 것을) 뜯어 열다. **2.** (벌집에서 꿀을) 뜨다.

relínquo, líqui, líctum, ĕre, *tr.* [re[1]+] **1.** 〔*alqm, alqd* - in, sub *abl.*; ad *acc.*; *dat.*〕 **두고 가다**, 남겨두고 떠나다. **2.** 〔*alqm, alqd* - *alci*〕 남겨놓고 죽다, 유산으로 남기다, 물려주다, 죽어서 남기다: Ea mórtua est: relíquit fíliam adolescéntulam.*(T.)* 그 여자는 어린 딸을 남기고 죽었다 / relícta 과부 / sibi laudem ~*(T.)* 죽어서 공적[이름]을 남기다. **3.** 〔*alqm, alqd*〕 **떠나다**, 버리다: domum ~ *(Cæs.)* 집을 떠나다 / relícta matre *(H.)* (송아지가) 어미를 떠나서 / ánimam ~ *(T.)*, vitam ~*(V.)* 죽다 / quem vita relíquit.*(Ov.)* 숨이 끊어진 사람 / ánimo relíctus *(Sen.)* 실신한[까무러친] 사람. **4.** 〔*alqd* - *alci*; *inf.*〕 **남겨놓다**, 남아있게 하다, (여유·여지·기회·틈·희망 따위를) 남기다·주다·허용하다: partem sibi ~*(Cæs.)* 일부를 자기에게 남겨놓다 / Relinquebátur una via.*(Cæs.)* 길이 하나 남아있었다 / Nec précibus nostris relínquit locum.*(C.)* 그는 우리에게 간청할 기회도 주지 않는다 (자진하여 한다). **5.** *pass.* 〔*alqd*; ut*(consecut.: prop. subjectíva)*〕 (…만) 남아있다: Nihil relínquitur nisi fuga.*(C.)* 도망하는 수 밖에 없다 / Relínquitur, ut quiescámus.*(C.)* 우리에게는 쉬는 것만 남았다. **6.** 〔*alqm, alqd alci rei*; in *alqā re*〕 (…하도록) 내맡기다, (판단 따위에) 맡기다. **7.** 〔*alqd* in *abl.*, apud *acc.*〕 (감명 따위를) 주다·끼치다·남기다. **8.** 〔*alqm,* *alqd - acc. præd.;* in *abl.*〕…한 채 버려두다, …한 상태로 놓아두다, 버리고 떠나다: *alqos* insepúltos ~ *(C.)* 그들을 파묻지 않고 내버려두다. **9.** 〔*alqd*〕 버리다, 포기하다, 그만두다, 단념하다; (일을) 제쳐놓다: relíctis rebus ómnibus*(C.)* 만사를 제쳐놓고. **10.** 말하지 않고 지나가다, 그냥 넘어가다, 언급하지 않다, 묵과하다. **11.** (밭을) 묵히다. 「버리고 놓아두는.

relinquósus, a, um, *adj.* [relínquo] 잊어

reliquátĭo, ónis, *f.* [réliquor] **1.** 잔고(殘高), 잔액, 남은 빚. **2.** 여생(餘生).

reliquátor, óris, *m.* [**-trix,** ícis, *f.*] [réliquor] 채무 불이행자, 빚을 다 갚지 못한 사람.

relíquĭæ, árum, *f.pl.* [réliquus] **1.** 남은 것, 잔여(殘餘); 잔해; 찌꺼기; 〔*sg.*〕 잇새에 낀 음식물. **2.** 남은 음식. **3.** 상존자(尙存者), 잔존자, (싸움 따위에서) 살아남은 사람들; (살아남은) 자손; 패잔병; 잔당(殘黨). **4.** 유해(遺骸), 유골, 화장한 재. **5.** 《가》 성해(聖骸), 순교자·성인의 유물, 유품. **6.** 배설물. **7.** 유업(遺業). **8.** 자취, 흔적; 유적. **9.** 인상(印象).

reliquiárĭum, i, *n.* [relíquiæ] 《가》 성유물함(聖遺物函)[상자].

rélĭquo, áre, *tr.* [réliquus] 빚을 다 갚지 못하고 있다, (나머지를) 갚아야 하다.

rélĭquor, átus sum, ári, *dep.* [réliquus] **1.** *intr.* (누가) 빚이 남아있다, 빚을 다 갚지 못하고 있다. **2.** *tr.* 〔*alqd*〕 (갚지 못하고) 빚지고 있다.

rélĭquum, i, *n.* [réliquus] **1.** 남은 것, 나머지, 잔여: ~ vitæ*(C., N.)* 여생 / et réliqua 등등(等等), 기타, …따위, 그 나머지 것. **2.** 〔주로 *pl.*〕 남은[밀린] 빚, 미불잔금; 다 받아내지 못한 잔액: réliqua habére*(Paul.)* 빚을 지고 있다. **3.** 그밖의 것, 다른 것: Audi réliqua.*(Pl.)* 다른 이야기를 또 들어보아라 / quod ~ est; de réliquo*(C.)*, ~ *(Pl.)* 그외에, 그밖에 또, 그리고는, 그리고 또.

rélĭquus, a, um, *adj.* [relínquo] **1.** **남은,** 남아있는, 남겨진, **나머지의,** 잔여의, 잔류(殘留)의: *alqd alci* réliquum fácere*(C.)* 1) 무엇을 누구에게 남겨놓다. 2) 소홀[등한]히 하다, 제쳐놓다, 빠뜨리다, 언급하지 않다 / nihil réliqui fácere*(N.)* 하지 않는 것이 없다, 남김없이 하다 / réliquum est, ut *[subj.; inf.](C., Sall.)* …하는[할] 것만 남았다. **2.** 살아남은, 건재한: eos réliquos fácere*(L.)* 그들을 살아남게 하다. **3.** 다 갚지 못한 (빚), 밀린, 남은, 미제액(未濟額)의; 다 받지 못한 (빚). **4.** 장차의, 장래의, 앞으로 있을: réliqua glória *(C.)* 장래의 영광 / quod réliquum est (*sc.* vitæ), *(Pl.)* 여생 / in réliquum (tempus) *(C., Cæs.)* 앞으로, 장차; 장래를 위해서. **5.** **그밖의,** 기타의, 그외에 다른, 딴: *alqm* réliquum habére, qui ... *subj.(C.)* …할 사람을 달리 또 가지고 있다.

rellig..., **relliq...** *V.* relig..., reliq...

rélŏco, ávi, átum, áre, *tr.* [re[1]+] **1.** 제자리에 도로 놓다[맞추다]. **2.** 다시 빌려주다[세놓다]. 「[반짝이다·번뜩이다].

relúcĕo, lúxi, ére, *intr.* [re[1]+] 다시 빛나다

relucésco, lúxi, ĕre, *intr. inch.* [relúceo] (다시) 빛나기[비치기] 시작하다, 밝아지다.

reluctátĭo, ónis, *f.* [relúctor] 저항, 반항.

relúcto, (ávi), átum, áre, *intr.* [re[1]+] 맞싸우다, 저항하다; 부대끼다.

relúctor, átus sum, ári, *dep. intr.* [re[1]+] 〔*dat.; absol.*〕 **1.** 대항하여 싸우다, 저항[반항]하다, 대들다, 버티다. **2.** (물결 따위가) 맞부딪치다. **3.** (바람이) 거슬러 불다. **4.** 마음내키지 않다, 마지못해 억지로 하다.

relúdo, lúsi, ĕre, *intr., tr.* [re[1]+] 〔*alci; alqd*〕 농담[희롱]하다; 농담으로 대꾸[응수]하다. 「게 함.

reluminátĭo, ónis, *f.* [relúmino] 다시 밝

relúmĭno, áre, *tr.* [re[1]+] 다시 밝게 하다; 광명[시력]을 되돌려주다: cæcos ~ *(Tertull.)* 장님들의 눈을 뜨게 하다.

rélŭo, ĕre, *tr.* [re[1]+] (저당 잡혔던 것을) 도로 찾아오다.

remacrésco, crŭi, ĕre, *intr. inch.* [re[1]+] 매우 마르다, 여위다, 파리해지다.

remaledíco, ĕre, *intr.* [re[1]+] 서로 맞대고 악담하다, 욕설을 욕설로 응수하다; 맞받아 저주하다. 「소유자가 됨.

remancipátĭo, ónis, *f.* [remáncipo] 다시

remáncĭpo, ávi, átum, áre, *tr.* [re[1]+] 다시[도로] 소유하다, 자기의 소유로 도로 찾다.

remándo[1], ávi, átum, áre, *tr.* [re[1]+mando[1]] **1.** 〔*alci acc. c. inf.; orátio diréeta*〕 대답으로 (…라고) 통고(通告)하다. **2.** 다시 명령[지시]하다.

remándo[2], mánsi, mánsum, ĕre, *tr.* [re[1]+mando[2]] 새김질하다, 반추(反芻)하다, 되씹다.

remánĕo, mánsi, mánsum, ére, *intr.* [re[1]+] **1.** 〔in *abl.; gen. loci;* apud *alqm; absol.*〕 (떠나지 않고) 그냥 남아있다, 잔류(殘留)하다, 머물러있다, 체류하다. **2** 〔*alci,* apud *alqm;* in *abl.; adj. præd.*〕 영속[지속]하다, 계속되다, 전해져 내려오다, 사라지지 않다, (어떤 상태로) 건재하다: Si apud vos memória rémanet avi mei,*(Sall.)* 너희에게서 내 할아버지의 기억이 사라지지 않았다면. 「역류(逆流)하다.

remáno, áre, *intr.* [re[1]+] 거꾸로 흐르다,

remánsĭo, ónis, *f.* [remáneo] 머무름, 체

류, 잔류(殘留).

remánsor, óris, *m.* [remáneo] **1.** 휴가를 얻어 귀가중에 있는 병사. **2.** 휴가기간이 지나도록 귀대하지 않는 병사.

remeábĭlis, e, *adj.* [rémeo] 돌아올 수 있는; 되돌아오곤 하는. 「감.

remeátĭo, ónis, *f.* [rémeo] 본문제로 돌아

remeátus, us, *m.* [rémeo] 돌아옴, 귀환.

remediábĭlis, e, *adj.* [remédio] **1.** 고칠 수 있는. **2.** 회복이 가능한, 돌이킬 수 있는, 구제할 수 있는. **3.** 효과있는, 유익한.

remediális, e, *adj.* [remédio] 치료의, 치료에 이로운, 치료의 효능이 있는.

remediátĭo, ónis, *f.* [remédio] (병이) 나음, 치유, 쾌차, 완쾌, 건강 회복.

remediátor, óris, *m.* [remédio] (병을) 고쳐 주는[건강을 회복시켜 주는] 사람.

remédĭo, ávi, átum, áre, *tr.* [remédium] 치료하다, (병을) 고치다, 낫게 하다.

remédĭor, ári, *dep. intr.* [remédium] 〔*absol.; dat.*〕 치료의 효능이 있다; 치료하다.

reméditor, ári, *dep. intr.* [re[1]+] 다시 깊이 생각하다.

remédĭum, i, *n.* [re[1]+médeor] **1.** 〔*absol.; gen.;* contra, advérsus, ad *acc.; dat.*〕 **약,** 치료제; 치료효능: ~ venéni*(Curt.)* 해독제 / Remédio*(dat. final.)* sunt cucurbítulæ.*(Col.)* 애호박들이 약이 된다. **2. 치료(법);** 구제(수단), 구제책. **3.** 예방약; **대책,** 방비, 예방책, 예방조치[수단]; 호부(護符); 《敎法》 remédia pœnália 예방처분(계고〈戒告〉·견책·감시 따위).

remélĭgo, gĭnis, *f.* **1.** 지체, 지연. **2.** 동작이 느린 여자, 꾸물거리는 여자.

remémĭni, ísse, *anom. intr.* [re[1]+] 〔*gen.*〕 다시 생각나다, 회상하다, 상기하다.

rememorátĭo, ónis, *f.* [remémoro] 회상, 추억, 상기. 「하다, 상기하다.

remémŏro, áre, *tr.* [re[1]+] 회상하다, 추억

remémŏror, átus sum, ári, *dep. tr.* [re[1]+] 〔*acc.; prop. objectíva*〕 다시 생각나다, 기억하고 있다, 잊지 않고 있다; 회상하다, 상기하다. 「시 측량하다.

remensúro, áre, *tr.* [re[1]+] 다시 재다, 다

réměo, ávi, átum, áre, *intr., tr.* [re[1]+] 〔ex, ab *abl.;* in, ad *acc.; acc.; absol.*〕 돌아오다[가다]: in pátriam ~*(Ov.)* 고국[고향]으로 돌아가다 / ~ castra*(Apul.)* 진영으로 돌아오다. 「지게] 하다.

remérgo, ěre, *tr.* [re[1]+] 다시 잠기게[빠

remétĭor, ménsus sum, íri, *dep. tr.* [re[1]+] **1.** 다시 재다[되다], …만큼 계량[측정]하다; 〔*pass.*〕 Remetiétur vobis. *(Matth. 7, 2)* 너희도 척량(尺量)해 받으리라. **2.** (같은 길을) 되돌아가다: reménsus iter*(Sall.)* 길을 되돌아와서 / 〔*pass.*〕 pélago reménso *(V.)* 대해를 되돌아 항해하고. **3.** 도로 토하다; (같은 분량으로) 되돌리다: vinum omne vómitu ~*(Sen.)* (마신) 술을 죄다 토하다. **4.** (지난 것을) 다시 곰곰이 생각하다. **5.** 다시[되풀이하여] 말하다.

rēmex, mĭgis, *m.* [remus[1]+ago] **1.** 노젓는 사람, 노질하는 수부(水夫). **2.** 〔집합명사로 *sg.*〕 노질하는 전체 인원.

Rēmi, órum, *m.pl.* **1.** *Gállia Bélgica*의 한 종족. **2.** *Remi*족의 수도 (지금의 *Reims*); 〔*adj.*〕 **-ménsis,** e. 「젓기.

remigátĭo, ónis, *f.* [rémigo] 노를 저음, 노

remígĭum, i, *n.* [remex] **1.** 노[배]를 저음; (노질하여 가는) 항해·항행. **2.** 노질하는 도구[장치], 노; (여러 사람이 층층이 줄지어 앉아서 젓도록 설비된) 노의 열(列). **3.** 노젓는 선원[수부·노예]. **4.** 노젓듯하는 운동[행동]: remígio alárum*(V.)* 날개를 (노젓듯이) 움직여서.

rémĭgo, ávi, átum, áre, *intr., tr.* [remex] 배[노]를 젓다, 노질하다; 노질하여 항해[항행]하다. 「시 이주함, 돌아옴, 귀환.

remigrátĭo, ónis, *f.* [rémigro] 고향으로 다

rémĭgro, ávi, átum, áre, *intr.* [re[1]+] **1.** 〔in *acc.* – ex *abl.*〕 도로 이주[이사]하다, 고향에 돌아가 살다. **2.** 〔ad *acc.; alci*〕 다시 돌아오다[가다]: ad justítiam ~*(C.)* 정의를 다시 실천하다 / Rémigrat ánimus mihi.*(Pl.)* 내가 정신이 다시 든다.

reminiscéntĭa, æ, *f.* [reminíscor] 다시 생각남, 기억; 추억, 회상; 상기.

reminíscor, *(ĕris, ĭtur),* sci, *dep. intr., tr.* [re[1]+mémini] **1.** 〔*gen., acc.; inf.; interr. indir.; absol.*〕 다시 생각[기억]나다, 다시 생각하다, 회상하다, 추억하다; 상기하다. **2.** 〔*alqd; interr. indir.*〕 착상하다, 생각해내다, 마음속에 그리다.

rémĭpes, ĕdis, *adj.* [remus[1]+] **1.** 물갈퀴를 가진, 오리발의. **2.** 노로 나아가는.

remíscĕo, cŭi, míxtum[místum], ére, *tr.* [re[1]+] 〔*alqd alci rei*〕 (다시) 섞다, 혼합하다, 뒤섞다. 「용서.

remíssa, æ, *f.* [remíssus] 면제, 사면(赦免),

remísse, *adv.* [remíssus] 늦추어서, 느슨하게; 까다롭지 않게, 엄하지 않게, 부드럽게; 격렬하지 않게, 찬찬히, 조용조용히.

remissíbĭlis, e, *adj.* [remítto] **1.** 용서받을[사면될] 수 있는. **2.** (소화되기) 쉬운, 부드러운.

remíssĭo, ónis, *f.* [remítto] **1. 돌려보냄,** 송환, 반환. **2.** (찌푸렸던 것을) 폄. **3.** 늦춤, 누그러뜨림, (긴장 따위의) 완화; 이완. **4.** (목소리를) 낮춤. **5.** 위축, 무기력, 활기없음, 의기소침. **6.** 중단, 멈춤; 멈칫거림. **7.** (병세의) 차도, 누그러짐; (신열이) 내림. **8.** 기분전환, 휴식. **9.** 유화, 관대. **10.** 경감, 감면, **면제.** **11.** 용서, **사면,** 유면(宥免), (죄를) 사함. **12.**

《軍》 ~ justa*(Macr.)* 만기제대.
remissívus, a, um, *adj.* [remítto] **1.** (부은 것을) 가라앉히는, 완화시키는, 부드럽게 하는. **2.** 《文法》 advérbia remissíva *(Prisc.)* (paulátim, sensim 따위와 같이) 점차적인 경감·완화·진행을 표시하는 부사.
remíssor, óris, *m.* [remítto] 용서[사면]해주는 사람.
remissoriális, e, *adj.* [remítto] 《敎法》 (타지방 재판관에게) 증인심문을 의뢰하는: lítteræ remissoriáles 증인심문 의뢰장.
remíssus, a, um, *p.p., a.p.* [remítto] **1.** 느슨한, 느즈러진, 늦추어진, 이완(弛緩)한; 누그러진, 맥풀린, 세력이 약해진, 잔잔해진: remissióra frígora *(Cæs.)* 좀 누그러진 추위. **2.** 저음(低音)의, 느리고 낮은 (소리의). **3.** 온유한, 온화한, 부드러운; 침착한, 차분한, 느긋한; 너그러운, 까다롭지 않은: ~ et subrídens, inquit, ...*(Ta.)* 그는 부드럽게 미소지으면서 …라고 말했다. **4.** 유쾌한, 쾌활한, 명랑한; 장난기 섞인. **5.** 무기력한, 박력없는, 활발하지 못한, 느린, 게으른. **6.** 등한한, 무관심한, 소홀한. **7.** (값이) 싼.
remítto, mísi, míssum, ĕre, *tr.* [re¹+] **1.** 〔*alqm, alqd - alci,* ad *alqm;* in *acc.,* ex *abl.*〕 **돌려보내다,** 돌아가게 하다; (집회 따위를) 해산하다; 되돌려 던지다. **2.** 돌려주다, 반환하다. **3.** 〔*alqd alci,* ad *alqm*〕 (회답으로 답장·지령 따위를) 보내다. **4.** 《法》 〔núntium - *alci*〕 이혼[파혼]통고장을 보내다, 이혼하다. **5.** (선물 따위를) 답례로 보내다, 보답하다. **6.** 반향(反響)하게 하다, 메아리치게 하다, 울려퍼지게 하다. **7.** 석방하다, 방면하다, 놓아보내다. **8.** 내다, 내보내다, 내놓다, 생기게 하다, 산출(產出)하다: Cóquitur radix, donec succum omnem remíttat. *(Marcéllus Empíricus)* 진이 다 빠질 때까지 뿌리를 삶는다 / Stérilis quodcúmque remíttit terra, *(Grat.)* 토박한 땅에서 나는 것은 무엇이나 / sonum ~*(H.)* 소리를 내다. **9. 늦추다,** 느슨하게[느즈러지게] 하다; 늘어지게 하다, 처지게 하다, 처뜨리다: habénas vel addúcere, vel ~*(C.)* 고삐를 혹은 잡아당기고 혹은 늦추어주고 하다. **10.** (닿았던 것을) 떼다, (잡았던 것을) 놓다, (사슬·껴안았던 팔 따위를) 풀다. **11.** 녹이다, 융해(融解)하게 하다. **12.** 〔*alqd alci*〕 (샀던 것을) 무르다. **13.** 버리다; 포기하다, 손떼고 물러나다. **14.** 〔*alqd; inf.*〕 집어치우다, 그만두다, 중단하다; 미루다. **15.** 〔*alqd* ad *alqm*〕 내맡기다, 일임하다. **16.** 〔*alqd* - in *abl.*〕 등한히[소홀히] 하다; 〔ánimum ab *abl.*〕 정신차리지 않다. **17.** 〔*alqd - alci;* de, ex *alqā re*〕 덜다, 줄이다, 감소시키다, 완화시키다, 경감하다: Remitténdum de celeritáte existimábat. *(Cæs.)* 그는 속도를 줄여야 할 것으로 생각하였다. **18.** 〔ánimum〕 느긋해지다, 마음의 긴장을 풀다, 시름놓고 지내다. **19.** 〔*refl.*〕 **se** ~ (정신 마음의) 긴장을 풀다, 쉬다, 기운을 되찾다. **20.** 〔*refl. pass.*〕 **se ~, remítti** (아픔 따위가) 가시다·멎다, (열이) 내리다·떨어지다; 추서다: Dolor et inflammátio se remisérunt. *(Cels.)* 아픔과 염증이 가시었다 / remíssus (*sc.* dolóre cápitis) *(Scrib.)* 두통이 멎은 (사람). **21.** 〔*alqd alci;* ut; *inf.; absol.*〕 인정하다; 허가[허용·허락]하다: vitam *alci* ~*(Sen.)* 아무를 살려주다. **22.** 〔*alqd - alci*〕 감면하다, 면제해주다, **용서하다, 사면(赦免)하다,** (죄를) 사하다: multam ~*(C.)* 벌금을 면제해주다. **23.** *intr.* (고통·바람·비 따위가) 멎다, 가시다, 누그러지다, (바람 따위가) 자다·잔잔해지다. 「힘으로 나아가는, 노로 추진되는.
remívăgus, a, um, *adj.* [remus¹+] 노젓는
remíxtus, a, um, *p.p.* [remísceo].
Rémmĭus, i, *m.* Roma인의 씨족명; 〔*adj.*〕 **-mĭus,** a, um.
remólĭor, ítus sum, íri, *dep. tr.* [re¹+] **1.** 힘들여 옮기다; 밀어 제치다. **2.** (무기 따위를) 다시 잡다, (전쟁·음모 따위를) 다시 획책하다. 「무너진, 부서진, 파괴된.
remolítus, a, um, *p.p.* [remólior] 〔*pass.*〕
remollésco, ĕre, *intr. inch.* [re¹+] **1.** 부드러워지다, 누글누글해지다; 녹다. **2.** 유약[나약]해지다, 힘이 빠지다. **3.** 진정되다, 가라앉다, 누그러지다, 무마되다.
remóllĭo, ítum, íre, *tr.* [re¹+] **1.** (다시) 부드러워지게 하다, 유연해지게 하다. **2.** 유약하게 하다; 진정시키다, 가라앉히다, 달래다.
rémŏra, æ, *f.* [re¹+mora¹] **1.** 지체, 지연. **2.** 방해, 장애(물). **3.** 《動》 빨판상어.
remorámen, mĭnis, *n.* [rémoror] **1.** 늦음, 지연. **2.** 방해, 장애, 지장. 「거림.
remorátĭo, ónis, *f.* [rémoror] 지체, 꾸물
remorátor, óris, *m.*[**-trix,** ícis, *f.*] [rémoror] 지체하는 사람, 꾸물거리는 사람.
remórdĕo, di, mórsum, ére, *tr.* [re¹+] **1.** 다시[서로] 물어뜯다. **2.** (맛 따위를) 얼얼하게 하다. **3.** 괴롭히다, 못살게 굴다; 불안하게 하다, 가책을 느끼게 하다.
rémŏris, e, *adj.* [rémoror] 늦어지게 하는, 지체하게 하는.
rémŏror, átus sum, ári, *dep.* [re¹+moror¹] **I.** *intr.* **지체하다,** 꾸물거리다, 머뭇거리다; 머무르다.
II. *tr.* **1.** 〔*alqm, alqd; absol.*〕 지연시키다, 늦어지게 하다, 늦추다, 미루다; 지체하게 하다; 못가게 붙잡아 두다, 머물러두다. **2.** 〔*alqm* - a *re;* quóminus; *alqd*〕 방해하다, 못하게 하다, 막다.

remórsus, us, *m.* [remórdeo] **1.** 맞받아 물어뜯음. **2.** (양심의) **가책**, 자책.
remótĭo, ónis, *f.* [remóveo] **1.** 멀리함, 떼어놓음, 옮김, 치움, 제거. **2.** 해임, 면직, 파면. **3.** (책임의) 회피·전가.
remótus, a, um, *p.p., a.p.* [remóveo] 〔*absol.; ab abl.*〕 **1. 먼**, 멀리 떨어진, 아득한; 외떨어진, 외딴: causa remóta 원인(遠因); 〔*subst.*〕 *n.(pl.)* 먼 곳, 멀리 떨어진 곳: in remóto*(Sen.)* 먼 곳에(서), 멀리 떨어져. **2.** 동떨어진, …와 상관[관련]없는, 인연이 먼, (죄·혐의·의심·하자 따위가) 없는: fábula a veritáte remóta*(Q.)* 진실과는 거리가 먼 전설. **3.** (무엇을 = a re) 멀리하는, 가까이하지 않는; 초연(超然)한.
remóvĕo, móvi, mótum, ére, *tr.* [re¹+] **1.** 〔*alqm, alqd* - ab, de, ex *abl.; abl.; absol.*〕 옮기다, **치우다**, 철거하다; 떼어놓다: ~ *alqd* ab óculis*(C.)* 무엇을 보이지 않게 하다, 감추다. **2.** 〔*alqm, alqm* - ab, ex *abl.;* ad, in *acc.*〕 물러가게 하다, 멀리 가게 하다; 쫓아보내다; 떨어지게 하다, 격리시키다: remótis árbitris*(C.)* 증인들을 물러가게 하고 / Me in arcem ex urbe remóvi. *(H.)* 나는 도시에서 산성(山城)으로 물러갔다. **3.** *refl.* **se** ~ 〔ab *abl.*〕 (관계 따위를) 끊다; (일·활동 따위를) 그만두다, 물러나다; (혐의 따위에서) 벗어나다: ab amicítiā *alcjs* se ~*(C.)* 누구와의 친교를 단절하다 / se ab *alqo* ~*(C.)* 누구와 관계를 끊다, …에게서 이탈하다. **4.** 버리다, 집어치우다, 그만두다: remóto joco*(C.)* 농담은 집어치우고. **5.** 〔*alqm* ab *abl.*〕 (누구에게 무엇을) 못하게 하다, 금지하다, 방해하다. **6.** 해임하다, 파면[면직]하다. **7. 제거하다**; 삭제하다.
remúgĭo, ívi [ĭi], íre, *intr.* [re¹+] **1.** (소가) 큰소리로 맞받아 울다. **2.** 큰소리로 응답하다. **3.** 반향하다, 요란하게 울려 퍼지다, 굉음을 내다.
remúlcĕo, múlsi, múlsum, ére, *tr.* [re¹+] **1.** (개 따위가 꼬리를 다리 사이에) 사리어 넣다; (동물이 귀를) 뒤로 쫑긋 치켜세우다. **2.** 쓰다듬다, 어루만지다. **3.** 진정시키다, 가라앉히다, 차분해지게 하다.
remúlcum, i, *n.* **1.** 배를 예인(曳引)하는 밧줄. **2.** 예인선.
rémŭlus¹, i, *m. dim.* [remus] 작은 노(櫓).
Rémŭlus², i, *m.* **1.** *Alba*의 옛왕. **2.** *Ænéis*에 나오는 한 용사의 이름.
remunerábĭlis, e, *adj.* [remúneror] 보수(報酬)를 받을 수 있는, 상받을 만한.
remunerátĭo, ónis, *f.* [remúneror] **1.** 보수(報酬), 보상(報償), 사례; 포상(褒賞). **2.** 응보(應報).
remunerátor, óris, *m.* [**-trix,** ícis, *f.*] [remúneror] 보수를[상을] 주는 사람, 보상자.
remúnĕror, átus sum, ári, *dep.* [**-ro,** ávi, átum, áre,] *tr.* [re¹+] 〔*alqm [alqd] - alqā re; absol.*〕 **보답하다**, 갚다, 보수를 주다; 포상(褒賞)하다, 응분의 상[벌]을 주다; 보복하다.
Remúrĭa¹, órum, *n.pl.* = Lemúria.
Remúrĭa², æ, *f.* [Remus²] *Aventínus* 언덕 꼭대기 (*Remus*가 *Roma*시를 창건할 자리를 둘러보며 점쳤다는 자리).
remúrmŭro, ávi, átum, áre, *intr., tr.* [re¹+] **1.** 서로 중얼거리다. **2.** 철썩거리다; 반향하다; 울려 퍼지게 하다. **3.** 헐뜯다.
rēmus¹, i, *m.* **1.** (배젓는) 노: remis velísque*(Sil.)*, velis remísque*(C.)*, remis ventísque*(V.)* (노와 돛[바람]으로 즉) 전속력으로, 있는 힘을 다하여. **2.** 〔*pl.*〕 (헤엄치는 사람의) 팔·다리; (새들의) 날개.
Rĕmus², i, *m.* *Rómulus*의 쌍둥이 형제[동생].
remúto, áre, *tr.* [re¹+muto¹] 다시 바꾸다, 「변경하다.
rēn, rēnis, *m.* 〔주로 *pl.*: -nes, um〕 **1.** 《解》 신장(腎臟), 콩팥. **2.** 허리, 요부(腰部).
renális, e, *adj.* [ren] 신장(腎臟)의, 콩팥「의, 요부(腰部)의.
renárro, áre, *tr.* [re¹+] **1.** 다시[되풀이하여] 이야기하다. **2.** 이야기하다.
renascéntĭa, æ, *f.* [renáscor] 문예부흥, 르네상스; 혁신(운동).
renascibílĭtas, átis, *f.* [renáscor] 재생의 「가능성.
renáscor, *(ĕris, ĭtur)*, nátus sum, násci, *dep. intr.* [re¹+] **1.** 다시 나다, 재생[갱생]하다. **2.** 재출발하다, 혁신되다, 재흥(再興)[부흥]하다.
rénăto, ávi, átum, áre, *intr.* [re¹+] **1.** 다시 떠오르다, 부상(浮上)하다. **2.** *p.p.* renatátus, a, um, 부유물(浮遊物)이 떠있는 (호수 따위).
renávĭgo, áre, *intr., tr.* [re¹+] 항해하여 돌아오다, 배타고 돌아오다; 다시 항행하다.
renécto, ĕre, *tr.* [re¹+] 뒤로 붙들어 매다·묶다; 함께 매다. 「먼 것을) 풀다.
rénĕo, ére, *tr.* [re¹+] (실을) 다시 잣다; (짰
renidéntĭa, æ, *f.* [renídeo] 빵긋 웃음, 미소.
renídĕo, ŭi, ére, *intr.* [re¹+*obsol.* nídeo (= níteo)] **1.** 광채가 흐르다, (다시) 찬란히 빛나다, 눈부시다, 반짝[번쩍]이다. **2.** 희망의 서광이 비치다. **3.** 기쁜 빛을 띠다, 희색이 만면하다, 미소짓다, 빙그레 웃다. **4.** *tr.* 〔*alqd; inf.*〕 기뻐하며 미소짓다.
renidésco, ĕre, *intr. inch.* [renídeo] 빛나기[번쩍거리기] 시작하다.
renísus, us, *m.* [renítor] 저항, 반항. 「항.
reniténtĭa, æ, *f.* [renítor] 혐오, 저항, 반
renítĕo, ŭi, ére, *intr.* [re¹+] (새로이) 빛나다.
renítor, *(ĕris, ĭtur)*, nísus[níxus] sum, níti,

dep. intr. [re[1]+nitor[1]] 〔*dat.; absol.*〕 거스르다, 저항[반항·항거]하다; 가로거치다; 굽히지 않다.

renixus, us, *m.* [renítor] 저항, 반항.

rĕno[1], ávi, átum, áre, *intr.* [re[1]+] **1.** 헤엄쳐 돌아오다. **2.** 물위로 다시 떠오르다. **3.** *p.p.* renátus, a, um, 부유물(浮遊物)이 떠있는 (호수 따위).

rēno[2], ónis, *m.* 가죽옷, (옛 *Gállia*와 *Germánia* 사람들이 걸치던) 모피상의(毛皮上衣).

renódo, ávi, átum, áre, *tr.* [re[1]+] **1.** 뒤로 매듭을 짓다, 매듭을 이루도록 매다. **2.** 매듭 풀다.

renovámen, mĭnis, *n.* [rénovo] 갱신; 개신(改新), 혁신; 새로운 상태, 변화.

renovátĭo, ónis, *f.* [rénovo] **1.** (다시) 새롭게 함, **갱신; 쇄신,** 일신, 혁신. **2.** 개선, 개량; 수선, 수리. **3.** 처음부터 다시 함. **4.** 복리(複利), 복리법.

renovátor, óris, *m.* [rénovo] 새롭게 하는 사람, 갱신[쇄신·혁신]자.

renovéllo, áre, *tr.* [re[1]+] 새롭게 하다; (포도밭에) 새 묘목을 심다, 새 묘목으로 바꾸다.

rénŏvo, ávi, átum, áre, *tr.* [re[1]+] **1. 새롭게 하다,** 갱신하다; 쇄신하다, 일신하다, 혁신하다; 새것으로 바꾸다: memóriam ~ *(C.)* 기억을 새롭게 하다. **2.** 다시 시작하다, 재차 하다, 재개하다; 거듭하다, 반복하여 말하다. **3.** 덧들이다, 덧나게 하다, (상처 따위를) 더치다. **4.** 새로 고치다, 수리하다; 재건하다, 복구하다, 부흥[부활]시키다. **5.** (힘을) 회복시키다, (기운을) 소생시키다, 활기띠게 하다; 격려하다, (용기를) 북돋다: ánimum a fatigatióne ~ *(Q.)* 정신의 피로를 회복시키다 / se ~ *alqā re(C.)* 무엇으로 힘을 회복하다. **6.** (밭 따위를) 새로 갈아 엎다. **7.** 복리법(複利法)으로 계산하다. 「혼하다.

renúbo, ĕre, *intr.* [re[1]+] 다시 시집가다, 재

renúdo, ávi, átum, áre, *tr.* [re[1]+] 〔*alqd, alqm - alqā re*〕 **1.** 벗기다, 드러내다. **2.** 빼앗다, 박탈하다.

renúdus, a, um, *adj.* [re[1]+] 벗은.

rénŭli, órum, *m.pl. dim.* [ren] 콩팥, 신장.

renumerátĭo, ónis, *f.* [renúmero] **1.** 요약해서 다시 열거함. **2.** 계산해서 돌려줌, 반환.

renúmĕro, ávi, átum, áre, *tr.* [re[1]+número[1]] 다시 세다; 계산하다, 계산해서 바치다[돌려주다], 지불하다.

renunci... *V.* renunti... 「신장.

renúncŭli, órum, *m.pl. dim.* [ren] 콩팥,

renuntiátĭo, ónis, *f.* [renúntio] **1.** 알림, 통보, 통고, 보고; 발표, 공고; 당선 선포. **2.** 포기, **기권, 사임, 사퇴,** 탈퇴(선언); 끊어버림, 단념, 자아포기.

renuntiátor, óris, *m.* [renúntio] **1.** 알리는 사람, 보고자, 공고자; 밀고자. **2.** 기권자, 포기자.

renúntĭo, ávi, átum, áre, *tr.* [re[1]+] **1.** 〔*alqd - alci,* ad *alqm;* de *alqā re; acc. c. inf., interr. indir.; pass. impers.*〕 **알리다,** 통지하다, 소식 전하다; 통고하다, **보고하다,** 공식으로 통보하다: Mihi renuntiátum est de óbitu *alcjs.(C.)* 누구의 사망소식이 내게 전해졌다. **2.** 〔*alqm acc. præd.*〕 (아무를) 당선자로 공고[선포]하다; (무슨 책임자로) 임명하다: ~ *alqm* cónsulem*(C.)* 아무를 집정관 당선자로 선포하다 / Eo modo sacérdos Climáchias renuntiátus est. *(C.)* 그런 방법으로 *Climáchias*가 신관(神官)으로 임명되었다. **3.** 〔*alqd - alci,* ad *alqm*〕 (약속 따위를) 취소하다, 철회하다, 가지 못한다[오지 말라]고 전하다. **4.** 〔*alqd alci*〕 거절하다, 물리치다; 관계단절을 통고[선언]하다, (관계·인연 따위를) 끊다, 파기[폐기]하다: ~ *alci* amicítiam*(Ta.)* 아무에게 절교를 선언하다. **5.** 〔*dat.; absol.*〕 포기하다, 버리다, 관계를 끊다; 작별인사를 하다; **사임하다, 사퇴하다.**

renúntĭus, i, *m.* [renúntio] 회답 전달자, 보고인.

rénŭo, nŭi, nútum, ĕre, [re[1]+] **1.** *intr.* 〔*absol.; dat.*〕 (머리나 손을 저어) 부인[거절]하다, 반대의사를 표시하다, 찬성[인정]하지 않다, 싫어하다; 못하게 하다. **2.** *tr.* 〔*alqd - dat.; inf.*〕 거절하다, 싫어하다; 금하다.

renúto, áre, *intr., tr. freq.* [rénuo] 〔*absol.; inf.*〕 거절하다, 거부하다; …하지 못하다.

renútus, us, *m.* [rénuo] 머리를 저음, 거절, 거부.

rĕor, *(rēris),* rătus sum, rēri, *dep. tr.* 〔*absol.; alqd [alqm] acc. præd.; acc. c. inf.*〕 …라고 생각하다, …라고 믿다, 여기다, 추측하다, 인정하다.

reordinátĭo, ónis, *f.* [re[1]+] 《敎史》 신품(성사)의 재수여, 재서품.

repágŭla, órum, *n.pl.* [re[1]+pango] **1.** 빗장. **2.** 울타리, 울짱. **3.** 장애(물), 지장; 제어(制御), 가로막음.

repándo, ĕre, *tr.* [re[1]+pando[2]] (다시) 열다, 열어 젖히다.

repándus, a, um, *adj.* [re[1]+] 위로 구부러진, 위쪽으로 불거진, 뒤로 휜.

repángo, ĕre, *tr.* [re[1]+] 심다.

reparábĭlis, e, *adj.* [réparo] **1.** 원상복구할 수 있는, **돌이킬 수 있는,** 만회할 수 있는, 회복이 가능한, 수선할 수 있는, 고칠 수 있는; **보상할 수 있는. 2.** 쉽게 재생할 수 있는. **3.** 늘 준비태세를 갖춘.

reparátĭo, ónis, *f.* [réparo] **1.** 수선, 수

리, **보수(補修)**, 재생; 갱신. **2. 회복**, 원상복구, 복원; 만회; 구제(救濟), 구원. **3. 보상**, 배상; 속죄.

reparátor, óris, *m.* [réparo] **1.** 수선자, 수리자, **보수자. 2.** 복구자, 재건자, 부흥자. **3.** 보상자, 배상자. **4.** 구세주.

repárco, ĕre, *intr., (tr.)* [re¹+] 〔*dat.; inf.*〕 삼가다, 절제하다; 〔*acc.*〕 그만두다.

répăro, ávi, átum, áre, *tr.* [re¹+pato¹] **1.** 다시 준비[장만]하다, 다시 획득하다; 개비(改備)하다. **2. 수선[수리·보수]하다,** 다시 손질하다; 재정비하다, (병력 따위를) 보충하다. **3.** 회복하다, 복원하다; 재건하다. **4.** 도로 찾다; 만회하다 (호감·환심 따위를) 다시 사다. **5. 보상하다,** 배상하다; 속죄하다; 구속(救贖)하다. **6.** 새로 다시 만들어 내다·생산하다. **7.** (있는 것을 팔고 다른 것을) 다시 사들이다, (물건을 주고 다른 것과) 교환하다. **8.** 다시 하다, 재개하다, 다시 일으키다. **9.** 힘을 다시 얻게 하다, 원기를 회복시키다, 기운을 내게 하다.

repastinátĭo, ónis, *f.* [repástino] **1.** 다시 파 일굼; 두벌갈이, 이듬. **2.** 교정(矯正), 다듬음.

repástĭno, ávi, átum, áre, *tr.* [re¹+] **1.** 다시 파 일구다; 두벌갈이하다, 이듬하다. **2.** 호미·괭이 따위로 밭에서 돌을 골라내거나 김을 매다. **3.** (손톱·발톱에 낀 때를) 닦아내어 깨끗이 하다, 청결하게 하다. **4.** 개선[혁신]하다. **5.** (사용·용도를) 억제하다, 제한하다. 「보급되다·퍼지다.

repatésco, tŭi, ĕre, *intr. inch.* [re¹+] 다시

repátrĭo, ávi, átum, áre, *intr.* [re¹+pátria] **1.** 귀국하다, 고향으로 돌아가다. **2.** 돌아가다.

repáuso, áre, [re¹+] **1.** *intr.* 쉬다. **2.** *tr.* 멎게 하다, 진정시키다, 가라앉히다.

repécto, péxum, ĕre, *tr.* [re¹+] 다시 빗질하다. 「로) 물러가다; 돌아가다.

répĕdo, ávi, átum, áre, *intr.* [re¹+pes] (뒤

repéllo, ré(p)pŭli, púlsum, ĕre, *tr.* [re¹+] **1.** 〔*alqm, alqd* - ab, ex *abl.; abl.* - in *acc.*〕 **물리치다,** 쫓아 버리다, **격퇴하다,** 몰아내다, 축출하다, 얼씬하지 못하게 하다: hómines a templi áditu ~*(C.)* 사람들을 신전에 들어오지 못하게 하다 / vim vi ~*(C.)* 힘을 힘으로 물리치다. **2.** 〔*alqd*〕 밀어제치다[젖히다]. **3.** 〔*alqd, alqm* ab *abl.*〕 떼어놓다, 격리시키다. **4.** 〔*alqm, alqd* ab *abl.*〕 제외하다, 배제하다, 따돌리다, 제거하다. **5.** 거절[거부]하다, 받아들이지 않다, 배척하다, 퇴박하다, 퇴짜 놓다. **6.** 반박하다. **7.** 〔*alqm* ab *abl.*〕 못하게 하다, 막다, 방해하다, 금하다. **8.** æra repúlsa*(Tib.)* 서로 부딪쳤다 떨어지면서 울리는 심벌즈. **9.** 낙선(落選)시키다, (관직입후보자를) 탈락시키다: ~ *alqm* a consulátu*(C.)* 아무를 집정관 선거에서 떨어뜨리다 / repúlsus*(C.)* 낙선자.

repéndo, péndi, pénsum, ĕre, *tr.* [re¹+] **1.** 무게가 같아지게 하다, (되돌려주는) 무게가 (얼마) 나가게 하다: æqua pensa ~*(Ov.)* 받았던 양털 무게만큼의 실을 자아서 납품하다. **2.** 정당한 무게로 지불하다(주화가 사용되기 전에는 금속을 저울에 달아서 값으로 치렀음), 해당한 값을 치르다, (얼마에) 사다: Pro *alcjs* cápite aurum erat repénsum.*(C.)* 누구의 머리 값으로 그 무게만큼의 금이 지불되었었다. **3.** 보상하다, 대가를 치르다: ~ sceléribus pœnas pares *(Sen.)* 죄과에 상응한 벌을 받다. **4.** 벌충하다, (부족을) 메우다. **5.** 보복하다. **6.** 갚다, 보답하다: grates ~*(Stat.)* 감사하다. **7.** 곰곰이 생각하다, 심사숙고하다, 검토하다.

rĕpens¹, éntis, *adj.* **1.** 갑작스러운, 예기치 못한, 돌연한; 〔*adv.*〕 **repens, repénte,** 돌연, 갑자기, 불시에, 불쑥. **2.** 최

rēpens², éntis, *p.præs.* [repo]. ⌊근의.

repensátĭo, ónis, *f.* [repénso] 보상, 빚갚음, 상환.

repénsĭo, ónis, *f.* [repéndo] 보상, 보수.

repénso, ávi, átum, áre, *tr. freq.* [repéndo] **1.** 〔*alqd*(무엇의 대가로) *alqā re*(무엇을)〕 같은 무게로 지불하다. **2.** 〔*alqd*(무엇을) *alqā re*(무엇으로)〕 보상하다, 갚다; 벌충하다; 보복하다.

repentínus, a, um, *adj.* [repens¹] 갑작스러운, 돌연한, 예기치 못한, 불쑥 나타난: homo ~*(C.)* 벼락출세한 사람; 〔*adv.*〕 **-ne, -no.**

repercússĭo, ónis, *f.* [repercútio] **1.** 되튀김, 반동. **2.** (빛의) 반사; (소리의) 반향. **3.** 반응, 영향.

repercússus, us, *m.* [repercútio] **1.** 맞받아 부딪침, 반격; 맞부딪쳐 되밀려감. **2.** 반사, 반사광; 반향, 울림.

repercútĭo, cússi, cússum, ĕre, *tr.* [re¹+] **1.** 맞받아 때리다[부딪치다], 반격하다; (맞부딪쳐) 되밀려가게[오게] 하다. **2.** 〔*pass.*〕 반사되다, 반영되다; 반향하다, 울리다, 메아리쳐 되돌아오다; 반동으로 튀어 오르다. **3.** (유혹 따위를) 물리치다. **4.** 반박하다, 응수하다.

repérĭo, répperi, pértum, íre, *tr.* [re¹+pário²] **1.** 〔*alqm, alqd* - in *abl.; dat.*〕 **발견하다,** 찾아내다, 찾아얻다, 얻어 만나다: furta repérta*(Ov.)* 발견된 도난품. **2.** 얻다, 획득하다. **3.** 〔*pass.*〕 있다: Reperiebántur nonnúlli, qui nihil laudárent.*(C.)* 아무것도 칭찬하지 않는 그런 사람들이 더러 있었다. **4.** 〔*alqm[alqd] acc. præd.; pass.: nom. præd.; interr. indir.; acc.c.*

inf.; absol.〕 깨닫다, 알아차리다, 알게 되다, (배워서·들어서) 알다, 확인하다, 경험하다; …라고 생각[판단]하다: Omnes inimícos mihi répperi.*(Pl.)* 그들 모두가 내게 원수들임을 알았다 / ut repério,*(Plin.)* 내가 아는 대로는. **5.** 〔*alqd* – in, ad *acc.*; ut; *inf.*〕 생각해 내다, 안출[고안·창안]하다, 발명하다. 「안, 창안.

repértĭo, ónis, *f.* [repério] 발견, 발명, 고

repértor, óris, *m.* [-**trix,** ícis, *f.*] [repério] 발견자, 발명자, 만들어낸 사람, 창안자, 창시자, 시조(始祖). 「2. 목록, 일람표.

repertórĭum, i, *n.* [repério] **1.** 재산목록.

repértus[1], a, um, *p.p.*, *a.p.* [repério] 〔*subst.*〕 *n.(pl.)* 고안, 창안; 발명품. 「발명.

repértus[2], us, *m.* [repério] 발견, 찾아냄,

repeténtĭa, æ, *f.* [répeto] 기억, 추억; 기억력.

repetítĭo, ónis, *f.* [répeto] **1.** 반환청구(권). **2.** 반복, 되풀이, 복습; 《修》 (번번이 같은 단어로 시작하는) 반복법. **3.** (전쟁 따위의) 재개.

repetítor, óris, *m.* [répeto] 반환청구자.

répĕto, tívi [tĭi], títum, ĕre, *tr.* [re[1]+] **1.** 거듭 공격[습격]하다. **2.** 〔*alqm*〕 다시 기소(起訴)하다. **3.** 〔*alqm, alqd;* in, ad *acc.*〕 돌아가다, 귀환하다. **4.** 〔*absol.*; corpus〕 (병이) 재발하다. **5.** 다시 불러오다, 다시 오게 하다, 다시 데려오다. **6.** 다시 시작[착수]하다, (중단했던 것을) 다시 계속하다, 재개하다. **7.** 〔*alqd; inf.*〕 반복하다, 되풀이하다, 거듭하다. **8.** 〔*alqd* – ab, ex *abl.*〕 처음[시작]부터 이야기하다, 기원을 찾다[두다], 유래를 밝히다, (어디에서) 끌어오다·가져오다; 〔*pass.*〕 전래[유래]되다. **9.** (시간적으로) 거슬러 올라가다, (날짜·시간을) 소급하여 계산하다. **10.** 〔*alqd* – memóriā, ánimo; memóriam; *acc. c. inf.*; *absol.*〕 기억을 되살리다, 기억하다, 생각나다, 회상[회고]하다, 돌이켜 생각하다: memóriā vétera ~*(C.)* 옛일들을 회상하다 / *alcjs rei* memóriam ~*(C.)* 무엇에 대한 기억을 되살리다, 추억하다 / noctem ~ *(Ov.)* 그날밤을 회상하다. **11.** 다시금 청하다[조르다]. **12.** 〔*alqd, alqm* – ab *abl.*〕 반환을 청구하다, 돌려주기를 요구하다; 대가를 요구하다. **13.** 탈환하다. **14.** 변상하게 하다, 배상[보상]을 요구하다. **15.** 〔pœnas – ab *alqo*〕 벌을 받게 하다, 처벌을 요구하다. **16.** (권리를 주장하며 무엇을) 요구하다, 도로 찾다, 회복하다: in repeténdā libertáte*(C.)* 자유를 도로 찾음에 있어서.

repetúndæ, árum, *f. pl.* (*sc.* pecúniæ, res) [《古》 *gerundívum verbi* répeto] 〔가끔 pecúniæ를 동반함〕 (변상의 의무가 따르는) 공금횡령(죄), 공유재산의 착복, 배임죄; (재판관의) 수회죄: lex repetundárum*(Vell.)*, lex pecuniárum repetundárum [de pecúniis repetúndis]*(C.)* 공금횡령[재물갈취]에 관한 처벌법 (범인의 재산을 공매처분하여 해당액을 환수하였음) / pecuniárum repetundárum reus*(Sall.)* 공금횡령범.

repéxus, a, um, *p.p.* [repécto].

repígnĕro [-**nŏro**], áre, *tr.* [re[1]+] (부채를 상환하고) 저당물[담보물]을 도로 찾다.

repígro, (ávi), átum, áre, *tr.* [re[1]+piger] 지연시키다, 늦추다. 「심다, 옮겨 심다.

replánto, ávi, átum, áre, *tr.* [re[1]+] 다시

replasmátĭo, ónis, *f.* [re[1]+] 재형성(再形成); 재창조.

réplĕo, plévi, plétum, ére, *tr.* [re[1]+*inusit.* pleo] 〔*alqd, alqm* – *alqā re*〕 **1.** 다시 채우다; (새살을) 돋게 하다; 가득 채우다[메우다], 충만하게 하다. **2.** 보충하다, 보완하다. **3.** 배부르게 하다; 충족시키다. **4.** 임신시키다. **5.** (기운을) 회복시키다. **6.** 완전히 마치다, 완성[완결]하다; (값을) 다 치르다. **7.** 풍부하게 하다, 넘치게 하다, 불어나게 하다.

replétĭo, ónis, *f.* [répleo] **1.** 가득 채움; 충만. **2.** 만복(滿腹), 과식. **3.** 보충. **4.** 완성. 「*gen.; absol.*〕 가득찬, 충만한.

replétus, a, um, *p.p.*, *a.p.* [répleo] 〔*abl.*,

replicábĭlis, e, *adj.* [réplico] **1.** 다시 접을 수 있는. **2.** 반복할 만한 가치가 있는, 몇번이고 다시 부를 만한.

replicátĭo, ónis, *f.* [réplico] **1.** (천체의) 회전, 자전(自轉); 회귀. **2.** 대답, 답변, 응답. **3.** 《法》 (항변·이의에 대한) 재항변. **4.** 《數》 약분. **5.** 반복, 다시 함, 재개. **6.** 《神》 동시 다소 존재(同時多所存在), 이중존재(二重存在).

réplĭco, ávi, átum, áre, *tr.* [re[1]+] **1.** 뒤로 접다[말다·젖히다·굽히다·휘게 하다], 뒤집어 접다[말다]; 오그라지게[오므라지게] 하다; (껍질 따위를) 벗기다. **2.** (빛을) 반사시키다. **3.** 펴다, 펼치다, 전개시키다: replicáto volúmine*(Amm.)* 두루마리를 펴서. **4.** 뒤지다, 들추다, 열람하다: ~ memóriam témporum*(C.)* 지난 시대를 쭉 훑어보다. **5.** 곰곰이 생각하다, 숙고하다. **6.** 되뇌다, 되풀이하다; (기억을 살려) 다시 이야기하다. **7.** ~ vestígium suum*(Apul.)* 온 길을 되짚어 돌아가다. **8.** 《法》 (이의·항변에 대하여) 재항변하다. **9.** 《數》 약분하다; 곱한 수를 다시 환원시키다.

replúmbo, átum, áre, *tr.* [re[1]+] 납땜으로 붙인 것을 떼다. 「시 돋친.

replūmis, e, *adj.* [re[1]+pluma] 깃털이 다

rēpo, rēpsi, rēptum, ĕre, *intr.* **1.** 기다, 기어다니다; 기어 올라가다. **2.** 헤엄치다: flumen*(acc. adv.)*~ 강을 헤엄쳐 다니다. **3.** (이동식 망루가) 움직여 가다. **4.** 느릿

느릿 걸어가다. **5.** (배가) 느리게 가다. **6.** (물이) 느리게 흐르다. **7.** 마차에 앉아 길을 가다[여행하다]. **8.** 〔in *abl.*, in *acc.*; *absol.*〕 (뿌리·넌출 따위가) 뻗어 나가다, 뻗어 올라가다. **9.** 번지다, 퍼지다. **10.** (안개 따위가) 깔리다. **11.** 나직한 음성으로 말하다. 「다시 잘 손질하다.

repólĭo, íre, *tr.* [re[1]+pólio[1]] 다시 다듬다,

repóno, pósŭi, pósĭtum, ĕre, *tr.* [re[1]+] **1.** 〔*alqd - dat.*; in *acc.*; (in) *abl.*〕 **제자리에 놓다**[두다·넣다·맞추다], 도로 갖다 놓다: suo quemque loco lápidem ~ *(C.)* 돌을 각각 제자리에 놓다. **2.** 원상으로 복귀시키다; 복위[복직]시키다. **3.** 고치다, 수리하다, 복구하다. **4.** (도로) 평온[잔잔]하게 하다: pontum ~ *(Val. Fl.)* (풍랑을 가라앉혀) 바다를 잔잔하게 하다. **5.** 돌려주다, 갚다. **6.** (같은 방법으로) 보복하다, 응수하다. **7.** 뒤로 젖히다, 뒤로 구부리다[꺾다]: cervícem ~ *(Q.)* 고개를 젖히다 / crura ~ *(En.)* (걷거나 뛸 적에) 오금을 구부려 다리를 쳐들었다가 내리다. **8.** 〔*alqd - dat.*; in, ad *acc.*; *abl.*〕 보관하다, 저장하다, 보존하다. **9.** 감추(어 두)다, 숨겨 두다. **10.** (땅에) 파묻다, 매장하다. **11.** 〔*alqd, alqm* - in *alcjs* locum [vicem]〕 대신 놓다[넣다·들어서게 하다], 바꿔 놓다, 대치[대체]하다. **12.** 내리다, 내려놓다. **13.** 〔*alqd* in, super *abl.*; in, ante *acc.*〕 (일반적으로) 놓다, 두다, 넣다, (그릇에) 담다, (머리에) 이다. **14.** 〔*alqd* in *abl.*, in *acc.*〕 (희망 따위를) 걸다·두다, 내맡기다, (운명·안전 따위가) 달려있게 하다, (무엇을 어디에) 의지하다. **15.** (연극 따위를) 재상연하다; (남의 것을) 재탕하다. **16.** 대답하다. **17.** 〔*alqm [alqd]* in *abl.*, in *acc.*〕 축에 끼게 하다, 대열에 들게 하다[넣어주다], …로 삼다, …의 하나로 간주[생각]하다.

reportátĭo, ónis, *f.* [repórto] 가지고 돌아옴; (승리를) 거둠, 개선.

repórto, ávi, átum, áre, *tr.* [re[1]+] **1.** 가지고 돌아오다[가다], 데리고 돌아오다. **2.** 돌아가게 하다; 〔*refl.*〕 se ~ 돌아가다. **3.** 〔victóriam *etc.* - ab, ex *abl.*〕 (승리를) 거두다, (승리하고) 돌아오다, (영광·전리품 따위를) 얻다·획득하다. **4.** 보고하다, (소식·답을) 가지고 오다·전하다.

repósco[1], ĕre, *tr.* [re[1]+] 〔*alqd [alqm]* - ab *alqo*; *alqm alqd*〕 **1.** 반환청구하다, 돌려달라고[갚으라고] 요구하다, (약속 따위의) 이행을 요구[촉구]하다: promíssa ~ regem *(Val. Fl.)* 왕에게 약속받은 것을 청구하다. **2.** (일반적으로) 요구하다, 요청하다; (용기·주의 따위를) 불러일으키다: ratiónem ab *alqo* ~ *(C.)* 누구에게 전말보고를 요구하다. 「자, 독촉자.

repósco[2], ónis, *m.* [repósco[1]] 집요한 요구

repositĭo, ónis, *f.* [repóno] **1.** 저장, 보관, 보존; 제자리에 둠. **2.** 저장소, 창고. **3.** 《가》 (성목요일 저녁 미사 직후에 성체를 다른 장소[무덤제대]의 감실로 옮겨) 안치함.

repositórĭum, i, *n.* [repóno] **1.** (요리접시·과일그릇 따위를 얹어놓기 위해 식탁에 비치한) 큰 쟁반, 목판. **2.** 무덤. **3.** repostórium: (일반 주택의) 보물·귀중품 보관장소, 보고(寶庫). **4.** 곡물창고[저장소].

repósĭtus, a, um, *p.p.*, *a.p.* [repóno]〔*arch.* repóstus〕 **1.** 보관된, 저장된. **2.** 멀리 떨어진, 먼. 「자, 수리자.

repóstor, óris, *m.* [repóno] (신전의) 복구

repótĭa, órum, *n.pl.* [re[1]+poto] **1.** 결혼식 다음날의 잔치. **2.** 생일잔치. **3.** 연회 후에 또 벌이는 술잔치, 이차 주연.

réppĕri, *pf.* [repério].

réppŭli, *pf.* [repéllo]. 「의, 지금의.

repræsentánĕus, a, um, *adj.* [re[1]+] 현재

repræsentátĭo, ónis, *f.* [repræsénto] **1.** 눈앞에 보이게 함, 제시. **2.** 표현, 묘사; 재현. **3.** 상(像), 그림, 초상(화), 조각상. **4.** 본보기. **5.** 표상(表象). **6.** 상상. **7.** 맞돈, 현금(지불). **8.** 대표함, 대리(참석).

repræsentátor, óris, *m.* [repræsénto] **1.** 다른 이의 모습을 그대로 반영하는 사람. **2.** 대표, 대리자.

repræsénto, ávi, átum, áre, *tr.* [re[1]+præsens] **1.** 〔*alqd - alci*〕 눈앞에 보이게[있게] 하다, 현존하게 하다; 제시하다, **드러내다,** 발휘하다; (빛을) 띠다: ~ fáciem maris *(Col.)* 바다의 면모를 드러내다 / étiam post annum ~ víridem sapórem *(Col.)* 일년 후에도 싱싱한 맛을 지니다. **2.** (책의 내용을) 따로 외다, 암기하고 있다. **3.** **표현하다,** 나타내다, **묘사하다,** 그리다; 재현하다. **4.** 머리속에 그리다, 상상하다. **5.** 〔*refl. pass.*〕 **se ~, repræsentári** 출석[출두]하다, 현장에 있다, 나타나다. **6.** 현금으로 지불하다, 즉시 지불하다. **7.** 대표하다, 대리하다: vicem ólei ~ *(Plin.)* 기름을 대신하다, 기름 대용으로 쓰이다. **8.** 즉각 이행하다, 곧 실행[실시·실현]하다; 앞당기다. 「하다, 조달하다, 제공하다.

repræsto, ávi, áre, *tr.* [re[1]+præsto[2]] 공급

reprehéndo, di, nsum, ĕre, *tr.* [re[1]+] 〔*poétic.* repréndo〕 **1.** (가는 사람·도주자를) **붙잡다,** 붙들다, 못가게 하다. **2.** 제지하다, 만류하다, 못하게 하다, 억제하다. **3.** 〔*alqm, alqd*; *alqm* (in, de) *alqā re*; *alqd* in *alqo*; quod; *absol.*〕 **꾸짖다,** 책망하다, 힐책하다, 나무라다, **비난하다**; 잘못을 지적하다, 비평[혹평]하다. **4.** 《修》 반박하다.

reprehensíbĭlis, e, *adj.* [reprehéndo] 힐책[비난] 받을 만한.

reprehénsĭo, ónis, *f.* [reprehéndo] **1.** (이

야기를) 잠깐 멈춤[끊음]. 2. 꾸짖음, 책망, 힐책, 나무람, 비난. 3. 잘못. 4. 《修》 반박. 「잡고 늘어지다, 만류하다.
reprehénso, áre, *tr. freq.* [reprehéndo] 붙
reprehénsor, óris, *m.* [reprehéndo] 1. 비난자, 힐책자, 비판자. 2. 바로잡는 사람.
représse, *adv.* [réprimo] 자제하면서, 신중히, 조심하여.
représsĭo, ónis, *f.* [réprimo] 1. 진압, 억압; 제지, 억제, 견제. 2. 퇴각[귀영(歸營)]신호(나팔소리). 「자; 억제자, 제한자.
représsor, óris, *m.* [réprimo] 진압자, 억압
réprĭmo, préssi, préssum, ĕre, *tr.* [re[1]+premo] 1. (강 따위의) 범람을 막다. 2. (병·상처·부기 따위를) 가라앉히다; (땀을) 들이다. 3. 억누르다, 억제하다, 꾹 참다: se ~(*C.*) 자제하다. 4. 제지[저지]하다, 못하게 하다, 방해하다; 물리치다. 5. 진압하다, 억압하다. 6. 멎게 하다, 멈추다. 7. (속도 따위를) 늦추다. 「난할.
reprobábĭlis, e, *adj.* [réprobo] 배척할, 비
reprobátĭo, ónis, *f.* [réprobo] 1. 배척, 배격; 《敎法》 (증인·증언에 대한) 기피. 2. 비난. 3. 《神》 영벌(永罰), 영원한 정죄(定罪), 구원에서 제외하는 영구불변의 결정. 「probo] 배격자; 비난자.
reprobátor, óris, *m.* [**-trix,** ícis, *f.*] [ré-
réprŏbo, ávi, átum, áre, *tr.* [re[1]+] 1. 물리치다, 거절하다, 배척하다, 인정[찬성]하지 않다; 내버리다; 《敎法》 (증인을) 기피하다. 2. 나무라다, 비난하다. 3. 《神》 영원히 정죄(定罪)하다, 영벌에 처하다.
réprŏbus, a, um, *adj.* [re[1]+] 1. 위조(僞造)의, 모조의, 가짜의. 2. 배척당한, 버림받은; 불합격된, 낙제한, 실격한, 쓸모없는; [ad *acc.*] 적성(適性)이 없는.
repromíssĭo, ónis, *f.* [repromítto] 1. 상호약속[보증]. 2. 약속, 언약; 약속된 것.
repromíssor, óris, *m.* [repromítto] 보증인, 담보인.
repromítto, mísi, míssum, ĕre, *tr.* [re[1]+] 1. (상대방의 약속 또는 이행에 대하여) 대응적으로 약속하다. 2. 새로 다시 약속하다. 3. 약속[확약·보증]하다.
repropítĭo, áre, *tr.* [re[1]+] 1. 다시 노여움을 풀게 하다, 달래다, 관용을 베풀게 하다. 2. (속죄의 제물로) 죄를 벗겨주다.
rēpsi, *pf.* [repo]. 「니는, 벌벌 기는.
reptabúndus, a, um, *adj.* [repto] 기어다
reptátĭo, ónis, *f.* [repto] 기는 행동, 기어다님, 포복(匍匐).
reptátus, us, *m.* [repto] 1. 기어다님, 포복, 파행(爬行). 2. (덩굴·넌출이) 길게 뻗어나감.
réptĭlis, e, *adj.* [repto] 기어다니는, 포복하는, 파행(爬行)하는; 길짐승의, 파충류의; [*subst.*] *n.* 길짐승, 파충류.
repto, ávi, átum, áre, *intr. freq.* [repo] 1. 기다, 기어가다, 포복하다, 파행(爬行)하다. 2. 엉금엉금[굼뜨게] 걷다, 몸을 질질 끌다. 3. (덩굴·넌출이) 뻗어나가다. 4. [*p.p. pass.*] (다른 것이) 기어[끌려] 지나간; 헤엄쳐 지나간: ~ ager (ab angue) (*Stat.*) 뱀이 기어 지나간 잔디밭.
rēptus[1], a, um, *p.p.* [repo]. 「(毛皮上衣).
reptus[2], i, *m.* (=reno[2]) 가죽옷, 모피상의
repubésco, ĕre, *intr. inch.* [re[1]+] 다시 젊어지다, 청춘기로 되돌아가다.
repudiátĭo, ónis, *f.* [repúdio] 1. 거절, 거부, 배척. 2. 이혼; 절연.
repudiátor, óris, *m.* [repúdio] 1. 거절자, 거부자, 배척자. 2. 아내를 소박하여 버리는 자, 이혼자.
repúdĭo, ávi, átum, áre, *tr.* [repúdium] 1. 배우자나 약혼자를 버리다, 내보내다, 소박하다, 이혼하다, 퇴혼[파혼]하다. 2. 《法》 (유산·상속을) 거절하다, 포기하다. 3. 거절하다, 물리치다, 거부하다, 배척하다, 받아들이지 않다: ~ legem(*C.*) 법률안을 부결하다.
repudiósus, a, um, *adj.* [repúdium] 거절해야 할, 떳떳하지 못한, 마땅치 않은; 파혼[이혼]해야 할. 「박, 내[외]소박.
repúdĭum, i, *n.* [re[1]+pes] 파혼; 이혼; 소
repuellásco, ĕre, *intr. inch.* [re[1]+puélla] 다시 소녀가 되다.
repuerásco, ĕre, *intr. inch.* [re[1]+] 1. 다시 소년이 되다, 갱소년하다. 2. 유치해지다.
repúgnans, ántis, *p.præs., a.p.* [repúgno] 1. 반대되는, 저항[반항]하는, 적대하는, 반감을 품은; [*adv.*] **-ánter,** 반감을 가지고, 불쾌한 마음으로. 2. 모순된, 당착하는, 앞뒤가 맞지 않는.
repugnántĭa[1], æ, *f.* [repúgno] 1. (동물의) 저항수단, 방어무기. 2. 모순, 당착, 상반, 상충; 불일치, 부조화. 3. 혐오, 비위에 거슬림, 반감, 저항.
repugnántĭa[2], ĭum, *n.pl.* [repúgno] 반대[상반]되는 것, 모순, 당착. 「장애물.
repugnátĭo, ónis, *f.* [repúgno] 반대, 저항;
repugnátor, óris, *m.* [repúgno] 반대자, 저항자. 「항에 적합한, 방어용의.
repugnatórĭus, a, um, *adj.* [repúgno] 저
repúgno, ávi, átum, áre, *intr.* [re[1]+] 1. [*absol.; dat.*] 대항하여[맞받아] 싸우다, 대적[대항]하다, 저항하다, 막아내다. 2. [*dat.;* contra, advérsus *acc.; inf.;* ne, quóminus; *absol.*] 거스르다, 반대하다, 거역하다, 방해하다; 혐오하다. 3. [*absol.; dat.;* inter se] 상반되다, 상충하다, 양립되지 않다, 모순되다, 당착하다; 일치하지 [어울리지] 않다.
repullésco, ĕre, *intr.* [re[1]+pullus[4]] 다시 싹

트기 시작하다, 새순이 다시 돋다.

repúllŭlo, ávi, áre, *intr.* [re[1]+] 다시 움트다, 새순이 다시 돋다.

repúlsa, æ, *f.* [repéllo] **1.** (후보의) 탈락, 낙선, 불합격, 실패: repúlsam ferre [accípere](*C.*) 낙선하다. **2.** 거절, 거부, 각하(却下).

repúlsĭo, ónis, *f.* [repéllo] **1.** 물리침, 격퇴, 반격, 반발. **2.** 배척, 거절; 배제. **3.** 반박, 논박.

repúlso, áre, *tr.* [re[1]+] **1.** 격퇴하다, 물리치다, 배척하다. **2.** 반향시키다, 메아리치게 하다.

repúlsor, óris, *m.* [repéllo] 물리치는 사람, 「배척자, 배격자.

repulsórĭus, a, um, *adj.* 격퇴하는; 〔*subst.*〕 *n.* 격퇴수단; 방어수단.

repúlsus[1]**,** a, um, *p.p., a.p.* [repéllo] 격퇴된; 물러난, (무엇에서) 떨어진, 격리된; 거절당한, 퇴박맞은; 낙선된, (관직지망에서) 탈락된.

repúlsus[2]**,** us, *m.* [repéllo] **1.** 맞부딪침; 맞부딪쳐 나는 소리. **2.** (이를) 악물기. **3.** (빛의) 반사, 반영; (소리의) 반향. **4.** 반동, 반발; 저항.

repumicátĭo, ónis, *f.* [re[1]+púmico] 갈고 「닦음, 연마.

repúngo, ĕre, *tr.* [re[1]+] 다시 찌르다, 맞받아 찌르다.

repúrgĭum, i, *n.* [repúrgo] 청소, 소제.

repúrgo, ávi, átum, áre, *tr.* [re[1]+] **1.** 말끔히 청소하다, 깨끗이 치우다[씻다·닦다], 청정[청결]하게 하다, 정화하다. **2.** (밭에서) 돌을 골라내다, 잡초를 제거하다, 김매다. **3.** 준설하다. **4.** 정련(精鍊)하다. **5.** (속에서) 빼내다, 끄집어내다. **6.** 추려내다; 간추리다.

reputátĭo, ónis, *f.* [réputo] **1.** (누구 앞으로의) 계산, 산입(算入). **2.** 고찰, 재고, 숙고, 검토, 음미, 헤아림.

reputésco, ĕre, *intr.* [re[1]+] 썩다, 몹시 부「패하다.

répŭto, ávi, átum, áre, *tr.* [re[1]+puto[2]] **1.** 계산하다, 계산에 넣다; 계산하여 부담하다, 따져서 돌려주다: sumptus ~(*Ulp.*) 비용을 따져 부담하다. **2.** 〔*alqm, alqd* in *acc.*; cum *abl.*; *præd. nominále;* quod〕 여기다, 생각하다, 간주하다, 판단하다: in níhilum reputári(*Act. 19, 27*) 무시당하다. **3.** 〔*alqd alci* - ad, in *alqd*〕 (무엇을 누구에게) 돌리다, 무엇으로(ad, in *alqd*) 간주하다: ~ *alci* nec bona ópera nec mala (*Tertull.*) 아무에게 선행도 악행도 돌리지 않다. **4.** 〔*alqd, alqm* - mecum, tecum, secum, cum ánimo; de *abl.*; *acc. c. inf., interr. indir.*; *absol.*〕 깊이 생각하다, 헤아리다, 숙고하다, 검토[음미]하다, 살펴보다.

Réquĭem, *acc. f.* [réquies] 연(煉)미사, 죽은 이를 위한 미사, 위령미사; 진혼곡.

réquĭes, étis [éi], *f.* [re[1]+quies[1]] **1.** 쉼, **휴식**, 휴게; 휴가, 휴업; 멎음, 중지; (마음의) 평안, 안정; **안식**, 휴양, 정양; 영면(永眠): ~ dolóris(*Ov.*) 고통이 멎음. **2.** 안식처.

requiésco, quiévi, quiétum, ĕre, [re[1]+] **I.** *intr.* **1.** 〔*absol.*; in, sub *abl.*〕 **쉬다,** 휴식하다, 안식하다, 휴양하다; 〔ab *abl.*〕 (하던 일을) 쉬다, 휴무하다. **2.** 〔*absol.*; ab, ex *abl.*; *abl.*〕 차분히 가라앉다, 진정되다, 조용해지다, 멎다; (시름·위험 따위에서 벗어나) 편히 지내다[쉬다], 마음놓고 있다. **3.** 〔in *abl.*, super *acc.*〕 머무르다, 깃들이다, 안주하다; 의지하다. **4.** 영면하다, (죽어서) 고이 잠들다: Requiéscant in pace. 고인들은 고이 잠드소서.
II. *tr.* 쉬게 하다, 멎게[멈추게] 하다, 고요[조용]해지게 하다.

requiétĭo, ónis, *f.* [réquies] **1.** 쉼, 휴식, 안식. **2.** 영면(永眠). **3.** 안식처.

requietórĭum, i, *n.* [requiésco] 휴식처, 묘지, 무덤.

requiétus, a, um, *p.p., a.p.* [requiésco] **1.** 충분히 쉰, 휴식을 취한, 피로가 회복된, 체력을 회복한. **2.** 휴한지(休閑地)의, 묵힌 (땅). **3.** (우유·계란 따위가) 오래된, 묵은, 신선하지 못한.

requírĭto, áre, *tr. freq.* [requíro] 찾다, 캐묻다, 세밀히 알아보다.

requíro, quisívi, quisítum, ĕre, *tr.* [re[1]+quæro] **1.** (열심히·다시금) **찾다,** 찾아다니다. **2.** 〔*alqd* - ab, ex *alqo;* de *abl.*; *alqm* de *alqā re; interr. indir.*; *absol.*〕 묻다, 질문하다, **알아보다;** 캐다, 조사하다, 탐구하다, 검토하다, 연구하다: ómnia de te ~(*C.*) 네게 대한 모든 것을 알아보다 / *alqd* de antiquitáte ab eo ~(*N.*) 옛시대에 대해 그에게 무엇을 물어보다 / Ex quibus requíram, quonam modo latúerint.(*C.*) 나는 그들한테 어떻게 숨었는지 알아보겠다 / Uno eórum requisíto, quid factitárent.(*Var.*) 그들이 무슨 일을 하고 있는지를 그들 중 하나에게 물어본 다음. **3.** 보존하다, 잘 지키다; 보살피다, 돌보다. **4. 요구하다,** 요청[요망]하다; 가지려고[얻으려고] 하다; 필요로 하다; *pass.* **requíri** 〔in *abl.*, ad *acc.*〕 요구되다, 필요하다. **5.** 아쉬워하다, 아쉽다, 없음을 애석해하다, 절실하게 느껴지다.

requisítĭo, ónis, *f.* [requíro] 찾음; 조사, 「탐구, 연구.

requisítus, a, um, *p.p.* [requíro] **1.** 질문받은; 조사[탐구·연구]된. **2. 요구되는, 필요한,** 없어서는 안될, 필수의; 〔*subst.*〕 *n.pl.* 요구되는 것, 필요불가결의 것, 필요조건; 요청, 명령: ad requisítum natúræ (*Sall.*) 용변하러 (가다).

rēs, rĕi, *f.* **1. 것, 일,** 사물; 물건, 물체; 관련된 것: Quid hoc rei est?(*T.*) (=Quid hoc est?) 이것은 무엇이냐? / rerum natúra *(C.)* 자연계, 대자연 / ~ divína*(Cato)* 제사, 종교행사, 예배; 신에 관한 일 / ~ cibi*(Phædr.)*(=cibus) 먹을 것, 음식 / ~ animáta 유생물 / 《哲》 ~ in se(독일어의 Ding an sich) 물자체(物自體). **2.** *pl.* 인간사: res humánæ*(C.)* 덧없는 인간사 / Mors última línea rerum est.*(H.)* 죽음은 덧없는 인생의 마지막 한계선이다. **3.** *pl.* 세상, 세계: princípio rerum*(Justin.)* 세상 시초에. **4.** 소유물, 재산, 가산, 돈: rem augére *(C.)* 재산을 늘리다 / ~ angústa domi*(Juv.)* 궁한 살림, 생계에 쪼들림 / Res tuas tibi habe [habéto]. 〔여자에 대한 이혼선언 양식〕 네것들을 네가 가져라, 너와는 이혼이다. **5. 사실, 실제, 진실**; 실질, 현실; 실물, 내용: non re, sed nómine*(C.)* 사실상으로는 아니고 이름만으로 / Res ipsa lóquitur.*(C.)* 사실 자체가 말해준다, 사실 자체에 의해서 추정되는 것이다 / re verā *(C.)* 사실로, 참으로, 정말, 과연, 실제로. **6. 사정**, 실정, **사태**, 형편, **상황**, 상태, 경우, 처지, 조건, 여건: res advérsæ*(C.)* 역경, 불운 / res secúndæ [prósperæ]*(C.)* 순경 / si ~ postulábit,*(C.)* 필요할 경우에는 / Nunc se ~ sic habet.*(C.)* 지금의 사정은 이러하다 / pro re*(Sall.)* 상황에 따라, 형편대로 / pro re natā*(C.)* (略: p.r.n.) 상황이 그러하여, 필요에 따라, 임시로 / e re natā*(T.)* 형편상, 상황에 따라. **7.** 결과, 실적. **8.** *pl.* 행적, 전기, 역사, 내력, 사적(事績): scriptor rerum*(Sall.)* 역사가 / in rebus Nerónis*(Plin.)* *Nero*의 전기에 / res gestæ*(C., N.)* 업적, 행적; 역사. **9.** 경험, 체험. **10.** 행동, 실천, 실행: Res plus valet quam verba.*(Sall.)* 실천은 말보다 더 힘있다. **11.** 군사행동, 전투, 작전, 전쟁. **12.** 〔지시·의문·관계대명사 동반〕 이유, 까닭: eā re*(C.)* 그 이유로, 그일로 인해 / ob eam rem*(Pl.)* 그 때문에. **13.** 수단, 방법: Réperi rem, quómodo do.*(Pl.)* 내가 주는 방법을 발견했다. **14.** 소송(사건), 쟁의(爭議), 법정투쟁; 재판: ~ judicáta*(Ulp.)* 기결사건, 확정판결이 내려진 기결사항; 기판력(旣判力). **15.** 통치권, 정권, 국권; 국가; 국력: rerum potíri*(C., N.)* 통치권을 장악하다 / ~ Romána*(H., L.)* 로마 공화국 / ~ pública*(C., N.)* 국사(國事), 정무(政務), 정치활동; 정권, 정부, 정체(政體); 국가, **공화국**. **16.** 볼일, 할 일, 용무, 필요한 일, (현안의) 문제; 교제, 관계: Tecum mihi ~ est.*(C.)* 나는 너하고 (해결해야) 할 일이 있다 / rem habére cum *alqo(Pl.)* 어떤 남자와 교제[관계]하다. **17.** 이익, 유익, 유리; 쓸모, 쓸데, 소용: in rem *alcjs* esse*(T.)* 누구의 이익이 되다 / ea, quæ in rem erant.*(L.)* 그당시에 이익이 되던 것 / ob rem fácere*(Sall.)* 유리하게 하다 / *alci* rei esse*(T.)* 다소간 쓸모있다, 적합하다 / nulli rei esse*(Gell.)* 아무 쓸모도 없다 / in rem est, *inf.* [*acc. c. inf.*; ut] *(L., T., Pl.)* …하는 것이 유이[유리]하다 / Ex tuā re non est, ut emóriar.*(Pl.)* 내가 죽어버리는 것이 너한테 이로울 것 없다. **18.** ab re 1) 까닭 없이; 쓸데없이: Non ab re esse visum est interésse.*(L.)* 참가하는 것이 쓸데없는 것 같지는 않았다. 2) 손해되게, 불리하게: Ab re cónsulit blandiloquéntulus.*(Pl.)* 그는 아첨하며 불리한 충고를 한다.

résăcro = résecro.

resævĭo, íre, *intr.* [re¹+] 다시 미쳐 날뛰다, 다시 사나와지다, 다시 격노하다.

resalutátĭo, ónis, *f.* [resalúto] 답례, 마주하는 인사.

resalúto, ávi, átum, áre, *tr.* [re¹+] 〔*alqm*〕 (인사받고) 마주 인사하다, 답례하다, 맞절하다.

resálvo, átum, áre, *tr.* [re¹+] 다시 구원하다.

resanésco, sánŭi, ĕre, *intr. inch.* [re¹+] 다시 건강해지다, 다시 낫다, 다시 성하기 시작하다.

resáno, ávi, átum, áre, *tr.* [re¹+] **1.** 다시 낫게 하다, 고치다, 회복시키다, 치료하다. **2.** 개과천선하게 하다.

resárcĭo, sársi, sártum, íre, *tr.* [re¹+] **1.** 깁다, 수선하다, 수리하다. **2.** 배상[보상]하다.

resárrĭo, íre, *tr.* [re¹+] 다시 김매다, (호미따위로) 잡초를 뽑다.

rescindíbĭlis, e, *adj.* [rescíndo] 철회[취소]될 수 있는.

rescíndo, scĭdi, scíssum, ĕre, *tr.* [re¹+] **1.** 찢다, 찢어[뜯어]내다, 자르다, 끊다; 가르다, 절개하다; 파열시키다, 헤어지게 하다; 헤집다, 파헤치다: pontem ~*(Cæs.)* 다리를 끊다. **2.** (상처를) 덧들이다, 덧나게 하다, 아픈데를 건드리다. **3.** (길을) 트다, 개척하다. **4.** (법률 따위를) 폐기[폐지]하다, 무효로 하다; 철회[취소]하다, 파기하다, 해약하다.

résc ĭo, ívi [ĭi], ítum, íre, *tr.* [re¹+] (비밀따위를) 알게 되다, 예기치 않던 것을 알다, (불리하거나 잘못되었음을) 깨닫다, 발견하다.

rescísco, ĕre, *tr. inch.* = réscio.

rescíssĭo, ónis, *f.* [rescíndo] **1.** 찢음. **2.** 폐기, 폐지, 무효화; 취소, 철회, 파기, 해약.

rescissórĭus, a, um, *adj.* [rescíndo] 폐기하는, 무효로 하는; 취소[철회·파기·해약]하는: rescissória áctio*(Ulp.)* 무효확인소송.

rescríbo, scrípsi, scríptum, ĕre, *tr.* [re¹+ scribo¹] **1.** 〔*alqd* – *alci*, ad *alqm*; *alci rei*, ad *alqd*; *acc. c. inf.*, *interr. indir.*; *absol.*〕 회답을 써보내다, 서면으로 회답하다, 회신

하다: tuis lítteris ~ *(C.)*, lítteras ad epístolam tuam ~ *(Fronto)* 네 편지에 회답을 쓰다 / Rescrípsi ad *alqm*, quam illud esset diffícile. *(C.)* 나는 아무에게 답장을 내어 그것이 얼마나 어려운 일인지를 알렸다. **2.** (법률관계의 질문·청원 따위에 대하여 군주가) 칙서로 회답하다, 칙답하다. **3.** 〔de *abl.*, *dat.*, ad *acc.*〕 글로 반박[논박·항변]하다: ~ vetéribus oratiónibus *(Q.)* 옛 연설집을 반박하는 글을 쓰다. **4.** (가사를 악보에) 맞추어 쓰다, 기입하다. **5.** 다시[새로] 쓰다, 고쳐쓰다, (썼던 것을) 수정하다. **6.** (돈을) 돌려주다, 상환하다. **7.** 《軍》 (다른 부대로) 배속하다. **8.** 《軍》 (제대군인을) 재징집하다.

rescríptĭo, ónis, *f.* [rescríbo] **1.** 칙답(勅答), 조칙(詔勅), 교서. **2.** 답서, 회신.

rescríptum, i, *n.* [rescríbo] **1.** (법률관계의 질문·청원 따위에 대한) 로마황제의 칙답(勅答); 교황(청)의 답서, 교서. **2.** 답장, 회신.

réscŭla, æ, *f. dim.* [res] = récula.

rescúlpo, psi, ĕre, *tr.* [re[1]+] **1.** 다시 새기다·조각하다. **2.** 다시 새롭게 하다, 재현하다.

resecátĭo, ónis, *f.* [réseco] 절단, 절제(切除).

résĕco, sécŭi, séctum[secátum], áre, *tr.* [re[1]+] **1.** 자르다, 잘라내다, 절단하다, 도려내다, 절제(切除)하다; (수염·머리 따위를) 깎다. **2.** (불필요한·해로운 것을) 잘라 버리다, 삭제하다, 제거하다, 떨어버리다. **3.** 엄밀히 제한하다, 한정하다; 요약하다, 추리다.

résĕcro, ávi, átum, áre, *tr.* [re[1]+sacro] **1.** 거듭 간청하다, 애원하다. **2.** 저주를 철회하다, 저주에서 풀어주다.

reséctĭo, ónis, *f.* [réseco] 자름, 절단; 가지치기, 전정(剪定); 《醫》 절제(切除).

reséda, æ, *f.* 《植》 목서초(木犀草).

resédo, áre, *tr.* [re[1]+] 진정시키다, 가라앉히다, 낫게 하다.

reségmen, mĭnis, *n.* [réseco] 〔주로 *pl.*〕 (자를 때 떨어지는·깎은) 부스러기.

resémĭno, áre, *tr.* [re[1]+] **1.** 다시 씨뿌리다. **2.** 다시 번식시키다.

résĕquor, *(ĕris, ĭtur)*, secútus [sequútus] sum, qui, *dep. tr.* [re[1]+] 즉시 응답하다; 반향하다.

reserátĭo, ónis, *f.* [résero[1]] 열어젖힘, 개방.

reserátus, us, *m.* [résero[1]] (두루마리·책 따위를) 펼침.

résĕro[1], ávi, átum, áre, *tr.* [re[1]+sero[2]] **1.** (자물쇠·문 따위를) **열다**, 열어젖히다; 터놓다, 개방하다; 트이게 하다, 개통시키다: reseráto péctore *(Ov.)* 가슴을 열어젖히고. **2.** (고름 따위를) 짜내다, (부스럼을) 째다. **3.** 개시하다, 시작하다: reseráta dies *(Val. Fl.)* 밝은 새날. **4.** (비밀 따위를) 드러내다, 밝히다; 알려주다.

résĕro[2], sévi, ĕre, *tr.* [re[1]+sero[4]] 다시 씨뿌리다, 다시 심다.

reservátĭo, ónis, *f.* [resérvo] **1.** 보관, 보존; 남겨둠. **2.** (좌석 따위의) 예약·지정. **3.** 보류, **유보**; 유보된 권리; 은폐: ~ mentális (진술·선서 따위에서의) 의중유보(意中留保), 진의(眞意)의 은폐 / 《敎法》 ~ in péctore (추기경 등의 서임에 있어 이름은 밝히지 않은 채) 교황의 의중인물 선정 표명 / ~ peccatórum 특정한 죄의 사면권 유보.

resérvo, ávi, átum, áre, *tr.* [re[1]+] 〔*alqd*, *alqm* - ad, in *acc.*; *dat.*〕 **1.** 따로 보관[보존]하다, 간수[간직]하다, **따로 남겨 두다**, 확보해 두다; 후일로 넘기다, 보류하다: testis ad extrémum reservátus *(C.)* 마지막으로 남겨둔 증인 / ~ legiónes ad perículum *alcjs* *(Cæs.)* 아무의 위험에 대비하여 군단들을 확보해 두다 / *alqd* in áliud tempus ~ *(C.)* 무엇을 다른 시기로 미루다. **2.** (무사하게) 보전하다, 보호하다, 구제하다. **3.** 유보(留保)하다, 보유하다: peccátum reservátum Sanctæ Sedi (사면권이) 교황성좌에 유보된 죄.

rĕses, sĭdis, *adj.* [resídeo] **1.** 움직이지 않고 있는, 한 상태에 계속 머물러 있는, 정체(停滯)된, (물 따위가) 괴어 있는; 조용한. **2.** 게으른, 나태한, 느려빠진, 굼뜬; 무기력한, 활기없는; 빈들거리는, 한가로이 지내는, 무위의.

rĕsex, sĕcis, *m.* [réseco] 가지치고 남겨진 포도 가지.

resíbĭlo, áre, *intr.* [re[1]+] 휙휙[쉿쉿]하는 소리로 응답하다.

residéntĭa, æ, *f.* [resídeo] **1.** 거주지, 주재지, 임지. **2.** 거주, 주재, (임지에서의) 정주(定住): obligátio residéntiæ 정주의무.

residentiális, e, *adj.* [residéntia] 거주의, 정주(定住)의, 임지에 정주할 의무가 있는: epíscopus ~ 정임주교(正任主敎), 교구 정주주교.

resídĕo, sédi, séssum, ére, *intr.* [re[1]+sédeo] **1.** 〔in *abl.*, *abl.*; *absol.*; 드물게는 *dat.*, *tr.*: *acc.*〕 **앉아 있다**, 자리잡고 있다, 깃들어 있다. **2.** (재판관이) 좌정(坐定)하다, 착석하다. **3.** 일어나 앉다. **4.** 거주하다, 살고 있다, 주재하다, 정주(定住)하다. **5.** 〔*absol.*; *tr.*: *acc.*〕 가만히[우두커니] 있다, 앉아만 있다; 쉬면서 지내다. **6.** 〔in, ex, de *abl.*; apud, intra *acc.*〕 **남아 있다**, 잔류[잔존]하다; 내재(內在)하다, 건재하다: In vobis résident mores prístini. *(Pl.)* 너희에게는 아직도 옛 풍습이 남아 있다 / Etĭam nunc résidet spes in virtúte tuā. *(C.)* 지금도 너의 용기에는 희망이 건재한다.

resído, sédi, séssum, ĕre, *intr.* [re[1]+] **1.** 〔in *abl.*, *abl.*; *absol.*〕 **앉다**. **2.** 〔in *abl.*, *abl.*〕 머무르다, 눌러 앉다. **3.** 〔in *acc.*〕 물러

가다, 물러서다. **4.** 〔*absol.; in acc.*〕 가라앉다, 내려[주저]앉다, 내리밀리다, 침전(沈澱)하다. **5.** 멎다, 가시다, 누그러지다, 진정되다; 약해지다.

resídŭum, i, *n.* [resíduus] 나머지, 남은 것, 잔여, 잉여; 잔재(殘滓); 〔*pl.*〕 resídua 미납금, 체납금.

resídŭus, a, um, *adj.* [resídeo] **1.** 나머지의, 남은, 잔여의, 잔류(殘留)의, 잔존(殘存)하는, 잉여의; 살아남은: resídua pecúnia*(Pl.)* 남은 돈, 잔금, 미납금, 체납금. **2.** 게으른, 느려빠진; 무기력한, 무위의.

resignácŭlum, i, *n.* [re¹+] 인영(印影).

resignátĭo, ónis, *f.* [resígno] **1.** 개봉(開封). **2.** 사퇴, 사임, 사직; (권리·상소 등의) 포기, 단념, 기권. **3.** (신의 뜻에 대한) 인종(忍從)·복종, 체념.

resígno, ávi, átum, áre, *tr.* [re¹+] **1.** 개봉하다, (봉인·편지 따위를) 뜯다, (뚜껑 따위를) 열다. **2.** 취소[폐기·파기]하다, 무효로 만들다; (신용·규정 따위를) 깨뜨리다. **3.** 사퇴[사임]하다; 기권하다, 포기하다. **4.** (받은 것을) 되돌리다. **5.** 알려[일러]주다, 설명하다, 밝히다. **6.** (범법 군인의 봉급에 대한) 지불금지를 기입하다.

resílĭo, lŭi[lĭi], súltum, íre, *intr.* [re¹+sálio¹] **1.** 〔in *acc.; absol.*〕 도로[다시] (훌쩍) 뛰어들다. **2.** 되튀다; 반사하다. **3.** 〔*absol.*; ab *abl.*, ad *acc.*〕 물러서다, 물러가다, 피하다, 벗어나다. **4.** 움츠러[오그라] 들다, 수축하다, 줄어들다.

resímus, a, um, *adj.* [re¹+] 위로 잦혀진, 뒤로 굽은: nares resímæ*(Ov.)* 들창코.

resína, æ, *f.* 나무의 진, 수지(樹脂): ~, ~ pini 송진.

resinácĕus, a, um, *adj.* [resína] 수지(樹脂)의, 진이 나는, 수지질의; 송진의.

resinátus, a, um, *adj.* [resína] 수지(樹脂)를 칠한, 향액바른; 수지를 섞은.

resinósus, a, um, *adj.* [resína] 수지(樹脂)의, 송진의; 수지질의, 수지를 함유한, 진이 많은; 송진섞은. 「로 된 향.

resinŭla, æ, *f. dim.* [resína] 수지 알맹이

resípĭo, ĕre, *tr.* [re¹+sápio] **1.** (무슨) 맛이 나다, 풍미가 있다, (무슨) 냄새가 나다: uva picem resípiens*(Pl.)* 송진내가 나는 포도. **2.** (…한) 티[데]가 있다, 풍기다: homo mínime resípiens pátriam*(C.)* 자기 고향 냄새가 전연 풍기지 않는 사람. **3.** *intr.* 〔*absol.*〕 아취(雅趣)[흥취]가 있다.

resipiscéntĭa, æ, *f.* [resipísco] 뉘우침, 회오(悔悟), 회개, 개심, 개전(改悛).

resipísco, pŭi [pívi, pĭi], ĕre, *intr. inch.* [resípio] **1.** 의식을 회복하다, 깨어나다, 정신을 다시 차리다, 제정신이 들다. **2.** 후회하다, 잘못을 깨닫고 정신차리다, 개심하다, 회오(悔悟)[회개]하다: ~ in bonum 개과천선하다 / ~ a diáboli láqueis*(II Tim. 2, 26)* 제정신으로 돌아가 악마의 올가미에서 벗어나다. 「항, 반대.

resisténtĭa, æ, *f.* [resísto] **저항**, 반항, 대

resísto, stĭti, ĕre, *intr.* [re¹+] **1.** 〔*absol.*; in *abl.*, ad *acc.*〕 멈추어 서다, 더 나아가지 않다, 정지하다; 멎다, 중단되다: Resíste.*(T.)* 게 섰거라 / Si non restíterit dolor,*(Col.)* 고통이 멎지 않을 경우에. **2.** 머무르다, (어디에) 남다. **3.** 〔*dat.*; contra *acc.*; ne, 부정 뒤에 quin, quóminus; *absol.; pass. impers.*〕 **저항하다**, 반항[대항]하다, 맞서다, 항의하다, 항거[거역]하다; 반대하다, 막다, 방해하다, 못하게 하다; 물리치다: hóstibus ~*(Cæs.)* 적군에게 저항하다 / vi contra vim ~*(L.)* 힘에는 힘으로 대항하다 / Omnĭbus senténtiis resístitur.*(Cæs.)* 모든 의견이 반대에 부딪치고 있다 / A nostris resístitur.*(Cæs.)* 우리 군대가 저항하고 있다. **4.** 〔*dat.*; contra, advérsus, ad *acc.*〕 이겨내다, 견디어내다; (작용·영향을) 안받다, 당하지 않다: frígori ~*(Plin.)* 추위를 이겨내다. **5.** 〔*dat.*〕 (무엇에) 약효가[효험이] 있다, 예방이 되다. **6.** 재기(再起)하다.

resolidátus, a, um, *p.p.* [*inusit.* resólido] 굳세어진, 활기를 되찾은.

resolúbĭlis, e, *adj.* [resólvo] 분해[해체]될 수 있는, 분해되기 쉬운; 녹을 수 있는, 융해[용해]될 수 있는.

resolútĭo, ónis, *f.* [resólvo] **1.** (끈·띠 따위를) 끄름; 풀어짐, 이완: ~ ventris*(Cels.)* 설사. **2.** 마비(痲痺). **3.** 분해, 해체; 분석; 융해, 용해. **4.** 죽음. **5.** 《詩》 장음절 하나 대신 단음절 둘 쓰기. **6.** 파기, 무효화. **7.** 결단, 결의, 결심, 각오; 과감, 용단, 단호함.

resolutórĭus, a, um, *adj.* [resólvo] 분석의, 분석에 관한; 〔*subst.*〕 *f.* 분석론*(Boeth.)*.

resolútus, a, um, *p.p., a.p.* [resólvo] **1.** 풀린, 풀려난. **2.** 녹은, 융해된. **3.** 힘빠진, 무른; 축 늘어진, 지쳐버린, 가누지 못하는; 마비된. **4.** 걷잡지 못하는.

resólvo, vi, lútum, ĕre, *tr.* [re¹+] **1.** 〔*alqm, alqd - abl.; acc. Gr. in pass.*〕 **풀다**, 끄르다, 풀어헤치다; 해방[석방]하다: ~ vulnus*(Q.)* 상처의 붕대를 풀다 / virgo resolúta caténis*(Ov.)* 감금에서 풀려난 처녀 / puélla resolúta capíllos*(Ov.)* 머리를 풀어헤친 소녀. **2.** 열다, 개봉하다, 뜯다; 벌리다; 절개하다, (멱을) 따다; (껍질을) 벗기다: ~ límteras*(L.)* 편지를 뜯다. **3.** 녹이다, 융해[용해]하다, 엷어지게 하다. **4.** 흩어지게 하다, 부서뜨리다, 분해하다, 무너뜨리다, 허물다, 해체하다. **5.** 나누다, 분할하다. **6.** 축 늘어지게 하다, 가누지 못하게 하다, 지쳐버리게 하다, 녹초가 되

게 하다: resólvi somno*(Sen.)* 늘어지게 자다 / fatigatióne resolútus*(Curt.)* 피로에 지쳐버린. 7. 긴장을 풀다; 누그러뜨리다, 완화하다. 8. (돈·빚을) 갚다, 지불하다, 보상하다. 9. 침해[침범]하다. 10. 끝내다, 해결하다; 제거하다, 떨어버리다. 11. 풀이하다, 설명하다; 밝혀내다. 12. 해약하다, 파기하다, 취소하다, (약속·의무 따위를) 어기다. 「는, 반향하는.

resonábĭlis, e, *adj.* [résono] 소리를 울리

resonántĭa, æ, [**-nátĭo,** ónis,] *f.* [résono] 울림, 메아리, 반향, 공명(共鳴).

résŏno, návi [nŭi], áre, *intr., tr.* [re¹+] 〔《古》 제3활용의 résono, ĕre가 간혹 있음〕 1. 〔*absol.; abl., dat.;* ex, in *abl.;* per *acc.*〕 울리다, 울려나오다[퍼지다], 울리는 소리로 가득 차있다; 반향하다, 메아리치다, 공명하다. 2. 〔*acc.*〕 울리게 하다, 반향시키다; 울려퍼지게 하다, 메아리쳐 보내다. 3. 〔*acc.*〕 말해주다. 「메아리치는, 반향하는.

résŏnus, a, um, *adj.* [résono] 울려퍼지는,

resórbĕo, ére, *tr.* [re¹+] (다시) 삼키다; 다시 빨아들이다, 재흡수하다; 다시 들이마시다: fletum ~*(Sil.)* 복받치는 설움을 꾹 참다. 「약·사진용).

resorcínum, i, *n.* 《化》 레조르신(물감·의

respéctĭo, ónis, *f.* [respício] 1. 되돌아봄. 2. 조사, 음미.

respectívus, a, um, *adj.* [respício] 1. 각자의, 저마다의, 각각; 그때마다의; 〔*adv.*〕 **-ve,** 각기, 그때그때의 경우에 따라. 2. 직접 관계[관련]되는, 관계당사자의, 해당…, 당해(當該).

respécto, ávi, átum, áre, *intr., tr. freq.* [respício] 1. 〔*absol.; acc.;* ad *acc.*〕 자주 뒤돌아보다. 2. 〔*absol.; acc.*〕 바라보다, 지켜보다, 주시하다. 3. 〔*acc.*〕 돌보다, 관심을[주의를] 기울이다; 소중히 여기다. 4. 〔*absol.; alqd* - ab *alqo*〕 기다리다, 기대하다.

respéctus, us, *m.* [respício] 1. 뒤돌아봄: sine respéctu fúgere*(L.)* 뒤도 돌아보지 않고 도망하다. 2. 피난처, 의지할 곳. 3. **견지, 관점**: sub respéctu philosóphico **철학적** 견지에서. 4. 관계, 관련. 5. 〔*gen. objectív.,* ad *acc.*〕 **고려, 참작**, 관심: sine respéctu humanitátis*(L.)* 인도적 고려도 없이 / respéctum ad senátum non habére *(C.)* 원로원에 대한 고려를 하지 않다 / si áliquis ~ est mei,*(L.)* 내게 대해 참작의 여지가 있다면. 6. 존중, 체면; 경의, 존경: respéctu mei*(Ov.)* 내자신의 체면상 / ~ humánus 체면.

respérgo¹, spérsi, spérsum, ĕre, *tr.* [re¹+spargo¹] 〔*alqd, alqm* - *alqā re*〕 1. (물 따위를) 뿌리다, 살포하다, 끼얹다, 튀기다, 적시다, 묻히다. 2. 물들이다, 얼룩지게 하다, 더럽히다. 「음.

respérgo², gĭnis, *f.* (물 따위를) 뿌림, 끼얹

respérsĭo, ónis, *f.* [**-sus,** us, *m.*] [respérgo¹] (물 따위를) 뿌림, 끼얹음, 살포.

respícĭo, spéxi, spéctum, cĕre, *intr., tr.* [re¹+spécio] 1. 〔ad *acc.*, 간혹 in *acc.; absol.; acc.*〕 뒤돌아보다: Réspice (ad) me. *(Pl.)* (고개를 뒤로 돌려) 나를 돌아봐라. 2. 〔*acc.; acc. c. inf.;* in *acc.*〕 바라보다, 쳐다보다. 3. 〔ad *acc.*〕 관계[관련]되다; (혐의 따위가) 돌아가다. 4. 〔*alqd*〕 돌아보다, 돌이켜보다, 회고하다. 5. 〔*acc.*〕 주의깊게 살펴보다, 관찰하다, 주목[주시·주의]하다, 내다보다; 숙고하다, 고려하다, 참작하다: Réspice finem.*(Æsópus)* 끝을 내다봐라, 결과를 생각해라. 6. 〔*alqd; interr. indir.; acc. c. inf.*〕 깨닫다, 알다; 〔*refl.*〕 **se** ~ 자신의 분수[처지·결과 따위]를 알다·생각하다. 7. 〔*acc.;* ad, super *acc.*〕 **돌보다**, 보살펴 주다, 굽어보다, 가호하다, 염려하다, 소중히 여기다; 괘념하다. 8. 〔*alqd* - ab *alqo;* in *alqā re*〕 기대하다, 바라다. 「있는, 호흡에 적합한.

respirábĭlis, e, *adj.* [respíro] 호흡할 수

respirácŭlum, i, *n.* [respíro] 호흡.

respirámen, mĭnis, *n.* [respíro] 1. 호흡. 2. 숨통, 기관(氣管). 「안; 완화, 경감.

respiraméntum, i, *n.* [respíro] 위로, 위

respirátĭo, ónis, *f.* [respíro] 1. 호흡, 숨; (피부·식물의) 호흡작용: ~ artificiális 인공호흡. 2. 증발. 3. 휴지(休止), 잠깐 멈춤. 「의, 호흡기관의.

respiratórĭus, a, um, *adj.* [respíro] 호흡

respirátus, us, *m.* [respíro] 호흡.

respíro, ávi, átum, áre, *intr., tr.* [re¹+] 1. 〔*absol.; acc.*〕 호흡하다, 숨을 쉬다; 들이쉬다; 내쉬다: ~ ánimam*(C.)* 숨을 내쉬다. 2. 〔*absol.;* ab *abl.*〕 한숨돌리다, 한시름놓다, 마음놓다, (수고·불안·걱정·고통 따위에서) 벗어나다, 소생하다: ~ a metu*(C.)* 공포에서 벗어나다 / Ita respirátum est.*(L.)* 이렇게 해서 한숨돌리게 되었다. 3. 멈추다, 멎다, 그치다. 4. 〔*alqd*〕 내뿜다, 발산하다. 5. (피리가) 소리나다.

resplendéntĭa, æ, *f.* [respléndeo] 광채, 광휘, 눈부신 빛.

respléndĕo, ŭi, ére, *intr.* [re¹+] 1. 광채가 반사되다, 반사되어 빛나다; 다시 빛나다. 2. 찬란히[눈부시게] 빛나다.

respóndĕo, spóndi, spónsum, ĕre, *tr., intr.* [re¹+] 1. 〔*acc. c. inf.*〕 (상대방의 약속에 대하여) 이쪽에서도 약속[보증]하다; (일반적으로) 보증하다. 2. 〔*alqd alci rei; alci rei alqā re*〕 대응하다, 응수하다, 같은 정도로 되돌리다, 보답하다: amóri amóre ~ *(C.)* 사랑을 사랑으로 보답하다. 3. 〔*alqd* - *alci; alci rei;* ad, advérsus, contra *acc.;*

acc. c. inf.; interr. indir.; absol.〕 대답하다, 응답하다; 회답하다; 답변하다; 해답하다. **4.** (상대편의 인사에) 답례하다. **5.** 〔*acc. c. inf.*〕 신탁(神託)으로 대답하다; (점상이가) 예언하여 내답하다. **6.** 〔*dat., acc.; absol.*〕 반향하다, 소리를 되울려 보내다, 메아리치다; (두드리면) 소리나다. **7.** 반영되다, 비치다: Sídera respóndent in aquā.*(Lucr.)* 별들이 물속에 비친다 / Res sibi respóndent símili formā atque colóre.*(Lucr.)* (거울에 비친) 물체들이 자기의 모양과 빛깔로 반영된다. **8.** 〔*dat.*〕 대항하다, 저항하다. **9.** 《法》〔*dat.;* ad *acc.;* de *abl.*〕 변박하다, 항변하다; 해명하다. **10.** 《法》〔jus, de jure〕 법률에 관한 자문에 응하다, 조언하다. **11.** 소환[징집]에 응하다, 출두하다; 출석하다. **12.** 〔*dat.;* ad *acc.*〕 **부응하다,** 호응하다, (희망·기대·요구·목적 따위를) **만족시키다,** 맞추다, 마음에 들다: ~ ad tempus*(C.)* 시간에 맞추다 / Villa non tota ad ánimum ei respónderat.*(Suet.)* 별장이 그의 마음에 꼭 들지는 않았다. **13.** 〔*dat.;* ad *acc.*〕 (약속·의무를) 이행하다; (빚 따위를) 갚다, 청산하다: ~ nomínibus*(Sen.)* 부채를 갚다. **14.** 〔*dat.;* ad *acc.; absol.*〕 일치[합치]하다, 들어맞다, 부합하다; 적합하다, 어울리다, 상응하다, 균형이 맞다: Dictis respóndent cétera matris.*(V.)* 그밖의 것들은 어머니의 말과 일치한다 / fructu non respondénte labóri*(Ov.)* 수고한 만큼의 수입이 따르지 않아서. **15.** 〔ad *acc.; dat.*〕 엇비슷하다, 동등하다, 필적하다. **16.** 〔*dat.; absol.*〕 제대로 잘[순조롭게] 되어가다, 제구실을 하다: Venter mihi non respóndet.*(Petr.)* 나는 속이 좋지 않다. **17.** (약 따위가) 효험이 있다. **18.** 〔*dat.; absol.*〕 생산하다, 산출(產出)하다. **19.** ad tempus ~*(Sen.)* (통증 따위가) 정기적으로 돌아오다. **20.** 〔*dat.*〕 …에 속하다. **21.** 〔*dat.*〕 마주 바라보이는 위치에 있다.

responsábĭlis, e, *adj.* [respónso] 책임있는, 책임이 따르는, 책임져야 할, 변명[답변]할 의무가 있는.

responsabilĭtas, átis, *f.* 책임.

responsális, is, *m.* [respóndeo] 대리인.

respónsĭo, ónis, *f.* [respóndeo] **1.** 대답, 응답, 회답, 답변; 반응. **2.** 《修》 자문자답.

respónsĭto, ávi, áre, *tr., intr. freq.* [respónso] 법률·규정 따위의 질의에 응답하다.

responsívus, a, um, *adj.* [respóndeo] 대답의, 대답으로서의; 〔*subst.*〕 *n.* 대답; 〔*adv.*〕 **-ve,** 대답으로.

respónso, áre, *intr. freq.* [respóndeo] 〔*dat.; absol.*〕 **1.** 말대답[말대꾸]하다. **2.** 대답하다, 응답하다. **3.** 울려퍼지다, 메아리치다. **4.** 거스르다, 맞서 싸우다, 항거하다, 저항하다; 거부하다, 물리치다: ~ cupidínibus*(H.)* 탐욕과 싸우다. **5.** 보답하다, 갚다. 「사람, 해답자; 대주는 사람.

respónsor, óris, *m.* [respóndeo] 대답하는

responsórĭum, i, *n.* [respóndeo] **1.** 대답. **2.** 《가》 응송(應誦), 응답노래.

respónsum, i, *n.* [respóndeo] **1.** 대답, 응답, 회답. **2.** 신탁(神託); (점장이의) 예언적 대답. **3.** 법률의 유권해석.

respónsus, us, *m.* [respóndeo] **1.** 대답, 회답. **2.** 조화, 균형, 대칭(對稱).

respúblĭca, reipúblĭcæ, *f.* 〔res와 pública를 갈라쓰기도 함〕 **1.** (동일한 목적·이익으로 맺어진) 단체, 공동체, 사회. **2.** 국사(國事). **3.** 정부, 정체(政體); 국가, **공화국:** Respública Coreána 대한민국.

réspŭo, ŭi, ĕre, *tr.* [re¹+] **1.** 도로 뱉다, 뱉어 내다, 토하다. **2.** 물리치다, 배척하다, 거절하다, 타기(唾棄)하다; 무시[멸시]하다.

restagnátĭo, ónis, *f.* [restágno] **1.** 철철 넘침, 범람, 창일. **2.** 게움, 토함.

restágno, (ávi), átum, áre, *intr.* [re¹+stagno¹] 흘러넘치다, 범람하다, 창일하다, 물바다가 되다; 침수되다.

restaurátĭo, ónis, *f.* [restáuro] 재건, 복구; 복원; 보수(補修), 중수(重修); 갱신; 회복; 부흥, 복고.

restaurátor, óris, *m.* [**-trix,** ícis, *f.*] [restáuro] 재건[복구·복원·중수]하는 사람; 부흥자; 갱신자, 혁신자.

restáuro, ávi, átum, áre, *tr.* **1.** 수리[수선·보수·중수]하다. **2.** 재건[복구·복원]하다, 복고하다, 복귀[복직·복위]시키다. **3.** 부흥시키다; 갱신하다, 또다시 하다, 재개하다: bellum ~*(Justin.)* 전쟁을 재개하다.

restiárĭus, i, *m.* [restis] 노끈[가는 밧줄·새끼] 제조인 또는 장수.

restíbĭlis, e, *adj.* [re¹+stábilis] **1.** (밭 따위가) 해마다 경작되는. **2.** 다년생의. **3.** 거르지 않고 낳는.

restícŭla, æ, *f.* [**-lus,** i, *m.;* **-lum,** i, *n.*] *dim.* [restis] 가는 밧줄[새끼·끈].

restifórmis, e, *adj.* [restis+forma] 《解》 색상(索狀)의.

restíllo, ávi, átum, áre, [re¹+] **1.** *intr.* 방울져 흘러들다. **2.** *tr.* 스며들게 하다, 서서히 주입하다.

restínctĭo, ónis, *f.* [restínguo] (불·갈증을) 끔, 해갈(解渴); (욕구)해소.

restínguo, stínxi, stínctum, ĕre, *tr.* [re¹+] **1.** (불·빛 따위를) **끄다. 2.** 식히다. **3.** (갈증을) 풀다. **4.** 해독(解毒)하다, 중화시키다. **5.** 가라앉히다, 진정시키다, 사그라뜨리다; 종식시키다; 없어지게[사라지게]하다, 제거하다.

réstĭo, ónis, *m.* [restis] **1.** 밧줄 제조인·장

수. 2. 밧줄로 매맞는 자. 「약.

restipulátĭo, ónis, *f.* [restípulor] 쌍무계

restípŭlor, ári, *dep. tr.* [re¹+] 교차적으로 약속하다; 쌍무계약하다.

restis, is, *f.* 〔*acc.* -im, -em; *abl.* -i, -e〕 1. (가는) 밧줄, 새끼, 끈: Ad restim res rédiit.*(T.)* 목매달아 죽어야 할 형편이 됐다. 2. (마늘·파의) 이파리.

réstĭto, áre, *intr. freq.* [resto] 1. 자주 멈춰서다; 성큼 떠나지 않다, 서성거리다. 2. 〔*dat.*〕 저항을 시도하다.

restítŭo, tŭi, tútum, ĕre, *tr.* [re¹+státuo] 1. 제자리에 도로 세우다[놓다]. 2. 수리[재건·복구]하다; 원상대로 바로잡다, 재정비하다. 3. 낫게 하다, 고치다, 교정(矯正)하다. 4. 되살리다, 회복시키다: ~ se *(Var.)* 되살아나다, 원기를 회복하다 / ~ *alci* ánimum*(L.)* 누구에게 용기를 다시 내게 하다. 5. (전투 따위를) 재개하다, 다시 벌이다. 6. 〔*alqm* - in *acc.*〕 복권[복직]시키다, 복귀시키다: Plebiscíto in pátriam restitútus est.*(N.)* 그는 국민투표에 의해 유배지에서 풀려나 귀향하게 되었다. 7. 〔*alqd, alqm* - *alci;* in, ad *acc.*〕 돌려주다, 반환하다, 돌려보내다: ~ *alqm* in ædes suas*(C.)* 아무를 자기 집으로 돌려보내다. 8. 〔*alqd* - *alci*〕 배상하다, 보상하다. 9. 내주다, 넘겨주다. 10. 내다, 산출(産出)하다. 11. 〔*refl. pass.*〕 ~ se *alci,* restítui *alci* 아무와 화해하다, 다시 친근해지다. 12. 〔*alqm* in *acc.* - ex *abl.*〕 아무를 어떤 상태에 다시 이르게 하다, 되찾게 하다: ~ *alqm* in gáudia*(Pl.)* 아무를 다시 기쁘게 만들어주다 / ~ *alqm* ex servitúte in libertátem*(L.)* 아무로 하여금 노예지위를 벗어나 자유시민권을 되찾게 해주다.

restitútĭo, ónis, *f.* [restítuo] 1. 수리, 복구, 재건; 회복, 환원: 《法》 ~ in íntegrum 원상회복. 2. 돌려줌, 반환. 3. (손해) 배상, 보상. 4. 복권(復權); 유배지에서의 복귀[소환].

restitútor, óris, *m.* [**-trix,** ícis, *f.*] [restítuo] 1. 복구자, 재건자, 복원자; 회복시키는 사람. 2. 돌려주는 사람, 반환자: ~ salútis*(C.)* 구원자. 「한, 환원의.

restitutórĭus, a, um, *adj.* 원상회복에 관

resto, stĭti, áre, *intr.* [re¹+sto²] 1. 멈추다, 정지하다, 머물다; 뒤에 처지다. 2. 〔*dat.;* advérsum *acc.,* in *alqā re; absol.*〕 거스르다, 저항하다, 맞서다, 완강히 버티다. 3. 〔*absol.; alci;* de, ex *abl.; prop. subjectív.:* ut; *inf.*〕 남다, 남아있다, 살아남다: Quid mísero mihi dénique restat?*(V.)* 불쌍한 나에게 결국 뭐가 남아있느냐? / De vigínti restábam solus.*(Ov.)* 그당시 스무명 중에서 나혼자 살아남았다 / Restat, ut... *subj.* *(C.)* 남은 것은 …라는 것이다.

restríctim, *adv.* [restríngo] 곰곰이, 치밀하게.

restríctĭo, ónis, *f.* [restríngo] 1. 제한, 한정, 국한; 제약, 억제; 절제, 존절. 2. 유보: ~ mentális 의중유보(意中留保), (진술·선서 따위에서의) 진의은폐(眞意隱蔽). 3. 《醫》 변비증.

restríctus, a, um, *p.p., a.p.* [restríngo] 1. 죄어진, 졸라매인; 좁은, 꼭 끼는, 빠듯한: restrícta alvus*(Seren. Sam.)* 변비. 2. 제한된, 한정된, 제약된. 3. 신중한, 수줍은. 4. 아끼는, 인색한, 빡빡한. 5. 엄한, 엄격한, 엄중한, 준엄한; 엄밀한. 6. 〔*adv.*〕 **-te,** 신중히; 인색하게; 엄격히, 엄밀히.

restríngo, strínxi, stríctum, ĕre, *tr.* [re¹+] 1. 〔*alqm, alqd* - *alqā re*〕 졸라매다, 단단히 묶다, 붙들어매다; 죄다; (수갑·족쇄 따위를) 채우다: restríctis ad terga mánibus *(Plin.)* 두 손을 등뒤로 묶(이)고 / si manus mánicis restringántur,*(Apul.)* 두 손에 수갑이 채워진다고 하면. 2. 제한하다, 한정[국한]하다, 제약하다; 긴축하다. 3. 억제[견제]하다, 제지하다. 4. 죄었던 것을 풀다, (다물었던 것을) 벌리다, 열다, 트다; 드러내다: restríctis labéllis*(Apul.)* 입술을 헤벌리고 / dentes ~*(Pl.)* 이들을 드러내다.

réstrŭo, strúxi, strúctum, ĕre, *tr.* [re¹+] 재건하다, 복구하다; 다시 일으키다, 부흥시키다. 「출(滲出), 스며나옴.

resudátĭo, ónis, *f.* [resúdo] (땀·액체의) 삼

resúdo, áre, [re¹+] 1. *intr.* 〔*absol.; abl.*〕 땀나다; 스며나오다, 새다; 습기가 차다. 2. *tr.* 배출(排出)하다.

resúlco, áre, *tr.* [re¹+] 1. (보습 따위로) 거듭 고랑을 내다, 거듭 갈아엎다. 2. (아무는 상처를) 긁어 덧나게 하다.

resultátĭo, ónis, *f.* [resúlto] 1. 되튀어 오름. 2. 반향, 울려퍼지는 소리, 여운. 3. 반발, 거부, 거절, 반항.

resúlto, átum, áre, *intr. freq.* [resílio] 1. 〔*absol.; abl.*〕 도로[뒤로·반동으로] 튀다, 튀어 되돌아오다, 다시 튀어오르다, 솟구쳐 튀다. 2. 〔*absol.; abl.;* in *abl.*〕 (소리·장소가) 반향하다, 울리다, 메아리치다. 3. (말·문체가) 토막토막 잘리다, (발음 따위가) 짤막짤막 급하고 딱딱하다. 4. 〔*dat.*〕 반항[저항]하다, 거스르다. 5. 〔ex *abl.;* in *acc.*〕 결과로 생기다; …로 끝나다, 귀착하다. 6. *tr.* 〔*acc.*〕 메아리치게 하다, (소리를) 울리다, 울려퍼지게 하다.

resúmo, súmpsi, súmptum, ĕre, *tr.* [re¹+] 1. 다시 잡다, 도로 집어들다, 다시 취하다[가지다], 다시 차지하다. 2. 되찾다, (힘·건강·자유 따위를) 회복하다: ~ ánimam*(Suet.)* 다시 살아나다. 3. 다시 하

다, 다시 시작[계속]하다, 속행하다, 재개하다: ~ interrúptum somnum*(Suet.)* 깼던 잠을 다시 자다. **4.** (병자를) 회생[회복]시키다.

resúmptĭo, ónis, *f.* [resúmo] **1.** (건강의) 회복, (병세의) 차도. **2.** 《修》 반복, 중복.

resumptívus [-ptórĭus], a, um, *adj.* [resúmo] 건강회복의.

résŭo, sútum, ĕre, *tr.* [re¹+] 솔기를 뜯다; 〔*p.p.*〕 resútus, a, um, (바느질한 데가)터진.

resupíno, ávi, átum, áre, *tr.* [re¹+] **1.** 뒤로 젖히다, 뒤로 자빠뜨리다: cápite resupináto*(Plin.)* 고개를 뒤로 젖히고. **2.** 〔*p. p.*〕 -nátus, a, um, 1) 뒤로 벌렁 나자빠진. 2) 뒤로 구부러진. **3.** 무너뜨리다, 쓰러뜨리다; 파괴하다.

resupínus, a, um, *adj.* [re¹+] **1.** 뒤로 젖힌, 뒤로 자빠진; 반듯이 누운, 등을 바닥에 대고 누운. **2.** 고개를 젖힌, 거만한. **3.** 무른, 유약한. **4.** 등한한, 무관심한.

resúrgo, surréxi, surréctum, ĕre, *intr.* [re¹+] **1. 다시 일어나다[일어서다].** **2.** 힘·세력을 되찾다, 부흥하다. **3.** 다시 나타나다[드러나다·열리다]. **4.** 되살아나다, **부활하다.** 「다시 일어섬, 재기(再起); **부활.**

resurréctĭo, ónis, *f.* [resúrgo] (앉았다가)

resuscitátĭo, ónis, *f.* [resúscito] **1.** 소생시킴, 부활시킴. **2.** 소생, 부활.

resuscitátor, óris, *m.* [resúscito] 소생[부활]시키는 자.

resúscĭto, ávi, átum, áre, *tr.* [re¹+] **1.** 되살아나게 하다, 소생시키다, 부활시키다. **2.** 다시 일으키다; 재건하다. **3.** 새로와지게 하다. 「장식벽.

retábŭlum, i, *n.* [re¹+tábula] 제단 뒤편의

retálĭo, áre, *tr.* [re¹+tálio] 똑같은 방법으로 보복하다, 앙갚음하다, 동태복수법(同態復讐法)을 적용하다.

retardátĭo, ónis, *f.* [retárdo] 지체, 지연, 늦어짐, 머뭇거림.

retárdo, ávi, átum, áre, *tr., intr.* [re¹+] **1.** 〔*alqm, alqd*〕 지연[지체]시키다, 늦어지게[더디어지게] 하다. **2.** 〔*alqd, alqm - abl. médii; ab abl.;* (부정 다음에) quóminus; *absol.*〕 억제하다, 저지하다, 못하게 하다, 막다, 방해하다. **3.** 늦어지다, 처지다, 지체하다. 「비난하다.

retáxo, áre, *tr.* [re¹+] 트집잡다, 맞받아

rēte, is, *n.* [**-tis,** is, *f.*] 〔*abl.* -e; *gen. pl.* -ĭum〕 **1. 그물,** 새그물, 사냥그물, 어망. **2.** 《解》 (신경섬유·혈관 따위의) 망, 망상조직(網狀組織): ~ testis 정소망(精巢網) / ~ acromiále 견봉동맥망(肩峯動脈網) / ~ canális hypoglóssi 설하신경관정맥망(舌下神經管靜脈網) / ~ foráminis ovális 난원공정맥망(卵圓孔靜脈網). **3.** 계략, 모략, 올가미: 〔속담〕 Quæ nimis appárent rétia, vitat avis.*(Ov.)* 너무 노골적인 그물은 새가 피해 달아난다.

rétĕgo, téxi, téctum, ĕre, *tr.* [re¹+] **1.** 벗기다, 덮개를 치우다, 드러나게 하다, 열다; (칼을 칼집에서) 빼다: ~ thecam*(C.)* 상자를 열다 / dentes retécti*(Pers.)* 드러난 이빨들. **2.** 폭로하다, 드러내다, 누설하다, (비밀·계획 따위를) 밝히다, 적발하다. **3.** 다시 덮다·가리다.

retémpto = reténto².

reténdo, téndi, ténstum [téntum], ĕre, *tr.* [re¹+] 늦추다, 느슨하게 하다, 누그러뜨리다, (긴장을) 풀다.

retentátor, óris, *m.* [**-tátrix,** ícis, *f.*] [reténto¹] (불법)점유자, 소지자.

reténtĭo, ónis, *f.* [retíneo] **1.** 억제, 제동(制動), 만류. **2.** 보존, 유지, 보유. **3.** 보류. **4.** 압류(押留); 감금. **5.** 《醫》 정체(停滯), 분비폐지: ~ urínæ*(Cœl. Aur.)* 폐뇨(閉尿), 요폐.

reténto¹, ávi, átum, áre, *tr. freq.* [retíneo] **1.** (…못하게) 붙잡다, 만류하다; 정지시키다, 제동을 걸다: ~ frena*(Ov.)* 고삐를 잡아당기다 / cœlum a terris ~*(Lucr.)* 하늘을 땅에서 멀어져있게 하다. **2.** 붙잡아[머물러·숨겨]두다; 차지하다, 점유하다. **3.** (분노 따위를) 꾹 참다, 억누르다, 억제하다. **4.** 보존하다, 유지하다, 지탱하다, 존속시키다.

reténto², ávi, átum, áre, *tr.* [re¹+tento] 〔*alqd; inf.*〕 다시 해보다, 다시 시도[시험]하다, 다시 손대다·잡다.

reténtor, óris, *m.* [retíneo] 꼼짝못하게 붙잡는 자, 속박자. 「는, 견제하는.

retentórĭus, a, um, *adj.* [retíneo] 제지하

reténtus, a, um, *p.p.* [reténdo, retíneo].

retérgĕo, térsi, ére, *tr.* [re¹+] 닦다, 씻다, 청소하다, 깨끗하게 하다.

rétĕro, trítum, ĕre, *tr.* [re¹+] **1.** 몹시 닳게 하다, 마모되게 하다. **2.** 체로 치다, 키질하다, 까부르다.

retéxo, xŭi [xi], xtum, ĕre, *tr.* [re¹+] **1.** (짜놓은 피륙의 올을) 도로 풀다. **2.** 분해하다, 해체시키다. **3.** 다시 줄어들게[작아지게] 하다. **4.** 망쳐놓다, 몰락케 하다, 수포로 돌아가게 하다, 공든 탑을 무너뜨리다. **5.** 철회[취소]하다. **6.** (말·글·책 따위를) 수정[정정]하다. **7.** 다시 짜다[뜨다·엮다]. **8.** 다시[거듭·새로] 하다, 반복하다; 다시 이야기하다. **9.** (왔던 길을) 되돌아가다.

rétĭa, æ, *f.* 그물.

retiácŭlum, i, *n.* [rete+jáculum] **1.** 그물, 투망. **2.** 그물처럼 생긴 것; 절망.

retiális, e, *adj.* [rete] 그물의.

retiárĭus, i, *m.* [rete] (삼지창과 그물을 가지고 싸우던) 투망검투사(gladiátor): 〔속담〕 contra retiárium férulā*(Mart.)* 회초리로

투망검투사와 대항한다, 바늘로 몽둥이 막는다. 「살로 된, 격자의.
retiátus, a, um, *adj*. [rete] 창살있는, 창
reticéntĭa, æ, *f*. [retíceo] **1.** 침묵, 할말을 안함, 묵비, 언급하지 않음. **2.** 《修》 돈절법(頓絶法), 묵설법(默說法).
retícĕo, cŭi, ére, *intr*., *tr*. [re[1]+táceo] **1.** 〔*absol.; de abl.; alci*〕 아무 말[대답]도 하지 않다, 침묵하다, 묵비하다. **2.** 아무 소리도 나지[내지] 않다. **3.** 〔*alqd*〕 (진실 따위를) 숨기다, 비밀로 하다, 겉으로 드러내지 않다; 〔*gerundív. subst.*〕 **reticénda,** órum, *n.pl.* 비밀로 해야 할 것, 비밀.
reticuláris, e, *adj*. [rete] 《解》 그물모양으로 된, 망상(網狀)의.
reticulátim, *adv*. [retículum] 그물처럼.
reticulátus, a, um, *adj*. [retículum] 그물모양으로 된, 격자로 된; 방안조직(方眼組織)의.
retícŭlum, i, *n*. [**-us,** i, *m*.] *dim*. [rete] **1.** 코가 작은 그물. **2.** 망태기, 그물처럼 엮은 작은 자루. **3.** 머리에 쓰는 망사(網紗). **4.** (소녀들의) 공놀이 망태기(그물모양의 자루); (남자들의) 공놀이 라켓. **5.** 모기장. **6.** 격자. **7.** 《動》 봉소위(蜂巢胃: 반추동물의 제2위); 《植》 망상섬유; 《解》 망상조직(網狀組織), 세망(細網).
rétĭcus, a, um, *adj*. [rete] 망태기의, 그물모양으로 된 자루의. 「사람.
rétĭfex, fĭcis, *m*. [rete+fácio] 그물 만드는
retifórmis, e, *adj*. [rete+forma] 그물모양의, 망상(網狀)의.
rétĭna, æ, *f*. [rete] 《解》 망막(網膜).
retinácŭlum [**-clum**], i, *n*. [retíneo] 〔주로 *pl.*〕 **1.** 잡아[얽어]매는 것, 끈, 밧줄, 새끼; 사슬; 고삐, 닻줄. **2.** 기반(羈絆), 제약. **3.** 인연, 연줄, 유대.
rétĭnens, éntis, *p.præs*., *a.p*. [retíneo] 〔*gen*., *acc*.〕 보존하는, 유지하는; 견지하는, 고수하는, 충실히 지키는. 「물러둠.
retinéntĭa, æ, *f*. [retíneo] 추억, 기억에 머
retínĕo, nŭi, téntum, ére, *tr*. [re[1]+téneo] **1.** 잡다, 놓지 않다. **2.** 붙잡다, 붙들다, 못가게 하다, 머물러있게 하다. **3.** 가두다. **4.** 차지하다, 점유하다. **5.** 단속하다, 걷잡다, 제지하다, 말리다, 못하게 막다. **6.** 보존하다, 유지하다, 견지하다, 간직하다, 지키다, 고수(固守)하다; 확보하다: memóriam *alcjs rei* ~*(C.)*, memóriā ~ *alqd(N.)* 무엇을 오래도록 기억하다[잊지 않다]. **7.** 기억하고 있다, 생각나다.
retinítis, tĭdis, *f*. [rétina] 《醫》 망막염.
retínnĭo, íre, *intr*. [re[1]+] (소리가) 다시 울리다. 「(網膜細胞).
retínŭla, æ, *f*. *dim*. [rétina] 《解》 망막세포
retíŏlum, i, *n*. *dim*. [rete] **1.** 작은 그물. **2.** 머리에 쓰는 망사(網紗).
rétŏno, áre, *intr*. [re[1]+] 메아리치다.
retónsus, a, um, *p.p*. [re[1]+tóndeo] (곡식을) 다시 벤·깎은. 「다, 감각이 없어지다.
retorpésco, ĕre, *intr*. *inch*. [re[1]+] 마비되
retórquĕo, tórsi, tórtum, ére, *tr*. [re[1]+] **1.** 〔*alqd* - ad, in *acc*.〕 뒤로 돌리다; 뒤틀다, 비틀다; 비비 꼬다. **2.** 〔*alqd*〕 휘감다. **3.** 되밀다; 몰아내다, 물리치다. **4.** 〔viam〕 같은 길로 되돌아들다. **5.** 〔*alqd* - ad, in *acc*.〕 다른 데로 돌리다.
retórrĭdus, a, um, *adj*. [re[1]+] **1.** (햇볕 따위에) 타버린, 바싹 마른, 말라비틀어진; 시들어진, 쪼그라진, 쭈글쭈글해진; 서리맞은. **2.** 잔뜩 찌푸린, 까다로운. **3.** 교활한, 약아빠진, 맹랑한.
retractátĭo, ónis, *f*. [retrácto] **1.** 추억, 회상. **2.** (의견 따위의) 철회, 취소; 정정(訂正), 수정. **3.** 주저, 망설임; 거리낌: sine retractatióne*(C.)* 망설이지 않고, 서슴지 않고, 거침없이. **4.** 거절, 기피. **5.** 《修》 다른 뜻으로 하는 같은 말의 반복. **6.** 재론(再論).
retractátor, óris, *m*. [retrácto] **1.** 거절[기피·회피]하는 사람. **2.** 반복자, 재검토자. 「고친, 정정한, 수정한.
retractátus[1], a, um, *p.p*., *a.p*. [retrácto]
retractátus[2], us, *m*. [retrácto] **1.** (새삼스러운) 검토, 반복된 조사. **2.** 주저, 망설임.
retráctĭo, ónis, *f*. [rétraho] **1.** 뒤로 물러남, 움츠러듦, 오므라듦. **2.** (윗계단이 아랫계단에서) 드티어진 간격[넓이]. **3.** 덜어냄, 감축, 단축. **4.** 회수(回收); 철회. **5.** 거절; 주저, 망설임.
retrácto, ávi, átum, áre, *tr*. **I.** [re[1]+] **1.** 다시 잡다[들다]; 다시 건드리다, 다시 다루다, 다시 손질하다·매만지다. **2.** 다시 살펴[훑어]보다, 다시 점검하다, 재검토하다. **3.** 다시 생각하다, 돌이켜 생각하다; (기억을) 새롭게 하다. **4.** (말·글 따위를) 뜯어고치다, 정정하다, (법을) 개정하다. **II.** 〔retréctо로도 쓰는 수 있음〕 *freq*. [rétraho] **1.** 〔*absol.*〕 뒤로 물러서다; 버티고 나아가지 않다, 하기 싫어하다, 거절하다. **2.** 〔*alqd*〕 (말·약속·주었던 것 따위를) 철회하다, 취소하다. **3.** 〔*alqd*〕 (가치·평판 따위를) 깎아내리다, 헐뜯다, 비난하다. 「선, 멀리 있는, 후퇴한.
retráctus[1], a, um, *p.p*., *a.p*. [rétraho] 물러
retráctus[2], us, *m*. [rétraho] 뒤로 끌어당김.
retrádo, ĕre, *tr*. [re[1]+] 돌려주다, 반환하다.
rétrăho, tráxi, tráctum, ĕre, *tr*. [re[1]+] **1.** 〔*alqm, alqd* - ab *abl.; in acc.*〕 뒤로 끌어[잡아]당기다, 뒤로 물러서게 하다, 되돌아가게[오게] 하다; 움츠리다; 끌어내다: ~ pedem*(V.)* 뒷걸음질치다 / se ~*(Ov.)* 뒤로 물러서다 / ab eo (convíctu) se ~*(Cels.)*

연회석에 빠지다. **2.** (도망자를) 붙잡아 끌어오다. **3.** 〔*alqm* ab *abl.*〕 떠나게 하다, 떼어놓다, 그만두게 하다. **4.** 〔*alqm [alqd]* ab, ex *abl.*〕 구출하다, 건져내다, 면하게 하다. **5.** 〔*alqm* in *acc.*〕 복귀시키다, (이전 지위로) 회복시켜 주다. **6.** 〔*alqd* in, ad *acc.*〕 …로 전환시키다, 바뀌게[되게] 하다. **7.** 〔*refl.*〕 **se** ~ 회피하다, 발뺌하다, 신의를 지키지 않다. **8.** (하던 이야기를 미덥지 않은 사람이 와서) 걷어치우다, 중단하다. **9.** (능력따위를) 다 발휘하지[드러내지] 않다. **10.** 〔*alqd* - ex *abl.*, ad *acc.*〕 줄이다, 축소하다, 단축하다. **11.** 〔*alqm* ad, in *acc.*〕 …로 다시 끌어내다. **12.** 〔*alqd* - ad *acc.*〕 다시 끄집어내어 쓰다, 재활용하다. 「가다, 다시 넘어가다.

retránsĕo, íre, *intr.*, *tr.* [re¹+] 다시 지나

retransítĭo, ónis, *f.* [retránseo] 《文法》 재

retrécto *V.* retrácto. ㄴ귀(再歸).

retríbŭo, bŭi, bútum, ĕre, *tr.* [re¹+] **1.** 〔*alqd alci*〕 돌려주다, 반환하다; 갚다, 보답하다, 보수를 주다, 답례로 주다. **2.** 응분의 상[벌]을 주다; 앙갚음하다, 보복하다. 「응보; 포상(褒賞), 보수, 상(받음).

retribútĭo, ónis, *f.* [retríbuo] 갚음, 보답;

retribútor, óris, *m.* [retríbuo] 보답자, 응보자; 포상자.

retriméntum, i, *n.* [rétero] **1.** 찌꺼기, 재강, 잔재. **2.** (금속의) 쇠똥. **3.** 배설물.

retritúro, áre, *tr.* [re¹+] 탈곡하다, 곡식을 말끔히 떨다; 다시 빻다.

retrítus, a, um, *p.p.* [rétero] 닳아빠진.

rĕtro, *adv.* **1.** 〔장소적〕 뒤로, 뒤에, 뒤편에, 뒤에서: vestígia ~ légere*(V.)* 뒤에서 발자취를 따라가다 / ~ respícere*(C.)* 뒤돌아보다 / ~ pónere*(C.)* 경시하다 / 〔de, a와 함께 쓰는 수도 있음〕 ante et a ~ 앞뒤에서. **2.** 〔시간적〕 과거로 거슬러 올라가, 소급하여, 지난날에 (있은): quodcúmque ~ est,*(H.)* 지나간 것은 무엇이나. **3.** 거슬러, 역행하여; 거꾸로, 반대로, 반대방향으로: ~ vívere*(Sen.)* 다른 사람들과 반대로 살다. **4.** 도로, 되돌려. **5.** 〔간혹 *præp. c. acc.*〕 뒤에, 후면에.

retroáctĭo, ónis, *f.* [retróago] **1.** 반동, 반작용. **2.** 《法》 (법적 효력의) 소급.

retróăgo, égi, áctum, ĕre, *tr.* [retro+] **1.** 뒤로 밀어보내다, 후퇴[후진]시키다, 역행시키다: capíllos ~*(Q.)* 머리를 뒤로 빗어 넘기다. **2.** (분노를) 가라앉히다. **3.** (순서를) 거꾸로하다, 전도시키다, 위치를 바꿔놓다; 뒤에서부터 거슬러 올라가다.

retrocédo, céssi, céssum, ĕre, *intr.* [retro+cedo²] 물러가다, 후퇴하다, 되돌아가다.

retrocéssĭo, ónis, *f.* [retrocédo] 후퇴, 후진. 「진; 되돌아감.

retrocéssus, us, *m.* [retrocédo] 후퇴, 후

retrodúco, dúxi, dúctum, ĕre, *tr.* [retro+] 도로 데려오다, 되돌아오게 하다.

retróĕo, íre, *intr.* [retro+eo³] 뒤로 가다, 되돌아가다, 뒷걸음질하다.

retroflécto, fléxi, fléxum, ĕre, *tr.* [retro+] 뒤로 구부리다; 〔*p.p.*〕 **retrofléxus,** a, um, 뒤로 굽은[휜]; 《醫》 반굴(反屈)…, 후굴(後屈)…; 《音聲》 혀끝이 올라가 꼬부라진 (소리).

retrogradátĭo, ónis, *f.* [retrógrado] **1.** 역진(逆進), 뒷걸음질, (뒤로 가는 것처럼 보이는 혹성의) 역행. **2.** 퇴보, 퇴화.

retrográdĭor, *(dĕris, dĭtur)*, gréssus sum, grădi, *dep. intr.* [retro+] **1.** 뒤로 가다, 뒷걸음질하다, 뒤로 물러가다, 후퇴하다, 되돌아가다, 역행하다. **2.** 퇴보하다, 퇴화하다. 「가는; 후퇴하는.

retrógrădis, e, *adj.* [retrógradus] 되돌아

retrógrădo, áre, *intr.* [retrógradus] 뒷걸음질하다, 역진하다; 후퇴하다.

retrógrădus, a, um, *adj.* [retrográdior] 뒷걸음질하는, 역행[역진]하는; 되돌아가는.

retrogréssus, us, *m.* [retrográdior] 역행(운동), 역진, 후진; 뒤로 돌아감.

retrólĕgo, ĕre, *tr.* [retro+lego²] 해안선을 끼고 되돌아 항해하다.

retrórsum [**-sus**¹], *adv.* [retro+versum] **1.** 뒤로, 뒤로 향하여; 뒤로 돌아: ~ redíre*(Plin.)* 뒷걸음질치다. **2.** 과거로 거슬러 올라가, 소급하여. **3.** 거꾸로, 역(逆)으로, 반대로; 도로.

retrórsus², a, um, *adj.* [retrovérsus²] **1.** 뒤로 향한, 뒤로 돌이킨: sæpe retrórsa respíciens*(Apul.)* 그 여자는 가끔 뒤돌아보면서. **2.** 이전의, 오래 된.

retrospéctĭo, ónis, *f.* [retrospício] 회고, 추억, 추상, 회구(懷舊).

retrospectívus, a, um, *adj.* [retrospício] 과거를 돌이켜보는, 회고하는; 과거(사)에 대한.

retrospícĭo, cĕre, *tr.* [retro+spécio] 〔실제로는 *p.præs.* -spíciens가 보일 뿐임〕 뒤를 돌아보는.

retrovérsim[**-so, -sum, -sus**¹], *adv.* [retrovérsus²] 뒤로; 반대방향으로.

retrovérsus², a, um, *p.p.* [retrovérto] **1.** 뒤로 향한, 뒤로 돌아선. **2.** 반대로[거꾸로·역으로] 된.

retrovérto, ti, vérsum, ĕre, *tr.* [retro+] 뒤로[반대방향으로] 돌려놓다.

retrúdo, trúsi, trúsum, ĕre, *tr.* [re¹+] 〔*alqm* - in *acc.*〕 뒤로 밀치다, 뒤로 떼밀다; 밀쳐 넣다: in metállum retrudéndus 광산중노동에 처해야 할 (죄인).

retrúsus, a, um, *p.p.*, *a.p.* [retrúdo] 〔흔히 ábditus와 함께 씀〕 **1.** 멀리 밀려난, (눈앞에서) 치워버린. **2.** 숨겨진, 감추어진.

ré(t)tŭli, *pf.* [réfero].
retúndo, rétŭdi, tú(n)sum, ĕre, *tr.* [re¹+] 1. (끝·날을) **무디게 하다.** 2. 세력을[기세를] 꺾다, 둔화[약화]시키다; 억제하다, 눌러놓다, 가라앉히다, 가시게 하다: linguas Ætolórum ~ *(L.)* *Ætólia*인들을 침묵케 하다.
retú(n)sus, a, um, *p.p.*, *a.p.* [retúndo] 1. 무딘; 둔화된, 약화된; 희미해진. 2. 두들겨맞은.
reúnĭo, ónis, *f.* [re¹+únio²] 재결합, 재통합: ~ ecclesiárum 이단교파의 복귀운동, 교회통합운동.
rĕus, i, *m.* **[rĕa,** æ, *f.*] 1. 쟁의[분쟁]의 양쪽 당사자, 소송의 원고·피고. 2. 채무자; 약속이행의 의무가 있는 사람: voti ~ *(V.)* (신에게 대한) 서원(誓願)이행의 의무가 있는 자. 3. 〔*absol.*; *gen.*, de *abl.*〕 **피의자, 범인,** 죄인; **피고,** 기소된 사람: *alqm* reum fácere [ágere] *(C., Val. Max.)* 아무를 기소[고소]하다 / ~ impietátis*(Plin.)* 불경죄인 / ~ mortis*(Mc. 14, 66)* 죽일 죄인 / de vi ~*(C.)* 폭력범. 4. 〔*gen.*, ad *alqd*〕 (잘못에 대해) 책임져야 할 사람, 탓이 있는 사람.
revalésco, lŭi, ĕre, *intr. inch.* [re¹+] 1.〔*absol.*; (ex) *abl.*〕 (아무가) 병이 낫다, 치유되다, 건강을 되찾다: ex capitáli morbo ~ *(Gell.)* 죽을 병에서 살아나다. 2. 원상으로 복구[회복]되다, 힘[세력]을 회복하다.
revécto, áre, *tr. freq.* [réveho] 다시 운반하다, 다시 실어[태워]가다.
révĕho, véxi, véctum, ĕre, *tr.* [re¹+] 1. (말·수레·배 따위에) 태워 도로 데려가다, 싣고 돌아가다[오다]; *pass.* **révehi** 〔*absol.*; *abl.*〕 타고 돌아가다[오다]. 2. 〔*alqm*, *alqd* – ad *acc.*; ex *abl.*〕 (이야기로 사람을) 이끌고 과거로 거슬러 올라가다; (명성 따위를) 지니고 돌아오다.
revelátĭo, ónis, *f.* [revélo] 1. 드러냄; 드러남, 노출; 나타남. 2. 폭로, 공개, 누설. 3. **계시,** 천계(天啓), 묵시: ~ primitíva 원시적 계시 / ~ supernaturális 초자연적 계시. 「계시자.
revelátor, óris, *m.* [revélo] 드러내는 사람;
revelatórĭus, a, um, *adj.* [revélo] 드러내는; 계시의, 계시하는.
revéllo, vélli [간혹 vúlsi], vúlsum [vólsum], ĕre, *tr.* [re¹+] 〔*alqd*, *alqm* – *abl.*; ab, ex, de *abl.*〕 1. 빼내다, 뽑아내다, 뜯어[찢어]내다, 떼어내다. 2. 파내다, 파헤치다; 절개(切開)하다. 3. 〔signa〕 군기를 걷고 군대를 이동시키다. 4. 쳐부수다, 파괴하다; 제거하다, 뽑아버리다, 근절시키다, 말살하다.
revélo, ávi, átum, áre, *tr.* [re¹+] 1. (가린 것·덮개 따위를) 벗기다, 드러나게 하다, 노출시키다, 까발리다. 2. 드러내다, 나타내다, 정체를 밝히다; 적발하다. 3. **계시하다,** (비밀 따위를) 알려주다. 4. 〔aurem, aurículam〕 몰래 일러주다.
revéndo, dĭdi, ĕre, *tr.* [re¹+] 다시 팔다, 전매(轉賣)하다.
revénĕo, ĭi, íre, *intr.* [re¹+] 다시 팔리다.
revénĭo, véni, véntum, íre, *intr.* [re¹+] 다시 오다, 돌아오다. 「귀환.
revéntus, us, *m.* [revénio] 다시 돌아옴,
revérā[re vērā], *adv.* [res+verus] 참으로, 정말, 사실로, 과연, 실제로는.
revérbĕro, ávi, átum, áre, *tr.* [re¹+] 1. 맞부딪쳐 되밀려가게 하다; 튀어 돌아가게 하다, 튀겨 돌려보내다; 〔*pass.*〕 튀어 돌아오다. 2. (가로막힌 뿌리를) 굴절시키다. 3. 반사시키다. 4. 물리치다, 배척하다; 반격하다.
reveréndus, a, um, *adj.* [*gerundív.* revéreor] 1. 경외할, 존엄한. 2. [R–] 〔성직자에 대한 존칭, 《略》 Rev.; 고위성직자에 대해서는 최상급으로 씀, 《略》 Rev. mus〕 공경하올, 존귀하신: Reveréndus Dóminus [Pater] 공경하올 신부님 / Excellentíssimus ac Reverendíssimus Dóminus 지극히 존귀하신 주교 각하.
révĕrens, éntis, *p.præs.*, *a.p.* [revéreor] 1. 〔*absol.*; *gen.*, erga *acc.*〕 경의를 표하는, 공경[존경]하는, 정중한, 공손한: puélla paréntum suórum ~ *(Apul.)* 자기 부모에게 공손한 소녀 / sermo erga *alqm* ~ *(Ta.)* 아무에게 대하여 정중하게 한 연설[말]; 〔*adv.*〕 **-rénter,** 공경하는 태도로, 경의를 표하며, 정중하게, 공손하게. 2. 존엄한.
reveréntĭa, æ, *f.* [revéreor] 1. 〔*absol.*; *gen.*; erga, advérsus *acc.*〕 경외심, 공경, 존경, **경의**; 정중, 공손: reveréntiam præstáre *alci(Plin.)* 누구에게 경의를 표시하다 / 〔웃사람에 대한 비판·반대 따위의 실례를 무릅쓸 경우의 양해 요청〕 salvā reveréntiā 대단히 외람된 말씀이오나. 2. (존경받을 만한) 귀하; [R–] 〔서한 따위에 쓰이는 성직자에 대한 경칭〕 R– Vestra (직접호칭으로서의) 신부님 / Sua R– (간접호칭으로서의) 신부님. 3. (여러가지 외부적 행위로서의) 경례. 4. (아랫 사람에 대한) 배려, 염려, 하념; 체면살려줌, 존중. 5. 두려움, 용기가 선뜻나지 않음. 6. 위압, 존엄. 7. 수치심, 염치.
reverentiális, e, *adj.* [reveréntia] 경의의, 존경을 표시하는; 경건한; 정중한, 공손한.
revérĕor, véritus sum, éri, *dep. tr.* [re¹+] 1. 어려워하다, 두려워하다, 경외하다, 존경하다, 경의를 표하다, 공경하다. 2. 부끄러워하다. 「흩뜨리다, 낭비하다.
revérro, ĕre, *tr.* [re¹+] (모았던 것을) 쓸어
revérsĭo, ónis, *f.* [revérto] 1. (강제·필요

에 의해 중도에서) 되돌아옴. **2.** (열병·천체 따위의 주기적) 회귀. **3.** 《文法》 도치법, *e.g.* cum me → mecum; de hac re → hac de re. 「집다, 뒤집어놓다.

revérso, átum, áre, *tr.* [re¹+] 뒤치다, 뒤

revertícŭlum, i, *n. dim.* [revérto] 회귀(回歸), (태양의) 공전.

revérto, vérti, vérsum, ĕre,[더 흔히는 **revértor,** *(tĕris, tĭtur)*, vérsus sum, ti, *dep.*] *intr.* [re¹+] **1.** 〔*absol.*; ex, ab *abl.*; ad, in *acc.*〕 **돌아가다[오다]**, 회귀하다; 귀속하다, 귀착하다: Revértit ex itínere.*(C.)* 그는 여행에서 돌아왔다 / Cum a foro revértor, *(Pl.)* 내가 법정에서 돌아오고 있을 때에 / ~ in pátriam*(Justin.)* 귀국하다 / Domum revértor.*(T.)* 나는 집으로 돌아간다 / ~ ad sanitátem*(Cæs.)* 건강을 되찾다 / revérti in grátiam cum *alqo(L.)* 누구와 화해하다. **2.** 〔ad *acc.*〕 (본래의 화제·주제로) 되돌아가다: ut ad propósitum revertámur,*(C.)* 다시 본론으로 돌아가서 / ut ad me revértar, *(C.)* 다시 내 자신에 대해 말하자면.

revéstĭo, ívi [ĭi], ítum, íre, *tr.* [re¹+] 다시 (옷)입히다.

revibrátĭo, ónis, *f.* [revíbro] (빛의) 반사.

révĭbro[-víbro], ávi, áre, [re¹+] **1.** *tr.* 반사시키다. **2.** *intr.* 반사되다.

revíctĭo, ónis, *f.* [revínco] 논박, 반박.

revídĕo, ére, [re¹+] **1.** *tr.* 다시 보다. **2.** *intr.* 〔ad *alqm*〕 다시 찾아가다·만나러 가다. 「[세력]을 얻다, 생기가 다시 돈다.

revigésco, ĕre, *intr. inch.* [re¹+] 다시 힘

revilésco, ĕre, *intr. inch.* [re¹+] 가치가 다시 떨어지다, 천해지다. 「할 수 있는.

revincíbĭlis, e, *adj.* [revínco] 반박[반증]

revíncĭo, vínxi, vínctum, íre, *tr.* [re¹+] **1.** 뒤로 묶다; 단단히 묶다, 비끄러매다, 붙잡아매다, 동여매다, 결박하다; 고정시키다, 꼼짝못하게 하다: látices in gláciem revíncti*(Claud.)* 꽁꽁 얼어붙은 음료. **2.** 풀어주다.

revínco, víci, víctum, ĕre, *tr.* [re¹+] **1.** (다시) 이기다, 정복하다, 압도하다, 진압하다. **2.** 〔*alqm, alqd* – (in) *alqā re*〕 반박하다, 논파(論破)하다; 사실임을 명백히 증명하다, (유죄를) 적발하여 증명하다.

revírĕo, ŭi, ére, *tr.* [re¹+víreo¹] 다시 푸르러지다, 생기를 되찾다.

revirésco, vírŭi, ĕre, *intr.* [re¹+] **1.** 다시 푸르러지다, 다시 싱싱하게 자라다. **2.** 다시 젊어지다, 젊음을 되찾다; 힘을 되찾다, 생생하게 되살아나다.

reviscerátĭo, ónis, *f.* [re¹+víscera] 살과 살가죽을 다시 갖추어가짐.

revísĭo, ónis, *f.* [revídeo] 다시 봄; 교열, 심사; 정정, 수정, 개정. 「개정론.

revisionísmus, i, *m.* 수정론, 수정주의,

revísĭto, áre, *tr. freq.* [revíso] 자주 찾아가다, 다시 방문하다.

revíso, vísi, vísum, ĕre, *intr.*, *tr.* [re¹+] **1.** 〔ad *acc.*; *interr. indir.*; *absol.*; *alqm, alqd*〕 다시 보러 가다[오다], 다시 찾아가다[오다], 다시 방문하다: Revíse ad me.*(Gell.)* 나를 다시 찾아와다오 / Revíse nos.*(C.)* 우리를 다시 방문해다오 / ~ ad stábulum*(Lucr.)* 외양간을 다시 보러 가다 / Furor revísit.*(Lucr.)* 광기가 재발하였다. **2.** 〔*alqd*〕 교열하다, 심사하다, 재검토하다; 정정[수정·개정]하다. 「개정자; 심사원.

revísor, óris, *m.* [revíso] 교열자; 수정자,

revivificátĭo, ónis, *f.* [revivífico] **1.** 되살아나게 함, 소생[부활]시킴. **2.** 기력회복.

revivífico, átum, áre, *tr.* [re¹+] 되살리다, 소생[부활]시키다.

reviviscéntĭa, æ, *f.* [revivísco] **1.** 소생; (동면에서) 깨어남. **2.** 재유효화(再有效化).

revivísco, víxi, ĕre, *intr. inch.* [re¹+] 다시 살아나다, 소생하다, 재생하다; 활기를 되찾다, 부흥하다.

revívo, víxi, víctum, ĕre, *intr.* [re¹+] 다시 살다, 되살아나다; 부흥하다.

revocábĭlis, e, *adj.* [révoco] 다시 불러올 수 있는, 되돌려올 수 있는; 만회할 수 있는; 취소할 수 있는.

revocámen, mĭnis, *n.* [révoco] 마음돌리게 함, 안하도록 설득함, 포기[단념]시킴.

revocátĭo, ónis, *f.* [révoco] **1.** 〔*absol.*; ab *abl.*; ad *acc.*〕 도로 불러옴, **소환**; 《軍》 철수명령. **2.** **취소**, (법률의) **폐지**; 파기, 해제.

revocátor, óris, *m.* [révoco] 도로 불러오는 사람, 소환자; (죽은 사람을) 도로 살리는 사람.

révŏco, ávi, átum, áre, *tr.* [re¹+] **1.** 도로 불러오다, 다시 불러들이다, **소환하다**; 떠나가지 못하게 불러세우다. **2.** 〔*alqm* – ab, de, ex *abl.*; ad, in *acc.*〕 (외지·속령·유배지·망명 등으로부터의) 귀환을 명령하다, 돌아오게 하다. **3.** 〔domum, forum〕 자신의 거주지 법정에 공소[상고]하다. **4.** 《軍》 〔*alqm* – ab *abl.*〕 철수시키다, 물러서게 하다, 중지시키다; 원대복귀를 명하다. **5.** 다시[고쳐] 낭독하게 하다; (배우에게) 연기·낭독을 재청하다; (선전자로 하여금) 반복하여 외치게 하다. **6.** 〔*alqm* – a morte〕 (죽은 사람을) 다시 살려내다. **7.** 〔*alqd* – in *acc.*〕 다시 돌리게[향하게] 하다; 뒤로 잡아당기다: Révocas óculos meos.*(Ov.)* 너는 나의 눈길을 (네게로) 다시 돌리게 한다 / ~ gradum*(V.)* 발길을 되돌리다 / post terga *alcjs* manus ~*(Sen.)* 아무의 손을 등뒤로 돌려 묶다. **8.** (늘어진·뻗은 가지를) 치다. **9.** 〔*alqd*〕 다시 계속[착수]하다: stúdia intermíssa ~*(C.)* 중단

했던 연구활동을 다시 계속하다. **10.** (힘·건강·용기·신용 따위를) 회복하다, 도로 찾다: Revocáte ánimos.*(V.)* 너희는 용기를 다시 내어라 / se (ad se) ~*(C.)* 제정신이 들다, 정신차리다. **11.** 다시 이끌어들이다, 부활[부흥]시키다, 다시 실시하다. **12.** 〔*alqd alci*〕 돌려주다, 되찾게 하다. **13.** 〔memóriam〕 기억을 되살리다·불러 일으키다·새롭게 하다. **14.** 〔*alqm* in memóriam *alcjs rei; alqd* - *alci* in memóriam〕 (누구에게 무엇을) 생각나게 하다, 상기시키다, 회상하게 하다: rursus revocátus in memóriam *alcjs rei(Petr.)* 그는 무슨 일이 다시 생각나서 / Révocat tua forma paréntem.*(Sil.)* 네 모습은 (네) 어머니를 생각나게 한다. **15.** 〔*alqm* ab *abl., abl.* - ad *acc.; inf.*〕 마음을 돌리게 하다, 버리게 하다, 벗어나게 하다, 돌아서게[물러나게] 하다, 그만두게[못하게] 하다: ~ *alqm* a consílio*(C.)* 누구에게 계획을 버리게 하다 / ~ *alqm* ab erróre ad rectiórem viam*(Lact.)* 아무를 오류에서 벗어나 바른 길로 들어서게 하다. **16.** 〔*alqm [alqd]* ab, ex *abl.*; ad, in *acc.*〕 (어떤 상태로) 돌아가게 하다, …에 이르게 하다, 끌어[불러]들이다, …하게 하다: Me a morte ad vitam revocávit.*(C.)* 그는 나를 죽을 고비에서 살려주었다 / Me ad prístina stúdia revocávi.*(C.)* 나는 전날의 연구생활로 돌아갔다 / ad ratiónem víllicum ~*(Cato)* 마름으로 하여금 셈해 바치게 하다 / Medicínam revocávit in lucem Hippócrates. *(Plin.) Hippócrates*는 의학을 세상에 끌어들였다, 의학의 시조였다 / in dúbium revocári*(C.)* 의심스러워지다, 불확실해지다. **17.** 〔*alqd* ad *acc.*〕 …에 비추어 판단[생각]하다, (무슨 기준으로) 결정짓다, (무엇의 기준·표준을) 어디에(ad *acc.*) 두다, …에 맞추다: ad veritátem ~ ratiónem*(C.)* 이유[근거]를 진실에 비추어 판단하다 / rem ad sortem ~*(C.)* 일을 제비로 결정짓다. **18.** 〔*alqd* ad *acc.*〕 (어디로) 돌아가게 하다, 돌려보내다; …와 관계시키다: Revocáta res ad pópulum est.*(L.)* 사건이 국민에게 회송되었다. **19.** 취소하다, 철회하다; 무효로 하다. **20.** 다시 부르다·초대하다. **21.** 답례로 초청하다.

révŏlo, ávi, átum, áre, *intr.* [re[1]+volo[1]] **1.** 뒤편으로 날아가다; 날아서 돌아가다[오다]. **2.** 빨리 되돌아가다.

revols... *V.* revuls...

revolúbĭlis, e, *adj.* [revólvo] 굴려 가져갈[올] 수 있는; 뒤로 굴러[말려]가는.

revolútĭo, ónis, *f.* [revólvo] **1.** 회전, 선회; (천체의) 운행, 공전(公轉). **2.** 순환, 회귀; 주기(週期). **3.** 혁명; 대변혁.

revólvo, vólvi, volútum, ĕre, *tr.* [re[1]+] **1.** 뒤로[다시] 굴리다; 회전시키다, 돌리다, 소용돌이치게 하다; 말다; 휘말아 올리다; 〔*pass. refl.*〕 revólvi 도로 자빠지다; 도로 굴러 떨어지다. **2.** 〔*pass. refl.*〕 **se ~, revólvi** 순환하다, 회귀하다, (날·계절 따위가) 돌아오다; (천체가) 공전[자전]하다; (시간이) 지나가다. **3.** (두루마리·책 따위를) 펴다, 펴서 읽다; 반복하여 읽다, 숙독하다. **4.** (실을) 다시 감다. **5.** iter ~*(V.)* 길을 되돌아가다. **6.** 〔*alqm* in *acc.; alqā re; alqd alci*〕 다시 당하게[겪게] 하다, 도로 이끌어넣다. **7.** 〔*pass. refl.*〕 **revólvi** 〔ad, in *acc.; alqo*(어디로)〕 되돌아가다; 다시 떨어지다[빠지다·전락하다], 다시 휘말려들다: In metus revólvor.*(Sen.)* 나는 다시 공포에 휩싸인다 / revolútus in luxúriam*(Justin.)* 방탕[사치]에 다시 빠진 / revólvi ad írritum*(Ta.)* 수포로 돌아가다. **8.** 같은 이야기를 또 하다, 되뇌다. **9.** 깊이[이리저리] 생각하다, 묵상하다: *alqd* secum ~*(Ta.)* 무엇을 혼자 곰곰이 생각하다.

révŏmo, vómŭi, ĕre, *tr.* [re[1]+] 게우다, 토하다, 뱉어놓다.

revor... *V.* rever...

revúlsĭo, ónis, *f.* [revéllo] **1.** 뽑아냄, 찢어냄, 뜯어냄, 떼어냄. **2.** (감정의) 격변.

rex[1], rēgis, *m.* [rego] **1.** 임금, 왕, 국왕, 군주, 최고통치자; 영주: 《聖》 ~ regum *(Apoc. 19, 16)* 왕 중의 왕 (그리스도) / 《가》 Jesus Christus universórum Rex 온누리의 왕이신 예수 그리스도. **2.** *pl.* 왕과 왕후; 왕자들; 왕족. **3.** (희랍식 표현을 따른 호칭으로) *Pérsia*의 대왕: In Asĭam ad regem ábiit.*(T.)* 그는 *Asĭa*로 떠나 (*Pérsia*의) 대왕한테로 갔다 / ~ regum*(Suet.)* 왕 중 왕(*Pérsia* 대왕에게는 여러명의 부하왕이 있었음). **4.** 폭군, 전제군주. **5.** 왕신(王神, 주로 *Júpiter*, 때로는 다른 신을 가리키기도 함): deum suprémus ~*(Accĭus)* 신들의 최고왕인 *Júpiter* / ~ aquárum *(Ov.)* 바다의 왕 *Neptúnus* / ~ umbrárum *(Ov.)*, ~ inférnus [Stýgius] *(V.)*, ~ tértiæ sortis*(Sen.)* 명부(冥府)의 왕 *Pluto* / ~ antíqui poli, mundíque prióris*(Mart.)* (*Júpiter* 이전의 황금시대에 세계를 지배한) *Satúrnus*. **6.** ~ sacrórum [sacrifículus, sacríficus] (로마인들의) 희생물 봉헌담당 제관(祭官). **7.** 우두머리, 수령; 대세력가, 권력자, 거물, 거부(巨富); (부하·의뢰인의) 보호자. **8.** ~ causárum*(Ascónius)* (법정에서 능변으로 승소하던) 변호사 *Horténsius*의 별명. **9.** 왕에 비길만한 것: ferárum ~*(Phædr.)* 맹수들의 왕 (사자) / ~ arménti *(Stat.)* 가축의 왕 (황소) / fluviórum ~ Erídanus*(V.)* 강 중의 왕인 *Erídanus*강. **10.** *adj.* 지배자인, 통치자인.

Rex[2], Rēgis, *m. Március* 씨족의 가문명.

rēxi, *pf.* [rego].

Rha, *m. indecl. Sarmátia*에 있는 지금의 *Wolga(Volga)*강.

rhabdomyóma, ătis, *n.* 《醫》 횡문근종(橫

紋筋腫).
rhabdos, i, *f.* (본뜻은) 막대기; 색채띤 빛을 길게 그어가는 유성(流星), 유성의 예광
rhachi... *V.* rachi... ㄴ(曳光).
Rhadamánthus [-os], i, *m. Júpiter*와 *Európa*의 아들, 생전에는 정의의 귀감으로 존경받고, 죽어서는 *Minos, Æacus*와 함께 지하세계의 재판관이 됨.
Rhætĭa, æ, *f.* = Rǽtia.
Rhamnénses, ĭum, *m. pl.* = Ramnénses.
rhamnus[1]**,** i, *f.* 《植》 갈매나무.
Rhamnus[2]**,** úntis, *f. Attĭca* 동해안의 마을, *Némesis* 여신의 신상(神像)으로 유명하였음; 〔*adj.*〕 **-núsĭus,** a, um: Rhamnúsia virgo = Rhamnúsis. 「Némesis).
Rhamnúsis, ĭdis, *f. Rhamnus*[2]의 여신(=
rhapísma, ătis, *n.* 곤장, 태형(笞刑).
rhapsódĭa, æ, *f.* **1.** (고대 희랍의) 음송서사시(吟誦叙事詩, 특히 *Homérus*의 *Odysséa*나 *Ilĭas*를 엮어놓은 시집). **2.** 열광적이며 엉뚱한 문장·시가·말투; 《音》 광시곡, 광상곡.
Rhĕa[1]**,** æ, *f. Cýbele*의 딴 이름, *Cælus*(=희랍신화의 *Uránus*)와 *Terra*(=희랍신화의 *Gæa*)의 딸, *Satúrnus*의 아내; *Júpiter, Juno, Neptúnus, Pluto* 등 여러 신의 어머니.
Rhēa[2]**(Sílvĭa),** æ, *f. Númitor*의 딸(Ilĭa), *Rómulus*와 *Remus*의 어머니.
rhécŏma, æ, *f.* 《植》 대황(大黄); 장군풀.
rhectæ, árum, *m.pl.* 격진(激震), 강진.
rhēda[re-], æ, *f.* 사륜마차(四輪馬車).
rhedárĭus, a, um, *adj.* [rheda] 사륜마차의; 〔*subst.*〕 *m.* 사륜마차의 마부; 사륜마차 제작인.
Rhégĭum = Régium; **Rhemi** = Remi.
Rhēni, órum, *m.pl.* 라인강변의 *Germánia*
rhēno, ónis, *m.* = rēno[2]. ㄴ주민.
Rhēnus, i, *m.* 라인(Rhein)강; 〔*adj.*〕 **Rhenánus,** a, um, 라인강의; *Germánia*의.
rheotáxis, is, *f.* 《生》 주류성(走流性).
Rhēsus, i, *m. Thrácia*의 왕, *Troja*전쟁 때 *Troja* 편을 도우러 오다가 *Diomédes(1)*와 *Ulíxes*에게 살해됨.
rhētor, ŏris, *m.* 〔*acc. sg.* -tŏra; *pl.* -tŏras 도 있음〕 **1.** 웅변[연설·변론]술 교사, 수사법(修辭法)학자. **2.** (직업적) 연설가, 변론가.
rhetórĭca, æ, [**-ce,** es,] *f.* [rhetóricus] **1.** 웅변술, 연설법. **2. 수사학**(修辭學), 수사법.
rhetórĭco, ávi, áre, [**-cor,** átus sum, ári, *dep.*] *intr.* [rhetóricus] 웅변조로 말하다; 수사학적으로 미사여구를 나열하다.
rhetoricótĕros, a, um, *adj.* (희랍어적 *comp.*) [rhetóricus] 연설을 더 잘하는, 더 연설가다운; 수사학에 더 능한.
rhetórĭcus, a, um, *adj.* [rhetor] 웅변술의, 연설법의; **수사학[법]의,** 수사학에 관한; 수사적인, 미사여구를 나열한: interrogátio rhetórica (대답을 필요로 하지 않는) 수사법적 질문[의문], 형식뿐인 질문[반문]; 〔*subst.*〕 *m.(pl.)* (*sc.* libcr[3], libri) 수사법에 관한 책; *f.* (*sc.* ars) 수사학[법], 웅변술, 연설법; *n.pl.* 수사법에 관한 연구·지식; 수사학; 〔*adv.*〕 **-ce,** 연설조[웅변조]로; 수사학적으로, 미사여구를 나열하여.
rheum, i, *n.* 《植》 ~ undulátum 대황(大黄); ~ coreánum 장군풀, 왕대황.
rheuma[reu-], ătis, *n.* [**-ma,** æ, *f.*] **1.** 조수(潮水), 밀물과 썰물. **2.** 《醫》 (병적인 눈물·콧물과 같은) 점막분비물; 콧물감기.
rheumarthrítis, tĭdis, *f.* 《醫》 류머티즘성 관절염.
rheumátĭcus[reu-], a, um, *adj.* [rheuma] 류머티즘의, 류머티즘 때문에 생기는; 류머티즘에 걸린; 〔*subst.*〕 *m., (f.)* 류머티즘 환자.
rheumatísmus, i, *m.* [**-tísma,** ătis, *n.*] [rheuma] 《醫》 류머티즘: ~ articulórum 관절 류머티즘 / ~ gonorrhóicus 임질성 류머티즘 / ~ musculórum 근육 류머티즘.
rheumatízo, ávi, áre, *intr.* rheuma(2)에 걸리다, 병적으로 눈물이 흐르다.
rhīna, æ, *f.* 《動》 상어(의 일종). 「(嗅腦).
rhinencéphălon, i, *n.* 《解》 (뇌수의) 후뇌
rhinítis, tĭdis, *f.* 《醫》 비염(鼻炎), 비카다르. 「코뿔소, (외뿔·쌍뿔) 무소.
rhinócĕros, ótis, *m.* 〔*acc.* -tem, -ta〕 《動》
Rhinocolúra, æ, *f.* (*Palæstína*와 접경한) *Ægýptus*의 지중해 연안도시.
rhinolálĭa, æ, *f.* 《醫》 콧소리, 비성(鼻聲): ~ apérta 개방 비성 / ~ clausa 폐색성 비성.
rhinología, æ, *f.* 《醫》 비과학(鼻科學).
rhinophónĭa, æ, *f.* 콧소리, 비성(鼻聲).
rhinorrhágĭa, æ, *f.* 《醫》 코피.
rhinoscópĭa, æ, *f.* 《醫》 비경검사법(鼻鏡檢査法). 「던 *Achája*의 갑각(岬角) 및 도시.
Rhĭon[-um], i, *n. Corínthus*만 입구에 있
Rhiphǽi[-pǽi] = Riphǽi.
rhiza, æ, *f.* 《希》 뿌리.
rhizóma, ătis, *n.* 《植》 근경(根莖).
Rhīzon, ŏnis, *f. Illýria*의 요새도시; 〔*subst. deriv.*〕 **-zonítæ,** árum, *m.pl.* 그곳 주민.
rho, *n. indecl.* 희랍 자모의 열 일곱번째 문자 〈P〉.
Rhŏda, æ, *f.* **1.** *Hispánia Tarraconénsis* 의 도시(지금의 *Rosas*). **2.** *Rhódanus* 강변의 도시.
Rhŏdănus, i, *m. Gállia Narbonénsis*의 큰 강(지금의 *le Rhône*강); 〔*adj.*〕 **-dánĭcus,** a, um. 「는.
Rhodíăcus, a, um, *adj. Rhodus*섬에서 나
rhódĭnus, a, um, *adj.* 장미의.

rhododéndron mucronulátum, i, *n.* 《植》 진달래나무.
Rhódŏpa, æ, [**-pe,** es,] *f. Thrácia*의 높은 산맥; 〔*adj.*〕 **-péĭus[-péus],** a, um.
Rhŏdus [**-os**], i, *f. Ægǽum* 바다의 크고 아름다운 섬, 그 서북단에 같은 이름의 항구도시가 있음; 〔*adj.*〕 **-dĭus** [**-díăcus**], a, um; **-diénsis,** e.
Rhœtéum, i, *n.* **1.** *Hellespóntus*에 있는 *Troas*의 도시. **2.** *Rhœtéum* 근방의 바다. **3.** 〔*adj.*〕 **-té(ĭ)us,** a, um, *Rhœtéum*의, *Troja*의: ductor Rhœtéius*(V.)* 그곳 출신의 인도자인 *Ænéas.*
Rhœtus, i, *m.* **1.** *Centáuri* 중의 하나. **2.** 거인족(Gigántes)의 사람. **3.** *Marsi*족의 왕.
rhombencéphălon, i, *n.* 《解》 능뇌(菱腦).
rhomboídes, is, *f.* [rhombus] 능형(菱形), 마름모꼴. 「의, 마름모꼴의.
rhomboídis, e, *adj.* [rhombus] 능형(菱形)
rhombus[-os], i, *m.* **1.** 마술용 방추(紡錘). **2.** 능형(菱形), 마름모꼴, 사방형(斜方形); 능면체. **3.** 《動》 넙치, 가자미.
rhomphǽa, æ, *f.* (*Thrácia*인들의) 긴 쌍날칼[창].
rhonchus, i, *m.* **1.** 코고는 소리. **2.** 개골개골하는 소리. **3.** 조소, 비웃음. **4.** 《醫》 수포음(水泡音), (가슴에서 들리는) 쿨럭거리는 숨소리: ronchi sibilántes 적성(笛聲) 수포음 / ronchi sonóri 천명(喘鳴) 수포음.
Rhōsus [**-os**], i, *f.* 동부 *Cilícia*의 도시; 〔*adj.*〕 **-sĭ(c)us** [**-síăcus**], a, um.
rhotacísmus, i, *m.* **1.** r자음의 과도한 반복사용. **2.** s 따위를 r음으로 전환하여 발음함.
rhus, rhŏis, *m., f.* 〔*acc.* rhun, -um〕 《植》 옻나무 (학명: ~ vernicíflua).
rhysis, is, *f.* 흐름. 「학, 운율론.
rhýthmĭca, æ, [**-ce,** es,] *f.* 율동법, 음률
rhýthmĭcus, a, um, *adj.* **1.** 율동의, 율동적인, 리듬이 경쾌한, 쾌적한 박자의; 음률의, 운율의; 〔*subst.*〕 *m.* 운율학자; 음률을 잘 살리는 사람. **2.** 규칙적으로 순환하는[반복되는].
rhythmopœ́ĭa, æ, *f.* 음률. 「율동·박자.
rhýthmŭlus, i, *m. dim.* [rhythmus] 작은
rhythmus, i, *m.* **1.** 규칙적 순환[반복]운동, 주기적인 운동, 율동, 박자: ~ venárum 규칙적 맥박. **2.** 음률, 운율(韻律): ~ Sancti Thomæ Aquinátis, 성 *Thomas*의 (Adóro te devóte로 시작하는) 성체찬가.
rhýtĭum, i, *n.* 뿔모양의 술잔.
rīca, æ, *f.* (고대 *Roma*에서 주로 제관부인들이 제사지낼 때 또는 평소에 쓰던) 양털로 짠 머릿수건.
ricínĭum, i, *n. dim.* [rica] (초상·장례·제사 때 또는 무대에서 어깨와 머리를 가리던 남녀공용·특히 부인용의) 네모난 겹수건.
ricínus[1], a, um, *adj.* [rica] 머릿수건(rica)의; 머릿수건을 쓴.
rícĭnus[2], i, *m.* **1.** 《動》 진드기. **2.** 《植》 아주까리. **3.** 덜 익은 오디.
ricto, áre, *intr. freq.* [ringor] (개·표범 따위가) 아가리를 벌리고 으르렁거리다.
rictus[1], a, um, *p.p.* [ringor].
rictus[2], us, *m.* [**-um,** i, *n.*] [ringor] **1.** (말하거나 웃을 때 또는 동물이) 입을 벌림. **2.** 벌린 입[아가리·주둥이·부리], 벌린 입 모양[입술]. **3.** 눈을 뜸.
rícŭla, æ, *f. dim.* [rica] 작은 머릿수건.
ridéndus, a, um, *adj.* [*gerundív.* rídeo] 웃어야 할, 우스운, 가소로운.
rídĕo, rīsi, rīsum, ére, 〔-dĕor, *dep.*로 쓴 경우가 두어번 있음〕 **I.** *intr.* **1.** 웃다. **2.** 시시덕거리다. **3.** 〔*alci,* ad *alqm*〕 미소짓다, 상냥하게[방긋] 웃다. **4.** 호의를 보이다; (날씨가) 청명하다, (물결 따위가) 잔잔하다. **5.** 〔*alci; absol.*〕 (누구의) 마음에 들다, 즐겁게 하다. **6.** 〔*abl. limitatiónis,* in *abl.*〕 빛나다, 아름답다, 곱다, 화사하다: Florum colóribus almus ridet ager. *(Ov.)* 자애로운 대지(大地)가 아롱진 꽃들로 곱게 단장되어 있다. **7.** 〔*dat.*〕 비웃다, 코웃음치다.
II. *tr.* **1.** 〔*alqm, alqd; poétice: acc. c. inf.*〕 (누구를·무엇을) 웃다, 비웃다; (무엇을) 보고[듣고] 웃다. **2.** 〔*alqm*〕 (누구에게) 미소짓다, 미소를 보내다.
ridibúndus, a, um, *adj.* [rídeo] 웃는; 잘 웃는, 싱글벙글하는. 「기.
ridíca, æ, *f.* 포도나무를 버티는 모난 막대
ridiculáris, is, *m.* [ridículus] 익살꾼.
ridiculárĭus, a, um, *adj.* [ridículus] 웃음을 자아내는, 익살맞은, 우스꽝스러운; 〔*subst.*〕 *m.* 익살꾼; *n.pl.* 익살: ridiculária fúndere*(Cato)* 익살부리다.
ridiculósus, a, um, *adj.* [ridículus] **1.** 우스운, 가소로운, 우스꽝스러운, 웃음거리의; 어리석은. **2.** 어처구니없는, 터무니없는.
ridícŭlus, a, um, *adj.* [rídeo] **1.** 웃기는, 웃음을 자아내는, 재미있게 하는, 농담 잘하는, 익살스러운; 〔*subst.*〕 *m.* 익살꾼, 식객노릇하는 만담가(parasítus). **2.** 우스운, 가소로운, 우스꽝스러운; 웃음거리의; 어처구니없는, 터무니없는; 어리석은; 〔*subst.*〕 *n.* 웃음거리, 익살, 가소로운 일[말]; 어리석은 일.
rĭen, énis, *m.* = ren.
rigátĭo, ónis, *f.* [rigo] 물줌, 관개, 살수.
rigátor, óris, *m.* [rigo] 물주는 자, 관수자(灌水者).
rigátus, us, *m.* [rigo] 물줌, 관개.
rĭgens, éntis, *p.præs., a.p.* [rígeo] **1.** 언, 얼어붙은. **2.** 뻣뻣한, 빳빳한, 꼿꼿한, 딱

딱한, 굳어버린, 경직한. **3.** 완고한, 완강한. **4.** 곧은.

rígĕo, gŭi, ére, *intr.* **1.** 얼다, 얼어붙다, 얼어있다. **2.** 굳어[뻣뻣해·딱딱해]지다, 경식하다, 뻣뻣이 일어서나; 굳어있다, 뻣뻣하다, 딱딱하다: Comæ terróre rigébant. *(Ov.)* 공포에 질려 머리가 쭈뼛 일어서고 있었다. **3.** (신화 따위에서) 금으로 변하다; 돌이 되다, 돌로 변하다. **4.** 싸늘해지다, 냉정해지다. **5.** 서슬이 시퍼렇다. **6.** 앙상하게 서있다.

rigésco, gŭi, ĕre, *intr. inch.* [rígeo] **1.** 얼기 시작하다, 얼다, 얼어붙다. **2.** 굳어지다, 뻣뻣해지다, 딱딱해지다; 쭈뼛이 일어서다. **3.** 엄격해지다.

rígĭde, *adv.* [rígidus] **1.** 굳게, 딱딱하게, 단단히. **2.** 똑바로, 곧게. **3.** 엄격히.

rigídĭtas, átis, *f.* [rígidus] **1.** (나무 따위의) 굳음, 단단함, 딱딱함, 억셈; 경직. **2.** 엄격, 엄중, 준엄.

rígĭdo, áre, *tr.* [rígidus] 굳어지게 하다, 꿋꿋해지게 하다.

rígĭdus, a, um, *adj.* [rígeo] **1.** 꽁꽁 언, 얼어붙은; 차디찬: rígidæ pruínæ*(Lucr.)* 된서리. **2.** 굳은, 딱딱한, 뻣뻣한, 경직한. **3.** 곧은, 꿋꿋한; 쭈뼛한, (털 따위가) 곤두선, 우뚝 서있는. **4.** 엄격한, 엄중한, 강직한, 확고한, 꿋꿋한. **5.** 목석같은, 냉정한, 냉혹한, 가차없는; 우직한. **6.** 악착[억척]스러운, 모질게 사는. **7.** 사나운, 거친, 거센, 우악스러운: rígidæ feræ *(Ov.)* 맹수 / vox rígida*(Q.)* 거센 목소리.

rĭgo, ávi, átum, áre, *tr.* **1.** 〔aquam – per *acc.*〕 물을 (어디로) 끌다, 물길을 내다; 흘러퍼지게 하다. **2.** 〔*alqd* – aquā, *abl.*〕 (무엇에) 물을 주다[대다], 관개하다; 물을 넘치게 하다: Hortus fonte rigátur aquæ. *(Ov.)* 동산에 샘물을 대주다 / Desíderant rigári árbores.*(Plin.)* 나무들은 물이 공급되기를 갈망한다 / Imbres mária ac terras rigant.*(Lucr.)* 폭우가 바다와 육지에 물을 넘치게 한다. **3.** 〔*alqd alqā re*〕 적시다, (눈물 따위를) 어리게 하다: ~ lácrimis vultum*(Ov.)* 얼굴을 눈물로 적시다. **4.** 〔*alqd [alqm] alqā re*〕 (젖 따위를) 먹여서 키우다, 육성하다. **5.** 〔*alqd*〕 (무엇에) 가득 차다, 퍼지다; 〔*alqd* per *acc.*〕 가득 차게 하다, 퍼지게[넘치게] 하다.

Rigodúlum, i, *n. Gállia Bélgica*의 도시.

rĭgor, óris, *m.* [rígeo] **1.** 얼어붙음, 동결; 한랭, 혹한. **2.** 굳음, 뻣뻣함, 휘지 않음, 딱딱함, 경직, 경도(硬度): ~ mortis 사후경직(死後硬直). **3.** 경련, 마비. **4.** 물살의 방향. **5.** (밭 경계의) 직선(방향). **6.** 똑바름, 똑바른 상태. **7.** 엄격, 엄중, 준엄; 냉엄, 냉혹. **8.** 고집. **9.** 세련되지 못함, 조잡.

rigorísmus, i, *m.* [rigor] 엄격주의, 엄정주의, 엄숙주의.

rigorísta, æ, *m.* [rigorísmus] 엄격주의자.

rígŭi, *pf.* [rígeo, rigésco].

rígŭus, a, um, *adj.* [rigo] **1.** 〔*active*〕 물을 공급하는, 물주는, 적시는; 〔*subst.*〕 *n.* 급수(給水). **2.** 〔*passive*〕 급수된, 적셔진, 물기많은; 〔*subst.*〕 *n.pl.* 질척한 곳, 습지; 수도.

rīma, æ, *f.* **1.** 틈, 틈바귀, 틈새기, 갈라진 금, 균열: rimas ágere*(C.)* [dúcere, fácere*(Ov.)*] 갈라지다, 금가다, 터지다 / ígnea ~ micans*(V.)* 번개 / Plenus rimárum sum.*(T.)* 나는 아무것도 숨기지 못한다, 내게서는 죄다 새어 나간다. **2.** (입술·손발·피부 따위의) 튼 데, 갈라진 데. **3.** 《醫·解》 …열(裂), 열구(裂溝): ~ corneális 각막열 / ~ glóttidis 성문열(聲門裂). **4.** 여자의 음부. **5.** 빈틈: rimas explére*(C.)* 빈틈을 메우다.

rimabúndus, a, um, *adj.* [rimor] 탐구하는, 깊이 연구하는.

rimátim, *adv.* 틈으로.

rimátor, óris, *m.* [rimor] 탐구자, 연구자.

rīmor, átus sum, ári, *dep. tr.* [rima] **1.** (밭을) 갈다, 고랑을 내다. **2.** 뒤지다, 뒤져서 찾다, 파헤치다, (찾기 위하여) 헤집다. **3.** 두루 찾다, 조사하다, 검사하다, 깊이 연구하다, 탐구하다, 찾아[알아]내다. **4.** (점을 치려고 짐승의 내장을) 뒤척이며 관찰하다.

rimósĭtas, átis, *f.* [rimósus] 갈라져[벌어져] 있음, 틈이 많음.

rimósus, a, um, *adj.* [rima] 틈이 많은, 금이 간, 구멍이 많은, 숭숭한; 새는.

rímŭla, æ, *f. dim.* [rima] 작은 틈.

ringor, *(gĕris, gĭtur),* rictus [rinctus] sum, gi, *dep. intr.* **1.** 입을 벌려 이를 드러내다; 이빨을 드러내고 으르렁거리다. **2.** 성내다, 화내다, 짜증내다.

rīpa, æ, *f.* **1.** 강변, 강가, 강기슭. **2.** 바닷가, 해변, 해안.

ripar(i)énsis, e, *adj.* [ripa] 강변(특히 *Danúbius*강변)에 주둔하는, 강변경비대의.

ripárĭus, a, um, *adj.* [ripa] 강기슭에 서식하는: hirúndines ripáriæ*(Plin.)* 갈색제비; 〔*subst.*〕 *m.* 강변지기, 강변 경비원.

ripénsis, e, *adj.* [ripa] 강변에 있는; 강변에 주둔하는, 강변경비대의.

Riphǽi [-pǽi], órum, *m.pl. Scýthia* 북부의 산맥; 〔*adj.*〕 **-phǽus [-pǽus],** a, um.

rípŭla, æ, *f. dim.* [ripa] 작은 강변·강기슭.

riscus, i, *m.* (부인용) 옷상자, 패물상자, 트렁크.

risíbĭlis, e, *adj.* [rídeo] **1.** 웃는, 웃을 수 있는, 웃기 잘하는. **2.** 웃음거리의, 웃기는, 가소로운.

risibílĭtas, átis, *f.* [risíbilis] **1.** 웃는 능력; 웃음의 감각. **2.** 웃기 잘하는 성질[버릇].

risilóquĭum, i, *n.* [risus+loquor] 담소(談笑); 농담.

rísĭo, ónis, *f.* [rídeo] 웃음.　「조소하다.
rísĭto, áre, *intr., tr. freq.* [rídeo] 자주 웃다;
rīsor, óris, *m.* [rídeo] 1. 비웃는 사람; 놀리는 사람, 희롱자. 2. 웃는 사람, 잘 웃는 사람.　「웃음띤. 2. 가소로운.
risórĭus, a, um, *adj.* [rídeo] 1. 잘 웃는,
rīsus, us, *m.* [rídeo] 1. **웃음**: *alci* risum movére*(C.)* 누구를 웃기다 / risu corrúere *(C.)*, risu émori*(T.)* 우스워 죽다. 2. (좋은 뜻·나쁜 뜻으로) 웃음거리. 3. 비웃음, 조소; 희롱. 4. [R-] (*Thessália*인들이 공경하던) 웃음의 신(神).
rīte, *adv.* [ritus] 1. 종교예식대로, 종교적 전통의식대로, 종교적 격식을 갖추어. 2. 습관[관례]대로, 늘 하던 대로, 재래의 방식대로. 3. **법[규정]대로**, 절차를 밟아서, **정식으로**, 정당하게, 합법적으로. 4. **제대로**, 잘, 옳게, 알맞게. 5. 〔*poética*〕 무사히, 다행하게.
rituális, e, *adj.* [ritus] 종교의식[예식]의: rituáles libri*(C.)* 종교의식에 관한 책; 〔*subst.*〕 *n.* (종교의식의 절차·기도문 등을 수록한) 예식서: Rituále Románum 로마(교회의 전례〈典禮〉를 따르는) 예식서; 〔*adv.*〕 **-lĭter,** 종교적 의식을 갖추어.
ritualísmus, i, *m.* [rituális] 의식고수주의(儀式固守主義); 〔*subst. deriv.*〕 **-lísta,** æ, *m.* 의식고수주의자; 〔*adj.*〕 **-lístĭcus,** a, um.　「습.
rituálĭtas, átis, *f.* [rituális] 종교적 의식관
rītus, us, *m.* 1. 종교의식[예식], **전례**(典禮), 전례양식: ~ latínus 라틴전례 (서방가톨릭교회의 일반적인 전례) / ~ orientális 동방 (가톨릭교회의 고유한) 전례. 2. 관습, **관례**, 풍습; 관습법. 3. 〔흔히 *abl.*로 쓰며 명사의 *gen.*, 형용사의 *abl.*를 동반함〕 방식, 양식, 모양: pécudum ritu*(C.)* 짐승들처럼 / ritu feríno*(Hier.)*들짐승모양으로.
rivális[1], e, *adj.* [rivus] 개울(물)의, 시내의, 도랑의; 〔*subst.*〕 *m.pl.* 도랑의 공동사용자.
rivális[2], is, *m.* 〔*abl. sg.* -e, -i〕 [rivális[1]] (같은 여자를 사랑하는) 연적, 경쟁상대, 적수.
riválĭtas, átis, *f.* [rivális[2]] 연적관계, 경쟁, 대항, 질투심, 적대, 각축.　「게 하다.
rivo, áre, *tr.* [rivus] (시냇물을) 끌어 흐르
rívŭlus, i, *m. dim.* [rivus] 1. 작은 개울, 시내. 2. 도관(導管), 수도관.
rīvus, i, *m.* 1. 개울, 내, 시내, 도랑; 하천: e rivo flumen fácere*(Ov.)* 침소봉대하다. 2. 물길, 수로, 수도.　「쟁, 논쟁.
rixa, æ, *f.* **싸움**, 다툼; 시비, 말다툼, 언
rixátor, óris, *m.* [rixor] 싸움장이, 언쟁자, 논쟁자, 트집장이.
rixor, átus sum, ári, *dep.* [《古》 **rixo,** áre,] *intr.* [rixa] 1. 〔*absol.*; cum *alqo*, inter se; de *alqā re*〕 **싸우다**, 다투다, 언쟁하다, 논쟁하다. 2. 저항하다; (나무 따위가) 얽혀 자라다; 상충하다.　「는, 싸움장이의.
rixósus, a, um, *adj.* [rixa] 걸핏하면 싸우
Robigálĭa, ĭum, *n.pl. Robígo*신의 축제(4월 25일).
robígĭno, áre, *intr.* [robígo] 녹슬다.
robiginósus, a, um, *adj.* [robígo] 1. 녹이 잔뜩 슨. 2. 질투하는, 시기심많은.
robígo[1], gĭnis, *f.* [robus[1]] 1. (금속의) 녹. 2. (맷돌 따위에 퇴적한) 덕지; 치석(齒石). 3. 무위(無爲), 나태; 오래 묵혀둠, 사장(死藏)된 상태. 4. 악습, 퇴패. 5. 시기, 질투; 악의. 6. 깜부기; **흑수병**(黑穗病).
Robígo[2], gĭnis, *f.* [**-gus,** i, *m.*] 흑수병(黑穗病)을 막아주는 (여)신.　「시아(의 학명).
robínĭa pseudoacácĭa, æ, *f.* 《植》 아카
róbĭus, a, um, *adj.* 적갈색의.
rōbor = rōbur.
róbŏrans, ántis, *n.* [róboro] 《藥》 강장제.
roborárĭum, i, *n.* [robur] (가축 가두는) 울타리, 우리.　「지다.
roborásco, ĕre, *intr. inch.* [robur] 건장해
roborátus, a, um, *p.p., a.p.* [róboro] 1. 힘센, 강한, 튼튼한. 2. 파상풍에 걸린.
roborétum, i, *n.* [robur] 떡갈나무숲[밭].
robórĕus, a, um, *adj.* [robur] 떡갈나무의, 참나무의, 떡갈나무로 만든.
róbŏro, ávi, átum, áre, *tr.* [robur] 튼튼하게[견고하게] 하다, 굳세어지게 하다, 억세어지게 하다, 강력해지게 하다, 힘세게 하다, 강장케 하다, 강화하다.
roborósus, a, um, *adj.* [robur] 파상풍에 걸린.
rōbur, bŏris, *n.* 1. (떡갈나무·참나무 따위의) 굳은 나무[목재], 경재(硬材). 2. 떡갈나무, 참나무. 3. 경재로 만든 것 (창자루·곤봉·걸상 따위): ~ letális*(Sil.)* 창(槍) / ~arátri*(V., Val. Fl.)* 쟁기 / sacrum ~ *(V.)* (*Troja*의) 목마. 4. 지하(땅굴)감옥. 5. **견고**, 굳음, 경도(硬度), 억셈. 6. **힘**, 능력, 역량, 위력; 체력, 기운; 정신력, 용기, 정력, 강인, 박력, 굳셈. 7. 가장 중요[우수]한 부분, 정수(精髓), **핵심**(부분·인물); 정병(精兵), 정예부대. 8. 파상풍(破
rōbus[1], a, um, *adj.* 적갈색의.　⌊傷風).
rōbus[2], ŏris, *n.* 1. = robur. 2. (굳은) 밀(小麥)의 일종.　「따위) 굳은 목재의.
robústĕus, a, um, *adj.* [robur] (떡갈나무
robústus, a, um, *adj.* [robur] 1. 떡갈나무로 만든, 경재(硬材)의. 2. **굳은**, 단단한, 튼튼한, **견고한**, 억센. 3. **힘센**, 건장한; 강력한, 힘있는; 우렁찬. 4. 굳건한, 굳센, 씩씩한, 꿋꿋한. 5. 영양가많은 (음식).
rochétum, i, *n.* 《가》 로셰뚬, (추기경·주교 등) 고위성직자의 소백의(小白衣).
rōdo, rōsi, rōsum, ĕre, *tr.* 1. **쏠다**, 갉아먹다, 좀먹다. 2. 부식하다, (물·녹 따위가) 침식하다. 3. 헐뜯다, 비방하다.

rōdus, dĕris, *n.* = raudus.
rogális, e, *adj.* [rogus] **1.** 화장터 장작더미의. **2.** 화장터의; 화형장의.
rogaméntum, i, *n.* [rogo] 질의(質疑); 제의(提議).
rogátĭo, ónis, *f.* [rogo] **1.** 물음, 질문. **2.** (고대 *Roma*에서 국민의 의결을 얻기 위한 집정관의) 법률안제출; (제출된 그) 법률안. **3.** 요구, 요청, 청원; 기원(祈願), 기구(祈求), 기도: 《가》 Rogatiónes (예수승천대축일 직전에 풍작을 기원하던) 3일기도. **4.** (comítia에서의) 관직청원.
rogatiúncŭla, æ, *f. dim.* [rogátio] **1.** 작은 물음·질문. **2.** (국민앞에 제출된) 조그마한 법률안.
rogátor, óris, *m.* [rogo] **1.** (국민의 의결을 위한) 법률안 제출자. **2.** 국민회의(comítia)의 사회자. **3.** (국민회의에서) 투표를 관리하고 거두는 서기. **4.** 제안자, 제의자. **5.** 요청자, 청원자. **6.** 구걸하는 자, 거지.
rogátus, us, *m.* [rogo] 요구, 요청, 간청; 「기원.
rogitátĭo, ónis, *f.* [rógito] (국민의 의결에 붙이는) 법률안.
rógĭto, ávi, átum, áre, *tr. freq.* [rogo] **1.** 〔*alqd, alqm; absol.*〕 자꾸 물어보다, 캐어묻다. **2.** 〔*alqd, alqm; interr. indir.*〕 묻다, 물어보다: ~ pisces*(Pl.)* 생선값을 묻다 / Rogitávit me, ubi fúerim.*(T.)* 그는 나에게 어디 있었느냐고 물었다. **3.** 〔*alqm,* ut; *absol.*〕 청하다, 조르다; 빌다, 기원하다.
rŏgo, ávi, átum, áre, *tr.* **1.** 〔*alqd*〕 가지러 [구하러] 가다, 가져오다, 구해오다. **2.** 〔*alqm, alqd; alqm alqd,* de *abl.*; *interr. indir.*; *absol.*〕 **묻다,** 질문하다: Te rogo.*(Pl.)* 내가 너한테 묻는다 / Dic, quod rogo.*(T.)* 내가 묻는것이나 대답해라 / Quid me istud rogas?*(C.)* 왜 나한테 그것을 묻느냐? / Rogant me, quo eam.*(Pl.)* 그들은 나에게 어디로 가느냐고 묻고 있다 / ~ *alqm* senténtiam*(C.)* (주로 원로원 같은 데서) 누구에게 의견을 묻다 / 〔*pass.*에서 senténtiam은 *acc.*로 남아있음을 주의할 것〕 rogátus senténtiam a cónsule*(Sall.)* 그는 집정관으로부터 자기의 의견을 질문받고. **3.** 〔legem, pópulum, plebem, *alqd; absol.*〕 (국민의 의결을 얻기 위해) 법안을 제출하다, 법안에 대한 민의를 묻다, 법을 통과시키다(제출된 법안에 대해서 국민이 《uti rogas: 제출한 대로, 찬성》이라고 대답하면 법안은 통과되는 것이었음, 초기에는 가결된 법조문 첫머리에 다음과 같은 말을 기록해 놓았음): Consul [Cónsules] pópulum jure rogávit [rogavérunt], populúsque jure scivit.*(C.)* 집정관은 법[규정]대로 (법안을) 국민의 의결에 붙였고 국민은 법대로 가결하였음. **4.** 〔magistrátum (pópulum, plebem: 국민에게)〕 (어떤 관직의) 장관을 선임하도록 제청하다. **5.** 〔mílites (sacraménto)〕 군인을 (군대복무에) 선서시키다. **6.** 〔*alqm, alqd; alqm alqd; alqd* ab *alqo; alqm* de *abl.*; pro *abl.*; ut, ne; *subj.*; *inf.*; *absol.*〕 **청하다,** 부탁하다, 구하다, 청원하다, 탄원하다, 애걸하다, **빌다,** 기원[기구]하다: ~ auxílium*(Cæs.)* 도움을 청하다 / Nolíte, rogo vos, dare.*(N.)* 제발 너희는 주지마라 / ~ divítias deos*(Mart.)* 신들에게 재산을 청하다 / pro vitā ~*(Suet.)* 살려달라고 탄원하다 / rogátus, ut cantáret.*(Suet.)* 그는 노래하라는 청을 받고 / 〔속담〕 Malo émere quam rogáre.*(C.)* 애걸하느니 차라리 사고 말겠다, 비굴한 짓은 못하겠다. **7.** 〔*alqd* - ab *alqo*〕 빌다, 빌려달라고 하다. **8.** 〔*alqm* - in, ad *acc.*〕 와달라고 하다, 초청하다.
rŏgus, i, *m.* **1.** 화장용 장작더미. **2.** 화장터; 화형장. **3.** 무덤.
Rōma, æ, *f.* (기원전 753년에 *Tíberis* 강변에 창건된) *Látium*의 수도, 고대 *Roma* 제국의 수도, (현대) *Itália*의 수도; (주교좌〈主敎座〉를 *Roma*에 정한 베드로사도의 후계자인) *Roma* 교황의 본거지, *Roma* 교황청(*Vatican* 시국의) 소재지로서 가톨릭교회의 중심지: Roma locúta (est), causa finíta (est). *(Augustin.)* *Roma*에서 발언하였으니 사건은 끝났다 (최종 판결이 내려진 것이다); 〔*adj.*〕 **-mánus,** a, um.
Romána, órum, *n.pl.* [Románus] **1.** *Roma* 영토. **2.** *Roma* 역사. **3.** (*Latin*어, *Latin* 문학·연설·저술가 따위의) *Látium* 계통의 사물·인물.
Romanénsis, e, *adj.* [Roma] **1.** *Roma*의, 외부에서 와서 *Roma*의 것이 된. **2.** 장편(소설)의, 꾸며낸 긴 이야기의: fábula ~ cathólica 가톨릭소설.
Románĭa, æ, *f.* [Roma] **1.** *Roma*인들에게 정복된 지방. **2.** 로만스어(語) 지역.
Románĭcus, a, um, *adj.* [Roma] **1.** 고대 *Roma*(사람)의, 고대 *Roma*식의, 고대 *Roma* 문화를 이어받은. **2.** 로만스어(語)의, (이탈리아·스페인·포르투갈·프랑스·루마니아어 등) *Latin*어에서 전화한 언어의. **3.** 로마네스크 (미술·건축) 양식의.
Romanísmus, i, *m.* **1.** *Roma* 사람[민족]의 기질·풍습; *Roma* 제도[정신]. **2.** (흔히 경멸의 뜻으로) 가톨릭교, 그 교리.
Romanísta, æ, *m.* **1.** (경멸의 뜻으로) *Roma* 숭배자, 가톨릭신자. **2.** 고대 *Roma* 제도·문학 연구가, *Roma*법 학사. **3.** 로만스어(語) 학자.
Románĭtas, átis, *f.* *Roma*인들의 풍습·제도.
Romanticísmus, i, *m.* **1.** 낭만주의, 그 특징·태도·정신. **2.** 공상적인 분위기[경

향], 낭만파 모방, 중세 소설적 취미.

románticus, a, um, *adj.* **1.** 낭만파의: schola romántica 낭만파. **2. 낭만적인,** 공상적인, 신비로운, 기이한, 소설같은.

Románus, a, um, *adj. Roma*의, *Roma*인의; *Roma*식의, *Roma*인다운: jus Románum, *Roma*법 / lingua Romána*(Plin.) Latin*어 / Románo more*(C.)* *Roma*식으로, *Roma*인답게, 솔직하게 / ~Póntifex, *Roma* 주교(=교황); 〔*subst.*〕 *m.(pl.) Roma*인; 〔*adv.*〕 **-ne,** *Roma*인답게, 솔직하게.

romphǽa, æ, *f.* = rhomphǽa.

Rómŭla, æ, *f.* [Rómulus] **1.** *Dácia*의 도시, *Roma*의 식민지가 됨. **2.** *Roma*인에게 정복당한 *Sámnium*의 도시. **3.** (*C. Július Cæsar*에 의해 *Roma*의 식민지가 된 *Hispánia*의 도시) *Híspalis,* Júlia Rómula라고도 함. 「*Rómulus*의. **2.** *Roma*의.

Romuláris, e, [**-múlĕus,** a, um,] *adj.* **1.**

Romúlĭdes, æ, *m.* 〔주로 *pl.* -æ, árum〕 *Rómulus*의 후손, *Roma*인들.

Rómŭlus, i, *m. Mars*와 *Ilĭa(Rhea Sílvia)*의 아들, 쌍동이형제 *Remus*와 함께 *Tíberis*강에 버려졌으나 무사하여 늑대의 젖을 먹고 자라다가 목동 *Fáustulus*에게 발견되어 이 목동부부(아내는 *Acca Laréntia*)에게 양육됨, 장성한 후 *Roma*시를 창건하고 그 첫 왕이 됨, campus Mártius(*Mars* 연병장)에서 열병(閱兵)하다가 갑작스런 폭풍우로 일어난 암흑 속에 사라짐으로 그 최후를 마침, 죽은 후 *Quirínus*라는 이름의 신으로 받들어짐; 〔*adj.*〕 **-láris,** e; **-lĕus** [**-lus**], a, um, *Rómulus*의; *Roma*의.

ronchus, i, *m.* = rhonchus.

rorárĭus, a, um, *adj.* [ros] (*Roma*의) 경무장한 전초병의; 〔*subst.*〕 *m.* (흔히 *pl.*) 경무장 전초병.

rorátĭo, ónis, *f.* [roro] **1.** 이슬내림; 이슬. **2.** 포도 열매가 서리맞고 떨어지는 병. **3.** 물시계의 방울지어 떨어지는 물.

rórĭdus, a, um, *adj.* [ros] 이슬에 젖은.

rórĭfer[**-ger**], ĕra, ĕrum, *adj.* [ros+fero, gero] 이슬기가 있는, 이슬머금은, 이슬에 젖은.

rōro, ávi, átum, áre, [ros] **I.** *intr.* **1.** 이슬을[이슬비를] 내리다. **2.** 〔*impers.*〕 이슬이 내리다, 이슬비가 오다: Nonnúnquam rorat.*(Col.)* 이따금 이슬이 내린다. **3.** 방울지어 떨어지다, 이슬맺혀 흐르다, 찔끔찔끔 흘러나오다: lácrimæ rorántes *(Lucr.)* 뚝뚝 떨어지는 눈물. **4.** 〔*abl.; absol.*〕 무엇이*(abl.)* 방울지어 떨어지다, 주르륵 흐르다, 무엇을*(abl.)* 찔끔찔끔 흘리다; (무엇에) 젖어있다: Rorábunt quercéta favis.*(Claud.)* 참나무숲에서 개꿀이 방울지어 떨어질 것이다 / Rorant pennæ. *(Ov.)* 날개에서 (빗물이) 주르르 흐른다.

II. *tr.* **1.** 이슬(비)로 적시다, 이슬로 덮다: tellus roráta*(Ov.)* 이슬에 젖은 땅. **2.** 〔*alqd – alqā re*〕 적시다, 젖게 하다, 물을 뿌리다: lácrimis ~ genas*(Lucr.)* 눈물로 두 볼을 적시다 / Lácrimis óculi rorántur. *(Ov.)* 눈물이 두 눈에 어린다. **3.** 〔*alqd; absol.*〕 이슬(비)처럼 내리게 하다; 방울지어 떨어지게 하다, 찔끔찔끔 흘리다: pócula rorántia*(C.)* 포도주를 방울방울 흘리는 술잔.

roruléntus, a, um, *adj.* [ros] 이슬로 덮인, 이슬맞은, 이슬에 젖은; 〔*subst.*〕 *n.* 이슬 내린 땅.

rōs, rōris, *m.* **1. 이슬. 2.** 〔*poética*〕 물: ~ purus*(H.)* 맑은 물. **3.** 눈물. **4.** 수분; (여러가지) 액체, 즙액; 향액; 피, 유혈: vitális ~*(C.)* 젖. **5.** 《植》 ~ (~ marínus, ~ maris) 로우즈메리.

rŏsa, æ, *f.* **1.** 《植》 **장미;** 장미꽃; 〔장미과에 속하는 학명〕 ~ chinénsis 월계화 / ~ koreána 흰인가목 / ~ rugósa 해당화. **2.** 〔집합명사로〕 장미꽃밭; 장미꽃다발[화환]: vívere in rosā*(Mart.)* 장미꽃밭[쾌락속]에 파묻혀 살다. **3.** 〔연인에 대한 애칭〕 mea rosa,*(Pl.)* 내 사랑아. **4.** 장미향유·향수. **5.** 장미철, 5월. **6.** 장미빛.

rosácĕus, a, um, *adj.* [rosa] 장미의; 장미꽃으로 만든; 장미빛의; 장미꽃모양의; 장미과의; 〔*subst.*〕 *n.* 장미향유.

rosális, e, *adj.* [rosa] 장미꽃의, 장미꽃으로 하는; 〔*subst.*〕 **-lĭa,** ĭum, *n.pl.* 무덤을 장미꽃다발로 장식하는 축제.

rosárĭum, i, *n.* [rosárius] **1.** 장미밭, 장미원. **2.** 《가》 ~ (Beátæ Maríæ Vírginis) 묵주(默珠), 묵주의 기도. **3.** 〔*pl.*〕 = rosália (*cf.* rosális).

rosárĭus, a, um, *adj.* [rosa] 장미의.

rosátĭo, ónis, *f.* [*inusit.* rosáre] (무덤 위에) 장미꽃 뿌림.

rosátus, a, um, *p.p.* [*inusit.* rosáre] 장미꽃으로 만든; 〔*subst.*〕 *n.* 장미꽃을 가미한 포도주; 장미꽃 섞은 음식물.

róscĭdus, a, um, *adj.* [ros] **1.** 이슬의: róscida dea*(Ov.)* = Auróra. **2.** 이슬맞은, 이슬에 젖은, 이슬로 덮인: herba róscida *(Var.)* 이슬맞은 풀; 〔*subst.*〕 róscida*(n. pl.)* cǽspitum*(Apul.)* 이슬로 덮인 잔디밭. **3.** 이슬같이 방울지는, 이슬방울같은. **4.** 젖은, 축축한, 습지의.

Róscĭus, i, *m. Roma*인의 씨족명; 특히 **1.** L. ~ Otho, 호민관(67 A.C.), *Cícero*의 친구; 〔*adj.*〕 **-scĭus,** a, um. **2.** Sex. ~, *Améria* 사람, *Q.* ~ 의 아버지. **3.** Q. ~ (Comœ́dus), 유명한 희극배우, *Cícero*의 친구. **4.** Sex. ~, (또 다른) *Améria* 사람, *Cícero*의 변호로 존속살해죄의 무고를 벗어남(80 A.C.); 〔*adj.*〕 **-sciánus,** a, um.

Rósĕa [-ĭa], æ, *f. Reáte* 부근의 비옥한 땅 이름; 〔*adj.*〕 **-sĕus [-seánus, -sulánus],** a, um. 「홍진.

roséŏla, æ, *f. dim.* [rosa] 《醫》 장미진(疹),

roséctum, i, *n.* [rosa] **1.** 장미원[밭]. **2.** 장미(나무); 장미꽃. **3.** (장미빛) 젖꼭지.

rósĕus, a, um, *adj.* [rosa] **1.** 장미의, 장미로 장식된. **2.** 장미빛의; 발그레한, 불그레한. **3.** (장미꽃같이) 예쁜, 미모의.

rōsi, *pf.* [rodo].

rósĭdus = róscidus.

rósĭo, ónis, *f.* [rodo] **1.** 갉음, 침식(侵蝕), 부식. **2.** 복통; 내장기관의 고통.

rosmarínum, i, *n.* [-us, i, *m.*] [ros] 《植》 로우즈메리(지중해 지방 원산 박하속의 상록관목). 「놈.

rōsor, óris, *m.* [rodo] (쥐 따위의) 갉아먹는

rostéllum, i, *n. dim.* [rostrum] 작은 주둥이[부리].

rostrális, e, *adj.* [rostrum] **1.** 부리의, 주둥이의. **2.** (뱃부리로 장식한) 연단(演壇)의(*cf.* rostrum 3).

rostrans, ántis, *adj.* [*p.præs. inusit.* rostro] (땅을) 갈아 일으키는 (보습 따위).

rostrátus, a, um, *adj.* [*p.p. inusit.* rostro] **1.** 부리[주둥이]가 있는. **2.** 부리모양으로 굽은. **3.** (적선〈敵船〉을 무찌르는) 충각(衝角)[뱃부리(rostrum)] 장치의: rostráta navis*(C.)*, rostrátæ (*sc.* naves) *(Symmach.)* 충각을 장비한 전함. **4.** 충각모양이 새겨져 있는, 충각으로 장식한: rostráta coróna*(Plin.)* (해전에서 맨 먼저 적선에 뛰어든 장병에게 주던) 해전관(海戰冠, 소형 충각이 새겨져 있었음) / rostráta colúmna*(L.)* (*Carthágo*인들과의 해전에서 얻은 적선들의 충각들로 장식한 *Roma*의) 해전승리 기념주(記念柱).

rōstrum, i, *n.* [rodo] **1. 부리, 주둥이. 2.** 부리모양의 물건; (포도밭에서 쓰는) 낫의 날, 보습, 곡괭이·망치의 쇠대갈. **3.** (적함을 무찌르기 위해 군함의 이물 아래쪽에 부리모양으로 장치되었던) 충각(衝角), 뱃부리. **4.** 이물, 선수(船首). **5.** 〔*pl.*〕 (기원전 338년에 *Roma*군이 *Antĭum*인들로부터 노획한 배들의 충각으로 장식한) *Roma* 광장의 연단; (일반적으로) **연단,** 강단: in rostra ascéndere*(L.)* 연단으로 올라가다 / descéndere de rostris*(C.)* 연단에서 내려오다. **6.** 〔*pl.*〕 (*Roma*의) 집회광장(forum). **7.** 〔*pl.*〕 (국민회의장·연설장에 모인) 군중.

rósŭla, æ, *f. dim.* [rosa] 작은[귀여운] 장미. 「많은. **2.** 장미의, 장미빛의.

rosuléntus, a, um, *adj.* [rosa] **1.** 장미가

rōsus[1], a, um, *p.p.* [rodo].

rōsus[2], us, *m.* [rodo] = rósio.

rŏta[1], æ, *f.* **1. 바퀴,** 차륜: ~ aquária (수차의) 물레바퀴. **2.** (질그릇 만들 때 쓰는) 녹로(轆轤). **3.** (고대 희랍에서 죄인을 바퀴살에 얽어 매달아놓고 돌리며 고문하던) 형차(刑車); *Ixíon*이 벌받던 불수레바퀴. **4.** 굴림대. **5.** 굴렁쇠. **6.** 수레. **7.** 동그라미, 원(圓): solis ~ *(Lucr.)* 둥근 해. **8.** 회전; 공전(公轉). **9.** ~ nativitátis*(Jac. 3, 6)* 온 생애, 일생. **10.** 변천, 변하기 쉬움, 변덕. **11.** (애가〈哀歌〉의) 연구(聯句)의 시격(詩格).

Rŏta[2], æ, *f.* 《敎法》 〔정식명칭은 Sacra Rota (Romána)〕 *Roma* 교황청의 공소(법)원(控訴法院).

rotabúndus, a, um, *adj.* [rota[1]] 뱅뱅 도는.

rotális[1], e, *adj.* [rota[1]] 바퀴있는, 바퀴달린. 「의.

Rotális[2], e, *adj.* [Rota[2]] (교황청) 공소법원

rotárĭus, a, um, *adj.* [rota[1]] **1.** (각종) 수레의, 차량의. **2.** 도는, 회전하는; 회전식의. 「는.

rotátĭlis, e, *adj.* [roto] 빙빙 도는, 회전하

rotátim, *adv.* [rota[1]] 둥글게, 원을 그리며.

rotátĭo, ónis, *f.* [roto] **1.** 빙빙 돌아감, 회전, 선회; (지구의) 자전. **2.** 윤번(輪番); 갈마듦; 순환.

rotátor, óris, *m.* [roto] **1.** 회전시키는 사람[물건]. **2.** 《解》 회선근(回旋筋).

rotátus[1], a, um, *p.p.* [roto] **1.** 회전한, 선회한. **2.** 간결하고 짜임새있는 (연설 따위).

rotátus[2], us, *m.* [roto] 회전; 돌림, 굴림.

rotélla, æ, *f. dim.* [rota[1]] 작은 바퀴, 소륜(小輪).

rŏto, ávi, átum, áre, [rota[1]] **I.** *tr.* **1.** 돌리다, 회전시키다, 선회하게 하다; 휘두르다; 굴리다; 〔*pass. refl.*〕 **rotári** 돌다, 선회하다. **2.** 갈마[번갈아]들게 하다; 순환하게 하다.

II. *intr.* **1.** 돌다, 회전[선회]하다: saxa rotántia*(V.)* 구르는 바위들. **2.** (공작이) 꽁지를 펼치고 돌다.

rótŭla, æ, *f. dim.* [rota[1]] 작은 바퀴.

rotundátĭo, ónis, *f.* [rotúndo] 둥글게 함; 원형(圓形). 「fólium] 둥근 잎의.

rotundifólĭus, a, um, *adj.* [rotúndus+

rotúndĭtas, átis, *f.* [rotúndus] **1.** 둥근 모양, 원형(圓形); 동그라미, 원. **2.** 알. **3.** (문장 따위의) 고름, 균제(均齊), 매끈함.

rotúndo, ávi, átum, áre, *tr.* [rotúndus] **1.** 둥글게 하다, 동그랗게 하다, 원형[구형]으로 만들다. **2.** 우수리없는 수로 만들다; 〔*p.p.*〕 **-dátus,** a, um 우수리없는. **3.** (문장 따위를) 고르게 하다, 균형있게 하다, 매끈하게 하다.

rotúndus, a, um, *adj.* [rota[1]] **1. 둥근,** 원형의; 동그스름한, 공모양의; 각이 지지 않은. **2.** (옷이 몸에) 잘맞는. **3.** (성격 따위가) 원만한, 무던한. **4.** (문장·말 따위가) 매끈한, 세련된, 유창한, 술술 나오

는[내려가는].
Roxáne, es, *f.* *Alexánder* 대왕의 아내.
Roxoláni, órum, *m.pl.* *Sarmátia*의 한 종족.
R.P. 《略》 **1.** = res pública(나라, 공화국). **2.** = Reveréndus Pater(신부님).
rubédo, dĭnis, *f.* 붉은 색.
rubefácĭo, féci, fáctum, cĕre, *tr.* [rúbeo+fácio] 붉게 하다, 붉게 물들이다; 〔*p.præsens*〕 **-fácĭens,** éntis (약품 따위가) 피부를 빨갛게 하는.
rubéllus, a, um, *adj. dim.* [ruber] 불그스름한, 붉은 빛 도는.
rŭbens, éntis, *p.præs., a.p.* [rúbeo] **1.** 붉은: vina rubéntia*(Ov.)* 붉은 포도주 / ver ~*(V.)* 붉게 물든 봄 / ferrum ~ igne*(Ov.)* 불에 벌겋게 단 쇠. **2.** (얼굴이) 붉어지는, 붉어진.
rúbĕo, bŭi, ére, *intr.* [ruber] **1.** 붉다, 붉게 물들다, 붉은 빛을 띠다. **2.** (얼굴이) 붉어지다; 부끄러워하다, 부끄럽다.
rŭber, bra, brum, *adj.* **1. 붉은,** 적색의, 벌건, 빨간. **2.** 〔고유형용사적〕 mare Rubrum*(L.)*, Rubra æquora*(Prop.)* 홍해 / Saxa Rubra*(C.)* *Etrúria*의 *Crémera*강 근처의 마을.
rubésco, bŭi, ĕre, *intr. inch.* [rúbeo] 붉어지다, 붉게 물들다, 붉은 빛을 띠다.
rubéta, æ, *f.* [rubétum] 《動》 (가시덤불 속에 사는) 두꺼비.
rubétum, i, *n.* [rubus] 〔주로 *pl.*〕 가시덤불; 나무딸기숲.
rúbĕus, a, um, *adj.* **1.** [ruber] 적갈색의; 다갈색의. **2.** [rubus] 나무딸기의.
Rŭbi, órum, *m.pl.* *Apúlia*의 도시(지금의 *Ruvo*); 〔*adj.*〕 **-bĕus,** a, um.
rúbĭa, æ, *f.* 《植》 꼭두서니(붉은 물감의 원료로 썼음): ~ chinénsis 큰꼭두서니.
Rúbĭco(n), ónis, *m.* *Gállia Cisalpína*와 옛 *Itália*와의 경계를 이루었던 작은 강 (*Cæsar*에게 무장하고는 건너오지 말라는 *Roma* 원로원으로부터의 금지령이 있었으나 그는 기원전 49년에 "Jacta est álea." 《주사위는 던져졌다》라고 말하며 이 강을 건너 *Pompéjus*와 싸웠음; 지금의 *Rugone*강).
rubicúndŭlus, a, um, *adj. dim.* [rubicúndus] 불그스름한.
rubicúndus, a, um, *adj.* [rúbeo] 붉은, 불그레한; 붉게 물든.
rúbĭdus, a, um, *adj.* [rúbeo] 불그레한, 적갈색의.
rubigin... *V.* robigin...
rŭbor, óris, *m.* [rúbeo] **1.** 붉음, 붉은 색. **2.** 붉은 물감. **3.** 홍조(紅潮), (얼굴·피부 따위의) 빨개짐, 발적(發赤); 충혈. **4.** 수줍음, 부끄러움; 수치, 창피, 망신.
rubríca, æ, *f.* [rubrícus] **1.** 적토(赤土), 석간주(石間硃); (일반적으로) 붉은 흙. **2.** (법령·법규의) 제목, 항목 (옛날에는 붉게 썼음); 법규. **3.** 《가》 (미사경본·성무일도·예식서 등의 붉은 글자로 인쇄된) 전례 법규, 예식규정.
rubríco, átum, áre, *tr.* [rubrícus] 붉게 하다, 붉게 물들이다.
rubricósus, a, um, *adj.* [rubríca] 빨간 흙이 많은, 홍토(紅土)의, 적토(赤土)의.
rubrícus, a, um, *adj.* [ruber] 붉게[빨갛게] 물들여진.
rŭbrus, a, um, *adj.* = ruber.
rŭbus, i, *m.* [ruber, rúbeo] **1.** 《植》 나무딸기(학명은 ~ Idæus); 〔rubus속(屬)〕 ~ coreánus 복분자딸기 / ~ crataegifólius 산딸기나무 / ~ hongnoénsis 가시딸기 / ~ parvifólius 멍석딸기. **2.** 가시덤불. **3.** 형극(荊棘).
ructabúndus, a, um, *adj.* [ructo] 자주 트림하는.
ructámen, mĭnis, *n.* [ructo] 트림.
ructátĭo, ónis, *f.* [ructo] **1.** 트림. **2.** (화산의) 분출.
ructátor, óris, *m.* [ructo] **1.** 트림하는 사람. **2.** 설교하는 사람.
ructátus, us, *m.* [ructo] = ructus.
rūcto, ávi, átum, áre, [**-tor,** ári, *dep.*] *intr., tr.* [ructus] **1.** 〔*absol.; alqd*〕 트림하다; (무슨 음식의) 트림이 나다, (먹은) 음식냄새를 풍기다: ~ aprum*(Mart.)* 멧돼지고기 트림을 하다. **2.** 〔*alqd*〕 토하다, 내뿜다, 분출하다. **3.** 〔*alqd*〕 (태도·말 따위에서) 풍기다.
ructuátĭo, ónis, *f.* [rúctuo] 내뿜음, 분출.
rúctŭo, ávi, átum, áre, *tr.* [ructo] 트림하다; 내뿜다.
ructuósus, a, um, *adj.* [ructus] 트림 많이 하는.
rūctus, us, *m.* 트림.
rudéctus, a, um, *adj.* [rudus[1]] (밭 따위가) 돌이 많은, 토박한, 메마른.
rŭdens[1], éntis, *m.(f.)* **1.** (배의) 색구(索具), (특히 돛의) 용층줄·활줄 따위; [R-] *Plautus*의 희극제목. **2.** (일반적으로) 밧줄, 동아줄. **3.** 배, 돛단배; 돛; 항해.
rŭdens[2], éntis, *p.præs.* [rudo].
ruderátĭo, ónis, *f.* [rúdero] **1.** 잡석이나 낡은 벽돌조각 따위와 모르타르로 포장함. **2.** 잡석더미.
rúdĕro, ávi, átum, áre, *tr.* [rudus[1]] 잡석·낡은 벽돌조각 따위로 포장하다.
Rúdĭæ, árum, *f.pl.* *Calábria*의 도시(지금의 *Rugge*), 시인 *Ennĭus*의 출생지; 〔*adj.*〕 **-dínus,** a, um.
rudiárĭus, i, *m.* [rudis[2]] 현역에서 은퇴하여 연금(年金)받던 검투사(劍鬪士).
rudícŭla, æ, *f. dim.* [rudis[2]] (끓일 때 휘젓는) 작은 주걱.
rudiméntum, i, *n.* [rudis[1]] **1.** 〔흔히 *pl.*〕 (학문·기술 따위의) 기초원리, 기본, **초보,** 입문: Rudiménta linguæ Latínæ. 라틴어 초보, 초급 라틴어 / imbútus rudiméntis milítiæ*(Vell.)* 군대의 기본훈련을 받은 / ~ pónere*(L.)*, rudiménta depónere*(Justin.)* 초보단계를 벗어나다, 초보를 마치다. **2.** 첫 시도[실험], (진출의) 제일보, 첫 출발.

3. 싹수, (발전하면 완전해질 수 있는) 소지(素地)·바탕; 《生》(앞으로 발달할 기관의) 원틀. **4.** 《生》 잔적(殘跡), 퇴화기관(退化器官), 흔적기관.

rŭdis[1], e, *adj.* **1.** 자연 그대로의, 천연의, **가공하지 않은,** 원료로서의; 개간하지 않은, 처녀지의; (풀 따위가) 저절로 난. **2.** 초벌의, **손질하지 않은,** 매만지지 않은, 다듬지 않은, 가꾸지 않은, 꾸밈새없는; 조잡한, 거친, 미완성의. **3.** 아주 새것의, 갓난; 아직 한번도 사용하지 않은, **첫경험의,** 처음 있는, 생소한. **4.** 덜익어 딱딱한. **5.** 미개한, 계발되지 않은; **세련되지 않은,** 촌스러운, 조야한; 버릇없는, 무례한. **6.** 〔*absol.; gen.,* ad *acc.,* in *abl.; inf.*〕 배우지 못한, 무식한, 무지한, **미숙한,** 서툰, 경험없는, 초심자의, 풋나기의.

rŭdis[2], is, *f.* 〔*abl. sg.* -de, -di〕 **1.** (끓일 때 휘젓는) 주걱·막대기. **2.** 군인·검투사의 훈련용 목검. **3.** prima ~, summa ~ [summárudis] 검투사훈련교관; secúnda ~ 전자의 조수. **4.** (현역에서의 은퇴가 허가된 검투사가 받는) 영예의 막대기. **5.** (직책에서의) 해방, 휴직, 은퇴: rudem dare*(Juv.)* 직책을[임무를] 면해주다 / rudem meréri*(Mart.)* 휴직[퇴임]하다 / rude donári*(H.),* rudem accípere*(C.)* (공로·연한·병약 등으로) 은퇴[휴직]하다, 휴가를 받다.

rúdĭtas, átis, *f.* [rudis[1]] 무식, 무지, 미숙, 경험없음.

rudítus, us, *m.* [rudo] 당나귀 울음소리.

rŭdo, ívi, ítum, ĕre, *intr.* **1.** (당나귀가) 울다; (사자·곰·사슴 따위가) 울부짖다. **2.** (사람이) 고함지르다, 울부짖다. **3.** 삐걱거리다, 덜걱거리다.

rūdus[1], dĕris, *n.* **1.** 돌·벽돌·기와·벽토 따위의 파편[조각], 흙덩이: ~ (vetus)*(Suet.)* 허문 집의 벽돌조각 / ~ (novum)*(Plin.)*(바닥·도로 포장용의) 자갈·잡석·벽돌조각. **2.** 자갈·잡석 따위와 회반죽으로 포장한 바닥·도로.

rūdus[2], dĕris, *n.* = raudus.

rufésco, ĕre, *intr. inch.* [rufus[1]] 불그죽죽해지다.

rúfius, i, *m.* 《動》 삵괭이.

rufo, áre, *tr.* [rufus[1]] 적갈색으로 만들다.

Rufræ, árum, *f.pl. Campánia*와의 경계선에 있는 *Sámnium*의 도시(지금의 *Presenzano*).

Rúfŭli, órum, *m.pl.* 집정관이 직접 임명한 (légio 소속의) 천명단위의 보병대 사령관(처음에는 3명이었으나 나중에 6명에까지 이름).

rúfŭlus, a, um, *adj. dim.* [rufus[1]] 불그스름한.

rūfus[1], a, um, *adj.* [ruber] 불그스름한, 붉은 빛을 띤, 적갈색의, 적황색의, 다갈색의; 갈색머리의.

Rufus[2], i, *m. Roma*인의 가문명(가문의 별명).

rūga, æ, *f.* **1. 주름,** 주름살. **2.** 구김살. **3.** 시들어 쭈글쭈글함. **4.** *pl.* 늙음, 노년기. **5.** 찡그림, 찌푸림; 슬픔, 걱정. **6.** 엄격.

Rúgĭi, órum, *m.pl. Germánia*의 한 종족.

rúgĭo, ívi [ĭi], ítum, íre, *intr.* **1.** (사자가) 포효하다, 으르렁대다; (당나귀·사슴 따위가) 울부짖다. **2.** (뱃속에서) 쪼르륵하다.

rugítus, us, *m.* [rúgio] **1.** (사자의) 포효; 울부짖음. **2.** (배에서 나는) 쪼르륵소리.

rūgo, ávi, átum, áre, [ruga] **1.** *tr.* 주름지게 하다; 구김살지게 하다, 쭈글쭈글해지게 하다: ~ frontem*(Hier.)* 이맛살을 찌푸리다. **2.** *intr.* 주름지다, 주름살잡히다; 구겨지다.

rugósĭtas, átis, *f.* [rugósus] 주름이 많음, 주름투성이.

rugósus, a, um, *adj.* [ruga] 주름이 많은, 주름투성이의, 주름진, 쭈글쭈글한.

ruína, æ, *f.* [ruo] **1.** 달려듦, 돌진, 돌격. **2.** 떨어짐, 추락, 낙하. **3. 무너짐,** 쓰러짐, 도괴, 붕괴, 와해, 파괴. **4.** 그르침; 타락. **5.** 파멸, **멸망, 패망;** 몰락; 실패, 참패, 패전; 재난, 죽음. **6. 폐허,** 잔해. **7.** 무너져 떨어지는 것: cæli ~*(V.)* 폭풍우 / ~ poli*(Val. Fl.)* 우뢰, 벼락. **8.** 멸망을 가져오는 자, 파괴자; 화근.

ruinósus, a, um, *adj.* [ruína] **1.** 무너지려[쓰러지려] 하는. **2.** 파멸을 초래하는, 망치는, 파괴적인. **3.** 무너진, 폐허가 된, 황폐한; 〔*subst.*〕 *n.pl.* 폐허.

rullus, a, um, *adj.* 시골뜨기의, 촌스러운, 무지막지한.

rūma, æ, *f.* **1.** 유방; 젖꼭지. **2.** 후두; 목구멍.

Rumánĭa, æ, *f.* 루마니아(나라); 〔*adj.*〕 **-mánus,** a, um 루마니아(사람)의.

rūmen, mĭnis, *n.* **1.** 인후; 식도. **2.** (반추동물의) 첫째 위(胃), 혹위. **3.** 젖, 유방.

rŭmex, mĭcis, *m., f.* 《植》(~ acetósa) 수영, 승아; ~ coreánus 소루쟁이.

Rúmĭa, æ, *f.* = Rumína.

rumífico, áre, *tr.* [rumor+fácio] 소문퍼뜨리다, 공개적으로 칭찬하다.

rumigerátĭo, ónis, *f.* [rumígero] 소문퍼뜨림.

rumígĕro, áre, [**-ror,** ári, *dep.*] *tr.* [rumor+gero[1]] 소문내다, 소문퍼뜨리다, 광고하다.

rumigérŭlus, a, um, *adj.* [rumígero] 소문퍼뜨리는, 입이 싼.

rúmĭgo, áre, *tr.* [rumen+ago] 되씹다, 반추(反芻)하다, 새김질하다.

Rúmĭna [-mína], æ, *f.* [ruma, rumis] **1.** 〔*subst.*〕 젖과 젖먹이들을 돌보는 여신, 유모의 여신. **2.** 〔*adj.*〕 **Rúmĭna ficus,** -næ -ci, *f.* 유모신의 무화과, 그 밑에서 *Rómulus*와 *Remus*가 늑대의 젖을 먹었다 함.

ruminális, e, *adj.* [rúmino, rumen] **1.** 새김질하는 반추동물의. **2.** Ruminális ficus [arbor]*(L., Ta.)* = Rúmina ficus.

ruminátĭo, ónis, *f.* [rúmino] **1.** 되씹음, 새김질, 반추. **2.** 반복, 되돌아옴, 회귀. **3.** 되새겨 곰곰이 생각함, 숙고, 반성.

rúmĭno, ávi, átum, áre, **[-or,** **ári,** *dep.*] *tr.*, *intr.* [rumen] **1.** 〔*alqd; absol.*〕 되씹다, 새김질하다, 반추하다. **2.** 곰곰이 생각하다, 되새겨보다, 심사숙고하다, 생각에 잠기다. **3.** (기쁨을) 맛보다.

Rúmĭnus, i, *m.* [Rúmina] (*Júpiter*의 형용어) 모든 것을 양육하는 자*(Augustin.)*.

rūmis, is, *f.* 〔*acc. sg.* -im; *abl.* -i〕 (= ruma) 젖, 유방.

rūmor, óris, *m.* **1.** 철썩[철써덕]거리는 소리. **2.** 떠들썩함, 소란한 소리, 외치는 소리, 함성: rumóre secúndo*(H.)* 갈채[환호성] 속에. **3.** 〔*absol.; gen.;* de, super *abl.; inf.;* tamquam *c. subj.*〕 **소문, 풍문,** 들리는 말, 떠도는 이야기, 낭설. **4.** 평판, 세평(世評). 「[창].

rúmpĭa, æ, *f.* (= rhomphǽa) 긴 쌍날칼

rumpo, rūpi, ruptum, ĕre, *tr.* **1.** 꺾다, 부러뜨리다, 끊다; 깨뜨리다, **터뜨리다,** 파열시키다; 찢다, 뜯어내다, 쪼개다, 자르다; 〔*pass. refl.*〕 **rumpi, se rúmpere** 터지다, 깨지다, 찢어지다, 쪼개지다, 부러지다. **2.** 〔*alqd*〕 무엇에*(acc.)* 터질 정도로 가득 차있다. **3.** 돌파하다; (길을) 개척하다, 열다, 트다, 뚫다, 뚫고 나가다[지나가다]. **4.** 상처입히다, 파열상을 일으키다, 멍들게 하다. **5.** 솟아[터져·쏟아져] 나오게 하다; 〔*pass. refl.*〕 솟아나오다. **6.** (목소리를) 내다, (울음·웃음을) 터뜨리다, (불평 따위를) 털어놓다. **7.** (약속·신용·침묵 따위를) 깨다, 어기다, 위반하다, 파기하다, 무효하게 하다, (권리 따위를) 침해[침범]하다. **8.** 중단하다, 그만두다, 그치다; 막다, 방해하다. **9.** 떼어[갈라]놓다. **10.** *pass.* rumpi 〔*absol.;* invídiā〕 괴로움 당하다, 몹시 괴롭다.

rumpus, i, *m.* 포도덩굴[넌출].

rumúscŭlus, i, *m. dim.* [rumor] 허튼 소리, 하찮은 평판.

runa, æ, *f.* **1.** 던지는 창 (무기의 일종). **2.** 고대 북유럽문자(스칸디나비아·게르만인들이 사용했음), 룬문자. 「초. **2.** 김, 잡초.

runcátĭo, ónis, *f.* [runco[1]] **1.** 김매기, 제

runcátor, óris, *m.* [runco[1]] 김매는 사람.

rúncĭna [-cína][1], æ, *f.* **1.** 대패. **2.** 끌.

Rúncĭna [-cína][2], æ, *f.* [runco[1]] 김매기를 맡아 다스리는 여신. 「질하다.

rúncĭno [-cíno], áre, *tr.* [rúncina[1]] 대패

runco[1], áre, *tr.* **1.** 김매다, 잡초를 뽑다: Runcándæ ségetes sunt.*(Col.)* 밭곡식들은 김매줘야 한다. **2.** (무엇의) 털을 뽑다. **3.** (곡식을) 베다, 낫질하다.

runco[2], ónis, *m.* 호미, 김매는 괭이.

rúnĭcus, a, um, *adj.* [runa] (고대 북유럽문자인) 룬문자의, 룬문자로 쓴[새긴].

rŭo, rŭi, rŭtum (*p. fut.* ruitúrus), ĕre, **I.** *intr.* **1.** 〔*absol.;* in, ad, per *acc.; adverbiále loci*〕 **들이닥치다, 돌진하다,** 뛰어들다, 달려들다, 덤벼들다; 밀려들다, 몰려닥치다, 쇄도하다: in ampléxum *alcjs* ~ *(Ta.)* 누구를 와락 끌어안다. **2.** (말·소리가) 터져나오다. **3.** (강물이) 빨리 흐르다. **4.** (때가) 빨리 오다, 다가오다. **5.** 〔*absol.;* in, ad, super *acc.*〕 떨어지다, 추락하다, 전락하다; **무너지다,** 쓰러지다, 붕괴하다, 몰락하다, 파멸하다. **6.** 죽어 쓰러지다, 고꾸라져 죽다. **7.** (하늘이 무너지는 듯이) 천둥·번개치다, (비가) 억수로 쏟아지다; (기우〈杞憂〉의 뜻으로 하늘이) 무너지다: Quid si nunc cælum ruat?*(T.)* 지금 만일 하늘이 무너진다면 어떻게 하겠느냐? **8.** 〔*inf.*〕 급히 서두르다. **9.** 〔*absol.;* in *abl.*〕 함부로 막 하다, 되는 대로 하다, 덤비다, 실수하다, 잘못을 저지르다.
II. *tr.* **1.** 〔*alqd* – ab, ex *abl.*〕 밀쳐내다, 밀어젖히다. **2.** 파내다; 긁어모으다. **3.** 〔*alqd, alqm* – ad *acc.*〕 무너뜨리다, 쓰러뜨리다, 붕괴[괴멸]시키다, 거꾸러뜨리다, 전복시키다, 곤두박이게 하다: in prædam sese ~ *(Apul.)* (독수리가) 사냥감을 향해 쏜살같이 내려가 덮치다. **4.** (물을) 퍼붓다, 억수로 쏟아지게 하다. **5.** 무너뜨려 평평하게 하다.

rūpes, is, *f.* [rumpo] **1.** 암벽, 벼랑, 낭떠러지, 절벽. **2.** 암초. **3.** 바위, 암석. **4.** 동굴, 암굴. 「의.

rúpĕus, a, um, *adj.* [rupes] 바위의, 암석

rŭpex, pĭcis, *adj.* [rupes] **1.** 돌의, 암석의. **2.** 우둔한, 시골뜨기의, 촌스러운, 조야(粗野)한, 미개한; 〔*subst.*〕 *m.* 깨지 못한

rūpi, *pf.* [rumpo]. ∟사람, 미개인.

rupícăpra, æ, *f.* [rupes+capra] 《動》 영양(羚羊). 「사람.

rúpĭco, ónis, *m.* [rupex] 미개한[교양없는]

Rupílĭus, i, *m. Roma*인의 씨족명.

rupína, æ, *f.* [rupes] 암석투성이의 땅; 벼랑, 낭떠러지.

rupsit = rúperit, *fut. exact.* [rumpo].

rúptĭo, ónis, *f.* [rumpo] **1.** 깨뜨림, 터뜨림, 파쇄(破碎); 찢음. **2.** 상해, 가해. **3.** 터짐, 파열.

ruptor, óris, *m.* [rumpo] **1.** 터뜨리는[깨뜨리는] 사람. **2.** 위반자, 위배자; 결렬시키는 자. 「열, 결렬, 찢어짐·

ruptúra, æ, *f.* [rumpo] 부러짐; 터짐, 파

rurális, e, *adj.* [rus] **1.** 시골의, 농촌의, 전원의. **2.** 농사의, 농업의.

rurátĭo, ónis, *f.* [ruro] 농사, 농촌생활.

rurícŏla, æ, *adj.* [rus+colo[2]] **1.** 농사짓는, 농부의, 밭일하는, 밭갈이하는; 〔*subst.*〕 *m.* 〔*gen. pl.* -árum, -lūm〕 농부. **2.**

시골에 사는, 시골사람의. 「골사람의.
ruricoláris, e, *adj.* [ruricola] 농부의, 시
rurígĕna, æ, *m., f.* [rus+geno] 시골에서 난 사람, 농촌출신. 「살다, 농사짓다.
rūro, áre, [**-or,** ári, *dep.*] *intr* [rus] 시골에
rursum [**-us**], *adv.* **1.** 뒤로, 도로. **2.** 그와 반대로, 반면에, 거꾸로. **3.** 다시, 또한번, 거듭.
rus, rūris, *n.* 〔*gen. locatívus* ruri(시골에)〕 **1.** 시골, 농촌; 전원, 전야; 농지, 농장, 소유지; 시골에 있는 집. **2.** 〔*usus adverbiális*〕 1) 〔소재지 〈시골에(서)〉: 단독으로 쓸 적에는 원칙적으로 **ruri**로 표시하고 (간혹 rure도 만나게 됨), 형용사·소유대명사가 동반하면 in과 함께 또는 그것 없이 *abl.* rure로 표시한다〕 *e.g.* ruri habitáre*(C.)* 시골에서 살다 / rure patérno*(H.)* 고향의 시골집에서 / rure suo paráre*(Ov.)* 자기의 시골집에 준비하다 / in Velitérno rure*(Plin.)* *Velítræ* 교외의 시골에서. 2) 〔목적지·도착점 〈시골로〉: 단독으로 쓸 적에는 전치사 없이 *acc.* **rus**로 표시하고, 형용사·소유대명사가 동반하면 전치사 in을 쓴다〕 *e.g.* rus ire*(Pl.)* 시골로 가다 / in Albénse rus*(Plin.)* *Alba* 교외의 시골로. 3) 〔출발점·출처 〈시골에서부터〉: 단독으로 쓸 적에는 전치사 없이 **rure**로 표시하고, 형용사·소유대명사가 동반하면 전치사 ex를 쓴다〕 *e.g.* rure redíre*(C.)* 시골에서 돌아오다 / ex meo rure*(T.)* 나의 시골집으로부터. **3.** 촌스러움, 세련되지 못함, 조야(粗野).
Rúscĭno, ónis, *f. Gállia Narbonénsis*의 도시(지금의 *la Tour de Roussillon*). 「(집).
rúscŭlum, i, *n. dim.* [rus] 조그마한 시골
rūscum, i, *n.* [**-us,** i, *f.*] 《植》 나도죽백(竹栢, 백합과의 식물로서 비를 만듦); 그 덤불.
Ruséllæ, árum, *f. pl. Etrúria*의 도시(지금의 *Roselle*); 〔*adj.*〕 **-llánus,** a, um.
Rusor, óris, *m.* [rusum] 땅의 소산물을 주기적으로 돌아오게 하는 전원신(田園神).
rūspor, ári, *dep.* [**-o,** áre,] *tr.* 자세히 조사하다, 뒤지다. 「든. **2.** 붉은 옷 입은.
russátus, a, um, *adj.* [russus] **1.** 붉게 물
rússĕus, a, um, *adj.* [russus] 붉은; 붉은
Russi, órum, *m.pl.* 러시아인. 「옷 입은.
Rússĭa, æ, *f.* 러시아, 노서아(露西亞); 소련; 〔*adj.*〕 **-ssĭcus,** a, um.
russum, *adv.* 《古》 = rursum.
russus, a, um, *adj.* 붉은, 불그스름한.
rustárĭus, a, um, *adj.* [rustum] 덤불을 베는 데 쓰는 (낫 따위). 「농촌일.
rústĭca, æ, *f.* [rústicus] **1.** 시골녀사. **2.**
rusticánus, a, um, *adj.* [rústicus] 시골의, 농촌의; 전원(생활)의. 「나게.
rusticátim, *adv.* [rústicus] 촌스럽게, 촌티
rusticátĭo, ónis, *f.* [rústicor] 시골[전원]생활; 농사일.
rusticéllus, a, um, *adj. dim.* [rustículus] 좀 시골티나는, 좀 촌스러운.
rustícĭtas, átis, *f.* [rústicus] **1.** 농업, 농사일; 시골생활. **2.** 「집합적」 시골사람들. **3.** 순박, 질박, 소박, 솔직. **4.** 시골티; 시골말. **5.** 예모[교양]없음, 야비, 조야(粗野). **6.** 수줍음, 촌닭 관청출입격.
rústĭcor, ári, *dep. intr.* [rústicus] **1.** 시골에서 살다·지내다. **2.** 농사짓다, 농사일하다. **3.** 시골말을 하다, 촌스럽게 말하다. 「멧닭(암컷).
rustícŭla, æ, *f.* (*sc.* gallína) 《動》 (유럽산)
rustícŭlus, a, um, *adj. dim.* [rústicus] 좀 촌스러운, 시골티나는; 조야(粗野)한; 〔*subst.*〕 *m.* 시골뜨기.
rústĭcus, a, um, *adj.* [rus] **1.** 시골의, 농촌의; 전원의, 전야(田野)의: vita rústica *(C.)* 전원생활 / rústica gallína*(Var.)* 멧닭; 〔*subst.*〕 *m.* 시골사람; 농부. **2.** 시골티의, 촌스러운; 시골말[사투리]의. **3.** 세련되지 못한, 교양없는, 야비한, 버릇없는, 배우지 못한, 무식한, 미련한. **4.** 거친, 우락부락한, 무뚝뚝한. **5.** 수줍어하는, 수줍음많은. **6.** 순박한, 질박한, 소박한, 솔직한, 가식없는.
rustum, i, *n.* (가시)덤불.
rusum, *adv.* 《古》 = rursum.
rūta[1], æ, *f.* **1.** 《植》 운향과(芸香科)의 쓴 약초(향신료로 쓰였음). **2.** 쓰라림, 고초; 신랄.
rūta[2] (et) **cæsa,** órum, *n.pl.* [ruo+cædo] 《法》 동산(動産), 집물(什物), 가재도구, 가옥매매 때 집주인이 (캐어가고 베어갈 수 있는 것도 포함하여) 가져갈 수 있는 모든 것.
rutábŭlum, i, *n.* [ruo] **1.** 부지깽이, 부삽. **2.** (나무로 만든) 국자. **3.** 남근(男根).
rutátus, a, um, *adj.* [ruta[1]] 운향풀로 양념한, 운향풀잎으로 싼.
rutéllum, i, *n. dim.* [rutrum] 작은 평미레.
Rut(h)éni, órum, *m.pl. Aquitánia*에 있던 *Gállia*의 한 종족. 「나는, 번쩍이는.
rútĭlans, ántis, *p.præs., a.p.* [rútilo] 금빛
rutilésco, ĕre, *intr. inch.* [rútilus] **1.** 불그스름한 빛을 띠다, 다갈색이 되다. **2.** 붉게 빛나다. 「**-liánus,** a, um.
Rutílĭus, i, *m. Roma*인의 씨족명; 〔*adj.*〕
rútĭlo, ávi, átum, áre, [rútilus] **1.** *tr.* 불그스름한 빛을 띠게 하다, 다갈색으로 만들다, 붉게 물들이다. **2.** *intr.* 붉게 빛나다, 금빛나다.
rútĭlus, a, um, *adj.* **1.** 붉은, 핏빛의; 벌건, 불빛의. **2.** 누런, 금빛의; 금발의. **3.** 빛나는, 찬란한.
rŭtrum, i, *n.* [ruo] **1.** 괭이; 삽, 가래. **2.** 흙손. **3.** 평미레, 밀대방망이.

rútŭla, æ, *f. dim.* [ruta[1]] 《植》 작은 운향(芸香)풀.
Rútŭli, órum, *m.pl. Látium*의 옛주민, *Ardĕa*를 수도로 하였음; 〔*adj.*〕 **-lus,** a, um.
rutúndus, a, um, *adj.* = rotúndus.
Rutúpĭæ, árum, *f.pl. Británnia* 동남부의 도시(지금의 *Richborough*); 〔*adj.*〕 **-pínus,** a, um.
rŭtus, a, um, *p.p.* [ruo].
ryssátus = russátus.
rythm... *V.* rhythm...

S

S[1], **s,** *f., n. indecl.* 라틴 자모의 열아홉번째 글자: 〈에스〉[ĕs].
S[2]. 《略》 **1. S.** = suus, sui, sibi *etc.;* sacrum, semis, secútor, servus, sextárius, stipéndia *etc.* **2. S.** = Sextus(개인이름). **3. S.** = Sanctus, a, um; **Ss.mus** = Sanctíssimus. **4. S.C.** = senatusconsúltum; **S. C. A.** = senatusconsúlti auctóritas. **5. S. D.** = salútem dicit; **S. P. D.** = salútem plúrimam dicit. **6. Sp.** = Spúrius; Spíritus. **7. S.P.P.** = suā pecúniā pósuit; **S.S.P.** = suis súmptibus pósuit. **8. S.P.Q.R.** = senátus populúsque Románus. **9. S.T.T.L.** [**S.V.T.L.**] = Sit tibi [vobis] terra levis. **10. S.V.** = sacra urbs; spectátus vir.
Săba, æ, *f. Arábia* 서남부지방(지금의 *Yemen* 지방)의 고대국가 및 그 수도 이름, 이 지방 남부에서 산출되는 금·향료 따위의 풍요함 때문에 Arábia Felix라고도 불렸음; 〔*adj.*〕 **-bǽus,** a, um, *Saba*의, *Arábia(Felix)*의; *m.pl.* 그곳 주민; 〔*subst. deriv.*〕 **-bǽa,** æ, *f.* (*sc.* terra) *Saba, Arábia Felix.*
sabactháni, *indecl.* 《*vox Syro-Chaldáica*》 《(당신은) 나를 버리셨나이다.》
sabája, æ, *f.* [**-jum,** i, *n.*] 보리로 만든 약한 알콜음료 (*Illýria*에서 빈민용으로 만들던 일종의 맥주).
sábănum, i, *n.* 수건; (가리거나 두르는) 보자기.
Sábăoth, *n. indecl.* 《헤브라이어》 군대, 만군(萬軍).
Sabáte, es, *f.* 남부 *Etrúria*의 도시; 〔*adj.*〕 **-tínus** [**-tĭus**], a, um: Sabátia stagna *(Sil.) Etrúria*의 호수.
Sabázĭa [**-dĭa, Savádĭa, Sebádĭa**], órum, *n.pl. Bacchus*신의 제전(祭典).
Sabázĭus [**Sabádĭus, Sebádĭus**], i, *m.* **1.** (*Thrácia*에서 부르던) *Bacchus*의 별명. **2.** (*Creta*와 *Phrýgia*인들이 부르던) *Júpiter*의 별명.
sabbatárĭus, a, um, *adj.* [sábbatum] 안식일의; 〔*subst.*〕 *m.pl.* (안식일을 지키는) 유태인들.
sabbátĭcus, a, um, *adj.* [sábbatum] 안식의, 휴한(休閑)의: annus ~ 안식년, 휴한년 (유태인들이 농경을 쉬던 7년째 해, *cf.* sábbatum terræ).
sabbatísmus, i, *m.* [sábbatum] 안식일 엄수주의, 토요일을 안식일로 지킴; 그런 교파.
sabbatísta, æ, *m.* (토요일을 안식일로 지키는) 안식교도.
sabbatizátĭo, ónis, *f.* [sabbatízo] 안식일을 지킴.
sabbatízo, áre, *tr.* [sábbatum] 안식일을 지키다, 안식일로 지내다.
sábbătum, i, *n.* 〔가끔 *pl.*로도 씀〕 **1.** 유태교의 **안식일**(토요일에 해당): dies sábbati *(Ex. 20, 8)* 안식일 / sábbati iter *(Act. 1, 12)* 안식일에 다닐 수 있는 거리(약 *1 km*). **2.** 일주일, 일주간: prima sábbati *(Matth. 28, 1),* una sabbatórum *(Mc. 16, 2)* 주간 첫날, 안식일 다음날인 일요일 / Jejúno bis in sábbato. *(Luc. 18, 12)* 저는 일주일에 두번 단식재를 지킵니다. **3.** ~ terræ *(Lev. 25, 4)* 농토의 안식년[휴한(休閑)](6년 걸러 1년씩 밭을 묵혀야 했음). **4.** 〔*pl.*〕 (일반적으로) 유태인들의 축제일·휴일. **5.** 《가》 **토요일**: ~ Sanctum 성(聖) 토요일, 부활대축일 전날.
Sabélli, órum, *m.pl. dim. Sabíni*족(의 다른 이름); (때로는 이들에게서 나온) *Sámnium*족; 〔*adj.*〕 **Sabéllus**[1] [**-lĭcus**], a, um: Sabélla anus *(H.)* 점장이 노파(*Sabíni*인 여자들은 점술·예언 따위의 신통력이 있는 것으로 생각하였음) / mensa Sabélla *(Juv.)* (그들의 검소한 식생활에서부터) 소찬(素饌).
Sabéllus[2], i, *m. Sabíni*인들의 지방에 농장을 가지고 있던 *Horátius*의 별명.
Sabína[1], æ, *f.* [Sabínus[1]] **1.** *Sabíni*인 여자. **2.** *Poppǽa*의 첨명(添名). **3.** Júlia ~

Augústa, *Hadriánus* 황제의 아내. **4.** *Atéste*의 여류시인. 「간주나무의 일종.
sabína², æ, *f.* [Sabínus¹] 《植》 향나무; 노
Sabíni, órum, *m. pl. Látium* 동북방의 *Apennínus* 산맥지방에 살던 종족.
Sabiniánus, a, um, *adj. Masúrius Sabínus*의, 그 학파[제자]의.
Sabínum, i, *n.* [Sabínus¹] **1.** (*sc.* vinum) *Sabíni*인들의 지방에서 나는 포도주. **2.** (*sc.* prædium) *Sabíni*인들의 지방에 있던 *Horátius*의 농장.
Sabínus¹, a, um, *adj. Sabíni*족의, *Sabíni* 말의, *Sabíni*인들 지방의; 〔*adv.*〕 **-ne,** *Sabíni*인들의 말로.
Sabínus², i, *m.* **1.** *Sabíni*인 남자. **2.** *Roma*인 가문명: Masúrius ~, 유명한 법학자.
Săbis, is, *m.* **1.** *Gállia Bélgica*의 강(지금의 *Sambre*강). **2.** *Saba*인들의 신(神).
sabl... *V.* sabul... 「모래밭, 모래톱; 자갈밭.
sabulétum, i, *n.* [sábulum] (흙섞인) 굵은
sábŭlo, ónis, *m.* **1.** 모래흙, 굵은 모래; 자갈. **2.** 모래. **3.** *pl.* 《醫》 결석(結石).
sabulósus, a, um, *adj.* [sábulum] **1.** 모래흙의; 모래가 많은; 〔*subst.*〕 *n.pl.* 모래밭. **2.** 《醫》 (오줌 따위에) 침전물이 많은.
sábŭlum, i, *n.* 모래흙, 굵은 모래; 자갈; 모래.
sabúrra, æ, *f.* [sábulum] **1.** (배의 균형을 잡기 위해 밑바닥에 싣는) 모래주머니, 바닥짐. **2.** 《醫》 위속에 남아있는 (불소화성의) 찌끼. 「을 싣고 부리고 하는 사람.
saburrárĭus, i, *m.* [sabúrra] 배의 바닥짐
sabúrro, (ávi), átum, áre, *tr.* [sabúrra] **1.** (배의 균형을 잡기 위해) 바닥짐을 싣다. **2.** 〔*pass.*〕 잔뜩 먹다. **3.** (향기를) 풍기다, 발산하다.
Săcæ, árum, *m.pl. Scýthia*의 유목민.
sacal, *n. indecl.* 《鑛》 (이집트산) 황색호박(琥珀).
saccárĭus, a, um, *adj.* [saccus] 부대의, 자루의; 〔*subst.*〕 1) *m.* 부대운반인; 부대제조인. 2) *f.* 부대운반업.
saccátum, i, *n.* [sacco¹] **1.** 포도주 재강에 물을 부어 걸러낸 음료. **2.** 오줌.
saccellátĭo, ónis, *f.* [saccéllo] 찜질주머니를 환부에 갖다댐, 찜질.
saccéllo, áre, *tr.* [saccéllus] 찜질하다.
saccéllus, i, *m.*[**-um,** i, *n.*] *dim.* [saccus] **1.** 작은 자루, 주머니. **2.** 찜질주머니.
sáccĕus, a, um, *adj.* [saccus] 올이 굵은[껄껄하고 투박한] 천으로 만든.
sácchărum [-on], i, *n.* **1.** (*Pérsia, Arábia, India* 등지에서 사탕갈대에 칼자국을 내어 흘러나오는 즙을 모은) 약용 당밀. **2.** 사탕, 설탕; 당분: ~ lactis 유당.
saccifórmis, e, *adj.* [saccus+forma] 주머니모양의, 낭상(囊狀)의.
saccínus, a, um, *adj.* [saccus] 투박한[거칠은] 천으로 만든.
saccipérĭum, i, *n.* [**-rĭo,** ónis, *m.*] [saccus+pera] 돈주머니, 전대; 돈지갑을 넣는 자루.
sacco¹, ávi, átum, áre, *tr.* [saccus] 거르다, 밭다, 여과하다: humor saccátus córporis *(Lucr.)* 오줌.
sacco², ónis, *m.* [saccus] 수전노, 구두쇠.
sáccŏmel, méllis, *n.* 꿀찜질.
sacculárĭus, i, *m.* [sácculus] 공금횡령자.
sáccŭlus, i, *m. dim.* [saccus] **1.** 작은 자루[부대·주머니]. **2.** 돈지갑, 돈주머니. **3.** 《解》 구형낭(球形囊).
saccus, i, *m.* **1.** 자루, 부대, 주머니, 섬: ~ vinárius *(Plin.)* 포도주 밭는 자루. **2.** 돈주머니, 전대: ad saccum ire*(Pl.)* 구걸하다, 동냥하다. **3.** (동식물의) 주머니모양의 부분, 낭, 액낭(液囊). **4.** (거칠고 투박한 천으로 소매없이 만든) 좁은 자루모양의 옷, 껄껄한 짐승털로 짠 옷 (이것들은 참회·고행·슬픔 표시로 입었음).
sacéllum, i, *n. dim.* [sacer, sacrum] **1.** 지붕없이 제단만 있는 작은 사당(祠堂). **2.** 《가》 소성당(小聖堂). 「는 도끼.
sacéna, æ, *f.* (제관이) 희생을 바칠 때 쓰
săcer, cra, crum, *adj.* 〔*arch.* -cer, cris, cre〕 **1.** 〔*absol.*; *dat.*, 간혹 *gen*〕 신에게 바친, 축성(祝聖)한, 성별(聖別)된, **신성한, 거룩한,** 성스러운: Bíblia Sacra, Sacra Scriptúra 성서 / Sacer Mons 성산(聖山, *Roma*에서 *4km*쯤 떨어진 *Anĭo*강 건너편에 있는 산으로서 귀족과의 불화로 반기를 든 평민들이 *Júpiter*신에게 봉헌하고 농성했던 곳, *cf. Menénius Agríppa*)/ Sacra Vi-a *(C.) Roma* 대광장에서 *Capitólium*에 이르는 가장 오랜 가도(街道) / Sacrum Impérium Románum 신성 로마 제국 / 《解》 os sacrum 제5 요추(腰椎); 선골(仙骨). **2.** 경건한, 엄숙한, 장엄한, 종교적인. **3.** 놀라운, 귀신같은, 귀재(鬼才)의. **4.** 〔황제에게 대한 아첨으로부터 시작된 경어〕 거룩하신, 성상(聖上)의, 어(御)-. **5.** 훌륭한; 어마어마한. **6.** 저주할, 가증스러운; 저주[천벌]받은; 고약한, 흉악한, 망할 놈의: auri sacra fames *(V.)* 황금에 대한 저주스러운 탐욕·갈망 / ~ morbus(=epilépsia) 전간(癲癇), 지랄병. **7.** 금지된.
sacérda, æ, *f.* [sacérdos] 여제관(女祭官), 여자 신관(神官).
sacérdos, ótis, *m., f.* [sacer] **1.** 신관(神官), 신탁관(神託官); 제관(祭官), **사제**(司祭), 신부(神父); 주교; 승려: ~ religiósus 수도회 신부 / ~ sæculáris 재속신부, 교구신부 / ~ Venéria, *Venus* 여신의 여신관 / regína ~ *(V.)* 여신관인 모후(母后), *Rhea Sílvia.* **2.** 특정신(特定神)을 노래하는 시

인. **3.** 〔풍자적〕 신주 모시듯하는 자, 받들어모시는 자. 「신관(神官).
sacerdóta, æ, *f.* [sacérdos] 여제관, 여자
sacerdotális[1], e, *adj.* [sacérdos] 신관(神官)의, 제관(祭官)의, 사제(司祭)의, 사제다운, 성직자의; 〔*adv.*〕 **-lĭter,** 사제답게.
sacerdotális[2], is, *m.* **1.** 주 (província)의 수석제관(flamen; 그리스도교 자유선포 이후 4세기경부터 이교도의 제사와 우상이 제거되면서 경기대회의 개최권만 가지게 되었었음). **2.** 전직주제관(前職州祭官). **3.** 제관처럼 청렴하게 사는 사람.
sacerdotalísmus, i, *m.* 사제제도; 성직자 중심[존중]주의.
sacerdotíssa, æ, *f.* [sacérdos] 여제관.
sacerdótĭum, i, *n.* [sacérdos] **1.** 신관직(神官職), 제관직, (신부·주교의) **사제직**. **2.** 조점사직(鳥占師職). **3.** 제관들, 제관단(祭官團), 사제단. **4.** (이교도들의) 제관록(祭官祿).
sacerdótŭla, æ, *f. dim.* [sacérdos] **1.** 젊은 여제관[여승]. **2.** 하급 여제관.
sacóma, ătis, *n.* 분동(分銅), 평형추(平衡錘): ad ~ *(Vitr.)* 정확한 무게로.
sacomárĭus, a, um, *adj.* [sacóma] 용량(容量)의 무게에 관한; 〔*subst.*〕 *m.* 분동 제작인; 저울질하는 사람. 「*g.).*
sacra, æ, *f.* [sacer] 황제의 교시·칙령*(Au-*
sacrabilíter, *adv.* [sacer] 간질병 환자모양으로. 「선골부의.
sacrális, e, *adj.* [sacer] 《醫》 선골(仙骨)의,
sacramentále, is, *n.* 《가》 준성사(準聖事).
sacramentális, e, *adj.* [sacraméntum] 성사(聖事)의, 성사적; 거룩한 예식의.
sacramentálĭtas, átis, *f.* 《神》 성사성(聖事性). 「書), 성사예식서.
sacramentárĭum, i, *n.* 《가》 전례서(典禮
sacraméntum, i, *n.* [sacro] **1.** 분쟁공탁금(쟁의 당사자들이 일정액의 돈을 공탁했다가 승소자는 도로 찾아가고 패소자는 국고에 몰수당했음, 몰수된 공탁금은 공식 종교행사 따위에 쓰여졌음). **2.** 소송. **3.** 입대군인의 선서, 충성의 맹세; 병역: ~ dícere *(Cæs.)* (군인으로서의) 충성을 선서하다 / *alqm* sacraménto sólvere *(Ta.)* 아무를 제대시키다. **4.** (일반적으로) 선서, 신성한 맹세, 서약. **5.** 《가》 **성사**(聖事): ~ baptísmi 세례의 성사, 성세성사 / ~ confirmatiónis 견진성사(堅振聖事) / ~ Eucharistíæ 성체성사 / ~ pœniténtiæ 고백성사, 고해성사(告解聖事) / ~ unctiónis infirmórum 병자성사 (*Vaticánum II* 공의회 이전에는 ~ extrémæ unctiónis 종부성사〈終傅聖事〉라 하였음) / ~ órdinis 신품성사 / ~ matrimónii 혼인성사 / ~ mortuórum 영적(靈的)으로 죽은[은총지위에 있지 않는] 자들의 성사 / ~ vivórum 영적으로 살아있는 [은총지위에 있는] 자들의 성사. **6.** **신비**, 심오한 진리·계획, 신비한 뜻. **7.** 하느님의 말씀*(Prud.)*. **8.** 비밀.
Sacráni, órum, *m. pl.* *Látium*의 옛 종족; 〔*adj.*〕 **-cránus,** a, um.
sacrárĭa, æ, *f.* [sacrárius] **1.** 여자 성당[신전]지기. **2.** 여자 성물보관인.
sacrárĭum, i, *n.* [sacer, sacrum] **1.** (신전·저택의) 성물(聖物) 보관실. **2.** 《敎法》 제의실(祭衣室), 성기(聖器) 보관실 *(C.I.C. can. 1296, §1);* (purificatórium, corporále 등을 애벌 씻은 물을 부어넣는) 성정(聖井, *C.I.C. can. 1306,* §2). **3.** 사당(祠堂); 가묘(家廟). **4.** 예배실, 작은 성당. **5.** (신전·성당의 제단이 있는) 내진(內陣), 성소(聖所); 신전, 성전. **6.** 〔*pl.*〕 (산신령에게 봉헌된) 숲속의 그윽한 곳. **7.** 화려하고 성대한 종교적 축제행렬*(Apul.)*. **8.** 은밀한 곳, 비밀장소; 전용장소(專用場所): sacrária litterárum*(Symm.)* 수사학 교실. 「**2.** 성물보관인.
sacrárĭus, i, *m.* [sacer] **1.** 성당[신전]지기.
sacráte, *adv.* [sacrátus] **1.** 거룩하게, 경건하게. **2.** 신비롭게.
sacrátĭo, ónis, *f.* [sacro] 신성하게 만듦, 축성(祝聖), 성별(聖別). 「자.
sacrátor, óris, *m.* [sacro] 신성하게 만드는
sacrátus, a, um, *p.p., a.p.* [sacro] 신에게 봉헌된; **거룩한**, 신성한, 신성불가침의; 불후(不朽)의, 불멸의.
sacrícŏla, æ, *m., f.* [sacer+colo[2]] **1.** 제물바치는 사람, 제관(祭官). **2.** 제사에 참석하는 사람. 「물을 가져오는.
sácrĭfer, ĕra, ĕrum, *adj.* [sacer+fero] 제
sacrificális [-ciális], e, *adj.* [sacrifícium] 제사의, 제사에 쓰는; 제물의, 희생의.
sacrificátĭo, ónis, *f.* [sacrífico] 제사(드림), 제헌(祭獻), 희생을 바침.
sacrificátor, óris, *m.* [**-trix,** ícis, *f.*][sacrífico] 제물바치는 사람, 제관(祭官).
sacrificátus, us, *m.* [sacrífico] 제물을 바침, 제사.
sacrifícĭum, i, *n.* [sacrífico] **1.** **제사**: ~ missæ 미사성제(聖祭) / ~ eucharísticum 감사[성체(聖體)]의 제사, 미사성제 / ~ latréuticum (절대적 主재자로 받들어 모시는) 흠숭(欽崇)[예배]의 제사 / ~ propitiatórium 속죄의 제사, 하느님과의 화해제사 / ~ impetratórium 기원(祈願)의 제사 / ~ satisfactórium (죄의 벌을 사면하는) 보속(補贖)[보상]의 제사 / ~ humánum 인신공양. **2.** 제물, 희생물. **3.** 희생, 희생적 행위; 포기: ~ intelléctus 지성(知性)의 희생.
sacrífico, ávi, átum, áre, 〔*arch.* -or, átus sum, ári, *dep.*〕 [sacrum+fácio] **1.** *intr.* 〔*alci - alqā re; absol.; pass. impers.*〕 제

사지내다, 제사를 드리다. **2.** *tr.* 〔*alqd, alqm - alci*〕 제헌(祭獻)하다, **제물로 바치다**; **희생하다**; (사람을) 불행에 빠뜨리다, 죽이다. 「제관(祭官).

sacrifícŭlus, i, *m. dim.* [sacrífícus] 하급

sacrífícus, a, um, *adj.* [sacrífico] **1.** 제사지내는, 제관(祭官)의. **2.** 제사의, 제사에 관한, 제사에 쓰는.

sacrilégĭum, i, *n.* [sacrílegus] **1.** 성물절도죄, 신전[성당]터는 행위. **2.** **독성**(瀆聖), 신성모독: ~ locále 신성한 장소의 독성 / ~ personále (성직자·수도자 등) 사람에 관한 독성 / ~ reále 성물(聖物)독성.

sacrílĕgus, a, um, *adj.* [sacrum+lego[2]] **1.** 성물(聖物)을 훔치는, 신전[성당]을 터는; 〔*subst.*〕 *m., f.* 성물도둑. **2.** **독성**(瀆聖)**의**, 신성모독의, 불경한, 무엄한; 불법의, 악질의; 〔*subst.*〕 *m., f.* 독성죄인, 신성모독자; 불법자: sacrílegus nuptiárum 간통자.

Sacripórtus, us, *m.* [sacer+portus] **1.** *Taréntum*만(灣)에 있는 도시. **2.** *Látium*의 옛 도시.

sacrísta, æ, *m.* 제의실 담당자, 성기보관실 책임자; 성당지기.

sacrístĭa, æ, *f.* 제의실(祭衣室), 성기보관실(聖器保管室).

săcro[1], ávi, átum, áre, *tr.* [sacer] **1.** 〔*alqd, alqm - alci*〕 **신에게 바치다**; 신성하게 만들다, 성별(聖別)하다: quercus sacráta Marti *(Suet.) Mars*신에게 바쳐진 참나무 / diis votum ~ *(V.)* 신들에게 약속한 신전을 지어바치다. **2.** 〔caput - *alci*〕 (벌·희생으로) 신에게 바쳐서 죽게 하다, 처벌하다: ~ *alcjs* caput Jovi *(L.)* 아무를 죽여서 *Júpiter*신에게 바치다. **3.** 〔*alqm*〕 신의 대열에 올려놓다, 신으로 모시다·공경하다. **4.** 〔*alqd - alci (rei)*〕 바치다. **5.** 신성불가침의 것으로 만들다: ~ fœdus *(L.)* (제사·맹세 따위로) 계약을 굳게 맺다 / leges sacrátæ *(C.)* 신성법 (위반자는 그 가족·재산과 함께 어떤 신에게 바쳐 처벌하였음). **6.** 불멸[불후]의 것으로 만들다: sacráta eloquéntia *(L.)* 불후의 명연설. **7.** 저주[천벌] 받게 하다.

sacro-[2], 《신성한; 《解》 선골(仙骨)…》 등의 뜻을 나타내는 접두어: **-coccýgĕus,** a, um, *adj.* 선골미골(仙骨尾骨)의 / **-iliăcus,** a, um, *adj.* 선골장골(仙骨腸骨)의 / **-spinósus,** a, um, *adj.* 선골좌골극(仙骨坐骨棘)의 / **-tuberósus,** a, um, *adj.* 선골좌골결절(結節)의 / **-dýnĭa,** æ, *f.* 《醫》 선골통(仙骨痛).

sacrosánctus, a, um, *adj.* [sacer+sanctus] **1.** **신성불가침의** (종교예식·법령으로 선포되었으며 위반자·가해자는 사형에 처하였음); (일반적으로) 불가침의, 침범할 수 없는. **2.** 지극히 거룩한, 신성한.

sacrúfico, 《古》 = sacrífico.

sacrum, i, *n.* [sacer] **1.** 신에게 바쳐진 것, 신성한 것, 성물(聖物), 신전(神殿), 성소(聖所). **2.** 종교예식, 예배, **제사**, 《가》 **미사**(성제); 제물, 희생: sacra fácere *(C.)* 제사지내다 / stata sacra *(Ov.)* 해마다 정기적으로 거행하는 종교행사 / 〔속담〕 inter ~ saxúmque stare [poni] *(Pl.)* (희생물과 그것을 쳐죽이는 돌 사이에 즉) 극도의 위기에 처해 있다. **3.** *pl.* 시재(詩才); 영감에 의한 (자신의) 시. **4.** *pl.* (기술·지식 분야의) 비결, 비법, 신비한 기교.

Sadducǽi, órum, *m.pl.* 《聖》 사두가이파(派) 사람들 (유태교의 일파, *cf. Mc. 12, 18 etc.*). 「(加虐色情狂), 가학애(加虐愛).

sadísmus, i, *m.* 학대음란증, 가학색정광

sæclum = sǽculum.

sæculáris, e, *adj.* [sǽculum] **1.** 한 세기에 한번 있는, **세기의**, 세기에 걸친: ludi sæculáres *(Fest.)* 백년제 (대략 백년마다 3주야간 거행되던 국태민안의 기원축제) / carmen sæculáre 백년제의 노래. **2.** 장구한 세월의, 영원한: ante témpora sæculária *(II Tim. 1, 9)* 천지창조 이전에. **3.** **세속의**, 세속적, 속세의, 시속적(時俗的), **현세의**, 지상(地上)의; 평신도(平信徒)의; 이교도의; 〔*subst.*〕 *n. pl.* 현세의 일, 속세의 사건들; 〔*adv.*〕 **-rĭter,** 세속[시속]적으로. **4.** 《敎法》 (수도회원이 아닌) 교구소속의, 재속(在俗)의; 〔*subst.*〕 *m.* 교구소속[재속] 신부.

sæcularísmus, i, *m.* **1.** 비종교주의, 세속주의. **2.** 교육과 종교의 분리론; 정교분리론.

sæcularizátĭo, ónis, *f.* [sæcularízo] **1.** 세속화, (교육 따위의) 교회로부터의 분리; **교회재산 몰수**[국유화]. **2.** (수도자·성직자의) 환속(還俗).

sæcularízo, átum, áre, *tr.* **1.** 세속화하다; 교회재산을 몰수[국유화]하다. **2.** (수도자·성직자를) 환속시키다.

sǽcŭlum, i, *n.* 〔*poética* sæclum〕 **1.** 종족, 부류; 자손, 후손, 후예, 혈통, (가문의) 대(代): propagáre sæcla *(Lucr.)* 자손을 퍼뜨리다 / sæcla pavónum *(Id.)* 공작(새)의 새끼들 / scriptórum sæcla priórum *(Id.)* 옛 저술가들. **2.** (일)세대(一世代), 일생, 생애, 수명. **3.** 통치기간, 치세시대. **4.** 긴 기간, (오랜) 세월, **시대**; **세기**(世紀), 백년: ~ áureum *(Mart.)* 황금시대 / in ~ sǽculi, in [per ómnia] sǽcula sæculórum 세세에 영원히, 영원무궁히. **5.** (어느) 시대의 사람들. **6.** 시대의 풍조. **7.** **세속**, 속세, **현세**, 세상. **8.** 이교도 풍습·생활.

sæpe, *adv.* 〔*absol.; c. abl.* número; *comp.* sǽpius, *superl.* sæpíssime〕 가끔, 종종, 누

차, 여러번, 자주: ~ número *(C.)* 자주, 여러번. 「끔.

sæpenúměro, *adv.* 자주, 여러번, 가끔가

sæpes, is, *f.* **1. 울타리,** 바자, 울짱: viva ~*(Col.)* 생울타리. **2.** 둘러막은 곳: tenébrica ~*(Pacuv.)* 감옥. **3.** 양우리.

sǽpĭa, æ, *f.* **1.** 《動》 오징어. **2.** 오징어의 먹물; 그 먹물로 만든 물감; 필기용 먹물, 잉크.

sæpícŭla, æ, *f. dim.* [sæpes] 작은 울타리.

sæpícŭle, *adv. dim.* [sæpe] 좀 가끔, 이따금. 「울타리, 울짱, 담.

sæpīméntum, i, [**-men,** mĭnis,] *n.* [sǽpio]

sǽpĭo, psi [-pívi, ĭi], ptum, íre, *tr.* [sæpes] **1.** 〔*alqd, alqm - abl.*〕 울타리로 둘러막다, 방책[보호망]을 두르다: ~urbem muris *(N.)* 도시를 성벽으로 둘러막다 / domum custódibus ~ *(N.)*집 주위에 경비원들을 둘러세우다 / *alqm* ~ custódiā mílitum *(Suet.)* 누구 주위에 경비병들을 세워 지키게 하다. **2.** 〔*alqd, alqm - alqā re*〕 두르다, 둘러싸다, 가두다, 빠져나가지 못하게 하다. **3.** 간직하다, 보존하다, 지키다, 보호하다. **4.** 가리다, 감추다. **5.** 방해하다, 가로막다.

sǽpĭor, ĭus, *adj. comp.* [*inusit.* sæpis, -pe] 더 가끔[자주] 있는, 누차의.

sæpiótĭcum [**-on**], i, *n.* [sǽpia] **1.** 먹, 잉크. **2.** 문서. 「매우 자주.

sæpíssĭme, *adv. superl.* [sæpe] 퍽 여러번,

sæpíssĭmus, a, um, *adj. superl.* [sǽpior] 매우 잦은. 「주.

sǽpĭus, *adv. comp.* [sæpe] 더 가끔, 더 자

sæpiúscŭle, *adv. dim.* [sǽpius] 비교적 좀

sæps, pis, *f.* = sæpes. ㄴ가끔.

sæpsi, *pf.* [sǽpio].

sǽptio, ónis, *f.* [sǽpio] **1.** 울타리를 두름; 둘러막음. **2.** 울타리 내부, 담으로 둘러막은 곳.

sæptum, i, *n.* [sǽpio] **1. 울타리,** 울짱, 담. **2.** (울 따위로) 둘러막힌 곳[집·별장·농장]. **3.** (짐승의) 우리, 닭장; 양어장. **4.** ~ lini *(Nemesiánus)* (사냥의) 포위망. **5.** ~ venatiónis *(Var.)* (둘러막은) 수렵구역. **6.** 〔*pl.*〕 국민회의 때 *Roma*의 *Mars* 광장(campus Mártius)에 널빤지 따위로 둘러막은 두개의 장소 (하나는 투표군중의 집합대기소였고 다른 하나는 투표소가 설치된 구역이었음, 투표자들은 대기소에서 육교를 통하여 투표구역으로 건너갔음, 이들 구역에는 온갖 물건을 파는 임시노점들이 있었음). **7.** (제방의) 수문, 갑문(閘門). **8.** 《解》 격막(隔膜), 격벽: ~ mediastinále 종격벽(縱隔壁) / ~ transvérsum 횡격막.

sæptuósus, a, um, *adj.* [sæptum] 도호한, 알아들을 수 없는; 〔*adv.*〕 **-se,** 모호하게.

sæta, æ, *f.* **1.** 짐승의 빳빳한 털, (돼지·멧돼지 따위의) 강모(剛毛); 갈기; 말총. **2.** 사람의 껄껄한 털. **3.** 침엽(針葉); (가시나무·밤송이 따위의) 가시. **4.** 낚싯줄. **5.** 강모로 만든 솔·붓.

Sǽtăbis, is, *f. Hispánia Tarraconénsis*의 도시, 아마(亞痲)의 산지로 유명하였음; 〔*adj.*〕 **-bus** [**-bitánus**], a, um: sudária Sǽtaba *(Catull.)* 그곳 아마포 손수건.

sǽtĭger, ĕra, ĕrum, *adj.* [sæta+gero[1]] 강모(剛毛)를 가진, 강모가 나있는; 〔*subst.*〕 *m.* 멧돼지. 「많은; 털이 많이 난.

sætósus, a, um, *adj.* [sæta] 강모(剛毛)가

sævídĭcus, a, um, *adj.* [sævus+dico[2]] 노호(怒號)하는, 폭언의.

sǽvĭo, ĭi, ítum, íre, *intr.* [sævus] **1.** 〔*absol.; in acc.*〕 미쳐 날뛰다, 광란하다, 성나 달려들다. **2.** 〔*absol.; in acc.; dat.*〕 광포[가혹·잔혹·악랄]하게 행하다, 사납게 굴다; 격노하다, 노발대발하다: ~ in se *(Ulp.)* 자학[자살]하다 / léniter ~*(Pl.)* 노기를 억제하여 누그러뜨리다. **3.** 〔*absol.; abl.*〕 맹위를 떨치다, (바람·물결이) 거세게 불다·일다, 노호하다, (병이) 창궐하다, (고통이) 격심해지다, (냄새가) 진동하다. **4.** (감정·욕망 따위가) 걷잡을 수 없이 일어나다. **5.** (곰·돼지 따위가) 요란한 소리로 울부짖다. **6.** 용맹[용감]하다.

sǽvĭtas, átis, *f.* [sævus] **1.** 격노, 노발대발, 노호(怒號). **2.** 혹독, 잔혹, 맹위.

sævítĭa, æ, [**-tĭes,** éi; **-túdo,** dĭnis,] *f.* [sævus] **1.** 미쳐 날뜀, 성나 달려듦; 격노. **2.** 혹독, 잔인, 잔혹, 가혹, 포학, 무자비, 준엄. **3.** (바람·물결 따위의) 거셈, 사나움, 맹위, 맹렬, 격렬. **4.** (곡가의) 폭등.

sævus, a, um, *adj.* **1. 사나운,** 광포한, 미친 듯이 날뛰는; 몹시 성난, 격노한: ~ canis*(Prop.)* 맹견. **2.** 〔*absol.; in abl.,* in *acc.; dat.; inf.*〕 **포악한, 잔인한,** 잔혹한, 가혹한, 악랄한, 무자비한; 준엄한, 호된, 엄중한. **3.** 독설(毒舌)의. **4.** 접근할 수 없는, 삼엄한: custódia sæva *(Tib.)* 삼엄한 경비. **5.** 걷잡을 수 없는, 복받치는, 격렬한. **6.** 모진, 험한, 끔찍한, 혹독한, 지독한, 격심한, 맹렬한, 거센: sævi fluctus *(Pl.)* 격랑. **7.** 불길한. **8.** 용감한, 용맹한. **9.** 〔*adv.*〕 **-ve** [**-vĭter, -vum**], 사납게, 거칠게, 모질게, 혹독하게, 포악[잔인·가혹]하게, 준엄하게; 격렬하게, 지독하게.

sāga[1], æ, *f.* [sagus[1]] **1.** 무당, 마녀. **2.** (여자)뚜장이.

săga[2], æ, *f.* = sagum.

sagácĭtas, átis, *f.* [sagax] **1.** (특히 개의) 후각의 예민; (일반적으로) 감각의 예민. **2. 총명, 영리**(怜悧), 안식(眼識), 혜안(慧眼), 통찰력; 약삭빠름, 기민.

Sagalássus, i, *f. Pisídia*의 도시; 〔*adj.*〕 **-ssénus,** a, um. 「[S-] 무당의 이름*(H.)*.

ságăna, æ, *f.* [saga[1]] **1.** 무당, 접장이. **2.**

Ságăris, is, [**-g(i)árĭus,** i,] *m.* 〔*acc.* -im; *abl.* -i〕 *Phrýgia*와 *Bithýnia*의 제일 큰 강 (지금의 *Sakaria, Sacari*); 〔*adj. f.*〕 **-rítis,** tĭdis.

sagárĭus, a, um, *adj.* [sagum] 소매없는 (군용) 외투의; 〔*subst.*〕 *m.* 그런 외투상인·제조인; *f.* 외투 제조업.

sagátus, a, um, *adj.* [sagum] **1.** 소매없는 (군용) 외투를 입은. **2.** 투박한 외투천으로 만든.

săgax, ácis, *adj.* [ságio] **1.** 후각이 예민한; (일반적으로) 감각이 예민한. **2.** **총명한, 영리한,** 현명한, 통찰력있는, (관찰력·재치·감정 따위가) 날카로운; 약삭빠른, 기민한. 「어망.

sagéna, æ, *f.* **1.** (물고기 잡는) 큰 그물, **2.** 유혹, 함정.

sagína, æ, *f.* **1.** (살찌우는) 먹이, 모이, 사료. **2.** 식량, 음식, 요리, 진수성찬; 영양물, 자양분: gladiatória ~ *(Ta.)* 검투사 영양식. **3.** 사육(飼育), 비육(肥育). **4.** 비만, 비대. **5.** 살찐 짐승. 「(肥育場).

saginárĭum, i, *n.* [sagíno] 사육장, 비육장

saginátĭo, ónis, *f.* [sagíno] 살찌움, 비육(肥育). 「람, 비육자(肥育者)·

saginátor, óris, *m.* [sagíno] 살찌우는 사

saginátus, a, um, *p.p., a.p.* [sagíno] **1.** 살찐. **2.** 〔*abl.*〕 부유해진, 비대해진.

sagíno, ávi, átum, áre, *tr.* [sagína] **1.** 살찌우다, 비육(肥育)하다. **2.** 〔*alqm - alqā re*〕 배불리[잘] 먹이다; *pass.* 〔*alqā re*〕 배불리 먹다. **3.** 〔*alqd alqā re*〕 비옥하게 하다, 기름지게 하다.

ságĭo, íre, *intr.* [sagus[1]] 냄새를 잘 맡다; 예민하게 감지하다, 직감적으로 알다.

sagítta, æ, *f.* **1.** **화살. 2.** 《醫》 란셋, 바소, 피침(披針). **3.** 접지(接枝)의 끝부분. **4.** 《植》 (화살촉모양의 잎을 가진) 보풀·쇠귀나물 따위. **5.** [S-] 《天》 화살좌(座).

sagittális, e, *adj.* [sagítta] 《解》 (두개골의) 시상봉합(矢狀縫合)의.

sagittárĭa, æ, *f.* 《植》 보풀: ~ obtúsa 쇠귀나물 / ~ trifólia 벗풀.

sagittárĭus, a, um, *adj.* [sagítta] 화살의, 화살에 관한; 〔*subst.*〕 *m.* 1) 화살제조인. 2) 궁수(弓手), 화살쏘는 복병(伏兵); 경무장병. 3) [S-] 《天》 사수좌(射手座); 인마궁(人馬宮).

sagittátor, óris, *m.* [sagítto] 궁수(弓手).

sagíttĭfer [**-ger**], ĕra, ĕrum, *adj.* [sagítta + fero, gero] **1.** 화살을 지닌, 활로 무장한; 〔*subst.*〕 *m.* [S-] 《天》 사수좌, 인마궁. **2.** [-fer] 활을 잘 쏘는, 궁술이 능한.

sagittipotens, éntis, *adj.* [sagítta + potens] 활을 잘 쏘는, 궁술이 능한; 〔*subst.*〕 *m.* [S-] 《天》 사수좌, 인마궁.

sagítto, ávi, átum, áre, *intr., tr.* [sagítta] **1.** 〔*absol.*〕 화살[활]을 쏘다. **2.** 〔*alqm*〕 화살로 쏘다·맞히다: sagittátus *(Cœl.)* 화살맞은, 화살에 상처입은. **3.** 〔*alqm*〕 독설로 중상하다.

sagma, ătis, *n.* [**-ma,** æ, *f.*] 길마; 안장.

sagmárĭus, a, um, *adj.* [sagma] 길마의; 〔*subst.*〕 *m.* 1) 길마로 짐 나르는 말[당나귀·노새]. 2) 길마[안장]제조인; *n.* 길마에 실은 짐.

sagmen, mĭnis, *n.* [sacer, sáncio] (성채에서 집정관이 뜯어온 풀로서 선전포고·강화조약 따위에 관여하는 제관 <fetiális> ·사신 등이 불가침의 상징으로 지니던) 신성한 풀포기. 「의 *Sacriano*).

Sagra, æ, *m., f.* 남부 *Brúttium*의 강 (지금

sagulátus, a, um, *adj.* [ságulum] 소매없는 군인외투를 입은; 〔*subst.*〕 *m. pl.* 군인들. 「인외투 (사병용·장군용이 있었음).

ságŭlum, i, *n. dim.* [sagum] 소매없는 군

săgum, i, *n.* **1.** (고대 로마의) 소매없는 군인용 외투·망토; (전투·공격의 표시로서의) 군복, 무장, 전투태세: saga súmere, ad saga ire, in sagis esse *(C.)* 군복을 입다 (전시에는 집정관을 제외하고 일반 국민도 군인망토를 걸쳤음), 무장하다. **2.** (농부·빈민·노예의) 헐렁한 겉옷 (흔히 단추로 여몄음). **3.** (양털·염소털로 짠) 투박한 담요 **4.** (덧씌우는) 천막.

Sagúntum, i, *n.* [**-tus, -tos,** i, *f.*] *Hispánia Tarraconénsis*의 도시 (지금의 *Murviedro*); 〔*adj.*〕 **-tínus,** a, um.

sāgus[1], a, um, *adj.* [ságio] **1.** 예감[예언]하는, 점장이의. **2.** 마법의, 마술적인.

săgus[2], i, *m.* = sagum.

Săis, is, *f.* 남부 이집트의 옛수도(지금의 *Sa el Haggar*); 〔*adj.*〕 **Saítĭcus,** a, um; 〔*subst. deriv.*〕 **Saítes,** æ, *m.* 그곳 사람.

sāl, sălis, *m., n.* 〔*pl.*에서는 *m.*으로만〕 **1.** **소금**: ~ marínus [marítimus] 해염(海塩) / ~ fossícius [fóssilis] 석염(石塩), 암염, 산염(山塩) / cum sale panis *(H.)* 소금 곁들인 빵, 조식(粗食). **2.** 바닷물, 바다: campi salis *(V.)* 창해(滄海). **3.** 짠맛, 간. **4.** 급료, 녹(祿): sal comédere *(I Esdræ 4, 14)* 녹을 타먹다. **5.** 보석의 흠. **6.** 익살, 재담, 재치있는 농담; 해학, 풍자: delectári sale nigro *(H.)* 신랄한 풍자를 좋아하다. **7.** 기지, 재지(才智), 재치; 교활, 약삭빠름. **8.** 묘미, 멋, 아취(雅趣), 세련미. **9.** (욕망·갈증을 유발하는) 자극.

Salácĭa, æ, *f.* 바다의 여신, *Neptúnus* (또는 *Océanus*)의 아내, *Triton*의 어머니.

salácĭtas, átis, *f.* [salax] 음욕, 색정, 음탕, 호색, 외설 「이.

sálăco, ónis, *m.* 허세부리는 사람, 허풍선

salamándra, æ, *f.* **1.** 불도마뱀 (불속에서 산다는 괴물); 불속에서 사는 요정(妖精). **2.** 《動》 도롱뇽, 영원(蠑螈).

Sálămis, ínis, [**-mína,** æ,] *f.* **1.** *Sarónicus*만(灣)에 있는 섬, *Eléusis*시를 맞보고 있음, 이 섬 부근 해전에서 *Themístocles*가 *Pérsia*의 *Xerxes*가 이끄는 대함대를 격파했음(480 A.C.); 〔*adj.*〕 **-mínĭus [-miníăcus],** a, um. **2.** *Cyprus*섬의 도시, *Teucer(1)*가 창설했음, 사도 *Paulus*가 제1차 여행 때 전도한 곳 *(cf. Act. 13, 5)*; 〔*adj.*〕 **-mínĭus,** a, um.

Salápĭa, æ, *f.* *Apúlia* 동해안의 옛 도시; 〔*adj.*〕 **-l(a)pínus [-pitánus],** a, um.

sălar, ăris, *m.* 《動》 송어.

Salárĭa (Via), æ, *f.* [salárius] (*Collína porta*로부터 *Sabíni*인들에게로 가던) 소금운송도로. 「월급장이.

salariárĭus, i, *m.* [salárium] 봉급수령자,

salárĭum, i, *n.* [salárius] **1.** (군인들에게 소금값으로 주던) 급여금. **2.** 급료, 봉급, 임금, 일당(日當), 월급, 연봉.

salárĭus, a, um, *adj.* [sal] 소금의, 소금에 관한; 〔*subst.*〕 *m.* 소금장수. 「족.

Salássi, órum, *m. pl.* *Alpes*에 살던 한 종

sălax, lácis, *adj.* [sálio[2]] **1.** 호색적인, 다음(多淫)의, 성욕이 왕성한. **2.** 음욕을 자아내는, 최음성(催淫性)의.

sálĕbra, æ, *f.* [sálio[2]] **1.** 울퉁불퉁한 곳, 험한 길. **2.** 곤경, 난처, 난관. **3.** 장애, (호흡)곤란. **4.** (문체의) 까다로움, 난삽(難澁). 「게.

salebrátim, *adv.* 울퉁불퉁하게, 고르지 않

salébrĭtas, átis, *f.* [sálebra] 울퉁불퉁함, (길 따위의) 험악, 험난.

salebrósus, a, um, *adj.* [sálebra] **1.** 울퉁불퉁한, 돌투성이의, 험한. **2.** (문장 따위가) 뒤얽힌, 난삽한.

Salentíni [Sall-], órum, *m. pl.* *Itália* 동남단 *Calábria*의 주민; 〔*adj.*〕 **-tínus,** a, um.

Salérnum, i, *n.* 남부 *Campánia*에 있던 *Picénum*의 옛 도시; 〔*adj.*〕 **-nitánus,** a, um.

Salesiánus, a, um, *adj.* 《가》 살레시오회(會)의: Socíetas Salesiána 살레시오회 (본래의 정식 명칭은 Pia Socíetas Sancti Francísci Salésii 였음); 〔*subst.*〕 *m., f.* 살레시오회원.

sálgăma, órum, *n. pl.* (과일·채소 따위를 소금물·식초로) 절인 것, 담근 것, 오이지(따위). 「채소 따위의) 식료품 장수[제조인].

salgamárĭus, i, *m.* [sálgama] 절인 (과일·

saliáris[1], e, *adj.* [sálio[2]] 춤추는, 무용의.

Saliáris[2], e, *adj.* **1.** (*Mars*신의 제관단인) Sálii의. **2.** 호화로운, 사치스러운.

saliátus, us, *m.* [Sálii] *Mars*신의 제관들인 Sálii의 직분·지위.

salicétum, i, *n.* [salix] 버드나무밭[숲].

salictárĭus, a, um, *adj.* [salíctum] 버드나무의, 버들숲의. 「2. 버드나무, 버들.

salíctum, i, *n.* [salix] **1.** 버드나무밭[숲].

saliéntes, ĭum, *m. pl.* (*sc.* fontes) [sálio[2]] **1.** 분수(噴水). **2.** 도수관(導水管).

salifodína, æ, *f.* [sal+fódio] 암염(岩塩)광산. 「의, 버드나무로 만든.

salígn(ĕ)us, a, um, *adj.* [salix] 버드나무

Sálĭi[1], órum, *m. pl.* 군신(軍神) *Mars*의 제관들 (하늘에서 내려왔다는 방패들을 보관하다가 그것들을 들고 춤추며 로마 시내를 돌아다녔음).

sálĭi[2], *pf.* [sálio].

salíllum, i, *n. dim.* [salínum] 작은 소금그릇.

salínæ, árum, *f. pl.* [salínus] **1.** 염전(塩田), 제염소. **2.** [S-] *Ostia*의 염전. **3.** [S-] *Roma*의 *Trigémina* 성문 부근의 광장. **4.** [S-] 사해(死海) 근처의 소금골짜기 *(II Reg. 8, 13)*. 「염(製塩)의; 소금의.

salinárĭus, a, um, *adj.* [salínæ] 염전의, 제

salinátor, óris, *m.* [salínæ] **1.** 소금장수; 소금 생산자. **2.** [S-] *Roma*인의 가문명.

salínum, i, *n.* (*sc.* vas[2]) [salínus] 소금그릇, 소금단지.

salínus, a, um, *adj.* [sal] 소금의.

sálĭo[1], ii, salítum [salsum], íre, *tr.* [sal] 소금치다, 소금에 절이다, 짜게 하다.

sálĭo[2], lŭi [lĭi, lívi], saltum, íre, **I.** *intr.* **1.** 〔in, super, per, ultra *acc.*; de, ex, in *abl.*; *absol.*〕 (깡충) 뛰다, 도약하다, 뛺뛰다, 뛰어오르다[내리다], 뛰어들다, 뛰어넘다, 건너뛰다. **2.** (병아리가 껍질을) 깨고 나오다; (초목이 땅을) 뚫고 나오다. **3.** (떨어진 우박·불에 끼얹은 소금·부딪친 물 따위가) 튀다, 솟구치다. **4.** (물이) 분출하다, 솟아오르다; 흘러나오다. **5.** (맥박·심장이) 뛰다, 두근거리다, 펄떡거리다. **II.** *tr.* (동물의 수컷이) 흘레하다, 교미하다. 「다의 왕자(王者, *Neptúnus*).

salípŏtens, éntis, *m.* [salum+potens] 바

Salisúbsĭli [-sŭli], órum, *m. pl.* (=Sálii subsiliéntes) (*Mars*신의) 춤추는 제관들.

salítĭo, ónis, *f.* [sálio[2]] 말에 뛰어올라탐; 곡마(曲馬).

salitúra, æ, *f.* [sálio[1]] 소금에 절임.

saliúnca, æ, *f.* 《植》 야생 감송향(甘松香).

Sálĭus, a, um, *adj.* *Mars*신의 제관들인 Sálii의; 〔*subst.*〕 **Sálĭæ,** árum, *f. pl.* (sc. épulæ) Sálii의 연회.

salíva, æ, *f.* **1.** 침, 타액: arcánæ salívæ *(Prop.)* 마법의 침, (술잔에 침을 바른) 사랑의 묘약 / unā salívā *(Hier.)* 단숨에, 단김에. **2.** 점액, 는지렁이. **3.** 맛, 풍미(風味). **4.** 욕망, 갈망. 「촉진제.

salívans, ántis, *n.* [salívo] 《藥》 타액분비

salivárĭus, a, um, *adj.* [salíva] 침의; 점액의, 는지렁이의; 〔*subst.*〕 *n.* 입속에 들어있는 재갈.

salivátĭo, ónis, *f.* [salívo] 침을 흘림.
salivátum, i, *n.* [salívo] 《獸醫》 가축의 침 흘리는 병 치료제; 식욕회복약.
salívo, átum, áre, *tr.* [salíva] **1.** 침을 흘리다, 점액을 분비하다. **2.** (약제로) 침을 분비하게 하다.
salivósus, a, um, *adj.* [salíva] **1.** 침이 가득한; 침이 질질 흐르는. **2.** 끈적끈적한.
sălix, lĭcis, *f.* 《植》 ~ (koreénsis) 버드나무, 버들 / ~ babylónica 수양버들.
Sallústĭus, i, *m. Roma*인의 씨족명; 특히 **1.** C. ~ Crispus, *Roma*의 유명한 역사가 (85 – 35 A.C.). **2.** ~ Crispus, 전자의 누이의 손자, 대부호였음. **3.** 〔*adj.*〕 **-stiánus,** a, um.
Sallúvĭi, órum, [**Sállўes,** um,] *m. pl. Gállia Narbonénsis*의 호전적인 한 종족.
Salmácĭdes, æ, *m.* [Sálmacis] (사내답지 못하고) 유약[나약]한 자.
salmácĭdus, a, um, *adj.* [sálgama + ácidus, Sálmacis] **1.** 짭짤하고 신, 소금기있는. **2.** (여자처럼) 나약한, 여성적인.
Sálmăcis, ĭdis, *f.* **1.** *Cária*의 *Halicarnássus* 근처의 샘, 이 물을 마시는 사람은 나약해진다고 함. **2.** *Sálmacis*샘의 요정.
salméntum, i, *n.* (= salsaméntum) 소금에 절인 물고기, 자반.
salmo, ónis, *m.* 《動》 연어.
Salmóneus, ĕi [ĕos], *m.* 〔*acc.* –nĕa〕 *Æŏlus*의 아들, *Sísyphus*의 형제. 「ro).
Salmónis, ĭdis, *f. Salmóneus*의 딸(= Ty-
Salmydéssus, i, *f. Thrácia*의 동남해안도시, 강도들이 많았음.
salo [sallo], salsum, ĕre, *tr.* = sálio[1].
Sálŏmon, ónis, *m.* 〔*acc.* –nem, –na〕 *David*왕의 아들, 솔로몬왕; 〔*adj.*〕 **-mónĭus [-moniăcus],** a, um.
Salóna, æ, [**-næ,** árum, *pl.*] *f. Dalmátia*의 수도; 〔*adj.*〕 **-niniánus [-nínus, -nitánus],** a, um; **-nénsis,** e.
sălor, óris, *m.* [sal] 바다의 청록색.
salpa, æ, *f.* 《動》 대구(의 일종).
salpí(n)cta [-písta], æ, *m.* 나팔수.
salpingítis, tĭdis, *f.* 《醫》 **1.** 나팔관염, 난관염(卵管炎). **2.** 이관염(耳管炎), 구씨관염(歐氏管炎). 「이관인두(耳管咽頭)의.
salpingopharýngĕus, a, um, *adj.* 《醫》
salpinx, píngis, *f.* **1.** 나팔. **2.** 《解》 a) 난관(卵管), 나팔관. b) 이관(耳管), 구씨관(歐氏管).
salpúga, æ, *f.* 《動》 독개미(의 일종).
salsámen, mĭnis, *n.* [salsus] 절인 물고기, 자반.
salsamentárĭus, a, um, *adj.* [salsaméntum] 소금에 절이는; 〔*subst.*〕 *m.* 자반 만드는 사람, 자반장수.
salsaméntum, i, *n.* [salsus] **1.** 소금(물)에 절인 물고기, 자반. **2.** (생선 따위를 절이는) 소금물.
salsárĭus, a, um, *adj.* [salso] 자반의: negótians ~ 자반장수; 〔*subst.*〕 *n.* 자반담는
salsátĭo, ónis, *f.* [salso] 소금절이. ⌊그릇.
salse, *adv.* [salsus] **1.** 짜게. **2.** 재미있게; 영리하게, 재치있게.
salsédo, dĭnis, *f.* [salsus] 짠맛. 「맛.
salsilágo, gĭnis, *f.* [salsus] 염분, 짭짤한
Salsípŏtens, éntis, *m.* 바다의 왕자, *Neptúnus* 신. 「신랄; 풍자.
sálsĭtas, átis, *f.* [salsus] **1.** 염분, 짠맛. **2.**
salsitúdo, dĭnis, *f.* [salsus] 짠맛.
salsúgo, gĭnis, *f.* [salsus] **1.** 염분, 소금적: terra salsúginis 염분많은 불모지. **2.** 소금물.
salsúra, æ, *f.* [salsus] **1.** 소금절이, 소금에 절임. **2.** 자반; 소금에 절인 (돼지)고기. **3.** 불쾌함. **4.** 풍자.
salsus, a, um, *p.p., a.p.* [sálio[1]] **1.** 소금친, 소금에 절인; **짠,** 소금기있는, (눈물·땀·피 따위가) 찝찔한: mare Salsíssimum *(Num. 34, 3)* 사해(死海); 〔*subst.*〕 *n.* 자반. **2.** 기분좋은, 재미있는. **3.** 재치있는, 익살맞은, 웃음을 자아내는, 농담좋아하는; 〔*subst.*〕 *n. pl.* 농담, 익살. **4.** 풍자적인, 해학적인; 신랄한. 「작약하는.
saltabúndus, a, um, *adj.* [salto] 춤추는,
saltátim, *adv.* [saltus[1]] 깡총깡총 뛰면서.
saltátĭo, ónis, *f.* [salto] **1.** 춤, 무용, 무도. **2.** 무언극. 「어린이들의 무용.
saltatiúncŭla, æ, *f. dim.* [saltátio] 유희,
saltátor, óris, *m.* [salto] **1.** 춤추는 사람, 무용가. **2.** 무언극배우.
saltatórĭus, a, um, *adj.* [saltátor] **1.** 춤의, 춤추는, 무용의. **2.** 도약하는; 《動》 도약하기에 알맞는. **3.** 약진하는; 격변하는. 「여자, 작은 무희.
saltatrícŭla, æ, *f. dim.* [saltátrix] 춤추는
saltátrix, ícis, *f.* [saltátor] 춤추는 여자, 무
saltátus, us, *m.* 춤, 무용, 무도. ⌊희.
saltem, *adv.* **1. 적어도,** 최소한; 하다못해: Erĭpe mihi hunc dolórem, aut mínue ~.*(C.)* 이 고통을 내게서 제거해주든지 아니면 적어도 덜어다오. **2.** 〔non, neque 따위의 부정사와 함께〕 조차도 아니: Nec mihi statúta ~ cibária præstabántur.*(Apul.)* 내게는 정해진 식량조차 공급되지 않고 있었다.
sáltĭcus, a, um, *adj.* [saltus[1]] 춤추는.
saltim, *adv.* **1.** = saltem. **2.** [saltus[1]] 팔짝 뛰어서. 「추다.
sáltĭto, áre, *intr. freq.* [salto] 덩실덩실 춤
salto, ávi, átum, áre, *freq.* [sálio[2]] **1.** *intr.* **1. 춤추다,** 무용하다; 몸짓·손짓[무언극]으로 표현하다. **2.** (말이나 글에서) 짤막짤막 잘린 구절들로 이어가다.

II. *tr.* (춤을) 추다, 춤으로 표현하다, 무언극[몸짓·손짓]으로 나타내다: saltatiónem ~ *(Macr.)* 춤을 추다 / tragœdiam ~ *(Suet.)* 비극을 무언극으로 상연하다.

saltuárĭus, i, *m.* [saltus²] 삼림간수; 토지관리인.

saltuátim, *adv.* **1.** 껑충껑충 뛰어. **2.** (글 따위를) 산만하게.

saltuénsis, e, *adj.* [saltus²] 삼림의, 숲의.

saltuósus, a, um, *adj.* [saltus²] 숲이 많은, 나무가 우거진.

saltus¹, us, *m.* [sálio²] **1.** 뜀; 뛰어오름[내림], 도약, 비약; 뜀뛰기, 넓이뛰기. **2.** (심장의) 뜀. 고동. **3.** 춤, 무용.

saltus², us, *m.* **1.** 삼림[밀림]지대; 삼림, 밀림, 숲; 숲속의 목초지. **2.** 소유지, 소유림. **3.** 농지면적의 단위 *(800 júgera = 약 210 ha)*. **4.** 산협(山峽), 협곡(峽谷); 험준한 산악지대, 험난한 산길. **5.** 여자의 음부*(Pl.)*.

salúber, bris, bre, [**-bris,** e,] *adj.* [salus] **1.** 〔*absol.; dat.;* ad, contra *acc.*〕 **건강에 좋은,** 몸에 이로운, 위생적인. **2.** 〔*absol.; dat.*〕 이로운, 유익한, 유리한, 효과적인: salúbre prétium *(Col.)* 싼값, 헐값. **3.** 건강한, 건전한, 힘있는, 강한, 건장한. **4.** 〔*adv.*〕 **-brĭter,** 건강에 좋게; 이롭게, 유리하게; 헐값으로.

salúbrĭtas, átis, *f.* [salúber] **1.** 건강에 좋음, 위생적 상태; 위생보건. **2.** 건전함, 순수성. **3.** 유리(有利). **4.** 건강, 건장.

sálŭi, *pf.* [sálio²].

sălum, i, *n.* **1.** 난바다, 깊은 바다, 창해(滄海), 대해. **2.** (바다의) 파동, (배의) 옆질; 뱃멀미. **3.** 바닷빛. **4.** 강의 거센 물결, 격류. **5.** 세파(世波), 고해(苦海), 고생; (생각의) 착잡, 불안.

sălus, útis, *f.* [salvus] **1.** 건강. **2. 안녕,** 평안, 탈없음, 무고(無故), **무사, 안전**; 살아남음, 생존, 생명; 다행, 복지(福祉), 복리; 도움, 유익: meum stúdium erga salútem et incolumitátem tuam *(C.)* 너를 안전하고 무사하게 하려는 나의 노력 / salúti esse *alci* 아무에게 이롭다 *(Pl.)*, 아무를 구출하다*(C.)* / salúte nostrā *(Bacch.)* 우리는 안전하게 / salúte hóriæ *(Pl.)* 고기잡이배가 무사히 / bonā salúte *(Cato)* (신의 가호로) 다행히도. **3.** 구조(救助), 구출, 살길, 구제, **구원, 구령**(救靈). **4. 인사, 문안,** 안부; 고별인사: salútem (dícere) *alci (C.)* (편지 따위의 첫머리에서) 누구에게 인사를 드리다, 안부를 묻다; 고별하다 / Impértit tibi multam salútem.*(C.)* 그가 네게 많이 문안한다. **5.** [S-] 건강·복지·구원의 여신, *Quirinális* 언덕에 그 신전이 있었음.

salutáris, e, *adj.* [salus] **1.** 〔*absol.; dat.;* ad, contra *acc.*〕 몸에 좋은, 건강에 이로운, (약초 따위가) 효험이 있는, 효능이 좋은, 병을 고쳐주는[예방하는]: ~ ars *(H.)* 의술. **2.** 〔*absol.; dat.*, ad *acc.*〕 안녕[안전·무사함·다행]을 가져다주는, **생명[구원]을 주는,** 살려주는, 구령(救靈)에 도움되는; 남에게 잘해주는, 격려적인; **이로운,** 유익한: líttera ~ *(C.)* 살려주는 글자 즉 A(= Absólvo.《나는 사면한다》라는 법관의 판결 약자) / lítteræ salutáres *(C.)* 소생의 희망을 가지게 해주는 격려편지 / dígitus ~ *(Suet.)* 집게[둘째]손가락; 〔*subst.*〕 *m.* 구원자, 구세주; *n.* 구원; *n.pl.* 건강, 다행: salutária bíbere *(Apul.)* 건강·행복을 빌며 건배하다. **3.** [S-] *Salus* 여신에 관한: Salutáris collis, *Salus* 여신의 신전이 있던 *Quirinális* 언덕 꼭대기. **4.** collégium salutáre, 죽은 사람들의 장례를 돌보던 단체 (자유신분이 된 노예나 천민들로 구성되었었음).

salutátĭo, ónis, *f.* [salúto] **1. 인사,** 경례, 절; 안부, 문안: accéptā ac rédditā salutatióne *(Macr.)* 서로 인사를 나누고나서 / ~ angélica 성모경, 성모송(Ave María로 시작됨). **2.** (인사차 하는) 방문, 예방, 알현. **3.** 신전에서의 경배.

salutátor, óris, *m.* [**-trix,** ícis, *f.*] [salúto] **1.** 인사하는 사람. **2.** (청탁 등을 목적으로) 찾아와 인사하는 사람, 예방객, 알현자.

salutatórĭus, a, um, *adj.* [salúto] **1.** 인사의; 예방객의; 〔*subst.*〕 *n.* 응접실; 《가古》 (인사하는 방이라는 뜻에서) 제의실. **2.** 《文法》 ~ casus 호격(呼格).

salútĭfer, ĕra, ĕrum, *adj.* [salus+fero] **1.** 건강[다행·복·구원]을 가져오는; 약효가 있는; 유익한: herbæ salutíferæ *(Stat.)* 약초. **2.** 인사를 전하는, 문안하는.

salutificátor, óris, *m.* 구세주 *(Tertull.)*.

salútĭger, ĕra, ĕrum, *adj.* [salus+gero¹] **1.** 건강[안녕·다행]을 가져오는. **2.** 안부 전하는, 문안[인사]하는: ~ libéllus *(Auson.)* 문안편지; 〔*subst.*〕 *m.* 안부 전하는 직책을 맡은 사환.

salutigérŭlus, a, um, *adj.* [salus+gérulus] 인사를 전달하는, 안부 전하는 사환의.

salúto, ávi, átum, áre, *tr.* [salus] **1.** 무사히 보존하다. **2.** 〔*alqm; absol.*〕 **인사하다,** 경례하다, 경의를 표시하다, **문안하다,** 안부를 전하다: Dionýsius te salútat.*(C.) Dionýsius*가 네게 문안한다. **3.** 〔*alqm c. acc. præd.*〕 …로 받들어 모시다, …라고 부르며 인사하다: *alqm* imperatórem ~ *(Ta.)* 아무를 총사령관으로 받들어 모시다 / Cur ego poéta salútor?*(H.)* 왜 내가 시인이라는 이름으로 인사를 받는단 말인가? **4.** 〔*absol.; alqm*〕 (특히 부하·피보호인 등이) 인사차 방문하다, 예방하다, 알현하다. **5.** ~ plebem *(C., L.)* (선거운동으로) 서민

들을 찾아다니며 인사하다. **6.** (신에게) 경배하다, 기도하다. **7.** 작별인사를 하다.
salvaméntum, i, *n.* [salvo] 구제, 구원.
salvátĭo, ónis, *f.* [salvo] 구제, 구조, 구출; 구원, 구세(救世), 구령(救靈).
salvátor, óris, *m.* [salvo] **1.** 구조자, 구출자, 구원자; 구원. **2.** [S-] 구세주(예수).
salvátrix, ícis, *f.* [salvátor] 구원하는 여성.
salve[1], *adv.* [salvus] 건강하게, 무사히, 탈없이, 별고없이, 잘: Satin ~?*(T., Pl., L.)* (= Satísne agis [ágitis, ágitur]?) 별고없느냐? 잘 지내느냐? / Quam ~ agit Démeas? *(Apul.) Démeas*가 어떻게 지내느냐?
salve[2], *pl.* **salvéte,** *imper.* [sálveo] 안녕(들)하십니까, 문안드립니다.
sálvĕo, ére, *def. intr.* [salvus] 〔명령법과 *fut.* salvébis, *inf.* salvére가 사용되는 정도임〕 잘 있다, 안녕하다, 무사하다: "Jubémus te salvére, mater." "Salvéte, puéllæ." *(Pl.)* 《어머니, 저희가 문안드립니다》 《오냐, (소녀들아) … 너희도 잘들 있느냐?》 / 《가》 Salve, Regína. (자비의 어머니) 모후시여, 하례하나이다 (마리아 찬미기도의 하나) / 〔죽은 사람에게〕 Salve et vale.*(Var.)* 영원토록 고이 잠드소서 / 〔간접안부〕 Dionýsium velim salvére júbeas.*(C.) Dionýsius*에게 안부전해주시오; Salvébis a meo Ciceróne.*(C.)* 나의 *Cícero*로부터 네게 안부전한다.
sálvĭa, æ, *f.* 《植》 ~ officinális (약용·요리 향료로 쓰이는) 샐비어; ~ splendens (관상용) 샐비어.
salvificátĭo, ónis, *f.* [salvífico] 구제, 구원.
salvífico, áre, *tr.* [salvus+fácio] 구해주다, 구원하다. 「는, 구원을 가져다주는.
salvíficus, a, um, *adj.* [salvífico] 구해주
salvo, ávi, átum, áre, *tr.* [salvus] **1.** (병자를) 낫게 하다, 쾌유시키다. **2.** 〔*alqm, alqd* - ab, de, ex *abl.*〕 무사히[고스란히] 보존하다, 살아남게[건재하게] 하다; **구(救)하다,** 구조[구출]하다, **구원하다,** 구제하다.
salvus, a, um, *adj.* [*cf.* salus] **1.** 잘있는, **탈없는,** 성한, 건강한; **무사한,** 안전한, 건재하는, 살아있는; 멀쩡하게 나은, 쾌유된. **2.** 〔흔히 명사와 더불어 *abl. absol.*로 씀〕 온전한, **고스란한,** 손상되지 않은, 무사히 보존된; 효력을 잃지 않은, 계속 유효한: Salvum signum est.*(Pl.)* 봉인이 고대로 있다 / salvis rebus *(C.)* 나라사정이 좋던 때에 / salvā virginitáte *(Ov.)* 처녀성을 상실하지 않고. **3.** 구조된, **구원된,** 구제된. **4.** 〔대화·인사〕 Salvus sum, si hæc vera sunt.*(T.)* 이세 사실이라면 넌 살았다 / Salva res est.*(T., Pl.)* 그거[일·형편이] 잘됐다 / Salvus sis.*(Pl.)* (= salve) 안녕하십니까.
Samǽi, órum, *m.pl. Same*의 주민.
sámăra, æ, *f.* 《植》 시과(翅果), 익과(翼果); 느릅나무열매. 「협잡꾼; 야바위꾼.
samárdăcus, i, *m.* 《*Africa*에서》 사기꾼,
Samaría, æ, *f.* **1.** *Palæstína*의 *Jordánes* 강과 지중해 사이에 있는 지방, *Galilǽa*의 남쪽 · *Judǽa*의 북쪽에 위치함; 〔*adj.*〕 **-ritánus [-rítĭcus, -réus],** a, um; *(f.)* **-rítis,** tĭdis: múlier Samaritána, Samarítis fémina, *Samaría* 부인; 〔*subst. deriv.*〕 **-ritánus,** i, *m.*, **-ríta [-tes],** æ, *m. Samaría* 사람: bonus Samaritánus, 착한 *Samaría* 사람 *(cf. Luc. 10, 33ss)*; **-rítĭda,** æ, *f.* 그곳 여자. **2.** *Samaría*에 있는 도시, 고대 *Israël* 왕국의 수도 (여기에서 지방명이 나왔던 것임).
Samarobríva, æ, *f. Gállia Bélgica*의 *Ambiáni*족의 수도 (지금의 *Amiens).*
sambúca, æ, *f.* **1.** 수금(竪琴) 비슷한 삼각형의 현악기. **2.** sambúca 연주자(여자). **3.** 적군의 성벽에 오르기 위해 걸쳐놓는 사다리. 「나무의.
sambúcĕus, a, um, *adj.* [sambúcus[2]] 딱총
sambucína [-cístrĭa], æ, *f.* sambúca 타는 여자.
sambúcus[1], i, *m.* sambúca 연주자. 「무.
sambúcus[2], i, *f.* 《植》 딱총나무; 말오줌나
Săme, es, *f.* **1.** *Ithăca*섬의 서쪽에 있는 섬 (나중에 *Cephalénia*라 불렸음). **2.** 이 섬 동부에 있는 도시; 〔*subst. deriv.*〕 **-mǽi,** órum, *m. pl.* 그곳 주민.
sámĕra, æ, *f.* = sámara.
samiárĭus, i, **[-átor,** óris,**]** *m.* [sámio] (무기·연장을 벼리어 *Samos* 숫돌로 가는) 연마공(硏磨工).
sámĭo, ávi, átum, áre, *tr.* [Sámius] (*Samos* 섬에서 나는 숫돌로) 갈다, 연마하다.
Samírămis [Same-], mĭdis, *f.* = Semíramis.
Sámĭus, a, um, *adj. Samos*섬의: ~ lapis, (금속 특히 금 연마에 쓰이던) *Samos*섬 숫돌 / Sámia génetrix *(Juv.)* (그곳에서 특별히 섬기던) *Juno* 여신 / ~ (senex)*(Ov.)* (*Samos* 사람·노인 즉) *Pythágoras* / Sámia creta, *Samos*섬 백토 (도자기 원료였음); 〔*subst.*〕 *m. pl.* 그곳 주민; *f.* (*sc.* placénta) 그곳 과자·제삿떡; *n.(pl.)* 그곳 도자기.
Samnis, ítis, *adj. Sámnium*(사람)의, *Sámnium*식의; 〔*subst.*〕 *m.* 〔집합명사로 쓴 *sg.*도 간혹 있음; 주로 *pl.:* **-tes,** um [ĭum]〕 **1.** *Sámnium* 주민. **2.** *Sámnium*식 무장의 검투사들 (gladiatóres).
Sámnĭum, i, *n.* 이태리 중부지방의 옛 나라, 그 주민은 *Sabíni*족의 후예였음; 〔*adj.*〕 **-nis,** nítis; **-nítĭcus,** a, um.
Samos[1] **[-us],** i, *f.* 〔*acc.* -on, -um〕 *Ægǽum*해의 동남쪽 즉 *Ephĕsus* 앞바다에 있는 섬, 동남해안에 같은 이름의 도시가 있음, *Pythágoras*의 출신지; 〔*adj.*〕 **-mĭus,** a.

um.
Samos², i, *f.* = *Same.*
Samothrácĭa [-ráca], æ, **[-ráce**, es,] *f.* 북부 *Ægǽum*해에 있는 섬 (지금의 *Samothraki*); 〔*adj.*〕 **-thracénus [-ácĭ(c)us, -ácus]**, a, um; 〔*adj.; subst.*〕 **-thráces**, um, *m. pl.* 이 섬의 여러 신(神).
sampsa, æ, *f.* 올리브열매의 살.
Sampsicérămus, i, *m. Sýria*의 도시인 *Emĕsa*의 보잘것 없는 왕, *Pompéjus*에게 정복당함. 「(= amáracus) 마요라나, 꽃박하.
sampsúchum, i, *n.* **[-us**, i, *m., f.*] 《植》
Sámŭel, élis, *m.* 〔혹은 *indecl. m.*〕 《聖》 구약시대의 사사(士師, 또는 판관) 및 예언자; Liber primus [secúndus] Samuélis (略: *I Sam., II Sam.*) (구약성서 중의) 사무엘 상·하 (제1서·제2서).
sanábĭlis, e, *adj.* [sano] **1.** 치료[치유]될 수 있는, 나을[고쳐질] 수 있는. **2.** 이로운, 유익한.
sanátĭo, ónis, *f.* [sano] **1.** 치료, 치유, 건강회복. **2.** 교정(矯正), 바로잡음. **3.** 《敎法》 ~ in radíce (혼인의) 근본적 보정(根本的補正), 소급적 유효화(遡及的有效化).
sanatívus, a, um, *adj.* [sano] (병을) 고치는 효력[효능]이 있는; 치료상의.
sanátor, óris, *m.* [sano] 병고쳐주는 사람, 치료자, 의사.
sanatórĭus, a, um, *adj.* [sano] 병고치는, 치료의; 요양의; 〔*subst.*〕 **-tórĭum**, i, *n.* **요양소.**
sáncĭo, sanxi [sáncĭi], sanctum [sancítum], íre, *tr.* [*cf. sacer*] **1.** (종교예식 따위로써) 신성불가침의 것으로 만들다. **2.** 〔*alqd* - de, in *alqā re;* in *alqm; alci;* lege, edícto *etc.* - ut, ne; *acc. c. inf.*〕 (법을) **제정하다**; 법으로 **결정[규정·명령]하다**, 법으로 금지하다: Hæc lex in amicítiā sanciátur, ut ...*(C.)* …야 한다는 이런 법칙이 우정에 있어서 세워져야 한다. **3.** 〔lex 따위를 주어로〕 (법이 무엇을) 명하다; …하지 못하도록 금하다. **4.** 인준하다, 비준하다. **5. 확립하다, 확정하다**, 공고[확고]히 하다: ~ disciplínam *(C.)* 기율을 확립하다 / sanciéndæ fídei grátiā *(Gell.)* 신의를 공고히 하기 위하여. **6.** 바치다, 헌정하다: ~ *alci* cármina *(Stat.)* 노래를 아무에게 바치다. **7.** 〔*alqd alqā* pœnā〕 처벌하다: incéstum suprémo supplício ~ *(C.)* 근친상간죄를 최고형으로 처벌하다.
Sancta Liga, æ, *f.* 《敎史》 신성동맹 (16세기에 프랑스에서 개신교에 반대한 가톨릭 교도의 동맹).
sancte, *adv.* [sanctus] **1.** 경건하게, 경외심을 가지고, 엄숙하게, 성스럽게, 거룩하게. **2.** 성실[충실]하게, 양심적으로. **3.** 순결하게, 고이.
sánctĭfer, ĕra, ĕrum, *adj.* [sanctus + fero] 거룩함을 지닌, 거룩한.
sanctificátĭo, ónis, *f.* [sanctífico] 거룩하게 함, 축성(祝聖); **성화**(聖化), (주일·특정 대축일 따위를) 거룩하게 지냄; 거룩하여짐.
sanctificátor, óris, *m.* [sanctífico] 거룩하게 하는 분.
sanctifícĭum, i, *n.* [sanctífico] **1.** 성화(聖化). **2.** 성화시키는 곳·자리.
sanctífico, ávi, átum, áre, *tr.* [sanctus + fácio] 거룩하게 하다, 거룩한 것으로 만들다, **성화**(聖化)**시키다**, 축성(祝聖)하다, 성별(聖別)하다; (주일·특정 축일 따위를) 거룩하게 지내다[지키다]. 「하게 하는.
sanctíficus, a, um, *adj.* [sanctífico] 거룩
sanctílŏquus, a, um, *adj.* [sanctus + loquor] 거룩한 이야기를 하는, 하느님의 말씀을 이야기하는.
sanctimónĭa, æ, *f.* [sanctus] **1.** 신성(神聖). **2.** 성덕(聖德), 덕성(德性); 순결, 정덕(貞德), 단정.
sanctimoniális, e, *adj.* [sanctimónia] 덕성스러운, 성덕(聖德)에 전념하는, 경건한, 수도하는; 〔*subst.*〕 *f.* 수도생활하는 여자.
sanctimónĭum, i, *n.* [sanctus] **1.** 신성(神聖), 거룩함. **2.** 순교 *(Cypriánus).*
sánctĭo, ónis, *f.* [sáncio] **1.** 법규, (구속력을 가진) 법령; 제재, 처벌규정, 벌칙; 상벌(규정): ~ naturális 자업자득, 천벌. **2.** 재가, 비준: ~ pragmática 국본조칙[칙재](國本詔勅·勅裁). **3.** (계약의) 약관, 조관(條款).
sánctĭtas, átis, *f.* [sanctus] **1. 거룩함**, 성성(聖性), 신성(神聖), 존엄, 신성불가침(성). **2. 성덕**(聖德), 덕성(德性), 고결, 정직, 청렴. **3.** 순결, 정결(貞潔), 정숙, 정조. **4.** (신·망령〈亡靈〉에 대한) 효경심, 경건. **5.** [S-] 《가》 (교황에 대한 경칭) Sua ~ 교황 성하(聖下); 《古》 (주교에 대한 경칭) ~ Tua [Vestra] *(Aug., Hier.)* 주교님.
sanctitúdo, dĭnis, *f.* [sanctus] **1.** 거룩함, 신성, 존엄, 신성불가침(성). **2.** 성덕, 덕성, 고결; 정결(貞潔).
sanctor, óris, *m.* [sáncio] 법 제정자.
sanctuárĭum, i, *n.* [sanctus] **1. 성소**(聖所), 지성소(至聖所); 성전(聖殿); (성인의 묘소·순례지 따위의) 성지(聖地). **2.** (성당의) 중앙제단 주위, 내진(內陣). **3.** (법률의 힘이 미치지 못하는) 성역(聖域), 성당안의 범죄자 비호소(庇護所)·피난처. **4.** 군주의 조칙(詔勅); 조칙 보관실; 군주의 사실(私室). 「거룩한; 거룩한 체하는.
sánctŭlus, a, um, *adj. dim.* [sanctus] 좀
sanctum, i, *n.* [sanctus] **1.** 신성한 곳, 성소(聖所); 〔가끔 *pl.*〕 지성소(至聖所): sancta *(Hebr. 9, 12)*, sancta sanctórum *(Num. 4, 19)* 지성소. **2.** 거룩한 것, 성물.

sanctus[1], a, um, *p.p., a.p.* [sáncio] **1.** (법의 규정에 의한) 신성불가침의, 침범[침해]하지 못할, 존엄한: Tribúni sancti sunto. *(C.)* 호민관들은 어떤 권력기관의 간섭도 받을 수 없(어야 한)다 / ærárium sánctius (평상시에는 쓰지 못하고 전쟁 따위) 유사시에 대비한 국고(금). **2. 거룩한**, 신성한, 성별(聖別)된; 《가》 (시성〈諡聖〉에 의한) 성인의; 〔*subst.*〕 *m.* 성인, 성자(聖者); *m. pl.* 성인들; (그리스도를 신봉하는) 성도(聖徒). **3.** 양심적인, 죄없는, 덕성스러운, 성자[군자]다운; 청렴한: sanctæ manus *(Val. Max.)* (뇌물 따위와는 거리가 먼) 청렴한 두 손. **4.** 순결한, 청순한, 정숙한: vírgines sanctæ *(H.)* 청순한 처녀들.

Sanctus[2], (Sanctus, Sanctus) *indecl.* 《가》 삼성창(三聖唱, 미사의 감사송 직후의 「거룩하시다, 거룩하시다, 거룩하시다」), 상뚜스.

Sancus, i, *m. Sabíni*족이 섬기던 *Hércules*, 「*Roma*에도 그 신전이 있었음.

sándăla, æ, *f.* = scándula.

sandaliárĭus, a, um, *adj.* [sandálium] 샌들의: Apóllo Sandaliárius *(Suet.)* (*Roma* 제4 행정구 <régio> 의 vicus ~〈샌들거리〉에 있던) 샌들신은 *Apóllo* 석상; 〔*subst.*〕 *m.* 샌들 제조인·장수.

sandaligérŭla, æ, *f.* [sandálium+gero[1]] 여주인의 샌들을 들고 다니는 하녀.

sandálĭum, i, *n.* (미투리 비슷하게 생긴 가죽신으로서 원래는 여자용 고급) 샌들.

sandápĭla, æ, *f.* (서민·사형수의 시체운반용) 상여 (상류계급의 것은 lectíca); 널, 목관(木棺).

sandapilárĭus, i, *m.* [sandápila] 시체운반인, 상여꾼.

sandárăca [-cha], æ, *f.* **1.** 《鑛》 계관석(鷄冠石). **2.** 산다락 수지(樹脂).

sandyx, ýcis, **[-dix,** ícis,] *f.* **1.** (뿌리를 삶아서) 빨간 물감을 만들어내는 풀(이름). **2.** 연단(鉛丹)[광명단(光明丹)] 같은 빛, 주색(朱色), 붉은 색. **3.** 연지(의 일종).

sāne, *adv.* [sanus] **1.** 건강하게, 성히. **2. 건전하게**, 분별있게, 현명하게, 온전한 정신으로, 정상적으로. **3. 참으로**, 정말, 사실, 실로, 확실히, 과연: bonus ~ vicínus *(H.)* 정말 좋은 이웃. **4.** 상당히, 몹시, 대단히, 매우, 아주, 굉장히; 끔찍이도, 무던히도: res ~ diffícilis*(C.)* 대단히 어려운 일 / Sane quam sum gavísus. *(C.)* 나는 더할 나위 없이 기뻤다. **5.** 〔용인·양보, *c. subj.*〕 그래 …라고[…하다고] 하자: Sit hoc ~ leve.*(C.)* 그래 이것이 경솔한 짓이라고 하자. **6.** 〔대답〕 그래, 그렇구말구, 암 그렇지, 물론. **7.** 〔명령·권고 따위 재촉, *c. imper., subj.*〕 어서; 모름지기, …기나 해라: I sane.*(T.)* 어서 가거라 / Sint ~ liberáles. *(Sall.)* 그들은 모름지기 너그러워야 한다. **8.** 〔반어(反語)〕 꽤나: Benefícium magnum ~ dedit.*(Phædr.)* 그가 꽤나 큰 은혜를 베풀었군 그래.

sanésco, ĕre, *intr. inch.* [sanus] (병·상처 따위가) 낫다, 치유되다, 아물다.

Sangárĭus, i, *m.* = Ságaris.

Sanguális = Sanquális.

sanguen, guĭnis, *n.* 《古》 = sanguis.

sanguícŭlus, i, *m. dim.* [sanguis] 선지순대, 선지저냐.

sanguinális, e, *adj.* [sanguis] 피의; 《植》 herba ~*(Cels.)* 여뀌(의 일종).

sanguinárĭus, a, um, *adj.* [sanguis] **1.** 피에 관한: herba sanguinária *(Plin.)* 여뀌(의 일종, 그 즙은 지혈제로 쓰인다 함). **2.** 피흘리는, 유혈의, 피비린내나는, 피투성이의. **3.** 유혈[살생]을 좋아하는, 피에 굶주린, 살벌한, 잔인한.

sanguinátĭo, ónis, *f.* [sánguino] 피가 남, 「출혈.

sanguínĕus, a, um, *adj.* [sanguis] **1.** 피의, 혈액의, 피에 관한, 피로 된. **2.** 피가 흐르는, 유혈이 낭자한; 피묻은, 피투성이의, 피비린내나는. **3.** 핏빛의, 붉은: sanguínei orbes *(Val. Fl.)* 붉게 충혈된 두 눈. **4.** 피에 굶주린, 잔인한.

sánguĭno, ávi, átum, áre, [sanguis] **I.** *intr.* **1.** 피가 나다·흐르다, 출혈하다; 월경하다. **2.** 핏빛이 되다. **3.** 흡혈귀짓을 하다.

II. *tr.* **1.** 〔*alqm, alqd*〕 피를 흘리게 하다·내다, 피를 뽑다, 사혈(瀉血)하다; 피묻게 하다; 피로 물들이다. **2.** 핏빛이 되게 하다.

sanguinoléntĭa, æ, *f.* [sanguinoléntus] 유혈, 출혈, 충혈.

sanguinoléntus, a, um, *adj.* [sanguis] **1.** 피나는, 유혈의; 피묻은, 피투성이의; 피맺힌, 충혈된. **2.** 핏빛의, 빨간. **3.** 피비린내나는; 고혈을 착취하는; 중상적(中傷的)인.

sanguinósus, a, um, *adj.* [sanguis] **1.** 혈액의. **2.** 피가 많은, 다혈증의.

sanguis, guĭnis, *m.* 〔《古》 *gen.* -guis; *acc.* -guem; *abl.* -gui도 간혹 있음〕 **1. 피**, 혈액: sánguinem míttere *(C.)* 사혈(瀉血)하다, 피를 뽑다. **2.** 혈통, 혈연, 가계(家系), 가문, 혈족, 겨레: sánguine conjúncti *(C.)* 겨레붙이들. **3.** 자식; 자손, 후예: páuperum ~ paréntum *(H.)* 가난한 부모의 자식 / Sanguis est illa tuus.*(Tib.)* 그애는 네 딸자식이다. **4.** 유혈, 살해; 죽음: Tum multum sánguinis fusum est.*(Curt.)* 당시 많은 사람들이 살상되었다 / vir sánguinum *(II Sam. 16, 7)* 살인마. **5.** (식물의) 즙액: ~ uvæ 포도즙. **6.** 핏빛. **7.** 혈기, 힘, 활력, 활기; (연설 따위의) 박력. **8.** (귀중한) 돈.

sanguisórba, æ, *f.* 《植》 오이풀(종류): ~ alpína 큰오이풀 / ~ officinális 수박풀, 오이풀 / ~ rectíspica 긴오이풀.

sanguisúga, æ, *f.* [sanguis+sugo] 《動》 거머리.
Sangus = Sancus.
sánĭes, éi, *f.* [sanguis] **1. 피고름.** **2.** (귓구멍에서 나오는) 고름. **3.** (열매·거미 따위의) 눈지렁이. **4.** (독사 따위의) 독액. **5.** 젓국. **6.** (양털 염색용으로 짜낸) 자홍색 권패류의 즙.
saniósus, a, um, *adj.* [sánies] 피고름의, 피고름이 가득한.
sánĭtas, átis, *f.* [sanus] **1. 건강,** 건전, 좋은 건강상태. **2.** 치유. **3.** (정신의) 건전, 제정신, 온전한 정신, 냉정(冷靜); 사려분별, 지각, 양식(良識); 건실, 온건. **4.** (말·문체의) 정확, 적절, 과장[꾸밈]없음, 간결.
sánĭter, *adv.* [sanus] 건전하게, 합리적으로.
sanna, æ, *f.* **1.** 입을 헤벌리고 이를 드러내며 익살스럽게 찌푸린 얼굴. **2.** 비웃음, 조롱.
sánnĭo, ónis, *m.* [sanna] 익살스럽게 비웃으며 흉내내는 자.
sāno, ávi, átum, áre, *tr.* [sanus] **1.** [*alqd, alqm*] 건강해지게 하다, (상처·병을) **고치다,** 치료하다, 낫게 하다, 아물게 하다. **2.** (고통·걱정·공포 따위를) 멎게 하다, 가시게 하다, 가라앉히다; (냄새 따위를) 제거하다. **3.** (정신·마음·잘못된 점 따위를) 고치다, 고쳐주다, 바로잡다, 바꾸어놓다, 개선하다, 호전시키다, 회복(恢復·回復)시키다: morte ~ scelus *(Sen.)* 죽음으로 속죄하다.
Sanquális, e, *adj.* *Sancus*의, *Sancus*에 관한: (avis) ~ *(L.)* 물수리 (*Sancus*에게 봉헌되어 보호받는 새) / ~ porta *(Fest.)* *Roma*의 *Sancus*신전 부근의 성문.
sānsa, æ, *f.* (= sampsa) 올리브열매의 살.
Sántŏnes, um, [**-tŏni,** órum,] *m. pl.* *Aquitánia*의 *Celtæ*족; [*adj*] **-tónĭcus,** a, um.
santonínum, i, *n.* 《藥》 산토닌.
sānus, a, um, *adj.* **1.** [*absol.; ex, ab abl.; abl. limitatiónis*] **건강한, 건전한, 성한,** 멀쩡한; (병·상처 따위가) 나은: Mens sana in córpore sano. *(Juv.)* 건전한 정신은 건전한 신체에 (깃든다) / Ulcĕra sana fáciet sine dolóre. *(Cato)* 그는 궤양들을 아프지 않게 고쳐줄 것이다 / Sanus fiet ex eo morbo. *(Cato)* 그는 그 병에서 나을 것이다 / ~ utrísque óculis *(H.)* 두 눈이 성한 (사람). **2.** 싱그러운, (공기 따위가) 썩지[탁하지] 않은. **3.** 좋은 상태의, 무사한, 이상없는. **4.** [ab *abl.*] …에서 벗어난, …와 상관없는, 물들지 않은. **5.** [*absol.; gen.*] **제정신의, 온전한 정신의,** (정신상태가) 정상적인, 지각있는, 이성을 잃지 않은, 냉정(冷靜)한, 분별있는, 사리판단이 정확한; (생각·행동 따위가) **건전한:** ut sani solent hómines, *(Pl.)* 흔히 정상적인 사람들이 하는 것처럼 / Sanun(= Sanúsne) es? *(Pl.)* 너 제정신이냐? / male ~ *(C.)* 정신나간. **6.** (문체·연설·연사 따위가) 과장[꾸밈]없는, 필요적절한 (말의), 간결한, (박력없이) 정확하기만 한, 상식에 어긋나지 않는.
sanxi, *pf.* [sáncio].
săpa, æ, *f.* (원액을 반쯤 혹은 3분의 1 정도 되도록) 달인 포도즙.
saphéna, æ, *f.* 《解》 복재정맥(伏在靜脈).
saphírus, i, *f.* = sapphírus.
saphon, ónis, *m.* 배의 이물에 두는 밧줄.
sápĭdus, a, um, *adj.* [sápio] **1. 맛있는,** 풍미있는. **2.** 슬기로운, 현명한.
sápĭens, éntis, *p. præs., a. p.* [sápio] **1.** [*absol.; gen.*] **지혜로운, 슬기로운,** 현명한, 사려분별이 있는, 총명한, 똑똑한, 영리한, (사물을) 잘 이해하는; [*subst.*] *m.* 지혜[슬기]로운 사람, 똑똑한 사람. **2.** 지덕(知德)이 뛰어난, 성현[현자]의 자격을 갖춘; [*subst.; abl. sg.* (-ti), -te; *gen. pl.* -tĭum, -tum] 성현, 현인, 현자, 군자, 철인(哲人). **3.** 감식안이 있는, 맛[멋]을 아는: Qui utúntur vino vétere, sapiéntes puto. *(Pl.)* 나는 묵은 포도주를 즐기는 사람들이 참맛을 안다고 생각한다. **4.** (동물 따위가) 약은, 교활한, 간사한: ~ fera *(Cœlius Sympósius)* 여우.
sapiénter, *adv.* [sápiens] **1.** 지혜[슬기]롭게, 현명하게, 신중하게, 잘 알아서. **2.** 너그럽게. **3.** 약게, 교활하게.
sapiéntĭa, æ, *f.* [sápiens] **1.** 맛, 미각; 기호(嗜好). **2.** 건전한 상식, 사려분별, **양식**(良識); 통찰(력); **현명,** 총명, 영리, 명석; 노련, 신중: Sapiéntia prima stultítiā caruísse. *(H.)* 어리석음이 없었다는 것이 현명의 제1보이다. **3. 지혜,** 예지, 상지(上智); 이지(理智); 철리(哲理), 철학: doctóres sapiéntiæ *(Ta.)* 철학자들 / [S-] 《聖》 liber Sapiéntiæ, ~ (略: Sap.) 구약성서의 지(혜)서 / léctio libri Sapiéntiæ 지혜서 낭독 (전례서〈典禮書〉에서는 지혜서 외에 잠언·전도서·아가·집회서도 포함시킴).
sapientiális, e, *adj.* [sapiéntia] 이지(理智)의, 지혜의; 지혜서의: libri sapientiáles 지혜서 (구약성서의 잠언·전도서·아가·지혜서·집회서의 총칭).
sapientípŏtens, éntis, *adj.* [sapiéntia+potens] 매우 지혜로운, 지혜가 뛰어난.
sapin... *V.* sappin...
sápĭo, ívi [ĭi, ŭi], ĕre, *intr., tr.* **1.** [*absol.; alqd*] **맛이 있다,** 맛이 나다, 맛을 가지고 있다: Si ..., óleum male sápiet. *(Cato)* …하면 올리브기름의 맛이 나쁠 것이다 / Mella herbam eam sápiunt. *(Plin.)* 꿀들에서 그 풀맛이[풀냄새가] 난다. **2.** 맛보다, 맛을 알다, 맛들이다. **3.** [*alqd*] 냄새가 나다, 냄새를 풍기다: unguénta, quæ crocum sápiunt. *(Plin.)* 사프란 향기가 나는 향유 / Iste servus sapit hircum ab alis. *(Pl.)* 저놈

의 종이 겨드랑이에서 암내가 난다. **4.** 〔*alqm*〕(태도·성질 따위가 누구와) 비슷하다, 같은 티를 내다. **5.** 지혜롭다, 현명하다, 똑똑하다: Magis sapísset, si dormivísset domi.*(Pl.)* 그가 집에서 잠이나 잤더라면 더 현명했을텐데. **6.** 〔*absol.; alqd, alqm*〕 **잘[제대로] 알다 · 생각하다,** 이해하다, 깨닫다, 사물을 분간할 줄 알다, 바로 판단하다, 생각이 맞다: Núbere vis alci: sapísti.*(Mart.)* 네가 아무에게 시집가고 싶어하는데 잘 생각한 일이다 / Recte ego rem meam sápio.*(Pl.)* 내가 내 사정을 제대로 잘 안다. **7.** 〔*alqd*〕…에 마음을 쓰다, 추구하다. **8.** 〔ad *alqd*〕…에 밝다, 정통하다, 훤히 알다.

Sāpis, is, *m. Gállia Cispadána*의 작은 강(지금의 *Savio*); 〔*adj.*〕 **-pínĭus,** a, um.

sāpo, ónis, *m.* 비누: ~ medicátus 약용비누.

saponácĕus, a, um, *adj.* [sapo] **1.** 비누같은, 비누 성질의. **2.** 말만 번지르르한.

saponárĭus, i, *m.* [sapo] 비누제조인.

saponátum, i, *n.* [sapo] 비누거품, 비눗물.

săpor, óris, *m.* [sápio] **1. 맛,** 풍미, 향미. **2.** 맛좋은 음식, 진미, 진수(珍羞). **3.** 미각. **4.** 냄새, 방향(芳香). **5.** (일반적으로) 감관(感官). **6. 멋,** 재미, 매력, 세련미: homo sine sapóre*(C.)* 멋없는 [싱거운] 사람.

saporátus, a, um, *p.p., a.p.* [sapóro] 맛이 든, 맛있는, 양념한.

sapóro, átum, áre, *tr.* [sapor] **1.** 맛있게 하다, 맛을 내다, 조미하다; 양념하다. **2.** 재미있게 하다.

sapórus, a, um, *adj.* [sapor] **1.** 맛있는, 맛좋은, 풍미있는. **2.** 재미있는.

Sápphĭcus, a, um, *adj.* (*Lesbos*의 희랍 여류시인인) *Sappho*의: ~ versus, Sápphicum metrum, *Sappho* 시체(詩體, 그가 애용한 4행시).

sapp(h)irátus, a, um, *adj.* [sapphírus] 청옥(靑玉)으로 장식한.

sapp(h)írĭnus, a, um, *adj.* [sapphírus] 청옥(靑玉)의, 사파이어의; 청옥색의.

sapp(h)írus, i, *f.* 《鑛》 청옥(靑玉), 사파이어.

Sapphísmus [sap-], i, *m.* 《醫》 여자 동성애, (*Sappho*와 그 제자들이 즐겼다는 전설에서) 여자끼리의 성욕도착증.

Sappho, us [ónis], *f.* 희랍의 유명한 여류서정시인, *Lesbos*섬의 *Mityléne* 사람 (*sæc.* 6 A. C.); 〔*adj.*〕 **-pphĭcus,** a, um.

sappínĕus [-nĭus], a, um, *adj.* [sappínus] 전나무의.

sappínus, i, *f.* **1.** 《植》 전나무(의 일종). **2.** 전나무의 옹이없는 줄기를 내리켠 목재.

sapræmĭa, æ, *f.* 《醫》 패혈증(敗血症).

săprus, a, um, *adj.* 썩은, 부패한.

sarabál(l)a, æ, *f.* [**-bállum,** i, *n.*] = sarabára.

sarabára, æ, *f.* [**-bára,** órum, *n.pl.*] 가랑이 넓은 *Pérsia*식 바지.

Saracéni, órum, *m. pl. Arábia* 서북부의 유목민 종족, 사라센족; (중세에는 십자군에 대항했던) *Arábia*인·회교도; 〔*adj.*〕 **-nus,** a, um.

Sarapi... *V.* Serapi...

Sarávus, i, *m. Gállia Bélgica*의 강.

sarcásmos [-us], i, *m.* 비꼼, 신랄한 풍자, 야유, 증오에 찬 조롱.

sarcástĭcus, a, um, *adj.* [sarcásmos] 신랄한 풍자의, 비꼬는.

sarcímen, ĭnis, *n.* [sárcio] 옷깁기; 수선, 수리.

sárcĭna, æ, *f.* [sárcio] **1.** 보따리, 봇짐, 짐, 짐짝, 하물. **2.** 〔*pl.*〕(행군하는) 군인 각자의 분담하물. **3.** 뱃속의 새끼, 태아. **4.** 짐스러움, 부담, 중책; 걱정, 괴로움, 수고.

sarcinális, e, *adj.* [sárcina] 짐의, 하물운반의.

sarcinárĭus, a, um, *adj.* [sárcina] 짐의, 하물운반의: sarcinárium juméntum 하물운반 역축(役畜); 〔*subst.*〕 *m.* 역축몰이꾼.

sarcinátor, óris, *m.* [**-trix,** ícis, *f.*] **1.** [sárcio] 재봉사; (특히 옷 따위를) 수선하는 사람. **2.** [sárcina] 짐꾼; *(f.)* 짐 지키는 여자.

sarcinátus, a, um, *adj.* [sárcina] 짐진, 짐 실은.

sarcinósus, a, um, *adj.* [sárcina] 무겁게 짐진.

sarcínŭla, æ, *f. dim.* [sárcina] 작은 보따리[봇짐].

sárcĭo, sarsi, sartum, íre, *tr.* **1.** 깁다, 고치다, **수선하다, 수리하다,** 보수하다. **2.** (상처 따위를) 아물게 하다. **3. 보상하다,** 배상하다.

sarcolémma, ătis, *n.* 《解》 근섬유초(筋纖維鞘).

sarcóma, ătis, *n.* 《醫》 육종(肉腫), 종양.

sarcóphăgum, i, *n.* [**-gus**[1], i, *m.*] (조각 따위로 장식한) 석관(石棺); 무덤.

sarcóphăgus[2], a, um, *adj.* **1.** 고기를 먹는, 육식의. **2.** 살을 (빨리) 썩히는·부식시키는: ~ lapis *(Plin.)* 석관용재(石棺用材)의 대리석(의 일종).

sarcoplásma, ătis, *n.* 《解》 근형질(筋形質).

sarcósis, is, *f.* 《醫》 부기, 부종.

sarculátĭo, ónis, *f.* [sárculo] 김매기, 풀뽑기, 제초.

sárcŭlo, ávi, átum, áre, *tr.* [sárculum] 김매다, 제초하다.

sárcŭlum, i, *n.* [**-lus,** i, *m.*] [sário] **호미;** 괭이.

sarda[1], æ, *f.* **1.** 《動》 정어리. **2.** 《鑛》 홍옥수(紅玉髓).

Sarda[2], æ, *f. Sardínia* 여자.

Sardanapál(l)us, i, *m.* **1.** *Assýria* 왕국의 마지막 왕, 호색으로 유명하였음; 〔*adj.*〕 **-lĭcus,** a, um. **2.** 호색가.

Sardi, órum, *m. pl.* **1.** *Sardis*의 주민. **2.** *Sardínia*의 주민.

Sardínĭa[1], æ, *f.* 지중해의 (*Córsica*섬 남쪽에 있는) 큰 섬; 〔*adj.*〕 **-diniánus [-dónĭ(c)us, -dóus, -dus],** a, um; **-niénsis,** e.

sardínĭa[2] **[-dĭna],** æ, *f.* 《動》 정어리.

Sardis[-des], ĭum, *f. pl. Lýdia* 왕국의 수도, *Pactólus*강가에 있었음; 〔*adj.*〕 **-diánus [-dĭus],** a, um; **-dénsis,** e; 〔*subst. deriv.*〕 **-diáni,** órum, *m. pl.* 그곳 주민.
sárdĭus, i, *m.* 《鑛》 홍옥수(紅玉髓).
Sardónĭa herba, æ, *f.* 《植》 (*Sardínia*에서 나는 독초인) 미나리아재비(의 일종).
sárdŏnyx, ўchis, *m., f.* [**-dónўchus,** i, *m.*] 《鑛》 붉은 무늬 마노(瑪瑙).
Sardóus, a, um, *adj. Sardínia*의: Sardóa herba = Sardónia herba.
sargus, i, *m.* 《動》 (*Ægýptus* 근해에서 나는) 숭어(의 일종).
sárĭo, ívi [ĭi, ŭi], ítum, íre, *tr.* (호미로 두벌)김매다, 제초하다.
sarís(s)a, æ, *f. Macedónia*인들의 긴 창(槍).
saris(s)óphŏrus, i, *m.* saríssa 창으로 무장한 군인.
sarítĭo, ónis, *f.* [sário] (두벌)김매기, 제초.
sarítor, óris, *m.* [sário] 김매는 사람.
saritórĭus, a, um, *adj.* 김매기의.
saritúra, æ, *f.* (두벌)김매기.
Sármătæ, árum, *m. pl. Sarmátia* 사람들(슬라브족).
Sarmátĭa, æ, *f.* 흑해 북부 *Vístula*강과 *Rha*(= Volga)강 사이의 광대한 지방, 지금의 *Polónia*와 서부 *Rússia*를 포함하는 지역을 ~ Europǽa라 하였고, *Cáucasus*에서 *Rha*강에 이르는 지역 일대를 ~ Asiática라 하였음; 〔*adj.*〕 **-tĭcus,** a, um: Sarmáticum mare *(Ov.)* 흑해 / Sarmática hiems *(Stat.)* 엄동설한; 〔*adj. f.*〕 **-mătis,** tĭdis.
sarmentícĭus, a, um, *adj.* [sarméntum] (포도)나뭇가지의; 〔*subst.*〕 *m. pl.* 섶나무불에 화형당한 그리스도교 순교자들*(Tertull.)*.
sarmentósus, a, um, *adj.* [sarméntum] 넌출이 무성한, 덩굴이 많은[있는], 섬복지(纖匐枝)가 많은.
sarméntum, i, *n.* [sarpo] **1.** 포도나무의 (쓸데없는) 곁가지·삭정이. **2.** 포도넌출, 포도나무의 햇가지. **3.** (일반적으로) 나뭇가지.
Sarónĭcus sinus, -i -us, *m. Attĭca*와 *Peloponnésus* 사이의 작은 해만.
Sarpédon, ŏnis [óntis], *m.* **1.** *Creta*에서 *Júpiter*와 *Európa* 사이에 난 아들, *Lýcia*의 왕, *Troja* 전쟁에서 희랍군의 *Pátroclus*에게 살해됨. **2.** *Cilícia*의 갑(岬).
sarpo, sarpsi, sarptum, ěre, *tr.* (포도나무 따위를) 가지치다, 전지(剪枝)하다.
Sarra, æ, *f. Phœnícia*의 항구도시 *Tyrus*의 옛 이름; 〔*adj.*〕 **-ránus,** a, um **1.** *Sarra*의, *Tyrus*의. **2.** *Carthágo*의. **3.** 자줏빛의, 자홍색의.
sarrácum, i, *n.* **1.** 짐마차, 하물운반차. **2.** 《天》 대웅좌.
Sarrástes, um, *m. pl. Campánia*의 한 종족.
sárrĭo, sarrit... *V.* sário, sarit...
sarsi, *pf.* [sárcio].
Sársĭna [Sássĭna], æ, *f. Umbrĭa* 지방의 옛 도시; 〔*adj.*〕 **-nas,** nátis; **-nátis,** e.
sartágo, gĭnis, *f.* 번철, 프라이팬, 남비.
sártĭo, ónis, *f.* [sário] 두벌김매기.
sartor[1], óris, *m.* [sárcio] 옷깁는 사람; 재봉사; 수선[보수]하는 사람.
sartor[2], óris, *m.* = sarítor.
sartórĭus, i, *m.* (*sc.* músculus) 《解》 봉공근(縫工筋).
sartrix, ícis, *f.* [sartor[1]] 옷깁는 여자; 여자 재봉사.
sartúra[1], æ, *f.* [sárcio] 옷을 기움; 수선, 수리.
sartúra[2], æ, *f.* [sário] = saritúra.
sartus, a, um, *p.p., a.p.* [sárcio] **1.** 기운 (옷 따위), 고쳐진, 수리된. **2.** (상처 따위가) 아문. **3.** 회복된 (우정 따위). **4.** 〔형용사적으로는 tectus, a, um과 함께 쓰임〕 (주로 건축 따위가) 하자없는, 잘 손질한, 잘 보관된, 고스란한, 이지러지지 않은: Quæsívit, quis ædem Cástoris sartam tectam debéret trádere.*(C.)* 그는 누가 *Castor*의 신전을 잘 손질하여 전해줘야 할 사람인가를 알아보았다 / Sarta tecta tua præcépta usque hábui.*(Pl.)* 나는 너의 훈계들을 계속 잘 명심하고 있다; 〔*subst. n. pl.*〕 sarta tecta *(C.)* 잘 손질된 건물.
Saso(n), ónis, *f. Dalmátia* 해안의 작은 섬, 해적들의 은신처였음.
Sássĭna, æ, *f.* = Sársina.
sat, (= satis) **I.** *adj. indecl.* **1.** 넉넉한, 충분한, 상당한, 꽤 많은; 필적(匹敵)하는: Sat fúnera vídimus.*(V.)* 우리는 꽤많은 시체들을 보았다 / dii, quibus ~ esse non queam.*(Pl.)* 나로서는 필적할 수가 없는 그런 신(神)들; 〔*subst. c. gen.*〕 ~ pœnæ *(Prop.)* 충분한 벌 / ~ téstium *(C.)* 상당수의 증인들. **2.** 〔*inf.*; ut *c. subj.*〕 ~ est 넉넉하다, 충분하다; ~ habére 만족하다: Exspectáre ~ est. *(V.)* 기다리는 것으로 족하다 / Pérdere posse ~ est. *(Ov.)* 망하게 할 수 있고도 남는다 / Non ~ hábuit cónjugem illéxe(= illexísse) in stuprum. *(C.)* 그는 약혼녀(또는 같은 처지의 동료)를 음탕한 짓에 유인한 것으로 만족하지 않았다.
II. *adv.* **넉넉히, 충분히,** 상당히, 어지간히, 꽤, 만족할 만큼, 실컷: Non ~ scio. *(Gell.)* 나는 그다지 잘 알지 못한다 / ~ bonus *(C.)* 꽤 좋은 / ~ diu *(Pl.)* 꽤 오래.
săta, órum, *n.pl.* [satus] 씨뿌린 땅, 경작지; 밀밭; 농작물.
satágĭto, áre, *intr.* [sat+] 〔*alcjs rei*〕 하려고 힘쓰다, 애쓰다.
satágĭus [-ĕus], a, um, *adj.* [sat+ago] 애쓰는, 안간힘쓰는.
sátăgo, (egi satis), ěre, *intr.* [sat(is)+ago] **1.** 〔*absol.; gen., dat. cómmodi,* de *abl.,* circa *acc.; acc. pron. n.;* ut, *inf.*〕 골몰하다, 분주하다, 여념이 없다; 전력(全力)을 다하다, 열성을 내다, **힘쓰다,** 노력하다,

애쓰다; 고생하다, 고전하다: ~ circa frequens ministérium *(Luc. 10, 40)* 시중들기에 골몰하다 / satagéntibus (equítibus) occúrrere *(Cæs.)* 고전하는 기병들을 지원하다. **2.** [*absol.*] 채무이행을 힘껏 하다, 빚돈을 갚다.

sătan, *m. indecl.* [**sátănas,** æ, *m.*] 《*Hebr.*》 **1.** 원수, 적대자. **2.** 마귀, 악마, 마왕, 사탄. 「악마주의.

satanísmus, i, *m.* **1.** 악마[마귀]숭배. **2.**

satélles, lĭtis, *m., f.* **1.** 근위병, 친위병, 호위병, 경호원; 경찰관: régii satéllites *(L.)* 근위대. **2.** 수행원, 종자(從者), (심복)부하: pinnáta Jovis ~ *(C.) Júpiter*의 (무기인 번개를 가지고 따라다니는) 독수리 / satéllites Neptúni *(Pl.) Neptúnus*의 부하들 즉 회오리바람·폭풍·풍랑 따위. **3.** 《天》 위성. **4.** 동료, 조수. **5.** 공범자, 동조자.

satellítĭum [-cĭum], i, *n.* [satélles] **1.** 근위대, 친위대. **2.** 호위, 보호.

satiábĭlis, e, *adj.* [sátio[1]] **1.** [*active*] 배부르게 할 수 있는; 포만(飽滿)하게 하는; 만족시키는. **2.** [*passive*] 배부를 수 있는, 포만[만족]할 수 있는, 가득 채워질 수 있는, 넘칠 수 있는. 「컷.

satiánter, *adv.* [sátio[1], sátians] 배불리, 실

sátĭas, átis, *f.* [satis] (= satíetas) **1.** 푸짐함, 다량, 풍족한 양(量), 풍부; 실컷 함: ad satiátem *(Lucr.)* 많이, 풍부[풍성]하게, 넘치게. **2.** (포만에서 오는) 싫증, 권태, 혐오, 지긋지긋함.

satiáte, *adv.* [sátio[1]] 배불리, 실컷.

Satícŭla, æ, *f.* *Sámnium*의 도시; [*adj.*] **-cŭlus [-lánus],** a, um.

sátĭes, éi, *f.* [satis] 포만(飽滿); 푸짐함, 풍성, 풍부: ad sátiem *(Juvéncus)* 배불리; 푸짐하게.

satíĕtas, átis, *f.* [satis] **1.** 충분한 분량, 다량, 다수, 풍성, 풍부: ~ frugum *(Amm.)* 풍작, 풍성한 농작물 / ad satietátem *(Curt.)* 충분히, 실컷. **2.** 배부름, 만복; 포만(飽滿): ad satietátem *(Suet.)* 배가 터질 정도로, 실컷. **3.** (동물의) 똥. **4.** 싫증, 권태, 혐오, 지긋지긋함, 물림: cibi ~ *(C.)* 음식에 물림 / usque ad satietátem *(Petr.)* 싫증나도록.

satíllum, i, *n. dim.* [satis] 소량(小量).

satin ...? (= satísne ...?) **1.** 충분히[정확히·틀림없이·정말로] …냐, 넉넉하냐?: Satin sanus es, qui me id rógites? *(T.)* 네가 나한테 그것을 조르다니, 너 정말 네 정신이냐? **2.** …지 않는단 말이냐?

sátĭo[1], ávi, átum, áre, *tr.* [sat, satis] **1.** [*alqm, alqd* - (de) *alqā re*] 배부르게 하다, **배불리 먹이다,** (식욕을) 채우다, (시장기·갈증을) 풀다; [*refl. pass.*] **se ~, satiári** 배불리 먹다, 포식하다, 배부르다: ~ desidéria natúræ *(C.)* 식욕을 채우다 / sitim ~ *(Mart.)* 갈증을 풀다 / vultur satiátus humáno cadávere *(Plin.)* 사람의 시체로 배를 불린 독수리. **2.** [*alqd, alqm* - *alqā re,* 간혹 *alcjs rei*] (욕망 따위를) 채우다, **충족시키다,** 만족시키다, 직성풀리게 하다, [*refl. pass.*] **se ~, satiári** 충족되다, 만족하다, 실컷 …하다; (감정 따위가) 가라앉다, 후련해지다: ~ iram *(Ov)* 화풀이를 하다 / satiátus somno *(L.)* 실컷 자고 난. **3.** [*alqm* - *alqā re; absol.*] 싫증나게 하다, 지긋지긋해지게 하다, 물리게 하다; [*pass. refl.*] **satiári** 싫증나다, 지긋지긋해지다: agrícola satiátus arátro *(Tib.)* 쟁기(질)에 싫증난 농부. **4.** [*absol.*] (많은 비·눈이) 흠뻑 내리다. **5.** [*alqd [alqm]* (ex, de) *abl.*] 가득차게 하다, 담뿍 주다[넣다], 한껏 가지게[누리게] 하다; (물감 따위를) 흠씬 물들게 하다, (냄새 따위를) 물씬 풍기게 하다: *alqd* óleo ~ *(Veget.)* 어디에 기름을 잔뜩 바르다 / solum stércore satiátum *(Col.)* 거름을 듬뿍 준 땅 / satiári lúmine Phœbi *(Mart.)* 햇빛을 담뿍 받다.

sátĭo[2], ónis, *f.* [sero[4]] **1.** 파종, 식부(植付), 식목, 꺾꽂이. **2.** [*pl.*] 재배지. 「은.

sationális, e, *adj.* [sátio[2]] 재배하기에 알맞

sátĭra, æ, *f.* [satur] **1.** (여러가지 운율과 내용을 가진) 혼합시. **2.** 풍자시[문], 풍자극; 풍자. 「자적; [*subst.*] *m.* 풍자시인.

satíricus, a, um, *adj.* [sátira] 풍자시의, 풍

satirógrăphus, i, *m.* 풍자시인, 풍자작가.

sătis, I. *adj. indecl.* **1.** [*absol.; dat.,* ad *acc.*] 넉넉한, 충분한, 필요한 만큼의, 만족스러운; 꽤 많은: Satis hoc tibi est.*(T.)* 네게는 이것이 넉넉하다 / Satis erat respondére.*(C.)* 대답하는 것으로 충분했다 / Satis putant vítio carére. *(Q.)* 그들은 결함이 없는 것으로 넉넉하다고 여긴다 / ~ habére *(C.)* 만족하게 여기다 / Satis habebátis ánimam retinére.*(Sall.)* 너희는 목숨이 붙어있는 것만으로도 만족해 하였다 / Mi(= Mihi) ~ est, si ... possum.*(H.)* 나는 내가 …할 수 있다면 만족이다. **2.** [명사적 용법: *c. gen.*] 넉넉함, 충분함, 상당량: témporis ~ habére *(C.)* 충분한 시간을 가지다 / ~ pœnárum *(Q.)* 충분한 벌 / Satis supérque vitæ erat.*(L.)* 충분하고도 남을 만큼의 수명이었다 / ~ ac nímium boni *(Rutil.)* 충분하고도 남는[과남한] 행복. **3.** *comp.* **sátĭor, sátĭus** [*absol.; inf.; prop. subjectív.: acc. c. inf.,* ut] 더 나은, 더 이로운: Erit hæc terra ... sátior.*(Plin.)* 이 땅이 더 나을 것이다 / Sátius est mihi interíre. *(Pl.)* 죽어버리는 것이 내게는 더 낫다 / Sátius ducébant, eos obsidéri quam liberári.*(N.)* 사람들은 그들을 구출하기 보다는 포위당하게 하는 것이 더 낫다고 생각하였다.

II. *adv.* **1.** 넉넉히, **충분히**, 필요한 만큼; 상당히, 매우, 잘: Ego istuc ~ scio.*(T.)* 나는 그것을 충분히 잘 알고 있다 / Satis supérque dictum est.*(C.)* 충분하고도 남을 만큼[장황하게] 말했다 / ~ bene *(Pl.)* 상당히 잘. **2.** 그런대로, 웬만히, 꽤, 어느정도: ~ bonus *(C.)* 그런대로 좋은 / ~ bene *(C.)* 꽤 좋게, 어지간히. **3.** 《法》 보증으로, 보증인(을): A tutóre ~ exigérunt, rem salvam fore.*(Paul.)* 그들은 후견인으로부터 재산이 잘 보존되리라는 보증을 요구했다 / ~ offérre *(Ulp.)* 보증인을 세우다 / ~ do = satísdo / ~ accípio = satisaccípio. **4.** ~ ago(= sátago) 힘쓰다, 애쓰다; 고생하다, 고전하다. **5.** *comp.* **sátius** 차라리, 오히려, 더 낫게.

sat(is)accípio, cépi, céptum, ĕre, *tr.* **1.** 〔*absol.*; ab *alqo* - pro, de *abl.*; *alqd*〕 보증받다, 보증인을 세우게 하다. **2.** accéptum sat habére [*alci* sat accéptum est], *acc. c. inf.* *(Pl.)* …하다는 것이 확실하다, 보장되어 있다.

satisdátĭo, ónis, *f.* [satísdo] **1.** 보증, 담보제공. **2.** 변제(辨濟).

satísdăto, *adv.* [satísdo] 보증하고, 보증인을 세워.

satísdător, óris, *m.* [satísdo] 보증인, 담보인.

satísdo [satis do], dĕdi, dătum, dăre, *tr.*, *intr.* 〔*alqd*; *acc. c. inf.*; pro, de *abl.*; *gen.*; *alci*; *pass. impers.*〕 보증하다, 담보하다.

satisfácĭo [satis fácĭo], féci, fáctum, ĕre, *intr.* 〔*pass. impers.*: -fit, fáctum est, fíeri〕 **1.** 〔*dat.*; in *abl.*; *absol.*〕 **만족시키다**, 만족을 주다, (뜻·소원 따위를) 채워주다, **충족시키다**; (약속·의무 따위를) 이행하다, 할 일을 다하다; 만족스럽게 하다, 충분히 해내다, …에 충분하다: Opĕram dabo, ut tibi satisfáciam. *(C.)* 나는 네게 만족을 주도록 노력하겠다 / Virtútem ~ beátæ vitæ conténdimus. *(Sen.)* 우리는 덕행이 생활을 충분히 복되게 해준다고 주장하는 바이다 / ~ condicióni *(Scævola)* 조건을 충족시키다. **2.** 〔*alci* - in pecúniā; *absol.*〕 변제하다, 빚갚다, (지불·담보 따위로) 채무를 이행하다. **3.** 〔*alci* - *gen.*; pro, de *abl.*; *absol.*〕 사과하다, 잘못을 인정하고 용서를 빌다, 사죄하다: Satisfíeri póstulat ille sibi. *(Ov.)* 그는 자기에게 사과할 것을 요구한다. **4.** 〔*dat.*; pro, de *abl.*; *absol.*〕 배상하다, 보상하다; 속죄하다, 벌을 치르다, 보속(補贖)하다. **5.** 〔*alci alcjs rei*〕 보증하다. **6.** 〔*alci acc. c. inf.*〕 충분히 보여주다·증명하다. **7.** (신에게) 제사드리다.

satisfáctĭo, ónis, *f.* [satisfácio] **1.** 만족, 충족; 만족감. **2.** 변제보증, 담보제공. **3.** 진사(陳謝), 사과, 사죄(謝罪). **4.** 배상, 보상; 속죄, 보속(補贖).

satisfactionális, e, *adj.* [satisfáctio] 사과하는 내용의.

satisfactórĭus, a, um, *adj.* 보속(補贖)의, 벌을 사면해주는; 속죄의. 「satisfácio.

satísfit, fáctum est, fíĕri, *pass. impers. V.*

sátĭus, *adj. n.*; *adv. comp.* [satis] 더 나은; 더 낫게, 차라리.

satívus, a, um, *adj.* [sero⁴] 심어서[씨뿌려] 가꾼, 재배된, 경작된; 재배의.

săto, ávi, áre, *tr. intens.* [sero⁴] 열심히 씨뿌리다, 계속 심다.

sător, óris, *m.* [sero⁴] **1.** 씨뿌리는 사람, 심는 사람, **재배자**. **2.** 창시자, 창조자; (낳아준) 아버지: cæléstum ~ *(C.)*, hóminum ~ atque deórum *(V.)* 신들의[사람과 신들의] 창조자 *Júpiter*. **3.** 장본인, 주동자, 주모자.

sátrăpa [-pes], æ, **[-p(e)s,** pis,] *m.* **1.** (고대 *Pérsia* 제국의) 지방총독, 태수. **2.** (속국·식민지의) 총독. 「총독의 통치지역.

satrapéa [-pía], æ, *f.* (고대 *Pérsia* 제국의)

Sátrĭcum, i, *n.* *Látium*의 옛 도시 (지금의 *Conca*); 〔*subst. deriv.*〕 **-cáni,** órum, *m. pl.* 그곳 주민.

satúllo, áre, *tr.* [satúllus] 배부르게 하다.

satúllus, a, um, *adj.* [satur] 〔*abl.*〕 배부른, 배불리 먹은. 「*12 l*), 말.

satum, i, *n.* (유태인들의) 곡물용량단위 (약

sătur, tŭra, tŭrum, *adj.* [satis] **1.** 〔*absol.*; *abl.*, *gen.*〕 배부른, 배불리 먹은, 포식한: 〔점잖은 표현〕 ire, quo sáturi solent.*(Pl.)* 뒤보러 가다. **2.** 포만(飽滿)한; 만족한, 흐뭇한. **3.** 살찐. **4.** 풍요한, 풍성한, 수확이 많은; 그득한. **5.** (빛깔이) 짙은, 진한. **6.** 풍부한 내용의.

sátŭra, æ, *f.* (*sc.* lanx) [satur] **1.** (*Ceres* 여신의 신전에 공양하는) 여러가지 곡물·과일 따위를 가득 담은 접시. **2.** 다진 고기에 포도·잣 기타 여러가지를 으깨어 섞어 넣은 순대. **3.** (여러가지 법규·법안의) 일괄처리; 뒤범벅: per sáturam 뒤범벅으로, 순서없이. **4.** (= sátira) 혼합시(混合詩); 풍자시.

saturábĭlis, e, *adj.* [sáturo] **1.** 배불릴 수 있는, 만족시킬 수 있는. **2.** 포화될 수 있는. 「지.

Sátŭræ palus, údis, *f.* *Látium*의 늪·소택

saturámen, mĭnis, *n.* [sáturo] **1.** 배불림. **2.** 식량. 「전히. **2.** 실컷, 물리도록.

saturánter, *adv.* [sáturo] **1.** 충분히, 완

saturátĭo, ónis, *f.* [sáturo] **1.** 배불리[실컷] 먹임. **2.** 포화(상태). 「사람.

saturátor, óris, *m.* [sáturo] 배불리 먹이는

saturátus, a, um, *p.p.*, *a.p.* [sáturo] **1.** 〔*abl.*; *absol.*〕 포식한, 배불리 먹은. **2.** 〔*abl.*〕 함빡 젖은·머금은; 잘 염색된: rosa saturáta vernis róribus *(Claud.)* 봄이슬을 함빡 머금은 장미. **3.** (빛깔이) 짙은, 진한: saturátior color *(Plin.)* 더 짙은 빛깔.

saturéja, æ, *f.* [**-réja,** órum, *n. pl.*] 《植》 (꿀풀과의 다년초), ~ coreána 층층이꽃.
Saturejánus, a, um, *adj.* (*Calábria* 지방에 있는) *Sáturum*의: ~ cabállus (*H.*) 그곳 들판에서 사육한 (짐끄는) 말.
satúrĭtas, átis, *f.* [satur] **1.** 배부름, 포만; 배불리 먹음. **2.** 만족, 충족. **3.** (빛깔의) 짙은 농도. **4.** 풍부, 풍성. **5.** 배설물, 똥.
Saturnálĭa, ĭum [iórum], *n. pl.* [Saturnális] **1.** *Satúrnus* 축제 (매년 12월 17일부터 3일 내지 7일동안 큰 잔치를 베풀고 선물도 서로 보내곤 했으며 노예들도 쉬게 하고 잔치상에 앉혔음): secúndis Saturnálibus (*C.*) *Satúrnus* 축제 제2일에. **2.** 명절, 축제소동; (3월 1일에 거행되는) 부인들의 *Mars* 축제 (*Mart.*): Non semper erunt ~. (*Sen.*) 날마다 명절일 수는 없다.
Saturnalícĭus, a, um, *adj.* [Saturnália] *Satúrnus* 축제의; 〔*subst.*〕 *n. pl.* (*sc.* dona) 그 축제선물.
Saturnális, e, *adj.* *Satúrnus*(축제)의.
Satúrnĭa, æ, *f.* **1.** *Satúrnus*의 딸 즉 *Juno* 여신. **2.** *Satúrnus*가 *Capitólium* 언덕에 건설했다는 도시. **3.** *Etrúria*의 도시.
Saturnínus, i, *m.* *Roma*인의 가문명; 특히 호민관 L. Appuléjus ~ (102 A. C.).
saturnísmus, i, *m.* 《醫》 연중독(鉛中毒).
Satúrnĭus, a, um, *adj.* *Satúrnus*의: ~ númerus [versus] (*Satúrnus* 시대의 소박한) 초기 *Latin* 시체(詩體) / ~ mons (*Fest.*) *Capitólium* 언덕 / Satúrnia tellus [arva] (*V.*) *Itália*(의 별칭) / Satúrnia stella (*C.*) 토성(土星) / Satúrnia regna (*V.*) (*Satúrnus* 치세의) 황금시대 / 〔*subst.*〕 *m.* *Satúrnus*의 아들 즉 *Júpiter, Pluto, Neptúnus.*
Satúrnus, i, *m.* [satus] **1.** *Cælus*와 *Vesta* (supérior)의 아들, *Ops*의 남편; *Júpiter, Pluto, Neptúnus, Picus, Chiro* 등 남신들과 *Juno, Ceres, Vesta* (áltera) 등 여신들의 아버지 (희랍신화의 *Κρόνος*에 해당한다고도 함); *Creta*에서 *Látium*으로 피신하여 그곳 왕이 됨, 그의 치세는 *Itália*의 황금시대 (ætas áurea)라 하며 백성들에게 올바르게 사는 법을 선포하고 농경과 포도재배법을 가르쳐 태평성대를 이루게 해서, 농경의 신, 계절의 신으로 모셔졌음: Satúrni dies (*Tib.*) 토요일. **2.** 《天》 토성.
sátŭro, ávi, átum, áre, [satur] **I.** *tr.* 〔*alqm, alqd - alqā re*〕 **1.** 배부르게 하다, 배불리 먹이다; 먹여 살리다; (시장기를) 풀다, (식욕을) 채우다; 〔*pass. refl.*〕 배불리 먹다. **2.** 만족시키다, (욕망·감정 따위를) 충족시키다, 흐뭇해지게 하다, 만끽하게 하다: hómines saturáti honóribus (*C.*) 높은 벼슬에 만족한 사람들. **3.** 흠뻑 젖어들게 하다, 머금게 하다; (물·거름 따위를) 흠뻑 주다, (송진·기름 따위를) 잔뜩 먹이다·바르다. **4.** 진하게 염색하다, 흠씬 물들이다. **5.** 꽉 들어차게 하다·메우다; 포만(飽滿)하게 하다.
II. *intr.* 가득 차다.
Sátŭrum, i, *n.* *Calábria* 지방의 *Taréntum* 근방의 도시; 〔*adj.*〕 **-rejánus,** a, um.
sătus[1], a, um, *p.p.* [sero[4]] **1.** 심은, 씨뿌려진, 씨에서 싹터 난. **2.** 〔*absol.*; (ab, de, ex) *abl.*〕 태어난, (누구에게서) 난, 후예인.
sătus[2], us, *m.* [sero[4]] **1.** 씨뿌림; 심음, 식부(植付). **2.** 씨, 종자. **3.** (아버지가) 낳음, 생산. **4.** 출생; 혈통. 「풍자.
sátўra[1], æ, *f.* (= sátira) 풍자시, 풍자극;
sátўra[2], æ, *f.* [sátyrus] 암원숭이; 납작코 여자. 「症), 병적인 성욕항진(亢進).
satyríăsis, is, *f.* 《醫》 (남자의) 황음증(荒淫
satýrĭchos, *adv.* *Gr.* [sátyra[1]] 풍자하여, 풍자적으로.
satýrĭcus, a, um, *adj.* **1.** (반인반수〈半人半獸〉인) *Sátyrus*신의. **2.** *Sátyrus*극(劇)의. **3.** 풍자의, 풍자적. 「*tyrus.*
Satyríscus, i, *m. dim.* [Sátyrus] 작은 *Sá-*
Sátўrus, i, *m.* **1.** *Bacchus*신의 동료인 숲의 신 (상반신은 인간, 하반신은 염소의 모습을 하고 술과 여자를 좋아함). **2.** (고대 희랍의) 사티로스극(劇: 비극이 끝난 후에 상연되는 일종의 익살극, 여러 신들의 업적을 우습게 설명한 극, *Sátyrus*로 분장한 많은 배우들의 합창과 무용이 동반되었음). **3.** [s-] *India* 등지에 있는 원숭이의 일종. **4.** 호색가. 「힘.
sauciátĭo, ónis, *f.* [sáucio] 상해, 상처입
sáucĭo, ávi, átum, áre, *tr.* [sáucius] **1.** (때려·찔러·할퀴어) 상처내다, 타박상을 입히다, 상해하다. **2.** (뿌리·가지 따위를) 베다, 잘라내다. **3.** (땅을) 파일으키다. **4.** 죽이다, 살해하다. **5.** 마음 상하게[아프게] 하다, 감정을 해치다. **6.** (명예 따위를) 훼손하다.
sáucĭus, a, um, *adj.* **1.** 〔*absol.*; *abl. médii*; *acc. Gr.*〕 상처입은, 부상당한, 다친: suo ~ ense latus (*Prop.*) 자기 칼에 옆구리를 찔려 다친; 〔*subst.*〕 *m. pl.* 부상자, 부상병. **2.** 〔*abl.*; *absol.*〕 타격받은, 훼손된, 손상된; 긁힌, 할퀴인, (도끼 따위에) 찍힌, 쪼개진, 깨진; (햇볕에) 녹은 (얼음): jánua potórum sáucia rixis (*Prop.*) 술꾼들의 싸움으로 부서진 문. **3.** 〔*abl.*; *absol.*〕 (술 따위에) 취한, 자극된. **4.** 〔*abl.*; *adv. modi*〕 병든, 앓는, 탈이 난; 고생하는: bélua male sáucia (*Sil.*) 굶주림에 허덕이는 야수. **5.** 〔*abl.*; *absol.*; *gen. Gr.*, *acc. Gr.*〕 마음[감정] 상한, 화가 난, 마음언짢은; 상심한, 불안한; (공포에) 질린; (피로에) 지친. **6.** 〔*abl.*; *absol.*〕 사랑에 병든

[멍든·배반당한].

Saul, *indecl.*, **Saul,** úlis, *m.* 《聖》 **1.** *Edom*의 왕 *(Gen. 36, 37).* **2.** *Israël* 민족의 초대왕 *(I Sam. 9, 2; 11, 15).*

Saulus, i, *m.* 사도 *Paulus*의 옛 이름 *(Act.*

saura, æ, *f.* 《動》 도마뱀. ⌊*7,57;13,9).*

saurix, ĭcis, *m.* 《動》 올빼미.

Saurómătes, æ, [**-tæ,** árum, *pl.*] *m.* (=

savi... = suavi... ⌊Sármatæ) *Sarmátia*인.

Savo, ónis, *f.* **1.** *Ligúria* 해안의 옛도시 (지금의 *Savone*). **2.** *Campánia*의 작은 강.

Saxa Rubra, órum, *n.pl.* *Roma*와 *Veji* 중간의 지명 (지금의 *Grotta Rossa*).

saxátĭlis, e, *adj.* [saxum] **1.** 바위틈[사이]에서 사는, 바위에 나는; 〔*subst.*〕 *m.; n. pl.* 바위틈에서[바위에 붙어] 사는 바닷물고기 *(Ov., Plin.).* **2.** 바위의, 돌의: imber ~ *(Solínus)* 비처럼 쏟아지는 돌 / piscátus ~ *(Pl.)* 바위틈에 있는 물고기를 손으로 잡는 고기잡이.

saxétum, i, *n.* [saxum] 돌많은 땅, 자갈밭.

sáxĕus, a, um, *adj.* [saxum] **1.** 암석의, 바위의, 돌의; 돌로 된, 돌로 만든; 대리석의: ~ pons *(Lucan.)* 돌다리 / tecta sáxea *(Ov.)* 대리석 가옥. **2.** 돌같이 굳은, 딱딱한. **3.** 목석같은, 냉혹한, 무정한. 「자.

saxícŏla, æ, *m.* [saxum + colo²] 우상숭배

sáxĭfer, ĕra, ĕrum, *adj.* [saxum + fero] 돌을 운반하는[던지는].

saxíficus, a, um, *adj.* [saxum + fácio] 돌이 되게 하는, 암석으로 변하게 하는.

saxífrăga, æ, *f.* 《植》 범의귀.

saxífrăgus, a, um, *adj.* [saxum + frango] 바위를 깨는.

saxígĕnus, a, um, *adj.* [saxum + gigno] 암석에서 나는, 돌끼리 부딪쳐 생겨나는 (불꽃 따위).

sáxĭtas, átis, *f.* [saxum] (바위의) 경질(硬質); (돌같이) 굳음; 《醫》 (종기·조직 따위의) 경화.

Saxo(n), ŏnis, *m.* 〔주로 *pl.* -nes, um〕 북부 *Germánia*의 *Albis*(= Elbe)강 유역에 살던 민족; 〔*adj.*〕 **-xónĭcus,** a, um.

Saxónĭa, æ, *f.* *Saxon*족의 지방 (독일의 *Sachsen*).

saxósus, a, um, *adj.* [saxum] **1.** 암석이 많은, 바위[돌]투성이의; 〔*subst.*〕 *n. pl.* 바위[돌]많은 곳. **2.** 바위틈에서 나는[사는], 바위많은 곳에서 자라는; 바위깔린 계곡을 흐르는.

sáxŭlum, i, *n. dim.* [saxum] 작은 바위.

saxum, i, *n.* **1. 바위, 암석**; 돌덩이, 큰 돌: 〔속담〕 ~ vólvere *(T.)* (*Sísyphus*의 이야기에 나오듯이) 바위를 한없이 반복해서 굴려 올리다, 아무리 힘들여 하고 또 해도 쓸데없는 헛수고만 하다. **2.** 암산(岩山); 암벽, 벼랑; 암초. **3.** 대리석. **4.** 성벽. **5.** 〔*pl.*〕 바위많은 곳. **6.** [S-] (Tarpéjum), *Tarpéjus mons*(= Capitólium 산)에 있는 바위벼랑. **7.** [S-] (sacrum), 성암(聖岩, *Remus*가 새점을 친 *Aventínus*산의 바위).

sc. 《略》 = scílicet.

S.C. 《略》 = senátus consúltum.

scabéllum, i, *n. dim.* [scamnum] **1.** 발판, 발돋움. **2.** 발로 밟아 소리내는 캐스터네츠 비슷하게 생긴 타악기, 발딱다기 (주로 무대에서 피리 주자가 썼음).

scăber, bra, brum, *adj.* [scabo] **1.** 우툴두툴한, **껄껄한**, 껄끄러운, 거칠거칠한. **2.** 옴오른. **3.** 세련되지 못한, 조잡한. **4.** 더러운, 불결한, 지저분한.

scábĭdus, a, um, *adj.* [scábies] **1.** 옴오른, 개선(疥癬)의; 옴같은; 부스럼난, 딱지앉은. **2.** 근질근질한.

scábĭes, éi, [**-bĭa,** æ,] *f.* [scabo] **1.** 껄껄함, 껄끄러움, 우툴두툴함; 주물(鑄物) 따위의 거칠거칠한 표면돌기. **2.** 《醫》 옴, (양·소, 때로는 사람에게 생기는) 개선(疥癬); 습진, 부스럼(딱지). **3.** (나무·열매껍질에 생기는) 부패병. **4.** [S-] 옴의 여신. **5.** 유혹, …하고 싶음, 강렬한 욕망; 색정.

scabíllum, i, *n.* = scabéllum.

scábĭo, ávi, áre, *intr.* [scábies] 옴오르다, 개선(疥癬)으로 고생하다.

scabíŏla, æ, *f. dim.* [scábies] 유혹.

scabiósa, æ, *f.* 《植》 체꽃.

scabiósus, a, um, *adj.* [scábies] **1.** 우툴두툴한, 거칠거칠한. **2.** 옴오른, 개선(疥癬)투성이의; 진무른; 부스럼딱지가 많이 앉은. 「소양(搔痒).

scabitúdo, dĭnis, *f.* [scábies] 몹시 가려움,

scăbo, scābi, ĕre, *tr.* **1.** 긁다, 우비다, 비비다, 문지르다; 긁어 파다. **2.** mútuum ~ *(Symm.)* 서로 치켜 세우다·칭찬하다.

scabrátus, a, um, *adj.* [scaber] 깔쭉깔쭉한, 매끈하지 않게 잘라진.

scabrédo, dĭnis, *f.* [scaber] **1.** 진무름; 습진; 옴. **2.** 녹슬어 거칠거칠함.

scábrĕo, ére, *intr.* [scaber] 우툴두툴하다, 껄껄하다, 거칠다.

scabres, éi, *f.* = scabrítia.

scábrĭdus, a, um, *adj.* = scaber.

scabrítĭa, æ, [**-tĭes,** éi,] *f.* [scaber] **1.** 우툴두툴함, 거칠거칠함, 껄껄함, 깔깔함. **2.** 옴, 습진.

scabrósus, a, um, *adj.* [scaber] **1.** 우툴두툴한, 거칠거칠한; 조잡한. **2.** 더러운, 지저분한; 추잡한. 「개 성문 중의 하나).

Scæa porta, æ, *f.* *Troja*시의 서대문 (여섯

scæna, æ, *f.* **1. 무대**, 무대장치·배경; 극장. **2.** 연극, (특히) 비극, 무언극; 각본; (연극 따위의) **장면**; 상연(上演). **3.** 광경, 정경, 장관(壯觀), 구경거리; 화려한 행렬;

걸치레, 허울, 과시. **4.** (사건 따위의) 현장, 전모. **5.** 조작극, 음모. **6.** 대중 앞, 세상. **7.** 활동무대. **8.** (웅변연습의) 연단. **9.** 관람석. **10.** 정자나무 그늘, 정자; 천막. 「연극의.

scænális, e, *adj.* [scæna] 무대의, 배경의;

scænárĭus, a, um, *adj.* [scæna] 무대의, 배경의; 연극의; 〔*subst.*〕 *n.* 배경, 무대장

scænátĭcus, i, *m.* [scæna] 등장인물. ⌊치.

scǽnĭcus, a, um, *adj.* [scæna] **1.** 무대의, 배경의; 극장의. **2.** 연극의, 희곡의, 각본의; 연극에서의, 연극에서 쓰는. **3.** 배우의; 〔*subst.*〕 *m., f.* 배우. **4.** 연극같은, 연극에나 있을. **5.** 거짓으로 꾸민, 조작된, 가짜의. 「cio] 천막제조(업)의.

scænofactórĭus, a, um, *adj.* [scæna+fá-

scænográphĭa, æ, *f.* **1.** 원근도, 투시도; 원근화법. **2.** 무대의 배경장식법.

scæptrum = sceptrum.

scæva[1], æ, *m.* [scævus] 왼손잡이.

scæva[2], æ, *f.* [scævus] 징조, (흔히) 불길한 전조, 흉조.

scǽvĭtas, átis, *f.* [scævus] **1.** 서투름, 재간없음. **2.** 불행, 불운, 재수없음, 불길.

scævus, a, um, *adj.* **1.** 왼편의, 왼쪽에 있는; 왼손잡이의. **2.** 서투른, 재간없는, 우둔한, 미련한, 시시한. **3.** 못된, 고약한; 불리한. **4.** 불행한, 불운의, 불길한.

scāla, æ, *f.* [scando] **1.** 〔주로 *pl.*〕 **사다리; 계단,** 층계. **2.** 〔*pl.*〕 (집의) 층: Scalis hábito tribus.*(Mart.)* 나는 3층[고미다락]에 살고 있다. **3.** 〔*pl.*〕 (계단의) 단, (몇) 계단*(Mart.)*.

scaláris, e, *adj.* [scala] 사다리의, 층계의, 계단의; 〔*subst.*〕 *n.(pl.)* (원형극장의 관람석으로 올라가는) 계단. 「는 사람.

scalárĭus, i, *m.* [scala] 사다리[층계] 만드

Scaldis, is, *m.* *Gállia Bélgica* 북부에 있는 강.

scalénus, a, um, *adj.* **1.** 《幾》 부등변의. **2.** 《解》 사각근(斜角筋)의; 〔*subst.*〕 *m.* (*sc.* músculus) 사각근.

scalmus, i, *m.* **1.** (배의 노를 지탱하는) 놋좆; 노걸이, 노받이. **2.** 노. **3.** 작은 배.

scalpéllum, i, *n.* [**-lus,** i, *m.*] *dim.* [scalprum] **1.** 외과용 작은 칼, 작은 해부도(解剖刀), 바소, 피침(披針), 란셋. **2.** (책장 찢는) 주머니칼.

scalpo, psi, ptum, ĕre, *tr.* **1.** 긁다; 비비다, 문지르다. **2.** 긁어내다, 후벼내다, 파내다; 깎아내다. **3.** (칼·끌·정 따위로 얕추) 새기다, 조각하다. **4.** 간질이다.

scalprátus, a, um, *adj.* [scalprum] 날이 있는, 날카로운.

scalprum, i, *n.* [**-per,** pri, *m.*] [scalpo] **1.** 날 서있는 연장. **2.** (세화공·조각용) 칼; 끌, 정. **3.** (가지치는) 낫. **4.** 해부용 칼, 란셋. **5.** (갈대펜 깎는) 주머니칼, 문방구칼. 「刻)하는 사람.

scalptor, óris, *m.* [scalpo] 조각사, 인각(印

scalptórĭum, i, *n.* [scalpo] (손모양의) 등긁이. 「인각. **2.** 새겨놓은 보양, 조각품.

scalptúra, æ, *f.* [scalpo] **1.** 새김, 조각술,

scalpu(r)rígo, gĭnis, *f.* [scalpúrio] 긁어서 시원하게 함, 긁어줌.

scalpú(r)rĭo [-ptúrĭo], íre, *tr.* *desid.* [scalpo] 긁다, 긁어내다, 우비다; (닭이) 발로 파헤치다. 「**-ándrĭus,** a, um.

Scamánder, dri, *m.* *Troja*의 강; 〔*adj.*〕

scambus, a, um, *adj.* 다리가 안쪽으로 (X자형으로) 휜.

scamma, ătis, *n.* **1.** (도랑을 둘러팠거나 새끼줄 따위를 둘러친) 씨름판, 격투장. **2.** 씨름, 격투; 경기. 「(메꽃의 일종).

sca(m)mónĭa [-ĕa], æ, *f.* 《植》 스카모니아

scamnum, i, *n.* [scando] **1.** 발판, (높은 침대에 오를 때 딛고 올라가는) 승강대, 디딤대. **2.** 의자, 벤치; (팔걸이·등받이 없는) 걸상; 좌석. **3.** 옥좌; 왕위, 왕권. **4.** (앉을 수 있을 만큼) 옆으로 뻗은 굵은 나뭇가지. **5.** (밭의) 두둑. **6.** 길이보다 폭

scándăla, æ, *f.* = scándula. ⌊이 넓은 땅.

scandalízo, ávi, átum, áre, *tr.* [scándalum] **1.** 걸려 넘어지게 하다. **2.** 〔*alqm*〕 (누구에게) 나쁜 본보기를 보이다, 악의 길로 유인하다, 죄짓게[죄에 떨어지게] 하다, 죄의 기회를 만들어주다; *pass. refl.* 〔*absol.; in abl.*〕 (어떤 연유에서) 죄를 짓다, 죄에 떨어지다. **3.** 못마땅히 여기게 하다, 비위에 거슬리게 하다, 분개시키다, 빈축을 사다. **4.** 《聖》 *pass. refl.* 〔*absol.; in abl.*〕 신앙의 길에서 걸려 넘어지다, 버리고 떨어져 나가다, (누구에게 대한) 신뢰가 흔들리다.

scándălum, i, *n.* **1.** 걸려 넘어지게 하는 돌·장애물. **2.** 악한 본보기, 죄짓게 하는 언동·유혹·자극, 남에게 죄의 기회가 되는 언행: 《倫神》 ~ actívum diréctum 의도적으로 남에게 범죄의 기회를 주는 언행 / ~ actívum indiréctum 의도적은 아니더라도 가능성을 예견하면서 범죄의 기회를 주는 언행 / ~ passívum datum 그 자체로써 남에게 범죄의 기회가 될 언행 / ~ passívum accéptum 보는 사람 편에서만 죄의 기회가 될 수 있는 (남의) 언행 / ~ pusillórum 소심자의 눈에 주관적으로 비친 나쁜 본보기, 보는 사람의 연소(年少)·무지·도덕적 허약 때문에 죄의 기회가 되는 남의 언행 / ~ pharisáicum 바리사이[위선]적으로 해석하여 판단하는 나쁜 본보기, 보는 사람이 자기의 악의 때문에 범죄의 기회로 삼는 남의 언행. **3.** 추문, 망신감; 의옥(疑獄).

scandens, éntis, *p.præs., a.p.* [scando] **1.** 기어오르는, 올라타는; 높아지는, 높이 떠오르는. **2.** 높은, 우뚝 솟은.

Scándĭa, æ, *f. Scandinávia* 반도 또는 그 최남부 지방, *Suécia*(의 남부).

Scandinávĭa, æ, *f. Suécia*(스웨덴)·*Norvégia*(노르웨이)를 포함한 북유럽 최대의 반도.

scando, di, sum, ĕre, *tr., intr.* **1.** 〔*acc.;* in, ad, per, super, supra *acc.; absol.*〕 (기어)오르다, 올라가다, 올라타다. **2.** 〔in, ad *acc.; absol.*〕 (물결 따위가) 높아지다, (해가) 높이 떠오르다, (두려움 따위가) 커지다. **3.** (시를) 운율적으로 읽다; 운각(韻脚)으로 나누다.

scándŭla, æ, *f.* **1.** 지붕을 이는 엷은 판자, 지붕널, (나무)너와. **2.** 스펠트 밀 (미개량종의 밀).

scánsĭlis, e, *adj.* [scando] **1.** 기어오를 수 있는 (나무 따위), 올라가는 (길·층계 따위). **2.** ~ annórum lex *(Plin.)* (인생의) 고비가 되는 나이, (일정한 나이에 닥치는) 액년(厄年).

scánsĭo, ónis, *f.* [scando] **1.** 기어오름, 올라감, 올라탐. **2.** 낮은 음(音)에서 높은 음으로 올라감, 음정의 상행. **3.** 시의 운율분석; 운율에 맞춰 읽기, 장단맞춘 낭송.

scansórĭus, a, um, *adj.* [scando] 오르는데 사용되는[적합한].

Scántĭa silva, æ, *f. Campánia*의 숲(이름).

Sca(n)tínĭus, i, *m. Roma*인의 씨족명; 〔*adj*〕 **-nĭus,** a, um.

Scántĭus, i, *m. Roma*인의 씨족명; 〔*adj.*〕 **-tĭus [-tiánus],** a, um.

scăpha, æ, *f.* 거룻배, 쪽배, 마상이, 종선.

scaphárĭus, i, *m.* [scapha] 거룻배 사공.

scáphĭum [-pĭum], i, *n.* [scapha] **1.** 쪽배모양의 그릇·술잔. **2.** 반구형(半球形)의 태양시계. **3.** 요강. 「밧줄.

scăpho, ónis, *m.* [scapha] 거룻배 이물의

scaphoidéus, a, um, *adj.* 《解》 주상(舟狀)의. 「룻배, 쪽배. **2.** 목욕통.

scáphŭla, æ, *f. dim.* [scapha] **1.** 작은 거

scáprĕo, ére = scábreo.

Scáptĭa, æ, *f. Látium*의 옛 도시 (지금은 없어졌음); 〔*adj.*〕 **-tĭus,** a, um; **-tiénsis,** e, *Scáptia* 종족의.

scápŭla[1], æ, *f.* 〔주로 *pl.*로〕 **1.** 어깻죽지, 견갑(肩甲); 견갑골; 〔*sg.*〕 어깨. **2.** 등. **3.** 〔드물게〕 날개. **4.** 기계장치의 (어깨에 해당하는) 윗부분; 산등성이.

scápŭla[2], æ, *f.* 포도의 일종.

Scápŭla[3], æ, *m. Roma*인의 가문명; 특히 P. Ostórius ~, *Británnia*의 지사 (c. 50 P. C.); 〔*adj.*〕 **-lánus,** a, um.

scapuláre, is, *n.* [scapuláris] 《가》 (어깨에 걸쳐 앞뒤로 길게 늘어뜨려 입는) 수도자의 소매없는 겉옷 (수도회에 따라 약간씩 다름): ~ Beátæ Maríæ Vírginis 성모성의(聖母聖衣, 후에 생긴 평신도용은 끈으로 이은 두개의 작은 모직물 조각을 옷속에 앞뒤로 걸쳤음).

scapuláris, e, *adj.* [scápula[1]] 어깻죽지의, 어깨의, 견갑골(肩甲骨)의.

scāpus, i, *m.* **1.** (초목의) 줄기, 대, 엽병(葉柄), 화경(花莖), 화경(花梗), 포도알의 꼭지. **2.** ~ pili 모간(毛幹). **3.** 기둥몸, 주신(柱身). **4.** 저울대. **5.** 촛대. **6.** (직조기의) 바디. **7.** 음경.

scarabǽus [-béus], i, *m.* 《動》 풍뎅이(의 일종), 신성투구풍뎅이.

scarifátĭo [-ficátĭo], ónis, *f.* [scarífo, -fico] **1.** 《醫》 난자법(亂刺法), 난자에 의한 방혈법(放血法). **2.** 나무껍질에 낸 생채기. **3.** 밭고르기.

scarífico [-rífo], ávi, átum, áre, *tr.* [scarífus] 살짝 째다[터뜨리다], 바소 따위로 절개하다, 난자법(亂刺法)으로 치료하다: scarifáre gingívas *(Plin.)* 잇몸을 살짝 긁어 째다 / scarificáre dolórem *(Plin.)* 아픔을 난자법으로 가시게 하다.

scarífus, i, *m.* **1.** 바소, 난절도(亂切刀), 란셋. **2.** 도면, 지도. 「의, 막질(膜質)의.

scariósus, a, um, *adj.* 《植》 엷은 막모양

scariph... = scarif...

scarlatína, æ, *f.* 《醫》 성홍렬(猩紅熱).

scărus, i, *m.* 《動》 놀래기(의 일종, 로마인들이 좋아하던 고급 생선).

scátĕbra, æ, *f.* [scáteo] **1.** 샘솟음, 용솟음, 분출. **2.** 용솟음치는 물; 용출하는 샘터. **3.** 쏟아져 나오는 무리·떼.

scatebrósus, a, um, *adj.* [scátebra] **1.** 많은 물이 용솟음치는. **2.** 흙탕물이 솟는.

scátĕo, (tŭi), ére, [**-to,** ĕre,] *intr.* **1.** 〔*absol.; abl., gen.*〕 샘솟다, 용솟음치다, 분출[용출]하다. **2.** 〔*abl., gen. absol.*〕 많이 있다, 가득 차 있다, 충일하다, 득실거리다, 우글거리다, 쏟아져 나오다: Nilus scatet píscibus. *(Mela) Nilus*강에는 물고기들이 우글거린다 / Cunículi scatent in Hispániā. *(Plin.) Hispánia*에는 땅굴들이 숱하게 있다 / puer festivíssimis argútiis *(Gell.)* 회색이 만면한 소년. **3.** 부글부글 끓다, 부글거리다. 「샘; 풍부한 원천.

scatúr(r)ex, rĭgis, *m.* [scatúrio] 용솟음치는

scatur(r)iginósus, a, um, *adj.* [scaturígo] 풍부하게 쏟아져 나오는.

scatur(r)ígo, gĭnis, *f.* [scatúrio] **1.** 용솟음치는 샘, 수원, 샘물. **2.** (개미 따위의) 우글거리는 떼.

scatúr(r)ĭo, ívi, íre, *intr.* [scáteo] **1.** 〔*absol.;* de *abl.:* 주어는 샘솟는 자리·액체 또는 샘자체〕 샘이 솟다, 솟아나다, 분출[용출]하다: Summi scatúrient montes. *(Sen.)*

여러 높은 산에서 샘들이 솟아날 것이다 / Ibi de terrā óleum scáturit. *(Ampélius)* 그 곳에서는 땅에서 기름이 솟고 있다. **2.** 〔*absol.*; ex *abl.*; *abl.*〕 쏟아져 나오다; 우글거리다, 넘쳐있다, 가득하다: vita peccátis scatúriens *(Aug.)* 죄들로 가득차 있는 생활. 「(內反足)의.

scaurus[1], a, um, *adj.* 안짱다리의, 내반족

Scaurus[2], i, *m.* *Roma*인의 *Æmílius* 가문·*Aurélius* 가문의 별칭; 〔*adj.*〕 **-riánus,** a, um.

scazon, óntis, *m.* 《詩》 파행단장격(跛行短長格: 단장격의 마지막 운각이 장장격·장단격으로 된 것 = Choliámbus).

sceda, æ, *f.* = scheda. 「게; 불경하게.

sceleráte [-tim], *adv.* [scelerátus] 흉악하

scelerátor, óris, *m.* [scélero] 흉악범, 악한.

scelerátus, a, um, *p.p.*, *a.p.* [scélero] **1.** 악행[죄악]으로 더럽혀진, 죄악이 저질러진 (장소 따위): ~ Vicus *(L., Ov.)* 사위에게 살해된 *Sérvius*왕의 딸 *Túllia*가 자기 아버지의 시체 위로 마차를 몰고 지나가게 한 거리(이름). **2.** 범죄자가 처형된 (장소), 흉악범이 마땅히 벌받는: ~ Campus*(L., Fest.)* *Vasta* 여신의 성화(聖火)지기 처녀들이 근친상간죄로 생매장당한 *Collína* 성문 부근의 평지 / sedes sceleráta *(Ov.)* 지하세계에서 죄인들이 벌받는 자리[곳]. **3. 흉악한,** 극악무도한, 비인도적인, 고약한, 몹쓸; (신에게) 불경한; 불효막심한, 패륜한; 나라·민족을 반역한, 불충한. **4.** 끔찍한, 지독한. **5.** 교활한, 간교한. **6.** 비참한, 천벌받은; 불운한, 비운의, 불행한; 죽음의 길로 가는, 치명적인. **7.** 해로운, 독성(毒性)의, 유독한.

scelérĭtas, átis, *f.* [scelus] 범죄, 악행.

scélĕro, (ávi), átum, áre, *tr.* [scelus] **1.** 악행[죄악]으로 더럽히다; 신성(神聖)을 모독하다. **2.** 흉악해지게 하다. **3.** 유해하게 만들다, 독성(毒性)을 지니게 하다.

scelerósus, a, um, *adj.* [scelus] 흉악한, 악덕의, 고약한, 몹쓸; 천벌받을.

sceléstus, a, um, *adj.* [scelus] **1.** 죄악적인; **흉악한,** 몹쓸, 고약한, 악독한, 극악무도한, 패륜한; 천벌받을. **2.** 불운한, 불행한, 비참한. 「상한 골격, 해골; 미이라.

scelĕtus, i, *m.* 시체의 살이 썩고 남은 앙

scĕlus, lĕris, *n.* **1.** 흉악한 범죄, **악행, 죄악,** 불법. **2.** (신에게 대한) 불경·모독; 패륜. **3.** 재앙, 재해; (동식물의) 독성: ~ natúræ *(Plin.)* 천재(天災). **4.** (죄에 대한) 벌. **5.** 불행, 불운, 불상사. **6.** 〔남성 대명사와 함께 쓰는 수 있음〕 악한(惡漢), 깡패, 고얀 놈[년]. 「na, scæn...

scēna[1], **scena..., sceni..., sceno...** = scæ-

scēna[2], æ, *f.* = sacéna. 「의.

scenofactórĭus, a, um, *adj.* 천막제조(업)

scenopégĭa, æ, *f.* [**-gĭa,** órum, *n. pl.*] (유태인들의) 장막축일(帳幕祝日), 초막절.

Scēpsis, is, *f.* *Mýsia*의 도시; 〔*adj.*〕 **-psius,** a, um.

scepticísmus, i, *m.* 《哲》 회의론(懷疑論).

scépticus, a, um, *adj.* **1.** 회의적인; 회의론(자)의, 회의학파의; 〔*subst.*〕 *m. pl.* 회의학파, *Pyrrho*의 제자들. **2.** 신앙교리를 의심하는·믿지 않는.

scéptrĭfer [-ger], ĕra, ĕrum, *adj.* [sceptrum + fero, gero] 왕장(王杖)[권장(權杖)]을 잡고 있는.

scēptrum, i, *n.* **1.** (왕권의 상징인) 왕장(王杖), 권장(權杖); (*Augústus* 시대에는 황제·개선장군·집정관 등이 지니는 상아로 만든) 지휘봉. **2.** 〔주로 *pl.*〕 왕권, 왕위; 통치권. **3.** sceptra pædagogórum*(Mart.)* 훈장의 회초리.

sceptúchus, i, *m.* 왕장(王杖) 잡은 사람; 권병(權柄) 가진 동방의 고관.

schĕda, æ, *f.* **1.** papýrus의 인피(靭皮). **2.** 종잇장; 책장.

schédĭos[-us], a, um, *adj.* 급조(急造)의, 즉석에서 만든, 즉흥의, 임시변통의; 〔*subst.*〕 *f.* (*sc.* navis) (파선했을 때의) 뗏목(배); *n.* (*sc.* carmen) 즉흥시.

schédŭla, æ, *f. dim.* [scheda] **1.** 쪽지, 종잇조각; 투표용지. **2.** 표, 일람표.

schēma, ătis, *n.* [**-ma,** æ, *f.*] **1.** 옷(차림), 복장. **2.** 자세, 태도. **3.** 틀, 형(型), 본보기, 형식, 양식. **4.** 도식(圖式), 도표. **5.** 도형(圖形), 윤곽, 약도. **6. 초안,** 안, 계획; 일람표, 개략, 개요, 대요, (체계적인) 요점초록(要點抄錄). **7.** 《修》 비유; 함축성; 강세법(强勢法). **8.** (시문의) 변칙, 파격(破格). **9.** 《論》 (삼단논법의) 격(格 = figúra). **10.** 천체의 위치도, (점성술의) 천상도(天象圖).

schemátĭcus, a, um, *adj.* [schema] **1.** 비유적 표현의. **2.** 본보기대로의, 형식대로의, 획일적인, 한결같은. **3.** 도식(圖式)으로 나타낸, 도표의. **4.** 초안의, 개략의; 간략한.

schematísmus, i, *m.* **1.** 비유적 표현. **2.** 도식화(圖式化), 도식론, 형식[획일]주의. **3.** 개관, 개요; 직원명부, 《가》 성직자·수도자 명부.

schida = scheda.

schídĭa, æ, *f.* (목수·석수가 다듬을 때 떨어지는) 나무 부스러기, 대팻밥, 끌밥, 대리석 파편. 「tíscus).

schīnus, i, *f.* 《植》 유향(乳香) 나무 (= len-

schisma, ătis, *n.* **1.** 분리, **분열;** 의견대립, 분파. **2.** 교회분리(교황 권위에 대한 불인정·불복종), **이교**(離敎).

schismátĭcus, a, um, *adj.* [schisma] **1.** 분리의, 분열의. **2.** 이교(離敎)의; 〔*subst.*〕 *m.* 이교자(離敎者), 이교 신봉자.

schistos, a, um [on], *adj.* 갈라지는, 쉽게 쪼개지는; 분리된.
schistosóma, ătis, *n.* (동물 혈관속에 기생하는) 주혈흡충(住血吸虫). 「血吸虫病).
schistosomíăsis, is, *f.* 《醫》 주혈흡충병(住
Schœnéis, ĭdis, *f.* *Schœ́neus*의 딸 즉 *Atalánta.*
Schœ́neus *(disyll.)*, ĕi [ĕos], *m.* *Bœótia*의 왕, *Atalánta*의 아버지; 〔*adj.*〕 **-néius,** a, um. 「초 향유로) 천한 화장을 한 매춘부들.
schœnícŭlæ, árum, *f. pl.* [schœnus] (등심
schœnóbătes, æ, *m.* 줄타는 광대.
schœnus, i, *m.* **[-um,** i, *n.*] **1.** 《植》 골풀, 등심초(의 일종). **2.** 등심초 향유. **3.** 고대 *Pérsia*나 *Ægýptus*의 이정(里程, *6 km ~ 7.5 km*).
schŏla, æ, *f.* **1.** 수업(授業), 수업시간, 강의, 강좌, 학술토론: ~ cantus (주로 그레고리안) 성가시간. **2. 학교,** 학원: elementária ~ 초등학교 / média ~ 중학교 / supérior ~ 고등학교; 상급학교 / ~ dominicális 주일학교. **3. 학파. 4.** 조합, 단체; (그들의) 집합소(건물). **5.** 화랑(畵廊). **6.** ~ cantórum 성가대; 성가대석. **7.** 연병장, 군사훈련장. **8.** scholæ bestiárum (맹수들과 싸우게 한) 원형경기장. **9.** 목욕탕의 대기실.
scholáris, e, *adj.* [schola] **1.** 학교의, 학원의, 학교에 관한. **2.** 황제호위병의.
scholástĭcus[1], a, um, *adj.* [schola] **1.** 학교의, 학원의. **2.** 학구적, 학문적. **3.** 수사학의; 웅변술의, 연설법의; 〔*subst.*〕 *n. pl.* 웅변술, 연설법. **4. 스콜라학[철학·신학]의,** 스콜라학적: philosophía scholástica 스콜라 철학.
scholástĭcus[2], i, *m.* **1.** 수사학가; 웅변술[연설법] 강사·선생 (흔히 회랑·노천 같은 데 모인 청중을 대상으로 했음). **2.** 학자, 선비; 학구(學究); 문법학자, 고전학자; 스콜라학의 학자; 〔욕설〕 얼간이 샌님, 반거들충이. **3.** (연학중인) 학도, 대학생; 《가》 수도회의 수학수사(修學修士, 신부가 되기 전에 수학중이거나 교사직에 종사하는 서원한 수도자). 「註釋者), 평주자(評註者).
scholiástes [-ta], æ, *m.* 고전 주석자(古典
schólĭcus, a, um, *adj.* [schola] 학교의.
schólĭon [-ĭum], i, *n.* (희랍·로마의) 고전의 난외주해(欄外註解); 주석, 평주(評註).
scĭa, æ, *f.* 《解》 좌골.
sciădeus, ĕi, *m.* 《動》 송어의 일종 (수컷).
sciǽna, æ, *f.* 《動》 송어 (암놈).
sciagráphĭa, æ, *f.* 투시도(법). 「섬.
Sciăthos [-us], i, *f.* *Eubœ́a*섬 북쪽의 작은
sciátĭcus, a, um, *adj.* [scia] **1.** 좌골(坐骨)의. **2.** 좌골신경통의; 〔*subst.*〕 *n.(f.)* 좌골신경통.
scibam, *impf.* [scio] 《古》 = sciébam.
scíbĭlis, e, *adj.* [scio] (사람의 지식으로) 알 수 있는, 이해될 수 있는. 「[scio].
scibo, scibis, ... 《古》 = sciam, scies, ... *fut.*
scĭda, æ, *f.* = sceda.
scĭdi, *pf.* [scindo].
scĭens, éntis, *p.præs., a.p.* [scio] **1.** 아는, 알고 있는, (무엇에 대한) 지식이 있는. **2.** 〔가끔 prudens, videns와 함께 씀〕 고의의, 일부러 하는, 짐짓 하는. **3.** 〔*absol.; gen., inf.*〕 잘 아는, 유식한, 정통한, 전문지식이 있는, 능숙한.
sciénter, *adv.* [sciens] **1.** 알면서, 일부러, 고의로. **2.** 잘 알고, 유식하게, 전문지식을 가지고, 능란[능숙]하게.
sciéntĭa, æ, *f.* [sciens] **1.** 〔*absol.; gen.;* de, in *abl.*〕 앎, **지식,** 학식, 숙지, 정통, 조예: sciéntiæ cupíditas *(C.)* 지식욕 / ~ tantárum rerum *(Hirt.)* 이렇게 큰 일들에 대한 지식 / 《神》 ~ visiónis (하느님의) 직관지(直觀知) / ~ símplicis intelligéntiæ (하느님의) 단순 지성의 지식 / ~ necessária [naturális] (하느님의) 필연적[본성적] 지식 / ~ líbera 자유로운 지식 (하느님의 자유의사에 속하는 존재들에 대한 지식) / ~ média 중간지(中間知, 예수회원 *Molína*의 용어: 피조물의 조건적인 미래의 자유행위에 대한 하느님의 지식) / ~ infúsa (예수 그리스도의) 천부적 지식 / ~ acquisíta 습득(習得)한 지식 / ~ experimentális 경험지(經驗知). **2. 학문,** 학술, 학(學), **과학,** 전문적인 지식체계: ~ naturális 자연과학 / ~ confessiónum 종파론(宗派論) / ~ rerum civílium 국가학[론]. **3.** 이론, 원리. **4.** 기술, -술(術).
scientiális, e, *adj.* [sciéntia] 학(문)적인.
scientíficus, a, um, *adj.* [sciéntia+fácio] 학문의; 학술(상)의, 과학(상)의; 학술적, 과학적. 「잘것없는] 지식.
scientíŏla, æ, *f. dim.* [sciéntia] 천박한[보
scílĭcet, *adv.* [scire+licet[1]] **1.** 〔*inf., acc. c. inf.*〕 (분명히), 분명하다, 명백하다: Eam cum navi scílicet abivísse pessum in altum.*(Pl.)* 그 여자가 배와 함께 바다밑 깊숙이 가라앉은 것이 분명하다. **2.** 확실히, 틀림없이, 의심없이, 물론, 암, 당연히, 과연, 바로 (그렇게). **3.** 공교롭게도, 하필이면. **4. 즉,** 곧 (略: sc.). 「재.
scilla, æ, *f.* **1.** 《植》 무릇. **2.** 《動》 갯가
scíllĭnus, a, um, *adj.* [scilla] 무릇의, 무릇으로 만든. 「품 (술·식초·기름 따위).
scillítes, æ, *m.* [scilla] 무릇으로 만든 식료
scillítĭcus, a, um, *adj.* = scíllinus.
scimpódĭum, i, *n.* (= grabátus) (휴대용) 침대, (접을 수 있는) 긴 의자.
scin' = scisne? [scio] 너 아느냐?
scincus [-cos], i, *m.* 《動》 (악어 비슷하게 생긴 열대산) 도마뱀.

scindo, scĭdi, scissum, ĕre, *tr.* **1. 찢다,** 잡아찢다, 째다, 쥐어뜯다, 뜯어내다; 쪼개다, 빠개다, (장작 따위를) 패다; 터지게 하다, 파열시키다: epístolam ~*(C.)* 편지를 찢다 / crines ~ solútos *(V.)* 풀어헤친 머리를 쥐어뜯다. **2.** (음식물·고기를) 썰다, 썰어 내놓다. **3.** (물결을) 가르며 지나가다·건너가다. **4.** (땅을) 갈다, 일구다; 파헤치다, 파내다. **5.** 갈래로 나누다, 갈라지게 하다, 분열시키다; 분리시키다; 〔*refl. pass.*〕 se ~, scindi 갈라지다. **6.** 〔*alqd* in *acc.*〕 …로 분류하다. **7.** (고통 따위를) 되살아나게 하다. **8.** 중단하다: fletu ~ verba*(Ov.)* 흐느낌으로 말을 중단하다. **9.** 돌파하다, 뚫고 지나가다, 무찌르다; 무너뜨리다, 파괴하다. **10.** (현악기를) 찢어지는 소리나게[귀에 거슬리게] 타다.

scíndŭla, æ, *f.* = scándula.

scínĭfes [-phes], um, *m., f. pl.* = cínifes.

scintílla, æ, *f.* **1.** 불꽃, 불똥, 불티, 비화(飛火); 불씨. **2.** (광물의) 반짝이는 광점(光點). **3.** 재기(才氣)의 번득임, 싹수; 기색, 기미, 낌새. **4.** 자손, 후손.

scintillátĭo, ónis, *f.* [scintíllo] **1.** 눈앞에서 불똥이 튀는[별이 아른거리는] 것처럼 보임; 현훈(眩暈); 눈부심. **2.** 반짝임.

scintíllo, ávi, (átum), áre, *intr.* [scintílla] **1.** 불똥[불꽃]튀다. **2.** 반짝거리다, 빛나다, 번득이다. **3.** 아른거리다.

scintillósus, a, um, *adj.* [scintílla] 불꽃튀는; 반짝거리는.

scintíllŭla, æ, *f. dim.* [scintílla] **1.** 작은 불똥. **2.** (재능 따위의) 번득임.

scĭo, īvi [ii], ītum, īre, *tr.* **1.** 〔*absol.; alqd, alqm; inf.; pr. objectív.: acc. c. inf.,* ut *c. subj.,* quod *(reále), interr. indir.;* (지식의 출처·근거): ab, ex, de *abl.*〕 **알다,** 알고 있다: ab *alqo* ómnia ~*(L.)* 누구한테서 (들어서) 죄다 알다 / ~ Latíne (*sc.* loqui) *(C.)* 라틴어를 할줄 알다 / ~ fídibus (*sc.* cánere)*(T.)* 현악기를 탈줄 알다 / ut scitis *(C.)* 너희가 아는 바와 같이 / 〔*pr. relat. limitatíva*〕 quod sciam*(C.)* 내가 아는 한에 있어서는[아는 바로는] / Pingébat acu, scires a Pállade doctam.*(Ov.)* 그 여자가 수를 놓고 있었는데 사람들은 그 여자가 *Pallas* 여신한테 배운 줄로 알았으리라 〔scires는 비인칭용법의 *subj. impf.*〕 / Scire tuum nihil est.*(Pers.)* 너의 앎[지식]은 (네가 안다는 것은) 아무것도 아니다. **2.** 〔de *abl.; alqd; inf.*〕 잘 알고 있다, 해박한 지식이 있다, …에 정통하다. **3.** 〔*inf.*〕 …할 수 있다. **4.** 가결하다, 재가하다, 결정하다. **5.** 〔*alqm*〕 동침하다.

scíŏlus, i, *m. dim.* [scius] 사이비 학자, 설배운 사람, 반거들충이.

Scipíădas [-es], æ, *m.* **1.** *Scípio*[2] 가문의 사람. **2.** 〔*pl.; gen.* -dum〕 *Scípio*[2] 일족(一族).

scípĭo[1], ónis, *m.* 지팡이, 막대: ~ ebúrneus (개선장군·제정시대의 집정관 등이 지니던) 상아막대[지휘봉].

Scípĭo[2], ónis, *m.* *Cornélius* 씨족의 한 가문명; 특히 유명한 것은 *Carthágo* 정복자인 다음 두 장군: 1) 제2 *Pœni* 전쟁에서의 P. Cornélius ~ Africánus Major. 2) 제3 *Pœni* 전쟁에서의 P. Cornélius ~ Æmiliánus Africánus Minor (전자의 양손〈養孫〉); 〔*adj.*〕 **-onárĭus [-ónĕus],** a, um.

Scīron[1], ónis, *m.* *Mégaris*와 *Attica* 중간의 연안 암초지대에서 살았다는 유명한 전설적 강도, *Théseus*에게 살해됨; 〔*adj.*〕 **-ónĭus,** a, um; 〔*adj. f.*〕 **-nis,** nĭdis.

scīron[2], ónis, *m.* (*Athénæ*인들이 일컫던 특별한) 서북풍.

scírpĕa, æ, *f.* [scirpus] (왕골 따위로 만든 거름 운반용) 소쿠리, 광주리.

scírpĕus, a, um, *adj.* [scirpus] 사초(莎草)의, 방동사니의, 왕골의, 부들의.

scirpícŭlus, a, um, *adj.* [scirpus] 사초(莎草)·방동사니의; 그런 풀로 만든; 〔*subst.*〕 *m., f.* 소쿠리, 광주리: scirpículi piscárii *(Pl.)* (물고기잡는) 어살.

scirpo, (ávi), átum, áre, *tr.* [scirpus] (골풀·방동사니 따위로) 잡아매다; 엮다.

scirpus, i, *m.* **1.** 《植》 사초(莎草); 방동사니·왕골·부들(의 일종): 〔속담〕 nodum in scirpo quǽrere 사초에서 마디를 찾다, 뻔한 일을 가지고 어려워하다 / 〔학명〕 ~ marítimus 매자기, ~ mucronátus 송이고랭이. **2.** 수수께끼, 알아맞히기.

scirr(h)us [-os], i, *m.* 《醫》 경성암(硬性癌).

scíscĭdi, *pf.* [scindo] 《古》 = scidi.

sciscitátĭo, ónis, *f.* [scíscitor] 〔*absol.; gen. objectív., interr. indir.*〕 알아봄, 물어봄, 조회, 조사, 탐구.

sciscitátor, óris, m. [scíscitor] 조사자, 탐구자.

scíscĭto, átum, áre, *tr.* 《稀》 = scíscitor.

scíscĭtor, átus sum, ári, *dep. tr.* [scisco] **1.** 〔*alqd* – ex, ab *alqo;* de *abl.; alqm* – *interr. indir.*〕 **알아보다, 물어보다,** 조회하다; 캐어묻다, 조사하다; 탐구하다. **2.** (적합한지를) 시험해 보다.

scisco, scīvi, scītum, ĕre, *tr. inch.* [scio] **1.** 알아보다, 알려고 힘쓰다, 탐구[조사]하다; 알게 되다. **2.** 〔*absol.; alqd;* ut, ne; *inf.*〕 가결[의결]하다; 규정하다, 결정하다, (법을) 제정하다. **3.** 재가하다, (법안 따위를) 찬성하다, 승낙하다.

scisse, (흔히 쓰는) *inf. præt.* [scio] = scivísse.

scíssĭlis, e, *adj.* [scindo] **1.** 찢어지는, 찢어지기 쉬운, 쪼개질 수 있는, 갈라지는. **2.** 찢어진, 해어진.

scissim, *adv.* [scindo] 찢어지며, 쪼개지며, 갈라지며.

scíssĭo, ónis, f. [scindo] **1.** 찢음, 쪼갬; 분할, 분열; 찢어짐, 갈라짐. **2.** (갈라진) 틈, 균열. **3.** 《文法》 (중모음으로 이루어진 음절을 두개의 모음으로 따로따로 나누어서 두 음절이 되게 하는) 분절(分節).
scissor, óris, *m.* [scindo] **1.** 찢는[쪼개는] 사람; (식탁에서 음식물을) 썰어 나누는 사람. **2.** 쓰러진 적수를 토막치는 검투사(劍鬪士).
scissúra, æ, *f.* [scindo] **1.** 갈래; 갈라진 금, 벌어진 틈, 균열; 찢은 조각. **2.** 분열, 불화.
scissus, a, um, *p.p., a.p.* [scindo] **1.** 찢어진, 쪼개진; 갈라진, 갈래를 이룬; 쥐어뜯긴; 터진, (그물코 따위가) 뛴; 〔*subst.*〕 *n. pl.* 찢어진[터진·뛴] 데. **2.** 주름살 잡힌.
scitaménta, órum, *n.pl.* [scitus[1]] **1.** 진미(珍味), 산해진미. **2.** 문장의 수식, 미사여구.
scitátĭo, ónis, *f.* [scitor[1]] **1.** 물어봄, 질문. **2.** 조사, 탐구.
scitátor, óris, *m.* [scitor[1]] 조사자, 탐구자.
scīte, *adv.* [scitus[1]] 유식하게; 세련되게, 멋지게, 훌륭하게, 능숙하게, 솜씨좋게, 요령있게, 빈틈없이, 똑 알맞게.
scĭtor[1]**,** átus sum, ári, *dep. tr. freq.* [scio] 〔*alqd,* de *abl.* – ab, ex *alqo; interr. indir.*〕 물어보다, 알아보다; 조사하다, 탐구하다.
scītor[2]**,** óris, *m.* [scio] 식자(識者), 감식자, 전문가.
scítŭlus, a, um, *adj. dim.* [scitus[1]] 세련된, 기품있는; 귀여운, 매력있는; 능란한.
scītum, i, *n.* [scisco] **1. 결정,** 의결, 규정, 명령: plebis ~ (*Roma*의 원로원 의원·귀족을 제외한) 국민의 결정[의결]. **2.** 원리, 원칙, 격률(格率), 주의(主義).
scītus[1]**,** a, um, **I.** *p.p.* [scio].
II. *p.p., a.p.* [scisco] **1.** 〔*absol.; gen., inf.*〕 유식한, 잘 아는, 조예가 깊은; 정통한, 능숙한, 능란한, 노련한, 많이 해본, 솜씨좋은, 재치있는, 빈틈없는; 약삭빠른: ~ vadórum *(Ov.)* 여울목을 잘 아는 / scitum dictum *(Ta.)* 재치있는 발언. **2.** 멋진, 세련된, 우아한; 예쁜, 귀여운, 매력있는. **3.** 적절한, 알맞는, 적당한.
scītus[2]**,** us, *m.* (= scitum) 결정, (국민의) 의결.
sciúrus, i, *m.* 《動》 다람쥐.
scĭus, a, um, *adj.* [scio] **1.** 아는, 알고 있는[하는]. **2.** 〔*absol.; gen.*〕 잘 아는, 해박한, 정통한: vir Latínæ linguæ ~ *(Macr.)* 라틴어를 잘 아는.
scīvi, *pf.* [scio, scisco].
sclavínĭa, æ, *f.* 순례 외투.
sclera, æ, *f.* 《解》 (눈의) 공막(鞏膜).
scleréchўma, ătis, *n.* 《植》 경막조직(硬膜組織).
scléria tessellàta, æ, *f.* 《植》 너도고랭이.
scleríăsis, is, *f.* 《醫》 경피증(硬皮症).
sclerítis, tĭdis, *f.* 《醫》 (눈의) 공막염(鞏膜炎).
sclerodérma, ătis, *n.* 《醫》 경피증(硬皮症).
scleróma, ătis, *n.* 《醫》 경화종증(硬化腫症).
sclerophýtes, æ, *f.* 《植》 경엽식물(硬葉植物).
sclerósis, is, *f.* **1.** 《醫》 경화, 경화증. **2.** 《植》 세포벽 경화.
sclerótĭum, i, *n.* 《生》 균핵(菌核).
sclingo, ĕre, *intr.* (거위가) 꿱꿱거리다.
sclopétum, i, *n.* 총 (Typis Miss. cathol. Yenchowfu, Shantung 1933年版〈拉丁文詞學〉收錄).
sclo(p)pus, i, *m.* 불룩한 뺨을 톡톡 때릴 때 나는 소리.
scobina, æ, *f.* (나무 쓰는) 거친 줄.
scŏb(i)s, is, *f.* (간혹 *m.*) [scabo] **1.** (고운) 톱밥, 줄밥, (송곳질할 때의) 부스러기, (상아·뿔 따위의) 깎은 부스러기; 마모되면서 떨어지는 가루. **2.** 비듬.
Scŏdra, æ, *f.* *Illýria*의 도시 (지금의 *Scutari*); 〔*adj.*〕 **-rénsis,** e; 〔*subst.*〕 **-rénses,** ĭum, *m. pl.* 그곳 주민.
scola, *etc.* = schola, *etc.*
scŏlax, ăcis, *m.* 밀초심지; 횃불, 촛불.
scōlex, écis, *m.* 〔*acc.* -léca〕 **1.** 동록; 산화동. **2.** 《動》 (촌충의) 머리마디.
scoliósis, is, *f.* 《醫》 척추측곡(脊椎側曲).
scólĭus, i, *m.* 《詩》 단장단격(短長短格).
scolopácĕus, a, um, *adj.* [scólopax] 도요새 모양의, 도요새같은.
scólŏpax, ăcis, *m.* 《動》 도요새.
scolopéndra, æ, *f.* 《動》 지네.
scolopéndrĭum [-on], i, *n.* 《植》 골고사리.
scólўmos [-us], i, *m.* 《植》 엉거시, 엉겅퀴(의 일종).
scomber, bri, *m.* 《動》 고등어.
scōmma, ătis, *n.* 비웃음, 조롱, 비꼼, 풍자.
scōpa[1]**,** æ, *f.* **1.** 《植》 대싸리(의 일종). **2.** 〔*pl.*〕 새싹, 잔가지. **3.** 〔*pl.*〕 풀·잔가지 묶음. **4.** 〔*pl.*〕 **비,** 싸리비, 대싸리비: 〔속담〕 scopas dissólvere (비를 풀어헤치다), 아무 쓸모없이 만들다. **5.** 《動》 (꿀벌의 다리에 있는) 꽃가루 채집용의 강모열(剛毛列).
scŏpa[2]**,** æ, *f.* (천체 따위의) 관찰, 관측.
scopárĭus, i, *m.* [scopa[1]] 청소부.
Scŏpas, æ, *m.* **1.** *Paros*섬 태생의 희랍의 유명한 조각가 (c. 375 A.C.). **2.** *Simónides*와 동시대인인 *Thessália*의 부호.
scópĭo, ónis, [**-pĭus,** i,] *m.* 《植》 화경(花梗), 꽃꼭지; 포도알이 달려있는 꼭지.
scōpo[1]**,** ávi, áre, *tr.* [scopa[1]] (비로) 쓸다, 비질하다.
scópo[2]**,** ĕre, *tr.* [scopa[2]] **1.** 고찰하다, 관찰하다, 탐구하다. **2.** 검사[검토]하다, 성찰(省察)하다.
scópŭla, æ, *f. dim.* [scopa[1]] **1.** 잔 나뭇가지. **2.** 작은 비(箒). **3.** 《動》 (꿀벌 다리

의) 꽃가루 채집용 강모열(剛毛列); (거미의 다리나 집게 끝에 있는) 거미줄치는 데 쓰는 강모군(剛毛群).

scopulósus, a, um, *adj.* [scópulus] **1.** 바위투성이의, 남식많은; 암초많은. **2.** 험난한, 위험한.

scópŭlus, i, *m.* **1.** 바위, 암석. **2.** 깎아지른 듯이 솟은 바위, 낭떠러지, 절벽. **3.** **암초**. **4.** 위험(물); 장애(물); 곤경, 궁지, 파국, 파멸.

scopus, i, *m.* **과녁**, 목표; **목적**. 「논쟁.

scordálĭa, æ, *f.* [scórdalus] 말다툼, 시비,

scórdălus, i, *m.* 싸움질하는 사람.

scordiscárĭus, i, *m.* [scordíscum] 가죽안장 제조인[장수]. 「족.

Scordísci, órum, *m. pl.* *Pannónia*의 한 종

scordíscum, i, *n.* [**-cus,** i, *m.*] 가죽안장.

scórĭa, æ, *f.* **1.** 녹은 쇠찌끼, 쇠똥, 광재(鑛滓), 용재(鎔滓). **2.** 화산암찌끼.

scorpíăcum, i, *n.* 전갈한테 쏘인 데 쓰는 약.

scórpĭo, ónis, *m.* **1.** 《動》 **전갈**(全蠍). **2.** 《天》 전갈좌; 천갈궁(天蠍宮). **3.** 투석기(投石機), 투사기(投射機: 돌덩이나 창 따위를 쏘아 보내던 무기). **4.** (쇠갈고리나 매듭이 달린) 전갈채찍. **5.** (바닷가에 나는) 작은 가시나무관목. **6.** 양볼락과의 바닷물고기. **7.** 밭 경계에 쌓아놓은 돌무더기.

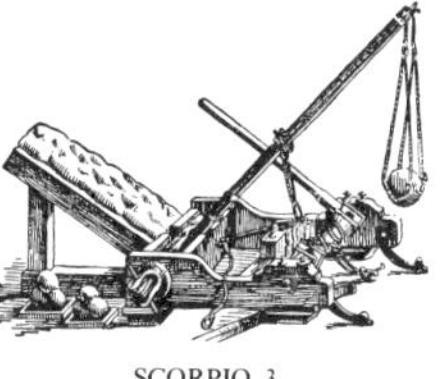
SCORPIO 3

scorpiónĭus, a, um, *adj.* 전갈의, 전갈과

scórpĭus[-os], i, *m.* = scórpio. ⌊관계되는.

scortátĭo, ónis, *f.* [scortor] 오입, 외도, 방탕. 「아.

scortátor, óris, *m.* [scortor] 오입장이, 방탕

scortatórĭus, a, um, *adj.* [scortátor] 방탕한. 「탕.

scortátus, us, *m.* [scortor] 오입, 외도, 방

scórtĕus, a, um, *adj.* [scortum] 가죽의, 피혁의; 〔*subst.*〕 **-tĕa,** æ, *f.* 가죽옷; 가죽부대; **-tĕa,** órum, *n. pl.* 가죽제품. 「춘부.

scortíllum, i, *n. dim.* [scortum] 창녀, 매

scortínus, a, um, *adj.* [scortum] 가죽의,

scórtĭus, a, um, *adj.* = scórteus. ⌊피혁의.

scortor, ári, *dep. intr.* [scortum] **1.** 창녀와 상종하다, 오입질하다, 방탕한 짓을 하다. **2.** (창녀가) 매음하다. 「의) 가죽.

scórtŭlum, i, *n. dim.* [scortum] (특히 사자

scortum, i, *n.* **1.** 가죽, 피혁. **2.** 창녀, 매춘부: scórteum ~ *(Apul.)* 늙어빠진 창녀.

Scōti [Scotti], órum, *m. pl.* 〔집합명사적으로 *sg.*도 간혹 있음〕 **1.** *Caledónia*(지금의 *Scotland*)인[주민]. **2.** *Hibérnia*(지금의 *Ireland*)인[주민].

scótĭa[1], æ, *f.* 《建》 (원주〈圓柱〉의 받침돌로 쓰는) 깊이 도려낸 쇠시리.

Scótĭa[2], æ, *f.* *Scoti*족의 나라 (지금의 *Scotland*); 〔*adj.*〕 **-tĭcus,** a, um.

Scotísmus, i, *m.* Scotus 학파(의 철학·신학); 〔*adj.*〕 **-ístĭcus,** a, um.

Scotístæ, árum, *m. pl.* (*Scótia* 태생의) Duns Scotus(c. 1266 – 1308)의 제자 및 계승자, Scotus 학파의 사람들.

scotodínĭa, æ, *f.* 《醫》 현기증.

scotóma, ătis, *n.* 《醫》 현기증; (망막상의) 맹점, 암점(暗點).

scotomátĭcus, a, um, *adj.* 현기증이 있는.

scotómo, áre, *tr.* [scotóma] 현기증나게 하다, 시력을 어둡침침하게 하다.

Scotússa [-túsa], æ, *f.* *Thessália*의 도시; 〔*adj.*〕 **-sǽus,** a, um.

scrĕa, æ, *f.* 가래(침). 「람.

screátor, óris, *m.* [screo] 가래침 뱉는 사

screátus, us, *m.* [screo] 기침하여 가래침 뱉음.

scrĕo, áre, *intr.* 기침하여 가래침 뱉다.

scrība, æ, *m.* [scribo[1]] **1.** 서기(관), 비서, 기록담당관. **2.** (고대 유태교의) 율법학자.

scribátus, us, *m.* [scriba] **1.** 서기직. **2.** 율법학자 직위.

scriblíta, æ, *f.* 치즈넣은 과자.

scriblitárĭus, i, *m.* 치즈넣은 과자 제조인.

scrībo[1], scrīpsi, scrīptum, ĕre, *tr.* **1.** 새기다, (낙인 따위를) 찍다, **긋다**, 그리다, (글자를) 쓰다: líneam ~ *(C.)* 선을 긋다 / nomen ~ acu *(Mart.)* 이름을 수놓다 / ~ in ánimo 마음속에 새겨두다, 명심하다 / ~ in vento et aquā *(Catull.)* (바람과 물에 쓰다), 말로만 약속하다. **2.** 〔*absol.; alqd;* de, super *abl.; acc. c. inf.* - *alci;* ad, in *alqm*〕 (글·시 따위를) **쓰다**, 저술[저작]하다, 집필하다, 서술하다, 묘사하다; 기록하다, (문서 따위를) 작성하다, 서면으로 처리하다: ~ carmen in *alqm* *(C.)* 아무에게 헌정하는 시를 쓰다 / ~ pecúniam 어음을 작성하여 서명하다 / scribéndo adésse, ad scribéndum esse *(C.)* (원로원의 긴급포고령 작성·결정 따위에) 증인으로 입회하다·서명하다 / leges ~ *(C.)* 법(조문)을 작성[제정]하다. **3.** 〔*alci,* ad *alqm;* de *abl., alqd; interr. indir.*〕 편지하다, **써보내다**, 편지로 알리다·전하다: ~ salútem *alci (Pl.)* 아무에게 문안편지를 보내다. **4.** 〔*alci,* ad *alqm,* ut [ne]〕 서면·편지 따위로 지시하다. **5.** 〔*alqm c. acc. præd.*〕 (문서로) 지명하다, 지정하다; …로 내세우다: *alqm* herédem ~ *(C.)* 아무를 상속인으로 지명하다. **6.** 〔mílites, legiónes *etc.*〕 병적에 등록하다, 징집하다, 입대시키다. **7.** 명부

에 올리다.
scrībo², ónis, *m.* 징병관.
Scribónĭus, i, *m.* *Roma*인의 씨족명.
scriniárĭus, i, *m.* [scrínium] 문고보관인, 서류보관인.
scriníŏlum, i, *n. dim.* [scrínium] 작은 상자, 문고.
scrínĭum, i, *n.* 함, 귀중품보관상자; 서류함, 문고.
scripsi, *pf.* [scribo¹].
scríptĭlis, e, *adj.* [scribo¹] 기록될 수 있는, 글자로 표시될 수 있는.
scríptĭo, ónis, *f.* [scribo¹] **1.** 글(씨)쓰기. **2.** 문자, 자구(字句). **3.** 기초(起草), 초안, 초고, 원고. **4.** 글, 기록; 원문. **5.** 채무증서. **6.** (노예·죄수에게 찍은) 낙인.
scríptĭto, ávi, átum, áre, *tr. freq.* [scribo¹] **1.** 자주[흔히] 쓰다; 끼적거리다. **2.** 자주 편지하다, 편지질하다, 편지로 알려[일러] 주다. **3.** 자주 글짓다, 초고를 작성하다: Scriptitávit oratiónes multas, orátor numquam fuit. *(C.)* 그가 연설원고는 많이 썼지만 한번도 연설가가 되지는 못했다.
scriptiúncŭla, æ, *f. dim.* [scríptio] 작은 글귀·글발.
scripto, áre, *tr.* = scríptito.
scrīptor, óris, *m.* [scribo¹] **1.** 필기자, 서기, 비서. **2.** 〔*absol.; gen.*〕 저작자, 저술가, 작가, 문필가, 시인, 역사가; 편찬인, 작성자: ~ rerum *(C.)* 역사(기술)가 / ~ Trojáni belli *(H.) Troja* 전쟁 작가, *Homérus* / Solon ... legum ~ *(C.) Solon*은 법률제정자(였다). **3.** 유서 대서인, 공증인.
scriptórĭus, a, um, *adj.* [scribo¹] 글쓰는데 사용되는; 〔*subst.*〕 *n.* **1.** (밀랍판 기록용의) 첨필(尖筆), 철필. **2.** (고서 따위의) 필사실(筆寫室), 문서실.
scrípt(ŭ)lum, i, *n. dim.* [scríptum] (장기판의) 줄; 〔*pl.*〕 (열두 줄이 그어져있는 옛) 장기.
scriptum, i, *n.* [scribo¹] **1.** 써놓은 것, 필기(물), 기록문; 글, 원고, 편지, 서면, 서류, 문서, 증서: sine scripto *(C.)* 원고(도) 없이 / de scripto dícere *(C.)* 원고를 보며 연설하다, 원고를 낭독하다 / ~ relínquere, *alqd* mandáre scriptis *(C.)* 글로 남기다, 기록해 두다 / ~ fácere *(L.)* 필경(筆耕)을 직업으로 하다 / exámen in scripto 필기시험 / post¹ scriptum (= postscríptum; 略: P.S.) 후기(後記); 추신(追伸). **2.** 원본, 원문. **3.** 〔*pl.*〕 논문, 서적, 저서, 작품, 시: édita scripta 간행물 / periódica scripta 정기간행물. **4.** 법률, 법령, 규정. **5.** 줄, 선; 〔*pl.*〕 (열두 줄이 그어져있는) 장기(의 일종): duódecim scriptis lúdere *(C.)* (열두줄) 장기를 두다.
scriptúra, æ, *f.* [scribo¹] **1.** 글자쓰기; 글쓰기: mendum scriptúræ *(C.)* 쓰다가 잘못된 데 / scriptúrā *alqd* pérsequi *(C.)* 무엇을 써내려가다, 기록하다. **2.** (윤곽·모습 따위의) 선(線). **3.** 필치, 문체. **4.** 기록문, 각명(刻銘). **5.** 글, 원고, 서면, 서류, 문서; 탄원서. **6.** 시, 문학작품. **7.** (관공서의) 일지, 역사적 기록, 연대기. **8.** [S-] (구약·신약)**성서**, (인용·발췌한) 성서구절: ~ Sacra 성서, 성경. **9.** (그리스도교 이외의) 경전. **10.** 유언장, 유서(내용). **11.** 법문(法文), 조문(條文). **12.** 농토의 지적도. **13.** (공유지에서의) 방목세(放牧稅), 목장사용료.
scripturális, e, *adj.* [scriptúra] 성서의, 성서에 나오는, 성서에 의한.
scripturárĭus, a, um, *adj.* [scriptúra] 방목세(放牧稅)의; 〔*subst.*〕 *m.* 방목세 징수인.
scriptúrĭo, íre, *intr. desid.* [scribo¹] 몹시 쓰고 싶어하다.
scrīptus, us, *m.* [scribo¹] 서기직.
scripuláris, e, *adj.* [scrípulum] *1 scrípulum* 무게의, 극히 경량의, 미량의.
scripulátim, *adv.* [scrúpulus] 미량으로, 아주 조금.
scrípŭlum, i, *n. dim.* [scrupus] **1.** 아주 작은 돌, 부스러기돌. **2.** 24분의 1 *úncia* 나가는 무게(단위). **3.** 3분의 1 *denárius* (은화). **4.** 288분의 1 *júgerum* 되는 면적 (100 평방 *pedes*). **5.** 24분의 1 시간. **6.** 극소량, 미량.
scrobátĭo, ónis, *f.* [scrobis] (나무 심을) 구덩이 파기.
scrobícŭlus, i, *m. dim.* [scrobis] 작은 구덩이, 우묵한 작은 구멍; 《解》 ~ cordis 심와(心窩), 위와(胃窩).
scrŏbis, is, *m., f.* 〔간혹 *nom.* scrobs〕 **1.** 구덩이, 우묵한 구멍. **2.** 무덤 구덩이, 묘혈. **3.** 여자의 음부.
scrōfa, æ, *f.* 씨암돼지.
scrofínus, a, um, *adj.* [scrofa] 씨암돼지의; 〔*subst.*〕 *f.* 암돼지고기.
scrofipáscus, i, *m.* [scrofa+pasco] 암퇘지 기르는 사람.
scrófŭlæ, árum, *f.pl.* 《醫》 나력(瘰癧), 연주창, 경부임파선(頸部淋巴腺)의 종창.
scrofulósis, is, *f.* 《醫》 선병질(腺病質).
scrōpha, æ, *f.* = scrofa.
scrotális, e, *adj.* [scrotum] 《解》 음낭(陰囊)의.
scrōtum, i, *n.* 《解》 음낭(陰囊).
scrúpĕda, æ, *m., f.* = scrupípeda.
scrúpĕus, a, um, *adj.* [scrupus] **1.** 거친 돌이 많은, 울퉁불퉁한. **2.** 까다로운, 어려운, 고된, 험난한.
scrupípĕda, æ, *m., f.* [scrupus+pes] 휘청휘청 걷는 사람, (맨발로 자갈밭을 걸을 때처럼) 절름거리는 사람.
scrupósus, a, um, *adj.* [scrupus] **1.** 거친 돌이 많은, 울퉁불퉁한. **2.** 까다로운, 어려운, 고된, 험난한.
scrupulósĭtas, átis, *f.* [scrupulósus] 과잉면밀[세밀], 지나치게 꼼꼼함, 과도한 신중[조심], (병적인) **세심**(細心), 불안, 의구.

scrupulósus, a, um, *adj.* [scrúpulus] **1.** 돌투성이의; 거칠거칠한, 험한. **2.** 세밀한, 면밀한, 꼼꼼한; 지나치게 신중한[조심하는], (병적으로) **세심한**, 불안해하는, 거정하는, 의구심많은, **3.** 까다로운, 귀찮은, 성가신. 「lum.
scrúpŭlum, i, *n. dim.* [scrupus] = scrípu-
scrúpŭlus, i, *m. dim.* [scrupus] **1.** 모난 작은 자갈, (구두 안에 들어있는 따위의) 굵은 모래알. **2.** 24분의 1 *úncia* 되는 무게(단위). **3.** 24분의 1 시간. **4.** 과잉면밀[세밀]; 불안, 걱정, 의구, (병적인) **세심**(細心), 죄에 대한 그릇된 인식·판단에서 오는 공포심: *alci* ex ánimo scrúpulum evéllere *(C.)* 누구의 마음에서 걱정을 제거해주다.
scrūpus, i, *m.* **1.** 거칠고 모난 작은 돌. **2.** 불안, 걱정, 의구, (병적인) 세심.
scrūta, órum, *n. pl.* 폐물, 고물, 몽당이; 헌옷, 누더기, 넝마; 이 빠진 그릇; 늙어 빠진 역축(役畜).
scrutábĭlis, e, *adj.* [scrutor] 조사의 대상이 될 수 있는, 샅샅이 뒤질 수 있는; 헤아릴 수 있는. 「이 뒤지는.
scrutabúndus, a, um, *adj.* [scrutor] 샅샅
scrutánter, *adv.* [scrutor] 구석구석 뒤져서, 샅샅이, 면밀히.
scrutárĭus, a, um, *adj.* [scruta] 폐물의, 고물의, 넝마의; 〔*subst.*〕 *m.* 고물[넝마]장수; *f.*, *n.* 고물상, 넝마장사.
scrutátĭo, ónis, *f.* [scrutor] **1.** 샅샅이 뒤짐, 수색, 검색. **2.** 조사, 탐구; 면밀한 검사, 검토.
scrutátor, óris, *m.* [**–trix,** ícis, *f.*] [scrutor] **1.** 조사자, 검사자, 샅샅이 뒤지는 사람, 검색자, 수색자; 탐사자: pélagi ~ *(Stat.)* 어부 / ~auri*(Lucan.)* 금광발굴인. **2.** 《敎法》 (투표를 모아서 검사·개표·발표하는) 투표검사인. **3.** 탐구자, 연구가. **4.** (마음속·비밀 따위를) 들여다보고 아는 사람, 꿰뚫어보는 사람, 감별자.
scrutíllus, i, *m.* 돼지순대.
scrutínĭum, i, *n.* [scrutor] **1.** 정밀한 조사, 재검토. **2.** 《가》 (초대교회에서) 영세(領洗) 지원자에 대한 시험[신앙검사]; 서품(敍品) 지원자의 시험. **3.** 투표; 투표에 의한 선거; 《가》 (교황선거방법의 하나로서의) 비밀투표.
scrūtor, átus sum, ári, *dep. tr.* 〔*arch.* –to, ávi, átum, áre〕 [scruta] **1.** 〔*alqd, alqm; interr. indir.; absol.*〕 샅샅이 뒤지다, 뒤져서 찾다, 모색하다, 탐사하다, 탐색하다; 수색[검색]하다; 탐험하다: 〔*passive*〕 scrutátis vetéribus libris *(Amm.)* 옛 책들을 샅샅이 뒤져서. **2.** 조사하다, 검사하다, 검토하다, 음미하다; 탐구하다, 연구[궁구]하다; 구명(究明)하다, 규명하다. **3.** 찾아내다, 알아내다, 탐지하다; 꿰뚫어보다.
sculpo, psi, ptum, ĕre, *tr.* [*cf.* scalpo] **1.** 새기다, 조각하다, 새겨서 만들다, 아로새기다: 〔조각가의 서명〕 sculpsit [*pl.* sculpsérunt] (아무개) 작(作), 조각함 (略: sc., sculp., sculps.). **2.** 명심하다. **3.** (문장을) 다듬다.
sculpónĕæ, árum, *f.pl.* 나막신.
sculponeátus, a, um, *adj.* 나막신 신은.
scúlptĭlis, e, *adj.* [sculpo] 새겨서 만든, 조각품의; 〔*subst.*〕 *n.* 조각상; 우상. 「석공.
sculptor, óris, *m.* [sculpo] 조각가, 조각사;
sculptúra, æ, *f.* [sculpo] 조각술; 조각; 조각품: ~ ebúrnea 상아세공.
scurra, æ, *m.* **1.** 만담가, 익살꾼, 어릿광대. **2.** (도회지의) 멋장이, 한량(閑良). **3.** 호위병, 근위병.
scurrílis, e, *adj.* [scurra] **1.** 익살스러운, 어릿광대의. **2.** 상스러운, 저속한, 야비한. 「비한 익살, 점잖지 못한 농담.
scurrílĭtas, átis, *f.* [scurrílis] 저속하고 야
scurror, ári, *dep. intr.* [scurra] **1.** 〔*dat.*〕 익살부리다. **2.** 아첨하다.
scutále, is, *n.* [scutum] 줄팔매[투석기]의 돌멩이 끼우는 가죽끈 (또는 그것의 고).
scutánĕus, a, um, *adj.* [scutum] 장방형의 방패모양으로 된.
scutárĭus, a, um, *adj.* [scutum] **1.** 장방형 방패의; 〔*subst.*〕 *m.* 방패제조인. **2.** 장방형 방패로 무장한; 〔*subst.*〕 *m.(pl.)* 방패로 무장한 근위병; 방패로 무장한 검투사.
scutátus, a, um, *adj.* [scutum] 장방형 방패로 무장한; 〔*subst.*〕 *m. pl.* 방패로 무장한 군인들, 방패부대.
scutélla, æ, *f. dim.* [scutra] **1.** 운두가 얕은 사발[술잔], 대접, 우묵한 접시, 쟁반. **2.** 받침접시.
scutellátus, a, um, *adj.* [scutéllum] 《動》 **1.** 인갑(鱗甲)이 있는; 큰 비늘이 달린. **2.** 방패모양의.
scutéllum, i, *n. dim.* [scutum] 《動·植》 소순판(小楯板); (새발의) 각질인편(角質鱗片).
scútĭca, æ, *f.* 가죽채찍.
scútĭfer, ĕri, *m.* [scutum + fero] 방패잡이.
scutigérŭlus, i, *m. dim.* [scutum + gero] 상관의 방패를 들고 다니는 병사[종].
scutra, æ, *f.* 접시, 쟁반; 대접. 「탕기.
scutríscum, i, *n. dim.* [scutra] 작은 접시;
scútŭla[1]**,** æ, *f. dim.* [scutra] **1.** 작은 접시, 쟁반, 대접. **2.** 마름모꼴; 바둑무늬; (포장도로·반자 등에 쓰는) 바둑무늬 대리석판; (옷 가장자리 장식용의) 바둑무늬레이스. **3.** (아접〈牙椄〉에서 집수〈椄穗〉가 붙어있는) 네모나게 도린 나무껍질.
scútŭla[2]**,** æ, *f.* 굴림대.
scutulátus, a, um, *adj.* [scutula[1]] 마름모

꼴의, 바둑무늬의; 〔*subst.*〕 *n. pl.* (*sc.* vestiménta) 바둑무늬 옷.

scútŭlum, i, *n. dim.* [scutum] **1.** 작은 장방형 방패. **2.** scútula opérta *(Cels.)* 어깨뼈, 견갑골.

scūtum, i, *n.* 〔*arch.* -us, i, *m.*〕 **1.** (장방형의) 방패. **2.** 방패무장병. **3.** 보호, 옹호; 지원(支援). **4.** 《動》 (곤충의 가슴과 등을 덮은) 순판(楯板); 인갑(鱗甲).

SCUTUM 1

scýbălon, i, *n.* 똥, 분뇨, 배설물; 《醫》 토끼똥모양의 변괴(便塊).

Scylacíum [-céum], i, *n. Calábria* 동남단의 도시(지금의 *Squillace*); 〔*adj.*〕 **-céus,** a, um.

Scylla, æ, *f.* **1.** *Sicília*섬과 *Itália* 본토 사이에 있는 여자 모습의 대단히 위험한 암초 (*Sicília* 편으로 *Charýbdis*의 위험한 조수〈潮水〉와 또 하나의 암초가 있음): 〔속담〕 Incĭdit in Scyllam cúpiens vitáre Charýbdim. *Charýbdis*를 피하려다 *Scylla*에 (위험을 피하려다 더 큰 위험에) 부딪쳤다. **2.** *Phorcus*의 딸, *Circe*에 의하여 바다의 괴물이 됨. **3.** *Mégara*의 왕 *Nisus*의 딸, ciris라는 새가 됨. 「험한.

Scyllǽus, a, um, *adj.* **1.** *Scylla*의. **2.** 위

scymnus, i, *m.* 짐승새끼, 사자새끼.

scýphŭlus, i, *m. dim.* [scyphus] 작은 잔; 작은 등잔. 「**2.** 독배(毒杯).

scy̆phus, i, *m.* **1.** 잔, (잔치·제사용) 술잔.

Scýrĭas, ădis, *f. Scyrus*섬의 왕 *Lycomédes*의 딸인 *Deidamía.*

Scȳrus [-os], i, *f. Spórades* 군도의 하나; 〔*adj.*〕 **-rĭ(c)us,** a, um: Scýrius júvenis, *Scyros*의 젊은이 즉 *Pyrrhus.*

scýtăla, æ, [**-le,** es,] *f.* (양피지 따위에 쓴 고대 *Sparta*의) 나선형 권축(卷軸)으로 된 비밀공문서.

Scy̆tha [-es], æ, *m. Scýthia* 사람; **-thæ,** árum, *m. pl. Scýthia* 주민 (흑해 동북방 일대에 거주하던 유목민족). **2.** [-es] *adj.* *(m.) Scýthia*의.

Scýthĭa, æ, *f.* 흑해와 카스피해 동북부에 있던 지방 (지금은 소련의 일부); 〔*adj.*〕 **-thĭcus,** a, um: Scýthici ignes *(Mart.)* 에메랄드, 취옥(翠玉) / Scýthica [-ce] (herba) (*Scýthia*의 풀) 감초. 「자.

Scythis, ĭdis, [**-thíssa,** æ,] *f. Scýthia*의 여

scýtĭca, æ, *f.* = scútica.

S. D. = salútem dicit. 〔편지 따위에서〕 (아무가) 인사·문안한다. 「(들)을; 자기(들)로.

se¹, *pron. person. refl., acc., abl.* [sui] 자기

se², *præp. c. abl.* = sine (없이): ~ fraude *(C.)* 속이지 않고.

se³-, *prævérbium* **1.** 〔《따로· …없는·분리》 따위의 뜻〕 *e. g.* secúrus, a, um = sine curā (안전한), sejúngere (갈라놓다, 떼어놓다), secédere (물러가다). **2.** = semi (반), *e. g.* selíbra (반근). **3.** = sex(여섯), *e.g.* seméstris, e (6개월의).

se⁴, *adv.* = seórsum (따로).

se⁵, *conj.* 《古》 = si (만일).

sebácĕus, i, *m.* [sebum] 수지(獸脂) 양초, (짐승의 기름으로 만든) 양초.

Sebéthos [-us], i, *m. Campánia*의 작은 강; 〔*adj. f.*〕 **-this,** ĭdis.

sēbo, áre, *tr.* [sebum] 녹인 짐승기름을 심지에 먹이고 발라서 (양초를) 만들다.

seborrhœ́a, æ, *f.* 《醫》 지루증(脂漏症), 피지루(皮脂漏). 「비계투성이의.

sebósus, a, um, *adj.* [sebum] 지방분 많은,

sēbum, i, *n.* 수지(獸脂), 지방, 비계, 피지(皮脂), 기름: ~ bubulínum [bovínum] *(Veget.)* 우지(牛脂). 「라서 가를 수 있는.

secábĭlis, e, *adj.* [seco] 자를 수 있는, 잘

secále, is, *n.* 《植》 **1.** 호밀; 쌀보리, 나맥(裸麥). **2.** ~ cornútum 맥각균(麥角菌).

secaménta, órum, *n. pl.* [seco] 나무세공품, 목각품.

secédo, céssi, céssum, ĕre, *intr.* [se³+] **1.** 〔*absol.;* ab, de *abl.; abl.;* ad, in *acc.*〕 떠나가다, **물러가다**; 이별하다, 떨어져 지내다. **2.** 〔ab *abl.*〕 떨어져 나가다, 이탈하다, 탈퇴하다, 빠져나오다, 피하다; (반란을 일으켜) 어디로(in *acc.*) 가서 농성하다. **3.** 〔*absol.;* ab, ex *abl.;* ad, in *acc.*〕 버리다, 떠나다; 은퇴하다, 은둔하다, …로 돌아가다. **4.** 〔ab *abl.*〕 (거리가) 떨어져 있다, 멀리 있다. **5.** 세상떠나다, 죽다.

secérno, crévi, crétum, ĕre, *tr.*[se³+] **1.** 〔*alqd, alqm* - ab, ex *abl.; poétic. abl.*〕 추려내다, 골라내다, **선별하다**, 분간하다, **구별하다**; 갈라놓다, (따로) 떼어놓다, 분리하다. **2.** 〔*alqd* in *acc.*〕 나누다, 구분[분류]하다. **3.** 〔*alqd* in *alqd, alci*〕 (어디에) 따로 남겨두다, (누구에게) 따로 떼어주다·배정하다. **4.** 제외하다, 빼놓다, 제쳐놓다, 제거하다.

secéspĭta, æ, *f.* [seco] 제사때 쓰는 긴 칼.

secéssĭo, ónis, *f.* [secédo] **1.** 물러남, 은퇴. **2.** 이탈, 탈퇴; 분리. **3.** (민중의) 반란, 봉기, 농성, (국민·군대의) 분열.

secéssus, us, *m.* [secédo] **1.** (철새 따위가) 떠나감; 귀소(歸巢). **2.** 물러감, (번잡을 피해) 조용히 지냄, 은둔, 고적(孤寂); 은퇴. **3.** 《가》 묵상(회), 피정(避靜). **4.** (민중의) 반란, 봉기, 농성. **5.** 깊숙한[으슥

한] 곳; 호젓한 곳, 은둔처; 마음속. **6.** 뒷간, 변소.
sécĭus [sé(c)tĭus], *adv. comp.* [secus²] **1.** 〔흔히 부정 뒤에 쓰며 가끔 *abl. comp.*, 접속사 quam, ac을 동반함〕 (보다) 다르게, 덜, …만 못하게: nec ~*(V.)* 다르지 않게, 같은 모양으로 / haud ~*(V.)* 못지 않게 / níhilo ~*(Pl.)*, nec [neque] eo ~ *(Suet., N.)* 그럼에도 불구하고, 그렇지만 / non ~ac ...*(V.)* …와 같이, …것처럼 / quo ~ *c. subj.* (= quóminus) *(C.)* …하지 못하도록. **2.** 오히려 달리, 도리어[더] 나쁘게: de *alqo* ~ loqui*(Sen.)* 아무에게 대하여 도리어 나쁘게 말하다.
seclúdo, clúsi, clúsum, ĕre, *tr.* [se³+claudo] **1.** 따로 가두다, 가두어두다, 틀어박히게 하다; 〔*pass. refl.*〕 숨어있다, 틀어박히다. **2.** 〔*alqd, alqm* ab *abl.*〕 (따로) 떼어놓다, 격리[분리]시키다, 고립시키다. **3.** 〔*alqd* ab *abl., abl.*〕 막다, 차단하다, 봉쇄하다; 감금하다. **4.** (석정·공포 따위를) 떨어버리다, 몰아내다.
sēclum = sǽculum.
seclúsĭo, ónis, *f.* [seclúdo] **1.** 격리, 차단. **2.** 은둔, 한거(閑居). 틀어박힘. **3.** 외딴 곳. 「떨어진, 격리된; 외딴.
seclúsus, a, um, *p.p., a.p.* [seclúdo] 따로
sĕco, cŭi [-cávi], sectum [secátum], áre, *tr.* **1.** **자르다, 베다,** 절단하다. **2.** 〔*alqd* - in *acc.*〕 잘라서[썰어서] 조각내다, 토막내다; 켜서[깎아서] 얇게 만들다. **3.** 절제(切除)하다, 수술하여 잘라버리다; 거세하다. **4.** 찢다, 상처내다, 벗겨지게 하다, 에다, 할퀴다, 찌르다. **5.** 가르고[헤치고·뚫고] 지나가다, 횡단하다: amnis urbem secans *(Plin.)* 도시 한복판을 흐르는 강. **6.** 아프게 하다, 쑤시게 하다. **7.** (벌레 따위가) 쏠다. **8.** 〔*alqd* - in *acc.*〕 **나누다,** 분할[분단]하다, 구분하다, 가르다, 쪼개다, 세분하다. **9.** (분쟁 따위를) 해결해 주다, 결말짓다.
secórdĭa, secors = socórdia, socors.
secréta, æ, *f.* (*sc.* orátio) 《가》 (미사 때 제물봉헌 후의) 묵념기도 (지금은 orátio super obláta〈봉헌기도〉라 함).
secretárĭa, æ, *f.* [secrétus] **1.** 사무국, 관서: 《教法》 Secretária Status, Offícium Secretáriæ Status (교황청의) 국무성 / ~ Brévium 소칙서국(小勅書局) / ~ Epistolárum latinárum 라틴문서국. **2.** 여비서.
secretárĭum, i, *n.* [secrétus] **1.** 깊숙한[은밀한] 곳, 비밀장소, 외딴 곳, 호젓한 곳. **2.** 비밀회의실; 비밀재판(정). **3.** (평신도들의 사건을 다루는 교회법원을 겸하기도 했던) 제의실(祭衣室). **4.** 마음속 깊은 곳, 성소(聖所) *(Aug.)*.
secretárĭus, i, *m.* [secrétus] **1.** 비서(관), 서기(관). **2.** [S-] 《教法》 (교황청의 몇몇 성성〈聖省, Congregátio〉의 장관은 교황자신이지만 그를 대리하여 관장하는 추기경을 일컫는) 장관: ~ Status 국무장관.
secréte [-tim], *adv.* [secrétus] **1.** 따로, 조용히. **2.** 몰래, 비밀히, 은밀히, 드러나지 않게.
secrétĭo, ónis, *f.* [secérno] **1.** 분리, 격리. **2.** 《生理》 분비(작용); 분비물, 분비액.
secréto, *adv.* [secrétus] **1.** 따로, 따로 떨어져[조용히], 혼자만: Secréto hoc audi. *(C.)* 너 혼자만 들어두어라. **2.** 몰래, 비밀히, 드러나지 않게. 「의, 분비하는.
secretórĭus, a, um, *adj.* [*cf.* secrétio] 분비
secrétum, i, *n.* [secrétus] **1.** 조용한 곳, 호젓한 곳, 외딴 곳, 한적한 곳, 시골, 벽지: ~ pétere *(Phædr.)* 조용한 곳으로 가다. **2.** 조용함, 고요함, 한적, 고적(孤寂), 혼자 지냄: in secréto *(L.)* 혼자 조용히 / ~ pétere *(Suet., Ta.)* 조용히 말할 기회를[개인면담을] 청하다. **3.** **비밀;** 비결, 비법: in secréto 비밀로, 비밀히, 은밀히, 남몰래 / in secrétis ejus *(Suet.)* 그의 비밀서류 가운데. **4.** 신비, 신비한 힘.
secrétus, a, um, *p.p., a.p.* [secérno] **1.** 골라낸, 독특한; 따로 떼어놓은, 분리된, 별개의, 따로따로 떨어진, 격리된. **2.** 한적한, 조용한, 호젓한, 적막한, 인적이 드문, 외딴. **3.** 혼자뿐인, 개인적인, 번잡을 떠나 조용히[혼자] 지내는. **4.** **비밀의,** 숨겨진, 은밀한, 세상에 드러나지 않은, 아무도 모르는; 심오한, 신비로운, 비법의: secréta péctora *(Mart.)* 가슴속의 비밀 / secrétæ artes *(Ov.)* 마법. **5.** 드문, 흔치 않은. **6.** 〔*abl., gen.*〕 빼앗긴, 결핍한, (무엇이) 없는: ~ cibo *(Lucr.)* 먹을 것이 결핍한.
secta, æ, *f.* [sequor] **1.** 따르는 길, 방향; (행동)**원칙,** 주의(主義), 방침, 처세법, **방식,** 양식, 방법: ~ vitæ *(C.)* 생활양식. **2.** 당, **당파;** 파벌; 당파심: ~ massónica 비밀결사(Freemason). **3.** (철학 따위의) **학파;** 분파, **교파,** 종파. **4.** (의학상의) 학설. **5.** 도당, 집단, 강도단.
sectárĭus, a, um, *adj.* [seco; secta] **1.** 잘린, 거세된. **2.** 앞장서 가는. **3.** 분파의, 교파의, 종파의, 학파의.
sectátĭo, ónis, *f.* [sector¹] 따라감, 추종; 얻으려고 애씀, 추구.
sectátor, óris, *m.* [**-trix,** ícis, *f.*] [sector¹] **1.** 따라다니는 사람, **추종자;** 동조자, 지지자, 한편; 수행원, 측근자, 부하. **2.** **문하생,** 문제(門弟), 제자. **3.** **신봉자,** 신도. **4.** 〔*gen. objectív.*〕 열심적인 실천자.
séctĭlis, e, *adj.* [seco] **1.** 얇게 벤, 켠, 짜개진, 쪼개진, 잘라진, 조각으로 만들어진. **2.** 베어질 수 있는, 자를 수 있는, 쪼개지

는, (톱으로) 켤 수 있는.
séctĭo, ónis, *f.* [seco] **1.** 벰, 자름, 잘라냄; 잘린 곳, 절단부; 벤 조각, 박편(薄片). **2.** 《醫》 절단, **절개**, 수술, 해부; 거세: ~ alta 고위절개(高位切開) / ~ cæsárea 제왕절개(술) / ~ legális 법의학적 (시체)해부. **3.** 구분; (책·문장·규약 따위의) 절. **4.** (경매처분된 몰수재신의) 낙찰·구매. **5.** (경매에 붙여진) 몰수재산·전리품. **6.** 권리의 추구. **7.** (관공서의) 과; (단체의) 부. **8.** 《幾》 (입체의) 절단면. 「수 있는.
sectívus, a, um, *adj.* [seco] 자를[잘게 썰]
secto, ávi, áre, *tr.* 《稀》 = sector[1].
sector[1], átus sum, ári, *dep. tr. freq.* [sequor] **1.** 붙좇다, (열심히) **따라다니다**, 쫓아다니다, 추적하다; **수행하다**, 호위하다; (양떼 따위를) 따라가며 감시하다: ~ mulíeres *(Pl.)* 여자들의 뒤를 추근추근히 따라다니다. **2.** 따라다니며 졸라대다·재촉하다·못살게 굴다. **3.** (사냥감 따위를) 끈덕지게 뒤쫓다, 추적하다, 몰이하다. **4.** **추구하다**, 찾아다니다, 얻으려고[성취·실천하려고] 애쓰다, 힘써 하다; 좋아하다, 즐겨 가다, 열망하다; 탐내다, 노리다.
sector[2], óris, *m.* [seco] **1.** 베는[절단하는] 사람: ~ zonárius *(Pl.)* 전대(錢帶) 자르는 자, 소매치기. **2.** 목재 켜는 사람. **3.** 회광이, 회자수(劊子手). **4.** 몰수재산 경매의 매수자(買受者)·구매자. **5.** ~ favóris *(Lucan.)* 금품을 받고 지지투표하는 자. **6.** 《幾》 선형(扇形), 부채꼴.
sectrix, ícis, *f.* [sector[2]] 경매하는 몰수재산을 구매하는 여자.
sectúra, æ, *f.* [seco] **1.** 자름, 절단. **2.** 벤 자리, 잘린 곳, 절단부. **3.** 파낸 구덩이, 갱(坑).
secubátĭo, ónis, *f.* [sécubo] 혼자[따로] 잠.
secúbĭto, áre, *intr. freq.* [sécubo] 늘[자주] 혼자 자다. 「수공방. **2.** 정결.
secúbĭtus, us, *m.* [sécubo] **1.** 혼자 잠, 독
sécŭbo, bŭi, bĭtum, áre, *intr.* [se[3] +] **1.** 혼자 자다, 독수공방하다; 따로 자다. **2.** 혼자 살다, 고독하게 살다. 「말).
sécŭla, æ, *f.* [seco] 낫 (*Campánia*인들의
séc(ŭ)lum, -láris = sǽc(u)lum, -láris.
sēcum = cum se. 자기와 함께; 스스로, 혼자서.
secúmfĕro, tŭli, látum, férre, *anom. tr.* [secum +] 수반(隨伴)하다, 동반하다, 동시에 (법적 효력·결과 따위를) 가져오다.
secúndæ, árum, *f. pl.* (*sc.* partes) [secúndus] **1.** 조연(助演); 단역(端役). **2.** 하위(下位), 수하(手下): secúndas tractáre [ágere] *(H., Sen.)* 비위를 맞추다, 고분고분하다, 굽실거리다. **3.** 양막(羊膜), 태막.
secundánus, a, um, *adj.* [secúndus] **1.** 제2위의; 제2군단(légio)의; 제2학년의; 〔*subst.*〕 *m. pl.* 제2군단의 군인들. **2.** 성공·다행을 맡아 돌보는 *(Júpiter).*
secundárĭus, a, um, *adj.* [secúndus] **1.** 제2위의, 제2류의; **부차적인**, 2차적인. **2.** 정제한 찌꺼기에서 만들어낸, 나중 나온, 하등품의. **3.** 《醫》 속발(續發)한, 후발(後發)의, 뒤에 생기는, 제2기의. 「위.
secundátus, us, *m.* [secúndus] 제2위, 차
secundicérĭus, i, *m.* [secúndus + cera] 제2인자; 차장(次長).
secundínæ, árum, *f. pl.* [*cf.* secúndæ] 《醫》 양막(羊膜), 태막(胎膜); 후산(後産). 「로.
secúndo[1], *adv.* [secúndus] 둘째로, 두번째
secúndo[2], ávi, átum, áre, *tr.* [secúndus] 〔*alqd; absol.*〕 순조롭게[다행스럽게] 해주다, 순탄하게 하다; 호의를 가지다, 도와주다, 편들다, 후원하다: ~ visus *(V.)* 불길한 꿈이나 징조를 좋게 돌려놓다.
secúndum[1], *adv.* [secúndus] **1.** (바로) 뒤에: I ~.*(Pl.)* 너 바로 뒤따라 가거라. **2.** 둘째로. **3.** 잠시 후에, 이따가.
secúndum[2], *præp. c. acc.* [secúndus] 〔간혹 지배하는 단어 뒤에도 놓임〕 **1.** (바로) 뒤에: ~ aurem *(C.)* 귀 바로 뒤에. **2.** …를 따라서, 가에: ~ mare *(C.)* 해안선을 따라서 / ~ púteum *(Plin.)* 우물가에. **3.** 가까이, 옆에. **4.** …한 뒤에, 직후에, …하자 곧, …와 동시에: ~ quiétem *(C.)* 잠든 뒤에, 꿈속에서. **5.** 〔등급·차례·품질 표시〕 … 다음에는, 다음으로, 버금으로: ille mihi ~ te ... *(C.)* 내게는 그가 너 다음으로. **6.** **따라**, **대로**, 좇아, 순응하여; 준하여, 의하여, 의하면: ~ natúram vívere *(C.)* 자연에 순응하여 살다 / ~ legem *(L.)* 법에 따라, 법대로 / ~ consuetúdinem 습관에 따라, 늘 하던 대로 / ~ quid 어떤 의미[견지·점·면]에서, 어느 모로는. **7.** …에게 유리하게, 위하여.
secúndus, a, um, *adj.* [sequor] **1.** 〔*num. ordin.*〕 **둘째의**, 제2의. **2.** 바로 다음의, 다음에 오는, 뒤따르는: secúndo lúmine *(C.)* 다음날(아침)에 / secúnda mensa *(C.)* 식사 끝에 나오는 과일·과자류, 후식. **3.** 부차적인; 보조역의: secúndæ partes 조연(助演). **4.** 보다 못한, 덜 좋은, 열등(품)의, 하등의: panis ~ *(H.)* 조악한 빵. **5.** 〔*absol.*; ad *acc.*, ab *abl.*, *dat.*〕 버금가는, 제2인자의: poténtiā ~ a rege *(Auct. B. Al.)* 왕 버금가는 권력자 / haud ulli ~ *(V.)*, nulli ~ *(Mart.)* 단연 월등한. **6.** 따라 있는, 연안(沿岸)의: secúndo mari *(Sall.)* 해안선을 따라. **7.** 같은 방향으로의, 흐르는 대로의, (거꾸로) 거스르지 않는: secúndis ventis *(C.)* 순풍에 / mari secúndo *(L.)* 조수의 흐름 따라 / secúndo flúmine *(Cæs.)* 강의 물길 따라 하류로 / squama secúnda *(Macr.)* 뒤로 매끈하게 누워있는 (물고기

의) 비늘. **8. 순조로운**, 순탄한, 잔잔한; 다행스러운, 행운의, 잘되어가는, 호조의, 쾌조의, 성과가 좋은: res secúndæ *(V.)* 순경(順境), 다행; 〔*subst.*〕 *n.(pl.)* 순경, 행운; 〔*adv.*〕 **-de,** 순조롭게, 다행하게. **9.** 〔*absol.; dat.*〕 호의적인, 편드는, 찬동[찬성]하는, 유리한: secúndo pópulo *(C.)* 민중의 찬동하에.

secúre, *adv.* [secúrus] **1.** 소홀히, 아무렇게나, 안일하게. **2.** 조용히, 시름없이, 차분히; 쾌적하게. **3.** 마음놓고, 거리낌 없이. **4.** 안전하게, 무난하게, 확실하게.

securícŭla, æ, *f. dim.* [secúris] **1.** 작은 도끼, 손도끼. **2.** 쟁기의 보습. **3.** 《建》 (열장) 장부촉.

securiculárĭus, i, *m.* 손도끼 제조판매인.

secúrĭfer [-ger], ĕra, ĕrum, *adj.* [secúris +fero, gero] 도끼를 든, 도끼로 무장한.

secúris, is, *f.* 〔*acc.* -im, 간혹 -em; *abl.* -i, 간혹 -e〕 [seco] **1. 도끼,** 손도끼: ~ bipénnis *(Var.)*, ~ anceps *(Ov.)* 쌍날도끼. **2.** 전투용 도끼. **3.** 관표(fasces)에 꽂은 도끼. **4.** 〔*pl.*〕 (고대 *Roma*의) 권력, 권위, 지배. **5.** 벌채, 벌목. **6.** 타격, 치명적인 손해, 치명상.

secúrĭtas, átis, *f.* [secúrus] **1.** 안심, 침착, 태연자약, 차분함, (마음의) 평정, 평온. **2.** 무관심, 등한, 태만, 무책임, 안일, 부주의, 데면데면함. **3. 안전,** 무사, 무난, 확실. **4.** 영수증; 보증. 「게.

secúrĭter, *adv.* [secúrus] 마음놓고; 안전하

secúrus, a, um, *adj.* [se[3]+cura] **1.** 〔*absol.; gen.*, advérsus *acc.*; de, pro, ab *abl.*〕 **안심하는,** 마음놓는, 걱정[두려워]하지 않는, 개의치 않는; 차분한, 침착한, 평온한, 태연자약한; 당돌한. **2.** 〔*absol.; gen.*, ab *abl.*〕 조용한, 태평한, 시름없는, 걱정없는; 즐거운, 명랑한 분위기의, 쾌적한: secúra quies *(Lucr.)* 조용한 휴식. **3.** 〔*absol.; gen.*〕 무관심한, 등한한, 소홀히 하는, 무책임한, 안일한, 데면데면한. **4. 안전한,** 무사한, 무난한, 확실한, 염려없는.

sĕcus[1], *n. indecl.* (= sexus) 성(性): viríle ~ *(L.)* 남자, 남성.

sĕcus[2], *adv.* 〔*comp.* sécius〕 **1.** 〔*absol.;* quam, atque, ac〕 **다르게,** 달리: Nemo dicet ~. *(C.)* 아무도 달리 말하지 않을 것이다 / sin ~, *(Pl.)* 그러나 그렇지 않을 경우에는 / horā fere undécimā aut non multo ~ *(C.)* 열한시 경에나 혹은 약간 전후해서 / ... fíeri ~, quam vólumus. *(C.)* 우리가 원하는 것과 달리 되다 / non ~ ac ... *(V., H.)* …와 같이, 마찬가지로, 듯이, 다르지 않게 / Haud ~ ac jussi fáciunt. *(V.)* 그들은 명령받은 대로 한다 / Bíbitur, quasi in popína, haud ~. *(Pl.)* 영락없이 술집에서처럼 마시고들 있다. **2.** 〔형용사적 용법〕 다른: Quid ~ est, ...? *(Pl.)* 뭐가 다르냐? **3.** 나쁘게, 좋지 않게: de *alqo* loqui ~ *(Ta.)* 아무에게 대해 나쁘게 말하다.

sĕcus[3], *præp. c. acc.* **1.** 가까이, 곁에, 옆에, 가에: ~ pedes *(Luc. 7, 38)* 발치에 / ~ viam *(Luc. 8, 5)* 길가에. **2.** 직후에.

secútĭo, ónis, *f.* [sequor] 따라감; 추구.

secútor, óris, *m.* [sequor] **1.** 따라다니는 사람, 수행원, 호위자; 시중드는 종. **2.** (방패와 단도를 가지고 투망검투사〈retiárius〉와 맞싸우는 일종의) 검투사(mirmíllio); 패자의 뒤를 이어 승자와 싸우는 검투사 (gladiátor). 「니는, 유혹하려고 찾아다니는.

secutuléjus, a, um, *adj.* [sequor] 따라다

sĕd[1], *conj.* **1.** 〔대립·반대·제한·제외·교정·번복 따위의 뜻을 나타내며, 때로는 enim, enímvero, autem, vero, tamen, saltem 따위를 동반함〕 **그러나,** 그렇지만, 하지만; 그런데, 단(但): Appónam urnam hanc in médiā viā. Sed autem quid, si hanc abstúlerit quíspiam? *(Pl.)* 내가 이 (물)동이를 길 복판에 내다놓겠다, 하지만 누가 가져간다면 어떡하지? / Miser homo est, qui ..., ~ ille misérior, qui ... *(Pl.)* …한 사람은 불쌍하다, 그러나 …한 사람은 더욱 불쌍하다 / ~ enim *(V.)* 그러나 사실은 / perféctus lítteris, ~ Græcis *(C.)* 문학에 정확히는 희랍문학에 조예가 깊은 / ... quidem, ~ *(C.)* … 하기는 하나 그러나. **2.** 〔부분부정에 대한 대립〕 (…가 아니)고, (아니라) 오직, 반대로, 도리어: non ego, ~ grátia Dei *(I Cor. 15, 10)* 내가 아니라 하느님의 은총이. **3.** 〔누증(累增)〕 ~ et, ~ étiam …도 또한; (뿐더러) 도리어, 더욱, 더구나: **non solum** [tantum, modo] ..., **sed étiam** [~ et, ~ ... quoque, ~] *(C.)* **…뿐만 아니라 …도 또한** / nec sibi tantum, ~ univérsis consúlere *(Sen.)* 자기 자신뿐 아니라 또한 모든 사람을 돌보다 / Mihi primum meum consílium défuit, ~ étiam óbfuit. *(C.)* 나의 첫 계획이 나에게 도움이 안되었을 뿐더러 도리어 더욱 손해가 되었다 / non solum ..., ~ vix; non modo ..., ~ neque *(C.)* …뿐만 아니라 …도 아니 / non modo non oppugnátor, ~ étiam defénsor fuit. *(C.)* 그는 비난자가 아니었을 뿐더러 오히려 또한 옹호자였다. **4.** 〔새삼스러운 반문·의아〕 그런데, 아니 도대체: Sed quid ago? *(C.)* 아니 왜 내가 이러지? **5.** 〔말의 연속·중단됐던 주제로의 복귀·새 주제로의 전이(轉移) 등〕 그런데, 그래서, 그러니, 그럼 이제; 하여간, 좌우간: Sed quis hic est senex? *(T.)* 그런데 도대체 이 노인은 누구냐? / Sed redeámus rursus ad Horténsium. *(C.)* 그럼 이제 다시 *Horténsius*의 이야기로 돌아가자 / Sed satis verbórum est. *(Pl.)* 자 이제 말은 그만 하기로 하고 / Sed in eā

conjuratióne fuit Q. Cúrius. *(Sall.)* 하여간 *Q. Cúrius*는 그 공모에 가담했었다.
sēd², *pron. person. refl.* = se¹.
sēd-³, *prævérbium* = se-³ 〔《분리·이탈》 따위의 뜻〕 *e. g.* sed-ítio(불화, 알력; 폭동, 반란).
sedámen, mĭnis, *n.* [sedo] 진정, 안정(安靜); 진정제.
sedátĭo, ónis, *f.* [sedo] 진정, 안정(安靜), 평온.
sedatívum, i, *n.* [sedo] 《藥》 진정제.
sedátor, óris, *m.* [sedo] 진정시키는 사람.
sedátus¹, a, um, *p.p., a.p.* [sedo] 가라앉은, 진정된, 안정된; 조용한, 평온한, 차분한, 침착한, 유유한; 잔잔한; 〔*adv.*〕 **-te,** 조용히, 차분히, 침착하게, 유유히.
sedátus², us, *m.* [sedo] 평온, 평화(시).
sedecénnis, e, *adj.* [sédecim+annus] 16세 된.
sedécĭes, *adv. num.* [sex+décies] 열여섯 번, 16배(倍).
sédĕcim [séxdĕcim], *indecl. adj. num. card.* [sex+decem] 열여섯, 16(개의).
sedécŭla, æ, *f. dim.* [sedes] 작은 걸상; 낮은 자리.
sedécŭplus, a, um, *adj.* [sex+décuplus] 16배의.
sedentárĭus, a, um, *adj.* [sédeo] 앉아서 일하는, 앉아 하는 작업의; 늘 앉아있는, 한 자리에만 눌러있는.
sédĕo, sēdi, sessum, ére, *intr.* **1.** 〔*absol.*; in, sub *abl.*; *abl.*; ad, apud, supra, super, ante, post, inter *acc.*; *adv. loci*〕 **앉다,** 걸터앉다, 앉아있다: ~ humo nudā *(Ov.)* 맨 바닥에 앉다. **2.** 〔*tr.*: *acc.*, 주로 *pass.*〕 (말 따위를) 타다. **3.** (재판관·배심원·변호사·증인·고문 등이) 재판석·(각자의) 지정석에 착석하다, 재판하다, 법정에서 직무를 수행하다; 회의를 열다, 회의에 참석하다. **4.** 대변보다. **5.** (새·짐승·파리 따위가) 앉다, 내려앉다: in ovis ~ *(Plin.)* 알을 품다. **6.** 낮게 깔려[앉아]있다, 낮은 지대에 있다; 납작하다, 넓적하다. **7.** 진정되다, 가라앉다. **8.** 한가로이 (앉아)있다, 죽치고 있다, 틀어박혀 지내다; 우두커니 기다리고 있다. **9.** 정착하다, 자리잡다, 눌러있다. **10.** (간청·탄원·기원·치성 따위를 위해) 끈질기게[움직이지 않고] 앉아있다. **11.** 〔apud, circum, contra *acc.*; *absol.*〕 (군대가) 대치하다, (도시 따위를) 포위하고 있다. **12.** 붙박이다, 고착하다, 고정되어 있다, 붙어[걸려·걸쳐져·박혀·놓여]있다; (배가) 좌초하다. **13.** (어떤 상태가) 오래 가다, 계속 남아있다: Sedit hic tibi morbus. *(Mart.)* 이 병은 너의 고질이 되었다. **14.** 하강하다, 가라앉다, 침강(沈降)하다, 꺼져내리다: ... libra, prona nec hāc plus parte sedet, ... *(Tib.)* (균형잡힌) 천칭저울이 이편으로 기울어져 내려가지도 않고. **15.** (창·화살 따위가) 꽂히다, 관통하다, (타격이) 와닿다. **16.** áuribus ~ *(Q.)* (소리가) 귓전을 때리다, 귀를 찌르다. **17.** 〔in *abl.*〕 (마음에) 새겨지다, 남아있다, (눈·입·마음에서) 떠나지 않다. **18.** 〔*absol.*; *alci*; in *abl.*〕 (숙고·검토한 다음) 결정내려지다, 낙착되다, 채택되다: Nunc vero parum mihi sedet judícium. *(Sen.)* 아직은 내가 판단을 완전히 내리지 못하고 있다.
sēdes, is, *f.* 〔*gen. pl.* **-um,** 간혹 **-ĭum**〕 [sédeo] **1.** 걸상, 의자, 벤치; **자리, 좌석**: ~ confessionális (고해성사 받는) 고해대(告解臺), 고백대. **2.** 왕좌, 옥좌, 어좌; 왕위; 《가》 (주교·교황)좌: Apostólica [Sancta] Sedes (교황)성좌, 사도좌 / sede vacánte, 궐위(闕位)일 때에. **3.** 지위, 순위, 자리: prióres sedes *(H.)* 수석. **4. 거처,** 거주지; 집, 보금자리; 사당(祠堂); 고장, 지방, 조국, (사는) 땅; **본거지,** 거점; 중심지, 중추: sedem angústam servátaque mella relínere *(V.)* 벌집을 뜯고 저장되어 있는 꿀을 뜨다. **5.** 안식처; 무덤. **6.** 기초, 토대, **터전; 제자리,** 있어야 할 위치, 본래의 상태; 깃든 자리: a sédibus urbem erúere *(V.)* 도시를 송두리째 폐허로 만들다 / malæ, ~ pudóris *(Plin.)* 수치심이 드러나는 자리인 두볼. **7.** 궁둥이; 항문. **8.** 《醫》 뒤, 대변: ~ cruénta 혈변.
sēdi, *pf.* [sédeo, sido].
sedíbĭlis, e, *adj.* [sédeo] 앉을 만한, 앉도록 만들어진.
sedíle, is, *n.* [sédeo] **1.** 걸상, **의자**; 좌석, (극장의) 관람석, (노젓는 사람이) 앉는 자리. **2.** 앉아있음, 앉아 쉼.
sédĭmen, mĭnis, *n.* [sédeo] 침전물, 앙금, 찌꺼기, 버캐.
sediméntum, i, *n.* 가라앉은 물건; 침몰.
sēdis, is, *f.* 《稀》 = sedes.
sedítĭo, ónis, *f.* [sed³+ítio] **1.** 모반, **반란, 폭동,** 봉기, 소요. **2.** 불화, 분열, 분쟁, 시비, 알력, 갈등. **3.** 풍파, 소동, (바람·파도 따위의) 거셈, 사나움.
seditiósus, a, um, *adj.* [sedítio] **1.** 반란[폭동]을 일으키는, 소요의, 반역적인, 선동적인. **2.** 소란한, 떠들썩한. **3.** 걸핏하면 싸우는, 분란을 일으키는, 말썽꾸러기의.
sēdo, ávi, átum, áre, *tr. causatívum* [sédeo] **1.** (먼지 따위를) 앉게 하다. **2. 가라앉히다, 진정시키다,** 누그러지게 하다, **가시게 하다,** 종식시키다, (폭동을) 진압하다; (바람·물결 따위를) 자게[멎게] 하다, 고요[잔잔]해지게 하다; 멈추다, (기갈을) 풀다; (불길을) 잡다·끄다: sitim ~ *(Lucr.)* 갈증을 풀다 / sedáti fluctus *(C.)* 잔잔해진 물결. **3.** (여러가지 감정·욕망 따위를) 누르다, 억제하다, 눅이다, 극복하다, 떨쳐버리다. **4.** 〔간혹 *intr.*〕 (바람 따위가) 자다, 멎다.

sedúco, dúxi, dúctum, ĕre, *tr.* [se³+] **1.** 〔*absol.; alqm* - ab *abl.;* in *acc.; adv. loci*〕 따로 끌어내다[데리고 가다], 따로 불러내다. **2.** 「*alqd, alqm* - (ab) *abl.*」 따로 떼어내다, 떼어놓다, 갈라놓다, (시신 때위를 다른데로) 돌리다: sedúcta in várias péctora curas *(Manílius)* 여러가지 걱정거리로 흐트러진 마음. **3.** 〔*alqm* ab, ex *abl.*〕 빼다, 제외하다, 배제하다; 격리시키다. **4.** **속이다,** 속여 넘기다, 기만하다, **미혹케 하다,** 현혹시키다, 꾀다, 홀리게 하다, (나쁜 길로) 유혹[유인]하다.

sedúctĭlis [-tíbĭlis], e, *adj.* [sedúco] 꾐에 빠지기[유혹되기] 쉬운, 속아 넘어가기 쉬운

sedúctĭo, ónis, *f.* [sedúco] **1.** 따로 끌어[불러]냄. **2.** 갈라놓음, 분리. **3.** 속여넘김, 기만, 미혹케 함, 꾐, 유혹, 유괴.

sedúctor, óris, *m.* [sedúco] 속이는 자, 기만자, 미혹케 하는 자, 유혹자, 유괴자.

seductórĭus, a, um, *adj.* [sedúctor] 미혹케 하는, (악의 길로) 유혹[유인]하는. 「자

sedúctrix, ícis, *f.* [sedúctor] 유혹하는 여

sedúctus, a, um, *p.p., a.p.* [sedúco] **1.** 따로 떨어진, 외딴. **2.** 멀리 떨어진, 아득한: audáci ~ in æthera dorso *(Stat.)* 하늘을 찌를 듯이 까마득히 솟아있는 (산). **3.** 은둔의. **4.** 미혹한, 속아넘어간, 꾐에 빠진.

sedúlĭtas, átis, *f* [sédulus] **1.** 부지런, 근면, 근실, 열성, 골똘함, 끈덕진 노력, 악착스러움. **2.** 노파심.

sédŭlo, *adv.* [sédulus] **1.** 부지런히, 열심히, 골똘히, 힘껏, 최선을 다하여, 주의깊게: Feci ~. 하노라고는 했는데, 최선을 다했지만. **2.** 일부러, 고의로, 짐짓. **3.** 진지하게, 진심으로, 충심으로.

sédŭlus, a, um, *adj.* [sédeo] **1.** **부지런한,** 근면한, 근실한, 열심한, **골똘한,** 악착스러운, 꾸준한, 끈덕진. **2.** 주의깊은, 용의주도한, 꼼꼼한. **3.** 주제넘은, 쓸데없이 부지런떠는, 잘한답시고 하는. **4.** 진지한, 거짓없는.

sĕdum, i, *n.* 《植》 (여러 종류의) 기린초; ~ alboróseum 꿩의 비름; ~ sarmentósum 돌나물. 「방에 있던 한 종족.

Sedúni, órum, *m. pl. Rhódanus*강 상류지

sĕges, gĕtis, *f.* **1.** **농작물,** (수확·탈곡 전의) 곡식; (다른) 재배작물: ~ lini *(V.)* 아마작물. **2.** 다수, 다량, 대량; 무더기, 무리, 떼: ~ ferri *(Claud.)* 수많은 칼 / ~ clipeáta virórum *(Ov.)* 방패로 무장한 장정의 무리. **3.** 밭, 땅, 경작지; 가경지(可耕地). **4.** 결실, 성과, 수확, 이익. **5.** 바탕, 원천, 요인.

Segésta¹, æ, *f. Eryx*산 근처에 있는 *Sicília* 서북 해안도시; 〔*adj.*〕 **-tánus,** a, um; **-táni,** órum, [**-ténses,** ĭum,] *m. pl.* 그곳 주민.

Segésta², æ, *f.* 농작물·풍작의 수호여신.

Segéstes, is, *m. Cherúsci*족의 영수, *Roma* 인들의 신임을 받았음.

segéstra, æ, *f.* [**-stre,** is, *n.*, **-strum,** i, *n.*, **-strĭa,** æ, *f.*] **1.** 거적. **2.** 보피도 만든 씌우개·덮개. **3.** 털가죽옷의 일종. **4.** 포장지. 「여 자라는.

segetális, e, *adj.* [seges] 밀·곡식 사이에 섞

Segétĭa, æ, *f.* = Segesta².

Segimérus, i, *m.* = Sigimérus.

segmen, mĭnis, *n.* [seco] 부스러기, 조각, 단편(斷片).

segmentátus, a, um, *adj.* [segméntum] **1.** 여러가지 빛깔의 줄무늬선을 두른, 직금(織金)으로 장식한. **2.** 가장자리장식의 옷을 입은.

segméntum, i, *n.* [seco] **1.** 자름, 절단, 깎음. **2.** 〔*pl.*〕 (선두르는 여러가지 빛깔의) 줄무늬 비단오라기, 금란(金襴)오라기; 줄무늬선 두른 옷, 금란비단옷. **3.** 구분; 구획된 부분; 위선(緯線) 사이의 지대(地帶). **4.** 《幾》 선분(線分); 결원(缺圓), 궁형(弓形); 구분(球分). **5.** 《動》 체절(體節).

segnésco, ĕre, *intr.* [segnis] 누그러지다, 약화되다, 느려지다. 「*mánia* 종족.

Segni, órum, *m.pl. Gállia Bélgica*의 *Ger-*

ségnĭpes, pĕdis, *adj.* [segnis+pes] 느리게 걷는, 느릿느릿한.

segnis, e, *adj.* [se³+ignis; sequor] **1.** 〔*absol.; gen.;* ad, in *acc.;* in *abl.; inf.*〕 **느린,** 느릿느릿한, 굼뜬, 꾸물거리는, 민첩[활발]하지 못한, 우둔한; 게으른, 타성에 흐른, 열의없는. **2.** **무력한,** 활기없는, 맥못추는, 강렬[치열]하지 못한; 잔잔한. **3.** 다급하지 않은, 느긋한; 별로 한것 없는 (세월 따위), 빈둥빈둥 지낸. **4.** 제구실 못하는, 쓸모없는, 무익한, 불모의. **5.** 〔*adv.*〕 **-gnĭter, -gne.**

ségnĭtas, átis, *f.* 《稀》 = segnítia.

segnítĭa, æ, [**-tĭes,** éi] *f.* [segnis,] **1.** 느림, 굼뜸, 완만; 게으름, 타성, 무위, 무관심, 등한, 열의없음; 무(기)력, 우유부단. **2.** 우둔, 지둔(遲鈍), 멍청함, 바보스러움. **3.** (바다·바람 따위의) 잔잔함. **4.** (말의) 완곡한 표현. **5.** 《醫》 이완(弛緩).

Segontĭáci, órum, *m. pl. Británnia* 남부의 한 종족.

Segóvĭa, æ, *f. Hispánia Tarraconénsis*의 도시, *Roma* 시대의 상수도의 유적이 있음; 〔*subst. deriv.*〕 **-viénses,** ĭum, *m. pl.* 그곳 주민. 「[se³+grádior] 물러가다.

segrédĭor, *(dĕris, dĭtur),* grĕdi, *dep. intr.*

segregátim, *adv.* [ségrego] 따로, 떼어서, 별도로. 「(인종)차별.

segregátĭo, ónis, *f.* [ségrego] 분리, 격리;

segregatívus, a, um, *adj.* [ségrego] 분리

의, 격리의.
ségrĕgis, e, *adj.* = segrex.
ségrĕgo, ávi, átum, áre, *tr.* [se³+grex] 〔*alqm, alqd* - ab *abl.*〕 **1.** 따로 떼어놓다, **갈라놓다,** 격리하다, 분리하다; 분산시키다. **2.** 멀리하다, (관계 따위를 끊고) 떼어버리다, 제외하다, 제거하다, 떨어져 나가게 하다; 제명하다; (누명 따위를) 벗(기)다. **3.** 골라내다, 간택하다, 선별하다, **4.** 구별하다, 차별하다. **5.** 입을 다물다; 입에 담지 않다: ~ sermónem *(Pl.)* 말을 중단하고 입을 다물다.
sēgrex, grĕgis, [**-grĕgus,** a, um,] *adj.* [se³ +grex] **1.** 〔*absol.; gen.*〕 따로 떨어진, 격리된, 외토리의. **2.** 다른, 별개의.
Segusiávi, órum, *m.pl. Gállia*의 *Celtæ*족.
sei; seic, 《古》 = si; sic.
séjŭgæ, árum, *f. pl.* 육두마차(六頭馬車); 한 수레를 끄는 여섯 필의 말.
séjŭgis¹, e, *adj.* [sex+jugum] 여섯 마리 말에 메운, 육두(마차)의; 〔*subst.*〕 **-ges,** ĭum, *m. pl.* = séjugæ. 「갈라진, 분리된.
séjŭgis², e, *adj.* [se³+jugum] 따로 떨어진,
séjŭgo, átum, áre, *tr.* [se³+] 〔*alqd* - (ab) *abl.*〕 갈라놓다, 분리시키다, 따로 떼어놓다. 「따로.
sejúnctim, *adv.* [sejúngo] 분리하여, 따로
sejúnctĭo, ónis, *f.* [sejúngo] **1.** 분리; 선언적 삼단논법의 소전제. **2.** 불화, 반목.
sejúngo, júnxi, júnctum, ĕre, *tr.*[se³+] **1.** 〔*alqd* - a, ex *abl.; abl.*〕 떼어놓다, 분리시키다, 갈라놓다, 이탈하게 하다, (멀리) 떨어지게 하다. **2.** 구별하다, 분간하다.
Sējus, i, *m. Roma*인의 씨족명; 〔*adj.*〕 **-jánus,** a, um.
seléctim, *adv.* [séligo] 골라서, 추려서.
seléctĭo, ónis, *f.* [séligo] **1. 선택, 선발,** 가려뽑음, 선별. **2.** 《生》 **도태**: ~ artificiális 인위도태 / ~ naturális 자연도태.
seléctor, óris, *m.* [séligo] 선택자, 선발자.
seléctus, a, um, *p.p., a.p.* [séligo] 가려낸, 추린, 선택[선발]된, 정선된, 발췌된: seléctæ senténtiæ*(C.)* 간추린 격언집 / selécti júdices *(C.) Roma*의 최고 사법관(prætor)에 의해 선임된 (중대 형사사건 담당의) 재판관(단) / dii selécti *(Var., Aug.)* 고대 *Roma*인들의 12 남신(男神)과 8 여신 즉 Janus, Júpiter, Satúrnus, Génius, Mercúrius, Apóllo, Mars, Vulcánus, Neptúnus, Sol, Orcus, Liber pater 및 Tellus, Ceres, Juno, Luna, Diána, Minérva, Venus, Vesta.
selenítes, æ, *m.* [**-tis,** tĭdis, *f.*] **1.** 투명석고. **2.** 《化》 셀렌산염.
Seleucía [-céa], æ, *f.* **1.** *Sýria* 서북부 *Oróntes*강 어귀의 항구도시. **2.** *Bábylon* 동북쪽 *Tigris*강가에 있던 *Babylónia*의 옛도시. **3.** ~ (Trachéa), *Cilícia*의 도시. **4.** 〔*adj. deriv.*〕 **-cénsis,** e; **-cénus [-ciánus],** a, um. 「(312 - 64 A.C.)의 역대왕.
Seléucĭdæ, árum, *m. pl. Seléucus* 왕조
Seléucus, i, *m.* **1.** (*Sýria*의 여러 왕 이름, 특히) ~ Nicátor, *Alexánder* 대왕의 장군, *Babylónia*와 *Sýria* 등을 정복, *Seléucus*왕조의 창건자 (358 - 281 A.C.). **2.** *Tibérius* 황제 시대의 문법가. **3.** *Nero* 황제 시대의 수학자. **4.** (*Cícero*의 작품속에 나오는) 노예의 이름. 「파운드.
selíbra, æ, *f.* [semi+libra] 반근(半斤), 반
Selícĭus, i, *m. Roma*인의 씨족명; 〔*adj.*〕 **-ciánus,** a, um.
sélĭgo, légi, léctum, ĕre, *tr.* [se³+lego²] 골라내다, 가려내다, 추리다, 선택하다, 선발하다.
Selínus, úntis, *f.* **1.** *Sicília*의 서남 해안도시; 〔*adj.*〕 **-núsĭus,** a, um. **2.** 서부 *Cilícia*의 도시. 「상.
seliquástrum, i, *n.* 높은 좌석, 의자, 걸
sella, æ, *f. dim.* [sédeo] **1. 걸상, 의자**; 좌석: 〔속담〕 duábus sellis sedére (두 걸상에 앉다), 양다리를 걸치다. **2.** 작업걸상; (마차의) 마부석. **3.** 안장. **4.** (교수의) 강좌. **5.** 고관용 특별의자, 상아의자 (*cf.* curúlis); 법관석; 옥좌, 왕좌. **6.** ~ (gestatória) 가마, 남여(籃輿). **7.** ~ (familiárica) 요강, 실내변기; 실내변소. 「창부, 매춘부.

SELLA CURULIS 5

sellárĭa, æ, *f.* [sella] **1.** 객실, 응접실. **2.**
selláris, e, *adj.* [sella] 걸상의, 의자의; 가마의; 안장의: sellária juménta *(Veget.)* 안장얹고 타는 짐승들.
sellárĭus, i, *m.* [sella] **1.** 마차조종석에 앉아 달리며 싸우는 전사. **2.** 남창, 남색당하는 자.
sellistérnĭum, i, *n.* [sella+sterno] (*Juno, Minérva* 등의) 여신상을 의자에 앉혀놓고 지내던 종교적 향응(饗應).
séllŭla, æ, *f. dim.* [sella] **1.** 작은 걸상·의자. **2.** 작은 가마, 남여(籃輿).
sellulárĭus, a, um, *adj.* [séllula] 앉아서 일[벌이]하는: sellulárii quæstus *(Gell.)* (환전상·고리대금 따위의) 앉아서 하는 벌이; 〔*subst.*〕 *m.* 앉아서 일하는 사람, 수공업인.
Selýmbrĭa, æ, *f. Thrácia* 지방의 *Propóntis* 바다 연안도시.
sema... *V.* semia...
semántĭcus, a, um, *adj.* 의미를 표시하는; 어의의, 의미론의; 〔*subst.*〕 *f.* 의미론, 어의학.
sĕmel, *adv. num.* **1. 한번,** 일회, 한 차례, 단 한번: ~ in anno *(Plin.)* 일년에 한 번 / non ~ *(C.)* 한번뿐 아니고, 여러번. **2.** 한곱, 일배(一倍). **3.** 비로소, 처음으로

한번. **4.** 단번에, 대뜸. **5.** 〔si, ut, ubi, cum 따위의 접속사와 함께〕 하자마자. **6.** 언제고[언젠가] 한번. **7.** 마침내, 드디어. **8.** 빈호히, 한 마디로. **9.** 동시에, 한꺼번에.

Séměle, es, [**-la, æ,**] *f.* *Cadmus*의 딸, *Júpiter*의 사랑을 받고 *Bacchus*의 어머니가 됨; 〔*adj.*〕 **-lé(j)us,** a, um.

sēmen, mĭnis, *n.* [sero[4]] **1.** 씨, 씨앗, 종자; 《藥》 ~ armeníacæ 행인(杏仁) / ~ lini 아마인(亞麻仁) / ~ sinápis 개자(芥子). **2.** 접지(椄枝); 묘목. **3.** 정액: emíssio séminis 사정(射精). **4.** 혈통, 종족. **5.** 자손, 후예. **6.** 원소; 요소. **7.** 근원, 원인, 소인, 불씨, 발단; 재료, 소지(素地), 맹아(萠芽), 싹수. **8.** 장본인.

seménstr... = seméstr...

sementátĭo, ónis, *f.* [seménto] **1.** 씨뿌림, 파종. **2.** 뿌린 씨.

seménte, is, *n.* = seméntis.

seméntĭfer, ĕra, ĕrum, *adj.* [seméntis+fero] 비옥한, 풍부한 결실의.

seméntis, is, *f.* 〔*sg. acc.* -em, -im; *abl.* -e, -i〕 [semen] **1.** 씨뿌림, 파종: 〔속담〕 Ut seméntem féceris, ita et metes. 너는 뿌린 대로 거두리라, 가는 말이 고와야 오는 말도 곱다. **2.** 파종시기. **3.** 씨, 종자. **4.** *pl.* 농작물. **5.** 씨있는 나무열매.

sementívus, a, um, *adj.* [seméntis] 씨뿌리는, 파종의; 종자의; 〔*subst.*〕 *n. pl.* (이듬해에 일찍 걷기 위해) 가을에 심는 여러 가지 곡물·야채. 「결실하다.

seménto, áre, *intr.* [seméntis] 종자를 내다,

seméntum, i, *n.* = seméntis.

semérm... = semiérm...

seméssus, a, um = semésus.

seméstre, is, *n.* [seméstris[1]] **1.** 6개월; (6개월) 한 학기. **2.** *pl.* 연례 민사재판에 관한 6개월간의 칙령집.

seméstris[1], e, *adj.* [sex+mensis] 6개월의, 반년의, 여섯달짜리의, 여섯달 되는, 여섯달 동안의; (6개월) 한 학기의.

seméstris[2], e, *adj.* [semi+mensis] 반개월의, 보름의: ~ luna 보름달.

seméstrĭum, i, *n.* **1.** [seméstris[2]] 보름, 반개월. **2.** [semestris[1]] 6개월, 반년.

semésus, a, um, *adj.* [semi+edo[1]] 반만 먹은, 반쯤 먹다 남은, 반쯤 갉아먹은.

sēmet = se[1](의 힘준 말). 바로 자신(들)을; 자신으로. 「규칙한, 조화되지 않은.

séměter, tra, trum, *adj.* [se[3]+metrum] 불

semetípso, *m. abl.* [sui] (*cf.* -met) 〔*f.* -a; *pl.* -is〕 자기자신(의 *abl.*).

semetípsum, *m. acc.* [sui] (*cf.* -met) 〔*f.* -am; *pl. m.* -os, *f.* -as〕 자기자신(들)을.

semi-, *prævérbium* [semis] 《반(半)·반쯤·다소·좀》 따위의 뜻을 드러냄.

semiacérbus, a, um, *adj.* [semi+] 좀 떫은, 설익은. 「[semi+adapério] 반쯤 열린.

semiadapértus [**semad-**]**,** a, um, *adj.*

semiadopértŭlus, a, um, *adj. dim.* [semi+adopério] 반쯤 감은 (눈).

semiagréstis, e, *adj.* [semi+] 약간 촌스러운, 시골티가 좀 있는.

semiambústus, a, um, *adj.* [semi+ambúro] 반쯤 탄, 반쯤 타다 남은.

semiamíctus, a, um, *adj.* [semi+amício] 옷 따위를 반쯤 걸친, 반쯤 벗은.

semiamputátus, a, um, *adj.* [semi+ámputo] 절반을 자른.

semiánĭmis, e, [**-mus,** a, um,] *adj.* [semi+ánima] **1.** 반쯤 살아있는, 거의 죽은, 빈사상태의. **2.** 혼비백산한.

semiánnŭus, a, um, *adj.* [semi+] 반년의.

semiapértus, a, um, *adj.* [semi+apério] 반쯤 열린. 「반(半) *Arius*파(이단).

Semiarianísmus, i, *m.* 《敎史》 (4세기의)

semiássus, a, um, *adj.* [semi+] 반쯤 구운.

semibárbărus, a, um, *adj.* [semi+] 반야만의, 다소간 개화된.

sémĭbos, bŏvis, *adj. m.* [semi+] 상반신이 소의 형상을 한: ~ vir*(Ov.)* Minotáurus.

semicanális, e, *adj.* [semi+canális[1]] 《解》 반관(半管)의.

semicánus, a, um, *adj.* [semi+] 반백의.

semícăper, pri, *m., f.* 반염소 괴물 (상반신은 사람 모양이면서 염소의 뿔·다리·발·꼬리를 한 *Faunus, Sátyrus, Pan*의 형용어). 「금 따위).

semicentésĭma, æ, *f.* [semi+] 0.5%(의 세

semichristiánus, (a), um, *adj.* [semi+] 반쯤 그리스도교적인, 되다만 그리스도교 신자인. 「띠, 작은 띠.

semicínctĭum, i, *n.* [semi+cinctus[2]] 가는

semicirculáris, e, *adj.* [semicírculus] 반원(형)의. 「된.

semicirculátus, a, um, *adj.* 반원형으로

semicírcŭlus, a, um, *adj* 반원(형)의; 〔*subst.*〕 *m.* 1) 반원(형). 2) (여럿이 둘러앉을 수 있는) 반원형 의자.

semicláusus [**-clúsus**]**,** a, um, *adj.* [semi+claudo[1]] 반쯤 닫은, 반쯤 다문[벌린] (입 따위). 「쯤 익은, 반숙의.

semicóctus, a, um, *adj.* [semi+coquo] 반

semicólon, i, *n.* [semi+] 세미콜론(;).

semiconféctus, a, um, *adj.* [semi+confício] 반만 된, 반쯤 완성된.

semiconspícŭus, a, um, *adj.* [semi+conspício] 반쯤 보이는.

semicorporális, e, [**-pórĕus,** a, um,] *adj.* [semi+] 몸뚱이가 반쯤만 드러난 [보이는]. 「[semi+cremo] 반쯤 탄[타다 남은].

semicremátus [**-crĕmus**]**,** a, um, *adj.*

semicrúdus, a, um, *adj.* [semi+] **1.** 반쯤

날것의. **2.** 반쯤 소화된.
semicubitális, e, *adj.* [semi+] 반 완척(腕尺)의.
semidĕus, a, um, *adj.* [semi+] **1.** (신화 따위에 나오는) 반신반인(半神半人)의. **2.** 신에 가까운, 탁월한. 「름.
semidiámĕtros, i, *f.* [semi+] 반경, 반지
semidĭes, éi, *m.* [semi+] 반날, (한)나절.
semidigitális, e, *adj.* [semi+] 반손가락만 한. 「적(神的)인.
semidivínus, a, um, *adj.* [semi+] 반쯤 신
semidóctus, a, um, *adj.* [semi+] 어설프게 유식한, 배우다 만, 돌팔이…의.
semiérmis, e, [**-mus,** a, um,] *adj.* [semi+arma] 반만 무장한, 제대로 무장하지 못한. 「완성의, 되다 만.
semifáctus, a, um, *adj.* [semi+fácio] 미
semifátŭus, i, *m.* [semi+] 정신박약자, 준(準)백치.
sémĭfer, fĕra, fĕrum, *adj.* [semi+ferus] **1.** 반인반수(半人半獸)의. **2.** 야성적인, 야성이 반쯤 남아있는. **3.** 미개한, 교양없는.
Semifideísmus, i, *m.* 《敎史》 (19세기 영국 John H. Newman 추기경의 신앙철학인) 반신앙절대론(半信仰絕對論).
semifórmis, e, *adj.* [semi+forma] 반쯤 형성된, 되다 만. 「직 연기나는.
semifúmans, ántis, *adj.* [semi+fumo] 아
semifúnĭum, i, *n.* [semi+funis] 작은 끈, 가는 끈. 「언.
semigelátus, a, um, *adj.* [semi+gelo] 반쯤
semigrǽcus, a, um, *adj.* [semi+] **1.** 반(半) 희랍[희랍풍·희랍식]의. **2.** 희랍어와 라틴어를 쓰는.
semígrăvis, e, *adj.* [semi+] 반취(半醉)한.
sémĭgro, ávi, áre, *intr.* [se³+] 〔ab *alqo*〕 따로 떨어져 이주하다, 떠나 살다.
semíhĭans, ántis, [**-hiúlcus,** a, um,] *adj.* [semi+hio] 반쯤 열린[벌린·벌어진].
semíhŏmo, mĭnis, *m.* [semi+] **1.** 반인반수(半人半獸). **2.** 미개인.
semihóra, æ, *f.* [semi+] 반시간. 「만 찬.
semiinánis, e, *adj.* [semi+] 반쯤 빈, 반
semijejúnĭum, i, *n.* [semi+] 반대재(半大齋), 반단식. 「찢어진.
semilăcer, ĕra, ĕrum, *adj.* [semi+] 반쯤
semiláutus, a, um, *adj.* [semi+lavo¹] 덜 씻은, 잘 씻지 않은.
semilíber, bĕra, bĕrum, *adj.* [semi+] 반자유(半自由)의, 자유를 반쯤 누리는.
semilíbra, æ, *f.* (=selíbra) 반근.
semilíxa, æ, *m.* [semi+] 얼치기 주보(酒保)[종군(從軍)] 장사치. 「양의, 반월….
semilunáris, e, *adj.* [semi+] 《解》 반달모
semilunátĭcus, a, um, *adj.* [semi+] 반미치광이의. 「젖은.
semimádĭdus, a, um, *adj.* [semi+] 반쯤
sémĭmas, ăris, *m., adj.* [semi+] **1.** 어지자지(의), 남녀추니(의). **2.** 거세된, 고자의. 「된 남자.
semimáscŭlus, i, *m.* [semi+] 고자, 거세
semimatúrus, a, um, *adj.* [semi+] 반쯤 익은, 덜 익은, 미숙한. 「반쯤 섞인.
semimíxtus, a, um, *adj.* [semi+mísceo]
semimórtŭus, a, um, *adj.* [semi+] 반쯤 죽은.
seminális, e, *adj.* [semen] **1.** 씨의, 종자의; 씨에서 나온; 〔*subst.*〕 **-lĭa,** ĭum, *n. pl.* 밭에 서있는 곡식·야채, 농작물. **2.** 정액에 관한; 생식의, 번식력있는. **3.** (식물적) 성장의.
seminánis, e, *adj.* (=semiinánis) 반쯤 빈.
seminarísta, æ, *m.* [seminárium] **1.** 신학생; 신학연구생. **2.** 〔현대어적〕 사범학교 학생. **3.** 《敎史》 (16-17세기의) 도영선교사(渡英宣敎師).
seminarístĭcus, a, um, *adj.* [seminárium] 신학교의; 〔*subst.*〕 *n.* 신학교 유지세(금).
seminárĭum, i, *n.* [seminárius] **1.** 못자리, 묘포. **2.** 온상, 발상지; 원인, 기원. **3.** 양성소; **신학교**: ~ majus 대신학교 / ~ minus 소신학교. **4.** 연구반, 연구과; 연구실. 「묘포의.
seminárĭus, a, um, *adj.* [semen] 종자의;
semináta, órum, *n.pl.* [sémino] = sata.
seminátĭo, ónis, *f.* [sémino] **1.** 씨뿌림, 파종. **2.** 질내사정(膣內射精). **3.** 퍼뜨림, 전파, 유포.
seminátor, óris, *m.* [**-trix,** ícis, *f.*] [sémino] **1.** 씨뿌리는 사람. **2.** 장본인, 창시자; 퍼뜨리는 사람. 「은.
sémĭnex, nĕcis, *adj.* [semi+neco] 반쯤 죽
semínĭfer, fĕra, fĕrum, *adj.* [semen+fero] **1.** 씨를 내는[맺는]. **2.** 《解》 정액을 내는; 수정(輸精)의.
semínĭum, i, *n.* [semen] **1.** (동물의) 씨, 종자, 혈통. **2.** (동물의) 종족, 품종.
seminivérbĭus, i, *m.* [sémino+verbum] 수다장이, 말장이, 떠버리.
sémĭno, ávi, átum, áre, *tr.* [semen] **1.** 〔*alqd, acc. loci,* (in) *abl.;* in, super *acc.; absol.*〕 **씨뿌리다,** 파종하다, 모붓다: ~ tríticum *(Col.)* 밀을 심다 / ~ terram *(Ex. 23, 10)* 땅[밭]에 씨를 뿌리다. **2.** (초목이) 내다, 생산하다. **3.** 태어나게 하다, 생기게 하다, (자손을) 만들다, 생식하다. **4.** (불화 따위를) 빚어내다; 퍼뜨리다, 전파하다, 유포하다.
seminósus, a, um, *adj.* [semen] 씨 많은.
seminúdus, a, um, *adj.* [semi+] **1.** 반쯤 벗은, 반나체의, 벗다시피 한. **2.** 별로 무장하지 않은, 거의 맨손으로의. **3.** (문장 따위가) 꾸밈없는, 소박한.
semióbŏlus, i, *m.* [semi+] (희랍의 화폐·

중량 단위) 반(半) *óbolus.*
semióbrŭtus, a, um, *adj.* [semi+óbruo] 반쯤 가려진[덮인·묻힌].
semiología, æ, *f.* **1.** 기호학(記號學) **2.** 기호언어. **3.** 《醫》 징후학.
semiórbis, is, *m.* [semi+] 반원(半圓).
semiovális, e, *adj.* [semi+ovum] 반(半)계란형의, 반타원형의.
semipătens, éntis, *adj.* [semi+páteo] 반쯤 열려있는.
semipedális, e, [-**dánĕus,** a, um,] *adj.* [sémipes] 반척(半尺)의, 반자되는.
semiperféctus, a, um, *adj.* [semi+] 반쯤 완성된; 불완전한.
semiperítus, a, um, *adj.* [semi+] 어설픈 [얼치기] 전문가의.
sémĭpes, pĕdis, *m.* [semi+] **1.** 반척(半尺), 반자. **2.** 반운각(半韻脚). **3.** (정강이 아래) 다리 하나가 잘린 불구자.
semiplénus, a, um, *adj.* [semi+] **1.** 〔*absol.; abl.*〕 반쯤 찬[비어있는]. **2.** 반쯤밖에 안되는.
semipúblĭcus, a, um, *adj.* [semi+] 반공개적인, 준공용(準公用)의.
semipuélla, æ, *f.* [semi+] 반인반조(半人半鳥)의 바다의 요정 *Siren.*
semiputátus, a, um, *adj.* [semi+puto¹] 반쯤 잘린·가지친.
Semírămis, is [ĭdis, ĭdos], *f. Ninus*왕의 아내, *Assýria*의 아름답고 현명한 여왕, 여장부로서의 치적과 아울러 방탕 등의 전설로 유명, *Bábylon*을 창건; 〔*adj.*〕 **-rámĭus,** a, um, *Semíramis*의, *Bábylon*의.
semirásus, a, um, *adj.* [semi+rado] (머리털·수염 따위를) 반쯤 깎은, 반쯤 면도한.
semiredúctus, a, um, *adj.* [semi+redúco] 반쯤 뒤로 구부러진[젖힌].
semireféctus, a, um, *adj.* [semi+refício] 반쯤 수리[보수]된.
semirománus, a, um, *adj.* [semi+] 반(半)로마식의.
semirotúndus, a, um, *adj.* [semi+] 반원형의.
semirŭtus, a, um, *adj.* [semi+ruo] 반쯤 무너진[파괴된].
sēmis¹, *m. subst., adj. indecl.* 반(半), 절반, 반분: duo ~ pedes *(Pal.)* 두자 반.
semis², íssis, *m.* = semíssis.
semisalítus, a, um, *adj.* [semi+sálio²] 얼간한, 얼간의.
semisáucĭus, a, um, *adj.* [semi+] 반쯤 상처입은·다친.
semisĕnex, sĕnis, *m.* [semi+] 초로(初老)의 늙은이.
semisepúltus, a, um, *adj.* [semi+sepélio] 반쯤 묻혀있는.
semisérmo, ónis, *m.* [semi+] 변말.
semisíccus, a, um, *adj.* [semi+] 반쯤 마른, 꾸덕꾸덕한.
semisómnus, a, um, [-**nis,** e,] *adj.* [semi+] 반쯤 잠든, 꾸벅꾸벅 조는; 잠이 덜깬, 선잠 깬.
semisŏnans, ántis, *adj.* [semi+sono] 반모음(半母音)의.
semisopítus[-**pórus**], a, um, *adj.* [semi+sópio¹] 반쯤 잠든, 졸고있는, 졸리는.
semispătha, æ, *f.* [semi+] 넓적한 쌍날단검.
semisphærĭum, i, *n.* [semi+sphæra] 반구체(半球體); 반구형.
semissális, e, *adj.* [semíssis] (동전) 반 *as*의.
semissárĭus, a, um, *adj.* [semíssis] 유산의 반을 가진.
semíssis, is, *m.* [semis+assis¹, as] **1.** 반 *as* (12를 전체의 하나로 잡은 것 즉 *as*의 반); (일반적으로) **반,** 2분의 1. **2.** (동전) 반 *as*(짜리): non semíssis*(gen.)* homo *(Vatínius)* 반푼어치도 못되는 인간. **3.** (금화의) 반 *as.* **4.** 전체 유산의 반. **5.** 〔토지 면적〕 반 *júgerum.* **6.** 1/2 척(尺), 반자. **7.** 〔*adj.*으로도 씀〕 월 0.5%의 이자, 연(年) 6%의 이자.
semisupínus, a, um, *adj.* [semi+] 반쯤 등을 바닥에 대고 누운, 반쯤 뒤로 자빠진[젖힌].
sémĭta, æ, *f.* **1.** 인도, **보도**; 길, 도로. **2.** 옆길, **샛길**, 골목길, 작은[좁은] 길, 오솔길; 지름길: 〔속담〕 Qui sibi sémitam non sápiunt, álteri monstrant viam. *(En. apud C.)* 제 골목도 모르면서 남에게 길을 가리킨다, 제 코도 못 닦는 것이 남의 코 닦으려 한다. **3.** 통로; 궤도: spíritus sémitæ *(Plin.)* 기도(氣道), 기관. **4.** 좁은 해협 *(Stat.).* **5.** 지나간 길, 흔적, 자취. **6.** 방법, 방도, 방식, 길.
semitális, e, *adj.* [sémita] 옆길의, 골목의; 길가에 만들어 세워놓은.
semitárĭus, a, um, *adj.* [sémita] 골목의.
semitátim, *adv.* [sémita] 샛길로, 골목길로.
semitéctus, a, um, *adj.* [semi+tego] **1.** 반쯤 덮인[가리워진], 반쯤 노출된. **2.** 반쯤 무장하지 않은, 반쯤 장비가 없는.
sémĭto, áre, *tr.* [sémita] 작은 길들로 구분하다.
semitónĭum, i, *n.* [semi+tonus] 반음(半音).
semitónsus, a, um, *adj.* [semi+tóndeo] 반쯤 깎은 (머리 따위).
semitractátus, a, um, *adj.* [semi+tracto] 다루다 만 (문제 따위), 완전히 논하지 못한.
semiun... = semun...
semiústŭlo [-**stĭlo**], átum, áre, *tr.* [semi+] 반쯤 태우다, (불로) 태우다가 말다; 〔*p.p.*〕 반쯤 탄, 타다 만.
semiústus, a, um, *adj.* [semi+uro] 반쯤 탄[타버린].
semiviétus, a, um, *adj.* [semi+] 좀 시든, 좀 쭈글쭈글한 (포도 따위).
semivĭgil, gĭlis, *adj.* [semi+] 반쯤 깨어[졸고]있는.
sémĭvir, ĭri, *m.* **1.** 반인반수(半人半獸, *Centáurus, Minotáurus*). **2.** 남녀 양성을 가진 *Hermaphrodítus.* **3.** 거세한 남자, 고자. **4.** 사내답지 못한[여성적인] 남자.
semivívus, a, um, *adj.* [semi+] 반쯤 살

아있는, 반쯤 죽은, 다 죽어가는.
semivocális, e, *adj.* [semi+] 반모음의.
semivŏcus, a, um, *adj.* [semi+vox] 반만 발음하는, 말더듬는. 「쯤 찢어진[뜯긴].
semivúlsus, a, um, *adj.* [semi+vello] 반
Sēmo, ónis, *m.* [semen; semi+homo] **1.** 곡식의 신. **2.** *Sancus*신의 별칭.
semodiális, e, *adj.* [semódius] 반말의.
semódĭus, i, *m.* [semi+módius] 반말(약 *4 l*). 「별도로.
semóte[-tim], *adv.* [semótus] 따로 떼어,
semótĭo, ónis, *f.* [semótus] 분리; 이탈, 멀어져나감.
semótus, a, um, *p.p., a.p.* [semóveo] 〔*absol.;* (ab) *abl.*〕 **1.** 따로 떨어진, 격리된; 멀리 떨어진, …에서 벗어난, (이야기 장소에서) 나가있는, 자리를 비킨. **2.** 내밀(內密)한: semóta díctio *(Ta.)* 비밀회담.
semóvĕo, móvi, mótum, ére, *tr.* [se[3]+] 〔*alqm, alqd* – ab *abl.*〕 **1.** 따로 떼어[갈라]놓다, 격리하다, 분리하다. **2.** 제외하다, 배제하다; 제거하다, 멀리하다.
semper, *adv.* [semel+per] **1.** 〔*absol.; gen.*〕 **늘, 항상, 언제나,** 내내; 정해놓고, 영구히: ~ idem [éadem, ...] 항상 마찬가지 / non ~ 항상은 …아니, 반드시 …하는 것은 아니다 / semel pro ~ 한번으로 영구히, 한번이자 마지막으로 / ~ annórum *(Apul.)* 영구히. **2.** 〔*adj.* 처럼〕 평생, 종신의; 언제나 역시 …인: María ~ Virgo 평생 동정이신 마리아. 「바위솔(종류).
semperflórĭum, i, *n.* [semper+flos] 《植》
sempervívus, a, um, *adj.* [semper+] 항상[영원히] 살아있는; 〔*subst.*〕 *f., n.* 《植》 바위솔. 「lis] 영원한, 무궁한.
sempiternális, e, *adj.* [semper+æterná-
sempitérnĭtas, átis, *f.* [sempitérnus] 영원(성), 무궁.
sempitérnus, a, um, *adj.* [semper+ætérnus] 영구한, 영원한, 무궁한; 〔*adv.*〕 **-ne [-no, -num],** 영구적으로, 영원히, 무궁히. 「〔*adj.*〕 **-nĭus [-niánus],** a, um.
Semprónĭus, i, *m.* *Roma*인의 씨족명;
semul [-mol], 《古》 = simul.
semúncĭa, æ, *f.* [semi+úncia] **1.** (일반적으로) 전체의 24분의 1; (특히) 유산의 24분의 1. **2.** 〔화폐〕 반 *úncia*짜리 동전. **3.** 〔무게〕 반 *úncia* (약 *14gr.*). **4.** 〔농토 면적〕 24분의 1 *júgerum* (약 $10m^2$). **5.** 24분의 1 시간. **6.** (길마에 얹는) 작은 짐바구니. **7.** 아주 적은 분량; 푼돈, 형편없는 값. 「의, 24분의 1의.
semunciális, e, *adj.* [semúncia] 반 *úncia*
semunciárĭus, a, um, *adj.* 반 *úncia*의, 24분의 1의; 연리(年利) 0.5%의.
Semúrĭum, i, *n.* [se[3]+murus] *Apóllo* 신전이 있던 *Roma*시 외곽지대 들판 (Semúrius ager라고도 하였음). 「한, 미완성의.
sēmus, a, um, *adj.* [semis] 반쯤 찬, 미흡
semustu... = semiustu...
Sēna, æ, *f.* **1.** ~ Gállica, *Umbrĭa*의 해안도시 (지금의 *Senigállia*); 〔*adj.*〕 **-nánus,** a, um; **-nénsis,** e. **2.** ~ Júlia, *Etrúria*의 도시 (지금의 *Siéna*); 〔*adj.*〕 **-nénsis,** e.
senácŭlum, i, *n.* [senátus] **1.** 원로원 의원 집회장·회의실. **2.** 귀부인 집회소.
senaríŏlus, i, *m. dim.* [senárius] 육각(단장격)시구(六脚短長格詩句).
senárĭus, a, um, *adj.* [seni] 여섯(개씩)으로 된, 여섯 있는, 여섯의: ~ númerus*(Capélla)* 6의 수 / versus ~ *(Q., Phædr.),* 〔*absol.*〕 senárius*(C., Q.)* (라틴시에 있어서) 단장삼시각(短長三詩脚)의 육각시(六脚詩, 흔히 iámbus를 가리킴).
senátor, óris, *m.* [senex, séneo] **1.** 원로 (*Roma* 창건 당시에는 *Rómulus*가 자문의 목적으로 지혜와 경험이 탁월한 100명을 선정하였었음), **원로원 의원. 2.** (고대 *Roma*의) 자치도시의 시의회 의원, 지방의회 의원. **3.** (타민족의) 원로, 평의원(評議員). **4.** (현대국가의) 상원[참의원] 의원. **5.** 성인(聖人)으로 추대된 사람 *(Venántius).*
senatórĭus, a, um, *adj.* [senátor] 원로원 의원의, 상원[참의원] 의원의; 〔*subst.*〕 *m.* = senátor.
senátus, us, [간혹 **-tus,** i,] *m.* [senex, séneo] **1.** (고대 *Roma*의 국정평의·의결기관으로서의) **원로원**: senátus consúltum*(C.)* 원로원의 긴급법령[명령·결정]. **2.** (고대 *Roma*의) 자치도시[식민지] 의회; 의원단. **3.** (타민족의) 원로원, 의회, 평의회; 의원단. **4.** (현대국가의) 상원, 참의원. **5.** 원로원 의원회의·집회. **6.** 원로원 의사당. **7.** (극장의) 원로원 의원 지정석. **8.** (일반적으로) 평의회, 협의회. **9.** 회의, 협의; 모임. 「원의 긴급법령[명령·결정].
senatusconsúltum, i, *n.* [senátus+] 원로
Sénĕca, æ, *m.* *Annǽus* 씨족에 속하는 가문명; 특히 **1.** M. Annǽus ~, *Hispánia*의 *Córduba* 태생의 유명한 수사학자(c. 54 A. C. – 39 P.C.). **2.** L. Annǽus ~, 전자의 아들, 스토아학파의 철학자·비극작가·정치가, *Nero* 황제의 스승(c. 4 A.C. – 65 P.C.).
senécĭo, ónis, *m.* [senex] **1.** 늙수그레한 이, 늙은이. **2.** [S-] *Roma*인의 가문명. **3.** 《植》〔학명〕 ~ vulgáris 개쑥갓.
senécta, æ, *f.* [senéctus[1]] **1. 노년기,** 고령. **2.** 노인, 늙은이. **3.** (동식물의) 노쇠, 늙어빠짐. **4.** 낡음, 노후(老朽). **5.** 오래됨, 장구함; 오랜 전통의 학설·사상. **6.** (뱀의) 허물. 「의.
senéctus[1]**,** a, um, *adj.* [senex] 늙은, 고령
senéctus[2]**,** útis, *f.* [senécta] **1. 노년기,** 고령. **2.** 노인, 늙은이. **3.** (동식물의) 노

쇠, 늙어빠짐. **4.** 낡음, 노후(老朽). **5.** 백발. **6.** 오랜 세월, (물건의) 긴 수명, (술 따위의) 오래 묵은 나이. **7.** 노인의 특성; 근엄, 완고; 침울, 걱정; 주접. **8.** 원숙함. **9.** (뱀의) 허물. **10.** [S-] 노년기의 여신.

Senénsis, e, *adj.* *Sena*의.

séněo, ére, *intr.* [senex] **1.** 늙어있다, 노인이다, 고령이다. **2.** 허약하다, 쇠약하다.

senésco, nŭi, ĕre, *intr. inch.* [séneo] **1.** 〔*absol.; abl.*〕 **늙다,** 늙어가다, 노년기에 이르다; (짐승이) 늙다리가 되다: Tácitis senéscimus annis.*(Ov.)* 우리는 모르는 사이에 나이를 먹고 늙는다 / Senéscit ætas. *(C.)* 나이가 노년기에 접어든다 / árbores senescéntes *(C.)* 늙어가는 나무들 / senescéndi hómines *(Var.)* 늙을 사람들. **2.** 줄어들다, 감퇴[쇠퇴]하다, 피폐해지다, 쇠약[노쇠]해지다, 약화되다; (감정 따위가) 가라앉다, 가시다, 누그러지다, 식어가다; (형세 따위가) 기울다; 이울다, 시들다; 빛을[생기를] 잃다, 야위다; (머리가) 빠지다. **3.** 낡아빠지다, 노후해지다, 폐물이 되다. **4.** 〔*abl.; circa acc.*〕 (무슨 일로, …하다가) 늙어버리다, 시간만 보내다, 너무 오래 매달려있다, 집착하다.

sĕnex, sĕnis [《古》 sénĭcis], *adj.* 〔*gen. pl.* -num; *comp.* sénĭor〕 **1.** 늙은, 나이많은; 〔주로 *subst.*〕 *m., f.* **늙은이, 노인**; 노파; (나이에 상관없이) 어르신네, 나리. **2.** 오래된, 여러해의, 여러해 묵은; 느지막한.

sēni, æ, a, *adj. num. distrib.* 〔*gen.* senum = senórum, -árum〕 [sex] **1.** 여섯씩의: senis horis *(L.)* 여섯시간마다. **2.** 여섯(개)의.

Séniæ bálněæ, árum, *f. pl.* *Roma*의 공동목욕탕.

senícŭlus, i, *m. dim.* [senex] 할아범.

senidéni, æ, a, *adj. num. distrib.* [seni+] **1.** 열여섯씩의. **2.** 열여섯(개)의.

senílis, e, *adj.* [senex] **1.** 늙은이의, 노인의, 노년의; 노인다운, 노인같은; 〔*adv.*〕 **-lĭter,** *(Q.)* 노인처럼[답게]. **2.** 노쇠한, 노령에 의한.

sénĭo, ónis, *m.* [seni] **1.** 여섯, 6. **2.** (주사위의) 여섯 점(짜리 면).

sénĭor[1], nĭus, (*gen.* -óris), *adj. comp.* [senex] 〔*n. sg. nom., acc.*는 본래는 없었음〕 **1.** 더늙은, 나이가 더많은, 연상(年上)의, 연장(年長)의, 선배인. **2.** 더오래된, 연조가 더오랜; 더성숙한, 원숙한.

sénĭor[2], óris, *m.(f.)* **1. 연장자,** 좌상, 노장, 선배, 선임자, 고참자. **2.** *pl.* (46세 이상의) 고참병, 예비군. **3.** 늙은이, 노인; (나이에 관계없이) 어르신네, 나리. **4.** (헤브라이인들의) 장로, 원로; 〔*pl.*〕 조상, 선조.

sénĭpes, pĕdis, *adj.* [seni+] 6보격(步格)의, 6운각(韻脚)의.

sénĭum, i, *n.* [séneo] **1.** 늙음, 노년, 노경; 노약, 노쇠. **2.** 오래됨, 오랜 연조, (술 따위의) 오래 묵음: ~ famæ *(Stat.)* 지난날의 명성. **3.** 쇠퇴, 줄어듦. **4.** (노년기의) 완고, 엄격, 까다로움, 못마땅해함, 짜증; 침울, 비탄, 서글픔, 섭섭함; 고달픔, 고생스러움. **5.** 노인; 늙다리. **6.** (건물의) 노후.

Sénŏnes [-nónes], um, *m.pl.* **1.** *Gállia Lugdunénsis*에 있던 한 종족, 그들의 수도는 *Agedíncum*이었음; 〔*adj.*〕 **-nónĭ-(c)us,** a, um. **2.** *Gállia Cisalpina*에 있던 한 종족.

sensa, órum, *n.pl.* [séntio] 생각, 소견, 견해, 사상.

sensátĭo, ónis, *f.* [sensátus] **1. 감각**(작용), (감각기관을 통한) 지각. **2.** 느낌, 기분; 감동, 감흥.

sensátus, a, um, *adj.* [sensus] 지혜로운, 슬기로운, 현명한, 사려분별이 있는, 지각있는.

sensi, *pf.* [séntio].

sensíbĭlis, e, *adj.* [séntio] **1.** 〔*passíve*〕 감각으로 파악할[느낄] 수 있는, 감지되는, 감각의 대상이 되는, 감각적; 〔*subst.*〕 *n.* 감각대상; 〔*adv.*〕 **-lĭter,** 감각적으로, 감각을 통하여. **2.** 눈에 띄는, 두드러진, 현저한. **3.** 〔*active*〕 감각능력을 갖춘, (다른 것을) 느낄 수 있는; 감성적; 〔*subst.*〕 *n.* 감각[감성]이 있는 존재·것. **4.** 감수성이 강한, 민감한, 다정다감한.

sensibílĭtas, átis, *f.* [sensíbilis] **1.** 감각능력, 감각, 감성. **2.** 감수성, 민감, 다정다감. **3.** 감도(感度). **4.** (말의) 뜻, 의미.

sensícŭlus, i, *m. dim.* [sensus] 짧은 생각·소견.

sénsĭfer, ĕra, ĕrum, *adj.* [sensus+fero] 감각[느낌]을 일으키는, 느끼게 하는.

sensificátor, óris, *m.* [sensífico] 느끼게 하는 자.

sensífico, áre, *tr.* [sensus+fácio] 감각[느낌]을 가지게 하다.

sénsĭlis, e, *adj.* [séntio] 감각될 수 있는; 물질적인.

sensíllum, i, *n. dim.* [sensus] 《動》 소감각체(小感覺體).

sensim, *adv.* [séntio] 점점, 차차, 점차로, 서서히, 조금씩조금씩; 살금살금; 약간: ~ sine sensu *(C.)* 모르는 사이에.

sénsĭo, ónis, *f.* [séntio] 생각, 느낌.

sensitívĭtas, átis, *f.* [-tívus] **1.** 감수성, 민감(성). **2.** 감도.

sensitívus, a, um, *adj.* [sensus] **1.** 감각이 예민한, 민감한; 감정이 섬세한. **2.** 감각의, 감각기관의, 감각에 의한; 감각력이 있는. **3.** 감도가 강한.

sensórĭum, i, *n.* [sensus] **1.** 《解》 감각중추(뇌). **2.** 감각력, 의식.

sensuális, e, *adj.* [sensus] **1.** 감각의, 감각이 있는; 감각적인. **2.** 관능적인, 육감적(肉感的)인, 육욕의.

sensualísmus, i, *m.* **1.** 《哲》 감각론. **2.**

관능주의, 육욕주의.

sensuálĭtas, átis, *f.* [sensuális] **1.** 감각능력, 관능; 감각성. **2.** 육감(肉感), 육욕, 관능적 쾌락.

sensuálĭter, *adv.* [sensuális] 감각적으로, 「관능적으로.

sēnsus, us, *m.* [séntio] **1. 감각,** 느낌; 감성; 감각기능[능력]. **2. 감각기관,** 감관. **3. 생각,** 속마음 의견. **4.** 기분, **감정,** 정서; 감동, 감명. **5.** 의식, 관념. **6.** 개념; 앎, 지식, 인식, 이해; 판단, 양식(良識): ~ commúnis *(C.)* 상식. **7.** 정신, 이성, 지각, 분별, 지능. **8. 의미,** 뜻: ~ litterális 자의적(字義的) 의미 / ~ symbólicus numerórum 수자의 상징적 의미[상징학]. **9.** (말·글의) 내용, 사상, 요지. **10.** 글, 문장, 종합문.

senténtĭa, æ, *f.* [séntio] **1.** 생각, **의견,** 소견, 견해; 판단: Adhuc in hāc sum senténtiā, nihil ut faciámus.*(C.)* 아직도 나는 우리가 아무것도 하지 말자는 생각이다 / manére in senténtiā *(C.)* 계속 같은 의견을 가지고[버리지 않고] 있다 / 〔속담〕 Quot hómines, tot senténtiæ.*(C.)* 십인십색 / meā senténtiā *(C.)* 내 생각에는. **2. 의도,** 목적, 뜻, **작정,** 결심, 결정: Si ...*(inf.)* ~ est,*(C.)* …하는 것이 목적이라면, …할 생각이라면 / Stat ~...*(inf.)*. *(Ov.)* …하도록 결정되어 있다 / Sic stat ~.*(Ov.)* 이렇게 작정되어 있다 / de senténtiā *alcjs (C.)* 아무의 뜻[결정]에 의해 / ex senténtiā (meā, tuā, nostrā) *(C., Pl., T.)* (나의, 너의, 우리의) 뜻대로, 순조롭게, 다행스럽게 / præter ánimi senténtiam *(Pl.)* 본의 아니게, 그럴 생각이 아니면서 / 〔맹세·다짐의 형식〕 ex tui [mei] ánimi senténtiā*(C.)* 그대는[나는] 진심으로·진정으로·진지하게·맹세코. **3.** 지혜, 슬기. **4.** 투표. **5.**《法》**판결,** 선고: ~ interlocutória 중간판결 / ~ definitíva 종국판결(終局判決) / ~ condemnatória 유죄판결 / ferre senténtiam 판결을 언도하다·내리다 /《敎法》 pœna latæ senténtiæ (기수〈旣遂〉의 범죄사실 자체에 의해 당연히[자동적으로] 과해지는) 기정형벌(旣定刑罰) / pœna feréndæ senténtiæ (재판관·장상자〈長上者〉의 판결에 의해서 과해질) 미정형벌. **6. 의미,** 개념, 내용, 취지: Ambíguum verbum potest in duas plurésve senténtias áccipi.*(C.)* 모호한 말은 두가지 또는 둘 이상의 뜻으로 해석될 수 있다 / in eámdem senténtiam loqui *(Cæs.)* 같은 내용의 말을 하다. **7.**《文法》문(文), 문장. **8.** 금언, 격언, 경구(警句). **9.**《哲·神》 명제: Senténtiæ [Libri sententiárum] (12세기 중엽에 저술된 *Petrus Lombárdus*의) 신학명제(론)집 (4권으로 되어 있음).

sententiális, e, *adj.* [senténtia] **1.** 문장의. **2.** 금언의, 격언의, 경구(警句)의; 금언같은; 〔*adv.*〕 **-lĭter,** 금언의 형식으로, 격언조로. **3.** 판결의.

sententíŏla, æ, *f. dim.* [senténtia] **1.** 자그마한 의견·생각. **2.** 짤막한 글귀·경구(警句)·격언.

sententiósus, a, um, *adj.* [senténtia] **1.** 금언의, 경구의, 격언·경구 따위를 많이[즐겨] 쓴; 〔*adv.*〕 **-óse,** 금언·경구를 늘어놓아. **2.** 금언같은, 격언조의, 함축성있는, 간결하고도 날카로운; 〔*adv.*〕 **-óse,** 금언처럼, 격언조로, 함축성있게. 「진 곳.

senticétum, i, *n.* [sentis] 가시덤불이 우거

senticósus, a, um, *adj.* [sentis] **1.** 가시덤불이 우거진, 가시덤불로 뒤덮인. **2.** 가시돋친 (말 따위).

sentimentális, e, *adj.* [sentiméntum] 감정적인, 정에 치우친, 감상적인.

sentimentalísmus, i, *m.* 감상주의.

sentiméntum, i, *n.* [séntio] **1.** 느낌, 감각, 지각, 의식, 자각; 감수성. **2.** 감정, 심정; 다정다감, 감상(感傷). **3.** 의견, 견해, 생각; 소감, 감상(感想).

sentína, æ, *f.* **1.** 배밑창에 괸 더러운 물. **2.** 더러운 물이 괴는 배 밑바닥. **3.** 최하층민, 밑바닥 인생, 인간 쓰레기[찌꺼기].

sentinácŭlum, i, *n.* [sentína] 배밑창에 괸 물을 퍼내는 바가지·통.

sentinátor, óris, *m.* [sentíno] 배밑창의 더러운 물을 퍼내는 사람.

sentíno, áre, *tr.* [sentína] **1.** 〔*absol.; navem*〕 배 밑바닥의 더러운 물을 퍼내다. **2.** 〔*absol.*〕 위험[궁지]에 처해 있다; 위험에서 벗어나려고 하다.

sentinósus, a, um, *adj.* [sentína] (배 밑바닥에) 더러운 물이 가득 차있는.

Sentínum, i, *n. Umbria*의 도시; 〔*adj.*〕 **-tínas,** átis. 「하는 신.

Sentínus, i, *m.* 갓난아기에게 감각을 부여

séntĭo, sēnsi, sēnsum, íre, *tr.* **1.** 〔*alqd; acc. c. inf.; absol.*〕 **감각하다, 느끼다,** 감지하다: Séntio sónitum.*(Pl.)* 나는 시끄러운 소리가 들린다 / ~ famem *(L.)* 시장끼를 느끼다. **2.** (눈이) 보다, (귀가) 듣다. **3.** 〔*alqd, alqm; acc. c. inf., interr. indir.; absol.*.〕 (불리·해로움·결과 따위를) 경험하다, 겪다, 당하다; 경험하여 알다. **4.** 〔*alqd*〕 (병 따위에) 걸리다. **5.** 〔*alqd; inf., acc. c. inf., interr. indir.;* de *abl.; absol.*〕 알다, **깨닫다,** 알아차리다, 지각(知覺)하다; 알아듣다: Séntio ipse, quid agam.*(Pl.)* 내가 무엇을 하고 있는지를 내 자신이 안다. **6.** 〔*alqd* – de *abl.; acc. c. inf.; c. adv.;* cum *alqo;* ab *alqo* seórsum〕 **생각하다,** 여기다, **판단하다:** recte ~ *(C.)* 올바로 생각[판단]하다 / ~ tecum *(Pl.)* 너하고 생각이 같다 / abs te seórsum ~ *(Pl.)* 너하고 생각이 다르다, 달리 생각[판단]하

다. **7.** 〔ab *alqo*〕 (누구의) 편이다, 편들다. **8.** 〔adversus, contra *acc.*〕 …와 반대편이다, 반대하다; 반감을 가지다. **9.** 〔*alqd;* pro *abl.*〕 결정하다, 판결하다; (투표 따위로) 찬성하다: pro causā meā *(Gell.)* (재판관이) 내게 유리한 판결을 내리다/〔옛 표결양식〕 Qui hæc sentítis, in hanc partem; qui ália ómnia, in illam partem ite, qua sentítis. 이것을 찬성하는 사람들은 이편으로 오고, 그밖의 것들을 찬성하는 사람들은 저편으로 가시오.

sentis, is, *m.* **1.** 가시덤불; ~ canis *(Col.)* 찔레. **2.** 손버릇이 나쁜 놈.

sentísco, ĕre, *intr. inch.* [séntio] 깨닫기 시작하다, 깨닫다.

sentix, ĭcis, *m.,f.* = sentis.

sent(u)ósus, a, um, *adj.* [sentis] 가시덤불로 뒤덮인, 가시덤불이 우거진.

sentus, a, um, *adj.* [sentis] **1.** 가시투성이의; 험난한, 거친. **2.** 부스스한.

sénŭi, *pf.* [senésco].

seórsum [-sus[1]**],** *adv.* [seórsus[2]] **1.** 〔*absol.;* (ab) *abl.*〕 **따로,** 따로따로, 별도로, 떨어져서; 따로 떼어: Abs te ~ séntio. *(Pl.)* 나는 너와는 달리 생각한다. **2.** 특히. **3.** 멀리.

seórsus[2]**,** a, um, *adj.* [se[3]+vorsus, vorto=verto] 따로 떨어진·분리된, 따로따로의, 별개의.

Seoul, *indecl. f.* 서울; 〔*adj.*〕 **-lénsis,** e, 서울의; 서울출신[태생·시민]의.

sēpar, păris, *adj.* 〔*abl. sg.* -re, -ri〕 [se[3]+] 분리된, 따로 떨어진; 별개의, 다른.

separábĭlis, e, *adj.* [séparo] 〔*absol.;* ab *abl.*〕 분리될 수 있는, 따로 뗄 수 있는, 가를 수 있는; 〔*adv.*〕 **-lĭter,** 따로 떨어져, 분리되어.

separabílĭtas, átis, *f.* [separábilis] 분리가능성, 가분성(可分性).

separátim, *adv.* [separátus[1]] 〔ab *abl.; absol.*〕 따로따로, 따로 떨어져, 각자(各自), 제각기; 따로 떼어, 분리하여, 개별적으로.

separátĭo, ónis, *f.* [séparo] **1.** 〔*absol.; gen.;* ab *abl.*〕 **분리,** 따로 갈라[떼어]놓음, 격리: ~ status ab ecclésiā 정교분리(政敎分離), 교회와 국가와의 분리. **2.** ~ tori et mensæ (부부의) 별거.

separatívus, a, um, *adj.* [séparo] 분리의, 분리하는, 가르는.

separátor, óris, *m.* [**-trix,** ícis, *f.*] [séparo] 분리자, 가르는 자.

separátus[1]**,** a, um, *p.p., a.p.* [séparo] **1.** 〔*absol.;* (ab) *abl.*〕 분리된, 갈라진, 따로 떨어진, 별개의, 다른; 〔*adv.*〕 **-te** [*comp.* **-tĭus**], 따로 분리하여, 갈라서. **2.** 멀리 떨어진, 원격의.

separátus[2]**,** us, *m.* [séparo] 분리, 가름.

sépăro, ávi, átum, áre, *tr.* [se[3]+paro] **1.** 〔*alqd, alqm* - ab, ex *abl.; abl.;* in *acc.*〕 **갈라놓다,** 나누다, **분리하다,** 떼어놓다. **2.** 〔*alqd, alqm* - ab *abl., abl.*〕 별개의 것으로 다루다, 구별하다. **3.** 제외하다, 빼놓다.

sepelíbĭlis, e, *adj.* [sepélio] 파묻힐, 감추어질.

sepélĭo, lívi [ii], púltum, íre, *tr.* **1.** 〔*alqm* - in *abl., abl.*〕 **파묻다,** 매장하다, 장례식을 치르다: Viva videns vivo sepelíri víscera busto. *(Lucr.)* 산 채로 맹수에게 잡아먹히는(직역: ⟨vivo ... busto⟩ 살아있는 무덤에 묻히는) 것을 보면서. **2.** 화장(火葬)하다. **3.** 끝장내다, 종식시키다. **4.** 망하게 하다, 몰락시키다, 폐허로 만들다, 사라지게 하다, (명예 따위를) 추락시키다: ... sepúltus sum. *(T.)* 나는 망했다. **5.** 〔*alqm [alqd]* - *abl.*, ad *acc.;* 흔히 *pass. refl.*으로〕 깊이 빠지게 하다, 잠기게 하다, 파묻히게 하다; 지쳐버리게 하다, 마비시키다; 잠들게 하다, 곯아 떨어지게 하다: se vino ~ *(Sen.)* 술에 곯아 떨어지다/custóde sepúlto *(V.)* 경비병이 잠들어 있을 때. **6.** 〔*alqd alqā re*〕 덮어버리다, 뒤덮다. **7.** (고통 따위를) 감추다, 억누르다.

sēpes[1]**,** pĕdis, *adj.* [sex[1]+pes] 발이 여섯 있는.

sēpes[2]**,** is, *f.* = sæpes.

sepi... = sæpi...

sēpis, is, *f.* = sæpes.

Seplásĭa, æ, *f.* [**-sĭæ,** árum, *f. pl.;* **-sĭa,** órum, *n.pl.*] *Cápua*의 향료상점이 많은 거리.

seplasiárĭum, i, *n.* [Seplásia] 향료상점.

seplasiárĭus, i, *m.* [Seplásia] 향료상인.

seplásĭum, i, *n.* [Seplásia] 향료.

sepóno, pósŭi, pósĭtum, ĕre, *tr.* [se[3]+] **1.** 〔*alqd, alqm* - ad, in *acc.;* de *abl.*〕 **따로 놓다·두다,** 떼어놓다, 갈라놓다, 치워놓다; 골라 뽑아내다; 따로 보관[저장]하다, 따로 남겨두다. **2.** 〔*alqd* - *alci,* ad *alqd*〕 유보하다, 지정[확보]해 두다, (몫·일을 누구에게) 돌리다; (어떤 목적에) 따로 충당[배정]하다. **3.** 〔*alqd* ab *abl., poétic. abl.*〕 구별하다, 따로 가려내다. **4.** 〔*alqm* - ab *abl.*〕 제외하다, 빼놓다, 들이지 않다. **5.** 〔*alqm* in *acc.*〕 추방하다, 귀양보내다, 멀리 보내다. **6.** 그만두다, 집어치우다, 버리다, 포기하다; (시름 따위를) 잠시 밀어놓다.

sepositĭo, ónis, *f.* [sepóno] **1.** 따로 둠, 숨겨둠, 비장(秘藏). **2.** 따로 떼어놓음, 분리.

sepósĭtus, a, um, *p.p., a.p.* 〔*poétic.* **-póstus**〕 [sepóno] **1.** 따로 둔, 따로 구분된. **2.** 먼, 멀리 떨어져있는. **3.** 값진, 우수한, 우량의, 뛰어난, 가려뽑은. **4.** 자기에게만 있는, 나만의, 고유한.

sēps[1]**,** sēpis, *m., f.* 《動》 **1.** 독사의 일종. **2.** 노래기.

sēps[2]**,** sēpis, *f.* = sæpes.

sēpse = se ipse.

sepsis, is, *f.* 《醫》 패혈증, 부패증.
septem, *indecl. adj. num. card.* 일곱, 7.
Septem Aquæ, árum, *f. pl. Reáte* 부근의 호수.
Septémber, bris, bre, *adj.* [septem] (고대 *Roma*력의 제7월의, 지금의) 9월의: mense Septémbri *(C.)* 9월에 / Caléndis Septémbribus *(C.)* 9월 초하루에; 〔*subst.*〕 *m.* (*sc.* mensis) 〔*abl.* -bri〕 9월.
septemc(h)órdis, e, *adj.* [septem+chorda] 칠현(七絃)의.
septémdĕcim, *indecl. adj. num. card.* [septem+decem] 열일곱, 17.
septemfárĭam, *adv.* = septifáriam.
septémflŭus, a, um, *adj.* [septem+fluo] 일곱 줄기로 흐르는.
septemgémĭnus, a, um, *adj.* [septem+] 일곱 물줄기로 이루어진[흐르는] *(Nilus*강); 일곱 언덕의 *(Roma).*
septemméstris, e, *adj.* [septem+mensis] 칠개월의, 일곱 달 된.
septemnérv(ĭ)a, æ, *f.* [septem+nervus] 《植》 질경이(=plantágo).
septempedális, e, *adj.* [septem+] 일곱 자의, 일곱 자 높이의.
septémplex, lĭcis, *adj.* [septem+plico] 일곱겹의, 7중의, 7배의: ~ clípeus *(V.)* 일곱 겹의 소가죽으로 만든 방패 / ~ Ister *(Ov.)* 7개의 선박통로가 있는 *Danúbius*강; 〔*adv.*〕 **-plícĭter,** 일곱 겹으로, 7배로.
septemtrio... *V.* septentrio...
septemvicénnis, e, *adj.* [septem+vigínti+annus] 27세 된.
septémvir, vĭri, *m.* 〔*gen. pl.* -rum〕 (고대 *Roma*의) 7인위원, 〔흔히 *pl.*로〕 7인위원단 (신들을 초대하여 향연을 베푸는 직책의 위원단, 농토분배 직책의 위원단, 100인 심판위원회 중에서 선발된 7인 심판위원단 등이 있었음).
septemvirális, e, *adj.* [septémvir] 7인위원단의; 〔*subst.*〕 **-les,** ĭum, *m.pl.* = septémviri. 「원직.
septemvirátus, us, *m.* [septémvir] 7인위
septenárĭus, a, um, *adj.* [septéni] **1.** 일곱의, 7의, 일곱으로 이루어진: ~ númerus *(Gell.)* 7의 수. **2.** 《詩》 7보격의, 7각운의.
septéndĕcim = septémdecim.
septéni, æ, a, *adj. num. distrib.* 〔*gen.* -num = -nórum, -nárum〕 [septem] **1.** 일곱씩의, 각각 7의. **2.** 〔가끔 *num. card.*로〕 일곱, 7의: púeri annórum senum septénum denum *(C.)* 16·7세 되는 소년들.
septénnis, e, *adj.* [septem+annus] 7년의; 일곱 살의, 7세의. 「(간), 일곱 해.
septénnĭum, i, *n.* [septem+annus] 7년
septéntrĭo, ónis, *m.* **1.** 《天》 북두칠성, 대웅좌(大熊座), 소웅좌. **2.** 〔흔히 *pl.*〕 북쪽하늘; 북쪽, 북방. **3.** 북풍. **4.** 북극.
septentrionális, e, *adj.* [septéntrio] 북쪽의, 북방의: América ~ 북아메리카.
septentrionárĭus, a, um, *adj.* [septéntrio] 북쪽의, 북방의.
septénus, a, um, *adj. sg.* [sapténi] 일곱(씩)의; 일곱 줄기[겹]의. 「(敗血症).
septicǽmĭa [-cémĭa], æ, *f.* 《醫》 패혈증
Septiciána libra, æ, *f.* (제2차 *Carthágo* 전쟁 때에 *12 úncia*가 하락되어 평가된) *8.5 úncia* 한 근(斤).
septicóllis, e, *adj.* [septem+collis] 일곱 개의 언덕이 있는: arx ~ *(Prud.)* 일곱 언덕의 *Roma.*
séptĭcus, a, um, *adj.* 썩는, 부패성의; 부패하여 생기는; 패혈성(敗血性)의.
septídrŏmus, i, *m.* (7년간·7개월 등) 7 단위의 기간. 「번. **2.** 여러번.
séptĭe(n)s, *adv. num.* [septem] **1.** 일곱
septifárĭam, *adv.* [septem] 일곱 부분으로.
septifárĭus, a, um, *adj.* [septem] 일곱가지의, 일곱 부분으로 된. 「곱 개 있는.
septífŏris, e, *adj.* [septem+foris[1]] 구멍 일
septifórmis, e, *adj.* [septem+forma] 일곱가지 모양의, 일곱가지의. 「주일.
septimána, æ, *f.* [septimánus] 7일간, 일
septimanárĭus, a, um, *adj.* [septimánus] 일곱의, 7의.
septimáni, órum, *m. pl.* [septimánus] **1.** 제7 군단(légio)의 군인들. **2.** *Gállia Narbonénsis*의 국민·주민.
septimánus, a, um, *adj.* [séptimus] **1.** 일곱의; 제7에 속하는, (어느 달) 7일에 해당하는: Nonæ septimánæ *(Var.)* (3·5·7·10월의) 7일, 초이렛날 (*cf.* Nonæ). **2.** 제7 군단(légio)의. **3.** 일곱달 만의: septimánæ fetúræ *(Arnob.)* 일곱달 만에 난 새끼들 / ~ partus *(Capell.)* 일곱달 만의 분만.
Septimátrus, ŭum, *f. pl.* 3월 15일(Idus Mártiæ) 다음 일곱째 날에 지내던 *Minérva* 여신의 축제.
Septímĭus, i, *m. Roma*인의 씨족명.
séptĭmo, *adv.* [séptimus] 일곱(번)째로.
Septimontiális, e, *adj.* [Septimóntium] 칠구제(七丘祭)의.
Septimóntĭum, i, *n.* [septem+mons] **1.** *Roma* 일곱 언덕의 경내(境內). **2.** (12월 13일에 거행되던) *Roma*시의 일곱 언덕 편입 기념축제, 칠구제(七丘祭).
séptĭmum, *adv.* [séptimus] 일곱 번째.
séptĭmus, a, um, *adj. num. ordin.* [septem] 일곱째의, 제7의: ~ annus (유태인들이 7년마다 농경을 쉬던) 안식년, 휴한년(休閑年). 「*adj. num. ordin.* 제17의.
septimusdécĭmus, septimadécĭma, um,
septingenárĭus, a, um, *adj.* [septingéni] 700의 수에 달하는, 700씩 되는.

septingéni, æ, a, *adj. num. distrib.* [septingénti] 700씩의.
septingentésĭmus, a, um, *adj. num. ordin.* [septingénti] 제700의
septingénti, æ, a, *adj. num. card.* [septem + centum] 700(의). 「700번.
septingéntĭe(n)s, *adv. num.* [septingénti]
séptĭo, ónis, *f.* = sǽptio
séptĭpes, pĕdis, *adj.* [septem + pes] **1.** 일곱 자 되는, 7척의. **2.** 키가 대단히 큰.
septirémis, e, *adj.* [septem + remus] 칠단(七段)의 노열(櫓列)이 있는.
Septizónĭum, i, *n.* [septem + zona] (*Palátium* 언덕 아래쪽에 있던) 일곱 개의 띠모양의 쇠시리를 층층이 두른 거대한 건물.
septuagenárĭus, a, um, *adj.* [septuagéni] **1.** 70세의. **2.** 70개가 있는.
septuagéni, æ, a, *adj. num. distrib.* 〔*gen. pl.* -num = -nórum, -nárum〕 [septuaginta[1]] **1.** 70씩의. **2.** 〔*sg.*로 쓰는 수도 있음〕 70의.
septuagésĭes, *adv. num.* 일흔 번.
Septuagésĭma, æ, *f.* (*sc.* Domínica) 《가》 (지금은 없어진) 칠순주일(七旬主日), 4순절 전 제3주일.
septuagésĭmus, a, um, *adj. num. ordin.* [septuagínta[1]] 일흔 번째의, 제70(의). 「번.
septuágĭes, *adv. num.* [septuagínta[1]] 70
septuagínta[1], *indecl. adj. num. card.* [septem] 일흔, 70.
Septuagínta[2], *n. indecl.* 70인 역 희랍어 구약성서 (기원전 3세기에 *Alexandría*에서 번
septuénn... = septénn... ∟역, 《略》 LXX).
septum, i, *n.* = sæptum.
septum... *V.* septim...
septunx, úncis, *m.* [septem + úncia] **1.** 7 *úncia*(의 무게). **2.** 〔토지면적〕 12분의 7 *júgerum*. **3.** 〔포도주의 용량〕 일곱 잔(cý-
septuós... *V.* sæptuós... ∟athus).
séptŭplum, i, *n.* **1.** 일곱 갑절, 7배. **2.** 전체 *(Aug.)*
séptŭplus, a, um, *adj.* [septem] 일곱 갑절의, 7배의; 〔*adv.*〕 **-um,** 7배로. 「pio].
septus, a, um = sæptus, a, um, *p.p.* [sǽ-
sepulchr... *V.* sepulcr... 「묘지의.
sepulcrális, e, *adj.* [sepúlcrum] 무덤의,
sepulcrétum, i, *n.* [sepúlcrum] 공동묘지.
sepúlcrum, i, *n.* [sepélio] **1. 무덤,** 분묘, 묘지: ~ familiáre 가족묘지 / commúne ~ 공동묘지. **2.** 봉분, 석총(石塚). **3.** 묘석, 묘비, 비문: sepúlcra légere *(C.)* 비문을 읽다. **4.** 화상터. **5.** 〔*pl.*〕(무덤속에 머문다고 생각했던) 죽은 사람들의 혼, 망령(亡靈). **6.** 《가》 (성목요일에 성체를 옮겨 모시는) 임시제단, 성체 안치소. **7.** 《가》 제단 아래의 성유물 안치함(聖遺物安置函). **8.** 무덤과 같은 것; 사람잡아먹는 동물의 뱃속.
sepúlto, áre, *tr. freq.* [sepélio] 묻어두다.
sepúltor, óris, *m.* [sepélio] **1.** 파묻는 사람. **2.** (소동 따위를) 진정시키는 사람.
sepultúra, æ, *f.* [sepélio] **1.** 매장, 장사, 장례: ~ ecclesiástica 교회식[교회법 규정대로의] 장례. **2.** 무덤, 묘지. **3.** 화장.
sepúltus, a, um, *p.p.* [sepélio] 묻힌, 매장된. 「준히 쫓아감.
sequácĭtas, átis, *f.* [sequax] 따라다님, 꾸
sequácĭter, *adv.* [sequax] 따라서, 그 결과로서, 당연히. 「의 *Senna*).
Séquăna, æ, *m.* *Gállia Céltica*의 강 (지금
Séquăni, órum, *m.pl.* *Séquana* 강변의 *Gállia Céltica* 종족; 〔*adj.*〕 **-ānus [-ánĭcus],** a, um.
sĕquax, ácis, *adj.* [sequor] **1.** 끈덕지게 따라다니는, 꾸준히 쫓아가는, 집요한, 떠나지 않는; 추적하는: stella ~ 위성; 〔*subst.*〕 *m.* 추종자. **2.** 빨리 쫓아가는, 쉽게 따라가는. **3.** (불·연기 따위가) 번져나가는, 퍼지는. **4.** 끈끈한. **5.** 유연한, 잘 휘는, 누글누글한, 연성(延性)이 있는; 다루기 쉬운, 고분고분한, 말 잘듣는.
sequéla, æ, *f.* [sequor] **1.** 후속; 결과, 귀결. **2.** 《醫》 후유증. **3.** (군대를) 따라다니는 사람. **4.** 부속물, 딸린 것.
sequens[1], éntis, *p. præs., a. p.* [sequor] **1.** 뒤따르는, 차례대로 계속되는, (차례나 시간적으로) 바로 다음의: sequénti nocte *(Curt.)* 다음날 밤에 / 〔인용하는 번호·면〈面〉·절〈節〉 따위를 표시하는 아라비아수자 뒤의 약자로서 s. [sq.] = sequens, *(pl.)*: ss. [sqq.] = sequéntes〈그 다음〉, 〈그 이하〉〕 p. [pag.] 12 s. 제12편과 그 이하; 〔*subst.*〕 *m., f.* 따르는[붙좇는] 사람, 추종자. **2.** 장차의, 앞으로 올. **3.** 둘째의, 제2의. **4.** 버금가는, 그보다 못한, 하등품의.
sequens[2], éntis, *n.* **1.** 형용어, 부가형용사(附加形容辭)*(Q.)*. **2.** 〔*pl.*〕 그 다음 것들, 계속되는 것들. **3.** 〔*pl.*〕 하등품.
sequéntĭa, æ, *f.* [sequor] **1.** 연속, 후속; 결과. **2.** 《가》 (미사 중의) 부속가, 속창(續唱).
sequéster[1], tra, trum, [**-ter,** tris, tre,] *adj.* [sequor] **1.** 중재의, 거중조정(居中調停)의; 중개의, 알선의, 주선의; 〔*subst.*〕 *m.* *V. infra; f.* 중재[중개·주선]하는 여자; *n.* *V.* sequéstrum. **2.** 공탁물[계쟁물(係爭物)] 보관의.
sequéster[2], tri [tris], *m.* **1.** 공탁물[계쟁물(係爭物)] 보관인. **2.** 기탁금을 받고 재판관·투표인을 매수해 주는 자. **3.** 〔*absol.; gen.*〕 중재인, 거중소정인. 「탁물에 관한.
sequestrárĭus, a, um, *adj.* [sequéster[1]] 공
sequestrátĭo, ónis, *f.* [sequéstro] **1.** (제3자에게 맡기는 계쟁물의) **공탁,** 일시적 강

제압류. **2.** 분리, 격리. 「방해자.
sequestrátor, óris, *m.* [sequéstro] 분리자;
sequestratórium, i, *n.* [sequéstro] 공탁소(供託所), 기탁소.
sequéstro, ávi, átum, áre, *tr.* [sequéster[1]] **1.** 공탁하다, 기탁하다, 보관하도록 맡기다. **2.** 〔*alqd [alqm]* ab *abl.; absol.*〕 갈라놓다, 떼어놓다, 격리하다, 분리하다. **3.** 내던지다, 버리다.
sequéstrum, i, [**-tre,** tris,] *n.* [sequéster[1]] **1.** (제3자에게 맡겨놓는) 계쟁물(係爭物)의 공탁: pecúniam in sequéstro depónere apud *alqm(Lábeo)* 돈을 아무에게 공탁하다; 〔*abl.*〕 sequéstro 공탁물로. **2.** 《醫》 (성한 뼈와 분리하여 떼어내는) 부골편(腐骨片).
séquĭor, ĭus, (*gen.* -óris), *adj. comp. anom.* [secus[2]] 더 나쁜, 보다 못한, 열등의; 〔*adv.*〕 **séquĭus** = sécius.
sĕquor, *(ĕris, ĭtur),* secútus [sequútus] sum, sĕqui, *dep.* 〔《古》 secúntur = sequúntur〕 **I.** *tr.* **1.** 〔*alqm, alqd; absol.*〕 **따르다,** 뒤따르다, 따라가다[오다], 수반(隨伴)하다. **2.** (남자를 유혹하려고) 따라다니다. **3.** 뒤쫓다, 추적하다, 추격하다. **4.** (길 따위를) 따라가다. **5.** (어디로) 향해 가다, 찾아가다, 다가가다. **6.** (물이) 계속 흐르다. **7.** 〔시간·순서·연속〕 (*cf.* sequens[1]) **잇따르다,** 뒤따르다, 다음에 계속되다, 이어지다, 연속되다, 뒤를 잇다; 이하에 열거되다. **8.** 〔*alqm,* herédem〕 누구의 차지가 되다, 누구에게 (유산·상속으로) 돌아가다. **9.** 순종하다, 이끄는 대로 따라가다, (하자는 대로) 말을 잘 듣다, (이쪽에서 마음먹은 대로) 쉽게 되다, (말 따위가) 술술 나오다, (풀 따위가) 거침없이 뽑아지다. **10.** 추구(追求)하다, 얻으려고 하다, (이익·편리 따위를) 찾다·쫓다, 택하다; 마음껏 누리다. **11.** 〔*alqm, alqd*〕 누구 편에 서다, 편들다, 지지하다, 옹호하다, 찬성[동의]하다. **12.** 〔*alqm, alqd* - *acc. prœd.*〕 인정하다, (아무의 학설·권위·의견 따위를) 따르다, 받들다, 붙좇다, 추종하다: Platónem auctórem ~*(C.) Platon*의 권위를 인정하며 그의 학설을 따르다. **13.** 본받다, 따르다. **14.** 〔*alqd*〕 이유·동기·근거·원칙 따위를 가지고 있다, 따르다: Tradémus étiam, quæ nos ~ in dicéndo solémus.*(C.)* 우리가 말할 때에 흔히 따르는 원칙들도 일러주겠다. **15.** 다하다, 수행(遂行)하다, 보살피다. **16.** (결과로) 생기다, (사건 따위가) 일어나다, 나오다: Séquitur de vúlnere sanguis.*(V.)* 상처에서 피가 나오고 있다 / Secútum est illud ... *(Cæs.)* 그렇게 되었다. **II.** *intr.(impers.)* **1.** 〔*prop. subjectiív.: acc. c.inf.,* ut*(consecutív.) c. subj.*〕 …게 되다, 결론이 나오다, 당연한[필연적] 결과이다: Si ..., séquitur, ut recte sit occísus.*(Q.)* …하였다면, 그가 살해된 것이 옳았다는 결론이 나온다. **2.** 〔*inf.;* ut *c. subj.*〕 다음 차례는 …이다, 다음은 …할 차례이다: Séquitur de *alqā re* dícere. 다음은 무엇에 대해서 말할 차례이다 / Séquitur, ut dóceam ... *(C.)* 다음에 내가 가르칠 것은 …이다.
sequut... = secut...
Sēr[1], Sēris, *m.* Seres의 *sg.*
Ser[2]. 《略》 = Sérvius.
sĕra[1], æ, *f.* 빗장, 걸쇠; (맹꽁이) 자물쇠.
sēra[2], æ, *f.* [serus] 저녁때, 늦은 때: serā 다 늦게. 「는 *Serápis*의 신전.
Serapéum [-píum], i, *n. Alexandria*에 있
seráphĭcus, a, um, *adj.* **1.** *Séraphim*의, 치품천신(熾品天神)의: Ordo ~, *Francíscus* 수도회의 별칭. **2.** 거룩한, 맑고 깨끗한.
Sérăphim [-in], *m.,n., pl. indecl.* 《*Hebr.*》 (천사들의 최고계급에 속하는) 치품천신(熾品天神). 「*pis*신의 축제.
Serapía, órum, *n.pl.* (4월에 지내던) *Sera-*
serápĭas, ădis, *f.* (= orchis) 《植》 난초.
Serápĭon, ónis, *m.* 희랍(식) 인명.
Serápis, is [ĭdis], *m.* 고대 이집트의 신 *(Osíris*와 *Apis* 두 신의 성격을 갖춘 신으로서 후에 그 신앙은 희랍과 로마에까지 퍼졌음); 〔*adj.*〕 **-píăcus [-pĭcus],** a, um.
serárĭus, a, um, *adj.* [serum[1]] 유장(乳漿)을 먹고 사는.
Serenátor, óris, *m.*[seréno] (하늘을 맑게 개게 하는 자), *Júpiter*의 별명.
serénĭfer, ĕra, ĕrum, *adj.* [serénus+fero] 맑은 날씨를 가져오는.
sereníficus, a, um, *adj.* [serénus+fácio] 날씨를 맑게 해주는; 맑게 갠.
serénĭger, ĕra, ĕrum, *adj.* [serénus+gero[1]] 맑은 날씨를 가져오는.
serénĭtas, átis, *f.* [serénus] **1.** 맑게 갬, 쾌청, 청명, 화창함. **2.** 순탄, 안온, 평온; 마음의 평정, 침착, 태연자약. **3.** 〔칭호〕 전하, 폐하.
seréno, ávi, átum, áre, *tr.* [serénus] **1.** 맑게 개게 하다, 청명하게 하다. **2.** (불빛 따위로) 밝게 비추다, 빛나게 하다. **3.** 명랑해지게 하다, (슬픔 따위를) 가시게 하다.
serénum, i, *n.*[serénus] **1.** 맑음, 쾌청, 청명한 날씨: in seréno *(Cato),* seréno *(Plin.)* 맑은 날에. **2.** 〔*pl.*〕 즐거움, 유쾌.
serénus, a, um, *adj.* **1. 맑은,** 맑게 갠, 청명한, 쾌청한, 화창한: cælo seréno *(C.)* 하늘은 맑은 데, 맑은 날에 / vox seréna *(V.)* 낭랑한 목소리. **2.** 밝은, 빛나는. **3.** (바람 따위가) 건조한, 맑은 날씨를 가져오는. **4.** (바다가) 잔잔한, 고요한. **5.** 평온한, 차분한, 조용한, 침착한. **6.** 명랑한, 즐거운, 유쾌한, 기분좋은. **7.** 순조로운, 유리한, 행운의. **8.** *m.* (늘 명랑하고 날씨

를 맑게 한다 하여 붙여진) *Júpiter*신의 형용어. **9.** 〔군주·황제에 대한 경칭〕 *superl.* sereníssimus (황제)폐하, 전하.

Sēres, um, *m. pl.* 〔*acc.* -es, -as〕 [Ser²] (명주로 유명하던) 동방 아시아 주민, 중국 서북부의 민족, 중국인. 「이) 마르다.

serésco¹, ĕre, *intr. inch.* [serénus] (젖은 것

serésco², ĕre, *intr. inch.* [serum¹] 유장(乳漿)이 되다.

Sérgĭus, i, *m. Roma*인의 씨족명. **1.** L. ~ Catilína, *V. Catilína.* **2.** Cn. ~ Oráta, 호화로운 생활과 주색으로 유명했던 사람. **3.** 〔*adj.*〕 **-giánus [-gĭus],** a, um.

sérĭa¹, æ, *f.* 토기 항아리, 독.

sérĭa², æ, *f.* 《稀》 = séries.

sérĭa³, órum, *n.pl.* [sérius²] **1.** 진지한 일, 중대한 일. **2.** 진지함, 정색, 진담. **3.** 근엄한 사람.

seriális, e, *adj.* [séries] 연속적인, 일련의, 차례로 잇달아 있는, 계열을 이루는.

seriátim, *adv.* [séries] 순차로, 차례차례로, 축조(逐條)로. 「단옷; 견직물.

sérĭca, órum, *n. pl.* [Séricus¹] 명주옷, 비

sericárĭus, a, um, *adj.* [séricum] 명주·비단(제품)에 관한; 〔*subst.*〕 *m.* 비단장사, 견직물 직조인; *f.* 귀부인의 비단옷을 지키는 여종. 「단]옷을 입은.

sericátus, a, um, *adj.* [séricum] 명주[비

serícĕus [-cĭus], a, um, *adj.* [séricum] 명주의, 비단으로 만든. 「빛 비단옷.

sericoblátta, æ, *f.* [séricum + blatta] 다홍

sérĭcum, i, *n.* [Séricus¹] 명주, 비단. 「의.

Sérĭcus¹, a, um, *adj. Seres*의, 중국의; 동방

sérĭcus², a, um, *adj.* [Séricus¹] 명주의, 비단의: carpénta sérica *(Prop.)* 비단휘장을 친 마차.

sérĭes, éi, *f.* [sero³] **1.** 줄, **열**(列), **계열**, 일련, **연쇄**, 잇따름, **연속**, 차례, 순차, 순열: ~ structúræ déntium *(Plin.)* 치열, 잇바디 / ~ júvenum *(Tib.)* 손에 손을 이어잡고 춤추는 젊은이들. **2.** 가계(家系), 혈통, 가문. **3.** 총서(叢書), 시리즈; 한벌. **4.** 《數》 급수; 《生物》 속(屬), 과(科); 《電氣》 직렬. 「숙.

seríĕtas, átis, *f.* [sérius²] 진지함, 정색, 엄

sérĭo, *adv.* [sérius²] 진지하게, 엄숙히, 본심으로, 진담으로. 「리.

seríŏla, æ, *f. dim.* [séria¹] 작은 토기 항아

seriósus, a, um, *adj.* = sérius².

Seríphus [-os], i, *f. Cýclades* 군도의 한 섬 (지금의 *Serfos* 또는 *Serfanto*); 〔*adj.*〕 **-phĭus,** a, um. 「느림.

séritas, átis, *f.*[serus] 지각, 늦게 옴, 늦음,

sérĭus¹, *adv. comp.* [sero¹] 더 늦게; 너무 늦게: ~ ociúsve *(H.)*, ~ aut cítius *(Ov.)* 조만간에.

sérĭus², a, um, *adj.* **1. 진지한**, 엄숙한, 진심의, 진정으로의, 농담·장난이 아닌: sériæ partes diéi *(Plin.)* 아침부터 오후 1시까지의 집무시간; 〔*subst.*〕 *n.* 진담; 〔*adv.*〕 **-rĭe, -rĭo.** **2.** 중대한, 예사가 아닌, 심각한; (병 따위가) 중태의, 위독한. **3.** 성실한, 착실한.

sermo, ónis, *m.* [sero³] **1. 말, 이야기**, 회화, 대화, 좌담, 담화, 잡담: esse in ore et sermóne ómnium *(C.)* 뭇사람의 입에 오르내리다, 이야깃거리가 되다. **2.** 소문: Accéssit ~ ad aures.*(T.)* 소문이 들려왔다 / Sermo est totā Asiā dissipátus, *acc. c. inf. (C.)* …하였다는 소문이 온 아시아에 쫙 퍼졌다. **3.** 이야깃거리, 화제(거리): Nunc inter eos tu ~ es.*(Prop.)* 지금 그들 사이에서는 네가 이야깃거리가 되어 있다. **4.** 예언*(Jer. 14, 1)*. **5.** 비난; 비방, 중상. **6.** 강화(講話), 강연, 연설, **강론, 설교**: Sermo in monte 산상수훈(山上垂訓)[설교] *(Matth. 5 ss.)*. **7.** 조리있는 말, 논술, 논설; 토론. **8.** 논제, …론(論). **9.** 구어(口語), 상용어. **10.** 말씨, 말투, 표현; 문체. **11.** 산문시, 풍자시. **12.** 낱말, 단어. **13.** (민족의) 언어, 국어. **14.** [S-] 《神》 (= Verbum) (삼위일체의 제2위인) 말씀, 하느님의 아들. 「[좌담·잡담]하면서.

sermocinánter, *adv.* [sermócinor] 이야기

sermocinátĭo, ónis, *f.* [sermócinor] **1.** 말함, 이야기함, 회화, 수작, 담화. **2.** 《修》 상대방으로 하여금 말하게 하는 대화술.

sermocinátor, óris, *m.* [**-trix,** ícis, *f.*] [sermócinor] 이야기하는 사람; 수다스러운 사람.

sermócĭnor, átus sum, ári, *dep. intr.* [sermo] **1.** 〔*absol.*; *alci*, cum *alqo*, *alqd*〕 말하다, 이야기하다, 수작하다, 담화하다. **2.** (앵무새가) 말을 하다. **3.** 토론하다; 강연하다, 강론하다, 설교하다. 「는.

sermonális, e, *adj.* [sermo] 말의, 말을 하

sermúncŭlus, i, *m. dim.* [sermo] **1.** 짤막한 말·이야기. **2.** 하찮은 소문; 뒷공론, 잡설.

sēro¹, *adv.* [serus] **1.** 저녁때에. **2. 늦게**, 느지막이, 느지감치. **3.** 뒤늦게, 너무 늦게. 「잠그다, 자물쇠를 채우다.

sĕro², ávi, átum, áre, *tr.* [sera¹] (빗장으로)

sĕro³, rŭi, sertum, ĕre, *tr.* **1. 짜다**, (편물 따위를) 뜨다, **엮다**, 땋다, (노끈·밧줄 따위를) 꼬다, 다발로 묶다. **2.** 사이사이에 [번갈아] 끼어들게 하다. **3.** 잇달다, 꼬리를 물고 일게 하다. **4.** (일을) 얽히게[꼬이게] 하다, 뒤섞이게 하다. **5.** (말을) 주고받고 하다.

sĕro⁴, sēvi, sătum, ĕre, *tr.* **1.** 〔*acc.* - *abl.*; *absol.*〕 씨뿌리다, 파종하다, **심다**, 식부(植付)하다: sémina ~*(V.)* 씨를 뿌리다 / ~ árbores *(C.)* 나무들을 심다 / ~ arva *(Tib.)*

여러 경작지에 심다 / Séritur (terra) pánico. *(Plin.)* 땅에다 기장을 심는다 / seréndus ager *(Ov.)* 심어야 할 밭. **2.** *pass.* 〔*absol.;* (ab, de) *abl.*〕 태어나다, 자손이다: stirpe divínā satus *(L.)* 신의 자손으로 태어난 자. **3.** 생기게 하다, 일어나게 하다, 야기하다; (마음속에) 심어주다. **4.** (소문 따위를) 퍼뜨리다.

serología, æ, *f.* 《醫》 혈청학(血淸學).

serósus, a, um, *adj.* [serum[1]] **1.** 장액(漿液)의, 장액성의: (túnica, membrána) serósa 장막(漿膜). **2.** 혈청(血淸)의.

serótĭnus, a, um, *adj.* [sero[1], serus] **1.** 늦게 오는[되는·하는], 늦-, 만생종(晩生種)의, 늦게 산출되는: flos ~*(Plin.)* 늦게 피는 꽃 / serótinæ híemes*(Plin.)* 늦추위 / serótina loca *(Plin.)* 늦게 결실되는 지방. **2.** 저녁의, 늦은 시간의: preces serótinæ 저녁기도, 만과(晩課). **3.** 《聖》 *(Palæstína*에서는 가을에 심고 봄에 추수하였는데 이 추수전 비오는 절기로서의) 봄의: imber ~ *(Prov. 16, 15)* 봄비; 〔*subst.*〕 *n.* 봄비*(Jac. 5, 7)*.

serpens, éntis, [serpo] **I.** 〔*p.præs.*〕 기는, 기어다니는, 파행(爬行)하는.
II. 〔*subst.*〕 *f., m.:* 〔*gen. pl.* -ĭum, *poétic.* -um〕 **1.** 《動》 뱀: ~ ǽneus 구리(로 만든) 뱀*(Num. 21, 9)*. **2.** 《天》 뱀좌(座), 용좌(龍座). **3.** 《聖》 악마. **4.** 간악한 사람. **5.** 《動》 (사람몸에 생기는) 이 *(Plin.)*.

serpentifórmis, e, *adj.* [serpens+forma] 뱀모양의. 「뱀에게서 난 자, 뱀의 자손.

serpentígĕna, æ, *m., f.* [serpens+gigno]

serpentínus, a, um, *adj.* [serpens] **1.** 뱀의; 뱀같은. **2.** 음흉한, 간사한.

serpéntĭpes, pĕdis, *adj.* [serpens+pes] 파충류의 발을 가진.

serperástra [serpi-], órum, *n. pl.* [serpo +rastrum] **1.** (어린 아이의 다리가 구부러지지 않도록) 무릎에 대는 부목, 무릎붕대. **2.** 부하들의 탈선을 단속하고 교정하는 장교.

serpíllum, i, *n.*(=serpýllum) 《植》 백리향.

serpo, psi, ptum, ĕre, *intr.* **1. 기다,** 기어가다, 파행(爬行)하다: ~ humi *(Plin.)* 땅바닥에서 기어가다 / 〔타동사적으로 *pass.*〕 Cum terra nullo serpátur angue, ... *(Solínus)* (섬의) 육지에서 아무 뱀도 기어다니지 않아서. **2.** (나뭇가지·넌출 따위가) 뻗어나가다, 감기어 올라가다. **3.** 느리게 [주르르·구불구불] 흐르다, 슬슬 전진하다, 슬며시 기어[파고]들다, 스며들다; (털 따위가) 모르는 사이에 자라나다: Lácrimæ serpunt.*(Stat.)* 눈물이 주르르 흐른다 / Si ... consuetúdo ~ cœperit,*(C.)* 모르는 사이에 습관이 몸에 배기 시작할 경우 / somno serpénte *(Plin.)* 스르르 잠이 들어. **4.** 번져나가다, 퍼져나가다, 만연하다.

sérpŭla, æ, *f. dim.* [serpens] **1.** 작은 뱀. **2.** (석회질 관〈管〉속에 사는) 갯지렁이.

serpýllum [-púllum], i, *n.* 《植》 백리향.

serra, æ, *f.* [seco] **1. 톱.** **2.** ~ lígnea, (*Pérsia* 등지에서 쓰이던) 나무로 만든 톱 모양의 형구(刑具). **3.** 《動》 톱상어. **4.** (톱니모양의 수레바퀴를 단) 탈곡기. **5.** (톱질하듯) 말을 주고받으며 싸우는 논쟁. **6.** 《軍》 톱니모양의 진(陣); 일진일퇴의 공방전. **7.** 앙상하게 드러난 등뼈. 「는.

serrábĭlis, e, *adj.* [serro] 톱으로 켤 수 있

serrácŭlum, i, *n.* (배의) 키.

serrácum, i, *n.* = sarrácum.

serrágo, gĭnis, *f.* [serra] 톱밥.

serrárĭus, a, um, *adj.* [serra] 톱질하는; 톱을 만드는. 「떡갈나무(의 일종).

serráta, æ, *f.* [serrátus] 《植》 **1.** 개곽향. **2.**

serrátim, *adv.* [serra] 톱니모양으로.

serratórĭus, a, um, *adj.* [serro] 톱으로 된, 톱구실을 하는. 「이.

serrátŭla, æ, *f. dim.* [serráta] 《植》 산비장

serratúra, æ, *f.* [serro] 톱질, 톱으로 켬.

serrátus, a, um, *p.p., a.p.* [serro] **1.** 톱으로 잘린, 켠. **2.** 톱날같은, 톱니모양의, 톱니가 있는; 〔*subst.*〕 *m. pl.* (*sc.* nummi) 가장자리가 톱니모양으로 오톨도톨한 *Roma* 은화. 「다·자르다.

serro, ávi, átum, áre, *tr.* [serra] 톱으로 켜

sérrŭla, æ, *f. dim.* [serra] 작은 톱. 「줄.

serta[1], æ, *f.* [sero[3]] **1.** 화환. **2.** 노끈; 밧

serta[2], órum, *n. pl.* [sero[3]] (꽃·잎 따위로 엮은) **화환,** 꽃관(冠), (사슬처럼 기다랗게 이어 엮은) 꽃줄. 「[얹은], 화환으로 장식된.

sertátus, a, um, *adj.* [serta] 화환을 걸친

Sertórĭus, i, *m.* Quintus ~(*sæc.* 1 A.C.), *Márius*의 장군, *Hispánia*에서 *Metéllus, Pompéjus* 등과 대적하여 싸우다가 자기 부하 *Perpérna*에게 살해됨; 〔*adj.*〕 **-toriánus,** a, um. 「환.

sertum, i, *n.* [sero[3]] 〔주로 *pl.:* serta[2]〕 화

sérŭi, *pf.* [sero[3]].

sĕrum[1], i, *n.* **1.** 유장(乳漿). **2.** 《醫》 혈청: ~ antidiphthéricum 디프테리아 혈청 / ~ antitetánicum 파상풍 혈청. **3.** 《生理》 장액(漿液), 혈장; 임파액.

sērum[2], i, *n.* [serus] 늦은 때, 저녁때, 황혼, 해가 저문 때: sero diéi *(Ta.)* 날이 다 저물었을 때에 / in ~ noctis *(L.)* 밤늦게까지 / 〔*adv.*〕 ~ 늦게.

sērus, a, um, *adj.* **1. 늦은** (시간의), 저무는, 저문, 황혼의, 저녁때의: ~ dies *(Sen.)* 저무는 날 / serā nocte *(Prop.)* 밤늦게. **2.** 세월이 많이 지난, 말기의, 만년의: seri anni *(Ov.)* 만년, 노년. **3.** 〔*absol.; gen.; inf.*〕 때늦은, **뒤늦은,** 너무 늦은; 때를 놓친; 지각하는, 늦게 오는: sera gratulátio

(C.) 뒤늦은 축하 / Bellum spe ómnium sérius fuit.*(L.)* 전쟁은 모든 사람의 예상보다 늦게 일어났다 / O seri studiórum! *(H.)* (시기를 놓쳐) 배우지 못한 자들아! **4.** 뒷날의, 앞으로 올, 후대의. **5.** 늦게 되는 [가라는], 늦게 익는: seríssima ómnium Ameréna*(Plin.)* 제일 늦게 익는 *Améria* 배. **6.** 마지막의, 최후의: seri ignes *(Prop.)* (마지막 불, 즉) 화장(터). **7.** 긴 시간의, 오랜.

serva, æ, *f.* [servus²] 여자노예, 여종.

servábĭlis, e, *adj.* [servo] **1.** 보존[유지]될 수 있는. **2.** 구조될 수 있는, 건질 수 있는.

servans, ántis, *p. præs., a.p.* [servo] **1.** 보전하는, 보존하는; 보관하는. **2.** 감시하는, 경비하는. **3.** *adj.* 〔*gen.*〕 충실히 지키는, 준수하는.

servásso, -is, -it, ... -int, 《古》 = servem, -es, *etc.;* servávero, -is, *etc., præs. subj.; fut. exact.* [servo].

servátĭo, ónis, *f.*[servo] **1.** 보존; **준수**(遵守), 준법. **2.** 관찰. **3.** 관습.

servátor, óris, *m.* [**-trix,** ícis, *f.*] [servo] **1.** 보존자, 구원자, 구조자. **2.** [S-] 구세주 (그리스도). **3.** 관찰자; 감시인, 보관인. **4.** 준수자(遵守者), 지키는 사람, (계약 따위의) 이행자.

servícŭlus, i, *m. dim.* [servus²] 작은 종, 하급노예.

servílis, e, *adj.* [servus²] **1.** 종의, 노예의, 노예신분의, 노예가 하는[받는]: vestis ~ *(C.)* 노예복[옷] / ~ tumúltus *(Cæs.)* 노예들의 소동·반란 / opus servíle 노예노동, 근육[육체]노동. **2.** 노예적, 노예같은, 노예에게 어울리는, 비천한; 노예근성의, 맹종하는, 비굴한; 〔*adv.*〕 **-lĭter**[간혹 **-le**], 노예답게[처럼], 비굴하게. **3.** 《文法》 보조적인: verbum servíle 보조동사 (possum, débeo 따위).

servilísmus, i, *m.* **1.** 사대주의, 노예근성, 비굴. **2.** 정부에 대한 교회의 굴종.

Servílĭus, i, *m. Alba* 지방에서 기원된 *Roma*인의 씨족명; C. ~ Casca, P. ~ Casca, *Cæsar*의 살해자들; 〔*adj.*〕 **-lĭus** [**-liánus**], a, um.

sérvĭo, ívi [ĭi], ítum, íre, *intr.* [servus²] **1.** 〔*absol.; alci,* apud *alqm; tr.:* servitútem *(objéctum intérnum)*〕 노예(신분)이다, 노예가 되다, 종노릇하다, 종살이하다: *alqm* servítum abdúcere *(Pl.)* 아무를 노예로 삼으려고 끌어가다 / ~ cupiditátibus *(C.)* 여러가지 욕망의 노예가 되다 / servitútem ~ *(C.)* 종살이를 하다. **2.** 〔*alci*〕 **섬기다,** 봉사하다, 시중들다; 돌보다. **3.** 〔*dat.*〕 (사물이 어디에) 쓰이다, 쓸모가 있다, 도움이 되다, 유용하다, (필요한 것을) 공급하다, 무엇의*(dat.)* 재료·용도가 되다. **4.** 〔*alci; absol.*〕 (토지 따위가 소유주 아닌) 타인에게 이용되다, 용익물권(用益物權)의 대상이 되다. **5.** 〔*dat.*〕 따르다, (순)응하다, 순종하다, 비위를 맞추다, 영합하다; (감정 따위에) 빠지다·사로잡히다. **6.** 〔*dat.*〕 힘쓰다, 전념[전심]하다, 몰두하다, 집착하다.

servitiális, e, *adj.* [servítium] 봉사의, 봉사하는.

servítĭum, i, *n.* [servus²] **1.** 노예신세[처지·신분·지위], 종살이; 노예제도. **2.** 노예의 무리, 일단(一團)의 노예: servítii decem mília *(Ta.)* 만명의 노예. **3.** 예속, 굴종. **4.** 고역, 노역, 노예처럼 일함. **5.** **섬김, 봉사,** 시중듦; 복무: ~ militáre 병역의 의무.

servítor, óris, *m.* [sérvio] **1.** 종, 노예; 하인. **2.** 《가古》 servitóres Missæ 미사 복사(服事).

servitrícĭus [**-tĭus**], a, um, *adj.* [servus²] 못된 종놈의, 노예의.

servitúdo, dĭnis, *f.* 노예신세[신분], 종살이.

sérvĭtus, útis, *f.* [servus²] **1.** 노예제도; 노예신분[지위·신세·처지·상태·생활], 종노릇, 종살이. **2.** 고역, 노역. **3.** 예속, 복종; 속박, 구금(상태). **4.** 용익물권(用益物權), 지역권(地役權). **5.** 노예의 무리, 사랑의 노예[포로]들 *(Ov.).* **6.** 봉사, 섬김, 예배, 숭배: simulacrórum ~*(ad Colossénses 3, 5)* 우상숭배.

Sérvĭus, i, *m.* 〔略: Ser.〕 *Roma*인의 이름. **1.** ~ Túllius, 고대 *Roma*의 제6대 왕. **2.** *Sulpícius* 씨족에 많은 이름으로서 씨족명 대신 쓰이기도 하였음.

servo, ávi, átum, áre, *tr.* **1.** 〔*alqm, alqd* - ex, ab *abl.; abl.*〕 (안전하게) **지키다,** 보호하다, 수호하다, 보전하다, 살아남게 하다, 구출[구조]하다. **2.** **보존하다, 유지하다,** 지속해 나가다, 고수하다, 고스란히 남아[머물러]있게 하다. **3.** (명령·법·규칙 따위를) **지키다,** 준수하다, 충실히 이행하다: ~ fidem *(Cæs.)* 신용을 지키다. **4.** 보관하다, 간직하다, 간수하다. **5.** 감시하다, 지켜보다, 간수(看守)하다, 관찰하다. **6.** (기상변화·새·희생물의 내장 따위를) 관찰하고 점치다: cælum ~*(Lucr.),* 〔*intr.*〕 ~ de cælo *(C.)* 하늘의 상태를 보고 점치다. **7.** 〔*absol.;* ut, ne〕 주의[유의]하다, 조심하다, 피하다, 예방하다: Hem serva! *(T.)* 이봐 조심해! **8.** 〔*poétic.*〕 살다, 거주하다: silvas ~ *(V.)* 숲속에 살다. **9.** *intr.* 〔apud *alqm*〕 머무르다, 살다. **10.** 〔*alqd* - ad, in *acc.; dat.*〕 묵히다, (시간적으로) 미루다, 보류하다; 내맡기다.

servo... = servu...

sérvŭla, æ, *f. dim.* [serva] 작은[어린] 여종.

servulícŏla, æ, *f.* [sérvulus+colo²] 노예와 사귀는 창부.

sérvŭlus, i, *m. dim.* [servus²] 〔*gen. pl.* -ó-

rum, 간혹 -ūm] 어린 노예; 천한 종.
servus[1], a, um, *adj.* [servo] **1.** 노예(신분)의, 노복의, 종의; 예속된, 매어있는, 포로가 된: serva aqua *(Ov.)* 노예들의 음료수 / serva cápita *(L.)* (=servi) 노예들. **2.** 용익물권(用益物權)에 속하는, 지역권(地役權)의 대상인.
servus[2], i, *m.* **1. 종, 노예,** 노복, 하인: cupiditátum servi *(C.)* 탐욕의 노예들 / 《가》~ Dei (시복〈諡福〉 조사중에 있는 분에 대한 칭호) 하느님의 종 / ~ servórum Dei (교황의 자칭으로서) 하느님의 종들의 종. **2.** 부하, 신하. 「mum) 《植》 참깨.
sésăma, æ, *f.* [**-ma,** órum, *n.pl.*] (=sésa-
sesámĭnus, a, um, *adj.* [sésamum] 참깨의, 참깨로 만든: sesáminum óleum *(Plin.)* 참기름. 「참깨모양의, 종자상(種子狀)…
sesamoídĕus, a, um, *adj.* [sésamum] 《解》
sésămum, i, *n.* 《植》 참깨. 「로 된.
sescenárĭus, a, um, *adj.* [sescéni] 600으
sescéni [**-centéni**], æ, a, *adj. num. distrib.* [sescénti] 600씩의.
sescentésĭmus, a, um, *adj. num. ordin.* [sescénti] 제 600.
sescénti, æ, a, *adj. num. card.* [sex+centum] **1.** 600의. **2.** 무수한.
sescéntĭe(n)s, *adv. num.*[sescénti] **1.** 600번. **2.** 수없이.
Sescentoplágus, i, *m.* [sescénti+plaga[1]] 600번[무수히] 태형받는 자 *(Pl.)*.
sesculýsses = sesquiulýsses.
sescúncĭa, æ, *f.*[sesqui+úncia] *1.5 úncia.*
sescunciális, e, *adj.* [sescúncia] *1.5 úncia*의. 「*cia* 반(半).
sescunx, úncis, *m.* [sesqui+úncia] *1 ún-*
séscŭplex, plĭcis, [**-plus,** a, um,] *adj.* [sesqui+plico] (도량형에 있어서) 1.5의, 1과
sese = se[1]. ⌊2분의 1을 포함하는.
séseli, is, *n.*[**-lis,** is, *f.*; **-lĭum,** i, *n.*] 《植》
sésĭma = sésama. ⌊털기름나물.
Sesóstris, is [ĭdis], *m. Ægýptus* 제12왕조의 유명한 왕. 「대 2 비율의.
sesquátus, a, um, *adj.* [sesqui] 1.5배의, 3
sesqui [간혹 **-que**], *adv.* [semis+que] 〔합성어로 많이 쓰임〕 **1.** 반(半)이 더 많게, 1.5배로, 1배 반으로. **2.** 어떤 수에 그것을 분모로 한 1을 보태어, *x*+*x*분의 1로서.
sesqu(i)álter, ĕra, ĕrum, *adj.* 1.5배의, 1배 반의, 3대 2 비율의.
sesquiánnus, i, *m.* [sesqui+] 1년 반.
sesquidécĭmus, a, um, *adj.* [sesqui+] (어떤 수의) 10분의 1이 더 많은.
sesquidigitális, e, *adj.* [sesquidígitus] 한치 반의. 「기)의 1.5배; 한치 반.
sesquidígĭtus, i, *m.* [sesqui+] 손가락(굵
sesquihóra, æ, *f.* [sesqui+] 한시간 반.
sesquilíbra, æ, *f.* [sesqui+] 한근 반.
sesquiménsis, is, *m.*[sesqui+] 한달 반.
sesquimódĭus, i, *m.* [sesqui+] 한말(斗) 반. 「의 9의.
sesquioctávus, a, um, *adj.* [sesqui+] 8분
sesquiópĕra, æ, *f.* [sesqui+] 하루 반의 일.
sesquipedális, e, *adj.* [sesqui+] **1.** 한자(尺) 반의. **2.** 지나치게 긴.
sésqĭpes, pĕdis, *m.* [sesqui+] 한자(尺) 반.
sesquiplága, æ, *f.* 하나 반의 타격 (두번 중에 한번은 반쯤 약하게 때림).
sesquipláris, is, [**-rĭus,** i,] *m.* [sésquiplex] (무훈의 대가로) 1배 반의 식량배급을 받는 군인.
sésquĭplex, plĭcis, *adj.* = séscuplex.
sesquísĕnex, nis, *adj.* [sesqui+] 늙어 꼬부라진. 「분의 1의.
sesquitértĭus, a, um, *adj.* [sesqui+] 3+3
sesquiulýsses [**-líxes**], is, *m.* [sesqui+] *Ulýxes*의 한사람 반 몫의 사람. 「좌석.
sessíbŭlum, i, [**-bĭle,** is,] *n.* [sédeo] 걸상,
séssĭlis, e, *adj.* [sédeo] **1.** 앉을 만한, 앉기에 적합한. **2.** (술잔 따위가) 밑바닥이 넓적하여 안정성있는. **3.** 《植》 키가 작은, 왜소한, 옆으로 퍼진. 「**2.** 체류, 거주.
sessimónĭum, i, *n.* [sédeo] **1.** 회합(장소).
séssĭo, ónis, *f.* [sédeo] **1.** 앉음, 착석, 열석. **2.** 좌석. **3.** 자리잡고 있는 곳; 밑바닥. **4.** 좌욕(坐浴). **5.** (회의 따위의) 개회; 개정(開廷); 토의, 집회. **6.** (의회 따위의) 회기, 개회기간, 회의중; 개정기간. **7.** 휴식, 휴게, 무위. 「다, 오래 앉아있다.
séssĭto, ávi, áre, *intr. freq.* [sédeo] 자주 앉
sessiúncŭla, æ, *f.dim.*[séssio] 작은 집회.
sessor, óris, *m.* [sédeo] **1.** 앉는 사람, 착석자; (극장의) 관객. **2.** 말타는 사람. **3.** 주민, 거주자. 「거처, 주거.
sessórĭum, i, *n.* [sédeo] **1.** 걸상, 의자. **2.**
sēssus[1], a, um, *p.p.* [sédeo, sido].
sēssus[2], us, *m.* [sédeo] 앉음, 착석.
sestertiárĭus, a, um, *adj.* [sestértium] **1.** *sestértius*의. **2.** 보잘것없는, 별 가치없는.
sestértĭum, i, *n.* 〔본래는 sestértius[2]의 *gen. pl.*였으나 점차 중성명사로 사용된 것이라고 함〕 **1.** *10*만 *sestértius.* **2.** porta Esquilína(Esquíliæ 성문) 밖 *2*천*5*백 *passus* 떨어진 곳에 있던 빈민·사형수 등의 화장터.
sestértĭus[1], a, um, *adj.* [semis+tértius] **1.** *sestértius*[2](화폐)의. **2.** 보잘것없는, 몇푼 안되는, 소액의, 헐값의: nummo sestértio *(C.)* 헐값으로.
sestértĭus[2], i, *m.*〔*gen. pl.* -órum 보다는 흔히 -ūm으로 씀〕 **1.** (고대 *Roma*의 화폐로서 처음에는 은화, 나중에는 청동화) *2 as* 반짜리 돈 (*Augústus* 황제시대 이후로는 *4 as*로 평가절하되었었음), *1/4 denárius,* 《略》: IIS 또는 HS(=II+S〈=semis〉). **2.**〔표기법〕 a) 2 이상 1,000까지는 sestértii를 쓰

고 1,000 이상 10만 단위까지는 sestértiūm *(gen. pl.)*을 쓰며, 이때에 2천 이상의 mília는 생략되기도 함: quáttuor sestértii, *4 sestértius* / mille sestértii [sestértiūm], 천 *sestértius* / vigínti quinque (milia) sestérti ūm, *2만5천 sestértius* / sestértiūm centum *(Plin.) 10만 sestértius.* b) 2천 이상에서 mília가 생략될 경우의 로마수자 표기는 그 수자 위에 작대기를 가로 긋는 것이 통례임: HS $\overline{XX}$ = *2만 sestértius* (HS XX = *20 sestértius*). c) 백만 단위는 sestértiūm 또는 sestértio*(abl. sg.)*와 함께 décies, vícies 등의 *advérbia numerália*만 써가지고 표시함. 로마수자 표기는 수자 위에 가로 작대기와 수자 앞뒤에 세로 작대기를 긋는다: vícies (centéna mília) sestértiūm = HS |$\overline{XX}$| *2백만 sestértius.* **3.** 돈, 액수: amplo sestértio émere [comparáre] *(Sol.)* 거액으로 사들이다. **4.** 두자 반, 2.5척(尺).

Séstĭus, i, *m. Roma*인의 씨족명; 〔*adj.*〕 **-stiánus,** a, um.

Sestos [-us], i, *f. Thrácia*의 옛도시, *Hellespóntus*의 북쪽해안에 있으며 *Abýdus*와 마주 봄 (지금의 *Boghaly*); 〔*adj.*〕 **-stĭăcus [-stus],** a, um; 〔*subst. deriv.*〕 **-stĭas,** ădis, *f. Sestos*의 여자.

Sesúvĭi, órum, *m. pl. Gállia Céltica*의 주민.

set[1] = sed[1].

Set[2], *m. indecl.* 짐승같은 머리와 매부리코가 달린 악의 신, *Osíris*의 동생 (또는 아들), 태풍과 어둠을 지배하는 이집트신, 희랍의 *Typhon*과 같음.

sēta = sæta.

set(h)im, *n. pl.* (*cf.* setta) 일종의 아카시아 나무의 굳은 목재.

Sétia, æ, *f. Látium*의 도시 (지금의 *Sezze*), 포도주로 유명하였음; 〔*adj.*〕 **-tínus,** a, um: Setínum vinum, *Sétia* 포도주.

sétĭger = sǽtiger.

sétĭus, *adv. comp.* = sécius.

setósus, a, um, *adj.* = sætósus.

setta, æ, *f.* 《植》 (*Ægýptus*와 *Arábia* 지방에서 자라는) 아카시아의 일종.

seu, *conj.* (=sive) **1. 혹은, 또는,** 내지(乃至). **2.** 〔seu 자체로 또는 sive 따위의 비슷한 뜻의 접속사와 중복되면서 총망라의 뜻을 드러냄; *v. finit.*은 *subj.* 또는 *indic.*〕 seu ... seu …**거나** …**거나,** …든지 …든지: ~ recte ~ pérperam*(C.)* 옳게든지 그릇되게든지 / ~ máneant, ~ proficiscántur. *(Cæs.)* 그들이 머물러있거나 출발하거나 간에 / seu ..., sive ... [sive ..., seu ...] *(Cæs., V.)* …든지 …든지 (어느 경우에라도). **3.** 〔간혹〕 그리고 또. **4.** 즉, 바꾸어 말하자면.

sévĕhor, véctus sum, vĕhi, *dep. intr.* [se[3]+veho] 떨어져[벗어져] 나가다.

sevére, *adv.* [sevérus] 엄(격)하게, 엄중하게, 가차없이.

sevérĭtas, átis, *f.* [sevérus] **1.** 엄함, **엄격,** 엄중, 엄정; 엄숙, 근엄; 심각; 신랄, 준엄, 가차없음. **2.** (문체 따위의) 딱딱함.

sevérĭter, *adv.* [sevérus] 엄(격)하게, 엄중하게, 가차없이; 까다롭게, 심각하게.

severitúdo, dĭnis, *f.* = sevéritas.

sevérus[1], a, um, *adj.* **1. 근엄한,** 엄숙한, 심각한 표정의. **2.** 엄한, **엄격한,** 엄중한: ~ in fílium*(C.)* 아들에게 엄한. **3. 준엄한,** 가차없는. **4.** 날카로운, 매서운, 혹독한, 끔찍한; 가혹한, 잔인한. **5.** (말투 따위가) 멋없는, 딱딱한, 무뚝뚝한. **6.** 검박한, 질박한. **7.** 청렴한, 근직(謹直)한, 고지식한. **8.** 진지한, 거짓없는.

Sevérus[2], i, *m. Roma*인의 가문명.

Sevérus[3] **Mons,** -i -ntis, *m. Sabíni*인들 지방의 산 (지금의 *Vissa*).

sēvi, *pf.* [sero[4]].

sēvir, ĭri, *m.* [sex+vir] **1.** (지방자치도시·식민지의) 6인위원의 한 사람. **2.** (6개) 기병분대의 지휘관.

sevirátus, us, *m.* 6인위원직.

sēvo, áre = sebo.

sévŏco, ávi, átum, áre, *tr.* [se[3]+] **1.** 〔*alqm* - in *acc.*, ex *abl.*〕 따로 불러내다, 따로 끌어내다; 〔*refl.*〕 **se ~** 물러가다. **2.** 〔*alqm [alqd]* ab *abl.*〕 떼어놓다, 떨어지게[멀어지게] 하다, 갈라놓다, (정신·마음을) 돌리다. **3.** 〔*alqd* de *abl.* ad se〕 (다른 것을 제쳐놓고 무엇을) 손에 넣다.

sēvum = sebum.

sex[1], *indecl. adj. num. card.* 여섯, 6.

Sex[2]. 《略》 = Sextus[2].

sexagenárĭus, a, um, *adj.* [sexagéni] 60의, 60개짜리의; 60세의, 60대의 (사람).

sexagéni, æ, a, *adj. num. distrib.* 〔*gen. pl.* -um, -órum〕 [sexagínta] **1.** 60씩의. **2.** 60의: sexagéna mília*(C.)* 6만. **3.** 〔*sg.*로 쓴 경우가 있음*(Aug.)*〕 60개짜리의.

sexagésĭes, *adv. num.* 60번, 60배(로).

sexagésĭma, æ, *f.* [sexagésimus] **1.** (*sc.* pars) 60분의 1. **2.** 《가古》 사순절 전 제2주일, 6순주일.

sexagésĭmus, a, um, *adj. num. ordin.* [sexagínta] 제60(의), 예순번째의.

sexágĭe(n)s, *adv. num.* [sexagínta] 60번, 60배(로).

sexagínta, *indecl. adj. num. card.* 예순, 60(개의).

sexángŭlus [-látus], a, um, *adj.* [sex+] 6각형의.

sexátrus, ŭum, *f. pl.* 매달 Idus날 후 제6일.

sexcen... *V.* sescen...

sexcu... *V.* sescu...

séxdĕcim, *indecl. adj. num. card.* 열여섯, 16(의).

sexénnis, e, *adj.*[sex+annus] 6년의, 6년짜리의, 6세 된.

sexénnĭum, i, *n.* [sexénnis] **1.** 6년간, 6년. **2.** 6년째 되는 해.

séxĭe(n)s, *adv. num.* 여섯번, 6배(로).

sexiesdécĭes, *adv. num.* [séxies+] 열여섯

번. 「수.

sexis, *n. indecl.* [sex+as] **1.** *6 as.* **2.** 6의

sexprími, órum, *m. pl.* [sex+primus] (지방자치도시 의원·제관단·서기관 등의) 상위 서열의 6명.

sexta, æ, *f.* [sextus[1]] **1.** (*sc.* hora) 《가》 성무일과의 제6시(時) 기도. **2.** 교황 *Bonifácius 8*세의 교령집(敎令集).

sextadecimáni [-cumáni], órum, *m. pl.* [sextus[1]+décimus] 제16군단(légio) 소속 군인들. 「gio) 소속 군인들.

sextáni, órum, *m. pl.* [sextus[1]] 제6군단(lé-

sextans, ántis, *m.* [sex] **1.** (*1 as*의) **6분의 1**: ex sextánte heres *(Paul.)* 전체 유산의 1/6을 받는 상속자. **2.** 소액(*2 úncia*)의 동전; 보잘것없는 가치. **3.** 〔무게〕 *1/6 libra, 2 úncia.* **4.** 〔액체용량〕 *1/6 sextárius* (약 *90 cc*). **5.** 〔토지면적단위〕 *1/6 júgerum.* **6.** 《天》 육분의좌(六分儀座).

sextantális, e, *adj.* [sextans] (두께·굵기가) *2 úncia*(인치)되는. 「가) *2 úncia*의.

sextantárĭus, a, um, *adj.* [sextans] (무게

sextarióľus, i, *m. dim.* [sextárius] *1 sextárius*들이의 작은 그릇.

sextárĭus, i, *m.* [sextus[1]] **1.** 1/6. **2.** 〔용량단위〕 *1/6 cóngius [2 hemína, 2 cótyla, 12 cýathus]*(에 해당, 약 1/2 *l*); (곡식되는 말인) *módius*의 16분의 1. **3.** *1 sextárius*들이 그릇.

sextílis, e, *adj.* [sextus[1]] (고대 *Roma*에서 새해가 시작되는 Mártius〈3월〉부터 계산하여 제6월이 되는) **8**월의; 〔*subst.*〕 [S-] *m.* 8월. 「**-liánus,** a, um.

Sextílĭus, i, *m. Roma*인의 씨족명; 〔*adj.*〕

Séxtĭus = Séstius. 「에.

sexto, *adv.* [sextus[1]] 여섯째로, 여섯 번째

séxtŭla, æ, *f. dim.* (*sc.* pars) [sextus[1]] **1.** 6분의 1 *úncia*, 72분의 1 *as.* **2.** 72분의 1 *júgerum.* **3.** 전체 유산의 72분의 1.

sextum, *adv.* [sextus[1]] 여섯 번째(로), 6회.

séxtŭplus, a, um, *adj.* [sextus[1]+plico] 여섯 갑절의, 여섯 겹의, 6배의.

sextus[1], a, um, *adj. num. ordin.* [sex] 여섯(번)째의, 제6: 《文法》 ~ casus(=ablatívus) 제6격, 탈격.

Sextus[2], i, *m. Roma*인의 개인이름, ~ Róscius Amerínus와 ~ Pompéjus가 알려져 있음.

sextusdécĭmus, sextadécima, um, *adj. num. ordin.* 〔sextus와 décimus를 흔히 갈라씀〕 열여섯 번째, 제16.

sexuális, e, *adj.* [sexus] **1.** 성(性)의, 성에 관한; 성적인; 성욕의: pervérsio ~ 성욕도착, 변태성욕. **2.** 여성의*(Cœl.)*.

sexúngŭla, æ, *f.* [sex+] (육손이 여자란 뜻으로서) 남자의 재물을 긁어모으는 창녀.

sexus, us, *m.* [seco] **1.** (남녀·암수의) 성(性), 성별: virílis ~ *(L.)* 남성, 사내 / multi utriúsque sexus *(Plin.)* 수많은 남녀. **2.** 〔《解》 성기, 생식기.

sexvir = sevir.

Shintoísmus, i, *m.* 《宗》 일본의 신도(神道).

si, *conj. conditionális* **I.** 〔조건·가정〕 **1.** 〔**현실조건***(condítio reális)*: *indic.;* 비인칭으로서의 단수 2인칭·종속 조건복합문*(períodus hypothética depéndens,* 문법참조) 에서는 *subj.*도 씀〕 **만일 …면,** …거든, … 경우에(는): Si hoc dicis, erras. 네가 만일 이 말을 하면 너는 그르친다 / Si vis, dabo tibi testes.*(C.)* 네가 원하면 네게 증인들을 대주겠다 / Tuémini castra, si quid dúrius accíderit.*(Cæs.)* 무슨 더 어려운 일이 닥치게 되거든 너희는 진막을 수비하여라 / Habére vidétur ista res iniquitátem, si imperáre velis, difficultátem, si rogáre (velis). *(C.)* 그일은 명령으로 하자면 불법일 것 같고 간청으로 하자면 어려움이 따를 것 같다. **2.** 〔**가능조건***(condítio potentiális)*: 가능·불확실·희망·공포·신중·조심·양보 따위의 뜻을 드러내는 현재가능은 *subj. præs.*, 과거가능은 *subj. pf.;* 주문에도 가끔 *subj.*를 씀〕 **만일 …면** (…할지도 모른다); … 하더라도: Tu si hic sis, áliter séntias. *(T.)* 네가 만일 여기 있다면 달리 생각할지도 모른다 / Si ... negem, méntiar.*(C.)* 내가 만일 부인한다면 거짓말하는 것이 되리라 / Si hoc díxeris, erráveris. 네가 만일 이 말을 하였다면 너는 십상팔구 잘못하였다 / Périi, si me aspéxerit.*(Pl.)* 그가 나를 쳐다보았을지도 모르겠는데 만일 그렇다면 나는 망했다. **3.** 〔**비현실조건***(condítio irreális)*: 현재비현실가정은 *subj. impf.*, 과거비현실가정은 *subj. plqpf.;* 주문에도 원칙적으로 *subj.*를 쓰지만 과거비현실에 있어서는 주문의 동사가 가능성·당위성·필연성 따위를 드러내는 posse, debére *etc.*이거나 《거의 할 뻔하다》의 뜻을 드러내는 pæne, prope 등의 부사를 동반하거나 또는 주문의 사실이 틀림없이 그렇게 되었을 것이라는 것을 역설할 경우에 *indic. pf., impf., plqpf.* 을 쓰는 수가 있음〕 **만일 …라면** (…할것을), … **한다면** (…텐데), …하였던들: Si víveret, verba ejus audirétis.*(C.)* 만일 그가 살아있다면 너희는 그의 말들을 들을(수 있을) 것을 / Si tacuísses, philósophus mansísses.*(Boeth.)* 너는 가만히나 있었던들 철학자로 남아있었을 것이다 / O quantum habére pótuit, si voluísset!*(Sen.)* 그가 가지려고 했더라면 얼마나 많이 가질 수 있었겠는가! / Períerat impérium, si Fábius tantum ausus esset, quantum ira suadébat. *(Sen.) Fábius*가 분이 치미는 대로 감행했더라면 제국은 멸망하고 말았을 것이다. **4.** 〔*v. finit.*의 생략*(ellípsis);* 때로는 접속사

자체(si)가 생략되는 수 있음〕 Aut nemo, aut, si quisquam, ille sápiens fuit.*(C.)* 현자라고는 아무도 없었거나 혹 누가 있었다면 그것은 그 사람이었다 / Hoc púeri possunt, viri non póterunt? *(C.)* 이것을 아이들이 할 수 있다면 어른들이 못하겠는가? / Illa velit, póterit ...*(Prop.)* 그 여자가 마음만 먹는다면 …할 수 있을 것이다. **5.** 〔부정적 조건은 일반적으로 nisi로 표시되지만 가끔 조건문 속의 부분부정을 드러내는 si non [minus] 따위로도 표시된다. 그런데 조건문 뒤에 이어지는 주문에 at, tamen, certe, saltem 등의 접속사·부사가 나올 경우에는 후자를 쓰는 것이 원칙적이며 이 경우에 그것은 또한 가끔 양보문의 성격을 띠게 된다(*cf. infra* II, 1)〕 Si non sum ex eo loco dejéctus, ... *(C.)* 내가 그곳에서 떨어지지 않았다면 / Si non pugnáre vis, licet fúgere. *(Sen.)* 너는 싸우고 싶지 않거든 도망해도 좋다. **6.** 〔si에 대한 또 하나의 조건대립 (*cf.* sin)〕 a) **sin,** sin [si] autem, sin [si] vero 그러나 만일 …면, 그렇지 않고 만일 …면. b) 〔둘째 조건문이 앞의 조건문의 반대·부정일 때〕 si non, sin minus, sin áliter, sin secus, si contra 만일 그렇지 않으면, 그렇지 않을 경우에는; 그렇지 않더라도. **7.** 〔조건문 아닌 다른 문장에 연속되는 경우〕 **quod si** [quodsi], sed si, si vero 그런데[그러나] 만일 …면. **8.** 〔si 뒤에 나오는 미한정 대명사·부사*(pron., adv. indefinítum)* áliquis, aliquándo 따위는 원칙적으로 ali- 없이 quis, quando로만 씀〕 *e.g.* Si quis díxerit, 만일 누가 말할 것 같으면 / si qua via est,*(V.)* 어떤 길이 있으면 / si quando non póterit,*(Q.)* 만일 그가 장차 할 수 없게 되면. **9.** 〔숙어적 용법〕 a) si forte 만일에 혹시라도 …면. b) 〔앞에 나온 말에 대한 제한조건〕 si modo ...*(indic.)* …기만 하면, 경우에 한해서; si tamen 그러나[단(但)] … 경우에 한해서: Tu scis, si modo meminísti, ...*(C.)* 너는 기억하고만 있다면 …것을 알고 있을 것이다.

II. 〔특수용법〕 **1.** 〔양보문적 성격; 뒤에 이어지는 주문에는 가끔 at, tamen, saltem 따위의 접속사·부사가 나타남(*cf. supra* I, 5)〕 a) si(=etiámsi), si quidem …하여도, …더라도, 경우에라도, 할지라도: Non possum ..., si cúpiam.*(C.)* 나는 …하고 싶어도 할수가 없다. b) si non, si minus 아닐지라도, 않[없]더라도: Si non féceris (id), ignóscam.*(C.)* 네가 (장차) 그것을 하지 않더라도 나는 관용하겠다 / Si non est perféctio, at conátus tamen (est). *(C.)* 완성이 없다하여도 적어도 노력은 있다. **2.** 〔*fut. exact.*과 함께 쓴 si는 가끔 조건보다 cum *(temporále),* postquam, simul ac 따위의 시간적인 뜻을 드러냄〕 …할 때에, …한 후에, …하거든, …하자마자: Si lúxerit, ad scrínia curram.*(Catull.)* 날이 밝는 대로 나는 서류함으로 달려가겠다. **3.** 〔때로는 과거의 반복도 표시함(si *iteratívum*): *indic. impf., plqpf.*; 주문에는 *impf.*〕 …할 때마다: Apud Germános ... équites, si quid erat dúrius, ... se recipiébant.*(Cæs.)* *Germánia*인들의 기병들은 (전세가) 더 어려워지게 될 때마다 …로 물러가곤 하였다. **4.** 〔간혹 이유표시〕 si(=síquidem) …는데, …하니·이니, …니까, …므로, …ㄴ즉. **5.** 〔간혹 ac si의 뜻으로 *c. subj.*〕 마치 …기나 한 듯이. **6.** 〔설명 si(~ *explicatívum* = quod *explicatívum*): *indic., subj.*〕 (…한다)는 것: Apud Græcos oppróbrio fuit adulescéntibus, si amatóres non habérent. *(C.)* 희랍인들에게 있어서 젊은 여자들이 남자애인을 못가졌다는 것은 치욕이었다 / Miráris, si supérbiam tuam ferre non póssumus? *(Curt.)* 우리가 너의 교만을 참지 못하는 것이 네게는 이상하냐? / Libertátem in eo ponis, si ... *(C.)* 너는 자유가 …하는 것에 있다고 생각한다. **7.** 〔간혹 sive의 뜻으로〕 si ..., sive [si] …든지[거나] …든지[거나]: Si média nox est, sive est prima véspera, ...*(Pl.)* 밤중이거나 초저녁이거나 상관없이 / si deus, si dea es,*(Cato)* 그대가 남신이든 여신이든간에. **8.** 〔의문·의혹 si (~ *interrogatívum,* ~ *dubitatívum*): num, an의 뜻으로 *interr. indir.*를 이루며 원칙적으로는 시칭관계*(consecútio témporum)*에 의한 *subj.*, 때로는 *indic.*를 씀; *Vulgáta*역 성서에서는 간혹 *interr. dir.*(직접의문)적으로도 쓰고 있음; 주문에는 〈물어봄·알아봄·의혹·시도·관망〉 따위를 드러내는 동사가 나타남〕 **…는지**: Quæsívit, si incólumis *alqs* evasísset.*(L.)* 그는 아무개가 (전투에서) 무사하게 되었는지 물어보았다 / Jam dudum exspécto, si tuum offícium scias.*(Pl.)* 나는 네가 너의 본분을 알고 있는지를 벌써부터 지켜보고 있다 / Visam, si domi est.*(T.)* 그가 집에 있는지 가보겠다 / Si hæc ita se habent? *(Act. 7, 1)* 이 말들이 사실이냐? **9.** 《聖》〔미래에 대한 맹세의 내용이 부정적일 경우에는 si(*c. fut.*)를 긍정문으로 쓰고, 긍정적일 경우에는 그것을 부정문으로 쓰고 있음; 그것은 Ne sim verax(나는 거짓말장이가 될 것이다) 따위의 보충어를 si 앞에 놓고 생각하면 해결됨〕 *e.g.* Jurávi in irā meā, si introíbunt in réquiem meam.*(Ps. 94, 11)* 나는 (울화가 터져) 《그들은 내 안식에 들지 못하리라》고 맹세하였노라 / Jurávit Dóminus, si non ita erit. *(Is. 14, 24)* 주님(야훼)께서는 맹세코 《반드시 그렇게 되리라》고 말씀하셨다. **10.** 〔소원·기원 표시(=útinam), 가끔 감탄사 o와 함께 *subj.*〕 원컨대 …라면, 했으면(좋

으련만): Si nunc foret illa juvéntus! *(V.)* 지금이 그 청춘시절이라면!

sialagógum, i, *n.* 《醫》 타액 촉진제.

sibi[1], *dat. pron. person.* [sui] 자기(들)에게.

Sibi[2], órum, *m. pl. Indĭa*의 *Ganges*강 유역에 있던 종족.

síbĭla, órum, *n.pl.* = síbilus[2]. 「하는 소리.

sibilátĭo, ónis, *f.* [síbilo] 휘파람불기; 식식

sibilátor, óris, *m.* [**-trix,** trícis, *f.*] [síbilo] 휘파람부는 사람.

sibilátus, us, *m.* [síbilo] 휘파람.

síbĭlo, ávi, átum, áre, *intr., tr.* [síbilus] **1.** 식식거리다, 쌕쌕 소리나다; (바람 따위가) 씽씽 소리나다: (Anguis) síbilat ore. *(V.)* (뱀이) 입에서 식식 소리낸다. **2.** 휘파람불다. **3.** 〔*dat.*〕 휘파람소리로 신호하다[부르다·불러모으다]. **4.** (뜨거운 쇠를 물에 담글 때) 뿌지지 소리나다. **5.** 〔*alqd*〕 (본래의 소리를 내지 못하고) 픽하고 새는 소리를 내다. **6.** 〔*alqm,* super *alqm*〕 (휘파람으로·〈피〉하고) 야유하다, 경멸하다. 「내는; 휘파람 같은 소리내는.

síbĭlus[1], a, um, *adj.* 마찰음의, 식식 소리

síbĭlus[2], i, *m.* **1.** 마찰음; (스치는 바람·날아가는 화살·투창 따위의) 씽 소리; (뱀 따위의) 식식하는 소리. **2. 휘파람소리.** **3.** 피리소리; 호각소리. **4.** (휘파람 따위로 하는) 야유, 조소, 경멸.

síbĭmet [**-metípsi(s)**], *dat. pron. person. refl.* [sui+met+] 자기자신(들)에게.

Sibýlla [**-búlla**], æ, *f.* (예언·신탁〈神託〉을 전하던) 처녀예언자, 점장이, 무녀; 특히 *Cumæ*의 *Sibýlla*가 여러가지 예언서 등 전설에 얽혀있어 유명함.

Sibyllínus, a, um, *adj.* [Sibýlla] **1.** 예언녀의, 처녀점장이의, 무녀의: Sibyllíni libri (*Roma*의 *Capitólium* 신전 지하실에 보관되었던) *Sibýlla*들의 신탁집(神託集)·예언서 (나라에 재난·이변이 닥쳤을 때 신관〈神官〉들이 이 책들을 읽어보고 해석하였음, 신관의 수는 처음에 2명〈duúmviri sacrórum〉, 그후 10명〈decémviri〉, 나중에는 15명〈quindecímviri〉이었음). **2.** 수수께끼 같은, 알쏭달쏭한.

sic, *adv.* **1. 이렇게,** 그렇게, 이 모양으로, 이처럼, 이와 같이; 다음과 같이: Sic factum est. *(T.)* 이렇게 되었다 / 〔앞에 말한 것에 대해서〕 Sic est. *(H.)* 사실이 이렇다, 이상과 같다 / Ingréssus est ~ loqui: ... *(C.)* 그는 다음과 같이 말하기 시작했다 / 〔의심스럽거나 분명히 틀린 원문을 그대로 인용할 때 그 주기(註記)로〕 sic. 원문 그대로. **2.** 〔긍정적 대답〕 ~ *(T.),* ~ est. *(Sen.)* 그렇다. **3.** 〔결과문(ut *consecutívum*) 앞에서〕 이렇듯이, 이[그]토록, (…할만큼) 그 정도로. **4.** 〔ut, sicut, quemádmodum, quómodo, tamquam, quasi 등의 접속사를 쓴 비교문의 주문에〕 (…와 같이·처럼·대로·듯이) 그렇게, 그와 같이: Nemo unquam ~ egit, ut tu. *(C.)* 네가 한것처럼 그렇게 한 사람은 일찌기 아무도 없었다. **5.** 〔기원·소원 표시, *c.subj.*, 간혹 *fut. indic.*〕 바라건대, 부디: Sic bene sub ténerā quiéscat humo. *(Tib.)* 바라건대 그는 부드러운 땅속에서 고이 잠들라! **6.** 〔분개·힐책 섞인 반문〕 아니 그래 이렇게 …단 말이냐?: Sic dignáta es socrum tuam salutáre? *(Apul.)* 아니 그래 네가 네 시어머니에게 그런 식으로 인사를 했단 말이냐? **7.** 〔esse와 함께 상태·성질 표시〕 이러한, 그러한: Sic sum. *(T.)* 나는 이런 사람이다 / "Satin tu sanus es?" - "Sic sum, ut vides." *(Pl.)* 《너 정말 제 정신이냐?》—《보다시피 이렇게 멀쩡하다.》/ Sic res est. *(T.)* 사실이 그렇다. **8.** 〔간혹 뒤에 나오는 이유문의 지시부사〕 ~, quia ... *(Pl.)* …하기 때문에 그래서. 「암살.

sīca, æ, *f.* [seco] **1.** 단도, 단검, 비수. **2.**

Sicámbri, órum, *m.pl.* *Sicámbria*의 주민, *Germánia*의 호전적 종족으로서 머리를 땋는 풍습이 있었음.

Sicámbrĭa, æ, *f.* *Rhenus*강 우측 하류지방; 〔*adj.*〕 **-ber,** bra, brum.

Sicáni, órum, *m. pl.* **1.** *Itália* [혹은 *Hispánia Tarraconénsis*]의 한 종족, 그 일부는 *Sicília*로 이주했음. **2.** *Sicília*인.

Sicánĭa, æ, *f.* [Sicáni] *Sicília*섬(의 옛 이름); 〔*adj.*〕 **-nĭus** [**-nus**], a, um; 〔*adj. f.*〕 **-cănis,** nĭdis, *Sicília*(인)의.

sicárĭus, i, *m.* [sica] **1.** 자객(刺客), 암살자; 살인자: 〔숙어〕 inter sicários *(C.),* de sicáriis *(Ta.)* 암살자[살인범]에 관하여, 살인사건에 대하여. **2.** 흉악한 사람.

Sicca, æ, *f.* *Numídia*의 도시, *Bágrada*강 우측 언덕에 있던 *Roma*의 식민도시로서 *Venus*의 유명한 신전이 있었음 (지금의 *Kef*): 〔*subst. deriv.*〕 **-cénses,** ĭum, *m. pl.* *Sicca*의 주민.

siccán(ĕ)us, a, um, *adj.* [siccus] 마른, 건조한; 〔*subst.*〕 **-án(ĕ)a,** órum, *n. pl.* 마른 땅. 「말리는, 건조시키는.

siccárĭus, a, um, *adj.* [sicco] 마르게 하는,

siccátĭo, ónis, *f.* [sicco] 말림, 건조.

siccatívus [**-tórĭus**], a, um, *adj.* [sicco] 마르게 하는, 말리는, 건조시키는.

sicce[1], *adv.* = sic. 「게.

sicce[2], *adv.* [siccus] 마른 상태로, 젖지않

siccésco, ĕre, *intr. inch.* [siccus] 마르다, 건조하다. 「게 하는, 말리는.

siccíficus, a, um, *adj.* [siccus+fácio] 마르

síccĭne, *adv.* = sícine.

síccĭtas, átis, *f.* [siccus] **1.** 바싹 말라있음, 보송보송함, 건조(상태). **2.** 메마름, 강마름; 가뭄, 한발. **3.** 호리호리하면서 건강함. **4.** 《修》 간결, 간소. **5.** 빈약, 빈곤

sicco, ávi, átum, áre, *tr., intr.* [siccus] **1.** 마르게 하다, **말리다,** 건조시키다; 〔*pass.*〕 마르다. **2.** (바닥까지) 다 퍼내다, (물을) 빼다, 빼세 히다, 고갈시키다. **3.** (눈물을) 닦다; (잔·항아리 따위를) 비우다, 푹 마셔버리다; (젖은 물건·동물의 젖을) 짜다. **4.** (부기·종기를) 가라앉히다, (고름을 짜서 상처를) 낫게 하다, (가래 따위를) 삭이다; 지혈시키다. **5.** 날씬한 건강체로 만들다. **6.** *intr.* 마르다. 「물이 마른[없는].

siccócŭlus, a, um, *adj.* [siccus+óculus] 눈

siccus, a, um, *adj.* **1. 마른,** 건조한, 물기없는, 보송보송한; 〔*subst.*〕 *f., n.* 마른 땅; 육지. **2.** 〔*absol.; gen., abl.*〕 (액체·피 따위가) 묻지 않은, 젖어있지 않은, 물들지 않은. **3.** 젖을 먹지 못한, 굶은 (새끼의). **4.** 가문 날씨의, 한발의, 구름 한 점 없는, 비·눈이 오지 않은[않을 것 같은]: sicca hiems *(Ov.)* 눈오지 않은 겨울. **5.** 눈물이 없는[마른], 울지 않는. **6.** 건조하게 하는(약품). **7.** (건강체이면서) 호리호리한, 날씬한. **8.** (여자가) 성감(性感)이 없는. **9.** 목마른. **10.** 절제[절도]있는. **11.** 빈약한. **12.** panis ~*(Sen.)* (아무것도 곁들이지 않은) 맨빵. **13.** 《修》 간결한.

sice, *adv.* 《古》 = sic.

Sícĕlis, lĭdis, *adj. f.* *Sicília*(여자)의.

sicelísso, áre = sicilísso.

sícĕra, æ, *f.* 《헤브라이 외래어》 (포도주 이외의) 알코올 음료, 취하게 하는 음료.

sicerátor, óris, *m.* 알코올 음료 제조인.

Sichǽus, i, *m.* = Sychǽus.

Sicília, æ, *f.* 이태리 반도 남단을 마주보는 지중해 최대의 섬; 〔*adj.*〕 **-liénsis,** e; **Sículus,** a, um; 〔*adj. f.*〕 **Sícelis,** lĭdis.

sicilícŭla, æ, *f. dim.* [sicílis] 작은 낫.

sicílĭcus, i, *m.* [sicílis] **1.** (유산·중량 따위의) 48분의 1 *as, 1/4 úncia.* **2.** 48분의 1 *Roma*척(尺), 한 치의 1/4. **3.** 48분의 1 시간(hora). **4.** 〔면적〕 48분의 1 *júgerum* (600 평방 *Roma*척). **5.** (*1/4 úncia*의 무게를 가진) 동전의 화폐단위 (그 기호는 **,** 로써 하였으며, 가치는 은화 *denárius*의 10분의 1에 해당). **6.** 〔문법부호〕 a) comma (,), 쉼표. b) 같은 자음을 겹치거나 u 모음을 길게 할 때 그 꼭뒤에 붙여쓰던 부호 ('): *e.g.* sel'a = sella *(Isid.).* 「다.

sicílĭo, íre, *tr.* [sicílis] (풀·꼴을) 낫으로 베

sicílis, is, *f.* [sica] (반달형으로 생긴) 낫; 날있는 연장.

sicilísso [-lízo], áre, *intr.* [Sículi] *Sicília*인의 흉내를 내다, *Sicília*인처럼 말을 잘못하다 (그들은 희랍어도 라틴어도 세대로 못했다고 함). 「…(단 말이)냐?

sícĭne [-cin], *adv.* [sic+ne] 이렇게[그렇게]

Sicínĭus, i, *m.* 서민출신의 *Roma*인 씨족명.

sicínnĭum, i, *n.* *Sátyrus*극에서 추는 고유의 춤.

siclus, i, *m.* (고대 유태인들의 중량·화폐단위로서 *4 drachma*에 해당하는) 세켈 (*Hebr.* shéqel). 「강 (지금의 *Segre*).

Sícŏris, is, *m.* *Hispánia Tarraconénsis*의

sicque, [sic+] = et sic.

sícŭbi, *conj., adv.* [si+alícubi] **1.** 〔*c.indic., subj.*〕 만일 어디에(서). **2.** 다른 곳에.

sícŭla, æ, *f. dim.* [sica] 작은 단도·단검.

Sícŭlus, a, um, *adj.* **1.** *Sicília*의: ~ pastor*(V.)* *Syracúsæ*의 전원시인 *Theócritus* / ~ pirāta*(Lucan.)* *Sicília* 해역에서 *Augústus*에게 패주당한 *Sex. Pompéjus* / ~vertex *(Sen.)* *Ætna* 화산 / Sícula virgo = Siren / Sículum sepúlcrum*(Stat.)* *Anchíses*의 무덤 / Sículum fretum*(Plin.)* 이태리 본토와 *Sicília* 사이의 해협 (지금의 *Messina* 해협). **2.** *Sicília*인의; 〔*subst.*〕 *m.* 그곳 사람; **-li,** órum, *m. pl.* *Sicília* 도민 (본래는 *Itália*의 한 종족으로서 그 일부가 *Sicília* 섬으로 이주했던 것이며 이 섬의 이름도 이들에게서 유래했다 함); 〔*adv.*〕 **-le,** *Sicília*인처럼 (희랍어도 라틴어도 잘못하다).

sicúnde, *conj., adv.* [si+alicúnde] **1.** 〔*c. indic., subj.*〕 만일 어느곳[편·면]에서. **2.** 어떤 곳에서, 어디에서.

sīcut [sícŭti], **I.** *conj. subord.* **1.** 〔*indic.,* 주문의 서술어와 동일한 것일 때에는 생략되기도 함, 주문에는 가끔 ita, sic, item, ítidem 따위의 부사가 나타남〕 **와 같이,** 와 마찬가지로, 처럼, 듯이, 대로: ~ prius dixi.*(Pl.)* 내가 미리 말한 바와 같이 / ~ præcépi.*(Pl.)* 내가 지시한 대로 / Tibi illud, ~ famam tuam, deféndere necésse erit.*(C.)* 너는 너의 명예를 지켜야 하듯이 그것을 (또한) 꼭 지켜야 할것이다 / ~ in foro ..., item in theátro ...*(C.)* 법정에서 …하듯이 그와 마찬가지로 극장에서도. **2.** 〔*subj., supínum*〕 …기나 하는[한·하려는] 듯이. **3.** 예컨대 … 경우[때]처럼. **4.** 〔사실인정, 주로 esse와 함께〕 사실[과연] …하지만, 실제로 그러하듯이[…한 대로·그렇거니와]: Quamvis ille felix sit, ~ est, *(C.)* 그는 사실 행복하지만 (그러나) 아무리 행복하다 하더라도 / Revéra ~ sunt, mercenárii scribæ existimántur.*(N.)* 실제로 그러하거니와 서기들은 품팔이꾼으로 여겨지고 있다 / Quod fere, ~ áccidit, vidébat.*(Cæs.)* 그는 그 사건을 거의 진상대로[일어난 그대로] 알고 있었다. **5.** 〔상태·형편〕 있는[있던] 그대로, …한 채로: Sicut erat cruéntā veste, in castra pervénit.*(Curt.)* 그는 피투성이 옷을 입은 채 진막에 도착했다.

II. *adv.* **1.** 마치 …처럼, 와도 같이[같은]: Hic locus ~ fundaméntum est hujus constitutiónis. *(C.)* 이 대목은 이 규정의 기초와도 같은 것이다 / Multi mortáles vitam, ~ peregrinántes, transegére. *(Sall.)* 많은 사람들은 마치 여행자들처럼 일생을 지냈다. **2.** 〔열거할 때〕 예컨대, 예를 들면 (…와 같이).

Sícy̆on, ónis, *f., m.* 북부 *Peloponnésus*에 있던 도시.

Sicyónĭus[1], a, um, *adj. Sícyon*의; 〔*subst.*〕 **-ónĭa,** æ, *f. Sícyon*을 수도로 한 그 일대의 지방; **-ónĭa,** órum, *n. pl.* 그곳 특산의 사치스러운 구두.

sicyónĭus[2], a, um, *adj.* [sícyos] 오이의.

sícy̆os, i, *m.* 《植》 오이: 《*Gr.*》 ~ ágrios *(Apul.)* 야생오이.

Sīda, æ, **[-de,** es,] *f. Pamphýlia*의 항구 (지금의 *Eski Adalia*); 〔*adj.*〕 **-dénsis,** e; 〔*subst. deriv.*〕 **-détæ,** árum, *m. pl.* 그곳 주민.

siderális, e, *adj.* [sidus] 별의, 별에 관한.

siderátĭo, ónis, *f.* [síderor] **1.** 점성술에 있어서의 별들의 배치 (인간의 출생시간을 가리키는 별의 위치 따위), 성위(星位), 성군(星群)·성좌 등의 위치[배치]. **2.** 어린 나무 특히 포도·무화과 나무가 말라죽는 병 (천체의 영향으로 그렇게 된다고 여겼음). **3.** (천체의 영향으로) 동물의 전신 또는 일부기관이 말라서 마비되는 병; 일사병.

sidérĕus, a, um, *adj.* [sidus] **1. 별의,** 성좌의; 천체의, 태양의, 천체에 관한; 별이 총총한: sidérei ignes *(Ov.)* 별들 / sidérea arx mundi *(Ov.)* 하늘 / ~ æstus *(Ov.)* 태양열 / ~ deus *(Mart.)* 해 / sidérea dea *(Prop.)* 달. **2.** 하늘나라의; 신적(神的)인, 신에게서 나온: ~ sanguis *(Val. Fl.)* 신의 핏줄·아들. **3.** 찬란한, 별처럼 빛나는, 반짝이는, 아름다운, 훌륭한: sidéreæ aves *(Claud.)* 꽁지의 무늬가 별처럼 찬란한 공작들.

siderítes, æ, *m.* **1.** 자석. **2.** 금강석의 일종.

síděror, átus sum, ári, *dep. intr.* [sidus] 별[천체]의 악영향을 받다, 말라서 마비되다, 일사병에 걸리다.

Sidétæ, árum, *m. pl. Sida*의 주민.

Sidicínus, a, um, *adj. Campánia*의 도시 *Teánum*의; 〔*subst.*〕 *m. pl.* 그곳 주민.

sīdo, sīdi [sēdi], sessum, ěre, *intr.* **1.** 〔*absol.*; super *abl.*〕 앉다, 걸터앉다, (새 따위가) 내려앉다: sessum ire *(C.)* 자리에 가 앉다, 착석하다. **2.** 〔*absol.*; in *abl.*〕 (안개 따위가) 자욱이 깔려[끼어]있다; 그대로 붙어있다, (침대보 따위가) 떨어지지 않고 덮혀있다, (내려친 도끼가) 나무에 박혀있다. **3.** 〔*absol.*; in *abl.*, ad *acc.*〕 (액체 따위가) 가라앉다, 침전하다; (닻이) 밑바닥까지 내려가 닿다[고정되다]. **4.** 〔*absol.*; in *acc.*〕 (삭아서·썩어서·타서) 주저앉다, (곪아서·녹아서) 내려앉다. **5.** (배가) 얕은 곳에 처박히다, 좌초하다; 가라앉다, 침몰하다. **6.** (공포 따위가) 사라지다, 가라앉다, 가시다. **7.** 영락하다, 몰락하다, 망하다.

Sīdon, ónis, *f.* 〔*acc.* -nem, -na〕 옛 *Phœnícia*의 도시, *Tyrus*와 쌍벽을 이룬 지중해 연안의 항도 (지금의 *Saida*); 〔*adj.*〕 **-nĭus [-nĭcus],** a, um.

Sidónĭa, æ, *f. Sidon*과 그 주변지방.

Sidónis [-dŏnis], ĭdis, *f.* **1.** 〔*adj.*〕 *Sidon*의. **2.** 〔*subst.*〕 *Sidon [Tyrus, Phœnícia]* 출신의 여자: a) *Phœnícia*의 왕 *Agénor*의 딸 *Európa.* b) *Tyrus*의 왕 *Belus*의 딸 *Dido.* c) *Dido*의 여동생 *Anna.*

Sidónĭus, a, um, *adj.* **1.** *Sidon*의; 〔*subst.*〕 *m. pl. Sidon*(또는 *Tyrus*)의 주민. **2.** *Tyrus*의; *Phœnícia*의. **3.** (*Dido*가 *Tyrus*인 및 *Sidon*인들을 거느리고 창건하였다는) *Carthágo*의. **4.** (*Phœnícia* 출신의 *Cadmus*가 창건하였다는) *Thebæ*의. **5.** (*Sidon*과 *Tyrus*에서 산출되어 염료로 쓰이던) 자홍색 권패류[소라]의; 자홍색 옷(감)의.

sīdus, děris, *n.* **1. 성좌,** 성군(星群). **2. 별,** (해·달을 포함한) 천체: ~ utrúmque *(Petr.)* 동편에서 솟아서 서산에 지는 해 / nondum totum orbem sídere impléntе *(Curt.)* 아직 만월이 채 되기 전에 / ~ nóctium *(Sen.)* 달 / ~ férvidum *(H.)* 천랑성(天狼星), *Sírius*별. **3.** 인간의 탄생·운명을 좌우하는 별: secúndo sídere *(Juv.)* 행운의 별로 / géminæ æquo sídere natæ *(Stat.)* 같은 별을 타고난 딸 쌍동이. **4.** 〔*pl.*〕 하늘. **5.** 하늘을 찌를 듯한 높이, 거대함: hæc, quæ vértice sídera pulsat, domus *(Mart.)* 하늘을 찌를 듯이 우뚝 솟은 이 집 / sumptus ad sídera ducti *(Prop.)* 엄청나게 든 비용. **6.** 최고[최대]의 영광·영예·찬미·행운·성공: ferre ad sídera *(V.)* (하늘까지) 치켜세우다/sídera tángere [contíngere] *(Ov., Prop.)* 신처럼 위대한 존재가 되어 행복해지다. **7.** 뛰어난 아름다움, 빛(남), 자랑; (애칭으로서) 나의 별. **8.** 〔*pl.*〕 밤: exáctis sidéribus *(Prop.)* 지나간 며칠 밤에 / sidéribus dúbiis *(Juv.)* 어둑새벽에. **9.** 계절. **10.** 기후, 일기; (기후상으로 본) 지방, 지대, 풍토; 바람: æthério sídere *(Ov.)* 더위에 / grave ~ et imber *(Ov.)* 폭풍우. **11.** (별의 영향으로 생긴다고 여겼던) 마르는 병, 마비(*cf.* siderátio).

sĭem, sies, siet, 《古》 = sim, sis, sit, *præs. subj.* [sum].

sifil... *V.* sibil...

sifo(n), ónis, = sipho(n).

Sigámbri, órum, *m. pl.* = Sicámbri.

Sigéum, i, *n. Troas*의 작은 반도 및 (같은 이름의) 도시, *Achílles*가 매장되었다는 곳.

Sigéus [-gēĭus], a, um, *adj.* **1.** *Sigéum*의; *Troja*의: ~ pulvis *(Stat.)* *Troja* 전쟁.

2. (고대) Roma의 : ~ colónus *(Sil.)* 로마의 식민. 「조상(彫像).
sigílla, órum, *n.pl.* [sigíllum] 작은 초상·
Sigillárĭa, órum [ĭum], *n.pl.* [sigillárius] 1. *(Satúrnus* 축제일 다음 7일간) 작은 초상[조상]을 여기저기 서로 보내며 지내던 축제. 2. [s-] 작은 신상(神像)·초상. 3. [s-] *Satúrnus* 축제일에 서로 주고 받던 작은 선물. 4. 작은 신상·조각품 따위를 팔던 *Roma*의 제7 구역의 거리·공예품 시장.
sigillarícĭus [-tĭus], a, um, *adj. Sigillária* 축제선물의.
sigillárĭus, a, um, *adj.* [sigíllum, -a] (축제용의) 작은 초상·조상(彫像)·신상(神像)의; 〔*subst.*〕 *m.* 위와 같은 공예품 제조인; *n.* 그런 공예품 상점.
sigillátim, *adv.* = singillátim.
sigillátor, óris, *m.* [sigíllum] 작은 초상·조상(彫像) 제조인.
sigillátus, a, um, *p.p., a.p.* [sigíllo] 1. 작은 초상·조각품으로 꾸며진[새겨진]: sigillátum sal *(Prud.)* 소금상(像)으로 굳어져버린 *Loth*의 아내 *(cf. Gen. 19, 26).* 2. 봉인된, 날인된. 「상·조상(彫像).
sigillíŏlum, i, *n. dim.* [sigíllum] 작은 초
sigíllo, ávi, átum, áre, *tr.* [sigíllum] 1. 봉인하다, 날인하다. 2. 십자표[성호]를 그어 마귀를 쫓다 *(Venántius Fortunátus).* 3. 〔주로 *p.p.*〕 작은 초상·조각상으로 꾸미다, 새겨넣다.
sigíllum, i, *n. dim.* [signum] 1. 〔주로 *pl.*〕 작은 초상·조상(彫像). 2. 직조물의 무늬. 3. 도장, **인장**, 관인(官印), **봉인**. 4. 비밀 : ~ (sacramentále) 고해비밀. 5. 《가》 (제단에 모신 성인의 유골을 봉하는) 돌뚜껑. 6. 작은 표적, 흔적, 자취.
Sigimérus, i, *m. Cherúsci*족의 수령, *Armínius*의 아버지. 「약호(略號), 기호.
sigla, órum, *n.pl.* [sigíllum; síngula] 약자,
sigma, ătis, *n.* (희랍자모의 열여덟째 글자 이름, 고대 비문 등에는 그 대문자가 C처럼 적혀있음). 1. 식탁에 둘러앉는 반원형 의자. 2. 반원형 욕조. 3. s자. 4. 음악부호(의 일종).
sigmoídĕus, a, um, *adj.* 《解》 S자 모양의.
signábĭlis, e, *adj.* [signo] 주의[표시]해야 할.
signácŭlum, i, *n. dim.* [signo] 1. 표, 표시, 표지. 2. 할례(割禮). 3. 봉인, 날인. 4. 《가》 성유(聖油) 바를 때 하는 십자표. 5. ~ fídei *(Tertull.)* 세례. 6. (기도를 끝맺는 말로서의) Amen *(Hier.).* 7. 기치(旗幟). 「[표]가 되는.
signális, e, *adj.* [signum] 표(시)의, 신호
signánter, *adv.* [signo] 명확[명료·분명]하게, 똑똑히. 「자, 조각사.
signárĭus, i, *m.* [signum] 조상(彫像) 제작
signáte [-tim], *adv.* [signo, signátus] 명료[명확·분명]하게, 똑똑히.
signátĭo, ónis, *f.* [signo] 1. 표시(함); 십자성호(十字聖號)를 그음. 2. 기록, 적음.
signátor, óris, *m.* [signo] 1. 서명 날인자; (유언장·결혼 따위의) 증인, 입회인. 2. 화폐주조자, 조폐자.
signatórĭus, a, um, *adj.* [signo] 인장의, 날인의, 봉인의; 〔*subst.*〕 *n.* 도장으로 쓰는 반지.
signatúra, æ, *f.* [signo] 1. 서명, 수결, 날인. 2. 《敎法》 S- Apostólica. 교황청 최고 재판소[대법원·대심원].
signátus, a, um, *p.p., a.p.* [signo] 1. 표시된, 표해진. 2. 봉해진, 굳게 닫힌·잠긴, 안전하게 보호[보존]된, 고스란한. 3. 명료한, 명백한, 분명한.
Sígnĭa, æ, *f. Látium*의 도시 (지금의 *Segni*); 〔*adj.*〕 **-nínus,** a, um.
sígnĭfer[1], ĕra, ĕrum, *adj.* [signum + fero] 1. 초상·조상(彫像)·신상(神像)을 가지고 있는, 그런 것으로 장식된·그려져 있는. 2. 별들이 있는, 성좌를 가진[이루는], 성좌의 : ~ orbis *(C.)* 황도대(黃道帶), 황도 12궁 / ~ polus *(Lucan.)* 별이 총총한 하늘.
sígnĭfer[2], ĕri, *m.* 1. 《天》 황도대, 황도 12궁. 2. 《軍》 군기수(軍旗手). 3. 지휘자, 두목. 4. (그리스도교인의 표지인) 십자가를 지닌 사람. 「상 제작자, 조각가.
sígnĭfex, fĭcis, *m.* [signum + fácio] 동상·석
significábĭlis, e, *adj.* [signífico] 뜻을 가진, 뜻이 담겨있는.
signíficans, ántis, *p.præs., a.p.* [signífico] 1. **뜻하는**, 의미하는. 2. 의미심장한, 함축성있는. 3. 명확한, **명료한**, 분명한, 정확하고 똑똑한; 〔*adv.*〕 **-ánter,** 명료[분명]하게 : bréviter et significánter *(Q.)* 간단명료하게.
significántĭa, æ, *f.* [signífico] 1. 의미, 뜻. 2. 의미심장, 함축성, 암시. 3. 표현력; 명료, 명확, 분명.
significátĭo, ónis, *f.* [signífico] 1. 〔*absol.; gen.; acc. c. inf.*〕 신호, 표, (신호·눈짓·태도 따위에 의한) 표시; 알림, 통지; 징조, 전조; 증거, 드러냄 : significatióne fumo factā *(Cæs.)* 연기로 신호를 하여 / ~ voluntátis *(C.)* 의사표시 / Ex quibus magna ~ fit, non adésse constántiam. *(C.)* 이런 것들에서 항구성이 없다는 큰 증거가 드러난다. 2. 지지(표시), 동의, 찬성, 박수갈채. 3. 《修》 (말의) 강조, 과장표현, 함축성. 4. 뜻, 의미; 중요성. 5. 주장하는 내용.
significatívus, a, um, *adj.* [signífico] 1. 〔*gen.*〕 의미하는, 나타내는, 표시하는. 2. 뜻있는, 의미심장한, 함축성있는.
significátor, óris, *m.* [signífico] 표시하는

[나타내는] 자. 「타내는, 표시하는.
significatórĭus, a, um, *adj.* [signífico] 나
significátus, us, *m.* [signífico] **1.** 표, 신호, 전조, 징조. **2.** 의미, 뜻.
signífico, ávi, átum, áre, *tr.* [signum + fácio] **1.** 〔*alqd, alqm - alci; pr. objectív.: acc. c. inf., ut c. subj., interr. indir.;* de *abl.; absol.*〕 나타내다, 드러내다, **표시하다**; 가리키다, 지적하다; 알리다, 통지하다: gratulatiónem *alci* ~ plausu*(C.)* 박수로 누구에게 축의를 표시하다 / *alqd* ~ *alci* per lítteras *(C.)* 무엇을 아무에게 편지로 알리다. **2.** (점 따위에서) 예시(豫示)하다, 징조를 드러내다, 전조가 되다. **3.** 예고[예보]하다. **4.** **뜻하다,** 의미하다. **5.** (이름)부르다. 「*m. pl.* 그곳 주민.
Signínus, a, um, *adj.* *Sígnia*의; 〔*subst.*〕
sīgno, ávi, átum, áre, *tr.* [signum] **1.** 〔*alqm, alqd - alqā re*〕 표(를)하다, (기호·줄 따위를 그어) 표시하다, (번호·낙인 따위를) 찍다, 새기다, 자국을 내다, 흔적을 남기다; 《가》 십자성호를 긋다, 십자표를 그으며 성유 따위를 바르다: pede ~ humum *(H.)* 땅바닥에 발자국을 내다, 바닥을 밟다 / fletu signáta genas*(acc. Gr.) (Stat.)* 두 볼에 눈물자국이 나있는 여자. **2.** 〔*alqd - alqā re*〕 (글자를) 쓰다, 기록하다, (글·시구 따위로) 표시하다, 적어놓다; 서명하다. **3.** (그림)그리다; 조각하다, 인각하다. **4.** (금속에 각명〈刻銘〉하여) 화폐로 만들다, (경화〈硬貨〉를) 주조하다: æs, argéntum ~ *(C.)* 동전·은화를 주조하다. **5.** 날인하다, 봉인하다. **6.** 〔*alqd - alqā re; acc. c. inf., interr. indir.*〕 가리키다, 지적하다, 명시하다, 뜻하다; 일러[알려]주다, 설명하다; 드러내다, 입증[증명]하다: ~ nómine *alqd (Lucan.)* 무엇에 이름을 붙이다. **7.** 〔*alqd* (in) *abl.*〕 (마음·가슴속에) 새겨두다, 간직하다, 명심하다. **8.** *pass.* 〔*abl.*〕 (판에 박은 듯이) 닮(았)다: fília, quæ pátrii signátur imágine vultus. *(Mart.)* 쏙 빼듯이 아버지 얼굴을 닮은 딸. **9.** 확인하다, 확정하다, 제정하다; 재가[인가]하다. **10.** 〔*alqd alqā re*〕 (정례적 행사를 정식절차에 따라) 끝막음하다. **11.** 알아보다, 알아차리다, 식별하다. **12.** 장식하다, 두드러지게 하다, 돋보이게 하다.
sīgnum, i, *n.* **1.** 〔*absol.; gen.; acc. c. inf.*〕 **표,** 표지, 표징, 징표, 기호; 신호, 눈짓, 손짓; 자국, 흔적, 낙인: pudóris ~ *(T.)* 부끄러워하는 기색 / Ocŭlis mihi ~ dedit. *(Pl.)* 그는 내게 눈짓을 하였다 / pécori ~ imprímere *(V.)* 가축무리에 낙인을 찍다 / ~ crucis 십자표, 십자성호. **2.** 조짐, 징조, 징후, 전조. **3.** (사람의) 별명. **4.** 속기부호, 약자. **5.** 과녁, 표적. **6.** (상점의) 간판. **7.** (주로 신의) 조상(彫像), 신상(神像), 우상, 초상. **8.** (반지에 새긴) 그림[무늬]도장; 봉인. **9.** 《軍》 a) **군기,** 군단기, 중대기: 〔숙어적 표현〕 ~ inférre *(Cæs.)* (적을) 습격하다 / conférre signa cum hoste *(C.)* 적과 접전하다 / collátis signis *(L.)* 병력을 온 전선에 집결시켜 / sub signis *(C.)* (무장하고) 정렬한 태세로[태세의]. b) 나팔신호; 군호, 암호: signo dato *(Cæs.)* 진격신호[나팔소리]가 나자. c) 보병부대(cohors); 보병중대(manípulus). **10.** (경주에서의) 출발신호. **11.** (토지의) 경계표지. **12.** 《醫》 (병의) 증상; 예후. **13.** 《天》 성좌. **14.** 《數》 점(點). **15.** 기적.
sil, silis, *n.* 〔*abl.* -le, -li〕 **1.** (안료·약용의) 황토(黃土), 단석(丹石). **2.** 《植》 (= séselis) 털기름나물.
Sīla, æ, *f.* *Brúttium* 지방의 광활한 삼림지대; 〔*adj.*〕 **-lánus,** a, um.
siláceus, a, um, *adj.* [sil] (안료용) 황토의.
silánus[1], i, *m.* (흔히 구리·대리석·나무로 만든 *Silénus*의 가면의 입에 분출꼭지가 있는) 분수.
Silánus[2], i, *m.* *Roma*인의 가문명; 특히 (44 A.C.에 *P. Cornélius Dolabélla*와 함께 집정관이 된) C. Június ~가 유명함.
Sílărus [**-lĕrus, -ler**], i, *m.* *Lucánia*와 *Campánia*의 경계를 이루던 강 (지금의 *Sele*).
silátum, i, *n.* [sil] 털기름나물로 만든 술.
silaus, i, *m.* 《植》 셀러리.
siléndа, órum, *n. pl.* *(gerundív.)* [síleo] 비밀, 말해서는 안될 일.
sĭlens, éntis, *p.præs., a.p.* [síleo] 〔*abl. sg.* -e, -i; *gen. pl.* -um〕 **1.** 말없는, 무언의, 잠잠한, 묵묵한, 소리 안내는: anni siléntes *(Claud.)* (*Pythágoras*의 신입생 제자들이 묵묵히 강의를 듣기만 해야 하던) 침묵의 5년; 〔*subst.*〕 cœtus siléntum*(Ov.)* *Pythágoras*의 (5년 미만의) 신입생 제자들; 〔*adv.*〕 **-lénter,** 말없이, 묵묵히, 조용히. **2.** 망령(亡靈)의, 죽은 자들의: ~ nocte perpétuā domus *(Sen.)* 저승; 〔*subst.*〕 *m. pl.* 죽은 자들(의 혼). **3.** 〔*absol.;* ab *abl.*〕 조용한, 고요한, 쥐죽은 듯한, 호젓한: nocte silénte [-ti] *(Tibull., L.)* 고요한 밤에 / dies ~ a ventis *(Lucan.)* 바람이 잔 날. **4.** luna ~ *(Plin., Cato)* 그믐달. **5.** (꽃 따위가) 아직 피지 않은, 아직 새싹이 돋지 않은. **6.** 부화될 병아리가 아직 꿈틀거리지 않는 (알).
silentiárĭus, i, *m.* [siléntium] **1.** 동료노예들의 침묵·정숙(靜肅)을 지시·감독하는 노예. **2.** (정숙을 감독하는) 궁정 의전관(儀典官).
silentiósus, a, um, *adj.* [siléntium] 말없는, 잠잠한, 묵묵한; 조용한; 〔*adv.*〕 **-se,** 말없이, 조용히.

siléntĭum, i, *n.* [síleo] **1. 침묵**, 잠잠함, 묵묵, 무언; 조용함, 정숙(靜肅); 묵도: ~ fácere *(Pl., C.)* 침묵하다, 잠잠하다, 가만히 있다 / siléntio facto 조용해지자, 잠잠해지자 / ~ fácere [indícere] *(L., Ta.; Plin.)* 침묵하게 하다, 가만있게 하다 / siléntio *(abl.)* 가만히, 몰래 *(Cæs.)*, 소리없이 *(C.)* / cum siléntio *(T.)* 말[소리]없이, 묵묵히. **2.** 고요함, 정적; 호젓함, 적막. **3.** 잊혀짐, 망각. **4.** 휴식, 한가, 안일, 무위. **5.** 정지(靜止), 휴지(休止); 재판[법원]의 정지(停止); (전쟁의) 소강상태, 평온. **6.** 《占術》 흠없는 조짐, 길조.

Silénus, i, *m.* **1.** *Bacchus*의 양아버지 겸 동료로서 늘 술에 취해있는 털보; 〔*pl.*〕 *Bacchus*의 동료인 숲의 신들. **2.** *Hánnibal*과 *Sicília*의 역사를 기록한 *Calátia* 출신의 역사가.

síleo, ŭi, ére, *intr., tr.* **1.** 〔*absol.; de abl.; alqd, alqm; inf.; interr. indir.*〕 **잠잠하다,** 묵묵하다, 말하지 않다, 침묵을 지키다, 잠자코[조용히] 있다; (말하지 않고) 숨기다, 모르는 체하다, 비밀로 하다: Siléte. *(Pl.)* 잠자코들 있어라 / Nulla me tellus silet. *(Sen.)* 어디서나 내 얘기들을 하고 있다. **2.** 활동하지 않다, 가만히 있다, 쉬다; (죽어서) 고이 잠들다, 안식하다. **3.** 고요하다, 조용하다, 평온하다; (바람·물결 따위가) 자다, 잔잔하다. **4.** 멎다, 멈추다, 휴지(休止)하다, 정지되다: Silent leges inter arma. *(C.)* 전시에는 법률들이 정지된다. **5.** 〔ab *alqo; absol.*〕 잊다.

sĭler, ĕris, *n.* **1.** 《植》 습지에서 자라는 버들(의 일종). **2.** 〔학명〕 ~ divaricátum 방풍.

silésco, ĕre, *intr. inch.* [síleo] 잠잠해지다, 조용해지다, 고요해지다.

sĭlex, lĭcis, *m.* (간혹 *f.*) 〔*abl. sg.* -e, -i〕 **1.** 〔가끔 lapis, saxum과 겹쳐 쓰기도 함〕 돌멩이, 자갈; 화강석, 규석, 차돌, 부싯돌: sílice vias stérnere *(L.)* 길에 자갈을 깔다, 돌로 포장(鋪裝)하다 / porcum saxo sílice percútere *(L.)* 돌멩이로 돼지를 때리다. **2.** 돌로 포장한 길: pédibus sílicem contérere *(Juv.)* 돌 포장길을 걸어가다. **3.** 바위, 암석. **4.** 몰인정, 목석.

Siliánus, a, um, *adj. Sílius*의.

silicárĭus, i, *m.* [silex] 도로 포장하는 사람, 포장도로 수선공.

silicérnĭum, i, *n.* **1.** 장례치른 초상집 만찬(식사). **2.** 서양식 순대의 일종. **3.** 〔악담〕 늙어빠진 산송장.

silicérnĭus [-nus], a, um, *adj.* 산송장같은 늙다리의, 늙어빠진 노인의.

silícĕus, a, um, *adj.* [silex] **1.** 돌멩이의, 자갈의; 차돌의. **2.** 규석(硅石)의; 석영(石英)을 함유한, 석영질의. **3.** 목석같은, 몰인정한.

silícŭla, æ, *f. dim.* [síliqua] 《植》 단각과(短角果).

siliginárĭus, i, *m.* [silígo] 빵제조인; 빵장수.

siligínĕus, a, um, *adj.* [silígo] (상등) 밀의; siligínea farína *(Cato)* (고운) 밀가루.

silígo, gĭnis, *f.* **1.** (가볍고 하얀 종류의) 밀, 소맥. **2.** 고운 밀가루.

sílĭqua, æ, *f.* **1. 꼬투리,** 깍지; 여물. **2.** 《植》 장각과(長角果); 〔*pl.*〕 협과류(莢果類). **3.** 《植》 ~ (Græca) (쥐엄나무 비슷한 지중해 연안의) cerónia 나무 및 그 열매. **4.** 《植》 (= fœnum Græcum) 호로파(葫蘆巴). **5.** 빈민들의 식량으로서의 콩. **6.** 〔무게〕 *scrúpulus*의 6분의 1. **7.** *sólidus* 금화(金貨)의 24분의 1.

siliquátĭcum, i, *n.* [síliqua] 매상고의 24분의 1 세금.

sílĭquor, ári, *dep. intr.* [síliqua] 꼬투리가 맺히다.

Sílĭus, i, *m.* *Roma*인의 씨족명; 〔*adj.*〕 -liánus, a, um.

síllўbus[1], i, *m.* (= síttybus) 서명(書名)·저자명을 책뒷등에 써붙이는 표찰.

síllўbus[2], i, *f.* 《植》 엉겅퀴의 일종.

sīlo, ónis, *m.* 들창코(사람), 납작코.

sílŭi, *pf.* [síleo].

Silúres, um, *m.pl.* *Británnia* 서남부 (지금의 *Wales*)에 있던 용감한 종족.

silúrus, i, *m.* 《動》 메기.

sīlus, a, um, *adj.* 들창코의.

silva, æ, *f.* **1. 수풀,** 숲, 삼림. **2.** 조림지; 과수원; 정원. **3.** 나무. **4.** 다수, 다량, 풍부; 수두룩함, 잡다. **5.** (수두룩이 꽂힌) 화살·창. **6.** 부스스한 머리 *(Juv.)*, 더부룩한 눈썹 *(Maximiánus)*. **7.** (더미로 있는) 재료, 소재; 《哲》 질료; 초고. **8.** [S-] (즉흥시 따위를 모아놓은) *Státius*의 시집(이름).

Silvánus, i, *m.* [silva] **1.** 삼림·농목(農牧)의 신 (*Pan*과 동일시된 경우도 있음). **2.** (시골사람들이 목장·숲의 수호자로 여긴) *Mars*신의 별명.

silvátĭcus, a, um, *adj.* [silva] **1.** 숲의, 나무의, 관목의. **2.** 야생의.

silvésco, ĕre, *intr. inch.* [silva] **1.** 숲이 되다, 우거지다. **2.** 뒤얽히다, 뒤엉키다.

silvéster, tris, tre, [**-stris,** e,] *adj.* [silva] **1.** 숲의, 삼림의, 숲으로 덮인, 숲이 울창한; 〔*subst.*〕 *n. pl.* 숲이 우거진 곳. **2.** 야생의: silvéstre mel *(Plin.)* 석청 / silvéstria prǽmia *(Val. Fl.)* 숲속에서 사냥한 들짐승들. **3.** 시골의, 전원의; 시골티나는, 세련되지 못한, 조야한.

Sílvĭa, æ, *f.* = Rhea[2] Sílvia.

silvícŏla, æ, *m., f.* [silva + colo[2]] 숲속에 사는 자; 산신령.

silvicúltrix, ícis, *adj. f.* [silva + colo[2]] 숲속에 사는.

silvífrăgus, a, um, *adj.* [silva + frango] 숲을 망그러뜨리는, 나무들을 꺾어버리는.

sílvĭger, ĕra, ĕrum, *adj.* [silva+gero[1]] 숲이 우거져있는, 나무가 많은.
Sílvĭus, i, *m.* *Ascánius*의 아들 (또는 동생), *Alba Longa*의 왕 (그후의 여러 왕도 같은 이름으로 불렸음).
silvósus, a, um, *adj.* [silva] 울창한, 나무들이 우거진; 〔*subst.*〕 *n. pl.* 숲이 울창한 곳. 「덤불.
sílvŭla, æ, *f. dim.* [silva] 작은 숲; 총림,
sim, sis, sit, ... *præs. subj.* [sum].
sīma, æ, *f.* [simus] 《建》 (S자 모양의) 반곡선(反曲線) 쇠시리.
símĭa, æ, *f.* [simus] **1.** 《動》 (꼬리없는 종류의) 암원숭이. **2.** 흉내내는 사람. **3.** 〔욕설〕 흉칙한 놈.
símĭla, æ, *f.* 정제된 고운 밀가루.
similagínĕus, a, um, *adj.* [similágo] 고운 밀가루로 만든.
similágo, gĭnis, *f.* 고운 밀가루.
símĭle, is, *n.* [símilis] **1.** 비슷한 것, 유례, 유사(성); 엇비슷함, 흡사: Símile símili gaudet. 비슷한 것끼리 서로 좋아한다, 유유상종. **2.** 직유(直喩).
símĭlis, e, *adj.* 〔*superl.* simíllimus, a, um〕 **1.** 〔*absol.; gen., dat.,* inter *acc.,* 간혹 in *acc.;* atque, ac, ut si, tamquam si; 유사점은 *abl. limitatiónis, acc. Gr.,* in *abl.*〕 **비슷한, 닮은,** 유사한, 같은 (모양·종류의): os humerósque deo ~ *(V.)* 입과 두 어깨가 신을 닮은 (자); 〔*adv.*〕 **-lĭter,** (간혹) **-le.** **2.** (누구의) 모습이 그려진[새겨진], 초상[조상(彫像)]으로서의.
simílĭtas, átis, *f.* [símilis] 비슷함, 비슷한 특성, 유사(성).
similitúdo, dĭnis, *f.* [símilis] **1.** 〔*absol.; gen.,* inter *acc.,* cum *abl.;* 간혹 *dat.*〕 **비슷함, 닮음,** 흡사, 유사, 유사성[점], 상사(相似), 유례; 필적함: Est hómini ~ cum deo. *(C.)* 사람에게는 신을 닮은 데가 있다 / ad similitúdinem panis *(Cæs.)* 빵처럼. **2.** 비유; 《修》 직유(直喩). **3.** 유추(類推). **4.** 모습, 초상, 조상(彫像). **5.** (말의) 모방. **6.** 한결같음, 천편일률, 단조로움. **7.** 가장, 위장.
símĭlo, ávi, átum, áre, *tr., intr.* [símilis] **1.** 비슷해지게 하다, 같아지게 하다. **2.** 〔*alqd*〕 닮다, (무엇과) 비슷하다. **3.** 〔*dat.*〕 비슷해지다, 닮다. 「해지다, 같아지다.
símĭlor, ári, *dep. intr.* [símilo] 〔*dat.*〕 비슷
simininus, a, um, *adj.* [símia] 원숭이의.
simíŏlus, i, *m. dim.* [símius] 〔욕설〕 **원숭**
símĭtu(r), *adv.* 《古》 = simul. 「이새끼.
símĭus, i, *m.* [simus] 《動》 (수놈) 원숭이.
sīmo[1]**,** ávi, átum, áre, *tr.* [simus] 눌러 찌그러뜨리다, 납작하게 만들다.
sīmo[2]**,** ónis, *m.* [simus] 《動》 돌고래.
Sĭmo[3]**,** ónis, *m.* *Plautus*의 희극 Mostellária (유령)에 나오는 노인(이름). 「의 지류.
Símŏis, moéntis, *m.* *Troja*의 *Scamánder*강
Sĭmon, ónis, *m.* 남자이름: ~(Petrus) 베드로 사도의 예전 이름 *(Mt. 4, 16; 10, 2);* ~ (Cananǽus) 예수의 다른 사도 *(Mt. 10, 4);* ~, 예수의 사촌 *(Mt. 13, 55);* ~ (Magus) 성령 수여의 능력을 매수하려던 전직 마술사 *(Act. 8, 9 - 24).*
simonía, æ, *f.* [Simon Magus] *(cf. can. 727 C.I.C.)* 성직매매(聖職賣買); 성물매매(聖物賣買).
simoníăcus, a, um, *adj.* [simonía] 성직[성물]매매의; 〔*subst.*〕 *m.(pl.)* 성직[성물]매매의 범죄자.
Simónĭdes, is, *m.* *Ceos*섬 태생의 유명한 희랍 서정시인 (556 - 468 A.C.); 〔*adj.*〕 **-déus [-díus],** a, um.
simpláris, e, *adj.* [simplus] (군대에서) 한 사람 몫을 받는, 보통 급료의.
simplex, plĭcis, *adj.* [semel+plico] **1.** 외겹의, 홑겹의, 단(單)-, 하나로만 된, **단일의,** 순일한, **단순한,** 간단한, 복잡하지[혼합되지] 않은; 단 한번의: ~ aqua *(Ov.)* 맹물 / plus vice símplici *(H.)* 한번 이상 / ~ mors *(Suet.)* 사인이 하나뿐인 죽음. **2.** (음식물이) 담백한. **3. 순박한,** 순진한, 소박한, 단순한; **솔직한,** 고지식한; 있는 그대로의, 자연스러운. **4.** 무조건의.
simplícĭtas, átis, *f.* [simplex] **1. 단순,** 간단, 간소. **2.** 단일성; 단순성, 순일성(純一性). **3.** 순진, **순박, 소박; 솔직,** 허심탄회, 성실, 고지식. **4.** (맛 따위의) 담백.
simplícĭter, *adv.* [simplex] **1.** 단순히, 그저, 순전히. **2.** 간단히, 단적으로; 대번에, 대뜸. **3.** 꾸밈없이, 자연스럽게, 어색하지 않게. **4.** 순진하게, 순박하게, 소박하게. **5.** 솔직하게, 터놓고, 버젓이, 성실히, 고지식하게. **6.** 무조건(으로), 덮어놓고, 절대적으로; 전면적으로, 아주, 전혀. 「표현.
simplicitúdo, dĭnis, *f.* [simplex] 간결한
símplĭco, áre, *tr.* [simplex] 하나만 생기게 하다, 단일화하다.
simplífico, ávi, átum, áre, *tr.* [simplex+fácio] 단순[간단·간편]하게 하다; 하나로 되게 하다. 「일화(純一化)하다.
simplo, áre, *tr.* [simplus] 단일화하다, 순
simplus, a, um, *adj.* [*cf.* simplex] 단일의; 〔*subst.*〕 *f.* 단일가격; *n.* 한 단위, 일배(一倍); 정액(定額).
simpulátor, óris, **[-pŭlo,** ónis,**]** *m.* [símpulum] (신랑의 친구인) 잔치손님, 회식자.
símpŭlum [-púvĭum], i, *n.* (제사용) 작은 잔, (술을 뜰 때 쓰는 것으로서 국자처럼 생긴) 구기: 〔속담〕 excitáre fluctus in símpulo *(C.)* (작은 잔속에 큰 파도를 일게 하다), 평지풍파를 일으키다.

sĭmul, **I.** *adv.* **1.** 〔*absol.;* unā, cum *(abl.)*, et〕 **함께**, 같이, 더불어; 일제히, 한꺼번에; 합쳐, 몰아; 겸하여, 또한, 역시: ~ esse*(C.)* 함께 있다 / tecum ~*(C.)*, ~ tecum*(Pl.)* 너와 함께, 너하고 같이. **2.** 〔흔히 접속사·부사 동반: et, -que, atque, quoque, autem, unā〕 **동시에**; 〔~… ~…〕 …**도** 하고 …**도** 하다: Simul flare sorberéque haud fácile est.*(Pl.)* 동시에 내불며 빨아들이기는 결코 쉽지 않다 / Simul spernébant, ~ metuébant.*(L.)* 그들은 한편으로는 깔보기도 하면서 한편으로는 두려워도 하고 있었다. 「음〕 와 함께, 더불어. **II.** *præp. c. abl.* 〔*abl.* 뒤에도 오는 수 있 **III.** *conj. subord.* 〔주로 *c. pf., fut. exact. indic.;* 흔히 ~ ac (símulac), ~ atque (simulátque); 때로는 ~ et, ~ unā, ~ ubi〕 하자마자, …함과 동시에, 하고나서[하면] 곧: Simul *alqd* audíero, scribam ad te.*(C.)* 내가 무슨 말을 듣게 되면 곧 너한테 편지 쓰겠다. 「하자마자, 하고나서 즉시.

sím̆ulac, *conj. subord.* (*cf.* simul III.) …

simulácrum, i, *n.* [símulo] **1.** 상(像), 초상, 조상(彫像); 모형; **우상**, 신상(神像). **2.** 형상, (비친) 모습, 영상. **3.** 환영(幻影), 허깨비, 곡두; 유령, 망령(亡靈). **4.** 표상(表象), 심상(心像). **5.** 외관(뿐인 것), 겉보기, 시늉, 모의(模擬); 위장; 가짜, 모조품: ~ navális pugnæ *(L.)* 해상 모의전. **6.** 흡사, 유사: ad ~ *alcjs* rei *(Suet.)* 무엇과도 같이[같은]. 「흉내. **2.** 영상(映像).

simulámen, mĭnis, *n.* [símulo] **1.** 시늉,

simulaméntum, i, *n.* [símulo] 위장, 가장; 간계, 계략, 술책.

sím̆ulans, ántis, *p.præs.*, *a.p.* [símulo] **1.** 흉내내는, 모방하는. **2.** 가장[위장]하는; 〔*adv.*〕 **-lánter,** 가장하여, 꾸며서, 시치미 떼고, 외견상으로는; 거짓으로.

simuláte [-to], *adv.* [símulo] 가장하여, 꾸며서; 거짓으로.

simulátĭo, ónis, *f.* [símulo] **1.** 겉보기, 외관. **2.** 〔*absol.; gen.*〕 **시늉**, …인 체함; **가장, 위장**, 거짓, 기만, 속임수; 위선: ~ insániæ *(C.)* 미친 체함, 양광(佯狂). **3.** 구실. **4.** (동물의) 의태(擬態), 의색(擬色). **5.** 《修》 반어(反語), 반어법.

simulátor, óris, *m.* [símulo] **1.** 흉내장이, 모방자. **2.** 〔*gen.; absol.*〕 시늉[가장·위장]하는 사람.

simulatórĭus, a, um, *adj.* [símulo] 시늉의, 가장(假裝)의; 거짓의, 가짜의, 허위의, 기만의; 〔*adv.*〕 **-rĭe,** 가장하여, 속여.

simulátque, *conj. subord.* (*cf.* simul III.) 하자마자.

simulátrix, ícis, *f.* [simulátor, símulo] 사람을 짐승으로 변형시킨 여자 즉 *Circe (Stat.)*.

sím̆ulo, ávi, átum, áre, *tr.* [símilis] **1.** 비슷하게 만들다, 모조하다, (누구·무엇의) 형태를 드러내다; 흉내내다, 모방하다. **2.** 〔*alqd; acc. c. inf.*〕 그리다, 묘사하다, 표현하다. **3.** 〔*alqd, alqm - acc. præd.; acc. c. inf.; quasi, absol.; alqd dat.*, in *acc.*〕 겉꾸미다, **가장하다**, 위장하다, …**체하다**, …처럼 보이게 하다: Hánnibal ægrum simulábat.*(L.)* *Hánnibal*은 앓는 체하고 있었다 / ~ se proficísci *(C.)* 출발하는 체하다 / simulátus amor *(Ov.)* 위장된 사랑.

simultanéĭtas, átis, *f.* 동시성, 동시발생, 동시존재, 동시작용.

simultánĕus, a, um, *adj.* [simul] 동시의, 동시에 일어나는[하는·존재하는].

simúltas, átis, *f.* 〔*gen. pl.* -um, -ĭum〕 [simul] **1.** 앙심, 원한, 앙숙, 질투, 시기. **2.** **암투**, 알력, 적대. **3.** 경쟁, 겨룸, 시합. 「게, 같은 모양으로; 역시.

simúlter, *adv.* 《古》 (=simíliter) 비슷하

sīmus, a, um, *adj.* 코가 납작한, 납작코의, 들창코의, 벌렁코의.

sīn, *conj. conditionális* (*cf.* si I, 6) **1.** 〔원칙적으로 앞에 나온 조건(si, 간혹 nisi)에 대한 또 하나의 대립조건을 표시하며 가끔 autem, vero를 동반함, 또 가끔 *v. finit.*이 생략되는 수 있음; 간혹 시간부사문 quando, dum 및 표면상 나타나지 않은 함축적인 전제조건에도 대립시켜짐〕 **그러나 만일 …면**[…경우·때에는], 그렇지 않고 만일 …면: Si domi sum, foris est ánimus; sin foris sum, ánimus domi est.*(Pl.)* 내가 집에 있을 때에는 마음이 밖에 있고, 내가 밖에 있을 때에는 마음이 집에 있다 / Hunc mihi timórem éripe, si verus est, ne ópprimar; sin falsus, ut timére désinam.*(C.)* 이 공포가 만일 근거있는 것이라면 내가 그 압박을 받지 않도록 제거해주고, 만일 근거없는 것이라면 그만 무서워하도록 제거해다오. **2.** 〔앞에 나온 조건의 반대·부정 표시로는 다음과 같은 부사를 동반하며, 흔히 *v. finit.*이 생략됨〕 ~ minus, ~ áliter, ~ secus (그러나) 만일 그렇지 않으면[않을 경우·때에는; 않더라도]: Si quod vólumus evéniet, gaudébimus; sin secus, patiémur æquis ánimis.*(Pl.)* 우리는 원하는 것이 이루어질 경우에는 기뻐하겠지만, 그렇지 못할 경우에는 침착하게 참으련다.

Sīna[1], *indecl.* = Sínai.

Sīna[2], æ, *f.* 〔*pl.*로 쓰는 수도 있음〕 중국; 〔*adj.*〕 **Sínĭcus,** a, um; **-nénsis,** e 중국의, 중국인의: charácter Sinénsis 한자(漢字).

Sina[3], æ, *m.* 〔주로 *pl.* -næ, árum〕 중국인.

Sínăi, *indecl.* **1.** ~, 〔흔히〕 mons ~, 시나이산 (*Moyses*가 하느님으로부터 십계명을 받은 산, *cf. Ex. 19 - 20*); 〔*adj.*〕 **-í-**

tĭcus, a, um: Codex Sinaíticus 시나이 성서사본(聖書寫本, *Tischendorf*가 1859년에 시나이산의 *Catharína* 수도원 도서관에서 발견한 사본, 오늘날 *London*에 있음). **2.** 시나이산 부근의 광야 *(Lev. 7, 38);* 시나이반도. 「化》 북경인(北京人).
Sinánthrŏpus (Pekinénsis), i, *m.* 《進
sinápe [-pi], *n. indecl.* 겨자.
sinápis, is, *f.* **1.** 《植》 겨자. **2.** (양념으로서의) 겨자. 「자찜질.
sinapísmus, i, *m.* 《醫》 겨자반죽[연고], 겨
sinapízo [-pí(s)so], átum, áre, *tr.* [sinápis] 겨자연고를 붙이다, 겨자반죽으로 습포하다.
sincére, *adv.* [sincérus] **1.** 충심[진심]으로, 성의껏; 성실하게, 숨김[거짓]없이, 정직하게, 솔직하게. **2.** 올바로, 제대로.
sincérĭtas, átis, *f.* [sincérus] **1.** 순수성, 순전, 불순물이 없음, 순도(純度). **2.** (신체의) 건강, 건전. **3.** 성실, 성의, 진심, 정직, 표리가 없음, 솔직. **4.** 생활의 건전성; 순결, 정결; 청백(淸白); 고결.
sincérĭter, *adv.* [sincérus] 진심으로, 충심으로. 「하게 하다, 순수하게 하다.
sincéro, ávi, átum, áre, *tr.* [sincérus] 깨끗
sincérus, a, um, *adj.* **1.** 순수한, 순전한, 자연 그대로의, 본래의, (아무것도) 바르지[칠하지] 않은, 깨끗이 부신, 이물이 섞이지 않은, 순도높은, 순종(純種)의: sincéræ genæ *(Ov.)* 화장하지 않은 얼굴; 〔*subst.*〕 *n. pl.* 순수한 것; 〔*adv.*〕 **-rum**. **2.** 건강한, 성한, 병들지 않은, 아무 상처도 입지 않은. **3.** 성실한, 정직한, 순직(純直)한, 진실한, 솔직한; 진심의, 충심으로부터의; 〔*adv.*〕 **-re, -rĭter. 4.** 청렴한, 고결한; 순결한. **5.** 나무랄 데 없는.
sincínĭum, i, *n.* 독창(獨唱), 솔로.
sincipitaméntum, i, *n.* [sínciput] (돼지) 대가리의 절반.
síncĭput, pĭtis, *n.* [semi+caput] **1.** (돼지) 대가리의 절반. **2.** 《解》 전두부(前頭部); 두정부(頭頂部). **3.** 머리(전체), 두뇌.
sindon, ŏnis, *f.* 고운 아마포(亞麻布), 린네르; 무명, 면직물; 아마포로 만든 여러가지 옷·홑이불·침대보·염포(殮布, *cf. Mc. 15, 46*).
sĭne, *præp. c. abl.* 〔시에서는 간혹 도치(倒置)되는 수 있음〕 **없이,** 없는: ~ dúbio *(C.)* 의심없이 / léctio ~ ullā delectatióne*(C.)* 아무 재미도 없는 독서 / … cum fratre an ~ (*sc.* fratre)?*(C.)* 형제와 함께 혹은 (형제)없이…? / te ~ *(V.)* 너 없이 / ~ die(略: s.d.) 날짜[일부(日附)]없이; 무기한으로.
Sinénsis, e, *adj.* [Sina²] 중국의, 중국인의; 〔*subst.*〕 *m., f.* 중국인.
singílĭo, ónis, *m.* (짧고 단순한) 의복.
singillárĭus, a, um, *adj.* [singuláris] 하나만의, 단일의; 따로따로의; 〔*adv.*〕 **-rĭter,** 따로따로, 하나씩. 「따로따로, 분리해서.
singillátim, *adv.* [sínguli] 각각, 하나씩,
síngŭla, æ, *f.* [síngulus] *sestértius*의 24분의 1.
singuláres, ĭum, *m. pl.* [singuláris] 〔가끔 équites와 함께 씀〕 (황제의) 정예 기병근위대.
singuláris, e, *adj.* [sínguli, -lus] **1.** 단일의, 단 하나의, 하나밖에 없는, 단독의, 따로 떨어진, 개별적인; 홀로의, 혼자의: ~ mundus *(C.)* 단 하나의 세상·우주 / impérium singuláre *(C.)* (독재) 군주통치, 전제정치 / locus ~ *(Suet.)* 혼자 사는 외딴 곳 / ~ ferus *(Ps. 79, 14)* (혼자 지내는) 멧돼지; 〔*subst.*〕 *f.* 과부; *n.* 단독체, 개체. **2.** 〔*absol.; gen. objectív.;* erga, in *acc.*〕 특히 어느 개인에게 대한, 특정인에게만 적용[한정]되는, 개인적인. **3.** 개개의, 각자의. **4.** 《文法》 단수의; 〔*subst.*〕 *m.* (*sc.* númerus) 단수. **5.** 《論》 단칭(單稱)의. **6.** singuláres lítteræ 약자, 약어. **7.** 뛰어난, 탁월한, 두드러진, 비범한, 무쌍의, 훌륭한. **8.** 특이한, 특수한, 독특한; 특효가 있는, 희귀한, 기이한. **9.** 지독한, 엄청난. 「論)
singularísmus, i, *m.* 《哲》 단원론(單元
singulárĭtas, átis, *f.* [singuláris] **1.** 단일, 단독(성); (하느님의) 유일성. **2.** 독신. **3.** 《文法》 단수성. **4.** 《數》 하나, 일. **5.** 독자성, 독특함, 특이성; 기이함.
singulárĭter, *adv.* [singuláris] **1.** 각각, 하나씩, 따로따로, 따로 떨어져. **2.** 《文法》 단수로. **3.** 특별히, 각별히, 굉장히, 대단히.
singulárĭus, a, um, *adj.* **1.** 단일의; 단독의, 개별적인. **2.** singuláriæ lítteræ 약자, 약어. **3.** singulárii (équites) = singuláres. **4.** 뛰어난, 두드러진, 굉장한; 드물게 있는.
singulátim, *adv.* = singillátim.
síngŭli, æ, a, *adj. num. distrib. pl.* [síngulus] **1.** (각각) 하나씩(의); 저마다의, 각, 매(每)-, 마다: centuriónes, quibus síngulæ naves sunt attribútæ.*(Cæs.)* 각각 배 한척씩 배당되었던 백인대장들 / síngulis diébus *(C.)* 날마다 / créscere in dies síngulos *(C.)* 날이 갈수록[나날이] 늘어나다. **2.** 따로따로의, 홀로의, 혼자의, 개개의, 개별적.
singúltim, *adv.* [singúltus] **1.** 흐느끼며, 목메어. **2.** 떠듬떠듬.
singúltĭo, íre, *intr.* [singúltus] **1.** 딸꾹질하다. **2.** 흐느끼다. **3.** (암탉이) 꼭꼭하다. **4.** (흥분상태에서) 푸들거리다.
singúlto, (ávi), átum, áre, *intr., tr.* [singúltus] **1.** 흐느끼다; 흐느낌으로 떠듬거리다. **2.** 딸꾹질하다. **3.** (빈사상태에서) 할딱이며 그르렁거리다; 부르르 떨다. **4.** 괄

꽐 흘러나오다, 꼴깍꼴깍하다. **5.** *tr.* 흐느껴 소리내다, 흑흑 느끼며 (숨을) 가쁘게 내쉬다.

singúltus, us, *m.* [sínguli] **1.** 흐느낌; 목멘 울음, 오열. **2.** 딸꾹질. **3.** (죽어가면서) 그르렁거리는 소리. **4.** (암탉의) 꼬꼬댁[꾹꾹] 소리, (까마귀의) 까옥 소리. **5.** (물의) 꼴깍 소리.

síngŭlus, a, um, *adj.* 〔주로 *pl.*, *cf.* síngu-li〕 **1.** 단일의, 단 하나의, 유일한; 〔*subst.*〕 *n.* 하나. **2.** 《文法》 ~ númerus *(Gell.)* 단수. **3.** 하나씩의, 각(各).

Sínĭcus, a, um, *adj.* [Sina[2]] 중국의, 중국인의.

Sĭnis, is, *m.* 〔*acc.* -in〕 *Corínthus*의 *Isthmus*에 출몰했던 산적[강도], *Théseus*에게 살해되었음.

siníster, stra, strum, *adj.* 〔*comp.* sinistérior, ĭus; *superl.* sinístimus〕 **1.** 왼, 왼편의, 왼쪽의, 좌측의: in sinístrā parte*(Cæs.)* 왼편에 / 〔비교급 = 원급〕 sinistérius bráchium *(Suet.)* 왼팔; 〔*subst.*〕 *m. pl.* 좌익부대; 〔*adv.*〕 a sinístro*(Q.)* 왼쪽으로(부터) / in sinístrum*(Q.)* 왼편으로. **2.** 서투른, 어설픈. **3.** 불리한, 화를 가져오는, 불행한, 불운한, 실패한; 〔*subst.*〕 *n. pl.* 불행, 불운*(Hier.)*. **4.** 악의에 찬, 비뚤어진, 나쁜, 못된, 고약한: sinístra fama *(Ta.)* 나쁜 소문·평판; 〔*subst.*〕 *n.* 악, 나쁜 짓; 〔*adv.*〕 **-stre,** 나쁘게. **5.** 《占術》 a) (남쪽을 향해서 새점〈鳥占〉을 치던 *Roma*인들은 해돋는 동쪽이 왼편에 해당하므로) 길조의, 좋은 징조의, 상서로운. b) (북쪽을 향해서 점치던 희랍인들대로는) 흉조의, 불길한.

sinistérĭtas, átis, *f.* [siníster] 서투름, 어설픔, 어색함.

sinístĭmus, a, um, *adj. superl.* [siníster] **1.** 제일 왼편의. **2.** 가장 불길한.

sinístra, æ, *f.* [siníster] **1.** (*sc.* manus) 왼손. **2.** (훔친 것을) 슬쩍 감추는 손; 절도 공범. **3.** (*sc.* pars) 왼쪽, 왼편, 좌측: sinístrā *(C.)*, a ~*(C.)*, sub ~*(Cæs.)* 왼편에 / Aspĭce ad sinístram. *(Pl.)* 왼쪽을 바라보아라. **4.** (방패를 왼손에 잡은 데서부터) 방어(하는 손), 변호 *(Q.)*.

sinistrátus, a, um, *adj.* [siníster] 왼편에 있는.

sinistrórsum [**-sus**], *adv.* [siníster+versus[1]] 왼편으로, 왼쪽을 향하여.

sĭno, sīvi, sĭtum, ĕre, *tr.* 〔*inf.*, *acc. c. inf.*; (ut) *subj.*; (*acc. c. inf.*에서 *inf.*가 생략된) *acc.*; *absol.*〕 **허락[허가]하다,** 참아주다, 말리지 않다, 내버려두다, 방치[방임]하다, 내맡기다: Dormíre me non sinunt cantus. *(Phædr.)* 노래들이 나를 자지 못하게 한다 / Neque sinam, ut ... dicat. *(T.)* 나는 그가 …라고 말하게 내버려두지 않겠다 / Sine, sciam*(L.)* 나도 좀 알게 해다오 / Sine me (ire). *(T.)* 나를 가게 해다오 / Ne dii sinant [síverint]. *(Pl.)* 하느님 맙소사! / 〔회화〕 Sine. 하게 해라, 내버려둬, 그렇게 될 테면 되어라, 그대로 좋다 / 〔*pass.*: *nom. c. inf.*〕 …하도록 허가받다, 해도 좋다, …하게 놔두다.

Sĭnon, ónis, *m.* *Troja*인들을 속여서 목마를 성안으로 끌어들이게 한 희랍군인.

Sinópa, æ, [**-pe,** es,] *f.* **1.** 흑해의 희랍식민지 *Paphlagónia*의 도시, *Diógenes*의 출생지; 〔*adj.*〕 **-pénsis,** e; **-peus** [**-pĭcus**], a, um. **2.** *Látium* 지방의 도시, 후에 *Sinuéssa*라 불림.

Sinópis, ĭdis, *f.* (*Sinópe*에서 처음 발견된 좋은) 적토(赤土), 석간주(石間硃).

sinuámen, mĭnis, *n.* [**-átĭo,** ónis, *f.*; **-átus,** us, *m.*] [sínuo] 휘어 굽음, 만곡(彎曲).

Sinuéssa, æ, *f.* *Látium*의 도시, 먼젓이름은 *Sinópe,* 지금은 폐허; 〔*adj.*〕 **-essánus,** a, um.

sīnum, i, *n.* (술·우유 따위를 따라 마시는) 중배가 불룩 나온 큰 사발.

sínŭo, ávi, átum, áre, *tr.* [sinus[2]] **1.** 구부리다, 휘게 하다, 만곡(彎曲)하게 하다, 굽이지게 하다, 꾸불꾸불하게 하다; (활을) 켕기다; (뱀 따위가) 사리다. **2.** 굽이치게 하다, 출렁이게 하다. **3.** 움푹하게 파다, 파 뚫다.

sinuósus, a, um, *adj.* [sinus[2]] **1.** 꾸불꾸불한, 만곡[굴곡]이 많은, 굽이가 많은; 굽이치는, 기복이 심한. **2.** 주름 많이 잡힌 (옷 따위). **3.** 《植》 (잎의 가장자리가) 결각(缺刻)으로 된. **4.** 본론에서 일탈한, 여담이 많은, 쓸데없이 장황한, 산만한, 갈피를 잡을 수 없는. **5.** 마음속 깊은 곳의.

sīnus[1], i [us], *m.* = sinum.

sĭnus[2], us, *m.* **1.** 만곡(彎曲), 굴곡; 나선(형); 굽이, 굽어들어간 곳; 낫공치의 안쪽; 움푹 팬 곳, 구렁(텅이); 산간분지. **2.** (어깨까지 휘늘어진) 곱슬머리, 지진 머리. **3.** 품넓은 옷, (특히) toga의 앞자락; 《詩》 (일반적으로) 옷. **4.** 그물의 불룩한 부분[자루]; 그물, 거미줄. **5.** (바람을 받아) 불룩해진 돛의 부분. **6.** 만(灣), 내포(內浦), 물굽이, (물가의) 후미; 해만·내포를 둘러싼 육지. **7.** 소용돌이. **8.** 전대, 돈주머니: sinum laxáre [expedíre] *(Sen.)* (전대를 벌리다), 이득·선물 따위가 굴러들기를 기대하다 / bonis tantis*(dat.)* sinum subdúcere *(Sen.)* 굴러들어오는 재산[복]을 물리치다. **9.** 가슴, 품; 배. **10.** 사랑, 애정, 애지중지; 친밀, 친분: in sinu *(alcjs)* esse *(C.)* (누구에게) 대단히 소중하다[사랑받다, 친밀한 사이다]. **11.** 중심부, 중앙, 한복판; 내부: in sinu urbis *(Sall.)* 도시 중심부에. **12.** 보호, 비호. **13.** 피난처. **14.** 은밀한 곳, 은닉처; 은밀, 내밀(內密); 내심(內心): sinu condi *(Sen.)* 남몰래 숨어있다 / in sinu *(C.)* 남몰래, 드러나지 않게,

혼자. **15.** 〔in sinu로만〕 (마음대로 할 수 있는) 권한: in sinu *(alcjs)* esse [habére] *(Ta., Scǽvola)* (누구의) 권한내에[손안에] 있다. **16.** 《聖》 ~ Abrăhæ *(Luc. 16, 22)* *Abrăham*의 품, 구약시대의 죽은 의인들의 안식처. **17.** 《植》 결각(缺刻). **18.** 《解》 동(洞), 공동(空洞): ~ venósus 정맥동.

Sīon, *indecl.* [~, ónis,] *m., f.* **1.** (예루살렘 성전이 있던) 시온산[언덕]. **2.** 전(全) 예루살렘시. **3.** 하느님의 선민. **4.** 〔비유적〕 신약의 *Messía* 왕국, 지상의 전투를 거쳐 하늘에서 개선하는 그리스도의 교회; (하늘에 있는) 하느님의 도시·새 예루살렘.

Sionísmus, i, *m.* 시온주의[운동].

sipárĭum, i, *n.* [súpparum] **1.** (희극 막간에 무대장치를 바꾸기 위하여 가리던) 작은 막. **2.** (최고 사법행정관〈prætor〉이 관여하는 법정의) 판사석 주위의 휘장. **3.** 희극.

síp(h)ărum, i, *n.* = súpparum.

Siphnus [-os], i, *f.* *Cýclades*군도의 섬 (지금의 *Sifano*), 금은 등의 광산물이 풍부하였음; 〔*adj.*〕 **Síphnĭus,** a, um.

sīpho(n), ónis, *m.* **1.** 관(管), 수도관, 파이프; 사이펀, 흡수관. **2.** 소방펌프. **3.** 빨대.

siphonárĭus, i, *m.* [sipho] (펌프로 불고는) 소방수.

siphúncŭlus, i, *m. dim.* [sipho] 작은 분수관(噴水管).

sĭpo¹, áre, *tr.* 자빠뜨리다.

sīpo², ónis, *m.* = sipho.

Sipóntum, i, *n.* *Apúlia*의 해안도시 (지금의 *S. Maria di Siponto*); 〔*adj.*〕 **-tínus,** a, um.

sipúncŭlus, i, *m.* = siphúnculus.

Sípўlus [-os], i, *m.* **1.** 〔인명〕 *Amphíon*과 *Níoba*의 아들. **2.** 〔지명〕 *Lýdia*의 산, 여기서 *Níoba*가 돌로 변했음; 〔*adj.*〕 **-lé-(ĭ)us,** a, um; **-lénsis,** e.

siquā, *conj.* [si+áliquā] 만일 어떤 방법으로[어떻게 해서].

siquándo, *conj.* [si+aliquándo] 만일 어떤 때, 만일 한번이라도.

síquĭdem, *conj.* [si+] 〔대체로 *indic.*〕 **1.** 〔이유〕 …하기 때문에, …므로; 과연, 왜냐하면. **2.** 〔조건〕 정말로 만일 …면. **3.** 〔뒤에 tamen이 따르면〕 …할지라도.

siquis, qua, quid; **siqui,** quæ, quod, 접속사적 *pron., adj.* **1.** 〔*pron.*〕 만일 누가[어떤 여자가]; 만일 무엇이: Siquem nandi volúptas invítet,*(Plin.)* 수영하는 즐거움이 만일 누구를 유혹할 경우에. **2.** 〔*adj.*〕 만일 어떤: Siqua habet te cura,*(V.)* 네게 만일 어떤 걱정이 생기거든.

siquo, *conj.* [si+áliquo] 만일 어디로.

Sirácĭdes, æ, *m.* 《聖》 구약의 인명 Sira 또는 Sirach의 라틴어 표기: Liber Sirácidæ = Ecclesiásticus(집회서, 略: Sir.).

sīremps, *adj. indecl.* (=símilis re ipsā) 온전히 똑같은·동등한.

Sīren, énis, *f.* 〔*acc. sg.:* -nem, -nen, -na; *pl.* -nes, -nas〕 **1.** *Sicília*섬 근처의 작은 섬에 (아마도 암초에) 살았다는 전설상의 반인반조(半人半鳥)의 바다의 요정 (통상적으로는 셋이 있었다 함, 그들의 매혹적인 피리소리·lyra소리·목소리에 지나가던 뱃사공들이 홀려 파선을 당하거나 잠이 들어 그들에게 잡아먹혔다 함); 〔*adj.*〕 **-næus [-néus, -nĭus],** a, um. **2.** 매혹적인 노래; (게으름·한가 따위의) 유혹물. **3.** 시재(詩才)를 갖춘 시인. **4.** [s-] (꿀벌 비슷한) 뒝벌. **5.** [s-] 날개돋친 뱀. **6.** [s-] 고동, 기적, 호적(號笛), 사이렌.

Siríăcus, a, um, *adj.* *Sírius*의, 천랑성(天狼星)의.

sirĭăsis, is, *f.* 《醫》 일사병.

siric... = seric...

sirim, is, it, ... 《古》 = síverim, is, it, *pf. subj.* [sino].

sírĭum, i, *n.* 《植》 쑥.

Sírĭus, i, *m.* 《天》 시리우스, 천랑성(天狼星); 〔*adj.*〕 **-rĭus,** a, um.

Sírmĭum, i, *n.* *Pannónia Inférior*의 수도 (지금의 *Mitrovitz*); 〔*adj.*〕 **-miénsis,** e.

sirp... = scirp...

sirpe, is, *n.* 《植》 아위(阿魏).

sírŭpus, i, *m.* 《藥》 시럽, (단)사리별(單舍利別): ~ aurántii 등피(橙皮) 시럽 / ~ cinnamómi 계피 시럽 / ~ ferrijɔdáti 요드철(鐵) 시럽 / ~ fragáriæ 딸기 시럽 / ~ hibísci 황촉규(黃蜀葵)[닥풀] 시럽 / ~ menthæ 박하 시럽 / ~ polýgalæ 애기풀 시럽 / ~ rhei 대황(大黃) 시럽 / ~ simplex 단(單)시럽 / ~ zingíberis 생강 시럽.

sīrus, i, *m.* 지하곡물창고.

sīs¹, *2a pers. sg. præs. subj.* [sum, *cf.* sim].

sīs² = si vis. 〔친근한 사이나 표면상의 부드러움을 나타내기 위하여 다른 동사의 명령법 2인칭 단수와 함께 씀, 때로는 그 명령법 꼬리에 붙이기도 하고 간혹 명령법 앞에도 놓음〕 (본래는) 네가 원하면, 마음에 들면; 제발 좀: Tace, sis, stulta.*(Pl.)* 이 어리석은 여자야, 좀 잠잠해라 / Abisis. 제발 좀 떠나가 다오.

sīs³ = suis, *dat. pl.* [suus].

Sísăpo, ónis, *f.* *Hispánia Bǽtica*의 도시 (지금의 *Almaden* 또는 *Guadalcanal*); 〔*adj.*〕 **-ponénsis,** e.

Sisénna, æ, *m.* *Roma*인 가문명; L. Cornélius ~, *Cícero*와 같은 시대의 웅변가·역사가.

sĭser, ĕris, *m., n.* 《植》 감자개발나물.

sisto, stĭti [간혹 stĕti], stătum, ĕre, [sto] **I.** *tr.* **1.** 〔*alqm, alqd* – in, ad, super *acc.;* (in) *abl.*〕 **세우다,** 서게 하다, 멈추게 하다, **멎게 하다,** 정지시키다: ~ equos [currum] *(V., Prop.)* 말들을 [수레를] 세우다 / ~ pedem [gradum]*(Ov., V.)* 발걸음을 멈추다, 꼼짝않고 서다 / sánguinem ~*(Plin.)* 피를 멎게 하다 / 〔*pass. refl.*〕 Sístitur sanguis.

(*Ta.*) 피가 멎는다 / sisti non posse (*L.*) (기울어진 사태·형편 따위가) 걷잡을 수 없다, 망할 수 밖에 없다. **2.** 그치다, 끝내다, 그만두다, 중지하다. **3. 공고히 하다**, 흔들리지[건들거리지·쓰러지지] 않게 하다. **4.** 〔*alqm, alqd* - (in) *abl.*; in, super *acc.*, *adv. loci*〕 두다, 놓다, 배치하다, 데려다 놓다, 데려[불러]오다: *alqm* in tuto ~ (*Pl.*) 누구를 안전한 곳에 두다 / Huc siste soró-rem.(*V.*) 이리로 누이를 데려다 다오. **5.** 〔*alqm, alqd c. acc. præd.* - *alci*〕 (어떤 상태에) 놓이게[있게] 하다, 어떻게 되게 하다: Ego vos salvos sistam.(*Pl.*) 내가 너희를 안전하게 해주겠다 / Sistas hunc nobis sanum.(*Gell.*) 이 사람을 우리에게 무사히 돌려보내주시오. **6.** 건립하다, 세우다. **7.** 〔*alqm [alqd]* ad, ante *acc.*; *alci*〕 (제물 따위를 제단·신전에 또는 신에게) 갖다 바치다, 드리다. **8.** 《法》 〔*alqm*〕 (지정된 날 법정에) 출두시키다, 소환하다; 〔*refl. pass.*: *absol.*; in judícium; judício; *alci*〕 **se ~, sisti** (법정에) 출두하다, (소송 상대방 앞에) 나타나다: vas *alcjs* sisténdi (*C.*) 누구를 틀림없이 출두시키겠다는 보증인. **9.** vadimónium ~ (*C.*, *N.*) 법정에 출두하다. **10.** 〔*refl. pass.*〕 **se ~, sisti** 〔in *abl.*, *adv. loci*; *alci*〕 (어디에·누구에게) 오다, (약속시간·장소에) 나타나다, 있어주다. **11.** (재판날짜 따위를) 정하다: 〔*p.p.*〕 status dies cum hoste(*C.*) 이방인[외래인]과 협정한 (재판)날. **12.** 막다, 물리치다, 대항[저항]하다.
II. *intr.* **1.** 〔*absol.*; in *abl.*, ad *acc.*〕 멈춰서다, 멎다, 정지하다, 움직이지 않고 그대로[가만히] 있다, 서(있)다: Siste!(*Sen.*) 가만히 섰거라 / ore [cápite] ~ (*Pl.*) 땅에 곤두박이다[고꾸라져 떨어지다]. **2.** 지속하다, 존속하다, 지탱하다, 버티다. **3.** 〔*dat.*; contra (*adv.*)〕 대항하다, 맞버티다. **4.** 《法》 (지정된 날) 법정에 출두하다. **5.** (=esse) 있다; 〔*c. nom. præd.*〕 …가 되다.

sistrátus, a, um, *adj.* sistrum 악기를 들고 있는. 「=sistrátus.

sístrĭfer, fĕra, fĕrum, *adj.* [sistrum+fero]

sistrum, i, *n.* 고대 이집트에서 *Isis* 여신 축제 때 제관들이 흔들어서 짤랑짤랑 소리내던 악기.

SISTRUM

sísŭra [-súrna], æ, *f.* 거칠은 모피 깔개 (또는 겉옷).

sisýmbrĭum, i, *n.* 《植》 **1.** *Venus* 여신에게 바쳐진 박하 비슷하게 생긴 향초(香草). **2.** 〔학명〕 ~ lúteum 노란장대.

Sisýphĭdes, æ, *m.* (*Laërtes*의 약혼녀 *Anticlía*를 범하여 낳은) *Sísyphus*의 아들 *Ulíxes.*

Sísўphus [-os], i, *m.* *Æŏlus*의 아들이고 *Salmóneus*의 형제이며 *Mérope*의 남편으로서 *Corínthus*의 그지없이 교활한 왕, *Théseus*에게 살해된 다음 지옥에서 벌로 거대한 바위를 산꼭대기까지 굴려올려야 했으나 거의 올라갔다가는 바위가 다시 굴러 넘어지곤 해서 그것을 한없이 반복하게 되었음; 〔*adj.*〕 **-phé(ĭ)us [-phĭus],** a, um: Sisýphii labóres (*Ov.*) *Sísyphus*의 헛수고.

sitánĭus, a, um, *adj.* 당년치의, 봄에 심어서 그해에 수확한. 「량자루, 배낭.

sitárc(h)ĭa, æ, *f.* **1.** 여행용 식량. **2.** 식

sitélla, æ, *f.* **[-um,** i, *n.*] *dim.* [sítula] (제비를 담아놓고 뽑는) 추첨단지.

Sithónĭa, æ, *f.* *Macedónia*에 인접해 있는 *Thrácia*의 지방; *Thrácia* 전체를 지칭하기도 함; 〔*adj.*〕 **-thónĭus,** a, um; **Sīthon,** ŏnis; (*f.*) **-thŏnis,** nĭdis, *Sithónia*의, *Thrácia*의; 〔*subst. deriv.*〕 **-nĭi,** órum, *m. pl.* *Thrácia*의 주민[종족]. 「른, 갈증난.

sitibúndus, a, um, *adj.* [sitis, sítio] 목마

sítĭcen, cĭnis, *m.* [situs[1]+cano] (구부러진 나팔을 사용한) 장송곡 연주자.

siticulósus, a, um, *adj.* [sitis] **1.** 갈증을 느끼는, 목마른. **2.** 마른, 건조한. **3.** 〔*actíve*〕 갈증을 일으키는.

sítĭens, éntis, *p.præs.*, *a.p.* [sítio] **1.** 목마른, 갈증난; 〔*adv.*〕 **-énter,** 목말라서. **2.** 물이 없는, 메마른, 건조한, 가물든: ~ colónia (*V.*) 물이 부족한 농경지 / anno sitiénti (*Plin.*) 가문 해에. **3.** 〔*absol.*; *gen.*〕 갈망[열망]하는, 몹시 탐하는; 〔*adv.*〕 **-énter,** 갈망하여; 열심히.

sítĭo, tívi [ĭi], (ítum), íre, [sitis] **I.** *intr.* **1.** 〔*absol.*; *gen.*〕 목마르다, 갈증나다, 갈증을 느끼다. **2.** 〔*absol.*; *gen.*〕 (땅·초목 따위가) 수분이 없다, 말라있다, 메마르다. **3.** 〔in *acc.*〕 갈망[갈구]하다.
II. *tr.* **1.** 목말라하다, 마시고 싶(어하)다: Plus sitiúntur aquæ.(*Ov.*) 물이 더 마시고 싶어진다. **2.** 〔*alqd*; *inf.*〕 갈망[열망]하다, 갈구하다. 「식품학.

sitiología, æ, *f.* 《醫》 식이요법; 영양학,

sĭtis, is, *f.* 〔*acc. sg.* -im, *abl.* -i〕 **1. 목마름**, 갈증. **2.** 〔땅·초목에 대하여〕 가뭄, 가물, 메마름. **3.** 〔*absol.*; *gen. objectív.*〕 갈망, 열망, 강렬한 욕구.

sitítor, óris, *m.* [sítio] **1.** 〔*gen.*〕 목말라하는 자. **2.** 〔*gen.*〕 갈망하는 자.

sitóna, æ, *m.* 양곡관리인[조달자].

sitónĭa, æ, *f.* 양곡관리, 식량조달.

síttўbus, i, *m.* (=síllybus) 책 뒷등에 표제·저자명을 써붙인 양피지조각·표찰.

situátĭo, ónis, *f.* [*inusit.* sítuo] **1.** 위치, 자리, 장소. **2.** 경우, 처지, 입장. **3. 상황**, 정세(情勢), 형편: éthica situatiónis 상황윤리. 「한, 자리잡고 있는.

situátus, a, um, *p.p.* [*inusit.* sítuo] 위치

sítŭla, æ, *f.* [**-lus,** i, *m.*] **1.** 두레박; 물동이, 들통, 양동이. **2.** (제비뽑을 때 쓰는) 추첨단지.

sĭtus[1], a, um, *p.p., a.p.* [sino] **1.** 〔*absol.; in abl.; adv. loci*〕 놓여있는, **위치한,** 자리 잡고 있는, (어떤 곳에) **있는**: in ore sita lingua*(C.)* 입안에 있는 혀. **2.** (도시·제단 따위가) 세워진, 건립된. **3.** 죽어있는; (시체가) 안치된, 묻혀있는: 〔비문〕 *Alqs* hic situs [sita] est. (略: H.S.E.) 아무가 여기 묻혀있다. **4.** (어떤) 상황·형편에 놓여있는. **5.** 〔in *abl.*〕 달려있는, 의존하는.

situs[2], us, *m.* [sino] **1. 위치,** 지점, 자리, 장소; 방위(方位): 《醫》 ~ invérsus víscerum 내장역위(內臟逆位). **2.** 지형, 지세, 지리적 조건. **3.** 지방, 지역. **4.** 흙, 토양. **5.** 형세, 모양, 상태; 구조(構造), 배열(排列): ~ córporis *(Plin.)* 몸의 자세. **6.** 오래 방치됨, 쓰지 않고 묵혀둠; 휴한(休閑). **7.** 곰팡이; 녹(슬음); 먼지(낌); 퇴색: situm contráhere *(Col.)* (무엇에 =주어) 곰팡이가 끼다. **8.** 때, 불결, 꾀죄죄함; 추접. **9.** (정신활동의) 둔화, 침체, 타성, 무기력. **10.** (후대인들의) 망각; (법 따위의) 자연폐지. **11.** 《哲》 〔범주〕 (공간에 배치되어 있는) 상태.

sīve, *conj.* [si+ve[1]] (*cf.* seu) **1.** 또[혹은] 만일 …면: Si scivíssem, ~ dixísset mihi, ... *(Pl.)* 만일 내가 알았더라면 혹은 그가 내게 말했더라면. **2.** 〔흔히 sive 자체로나 또는 비슷한 뜻의 seu, vel 따위 접속사와 함께 중복되면서 무제한적 총망라의 뜻을 드러냄; *v. finit.*은 *indic.* 또는 *subj.*; 간혹 첫째 sive는 생략되는 수 있음〕 sive ... sive …**든지** …**든지,** …거나 …거나, …이건 …이건: ~ casu ~ consílio deórum*(Cæs.)* 우연히건 혹은 신들의 계획에 의해서건 (여하간) / Sive manducátis, ~ bíbitis, ~ ..., ómnia in glóriam Dei fácite.*(1 Cor. 10, 31)* 너희는 먹든지 마시든지 …든지 다 하느님의 영광을 위하여 하여라. **3. 혹은, 또는,** 내지(乃至): ~ étiam*(C.)* 혹은 또한[더욱] / ~ pótius*(C.)* 또는 차라리·오히려 / eo prœlio ~ naufrágio*(Justin.)* 그 전투로 또는 파선으로 인해서. **4.** 바꾸어 말하면, 다른 말로 (표현해서).

sīvi, *pf.*[sino].

skélĕton, i, *n.* 《解》 골격, 뼈대; 해골.

Slavi, órum, *m. pl.* 슬라브(민)족; 〔간혹 *sg.*〕 **-vus,** i, 슬라브사람.

Slavónĭa, æ, *f. Yugoslávia*의 북부 *Danúbius*강과 *Sava*강 사이의 지방; 〔*adj.*〕 **Slavónĭcus [Slávĭcus],** a, um.

smarágdus, i, *m., f.* **1.** 《鑛》 녹옥(綠玉), 취옥(翠玉), 에머랄드. **2.** 녹색.

sméctĭcus, a, um, *adj.* 씻어내는, 세정제(洗淨劑)의.

smegma, ătis, *n.* **1.** 세정제(洗淨劑), 세척제. **2.** 《生理》 치지(恥脂), 치구(恥垢).

smīlax, ăcis, *f.* 《植》 **1.** 청미래덩굴과의 식물; ~ china 청미래덩굴. **2.** 주목(朱木).

Smíntheus*(disyll.)*, ĕi, *m. Apóllo*신의 (쥐 박멸자란 뜻의) 별명; 〔*adj.*〕 **-théus[-thĭus],** a, um.

smȳris, ĭdis, *m.* 금강사(金剛砂).

smyrna[1] **[smur-],** æ, *f.* **1.** 《植》 몰약(沒藥)나무. **2.** 몰약.

Smyrna[2], æ, *f. Iónia*의 항구도시 (그곳 사람들은 *Homérus*의 고향이었다고 자랑함); 〔*adj.*〕 **-næus,** a, um, *Smyrna*의; *Homérus*의; 〔*subst. deriv.*〕 *m. pl.* 그곳 주민.

sobol.. = subol...

sóbrĭe, *adv.* [sóbrius] **1.** 절제있게, 검소하게, 절약해서. **2.** 신중하게, 조심스럽게, 정신차려.

sobríĕtas, átis, *f.* [sóbrius] **1.** 절주, (음주의) 절제, 금주; 술취하지 않은[술 안마신] 상태; 맑은 정신. **2.** 절도, 절제, 적도(適度), 검소. **3.** 신중, 자제, 극기. **4.** 단정, 정숙(貞淑).

sobrína, æ, *f.* [sobrínus] **사촌자매,** 종자매; 이종사촌자매.

sobrínus, i, *m.* **사촌형제,** 종형제; 이종사촌.

sóbrĭo, áre, *tr.* [sóbrius] 술깨게 하다; 침착[냉정]하게 하다.

sóbrĭus, a, um, *adj.* [se[3]+ébrius] **1.** 절주하는, 술을 삼가는; 술취하지 않은, 술 안마신[안마시는]. **2.** 술기운 없는, 술없이 지내는 (시간 따위). **3.** 절제하는, 절도있는; 검소한, 수수한. **4.** 단정한, 정숙(貞淑)한. **5.** 정신 바짝 차리는[차린], 조심하는; 신중한, 침착한. **6.** 정신이 말짱한, 제정신의.

soccátus, a, um, *adj.* [soccus] (희랍식) 반장화 신은.

sóccŭlus [간혹 **-céllus**], i, *m. dim.* [soccus] (주로 부인용의 작은) 반장화; 희극배우의 반장화.

soccus, i, *m.* **1.** (희랍인들의 굽낮은) 반장화, 가벼운 목구두 (*Roma*인들은 여성적 나약을 드러낸다 하여 주로 부인용·희극배우용이었음, 비극배우용은 cothúrnus). **2.** 〔*metonym.*〕 희극; 희극(시)문체.

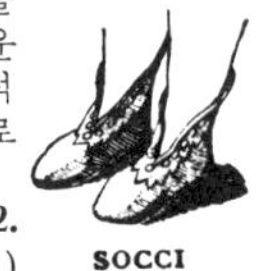
SOCCI

sŏcer [-cĕrus], ĕri, *m.* **1.** 시아버지. **2.** 장인. **3.** ~ (magnus) 시할아버지; 장인의 아버지, 아내의 친정할아버지.

sócĕra, æ, *f.* (=socrus[2]) 장모.

sócĭa, æ, *f.* [sócius[2]] **1.** (여자) 동료, 동지, 반려, 짝, 친구, 같이하는 여자, 관여한 여자. **2.** 아내, 배필, 배우자.

sociábĭlis, e, *adj.* [sócio] **1.** 잘 달라붙는. **2.** 교제를 좋아하는, **사교적인;** 붙임성있는, 사귀기 쉬운. **3.** 합의될 수 있는. **4.** 〔*adv.*〕 **-lĭter,** 꼭 붙도록, 결합하여; 사교

적으로, 붙임성있게.

sociális, e, *adj.* [sócius] **1.** 동료의, 동지의, 친구의; 〔*adv.*〕 **-lĭter,** 우의적으로, 동료답게. **2.** **사회의,** 사회적, 사회에 관한[대한]; 사회생활을 하는, 《植》 군생(群生)하는, 《動》 군거(群居)하는: homo sociále ánimal*(Sen.)* 사회적 동물인 인간 / assecurátio ~ 사회보험 / clima sociále 사회풍토 / contráctus ~ 사회계약 / democrátia ~ 사회민주주의 / Encýclicæ sociáles (교황의) 사회회칙(回勅) / justítia ~ 사회정의 / rátio rei públicæ ~ 사회정책; 〔*adv.*〕 **-lĭter,** 사회적으로. **3.** 동맹(관계)의, 연맹의, 연합군의: ~ exércitus *(L.)* 동맹군 / bellum sociále *(Flor.)* 1) *Roma*와 그 동맹국인 *Itália* 사이의 전쟁(90 - 88 A.C.). 2) (희랍에서는) *Athénæ*와 그 동맹도시들 사이의 전쟁(357 - 355 A.C.). **4.** 부부의; 혼인의.

socialisátĭo, ónis, *f.* 사회화.

socialísmus, i, *m.* 사회주의: ~ civitátis 국가사회주의 / ~ utópicus 유토피아 사회주의; 〔*adj.*〕 **-lístĭcus,** a, um, 사회주의(자)

socialísta, æ, *m.* 사회주의자. └의.

sociálĭtas, átis, *f.* [sociális] **1.** 사회[공동]생활; 군생(群生), 군거(群居); 사회성. **2.** 친목, 친숙, 사교성, 붙임성.

sociátĭo, ónis, *f.* [sócio] **1.** 결합, 연합, 연결, 합동. **2.** 조합, 결사.

sociátor, óris, *m.,* **-átrix,** ícis, *f.* [sócio] 결합시키는 자. 「의 친구.

sociénnus, i, *m.* [sócius] 동료, 같은 또래

sociĕtas, átis, *f.* [sócius] **1.** 〔*gen.*, cum *abl.*, inter *acc.*; *absol.*〕 공동, 결합, 연합, 유대(관계), 연관, 관련; 참여, 한몫낌: cum poténte ~*(Phædr.)* 세력자와의 연합 / in societátem tuárum laudum veníre *(C.)* 너의 칭찬에 한몫 끼다 / ~ nóminum *(Plin.)* (여러 사물의) 공통이름. **2.** 〔*gen. (subjectív. et objectív.)*, cum *abl.*〕 사교, **교제,** 사귐, 친교; (사교적) 모임, 모인 좌석: ~ malórum 악인들과의 교제 / ~senum 노인들이 모인 자리. **3.** **사회:** ~ géneris humáni *(C.)* 인류사회 / ~ humána 인간사회. **4.** 동맹, 연맹: societáte dissolútā*(N.)* 동맹관계가 결렬되어 / ~ géntium [natiónum] 국제연맹. **5.** 단체, 결사, 조합; **회,** 협회, 학회; 수도회: S~ Jesu 예수회(略: S.J.) / S~ Sancti Columbáni pro missiónibus 성 골롬바노 전교회 / S~ Maryknoll pro missiónibus éxteris 메리놀 외방 전교회 / S~ Parisiénsis Missiónum ad éxteros 빠리 외방 전교회 / S~ Sancti Vincéntii a Paulo 빈첸씨오 아 빠울로회 / Societátes bíblicæ 성서협회[공회]. **6.** 회사, 상사.

sócĭo, ávi, átum, áre, *tr.* [sócius] **1.** 〔*alqd* - cum *abl.*〕 함께 하다, (공동으로) 같이하다, 함께 나누다, 참여시키다; (무엇과) 결하여 가지다: ~ cubília cum *alqo (Ov.)* 누구와 잠자리를 함께 하다, 결혼하다 / ~ diligéntiam cum sciéntiā*(Col.)* 지식과 근면을 겸비하다. **2.** 〔*alqd [alqm]* - *alci (rei)*; cum *abl.*, inter *acc.*〕 결합시키다, 붙들어 매다, 하나가 되게 하다, 한데 묶치게 하다, 연합하다; (무엇에 맞추어) 조화되게 하다: ~ manus *alci (Val. Fl.)* 누구에게 도움의 손길을 내밀다 / ~ dextras *(Sil.)* 오른손을 맞잡다, 악수하다 / 〔*refl. pass.*〕 se ~, sociári 부부가 되다, 결혼하다.

sociofráudus, a, um, *adj.* [sócius[2] + fraudo] 동료를 속이는.

sociología, æ, *f.* 사회학; 〔*adj.*〕 **-lógĭcus,** a, um, 사회학적.

sócĭus[1], a, um, *adj.* **1.** 같이하는[있는·쓰이는], 공동의, 공통의: sóciæ viæ *(Ov.)* (함께 가는) 같은 길 / spes sóciæ *(Ov.)* 공통된 희망. **2.** **동료의,** 동무의, 반려의, 동행의. **3.** 부부의; 결혼의. **4.** 동맹(관계)의.

sócĭus[2], i, *m.* 〔*gen. pl.* - órum, 흔히 -ūm〕 **1.** **동료,** 벗, 동무, 친구, 동지, 짝, 반려자; 공동으로[같이] 하는 자, 관여자, 가담자: culpæ ~ *(C.)* 연루자. **2.** 겨레붙이, 혈육, 친족. **3.** 동맹자; 〔*pl.*〕 동맹군, 연합군. **4.** 공동 경영자, 동업자; 조합원; 회원. **5.** 《法》 pro sócio 동료에 대한 사기범(으로).

socórdĭa, æ, *f.* [socors] **1.** 미련함, 어리석음, 멍청함, 우둔, 우매. **2.** 나태, 태만; 등한, 소홀, 무관심.

sōcors [sŏ-], córdis, *adj.* [se[3] + cor] **1.** 어리석은, 미련한, 멍청한, 정신나간, 우둔한. **2.** 〔*absol.*; *gen.*〕 게으른, 태만한; 등한한, 소홀히 하는, 무성의한; 〔*adv.*〕 (-dĭter), *comp.* **-dĭus,** 더 느릿느릿, 더 무성의하게.

Sócrătes, is, *m.* 〔규칙적인 격어미 외에 다음과 같은 불규칙 격어미도 있음: *voc.* -e, *gen.* -i, *acc.* -en〕 *Athénæ*의 유명한 철학자 (489 - 399 A.C.); *(pl.)* -tæ, *Sócrates*같은 사람들; 〔*adj.*〕 **-tĭcus,** a, um: ironía Socrática (자신은 아무것도 모른다고 말하고 상대방에게 가르침을 청하는 체하면서 거꾸로 상대편의 무지·오류를 지적하는) *Sócrates*식 논법; 〔*subst.*〕 **-tĭci,** órum, *m. pl. Sócrates*의 제자들, ~학파 사람들.

socruális, e, *adj.* [socrus[2]] 시어머니의.

sŏcrus[1], i, *m.* = socer.

sŏcrus[2], us, *f.* **1.** 시어머니. **2.** 장모.

sodálĭa, æ, *f.* [sodális[2]] **1.** 여자친구. **2.** 배우자, 아내.

sodalícĭum, i, *n.* [sodalícius] **1.** 우의, 우애, 친교, 친분. **2.** 단체, 클럽, 회, 협회; 조합. **3.** (회원·친구끼리의) 만찬, 연회. **4.** 불법단체, 비밀결사, (금품에 의한 득표공작의) 정치단체.

sodalícĭus, a, um, *adj.* [sodális] 동료의; 친목의; 결사·단체에 관한.

sodális¹, e, *adj.* [sédeo] **1.** 동료의, 친구의. **2.** 단체의, 조합의, 결사의.

sodális², is, *m., f.* 〔*abl. sg.* -e, 사물에 대해서는 가끔 -i〕 **1.** 동무, 친구, 동료; 동창생. **2.** 배우자, 남편, 아내. **3.** 회원, 단원; 조합원; (같은 제관단 소속의) 제관. **4.** 공범자, 연루자; 불법단체의 공모자.

sodálĭtas, átis, *f.* [sodális¹] **1.** 우의, 우애, 친분, 친교, 교분. **2.** 벗, 동무, 동료. **3.** 회, 협회, 단체, 조합; 《가》 신심회(信心會), 신심단체 : ~ operariórum 노동조합 / ~ Sacratíssimi Cordis Jesu 예수 성심회 / ~ Sacri Scapuláris 성의회(聖衣會). **4.** 친목회, 사교모임, 클럽, 회식[오락]단체. **5.** 불법(정치)단체, 비밀결사.

sodaliti... = sodalici...

sōdes(=si audes) **1.** 〔정중하고 부드러운 부탁·권고·명령·때로는 의문 따위에 덧붙임〕 청컨대, 제발, 부디, 아무쪼록; 혹시라도: Tace, sodes.*(T.)* 제발 좀 잠자코 있어다오 / At scin' quid, sodes? *(T.)* 무엇인지 아시겠읍니까? **2.** 〔호격 amíce 대신〕 친구야.

Sódŏma, órum, *n. pl.* [**-ma,** æ, *f.;* **-mum,** i, *n.;* **-mi,** órum, *m.pl.*] 사해(死海) 남단에 있던 *Palæstína*의 옛 도시, 난륜으로 유명 (*cf. Gen.* 18-19); 〔*adj.*〕 **-mitánus [-mítĭcus],** a, um.

sodomía, æ, *f.* [Sódoma] 계간(鷄姦), 남색; 동성음행; 《倫神》 ~ imperfécta 여성을 상대로 한 계간.

Sodomíta, æ, **1.** 〔*adj.*〕 *m.(f.) Sódoma*(인)의. **2.** 〔*subst.*〕 **-tæ,** árum, *m. pl. Sódoma*의 주민. **3.** [s-] 계간 음행자 (*cf.* sodomía).

Sodomítĭcus, a, um, *adj.* **1.** *Sódoma*의. **2.** [s-] 남색의, 계간의; 동성음행의.

sofi... = sophi...

Sogdiána, æ, *f.* (*sc.* régio) 동북 *Pérsia*의 한 지방 (지금의 *Sogd*); 〔*subst. deriv.*〕 **-áni,** órum, *m. pl.* 그곳 주민.

sōl, sōlis, *m.* **1.** 해, **태양**: ~ óriens 떠오르는 해; 해돋이; 동녘 / ~ óccidens 지는 해; 해넘이; 서녘 / solis cultus *(Stat.)* 태양숭배 / 〔속담〕 Nondum ómnium diérum sol óccidit.*(L.)* 아직 모든 날의 해가 다 지지 않았다, 아직 세상의 종말이 아니다 / 〔태양의 위치 따위에 따라 하루의 어떤 때를 표시하기도 함〕 a primo ad último solem *(Amm.)* 아침부터 저녁까지, 하루종일 / médio sole *(Phædr.)* 한낮에. **2.** 〔가끔 *pl.*〕 햇빛, 일광, 개인 날; 햇살; 볕, 태양열. **3.** 공공장소, 공중(公衆) 앞, 세상; 백주, 대낮: procédere in solem et púlverem*(C.)* (풍진세상에 =) 공중 앞에 나타나다 / ambuláre in sole *(C.)* 대낮에 떳떳이 다니다. **4.** 〔흔히 *pl.*〕 하루, 날: tres soles *(V.)* 사흘동안. **5.** 해, 년(年). **6.** 양지(陽地). **7.** [S-] (태양신으로서의) *Apóllo*(=Phœbus). **8.** [S-] (희랍의 *Hélios*에 해당하는 고대 *Roma*의) 태양신. **9.** 태양(같은 존재), 태양에 견줄만한 것. **10.** 〔명칭〕 *e. g.* dies Solis 일요일 / Solis fons *(Curt.)* 태양샘 (북부 *Afrĭca*의 샘이름) / Solis urbs [óppidum]*(Plin.)*= *Heliópolis.*

solacíŏlum, i, *n. dim.* [solácium] 조그마한 위로, 위안.

solácĭum [-tĭum], i, *n.* [solor] **1.** 위로, 위안, 위자(慰藉): Hoc est mihi solátio. *(dat. final.) (Cæs.)* 이것은 내게 위로가 된다. **2.** (고통·슬픔·걱정 따위의) 경감, 완화, 진정. **3.** 후련한 앙갚음, 보복. **4.** 위안자. **5.** 도움, 원조, 구호. **6.** 《法》 손해배상, 보상.

solágo, gĭnis, *f.* [sol] 《植》 해바라기.

solámen, mĭnis, [**-méntum,** i,] *n.* [solor] 위로, 위안, 위자(慰藉); 위안물.

solánum, i, *n.* 《植》 가지과(科) 식물: ~ melóngena 가지 / ~ nigrum, ~ vulgáre 까마종이 / ~ tuberósum 감자.

solánus, i, *m.* [sol] 동풍(東風), 동부새.

soláris, e, *adj.* [sol] 태양의, 태양에 관한: annus ~ 태양년 / eclípsis ~ 일식 / cultus ~ 태양숭배 / herba ~ 해바라기.

solárĭum¹, i, *n.* [solárius] **1.** 태양시계. **2.** 물시계. **3.** 옥상노대(屋上露臺); 발코니, 테라스. **4.** 태양시계가 있던 *Roma*의 광장. **5.** (해안호텔·요양소 따위의) 일광욕실.

solárĭum², i, *n.* [solum¹] (*sc.* vectígal) 토지세.

solárĭus, a, um, *adj.* [sol] 태양의, 일광의: solárium horológium*(Plin.)* 태양시계.

solati... = solaci...

solátĭus, a, um, *adj.* [solor] 위로해주는.

solátor, óris, *m.* [solor] 위로자.

solátus¹, a, um, *adj.* [sol] 일사병에 걸린; 〔*subst.*〕 *n.* 일사병.

solátus², a, um, *p.p.* [solo¹, solor].

soldúrĭi, órum, *m. pl* 두목에게 생사고락을 같이하기로 맹세한 (*Gállia*인) 충복들.

soldus, a, um, *adj.* 《古·詩》 = sólidus¹.

sólĕa, æ, *f.* [solum¹] **1.** (실내용) 샌들: sóleas póscere *(H.)* (샌들을 달라고 하다, 즉) 식사를 마치고 일어서려고 하다 (*Roma*식 식탁에서는 ⟨*cf.* accúbitus⟩ 샌들을 벗어야 했음) / sóleæ balneáres *(Apul.)* 목욕탕 샌들·슬리퍼. **2.** 족가(足枷), 차꼬. **3.** (역축⟨役畜⟩의 발굽에 신겼다 벗겼다 하던) 대싸리나 가죽으로 만든 편자. **4.** 발굽, 말굽. **5.** 격자벽의 토대. **6.** 착유기(搾油機)의 일종. **7.** 《動》 혀넙치, 가자미의 일종.

soleáris, e, *adj.* [sólea] 샌들모양의.
soleárĭus, i, *m.* [sólea] 샌들제조인.
soleátus, a, um, *adj.* [sólea] 샌들 신은.
solemn... = sollemn...
sōlēn, ēnis, *m.* 《動》 긴맛(조개).
solenni... = sollemni...
solens, éntis, *p. præs., a.p.* [sóleo] 늘 …하는 (대로), 상례적인, 언제나 그런, 버릇되어 있는.
sólĕo, sólĭtus sum, ére, *semidep. intr.* **1.** 〔*inf.; absol.; impers.*〕 늘[상습적으로·흔히] …하다, …하는 버릇이 있다, …하는 것이 상례이다, …하기를 잘하다: Qui mentíri solet, ... *(C.)* 늘 거짓말하는 자는 / verbum, quod dici solet.*(T.)* 흔히들 하는 말 / ut fíeri solet,*(Phædr.)* 흔히 있는 바와 같이 / ut solet,*(C.)* 늘 그렇듯이.
soler... = soller...
Sŏli, órum, *m.pl. Cilícia*의 동부 해안도시; 〔*adj.*〕 **-lénsis,** e; **-leus,** a, um.
sólĭar, áris, *n.* [sólium] 옥좌에 까는 보.
soliáris, e, *adj.* [sólium] 목욕통의. 「하는.
solícănus, a, um, *adj.* [solus[1]+cano] 독창
solicit... = sollicit...
solidámen, mĭnis, [**-méntum,** i,] *n.* [sólido] 토대, 골조, 골격.
solidáris, e, *adj.* [sólidus] 연대(책임)의.
solidarísmus, i, *m.* (사회) 연대론(連帶論), 연대주의. 「고하게 함, 기초를 다짐.
solidátĭo, ónis, *f.* [sólido] 단단하게 함, 견
sólĭde, *adv.* [sólidus[1]] **1.** 굳게, 단단히; 촘촘히. **2.** 옹골지게, 궁글지 않게, 빼곡이. **3.** 몹시, 심히, 대단히. **4.** 확실히, 정말, 전적으로. 「다, 견고해지다.
solidésco, ĕre, *intr. inch.* [sólidus[1]] 굳어지
solídĭpes, pĕdis, *adj.* [sólidus[1]+pes] 기제류(奇蹄類)의; 〔*m.pl.*〕 기제류 동물.
solídĭtas, átis, *f.* [sólidus[1]] **1.** 고밀도(高密度). **2.** (자라는 나무의) 알찬 굵기. **3.** 굳음, 단단함, 경성(硬性), 경도(硬度); 고형성(固形性), 고체성. **4.** 튼튼함, 견고, 공고, 확고부동, 견실. **5.** 고체; 〔*pl.*〕 (모르타르·대리석을 입힌 벽·지붕 따위의 굳은) 외장(外裝). **6.** 《法》 전부, 전체, 총체.
sólĭdo, ávi, átum, áre, *tr.* [sólidus[1]] **1.** 굳(어지)게 하다, 튼튼하게 하다, 다지다; (치유·땜질 따위로) 붙게 하다: terga Danúbii solidáta*(Claud.)* 얼어붙은 다뉴브강(의 표면) / fácies solidáta venéno*(Lucan.)* 약품으로 부패방지가 된 얼굴. **2.** (수고·고생 따위에) 견디어내게[익숙되게] 하다. **3.** 공고히 하다, 강화하다, 확립하다; 제정하다; 확증하다. **4.** 〔*alqm alci*〕 결합[결혼]시키다. **5.** ~ ratiónes *(Asconius in C.)* 남거나 모자라지 않게 계산을 맞추다.
sólĭdum[1], i, *n.* [sólidus[1]] **1.** 굳은 지면(地面), 생땅; 안전한 곳[바닥]. **2.** 고(형)체; 입체(立體). **3.** 전부, 전액(全額). 「히.
sólĭdum[2], *adv.* [sólidus[1]] 몹시, 매우, 대단
sólĭdus[1], a, um, *adj.* [sollus] **1.** (등질〈等質〉의 것으로) 속속들이 가득찬, 궁글지 않은, 옹골찬, 밀도높은; 등질의, 균질(均質)의. **2. 고체의,** 고형(固形)의. **3.** 《數》 입체(立體)의. **4. 굳은,** 단단한, 견고한, 튼튼한, 견실한; 안정된: sólidis in tectis *(Ov.)* 감옥에. **5.** 한결같은, 꾸준한; **확고한,** 꿋꿋한, 굳센. **6.** 참된, 진정한, 진짜의, 틀림없는, 확실한. **7.** 옹근, 축나지 않은, 고스란한, 통째로의; 만(滿), 만기의; 전부의, 전액의. **8.** 순수한, 순(純), 아무것도 섞이지 않은.
sólĭdus[2], i, *m.* (*sc.* nummus) (고대 *Roma*의 정금〈正金〉) 금화 (초기의 것은 *25 denárii* 상당의 가치가 있었으나 나중에 나온 소형은 약 반값으로 줄어들었음).
sólĭfer, fĕra, fĕrum, *adj.*[sol+fero] 태양을 가져오는, 동방의.
soliférrĕum, i, *n.* = solliférreum.
solífŭga, æ, *f.* = solipúga. 「태어난 (자식).
solígéna, æ, *m., f.* [sol+gigno] 태양에서
solilóquĭum, i, *n.* [solus[1]+loquor] 독백, 혼잣말. 「아론(唯我論), 독재론(獨在論).
solipsísmus, i, *m.* [solus[1]+ipse] 《哲》 유
solipúg(n)a [**-púnga**], æ, *f.* 《動》 독개미.
solísĕqua, æ, *f.* [sol+sequor] 《植》 해바라기.
solístĭmum, *adj. n.* [solum[2]] 《占術》 〔주로 다음 단어의 수식어로 쓰임〕 tripúdium ~ *(C., L., Plin.)* (탐식하는 병아리의 주둥이에서 먹이가 마구 떨어질 때의) 길조(吉兆), 상서로운[행운의] 점조(占兆).
solistiti... = solstiti... 「아주 큰) 달팽이.
solitánæ cóchlĕæ, árum, *f. pl.* (*Afrĭca*의
solitánĕus[1], a, um, *adj.* [sólitus] 평소의, 통상적인, 늘 하는[있는], 습관처럼 된.
solitánĕus[2], a, um, *adj.* [solus[1]] 고립된, 따로 떨어진. 「이. **2.** 다만, 오직.
solitárĭe, *adv.* [solitárius] **1.** 혼자, 외로
solitárĭus, a, um, *adj.* [solus[1]] **1.** 혼자 있는[하는], 혼자뿐인, 홀로의, 단독의, 고립된, 외로운, 고독한; 고적한, 쓸쓸한. **2.** 은둔의, 은거하는: ~ homo*(C.)* 은둔자. **3.** 《動》 군서(群棲)하지 않는; 《植》 단생(單生)의, 송아리를 이루지 않는. **4.** 유일한, 단일의.
sólĭtas, átis, *f.* [solus[1]] 외토리신세, 홀로임.
sólĭte, *adv.* 종전대로, 여느 때처럼.
sólĭto, ávi, áre, *intr. freq.* [sóleo] 늘 …하다, …하는 습관이 있다.
solitúdo, dĭnis, *f.* [solus[1]] **1.** 혼자[홀로] 있음, 외토리(신세); 외로움, 고독; 고립; 은둔. **2.** 혈혈단신, 사고무친. **3.** 적막, 한적, 황량; 황량한 곳, 황야, 광야, 무인

지경.

sólĭtum, i, *n.* [sólitus] 〔*dat.; absol.*〕 평소, 통상, 종전, 습관, 상례, 통례 : ~ tibi*(V.)* 네가 늘 하는 버릇(대로) / plus sólito*(Ov.)* 평소보다 더.

sólĭtus, a, um, *p.p., a.p.* [sóleo] 〔*absol.; dat.*〕 평소의, 평상시의, 늘[흔히] 하는(대로의), 종전(대로)의, 상례적인, 습관된 : more sólito*(Ov.)* 종전[상례]대로.

sólĭum, i, *n.* **1.** **옥좌**, 어좌, 왕좌. **2.** 왕위, 왕권. **3.** (사저에서 직책 수행할 때의) 법률고문·변호사의 팔걸이의자. **4.** ~ ebúrnum (고관전용의) 상아의자(=curúlis). **5.** 욕조, 목욕통. **6.** 큰 물통·기름통. **7.** (귀인의) 석관(石棺). **8.** (제단에 안치되는 순교자들의) 유골상자.

solívăgus, a, um, *adj.* [solus[1] + vagus] **1.** 혼자 떠돌아다니는, 홀로 사는. **2.** 단독적인; 유례없는.

sollémne, is, *n.* [sollémnis] **1.** 풍습, 관습, 관례; 〔*pl.*〕 상례적인 행사. **2.** 〔*pl.*〕 요식(要式), 정식(定式). **3.** 종교의식, 제전, 축제. **4.** 장례식.

sollémnis, e, *adj.* [sollus + annus] **1.** (흔히 종교의식·축제 따위) 해마다 지내는 [베풀어지는·있는], 매년 정기적인, 연례의. **2.** **장엄한**, 엄숙한, **성대한**, **축제적인**; 종교의식(상)의, 신성한 : 《가》 missa ~ 장엄미사 / votum solémne 성대서원(盛大誓願) / ~ ignis *(Ov.)* 성화(聖火). **3.** 관례적인, 통상적인, 예사로운, 당연한. **4.** 법정(法定)의, 정식의.

sollémnĭtas, átis, *f.* [sollémnis] **1.** 장엄, 성대; 성전(盛典), 대례(大禮), 성대한 의식(절차). **2.** **대축일**, 경축(일), 축제(일). **3.** 관례, 관습.

sollémnĭter [-nĭtus], *adv.* [sollémnis] **1.** 성대하게, 장엄하게, 대례(大禮)로, 의식을 갖추어, 엄숙하게. **2.** 늘 하던 대로, 여느 때처럼, 종전[관례]대로. **3.** 《法》 요식 절차대로, 소정양식에 따라, 정식으로.

sollemnízo, áre, *tr.* [sollémnis] 장엄[성대]하게 거행하다, 의식을 갖추어 경축하다.

sollenni... = sollemni...

sollers, értis, *adj.* [sollus + ars] **1.** 〔*absol.; gen.*, ad *acc.*, in *abl.; inf.*〕 영리한, 총명한, 창의성있는, 수완있는; 정통한, 조예깊은; 솜씨좋은, **노련한**, 능란한, 능숙한, 숙달한. **2.** 정교한, 섬세한, 치밀한, 예리한. **3.** 교활한, 간교한, 약은. **4.** (땅이) 무슨 농사나 잘되는, 썩 잘 생산하는.

sollérter, *adv.* [sollers] 총명하게; 노련하게, 능숙하게, 솜씨있게, 정교하게, 치밀하게.

sollértĭa, æ, *f.* [sollers] **1.** 영리, 총명; 창의력, 창의성. **2.** 훌륭한 솜씨, 수완, 기민, 재치, 능수, 능란함, 노련; 정통, 조예. **3.** 정교, 기교, 섬세, 치밀, 예리. **4.** 교활, 간교, 책략.

sollicitátĭo, ónis, *f.* [sollícito] **1.** 걱정, 속상함 : ~ nuptiárum*(T.)* (아버지의 강권에 의한) 결혼에 대한 걱정. **2.** 부추김, **유혹**, 유도, **교사(敎唆)**; 강청, 강권 : ~ (in confessióne) *(C.I.C. can. 904)* (고백성사 중에 고백자에 대한) 고해신부의 유혹.

sollicitátor, óris, *m.* [**-tátrix,** ícis, *f.*] [sollícito] 부추기는 자, (나쁜 길로 이끄는) 유혹자, 교사자, 사주자, 매수자.

sollícĭte, *adv.* [sollícitus] **1.** 걱정스럽게, 불안해 하며, 조바심하며; 애타게, 간절히. **2.** 조심스럽게, 주의깊게, 신중히, 정성들여; 면밀히, 꼼꼼히; 골똘히.

sollícĭto, ávi, átum, áre, *tr.* [sollícitus] **1.** 뒤흔들다, 진동시키다, 들쑤시다, 흔들어 떨어뜨리다. **2.** 〔*alqm, alqd - abl. médii -* ad, in *acc.;* ut*(finále)*〕 **유혹하다**, (뇌물 따위로) 매수하다, 유인[유도]하다, 이끌다, 솔깃하게 하다, 쏠리게 하다; 초대하다, 권유하다 : ~ óculos *(Sen.)* 눈길을 끌다. **3.** 자극하다, 분발시키다. **4.** 〔*alqm, alqd - abl. médii -* ad, in *acc.;* ab, de *abl.;* ut *(finále); inf.*〕 부추기다, **교사하다**, 선동하다. **5.** 〔*alqm, alqd -* ut, ne; *inf.*〕 **조르다**, 간청[간원]하다, 재촉하다. **6.** 〔ut, *subj.*〕 …하게 하다, 설득하다. **7.** 〔*alqm*〕 도전[도발]하다. **8.** 〔*alqm - abl. médii;* ne〕 **불안하게 하다**, 걱정되게 하다, 고민하게 하다, **괴롭히다**, 못살게[성가시게] 굴다; 안타깝게 하다, 조바심하게 하다, 마음을 산란하게 하다; 〔*pass. refl.*〕 **sollicitári** 걱정하다, 걱정스럽다, 불안하다. **9.** (평화 따위를) 깨다, 어지럽히다, 교란하다.

sollicitúdo, dĭnis, *f.* [sollícitus] **1.** 고생, 고통. **2.** 〔*absol.; gen. objectív.*〕 시름, 근심, **걱정**, 염려, 불안, 안달; 걱정거리 : gemmárum ~*(Plin.)* 보석들이 깨지지나 않을까하는 걱정. **3.** 조심, 주의; 정성, 골몰. **4.** 의무, 직책.

sollícĭtus, a, um, *adj.* [sollus + cíeo] **1.** 끊임없이 유동하는; 진동[격동]하는, 뒤흔들리는. **2.** 〔*absol.; gen., dat., abl.;* propter, circa *acc.;* de, pro, in, ex *abl.; acc. adverbiális;* quod*(causále); interr. indir.;* ut, ne; *inf.*〕 **걱정하는**, 염려[우려]하는, 마음쓰는, 개의하는; 근심하는, 시름하는, 애타는, 괴로운, 안타까운, 마음졸이는, 조바심하는, 안절부절못하는, **불안한**; 답답한 : sollícitum habére *alqm(C., Pl.)* 아무를[로 하여금] 걱정하게 하다, 애태우다, 불안[답답·난처]하게 하다, 성가시게 하다 / ~ vicem *alcjs (L.)* 누구의 운명을 걱정하는 / ánimo sollícito esse *(C.)* 가책을 느끼다. **3.** (동물이) 놀란, 겁먹은. **4.** 불안에 떠는, (손·입술 따위가) 떨리는. **5.** 걱

정거리의, 염려스러운, 마음놓이지 않는, 불안하게 하는, 애태우는, 괴롭히는; 의구심을 자아내는, 난처한; 서글픈. **6.** 주의깊은, 조심하는, 방심하지 않는. **7.** 〔in *acc.*〕 애써 한, 공들인, 정성들인.

solliférrĕum, i, *n.* [sollus+ferrum] (자루까지도 쇠로 된) 철제투창.

sollístĭmum, *adj. n.* [sollus] = solístimum.

sollus, a, um, *adj.* 온, 전체의, 통짜의, 온통의.

sōlo¹, ávi, átum, áre, *tr.* [solus¹] 적막하게 하다, 황폐케 하다.

Sŏlo², ónis, *m.* = Solon.

solœcísmus, i, *m.* **1.** 《文法》 문법위반, 어법위반; 파격. **2.** 잘못, 과오, 부당.

solœcísta, æ, *m.* 어법위반자.

solœ́cum, i, *n.* = solœcísmus.

Sólŏmon = Sálomon.

Sŏlo(n), ónis, *m. Athénæ*의 유명한 입법자, 7현인의 한 사람 (*sæc.* 7-6 A.C.).

Solónĭum, i, *n. Lanúvium* 근처의 한 지방, *Solónius Ager*라고도 불렸음.

sōlor, átus sum, ári, *dep. tr.* **1.** 위로[위안]하다, 달래다, 희망·용기를 북돋우다. **2.** 진정시키다, 가라앉히다, 가시게 하다, 완화시키다: famem ~ *(V.)* 시장기를 끄다·풀다. **3.** 〔*alqm alqā re*〕 보상하다.

sŏlox, ócis, *adj.* **1.** (제물용으로 방목하여) 털깎지 않은 (짐승). **2.** (털이) 거센, 거친, 올이 굵은; 〔*subst.*〕 *f.* (*sc.* vestis) 거친 양털모직물 옷. **3.** 엉성한.

solséquĭum, i, *n.* = solísequa.

solstitiális, e, *adj.* [solstítium] **1.** 하지의: ~ dies *(C.)* 하지날 / ~ orbis *(C.)* 하지선, 북회귀선. **2.** 한여름의; 혹서의. **3.** 태양의.

solstítĭum, i, *n.* [sol+sisto, sto] 《天》 **1.** 지점(至點): ~ æstívum 하지 / ~ brumále, ~ hibérnum 동지. **2.** 하지. **3.** 여름. **4.** 더위.

solúbĭlis, e, *adj.* [solvo] **1.** 쉽게 분해[해체]되는. **2.** 잘 녹는, 용해될 수 있는. **3.** 해결될 수 있는, 풀(릴) 수 있는, 해소될 수 있는. **4.** 〔*active*〕 분해시키는; 용해하는.

sŏlum¹, i, *n.* **1.** 바닥, 밑바닥; 땅바닥. **2.** 집터, 터전. **3.** 토대, 기초, 기반, 터전; (떠받치는) 받침이 되는 것. **4.** 발바닥; 구두밑창: loca nullíus ante trita sólio *(Lucr.)* 전인미답의 땅[지방]. **5.** 밭, 땅, 흙, 토양; 지면: 〔속담〕 quodcúmque [quod] in solum venit, *(C., Var.)* (무엇이든 땅에 떨어지는 것), 머리에 우선 떠오르는 것, 생각나는 내로의 것. **6.** 육지. **7.** 《法》 (부동산으로서의) 토지, 부동산. **8.** 고향땅, 향토, 고장, 지방; 정착지: ~ natále *(Ov.)* 태어난 고향 / ~ vértere *(C.)* 다른데로 이주하다, 고향을 등지다. **9.** 안와(眼窩) *(Stat.)*.

sōlum², *adv.* [solus¹] 다만, …만, 오직, …뿐: de re unā ~ *(C.)* 오직 한 사건에 대해서만 / **non solum** [neque ~] ..., **sed étiam** [sed et, sed, verum étiam, verum ... quoque] …뿐만 아니라 …도 또한.

solúmmŏdo, *adv.* 다만, 오직 …뿐.

sōlus¹, a, um, *adj.* 〔원칙적으로 *gen. sg.* -líus, *dat.* -li〕 **1.** 〔때로는 unus, a, um과 함께도 씀〕 혼자만의, **홀로의,** 단독의, **오직 하나뿐인,** 유일한, 오직 (그것)만인: non mihi soli, sed étiam pósteris *(C.)* 내게 뿐 아니라 후손들에게까지도 / solos novem menses *(C.)* 아홉 달 동안만 / meā solíus causā *(T.)* 오직 나하나 때문에 / solíus meum peccátum *(C.)* 나 혼자만의 죄. **2.** 외로운, 고립된, 소외된, 버림받은. **3.** 황량한, 적막한, 호젓한, 외딴, 인적이 드문. **4.** 홀몸의, 과부[홀아비]로서의.

Solus², úntis, *f. Sicília* 북해안도시 (지금의 *Solunto*); 〔*subst. deriv.*〕 **Soluntíni,** órum, *m. pl.* 그곳 주민.

solúte, *adv.* [solútus] **1.** 엷게, 희박하게; 성기게. **2.** 자유로이, 거침없이, 구애받지 않고, 마음대로, 하고 싶은 대로. **3.** 아무렇게나, 되는 대로, 함부로, 소홀하게, 대수롭지 않게. **4.** 유창하게, 술술. **5.** 《法》 자유재량으로.

solútĭlis, e, *adj.* [solútus] 쉽게 분해[해체]될 수 있는, 와해되기 쉬운.

solútim, *adv.* [solútus] 헐겁게.

solútĭo, ónis, *f.* [solvo] **1.** 풀어줌, 해방. **2.** 술술 풀림: linguæ ~ *(C.)* 청산유수, 달변. **3.** 느즈러짐, 이완; 허약: ventris et stómachi ~ *(Plin.)* 설사. **4.** 녹임, 녹음, **용해**; 용액(溶液): 《藥》 ~ ácidi chrómici [sulfurósi, tartárici] 크롬산[아류산, 주석산]용액 / ~ albúminis 단백용액 / ~ ammónii carbónici 탄산암몬용액 / ~ bárii chloráti [nítrici] 염화[초산]바륨용액 / ~ cálcii chloráti 염화칼슘액 / ~ laccæ músicæ 리트머스용액 / ~ nátrii chloráti 식염용액 / ~ phénoli 석탄산용액. **5.** 분해, 해체; 와해. **6.** **지불,** 상환; 납부, 납입, 헌납: anticipáta ~ 선불. **7.** 해결; 해석, 풀이, 해답. **8.** 장음절 하나 대신 단음절 둘 쓰기.

solútor, óris, *m.* [solvo] **1.** 푸는[끄르는] 사람, 개봉하는 사람. **2.** 지불인.

solútrix, ícis, *f.* [solútor] 해방시키는 여자, 화를 면하게 하는 여자.

solútus, a, um, *p.p., a.p.* [solvo] **1.** 〔*absol.*; ab *abl.*〕 풀린, 해방된; 결박되지 않은; (다발로) 묶지 않은. **2.** 늦추어진, 느슨한; (머리가) 풀려 흘러내린. **3.** (눈물 따위가) 흘러내린. **4.** (땅이) 굳지 않은, 무른, 보드라운; 쉽게 침식되는. **5.** 성

긴, 배지 않은. **6.** 희박한. **7.** 녹은, 용해된. **8.** 이완해진, 처진; 음식물을 삭이지 못하는 (위장). **9.** 〔*abl.; absol.*〕 약한, 쇠약해진, 지친, 곯아빠진; 병든, 마비된. **10.** 〔*abl.*〕 잔잔해진. **11.** 죽은: ~ inédiā *(Petr.)* 굶어죽은. **12.** 〔*absol.;* (ab) *abl.; gen.*〕 흩가분해진, 벗어난, (일 따위에서) 풀려난, 면한, 면제된. **13.** 〔*absol.;* ab *abl.*〕 구애되지 않는, 자유로운, 독립한, 매이지 않은; 선입견없는. **14.** 명랑한, 쾌활한, 근심걱정없는; 차분한: ~ gáudio vultus *(Petr.)* 희색만면. **15.** 터져 나오는(웃음 따위): risus ~ *(V.)* 폭소. **16.** 산문의, 운율이 없는; (문체가) 산만한; 자유분방한. **17.** 〔in *abl. gerúndii [-dívi],* ad *acc.*〕 유창한, 청산유수의, (말·설명 따위를) 거침없이 술술 해내려가는. **18.** 제멋대로의, 방종한, 무절제한. **19.** 여성적인, 유약한. **20.** 등한한, 태만한, 무관심한. **21.** 지불된, 갚은(빚 따위), 상환된; 〔*subst.*〕 *n.* 지불(된 것), 상환; 갚은 빚. **22.** 저당잡히지 않은. **23.** 〔*absol.; abl.*〕 갚을 의무·책임을 벗은[다한]; 지킬[이행할] 의무·책임이 없는. **24.** 이행된, (약속 따위가) 지켜진. **25.** 해결된, 풀린; 해답된.

solvens, éntis, *n.* [solvo] **1.** 《藥》 거담제(祛痰劑). **2.** 용제(溶劑), 용매(溶媒).

solvo, solvi, lútum, ĕre, *tr.* [se³+luo] **1.** 〔*alqm, alqd* - ab, ex, de *abl.; abl.*〕 풀다, 끄르다, 해방하다, 놓아주다: canis solútus caténā *(Phædr.)* 사슬에서 풀려난 개 / ~ ergástula *(C.)* (감옥에 묶여있는) 노예들을 풀어주다 / ~ epístolam *(C.)* (실로 꿰매어 봉한) 편지를 뜯다. **2.** (접은 것을) 펴다, 펼치다; 풀어헤치다: ~ vela *(V.)* 돛들을 펼쳐 달다. **3.** 열다, 벌어지게 하다, 절개하다: ~ os *(Ov.)* 입을 열다, 말하다·소리내다 / ~ vocem *(Sen.)* 말을 하다 / cicatríces solútæ *(Scrib.)* 다시 터진 상처 / Vena cultéllo sólvitur. *(Col.)* 혈관이 작은 칼로 절개된다. **4.** 〔navem *etc.* - (ab, ex) *abl.; absol.*〕 출항하다, 출범하다, (닻을) 올리다. **5.** 분비시키다, (생리적으로) 나오게 하다; 완화시키다: solútis lácrimis *(Claud.)* 눈물을 흘리고 / alvum ~ *(Cels.)* 대변을 무르게 하다. **6.** 녹이다, 용해(溶解·鎔解)하다. **7.** 증발[증산(蒸散)]하게 하다, 희박해지게 하다. **8.** (열로) 팽창하게 하다. **9.** 〔*alqd [alqm]* in *acc.;* ex *abl.*〕 …로 변하게 하다, 바뀌게 하다; 〔*refl.*〕 se ~ …로 되(어버리)다, …로 변하다. **10.** 〔*alqm, alqd - alqā re*〕 쇠약해지게 하다, 약화시키다, 힘빠지게 하다, 지치게 하다; (감각을) 잃게 하다, 마비시키다: mentes ~ *(Plin.)* 미치게 하다. **11.** 썩게 하다. **12.** 소멸하게 하다, 죽게 하다: ~ *alci* vitam *(Prop.), alqm* ~ *(Sen.)* 누구를 죽이다 / *pass. refl* 〔*absol.; abl.*〕 solvi 죽다. **13.** (딱딱한 표정·감정 따위를) 부드럽게 하다, 누그러뜨리다, 긴장을 풀(게 하)다, 명랑하게 하다: frontem ~ *(Mart.)* 이맛살을 펴다. **14.** 〔ánimum〕 (마음을) 편하게 해주다, 위무하다. **15.** (수를) 나누다. **16.** 해결하다; 해석하다, 풀이하다, 구명(究明)하다; 해답하다, 풀다, 알아맞히다, 지적하다. **17.** 분리[분열]시키다, 갈라놓다, 분산시키다, 흩어지게 하다, 해산시키다. **18.** 분해하다, 해체하다, 뜯다; 파괴하다, 부서[무너]뜨리다: ~ versum *(H.)* 단어를 바꿔놓음으로 운율을 깨뜨리다. **19.** 〔*alqd* - *alqā re*〕 (관계 따위를) 끊다, 깨다, 해소시키다, 해제하다; (효력·구속력을) 소멸[정지]시키다, 무효로 만들다. **20.** (법 따위를) 폐지하다, (전통·관습 따위를) 버리다, 깨다; (명령·규율을) 어기다. **21.** 〔*alqd* - *alci;* pro *alqā re*〕 (빚진 것을) 갚다, 변제[변상]하다, 돌려주다; (대금·요금을) 치르다, 지불하다, 납부[납입·헌납]하다; (무엇을) 대가로 치르다. **22.** 〔숙어〕 solvéndo [ad solvéndum] non esse 갚을[상환·지불할] 능력이 없다: tu nec solvéndo eras, ...*(C.)* 너는 지불할 능력도 없었고 … **23.** 〔pœnas - *alci*〕 (벌을) 받다, (형을) 당하다·치르다. **24.** 〔*alqd* - *alqā re*〕 (잘못 따위를) 보상하다, 속죄하다, 용서받(게 하)다. **25.** 〔*alqd*〕 (무엇에 대하여) 대갚음하다. **26.** (장례·제사 그밖의 의무·책임, 약속 따위를) 이행하다, 실행하다, 수행하다, 다하다, 지키다. **27.** 〔*alqm, alqd* - (ab) *alqā re*〕 (의무·법칙·운명·걱정·공포 따위를) 벗어나게 하다, 면하게 하다, 적용받지 않게 하다, 면제하다, 용서하다: ~ *alqm* légibus *(L.)* 누구에게 법의 적용을 면제하다, 법의 구속을 받지 않게 하다 / se ~ *alqā re (V.)* 무엇에서 벗어나다 / sacraménto [milítiā] solvi *(Ta.)* 제대하다. **28.** 〔*alqd* - (ab, ex) *abl.*〕 (걱정·공포 따위를) 몰아내다, 제거하다, 가시게 하다, (분노를) 거두다, 가라앉히다; (잠·취기 따위를) 깨게 하다; (어둠 따위를) 걷히게 하다; (병을) 낫게 하다; (기갈을) 풀다: ~ corde metus *(V.)* 마음에서 공포를 제거하다.

Sólўma, órum, *n. pl.* [**-ma,** æ, *f.*] = Hierosólyma; 〔*adj.*〕 **-mus,** a, um.

Sólўmi, órum, *m. pl.* **1.** *Lýcia*의 호전적인 원시주민. **2.** *Sólyma*를 도읍으로 삼았던 *Palæstína*의 주민. 「포(體細胞).

sōma, ătis, *n.* **1.** 몸, 동체. **2.** 《生》 체세

somnambulísmus, i, *m.* [somnus+ámbulo] 《醫》 몽유병: ~ artificiális 최면술.

somniális, e, *adj.* [sómnium] **1.** 꿈의. **2.** 〔Hércules의 형용어〕 (신묘한) 꿈을 꾸게 하는. 「몽상가; 꿈을 믿는 사람.

somniátor, óris, *m.* [sómnio] 꿈꾸는 사람,

somniculósus, a, um, *adj.* [somnículus] **1.** 졸리는, 졸음이 오는, 꾸벅꾸벅 조는; 잠만 자는; 나른한, 노곤한; 〔*adv.*〕 **-se,** 졸면서, 등한히. **2.** 굼뜬, 느린. **3.** 졸리게 하는, 졸음오게 하는; 잠자게 하는, 마취시키는. 「는 잠, 선잠, 토끼잠; 졸음.

somnícŭlus, i, *m. dim.* [somnus] 깜빡 드

sómnĭfer, ĕra, ĕrum, *adj.* [somnus+fero] **1.** 잠오게 하는, 잠재우는, 최면의; 〔*subst.*〕 *n.* 최면제, 수면제. **2.** 마비[마취]시키는.

somníficus, a, um, *adj.* [somnus+fácio] 잠재우는, 마취성의.

sómnĭo, ávi, átum, áre, [**-or,** ári, *dep.*] *tr.*, *intr.* [sómnium] 〔*alqd, alqm; acc. c. inf.; de abl.; absol.*〕 **1.** 꿈(을)꾸다, 꿈에 보다. **2.** 몽상하다, 공상하다, 꿈속에서 살다, 잠꼬대같은 소리를 하다: Hic vígilans sómniat. *(Pl.)* 이 사람이 백일몽을 꾸고 있다.

somniósus, a, um, *adj.* [sómnium] **1.** 꿈꾸는, 꿈 많이 꾸는. **2.** 졸리는, 잠이 오는.

sómnĭum, i, *n.* [somnus] **1.** 꿈: per sómnia loqui *(Lucr.)* 잠꼬대하다 / sómnio admónitus 꿈에 (어떤 신으로부터) 지시를 받고. **2.** 몽상, 공상, 환상; 허황된 희망, 백일몽; 잠꼬대같은 소리. **3.** 잠, 수면. **4.** 〔*pl.*〕 Sómnia, *Erĕbus*와 *Nox*에게서 *Somnus*(잠의) 신과 함께 태어난 꿈의 신들.

somnolénter, *adv.* [somnoléntus] 졸면서.

somnoléntĭa, æ, *f.* [somnoléntus] **1.** 졸음; 반쯤 잠든 상태; 비몽사몽(非夢似夢). **2.** 《醫》 기면상태(嗜眠狀態).

somnoléntus, a, um, *adj.* 몹시 조는, 졸음이 와서 못견디는; 졸리는. 「의.

somnósus, a, um, *adj.* [somnus] 잠꾸러기

somnulent... = somnolent... 「[나타난].

somnúrnus, a, um, *adj.* [somnus] 꿈에 본

somnus, i, *m.* **1.** 잠, 수면: somnum cápere *(C.)*, somno tenéri *(C.)*, somno se dare *(C.)* 잠들다 / ~ insitícius *(Var.)* 낮잠 / per somnum [-nos], inter somnos 자다가, 자면서, 자는 동안에, 잠결에. **2.** 꿈: in somno [-nis] *(C.)*, somno *(L.)* 꿈에, 꿈결에; 자다가, 잠결에. **3.** 고요, 정적. **4.** 나태, 빈둥거림. **5.** 밤. **6.** 죽음, 영면. **7.** [S-] 잠의 신. 「리는.

sonábĭlis, e, *adj.* [sono] 소리를 내는, 울

sŏnans, ántis, *p. præs., a.p.* [sono] **1.** 소리나는, 울리는; 잘 울려퍼지는. **2.** 시끄러운, 요란스러운, 아우성치는; 드르렁거리는. **3.** 자랑스러운. **4.** (목소리·말씨 따위가) 고운, 낭랑한, 부드럽고 우아한 **5.** 홀소리의: lítteræ sonántes *(Apul.)* 모음. 「지는, 시끄러운.

sŏnax, ácis, *adj.* [sono] 요란스럽게 울려퍼

sónĭger, ĕra, ĕrum, *adj.* [sonus+gero] 울려퍼지는.

sónĭpes, pĕdis, *adj.* [sonus+pes] 발로 소리내는; 발굽 소리나는; 〔*subst.*〕 *m.* 말, 준마.

sónĭtus, us [i], *m.* [sono] **1.** 소리, 음향. **2.** 고함소리, 함성, 떠들썩한 소리, 아우성; 사자후. **3.** 요란스러운 소리, 굉음, (여러가지) 소음·잡음: ~ Olýmpi *(V.)* 뇌성.

sonívĭus, a, um, *adj.* [sonus] 《占術》 (길흉을 점치도록) 소리나는: sonívium tripúdium *(Fest.)* (점치는) 닭의 주둥이에서 곡식알이 떨어지면서 소리나는 것을 보고 판단하는 점조(占兆).

sŏno, nŭi, nĭtum, áre, [sonus] 〔드물게는 *pf.* -ávi, *supin.* -átum; 간혹 제3활용으로 sónĕre도 보임〕 **I.** *intr.* **1.** 〔*absol.; abl. instruménti; pass. impers.*〕 **소리나다,** 울리다, 울려퍼지다, 들려오다; 소리지르다, (여러가지 자연적) 소음이 나다: Týmpana sonuérunt. *(Cæs.)* 북소리들이 울렸다. **2.** 메아리치다. **3.** 〔bene, male〕 말이 제대로 잘되었다·안되었다, 말에 조리가 있다·없다. **4.** 노래하다, 낭송하다, 노래하는 [읽는·낭송하는] 소리가 들리다. **5.** 발음되다.
II. *tr.* **1.** 소리를 내다, 울리다; 〔*pass. refl.*〕 소리가 나다, 들리다: amnis rauca sonans *(V.)* (바위에 부딪쳐) 요란한 소리를 내며 흐르는 강 / Nec vox hóminem sonat. *(V.)* 목소리도 사람의 목소리가 아니다. **2.** 외치다, (고함)지르다; 소리쳐 자랑하다; 소리질러 알리다. **3.** 의미하다. **4.** 말하다, 말[소리]로 드러내다; 발음하다. **5.** 읊다; 찬미[찬양]하다, 기리다: Te cármina nostra sonábunt. *(V.)* 우리의 시들이 그대를 찬양할 것이다.

sŏnor, óris, *m.* [sono] **1.** 소리, 음향, 반향. **2.** 고함소리, 아우성; 뇌성, 불꽃튀는 소리, (여러가지) 소음, 잡음.

sonórĭtas, átis, *f.* [sonórus] 음악적 음향, 음조[어조]의 아름다움.

sonórus, a, um, *adj.* [sonor] **1.** 소리나는 [내는], 울리는, 울려퍼지는; 〔*adv.*〕 **-re,** 크게 들릴 만큼 소리내어. **2.** 시끄러운, 소란[요란]한; 가르랑거리는.

sons, sontis, *adj.* **1.** 잘못을 저지른 (장본인인), 탓있는, 죄책이 있는, 죄지은, 유죄의; 〔*subst.*〕 *m.* 죄인, 범인, 범죄자; *n.* 범죄. **2.** 해로운, 해치는, 가해하는.

Sontiátes, um, *m.pl.* *Aquitánia*에 있던 *Celtæ* 종족.

sóntĭcus, a, um, *adj.* [sons] 상당한 이유의, (면책의 사유가 될 만큼) 타당성있는; 중대한, 위해로운, 위중(危重)한: morbus ~ (정상적 임무수행 불능·법정의 소환명령 이행 불능의 사유가 될 정도로) 심각한

sónŭi, *pf.* [sono]. ㄴ병 (지랄병 따위).

sŏnus¹, a, um, *adj.* 소리나는[내는], 울리는; 모음의.

sŏnus², i, *m.* 〔《古》 제4변화 -nus, us도 보임〕 **1.** 소리, 음, 음향; 소음, 잡음. **2.** 말, 말소리, 목소리. **3.** 말의 억양, 강세; 어조. **4.** 언어.

sophía, æ, *f.* **1.** 지혜, 예지, 상지(上智). **2.** [S-] *Diána* 여신의 젖동생인 여신.

sophiánus, a, um, *adj.* [sophía] (그리스도를 지칭하는) 상지(上智, sophía)의.

sophísma, ătis, *n.* 궤변, 부회(附會).

sophismátĭon [-um], i, *n.* [sophísma] 자그마한 궤변.

sophísta [-es], æ, *m.* **1.** 궤변가, 사이비 철학자. **2.** 웅변[수사학]교사; 학자.

sophístĭce¹, *adv.* [sophísticus] 궤변(적)으로, 억지이론으로.

sophístĭce², es, *f.* 궤변, 궤변론, 궤변술.

sophístĭcor, ári, *dep. intr.* [sophísticus] 궤변을 농하다.

sophístĭcus, a, um, *adj.* [sophísta] 궤변의, 궤변적; 궤변가의, 궤변을 농하는, 억지이론을 늘어놓는.

sophístrĭa, æ, *f.* (여자) 궤변가.

Sóphŏcles, is [i], *m.* 희랍의 3대 비극시인의 한 사람 (c. 497 - 405 A.C.); 〔*adj.*〕 **-cléus,** a, um.

sŏphos¹, *adv.* 아주 훌륭하다! 잘했다! 〔명사적〕 갈채(喝采).

sophus¹ [-os²], i, *m.* 지혜로운 사람, 현자.

sŏphus², a, um, *adj.* 지혜로운, 현명한.

sópĭo, ívi [ĭi], ítum, íre, *tr.* [sopor] **1.** 잠재우다, 잠들게 하다; 최면술을 걸다; 〔*pass. refl.*〕 잠들다. **2.** 영면하게 하다, 죽게 하다. **3.** 까무러치게 하다, 실신시키다; 마비시키다. **4.** (바람 따위를) 자게 하다, 가라앉히다, 멎게 하다, 진정시키다, 고요해지게 하다; (불 따위를) 사위게 [사그라지게] 하다.

sŏpor, óris, *m.* [sópio] **1.** 혼수(상태), 기면(嗜眠), 인사불성. **2.** 잠, 숙면. **3.** 죽음, 영면. **4.** 실신; 마비. **5.** 수면제. **6.** 꿈. **7.** 관자놀이. **8.** [S-] 잠의 신(神).

soporátĭo, ónis, *f.* [sopóro] 잠듦.

soporátus, a, um, *p.p., a.p.* [sopóro] **1.** 잠든. **2.** 마비된, 마취된. **3.** (고통 따위가) 가라앉은, 진정된. **4.** 잠들게 하는, 최면작용을 하는.

sopórĭfer, ĕra, ĕrum, *adj.* [sopor + fero] 졸리게 하는; 잠들게 하는, 수면제의, 최면의.

sopóro, ávi, átum, áre, *tr.* [sopor] **1.** 잠들(어버리)게 하다; 〔*pass. refl.*〕 잠들다. **2.** 감각을 잃게 하다, 마취[마비]시키다. **3.** 가라앉히다, 가시게 하다, 진정시키다; (불 따위를) 끄다, 사위게 하다. **4.** *intr.* 〔*p. præs.*〕 **sopórans,** ántis, 잠들어 있는, 잠자는.

sopórus, a, um, *adj.* [sopor] **1.** 잠오게[잠들게] 하는, 최면의. **2.** 몹시 조는; 잠든.

Sōra, æ, *f.* *Látium*에 있던 *Volsci*인의 도시; 〔*adj.*〕 **Soránus,** a, um.

Sōrácte [Saurácte], is, *n.* *Roma* 북쪽에 있는 *Etrúria*의 높은 산, *Apóllo* 신전이 있었음; 〔*adj.*〕 **-tínus,** a, um.

sórăcum, i, *n.* 큰 바구니, 광주리.

Sōrax, áctis, *m.* = Sorácte.

sórbĕo, bŭi, (sórbĭtum), ĕre, *tr.* **1.** 들이마시다; 빨아먹다; 삼키다. **2.** 빨아들이다, 흡입[흡수]하다. **3.** 당하다, 감수하다, 견디어내다.

sorbicína, æ, *f* = sorbítio.

sórbĭlis, e, *adj.* [sórbeo] 들이마실 수 있는 (것), 빨아먹을 수 있는, 삼킬만한.

sorbillátor, óris, *m.* [sorbíllo] 홀짝홀짝 마시는 자; 먹어치우는 자.

sorbí(l)lo, áre, *tr.* [sórbeo] 홀짝홀짝 마시다.

sórbĭlo, *adv.* [sórbeo] 홀짝홀짝; 조금씩조금씩.

sorbítĭo, ónis, *f.* [sórbe] **1.** (들이)마심; 삼킴. **2.** 국, 국물; 미움. **3.** (독미나리로 달인) 독약을 마심.

sorbítĭum, i, *n.* = sorbítio.

sorbitiúncŭla, æ, *f.* *dim.* [sorbítium] 소량의 국물·미움.

sorbo, sorpsi, sorptum, ĕre, *tr* 《古》 = sórbeo.

sorbum, i, *n.* [sorbus] 마가목열매

sorbus, i, *f.* 《植》 마가목.

sórdĕo, dŭi, ére, *intr.* [sordes] **1.** 더러워졌다, 더럽다, 불결하다, 때가 끼었다. **2.** 천하다, 상스럽다. **3.** 시시하다, 시답지 않다, 쩨쩨하다. **4.** 〔*alci; absol* 〕 보잘것없다, 하찮게 여겨지다, 업신여김받다, 경멸되다.

sordes, is, *f.* **1.** 더러움, 불결; 때, 먼지; 눈곱, 귀지; 오물, 쓰레기, 찌꺼기. **2.** 초상, 상사(喪事); 상복(喪服); 비통, 애통. **3.** 재난, 변고. **4.** 누더기; 남루한 죄수복. **5.** 천함, 비천, 저속, 상스러움. **6.** 비천한 신분, 천민, 극빈자; 상놈, 인간쓰레기. **7.** 불명예, 치욕. **8.** 쩨쩨함, 치사함, 노랑이 기질.

sordésco, dŭi, scĕre, *intr. inch.* [sordeo] **1.** 더러워지다, 때가 끼다, 먼지가 앉다. **2.** 비천해지다, 저속해지다, 상스러워지다. **3.** 잡초투성이가 되다, 황무지가 되다.

sordícŭla, æ, *f.* *dim.* [sordes] 티, 흠집.

sordidátus, a, um, *p.p., a.p.* [sórdido] **1.** 더러워진, 더럽혀진. **2.** 남루한 옷차림의, 꾀죄죄한. **3.** (딱하도록) 누추한, 상복차림을 한. **4.** (양심이) 타락한.

sórdĭde, *adv.* [sórdidus] **1.** 더럽게, 불결하게. **2.** 비천한 가문에, 천한 신분으로. **3.** 야비하게, 저속하게, 비열하게, 비굴하게, 천박하게. **4.** 인색하게, 쩨쩨하게, 시시하게, 치사하게.

sórdĭdo, ávi, átum, áre, *tr.* [sórdidus] 더

럽히다, 때묻게 · 먼지끼게 하다, 때묻히다, 혼탁하게 하다.

sordídŭlus, a, um, *adj. dim.* [sórdidus] **1.** 좀 더러운, 때가 낀. **2.** 비천한, 야비한.

sórdĭdus, a, um, *adj.* [sordes] **1. 더러운,** 불결한, 누추한, 시서분한, **때묻은,** 꾀죄죄한; 먼지낀; 그을음이 앉은; 녹슨. **2.** 남루한, 해어진. **3.** 〔*poet.*〕 지저분한 농촌의, 시골의. **4. 비천한,** 천민의; 초라한, 보잘것없는; 적빈(赤貧)의: sórdida casa*(Sen.)* 오막살이 / panis ~ *(Sen.)* (빈민들이나 먹는) 조악한 빵. **5.** 야비한, 저속한, 상스러운, 천박한. **6.** 남루한 옷차림의. **7.** 칙칙한. **8.** 망신 · 수치 · 창피스러운. **9.** 인색한, 쩨쩨한, 시시한, 치사한.

sordítĭa, æ, [**–tĭes,** éi; **–túdo,** dĭnis,] *f.* [sordes] 더러움, 불결.

sorédĭum, i, *n.* 《植》 (지의류〈地衣類〉 식물의) 분아(粉芽), 분자(粉子), 분상체(粉狀體).

sōrex, rĭcis, *m.* 《動》 뒤쥐(들쥐의 일종).

soricínus, a, um, *adj.* [sorex] 뒤쥐의.

sorítes, æ, *m.* 《論》 연쇄식(連鎖式), 연쇄추리(連鎖推理).

sorítĭcus, a, um, *adj.* [sorítes] 연쇄식(連鎖式)의.

sōrix, rĭcis, *m.* (=saurix) 《動》 올빼미.

sŏror, óris, *f.* **1. 자매,** 누이, 언니, 여동생: germána ~ *(C.)* 친누이, 친자매 / ~ patruélis 친사촌누이 / ~ Phœbi*(Ov.)* *Phœbus*의 누이, *Luna* 여신 / ~ Jovis*(V.)* *Júpiter*의 누이, *Juno* 여신 / doctæ soróres*(Tib.)* (9인의) *Musæ* 여신들 / vipéreæ soróres, atro crinítæ angue soróres*(Ov.)* (뱀의 머리를 가진) 복수의 3여신 *Fúriæ* / sorórum fila trium *(H.)* 운명의 3여신 *Parcæ*의 실(*cf.* filum 3.) / pœna Sorórum*(Prop.)* 50자매 *Danáides*가 받은 벌. **2.** (사촌 · 외사촌 · 고종 · 이종 등) 친척되는 자매: ~ *(Ov.)* 사촌누이. **3.** 〔자매같은 사이의 애칭〕 누나, 언니, 동생. **4.** 애인, 애첩. **5.** (여성) 동지 · 회원 · 단원, 여교우(女敎友). **6.** 《가》 수녀; 《敎法》 단순서원수녀(單純誓願修女). **7.** 〔쌍으로 되었거나 동류, 같은 부류에 속하는 사물을 지칭〕 Fessæ succédit læva sorórí.*(V.)* 피곤해진 오른손의 뒤를 왼손이 잇는다(오른손과 교대한다).

sorórcŭla, æ, *f. dim.* [soror] (귀여운) 누이동생.

sororicída, æ, *m., f.* [soror + cædo] 자매살인범.

sororicídĭum, i, *n.* [soro + cædo] 자매살해.

sorórĭo, áre, *intr.* [soror] 자매로 · 자매처럼 나란히 자라다.

sorórĭus, a, um, *adj.* [soror] 자매의, 누이의; 〔*subst.*〕 *m.* 1) 매부(妹夫). 2) 생질(甥姪).

sorósis, is, *f.* 《植》 상과(桑果: 오디 · 파인애플 따위).

sors¹, sordis, *f.* 《古》 = sordes.

sors², sortis, *f.* 〔《詩》 간혹 *abl.sg.* –ti〕 **1. 운, 운명,** 운수; 숙명, 팔자; 운수에 따른 결과: Res revocátur ad sortem.*(C.)* 결과는 운에 맡겨진다. **2. 제비,** 심지, (어떤 내용 · 이름 따위가 적혀있는) 추첨널쪽; 추첨: sortem dúcere *(V.)* 제비를 뽑다 / sorte duci*(V.)* 제비에 뽑히다/ conjícere sortes in hýdriam*(C.)* 제비를 추첨단지에 던져넣다 / conjícere in sortem*(L.)* 제비로 결정하다 / extra sortem *(C.)* 추첨하지 않고 / sortes conviváles (물품명을 적어서 봉해놓은 얇은 널쪽을 식탁손님들이 놀이로 돈내고 사는) 복권(福券, 간혹 순가락도 사용되었음). **3.** 당첨자; 당첨된 것. **4.** (추첨에 의해 할당된) 직책, 직무, (특히 *prætor*의) 임무: Nunquam ex urbe áfuit nisi sorte.*(C.)* 그는 추첨에 의한 임무가 아닌 한 한번도 *Roma*에서 떠난 적이 없었다. **5.** 신탁(信託), 탁선(託宣); 예언적 시문(詩文), 책을 펼쳐서 눈에 띄는 구절에 따라 치는 점; (미래예시의) 꿈: sortes sanctórum*(Isid.)* 성서 점(占). **6.** 방식; 규정: tali sorte*(Manil.)* 이런 방식으로. **7.** 신분, 지위, 처지, 신세; 성별(性別): feminína ~ *(Ov.)* 여성. **8.** 후예, 후손. **9.** 몫, (누구의) 차지, 상속(재산). **10.** 원금(元金). **11.** (추첨에 의해 할당되는) 토지의 면적; 토지대장. **12.** 영토, 국토. **13.** 《神話》 운명의 여신.

sorsum, *adv.* = seórsum.

sortícŭla, æ, *f. dim.* [sors²] 소형의 제비, 작은 추첨널쪽.

sortilégĭum, i, *n.* [sortílegus] **1.** 제비뽑아 치는 점. **2.** 요술, 마법의 주문.

sortílĕgus, a, um, *adj.* [sors² + lego²] 신탁(信託)의, 탁선(託宣)의, 예언의, 점장이의; 〔*subst.*〕 (단지에서 제비뽑은) 신탁을 일러주는 예언자, 점장이.

sórtĭo, (ívi), ítum, íre, *intr.* = sórtior.

sórtĭor, ítus sum, íri, *dep.* [sors²] **I.** *intr.* 〔*absol.;* de *abl.*〕 제비뽑다, 추첨하다. **II.** *tr.* **1.** 〔*acc.; interr. indir.*〕 제비로 뽑다, 추첨하다; 제비뽑아 얻다 · 가지다, 당첨하다. **2.** 나누다, 분배하다, 할당하다: labórem ~ *(V.)* 수고를 나누다. **3.** 얻다, 얻어만나다, 받아가지다, 차지하다, 향유하다; 당하다: fílium ~ *(Ulp.)* 아들을 (낳아) 얻다. **4.** 선정 · 선택하다, 정하다.

sortis, is, *f.* = sors².

sortítĭo, ónis, *f.* [sórtior] 〔*absol.; gen.*〕 제비뽑음, 추첨; (추첨에 의한) 선정; 분배: sortitióne in *alqm* animadvértere*(C.)* 아무나 한 사람 골라서 견책하다.

sortíto, *adv.* [sortítus¹] **1.** 제비로, 추첨에 의해서; 제비에 뽑혀. **2.** 숙명적으로; 필연적으로.

sortítor, óris, *m.* [sórtior] 추첨자.

sortítus¹, a, um, *p.p.* [sórtior] **1.** *dep.* 추첨한, 제비뽑아 얻은. **2.** *pass.* 제비에 뽑힌, 제비로 결정된, 할당된, 선정된; 얻은.

sortítus², us, *m.* [sórtior] **1.** 제비뽑음; 추첨에 의한 결정. **2.** 제비. **3.** 운명.

sōrus, i, *m.* **1.** 《植》 (양치식물의) 자낭군(子

囊群). **2.** 《動》 꽁치(의 일종).
sōry[sori], 〔*gen.* soryos; *abl.* sory〕, *n.* *(Plin.)* 황산동(黃酸銅).
Sósĭa, æ, *m.* *(C.)*; **Sócias,** æ, *m.* *(Aus.)* 소시아, 그리스 노예의 이름.
Sósĭlus, i, *m.* *Sparta*의 역사가, *Hánnibal*의 스승으로서 그 업적을 기록하였음.
Sósĭus, i, *m.* *Roma*인의 씨족명; Sósii*(H.)* *Horátius* 시대의 로마의 유명한 책장사 형제들; 〔*adj.*〕 **–siánus,** a, um, 소시우스의.
sospes, pĭtis, *adj.* **1.** 무사히 보호하는, 구조하는; 〔*subst.*〕 *m.* 구원자. **2.** 무사한, 안전한, 건재하는, 탈없는, 성한, 화를 면한: júvenes sóspites*(H.)* 무사히 살아 돌아온 젊은이들. **3.** 다행한, 행운의, 경사로운, 길(吉)한.
sóspĭta, æ, *f.* [sospes] 구원자(여), 보호자, 해방시킨 여자(*Juno* 여신의 별명).
sospitális, e, *adj.* [sospes] 〔*dat., absol.*〕 보호해주는, 이로운, 좋게 해주는, 안전 · 건강을 가져다 주는. 「(無故), 복, 구원, 보호.
sóspĭtas, átis, *f.* [sospes] 안녕, 건강, 무고
sospitátio, ónis, *f.* 인사, 안녕.
sospitátor, óris, *m.* [sóspito] **1.** 구출자, 구원자, 구세주. **2.** *Júpiter*신의 별명.
sospitátrix, ícis, *f.* [sospitátor] 구조자, 구원자(여).
sóspĭto, áre, *tr.* [sospes] 무사하게 보존 · 보호하다, 구원 · 구조하다.
Sótades, is, *m.* *Græcia*령(領) *Creta*섬 출신의 외설시인(그의 시를 거꾸로 읽으면 외설이 되었다 함); 〔*adj.*〕 **–déus,** a, um.
Sotádĭcus, a, um, *adj.* [Sótades] *Sótades*풍의; 〔*subst.*〕 **Sotádici,** órum, *m.pl.* *Sótades*풍의 저서.
sōter, éris, *m.* 〔*acc.* –rem, –ra〕 **1.** 구조자, (안녕을 갖다주는) 구원자. **2.** [S–] 구세주(예수 그리스도). **3.** [S–] *Júpiter*신의 별명. **4.** [S–] *Ægýptus*의 *Ptolomæus* I 세의 별명 *(Plin.)*. **5.** [S–] *Sýria*의 왕 *Demétrius* I 세의 별명*(Just.)*.
sotería[1], æ, *f.* 영혼의 구제, 구령(救靈).
sotérĭa[2], órum, *n.pl.* **1.** (친구에게 보내는) 완쾌[위험모면] 축하의 선물. **2.** 친구의 건강을 기원하는 제전. 「구세주에 관한.
sotericiánus, a, um, *adj.* [soter] 구세주의,
soteriología[–lógia], æ, *f.* 《神》 그리스도 구세론(救世論); 〔*adj.*〕 **–lógĭcus,** a, um.
Sotiátes, um, *m.pl.* *Gállia Aquitánia*의 주민. 「약초), 쑥.
sozúsa, æ, *f.* 《植》 *Artémis* 여신의 풀(부인병
Sp. 《略》 *Roma*인의 개인 이름 *Spúrius*의 약자. 「색하는 염색인.
spadicárius, i, *m.* [spadix[2]] 적갈색으로 염
spádĭca, æ, *f.* [**–cum,** i, *n.*] = spadix[1].
spādix[1], ícis, 〔*acc.pl.* spadicas〕, *m.* **1.** 열매가 달린 채로 꺾인 종려나뭇가지. **2.** (lyra와 비슷한) 현악기의 일종. **3.** 《植》 육수화서(肉穗花序). 「의.
spādix[2], ícis, *adj.* [spadix[1]] 밤색의, 적갈색
spădo, ónis, *m.* 〔2. 3.에서는 흔히 *adj.*〕 **1.** 성적 불구자, 고자, 내시. **2.** 거세된 동물. **3.** 열매맺지 못하는 햇가지. 「상태.
spadonátus, us, *m.* [spado] 고자의 처지 ·
spadónĭus[간혹 **–nínus],** a, um, *adj.* 고자의; 열매맺지 못하는, 불임(不稔)의: ~ mala*(Plin.)* 씨앗없는 열매.
spando, dĭtus, ĕre, *tr.* = expándo.
Spánĭa = Hispánia. 「貧血).
spaniǽmĭa, æ, *f.* 《醫》 빈혈, 국소빈혈(局所
Spanus = Hispánus.
spárăgus, i, *m.* = aspáragus. 「포.
spargo[1], gĭnis, *f.* [spargo[2]] 뿌림, 살수, 살
spargo[2], rsi, rsum, ĕre, *tr.* **1.** 〔*cf.* 2. a)〕 (씨를) **뿌리다, 파종하다. 2.** 〔a) *alqd* – *abl. loci;* in, per, super *acc.; dat.* b) *alqm[alqd] alqā re*〕 뿌리다, 살포하다, 끼얹다, 흩어 던지다: ~ cínerem super caput*(Job 2,12)*, ~ cínerem cápiti*(Esth. 4,1)* 머리에 재를 뿌리다 / ~ humum fóliis*(V.)* 땅바닥에 나뭇잎들을 뿌려 깔다. **3.** 〔*alqm[alqd]* – *alqā re*〕 (액체를) 뿌리다, 뿌려서 적시다, 물들이다: ~ saxa sánguine*(En.)* 바위들을 피로 물들이다. **4.** (퍼붓듯) 던져 보내다, (화살 따위를) 쏘아대다, 발사하다. **5.** (뿌리 · 가지 따위를) 뻗다, 뻗게 하다: se ~ *(Plin.)* 뻗어 나가다. **6.** 뿔뿔이 흩어지게 하다, **분산시키다**: se in fugam ~ *(L.)* 흩어져 도망하다. **7.** 나누다, 갈래를 이루게 하다. **8.** 〔*alqm*〕 사방으로 보내다. **9.** (냄새 따위를) 풍기다, (빛 따위를) 발산시키다, 확산시키다, 번져나가게 하다. **10.** 〔*alqd alqā re*〕 충만케 하다, (어디에) 가득 퍼지게 하다, (무엇으로) 충만케 하다. **11.** 〔*alqd* – per, in *acc.*〕 퍼뜨리다, 퍼져나가게 하다, 유포하다. **12.** 낭비하다. **13.** 〔*alqd alqā re*〕 아롱지게 하다, 꾸미다.
sparsim, *adv.* [sparsus] 여기저기, 군데군데.
spársio, ónis, *f.* [spargo[2]] **1.** 뿌림, 살포, 분무. **2.** (극장에서 관중에게 던져서) 선물뿌림. **3.** 그리스도의 피뿌림.
sparsívus, a, um, *adj.* [spargo[2]] (공을) 던지는, 높이 던지기 놀이에 쓰이는.
sparsórium, ii, *n.* [spargo[2]] 물 뿌리개.
sparsus, a, um, *p.p., a.p.* [spargo[2]] **1.** 〔per, in, ad *acc.; abl.loci, absol.*〕 (여기저기) 뿌려진, 흩어진, 퍼진, 분산된. **2.** 〔*alqā re*〕 …으로 더러워진; 아롱진, 얼룩덜룩한.
Sparta, æ, [**–te,** es,] *f.* *Lacónia* 또는 *Lacedǽmon*(지금의 *Mistra*)의 수도; 〔*adj.*〕 **–tánus [–tĭăcus, –tiátĭcus, –tĭcus],** a, um. *Sparta*의, *Sparta*인의.
Spártăcus, i, *m.* **1.** *Thrácia* 출신의 검투사, *Roma*인들에게 대항하여 이른바 검투사 전쟁을 일으켰던 노예두목(71 A.C. 전사). **2.** *Cícero*가 *M. Antónius*를 풍자하여 지칭한 별명*(C.)*.

Spartánus, a, um, *adj.* *Sparta*의, *Sparta*인의; 〔*subst.*〕 *m.* *Sparta*인.

spartárĭus, a, um, *adj.* [spartum] 나래새의; 〔*subst.*〕 **–tárĭa,** órum, *n.pl.* (*sc.* loca) 나래새 투성이의 땅(재배지).

Spartc, es, *f.* = Sparta.

spártĕus, a, um, *adj.* [spartum] 나래새로 만든; 〔*subst.*〕 *f.* (*sc.* sólea) 나래새로 만든 샌들.

Spartiátes, æ, *m.* *Sparta*인.

spartum[**–on**], i, *n.* **1.** 《植》 (포아풀과에 속한 스페인 원산의) 나래새. **2.** 나래새로 꼰 밧줄.

spárŭlus, i, *m. dim.* [sparus^2] 《動》 도미(의 「일종).

spărus^1, i, *m.* [간혹 **–rum,** i, *n.*] (뒷 갈고리를 단) 작은 창(槍).

spărus^2, i, *m.* 《動》 (목에 금빛이 도는) 도미의 일종.

spasma, ătis, *n.* 《醫》 경련(痙 「攣), 발작.

spasmódĭcus, a, um, *adj.* 《醫》 경련(성)의, 경련으로 생기는, 발작적인.

spasmophílĭa, æ, *f.* 《醫》 경련 「성(痙攣性).

spasmus, i, *m.* 《醫》 경련: ~ canínus, ~ cýnicus 경소(痙笑) / ~ glóttidis 성문(聲門) 경련.

SPARUS^1

spástĭcus, a, um, *adj.* 《醫》 경련성의, 긴장성 경련의; 〔*subst.*〕 *m.* 경련일으킨 환자.

spăta, æ, *f.* = spatha.

spátăle, es, *f.* 방탕.

spatángĭus, i, *m.* 《動》 섬게의 일종.

spătha, æ, [**–e,** es,] *f.* **1.** (약 따위를 휘젓는) 길쭉한 주걱. **2.** 바디(의 대용품인 직조기 부품). **3.** 《植》 (종려나무 열매꼭지의) 불염포(佛焰苞). **4.** 《植》 전나무(또는 종려나무)의 일종. **5.** (길쭉한) 쌍날검[칼].

spat(**h**)**álĭum,** i, *n.* **1.** 열매달린 종려나무 가지. **2.** 팔찌의 일종.

spat(**h**)**árĭus,** a, um, *adj.* [spatha] 쌍날검[칼]의; 〔*subst.*〕 *m.* 상관의 쌍날검을 들고 다니는 시종; 쌍날검으로 무장한 호위병; 쌍날검으로 무장한 군인.

spát(**h**)**ŭla,** æ, *f. dim.* [spatha] **1.** 작은 주걱; 《醫》 압설자(壓舌子). **2.** 종려나무의 작은 가지. **3.** 쌍날단검. **4.** (돼지의) 넙적다리. **5.** 받경계푯말. **6.** = spátale.

spatiális, e, *adj.* [spátium] 공간의, 공간적인; 장소의, 장소적으로 존재하는 · 일어나는.

spatiátor, óris, *m.* [spátior] 걷는 사람, 산책하는 사람.

spatíŏlum, i, *n. dim.* [spátium] 작은 공간 · 「간격.

spátĭor, átus sum, ári, *dep. intr.* [spátium] **1.** 걷다, 거닐다, 산책하다; 배회하다. **2.** 앞으로 나아가다, 전진하다, 행진하다. **3.** 퍼지다, 뻗어 나가다; 펼쳐지다, 확산되다.

spatióse, *adv.* [spatiósus] **1.** 넓게 퍼져, 널찍하게. **2.** 오랫동안, 오래도록.

spatiósĭtas, átis, *f.* [spatiósus] 광대함, 광활.

spatiósus, a, um, *adj.* [spátium] **1.** 덩치가 큰, 큼직한, 우람한. **2.** 넓은, 널찍한, 광대한, 광활한. **3.** (시간적으로) 긴, 오랜, 장시간의, 장황한. **4.** 심원한, 웅대한. **5.** (음절이) 긴.

spátĭum, i, *n.* **1. 공간**, 장소, 자리. **2.** 사이, **간격**, 거리. **3.** 덩치, 부피, 크기; 길이; 넓이. **4.** 경마장, 경주장; 주로(走路), 한 바퀴(*pl.* 여러 바퀴). **5.** 산책; 달리기, 경마. **6.** 보도(步道), 산책길, 산책장소. **7.** 〔*gen., dat.,* ad *acc.,* pro *abl., absol.*〕 (시간의) 사이, **동안**, 시간, 세월; (시간) 여유, 겨를, 틈, 기회: ~ ad cogitándum*(C.)* 생각할 여유 / ~ pro múnere *(Ov.)* 한 숨 돌릴 틈. **8.** 연(年), 해. **9.** 《詩》 장단격(長短格), 운율의 길이. **10.** 역정(歷程), 길; 궤도. 「= spátale.

spátŭla, æ, [**–le,** es,] *f.* **1.** = spáthula. **2.**

S.P.D. 《略》 = salútem plúrimam dicit. (아무가) 아주 많이[충심으로] 문안드립니다.

speciális, e, *adj.* [spécies] **1.** 특별한, 특수한, 각별한; 〔*adv.*〕 **–lĭter,** 특별히, 특수하게; 독특하게. **2.** 독특한, 특유한, 특이한.

speciálĭtas, átis, *f.* [speciális] **1.** 특수성, 특색, 특성, 특질. **2.** 전문, 전공, 본업. **3.** 특산물, 특제품. 「파는 여자.

speciárĭa, æ, *f.* [spécies] 향미료 · 향신료

speciátim, *adv.* [spécies] 특별히, 특히.

speciátus, a, um, *adj.* [spécies] 형체를 갖춘, 형성된.

spécĭes, éi, *f.* [spécio] **1.** 바라봄, 주시; 시각(작용), 시력; 시선, 눈길; 시야. **2.** 〔*absol., gen., acc. c. inf.*〕 드러나 보임, 겉보기, 겉모양, **외형, 외관**, 외견; 광경; 허울, 티; 꼴, 형상, 형태, 모양, 형색: spécie*(C., L.)*, in[per] spéciem*(C., Cæs., L.)* 외견상, 겉으로(는) / primā spécie*(C.)* 처음 보기에(는) / in montis spéciem*(Ov.)* 산더미처럼 / præbitúrus spéciem, ipsum regem ··· præsidére*(Curt.)* (그는) 임금 자신이 앞에 앉아있는 듯이 보이려고 / 《神》 spécies sacramentáles 성체성사의 형상(외형), ~ panis 면병(麵餠)의 형상(외형), ~ vini 포도주의 형상(외형). **3.** 명목, 구실, 핑계: sub spécie tutélæ*(Curt.)* 보호(한다)라는 구실로. **4.** 근사(近似), 유사. **5. 얼굴, 용모**, 용자(容姿), 외모. **6.** 환상, 환영(幻影). **7.** 관념, 개념, 이념. **8.** 이상(理想). **9.** 《哲》 1) (객체의) 상(像); 형질(形質): ~ expréssa 표현상, 표출상 / ~ impréssa 인상상(印象像), 인각상(印刻像) / ~ intellegíbilis 가지상(可知像) / ~ sensíbilis 감각상. 2) 상(相): sub spécie æternitátis *(Spinoza)* 영원의 상 아래에. **10.** 미, 아름다움, 고움, 예쁨, 미모. **11.** 멋, 장식, 잔란; 자랑, 과시. **12.** 웅대, 웅장, 위풍; 풍채, 볼품. **13. 종류**, 품종. **14.** 《論》 종(種), 종개념: ~ análoga 유사종. **15.** 《生》 종(種): orígo speciéi 종의 기원. **16.** 사건, 경우, 구체적 상황; 특례. **17.** 연산

(演算)의 법칙, 산법: quáttuor spécies 사칙(四則). **18.** 화상(畵像), 초상, 조상(彫像). **19.** 우상. **20.** 특정물(特定物), 물품, 물건; (옷)가지, (금속)붙이; 상품(商品). **21.** 향신료(香辛料), 양념. **22.** 약재성분. 「질.

speciétas, átis, *f.* [spécies] 특성, 특별한 성

specífico, áre, *tr.* [spécies + fácio] 특기하다, 명시하다, 한정[규정]짓다, 규명하다, 종류를 구분하다. 「가지로 다듬어진 · 가공된.

specillátus, a, um, *adj.* [specíllum] 여러

specíllum, i, *n.* [spécio; spéculum의 축소] **1.** 《醫》 (내강〈內腔〉 등 탐사용 막대) 외과기구, 존데(Sonde), 탐침(探針). **2.** 작은 거울.

spécimen, mĭnis, *n.* [spécio] 〔단수로만 사용〕 **1.** 검증, 증거, 표(標). **2.** 표본, 견본, 예. **3.** 특징. **4.** 장식, 치장. **5.** 이념, 목표.

spécio, spexi, spectum, ĕre, *tr.* (=spício) 보다, 바라다 보다, 관찰하다, (경멸) 훑어보다, 점치다: ~ avem*(Var.)* 새가 나는 모양을 보고 점치다.

speciόse, *adv.* [speciósus] **1.** 잘, 훌륭하게, 멋지게. **2.** 찬란하게, 빛나게, 아름답게.

speciósĭtas, átis, *f.* [speciósus] 아름다움, 훌륭함, 찬란함.

speciósus, a, um, *adj.* [spécies] **1.** 훌륭한, 멋진, 수려(秀麗)한, 빼어나게 아름다운. **2.** 빛나는, 훌륭한, 웅대한: speciósum ministérium*(L.)* 빛나는 활약, 관직. **3.** 눈부신, 허울좋은. **4.** 〔*adv.*〕 **–se,** 화려하게, 아름답게.

spectábĭlis, e, *adj.* [specto] **1.** 보이는. **2.** 볼만한, 찬란한, 관람할 만한, 화려한. **3.** 〔존칭〕 존경하올: vir ~ 높은 사람.

spectabílĭtas, átis, *f.* [spectábilis] 높은 지위: ~ tua*(Aug.)* 각하(=excelléntia).

spectác(ŭ)lum, i, *n.* [specto] **1.** 바라다봄, 모습, 광경, 경치, 상황(狀況), 구경거리: O ~ míserum!*(C.)* 오! 가련한 모습이여! **2.** 영화, 연극, 무대장치: nondum commísso spectáculo*(L.)* 구경은 아직 시작하지 않았는데. **3.** 극장, 야외극장.

spectámen, mĭnis, [**–méntum,** i,] *n.* [specto] **1.** 바라다봄, 광경, 구경거리. **2.** 증거, 표본, 인장. 「만한.

spectándus, a, um, *adj.* [specto] 구경할

spectans, ántis, *m.* [specto] 구경꾼, 방관자.

spectáte, *adv.* 〔흔히 *superl.*: spectatíssime〕 훌륭하게, 두드러지게.

spectátĭo, ónis, *f.* [specto] **1.** (연극) 관람, 전망, 조망(眺望), 관찰. **2.** 시금(試金). **3.** 고려(考慮). 「정관적(靜觀的).

spectatívus, a, um, *adj.* [specto] 이론적,

spectátor, óris, *m.* [**–átrix,** ícis, *f.*] [specto] **1.** 관찰자, 구경꾼: ~ cæli siderúmque *(L.)* 천문학자. **2.** 증인, 목격인. **3.** 관람객. **4.** 검사하는 자, 연구하는 사람, 판단하는 사람. **5.** 엿보는 자, 첩자.

spectátus, a, um, *p.p., a.p.* [specto] **1.** 시련을 겪은, 검사를 끝낸, 증명된. **2.** 훌륭한, 산전수전 다 겪은, 노련한, 경험많은: spectatíssimus vir*(C.)* 노련한 사람. **3.** 확실한: Id spectatíssimum sit.*(L.)* 그것은 가장 확실한 일일 것이다. 「시찰.

spéctĭo, ónis, *f.* [spécio] 점(占) 관찰; 감시,

specto, ávi, átum, áre, *tr., intr. freq.* [spécio] **1. 보다, 응시하다,** 살펴보다: Huc ad me specta.*(Pl.)* 여기 내 쪽을 보라 / Domus spectat in nos*(C.)* 온 집안이 우리를 지켜본다 / ~ motus síderum*(Just.)* 천체의 움직임을 관찰하다. **2. 구경하다,** 관람하다, 바라보다. **3.** 생각하다, 검사하다, 살피다, 시험해 보다: spectátur in ígnibus aurum*(Ov.)* 금은 불속에서 알아본다. **4.** 판단하다, 평가하다. **5.** 겨누다, 망보다. **6.** 향하다, …에 면하다: ~ ad oriéntem*(Vitr.)* 동쪽을 향해 있다 / ~ oriéntem*(L.)* 동쪽을 향해 있다. **7.** 기대하다, 고려하다. **8.** 관한 일이다, …에 달려있다: ~ ad religiónem*(C.)* 종교에 관한 일이다. **9.** ~ ut*(C.)* …라는 뜻이다, 뜻은 …이다.

spectrum, i, *n.* [spécio] **1.** 요물, 귀신, 유령, 요괴, 환영, 환상. **2.** 《物》 분광(分光), 스펙트럼.

spectus[1], a, um, *p.p.* [spécio, spício].

spectus[2], us, *m.* [spécio] 외관, 생김새.

specu, 〔*gen.* –u,〕 *n.* [spécio] = specus.

spécŭla[1], æ, *f.* [spécio] **1.** 망대, 높은 곳, 초소. **2.** 경계, 감시, 관찰: in spéculis esse *(C.)* 경계하고 있다. 「의 희망.

spécŭla[2], æ, *f. dim.* [spes[1]] 작은 희망, 일말

speculábĭlis, e, *adj.* [spéculor] 보이는, 볼 만한, 망볼 수 있는.

speculabúndus, a, um, *adj.* [spéculor] 관찰하는, 망보는. 「봄, 관찰, 구경.

speculámen, mĭnis, *n.* [spéculor] 바라

speculándus, i, *m.* [spéculor] *(Bœth.)* 계산기.

spécŭlar, áris, *n.* [spéculum] 창유리, 유리.

speculariárĭus, i, *m.* 유리만드는 사람, 유리장사.

speculáris, e, *adj.* [spéculum] 거울의, 유리의, 투명한, 투명체의; 〔*subst.*〕 *m.* 투명석고(황산칼슘); *n.pl.* **–rĭa,** ĭum[iórum] 창유리, 창문. 「눈에 띄게.

speculárĭter, *adv.* [speculáris] 명확하게,

speculárĭum, i, *n.* [spéculum] 거울.

speculárĭus, i, *m.* 거울 · 유리 만드는 사람.

speculátĭo, ónis, *f.* [spéculor] 관찰, 숙고, 정관(靜觀), 검사, 조사; 정탐, 탐정.

speculatívus, a, um, *adj.* [spéculor] 추리의, 사변적(思辨的), 공상의, 공리(空理)의, 관상의; 〔*subst.*〕 **–tíva,** æ, *f.* 관찰, 추리.

speculátor, óris, *m.* [**–trix,** ícis, *f.*] [spéculor] **1.** 관찰자, 탐정, 추리자; 공론가(空論家). **2.** 순양함(巡洋艦), 척후병. **3.** 장군의 당번병, 호위병, 사령(使令). **4.** 회광이, 사형집행인. **5.** 감시인, 검찰인. **6.** 목격자.

7. …의 탐욕자.
speculatórĭus, a, um, *adj.* [speculátor] 관찰하는, 경계하는; 정찰하는, 추론적: speculatória navígia*(Cæs.)*, **–tóriæ,** árum, 순양함, 정찰선; 〔*subst.*〕 **–tórium,** i, *n.* 관상대, 천문대, 관측소.
speculoclárus, a, um, *adj.* 거울처럼 밝은.
spécŭlor, átus sum, ári, *dep.* [spécio] **1.** *tr.* 관찰하다, 정탐하다, 살피다, 엿보다, 고찰(考察)하다, 추구(推究)하다. **2.** *intr.* 옆을 잘 살펴보다, 명상에 잠기다.
spécŭlum, i, *n.*; **–cŭlus,** i, *m.* [spécio] **1.** 거울: spéculo placére*(Ov.)* 몸치장하다 / ~ Diánæ*(Serv.)* *Diána*의 호수. **2.** 영상, 반영.
spĕcus, us [speci, spécŏris], 〔*abl.pl.* –cŭbus, –cĭbus,〕 *m.* **1.** 굴, 동굴. **2.** 지하수로(地下水路). **3.** 지하동굴, 갱도. **4.** 깊이.
speícŭla = spécula[2].
spelǽum, i, *n.* 굴, 동굴; 동물의 소굴. 「밀씨.
spelta, æ, *f.* 《植》 밀의 일종, 스펠트 밀; 〔*pl.*〕
spelúnca[1]**,** æ, *f.* 굴, 동굴; 소굴.
Spelúnca[2]**,** æ, *f.* (지금의) *Terracína* 부근에 있던 *Tibérius* 황제의 별장. 「수 있는.
sperábĭlis, e, *adj.* [spero] 희망할 만한, 바랄
speráta, æ, *f.* [spero] 약혼녀, 신부(新婦); **–tus,** i, *m.* 약혼자, 신랑.
Sperchéos[**–us, –íos, –íus**], i, *m.* 남부 *Thessália*의 강(지금의 *Alamana*); 〔*adj.*〕 *f.* **–chéis,** éĭdis; 〔*subst.*〕 *m.* **–chiónĭdes,** æ, 그곳 사람. 「었던 도시.
Sperchíæ, árum, *f.pl.* *Sperchéos* 계곡에 있
spergo, ĕre, *tr.* = spargo[2].
sperma, ătis, *n.* 《生》 정액(精液), 종자.
spermathéca, æ, *f.* 《生》 수정낭(受精囊).
spermátĭcus, a, um, *adj.* [sperma] 정액의, 씨의.
spermátĭum, i, *n.* 《植》 **1.** 홍조류(紅藻類)의 웅정체(雄精體). **2.** 수균류(銹菌類)의 웅정자(雄精子). 「발생.
spermatogénĕsis, is, *f.* 《生》 정자형성 ·
spermatogónĭum, i, *n.* 《生》 정원(精原) 세포. 「유정(遺精).
spermatorrhœ́a, æ, *f.* 《醫》 몽정(夢精),
spermatothéca, æ, *f.* 《生》 정자낭(精子囊).
spermatozóon, i, *n.* 《生》 정자(精子), 정충(精蟲). 「사람.
spermólŏgus, i, *m.* 수다장이, 말 퍼뜨리는
spernax, ácis, *adj.* [sperno] 업신여기는, 멸시하는. 「업신여길.
spernéndus, a, um, *gerundív.* [sperno]
sperno, sprēvi, sprētum, ĕre, [**–nor,** ári, *dep.*] *tr.* **1.** 사이를 떼어놓다, 멀리하다. **2.** 물리치다, 업신여기다, **멸시하다**; 야유하다, 경멸(輕蔑)하다.
spēro, ávi, átum, áre, *tr., intr.* [spes[1]] 〔de *alqā re,* de *alqo, alqd* ab *alqo* 혹은 *alqā re,* ut, *inf.*〕 예상하다, 기대하다, 바라다, 희망하다, 갈망하다, 기다리다.
spes[1]**,** ĕi, 〔*pl: nom.* spes, speres; *gen.* sperum; *acc.* spes, speres; *dat., abl.* spebus, spéribus,〕 *f.* **1. 희망**, 바람, 《가》 망덕(望德): ~ divína et humána*(L.)* 신들과 인간들에게 거는 희망 / in *alqo,* in *alqā re* spem habére, pónere, collocáre*(C.)* …에 희망을 걸다 / spem *alci* fácere, osténdere, áffere, injícere; erígere ad spem*(C.)*, spem *alci* dare*(C.)* 희망을 갖게 하다 / 그러나 spem dare *alci(Pl.)* …의 희망을 채워주다 / spem abscídere, incídere, destitúere, exturbáre *(L.)*, præcídere, fállere, erípere, adímere *(C.)* 희망에 속다 / spem abjícere, pérdere *(C.)*, depónere*(H.)*, projícere*(Plin.)* 실망하다 / a spe repélli, spe labi, dejíci*(Cæs.)*, destítui*(Curt.)*, (de) spe depélli, de(a) spe decídere*(L.)* 희망에 속다. **2.** 바라는 것, 기다림, **기대**, 전망, 각도, 예상, 예측: præter spem*(C.)*, contra spem*(L.)* 돌연, 의외로 / ómnium spe celérius*(L.)* 모든 이의 예상외로 더 빨리 / habére spem *alci* rei*(Manil.)* …에 희망을 걸다. **3.** 〔*c. gen. obj.*〕 ad spem *alcjs* rei*(L.)*, in spem *alcjs* rei*(Plin.)* …을 미리 내다보면서. **4.** 〔*c. gen. subj.*〕 summæ spei adoléscens*(Cæs.)*, exímiā spe virtútis júvenis*(C.)* 장래 희망있는 청년. **5.** 〔*c. inf.*〕 spem habére, in spem veníre, íngredi, ádduci …할 희망이 있다 / spes est mihi *(Pl.)*, spes me tenet*(C.)* 나는 …할 희망을 가지고 있다 / spe duci*(C.)* …할 희망에 잠겨 있다 / pónere in spem*(Pl.)* …할 사실에 희망을 두다. **6.** 〔ut〕 spem affére ut …할 희망을 불어넣다. **7.** 희망의 대상. **8.** 조바심, 걱정, 두려움. **9.** 〔격언〕 spem prétio émere *(T.)* 불확실한 것을 쫓기 위하여 확실한 것을 버리다, 토끼를 제쳐놓고 그림자를 쫓다.
Spes[2]**,** ĕi, *f.* 희망의 여신.
Speusíppus, i, *m.* *Platon*의 조카로서 *Académia* 학파의 후계자(A.C. 347 계승, A.C. 339 사망).
speústicus, a, um, *adj.* 급조(急造)된.
spexi, *pf.* [spécio, spício].
sphăcos, i, *m.* 《植》 살비아, 홍교두초.
sphæra[**–hera**]**,** æ, *f.* **1.** 둥근 물체, 구형체(球形體), 공. **2.** 지구본, 지구의(地球儀), 천구의(天球儀). **3.** 《天》 천구(天球). **4.** 범위, 영역, 권(圈), (유성의) 궤도(軌道).
sphærális, e, *adj.* [sphæra] 둥근 물체의, 구형(球形)의, 원의, 공모양으로 둥근.
sphǽrĭcus, a, um, *adj.* 구형(球形)의, 원(圓)의, 도는, 구상(球狀)의, 구면(球面)의: ~ númeri 세세곱수; 〔*subst.*〕 *f.* 움직이는 물체 연구. 「그 방.
sphæristérĭum, i, *n.* (공놀이) 죄드뽐 놀이,
sphæríta, æ, *m.* 파이(과자).
sphæroídes, es, *adj.* 구형의, 둥근.

sphæromáchĭa, æ, *f.* 공놀이, 유구(遊球), 죄드뽐(손바닥으로 치는 정구의 일종).
sphǽrŭla, æ, *f. dim.* [sphæra] 작은 공.
sphincter, téris, [**-ctor,** óris,] *m.* 《解》 괄약근(刮約筋).
Sphinx, ngis, 〔*gen.* -ngos; *acc.* -nga; *gen. pl.* -ngum; *acc.pl.* -ngas,〕 *f.* **1.** 《神話》 스핑크스(여자 머리에 사자의 몸 그리고 날개가 있는 괴물, *Thebes* 근처에서 행인에게 수수께끼를 내놓고 풀지 못하면 찢어죽였다 함). **2.** 수수께끼의 인물, 불가사의의 인물. **3.** 《動》 원숭이, 침팬지.
sphrāgis, gídis, 〔*acc.pl.* -gídas,〕 *f.* **1.** 돌인장, 봉인(封印). **2.** 에게해 *Lemnos*의 땅(도장을 찍고서야 팔 수 있었다). **3.** 고약.
sphragítis, tĭdis, 〔*acc.pl.* -das,〕 *f.* 낙인(烙印), 상흔(傷痕), 화상자리; 문신(文身), 입묵(入墨).
spīca, æ, *f.* [**-cum,** i, *n.*; **-cus,** i, *m.*] **1.** 뾰족한 끝, 목침, 첨단. **2. 이삭**(穗): in ségetem spicas fúndere*(Ov.)* 이삭을 밀밭으로 가져가다. 즉 쓸데없는 일을 하다〔속담〕. **3.** 《植》 (콩 따위의) 깍지, (마늘의) 대가리. **4.** 감송(甘松). **5.** 《天》 처녀궁좌. **6.** 바늘. **7.** 삼각형의 포석(鋪石). **8.** = far, spelta.
spicátus, a, um, *p.p., a.p.* [spico] 끝이 뾰족하게 된, 이삭달린. 「의, 이삭달린, 곡물의.
spícĕus, a, um, *adj.* [spica] 이삭의, 보리
spícĭfer, ĕra, ĕrum, *adj.* [spica + fero] 이삭달린, 이삭 · 곡식을 맺는.
spicilégĭum, i, *n.* [spica + lego[2]] 이삭줍기.
spícĭo = spécio.
spīco, (ávi), átum, áre, *tr.* [spica] 뾰족하게 하다, 이삭처럼 만들다.
spicósus, a, um, *adj.* [spica] 이삭달린.
spícŭla, æ, *f. dim.* [spica] **1.** 바늘처럼 끝이 뾰족한 물건; 침상체(針狀體). **2.** 《動》 (특히 해면 따위의) 침골, 가시.
spiculátor, óris, *m.* [spículum] **1.** 체형집행인, 회광이. **2.** 근위병.
spícŭlo, ávi, átum, áre, *tr.* [spículum] (= spico) 뾰족하게 하다.
spícŭlum, i, *n. dim.* [spica] **1.** (벌, 전갈 따위의) 침, 독침. **2.** 창, 화살 끝, 화살의 쇠꼬챙이. **3.** 창, 투창. **4.** = pilum. **5.** 햇살. **6.** 바늘, 가시.
spículus, a, um, *adj.* [spica] 뾰족한.
spīna, æ, *f.* (*cf.* spica) **1.** 《植》 (서양) 아가위, 찔레, 아카시아 등 가시나무. **2.** (나무 · 물고기) 가시, 바늘살. **3.** 척추. **4.** 배의 용골. **5.** 곤란, 복잡한 말, 귀찮은 일.
spinális, e, *adj.* [spina] 등가시의, 척추의.
spinésco, ĕre, *intr.* 가시돋다, 가시로 덮이다.
spinétum, i, *n.* [spina] 가시덤불〔복수〕; 어려움, 곤란. 「돋힌.
spínĕus, a, um, *adj.* [spina] 가시의, 가시
spínĭfer[**-ger**], ĕra, ĕrum, *adj.* [spina + fero, gero[1]] 가시돋힌, 가시있는. 「일종.
spiniŏla, æ, *f.* (*sc.* rosa) 잎이 작은 장미의
spinósŭlus, a, um, *adj.* 가시돋힌, 어려운, 까다로운.
spinósus, a, um, *adj.* [spina] **1.** 가시많은, 가시돋은. **2.** 어려운, 까다로운. **3.** 찌르는, 뾰족한.
spinter, éris, *n.* 뱀 모양의 팔찌.
spintherísmus, i, *m.* [**-therópĭa,** æ, *f.*] 《醫》 섬광자각증.
sp(**h**)**íntrĭa,** æ, *m.* 남창(男娼).
spinturnícĭum, i, *n.* [**-túrnix,** nícis, *f.*] 불길한 새(욕설). 「은 가시.
spínŭla, æ, *f. dim.* [spina] 작은 등가시, 작
spīnus, i[us], *f.* [spina] 《植》 가시나무, 가시.
Spio, us, *f. Néreus*와 *Doris*의 딸, 바다의 요정.
spiónĭa, æ, *f.* 《植》 포도의 일종.
spīra, æ, *f.* **1.** 나사선, 와선(渦線), 나선(螺旋); 《幾》 회전(각도의 단위). **2.** 땋은 머리, 트레머리. **3.** 뱀이 몸을 튼 모양; 천체 궤도. **4.** 꾸불꾸불한 내장. **5.** 《軍》 분대, 군대(軍隊). **6.** 모자의 턱끈, 모자끈. **7.** 《建》 쇠시리. **8.** 밧줄. **9.** 《植》 엽맥(葉脈). **10.** 성극단(聖劇團).
spirábĭlis, e, *adj.* [spiro] **1.** 호흡할 만한, 공기의, 호흡의. **2.** 생명을 불어넣는, 숨쉬게 하는. 「환기통, 창; 영감(靈感).
spirácŭlum, i, *n.* [spiro] 호흡; 바람구멍,
spirális, e, *adj.* 나선형(螺旋形)의.
spirámen, mĭnis, *n.* [spiro] **1.** 바람구멍, 콧구멍. **2.** 호흡, 숨. **3.** 《文法》 기음(氣音). **4.** 성령, 성신.
spiraméntum, i, *n.* [spiro] **1.** 바람구멍, 숨구멍, 공기통; 운하(運河), 털구멍, 틈. **2.** 숨쉴 시간, 휴식, 간격. **3.** 호흡, 숨쉼, 호흡기. **4.** 김, 냄새. 「지휘자.
spirárches, æ, *m.* (종교예식에서) 합창대
spirátĭo, ónis, *f.* [spiro] 숨쉼, 호흡, 숨.
spirátus, us, *m.* 호흡, 숨(spíritus[1]의 오독).
spiríllum, i, *n.* 《醫》 나선균(螺旋菌).
spiritális[**-tuális**], e, *adj.* **1.** 바람으로 움직이는. **2. 숨쉬는,** 살아있는, 목숨이 붙어있는, **신령(神靈)한,** 영성적, 정신의. **3.** 〔*subst.*〕 *n.pl.* 신령, 악령; 〔*adv.*〕 **-tálĭter**[**-tualíter**], 신령하게, 영적으로. 「說), 영교술(靈交術).
spiritísmus, i, *m.* [spíritus[1]] 강신설(降神
spirituális, e, *adj.* **1.** 공기로 움직이는, 공기속에 있는, 기(氣)의. **2.** 숨쉬게 하는. **3.** 신령한, 비물질적인, 무형(無形)한, 영적(靈的). **4.** (술) 독한.
spirituósa medicáta, órum, *n.pl.* 《醫》 독주로 만든 약, 주정제(酒精劑).
spírĭtus[1], us, *m.* [spiro] **1. 바람, 숨,** 바람이 불음, 숨을 내쉼, 냄새풍김, 공기: spíritum hauríre(dúcere)*(C.)* 숨쉬다. **2.** 입김, 숨결, 호흡, 숨쉼, 탄식, 한숨, 신음소리. **3.** 목숨, 생명, 영혼. **4.** 영감(靈感), (기발한) 착상, 계시, 암시. **5.** 추측, 심정, 교만. **6. 신, 영, 얼. 7.** 열광.

spirítus[2], [**-rítŭus**], i, *m.* = spíritus[1].
Spírĭtus Sanctus, -us -i, *m.* 성신(聖神), 성령(聖靈).
spīro, ávi, átum, áre, **I.** *intr.* **1. 입김을 내 불다,** 숨을 내쉬다, 바람불다: spirántia flabra*(Lucr.)* 부는 바람. **2.** 거품이 일다, 끓어 오르다. **3. 숨쉬다,** 살아있다. **4.** 영감(靈感)을 받다. **5.** 풍기다, 냄새나다, 뿜어내다: ~ flóribus*(Stat.)* 꽃냄새가 나다 / ~ ígnibus *(V.)* 불을 내뿜다. **6.** 《文》 소리나다.
II. *tr.* **1.** 솟다, 내뿜다, 발산하다, 풍기다: ~ odórem*(V.)* 향기를 풍기다. **2.** 생각하다, 열망하다, 쳐다보다.
spirochǽta, æ, *f.* 《動》 스피로헤타균.
spírula, æ, *f.* [spira] 《建》 구슬선.
spissaméntum, i, *n.* [spisso[1]] 마개. 「압착.
spissátĭo, ónis, *f.* [spisso[1]] 쌓음(積), 밟음,
spisse[**-ssim**], *adv.* [spissus] **1.** 빽빽하게. **2.** 짙게(색깔). **3.** 육중하게, 무겁게. **4.** 어렵게. **5.** 여러번. 「해지다.
spissésco, ĕre, *intr. inch.* [spissus] 빽빽
spissígrădus, a, um, *adj.* [spisse + grádior] 둔중한, 느림보의, 둔한. 「우둔함.
spíssĭtas, átis, *f.* [spissus] 빽빽함, 둔중함,
spissitúdo, dĭnis, *f.* [spissus] 빽빽함, 밀도, 많음, 육중함.
spisso[1], ávi, átum, áre, *tr.* [spissus] **1.** 빽빽하게 하다, 조밀하게 하다, 조이다, 압착하다. **2.** 자주 … 하다, 반복하다.
spisso[2], *adv.* 느리게, 천천히.
spissus, a, um, *adj.* **1.** 빽빽한, 조밀한, 두꺼운, 된, 덥수룩한; *f.pl.* (*sc.* vestes) 두터운 옷. **2.** 힘겨운, 어려운, 느린. **3.** 가득찬.
spíthăma, æ, *f.* 길이의 단위(*0.0739 m*).
splanchna, órum, *n.pl.* 내장. 「臟)의.
splánchnĭcus, a, um, *adj.* 《解》 내장(內
splanchnológĭa, æ, *f.* 《解》 내장학.
splen, ēnis, *m.* 《解》 비장(脾臟).
splendens, ntis, *p.præs., a.p.* [spléndeo] 찬란한, 빛나는.
splendéntĭa, æ, *f.* [spléndeo] 빛남, 찬란함.
spléndĕo, ére, *intr.* 〔*abl.*〕 비치다, 빛나다, 번쩍거리다, 화려하다, 유명하다.
splendésco, dŭi, ĕre, *intr. inch.* [spléndeo] 찬란해지다. 「다.
spléndico, áre, *intr.* [spléndeo] 반짝 빛나
spléndĭdo, áre, *tr.* [spléndidus] 빛나게 하다.
spléndĭdus, a, um, *adj.* [spléndeo] **1.** 빛나는, 화려한, 티없는, 맑은. **2.** 굉장히 좋은, 훌륭한, 유명한, 화사한. **3.** 〔*adv.*〕 **-de,** 빛나게, 화려하게, 영화롭게.
splendífico, áre, *tr.* [spléndeo + fácio] 빛나게 하다. 「나게 하는, 빛나는, 훌륭한.
splendífĭcus, a, um, *adj.* [splendífico] 빛
splendíflŭus, a, um, *adj.* [spléndor + fluo] 빛이 철철 흐르는.
splendítĕnens, éntis, *adj.* [splendor + téneo] 천체를 진(*Atlas*).
splendor, óris, *m.* [spléndeo] **1.** 빛남, 광채, 광휘(光輝). **2.** 화려, 영화, 화사, 장식, 수려함. **3.** 맑음. **4.** 탁월(卓越), 명예(名譽), 위엄(威嚴). 「비장(脾臟)의, 시라의, 우울한.
splenétĭcus[**-nítĭcus**], a, um, *adj.* [splen]
spleniátus, a, um, *adj.* [splénium] 고약 바른. 「장의, 비장병의, 지라의, 우울한.
splénĭcus[**-niăcus**], a, um, *adj.* 《解》 비
splenítes, æ, *m.* 우울한 사람, 비장염 환자.
splénĭum, i, *n.* 비장병에 쓰는 약초 이름, 고사리의 일종, 얼굴의 흠을 감추기 위한 연고.
splénĭus, a, um, *adj.* 《解》 (목의) 판상근(板狀筋)의. 「肥大).
splenomegálĭa, æ, *f.* 《醫》 비장비대(脾臟
splenopáthĭa, æ, *f.* 《醫》 비장질환(脾臟疾患). 「러기로 만든; 잿빛의.
spodíăcus, a, um, *adj.* [spódium] 쇠부스
spódĭum, i, *n.* **1.** 재(灰). **2.** 《化》 산화연(酸化鉛).
spŏdos, i, *f.* 《化》 산화연(酸化鉛).
Spolétĭum[**-tum**], i, *n.* *Umbrĭa*의 도시(지금의 *Spoleto*); 〔*adj.*〕 **-tínus**[**-tánus**], a, um; 〔*subst.*〕 **-tíni,** órum, *m.pl.* 그곳 주민.
spoliábĭlis, e, *adj.* [spólio[1]] 약탈될 수 있는, (옷을) 벗길 수 있는.
spoliárĭum, i, *n.* [spólium] 부상한 투사의 옷을 벗기는 장소; 강도의 소굴; 탈의실, 욕실.
spoliátĭo, ónis, *f.* [spólio[1]] 약탈, 강탈, 삭직(削職), 노략(擄掠). 「약탈자, 강탈자.
spoliátor, óris, *m.* [**-trix,** ícis, *f.*] [spólio]
spoliátus, a, um, *p.p., a.p.* [spólio[1]] 약탈된, 가난한, 헐벗은.
spólĭo[1], ávi, átum, áre, *tr.* [spólium] 〔*alqm alqā re*〕 **1.** (옷가죽, 껍질을) 벗기다. **2.** 약탈하다, 강탈하다, 빼앗다, 노략(擄掠)하다. **3.** 전리품으로 차지하다.
spólĭo[2], ónis, *m.* [spólium] 약탈.
spólĭum, i, *n.* **1.** 짐승의 가죽(獸皮). **2.** 〔주로 복수로〕 전리품, 노략물(擄掠物), 적에게서 빼앗은 갑옷; 약탈품. **3.** 전승.
sponda, æ, *f.* (목제) 침대, 안락의자, 관(棺).
spondǽus, spondáĭcus, = spondéus, spondíacus. 「람.
spondáules, æ, *m.* (제사 때) 피리부는 사
spondáulĭum[**-dálĭum**], i, *n.* (제사 때) 피리반주로 하는 노래. 「장장격(長長格)의.
spondeádĕus, a, um, *adj.* [spondéus] 《詩》
spóndĕo, spopóndi, spōnsum, ére, *tr.* **1.** 서약하다, 약속하다, 약혼하다. **2.** 보증하다, 담보로 주다. **3.** 미리 알리다, 진단하다. **4.** 단언하다.
spondéum, i, *n.* 헌수에 쓰는 제기(祭器).
spondéus[**-díus**], i, *m.* **1.** 헌주시의 장장격(長長格: – –). **2. -um,** i, *n.* 제사 때 헌주(獻酒)에 사용되는 그릇.
spondíăcus, a, um, *adj.* [spondéus] 헌주

시 장장격(長長格)의. 「시구(六脚詩句).
spondíăzon, óntis, *m.* 《詩》 장장격의 육각
spondylítis, tĭdis, *f.* 《醫》 척추염.
spondýlĭum, i, *n.* **1.** 《植》 아컨터스 = acánthus. **2.** 척추의 윗부분. **3.** 굴이나 연체동물의 살집, 연체동물, 조개류.
spóndȳlus[sphón-], i, *m.* **1.** 《醫》 추골(椎骨), 굴이나 연골동물의 살집(肉莖). **2.** 《動》 조개류의 일종.
spóngĭa[-ĕa], æ, *f.* **1.** 해면(海綿). **2.** 죄인을 심문(審問)할 때 숨통을 막는 고문용 해면. **3.** 들장미의 오배자(五倍子). **4.** 검투사의 가슴받이. **5.** 아스파라거스나 박하의 뿌리. **6.** 경석(輕石), 속돌. **7.** 이끼.
spongíŏla[-géŏla], æ, *f.* **1.** 검투사가 사용하던 부석으로 만든 들장미의 오배자. **2.** 부석(浮石), 속돌. **3.** 아스파라거스의 뿌리, 밀(麥)대의 뿌리. 「gia] 해면같은, 구멍이 많은.
spongiósus[-geósus], a, um, *adj.* [spón-
spongítis, tĭdis, *f.* 다공석(多孔石), 해면석.
spóngĭus[-gĕus], a, um, *adj.* [spóngia] 해면같은, 구멍이 많은.
spongos, i, *m.* = spóngia.
spons, ōntis, *f.* [spóndeo, 주로 *gen., abl.sg.* 사용] **1.** 자유의사, 자유의지, 자발력: (de, a, ex) sponte, 자유의사로, 자원해서 / sponte deórum*(Lucan.)* 신들의 뜻을 따라 / sponte meā, tuā, suā*(C.)* 내 · 네 · 자기 의사로 · 힘으로, 자력으로. **2.** 자기, 자체: Vera suā sponte, non aliénā judicántur.*(C.)* 진리는 다른 것으로가 아니라 자체로 판단된다. **3.** [*gen.*] suæ spontis esse*(Var.)* 독립적이다 / aqua suæ spontis*(Col.)* 샘에서 흐르는 물.
spōnsa, æ, [*dat., abl.* –abus,] *f.* [spóndeo] 신부(新婦), 새색시, 약혼녀. [격언] Suam cuíque sponsam, mihi meam. 각자 자기 구미대로. 「잔치, 약혼선물.
sponsálĭa, ĭum[órum], *n.pl.* 약혼식, 약혼
sponsalícĭus, a, um, *adj.* 약혼의.
sponsális, e, *adj.* [sponsus[1]] 약혼의, 결혼 계약의; [*subst.*] *m.* 신방(新房).
sponsalítĭum, i, *n.* [spóndeo] 약혼, 결혼.
sponsalítĭus, a, um, *adj.* [sponsális] 약혼[결혼]의.
spónsĭo, ónis, *f.* [spóndeo] **1. 서약, 약속,** 계약, 약정. **2.** 구두약속, 내기. **3.** 공탁, 담보, 보증, 도박(賭博). **4.** 《法》 공탁금을 걸고 양자가 재판에 거는 것: sponsiónem fácere cum *alqo* si 혹은 ni …라는 것을, 아니라는 것을 증명하기 위하여 공탁금을 걸고 재판에 걸다 / víncere sponsióne(원고가), víncere sponsiónem(피고가) 재판, 내기를 이기다 / condemnári sponsiónis*(C.)* 재판, 내기에 지다 / sponsióne provocáre + *inf.(Macr.)* 재판 내기를 걸다.
sponsiúncŭla, æ, *f. dim.* [spónsio] 작은 계약, 작은 담보(擔保).
spónso, áre, *tr.* [spóndeo] 약혼하다.
spōnsor, óris, *m.* [**–strix,** ícis, *f.*] [spóndeo] 담보인, 보증인, 후견인, 《가》 대부모(代父母).
spōnsum, i, *n.* [spóndeo] **1.** 담보물, 약속사항; 약속, 계약. **2.** = spónsio. 「남자.
spōnsus[1], i, [*abl.pl.* –sibus,] *m.* 신랑, 약혼한
spōnsus[2], us, *m.* [spóndeo] **1.** 약속, 계약, 담보, 공탁, 보증. **2.** 약혼. **3.** = spónsio.
spontális, e, *adj.* [spons] 자발적인, 임의의; [*adj.*] **–lĭter,** 자발적으로.
spontanéĭtas, átis, *f.* 자유의사, 자의, 자발.
spontánĕus, a, um, *adj.* [sponte] 자발적, 임의의, 자의적; 자원적; [*adv.*] **–nĕe,** 자유의사로, 자발적으로.
sponte, *adv.* [*abl.* spons] 뜻대로, 자연적으로, 저절로, 의사대로, 임의로, 자발적으로, 자원으로. *V.* spons. 「해의 섬들.
Spórădes, dum, [*acc.* –das,] *f.pl. Ægǽum*
sporángĭum, i, *n.* 《生》 아포낭(芽胞囊), 포자낭(胞子囊).
sporogénĕsis, is, *f.* 《生》 포자생식, 아포번식.
sporta, æ, *f.* 바구니, 채롱, 행리, 봇짐.
sportélla, æ, *f. dim.* [sporta] 작은 (과일) 바구니. 「로 주는.
sportellárĭus, a, um, *adj.* [sportélla] 덤으
spórtŭla, æ, *f. dim.* [sporta] **1.** 작은 바구니. **2.** 바구니에 든 것(선물), 선물. **3.** 관대함. **4.** 음식값. **5.** 간소한 식사, 피크닉.
spórtŭlor, ári, *dep. intr.* 선물을 받다, 얻어먹고 살다.
S.P.Q.R. 《略》 = senátus populúsque Románus. 로마 원로원과 시민(로마 공화국 시대부터 전권기관).
sprétĭo, ónis, *f.* [sperno] 경멸, 멸시.
sprétor, óris, *m.* [sperno] 멸시하는 사람.
sprētus, us, *m.* [sperno] 멸시, 경멸.
sprēvi, *pf.* [sperno].
spúma, æ, *f.* [spuo] 거품, 포말(泡沫): in ore spumas ágere*(C.)* 거품을 뿜다, 지랄하다 / spumæ salis*(V.)* 거품내는 파도.
spumabúndus, a, um, *adj.* 거품내는.
spumátĭo, ónis, *f.* [**–mátus,** us, *m.*] [spumo] 거품냄. 「되다, 거품 일다.
spumésco, ĕre, *intr. inch.* [spumo] 거품이
spúmĕus, a, um, *adj.* [spúma] 거품의, 거품같은, 거품 이는.
spúmĭdus, a, um, *adj.* [spumo] 거품의.
spúmĭfer[-ger], ĕra, ĕrum, *adj.* [spúma + fero, gero[1]] 거품내는, 거품 이는.
spumígĕna, æ, *m., f.* 거품에서 태어난 (*Venus*의 형용사).
spūmo, ávi, átum, áre, [spúma] **1.** *intr.* 거품내다, 거품뜨다; 부글부글 끓다, 거품물다, 미치다; 땀흘리다. **2.** *tr.* 거품으로 덮다, 증류하다.
spumósus, a, um, *adj.* [spúma] 거품 많은, 거품나는.

spúngia, æ, *f.* = spóngia. 「버리다.
spŭo, ŭi, tum, ĕre, **1.** *intr.* 침뱉다. **2.** *tr.* 뱉어
spurcális, e, *adj.* [spurcus] 음란한.
spurcámen, ĭnis, *n.* [spurco] 더러움, 음
란함. 「한, 추잡한.
spurcátus, a, um, *p.p., a.p.* [spurco] 불쾌
spurce, *adv.* [spurcus] 더럽게, 음란하게.
spurcídĭcus, a, um, *adj.* [spurce + dico[2]]
음란한 말하는, 음담하는.
spurcíficus, a, um, *adj.* [spurce + fácio]
음란케 하는, 더럽히는. 「담패설, 음담.
spurcilóquĭum, i, *n.* [spurce + loquor] 음
spurcítĭa, æ[ei], [**-tĭes,** éi,] *f.* [spurcus]
더러움, 오염, 불결, 음란, 부정(不淨)한 생활,
부당함. 「히다.
spurco, ávi, átum, áre, *tr.* [spurcus] 더럽
spurcus, a, um, *adj.* **1.** 더러운, 불결한, 음
탕한, 불쾌(不快)한. **2.** 사나운: spurcíssima
tempéstas*(C.)* 사나운 폭풍우. **3.** 치욕적인,
가증스러운. 「한 점장이의 이름.
Spurínna, æ, *m.* *Etrúsci*인의 가족명, 유명
spúrĭum, i, *n.* **1.** 여자 성기. **2.** 바다동물의
일종. 「〔*subst.*〕 *m.* 사생아, 서자(庶子).
spúrĭus[1]**,** a, um, *adj.* 위조의, 사생(私生)의;
Spúrĭus[2]**,** i, *m.* *Roma*인명(人名). 《略》 Sp.
sputámen, mĭnis, [**-méntum,** i,] *n.*
[sputo] 침, 타액, 가래침.
sputatílĭcus, a, um, *adj.* [sputo] 침뱉을
만한, 타기할 만한, 경멸할 만한.
sputátor, óris, *m.* [sputo] 침 뱉는 사람.
spūto, áre, *intr., tr.* [spuo] 침 뱉다; 물리치
다. 「料).
spūtum, i, *n.* [spuo] 침, 타액; 연한 도료(塗
spūtus, us[i], *m.* [spuo] 가래침.
squalefácĭo, ĕre, *tr.* [squáleo + fácio] 더
럽히다, 흉측하게 하다.
squálĕo, ére, *intr.* **1.** 험하다, 딱딱하다, 고
되다: squaléntes conchæ*(V.)* 우툴두툴한 조
개껍질. **2.** 마르다, 건조하다. **3.** 녹슬다. **4.**
황무지이다, 세련되지 않다. **5.** 어색하다, 더럽
다, 불결하다, 충충하다, 못생기다. **6.** 상중(喪
中)에 있다.
squales, is, *f.* 더러움, 불결.
squalésco, ĕre, *intr. inch.* [squáleo] 뻣뻣
하다, 험하다, 험해지다, 더러워지다.
squálĭde, *adv.* [squálidus] 둥한히, 더럽게.
squalídĭtas, átis, [**squálitas,** átis; **-itú-
do,** dĭnis,] *f.* [squálidus] 분명치 못함, 혼란
상태, 미천함, 혼란, 불명료, 불결, 방만(放漫).
suqálĭdus, a, um, *adj.* [squáleo] **1.** 험한,
뻣뻣한, 비늘있는. **2.** 더러운, 손질하지 않은.
3. 상복입은. **4.** 황무지의, 가꾸지 않은. **5.** 마
른, 건조한. **6.** 조잡한. **7.** 등한히 한.
squālor, óris, *m.* [squáleo] **1.** 험함, 거침,
사나움. **2.** 불결, 더러움, 추잡, 오물. **3.** 상복
(喪服), 비탄, 비참. **4.** 녹. **5.** 조잡, 등한. **6.**
건조, 메마름, 황량.

squālus[1]**,** a, um, *adj.* [squáleo] 더러운.
squălus[2]**,** i, *m.* 《動》 상어의 일종, 물개.
squāma, æ, *f.* [squalus[1]] **1.** (물고기, 파충
류의) 비늘, 등딱지. **2.** 갑옷의 비늘. **3.** 물고
기. **4.** 얇은 피질, 박, 비듬. **5.** 소삽성. **6.** (글
솜씨) 거침.
squamátim, *adv.* 비늘 모양으로. 「남.
squamátĭo, ónis, *f.* [squama] 비늘이 돋아
squamátus, a, um, *adj.* [squama] 비늘 덮
인; 〔*subst.*〕 *m.* 물고기의 일종.
squámĕus, a, um, *adj.* [squama] 비늘있
는, 비늘 돋친.
squámĭfer[**-ger**]**,** ĕra, ĕrum, 〔*gen.pl.*
-gĕrum,〕 *adj.* [squama + fero, gero[1]] 비
늘있는; 〔*subst.*〕 *m.pl.* **-gĕri,** um, 물고기.
squamm... = *V.* squam...
squamósus, a, um, *adj.* [squama] 비늘
많은, 비늘있는.
squámŭla, æ, *f.* [squama] 작은 비늘.
squarrósus, a, um, *adj.* 농포(膿疱) · 딱지
· 옴투성이의. 「상어.
squátĭna, æ, *f.* [**-tus,** i, *m.*] 《動》 전자리
squílla[**scilla**]**,** æ, *f.* **1.** 《動》 갯가재. **2.**
st, *interj.* 쉿! 가만히 있어! 「《植》 무릇.
Stabérĭus, i, *m.* 라틴 문법학자, ~ Eros.
Stábĭæ, árum, *f.pl.* *Campánia*의 도시(*Sylla*
가 파괴함); 〔*adj.*〕 **-biánus,** a, um.
Stabiánum, i, *n.* **1.** *Stábiæ*의 영토. **2.**
*Márius*의 *Stábiæ* 장원.
stabilímen, mĭnis, [**-méntum,** i,] *n.*
[stabílio] 지주(支柱), 지지(支持), 고임, 받
침대; 부조.
stabílĭo, ívi, ítum, íre, *tr.* [stábilis] **1.** 받치
다, 고이다. **2.** 기대게 하다, 확정짓다; 견고히
하다.
stábĭlis, e, *adj.* [sto[2]] **1.** 견고한, 확고한, 사
람이 똑바로 설 수 있는: locus ~ *(L.)* 견고한
자리. **2.** 흔들리지 않는, 변함없는, 영속하는,
항구한: stábilem se in amicítia præstáre
(C.) 우정에 변함없다. **3.** 〔*adv.*〕 **-lĭter,** 견
고히, 항구히. 「정, 영속, 항구, 고착.
stabílĭtas, átis, *f.* [stábilis] 견고, 안정, 고
stabilítor, óris, *m.* [stabílio] 견고하게 하
는 자, *Júpiter*의 별칭.
stabulárĭus, a, um, *adj.* [stábulum] 주막
의, 외양간의; 〔*subst.*〕 *m.* 주막주인, 마부(馬夫).
stabulátĭo, ónis, *f.* [stábulor] 마구간이 있
는 주막에 머무름, 유숙.
stábŭlo, áre, *intr., tr.* [stábulum] **1.** *tr.* 외
양간에 가두다. **2.** *intr.* (짐승이) 외양간에 살
다, 거처하다, 머무르다, 투숙하다.
stábŭlor, átus sum, ári, *dep. intr.* [stábu-
lum] (농불이) 거처하다, 짐승이 외양간에 살
다, 묵다, 투숙하다.
stábŭlum, i, *n.* [sto[2]] **1.** 거처. **2.** 외양간, 마
구간, 양우리, 가축 사육장, 양계장, 양어장, 벌
통. **3.** 여관, 여인숙, 주막, 요리집, 유곽(遊廓).

stacta, æ, [**-te,** es,] *f.* 《植》 몰약(沒藥).

stacton, i, *n.* 안약의 일종.

stácŭla, æ, *f.* (=venúcula) 포도의 일종.

stadiális, e, *adj.* 한 *stádium*의.

stadiátus, a, um, *adj.* [stádium] (고대 희랍의 거리단위) 한 *stádium* 되는.

stadiódrŏmos, i, 〔*nom.pl.* -drŏmœ,〕 *m.* 경기장의 육상 선수.

stádĭum[-us], i, *n.*[*m.*] **1.** (고대 희랍의 거리단위) 125보 또는 625자의 거리. **2.** 경기장: ~ cúrrere*(C.)* 경기장에서 뛰다. **3.** 투기장(鬪技場).

Stagíra, órum, *n.pl. Macedónia*의 도시, *Aristóteles*의 출생지(지금의 *Libanora*).

Stagirítes, æ, 〔*acc.* -tem,〕 *m. Stagíra*의 사람, 특히 *Aristóteles.*

stagnális, e, *adj.* [stagnum¹] 못속에서 사는, 못의, 고여있는 물속에 사는.

stagnans, ántis, *p.præs.* [stagno¹] 습지의, 물이 흐르지 않고 고여있는.

stagnátĭlis, e, *adj.* [stagnum¹] 못의, 습지의.

stagnátor, óris, *m.* [stagnum²] 주석(朱錫) 도금공.

stagnátus¹, a, um, *p.p., a.p.* [stagno²] 갑옷입은, 장갑(裝甲)된.

stagnátus², a, um, *adj.* 주석을 입힌.

stagnénsis, e, *adj.* [stagnum¹] 못의, 습지의.

stágnĕus, a, um, *adj.* [stagnum²] 주석의.

stāgno¹, ávi, átum, áre, [stagnum¹] **1.** *intr.* 물이 고여있다. **2.** 침수되다: terra stagnat cæde*(Sil.)* 땅이 피로 물들다. **3.** *tr.* 잠기게 하다, 침수하다.

stagno², ávi, átum, áre, *tr.* [stagnum²] **1.** 주석(朱錫)으로 씌우다, 안정시키다. **2.** 견고케 하다, 굳히다, 굳게 하다, 오래가게 하다: se advérsus insídias*(Just.)* 함정에 대비하여 무장하다.

stagnósus, a, um, *adj.* [stagnum¹] 물로 뒤덮인, 늪이 많은, 소택지(沼澤地)의; **-sa,** órum, *n.pl.* 질퍽한 곳, 습지.

stāgnum¹[-nus], i, *n.*[*m.*] 물이 흐르지 않고 고여있는 곳, 못(池), 호수, 바다, 늪; 욕조.

stagnum², i, *n.* (=stannum) 주석(朱錫).

stagónĭas, æ, *m.* (알 굵은) 향의 일종.

stagonítis, tĭdis, *f.* 《植》 풍지향(楓脂香: 일종의 고무질 나무의 진).

Stajénus, i, *m.* 부패의 상징인 로마 법관 이름.

stalágmĭas, æ, 〔*acc.* -an,〕 *m.* (황산염이 짙은) 명반(明礬), 한 방울씩 떨어져서 응결(凝結)하는 유산염(硫酸鹽)의 일종.

stalágmĭum, i, *n.* (금 · 진주 · 보석으로 만든) 귀걸이.

stallum, i, *n.* 마구간의 한 칸, 교송석(交頌席), 합창대 석.

stáltĭcus, a, um, *adj.* 수렴성(收斂性)의.

stāmen, mĭnis, *n.* [sisto] **1.** (베틀에) 날을 날기, 날실을 모으기, 정경(整經). **2.** 물레의 실토리에 실감기: stámine fállere somnum *(Prop.)* 실을 감으며 밤새우다. **3.** 실(絲). **4.** *Ariádne*의 실(*Théseus*가 이 실을 따라 미궁에서 빠져나왔음). **5.** *Parcæ*의 실; 운명, 운수. **6.** 거미줄. **7.** 그물의 줄. **8.** 백합의 수술. **9.** 섬유, 천.

staminárĭa, æ, *f.* [stamen] 실잣는 여자.

staminátus, a, um, *adj.* 가득찬, 항아리를 든.

stamínĕus, a, um, *adj.* [stamen] 실의, 실있는, 섬유의.

staminódĭum, i, *n.* 《植》 헛수술(假雄蕊, 僞雄蕊).

stamúltum, i, *n.* 슬리퍼.

stannátĭo, ónis, *f.* (담을) 초벽함, 흙손질.

stannatúra, æ, *f.* 초벽.

stannátus, a, um, *adj.* [stagno²] 주석(朱錫)입힌.

stánnĕus, a, um, *adj.* [stannum] 주석으로 된.

stannum, i, *n.* = stagnum². 주석(朱錫).

stantárĭus, a, um, *adj.* [sto²] 제자리에 서있는, 침체의.

stapes, pĭtis, *n.* 《解》 등골(鐙骨).

stáphy̆le, es, *f.* 《植》 호로과(葫蘆科), 브리오니아.

staphylóma, mătis, *n.* 《醫》 (눈의) 포도종(腫), 안구확장.

stápĭa, æ, *f.* (말의) 등자, 《建》 U자형 죔쇠, 《醫》 등골(鐙骨).

Stásĕas, æ, *m. Neápolis* 태생의 소요학파 철학자.

stásĭmon[-mum], i, *n.* (서서 노래하는) 비극 중의 합창(시 부분).

stasis, is, *f.* 《醫》 혈행정체(血行停滯), 울혈(鬱血).

Stăta, æ, *f.* (*sc.* mater) = Vesta.

Statánum vinum, i, *n. Campánia*의 최우수 포도주.

Statánus[Statilínus], i, *m.* 어린 아기의 걸음마의 신.

statárĭus, a, um, *adj.* [status²] 서서 하는, 부동자세의, 요지부동의, 평정한, 안정한: ~ miles*(L.)* 자기 자리를 지키는 군인 ~ orátor *(C.)* 동작없이 고요한 연설가.

statátor, óris, *m.* [sto²] 설립자, 세우는 자.

stăter, éris, *m.* [**-tĕra¹,** æ, *f.*] 유대아인의 은화(4 *drachma*에 해당함), 반 온스의 무게.

statéra, æ, *f.* **1.** 저울, 천칭(天秤), 저울판. **2.** 물건값. **3.** 겨릿소를 매는 멍에. **4.** 평평한 그릇, 접시, 판, 대야, 수반.

statícŭlum, i, *n. dim.* [státua] 작은 상(像), 우상(偶像).

statícŭlus, i, *m.* **1.** [status²] 무언극의 일종. **2.** = statículum.

Statiéllæ Aquæ, Aquæ Statiellórum, *f.pl. Statiélli*인들의 수도(首都)(지금의 *Liguria Acqui*).

Stat(i)élli, órum, [**-lláttes, -llénses,** ĭum,] *m.pl. Ligúria*에 있던 한 종족; 〔*adj.*〕 **-llas,** átis〔*abl.* -áti〕.

stătim, *adv.* [sto²] **1.** 서서, 선채로. **2.** 흔들림이 없이, 항구하게, 규칙적으로. **3.** 곧, **즉시**: ~ ac, atque, ut, cum, quam, a(ab) 하자마자. **4.** (과거에 대하여) 최근에. **5.** (미래에 대하여) 미구에 곧, 다음에.

Statína, æ, *f.* 어린 아기의 걸음마의 여신.

státĭo, ónis, *f.* [sto[2]] **1.** 움직이지 않는 상태, 부동. **2.** **정지**, 휴식; **휴게소**, **정거장**. **3.** 고착, 고정. **4.** 머무름, 체류. **5.** 상태, 상황. **6.** 광장, 집회소. **7.** 정박소. **8.** 《軍》 초소, 보초서는 사람: statiónem habére*(L.)*, iníre*(Ta.)*, ágere*(Ta.)* 보초서나. **9.** 법률학교: statiónes jus públice docéntium. **10.** 외국대사관 지역. **11.** 마구간, 역마차의 역. **12.** 직책, 직무, 직위, 일하는 자리: tenére in statióne manus*(Ov.)* 제 자리를 꼭 지키다. **13.** 진영. **14.** 우체국. **15.** 지방 세무서, 출장소. **16.** 종교집회. **17.** 《가》 사도좌(使徒座) 밖의 교황전례 집전처, 십자가의 길 기도의 처(處).

stationális, e, *adj.* [státio] 움직이지 않는, 고정된.

stationárĭus, a, um, *adj.* [státio] 고정된, 움직이지 않는, 보초의, 전초(前哨)의; 〔*subst.*〕 *m.* 보초병, 우체국장, 출장소장.

Statíra, æ, *f.* *Pérsia* 여자의 이름.

statístĭca, æ, *f.* 통계, 통계학.

Státĭus, i, *m.* *Roma*인의 씨족명; 특히 희극시인 Cæcílius ~ (c. 168 A.C.).

statívus, a, um, *adj.* [sto[2]] 체류하는, 서 있는, 보초의; 고정된, 움직이지 않는, 흐르지 않는; *f. n.pl.* **-tíva**, æ, [órum] 고정된 야영지, 사령부, 병사(兵舍); 숙소, 주막.

stător[1], óris, *m.* [sto[2]] 지방장관의 부관, 황제의 사령(使令), 도시의 행정관, 보초. [S-] *Júpiter*의 별명; 보호자, 지지자, 유지자, 수직인(守直人).

Statórĭus, i, *m.* *Roma*인의 씨족명.

státŭa, æ, *f.* [status[2]] **1.** (사람의) 상(像), 석상, 동상, (신상〈神像〉 simulácrum의 반대): státuam pónere, statúere*(C.)* 동[석]상을 세우다. **2.** 움직이지 않고 서 있는 사람, 기둥.

statuárĭus, a, um, *adj.* [státua] 조각의, 조상(彫像)의; *m.* 석상만드는 자, 조각사; *f.* (*sc.* ars) 조각술.

statuificátĭo, ónis, *f.* [státua + fácio] 조각.

statulíber, bĕri, *m.* [**-lībĕra**, æ, *f.*] [statútum + liber[1]] 유언으로 석방될 노예.

statúmen, mĭnis, *n.* [státuo] **1.** (가지를 받쳐주는) 지주(支柱), 괴는 것. **2.** (선박) 배 바닥 마루 널, 선거(船渠)에 앉힌 선골(船骨). **3.** 석대(石臺).

statuminátĭo, ónis, *f.* [statúmino] 받침을 세움, 토대구축, 돌로 기초깔기.

statúmĭno, áre, *tr.* [statúmen] 괴우다, 지주로 떠받치다; 《建》 기초를 놓다.

statúncŭlum, i, *n. dim.* 작은 상(像).

státŭo, ŭi, útum, ĕre, *tr.* [status[2]] **1.** **꼿꼿이 세우다**, 고정시키다, 자리잡아 놓다, (주소를) 정하다: Státue signum.*(L.)* 깃발을 세우라! / ~ árborem 나무를 심다. **2.** (건물) 세우다, 창설하다, **제정하다**: ~ urbem*(V.)* 도읍을 세우다. **3.** 멈추게 하다, 움직이지 않게 하다, 제지하다, 제동을 걸다. **4.** 생각하다, 여기다, 믿다, 판단하다, 결심하다. **5.** 해결하다, **결정하다**, 결말짓다: 〔*inf.*〕 státuit jus non dícere*(C.)* 소송 안하기로 결정했다. **6.** 정하다, 고정시키다, 지정하다: ~ prétium*(T.)* 가격을 정하다 / diem alci*(Sall.)* …에게 날짜를 정해주다. **7.** 선언하다, 언명하다. **8.** 검토하다, 조사하다. **9.** 명령하다.

statúra, æ, *f.* [sto[2]] 키, 신장, 높이.

stătus[1], a, um, *p.p., a.p.* [sisto] 고정된, 주기적인; 균형잡힌, 정규적인, 보통의.

stătus[2], us, *m.* [sisto, sto[2]] **1.** 서 있는 자세, 고정 자세, 태도. **2.** 배치, 위치. **3.** **상태**, **현상**; **지위**, 신분: ~ vitæ 생활상태. **4.** 키, 높이. **5.** 자연적 상태 · 조건 · 원칙 · 질서. **6.** 《法》 25세 이상의 연령층. **7.** 사회계급. **8.** 문제의 요점, 문제점. **9.** 《文》 동사활용의 법. **10.** 《神》 본질.

statútĭo, ónis, *f.* [státuo] 창립, 설립.

statútum, i, *n.* [státuo] 결정, 명령, 법규, 규정, 결심, 작정.

ste, *adj. pron.* iste의 준말.

steatóma, mătis, *n.* 《醫》 지방종(脂肪腫).

stĕga, æ, *f.* 배 앞뒤에 있는 다리(橋), 상갑판.

stegnus, a, um, *adj.* 구멍을 조이는, 수렴성(收斂性)의.

stēla, æ, *f.* 석탑, 기둥, 묘비.

stēlla, æ, *f.* **1.** 별: sídera et stellæ*(C.)* 성좌와 별들 / stellæ erràntes*(C.)* 유성, 혹성 / ~ comans*(Ov.)* 혜성, 불꽃. **2.** 별표. **3.** 《動》 (해면, 산호충 따위의) 식충류(食蟲類), 불가사리. **4.** 눈빛(眼光). **5.** 성신(星辰), 태양.

stēllans, ántis, *p.præs., a.p.* [stella] 별이 총총한, (별이) 반짝이는, 찬란한.

stelláris, e, *adj.* [stella] 별의; 〔*subst.*〕 **-áris**, is, *f.* (*sc.* ars) 천문학.

Stellátis ager[**campus**], gri, [i,] *m.* *Campánia*의 남부지역 평야; 〔*adj.*〕 **-latínus**, a, um.

stellatúra, æ, *f.* 군량 배급자의 횡령, 감봉(annónæ).

stellátus, a, um, *adj.* [stella] **1.** 별이 총총한, 별많은. **2.** 반짝이는, 별같은. **3.** 별표의. **4.** *m.* [S-] 눈이 백개 있는 *Argus.*

stéllĭfer[**-ger**], ĕra, ĕrum, *adj.* [stella + fero, gero[1]] 별있는.

stellífico, áre, *tr.* [stella + fácio] 별로 변하게 하다.

stellímĭcans[**stellúm-**], ántis, *adj.* [stella + mico] 별같이 반짝이는.

sté(l)lĭo, ónis, *m.* [stella] **1.** (등이 반짝이는) 도마뱀의 일종. **2.** 교활한 사람, 이편저편으로 바꾸는 사람.

stellionátor, óris, *m.* 교활한 사람, 사기꾼.

stellionátus, us, *m.* [stéllio] 《法》 이중전매(二重轉賣), 남의 것을 팔거나 저당에 넣음, 사기, 이중전매죄.

stēllo[1], áre, [stella] **1.** *tr.* 별을 총총히 박다, 반짝이게 하다, 빛나게 하다. **2.** *intr.* 반짝이다, 빛나다.

stel(l)o², ónis, *m.* = stéllio. 「asteríscus.
stéllŭla, æ, *f. dim.* [stella] 별표(기호) =
stemma, ătis, *n.* 머리띠, 쓰는 관, 화관, 족보를 써서 쓰던 머리관, 문장(紋章), 족보; 옛기원(起源). 「gína péctoris).
stenocárdĭa, æ, *f.* 《醫》 협심증(狹心症) (=an-
stenográphĭa[**-phía**], æ, *f.* 속기(법).
Stentor, ŏris, *m.* *Troja* 전쟁의 희랍영웅, 그의 목소리는 50명의 목소리를 능가했다.
stephanomélis, is, *f.* (코피를 막는다는) 풀 이름. 「~ Alexándri 얼룩매일초.
stéphănos, i, *m.* 화관, 여러가지 식물 이름:
stephanúsa, æ, *f.* 화관 만드는 여자.
stercer... *V.* stercor...
stercilín(**ĭ**)**um,** i, *n.* = sterquilínum.
stercorális, e, [**-corárĭus, -córeus,** a, um,] *adj.* [stercus] 똥의, 거름의.
stercorátĭo, ónis, *f.* [stércoro] 거름주기, 시비(施肥). 「준; 〔*subst.*〕 *n.* 거름준 밭.
stercorátus, a, um, *adj.* [stércoro] 거름
stércŏro, ávi, átum, áre, *tr.* [stercus] 거름[비료]주다, 똥쳐내다, 청소하다. 「준; 더러운.
stercorósus, a, um, *adj.* [stercus] 거름 잘
sterculínum, i, *n.* [stercus] (= sterquilínium) 거름 구덩이, 두엄자리.
stercus, cŏris, *n.* 똥, 거름, 두엄, 더러운 것, 찌꺼기; 쓰레기, 대패 · 톱밥. 「*túrnus*의 별명.
Stércŭtus, i, *m.* [stercus] 거름의 신, *Sa-*
stergéthron, i, *n.* 《植》 꿩비름, 돌나무과에 속하는 다년초, 8~9월에 붉은 빛을 띤 흰꽃이 핌.
sterilésco, ĕre, *intr. inch.* [stérilis] 토박해지다, 쓸모없이 되다. 「식기.
sterilícŭla, æ, *f.* 새끼 낳지 않은 암퇘지 생
stérĭlis, e, *adj.* **1.** 비옥하지 않은, **토박한**, 결실 못하는, 수태 못하는, **불임의**. **2.** 빈, 공허한, 허무한, 쓸모없는, 아무것도 아닌: ~ manus*(Pl.)* 빈손 / ~ domus*(Prop.)* 애없는 집. **3.** 효과없는, 이자없는, 결실없는, 보수없는. **4.** 〔*adv.*〕 **-lĭter,** 헛되이, 공연히.
sterílĭtas, átis, *f.* [stérilis] **1.** 토박함, 결실하지 못함, 수태치 못함, 불임증. **2.** 무능함; 허무함. **3.** 기근, 궁핍, 흉년.
stérĭlus, a, um, *adj.* = stérilis.
sternális, e, *adj.* 《解》 흉골(胸骨)의, 흉골부에 있는. 「드리는.
sternax, ácis, *adj.* [sterno] 넘어뜨리는; 엎
sterno, strāvi, strātum, ĕre, *tr.* **1.** 눕히다, 깔다, 퍼뜨리다. **2.** 쓰러뜨리다, 넘어뜨리다, 엎드리게 하다: ~ *alqm* cæde*(V.)* 아무를 죽이다. **3.** (땅을) 수평으로 하다, 고르게 하다, 평탄(平坦)케 하다, 뿌리다, 덮다. **4.** (도로를) 포장하다. **5.** (말에) 안장을 얹다.
sternum, i, *n.* **1.** 《解》 흉골(胸骨). **2.** 《動》 (곤충 · 갑각류의) 흉판(胸板), 복판(腹板).
sternuméntum[**sternutaméntum**], i, *n.* [stérnuo] **1.** 재채기. **2.** 재채기 나게 하는 약.
stérnŭo, ŭi, ĕre, *intr.* **1.** 재채기하다; (불꽃이) 튀다. **2.** *tr.* 재채기하며 길조를 보이다.
sternutátĭo, ónis, *f.* [**-nútus,** us, *m.*] [sternúto] 재채기함. 「재채기 하다.
sternúto, ávi, áre, *intr. freq.* [stérnuo] 자주
Stérŏpe, es, *f.* *Pléiades*중의 하나.
Stérŏpes, is, *m.* *Vulcánus*신의 부하이며 외눈박이 괴물 *Cyclópes*중의 하나.
sterquilín(**ĭ**)**um,** i, *n.* [stercus] 거름[비료] 구덩이, 퇴비; 욕설.
Stertínĭus, i, *m.* *Roma*인의 씨족명, *Stoa* 철학자의 한 사람; 〔*adj.*〕 **-tínĭus,** a, um.
sterto, (tui), ĕre, *intr.* 코 골다, 깊이 잠들다.
Stesíchŏrus, i, *m.* *Hímera* 태생의 희랍 서정시인(c. 640-555 A.C.); 〔*adj.*〕 **-íus,** a, um.
stĕti, *pf.* [sto²].
Sthénĕlus, i, *m.* **1.** *Capáneus*와 *Evádne*의 아들, *Epígoni*중 한사람. **2.** *Ligúria*의 왕, 그의 아들 *Cycnus*는 백조로 변했다. **3.** *Pérseus*와 *Andrómeda*의 아들, *Eurýstheus*의 아버지. **4.** 〔*adj.*〕 **-léĭus,** a, um; 〔*adj. f.*〕 **-léis,** léĭdis. 「원의 벤치.
stibádĭum, i, *n.* 안락의자, 휴식용 침대, 정

STIBADIUM

stibiokálium tartáricum, i, *n.* 《化 · 藥》 토주석(吐酒石).
stĭbi[**stimmi**], is, [**-bĭum,** i,] *n.* **1.** 《化》 안티몬. **2.** 안티몬 분(粉), 눈썹그리는 검정색 화장품.
stíbĭnus, a, um, *adj.* 안티몬의.
stic, *adv.* istic의 생략형.
stícŭla, æ, *f.* 포도의 일종.
stigma, ătis, *n.* [æ, *f.*] **1.** 흔적, 자국, 상처, 낙인. **2.** 모욕, 불명예, 오명(汚名), 오점. **3.** 《植》 암술머리, 주두(柱頭). **4.** 《動》 (곤충 · 거미 따위의) 기공(氣孔), 숨구멍. **5.** 《醫》 홍반(紅斑), 출혈반(出血斑). **6.** 《가》 성흔(聖痕), 그리스도의 십자가 못자국.
stigmátĭas, æ, *m.* (어깨에) 낙인찍힌 노예.
stigmo, ávi, áre, *tr.* [stigma] 낙인찍다.
stigmósus, a, um, *adj.* [stigma] 낙인찍힌, 문신(文身)한, 자청(刺青)한.
stilla, æ, *f. dim.* [stíria] 물방울, 사소한 물건 또는 양(量). 「씩.
stillánter[**-látim**], *adv.* [stillo] 한 방울
stillárĭum, i, *n.* [stilla] 물 한 방울의 선물 즉 미미한 보탬.
stillatícĭus[**-latívus**], a, um, *adj.* 방울방울 떨어지는, 한 방울씩 떨어지는.

stillátĭo, ónis, *f.* [stillo] 한 방울씩 떨어짐, 땀남, 흘러감, 붕괴.

stil(l)icídĭum, i, *n.* [stilla + cado] **1.** 물샘, 방울방울 떨어지는 물, 누출(漏出). **2.** 빗물, 빗방울. **3.** 잠깐동안, 짧은 시간.

stillo, ávi, átum, áre, [stilla] **1.** *intr.* 방울방울 떨어지다, 똑똑 떨어지다. **2.** *tr.* 방울지어 떨어지게 하다.

stíllŭla, æ, *f.* 작은 물방울. 「A.C.).

Stilo, ónis, *m.* *Roma*의 연설가 문법가(c. 100

Stilpo, ónis, *m.* *Megára* 태생의 철학자.

stĭlus, i, *m.* **1.** 뾰족한 물건, 글쓰거나 지우는데 쓰는 물건, 펜, 철필. **2.** 서법(書法), 어법, 필체, 문체, 체제; 풍(風), 식(式), 형(型). **3.** 펜을 가지고 하는 일, 저술, 기술(記述), 문서: suprémus stilus*(Amm.)* 유언서. **4.** 표현, 발표. **5.** 말뚝, 방책. **6.** (식물의) 줄기, 대.

stimmi, is, *n.* = stibi.

Stímŭla, æ, *f.* [stímulus] 자극(刺戟)의 여신, *Sémele(=Símila)*와 동일시 되었음.

stímŭlans, ántis, *m.* [stímulo] 《藥·醫》 흥분제, 자극제(刺戟劑).

stimulátĭo, ónis, *f.* [**–latus,** us, *abl.* –ū, *m.*] [stímulo] 찌름, 자극, 격려, 장려.

stimulátor, óris, *m.* [**–trix,** ícis, *f.*] [stímulo] 자극하는 사람, 선동자, 격려자.

stimúlĕus, a, um, *adj.* [stímulus] 바늘의, 가시의, 자극하는.

stímŭlo, ávi, átum, áre, *tr.* [stímulus] [*acc.*, in + *acc.*, ut, ne, *inf.*] **1.** 찌르다, 쏘다. **2.** (짐승을) 막대로 찔러서 몰다; 격려하다, 자극하다. **3.** 고문하다, 고통주다. 「인, 찌르는.

stimulósus, a, um, *adj.* [stímulus] 자극적

stímŭlus, i, *m.* [stínguo] **1.** 송곳, 막대기, 바늘, 가시. **2.** 채찍. **3.** 고통, 고민; 격려, 장려. **4.** 《軍》 방책, 적기병을 방비하던 마름쇠. **5.** [*pl.*] 자극, 자극물: stímuli glóriæ*(C.)* 영광의 자극 / stímulos *alci* admovére*(C.)*, subjectáre*(H.)*, súbdere*(L.)*, adjícere*(Ov.)*, adígere*(Sen.)*, áddere*(Lucan.)* …에게 자극을 주다.

stíngŭo, ĕre, *tr.* (불 따위를) 끄다, 소멸시키다. [흔히 *pass.*] stíngui 꺼지다.

stipa, æ, *f.* (배〈船〉의 틈새를 막는데 쓰는) 삼(麻) 부스러기, 지푸라기(=stuppa).

stipámen, ĭnis, *n.* 매우 급함, 혼란, 쇄도.

stipátĭo, ónis, *f.* [stipo] **1.** 압축, 막음, 밀집. **2.** 축적, 더미. **3.** 군중, 혼란, 쇄도. **4.** 수행, 측근, 호위, 시위(侍衛).

stipátor[1], óris, *m.* [**–átrix,** ícis, *f.*] [stipo] 수행원, 호위하는 사람, 시종: stipatóres córporis*(C.)* 근위병. 「직공.

stipátor[2], óris, *m.* [stipa] 배(船)의 틈막이

stipátus, a, um, *p.p., a.p.* [stipo] 호위받는, 에워싸인. 「의, 보수의, 세금의, 납세하는.

stipendiális, e, *adj.* [stipéndium] 봉급

stipendiárĭus, a, um, *adj.* [stipéndium] **1.** 세금바치는, 조공(朝貢)바치는; 종속적인, 예속되는. **2.** 고용되어 있는, 월급장이의, 고용인의. **3.** [*subst.*] *m.pl.* 조공바치는 민족, 세금바치는 사람들.

stipéndĭor, átus sum, ári, *dep. intr.* [stipéndium] 고용되어 있다, 예속되다; 봉급받다.

stipendiósus, a, um, *adj.* [stipéndium] 오랫동안 복무하는, 고용되어 있는; 고참의.

stipéndĭum, i, *n.* [stips + pendo] **1.** 조세, 세금, 조공. **2.** (포로의) 몸값; 대가, 보상, 보속(補贖), 급료(給料). **3.** 《軍》 군인월급: stipéndia merére 또는 meréri 군봉급을 타다. **4.** 군복무, 병역, 병무, 복무기간: stipéndia emeréri*(Sall.)*, implére*(L.)*, explére*(Ta.)* 군복무를 마치다. **5.** 벌, 벌금. **6.** 의지(依支).

stīpes, pĭtis, *m.* [**–pis,** is, *f.*] **1.** 나무줄기(幹), 그루터기, 장작; 말뚝; 나뭇가지(막대기); 곤봉; 근간(根幹). **2.** 근원, 기원. **3.** 바보.

stipidósus, a, um, *adj.* [stipes] 나무의.

stīpo, ávi, átum, áre, *tr.* [stipa] **1.** 쌓아 올리다, 조밀하게 하다, 밀집시키다: Græci stipáti*(C.)* 운집한 *Græcia* 사람들. **2.** 응결케 하다, 에워싸다, 호위하다, 시위(侍衛)하다, 둘러싸다. **3.** 쑤셔넣다, 가득채우다, 틀어막다.

stips, stĭpis, [*gen.pl.* –pum, –pĭum,] *f.* **1.** 잔돈, 푼돈, 동냥돈: stipem collígere*(L.)* 동냥하다. **2.** 갹출금, 하찮은 선물·공여, 연보금, 세금, 벌금. **3.** 적은 이익, 적은 봉급.

stípŭla, æ, *f.* [stipes] 갈대, 밀짚, 검불, 마른 짚; 강낭콩대; 빨대, 피리. 「계약조항; 계약.

stipulátĭo, ónis, *f.* [stípulor] 규약, 규정,

stipulatiúncŭla, æ, *f.* *dim.* [stipulátio] 작은 계약, 변변치 않은 계약.

stipulátor, óris, *m.* [stípulor] 계약자. 「조.

stipulátus, us, *m.* [stípulor] 약속, 계약, 약

stípŭlor, átus sum, ári, *dep.* [**–pŭlo,** áre,] *tr.* [stípula] 약속의 표로 짚대를 꺾다, (구두로) 약속하다, 계약하다: ~ *alqd* ab *alqo(Dig.)* 아무로 하여금 ~을 주도록 하는 계약을 하다.

stípŭlus, a, um, *adj.* 확고한.

stírĭa, æ, *f.* [stilla] 고드름, 콧물.

stiríăcus, a, um, *adj.* 고드름이 맺힌, 고드름같이 매달린.

stiricídĭum, i, *n.* 눈송이가 떨어짐.

stiríllum, i, *n.* 염소수염. 「뿌리나다.

stirpésco, ĕre, *intr. inch.* [stirps] 순이 돋다,

stírpĕus, a, um, *adj.* [stirps] …에서 돋아난.

stirpis, is, *f.* = stirps. 「근본적으로.

stírpĭtus, *adv.* [stirps] 뿌리까지, 송두리째,

stirpo, áre, *tr.* 개간하다.

stirps, pis, [*gen.pl.* –pĭum, –pum,] *f.* **1.** 나무포기, 나무등걸, 나무뿌리 부분, 그루터기; 줄기. **2.** 새가지, 새싹, 순. **3.** (풀·나무) 대, 줄기, 뿌리. **4.** 종족, 민족, 인종, 가문, 가계, 혈통: Hérculis stirpe generátus*(C.)* *Hércules* 집안에서 태어난. **5.** 후예, 후손. **6.** 근원, 기초, 기원.

stĭti, *pf.* [sisto].
stīva, æ, *f.* 쟁기 손잡이, 호미자루.
stivárĭus, ii, *m.* [stiva] 쟁기를 잡은 자.
stlāt(t)a, æ, *f.* 상선(商船), 해적선.
stlat(t)árĭus, a, um, [**–táris,** e,] *adj.* [stlatta] 배의, 배로 들여온, 수입한, 값비싼; 〔*subst.*〕 **–tárĭa,** órum, *n.pl.* 값비싼 천, 옷감.
stlembus, a, um, *adj.* 육중한, 느린.
stlis, ítis, *f.* = lis의 고어.
stlocus, i, *m.* locus의 고어.
stlop(p)us, i, *m.* 뺨을 쳐서 내는 소리.
sto[1]**,** isto의 준말. *V.* ste.
sto[2]**,** stĕti, stătum, stāre, *intr.* **1. 서 있다,** 서다, 기립하다, 일어서다: ~ in átriis*(Pl.)* 현관에 ~ / Inter sacrum saxúmque sto.〔속담〕 *V.* sacrum / ~ pede in uno*(H.)* 한발로 서 있다 / 〔*pass.*〕 Quid ágitur? Statur!*(T.)* 잘 있느냐? (두발 짚고) 서 있다, 즉 잘 있다. **2.** 뛰어나다, 돌출하다, 툭 튀어나와 있다, 두드러지다: óculi stantes*(Ov.)* 툭 튀어 나온 눈. **3.** 〔*abl.*〕 …으로 덮여있다, 차있다, 불쑥 나와있다: Stat púlvere cælum.*(V.)* 하늘에 먼지가 가득하다 / Stant lúmina flammā.*(V.)* 그의 두 눈은 빛을 발한다. **4.** 《軍》 부동자세에 있다, 제자리를 지키다, 무장하고 있다, 보초서다: ~ pro portā*(L.)* 문을 지키고 서 있다. **5.** (종이) 명령을 기다리고 있다, 대령하다, 봉사하다: ~ ad pedes*(Suet.)* 발치에서 기다리고 있다, 심부름을 기다리다. **6.** (건물이) 서다, 공사가 끝나다, (배가) 닻을 내리다, 정박하다. **7.** cum, ab *alqo(C.)* …의 편이다 / ~ contra, advérsus + *acc.* …의 반대편을 들다 / pro *alqā re* …를 위하여 싸우다. **8.** 〔*abl.*, in + *abl.*, per〕 …**에 달려있다**: Salus stat in armis*(Val. Fl.)* 전쟁에 구원이 달려있다 / per me ~ *(T.)* 오직 나에게 달려있다 / 〔quóminus, quin, ne〕 …하지 않는 것은 …에 달려있다 / 〔ut, *inf.*〕 …하는 것은 …에 달려있다. **9.** 값나가다: ~ gratis*(C.)* 거저이다 / ~ magno prétio*(H.)* 매우 비싸다 / ~ pluris *(Sen.)* 더 비싸다 / ~ multo sánguine*(L.)* 많은 희생을 치르다. **10.** 제자리에 서 있다, 버티고 서 있다, 움직이지 않다: Quid stas?*(H.)* 왜 그러고 서 있느냐? **11.** 꿋꿋이 서 있다, 잘 버티다, 저항하다, 물러서지 않다: ~ cómminus*(Cæs.)* 오랜 접전에 버티다 / ~ in gradu *(C.)*, gradu fixo*(Amm.)* 굳건히 서 있다 / hosti ~ *(V.)* 적과 대항하고 있다 / ~ contra leónem*(Spart.)* 사자와 싸우다. **12.** 요지부동이다, 든든하다, 굳건하다: Stat vultus, stant lúmina.*(Sil.)* 얼굴색 하나 변하지 않는다, 눈하나 깜짝하지 않는다. **13.** 꽂히다, 박히다. **14.** 유지하다, 잘 있다, 생존하다, 존속하다. **15.** 〔*inf.*〕 …할 계획이다, 생각이다, 결심이다: stat *alci* senténtia *inf.* 그는 …할 생각을 가지고 있다. **16. 충실하다, 항구하다,** 고집하다 〔in + *abl.*, *abl.*〕: ~ in fide*(C.)* 충실하다, 신용을 지키다 / ~ senténtiā*(Pl.)* 자기 의견을 굽히지 않다 / ~ voluntáti patris defúncti*(Jct.)* 선친 뜻을 존중하다. **17.** (배우 · 연극) 성공하다.
Stœ́chădes, um, *f.pl.* 남부 *Gállia Massília* (지금의 *Marseille*) 동남쪽의 군도. 「욕적으로.
Stóĭce, *adv.* [Stóicus] 스토아 학풍으로, 금
Stoícĭdæ, árum, *m.pl.* 금욕주의를 칭하며 쾌락을 즐기는 자들.
Stoicísmus, i, *m.* **1.** 스토아철학, 스토아학파. **2.** [s–] 금욕주의; 극기(克己), 견인(堅忍); 냉정, 태연.
Stóĭcus, a, um, *adj.* 스토아학파의, 금욕주의의: Stóicum est + *inf.* …하는 것이 스토아학파의 특징이다; 〔*subst.*〕 **–ĭca,** æ, *f.* (*sc.* secta) 스토아학파; **–ĭci,** órum, *m.pl.* 스토아학파 사람들; **–ĭca,** órum, *n.pl.* 스토아철학.
stŏla, æ, *f.* **1.** 긴 옷(부인용, 귀족용, *Minérva* 축제 때의 악사용, *Isis*신 제관용). **2.** 《가》 영대(領帶). 「stolæ.
stolárĭum, i, *n.* [stola] 예식사례금. = jus
stolátus, a, um, *adj.* [stola] 긴옷을 입은, (영)예복을 입은; 〔*subst.*〕 *f.pl.* 귀부인들.
stólĭde, *adv.* [stólidus] 어리석게, 아둔하게.
stolídĭtas, átis, *f.* [stólidus] 어리석음, 우둔함, 정신나감.
stólĭdus, a, um, *adj.* **1.** 〔사람〕 어리석은, 우둔한, 이성잃은. **2.** 〔사물〕 뜻없는, 부조리한, 효력없는.
stŏlo, ónis, *m.* **1.** 어리석은 자. **2.** 새싹.
stŏlus, i, *m.* 항해, 해상원정, 함대출동.
stoma, ătis, *n.* **1.** 《植》 (잎의) 기공(氣孔). **2.** 《動》 기문(氣門), 기공. 「口內炎).
stomácăce, es, *f.* 《醫》 궤양성 구내염(潰瘍性
stomachabúndus, a, um, *adj.* [stómachor] 쉽게 분노하는, 다혈질의, 골난, 분노한.
stomachánter, *adv.* 격양하여, 분노하여,
stomachātĭo, ōnis, *f.* 격분. 「미치게.
stomáchĭcus, a, um, *adj.* [stómachus] **1.** 위의, 위장에 관한; 〔*subst.*〕 *n.pl.* 위장약. **2.** 위병에 걸린; 〔*subst.*〕 *m.pl.* 위병환자.
stómăchor, átus sum, ári, *dep. intr.* [stómachus] **1.** 〔cum *abl.*〕 분노하다, 화[골]내다, 격분하다: ~ cum *alqo(C.)* …에게 화내다, …와 다투다. **2.** 〔*abl.*, ob *acc.*, quod, si〕 …때문에 기분상하다, 발끈하다, 다투다: tuis lítteris ~ *(C.)* 네 편지 때문에 ~.
stomachósus, a, um, *adj.* [stómachus] 화난, 화나게 하는; 〔*adv.*〕 **–se,** 화나서.
stómăchus, i, *m.* **1.** 《解》 식도(食道), 인후(咽喉). **2.** 위(胃); 소화, 식욕, 구미. **3.** 욕심, 분노, 기분, 취미: ludi non tui stómachi*(C.)* 네 기분에 안맞는 놀이. **4.** 불만, 울화, 기분 나쁨: stómachum movére *alci*, fácere*(C.)* …의 속을 뒤집어 놓다, …를 미치게 하다.
stomátĭce, es, *f.* 입병에 쓰는 약. 「구강염.
stomatítis, tĭdis, *f.* 《醫》 구내염(口內炎),
stomodǽum, i, *n.* 입이 생기기 시작할 때

생기는 움푹한 곳.
storácĭnus, a, um, *adj.* 때죽나무의.
storax, ăcis, *m.* 때죽나무. *V.* styrax. 「자리.
stórĕa[**–ĭa**[1]], æ, *f.* 거적, 돗자리, 장석, 풍석,
stórĭa[2], æ, *f.* = história의 속어.
strabísmus, i, *m.* [strabo[1]] 《醫》 사시(斜視).
străbo[1], ónis, *m.* 사팔눈이, 사팔뜨기.
Străbo[2], ónis, *m.* **1.** *Roma*인의 씨족명. **2.** 희랍의 지리학자. 「뜨기.
strabónus, i, *m.* [strabo[1]] 사팔눈이, 사팔
strabus[**–bónus**], a, um, *adj.* [strabo[1]] **1.** 사팔눈의, 사시(斜視)의. **2.** 화합치 않는.
strāges, is, *f.* [sterno, stratus[1]] **1.** 도괴(倒壞), 파괴, 황폐, 파멸(破滅), 멸망. **2.** 무더기, 더미, 퇴적(堆積). **3.** 살육, 학살, 도살; 살해.
strágŭla, æ, *f.* [**–gŭlum,** i, *n.*] [strágulus] 이불, 금침; 보, 책상보, 이불보, 침대보 등.
stragulátus[1], a, um, *adj.* [strágulus] 이불의, 이불을 편, 보를 깐. 「여러가지 색의.
stragulátus[2], a, um, *p.p., a.p.* [strágulo]
strágŭlo, áre, *tr.* 여러가지 색으로 물들이다.
strágŭlus, a, um, *adj.* [sterno] 펴는, 덮는, 까는, 이불의; 〔*subst.*〕 **–lum,** i, *n.* 보, 덮개.
strāmen, mĭnis, *n.* [sterno] 깔개, 짚으로 만든 요, 이불, (새) 둥지, 침상.
stramentárĭus, a, um, *adj.* [straméntum] 짚의, 수확(收穫)의.
stramentícĭus, a, um, *adj.* [straméntum] 짚으로 덮은. 「흐트러 놓다, 꼴베다.
straméntor, ári, *dep. intr.* [straméntum]
straméntum, i, *n.* [sterno] **1.** 마른 짚, 밀짚, 왕골. **2.** 짚요, 짚방석. **3.** 보, 덮개, 모포.
stramínĕus, a, um, *adj.* [stramen] 짚으로 만든: ~ Quírites*(Ov.)* 제웅, 진짜 사람 대신 매년 *Tíberis*강에 던졌음.
strángĭas, æ, 〔*acc.* –an,〕 *m.* 희랍 밀의 일종.
strangulábĭlis, e, *adj.* [strángulo] 교살할 만한, 숨막히게 할 수 있는, 질식시킬 수 있는.
strangulátĭo, ónis, *f.* [**–látus,** us, *m.*] [strángulo] 교살, 교수(絞首), 목조임; *pl.* 경련(痙攣).
strangulátor, óris, *m.* [**–trix,** ícis, *f.*] [strángulo] 남의 목을 매는 사람, 교살하는 사람, 교수형 집행인.
strángŭlo, ávi, átum, áre, *tr.* **1.** 목조르다, 교살하다, 교수형(絞首刑)에 처하다, 질식시키다, 숨막히게 하다. **2.** 조이다, 압착하다. **3.** (식물 따위를) 죽이다.
strángŭlum, i, *n.* 목 매다는 밧줄.
strangúrĭa, æ, *f.* 《醫》 유통성 요림력(有痛性尿淋瀝), 배뇨곤란.
strāta, æ, *f.* [sterno] 포장된 대로, 큰길.
strategéma, ătis, 〔*gen.pl.* –măton,〕 *n.* 전술, 전략, 술책, 모략.
strategemátĭcus[**–os**], a, um, *adj.* 전술의, 책략의; 〔*subst.*〕 *n.pl.* **–tĭca,** con 용병학, 병법, 전술.
stratégĭa, æ, *f.* 군사정권, 군정청.
stratégicus[**–os**], a, um, *adj.* 군사령부의, 전술의; 〔*subst.*〕 *n.pl.* **–gĭca,** con 전술학.
strategíum[**–géum**], i, *n.* 사령관 막사 (=prætórium). 「언회 사회자.
stratégus, i, *m.* 사령관, 장군, 지휘관, 전술가;
strátio, ónis, *f.* [sterno] 덮개(덮음).
stratiótes, æ, *m.* [**–ótĭce,** es, *f.*] 《植》 노회(蘆薈), 알로에처럼 생긴 수초.
stratiótĭcus, a, um, *adj.* 군사의, 군법의; 〔*subst.*〕 **–ótĭcum,** i, *n.* 안약.
Străto(n), ónis, *m.* **1.** *Lámpsacus* 태생의 희랍인 철학자(*sæc.* 3 A.C.). **2.** *Cícero* 시대의 유명한 의사. **3.** *Média*의 강(*Cáspium*해로 흘러 들어감).
Stratonicéa, æ, *f.* *Cária*의 도시(지금의 *Eski Hissar*); 〔*adj.*〕 **–cénsis,** e; 〔*subst.*〕 **–cénses,** ĭum, *m.pl.* 그곳 주민.
Stratonícis, cĭdis, *f.* *Venus* 여신의 별명.
strātor, óris, *m.* [sterno] **1.** (자리 따위를) 펴는 · 까는 자. **2.** 말안장을 얹고 준비하는 마부. **3.** 지방장관의 시종, 하인. **4.** 옥졸, 간수.
stratórĭus, a, um, *adj.* [sterno] 덮거나 까는데 쓰이는; 〔*subst.*〕 *n.* 휴식용 침대, 이불.
strātum[**–ta**], i[órum], *n.*〔*pl.*〕 [sterno] **1.** 침대보, 요, 이불. **2.** 침대, 잠자리; 신방, 배내옷. **3.** 덮개, 모포; 안장, 방석. **4.** 포장, 포장도로. 「床), 거름더미.
stratúra, æ, *f.* [sterno] 포장공사, 침상(寢
strātus[1], us, *m.* [sterno] **1.** 폄, 포장, 덮음, 널어놓음, 때려눕힘. **2.** 낮춤, 저하(低下). **3.** 덮개, 이불, 보료; 마의(馬衣), 안장. **4.** 휴식용
Strătus[2], i, *f.* *Acarnánia*의 수도. ⌊침대.
străva[**–ba**], æ, *f.* 승전기념품.
strāvi, *pf.* [sterno].
strébŭla[**stríb–**], órum, *n.pl.,* [**–la,** æ, *f.*] 제물로 바친 짐승의 넓적다리 고기.
strēna, æ, *f.* **1.** 길흉(吉凶), 길조. **2.** 축복을 비는 선물, 새해선물. 「리 여신(=Salus).
Strénĭa[**–nŭa**], æ, *f.* *Sabíni*인들의 건강관
strénŭe, *adv.* [strénuus] 용맹히, 끈질기게: Agĭte strénue! *(Pl.)* 자 빨리! / ~ fácere *(Pl.)* 용감하게 행동하다. 「끈질김, 민첩.
strenúĭtas, átis, *f.* [strénuus] 용맹, 활기,
strénŭo, áre, *intr.* [strénuus] 열심히 하다, 빨리 하다.
strénŭus, a, um, *adj.* **1.** 〔*abl., gen.,* in *abl.*〕 활기있는, 열성적인, 빠른, 끈질긴, 용맹한. **2.** 들뜬, 동요하는, 차분하지 못한, 소란한, 부산한; 교란을 일으키는. **3.** (사물) 튼튼한, 강한, 탄력있는, 효력있는.
strépĕrus, a, um, *adj.* [strepo] 울려 퍼지는.
strépĭto, áre, *intr. freq.* [strepo] 요란하다, 소란하다, 울려 퍼지다.
strépĭtus, us[i], 〔*abl.pl.* –pítibus,〕 *m.* [strepo] 소음, 굉음, 잡음, 시끄러움.
strĕpo, pŭi, pĭtum, ĕre, **1.** *intr.* 소란하다,

소동하다, 메아리치다, 쟁쟁 울리다: ~ vócibus *(Sall.)* 혼란한 소리나다. **2.** *tr.* 소리질러 말하다, 소리내다, 소리지르다, 힘주어 말하다, 불평 터뜨리다: Hæc cum stréperent.*(L.)* 그들이 이런 불평을 했기 때문에.

strepsícĕros, rōtis, *m.* 구부러진 뿔 달린 양.

strĭa, æ, *f.* **1.** 도랑, 밭이랑. **2.** 가는 줄, 무늬. **3.** 옷 주름. **4.** 기둥의 홈.

striatúra, æ, *f.* [stria] 도랑, 기둥의 홈.

striátus, a, um, *adj.* [strio] 줄무늬의, 줄쳐진, 홈파인. 「(Solecísmus).

strib(i)lígo, gĭnis, *f.* 문법오류, 어법위반

striblíta, æ, *f.* *V.* scriblíta.

stricósus *V.* strigósus.

strictim[**-te**], *adv.* [strictus] 엄밀히, 좁게, 짧게; 슬쩍, 겉으로만; 간단하게, 대략.

stríctĭo, ónis, *f.* [stringo] 꽉 쥠, 압착; 엄격.

strictivíllæ[**stritti-, -véllæ**], árum, *f.pl.* [stringo + villus, vellus] 기생, 창녀.

strictívus, a, um, *adj.* [stringo] (떨어지지 않고 손으로) 딴 (과일의).

strictor, óris, *m.* (올리브) 열매 따는 자.

strictórĭa, æ, *f.* [stringo] 긴 소매의 내의 (남자용).

strictúra, æ, *f.* [stringo] **1.** 조임, 압착. **2.** 고통. **3.** (과일) 따기. **4.** 야금(冶金), 쇠불리기.

strictus, a, um, *p.p., a.p.* [stringo] **1.** 꽉 죄는, 밀집한, 빽빽한, 조밀한, 좁은. **2.** 간결한. **3.** 엄격한, 엄밀한, 찌푸린. **4.** 인색한, 빡빡한.

strídĕo[**-rīdo**], ére[ĕre], *intr.* 된소리나다, 잡음나다, (뱀소리, 화살소리, 이가는 소리, 바람소리, 파도소리, 톱켜는 소리, 문소리, 달구지소리, 쇠부딪히는 소리)나다, 여자가 소리지르다, 벌 따위가 붕붕거리다.

strīdor, óris, *m.* [strídeo] 된소리, 이가는 소리, 높고가는 소리, 휘파람소리, 바람소리, 웅성대는 소리.

stridósus[**strídŭlus**], a, um, *adj.* [strídeo] 날카로운 소리내는, 붕붕소리내는.

strĭga[1], æ, *f.* [stringo] (풀이나 밀단) 열지어 놓은 것; 밭고랑, 홈; 천막을 열지어 친 곳.

strĭga[2], æ, *f.* [strix] 무당, 마녀.

strigátus, a, um, *adj.* [striga[1]] 길게 고랑친.

strigilécŭla, æ, *f.* *dim.* [strígilis] 작은 글겅이.

strígĭlis, is, *f.* [stringo] **1.** (고대 회랍) 때를 미는 도구, 긁는·깎는 기구, 글겅이. **2.** 《醫》 주사 주입기, 금속 말 빗(櫛).

strigméntum, i, *n.* [stringo] **1.** 깎아낸 부스러기. **2.** strígilis로 민 때(垢)나 털.

strĭgo[1], áre, *intr.* 중지하다, 쉬다, 휴식하다, 한숨놓다.

strigo[2], ónis, *m.* 여윈 사람. 「여윈.

strigósus, a, um, *adj.* 쇠약한, 마른, 파리한,

strígŭla[**-gĭla**], æ, *f.* = strígilis.

stringo, strinxi, strictum, ĕre, *tr.* **1.** 죄다, **졸라매다**, 압축하다, 잡아매다, **결박하다**, 긴축하다, 껴안다, **2. 요약하다. 3.** 따다, 가지치다: fólia stricta ex arbóribus*(Cæs.)* 나무에서 딴 잎. **4.** 깎다, 긁다, 스치다, 건드리다. **5.** 잡아 당기다, (칼을) 뽑다, 무장하다: strictus ensis, 뽑아든 칼. **6.** 제동걸다, 제어하다, 꼭 붙들다. **7.** 마음을 조이다, 감동시키다. **8.** 손상시키다. **9.** 단숨에 마시다. 「졸라맴.

stringor, óris, *m.* [stringo] 죔, 수축, 압축,

strĭo, ávi, átum, áre, *tr.* [stria] 줄치다, 금긋다, 도랑치다, 홈파다.

strítăvus, i, *m.* trítavus의 속어.

strittabílla, æ, *f.* [strítto] *V.* strictivíllæ.

strítto, áre, *intr.* 살살기다, 천천히 걷다.

strix, strĭgis, *f.* (어린이의 피를 빨아 먹는다는) 올빼미, 흡혈귀. 「분체(横分體).

stróbĭla, æ, *f.* 《動》 조충연쇄(絛蟲連鎖), 횡

stróbĭlus, i, *m.* 솔방울, 잣.

strof... *V.* stroph...

strōma, ătis, [*abl.pl.* -mátibus, -mătis,] *n.* **1.** 침대요, 이불, 화문석(花紋席). **2.** [*pl.*] 잡기록(雜記錄), 논총(論叢). **3.** 《醫》 기질(基質). **4.** 《植》 자좌(子座).

stromátĕus, ĕi, [*gen.pl.* -mátĕon,] *m.* 논총, 문집: [S-], *Caséllius*와 *Orígenes*의 저서명; 논총작가 *T. Flávius Clemens Alexandrínus*의 별칭.

strombus, i, *m.* 우렁이의 일종, 고동. 「像).

stróngȳla, æ, *f.* 메달 따위에 새겨진 흉상(胸

strŏpha, æ, [**-phe,** es,] *f.* **1.** 구절(句節), 시구(詩句), 노래의 절. **2.** 우회(迂廻); 위계(僞計), 전략, 꾀, 술책.

Stróphădes, um, *f.pl.* *Messénia* 해안의 두 개의 섬, *Harpýiæ*의 거주지(지금의 *Strivali*).

strophiárĭus, i, *m.* stróphium 제조인.

stróphĭcus, i, *m.* [strophus[1]] 배앓이 환자.

strophíŏlum, i, *n.* *dim.* [stróphium] 작은 화관, 꽃장식. 「관. **3.** 끈. **4.** 제관용 띠.

stróphĭum, i, *n.* **1.** 목도리, 코르셋. **2.** 화

Stróphĭus, i, *m.* *Phocis*의 왕, *Pýlades*의 아버지. 「이(=strophus[1]).

strophóma, ătis, *n.* 《醫》 복통(腹痛), 배앓

strophósus[1][**-rofósus**], a, um, *adj.* [stropha] 교활한. 「(腹痛)의, 배앓이 하는.

strophósus[2], a, um, *adj.* [strophus[1]] 복통

stróphŭlus, i, *m.* 《醫》 유아 한진(汗疹).

strŏphus[1], i, *m.* 《醫》 복통, 급성복통.

strophus[2], i, *m.* 에둘러 하는 말.

stroppus, i, *m.* = struppus.

structe, *adv.* [structus] 치장하여, 가지런히.

strúctĭlis, e, *adj.* [struo] 건축의, 지은, 토목공사의. 「사; 조립, 기구(機具), 건물; 교육.

strúctĭo, ónis, *f.* [struo] 건축, 세움, 토목공

structor, óris, *m.* [struo] **1.** 건축가, 석공, 미장이. **2.** 연회책임을 맡은 노예. **3.** 지배인, 조정자. **4.** ~ capillatúræ*(Tertull.)* 이발사.

structórĭus, a, um, *adj.* [structor] 건축의, 구조의.

structúra, æ, *f.* [struo] **1.** 건축, 건설(建設), 가설(架設), 부설(敷設), 구조, 조직, 제도; 건축술. **2.** 토목공사. **3.** 건물.

structus, us, *m.* [struo] 축적(蓄積), 퇴적, 쌓음.

strŭes, is, [**-uix,** ĭcis,] *f.* [struo] **1.** 더미, 퇴적, 축적, 저장, (나무)가리. **2.** 제사에 사용되는 과자의 일종(손가락을 한데 뭉친 모양).

strūma, æ, *f.* [struo] **1.** 《醫》 갑상선종(甲狀腺腫); 연주창(連珠瘡). **2.** 《植》 (이끼류의 꼬투리에 생기는) 유상돌기(瘤狀突起), 소엽절(小葉節). **3.** (마음의) 상처, 치욕.

strumátĭcus[**-mósus**]**,** a, um, *adj.* [struma] **1.** 《醫》 갑상선종의, 선병질(腺病質)의; 갑상선종에 걸린. **2.** 《植》 유상돌기의.

strumélla, æ, *f. dim.* [struma] 선병질, 연주창.

struméntum, i, *n.* = instruméntum.

strumósĭtas, atis, *f.* [struma] 《醫》 선병질; 기형.

strŭo, struxi, structum, ĕre, *tr.* **1.** 배열하다, 정돈하다, **쌓다**: láteres*(Cæs.)* 벽돌을 쌓다. **2.** 배치하다: ~ cópias*(Cæs.)* 전열을 가다듬다. **3. 건축하다,** 짓다, 건조하다, 세우다, 쌓아올리다, 꾸미다. **4.** 획책하다, 음모를 꾸미다, 기도(企圖)하다. **5.** (연회를) 준비하다, 마련하다. **6.** 글짓다, 연설을 꾸미다. **7.** (입, 귀) 닫다. **8.** (발걸음을) 옮기다. **9.** 교육하다.

struppus, i, *m.* 붕대, 리본, 끈; 화관, 관(冠).

strúthĕus[**-thĭus**]**,** a, um, *adj.* 새의, 참새의.

strút(**h**)**ĭo,** ónis, *m.* 《動》 타조(駝鳥): stómachus struthiónis 대식가.

struth(**i**)**ocamelínus,** a, um, *adj.* 타조(駝鳥)의.

struth(**i**)**ocamélus,** i, *m. f.* 《動》 타조.

strúthĭon, i, *n.* 《植》 거품 장구채, 비누풀.

strúthŏpus, pŏdis, *adj.* 참새다리의.

strychinínum nítrĭcum, i, *n.* 《醫》 초산(硝酸) 스트리키니네.

Strȳmo(**n**)**,** ŏnis[nos], *m.* **1.** *Macedónia*와 *Thrácia*의 경계를 이루는 강. **2.** *Thrácia.* **3.** **-mŏnis,** ĭdis, *f. Thrácia*의 여자 즉 *Amazónes.* **4.** 〔*adj.*〕 **-mónĭus,** a, um.

stuba, æ, *f.* 거실, 방.

stuc = istuc.

stúdĕo, dŭi, ére, *intr.* 〔*gen., dat., n. acc.,* in *acc.,* in *abl.,* ut, *inf.*〕 **1. 몰두하다,** 골몰하다, 힘쓰다, **노력하다,** 열중하다, 전념하다, 뒤쫓아 다니다: ~ agricultúræ*(Cæs.)* 농사일에 전념하다 / ~ escis aliénis*(T.)* 얻어먹으러 다니다 / ~ laudi, pecúniæ*(C.)* 영광을, 돈을 뒤쫓아 다니다 / unum, hoc unum ~ *(C.)* 오로지 이 한 가지만을 원하다 / in quam rem studéndum sit*(Q.)* 어떤 일에 전념할지 / ~ in *alqā re(Cato)* 어떤 일에 열중하다. **2. 공부하다,** 교양을 쌓다, 배우다: ~ domi*(Q.)* 집에서 공부하다, 즉 사적인 교육을 받다. **3.** 관심·취미·호의 따위를 가지다: ~ *alci(C.)* 아무에게 관심이 있다. **4.** 열망하다, 갈망하다.

studíŏlum, i, *n.* [stúdium] 작은 공부, 서재.

studiósus, a, um, *adj.* [stúdium] **1.** 〔*gen., dat.,* in *abl.*〕 골몰하는, 열중한, 전념하는, 부지런한, 노력하는, 근면한, 근실한. **2.** 관심·취미·호의를 가지는, 편드는. **3.** 학적인, 교양있는, 조예깊은. **4.** *adv.* **-se,** 부지런히, 근실히, 힘써. **5.** *m.* 정열가, 애호가.

stúdĭum, i, *n.* [stúdeo] **1.** 〔in *alqā re, dat.*〕 근면, 전념, 골몰: ~ pónere in *alqā re(C.)* …일에 골몰하다. **2.** 관심, 노력. **3.** 교양, **공부,** 학문, 면학(勉學), 연학. **4.** 〔*gen. dat. inf.*〕 취미, 기호, 정열, 열정, 열망: éfferor stúdio patres vestros vidéndi*(C.)* 너희 조상들을 보고 싶어 죽겠다 / Est stúdium *alci c. inf.* 아무가 …할 열망에 불타 있다. **5.** 양식(樣式), 종류: ~ vitæ 생활양식. **6.** 연구결과, 저작, 문학; 학문. **7.** 연구실, 연구직. **8.** 관심, 애착, 편향, 헌신.

studórĭum, i, *n.* 서재.

stultífico, áre, *tr.* [stultus + fácio] 바보스럽게 만들다.

stultiloquéntĭa, æ, *f.* [**-lóquĭum,** i, *n.*] 미련한 말, 허튼 소리.

stultílŏquus, a, um, *adj.* [stultus + loquor] 미련하게 말하는 자, 바보 소리하는, 허튼 소리하는.

stultítĭa, æ, [**-tĭes,** éi,] *f.* [stultus] 미련함, 우둔함, 부조리, 미친 소리(짓).

stultívĭdus, a, um, *adj.* [stultus + vídeo] 착각하는, 잘못보는.

stultus, a, um, *adj.* (=stólidus) 바보스러운, 어리석은, 미련한, 우둔한, 미친, 정신없는: stúltior stultíssimo*(Pl.)* 통바보 / ~ dies *(Tib.)* 망쳐버린 날 / ~ glória*(Phædr.)* 허영; *adv.* **-te,** 어리석게; 〔*subst.*〕 *m.* 바보.

stup... *V.* = stupp...

stupefácĭo, féci, fáctum, ĕre, *tr.* [stúpeo + fácio] 놀라게 하다, 마비시키다.

stupefío, fáctus sum, fíĕri, *pass.* [stupefácio] 놀라다; *p.p.* stupefáctus, a, um, 놀란, 어리벙벙해진, 마비된.

stupéndus, a, um, *adj.* [stúpeo] 놀라운, 기막힌, 경탄할, 경이로운.

stupens, éntis, *p.præs., a.p.* [stúpeo] 몹시 놀란, 넋을 잃은, 마비된; 놀라운.

stúpĕo, pŭi, ére, **1.** *intr.* 감각을 잃다, 마비되다, 몸이 굳어지다; 지치다, 발이 묶이다; 〔*abl.,* in *abl.;* ad *acc.*〕 **놀라다, 경탄하다,** 황홀해 하다, 넋을 잃다. **2.** *tr.* 〔*acc., inf.*〕 놀라운 눈으로 보다, 눈을 크게 뜨다: ~ donum*(V.)* 선물을 놀라운 눈으로 ~. **3.** 사로잡히다, 빠져들다, 마음을 빼앗기다: gáudio ~ *(Cæl.)* 즐거움에 넋을 잃다.

stupésco, ĕre, *intr. inch.* [stúpeo] 마비되다, 놀라다, 놀라게 되다.

stúpeus = stúppeus.

stupídĭtas, átis, *f.* [stúpidus] 미련함, 우둔, 우매, 정신빠짐, 인사불성.

stúpĭdo, áre, *tr.* 마비시키다, 둔하게 만들다.

stúpĭdus, a, um, *adj.* [stúpeo] **1.** 〔*alqā re*〕 정신빠진, 우둔한, 혼미한, 마취된. **2.** 미련한. **3.** 세련되지 않은, 조잡한.
stŭpor, óris, *m.* [stúpeo] **1.** 놀람, 경탄. **2.** 미련; 혼미, 인사불성, 마비, 우둔.
stuporátus, a, um, *adj.* [stupor] 놀라운 눈으로 보는, 몹시 놀란.
stūp(p)a, æ, *f.* 삼(麻) 부스러기.
stup(p)árĭus, a, um, *adj.* [stuppa] 삼을 두드리는데 쓰이는.
stúppĕus, a, um, *adj.* [stuppa] 삼(麻)의.
stuprátor, óris, *m.* [stupro] 부패시키는 자, 유혹자.
stupre, *adv.* [stuprum] 수치스럽게.
stŭpro, ávi, átum, áre, *tr.* [stuprum] 더럽히다, 모독하다; 명예를 더럽히다.
stuprósus, a, um, *adj.* [stuprum] 음탕한 생활에 젖은. 「란죄, 창녀생활.
stuprum, i, *n.* 치욕, 불명예, 강간, 능욕, 음
stúrĭo, ónis, *m.* 《動》 철갑상어.
sturnínus, a, um, *adj.* [sturnus] 찌르레기의 색깔을 한.
sturnus, i, *m.* 《動》 찌르레기. 「의.
Stygiális, e, *adj.* [Styx] **1.** *Styx*의. **2.** 마법
Stýgĭus, a, um, *adj.* *Styx*의, 황천의, 황천에 있는 강의; 치명적인, 죽음의, 불길한.
stylóbăta[-bătes], æ, 〔bătis, *acc.* -băten,〕 *m.* 《建》 대좌(臺坐), 기단(基壇).
stylóĭdeus, a, um, *adj.* 《解》 첨필(尖筆) 모양의, 경상(莖狀)의. 「盤).
stylopódĭum, i, *n.* 《植》 화주하반(花柱下
stylus, i, *m.* = stilus.
stȳmma, ătis, *n.* 수렴제(收斂劑).
Stymphális, ĭdis, 〔*gen.* -lĭdos; *nom.pl.* -lĭdes(dæ); *acc.* -das,〕 *adj. f. Stymphálus*의: 《神話》 Stympháles aves, *Stymphálus* 산과 호수에 살았다는 포악한 새들(화살같은 날개 · 털 · 배설물로 인축을 죽게 하며 전답을 망쳐놓다가 *Hércules*에 의해 소탕되었음).
Stymphálus[-os], i, 〔*acc.* -lon,〕 *m.* [-**lum,** i, *n.*] *Arcádia* 지방의 도시 이름 및 그 부근의 산 · 호수 · 강 이름; 〔*adj.*〕 **-álĭ(c)us,** ⌊a, um.
stypsis, is, *f.* 떫은[신, 매운] 맛.
styptérĭa[-tíria], æ, *f.* 《化》 명반(明礬).
stýptĭcum, i, *n.* 《醫》 지혈제(止血劑), 수렴제(아스트린젠트). 「劑)의.
stýptĭcus[stíp-], a, um, *adj.* 수렴제(收斂
styrácĭnus[sto-], a, um, *adj.* 소합향의.
stўrax, ăcis, *m.* **1.** 《植》 때죽나무과의 식물. **2.** 소합향(蘇合香)나무. **3.** 소합향(그 나무에서 나는 꿀같은 수지).
Styx, ўgis[ўgos], *f.* 〔*acc.* -gem, -ga〕 **1.** *Arcádia*의 강(물이 너무 차가워 치명적이었다). **2.** 황천, 지하세계의 강 또는 못(池). **3.** 지하세계, 지옥, 죽음; 독약.
Suáda, æ, *f.* [suádeo] 설복의 여신.
suadéla, æ, *f.* [suádeo] 권유, 설득, 격려, 웅변; [S-] 웅변의 여신. 「득력있게, 웅변으로.
suadénter, *adv.* [suádeo] 설복적으로, 설
suáděo, suási, suásum, ére, **1.** *intr.* (누구에게) 충고하다, 설득하다. **2.** *tr.* (무엇을) 권고하다, 권유하다, 추천하다, 제안하다, 지지하다.
suadíbĭlis, e, *adj.* [suádeo] 권고할 만한, 온순한; 권고하는. 「하는, 암시하는.
suádus, a, um, *adj.* [suádeo] 권하는, 권유
sualitérnĭcum, i, *n.* 붉은 호박(琥珀).
suámet, [suus + met] *V.* -met.
suápte, *adv.* *V.* -pte.
suárĭa, æ, *f.* 돼지 장사.
suárĭus, a, um, *adj.* [sus] 돼지의; 〔*subst.*〕 *m.* 돼지치는 사람, 돼지 장사; *n.* 돼지우리.
suásim, *adv.* [suádeo] 권유하여, 납득시켜서.
suásĭo, ónis, *f.* [suádeo] 권유, 권고, 충고, 입법안에 대한 찬성토론.
suásor, óris, *m.* [suádeo] 설복자, 권유하는 사람, 권고자, 고문(顧問); 입법안 지지자.
suasórĭa, æ, *f.* [suasórius] 격려연설.
suasórĭus, a, um, *adj.* [suádeo] 납득시키는, 권유하는, 충고의; 〔*adv.*〕 **-rĭe,** 충고로, 권고조로.
suásum, i, *n.* 밤색(栗色), 갈색반점.
suásus, us, *m.* [**suásum,** i, *n.*] [suádeo] 권고, 충고.
suátim¹, *adv.* [sus¹] 돼지 모양으로.
suátim², *adv.* [suus] 제 생긴대로, 제 모양대로, 제 성격대로, 제 멋대로. 「멋있게.
suáve, *adv.* [suávis] 맛있게, 달게, 감심으로;
suavéŏlens, éntis, *adj.* 유쾌한, 향내나는, 맛있는, 좋은 냄새나는.
suaveoléntĭa, æ, *f.* 향기.
suaviátĭo, ónis, *f.* 입맞춤, 키스.
suavídĭcus, a, um, *adj.* [suávis + dico²] 유쾌[달콤]하게 말하는, 듣기좋은 소리하는, 부드럽게 말하는.
suávĭdus, a, um, *adj.* [suávis] 맛이 상쾌한.
suavífĭco, átus, áre, [suávis + fácio] *tr.* 단맛나게 하다, 유쾌하게 하다.
suavifragrántia, æ, *f.* [suávis + fragrántia] 유쾌한 향기.
suavíllum, i, *n.* 정과(正果).
suavílŏquens, éntis, [**-lŏquus,** a, um,] *adj.* [suávis + loquor] 부드럽게 말하는, 달콤하게 말하는; 감언이설하는.
suaviloquéntĭa, æ, *f.* [**-lóquĭum,** i, *n.*] [suavíloquens] 부드러운 말; 감언이설.
suavilúdĭus, i, *m.* [suávis + ludus] 구경좋아하는 사람. 「키스.
s(u)avíŏlum, i, *n. dim.* [suávium] 가벼운
s(u)ávĭor, átus sum, ári, *dep. tr.* [suávium] (= sávior) 포옹하다, 키스하다, 입맞추다.
suávis, e, 〔*abl.* suávi, 또는 suáve〕, *adj.* 맛있는, 단(甘), 유쾌한, 부드러운: ~ homo*(C.)* 상냥한 사람 / homo ~ *(T.)* 귀찮은 고객 / suáve est + *inf.(T.)* …하는 것은 환영할 일이

다; *adv.* **–vĭter,** 맛있게, 달게, 유쾌하게, 부드럽게.

suavísător, óris, *m.* [suávis + sator] 맛있는 음식을 준비하는 자.

suavisaviátĭo, ónis, *f.* [suávis + suaviátio] 달콤한 입맞춤, 포옹.

suavísŏnus, a, um, *adj.* [suávis + sono] 아름다운 소리내는, 부드러운 소리내는, 화음을 내는.

suávĭtas, átis, [–**túdo,** dĭnis,] *f.* [suávis] **1.** 단 맛, 감미, 향기. **2.** 유쾌함, 쾌감. **3.** 부드러움, 매력, 고상함, 인자함.

s(u)ávĭum, i, *n.* [suávis] 키스, 포옹, 입술, 입맞춤, 사랑.

sub¹, *præp.* **I.** 〔*abl.*〕 **1.** 아래, 밑에; 속에, 안에: ~ terra*(C.)* 땅속에 / ~ péllibus hiemáre*(Cæs.)* 천막 속에서 월동하다 / ~ sole*(V.)* 태양 아래서, 즉 대낮에 / ~ divo *(H.)*, ~ Jove frígido*(H.)* 밖에서(집안에서와 반대), 야외에서. **2.** 〔움직임의 동사와〕 ~ terrā vivi demíssi sunt*(L.)* 그들은 산채로 땅속에 던져졌다 / ~ terra lápides exímere *(Pl.)* 땅속에서 돌을 골라내다. **3.** 가까이, 곁에(서), 인접하여: ~ urbe*(Pl.)*, monte *(Cæs.)* 도시 가까이에, 산 바로 밑에. **4.** 깊숙이에: silvis ~ altis*(Ov.)* 숲속 깊은 곳에. **5.** 쪽에, 편에, 가까운 거리에: ~ sinístrā*(Cæs.)* 좌측에 / ~ óculis esse*(L.)* 면전에 있다, 앞에 있다. **6.** 바로 뒤에[후에], 곧 돌아서서, 곧 뒤따라서. **7.** 때에, 순간에, 즈음에, 동안에: ~ ipsa profectióne*(Cæs.)* 출발할 그때에 / primis ~ annis*(Ov.)* 어릴 때에 / ~ somno*(Cels.)* 잠자는 동안에. **8.** 지배하에, 치하에, 관할하에, 종속되어, 수하에, 문하(門下)에: ~ rege*(C.)* 왕치하에 / ~ manu *alcjs* esse*(C.)* 아무의 수하에 있다. **9.** …작용하에, 영향을 받아: ~ hoc metu*(Col.)* 이 협박으로. **10.** 상황하(속)에서, 때문에, 조건하에: exhaláre ~ vúlnĕre vitam*(Ov.)* 상처 때문에 죽다 / ~ ea conditióne ut …*(Eutr.)* …하는 조건하에 / ~ pœna mortis*(Suet.)* 사형받을 각오로, 위협을 받고 / ~ exceptióne si*(Suet.)* … 하는 것을 제외하고 / ~ voce præcónis*(Tertull.)* 선구자의 말을 듣고. **11.** …이름으로, 구실로: ~ nómine meo*(Q.)* 내 이름으로 / ~ exémplo*(Plin.)* 예로 / ~ título, spécie, obténtu*(Just.)* … 의 구실로, 명목으로.
II. 〔*acc.*〕 **1.** 〔quo? 어디로?의 대답〕 …로, 밑으로, 속으로, …향하여: manum ~ vestiménta deférre*(Pl.)* 손을 옷에 들여밀다 / ~ jugum míttere*(Cæs.)* 굴종시키다, 지배하에 두다 / ~ furcam ire*(H.)* 교수형틀에 들어가다 / ~ sensum cádere*(C.)* 감지되다 / ~ judícium sapiéntis cádere*(C.)* 현자의 의견을 따르다. **2.** 〔정지·존재를 표시하는 동사와〕 … 에: ~ Bóream esse*(Lucan.)* 북쪽지방에 살다 / ~ montem specus patébat*(En.)* 산밑에 동굴이 열려 있었다. **3.** 쪽(위치)으로: ~ montem succédere*(Cæs.)* 산쪽으로 전진하다 / hostem médiam feríre ~ alvum *(Ov.)* 적을 복부 한가운데를 쳐서 거꾸러뜨리다. **4.** 〔시간〕 때에, 가까이, 좀 전에, 즈음에, …하자마자, 한후 곧: ~ lucem*(V.)* 새벽녘에 / ~ dies festos*(C.)* 축제가 가까와시사 / ~ eas lítteras*(C.)* 이 편지 직후에. **5.** 〔환경〕 … 상황속에(으로), 밑에(으로), 휘하에, 지배하에: ~ impérium dicionémque cádere*(N.)* …의 휘하에 들어가다.

sub²–, 〔동작을 뜻하는 동사와 합성하여〕 조금, 아래, 밑에서 위로의 뜻을 가진 접두사: súbeo, succédo *etc.*

subabsúrdus, a, um, *adj.* 허망한, 불합리한, 가소로운, 우스운, 엉뚱한; 〔*adv.*〕 **–de,** 무리하게, 이치에 어긋나게.

subaccúso, áre, *tr.* 고발하다, 욕하다.

subácer, ácris, ácre, *adj.* 조금 쓴, 씁쓸한.

subácĭdus, a, um, *adj.* 조금 신(辛), 시큼한.

subactárĭus, a, um, *adj.* [súbigo] 부드럽게 하는, 무두질하는.

subáctĭo, ónis, *f.* [súbigo] **1.** 짓이김, 반죽, 두들김, 무두질, 부숨, 으깸. **2.** 교양, 도야, 정신단련, 준비, 훈련; 완성.

subáctor, óris, *m.* [súbigo] 방탕자, 유린자, 폭행자.

subáctus, us, *m.* [súbigo] 부숨, 반죽함.

subádjŭva, æ, *m.* [sub + ádjuvo] 조수(助手), 보좌관.

subadmirátio, ónis, *f.* 적이 놀람.

subadmóvěo, ére, *tr.* 가만히 가까이 오게 하다.

subadrogánter = subarrogánter.

subadséntiens = subasséntiens.

subadúno, áre, *tr.* 비밀히 모으다.

subæd(i)ánus, a, um, *adj.* [sub + ædes] 대리석일하는, 집안장식하는.

subæmulátĭo, ónis, *f.* [sub + ǽmulor] 은밀한 경쟁.

subǽmŭlor, ári, *dep. intr.* [sub +] 은밀히 경쟁하다.

subærátus, a, um, *adj.* [sub + æs] 내부가 동(銅)으로 된.

subagréstis, e, *adj.* 좀 예모없는, 좀 무례한.

subaláris, e, *adj.* 날개 밑에 있는, 겨드랑이 밑에 있는: ~ telum*(N.)* 비수(匕首); 〔*subst.*〕 *f.pl.* **–áres,** ĭum, 날개밑에 있는 깃틀; *n.* **–áre,** is, 멜빵.

subálbens[–lbĭcans], éntis, [–ántis], *adj.* 약간 흰, 백색을 띤, 허여스름한.

subálbĭdus, a, um, *adj.* 약간 흰, 백색을 띤.

subálbus[–álbŭlus], a, um, *adj.* 흰색 깔린.

suballigatúra, æ, *f.* 부적(符籍).

subalpínus, a, um, *adj.* 알프스 산록(山麓)의, 알프스산 밑에 있는.

subalternátio, ónis, *f.* 대소대당(大小對當), 종속됨.

subaltérnus, a, um, *adj.* 종속의, 아래의; 대소대당의.

subamárus, a, um, *adj.* 조금 쓴(苦), 씁쓸한, 맛있는; *adv.* **–amáre, –amárum,** 좀 아프게, 쓰게.

subambígŭe, *adv.* 약간 애매하게.
subapérĭo, íre, *tr.* 아래를 열다, 쪼개다.
subaquánĕus, a, um, *adj.* [sub + aqua] 수중에 있는, 물속에 사는. 「같이) 꼬부라진.
subaquilínus, a, um, *adj.* (독수리 주둥이
subáquĭlus, a, um, *adj.* 독수리색의, 엷은 갈색의, 밤색의.
subarátor, óris, *m.* [súbaro] 땅속을 파는 자.
subarésco, ĕre, *intr.* 좀 마르다(枯).
subargútŭlus, a, um, *adj.* 꽤 예리한, 꽤 재치있는, 제법 세련된.
Súbaris, is, [*abl.* -ri,] *f.* = Sýbaris.
subarmális, e, *adj.* [sub + armus] 어깨 위에 걸치는, 팔밑에 지니고 다니는; *m.* (*sc.* vestis) = túnica. 「뒤지다.
súbăro, áre, *tr.* [sub + aro] 밑을 파다(掘),
subárro, átum, áre, *tr.* [sub + arra] 저당 잡히다, 채무를 지다.
subárrogans, ántis, *adj.* 약간 교만한.
subarrogánter, *adv.* [subárrogans] 약간 교만하게. 「실까실한.
subásper, pĕra, pĕrum, *adj.* 좀 거치른, 까
subasséntĭens, éntis, *adj.* 얼마간 동의(同意)하는, … 와 합치되는.
subásso, átum, áre, *tr.* 살짝 굽다(燒).
subátĭo, ónis, *f.* [subo] 암퇘지의 발정, 암내.
subáudĭo, íre, *tr.* 조금 듣다, … 의 뜻을 내포하다, 함축하다. 「생략.
subaudítĭo, ónis, *f.* [subáudio] 내포, 함축,
subaúro, áre, *tr.* 가볍게 도금하다.
subauscúlto, ávi, átum, áre, *tr.* 몰래 듣다, 엿듣다. 「엄한.
subaustérus, a, um, *adj.* 약간 거치른, 좀
subbájŭlo, áre, *tr.* 져올리다, 치켜올리다.
subbálbe, *adv.* (말을) 좀 더듬으며.
Subbállio, ónis, *m.* *Bállio*의 조수.
subbasilicánus, i, *m.* [sub + basílica] 신전에서 서성거리는 자, 한가로운 자, 할일 없는 자.
súbbĭbo, bĭbi, ĕre, *tr.* [sub + bibo[1]] 조금 마시다.
subblándĭor, íri, *dep. intr.* [*dat.*] 약간 아첨하다, 쓰다듬다, 조금 애무하다.
subbráchĭa, órum, *n.pl.* 겨드랑이.
súbbrĕvis, e, *adj.* 좀 짧은.
subbúllĭo, íre, *intr.* 약간 끓다(沸).
subc... = succ...
subcæléstis, e, *adj.* 하늘 아래 있는.
subcærúlĕus, a, um, *adj.* 푸르스름한.
subcándĭdus, a, um, *adj.* 흰, 희끄므레한.
subcáute, *adv.* 조금 주의해서.
súbcăvus, a, um, *adj.* 좀 오목한, 지하의.
subcéno, áre, *tr.* [sub + ceno] 밑으로부터 먹기 시작하다. 「체질하다; 흔들다.
subcérno[**succ-**], crévi, crétum, ĕre, *tr.*
subcinerícĭus, a, um, *adj.* [sub + cinis] 잿불에 구운.
subcinerízo, áre, *tr.* 잿불에 굽다.
subcisívus = subsicívus.
subcláusus, a, um, *adj.* 반쯤 닫힌.
subcœn... = subcæn... , subcen...
subcolorátus, a, um, *adj.* 약간 색칠한, 빛이 좀 흐린. 「(通性)의.
subcommúnis, e, *adj.* 양성(兩性)의, 통성
subconnúmĕro, áre, *tr.* 함께 계산하다.
subcontinuátĭo, ónis, *f.* 즉시 계속함.
subcontrárĭus, a, um, *adj.* 소반대의(小反對的). 「的)으로.
subcontumelĭóse, *adv.* 조금 모욕적(侮辱
súbcŏquo, ĕre, *tr.* 약한 불에 굽다.
subcoriátĭo, ónis, *f.* 피하수술. 「보좌관.
subcorniculárĭus, i, *m.* corniculárius의
subcórtex, tĭcis, *m.f.* 《植》 백목질(白木質). 「조금 살찐.
subcrássŭlus, a, um, *adj. dim.* [crassus[1]]
súbcrĕpo, áre, *intr.* 밑에서 와지끈 소리나다.
subcrétus, a, um, *p.p.* [subcérno] 체질한.
subcríspus, a, um, *adj.* [sub + crispus[1]] 곱슬곱슬한, 둘둘 말린.
subcrócĕus, a, um, *adj.* 사프란꽃 빛깔을 띤, 선황색(鮮黃色)의.
subcrúdus, a, um, *adj.* 설익은, 반쯤익은.
subcruéntus, a, um, *adj.* 혈색의, 피섞인.
subcúltro, áre, *tr.* 칼로 베다.
subcúmbus[**succ-**], i, *m.* 전답의 경계.
subcúnĕo, (ávi), átum, áre, *tr.* 쐐기를 박아 고정시키다.
subcurátĭo, ónis, *f.* 내부 요법(療法).
subcurátor, óris, *m.* 재산관리인의 보좌.
subcúrvus, a, um, *adj.* 조금 굽은.
subcústos, tódis, *m.* 부수직인(副守直人).
subcutánĕus, a, um, *adj.* = subtercutáneus.
subdeálbo, áre, *tr.* 희게 하다.
subdébĭlis, e, *adj.* 좀 약한, 약간 마비된.
subdebilitátus, a, um, *adj.* [+ debílito] 조금 허약한, 약간 낙담한.
subdedúco, ĕre, *tr.* 느슨하게 만들다.
subdeféndo, ĕre, *tr.* 조금 보호하다.
subdefícĭo, ĕre, *intr.* 조금씩 쇠약하여지다.
subdeféctĭo, ónis, *f.* [subdefício] 느슨함, 해이.
subdéflŭo, ĕre, *intr.* 밑으로 미끄러지다.
subdelegátĭo, ónis, *f.* [subdélego] 받은 권한을 재위임함, 재위임.
subdélĕgo, ávi, átum, áre, *tr.* 재위임하다.
subdélĭgo, ĕre, *tr.* 선택하다.
subdéprĭmo, ĕre, *tr.* 깊이 박다.
subdescéndo, ĕre, *intr.* 깊이 내려가다.
subdiácon, ŏnis, [**-cŏnus,** i,] *m.* 《가》 차부제(次副祭), 부집사(副執事).
subdiaconális, e, *adj.* [subdiácon] 차부제의, …에 관한. 「차부제품, 그 직책.
subdiaconátus, us, *m.* [subdiácon] 《가》
subdiális, e, *adj.* [sub + dius] 드러난, 벗

겨진, 대기(大氣)에 노출된; *n.* 발코니, 테라스, 노대(露臺).

subdiffícĭlis, e, *adj.* 좀 어려운.

subdiffído, ĕre, *intr.* 약간 불신하다.

subdimídĭus, a, um, *adj.* 3분의 1보다 낮은.

subdisjunctĭo, ónis, *f.* 소구분, 재구분, 세분.

subdisjunctívus, a, um, *adj.* 세별(細別)되는, 소구분의, 재구분의.

subdistínctĭo, ónis, *f.* [subdistínguo] 구두점, 쉼표, 세별(細別).

subdistínguo, tínxi, tínctum, ĕre, *tr.* 구두점을 찍다, 세별하다.

subditátĭo, ónis, *f.* [subdo] 저당잡힘.

subditícĭus[-títĭus], a, um, *adj.* [subdo] 가정한, 위조한, 가장(假裝)된, 의심스러운, 믿음성없는.

subdítĭo, ónis, *f.* [subdo] 덧붙임, 첨가.

subditívus, a, um, *adj.* [subdo] 대신 넣은, 대입한, 가정한, 위조의, 사생아의.

súbdĭto, áre, *tr.* [subdo] 저당잡히다.

súbdĭtus[1], us, *m.* [subdo] 예속시킴, 밑에 둠.

súbdĭtus[2], i, *m.* [subdo] 신하(臣下), 부하, 아랫사람, 수하(手下).

subdiválĭs, e, [**-dívus,** a, um,] *adj.* = subdiális.

subdívĭdo, vísi, vísum, ĕre, *tr.* [sub + dívido] 소구분하다, 세분(細分)하다, 세별(細別)하다.

subdivísĭo, ónis, *f.* [subdívido] 소구분, 세분(細分), 소별(小別), 세별.

subdívum, i, *n.* 대기(大氣), 야외; sub-dívo*(Tertull.)* 야외에서.

subdívus, a, um, *adj.* [sub + divum] 대기에 노출된, 야외에 있는.

subdo, dĭdi, dĭtum, ĕre, *tr.* [sub + do] **1.** 밑에 두다, 속하게 하다: ~ furcas vítibus *(Plin.)* 쇠스랑 모양의 나뭇가지를 포도가지 밑에 두다(받치다) / ~ *alqm* sub solum*(Pl.)* …을 땅에 메치다. **2.** 지배하다, 누르다, 굴복하다, 예속시키다. **3.** 대치하다, …대신 두다: ~ *alqm* in locum *alcjs* ~ *(C.)* …를 …의 자리에 앉히다 / verbum verbo ~ *(Gell.)* 이 말을 저 말로 바꾸다. **4.** 일으키다, 돋우다, 불어넣다: ~ iræ facem*(Lucr.)* 분노의 불길을 일으키다 / ~ ignem seditióni*(L.)* 반란을 선동하다 / ~ *alci* spíritum*(L.)* 누구에게 용기를 북돋우다. **5.** 날조하다, 위조하다.

subdócĕo, ére, *tr.* [sub + dóceo] 대신 가르치다; *intr.* 조교(助敎)로 있다.

subdóctor, óris, *m.* [subdóceo] 조교수(助敎授), 대리교수.

súbdŏlē, *adv.* [súbdolus] 교활하게, 교묘하게, 꾀있게.

súbdŏlens, éntis, *adj.* [+dóleo] 조금 아픈.

subdolósĭtas, átis, *f.* [subdolósus] 꾀, 교활함.

subdolósus, a, um, *adj.* 교활한, 꾀있는.

súbdŏlus, a, um, *adj.* 꾀있는, 교활한, 속이는, 책략(策略)을 쓰는.

súbdŏmo, áre, *tr.* [sub + domo[1]] 지배하다, 굴복시키다, 길들이다.

subdúbĭto, áre, *tr.* 약간 의심하다, 의심적게 생각하다.

subdúco, dúxi, dúctum, ĕre, *tr.* **1.** 밑에서 끄집어내다, 뽑아내다, 집어치우다, 벗겨내다. **2.** (軍) 이동시키다, 후퇴시키다. **3.** 떼어버리다, 빼앗아버리다, 집어치우다: ~ cibum athlétæ*(C.)* 운동선수에게 음식을 금하다 / ~ *alqm* perícŭlo*(Vell.)* 아무를 위험에서 끌어내다. **4.** 몰래 집어가다, 훔치다. **5.** se ~ 피하다: se clam ~ *alci* 혹은 ab *alqo(T.)* 아무의 눈을 피하다. **6.** 끌어 올리다, 들어 올리다, 걷어 올리다. **7.** 위로 오르게 하다, 전진시키다. **8.** 계산하다, 계산에 넣다: ~ ratiónem, ratiúnculam, cálculos, summam*(C.)* 합계를 내다, 즉 계산하다 / subdúctā ratióne*(C.)* 모두 계산하고 나서. **9.** (수를) 빼다. **10.** 줄임줄로 돛을 줄이다, 배를 육지에 대다(dedúcere의 반대). **11.** (醫) 배설시키다.

subductárĭus, a, um, *adj.* [subdúco] 끌어올리는데 쓰는: ~ funis 도르래 밧줄.

subdúctĭo, ónis, *f.* [subdúco] **1.** (배를) 육지에 댐. **2.** 계산. **3.** 물줄기를 끌어냄, 지하수도. **4.** 법열(法悅), 탈혼상태.

subdúctus, a, um, *p.p., a.p.* [subdúco] 물러선, 멀리 가 있는, 깊이 박힌.

subdúlcis, e, *adj.* 약간 단(甘), 달착지근한.

súbdūplex, lĭcis [**-plus,** a, um,] *adj.* 두 번 포함된 (수).

subdúrus, a, um, *adj.* 약간 굳은, 좀 단단한.

súbĕdo, édi, ésum, ĕre, *tr.* 아래를 깎다, 갉아먹다, 위협하다, 부패시키다.

subeléctĭo, ónis, *f.* [subéligo] 뽑힌 대상 중에서 또 뽑음, 재선.

subélĭgo, ĕre, *tr.* [sub +] 선택하다, 뽑다.

subenárro, áre, *tr.* [sub +] 차례차례로 세다, 이야기하다.

súbĕo, ĭi, ĭtum, íre, *intr., tr.* **1.** 밑으로·아래로 들어가다, 안으로 들어가다, 스며들다: 〔per〕 ~ oras per imas clípei*(V.)* 창이 방패의 아랫가를 뚫고 들어가다. 〔*dat.*〕 ~ luco*(V.)* 숲 속으로 들어가다. 〔*acc.*〕 ~ cavum*(H.)* 구멍 속으로 들어가다. 〔*abl.*〕 ~ uno tégmine *(Stat.)* 이불 한 장을 덮다. 〔*absol.*〕 Auróra, súbito.*(Ov.)* 바람아, 나를 떠받쳐다오(내 밑에 들어가 다오). **2.** 짐지다, 책임맡다: 〔*acc., inf.*〕 ~ onus*(H.)*, 짐을 지다, 착수하다, 떠맡다. **3.** 〔*acc.*〕 감당하다, 겪다, 참아받다, 당하다, 무릅쓰다: ~ carnificínam*(C.)* 고문을 참아받다 / ~ vim atque injúriam*(C.)* 폭력과 치욕을 참아받다. **4.** 향하여 가다, 앞으로 다가가다, 가까이 하다, 접근하다: 〔sub〕 ~ sub orbem solis*(L.)* 달이 해 가까이 가다, 즉 해를 가리다. 〔in + *acc.*〕 ~ in advérsum*(L.)* …을 향하여 전진하다, 공격하다. 〔ad + *acc.*〕 ~ ad urbem*(L.)* 도성을 향하여 가다. 〔*dat.*〕 ~ muro*(V.)* 성 가까이 가다, 접근하다 / ~ auxílio *(V.)* 도움을 청하러 가다. 〔*acc.*〕 ~ collem*(H.)*

산에 접근하다. 〔*absol.*〕 Alii súbeunt.*(Cæs.)* 다른 군대들은 전진한다. **5.** 〔*acc.*〕 몰래 들어가다[오다], 침입[침투]하다: thálamos*(Ov.)* 침실로 침입하다. 〔*absol.*〕 Acrius illa subit. *(Prop.)* 그 여자는 더 강력하게 (내 마음속을) 파고 든다. **6.** 〔*acc.*〕 물로 적시다, 축이다, 흐르다: mare, quod Cilíciam subit*(Curt.)* *Cilícia*의 해안을 적시는 바닷물. **7.** 방향잡다, 향하다: quā régio subit ad Medos*(Plin.)* 지방이 *Média*를 향하는 그곳에서. **8.** 《醫》 (맥박) 떨어지다, 가라앉다. **9.** 뒤따르다, 뒤를 잇다, …를 대신하다, 응답하다: 〔*dat.*〕 Primæ legióni tértia súbiit.*(L.)* 제 삼군단이 제 일군단을 뒤따랐다. 〔*acc.*〕 furcas ~ colúmnæ*(Ov.)* 기둥들이 교수형틀을 대신하다. 〔*absol.*〕 Súbiit argéntea proles.*(Ov.)* 그 다음에은 시대가 왔다 / Súbiit Cýbele.*(Claud.)* *Cýbele*가 응답했다. **10.** 자라다, 돋아나다: Subit barba.*(Mart.)* 수염이 자란다. **11.** (일이) 일어나다, 생기다, 나타나다: 〔sub *acc.*〕 Senténtiæ verbáque sub acúmen stili súbeant.*(C.)* 사상과 표현은 필봉(筆鋒)에서 나타나야 한다. 〔*dat.*〕 ne súbeant ánimo tædia*(Ov.)* 마음에 싫증이 생기지 않게 하다. 〔*acc.*〕 Subit Alba Latínum.*(Ov.)* *Latínus* 치하에 *Alba*가 나타났다 / Pœniténtia súbiit regem.*(L.)* 왕에게 뉘우치는 마음이 싹텄다. 〔*absol.*〕 Súbeunt morbi.*(V.)* 병이 생긴다. 〔*inf.*〕 Subit ira ulcísci.*(V.)* 복수할 생각이 움트기 시작한다. **12.** 생각나다, 생각이 떠오르다, 회상하다: 〔*dat.*〕 Súbeant ánimo Látmia saxa tuo.*(Ov.)* *Latmus*산 바위를 회상하라. 〔*acc.*〕 Mentem pátriæ súbiit pietátis imágo.*(V.)* 애국심이 내 생각에 떠올랐다. 〔*prop. inf.*〕 Cogitátio ánimum súbiit indígnum esse.*(L.)* 자기가 부적당하다는 생각을 했다. 〔ut〕 subit me cura ut …*(Plin.)* …할 생각이 간절하다. 〔*absol.*〕 Persónæ súbeunt.*(Q.)* 사람들이 내 생각에 떠오른다. 「무, 콜크.

sūber, ĕris, *n.* [**–éries,** éi, *f.*] 《植》 콜크나
suberéctĭo, ónis, *f.* 《醫·獸》 고창(鼓脹), 부어오름, 부기(浮氣). 「콜크나무의.
subérĕus[**–rínus**]**,** a, um, *adj.* [suber]
subérĭgo, (eréxi), éctum, ĕre, *tr.* 세우다, 올리다. 「밑에서 방황하다.
subérro, áre, *intr.* [sub +] 밑으로 흐르다,
Subértum, i, *n.* *Etrúria*의 지명(지금의 *Sovretto*); 〔*adj.*〕 **–tánus,** a, um.
subésse, *inf.* [subsum].
subex, bĭcis, *m.* [subício] 발판.
subexcúso, áre, *tr.* [sub +] 용서하다, 허용하다, 용서를 청하다.
subexhíbĕo, ére, *tr.* 밑을[밑으로] 드러내다.
subexísto, ĕre, *intr.* [sub +] 밑에 있다, 뒤에 있다. 「펴다, 밑에서부터 펴다.
subéxplĭco, áre, *tr.* [sub +] 밑으로(을)
subf... *V.* suff...
subfróndĕo, ére, *intr.* 차차 잎새가 나다.
subg... *V.* sugg...
subgénus, nĕris, *n.* 《生》 아속(亞屬).
subhǽrĕo, ére, *intr.* 밑에[뒤에] 달려있다, …에 속해있다. 「경매에 붙여진.
subhastárĭus, a, um, *adj.* [sub + hasta]
subhastátĭo, ónis, *f.* [sub + hasta] 경매.
subhásto, ávi, átum, áre, *tr.* [sub + hasta] 경매에 붙이다. 「(=heres secúndus).
subhéres[**–hær–**]**,** rédis, *m.* 제 2의 상속인
subhíreus, i, *m.* 겨드랑이(움푹 파진 곳), 액와(腋窩). 「다.
subhorrésco, ĕre, *intr.* (바다가) 사나워지
subhórrĭdus, a, um, *adj.* 조금 헝크러진, 좀 무례한, 좀 깨끗하지 않은.
subhúmĭdus, a, um, *adj.* 습기 있는, 축축한.
subícĭo = subjício. 「각(岬支脚).
subículum promontórii, i, *n.* 《醫》 갑지
súbĭdus, a, um, *adj.* [subo] 암내난, 발정한.
subigitátĭo, ónis, *f.* [subígito] 접촉, 어루만짐. 「여자, 간부(姦婦).
subigitátrix, ícis, *f.* [subígito] 유혹하는
subígĭto, áre, *tr. freq.* [sub + ágito] 유혹하다, 간음하다.
súbĭgo, égi, áctum, ĕre, *tr.* [sub + ago] 〔in, ad, contra, sub *acc.*, *inf.*〕 **1.** 밑으로 누르다, **밑에 놓다,** 밑으로 데리고 가다, 끌고 가다, …로 이끌고 가다. **2.** 강제로 하게 하다, 구속하다, 속박하다: ~ ad deditiónem, in deditiónem*(L.)* 강제로 항복하게 하다. **3. 굴복시키다,** 정복하다, 사로잡다. **4.** (칼을) 벼리다, 갈다. **5.** 마구 흔들다, 뒤집다, 밭갈다, 부수다, 부드럽게 하다. **6.** 가꾸다, 만들다. **7.** 길들이다, 훈련시키다, 훈육하다. **8.** 학대하다, 괴롭히다, 폭행하다. 「하는 신.
Súbĭgus, i, *m.* [súbigo] 결혼 첫날밤을 관장
subimágo, gĭnis, *f.* 《動》 아성충(亞成蟲).
subímplĕo, ére, *tr.* 조금씩 조금씩 채우다.
subímpŭdens, éntis, *adj.* 약간 파렴치한, 좀 뻔뻔스러운.
subinánĭo, íre, *tr.* [sub + inánis] = exinánio. 「헛된.
subinánis, e, *adj.* 적이 허망한, 허영의, 좀
subincrépĭto, áre, *intr.* 약간 소리나다, 삐걱 소리나다.
subínde, *adv.* **1.** 즉시, 그 다음 곧. **2.** 연속적으로, 줄지어, 연달아, 계속. **3.** 가끔.
subíndĭco, áre, *tr.* 암시하다, 슬며시 가르쳐주다, 조심조심 가리키다.
subindignánter, *adv.* 화난 기색으로[말투로], 다소 노여운 투로.
subindígnor, ari, *dep. intr.* 화난 기색을 띠다, 노여워하다.
subíndo, ĕre, *tr.* 덧붙이다, 부가하다.
subindúco, dúxi, ĕre, *tr.* 슬쩍 넣다, 밑으로 넣다. 「적당한.
subinéptus, a, um, *adj.* 좀 바보스러운, 부

subínfěro, (–fers, –fert), íntuli, inférre, *tr.* 가(加)하다, 부가(附加)하다, 덧붙이다.
subínflo, áre, *tr.* 약간 과장하다, 부풀리다.
subingrédĭor, (–dĕris), grĕdi, *dep. intr.* 밑으로 들어가다, 살짝 들어오다, 몰래 들어가다[오다]. 「이다.
subinjúngo, ĕre, *tr.* [sub +] 그 위에 덧붙
subinscríbo, ĕre, *tr.* [sub +] 덧붙여 (밑에) 써넣다, 추가하다. 「임, 추가, 첨가, 접속.
subinsértĭo, ónis, *f.* [sub + insero²] 덧붙
subinstíllo, áre, *tr.* [sub +] 방울방울 붓다, 한 방울씩 따르다.
subinsúlsus, a, um, *adj.* [sub +] 별로 재주없는, 세련되지 않은, 좀 미련한.
subintéllĕgo[–llĭgo], ĕre, *tr.* [sub +] 약간 알아듣다, 추측하다, 짐작하다, 의심하다, 가정하다.
subíntro, ávi, átum, áre, *intr.* [sub +] 몰래 들어가다[오다], 살금살금 끼어들다.
subintrodúco, dúctum, ĕre, *tr.* [sub +] 몰래 이끌어 들이다, 잘못 넣다.
subintróĕo, ĭi, íre, *anom. intr.* [sub +] 몰래[안에] 끼우다, 들어가게 하다: ~ spéciem*(Arn.)* 형태를 띠게 하다. 「introdúco.
subintromitto, ĕre, *tr.* [sub +] = sub-
subínvĭcem, [sub +] *adv.* 위아래로 서로 겹쳐서. 「다.
subinvídĕo, ére, *intr.* [sub +] 약간 시새우
subinvísus, a, um, *adj.* [subinvídeo] 약간 미움받는, 좀 싫은. 「하다, 선동하다.
subinvíto, áre, *tr.* [sub +] 〔ut〕 슬쩍 권유
subiráscor, sci, *dep. intr.* [sub +] 〔*dat.*〕 약간 화내다, 분하게 여기다. 「난.
subirátus, a, um, *adj.* [sub +] 약간 화가
subitánĕus, a, um, *adj.* [súbitus] 갑작스러운, 돌연한, 별안간의, 홀연한.
subitárĭus, a, um, *adj.* [súbitus] 갑자기 한, 급하게 한, 즉석의: ~ exércitus*(L.)* 갑자기 소집한 군대, 오합지졸(烏合之卒); *n.pl.* 즉석 연설. 「불의(不意)의 일.
subitátĭo, ónis, *f.* [súbitus] 돌연한 출현,
súbĭto¹[–te], *adv.* [súbitus] 갑자기, 홀연히, 돌연히, 즉시, 빨리; 즉석에서. ~ cum *(Curt.)* …하자마자.
súbĭto², ávi, áre, [súbitus] **1.** *intr.* 불쑥[갑자기] 나타나다. **2.** *tr.* 서둘러 하다.
súbĭtum, i, *n.* [súbitus] 돌발사건: per ~, in ~ *(Sil.)* 갑자기 / ad ~ *(Cassiod.)* 그 자리에서, 즉석에서.
súbĭtus, a, um, *p.p., a.p.* [súbeo] **1.** 갑자기 되는, 돌연한, 돌발한, 홀연한, 즉흥적: súbitæ dictiónes*(C.)* 즉흥연설. **2.** 서두르는, 빨리하는. **3.** 신선한, 새로운.
súbĭum, i, *n.* 윗입술, 콧수염.
subjácĕo, jácŭi, ére, *intr.* [sub +]. **1.** 밑에 있다, 밑에[옆에] 누워있다. **2.** 속하다, 순종하다, 순종할 입장에 있다. **3.** 〔*impers.*〕 subjácet … 명명백백하다.
subjácio, ĕre, *tr.* = subjício.
subjécte, *adv.* [subjéctus¹] 〔*superl:* –tíssĭme만 사용〕 겸손되이. 「순종하는.
subjectíbĭlis, e, *adj.* [subjício] 굴종하는,
subjéctĭo, ónis, *f.* [subjício] **1.** 밑에 둠: ~ rerum sub aspéctum*(C.)*, ~ rei sub óculos *(Gell.)*, ~ sub óculos*(Q.)* 눈밑에 둠, 생생한 표현, 제시. **2.** 노포(弩砲)의 토대. **3.** 문서위조, 유서의 대치물. **4.** 굴복시킴, 굴종시킴. **5.** 순종, 복종, 겸양. **6.** 종속관계, 주종관계. **7.** 부가(附加), 첨가. **8.** 자문자답(自問自答), 주제에 대한 답. **9.** 부가설명. 「*cf.* subjécte.
subjectíssĭme, *adv. superl.* [subjéctus¹]
subjectivísmus, i, *m.* 주관론, 주관주의.
subjectívus, a, um, *adj.* [subjéctus] **1.** 첨가된. **2.** 주체에 관한, 주관적; 〔*adv.*〕 **–ve,** 주관적으로, 주종관계로.
subjécto, áre, *tr. intens.* [sub + jacto] **1.** 밑에 두다, 가까이 가게 하다, 부가하다: ~ stímulos *alci(H.)* 아무를 자극하다. **2.** (밑에서) 위로 치켜올리다.
subjéctor, óris, *m.* [subjício] 대리인, 증서위조자: ~ testamentórum*(C.)* 유서 위조자.
subjéctum, i, *n.* [subjício] 주제, 제목, 논제; 주격(主格).
subjéctus¹, a, um, *p.p., a.p.* [subjício] **1.** 〔*absol.; dat.*〕 밑에 놓인[둔]; 가까이 있는, 인접한. **2.** 대신으로 바꿔 놓은, 위조된; 거짓의: subjécta tabélla*(Ov.)* 위조문서. **3.** 〔*dat.*〕 굴복한, 예속된, 속한; 복종하는. **4.** 〔*dat.*, sub *acc.(abl.)*〕 (무엇을) 당하는, (무엇의) 지배를 받는, 피할 수 없는, 받기[걸리기] 쉬운; 노출된. **5.** 〔*absol.*, ad *acc.*〕 보태어진, 덧붙여진; *m.pl.* 권속(眷屬), 권솔(眷率), 부하, 노예; *n.pl.* 낮은 곳, 기초. 「바름, 밑에 놓임.
subjéctus², us, *m.* [subjício] 국소에 약을
subjício, jéci, jéctum, ĕre, *tr.* [sub + jácio] 〔*alqd[alqm]* – *dat.;* sub, inter, in, ad *acc.;* sub *abl.*〕 **1. 밑에 두다,** 밀어[던져] 넣다: ~ cervíces secúri*(C.)* 목덜미들을 도끼 아래에 디밀다 / ~ *alqd* óculis*(L.)*, sub óculos *(Q.)* 무엇을 보이다. **2.** 아래로 몰다, 인도하다, 접근시키다. **3.** 〔*alqm[alqd] dat.*, pro *abl.*〕 **대신케 하다,** 대체(代替)하다, 교체시키다: cópias íntegras vulnerátis ~ *(Auct. B. Al.)* 온전한 군대를 부상병들과 교체시키다 / ~ pro verbo próprio áliud*(C.)* 본래의 말 대신에 (같은 뜻이 있는) 다른 말로 바꾸다. **4.** 〔*alqd* – *dat.*, pro *abl.*〕 허위를 진실과 바꿔놓다, 위조하다. **5.** 〔*alqd dat.*, sub *abl.*〕 (어떤) 의미를 가지게 하다, 뜻을 부여하다, …뜻을 포함시켜 알아듣다[의미하다]: huic verbo duas res ~ *(C.)* 이 말은 두 가지를 뜻한다. **6. 굴복[예속]시키다,** 복종시키다: ~ se*(C.)* 굴복하다, 복종하다, 예속되다. **7.** 노출시키다, 드러내다; 내맡기다, (어떤) 상태에 두다: domum

perículo ~ *(Q.)* 온 집안을 위험 앞에 노출시키다. **8.** 〔*absol., alqd, acc. c. inf., interr. indir.*〕 (말·글로) 보태다, 덧붙이다. **9.** 〔*alqd – alci*〕 일러주다, 생각나게 하다, 조언하다, 넌지시 비치다, 암시하다. **10.** 〔*pass.*〕 súbjici: 포함되다, 내포되다. **11.** (무엇을) 뒤에 놓다, 뒤따르게 하다, 질문에 답을 뒤따르게 하다, 대답하다. **12.** 〔=sursum jácio: *alqd* – in, ad *acc.*〕 들어[끌어] 올리다, 위로 던지다, 높이다, (무엇 위에) 올려놓다: Córpora saltu subjíciunt in équos.*(V.)* 그들은 훌쩍 뛰어 말 위에 올라탔다 / *alqm* in équum ~ *(L.)* 아무를 말에 태우다: Víridis se súbjicit alnus. *(V.)* 파란 오리나무 싹이 돋아난다. **13.** 손에 쥐어주다, 건네주다: ~ libéllum *alci(C.)* 아무에게 계산서를 건네주다. **14.** 〔*inf.*, ut〕 …에 이르게 하다: Hujus viri méntio súbjicit ut …*(Val. Max.)* 이 사람에 대한 언급은 나로 하여금 …을 생각케 한다.

subjugális, e, *adj.* [subjúgo] 멍에를 멘, 짐을 진; *n.* **–gále,** is, 짐나르는 짐승. 「지움.

subjugátĭo, ónis, *f.* 멍에를 지움, 정복, 짐을

subjugátor, óris, *m.* 멍에를 메워주는 사람, 정복자.

subjúg(ĭ)us, a, um, *adj.* [sub + jugum] 멍에를 메는[메우는]; *n.pl.* 멍에가죽띠.

subjúgo, ávi, átum, áre, *tr.* [sub + jugum] 멍에를 메우다, 한데 매다, 일치시키다, 길들이다, 정복하다. 「어맴, 덧붙임, 추가, 접속.

subjúnctĭo, ónis, *f.* [subjúngo] 밑에 붙들

subjunctívus, a, um, *adj.* [subjúngo] 접속시키는, 연결시키는, 연속시키는, 뒤따르는: 《文法》 modus ~ 접속법 / ~ vocáles*(Prisc.)* 겹모음에서 뒤에 붙은 모음(æ, œ에서 e).

subjunctórium, ii, *n.* [subjúngo] 멍에 메우기, 짐마차 끄는 짐승.

subjúngo, júnxi, júnctum, ĕre, *tr.* [sub + jungo] 〔*alqd, alqm – dat.*, sub *acc.*〕 **1.** 밑에 매다, 멍에 메우다, 잡아매다. **2.** 밑에 받치다, 토대놓다. **3.** 덧붙이다, 부가하다. **4.** 제압하다, 굴복시키다, 종속시키다, 예속시키다. **5.** 대신하게 하다.

subla, æ, *f.* = súbula.

sublábor, (ĕris), lápsus sum, labi, *dep. intr.* **1.** 넘어지다, 허물어지다, 괴멸되다. **2.** 아래로[밑으로] 미끄러지다. 「다.

sublábro, áre, *tr.* [sub + labrum[1]] 입에 넣

sublácrimo, áre, *intr.* [sub +] (조금) 눈물흘리다.

sublámĭna, æ, *f.* [sub +] 밑에 깔린 판자.

subláquĕo, ávi, áre, *tr.* [sub + láqueo[2]] 천장을 만들다, 천장으로 덮다.

Subláquĕum, i, *n.* [sub + lacus] *Æqui*족의 도시; 〔*adj.*〕 **–lacénsis,** e.

sublátĕo, ére, *intr.* 밑에 숨어있다.

sublátĭo, ónis, *f.* [tollo[1]] **1.** 높임. **2.** 가져감, 뺌, 치움. **3.** 파기(破棄). **4.** 격앙, 도취. **5.** (어린이를 팔로 든다는 데서) 교육, 양육. **6.** 박자침.

sublatúrus, a, um, *p. fut.* [tollo[1]].

sublátus, a, um, *p.p., a.p.* [súffero, tollo[1]] **1.** 드높인, 높이 올린. **2.** 가져간, 제거된, 치운. **3.** 거만해진; 〔*adv.*〕 **–te,** 높게, 고상하게.

súblăvo, áre, *tr.* 아래를 씻다.

subléctĭo, ónis, *f.* [súblego[1]] 보조모금, 추가 연보(捐補), 헌금. 「구슬리다, 조롱하다.

subléctо, áre, *tr. freq.* [+ allício] 속이다,

súblĕgo[1], légi, léctum, ĕre, *tr.* [sub + lego[2]] **1.** 긁어 모으다, 줍다, 주워모으다, 모금하다. **2.** 몰래 가지다, 빼앗다, 훔치다. **3.** 삽입하다, 간섭하다. **4.** 대신할 사람을 뽑다, 인원보충하다.

súblĕgo[2], ére, *tr.* 독서하다. 「가치없는.

subléstus, a, um, *adj.* 약한, 가벼운, 경솔한;

sublevátĭo, ónis, *f.* [súblevo] 올림; 경감, 진정, 완화.

súblĕvo, ávi, átum, áre, *tr.* [sub + levo[2]] **1.** 들어주다, 들어올리다. 쳐들다, 밀어올리다. **2.** 가볍게 하다, 덜다, **경감하다:** calamitátes *(C.)* 불행을 덜어주다. **3.** 약하게 하다, 감소시키다: mílitum labórem*(Cæs.)* 병사의 수고를 덜어주다. **4. 위로하다,** 위안하다, 돕다, 구조하다. 「갱(棒坑), 각목(角木). **2.** 겉옷.

súblĭca, æ, *f.* **1.** 말뚝, 전주, 갱목(坑木), 봉

súblĭces, um, *f.pl.* 기갱(基坑), 말뚝(집합적). 「목]으로 된[이루어진].

sublícĭus, a, um, *adj.* [sública] 말뚝[각

Sublícĭus Pons, *Ancus Mártius*가 *Tíberis* 강에 못을 쓰지 않고 가설했던 나무다리.

sublído, ĕre, *tr.* [sub + lædo] 악화시키다, 조금씩 파들어가다; (소리를) 막다[억누르다].

subligácŭlum, i, [**–gar,** áris,] *n.* [súbligo] 앞치마, 짧은 바지의 일종.

subligátĭo, ónis, *f.* [súbligo] 밑을 매는 행위, 아래를 맴.

súblĭgo, ávi, átum, áre, *tr.* **1.** 아래를 매다, 잡아매다, 걷어 올리다. **2.** 옆에 매달다: ~ láteri ensem*(V.)* 칼을 옆에 차다.

sublimátĭo, ónis, *f.* [sublímo] 높임, 들어높임, 들어올림; 승화(昇華).

sublimátor, óris, *m.* 드높이는 자.

sublimátus, a, um, *p.p., a.p.* [sublímo] 높여진, 숭고한; *m.* 높은 자, 귀인.

sublíme[**–men**], *adv.* [sublímis] **1.** 높이, 높은데서, 공중에서: ~ putéscere*(C.)* 공기에 썩다. **2.** 고상하게, 높게, 초월하게.

sublímen, mĭnis, *n.* 문턱, 문.

sublímis, e, *adj.* [sub + limen] **1.** 공간에 매달린: sublímem *alqm* rápere, arrípere *(Pl.)* …를 공중으로 들어올리다. **2.** 높은: colúmna*(Ov.)* 높은 기둥. **3. 고귀한, 숭고한,** 고매한, 뛰어난, 탁월한, 초월한, 거만한; *n.* **–lime,** is; **–límius,** mióris, 높은 곳, 고지대, 공중.

sublímĭtas, átis, 〔*gen.pl.* –tátum,〕 *f.* [sublímis] **1.** 높음, 높이, 높은 곳. **2.** 초월, 탁월, 고상, 위대. **3.** 고관의 존칭.
sublímiter, *adv.* [sublímis] 위로, 머리를 들고, 몸을 꼿꼿이 하여.
sublímĭtus[**–ter**], *adv.* 높게, 높은 데로.
sublímo, ávi, átum, áre, *tr.* [sublímis] 높이다, 들어올리다, 초월하다, 영광스럽게 하다.
sublímus, a, um, *adj.* **1.** = sublímis. **2.** 약간 기울어진. 「름꾼, 접시닦이; 수습 요리사.
sublíngĭo, ónis, *m.* [sub + lingo] 부엌 심부
sublinguális, e, [**–guĭus,** a, um,] *adj.* [sub + língua] 《解》 설하(舌下)의. 「頭蓋).
sublínguĭum, i, *n.* 《解》 목젖, 후두개(喉
súblĭno, lévi, lĭtum, ĕre, *tr.* [sub +] **1.** 밑을 칠하다[바르다, 닦다]. **2.** 밑에 깔다, 덮다. **3.** 애벌바르다, 초벽을 하다. **4.** 〔격언〕 *alcjs (alci)* os ~ 아무를 비웃다[속이다]. 「창백한.
sublívĭdus, a, um, *adj.* 희끄무레한, 약간
sublóngus, a, um, *adj.* 길죽한.
sublucánus, a, um, *adj.* [sub + lux] 해뜨기 조금 전에 되는. 「한 빛이 비치다.
sublúcĕo, lúxi, ére, *intr.* 조금 비치다, 희미
sublúcĭdus, a, um, *adj.* 희미하게 비치는, 어두침침한. 「를 쳐내) 훤하게 하다.
sublúco, áre, *tr.* [sub + lux] 밝히다, (가지
sublunáris, e, *adj.* [sub + luna] 달 아래의, 월하의.
súblŭo, lŭi, lútum, ĕre, *tr.* **1.** 아래를 씻나, 청소하다. **2.** 아래를 흐르다, 적시다, 물주다.
sublústris, e, [**–strus,** a, um] *adj.* [sub + lux] 조명이 약한, 희미하게 비치는, 희끄무레한, 어스름한. 「스름한.
sublútĕus, a, um, *adj.* [sub + lutum²] 노르
sublúvĭes, éi, *f.* [**–vĭum,** i, *n.*] [súbluo] **1.** 진흙, 진창, 감창. **2.** 《醫》 종기, 농양, 화농. **3.** 《獸醫》 양두(羊痘).
subluxátio, ónis, *f.* 《醫》 아탈구(亞脫臼).
subm... *V.* summ... 「한, 침침한.
submæstus, a, um, *adj.* 다소 낙담한, 침울
submagíster, tri, *m.* 조교(助敎), 부책임자.
submédius, a, um, *adj.* 중간쯤에 있는: ~ distínctio*(Diom.)* 구두점, 쉼표.
submérgo, mérsi, mérsum, ĕre, *tr.* **1.** 물에 잠그다[빠지게 하다]; 〔*pass.*〕 가라앉다, 잠기다: navis submérsa*(Cæs.)* 가라앉은 배. **2.** 파묻다, 질식케하다.
submérsĭo, ónis, *f.* [submérgo] 침수, 침몰, 물에 잠김; 파멸; (해 · 달이) 짐.
submérso, áre, *tr.* [submérgo] 완전히 침몰시키다[빠뜨리다]. 「에 잠김(금).
submérsus, us, *m.* [submérgo] 침몰, 물속
súbmĕrus, a, um, *adj.* 거의 순수한. 「住).
submigrátĭo, ónis, *f.* 이민(移民), 이주(移
submínĭa, æ, *f.* [sub + mínium] 엷은 홍색의 부인옷 일종.
subministrátĭo, ónis, *f.* [**–rátus,** us, *m.*] **1.** 제공, 공급, 지급. **2.** 투약.
subministrátor, óris, *m.* [subminístro] 공급자, 지급자.
subminístro, ávi, átum, áre, *tr.* 손에서 손으로 건네주다, 공급하다, 마련해주다: *alci* pecúniam*(C.)* … 에게 돈을 대주다.
submísse[**–sim**], *adv.* [submíssus¹] **1.** 속으로, 낮은 목소리로, 가만히, 몰래. **2.** 겸손되이: ~ se gérere*(C.)* 겸손되이 행동하다.
submíssĭo, ónis, *f.* [submítto] **1.** 내려보냄, 낮게 함; 소리를 낮춤. **2.** 복종, 비하(卑下).
submíssus¹, a, um, *p.p.*, *a.p.* [submítto] **1.** 낮추어진, 낮춘. **2.** 얕은, 낮은, 가라앉은: voce summíssa*(C.)* 낮은 소리로. **3.** 기어가는, 포복하는. **4.** 겸손한, 복종하는, 양보하는. **5.** 천한. **6.** 수수한, 보통의, 단순한, 얌전한, 부드러운.
submíssus², us, *m.* [submítto] 몰래 들여옴.
submítto, mísi, míssum, ĕre, *tr.* **1.** 아래로 보내다, 아래에 두다, 밑에 두다, 받치다: cantérium vítibus*(Col.)* 막대기로 포도가지를 받치다. **2. 복종시키다:** ~ se *alci(Just.)* 아무에게 순종하다. **3.** 아래로 가게 버려두다, 내리다, 낮추다: ~ se ad pedes*(L.)*, / ~ se *alci* ad génua*(Curt.)* 아무 앞에 엎드리다, 무릎을 꿇다. **4.** 떨어뜨리다: ~ *alqm* in Tíberim *(Lampr.)* 아무를 *Tíberis* 강에 던지다 / ~ ánimum*(C.)* 낙담하다 / ~ se in amicítia*(C.)* 자존심을 낮추어 아무와 친구지간이 되다. **5.** 자라게하다, 성장케하다, 나게하다. **6.** 밀어올리다. **7.** 생산하다: Tibi tellus submíttit flores.*(Lucr.)* 땅은 네 앞에도 꽃이 피게 한다. **8.** 올리다, 위로 향하다: ~ manus*(Sen.)* (빌며) 손을 올리다. **9. 대리로 보내다,** 계승자를 보내다, 대신하다, 보충하다. **10.** 도우라고 보내다, 구조하게 하다: subsídia *alci(Cæs.)* …에게 구호물을 보내다. **11.** 몰래 보내다, 부패시키다.
submœstus, a, um, *adj.* = submæstus.
submoléstus, a, um, *adj.* [sub +] 좀 불쾌한[귀찮은]; 〔*adv.*〕 **–te,** 좀 싫은.
submónĕo, ŭi, ére, *tr.* [sub +] 비밀히 알려주다, 귀엣말로 말하다.
submorósus, a, um, *adj.* (=summorósus) 약간 유약한, 좀 귀찮아 하는.
submotátĭo, ónis, *f.* 가벼운 움직임[동작].
submótor, óris, *m.* [submóveo] 어지러운 것을 치우는 자.
submóvĕo, móvi, mótum, ére, *tr.* [sub +] 〔*alqm[alqd]* – ab *abl.*, *abl.*〕 **1.** 멀리하다, 치우다, 떨어지게 하다, 물리치다, 격퇴시키다. **2.** 해산시키다, 분리시키다, 나누다. **3.** 쫓아버리다: *alqm* pátria*(Ov.)* 아무를 조국에서 추방하다. **4.** (마음) 돌리게 하다, 벗어나게 하다, 손떼게 하다: *alqm* a re públicā*(Vell.)* 아무를 국사에서 손떼게 하다. 「(約數)의.
submúltĭplex, plĭcis, *adj.* [sub +] 약수

submultiplícĭtas, átis, *f.* [sub + múltiplex] 약수(約數)되는 성질.
submurmurátio, ónis, *f.* [sub + múrmuro] 몰래 원망함, 수군거림.
submúrmŭro, ávi, áre, *tr.* 웅성거리다, 혼자서 중얼거리다, 속으로 원망하다. 「꿈.
submutátio, ónis, *f.* [sub +] 교환, 서로 바
submúto, ávi, áre, *tr.* 교환하다, 바꾸다, 변경하다; 몰래 갖다놓다.
subnáscor, (ĕris), nátus sum, násci, *dep. intr.* 밑에 나다, 밑으로 자라다, 다시 나다.
súbnăto, áre, *intr.* 물속에서 헤엄치다. 「하다.
subnávĭgo, ávi, áre, *intr.* 해안을 따라 항해
subnécto, néxŭi, néxum, ĕre, *tr.* **1.** 밑을 잡아매다[깁다], 결합시키다: velum antémnis*(Ov.)* 돛을 대에 잡아매다. **2.** 첨가하다, 덧붙이다. 「태도를 가지다.
súbnĕgo, áre, *tr.* 거의 거절하다, 부인하는
Súbnĕro, ónis, *m.* [sub + Nero] 제 2의 *Nero,* 즉 *Domitiánus.*
subnérvo, ávi, áre, *tr.* [sub + nervus] 신경을 끊다, 마비시키다, 무기력하게 하다.
subnéuter, tra, trum, *adj.* (=altéruter) 둘중 하나, 이것이나 저것, 어느 하나.
subnéxio, ónis, *f.* [subnécto] (=subjúnctio) 동어반복(同語反覆). 「무스름한.
súbnĭger, gra, grum, *adj.* 약간 검게 된, 거
subníxus[드물게 **–nísus**], a, um, *adj.* [sub + nitor[1]] **1.** …에 의지한, 기댄, …를 믿는. **2.** 밑에 있는, 굴종하는. **3.** …을 자랑스러워 하는. 「신청.
subnotátĭo, ónis, *f.* [súbnoto] 표함, 서명,
súbnŏto, ávi, átum, áre, *tr.* **1.** 밑에 표하다, 서명하다: ~ nómina*(Suet.)* 이름을 적다, 서명하다. **2.** 은연중에 표시하다: ~ *alqm* vultu *(Mart.)* 눈짓으로 표[지]시하다.
súbnŭba, æ, *f.* [sub + nubo] 첩(妾).
subnúbĭlus, a, um, *adj.* 어두컴컴한, 구름이 약간 낀. 「불타다.
sŭbo, áre, *intr.* 발정하다, 암내나다, 정열에
subobscénus[**–cænus**], a, um, *adj.* 외설스러운, 약간 추잡한, 좀 음외(淫猥)한, 좀 음란한.
subobscúrus, a, um, *adj.* 좀 어두운, 희미한, 애매한; 〔*adv.*〕 **–re,** 좀 애매하게.
suboccúlte, *adv.* 슬그머니, 남몰래.
subodiósus, a, um, *adj.* 약간 가증스러운; 갈수록 싫증나는, 좀 미운, 좀 싫은.
suboffféndo, ĕre, *tr.* 약간 불유쾌하게 하다.
subólĕo, ére, *intr.* 약간 냄새나다: hoc súbolet mihi, 혹은 súbolet mihi, 혹은, subolet *(T.)* 나는 깨닫다[감지하다].
súbŏles[**sób–**], is, 〔*gen.pl.* –lum,〕 *f.* [subolésco] **1.** 싹, 가지. **2.** 후손, 자손, 혈통. **3.** 동물의 새끼.
subolésco, ĕre, *intr. inch.* [sub + olésco, alésco] 싹트다; 시조가 되다. 「알다.
subolfácĭo, ĕre, *tr.* (냄새) 맡다, 냄새맡아
súbŏlo, ĕre, *intr.* (=subóleo) 냄새나다.
subóptĭo, ónis, *m.* óptio[2]의 부관(副官), 보좌.
subórdĭno, ávi, átum, áre, *tr.* 종속시키다, 예속시키다.
subórĭor, órtus sum, íri, *dep. intr.* 나다, 차차 자라다, 다시 나다, 번식하다, 재생하다.
subornátor, óris, *m.* [subórno] 사주(使嗾)하는 자.
subornátrix, ícis, *f.* 의상 담당자의 보좌.
subornátĭo, ónis, *f.* [subórno] 장식, 준비, 유혹, 위증, 사주(使嗾).
subórno, ávi, átum, áre, *tr.* **1.** (군대 따위를) 장비하다, 무장시키다, 갖추다, 꾸미다, 옷을 입히다: ~ *alqm* pecúniā 아무에게 돈을 주다. **2.** 비밀리에 준비시키다[훈련시키다], 위증시키다, 유인하다, 사주하다: ~ *alqm* ad cædem regis*(L.)* 왕을 죽이라고 아무를 잠입시키다. 「지면 또 생기고 하는).
subórtus, us, *m.* [subórior] 생김(生, 없어
subosténdo, téndi, ténsum, ĕre, *tr.* 슬쩍 암시하다, 가르쳐주다, 설명하다.
subp... *V.* supp...
subphýlum, i, *n.* 《生》 아문(亞門).
subpromótor, óris, *m.* 수창자(首唱者)의 대리인. 「4의.
subquádrŭplus, a, um, *adj.* 4분의 1의, 1대
subquártus, a, um, *adj.* 5분의 4의, 4대 5의.
subr... *V.* surr... 「쳐주다, 가리키다.
subrádĭo, áre, *tr.* 눈 앞에 빛나게 하다, 가르
subrádo, rási, rásum, ĕre, *tr.* **1.** 밑을 깎다, 아래를 깎다, 긁어내다, 벗기다. **2.** 물주다, 강하류를 적시다, 아래를 스쳐흐르다.
subráncĭdus, a, um, *adj.* 약간 부패한, 좀 쉰[상한].
subráucus, a, um, *adj.* (목소리가) 좀 쉰.
subréctĭo[**surr–**], ónis, *f.* [súbrigo] 다시 일어남, 세움, 발기, 빳빳함, 부활, 재흥(再興).
subréctĭto, ávi, áre, *intr.* [súbrigo] 가끔 일어나다. 「는 자.
subréctor, óris, *m.* [**–ctrix,** ícis, *f.*] 일으키
subréctus[1], a, um, *p.p., a.p.* [súbrigo] 약간 곧은.
subréctus[2], us, *m.* [súbrigo] = subréctio.
subreféctus, a, um, *adj.* [sub + refício] 좀 회복(回復)된. 「(封臣), 봉건영주.
subrégŭlus, i, *m.* 신하, 가신(家臣), 봉신
Subrelícta, órum, *n.pl.* [subrelínquo] (=Paralipómena) 역대기. 「버리다.
subrelínquo, ĕre, *tr.* 뒤에 남기다, 빠뜨리다,
subremánĕo, mánsi, ére, *intr.* 뒤에 남아있다, 머물러있다.
subrémĭgo[**surre–**], áre, *intr.* 노 저어가다; *tr.* 노젓는 동작으로 흔들다.
subrenális, e, *adj.* 허리 밑에 있는.
subrepénte, *adv.* 좀 갑작스럽게.
subrépo[**surr–**], répsi, réptum, ĕre, *intr.*

1. 〔in, sub *acc., dat.*〕 미끄러져 내려가다, 기어가다: ~ sub tábulas*(C.)* 널빤지 밑으로 미끄러지다 / in subréptum*(Plin.)* 기어서. **2.** 모르는 사이에 자라다, 몰래 들어오[가]다: subrepéntibus vítiis*(Sen.)* 모르는 사이에 악습이 자라나는데 / somnus subrēpit in óculos, 혹은 óculis*(Ov.)* 잠이 살살오다.

subrepticĭus[**–títĭus**], a, um, *adj.* **1.** [subrépo] 은밀한, 은닉하는, 암암리의. **2.** [subrípio[1]] 도둑맞은, 탈취당한, 빼앗긴.

subréptĭo, ónis, *f.* **1.** [subrépo] 몰래 기어들어감, 《法》 위법수단. **2.** [subrípio[1]] 절도, 은닉.

subreptívus, a, um, *adj.* [subrípio[1]] 은밀한, 은닉하는, 몰래하는. 「기꾼.

subréptor, óris, *m.* [subrípio[1]] 도둑놈, 사

subresíděo, ére, *intr.* = resídeo. 「웃다.

subríděo, rísi, rísum, ére, *intr.* 미소짓다,

subridícŭlus, a, um, *adj.* 약간 우스운, 우스꽝스러운; 〔*adv.*〕 **–le,** 좀 우습게.

súbrĭgo, réxi, réctum, ĕre, *tr.* [sub + rego] (=surgo) **1.** 세우다, 일으키다. **2.** 맹수에게 내놓다(원형극장에서 기둥에 매어).

subrígŭus, a, um, *adj.* 조금 습기있는.

subríngor, (ĕris), ngi, *dep. intr.* 얼굴을 찡그리다, 반대하다, 당황하다.

subrípĭo[**surr–**][1]**,** rípŭi, réptum, ĕre, *tr.* [sub + rápio] **1.** 몰래 훔치다, 빼돌리다: ~ ex sacro vasa*(C.)* 성전에서 성물(성작 따위)을 훔치다. **2.** 표절(剽竊)하다.

subrípĭo[2]**,** ĕre, *intr.* = subrépo.

subrísĭo, ónis, *f.* [subrídeo] 미소, 웃음.

subróbĕus, a, um, *adj.* = subrúbeus.

subrogátĭo, ónis, *f.* [súbrogo] 대위(代位), 대리, 대치(代置), (법률의) 변경(變更).

súbrogo[**surr–**], ávi, átum, áre, *tr.* 아무 대신 누구를 뽑다, 대신 세우다, 새로 뽑다; (법을) 바꾸다; 공급하다: ~ sibi *alqm* collégam *(C.)* …를 새 동료로 받아들이다.

subrostráni, órum, *m.pl.* [sub + rostrum] 로마 시장터에 있는 연단(rostra) 밑에 서성거리는 자, 실없이 구경하는 자. 「에 바퀴 달린.

subrotátus, a, um, *adj.* [sub + rota[1]] 밑

subrotúndus, a, um, *adj.* 약간 둥근, 둥그스름한. 「름하다.

subrúbĕo, ére, *intr.* 약간 붉어지다, 불그스

súbrŭber, bra, brum, *adj.* 약간 붉은, 불그스름한. 「불그스름한.

subrúbĕus[**–róbeus**], a, um, *adj.* 좀 붉은,

subrubicúndus, a, um, *adj.* 불그스름한.

subrúfus, a, um, *adj.* 붉은기 있는, 다갈색의, 연적갈색의. 「다.

subrúmo, áre, *tr.* [sub + ruma] 젖을 빨리

subrúmus, a, um, *adj.* [sub + ruma] 아직 젖먹는, 젖떨어지지 않은.

Subruncátor[**–ncinátor**]**,** óris, *m.* [sub + runco[1]] 제초신(除草神)의 이름.

subruncívus, a, um, *adj.* [sub + runco[1]] 풀깎인, 다듬어진.

súbrŭo, rŭi, rŭtum, ĕre, *tr.* 뒤엎다, 밑을 파다, 송두리째 무너뜨리다, 파괴하다: ~ murum*(Cæs.)* 성을 무너뜨리다 / ~ árbores a radícĭbus*(Cæs.)* 나무를 송두리째 뽑다 / ~ libertátem*(L.)* 자유를 송두리째 빼앗다.

subrúpĭo, ĕre = surrípio.

subruptícĭus, a, um, *adj.* [subrípio[1]] 도둑맞은, 탈취당한, 빼앗긴.

subrústĭcus, a, um, *adj.* 좀 촌스러운, 좀 거치른, 좀 무례한; 〔*adv.*〕 **–ce,** 약간 조잡하게, 약간 거칠게, 좀 촌스럽게.

subrútĭlo, áre, *intr.* 좀 붉은 빛나다, 좀 빛나다; 좀 알아들을만 하다.

subrútĭlus, a, um, *adj.* 좀 붉은.

subs = sub.

subsálsus, a, um, *adj.* 좀 짠, 찝찔한.

subsálto, ávi, áre, *intr.* [sub + saltus[1]] 뛰어(跳)오다, 깡충깡충 뛰다. 「멸.

subsannátĭo, ónis, *f.* [subsánno] 조롱, 경

subsannátor, óris, *m.* [subsánno] 조롱하는 자. 「정대는, 야유하는.

subsannatórĭus, a, um, *adj.* 조롱하는, 빈

subsán(n)ĭum, i, *n.* 배(船)의 내부, 선창.

subsánno, ávi, áre, *tr.* [sub + sanna] (얼굴을 찡그리며) 조롱하다, 무시하다, 경멸하다.

subsárcĭno, áre, *tr.* 짐싣다, 갖추게 하다.

subscaláris, e, *adj.* 사다리 밑에 있는.

subscálpo, ptum, ĕre, *tr.* 좀 간지르다, 흥분시키다. 「下)의, 어깨쭉지 밑의.

subscapuláris, e, *adj.* 《解》 견갑하(肩甲

subscíndo, ĕre, *tr.* 쪼개다, 나누다.

subscribendárĭus, i, *m.* [sub + scríbo[1]] 서기(보), 비서.

subscríbo, scrípsi, scríptum, ĕre, *tr.* **1.** 밑에 쓰다, 기입하다: ~ de supplício*(Suet.)* 사형선고장에 서명하다 / ~ testaménto*(Jct.)* 유언장에 서명하다. **2.** 판결문(유언장)에 서명하다, **서명하다**, 인준하다, 수결하다. **3.** 가입하다, 등기하다, 등록하다, 이름을 올려두다. **4.** 동의하다, 편들다, 허락하다: ~ iræ Cǽsaris *(Ov.)* *Cæsar*이 화내는데 동의하다. **5.** 첨가하여 쓰다, 추신으로 쓰다. **6.** 고소장에 서명하다, 고소하다: ~ causam patricídii*(C.)* 부친 살해범으로 고소하다 / ~ in *alqm(C.)* 아무를 고소하다 / ~ in crimen, in crímine*(Jct.)* 고소하다. **7.** 낙인 찍다, 누구의 잘못을 기입하다.

subscríptĭo, ónis, *f.* [subscríbo] **1.** 밑에 적음, 기입. **2.** 승인, 인준. **3.** 《法》 상소이유, 진술서, 고소. **4.** 서명, 날인, 수결. **5.** 가입, 등록, 등기. **6.** 추신(追伸). **7.** 검열.

subscríptor, óris, *m.* [subscríbo] **1.** 가입자, 승인한 사람. **2.** 서명한 사람. **3.** 동의하는 사람 편. 「세심한.

subscrupósus, a, um, *adj.* 꼼꼼한, 치밀한,

subscúdĭnes, um, *f.pl.* subscus의 복수.

subscus, scúdis, *f.* [sub + cudo[1]] 쇠갈고리, 꺾쇠의 일종.

subsecívus = subsicívus.

súbsĕco, cŭi, ctum, áre, *tr.* 밑을 자르다, 절단하다, 베어내다. 「추가의, 이차적인.

subsecundárĭus, a, um, *adj.* 뒤에 오는,

subsecúndo, áre, *intr.* 몰래 돕다.

subsecútĭo, ónis, *f.* [súbsequor] 계속, 연속.

subseliárĭum, i, *n.* [subséllium] 극장의 고관석(로얄 박스).

subséllĭum, i, *n.* [sub + sella] **1.** 걸상(등받이 없는). **2.** 보통사람들이 앉는 자리(벤치). **3.** 극장의 관람석. **4.** 원로원 의원석. **5.** 재판석, 법정좌석, 원 · 피고석. **6.** *pl.* 법정.

subsentátor, óris, *m.* [subséntio] 아첨하는 자, 아첨자(阿諂者). 「찰하다.

subséntĭo, sénsi, íre, *tr.* 의심하다, 몰래 관

súbsequens, ntis, [súbsequor] *adj.* 뒤따르는, 뒤에 오는, 계속되는. 「이어.

subsequénter, *adv.* 따라서, 계속하여, 뒤

subsequéntĭa, æ, *f.* 계속, 계승, 후속, 연속: secúndum subsequéntiam*(Intpr. Iren.)* 계속하여. 「는 것, 후속, 추종.

subséquĭum, i, *n.* 다음에 오는 것, 계속되

súbsĕquor, (ĕris,) secútus[sequútus] sum, qui, *dep. tr.* **1.** 즉시 따라가[오]다: subséquitur manus*(Ov.)* 손을 뒤따라가다, 즉 더듬어가다 / Cæsar subsequebátur ómnibus cópiis*(Cæs.)* 모든 군대를 *Cæsar*이 따라 가더라. **2.** 따르다, 동반하다. **3.** 본받다, 남의 발자취를 따르다.

subséquus[-sícŭus], a, um, *adj.* [súbsequor] 다음 번에 오는, 이차적인.

subsérĭcus, a, um, *adj.* 교직(交織)의(반은 비단실, 반은 다른 실로 짜는).

súbsĕro[1], sévi, sătum, ĕre, *tr.* [sub + sero[4]] 대신 심다, 다시 심다.

súbsĕro[2], (serŭi), sértum, ĕre, *tr.* [sub + sero[3]] **1.** 밑에 끼우다, … 다음에 넣다, 첨가하다. **2.** 암시하다, 넌지시 말해주다.

subsérvĭo, íre, *intr.* 〔*dat.*〕 **1.** 종노릇하다, 복종하다. **2.** 도와주다, 보좌하다, 조력하다.

subséssa, æ, *f.* [subsído] 지킬 목, 매복.

subséssor, óris, *m.* [subsído] 목 지키는 사람, 매복자, 유혹자.

subsícco, áre, *tr.* 조금 말리다.

subsicívus[subsecí-, subcisí-, succisí-], a, um, *adj.* [sub + seco] **1.** 잘린, 잘라낸. **2.** 남아도는: subsicíva témpora*(C.)* 여가. **3.** 부속적인, 대수롭지 않은: Philosóphia non est res ~.*(Sen.)* 철학은 한가해서 하는 일이 아니다. **4.** 불완전한, 부족한. **5.** 〔*subst.*〕 *n.* 가외땅, 여분의 땅.

subsícuus, a, um, *adj.* = subséquus.

subsidéntĭa, æ, *f.* [subsído] 가라앉은 것, 찌꺼기, 침전물.

subsídĕo, sédi, séssum, ére, = subsído.

subsidiárĭus, a, um, [**-diális,** e,] *adj.* [subsídium] 예비의, 보강의, 보조의, 추가의, 《法》 ~ orátio, áctio*(Jct.)* 피후견인이 무능한 후견인에 대하여 보상금을 청구하는 소송; *m.pl.* 예비군.

subsídĭor, ári, *dep. intr.* [subsídium] 돕다, 보좌하다, 보조하다, 예비군을 형성하다.

subsídĭum, i, 〔*gen.* -sidi,〕 *n.* [subsído] **1.** 예비군, 구원병, 구원, 보강: subsídio*(Cæs.)*, in subsídium míttere mílites*(Ta.)* 증원군을 보내다 / íntegros subsídio addúcere*(Cæs.)* 신병을 구원부대로 보내다 / ~ ferre*(Cæs.)*, subsídio ire, 혹 veníre*(N.)* 도우러 가다. **2.** 보조, 도움, 보호: subsídio esse*(Cæs.)* 도움이 되다. **3.** 피난처, 피난. **4.** 방책, 방법.

subsído, sédi[sídi], séssum, ĕre, *intr.,* 〔드물게 *tr.*〕 **1.** 가라앉다, 웅크리고 앉다, 쭈그리다, **엎드리다**. **2.** 중지하다, 정지하다, 남다, 머물다: ~ in ipsa via*(C.)* 도중에서 그만두다. **3.** **망보다**, 목을 지키다, 덮치다, ~ in insídiis*(L.)* 잠복하다 / ~ leónem*(Sil.)* 사자를 잡으려고 목을 지키다. **4.** 구렁에 들어가다, 떨어지다. **5.** 침전(沈澱)하다, 주저앉다, 몰락하다. **6.** 그치다, 꺾이다, 잠잠해지다: venti subsídunt*(Prop.)* 바람이 그치다. **7.** 약화하다, 감소되다, (무서움, 결점, 목소리 따위가) 죽다, 없어지다, 자다. **8.** 내려앉다, 함몰되다, 꺼지다. **9.** (암컷이) 숫컷을 받아들이다. 「位)하는.

subsídŭus, a, um, *adj.* [subsído] 퇴위(退

subsignánus, a, um, *adj.* [sub + signum] 기(旗) 밑에 있는, 즉 봉사하는; 예비군의, 본부대를 돕는. 「수결, 약속, 보증.

subsignátĭo, ónis, *f.* [subsígno] 서명, 날인,

subsígno, ávi, átum, áre, *tr.* **1.** 아래에 쓰다, 밑에 표시하다, 기입하다. **2.** 수결하다, 서명[날인]으로 기입하다, 보증하다, 약속하다: prǽdia subsignáta*(C.)* 저당잡힌 땅 / ~ fidem*(Plin.)* 맹세하다. **3.** 동의 · 합의하다.

subsílĭo, lŭi, íre, *intr.* [sub + sálio[2]] **1.** 뛰어오르다, 펄쩍뛰다, 튕기다. **2.** 뛰어 도망하다, 빠져나오다. **3.** 펄쩍 뛰어들어가다.

subsímĭlis, e, *adj.* 약간 비슷한, 꽤 비슷한, 흡사한.

subsímus, a, um, *adj.* [sub +] 코가 좀 낮은.

subsípĭo, ĕre, *intr.* [sub + sápio] 맛(味)이 좀 있다. 「존립, 생존, 생활.

subsisténtĭa, æ, *f.* [subsísto] 존재, 자립,

subsistentiális, e, *adj.* [subsisténtia] 존재의, 자립의, 생존의, 먹고 사는 일의.

subsísto, stĭti, ĕre, *intr.,* 〔*tr.*〕 **1.** **정지하다**, 중지하다, 멎다, (소리, 눈물이) 그치다: súbstĭtit clamor*(Ov.)* 고함소리가 그쳤다. **2.** 머물다, 유숙하다, 있다, **존재하다**. **3.** 〔*dat., acc.*〕 저항하다, 항거하다, 대항 · 대결하다: Románum nec ácies ~ ullæ póterant.*(L.)* 그리고 아무 군대도 로마인들에 대항할 수 없었다. **4.** **중지하다**, 중단하다. **5.** 머뭇거리다.

6. 버티다, 유지하다. **7.** 〔*dat.*〕 돕다, 보조하다. **8.** (사물이) 존재하다, (사람이) 생존하다.

súbsĭtus, a, um, *adj.* 밑에 있는[위치한].

subsoláneus, a, um, *adj.* [sub + solum[1]] 지하(地下)의. 「*m.* 동풍.

subsolánus, a, um, *adj.* 동쪽을 향한; 〔*subst.*〕

subsólvo, (solvi), lútum, ĕre, *tr.* 조금 풀다(分解). 「말하다, 얕게 소리나다.

súbsŏno, áre, *intr.* 속으로 말하다, 비밀히

subsórtĭor, (íris), ítus sum, íri, *dep. tr.* 새로 뽑다(대신하기 위하여): ~ júdicem*(C.)* (아무 대신) 새 판사를 뽑다.

subsortítĭo, ónis, *f.* [subsórtior] 보궐선출.

subspárgo, ĕre, *tr.* 밑에 뿌리다.

subspécĭes, éi, *f.* 《生》 아종(亞種).

subspíssus, a, um, *adj.* [sub +] 꽤 잦은, 좀 두꺼운, 짙은.

substántĭa, æ, *f.* [substo] **1.** 물질, 물체, 근본, 독립체, 지주(支柱): ~ hóminis*(Q)* 사람의 육체부분. **2. 실체**(實體), 본질, 본체, 존재, 실재(實在), 종류: non habére substántiam *(Sen.)* 실재하지 않다. **3.** 내용, 요점, 알맹이. **4.** 먹을 것, 식량, 생계, 생활수단; 생존. **5.** 재산. **6.** 능력.

substantiális[**-ntiválīs**], e, *adj.* [substántia] **1.** 물체의. **2.** 실체의, 독립체의, 본체의, 본질의, 《哲》 forma substantiális 실체적 형상(形相), 체형(體形); 〔*adv.*〕 **-lĭter,** 본질적으로.

substantiálĭtas, átis, *f.* [substantiális] 물체성(物體性), 자립성(自立性), 실체성(實體性). 「재산.

substantíŏla, æ, *f. dim.* [substántia] 적은

substantiválīs, e, *adj.* = substantiális.

substantívum, i, *n.* 명사(名詞), 이름씨.

substantívus, a, um, *adj.* [substántia] 실체적, 자립의, 본체의, 본질적, 명사적: ~ res *(Tertull.)* 사실체 / ~ verbum*(Prisc.)* 존재동사, *e.g.* sum.

substérno, trávi, trátum, ĕre, *tr.* **1.** 밑에 깔다: ~ herbam óvibus*(Cato)* 양에게 짚을 깔아주다. **2.** 복종시키다, 굴복시키다; 희생하다. **3.** 덮다: ~ solum páleis*(Var.)* 짚으로 땅을 덮다. **4.** 내놓다, 몸팔다, 매음하다.

substíllo, áre, *intr.* [substíllus] 요림력(尿淋瀝)에 걸리다, 배뇨곤란증에 걸리다.

substíllum, i, *n.* [substíllus] 습도 높은 계절, 안개비.

substíllus, a, um, *adj.* [sub + stillo] 방울방울 떨어지는: ~ lótium 배뇨곤란증.

substítŭo, ŭi, útum, ĕre, *tr.* [sub + státuo] **1.** 밑에, 뒤에, 후에 두다. **2.** 바꾸다, 대체하다, 대용하다, **대신 세우다**, 대위(代位)케 하다, 계승시키다: *alqm* in locum *alcjs(C.)*, pro loco, *alci(C.)* …를 …대신하게 하다. **3.** 책임지우다, 예속시키다: ~ *alqm* reum*(Q)*, *alqm* crímini*(Plin.)* 아무를 죄인으로 몰다, 고소하다.

substitútĭo, ónis, *f.* [substítuo] 대리, 대용, 대체, 바꿈, 교환, 대위(代位)케 함, 대리를 세움, 대습(代襲)상속인 지정.

substitutívus, a, um, *adj.* [substítuo] 대리의, 대용의, 조건부의, 종속적. 「다.

substo, áre, *intr.* 밑에 서 있다, 견디다, 버티

substómăchor, ári, *dep. intr.* 밸이 나다, 약간 화내다, 조금 골내다, 부아가 나다.

substrámen, mĭnis, [**-raméntum,** i,] *n.* [substérno] 깔개, 짚으로 깐 잠자리.

substrátum, i, *n.* [substérno] 《哲》 기체(基體); 기반.

substrátus, a, um, *p.p.* [substérno] 밑에 깐, 땅에 깔린; 〔*subst.*〕 **-tus,** *m.* 〔*abl.* -u〕 밑에 깔림, 폄. 「하다.

súbstrĕpo, ĕre, *tr.* 중얼거리다, 겨우 들리게

substríctus, a, um, *p.p., a.p.* [substríngo] 빽빽한, 좁은, 짧은.

substrído, ĕre, *intr.* 으르렁대다.

substríngo, ínxi, íctum, ĕre, *tr.* **1.** 졸라매다, 죄다, 밑을 매다: ~ crinem nodo*(Ta.)* 머리털을 끈으로 잡아매다. **2.** 극기하다, 억제하다, 억누르다: ~ lácrimas*(Marc. Emp.)* 눈물을 억누르다. **3.** 바싹 갖다대다: ~ áurem*(H.)* 귀를 기울이다.

substrúctĭo, ónis, *f.* [súbstruo] **1.** 기초공사, (건축의) 토대 · 기초. **2.** 지하 건축물. **3.** 광대한 구조물, 성벽.

substructum, i, *n.* 토대, 하부구조, 기초.

substrúctus, a, um, *p.p.* [súbstruo] 기초 깔린, 밑에 놓인.

súbstrŭo, strúxi, strúctum, ĕre, *tr.* **1.** 기초공사를 하다, 기초를 세우다, 포장하다: ~ fundaméntum*(Pl.)* 기초공사를 하다. **2.** 지하공사를 하다. **3.** 〔*dat.*〕 …에게 건물을 봉헌하다: Templum Diánæ substrúxit.*(C.I.L.)* 그는 *Diana* 여신에게 봉헌하는 신전을 지었다. **4.** 〔*abl.*〕 ~ vias gláreā*(L.)* 굵은 모래로 길을 깔다. 「(收斂性)의, 신맛이 있는.

substýpticus, a, um, *adj.* [sub +] 수렴성

subsúdo, ávi, áre, *intr.* 조금 땀흘리다.

subsúltim, *adv.* [subsílio] 통통 뛰면서, 뛰어가며.

subsúlto[**sussúl-**], áre, *intr. freq.* [subsílio] 뛰다, 튕기다, (문체가) 고르지 못하다, 들쑥날쑥하다.

subsum, (subes), súffŭi(súbfui), ésse, *intr.* **1.** 밑에[아래] 있다: Subúcula subest túnicæ.*(H.)* 겉옷 속에 속옷이 있다. **2.** 옆에 있다, 임박하다: subest Rhenus*(Cæs.)* *Rhein* 강이 옆에 있다 / Nox jam súberat.*(Cæs.)* 밤이 곧 닥쳐왔었다. **3.** 밑에 숨어있다, 깊숙한 곳에 있다: *alqa* subest causa*(C.)* 어떤 이유가 숨어 있다.

subsúmen, ĭnis, *n.* [súbsuo] 밑을 기운 천.

subsúmmo, áre, *tr.* (수를) 곱하다.

súbsŭo, sútum, ĕre, *tr.* 밑에 기워 붙이다, 첨가하다, 밑에 꿰매다.

subsútĭo, ónis, [**subsutúra,** æ,] *f.* [súbsuo] 밑을 꿰맴, 그 천, 수선.

subsútus, a, um, *p.p.* [súbsuo] 기워 붙인.

subtábĭdus, a, um, *adj.* [sub +] 약간 피폐된. 「하는 편인.

subtácĭtus, a, um, *adj.* 말수가 적은, 침묵

subtaláris, e, *adj.* 발뒤꿈치까지 늘어진.

subtéctio, ónis, *f.* 덮음, 가림. 「덮다.

súbtĕgo, téxi, téctum, ĕre, *tr.* 밑을 가리다,

subtegulánĕus, a, um, *adj.* [sub + tégula[1]] 지붕 밑에 있는.

subté(g)men[subtégumen], mĭnis, *n.* [sub + texo] **1.** 직조물의 날과 씨(경사〈經絲〉, 위사〈緯絲〉). **2.** 실(絲). **3.** *Parcæ* 여신들의 실.

subtel, (ĕlis), *n.* 발바닥의 오목한 곳.

subténdo, téndi, téntum[ténsum], ĕre, *intr.* 밑에 펴지다, 밑으로 펴다; *tr.* 밑을 펴다,

subténeo, ére, *tr.* 밑을 잡다. ⌊밑에 펴다.

subténŭis, e, *adj.* 좀 가는, 좀 엷은.

subter, *comp.* subtérius **1.** *adv.* 밑에서, 밑으로. **2.** *præp.* 〔*c. acc., abl.*〕 … 밑에, 아래에.

subteradnécto, ĕre, *tr.* 밑에 잡아매다.

subteradnéxus, a, um, *adj.* 밑에 잡아맨[덧붙인].

subterágo, (égi), áctum, ĕre, *tr.* 밑에서 밀다, 돌게 하다, 밑에 내다: subteráctæ radíces*(Cels.)* 아래로 뻗은 뿌리.

subtercavátus, a, um, *adj.* 밑이 패인.

subtercélo, áre, *tr.* 가장하다.

subtercúrro, ĕre, *tr.* …의 뒤를 좇다, 밑에 들어가다(종속).

subtercutánĕus, a, um, *adj.* [subter + cutis] 피부 아래의, 피하의: ~ morbus 수종(水腫).

subterdúco, dúxi, ĕre, *tr.* 빼내다, 몰래 데려가다: ~ se *alci(Pl.)* 아무의 손아귀에서 빠져나가다. 「하다, 빠져나가다.

subtérflŭo, ĕre, *intr.* 밑으로 흐르다; *tr.* 도망

subterfúgĭo, fúgi, ĕre, **1.** *intr.* 몰래 도망하다, 몸을 피하다: *alci(Pl.)* …의 손에서 벗어나 도망하다. **2.** *tr.* 피하다, 빠져나가다.

subterfúgĭum, i, *n.* [subterfúgio] 벗어나는 구실, 핑계. 「우다.

subterfúndo, áre, *tr.* 공고한 기초위에 세

subterhábĕo, bĭtum, ére, *tr.* 밑에 두다, 경시하다. 「밑에 넣다.

subterínsĕro, ĕre, *tr.* 곁들이다, 끝에 넣다,

subterinténdo, ĕre, *intr.* 내려다 보다, 밑을 보다. 「[subter] = inférior, ĭus.

subtérĭor, ĭus, 〔*gen.* –óris,〕 *adj. comp.*

subterjácĕo, ére, *intr.* 밑에 눕다, 밑에 있다.

subterjácĭo, ĕre, *tr.* 밑에 던지다, 바닥에 던지다.

subterlábor, (ĕris), lápsus sum, bi, *dep. intr.* [subter + labor[1]] 빠져 나가다, 도망하다, 피하다; 〔*acc.*〕 아래로 미끄러지다, 밑으로 흐르다.

subtérlĭno, ĕre, *tr.* 밑에 기름칠하다.

subtérlŭo, ĕre, *tr.* 밑부터(을) 씻다, 물대다, 밑을 잠그다. 「물댐, 밑을 잠금.

subterlúvĭo, ónis, *f.* [subtérluo] 씻어내림,

subtérmĕo, áre, *intr.* 아래로 지나가다.

subtermítto, ĕre, *tr.* 밑에 놓다.

subtermóvĕo, ére, *tr.* 밑으로 밀다, 밑을 움직이다, 슬쩍 움직이다.

subtérnăto, áre, *intr.* 밑에서 헤엄치다.

subtérnus, a, um, *adj.* [subter] (=inférnus) 밑에 있는, 지하에 있는, 지옥의.

súbtĕro, trívi, trítum, ĕre, *tr.* 밑을 깎아먹다, 하부를 부식하다, 부수다, 분쇄하다.

subterpéndĕo, ére, *intr.* 밑에 매달리다.

subterpóno, ĕre, *tr.* 밑에 놓다, 밑에 두다.

subterránĕus[–rénus, –rĕus], a, um, *adj.* [sub + terra] 지하의, 지중의: Mare subterráneum 지중해; 〔*subst.*〕 *n.* 지하도, 지하실, 동굴.

subterstérno, strávi, ĕre, *tr.* 밑에 펼치다, 뿌리다; 밑에 깔다, 아래를 덮다. 「의 3의.

subtértĭus, a, um, *adj.* 3대 4 비율의, 4분

subtérvăco, áre, *intr.* 밑이 비어있다.

subtervólvo, ĕre, *intr.* 밑에서 구르다(轉).

subtéxo, xŭi, xtum, ĕre, *tr.* **1.** 아래쪽을 짜서 마무리짓다, 펼치다, 밑에[앞에] 놓다. **2.** 〔*alqd alqā re*〕 덮다, 가리다, 숨기다; 어둡게 하다. **3.** 〔*alqd alci rei*〕 (이야기 · 역사 따위를) 엮다, 짓다, (천 따위를) 붙이다, 보태다, 첨가하다. **4.** 〔*alqd alci rei*〕 섞어 넣다.

subthronízo, áre, *tr.* 즉위시키다.

subticésco, ĕre, *intr.* [sub + táceo] 잠깐 묵묵하다.

subtililoquéntĭa, æ, *f.* [**–lilóquĭum,** i, *n.*] [subtílis + loquor] 세밀한 이론, 너무 파고드는 이론, 정교한 말.

subtilílŏquus, a, um, *adj.* [subtílis + loquor] 정묘하게 말하는.

subtílĭo[sup–], áre, *tr.* [subtílis] 가늘게 하다, 약하게 하다, 정묘하게 하다.

subtílis, e, *adj.* [sub + tela] **1.** 가늘게 짠, 고운(천): subtíle filum*(Lucr.)* 가는 실. **2.** 섬세한, 예민한, 민감한, 기민한. **3.** 품위있는. **4.** 가냘픈. **5.** 영리한, 재주있는, 예리한. **6.** 치밀한, 정교한, 정확한, 자세한. **7.** 명료한, 간결한. **8.** = versútus.

subtílĭtas, átis, *f.* [subtílis] **1.** 정교, 미묘. **2.** 예민, 민감, 기민, 명민. **3.** 품위, 섬세함, 가냘픔, 희박. **4.** 명료, 간결, 정확, 담백. **5.** 교활.

subtílĭter, *adv.* [subtílis] 세밀하게, 섬세하게. 「평가하다.

subtímĕo, ére, *intr.* 약간 무서워하다, 속으로

subtínnĭo, íre, *intr.* 가냘픈 소리나다, 조금 소리나다. 「비틀거리다.

subtítubo, áre, *intr.* 약간 뒤뚱거리다, 조금

subtórquĕo, tórsi, ére, *tr.* 삐다, 쥐어 짜다, 비틀다.

subtráctĭo, ónis, *f.* [súbtraho] **1.** 《數》 빼기, 감산(減算). **2.** 제거, 생략, 퇴진, 퇴각(退却).

súbtrăho, tráxi, tráctum, ĕre, *tr.* **1.** 밑에서 잡아당기다, 빼다, 몰래 빼다, 몰래 가져가다. **2.** 제거하다, 없애다, 빼다, 치우다. **3.** 은퇴시키다. **4.** se ~ 빠져나가다, 물러가다, 도망하다. **5.** 빼앗다, 거부하다: ~ cibum *alci(C.)* 아무에게 음식을 주지 않다. **6.** 빼먹다, 언급하지 않다: ~ *alqm(Curt.)* 아무의 이름을 부르지 않고 지나치다. **7.** 《數》 빼기하다, 감산하다.

subtrémŭlus, a, um, *adj.* 약간 동요하는, 조금 떠는.

subtríplus, i, *m.* 한 수 안에 세 번 들어있는 것, 3분의 1.

subtrístis, e, *adj.* 좀 침울한, 기분이 가라앉은.

subtrúdo, trúsi, trúsum, ĕre, *tr.* 불법을 자행하다.

subtunicális, is, *f.* 유다인 제관의 속제의.

subtúrpis, e, [**-pícŭlus,** a, um,] *adj.* 창피스러운, 약간 추한, 비열한.

subtus, [sub] **1.** *adv.* 밑에, 아래에. **2.** *præp.* 〔*c. acc.*〕 …밑에.

subtússio, íre, *intr.* 잔기침하다.

subtúsus, a, um, *p.p., a.p.* [sub + tundo] 약간 상처받은[깨진], 《數》 둔각(鈍角)의.

subtútus, a, um, *adj.* 다소 안전한.

subúcŭla, æ, *f.* 적삼, 내의; 제단에 놓는 과자의 일종.

súbŭla, æ, *f.* **1.** 큰 바늘, 큰 침(針), 송곳. 〔격언〕 súbulā leónem excípere*(Sen.)* 송곳을 가지고 사자를 기다린다, 즉 위험에 대처하지 못한다. **2.** 돌을 닦는 기구.

subúlcus, i, *m.* [sus[1]] 돼지치는 사람.

súbŭlo, ónis, *m.* **1.** 피리부는 사람. **2.** 가지 없는 뿔달린 사슴. **3.** 매음자.

subumbilícum, i, *n.* [**-lícus,** ci, *m.*] [sub + umbilícus] 배(腹)와 넓적다리.

subúnctĭo, ónis, *f.* 밑에 (약간) 기름바름.

subúng(u)o, ĕre, *tr.* 살짝 (밑에) 바르다 [문지르다].

subúno, áre, *tr.* [sub + unus] 하나로 뭉치게 하다.

Subúr(r)a, æ, *f.* *Roma*의 거리 이름, 술집이 많은 악명 높은 곳, *Cœlius* 언덕과 *Esquíliæ* 언덕 사이에 있었다; 〔*adj.*〕 **-ránus,** a, um; 〔*subst.*〕 **-ranénses,** ĭum, *m.pl.* 그곳 주민.

suburbánĭtas, átis, *f.* [suburbánus] 로마의 변두리, 교외.

suburbánus, a, um, *adj.* 로마에 인접한, 교외의: rus suburbánum*(C.)* 로마에 가까운 소유지; *m.pl.* (*Roma*)시 근교 도시의 주민; *n.* (*sc.* prædium) **1.** (*Roma*)시 근교. **2.** (*Roma*)시 교외의 별장; *n.pl.* (*Roma*)시의 근교, 경계, 경계표.

suburbicárĭus, a, um, *adj.* [sub + urbs] (=suburbánus) 변두리의, (*Roma*) 교외의.

subúrbĭum, i, *n.* [sub + urbs] 성밖, 변두리, (*Roma*시의) 교외.

subúrg(u)ĕo, ére, *tr.* …쪽으로 밀다, 밀치다, 접근시키다.

subúro, (ússi), ústum, ĕre, *tr.* 약간 태우다, 그을리다, (사랑을) 불태우다.

subus, i, *m.* 마술용 방추, 마름모꼴. = rhombus.

subústĭo, ónis, *f.* 밑을 덥힘.

subvas, vădis, *m.* 제2 보석보증인.

subvéctĭo, ónis, *f.* [súbveho] 해운, 운반, 수송, 운송.

subvécto, áre, *tr. freq.* 운반하다.

subvéctor, óris, *m.* 운반자, 운반선.

subvéctus, us, *m.* 해운, 운반; 여행.

súbveho, véxi, véctum, ĕre, *tr.* 밑에서 위로 운반하다, (강을) 거슬러 올라가다; 싣고 가다, 밀고 가다.

subvélo, áre, *tr.* 덮다, 가리다.

subvénĭo, véni, véntum, íre, *intr.* **1.** 〔*alci*〕 도우러 오다, 돕다, 구조하러 오다. **2.** 〔*dat.*〕 고치다, 치료하다, 대비하다, 구제하다, 덮어주다. **3.** 개입하다, 보호에 나서다. **4.** 돌발하다, (일이) 일어나다, (생각이) 떠오르다, 홀연히 오다.

subvéntĭo, ónis, *f.* [subvénio] 보조, 원조, 보조금.

subvénto, áre, *intr. freq.* 보조하다, 서둘러 도와주다.

subvéntor, óris, *m.* 원조자, 구조자, 보호자.

subventrális, e, *adj.* [sub + venter] 아랫배를 아프게 하는.

subventríle, is, *n.* [sub + venter] 《解》 아랫배.

subverbústus, a, um, *adj.* [sub + verber] 채찍 자국 있는, 매맞은 (노예).

subvérĕor, (éris), éri, *dep. intr.* 조심스러워하다, 조금 무서[두려]워하다.

subvérsĭo, ónis, *f.* [subvérto] 뒤집어엎음, 파괴, 멸망, 전복; 술찌꺼기.

subvérsor, óris, *m.* [subvérto] 뒤엎는 자, 파괴자.

subvérto, vérti, vérsum, [**-vórto,** vórti, vórsum,] ĕre, *tr.* **1.** 뒤집어엎다, 전복시키다. **2.** 파괴하다, 멸망시키다. **3.** 무효화하다, 파기하다.

subvespertínus, i, *m.* (*sc.* ventus) 남서풍 (南西風).

subvéspĕrus, i, *m.* (*sc.* ventus) 서남서풍 (西南西風).

subvéxus, a, um, *adj.* [súbveho] 올리받이의, 올라간.

subvíllicus, i, *m.* 부관리인(副管理人).

subvírĭdis, e, *adj.* 푸르스름한, 초록빛 도는.

subvólo, áre, *intr.* 〔ad, in *acc.*〕 날아 올라가다: in cæléstem locum*(C.)* 하늘을 향해 날아가다.

subvólvo, ĕre, *tr.* 굴려올리다, 굴리다.

subvultúrĭus[volt-], a, um, *adj.* [sub + vultur[1]] 거무스름한, 독수리 빛깔의.

succ... *V.* subc...

súccăno, ĕre, *intr.* = súccino.

súccărum, i, *n.* = sáccharum.

succávus, a, um, *adj.* [sub + cavus[1]] 밑바닥이 오목한.

succedánĕus[succi–], a, um, *adj.* [succédo] 대용(代用)의, 대치(代置)한, 바꿔치기한, 대위(代位)시킨. *m.* 후계자.

succédo, céssi, céssum, ĕre, *intr.,* 가끔 *tr.* [sub + cedo[2]] **1.** 〔*dat., acc.,* in *acc.*〕 아래로 들어가다, 피해 들어가다, 숨다: Succédunt nubes soli.*(Lucr.)* 구름이 해를 가리다 / jugum ~ *(Calp.)* 멍에를 메다 / ~ umbræ*(V.)* 그늘진 곳으로 피하다. **2.** 〔*dat.;* sub *acc.*〕 **굴복하다**, 예속하다: ~ óneri*(V.)* 짐을 지다. **3.** 〔*dat.*〕 받아들이다, 맡다: labóri ~ *(Q.)* 수고를 감수하다. **4.** 〔*dat.;* sub, in, ad, supra *acc.; acc.*〕 접근하다, 이르다, 전진하다; (밑에서부터) 올라가다: portis ~ *(Cæs.)* 여러 성문에 접근해 가다 / ~ tecto*(V.)* 지붕을 기어 올라가다 / ~ ad summum honórem*(Lucr.)* 최고의 영예에 이르다. **5.** 〔*dat.,* in *acc., absol.*〕 잇따르다, 뒤따라 …하다, 교대하다, 대신 들어서다, 이어받다, 뒤를 잇다, **계승하다**, 후임이 되다: ~ prœ́lio, in pugnam*(L.)* 교대해서 전투하다 / ~ múneri*(C.)* 직책을 이어받다 / ~ *alci* in consulátu*(Suet.)* 아무를 이어 집정관이 되다 / ~ *alci(N.)* 누구의 후임이 되다, 계승하다 / ~ in *alcjs* locum*(C.)* 누구 자리에 대신 들어서다, 계승하다. **6.** 〔*absol., dat., impers.*〕 일이 잘 되어 가다, 잘 진전하다, 뜻대로 이루어지다, 성과가 좋다, **성공하다**: hoc bene succéssit*(T.)* 이것은 잘 됐다 / si mihi succésserit*(C.)* 내 일이 잘 될 것 같으면 / si successísset cœptis*(L.)* 계획했던 것이 성공했더라면.

succéndo, céndi, cénsum, ĕre, *tr.* [sub + cándeo] **1.** 불을 지피다, 불붙이다. **2.** 타오르게 하다, 불길을 일게 하다; (감정을) 격앙시키다, 흥분시키다, 격분케 하다: succénsus amóre*(Ov.)* + *dat.* 혹은 succénsus *c. abl.* …에 대한 사랑에 불타서.

succénsĕo, ŭi, cénsum, ĕre, *intr.* (suscénseo가 바른 철자임) 타다, 불타다, 화나다, 신경질나다, 염증이 생기다.

succénsĭo[1], ónis, *f.* [succéndo] 불붙임, 화재; 가열, 덥게 함.

succénsĭo[2], ónis, *f.* (=suscénsio) 분노, 화냄.

succéntĭo, ónis, *f.* [súccino] 가냘픈 소리, 공명(共鳴).

succentívus, a, um, *adj.* [súccino] 반주(伴奏)에 사용되는, 반주하는.

succéntor, óris, *m.* [súccino] 반주자; 사주자, 교사자.

succenturiátus, i, *m.* 보충병(부대).

succentúrĭo[1], (ávi), átum, áre, *tr.* [sub + centurio[1]] 백인대를 보충하다.

succentúrĭo[2], ónis, *m.* [sub + centúrio[2]] 백인부대장 대리, 하사관.

succéntus, us, *m.* [súccino] 반주.

succérdæ, árum, *f.pl.* = sucérdæ.

succéssĭo, ónis, *f.* [succédo] **1.** 연속, 계속; 보충, 보완, 대신(代身). **2.** 상속, **승계**, 계승: jura successiónum*(Ta.)* 상속권. **3.** 후예, 종족. **4.** 결과, 결말.

successívus, a, um, *adj.* [succédo] 계속하는, 연속하는, 계승하는, 이어지는.

succéssor, óris, *m.* [succédo] 후계자, 후임자, 계승인, 상속자, 대리인: succesórem *alci* míttere*(L.),* dare*(Suet.)* 아무를 해임하다.

successórius, a, um, *adj.* 상속의, 후계의.

succéssus[1], a, um, *p.p.* [succédo].

succéssus[2], us, *m.* [succédo] **1.** 가까이 감, 전진; 들어감, 침투. **2.** 동굴, 굴 속. **3.** 후계, 계승; 연속. **4.** 성공, 성과. **5.** 후손, 자손, 종족.

succidáneus, a, um, *adj.* = succedáneus.

succídĭa, æ, *f.* [succído[2]] 비게덩어리, 지방질.

súccĭdo[1], cĭdi, ĕre, *intr.* [sub + cado] **1.** 안에 포함되다, (뜻이) 담겨있다: ~ sub id vocábulum*(Var.)* 이 말 속에 포함되어 있다. **2.** 굽히다, 주저앉다, 함몰하다, 약해지다.

succído[2], cídi, císum, ĕre, *tr.* [sub + cædo] **1.** 뿌리까지 자르다, 밑을 자르다: arbóribus succísis*(Cæs.)* 나무를 뿌리까지 뽑고. **2.** 가위질하다. **3.** 뒤엎다, 넘어뜨리다, 파괴하다.

súccĭdo[3], áre, *tr.* (=súcido) 축축하게 하다.

súccĭdus, a, um, *adj.* = súcidus.

succídŭus[1], a, um, *adj.* [succédo] = succedáneus 또는 succidáneus.

succídŭus[2], a, um, *adj.* [súccido[1]] 꺾이는, 넘어지는, 피곤한, 가라앉는; 부족한, 결핍되는, 제거된.

súccĭlus, i, *m.* [sub + cílium] 《醫》 눈까풀 「피하일혈(溢血).

succĭnácius, a, um, *adj.* = sucinácius.

succíncte[–tim], *adv.* [succínctus] 짧게, 간략하게.

succínctĭo, ónis, *f.* [succíngo] **1.** 앞으로 「덮음. **2.** 앞치마. **3.** 한 벌.

succinctórĭum, i, *n.* 행주치마, 앞치마.

succínctŭlus, a, um, *adj.* 간단히 입은, 허리를 간단히 맨.

succínctus, a, um, *p.p., a.p.* [succíngo] **1.** (띠를) 띤, 허리에 찬. **2.** 간단한, 짧은, 간추린: árbores succinctióres*(Plin.)* 꼭대기에만 잎이 달린 나무들. **3.** 준비된, 갖춘, 방비가 된. **4.** 재빠른.

succíngo, cínxi, cínctum, ĕre, *tr.* [sub + cingo] **1.** (옷을) 걷어올리다, (띠를) 띠다, 띠로 묶다. **2.** 허리에 차다, 두르다, 걸치다: gládio succínctus*(Her.)* 칼을 찬. **3.** 갖추다, 설비하다, 대비하다, 방비하다. **4.** 에워싸다: ~ se cánibus*(C.)* 개들에게 에워싸이다.

succíngŭlum, i, *n.* 띠, 끈.

súccĭno, ĕre, *intr., tr.* [sub + cano] **1.** 따라 노래하다, 교송(交誦)하다, 화창하다. **2.** 짝이 되다, 짝지우다. **3.** 일치하다. **4.** 지껄이다.

súc(c)ĭnum, i, *n.* 누런 호박(琥珀).

súc(c)ĭnus, a, um, *adj.* [súccinum] 누런

호박의, 황갈색의. 「받다. **2.** = suscípio.
succípĭo, ére, *tr.* **1.** 밑을 잡다, 떨어지는 것을
succísĭo, ónis, *f.* [succído²] (풀 따위를) 짧게 자름(切); 파괴, 폐기.
succisívus, a, um, *adj.* = subcisívus.
succísor, óris, *m.* [succído²] 정원사, 원예가.
succísus, a, um, *p.p.* [succído²].
succlamátĭo, ónis, *f.* [succlámo] 고함, 함성.
succlámo[**subcl–**], ávi, átum, áre, *intr.* [sub +] 소리지르다.
succlíno[**subcl–**], áre, *intr.* [sub +] 약간 기울다; *tr.* 약간 기울이다[구부리다].
suc(**c**)**o,** ónis, *m.* [succus] 흡혈박쥐, 흡혈귀, 즙을 짜는 자, 즉 무자비한 고리대금업자.
succœléstis, e, *adj.* = subcæléstis.
succœ́no = subcéno.
succóllo, ávi, átum, áre, *tr.* [sub + collum] 어깨에 메다, 목에 메다.
succóndĭtor[**subc–**], óris, *m.* [sub +] Circus Máximus 경기의 심부름꾼.
succósitas, átis, *f.* = sucósitas.
succósus, a, um, *adj.* = sucósus.
succontinuátĭo, ónis, *f.* [sub +] 연속.
succontumeliósus, a, um, *adj.* [sub +] 약간 거만한; [*adv.*] **–se.** 「소리나다.
súccrepo, áre, *intr.* [sub +] 밑에서 삐거덕
succrésco, crévi, crétum, ĕre, *intr. inch.* [sub +] **1.** 위로 내밀다, 밑에서 자라다. **2.** 자라다, 장성하다, 성장하다. **3.** 일어나다, 생기다. 「cérno].
succrétus, a, um, *p.p.* [succérno, sub-
succríspus, a, um, *adj.* [sub +] 약간 고수머리의.
succrotíllus, a, um, *adj.* 가는, 약한, 엷은.
súccŭba[**–bónĕa**], æ, *f.* [sub + cubo] 첩(妾); 경쟁자, 시기대상자.
Succubitánus, a, um, *adj.* *Súccubo²*의.
súccubo¹[**subc–**], áre, *intr.* [sub +] [*dat.*] 밑에 누워있다.
Súccubo², ónis, *f.* 스페인 남부 *Córduba* 근처 *Betica*(지금의 *Andalucia*)의 자치시(自治市).
succuléntia, æ, *f.* 즙이 많은 성질.
suc(**c**)**uléntus,** a, um, *adj.* [sucus] 즙이 많은, 물기 많은; 건강한, 건장한.
succúmbo, cúbŭi, cúbĭtum, ĕre, *intr.* [sub + cumbo(옛동사)] (*cf.* accúmbo, decúmbo). **1.** [*dat.*] 밑에 깔리다[눕다], 엎드리다, 넘어지다. **2.** [*dat.*] 지다(敗), 굴복하다, 항복하다; 압도되다, 짓눌리다. **3.** 병들어 눕다, 침대에 눕다. **4.** …와 성교하다.
succurrícĭus, a, um, *adj.* [succúrro] 도울만한, 구제가능한.
succúrro, cúrri, cúrsum, ĕre, *intr.* [sub + curro] **1.** 밑에 있다, 밑에 뛰어들다. **2.** (적과) 대치하다, (위험 따위를) **당하다**, 무릅쓰다. **3.** 생각이 떠오르다, 생각나다. **4.** 도와주러 가다, **돕다**, 도움을 주다: ~ *alci* (auxílio) (*C.*) 아무를 도우러 가다. **5.** [ne, quóminus] 고치다, 막다; (약이) 효과있다. 「사람.
succúrsor, óris, *m.* [succúrro] 도와주는
succúrsus, us, *m.* [succúrro] 원조, 도움.
sūc(**c**)**us,** i, *m.* **1.** 즙, 액, 정수(精粹), (나무)진. **2.** 맛: ova suci melióris(*H.*) 더 맛있는 알. **3.** 힘, 건강, 활력소: ~ ac sanguis civitátis(*C.*) 도시의 활기와 생명. **4.** 탕약, 국.
Succusánus, i, (*sc.* pagus), *m.* 고대 로마의 한 구역.
succussátor, óris, *m.* [succússo] 흔드는 자, 흔들면서 구보하는 말(馬). 「구보.
succussatúra, æ, *f.* [succússo] (말의) 거친
succússĭo, ónis, *f.* [succútio] 동요(動搖), 흔들림, 진동, 지진.
succússo, ávi, átum, áre, *tr.* [succútio] (속보로 달리며) 흔들다. 「는 말.
succússor, óris, *m.* 흔드는 자, 거칠게 구보하
succússus¹, a, um, *p.p.* [succútio].
succússus², us, *m.* [succútio] 동요(動搖), 흔들림, 진동.
succústos, ódis, *m.* 부감독. 「neus.
succutánĕus, a, um, *adj.* = subtercutá-
succútio, cússi, cússum, ĕre, *tr.* [sub + quátio] 흔들다, 진동시키다, 뒤엎다.
suc... *V.* succ...
sucérdæ, árum, *f.pl.* 돼지똥. 「뿌리다.
súcido, áre, *tr.* [súcidus] 축축하게 하다, 물
súcidus, a, um, *adj.* [sucus] 젖은, 축축한, 싱싱한. 「(琥珀)색의, 황갈색의.
sucinácius, a, um, *adj.* [súccinum] 호박
sucophánta = sycophánta의 고형.
sucósitas, átis, *f.* 즙이 많은 특성.
sucósus[**succ–**], a, um, *adj.* [sucus] 즙있는, 즙이 많은, 축축한; 부유한. 「먹음.
sūctus, us, *m.* [sugo] 흡수, 흡취(吸取), 빨아
súcŭla, æ, *f. dim.* [sus¹] **1.** 작은 암돼지. **2.** 권양기(券揚機). **3.** 《天》 *Hýades* 성단(星團).
súcŭlus, i, *m.* 작은 돼지.
sucus, ci, *m.* = succus.
sudabúndus, a, um, *adj.* [sudo] 땀흘리는.
sudámĭna, órum, *n.pl.* 《醫》 한진(汗疹).
sudaríŏlum, i, *n.* [sudárium] 작은 수건.
sudárĭum, i, *n.* [sudor] 수건, 손수건; 수의, 염포. 「냄새. **2.** 한증. **3.** 발한제.
sudátĭo, ónis, *f.* [sudo] **1.** 발한, 땀흘림, 땀
sudátor, óris, *m.* [**–trix,** ícis, *f.*] [sudo] 땀 많이 흘리는 사람. 「목욕.
sudatórĭum, i, *n.* [sudatórius] 한증막, 증기
sudatórĭus, a, um, *adj.* [sudo] 땀나게 하는, 발한성(發汗性)의.
sudícŭlum = sudúculum.
súdis, is, *f.* **1.** 작은 말뚝, 섶. **2.** 끝이 뾰족한 막대기(무기). **3.** 가시, 침.
sūdo, ávi, átum, áre, **I.** *intr.* **1.** 땀흘리다, 축축하다: ~ sánguine(*Lucr.*) 피땀흘리다. **2.** 수고하다, 노력하다, 땀흘려 일하다, 땀으로 적

시다, 방울방울 떨어지다.
II. *tr.* (감정을) 퍼붓다, 쏟다, 붓다; 땀으로 적시다, 정력을 쏟다.

sūdor, óris, *m.* [sudo] **1.** 땀: in sudórem ire*(Flor.)* 땀흘리다. **2.** 힘든 일, 노고, 피로.

sudórĭfer, fĕra, fĕrum, *adj.* [sudor + fero] 발한성(發汗性)의, 땀흘리는. 「젖은.

sudórus, a, um, *adj.* [sudor] 땀흘리는, 땀에

sudósus, a, um, *adj.* [sudor] 땀에 젖은.

sudúcŭlum, i, *n.* [sudo] 땀씻는 수건: ~ flagri*(Pl.)* 매맞고 땀흘리는 자, 즉 노예.

sūdus, a, um, *adj.* [se[2] + udus] 습기없는, 건조한; 청명(淸明)한, 맑은; 〔*subst.*〕 *n.* 청명한 하늘; 〔*adv.*〕 **sudum,** 청명하게, 맑게.

sueb... *V.* suev...

Suebia, æ, *f.* 수에비인의 나라, 3세기에 발틱 해변을 중심으로 시작하여 서쪽과 남쪽으로 세력을 확장, 게르만 민족의 근간을 이루었다; *m.pl.* 수에비아인; *adj.* **Suébus,** a, um.

Suécĭa, æ, *f.* 스웨덴.

suéllus[1], i, *m.* [sus[1]] 돼지 새끼.

suéllus[2], a, um, *adj.* = suíllus.

súĕo, ére, *intr.* 습관있다, …하는 버릇이 있다.

sues, is, *m.* = sus[1] 또는 suis.

suésco, suévi, suétum, ĕre, *inch.* **1.** *intr.* 〔*dat.*〕 습관되다: ~ milítiæ 군생활에 익숙해지다. **2.** *tr.* 익숙하게 하다, 습관을 길러주다: ~ *alqm* disciplínā(–næ) 아무를 규율생활에 길들이다.

Suéssa, æ, *f.* **1.** *Campánia*의 도시 = *Suéssa Aurúnca*(지금의 *Sessa*); 〔*adj.*〕 **–sánus,** a, um; **Suéssas,** átis. **2.** *Látium* 지방 *Volsci* 인들의 도시 = *Suéssa Pométia.*

Suessetánus, a, um, *adj.* *Suéssa*의.

Suess(i)ónes, um, *m.pl.* *Gállia Bélgica*에 있던 한 종족(지금의 *Soissons*).

Suéssŭla, æ, *f.* *Campánia*의 지명(지금의 *Castel di Sessola*); 〔*adj.*〕 **–lánus,** a, um.

Suetónĭus, i, *m.* *Roma*인의 씨족명; C. ~ Tranquíllus, *Roma* 초기 12황제 전기 작자 (c. 75-160 혹은 70-140 P.C.).

suétus, a, um, *p.p., a.p.* [suésco] **1.** 〔*abl., inf.*〕 익숙한, 습관된. **2.** 관례의, 습관적인, 보통의, 평범한: suéta apud palúdes prœlia*(Ta.)* 늪지대에 흔히 있는 싸움; *n.pl.* 습관, 습속.

suévi[1], *pf.* [suésco].

Suévi[2], órum, *m.pl.* (=Suébi) *Suébia*인들.

Suévĭa, æ, *f.* = Suébia; 〔*adj.*〕 **–vĭcus**[**–vus**], a, um.

Sufax, ácis, *m.* = Syphax. 「정자.

sūfes, ĕtis, *m.* *Carthágo*의 집정관; 재판관, 판

suff... *V.* subf...

suffárcĭno, ávi, átum, áre, *tr.* [sub + fárcio] 쑤셔넣다, 채우다, 짐지우다.

suffécĭo, ónis, [**–túra,** æ,] *f.* [suffício] 대리로 둠, 대치(代置), 첨가함, 섞음, 공급함.

Sufféнus, i, *m.* *Catúllus* 시대(기원전 1세기)의 악명높은 시인; *pl.* 그와 비슷한 시인들.

suffércĭtus, a, um, *adj.* = suffértus.

sufferénter, *adv.* 인내로, 참을성 있게.

sufferéntĭa, æ, *f.* [súffero] 인내, 참음, 단념.

suffermentátus, a, um, *adj.* [sub + ferménto] 약간 발효한, 덜 발효된.

súffero, (–fers, –fert), sústŭli, sublátum, férre, *anom.* *tr.* **1.** 밑에 넣다, 받치다. **2.** 견디다, 참다, 인내하다, 참아받다, **3.** 제공하다, 공급하다, 주다, 유지하다.

suffértus, a, um, *adj.* [sub + fárcio] 가득찬, 눌러서 넣은.

suffervefácĭo, fáctum, ĕre, *tr.* [sub + fervefácio] 좀 끓이다, 익히다; 〔*pass.*〕 **–fío,** fáctus sum, fiéri, 끓다. 「익다.

sufférvĕo, ére, *intr.* [sub + férveo] 끓다,

suffíbŭlum, i, *n.* [sub + fíbula] *Vesta* 신전의 제관들이 쓰는 길고 네모진 흰 보.

suffícĭens, éntis, *p.præs., a.p.* [suffício] 넉넉한, 충분한, 충족한, 만족할 줄 아는.

sufficiéntĭa, æ, *f.* [suffício] 넉넉함, 충족, 흡족함, 만족: ~ sui 자기 만족, 자만심.

suffícĭo, féci, féctum, ĕre, [sub + fácio]
I. *tr.* **1.** 아래[밑에] 두다, 기초세우다. **2.** 〔*alqd alqā re*〕 색을 스며들게 하다, 바탕을 칠하다. **3.** 제공하다, 제시하다, 공급하다. **4.** 뒤에 두다. **5.** …대신 뽑다, 선출하다. **6. 대리로 두다,** 대치시키다, 대위(代位)케 하다.
II. *intr.* 〔*dat.,* in, ad, *acc.; inf.,* ut, ne, *subj.*〕 **넉넉하다,** 족하다; 견디다: ~ malis *(Sen.)* 불행을 견뎌내다; 〔*p.p.*〕 suffectus. *cf.* consul 보궐로 잔여임기를 채우는 집정관.

suffígo, fíxi, fíxum, ĕre, *tr.* [sub +] 밑에 붙들어 매다, 박다, 매달다, 못박다; 붙이다, 달다, 장식하다: ~ *alqm* cruci*(C.),* in cruce*(H.)* 아무를 십자가에 매달다.

suffímen, mĭnis, [**–méntum,** i,] *n.* [súffio] 연기(煙氣), 분향, 훈증요법(燻蒸療法), 정화(淨化). 「쐬다.

suffiménto, áre, *tr.* 훈증요법을 쓰다, 김을

súffio, ívi[ĭi], ítum, íre, *tr.* [sub + *inusit.* fio, fire] **1.** 연기내다, 향내나게 하다, 냄새피우기 위하여 태우다; 향을 피워 연기를 쏘이다. **2.** 덥히다, 태우다. **3.** *intr.* 증기[연기] 쐬다.

suffíscus, i, *m.* 가죽지갑[주머니].

suffítĭo, ónis, *f.* [súffio] 연기를 쏘여 그을림, 연기냄, 훈증(燻蒸).

suffítor, óris, *m.* [súffio] 연기[향기] 피우는 사람, 훈증기술자. 「훈증(燻蒸); 향기, 내음.

suffítus, us, *m.* [súffio] 연기피움, 향피움,

sufflábĭlis, e, *adj.* [sufflo] 숨을 내쉬는, 발산하는, 증발하는, (연기 · 향을) 피우는.

sufflámen, mĭnis, *n.* 쐐기, 제동, 장애물, 방해; 사슬. 「쐐기박다.

sufflámĭno, áre, *tr.* [sufflámen] 방해하다,

sufflámmo, áre, *tr.* [sub + flammo] 불붙이다, 자극하다, 선동하다, 격려하다.

sufflátĭo, ónis, *f.* 불어 넣음(吹入), 공기넣음.
sufflatórĭum, i, *n.* [sufflo] 바람넣는 기구, 풀무.
sufflátus[1]**,** a, um, *adj.* [sufflo] 바람넣은; (교만 · 골나서) 부푼, 부은, 부풀어 오른, 과장된.
sufflátus[2]**,** us, *m.* 숨, 입김, 바람.
sufflávus, a, um, *adj.* [sub + flavus] 환한 황금색의, 누런.
sufflo, ávi, átum, áre, [sub + flo] **I.** *intr.* **1.** 숨을 내불다, 숨을 내쉬다. **2.** 부풀다. **II.** *tr.* **1.** 부풀게 하다, 불어 넣다, 불다. **2.** 불어 일으키다[넘어뜨리다] **3.** 화내다: ~ se uxóri*(Pl.)* 아내에게 화내다. 「식케 하는.
suffocábĭlis, e, *adj.* [suffóco] 숨막는, 질
suffocátĭo, ónis, *f.* [suffóco] **1.** 목조름, 숨막음, 질식, 호흡곤란, 교살. **2.** *pl.* –ónes mulíerum*(Plin.)* 여자의 급성 히스테리.
suffóco, ávi, átum, áre, *tr.* [sub + faux] 숨막다, 질식시키다, 교살하다, 목을 조르다; 꼭 졸라매다.
suffódĭo, fódi, fóssum, ĕre, *tr.* [sub + fódio] **1.** 밑을 파다, 뒤지다, 수색하다, 침식(侵蝕)하다: ~ muros*(Ta.)* 성 밑을 파다. **2.** 밑을 뚫다, 구멍을 내다, 찌르다. 「굴착.
suffóssĭo, ónis, *f.* [suffódio] 밑을 팜, 발굴,
suffóssor, óris, *m.* [suffódio] 구멍파는 자, 발굴하는 사람, 광부.
suffrænátio, ónis, *f.* = suffrenátio.
suffragánĕus, a, um, *adj.* [suffrágor] **1.** 도움을 주는, 보조역하는, 보조의. **2.** *m.* 《가》 교회 대관구에 속하는 교구장. 「suffragáneus.
súffrăgans, ántis, *p.præs.* [suffrágor] =
suffragátĭo, ónis, *f.* [suffrágor] 투표, 선거, 추천, 천거, 지지, 호의(好意).
suffragátor, óris, *m.* [–**trix,** ícis, *f.*] [suffrágor] 투표인, 천거인, 선거인, 동조인.
suffragatórĭus, a, um, *adj.* [suffrágor] 투표의, 선거의: ~ amicítia*(C.)* 투표 때의 우정 즉 일시적 우정. 「가 부러진.
suffraginátus, a, um, *adj.* [suffrágo[1]] 다리
suffraginósus, a, um, *adj.* [suffrágo[1]] 《獸醫》 (말의) 무릎염증, 골종(骨腫)에 걸린.
suffragíŏlum, i, *n. dim.* [suffrágium] 투표.
suffrágĭum, i, *n.* [suffrágor] **1.** 투표에 쓰던 사금파리, 투표, 선거, 추천, 선거권: ~ ferre *(C.)* 투표하다 / in ~ míttere*(L.)* 투표에 붙이다 / ~ testárum*(N.)* 희랍에서 참주(僭主)의 출현을 막기 위하여 도편(陶片)에 위험인물의 이름을 써서 투표하여 추방하던 제도. **2.** 동의, 찬성. **3.** 《가》 (성인들의) 대도(代禱), 전구(傳求).
suffrágo[1]**,** gĭnis, *f.* [sub + frango] **1.** 오금(무릎의 뒷부분), 허벅지. **2.** 포도의 휘문이.
suffrágo[2]**,** ávi, áre, *intr.* 찬동투표하다; 성공하다.
suffrágor, átus sum, ári, *dep. intr.* [suffrágium] **1.** 찬성투표하다, 천거하다, 선거하다, 추천하다. **2.** [*dat.*] 지지하다, 찬성하다, 돕다: ~ legi*(C.)* 법률에 찬성하다 / fortúna suffragánte*(C.)* 운명이 도와서. **3.** 성공하다. 「꽉 잡아맴.
suffrenátĭo, ónis, *f.* [sub + fréno] 재갈물림,
suffréndens, éntis, *adj.* [sub + frendo] 이를 약간 가는, 치를 떠는. 「다.
súffrĭco, áre, *tr.* 조금 마찰하다, 약간 문지르
suffrígĭdus, a, um, *adj.* [sub + frígidus] 약간 찬, 냉담한, 좀 약한, 무미의.
suffríngo, frégi, fráctum, ĕre, *tr.* [sub + frango] [*alci alqd*] 밑을 부수다: ~ *alci* crura*(Aur. Vict.)* 아무의 다리를 꺾다.
suffúgĭo, fúgi, fúgĭtum, ĕre, [sub + fúgio] **1.** *intr.* 밑에[속에] 숨다. **2.** *tr.* 도망하다, 피하다.
suffúgĭum, i, *n.* [suffúgio] **1.** 피난처: ~ imbris*(Plin.)* 비를 피하는 곳 / ~ híemi *(Ta.)* 겨울철 피난처. **2.** 원천. **3.** 올라감.
suffúlcĭo, fúlsi, fúltum, íre, *tr.* 괴다, 받치다, 지탱하다, 유지하다; 지지하다.
suffúlgĕo, ére, *intr.* 아래가 빛나다.
suffúltor, óris, *m.* [suffúlcio] 지지, 지탱.
suffultúra, æ, *f.* [suffúlcio] 지주(支柱), 받침. 「냄, 증기.
suffumigátĭo, ónis, *f.* [sub + fúmigo] 연기
suffumigatórius, a, um, *adj.* [suffúmigo] 훈제에 쓰이는. 「증기에 쏘이다.
suffúmĭgo, áre, *tr.* [sub +] 연기 피우다,
suffúmo, áre, *intr.* [sub + fumo] 조금 연기나다.
suffúndo[1]**,** fúdi, fúsum, ĕre, *tr.* [sub + fundo[2]] **1.** 물붓다, 아래로 붓다, 쏟다, 흩다: Aqua suffúnditur.*(Sen.)* 물이 쏟아져 내리다. **2.** 적시다, 범람하다. **3.** 부어서 섞다. **4.** 스며들다, 침투하다, 차다: ánimus nulla malevoléntia suffúsus*(C.)* 악의가 전혀 없는.
suffúndo[2]**,** áre, *tr.* [sub + fundo[1]] 기초놓다.
suffúror, áris, ári, *dep. tr.* [sub + furor[1]] 훔치다.
suffúsculus, a, um, *adj.* [suffúscus] 갈색띤.
suffúscus, a, um, *adj.* [sub + fuscus] 갈색의.
suffúsĭo, ónis, *f.* [suffúndo[1]] **1.** 부음(注). **2.** 부끄러움, 얼굴 붉힘. **3.** 흘러나옴, 터져나옴, 일혈(溢血): ~ fellis 황달 / suffusiónes oculórum 백내장(白內障).
suffusórĭum, i, *n.* [suffúndo[1]] (기름을 다른 용기에 옮길 때 사용되는) 도유기(導油器), 깔때기. 「러워하는, 얼굴붉히는.
suffúsus, a, um, *p.p., a.p.* [suffúndo[1]] 부끄
Sugámb... *V.* Sigámb..., Sicámb....
Sugdiáni, órum, *m.pl.* = Sogdiáni.
súggĕra, æ, *f.* [suggero] 선서함.
suggerénda, æ, *f.* 암시, 충언.
súggĕro, géssi, géstum, ĕre, *tr.* [sub + gero[1]] **1.** 밑에 두다, 밑으로 가지고 가다; (불을) 지피다, 불붙이다. **2.** 쌓아 올리다, 올려쌓

다. **3.** 공급하다, 가져가주다, 마련해주다: ~ cibum *alci(V.)* 먹을 것을 대주다. **4.** 나게하다, 생산하다: aliménta tellus súggerit*(Ov.)* 땅이 식량을 생산하다. **5. 암시하다, 권유하다,** 생각을 불어넣다. **6.** 보충하다, 메우다, 채우다. **7.** 잇게하다, 계승시키다. **8.** (왕에게) 보고하다, 설명하다. **9.** 몰래 집어넣다, 속여 넘기다.

suggéstĭo, ónis, *f.* [súggero] **1.** 암시, 충고, 의견제시, 고취. **2.** 《修》 예격법(豫擊法), 예박논법(豫駁論法, 자문자답). **3.** 단계적 추가.

suggéstor, óris, *m.* [súggero] 공급자, 조언자, 암시자.

suggéstum, i, *n.* [súggero] **1.** 높은 곳, 높은 자리, 연단. **2.** 재판관석, 망대(望臺).

suggéstus, us, *m.* [súggero] **1.** 토대 구축, 축적, 높임. **2.** 머리의 상부, 둥글게 틀어올린 머리. **3.** 연단, 단. **4.** 재판관석, 높은 자리. **5.** 공적 행사 준비, 준비작업. **6.** 조언, 충고, 암시.

suggill... *V.* sugill...

sugglútio, íre, *intr.* [sub + glúttio] 딸꾹질하다.

suggrándis, e, *adj.* [sub + grandis] 약간 큰.

suggrédĭor, (dĕris), gréssus sum, di, *dep.* [sub + grádior] **1.** *intr.* 몰래 들어가다[오다]. **2.** *tr.* 공격하다.

suggrúnda, æ, *f.* [**–dátĭo,** ónis, *f.;* **–dĭum,** i, *n.*] [sub + grunda] 차양(遮陽), (담의) 갓돌, (헛간의) 물림지붕.

suggrundárium, i, *n.* [suggrúnda] 생후 40일 전에 죽은 어린이의 무덤.

suggrúnnĭo, íre, *intr.* [sub + grúnnio] 꿀꿀거리다(돼지).

sugillátĭo, ónis, *f.* [sugíllo] **1.** 타박상, 멍, 반점, 치명상. **2.** 오점, 불명예, 치욕, 능욕. **3.** 멸시, 경멸, 조소.

sugillatiúncŭla, æ, *f.* [sugillátio] 경미한 타박상, 가벼운 조소.

sugíllo[–gĭlo], ávi, átum, áre, *tr.* **1.** 타박상을 입히다, 상처내다, 멍들게하다. **2.** 치욕을 주다, 명예훼손하다. **3.** 교사하다, 암시하다.

sūgo, sūxi, sūctum, ĕre, *tr.* 빨다, 흡인하다, 끝까지 빨아먹다.

sui¹, órum, *m.pl.* [suus] 자기 사람들[편], 자기 부하 · 가족 · 친구; 자기 나라 사람들.

sŭi² *(gen.),* 〔*dat.* sĭbi; *acc., abl.* se,〕 *sg.* et *pl. pron. reflex.* **1.** 〔재귀적 용법〕 자기의, 자기에게, 자기를, 자기로: Príncipes sui conservándi causā profugérunt.*(C.)* 높은 사람들은 자기가 살아야겠다는 이유로 도망갔다 / inter se 서로, 자기네끼리 / secum 자기와 함께 / per se 자동적으로 / Ipse se quísque díligit.*(C.)* 각자 자기를 사랑한다. **2.** 〔sibi의 허사적(虛辭的) 용법〕 Quid sibi vult pater? 아버지가 원하는 것이 무엇인가? / 〔suus로 강세됨〕 Sibi cuíque cárior sua rátio.*(C.)* 저마다 자기 이유가 더 좋다. **3.** Ad se, apud se 자기 집에, 자기한테 / esse apud se 제 정신으로 있다, 정상적이다.

sui³, *pf.* [suo].

suicídĭum, i, *n.* [sui² + cædo] 자살.

súĭdus = sudus.

suífico, áre, *tr.* [sui + fácio] 자기 것으로 만들다.

suíle, is, *n.* [sus¹] 돼지 우리.

suílla, æ, *f.* [suíllus] (*sc.* caro²) 돼지고기.

suillínus, a, um, *adj.* [suíllus] 돼지의.

suíllus[suínus], a, um, *adj.* [sus¹] 돼지의, 돼지고기의.

Suíones, um, 〔*acc.* Suíonas,〕 *m.pl. Scandinávia*의 고대 *Germánia*족의 총칭(현재 스웨덴인).

suipássĭo, ónis, *f.* 《文法》 상호작용.

suipássus, a, um, *adj.* 상호의, 재귀의.

suis, súeris, *m. f.* = sus¹.

sulcábĭlis, e, *adj.* [sulco] 밭갈이 할만한.

sulcafícus, a, um, *adj.* = sulcus¹.

sulcámen, mĭnis, *n.* [sulco] 밭고랑.

sulcátor, óris, *m.* [sulco] **1.** 밭고랑 파는자, 밭 가는자. **2.** …을 가르며 달리는 것(강, 새).

sulcatórĭa, æ, *f.* [sulcátor] 수송선.

Sulci, órum, *m.pl. Sardínia* 남부해안의 옛 항구(지금의 *Golfo di Palmas*); 〔*adj.*〕 **–cénsis,** e; **–citánus,** a, um; 〔*subst.*〕 **–citáni,** órum, *m.pl.* 그곳 주민.

sulco, ávi, átum, áre, *tr.* [sulcus²] **1.** 밭갈다, 밭고랑을 치다, 경작하다. **2.** 가르다, 열다, 파다, 줄치다, 자국을 내다. **3.** 저술(著述)하다, 쓰다.

sulcus¹, a, um, *adj.* (보통 ficus sulca로 사용) 무화과의.

sulcus², i, *m.* **1.** 밭이랑, 밭고랑. **2.** 밭일: álter sulcus*(Col.)* 두벌갈이, 이듬갈이. **3.** 파헤침, 구멍냄; 구덩이, 도랑. **4.** 배 지나간 자리, 파동(波動). **5.** 벤 자리, 짼 자리, 상처. **6.** 유성의 불똥. **7.** 줄친 선, 글을 쓴 선(線). **8.** 굽이; 뱀이 기는 모양.

Sulévĭæ, árum, 〔*dat. abl.* –ábus,〕 *f.pl.* 숲의 요정.

sulfonálum, i, *n.* 《藥》 술포날(수면제, 극약).

sulfu... *V.* sulphu...

Sulla[Sylla], æ, *m. Cornélia* 씨족의 가족명; 특히 *Roma*의 독재 집정관이었던 *L. Cornélius ~ Felix*(138-78 A.C.); 〔*adj.*〕 **–lánus,** a, um; 〔*subst.*〕 **–láni,** órum, *m.pl. Sulla*의 여당[지지당].

sullatúrĭo, íre, *intr. Sulla*를 모방하려 하다, *Sulla*처럼 행동하려 하다.

Sulmo, ónis, *m.* 중부 *Itália*에 살던 *Pælígni* 인들의 도시, 시인 *Ovídius*의 출생지(지금의 *Sulmona*); 〔*adj.*〕 **–monénsis,** e; 〔*subst.*〕 *m.pl.* 그곳 주민.

sulphur[–pur], ŭris[ŏris], *n.* (sulfur의 바른 철자) 유황, 화약; 벼락; *pl.* súlfura viva *(V.),* vivéntia*(Calp.)* 성냥.

súlphŭrans, ántis, *adj.* [sulphur] 유황을 포함한, 유황질의.

sulphurárĭa, æ, *f.* 유황광산.

sulphuráta, órum, *n.pl.* [sulphurátus] **1.** 유황칠한 실, 성냥. **2.** 유황광맥.

sulphurátĭo, ónis, *f.* [sulphur] 유황광맥,

유황, 성냥. 《化》 유화(硫化).
sulphurátus, a, um, *adj.* [sulphur] 유황을 칠한, 유황을 포함한, 유황질의.
sulphúrĕus, a, um, *adj.* [sulphur] 유황의, 유황질의, 유황을 칠한. 「이 많은.
sulphurósus, a, um, *adj.* [sulphur] 유황
Sulpícia, æ, *f.* *Domitiánus* 황제 시대의 여류시인, 자기 남편 *Calénus*에 대한 충실성으로 유명함.
Sulpicílla, æ, *f.* *Sulpícia*를 조롱하는 말.
Sulpícĭus, i, *m.* *Roma*의 씨족명; [*adj.*] **-ciánus**[**-cĭus**], a, um.
sulpur, ŭris, *n.* = sulphur이 바른 철자.
sultánus, i, *m.* 회교국의 군주.
sultis = si vultis. *cf.* volo[2].
sum[1], fŭi, esse, *intr.* [고형: esum = sum, *fut.* escit = erit, *subj. præs.* siem = sim, *pf.* fuei = fui, fuveit = fuit, *inf.* fuise = fuisse, *part. præs.* ens] **I.** *verbum subst.* **1.** 있다, 존재하다, 살아있다: hómines qui nunc sunt *(C.)* 현재 있는 사람들 / Cógito, ergo sum. *(Descartes)* 나는 생각한다, 고로 나는 존재한다 / sunt qui, quæ …하는 사람, 것들이 있다 / sunt quibus unum opus est …*(H.)* 유일한 관심사가 …인 사람들이 있다 / …nemo (quis) est qui …*subj.*(?) …할 사람은(이) 아무도 없다(누구냐?) / res mihi est cum *alqo(C.)* 아무와 할 이야기가 있다. **2.** 일어나다, 생기다, 무슨 일이 있다: Quid est tibi? *(T.)* 무슨 일이 있느냐? **3.** 살다, 지내다, 거주하다, 머물다, …에 있다: esse Romæ*(C.)* *Roma*에 살고 있다 / esse in *alqo(Ov.)* 아무를 꼭 닮았다 / ~ cum *alqo(alqā)* 아무 집에서 지내다, 교제하다 / ~ ad, apud *alqm(C.)* 아무를 찾아가 보다, …와 함께 있다 / secum esse*(C.)* 독립생활하다 / esse in *alqo* loco *(C.)* (독서에서) 어디를 읽고 있다 / est in Originibus *c. inf.(C.)* (*Cato*의 저서) *Orígines*에 다음과 같은 것이 있다 / esse in *alqm* locum*(C.)* 어디를 향하여 가고 있다 / esse in amóre et delíciis *alci(C.)* 아무와 사랑에 빠져있다. **4.** …에 대하여 취급하고 있다: Hæc omnis, quæ est de vitā et de móribus philosophía.*(C.)* 이 철학은 모두 삶과 사는 방법에 대하여 취급하고 있다. **5.** 실질적이다, 효과적이다, 가치있다, 사실이다: Sunt ista.*(C.)* 그렇다, 사실이다 / Est, ut dicis.*(C.)* 네 말대로이다 / Sit sane ita.*(C.)* 과연 그렇다 / Esto!*(C.)* 좋다, 찬성이다. **6.** [*c.* ut *subj.*] …하는 일이 있다: Sit ut intéreant.*(Col.)* 그들을 죽여버려라 / est ut …*subj.(C.)* …하는 일이 있다, 사실은 …하다 / si est ut dicat*(T.)*, si est ut velis*(T.)* 그가 말한다면, 네가 원한다면 / Non erat ut fíeri posset, mirárer. *(Lucr.)* 내가 놀랄만한 그런 일은 일어나지 않았다. **7.** est ubi … *subj.(C.)*, est cum …, est quando …할 경우가 있다 / prope est ut, in eo res est ut …하는 일이 있다 / in eo sum ut …할 찰나에 있다 / est quod … *subj.* …하는 이유가 있다, …할 필요가 있다 / nihil (non) est quod 혹은 cur …할 이유가 없다 / quid est quod … ? …하는 이유가 무엇이냐? **8.** …편이다, …위치에 있다: Erit enim mecum, si tecum erit.*(C.)* 그가 만일 너와 자주 교제한다면 그것은 그가 내편이 되는 것이다. **9.** [in *abl.*, ex *abl.*] …으로 구성되어 있다, 골자는 …에 있다: totum in eo est ut …, (ne …) 결국은 …에 요점이 있다, …하지 않는데 있다.
II. *verbum copulatívum* **1.** …이다: Nos númerus sumus.*(H.)* 우리는 군중이다 / Ego tu sum, tu es ego: unánimi sumus. *(Pl.)* 나는 너고 너는 나다. 우리는 한 마음이다. **2.** [과거분사, -rus로 끝나는 미래분사와 함께 수동 또는 수동형적 능동의 뜻을 나타냄] : Erit actúrus.*(C.)* 그는 변론할 것이 있을 것이다. **3.** [상태부사와] Sic sum ut vides.*(Pl.)* 나는 네가 보는 바와 같이 이렇다 / Satis est.*(C.)* 넉넉하다, 만족이다. **4.** [*gen.*, *abl.*] 특성이나 성질 표시: magni judícii esse*(C.)* 판단력이 썩 좋다 / bono ánimo esse*(T.)* 용기가 있다 / ægro corpóre esse*(C.)* 병들어 있다. **5.** [*gen.*] …에 속해 있다; [totus와 혹은 totus없이] 헌신적이다, …에 애착하다, …만 생각하다: optimárum pártium esse*(N.)* 귀족 계급에 속해 있다 / me Pompéji totum esse*(C.)* 나는 전적으로 *Pompéjus*에게 헌신적이다 / Lucri totus est.*(Sen.)* 그는 돈만 생각한다 / suárum rerum esse*(L.)* 자기 이익에만 집착하다. **6.** [*gen.* – *inf.*, ut] 특성[특징]이다, 의무이다, 본성이다: Cujúsvis hóminis est erráre.*(C.)* 잘못하는 것은 사람이면 누구나가 가지는 특징이다. **7.** [*gen.*] magni, pluris, plúrimi, tanti, parvi (prétii) esse*(C.)* 값이 더 많이, 더 적게 나가다; [*abl.*] esse sestértiis duóbus*(C.)* 두 *sestértium* 어치이다. **8.** [*dat.*] 할 자격이 있다, 할 만한 사람이다; (사물) …이 될 수 있다, …에 좋다, 적합하다: *alci* patrem, matrem esse*(Pl.)* 아무에게 아버지, 어머니 될 자격이 있다 / Esui potuíque esse.*(Jct.)* 먹고 마시기에 좋다; [*gerundiv.*] solvéndo esse*(C.)* 척결할 수 있다 / Radix est vescéndo.*(Plin.)* 이 뿌리는 먹을 수 있다; [그중 *dat.*] magnæ curæ esse *alci(C.)* 아무를 극진히 보살피다 / *alci* esse prædæ, impediménto*(C.)* 아무에게 밥이 되다, 방해가 되다; [ad *acc.*] esse ad alvum crudam *(Cato)* 소화불량에 좋다, 효과있다. **9.** [*impers. c.* ut *subj.*, *inf.*] 하는 것이 가하다, 가능하나, …할 수 있다, 좋다: Scire est.*(T.)* 알 수 있다 / Quæ verbo objécta, verbo negáre sit.*(L.)* 말로 반박하는 것은 말로 부정해도 된다. **10.** id est, hoc est.*(Sall., C., Q.)* 즉, 다시 말하면.

sum² = eum(is의 고형 *gen.pl; n. sg.* id 대신).
súmbŭla, *etc.* = sýmbola, *etc.*
sumbus, i, *m.* = rhombus.
sūmen, mĭnis, *n.* [sugo] **1.** 암퇘지 젖, 젖꼭지; 그 부들기로 한 요리; 암퇘지. **2.** 토지의 비옥한 부분. 「새끼돼지.
summináta, æ, *f.* (*sc.* scrofa) [sumen] 젖먹는
suminátus, a, um, *adj.* [sumen] 암퇘지(젖)의.
summ... *V.* subm... (이하에 나오는 단어들은 그대로 summ...으로 함).
summa, æ, *f.* [summus] **1.** 가장 높은 곳, 절정, 정상, 첨단, 완전성: summam dare rei *(Q.)* 완성하다. **2.** 가장 중요한 부분, 결정적 부분, **요점**: ~ est, si …*(C.)* 요는 …하는 것이다. **3.** 전체, 총체: ~ pópuli*(C.)* 국민전체 / summa summárum*(Lucr.)* 대전(大全) / Hæc ~ est.*(V.)* 이것이 나의 마지막 말이다. **4. 총합, 합계,** 총액수 : summam subdúcere, fácere*(C.)* 총액을 계산하다 / actor summárum*(Suet.)* 회계원, 관리인. **5.** ad summam, in summā*(C.)*, in omni summā*(C.)* 요컨대, 전체로, 결국, 한마디로, 요약하면 / quacúmque summā*(Phædr.)* 어떤 값을 치르더라도, 기어코. **6.** 국가, 최고권: summæ impérii præésse*(N.)* 최고 통치권을 가지다 / ~ rerum 혹 ómnium rerum*(C.)* 최고 통치권 / ~ rei públicæ*(C.)* 국사, 국정 / ad summam nihil profícere*(C.)*, nihil in summam profícere*(Ta.)* 국가 전체에 아무 도움도 되지 않다.
summagíster, tri, *m.* [sub +] **1.** 조교사(助教師) **2.** 차장(次長). 「[*adv.*] **–lĭter.**
summális, e, *adj.* [summa] 전체의, 온전한;
Summanálĭa, ĭum, *n.pl.* *Summánus* 신에게 바치는 동그란 과자. 「세계의 하급 신들.
Summánes, ĭum, *m.pl.* [sub + manes] 지하
summáno, áre, [sub + mano] **1.** *intr.* 밑에[곁에] 흐르다. **2.** *tr.* 슬쩍 훔치다, 슬쩍 자기 주머니 속에 넣다.
Summánus, i, *m.* 밤의 암흑과 빛을 다스리는 *Roma*의 신, 밤이슬의 신.
summárĭe, *adv.* 요컨대, 포괄적으로, 통틀어.
summárĭum, i, *n.* [summa] 개요, 대요(大要); 총액; 목록.
summárĭus¹, a, um, *adj.* [summa] 포괄적, 개요의, 간결한.
summárĭus², i, *m.* 짐 나르는 짐승.
summas, átis, *adj. comm.* [summa] 귀족 출신의, 귀족의, 양반의, 지위 높은; *m.pl.* **–mátes,** um, 귀족, 양반, 세력가.
summátim, *adv.* [summa] **1.** 표면적으로, 피상적으로, 대충. **2.** 통틀어서, 간단히, 요컨대.
summátus, us, *m.* [summus] 최상권, 지상권(至上權). 「각별히.
summe, *adv.* [summus] 최상으로, 지극히,
súmmĭtas, átis, *f.* [summus] 꼭대기, 정상, 절정, 첨단; 표면.
súmmiter, *adv.* 높은데에서, 위에서.
summo, áre, *tr.* [summus] 요약하다.
Summœ́nĭum, ii, *n.* [sub + mœ́nia] 로마의 뒷성(後城, 사창가로 유명함); *adj.* **–niánus,** a, um: ~ uxóres*(Mart.)* 창녀.
summópĕre, *adv.* [summo + opus¹] 극히 힘써서, 극진한 마음으로.
summótĕnus, *adv.* 꼭대기까지.
súmmŭla, æ, *f. dim.* [summa] 적은 액수, 소액(少額), 개요(概要). 「(約數)의.
summúltiplex, plĭcis, *adj.* [sub +] 약수
summultiplícitas, átis, *f.* [summúltiplex] 약수.
summum, i, *n.* [summus] **1.** 꼭대기, 정상, 절정, 첨단, 가장 높거나 완전한 점, 표면 : accúmbere in summo*(Pl.)* 식탁에서 첫자리를 차지하다. **2.** (시간, 연속의) 끝, 마지막 : summo*(Q.)* 맨 끝에. **3.** *pl.* 지상권(至上權), 지휘권. **4.** *adv.* **summum,** 마지막으로, 끝으로, 기껏해야.
summus, a, um, *adj. superl.* [súperus] **1.** 가장 높은, 꼭대기의, 정상의, 첨단의, 극단의, 표면의: ~ mons*(Cæs.)* 산 꼭대기 / aqua summa*(C.)* 수면(水面) / summa voce*(C.)* 고음으로. **2.** 한 (여름, 겨울): híeme summa*(C.)* 한 겨울에. **3.** (지위, 계급) 가장 높은. **4.** 중대한, 가장 큰, 지대한: summo jure*(C.)* 준엄한 법으로. **5.** (시간, 연속의) 끝의, 마지막의, 운명을 좌우하는, 결정적인. **6.** 옹근, 전(全): ~ res*(Cod. Theod.)* 전체.
summússus, a, um, *adj.* [sub + musso] 얕은 소리로 말하는, 입속말하는.
sūmo, sumpsi, sumptum, ĕre, *tr.* [sub + emo] **1. 잡다,** 가지다, **취(取)하다,** 들다, 차지하다, 먹다, 싸다: ~ vas in manus*(C.)* 손에 그릇을 들다 / ~ supplícium de *alqo(C.)*, pœnam ex *alqo(V.)* 아무에게 형벌을 가하다 / ~ spátium ad cogitándum*(C.)* 생각할 여유를 가지다. **2.** 표를 사다: ~ navem *alqo(C.)* 어디에 가려고 배표를 사다 / ~ parvo*(H.)* 싸게 사다. **3.** …으로 뽑다, 택하다, 삼다: ~ Miltíadem sibi imperatórem.*(N.)* *Miltíades*를 사령관으로 삼다. **4.** …에 힘쓰다, 맡다, 담당하다, 기획하다: ~ bellum*(Sall.)* 싸우다. **5.** 인용하다. **6.** 제 것으로 삼다, 가로채다, … 체하다, …한 태도를 취하다. **7.** 원칙으로 삼다, 인정하다, 전제하다: beátos esse deos sumpsísti*(C.)* 너는 신들이 행복하다고 생각했다 / ~ *alqd* pro certo*(C.)* 무엇을 확실한 것으로 인정하다. **8. 소비하다,** (힘, 노력) 쓰다: ~ óperam frustra *(T.)* 헛수고하다. **9.** 계산하다.
súmptĭo, ónis, *f.* [sumo] **1.** 가짐, 받음, 취함, 훔침. **2.** 삼단논법의 소전제. **3.** 용량, 크기.
súmptĭto, ávi, áre, *tr. freq.* [sumo] 많이[자주] 취하다, 자주 가지다, 사용하다.
sumptuárĭus, a, um, *adj.* [sumptus] 비

용의, 소비의; *m.* 경리계원, 회계원.
sumptuátus, a, um, *adj.* [sumptus] 비용을 감당한, 소비된. 「삼단논법의 소전제.
sumptum, i, *n.* [sumo] **1.** = sumptus. **2.**
sumptuóse, *adv.* [sumptuósus] 허비하여, 사치하게, 호화롭게. 「치, 호화.
sumptuósĭtas, átis, *f.* [sumptuósus] 사
sumptuósus, a, um, *adj.* [sumptus] **1.** 돈 많이 드는, 호화로운, 사치(奢侈)스러운: ludi sumptuosióres*(C.)* 경비많이 드는 경기. **2.** 낭비의, 헤픈.
sumptus, us[i], *m.* [sumo] **1.** 가짐, 취함. **2.** 비용, 소비: suo ~ equitátum álere*(Cæs.)* 자기 비용으로 기병대를 기르다. **3.** 허비, 낭비.
sumt... *V.* sumpt...
Sunamítis, tĭdis, *f.* 수넴여자*(III Reg. 2,17; IV Reg. 8,1)*.
Sunam, *indecl.* 히브리명 Shunem, *(Vulg.)* Sunem*(Jos. 19,18)*, 헤르몬산 비탈에 위치한 옛도시: 수넴(오늘의 *Sulem*).
súngrăphus, i, = sýngraphus.
Súnĭum[-on], i, *n. Attĭca*의 갑각(岬角)과 도시(지금의 *Cape Callona*, 여기에 *Minérva* 신전이 있었다).
sunto, *imper. 3 pl.* [sum[1]].
suntonátor = syntonátor
sŭo, sŭi, sūtum, ĕre, *tr.* **1.** 바느질하다, 깁다, 꼬매다, 기우다, 붙이다: ǽrea suta*(V.)* 청동쇠미늘 갑옷. **2.** 준비하다: ~ *alqd* suo cápite *(T.)* 재앙을 자초하다. 「-met, -pte.
suómet, suópte = suo[suus]의 힘줌말. *cf.*
suovetaurílĭa[suovi-], ĭum, *n.pl.* [sus[1] + ovis + taurus[1]] 돼지, 양, 소를 바치는 제사.
supellecticárĭus, i, *m.* [supéllex] 가구 담당관.
supéllex[-léctĭlis], léctĭlis, *f.* [super + lego[2]] **1.** 가구, 기구, 집기, 도구, 용구. **2.** 비품, 설비, 시설; 재료.
sŭper[1], *adv.* **1.** 위에, 위로, 그 이상으로. **2.** 더욱, 너무: satis supérque vixísse*(C.)* 넉넉히 그리고 너무 살았다. **3.** 그 외에: ~ quam *quod(L.)* …하는 것 외에. **4.** 그 이상: nihil erat super*(N.)* 그 이상 아무것도 없었다.
super[2], *præp.* (*acc., abl.*) **1.** 위에, … 너머로: ~ áspidem assidére*(C.)* 뱀 위에 올라 앉다 / fronde super víridi*(V.)* 나뭇잎 침대 위에. **2.** 동안에, 중에: ~ cenam*(Curt.)* 식사 중에 / nocte super média*(V.)* 한밤중에 **3.** (수, 양) 그 외에, 또 그 위에, 그밖에: vulnus ~ vulnus*(L.)* 상처에 상처(를 받고 또 받다) / álii ~ álios*(L.)* 사람 위에 사람들이 겹쳐서(넘어지다) / ~ modum*(Q.)* 도를 넘어서 / ~ hæc, id, ea, ista, illa*(L.)* 그밖에 또 / ~ his*(H.)* 이것[재산] 외에. **4.** (계급, 지위) … 위에, 우위에, 보다더, 출중하게: ~ ómnia *(Ov.)* 모든 것 위에 / ~ fortúnam ánimum gérere*(Sall.)* 자기 처지보다 더 큰 야심을 품다 / pósitus ~ armamentárium*(Curt.)* 병기창 감독관. **5.** (*abl.*만) …에 대하여, 관하여: hac ~ re*(C.)* 이 일에 관하여.
super[3]-, (위, 최고)의 뜻을 지닌 접두사.
super[4], a, um, *adj.* = súperus.
súpĕra, *adv.* = supra.
superábĭlis, e, *adj.* [súpero] **1.** 넘을 수 있는, 돌파할 만한. **2.** 이겨낼 수 있는, 이길 만한, 극복할 수 있는.
superáblŭo, ĕre, *tr.* 표면을 씻다.
superabúndans, ántis, *adj.* [superabúndo] 매우 풍성한, 넘치는; *adv.* **-ánter.**
superabundántĭa, æ, *f.* 매우 풍성함, 충일, 잉여(剩餘). 「충만하다, 넘치다.
superabúndo, ávi, áre, *intr.* 매우 풍성하다,
superaccípĭo, ĕre, *tr.* 덤으로 얻다, 엎친데 덮치기로 받다. 「이다, 맞추다, 잘 맞게 하다.
superaccómmŏdo, ávi, áre, *tr.* 위에 덧붙
superacérvo, áre, *tr.* 덧쌓다, 쌓다, 쌓아 올리다. 「올린, 높인.
superáctus, a, um, *adj.* [super + ago] 쌓아
superáddo, dĭdi, dĭtum, ĕre, *tr.* 더하다, 첨가하다, 덧붙이다. 「이다.
superadhíbĕo, ére, *tr.* 위에 맞추다, 덧붙
superadjéctio, ónis, *f.* 첨가, 덧붙임.
superadjícĭo[-dícĭo], adjéci, ĕre, *tr.* [super + adjício] 덧붙이다, 가하다. 「하다.
superádjŭvo, áre, *tr.* 할 수 있는 대로 강화
superadmíror, ári, *dep. tr.* 크게 경탄하다.
superadnécto, néxŭi, ĕre, *tr.* 덧붙여 연결하다.
superadornátus, a, um, *adj.* [super + adórno] 장식을 붙인, 겉을 장식한. 「년한.
superadúltus, a, um, *adj.* 혼기에 달한, 과
superædificátĭo, ónis, *f.* 위에 덧붙여 건축함. 「올린 건물.
superædifícĭum, i, *n.* 상부건축, 덧붙여
superædífico, ávi, átum, áre, *tr.* 위에 건축하다, 덧붙여 짓다.
superáffluo, is, ĕre, *intr.* 넘쳐흐르다.
superággĕro, áre, *tr.* 겹쌓다, 쌓다, 메우다.
superállĭgo, áre, *tr.* 위를 매다. 「걷다].
superámbŭlo, áre, *tr.* 위를 다니다[밟다,
superaméntum, i, *n.* [súpero] 나머지, 잉여.
supĕrans, ántis, *p.præs., a.p.* [súpero] **1.** 출중한, 높이 솟은, 초과하는, 초월하는. **2.** 자라는, 웃자라는. 「우월함.
superántĭa, æ, *f.* [súpero] 초과, 나음(勝),
superappárĕo, ére, *intr.* 위에 나타나다.
superapparítĭo, ónis, *f.* 위에 나타남.
superappóno, (pósŭi), pósĭtum, ĕre, *tr.* 위에 두다.
superarguméntor, ári, *dep. intr.* …에 근거를 두고 논증하다, 그밖의 논증을 대다.
superárĭus, a, um, *adj.* [súperus] 위의.
superascéndo, ĕre, *tr.* 추월하다, 뛰어넘다.

superaspérgo[**-adspérgo**], ĕre, *tr.* 위에 뿌리다.

superásto[**-ádsto**], áre, *intr.* 위에 있다 「[서다].

superátĭo, óris, *f.* 초과, 초극, 이겨냄.

superátor, óris, *m.* [**-trix,** ícis, *f.*] [súpero] 정복자.

superáttrăho[**-adtra-**], ĕre, *tr.* 위로 끌 「다, 끌어 올리다.

superaugméntum, i, *n.* 웃자람, 추가, 삽입, 성장(成長).

superaurátus, a, um, *adj.* 금을 입힌.

supérbĭa, æ, *f.* [supérbus[1]] **1.** 뛰어남, 탁월함. **2. 교만**, 오만, 잠월(僭越). **3.** 자존심, 고상함. **4.** 미모, 우아함. **5.** 광채: ~ candóris *(Vitr.)* 백색의 광채.

supérbĭbo, ĕre, *intr.* 후에 마시다, 거듭마시 「다.

superbifícus, a, um, *adj.* [supérbus[1] + fácio] 자랑스럽게 만드는, 교만하게 만드는.

superbiloquéntĭa, æ, *f.* [supérbus[1] + loquor] 교만한 말, 큰소리침.

supérbĭo, íre, *intr.* [supérbus[1]] **1.** (*alqa re,* quod, *inf.*) 교만하다, 오만하다: ~ avi nómine*(Ov.)* 할아버지 명성을 가지고 자기 자랑을 하다. **2.** (advérsus, de) 자랑하다, 자부심을 갖다: ~ advérsus dóminos, de vita*(Aug.)* 상전에 대하여 자랑하다, 자기 생활에 대하여 ~. **3.** 출중하다, 뛰어나다, 돋보이다.

superbipártĭens[**-bitértius**], éntis[a, um,] *adj.* [super + bis + pártior] 1과 3분의 2의: 3분의 2수의: 5/3, 10/6, 15/9 등.

supérbĭter, *adv.* [supérbus[1]] 교만하게, 교오하게.

superbúllĭo, íre, *intr.* 세차게 끓다.

supérbus[1], a, um, *adj.* [super] (in *abl.*) **1.** 뛰어나는, 특출한. **2. 교만한**, 건방진, 오만한. **3.** 자부심 있는, 자랑스러운. **4.** 어려운, 미묘한, 까다로운, 엄격한. **5.** 훌륭한, 지위높은. **6.** 상품(上品)의, 탁월한, 고상한, 빛나는. **7.** *adv.* **-be,** 교만하게, 훌륭하게.

Supérbus[2], i, *m.* *Roma*의 마지막 왕, *Tarquínus*의 별명.

supércădo, cécĭdi, ĕre, *intr.* 위에 떨어지다: supercadéntes aquæ*(Cæl. Aur.)* 샤워.

supercæléstis, e, *adj.* 하늘 위에 있는.

supercálco, áre, *tr.* 짓밟다, 위로 걸어가다.

supércano, ĕre = supércino.

supércedo, cessi, ĕre, *tr.* 추월하다.

supercérto, áre, *intr.* …를 위해 싸우다.

superciliósus, a, um, *adj.* [supercílium] 엄격한, 딱딱한, 무뚝뚝한, 찌푸린; 도도한.

supercílĭum, i, *n.* [super + cílium] **1.** 눈썹, 윗눈썹, 눈두덩. **2.** 엄격, 자부심; 거만, 자만. **3.** 찡그린 얼굴, 침통한 모습. **4.** 돌출부, 꼭대기; 언덕, 원형돌기, 젖꼭지. **5.** 《建》 상인방(上引枋).

supercíngo, ĕre, *tr.* 위를 덮다.

supércĭno, ĕre, *intr.* [super + cano] 뒤따라 노래하다, 거듭 노래하다.

superclaúdo, ĕre, *tr.* 뚜껑을 닫다.

supercómĕdo, ĕre, *tr.* …외에 또먹다.

supercóntĕgo, téxi, ĕre, *tr.* 위를 덮다.

supercórrĭgo, ĕre, *tr.* 덧고치다.

supercorúsco, áre, *intr.* 굉장히 빛나다.

supercreátus, a, um, *adj.* 덤으로 만들어진, 위에 덧붙여진.

supercrésco, crévi, ĕre, **1.** *intr.* (*dat.*) 웃자라다, 덧붙다, 지나치다. **2.** *tr.* 앞지르다, 넘다, 추월하다.

supércŭbo, ávi, áre, *intr.* 위에 눕다.

supercúmbo, ĕre, *intr.* 위에서 자다. 「하다.

supercúro, áre, *tr.* 돌보다, 간호하다. 치료

supercúrro, ĕre, *intr.* 앞서뛰다, 앞지르다, 추월하다, 지나가다, 넘다, 낫다(勝).

superdélĭgo, áre, *tr.* 위를 매다.

superdestíllo, áre, *tr.* 방울방울 떨어뜨리다.

superdíco, ĕre, *tr.* 부언(附言)하다, 첨언하다, 덧붙여 말하다.

superdimídĭus, a, um, *adj.* 반 만큼 더 많은, 2분의 3되는, 2대 3의.

supérdo, dătum, ăre, *tr.* 위에 붙이다, 덧붙이다, 부가(附加)하다.

superdólĕo, ére, *intr.* 몹시 고통받다.

superdúco, dúxi, dúctum, ĕre, *tr.* **1.** 위에 놓다, 덧붙이다, 위로 끌다, 지나치다. **2.** 초과하다, 수를 넘다.

superdúctĭo, ónis, *f.* 덧붙여 쓴 것, 가중.

superebúllio, íre, *intr.* = superbúllio.

supéredo, édi, ĕre, *tr.* 뒤[후]에 먹다.

superéffĕro, (fers), férre, *tr.* 드높이다, 들어올리다.

supereffícĭo, cĕre, **1.** *intr.* 가득차다, 넘치다. **2.** *tr.* 가득채우다.

superéfflŭo, ĕre, *intr.* 넘치다, 풍부하다, 「우월하다.

supereffúlgĕo, ére, *intr.* 매우 반짝이다.

supereffúndo, ĕre, *tr., intr.* 위에서 붓다; 퍼지다.

superegrédĭor(**dĕris**), égrĕdi, *dep. intr., tr.* 이기다, 우월하다, 지나치다.

superelatívus, a, um, *adj.* [superéffero] 높이는.

superélĕvo, áre, *tr.* 위로 올리다, 높이다.

superémĭco, áre, *intr.* 위로 뛰어 오르다.

superéminens, éntis, *p.præs., a.p.* [supereminéo] 뛰어나는, 탁월한, 우수한, 초월한, 절묘한.

supereminéntĭa, æ, *f.* [supereminéo] 「높임(음), 위대함, 탁월함, 우월.

supereminĕo, ére, **1.** *tr.* 위로 솟다, 솟아오르다; 굽어보다, 초월하다, 능가하다. **2.** *intr.* 높이 있다, 표면에 드러나다.

superemórĭor, (rĕris), mŏri, *dep. intr.* [+ emórior] 위에서 죽다.

superénăto, áre, *tr.* 위에 떠 있다, 떠 오르다.

supérĕo, (is), íre, *tr.* 위로 지나가다, 뛰어넘다, 건너다, 넘어가다.

superéquĭto, áre, *intr.* 화내다, 격분하다.

supererogátĭo, ónis, *f.* [superérogo] 넘치게 줌, 의무 이상의 선행. 「[갚다].

superérŏgo, ávi, áre, *tr.* 가외로 지불하다

supérescit, [supérsum] = supérerit(supersum의 미래)의 고형.

superévŏlo, áre, *tr.* 날아 넘어가다.

superexáctĭo, ónis, *f.* [superéxigo] 부당요구, 과당징수(過當徵收).

superexálto, (ávi), átum, áre, **1.** *tr.* 위로 올리다, 드높이다, 몹시 찬양하다. **2.** *intr.* 더 낫다, 더 높아지다.

superexcédo, ĕre, *tr.* 능가하다, 초월하다.

superexcéllens, éntis, *adj.* 우월한, 더 높은, 위에 솟아 있는.

superexcrésco, ĕre, *intr.* 웃자라다.

superexcúrro, ĕre, *intr.* 넘다, 넘치다, 넘어가다, 앞지르다. 「위로 퍼지다, 나아가다.

superéxĕo, (is), íre, *intr.* …까지 이르다,

superexháustus, a, um, *adj.* [super + exháurio] 다 파낸, 기진한, 아주 빈.

superéxĭgo, ĕre, *tr.* 과하게[더] 요구하다.

superexsísto, ĕre, *intr.* 영속(永續)하다,

superéxsto, áre, *intr.* 살아남다. ⌊오래가다.

superexsúlto, áre, *intr.* 몹시 기뻐하다, 기뻐어쩔줄을 모르다. 「*intr.* 몹시 넓게 퍼지다.

superexténdo, ĕre, **1.** *tr.* 위에 펴다, **2.**

superextóllo, ĕre, *tr.* 높이 찬양하다, 위로 올리다, 드높이다.

superfecundátio, ónis, *f.* 《醫》 동기복임(同氣複妊), 과다임신(過多妊娠), 복수태(複受胎).

supérfĕro, (fers), tŭli, látum, férre, *tr.* **1.** 공중에 올리다, 넘기다, 위로 가져가다, 뛰어넘게 하다, 드러나게 하다; 〔*pass.*〕 **superférri,** 위에 떠오르다, 오르다. **2.** 기한을 넘기다, 뒤로 미루다. **3.** 최상으로 올리다, 최상급으로 하다.

superféto, áre, *intr.* 다시 임신하다.

superficiális, e, *adj.* [superfícies] 표면적, 피상적, 면적(面積)의, 부정확한.

superficiárĭus, a, um, *adj.* [superfícies] 남의 땅위에 있는 (건물), 용익권(用益權)만이 있는; *m.* 용익권자.

superfícĭens, éntis, *adj.* [super + fácio] 남는, 남아 돌아가는, 잉여의.

superfícĭes, éi, *f.* [**–cĭum,** i, *n.*] [super + fácies] **1.** 윗부분, 겉, 표면, 외면, 외부, 외관, 허울. **2.** (남의 땅위에 있는) 집, 나무, 과수 등의 소유권, 지상권. **3.** 《數》 면적, 면(面). **4.** (뱀의) 허물[껍데기].

superfígo, fíxum, ĕre, *tr.* 위에 묶다, 매다, 위에 붙이다, 위에 박다.

superfío, fĭĕri, *intr.* 남다(餘). 「묶인.

superfíxus, a, um, *p.p.* [superfígo] 위에

superfléxus, a, um, *adj.* [super + flecto] 위로 기운, 접힌, 위로 굽은. 「붙이로 피다.

superflorésco, ĕre, *intr.* 다시 꽃피다, 덧

supérflŭens, éntis, *p.præs., a.p.* [supérfluo²] 넘치는, 과다한, 무익한; 사치스러운.

superflúĭtas, átis, *f.* [supérfluus] 과다, 과잉; 여분, 쓸데 없음, 없어도 될 것.

supérflŭo¹, *adv.* 과도하게, 쓸데없이.

supérflŭo², flúxi, ĕre, *intr.* **1.** 위로 흐르다, 넘치다. **2.** 〔*abl.*〕 너무 많다, 쓸데없이 많다; 굉장이 많다, 풍부하다. **3.** 새어나가다: ~ aures*(Q.)* 들리지 않다.

supérflŭus, a, um, *adj.* [supérfluo²] 여분의, 남는, 너무 많은, 충만한, 넘치는, 쓸데없이 많은; *adv.* **–ŭe**; *n.* 여분, 나머지; *n.pl.* 부스러기, 똥, 배설물. 「끼얹다.

superfœ́do, áre, *tr.* 위를 더럽히다, 오물을

superfœ́to, áre, *intr.* = superféto.

superforánĕus, a, um, *adj.* [super + forum²] 무위(無爲)의, 할일없는, 쓸데없는, 여가의. 「pérsum.

supérfŏre = superfutúrum esse, *V.* su-

supérfŏro, áre, *tr.* 위에 구멍뚫다.

superfrútĭco, áre, *intr.* 웃자라다, 위로 번식하다. 「도망가다.

superfúgĭo, ĕre, *tr.* 넘어서 도망가다, 위로

superfúlgĕo, ére, *intr.* 위에서 빛나다.

superfúndo, fúdi, fúsum, ĕre, *tr.* **1.** 위에 붓다(注), 쏟다, 퍼붓다. **2.** *pass.* **superfúndi,** 쏟아지다, 넘쳐 흐르다[퍼지다], 덮이다. **3.** 덮치다, 덮다. **4.** 〔*refl.*〕 퍼지다: se superfúndere in Asiam*(L.)* 아시아로 퍼져 나가다.

superfúsĭo, ónis, *f.* [superfúndo] 넘침, 퍼짐, 퍼부음, 유출, 범람.

supergáudĕo, ére, *intr.* 〔*dat.*〕 …를 기뻐하다, 몹시 기뻐하다.

supergénĕro, áre, *tr.* 너무 많이 만들다.

supérgĕro, (géssi), géstum, ĕre, *tr.* 쌓아 올리다. 「운.

supergloriósus, a, um, *adj.* 매우 영광스러

supergrádĭor, grăi, *dep. intr.* = supergrédior. 「사하다.

supergrátŭlor, ári, *dep. intr.* 진심으로 감

supergrédio = supergrédior.

supergrédĭor, gréssus sum, grĕdi, *dep. tr.* [super + grádior] **1.** 위로 지나가다, 건너가다, 넘어가다; 앞질러 지나가다. **2.** 이기다, 능가하다. **3.** 위반하다, 침범하다.

supergréssĭo, ónis, *f.* [supergrédior] 초과, 잉여, 과잉.

supergréssus, us, *m.* [supergrédior] 초과, 과다: per ~ *(Tertull.)* 과도하게. 「지다.

superhábĕo, ére, *tr.* 여유있게[넘치게] 가

superhumerále, is, *n.* [super + húmerus] 가사(袈裟)같은 겉옷, 유대교의 대제관복.

súperi, órum, *m.pl.* [súperus] 천상신(天上神)들, 천상주민, 불멸체. 「묶다.

superíllĭgo, (ávi), átum, áre, *tr.* 위에 매다,

superíllĭno[**–nĭo,** íre], (lĕvi), lĭtum, [–línitum], ĕre, *tr.* 겉[표면]에 바르다, 문지르다, 도료 기름 따위를 …위에 붓다.

superimmínĕo, ére, *intr.* 위에 떠있다, 위

에 달려[결려] 있다; 위협이 되다.
superimpéndens, éntis, *p.præs., a.p.* [super + impéndeo] 위에 걸려있는[달려있는], 불쑥나온, 위협하는. ｢소비하다.
superimpéndo, ĕre, *intr.* 희생물이 되다,
superimplétor, óris, *m.* [super + ímpleo] 완수하는 사람.
superimpóno, (pósui), pósĭtum, ĕre, *tr.* 위에 두다[놓다], 겹쳐놓다.
superincéndo, ĕre, *tr.* 더 태우다.
superincérno, ĕre, *tr.* 위에서 체질하다.
superincídens, éntis, *p.præs.* [superíncido[1]] 위에서 떨어지는.
superíncĭdo[1], ĕre, *intr.* [super + íncido[1]] 위에(서) 떨어지다.
superincído[2], ĕre, *tr.* 위를 베다, 자르다.
superincrésco, crévi, ĕre, *intr.* 위로 자라다, 웃자라다.
superíncubo, áre, *intr.* 위에 눕다.
superincúmbo, cúbŭi, ĕre, *intr.* 위에 눕다.
superincurvátus, a, um, *p.p., a.p.* 위로 굽은, 기운. ｢특별세의.
superindictícĭus[-díctus], a, um, *adj.*
superindíctĭo, ónis, *f.* [**-tum,** i, *n.*] 임시과세(臨時課稅), (고대 로마 시대에 15년마다 실시하던) 특별세 징수.
superindúco, dúxi, dúctum, ĕre, *tr.* **1.** 위에 놓다, 겹쳐 놓다; 위에 쏟아지게 하다. **2.** 위로 인도하다. **3.** 더하다, 첨가하다, 가하다.
superinducticĭus, a, um, *adj.* [superindúco] 가짜의, 가정(假定)의, 거짓의; 침입한, 무자격의
superindúctĭo, ónis, *f.* [superindúco] 삭제(削除), 첨가(글씨), 가중과세(加重課稅), 덧붙여 쓴 것. ｢겉옷.
superinduméntum, i, *n.* [superínduo]
superíndŭo, ŭi, útum, ĕre, *tr.* (옷을) 겹쳐 입다, 위에 입다, 덧입다.
superínfĕro, (fers, fert), férre, *tr.* 덤으로 가져오다[가다]. ｢[붓다].
superinfúndo, fúsum, ĕre, *tr.* 위에 쏟다
superíngĕro, (géssi), géstum, ĕre, *tr.* 위에 쌓다, 얹어 놓다.
superingrédĭor, (ĕris), grĕdi, *dep. tr.* 넘어가다, 건너가다, 위에 걸쳐있다.
superin(j)ícĭo, jéci, jéctum, ĕre, *tr.* 위로 던지다, 위에 쏟다.
superinl... *V.* superill...
superinm... *V.* superimm...
superinp... *V.* superimp...
superinspício, ĕre, *tr.* 감시하다, 감독하다.
superinstérno, strávi, strátum, ĕre, *tr.* 위에 펴다, 깔다. ｢서 소리나다.
superínstrĕpo, ĕre, *intr.* 울려퍼지다, 위에
superínstrŭo, úctum, ĕre, *tr.* 위에 세우다, 짓다, 덧붙여 맞추다; 쌓다, 위에 건축하다.
superinsúlto, áre, *intr.* 위로 뛰다, 뛰어 오르다[넘다].
superíntĕgo, ĕre, *tr.* 덧덮다.
superintéllĭgo, ĕre, *tr.* 그밖에 또 이해하다, 과도하게 알아듣다, 넘겨짚다.
superinténdo, ĕre, *intr.* 감시하다.
superinténtor, óris, *m.* 감독, 감시자.
superíntĕro, ĕre, *tr.* 위를 비비다[문지르다]. ｢다, 다시 소리나다(反響).
superintóno, áre, *intr.* 위에서 뇌성을 울리
superinunctórĭus, a, um, *adj.* [superinúngo] 문지르는데 쓰는. ｢하다.
superinúndo, áre, *intr.* 넘치다, 극히 풍부
superinúngo, ĕre, *tr.* 위에 바르다.
superínvĕho, ĕre, *tr.* 위로 가져가다.
supérĭor[1], *m. f.,* ĭus, *n.,* 〔*gen.* -óris,〕 *adj. comp., superl.* supérrimus[-rŭmus, summus, suprémus,] a, um, [súperus] **1.** 〔장소〕 보다 높은, 위의: superióre e loco contionári*(C.)* 높은 데 서서 설교하다. **2.** 더 먼저의: scriptúra ~ *(C.)* 먼저의 글 / omnes superióres dies〔*acc.*〕*(Cæs.)* 지난 모든 날들[동안에] / annus ~ *(C.)* 작년 / ~ nox*(C.)* 그저께 밤(nox próxima 어제밤의 대구). **3.** 먼저 부분의: in superióre vita*(C.)* 생애의 전반(前半)에; *n.pl.* 과거사(過去事): ejus ut superióra omíttam*(C.)* 그의 과거를 묻지 않기 위해. **4.** 계급이 더 높은: superióres órdines*(Cæs.)* 더 높은 지위; *m.pl.* superióres*(C.)* 장상(長上). **5.** 〔*c. abl.*〕에 있어서 더 강력한, 더 나은: equitátu superióres*(Cæs.)* 기마병으로 더 강한 / loci, furtúnā, famā ~ *(C.)* 출신이, 신분이, 명성이 더 나은.
supérĭor[2], óris, *m. f.* [súperus] **1.** 장상, 높은 사람, 장(長), 승리자. **2.** 수도원장, 교회장상, 장관(長官), 총재(總裁), 원장(院長), 교장(校長), 어른. ｢건물의 상층부.
superióra, um, *n.pl.* [supérius] 옥상건물,
superiorissa, æ, *f.* 수녀원장, 여성장상.
supérĭus, *adv. comp.* [supra] **1.** 더 높은 곳으로, 더 위에, 위에. **2.** *n.* [supérior[2]].
superjácĕo, ére, *intr.* 위에 남아있다, 위에 놓여있다, 위에 누워있다.
superjácĭo, jéci, jéctum[jáctum], ĕre, *tr.* **1.** 위로 던지다, 위에 두다[놓다]: Scópulos superjácit undā pontus.*(V.)* 바다가 암초위로 파도를 일으킨다. **2.** 능가하다, 넘다, 넘어가다. **3.** 과장하다. **4.** 더 높이다, 더 비싸게 하다. ｢뛰어넘다, 넘어가다.
superjácto, áre, *tr.* **1.** 공중으로 던지다. **2.**
superjéctĭo, ónis, *f.* [superjácio] 위로 던짐, 《修》 장유(張諭), 과장.
superjéctus[1], a, um, *adj.* [super + jácio] 〔*dat.*〕 … 위에 위치한.
superjéctus[2], us, *m.* 위로 던짐; 도약, 돌기.
superjumentárĭus, i, *m.* 역축(役畜) 사육장 감독.
superjúngo, ĕre, *tr.* 덧붙이다.

superlábor, bi, *dep. intr.* … 위로 미끄러지다, 굴러 떨어지다. 「뜨리다, …을 슬퍼하다.

superlácrĭmo, áre, *intr.* … 위에 눈물을 떨어

superlátĭo, ónis, *f.* [supérfero] 과장(誇張), 《修》 장유(張諭), 《文法》 최상급.

superlatíve, *adv.* [superlatívus] 최상급으로, 최고로, 과장하여.

superlatívus, a, um, *adj.* [superlátus] **1.** 《文法》 최상급의; *m.* 최상급; *n.* 최상급 단어. **2.** 과장하는. 「과장된.

superlátus, a, um, *p.p., a.p.* [supérfero]

superlaudábĭlis, e, *adj.* 최상으로 찬양할.

superláudo, áre, *tr.* 더없이 찬양하다.

supérlex, léctilis, *f.* = supéllex.

supérlĭgo, áre, *tr.* 위를 묶다, 위에 매다.

superliminíáre, is, [–**límen,** mĭnis,] *n.* 상인방(上引枋).

superlimínĭum, i, *n.* 문턱 넘어 있는 공간.

superlínĭo, íre, *tr.* 덧바르다, … 위를 바르다.

superlinítĭo, ónis, *f.* [superlínio] 덧바름.

supérlĭno, lévi, lĭtum, ĕre, *tr.* 겉에[위에] 바르다, 문지르다.

superlítĭo, ónis, *f.* [supérlino] 고약, 바름.

superlúcĕo, ére, *intr.* 아름답게 빛나다.

supérlŭcror[–**lúcror**], átus sum, ári, *dep. tr.* 너무[덤으로] 벌다, 더 벌다.

superlúgĕo, ére, *tr.* 통탄하다.

supermaledíco, ĕre, *tr.* 저주하다.

supermándo, ĕre, *tr.* 뒤에 씹다, 여가로 먹다, 더 먹다.

supérmĕo, áre, *intr.* 위로 흘러가다.

supermétĭor, ménsus sum, íri, *dep. tr.* 넉넉히 재다.

supermíscĕo, ére, *tr.* 위에 섞다.

supermítto, mísi, míssum, ĕre, *tr.* 위에 놓다[넣다, 던지다, 퍼뜨리다], 첨가하다.

supermoláris, is, (lapis), *m.* 윗부분 맷돌.

supermólior, ítus sum, íri, *dep. tr.* …의 끝까지 가다[오다], 지나가다. 「천상(天上)의.

supermundiális, e, *adj.* 세상 위에 있는,

supermúnĭo, íre, *tr.* 덮다, 보호하다.

supernarrátio, ónis, *f.* 다시 이야기함.

supérnas, átis, *adj.* [supérnus] 상부(上部) 지방의, 아드리아해 지방의.

supernáscor, (ĕris), nátus sum, (nasci), *dep. intr.* 덧나다, 위로 성장하다.

supernátĭo, ónis, *f.* [supernáscor] 덧남.

supérnăto, ávi, áre, *intr.* 헤엄치다, 부유(浮游)하다, 물위에 떠돌아다니다.

supernaturális, e, *adj.* 초자연적, 초성적(超性的); 〔*adv.*〕 –**lĭter,** 초자연적으로.

supernaturalísmus, i, *m.* 초자연설.

supernaturálĭtas, átis, *f.* 초자연성(超自然性). 「끔 *acc.*〕.

supernávĭgo, áre, *intr.* 위를 항해하다〔가

supérne, *adv.* [supérnus] **1.** 위에, 위에서, 위로. **2.** 〔*præp. c. acc.*〕 … 위에.

supernexívus, a, um, *adj.* [super + necto] 연결(連結)하는. 「위대함, 숭고함.

supérnĭtas, átis, *f.* [supernus] 고도, 높음,

supérno, áre, *intr.* [super + no] 위를 헤엄치다. 「(命名)하다, 별명(칭)을 붙이다.

supernómĭno, áre, *tr.* 이름붙이다, 명명

supernumerárĭus, a, um, *adj.* [super + númerus] 정원(定員) 외의, 정원(定員) 이상의, 보충의.

supernúmero, áre, *tr.* 헤아리다, 세다.

supérnus, a, um, *adj.* [super] 위에 있는, 천상의.

súpĕro, ávi, átum, áre [super] **I.** *intr.* 〔*alqa re,* ad *acc.*〕 **1.** 더 높이 있다, **앞지르다**: ~ cápite 두뇌로 앞지르다 / ~ ad auras *(Stat.)* 공중으로 올라가다. **2.** 우위에 있다, **능가하다**: Virtúte nostri mílites superábant.*(Cæs.)* 우리 군인은 용기가 훨씬 많다. **3.** 더 풍족하다, 더 많다: Pecúnia superábat. *(C.)* 돈이 더 풍족했다. **4.** 남다, 남아 돌아가다, 살아남다, 아직 남아 있다: Si de quincúnce remóta est úncia, quid súperat?*(H.)* 5온스에서 1온스를 빼면 얼마가 남나? / vitā ~ *(Cæs.)* 살아남다 / 〔*dat.*〕 Captæ superávimus urbi.*(V.)* 점령당한 도시에서 살아 남았다. **II.** *tr.* 〔*alqd alqa re*〕 **1.** 뛰어넘다, 건너다, 지나가다, 초월하다: ~ summas ripas flúminis *(Cæs.)* 제일 높은 강둑을 뛰어 넘다. **2.** 더 낫다, **극복하다, 정복하다,** 이기다: ~ *alqm* virtúte *(C.)* …를 힘으로 이기다. **3.** 개선하다, 싸우다.

superobdúctus, a, um, *adj.* [super + obdúco] 위에 쌓은. 「덮치다, 짓누르다.

superóbrŭo, ŭi, ŭtum, ĕre, *tr.* 위를 덮다,

superóccido, ĕre, *intr.* (달이) 후에 지다.

superobúmbro, áre, *tr.* 위에서 그늘지게 하다.

superóccŭpo, áre, *tr.* 덮치다, 기습하다.

superopérĭo, íre, *tr.* 위를 덮다, 덧덮다.

superópĕror, ári, *dep. intr.* 전념하다.

superordinátĭo, ónis, *f.* [superórdino] 첨가, 부가; 《가》 주교 후계자 선임.

superórdĭno, áre, *tr.* 첨가하다, 가하다, 덧붙이다, 부가하다; 주교 후계자를 선임하다.

superparticuláris[–**pártĭens**], e[éntis], *adj.* [super + partícula] 《數》 가분수(假分數)의. 「징.

superparticulárĭtas, átis, *f.* 가분수의 특

superpellícĕum, i, *n.* 《가》 중백의(中白衣).

superpéndens, éntis, *p.præs.* [*inusit.* superpéndeo] 대롱대롱 매달려 있는.

supérpeto, ĕre, *tr.* 정량보다 더 요구하다.

superpíngo, (pínxi), píctum, ĕre, *tr.* 덧그리다, 겉에 칠하다, 위에 그리다.

superpláudo, ĕre, *intr.* 위에서 퍼덕거리다 (날개를), 박수치다. 「흐르는.

superplénus, a, um, *adj.* 아주 충만한, 넘쳐

superpóno, pósŭi, pósĭtum, ĕre, *tr.* **1.** 위

에(멀리) 두다[놓다]; 〔*p.p.*〕 위에, 멀리 있는. **2.** (약) 바르다. **3.** 앞에 놓다, 선두에 세우다, 맡기다; 〔*p.p.*〕 임무를 맡은. **4.** 더 낫게 여기다. **5.** 첨가하다, 덧붙이다. **6.** 능가하다.

superposítĭo, ónis, *f.* [superpóno] 병적 발작(發作)의 극도, 발병.

superpostulátĭo, ónis, *f.* 정액 이상의 청구.

superprojícĭo, ĕre, *tr.* … 위에 던지다, 펴다.

superquadripártĭens, éntis, [-**driquíntus,** a, um] *adj.* 1과 5분의 4의.

súperquam *V.* super[1]의 3항.

superquártus, a, um, *adj.* 1과 4분의 1의.

superquátĭo, ĕre, *tr.* 위를 흔들다.

superquíntus, a, um, *adj.* 1과 5분의 1의.

superrádo, (si), sum, ĕre, *tr.* 표면을 깎다.

superreplétus, a, um, *adj.* (그릇) 가장자리까지 찬. 「하여 웃다.

superrídĕo, ére, *intr.* …을 비웃다, …에 대

supérrĭmus[**-rŭmus**], a, um, *adj. superl.* [súperus] *V.* suprémus.

supérrŭo, ĕre, *tr., intr.* …에 달려들다, 돌진하다, 위에 떨어지다, 위에 넘어지다.

supersápĭo, ĕre, *intr.* 맛이 몹시 좋다.

superscándo[**-scéndo**], ĕre, *tr.* 뛰어 넘다, 넘어가다, 위로 지나가다.

superscríbo, ípsi, íptum, ĕre, *tr.* **1.** 위에 쓰다, 제목(題目)을 쓰다, 등록하다, 기입하다. **2.** 글로 표시하다. **3.** 줄그어 지우다, 덧붙여 쓰다.

superscríptĭo, ónis, *f.* [superscríbo] 표기(表記), 기입, 등록, 게시(揭示).

supersédĕo, sédi, séssum, ére, *intr., tr.* **1.** 〔*dat. acc.*〕 위에 앉다: ~ elephánto*(Suet.)* 코끼리를 타다. **2.** 〔*dat.*〕 의장이 되다, 사회하다, 주재하다, 중재하다. **3.** … 것을 면하다, … 하지 않고 배기다: ~ a prœ́lio*(Cæs.)* 싸움을 아니 하다 / 〔*inf.*〕 supersedíssem loqui*(L.)* 연설을 내가 하지 않았으면 좋겠다. **4.** 〔*abl., dat., acc.*〕 연기하다, 단념하다, 중단하다, 그치다.

superséllĭum, i, *n.* [super + sella] 안장 위에(밑에) 까는 모포.

supersémĭno, ávi, átum, áre, *tr.* 덧심다.

supérsĕro, sévi, ĕre, *tr.* [super + sero[4]] 위에 씨뿌리다, 덧뿌리다, 위에 심다.

superséxtus, a, um, *adj.* 6분의 7의, 1과 6분의 1의. 「려와 …에 앉다.

supersído, ĕre, *intr.* 위에 앉다, 위에서 내

supersílĭo, íre, *intr., tr.* [super + sálio[2]] 위를 뛰어 넘다.

supersísto, stĭti, ĕre, *tr.* 위에 있다.

supersórbĕo, ére, *tr.* 더 흡수하다.

superspárgo[**-spérgo**], spérsum[spársum], ĕre, *tr.* 위로 펴다, 뿌리다, 널리 퍼뜨리다, 위에 퍼뜨리다; 〔*p.p.*〕 (*c. abl.*) …에 흩어져 있는. 「바라다.

superspéro, ávi, áre, *intr.* 몹시 바라다, 너무

superspícĭo, spéxi, cĕre, *tr.* [super + spécio] 넘보다, 저쪽을 보다, 덤어보다.

superstágno, ávi, áre, *intr.* 물이 넘쳐 연못을 이루다. 「다.

superstatúmĭno, áre, *tr.* …를 기초로 세우

superstérno, strávi, strátum, ĕre, *tr.* 위에 펴다, 덮다; 안장을 얹다.

supérstes, stĭtis, *adj.* [super + sto[2]] **1.** 앞에(옆에) 있는, 현존하는, 증인이 되는, 살아있는. **2.** 〔*dat., gen., inf.*〕 남아 있는, 살아남은: ~ suæ pátriæ*(H.)* 자기 조국에 살아남은 / ~ iniquórum*(Ta.)* 악당의 손에서 살아남은. **3.** *m.* 입회인, 증인. 「리다.

superstíllo, áre, *tr.* 위에 한 방울씩 떨어뜨

superstítĭo, ónis, *f.* [super + sisto] **1.** 미신, 맹목적인 신앙, 망신(妄信), 이단(異端). **2.** 미신적인 숭배, 미신적 공포심, 미신행위.

superstitiósus, a, um, *adj.* [superstítio] 미신적, 점치는, 이단의; 너무 세심한; 〔*adv.*〕 **-se,** 미신적으로, 너무 세심하게.

supérstĭto, ăre, [supérstes] **1.** *intr.* 생존하다, 넘치다. **2.** *tr.* 살려주다, 온전하게 보존하다.

supérsto, stĕti, stáre **1.** *intr.* 〔*dat.*〕 위에 놓여 있다, 우위에 있다, 낫다, 살아남다, 남아 있다. **2.** *tr.* 위에 서있다, 타고 있다.

superstríngo, strínxi, stríctum, ĕre, *tr.* 위를 묶다, 위에 매달다, 조이다, 위를 졸라매다.

supérstrŭo, strúxi, strúctum, ĕre, *tr.* 위에 건축하다, 위에 세우다.

supersubstantiális, e, *adj.* [super + substántia] 일용(日用)의, 생활 필수의, 매우 중요한, 생명을 보존하기 위하여 필요한.

supersubstantívus, a, um, *adj.* 본체적인 것 이상의, 필수 이상의, 초실체적인.

supérsum, fŭi, ésse, *intr.* **1.** **남아있다**: Bíduum supérerat.*(Cæs.)* 이틀이 남아 있었다 / quod supérest*(V.)* 남은 것. **2.** 〔숙어〕 quod supérest*(C.)* 게다가, 그런데, 지금은. **3.** 〔supérest ad *acc.*, ut, *inf.*〕 …할 것이 남아 있다. **4.** 〔*dat.*〕 아직 살아있다, 살아남다: ~ uno anno*(Capitol.)* 일년 동안 살아남다. **5.** 풍부하다, 넘치다: Tibi quia supérest, dolet.*(T.)* 너는 너무 많아서 걱정이구나. **6.** 〔*dat.*〕 …하기에 충분한 힘이 있다, 충분히 … 할만 하다. **7.** 남아돌다, 너무 많다, …하고도 남다, 넉넉하다. **8.** 도와주다. **9.** 위에 있다, **지휘하다**, 사회하다, 주관하다, 장(長)노릇하다. **10.** 위에 서 있다.

supersúmo, ĕre, *tr.* 그밖에 더 취하다.

supértĕgo, téxi, téctum, ĕre, *tr.* 위를 덮다, 보호하다, 보장하다. 「를) 싸매다.

superténdo, ĕre, *tr.* 위에 펴다[널다], (상처

superterrénus, a, um, *adj.* 지상의, 이 세상의. 「3분의 1의.

supertértĭus, a, um, *adj.* 3분의 4의, 1과

supertéxo, ĕre, *tr.* 가리다, 덮다, 위에 덧짜다, 천으로 덮다.

supertéxtor, óris, *m.* 직조공, 자수가.

supertóllo, ĕre, *tr.* 높이 올리다, 위로 들다: ~ se 자만하다. ⌈가다.

supértrăho, ĕre, *tr.* 저쪽으로(위로) 끌어

supertránsĕo, íre, *tr.* 위를 지나가다, 앞지르다.

supertripártĭens, éntis, [**–triquártus,** a, um,] *adj.* 7/4, 8/5, 9/6 등, 1과 몇분의 3이 더 있는.

supértŭli, *pf.* [supérfero].

súpĕrum, i, *n.* [súperus] 위, 상부.

superumerále, is, *n.* = superhumerále.

superúnctĭo, ónis, *f.* [superúngo] 겉바름, 바름. ⌈도치다.

superúndo, áre, *intr.* 넘치다, 홍수나다, 파

superúngo, únxi, únctum, ĕre, *tr.* 겉바르다, 문지르다. ⌈내리 누르는, 위급한, 다급한.

superúrgens, éntis, *adj.* [super + úrgeo]

superúrgĕo, ére, *tr.* 내리 누르다, 위에서 압박하다, 위급하게 하다.

súpĕrus[드물게 **super**], a, um, *adj.* [super], 〔*comp.* supérior; *superl.* suprémus, supérrimus[–rŭmus] et summus〕 **1.** 위에 있는: super inférque vicínus*(Cato)* 윗층과 아랫층의 이웃 / Mare súperum*(C.)* 아드리아해(Mare ínferum, *Etrúria*해의 반대) / de súpero, ex súpero 위에서부터. **2.** 높은 데의, 천상의, 하늘의: ~ dii 하늘의 신들; *n.pl.* **súpera,** órum, 하늘 높은 곳. **3.** 지상의, 세상의(지하의 반대): apud súperos*(Vell.)* 세상에서; *m.pl.* **súperi,** órum, (ínferi의 반대로) 세상 사람들; (죽은 자들의 반대로) 살아 있는 자들; *n.pl.* **súpera,** órum, 세상, 천상, 고지대, 천체.

supervacánĕus, a, um, *adj.* [supervácuus] **1.** 남아도는, 잉여의, 보충적인, 부가적(附加的): supervacáneum opus*(C.)* 시간외의 일. **2.** 너무 많은, 필요치 않은, 쓸데없는; 〔*adv.*〕 **–nĕo,** 너무 많이, 쓸데없이. ⌈돌다.

supérvăco, áre, *intr.* 넘치다, 너무 많다, 남아

supervacúĭtas, átis, *f.* [supervácuus] 허무.

supervácŭus, a, um, *adj.* 잉여의, 너무 많은, 남아 돌아가는, 무익한, 불필요한, 공연한, 가치없는: supervácuum est *c. inf.* …하는 것은 필요없는 일이다 / in supervácuum*(Sen.)*, ex supervácuo*(L.)* 이유없이, 쓸데없이; *n.pl.* 잉여, 쓸데없는 것; *adv.* **–cŭe, –cŭo.**

supervádo, ĕre, *tr.* 위로 가다, 넘다.

supérvăgor, átus sum, ári, *dep. intr.* 너무 퍼지다, 너무 벋다(포도넝쿨에 대하여).

superválĕo, ére, *intr.* 아직도 건강하다, 몹시 강하다, 우위에 있다.

supervalésco, ĕre, *intr. inch.* 몹시 강해지나, 섬섬 건강해지다.

supervéctor, ári, *dep. intr.* 실려가다, 운반되다, 위를 지나가다. ⌈하다, 넘어가다.

supérvĕho, véctum, ĕre, *tr.* 저쪽으로 운반

supérvĕhor, véctus sum, vĕhi, *dep. intr.* 저쪽으로 운반되다, 지나가다, 넘다, (말을) 타다.

supervénĭo, véni, véntum, íre, *intr., tr.* **1.** 〔*dat., acc.*〕 …을 넘어오다. **2.** 위에 놓여 있다. **3.** 〔*dat.*〕 갑자기 만나다: *alci* nox ~ *(Curt.)* …에게 밤이 닥쳐오다. **4.** 〔*acc.*〕 **습격하다,** 덮치다: canis suos supérvenit hostes *(Grat.)* 개가 손님(원수)에게 달려들었다; *m.pl.* **superveniéntes,** ĭum, 습격 기병대. **5.** 돌발 사건이 일어나다, 뜻밖에 일어나다, 돌연(突然)히 오다, 뜻밖에 오다. **6.** 도를 넘다, 초과하다. **7.** 돌기(突起)하다, 불쑥 나오다.

supervéntĭo, ónis, *f.* 갑자기 나타남, 돌발, 기습.

supervéntor, óris, *m.* [supervénio] 갑자기 나타나서 행인을 습격하는 자; *pl.* 습격을 위한 기병대.

supervéntus, us, *m.* [supervénio] 돌발사건, 불시착, 뜻밖의 방문; 기습, 습격. ⌈대다.

supervérto, ĕre, *tr.* 《醫》 빨판 흡각(吸角)을

supervestiméntum, i, *n.* 겉옷.

supervéstĭo, ítum, íre, *tr.* **1.** 입히다, 덮어주다, 다시 덮다. **2.** 〔*pass.*〕 (은총을) 입다.

supervínco, ĕre, *tr.* 쳐이기다, 능가하다.

supervívo, víxi, ĕre, *intr.* 살아남다.

supervólĭto, ávi, áre, *intr., tr.* 〔*dat., acc.*〕 위로(를) 날다. ⌈날아가다, 위에 우뚝솟다.

supérvŏlo, áre, *intr., tr.* 〔*acc., dat.*〕 위로

supervólvo, vólvi, volútum, ĕre, *tr.* 위로 굴리다[젖히다].

supinális, e, *adj.* [supínus] 뒤엎는, 파괴하는; *m.* [S–] (*Júpiter*의 별명) 파괴자.

supinátĭo, ónis, *f.* [supíno] **1.** 자빠뜨림, 뒤엎음. **2.** 토사, 설사.

supíne, *adv.* 무기력하게, 소홀하게, 대수롭지 않게, 게으르게.

supínĭtas, átis, *f.* 엎어짐, 기울어짐, 자빠짐.

supíno, ávi, átum, áre, *tr.* **1.** 자빠뜨리다: supináta testúdo*(Sen.)* 자빠진 거북이. **2.** 뒤집다, 땅을 갈다. **3.** (눈, 코 따위를) 위로 들다. **4.** 밑으로 향하다, 낮추다.

supínum, i, *n.* (*sc.* verbum) 《文法》 목적분사, 동사적 명사.

supínus, a, um, *adj.* [suppus] **1.** 자빠진, 위로 향한, 뒤로 기운, 반듯이 누운: supína ora*(C.)* 하늘을 향한 얼굴. **2.** 반대의, 후퇴하는, 역류하는. **3.** 게으른, 태만한. **4.** 고개를 뒤로 젖힌, 거만한, 불손한, 자만하는. **5.** 내리받이의, 납작하게 깔린.

supo, áre = suppo.

suppáctus, a, um, *p.p.* [suppíngo[1]].

supǣdagógus, i, *m.* [sub + pædagógus] 조교사. ⌈[sub +] 좀 후회하다.

suppǽnĭtet[**suppœ́–**], ére, *impers. intr.*

suppǽtŭlus, a, um, *adj.* [sub + pætus] 조금 흘겨보는(斜視).

suppállĭdus, a, um, *adj.* [sub + pállidus]

조금 창백한, 좀 파리한, 좀 핼쑥한.
suppálpor, ári, *dep. intr.* [sub + palpor] 약간 아첨하다, 쓰다듬다, 어루만지다.
suppar[subpar], ăris, 〔*abl.* –pări,〕 *adj.* [sub + par] 거의 같은, 거의 동갑의, 거의 동시대의, 어슷비슷한.
supparasítor, ári, *dep. intr.* [sub +] 식객처럼 아첨하다, 조금 아첨하다.
supparatúra, æ, *f.* [súpparo¹] 혈통의 재흥(再興), 민족의 재생.
suppárĭle, is, *n.* [sub + párilis] 《修》 유음이의(類音異議)의 어법.
súppăro¹, áre, *tr.* [sub + paro²] 맞게하다, 적응시키다.
súppăro², áre, *tr.* [sub + par] 좀 비슷하게 만들다.
suppártĭor, (íris), íri, *dep.* 세분하다.
súppărum[sípă–, síphă–], i, *n.* [**–rus,** i, *m.*] **1.** 소매가 짧은 겉옷으로 로마 부인들이 subúcula라는 옷 위에 입었음. **2.** *Auróra* 여신의 장미빛 옷. **3.** 깃발(旗), 군기.
suppátĕo, ére, *intr.* [sub +] 밑이 열려있다. 밑으로 퍼져있다.
suppedánĕus, a, um, *adj.* [sub + pedáneus] 발판의, 발밑에 놓인; 〔*subst.*〕 *n.* **–nĕum,** i, (scabéllum) 발판.
suppeditátĭo, ónis, *f.* [suppédito] 풍부, 풍성, 충분한 비축.
suppédĭto, ávi, átum, áre, **I.** *intr.* **1.** 〔*alci alqa re;* ad, in *alqd; dat.*〕 풍부하게 있다, 넉넉하다. **2.** 수중에 있다, 쉽게 얻을 수 있다, … 하기가 쉽다. **3.** 마음대로 되다, 능히 … 할 수 있다. **4.** 〔*alci alqa re*〕 돕다, 지지하다.
II. *tr.* **1.** 〔*alci alqd*〕 공급하다, 주다. **2.** 〔*pass.*〕 〔*alqa re*〕 충분히 가지고 있다.
suppédo, ĕre, *tr.* [sub + pedo²] 좀 무례(無禮)를 범하다.
suppél(l)ex, léctĭlis, *f.* = supéllex.
suppernátus, a, um, *adj.* [sub + perna] 허벅지가 잘린, 가지 잘린(나무).
suppertúrbor, ári, *pass.* [sub + pertúrbo] 조금 혼란되다, 당황하다.
suppes, pĕdis, *adj.* [sub + pes] 안으로 굽은 다리를 가진, 안짱다리의, 앙가발이의.
suppétĭæ, árum, *f.pl.* [**–tiátus,** us, *m.*] [súppeto] 보조, 보호, 구조: suppétias ire, adveníre*(Pl.),* veníre, proficísci, occúrrere *(Auct. B. Afr.)* 도우러 가다, 오다.
suppétĭlis[–tŭlis], e, *adj.* [suppétior] 돕는데 쓰이는.
suppétĭor, átus sum, ári, *dep. intr.* [suppétiæ] 구조하다, 돕다, 도와주다.
suppétĭum, i, *n.* [súppeto] 원조.
súppĕto, ívi[ĭi], ítum, ĕre, *intr.* [sub +] **1.** 넉넉하다, 족하다, 충분하다, 풍부하다. **2.** 손 안에 있다, 현재 가지고 있다. **3.** … 하기에 넉넉하다. **4.** 오래 살다. **5.** 응답하다. **6.** 대신 요구하다, 얻으려고 애쓰다.
suppétŭlus, a, um, *adj.* = suppétilis.
suppílo, ávi, átum, áre, *tr.* [sub + pilo²] 슬쩍 훔치다. *cf.* compílo.
suppíngo¹, páctum, ĕre, *tr.* [sub + pango] 밑에 (못질하여) 붙이다, 밑에 쇠를 붙이다.
suppíngo², ínxi, íctum, ĕre, *tr.* [sub + pingo] 밑을 바르다.
suppínguis, é, *adj.* [sub +] 약간 살찐.
supplantátĭo, ónis, *f.* [supplánto] 다리걸어 넘어뜨리기, 딴죽; 사기, 욕, 기만.
supplantátor, óris, *m.* [supplánto] 걸어 넘어뜨리는 자, 사기꾼.
supplánto, ávi, átum, áre, *tr.* [sub + planta] **1.** 걸어 넘어뜨리다, 딴죽걸다. **2.** 굽히다, 눕히다. **3.** 속이다, 배신하다. **4.** 뒤엎다, 못쓰게 만들다, 멸망시키다, 무효로 만들다.
suppláudo... *V.* supplódo...
suppleméntum, i, *n.* [súppleo] **1.** 보충, 보완, 보결(補缺): in exercítuum suppleméntum*(L.)* 보충병으로. **2.** 추가, 부록, 증보(增補). **3.** 구원, 보조. **4.** 《軍》 징집, 모병.
súpplĕo, évi, étum, ére, *tr.* [sub + pleo] **1.** 다시 부어 가득채우다, 빈 것을 채우다. **2.** 보충하다, 보결하다, 추가하다, 보수하다, 보완하다. **3.** 대신 자리를 채우다, 대행하다. **4.** 《軍》 징집하다, 모병하다, 징모(徵募)하다.
supplétĭo, ónis, *f.* [súppleo] 보충, 보완, 추가.
suppletórĭum, i, *n.* 결론의 보완, 파생적 결론.
supplex, lĭcis, 〔*abl.* –lĭce et –lĭci; *gen.pl.* –lĭcum,〕 *adj.* [sub + plico] 〔ad *acc., dat.*〕 탄원(歎願)하는, 애원하는, 간절히 원하는: ~ manus*(C.)* 비는 손 / ~ dona*(V.)* 제물; 〔*subst.*〕 *m.* 탄원자, 애원자: ~ vestræ misericórdiæ*(C.)* 당신의 인자하심을 비는 자 / ~ dei*(N.)* 신께 비는 자.
supplicaméntum, i, *n.* [súpplico] **1.** 공적 기도, 감사기도, 종교의식. **2.** 형벌, 순교.
supplicánter, *adv.* [súpplico] 탄원하며, 겸손되이.
supplicátĭo, ónis, *f.* **1.** 공적 기도, 종교의식. **2.** 무조건 항복.
supplicátor, óris, *m.* 애원자, 숭배자.
súpplĭce[–cŭe], *adv.* [supplex] 탄원하며, 겸손되이.
suppliciális, e, *adj.* [supplícium] 형벌하는.
supplícĭtas, átis, *f.* [supplícium] 애원, 간절히 구하는 태도, 겸손.
supplícĭter, *adv.* [supplex] 간구(懇求)하며, 애원하면서, 간절히, 겸손하게.
supplícĭum, cĭi[ci], *n.* [supplex] **1.** 무릎 꿇음. **2.** (하느님께) 간구, **기도**: (사람에게) 탄원, 애원. **3.** 제사, 제물. **4.** 벌, 징벌, **형벌**: ~ dare *alci(Pl.)* 아무를 벌하다 / ad ~ dare, dédere*(Cæs.),* trádere *alqm(N.),* supplício trádere*(Just.)* 아무를 형벌에 처하다 / ~ súmere de*(C.),* ex*(L.),* ab*(Val. Max.) alqo* 아무를 벌하다 / ~ expétere*(L.),* pétere ex *alqo(L.),* ~ exprómere in *alqm(C.)* 아무를

벌주다 / omni supplício cruciáre*(C.)* 온갖 형벌을 주다 / ~ subíre*(C.)*, sólvere, persólvere*(Ta.)*, pati*(Ov.)*, péndere*(Plin.)* 벌받다 / supplícia crúcibus lúere*(Just.)*, crucis supplício intérimi*(Arn.)* 십자가형을 받다 **5.** 형고, 고문: supplícii hábeo satis*(Pl.)* 나는 너를 충분히 벌주었다 / satis supplícii tulísse*(Cæs.)* 형고를 받을 만큼 받았다. **6.** 고문으로 인한 지체 절단, 상처.

súpplĭco, ávi, átum, áre, *intr., tr.* [supplex] **1.** 〔*dat., alci* pro *alqo,* pro *alqā re; acc.*〕 무릎을 꿇다, 탄원하다, 간구하다, 애원하다. **2.** 기도·제물을 드리다: ~ a diis*(Sall.)* 신들에게 청원하다 / ~ per hóstias diis*(Sall.)* 신들에게 제물을 바치다 / ~ vino*(Pl.)* 제주(祭酒)를 드리다. **3.** 〔*impers.*〕 Metéllo ture, quasi deo, supplicabátur.*(Sall.)* 사람들은 *Metéllus*에게 마치 신처럼 분향하였다.

supplódo[–pláudo], lósi, lósum, ĕre, [sub + plaudo] **1.** *tr.* pedem*(C.)* (화가 나서) 발로 차다, (참지 못하여) 발을 구르다, 불만을 표시하다. **2.** 물리치다, 뭉개버리다, 없애버리다. **3.** *intr.* 박수치다.

supplósĭo, ónis, *f.* [supplódo] 발로 참, 발을 구름.

suppo[supo], áre, *tr.* [suppus] (=sipo[1]) 자빠뜨리다, 뒤엎다.

suppœ́nĭtet = suppǽnitet.

suppolítor, óris, *m.* [sub + polítor] 청소하는 자, 닦는 자.

suppóno, pósŭi, posĭtum, ĕre, *tr.* [sub +] **1.** 〔sub *acc., dat.*〕 밑에 두[놓]다: ~ tectis ignem*(Ov.)* 지붕밑에 불을 놓다. **2.** 예속시키다, 종속시키다. **3.** 추정하다, **전제**(前提)**하다,** 가정(假定)하다. **4.** 첨가하다, 덧붙이다, 부가하다, 가(加)하다. **5.** 뒤로 제쳐놓다, 뒷줄로 물러서게 하다, 대수롭게 여기지 않다. **6.** 대신 세우다, 대리케 하다; **대치하다,** 바꿔치우다. **7.** 저당잡히다.

supportátĭo, ónis, *f.* [suppórto] 버팀, 인내, 견지(堅持).

supportatórĭum, i, *n.* [suppórto] 지주(支柱), 버팀목.

suppórto, ávi, átum, áre, *tr.* [sub + porto] 운반하다, 지다, 메다; 견디다; 지지하다.

supposiíícĭus, a, um, *adj.* [suppóno] 대신 세운, 대신하는, 보충된, 보결하는, 가짜의, 제것이 아닌.

suppositĭo, ónis, *f.* [suppóno] 밑에 둠, 받침, 대리; 가정(假定); 대치(代置), 바꿔치기; 가짜, 위조; 저당.

suppositívus, a, um, *adj.* 가정적인, 가정법의; 〔*adv.*〕 **–ve.**

suppositórĭus, a, um, *adj.* 밑에 둔; *n.* 지주(支柱), 찻종접시, 받침대; 《藥》 좌약(坐藥).

suppóstrix, ícis, *f* [suppóno] 몰래 비꿔치기 하는 여자: ~ puerórum*(Pl.)* 아기를 훔치는 여자.

suppræféctus, i, *m.* [sub + præféctus[2]] 군수, 지사대리, 하급장관, 하급장교; 부수적인 것: subpræfécti venti*(Sen.)* 하찮은 소문.

supprésse, *adv.* [súpprimo] 낮은 목소리로.

suppréssĭo, ónis, *f.* [súpprimo] **1.** 억누르기, 억압, 틀어막기, 억제. **2.** 압착, 질식, 숨막힘. **3.** 폐지(廢止), 제거, 삭제, 사기.

suppréssor, óris, *m.* [súpprimo] (노예를) 감추어주는 사람, 은닉자.

suppréssus, a, um, *p.p., a.p.* [súpprimo] **1.** 억압된, 억제된, 억눌린; 억지로 참는. **2.** 제거된, 삭제된, 질식된. **3.** 짧게 줄어든, 짧은.

súpprĭmo, préssi, préssum, ĕre, *tr.* [sub + premo] **1.** 눌러서 밑으로 내려 보내다, 억누르다; 억압하다, 억제하다, 제어하다, 멈추게 하다: ~ hostem nostros insequéntem*(Cæs.)* 우리 군대를 따라오는 원수들을 저지하다. **2.** 폐지하다, 감추다, 은폐하다. **3.** 제거하다, 삭제하다. **4.** 시기하다, 횡령하다. **5.** 떼밀다.

supprínceps[sub–], cĭpis, *m.* 부장관, 차관, 부관.

supprincipális[sub–], e, *adj.* 장(長) 바로 밑의.

suppríor, óris, *m.* 《가》 수도원 부원장.

supprocurátor, óris, *m.* 지배인 대리, 부관리인.

supprómus, i, *m.* 부집사.

súppŭdet, ére, *impers. intr.* [sub + pudet] 약간 부끄러워하다: ~ me *alcjs(C.)* 나는 아무에 대하여 좀 부끄럽게 생각한다.

suppurátĭo, ónis, *f.* [suppúro] 《醫》 화농(化膿), 농창, 농양, 종기, 곪음.

suppuratórĭus, a, um, *adj.* 곪는, 화농성의.

suppúro, ávi, átum, áre [sub + pus] **I.** *intr.* 곪다, 화농하다, 고름나다, 나쁘게 되다. **II.** *tr.* **1.** 곪게하다 〔과거분사만〕: suppuráta tristítia*(Sen.)* 가슴을 찢는 근심; *p.p.* **–rátus,** a, um, 곪은, 종기 투성이의; *n.pl.* **–ráta,** 종기. **2.** 물리치다. **3.** 속에 품다.

suppus, a, um, *adj.* 콧대높은, 오만한; *m.* 주사위의 3의 수.

supputárĭus, a, um, *adj.* [súpputo] 계산의, 계산과 관계되는.

supputátĭo, ónis, *f.* [súpputo] 계산, 헤아림.

supputátor, óris, *m.* [súpputo] 계산하는 사람.

supputatórĭus, a, um, *adj.* [súpputo] 계산하는데 쓰이는.

súppŭto, ávi, átum, áre, *tr.* **1.** [sub + puto[1]] 자르다(切), 가지를 손질하다. **2.** [sub + puto[2]] 계산하다, 회계하다.

supra... *V.* super...

sŭpra, *comp.* supérius, [súperus] **I.** *adv.* **1.** 위에: ~ et infra*(Cæs.)*, ~ et subter*(C.)* 위아래로. **2.** 먼저, 바로 전에, 더, 금방: ut ~ dixi*(C.)* 위에서 말한 바와 같이 / ~ repétere*(Ta.)* 앞서 말한 것을 되풀이하다. **3.** 〔양, 정도, 수〕 더 이상(以上), 그밖에 더, …보다 더: ~ adjícere*(C.)* 값을 더주다 / supra … quam*(C.)* …보다 더 / nihil ~ posse, nihil ~ *(T.)* 더 이상 잘 할 수가 없다, 참 잘했다.
II. *præp.* 〔*acc.*〕 **1.** 보다 위에, 더 위로: accúmbere ~ *alqm(C.)* … 위에 눕다 / ~ caput

esse*(L.)* 임박하다, 위협하다 / ~ *alqm* ire*(V.)* 아무를 앞지르다. **2.** 먼저, 이전에: ~ hanc memóriam*(Cæs.)* 이 세대 이전에 / ~ cœnam *(Curt.)* 식사하는 동안에. **3.** 〔수, 량, 정도〕 보다 더, 이상(以上), 그밖에 더: ~ quáttuor mília hóminum orábant.*(L.)* 4천명 이상이나 되는 사람이 기도했었다. **4.** …를 넘어서, 초월하여: ~ hóminis fortúnam*(C.)* 인간의 운명을 넘어서 / ~ morem*(V.)* 보통을 넘어서 / ~ metum*(L.)* 공포심을 초월하여. **5.** 〔임무, 부임 등의 뜻을 가진 명사 앞에서〕: ~ bibliothécam *alqm* constitúere*(Vitr.)* 아무를 도서관장으로 임명하다 / ~ ratiónes*(Q.)* 회계원에 (임명하다).

supradíctus, a, um, *adj.* [supra + dico²] 위에 말한, 위에 서술된, 전술(前述)한.

suprafátus, a, um, *adj.* [supra + fari] 상술한, 위에서 말한. ｢에서 붓다(注).

suprafúndo, ĕre, *tr.* [supra + fundo²] 위

suprágrăvo, áre, *tr.* 몹시 무겁게 만들다, 악화시키다.

suprajácĭo, cĕre, *tr.* 위로 던지다.

supralátĭo, ónis, *f.* [supra + fero] 과도, 극단, 과대, 과장, 장유(張喩). ｢의.

supraorbitális, e, *adj.* 《醫》 안와(眼窩) 위

suprapositĭo, ónis, *f.* [supra + pono] (질병, 발작의) 극도, 절정.

suprarenális, e, *adj.* 부신(副腎)의.

suprascándo, ĕre, *tr.* 기어 올라가다, 위로 넘어가다. ｢**2.** 앞에 언급하다.

suprascríbo, ĕre, *tr.* **1.** 위에 쓰다, 위에 적다.

suprasédĕo, ére, *intr.* 위에 앉다.

suprástrŭo, ĕre, *tr.* 위에 짓다(建).

supravívo, ĕre, *intr.* 살아남다. 오래살다.

supréma, órum, *n.pl.* [suprémus] **1.** 최후 시각, 죽기 직전, 죽음. **2.** 시체. **3.** 마지막 뜻, 유언. **4.** 장례식.

suprémĭtas, átis, *f.* [suprémus] **1.** = extrémitas 극단, 말단, 끝. **2.** 최고도. **3.** 최후, 죽음: honor supremitátis*(Amm.)* 장례식.

suprémo[**-mum**], *adv.* [suprémus] 마지막으로, 최후에, 나중에, 드디어.

suprémus, a, um, *adj. superl.* [súperus] **1.** 맨위의, 정상의, 가장 높은, (바다) 먼: suprémi montes*(V.)* 산봉우리. **2.** 맨뒤의, 맨끝의, 최후의, 마지막의: suprémo vitæ die*(C.)* 최후의 날에 / suprémum iter*(H.)* 마지막 여행, 저승길 / sole suprémo*(H.)* 해가 질 때에 / nocte supréma*(Col.)* 밤이 샐 때에/〔*subst.*〕 supréma, æ, *f.* 해질 때 / ~ hora*(Tib.)* 죽음의 시각 / ore suprémo*(Ov.)* 죽을 때 마지막 말로 / ~ honor*(V.)* 장례식 / 〔*subst.*〕 ventum est ad suprémum*(V.)* 막다른 골목에 이르렀다, 끝장이 됐다. **3.** 가장 중요한, 최대의: suprémum supplícium*(C.)* 가장 혹독한 형벌. **4.** (계급) 제일 높은, 첫째의.

sups... *V.* subs...

supter = subter.

sur..., r자로 시작하는 말 앞에서 합성될 때 sub 대신 쓰는 접두사.

sūra¹, æ, *f.* 《解》 장딴지, 종아리뼈.

Sura², æ, *f.* 로마인의 씨족명, *Cícero*의 동시대인으로 *Catilína* 음모의 공모자 *P. Cornélius Léntulus Sura.*

surális, e, *adj.* 《解》 장딴지의.

surcéllus[**-cíllus**], i, *m.* = súrculus.

surcl... *V.* surcul...

súrcŭla, æ, *f.* 포도의 일종. ｢(木質)의.

surculácĕus, a, um, *adj.* [súrculus] 목질

surculámen, mĭnis, *n.* [súrculus] 싹, 순.

surculáris, e, *adj.* [súrculus] 순을 내는, 싹돋게 하는. ｢새순의.

surculárĭus, a, um, *adj.* [súrculus] 새싹의,

súrcŭlo, áre, *tr.* [súrculus] **1.** 싹을 자르다, 가지를 치다, 순을 자르다. **2.** 《料》 쇠꼬챙이에 붙이다[꿰다].

surculósus, a, um, *adj.* [súrculus] 목질(木質)의, 숲의; 〔*adv.*〕 **-se,** 나뭇가지처럼, 나뭇가지 모양으로.

súrcŭlus, i, *m.* [**-lum,** i, *n.*] *dim.* [surus] **1.** 새싹, 나무순, 움, 새가지. **2.** 접목(接木), 접지(接枝). **3.** (살에 박힌) 가시. **4.** 작은 나무; 부러진 나뭇가지, 막대기. **5.** (붕대감을 때에) 곁대는 나무, 부목(副木); 요리용 쇠꼬챙이.

surdáster, tra, trum, *adj. dim.* [surdus] 가는 귀먹은, 귀가 어두운.

surdésco, ĕre, *intr. inch.* [surdus] 귀가 어두어가다, 귀머거리되다.

súrdĭtas, átis, [**-dígo,** ĭnis; **-dítĭa,** æ,] *f.* [surdus] 귀먹음, 귀어두움, 난청(難聽).

surdus, a, um, *adj.* **1.** 귀먹은: súrdior aure *(Lampr.)* 귀가 먹은: 〔격언〕 surdo narráre fábulam*(T.),* cantáre surdo, cánere surdis *(V.),* cánere surdis áuribus*(L.),* suadére surdis*(Lucr.)* 우이독경(牛耳讀經). **2.** 들으려 하지 않는, 고집불통의, 완고한, 냉정한: ~ ad múnera*(Ov.)* 선물에도 움직이지 않는 / ~ in vota dii*(Ov.),* surdi votis dei*(Q.)* 간청을 듣지 않는 신들 / ~ veritátis*(Col.)* 진리를 듣지 않는 / in Græcórum sermóne surdi*(C.)* 희랍인들을 이해하지 못하는. **3.** 소리 안나는: vox surda*(Q.)* 무성음(無聲音), 약한 소리 / ~ locus*(Vitr.)* 아무 소리도 들리지 않는 곳. **4.** (소리 · 냄새 · 색 · 시력이) 약한: ~ color *(Plin.)* 퇴색한 빛깔 / res surdæ, surdæ ac sensu caréntes*(Plin.)* 무생물 / ~ nomen *(Sil.)* 빛나지 않는 이름 / ~ herbæ*(Plin.)* 이름 없는 풀. **5.** 〔*adv.*〕 **-de,** 귀머거리 모양으로, 완고하게.

surémit, surémpsit, sumo에서 나온 sumpsit, súmpserit의 고형.

suréna¹, æ, *m.* *Parthi*족의 재상(宰相).

suréna², æ, *f.* 물고기의 일종.

surgo, surréxi, surréctum, ĕre, [sub + rego]

I. *tr.* 들다, 높이다, 일으키다, 소생시키다. II. *intr.* 1. **일어나다**, 서다: ~ (de) sella*(C.)* 걸상에서 일어나다 / 〔*impers.*〕 Súrgitur.*(Juv.)* 모두 일어나다, 막이 열리다. 2. 올라오다, 솟다, 일다, 날다, 떠오르다: Ignis surgit ab ara. *(Ov.)* 제단에서 불길이 올라간다 / Mare surgit.*(Ov.)* 파도가 인다. 3. 생기다, 나타나다, 시작하다: Pugna áspera surgit.*(V.)* 처절한 싸움이 일어나다. 4. 소생하다, 부활하다. 5. 자라다, 장성하다.

Suri, Súria = Syri, Sýria.

súrĭo, íre, *intr.* [sus[1]] 암내나다.

surpícŭlus = scirpículus.

súrpĭo = surrípio.

súrpŭit = surrípuit = subrípuit. *V.* subrípio[1], surrípio.

surr... *V.* subr...

surréctus, a, um, *p.p.* [surgo, súbrigo].

Surréntum, i, *n.* *Campánia*의 도시(지금의 *Sorrento*); 〔*adj.*〕 **–ntínus,** a, um; 〔*subst.*〕 *m.pl.* **–tíni,** órum, 그곳 주민; *n.pl.* **–tína,** órum, *Surréntum*의 포도주.

surrepticius, a, um, *adj.* *V.* subreptícius.

surréxi, *pf.* [surgo].

surrípĭo[–(**r**)**rúpĭo, subrú**–], rípŭi(–répsit), réptum, ĕre, *tr.* [sub + rápio] 1. 훔치다, 탈취하다. 2. 감추다: ~ se *alci,* de foro, *alqo (Pl.)* 아무에게 몸을 피하다, 공공장소에서 몸을 피하다, 어떤 곳에 피하다. 3. 면하게 하다: ~ *alqm* morti*(H.)* 아무를 죽음에서 면하게 하다.

surruptícius, a, um, *adj.* *V.* subreptícius.

sursum[–**us, susum, susus, susovórsum, sursuórsum**], *adv.* [sub + versum] 1. 위로: ~ deórsum commeáre*(C.)* 위아래로 돌아다니다. 2. 〔versus(vorsus), versum(vorsum)과 함께〕 sursum versus*(C.),* sursus versus*(Lucr.)* 밑에서 위로 / ~ vorsum sérpere *(Var.)* 밑에서 위로 기어오르다. 3. 위에, 높은 곳에: qui colunt sursum*(Var.)* 높은 곳에서 농사짓는 사람들 / ~ deórsum versáre*(Sen.),* quod sursum est, deórsum fácere*(Petr.)* 사리를 뒤죽박죽 바꾸다.

sursuórsum, *adv.* = sursum.

sūrus, i, *m.* 나뭇가지, 말뚝.

sūs[1], sŭis, *m. f.* 〔*dat., abl.pl.* súibus, subus〕 1. 돼지: 〔격언〕 ~ Minérvam(docet)*(C.),* ~ ártium repertrícem(docet) 무식한 주제에 박학한 사람을 훈계하다. 2. 독약의 일종.

sŭs[2], *adv.* *V.* susque 위에(로): susque deque 위아래 아무데나 / susque deque ferre, habére *alqd(Pl.),* susque deque esse*(Var.)* 아무래도 좋다.

Sūsa, órum, *n.pl.* *Pérsia*의 옛 수도.

suscénsĕo, sŭi, sum, ére, *intr.* 〔*alci, alqd,* propter, quod, *inf.*〕 화내다, 울화가 치밀다. = succénseo는 잘못된 철자.

suscénsĭo, ónis, *f.* [suscénseo] 분노, 울화.

suscépta, æ, *f.* [suscípio] 피보호자(여).

susceptíbĭlis, e, [–**tívus,** a, um,] *adj.* [suscípio] 감각이 예민한, 받아들일만한, 용납되는.

suscéptĭo, ónis, *f.* [suscípio] 1. 계획, 기획, 착수. 2. 받음, 용납. 3. 접대, 접견, 만찬. 4. 세례받음. 5. = auxílium, opitulátio.

suscépto, ávi, áre, *tr. freq.* [suscípio] 인수(引受)하다, 작업을 맡다, 떠맡다.

suscéptor, óris, *m.* [–**trix,** ícis, *f.*] [suscípio] 1. 인수자, 기업인, 청부인. 2. 원조자, 보호자. 3. (범인) 은닉자. 4. 영수자(領受者).

susceptórĭus, a, um, *adj.* [suscépto] 접대하는, 받아들이는, 받은; *n.* 접견실, 용기(容器).

suscéptum, i, *n.* [suscípio] 계획, 기획, 착수, 경영, 청부.

suscéptus, i, *m.* [suscípio] 피보호자, 환자(병원에 받아들여진).

suscípio, cépi, céptum, ĕre, *tr.* [sus + cápio[1]] 1. 받치다, 버티다, 받아 들다: ~ dóminam ruéntem*(V.)* 비틀거리는 주부(主婦)를 부축하다. 2. 알아주다, 접대하다, **환영하다**. 3. 채용하다, **받다**; 인정하다. 4. 붙들다, 쥐다, 들다. 5. 받아들이다: ~ *alqm* in populi Románi civitátem*(C.)* 누구를 *Roma* 시민으로 받아주다. 6. 다시 계속하다, 대답하다: ~ sermónem*(Q.)* 이야기를 계속하다. 7. 자기에게로 끌다, 짊어지다, 책임지다, 떠맡다(recípere 강제로 맡다의 반대): ~ glóriam Africáni tuéndam*(C.)* *Afrĭca*인의 명예를 보호하기로 나섰다. 8. 당하다, 견디다, 대치하다, 맞서다. 9. 계획하다. 10. 지지하다, 비호하다. 11. 종교의식을 행하다[지내다]. 12. (탓, 죄를) 걸머지다, 당하다. 13. (애기를) 받아들여 기르다. 14. 애기를 낳다: fílium ~ ex …*(Pl.)* 누구에게서 아들을 낳다[얻다]. 15. (옳다고) 인정하다.

suscitábŭlum, i, *n.* [súscito] 자극물, 사주(使嗾).

suscitátĭo, ónis, *f.* [súscito] 소생시킴, 부활시킴, 부흥시킴.

suscitátor, óris, *m.* [súscito] 부활시키는 자, 부흥시키는 자.

súscĭto, ávi, átum, áre, *tr.* [sub + cito[2]] 1. 들어 올리다, 쳐들다, 밀어 올리다. 2. 건축하다, 세우다; **일으키다**: ~ *alqm* a subsélliis*(C.)* 걸상에서 일으키다. 3. (잠에서) 깨우다, 부활시키다: ~ *alqm* (e) somno*(C.)* 잠에서 깨우다. 4. 〔in *acc.*〕 일깨우다, 불붙이다, 생기를 돋구다, **자극하다**, 선동하다.

suscus, *V.* subscus.

Susiána[–**ne**], æ(es), *f.* 페르샤의 지방(지금의 *Chusistan*), 그 수도 *Susa.*

Susiánus, a, um, *adj.* *Susa*의, *Susiána*의; *m.pl.* *Susiána*의 주민.

susinátus[–**ínus**], a, um, *adj.* 백합화로 만든.

Susis, ĭdis, 〔*acc.pl.* –ĭdas,〕 *adj. f.* *Susa*의,

페르샤의.
susovórsum, *adv.* = sursum.
suspéctĭo, ónis, *f.* [suspício[1]] **1.** 큰 존경, 경탄. **2.** 혐의, 의아, 의심.
suspectívus, a, um, *adj.* [suspício[1]] 혐의 있는, 의심이 가는, 의아스러운, 추측되는.
suspécto[1], ávi, átum, áre, [**–ctor,** ári, *dep.*], *tr. freq.* [suspício[1]] **1.** 쳐다보다, 응시하다. **2.** 수상히 여기다, **의심하다**, 불신하다, 혐의를 두다.
suspécto[2], *adv.* [suspéctus[1]] 의심스럽게.
suspéctor, óris, *m.* [suspício[1]] 경탄하는자.
suspéctus[1], a, um, *p.p., a.p.* [suspício[1]] **1.** 수상한, 의심스러운, 혐의받는, 의심받는. **2.** 의심하는; *m.* 이단 혐의자, 이단용의(容疑) 문서, 범죄 혐의자.
suspéctus[2], us, *m.* [suspício[1]] **1.** 쳐다봄; 높이. **2.** 존경, 경탄, 의아.
suspendiósus, a, um, *adj.* [suspéndium] 매달려 있는, 목 매다는.
suspéndĭum, i, *n.* [suspéndo] 매어 다는 일, 매어 담, 교수(絞首).
suspéndo, péndi, pénsum, ĕre, *tr.* **1.** 〔*alqd, alqm abl.,* ex, e, in, sub, de *abl.*〕 달다, **매어 달다**, 늘어뜨리다, 걸다: ~ e, in collo *(Plin.)* 목에 매달다 / ~ sub ramo*(Plin.)* 나뭇가지에 ~ / ~ *alqd* ex alta pinu*(V.)* 높은 소나무에 …을 매달다. **2.** 받치다(支持): ~ tignis contignatiónem*(Cæs.)* 목재로 천장을 받치다. **3.** 달린 채로 미결상태에 두다, 결심을 못하다: ~ ánimos*(Curt.)* 결심을 못하다. **4.** 정지시키다, 못하게하다, **정직[휴직]시키다**. **5.** 높은 데로 올리다, 땅을 일구다, 들어올리다. **6.** 궁륭(穹窿)·하늘·천정을 만들다. **7.** 참다: ~ fletum*(Ov.)* 울음을 참다.
suspénse, *adv.* [suspénsus] 머뭇머뭇하며, 주저하면서, 우유부단하게.
suspénsĭo, ónis, *f.* [suspéndo] **1.** 매달아 둠, 현수(懸垂). **2.** 미결. **3.** 정지. **4.** 휴직, 정직(停職). **5.** 궁륭. **6.** (가) 성무집행정지.
suspensívus, a, um, *adj.* [suspénsus] 정지의, 미결정의: in suspensívo 미결정으로.
suspensórĭus, a, um, *adj.* [suspéndo] 매다는, 정지하는, (醫) 걸어 매다는; *n.* 매다는 물건, 바구니, 거적. 「궁륭.
suspensúra, æ, *f.* [suspéndo] 둥근 천정,
suspénsus, a, um, *p.p., a.p.* [suspéndo] **1.** 높은 데 있는, 공중에 떠도는, 매달린: suspénsis alis*(L.)* 날개를 펴고. **2.** 확실치 않은, 불안한, 미결의. **3.** 〔ex〕 …에 달린, 속하는, 붙어있는. **4.** 정신이 어지러운, 겁먹은, 안절부절 못하는. **5.** 〔ex, *gen.*〕 기다리는: ~ expectatióne*(C.)* 기다리고 있는. **6.** 휴식하는, 휴일을 지내는, 일을 안하는. 「추측하는.
suspicábĭlis, e, *adj.* [súspicor] 짐작되는,
suspicátĭo, ónis, *f.* [súspicor] 짐작함, 가정(假定), 의심쩍게 생각함.
súspĭcax, ácis, *adj.* [súspicor] 의심잘하는, 불신의; 의심스러운. 「복.
suspiciéntĭa, æ, *f.* [suspício[1]] 큰 존경, 탄
suspícĭo[1], spéxi, spéctum, ĕre, [sus[2] + spécio] **I.** *intr.* 〔in, ad *acc.*〕 위로 쳐다보다: ~ in cælum*(C.)* 하늘을 쳐다보다 / respiciéntes suspicientésque et despiciéntes*(Plin.)* 뒤돌아 보는자, 올려다 보는자, 그리고 내려다 보는자들.
II. *tr.* **1. 쳐다보다**, 우러러보다. **2.** 깊이 생각하다, 높은 것을 생각하다. **3.** 경탄하여 쳐다보다, 존경하다. **4. 의심하다**. **5.** 〔*inf.*〕 …라는 것을 알아채다.
suspícĭo[2], ónis, *f.* [súspicor] **1.** 의심, 의아, 의혹: ~ in servos*(C.)* 종에 대한 의심 / in suspiciónem veníre*(N.)* 의심스럽다 / suspiciónem habére adultérii*(C.)* 간통죄의 의심을 하다, 혹은 의심을 받다 / suspiciónem sustinére*(N.)* 의심받다 / ~ non abest quin *(Cæs.)* 의심의 여지가 없다 / suspiciónem inférre, injícere, fácere, movére*(C.)* 의심을 일으키다. **2.** 짐작, 추측, 육감, 예감. **3.** 흔적.
suspícĭor, spĭci, *dep. tr.* 의심하다.
suspiciósus, a, um, *adj.* [suspício[1]] **1.** 의심되는, 개운치 않은, 혐의가 짙은. **2.** 그늘진, 위험성이 많은, 다시 생각해야 할: suspiciosíssimum negótium*(C.)* 위험스러운 장사. **3.** *adv.* **–se,** 의심스럽게.
suspícĭter, *adv.* [suspício[1]] 불신하여.
súspĭcor, átus sum, ári, *dep.* [**–co,** áre,] *tr.* [suspício[1]] **1.** 〔*acc.* de *abl.*〕 의심하다. **2.** 추측하다, …라는 생각을 가지다, 예감하다.
suspiránter, *adv.* [suspíro] 탄식하며.
suspirátĭo, ónis, *f.* [suspíro] 한숨, 탄식, 신음; 불평, 탄성. 「한숨, 탄식, 신음.
suspirátus, us, *m.* [suspíro] (=suspíritus)
suspiriósus, a, um, *adj.* [suspírium] 숨찬, 천식증있는.
suspírĭtus, us, *m.* [suspíro] 탄식, 한숨.
suspírĭum, i, *n.* [suspíro] **1.** 심호흡, **2.** 한숨, 탄식, 신음. **3.** 천식. **4.** 사랑의 탄식.
suspíro, ávi, átum, áre, [sus[2] + spiro] **1.** *intr.* 심호흡하다, 한숨쉬다, 탄식하다, 신음하다, 〔 … ne〕 … 할까 탄식하다, 〔in *alqa,* in *alqm*〕 …에 대한 사랑으로 신음하다; (동물이) 할닥거리다; 김나다. **2.** *tr.* 내뿜다, 발산하다, 신음소리내다: ~ álios amóres.*(Tib.)* 다른 사람에 대한 사랑으로 신음하다 / ~ ténues ventos.*(Lucan.)* 미풍을 내뿜다; 불평하다; (냄새를) 풍기다, 앙망(仰望)하다.
suspítĭo, ónis, *f.* suspício[2]의 잘못된 철자.
suspitiósus, suspiciósus의 잘못된 철자.
susque deque, *adv.* *V.* sus[2]. 위아래로.
sussúlĭo, íre, *intr.* *V.* subsílio.
sussúlto, *V.* subsúlto.
sustentábĭlis, e, *adj.* [susténto] 견딜 수 있는, 생존할 수 있는.

sustentácŭlum, i, *n.* [susténto] **1.** 지지, 지탱. **2.** 의식(衣食), 영양, 유지(維持), 부양(扶養). 「(截距突起).
sustentáculum tali, i, *n.* **(醫)** 재거돌기
sustentátĭo, ónis, *f.* [susténto] **1.** 지지, 지탱. **2.** 정지, 중지. 보류. **3.** 부양(扶養), 생계, 유지, 양식. 「자, 부양자.
sustentátor, óris, *m.* [**–trix,** ícis, *f.*] 보호
sustentátus, us, *m.* [susténto] 지탱, 지지(支持); 원조, 부양.
susténto, ávi, átum, áre, *tr. freq.* [sustíneo] **1.** 밑에서 받치다, 고이다, **지탱하다,** 버티다, 붙들다, 고정시키다. **2.** 유지하다, 돕다, 북돋우다. **3. 부양하다,** 먹여살리다. **4.** 견디다, 버티다, 참다: ~ egestátem*(C.)* 가난을 견디다. **5.** 미루다, 연기하다, 보류하다. **6.** 억제하다, 멈추게 하다, … 못하게 말리다.
susténtus, us, *m.* [sustíneo] 쳐들어 받침, 지지함, 부양함.
sústinens, éntis, *m.* 병앓는 자, 환자.
sustinéntĭa, æ, *f.* [sustíneo] 〔*gen.*〕 지속, 버팀, 인내.
sustíneo, tínŭi, téntum, ére, *tr.* [sus^2 + téneo] **1.** 〔*alqd alqa re*〕 밑에서 잡다, 떠받들다, 받쳐주다: Aēr volátus álitum sústinet. *(C.)* 공기는 나는 새를 받쳐준다 / ~ se a lapsu*(L.)* 떨어지지 않게 버티다. **2.** 짊어지다, **견디다,** 버티다: ~ húmeris bovem vivum*(C.)* 살아 있는 소를 어깨에 메다. **3.** 정지시키다, … 하지 못하게 말리다, 제지하다, 보류하다. **4.** 유지하다, 보존하다, 보호하다: ~ amícum re*(C.)* 재산으로 우정을 유지하다. **5. 인내하다,** 참다, 견디다, 오래가다, 참아내다, 이겨내다. **6.** 기르다, 먹여살리다, 양육하다, 부조하다, 돕다. **7.** …의 몫을 하다, 역할을 하다, 구실을 하다: ~ tres persónas*(C.)* 세 사람 몫을 해내다. **8. (軍)** 저항하다. **9.** 연기하다, 미루다. **10.** 끈질기게 기다리다. **11. (醫)** *p.præs.* sústinens 환자.
sustóllo, tŭli, sublátum, ĕre, *tr.* **1.** 높이 들다, 들어 올리다. **2.** …를 폐기하다, 없애다, 걷어치우다.
sustríngo, sustríctus = substríngo.
sústŭli, *pf.* [súffero, sustóllo].
susum, *adv.* = sursum.
susúrna, æ, *f.* 모피, 모직물.
susurrámen, mĭnis, *n.* [**–rátĭo,** ónis, *f.*] 중얼거림, 수군거림, 군소리, 주문(呪文), 비방.
susurrátim, *adv.* 중얼거리며.
susurrátor, óris, *m.* [**–trix,** cis, *f.*] [susúrro^1] 중얼거리는 사람, 속삭이는자, 비방자.
susúrrio, ónis, *m.* = susúrro^2.
susúrrĭum, i, *n.* [susúrro^1] 속삭임, 수군거림, 흉봄, 중상, 비방, 밀고, 고자질.
susúrro^1, áre, *intr.* **1.** 수군거리다, 중얼대다. **2.** 속삭이다, 밀담하다, 군소리하다. **3.** (벌 따위가) 윙윙대다, (바람) 소리나다, (물) 흐르는 소리나다. **4.** *tr.* 콧노래 부르다, 입속으로 부르다: ~ cántica.*(Mart.)* 콧노래 부르다.
susúrro^2, ónis, *m.* [susúrrus] 비방하는자, 중상자.
susúrrus, a, um, *adj.* [susúrro^1] 중얼거리는, 윙윙거리는; *m.* **–rus,** i[us], 중얼거림, 윙윙거림, 밀담, 속삭임, 수군거림; 밀고.
susus, *adv.* = sursum.
suta, órum, *n.pl.* [sutus, suo] 갑옷.
sutéla, æ, *f.* [suo] 헝겊기워대기; 간계, 교활.
Suthul, 〔*indecl.* et *gen.* –lis,〕 *n.* *Numídia*의 요새.
sutĭlis, e, *adj.* [suo] 기운(縫); 쪽을 맞춘.
sūtor, óris, *m.* [suo] **1.** 신 만드는 사람, 제화공(製靴工); 구두 수선공, 천민을 가리키는 말. **2.** 맞추는자, 꾸미는자, 편집자. 「공(靴工)의.
sutórĭus[**–rícĭus**], a, um, *adj.* [sutor] 화
sutribállus, i, *m.* 구두 수선공.
sutrínus, a, um, *adj.* [sutor] 제화공(製靴工)의, 제화(製靴)의, 구두장이의; 〔*subst.*〕 *f.* (*sc.* tabérna) 구두상점; *n.* (*sc.* artifícium) 제화업.
Sútrĭum, i, *n.* 남부 *Etrúria*의 도시; 〔*adj.*〕 **–rínus**[**–rĭus**], a, um; 〔*subst.*〕 *m.pl.* **–ríni,** órum, 그곳 주민.
sutum, i, *n.* [suo] **1.** 결합. **2.** *pl.* 갑옷.
sutúra, æ, *f.* [suo] **(醫)** 봉합(縫合), 봉합술; 결합.
sūtus, a, um, *p.p.* [suo].
suum, i, *n.,* 특히 *pl.* sua [suus] **1.** 자기의 것, 자기의 재산. **2.** 본성, 특징, 제 버릇.
sŭus, a, um, 〔*gen.pl.* suum도 있음〕, *pron. poss. refl.* **1.** 자기의, 자기 소유의: *alqd* suum dícere*(Q.)* 무엇을 자기 소유라고 주장하다 / tribúere suum cuíque*(C.)* 각자에게 자기 것을 주다. **2.** suus에 met나 pte를 접미하면 suus, a, um의 뜻을 강조한다: suápte manu*(C.)* 직접 자기 손으로. **3.** 고유의, 적합한, 고정된, 규정된, 합법적인: témpore suo*(C.)* 제때에. **4.** 유리한, …에 속하는: loco suo*(Sall.)* 유리한 장소에. **5.** (편지의 인사 형식) 친애하는, 존경하는: Túllius Tiróni suo.*(C.)* *Túllius Cícero*가 친애하는 *Tiro*에게. **6.** 독립된, 자유의: Ancílla nunc sua est.*(Pl.)* 이 여종은 이제 자유의 몸입니다. **7.** 〔1인칭 복수와 함께 sui juris〕 우리 권리: si sui juris sumus*(Paul.)* 우리가 우리 권리를 누린다면. **8.** 자연적인, 본연의. **9.** *m.pl.* 자기 사람, 부하, 식구 등.
suxi, *pf.* [sugo]. 「호칭으로) 성하(聖下).
S.V. **(略)** = Sánctitas Vestra. (교황에 대한
sýăgrus, i, *f.* **(植)** 종려의 일종.
Sýbăris, is, 〔*acc.* –rim,〕 *f.* **1.** *Itália* 남쪽 *Lucánia*의 도시(지금의 *Sibari*), *Taréntum*만에 있으며 사치로써 유명하였음. **2.** *m.* **–barita,** æ, ~사람; *m.pl.* **–baritáni,** ~의 주민. **3.** *f.* **–barítis,** ĭdis, ~의 여자; *adj.* **–baríticus,** a, um, ~의; 향락의.

sybótes, æ, *m.* 돼지 사육자.
Sycámbri, órum, *m.pl.* = Sicámbri.
Sycámĭnos[-nus], i, *f.* = Sycómorus.
Sȳce, es, *f.* **1.** 무화과의 일종, 야생 소나무. **2.** 눈의 농창.
Sychǽus, i, *m.* *Dido* 여왕의 남편; 〔*adj.*〕 –**chǽus,** a, um.
sycítes, æ, *m.* 무화과주(酒).
sycítis, tĭdis, *f.* 무화과 색깔의 보석.
Sycolatrónidæ, árum, *m.pl.* 무화과 약탈족(상상의 족속).
sycómŏrus, i, *f.* 《植》 이집트의 무화과나무 일종, 큰 단풍나무.
sycónĭum, i, *n.* 《植》 은화과(隱花果).
sycophánta[suco-], æ, *m.* 무화과 수출법 위반자를 고발하는자; 고발인, 사기꾼, 위선자; 기식객, 아첨자.
sycophántĭa[suco-], æ, *f.* 엉터리수작, 사기.
sycophantióse, *adv.* [sycophánta] 간계를 써서, 교활하게, 사기로.
sycophántor, ári, *dep. intr.* [sycophánta] 사기수단을 쓰다, 잔꾀를 부리다.
sycótum, i, *n.* = ficátum.
sydus, dĕris, *n.* = sidus.
Syéne, es, 〔*acc.* –nen,〕 *f.* 북부 이집트의 도시(지금의 *Essouan*), 붉은 화강암으로 유명; 붉은 화강암; 〔*subst.*〕 –**nítæ,** árum, *m.pl.* 그곳 주민; –**nítes,** æ, *m.* 붉은 화강암(오벨리스크탑 건축에 사용되었음).
Sygámbri = Sugámbri = Sigámbri, *V.* Sicámbri.
Syla, æ, *m.* = Sila.
syll– = sull–.
Sylla[1], æ, = Sulla.
sylla[2], æ, *m.* (=effeminátus) 여성화한 남자, 난봉꾼.
sýllăba, æ, *f.* 음절(音節), 음철(音綴), 시구(詩句).
syllabárĭi, órum, *m.pl.* [sýllaba] 읽기 배우는 이들.
syllabátim, *adv.* [sýllaba] 한 음절씩, 세밀하게.
syllábĭce, *adv.* [syllábicus] 음절로, 한 음절을 부가하여.
syllábĭcus, a, um, *adj.* 음절의.
sýllabus, i, *m.* 장부(帳簿), 목록, 금서목록.
syllépsis[synlép–], is, 〔*acc.* –in; *abl.* –i,〕 *f.* 《文法》 의의적 일치법(意義的一致法), 《修》 일필쌍서법(一筆雙敍法), 한 말을 두 뜻으로 사용함.
Sý(l)léum, i, *n.* *Pamphýlia*의 도시.
sýllĭbus, *V.* síttybus, síllybus[1].
sýllŏge, es, *f.* 수집, 집성(集成), 법률집.
syllogismátĭcus, a, um, *adj.* 삼단논법에 들어 있는.
syllogísmus[synlo–], i, *m.* 《論》 삼단논법, 공식논법.
syllogístĭcus, a, um, *adj.* 삼단논법적; 〔*adv.*〕 –**ce,** 삼단논법으로.
syllogizábĭlis, e, *adj.* [syllogízo] 논증하기 쉬운, 추리가능한.
syllogízo, áre, *intr.* 삼단논법을 사용하다, 삼단논법적으로 생각하다.
sylv..., Sylv... *V.* silv..., Silv...
Symǽthis, ĭdis, *adj. f.* (nympha) *(Ov.)* *Symǽthus*강의 (요정).
Symǽthus, i, *m.* [–**um,** i, *n.*] *Sicília* 동해안의 강(지금의 *Giarretta*); 〔*adj.*〕 –**théus** [–**thĭus**], a, um.
symbiósis, is, *f.* 《動·植》 공생(共生).
sýmbŏla[sumb–], æ, *f.* **1.** 소풍, 피크닉. **2.** 추렴, 돈을 몫으로 냄. **3.** 식탁에서 담화할 때의 자기 차례.
symbólĭcus, a, um, *adj.* [sýmbolum] 상징적, 표상적; 〔*adv.*〕 –**ce,** 형용적으로.
sýmbŏlum[súm–], i, *n.* [–**lus,** i, *m.*] 징표, 특징, 상징, 표상, 부호(符號); 도장, 신임장, 《宗》 신경(信經).
Sýmmăchus, i, *m.* *Roma*인의 가문명; 특히 원로원이며 연설가 *Q. Aurélius*(4세기)가 유명함; 〔*adj.*〕 –**chiánus,** a, um.
sýmmeter = sýmmetros.
symmétrĭa, æ, *f.* 대칭(對稱), 균형, 조화, 좌우가 어울림.
sýmmĕtros, on, *adj.* 대칭의, 상칭의, 균형잡힌, 조화된.
symmýsta[-stes], æ, *m.* **1.** 동료사제. **2.** 동일교리를 전수받은 자.
sympásma, ătis, *n.* 몸에 뿌려서 바르는 가루약.
sympathía, æ, 〔*acc.* –an,〕 *f.* 친근성, 관련성, 유사성; 동정, 공감, 호감, 호의, 연민, 우정.
sympáthĭcus, a, um. *adj.* **1.** 공감의, 동정심을 일으키는. **2.** 《解》 교감성의, 감응성의: nervus ~ 교감신경.
symperásma, ătis, *n.* (삼단논법의) 결론.
symphonátor, óris, *m.* symphónia를 연주하는자.
symphónĭa, æ, *f.* 화음, 조화, 협화음, 화악(和樂), 반주; 교향악, 교향곡, 심포니; 악기의 일종, 복, (관·현·타)악기, 기악; 악대; (초대교회 성가의) 화성합창.
symphoníăcus[1], a, um, *adj.* 화음의, 협화음의, 교향곡(악)의, 음악의; *m.* 음악가; *pl.* 악대, 합창대.
symphoníăcus[2], i, *m.* 《植》 사리풀.
symphónĭo, áre, *intr., tr.* 교향악을 연주하다.
symphónium, ii, *n.* = symphónia.
symphýsis, is, *f.* 《醫》 유착(癒着), 봉선(縫線), 결합(結合).
Symplégădes, um, 〔*acc.* –gadas,〕 *f.pl.* (= Cyáneæ) 흑해 입구에서 움직이는 무서운 암초 두 개.
symplégas, ădis, *f.* **1.** 결합, 응집(凝集), 정착. **2.** Symplégades 암초중 하나.
symplégma, ătis, *n.* 씨름할 때 두 팔을 서로 낌, 씨름꾼.
sympódium, i, *n.* 《植》 가축(假軸).
symposíăcus, a, um, *adj.* 연회의, 주연의, 축연의; 〔*subst.*〕 **Symposíăca,** órum, *n.pl.* *Plutárchus*의 저서명; 연회석상의 대화.
sympósĭon[-sĭum], i, *n.* **1.** 향연, 연회, 주연; *Plato*의 저서명. **2.** 심포지움.

sympóticus, a, um, *adj.* 연회의, 회식의.
sympsálma, ătis, *n.* 칠현금의 반주.
sýmptoma, ătis, *n.* 《醫》 징후, 징조, 증세.
symptomatológĭa, æ, *f.* 《醫》 증후학(症候學), 진단학.
synǽrĕsis, is, *f.* 이음합약(二音合約, 두 모음을 하나로 합쳐서 중모음으로 함). 「회.
synagóga, æ, *f.* 교회당, (유대인의) 회당, 교
Synalíp... *V.* Synalœp... 「계약의.
synallagmátĭcus, a, um, *adj.* 쌍무의, 쌍무
synalœ́phe, es, [**–pha,** æ,] *f.* (synǽresis 또는 elísio에서 옴) 약철(約綴, 두 음절을 한 음절로 축소함).
synánche, es, *f.* 《醫》 인후염. 「후염의.
synánchĭcus, a, um, *adj.* [synánche] 인
synaphía, æ, 〔*acc.* –an,〕 *f.* 《詩》 격조연결(格調連結).
Synapothnescóntes, *m.pl.* 희랍 희극작가 *Díphilus*의 저서: 함께 죽는 자들.
synápsis, is, *f.* 《生》 신경세포 연접(連接), 《動》 연접부.
Synaristósæ, árum, *f.pl.* 희랍 희극작가 *Menánder*의 저서: 점심상의 여손님들.
synarthrósis, is, *f.* 《解》 부동결합(不動結合), 관절유합. 「회의.
synáxis, ĕos, 〔*acc.* –in,〕 *f.* 회합, (종교적)
syncategoréma, ătis, *n.* 문장, 연설의 한 부분(그 말 자체만으로는 별뜻이 없지만 다른 말과 결합하면 완전한 뜻을 주는 말).
syncerástum, i, *n.* 잡탕요리. 「[봉합].
synchondrósis, is, *f.* 《解》 연골(軟骨) 접합
synchrísma, ătis, *n.* [**–ma,** æ, *f.*] 기름 바름, 도유(塗油).
sýnchrŏnus, a, um, *adj.* 동시대의.
sýnchysis, is, *f.* 단어 구성의 무질서, 《文法》 전치법(轉置法).
sýncŏpa, æ, [**–pe,** es,] *f.* 결여, 결함; 《醫》 졸도, 가사(假死), 《文法》 중간음절 생략, 《音》 절분법(切分法). 「정신잃다, 기절하다.
sýncŏpo, ávi, átum, áre, *intr.* [sýncope]
syncrásis, is, 〔*acc.* –sin,〕 *f.* 혼합.
syncretísmus, i, *m.* 《哲》 여러 설의 통합, 《宗》 여러 교의 통합, 《言》 융합(하나의 형태가 문법적으로 여러 기능을 겸하는); 습합(褶合).
synderésis, is, *f.* 타고난 양심, 양지양능(良知良能), 양심의 가책.
syndesmológĭa, æ, *f.* 《醫》 인대학(靭帶學).
syndesmósis, is, *f.* 《醫》 인대결합(靭帶結合).
syndicalísmus, i, *m.* 산업혁명운동, 조합주의.
sýndĭcus, i, *m.* 한 구역의 대표이며 변호인, 읍면장, 이사(理事), 간사.
syndon, ŏnis = sindon.
synécdŏche, es, *f.* 《修》 대유법(代喩法), 제유법(提喩法), 일부로 전부를 전부로 일부를 나타내는 어법.
synecdóchĭcus, a, um, *adj.* [synécdoche] 대유법의; 〔*adv.*〕 **–chĭce.**

synéchĭa, æ, *f.* 《醫》 **1.** 유착증(癒着症). **2.** 홍채유착(虹彩癒着).
synédrĭum, i, *n.* 회의실, 회합; (*Macedónia*의) 원로원, 《宗》 유대교 최고법원; *m.* **–drus,** i, 원로위원, 최고법관.
synémmenon, i, *adj. n.* 《音》 연접의 = conéxum.
synemptósis, is, *f.* **1.** 공간 또는 시간상의 일치. **2.** 《文法》 형식의 부합.
Synephébi, órum, *m.pl.* 청년동배(*Cæcílius Státius*의 희극 제목).
sýnesis, is, *f.* 세계의 영체 Æon중 하나인 지성.
syngénĭcon, i, *n.* 친척관계, 척분(戚分).
sýngrăpha, æ, [**–phe,** es,] *f.* 서류, 쪽지, (차타는) 표, 서장(書狀).
sýngrăphus, i, *m.* 계약서, 여권(旅券).
synizésis, is, *f.* **1.** 《文法》 모음융합(인접한 두 모음이 융합하여 한 음절이 되는 것). **2.** 《生》 접합기(감수분열 직전에 상동〈相同〉 염색체가 한 덩어리로 되는 것).
Synl... *V.* syll...
Sýnnăda, órum, *n.pl.* [**–nas,** ădis, *f.*] *Phrýgia Major*의 지명, 색대리석으로 유명함; 〔*adj.*〕 **–nadénsis,** e; **–nádĭcus,** a, um: Sýnnades colúmnæ *(Capitol.) Sýnnada*산 대리석으로 만든 기둥. 「되는 신들.
synnávi dii, órum, *m.pl.* 한 신전에서 숭배
synnephítis, tĭdis, 〔*acc.* –tim,〕 *f.* 보석. *V.* galáctites.
synodális, e, *adj.* [sýnodus[1]] 회의의; 〔*subst.*〕 *n.pl.* **–lĭa,** ĭum, 회의 규정; *adv.* **–lĭter,** 회의 결정에 따라.
synódĭa, æ, *f.* [**–dĭum,** i, *n.*] 조화, 화합.
synódĭcus, a, um, *adj.* **1.** 회합의, 회의의, 교구회의의. **2.** 《天》 상합(相合)의.
synodítæ, árum, *m.pl.* 공동생활하는 사람들, 고행수도자. 「회의, 공의회(公議會).
sýnŏdus[1][synhŏ–], i, *f.* 회합, 회의, 종교
sýnŏdus[2], dóntis, *m.* 《動》 도미의 일종.
synœ́cĭum, i, *n.* 공동실(共同室).
synœcósis, is, *f.* 《動》 편리공생(片利共生).
synonéton, i, *n.* 공동구매, 일시구매.
synonýmĭa, æ, *f.* 같은 종류, 같은 뜻, 동류(同類), 동의성(同意性).
synóny̆mos, on, *adj.* 동의(同意)의; 〔*subst.*〕 *n.* **–mon[–mum],** i, 동의어.
synópsis, is[eos], *f.* 일람표, 개요, 도본, 표본; 《神》 공관(共觀) (복음서).
synóris, ĭdis, *f.* 한쌍, 겨릿소 = biga.
synostósis, is, *f.* 《解》 골유착(骨癒着), 골질(骨質) 결합.
synóvĭa, æ, *f.* 《解》 활액(滑液), 관절활액.
syntáxis, is, *f.* 《文法》 문장구성법, 문장론, 구문법. 「달려 죽는, 폐결핵을 앓는.
syntéctĭcus, a, um, *adj.* [syntéxis] 기력이
syntéxis, is, *f.* 《醫》 체력쇠약, 폐병, 위축증.
sýnthĕma, ătis, *n.* 합의의 표, 역마를 가질

수 있는 허가증.

synthésina, æ, *f.* 식사용 복장.

sýnthĕsis, is, 〔*acc.* –in; *abl.* –i,〕 *f.* **1.** 종합(綜合), 총괄. **2.** 식사의 전체. **3.** 옷의 일습. **4.** 혼합물. **5.** Saturnália 축제 식사옷. **6.** 《醫》 접합(接合).

syntonátor[**sun–**], óris, *m.* sýntonum 악기 「연주자.

sýntŏnum, i, *n.* 악기의 일종.

syntróphĭum, i, *n.* 《植》 나무 딸기.

syntróphus, i, *m.* 함께 양육된 자, 같은 젖 먹고 자란 자 = collactáneus.

synúsĭa, æ, *f.* 《生》 한 생물 군집 속에서 생활형이 같은 집단(예를들면 나무의 높이가 같은 것끼리).

synzúgia = syzýgia.

Sўphax, ácis[ăcis], 〔*acc.* –ăgen,〕 *m.* 제 2차 *Cartházo* 전쟁 때의 *Numídia*의 왕. 「매독.

sýphĭlis, is, *f.* 《醫》 매독: ~ congénita 선천

syphilóma, ătis, *n.* 《醫》 매독종(梅毒腫).

Syracúsæ, árum, *f.pl.* *Sicília* 동해안의 가장 큰 도시(지금의 *Siragossa*); 〔*adj.*〕 **–sánus** [**–sĭus, –cósĭus**], a, um; 〔*subst.*〕 **–sáni** [**–sĭi, –cósĭi**], órum, *m.pl.* 그곳 주민.

Syri[**Su–**], órum[Syrum], *m.* 시리아인.

Sýrĭa[**Sú–**], æ, *f.* 지중해 연안 소재 소*Asĭa*의 한 나라, *Assýria* 대신 쓰기도 함; 〔*adj.*〕 **–ríăcus**[**–rus, –rius**], a, um; *m.* **Syrus,** i, 그곳 사람.

syriárcha, æ, *m.* *Sýria*의 대제관.

syriárchia, æ, *f.* *Sýria* 대제관직.

syrínga[**–gĭa**], æ, [**–gĭo,** ónis,] *f.* [syrinx[2]] 《醫》 주사(注射), 주사기; 누관(瘻管).

syrínges, um, *f.pl.* 지하도, 지하식당.

syringotómĭum, i, *n.* 누관 수술기구.

Sўrinx[1], íngis, 〔*acc.* –ínga,〕 *f.* 갈대로 변한 요정, 목신(牧神).

sўrinx[2], íngis, *f.* 《醫》 누관(瘻管), 이관(耳管) **1.** 《植》 갈대; 목신(牧神)의 피리. **2.** 지하회랑, 동굴.

Syríscus, i, [**–a,** æ,] *m. f.* 시리아 남자, 여자라는 고유명사, 노예에 대한 경멸 명칭.

syrma, ătis, *n.* [**–ma,** æ, *f.*] 땅까지 끌리는 옷(비극배우가 입었음), 비극.

syrmátĭcus, a, um, *adj.* 질질 끄는.

Syron = Sciron[1]. 「일부분으로 본 명칭.

Syrophœnícia, æ, *f.* *Phœnícia*를 *Sýria*의

Syrophœníssa, æ, *f.* *Syrophœnícia* 여자.

Syrophœ́nix, nícis, *m.* *Syrophœnícia*인.

Sўros, i, *f.* 다도해의 *Cýclades* 군도의 하나(지금의 *Sira*); 〔*adj.*〕 **–rĭcus**[**–rĭus**], a, um.

Syrtis, is[tĭdos], *f.* *Afrĭca* 북해안의 두 개의 큰 유사지역(流砂地域), *Major*(大)와 *Minor*(小)로 나누임; 〔*adj.*〕 **–tĭcus,** a, um; 〔*adj. f.*〕 **–títis,** ĭdis.

sўrus, i, *m.* 비, 빗자루.

systéma, ătis, *n.* 조직, 여러가지를 하나로 묶음, 계통, 체계(體系). 「정돈된, 체계적인.

systemátĭcus, a, um, *adj.* [systéma] 잘

sýstŏle, es, *f.* (=corréptio) (심장·동맥의) 수축운동, 음절단축(장음절을 짧게 함), (diástole의 반어).

systýlos, on, *adj.* 《建》 이경간식(二徑間式)의, 집주식(集柱式)의, 기둥사이가 좁은.

syzýgia, æ, *f.* 집합, 모임, 조립, 접합(接合), 《天》 삭망(朔望).

T

T[1], **t,** *f. n. indecl.* 라틴 자모의 스무번째 글자: 〈떼〉[te]. 「*Plebis;* Ti. = *Tibérius.*

T[2]**.,** 《略》 T. = *Titus;* T. 또는 Tr. = *Tribúnus*

tabácum, i, *n.* 담배, 연초. 「*mas*).

Tabæ, árum, *f.pl.* *Cária*의 도시(지금의 *Da-*

tabánus, i, *m.* 《動》 등에, 파리의 일종.

tabefácĭo, féci, fáctum, cĕre, *tr.* [tabes + fácio] 녹이다, 액체화시키다, 흐트러뜨리다, 기운을 빠게 하다, 없애다, 시들게 하다. 「다.

tabefío, fĭĕri, *pass.* [tabefácio] 녹다, 시들

tabélla, æ, *f.* *dim.* [tábula] **1. 박판**(薄板), 바둑판, 장기판(將棋板), 부채, 석판(石版), 투표찰(投票札), 작은 널빤지, **서장**(書狀). **2.** 놀이하는 판. **3.** 글판. **4.** *pl.* 서찰, 글쪽지, 계약서. **5.** 보고서, 회보, 공고. **6. 투표용지.** 1) 입법투표일 때, 투표용지 두 장을 받는데 하나에는 U.R. = uti rogas(당신의 제안대로, 찬표)라 쓰여져 있고 또 하나에는 A. = antíquo (반대한다, 부표)라 쓰여져 있다. 2) 재판에서 판사는 투표용지 세 장을 받는데 첫째는 A = absólvo(사면)이라 쓰여있고, 둘째는 C = condémno(유죄)라 쓰여있고, 셋째는 N.L. = non líquet(분명치 않다, 즉 기권)이라 쓰여져 있다: ternas tabéllas dare*(Cæs.)* (판사에게) 세 가지 투표용지를 주다. **7.** 신전에 바치는 봉헌물표, 봉납액(奉納額). **8.** 과자의 일종. **9.** 범죄인 명부. **10.** 화폭(畵幅). **11.** Rómulus와 Remus를 담았던 바구니.

tabellárĭus, a, um, *adj.* [tabélla] **1.** 편지와 관계있는, 서찰의, 서간(書簡)의: tabelláriæ naves*(Sen.)* 우편선, 통보함정. **2.** 투표지의: ~ lex*(C.)* 투표법, 비밀투표를 입법한 Gabínia법, Cássia법, Cælia법, Papíria법. **3.** 시보(時報)의; *m.* 통보관, 운송인(運送人), 메신저, 우편배달부, 특사. 「기록자, 공증인.

tabéllĭo, ónis, *m.* [tabélla] 공문서 필기자,

tábĕo, ére, *intr.* [tabes] 녹다, 썩다, 부패하다, 분해되다, 줄줄 흐르다, 시들다, 소모하다, 감소하다.

tabérna, æ, *f.* **1.** 오막살이집, 바라크, 초막(草幕). **2.** 상점, 노점, 소매점, 가게: ~ libraria*(C.)* 서점, 책방 / ~ argentária*(L.)* 환전상 / ~ sutrína*(Ta.)* 구둣방. **3.** 주점, 객주집, 요리점: 고유명사로 Tres Tabérnæ*(C.)* *Via Appĭa*에 있는 유명한 술집. **4.** 원형극장의 작은 길. 「제조인(天幕製造人).

tabernaclárĭus[-**culárĭus**], i, *m.* 천막

tabernác(ŭ)lum, i, *n. dim.* [tabérna] **1.** 천막, 초막, 막사, 점장이 천막, 노점: ~ pónere, collocáre, statúere*(C.)* 천막을 치다 / tabernácula deténdere*(Cæs.)* 천막을 걷다. **2.** 《가》 성체감실(聖體龕室), 성궤(聖櫃).

tabernális, e, *adj.* [tabérna] 천막의, 막사의, 성궤의; *n.pl.* -**álĭa,** ĭum, 공식 식사 장소.

tabernárĭus, a, um, *adj.* [tabérna] 상점의, 가게의, 주점의; 〔*subst.*〕 *m.* 점주(店主), 주점주인, 상점주인; *f.* 주모(酒母), 작은 장사.

tabérnŭla, æ, *f. dim.* [tabérna] 작은 점포, 소 주점, 소매점.

tābes, is, *f.* **1.** 부패, 썩음, 고름. **2.** 분해, 와해. **3.** 퇴폐, 망침. **4.** 진흙, 진창, 반죽. **5.** 악질(惡疾), 독물, 전염병, 재앙. **6.** 초췌, 쇠약, 심고(心苦), 소멸(消滅).

tabésco, bŭi, ĕre, *intr. inch.* [tábeo] **1.** 소실되다, 분해되다, 녹다, 용해되다, 썩다, 부패하다, 풀어지다, 시들다. **2.** 쇠약해지다, 감퇴되다. **3.** 초췌하다, 심적 고통으로 쇠약해지다.

tabi(d)ósus, a, um, *adj.* [tábidus] 부패한, 쇠약해진, 쇠망의. 「녹은, 썩은.

tabídŭlus, a, um, *adj. dim.* [tábidus] 조금

tábĭdus, a, um, *adj.* [tabes] **1.** 녹은, 용해한, 썩은, 분해된, 시든, 풀어진. **2.** 전염되는, 전염병의. **3.** 쇠약해진, 소모된, 쇠망의.

tabificábĭlis, e, *adj.* [tabíficus] 녹는.

tabífico, áre, *tr.* [tabes + fácere] 녹이다, 썩게 하다.

tabíficus, a, um, *adj.* [tabes + fácio] **1.** 녹이는, 용해되는, 썩이는, 망치는. **2.** 전염되게 하는, 쇠약하게 하는, 풀어지게 하는, 전염성의, 오염의.

tabíflŭus, a, um, *adj.* [tabes + fluo] 썩고 있는, 쇠약해진, 부패한, 썩은, 썩게 하는.

tabitúdo, dĭnis, *f.* [tabes] 부패, 소모, 망가뜨림; 신음, 쇠약, 소멸, 쇠망.

tablínum, i, *n.* = tabulínum.

tablísso, áre, *intr.* 주사위놀이하다.

tablísta, æ, *m.* 주사위 놀이꾼.

tábŭla, æ, *f.* **1.** 상(机), 널판, **판**. **2.** 놀이판, 흑판, 글판. **3. 서찰**, 편지, 보고서, 책, **장부**, 대장, 공문서. **4.** 조서(調書), 금시명령서, 유언서: in tábulas reférre*(C.)* 조서를 꾸미다. **5.** 공시, 게시, 간판. **6.** 명부, 목록, 일람표. **7.** 환전상. **8.** 그림, 회화, 화폭(때로는 picta와 함께), 신전에 바치는 봉납표(奉納票). **9.** 투표결과 공시판. **10.** 법률을 새긴 석판. **11.** 계약서, 약혼문서, 조약서. 「자, 판자벽, 상(机).

tabulaméntum, i, *n.* [tábula] 마루, 벽판

tabuláris, e, *adj.* [tábula] 판자의, 널판의, 책상의; *n.* -**re,** is, 마루; *n.pl.* -**ria,** ĭum, 판자, 대리석판(형구의 일종), 공문보존소(公文保存所), 문고(文庫), 공문기탁소(公文寄託所); 판자 건축.

tabulárĭus, i, *m.* [tábula] 문서 책임자, 회계원; *f.* -**rĭa,** æ, (*sc.* ædes) 공문서 보관소, 상서국; (*sc.* res) 문서보관; *n.* 문서보관소.

tabulátim, *adv.* [tábula] 줄줄이, 계열로, 계산하여, 층층으로.

tabulátĭo, ónis, *f.* [tábula] **1.** 널빤지로 붙여 만든 것, 마루바닥, 판 쌓아 놓은 것. **2.** 층(層), 단(段).

tabulátum, i, *n.* [tábula] **1.** 마루바닥, 층, 단, 찬장, 마루, 판자, 층계(層階). **2.** 포도덩굴이 오르도록 한 나무단. **3.** 나무집, 헛간. **4.** 토대조직. **5.** 횃대. **6.** 배의 상갑판. **7.** 주름.

tabulátus, a, um, *adj.* [tábula] **1.** 마루를 깐, 판자로 된. **2.** 주름있는.

tabuléttæ, árum, *f.pl.* 《藥》 정제(錠劑).

tab(u)línum, i, *n.* [tábula] **1.** 마루를 깐 발코니, 노대. **2.** 화랑. **3.** 기록서고, 문서고, ⌊문고.

tábŭlo, áre, *tr.* 판자를 깔다.

tābum, i, *n.* [tabes] **1.** 핏덩이, 피고름, 눈곱. **2.** 전염병. **3.** 붉은 염료.

Tabúrnus, i, *m.* *Sámnium*과 *Campánia* 사이에 있는 작은 산맥(지금의 *Monte Taburno*).

tacénda, órum, *n.pl. gerundiv.* [táceo] 비밀, 누설해서는 안될 일.

tácĕo, cŭi, cĭtum, ére, **I.** *intr.* **1.** 잠잠하다, 묵묵하다, **침묵하다**. **2.** (=silére) 고요하다, 가만히 있다.

II. *tr.* 〔*acc. pron. n.*〕 말하지 않다, 침묵을 지키다: quod tácui et tacéndum putávi*(C.)* 내가 침묵을 지켰고 또 지켜야 한다고 여긴 것 / *alqm* tacére*(V.)* …에 대한 이야기를 하지 않다 / dicénda tacénda loqui*(H.)* 할 말 안 할 말을 가리지 않고 (함부로) 지껄이다.

tachycárdĭa, æ, *f.* 《醫》 심동급속증(心動急速症). 「生).

tachygénĕsis, is, *f.* 《動》 급속발생(急速發

Tácĭta, æ, *f.* [táceo] 침묵의 여신.

tácĭte[-**cĭto**], *adv.* [tácitus[1]] 묵묵히, 잠잠히, 말없이, 고요히, 잡음내지 않고, 살금살금, 비밀리에.

tacítŭlus, a, um, *adj. dim.* [tácitus[1]] 무언의, 말이 적은.
tácĭtum, i, *n.* [tácitus[1]] 고요, 정막, 비밀, 침묵, 정은(靜穩): per ~ *(V.)* 가만히, 살금살금.
tacitúrĭo, íre, *intr.* [táceo] 말하고 싶지 않다, 가만히 있고 싶다.
tacitúrnĭtas, átis, *f.* [tacitúrnus] **1.** 무언, 침묵(沈默), 고요, 정숙; 신중, 과묵함: *alcjs* taciturnitátem experíri*(C.)* …의 신중함을 시험하다. **2.** 내성적 성격.
tacitúrnus, a, um, *adj.* [tácitus[1]] 말이 적은, 묵묵한, 잠잠한, 과묵한, 고요한, 정숙한, 신중한.
tácĭtus[1], a, um, *adj.* [táceo] **1.** 말 없는, 침묵하는; 고요한, 잡음없는. **2.** 비밀의, 언급되지 않은: *alqd* tácitum relínquere, tenére *(C.)* 어떤 것을 비밀리에 남겨두다 / tácitum ferre *alqd* ab *alqo(L.)* 무엇에 대한 누구의 해명을 듣지 않다. **3.** 암암리의, 암시적, 무언의 (동의, 승낙 등), 묵인의: tácitæ exceptiónes *(C.)* 묵인된 예외. **4.** 비공개의, 숨은: tácitum judícium*(C.)* 비공개재판, 비밀재판. **5.** 정숙한, 적막한. **6.** 알려지지 않은
Tácĭtus[2], i, *m.* *Roma*인의 가족명. **1.** C. Cornélius ~, *Roma*의 사가(史家, c. 54-117 혹은 55-120 P.C.). **2.** M. Cláudius ~, *Roma* 황제(皇帝, c. 275 P.C.).
táctĭlis, e, *adj.* [tango] 손댈 수 있는, 접촉할 수 있는, 촉각의, 감촉의, 만져질 만한.
tactim, *adv.* [tango] 만져서, 촉각으로.
táctĭo, ónis, *f.* [tango] **1.** 접촉, 만짐, 손댐. **2.** 촉감, 촉각.
tactor, óris, *m.* [tango] 접촉자, 손대는 자, 만지는 자, 촉수(觸手).
tāctus[1], a, um, *p.p., a.p.* [tango] 만져진, 접촉된.
tāctus[2], us, *m.* [tango] **1.** 접촉, 만짐, 손댐. **2.** 영향력. **3.** 촉각, 촉감, 감각.
tæda[te-], æ, *f.* **1.** ⟪植⟫ 소나무. **2.** 송진, 진나는 나무. **3.** 광솔, 횃불, *Fúriæ*의 횃불. **4.** 결혼횃불, 결혼식, 혼인. **5.** 고문기구. **6.** 배(船) 바닥.
tǽdĕo, ére, [**-or,** éri, *dep.*] *intr.* 권태를 느끼다, 싫어지다, 슬퍼지다.
tædéscit, ĕre, *impers.* [tædet] 싫증을 느끼기 시작하다.
tædet, tǽdŭit[tæsum est], ére, *impers.* 〔*alqm alcjs rei, inf.*〕 (누가 무엇에) 싫증나다, 권태를 느끼다, 괴롭다, 견디기 어렵다, … 하기 싫다.
tædiális, e, *adj.* [tǽdeo] 싫은, 싫증나는, 권태로운.
tǽdĭfer, fĕra, fĕrum, *adj.* [tæda + fero] 횃불을 든(*Ceres* 여신이 딸 *Proserpína*를 찾으려고 *Etna* 화산불에 횃불을 지핀 것을 말함).
tǽdĭo, ávi, áre, *intr.* [tǽdium] 싫증나다, 권태를 느끼다.
tædiósus, a, um, *adj.* [tǽdium] 권태로운, 싫증나는, 싫은, 귀찮은, 피곤한, 괴로운, 귀하지 않은; 〔*adv.*〕 **-se,** 싫증나게, 귀찮게, 권태롭게, 피곤하게.
tǽdĭum, i, *n.* [tædet] 〔*gen.*〕 싫증, 혐오, 피로, 괴로움, 권태, 불유쾌, 우려, 애수, 불평.
Tǽnăra, órum, *n.pl.* = **Tǽnăron[-um],** i, *n.* = Tǽnarus.
Tænárĭus, a, um, *adj.* *Tǽnarus*의, *Lacónia*의; 지옥의, 지하세계의, 명부의: ~ lapis*(Plin.)* ~ 대리석 / ~ deus*(Prop.)* 바다의 신 *Neptúnus* / Tænáriæ fauces*(V.)*, porta*(Ov.)* 지옥의 입구, ~의 구렁 / Tænária vallis*(Ov.)* 지옥.
Tǽnărus[-ros, *acc.* -ron], i, *m.* **1.** *Peloponnésus* 반도의 최남단 갑(지금의 *Matapan* 갑), *Neptúnus* 신전이 있고, 대리석이 유명함. **2.** 이 곳에 있는 동굴을 지옥문으로 여겼음, 명부, 지옥. **3.** 〔*adj.*〕 **-nárĭus,** a, um; 〔*adj. f.*〕 **-năris,** ĭdis, ~ soror*(Ov.)* *Hélena*의 별칭. **4.** [t-] 고집장이.
Tænárides, æ, *m.* *Tǽnarus*인 *Hyacínthus*의 별칭.
tǽnĭa[-nĕa], æ, 〔*abl.pl.* -nis,〕 *f.* **1.** 끈, 댕기, 대님, 띠, 붕대. **2.** ⟪動⟫ 촌충(寸蟲), 조충(條蟲). **3.** ⟪建⟫ 둥근기둥 처마도리의 화단. **4.** 바다의 암초. **5.** 파피루스 종이 뭉치, 압지.
tæniénsis, e, *adj.* [tǽnia] 암초위에 있는.
tæníŏla, æ, *f.* [tǽnia] 가는 끈.
tæsum est. *pf.* [tædet].
tæter[te-], tra, trum, [**-trus,** a, um,] *adj.* [tædet] 싫은, 재미없는, 미운, 기분나쁜, 보기싫은, 음산한, 흉한, 검은, 끔찍스러운, 혐오를 일으키는: tætra bélua 끔찍스러운 짐승 / in *alqm* tætérrimus*(C.)* …에 대하여 최대의 혐오증이 나는.
tætr... = tetr...
tætre[-trum], *adv.* [tæter] 흉악하게, 몹시 무섭게, 재미없게.
tǽtrĭcus, a, um, *adj.* [tæter] 엄격한, 근엄한, 금욕의.
tætro, áre, *tr.* [tæter] 흉하게 만들다, 지겹게 만들다.
Tagáste, es, *f.* *Numídia*의 도시, 성 *Augustínus*의 출생지; 〔*adj.*〕 **-sténsis,** e.
tăgax, ácis, *adj.* [tango] 무엇에 손대는, 훔치는; *m.* 도둑, 강도, 악한.
Tăges, étis[æ, *acc. gen.*], *m.* *Júpiter* 대신(大神)의 손자, *Etrúria*인들에게 예언술을 가르침; 〔*adj.*〕 **-gétĭcus,** a, um.
tăgo, taxi, ĕre, *arch.* [tango].
Tăgus, i, *m.* *Lusitánia*의 강(지금의 *Tejo*), 사금으로 유명함.
Talaiónides, æ, *m.* [Tálaus] *Tálaus*의 아들 *Adrástus*의 별칭.
Talaiónius, a, um, *adj.* *Tálaus*의.
talárĭa, ĭum, *n.pl.* [taláris] **1.** 발뒤축, 발목. **2.** (*Mercúrius* 신과 *Minérva* 여신의) 날개달린 장화: Talária videámus*(C.)* 〔격언〕 도망치자. **3.** 긴 가운(옷). **4.** 발뒤축을 조여서 고문하는 기구.
taláris, e, *adj.* [talus] 발뒤축까지 내려오는, 질질 끌리는, 긴.
talárĭus, a, um, *adj.* [talus] 골패의, 주사위의.
Talássĭo, ónis, [**-s(s)ĭus, -ssus,** i,] *m.* 축혼연, 축혼시(祝婚詩), *Rómulus* 시대에 결혼식에서 여러번 부르던 이름: servíre Talás-

sio*(Catull.)* 결혼하다.

Tálăus, i, *m.* Argo선의 영웅, *Adrástus*와 *Eriphýla*의 아버지.

talcum, i, *n.* 《醫》 탤크, 활석(滑石): ~ depurátum 《藥》 정제활석.

tálĕa, æ, *f.* **1.** 삽목, 휘추리, 싹, 꺾꽂이 가지. **2.** 막대기, 나뭇가지. **3.** 《建》 장궤틀, 장선(長線). **4.** 말뚝; 함정.

talentárius, a, um, *adj.* [taléntum] 한 *taléntum* 무게의.

taléntum, i, *n.* **1.** 희랍의 무게 단위(약 50 파운드). **2.** 화폐단위, 금화(= *60 Mina*), 값진 돈. **3.** 재주, 재능, 수완, 능력, 천재.

taleŏla, æ, *f. dim.* [tálea] 작은 꺾꽂이.

Talge, es, *f.* *Cáspium mare*(카스피해)의 섬 이름.

Talía, æ, *f.* = Thalía.

taliatúra, æ, *f.* [tálio¹] 틈, 베어진 자리.

tálĭo¹, ónis, *f.* [talis] 동태복수법(同態復讐法), 죄에 상응하는 양의 형벌(피해자가 받은 만큼 가해자에게 과하는 형벌), 복수의 형벌.

tálio², áre, *tr.* 틈새를 내다, 쪼개다.

talípĕdo, áre, *intr.* [talus + pedo¹] 다리가 휘청거리다, 비틀거리다, 주저하다, 머뭇거리다.

tálĭpes, ĕdis, *m.* 《醫》 병신 발.

tālis, e, *adj. demonstr.* **1.** 이러한, 이와같은, 이런 따위의, 이런 성질의, 그러한, 이런 모양의, 여차한. **2.** 〔상관적〕 ~ …qualis …만큼의, …와 마찬가지의: Quales simus, tales esse vidémur.*(C.)* 우리는 겉으로 보이는 그대로이다 / ~ … ac, atque …한 것과 같이. ~ … ut, qui + *subj.*: tales esse, ut jure laudémur*(C.)* 우리는 의당 찬양받을만한 사람들이다 / talem te esse opórtet, qui … 너는 … 하는 만큼 그런 사람이어야 한다.

taliscúmque, talecúmque, *adj.* 대강 이런 성질의, 보통으로 이러한, 어떠한 일이든지.

tálĭter, *adv.* [talis] 이렇게, 이 모양으로: quáliter … táliter*(Mart.)* …한 만큼, 그렇게.

tálĭtrum, i, *n.* [talus] 손가락으로 튕기기, 조탄(爪彈), 탄지(彈指).

talla, æ, *f.* 양파껍질.

talpa, æ, *f. m.* 《動》 두더지.

talpínus, a, um, *adj.* [talpa] 두더지의.

talpóna, æ, (vitis), *f.* 《植》 머루(야생포도).

Talthýbĭus[**–thúbĭus**], i, *m.* *Agamémnon* 왕의 전령.

tālus, i, *m.* **1.** 《解》 거골(距骨), 발꿈치, 발뒤축, 복사뼈; 발, 발목: a vértice ad imos talos *(H.)* 머리 꼭대기에서 발꿈치까지. **2.** 놀이골패, 주사위(téssera와 함께 놀이함; 잘 던진 패를 venus 또는 jactus véneris라 하고 잘못 던진 패를 jactus canis라 함): talos míttere *(Sen.)* 주사위를 던지다.

talútium, i, *n.* 지면에 나타난 금광의 표.

tam¹, *adv. demonstr.* **1.** 이처럼, 이와같이, 이 정도로, 이 점까지, 이렇게, 이렇게 많이: ~ necessário témpore, ~ propínquis hóstibus *(Cæs.)* 이처럼 다급할 때에, 이처럼 가까이와 있는 적군들에게. **2.** 〔상관적〕 ~ … quam … 만큼, …그만큼, …와 같이: non ~ præclárum est scire Latíne quam turpe nescíre *(C.)* 라틴어를 모르는 것이 추한 만큼 그것을 아는 것도 그리 고상하지 않다 / ~ ferre … quam contémnere*(C.)* 경멸하는 만큼 그만큼 참는다. 〔~ … ut, qui, quæ, quod + *subj.*〕 …할 만큼 …하다, 이렇듯 …해서 …하게 되다 / ~ váriæ sunt senténtiæ, ut*(C.)* 의견이 하도 많아서 …하다 / nemo est ~ senex, qui … *(C.)* 아무도 …할 만큼 그렇게 늙지 않다. 〔tam + [*negat.*] … quin + *subj.*〕 …하기에 …하지 않다, 이렇듯 …해서 …하지 못하다 / numquam ~ male est Sículis, quin … dicant*(C.)* *Sicília*인들이 …라고 말하기에 이렇게 나쁜 때는 없다.

tam², *conj.* = tamen.

tam ... *V.* tan...

tama, æ, *f.* 발이나 다리에 난 종처.

támarix, rícis, [**–ríscus,** i; **–ríce,** es,] *f.* [**–ríc(ĭ)um,** i, *n.*] 《植》 성류(檉柳).

Támăsus[**–sos**], i, *f.* *Cyprus*섬 중부의 도시; 〔*adj.*〕 **–maséus,** (**–masénus,**) a, um.

támdĭu[**tam dĭu**], *adv.* **1.** 이렇게 오래: abs te ~ nihil litterárum*(C.)* 이렇게 오랫동안 너한테서 편지가 없었다. 〔~ quam〕 vixit ~ quam lícuit … vívere*(C.)* 그는 살 수 있을 만큼 오래 살았다. 〔~ … ut〕 …할만큼 오래. 〔~ … quámdiu〕 …한 만큼 그 만큼 오래. **2.** 오래 전부터: Cúpio támdiu.*(Pl.)* 오래 전부터 원했다.

támen, *conj.* 그러는 동안, 그렇지만, 그러나. **1.** 〔긍정의 제한, 가끔 sed, verum이 붙어서 강세됨〕: semper Ajax fortis, fortíssimus ~ in furóre*(C.)* *Ajax*는 늘 강하지만 광기에 있어 몹시 강하였다 / Illi ~ ornárunt.*(C.)* 그래도 그들은 꾸몄다. **2.** 〔양보 접속사 다음에〕 비록 …하더라도 …하다; 얼만큼 …하지만 …하다. **3.** 마침내, 결국은, 비록, 다만.

tamenétsi[**tamen etsi**], *conj.* 비록 … 하더라도; … 하다손치더라도, 비록.

Táměsis, is, 〔*acc.* –im,〕 *m.* [**–sa,** æ, *f.*] *Británnia*의 강(지금의 *Thames*).

tamétsi, *conj.* 〔tamen과 상관적으로, *indic.*〕 비록 … 하더라도, 비록.

Tamfána, æ, *f.* = Tanfána.

tamíăcus, a, um, *adj.* 국고에 속하는; 〔*subst.*〕 *m.* 황실재산 관리인.

tamínĭa(**uva**), æ, *f.* 산머루.

támĭno, áre, *tr.* 더럽히다.

támmŏdo, *adv.* 곧, 그러나.

tamnus, i, *m.* tamínia의 열매, 머루알.

Támphĭlus, i, *m.* *Bæbius*가의 씨족명; 〔*adj.*〕 **–liánus,** a, um.

tamquam[**tan–**], *adv. conj.* **1.** 마찬가지로, 같이, 처럼: ficta ómnia celériter ~ flósculi decídunt*(C.)* 거짓 꾸민 것은 꽃송이처럼 빨리 없어진다 / 〔상관적〕 〔sic … tamquam; ~ …

sic*(C.)*] …와 마찬가지로; [ita … ~, ~ … ita] *(C.)* …와 같이: sic Ephesi fui ~ domi meæ *(C.)* 나는 마치 내 집에 있는 것처럼 *Ephĕsus*에 있었다. **2.** 마치, 흡사(恰似)하게, 말하자면, 이를테면, … 한셈: dare ~ ansas ad reprehendéndum*(C.)* 비난할 빌미를 준 셈이다. **3.** [~ si + *subj.*, ~ + *subj.*] 마치 … 한 것처럼 / ~ si tua res agátur*(C.)* 마치 네 일인 양.

Tánăger, gri, *m.* *Lucánia*의 작은 강(지금의 *Negro*).

Tánăgra, æ, *f.* 동남 *Bœótia*의 도시, 스파르타군이 아테네군을 격파한 싸움터(457 A.C.) (지금의 *Grimada*); [*adj.*] **-gréus[-grĭcus],** a, um.

Tánăis, i,[ĭdis], (*acc.* -aim, -ain,) *m.* *Sarmátia*의 강(지금의 *Don*); [*adj.*] **-ítĭcus,** a, um; [*adj. f.*] **-ítis,** ĭdis; [*subst.*] **-ítæ,** árum, *m.pl.* *Sarmátia* 강가에 사는 주민.

Tánăquil, quílis, *f.* 대 *Tarquínius*의 아내; 야심이 많은 여자.

tandem, *adv.* [tam + idem] **1.** 결국, 끝내, 기어이, 마침내, 나중에: ~ aliquándo, aliquándo ~ *(C.)* 결국 한때. **2.** [의문문 속에] 결국, 도대체: quoúsque ~ … ?*(C.)* 결국 어디까지 / quo ~ ánimo … ?*(C.)* 그러면 어떤 마음으로, 도대체 어떤 기분으로. **3.** = dénique.

Tan(n)étum, i, *n.* *Gállia Cispadána*의 지명.

Tanfána, æ, *f.* 고대 *Germánia*의 여신.

tangíbĭlis, e, *adj.* [tango] 접촉가능한, 만질 수 있는, 손댈 수 있는, 밟을 수 있는, 만질 만한, 접촉할 만한.

tango, tétĭgi, tactum, ĕre, *tr.* **1.** 손대다, 접촉하다, **만지다,** 대다: ~ *alqm* digítulo*(Pl.)* 손가락으로 누구를 다치다. **2.** 취(取)하다, 맛보다, 먹다. **3.** 도달하다, 도착하다, 다가서다, 가까이가다: Tétigit provínciam.*(C.)* 그는 시골에 도착했다. **4. 인접해 있다,** 끝을 대다: Hæc cívitas Rhenum tangit.*(Cæs.)* 이 도시는 라인강에 인접해 있다. **5.** 치다, 때리다: de cælo tactus*(C.)* 벼락을 맞고. **6.** 감동시키다, 마음을 움직이게 하다: Minæ Clódii módice me tangunt.*(C.)* *Clódius*의 위협은 내 마음을 그다지 흔들지 않는다. **7.** 취급하다, 논하다, 이야기하다. **8.** 가해하다, 범하다. **9.** 적시다. **10.** 속이다. **11.** 시도하다.

taníăcæ, árum, *f.pl.* 길고 가늘게 썬 돼지고기, 돼지고기로 만든 음식.

tanquam = tamquam.

Tántălus[-os], i, *m.* *Júpiter* 대신과 *Pluto*의 아들, *Pelops*와 *Níobe*의 아버지; *Phrýgia*의 왕(신들의 비밀을 누설한 죄로 물이 턱까지 차는 지옥의 호수속에 갇혀, 과일나무가 머리 위에 있어도 먹을 수 없고 목이 말라도 물을 마실 수 없는 괴로움을 당했음); [*adj.*] **-lĕus,** a, um; [*subst.*] **-lĭdes,** æ, *m.* ~ 남계 자손; **-lis,** lĭdis[lĭdos], *f.* ~ 여자 후손.

tanti, [*gen. pretii*] *n.* [tantus] 이렇게 크게, 많이, 값, 가치: [~ …, quanti …] … 한 만큼, 그 만큼의 값 / fruméntum ~ fuit, quanti iste æstimávit*(C.)* 곡식은 그 사람이 평가한 만큼의 값이었다. [~ esse, ut + *subj.* 혹 *inf.*] … 할 만한 값이다: est mihi ~ subíre*(C.)* 그것은 참아받을 만한 값어치가 내게는 있다.

tantídem, [*gen. pretii*] [tantúsdem] 그 만큼의 값으로.

tantíllus[-llulus], a, um, *adj. dim.* [tantus] 극히 소량의, 아주 작은[적은].

tantísper, *adv.* [tantus] **1.** 이렇게 잠깐, 그렇게 오래, 줄곧, 그동안, 새로운 지시가 있을 때까지: ~ …dum …하는 동안 줄곧 / ~ … quoad …할 때까지.

tanto, *adv.* [tantus] **1.** [tanto + 비교급] 그만큼 더, [~ … quanto,] 하면 할수록 그만큼 더: Quanto erat in dies grávior oppugnátio, ~ crebrióres lítteræ ad Cǽsarem mittebántur.*(Cæs.)* 날이 지남에 따라 포위가 더 위급해 질수록 더 자주 *Cæsar*에게 편지를 썼다. **2.** ~ ante*(C.)* 그렇게 오래전 / post ~ *(V.)* 그렇게 오래후.

tantópĕre[tanto ópĕre], *adv.* [tantus + opus[1]] 그다지, 그 만큼, 아주 어렵게: [~ … quantópere*(C.)*, quantópere, … ~]*(Cæs.)* … 하는 만큼 그만큼. [~, ut *subj.* …] 할 정도로.

tántŭlo, *abl.* [tántulum[2]] 그렇게 싼 값으로.

tántŭlum[1], *adv.* 아무리 적어도.

tántŭlum[2], i, *n. dim.* [tántulus] 아주 적은 양, 조금, 미소(微小)한 것, 적은 것: qui tántuli eget, quanto est opus*(H.)* 자기가 필요한 만큼 (없어서) 아쉬운 / ~ moræ*(C.)* 약간 늦음.

tántŭlus, a, um, *adj. dim.* [tantus] 이렇게 작은, …만큼 작은: ~, ut *subj.(C.)* …할 만큼 아주 작은.

tantum[1], *adv.* [tantus] **1.** 그만큼 크게, 그만큼 많이, 그만큼(정도, 힘 등): ~ jusjurándum valébat.*(C.)* 맹세의 힘은 그만큼 컸다. [~ … quantum …] 하는 만큼 그 만큼 [~ … ut *subj.* …]: id ~ abest ab offício, ut*(C.)* … 하는 것은 의무에서 이렇듯 멀다. **2.** …만, 다만, 뿐, 이렇게 많이: nomen ~ virtútis usurpáre *(C.)* 덕행이란 이름만 악용하다. [non ~ … sed 또는 sed etiam, *etc.* …] 뿐 아니라 …도 / ~ non*(L.)* 거의.

tantum[2], i, *n.* [tantus] 이만한 양, 그만한 크기, 그만큼 많음, 그런 크기, 다량, 다수: ~ débuit*(Pl.)* 그만큼이나 많은 빚이 있었다 / cum ~ belli in mánibus esset*(L.)* 그렇게 큰 전쟁을 손에 쥐고 있었기 때문에. [~ … quantum] …만큼 그 만큼 / ~ nautárum quantum … *(C.)* …만큼 많은 선원의 수 / ~ verbórum est, quantum necésse est*(C.)* 필요한 만큼 말도 많다. [~ … ut *subj.*] ~ ánimi, ut*(C.)* …할 만큼 큰 용기.

tantúmdem = tantúndem.

tantúmmŏdo, *adv.* 다만, 오직.

tantúndem, –ídem *n.* [tantúsdem] 그렇게 많은 양, …와 같은 양 · 크기 · 수, …만큼 이렇게: ~ … quantum*(C.)* … 만큼 같은; *adv.* 그렇게 많이.

tantus, a, um, *adj. demonstr.* [tam + –tus] (양, 수, 크기 등) 이렇게 큰, 이렇게 많은, 이와 같은(앞에 말한 것의 결론): tot tantáque vítia *(C.)* 그렇게 많고 큰 허물들 / tanta est stultítiæ inconstántia*(C.)* 바보짓의 변덕은 이렇게 크다. 〔~ … quantus,〕 …만큼 그 만큼 큰, 많은 등. 〔~ ut *subj.*, qui *subj.*,〕 …할 만큼 그렇게 큰, 많은 … / tanta erat óperis firmitúdo, ut*(Cæs.)* …할 만큼 업적은 그렇게 견고하였다 / Nulla est tanta vis, quæ non ferro frangi possit.*(C.)* 쇠로 무찌를 수 없을 만큼 센 힘은 없다.

tantúsdem, tántadem, tantúmdem, *adj.* 그렇게도 많은 · 큰 · 높은 등, 이렇게 큰.

tapánta, *n. indecl.* 만사, 만물, 무슨 일에나 참견하는 자.

tăpes[–pétus], étis[i], *m.* [**tapéte,** is; **–pétum,** i, *n.*] 요, 담요, 융단, 양탄자, 모전(毛氈).

tapinóma, ătis, *n.* 저속한 표현, 《修》 표현 박약, 야비한 말.

tapinósis, is, 〔*acc.* –in,〕 *f.* 낮춤, 비하(卑下)하는 모양.

Tapróbăne, es, [**–băna,** æ,] *f.* 인도양의 섬(지금의 *Ceylon*); 〔*subst. deriv.*〕 **–băni,** órum, *m.pl.* 그곳 주민.

taránd(r)us, i, *m.* 《動》 고라니, 큰 사슴, 순록(馴鹿).

Taranúcnus[Taranúcus], i, *m. Dalmátia*인들이 *Júpiter* 신을 부르는 말.

Táranus[–nis], i[is], *m. Gállia*인들이 *Júpiter* 신을 부르는 말.

Taras, rántis, *m. Taréntum*시의 창건자.

taratántăra, *indecl.* 나팔소리의 의성어(擬聲語).

Tarbélli, órum, *m.pl. Aquitánia*에 있던 종족; 〔*adj.*〕 **–lĭcus[–lus],** a, um.

Tarcho(n), ónis, *m. Etrúria*인의 수령, *Ænéas*의 동맹자.

tarda, æ, *f.* (*sc.* avis) 《動》 능에, 너새.

tardábilis, e, *adj.* [tardo] 늦을.

tardátĭo, ónis, *f.* [tardo] 지각, 늦음, 게으름.

tarde, *adv.* [tardus] 늦게, 꾸물꾸물, 천천히.

tardésco, dŭi, ĕre, *intr., inch.* [tardus] 지연되다, 늦어지다, 둔해지다, 무디게 되다.

tárdĭcors, córdis, *adj.* [tardus + cor] (마음이) 우둔한, 둔감한.

tardígrădus, a, um, *adj.* [tardus + grádior] 걸음이 느린.

tardilínguis, e, *adj.* [tardus + lingua] 천천히 말하는, 느릿느릿 말하는.

tardílŏquus, a, um, *adj.* [tardus + loquor] 천천히 말하는, 말이 더딘.

tárdĭpes, pĕdis, *adj.* [tardus + pes] 천천히 걷는, 발이 느린.

tárdĭtas, átis, [**–tĭes,** éi; **–túdo,** ĭnis,] *f.* [tardus] **1.** 늦음, 완만, 지연, 지완, 지체, 느림: ~ návium*(Cæs.)* 느린 항해. **2.** 우둔함, 둔감.

tardiúscŭlus, a, um, *adj. dim.* [tardus] 좀 느린.

tardo, ávi, átum, áre, [tardus] **1.** *tr.* 늦추다, 지연시키다, 뒤지게 하다, 더디게 하다: ~ cursum, profectiónem*(C.)* 출발[뛰기]를 늦추다 / ~ ímpetum hóstium*(Cæs.)* 적의 공격을 둔화시키다 / 〔a, in *abl.*, *inf.*〕 막다, 말리다: ~ *alqm* a laude *alcjs(C.)* 누가 어떤 사람을 칭찬하는 것을 말리다. **2.** *intr.* 늦다.

tardor, óris, *m.* 늦음, 둔함.

tardus, a, um, *adj.* **1.** 〔in *abl.*, ad *acc.*, *gen.*, *inf.*〕 더딘, 늦은, 느린, 완만한: (homo) ~ *(C.)* 느림보 / ad injúriam tardióres*(C.)* 불의를 잘 저지르지 않는. **2.** 늦게 오는: pœna tárdior*(C.)* 천천히 오는 벌. **3.** 오래 걸리는, 지루한. **4.** 우둔한, 바보스러운.

Taréntum, i, *n.* [**–tus, –tos,** i, *f.*] **1.** *Calábria*에 있는 *Magna Græcia*의 희랍인의 도시; 〔*adj.*〕 **–tínus,** a, um; 〔*subst.*〕 **–tíni,** órum, *m.pl.* 그곳 주민. **2.** = Teréntum.

taricánus[–cárus, –ricus], a, um, *adj.* 소금물에 저린.

Taríchea[–æ], æ[árum], *f.*[*pl.*] 갈릴래아의 도시.

tarmes[–mus], ĭtis[i], *m.* 《動》 흰 개미 (나무 먹는 벌레), 고기 먹는 벌레.

Tarpéia, æ, *f. Tarpéius*의 딸(성문을 열어주면 금팔찌를 준다는 말을 듣고 *Roma*를 배반하고 *Sabíni*인들에게 *Roma* 성문을 열어준 *Roma*의 처녀).

Tarpéius, i, *m. Roma*인의 가문명; 특히 *Roma* 방위(防衛) 총독인 Sp. ~; 〔*adj.*〕 **–péius,** a, um: ~ mons, *Tarpéius*의 바위(특히 *Capitolínus mons*의 낭떠러지, 반역자를 이 곳에서 떨어뜨려 죽였음) / ~ arx*(Ov.) Capitólium* 언덕 / ~ pater*(Prop.) Júpiter* 신; **–peiánus,** a, um.

Tarquínĭi, órum, *m.pl. Etrúria*의 요새도시; 〔*adj.*〕 **–nĭus,** a, um; **–niénsis,** e.

Tarquínĭus, i, *m.* **1.** *Roma*의 제 5대왕(재위 616-578 A.C.): ~ Priscus*(L.)* 선왕 *Tarquiníus.* **2.** *Roma* 최후의 왕(재위 534-510 A.C.), ~ Supérbus*(L.)*라 별칭함; 〔*adj.*〕 **–niénsis,** e.

Tarquítĭus, i, *m. Etrúria*인, 점술에 관한 책 저술; 〔*adj.*〕 **–tiánus,** a, um.

Tarracína, æ, *f.* [**–næ,** árum, *f.pl.*] *Látium*의 해안도시(지금의 *Terracina*); 〔*adj.*〕 **–nénsis,** e; 〔*subst.*〕 **–nénses,** ĭum, *m.pl.* 그곳 주민.

Tárrăco, ónis, *f. Hispánia* 동해안 도시(지금의 *Tarragona*); 〔*adj.*〕 **–conénsis,** e; 〔*subst.*〕 **–conénses,** ĭum, *m.pl.* 그곳 주민.

tarsális, e, *adj.* [tarsus[2]] **1.** 족근부[골](足根部[骨])의. **2.** 안검연골(眼瞼軟骨)의.

tarsometatarséus, a, um, *adj.* 《動》 (새의) 부척골(跗蹠骨).

Tarsus[1][–os], i, *f. Cydnus* 강가에 있는 *Cilícia*의 수도(지금의 *Tarso*), 사도 *Paulus*의 출생

지; 〔*adj.*〕 **-sénsis,** e; 〔*subst.*〕 **-sénses,** ĭum, *m.pl.* 그곳 주민.

tarsus[2], i, *m.* **1.** 《解》 족근골 관절, 안검연골(眼瞼軟骨). **2.** 족근부(足根部), 족근골(足根骨). **3.** 《動》 곤충의 부절(跗節).

Tártăra, órum, *n.pl.* = Tártarus.

Tártărus[-ros], i, 〔*acc.* -ron,〕 *m.* 지옥, 지하세계, 타르타루스국, 명부(冥府), 하계(下界)의 형장: ~ pater*(Val. Fl.)* 지옥의 신 *Pluto.* **1.** 지하 망령세계(*Júpiter* 신이 *Titánes*를 가두어 둔 곳). **2.** 지옥. **3.** 〔*adj.*〕 **-táreus [-tárĭnus],** a, um.

tártărus depurátus, i, *m.* 《醫》 정제주석(精製酒石) = Kálium bitartáricum.

Tartéssus[-os], i, *f.* *Hispánia*의 남부 지방의 요새도시(지금의 *El Rocadillo*); 〔*adj.*〕 **-éssĭus[-síăcus],** a, um; **-téssis,** ĭdis, *f.* *Hispánia* 여자.

tarum, i, *n.* 《植》 알로에, 노회(蘆薈)숲.

Tarusátes, ĭum, *m.pl.* *Gállia Aquitánia*의 한 종족. 「자, *Cícero*의 친구.

Tarútius, i, *m.* Lúcius ~ Firmánus, 천문학

Tarvísium[-sum, -sus], i, *n.* *Venétia*의 도시(지금의 *Treviso*); 〔*adj.*〕 **-s(i)ánus, -sínus,** a, um.

tascónĭum, i, *n.* 《鑛》 백색점토(白色粘土).

tăsis, is, *f.* (=inténtio) 긴장, 노력.

tăt(æ), *interj.* 야아! 이거!(경악의 감탄사).

tăta, æ, *m.* 아빠(유아의 말), 양부(養父).

Tatiénses, ĭum, *m.pl.* = Titiénses.

Tátĭus, i, 〔*gen., voc.* -tati,〕 *m.* *Sabíni*족의 왕 *Titus* ~, 후에 *Rómulus*와 공동지배함; 〔*adj.*〕 **-tĭus,** a, um.

tau, *indecl.* **1.** 희랍문자 T의 이름. **2.** 십자표: signa tau super frontes*(Valg.)* 이마에 십자표. 「〔*adj.*〕 **-ntĭus,** a, um.

Taulántĭi, órum, *m.pl.* *Illýria*의 한 종족;

Taunus, i, *m.* 서부 *Germánia*의 산맥.

taura, æ, *f.* [taurus[1]] 《動》 암소, 새끼 못 낳는 암소.

Taurásĭa, æ, *f.* *Hirpíni*인의 도시; **-síni,** órum, *m.pl.* 그곳 주민. 「**2.** = taura.

táurĕa, æ, *f.* [táureus] **1.** 소가죽띠(채찍).

taurélĕphas, ántis, *m.* [taurus[1] + élephas] 《動》 소와 코끼리와 비슷한 인도 동물.

táurĕus, a, um, *adj.* [taurus[1]] 황소의, 우피(牛皮)의, 가죽의: táurea terga*(V.)* 황소 가죽, *(Ov.)* 북, 장구.

Tauri, órum, *m.pl.* *Chersonésus Táurica*(지금의 *Crímea*)의 한 종족; 〔*adj.*〕 **-rĭcus,** a, um.

Tauricána, æ, *f.* *Sicília*의 서해안.

tauricórnis, e, *adj.* [taurus[1] + cornu] 쇠뿔달린, 황소뿔 있는.

táurĭfer, ĕra, ĕrum, *adj.* 황소를 길러내는.

taurifórmis, e, *adj.* [taurus[1] + forma] 소 모양을 한, 황소 형상을 가진.

Táurĭi ludi, órum, *m.pl.* 지하 신들에게 제사지내는 *Roma* 제전. 「*Cilícia* 사이의 좁은 길.

Tauri Pylæ, árum, *f.pl.* *Cappadócia*와

Tauríni, órum, *m.pl.* 북부 *Itália*(지금의 *Torino*)의 한 종족; 〔*adj.*〕 **-rínus,** a, um; 〔*adj. f.*〕 **-rínas,** átis; 〔*subst.*〕 **-rinátes,** ĭum, *m.pl.* 그곳 주민. 「에서 하는 황소사냥.

taurinícium, i, *n.* [taurus[1] + neco] 곡마단

taurínus, a, um, *adj.* [taurus[1]] 황소의, 소의.

Tauris, ĭdis, *f.* *Illýria* 해안의 섬(지금의 *Torcola*).

taurobólĭor, átus sum, ári, *dep. intr.* [taurobólium] 황소를 잡아 제사지내다.

taurobólĭum, i, *n.* 황소를 잡아 *Cýbele* 여신에게 바치는 제사.

tauróbolus, i, *m.* *Cýbele* 제사의 제관.

taurocénta, æ, *m.* 말타고 황소와 싸우는 자(지금의 toreador).

Táurŏis, roéntis, 〔*acc.* -roénta, -rŏin,〕 *m.* *Gállia Narbonénsis* 해안의 요새(지금의 *Tarente*).

Tauroménĭum[-mínĭum], i, *n.* [**-róměne,** es, *f.*] *Sicília*의 동해안에 있는 도시(지금의 *Taormina*); 〔*adj.*〕 **-menitánus,** a, um; 〔*subst.*〕 **-nitáni,** órum, *m.pl.* 그곳 주민. 「여신의 별명 중 하나.

Taurópŏlos, i, *f.* 황소를 길들이는 자, *Diána*

táurŭlus, i, *m. dim.* [taurus[1]] 작은 황소.

taurus[1], i, *m.* **1.** 《動》 황소, 목우(牧牛), 소. **2.** [T-] 《天》 황소자리, 금우궁(金牛宮). **3.** 《動》 알락 해오라기새. **4.** *Phálaris* 폭군의 청동소(고문기구). **5.** 쇠가죽. **6.** 나무뿌리. **7.** 풍뎅이. **8.** 《解》 회음(會陰).

Taurus[2], i, *m.* **1.** 소아시아의 산맥. **2.** *Gállia* 해안의 늪지대; 〔*adj.*〕 **-ríscus,** a, um.

tautológĭa, æ, *f.* 《論》 동어반복법(同語反覆法), 같은말 되풀이, 쓸데 없는 반복.

tax, *indecl.* 딱딱(때리는 소리).

taxa, æ, *f.* **1.** 《植》 월계수의 일종. **2.** 평가, 가격, 세금, 요금, 조세: ~ stolæ 성직자 집무수당 / index taxæ 요금표.

taxátĭo, ónis, *f.* [taxo] 판단, 평가, 감정(鑑定), 세금부과, 정가, 요건, 조건.

taxatíve, *adv.* [taxo] 정확한 결정으로.

taxátor, óris, *m.* [taxo] 무대 연출자를 험담하는 자, 경멸하는 자, 평가하는 자.

taxatórĭus, a, um, *adj.* [taxo] 평가하는데 사용되는, 추산하는.

táxea, æ, *f.* 비계, 지방(脂肪).

taxeóta, æ, *m.* 법관, 장관 등의 조수.

táxĕus[1][-xĭcus], a, um, *adj.* [taxus] 주목(朱木)의, 수송(水松)의.

táxĕus[2], i, *f.* = taxus. 「위, 골패쪽.

taxíllus, i, *m.* [talus] 나뭇조각, 작은 주사

taxim, *adv.* [tango] 점차적으로, 조금씩, 드러나지 않게. 「의 왕.

Taximágulus, i, *m.* *Cántium*(지금의 *Kent*)

taxis, is, *f.* 《生》 주성(走性).

taxo, ávi, átum, áre, *tr.* [tango] **1.** 자주 (세게) 손대다. **2.** 욕하다, 야단치다, 비난하다, 비평하다, 공격하다. **3.** 만져보고 평가하다, 감정하다, 값매기다, 세금매기다.

taxonínus, a, um, *adj.* 오소리의.

taxpax[**-tax**] = tax.

taxus, i, *f.* 《植》 주목(朱木, 독이 있는 나무); 그 나무로 만든 말뚝창.

Taýgĕte[**Taúg-**], es, *f.* *Pléiades*의 한 사람, *Atlas*의 딸.

Taýgĕtus[**Taúg-**], i, *m.* [**-gĕta,** órum, *n.pl.*] *Lacónia*의 산맥.

-te^{1}**,** 주로 단수 2인칭의 인칭 대명사 꼬리에 붙어서 뜻을 힘주는 접미사: tute 바로 네가, 네 자신이.

te^{2}**,** *acc., abl. pron. pers.* [tu] 너를, 너로.

Teánum, i, *n.* **1.** *Apúlia*의 도시(*Teánum Apúlum,* 지금의 *Passo di Cività*). **2.** *Campánia*의 도시(*Teánum Sidicínum,* 지금의 *Teano*); (*m.pl.*) **-nénses,** ĭum, 그곳 주민.

Teáte, is, *n.* *Sámnium* 지방 *Marrucíni*인들의 수도.

Teátes, um, *m.pl.* *Teánum* 부근의 *Apúlia*의 한 종족.

téch(ĭ)na, æ, *f.* 간계, 계략, 사기.

téchnĭcus, a, um, *adj.* [techna] **1.** 기술의, 간계의. **2.** *m.* 기술자.

technógrăphus, i, *m.* 기술 서적의 저자.

Technopǽgnium[**-nion**], i, *n.* "난제풀이", 시인 *Ausónius*(310-395)의 저서명.

technósus, a, um, *adj.* [techna] 간계를 꾸미는, 사기의, 진지하지 못한, 위조의 = fraudeléntus.

teclárius, i, *m.* = tegulárius.

Tecméssa, æ, *f.* **1.** *Mýsia*의 왕 *Teuthras*의 딸, 대 *Ajax*의 애인. **2.** *J. Cæsar Strabo*의 비극 작품명.

teco, ónis, *m.* 송어 새끼.

tecólithos, i, *m.* 방광결석을 녹이는 돌(石).

Tēcta Via, æ, *f.* *Porta Capéna*로 통하는 *Roma*의 거리.

tēcte, *adv. comp.* téctius, [tectus] **1.** 집을 쓰고, 지붕 밑에, 집안에서, 보호되어. **2.** 비밀리에, 몰래, 은밀히, 숨어.

téctĭo, ónis, *f.* [tego] 가림, 덮음, 은폐.

tectónĭcus, a, um, *adj.* 건축상의, 건축술의: ~ formæ(*Aus.*) 건축도본.

tēctor, óris, *m.* [tego] 화장(花匠), 미장이, 석고 세공인, 칠하는 사람, 도공(塗工).

tectoríŏlum, i, *n. dim.* [tectórium] 화장, 벽토, 미장, 칠.

tectórĭum, i, *n.* [tector] **1.** 도장(塗裝), 칠, 미장, 화장, 겉치레. **2.** 뚜껑, 덮개. **3.** 화장품. **4.** 겉치레말.

tectórĭus, a, um, *adj.* [tector] **1.** 덮는데 쓰는. **2.** 칠하는데 쓰는, 바르는데 쓰는.

Tectósăges, um, [**-săgi,** órum,] *m.pl.* *Gállia Narbonénsis*의 종족.

téctulum, i, *n.* [tectum] 작은 지붕.

tēctum, i, *n.* [tego] **1. 지붕. 2.** 천정, 천정널. **3.** 집, 피신처, 거처: in tecto(*Cato*) 집안에, 피난처에 / tecto récipi(*Cæs.*) 집에 받아들여지다, 피신처를 얻다 / ~ subíre(*Cæs.*) 집안에 발을 들여놓다. **4.** 동물의 굴, 숨을 곳, 소굴, 새둥지. **5.** 칠, 바름(塗).

tectúra, æ, *f.* [tego] **1.** 집, 가리개, 은신처.

tēctus, a, um, *p.p., a.p.* [tego] **1.** 가려진, 덮인. **2.** 땅속에 있는. **3.** 숨은, 은밀한, 보호하는. **4.** 애매한, 희미한: verba tecta(*C.*) 희미한 말 / in dicéndo tectíssimus(*C.*) 말하는 것이 아주 애매한 / tectióres(*C.*) 더 간접적인.

tēcum = cum te[tu] 너와 마찬가지로, 그대와 함께.

Tecumés(s)a, æ, *f.* = Tecméssa.

ted... *V.* tæd...

Tedigniolóquides, æ, *m.* [te^{2} + dignus + loqui] 너에게 정중하게 말하는 자.

Tégĕa, æ, [**-gĕe,** es,] *f.* *Arcádia*의 도시; (*adj.*) **-geátĭcus,** a, um; (*adj. f.*) **-geátis,** ĭdis; (*subst.*) **-geátes,** æ, *m.*; **-geátæ,** árum, *m.pl.* 그곳 주민.

Tegeǽus[**-geéus**], a, um, *adj.* **1.** *Tégea*의, *Arcádia*의. **2.** *m.* *Tégea*인, *Tégea*의 신 *Pan.*

tĕges, ĕtis, *f.* [tego] 거적, 돗자리, 덮개, 멍석, 자리.

tegéste, is, *n.* [tego] 덮는데 쓰는 것.

tegetárĭus, i, *m.* [teges] 돗자리 장사.

tegetícŭla, æ, *f.* [**-cŭlum,** i, *n.*] *dim.* [teges] 작은 돗자리, 덮개.

tegíle, is, *n.* [tego] 가리개, 덮개, 옷.

tegíllum, i, *n. dim.* [tégulum] 작은 가리개, 옷.

tegmen[**-gĭmen, -gŭmen**], ĭnis, *n.* [tego] **1.** 덮는데 쓰는 것, 덮개, 거적, 지붕, 흉중(胸中). **2.** 옷. **3.** 갑옷. **4.** 투구. **5.** 포도나무 가리개. **6.** 알곡 껍데기. **7.** 보호물, 가리개, 피난소.

teg(i)méntum[**tegum-**], i, *n.* [tego] = tegmen.

tegnósus, a, um, *adj.* technósus의 변형.

tego, texi, tectum, ĕre, *tr.* **1. 덮다,** 가리다: tectæ naves(*Cæs.*) 갑판 있는 배. **2.** 묻다, 파묻다: ossa tegébat humus(*Ov.*) 흙이 뼈를 덮었다, 뼈가 흙속에 묻혔다. **3.** 은폐하다, 감추다, 숨기다, 가장하다: ~ summam prudéntiam simulatióne stultítiæ(*C.*) 자기의 지혜를 바보로 가장하여 숨기다. **4.** (*alqm, alqd-alqa re;* ab *abl.*) 보호하다, 보증하다: ab audácia *alcjs* ~ *alqm*(*C.*) 누구를 방약무인한 아무에게서 보호하다 / ~ latus *alci*(*H.*) 누구의 옆을 보호하다, 누구를 보호하여 수행하다. **5.** 입다, 몸에 걸치다.

tégŭla^{1}**,** æ, *f.* [tego] 기와, 지붕, 지붕재료; 타일, 포석.

tégŭla^{2}**,** æ, *f.* 프라이팬, 튀김 냄비.

tegulárĭus, i, *m.* [tégula^{1}] 기와 제조공, 기와 굽는 사람.

tegulátus, a, um, *adj.* [tégula^{1}] 기와로 덮인; *n.pl.* **-láta,** órum, 기와지붕.

tegulícĭus, a, um, *adj.* [tegula^{1}] 기와로 덮인.

tégŭlum, i, *n.* [tego] 지붕재료, 지붕, 덮개, 기와.

tegum... *V.* tegm...

teguríolum, i, *n.* = tuguríolum.

tegúrĭum, i, *n.* [tego] **1.** 작은 집, 정자; 작은 성당, 제단의 감실. **2.** = tugúrium.

tegus, gŏris, *n.* **1.** 은신처. **2.** = tergus.

Tejus[-ĭus], a, um, *adj.* *Teos*의, *Anacréon*의; *m.pl.* 그곳 주민.

tēla, æ, *f.* [texo] **1.** 천, 헝겊, 직물, 포(布), 포목, 천의 날(經), 씨실. **2.** 거미줄. **3.** 음모. **4.** 직조업. **5.** 《醫》 소독제: tela ácidi bórici 붕산 소독제, tela depuráta 소독제.

télămo(n)[1], ónis, *m.* [**-mónes,** um, *m.pl.*] 기둥을 지고 있는 사람의 형상, 《建》 인상주(人像柱), 남상주(男像柱).

Télămo(n)[2], ónis, *m.* *Argonáutæ*의 한 사람, *Æăcus*의 아들, *Péleus*의 동기, *Sálamis* 섬의 왕, 대(大) *Ajax*와 *Teucer*의 아버지; [*adj.*] **-mónĭus,** a, um; [*subst.*] **-moniădes,** æ, *m.* *Télamon*의 아들, 즉 대 *Ajax*.

telánæ ficus, *f.pl.* 흑무화과(黑無花果)의 일종.

Telchínes, um, [*acc.* -as,] *m.pl.* *Rhodus* 섬의 제관 가족, 요술을 잘 부렸으나 *Júpiter* 신에게 멸망됨.

Telébŏæ, árum[um], *m.pl.* *Acarnánia*의 한 종족, 후에 *Cápreæ* 섬에 이주함.

Telégŏni, órum, *m.pl.* [Telégonus] *Ovídius*의 애정시집 명칭.

Telégŏnus[-nos], i, *m.* *Ulíxes*와 *Circe*와의 아들, 아버지인줄 모르고 *Ulíxes*를 살해함, *Túsculum*의 창건자.

telegrámma, ătis, *n.* 전보, 전신.

Telémăchus, i, *m.* *Ulíxes*와 *Penélope* 사이의 아들.

Télĕmus, i, *m.* *Eurymus*의 아들, *Cyclópes*들의 예언자.

telencéphalon, i, *n.* 《醫》 종뇌(終腦).

telepathía, æ, *f.* 《醫》 격감전심(隔感傳心), 천리안(千里眼).

telephónia, æ, *f.* 전화.

Télĕphus, i, [*acc.* -phon,] *m.* *Mýsia*의 왕, *Hércules*의 아들, *Achílles*의 창에 맞아 부상당했다가 그 창의 녹을 바르고 나음.

Telésĭa, æ, *f.* *Sámnium*의 도시.

télĕta, æ, *f.* 비결의 전수[입문], 봉축식, 제사.

Telethúsa, æ, *f.* *Iphis*의 어머니.

Téletus, i, *m.* 이단자 *Valentínus*설에 따른 æon중 하나.

télĭger, gĕra, gĕrum, *adj.* [telum + gero[1]] 화살을 지닌, *Cupído* 신의.

télĭnum, i, *n.* telis로 만든 향료.

tēlis, is, [*acc.* -in,] *f.* 《植》 고추나물속, 호로파(葫蘆巴).

Telléna, órum, *n.pl.* *Látium*의 지명.

Téllŭmo, ónis, *m.* [tellus] *Augustínus*의 "*De Civitáte Dei*"에 나오는 생산력의 로마신.

Tellúrus, i, *m.* [tellus] 땅의 신.

tellus, úris, *f.* **1.** 지구, 땅, 지면. **2.** 토지, 땅. **3.** 재산, 소유, 영토. **4.** 지방, 고장, 나라. **5.** 백성, 인구. **6.** [T-] 양육의 여신.

tellúster, tris, tre, *adj.* [tellus] 대지의, 지구의, 현세의, 지상의.

Telméssus[-os], i, *f.* *Lýcia*의 항구(지금의 *Makri*); [*adj.*] **-ssis,** ĭdos; **-sĭcus,** a, um; [*subst.*] **-sĭus,** i, *m.* *Telméssus* 사람, 즉 *Ptolemǽus*; *m.pl.* **-ses,** ĭum, 그곳 사람(들).

telo, ónis, *m.* 물긷는 장대.

Telo Mártius, *m.* *Gállia Narbonénsis*의 항구.

telon(e)árĭus, i, *m.* [telónium] 세리(稅吏), 세금 징수원.

telónĭum[-nĕum], i, *n.* 세무서(稅務署), 징세.

telosynápsis, is, *f.* 《生》 (염색체의) 말단부착.

tēlum, i, *n.* **1.** 창, 투창, 화살, 투시(投矢): ~ jácere, míttere*(C.)* 창을 던지다 / ad conjéctum teli veníre*(L.)* 창 던질 수 있는 거리에 도달하다. **2.** 칼, 도끼 등 공격무기: esse cum telo*(C.)* 무장하고 있다. **3.** 햇빛, 햇살. **4.** 번개. **5.** 타격, 일격: tela fortúnæ*(C.)* 운명의 타격, 운명의 장난. **6.** 황소뿔. **7.** 늑막염. **8.** 자극. **9.** 방어수단.

Temenítes, æ, [*acc.* -ten,] *m.* *Témenos* 신전에서 숭상되는 *Apóllo* 신의 별칭.

Temenítis, ĭdis, [*acc.* -ĭda,] *f.* **1.** (*sc.* porta) *Taréntum*의 문. **2.** *Témenos* 샘.

Téměnos[-us], i, *f.* *Syracúsæ* 남부에 있는 *Apóllo* 신전이 있는 도시.

temerábĭlis, e, *adj.* [témero] 더럽혀진.

temerárĭus, a, um, [*voc.* -rĭe,] *adj.* [témere] **1.** 경솔한, 가벼운. **2.** 우연한, 우발적인, 막하는, 맹목적인, 생각없는, 소홀(疏忽)한, 지혜(智惠)없는, 거짓: tela temerária*(Ov.)* 맹목적으로 던지는 창. **3.** [*adv.*] **-árĭe.**

temerátĭo, ónis, *f.* [témere] 변질, 부패.

temerátor, óris, *m.* [témere] 문란자, 부패조장자, 위조자(僞造者), 풍속을 문란하게 하는 사람.

téměre, *adv. abl.* [*inusit.* temus, mĕris] 막, 함부로, 아무렇게나, 요행수로, 경솔하게, 생각없이, 우연히, 소홀(疏忽)히, 마구.

temérĭtas, átis, [**-túdo,** ĭnis,] *f.* [témere] **1.** 우연, 맹목. **2.** 무모, 무분별, 무사려, 경솔, 가벼움, 소홀(疏忽), 마구함.

temérĭter, *adv.* [témere] 경솔하게, 무분별하게.

téměro, ávi, átum, áre, *tr.* [témere] 마구하다, 불명예스럽게 하다, 더럽히다, 속되게 하다, 훼손하다, 침범하다.

Téměsa[-m(p)sa], æ, [**-měse,** es,] *f.* *Brúttium*의 서해안의 도시(지금의 *Mattonate*); [*adj.*] **-mesǽus[-m(p)sánus],** a, um.

-tēmět, *partic. suffix.* 인칭대명사 tu 어미에 붙어서 tu에 강세를 줌: tutémet 바로 너.

temétum, i, *n.* (*cf.* temuléntus, abstémius) 독한 술, 순포도주.

Témisa = Témesa.

temníbĭlis, e, *adj.* [temno] 무시할 만한.

temno, ĕre, *tr.* 경멸하다, 멸시하다, 업신여기다.

Tēmnus[-os], i, *f.* 소아시아 서해안 도시(지금의 *Menimen*); 〔*subst. deriv.*〕 **-nítes,** æ, *m.*; **nítæ,** árum, [**-nĭi,** órum,] *m.pl.* 그곳 주민.

tĕmo[1], ónis, *m.* 군복무 면제세, 면병역세(免兵役稅).

tēmo[2], ónis, *m.* **1.** 수레의 앞채, 축, 굴대. **2.** 수레. **3.** (天) 큰 곰자리 성좌. **4.** 장대, 가름대.

temonárĭus, a, um, *adj.* temo[1]세에 관한; 〔*subst.*〕 *m.* temo[1]세 받는 자.

Tempe, *n.pl. indecl.* **1.** *Thessália*의 계곡 (*Penéus*〈지금의 *Selembria*〉강이 흘렀다). **2.** 수려한 계곡.

temperábĭlis, e, *adj.* [témpero] 조절가능한.

temperácŭlum, i, *n.* [témpero] 세공(細工), 가공(加工), 공사(工事).

temperámens, éntis, *n.* [témpero] (藥) 진정제, 청량제.

temperaméntum, i, *n.* [témpero] **1.** 전체를 이루는 부분들의 알맞은 배합, 균형, 조화, 절도. **2.** 체질, 기질(氣質), 성질. **3.** 기후, 온도, 체온.

tempĕrans, ántis, *p.præs., a.p.* [témpero] **1.** 절제하는, 절도있는: temperántior a cupídine impérii*(L.)* 권력의 욕심을 절제하는. **2.** 〔*gen.*〕 …을 삼가는; 〔*adv.*〕 **-ánter,** 절도있게, 절제하여, 절약하여, 존절하게.

temperántĭa, æ, *f.* [témperans] 절제, 절도, 조심성, 신중, 자제, 극기: ~ in victu 절식, 절주(節酒).

temperáte, *adv. comp.* temperátius, [temperátus[1]] 절제하여, 절도있게; 삼가, 절제있게, 절조있게.

temperátĭo, ónis, *f.* [témpero] **1.** 균형있는 배합, 화합, 조직, 절도: ~ rei públicæ*(C.)* 나라의 조직. **2.** 공평한 공급, 고르게 된 것: ~ calóris*(C.)* 열의 알맞은 분배 / ~ cæli 기후의 고름. **3.** 절제하는 것, 절도지키는 것, 조절[조정]하는 것: sol …mens mundi et ~ *(C.)* 태양은 세상의 지성이요 조정자이다.

temperatívus, a, um, *adj.* [témpero] 진정시키는, 누그러뜨리는.

temperátor, óris, *m.* [témpero] 조정자, 배합자, 정리하는 자, 조직자, 조절하는 자, 절제자.

temperatúra, æ, *f.* [témpero] **1.** 균형잡힌 배합, 적합한 구조, 화합. **2.** 체질, 기질. **3.** 기후, 온도, 체온.

temperátus[1], a, um, *p.p., a.p.* [témpero] **1.** 잘 배치된, 균형잡힌: temperátior orátio *(C.)* 균형잡힌 연설. **2.** 조절된, 적당한, 절제있는, 온후한: loca sunt temperatióra*(Cæs.)* 기후가 온화한 장소 / temperatíssimum anni tempus*(Var.)* 가장 좋은 기후의 계절. **3.** 절제하는, 조정받은.

temperátus[2], us, *m.* [témpero] 절제, 절식.

tempĕri[-re], *adv.* [tempus[1]] 꼭 알맞게, 때마침, 일찍, 시기에 맞게, 기회를 타서.

tempérĭes, éi, *f.* [témpero] **1.** 배합, 혼합, 균형, 배치: ~ cæli*(Curt.)* 기후. **2.** 조절, 절제. **3.** 기후, 온도.

tempérĭus, *adv. comp.* [témperi] 더 일찍, 너 알맞게.

tempĕro, ávi, átum, áre, [tempus[1]] **I.** *tr.* **1.** 배합하다, 혼합하다, 섞다, 합일하다: ~ herbas*(Ov.)*; colóres*(Plin.)* 약초를 섞다, 색을 배합하다 / ~ venénum*(Suet.)* 독약을 타다 / ex igni atque ánimā temperátus*(C.)* 불과 기(氣)로 배합된. **2.** 조직하다, 배치하다, 배당하다, 평정하다, 다스리다, 고르게 하다: ~ rem públicam*(C.)* 나라를 조직하다/ ~ frígoris et calóris modum*(C.)* 추위와 더위를 고르게 하다. **3.** **조절하다,** 균형잡다: ~ aquam ígnibus*(H.)* 물을 불로 덮히다.

II. *intr.* **1.** 〔ab. *abl., abl.,* ne, quin〕 균형잡히다, 절도있다, **절제하다,** 참다: ~ ab injúria 불의를 삼가다 / non temperáre quin*(C.)* … 하기를 서슴치 않다. **2.** 상냥하게 대하다, 아끼다(사람을): ~ *alci* 누구를 / ~ *alci* in *alqā re(C.)* 누구를 어떤 일에 있어서 ~ / ~ (ab) sóciis*(L.)* 동료들을 ~. **3.** 〔*dat.*〕 제어하다, 억제하다, **조심하다:** sibi temperáre ab *alqā re(H.)* … 일을 하는데 스스로 억제하다 / sibi non temperáre, quin*(Cæs.)* …하는데 스스로를 억제하지 않다 / línguæ témpera*(Pl.)* 말을 조심하라 / victóriæ temperáre*(Sall.)* 승리한 후 자제하다 / ~ mánibus*(L.)* 폭력을 삼가다.

tĕmperor, ári, *dep. tr.* = témpero.

tempéstas, átis, 〔*pl.gen.* -tátium; *dat.* -átebus,〕 *f.* [tempus[1]] **1.** 시간, 시기; 한 해(年), 계절: eádem tempestáte*(C.)* 같은 시기에 / multis tempestátibus*(Sall.)* 여러 해에 걸쳐 / 〔*pl.*〕 tempestátes = témpora*(Sall.)* 환경. **2.** **기후,** 일기, 날씨: bona tempestáte *(C.)* 좋은 날씨에 / ~ idónea ad navigándum*(Cæs.)* 항해하기에 좋은 날씨. **3.** 나쁜 날씨, **폭풍우,** 태풍, 뇌우. **4.** 동요, 소란, 동란, 재앙, 불행.

Tempestátes, átum, *f.pl.* [tempéstas] 폭풍의 여신.

tempestíllus, a, um, *adj.* [tempéstus[1]] 적시(適時)에 일어나는.

tempestíve[-vo], *adv.* [tempestívus] 바로 그 때에, 마침, 적당한 시기에.

tempestívĭtas, átis, *f.* [tempestívus] **1.** 좋은 때, 적절한 시기, 기회, 적응, 적시: sua cuíque parti ætátis ~ est data*(C.)* 일생은 각 시기마다 적시가 있다. **2.** 좋은 성격, 기질.

tempestívus, a, um, *adj.* [tempéstas] **1.** 적당한, 때 맞춰 오는, 적시의, 자기 때의, 기회좋은: tempestívi venti*(C.)* 마침 잘 부는 바람. **2.** 〔*dat.*〕 때가 된, 때가 찬, 제철의: ~ virgo viro*(H.)* 결혼 나이가 찬 처녀 / tempestívi fructus*(C.)* 잘 익은 과실. **3.** 빨리 익은, 조숙

한, 앞당긴: tempestívum convívium(*C.*) 미리 시작한 만찬(풍성한 만찬). **4.** 일찍 일어나는, 아침 일찍 … 하는.

tempestuósus, a, um, *adj.* [tempéstas] 폭풍우의, 소란한, 난폭한.

tempéstus[1]**,** a, um, *adj.* = tempestívus.

tempéstus[2]**,** útis, *f.* = tempéstas.

templáris, e, *adj.* [templum] 신전의, 성전의, 성당의.

templárĭus, i, *m.* [templum] 성전기사수도회(聖殿騎士修道會) 회원.

templátim, *adv.* [templum] 이 성전 저 성전으로.

templum, i, *n.* **1.** 경계를 둘러친 공간, 제한된 구역, 영역, 점장이가 지팡이로 공중에 그은 공간. **2.** 눈에 들어오는 구역, 관구, 구내, 울타리 안: cærula cæli templa 창공. **3.** 재판소, 의회, 원로원 등의 경내(境內). **4.** 성역(聖域), 지성소(至聖所): templa mentis(*Lucr.*) 정신의 성역. **5. 신전**(神殿), **성전**(聖殿), 전당(殿堂), 회당(會堂), 성당(聖堂), 사원(寺院): ~ Hérculis(*C.*) *Hércules*의 신전.

temporális[1]**,** e, *adj.* [tempus[1]] **1.** 잠시의, 임시적, 잠깐 동안의, 일시적, 순간적. **2.** 현세적, 재물의. **3.** 《文法》 시간의, 시제(時制)의. **4.** *n.* 속사(俗事), 재물.

temporális[2]**,** e, *adj.* [tempus[2]] 《醫》 측두(側頭)의, 뺨의.

temporálĭtas, átis, *f.* [temporális[1]] 덧없는 것, 현세의 것, 속세, 잠시적인 것.

temporáliter, *adv.* 잠시적으로, 임시로.

temporanéitas, átis, *f.* [tempus[1]] 좋은 환경, 기회, 호기.

temporáneum, i, *n.* [temporáneus] 조숙한 무화과, 조숙한 과실.

temporánĕus, a, um, *adj.* [tempus[1]] **1.** 때맞은, 알맞은. **2.** 일시적인, 지나가 버리는, 일시의, 임시의.

temporárĭus, a, um, *adj.* [tempus[1]] **1.** 변하는, 환경에 맞추는, 그때 그때의, 일시적: amicítiæ temporáriæ(*Sen.*) 일시적 우정 / temporária ingénia(*Curt.*) 변하는 성격. **2.** 지나가는, 곧 없어지는, 임시로 있는. **3.** 〔*adv.*〕 **–árĭe,** 일시적으로, 임시로.

temporátim, *adv.* [tempus[1]] 때에 따라, 간간이, 자주.

témpŏri, *adv.* = témperi.

tempórĭvus, a, um, *adj.* [tempus[1]] (=temporáneus) 적시의, 때 맞은.

temporomandibuláris, e, *adj.* 《醫》 측두하악(側頭下顎)의.

Tempsa, Tempsánus. *V.* Témesa, Temesánus.

tempt… *V.* tent…

tempus[1]**,** pŏris, *n.* **1. 시간**[간격], 순간, 시, 때, 계절, **시기**: ad extrémum ~ diéi(*C.*) 하루의 마지막 시간까지 / in síngula diei témpora(*Cæs.*) 하루의 매 시간, 매 순간 / noctúrna témpora(*Cæs.*) 밤 시간 / ~ anni(*C.*) 한 해의 계절 / longo post témpore(*V.*) 오래 후에 / longis tempóribus ante(*C.*) 오래 전에 / in relíquum ~ (*C.*) 나머지 시간에 / uno témpore(*C.*) 동시에 / illis tempóribus, tempóribus illis(*C.*) 그때에 / quibúsdam tempóribus, certis tempóribus(*C.*) 어느 시기에, 한정된 시기에 / nihil sane ad hoc ~ (*C.*) 전혀 … 할 때가 아니다. **2.** 기회: témpore capto(*L.*) 기회를 잡고, 기회가 와서 / neque dimísi ~ (*C.*) 기회를 놓치지 않았다. **3.** 〔환경의 뜻으로〕 시기, 계제, 형편: aliéníssimo rei públicæ témpore(*C.*) 공화국의 가장 나쁜 시기에 / témpori cédere(*C.*) 시대 환경에 굴복하다 / summo rei públicæ témpore(*C.*) 공화국의 위기에. **4.** 〔부사적〕: in témpore 적당한 시기에 / in ~ 얼마동안, 잠깐동안 / ad ~ (*C.*) 정한 때에, 원하는 때에, 형편따라, 임시로 / ante ~ (*C.*) 시간이 되기 전에, 미리부터 / ex témpore 즉석에, 그때 그때 / pro témpore(*Cæs.*) 환경에 맞추어. **5.** 《文法》 시제(時制). **6.** 《詩 · 音》 박자, 음률, 마디.

tempus[2]**,** ŏris, *n.* **1.** 《解》 관자놀이, 뺨, 턱 (혼히 *pl.* témpora로 씀). **2.** 얼굴, 머리.

tempúscŭlum, i, *n. dim.* [tempus[1]] 짧은 시간, 약간의 시간.

Tempýra, órum, *n.pl. Thrácia*의 도시.

Temsa = Témesa.

temulénter, *adv.* [temuléntus] 취중에, 술이 취하여.

temuléntĭa, æ, *f.* [temuléntus] 취함, 취기, 명정(酩酊).

temuléntus, a, um, *adj.* [temétum] 취한, 취중의; 〔*subst.*〕 **–nti,** órum, *m.pl.*

tenábŭlum, i, *n.* [téneo] 집게.

tenácĭa, æ, *f.* [tenax] **1.** 완고, 고집. **2.** 인색. **3.** 끈.

tenácĭtas, átis, *f.* [tenax] **1.** 견지(堅持), 견고, 완고, 집요, 고집. **2.** 절약, 인색. **3.** 엄수. **4.** 탐욕.

tenácĭter, *adv.* [tenax] **1.** 완고하게, 집요하게, 굳게, 힘있게. **2.** 고집을 부리며.

tenácŭlum, i, *n.* [téneo] 끈, 줄; 부착.

tĕnax, ácis, *adj.* [téneo] **1.** 견지하는, 집요한, 완고한, 견고한, 힘있는, 강한: tenácia víncula(*V.*) 견고한 사슬. **2.** 절약하는, 인색한. **3.** 강인한, 꼭 붙어있는, 요지부동의, 굳은: tenacíssimum solum(*Plin.*) 굳은 땅 / ~ propósiti(*H.*) 자기 제안에 끝까지 버티는. **4.** 고집부리는, 옹고집의. **5.** 〔*subst.*〕 *m.f.pl.* **–áces,** ĭum; *n.pl.* **–ácia,** ĭum, 끈, 줄.

Ténctĕri, órum et um, *m.pl. Rhenus*강 하류의 *Germánia*의 한 종족.

tendícŭlæ, árum, *f.pl. dim.* [tendo] **1.** 줄(紐). **2.** 그물. **3.** 작은 올가미, 덫.

tendo, teténdi, tentum[tēnsum], ĕre, **I.** *tr.* **1. 펼치다,** 넓히다, 펴다, 팽팽하게 하다: ~ plagas(*C.*) 그물을 펴다 / ~ arcum(*V.*) 활을 당기다 / ~ manus ad *alqm; alci*(*Cæs.*) 누구에게 손을 벌리다(구걸). **2.** (올가미) 놓다, (휘장) 치다, 깔다: insídiæ tendúntur *alci*

(C.) 누구에게 올가미를 놓다. **3.** (시간) 보내다: ~ æstívam sermóne benígno noctem *(H.)* 여름밤을 기분좋은 대화로 지내다. **4.** 내밀다, 보이다, 제공하다.
II. *intr.* **1. 향하다**, 길가다: ~ Venusiam*(C.)* *Venúsia*를 향하여 가다 / ~ ad castra*(L.)*; in castra 진지를 향하여 가다 / quo tendis? *(H.)* 어디로 가느냐? **2.** 겨냥하다, 기울어지다, 하려고 힘쓰다: ~ ad *alqd(C.)* 어디에 기울다 / ~ ad altióra*(L.)* 더 높은 곳을 겨냥하다 / ~ ad Carthaginiénses*(L.)* *Carthágo*인들 편으로 기울다 / 〔*c. inf.*, ut.〕 … 하려고 애쓰다. **3.** (천막, 그물) 치다: sub vallo téndere*(Cæs.)* 성밑에 천막을 치다. **4.** = inténdere, intuéri. **5.** 항거하다, 맞서 싸우다.

tene = te² + ne⁴.

tenebéllæ, árum, *f.pl. dim.* [ténebræ] 어두움, 암흑.

ténĕbræ, árum, *f.pl.* **1.** 어두움, 암흑. **2.** 밤. **3.** 눈이 깜깜해짐. **4.** 죽음의 어두움. **5.** 어두컴컴한 방, 감방, 영창, 지옥. **6.** 정신이 아둔함, 무지. **7.** 난감한 상황, 눈앞이 깜깜해지는 불행.

tenebrárĭus, a, um, [**-brális,** e,] *adj.* [ténebræ] 어두움의, 암암리의: ~ homo 머리가 텅빈 사람, 몽상가. 「두워짐, 시력감퇴.

tenebrátĭo, ónis, *f.* [ténebro] 어두움, 어

tenebrésco[**-brás-**], ĕre, *intr. inch.* [ténebræ] 어두워지다.

tenébrĭco, ávi, áre, [**-cor,** ári, *dep.*] *intr.* [ténebræ] **1.** = tenebrésco. **2.** *tr.* 어둡게 하다. 「두움, 시력감퇴.

tenebricósĭtas, átis, *f.* [tenebricósus] 어

tenebricósus, a, um, *adj.* [tenébricus] 어두운, 컴컴한, 암흑의, 우울한.

tenébrĭcus, a, um, *adj.* [ténebræ] 어두운, 컴컴한, 어두움에 싸인, 암흑의, 우울한.

tenébrĭo, ónis, *m.* [ténebræ] 빛을 싫어하는 자, 몽상가, 아둔한 자; 사기한.

ténĕbro, áre, *tr.* [ténebræ] 어둡게 하다.

tenebrósitas, átis, *f.* 어두움, 암흑.

tenebrósus, a, um, *adj.* [ténebræ] 어두운, 컴컴한, 암흑의; *adv.* **-se,** 어둡게; *n.* 어두움, 침울함.

Ténĕdos[**-us**], i, *f.* *Troas* 해안에 있는 *Ægæum*해의 섬(지금의 *Tenedo*); 〔*adj.*〕 **-nédĭus,** a, um; 〔*subst.*〕 **-nédĭi,** órum, *m.pl.*

tenéllŭlus, a, um, *adj.* = tenéllus

tenéllus, a, um, *adj. dim.* [tener] 연약한, 부드러운, 약한. 「모(堅振代父母).

tenens, éntis, *m. f.* [téneo] 《가》 견진대부

tenĕo, ténŭi, tentum, ére, **I.** *tr.* **1. 잡다,** 붙들다, 붙잡다, 쥐다: ~ *alqd* in manu; manu *(C.)* 무엇을 손으로 ~. **2.** 견지하다, 매진하다, 길가다: secundíssimo vento cursum tenére *(C.)* 순풍을 타고 항로를 유지하다. **3.** 도달하다: Montes petébant et pauci tenuére.*(L.)* 그들은 산으로 갔지만 몇 사람만이 도달하였다 / = obtíneo ut, ne*(L.)* …것을 얻다, 획득하다, … 않는 결과를 얻다. **4. 깨닫다,** 알아듣다, 알다, 지식을 가지다. **5.** (자리를) 차지하다: ~ summam impérii*(Cæs.)* 최고 사령관직을 차지하다. **6.** 사로잡다: Magna me spes tenet. *(C.)* 큰 희망이 내 생각을 사로 잡았다 / *alcjs* rei desidério tenéri*(C.)* 어떤 것을 가지고 싶은 마음에 사로잡히다. **7.** 품다, 껴안다, **소유하다,** 포함하다. **8.** 지키다: Locum non ténuit.*(Cæs.)* 제자리를 지키지 못하였다 / ~ consuetúdinem, morem 관습, 풍속을 지키다 / ~ fœdus*(C.)* 조약을 지키다 / memória tenére*(C.)* 기억하다. **9. 유지하다,** 보전하다: castris se tenére 진지에 머물다. **10.** (생각을) 가지다: Hoc téneo, hic hǽreo.*(C.)* 이것이 내 생각이다, 그리고 이것을 고수한다. **11.** 붙들어 매다, 속박하다. **12.** (떠나는 사람을) 붙잡다, 만류하다: ~ *alqm* 누구를 ~ / non tenébo te plúribus*(C.)* 너를 더 이상 붙잡지 않겠다, 긴 말을 하지 않겠다 / naves tenebántur, quóminus*(Cæs.)* 배들이 … 하지 못하게 붙들렸다. **13.** 방해하다, … 하지 못하게 하다, 금하다: metu legum tenéri*(C.)* 법이 무서워 하지 못하다 / risum, somnum vix tenére*(C.)* 웃음을, 잠을 참지 못하다 / ~ iracúndiam*(C.)* 분노를 참다 / se non tenére, quin *(C.)* … 하지 않고서는 못견디다. **14.** 〔*pass.*〕 **tenéri,** 변경할 수 없다, 붙잡히다, 꼼짝하지 못하다: ~ in *alqā re* manifésto, in manifésta re*(C.)* 어떤 일의 증거가 명백하여 꼼짝 못하다 / 〔*gen.*〕 ejúsdem cupiditátis tenéri*(C.)* 같은 욕망에 붙잡혀 꼼짝하지 못하다.
II. *intr.* **1.** 자리잡다. **2.** 향하다, 길가다. **3.** 유지하다, 버티다, 계속하다: Imber per noctem totam ténuit.*(L.)* 밤새동안 비가 왔다.

tĕner, ĕra, ĕrum, 〔*gen.pl.* -nĕrum,〕 *adj.* [ténuis] **1.** 연약한, 부드러운, 가냘픈, 나긋나긋한. **2.** 어린, 미소한, 젊은: ténerae árbores *(Cæs.)* 어린 나무; *m.* 어린이: Parcéndum est téneris.*(Juv.)* 어린이들을 잘 돌봐주어야 한다 / a téneris unguículis*(C.)*, de ténero úngui*(H.)*, a ténero*(Q.)*, 어릴 때부터 / in téneris*(V.)* 어릴 때에. **3.** 주무를 수 있는, 유연한: orátio mollis et ténera*(C.)* 부드럽고 유연한 연설. **4.** 섬세한, 민감한, 미묘한, 다정한: ~ poéta*(Catull.)* 섬세한 시인 / ánimi téneri*(C.)* 다정한 마음.

tenerásco[**-résco**], ĕre, *intr. inch.* [tener] 연하게 되다, 부드럽게 되다, 섬세하게 되다.

tenĕre[**-rĭter**], *adv.* [tener] 연하게, 부드럽게, 가냘프게, 섬세하게, 정답게.

tenérĭtas, átis, [**-ritúdo,** dĭnis,] *f.* [tener] 유연성, 부드러움, 연약함, 정다움, 여림, 어림 = tenúitas.

tenerósĭtas, átis, *f.* [tener] 유약함, 연함,

부드러움, 여림, 어림, 유년.

tenérulus, a, um, *adj.* 아주 부드러운.

tenésmus[**-os**], i, *m.* 《醫》 뒤가 마려우면서 나오지 않는 병, 이급후중(裏急後重), 결리(結痢); *adj.* **tenesmódes,** es(*n*).

Ténii, órum, *m.pl.* *V.* Tenos.

Ten(n)es, is, 〔*acc.* –nem,〕 *m.* *Ténedos*의 창건자(전설적).

tĕnon, óntis, *m.* 건(腱), 힘줄.

tĕnor, óris, *m.* [téneo] **1.** 진행, 계속, 행진: hasta servat tenórem*(V.)* 창이 계속 날고 있다. **2.** 연속: tenórem pugnæ serváre*(L.)* 전쟁을 계속하다 / eódem tenóre*(L.)* 같은 속도로, 계속, 같은 견해로, 같은 정신으로. **3.** 어조(語調), 억양(抑揚), 강조: uno tenóre *(C.)* 같은 박자로, 같은 모양으로, 계속해서. **4.** 취지, 내용, 농도, 과정, 본문, 문구. **5.** 법의 규정.

Tēnos[**us**], i, *f.* *Cýclades*섬의 하나(지금의 *Tino*); 〔*subst.*〕 **–nĭi,** órum, *m.pl.* 그곳 주민.

tēnsa, æ, *f.* Ludi Circénses(원형극장)에서 신들의 그림을 싣고 관중에게 보이는 마차.

tensíbĭlis[**-sĭlis**], e, *adj.* [tendo] 펼 수 있는, 장력(張力)있는.

ténsĭo, ónis, *f.* [tendo] 빳빳하게 폄, 긴장, 신장(伸張), 확장(擴張); (천막) 침.

tensórium, i, *n.* [tendo] 펴는 기구, 확장기.

tensúra, æ, *f.* [tendo] 긴장, 확장. 「장된.

tensus, a, um, *p.p.* [tendo] 빳빳이 펴진, 긴

tentabúndus[**temt–**], a, um, *adj.* [tento] 시도하는, 해보는, 시험하는.

tentámen[**temt–**], mĭnis, [**–méntum,** i,] *n.* [tento] 시도, 시험, 계획, 실험, 체험; 경험.

tentátĭo[**temt–**], ónis, *f.* [tento] **1.** (병) 걸림, 치명타. **2.** 시도, 기도(企圖), 노력. **3.** **유혹**, 유인, 시험.

tentátor[**temt–**], óris, *m.* [**–tátrix,** ícis, *f.*] [tento] 유혹자, 시험하는 자.

tentígo, gĭnis, *f.* [tendo] 암내, 발정(發情).

tentipéllium, i, *n.* [tendo + pellis] 구두장이의 가죽펴는 장치. 「力).

téntĭo, ónis, *f.* [tendo] 긴장, 팽창, 장력(張

tento[**tem–**], ávi, átum, áre, *tr. freq.* [tendo] **1.** 손대다, 만지다, 더듬다. **2.** 닿으려고 하다, 기대하다, 넘보다. **3.** 계획하다, **시도하다**, …하려고 애쓰다. **4.** 공격하다, 타격을 주다, 포위하다. **5.** **유혹하다**, 나쁜데로 이끌다, 뇌물로 부패시키다. 「꾼.

tentor, óris, *m.* 전차경기에서 차 손질하는 일

tentoríŏlum, i, *n. dim.* [tentórium] 작은 천막.

tentórĭum, i, *n.* [tendo] 텐트, 천막, 야영.

tentórĭus, a, um, *adj.* [tentórium] 천막의.

tentrix, ícis, *f.* (천막) 펴는 여자.

tentus[1], a, um, *p.p.* [tendo, téneo] 펴진; 손안에 든; 〔*subst.*〕 *n.pl.* **tenta,** órum, 소지품.

tentus[2], us, *m.* [téneo] 중지, 방해.

Téntyra[**–tĭra**], órum, *n.pl.* [**Téntyris,** ĭdis, *f.*] 에집트의 도시(지금의 *Denderah*); 〔*adj. m.*〕 **–tyrítes,** æ; **–tyríticus,** a, um; *m.pl.* **–tyrítæ,** árum.

tenuábĭlis, e, *adj.* [ténuo] 부드럽게 할 수 있는, 풀 수 있는, 엷게 될 만한, 약화시키는.

tenuátim, *adv.* [ténuo] 부드럽게, 약하게, 섬세히, 가늘게. 「고운.

tenu(i)árius, a, um, *adj.* [ténuis] 부드러운,

tenuátĭo, ónis, *f.* [ténuo] 유화, 화해, 약화.

tenuésco, ĕre, *intr. inch.* [ténuis] 약화되다, (달이) 기울다: luna tenuescénte 그믐에.

tenuícŭlus, a, um, *adj. dim.* [ténuis] 가는, 호리호리한, 엷은, 천박(淺薄)한, 가엾은.

ténŭis, e, *adj.* **1.** 가는, **엷은**, 가벼운, 희박한: ténues plúviæ*(V.)* 가랑비 / ténues ánimæ (defunctórum)*(Ov.)* 죽은 사람의 희미한 그림자(망령) / tíbia ~ *(H.)* 가냘픈 소리나는 피리. **2.** 작은, 허약한, **약한**, 중요치 않은, 하찮은, 보잘것없는: ~ murus*(C.)* 약한 성채 / ~ rívulus *(C.)* 작은 강 / ~ víctus*(C.)* 검소한 식사 / tenuíssima valetúdo*(Cæs.)* 매우 허약한 건강 / spes tenúior*(C.)* 가냘픈 희망 / hómines ténues*(C.)* 보잘것없는 사람들. **3.** **섬세한**, 치밀한, 절묘한: ~ et acúta distínctio*(C.)* 섬세하고 예리한 분간. **4.** 맑은. **5.** 천박한.

tenúĭtas, átis, *f.* [ténuis] **1.** 가벼움, 미소함, 엷음. **2.** 연약함, 섬세함, 허약함. **3.** 약점, 빈곤, 무가치: ~ ærárii*(C.)* 텅빈 국고. **4.** 간소, 소박, 단순. **5.** 정묘함, 묘미, 교묘함. **6.** 맑음, 청명.

tenúĭter, *adv.* [ténuis] **1.** 섬세하게, 연약하게, 상냥하게. **2.** 가늘게, 엷게, 희박하게, 피상적으로. **3.** 정교하게. **4.** 볼품없게.

ténŭo, ávi, átum, áre, *tr.* [ténuis] **1.** 연약하게 하다, 엷게 하다, 가늘게 하다, 허약하게 하다, 작게 하다: ~ vocem*(Q.)* 소리를 작게 하다. **2.** 깎다, 감소시키다, 진정시키다: ~ iram*(Ov.)* 분노를 진정시키다. **3.** 정밀하게 하다, 섬세하게 만들다.

tenus[1], nŏris, *n.* 끈, 줄, 그물.

tĕnus[2], *præp.* 명사 뒤에 붙이는 후치사: 〔*gen., abl.*〕 **1.** …을 따라서, …까지, …뿐. 〔*gen.*〕 labrórum ~ *(Lucr.)* 가장자리까지. 〔*abl.*〕 Tauro ~ *(C.)* *Taurus* 산까지 / Cantábrico ~ bello *(Suet.)* *Cantábria* 전쟁 때까지. **2.** …만, …뿐 〔*abl.*〕 : verbo ~ *(C.)* 말로만 / nómine ~ *(Ta.)* 이름뿐.

Téos[**–us**], i, 〔*acc.* Teon(um),〕 *f.* *Iónia*의 도시, 시인 *Anácreon*의 출생지; 〔*adj.*〕 **Téĭus** [**Téjus**], a, um; 〔*subst.*〕 **Téĭi,** órum, *m. pl.* 그곳 주민.

tepefácĭo, féci, fáctum, ĕre, *tr.* [tépeo + fácio] 미지근하게 하다, 뜨뜻하게 하다, 데우다; **–fío,** fáctus sum, fíeri, 미지근하게 되다, 식다.

tepefácto, áre, *tr. intens.* [tepefácio] 더

데우다, 따끈하게 하다.
tépěo, ére, *intr.* **1.** 미지근하다, 더워지다, 따뜻하다: Est ubi plus tépeant híemes? *(H.)* 더 따뜻한 겨울이 있는 곳이 어디 있느냐? / tepéntes auræ *(V.)* 더운 바람[입김]. **2.** (사랑에) 불타다, 사랑에 빠지다: cor tepens *(Ov.)* 사랑에 빠진 마음.
tepésco, pŭi, ĕre, *intr. inch.* [tépeo] **1.** 미지근해지다, 더워지다: Tepéscit mare. *(C.)* 바다물이 더워지다. **2.** 식다, 차지다: Mentes tepéscunt. *(Lucr.)* 분노가 가라앉다.
téphrĭas, æ, 〔*acc.* –an,〕 *m.* 회색대리석.
tephrítis, ĭdis, *f.* 회색을 띤 보석의 일종.
tepidárĭus, a, um, *adj.* [tépidus] (물) 미온의, 미지근한; 〔*subst.*〕 *n.* 미지근한 물, 목욕탕.
tépĭde, compar. –dĭus, *adv.* [tépidus] **1.** 따뜻하게, 덥게: ~, –dĭus natáre *(Plin.)* 따뜻한 물속에서 헤엄치다. **2.** 미온적으로, 냉정하게, 약하게, 미지근하게.
tépĭdo, áre, *tr.* [tépidus] 미지근하게 하다, 데우다, 따뜻하게 하다; 식히다.
tépĭdus, a, um, *adj.* [tépeo] **1.** 따뜻한, 미지근한. **2.** 식은, 열성이 줄어든, 냉담(冷淡)한.
tĕpor, óris, *m.* [tépeo] **1.** 따뜻함, 적당한 열. **2.** 미온(微溫), 냉담, 미지근함, 문체가 헝클어짐. **3.** 게으름, 나태, 권태.
teporátus, a, um, *adj.* [tepor] 미지근하게 된, 덥혀진, 더워진.
tepórus, a, um, *adj.* [tepor] 미온적인, 따뜻한.
Tépŭla aqua, æ, *f.* 로마에 물을 대는 수도 이름.
ter¹, *adv. num.* [tres] **1.** 세 번: ter consul *(Suet.)* 세 번의 집정관 / ter quátuor *(Enn.)* 12 / ter deni *(V.)* 30 / ter terna *(Macr.)* 9 / ter novéna *(Macr.)* 27. **2.** 여러번.
ter²– = tre–.
térămum[**–mon**], i, *n.* *Philíppi* 근처에서 자라는 식물.
teratológĭa, æ, *f.* 《醫》 기형학.
teratóma, ătis, *n.* 《醫》 기형종(畸形腫).
tercenárĭus, a, um, *adj.* (=trecenárius) 300의.
terdécĭe(n)s, *adv. num.* [ter + décies] 13번.
terdécĭmus, a, um, *num. ordin.* [ter + décimus¹] 13째의 = tertiusdécimus.
terdéni, æ, a, *num. distr.* 30씩; 〔*subst.*〕 30.
terebinthizúsa, æ, *f.* 테레빈 나무진 색깔의 보석 이름.
terebínthus, i, *f.* 《植》 테레빈 나무; 〔*adj.*〕 **–thĭnus,** a, um.
térĕbra[**–rébra**], æ, *f.* [**–brum,** i, *n.*] [tero] **1.** 송곳, 끌, 나추(螺錐). **2.** 《醫》 머리뼈 뚫는 기계, 천두기(穿頭機). **3.** 나무를 쏘는 벌레.
terebrámen, mĭnis, *n.* [térebra] 송곳구멍.
terebrátĭo, ónis, *f.* [**–rátus,** us, *m.*] [térebro] **1.** 구멍뚫음. **2.** 구멍.
térĕbro, ávi, átum, áre, *tr.* [térebra] **1.** 구멍 뚫다. **2.** 《醫》 머리뼈를 뚫다. **3.** 파다, 뒤지다.
terédo, dĭnis, *f.* 《動》 나무 파먹는 벌레, 밀가루 벌레, 고기 벌레, 곡식좀나방, 좀.
Teréĭdes, æ, *m.* *Téreus*의 아들인 *Itys.*
Teréntĭa, æ, *f.* *Cícero*의 아내 이름.
Terentíllus[**–tílius**], i, *m.* *Roma*인의 씨족명, ~ Arsa, *Roma*의 호민관(462 A.C.).
Teréntĭus, i, *m.* *Roma*인의 씨족명. **1.** ~ Afer, *Roma*의 희극시인(190-159 A.C.). **2.** C. ~ Varro, *Roma*의 집정관, *Cannæ* 전쟁을 지휘(216 A.C.). **3.** M. ~ Varro, 116 A.C.에 로마 태생, *Pompéjus*와 *Cícero*의 친구. **4.** 〔*adj.*〕 **–tĭus**[**–tiánus**], a, um.
Teréntum, i, *n.* [**–tus,** i, *m.*] *Campus Mártius*의 연극장; 〔*adj.*〕 **–tínus,** a, um.
tĕres, rĕtis, *adj.* [tero] **1.** 둥근, 원형의, 연마(硏磨)한, 통통한, 토실토실한: ~ puer *(H.)* 토실토실한 아이. **2.** 예의바른, 교양있는, 섬세한, 잘생긴: téretes aures *(C.)* 섬세한 귀.
Terésias, *m.* = Tirésias.
Téreus, ĕi[ĕos], 〔*acc.* –ĕa,〕 *m.* *Itys*의 아버지, *Thrácia*의 왕, *Philoméla*와 자매간인 *Procne*의 남편.
tergémĭnus[**trigé–**], a, um, *adj.* [tres + géminus¹] **1.** 세 쌍둥이의: tergémina Hécate *(V.)* *Luna, Diána, Prosérpina*의 3중 호칭의 *Hécate* 여신 / tergémini honóres *(H.)* *Quæstúra*(재무관직), *Prætúra*(재판관직), *Consulátus*(집정관직) 세 가지를 겸한 영예 / ~ Porta *(L.)* *Roma*의 *Aventínus* 언덕에 있는 세 개의 아치(홍예문, 虹霓門)가 있는 문. **2.** 3배의, 3중의; 〔*adv.*〕 **–mĭnum,** 세 번에 걸쳐.
térgĕo[**–go**], tersi, tersum, ére[ĕre], *tr.* **1.** 씻다, 청소하다, 닦다: ~ arma *(L.)* 무기를 손질하다 / térgere palátum *(H.)* 입천장을 간지르다, 즉 아부하다. **2.** 고치다, 교정하다, 지우다, 속죄하다.
Tergéste, is, [**–stum,** i,] *n.* *Hístria*의 도시(지금의 *Trieste*); 〔*adj.*〕 **–tínus,** a, um; 〔*subst.*〕 **–stíni,** órum, *m.pl.*
tergílla, æ, *f.* [**–llum,** i, *n.*] [tergum] 돼지가죽, 돈피(豚皮).
tergínum, i, *n.* [tergum] 가죽, 가죽채찍.
tergiversánter, *adv.* [tergivérsor] 머뭇머뭇, 주저(躊躇)하면서, 핑계대며, 꽁무니빼면서.
tergiversátĭo, ónis, *f.* [tergivérsor] 주저, 미룸, 지연시킴, 회피, 핑계, 위장, 거절.
tergiversátor, óris, *m.* [tergivérsor] 주저하는 자, 회피하는 자, 지연시키는 자, 핑계대는 자, 위장전술하는 자, 미루는 자.
tergiversatórĭus, a, um, *adj.* [tergivérsor] 머뭇거리는, 주저하는, 핑계대는; 〔*adv.*〕 **–rĭe,** 머뭇머뭇.
tergivérsor, átus sum, ári, *dep. intr.* [tergum + verto] 등을 돌리다, 우회하다, 위장하다, 머뭇거리다, 미루다, 핑계대다: ~ huc

atque illuc(*C.*) 여기저기에 위장하다.

tergo, ĕre = térgeo. 「어쓰다, 엎다.

térgŏro, áre, *tr.* [tergus] 덮다, 가리다, 뒤집

tergum[**–gus**], i, *n.*[*m.*] **1.** 등, 뒤, 배(背): terga vértere(*Cæs.*), terga dare(*L.*) 등을 돌리다, 도망가다 / a tergo(*C.*) 등뒤로 / post tergum, terga(*Cæs.*) 뒤로. **2.** 뒷면, 후방: pertráhere hostem ad terga collis(*L.*) 적군을 산 뒷면으로 유인하다. **3.** (지구, 강) 표면. **4.** 동물의 몸. **5.** 가죽, 피부. **6.** 가죽 제품: táurea terga feríre(*Ov.*) 북치다.

tergus, gŏris, *n.* **1.** 등. **2.** 동물의 몸. **3.** 가죽, 수피(獸皮), 방패에 씌운 가죽. **4.** 갑옷. **5.** 시체.

Terína, æ, *f.* *Brúttium* 서해안의 도시; 〔*adj.*〕 **–næus,** a, um. 「~ mília(*Aus.*) 3천.

térjŭgus, a, um, *adj.* [jugum] 3중의, 3배의:

Termáximus, i, *m.* (=Trismegístus) Hermes Trimáximus(*Amm.*) 세 배로 크다는 뜻으로 이집트 *Hermes*의 별칭.

termen, mĭnis, *n.* [términus] **1.** 경계(境界), 한도(限度), 안(岸). **2.** 《醫》 종지(終止): núcleus términis 종지핵(核).

terméntum, i, *n.* 손해, 폐해. 「= tarmes.

termes, mĭtis, **1.** *m.* [tero] 나뭇가지. **2.** *f.*

Terméssus, i, *f.* *Pisídia*의 도시; *m.* **–ssénsis,** is, 그곳 사람.

terminábĭlis, e, *adj.* [términus] 끝있는, 한계지을 수 있는, 종국의.

Terminálĭa, ĭum[íórum], *n.pl.* [términus] 경계신(境界神) *Términus*의 제전(2월 23일).

terminális, e, *adj.* [términus] 마지막의, 종착의, 경계선의, 가장자리에 있는.

termináte, *adv.* [término] 유한하게, 끝있게, 한계있는대로.

terminátĭo, ónis, *f.* [término] **1.** 한계, 경계, 한정(짓는 행위). **2.** 결정, 결의, 결단(하는 행위). **3.** 영역.

terminátor, óris, *m.* [término] 종결짓는 자, 끝마치는 자. 「종결, 한정.

terminátus, us, *m.* [término] 경계, 한계,

térmĭno, ávi, átum, áre, *tr.* [términus] **1.** 경계를[구역을] 정하다, 한정하다, 가로막다. **2.** 끝내다, 막을 내리다, 마치다, 그치다. **3.** (크기, 뜻을) 정하다, 결정하다: ~ modum magnitúdinis(*C.*) 치수를 정하다.

térmĭnus, i, *m.* **1.** 한계, 제한, 경계: ~ artis 예술의 한계. **2.** 끝, 결말, 종국, 종말: ~ contentiónum(*C.*) 분쟁의 끝. **3.** 기간. **4.** 용어, 《論》 항(項), 명사(名辭), 어구(語句); 목적, 목표. **5.** [T–] 경계를 다스리는 신.

Termís(s)us, i, *m.* = Terméssus. 「가지의.

termíteus, a, um, *adj.* [termes] 올리브 나무

termo, ónis, *m.* [término] 기한, 기간, 한계.

ternárĭus, a, um, *adj.* [terni] 셋의, 셋씩 짝지은, 셋을 포함한; 〔*subst.*〕 *m.* 3분의 1 *as.*

terni, æ, a, *num. distr.* [ter] **1.** 셋을 하나로 한, 각각 셋씩: terno órdine(*V.*) 3열로. **2.** 셋: ~ sǽcula(*Tib.*) 3세기 동안 / ter terna (*Marc.*) 아홉 / Grátia terna(*Claud.*) 미의 3 여신(*cf.* Grátiæ).

terni deni, æ, a, *num. distr.* 각각 열 셋씩.

térnĭo, ónis, *m.* [terni] 삼(三)의 수(數), 삼세 번. 「3이라는 수.

térnitas, átis, *f.* [terni] 3의 성질을 가진 것,

tern... *V.* trin...

ternox, nóctis, *f.* [ter + nox] 사흘밤(三夜, *Hércules*가 세상에 온 밤).

ternus, a, um, *adj.* *V.* terni.

tĕro, trīvi, trītum, ĕre, *tr.* **1.** 문지르다, **비비다**, 마찰시키다: ~ óculos(*T.*) 눈을 비비다 / ~ rádios(*V.*) 바퀴살을 문질러 닦다. **2. 부수다,** 타작하다, 빻다, 바수다, 분쇄하다: ~ *alqd* in mortário(*Plin.*) 절구속에 부수어 넣다 / ~ *alqd* in farínam(*Plin.*) 무엇을 가루로 빻다. **3.** 마모(磨耗)시키다, 닳게하다, 둔하게 하다: tempus adamánta terit(*Ov.*) 시간이 금강석을 닳게 하다 / ~ librum(*Mart.*) 책을 헐게 하다, 즉 책을 많이 읽다. **4.** 짓이기다, 짓밟다. **5.** 소비하다, 허비하다, 쓰다, 소모하다, 헤프게 쓰다: ~ in his discéndis rebus ætátem(*C.*) 이 일을 배우는데 일생을 ~ / ~ in armis plebem(*L.*) 백성을 전쟁에 소모하다 / ~ verbum (*C.*) 말을 너무 많이 하여 평범하게 만들다. **6.** 자주 다니다: ~ viam(*Ov.*) 길을 자주 왕래하다. **7.** …에 전념하다. **8.** 시간을 보내다.

terpínum hydrátum, i, *n.* 《醫》 포수(抱水)테르핀.

Terpsíchŏre[**–ra**], es[æ], *f.* **1.** 가무(歌舞)를 지휘하는 *Musa*여신. **2.** 시적 감각; 시.

terra, æ, *f.* **1. 땅**, **지구**. **2.** 흙, 토지. **3.** 육지, 지면, 땅표면: terræ motus(*C.*) 지진 / tóllere saxa de ~ (*C.*) 땅에서 돌을 줍다 / accídere ad terram(*Pl.*) 땅에 넘어지다 / terræ defígitur arbos(*V.*) 나무가 땅에 심어지다. **4.** 대지, **육지**(바다, 하늘과 반대): terra maríque(*C.*) 바다와 육지로 / et terra et mari(*C.*) 육지와 바다로 한꺼번에 / iter terra pétere(*C.*) 육지로 향하다 / 〔*pl.*〕 sub terras penetráre(*C.*) 지하로 들어가다(지옥으로) / in terris(*C.*) 세상에서, 현세에서 / orbis terrárum, orbis terræ(*C.*) 온 세상. **5.** 나라, 지방: in hac ~ (*C.*) 이 나라에서 / in céteris terris(*C.*) 다른 나라에서 / ~ Gállia (*Cæs.*) *Gállia*국 / ~ Itália(*L.*) *Itália*국. **6.** 경작지. **7.** [T–] 땅의 여신. 「역.

Terracína, (=Tarracína) *Itália* 해안의 한 지

terræmótus, us, *m.* [terra + móveo] 지진.

terrális herba, æ, *f.* 《植》 물냉이.

terranéŏla, æ, *f.* 《動》 종달새.

terrárĭum, i, *n.* [terrárius] 길로 쓰는 둑, 성토(盛土), 동물사육장(aquárium〈수족관, 양어장〉과 대조).

terrárĭus, a, um, *adj.* [terra] 흙이 많은.

terrénĭtas, átis, *f.* [terra] 지상적인 것, 흙

으로 된 것, 토지, 지방.
terrénus, a, um, *adj.* [terra] **1.** 땅의, 흙의, 흙으로 된. **2.** 육지의, 육상의, 육지에 사는: béstiæ terrénæ*(C.)* 육지동물. **3.** 지상(地上)의, 이 세상의, 현세(現世)이. **4.** [*subst.*] *n.* 밭, 땅; *n.pl.* 육지동물, 현세의 것; *m.pl.* 지상의 인간, 사람.
térrĕo, térrŭi, térrĭtum, ére, *tr.* **1.** [*alqm,* ne] 무섭게 하다, 겁주다, 놀라게[혼나게] 하다, 위협하다: térriti, ne opprimeréntur *(L.)* 압박받지 않을까 하고 무서워 떨면서. **2.** 겁주어 도망치게 하다, 쫓다. **3.** 딴데로 방향을 돌리게 하다, 방해하다. **4.** 말리다, 금지하다.
terréstris, e, [**–ter,** tris, tre,] *adj.* [terra] **1.** 땅의, 지구의, 지상의, 현세의: res cæléstes atque terréstres*(C.)* 천상과 지상의 사정 / terréstre domicílium Jovis*(C.) Júpiter* 신의 지상 거처. **2.** 땅에 사는, 땅과 관계 있는: animántium genus terréstre*(C.)* 육지동물의 종류. **3.** 뭍의(바다의 반대), 땅에서 난, 육지에 사는. 「의, 세상의.
térrĕus, a, um, *adj.* [terra] 흙으로 된, 흙
terríbĭlis, e, *adj.* [térreo] **1.** 무서운, 무시무시한, 가공스러운, 공포심을 일으키는: ~ aspéctu*(C.)* 보기에도 무시무시한/ *alci* ~ *(C.)* 누구에게 무서운. **2.** 존경 · 경외의 대상이 되는; [*adv.*] **–lĭter,** 무섭게.
terribílĭtas, átis, *f.* [terríbilis] 무서움, 공포.
terribulósus, a, um, *adj.* [terríbulum] 무시무시한(terróre plenus).
terríbŭlum, i, *n.* [térreo] 고문 = torméntum, tormen, cruciaméntum, cruciátus, supplícium. 「사는 자.
terrícŏla, æ, *m. f.* [terra + colo[2]] 세상에
terrícrĕpus, a, um, *adj.* [terror + crepo] 무서운 소리나는.
terrícŭla, æ, *f.* [**–laméntum,** i, *n.*] [térreo] 유령, 허수아비; 방어진지, 축성(築城).
terrícŭlum, i, *n.* [térreo] 유령, 허수아비, 무서운 것, 환상. 「ein 먹는] 흙을 먹는.
terrífagus, a, um, *adj.* [terra + 희랍어 phag-
terrífico, áre, *tr.* [terríficus] 무섭게 하다, 몸서리치게 하다, 놀라게 하다, 공포심을 일으키다; [*subst.*] **–ficátio,** ónis, *f.* 공갈, 무섭게 하는 것.
terríficus, a, um, *adj.* [térreo + fácio] 무섭게 하는, 놀라운, 공포심을 일으키는.
terrígĕna, æ, [*gen.pl.* –genum,] *m.* [terra + gigno] **1.** 땅에서 난 자, 세상에 사는 자, 지상에서 난 것. **2.** 땅의 아들, 즉 거인들. **3.** 뱀, 달팽이 등. **4.** *Iason*과 *Cadmus* 신화에서 용의 이빨에서 나온 사람들. 「땅에서 난.
terrígĕnus, a, um, *adj.* [terra + gigno]
terrílŏquus, a, um, *adj.* [térreo + loquor] 무서운 이야기하는. 「um.
terripávĭum[**–púdĭum**], i, *n.* = tripúdi-
terrísŏnus, a, um, *adj.* [térreo + sono] 무서운 소리내는.
territábulum, i, *n.* [térrito] 유령, 무서운 것.
terrítĭo, ónis, *f.* [térreo] 겁줌, 무섭게 함.
térrĭto, ávi, áre, *tr. freq.* [térreo] 무섭게 하다, 공포심을 안겨주다, 놀라게 하다.
territoriális, e, *adj.* [territórium] 영토의, 토지의, 지역의.
territórĭum, i, *n.* [terra] 영토, 국토, 지역, 관구, 판도, 구역, 관할구역.
terror, óris, *m.* [térreo] **1.** 경악, 불안, 공포, 무서움: terrórem *alci* injícere, inférre *(C.)*, esse terróri *alci(Cæs.)*, terrórem *alci* incútere, fácere, afférre*(L.)* …에게 공포심을 갖게 하다 / ~ peregrínus, extérnus, sérvilis*(L.)* 이국에서, 외부에서 오는 공포, 노예의 공포 / ~ belli*(C.)* 전쟁에 대한 공포. **2.** 공포심을 일으키는 것: duóbus hujus urbis terróribus depúlsis*(C.)* 이 도시를 무섭게 하는 두 원인을 제거하여 / terróres ad me ádtulit Cæsariános*(C.)* 그는 *Cæsar*이 온다는 무서운 소식을 내게 가져왔다 / [*pl.*] 무시무시한 사건. 「흙섞인.
terrósus, a, um, *adj.* [terra] 흙투성이의,
térrŭla, æ, *f. dim.* [terra] 땅의 한 모퉁이, 땅뙈기.
terruléntus, a, um, *adj.* [terra] 땅의, 땅에서 나는, 지상의; [*adv.*] **–te,** 현세적으로.
tersi, *pf.* [térgeo]. 「자.
tersor, óris, *m.* [tergo] 닦는 사람, 문지르는
tersórium, i, *n.* 행주, 걸레.
tersus[1], a, um, *p.p., a.p.* [térgeo] **1.** 닦은, 깨끗한, 산뜻한. **2.** 순수한, 우아한, 잘 손질된.
tersus[2], us, *m.* [térgeo] 청소, 닦음.
tértia, æ, *f.* [tértius] (hora) 제 3시: tértiæ(partes) 3분의 1, 제 3역할.
tertiadecumáni[**–deci–**], órum, *m.pl.* (*sc.* mílites) [tértius + décimus[1]] 제 13연대의 군인.
tertiánus, a, um, *adj.* [tértius] 사흘거리, 사흘 만큼 오는, 사흘에 한번씩 있는: tertiánæ febres*(C.)* 학질; [*subst.*] **tertiáni***(Ta.)* 제 3연대의 군인(들).
tertiárĭus, a, um, *adj.* [tértius] **1.** 3분의 1의, 3분의 1이 들어 있는, 3분의 1을 가진. **2.** = tértius; [*subst.*] *m.* 3분의 1.
tertiátĭo, ónis, *f.* [tértio[2]] 세 번 거듭함.
tertiáto, *adv.* [tertiátus] 세번째로.
tertiátus, a, um, *p.p.* [tértio[2]]. 「3서열의.
térticeps, cĭpis, *adj.* [tértius + caput] 제
tértĭo[1], *adv.* [tértius] 셋째로, 세번째로, 제3.
tértĭo[2], ávi, átum, áre, *tr.* [tértius] 세 번 거듭하다, 세번째하다, 3분하다, (농사) 세번째 일 즉 시비경운(施肥耕耘)을 하다.
tertiocérius, i, *m.* [tértius + cera] 제 3급의 고용인.
tértĭum, *adv.* [tértius] 세번(째로).
tértĭus, a, um, *num. ordin.* [ter] 셋째의, 제3

의, 지하(地下)의: tértia regna 지하의 왕국 / tértia númina*(Ov.)* 지하의 신들; 〔*subst.*〕 *f.pl.* **–tĭæ,** árum, 3분의 1, 제 3역(役); *m.f. Roma* 가문의 셋째 아들 또는 딸에게 붙이는 이름.

tertiusdécĭmus, a, um, *num. ordin.* 13번째의, 제 13의.

tertĭusvicésĭmus, a, um, *num. ordin.* 23번째의, 제 23의.

Tertullianístæ, árum, *m.pl. Tertulliánus*의 추종자.

Tertulliánus, i, *m.* **1.** *Carthágo*의 Septímius Flóreus ~, 교부중의 한 사람(160-240 P.C.). **2.** *Roma* 황제 *Septímius Sevérus*(193-211 P.C.) 시대의 법학자.

tertus, a, um, *adj.* [térgeo] 깨끗한, 씻은.

terúncĭus, i, *m.* (sc. nummus) [ter + úncia] **1.** *Roma* 화폐 최하단위, 4분의 1 *as* (3온스), 보잘것 없는 값. **2.** 일정한 액의 4분의 1: herédem fácere *alqm* ex terúncio*(C.)* 아무를 유산의 4분의 1 상속자가 되게 하다.

terveného ficus, i, *m.* 극악한 (3중) 독살자.

térvium, i, *n.* = trívium.

tesáurus = thesáurus.

tesca[**–squa**], órum, *n.pl.* [**–cum,** i, *n.*] 황량한 곳, 황무지, 광야, 은둔.

Teses, Téseus = Théseus.

Tésiphon, *f.* = Ctésiphon.

téssala = téssella.

tessaracóste, es, *f.* 제 40일.

téssella, æ, *f. dim.* [téssera] 네모난 돌, 쪽매세공한 육면체, 주사위 돌, 모자이크 돌, 네모난 판; 네모꼴로 자른 살코기.

tessellárĭus, a, um, *adj.* [téssella] 모자이크의; 〔*subst.*〕 *m.* 모자이크공(工).

tessellátus, a, um, *adj.* [téssella] 네모난 돌로 된, 쪽매세공된; *adv.* **–látim.**

téssello, ávi, áre, *tr.* [téssella] 쪽매세공하다, 네모난 돌로 길을 깔다.

téssĕra, æ, *f.* **1.** 6면에 수가 새겨진 주사위 돌(4면만 새겨진 talus와 대조): ad tésseras se conférre*(C.)* 주사위 놀이에 골몰하다. **2.** 군대에서 명령문이 쓰여진 네모 판자. **3.** 초대 손님들이 서로 알아볼 수 있게 한 네모 명패; 우정. **4.** 돈이나 곡물의 배급표. **5.** 모자이크에 쓰이는 네모난 돌. **6.** 투표나 극장 입장권으로 쓰이던 금속, 또는 상아패, 판, 증명서, 권. **7.** 서열을 새긴 패.

tesserárĭus, a, um, *adj.* [téssera] 골패의, 주사위의, 증명서의, 판의, 명령서의; 〔*subst.*〕 *m.* 명령서 전달자.

tesserátus, a, um, *adj.* [téssera] 네모난 돌로 만들어진.

tessérŭla, æ, *f. dim.* [téssera] **1.** 〔*pl.*〕 주사위 골패, 모자이크용 작은 돌. **2.** 투표용패. **3.** 곡물 배급표.

testa, æ, *f.* [tórreo] **1.** 벽돌, 기와. **2.** 도자기, 항아리, 단지, 질그릇, 도기(陶器), 옹기. **3.** 점토로 만든 등잔. **4.** 도기조각, 사금파리, 뼈조각. **5.** 조가비(희랍인들이 투표 때 사용한); 굴껍질, 거북이의 등딱지. **6.** 〔*pl.*〕 **testæ,** *Nero* 황제가 시작한 박수의 일종(손바닥을 기왓장에 비유하여).

testácĕus[**–cĭus**], a, um, *adj.* [testa] **1.** 구운 흙의, 질그릇(陶器)의, 옹기의, 기와 조각의, 벽돌의. **2.** 벽돌색의. **3.** 껍질을 가진, 등딱지를 가진.

testámen, ĭnis, [**–méntum,** i,] *n.* [testor] **1.** 유언, 유언장, 유서: tábulæ testaménti*(C.)* 유언장 / ~ fácere, obsignáre*(C.)* 유언하다, 공증인 앞에서 유언장을 작성하다. **2.** (하느님과 인간 사이의) 계약, 성약서(聖約書): Vetus T~ 구약(성서 · 성경) / Novum T~ 신약(성서 · 성경).

testamentárĭus, a, um, *adj.* [testaméntum] 유언(장)의, 유언에 관한; 〔*subst.*〕 *m.* **1.** 유언장 작성자, 유언자. **2.** 유언장 위조자.

testamé(n)tum. *V.* testámen.

testátim, *adv.* [testa] 조각으로.

testátĭo, ónis, *f.* [testor] **1.** 증거인 노릇. **2.** 진술, 증언, 입증, 증거.

testáto, *adv.* [testátus] **1.** 증인 앞에서. **2.** 확증된 후.

testátor, óris, *m.* [**–átrix,** ícis, *f.*] [testor] 유언자, 증언자.

testátus, a, um, *p.p., a.p.* [testor] 증명된, 확증된, 논의의 여지가 없는, 명백한, 유언한, 입증한, 확실한.

téstĕus, a, um, *adj.* [testa] 흙의, 흙으로 된, 진흙으로 구워 만든.

testícius[**–tius**], a, um, *adj.* 질그릇 뚜껑으로 덮어 구운(찐).

testicórĭus, a, um, *adj.* [testa + córium] 딱지가 있는, 조개류의.

testículátus, a, um, *adj.* [testículus] 거세하지 않은 (말); 〔*subst.*〕 *f.* órchion 또는 mercuriális라고도 불리는 식물.

testícŭlus, i, *m. dim.* [testis[2]] **1.** (解) 고환(睾丸), 신낭(腎囊). **2.** (植) Satýrion이라고도 불리는 식물, 야생난초(그 근의 생김새에서).

testícutis, e, *adj.* = testicórius.

testificátĭo, ónis, *f.* [testíficor] **1.** 증언, 진술, 입증, 보증. **2.** 증명, 증거를 세움.

testíficor, átus sum, ári, *dep.* [testis[1] + fácio] *tr.* [testis[1] + fácio] **1.** 증언하다, 진술하다, 확증하다, 증거를 대다, 증명하다, 증인서다. **2.** 나타내 보이다, 확실히 하다, 표시하다: ~ amórem*(C.)* 사랑을 ~. **3.** 증인으로 세우다, 삼다.

testimoniális, e, *adj.* [testimónium] 증거의, 증인의, 증명하는, 증명하는데 쓸 수 있는: (lítteræ) testimoniáles 자격 증명서, 서품 위임장; 〔*subst.*〕 *f.pl.* 증명서.

testimoniátus, a, um, *adj.* [testimónium] 증명된.

testimónĭum, i, *n.* [testis[1]] **1.** 보증, 증언, 증거, 증명: ~ dícere*(C.)* 진술하다, 증언하다 / *alqd* pro testimónio dícere*(C.)* …을 증거로 말하다 / sui judícii ~ dare*(C.)* 자기 재판의 증거를 보이다 / id testimónio est + *inf.*

그것은 …을 증명한다 / Ejus rei testimónio est, quod bellum non íntulit.*(Cæs.)* 그것의 증거는 그가 전쟁을 초래하지 않았다는 것이다. **2.** 원조, 도움, 지지.

testis[1], is, *m. f.* 증인, 참관인(參觀人), 목격자: ~ gravis 무게있는 증인, 신빙성있는 증인 / ~ religiósus*(C.)* 세심스러운 증인 / ~ locupletíssimus*(C.)* 가장 자격있는 증인 / testes dare, proférre, adhibére*(C.)* 증인들을 만들다 / *alcjs* rei testem adhibére *alqm (C.)* 누구를 무엇의 증인으로 내세우다.

testis[2], is, *m.* 《解》 고환(睾丸), 음낭.

testítrăhus, a, um, *adj.* [testis[2] + traho] 생식기를 늘어뜨린 수컷말, 전마(騂馬).

testo, áre, *tr.* [testis[1]] 입증하다.

testor, átus sum, ári, *dep.* [testo] *tr.* [testis[1]] **1.** 증거를 대다, 입증하다, 증언하다, 진술하다, 증명하다, 확증하다: ~ *alcjs* furtum *(C.)* 누구의 절도에 대하여 증언하다. **2.** 증인으로 내세우다, 증거로 삼다: ~ deos 신들을 증인으로 내세우다 / vos ~ me deféndere … *(C.)* 내가 방위하는 것에 대하여 너희들을 증인으로 내세우다 / hoc vos ~ *(C.)* 이것에 대하여 너희들을 증인으로 삼는다 / ~ *alqm* de *alqā re(C.)* 어떤 일에 대하여 누구를 증인으로 ~. **3.** 유언하다, 유서를 쓰다.

testu, *n. indecl.* [**-tum**, i, *n.*] [testa] 도기, 도기뚜껑, 토기(土器), 기와.

testuátium, i, *n.* [testu] = testícius.

testudinátus, a, um, *adj.* [testúdo] 거북등딱지 모양의, 구부러진, 휜, 둥근 천정형의, 궁륭형(穹窿形)의.

testudineátus, a, um, *adj.* [testúdo] 둥근 천정으로 장식된.

testudínĕus, a, um, *adj.* [testúdo] 거북등딱지로 만든.

testúdo, dĭnis, *f.* [testa] **1.** 《動》 거북이, 남생이. **2.** 거북이 등딱지. **3.** 거북등딱지 입히기. **4.** 《音》 거북등 모양으로 만든 악기; 리라, 루우트, 거문고 등 현악기. **5.** 궁륭천정. **6.** 거북등 모양의 방위무기. **7.** 손등.

TESTUDO 6

téstŭla, æ, *f. dim.* [testa] 도기의 조각, 사금파리, 희랍시대 위험인물을 추방하기 위한 도편(陶片), 옹기로 만든 등잔.

testum, i, *n.* = testu.

testumónĭum = testimónium.

teta, æ, *f.* 《動》 비둘기의 일종.

tétănus, i, *m.* 《醫》 강직경련, 파상풍, 신경수축; *(adj.)* **-nĭcus**, a, um, 파상풍에 걸린.

tetartemórĭa, æ, *f.* 《音》 4분의 1음.

tetartemórĭon, i, *n.* 《天》 황도대(黃道帶)의 4분의 1.

tēte, *acc. abl.* [tu + te[1]] (*cf.* tu) 너를, 너로.

teténdi, *pf.* [tendo].

tēter, tra, trum, *adj.* = tæter.

téthĕa, órum, *n.pl.* 《動》 해면(海綿)의 일종.

Tēthys, ўos, (*acc.* -ўa 또는 -yn,) *f.* **1.** 바다의 여신, *Océanus*의 아내, 바다 요정들의 어머니. **2.** 바다.

tétĭgi, *pf.* [tango].

tetínerim, tetinísse, *pf.* [téneo].

tetráchmum[**-tradráchmum**], i, (*gen. pl.* -chmum,) *n.* 희랍은화 *4 drachma.*

tetrac(h)órdos, on, *adj.* 네 줄로 된, 4음절의, 4리듬의: ~ anni*(Var.)* 1년의 사계절.

tetrachrónos, on, *adj.* 사계절의.

tetracólos[**-us**], on, *adj.* 네 개의 음절로 된, 사지형(四枝形)의; *(subst.)* *n.* 사행시(四行詩).

tetradíum[**-déum**], i, *n.* 4의 수, 네 개로 이루어진 것, 악기의 일종.

tetradóros, on, *adj.* 네 뼘 길이의.

tetrăéteris, ĭdis, (*acc.* -rĭda,) *f.* 《詩》 4년의 기간.

tetrafármacum, i, *n.* = tetraphármacum.

tetragnáthĭus, i, *n.* 《動》 독거미의 일종.

tetragonális, e, [**-gónĭcus**, a, um,] *adj.* 4각의, 4면체의.

tetragónium, i, *n.* [tetragónus] 4각의 망토.

tetragónus, a, um, *adj.* 4각의, 4방형의; *(subst.)* *n.* 4각형, 4면체.

tetragrámmătos, ŏn, *adj.* 네 글자로 된, 네 자의; *(subst.)* **-on**, *n.* (히브리말 자음 넉자로 쓰이는) 야훼 이름: YHWH, JHVH.

tétrălix, ĭcis, *f.* 《植》 히드의 일종.

tetráměter, tri, *m.* 4운율(四韻律)의.

tetrámětrus, a, um, *adj.* 《詩》 4운율시의.

tĕtrans, ántis, *m.* 4분의 1, 《測》 두 선의 교차점.

tétrăo, ónis, *m.* 《動》 뇌조(雷鳥), 닭의 일종.

tetraónymus, a, um, *adj.* 이름 넷을 가진.

tetraphármăcum, i, *n.* 네 성분으로 된(고)약.

tetráphoros, on, *adj.* 네번째 운반인, 4인의 운반인.

tetraplásĭus, a, um, *adj.* 네 배의.

tétrăplo, áre, *tr.* 사배하다, 네곱하다.

tetraptótos, on, *adj.* 《文法》 격(格)이 넷밖에 없는.

Tétrăpus, pŏdis, *m.* 네 발 짐승, 네 발 짐승 요리에 관한 *Apícius*의 저서 제 8권 이름.

tetráphylum, i, *n.* 사대문(四大門)에 이르는 사거리.

tetrárcha[**-ches**], æ, *m.* 사분령 태수(四分領太守), 영주, 4분봉왕(四分封王, *Matth. 14,1*).

tetrárchĭa, æ, *f.* 사분령토, 사분봉령(四分封領).

tetrarhýthmus, a, um, *adj.* 사박자(四拍子)를 가진.

tĕtras, ădis, *f.* 넷, 네 개, 네 개로 된 것.

tetrasémus, a, um, *adj.* 4음절의.

tetrasporángium, i, *n.* (植) 4분 포자낭(四分胞子囊).

tetrástĭchos, ŏn, [**-chus,** a, um,] *adj.* 네 줄의, 4열의; [*subst.*] **-tĭcha,** on, *n.pl.* 4행시.

tetrástrŏphus, a, um, *adj.* 4절(節)로 된.

tetrástylos, on, *adj.* 네 줄로 된, 사주식(四柱式)의 (건물).

tetrasýllăbus, a, um, *adj.* 4음절의.

tetre, *adv.* [teter] (=tætre) 추하게, 잔혹하게, 음침하게.

Tétrĭca, æ, *f.* *Sabíni*인의 나라에 있는 가파른 바위산, *Appennínus* 산맥의 일부.

tetrícĭtas, átis, *f.* [tétricus] 기분 나쁨, 음산함, 침울함, 음울한 기분, 골난 얼굴.

tétrĭcus, a, um, *adj.* [teter] 우중충한, 음산한, 침울한, 음울한, 음침한, 골난, 엄한.

tetrínnĭo, íre, [**-ríssĭto,** áre,] *intr.* 꽥꽥 소리지르다(오리 소리), 험담하다, 욕하다, 잔소리하다.

tetritúdo[**tætr-**], dĭnis, *f.* (=tetrícitas) 추악함, 못생김.

tetro[**tæ-**], áre, *tr.* [teter] 무시무시하게 하다, 싫게 하다, 더럽히다.

tetrum[**tæt-**], *adv.* [teter] 진저리나게, 무섭게, 혹독하게.

tetrus, a, um, *adj.* = tætrus.

tettigométra, æ, *f.* 매미의 유충.

tettigónĭa, æ, *f.* 작은 매미.

tétuli = tuli의 고형[fero, tulo].

tétulus, i, *m.* = títulus.

Teucer[**-crus**], cri, *m.* **1.** *Creta* 섬의 *Scamánder* 강 신과 *Ida* 산의 요정과의 아들, 후에 *Troja*의 왕. **2.** *Sálamis* 섬의 왕 *Télamon*의 아들, 대 *Ajax*의 동기; [*adj.*] **-cr(ĭ)us,** a, um, *Troja*의; [*subst.*] **-cri,** órum, *m.pl.* *Troja*인, 로마인.

teuchítis, tĭdis, *m.* (植) 난초의 일종, 향등초(香燈草).

Tĕúcrĭa, æ, *f.* [Teucer] **1.** *Teúcri*인들의 나라, *Troja*왕국; *m.pl.* **-cri,** órum, *Troja*인들, 그 후손인 로마인들. **2.** (植) 개곽향속(蓋藿香屬)의 식물.

Teúcris, ĭdis, *f.* **1.** *Teucer*의 딸; *Troja* 여자. **2.** *Cícero*가 돈을 바랐던 부자집 딸 이름.

Teus, i, *f.* = Téos.

Téuta, Teutána, æ, *f.* *Illýria*의 여왕.

Teutátes, æ, *m.* 고대 *Gállia*인들의 죽음의 신.

teúthălis, ĭdis, [*acc.* -ĭda,] *f.* (植) 양비귀과의 식물, 요과(蓼科).

Teuthránia, æ, *f.* *Teuthras*왕의 영토 *Mýsia* 지방.

Teúthras, ántis, *m.* **1.** *Campánia*의 강. **2.** *Mýsia*의 전설적인 왕, *Théspius*의 아버지. **3.** [*adj.*] **-rantéus**[**-rántĭus**], a, um; [*subst.*] **-ránĭa,** æ, *f.* *Mýsia* 지방.

Teutoburgiénsis saltus, *m.* 서편 *Germánia*의 숲.

Teutomátus, i, *m.* *Aquitánia*의 *Nitióbriges*인의 왕.

Teutŏnes, um, [**-tŏni,** órum,] *m.pl.* *Germánia*족의 총칭; [*adj.*] **-tónĭcus,** a, um; [*subst.*] **-tŏnus,** i, *m.*

Tevéste = Thevéste.

tēxi, *pf.* [tego].

téxito, áre, *tr. freq.* [texo] 짜다, 겯다, 엮다(編).

texo, xŭi, xtum, ĕre, *tr.* **1.** 짜다, 베틀에 날을 날다[겯다]. **2.** 엮다, 얽다, 얽어서 만들다, 집짓다: ~ basílicam*(C.)* 대성전을 짓다. **3.** 이야기속에 넣다, 설명하다, 보고하다: ~ sermónes*(Pl.)* 대화하다, 말을 교환하다 / ~ epístulas cottidiánis verbis*(C.)* 일상어로 편지를 쓰다.

textérna, æ, *f.* = textrína.

téxtĭlis, e, *adj.* [texo] 짠, 겯은, 엮은, 얽은: téxtile strágulum*(C.)* 융단, 카페트; [*subst.*] *n.* (*sc.* opus[1]) 천, 직조물.

textor, óris, *m.* [texo] 방적공, 직조공.

textórĭus, a, um, *adj.* [textor] 방적공의, 직물의.

textrícŭla, æ, *f. dim.* [textrix] 소녀직공.

textrínus, a, um, *adj.* [textor] 짜는, 직조의, 직물의, 직조하는; [*subst.*] *f.* 직조공 조합, 직조 작업장; *n.* 직조공장, 조선공창.

textrix, ícis, [*gen.pl.* -cum,] *f.* [textor] 방적여공, 베짜는 여자, 옷감짜는 여자; [*pl.*] *Parcæ* 여신.

textum, i, *n.* [texo] **1.** 베, 천, 옷감, 직물, 의복, 씨(緯). **2.** 조직, 구조, 조립, 결합, 편물(編物), 건축물: ~ clípei 방패의 구조.

textúra, æ, *f.* [texo] 베, 옷감, 천, 직물; 구조, 조직.

textus, us, *m.* [texo] 엮음, 천, 베, 방적; 조직(組織), 구조, 조합; 원문, 문면(文面), 문맥(文脈), 문구(文句)의 전후본문(前後本文), 취지(趣旨).

Thabéna, æ, *f.* *Numídia*의 항구; **-benénsis,** is, *m.* 그곳 사람.

Tháis, ĭdis[ĭdos], *f.* **1.** *Athénæ*의 유명한 기생, 이집트의 *Ptolemǽus* 1세의 왕비가 됨. **2.** 희랍시인 *Menánder*의 정부(情婦).

Thala, æ, *f.* *Numídia*의 도시(지금의 *Thala*).

thalamégus, i, *f.* 요트의 일종, 쾌속정.

thalamencéphalon, i, *n.* (解) 시상뇌(視床腦), 간뇌(間腦).

thalamomamilláris, e, *adj.* (醫) 시상유두(視床乳頭)의.

thálămus, i, *m.* **1.** 안방, 침실, 부부의 침상, 신방, 거실. **2.** 결혼, 혼인. **3.** (解) 시신경의 자리, 시상(視床), 간뇌.

thalássa, æ, *f.* **1.** 바다. **2.** *Apícius*의 바다고기 요리에 대한 저서 "바다".

thalásseros, ótis, *m.* (藥) 안약의 일종.

thalássĭa, órum, *n.pl.* 해안 지방.

thalássĭcus[**-ssĭnus**], a, um, *adj.* 바다의, 바다색의.

Thalássio, Thalássius. *V.* Talássio, Talássius.

thalassítes, æ, *m.* 바다에 담가서 익힌 술.

thalássomel, [**thalassómĕli**], ĕllis, *n.* 꿀과 해수로 만든 음료수의 일종.

thalassométra, æ, *m.* 바다를 측량하는 자.

Thăles, létis[lis], *m.* *Milétus*의 철학자, *Iónia* 학파의 창설자이며 희랍 7현 중의 한 사

람(c. 600 A.C.); 〔*adj.*〕 **-létĭcus,** a, um.
Thalía[-léa], æ, *f.* **1.** 희극의 여신 *Musa.* **2.** 바다의 요정. **3.** 미의 3여신 Grátiæ중 하나.
Thaliárchus, i, *m.* *Horátius*의 젊은 친구 이름.
thalíctrum[-liétrum], i 《植》 도분향초(稻不香草).
thallus[1]**,** i, *m.* 푸른가지, 도금양 나무가지.
Thallus[2]**,** i, *m.* 희랍 역사가(*sæc.* 1-2 A.C.).
thamnum[-annum], i, *n.* 《植》 관목숲.
Thámȳras, æ, *m.* *Thrácia*의 전설적 시인, *Musæ* 여신의 노래를 혹평한 죄로 눈알이 뽑힘.
Thámȳris, is, 〔*acc.* -in〕 **1.** *m.* = Thámyras. **2.** *f.* = Tómyris.
thápsĭa, æ, [**-psos,** i,] *f.* 《植》 탑시아, 지중해의 미나리과 독초, 명흑향수(明黑香樹).
Thapsus[-os], i, *f.* **1.** *Sicília*의 도시. **2.** *Cæsar*이 *Pompéius* 일당을 소탕한(46 A.C.) *Afrĭca*의 도시. **3.** *m.pl.* **-psitáni,** *Thapsus* 주민.
Thasos[-us], i, *f.* *Thrácia* 해안 *Ægæum*해의 섬; 〔*adj.*〕 **-sĭus,** a, um; 〔*subst.*〕 **-ásĭi,** órum, *m.pl.* 그곳 주민.
thau, *n. indecl.* = tau.
Tháumaci, órum, *m.pl.* *Thessália*의 주민.
Thaumántĭas, ădis, [**-ántis,** ĭdis,] *f.* *Thaumas*의 딸 *Iris.*
Thaumas, ántis, *m.* *Océanus*의 아들, *Iris*와 *Harpȳiæ*의 아버지; 〔*adj.*〕 **-mantéus,** a, um.
thaumatúrgus, i, *m.* 기적가(奇跡家), 요술장이.
theamédes, is, 〔*acc.* -en,〕 *m.* 기철석(忌鐵石).
Theáno, -nus(nónis), *f.* *Pythágoras*의 딸.
theatrális, e, *adj.* [theátrum] **1.** 극장의, 극의: theatráles óperæ*(Ta.)* 극장에서 돈 받고 갈채하는 박수군. **2.** 과장된, 꾸민, 거짓의. **3.** 방종한.
theátrĭcus, a, um, *adj.* [theátrum] 연극의.
theatrídium, i, *n. dim.* [theátrum] 소극장.
theátrum, i, *n.* **1.** 극장, 연극하는 곳, 무대. **2.** 희랍의 의회가 모이던 계단식 원형강당. **3.** 관람객, 관중, 관객, 청중. **4.** 연극, 장면, 현장: (forum fuit) quasi ~ illíus ingénii*(C.)* 광장은 마치 그의 재능의 현장이었다. **5.** 활동[작용] 범주, 고객(顧客).
Thēbæ, árum, *f.pl.* **1.** *Ægȳptus*의 *Nilus*강가에 있는 유명한 옛 도시, 사원 궁전의 유적이 많음. **2.** *Bœótia*의 수도, *Cadmus*가 창설했다함. **3.** *Mȳsia*의 도시, *Achílles*에 의하여 파괴됨. **4.** 〔*adj.*〕 **-bæus[-báĭcus],** a, um.
Thebágenes, æ, *m.* *Thebæ* 출신.
Thébăis, ĭdis[ĭdos], *f.* **1.** 희극시인 *Státius*의 작품명. **2.** 북부 *Ægȳptus*[1]의 *Thebæ*지방. **3.** *Amphíon* 왕이 칠현금.
Thebána, æ, *f.* *Eétion*의 딸 *Andrómache.*
Thebánus, a, um, *adj.* *Thebæ*의: ~ modi *(H.)* *Píndarus*의 시풍(詩風) / ~ dea*(Ov.)* *Ino* 여신 / ~ mater*(Ov.)* *Agáve* 여신 / ~ soror*(Ov.)* *Œdipus*의 딸 *Antígone;* 〔*subst.*〕 **-báni,** órum, *m.pl.*
Thēbe, es, *f.* **1.** = Thebæ 1). **2.** *Pheræ*의 폭군 *Alexánder* 왕의 처. **3.** 강의 신 *Asópus*의 애인 요정.
Thebéste, es, *f.* *Numídia*의 도시.
thēca, æ, *f.* **1.** (칼)집, 씌우개, 펜집. **2.** 작은 곽, 궤, 상자, 봉통(封筒). **3.** 《動》 번데기(의) 외각(外殼). **4.** 《植》 이삭, 포자낭(胞子囊), 화분낭(花粉囊).
theca follículi, æ, *f.* 《醫》 난포막(卵胞膜).
thecátus, a, um, *adj.* [theca] 집에 꽂힌, 곽(箱子)에 넣은.
Théia, æ, *f.* *Urănus*의 딸, *Titan*족의 후예, *Hyperíon*의 누이동생이며 아내, *Hélios*의 어머니.
thelítis, tĭdis, *f.* 《醫》유방염(乳房炎).
thelodíves, vĭtis, *adj.* 부자로 자처하는.
thelohúmĭlis, e, *adj.* 겸손하다고 자처하는.
thelosápĭens, éntis, *adj.* 똑똑하다고 자처하는, 잘 보이려고 하는.
Thelxínoē, es, *f.* Musæ 여신중 하나.
thelycárdĭos, i, *m.* 보석의 일종.
thelȳphŏnon, i, *n.* 《植》 = aconítum.
thelȳptĕris, ĭdis, *f.* 《植》고사리의 일종, 관모중초(管毋仲草).
thĕma, ătis, *n.* **1.** 주제, 제목, 논제, 과제, 화제. **2.** (출생시의) 별점(星占), 사주(四柱), 띠, 천간지지(天干地支).
Thĕmis, ĭdis, 〔*acc.* in,〕 *f.* *Urănus*의 딸, 하늘의 신과 땅의 신과의 딸, 법률 · 질서 · 정의 점(占)의 여신.
Themiscȳra, æ, *f.* *Capadócia*의 도시; 〔*adj.*〕 **-cyræus,** a, um; **-cyrénus,** a, um; **-cȳrius,** a, um.
Thémison, ónis, *m.* *Laodicéa*의 유명한 의사.
Themísta, æ, [**-te,** es,] *f.* *Lámpsacus* 출신의 *Epicúrus* 학파의 여자 철학자.
Themístŏcles, is[i], *m.* *Athénæ*의 유명한 장군이며 정치가(c. 525-461 A.C.), *Sálamis*에서 *Xerxes*가 이끄는 함대를 격파함; 〔*adj.*〕 **-cléus,** a, *um.*
thēnsa = tensa.
thensáurus, i, *m.* = thesáurus.
theocrátĭa, æ, *f.* 신정(神政), 신권정치, 성직정치.
Theócrĭtus, i, *m.* *Syracúsæ* 태생의 유명한 전원시인(c. 310-245 A.C.).
Theodéctes, is[i], *m.* *Cilícia*의 희랍 변론가이며 시인(c. 370 A.C.), *Aristóteles*와 *Isócrates*의 제자, 대단히 오래된 것까지도 기억하는 것으로 유명함.
Theodórus, i, *m.* *Sócrates* 시대의 궤변가(c. 430 A.C.).
Theógnis, nĭdis, *m.* 희랍의 격언시인(格言詩人, c. 600 A.C.).
theogónĭa, æ, *f.* 신들의 족보(*Hesíodus*의 저서명).
theologális, e, *adj.* [theológia] 신에 관한, 신학적인, 엄숙한: virtus ~ 하느님을 대상으로 한 덕행, 향주덕(向主德).

theológĭa[-gía], æ, 〔*acc.* -an,〕 *f.* 신학; 〔*adj.*〕 **-gĭcus,** a, um.
theologúmena, on, *n.pl.* 신론학(神論學), *Aristóteles*의 저서명.
theólŏgus, i, *m.* 신학자, 신화학자.
Thĕon, ónis, *m.* *Alexandría*의 풍자시인, 험담으로 유명함; 〔*adj.*〕 **-onínus,** a, um, 풍자 시인적.
Theóphane, es, *f.* *Bisáltes*의 딸.
Theóphănes, is[i], 〔*acc.* -em, -en,〕 *m.* *Mityléne*인 *Pompéjus*의 친구이며 역사가.
Theophrástus, i, *m.* *Lesbus* 도시의 유명한 희랍 철학자, *Platon*과 *Aristóteles*의 제자(c. 372-287 A.C.).
theophýllinum, i, *n.* 《藥》 테오피린(극약), 근육이완제.
theópnŏe, es, *f.* 《植》 (=rosmarínum) 꿀풀과의 일종, 바다 갈대.
Theopómpus, i, *m.* *Chios* 태생의 희랍의 유명한 역사가(c. 330 A.C.), *Isócrates*의 제자; 〔*adj.*〕 **-péus[-píus],** a, um.
theoréma, ătis, *n.* 《論》 정리(定理), 공식(公式).
theoremátĭum, i, *n.* *dim.* [theoréma] 작은 정리(定理).
theorétĭca, æ, [-**ce,** es,], *f.* 철학적 이론, 학리, 학설.
theorétĭcus[-rĭcus], a, um, *adj.* 이론의, 학리의, 사변적(思辨的), 이론적.
theórĭa, æ, [-**rĭce,** es,] *f.* 이론, 학설, 철학적 사변(思辨), 학리(學理).
theoríticus, a, um, *adj.* 이론적.
theosóphia[-phía], æ, *f.* 신지학(神智學).
theóstasis, sis, 〔*acc.* -sim,〕 *f.* 신주 모시는 벽감(壁龕).
theotéta, æ, *f.* 신성(神性).
theótŏcos, i, *f.* 신의 어머니: ~ Virgo María 천주의 성모 동정 마리아(마리아께 대한 이 호칭은 2-3세기 *Orígenes*로부터 시작되어 431년 에페소 공의회에서 공식화됨).
Thēra, æ, *f.* *Creta*해의 섬(지금의 *Santorino*); 〔*adj.*〕 **-ræus,** a, um; 〔*subst.*〕 **-ræi,** on, *m.pl.* 그곳 주민.
Therámĕnes, æ, *m.* *Athénæ*의 30인 폭군 중의 하나, *Ceos*섬 태생의 정치가이며 장군, *Pródicus*의 제자 *Crítias*에게 살해됨(430 A.C.).
therapeútĭca, órum, *n.pl.* 《醫》 치료학, 요법(療法).
thérăphim, *n.pl. indecl.* 우상, 신상(神像).
therapía, æ, *f.* 《醫》 치료.
Therápne, es, *f.* [-**pnæ,** árum, *f.pl.*] *Lacónia*의 *Sparta* 남서쪽 도시, *Hélena*의 태생지; 〔*adj.*〕 **-pnæus,** a, um.
theríaca¹, æ, [-**ce,** es,] *f.* 《藥》 테리아카, 뱀물린데 해독제, 교상약(嚙傷藥).
theríăca², on, *n.pl.* 희극 작품명.
theríacus, a, um, *adj.* 해독약의.
Thérĭcles, is, *m.* *Corínthus*의 유명한 도기공(c. 420 A.C.); 〔*adj.*〕 **-líus,** a, um.
therionárca, æ, *f.* 뱀죽이는 풀(草).
therióphonon, i, *n.* 식물이름, 독초.
therístrum, i, *n.* 여름옷, 하복.
thermæ¹, árum, *f.pl.* **1.** 온천장. **2.** 뜨거운 음료수를 파는 주막; 〔*adj.*〕 **-mæus,** a, um; **-máicus,** a, um.
Thermæ², árum, *f.pl.* *Sicília*의 도시, 폭군 *Agáthocles*의 고향, 온천으로 유명(지금의 *Sciacca*); 〔*adj.*〕 **-mitánus,** a, um; 〔*subst.*〕 **-mitáni,** órum, *m.pl.*
thermántĭcus, a, um, *adj.* 뜨거운, 끓는, 끓이는,
thermápalus, a, um, *adj.* 따뜻한: ~ ova 따뜻하고 신선한 달걀.
thermárĭus, i, *m.* 온천장의 주인, 감독.
Therme, es, *f.* *Macedónia*의 도시, 후에 *Thessaloníca*라 불리움(지금의 *Golfo di Salonicco*); 〔*adj.*〕 **-mæus[-máĭcus],** a, um; **-ménsis,** e; 〔*subst.*〕 *m.pl.* **-ménsi,** órum; **-ménses,** ĭum.
thérmĭnus, a, um, *adj.* 《植》 루우핀(콩과 식물)의, 야두유적(野荳油的).
thermipólium, i, *n.* = thermopólium.
Thermódon, dóntis, 〔*acc.* -tem, -ta,〕 *m.* *Cappadócia*의 *Pontus*의 강, 그 근처에 *Amázones*들이 살고 있었다(지금의 *Terma*); 〔*adj.*〕 **-ntéus[-ntíăcus, -ntĭus],** a, um, *Amázones*의.
thermométrum, i, *n.* 온도계, 한난계(寒暖計), 검온계(檢溫計).
thermoplégia, æ, *f.* 《醫》 일사병(日射病), 열사병.
thermopólĭum, i, *n.* 따끈한 음료수를 파는 주막.
thermopóto, ávi, áre, *tr.* 따끈한 음료수를 마시다.
Thermópȳlæ, árum, *f.pl.* *Thessália* 변경 *Œta* 산과 바다 사이에 있는 골짜기; 여기서 *Sparta*왕 *Leónidas*가 전사함(490 A.C.).
thermorecéptor, óris, *m.* 《動》 열섭수체(熱攝受體).
thermospódion, ii, *n.* 따뜻한 재(灰).
thermotáxis, is, *f.* 《生》 주열성(走熱性).
thérmŭlæ, árum, *f.pl. dim.* [thermæ] 작은 온천.
thermulárius, i, *m.* 작은 온천장 관리자.
Theródămas, ántis, [-**rómĕdon,** óntis,] *m.* *Scýthia*의 전설적인 왕, 사람 고기로 사자를 길렀다함; 〔*adj.*〕 **-damantéus,** a, um.
Thersítes, æ, 〔*acc.* -en, -am,〕 *m.* **1.** *Troja* 전쟁시의 희랍 추남, 입이 험한 것으로 유명, *Achílles*에게 살해됨. **2.** 험구가, 추남.
thesaurárius, a, um, *adj.* [thesáurus] 보물의, 금고의: ~ fur(*Pl.*) 보물도둑; 〔*subst.*〕 *m.* 금고 관리인, 재무관, 출납계, 회계; *n.* 금고.
thesauréndis, is, *m.* 금고관리인.
thesaurizátĭo, ónis, *f.* [thesaurízo] 보물수집, 축재, 재물을 모음.
thesaurizátor, óris, *m.* 재물을 쌓는 자.
thesaurízo, áre, *tr.* [thesáurus] 재물을 모으다, 축재하다.
Thesaurochrysonicochrȳsĭdes, æ, *m.*

라틴 희극작가 *Pláutus*가 지어낸 수전노의 이름.

thesáurum, i, *n.* = thesáurus의 통속적인 용어.

thesáurus, i, *m.* **1.** 보물, 보화(묻혀 있는), 귀중품. **2.** 막대한 재산. **3.** 보물고(寶物庫), 금고, 국고. **4.** 저장고, 창고: ~ rerum ómnium memória*(C.)* 기억은 모든 지식의 저장고이다.

Theséis, ĭdis, *f.* *Théseus*에 관한 시(詩) 이름.

Théseus, ĕi[ĕos], *m.* *Athénæ*의 왕, *Ægĕus*와 *Æthra*와의 아들, *Creta*섬의 미궁에 들어가 *Minotáurus*를 죽임, *Hércules*의 *Amázones* 정벌이나 *Argonáutæ* 원정에도 참가하는 등 영웅적인 행동을 많이 함; 〔*adj.*〕 **–séĭus**[**–séus**], a, um.

Thesídæ, árum, *m.pl.* 아테네인들.

Thesídes, æ, *m.* *Théseus*의 남계 자손, 특히 그 아들 *Hippólytus.*

thesíon[**–síum**], i, *n.* 《植》 아마(亞麻) 잎사귀의 가는 잎 꽁지꽃.

thĕsis, is, 〔*acc.* –in,〕 *f.* **1.** 주제, 제목, 문제, 논제, 화제. **2.** (감사의) 봉납물, 헌납물. **3.** 《文法·音》박자의 강(희랍)약(로마).

Thesmophórĭa, órum, *n.pl.* 입법 여신 *Ceres*(곡물의 여신) 축제.

thesmophórus, a, um, *adj.* 법률을 세우는.

Thespíades, æ, *m.* *Théspius*의 자손, *Bœótia*인; *pl.* **–dæ,** árum, *Crotoniátes*인들, *Hércules*의 후예중 한 사람과 *Théspius*의 딸이 그들의 도시를 건설하였다.

Théspĭæ, árum, *f.pl.* *Bœótia*의 옛도시(지금의 *Neochorio*); 〔*adj.*〕 **–pĭus,** a, um; 〔*subst.*〕 **–piénses,** ĭum, *m.pl.* 그곳 주민.

Théspias, ădis, *adj. f.* *Théspiæ*의 (딸); *pl.* **–ădes,** *Théspiæ*에서 공경받던 *Musæ*들.

Thespis, ĭdis, 〔*acc.* –pin,〕 *m.* 희랍 비극시인, 희곡 창시자(c. 560 A.C.), *Solon*과 동시대인.

Théspĭus, i, *m.* *Mýsia*의 왕, *Eréchtheus*의 아들, *Bœótia*에 *Théspiæ* 도시 창설, 15인의 딸들을 *Hércules*와 결혼시킴.

Thesprótĭa, æ, *f.* *Epírus*의 한 지방; 〔*adj.*〕 **–tĭus,** a, um; 〔*adj. f.*〕 **–tis,** ĭdis; 〔*subst.*〕 **–tĭi,** órum, *m.pl.* 그곳 주민.

Thessálĭa, æ, *f.* *Macedónia*와 *Græcia* 사이의 희랍 북부지방; 〔*adj.*〕 **–sálĭ(c)us**[**–sălus**], a, um; 〔*adj. f.*〕 **–sălis,** ĭdis; 〔*subst.*〕 **–săli,** órum, *m.pl.* 그곳 주민.

Thessaloníca, æ, 〔**–ce,** es, *acc.* –cen; *abl.* –ce,〕 *f.* *Macedónia*의 해안도시(지금의 *Salonicco*); 〔*subst.*〕 **–nicénses,** ĭum, *m.pl.* 그곳 주민.

Théssalus, i, *m.* *Thessaloníca*인 *Achílles.*

Thestíades, æ, *m.* *Théstius*의 남계자손(특히 아들 *Plexíppus*와 *Tóxeus,* 손자 *Meléager*).

Théstĭas, ădis[–ădos], *f.* *Théstius*의 딸 (=Althǽa).

Théstĭus, i, *m.* *Ætólia*의 왕, *Leda*와 *Althǽa, Plexíppus, Tóxeus*의 아버지.

Thestor, ŏris, *m.* 예언자 *Calchas*의 아버지.

Thestórĭdes, æ, 〔*acc.* –den,〕 *m.* *Thestor*의 아들인 예언자 *Calchas.*

thēta, *indecl. n.* 희랍문자 세타(θ), 사형선고, 죽은 자(θάνατος)의 약자.

thétĭcus, a, um, *adj.* 주장하는, 적극적인, 실증적인.

Thĕtis, ĭdis[ĭdos], *f.* **1.** 바다의 요정, *Néreus*의 50명 딸중의 한 사람, *Péleus*왕의 왕비가 되어 *Achílles*를 낳음; 〔*adj.*〕 **–tidéĭus,** a, um. **2.** [t–] 바다.

Theumésos, i, *m.* *Bœótia*의 산; 〔*adj.*〕 **–sĭus,** a, um.

theúrgĭa, æ, *f.* 초혼술, 마법, 굿, 복술(卜術).

theúrgĭcus, a, um, *adj.* 초혼(招魂)의, 마법의.

theúrgus, i, *m.* 무당, 마법사, 점장이.

Théutŏni = Téutŏni.

Thevéste[**–bés–**], es, *f.* *Numídia*의 도시(지금의 *Tiffesh* 폐허).

Thīa, æ, *f.* *Hyperíon*의 아내, 태양(*Sol*)의 어머니.

thíăso, áre, *intr.* 미쳐 돌아다니다.

thíăsus, i, *m.* *Bacchus*신을 축하하는 춤, 광무(狂舞).

thieldónes, um, *m.pl.* *Hispánia*의 말(馬).

thim... = thym...

Thiódamas, mántis, *m.* *Drýopes*인들의 왕, *Hylas*의 아버지.

Thírmĭda, æ, *f.* *Numídia* 내륙에 있는 요새.

Thisbe, es, *f.* **1.** *Bábylon*의 미소녀, *Pýramus*의 연인. **2.** 동남 *Bœótia*의 도시(지금의 *Kakosia*), *Homérus* 시대부터 산비둘기로 유명. **3.** 〔*adj.*〕 **–bǽus**[**–béus**], a, um.

thius, i, *m.* (친·외) 백부, 숙부.

thlásĭas[**–líbĭas**], æ, *m.* 환관, 궁중인, 관인.

thlaspi, is, *n.* 《植》 개구리자리, 야개채(野芥菜).

thlibómeni, órum, *m.pl.* 핍박받는 이들, 불행한 이들.

Thoántĭas, ădis, [**–ántis,** ĭdis,] *f.* *Lemnos*왕 *Thoas*의 딸인 *Hypsípyle.*

Thŏa(n)s, ántis, *m.* **1.** *Lemnos*의 왕. **2.** *Tauris*의 전설적인 왕. **3.** 〔*adj.*〕 **–antéus,** a, um.

Thoántis, tĭdis, 〔*acc.* –tĭda,〕 *f.* *Thoas*의 딸 *Hypsípyle.*

thoes, *m.pl.* thos의 복수.

thŏlus, i, *m.* 궁륭(穹窿), 둥근 천장, 신전의 돔천장, 위항각(圍項閣).

thōmix[**–mex**], ĭcis, *f.* (=tomix). 삼끈, 대마줄.

thoráca, æ, [**–ce,** es,] *f.* 상반신(上半身), 가슴.

thoracális, e, *adj.* [thorax] 《醫》 흉곽(胸廓)의.

thoracátus, a, um, *adj.* [thorax] 가슴받이 갑옷을 입은, 흉갑을 입은.

thoracícŭlus, i, *m. dim.* [thoráca] 상반신, 가슴.

thorácĭum, i, *n. dim.* [thorax] 작은 흉갑(胸甲).

thōrax, ăcis, 〔*acc.* –ácem, –áca,〕 *m.* **1.** 《解》 가슴, 흉부, 흉곽, 흉갑(胸甲). **2.** 가슴받이 갑옷, 가슴 가리개.

Thórĭus, i, *m.* *Roma*인의 씨족명; Thórius Balbus*(C.)* *lex Thória*라 불리는 농업법의 입

법자; 〔adj.〕 **–rĭus,** a, um.
thorus, i, *m.* = torus. 「이의 일종.
thos, ōis, 〔acc.pl. –oas,〕 *m.* 《動》 늑대, 시랑
Thot, *m. indecl.* 이집트의 *Mercúrius*신.
Thoti, *m. indecl.* 이집트의 9월.
Thrácĭa[Thræ–, –rāca, –récĭa], æ, [–rāce, –rēce, es,] *f.* *Ægǽum*해 북방에 있는 광대한 지방; 〔adj.〕 **–cĭcus, –cĭus, Thræcĭus[–cĭcus],** a, um; **–ces,** um, *m.pl.* 그곳 주민.
Thracíscus, i, *m.* 작은 *Thrácia*인.
Thræcídĭca, órum, *n.pl.* (*sc.* arma) *Thrácia*인의 무기. 「에 속하는.
Thræcídĭcus, a, um, *adj.* [Thrax] *Thrácia*
Thrǽssa[–réssa], æ, *f.* *Thrácia*의 여인.
Thræx, æcis, *m.* *Thrácia*인, *Thrácia*의 검객, 고대 검술사.
thráscĭas, æ, *m.* 북북서풍(北北西風).
Thrăso, ónis, *m.* *Teréntius*의 희극 "Eunúchus"중 허풍선이 인물; 〔adj.〕 **–soniánus,** a, um, 허풍선이의.
Thrasybúlus, i, *m.* 조국 *Athénæ*를 30인 위원회의 폭정에서 건진 사람(c. 430 A.C.).
Thrasýllus, i, *m.* 로마 *Tibérius* 황제궁의 점성학자.
Thrasyméynnus, i, *m.* = Trasuménus.
Thrax, acis, *adj.* **1.** *Thrácia*의. **2.** *m.* *Thrácia*인, *Thrácia*의 검객.
Threce, es[**Thrécia,** æ], *f.* = Thrácia.
Threíssa[–réssa], æ, *f.* *Thrácia*의 여인.
thrénĭcus, a, um, *adj.* [threnus] 비가(悲歌)의, 애가의. 「**num,** i, *n.*] 애가, 비가.
threnus, i, *m.* [**threnæ,** árum, *f.pl.;* [**thre-**
Threx, ēcis, *m.* = Thræx.
thrĭdax, ăcis, *f.* 야생상치.
thrips, ĭpis, *m.* **1.** 《動》 나무먹는 벌레. **2.** 하찮은 것, 쓸모없는 것. 「혈전증(血栓症).
thrombósis, is, *f.* 《醫》 혈전생성(血栓生成),
thrombus, i, *m.* 《醫》 혈전(血栓).
Throni, órum, *m.pl.* 9품 천신중 제 3품천신(第三品天神), 좌품천신(座品天神).
Thrónĭum, i, *n.* *Locri Epicnemídii*인의 도시.
thrŏnus, i, *m.* 왕좌, 옥좌, 어좌, 《가》 주교좌, 교황좌. 「(倉耳草), 가시나무의 일종.
thryállis, ĭdis, *f.* 《植》 하초(荷草), 창이초
Thucýdĭdes, is[i], *m.* *Peloponnésus*의 유명한 사가이며 장군(c. 464-400 A.C.); 〔adj.〕 **–ydidíus,** a, um. 「의 *Iceland*).
Thūle[Thyle], es, *f.* *Európa* 북극의 섬(지금
thunnus, i, *m.* = thynnus.
thur... *V.* tur...
Thúrĭi, órum, *m.pl.* *Lucánia*의 도시; 〔adj.〕 **–urínus,** a, um; 〔subst.〕 **–uríni,** órum, *m.pl.* 그곳 주민.
Thúrĭum, i, *n.* = Thúrii, 대(大) 희랍의 도시.
thus, uris, *n.* = tus.
Thuys, ynis, *m.* 〔dat. –yni; acc. –ynem, –yn〕 *Paphlagónia*의 왕.
thya, æ, *f.* 《植》 향나무, 레몬나무, 생명의 나무 = thyon. 「*Kalamas*).
Thýămis, ĭdis, *m.* *Epírus* 중부의 강(지금의
Thyas, ădis, *f.* = *Thýias*의 잘못된 철자.
thýăsus = thíasus.
Thyatíra, æ[órum], *f.* 〔n.pl.〕 *Lýdia*의 도시; **–tíreni,** órum, 그곳 주민.
Thyb... *V.* Tib... 「Tíberis.
Thybris[1], is(ĭdis), 〔acc. –in, –im,〕 *m.* =
Thybris[2], ĭdis, *adj. f.* *Tíberis*강의.
Thyéne, es, *f.* *Atlas*의 일곱 딸 *Hýades*의 한 사람, *Júpiter*와 *Bacchus*을 양육한 *Nympha.*
Thyésta[es], æ[is], *m.* *Pelops*의 아들, 형 *Atrĕus*가 동생을 복수하려고 연회를 베풀고 그 아들의 살을 먹였다; 〔adj.〕 **–stéus,** a, um.
Thyestíades, æ, *m.* *Thyéstes*의 아들, *Ægísthus.*
Thýias, ădis, *f.* *Bacchus*신의 여신도.
thýĭ(n)us, a, um, *adj.* [thya] 향나무의, 레몬나무로 만든.
thymbra[1], æ, *f.* 《植》 차조기과의 일종.
Thymbra[2], æ, *f.* *Troas*의 도시, *Apóllo*의 신전이 있음. 「별명.
Thymbrǽus, i, *m.* [Thymbra²] *Apóllo*신의
thýmĕle[1], es, [**–la,** æ,] *f.* 고대 희랍 극장 안에 있는 *Dionýsus*신의 제단, 무대.
Thýmele[2], es, *f.* *Domitiánus* 황제시대의 유명한 무희.
thymélĭce, es, *f.* 고대 희랍의 여배우.
thymélĭcus, a, um, *adj.* 합창단의, 극의, 극장의; *m.pl.* 극장의 합창단, 배우.
thymiáma, ătis, *n.* 향료, 제단에 바치는 향.
thymia(ma)térĭum, i, *n.* [thymiáma] 향그릇, 향로. 「드리다, 분향하다.
thymiamatízo, áre, *tr.* [thymiáma] 향을
thymiamátus, a, um, *adj.* [thymiáma] 향이 섞인, 향내음에 젖은. 「의, 향내의.
thýmĭnus, a, um, *adj.* [thymum] 백리향
thymĭtes, æ, *f.* *Thymum* 나무숲.
thýmĭum[–on], i, *n.* 《醫》 무사마귀, 혹, 암.
thýmolum, i, *n.* 《醫》 티몰룸, 방부제.
thymósus, a, um, *adj.* [thymum] 백리향(百里香)나무가 많은, 그 나무로 만든.
thymum, i, *n.* [**–mus,** i, *m.*] 《植》 백리향, 향기. 「*nia*로 이주.
Thyni, órum, *m.pl.* *Thrácia*의 한 종족, *Bithý-*
Thýnĭa[–ynna], æ, *f.* *Thyni*인 의 나라; 〔adj.〕 **–néus[–nǽus],** a, um.
Thyníăcus, a, um, *adj.* [Thyni] *Bithýnia*의; 〔adj. f.〕 **–nĭas,** ădis.
thynnárĭus, a, um, *adj.* [thynnus] 다랑어의.
thynnus, i, *m.* 《動》 다랑어.
Thynus, a, um, *adj.* [Thyni] *Bithýnia*의.
thyon, i, *n.* (=thya) 《植》 레몬나무, 향나무, 생명의 나무.
Thyóne, es, *f.* *Sémele*를 신격화한 이름, *Bac-*

chus 신의 어머니. 「아들인 *Bacchus.*

Thyóneus, ei, 〔*voc.* –óneu,〕 *m.* *Thyóne*의

Thyoniánus, i, *m.* *Bacchus,* 술.

thyótes, æ, *m.* 희생물을 바치는 자.

thyrǽus, i, *m.* 문지기.

Thyre, es, [**–rĕa,** æ,] *f.* 서북 *Argŏlis*의 도시; 〔*adj. f.*〕 **–reátis,** ĭdis.

thyreoídea, æ, *f.* 《解》 갑상선(甲狀腺).

thyreoidísmus, i, *m.* 《醫》 갑상선 비대증.

Thýrĕum[**–ĭum**], i, *n.* 북부 *Acarnánia*의 도시; 〔*subst.*〕 **–riénses,** ĭum, *m.pl.* 그곳 주민. 「*n.* 입구, 현관, 문.

thyróma, ătis, 〔*pl.gen.* –măton; *abl.* –mătis,〕

thyrsícŭlus, i, *m. dim.* [thyrsus] 작은 줄기.

thýrsĭger, gĕra, gĕrum, [**–sítenens,** éntis,] *adj.* [thyrsus + gero[1]] *Bacchus* 주신의 지팡이를 든.

thyrsus, i, *m.* **1.** 풀대. **2.** 주신 *Bacchus*의 지팡이(송악나무가지와 포도가지로 엮었음).

Ti. = Tibérius.

tiára, æ, *f.* [**–ras,** æ, *m.*] *Pérsia*와 메디아인들의 터번, 관모, 《가》 교황의 3층관.

tiarátus, a, um, *adj.* tiára를 쓴.

Tibaráni, órum, *m.pl.* *Cilícia*의 한 종족.

Tibaréni, órum, *m.pl.* 흑해 연안의 민족 이름.

Tiberínus[1], i, *m.* **1.** *Alba*의 왕, 그 이름을 따서 *Tíberis*강이라 함. **2.** 티베리스강.

Tib(**e**)**rínus**[2][**Thybr–**], a, um, *adj.* *Tíberis* 강의: Tiberínum óstium*(C.)* 티베리스강 하구 / ~ pater, deus 티베리스강신(江神).

Tiberíŏlus, i, *m. dim.* [Tibérius] *Tibérius*의 애칭.

Tíbĕris, ĕris, 〔*acc.* –ĕrim,〕 [**Thybr–,** brĭdis,] *m.* **1.** *Roma*시를 흐르는 강 이름(지금의 *Tevere*). **2.** *Tíberis*강 신. **3.** 〔*adj. f.*〕 **–rínis,** nĭdis.

Tibérĭus, i, *m.* *Roma*인명(약자: Ti., Tib.), 특히 황제 *Tibérius Cláudius Nero*(재위 14-37 P.C.); 〔*adj.*〕 **–réĭus**[**–rĕus, –riánus**], a, um. 「格).

tibi, *dat., pron. pers.* [tu] tu의 3격, 여격(與

tíbĭa, æ, *f.* **1.** 《醫》 다리 앞부분의 뼈, 경골(脛骨), 노(臑), 다리. **2. 피리,** 각적(角笛), 두 피리를 가지고 불었기 때문에 보통 복수로 씀: tíbiæ dextræ, sinístræ, 높은 소리내는 피리, 낮은 소리내는 피리 / tíbiæ pares, 같은 소리 내는 한 쌍의 피리 / tíbiæ ímpares, 서로 틀리는 소리내는 피리 / tíbiis cánĕre*(C.)* 피리를 불다. **3.** 작은 관(菅).

tibiále, is, *n.* [**–lĭa,** ĭum, *n.pl.*] [tíbia] 긴 양말, 버선, 다리를 감는 천.

tibiális, e, *adj.* [tíbia] **1.** 퉁소의, 피리의, 각적(角笛)의. **2.** 경골(脛骨)의.

tibiárĭus, i, *m.* [tíbia] 피리 · 퉁소 · 각적(角笛) 만드는 자, 장사.

tibícen, cĭnis, 〔*pl.nom.* –ces,〕 *m.* [tíbia + cano] **1.** 피리부는 자. **2.** 지주(支柱), 기둥, 지원. **3.** 하늘을 지탱하고 있는 *Atlas.*

tibícĭna, æ, *f.* [tibícen] 피리부는 여자.

tibicinárĭa, æ, *f.* [tibícen] 피리부는 기술.

tibicinátor, óris, *m.* [tibícen] 피리부는 자.

tibicínĭum, i, *n.* [tibícen] 퉁소음악, 피리음악, 피리부는 소리.

tibícĭno, átus, áre, *tr., intr.* [tibícen] 피리불다; 지탱하다.

tíbico, ónis, *m.* = tibícen.

tibínus, a, um, *adj.* [tíbia] 퉁소의, 피리의.

tibiofibuláris, e, *adj.* 《醫》 경골비골(脛骨腓骨)의. 「(脛骨舟狀骨)의.

tibionaviculáris, e, *adj.* 《醫》 경골주상골

tíbizo, áre, *intr.* = tibícino.

Tibrínus, i, *m.* = Tiberínus.

Tibris, is, *m.* = Tíberis.

Tibúllus, i, *m.* Albĭus ~, *Roma*의 애가시인(c. 57-18 A.C.), *Horátius*와 *Ovídius*의 친구.

tíbŭlus, i, *f.* 《植》 소나무의 일종.

Tībur, ŭris, *n.* *Látium*의 옛도시(지금의 *Tivoli*); 〔*adj.*〕 **–búrnus**[**–burtínus**], a, um; *m.* 그곳 사람, *Tibur*의 창건자.

Tīburs, úrtis, *adj.* *Tibur*의: in Tibúrti*(Var.)*, in Tibúrte*(C.)* *Tibur* 영토에 있는 농장에서; *m.pl.* **–búrtes,** ĭum[um], 그곳 주민.

Tiburtínum, i, *n.* (*sc.* prǽdium) *Tibur*에 있는 별장. 「의 창건자.

Tibúrtus, i, *m.* *Amphiaráus*의 손자, *Tibur*

tichóbates, æ, *m.* 벽을 타는 광대.

Ticínum, i, *n.* *Gállia Cisalpína*의 도시(지금의 *Pavia*); 〔*adj.*〕 **–cinénsis,** e.

Ticínus, i, *m.* *Gállia Cisalpína*의 강(지금의 *Ticino*), *Roma*인들이 여기서 *Hánnibal*에게 대패했다(218 A.C.); 〔*adj.*〕 **–cínus,** a, um.

Tifáta, órum, *n.pl.* *Cápua* 부근의 산맥(지금의 *Monte Maddaloni*), *Diána*의 신전이 있음.

Tiférnum, i, *n.* **1.** 북부 *Umbrĭa*의 도시. **2.** *Sámnium*의 도시. **3.** *Tíberis* 강변도시. **4.** *m.pl.* **–nátes,** um, 그곳 주민.

Tiférnus, i, *m.* **1.** *Sámnium*의 산. **2.** *Tifernus*산에서 흐르는 강.

Tigéllĭus, i, *m.* **1.** ~ Sardus, *Sardínia*의 음악가, *Cæsar*의 총신. **2.** ~ Hermógenes, 전자의 제자이며 양아들, 음악가.

tigíllum[**–gnŭlum**], i, *n. dim.* [tignum] 서까래, 작은 장선, 작은 들보.

Tigíllus, i, *m.* 세상을 들고[버티고] 있는 자, *Júpiter*의 별명.

tignárĭus, a, um, *adj.* [tignum] 《建》 골격의, 서까래의, 장선의, 장귀틀의; 〔*subst.*〕 목수, 대목. 「ra] 큰 톱장이.

tignoserrárii, órum, *m.pl.* [tignum + ser-

tignum[**–nus**], i, *n.*[*m.*] 《建》 대들보, 장귀틀, 건축용 목재.

Tigránes, is, *m.* **1.** *Arménia*의 왕, *Mithridátes*의 양자. **2.** 전자의 아들. 「의 수도.

Tigranocérta, æ, *f.* [*n.pl.* órum] *Arménia*

tígrĭfer, fĕra, fĕrum, *adj.* [tigris + fero] 호랑이가 많은.

tigrínus, a, um, *adj.* [tigris] 호랑이 가죽의, 얼룩배기의, 점이 많은. 「이 가죽.

tigris¹, is[ĭdis], *m.*[*f.*] 《動》 호랑이, 범; 호랑

Tigris², is[ĭdis], *m.* 서부 아시아의 큰 강, *Euphrátes*강과 합께 *Mesopotámia* 지방에 흐름.

Tiguríni, órum, *m.pl.* *Helvétia*의 한 종족 (지금의 *Zürich* 지방); 〔*adj.*〕 **–ínus,** a, um.

tílĭa, æ, *f.* 《植》 보리수, 보리수로 만든 상(床), 나무껍질.

tiliácĕus[**–ácĭus, –agínĕus**], a, um, [**–áris,** e,] *adj.* [tília] 보리수의.

Timǽus, i, *m.* **1.** *Sicília*의 사가(c. 300 A.C.). **2.** *Pythágoras* 학파 철학자, *Plato*와 동시대인. **3.** *Plato*의 대화편중 하나, *Cícero*가 라틴어로 번역함.

Timágĕnes, is, *m.* *Alexandría* 태생 사가, *Augústus* 황제의 총애를 받음.

Timánthes, is, *m.* 희랍의 화가, *Parrhásius*와 동시대인.

Timávus, i, *m.* *Venétia*의 강, *Leda*의 아들 *Castor*이 *Argonáutæ* 등과 이 강에 도착하였기 때문에 *Leda*의 강이라 함.

timefáctus, a, um, *adj.* [tímeo + fácio] 놀란, 공포에 질린, 무서움을 탄.

timéndus, a, um, *adj.* [tímeo] 무서운, 무서워 해야 할, 놀라운, 공포심을 일으키는; 〔*subst.*〕 *n.pl.* 무시무시한 일들.

tĭmēns, éntis, *p.præs., a.p.* [tímeo] 〔공포의 대상이 영속적인 상태·성질·습관 따위일 때에는 *gen.*〕 무서워떠는, 두려워하는: mortis timéntes*(Lucr.)* 죽음을 (늘) 무서워하는 자들.

tímĕo, ŭi, ére, *tr.* **1.** 〔*alqm, alqd*〕 **무서워하다; 조심하다,** 놀라다. **2.** 〔*dat.*, de〕 …때문에, …을 생각하여 불안해하다, 두려워하다: ~ furem cáulibus et pomis*(Juv.)* 배추와 과일 때문에 도둑을 두려워하다 / ~ ejus vitæ*(T.)* 그의 목숨 때문에 불안해하다 / De república valde ~ *(C.)* 조국을 생각하여 불안해하다. **3.** 〔ne〕 …할까 두렵다: Neque timébant, ne circumveniréntur.*(Cæs.)* 그들은 포위될까 해서 무서워하지는 않았다. **4.** 〔ne non, ut〕 …하지 않을까 두려워하다: Tímeo ne non ímpetrem.*(C.)* 얻지 못할까 두렵다 / Tímeo, ut sustíneas.*(C.)* 견디어내지 못할까 두렵다. **5.** 〔*inf.*〕 …하기가 무섭다, 감히 …하지 못하다, 조바심을 가지다. **6.** 〔quid *subj.*〕 …불안스럽다, 확실치 않다: Quid possem timébam. *(C.)* 내가 무엇을 할 수 있을지 자신이 없었다 / Quid agátur tímeo.*(C.)* 무엇이 일어날지 불안스럽다. 「겁먹다.

timésco, ĕre, *intr. inch.* [tímeo] 무서워하다,

timídĭtas, átis, *f.* [tímidus] 무서워함, 겁; 걱정, 근심; 용기없음, 소심, 자신없음; 조심성, 불안, 공포.

timídŭlus, a, um, *adj. dim.* 겁있는, 비겁한; 〔*adv.*〕 **–le,** 비겁하게.

tímĭdus, a, um, *adj.* [tímeo] 〔ad, in + *abl.*, *dat.*, *gen.*, *inf.*〕 무서워하는, 두려워하는, 겁내는, 조심성있는, 담적은: non ~ ad mortem *(C.)* 죽음을 무서워하지 않는 / ~ procéllæ *(H.)* 폭풍우를 조심하는 / ~ deórum*(Ov.)* 신들을 두려워하는 / non ~ mori*(H.)* 죽기를 무서워하지 않는.

Timócrătes, is, [æ], 〔*acc.* –em, –en,〕 *m.* *Epicúrus*학파 철학가(c. 260 A.C.); 〔*adj.*〕 **–cratíus,** a, um.

Timólĕon, óntis, 〔*acc.* –onta,〕 *m.* *Corínthus*의 장군(c. 410-337 A.C.), *Macedónia*의 *Philíppus*와 동시대인; 〔*adj.*〕 **–leontéus,** a, um.

Timólus, i, *m.* = Tmolus.

Tīmon, ónis, *m.* *Athénæ*인 (c. 400 A.C.), *Aristóphanes*와 동시대인, 사람을 싫어한 것으로 유명; 〔*adj.*〕 **–néus,** a, um.

tĭmor, óris, *m.* [tímeo] **1.** 두려움, 무서움, 공포; 근심, 걱정, 꺼림, 공포의 대상물; 경악, 위기: ~ de illo meus*(C.)* 그 사람에 대한 나의 두려움 / timórem abjícere*(C.)* 무서움을 뿌리치다 / timóre esse*(Cæs.)* 무서워하다 / timórem habére in *alqo(C.)* 누구에게 두려움을 품다 / magno est in timóre*(C.)* 대단히 무섭다 / fácere timórem *alci,* injícere *(C.)* 누구에게 겁주다 / ~ belli*(C.)* 전쟁의 공포 / vester ~ *(C.)* 너희의 두려움 / 〔*pl.*〕 timóres*(C.)* 근심, 걱정거리. **2.** 경외심(敬畏心), 종교적 두려움. **3.** 공포의 신, *Ether*과 *Terra*의 아들. 「경외심있는.

timorátus, a, um, *adj.* [timor] 두려워하는,

timorósus, a, um, *adj.* [timor] 겁많은, 무서움을 잘타는.

timos, óris, *m.* timor의 고형.

Timóthĕus, ei, *m.* **1.** *Conon*의 아들, *Athénæ* 장군, *Athénæ* 성을 개수함(c. 370 A.C.). **2.** 음악가의 이름, *Milétus*인. **3.** 바오로 사도의 「제자 이름.

timum = thymum.

tina, æ, *f.* 포도주 넣는 작은 병.

tinca, æ, *f.* 《動》 잉어의 일종. 「염색물.

tincta, órum, *n.pl.* [tinctus] 물들인 옷감,

tínctĭlis, e, *adj.* [tingo] 스며드는, 물들이는, 염색한.

tínctĭo, ónis, *f.* [tingo] 염색, 담그는 일; 세례.

tinctor, óris, *m.* [tingo] 염색업자, 적시는 자.

tinctórĭum, i, *n.* [tingo] 염색집, 세례소(洗禮所).

tinctórĭus, a, um, *adj.* [tingo] …을 물들이는데 쓰는, 염색의, 염색용의: Cujus tinctória est mens.*(Plin.)* 그의 마음은 피에 주리고 있다.

tinctúra¹, æ, *f.* [tingo] 염색, 물들임.

tinctúra², æ, *f.* [tingo] 《藥》 정기제(丁幾劑): ~ amára, 쓴 정기 / ~ aurántii, 등피(橙皮)정기 / ~ jodi, 옥도정기; *f.pl.* 정기(丁幾)약.

tinctus¹, a, um, *p.p.* [tingo] 물든, 염색한, 「물들인.

tinctus², us, *m.* = tinctúra.

tínĕa[**-nĭa**], æ, *f.* 《動》 좀벌레; 이, 벼룩.
tíneo, áre, *intr.* 이·벼룩이 득실거리다, 좀먹다, 삭다.
tinéŏla, æ, *f.* 작은 벌레, 이.
tineósus, a, um, *adj.* [tínea] 이가 많은, 벌레가 많은.
Tinge[**-gi**], is, 〔*acc.* -gɪn,〕 *f.* *Mauritánia*의 도시(지금의 *Tangeri*); 〔*adj.*〕 **-gitán**(**ĭc**)**us,** a, um.
ting(**u**)**o,** tinxi, tinctum, ĕre, *tr.* **1.** 적시다, 젖게 하다, 스며들게 하다: tinctus lítteris*(C.)* 문예에 잠긴, 문학에 파묻힌. **2.** 〔*alqd alqa re*〕 **염색하다**, 물들이다: tingi sole*(Plin.)* 태양빛을 쐬다. **3.** 색을 내다: ~ púrpuram *(Plin.)* 주홍색을 내다. **4.** 물속에 담그다, 세례주다. **5.** 아무의 몸을 〔*dat.*〕 칼로 찌르다; 〔*subst.*〕 *m.pl.* **-géntes,** ĭum, 염색업자.
tínia, æ, *f.* = tínea.
tiniárius, a, um, *adj.* ~ herba = tiniática, æ, *f.* 좀벌레를 없애는 풀.
tiniósus, a, um, *adj.* = tineósus.
tinniméntum, i, *n.* 귀울음, 방울소리.
tin(**n**)**ĭo,** ívi[ĭi], ítum, íre, **I.** *intr.* **1.** 땡소리나다, 종소리나다, 귀에 울리다. **2.** 예리한 소리나다. **3.** 재잘대다, 새소리나다.
II. *tr.* 쇠(돈)소리내다, 돈을 셈하다, 지불하다.
tinníolum, i, *n.* 작은 종, 방울.
tínnipo, áre, *intr.* (새가) 쇠소리내다.
tínnĭto, áre, *intr. freq.* [tínnio] 지저귀다, 재잘거리다.
tinnítor, óris, *m.* 종소리 내는 자.
tinnítus, us, *m.* [tínnio] **1.** 땡소리, 종소리, 쇠소리, 맑고 예리한 소리. **2.** 귀울림 소리. **3.** 요란한 언변.
tínnŭlus, a, um, *adj.* [tínnio] 땡소리 나는, 맑은 소리나는; 노래하는; 힘찬 소리로 말하는.
tinnúncŭlus, i, *m. dim.* 《動》 황조롱이 새.
tintinnabulátus, a, um, *adj.* 방울달고 다니는.
tintinnábŭlum[**-nácŭlum**], i, *n.* [tintínno] 따르라기, 방울, 작은 종.
tintinnácŭlus, a, um, *adj.* [tintínnio] 쇠사슬 소리내는, 즉 사슬에 묶인; *m.* 채찍질하는 자, 고문하는 자.
tintinniála, æ, *f.* [tintínnio] 날개로 소리내는 동물(모기, 파리 등).
tintínnĭo, íre, *intr.* [tínnio] 울리다.
tintínnum, i, *n.* [**-us,** i, *m.*] 작은 종, 방울.
tintín(**n**)**o,** ávi, áre, *intr.* 종소리 나다, 소리 울리다.
tīnus, i, *f.* 《植》 인동과(忍冬科)의 상록관목.
tiphe, es, *f.* 밀의 일종.
típhynum, i, *n.* 《藥》 안약의 일종, típhyon액.
típhyon, i, *n.* 《植》 수선화.
Tīphys, yos, 〔*acc.* -yn; *voc.* -y,〕 *m.* *Argo*선의 물길 안내자.
típpŭla[**-úlla, tipúlla**], æ, *f.* 《動》 물거미; 가벼운 물건.
Tirésĭas, æ, *m.* *Thebæ*의 소경 예언자.
Tiridátes, is, *m.* *Arménia*의 여러 왕 이름.
tīro[1], ónis, *m.* **1.** 젊은 군인, 신병. **2.** 새 가입자, 신참자, 초심자, 풋나기, 견습자, 수련자, 초학자(初學者), 경험없는 자.
tīro[2], ónis, *adj.* [tiro[1]] 새로 들어온, 신참의: ~ exércitus, tirónes mílites*(C.)* 신병부대.
Tiro[3], ónis, *m.* M. Túllius ~, *Cícero*의 해방노예이며 학자; 〔*adj.*〕 **-roniánus,** a, um.
tirocínĭum, i, *n.* [tiro[1]] 신병생활, 초심자생활, 수련기, 배우는 기간, 초학(初學), 초보(初步), 수업(修業); 미숙.
tironátus, us, *m.* [tiro[1]] = tirocínium.
tirónĭcum, i, *n.* [tiro] 징병 면제세.
tirotaríchum = tyrotaríchum.
tirúncŭla, æ, *f. dim.* [tirúnculus] 수련녀, 신입여학생.
tirúncŭlus, i, *m. dim.* [tiro[1]] 신병, 초년병, 새로 배우는 자, 초심자, 신참, 초학자(初學者), 경험없는 자.
Tīryns, nthis[os], 〔*acc.* -ntha,〕 *f.* *Argŏlis*의 옛 도시, *Hércules*가 성장한 곳; 〔*adj.*〕 **-nthĭus,** a, um; 〔*subst.*〕 **-nthĭi,** órum, *m.pl.* 그곳 주민.
Tísæus, i, *m.* *Thessália*의 산.
tisan... *V.* ptisan...
Tísias, æ, *m.* *Sicília* 태생의 수사학 창시자.
Tísiphon, óntis, *f.* (=Ctésiphon.) *Assýria*의 도시.
Tisíphŏne, es, *f.* *Fúriæ*의 한 사람, 살해자를 복수함; 〔*adj.*〕 **-phonéus,** a, um, *Tisíphone*의: ~ témpora*(Ov.)* 범죄가 범람하는 시기.
Tis(**s**)**aphérnes,** is, *m.* *Pérsia*의 간악한 태수.
Tisse, es, *f.* *Sicília*의 *Ætna*산 밑의 도시(지금의 *Randazzo*); 〔*subst.*〕 **-énses,** ĭum, *m.pl.* 그곳 주민.
Tītan, ánis[ános], [**-tánus,** i,] *m.* **1.** *Cælus*와 *Vesta*와의 아들, *Satúrnus*의 형, *Titánes*족의 선조. **2.** *Titánes*의 한 사람인 *Iápetus*의 아들 *Prométhéus.* **3.** 〔*adj.*〕 **-níăcus**[**-nĭus**], a, um; 〔*adj. f.*〕 **-ánis,** nĭdis [-nĭdos]; 〔*subst.*〕 *Hélios*의 딸 *Circe:* Titánis Trívia*(En.)* *Titan*들의 누이 *Diána.*
Titánes, um, [**-ni,** órum,] *m.pl.* [Titan] *Titan*족, 즉 *Urănus*[*Titan*]와 *Terra*를 부모로 하는 거인족: *Océanus, Cous, Crejus, Hypérion, Iápetus, Satúrnus.*
Titánĭa, æ, *f.* **1.** *Titan*의 딸(*Circe, Latóna, Pyrrha, Diána* 등). **2.** *Titan*들의 자매.
títelus, i, *m.* = títulus.
Tithónĭa[**-nis**], æ[ĭdis, *acc.* -nĭda,] *f.* 새벽의 여신 *Auróra, Tithónus*의 아내.
Tithónus, i, *m.* *Troja*의 왕 *Laómedon* 왕의 아들, *Príamus*의 동기, *Auróra* 여신의 남편, 늙어서 매미로 변함; 〔*adj.*〕 **-thónĭus**[**-thonǽus**], a, um; 〔*adj. f.*〕 **-thónis,** ĭdis.
tithýmălis, ĭdis, *f.* [**-málus,** i, *m.*] 《植》 버들 옷, 양귀비의 일종.

Titiánus, a, um, *adj.* **1.** *Títius*의. **2.** *Títius Tátius*의: ~ sodáles *T.T.*가 세운 *Sábini*족 제관들 = Titiáles, um, *m.pl.*

titibillícium, i, *n.* = titivillítium.

Títĭes[-**tiénses**], ĭum, *m.pl.* [Titus] *Roma* 창건 전의 3대 민족 중 하나(Ramnes: *Latin* 민족; Títies: *Sábini* 민족; Lúceres: *Tusci* 민족, *Rómulus*가 후에 *Roma*의 세 귀족계급으로 만들었음: *Títius Tátius* 왕은 *Títies*족의 창시자).

titillátĭo, ónis, *f.* [-**laméntum,** i, *n.*; -**látus,** us, *m.*] [titíllo] 간지러움, 간지럽게 함.

titíllo, ávi, átum, áre, *tr.* 간질이다, 기분좋게 해주다.

titillósus, a, um, *adj.* [titíllo] 간지러운.

titíllus, i, *m.* = titillátio.

Titínĭus, i, *m.* 고대 *Roma*의 희극시인.

titínnio[-**tínno**] = tínnio.

títĭo¹, ónis, *m.* 타다 남은 나무, 불씨, 불에 탄 나무.

títĭo², áre, *intr.* (참새) 지저귀다.

Títĭus, i, *m.* *Roma*인의 씨족명; [*adj.*] -**tiánus**[-**tĭus**], a, um.

titivillícĭum[-**tĭum**], i, *n.* 가치없는 것, 보잘것 없는 것, 하찮은 것.

titlus[**títolus**], i, *m.* = títulus의 속어(俗語).

títŭbans, ántis, *p.præs., a.p.* [títubo] 머뭇거리는, 뒤뚝거리는, 불안정한; [*adv.*] -**nter,** 비틀거리며, 왔다갔다하면서, 이랬다저랬다 하면서, 우유부단하게, 뒤뚝거리면서.

titubántĭa, æ, *f.* [títubo] 우유부단, 주저, 비틀거림: ~ línguæ, oris, 말더듬.

titubátĭo, ónis, *f.* [títubo] 비틀거림, 뒤뚝거림, 머뭇거림, 결단성 없음, 우유부단.

títŭbo, ávi, átum, áre, *intr., tr.* 주저하다, 흔들리다, 비틀거리다, 더듬다, 뒤뚝거리다: títubat lingua*(Ov.)* 말을 더듬다 / verbo titubáre*(C.)* 말하기를 주저하다; [*pass.*] vestígia titubáta*(V.)* 비틀거리는 발걸음.

tituláris, e, *adj.* [títulus] 유명무실의, 명의뿐인, 전임의, 칭호를 가진, 관직이 있는, 자격있는, (가) epíscopus ~ 명의주교(名儀主教); *m.* 관직있는 자, 관리, 어떤 성당의 수호성인.

titulátio, ónis, *f.* [título] 명의, 호칭, 제목을 붙임, 제호(題號).

títŭlo, ávi, átum, áre, *tr.* [títulus] 호칭[명목, 제목]을 붙이다, 명명하다, 부르다.

títŭlus, i, *m.* [-**tŭlum,** i, *n.*] **1.** 표제, 제목, 서명, 항, 칭호, 명칭, 직함(職銜), **2.** 자격, 존칭, 명의, 직위, 지위, 작위(爵位), 명예. **3.** 권리, 명목, 증서, 문서, 면허장; 구실, 핑계. **4.** 기념비.

Titúrius, i, *m.* *Roma*인의 씨족명, *Gállia* 전쟁 때의 *Cæsar*의 보좌관; [*adj.*] -**riánus,** a, um.

titus¹, i, *m.* (動) 비둘기의 일종 = teta.

Tĭtus², i, *m.* **1.** *Roma*인의 개인명(略: T.). **2.** T. Lívius, 역사가. **3.** T. Flávius, *Vespasiánus* 황제.

Títўos[-**us**], i, *m.* *Júpiter*의 아들, *Apóllo* 신에게 살해되어 *Tártarus*에 던져져 독수리에게 간을 먹힌 거인족의 한 사람.

títўrus¹, i, *m.* 산양새끼.

Títyrus², i, [*acc.* -ron,] *m.* **1.** *Vergílius*의 목가에 나오는 목동의 이름. **2.** *Vergílius*의 목가. **3.** *Vergílius* 자신. **4.** 목동.

Tlepólĕmus, i, *m.* *Hércules*의 아들, *Rhodus*인의 장군.

Tmărus[-**os, Tóm**-], i, *m.* *Epírus*의 산; [*adj.*] -**rĭus,** a, um.

tmesis, is, [*acc.* -sin,] *f.* (文) 합성어 분리법, 한 말마디를 두 부분으로 분리하는 법.

Tmōlus[**Tim**-], i, *m.* *Lýdia*의 산; [*adj.*] -**ólĭus,** a, um; -**olítes,** æ, *m.* 그곳 사람, 그곳에서 나는 술.

tobálea, æ, *f.* 담요, 이불.

tocología[-**lógia**], æ, *f.* (醫) 산과학(産科學).

tocúllĭo, ónis, *m.* 고리대금업자.

todíllus, a, um, *adj.* [todus] 작은 새의, 얇은.

todus, i, *m.* (動) 작은 새의 일종.

tofácĕus[-**cĭus, -fícĭus, -fín**(**ĕ**)**us**], a, um, *adj.* [tofus] 응회석(凝灰石)의.

tofósus, a, um, *adj.* [tofus] 응회석과 같이, 구멍이 많은, 스폰지성의.

tōfus[**tophus**], i, *m.* (鑛) 응회암(凝灰岩), 용암(溶岩), 구멍이 많은 돌.

tŏga, æ, *f.* [tego] **1.** 또가(토우거), (고대 *Roma* 시민이 입던) 헐거운 겉옷. **2.** 직복(職服), 정복, 도포: ~ pura, ~ virílis*(C.)*, ~ líbera*(Prop.)* 평화시의 *Roma* 시민복(17세 전에는 Prætéxta라는 긴옷을 입고 17세가 되면 toga를 입었음) / ~ cándida, 공직을 맡을 사람이 입던 흰색의 긴옷 / ~ pulla, 상복 / ~ picta, 개선자가 입은 긴옷(깃에 수를 놓았음). **3.** *Roma* 시민권, *Roma* 시민의 권위, 시민생활: togæ oblítus*(H.)* *Roma* 시민의 위신을 저버리고. **4.** 평화의 상징: in armis, in ~ *(C.)* 전시에, 평화시에; 전사로서, 시민으로서.

togáta, æ, *f.* (*sc.* fábula²) [togátus] *Roma* 인을 주제로 한 연극(배우가 toga를 입었음), palliáta(희랍인을 주제로 한 연극)와 대조.

Togáta Gállĭa, *f.* = Cisalpína, *Roma*령 *Gállia.*

togatárĭus, i, *m.* [toga] fábula togáta의 배우.

togáti, órum, *m.pl.* *Roma* 시민.

togátŭlus, i, *m. dim.* [togátus] *Roma*의 하층시민.

togátus, a, um, *adj.* [toga] **1.** 또가를 입은, *Roma* 시민 복장을 한(군복의 반대). **2.** 로마인의: fábula togáta 혹은 togáta, 로마인을 주제로 한 연극. **3.** [*subst.*] *f.* 창녀; *m.* 손님, 변호사.

tógŭla, æ, *f. dim.* [toga] 작은 toga.

tolæ, árum, *f.pl.* = toles.

Tolbíacum, i, *n.* *Gállia Bélgica*의 도시(지금의 *Zulpich*).

Tolénus, i, *m.* *Sabíni*인의 나라에 있는 강(지금의 *Turano*).

tolerábĭlis, e, *adj.* [tólero] 참을 만한, 용서

할 만한, 용인할 수 있는, 인내심 있는; 〔adv.〕 **-lĭter,** 참을 만하게, 인내심 있게.

tolerabílitas, átis, *f.* [tolerábilis] 참을성, 참을 만한 것. ⌈있는.

tolerándus, a, um, *adj.* [tólero] 참을 수

tólĕrans, ántis, *p.præs., a.p.* [tólero] 〔gen.〕 참는, 참아주는: ~ labórum*(Ta.)* 고된 일을 참는 / frígoris toleràntior*(Col.)* 추위를 더 잘 참는; 〔adv.〕 **-nter,** 인내심있게, 끈질기게.

tolerántĭa, æ, *f.* [tólero] 인내, 관용, 참을성, 지구력, 항구심. ⌈용(認容).

tolerátĭo, ónis, *f.* [tólero] 인내력, 참음, 인

tólĕro, ávi, átum, áre[**tóleror,** ári, *dep.*], *tr.* **1.** 짐지다, 무게를 견디다, 버티다. **2. 참다,** 인내하다, 당하다: ~ híemem*(C.)* 추위를 ~ / ~ milítiam*(C.)* 군복무를 ~. **3.** 지탱하다, 지원하다, 유지하다, 양육하다: ~ equitátum*(Cæs.)* 기병대를 유지하다 / ~ vitam *alqā re*(*Cæs.)* ~으로 생활을 유지하다. **4.** 저항하다, 이기다: ~ famem *alqā re(Cæs.)* …으로 배고픔을 이기다. **5.** 의무를 채우다. **6.** (침묵을) 지키다. ⌈선종(甲狀腺腫).

toles, ĭum, *m.f.pl.* 편도선염(扁桃腺炎), 갑상

Tolétum, i, *n.* *Hispánia Tarraconénsis*의 도시(오늘의 *Toledo*); 〔adj.〕 **-tánus,** a, um; 〔subst.〕 **-táni,** órum, *m.pl.* 그곳 주민.

Tolistobógi = Tolostobógii.

tollæ, árum, *f.pl.* 부글부글 끓음, 비등, 회오리, 《醫》 편도선염 = tolæ.

tolléno, ónis, *m.* [tollo²] 물 긷는 기구, 지렛대, 도르래, 고대 기중기의 일종.

tollo¹, sústŭli, sublátum, ĕre, *tr.* **1. 들어올리다,** 집어들다: ~ saxa de terra*(C.)* 땅에서 돌을 집어들다 / se tóllere a terra*(C.)* 땅바닥에서 일어서다 / ~ *alqm* in equum, in currum*(C.)* 아무를 말에, 마차에 태우다 / ~ in crucem*(C.)* 십자가에 달다 / ~ áncoras *(Cæs.)* 닻을 올리다 / ~ signa*(Cæs.)* 군기를 올리다, 즉 진군하다. **2.** 가지고 가[오]다, 싣고가다, 지고가다. **3.** 데리고 가다, 올려놓다, 높이다: ~ in cælum *alqm(C.)* 누구를 하늘로 ~ / ~ clamórem in cælum, ad sídera*(V.)* 하늘 높이 소리지르다 / clamor tóllitur*(C.)* 소리를 높이다 / ~ cachínnum*(C.)*; risum, 크게 웃다 / ~ ánimos *alci(L.)* 누구의 사기를 높이다. **4.** 짐지다, **참아받다**: Pœnas sústulit.*(C.)* 그는 벌을 받았다. **5. 집어치우다,** 없애다, 골라내다, 걷어치우다, 폐지하다: ~ e fano *alqd(C.)* 신전에서 무엇을 ~ / ~ amicítiam e vita*(C.)* 생존에서 우정을 ~ / ~ prædam*(Cæs.)* 전리품을 빼앗아가다 / ~ *alqm* de médio*(C.)*, e médio*(L.)* 누구를 없애다 / ~ *alqm* venéno*(C.)* 독물로 아무를 죽이다 / ~ Cartháginem fúnditus*(C.)* 카르타고를 송두리째 ~ / ~ dictatúram fúnditus ex (de) re pública*(C.)* 공화국에서 독재를 송두리째 ~ / Subláta benevoléntia amicítiæ nomen tóllitur.*(C.)* 친절이 없어지면 우정은 이름도 없어진다.

tollo², ónis, *m.* = tolléno.

Tolósa, æ, *f.* 남부 *Gállia*의 도시(지금의 *Toulouse*); 〔adj.〕 **-sánus,** a, um; **-sénsis,** e; 〔subst.〕 **-sas,** átis; **-sátes,** ĭum, *m.pl.* 그곳 주민. ⌈종족.

Tolostobógĭ(i), órum, *m.pl.* *Galátia*의 한

Tolúmnius, i, *m.* **1.** *Rútuli*인의 예언자, *Ænéas*의 적. **2.** *Veji*인의 왕.

tolutárĭus, a, um, [**-táris,** e,] *adj.* [tolútim] 구보로 뛰는, 종종걸음으로 가는, 빨리가는: ~ équus, 종종 걸음으로 가는 말.

tolútĭlis, e, *adj.* [tolútim] 속보로 달아나는, 종종걸음으로 가는.

tolutiloquéntĭa, æ, *f.* [tolútim + loquor] 능변, 수다, 말이 빠름. ⌈으로.

tolútim, *adv.* [tollo] 구보로, 속보로, 종종걸음

tolútor, ári, *dep. intr.* 놀다, 유희하다.

tomácĭna, æ, *f.* 순대, 소시지.

tomaculárĭus, i, *m.* [tomáculum] 순대장사, 소시지 파는 자.

tomác(ŭ)lum, i, *n. dim.* 작은 순대.

Tómarus, i, *m.* = Tmarus.

tŏme, es, *f.* 시 운율의 중단, 중간휴지(中間休止), 각운중단(脚韻中斷).

toméntum, i, *n.* (솜, 털, 짚) 등을 넣음.

tomex, ĭcis, *f.* = tomix.

Tŏmi, órum, *f.pl.* [**-mis,** ĭdis, *f.*] *Mœsia*의 도시, 흑해에 면해있다, *Ovídius*의 유배지; 〔adj.〕 **-mitánus,** a, um; **-mítæ,** árum, *m.pl.* 그곳 주민. ⌈줄, 끈.

tōmix, ĭcis, *f.* (=thomix) 삼이나 대마로 꼬은

tŏmus, i, *m.* [**-um,** i, *n.*] **1.** 조각, 편(片). **2.** 권, 책, 편(編).

Tómȳris[**Tám-, Thóm-, Thám-**], is, *f.* *Scýthia*의 여왕, 대 *Cyrus*를 쳐이기고 죽였음.

tonábulum, i, *n.* [tono] = tintinnábulum.

Tonans, ántis, *m.* [tono] 뇌명자(雷鳴者: *Júpiter* 신의 별명): Júpiter ~, Capitolínus ~, 뇌명자 *Júpiter.* ⌈뇌성을 지르며.

tonánter, *adv.* [tono] 벼락치는 가운데서,

tonátĭo, ónis, *f.* [tono] 뇌성, 벽력, 천둥.

tóndĕo, totóndi, tōnsum, ére, [**tondo,** ĕre] *tr.* **1.** 털 깎다, 깎다, 자르다. **2.** 가지를 치다, 따다, 베어내다. **3.** 풀 뜯어 먹다. **4.** 몸치장하다. **5.** 낫질하다, (곡식을) 걷어들이다. **6.** 빼앗다*(alqm alqā re)*. **7.** 면도하다, 이발하다.

tonésco, ĕre, *intr. inch.* [tono] 땅소리 나다, 천둥치다. ⌈이기다.

tóngĕo, ére, [**-go,** ĕre,] *tr.* 알다, 인식하다;

toniǽus, a, um, *adj.* 《希》 한 음절 간격의.

tónicum, i, *n.* 《藥》 강장제.

tonitrális, e, *adj.* [tono] 뇌성의, 천둥치는.

tonitrátor, óris, *m.* 뇌성내는 자, *Júpiter* 신의 별칭.

tónitru, us, *n.* [tono] = tónitrus.
tonitruális, e, *adj.* [tónitrus] 뇌성소리나는, 천둥치는; 천둥에 관한. 「둥치다.
tonítrŭo, áre, *intr.* [tónitrus] 뇌성치다, 천
tónĭtrus[-rŭus], us, 〔*dat. abl.* –tribus, –trubus,〕 *m.* [**-trŭum,** i, *n.*] [tono] 천둥, 벽력, 뇌성.
tŏno, nŭi, áre[ĕre], *intr.* **1.** 천둥치다, 뇌성치다. **2.** 크게 소리나다, 꽝소리나다, 폭음소리나다. **3.** *tr.* 〔*acc.*〕 큰소리로 부르다, 울리게 하다.
tŏnor, óris, *m.* [tono] 음조, 악센트(=tenor).
tonótĭcus, a, um, *adj.* 강장제의.
tōnsa, æ, *f.* [tundo] 노(櫓), 조정(漕艇).
tónsĭlis, e, *adj.* [tóndeo] 깎을 수 있는, 면도질할 수 있는, 자를 수 있는, 깎을 만한, 깎은.
to(n)sílla, æ, *f.* 배를 육지에 대는 말뚝.
tonsíllæ, árum, *f.pl.* 《醫》 편도선.
tonsillítis, tĭdis, *f.* 《醫》 편도선염.
tónsĭo, ónis, *f.* [tóndeo] 털 깎음, 면도질, 이발.
tónsĭto, áre, *tr. freq.* [tóndeo] 자주 깎다.
tōnsor, óris, *m.* [tóndeo] 이발사, 정원사, 비평가; *f.* **–srix,** ícis, **–strix,** ícis.
tonsórĭus, a, um, *adj.* [tóndeo] 이발용의, 삭발하는, 털 깎는데 쓰이는: ~ culter*(C.)* 면도칼.
tonstr(e)ínum, *i. n.* 이발소, 이발.
tonstrícŭla, æ, *f. dim.* (=tonstrix) 여 이발사, 미용사.
to(n)strína, æ, *f.* [tóndeo] 이발소.
tonstrínus, i, *m.* [**–trix,** ícis, *f.*] [tóndeo] 이발사, 미용사; 서정시인(mélicus).
tonsúra, æ, *f.* [tóndeo] 털 깎음, 머리 깎음, 삭발, (나무) 가지 침, 벌목, 《가》 삭발례(削髮禮). 「삭발 주례자.
tonsurátor, óris, *m.* [tóndeo] 깎아주는 자,
tonsurátus, a, um, *adj.* 《가》 삭발례를 받은, 성직계급에 오른. 「시키다.
tonsúro, áre, *tr.* [tonsúra] 깎아주다, 삭발
tōnsus[1], a, um, *p.p.* [tóndeo] 털깎인, 삭발된, 가지쳐진.
tonsus[2], us, *m.* [tóndeo] 삭발, 이발한 머리.
tonum, i, *n.* (극장) 우뢰소리.
tŏnus[–nos], i, *m.* **1.** 팽팽한 줄을 튕기는 소리, 음의 강도, 예리한 소리, 음, 음향, 음도. **2.** 천둥. **3.** 곡조, 음조, 색조.
topánta, *indecl. n.* 모든 것. 「지사, 총독.
topárches[–cha], æ, *m.* 지방장관, 관리,
topárchia, æ, *f.* 지방통치구역.
topázos[–zus, –zĭus], i, *f.* [**–zĭon,** i, *n.*; **–zon,** óntis, *m.*] 황옥(黃玉) 보석.
toper, *adv.* [toto + ópere] 빨리, 아마.
toph... *V.* tof...
tópĭa, órum, *n.pl.* (*sc.* ópera) **1.** 풍경화. **2.** 원예, 정원 가꾸기.
topiárĭus, a, um, *adj.* [tópia] 정원 · 공원 등 풍경 그림에 관한; *m.* 풍경화가; *f.n.* 풍경화법.
topías ficus, *f.* 《植》 무화과의 일종.
tópĭca[1], æ, [**–ce,** es,] *f.* 개연성뿐인 일반여론을 전제로 하는 논법, 일반공리(一般公理).
Tópĭca[2], órum, *n.pl.* *Aristóteles*의 논리학(Orgănon)의 제4서: 개연적 추리론, Dialéctica라고도 함, *Cícero*가 번역함.
tópicum, i, *n.* 《藥》 국소용약(局所用藥), 외용약(外用藥).
tópicus, a, um, *adj.* [topos] 장소에 관한, 풍토에 관한; 일반여론의.
topográphĭa[–phía], æ, *f.* 풍토학, 지리학, 지도학.
topográphus, i, *m.* 지형[리]학자.
topor, óris, *m.* 마비, 우둔, 겁장이.
topos[–us], i, *m.* 《希》 장소, 토지, 별자리.
topothésĭa, æ, *f.* (장소에 대한) 상상적 묘사.
topper, *adv.* = toper.
tŏral[–le], ális, *n.* [**–lis,** is, *m.*] [torus] 침대보, 발덮는 이불. 「간호하는 시녀.
toráriˇa, æ, *f.* [**–rĭus,** i, *m.*] [torus] 병자
torces[–cuis], is, *m.* = torques.
tórcŭlar[–re], áris, *n.* [tórqueo] 확, 포도압착기, 압착실.
torculárĭus, a, um, [**–áris,** e,] *adj.* [tórcular] 압착기의, 압착하는, 짜는; 〔*subst.*〕 *m.* 짜는 자, 압착자; *n.* 압착기.
tórcŭlo, áre, *tr.* [tórqueo] 짜다, 압착하다.
tórcŭlus, a, um, *adj.* [tórqueo] 짜는, 압착(기)의; 〔*subst.*〕 *n.* 포도주 압착(기).
toréuma, ătis, 〔*pl.gen.* –ătum, –atórum; *dat. abl.* –átibus, –ătis,〕 *n.* 조각품, 부조(浮彫), 조각물.
toréutes[–ta], æ, *m.* 조각사, 조금사(彫金師).
toreútĭce, es, *f.* 조금술(彫金術), 조각술.
tormen, mĭnis, *n.* [tórqueo] 고문(拷問), 고통.
torméntum, i, *n.* [tórqueo] **1.** 둥근 기둥에 밧줄을 감고 그것이 풀리는 힘으로 활이나 창을 쏘는 무기, 대포, 투석기, 탄환, 발사물. **2.** 양수기(揚水機). **3.** 압착기. **4.** 동아줄, 밧줄로 비끄러매기. **5.** 고문기, **고문,** 고통, 형벌, 학대: torménta fortúnæ*(C.)* 운명의 고통.
tormentuósus, a, um, *adj.* [torméntum] 고문의, 아픈, 고통스러운.
tórmína, um, *n.pl.* [tórqueo] 《醫》 복통, 배아픔, 결장(結腸). 「통의.
torminális, e, *adj.* [tórmina] 복통약의, 복
torminósus, a, um, *adj.* [tórmina] 배아프기 잘하는, 복통에 걸린, 복통있는.
tornátĭlis, e, *adj.* [torno] 돌게 만들어진, 잘 도는; 둥근, 돌리는.
tornátor, óris, *m.* [torno] 돌리는 자.
tornatúra, æ, *f.* [torno] 돌리는 기술; 〔*pl.*〕 돌게 만든 물건. 「잘 돌게 한.
tornátus, a, um, *adj.* [torno] 손질을 한,
torneaméntum, i, *n.* [torno] **1.** 토너먼트식 시합. **2.** 회전(會戰).
torno, ávi, átum, áre, *tr.* [tornus] **1.** 돌리

다, 굴리다, 회전시키다. **2.** 둥글게 하다, 모서리를 깎다, 손질하다.

tornus, i, *m.* 한 바퀴, 회전, 일주, 주위, 회전기, 선반공(旋盤工)의 기계(機械).

Toróne, es, [**–na,** æ,] *f* *Macedónia*의 한구도시 (지 금 의 *Toroni*); (*adj.*) **–náĭcus**[**–næ̆us**], a, um.

torósulus, a, um, *adj.* [torósus] 근육질의.

torósus, a, um, *adj.* [torus] 근육이 많은, 살이 많은, 두꺼운, 매듭이 많은, 빽빽한.

torpédo, dĭnis, *f.* [tórpeo] **1.** 혼수상태, 마비상태, 무기력. **2.** 《動》 전기가오리. **3.** 어뢰.

torpefácĭo, féci, cĕre, *tr.* [tórpeo + fácio] 마비시키다.

tórpĕo, ére, *intr.* **1.** 마비되다, 빳빳해지다. **2.** 무감각하게 되다, 정신[생각]이 무디다, 실신하다: torpére metu*(L.)* 공포에 질려 실신하다. **3.** 입맛이 없다. **4.** 힘빠지다. **5.** 어안이 벙벙해지다.

torpésco, pŭi, ĕre, *intr. inch.* [tórpeo] **1.** 마비되다, 정신 잃다. **2.** 빛 잃다, 힘빠지다.

tórpĭdus, a, um, *adj.* [tórpeo] 마비된, 정신 잃은, 감각이 무딘, 빳빳해진.

torpitúdo, dĭnis, *f.* [tórpidus] 마비, 실신.

torpor, óris, *m.* [tórpeo] **1.** 마비, 실신. **2.** 무성의, 무관심, 타성, 이완, 우매, 불감증, 게으름.

torpóro, ávi, átum, áre, *tr.* 마비시키다, 실신케 하다.

tórqua, æ, *f.* = torques.

torquátus[1], a, um, *adj.* [torques] 목걸이를 건; 훈장을 받은.

Torquátus[2], i, *m.* **1.** *T. Mánlius*의 별명, 그는 *Gállia*인과 싸워 이기고 그에게서 목걸이를 빼앗았다. **2.** 위의 아들 *T. Mánlius* 독재자, 폭정을 하였기 때문에 *Imperiósus*라는 별명이 있음, 포악은 그 가문의 대명사가 됨.

tórquĕo, torsi, tortum, [torsum] ére, *tr.* **1.** 비틀다, 비틀어 돌리다, 꼬다: ~ stámina póllice*(Ov.)* 엄지손가락으로 실을 꼬다 / ~ cérvices oculósque*(C.)* 목과 눈을 이리저리 돌리다. **2.** 돌리다, 회전시키다, 투석기를 돌리다, 빙빙돌리다가 던지다, 굴리다, 흔들다. **3.** 뱀이 꼬리를 틀다. **4.** 빙빙돌리다. **5.** 고문하다, 뒤틀다, (뼈를) 삐다: ~ *alqm* mero*(H.)* …를 술로 고문하다.

torques[**–quis**], is, (*abl.* –qui,) *m.*[가끔 *f.*] [tórqueo] **1.** 목걸이. **2.** 명예의 표시. **3.** 소의 목줄, 새의 목가장자리. **4.** 꽃장식, 꽃줄.

torrefácĭo, féci, fáctum, ĕre, *tr.* [tórreo + fácio] 볶다, 지지다, 말리다, 건조시키다.

torréfio, factus sum, fíeri, *intr.* [tórreo + fio] 볶아지다, 지져지다.

torrens[1], éntis, (*abl.* –nti,) *adj.* [tórreo] **1.** 찌는 듯한, 불타는, 뜨거운. **2.** 탄, 그을린, 볶는, 지지는. **3.** 격렬한, 급격한, 맹렬한, 급류의, 쏟아지는. **4.** *adv.* **–nter,** 격렬하게.

torrens[2], éntis, (*abl.* –nte,) *m.* **1.** 급류, 분류, 쏟아짐. **2.** 쏟아져 나오는 사람들, 쏟아져 나오는 말(言), 과장의 말, 다언(多言).

tórrĕo, rŭi, tostum, ére, *tr.* **1.** 말리다, 건조시키다. **2.** 그을리다, 볶다, 지지다, 굽다, 태우다.

torres, is, *f.* = torris. ｢피디, 위축되다.

torrésco, ĕre, *intr. inch.* [tórreo] 마르다,

torrídĭtas, átis, *f.* [tórridus] 건조, 가뭄.

tórrĭdo, átum, áre, *tr.* [tórreo] 말리다(乾), 태우다.

tórrĭdus, a, um, *adj.* [tórreo] **1.** 마른, 건조한, 가문, 고갈된, 볶은. **2.** 마른[호리호리한], 여윈, 앙상한. **3.** 쪼들린, 마비된. **4.** 탄, 불타는.

torris, is, [**–rus,** i,] *m.* [tórreo] 불씨.

torror, óris, *m.* [tórreo] 혹독한 더위, 뜨거

torrus, a, um, *adj.* = tórridus. ⌊운 열.

tórsĭo, ónis, *f.* [tórqueo] 경련, 고통, 복통,

torsor, óris, *m.* = tortor. ⌊고문(拷問).

torta[**–sa**], æ, *f.* [tortus[1]] 둥근 빵, 파이.

torte, *adv.* [tortus] 옆으로, 비스듬히, 삐뚤게.

torticóllis, is, *f.* 《醫》 목이 옆으로 기울어진 병, 사경(斜頸). ｢악의의, 악의에 찬.

torticórdĭus, a, um, *adj.* [tortus[1] + cor]

tórtĭlis, e, *adj.* [tórqueo] 비꼬인, 둘둘 만, 꼬불꼬불한: tórtile áurum*(V.)* 금줄. ｢(拷問).

tórtĭo, ónis, *f.* [tórqueo] 비트는 것, 고문

tortióno, áre, *tr.* [tórtio] 고문하다. ｢누른.

tortívus, a, um, *adj.* [tórqueo] 압착한, 짓

torto, áre, *tr.* [tórqueo] 비틀다, 고문하다, 괴롭게 하다.

tortor, óris, *m.* [tórqueo] 고문하는 자, 회광이, 형리, 형벌(刑罰)하는 자.

tórtŭla, æ, *f. dim.* [torta] 작은 torta빵.

tortum, i, *n.* [tortus[1]] 고문(拷問) 기구로 쓰는 밧줄. ｢꼬불하게.

tortuóse, *adv.* [tortuósus] 비틀어서, 꼬불

tortuósĭtas, átis, *f.* [tortuósus] 비트는 것, 빙빙돌아감.

tortuósus, a, um, *adj.* [tortus[1]] **1.** 꼬불꼬불한, 울퉁불퉁한. **2.** 얽힌, 뒤틀린, 복잡한, 꼬인, 비틀어진. **3.** 곤혹케 하는, 고통을 주는.

tortúra, æ, *f.* [tórqueo] 비트는 것, 고문, 고통주는 것, 《醫》 복통.

tortus[1], a, um, *adj.* [tórqueo] 형벌받은, 뒤틈, 꼬인, 비틀린, 칭칭감긴, 꼬불고불한, 들쭉날쭉한: torta via*(Prop.)* 미궁의 길.

tortus[2], us, *m.* [tórqueo] 뱀이 몸을 튼 것, 뒤틈, 뒤틀림, 주름(皺); 형을 받음; 휘두르기.

tórŭlus, i, *m. dim.* [torus] **1.** 머리를 튼 것, 상투. **2.** 《醫》 소융기(小隆起), 소결절(小結節), 근육의 융기. **3.** 《植》 백목질(白木質).

torum, i, *n.* [**tŏrus,** i, *m.*] [tortus[2]] **1.** 새끼를 칭칭 삼아서 퉁친 것, 밧줄의 낱가닥. **2.** 융기(隆起), 결절(結節), 부풀어 오른 것. **3.** 모자의 실방울. **4.** 근육, 알통: athletárum tori, 운동가의 근육. **5.** 꽃뭉치, 나무의 뭉치. **6.** 불쑥 나온 땅. **7.** 《建》 큰구슬선, 쇠시리.

8. 방석, 침대. **9.** 신방의 침대, 결혼, 신부(新婦). **10.** 죽은 자리, 관가(棺架). **11.** (도로, 도랑의) 비탈, 경사면.
torus = torum.
torva, *adv.* = torvum.
tórvĭdus, a, um, *adj.* [torvus] 난폭한, 무서운, 겁주는. 「난폭, 눈부릅뜸, 엄함.
tórvĭtas, átis, *f.* [torvus] 험상스러운 얼굴,
tórvĭter, *adv.* [torvus] 난폭하게, 무섭게.
torvum, *adv.* 험상궂게, 노려보면서, 흘기는 눈으로.
torvus, a, um, *adj.* **1.** 곁눈으로 보는, 험한, 흘기는, 눈부릅뜬, 험상궂은, 무서운 눈초리의. **2.** 압도하는, 엄한, 씩씩한. **3.** 고된, 신(辛), 톡 쏘는.
tosíllæ = tonsíllæ.
tostárius, a, um, *adj.* [tórreo] 굽기에 좋은.
tosto, áre, *tr. freq.* [tórreo] 굽다, 그을리다.
tostrína, æ, *f.* = tonstrína.
tostus, a, um, *p.p.* [tórreo].
tot, *adj.pl. indecl.* **1.** 그렇게 많은, 굉장히 많은, 허다한: ~ viri*(C.)* 허다한 사람들. **2.** 〔상관적으로〕 quot ~, tot ~ ~한 만큼 그만큼 많은 / Quot hómines, tot cáusæ.*(C.)* 사람수 만큼 그 만큼 까닭도 많다, 저 마다의 송사(訟事). **3.** 한량(限量)없는. **4.** 아주 적은 수의.
totális, e, *adj.* [totus] 전체의, 전액의; 〔*adv.*〕 **–lĭter,** 전체적으로, 온전히, 전혀.
tōte, *adv.* [totus] 온전히.
totemísmus, i, *m.* 동물숭배.
tótĭdem, *adj.pl. indecl.* [tot + ítidem] **1.** …와 같은 수의, 만큼 많은, 마찬가지의: Non tótidem vixérunt annos.*(C.)* 그들은 …만큼 많은 햇수를 살지 못했다 / Insánum qui me dicet, tótidem aúdiet.*(H.)* 나를 보고 미쳤다고 하는 자는 (나에게서) 같은 소리를 들을 것이다. **2.** *adv.* = ítidem.
tótĭe(n)s, *adv.* [tot] 많은 번수, 여러번: scríbere tam multa ~ *(C.)* 그렇게 많이 그리고 여러번 편지를 쓰다 / ~ … quóties, quóties … ~ *(C.)* … 할 때마다, (… 만큼), 그 만큼 많이.
totiescúmque, *adv.* … 할 때마다 매번.
totíetas, átis, *f.* [totus] 전체.
tótjŭgis, e, [**–gus,** a, um,] *adj.* [tot + jugum] 그렇게 여러가지의, 이와같이 많은.
tótmodus, a, um, *adj.* [tot + modus] 대단히 다양한, 이렇게 많은.
totóndi, *pf.* [tóndeo].
totum, i, *n.* [totus] 전체적인 것, 핵심적인 것: ~ in eo est, ut tibi ímperes*(C.)* 핵심은 결국 네 자신을 다스리는데 있다 / ex toto, 전체적으로, 완전히 / in(per) ~, 전체적으로, 완전히.
tōtus, a, um, 〔*gen.* totíus; *dat.* tōti,〕 *adj.* **1.** 온, 온전한, 전부의, 전체적, 모두, 각각 모두: tota res pública, 나라 전체 / tota nocte, 온 밤동안 / urbe tota, tota Sicíliā, toto cælo *(C.)* 도시 전체에, 온 *Sicília*에, 온 세상에 / totis nóctibus*(C.)* 모든 밤을 꼬박 / Totus et mente et ánimo in bellum insístit.*(Cæs.)* 그는 심혈을 기울여서 온전히 전쟁에만 부심하였다 / totus ex fraude factus*(C.)* 전체가 거짓으로 되어있다. **2.** 그렇게 큰, 몹시 중요한.
Tóxeus, i, *m.* *Théstius*의 아들, *Plexíppus*와 동기.
toxicátus, a, um, *adj.* [tóxicum] 중독된.
tóxico, ávi, áre, *tr.* 독을 넣다, 독을 먹이다.
toxicológĭa[**–gía**], æ, *f.* 《醫》 독물학(毒物學). 「독. **2.** 아편정기(丁幾).
tóxĭcum[**–con**], i, *n.* **1.** 화살에 바르는 독약,
toxíllæ, árum, *f.pl.* = tonsíllæ.
tóxŏtis, ĭdis, *f.* (=artemísia) 《植》 쑥.
Tr. = tribúnus; tribunícius; **Tr. pl.** = tribúnus plebis.
tra… *V.* trans… *v.g.* tráeo = tránseo.
trabális, e, *adj.* [trabs] **1.** 서까래의, 들보의: ~ clavus 들보에 박는 못, 볼트. **2.** 굵고 큰, 거대한. 「나무집.
trabárĭa, æ, *f.* [trabs] 통나무배, 강가의 통
trábĕa[1], æ, *f.* **1.** 주홍색으로 깃을 수놓은 흰 망토, 고대 로마 기사복; 기사직, 집정관직. **2.** 《建》 도리 사이의 간격. 「130 A.C.)
Trábĕa[2], æ, *m.* *Roma* 시대의 희극시인(c.
trabeális, e, *adj.* [trábea[1]] 예복의, 제복입은.
trabeáta, æ, *f.* (*sc.* fábula[2]) *Roma*인들이 생활을 소재로 한 희극의 일종.
trabeátus, a, um, *adj.* [trábea[1]] trábea 망토를 두른; 〔*subst.*〕 *f.pl. C. Melíssus*가 로마의 귀부인들을 주제로 하여 쓴 극작품.
trabécŭla, æ, *f. dim.* [trabs] 소(小) 들보, 서까래. 「= trabs.
trabes[**–bis**], is, *f.* [trabs] 대들보; 배, 선박
trábĭca, æ, *f.* (*sc.* navis) [trabs] 뗏목.
trabs, ábis, *f.* **1.** 대들보, 서까래. **2.** 큰 나무. **3.** 큰 배. **4.** 큰 창. **5.** 통나무집, 집, 지붕. **6.** 몽둥이. **7.** 횃불.
tracant… *V.* tragant…
tracáteus, a, um, *adj.* [tragacántha] 트라가칸트 고무나무진의.
Trachálus, i, *m.* 변론가 *Galérius*의 별명.
trachála, æ, *m.* 굵은 목을 가진 자, *Constantínus*의 별명.
Trāchas, ántis, *f.* = Tarracína.
trachéa[**–ía**], æ, *f.* 《醫》 호흡기관, 기관지.
tracheítis, tĭdis, *f.* 《醫》 기관지염.
trachélus, i, *m.* 목, 노포(弩砲)의 한 부분.
tracheotómia, æ, *f.* 《醫》 기관후두 절개술.
Trāchin[**–chis**], ínis, 〔*acc.* –ína,〕 *f.* *Thessália*의 *Œta* 산기슭의 도시, *Céyx*의 거주지, *Hércules*가 여기서 스스로 화형됨; 〔*adj.*〕 **–ínĭus,** a, um; **–ínĭæ,** árum, *f.pl.* "*Trachin*의 여자"라는 *Sóphocles*의 비극. 「막염.
trachóma, ătis, *n.* 《醫》 트라호옴, 전염성 결

trachomatĭcus, a, um, *adj.* 주름을 없애는.
Trachonítis, tĭdis, *f.* 요르단강 건너편, *Arábia*와의 접경지방.
Trácia, æ, *f.* = Thrácia.
traco, ónis, *m.* 땅이 갈라진 곳, 지하도
tracta, æ, *f.* = tractum.
tractábĭlis, e, *adj.* [tracto] 만질 수 있는, 다룰 수 있는, 손댈 수 있는, 신축성[유연성]있는: vox ~ *(Q.)* 신축성있는 소리 / non tractábile cælum*(V.)* 어찌해볼 수 없는 날씨, 폭풍우 / nihil est eo tractabílius*(C.)* 그보다 더 신축성있는 것은 없다; 〔*adv.*〕 **-lĭter,** 손쉽게. 「능성.
tractabilĭtas, átis, *f.* 취급할 만함, 착수 가
tractatícius, a, um, *adj.* [tracto] 손대는, 착수하는, 끄는.
tractátĭo, ónis, *f.* [tracto] **1.** 취급, 손댐, (기계 등) 다루기. **2.** 취업, 종사, 연구: ~ philosophíae*(C.)* 철학연구. **3.** 일, 직무, 일하는 과정, 방법. **4.** 논의, 처리, 검토.
tractátor, óris, *m.* [**-trix,** ícis, *f.*] [tracto] **1.** 안마노예. **2.** 학문에 몰두하는 자, 주석가.
tractatórĭum, i, *n.* [tracto] 소송 등 사건을 처리하는 곳, 법정.
tractátus[1]**,** a, um, *p.p.* [tracto].
tractátus[2]**,** us, *m.* [tracto] **1.** 다루기, 취급, 손댐; 취업, 경작, 일, 직무: ~ offícii*(Gell.)* 직무이행. **2.** 논(論), 논고(論考), 논설, 검토; 저작, 설교.
tractícĭus, a, um, *adj.* [traho] 질질 끌고 가는, 끌려가는.
tractílis, e, *adj.* [traho] 잡아당길 수 있는.
tractim, *adv.* [traho] 질질 끌면서, 느릿느릿, 서서히, 천천히.
tráctĭo, ónis, *f.* [traho] 끌어냄, 파생, 떼냄.
tracto, ávi, átum, áre, *tr. freq.* [traho] **1.** 〔*abl.*〕 질질 끌고가다, 이끌어가다: ~ comis *(Ov.)* 머리채를 잡고 끌고가다. **2.** 손대다, 손질하다, **취급하다,** 조정하다: ~ gubernácula *(C.)* 키를 조정하다 / ~ vites*(C.)* 포도나무를 손질하다 / ~ ceram póllice*(Ov.)* 손가락 끝으로 초를 만지작거리다. **3.** 보살피다, 다스리다, 영위하다, **다루다,** 처리하다: ~ pecúniam públicam*(C.)* 공금을 다루다. **4.** 행하다, 실천하다: ~ bellum*(L.)* 전쟁을 하다 / ~ causas amicórum*(C.)* 친구들의 송사를 맡다. **5.** 연구[탐구]하다, 검토하다, 잘 생각하다, 설명하다: ~ *alqd* ánimo*(C.)* 마음속에 생각하다 / Tracta definitiónes fortitúdinis.*(C.)* 용기의 정의(定義)를 설명하라 / ~ de *alqā re,* …에 대하여 연구하다. **6.** (사람을) 취급하다, 대하다, 접대하다: ~ *alqm* ita ut, …를 …하도록 대하다 / ~ *alqm* ut cónsulem*(C.)* …를 집정관으로 대하다. **7.** 주제로 다루다, 문제를 다루다, **논하다,** 논의하다: ~ partem philosophíæ*(C.)* 철학의 한 부문을 다루다. **8.** (성서를) 주석하다, 해석하다.
tractogalátus, a, um, *adj.* [tractum + 희랍어 gala] 밀가루와 우유로 만든.
tractomelítus, a, um, *adj.* [tractum + mel] 밀가루와 꿀로 만든.
tractórĭus, a, um, *adj.* [traho] 끌어낼 수 있는, 끄는데 쓰는, 이끄는, 던지는; 〔*subst.*〕 *f.* 《法》 소환; *f.pl.* 사신에게 주는 황제 신임장.
tractum, i, *n.* [**-a,** æ, *f.*] [traho] **1.** 실로 뽑은 양털. **2.** 겹으로 만든 빵.
tractuósus, a, um, *adj.* [traho] 끈적끈적한.
tractúra, æ, *f.* [traho] (차를) 끄는 일.
tractus[1]**,** a, um, *p.p., a.p.* [traho] **1.** [a re] …에서 나온, 유래한, 시작한. **2.** (연설) 줄줄나오는, 유창한; 고상한; 연속적인.
tractus[2]**,** us, *m.* [traho] **1.** 끄는 일, 늘리기. **2.** 연기, 연장(延長). **3.** (별 따위의) 꼬리, 궤도. **4.** 윤곽, 넓이, 폭, 영역: ~ óppidi*(Cæs.)* 도시의 폭 / eódem tractu*(V.)* 지구의 같은 지역에서 / corrúpto cæli tractu*(V.)* 대기권이 오염되어. **5.** 늦은 진행사항, 질질 끄는 일: Quanta hæsitátio tractúsque verbórum! *(C.)* 말을 얼마나 주저하며 질질 끄는가! **6.** 연속, 지속, 배열. **7.** (시간의) 흐름. **8.** (문장) 유창함, 여음.
tradítĭo, ónis, *f.* [trado] **1.** 넘겨줌, 돌려줌, 인도, 양도. **2.** 전달, 전승, 물려줌, **전설, 전통.** **3.** 보고, 언급. **4.** 배반, 배신, 항복. **5.** 《가》 성전(聖傳), 구전(口傳)에 의한 교리전승. **6.** 교육, 전수(傳授). 「義).
traditionalísmus, i, *m.* 전통주의(傳統主
trádĭtor, óris, *m.* [trado] 넘겨주는 자, 반역자, 배신자, 배반자, 밀고자.
trádĭtus[1]**,** a, um, *p.p., a.p.* [trado] 전승된, 물려받은, 배반당한. 「(口傳), 전통.
trádĭtus[2]**,** us, *m.* [trado] 전달, 인도, 구전
trādo, dĭdi, dĭtum, ĕre, *tr.* [trans + do] **1.** (손에서 손으로) **넘겨주다,** 돌려주다, 물려주다: quæ accéperant trádere*(C.)* 받을 것을 넘겨주다 / ~ póculum *alci(C.)* …에게 한 잔 권하다 / ~ *alci* hereditátem*(C.)* …에게 유산을 물려주다. **2.** 맡기다: *alqm alci(C.)* …를 …에게 / Te in disciplínam meam tradíderas.*(C.)* 네 자신을 내 지도하에 맡겼다. **3.** 인도하다, 내주다, 항복하다: ~ óbsides, arma 인질, 무기를 내주다. **4.** 가지라고 내던지다, 마음대로 해 버리다: ~ *alcjs* audáciæ sócios*(C.)* 동료들을 누구의 마음대로 하게 내맡기다. **5.** 〔*refl.*〕 se ~ 골몰하다, 열중하다, 빠지다: ~ se quiéti*(C.)* 세상 모르고 잠자다 / se totum Philóni*(C.) Philon*에 열중하다. **6.** 전하다, **전승하다:** pugnæ memóriam pósteris trádere*(L.)* 전쟁기록을 후대에 물려주다 / 〔*pass.*〕: utrúmque tráditur*(L.)* 둘나 선해지다 / tradıtum est + *inf.* …라고 전해지다 / tráditur memóriæ; tráditur … 전해져 오다. **7.** 밀고하다, **반역하다.** **8.** 부탁하다. **9.** 결혼시키다. **10.** 교육하다, 가르치다.
traducianísmus, i, *m.* [tradux] 《哲》 영

혼 유전설. 「전해지는.
traduciánus, a, um, *adj.* [tradux] 전하는,
tradúco[trans-], dúxi, dúctum, ĕre, *tr.* [trans + duco] **1.** 저쪽으로 데리고 가다, **지나가게 하다**, 건너가게 하다: ~ hóminum multitúdinem trans Rhenum in Gálliam *(Cæs.)* 많은 군중을 라인강을 건너 *Gállia*로 데리고 가다 / cópias flumen ~ *(Cæs.)* 군대를 강을 건너게 하다. **2.** 줄지어 지나가게 하다, **인도하다**: ~ víctimas in triúmpho*(L.)* 개선 행렬에 포로들을 행진시키다. **3.** (시일을) 지내다: ~ otiósam ætátem*(C.)* 한가로운 세월을 지내다. **4.** 임무를 수행하다: ~ munus summa abstinéntia*(C.)* 각고의 극기로 임무를 수행하다. **5.** (설명할 때) …에서 …로 넘어가다: a disputándo ad dicéndum tradúcti*(C.)* 토론에서(토론은 그만두고) 연설로 넘어가다 / ~ ánimos in hilaritátem a severitáte*(C.)* 근엄한 마음에서 경쾌한 마음으로 ~. **6. 번역하다**, …에서(a) …로(in, ad) 통역하다, 역술(譯述)하다: ~ *alqd* in linguam Románam *(Gell.)* …을 *Roma*어로 번역하다 / Unde id verbum tradúctum est?*(Gell.)* 이 말은 어디에서 왔느냐? **7.** 입에서 입으로 전하다. **8.** (공공연하게) 드러내다, 폭로하다, 전시하다. **9.** 비난하다. 「(派生)한.
traductícĭus, a, um, *adj.* [tradúco] 파생
tradúctĭo, ónis, *f.* [tradúco] **1.** 횡단, 지나감; …에서 …로 넘김, 인도함. **2.** (시간) 지냄, 흐름: ~ témporis*(C.)* 시간의 흐름. **3.** 공적으로 내놓음, 보이기: ad traductiónem nostram*(Sen.)* 우리를 군중 앞에서 (웃음거리로) 삼으려고. **4.** 《修》 전의(轉義), 환유(換喩), 번역. **5.** (문체의) 반복. **6.** 행렬, 분열식. **7.** 비난, 비판. 「(派生)된.
traductívus, a, um, *adj.* [tradúco] 파생
tradúctor, óris, *m.* [tradúco] **1.** 넘기는 자(귀족계급에서 평민으로). **2.** 번역자, 통역자. **3.** 지나가게 하는 자.
tradúctus, us, *m.* [tradúco] 통로, 횡단.
trādux, ŭcis, *m.* [tradúco] **1.** 《植》 포도의 햇가지(한 나무에서 다른 나무로 걸치도록 하는). **2.** 중재(자).
tráfero = tránsfero.
tragacántha[tragánt(h)um], æ, *f.* [i, *n.*] 《植》 트라가칸트 고무나무(제약용).
tragacántha pulveráta, æ, *f.* 《醫》 트라가칸트 가루. 「게 생겼음).
tráganus, i, *m.* 《動》 작은 돼지(염소 비슷하
tragémăta, tum, *n.pl.* [-tĭum, i, *n.*] 과자, 후식[간식].
tragi, órum, *m.pl.* 《醫》 귓속털.
tragicomœ́dĭa, æ, *f.* 희비극.
trágĭcus, a, um, *adj.* **1.** 비극의: trágicum illud*(Suet.)* 이 비극의 말. **2.** 비참한, 비장한, 끔찍한; 격렬한. **3.** *m.* 비극작가; *pl.* 비극배우. **4.** 〔*adv.*〕 **-ce.**
trágĭon, i, *n.* [-gŏnis, is, *f.*] 《植》 고추나물속.
tragœ́dĭa, æ, *f.* **1.** 비극, 비참한 일. **2.** 비장한 연설, 극적인 행동. **3.** 소동, 법석. 「인.
tragœdiógrăphus, i, *m.* 비극작가, 비극시
tragœ́dus, i, *m.* 비극 연극인, 비극배우.
trágŏpan, ánis, 〔*acc.* -ána,〕 *m.* 《動》 전설적인 새, 뿔난 꿩. 「冬草).
tragopógon, ónis, *m.* 《植》 천문동초(天門
tragorígănum, i, *n.* [-nus, i, *m.*] 《植》 백리향. 「창. **2.** 사립짝, 그물. **3.** 배신.
trágŭla, æ, *f.* [traho] **1.** 끝에 가죽끈이 달린
tragulárius, i, *m.* trágula창을 던지는 병사.
trăgum¹, i, *n.* 녹말, 굵은 밀가루.
trāgum², i, *n.* 그물의 일종, 저인망.
trăgus, i, *m.* **1.** 물고기의 일종. **2.** 겨드랑이 냄새. **3.** 가시덤불의 일종.
tráh(ĕ)a, æ, *f.* 낟알을 터는 쇠스랑 달린 기계, 바퀴없는 마차, 썰매. 「하는.
trăhax, ácis, *adj.* [traho] 긁어모으는, 탈취
trahitórĭus, a, um, *adj.* [traho] 잡아당기는, (*Siren*의) 유인하는.
trăho, trāxi, trāctum, ĕre, *tr.* **1.** 잡아당기다, **이끌다**, 끌다: ~ naves in saxa*(V.)* 배를 바위 있는데로 끌다. **2.** (양털에서) 실을 뽑다, 잣다. **3.** 유인하다: Trahit sua quemque volúptas.*(V.)* 누구든지 자기 욕심에 이끌린다. **4.** 〔in, ad *acc.*〕 …로 돌리다, 걸머지우다: ~ in se crimen*(Ov.)* 죄책을 자기가 걸머지다. **5.** 해석하다: ~ cuncta in detérius*(Ta.)* 모든 것을 나쁘게 해석하다. **6.** 끌고 가다, 질질 끌다, 끌어넣다: ~ *alqm* secum in eámdem calamitátem*(C.)* 누구를 같은 불행으로 끌고 들어가다. **7.** 마구 잡아당기다: ~ pecúniam *(Sall.)* 재물을 마구 ~. **8.** 휩쓸어 가다, 나꿔채 가다, 빼앗아 가다: Saxa ingéntia fluctus trahunt.*(Sall.)* 파도가 큰 바위를 휩쓸어 간다. **9.** 〔*inf.*〕 ánimis trahébant + *inf.* …라는 것을 이렇게 생각하고 저렇게 생각하고 하였다. **10.** 빨아들이다, 이끌어들이다: ~ auras ore*(Ov.)* 숨쉬다 / ~ amnem gútture*(Ov.)* 물을 흡수하다 / Stirpes e terra sucum trahunt.*(C.)* 뿌리가 땅에서 물을 빤다 / ~ mille vários colóres*(V.)* 여러가지 색을 취하다. **11.** 〔ex, a *abl.*〕 (이름을) 따다, 기인하다, 출발하다: légio Mártia, quæ a deo traxit nomen*(C.)* *Mars*군단은 그 이름을 신에게서 땄다 / moléstiam ex pernície rei públicæ tráhere*(C.)* 난관이 국운의 쇠퇴에서 오다. **12. 뽑아내다**, 긷다: ~ ex púteis aquam*(C.)* 우물에서 물을 푸다 / Scio ab isto inítio tractum esse sermónem.*(C.)* 우리의 대화가 이 점에서 출발하여 시작하였다고 생각한다. **13.** 몰다, 압축하다, 간추리다, 당기다, 꼬다: Anguis septem gyros, septéna volúmina traxit.*(V.)* 뱀은 제 몸을 일곱번 둥글게 틀었다. **14. 늘이다**, 연기하다, 길게 끌다, 오래 버티다: ~ verba*(Sil.)* 말을 질질 끌다 / ~ bel-

lum*(C.)* 전쟁을 길게 끌다 / ~ pugnam aliquándiu*(L.)* 전쟁을 얼마동안 버티다.

traícĭo = trajício.

Trajánus, i, *m.* M. Ulpĭus ~, *Roma*의 황제(98-117 P.C.); 〔*adj.*〕 **-ánus,** a, um.

trajectícĭus, a, um, *adj.* [trajício] (위험을 무릅쓰고) 바다를 건너는.

trajéctĭo, ónis, *f.* [trajício] **1.** 건너감, 항해, 횡단, 별똥이 날으는 거리. **2.** 번짐, 전가: ~ in álium*(C.)* 책임전가. **3.** 《修》 어순전환, 전위, 전치법; 과장.

trajécto, áre, *tr. freq.* [trajício] 던지다, 뚫고 가다, 관통하다, 건너가다.

trajéctor, óris, *m.* [trajício] 항해자, 투사물.

trajectórium, i, *n.* 깔대기.

Trajéctum, i, *n.* *Gállia Bélgica*의 한 도시(지금의 *Utrecht*). 「돌진, 전진.

trajectúra, æ, *f.* [trajício] 투사(投射), 약진,

trajéctus, us, *m.* [trajício] 항해, 상륙지, 횡단, 진행, 도정(道程).

trajícĭo[**trans-**], jéci, jéctum, ĕre, *tr.* [trans + jácio] **1.** 저쪽으로 던지다: ~ vexíllum trans vallum*(L.)* 군기를 진지 저쪽으로 ~. **2.** 옮기다, 운반하다: ~ in ália vasa*(Var.)* 다른 그릇으로 옮겨 붓다. **3.** 건너게 하다, 건네주다, 넘기다: Equitátum trajécit.*(Cæs.)* 기병대를 건넜다 / ~ sese ex régia ad *alqm(Cæs.)* 궁궐에서 …에게로 옮기다 / ~ invídiam in álium*(C.)* 질투의 대상을 다른 사람에게로 옮기다. **4.** 건너가다: ~ Padum, mare*(L.)* *Po*강을, 바다를 건너다. **5.** 관통하다, 뚫다, 찌르다: ~ *alqm(Cæs.)* 누구를 ~ / pilis trajécti*(Cæs.)* 화살에 찔려 / *alci* femur trágula trajícitur*(Cæs.)* 누구의 다리가 창에 찔리다. **6.** 항해하다.

tral... *V.* transl...

Tralles, ĭum, [**-lli,** órum] *m.pl.* **1.** *Illýria*의 주민. **2.** *Trallis*의 잘못된 철자.

Trallis, ĭum, *f.pl.* *Lýdia*의 도시, 북부 *Cária*의 폐허된 상업도시; 〔*adj.*〕 **-lliánus,** a, um; 〔*subst.*〕 **-lliáni,** órum, [**-llénses,** ĭum]; *m.pl.* 그곳 주민.

tram... *V.* transm...

trāma, æ, *f.* [tránsmeo] **1.** 사슬, 씨실(베틀), 직물, 거미줄. **2.** 〔*pl.*〕 음모.

trámare, *adv.* [trans + mare] 바다 건너.

tramen, mĭnis, *n.* **1.** 씨실. **2.** 음모 = trama.

tráměo = tránsmeo.

trāmes, mĭtis, *m.* [trámeo] **1.** 지름길, 작은 길: fácili trámite*(V.)* 쉬운 길로. **2.** 방계가족.

tramosérĭcus, a, um, *adj.* [trama + séricus] 명주 씨실의. 「헤엄쳐 건너다.

tránăto, ávi, átum, áre, *tr.* [trans + nato]

tranávigo = transnávigo.

trāno, ávi, átum, áre, *intr., tr.* 〔in, ad *acc.*〕 [trans + no] **1.** 유영(遊泳)하다, 헤엄쳐 건너다: ~ flumen*(Cæs.)* 강을 ~. **2.** 뚫고 나가다: ~ perícula*(Sil.)* 위험을 뚫고 나가다.

tranquílle[**-o**], *adv.* [tranquíllus] 고요하게, 평화롭게, 걱정없이, 평안히, 평온하게.

tranquíllĭtas, átis, *f.* [tranquíllus] **1.** 바다의 잔잔함. **2.** 정숙, 평화로움, 고요, 평온, 평안: ~ pacis*(C.)* 평화의 안온함 / ~ ánimi *(C.)* 마음의 평화. **3.** Tranquíllitas tua 로마후기 황제의 존칭.

tranquíllo, ávi, áre, *tr.* [tranquíllus] 안심시키다, 평정시키다, 고요하게 하다, 누그러뜨리다: rebus tranquillátis Romæ*(N.)* 로마에 사태가 다 가라앉은 다음.

tranquíllum, i, *n.* [tranquíllus] **1.** 잔잔한 바다, 평화시. **2.** 평안함, 평온, 안온, 평화, 고요, 정숙함: in ~ conférre*(Pl.)*, redígere*(L.)* 고요하게 하다. **3.** *adv.* **-quíllo -quíllā,** [*acc. n.*] 고요하게.

tranquíllus[1], a, um, *adj.* [trans + quies] 투명한; 고요한, 잔잔한, 안온한, 평안한, 평온한, 정숙한.

Tranquíllus[2], i, *m.* *Roma*인명(특히 Suetónius 가문), Suetónius ~ 라틴역사가.

trāns[1], *præp. c. acc.* **1.** 저쪽으로, 건너, 너머, 저편: ~ Rhenum*(Cæs.)* 라인강 건너 / ~ vallum*(L.)* 진지 저쪽으로. **2.** 죽은후에: ~ hóminem*(Q.)* 그 사람이 죽은후에. 「어.

trans-[2], 저편, …을 건너서의 뜻을 가진 접두

transáběo, ívi[ĭi], ĭtum, íre, *tr.* **1.** 건너가다, 지나가다, 저쪽으로 가다, 넘어가다, 추월하다. **2.** 꿰뚫다.

transáctĭo, ónis, *f.* [tránsigo] **1.** 마침, 완성, 처리, 처분. **2.** 협약, 화해.

transáctor, óris, *m.* [tránsigo] 중개자, 중개인, 알선자, 처리자.

transádĭgo, dégi, dáctum, ĕre, *tr.* 〔*dupl. acc.*〕 **1.** …을 …로 건너가게 하다, 지나치다, 뚫고 지나가게 하다: transádigit costas ensem*(V.)* 칼로 옆구리를 찌르다. **2.** 꿰뚫다, 관통시키다: ~ ferro *alqm(Stat.)* 아무를 창으로 찌르다.

transálpĭbus, *adv.* *Alpes*산 저쪽에.

transalpínus[**-cus**], a, um, *adj.* **1.** *Alpes*산 저쪽의. **2.** *m.pl.* *Alpes* 저쪽에 사는 사람들. 「(回生).

transanimátio, ónis, *f.* 윤회(輪廻), 회생

transaustrínus, a, um, *adj.* [trans + auster] 남쪽의.

transbeneventánus, a, um, *adj.* *Benevéntum* 저쪽의. 「유명하게 하다.

tránsběo, áre, *tr.* 더 높이다, 드높이다, 더

tránsbĭbo, ĕre, *tr.* 끝까지 마시다, 다 마시다.

transcendentális, e, *adj.* [transcéndo] 탁월한, 초월적인, 초연한, 선험적(先驗的)인.

transcendentalísmus, i, *m.* 《哲》 초월주의, 선험론. 「성, 탁월성.

transcendéntĭa, æ, *f.* [transcéndo] 초월

transcéndo, scéndi, scénsum, ĕre, [trans + scando] **I.** *intr.* **1.** 높이 오르다, 올라가다, …을 넘어 건너가다: ~ in hóstium naves *(Cæs.)* 적군의 배로 ~ / ~ in Itáliam*(L.)* *Itália*로 건너가다. **2.** 넘어가다(…에서 …로), 옮아가다.
II. *tr.* **1.** 뛰어넘다, 넘다, 사다리를 타고 넘다: ~ macériam*(Cæs.)* 성을 넘다 / ~ flumen *(Ta.)* 강을 ~. **2.** 지나쳐가다, 추월하다; 어기다: ~ órdinem ætátis*(L.)* 연령의 차례를 어기다 / ~ prohíbita*(Ta.)* 금지 명령을 어기다. **3.** 초월하다.

transcénsĭo, ónis, *f.* [transcéndo] 위를 넘어감, 《文法》 전치법(轉置法).

transcénsus, us, *m.* [transcéndo] 넘음, 변천, 이동.

transcído, cídi, císum, ĕre, *tr.* [trans + cædo] **1.** 꿰뚫다, 관통하다, 자르다, 찢다. **2.** 몹시 채찍질하다.

transcólo, áre, *tr.* 채로 치다, 여과하다.

transcóntra, *adv.* 저쪽에, 맞은 편에, 마주서서.

transcorporátio, ónis, *f.* 윤회(輪廻), 환생.

transcórporo, áre, *tr.* 한 몸에서 다른 몸으로 옮기다.

transcríbo, scrípsi, scríptum, ĕre, *tr.* [trans + scribo[1]] **1.** 베끼다, 옮겨쓰다, 복사하다: ~ testaméntum in álias tábulas*(C.)* 유언을 다른 서판에 베끼다. **2.** 등록하다, 기록[기입]하다, 넣어두다, 표시하다: ~ *alqm* in viros*(Sen.)* 누구를 사람들 축에 끼게 하다. **3.** 문서로 양도·이양하다.

transcriptícius, a, um, *adj.* [transcríbo] 문서로 이양하는.

transcríptĭo, ónis, *f.* [transcríbo] **1.** 사본, 복사, 전사(轉寫), 베낌. **2.** 양도. **3.** 전재(轉載). **4.** 변명(辨明), 정당화.

transcúrro, cucúrri[cúrri], cúrsum, ĕre, **I.** *intr.* [ad, in *acc.*] **1.** 뛰어넘어가다, 달아나다: In áltera castra transcúrsum est.*(L.)* 다른 진지로 ~. **2.** 다른 상태로 넘어가다, 지나가다, 시간이 흐르다, 나아지다: in dissímilem rem*(Her.)*; ad mélius*(H.)* 다른 것으로 ~; 더 좋은 것으로 ~.
II. *tr.* **1.** 뛰어넘다: ~ móntium juga*(Curt.)* 산마루를 ~. **2.** 대충 넘기다, 빨리 처리하다.

transcúrsim, *adv.* [transcúrro] 지나치면서.

transcúrsĭo, ónis, *f.* [transcúrro] 통과, 지나감, 여행; 시간 흐름; 이런저런 생각을 함.

transcursórĭus, a, um, *adj.* [transcúrro] 쉽게 넘어가는, 스쳐 지나가는, 피상적인, 주마간산격(走馬看山格)의.

transcúrsus, us, *m.* [transcúrro] **1.** 질주, 주행, 통행, 앞으로 지나감, 통과, 경과. **2.** 빠른 설명, 빠른 보고.

transdanuviánus, a, um, *adj.* *Danúvius* 강 저쪽의.

transd... *V.* trad...

transégi, *pf.* [tránsigo].

transénna[trasénna, trassénna], æ, *f.* **1.** 끈, 밧줄, 그물. **2.** 철망, 철책, 격자. **3.** 함정, 올가미.

tránsĕo, ĭi[ívi], ĭtum, íre, [trans + eo[3]] **I.** *intr.* [ad, in *acc.*] **1. 건너가다,** 넘어가다: ~ ex Itália in Sicíliam*(C.)* *Itália*에서 *Sicília*로 ~ / ~ ad Pompéium*(Cæs.)*; ad adversários*(C.)* *Pompéius*에게로, 적군한테로 / ~ a pátribus ad plebem*(L.)* 귀족계급에서 평민으로 ~ / ~ in senténtiam *alcjs(L.)* 아무의 의견에 편들다. **2.** (태도를) 바꾸다, 변하다: ~ in humum saxúmque*(Ov.)* 흙과 돌로 변하다 / ~ in vinum*(Plin.)* 술로 ~. **3.** 옮아가다: Odor transit in vestes.*(Plin.)* 냄새가 옷에 밴다 / ~ in mores*(Sen.)* 관습에 젖다. **4.** 가운데로 지나가다, 앞으로 지나가다, 넘어서 지나가다: ~ per média castra*(Sall.)* 진지 가운데로 ~ /~ per cribrum*(Cato)* 체로 치다. **5.** (시간이) 흐르다, 경과하다.
II. *tr.* **1. 넘어가다,** 건너다: ~ Taurum*(C.)* *Taurus*산을 넘다 / ~ mária*(C.)* 바다를 건너다. **2.** 지나가다, 앞질러가다, 능가하다: ~ equum cursu*(V.)* 뛰어서 말을 앞지르다 / ~ modum *(C.)* 방법이 지나치다. **3.** 끝에 도달하다, …에 이르다. **4.** 꿰뚫다. **5.** 빨리 보아 넘기다, 빨리 처리하다, 빨리 읽다. **6.** (시간을) 지내다: ~ vitam siléntio*(Sall.)* 고요하게 생을 지내다. **7.** (옆을, 가를) 따라가다, 슬쩍 지나치다, 통과하다: Sensus transit intentiónem.*(Q.)* 감각은 의지를 스쳐간다, 즉 무의식 중에 지나간다. **8.** 모르는 체하고 지나가다, 묵묵히 넘기다, **빼놓다,** 소홀히 하다: ~ *alqd* siléntio*(C.)* 무엇을 고요히 넘기다 / multa tránsii*(Col.)* 많은 것을 빼놓고 지나갔다.

tránsĕro[tránssĕro], sérŭi, sértum, ĕre, *tr.* [trans + sero] **1.** …을 거쳐서 지나가게 하다. **2.** 접붙이다, 곁들이다.

transeúnter, *adv.* [tránseo] 지나는 길에, 슬쩍 스치며.

tránsfĕro, fers, stŭli, látum[tralátum], férre, *tr.* **1.** [*alqd alqm* locum, ad (in) *acc.*] …에서 …으로 가지고 가다, **옮기다:** ~ castra Bætim*(Auct. B. Al.)* 진지를 *Bætis*강으로 옮기다 / In fundum árbores transferebántur.*(C.)* 나무를 소유지로 옮겨 심었다 / castra transférre ultra *alqm* locum*(Cæs.)* 진지를 어떤 장소 저쪽으로 ~. **2.** 베끼다, 옮겨쓰다, 복사하다: de tábulis in libros*(C.)* 장부에서 책으로 ~. **3.** [*dat.* in *acc.*] 이전시키다, 옮겨가다, 전가시키다: ~ amóres álio*(H.)* 사랑을 다른 데로 돌리다 / ~ culpam in álios*(C.)* 책임을 남에게 전가하다 / ~ sermónem álio*(C.)* 화제를 돌리다. **4.** *refl.* se ~ 전심하다, 착수하다, 연기하다, 연장하다: ~ se totum ad artes componéndas*(C.)* 작품에 전심하다 / ~ se in annum próximum

(C.) 내년으로 미루다. **5.** 〔ex – in *acc.*〕 **번역하다**. **6.** 비유로 쓰다, 뜻을 빌어쓰다: verbum tralátum*(C.)* 비유로 쓴 말 / translátum exórdium*(C.)* 뜻을 빌어쓴 머릿말. **7.** 변형시키다, 변질시키다, 바꾸다, 변화하다. **8.** 거동(擧動)행렬시키다.

transfíctĭo, ónis, *f.* [fingo] (=metaplásmus) 《文法》 어형변화.

transfígo, fíxi, fíxum, ĕre, *tr.* 〔*alqd alqa re*〕 꿰뚫다, 찌르다, 관통하다.

transfigurábĭlis, e, *adj.* [transfigúro] 탈바꿈할 수 있는, 변용(變容)할 수 있는.

transfigurátĭo, ónis, *f.* [transfigúro] 탈바꿈, 변모, 변용, 변형, 《가》 현성용(顯聖容), 변성용(變聖容).

transfigurátor, óris, *m.* [transfigúro] 변모하는 자, 변형자: ~ sui*(Tertull.)* 사기한, 위선자.

transfigúro, ávi, átum, áre, *tr.* 〔*alqd* in *acc.*〕 모습을 바꾸게 하다, 변용(變容)시키다, 변신(變身)시키다, 변화시키다, 변형하다, 변하다: ~ rem in rem*(Suet.)* 한 물건을 다른 물건으로 ~. 「하다, 변신하다.

transfíngo, ĕre, *intr.* 용모를 바꾸다, 가장

transfíxĭo, ónis, *f.* [transfígo] **1.** 찔러 뚫음, 관통. **2.** 《醫》 천관절개(穿貫切開).

transfluminális, e, *adj.* [flumen] 강 건너편의; *m.pl.* 그곳 주민들.

tránsflŭo, flúxi, ĕre, *intr.* [trans +] **1.** 저쪽으로 흐르다, 밖으로 흐르다, 흘러 나오다. **2.** (시간) 흐르다.

transfluviális, e, *adj.* [trans + flúvius] 강 건너편 출신인, 강 저쪽에서 온[사는].

transflúvĭo, áre, *intr.* [trans + flúvius] 강을 건너다.

transflúvĭum, i, *n.* [trans + flúvius] 도강, 강 건너에 있는 지방. 「통하다, 파다.

transfódĭo, fódi, fóssum, ĕre, *tr.* 뚫다, 관

transforátĭo, ónis, *f.* [tránsforo] 관통, 절개(切開). 「변화, 화신(化身).

transformátĭo, ónis, *f.* [transfórmo] 변형,

transformatívus, a, um, *adj.* [transfórmo] 변형 · 변화시키는.

transformátus, a, um, *adj.* 변색된, 변형된.

transfórmis, e, *adj.* [trans + forma] 변화하는, 변형하는, 변신하는. 「移說), 변화설.

transformísmus, i, *m.* 진화론, 변이설(變

transfórmo, ávi, átum, áre, *tr.* [trans +] 변모시키다, 변화시키다, 변형시키다: ~ in rem 어떤 것으로 ~ / transformári ad natúram *alcjs(Q.)* 누구의 성격으로 변하다.

tránsfŏro, áre, *tr.* [trans +] 뚫다, 찌르다, 파다.

transfretánus, a, um, *adj.* [trans + fretum] 해외의, 바다 건너의.

transfretátĭo, ónis, *f.* [tránsfreto] 항해, 건너감, 도강.

tránsfrĕto, ávi, (–atúrus), áre, [trans + fretum] **1.** *intr.* 항해하다, 건너가다. **2.** *tr.* …을 배로 운반하다, 건너다.

tránsfŭga, æ, *m., f.* [transfúgio] 투항자, 탈주병, 탈닥자.

transfúgĭo, fúgi, fúgĭtum, ĕre, *intr.* [trans +] **1.** 〔ad *acc.*〕 적군에게 항복하다, 탈주하다, 도망가다: ~ ad Romános*(L.)* *Roma*군에 ~. **2.** 〔ab *abl.*〕 버리고 가다, 포기하다: ~ ab afflíctā amicítiā*(C.)* 불행중의 친구를 버리고 가다. 「복, 도망; 포기.

transfúgĭum, i, *n.* [transfúgio] 탈주, 항

transfúlgĕo, ére, *intr.* [trans +] 빛나다.

transfúmo, áre, *intr.* [trans +] 연기를 뿜다.

transfunctórĭus, a, um, *adj.* [trans + fungor] 일을 잘못 처리하는, 부주의의.

transfúndo, fúdi, fúsum, ĕre, *tr.* [trans + fundo[2]] **1.** 옮겨 붓다; 〔*pass.*〕 transfúndi, 퍼지다, 쏟아지다. **2.** 끼얹다, 쏟다: ~ amórem in *alqm(C.)* …에게 사랑을 쏟다.

transfúngor, (gĕris), fungi, *dep. intr.* 〔*abl.*〕 잘못쓰다, 허비하다.

transfúsĭo, ónis, *f.* [transfúndo] **1.** 쏟음, 주입(注入). **2.** 전가(轉嫁). **3.** (인종) 혼합.

tránsgĕro, ĕre, *tr.* 운반하다, 수송하다, 운송하다. 「삼키다.

transglútĭo, ívi, ítum, íre, *tr.* 마시다, 집어

transgrédĭor, (dĕris), gréssus sum, di, *dep.* [trans + grádior] **I.** *intr.* 〔ad, in, per, *abl. loc.*〕 **건너가다**, 횡단하다; 다른 쪽으로 넘어가다, 이적하다: ~ Rheno*(Ta.)* 라인강을 건너다 / ~ ad *alqm,* in partes *alcjs(Ta.)* 누구 쪽으로 ~.

II. *tr.* **1.** 건너다, 넘다: ~ Taurum*(C.)* *Taurus*산을 넘다 / ~ flumen*(Cæs.)* 강을 건너다. **2.** 지나쳐가다, 앞질러가다, 범하다, **침범하다**, 침입하다, 월경(越境)하다: ~ mensúram *(Plin.)* 한도를 지나치다. **3.** 시작부터 끝까지 설명하다, 완전히 설명하다. **4.** 잠자코 지나가다, 아무 말없이 넘기다.

transgressíbilis, e, *adj.* 건널만한.

transgréssĭo, ónis, *f.* [transgrédior] 저쪽으로 감, 건너감; 한도넘음; 범법, 침범, 침입; 어순전환.

transgressívus, a, um, *adj.* 넘어가는, 《文》 불규칙 변화하는 반탈형(半脫形, semidéponens)의.

transgréssor, óris, *m.* 지나쳐 가는 자, 범법자. 「침범, 침입.

transgréssus, us, *m.* 건너감, 지나침, 범법,

transíbĭlis, e, *adj.* [tránseo] 지나가는, 없어지는.

tránsĭgo, égi, áctum, ĕre, *tr.* [trans + ago] **1.** 지나가게 하나, 선너 보내다, 관통시키다, 찌르다, 구멍뚫다: ~ ensem per péctora*(Sil.)* 칼로 가슴을 꿰뚫다 / ~ *alqm* gládio*(Ta.)* 누구를 칼로 ~. **2.** 성취하다, 잘해내다, 처리하다, 결말짓다, 타협하다: ~ negótium*(C.)* 협

상을 잘하다 / ~*alqd* sorte*(L.)* …을 제비뽑아 결정짓다 / *alqd* cum *alqo*, rem cum *alqo*, cum *alqo* transígere*(C.)* …와 일을 잘 타협짓다 / cum *alqā re* transígere, …을 결말짓다. **3.** 시간보내다, 지내다: ~ adulescéntiam per hæc*(Suet.)* 이 일로 젊음을 보내다. **4.** 매매계약을 맺다, 팔다.

tránsĭi, *pf.* [tránseo].

transílĭo, ŭi[ĭi, ívi], íre, [trans + sálio[1]] **1.** *intr.* 〔ad, in *acc.*〕 위로 넘어뛰다, 빨리 지나가다, 건너뛰다: ~ de muro in navem*(L.)* 성에서 배로 건너뛰다. **2.** *tr.* 뛰어넘다, 빼놓다: ~ muros*(L.)* 성을 ~ / ~ rem unam*(C.)* 단 한 가지를 빼놓다.

tránsĭlis, e, *adj.* [transílio] 도약하는, 뛰어넘는, 지나치는.

transítĭo, ónis, *f.* [tránseo] **1.** 지나감, 흐름(시간), 통과. **2.** 넘어감, 이전, 옮김: ad plebem transitiónes*(C.)* (귀족계급에서) 평민으로 넘어가는 경로들. **3.** 변천, 변화, 추이(推移). **4.** 《修》 어휘변화.

transitívus, a, um, *adj.* [transítio] 건너가는, 타동적인: verbum ~ 타동사; 〔*adv.*〕 **–ve.**

tránsĭto, áre, *intr.* [tránseo] 횡단하다, 통과하다: tránsitans*(C.)* 지방을 횡단하면서.

tránsĭtor, óris, *m.* [tránseo] 지나가는 자, 통과자, 넘는 자.

transitórĭus, a, um, *adj.* [tránseo] **1.** 통행할 만한, 지나가는, 통로를 여는, 통과하는. **2.** 과도적인, 일시적인, 잠정적인. **3.** 〔*adv.*〕 **–rĭe,** 지나가는 길에, 일시적으로.

tránsĭtus, us, *m.* [tránseo] **1.** 넘어감, 지나감, 흐름, 통로, 통행, 통과: ~ fossæ*(C.)* 참호의 통로 / ~ tempestátis*(C.)* 폭풍우가 지나감 / in tránsitu, 지나는 길에. **2.** 이전, 이적. **3.** 나이 · 시대의 변천, 색 · 음조의 변화.

transj... *V.* traj...

tránsjŭgo, (avi,) átum, áre, *tr.* [trans + jugum] 통과하다, 횡단하다, 뛰어넘다.

transjúngo, ĕre, *tr.* [trans +] 딴 곳에 매다, 옮겨 매다. 「는, 빨리 지나가는.

translápsus, a, um, *adj.* 미끄러져 지나가

tra(ns)latícĭus, a, *um, adj.* [translátus] **1.** 전승(傳承)의, 이어받은, 전통적인. **2.** 일반적으로 인정된, 통상의. **3.** 상징적인, 전의적(轉義的)인, 비유적. **4.** *adv.* **–cie,** 전통적으로, 일반적으로, 전의적으로.

tra(ns)látĭo, ónis, *f.* [tránsfero] **1.** 운반, 옮겨감, 이전(移轉); 옮겨 심음, 이식, 접목. **2.** (책임)전가, 다른이에게 돌림. **3.** 《修》 전의(轉義), 번역, 바꿈, 변화, 전위법(轉位法).

trnslatíva, æ, *f.* (*sc.* constitútio) [translatívus] 《修》 전유법(轉喩法), 《法》 무소신권(無訴申權).

tra(ns)latívus, a, um, *adj.* [tránsfero] **1.** 변경하는, 다른 데로 가져가는, 옮겨가는. **2.** 돌아서가는, 우회하는, 임기응변하는. **3.** 《法》 기피하는, 항변하는, 거부하는. **4.** 〔*adv.*〕 **–ve,** 전유법으로, 비유하여.

translátor, óris, *m.* [tránsfero] **1.** 운반하는 자, 옮기는 자. **2.** 번역자, 복사하는 자.

translátus[1], a, um, *p.p.* [tránsfero].

tra(ns)látus[2], us, *m.* [tránsfero] 운반, 들고 다니면서 시위함, 거동행렬(擧動行列).

translegátio, ónis, *f.* [translego[1]] 대사관, 해외공관. 「(遺), 유전하다.

translégo[1], áre, *tr.* [trans + lego[1]] 남기다

tránslĕgo[2], ĕre, *tr.* [trans + lego[2]] 통독하다, 빨리 읽다, (책을) 쭉 훑다.

translimitánus, a, um, *adj.* [trans + limes] 국경 밖에 사는.

trá(ns)lŏquor, (ĕris), qui, *dep. intr.* 터놓고 이야기하다, 자초지종을 이야기하다.

translucánus, a, um, *adj.* [trans + lucus] 숲 저쪽에 있는.

tra(ns)lúcĕo, ére, *intr.* **1.** 반사하다, 반성하다. **2.** 투명하다, 꿰뚫어 비치다.

tra(ns)lúcĭdus, a, um, *adj.* [trans + lúceo] 투명한, 맑은.

transmarínus, a, um, *adj.* [trans + mare] 해외의, 바다 건너의; 〔*subst.*〕 *n.pl.* 바다 저쪽 지방.

transmeábĭlis, e, *adj.* [tránsmeo] 항해할 수 있는, 건널 수 있는, 통과할 만한.

transmeatórĭus, a, um, *adj.* [tránsmeo] 통과하는, 건너는.

trá(ns)mĕo, ávi, átum, áre, *intr., tr.* [trans +] 건너가다, 지나가다, 항해하다; 꿰뚫다.

transmigrátĭo, ónis, *f.* [tránsmigro] 건너감, 이주, 이민, 추방.

tránsmĭgro, ávi, átum, áre, *intr.* [trans +] 이주하다, 건너가 살다, 이사하다; 〔*tr.*〕 이주시키다. 「다, 뛰어나다.

transmínĕo, ére, *intr.* [trans +] 돌출하

transmíssĭo, ónis, *f.* [transmítto] **1.** 여정(旅程), 도정(道程), 항해, 통로. **2.** 전달, 이전, 전가. **3.** 납세.

transmíssor, óris, *m.* **1.** 송달, 전달, 전동장치. **2.** 《聖》 이스라엘 백성의 죄를 짊어지고 사막으로 추방되던 수염소(*Lev. 16,8*), 속죄의 희생물. 「위하는.

transmissórĭus, a, um, *adj.* 인도하는, 호

transmíssus, us, *m.* 항로, 항해, 여정; 이전.

tra(ns)mítto, mísi, míssum, ĕre, *tr.* [trans +] **1.** 저쪽으로 보내다, **옮기다, 운반하다,** 지나가게 하다, 파견하다: ~ per fines suos exércitum*(L.)* 군대를 자기 영토로 지나가게 하다. **2.** 전달하다, 맡기다: ~ bellum *alci(C.)* 전쟁을 누구에게 맡기다. **3.** 바치다: ~ suum tempus amicórum tempóribus *(C.)* 친구들을 위하여 자기의 시간을 ~. **4.** 건너가다, 넘기다, 항해하다: ~ mare*(C.)* 바다를 ~ / ~ tectum lápide*(Plin.)* 지붕위로 돌을 넘기다 / Inde tramittébam.*(C.)* 나는 거기

서부터 건너왔다 / In Afrĭcam transmísit. *(C.) Afrĭca*로 건너갔다. **5.** 소홀히 하다, 대충 넘기다. **6.** 시간을 지내다, 보내다: ~ tempus quiéte*(Plin.)* 고요히 시간을 ~. **7.** 감수하다, 참아받다: ~ fébrium ardórem*(Plin.)* 열을 감수하다. **8.** (위험, 병) 모면하다, 벗어나다.

transmontánus, a, um, *adj.* [trans + mons] 산 저쪽에 사는, 산 너머의; 〔*subst.*〕 – **táni,** órum, *m.pl.* 산 저쪽에 사는 사람들.

transmótio, ónis, *f.* [transmóveo] 실제 상황을 근거로 오류를 논박하는 논법.

transmóvĕo, móvi, mótum, ére, *tr.* [trans +] **1.** 옮기다, 옮겨가다, 움직이다. **2.** 전가하다.

transmundánus, a, um, *adj.* [trans + mundus] 이 세상 저쪽의, 피안(彼岸)의.

transmutátĭo, ónis, *f.* [transmúto] 변화, 변형.

transmúto, áre, *tr.* [trans + muto[1]] 이전하다, 자리를 바꾸다, 이동하다; 변화하다.

transn... *V.* tran...

transnávĭgo, ávi, áre, *tr., intr.* [trans +] 항해하다, 배타고 건너다.

transnominátio, ónis, *f.* [trans + nómino] (=metonýmia.) 환유(換諭).

transnómĭno, ávi, áre, *tr.* [trans + nomen] 〔*alqm[alqd] acc. præd.*〕 무엇을 다른 이름으로 부르다, 이름을 바꾸다.

transnúbo, ĕre, *intr.* [trans +] 재혼하다, 남편을 바꾸다. 「처음부터 끝까지 세다.

transnúmĕro, áre, *tr.* [trans + número[1]]

Transpadánus, a, um, *adj.* *Padus*(지금의 *Pô*)강 저쪽에 사는; 〔*subst.*〕 *m.* 그곳 사람.

Tránspadum, i, *n.* *Padus*강 저쪽 지방.

transpéctus, us, *m.* [transpício] 꿰뚫어 봄, 간파. 「들다.

transpéllo, púlsum, ĕre, *tr.* 밑바닥까지 흔

transpertúsus, a, um, *adj.* [trans + pertúndo] 뚫린, 구멍난.

transpícĭo, ĕre, *tr.* [trans + spécio] 넘겨보다, 저쪽을 보다, 건너다 보다; 밖을 내다보다, 꿰뚫어 보다. 《醫》 증발작용.

transpirátĭo, ónis, *f.* 땀흘림, 발한(發汗),

transplantátĭo, ónis, *f.* [transplánto] 이식(移植), 옮겨심기.

transplánto, ávi, átum, áre, *tr.* [trans +] 이식하다, 옮겨심다; 자리를 바꾸다.

transpóno, pósŭi, pósĭtum, ĕre, *tr.* [trans +] 옮겨가다, 옮겨놓다; 옮겨심다.

transportátĭo, ónis, *f.* [transpórto] 운송, 수송, 이주, 이전, 이민.

transpórto, ávi, átum, áre, *tr.* [trans +] **1.** 운송하다, 수송하다, 옮겨놓다, 이전하다: ~ exércitum in Macedóniam*(C.)* 군내를 *Macedónia*로 옮기다 / 〔*dupl. acc.*〕 ~ exércitum Rhenum*(Cæs.)* 군대를 라인강 건너로 옮기다. **2.** 정배(定配)하다, 유배(流配)시키다. **3.** 통과시키다, 지나가게 하다.

transpositívus, a, um, *adj.* [transpóno] 옮겨놓는데 쓰는, 이전한; *f.* 전유법(轉喩法, 예: 그는 죽었다 대신 그는 살았었다로 표현하는 어법). 「상처.

transpúnctio, ónis, *f.* [transpúngo] 깊은

transpúngo, ĕre, *tr.* 꿰뚫어 찌르다.

Transr(h)enánus, a, um, *adj.* *Rhenus*강 저쪽의; 〔*subst.*〕 *m.pl.* ~ 저쪽에 사는 주민.

transs... *V.* trans...

Transtiberínus, a, um, *adj.* *Tíberis*강 저쪽의; 〔*subst.*〕 *m.pl.* ~ 저쪽에 사는 사람.

transtíllum, i, *n.* *dim.* [transtrum] 작은 가로살 나무, 동살. 「있다.

transtínĕo, ére, *intr.* [téneo] 통로가 열려

transtrum[**–trus**], i, *n.*[*m.*] **1.** 노 젓는 자들이 앉는 대. **2.** 건너지른 대들보, 가로지름대, 가로살, 동살, 석가래, 걸상(수병이 앉는).

tránstŭli, *pf.* [tránsfero].

transsubstantiátio, ónis, *f.* 본질변화, 실체변화, 《가》 성체변화(미사 때 빵과 포도주의 실체가 그리스도의 살과 피로 변하는 일).

transulmánus, a, um, *adj.* [trans + ulmus] 느릅나무숲 저쪽의.

transúlto, áre, *intr.* *freq.* [trans + salto] 건너 뛰다, 뛰어 넘다.

transúmo, súmpsi, súmptum, ĕre, *tr.* [trans + sumo] 다른 사람에게서 얻다, 취하다.

transúmptĭo, ónis, [**–tíva, æ,**] *f.* [transúmo] 《修》 전유법(轉喩法).

transumptívus, a, um, *adj.* 빌린, 빌려온; 〔*subst.*〕 *f.* 전유법. 「이월(移越), 사본.

transúmptum, i, *n.* [transúmo] 장부의

tránsŭo, ŭi, útum, ĕre, *tr.* [trans + suo] 바늘로 꿰매다, 바느질 하다, 구멍뚫다, 바늘로 찌르다, 수놓다.

tránsvădo[1], (ávi), áre, *intr.* 여울로 건너다, 안전하게 건너가다.

transvádo[2], ĕre, *intr.* 건너가다. 「건다.

transvárĭco, áre, *intr.* 다리를 넓게 벌리고

tra(ns)véctĭo, ónis, *f.* [tránsveho] **1.** 항해. **2.** 운송, 수송, 운반. **3.** 분열식(로마 기병대의).

transvécto, áre, *tr.* *freq.* [trans + veho] 나르다, 운반하다 「반인.

transvecturárĭus, i, *m.* [tránsveho] 운

trá(ns)vĕho, véxi, véctum, ĕre, *tr.* [trans +] **1.** 저쪽으로 나르다, 운반하다, 운송하다, 수송하다; 건너가게 하다: ~ legiónes in Afrĭcam*(Sall.)* 군단을 *Afrĭca*로 ~. **2.** 분열행진시키다, 거동행렬하다. **3.** 〔수동〕 (시간이) 흐르다, 지나다. 「사람, 이국인.

tránsvĕna, æ, *m.* [transvénio] 이주해온

transvéndo, ĕre, *tr.* 팔아 넘기다.

transvénĭo, íre, *intr.* [trans +] 다른 곳에서 오다, 이주해 오다. 「꿰뚫음, 관통.

transverberátĭo, ónis, *f.* [transvérbero]

transvérbĕro, ávi, átum, áre, *tr.* 꿰뚫다, 뚫고 나가다, 때려 찢다.

transvérsa, *adv.* = transvérse.
transversális, e, *adj.* [transvérsus] 횡(横)의, 가로지른, 횡단하는.
tra(ns)versárĭus, a, um, *adj.* 횡단하는, 가로지른; 반대의, 대당되는.
transvérse[-sim, -sum], *adv.* 비스듬히, 가로질러, 옆으로, 횡으로, 비끼게.
transvérsio, ónis, *f.* 불건전한 원칙에서 벗어남. 「뿌리다.
transvérso, áre, *tr.* 마구 흔들다, (소금을)
transvérsum, i, *n.* 기울기, 기운 것.
tra(ns)vérsus[-vórsus], a, um, *p.p., a.p.* [transvérto] **1.** 비스듬한, 기운, 가로 지른, 횡으로 놓인, 비낀, 경사된: transvérsæ viæ*(C.)* 가로 지른 길 / transvérsis tramítibus*(L.)* 가로 지른 길로 해서 / transvérso foro ambuláre*(C.)* 광장을 가로 질러 산책하다. **2.** 빗나가는: *alqm* transvérsum ágere *(Sall.)* 누구를 빗나가게 하다. **3.** [표현]: in transvérsum pósitus*(Plin.)* 가로 질러 놓인 / in, per transvérsum*(Plin.)* 기울게, 가로 지른 방향으로 / ex transvérso*(Lucr.)* 가로 / de, e transvérso, 뒤에서, 갑자기.
transvérto, vérti, vérsum, [**-vórto,** vórti, vórsum,] ĕre, *tr.* 뒤집다, 바꾸다, 변화시키다.
transvólĭto, áre, *intr. freq.* 날아 건너가다.
tránsvŏlo, ávi, átum, áre, *intr., tr.* [*alqd*, in, ad *acc.*] **1.** 날아 넘어가다. **2.** 날듯이 넘다, 한숨에 넘다. **3.** 빠르게 지나가다. **4.** 소홀히 하다, 대수롭지 않게 여기다, 주의하지 않다. **5.** (시간이) 빨리 흐르다.
transvorátĭo, ónis, *f.* [tránsvoro] 바닥까지 마심, 삼킴, 흡수.
transvólvo, ĕre, *tr.* 저쪽으로 굴리다.
tránsvŏro, ávi, átum, áre, *tr.* 삼키다, 다 먹다, 먹어 치우다.
transvor... *V.* transver...
trapétes, um, *m.pl.* [**trapétum,** i, *n.*; **trapétus,** i, *m.*] 올리브기름 짜는 틀, 확.
trapéza, æ, *f.* 상(机), 식탁.
trapezíta, æ, *m.* 환전상, 은행가.
trapézium, i, *n.* (幾) 사다리꼴.
trapézĭus, a, um, *adj.* 사다리꼴의, (醫) 승모근(僧帽筋).
trapezoídeus, a, um, *adj.* (醫) 사다리꼴의.
trapezóphŏrum, i, *n.* 상다리, 식탁의 다리.
Trapézus, úntis, *f.* *Pontus*의 도시.
traps, trăbis, *f.* = trabs.
traspícĭo = transpício.
Trasumén(n)us[-siménus, -syménus], i, *m.* *Etrúria*의 호수(지금의 *Trasimeno*), 그곳에서 *Hánnibal*이 *Roma*군을 무찔렀다(217 A.C.); [*adj.*] **-sumén(ĭc)us,** a, um.
traulízi, (희랍어 동사) 말 더듬다.
trauma, ătis, *n.* (醫) 많은 상처, 외상.
traumátĭcus, a, um, *adj.* 상처에 좋은[낫게 하는]; [*subst.*] *n.* 상처약.
trav... *V.* transv...
trávĭo, áre, *tr.* 횡단하다.
trāxi, *pf.* [traho].
trebácĭter, *adv.* 책략적으로, 교활하게.
Trebátĭus Testa, *m.* *Roma*의 법률가(c. 50 A.C.), *Cícero*의 법률고문겸 친구.
trĕbax, ácis, *adj.* 솜씨좋은, 기교있는, 교활한.
Trebéllĭus, i, *m.* *Roma*인의 씨족명; [*adj.*] **-liánus, -lĭcus,** a, um.
Trébĭa, æ, **1.** *m.* *Padus*강의 지류, *Hánnibal*이 *Roma*군을 쳐부순 곳(218 A.C.) (지금의 *Trebia*). **2.** *f.* *Umbrĭa*의 도시(지금의 *Trevi*). **3.** [*adj.*] **-biánus,** a, um; [*subst.*] **-biáni,** órum, [**-biátes,** um,] *m.pl.*
Trebónĭus, i, *m.* *Roma*인의 씨족명, C. ~, *Cæsar*이 *Gállia*에 보낸 사신이며 *Cícero*의 친구.
Trébŭla, æ, *f.* *Itália*의 세 도시: 1) *Trébula Mut(u)ésca,* 2) *T~ Suffféna,* 이상 둘은 *Sabíni*인들의 도시; 3) *Campánia*의 도시; [*adj.*] **-ulánus,** a, um. 「tum] 300의.
trecenárius[ter-], a, um, *adj.* [ter + cen-
trecéni, æ, a, *adj.* [ter + centum] 300씩의; [*subst.*] 300. 「300의.
trecentenárius, a, um, *adj.* [trecénti]
trecenténi, æ, a, *adj.* [tres + centum] 300씩, 300. (*cf.* centéni).
trecentésimus, a, um, *adj.* [trecénti] 300번째의, 제 300.
trecénti, æ, a, [gen. trecéntum,] *adj.* [tres + centum] 300, 무수한.
trecéntĭe(n)s, *adv. num.* [trecénti] 300번.
trechedípnum, i, *n.* (*sc.* vestiméntum) 희랍의 회식객용 옷. 「자.
trédecem, *adj. num.* = trédecim의 통속철
tredécĭes, *adv. num.* [trédecim] 13번, terdécies라고도 함.
trédĕcim, *adj. indecl. num. card.* [tres + decem] 열셋, 13.
tremebúndus[tremi-], a, um, *adj.* [tremo] 무서워떠는, 벌벌떠는, 전율하는.
tremefácĭo, féci, fáctum, ĕre, *tr.* [tremo + fácio] 떨게 하다, 무섭게 하다, 흔들리게 하다: se tremefácere (땅이) 흔들리다 / tremefácta péctora*(V.)* 떨리는 가슴 / fólia tremefácta Noto*(Prop.)* 남풍에 흔들리는 나뭇잎.
treméndus, a, um, *adj.* [tremo] 무서운, 무시무시한, 공포심을 일으키는.
treménter, *adv.* [tremo] 부들부들 떨면서.
tremésco, ĕre, *inch.* [tremo] **1.** *intr.* 떨기 시작하다. **2.** *tr.* …를 무서워하다, … 앞에서 떨다, … 때문에 떨다, 전율하다, 벌벌 떨다: ~*alqm,* rem, 누구, 무슨일 때문에[보고, 듣고].
tremi... *V.* treme... 「pidus).
trémĭdus, a, um, *adj.* [tremo] 떠는(=tré-
trémĭpes, pĕdis, [*acc.* -pĕdas,] *adj.* [tremo + pes] 다리가 후들후들 떨리는.

trémissis, is, *m.* [tres + as] *1 aúreus*의 *3*분의 *1* 가치의 화폐.

trĕmo, mŭi, ĕre, **1.** *intr.* 떨다, 흔들리다: treméntia labra*(C.)* 떠는 입술. **2.** *tr.* …을 무서워하다, … 앞에서 무서워하다, … 때문에 무서워하다: ~ arma*(H.)* 무기를 보고 떨다.

trĕmor, óris, *m.* [tremo] **1.** 떨림, 흔들림, 소란, 동요, 전율, 겁: ~ ígnium*(Lucr.)* 불꽃의 흔들림. **2.** 지진, 진동. **3.** 무시무시한 것.

trémŭle[**–mŭlum**], *adv.* [trémulus] 무서워서, 떨리는 소리로.

trémŭlus[1], a, um, *adj.* [tremo] **1.** 떠는, 동요되는, 떨리는: accúrrit ~ *(T.)* 벌벌 떨면서 뛰어왔다 / trémula flamma*(C.)* 흔들리는 불꽃. **2.** 떨게 하는, 흔들리게 하는, 오싹하게 하는. **3.** 깡충깡충 뛰는.

trémŭlus[2], i, *f.* (植) 사시나무.

trepidánter, *adv.* [trépido] 당황하며, 무서워하면서, 떨며, 겁내며.

trepidárĭus, a, um, *adj.* [trépidus] 겁내는, 겁장이 = trepidiárius.

trepidátĭo, ónis, *f.* [trépido] **1.** 동요, 소란, 문란, 설레임, 겁냄, 당혹, 진동: per trepidatiónem*(Ta.)* 난국에. **2.** 주저, 망설임.

trépĭde, *adv.* [trépidus] 화급하게, 서둘러; 소란하게, 문란하게, 무서워하며.

trepidiárius, a, um, *adj.* [trépidus] 앞발을 구르는.

trépĭdo, ávi, átum, áre, [trépidus] **1.** *intr.* 동요하다, 소란하다, 설치다. **2.** 〔ad, circa, *acc.*〕 …로 급히 몰려들다: trepidáre ad excipiéndum Pœnum*(L.)* 카르타고군을 영접하려고 와르르 몰려가다. **3.** 〔사물〕: aqua trépidat*(H.)* 물소리나다 / flammæ trépidant*(H.)* 불꽃이 춤추다. **4.** *tr.* 1) 벌벌 떨다, 겁내다, 무서워하다: ~ occúrsum amíci*(Juv.)* 친구를 만날까 무서워하다. 2) 〔*inf.*〕 서둘다, 급히하다. 3) (ne) …까 두려워하다: Trépidat ne vénias.*(V.)* 네가 올까봐 그는 두려워하고 있다.

trepídŭlus, a, um, *adj. dim.* [trépidus] 동요하는, 흔들리는, 겁내는.

trépĭdus, a, um, *adj.* [*inusit.* trepo] **1.** 동요하는, 설치는, 분주한, 성급한, 안절부절 못하는: Apes trépidæ inter se cóeunt.*(V.)* 벌들이 붕붕거리며 모인다. **2.** 불안스러운, 경계하는, 떠는, 겁내는: 〔*gen.*〕 trépidi rerum suárum*(L.)* 자기 일들 때문에 불안해하는. **3.** 끓는, 서두르는: trépidum ahénum*(V.)* 끓는 가마솥 / ~ cursus*(V.)* 몹시 바쁜 걸음걸이.

trepo, ĕre, *tr.* = vérto.

trepóndo, *n. indecl.* [tres + pondus] 세 *pondo* 무게.

trepónema, ătis, *n.* (醫) 나선상(螺旋狀) 미생물(spirochǽta屬).

tres, tria, *adj. num. card.* 셋, 3: tres et decem, decem et tres*(C.)*, decem tres *(L.)*, decem tresque*(Manil.)* 13 / tribus verbis*(Pl.)* 몇 마디로 / ego tribus primis verbis*(C.)* 나는 첫 마디부터.

tressis, is, *m.* [tres + as] *3 as* 정도의 것, 근소한 것, 하찮은 것.

Tres Tabérnæ, árum, *f.pl. Itália*의 *Appia via* 노상에 있는 곳, (*cf.* tabérna).

trésvĭri[**tres viri**], trium virórum, *m.pl.* *V.* triúmvir. 3두정치 집정관, 3인 위원회, 3인 감시관.

treuga, æ, *f.* 휴전.

Trévĕri[**–vĭri**], órum, *m.pl.* **1.** *Gállia Bélgica*의 한 종족; 〔*adj.*〕 **–rĭcus,** a, um. **2.** 지금의 *Treves*시. **3.** *sg.* Trevir, i, 그곳 사람. **4.** 감옥 감시관; 재무관(trésviri와 같이 생각하여).

Trevis, is, *f.* = Trébia.

triacóntas, ădis, *f.* 약 30.

triámbi, órum, *m.pl.* 즉흥극을 연출하던 3인 배우.

trian, *m. indecl.* = triens.

trianguláris, e, *adj.* [triángulus] 세모꼴의, 3각형의.

triangulátĭo, ónis, *f.* 세모꼴로 만듦.

triángulis, e, *adj.* = triángulus.

triángŭlum, i, *n.* [**–lus,** i, *m.*] 3각형, 세모꼴, 세모진 것.

triángŭlus, a, um, *adj.* [tres + ángulus] 3각의, 3각형의, 세모진.

triárĭi, órum, *m.pl.* [tres] 제 3열병(第三列兵), hastáti(투창병)와 príncipes(주력병력) 뒤에 배치되어 보충병력 구실을 하였음; *sg.* triárius.

trĭas, ădos(dis), 〔*acc.* –ădem,〕 *f.* 셋, 3의 수, 삼위일체.

triátrus, ŭum, *f.pl.* [tres] Idus 3일 후에 지내던 *Tusculáni*인들의 축제.

tribác(c)a, æ, *f.* (*sc.* ináuris) [tres + baca] 진주 세 개로 된 귀고리.

trĭbas, ădis, *f.* 동성애에 빠진 여자.

tríbius = trívius.

Tríbŏces, um, [**–bŏci,** órum] *m.pl. Rhenus*강변 *Alsace*에 있던 *Gállia*의 한 종족.

tríbrachys, y̆os, 〔*acc.* –chyn,〕 *m.* (詩) 삼단격(三單格).

tribuárĭus, a, um, *adj.* [tribus] 종족의.

tríbŭla, æ, *f.* [tero] = tríbulum.

tribulátĭo, ónis, *f.* [tríbulo] 재난, 고난, 번민, 환난, 고통.

tribulátus, a, um, *adj.* [tríbulo] 맷돌에 간, 으깨진, 짓눌린.

tribúlis, is, *m.* [tribus] **1.** 같은 종족 지역의 사람. **2.** 불쌍한 자, 가난한 자.

tríbŭlo, átum, áre, *tr.* [tríbulum] **1.** 연자매로 누르다. **2.** 압박하다, 괴롭히다.

tribulósus, a, um, *adj.* [tríbulus] **1.** 가시덩 투성이의. **2.** 곤란한, 어려운, 재앙의.

tríbŭlum, i, *n.* [tero] 알곡을 찧는 연자매.

trĭbŭlus[**–bŏlus**], i, *m.* **1.** 마름쇠, 덫. **2.** (植) 산부시깻고사리. **3.** (植) 마름.

tribúnal, ális, [**–nále,** is,] *n.* [tribúnus] **1.** 법관들이 둘러 앉던 반원의 단, 법관석, 판사석, 법정, 재판소. **2.** 진중에서 장군이 앉던

단. **3.** 극장에서 집정관의 관람석. **4.** 죽은 장군이나 장관을 위하여 세운 기념비. **5.** 높은 자리. **6.** 둑, 제방.

tribunárĭum, i, *n.* 《希》 해진 철학자의 옷.

tribunátus, us, *m.* [tribúnus] 호민관(護民官), ~직; 평민 호민관, 군사 호민관, 법제위원회(法制委員會).

tribunícĭus[**-nítĭus**], a, um, *adj.* [tribúnus] **1.** 호민관의: tribunícia potéstas*(C.)* 호민관의 권력 / tribunícia comítia*(C.)* 호민관선거회의. **2.** 군사 호민관의. **3.** *m.* (*sc.* vir) 호민관(護民官).

tribúnus, i, (*gen.pl.* –num,) *m.* [tribus] **1.** 본래는 *Roma*의 3대 종족의 장. **2.** 3명의 호민관: tribúni plebis, tribúni, 평민 호민관(평민의 이권을 옹호) / tribúni militáres, mílitum, 군사 호민관(1군단에서 6명씩 2개월씩 교대) / tribúni mílitum consulári potestáte, tribúni consuláres*(L.)* 집정관을 겸한 군사 호민관 / tribúni ærárii, 재무 호민관(quæstor⟨재정관⟩에 속함), *Aurélia*법 이후는 quæstiónes perpétuæ(범죄 수사실)의 판사의 일부가 됨 / tribúni cohórtium, tribúnus cohórtis, ~ minor, Legio의 한 보병대장 / tribúni míli-tum(militáres) Rúfuli; comitiáti, 고대 *Roma*의 Comítia가 임명한 군사 호민관.

tríbŭo, bŭi, bútum, ĕre, *tr.* [tribus] **1.** (본래는 ⟨tribus⟩ 부족간에 세금을 분배한다는 뜻), 분배하다, 나누다, **주다**: prǽmia *alci (Cæs.)* …에게 상금을 주다 / ~ suum cuíque*(C.)* 각자에게 자기 것을 ~ / ~*alci* misericórdiam*(C.)* 누구에게 자비를 베풀다. **2.** 주는 것을 동의하다, 허락하다, 양보하다: ~*alqd* valetúdini*(C.)* …을 건강을 위하여 양보하다. **3.** …의 공으로 돌리다, 인정하다, 존중하다: ~*alqd* virtúti *alcjs(Cæs.)* …을 …의 공덕으로 돌리다 / ~ multum, magnópere, *etc.* 대단히 높이 평가하다 / ~*alci* plúrimum*(C.)* 누구를 매우 존중하다 / ~ suæ magnópere virtúti*(Cæs.)* 자기 공적을 매우 높이 평가하다. **4.** 시간을 보내다[바치다]. **5.** 분할하다, 분리하다: ~ rem univérsam in partes*(C.)* 만사를 각 부분으로 나누다.

trĭbus, us, *f.* [tri] **1.** 부족(*Roma*의 3대 부족): ~ urbánæ, rústicæ, 도시부족, 농촌부족 / tribu movére*(C.)* 부족에서 제외하다 / in tribus discúrrere*(L.)* 부족 선거회에 가다 / in tribus pópulum convocáre*(C.)* 부족별로 백성들을 소집하다 / grammáticas ambíre tribus*(H.)* 지식층 부족의 표를 얻으러 다니다. **2.** (*pl.*) tribus, 군중, 대중.

tributárĭus, a, um, *adj.* [tribútum] 세금의, 조공의, 세공을 바치는, 조공을 바치는.

tribútim, *adv.* [tribus] 부족별로.

tribútĭo, ónis, *f.* [tríbuo] **1.** 분할, 분리, 분배. **2.** 납세, 기부, 기여, 조공.

tribútor, óris, *m.* 분배자, 기여자.

tributórĭus, a, um, *adj.* 분배의, 납세의: (áctio) tributória 손해배상청구.

tribútum, i, *n.* [tríbuo] **1.** 세금, 관세; 조공(朝貢), 분담, 세납(稅納), 조세: ~ conférre*(C.)*, fácere, péndere*(C.)* 세금을 물다 / ~ impónere*(Cæs.)*, exígere*(C.)* 세금을 매기다. **2.** 기부, 모금.

tribútus[1], a, um, *p.p., a.p.* [tríbuo].

tribútus[2], a, um, *adj.* [tribus] 부족의, 부족간의: tribúta comítia, 부족 대표자회의.

tribútus[3], i, *m.* [tríbuo] = tribútum.

trīcæ, árum, *f.pl.* **1.** 하찮은 일, 객적은 소리. **2.** 곤혹, 곤경, 난관.

tricamerátus, a, um, *adj.* [tres + cámera] 방 셋있는, 3단의, 세층의.

Tricca, æ, *f.* 서부 *Thessália*의 도시.

tricenárĭus, a, um, *adj.* [tricéni] 30의, 서른의, 30년의; *m.* 30인 대장.

tricéni, (*gen.* –cénum,) æ, a, *num. distrib.* [trigínta] **1.** 각각 30씩, 매번 30씩. **2.** = trigínta.

tricennális, e, *adj.* [tricénnium] 30년의; (*subst.*) **–nálĭa,** ĭum(–iórum), 30년 축제.

tricénnĭum, i, *n.* [trigínta + annus] 30년간.

tricénsimus, a, um, *adj.* = tricésimus.

tricénti, æ, a, *adj.* = trecénti.

tricénties = trecéties.

trĭceps, cípĭtis, *adj.* [tres + caput] **1.** 머리 셋의, 머리셋 달린, 3중의: ~ Hécate*(Ov.)* 세가지 이름을 가진 *Hécate(Hécate, Diána,* Luna). **2.** 《解》 삼두근(三頭筋).

Tricérberus, i, *m.* 머리 셋 달린 개, (*cf.* Cérberus).

tricésĭma, æ, *f.* [tricésimus] **1.** 새달(新月). **2.** (유대인들의) 신월제(新月祭), 삭제(朔祭).

tricesimáni, órum, *m.pl.* [tricésimus] 제30군단 병사들.

tricesimárĭus, a, um, *adj.* [tricésima] 30일 마다의, 매달의.

tricésĭmus[**trigé–**], a, um, *num. ordin.* [trigínta] 30번째의, 제 30, 서른째.

tricéssis, is, *m.* [trigínta + as] *30 as*의 돈.

trĭchálcum, i, *n.* *3*분의 *1 óbolus*(화폐단위).

trichíăsis, is, *f.* 《醫》 첩모난생증(睫毛亂生症), 속눈썹난생증, 도첩권모증(倒睫卷毛症).

tríchĭla, æ, *f.* 포도덩굴로 덮인 정자.

tric(h)ilínium, i, *n.* = triclínium.

tríc(h)ĭnus, a, um, *adj.* 가는, 호리호리한, 빈곤한, 쇠약한, 여윈, 불쌍한.

trichítis, tĭdis, *f.* 《化》 명반(明礬).

tricholeucósis, is, *f.* 《醫》 백발병.

trichophýtia, æ, *f.* 《醫》 흰버짐, 백선(白癬).

trichórdis, e, *adj.* [tres + chorda] 세 줄 있는, 삼현(三絃)의.

trichórus, a, um, *adj.* 셋으로 된, 세 부분의, 세 칸의; *n.* 세칸방짜리 집.

trichósis, is, *f.* 《醫》 이국부 생모증(異局部

生毛症), 모발질환.
trichrus, i, *f.* 3색 보석. 「른번.
trícĭe(n)s, *adv. num.* [trigínta] 30번, 서
tricínium, i, *n.* [tres + cano] 3중창.
triclína... *V.* triclínia... 「방장
tricliniárcha[**-ches**], æ, *m.* 식당주임, 주
tricliniárĭa, ĭum, *n.pl.* [tricliniáris] **1.** 식당의 좌석에 까는 융단. **2.** 식당.
triclin(i)áris, e, *adj.* [triclínium] 식당에 까는 융단의, 식당의, 밥상의; 〔*subst.*〕 *m.pl.* 회식자.
tricliniárĭus, a, um, *adj.* [triclínium] 식당의; 〔*subst.*〕 *m.* 식당주임, 주방장.
triclínĭum, 〔*gen.* -ni; *abl.pl.* -nis,〕 *n.* **1.** 3인, 4인 또는 5인이 눕게 되어 있는 식당좌석: ~ stérnere*(C.)* 식당 좌석을 깔다. **2.** 식당.
trico[1], are, *tr.* 트집잡다, 말썽 일으키다: ~ se 자학하다, 늦추다, 우물쭈물하다.
trīco[2], ónis, *m.* [tricæ] 트집잡는 자.
tricóccum, i, *n.* 해바라기.
trícŏlor, óris, *adj.* [tres + color] 3색의.
tricólum, i, *n.* 삼 절로 된 글.
trīcor, átus sum, ári, *dep. intr.* [tricæ] 말썽을 일으키다, 트집잡다; 야유하다, 빈정대다.
tricórnĭger, gĕra, gĕrum, *adj.* [tres + cornu + gero[1]] 뿔 셋있는(희랍문자 '프시' Ψ(psi)에 대하여).
tricórnis, e, *adj.* [tres + cornu] 뿔 셋의, 뿔 셋 가진. 「있는.
tricórpor, ŏris, *adj.* [tres + corpus] 몸 셋
tricósus, a, um, *adj.* [tricæ] 어려움이 많은, 골치아픈, 흉계많은, 야유하는.
tricúbĭtus, a, um, *adj.* [tres + cúbitus[1]] 석자되는, 3척(尺)의. 「것이 셋 있는.
tricuspidális, e, *adj.* [tricúspis] 뾰족한
tricúspis, ĭdis, *adj.* [tres + cuspis] 뾰족한 끝이 셋 있는.
tridácna, órum, *n.pl.* 큰굴(牡蠣, 세 입으로 다 먹을 수 있을 만큼 큰 굴).
trĭdens, éntis, *adj.* [tres + dens] 뾰족한 이가 셋 달린, 삼지창의, 세 갈래 난; 〔*subst.*〕 *m.* **1.** 창끝이 셋 달린 작살, 세 갈고리 낚시. **2.** 해신 *Neptúnus*의 표장(標章)인 삼지창. **3.** 그물로 씌우는 투사의 삼지창.
tridentális, e, *adj.* [tres + dens] 삼지창의.
tridéntĭfer[**-tĭger**], ĕra, ĕrum, *adj.* [tridens + fero, gero[1]] 삼지창을 가진.
tridentípotens, éntis, *adj.* 삼지창으로 강한 자(*Neptúnus*). 「의, 사흘의, 3일마다의.
triduánus, a, um, *adj.* [tríduum] 3일간
tríduom = tríduum의 옛말.
trídŭum, i, *n.* [tres + dies] 3일간, 사흘동안, 사흘간: 〔*abl.*〕 tríduo; hoc tríduo*(C.)* 지난 3일동안에. 「세 살 된.
triennális, e, *adj.* [tres + annus] 3년간의,
triénnĭa, ĭum, *n.pl.* [tres + annus] *Thebæ*에서 3년마다 지내는 *Bacchus*신 축제.
triénnis, e, *adj.* [tres + annus] 3년의, 세 살 된. 「3세, 3년.
triénnĭum, i, *n.* [tres + annus] 3년간,
trĭens, éntis, *m.* [tres] **1.** 3분의 1. **2.** 3분의 1 *as.* **3.** 월 3부 이자. **4.** 1 *júgerum*의 3분의 1(면적단위). **5.** 3분의 1자(尺). **6.** 1 *sextárius*(액체용적단위)의 3분의 1. **7.** 6의 3분수, 즉 2(6은 완전수였음).
trientábŭlum, i, *n.* [triens] 국가 채권자에게 원로원이 보상으로 준 채권액의 3분의 1에 해당하는 땅.
trientális, e, *adj.* [triens] 3분의 1자(尺)의.
trientárĭus, a, um, *adj.* [triens] 월 3부 이자의. 「사령관, 3단노 전함의 함장.
trierárchus, i, [**-cha,** æ,] *m.* trirémis배의
triéris, e, *adj.* 3단노의; 〔*subst.*〕 *f.* 삼단노(三段櫓)가 달린 배, 3단노 전함.
trietérĭca, órum, *n.pl.* = triénnia.
trietérĭcus, a, um, *adj.* 매 삼년마다 있는.
trietéris, ĭdis, *f.* 3년간, 매 3년마다 있는 축제.
trifárĭam[**-rĭe**], *adv.* (*sc.* partem) [trifárius] **1.** 3면에서, 세 가지 모양으로. **2.** 3부분으로, 3체로. 「세 가지의.
trifárĭsus, a, um, *adj.* [tres] 3중의, 3층의;
trĭfaux, áucis, 〔*abl.* -áuci,〕 *adj.* [tres + faux] 목구멍이 셋 있는, 3중의, 세 구멍에서 나오는.
trĭfax[1], ăcis, *adj.* [tres + fácies] 3각형의.
trĭfax[2], ăcis, 〔*abl.* -ăci,〕 *f.* 투창기가 쏜 길고 가는 창. 「세 번 열매맺는.
trĭfer, ĕra, ĕrum, *adj.* [ter + fero] 일년에
trífidus, a, um, [**-físsĭlis,** e,] *adj.* [ter + findo] 셋으로 쪼개진, 세 쪽으로 갈라진, 끝이 셋 있는. 「는, 3겹실로 된.
trifílis, e, *adj.* [tres + filum] 실이 세 줄 있
trifínĭus, a, um, *adj.* [tres + ginis] 세 변경(邊境)으로 이르는.
trifólĭum, i, *n.* [tres + fólium] 《植》 클로우버, 토끼풀, 삼엽식물.
trifórmis, e, *adj.* [tres + forma] 세 가지 모양을 한, 세 얼굴의, 3중의: ~ diva*(H.)* *Diána, Luna, Hécate*로 동시에 불리는 여신 / ~ mundus*(Ov.)* 3원세계(三元世界): 공중, 땅, 바다; 〔*adv.*〕 **-mĭter.**
trifórmĭtas, átis, *f.* [trifórmis] 세 가지 모양을 한 것. 「대악당, 대도(大盜).
trĭfur, úris, *m.* [ter + fur] 삼중의 무뢰한,
trifúrcĭfer, ĕri, *m.* [**-cínium,** i, *n.*] 대악당.
trifúrcus, a, um, *adj.* [tres + furca] 첨단이 셋 있는, 세 가지 끝이 있는, 세 갈래진.
trīga, æ, *f.* [tríjugus] 세 마리의 말이 끄는 마차, 셋이 모인 것. 「결혼.
trigámĭa, æ, *f.* 세 번 결혼, 3중 결혼, 제 3회
trígămus, i, *m.* 세 번 결혼한 자, 3중 결혼자.
trigárĭus, a, um, *adj.* [triga] 3두 마차의, 3과 관계있는; 〔*subst.*〕 *m.* 3두 마차 부리는 자; *n.* 3두 마차 경주 원형극장, 3의 수.

Trigémĭna Porta, æ, *f.* 고대 *Roma*의 *Aventínus* 언덕의 북쪽문.
trigémĭno, áre, *tr.* [trigéminus] 세곱하다, 3배하다. 「= tergéminus.
trigémĭnus, a, um, *adj.* [tres + géminus]
trigémmis, e, *adj.* [tres + gemma] 눈이 셋 달린, 싹이 셋 나온.
trígenes, is, *adj.* 세 가지 종류의. 「céni.
trigéni, æ, a, *adj.* [trigínta] 30씩, = tri-
trigésies, *adv. num.* [trigínta] 30번.
trigésĭmus, (=tricésimus.) 제 30.
trígies = trícies.
trigínta, *indecl. num. card.* 30, 삼십, 서른.
trigínta-sex-vir, i, *m.* 36인 시위원.
triglítis, tĭdis, *f.* 보석명.
tríglyphus, i, *m.* 《建》 (도리아식 건축의) 트리글리프(세로된 세 줄 무늬), 파도형(波形), 삼근견근회양(三筋堅筋繪樣).

tríglyphus

trĭgon, ónis, *m.* **1.** 셋이서 노는 공. **2.** = trygon.
trigonális, e, *adj.* [trigon] **1.** 삼각형(三角形)의. **2.** 3인 유희용 공의.
trigónĭ(c)us, a, um, *adj.* 3각형의; 〔*subst.*〕 *n.* **–nĭum,** i, 삼각형.
trigónus, a, um, *adj.* 3각의, 3각형의; 〔*subst.*〕 *m., n.* 삼각형.
trihemitónium, i, *n.* [tres + hemitónium] 《音》 3반음 간격.
trihórĭum, i, *n.* [tres + hora] 세 시간.
tríjŭgis, e, *adj.* [tres + jugum] 삼두 마차의.
tríjŭgus, a, um, *adj.* [tres + jugum] 삼두 마차의; 3중의. 「셋 있는, 3변의.
trilátĕrus, a, um, *adj.* [tres + latus[3]] 변이
trilíbris, e, *adj.* [tres + libra] 3파운드 무게의, 세 근의. 「있는, 3국어를 말하는.
trilínguis, e, *adj.* [tres + lingua] 혀가 셋
trĭlix, ícis, *adj.* [tres + lícium] 세 줄 실로 짠, 천 세 겹의, 세 겹으로 짠.
trilóngus, a, um, *adj.* [tres + longus] 장음절 셋을 포함하는. 「있는, 3손이의.
trímănus, a, um, *adj.* [tes + manus] 손 셋
trimátus, us, *m.* [trimus] 세 살, 세 살난 아이.
trimémbris, e, *adj.* [tres + membrum] 지체 셋을 가진, 세 구분의 (시기).
triménĭum, i, *n.* [tres + mensis] 3개월의 기간, 3학기. 「의, 석달만에 싹트는.
trimensis, e, *adj.* [tres + mensis] 3개월
trimé(n)stris, e, *adj.* [tres + mensis] 3개월의, 석달의, 한 학기의; 〔*subst.*〕 *n.pl.* **–strĭa,** ĭum, 3개월만에 익는 씨앗.
trímĕter, tri, *m.* *V.* trímetrus 4.
trímĕtrus[–os], a, um, *adj.* **1.** 3미터 되는. **2.** 3시격(三詩格)의. **3.** 3각운(三脚韻)의. **4.** 〔*subst.*〕 *m.* = **trímeter,** tri, 《詩》 3시격운시(三詩格韻詩), 3미터.

trimódĭa, æ, *f.* [**–dĭum,** i, *n.*] [tres + módius] 세 말들이 그릇, 서 말.
trímŏdus, a, um, *adj.* [tres + modus] 세 종류의 「난, 삼년밖에 안된.
trímŭlus, a, um, *adj. dim.* [trimus] 세 살
trīmus, a, um, 〔*gen. f.pl.* –mum,〕 *adj.* [tres + hiems] 세 살된, 3년된.
Trinácrĭa, æ, [**–ăcris,** ĭdos,] *f.* 곶(串) 셋을 가진 *Sicília* 섬의 별칭; 〔*adj.*〕 **–nácrĭus,** a, um; 〔*adj. f.*〕 **–năcris,** ĭdis.
trinárĭus, a, um, *adj.* [trini] (=ternárius) 셋으로 된, 3위의.
trínĕpos, ótis, *m.* [**–néptis,** is, *f.*] [tres + nepos] 제 6등친(等親)의 손[녀], 6대손: nepos(손), prónepos(증손), ábnepos(고손), ádnepos(현손), trínepos(6대손)의 순.
trīni, æ, a, *num. distrib.* [terni] **1.** 셋씩, 각각 셋. **2.** 〔복수명사와 함께〕 trinæ lítteræ *(C.)* 편지 석장. **3.** 〔단수명사의 복수와 함께〕 trina castra*(Cæs.)* 세 진영. **4.** 〔드물게 단수로〕 **trinus,** a, um, 3배의, 세 번의, 세 가지의; 셋을 포함한.
trínio, ónis, *m.* 주사위 세 번 던짐.
trínĭtas, átis, *f.* [trini] 3의 수, [T–] 《가》 3위일체(三位一體). 「있던 한 종족.
Trinobántes, um, *m.pl.* *Británnia* 동부에
trinoctiális, e, *adj.* [trinóctium] 세 밤의, 삼야(三夜)의.
trinóctĭum, i, *n.* [tres + nox] 사흘 밤동안.
trinódis, e, *adj.* [tres + nodus] 매듭 셋 있는, 음절 셋 있는.
trinómĭnis, e, [**–ómĭus,** a, um,] *adj.* [tres + nomen] 이름 셋 있는: ~ Hierosólyma*(Hier.)* *Jubus, Salem, Jerúsalem*의 세 가지 이름을 가진 예루살렘.
trinso, áre, *intr.* = trisso.
Trinúm(m)us, i, *n.* [tres + nummus] "세 푼짜리 인간", *Plautus*의 희곡명.
trinum núndĭnum, i, *n.* 장 세 번 서는 기간.
trinúndĭnus, a, um, *adj.* [tres + núndinæ] 장 세 번 서는 기간의, 16일만의, 세번째 장날의; *adv.* **–no,** 장 세 번 서는 기간 동안에.
trīnus, a, um, *adj.* *V.* trini.
trĭo, ónis, *m.* [tero] **1.** 타곡하는 소, 밭가리하는 소. **2.** 〔*pl.*〕 《天》 큰[작은]곰자리별.
trióbŏlus, i, *m.* *3 óbolus* 동전, 반 *drachma*(무게).
Triócăla, æ, *f.* 서부 *Sicília*의 도시; 〔*adj.*〕 **–calínus,** a, um; 〔*subst.*〕 *m.pl.* **–calíni,** 그 곳 주민; *n.* **–calínum,** 그 근처.
triodéius, a, um, *adj.* 거리 여신의.
triónymus, a, um, *adj.* 이름 셋 있는.
Tríŏpas, æ, *m.* 해신 *Neptúnus* 또는 *Sol*(태양신)의 아들, *Thessália*의 왕.
Triopéĭos, i, *m.* *Tríopas*의 아들.
Triopéis, ĭdis, *f.* *Tríopas*의 손녀.
tripális, e, *adj.* [tres + palus] 세 기둥으로

지탱된.

tripárcus, a, um, *adj.* [ter + parcus] 몹시 인색한.

tripártĭo[-pértĭo], ívi, ítum, íre, *tr.* [tres + pars] 3분하다, 셋으로 나누다.

tripartítĭo, ónis, *f.* [tripártio] 3부, 셋으로 나눔.

tripartíto, *adv.* 3분으로, 세 부분으로, 세 편으로.

tripartítus, a, um, *adj.* [tripártio] 3분된, 3분의, 셋으로 나눈, 세 갈래의.

trípătens, éntis, *adj.* [tres + patens] 삼면이 열린.

tripátĭna, æ, *f.* [tres + pátina] 세 가지 재료가 든 요리.

tripatín(i)um, i, *n.* [tres + pátina] 세 가지 요리가 나오는 식단.

tripéccĭa, æ, *f.* 등받이 없는 걸상, 발판, 세발 걸상.

tripéctŏrus, a, um, *adj.* [tres + pectus] 가슴 셋 있는.

tripedális, e, [**-dáněus,** a, um,] *adj.* [ter + pedális] 발 셋 있는, 석 자가 되는, 높이 길이 너비가 모두 석 자인.

trĭpert... *V.* trĭpart...

trĭpes, ĕdis, *adj.* [tres + pes] 세 발달린, 3각의; [*subst.*] *f.* 3각기(三脚機), 발 셋 달린 그릇.

tripétĭa, æ, *f.* [tripes] = tripéccia.

Triphýlĭa, æ, *f.* *Elis*의 남부 산악지대.

tripíctus, a, um, *adj.* [ter + pictus] 세 번 쓴 · 그린.

tripláris, e, *adj.* [triplus] 3배의, 3중의.

triplárius, a, um, *adj.* 3배를 받는 = triplicárius.

triplásĭus, a, um, *adj.* 3배의, 3중의.

trĭplex, lĭcis, *adj.* [tres + plico] **1.** 세 겹의, 3배 되는, 3중의, 세 가지의: ~ cuspis*(Ov.)* *Neptúnus*신의 3지창 / ~ regnum*(Ov.)* *Júpiter, Neptúnus, Pluto*가 분할한 3세계 / tríplices soróres*(Ov.)* 3자매, 인간생명의 세 여주인 *Parcæ,* 즉 지하세계의 3여신. **2.** [*subst.*] *n.* 3중, 3배, 거대함, 굉장함; *m.pl.* **-plĭces,** um, (*sc.* codicílli) 세 장 있는 글판.

triplicábĭlis, e, *adj.* [tríplico] 3배 할 수 있는.

triplicárĭus, i, *m.* [tríplico] 3배의 봉급을 받는 병사.

triplicátĭo, ónis, *f.* [tríplico] 3배로 늘림; 《法》 피고의 재답변에 대한 원고의 항변.

triplicátus, a, um, *adj.* 세 겹의, 3중의.

triplícĭtas, átis, *f.* 3배, 3중; 3위.

triplícĭter, *adv.* [triplex] 3배로.

tríplĭco, ávi, átum, áre, *tr.* [triplex] 3배하다, 세곱하다, 세겹하다.

triplínthĭus, a, um, *adj.* [tres + plinthus] 벽돌 세 장 두께의.

triplo[1], áre, *tr.* [triplus] 세 배하다.

triplo[2], *adv.* [triplus] 세 번.

trĭplus, a, um, *adj.* 3배의, 3중의, 세 겹한, 3배 되는.

trípŏda, æ, *f.* [tripus] 세 발 솥(Pýthia 경기에서 주던 상).

trípodes, um, *m.pl.* tripus의 복수.

trípŏd(ĭ)o, áre, *intr.* [tripúdium] = tripúdio.

Trípŏlis, is, [*acc.* -im; *abl.* -i,] *f.* **1.** *Thessália*의 산간지대. **2.** *Arcádia*의 지명. **3.** *Phœnícia*의 항구(지금의 *Tarabulus*). **4.** 북부 *Afrĭca*의 지명(지금의 *Tripoli*). **5.** [*adj.*] **-politánus,** a, um.

triporténtum, i, *n.* [tres] 세 가지 징조 즉 이상한 징조, 불가사의한 징후.

trípticus, a, um, *adj.* 문질러서 맞추는.

Triptólĕmus, i, *m.* *Céleus*의 아들, *Eléusis*의 왕, *Ceres*여신의 총애로 쟁기를 발명하여 인간에게 농사를 가르친 반신반인(半神半人); [*adj.*] **-lémĭcus,** a, um, ~ dens*(Fulg.)* 쟁기.

tryptycum, i, *n.* 경첩으로 접을 수 있게 꾸며진 세 쪽 짜리 그림, (*cf.* diptycum).

tripúdĭo, áre, *intr.* [tripúdium] (3박자) 춤추다(종교예식), 발을 동동 구르다; (기쁨에) 팔딱팔딱 뛰다, 도약하다, 즐겨 용약하다.

tripúdĭum, i, *n.* **1.** 종교적 무용, 출전(出戰) 무용, *Bacchus* 신도들의 춤; 뜀, 도약. **2.** 닭이 모이를 먹는 것을 보고 길조를 점치는 일.

trĭpus, pŏdis, *m.* **1.** 3각 그릇, 발 셋 달린 우승배, 삼각대(三脚臺). **2.** 예언녀 *Pýthia*가 앉아 신탁을 받던 세 발 의자. **3.** 신탁(神託). **4.** [*adj.*] 3각(三脚)의.

tríquĕtrus[-quétrus], a, um, *adj.* **1.** 세 모난, 뿌리가 셋 있는, 삼각의: ~ *líttera(Amm.)* 희랍글자 델타 Δ. **2.** 곶이 셋 있는 *Sicília*의 형용사. **3.** [*subst.*] *n.* 별의 3분의 1 대좌(對坐).

trirémis, e, *adj.* [tres + remus] 삼단노(三段櫓)가 달린; *f.* 삼단노(三段櫓)가 달린 배.

trirhýthmus, a, um, *adj.* 삼박자의.

tris = tres.

trisæclísenex, nis, *m.* [tres + sǽculum + senex] 삼대의 인생을 산 논인, *Nestor*의 별칭.

triságium, i, *n.* 최고의 거룩함을 세 번으로 표시하는 찬사, 3위일체에 대한 찬사.

tríscĕlum, i, *n.* 삼각(三角).

triscematíst(ic)us, a, um, *adj.* 세 모습을 한, 세 얼굴을 가진.

trischœ́nus, a, um, *adj.* *3 schœnus* 면적의.

triscúrrĭum, i, *n.* [ter + scurra] 세 종류의 무언익살 연극.

trisémus, a, um, *adj.* 3음절을 가지는.

triséxtium, i, *n.* [tres + sextárius] *3 sextárius*의 용적.

Trismegístus, i, *m.* Hermes ~ (*Mercúrius*의 별칭, 삼배의 거인이란 뜻으로).

trismus, i, *m.* 《醫》 아관긴급(牙關緊急).

trisómum, i, *n.* 시체 셋이 들어가는 무덤.

trispástos, i, *f.* 도르레 셋 달린 활차.

trispíthămus, a, um, *adj.* 세 뼘 높이 · 길이 그기의.

tríssĭto[trisso], áre, *intr.* 제비가 울다, 염소가 울다.

tristátæ, árum, *m.pl.* 왕다음 높은 벼슬 3경(三卿).

trīste, *adv.* [*comp.* -stĭus] [tristis] **1.** 근심

스럽게, 번민스럽게, 비참히, 슬피. **2.** 어렵게, 고되게.

trístĕgus, a, um, *adj.* 3층의, 3단의; *n.pl.* 삼층집.

tristi = trivísti, *pf.* [tero].

tristícŭlus, a, um, *adj. dim.* [tristis] 근심 적은, 어두운 표정의, 좀 슬픈.

tristificátio, ónis, *f.* [tristífico] 슬픔, 우울증, 근심.

tristífico, áre, *tr.* [tristis + fácio] 슬프게 하다.

tristíficus, a, um, *adj.* [tristis + fácio] 슬프게 하는, 무섭게 하는, 괴롭게 하는.

tristimónĭa, æ, *f.* [-**nĭum,** i, *n.*] [tristis] 슬픔, 우울, 근심, 걱정, 비관.

trīstis, e, *adj.* **1.** 근심하는, 걱정되는, 비관하는, 고통스러운, 분한: trístibus tempóribus *(C.)* 어려운 때에, 불운한 때에 / tristíssima exta*(C.)* 흉조의 창자 / ~ evéntus *alcjs(L.)* 누구의 비참한 최후 / ~ unda*(V.) Styx*샘의 독 있는 물. **2.** (미각) 쓴, 맛없는, 구역질나는. **3.** 엄격한, 근엄한; 침울한, 가혹한: judex ~ et íntegerr*(C.)* 엄격하고 청렴한 판관 / tristes soróres*(Tib.)* 가혹한 3자매: *Parcæ*라 칭하는 지하세계의 여신 / vultus sevérior et trístior *(C.)* 근엄하고 엄격한 얼굴. **4.** 찌푸리는, 실쭉한, 음울한. **5.** 〔*subst.*〕 *n.* **triste,** is, 슬픈 일, 재앙: triste lupus stábulis, 양우리에 재앙이 되는 늑대.

tristítĭa, æ, [-**stĭtas,** átis; -**stítĭes,** éi,] *f.* [tristis] **1.** 슬픔, 비통, 걱정, 근심, 비관. **2.** 불운, 재앙: ~ témporum*(C.)* 불운한 때. **3.** 엄격, 근엄한 성격. **4.** 불유쾌.

tristitúdo, dĭnis, *f.* [tristis] 슬픔, 비탄.

trīstor, átus sum, ári, *dep. intr.* [tristis] 슬퍼하다, 근심하다, 번민하다.

tristus, a, um, *adj.* tristis의 속어.

trisúlcus, a, um, [-**cis,** e,] *adj.* [tres + sulcus] 뾰족한 끝이 셋 있는, 세 부분의, 세 갈래진.

trisýllăbus, a, um, *adj.* 3음절의; 〔*subst.*〕 -**ba,** órum, *n.pl.* 3음절의 단어.

trit, *indecl.* 쥐울음소리.

tritanópĭa, æ, *f.* 《醫》 자색 색맹.

tri(t)ávia, æ, *f.* [trítavus] 6대조 할머니, 6대 조상.

trítăvus, i, *m.* [tres + avus] 6대조(六代祖), 시조(始祖): pater(부), avus(조), próavus (증조), ábavus(고조), ádavus(현조), trítavus(6대조), majóres(조상)의 순.

trĭte, es, *f.* 《音》 제삼현(第三絃), 3도 음정, 미.

tritemórĭa, æ, *f.* 《音》 3도.

tríthăles, is, *n.* 《植》 대전초(大戰草).

tritheítæ, árum, *m.pl.* 3신(神) 숭배자, 삼신론자.

triticárĭus, a, um, *adj.* [tríticum] 밀의.

tritícĕus[-**céĭus,** -**cínus**], a, um, *adj.* 곡식의, 밀의.

triticiárĭus, a, um, *adj.* 밀의, 생계의; 〔*subst.*〕 *m.* 빵굽는 자.

trítĭcum, i, *n.* [tritus²] 곡식, 밀, 보리, 소맥(小麥).

Triton¹, ónis[ónos], *m.* **1.** *Neptúnus*와 *Salácia*의 아들, 소라를 불어 물결을 일으키거나 가라앉히는 반인반어(半人半魚)의 해신. **2.** *Afrĭca* 북해안에 있는 강과 호수(*Minérva* 여신의 탄생지). **3.** *Thrácia*의 호수.

triton², ónis, 《動》 소라고둥, 도롱뇽.

Tritoníăcus, a, um, *adj.* *Minérva*신의: Tritoníaca arúndo*(Ov.) Minérva*신의 갈대피리 / Tritoníaca palus, *Macedónia*에 있는 *Triton* 호수.

Tritónĭ(d)a, æ, *f.* = Minérva, Pallas.

Tritónis, ĭdis[ĭdos], *adj. f.* **1.** *Triton* 호수(의). **2.** *Minérva* 여신(의).

Tritónĭus, a, um, *adj.* *Triton*의, *Minérva*의: Tritónia(Pallas, Virgo)*(V.) Minérva* 여신.

trītor, óris, *m.* [tero] 물감타는 사람, 부수는 자.

tríttĭlo, áre, *intr.* 지저귀다.

tritúra, æ, *f.* [tero] 마찰, 두드림, 밀을 두드리는 것, 타곡, 방아질.

triturátĭo, ónis, *f.* [tritúro] 마찰, 바숨, 방아질함.

triturátor, óris, *m.* 곡식 찧는[가는] 자.

tritúro, áre, *tr.* [tritúra] 갈다, 마찰시키다, 빻다, 밀 찧다, 방아질하다; 괴롭히다.

trītus¹, a, um, *p.p., a.p.* [tero] **1.** 밟은, 찧은, 바순, 밟아서 굳어진, 인적이 많은, 개척한: tritíssima via*(Sen.)* 사람이 많이 다니는 길. **2.** 많이 쓴, 상용의: verba non trita Romæ, *Roma*에서 쓰이지 않는 말 / ~ verbum fácere*(C.)* 상용어로 만들다. **3.** 익숙된, 습관된, 훈련된: tritæ aures*(C.)* 잘 훈련된 귀. **4.** 헌, 길든.

trītus², us, *m.* [tero] 마찰, 분쇄, 방아질.

triumf... *V.* triumph...

triumphábĭlis, e, *adj.* 개선할 만한, 이길 수 있는.

triumphális, e, *adj.* [triúmphus] 개선의, 승리의, 개선(凱旋)하는: ~ província*(C.)* 개선지방, 개선이 이루어진 곳 / ~ porta*(C.)* 개선문 / ornaménta triumphálĭa*(Suet.)*, triumphália*(Ta.)* 개선 장식품, 훈장 / ~ senex *(Ov.)* 개선의 영광을 받은 노인; *adv.* -**lĭter,** 개선하여, 승리하여, 보무당당(步武堂堂)하게.

triumphátor, óris, *m.* [triúmphus] 개선장군, 승리자 (후에 *Júpiter, Hércules,* 로마 황제들의 별칭이 됨).

triumphatórĭus, a, um, *adj.* 개선하는.

Triumphátrix, trícis, *f.* *Hispánia*에서 *Pompéius*를 쳐이긴 제 9군단의 별칭.

triúmphiger, a, um, *adj.* [triúmphus + gero¹] 승리를 가져다 주는.

triúmpho, ávi, átum, áre, [triúmphus] **I.** *intr.* **1.** 〔ex, de〕 승리의 영광을 누리다, 개선하다, 승리를 얻다: ~ ex prætúra*(C.)* 재판소를 나오면서 개선하다, 즉 재판을 이기다 / ~ de Numantínis, ex Transalpínis géntibus*(C.) Numantíni*인들을 이기고, *Transalpíni*인들을 이기고 개선하다 / 〔*pass. impers.*〕 Triumphári vídimus.*(C.)* 승리의 영광이 주어짐을 보았다.

2. 개선식을 거행하다, 환성을 올리다. **II.** *tr.* **1.** 〔*alqm alqd*〕 이기다, 정복하다. **2.** 〔수동〕: gentes triumphátæ*(V.)* 정복된 민족 / triumphári*(Ta.)* (포로들이) 개선식에 끌려 나오다 / triumphátus 정복된 자.

triúmphum, i, *n.* triúmphus의 통속어.

triúmp(h)us, i, *m.* **1.** 환호성: Io triúmphe! 개선장군에 대한 환호성 / triúmphum clamáre*(L.)* 환호성을 올리다. **2.** *Roma*로의 개선, 개선환도, 개선식: triúmphum decérnere *alci(C.)* …에게 개선의 영광을 주기로 원로원에서 결정하다 / triúmphum ágere de *alqo,* ex *alqo(C.)* 누구를 정복하고 그 개선식을 올리다 / hóstium dúcibus per triúmphum ductis*(C.)* 적장들이 개선식에 끌려나와서. **3.** 승리, 개선.

triúmvir, ĭri, *m.* [*sæpius pl.* **triúmviri,** órum(um)] [tres + vir] 3두(三頭) 정치위원, 3두 정치자, 3인 집정관, 수도행정 3인 위원, 3인 판관(判官): ~ agrárius*(L.),* 농정담당 3인위원 / ~ colóniæ deducéndæ*(Sall.)* 식민지 통치 3인위원 / triúmviri capitáles*(C.)* 옥사(獄事) 3인 위원.

triumvirális, e, *adj.* [triúmvir] 3인 집정관의, 3인 행정위원회의, 3인 판관제도의, 3두 정치의.

triumvirátus, us, *m.* 3인 집정관직, 3두 정치제도, 3인 행정위원회, 3인 판관제도.

trivenéfica, æ, *f.* [tervenéficus] 극악한 독살녀, 마녀.

trīvi, *pf.* [tero].

Trívĭa, æ, *f.* [tres + via] *Diána* 또는 *Hécate* 여신의 별칭, 그의 신전이 삼거리 광장에 있었기 때문에 삼거리 여신이 됨.

triviális, e, *adj.* [trívium] 흔한, 보통있는; 저속한, 무례한, 야비한; 3배의; 〔*adv.*〕 **–lĭter,** 야비하게, 저속하게.

triviátim, *adv.* [trívium] 삼거리에서, 광장에서, 공공연하게, 드러나게.

Trivícum, i, *n.* *Sámnium*과 *Apúlia*의 사이에 있는 산간도시(지금의 *Trevico*).

trivir, vĭri, *m.* = triúmvir.

trívĭum, i, *n.* [tres + via] 삼거리, 광장.

trívĭus, a, um, *adj.* [trívium] **1.** 삼거리의, 광장의. **2.** 광장에 신전이 있는 신들의 형용사.

trívŏlum = tríbulum.

Trōas, ădis[ădos], **1.** *adj.* *Troja*의. **2.** 〔*subst.*〕 *f.* 〔*acc.* –ăda〕 *Troja* 여인, *Troja*의 지방.

trochǽus, i, *m.* 《詩》 장단음절시(長短音節詩), 강약격(强弱格)의 시.

trocháĭcus, a, um, *adj.* [trochǽus] 강약격시의.

trochánter, tĕris, *m.* **1.** 《解》 전자(轉子, 대퇴골 상부의 돌기). **2.** 《動》 전절(轉節, 곤충의 제 2관절).

tróchĭlus, i, *m.* **1.** 악어새, 벌새. **2.** 《建》 요면쇠시리.

trochíscus, i, *m.* **1.** 가구 다리에 다는 작은 바퀴. **2.** 《藥》 정제(錠劑).

tróc(h)lĕa, æ, *f.* **1.** 활차(滑車), 도르래. **2.** 《解》 결절(結節).

trochleátim, *adv.* [tróchlea] 활차로, 도르래로.

trŏchus, i, *m.* 아이들이 돌리며 노는 굴렁쇠.

Trocmi[Trogmi], órum, *m.pl.* *Galátia*의 *Celtæ* 종족.

Trōes, um, 〔*acc.* Troas,〕 *m.pl.* *Troja*인들.

Troezén, zénis, *f.* *Argŏlis*의 도시, *Théseus*의 할아버지인 *Píttheus*의 거주지; 〔*adj.*〕 **–zénĭus,** a, um; 〔*subst.*〕 **–zénĭi,** órum, *m.pl.* *Argŏlis*의 주민.

Trog(l)ódytæ, árum, *m.pl.* *Æthiópia*의 *Arábia*만 서쪽의 주민들(굴속에 사는 사람들); 〔*adj.*〕 **–dýtĭcus,** a, um, *Æthiópia*의.

Troglodýtĭce, es, [**–ca,** æ,] *f.* *Æthiópia* 서쪽의 여러 지방.

Trogus Pompéjus, i, *m.* *Augústus* 황제시대의 역사가.

Tróïa, æ, *f.* = Troja.

Troíădes, um, *f.pl.* *Troja*의 여인들.

Tróĭcus, a, um, *adj.* *Troja*의, *Troja*인의: ~ Vesta*(Ov.),* ~ ignis*(Stat.)* 로마에서 영구히 보존되는 Vesta 불(火).

Tróïlus[–los], i, *m.* *Príamus*왕의 아들, *Achílles*에게 살해됨.

Trois = Tros[1].

Tróïus, a, um, *adj.* *Troja*의, *Troja*인의.

Trōja[–ĭa], æ, *f.* **1.** 트로이야, *Ænéas*가 창건한 *Itália*의 도시. **2.** *Hélenus*가 창건한 *Epírus*의 도시. **3.** *Troja* 놀이, 마상놀이의 일종, 회전목마. **4.** 〔*adj.*〕 **–jánus,** a, um; 〔격언〕 Equus ~ *(C.)* *Troja*의 목마, 즉 숨겨진 위험; 〔*subst.*〕 *m.* 그곳 사람.

Trojúgĕna, æ, *adj. m. f.* [Troja + gigno] *Troja*인의, *Troja* 태생의; 〔*subst.*〕 *m.* **–na,** æ, *Troja*인; *m.pl.* 〔*gen.* –gĕnum〕 로마인들.

trŏpa, æ, *f.* 《天》 (동·하)지(至), 회귀선 지점(回歸線至點).

tropæátus, a, um, *adj.* [tropǽum] 전승기념품을 받은, 우승배를 받은, 트로피의 영광을 받은.

tropæóphŏrus, i, *m.* [tropǽum + fero] 승리품을 가진 자, 승리자, *Júpiter*의 별명.

trop(h)ǽum, i, *n.* **1.** 전승기념품(나무기둥 위에 전리품을 걸었음), 전리품. **2.** 승리, 월계수. **3.** 기념(물·비).

tropǽus, a, um, *adj.* 되돌아오는.

Trophónĭus, i, *m.* **1.** *Orchómenus* 사람, 그 동생 *Agamédes*와 함께 *Delphi*에 *Apóllo* 신전을 세웠다. **2.** *Bœótia*의 땅속에 살면서 신탁을 했다는 신. **3.** 〔*adj.*〕 **–phoníăcus[–ánus],** a, um.

trópĭca, órum, *n.pl.* [trópicus] 회귀(回歸), 변화.

trópici, órum, *m.pl.* 회귀선(回歸線), 이지선(二至線).

trópĭcus, a, um, *adj.* **1.** 변화의, 회귀선의; *m.* 회귀선. **2.** 열대지방의. **3.** 《修》 비유의. **4.** 〔*adv.*〕 **–ce,** 비유적으로.

trŏpis, ĭdis, *f.* 술찌꺼기, 술저장, 더러운 물이

괴는 배 밑바닥. 「어.
tropológĭa, æ, *f.* 《修》 전의법(轉義法), 비유
tropológĭcus, a, um, *adj.* 《修》 전의법의, 비유법의; 〔*adv.*〕 **–ce.**
trŏpus, i, *m.* 비유, 전의(轉義); 노래, 멜로디.
Trōs, ōis, [*pl.* Trōes, um, ĭbus, as,] *m.* **1.** *Phrýgia*의 왕, 여기서 *Troja*란 이름이 나왔음. **2.** *Troja*인.
Trosmis, is, 〔*acc.* –in,〕 *f.* 하부 *Mœ́sia*의 도시.
tróssŭli, órum, *m.pl.* *Roma*의 기병들에게 주어진 별칭, *Tróssulum*(*Etrúria*의 도시)을 정복한데서 옴; 멋쟁이, 잘난체 하는 자. 「미.
troxállis, ĭdis, *f.* 《動》 메뚜기의 일종, 귀뚜라
trŭa, æ, *f.* 수채(부엌의), 단지용 큰 숟가락.
trúblium, i, *n.* = trýblium.
trucidátĭo, ónis, *f.* [trucído] **1.** 살육, 도살, 참살, 학살. **2.** 벌채, 절단.
trucidátor, óris, *m.* [trucído] 살인자.
trucído, ávi, átum, áre, *tr.* [trux + cædo] **1.** 목조르다, 살육하다, 죽이다, 참살하다, 학살하다. **2.** 잘 씹다. **3.** 불끄다, 소화하다, 질식시키다. **4.** 명성을 떨어뜨리다, 망신시키다.
tructa, æ, *f.* [**–tus,** i, *m.*] 《動》 송어.
trúculens, ntis, *adj.* = truculéntus.
truculénter, *adv.* [truculéntus] 난폭하게, 포악하게, 맹렬하게.
truculéntĭa, æ, *f.* 흉악(兇惡), 포악(暴惡), 잔혹(殘酷), 포학(暴虐), 어려움, 고됨: ~ cæli, 일기불순.
truculéntus, a, um, *adj.* [trux] 사나운, 퉁명스러운, 잔인한, 무서운, 야만적인, 흉악(兇惡)한, 잔혹한, 포학한: truculentíssimum fácinus(*H.*) 야만적인 범죄; 〔*subst.*〕 *m.* *Plautus*의 저서명: "상놈", *n.pl.* 사나운 바다.
trŭdis, is, *f.* [trudo] 쇠말뚝, 쇠장대, 갈고리.
trūdo, trūsi, trūsum, ĕre, *tr.* **1.** 힘껏 밀다: hostes trúdere(*Ta.*) 적군들을 밀어 버리다. **2.** 내보내다, 끌어내다, 쫓아내다: in mortem trudi(*C.*) 죽으러 끌려나가다 / in arma trudi(*Ta.*) 전쟁에 끌려나가다 / trúditur dies die(*H.*) 나날이 지나가다. **3.** (식물) 돋아나게 하다: Gemmæ se trudunt.(*V.*) 봉우리가 돋아 난다.
Truéntum, i, *n.* *Truéntus* 강변 *Picénum*의 도시; 〔*adj.*〕 **–tínus,** a, um; 〔*subst.*〕 **–tíni,** órum, *m.pl.* 그곳 주민.
trulla[**truélla**], æ, *f. dim.* [trua] **1.** 국자, 술 퍼내는 그릇. **2.** 프라이팬. **3.** 흙손. **4.** 요강.
trúl(l)ĕum, i, *n.* [**–us,** i, *m.*] (=trulla.) 세면기, 대야.
trúllĭo, ónis, *m.* [**–llĭum,** i, *n.*] = trúlleum.
trullissátĭo[**–izátĭo**], ónis, *f.* [trullísso] 바름, 칠함(塗). 「칠하다.
trullísso[**–ízo**], áre, *tr.* [trulla] 바르다,
truncátĭo, ónis, *f.* [trunco] 재단, 절단, 자름.
truncátum, i, *n.* [trunco] 나무 줄기, 도막.
trunco, ávi, átum, áre, *tr.* [truncus[1]] **1.** 절단하다, 끊다, 잘라 버리다: ~ olus fóliis(*Ov.*) 야채껍질을 벗기다. **2.** 학살하다.
trúncŭlus, i, *m.* [truncus] 도막, 등걸, 동강, 단편, 지체.
truncus[1], a, um, [truncus[2]] *adj.* 잘린, 끊긴, 절단된; 불완전한, 병신의.
truncus[2], i, *m.* [**–cum,** i, *n.*] **1.** 줄기, 그루터기, 나무 전체. **2.** 동체(胴體), 몸집, 흉부; 한 덩어리, 한 조각, 장작더미. **3.** 미련한 사람, 바보.
truo[1], áre, *tr.* 휘젓다, 흔들다. ⌊보.
trŭo[2], ónis, *m.* **1.** 《動》 가마우지. **2.** 코 큰 사람.
trusátilis, e, *adj.* [truso] 빻는데 쓰이는.
trŭso, áre, *tr. freq.* [trudo] 자꾸 밀다, 막흔들다.
trútĭna, æ, *f.* 저울바늘, 저울. ⌊들다.
trutinátĭo, ónis, *f.* [trútino] 저울질, 재는 일, 측량. 「비판자.
trutinátor, óris, *m.* 재는 자, 측량사; 재판관,
trútĭno, ávi, átum, áre, [**–tĭnor,** ári, *dep.*] *tr.* [trútina] 재다, 달다, 측량하다; 검토하다, 판단하다.
trux, ŭcis, *adj.* **1.** 야만적인, 야생적인, 격렬한, 흉악한, 잔인한. **2.** 고된, 힘든, 거친: 〔*c. inf.*〕 ~ audére(*Sil.*) 서슴치 않고 감행하는.
trýblĭum[**tru–**], i, *n.* 접시, 대접.
trychnos, i, 〔*acc.* –num,〕 *f.* 《植》 까마종이.
trygétus, i, *m.* 새 포도주, 포도수확.
trýgĭnon, i, *n.* 술찌꺼기로 빚은 먹.
trygon, ŏnis, [**–gŏnus,** i,] *m.* 《動》 노랑가오리, 딱따구리.
tryx, gis, 〔*acc.* –ga,〕 *f.* 포도즙, 새 포도주.
tu, tui, tibi, te, *pron. demonstr.* 너, 네가, 2인칭 대명사. 강조하기 위하여 tumet, tuimet 등; tute, tete 등; tútemet 등으로 한다; 생략형으로 tune? 대신 tun?, tute ne? 대신 tutin?을 쓴다.
tua, *n.pl.* [tuus] 네 것, 네 재산.
tuápte, tuópte tuus의 강조형, *cf.* –pte.
tuátim, *adv.* [tuus] 네 나름대로, 네 생각대로, 네 방법대로, 너 좋은대로.
tŭba, æ, *f.* [tubus] **1.** 관(管), 통, 도관(導管), 굴대, 축. **2.** **나팔**, 군대나팔, 나팔소리; 소란; 천둥소리. **3.** 전투신호, 전쟁. **4.** 웅장한 서사시(敍事詩), 열변(熱辯). **5.** 신호를 알리는 자, 제창자, 선동자.
Tubántes, um, *m.pl.* *Germánia*의 한 종족.
tubárĭus, i, *m.* [tuba] 나팔 제작인.
tŭber[1], ĕris, *n.* [túmeo] **1.** 종기, 종장(腫腸), 혹, 암, 곱추, 곱사등이. **2.** 매듭, 나무의 옹이; 괴경(塊莖). **3.** 《植》 버섯의 일종, 송로(松露). **4.** 바보. 「산사과 나무 열매.
tŭber[2], ĕris, **1.** *f.* 《植》 산사과 나무. **2.** *m.*
tuberásco, ĕre, *intr.* [tuber[1]] 부풀어 오르다, 혹이 생기다. 「투성이의.
tuberátus, a, um, *adj.* [tuber[1]] 혹·종기
tubércinór, ári, *dep. tr.* = tubúrcinor.
tuberculínum, i, *n.* [tuber[1]] 《藥》 튜베르클린, 주사액.

tuberculósis, is, *f.* [tuber¹] 《醫》 결핵.

tuberculósus, a, um, *adj.* 구근성(球根性)의, 괴근(塊根)의, 결핵성(結核性)의.

tubércŭlum, i, *n. dim.* [tuber¹] 작은 종기, 사마귀, 결핵, 혹, 구근(球根), 괴근(塊根).

túbero¹, áre, *intr.* [tuber¹] 붓다, 부풀다.

Túbero², ónis, *m. Gens Ælia*의 별호, Q. Ælĭus Túbero(*Ti.-Gracchus*의 정적), L. Túbero(역사가, *Cícero*의 사신) 등.

tuberósus, a, um, *adj.* [tuber¹] 종기 투성이의, 혹많은, 구근형(球根形)의. 「팔수.

túbĭcen, cĭnis, *m.* [tuba + cano] 나팔, 나

tubicinátio, ónis, *f.* 나팔부는 행위, 나팔소리.

tubicinátor, óris, *m.* [tubícino] 나팔수.

tubícĭno, áre, *intr.* [tuba + cano] 나팔불다.

tubilústrĭum[tubu–], i, *n.* [tuba + lustro] 나팔을 닦는 제식.

túbŭla, æ, *f. dim.* [tuba] 작은 나팔.

tubulátus, a, *um, adj.* [túbulus] 관이 있는, 관처럼 구멍뚫린, 속이 빈.

túbŭlus, i, *m. dim.* [tubus] 대롱, 작은 도관, 작은 수도관, 쇳덩어리, 작은 통.

tubulústrium, i, *n.* = tubilústrium.

tŭbur, ŭris, *m.* = tuber².

tuburcinabúndus, a, um, *adj.* [tubúrcinor] 탐식하는, 게걸스러운. 「다, 포식하다.

tubúrcĭnor, átus sum, ári, *dep. tr.* 막 먹

tŭbus, i, *m.* **1.** 관, 운하, 하수도, 수도, 굴뚝, 도관(導管), 통. **2.** 나팔.

Tucca, æ, *m.* 인명: M. Plótius ~, *Várius*와 함께 *Ænéas*시를 쓴 *Vergílius*의 친구.

tuc(c)étum, i, *n.* 순대, 절인 고기.

tŭdes, dis[dĭtis], *f.* 쇠망치, 쇠방망이.

tudícŭla, æ, *f. dim.* [tudes] 올리브 열매를 빻는 기계, 제분기. 「다, 빻다.

tudícŭlo, ávi, áre, *tr.* 가루로 만들다, 바수

túdĭto, áre, *tr.* **1.** 앞으로 밀치다. **2.** 서두르

túĕo, ére, *tr.* = túeor. ⌊게 하다, 세게 흔들다.

túĕor, túĭtus[tutus] sum, tuéri, *dep. tr.* **1.** 바라다보다, 지켜보다, 명상하다: avérsa tuéri *(V.)* 음험하게 보다, 곁눈으로 보다 / ~ acérba, torva*(V.)* 무서운 눈으로 보다. **2. 주시하다**, 관찰하다, 확인하다. **3.** 보살피다, 돌보다, 고려하다: ~ se, vitam corpúsque*(C.)* 제 몸과 목숨을 돌보다. **4. 보호하다**, 방어하다. **5.** 유지하다, 돕다.

tufa, æ, *f.* 깃털. 「정자.

tuguríŏlum, i, *n. dim.* [tugúrium] 초막,

tugúrĭum, i, *n.* [tego] 오막살이 집, 움집, 초가, 초막.

tuguriúncŭlum, i, *n. dim.* 작은 초막.

tui, 1. *gen. objectiv. pron. person.* [tu] 너를, 너에 대하. **2.** *m pl. pron. poss.* [tuus] 니의 가족 · 식구 · 부하. 「신.

Tuísco, ónis, *m.* 게르만 민족의 비조, 그들의

tuítio, ónis, *f.* [túeor] 보호, 보증, 경비, 호위, 후견.

túĭtor, óris, *m.* [túeor] 보호자, 후견인.

túitus, *pf.* [túeor].

tŭli, *pf.* [fero, tulo]. 「*Germánia*의 한 종족.

Tulíngi, órum, *m.pl. Rhenus* 강변에 있던

Túllĭa, æ, *f.* [Túllius] **1.** *Sérvius*의 딸, 자기 아버지의 시체 위로 마차를 몰았다. **2.** *Cícero*의 딸.

Tulliánum, i, *n. Sérvius Túllius*가 지은 감옥.

Tulliánus, a, um, *adj. Túllius*의, 특히 *Cícero*에 관한: ~ epístolæ*(Fronto) Cícero*의 편지; 〔*subst.*〕 *m. Cícero*의 추종자; 〔*adv.*〕 **–ne,** *Cícero*식으로. 「여자에 대한 호칭.

Tullíŏla, æ, *f. dim. Túllia*의 애칭; 사랑하는

Túllĭus, i, *m. Roma*인의 씨족명. **1.** Sérvius ~, *Roma*의 6대 왕. **2.** M. ~ Cícero, *cf.* Cícero: Túllium légere*(Hier.) Cícero*의 작품을 읽다. **3.** Q. ~ Cícero, *M. Cícero*와 동기간(106-43 A.C.). 「*Roma*의 3대 왕.

Tullus, i, *m. Roma*의 씨족명, ~ Hostílius,

tulo, tuli[tétuli], ĕre, *tr.* 받들다, 돕다; 참아 받다〔과거 tuli는 sústuli, sumpsi, ábstuli 대신 쓰기도 함〕.

tum, *adv.* **1.** 그때에, 그래서, 그다음: 〔*gen.*〕 ~ témporis*(Just.)* 그때에 / ~ Scípio, (대화에) 그래서 *Scípio*가 …. **2.** 〔상관용법〕: tum … cum …, 할 때 … 그때 / ~ ipsum … cum*(C.)* …하는 바로 그때 / cum …, ~ …할 때 그때, 한편 … 또 한편 / cum … ~ máxime, ~ præcípue, ~ ínprimis*(C.)* 한편 … 특히 또 한편 / tum … tum … , 어떤 때는 … 어떤 때는. **3.** 〔의문사, 명령, 조건과 함께〕: num … tum, … 이냐 … 이냐? / num te illa terrent … ~ illud …?*(C.)* 너는 그것이 무섭냐 아니면 저것이 무섭냐? **4.** 그렇다면(ita와 같음): scribant … ~ existimábo …*(C.)* 그들이 편지를 써야지, 그러면 믿겠다 / recordáre … ~ intélleges*(C.)* 잘 생각해 보라, 그러면 알아들을 것이다 / quid ~? 그래서? 그 다음에는?

tumba, æ, *f.* 무덤, 묘소.

túmbula, æ, *f. dim.* [tumba] 무덤, 묘소.

tumefácĭo, féci, fáctum, ĕre, *tr.* [túmeo + fácio] 부풀게 하다, 바람넣다, 붓게 하다(腫).

tuméfĭo, íĕri, *pass.* [tumefácio] 붓다(腫).

tuméntĭa, æ, *f.* [túmeo] **1.** 부음, 부풀음, 팽창(膨脹). **2.** 종기, 종창(腫脹).

túmĕo, ére, *intr.* **1.** 부풀다, 바람들다, 붓다, 팽창하다: Corpus tumet venéno.*(Ov.)* 독이 들어 몸이 부풀다 / A vento unda tumet. *(Ov.)* 바람에 파도가 일다. **2.** 골나다, 노하다, 화나다, 오기에 차다, 위협태세에 있다: Gálliæ tument.*(Ta.) Gállia*인들이 위협하고 있다.

tumésco, túmŭi, ĕre, *intr. inch.* [túmeo] **1.** 부풀어 오르다, 붓다, 팽창하다. **2.** 화가 나다, 골나다, 오기가 치밀다, 터지려고 하다.

tumet *V.* tu 너 자신이.

tumícla, æ, *f. dim.* [tomix] 가는 줄, 노끈.

tumídĭtas, átis, *f.* [túmidus] **1.** 《醫》 종기.

2. 자만, 주장, 오만.
túmido, áre, *tr.* [túmidus] 부풀게 하다.
tumidósus, a, um, *adj.* [túmidus] 일어나는, 오르는.
tumídulus, a, um, *adj.* [túmidus] 좀 부푼.
túmĭdus, a, um, *adj.* [túmeo] **1.** 부은, 부푼. **2.** 화가 난, 골난, 오기에 찬: Tumidíssimum ánimal!*(Sen.)* 가장 교만한 동물이여! / cum túmidum est cor*(H.)* 네 마음이 야심에 차 있을 때. **3.** 과장된: tumídior sermo*(L.)* 과장된 연설. **4.** 부풀게 하는, 자랑하는, 교만하게 하는: ~ auster*(V.)* 돛을 부풀게 하는 남풍. **5.** 〔*adv.*〕 **–de,** 자만스럽게, 거만하게, 노엽게.
túmolus, i, *m.* = túmulus.
tŭmor, óris, *m.* [túmeo] **1.** 부기, 붓는 병, 종기, 팽창, 과장. **2.** 술렁임, 동요, 흥분, 불안: ~ ánimi 마음의 술렁임. **3.** 분노, 격분, 격노, 불쾌. **4.** 교만, 오만, 자만. **5.** 위협태세.
tumorósus, a, um, *adj.* [tumor] 교만에 찬.
túmŭi, *pf.* [tuméscо]. 「무덤.
tumulámen, mĭnis, *n.* [túmulus] 묘소,
túmŭlo, ávi, átum, áre, *tr.* [túmulus] 흙으로 덮다, 매장하다, 장사지내다, 묻다.
tumulósus, a, um, *adj.* [túmulus] 언덕이 많은, 울퉁불퉁한.
tumultuárĭus, a, um, *adj.* [tumúltus] **1.** 급히 징집된, 급히 무장한, 급한: tumultuária pugna*(L.)* 기습적인 전쟁. **2.** 급조의, 성급히 구는. **3.** 소란한, 난폭한, 요란한. **4.** 〔*adv.*〕 **–rĭe, –rĭo,** 시끄럽게, 난폭하게, 요란스럽게, 급하게. 「급하게.
tumultuátim, *adv.* [tumúltus] 소란하게,
tumultuátĭo, ónis, *f.* [tumúltuor] 불안; 혼란, 파란, 소동, 소요, 소란함; 급한 징집.
tumultuátor, óris, *m.* [tumúltuor] 소동을 일으키는 자.
tumúltŭo, (ávi), átum, áre, *intr.* [tumúltus] 소란하다, 혼란상태에 있다.
tumúltŭor, átus sum, ári, *dep. intr.* [tumúltus] 소란하다, 혼란스럽다, 술렁거리다: In castris tumultuátur*(Cæs.)* 진영내가 소란하다.
tumultuósus, a, um, *adj.* [tumúltus] **1.** 소란스러운, 요란한, 혼란한, 난장판의, 반동(反動)하는: in ótio tumultuósi in bello segnes*(L.)* 평화시에는 소란하고 전시에는 고요한. **2.** 불안한. **3.** 〔*adv.*〕 **–se,** 소란하게, 요란하게, 문란하게, 동요를 일으켜.
tumúltus, us[i], *m.* [túmeo] **1.** 동요, 문란, 소요, 요란, 소란, 소동: tumúltum injícere *(C.)* 동요를 일으키다. **2.** 《詩》 폭풍우, 천둥. **3.** 내란, 동란, 반란: ~ Itálicus, Gállicus, *Itália* 내란, *Gállia* 내란 / decérnere tumúltum, 비상사태를 선포하다. **4.** 봉기: tumúltum Istrĭcum sedáre*(L.)* *Istrĭa*의 봉기를 진압하다. **5.** 마음 · 정신의 동요, 발음의 혼란.
túmŭlus[**-lum**], i, *m.*[*n.*] [túmeo] **1.** 돌출, 돌기, 흙더미, 언덕: ~ terrénus, 언덕 / túmuli silvéstres*(C.)* 숲있는 언덕. **2.** 무덤, 묘지.
tun = tune의 약어. 네가 …냐? (*cf.* tu).
tunc, *adv.* [tum-ce] **1.** 그때에, 그 시대에(과거), 당시에, 동시에: ~ témporis*(Just.)* 그때에 / ~ erat … ~ est*(C.)* 그때는 …였고, 지금은 …이다 / jam ~ *(C.)* 그때부터 벌써. **2.** 그래서, 그다음. **3.** 〔상관적〕: tunc … cum, … 했을 그때에.
tundo, tútŭdi, tū(n)sum, ĕre, *tr.* **1.** 때리다, 치다, 바수다, 분쇄하다: ~ ocúlos, látera *alci(C.)* 누구의 눈을, 옆구리를 ~ / ~ eámdem íncudem*(C.)* 늘 같은 모루를 치다, 즉 늘 같은 일을 하다. **2.** 녹초가 되게 하다, 피곤하게 하다, 귀찮게 하다, 괴롭히다.
tundor, óris, *m.* 내리침, 부숨. 「*Tunis*).
Tunes, étis, *m.* *Afrĭca* 북부 해안도시(지금의
Tungri, órum, *m.pl.* *Gállia Bélgica*에 있던 *Germánia*의 한 종족; *sg.* **Tunger,** gri.
túnĭca, æ, *f.* **1.** *Roma*인들의 속옷, 소매가 짧은 속두루마기. **2.** 《植》 꼬투리, 껍데기, 껍질, … 깍지, 막질외피(膜質外皮), 종피(種皮). **3.** 《解 · 動》 층, 피낭(皮囊), 피막: ~ conjunctíva 결막(結膜) / ~ fibrósa 섬유막(纖維膜) / ~ mucósa 점막(粘膜) / ~ própria 고유막(固有膜), 고유층(固有層). **4.** 《가》 차부제복(次副祭服).
tunicátus, a, um, *p.p., a.p.* [túnico] **1.** 속옷을 두른, 속옷만 입은; 가난한: Tunicáta quies*(Mart.)* 마음편한 생활 / ~ pópulus *(Ta.)* 서민. **2.** 껍데기를 쓴, 막으로 덮인.
tunicélla, æ, *f. dim.* [túnica] 《가》 부제복(副祭服).
túnĭco, áre, *tr.* [túnica] 속옷을 입히다.
tuníc(ŭ)la, æ, *f. dim.* [túnica] 작은 túnica, 동물의 허물, 껍데기.
túnsĭo, ónis, *f.* [tundo] 두드림, 침.
tunsus, *p.p.* [tundo].
tŭor[1] = túeor.
tuor[2], óris, *m.* [tueor] 시각(視覺).
turábulum[**thu–**], i, *n.* [t(h)us] 향로 = turíbulum.
turális[**thu–**], e, *adj.* [t(h)us] 향에 관한.
turárĭus[**thu–**], a, um, *adj.* [t(h)us] 향(香)의; *m.* 향료상인: ~ vicus 로마의 제 8구의 길 이름. 「낸 자, *cf.* thurificátus.
turáti[**thu–**], órum, *m.pl.* 우상에게 제사지
turba, æ, *f.* **1.** 혼란, 혼돈, **소란**, 문란, 동란, 소동: turbas effícere*(C.)* 소요를 일으키다. **2. 소란한 군중**, 군집, 무리, 떼, 군(群), 민중, 집단, 다량, 혼잡 = vulgus. **3.** 운집, 오합지졸(烏合之卒). 「소란, 혼란.
turbaméntum, i, *n.* [turbo[1]] 소요의 기회;
turbássit = turbáverit의 고어, [turbo[1]].
turbáte[**–bánter**], *adv.* [turbátus] 소란하게, 혼란하게, 복잡하게.
turbátĭo, ónis, *f.* [turbo[1]] 소란, 문란, 동요, 착란, 혼란, 요란, 소동, 불안.

turbátor, óris, *m.* [**–trix,** ĭcis, *f.*] [turbo[1]] 소동자, 선동자, 반란자(叛亂者), 교란자, 소란을 일으키는 자: turbatóres belli 전쟁 선동자들.

turbátus, a, um, *p.p., a.p.* [turbo[2]] 소요가 일어난, 문란하게 된, 교란된, 착란을 일으킨, 혼란한, 소란한, 마음이 요란한: turbátius mare (*Suet.*) 거친 바다 / óculis simul ac mente turbátus*(L.)* 눈과 정신이 어리둥절한.

túrbe(l)læ, árum, *f.pl.* [turba] 소란, 동란; 선동, 반란.

turben, bĭnis, *n.* = turbo[2]. 「게, 흐리게.

túrbĭde, *adv.* [túrbidus] 소란하게, 혼란하

túrbĭdo[1], ávi, átum, áre, *tr.* [túrbidus] 소란케 하다, 휘젓다.

turbído[2][–bédo], dĭnis, *f.* = turbo[2].

turbídŭlus, a, um, *adj. dim.* [túrbidus] 교란된.

turbidum, *adv. acc. n.* [túrbidus] 동요되어: ~ lætári*(H.)* 설레는 마음으로 기뻐하다.

túrbĭdus, a, um, *adj.* [turba] **1.** 소란한, 동요된, 혼들리는, 혼란한, 어지러운: ~ imber*(V.)* 폭풍우. **2.** 진흙투성이의, 더러운, 탁한, 흐린: aqua túrbida*(C.)* 흙탕물. **3.** 당황한, 뒤혼들린, 산란한, 이성을 잃은: túrbidi animórum motus*(C.)* 이성을 잃은 행동. **4.** 격렬한, 격한, 미친. **5.** 경계하는, 불안해 하는, 초조한: in túrbidis rebus*(C.)* 불안한 일에서 / in túrbido*(L.)* 심상치 않은 때에. 「원추형.

turbinátĭo, ónis, *f.* [turbinátus] 원뿔꼴,

turbinátus, a, um, *adj.* [turbo[2]] 원뿔꼴의, 원추형의(뱅뱅돌린).

turbínĕus, a, um, *adj.* [turbo[2]] 소용돌이의, 회오리치는, 돌리는, 빙빙도는.

turbíscus, i, *f.* 관목(灌木). 「= turbýstum.

turbístum, i, *n.* 염색성 물질, 염색 촉진제

turbo[1], ávi, átum, áre, [turba] **I.** *tr.* **1.** 어지럽히다, 소요를 일으키다, 소란케 하다, 문란케 하다, 혼란케 하다, 선동하다, 휘젓다: ~ áciem péditum*(L.)* 보병대열에 혼란을 일으키다 / ~ contiónes*(L.)* 집회를 소란케 하다. **2.** 흐리게 하다, 뒤집다: Aristóteles multa turbat.*(C.)* *Aristóteles*는 많은 생각을 흐리게 한다. **II.** *intr.* 소란스럽다, 혼들리다.

turbo[2], bĭnis, *m.* **1.** 뱅뱅도는 것, 팽이. **2.** 소용돌이, 회오리 바람, 선풍(旋風), 광풍. **3.** 둥근 기둥꼴, 원통, 실꾸리, 원뿔꼴. **4.** 소용돌이 운동, 맴도는 운동, 회전, 선회, 혼돈.

turbor, óris, *m.* [turbo[1]] 《醫》 (신체·정신) 착란; (마음) 산란, 경악.

túrbula, æ, *f.* 작은 소동, 잡음; 작은 군중.

turbulénte[–ter], *adv.* [turbuléntus] 정신없고, 혼란되어, 소란하게, 어지럽게.

turbuléntĭa, æ, *f.* 혼란, 동요.

turbuléntus, a, um, *adj.* [turba] **1.** 동요된, 문란한, 소요스러운, 어지러운, 혼란한: turbuléntior annus*(L.)* 다사다난한 해 / turbulentíssimum tempus*(C.)* 몹시 어지러운 시기. **2.** 소란을 일으키는, 문란스럽게 하는: contiónes turbuléntæ*(C.)* 소란한 논의(집회).

túrbulus, i, *m.* [turbus] 작은 소용돌이.

turbus, i, *m.* = turbo[2]. 「진제.

turbýstum[turbi–], i, *n.* 염색소, 염색 촉

turda[1], æ, *f.* = turdus.

Turda[2], æ, *f.* *Hispánia Tarraconénsis*의 도시.

turdárĭum, i, *n.* [turdus] 티티새 사육장, 새장.

turdéla, æ, *f.* [turdus] 작은 티티새.

Turdetáni, órum, *m.pl.* *Hispánia Bætica*의 한 종족.

Turdetánĭa, æ, *f.* *Turdetáni*인들의 나라.

Túrdŭli, órum, *m.pl.* *Hispánia*의 서남부의 한 종족. 《魚》 놀래기.

turdus, i, *m.* [**–a,** æ, *f.*] **1.** 《動》 티티새. **2.**

Turénus, a, um, *adj.* = Tyrrhénus.

túrĕus, a, um, *adj.* [t(h)us] 분향의, 향(香)의 = thúreus. 「게 하다, 싹트게 하다.

turgefácio, ĕre, *tr.* [túrgeo + fácio] 부풀

túrgĕo, tursi, ére, *intr.* **1.** 붓다, 부풀다, 부어오르다, 골나다: uva turget mero*(Mart.)* 즙이 생겨서 포도알이 부풀다. **2.** 과장되다.

turgésco, ĕre, *intr. inch.* [túrgeo] **1.** 부풀다, 붓다, 부어오르다, 골나다. **2.** 격하다, 격렬하게 되다. **3.** 과장하다, 자만하다. 「좀 부은.

turgídŭlus, a, um, *adj. dim.* [túrgidus]

túrgĭdus, a, um, *adj.* [túrgeo] **1.** 부푼, 부은, 골난, 팽창한. **2.** 과장된, 자만에 찬, 오기

túrgĭo, ónis, *m.* = túrio. ⌊있는.

turgo, ĕre, *intr.* = túrgeo.

turgor, óris, *m.* [túrgeo] 팽창, 부풀음.

Túrĭa, æ, *m.* [**–rĭum,** i, *n.*] *Hispánia Tarraconénsis*의 강; 〔*adj.*〕 **–iénsis,** e.

turíbŭlum[thu–], i, *n.* [t(h)us] **1.** 향로. **2.** 《天》 Ara라고도 불리는 성좌.

turícrĕmus[thu–], a, um, *adj.* [t(h)us + cremo] 향이 타오르는, 향을 태우는[피우는] (곳).

túrĭfer[thu–], ĕra, ĕrum, *adj.* [t(h)us + fero] 향을 산출하는, 향로를 잡은, 분향하는.

turiferárĭus[thu–], i, *m.* [t(h)us + fero] 《가》 향로잡이. 「향 올림, 분향(焚香).

turificátĭo[thu–], ónis, *f.* [t(h)urífico]

turificátor[thu–], óris, *m.* 향 올리는 사람, 분향자, 우상숭배자. 「그리스도교 배신자.

turificátus[thu–], i, *m.* 우상에게 분향하는

turífico[thu–], ávi, áre, *intr.* [t(h)us + fácio] 우상에게 분향하다; 향을 피우다[올리다·드리다].

turílĕgus[thu–], a, um, *adj.* [t(h)us + lego[2]] 향을 수확하는, 향 거두는.

turínus[thu–], a, um, *adj.* = t(h)úreus.

túrĭo, ónis, *m.* 새싹, 녹음(綠陰).

Túrĭus, i, *m.* *Roma*인의 씨족명; *Afrĭca*의 상인으로 유명한 *Quintus Túrius;* 〔*adj.*〕 **–íanus,** a, um: Turíana heréditas *Túrius*의 유산.

turma, æ, *f.* 로마기병대 *ala*의 10분의 1, 기병중대(약 30명), 군대; 군중, 무리, 떼.

turmális, e, *adj.* [turma] **1.** 기병대의; 군중의. **2.** [*subst.*] *m.pl.* 《軍》 기병의 군인들. **3.** [*adv.*] **–le,** 기병대 전체로.

turmárius, i, *m.* [turma] 기병대 징집관.

turmátim, *adv.* [turma] 기병중대별로, 떼지어.

turnus[1], i, *m.* 물고기의 일종.

Turnus[2], i, *m.* **1.** *Rútuli*인의 용감한 왕, *Jutúrna*의 오빠, *Ænéas*에게 살해됨. **2.** ~ Herdónius, *Látium* 사람, *Tarquínius Supérbus*의 적. **3.** 무언극의 작품명.

Túrŏnes, um, [*acc.* –nas,] [**–rŏni,** órum,] *m.pl.* *Gállia Lugdunénsis*의 한 종족; [*adj.*] **–ónĭcus,** a, um; **–onicénsis,** e.

turpátus, a, um, *p.p.* [turpo] 더럽혀진, 추한, 더러운.

turpe, *adv.* [turpis] 추하게, 더럽게, 부끄럽게.

turpédo[**–pído**], dĭnis, *f.* [turpo] 가증스러운 일, 상처, 오점.

turpícŭlus, a, um, *adj. dim.* [turpis] 좀 추한, 약간 더러운.

turpifácio, ĕre, *tr.* [turpis + fácio] 헐뜯다.

turpificátus, a, um, *adj.* [turpis + fácio] 더러워진, 더럽혀진, 훼손된, 오예(汚濊)한.

Turpílĭus, i, *m.* *Roma*의 씨족명: Sextus ~, *Teréntius*의 친구, 라틴 희극시작가.

turpilóquĭum, i, *n.* [turpis + loquor] 음담패설.

turpilóquus, a, um, *adj.* 음담하는.

turpilucricúpĭdus, a, um, *adj.* [turpis + lucrum + cúpidus] 부당한 이익을 추구하는.

turpilúcris, e, [**–lúcrus,** a, um,] *adj.* [turpis + lucrum] 부당한 이익을 탐하는.

Túrpĭo, ónis, *m.* 희극배우 *Ambívius* ~.

turpis, e, *adj.* **1.** 추한, 더러운, 추잡한, 누추한, 너절한, 못생긴, 괴상한, 불구의: ~ ornátus *(Pl.)* 괴상한 옷차림 / túrpia membra fimo *(V.)* 진흙으로 더럽혀진 몸. **2.** 부끄러운, 불명예스러운, 수치스러운: turpe est + *inf.* … 하는 것은 부끄러운 일이다.

túrpĭter, *adv.* [turpis] 추하게, 누추하게, 더럽게, 추잡하게, 부끄럽게: ~ prætérii*(C.)* 나는 부끄럽게도 잊어버렸다.

turpitúdo, dĭnis, *f.* [turpis] **1.** 추함, 못생김. **2.** 부끄러움, 수치, 불명예, 치욕, 누추, 추행(醜行), 오예(汚穢), 부도덕, 악행, 비열, 범속: per turpitúdinem*(Sall.)* 부끄럽게도.

turpo, ávi, átum, áre, *tr.* [turpis] 더럽히다, 부끄럽게 하다, 못생기게 만들다, 추하게 하다, 때묻히다, 추루하게 하다: ~ aram sánguine*(C.)* 제단을 피로 더럽히다.

Turránĭus, i, *m.* *Roma*인의 씨족명, ~ Niger, *Varro*와 *Cícero*의 친구, 유명한 농업가; [*adj.*] **–ránĭus**[**–raniánus**], a, um.

turrícŭla, æ, *f. dim.* [turris] 작은 탑, 소탑.

túrrĭfer[**–ger**], ĕra, ĕrum, *adj.* [turris + fero, gero[1]] 탑이 있는, 탑이 달린.

Turrígĕra, æ, *f.* *Cýbele* 여신의 별명(탑 모양의 왕관을 쓴).

turris, is, [*acc.* –rem, –rim; *abl.* –re, –ri,] *f.* **1.** 탑. **2.** 코끼리나 배(船)로 운반하는 탑. **3.** 요새, 높은 곳에 지은 성, 왕궁. **4.** 비둘기집. **5.** 4각의 전투전열.

Turríta, æ, *f.* [turrítus] = Turrígera.

turrítus, a, um, *adj.* [turris] 탑이 있는, 탑을 지고 다니는(코끼리); 탑 모양으로 된, 높은, 우뚝솟은.

tursi, *pf.* [túrgeo].

túrsĭo[**thú–**], ónis, *m.* 《動》 돌고래.

turtur, ŭris, *m. f.* **1.** 《動》 호도애, 염주 비둘기, 산비둘기. **2.** ~ marína = trygon.

turturílla, æ, *f. dim.* [turtur] 작은 호도애, 여성적인 남자.

turúnda, æ, *f.* [**–us,** i, *m.*] **1.** 거위모이(밀가루 반죽), 제사용 과자. **2.** 《醫》 붕대로 쓰이는 천, 린트.

turúndo, áre, *intr.* 거위를 먹이다.

tus[**thus**], ris, *n.* 향, 향료.

Tusci, órum, *m.pl.* **1.** *Etrúria*인들, 토스카나인들. **2.** *Plínius Júnior*의 토스카나 별장.

Túscĭa, æ, *f.* [Tuscus] *Etrúria, Itália*의 토스카나; [*adj.*] **–scánĭcus,** a, um.

Tusculánum, i, *n.* (*sc.* prǽdium) *Túsculum* 근처에 있는 여러 농장 이름; *Cícero*의 별장.

Tusculánus, a, um, *adj.* *Túsculum*의: Tusculánæ disputatiónes, *Cícero*의 저서명; [*subst.*] **–láni,** órum, *m.pl.* *Túsculum* 주민.

túscŭlum[1][**thu–**], i, *n. dim.* [t(h)us] 소량의 유향[분향].

Túscŭlum[2], i, *n.* *Látium*의 도시(지금의 *Frascati*의 약간 위쪽에 있음); [*adj.*] **–lanénsis,** e; **–lus,** a, um; [*subst.*] **–li,** órum, *m.pl.*

Tuscus, a, um, *adj.* 토스카나의, *Etrúria*의: ~ amnis*(H.)* *Etrúria* 강, 티베리스 강; [*adv.*] **–ce,** 토스카나 식으로, *Etrúria* 식으로.

tusíllæ, árum, *f.pl.* 《醫》 편도선 = tonsíllæ.

tussédo, dĭnis, *f.* [tussis] 기침.

tussícŭla, æ, *f. dim.* [tussis] 잔기침, 해소·해수(咳嗽).

tussiculáris, e, *adj.* [tussícula] 기침약의: ~ herba*(Cæl. Aur.)* 기침약초 = tussilágo.

tussiculósus, a, um, *adj.* 기침병있는.

tússĭcus, a, um, *adj.* [tussis] 기침하는.

tussilágo, ĭnis, *f.* 《植》 기침약초, 머위, 민들레.

tússĭo, íre, *intr.* [tussis] 기침하다; [*p.p.*] **–ítus,** a, um, 기침하며 담을 뱉은.

tussis, is, [*acc.* –im; *abl.* –i,] *f.* 《醫》 기침; [*pl.*] 심한 기침, 기침의 발작.

tusus = tunsus, *p.p.* [tundo].

tutáculum, i, *n.* 보호, 은신처.

tutámen, mĭnis, [**–méntum,** i,] *n.* [tutor[1]] 보호, 수호, 피난처, 방어, 경비.

Tutánus, i, *m.* 수호신의 이름.

tutátio, ónis, *f.* 보호, 수호, 방어.

tutátor, óris, *m.* [tutor[1]] 보호자, 수호자, 변호자.

tutátus, a, um, *p.p.* [tutor¹].

tūte¹, *pron.* [tu] 너 자신, (*cf.* -te). 「태연히.

tūte², *adv.* [tutus] 안전히, 든든히, 위험없이,

tutéla[**-téllа**], æ, *f.* [tutor¹] **1.** 보호(인), 후견(인), 감독, 방어선, 경비선: *alqm* tutélæ *alcjs* commendáre, subjícere(*C.*) ~~누구~~를 아무개 후견인에게 맡기다 / in tutéla *alcjs* esse(*C.*) 누구의 보호를 받고 있다 / in suam tutélam veníre(*C.*) 자기 스스로의 후견인이 되다, 즉 성년이 되다. **2.** 보호받는 자, 후견받는 자. **3.** (건축물의) 보존(保存), 유지(維持). **4.** 배의 수호신상. **5.** 울안, 보호구역. **6.** 피후견인의 재산. **7.** 양육.

tuteláris, e, *adj.* [tutéla] 후견의, 보호하는: ~ prætor(*Capitol.*) 후견인을 임명하는 집정관.

tutelárĭus, a, um, *adj.* 지키는, 보호하는, 수호의. 「像).

tutelátor, óris, *m.* 보호자, 수호신상(守護神

tútemet = tute, 네가 친히, (*cf.* tu).

tútĭcus, a, um, *adj.* 큰, 최고의: meddix ~ 동맹의 수석장관. 「히 곡식의).

Tutilína, æ, *f.* [túeor] 수호여신의 이름(특

tūto¹, *adv.* [tutus¹] 안전하게, 든든히, 위험없이: ~ esse(*C.*) 안전하다 / ~ ab incúrsu(*Cæs.*) 공격에서 안전하게.

tuto², ávi, átum, áre, *tr.* = tutor¹.

tūtor¹, átus sum, ári, *dep. tr.* [túeor] **1.** 보호하다, 후원하다, 감독하다, 보증하다: ~ urbem muris(*L.*) 도시를 성벽으로 ~ / ~ ab *alqā re,* 어떤 일로부터 보호하다. **2.** 스스로 방위하다, 막다, 방·대비하다: ~ inópiam (*Cæs.*) 기근에 대비하다.

tūtor², óris, *m.* [**-trix,** ícis, *f.*] [túeor] **1.** 보호자, 후견인. **2.** 재산 관리인, 법정 대리인.

tutórĭus, a, um, *adj.* [tutor²] 보호의, 후견의, *Júpiter* 신의 형용사.

tútŭdi, *pf.* [tundo¹].

tutulátus, a, um, *adj.* [tútulus] *tútulus* 모자를 쓴; 〔*m.pl.*〕 제관. 「타래.

tútŭlus, i, *m.* 양털 모자, 머리 위에 뭉친 머리

tutum¹, i, *n.* [tutus] 안전, 안전한 장소, 안전한 지위.

tutum², *adv.* [tutus] 안전하게.

Tutúnus, i, *m.* *Priápus* 신의 별칭.

tūtus¹, a, um, *adj.* [túeor] **1.** 〔ab, ad〕 보호받는, 안전한, 대피한, 위험성 없는, 든든한, 태연한: ~ ab, …할 위험이 없는, …에 관한 위험성이 없는 / tútius est … potíri(*Cæs.*) 점령하는 것이 더 안전하다 / nobis tutíssimum est … sequi(*Q.*) 따라가는 것이 가장 안전하다 / in tuto *alqm* collocáre(*C.*) 누구를 안전하게 하다 / in tuto esse(*C.*) 안전하다. **2.** 살피는, 조심성 있는, 신중한, 용의주도한.

tutus², *pf.* [túeor].

tŭus, a, um, 〔강세: *gen.* tuípte; *abl.* tuópte, tuápte,〕 *pron. adj. poss.* [tu] **1.** 〔소유〕 너의, 네: ~ ámicus(*C.*) 너의 친구. **2.** 〔대상〕 너에 대한, 너에게 바쳐진: ~ amor(*Pl.*) 너에게 대한 사랑 / honor ~ (*V.*) 네가 받는 존경. **3.** 〔*subst.*〕 *m. f.* 너의 사람[식구, 부하, 종 등]; *n.* 너의 것, 너의 할 일; 〔*pl.*〕 *m. f. n.* 네 부모·사정·일·재산·소유물.

tuúsmet = tuus의 강세.

tuxíllæ = tusíllæ.

tuxtax, *interj.* 타격의 소리, 티격태격소리.

Týăna, órum, *n.pl.* *Cappadócia*의 옛 도시; 〔*adj.*〕 **-næus**[**-nĕus, -néĭus**], a, um; **-ni,** órum, *m.pl.*

Tyba, æ, *f.* *Sýria* 국경지대 *Euphrátes* 강 쪽에 있는 도시(지금의 *Taibe*).

Týb(**ĕ**)**ris** = Tíberis. 「신전이 있음.

Tycha, æ, *f.* *Syracúsæ*의 한 구역, *Fortúna*의

Týchĭus, i, *m.* **1.** *Bæótia*의 유명한 구두장이. **2.** 대 *Ajax*의 방패를 만든 사람.

Týdĕus, ĕi[ĕos], *m.* *Ænéus*의 아들, *Diomédes*의 아버지, *Thebe* 공략에 참전한 7용사 중의 한 사람; 〔*adj.*〕 **-dídĕus,** a, um.

Tydídes, æ[is], *m.* *Týdeus*의 아들(=*Diomé-*

Tymólus, i, *m.* = Tmolus. ⌊*des*).

tympánĭcus, i, *m.* **1.** 《解》 고막. **2.** 고막염에 걸린 사람. 「은 북, 소고(小鼓).

tympaníŏlum, i, *n. dim.* [týmpanum] 작

tympanísmus, i, *m.* = tympanítes.

tympanísso, áre, *intr.* = tympanízo.

tympanísta, æ, *m.* [týmpanum] 북치는 사람, 태고치는 사람, 고수(鼓手).

tympanístrĭa, æ, *f.* 북치는 여자, 여고수.

tympanítes, æ, *m.* [týmpanum] 《醫》 고막염, 복부창만(腹部脹滿), 그 환자.

tympanítĭcus, a, um, *adj.* 고막염에 걸린; *m.* 고막염 환자. 「고막염(鼓膜炎).

tympanítis, tĭdis, *f.* 《醫》 중이염(中耳炎),

tympánĭum, i, *n.* 북과 같이 생긴 보석(한쪽이 평평하고 한 쪽이 둥근).

tympanízo, áre, *intr.* (*Phrýgia*의) 북을 치다, 북치다. 「등(鼓鐙)의.

tympanostapédius, a, um, *adj.* 《醫》 고

tympanótrĭba, æ, *m.* *Phrýgia* 북치는 자(여성화한 남자를 일컫는 말).

tý(**m**)**pănum,** i, *n.* **1.** *Cýbele* 신들의 신관들이 치던 북, 여성적인 것의 상징. **2.** 수레바퀴. **3.** 《建》 (합각머리 따위의) 합각(合閣), 맞배벽, 양쪽문의 판자. **4.** 《解》 고막, 중이(中耳). **5.** 식탁의 국그릇.

Tyndár(**ĕ**)**us,** (ĕ)i, *m.* *Sparta*의 왕, *Œbălus*의 아들, *Leda*의 남편, *Castor*과 *Pollux, Hélena*와 *Clytæmnéstra*의 아버지; 〔*adj.*〕 **-dárĭus,** a, um; 〔*subst.*〕 **-dárĭi,** órum, *m.pl.* *Sparta* 사람들.

Tyndárĭdes, æ, 〔*acc.* -den,〕 *m.* *Tyndáreus*의 남계자손, 특히 *Castor*과 *Pollux.*

Týndăris, ĭdis, *f.* **1.** *Tyndáreus*의 여계자손, *Hélena*와 *Clytæmnéstra.* **2.** *Sicília*의 북해안에 있는 도시(지금의 *Tindari*); 〔*adj.*〕 **-ritá-**

nus, a, um; 〔*subst.*〕 **-ritáni,** órum, *m.pl.* 그곳 주민. 「의 *Tunis*).
Tynes, étis, *m.* 북부 *Afrĭca*의 해안도시(지금
typhlítis, tĭdis, *f.* 《醫》 맹장염.
typhlon, i, *n.* 《解》 맹장.
týphlosis, is, *f.* 《醫》 맹목(盲目), 눈 어두움.
Typhóeus, ĕi[ĕos], 〔*acc.* -óea,〕 *m.* *Júpiter* 신의 벼락을 맞고 살해되어 *Ætna* 화산 밑 *Tártarus*에 묻힌 100개의 손이 달린 거인; 〔*adj.*〕 **-óĭus,** a, um; 〔*adj. f.*〕 **-óis,** ĭdos.
typhon[1], ónis, 〔*acc.pl.* -ónas,〕 *m.* **1.** 태풍, 선풍. **2.** 혜성의 하나.
Typhon[2], ónis, *m.* *Typhóeus*의 아들, 후에 *Typhóeus*와 혼동되었음; 〔*adj.*〕 **-ónĕus,** a, um. 「선풍의, 맹렬한: ~ ventus, 태풍.
typhónĭcus, a, um, *adj.* [typhon] 태풍의,
typhónion, ii, *n.* 《植》 사리풀.
typhus, i, *m.* **1.** 팽창. **2.** 《醫》 종기, 열병. **3.** 과장. **4.** 자만, 오만, 주제넘음. **5.** 《醫》 티프스, 염병. 「적인.
typicális, e, *adj.* [týpicus] 상징적인, 비유
týpici, órum, *m.pl.* [týpicus] 《醫》 간헐병 환자.
týpĭcus, a, um, *adj.* **1.** 《修》 비유적인, 상징적. **2.** 간헐적인. **3.** 〔*adv.*〕 **-ce,** 상징적으로, 비유적으로. 「쇄술, 활판술.
typographía[**-gráphia**], æ, *f.* 인쇄, 인
typográphicus, a, um, *adj.* [typográphum] 인쇄의.
typográphum, i, *n.* 징후, 상징, 도장, 인(印).
typográphus, i, *m.* 인쇄공, 활판인쇄 기술자.
typus, i, *m.* **1.** 용모, 저부조(低浮彫). **2.** 심상(心像). **3.** 형, 모형, 표준, 활자, 상, 형상. **4.** 《醫》 정형(定型), 병형(病型), 열병의 진행상.
tyránna, æ, *f.* [tyránnus] 여폭군, 여장부.
tyrannicída, æ, *m.* [tyránnus + cædo] 폭군 살해자. 「살해.
tyrannicídĭum, i, *n.* [tyrannicída] 폭군
tyránnĭcus, a, um, *adj.* [tyránnus] 폭군적, 포악한, 폭정을 하는, 폭군의, 포학한; 〔*adv.*〕 **-ce.**
Tyránnĭo, ónis, *m.* *Roma*의 지리, 문법학자, *Cícero*의 친구, 전쟁노예에서 자유인이 됨.
tyránnis, ĭdis, 〔*acc.* -ĭdem, -ĭda,〕 *f.* **1.** 폭군정치, 폭군체제. **2.** 전제주의, 횡포, 학정, 폭정. **3.** 폭군의 영토. **4.** 여폭군.
tyrannóctŏnus, i, *m.* = tyrannicída. 폭군 살해자.
tyrannopolíta, æ, *m.* 폭군밑에 있는 백성.
tyránnus, i, *m.* **1.** 폭군, 절대군주, 전제군주. **2.** 정권 찬탈자(簒奪者), 횡령자.
Tyra(**s**)[**-res**], æ, *m.* *Sarmátia*의 강.
Tyriǽum, i, *n.* *Lycaónia*와 *Phrýgia*와의 경계에 있는 도시; 〔*adj.*〕 **-riéius,** a, um.
tyriánthĭnus, a, um, *adj.* 자홍색의, 진한 자주빛의; 〔*subst.*〕 *n.pl.* 진홍색 옷.
Týrĭus, a, um, *adj.* **1.** *Tyrus*의, *Carthágo*의: púrpura Týria*(C.)* *Tyrus*의 왕위 / Týria puélla*(Ov.)* *Tyrus*왕 *Agénor*의 딸인 *Európa*. **2.** *Carthágo*인의. **3.** 자주빛의, 왕위의. **4.** 〔*subst.*〕 **-rĭi,** órum, *m.pl.* *Carthágo* 주민.
Tyro, us[ónis], *f.* *Salmóneus*의 딸.
tyropátina, æ, *f.* 우유, 계란, 꿀을 섞어 만든 치즈과자, 과자의 일종.
tyrotaríchus, i, *m.* 치즈 섞인 소스.
Tyrrhénĭa, æ, *f.* [Tyrrhéni] *Etrúria* 지방.
Tyrrhénus, a, um, *adj.* *Tyrrhénia*의, *Etrúria*의, 로마의: Tyrrhénum mare*(Plin.)*, Tyrrhénum æquor*(V.)* *Tyrrhénia* 앞바다; 〔*subst.*〕 **-héni,** órum, *m.pl.* *Pelásgi*족의 일부, *Itália*로 이주하여 *Etrúria*인들의 근원이 됨; 〔*adj.*〕 **-hénĭcus,** a, um.
Týrrh(**e**)**us,** i, *m.* *Latínus*[2]왕의 충실한 목동.
Tyrrhídæ, árum, *m.pl.* *Tyrrhus*의 아들들, *Latínus*왕의 목동들.
Tyrrhídes, æ, *m.* *Tyrrhus*의 자식.
Tyrtǽus, i, *m.* *Athénæ*의 애가시인(c. 650 A.C.).
Tyrus[**-os**], i, *f.* **1.** *Phœnícia*인의 항구, 상업도시, 자주빛 피륙으로 유명. **2.** 자주빛 피륙, 자주빛, 왕위.
tzanga, æ, *f.* 장화 = zanca.

U

U[1], **u,** *f., n. indecl.* 라틴 자모의 스물 한 번째 글자: 원래 V, v로 썼음. 가끔 i와 바꿔 쓰기도 함: óp**ti**mus, óp**tu**mus; sá**ti**ra, sá**tu**ra.
U, u[2], 《略》 U. = urbs Romána; V.C. 혹은 u.c. = urbis cónditæ; ab u.c. = ab urbe cónditā, *Roma* 창건 때부터; A.U.C. = anno urbis cónditæ 로마 기원(紀元).
uba = uva.

ube(i), *adv.* ubi의 고형.
ūber¹, ĕris, 〔*abl.* úbĕri et úbĕre,〕 *adj.* **1.** 〔*abl.*〕 충만한, 풍부한, 풍요한, 넘치는, 가득찬, 살찐, 비옥한: spici úberes*(C.)* 잘 익은 이삭 / ubérrimi fructus*(C.)* 과실의 풍작. **2.** (글, 연설 등이) 풍부한, 창자력있는. **3.** 누거운. **4.** 살찐, 뚱뚱한.
ūber², ĕris, *n.* **1.** 젖, 유방, (동물의) 젖통. **2.** 풍요, 충만, 풍부, 비옥, 부유(富裕). **3.** 토지, (곡식을 내는) 땅, 옥토. **4.** 포도송이, 꿀벌떼.
ubériter, *adv.* [uber¹] = ubértim.
úbĕro, ávi, átum, áre, *tr., intr.* [uber¹] 풍부하게 하다, 풍요하다.
ubér(ĭ)tas, átis, *f.* [uber¹] **1.** 생산력, 풍요성, 풍부, 풍요, 다산(多産), 과다, 충만, 풍작, 비옥: ~ frugum et frúctuum*(C.)* 곡식과 과실의 풍작. **2.** 풍부한 창작력. **3.** *pl.* 이익, 유익성: virtútis ubertátes*(C.)* 덕행의 유익성.
ubértim, *adv.* [uber¹] 풍부하게.
ubérto¹, áre, *tr.* [ubértas] 풍요하게 하다.
uberto², is, ĕre, *intr.* 풍부하다, 풍부하게 있다.
ubértus, a, um, *adj.* [uber¹] 풍부한, 풍만한, 충만한, 많은.
ŭbi, **I.** *adv. loci.* **1.** *interr. dir.* et *indir.* 〔*absol., c. gen.*〕 어디에, 어느 곳에? ~ terrárum?, géntium?*(C.)* 세상 어느 곳에? **2.** *adv. relat.* 〔in quo(quā, quibus), apud quem 따위 대신으로〕 하는[있는] (곳 · 자리 · 장소 · 공간): locus, ~ … *(Cæs.)* … 한 곳 / Est ubi plus tépeant híemes?*(H.)* 겨울이 더 따뜻한 곳이 있느냐? **3.** *adv. correlat.* ~ amíci, ibi opes *(Q.)* 친구들이 있는 그 곳에 부(富)가 있다. **4.** *adv. indef.* ubi ubi (=ubicúmque) 어디에 …(있)든지 간에, 어디든지 …하는 곳에. **5.** 《論》 〔명사적으로〕 장소.
II. *conj. temporális* **1.** 〔*ind.*〕 …때에, 경우에, …하고 나서. **2.** 〔*pf., fut. exact. ind.*〕 ~, ~ primum …하자마자. **3.** 〔*plqpf. subj.*〕 …할(하였을) 때마다.
ubicúmque[**-cúnque**], **1.** *adv. relat.* 어디(에) …든지: ~ es, … *(C.)* 네가 어디에 있든지…. **2.** *adv. indef.* 어디에든지, 도처에, 곳곳에.
Ubĭi, órum, *m.pl.* *Cæsar* 시대에 *Rhenus*강 우변에 있던 *Germánia*의 한 종족, 후에 *M. Agríppa*가 이들을 강 좌변으로 이주시켜서 Agrippinénses라고도 불리었음; 〔*adj.*〕 **Ubĭus,** a, um.
ubílĭbet, *adv.* 어디든지, 아무데나.
ŭbĭnam, *adv.* *interr.* (도대체) 어디에? 어느 곳에?
ubiquáque, *adv.* (*sc.* parte) 어디에든지.
ubíque¹, *adv.* 어디든지, 어느 곳에든지, 도처에, 곳곳이, 각처에: semper et ~ *(Q.)* 언제 어디서나. 〔*gen.*〕 ~ itíneris*(Apul.)* 여행길 어디에든지.
ubíque² = et ubi 4.
ubiquómque, *adv.* ubicúmque의 고형.
ubi-úbi, *V.* ubi.
úbĭvis, *adv.* [ubi + volo] 아무데나, 어디든지, 사방에.
Ucálĕgon, ónis, *m.* 옛 *Troja*의 귀족노인, *Troja*시 점령 때 그의 집이 불탔음.
ūdo¹, ávi, áre, *tr.* [udus] 윤택하게 하다, (물에) 축이다, 목욕(沐浴)시키다, 적시다.
ūdo², ónis, *m.* 염소털로 만든 구두.
ūdus, a, um, *adj.* [úvidus] **1.** 물 머금은, 젖은, 축축한, 습기찬: uda humus*(H.)* 젖은 땅; 〔*subst.*〕 *n.* 습기. **2.** 나약한, 잘 휘는, 우글쭈글한, 나긋나긋한.
Ufens, éntis, *m.* *Látium*의 강; 〔*adj.*〕 **–ntínus,** a, um; 〔*subst.*〕 *m.* **–ínus,** *Látium*인, *Æqui*인들의 수령.
ulcerárĭa, æ, *f.* [ulcus] 《植》 꿀풀과의 일종, 마루비움.
ulcerátĭo, ónis, *f.* [úlcero] 상처, 헌데, 궤양(潰瘍), 종기, 부스럼.
úlcĕro, áre, *tr.* [ulcus] 헐게 하다, 상처내다, 궤양이 생기게 하다, 종기나게 하다, 상하게 하다.
ulcerósus[**-ruléntus**], a, um, *adj.* [ulcus] 상처투성이의, 헌데 많은, 궤양이 난, 멍든 곳이 많은, 종기(腫氣)가 가득한.
ulcísco, ĕre, *tr. inch.* …의 복수를 하다, 원수를 갚다.
ulcíscor, ultus sum, císci, *dep. tr.* **1.** 〔*alqm* – pro *abl., alqd*〕 (누구에게) 원수갚다, 보복하다, 앙갚음하다, 벌하다: *alqm* pro scélere ~ *(Cæs.)* 아무를 그 범죄에 따라 벌하다 / injúrias *alcjs* ~ *(C.)* 누구에게서 받은 모욕을 보복하다. **2.** 〔*alqm, alqd*〕 (누구의, 무엇의) 원수를 갚다, 복수하다: ~ patrem*(C.)* 아버지의 원수를 갚다 / se ~ *(C.)* 복수하다.
ulcus[**hul-**], cĕris, *n.* 헌데, 상처, 재앙, 나무의 상처, 종기, 궤양(潰瘍): 〔격언〕 ~ tángere*(T.)* 아픈데를 찌르다 / úlcera móntium*(Plin.)* 대리석 채석장.
ulcúscŭlum, i, *n. dim.* [ulcus] 작은 상처, 뾰루지.
ulex, lĭcis, *m.* 《植》 로우즈매리와 비슷한 나무.
Uliárus, i, *f.* *Gállia* 해변의 섬(지금의 *Oleron*).
uliginósus, a, um, *adj.* [ulígo] 젖은, 습한, 축축한, 늪지의, 질척질척한: ~ víscera*(Arn.)* 《醫》 수종(水腫), 부종(浮腫).
ulígo, gĭnis, *f.* [*inusit.* úveo] **1.** 땅의 습기, 습지(濕地), 소지(沼地), 누짐. **2.** = urígo.
Ulíxes, is[i] 〔*acc.* –em, –en; *voc.* –xes, –xe,〕 *m.* [Ulýsses는 잘못된 철자] *Ithăca*섬의 왕, *Laértes*의 아들, *Penélope*의 남편, *Telémachus*와 *Telégonus*의 아버지, *Troja* 전쟁시 희랍군의 장군.
Ulíxĕus, ĕi, *m.* = Ulíxes; 〔*adj.*〕 **–xĕus,** a, um.
ullágĕris, e, *adj.* (=orculáris.) 통의 모양을 한.
ullátĕnus, *adv.* [ullus + tenus²] 하여튼, 어떻든.
ullus, a, um, 〔*gen.* ullíus; *dat.* ulli,〕 *adj. dim.* [unus] 〔부정문, 의문문, 가정문, 드물게는 긍정문에서 무한정을 나타내기 위하여 nul-

lus, a, um 대신 씀〕 **1.** 〔부정문〕 아무 …도 (아니): sine ulla vituperatióne*(C.)* 아무런 책망도 없이 / Neque ullam in partem dispúto.*(C.)* 내 연설은 찬반 어느 한 쪽을 위한 것이 아니다. **2.** 〔의문문〕 어느 …이 …이냐?: est ulla res tanti …ut …?*(C.)* …하기에 더 귀한 것이 또 있느냐? **3.** 〔*subst.*〕 *m.* 아무도 (아니), 어느 누구; *n.* 아무것도 (아니), 그 무엇: Nemo ullíus nisi fugæ memor.*(L.)* 누구를 막론하고 오로지 도망질 칠 것 외에는 다른 아무것도 생각하지 않았었다.

ulmánus, a, um, *adj.* [ulmus] 느릅나무 곁의, 느릅나무 밑의.

ulmárĭum[**-métum**], i, *n.* [ulmus] 느릅나무 심은 곳, 느티나무숲, 규림(槻林).

úlmĕus[**-míneus**], a, um, *adj.* [ulmus] 느릅나무(숲)의: píngere *alqm* pigméntis úlmeis*(Pl.)* 〔속담〕 아무를 느릅나무색으로 칠하다, 즉 보기 좋게 혼내 주다.

ulmítriba, æ, *m.* [ulmus] 자주 채찍맞는 자.

ulmus, i, *f.*[*m.*] **1.** 《植》 느릅나무. **2.** 느릅나무 채찍.

ulna, æ, *f.* 팔, 팔뚝, 한 아름, 한 발(길이), 《解》 「척골(尺骨), 완(腕).

ulnáris, e, *adj.* 《解》 척골(尺骨)의.

ulóphŏnon[**ulophýton**], i, *m.* 《植》 독초의 일종(엉겅퀴).

Ulpiánus, i, *m.* 로마의 법률가, *Alexánder Sevérus*(208-235 P.C.) 황제의 고문.

úlpĭcum, i, *n.* 《植》 부추, 파 종류.

Ulpĭus, i, *m.* *Roma*인의 씨족명; ~ Trajánus 로마 황제(98-117 P.C.), 그리스도교 박해자.

uls, *adv.* ultra의 고형, cis의 반대.

ulter, tra, trum, *adj.* (부사형 ultrā, ultro 외에는 쓰지 않음), 〔*comp.* -térĭor; *superl.* -tĭmus〕 저쪽의, 너머의(超), 지나친(過).

ultérĭor, ĭus, *adj. comp.* [*inusit.* ulter] **1.** 저쪽의, 너머에 있는: Gállia ~ *(C.)* 저쪽의 *Gállia* / ~ ripa*(V.)* 건너편 강변. **2.** 그 이상의, 그 밖의. **3.** 아주 먼, 아주 옛, 장래의.

ultérĭus, *adv. comp. n.* [ulter, ultra] (*cf.* ultérior) **1.** 더 멀리, 더 떨어져서. **2.** 더 이상, 더 다시, 그 밖에: ~ ne tende ódiis*(V.)* 더 이상 미워하지 말라 / ~ justo*(Ov.)* 옳은 것보다 더 이상.

últĭme, *adv.* [últimus] 결국, 결론적으로, 마지막으로, 최후로, 최악의 경우에.

últĭmo[1], *adv.* [últimus] 결국은, 끝으로, 나중에, 최후에.

último[2], áre, *intr.* [últimus] 끝에 이르다.

últĭmum[1], *adv.* [últimus] 마지막으로, 최후로, 맨 끝으로. 「까지.

últĭmum[2], i, *n.* 끝, 극단(極端): ad ~ 마지막

últĭmus, a, um, *adj. superl.* [*inusit.* ulter] **1.** 〔공간적〕 **가장 멀리 있는**, 아주 저쪽의, 끝에 있는, 말단의: stélla última a cælo, cítima terris*(C.)* 하늘에서 가장 멀리 있고 땅에서 제일 가까이 있는 별 / última Gállia. = *Gállia Transalpína.* **2.** 〔시간·순서에서〕 마지막의, **최후의**, 최종의, 종말의, 제일 나중의, 맨끝의, 말째의, 제일 처진; 마지막 남은: últimum tempus ætátis*(C.)* 인생의 마지막 시기 / últimum supplícium*(Cæs.)* 극형. **3.** 바로 요전의, 지난(昨), 최근의, 최신의: última vice 마지막으로, 지난 번에. **4.** 〔시간적으로〕 가장 먼, 옛, 처음의: última antíquitas*(C.)* 태고시대, 아득한 옛날. **5.** 최하의, 제일 낮은, 맨 밑바닥의: plebs última*(Sen.)* 최하층 서민. **6.** 최고의, 최대의; 최악의, 극도의: discrímen últimum*(L.)* 극도의 위기.

últĭo, ónis, *f.* [ulcíscor] **1.** 복수, 보복, 복구(復仇): ultiónem pétere*(L.)* 보복을 꾀하다. **2.** [U-] 복수의 여신.

ultis, *adv.* = uls.

ultor, óris, *m.* [ulcíscor] **1.** 복수자, 보복자: ultóres dii*(Ta.)* 보복하는 신들. **2.** [U-] 복수의 신, *Mars* 신의 별명.

ultórĭus, a, um, *adj.* [ultor] 복수하는, 복수의, 원수를 갚는.

ultra, (*sc.* parte) [ulter] **I.** *adv.* **1.** 저쪽에서, 저편으로, 건너편으로: nec citra nec ~ *(Ov.)* 이쪽도 저쪽도 아닌, 전진도 후퇴도 아니. **2.** 더 멀리[오래]; 그 외에, 더 이상. **3.** non ~ 이미 …아니.

II. *præp. acc.* **1.** 저쪽으로, 다른편으로: paulo ~ eum locum*(Cæs.)* 이곳 너머 좀 저쪽으로. **2.** 더 오래: ~ Sócratem usque durávit*(Q.)* *Sócrates* 이후 좀더 오래 살았다. **3.** 한도를 넘어, 더 길게, 더 무겁게: modus, quem ~ prógredi non opórtet*(C.)* 넘어서는 안될 한도 / ~ modum*(Q.)* 정도를 넘어.

III. '저 너머'의 뜻을 가진 접두어.

ultramarínus, a, um, *adj.* [mare] 바다 너머의. 「너머의.

ultramontánus, a, um, *adj.* [mons] 산

ultramundánus, a, um, *adj.* [mundus] 세상 저쪽의, 피안(彼岸)의, 사회[속세]를 떠난.

ultrátus, a, um, *adj.* [ultra] 저쪽에 있는.

ultrix, ícis, *adj. f.* [ultor] 복수하는 여자.

ultro, *adv.* (*sc.* loco) [ulter] 〔보통 citro와 함께〕 **1.** 저쪽으로 가면서, 다른 쪽으로: ~ et citro cursáre*(C.)* 이쪽저쪽으로 뛰다 / ~ citro commeáre*(C.)* 이곳 저곳을 왔다갔다하다. **2.** 이쪽저쪽 서로: ~ citróque míttere *(Cæs.)* 이쪽저쪽에서 서로 보내다 / benefícia ~ et citro data, accépta*(C.)* 이쪽저쪽에서 서로 주고 받은 혜택. **3.** 더 멀리, 그뿐 아니라, 그 이상. **4.** 먼저, 선수를 쳐서, 자의(自意)로, 자원으로, 자진해서, 저절로.

ultronéitas, átis, *f.* [ultróneus] 자의(自意), 자발성, 자유의사.

ultrónĕus, a, um, *adj.* [ultro] **1.** 자의의, 자진해서 하는, 자원의, 스스로 하는. **2.** 방해받지 않은, 자유의.

ultro tribúta, órum, *n.pl.* 〔붙혀서도 씀〕

기업자에게 선불하는 국가 공공 공사비용(국가의 공공공사 선불금): (속담) Virtus in ultro-tribútis est.*(Sen.)* 덕행은 받는 것보다 주기를 더 좋아한다.

últumus = últimus.

ultus, a, um, *p.p.* [ulcíscor].

Ulŭbræ, árum, *f.pl.* *Látium*의 마을, *Pomptina* 늪지 가까이에 있음; (*adj.*) **–ránus,** a, um; (*subst.*) **–rénses,** ĭum, *m.pl.* 그곳 주민.

úlucus, i, *m.* = úlula.

úlŭla, æ, *f.* [úlulo] 《動》 올빼미의 일종, 올빼미 소리.

ululábĭlis, e, *adj.* [úlulo] 올빼미 소리나는, 찢어지는 소리나는, 탄식(歎息)하는, 찌르는 듯한(목소리, 어조).

ululámen, ĭnis, *n.* [úlulo] 우는 소리, 우짖는 소리.

ululátĭo, ónis, *f.* [úlulo] 짖는 소리, 우는 소리, 울부짖음, 통곡(痛哭), 탄식(歎息).

ululátus, us, *m.* [úlulo] **1.** (동물의) 으르렁소리, 짖는 소리. **2.** (사람) 울부짖는 소리, 찢어지는 듯한 소리, 아우성 소리. **3.** 통곡 소리. **4.** 전쟁에서 지르는 소리.

úlŭlo, ávi, átum, áre, **1.** *intr.* 찢어지는 소리나다, 날카로운 소리나다; 개 짖다, 으르렁거리다; 울부짖다, 통곡하다, 부르짖다; 기쁜소리나다. **2.** *tr.* 울부짖는 소리로 호소하다, 으르렁 소리를 내다.

ulva, æ, *f.* 《植》 갈파래, 청해태.

ulvósus, a, um, *adj.* [ulva] 갈파래가 많은.

Ulýsses, is, *m.* Ulíxes의 잘못된 철자.

umbélla, æ, *f. dim.* [umbra] 양산, 우산(雨傘).

Umber, bri, *m.* *Umbria*의 사냥개, 산양과 양과의 혼종.

Umbra, æ, *f.* *Umbria*의 여인.

umbilicáris, e, *adj.* [umbilícus] 배꼽의, 특히 식물 씨앗의 눈.

umbilicátus, a, um, *adj.* [umbilícus] 배꼽 있는.

umbilícus, i, *m.* **1.** 배꼽, 탯줄. **2.** 가운데, 중앙: ~ orbis terrárum*(L.)* 세상의 중앙. **3.** 책두루마리의 끝부분, 축, 원통(圓筒). **4.** 해시계의 지침. **5.** 《植》 비너스의 배꼽. **6.** 조개의 일종. **7.** 식물의 돌출부.

umbo, ónis, *m.* **1.** 방패의 두드러진 곳, 방패. **2.** 팔꿈치. **3.** 갑(岬), 곶, 해각(海角). **4.** 돌출부분. **5.** 또가(로마인의 옷). **6.** 머리숱.

umbra, æ, *f.* **1.** **그늘, 그림자.** **2.** 어두움, 밤; 죽음의 그림자, 유령, 망령. **3.** 그림자 그림(그림자로 어떤 형태를 나타내는 것), 암색(暗色). **4.** 초청객이 데리고 온 손님. **5.** ~ luxúriæ *(C.)* 쾌락에 따라 오는 것, 춤. **6.** 그늘진 곳(상점 · 학교 · 강좌), 그늘지어 주는 것(나뭇잎 · 집 · 수염). **7.** 구름, 허망한 것. **8.** 두둔, 비호, 피난처, 도움. **9.** 은퇴생활. **10.** 겉꾸밈, 허세, 구실. **11.** 민물송어의 일종.

umbrábĭlis, e, *adj.* [umbra] 그늘지우는, 그림자같은, 허망한.

umbrácŭla, órum, *n.pl.* 학교의 보호, 학교.

umbrácŭlum, i, *n. dim.* [umbra] **1.** 그늘진 곳, 보호된 곳. **2.** 양산. **3.** 텐트, 천막. **4.** 고요한 곳, 학교.

umbráliter, *adv.* [umbra] 은근하게, 상징적으로.

umbratícŏla, æ, *m.f.* [umbra + colo²] 그늘을 찾는 자; 여자같은 자.

umbrátĭcus, a, um, *adj.* [umbra] **1.** 그늘의, 그늘 밑에 사는, 자기 집에 있는, 한가하게 있는, 서재에 있는: umbráticæ lítteræ *(Plin.)* 집에서 쓴 글(습작). **2.** 여성화한, 유약한, 연약한; 게으른, 나태한. **3.** 겉치레의.

umbrátĭlis, e, *adj.* [umbra] **1.** 그늘 밑(집)에 있는, 한가한, 조용히 지내는: ~ vita *(C.)* 한가한 삶. **2.** 학교의, 서재의.

umbratílĭter, *adv.* [umbrátilis] **1.** 대강대강, 슬쩍, 어렴풋이. **2.** 빗대어, 은유적으로. **3.** 겉꾸며서.

umbrátio, ónis, *f.* [umbra] 그늘짐, 음영(陰影).

umbrésco, ĕre, *intr. inch.* [umbro] 그늘지다, 한가한 생활을 하다.

Umbri, órum, *m.pl.* 중부 *Itália*에 있던 종족.

Umbrĭa, æ, *f.* *Umbri*인의 나라; (*adj.*) **–brĭcus,** a, um; **–ber,** bra, brum; (*subst.*) **–ber,** bri, *m.* *Umbria*의 사냥개; **–bra,** æ, *f.* *Umbria*의 여인.

úmbrĭfer, fĕra, fĕrum, *adj.* [umbra + fero] **1.** 그늘지게 하는. **2.** 유령을 초래하는, 으시시한.

umbro, ávi, átum, áre, *tr.* [umbra] 그늘지게 하다, 그늘로 덮다, 어둡게 하다; *intr.* 그늘지다.

umbrósus, a, um, *adj.* [umbra] **1.** 그늘진, 그늘지게 하는. **2.** 침침한, 어두운; (*subst.*) *n.pl.* 어스름, 서광, 희미한 빛.

umec... *V.* humec...

umefácio = humefácio.

úmeo = húmeo.

umer... *V.* humer...

umi... *V.* humi...

umor... *V.* humor...

umquam, *adv.* = unquam.

ūnā, *adv.* [unus] **1.** 한꺼번에, 한 가지로, 같이, 함께, 동시에: ~ fui 같이 있었다 / ~ et probábit et …*(C.)* 동시에 인정하기도 하고 …하기도 / ~ simul(cum)*(Pl.)* 동시에. **2.** (전치사 cum의 뜻을 강조하는 부사로) cum illis ~ *(C.)* 그들과 한통속이 되어. **3.** (*abl.*) …를 가지고, …와 함께: armis unā*(Itin. Alex.)* 무기를 가지고.

unadevicénsĭmus, a, um, *adj.* = undevicésimus.

una et vicésima légio, ónis, *f.* 제 21군단.

unaetvicesimáni[**unet–**], órum, *m.pl.* 제 21군단의 병사들.

unális, e, *adj.* [unus] 유일의.

unálitas, átis, *f.* 단일성.

unánĭmans, ántis, [**–mis,** e,] *adj.* = unánimus.

unanímĭtas, átis, *f.* [unánimus] 일치, 합의, 조화, 화목(和睦), 화합(和合), 동심동력(同心同力), 만장일치.

unanímĭter, *adv.* [unánimis] 일치하여, 만장일치로, 이구동성으로, 같이, 한 마음으로.
unánĭmus, a, um, *adj.* [unus + ánimus] 한 마음의, 같은 생각의, 일치하는, 화합하는, 같은 의견의, 동심동력의, 일치합력(一致合力)의, 만장일치의, 이구동성의.
unáque, *adv.* 함께, 하나가 되어, 동시에, 같이.
unárĭus, a, um, *adj.* [unus] 유일한, 《文》 한 형태뿐인, 한 가지 법만 있는.
unasýllabus, a, um, *adj.* [unus + sýllaba] (=monosýllabus) 단음절의.
uncátio, ónis, *f.* 안으로 굽음.
uncátus, a, um, *adj.* [uncus[1]] 안으로 굽은, 오그라든, 갈고리진.
úncĭa, æ, *f.* ⟨Sicília 어원⟩ **1.** 12분의 1, 1온스, 12분의 1 *as*, 1 *júgerum*의 12분의 1 (*júgerum*은 두 마리 소가 한나절 갈 수 있는 농토 면적), 1인치, 유산의 12분의 1. **2.** 월 12분의 1 이자율. **3.** 근소한 양, 극소량.
unciális, e, *adj.* [úncia] 12분의 1의, 1온스의, 1인치의.
unciárĭus, a, um, *adj.* [úncia] 12분의 1의: unciárium fenus*(L.)* 월 12분의 1 이자.
unciátim, *adv.* [úncia] 한치한치, 한푼한푼, 조금씩, 한푼씩.
uncinátus, a, um, *adj.* [uncíno] 안으로 굽은, 갈고리 모양으로 된.
uncíno, áre, *intr.* [uncínus[1]] 낚시질하다.
uncínulus, i, *m. dim.* [uncínus[2]] (포도) 덩굴손. 「바늘.
uncínus[1], i, *m.* [uncus[2]] 작은 갈고리, 낚시
uncínus[2], a, um, *adj.* [uncus[1]] 안으로 굽은, 꼬부라진.
uncíŏla, æ, *f. dim.* [úncia] 하찮것 없는 양·몫, 소량, 작은 갈고리, 유산의 12분의 1.
úncĭpes, pĕdis, *adj.* [uncus[1] + pes] 발이 꼬부라진, 다리가 X형으로 된. 「껴다.
unco, áre, **1.** *intr.* 곰이 울다. **2.** *tr.* 구부리다,
únctĭo, ónis, *f.* [ungo] **1.** 기름 바름, 도유(塗油), 기름칠, 마찰. **2.** 운동연습. **3.** 고약, 기름.
únctĭto, áre, *tr. freq.* [ungo] 자주 바르다.
unctiúscŭlus, a, um, *adj. dim.* [unctus[1]] 꽤 기름진.
unctor, óris, *m.* [ungo] 기름바르고 문지르는 노예, 안마하는 노예. 「안마하는.
unctórius, a, um, *adj.* [ungo] 기름바르는,
unctórĭum[-trínum], i, *n.* (*sc.* cubículum) [unctórius] 안마소, 기름바르는 곳, 향유(香油)로 마찰(摩擦)하는 방.
unctrix, ícis, *f.* [unctor] 기름바르는 여자, 안마하는 여자.
únctŭlus, a, um, *adj. dim.* [unctus[1]] 향유 바른, 약간 기름바른; 〔*subst.*〕 *n.* 소량의 향유.
unctum, i, *n.* [unctus[1]] **1.** 안마용 기름. **2.** 맛있는 음식, 향연. 「바름, 도유(塗油).
unctúra, æ, *f.* [ungo] 시체에 기름 바름, 향유
unctus[1], a, um, *p.p., a.p.* [ungo] **1.** 기름진, 기름바른, 향료뿌린: caput ~ *(Catull.)* 기름을 잘 바른 머리. **2.** 살찐, 부자의, 잘 먹는: Accédes siccus ad unctum.*(H.)* 깡마른 너는 부자집을 다니어라.
unctus[2], us, *m.* [ungo] 기름바름, 도유, 안마.
uncus[1], a, um, *adj.* [uncus[2]] 안으로 굽은, 갈고리 모양의, 낚시바늘처럼 휜. 「닻.
uncus[2], i, *m.* 갈고리, 꺾쇠, 갈퀴, 갈고리 장대,
unda, æ, *f.* **1.** 파도, 물결. **2.** 풍파; 연기의 파상형. **3.** 인파, 파도처럼 밀리는 군중, 손님의 쇄도. **4.** 물, 액체. 「는, 물결치는.
undabúndus, a, um, *adj.* [unda] 풍파이
undánter, *adv.* [unda] 파도치면서, 노도와 같이, 소란하게.
undátim, *adv.* [undo] **1.** (나무·돌의) 물결무늬로, 파동(波動)을 일으키며. **2.** 대열을 [무리를] 지어. 「騰).
undátio, ónis, *f.* [undo] 넘쳐 흐름, 비등(沸
undátus, a, um, *adj.* [undo] 파도친, 파도인, 파동(波動)의, 파상(波狀)의, 고저(高低)있는.
unde, *adv.* **I.** *interr. dir.* et *indir.* **1.** 〔출발점·출처 표시의 장소부사〕 어디로부터, 어디서(부터)?: Unde is(=venis)?*(T.)* 너 어디서 오느냐? / Respóndit unde esset.*(C.)* 자기가 어디 출신인 지를 말했다. **2.** 〔a, de, ex *abl. pron. interr.* 대신으로〕 Unde(=a quā re) incípiam?*(C.)* 나는 무엇에서부터 시작하랴? **3.** 〔이유부사〕 = cur? quare? 왜, 어째서, 무슨 이유로?(간접의문일 경우에는 "… 할 이유·근거·재료"로 알아듣게 됨).
II. *adv. relat.* **1.** 〔출발점·출처 따위 표시의 장소부사〕: Rédeam eódem, unde erant proféctæ naves.*(Cæs.)* 나는 배들이 출범했던 그 곳으로 돌아가겠다. **2.** 〔a, de, ex *abl. pron. relat.* 대신으로〕 in fines suos, unde(=e quibus) erant proféctí*(Cæs.)* 그들이 떠났던 자기 지역으로 / eloquéntia, unde(=a quā) longe absum*(C.)* 나와는 거리가 먼 웅변 / 《法》 (ille), unde *alqd* pétitur*(T., C.)* 무엇을 요구당하는 사람. **3.** 〔이유표시의 관계부사〕 = quare 그러므로, 그래서, 거기에서, 그 이유로.
III. *adv. indef.* unde unde*(H.)* 어디에서부터이든지, 아무 곳에서나, 사방에서.
undecénis, e, *adj.* [úndecim + annus] 열한 살 먹은.
undecentésĭmus, a, um, *num. ordin.* [unus + de + centum] 제 99번, 아흔 아홉 번째, 99번째, 제 99의.
undecéntum, *indecl. num. card.* [unus + de + centum] 아흔 아홉, 99.
undécĭe(n)s, *adv. num.* [unus + décies] 열한 번, 11번.
úndĕcim, *indecl. num. card.* [unus + decem] **1.** 열 하나의 수, 11의 수. **2.** 미정의 수.
undecimáni = undecumáni. 「하나.
undecimprímus, a, um, *adj.* 11인 고관중
undécĭmus, a, um, *num. ordin.* [úndecim]

제 십일의, 11번째의; [*subst.*] *f.* (*sc.* hora) 11시.
undecímvĭri, órum, *m.pl.* *Athénæ*의 사법 경찰을 관장한 11인 위원.
undeci(m)rémis, is, *f.* (*sc.* navis) [úndecim + remus] 11단노(段櫓)의 배.
undecumáni, órum, *m.pl.* [undécimus] 세 11군단의 병사들.
undecúmque[-cúnque], *adv.* **1.** [*gen.*] 어디에서든지, 아무 곳에서나, 사방에서: ~ cáusa fluxit*(Q.)* 사건은 어디에서든지 흘러나왔다 / ~ géntium 사방에서. **2.** 어느 견지[각도]에서 보든지.
undecúnde, *adv.* 사방에서, 모든 면에서.
undélĭbet, *adv.* 어디에서든지.
undenárĭus, a, um, *adj.* [undéni] 열 하나의, 11의 수가 포함되는, 한 단위가 열 한 번 들어 있는.
undéni, æ, a, *num. distrib.* [úndecim] 각각 11씩, 매번 11씩, 한번에 열 하나씩.
undenonagésĭmus, a, um, *num. ordin.* [undenonagínta] 89번째의.
undenonagínta, *indecl. num. card.* [unus + de + nonagínta] 여든 아홉, 89.
undénus, a, um, *adj.* [úndecim] 11번째의.
undeoctogínta, *indecl. num. card.* [unus + de + octogínta] 일흔 아홉, 79의 수.
undequadragésĭmus, a, um, *num. ordin.* [undeguadragínta] 서른 아홉번째의, 39번째의, 제 39.
undequadrágĭe(n)s, *adv. num.* [undequadragínta] 39번, 서른 아홉번.
undequadragínta, *indecl. num. card.* [unus + de + quadragínta] 39의 수.
undequáque, *adv.* 어디에든지.
undequinquagésĭmus, a, um, *num. ordin.* [undequinquagínta] 마흔 아홉번의, 49번째의, 제 49.
undequinquagínta, *indecl. num. card.* [unus + de + quinquagínta] 49의 수.
undesexagésĭmus, a, um, *num. ordin.* [undesexagínta] 제 59번의, 59번째의, 제 59.
undesexagínta, *indecl. num. card.* [unus + de + sexagínta] 쉰 아홉, 59.
undetricéni, æ, a, *num. distrib.* [undetrigínta] 29씩의, 한번에 29.
undetricésĭmus, a, um, *num. ordin.* [undetrigínta] 스물 아홉번째의, 제 29의.
undetrigínta, *indecl. num. card.* [unus + de + trigínta] 스물 아홉, 29.
undeúnde, *adv.* (=undecúnde) *V.* unde III.
undevicéni, æ, a, *num. distrib.* [undevigínti] 열 아홉씩, 한번에 19.
undevicesimáni, órum, *m.pl.* [undevicésimus] 제 19군단 병사.
undevicé(n)sĭmus[-vigésĭmus], a, um, *num. ordin.* [undevigínti] 열 아홉번의, 19번째의, 제 19(=décimus nonus).
undevigínti, *indecl. num. card.* [unus + de + vigínti] 19의 수(=novémdecim).
undícŏla, æ, *m., f.* [unda + colo] 물에 사는 자. 「파도를 가르는.
undífrăgus, a, um, *adj.* [unda + frango]
undĭque, *adv.* [unde + que] **1.** 모든 방면에서, 사방에서: ~ eo convéniunt*(C.)* 모든 방면에서 그곳으로 모여들다 / ~ ad ínferos tantúmdem viæ est*(C.)* 모든 방면에서 오는 길은 지옥으로 가는 길이다. **2.** = ab (ex) omni parte 모든 견지에서, 모든 면에서. **3.** ~ versus[versum], géntium, secus 도처에서, 사방에서.
undísŏnus, a, um, *adj.* [unda + sono] 파도소리나는, 파도에 부수어진, 파도를 가르는.
undívăgus, a, um, *adj.* [unda + vagus] 방랑하는, 항해중 길잃은, 사방에서 파도에 휘말리는.
undo, ávi, átum, áre, *intr.* [unda] **1.** 파도치다, 파도일다, 물결치다, 소용돌이치다. **2.** 끓다. **3.** 파상형(波狀形)이 되다. **4.** 소요가 일다, 동요하다. **5.** *tr.* 흘러넘치다, 홍수지다.
undóse, *adv.* 파도치면서, 파도치는 모양으로, 파상으로. 「랑하는, 노도와 같은.
undósus, a, um, *adj.* [unda] 파도 많은, 격
úndula, æ, *f. dim.* [unda] 작은 파도.
undulátus, a, um, *adj.* [undo] 파도인, 파도친, 파도형의, 파상의.
unduósus, a, um, *adj.* = undósus.
unédo, ónis, *m.* 《植》 소귀나무, 소귀 열매.
Unélli = Venélli, *Gállia*의 한 종족.
unésco[uni-], ĕre, *intr.* [unus] 하나가 되다, 일치하다.
unetvicesimáni, órum, *m.pl.* [unetvicésimus] 제 21군단의 장병들, 제 21연대병.
unetvicésĭmus, a, um, *num. ordin.* [unus + et + vicésimus] 제 스물 하나의, 제 21번째의.
úngeo[-gueo], ére, *tr.* = ungo.
ungo[-guo], unxi, unctum, ĕre, *tr.* **1.** 기름바르다, 칠하다, 문지르다, 향료바르다: ~ *alqm* unguéntis*(C.)* 누구를 향료로 문지르다. **2.** 시체에 기름바르다, 향료칠하다. **3.** 기름치다, 맛있는 음식을 만들다: ~ cáules óleo*(H.)* 채소에 기름을 치다. **4.** 적시다: arma uncta cruóribus*(H.)* 선혈로 물든 무기. **5.** 축성하다.
unguédo, ĭnis, *f.* [ungo] 향유, 향수, 고약.
ung(u)élla, æ, *f., m.* 발굽; *pl.* 돼지 발.
ung(u)éllŭla, æ, *f. dim.* [ungélla] 작은 발굽.
unguen, guĭnis, *n.* [ungo] 기름진 몸, 살찐 몸, 비계, 비대, 고약, 향유(香油).
unguentárĭus, a, um, *adj.* [unguéntum] 향유의; unguentária tabérna*(Var.)* 향료[유]상; [*subst.*] *m.* 향료 상인, 향료 제조인; *f.* 여자 향료상, 향료상 직업; *n.* (*sc.* argéntum) 향료함, 향료살 돈. 「바른, 향기나는.
unguentátus, a, *p.p., a.p.* [unguénto] 향료

unguénto, ávi, áre, *tr.* [unguéntum] 향료를 바르다.

unguéntum, i, *n.* 〔*gen.pl.* –ntum〕 [unguo] **1.** 지방, 기름. **2.** 향수, 향료, 향유. **3.** 《가》 성유(聖油). **4.** 《藥》 연고, 고약: ~ ácidi bórici 붕산 연고 / ~ contra perniónes 동창(凍瘡) 연고.

unguícŭlus, i, *m. dim.* [unguis] 손톱, 발톱: Mihi a téneris, ut Græci dicunt, unguículis es cógnitus.*(C.)* 희랍인들의 말대로, 나는 너를 어릴 때부터 안다 / ab unguículo ad capíllum*(Pl.)* 발끝에서 머리털까지.

unguílla, æ, *f.* 향유[료] 그릇.

unguinósus, a, um, *adj.* [unguen] 기름진, 살찐, 기름기 있는.

unguis, is, *m.* 〔*abl.* –gue, –gui〕 **1.** 손톱, 발톱; (조각가가 작품을 손톱으로 마지막 손질하여 점검한) 완전성: ab imis únguibus usque ad vérticem*(C.)* 발톱에서 머리끝까지 / ab *alqā re* travérsum unguem non discédere*(C.)* 어떤 일에서 한 치도 물러나지 않다 / ad unguem carmen castigáre*(H.)* 시를 완벽하게 될 때까지 다듬다(대리석의 매끈기를 손톱으로 만져보듯이) / ad unguem factus homo*(H.)* 완성된 인간 / in unguem*(V.)* 완전하게 / ródere ungues*(H.)* 곰곰히 생각하다 / ungues mórdere *(Prop.)* 분(忿)해하다. **2.** 맹수의 발톱, 발굽. **3.** 쇠갈고리. **4.** 꽃잎 끝의 뾰족한 부분. **5.** (눈의) 삼. **6.** 조개의 일종.

únguito = únctito.

úngŭla[1], æ, *f.* [unguis] **1.** (맹수의) 발톱, 말발굽. **2.** 말. **3.** 손톱, 발톱. **4.** 갈고리, 갈퀴.

úngula[2], æ, *f.* [ungo] 향료, 향유.

ungulátus, a, um, *adj.* [úngula] 발톱달린, 발굽있는.

úngŭlus, i, *m. dim.* [unguis] **1.** 발톱. **2.** 가락지, 반지.

unguo, ĕre, *tr.* **1.** = ungo. **2.** 세례주다, 도유하다.

uniánĭmis = unánimis

unibérsus = univérsus.

únĭca, æ, *f.* [unus] 유일한 것, 제일 귀중한 것, 생명.

unicálămus, a, um, *adj.* [unus + cálamus] 한 줄기짜리의, 줄기(管) 하나만 있는.

unicáulis, e, *adj.* [unus + cáulis] 《植》 대 하나만 있는, 줄기 하나만 있는, 단경(單莖)의.

únĭce, *adv.* [únicus] 다만, 한갓, 오로지, 유일하게, 외곬으로, 특수하게, 특별히.

únĭceps, cípĭtis, *adj.* [unus + caput] 머리 하나만 있는.

unícĭtas, átis, *f.* 단일성(單一性), 일원성(一元性), 일원설(一元說).

unícŏlor, óris, *adj.* [unus + color] 단색의, 한색의(várius의 반대).

unicolórus, a, um, *adj.* 단색의, 단순한.

unicórnis, e, [**–córnus,** a, um] *adj.* [unus + cornu] 외뿔박이의, 뿔 하나만 있는, 단각의; 〔*subst.*〕 *m.* 《希神》 일각수(一角獸), 《天》 일각수자리.

unicórnu(u)s, ŭi, *m.* 일각수, 외뿔소.

unicorpórĕus, a, um, *adj.* [unus + corpus] 몸 하나밖에 없는.

unícŭba, æ, *f.* [unus + cumbo] 한 남자와만 결혼한 여자.

unicúltor, óris, *m.* 단일신 숭배자.

únĭcum, i, *n.* [únicus] 유일.

únĭcus, a, um, *adj.* [unus] **1.** 단 하나의, 유일한, 하나뿐인, 단일의: ~ fílius, única fília *(C.)* 외아들, 외딸 / spes única impérii Románi*(L.)* *Roma* 제국의 유일한 희망. **2.** 무쌍의, 단독의, 탁월한, 독특한, 출중한, 견줄 수 없는, 같은: única liberálitas*(C.)* 더할 나위 없는 선심 / ~ dux*(L.)* 견줄 수 없는 지도자. **3.** 흔치 않은, 희유의, 전대미문의. **4.** 사랑을 독차지한.

unífico, áre, *tr.* [unus + fácio] 통합하다, 합치시키다.

unifínis, e, *adj.* [unus + finis] 한결같은 목적을 가진, 같은 목적의.

unifórmis, e, *adj.* [unus + forma] 단순한, 한결같은, 일편단심의, 단일적인, 한 가지 모양의, 동형(同形)의, 변하지 않는; 〔*adv.*〕 **–mĭter.**

unifórmĭtas, átis, *f.* [unifórmis] 한결같음, 균일(均一), 일치(一致), 단조(單調).

unígĕna, æ, *m., f.* [unus + gigno] **1.** 한배에서 난 쌍둥이. **2.** 외아들, 외딸.

unigénĭtus, a, um, *adj.* [unus + gigno] 독자로 태어난; 〔*subst.*〕 *m.* 외아들, 독자, 《가》 하느님의 독생성자(獨生聖子).

unígenus, a, um, *adj.* [unígena] 외아들의, 독자의.

uníjŭgus, a, um, *adj.* [unus + jugum] 한 줄기에 붙어있는; 한 번 결혼한, 한 번 접(接)한.

unilaterális, e, *adj.* [unus + latus[2]] 일방적인, 일변도의, 편향적(偏向的)인, 일방통행적인.

unimámmæ, árum, *f.pl.* 유방(乳房) 하나만 가진(*Amazónes*의 별칭).

unimámmia = unomámmia.

unímănus, a, um, *adj.* [unus + manus] 손 하나뿐인, 외팔이의(*Cláudius*의 별명).

unimémbris, e, *adj.* [unus + membrum] 지체(肢體) 하나만 있는.

unímŏdus, a, um, *adj.* [unus + modus] (=unifórmis) 같은 모양의.

uninómĭus, a, um, [**–mĭnis,** e,] *adj.* [unus + nomen] 같은 이름을 가진, 한 이름의.

únĭo[1], ívi, ítum, íre, *tr.* [unus] 하나로 묶다, 합일시키다, 합병하다, 결합하다, 접합하다.

únĭo[2], ónis, *f.* [unus] **1.** 합일, 통일, 단일, 하나, 합병, 결합, 접합, 연합, 화합, 협동단결: únio hypostática 《神》 위격적 합체(位格的合體, 그리스도의 신성〈神性〉과 인성〈人性〉의 결합). **2.** 구근(球根). **3.** *m.* 큰 진주.

unióculus = unóculus.

uníŏla, æ, *f.* = gramen.

Unionítæ, árum, *m.pl.* [únio] 《神》 (삼위일체론을 부정하는) 단위론자(單位論者), 단위

론파.

unipennátus, a, um, *adj.* [unus + penna] 한쪽 날개만 달린, 한쪽만 있는; 《解》 단익상(單翼狀)의.

únipes, ĕdis, *adj.* [unus + pes] 발 하나만 있는.

unipétĭus, a, um, *adj.* [unus + pes] 꽃자루가 하나밖에 없는, 다리(脚) 하나만 있는, 한 줄기의.

unísco = unésco.

unísŏnus, a, um, *adj.* [unus + sonus] 한 소리만 나는, 단음의, 단조로운.

uníssime, *adv. superl.* [úniter.]

unistírpis, e, *adj.* [unus + stirps] 줄기 하나만 있는, 한 근원의.

unisýllăbus, a, um, *adj.* [unus + sýllaba] (=monosýllabus) 단 음절의.

únĭtas, átis, *f.* [unus] **1.** 유일성, 단일성, 전체성. **2.** (=idéntitas) 동질성, 동등, 같음. **3.** 합의, 협동, 의견일치. **4.** 일(一), 단위(單位).

uníte, *adv.* [unus] 한결같이, 처음부터 끝까지 꼭같이.

únĭter, *adv.* [unus] 긴밀하게, 동일하게.

unítio, ónis, *f.* [únio[1]] 연합, 합일.

unitívus, a, um, *adj.* [unio[1]] 일치하는, 합(合)하는.

uniúsmŏdi[uníus mŏdi], *gen. qualit. adv.* [unus + modus] 같은 모양의, 한 종류의; 한 가지 방식으로, 꼭같이, 마찬가지로.

universális, e, *adj.* [univérsus] **1.** 보편적인, 전반적인, 일반적인. **2.** 만인공통의, 전세계의. **3.** 우주의, 만유의. **4.** 《論》 전칭(全稱)의; 〔*adv.*〕 **–lĭter,** 일반적으로, 보편적으로, 일괄해서, 통틀어서.

universalísmus, i, *m.* 보편주의.

universálĭtas, átis, *f.* [universális] 보편성, 일반성, 일반적[보편적]인 것, 전체(全體), 통유성(通有性), 만능.

universátim, *adv.* [univérsus] 일반적으로, 전체적으로.

univérse[–sim], *adv.* 대체로, 보편적으로, 보통.

univérsi, órum, *m.pl.* 만민, 만백성.

univérsĭtas, átis, *f.* [univérsus] **1.** 일반, 전체, 보편, 편재성(偏在性): ~ géneris humáni*(C.)* 인류전체. **2.** 만물, 만상: ~ rerum*(C.)* 우주만물. **3.** 종합대학교, 공동체, 협동체.

univérsum, i, *n.* 우주, 온 세상, 온 누리, 일반, 전체, 총체.

univérsus, a, um, *adj.* [unus + versus] **1.** 전체적인, 온, 일반적인, 보편적인: univérsa província*(C.)* 지방 전체 / pópulos univérsos tuéri*(C.)* 온 백성을 다 보호하다 / in univérsum*(L.)* 보편적으로. **2.** próprius의 반대.

unívĭra[–rĭa], æ, *f.* [unus + vir] 한 번만 결혼한 여자.

univirátus, us, *m.* 한 번만 결혼한 여자의 신분.

unívŏce, *adv.* [unus + vox] 같은 소리로, 동음이의(同音異義)적으로, 단의적(單義的)으로, 일의적(一義的)으로, 포괄적으로.

unívŏcus, a, um, *adj.* [unus + vox] 동음이의의, 한 뜻으로, 여러 개에 적용되는, 애매한, 단음의, 한 가지 뜻만 있는, 단의적.

univórsus, a, um, *adj.* = univérsus.

ūno, áre, *tr.* [unus] 일치시키다, 하나로 만들다.

unócŭlus, a, um, *adj.* [unus + óculus] 눈 하나만 있는, 애꾸눈이의.

Unomámmĭa, æ, *f.* [unus + mamma] 유방이 하나뿐인 여자들(*Amazónes*)의 나라 이름.

unórsus, a, um, *adj.* = univórsus.

unóse, *adv.* [unus] 한꺼번에.

unquam[um–], *adv.* **1.** 〔부정사 또는 부정의 뜻을 가진 말 뒤에서〕 한 번도[언제든지] …, (아니, 못하다, 말다, 없다), 행여 …할까: cave, posthac, (ne) ~ …*(T.)* 이후로는 …않도록 조심해라. **2.** 〔의문문에서 부정적 대답을 내포할 때〕 언제고 · 언젠가 · 일찌기[장차] 언제 · 도대체 언제 …다는[란] 말이냐?: Ego ~ vólui?*(T.)* 내가 도대체 언제 원했단 말이냐? **3.** 〔조건문에서〕 언제고, 언젠가, 일찌기, 언제, 언제 한번. **4.** 〔긍정문에서도 간혹 쓰임〕 일찍이, 과거에, 장차, 언제고: Plus amat quam te ~ amávit.*(Pl.)* 그는 너를 과거보다 더 사랑하고 있다 / semel unquam 단 한 번, 어쩌다 한 번.

úntĭa = úncia.

únŭlus, a, um, *adj. dim.* [unus] 하나의.

ūnus, a, um, 〔*gen.* uníus; *dat.* uni,〕 *num. card. adj.* **1.** 하나(의), 한: unus (et) alter dies*(C.)* 하루 이틀. **2.** 〔복수형 명사에 대해서는 *pl.*로〕 unæ lítteræ 편지 한 장. **3.** 〔*c. gen.* partitívo; ex, de *abl.*〕 …중의[중에] 하나[한]: unus e [de] multis*(C.)*, unus multórum 많은 사람 중의 하나, 한 사람. **4.** 〔대립적인 뜻의 다른 하나는 alter로 표시함〕 *e.g.* unā ex parte …, álterā ex parte*(Cæs.)* 한편으로는 … 다른 한편으로는. **5.** 〔*subst.*〕 1) *m., f.* 한 사람, 한 여자: penes unum*(C.)* 한 사람의 손에 / ad unum[unam] 마지막 한 사람[여자]까지 / omnes ad unum*(C.)* 최후의 한 사람까지 모두. 2) *n.* 하나, 한 가지: in unum, 하나로, 한 곳으로. **6.** 순일(純一), 단일, 단 하나의, 유일한, 오직 하나, 혼자[강조하기 위해서 solus, modo, tantum 따위와 함께 쓰기도 함]: Unum hoc scio.*(T.)* 나는 이것 하나만 안다 / plus … unus quam céteri*(C.)* 다른 사람들보다 혼자서 더 / unus ex ómnibus ad dicéndum máxime natus*(C.)* 그 누구보다도 웅변을 위하여 태어난. **7.** 같은, 동일한: uníus ætátis claríssimi viri*(C.)* 동일한 시대의 유명한 인사들 / uno témpore*(C.)* 동시에 / unum atque idem sentíre*(C.)* 똑같은 생각을 하다. **8.** (=áliquis, quidam) 어떤, 한: sicut unus patertamílias*(C.)* 그 어떤 가장(家長)처럼 / quivis unus*(C.)* 아무라도 한 사람. **9.** 〔*num. ordin.*의 1에 사용되기도 하나, 이 경우 21이하에서는 높은 수보다 앞에 놓으며 et으로 이어줌〕 *e.g.* unus et vicésimus

제 21. **10.** 각각, 마다: unus quisque*(C.)* 누구든지 각각 / unum quodque*(C.)* 일 하나하나 / nihil unum*(L.)* 하나도 아니, 아무것도 아니 / nemo unus*(C.)* 아무도 아니.

unusquísque, unaquǽque, unumquódque et unumquídque, *pron. indef.* [unus + quisque] 〔*m. f.*은 *pron.* 즉 단독으로도 쓰고, *n.*은 *adj.* 즉 수식어적으로만 쓰는 것을 원칙으로 함; 변화는 unus와 quis를 함께 함: *gen.* uniuscujúsque *etc.*〕 **1.** 각자, 저마다, 각(各), 각각, 매(每) …마다, 누구든지: ~ hóminum 사람마다. **2.** 매사, 일일이 다.

unx[1], uncis, *m.* 동물의 수염[털].

unx[2], unguis, *m.* = unguis.

unxi, *pf.* [ungo].

Unxia, æ, *f.* [ungo] 도유식(塗油式)의 여신.

upílĭo = opílio.

úpŭpa, æ, *f.* **1.** 《動》 오리새. **2.** 곡괭이.

U.R. 《略》 uti rogas. 찬성투표(*cf.* tabélla).

úrachus, i, *m.* 《醫》 요막관(尿膜管).

úræa, æ, *f.* 《醫》 요도(尿道).

urǽmia, æ, *f.* 《醫》 요독증(尿毒症).

úræum, i, *n.* = horǽum.

uragógum, i, *n.* 《醫》 이뇨제(利尿劑)

Uránĭa, æ, [–nĭe, es,] *f.* **1.** 천문의 *Musa*. **2.** 정신적 사랑의 상징으로서 *Venus*의 별명.

uránicus, a, um, *adj.* [Uránia] 창공의.

úrănos, i, *m.* 하늘, 창공, 하늘의 궁륭(穹窿).

uranóscŏpus, i, *m.* 《動》 얼룩통구멍(물고기).

Urănus[–**nos**], i, *m.* **1.** 하늘의 신, 땅의 여신인 *Terra*의 남편, *Satúrnus*신 등의 아버지 (=*Roma* 신화의 *Cælus*). **2.** 《天》 천왕성.

urarthrítis, tĭdis, *f.* 《醫》 요산성관절염(尿酸性關節炎).

urbanátim, *adv.* = urbáne.

urbáne, *adv.* [urbánus] **1.** 도시사람답게, 예의바르게, 예모있게, 품위있게, 양반답게, 문화인답게. **2.** 정교하게, 고상하게, 섬세하게.

urbaniciánus, a, um, *adj.* [urbánus] 도시에 근무하는, 로마수비대에 근무하는.

urbánĭtas, átis, *f.* [urbánus] **1.** 도시생활, *Roma* 생활, 도시에 거주함. **2.** 도시인의 품격, 예모, 예의바름, 교양, 점잖음, 고상한 말투. **3.** 기지에 찬 농담(희롱), 풍자.

urbánus, a, um, *adj.* [urbs] **1.** 도시에 사는, 도시의, 서울의, *Roma*의: prætor ~ *(Cæs.)* *Roma* 재판관 / urbánæ res*(Cæs.)* *Roma* 사정. **2.** 도시적인, 시민적인, *Roma*풍의. **3.** 예의바른, 예모있는, 점잖은. **4.** 고상한, 우아한, 품위있는, 섬세한. **5.** 풍자적인, 기지에 찬. **6.** 뻔뻔스러운. **7.** ~ árbores*(Plin.)* 잘 가꾼 나무. **8.** 〔*subst.*〕 *m.* 도시인, 도시생활을 좋아하는 자.

urbícăpus, i, *m.* [urbs + cápio] 도시를 점령한 자.

urbicárĭus, a, um, *adj.* [úrbicus] 도시에 속하는, 로마 출신의.

urbícrĕmus, a, um, *adj.* [urbs + cremo] 도시를 불사르는.

úrbĭcus, a, um, *adj.* [urbs] 도시의, 시민적, *Roma*의; 기지에 찬.

urbígena, æ, *m., f.* [urbs + gigno] 도시에서 난 사람.

Urbígĕnus págus, i, *m.* *Helvétia*의 한 지방.

Urbínum, i, *n.* 북부 *Umbrĭa*의 도시(지금의 *Urbino*); 〔*adj.*〕 *f.* **–bínas,** átis.

urbis, is, *m.* = orbis의 속어.

Urbĭus, i, *m.* *Roma*의 한 시가 이름, *Esquilínus* 언덕과 *Cýprius vicus* 사이에 있었음.

urbo, áre, *intr.* (=urvo) 도시의 경계선(境界線)을 긋다.

urbs, urbis, *f.* **1.** 도시, 성곽도시, 읍. **2.** 수도, 도읍, 도성; (특히) *Roma*시: ab urbe*(Cæs.)* *Roma*로부터 / ~ Ænéæ*(Ov.)* *Roma*. **3.** 성채(城砦). **4.** 도시주민.

urbum = urvum.

urceátim, *adv.* [úrceus] 많이, 지독히, 억수같이: ~ pluébat.*(Petr.)* 억수같이 소나기가 왔다.

urceoláris, e, *adj.* [urcéolus] **1.** 항아리의. **2.** ~ herba 《植》 (돌담에 나는) 쐐기풀 무리의 잡초, 수세미풀.

urcéŏlus, i, *m.* [–**a,** æ, *f.*] *dim.* [úrceus] 작은 항아리, 작은 물병.

úrcĕus, i, *m.* 항아리, 물병, 질그릇.

urcíŏl... = urcéol...

urco, áre, *intr.* 스라소니가 울다.

urédo, dĭnis, *f.* [uro] **1.** 탄저병(炭疽病). **2.** 가려움, 따끔거림, 옴.

uréter, éris, *m.* 《解》 수뇨관(輸尿管).

uréthra, æ, *f.* 《解》 요도(尿道).

urethrális, e, *adj.* 《解》 요도의.

urethrítis, tĭdis, *f.* 《醫》 요도염.

urétĭcus, a, um, *adj.* 소변(小便)의, 비뇨(泌尿)의.

urgens, éntis, *p.præs, a.p.* [úrgeo] **1.** 긴급한, 위급한, 화급한, 다급한, 절박한, 급박한. **2.** 재촉하는, 독촉하는; 〔*adv.*〕 **–nter,** 긴급히; 재촉하여.

urgéntĭa, æ, *f.* 절박, 급박, 위급; 긴급; 재촉.

úrgĕo[**úrgueo**], ursi, ére, *tr.* **1.** 〔*alqm [alqd] – alqā re*〕 세게 떼밀다, 짓누르다, 압력을 가하다, **압박하다**, 바싹 죄다. **2.** 〔*alqm [alqd] – alqā re* – ad, in *acc.*〕 **재촉[독촉]하다**, 채근하다, 다그치다, 몰아대다: pedem pede ~ *(V.)* 발걸음을 재촉하다. **3.** 위급[급박 · 절박]해지게 하다. **4.** 〔*alqd, inf.*〕 급히 하다, 서둘러 하다: iter ~ *(Ov.)* 빨리 가다. **5.** 몰아넣다, 꼼짝 못하게 하다; 둘러싸다, 포위하다. **6.** 〔*alqd, inf., acc. c. inf.*〕 전념하다, 힘을 기울이다, 열중하다. **7.** 〔*alqm* – ad *acc.*, ut〕 강권하다, 채근하다, 조르다, 격려하다. **8.** 강조하다, 역설하다, 변호하다. **9.** *intr.* 임박하다, 다가오다.

Urgo, ónis, *f.* *Etrúria* 해변의 섬.

uríca, æ, *f.* 《動》 요충, 유충.

urígo, gĭnis, *f.* [uro] 《醫》 옴, 가려움, 부르틈.

urína, æ, *f.* 오줌, 소변; 동물의 정충.

urinális, e, *adj.* [urína] 소변의.

urinátor, óris, *m.* [urínor] 잠수부.

urínor, átus sum, ári, *dep.* [**-no,** áre,] *intr.* [urína] 물속에 잠기다, 잠수하다, 물속에 들어가다. (*Plin.*) 무정란.

úrĭnus, a, um, *adj.* 알맹이 없는, 빈: ~ ovum

úrion[-um], i, *n.* 광물이 섞인 땅, 돌이 많은 쓸모없는 땅.

Urĭus[os], i, *m.* 순풍을 가져다 주는 자, *Júpiter* 신의 별칭.

urna, æ, *f.* **1.** 항아리, 물동이, 단지, 물뜨는 그릇. **2.** 추첨함, 투표지를 넣는 항아리, 투표. **3.** 화장(火葬)한 재를 넣는 단지, 납골호(納骨壺). **4.** 저금통. **5.** 용적단위(반 *ámphora*).

urnális, e, *adj.* [urna] 한 *urna* 용적의, 한 항아리(의 양이) 들어가는. 또는 상.

urnárĭum, i, *n.* [urna] 항아리를 놓는 선반

urnátor, óris, *m.* (=urinátor) 항아리로 물 긷는 자.

urnatúra = ornatúra.

úrnifer[-ger], ĕra, ĕrum, *adj.* [urna + fero, gero[1]] 항아리(물동이)를 들고 다니는; *m.* **Urnĭfer,** feri, 《天》 물병자리.

úrnŭla, æ, *f. dim.* [urna] 작은 항아리.

ūro, ūssi, ustum, ĕre, *tr.* **1.** 사르다, **태우다,** 연소하다, 말리다: uri calóre*(C.)* (땅이) 햇볕에 타다. **2.** 지지다, 뜸놓다. **3.** 납화(蠟畵)·낙화(烙畵)를 그리다. **4.** 불놓다, 화재를 일으키다. **5.** 시체를 태우다, 화장하다. **6.** (추위) 쑤시게 하다, 뼈에 사무치게 하다, 심한 고통을 주다. **7.** 격분케 하다, 마음아프게 하다, 진땀나게 하다, 초조하게 하다: Urit fúlgore suo.*(H.)* 명성으로 불태우다[시기하다]. **8.** 찢다, 물어뜯다, 갉아먹다, 초토화하다: Eos bellum Románum urébat.*(L.)* *Roma* 전쟁은 그들의 나라를 황폐케 했다 / bellum quo Itália urebátur *(L.)* 이탈리아가 초토화된 전쟁. 의.

urogenitális, e, *adj.* 《解》 비뇨기 및 생식기

urológia, æ, *f.* 《解》 비뇨기학.

uropýgium, i, *n.* 꼬리 융기(隆起).

urpex, pĭcis, *m.* = irpex.

urrúncŭlum, i, *n.* 이삭의 하부(下部).

ursa, æ, 〔*abl.pl.* –abus,〕 *f.* [ursus] 암곰, 곰, Ursa Major 《天》 큰 곰자리, Ursa Minor 《天》 작은 곰자리.

Urs(ă)o, ónis, *f.* *Hispánia Bǽtica*의 도시; 〔*subst.*〕 **–aonénses,** ĭum, *m.pl.* 그곳 주민들.

ursárĭus, i, *m.* [ursus] 곡예단의 곰지기.

ursínus, a, um, *adj.* [ursus] 곰의: ~ állium*(Plin.)* 야생 마늘; 〔*subst.*〕 *f.* **ursína,** (*sc.* caro[2]) 곰고기.

ursus, i, *m.* **1.** 곰. **2.** 서커스에서 곰싸움.

urtíca, æ, *f.* [uro] **1.** 《植》 쐐기풀. **2.** 《動》 말미잘, 식충류(食蟲類). **3.** 가려움; 색욕(色慾).

urticárĭa, æ, *f.* 《醫》 두드러기.

urúca, æ, *f.* 《動》 배추벌레.

ūrus, i, *m.* 《켈트어》 《動》 들소.

urvo[urbo], áre, *intr.* [urvum] 밭고랑을 내다, 도시의 경계선을 긋다.

urvum[urbum], i, *n.* 도시둘레를 치던 쟁기, 도시의 경계를 정하는데 쓰는 보습의 곡도(曲度).

Uscána, æ, *f.* 동부 *Illýria*의 도시; *m.pl.* **–nénses,** ĭum, *Uscána*의 주민.

úsĭa, æ, 〔*acc.* an,〕 *f.* 《希》 본질, 본체, 원소. 《가》 = esséntia divína.

usíacus, a, um, *adj.* 본질에 관한, 재산에 관한.

úsĭo, ónis, *f.* [utor] 사용(使用), 관습, 용도(用途), 행사(行使), 용법(用法), 풍습(風習).

Usípĕtes, um, [**–pĭi,** órum,] *m.pl.* *Rhenus*강 근처에 있던 *Germánia*의 한 종족.

usitáte[–átim], *adv.* [usitátus] 관습적으로, 관례에 따라, 전례대로.

usitátio, ónis, *f.* [úsito] 사용, 관습, 관행.

usitátus, a, um, *p.p., a.p.* [úsitor] 관습적, 통례의, 관례적, 습관된, 보통의.

úsĭto, áre, *tr.* = úsitor.

úsĭtor, átus sum, ári, *dep. intr. freq.* [utor] …을 늘 쓰다, 자주 사용하다, 가끔 쓰다.

úspĭam, *adv.* 〔본래는 cúspiam〕 **1.** 어떤 곳에, 어느 곳에, 어디엔가: Malo esse, in Tusculáno aut ~ in suburbáno.*(C.)* 나는 *Túsculum*이나 *Roma* 근교 어디엔가에 살기를 더 좋아한다. **2.** 어느 경우에도.

usquam, *adv.* 〔부정문, 의문문, 조건문 안에 씀〕 **1.** 아무곳에도 (아니), 어떤 곳에, 어디엔가: nec ~ insisténtes*(Q.)* 어느 곳에도 서지 않고. **2.** 어떤 곳으로(…을 향하여). **3.** 〔in + *abl.* 대신〕 무슨 일에: neque ~ nisi in pecúnia spem habére*(Sall.)* 돈밖에는 아무것에도 희망을 두지 않다. **4.** 〔*gen.*〕 ~ géntium *(Just.)* 어떤 곳에.

usque, *adv., præp. c. acc.* **I.** *adv.* **1.** 계속하여, 끊임없이, 마냥: ~ eámus*(V.)* 계속 갑시다. **2.** 〔출발·도착을 표시하는 말〕 …에서부터 …까지. 1) 〔*c.* a, ab, ex〕 … 에서부터: ~ a mari súpero Romam proficísci*(C.)* 상부해안에서 *Roma*로 떠나다 / ~ a Rómulo*(C.)* *Rómulus* 때부터 / ~ ex última Sýria*(C.)* *Sýria*의 변방에서부터. 2) 〔*c.* ad〕 …까지: ~ ad castra*(Cæs.)* 진지까지 / ~ ad extrémum vitæ diem*(C.)* 생명의 마지막날까지. 3) 〔*c.* in *acc.*〕 …안에까지, 까지: ~ in Pamphýliam*(C.)* *Pamphýlia*까지. 4) 〔*c.* trans〕 trans Alpes ~*(C.)* *Alpes* 건너편까지. 5) 〔장소부사와〕 ~ istinc*(C.)* 네가 있는 그곳에서부터 / ~ eo … quoad*(N.)* …하는 거기까지 / ~ eo …ut*(C.)* …하는 그 점까지 / ~ adeo ut*(C.)* …할 만큼 그 정도까지. 6) 〔*abl.*〕 ~ Tmolo*(C.)* *Tmolus*에서부터. 7) 〔도시 이름의 *acc.*〕 ~ Romam, *Roma*까지. 8) 〔장소부사를 접두어나 접미어로 붙여서〕 hucúsque 여기까지, 이때까지 / quoúsque 어디까지 / úsquedum 하는 동안에.

II. *præp. acc.* 까지: ~ Sículum mare*(Plin.)* *Sicília*해까지 / ~ Jovem*(Plin.)* *Júpiter* 바로 전까지 / ~ témpora Alexándri*(Just.)* *Alexánder* 시대까지 / ~ pedes*(Curt.)* 발까지.

úsquedum, *conj.* … 까지 계속, 하는 동안에.
usquequáque, *adv.* **1.** 가는데마다, 곳곳이, 어느 곳에나, 어디에나. **2.** 항상, 어느 때나, 아무때라도. **3.** = quoúsque, quoadúsque.
úsquequo, *adv. interr., indef.* 얼마나 오래? 어디까지? 언제까지? 어느 때까지.
usquin, *adv.* = úsquene?
ussu... *V.* usu...
usta, æ, *f.* [uro] 주홍색(朱紅色), 홍색, 진사(辰砂).
Ustíca, æ, *f.* **1.** *Sábini*인들의 나라에 있는 언덕, 그 근처에 *Horátius*의 별장이 있음. **2.** *Sicília* 북쪽에 있는 화산도(火山島).
ustícĭum, i, *n.* [uro] 불에 그을린 색, 흑갈색.
ustilágo, ĭnis, *f.* 《植》 엉겅퀴.
ustilátio, ónis, *f.* = ustulátio.
ústĭo, ónis, *f.* [uro] **1.** 불사름, 태움, 연소, 소각(燒却). **2.** *pl.* 불로 인한 피해, 화상, 불로 지짐, 뜸; 염증.
ustor, óris, *m.* [uro] 시체 태우는 자, 화장하는 자, 사르는 자.
ustrína, æ, *f.* [**ustrínum,** i, *n.*] [uro] **1.** 불태움, 소각. **2.** 화장장(소), 용광로.
ustúĭo, íre, *tr.* [uro] 그을리게 하다, 태우다, 데게 하다.
ustulátĭo, ónis, *f.* 화상, 덴 자리.
ústŭlo[**-tĭlo**], ávi, átum, áre, *tr.* [uro] **1.** 굽다, 태우다, 사르다, 데게 하다, 소각하다. **2.** 희생제물을 태우다. **3.** 화[동]상 입히다.
ustúra, æ, *f.* [uro] 태움, 소각.
Usuále, is, *n.* (=Liber Usuális) 《가》 그레고리안 미사곡집.
usuális, e, *adj.* [usus] 늘 쓰는, 일용의, 통상적인, 평소의, 상용(常用)의, 보통의, 일반적, 관습적.
usuárĭus, a, um, *adj.* [usus] 용익권을 가진; 〔*subst.*〕 *m.* 용익권자(用益權者).
usucápĭo¹[**usu cápĭo**], cépi, cáptum, pĕre, *tr.* [usus + cápio¹] 시효취득(時效取得)하다.
usucápĭo²[**-ptĭo**], ónis, *f.* [usus + cápio²] 시효취득; *pl.* 시효취득한 재산.
usufácĭo, féci, fáctum, ĕre, *tr.* = usucápio¹.
usufructuárĭus, a, um, *adj.* 용익권(用益權)의, 사용수익권(使用收益權)의; 〔*subst.*〕 *m.* 용익권자.
usufrúctus, us, *f.* 사용수익권(使用收益權), 용익권(用益權).
usúra, æ, *f.* [utor] **1.** 사용, 이용, 사용권, 권리취득, 향유: Natúra dedit usúram vitæ. *(C.)* 자연은 우리에게 생명의 향유권을 주었다. **2.** 임대금 사용. **3.** 이자, 고리: Terra numquam sine ~ reddit. *(C.)* 대지는 절대로 이자 없이 돌려주지 않는다.
usurárĭus, a, um, *adj.* [usúra] **1.** 일정기간 사용되는, 잠시 쓰이는. **2.** 고리(高利)의, 폭리(暴利)의, 이익이 되는, 이자가 붙는; *m.* 고리대금업자.
usurecéptĭo, ónis, *f.* [usus + recípio] 시효(時效)로 인하여 소유권을 획득함.
usurecípĭo, ĕre, *tr.* 시효(時效)로 인하여 소유권(所有權)을 회복하다.
usurpábĭlis, e, *adj.* [usúrpo] …에 쓸 수 있는, 유익한.
usurpátĭo, ónis, *f.* [usúrpo] **1.** 사용, 실용, 실천: ~ civitátis *(C.)* 시민권 사용. **2.** 횡령, 찬탈(簒奪), 침해, 탈취(奪取), 남용, 부당취득. **3.** 용익권 정지.
usurpatívus, a, um, *adj.* [usúrpo] **1.** 사용을 지시(指示)하는. **2.** 부정사용의, 남[오]용의. **3.** 용익권 정지의.
usurpátor, óris, *m.* [**-trix,** ícis, *f.*] [usúrpo] 주권(主權)의 찬탈자(簒奪者), 권리 침해자, 횡령자.
usurpatórius, a, um, *adj.* [usurpátor] 불법의, 권리남용의.
usúrpo, ávi, átum, áre, *tr.* [usus + rápio] **1.** 쓰다, **사용하다**, 이용하다, 누리다, 향유하다: ~ jus *(L.)* 법적 권리를 누리다 / ~ *alcjs* memóriam *(C.)* 누구에 대한 기억을 활용[회상]하다 / Usurpátum est. *(Col.)* 관습이다. **2.** 행사하다, 실천하다: ~ offícium *(C.)* 직무를 이행하다. **3.** 소유하다, 점유하다: ~ amíssam possessiónem *(C.)* 잃었던 소유권을 찾다. **4.** 횡령하다, **남용하다**, 탈취하다, 참취하다, 부당취득하다, **찬탈하다**. **5.** (감각으로) 포착하다: ~ óculis *(Lucr.)* 눈으로 보다. **6.** 언급하다, (… 대하여) 말하다, 입에 오르내리다. **7.** … 라고 이름하다, 부르다.
usus¹, a, um, *p.p.* [utor].
usus², us, 〔*dat.sg.* usui, usu,〕 *m.* [utor] **1.** **사용**, 이용: ~ privátus *(C.)* 특수사용. **2.** 사용권, 용익권: usus fructus, usus et fructus, usus fructúsque *(C.)* 용익권(用益權). **3.** **실천**, 연습, 시행, 이행: ~ virtútis *(C.)* 덕행의 실천 / ars et ~ *(Ta.)* 이론과 실천. **4.** 체험, 경험: magnum in re militári [in castris, rei militáris] usum habére *(Cæs.)* 군사에 대한 큰 경험을 갖다. **5.** (언어의) 사용관습: Cadent vocábula, si volet usus. *(H.)* 언어관습이 원한다면 이 말들은 없어지고 말 것이다. **6.** 쓸모, 이용, 유용, **유익**: usum habére ex *alqa re (C.)* 어떤 것을 이용하다 / pécudes ad usum hóminum procreátæ *(C.)* 인간의 이익을 위하여 난 가축들 / úsui esse *alci (C.)* 누구에게 쓸모있다 / si quis usus mei est *(L.)* 만일 누가 나에게 쓸모가 있다면 / úsui esse ad rem *(Cæs.)* 무슨 일에 소용되다 / usus affert ad *(C.)* …에 소용이 있다 / ex usu *alcjs* esse *(Cæs.)* 누구에게 유익하다 / Res usu pópuli Románi áccidit. *(Cæs.)* 일은 로마 백성에게 유리하게 돌아가다 / Ex usu est prœ́lium commítti. *(Cæs.)* 전투하는 것이 유리하다. **7.** 필요, 용도: quæ belli usus poscunt, suppeditáre *(L.)* 전쟁에 필요한 것을 공급하다 / ad usus cívium res útilis *(C.)* 시민들의 용도에 필요한 것 / usus est, usus venit, usus adest *(Pl., C.)* 필요하다 / Ad eam rem usus est hómine astúto. *(Pl.)* 그 일을 하는데는 재

치있는 사람이 필요하다 / Tácito usus est. *(Pl.)* 침묵이 필요하다 / usu venit, *V.* usuvénio. **8.** 관련성, 관계, 친밀성, 교제: quocum mihi est magnus usus*(C.)* 내가 많이 관계하는 그 사람.

ususcápio = usucápio.

ususfrúctus, us, *m.* [usus + fruor] 사용수익권, 용익권.

usuvénio[usu vénio], véni, véntum, íre, *intr.* 〔흔히 3인칭만 씀〕 필요하다, 용도가 있다; 경험하다, 생기다, 일어나다, 나타나다: Si id culpa senectútis accíderet, eádem mihi usu venírent.*(C.)* 만일 그것이 늙은 탓으로 생겼다면, 마찬가지 일이 내게도 일어날 것이다 / Quid viro misérius usu veníre potest?*(C.)* 사람에게 더 비참한 일이 있을 수 있겠느냐?

ut(옛 uti), **I.** *adv. relat., interr., (exclm.), indef.* **A.** *adv. relat.* **1.** …와 같이, 같은 모양으로: Cicerónem et ut rogas, amo, et ut merétur et ut débeo.*(C.)* 네가 원하는대로, 또 그가 그럴만 해서, 그리고 내가 의당 그래야 하기에 나는 *Cícero*를 사랑한다 / si virtus digna est … ut est*(C.)* 덕행이 마땅한 것이라면 … 사실 그렇지만 …. **2.** 〔상관적으로〕 sic(ita) … ut, ut … sic(ita), …한 것처럼 … 그처럼. *V.* sic, ita. / ut … sic(ita); 〔반대의 뜻과 함께〕 …하지만 적어도, 그 반면에: ut quisque + 〔*superl.*〕 …sic(ita) + 〔*superl.*〕 …하는 만큼 그만큼, …하면 할수록 더 / Ut quisque ætáte antecedébat, ita senténtiam dixit ex órdine.*(C.)* 만일 누가 나이가 많으면 많을수록 그 순서대로 말을 했다 / Ut quæque res est turpíssima, sic máxime vindicánda est. 어떤 일이고 고약하면 할수록 그만큼 책벌을 받아야 한다 / Te semper colam, ut quem diligentíssime.*(C.)* 내가 어떤 사람을 가장 존경하는 사람이 있다면 그만큼 너를 존경할 것이다 / erudítus sic, ut nemo magis*(N.)* 아무도 더 유식할 수 없을 만큼 유식한. **3.** …와 같은 생각으로, …와 같이, …처럼: Canem et felem ut deos colunt. *(C.)* 그들은 개와 고양이를 신처럼 모신다. **4.** …로서, … 범위 내에서, …로 봐서: magnífice, ut erat copiósus …*(C.)* 그가 부자로서 굉장하게 / Oratiónes Catónis, ut illis tempóribus, valde laudo.*(C.)* *Cato*의 연설은, 그 시대를 봐서, 매우 칭찬한다 / Diógenes libérius, ut cýnicus.*(C.)* *Diógenes*는 견유학파로서 더 자유주의적이었다. **5.** ut qui + *subj.* …기 때문에: ut qui máxime*(Pl.)* 할 수 있는 대로 많이 / ut quid? 왜, 무엇 때문에. **6.** 예를들면, 말하자면: Est quiddam, ut amicítia, bona existimatio.*(C.)* 어떤 것은, 예를들면 우정같이 높이 평가받는다. **B.** *adv. interr.* **1.** 〔*dir.* 혹은 *exclam.*〕 어떻게, 얼마나, 어떤 모양으로: Ut totus jacet! *(C.)* 어떻게 그가 저렇게 파멸되었는가! **2.** 〔*indir.*〕: Videmúsne, ut púeri áliquid scire se gáudeant?*(C.)* 어린이들이 무엇을 좀 안다고 얼마나 기뻐하는지 보느냐? **C.** *adv. indef.* 어떻게든, 어떤 모양으로는. **1.** 〔축원의 *subj.*〕: Ut te di deǽque pérduint! *(T.)* 신과 여신들이 어떻게든 너를 멸했으면! **2.** 〔*subj.*를 쓴 의문문에서〕 어떻든 …것 같으냐? 겉으로는 … 하구나!: Te ut ulla res frangat! *(C.)* 겉으로는 아무것도 너를 꺾을 것같지 않구나!

II. *conj.* **A.** 〔*ind.*〕 **1.** 때, 하자마자, 우선: ut primum, statim ut*(C.)*, simul ut*(C.)*, contínuo ut*(C.)* 즉시, 곧, 우선, 먼저. **2.** 〔*pf. ind.*〕 …때부터, 때 이래로: Ut ab urbe discéssi*(C)* 로마를 떠난 이래로. **B.** 〔*subj.*〕 **1.** …하기를![축원, 원의] = útinam. **2.** opto, ímpero, rogo, hortor, *etc,* ut. …하기를 원하다, 빌다 등. **3.** tímeo ut, = ne non, …하지 않을까 두렵다. **4.** 〔비인칭, 무한정 표현후〕: convénit, placet, áccidit, in eo est, in eo res est, ut, …하는 것이 합당하다, 마음에 들다, …하게 되었다, 일이 이렇게 되다, 사정이 이렇다. **5.** …하기 위하여〔목적 ut〕: ut portus tuerétur*(Cæs.)* 항구가 보호되기 위하여. **6.** ídeo … ut, idcírco …*(C.)*, eo … ut, proptérea ut …. … 하기 위하여. **7.** 〔결과 ut〕 …할만큼, …해서 어떻게 되다: Mons altíssimus impendébat, ut perpáuci prohibére possent.*(Cæs.)* 높은 산이 우뚝 서 있어서 몇 안되는 사람이라도 [적군의] 접근을 막을 수 있었다. **8.** 〔*subj.*를 쓴 양보문, 조건문에서〕 비록 …하지만, …한다쳐도: Prudéntiam, ut cétera áuferat, adfert certe senéctus.*(C.)* 노년기가 비록 다른 것은 없애 버린다 하더라도 확실히 지혜만은 가져다준다. **9.** sic, ita ut 이렇듯이 …해서 …하다: ádeo, tam, usque eo, tantópere, háctenus, ejúsmodi, ut; eo, huc, illuc ut, …할 정도로: rem huc dedúxi, ut*(C.)* 일을 …할 정도로 끌고 갔다. **10.** talis, tantus, tot, tam multi, ut ~할 정도로 ~한. **11.** is, hic, ille, iste, ut …즉, 다시말하면: testis cum ea voluntáte procéssit, ut*(C.)* 증인은 이러한 마음으로 나왔다, 즉 …/ caput illud est, ut …recípias*(C.)* 요는 네가 ~을 받는다는 그 사실이다. **12.** ut non …함이 없이, 하지않고: Malet existimári bonus vir, ut non sit, quam esse, ut non putétur.*(C.)* 그는 호평을 받지 못하는 선인보다는 선인이 아니더라도 선인으로 평가받기를 더 원한다. **13.** 〔암시적 간과법〕: ut plura non dicam*(C.)* 더 이상 말할 것도 없이 / ut áliud nihil dicam *(C.)* 다른 말은 말고도. **14.** ut ne + *subj.* … 즉 …하지 말 것: Edícta prætórum fuérunt ejus modi, ut ne quis cum telo servus esset.*(C.)* 재판관의 포고령은 이러했다, 즉 누구든지 창을 들고 노예노릇을 할 수 없다고 / Caput est hoc, ut ne exspéctes.*(C.)* 중요한

점은 기대하지 말라는 것이다 / ita …ut ne*(C.)* …하지 않는 조건으로. **15.** 〔비교급 + quam ut〕 …하기에는 너무 …하다: Signa rigidióra quam ut imiténtur veritátem. *(C.)* 석상들이 참생명을 나타내기에는 너무 딱딱하다.

utcúmque[-**cúnque,** 옛 -quómque], *adv.* **1.** 어떠하든간에, 어떠하든지: Utcúmque … volet, ita admovébit.*(C.)* 그가 원하는 것이 어떠하든간에 그는 착수할 것이다. **2.** …에 따라. **3.** …때마다, 매번. **4.** 하여튼, 어떻든, 그럭저럭.

uténdus, a, um, *a.p.* [utor] 쓸 만한, 쓸 수 있는, 갖춘, 마련된.

ūtens¹, éntis, *p.præs., a.p.* [utor] 가지고 있는, 갖춘, 마련된.

Utens², éntis, *m.* *Ravénna*의 남쪽에 있는 *Gállia Cisalpína*의 강(지금의 *Montone*).

uténsĭlis, e, *adj.* [utor] 쓸모있는, 유익한, 필요한; 〔*subst.*〕 -**sília,** ĭum, *n.pl.* 일용품, 필수품, 가구, 도구, 기구(器具), 용구(用具).

ŭter¹, utra, utrum, 〔*gen.* utríus,〕 *dat.* utri, *pron. relat., interr.* **1.** 둘 중 하나: ~ eórum vita superárit, ad eum pars utriúsque pervénit.*(Cæs.)* 둘 중에서 생존조건을 잘 채우는 자에게 두 사람의 몫이 돌아간다. **2.** 둘 중 누구? 둘 중 어느 것?: ~ nostrum?*(C.)* 우리 중에 누가? / Utrum mavis? statímne …, an …?*(C.)* 둘 중 어느 것을 더 원하느냐? 즉시냐 …아니면 …냐? **3.** 둘 중 누구인지, 어느 것인지: ignoránte rege ~ esset Oréstes*(C.)* 둘 중 누가 *Oréstes*인지 왕이 모르고 …/ quǽrere, ~ utri insídias fécerit *(C.)* 둘 중 누가 다른 한 사람에게 흉계를 꾸몄는지 알아보다. **4.** 〔*indef.*〕 둘 중 누구[무엇이]든지 하나, 아무(것이)나 상관없이.

ŭter², tris, (*pl.* útria, útrium), *m.* (액체 넣는) 가죽부대; 허영에 찬 자.

ŭter³, ĕri, *m.* = úterus.

utercúmque[-**cúnque**], utracúmque, utrumcúmque, *pron. relat. indef.* 둘 중 누구든지 하나, 둘 중 무엇이든지 하나: utrocúmque modo*(Q.)* 좌우간, 어떤 모양으로든지, 어떻든 ….

uterínus, a, um, *adj.* [úterus] 모태의, 혈육의, 동복(同腹)의: uteríni fratres 한 배의 형제.

utérlĭbet, utrálĭbet, utrúmlĭbet, *pron. indef.* 둘 중 누구든지 한 사람, 둘 중 무엇이든지 하나.

utérque, útraque, utrúmque, 〔*gen.* utriúsque, *dat.* utríque,〕 *pron. indef.* **1.** 둘다 각각, 양쪽다: in utrámque partem dissérere *(C.)* 찬반 양론으로 토론하다 / utráque lingua*(H.)* (라틴어와 희랍어) 둘다 / ~ nostrum*(C.)* 우리 둘다 / quarum civitátum utráque*(C.)* 이 두 도시 다. **2.** 〔복수동사와〕: ~ eórum exércitum edúcunt.*(Cæs.)* 그들은 둘다 자기 군대를 이끌고 나온다. **3.** 둘이 서로: cum utérque utríque exércitus esset in conspéctu*(Cæs.)* 두 군대는 서로 대치해 있었기 때문에. **4.** 〔복수명사와〕 utríque imperatóres 두 황제 다. **5.** = quique.

ŭtĕrus, i, *m.* **1.** 《解》 자궁(子宮). **2.** 모태, 태, 배, 태중, 임신. **3.** 땅속. **4.** 측면, 옆구리.

utérvis, útrăvis, utrúmvis, 〔*gen.* utriúsvis, *dat.* utrívis,〕 [uter + volo] *pron. indef.* 둘 중 네가 원하는 사람[것] (아무라도) 누구든지 [무엇이든지] 마음대로.

uti¹, = ut.

uti², *inf.* [utor].

utíbĭlis, e, *adj.* [utor] **1.** 쓸 수[모] 있는, 유익한, 유리한. **2.** 적합한, 좋은.

Utĭca, æ, *f.* *Afrĭca*의 도시, *Carthágo*의 서북부에 있음, 소*Cato*가 자살한 곳; 〔*adj.*〕 -**cénsis,** e; 〔*subst.*〕 -**cénses,** ĭum, *m.pl.* 그곳 주민.

útĭlis, e, *adj.* [utor] **1.** 쓸데 있는, 유용한, 유익한, 유리한, 편리한, 필요한: *alci(C.)* …에게 ~ / ~ *alci rei(C.)* …일에 ~ / ~ ad rem*(C.)* …에 ~ / ~ in hoc tempus*(L.)* 지금, 현대에 ~ / Tíbia adésse choris erat útilis.*(H.)* 피리가 있는 것이 합창에 쓸모있었다. **2.** 건강에 좋은, 약효있는. **3.** 좋은 상태에 있는, 쓸 만한. **4.** 풍부한. **5.** 공정한. **6.** 〔*adv.*〕 -**lĭter,** 유익하게, 유용성 있게, 이롭게. **7.** 〔*subst.*〕 *n.pl.* = utensília.

utilitarísmus, i, *m.* 공리주의(功利主義), 실리주의.

utílĭtas, átis, *f.* [útilis] **1.** 이익, 이용, 유용성, 유익, 편리: nihil ad utilitátem suam reférre*(C.)* 자기에게 아무 이익이 되지 않다. **2.** 행복, 재산, 최선.

útĭnam, *adv.* 〔*c. subj.*〕 제발, 아무쪼록, 원컨대 …으면, …하기를!: ~ incúmbat …*(C.)* 원컨데 그가 …에 전심했으면 / ~ haberétis*(C.)* 너희가 그것을 가지고 있다면 좋을텐데.

utíque¹ = et uti. *V.* uti.

útĭque², *adv.* 물론, 아무렇든 간에, 어떻든, 특히, 기어이, 무슨 일이 있어도.

uto, ĕre, *intr.* (=utor) 〔*imper.* utito, utúnto; *inf.* útere; *pass. ind. præs.* útitur; *fut.* utétur만 씀〕.

ūtor, ūsus sum, ūti, *dep. intr.* **1.** 〔*abl.*〕 …을 사용하다, 쓰다, 이용하다: Vel imperatóre vel mílite me utímini.*(Sall.)* 나를 지휘관으로든 졸병으로든 써달라. **2.** 누구와 관계있다: ~ *alqo* familiaríssime*(C.)* 누구와 친밀한 관계에 있다 / *alqo* multum uti*(C.)* 누구와 많은 관계가 있다 / ~ homínibus ímprobis multis*(C.)* 많은 나쁜 사람들과 관계를 가지고 있다 / Me utéris ámico.*(C.)* 나를 친구로 알아달라. **3.** 가지고 있다. 지니고 있다, 소유하다. **4.** …을 먹고 살다. **5.** …와 …하게 지내다, …를 …로 취급하다. **6.** …이 필요하다.

útpŏte, *adv.* **1.** 〔흔히 qui, quæ, quod + *subj.* 와 함께〕 가능한 것으로서, 자연적인 것으로서, …의 자격으로: útpote qui, …한 사람으로서. **2.** 〔cum + *subj.*〕 …를 봐서. **3.** 〔형용사나 분사

와] …기 때문에: fessi ~ longum carpéntes iter*(H.)* 기나긴 여행을 해서 지친 / ~ capta urbe*(L.)* 도시가 점령되었기 때문에.
útpŭta, *adv.* 가령, 예를 들면, 예컨대.
utrálĭbet, *adv.* 이쪽저쪽 아무쪽으로나, 마음대로. 「물지겟군.
utrárĭus, i, *m.* [uter[2]] 물부대를 나르는 군인,
útrĭbi, *adv.* = útrobi.
utricída, æ, *m.* 가죽부대를 찢는(裂) 자.
utric(u)lárĭus, i, *m.* [utrículus[1]] **1.** 바람 넣은 가죽부대를 타고 하천(河川)을 건너는 자, 바람넣은 부대에 물건을 실어서 강을 건네주는 사공. **2.** 뿔피리를 부는 자.
utriculósus, a, um, *adj.* [utrículus] 복부의; [*subst.*] *f.* 복수(腹水).
utrícŭlus[1], i, *m. dim.* [uter[2]] 작은 가죽부대.
utrícŭlus[2], i, *m. dim.* [úterus] **1.** 아랫배, 배, 모태. **2.** 싹, 꽃받침, 이삭.
utrímque[–ínque], *adv.* [uter[1]] **1.** 양쪽으로, 양쪽에서, 두 쪽에서, 두 방면에. **2.** 두 가지 이유로. 「부터.
utrínde, *adv.* [uter[1]] 두 경우에, 양쪽에서
utrinquésecus[utrim–], *adv.* 두 방면에.
utrínsecus, *adv.* utrinquésecus의 잘못된
utris, is, *m.* = uter[2]. 철자.
ŭtro, *adv.* (*sc.* loco) [uter[1]] **1.** 둘 중 한쪽으로[에서]. **2.** 둘 중 어느 쪽에서[으로]? 두 곳 중에 어느 곳으로. 「곳에?
útrŏbi[–rŭbi], *adv. interr.* 두 곳 중 어느
utrŏbídem, *adv.* 양쪽에서.
utrobíque[utrub–], *adv.* [uter[1] + ubi + que] 양쪽으로[에서]; 두 경우에.
utrólĭbet, *adv.* [utérlibet] 둘 중 아무쪽으로나, 두 곳 중 어디든지.
utróque, *adv.* [utérque] 양쪽으로, 양면으로; 양편에서 다.
útrubi, *adv.* = útrobi.
ŭtrum, *adv.* [uter[1]] [ne나 nam으로 강조되어 이중 의문의 첫부분을 도입한다] …냐? …냐?, …는지, 아니면 …는지: ~ ea vestra an nostra culpa est?*(C.)* 그것이 너희 잘못이냐? 아니면 우리 잘못이냐? / utrúmnam, utrúmne …an …?*(Q.)* …냐? 아니면 …냐? / Utrum fecísti, annon?*(C.)*, ~, necne?*(Aug.)* 네가 했느냐 아니냐?
ŭtut, *adv.* 어떻든간에, 하여튼(certe, etsi, pótius, tamen과 대응하여 씀).
ūva, æ, *f.* **1.** 포노알, 포도송이: Uva uvam vidéndo vária fit.[격언] 포도알은 포도알을 보면서 변한다(시샘). **2.** 포도밭. **3.** 다른 과일의 송이, 단, 묶음. **4.** 벌떼. **5.** 《解》 목젖. **6.** 바다고기 일종. 「絡膜).
úvea, æ, *f.* 《解》 포도막, 홍채맥락막(虹彩脈
ūvens, éntis, *p.præs., a.p.* [*inusit.* úveo] 젖은, 축축한, 습기있는.
uvésco, ĕre, *intr. inch.* [*inusit.* úveo] **1.** 질척질척해지다, 축축해지다, 질어지다, 습하여지다. **2.** 목을 적시다, 한 모금 마시다.
uvídĭtas, átis, *f.* [úvidus] 습기.
uvídŭlus, a, um, *adj. dim.* [úvidus] 좀 젖은, 조금 축축한.
úvĭdus, a, um, *adj.* [*inusit.* úveo] 젖은, 축축한, 물기있는, 물준, 물뿌린, 물먹은, 습한; 술취한.
úvĭfer, fĕra, fĕrum, *adj.* [uva + fero] 포도를 맺는, (꽃 혹은 과일의) 방(房)을 가지고 있는.
ūvor, óris, *m.* 축축함, 습기.
úvula, æ, *f.* 《解》 목젖, 구개수(口蓋垂), 현옹수(懸壅垂).
Uxellodúnum, i, *n.* *Aquitánia*에 있던 *Cadúrci*인들의 요새도시. 「족.
Uxii, órum, *m.pl.* *Susa*에서 약탈하며 살던 종
uxor, óris, *f.* **1.** 아내, 정처, 부인, 주부: uxórem dúcere*(C.)*, adjúngere*(C.)*, assúmere *(Plin.)* 결혼하다, 장가들다. **2.** (동물) 암컷.
uxorátus, a, um, *adj.* [uxor] 결혼한, 취처(娶妻)한.
uxórcŭla, æ, *f. dim.* [uxor] 아내의 애칭, 아내의 경멸 명칭, 창녀.
uxórium, i, *n.* [uxórius] **1.** 자기 아내의 호감을 사기 위한 미약(媚藥). **2.** 독신자에게 부과하는 세금. **3.** 공처(恐妻).
uxórĭus, a, um, *adj.* [uxor] 처(妻)의, 주부의, 결혼한 여자의: sub império uxório esse *(Pl.)* 엄처시하에 있다.
uxur = uxor의 방언.

V

V[1], v, *f., n. indecl.* 라틴 자모의 스물 두번째 글자; U로 대치되기도 하는데 이 때에는 자음이 됨. 때로는 B로 대치되기도 함.
V[2]., 《略》 **1.** = vir, vivus, votum. **2.** 《解》 vena(정맥). **3.** *Roma* 숫자의 5.
va = vah. 「halis).
Vácălus, i, *m.* *Rhenus* 강의 남쪽 하구(=Va-
vacans, ántis, *p.præs., a.p.* [vaco] = va-

cantívus. 「없이.
vacánter, *adv.* [vaco] 남을만큼 충분히, 쓸데
vacantívus, a, um, *adj.* [vaco] 여분의, 휴가를 얻은; 전념하는: ~ philosophíæ*(C.)* 철학에 전념하는 / ~ alci*(Phædr.)* …에게 헌신하는.
vacátĭo, ónis, *f.* [vaco] **1. 면제,** 제외, 해제: dare vacatiónem sumptus, labóris, mílítiæ, rerum dénique ómnium*(C.)* 비용, 노동, 군복무, 한마디로 모든 의무를 면제하다 / ~ ætáti*(C.)* 노령에 의한 면제, 은퇴, 휴업면역 / adulescéntiæ ~ 청년특권. **2.** 휴학, **휴가,** 휴직, 해방. **3.** 휴직금, 휴가금. **4.** 없음, 부재. **5.** 일하지 않음, 나태.
vacca¹, æ, *f.* 《動》 암소(牡牛).
Vacca², æ, *f.* *Numídia*의 도시(지금의 *Begia*), 로마군에 의해 파괴됨 = Vaga; *m.pl.* **–énses,** ĭum, 그곳 주민.
Vaccǽi, órum, *m.pl.* *Hispánia Tarraconénsis*에 있던 호전적인 한 종족; vacca(암소)들의 계곡이란 뜻으로 쓰는 풍자적 파생어.
vaccíllo = vacíllo.
vaccína, æ, *f.* 《醫》 왁찐, 우두종.
vaccinátĭo, ónis, *f.* 《醫》 왁찐주사, (우두) 예방주사[접종]; (특히) 종두.
vaccínĭum, i, *n.* 《植》 월귤나무(=hyacínthus), ~의 꽃, 열매(보라색 염료).
vaccínus, a, um, *adj.* [vacca¹] 암소의.
váccŭla, æ, *f. dim.* [vacca¹] 《動》 암소새끼.
vacefío, fíĕri, *intr.* [vácuus + fio] (vacuefácio의 수동) 없어지다, 공허하게 되다, 사람이 아무도 없다, 비어있다.
vacérra, æ, *f.* **1.** 말뚝, 장작. **2.** *pl.* 울타리, 말뚝 울타리. **3.** 등신, 바보. 「바보스러운.
vacerrósus, a, um, *adj.* [vacérra] 얼빠진,
Váchalis, is, 〔*acc.* –in, –im,〕 *m.* = Vácalus.
vacillanter, *adv.* [vacíllo] 주저하면서, 동요되어.
vacillátĭo, ónis, *f.* [vacíllo] **1.** 뒤뚝뒤뚝함, 요동, 흔들림, 동요, 주저. **2** (불, 눈의) 깜빡임.
vacillátor, óris, *m.* [vacíllo] 흔들리는 것, (시계) 추, 흔들리는 사람.
vacíllo, ávi, átum, áre, *intr.* 비틀거리다, 뒤뚝뒤뚝하다, 요동하다, 머뭇거리다, 흔들리다, 왔다갔다하다, 동요하다: ex vino ~ *(C.)* 술에 취하여 비틀거리다 / Justítia vacíllat.*(C.)* 정의가 흔들린다.
vacívĭtas, átis, *f.* [vacívus] 결여, 결핍.
vacívus, a, um, *adj.* [vaco] …이〔*gen.*〕 결여된, …이 없는, 빈, 한가한; 〔*adv.*〕 **–ve,** 한가롭게, 한가로이.
văco, ávi, átum, áre, *intr.* **1.** (자리·장소가) **비어있다:** Tota domus supérior vacat.*(C.)* 집의 윗층이 모두 비어있다. **2.** 〔*abl.* ab *abl.*〕 (무엇이) **없다:** culpā ~ *(C.)* 탓이 없다 / Hæc a custódiis clássium loca vacábant.*(Cæs.)* 이 해역은 군함이 지키고 있지 않았다. **3.** 할일없다, 한가하다, 자유롭다, **쉬다:** Scholā vacat. 학교수업이 없다. **4.** 〔*dat.* ad, in *acc.*〕 **전념하다,** 힘쓰다, 종사하다. **5.** *impers.* 1) 〔*inf.* – *alci*〕 시간이 비어있다, 할 수 있다: Nobis venári non vacat.*(Plin.)* 우리는 사냥할 시간이 없다. 2) 해도 좋다, 가하다. **6.** 쓸데없다, 소용없다. **7.** 자유로운 상태에 있다, 미혼이다. **8.** (물건이) 주인이 없다.
vacuátio, ónis, *f.* (장소, 그릇) 비움.
vacuátus, a, um, *p.p., a.p.* [vácuo] 빈, 없는, 결여된, 한가한.
vácŭe, *adv.* [vácuus] 쓸데없이, 공허하게.
vacuefácĭo, féci, fáctum, ĕre, *tr.* [vácuus + fácio] 비워두다, 비게 하다, 폐지하다; 〔*pass.*〕 **–fío,** factus sum, fíĕri.
vacuefáctio, ónis, *f.* 비움.
vacúĭtas, átis, *f.* [vácuus] **1.** 공간, 빈자리, 허공, 결핍, 부족. **2.** 무엇이 없는 것: ~ dolóris*(C.)* 고통이 없음 / ~ ab angóribus*(C.)* 고뇌가 없음. **3.** 한가, 게으름.
Vacúna, æ, *f.* [vácuus] *Sábini*족의 추수의 여신; 〔*adj.*〕 **–nális,** e.
vácŭo, ávi, átum, áre, *tr.* [vácuus] …을 비우다, 비게 하다; 없게 하다, 무효화하다; 빼앗다, 벗어나게 하다.
vácŭum, i, *n.* [vácuus] **1.** 빈자리, 공지(空地), 공간, 허공. **2.** 공허, 공백; 진공. **3.** 비어있는 것, 상속자가 없어진 것: in ~ veníre (첫째 상속자가 죽어서) 대신 상속자가 되다/ in vácuum*(Vulg.)*, in vácuo*(Polycárpus)* 쓸데없이, 무익하게.
vácŭus, a, um, *adj.* [vaco] **1.** 〔*absol.; abl.,* ab *abl., gen.*〕 **비어있는,** 텅 빈, (아무것도, 아무도) 없는: vácuum theátrum*(H.)* 텅 빈 극장 / ager frugum ~ *(Sall.)* 아무 곡식도 없는 밭. **2.** 넓은, 널따란; 쓸쓸한, 고요한: ~ Athénæ*(H.)* 평화로운 아테네. **3.** 〔*gen., abl.,* ab *abl., absol.*〕 벗어난, 풀려난, 면제된, 의무없는, 자유로운, 홀가분해진, (무엇이) **없는:** curis ~ *(C.)* 걱정거리에서 벗어난 / ~ a tribútis*(Ta.)* 각종 세금에서 면제된. **4. 한가한,** 바쁘지 않은, 놀고 있는, 쉬고 있는; 일 없는, 일에 매이지 않은: Vácui sumus.*(C.)* 우리는 바쁘지 않다 / vácua pecúnia 놀고 있는 돈 / vácuum tempus*(C.)* 한가한 시간. **5.** 주인없는, 아무에게도 점유되지 않은: vácua bona 소유주 없는 재산 / múlier vácua*(Ta.)* 과부, 미혼녀. **6.** 열려있는, 누구나 접근할 수 있는: vácuæ áures*(H.)* 들을 태세가 되어 있는 귀. **7.** 헛, 공허한, 쓸데없는; 무효한.
Vada¹, æ, *f.* *Gállia Bélgica*의 *Batávi*족의 요새도시.
Vada², órum, *n.pl.* **1.** *Ligúria*의 항구도시(지금의 *Savona*나 *Vado*로도 불리어짐). **2.** ~ Volaterrána, 서북 *Etrúria*의 항구도시(지금의 *Vada*).
vadátus, a, um, *p.p., a.p.* [vador] 법정에 호출된, 구금된, 의무적으로 결정된, 책임진.

Vadimónis Lacus, *m.* 동남 *Etrúria*의 호수(지금의 *Lago di Bassano*).

vadimónĭum, i, *n.* [vas[1]] **1.** 법정 출두 서약, 보증, 담보, 저당: ~ promíttere 지정된 날에 (자신이 또는 변호사를 통해서) 법정 소환에 응할 것을 서약하다. **2.** 약속, 세약. **3.** …할 필요성.

vádo[1], vasi, vasum, ĕre, *intr.* 가다, 앞으로 나아가다, 전진하다: ~ ad *alqm(C.)* 누구를 만나러 가다 / ~ in hostem*(L.)* 적국을 향하여 전진하다. 「서 건너다.

vădo[2], áre, *tr.* [vadum] 여울을 건너다, 걸어

vado[3], áre, = vador.

vădor, átus sum, ári, *dep. tr.* [vas[1]] 〔*alqm; absol.*〕 **1.** 법정으로 소환하다, 법정소환에 응할 서약을 받다, 보증인을 세우게 하다, 보호하다, 재판소송을 당하다. **2.** *p.p. pass.* 서약한, 보증된.

vadósus, a, um, *adj.* [vadum] 여울의, 건너갈 수 있는, 깊지 않은, 도보(徒步)로 건널만한: vadósa navigátio*(Plin.)* 여울로 항해함.

vădum, i, *n.* [**-us,** i, *m.*] **1.** 여울, 얕은 곳. **2.** 위험한 물길 · 곳. **3.** 안전지대. **4.** 《詩》 바다밑, 강바닥; 물, 파도.

væ, *interj.* 〔*absol., dat.,* 간혹 *acc.*〕 (고통 · 불행 · 공포 따위 표시) 아이고! 앙화로다! 화를 입어라! 아-: Væ mísero mihi!*(Pl.)* 아이고, 내 팔자야! / Væ victis!*(L.)* 패자들에게 앙화로다.

væ... *V.* ve...

vaféllus, a, um, *adj. dim.* [vafer] 교활한.

văfer, fra, frum, *adj.* 세련된, 교활한, 정밀한, 재주있는, 꾀있는. 「기(詐欺).

vaframéntum, i, *n.* [vafer] 재주, 교활, 사

văfre, *adv.* [vafer] 교활하게, 간교하게.

vafrítĭa, æ, [**-tĭes,** éi,] *f.* [vafer] 세련된 생각, 교활, 꾀, 사기(詐欺).

Văga, æ, *f.* **1.** *Afrĭca*에 있는 *Byzácium*의 도시. **2.** = Vacca[2]. **3.** 〔*subst.*〕 **-génses,** ĭum, *m.pl. Vaga*의 주민. 「방랑자, 유랑자, 편력자.

vagabúndŭlus, i, *m. dim.* [vagabúndus]

vagabúndus, a, um, *adj.* [vagor[1]] 방랑하는, 편력하는, 떠돌아 다니는, 방황하는, 배회하는.

vagátĭo, ónis, *f.* [vagor[1]] 방황생활, 변화, 떠돌이 생활, 배회. 「선, 유랑의.

vagátus[1], a, um, *a.p.* [vagor[1]] 방황길에 나

vagátus[2], us, *m.* [vagor[1]] = vagátio.

văge, *adv.* [vagus[1]] 여기저기, 이쪽저쪽, 정처없이, 이리저리.

vagína, æ, *f.* [vácuus] **1.** 칼집. **2.** 껍데기, 피막(被膜). **3.** 《植》 엽초(葉革肖), 자방(子房). **4.** 《解》 질(膣).

vaginális, e, *adj.* 《解》 질(膣)의.

vaginísmus, i, *m.* 《醫》 질경(膣痙).

vagínŭla, æ, *f. dim.* [vagína] 밑껍데기, 작은 칼집(革肖).

vágĭo, ívi[ĭi], ítum, íre, *intr.* **1.** (애기, 동물) 울다, 소리치다. **2.** (돼지가) 꿀꿀대다. **3.** 울려퍼지다, 소리나다. 「개치는, 벌벌 떠는.

vagipénnis, e, *adj.* [vagus[1] + penna] 날

vagítus, us, *m.* [vágio] **1.** 애기 울음소리. **2.** 염소 울음소리. **3.** 불평[고통, 신음] 소리.

vago, áre, *intr.* = vagor[1].

văgor[1], átus sum, ári, *dep. intr.* [vagus[1]] **1.** 여기저기 다니다, 떠돌아다니다, 방황하다, 배회하다: ~ in agris*(C.)* 숲속에서 방황하다 / ~ tota Asiā, toto foro*(C.)* 온 아시아를, 온 장터를 왔다갔다하다. **2.** 전파되다, 멀리까지 펼쳐지다, 돌다: Vagábitur tuum nomen longe atque late.*(C.)* 네 이름은 멀리까지 오래 떨칠 것이다. **3.** 둥실둥실 떠다니다, 목적없이 아무데나 가다.

vágor[2], óris, *m.* [vágio] = vagítus.

vagulátĭo, ónis, *f.* [vágio] 큰소리로 불평함.

vágŭlus, a, um, *adj. dim.* [vagus[1]] 방황하는.

văgus[1], a, um, *adj.* **1.** 방랑하는, 이리저리 다니는, 떠도는, 방황하는, 떠돌아다니는: vagi per silvas*(Q.)* 숲에서 방황하는 / stellæ quasi vagæ*(C.)* 말하자면 방랑하는 별. **2.** 항구성 없는, 이랬다저랬다하는: vaga senténtia*(C.)* 우유부단한 의견. **3.** 정하지 않은, 정처없는, 한정없는. 「(吟遊)시인, 무적자(無籍者).

vagus[2], i, *m.* [vagus[1]] 방랑자, 편력자, 음유

vah! vaha! *interj.* (환희 · 놀램 · 고통 · 분노)

Váhălis, is, *m.* = Vácalus. 「아아, 오오.

valde, *adv.* 〔*comp.* -dius; *superl.* -díssime〕 [válide] **1.** 크게, 많이, 꽤, 매우, 심(甚)히, 대단히. **2.** 물론.

vale, valéte, *imper.* [váleo] (헤어질 때) 잘 있어라, 안녕!: suprémum vale dícere*(Ov.)* 마지막[고별] 인사를 하다.

valedíco, díxi, díctum, ĕre, *intr.* [váleo + dico[2]] 〔*alci*〕 고별인사하다, 하직하다, 이별하다. 「valedíco.

valefácio, féci, fáctum, fácere, *intr.* =

valen? = valesne? 잘있느냐? (*cf.* tu).

vălens, éntis, *p.præs., a.p.* [váleo] **1.** 강한, 힘센, 건장한, 튼튼한, 건강한, 잘있는. **2.** 효력있는, 영향력있는, 강력한. **3.** 영양가있는. **4.** 〔*adv.*〕 **-lénter,** 강력하게; 힘주어; 힘있게, 유효(有效)하게.

valéntĭa[1], æ, *f.* [valens] 건장, 체력, 근력, 기력, 용기, 능력, 재능.

Valéntĭa[2], æ, *f.* **1.** *Hispánia Tarraconénsis*의 도시(지금의 *Valencia*). **2.** *Gállia Narbonénsis*의 도시(지금의 *Valence*). **3.** *Brúttium*의 도시(=Vibo, 지금의 *Monteleone*). **4.** *Sardínia*의 도시(지금의 *S. Maria di Valenza*).

Valentíni, órum, *m.pl.* Valéntia[2] 3.의 주민. *V.* Vibo.

Valentiánus, i, *m.* 로마황제: 1세(364-375 P.C.), 열심한 그리스도교 신자; 2세(375-392 P.C.) 후견인 *Arbogástes*에 의해 살해됨.

Valentínus, i, *m.* 2세기의 gnosis 이단자, 이집트 출신.

valéntŭlus, a, um, *adj. dim.* [valens] 좀 건강한.

válĕo, lŭi, lĭtum, ére, *intr.* **1.** 건강하다, **잘 있다**, 강력하다, 효능있다 〔*abl.*, ab *abl.*〕: ~ pédibus*(N.)* 든든한 발을 가지고 있다, 잘 걷는다 / A morbo válui, ab ánimo æger fui*(Pl.)* 병은 없지만 마음이 아팠다 / Ut vales?*(T.)* 안녕하신가 / Si vales, bene est (약: S.B.E.), (ego) équidem váleo(E.Q.V. 또는 Q.V.)*(C.)* 네가 잘 있다면 좋다, 나도 잘 있다 / Ut valetur?*(Pl.)* 그 일은 잘 되느냐? Vale, vales, Vale atque salve; Vive valéque; Bene vale; Cura váleas. 잘있으라 / ne váleam, nisi …*(Fronto)* 만일 …않으면 나는 죽는다 / Váleas, tibi hábeas res tuas.*(Pl.)* 네 일이나 참견하고 꺼져! / Váleas.*(H.)* 나를 내버려둬! / Si talis est deus, váleat.*(C.)* 이것이 신의 뜻이라면 그대로 따르겠다 / Valéte curæ.*(Petr.)* 걱정을 버려라. **2.** 〔contra, *inf.*〕 …할 힘이 있다, 상태에 있다, 능력있다: si váleo stare*(H.)* 내가 버틸 힘이 있다면 / ~ contra serpéntium morsus*(Plin.)* 뱀 물린데 효능이 있다. **3.** 크게 소리나다, 발음하다. **4.** 〔ad, apud *acc.*〕 영향력있다. **5.** 값이 나가다, **가치있다**: ~ sestértios vicénos*(Plin.)*, pro argénteis decem*(L.)* 20 *sestértius*, 10 은전 값이 나간다 / ~ caro*(Aug.)* 비싸다 / ~ pluris*(Ambr.)* 값이 더 나간다. **6.** 뜻이 있다, 의미를 가지다: verbum quod idem valet*(C.)* 같은 뜻을 가진 말 / Becco valet rostrum. *(Suet.)* (rostrum〈부리〉은 beccus〈부리〉의 뜻이 있다).

valéria áquila, æ, *f.* 《動》 검은 독수리.

Valeriánus, i, *m.* 로마황제(253-266 P.C.).

Valeriáni áurei, *Valeriánus* 황제 초상이 있는 금화.

Valérĭus, i, *m.* *Roma*인의 씨족명; 〔*adj.*〕 -**rĭus,** a, um.

valésco, lŭi, ĕre, *intr. inch.* [váleo] 강하게 되다, 세력이 강해지다, 건강하여지다, 힘세어지다.

valéte, *imper. 2 pl.* [váleo] 잘들 있어라, 안녕! 잘들 계십시오.

valetudinárĭus, a, um, *adj.* [valetúdo] 병든, 요양하는, 병자의, 허약한; 〔*subst.*〕 *m.* 병자, 환자; *n.* 병원, 요양소, 치료소.

valetúdo, dĭnis, *f.* [váleo] **1.** 건강, 강장(强壯), 몸성함: íntegrā valetúdine esse*(C.)* 아주 건강하다 / ~ ánimi*(C.)* 정신 건강 / bona ~ *(C.)* 좋은 건강. **2.** 좋지 않은 건강, 병, 불편: excusatióne uti valetúdinis*(C.)* 건강을 빙자하다 / ~ oculórum*(C.)* 눈이 좋지 않음. **3.** 유효성(有效性). **4.** 건강의 여신.

válgiter, *adv.* [valgus] (입술을) 삐쭉거리며, 뒤틀어져.

válgĭum, i, *n.* 땅을 다지는 기구.

Válgĭus, i, *m.* *Roma*인의 씨족명; T. ~ Rufus, 애가시인이며 서사풍자시인.

valgus, a, um, *adj.* 다리가 밖으로 휜, 다리가 앞으로 구부러진, 앙가발이의.

válĭde, *adv.* [válidus] 매우, 크게, 대단히; 완전히, 긍정적으로, 의심없이, 훌륭하게, 건강하게, 견실하게, 단단히, 힘있게, 유효하게.

valídĭtas, átis, *f.* [válidus] **1.** 건장, 힘, 건강, 근력, 체력. **2.** 유효, 효력, 타당성, 견실.

válĭdo, áre, *tr.* [válidus] 힘을 주다, 굳세게 하다, 건강을 주다.

válĭdus, a, um, *adj.* [váleo] **1. 건장한**, 힘센, 강한. **2.** 건강한, 잘있는. **3.** 〔*absol.*, *gen.*, *dat.*, *abl.*, ad *acc.*〕 강한, 강력한; 세력[권력] 있는, 권위있는, 우세한: ~ dicéndi 능변의 / ~ ánimi*(Ta.)* 강한 마음을 가진 / ~ ingénio*(Q.)* 비상한 재능을 가진 / spernéndis rumóribus(*dat.*) válidus*(Ta.)* 여론에 대처할 능력있는 / ad Cæsáris amicítiam ~ *(Ta.)* 황제의 애호를 받는. **4.** 〔*inf.*〕 …할 능력있는. **5.** 튼튼한, 견고한, 단단한. **6.** 효능[효험·효과·효력]있는; 영양분 많은. **7.** 왕성한; 격렬한, 맹렬한. **8.** 《法》 **유효한**, 정당한 절차를 밟은. **9.** 《論》 타당한, 법칙에 맞는.

valitúdo = valetúdo.

valitúrus, a, um, *p.fut.* [váleo].

valláris, e, *adj.* [vallum] 요새의, 참호의, 성벽의, 방어하는: ~ coróna*(L.)* 요새영관(적군 요새에 제일 먼저 들어간 사람에게 주는 영광의 화관).

vallátĭo, ónis, *f.* [vallo] 울타리, 방책(防柵), 설비, 방어, 축성(築城); 주위, 측근(사람들).

vallécŭla, æ, *f.* = vallícula.

vallemátia, æ, *f.* = ballemátia.

valles[-**lis**], is, *f.* 골짜기, 계곡, 구릉; 구덩이, 공동(空洞).

valléstris, e, *adj.* [valles] 계곡에 있는. 〔*subst.*〕 *n.pl.* -**strĭa,** ĭum, 계곡밑, 골짜기.

vallícŭla, æ, *f. dim.* [valles] **1.** 작은 골짜기. **2.** 《醫》 소와(小窩).

vallo, ávi, átum, áre, *tr.* [vallum] **1.** 참호를 둘러파다, 성채를 구축하다, 둘러막다, 성벽으로 방어하다. **2.** 방어를 강화하다, 방어하다, 무장하다, 보호하다: ~ noctem*(Ta.)* 밤에 참호 속으로 숨다 / muniéndo vallandóque *(Ta.)* 성채를 싸며 방어하여.

Vallónia, æ, *f.* 계곡의 여신.

vallum, i, *n.* [vallus[1]] **1.** 울타리, 방어책, 둘러막은 것, 성벽: ággerem ac ~ exstrúere *(Cæs.)* 보루와 방어책을 쌓다. **2.** 방어진지.

vallus[1], i, *m.* 말뚝, 울타리, 성벽; (톱, 빗)니.

vallus[2], i, *f. dim.* [vannus] (=vannúlus) 작은 풍구, 키.

valor, óris, *m.* **1.** 가치, 가격, 중대, 존중, 용기. **2.** 유효성.

valva, æ, *f.* 자동으로 닫히는 문; 〔흔히 *pl.*〕 두짝문, 쌍문.

valvárĭus, i, *m.* [valva] 문짝 짜는 목수.

valvátus, a, um, *adj.* [valva] 2중 문짝 달린.

válvula, æ, *f. dim.* [valva] 작은 문, 《解·植》 작은 판막(瓣膜).

válvŭlæ[-**vólæ**], árum, *f.pl.* [**válvoli,** órum, *m.pl.*] [valva] 《植》 콩깍지, 꼬투리.

Vándăli[**-dĭli, -dílĭi, -duli**], órum, *m.pl.* 5세기경 *Germánia*의 북부에 있던 한 종족; *Hispánia, Afrĭca*에 침입하여 *Carthágo*에 정착하였음. 「하게, 망령되게.
vāne, *adv.* [vanus] 헛되이, 쓸데없이, 공허
vanésco, ĕre, *intr. inch.* [vanus] 사라지다, 기절하다, 없어지다, 흩어지다.
vanga, æ, *f.* 풀 뜯는 괭이, 곡괭이, 제초기.
Vangíŏnes, um, 〔*acc.* -nas,〕 *m.pl.* 중부 *Rhenus* 강 왼쪽에 있던 *Germánia*의 한 종족; 이들의 수도(지금의 *Worms*).
vanídĭcus, a, um, *adj.* [vanus + dico²] 거짓말하는, 허풍떠는. 「하다.
vanífico, áre, *tr.* [vanus + fácere] 헛되게
vanigloriósus, a, um, *adj.* [vanus + glória] 허영의. 「쓸데없는 말 지껄이는.
vaníloquax, ácis, *adj.* [vanus + loquor]
vaniloquéntĭa, æ, *f.* [**-lóquĭum,** i, *n.*] [vaníloquus] 잡담, 쓸데없는 말, 수다; 허풍, 허영, 자랑, 자만(自慢), 망언(妄言), 헛된 말.
vaniloquidórus, i, *m.* [vanus + loquor + δῶρον] 거짓말장이, 듣기 좋은 말로 꾸며대는.
vanílŏquus, a, um, *adj.* [vanus + loquor] 허풍떠는, 수다스러운, 자만(自慢)하는, 망언(妄言)의.
vánĭtas, átis, *f.* [vanus] **1.** 허풍, 허영, 공허(空虛). **2.** 헛수고, 무익. **3.** 거짓, 허위. **4.** 자만, 자랑. **5.** 경망(輕妄). **6.** *pl.* 유치스러움.
vanítĭes, éi, *f.* [vanus] **1.** 경망, 허무. **2.** 억측, 편견. **3.** 선입견, 편견.
vánito, áre, *intr.* [vanus] 〔*p.præs.*만 사용〕: vanitántes 허풍장이.
vanitúdo, dĭnis, *f.* [vanus] 실없는 말, 거짓말. 「기다.
vanno, ĕre, *tr.* [vannus] **1.** 키질하다. **2.** 튕
vannúlus, i, *m. dim.* [vannus] 작은 키(箕)
vannus, i, *f.* 키(箕), 풍구, 바람개비.
vano, *adv.* [vanus] 실없이.
vanor, ári, *dep. intr.* [vanus] 거짓말하다.
vanum, i, *n.* [vanus] 허영, 허황, 허무.
vānus, a, um, *adj.* **1.** 내용이 빈, 공허한. **2.** 무효의, 무익한, 쓸데없는, 헛된, 허공의, 허영의, 망령(妄靈)된. **3.** 천박한, 허위의, 불신의, 허풍의, 절제없는. **4.** 가짜의, 근거없는, 부실한, 경망스러운.
vápĭdus, a, um, *adj.* [vapor] 김 빠진, 맥없는, 맛(味)변한, 삭은, 부패된, 부정한; 〔*adv.*〕 **-pĭde,** 힘없이, 기력없이, 김빠진 술같이, 시원치않게.
văpor[**-pos**], óris, *m.* **1.** 수증기, 입김(내쉼), 연기. **2.** 김(뜨거운), 온기(溫氣). **3.** 불꽃. **4.** 열애(熱愛)
vaporális, e, *adj.* [vapor] 증기와 같이, (수)증기의, 김 나는, 온기의, 김의; 〔*adv.*〕 **-lĭter,** 증기를 내뿜으며.
vaporárĭum, i, *n.* [vapor] (=hypocáustum) 증기 난방기, 증발, 발산, 한증.
vaporátĭo, ónis, *f.* [vapóro] 증발, 발산, 기화, 발한(發汗): ~ balineárum(*Plin.*) 증기탕에서 땀흘림.
vaporátus, a, um, *p.p., a.p.* [vapóro] 증기많은, 김이 가득찬, 증기로 찐, 훈제(燻製)의; 〔*adv.*〕 **-te,** 따뜻하게.
vapórĕus, a, um, *adj.* [vapor] 증발의, 수증기의; 뜨거운; 공허한.
vapórĭfer, ĕra, ĕrum, *adj.* [vapor + fero] 증기를 발산하는, 증기[열기]를 주는.
vapóro, ávi, átum, áre, [vapor] **1.** *intr.* 증발하다, 발산하다, 증기를 내다: Aquæ vapórant.(*Plin.*) 물이 증발한다. **2.** *tr.* 증기를 가득 채우다; 증기 치료하다, 덥히다.
vaporósus, a, um, *adj.* [vapor] 수증기의, 증기가 가득찬, 연기가득한.
vapórus, a, um, *adj.* [vapor] 김내는.
vappa, æ, *f.* **1.** 김 빠진[맛없는] 술. **2.** 악한, 깡패, 경망스러운 자.
vappo, ónis, *m.* 날개달린 짐승(전설적 동물).
vapuláris, e, *adj.* [vápulo] 매 맞는 (노예).
vápŭlo, ávi, átum, áre, *intr.* **1.** 매맞다, 종아리맞다, 혼나다: ~ fústibus(*Q.*) 몽둥이 찜질당하다 / ~ ómnium sermónibus(*C.*) 모든 사람한테 말로 호되게 맞다. **2.** 〔욕설〕 vápula! 또는 vápulet! 또는 Vapuláre eum júbeo. (*T.*) 죽어라! **3.** 패배를 당하다, 낭패를 당하다, 망하다.
vāra, æ, *f.* 나무 가름대, 빗장, 받침대.
Varágri[**Verágri**], órum, *m.pl.* *Gállia Narbonénsis*의 한 종족.
varátĭo, ónis, *f.* [varo²] 만곡(灣曲), 굴절.
Vardǽi, órum, *m.pl.* 북부 *Dalmátia*에 있었던 한 종족.
Varguntéĭus[**-éjus**], i, *m.* *Roma*의 원로원 의원, *Catilína*의 공모자.
vargus, i, *m.* 유랑인, 부랑자(浮浪者), 추방자.
várĭa¹, æ, *f.* [várius¹] 《動》 **1.** 표범. **2.** 딱따구리의 일종.
Várĭa², æ, *f.* *Sabíni*족의 작은 도시. **1.** *Æqui*인의 작은 도시. **2.** *Apúlia*의 도시.
variábĭlis, e, *adj.* [vário] 변화할 수 있는, 변경되는, 변할만한.
variámen, mĭnis, *n.* [vário] 변화.
variánæ uvæ, árum, *f.pl.* 포도의 일종.
variántĭa, æ, *f.* [vário] 변화, 변이, 상이, 불일치, 변종(變種), 갖가지, 다양, 가지가지.
Variánus¹, a, um, *adj.* Varus³의.
variánus², a, um, *adj.* [várius¹] 잡색(雜色)의, 여러가지 색의.
variátim, *adv.* [variátus] 여러가지로, 색색으로, 여러가지 모양으로.
variátĭo, onis, *f.* [vário] 변화, 변천, 변경(變更): sine ulla variatióne(*L.*) 의견 변화 없이, 즉 만장일치로. 「장식하는 사람.
variátor, óris, *m.* [vário] 수 놓는 사람, 깃
variátus, a, um, *p.p., a.p.* [vário] **1.** 변화

많은, 여러가지의, 형형색색의, 변천된, 변경된, 변화된. **2.** 바뀐. **3.** 잡색의.

varicátor, óris, *m.* [várico] 성큼성큼 걷는 자.

varicátus, a, um, *p.p., a.p.* [várico] 성큼성큼 …하는.

varicélla, æ, *f.* 《醫》 수두(水痘).

várĭco, ávi, átum, áre, *intr.* [váricus] 양다리를 벌려 걸치다, 걸쳐있다; 산책하다, 건다.

varícolor, óris, *adj.* 색색의, 여러가지 색이 섞인, 잡색의.

varicóse, *adv.* [varicósus] **1.** 정맥류(靜脈瘤)가 많게. **2.** 성큼성큼 걸어서, 다리를 벌리며.

varicósus, a, um, *adj.* [varix] 《解》 정맥류(靜脈瘤)의: ~ Arpínas*(Sidon.) Arpinum*의 정맥류 환자, 즉 *Cícero.*

varícŭla, æ, *f. dim.* [varix] 작은 정맥류.

várĭcus[1], a, um, *adj.* [varus[1]] 양다리를 걸치고 있는, 다리를 벌리는. 「벌리고.

várĭcus[2], *adv.* [varus[1]] 큰 걸음걸이로, 다리를

várĭe, *adv.* [várius[1]] **1.** 여러가지로, 각색으로, 각종으로, 여러가지 모양으로, 변화있게: ~ movéri*(C.)* 여러가지로 영향을 받다 / ~ bellátum est*(L.)* 전쟁은 여러가지가 기회가 되어 일어난다. **2.** 신축성있게, 일정하지 않게.

varíĕgo, ávi, átum, áre, *tr.* [várius[1] + ago] **1.** 여러가지(색)로 변화시키다. **2.** *intr.* 여러가지로 변하다.

varíĕtas, átis, *f.* [várius[1]] 여러가지, 잡다함, 변화; 우유부단, 변덕, 잡종, 교차.

varífico, áre, *tr.* [varus[1] + fácio] 양다리를 벌리다. 「의 한 종족.

Varíni, órum, *m.pl.* 발틱해안의 *Germánia*

várĭo, ávi, átum, áre, [várius[1]] **1.** *tr.* 각양각색으로 변하게 하다, 여러가지로 변화시키다, 다르게 하다: in *alqā re* inter hómines variátur*(C.)* 어떤 일에 대하여 사람들이 서로 의견을 달리하다. **2.** *intr.* 의견이 다르다, 여러가지이다, 차이가 있다: Inter se multum variáre figúræ non possunt.*(Lucr.)* 형태들이 서로 크게 다를 수 없다 / variánte fortúna*(L.)* 변천하는 운명을 지니고.

varíola, æ, *f.* 《醫》 천연두(天然痘).

Varístæ, árum, *m.pl.* *Germánia*의 한 종족

várĭtus, *adv.* = váricus[2]. ⌊= Narísti.

várĭus[1], a, um, *adj.* **1.** 여러가지, 각색의, 잡종의, 잡다한, 다른, 차이있는, 다양한, 풍부한: Várium poéma, vária orátio, várii mores, vária fortúna, volúptas étiam vária dici solet.*(C.)* 시, 문체, 풍속이 다르고 운명이 다르면 사람의 욕구도 다르다고 말한다. **2.** 변하는, 변천하는, 변질하는, 무상한.

Várĭus[2], i, *m.* *Roma*인의 씨족명; 특히 **1.** De majestáte 라는 법률서의 저자이며 호민관인 Q. Várius(재직 91 A.C.). **2.** *Horátius*와 *Vergílius*의 친구이며 *Cæsar*와 *Octaviánus*의 예찬자였던 시인 L. Várius(74 - ? A.C.).

vărix, ĭcis, *m. f.* [varus[1]] 《解》 정맥류(靜脈瘤). 「둔재, 야비한 사람, 우둔한 사람, 바보.

vāro[1][varro, baro], ónis, *m.* 거치른 자,

vāro[2], áre, *tr.* [varus[1]] 굽히다(曲), 강이나 접근 못할 곳을 측량하다.

varro[1], ónis, *m.* = varo[1].

Varro[2], ónis, *m.* *Teréntius* 씨족의 가문명; 〔*adj.*〕 **–roniánus,** a, um, (*cf.* Teréntius).

várŭlus, i, *m. dim.* 《醫》 [varus[2]] 다래끼, 맥립종(麥粒腫).

vārus[1], a, um, *adj.* **1.** 다리가 X형으로 굽은 안짱다리를 가진 (사람); (안으로) 구부러진, 휜. **2.** 반대의, 대조적인. 「스럼.

vărus[2], i, *m.* 《醫》 소농포(小膿疱), 작은 부

Vārus[3], i, *m.* *Roma*인의 여러 씨족의 가문명; 〔*adj.*〕 **–riánus,** a, um.

Vārus[4], i, *m.* [**–um,** i, *n.*] *Itália*와 *Gállia Narbonénsis*와의 접경에 있는 강(지금의 *le Var*).

vas[1], vădis, *m.* 증인, 보증, 담보물, 보증인(법정): vadem dare*(C.)* 보증서다.

vas[2], vāsis, *n.* 〔*pl.* vasa, órum [고어 vasum 에서]〕 **1.** 그릇, 단지, 용기(容器): ~ obscœ́num.*(Sen.)* 요강. **2.** 즙기, 가구, 기구(器具). **3.** 《軍》 군대의 장비, 화물. **4.** 〔*pl.*〕 벌집. **5.** 육체(영혼의 용기로 생각하여). **6.** 유골단지. **7.** 사람: vasa infirmióra*(Hier.)* 연약한 여자들 / vasa furóris 적군 / ~ electiónis*(Act. 9,15)* 선택된 사람 / vasa iræ*(Rom. 9,22)* 진노의 그릇(사람). **8.** 연장, 도구: ~ mortis 치명적 화살. **9.** 《解》 관(菅), 맥관(脈菅), 혈관.

vasárĭum, i, n. [vas[2]] **1.** 그릇넣는 장. **2.** 지방장관의 부임비용으로 빌려준 돈, 지방장관에게 여행비로 주는 돈(수당) (~ áureum). **3.** 기름짜는 기계를 빌리는 값. **4.** 목욕통. **5.** 문서보관 궤, 장(櫥).

vasárĭus, a, um, *adj.* [vas[2]] 그릇의.

Vasátes, um, [**Vasátæ,** árum,] *m.pl.* *Aquitánia*의 종족; 〔*adj.*〕 **–ticus,** a, um.

vasca tíbĭa, æ, *f.* 횡적(橫笛), 가로부는 피리.

váscéllum[–élium], i, *n. dim.* [vas[2]] 작은 단지, 그릇, 잔. 「잔.

váscĭo, ónis, *m. dim.* [vas[2]] 작은 그릇, 단지,

Vasco, ónis, *m.* et *adj.* 바스크인; (피레네) 바스크 지방의: ~ saltus 피레네 산맥.

Váscŏnes, um, 〔*acc.* –nas,〕 *m.pl.* *Hispánia Tarraconénsis* (지금의 *Pays Basque*)의 한 종족; 〔*adj.*〕 **–nĭcus,** a, um.

vasculárĭus, i, *m.* [vásculum] 금은 식기의 제조자, 금속기 제조자.

vasculósus, a, um, *adj.* 《解》 맥관(脈菅)의, 혈관(血管)의.

vásсŭlum, i, *n. dim.* [vas[2]] **1.** 작은 그릇, 접시. **2.** 《植》 깍지, 씨방. **3.** = méntula.

vascus, a, um, *adj.* **1.** 빈, 헛된. **2.** 기울어진, 굽은.

vaselínum, i, *n.* 《化》 와셀린: ~ album 백

색 와셀린 / ~ flavum 황색 와셀린.
vasi, *pf.* [vado¹].
vaspicétum, i, *n.* 우거진 숲, 덤불.
vaspix, ĭcis, *f.* 《料》 파슬리, 백리향잎, 월계수잎 등의 다발.
vastabúndus, a, um, *adj.* [vasto] 황폐케 하는.
vastátĭo, ónis, *f.* [vasto] 황폐케 하는 일, 파괴 「행위, 약탈, 침범.
vastátor, óris, *m.* [-**átrix,** ícis, *f.*] [vasto] 황폐케 하는 자, 파괴자, 약탈자(掠奪者).
vastatórĭus, a, um, *adj.* [vastátor] 파괴하는, 황폐케하는.
vastátus, a, um, *p.p., a.p.* [vasto] 파괴된, 「폐허가 된.
vaste, *adv.* [vastus] **1.** 조잡하게, 예모없게; 어색하게, 서투르게, 거칠게. **2.** 아주 멀리, 아주 광범하게, 광대(廣大)하게, 범위가 넓게.
vastésco, ĕre, *intr. inch.* [vastus] 황폐해지다.
vastíficus, a, um, *adj.* [vastus + fácio] 파괴하는, 침략하는, 약탈하는: ~ bélua*(C.)* 괴물.
vástĭtas, átis, [-**ítĭa,** æ; -**ítĭes,** éi,] *f.* [vastus] **1.** 광야, 외딴곳, 적막한 곳, 무인지경. **2.** 파괴, 황폐, 폐허. **3.** 광활함, 거대함, 황막함; 넓은 곳, 사막(沙漠). **4.** 대단히 큰 목소리. **5.** 강력한 향기. **6.** 거대한 동물(코끼리). **7.** 큰 군중. **8.** 밀집(密集).
vástĭto, ávi, átum, áre, *tr.* [vasto] 황폐케 하다.
vastitúdo, dĭnis, *f.* [vastus] 파괴, 황폐; 거「대함.
vasto, ávi, átum, áre, *tr.* [vastus] **1.** 황야로 만들다, 파괴하다, 황폐케 하다, 폐허로 만들다, 사람이 살 수 없게 만들다: ~ agros cultóribus*(V.)* 전답을 경작할 수 없게 만들다. **2.** 멸망시키다, 패망시키다, 약탈하다, 침략하다.
vástŭlus, a, um, *adj. dim.* [vastus] 너무 큰 듯한, 좀 황폐한.
vastuósus, a, um, *adj.* [vastus] 황폐한, 「빈, 폐허가 된.
vastus, a, um, *adj.* **1.** 빈, 공허한, 폐기된, 황폐한: vasto et relícto foro*(C.)* 텅 비고 버려진 광장에서 / urbs a defensóribus vasta*(L.)* 방어군이 폐기한 도시 / vasta incéndiis urbs *(L.)* 화재로 황폐케 된 도시. **2.** 황무지가 된, 약탈당한, 침략당한, 짓밟힌. **3.** 굉장한, 거대한, 광활한, 엄청난, 괴물같은: bélua vasta, vastíssima*(C.)* 거대한, 괴상한 동물 / ~ mare*(Cæs.)* 광활한 바다 / fossa vastíssima*(C.)* 굉장히 큰 호(壕) / ~ ánimus*(Sall.)* 한계없는 욕심, 무한한 욕망. **4.** 야성적인, 무례한, 소양없는.
vāsum, i, *n.* [-**us¹,** i, *m.*] = vas².
vasus², a, um, *p.p.* [vado¹].
vătax, ácis, *adj.* (=vatrax) 뒤틀린 다리의.
vātes, is, 〔*gen.pl.* -tum, -tĭum,〕 *m., f* **1.** 복술가, 점쟁이, 예언자, 선지자. **2.** 신의 영감을 받은 시인. **3.** 도사, 예능의 스승, 신탁(信託)받는 자.
vátĭa, æ, *m., f.* [vátius] 발이 활처럼 휜 모양.
Vaticánum, i, *n.* **1.** *Tíberis* 강 서쪽에 있는 언덕과 평야, 로마의 일곱 언덕 중의 하나 (=Mons Vaticánus). **2.** 바티칸 시국(市國). **3.** 공의회와 그 결의.
Vaticánus¹, i, *m.* **1.** 바티칸 시국(市國); 바티칸 궁전, 교황청. **2.** (이탈리아 정부에 대한) 교황권, 교황정치. **3.** 바티칸 언덕의 수호신.
Vaticánus², a, um, *adj.* 바티칸의: ~ Mons [collis] *Roma*의 일곱 언덕 중 하나, *Tíberis* 강 우측에 있음 / Concílium Vaticánum 바티칸 공의회(公議會) / Montes Vaticáni*(C.)* 바티칸 언덕과 그 일대 / Ager, campus ~ *(C.)* 바티칸지역(나쁜 포도주 생산지) / ~ circus *(Plin.)* 네로의 원형극장.
vaticinátĭo, ónis, *f.* [vatícinor] 예언, 신탁.
vaticinátor, óris, *m.* [-**trix,** ícis, *f.*] [vatícinor] 예언자[녀], 점장이.
vaticínĭus, a, um, *adj.* [vatícinor] 예언의, 신탁의; 〔*subst.*〕 *n.* 예언, 신탁(神託).
vatícĭnor, átus sum, ári, *dep. tr.* [vates] **1.** 예언하다. **2.** 신탁, 영감을 받아 권위있게 가르치다; 신의 이름으로 말하다. **3.** 엄청난 말을 하다, 열광하다, 헛소리하다.
vatícĭnus, a, um, *adj.* [vates + cano] 예언적, 예언의, 예언자의.
vatíllum, i, *n.* **1.** 숟가락 모양으로 된 자루 달린 그릇. **2.** 거름 등을 뜨는 삽. **3.** 쇠 달구는 도가니. **4.** 남비.
Vatínĭus¹, i, *m.* *Roma*인의 씨족명; 〔*adj.*〕 -「**niánus,** a, um.
Vatínĭus², i, *m.* *Vatínius*가 만든 술잔.
vatis, is, [-**tus,** i,] *m.* = vates.
vátĭus, a, um, *adj.* = valgus.
vatrax, ácis, [-**ricósus,** a, um,] *adj.* (= vatax) 다리가 뒤틀린; 〔*subst.*〕 *m.* 다리가 불구인 자.
vau, *indecl.* **1.** 희랍문자 digámma(F)의 발음. **2.** 히브리어의 여섯번째 글자.
vavássor, óris, *m.* (봉건시대) 제후의 신하, 배신(陪臣).
vávăto, ónis, *m.* 꼭두각시, 인형아들, 잘 크지「않는 아이.
-ve¹, *conj.* 〔후치사〕 vel(혹은)의 생략형: plusve minúsve*(Ov.)* 다소간.
vē-², *adv.* 한 낱말 앞에 붙어서 강세를 나타내기도 하고: vepállidus(아주 창백한), 약세 또는 결여를 나타낸다: vecors(미친), vegrándis (왜소한), vesánus(제정신이 아닌).
vea = via.
Vecílĭus (Mons), i, (óntis), *m.* *Látium*의 「산.
vecórdĭa, æ, *f.* [vecors] 정신착란, 광증, 미침, 무리(無理), 우둔.
vecordiósus, a, um, *adj.* [vecórdia] 아주 「미친.
vecórditer, *adv.* [vecors] **1.** 미쳐서. **2.** 바보같이.
vēcors, rdis, *adj.* [ve² + cor] 광증있는, 미친, 「우둔한, 악한, 미련한.
Vecta, æ, *f.* = Vectis².
vectábĭlis, e, *adj.* [vecto] 옮길 수 있는, 운반 가능한, 운송[운반]할 수 있는.

vectábŭlum[**-tácŭlum**], i, *n.* [vecto] 차, 수레.
vectárĭus, a, um, *adj.* [vecto] vecturárius의 잘못된 철자.
vectátĭo, ónis, *f.* [vecto] 차 운반, 차, 말 타는 것, 수레로 운반함, 운송, 운수(運輸). 「자.
vectátor, óris, *m.* [vecto] 기수(騎手), 운반
vectátus, a, um, *p.p., a.p.* [vecto] 운반된.
vectiárĭus, i, *m.* [vectis[1]] 운반기 사용자.
vecticulárius, a, um, *adj.* [vectis[1]] 침입 강도의.
vectígal(**e**), ális, *n.* [vectus] **1.** 어떤 물건에서 얻는 수입. **2.** 나라에 바치는 세금, 조세, 납세(納稅). **3.** 납부금, 징수금, 부과금. **4.** 조공. **5.** 개인 소득, 수입, 세(貰).
vectigaliárius, i, *m.* [vectígal] 세금징수관.
vectigális, e, *adj.* [vectígal] **1.** 공납금의, 부과금의. **2.** 세금 바치는, 조세의. **3.** 조세 의무 있는. **4.** 돈 받는, 세로 빌려주는. 「**2.** 운반.
véctĭo, ónis, *f.* [veho] **1.** 《醫》 병원체 전염.
vectis[1], is, 〔*acc.* -em, -im; *abl.* -e, -i,〕 *m.* [vectígal] **1.** 지레. **2.** 압착기의 막대, 빗장, 절구 공이, 몽치, 막대, 곤봉(棍棒).
Vectis[2], is, [**-ta,** æ,] *f.* *Británnia* 남쪽의 섬(지금의 *Wight* 섬). 「(引), 나르다(運).
véctĭto, átum, áre, *tr. inch.* [vecto] 끌다
vecto, ávi, átum, áre, *tr. freq.* [veho] 실어가다, 운송하다, 운반하다, 옮기다: vectári húmeris*(H.)* 어깨에 메어가다 / vectári equis *(Ov.)* 말타고 산책하다.
Vectónes = vettónes.
vector, óris, *m.* [**-trix,** ícis, *f.*] [veho] **1.** 운반자, 운수업자(運輸業者), 짐꾼. **2.** 배 여행자, 배를 탄자; 말 타는 자.
vectórĭus, a, um, *adj.* [vector] 운반에 쓰는, 운반의: ~ navígia*(Cæs.)* 운반선.
vectúra, æ, *f.* [veho] (육지나 해상의) 운반; 운송, 수송료, 휴대(携帶).
vecturárius, a, um, *adj.* [vectúra] 운송용(運送用); 〔*subst.*〕 *m.* 운반자.
vectus, a, um, *p.p., a.p.* [veho] 운반된.
Vedí(**i**)**ŏvis** = Véjovis.
Védĭus[1], i, *m.* *Roma*인의 씨족명; 특히 ~ Póllio, *Augústus* 황제시대, 자기 노예에 대한
Vedíus[2], i, *m.* = Véjovis. ⌊학대로 유명.
véemens = véhemens.
véfaba, æ, *f.* [ve[2] + faba] 작은 연두콩.
végĕo, ére, [vígeo] **1.** *tr.* 박차를 가하다, 자극하다. **2.** *intr.* 생기발랄하다, 긴장하다.
vĕgĕs, ĕtis, *m.* 포도 수확, 포도주 통.
vegetabílĭa, ĭum, *n.pl.* [vegetábilis] 식물계.
vegetábĭlis, e, *adj.* [végeto] 기운을 돋구어 주는, 생기 있는, 식물(성)의. 「력소.
vegetámen, mĭnis, *n.* [végeto] 생명소, 활
vegetátĭo, ónis, *f.* [végeto] 활력을 줌, 생장, 생육(生育), 건장, 자극. 「강장제의.
vegetatívus, a, um, *adj.* 생장력(生長力)의,
vegetátor, óris, *m.* [végeto] 활력을 주는 자.
Vegétĭus, i, *m.* 로마 씨족명, Flávius ~ Renátus(*sæc.* 4 P.C.): 군사학의 저술가; ~ Renátus: 수의학(獸醫學)의 저자.
végĕto, ávi, átum, áre, *tr.* [végetus] **1.** 활기있게 하다, 기운차리게 하다, 살려내다, 건장케하다, 격려(激勵)하다. **2.** *intr.* 살다, 생장하다, 살아있다.
végĕtus, a, um, *adj.* [végeo] 활기있는, 기운좋은, 건장한, 강장한, 활력있는: color vegetíssimus*(Plin.)* 생력있는 색깔.
vegrándis, e, *adj.* **1.** 적정 크기에 미달하는, 너무 짧은, 왜소한, 작은, 마른, 파리한. **2.** 막대(莫大)한, 거대한, 적정 크기를 넘는.
vĕha, æ, *f.* via의 고형.
vehátĭo, ónis, *f.* (=vectúra) 운반. 「수레.
vehéla, æ, *f.* [veho] 운반구, 탈것, 차(車),
véhĕmens, éntis, *adj.* **1.** 격렬한, 세찬, 강한, 대단한, 공격적인, 난폭한, 정력적인, 열정적인, 강력한: ~ imber*(Lucr.)* 세찬 비 / vehementíssimo cursu*(Hirt.)* 질주하는 차로 / vitis ~ *(Col.)* 생력있는 포도나무 / ~ ánimi (*gen.*) 정렬적인 정신의 소유자. **2.** 신속한, 깊은 (잠), 단단한.
veheménter, *adv.* [véhemens] 격렬하게, 돌진력있게, 결정적으로; 강하게, 활력있게, 굳세게: ~ displicére*(C.)* 몹시 마음에 안들다 / se vehementíssime exercére in *alqā re(C.)* …일에 온 정력을 쏟다 / ~ erráre*(C.)* 형편없이 틀리다 / ~ expectáre*(C.)* 초조하게 기다리다.
vehementésco, ĕre, *intr. inch.* [véhemens] 격렬해 지다, 악화하다.
veheméntĭa, æ, *f.* [véhemens] 격한 연설조; (냄새, 향기의) 짙음, 격렬, 강함, 열정.
vĕhes, is, *f.* [veho] 차에 실은 짐, 차 한대 분량, 한 차분. 「반과 관계되는.
vehiculáris, e, *adj.* [vehículum] 차의, 운
vehiculárĭus, a, um, *adj.* [vehículum] 수레의, 차의, 운반하는; 〔*subst.*〕 *m.* 수레관리관, 운반자, 병참계(兵站係).
vehiculátio, ónis, *f.* [vehículum] 지방관서에 부과된 역참(驛站, 파발) 의무.
vehícŭlum, i, *n.* [veho] 운반 기구, 차, 수레, 운반 방식; 배, 선박; 거리측정기, 노정계(路
vehis, is, *f.* = vehes. ⌊程計).
vĕho, vēxi, vectum, ĕre, *tr.* 나르다, 운반하다, 싣고가다, 지고가다; 〔*pass.*〕 실려가다, 끌려가다; 타고가다: vehi nave, in nave*(N.)*, in navi*(C.)*, puppe*(Ov.)* 배타고가다 / vehi équo*(N.)*, in équo*(C.)* 말타고가다.
veigínti = vigínti.
véja, æ, *f.* 차(車).
vejárius, a, um, *adj.* [véja] 차의.
vehatúra, æ, *f.* = velatúra.
Vejentánum, i, *n.* [Véjens] *Veji* 산의 포도주(질이 나쁨).

Vēji, órum, *m.pl.* *Etrúria*의 도시, *Roma*와의 여러번 대전 끝에 *Camíllus*에 의해 A.C. 396년에 함락됨; 〔*adj.*〕 **Vejens,** éntis; **-jentánus,** a, um; **Vejénsis,** is; **-ntínus,** a, um.

Vejénto, ónis, *m.* *Fabrícius* 씨족의 별명.

Véjŏvis, is, *m.* [ve[2] + Jovis] 고대 *Roma*의 복수의 신, 지하의 *Júpiter* 신과 태양신 *Apóllo*를 지칭.

vĕl, *conj., adv.* 〔volo의 고형 명령법: 이것이나 저것 마음대로 취하라 에서〕 **1.** 〔선언적〕 혹은, 그리고 또. **2.** 〔최상급과 함께〕 할 수 있는 대로 최고(상): ~ máximus*(C.)* 모든 사람 중에 가장 위대한 자. **3.** 특히, 예컨대. **4.** 〔최상급과 함께〕 아마도. **5.** 〔동등접속사〕 든가…든가.

velábrum[1], i, *n.* [velo] = velárium.

Velábrum[2], i, *n.* *Roma*의 구역(이름): ~ majus, *Roma*의 *Aventínus* 언덕 가까이에 있던 동네 / ~ minus, *Carínæ* 지역의 동네; 〔*pl.*〕 **-bra,** 이상 두 구역의 총칭; 〔*adj.*〕 **-brénsis,** e.

Velǽda = Veléda.

velámen, mĭnis, *n.* [velo] 이불, 덮개, 보; 가리우는 것, 수건, 머리수건, 의복, 옷, 겉옷, 동물의 모피; 식물의 외피.

velaméntum, i, *n.* [velo] **1.** 외피, 껍데기, 막(膜), 피막(皮膜). **2.** 휘장, 너울. **3.** 〔*pl.*〕 velaménta, 붕대로 감아서 기도용으로 쓰는 나뭇가지 묶음. **4.** 가리개.

veláris, e, *adj.* [velum] 휘장에 관한, 큰 보의, 막(幕)의, 휘장의.

velárĭum, i, *n.* [velum] **1.** (극장 좌석 위에 햇볕·비를 막기 위해 천장에 치는) 장막, 차양, 천막, 휘장. **2.** 《動》 의연막(擬緣膜).

velárius, i, *m.* [velum] **1.** (문의 휘장을 걷는) 문지기 노예. **2.** 배의 돛을 펴는 수부.

veláti, órum, *m.* 보충병, (*cf.* accénsus[2]).

velátĭo, ónis, *f.* [velo] 수녀원의 착의식.

veláto, *adv.* [velo] 숨어서, 멍청하게, 흐릿하게, 모호하게. 「자.

velátor, óris, *m.* [vehéla] 수레타고 지나는

velatúra[1], æ, *f.* [veho + latúra] 운반, 수송.

velatúra[2], æ, *f.* [velo] 휘장, 커텐; (수녀) 수건, 수녀원생활.

velátus, a, um, *p.p., a.p.* [velo] 가리워진.

Véllĕda, æ, *f.* *Germánia*인의 존경받던 예언녀.

vēles, lĭtis, *m.* 〔보통 *pl.* **vélites,** um,〕 경무장한 병사(제 1선에 나아가 적군을 괴롭히고 다시 후퇴하였음); 익살광대.

Vélĭa, æ, *f.* **1.** *Palatínus* 언덕(의 높은 곳); 〔*adj.*〕 **-liénsis,** e. **2.** *Lucánia*의 해안도시 *Elĕa*의 라틴명; 〔*adj.*〕 **-liénsis,** e; **-línus,** a, um.

vélĭfer, fĕra, fĕrum, *adj.* [velum + fero] 휘장을 친, 수건쓴, 복면(覆面)한.

velificátĭo, ŏnis, *f.* [velífico] 휘장을 폄, 수건을 들어올림, 드러냄. 「폄, 출범.

velifícĭum, i, *n.* [velífico] 휘장을 걷음, 돛을

velífico, ávi, átum, áre, *intr.* [velum + fácio] 수건을 펴다, 돛달고 가다, 돛을 올리다, 항해하다.

velíficor, átus sum, ári, *dep. intr.* [velum + fácio] **1.** 휘장을 펴다, 돛을 올리다, 돛달고 가다, 항해하다. **2.** 독촉하다, 열심히 종사하다, 노력하다, 돛 만들다. **3.** …를 위하여 일하다, 호의를 베풀다: ~ *alci(Cæl. Aur.)* …에게 호의를 베풀다.

velíficus, a, um, *adj.* [velum + fácio] 돛으로 나아가는, 휘장을 쳐서 하는, 돛 만드는.

vélĭger, gĕra, gĕrum, *adj.* [velum + gero[1]] 돛단, 휘장이 있는.

Velína tribus, æ, *f.* *Velínus* 호숫가 주민.

Velínus, i, *m.* *Sabíni*인의 국경지대 호수; 〔*adj.*〕 **Velínus,** a, um.

Veliocásses, ĭum, [**-cássi,** órum,] *m.pl.* *Gállia*의 *Seine* 강변의 한 종족.

velitáris, e, *adj.* [veles] 경무장병의; 〔*subst.*〕 *m.pl.* 경무장 부대. 「소전쟁, 쟁투.

velitátĭo, ónis, *f.* [vélitor] 말싸움, 말다툼,

vélĭtes, um, *m.pl.* *V.* veles.

vélĭtor, átus sum, ári, *dep.* [**-to,** áre,] *intr.* [veles] **1.** 말다툼하다, 소규모 전투를 하다, 토론을 하다. **2.** *tr.* 위협하다.

Velítræ, árum, *f.pl.* 남부 *Látium*에 있던 *Volsci*인의 도시(지금의 *Velletri*); 〔*adj.*〕 **-térnus**[**-ternínus**], a, um.

velívŏlans, ántis, *adj.* [velum + volo[1]] 돛을 달고 나가는, 질주하는, 나는(飛).

velívŏlus, a, um, *adj.* [velum + volo[1]] 돛으로 나가는, 돛단.

vella, æ, *f.* 별장(別莊) = villa. 「vellicátio.

vellátio, ónis, *f.* [vello] 간지럼, 가려움 =

Vellaunodúnum, i, *n.* *Gállia Lugdunénsis*의 *Sénones*인의 도시(지금의 *Chateau Landon*).

Vellavi, órum, *m.pl.* *Gállia*의 *Celt*족.

velle, *inf.* [volo[2]].

Velléjus, i, *m.* *Roma*인의 씨족명; 특히 C. ~ Patérculus, *Tibérius* 시대의 집정관이며 라틴 역사가; 〔*adj.*〕 **-ejánus,** a, um; **-éjus,** a, um. 「로 만든.

velléreus, a, um, *adj.* [vellus[1]] 양털의, 양털

velli, *pf.* [vello].

vellicátim, *adv.* [véllico] 잡아채면서, 두서없이, 지리멸렬한 상태로.

vellicátĭo, ónis, *f.* [véllico] 바늘로 찌름, 자극, 농담, 찌르는 말, 비방(誹謗).

véllĭco, ávi, átum, áre, *tr. freq.* [vello] **1.** 막 찌르다, 쏘다, 쓰라리게 하다; 꿀벌이 꿀을 모으다. **2.** (말로) 씹다, 찢다. **3.** 자극하다, 험담하다, 비방하다. 「궁(白羊宮).

Vélliger, ĕri, *m.* [vellus + gero[1]] 《天》 백양

vello, vulsi[volsi] et velli, vulsum[volsum],

ěre, *tr.* **1.** 잡아채다, 찌르다, 꼬집다: ~ barbam *alci(H.)* 아무의 수염을 잡아끌다, 즉 야단치다 / ~ aurem *alci(V.)* 아무의 귀를 잡아 당기다, 즉 주의를 환기시키다. **2.** 뒤엎다, 엉망으로 만들다, (털)뽑다. **3.** 괴롭히다; 〔*subst.*〕 *n.pl.* **volsa,** órum, 손상, 왜곡(歪曲).

vellus, ěris, *n.* **1.** 털있는 가죽, 모피. **2.** 산짐승의 가죽, 짐승 가죽. **3.** 양털송이, 눈송이.

vēlo, ávi, átum, áre, *tr.* [velum] **1.** 가리다, 감추다, 덮다; 숨기다: cápite veláto*(C.)* 머리를 가리고 / velátus togā*(L.)* 망토로 몸을 가리고 / oratóres veláti ramis óleæ*(V.)* 올리브 나뭇가지로 (손을) 가리운 사신들. **2.** 둘러싸다, 포위하다, 주위를 장식하다; 가장하다.

velócĭtas, átis, *f.* [velox] 민첩, 빠름, 급속, 신속; 빠른 문체, 솜씨, 속도.

velócĭter, *adv.* [velox] 빨리, 빠르게, 신속하게, 즉석에서, 급속히.

vēlox, ócis, *adj.* **1.** 빠른, 신속한, 즉석의: Nihil est ánimo velócius.*(C.)* 정신보다 더 빠른 것은 없다. **2.** 재빠른: ~ desílit in látices.*(Ov.)* 그는 재빨리 물속에 뛰어든다.

vēlum, i, *n.* **1.** 돛(보통 *pl.* vela); vela pándere*(C.)*, dare*(Ov.)* 돛을 펴다 / vela paráre*(Ov.)* 도망갈 준비를 하다 / vela pándere oratiónis*(C.)* 청산유수로 연설하다 / vela dare famæ*(Mart.)* 명성을 위하여 치닫다. **2.** 배, 선박. **3.** 장막, 넓고 긴 천, 휘장 = velárium. **4.** 가리개, 너울.

velúmen, ĭnis, *n.* (=vellus) 양모, 양피.

vĕlut[vel ut], vélŭti, *adv.* **1.** 와 같이, 마찬가지로: ~ …sic …와 같이 그렇게 / ~ si, 마치 …인 것처럼 / ~ cum, …할 때와 같이. **2.** 예컨대, 즉, 말하자면.

vemen... *V.* vehemen...

vēna, æ, *f.* **1.** 혈맥, 혈관, 정맥, 동맥, 피대: *alcjs* venas incídere*(C.)* 누구의 혈관을 가르다 / venas interscíndere, abrúmpere, abscíndere, exsólvere*(Ta.)* 혈관을 가르게 하다. **2.** *pl.* = 맥박. **3.** 심장부(고대인들이 생명의 중심으로 생각함): vino fulcíre venas cadéntes*(Sen.)* 쇠약해진 심장부를 술로 지탱하다. **4.** 광맥, 수맥, 지하수맥, 나뭇결, 돌결, 줄 서 있는 나무. **5.** 핵심, 본질, 알맹이: in venis rei públicæ*(C.)* 국사에 핵심이 되는 일에. **6.** 요관(尿管), 털구멍, 기공. **7.** 《詩》 천재적 소질, 영감. **8.** 잠깐동안: si ulla vena víveret*(Sever.)* 아직 잠깐동안이라도 산다면.

venábŭlum, i, *n.* [venor] 사냥꾼의 창.

Venáfrum, i, *n.* *Campánia*에 있던 *Samnítes*인의 도시, 올리브 기름으로 유명(지금의 *Venafro*); 〔*adj.*〕 **-fránus,** a, um; 〔*subst.*〕 **-fránum,** i, *n.* 이곳의 올리브 기름.

venaliciárĭus, a, um, *adj.* [venalícius] 노예상인의; 〔*subst.*〕 *m.* 노예상인.

venalícĭum, i, *n.* [venális] **1.** 판 것에 대한 세금, 취득세. **2.** 〔*pl.*〕 팔려고 내놓은 노예무리: 시장의 물품, 상품.

venalícĭus[-tĭus], a, um, *adj.* [venális] **1.** 팔려고 내놓은, 방매의, 매물(賣物)의, 팔릴. **2.** (노예) 팔려고 내놓은; 〔*subst.*〕 *m.* 노예상인.

venális, e, *adj.* [venus[1]] **1.** 매물(賣物)의, 파는, 방매하는, 팔릴, 팔려고 내놓은: vocem venálem habére*(C.)* 소리질러 방매하다 / habére *alqd* venále*(C.)* ~을 방매하다. **2.** 돈과 바꾸는: Me habent venálem.*(Pl.)* 그들은 나를 돈받고 판다 / ~ tempus*(Sen.)* 이자 지불 기한; 〔*subst.*〕 *m.* 팔려고 내놓은 노예; *n.* 팔것.

venálitas, átis, *f.* 팔릴 가능성, 돈으로 좌우됨.

venántes, ántium, *m.pl.* [venor] 사냥꾼들.

venátĭcus[-ícius], a, um, *adj.* [venátus] 사냥의: canes venátici*(C.)* 사냥개.

venátĭo, ónis, *f.* [venor] **1.** 사냥. **2.** 〔*pl.*〕 원형극장에서 관람하는 동물사냥 투기. **3.** 사냥물.

venátor, óris, *m.* [venor] **1.** 사냥꾼, 포수: ~ canis*(V.)* 사냥개. **2.** 망보는 자, 잠복하고 있는 자; 탐색꾼, 관찰자. **3.** 동물사냥 투사.

venatórĭus, a, um, *adj.* [venátor] 사냥의, 사냥꾼의: ludus ~*(Jct.)* 원형극장에서의 동물사냥.

venátrix, ícis, *adj. f.* [venátor] 사냥하는, 사냥하는 여자, 뒤쫓는: ~ dea*(Ov.)*, puélla 사냥의 여신 *Diána*.

venatúra, æ, *f.* [venor] 사냥, 엿보기, 망보기.

venátus, us, *m.* [**-túra,** æ, *f.*] [venor] **1.** 사냥. **2.** 사냥물. **3.** 낚시질.

vendax, ácis, *adj.* [vendo] 팔기 좋아하는.

vendíbĭlis, e, *adj.* [vendo] **1.** 잘 팔리는, 팔만한, 팔기 쉬운, 가치있는. **2.** 팔림새가 좋은, 손님많은, 인기있는: orátor pópuli ~ *(C.)* 인기있는 연설가. **3.** 매수할 수 있는, 팔릴 수 있는.

vendibíliter, *adv.* 비싼 값으로.

véndico = víndico.

venditárĭus, a, um, *adj.* [vendo] 팔려고 내놓은.

venditátĭo, ónis, *f.* [véndito] 과시, 자랑, 전시, 경매.

venditátor, óris, *m.* [véndito] 자랑하는 자, 과장하는 자, 허영을 취하는 자.

vendítĭo, ónis, *f.* [vendo] 경매, 판매, 매매, 매각; 매물, 팔것; 임대, 양도.

véndĭto, ávi, átum, áre *tr. freq.* [vendo] **1.** 팔 것을 제공하다, 팔려고 찾다. **2.** 팔다, 흥정하다, 거래하다, 판매하다: ~ sese*(Pl.)* 몸을 팔다. **3.** 내세우다, 과시하다: ~ se *alci* 누구에게 자기를 추천하다: ~ se existimatióni hóminum.*(C.)* 자기를 공천하다.

véndĭtor, óris, *m.* [**-trix,** ícis, *f.*] [vendo] 파는 자, 거래자, 판매자, 밀매자.

vénditum, i, *n.* [vendo] 매매, 판매.

vendo, dĭdi, dĭtum, ěre, *tr.* [venum + do] **1.** 팔다, 판매하다, 매출하다: *alqd* pluris, minóris*(C.)* 더 비싸게, 더 싸게 팔다 / ~ non uno sed duóbus prétiis*(C.)* 한값이 아니고 이중가격으로 팔다. **2.** 팔리게 하다, 과대선전하다, 값나가게 하다: *alqd* præcláre véndere *(C.)* 값어치 있는 것으로 추천하다. **3.** 돈받고 내주다, 배반하다.

Vénedi, órum, *m.pl.* 북부 *Germánia*에 있었던 한 종족. 「여자, 독살녀, 마녀, 요술녀.

venéfica, æ, *f.* [venéficus] 독약을 만드는

veneficíŏlum, i, *n. dim.* [venefícium] 독살.

venefícĭum, i, *n.* [venéficus] **1.** 독약제조. **2.** 중독, 독약가해(죄), 독살죄: de venefíciis accusáre*(C.)* 독약가해죄로 고소하다 / venefícii crimen*(C.)* 독약가해죄. **3.** 마법약, 마술, 주술, 마법: ~ amóris*(Plin.)* 미약(媚藥).

venéficus, a, um, *adj.* [venénum + fácio] 독약의, 마법의, 마술을 하는; *m. f.* 독약 먹이는 자, 독살자, 요술자, 중독시키는 자, 마귀할멈, 요술장이 여자.

Venélli, órum, *m.pl.* *Armóricæ*에 거주하는 *Gállia*의 한 종족(지금의 *La Manche* 지방사람).

venenárĭus, a, um, *adj.* [venénum] 독약의, 독물을 사용하는; 〔*subst.*〕 *m.* 독약을 만드는 자, 독살자.

venenátum, i, *n.* [veneno] 염색한 천.

venenátus, a, um, *p.p., a.p.* [venéno] **1.** 중독된; 독이 든, 독소가 있는. **2.** 마술걸린, 요술걸린. **3.** 위험스러운.

venenĭfer, fĕra, fĕrum, *adj.* [venénum + fero] 독이 있는, 유독한, 독기있는; 〔*subst.*〕 *m.* 《天》 전갈자리.

venéno, ávi, átum, áre, *tr.* [venénum] 독약을 넣다, 독을 치다, 독살하다, 염색하다, 물들이다. 「독이 든.

venenósus, a, um, *adj.* [venénum] 유독한,

venénum, i, *n.* **1.** 독, 독물, 독약, 저주(呪咀): malum ~ fácere*(C.)* 독물가해 음모를 꾸미다. **2.** 마술약, 정신을 빼는 약물, 마약, 미약. **3.** 염료, 염색소. **4.** 몰약(沒藥).

vénĕo[væneo], vénĭi[ívi], vēnum, (vénitum), íre, *intr.* [venum + eo] 팔리다, 공매되다: ~ quanti*(C.)* 얼마에 / ~ quam plúrimo*(C.)* 가장 비싸게 / ~ minóris 더 싸게 / ab hoste veníre*(Q.)* 적군들의 경매로 팔리다.

vénĕor, éri, *intr.* 《古》 팔리다.

venerábĭlis, e, *adj.* [véneror] **1.** 존경할 만한, 공경할 만한, 존엄한. **2.** 존경하는, 존경스러운, 《가》 가경자(可敬者).

venerabúndus, a, um, *adj.* [véneror] 존경에 가득 찬, 존경스러운, 존경받을 만한.

Venerália, iórum et ĭum, *n.pl.* [Venus] *Venus* 여신제. 「venerábilis.

venerándus, a, um, *a.p.* [véneror] =

vénerans, ántis, *p.præs., a.p.* [véneror] 존경하는. 「공경심을 가지고.

veneranter, *adv.* [véneror] 존경스럽게,

venerárius, a, um, *adj.* [Venus] 사랑의, 사랑에 빠진; 〔*subst.*〕 *m.pl.* 음탕한 자.

venerátĭo, ónis, *f.* [véneror] 존경, 숭경, 공경: veneratiónem habére*(C.)* 존경받다.

venerativus, a, um, *adj.* [véneror] 존경하올.

venerátor, óris, *m.* [véneror] 존경하는 사람: ~ idolórum*(Aug.)* 우상숭배자 / ~ vester*(Ven. Fort.)* 당신을 존경하는 소자(小子).

venerátus, us, *m.* [véneror] 존경.

Venéria, æ, *f.* = Sicca(venéria).

Véneris gemma, æ, *f.* 보석의 일종.

Venérĭus¹, a, um, [-rĕus는 잘못된 철자] *adj.* [Venus] **1.** *Venus* 신의, *Venus*에 관한. **2.** 색정의, 음란한, 방사의: servi Venérii*(C.)* *Venus* 신전에 속한 노예.

Venérĭus², i, *m.* **1.** *Venus*의 주사위, 행운. **2.** *Venus* 신전의 노예. 「난봉의, 방탕한.

venerívăgus, a, um, *adj.* [Venus + vagus]

vénĕro¹, áre, *tr.* [venus, Venus] 우아하게 장식하다[보이다].

vénero², áre, *tr.* (=véneror) 공경하다.

vénĕror, átus sum, ári, *dep. tr.* **1.** 존경하다, 경의를 표시하다, 공경하다: ~ signum *(C.)* 신상을 공경하다. **2.** 존경하는 마음으로 기도드리다: ~ deos multa*(Cæs.)* 신들에게 많은 기도를 하다.

Vénĕti, órum, *m.pl.* **1.** *Itália*의 동북부 *Venéfia*에 있던 한 종족; 〔*sg.*〕 **-tus,** i, 베니스인(집합명사) **2.** *Gállia Brittánnica*(현 *Vannes*)에 있던 한 종족; 〔*adj.*〕 **-tus,** a, um; **-tĭcus,** a, um. **3.** = Vénedi.

Venétĭa, æ, *f.* **1.** *Gállia Cisalpína*의 동북쪽 지방(현 베니스). **2.** *Gállia* 서북부의 지방(현 *Morbihan*). 「서 푸른색당파.

venetiáni, órum, *m.pl.* [vénetus²] 극장에

vénetum, i, *n.* [vénetus²] 푸른색, 감청색(紺靑色), 남색.

vénĕtus¹, a, um, *adj.* 하늘빛의, 푸른, 새파란, 바다빛의: véneta fáctio*(Suet.)* 원형극장의 청색당(靑色黨); 〔*subst.*〕 *m.* 청색당의 마차꾼.

Vénĕtus², a, um, *adj.* *Venétia*의, Véneti 1.의.

vénĭa, æ, *f.* (*cf.* venus, véneror) **1. 친절,** 온정, 호의, 환심. **2.** 허가, 동의, 은혜: pétere véniam legátis mitténdis*(L.)* 사신을 보내는데 대한 동의를 청하다 / hanc véniam dare ut*(C.)* …하기를 허가하다, 동의하다 / ~ sit dicto*(Plin.)* 〔삽입구, 보장하는 맹세로〕 내 말에 하느님의 동의가 있기를! / bona ~, cum bona ~ 은혜로운 허가로 / bona ~ me aúdies*(C.)* 호의로 내 말을 들어 달라. **3.** 용서, 사면: véniam amicítiæ dare *(C.)* 우정을 봐서 용서하다 / errati véniam impetráre *(C.)* 잘못의 용서를 청하다.

veniábĭlis, e, *adj.* = veniális

veniális, e, *adj.* [vénia] **1.** 관대한, 자비로운. **2.** 가벼운, 용서할 수 있는, 용서할만한: 《가》 peccátum veniále 소죄(小罪, peccátum grave 또는 mortále 대죄〈大罪〉와 대비); 〔*adv.*〕 **–lĭter.**

venícula = venúcula.

vénii, *pf.* [véneo].

venília, æ, *f.* 해변에 부딪쳐 부서지는 파도.

Venílĭa, æ, *f.* 바다요정의 이름. **1.** *Dáunus*의 아내, *Turnus*의 어머니. **2.** *Janus*의 아내.

vénĭo, vēni, ventum, íre, *intr.* **1. 가다, 오다,** 도착하다: ~ in locum 어떤 곳으로 오다 / ~ Delum Athénis*(C.)* 아테네에서 델로스로 가다 / auxílio, subsídio veníre 도우러 오다 / ~ in conspéctum *alcjs(C.)* 누구의 면전으로 오다 / emptum veníre*(C.)* 사러 가다. 1) 〔사물에 대하여〕 quæ sub aspéctum véniunt *(C.)* 시야에 들어오는 것 / res *alci* in mentem venit*(C.)* 무엇이 누구의 머리에 떠오르다. 2) 〔비인칭 수동형〕 ubi ea ventum est *(Cæs.)* 거기에 도착했을 때 / ad quos ventum erat*(Cæs.)* 사람이 그들에게 왔다. 3) 〔시간에 대하여〕 Tempus victóriæ venit. *(Cæs.)* 승리의 때가 왔다 / véniens annus *(C.)* 다가오는 해, 내년. **2.** 〔*dat.*〕 (상태가) 일어나다, 나타나다, (농작물이) 되다, 성장하다: Illic véniunt felícius uvæ.*(V.)* 거기서 포도가 더 잘 된다 / dum tibi lítteræ meæ véniant *(C.)* 내 편지가 네게 도달할 때까지 / Heréditas *alci* venit.*(C.)* 유산이 누구에게 돌아왔다 / sæpe venit ad aures meas te … dícere*(C.)* 네가 하던 말이 가끔 귀에 울린다. **3.** 〔ad *acc.*〕 …를 거슬러 전진하다, 공격하다: ~ ad confligéndum*(Lucr.)* 싸우러 나가다 / ~ ad *alqm(Cæs.)* …에게 달려들다. **4.** 산출되다, 생기다: Vítium pejus ex inópia venit. *(Q.)* 빈곤에서 더 큰 악습이 생긴다. **5.** …에 도달하다, 하기에 이르다, 되다: Ad id quod cupiébat venit.*(C.)* 자기가 원하던 것에 도달했다. **6.** (어떤 상태에) 빠지다, 이르다: Aliquis venit in calamitátem.*(C.)* 재앙에 빠지다 / Alquid in provérbii consuetúdinem venit. *(C.)* 어떤 일이 격언대로 되었다 / ~ in contemptiónem *alci(Cæs.)* 누구에게 경멸의 대상이 되다 / ~ in spem regni obtinéndi*(Cæs.)* 왕권을 쥘 희망을 품게 되다 / ~ in existimántium arbítrium*(C.)* 결정적인 비판의 대상이 되다 / sæpe in eum locum ventum est ut*(Cæs.)* 일이 가끔 ~하기에 이르다 / Res venit prope secessiónem.*(L.)* 일이 분열 상태에 이르렀다. **7.** 발전단계에 이르다, 궤도에 오르다, 진행과정에 이르다: ut jam a fábulis ad facta veniámus*(C.)* 이제 우리는 전설에서 실제로 옮아 갈 단계에 이르렀다 / ~ ad tértiam epístulam*(C.)* 이제 셋째 편지를 읽을 차례이다.

vénitus, *p.p., a.p.* [véneo].

venívi, *pf.* [véneo].

vennú(n)cŭla = venúcula.

veno, *adv.* [venus²의 *dat.*] 팔기 위하여.

vēnor, átus sum, ári, *dep.* **1.** *intr.* 사냥하다. **2.** *tr.* 동물을 몰다, 추적하다, 공격하다, 잡으려고 뒤따르다, 찾아다니다; 찾아내다.

Vĕnos, *f.* = Venus의 고형.

venósus, a, um, *adj.* [vena] 혈맥으로 가득 찬; 줄기가 많은, 결이 많은, 정맥이 두드러진, 늙은, 정맥많은.

vensí... = vesí...

venter, tris, 〔*gen.pl.* –rĭum,〕 *m.* 《解》 **1.** 배, 복부(=alvus). **2.** 위. **3.** 자궁, 태. **4.** (오이 · 병 등의) 불룩 나온 배, 옆구리.

Ventídĭus, i, *m.* *Roma*인의 씨족명; 특히 P. ~ Bassus, *Párthia*인을 죽인 자(38 A.C.); 〔*adj.*〕 **–diánus,** a, um.

ventígenus, a, um, *adj.* [ventus + gigno] 바람에서 난, 바람내는.

ventilábrum, i, *n.* [véntilo] 키, 바람 일으키는 도구, 선풍기.

ventilátĭo, ónis, *f.* [véntilo] **1.** 공기에 쪼임, 바람 일으킴, 키질함(箕), 바람에 불림. **2.** 선별, 가려냄. **3.** 드러냄, 노출.

ventilátor, óris, *m.* [véntilo] **1.** 키질하는 자, 부치는 자, 선동자, 바람개비, 선풍기. **2.** 요술장이; 선별자, 가려내는 자; 어지럽히는 자, 선동자.

véntĭlo, ávi, átum, áre, *tr.* [véntulus] **1.** 바람내다, 흔들다: ventiláre*(Sen.)* 칼로 공중을 치다. **2.** 바람을 일으키다, 부치다, 시원하게 하다: álio atque álio pósitu ventilári *(Sen.)* (침대에서) 위치를 바꾸면서 시원하게 하다. **3.** 바람에 쪼이다, 바람부는 대로 내맡기다. **4.** 바람을 일으켜서 움직이게 하다, 선동하다, 점화하다, 키질하다. **5.** 혼란스럽게 하다. **6.** 드러내다, 일으키다(起). **7.** 토론하다.

véntĭo, ónis, *f.* [vénio] 도착, 옴; 발생.

ventísonax, ácis, *adj.* [ventus + sono] 바람소리내는, 허풍떠는.

véntĭto[vento], ávi, átum, áre, *intr. freq.* [vénio] 자주 오다.

ventósa, æ, *f.* (*sc.* cucúrbita) [ventósus] 《醫》 흡각(吸角), 흡반(吸盤), 빨판, 부항(附缸).

ventósĭtas, átis, *f.* **1.** 《醫》 고장(鼓腸, 배안에 가스참). **2.** 자만, 허풍.

ventósus, a, um, *adj.* [ventus²] **1.** 바람많은, 바람이 찬, 바람에 불리는: ventósi folles*(V.)* 바람으로 부푼 풀무. **2.** 바람처럼 가벼운, 빠른. **3.** 바람에 흔들리는, 이랬다저랬다 하는: homo ventosíssimus*(Brut.)* 아주 우유부단한 사람. **4.** 확신을 갖지 못하는, 확실치 않은. **5.** 쓸데없는, 공허한, 허무한: ventósa lingua*(V.)* 쓸데없는 수다. **6.** 허풍선이의, 허공의, 바람둥이의.

ventrális, e, *adj.* [venter] 《解》 배(腹)의; 〔*subst.*〕 *m.* **–ális,** is; *n.* **–ále,** is, 허리띠, 돈주머니.

ventrícola, æ, *m. f.* 배(腹)를 신(神)으로 삼는 자.

ventricósus = ventriósus.

ventrícula, órum, *n.pl.* = ventrículi, órum, *m.pl.* = ventrículus.

ventriculátio, ónis, *f.* [ventrículus] 배아픔.

ventriculósus, a, um, *adj.* [ventrículus] 배와 관계되는, 위장의; 〔*subst.*〕 *m.pl.* 배앓이 하는 자.
ventricúltor, óris, *m.* [venter + colo] = ventrícola.
ventrículum, i, *n* [venter] – ventrículus.
ventrícŭlus, i, *m. dim.* [venter] 《解》 **1.** 위, 위장, 작은 배(腹). **2.** 심실, 뇌실.
ventrificátio, ónis, *f.* [venter + fácio] 배가 커짐.
ventrífluus, a, um, *adj.* [venter + fluo] 설사하게 하는.
véntrigo, áre, *intr.* [venter + ago] 설사하다.
ventrilóquus, i, *m.* [venter + lóquor] 배로 말하는, (인형극에서) 복화술(腹話術)의.
ventr(i)ósus[-truósus], a, um, *adj.* [venter] 배불뚝이의, 배가 나온, 배가 불룩한.
véntŭlus, i, *m. dim.* [ventus] 미풍, 산들바람.
ventúrus, a, um, *p.fut., a.p.* [vénio] 앞으로의, 미래의.
ventus¹, us, *m.* [vénio] 옴(來), 도착(到着).
ventus², i, *m.* **1.** 바람, 공기: ~ Afrĭcus*(C.)* 아프리카에서 불어오는 바람 / Corus ~ *(Cæs.)* 북서풍. **2.** 〔*pl.*〕 일어나는 바람, 김, 입김. **3.** 행운; 악운, 순풍; 역풍: Cæsar, cujus nunc venti valde sunt secúndi*(C.)* 순풍을 만난 *Cæsar.* **4.** 경향, 영향, 여론: omnes rumórum et contiónum ventos collígere *(C.)* 민중의 풍문과 여론을 모으다. **5.** 역경, 항로를 거슬르는 폭풍. **6.** 허풍.
venúcŭla, æ, *f.* 《植》 (=stácula, vennúncula) 포도의 일종 .
vénŭla, æ, *f. dim.* [vena] 작은 정맥[혈관], 미약한 기질, 재수, 가는 물줄기.
vēnum, i, *n.* [venus²] 팔기, 판매.
venundátĭo, onis, *f.* [venúndo] 팔기, 판매.
venúndo[-úmdo], dĕdi, dătum, ăre, *tr.* [venum + do] 팔다, 매매하다, 경매하다.
Vĕnus¹, nĕris, *f.* **1.** 사랑 · 봄 · 꽃 · 미의 여신, 비너스, *Vulcánus*의 아내로 후에 *Aphrodíta*와 동일시 됨, *Cupído*와 *Ænéas*의 어머니: mensis Véneris*(Ov.)* 비너스의 달, 4월 / Vénere prognátus*(Cæl.)* *Venus*의 후예. **2.** 애인, 정부(情婦). **3.** 〔보통 명사로 **venus**〕 사랑, 애욕, 매력, 미, 우아, 환심: *pl.* omnes dicéndi véneres*(Q.)* 모든 우아한 말솜씨. **4.** 《天》 Venus 금성(성좌). **5.** *Venus*의 주사위(던질 때마다 다른 수가 나오는 주사위수).
vēnus², us, 〔*dat., abl.* –o,〕 *m.* [**venum,** i, *n.*] 매매, 경매. **1.** 〔*acc.*〕 venum 팔기 위하여 / venum dare*(Sall.)* 팔다 / venum ire*(L.)* 팔러가다, 팔리다. **2.** 〔*dat.*〕 veno 팔려고 / veno pósitus*(Ta.)* 팔려고 내놓은.
venus³, *p.p., a.p.* [véneo].
Venúsĭa, æ, *f. Lucánia*와 *Apúlia*의 국경도시, 시인 *Horátius*의 출생지(지금의 *Venosa*); 〔*adj.*〕 **–sínus,** a, um; 〔*subst.*〕 **–síni,** órum, *m.pl.* 그곳 주민; **–sínus,** i, *m.* = Horátius.
Venusínus, i, *m. Venúsia*에 있던 *Cícero*의 별장.
venústas, átis, *f.* [Venus¹] **1.** (매력있는) 육체미: signa exímia venustáte*(C.)* 아담하고 아름다운 상(像). **2.** 애덕, 우아, 미, 환심, 고움, 미용, 미려.
venúste, *adv.* [venústus] 매력있게, 우아하게, 곱게, 어여쁘게.
venústo, ávi, átum, áre, *tr.* [venústus] 아름답게하다, 미화하다, 장식하다.
venústŭlus, a, um, *adj. dim.* [venústus] 귀여운, 예쁜.
venústus, a, um, *adj.* [Venus¹] **1.** 매력있는, 어여쁜, 고운, 우아한, 마음끄는. **2.** 예모있는, 상냥한, 마음에 드는, 미용의. **3.** (생각 · 문장 · 말솜씨가) 훌륭한, 우아한, 영특한.
vepállĭdus, a, um, *adj.* [ve² +] 창백한, 죽을 상이 된.
veprátĭcus, a, um, *adj.* [vepres] 가시덤불의.
veprécŭla, æ, *f. dim.* [vepres] 작은 가시덤불.
vĕpres[-ris], is, *m.* 〔*gen.pl.* –prĭum,〕 *m.* 가시덤불, 덤불, 가시.
veprétum, i, *n.* [**-a,** æ, *f.*] [vepres] 가시밭, 가시덤불 많은 곳.
ver, vēris, *n.* **1.** 봄: vere primo*(Plin.)* 초봄에 / vere novo*(V.)* 새봄에, 봄이 돌아올 때에. **2.** 봄의 산물, 꽃: ~ sacrum 봄의 제헌, 위험에 처하여 봄에 나는 것을 바치겠다고 신들에게 맹세하는 봉헌 / vere numeráre flores. 〔격언〕 봄꽃을 세려고 하다, 즉 불가능한 것을 시도하다. **3.** 생명의 봄, 사춘기: ver ágere *(Cato)* 한창 때에 있다.
vēra, æ, *f.* ver의 속어.
verácitas, átis, *f.* [verax] 성실, 진실, 진실성, 정직성.
veráciter, *adv.* 진실로, 참으로.
Verágri, órum, *m.pl. Gállia Narbonénsis*의 한 종족.
verátrum, i, *n.* 《植》 엘레보루스풀(약초).
vérax, ácis, *adj.* [verus] 참된, 진실한, 진리의, 성실한, 정직한, 확실한.
verbális, e, *adj.* [verbum] **1.** 말의, 구두의, 말 그대로의, 말뿐의. **2.** 《文法》 동사적.
verbáliter, *adv.* [verbum] 구두로.
Verbánus lacus, *m.* 이탈리아의 호수(지금의 *Lac Majeur).*
verbáscum, i, *n.* 《植》 현삼과(玄蔘科) 식물.
verbenáca, æ *f.* 《植》 마편초.
verbénæ, árum, *f.pl.* [때로는 단수 **verbéna**] 월계, 올리브, 도금양등의 성지(聖枝)가지(제사때에 제관들이 화관〈花冠〉을 엮어 썼음); 선전포고와 강화조약에 참가한 제관들이 지니고 있던 풀묶음.
verbenárĭus, i, *m.* [verbéna] 성지가지를 가지고 있는 자.
verbenátus, a, um, *adj.* [verbéna] 성지가지로 엮은 화관을 쓴, 성지가지로 덮은.
verber, bĕris, *n.* 〔보통 *pl.*로〕 〔단수는 *gen., abl.*만〕 **1.** 채찍, 편태(鞭笞), 매, 막대기, 몽치. **2.** 투석기의 가죽끈. **3.** 채찍질, 구타, 충격, 타

격: fortúnæ vérbera*(Gell.)* 운명의 타격 / vérbera contumeliárum subíre*(C.)* 치욕의 타격을 당하다. 「매맞을.

verberábĭlis, e, *adj.* [vérbero[1]] 매질할,

verberabúndus, a, um, *adj.* 매질하는.

verberátĭo, ónis, *f.* [**–tus,** us, *m.*] [vérbero[1]] 매질, 편태(鞭笞), 힐책(詰責).

verberátor, óris, *m.* 매때리는 자, 채찍질하는 자, 편태자(鞭笞者), 형리(刑吏).

verberátus, us, *m.* 충격, 타박상, 매질.

verbérĕus, a, um, *adj.* [vérbero[1]] 매맞을 만한. 「리다.

verbérĭto, ávi, átum, áre, *tr. freq.* 가끔 때

vérbĕro[1], ávi, átum, áre, *tr.* [verber] **1.** 채찍질하다: ~ civem Románum*(C.)* *Roma* 시민을 채찍질하다, 때리다 / ~ lápidem 〔격언〕 돌을 때리다, 즉 헛수고하다. **2.** 타격을 주다: ~ torméntis Mútinam*(C.)* *Mútina* 성을 무찌르다 / ~ ǽthera alis*(V.)* 날개로 공기를 치다, 바람이 배 옆구리를 치다. **3.** 말로 학대하다, 체형을 가하다, 푸대접하다.

vérbĕro[2], ónis, *m.* [vérbero] 매맞을 놈, 무뢰한, 악한, 태형(笞刑)에 처할 자.

verbex, ícis, *m.* = vervex.

verbiális, e, *adj.* [verbum] = verbalis.

verbificátio, ónis, *f.* 담화, 이야기.

verbígena, æ, *m.* [verbum + gigno] 말씀으로 태어난 분(예수 그리스도). 「구역.

Verbígenus Pagus, i, *m.* *Helvétia*의 한

verbígĕro, ávi, átum, áre, *intr.* [verbum + gero[1]] 이야기하다, 담화하다, 수다떨다.

verbivelitátĭo, ónis, *f.* (=velitátio) 가벼운 논쟁, 말싸움.

verbix, ícis, *m.* = vervex.

verbóse, *adv.* [verbósus] 말을 많이 하면서, 너절하게, 시끄럽게, 수다스럽게.

verbósĭtas, átis, *f.* [verbósus] 수다, 다변, 재잘거림, 잔소리. 「말을 많이 하다.

verbósor, ári, *dep. intr.* 수다떨다, 쓸데없는

verbósus, a, um, *adj.* [verbum] 말많은, 수다스러운, 장황한: verbósior epístula*(C.)* 장황한 편지. 「명목상으로.

verbótĕnus, *adv.* (=verbi grátia) 말대로,

vérbŭlum, i, *n. dim.* [verbum] 한 마디, 짧은 말.

verbum, i, *n.* **1. 단어**, 낱말, 용어, 표현, 언어표현(言語表現): Compléctar uno verbo.*(C.)* 한 마디로 간추리겠다. **2.** 말씀, **말**: verba fácere*(Cæs.)* 말하다 / multis verbis ultro citróque hábitis*(C.)* 이런저런 말을 많이 교환하고서. **3.** 형식, 서식: de re magis quam de verbis labórans*(C.)* 형식보다는 사실에 더 관심을 두다; (사실과 대조하여) 말 / verbo …re, 말은 그렇지만 사실은 … / verba sunt*(C.)* 그것은 그저 그 말이다 / dare verba *alci(T.)* 누구에게 말로 갚다, 속이다. **4.** 〔표현〕 1) ad verbum 말 그대로 / verbum e verbo éxprimens*(C.)* 말 그대로 표현하면서 / verbum pro verbo réddere*(C.)* 말 그대로 갚다. 2) verbo 한 마디로, 간단하게 / uno verbo*(C.)* 한 마디로 말하자면. 3) verbi causa, verbi grátia 예를들면, 예컨대. 4) meis, tuis, suis verbis 내 이름으로, 네 이름으로 등; 나로서, 말하자면 등. **5.** 《文》 동사. **6.** 《神》 Verbum. (하느님) 말씀, 성자(聖子).

Vercéllæ, árum, *f.pl.* *Gállia cisalpína*의 도시; 〔*adj.*〕 **–llénsis,** e.

Vercingétŏrix, ĭgis, *m.* *Cæsar*에게 대항했던 *Gállia*의 *Arvérni*인의 수령. 「현).

vércŭlum, i, *n.* 따스한 봄, 귀여운 놈(애정 표

verdiárium, i, *n.* = viridárium.

vēre, *adv.* [verus] 참으로, 진실로, 꼭 맞게, 실제로.

verecúnde, *adv.* [verecúndus] 수줍게, 조심성있게, 신중하게, 부끄럽게, 염치있게.

verecúndĭa, æ, *f.* **1.** 조심성, 수줍음, 신중, 절도: mea in rogándo ~ *(C.)* 청함에 있어서 나의 신중 / ~ sermónis*(L.)* 말의 신중성 / 〔*gen. objectív.*〕 ~ turpitúdinis*(C.)* 추한 소문에 대한 조심성. **2.** 경외심, 존경. **3.** 수치심, 염치, 부끄러움. **4.** 겁, 소심, 겸허.

verecúnditer, *adv.* = verecúnde.

verecúndor, átus sum, ári, *intr.* [verecúndus] 〔*inf.*〕 수줍어하다, 거북해 하다, 겁먹다, 겁을 먹고 …하지 못하다, 부끄러워하다.

verecúndus, a, um, *adj.* [véreor] **1.** 조심성있는, 신중한, 절도있는, 수치심있는, 부끄러워하는, 염치있는, 수줍은. **2.** 존경스러운, 어려워해야 할, 양보해야 할.

veredárĭus, i, *m.* [verédus] **1.** 우편 전달자, 전령. **2.** 집집마다 다니며 전달하는 수도사.

verédus, i, *m.* 역마, 여행용 말, 사냥용 말.

verénda, órum, *n.pl.* [veréndus] 음부, 부끄러운 곳.

veréndus, a, um, *adj.* [véreor] 존경의 대상이 되는, 존경받을, 공경할, 어려운; 부끄러운.

verens, éntis, *p.præs.* [véreor] 두려워하는, 외경하는.

vérĕor, vérĭtus sum, éri, *dep. tr.* **1.** 경외하다, 존경하다, 두려워하다. **2.** 〔*inf.*, ne, ut〕 …하는 것을 두려워하다. **3.** 〔*impers.*〕 개의(介意)하다: Nihílne te pópuli verétur?*(Atta.)* 민중에 대해서 아무것도 개의치 않느냐?

verétrum, i, *n.* [véreor] 《解》 음경.

vergílĭæ, árum, *f.pl.* [vergo] 《天》 묘성(昴星), 칠요성좌(=Pléiades).

Vergiliocénto, ónis, *m.* [Vergílius + cento[1]] *Vergílius*의 시구를 모방한 작품.

Vergiliomástix, ígis, *f.* *Vergílius* 악평자.

Vergílĭus, i, *m.* *Roma*인의 씨족명; 특히 시인 P. ~ Maro, *Ænéis*의 저자로서 유명함(70-19 A.C.); 〔*adj.*〕 **–liánus,** a, um.

Vergínia, æ, *f.* 백부장 *Vergínius*의 딸.

Vergínĭus, i, *m.* *Roma*인의 씨족명; L. Vergínius 로마의 10인 위원, *Appius Cláudius*에게서 자기 딸을 탈취하려다 그녀를 죽임.

vergo, versi, ĕre, **I.** *intr.* **1.** 〔ad, in〕 …로 기울다, 가라앉다. **2.** …까지 뻗어있다, 펼쳐져 있다, 향해있다: Portus in merídiem vergit.*(L.)* 항구가 남쪽을 향해있다. **3.** …하는 경향이 있다.

II. *tr.* 〔특히 수동적으로〕 **vergi** 기울어져있다, 방향잡혀있다.

vergóbrĕtus, i, *m.* *Gállia*의 *Ædŭi*족의 최고 지휘관직, 임기 1년의 독재 집정관.

verícola, æ, *m.* [verus + colo] 진리를 닦는 자.

vericulátus, a, um, *adj.* [verículum] 쇠꼬챙이 달린.

verícŭlum, i, *n.* =verúculum.

veridicéntia, æ, *f.* 진실, 참말.

verídĭcus, a, um, *adj.* [verus + dico[2]] **1.** 진실된, 사실을 말하는, 참말의, 확실한. **2.** 사실의, 사실이 증명된; 〔*adv.*〕 **–ce.**

verífico, áre, *tr.* [verus + fácio] 진실성을 증명하다, 입증하다; 확인하다.

verilóquĭum, i, *n.* [verus + loquor] **1.** 어원, 어원학, 어의(=etymología). **2.** 진실을 말함, 솔직한 말, 참말.

verilóquus, a, um, *adj.* 참말을 하는.

verisímĭlis[veri símĭlis], e, *adj.* [verus] 사실같은, 그럴듯한, 근사한, 참말같은, 참되게 보이는: orácula verisimilióra*(C.)* 참되게 보이는 신탁 / quod est magis verisímile*(Cæs.)* 더 참말같은 / verisimíllimum mihi vidétur *c. prop. inf.* …라는 것은 내게는 매우 진실되게 보인다; 〔*adv.*〕 **–lĭter,** 그럴듯하게, 사실같이, 근사하게.

verisimilitúdo, dĭnis, *f.* [verisímilis] 진실에 가까운 것, 진실성 있음, 유사성(類似性), 그럴듯 한 것.

vérĭtas, átis, *f.* [verus] **1.** 진리, 성실, 진상, 참: ad veritátem*(C.)* 진리[진실]대로. **2.** 성실성, 솔직함. **3.** 현실, 사실: In omni re vincit imitatiónem ~.*(C.)* 모든 일에 있어서 사실은 모방을 이긴다 / veritátem imitári*(C.)* 사실을 모방하다.

verivérbium i, *n.* [verus + verbum] 진실을 말함, 진실.

vermésco, ĕre, *intr.* [vermis] 구더기가 끓다, 썩다.

vermiculáte, *adv.* [vermiculátus] 모자이크로서, 모자이크 모양으로.

vermiculátĭo, ónis, *f.* [vermículor] 벌레 먹은 상태[흔적], 벌레 먹은 것.

vermiculátus, a, um, *p.p., a.p.* [vermículor] 벌레 먹은, (목판의) 벌레 먹은 모양으로 장식된, 점박힌, 구불구불 꼬인; 빠르게 움직이는.

vermícŭlor, atus sum, ári, *dep. intr.* [vermículus] 벌레 먹다, 벌레 먹은 자국나다.

vermiculósus, a, um, *adj.* 벌레 · 구더기가 우글거리는.

vermícŭlus, i, *m. dim.* [vermis] **1.** 작은 벌레, 작은 곤충. **2.** 광견병. **3.** 연지(臙脂) 벌레, 진홍색, 연지색. **4.** 모자이크. **5.** 축(軸).

vermífluus, a, um, *adj.* [vermis + fluo] 벌레가 득실거리는.

vermífugum, i, *n.* [vermis + fúgio] 《藥》 구충제, 살충약.

vermigerátus, a, um, *adj.* [vermis + gero[1]] 벌레 때문에 고생하는.

vérmĭna, um, *n.pl.* [verto, vermis] 《醫》 급성 복통, 복통, 위경련.

verminátĭo, ónis, *f.* [vérmino] (동물의) 벌레 먹는 병, 벌레 때문에 가려운 병, 심한 고통, 쑤심, 격통.

vérmĭno, áre, [**–nor,** ári, *dep.*] *intr.* [vermis] **1.** 몸에 벌레가 생기다, 벌레에 뜯어먹히다, 좀먹다. **2.** 썩다. **3.** 가렵다; 쑤시다.

verminósus[–miósus], a, um, *adj.* [vermis] 벌레 먹은; 벌레 · 구데기가 득실거리는.

vermis, is, *m.* [verto] **1.** 벌레, 유충, 기생충: ~ terréni*(Marc. Emp.)* 지렁이. **2.** 《醫》 충부(蟲部). **3.** 《魚》 칠성장어.

verna, æ, *m. f.* **1.** 태생노예(버릇없는 자로 통하였음), 로마 출신. **2.** 토착민, 자기나라에서 태어난.

vernácŭlus, a, um, *adj.* [verna] **1.** 주인집 태생노예의. **2.** 본국태생인, 본국의, 본향의 (=indígena): vocábula vernácula*(V.)* 모국어, 자기나라 말; 〔*subst.*〕 *m., f.* 주인집 태생노예, 버릇없는 자.

vernális, e, *adj.* [ver] 봄의, 청춘의; [verna] 주인집 태생노예같은.

vernálĭter, *adv.* [verna] (=verníliter) 노예와 같이, 비굴하게, 버릇없이.

vernans cælum, ántis, i, *n.* 봄과 같이 청량한 날씨.

vernátĭo, ónis, *f.* [verno] 뱀 따위가 봄에 허물벗는 일, 뱀의 허물, 껍질벗기.

vernícomus, a, um, *adj.* [vernus + coma] 새싹이 돋은, 파란 나무잎의.

vérnifer, a, um, *adj.* [vernus + fero] 파란 잎을 지니고 있는, 푸르른.

vernilágo, gĭnis, *f.* (=cárduus) 엉겅퀴.

vernílis, e, *adj.* [verna] 노예적인, 자유민에게 적당치 않은, 비굴한, 비천한, 파렴치의; 만담하는, 농담하는; 〔*adv.*〕 **–lĭter,** 비천하게, 비굴하게, 익살맞게.

vernílitas, átis, *f.* [vernílis] 비굴, 비천, 파렴치, 익살.

Verniónes, um, *m.pl.* [verna] "젊은 노예들", *Pompónius*의 희곡 작품명.

verno, ávi, átum, áre, *intr.* [ver] 봄이 (되)다. **1.** 새싹이 나다, 꽃이 피다, 푸르러지다. **2.** Cælum vernat.*(Plin.)* 봄 기운이 돈다. **3.** 뱀이 허물벗나; 새가 지저귀다. **4.** 청춘시대를 지내다.

vérnŭla, æ, *m. f. dim.* [verna] 주인집에서 난 어린 노예; 본토박이.

vernúlitas, átis, *f.* [vérnula] 어릿광대짓.

vernum, i, *n.* [vernus] 봄: verno(*abl.*) 봄에.

vernus, a, um, *adj.* [ver] 봄의, 청춘의.
vero[1]**,** áre, *intr.* [verus] 참말하다.
vero[2]**,** ónis, *m.* 꼬챙이.
vero[3]**,** *adv.* [verus] **1.** 참으로, 실제로, 암 그렇지: enim vero = enimvéro. **2.** 〔의문〕: veron? = vero ne? 그것이 사실이냐? / veron sério? 진정? **3.** 〔문장 첫단어 뒤에〕: Ego vero cúpio.*(C.)* 나는 진정으로 원한다. **4.** 〔명령법과 함께 강세〕: Osténde vero.*(Pl.)* 자, 보여달라. **5.** 〔단계적 강세〕: vero étiam*(C.)* 참, 그렇고 말고 / immo vero*(C.)* 그뿐 아니라 / tum vero*(Sall.)* 그 상황에서도, 그 때에도 / ego vero*(C.)* 나로 말하면, 나는. **5.** 〔반대강세〕 그러나 …는: Ego vero fáteor.*(C.)* 그러나 나는 고백한다 / Age vero.*(C.)* 그러나 좀 생각하라.
Veromándŭi, órum, *m.pl.* = Viromándui.
Veróna, æ, *f.* *Gállia Transpadána*의 도시, 시인 *Catúllus*의 출생지; 〔*adj.*〕 **–nénsis,** e; 〔*subst.*〕 **–nénses,** ĭum, *m.pl.* 그곳 주민.
verósus = virósus.
verpa, æ, *f.* 음경(=membrum viríle).
verpus, i, *m.* [verpa] 할례(割禮)받은 자.
verres[1]**,** is, *m.* 《動》 산돼지, 수돼지.
Verres[2]**,** is, *m.* *C. Cornélius*의 성(姓), *Sicília*의 지방장관(학정으로 유명, c. 70 A.C.), *Cícero*가 *Verrínæ*란 저서에서 몹시 공박했음; 〔*adj.*〕 **–rĭus,** a, um; 〔*subst.*〕 **–rĭa,** órum, *n.pl.* (*sc.* sollémnia) *Verres*가 개최한 축제; **–rínus,** a, um; **–rínæ,** árum, *f.pl.* (*sc.* actiónes) *Verres*를 고발하는 *Cícero*의 연설.
verri, *pf.* [verro].
verrícŭlum, i, *n. dim.* [verro] 배 · 그물 등을 끄는 밧줄.
verrínus, a, um, *adj.* [verres] 수돼지의, 「돼지의.
verris, is, *m.* = verres.
verro, verri[versi], versum, ĕre, *tr.* **1.** 쓸다, 비질하다, 청소하다. **2.** 쓸어버리다, 가다: Venti verrunt núbila cæli.*(Lucr.)* 바람이 하늘의 구름을 휩쓸어간다. **3.** 수탈하다(수탈자 *Verres*를 빈정대어). **4.** 휼러가게 내버려두다, 끌려가게 버려두다, 땅에 질질 끌다.
verrúca, æ, *f.* **1.** 고지(高地), 가파른 곳. **2.** 불쑥 나온 것, 혹, 사마귀, 무사마귀, 결점. **3.** 옥의 티, 반점, 티, 흠.
verruncária, æ, *f.* 《植》 혹점이 많은 식물, 해바라기(=heliotrópium).
verrucósus, a, um, *adj.* [verrúca] **1.** 혹점이 많은, 울퉁불퉁한, 거친 (문장), 흠집 많은. **2.** *Q. Fábius Máximus Cunctátor*의 별명.
verrúcŭla, æ, *f. dim.* [verrúca] **1.** 불쑥 튀어나온 곳, 조금 높은 것. **2.** 혹점, 무사마귀, 사마귀. **3.** 작은 흠집, 작은 결점.
Verrúgo, gĭnis, *f.* *Látium*의 *Volsci*인의 도시.
verrúnco, áre, *intr.* [verro = verto] 돌다 (세상사가): ~ bene *alci(L.)* 일이 잘되다.
verrútum, i, *n.* = verútum.
versábĭlis, e, *adj.* [verso] 움직일 수 있는, 움직이는; 견고치 않은, 잘 변하는, 가벼운.
versabúndus, a, um, *adj.* [verso] 자전하는, 소용돌이치는, 빙빙도는.
versátĭlis, e, *adj.* [verso] **1.** 잘도는, 움직이는; 변하는, 변덕스러운. **2.** 잘 굽는.
versátĭo, ónis, *f.* [verso] **1.** 선회, 회전, 뒤집기. **2.** 변화, 덧없음. **3.** 변혁.
versátus, a, um, *p.p., a.p.* [verso, versor] 경험있는, 숙달된, 익숙한.
versi[1]**,** *pf.* [vergo].
versi[2]**,** *pf.* [verro] = verri.
versibílitas, átis, *f.* 변환.
versicapíllus, i, *m.* [verto + capíllus] 머리털이 희게 센 사람.
versícŏlor, óris, [**–lórius, –lorus,** a, um,] *adj.* [verso + color] 변색하는, 얼룩덜룩한, 다채로운, 아롱거리는.
versicolória, ĭum, *n.pl.* 여러 색의 그림.
versícŭlus, i, *m. dim.* [versus[3]] 짧은 줄의 글, 시구(詩句), 시 한 줄, 절(節): uno versículo senátus leges sublátæ*(C.)* 원로원의 글단 한 줄로 폐기된 법.
versídicus, i, *m.* [versus[3] + dico] 서사시 (敍事詩, 희곡시의 반대).
versificátĭo, ónis, *f.* [versífico] 시작법(詩作法), 시작성, 시 짓기..
versificátor, óris, *m.* 시를 쓰는 자, 시인.
versífico, ávi, átum, áre, [**–ficor,** ári, *dep.*] *tr.* [versus[3] + fácio] 시를 쓰다, 시 짓다, 시로 표현하다.
versíficus, a, um, *adj.* [versífico] 시의, 시를 짓는, 시로 된, 시상을 주는; 〔*subst.*〕 *m.* 시 쓰는 사람.
versifórmis, e, *adj.* [verto + forma] 형태를 바꾸는, 변형하는, 변덕스러운.
vérsilis, e, *adj.* [verto] 회전하는, 도는, 유동성 있는. 「교활한, 간특한.
versíloquus, a, um, *adj.* [verto + lóquor]
vérsio, ónis, *f.* [verto] 번역, 옮김(외국어에서 자기네 말로).
versipéllis[**vor–**]**,** e, *adj.* [verto + pellis] **1.** 변형[변신]하는, 모습을 바꾸는. **2.** 둔갑하는. **3.** 날렵한.
verso[**vor–**], ávi, átum, áre, *tr. freq.* [verto] **1.** 돌리다, 빙빙 돌리다, 움직이다, 굴리다, 뒤집다, (뱀이) 또아리 틀다. **2.** 이쪽저쪽으로 떼밀다. **3.** (마음을) 쏟다: ~ ánimum ad fraudem*(C.)* 농간질에 마음을 쏟다 / ~ senténtias*(Q.)* 여러 생각으로 마음을 굴리다. **4.** 뒤흔들다. **5.** 괴롭히다. **6.** 속이다.
versor, átus sum, ári, *pass.* [verso] **1.** 늘 한 자리에 있다, 살다, 거주하다: ~ Romæ*(C.)* 로마에 살다. **2.** 있다: ~ in pace*(C.)* 평화롭게 살고 있다. **3.** 종사하다, 몰두하다(in *abl.*). **4.** 연류되어 있다(in *abl.*).
versórĭa[**vor–**]**,** æ, *f.* [verto] 배 돛의 아랫

귀를 잡아매는 줄, 방향을 돌리는데 쓰는 밧줄.

versum[vor–], *præp.* [verto] 향하여: vorsum fugam*(Sall.)* 도망치려고.

versúra[vor–], æ, *f.* [verto] **1.** 회전, 방향; 전환점, 소가 도는 밭고랑 끝. **2.** 채권자 변경, 빚 갚기 위하여 다른 사람에게 돈을 꾸는 행위; 돈 빌림: versúram fácere*(C.)* 돈을 빌리다 / Vorsúrā solvis.〔격언〕너는 큰 일을 저질러 작은 일을 해결하는구나. **3.** 《建》 방모퉁이, 요각(凹角).

versus[1]**[vor–],** *præp., adv.* [verto] 〔*acc.,* in, ad *acc.* ~: 방향 위치 표시 부사 ~〕 …을 향하여, 쪽으로, 방면으로, 방향으로: in forum ~ *(C.)* 장터를 향하여 / ad océanum ~ *(Cæs.)* 대양을 향하여 / Quo versus? 어느 방면으로?; 〔ab〕 …쪽에서: ab occidénte versus*(Var.)* 서쪽에서.

versus[2]**,** a, um, *p.p.* [verro, verto].

versus[3]**[vor–],** us, *m.* [verto] **1.** 줄, 열, 선, 대열. **2.** 밭고랑. **3.** 시(詩), 시구(詩句), 시의 절, 글발, 행: versum fácere*(C.)* 시를 쓰다 / Græci versus*(C.)* 희랍시. **4.** 농토 측량단위 (백 척 평방). **5.** 꾀꼬리 노래. **6.** 춤의 일종.

versúte, *adv.* [versútus] (돌아설 줄 아는 사람으로서) 재치있게, 교묘하게, 간교하게.

versútĭa, æ, *f.* [versútus] 교묘, 교활, 사기, 꾀, 깜찍한 장난, 간교.

versutílŏquus, a, um, *adj.* [versútus + loquor] 교활한 말을 쓰는, 간교한.

versútus, a, um, *adj.* [verto] **1.** 돌아 설 줄 아는, 경험있는, 순응성 있는, 재치있는: in capiéndo adversário ~ *(C.)* 상대방을 급습하는데 능한. **2.** 교활한, 일을 잘 꾸미는. **3.** 기묘한, 솜씨있게 만들어진, 교묘한, 간교한.

vértăgus[–tragus], i, *m.* 《動》 (토끼) 사냥개, 그레이하운드. 「척추, 등뼈, 추골, 관절.

vértĕbra, æ, *f.* [verto] 〔흔히 복수로〕 《解》

vertebrátus, a, um, *adj.* [vértebra] 척추(모양)의; 잘 움직이는, 잘 굽는, 관절있는, 추골있는. 「bra.

vértĕbrum, i, *n.* 《解》 골반(骨盤) = vérte-

vertex[vor–], tĭcis, *m.* [verto] **1.** 소용돌이, 회오리, 심연, 선풍. **2.** 꼭대기, 정상: a vértice*(V.)* 위에서부터. **3.** 하늘 꼭대기, 극(極). **4.** 머리끝, 머리. **5.** 최고위급 인사.

vertíbilis, e, *adj.* [verto] 변하는. 「bra.

vertíbula, æ, *f.* [**–bulum,** i, *n.*] = vérte-

verticális, e, *adj.* **1.** 수직(垂直)의, 수직선의, 바로선, 세로의, 곧추선. **2.** 꼭대기에 있는, 정점의, 절정의; 천정(天頂)에 있는. **3.** 머리 꼭대기의.

verticíllus, i, *n.* 방추(紡錘), 물레의 가락.

vertícinor = vertíginor.

verticórdĭa, æ, *f.* [verto + cor] 마음을 변하게 하는 여인, *Venus*의 별명.

verticósus[vor–], a, um, *adj.* [vertex] 소용돌이가 많은.

vertícula, æ, *f.* [**–lum,** i, *n.*; **–lus,** i, *m.*] *dim.* [verto] 관절, 마디, 이음새, 접합부분, 등뼈, 굴절, 만곡(彎曲).

vertígino, áre, *intr.* [vertígo] 빙빙 돌다.

vertíginor, ári, *dep. intr.* 현기증나다, 어지럽다. 「돌이속의, 현기증나는, 어지러운.

vertiginósus, a, um, *adj.* [vertígo] 소용

vertígo, gĭnis, *f.* [verto] **1.** 회전운동, 돌림. **2.** 현기증, 어지러움. **3.** 현혹, 눈부심. **4.** 회전기구. 「도는.

vertilabúndus, a, um, *adj.* [verto] 빙빙

verto[vor–], ti, sum, ĕre, *tr.* **1.** 돌게 하다, 돌리다; 되돌리다, 뒤집다, 흔들다. **2.** 바꾸다, 변화시키다. **3.** 번역하다, 옮기다, 이전하다. **4.** *intr.* 돌다, 향하다(ad), 변하다, 돌아가다, (시간이) 흐르다, …에 달려있다(in *abl.*). **5.** 〔*impers.*〕 vertebátur utrum…, vertebátur disceptátio in eo …문제는 …하는 데 있었다.

vértrăgus = vértraha, æ, *f.* = vértagus.

Vertumnálĭa, ĭum, *n.pl. Vertúmnus* 신을 위한 입동(立冬) 축제.

Vertúmnus[1]**,** i, *m.* [verto] 4계절을 관장하는 신, 계절신; 상업신(商業神) *Vertúmnus* 신상 밑에 책방이 많았음.

vertúmnus[2]**,** i, *m.* = heliotrópium.

vĕru, us, *n.* [**verum,** i, *n.*] 〔*pl.* verua, uum, rĭbus et rŭbus〕 석쇠, 쇠꼬챙이, 작살, 투창, 책에 표시하는 ∨표.

veruculátus, a, um, *adj.* 쇠꼬챙이가 달린.

verúcŭlum, i, *n. dim.* [veru] 작은 작살, 작은 쇠꼬챙이.

veruína, æ, *f.* 창(槍), 긴 막대.

Vérŭlæ, árum, *f.pl. Hérnici*인의 도시(지금의 *Veroli*); 〔*adj.*〕 **–lánus,** a, um; 〔*subst.*〕 **–láni,** órum, *m.pl.* 그곳 주민.

Verulámium, i, *n. Británnia*의 도시(지금의 *St. Albans*).

vērum[1]**,** *adv.* [verus] 〔반대 접속사〕 **1.** 그러나, 그러나 실은. **2.** (…뿐 아니라) …도. **3.** (주제를 바꿀 때) 자 이제: ~ ad Crassum revertámur.*(C.)* 자 이제 *Crassus* 이야기로 되돌아갑시다 / ~ prætérita omittámus.*(C.)* 자 이제 과거는 잊어버립시다. **4.** ~ tamen 그렇지만: ~ enim, enimvéro*(C.)* 그러나 사실은. **5.** 틀림없이, 참으로, 오직.

vērum[2]**,** i, *n.* [verus] **1.** 참, 진리, 진실, 사실: si ~ quǽrimus*(C.)* 사실을 말하자면; *pl.* vera*(C.)* 진실, 사실. **2.** 옳은 일.

vĕrum[3]**,** i, *n.* = veru. 「렇지만, 사실은.

verúmtămen[verum tamen], *adv.* 그

vērus, a, um, *adj.* **1.** 참된, 진리의, 진실된, 사실의, 실제적, 틀림없는: crimen veríssimum*(C.)* 근거있는 범죄 / si verum est, *(pr. inf.)(C.)* …것이 사실이라면. **2.** 옳은, 정당한. **3.** 진정한, 양심적인, 솔직한: Mei testes veri sunt.*(C.)* 내 증인들은 진실하다. 「창.

verútum[verrútum], i, *n.* [veru] 투창,

verútus, a, um, *adj.* [veru] 투창으로 무장한.

Verváctor, óris, *m.* [vérvago] 유휴지의 신.

verváctum, i, *n.* [vérvago] (파종기까지) 유휴지, 황무지.

vérvăgo, égi, áctum, ĕre, *tr.* 황무지를 개간하다; 경작하다.

Vervéceus[-cĭus], a, um, *adj.* [vervex] 양의 모양을 한(*Júpiter*에 대한 형용사).

vervecínus[vervi-], a, um, *adj.* [vervex] 양의; (*subst.*) **-cína,** æ, *f.* 양고기.

vervélla[verbélla], æ, *f.* [vervex, verbix] 새끼 양.

vervex[-bix], vécis[bícis], *m.* 양, 숫양.

Vesǽvus = Vesúvius.

vesánĭa, æ, *f.* [vesánus] 광기, 실성, 발광, 미친 상태, 미친 짓, 부조리.

vesánĭens, éntis, *p.præs.* [vesánio] 미친, 광폭한.

vesánio, íre, *intr.* [ve² + sanio] 미치다, 미련하게 행동하다.

vesánus, a, um, *adj.* 제 정신이 아닌, 미친, 발광하는, 정신없는; 미치게 하는: vesána fames*(V.)* 미칠듯한 배고픔 / ~ vultus*(L.)* 격분한 얼굴.

Vésbius, i, *m.* = Vesúvius.

Véscĭa, æ, *f.* *Látium*의 *Liris* 강가에 있는 작은 도시; (*adj.*) **-cínus,** a, um; (*subst.*) **-cíni,** órum, *m.pl.* 그곳 주민.

vesco, ĕre, *tr.* 먹여 살리다, 먹이다.

vescor, sci, *dep.* **1.** *tr.* 먹고 살다, 맛보다. **2.** *intr.* (*c. abl.*) 먹다, 사용하다: Dii nec escis nec potiónibus vescúntur.*(C.)* 신들은 음식을 먹고 마시며 살지 않는다.

véscŭlus, a, um, *adj.* [vescus] 마른, 빈약한.

vescus, a, um, *adj.* [ve² + esca] **1.** (=edax) 먹기를 탐하는, 몹시 먹으려 하는: vescum papáver*(V.)* 땅을 먹어 들어가는 양귀비. **2.** 입맛없는, 먹기 싫어하는. **3.** 홀쭉해진, 여윈, 마른, 빈약한, 굶는, 영양없는, 영양부족의: vescum corpus*(Plin.)* 여윈 몸.

Vésĕris, is, *m.* (*acc.* -im) *Vesúvius* 화산 아래에 있는 *Campánia*의 강.

Vesévus, i, *m.* = *Vesúvius*의 옛 이름.

vesíca, æ, *f.* **1.** 포낭(胞囊); (특히) 방광: ~ féllea 담낭 / ~ urinária 방광. **2.** 《醫》 수종(水腫), 물집, 수포, 배뇨. **3.** 《動》 부레. **4.** 가죽 공, 가죽 주머니.

vesicális, e, [**-cárius,** a, um,] *adj.* [vesíca] 《解·醫》 낭의; (특히) 방광의: cálculus ~ 방광 결석.

vesícans, ántis, **I.** *adj.* 수포(水胞)가 생기는, 물집 나는, 발포(發胞)시키는.
II. *n.* **1.** 《醫》 발포제(發胞劑). **2.** 《軍》 미란성(靡爛性) 독가스.

vesíco, ávi, áre, *intr.* [vesíca] 물집이 생기다.

vesicotomía, æ, *f.* 《醫》 방광절개술.

vesicouterínus, a, um, *adj.* 《醫》 방광자궁의.

vesícŭla[vens-], æ, *f. dim.* [vesíca] **1.** 소낭(小囊), 소포, 소방광(小膀胱), 구근(球根): ~ ophthálmica 안포(眼胞) / ~ seminális 정낭(精囊). **2.** 소수포(小水胞). **3.** 《植》 작은 깍지.

vesiculósus, a, um, *adj.* [vesícula] 물집투성이의.

Vesóntĭo, ónis, *m.* *Gállia*의 도시, *Séquani* 족의 수도(지금의 *Besançon*).

vespa, æ, **1.** *f.* 《動》 말벌, 땅벌. **2.** *m.* 장의사 일꾼(=vespíllo).

Vespasiánus, i, *m.* Ti. Flávius ~, *Roma*의 황제(재위 69-79 P.C.).

vesper, ĕri[ĕris], (*acc.* -ĕrum; *abl.* -ĕri, -ĕre,) *m.* **1.** 저녁 때, 해질 녘, 황혼: Diéi ~ erat.*(Sall.)* 저녁이었다 / sub vésperum*(Cæs.)* 해질 무렵에 / primo véspere*(Cæs.)* 초저녁에 / vésperi*(C.)* 저녁에. **2.** 저녁식사, 만찬: de vésperi *alcjs* cenáre(격언) 아무의 저녁 대접을 받다 / de suo vésperi vívere(격언) 제 힘으로 살다. **3.** 《天》 금성; 서쪽.

véspĕra, æ, *f.* **1.** 저녁 때, 밤: ad vésperam *(C.)* 저녁 때에 / inumbránte ~ *(Ta.)* 저녁 노을이 질 무렵에 / (*abl. adv.*) vésperā*(Plin.)*, véspera multā*(Fronto)* 저녁에, 저녁 늦게. **2.** 서쪽, 일몰: a vésperā*(Amm.)* 서쪽에. **3.** *pl.* 저녁기도.

vesperális, e, *adj.* [véspera] 저녁의, 서쪽의.

vesperáscit, áscere, *impers.* 저녁이 되어가다, 날이 저물어 가다.

vesperásco, rávi, ĕre, *intr.* [véspera] 저녁이 되다, 해가 저물다: vesperascénte die*(Ta.)*, vesperascénte cælo*(N.)* 해가 저물 때에.

véspĕre[-ri], *adv.* 저녁에.

vespérna, æ, *f.* [vesper] 저녁식사, 만찬.

véspero, ónis, *m.* = vespíllo.

vésperor, átus sum, ári, *dep. intr.* [véspera] 날이 저물다, 저녁이 되다.

vespertílĭo, ónis, *m.* [vesper] 《動》 박쥐, 올빼미.

vespertinális, e, *adj.* [vespertínus] 저녁의.

vespertínus, a, um, *adj.* [vesper] **1.** 저녁의, 저녁 때에: vespertína témpora*(C.)* 저녁때 / vespertínæ lítteræ*(C.)* 밤에 받은 편지. **2.** 서쪽에 있는.

vesperúgo, gĭnis, *f.* [vesper] **1.** 《天》 금성, 샛별. **2.** 《動》 박쥐.

véspĕrus, a, um, *adj.* [véspera] 저녁의.

vespíllo, ónis, *m.* [vespa] **1.** (가난한 이들을 저녁에 묻는) 장의사 일꾼, 운구 인부. **2.** 시체 모독자, 묘지 모독자, 무덤 파괴자.

vespix, ĭcis, *f.* 우거진 숲, 총림(叢林).

vessíca = vesíca.

Vesta, æ, *f.* **1.** *Vesta Ops,* 또는 *Cýbĕle,* 또는 *Terra*라고도 함. *Cælus*의 아내이며 *Satúrnus*의 어머니. **2.** *Satúrnus*와 *Ops*의 딸, *Vesta Ops* 여신의 손녀, 화로불(살림)의 여신. **3.** *Vesta* 신전. **4.** 화로불.

Vestálĭa, ĭum, *n.pl.* [Vestális] *Vesta* 여신의 제전.

Vestális, e, *adj.* **1.** *Vesta* 여신의: ~ virgo et ~ *(C.)* *Vesta* 신전의 여제관. **2.** 깨끗한, 순

결한. **3.** 〔*subst.*〕 *f. Vesta* 여신의 여제관.

vester[vos–], stra, strum, 〔*gen.pl.* –strum 도 사용〕 *pron. poss.* [vos] **1.** 너희의, 너희 소유의, 너희에게 속한: Ea vestra culpa est. *(C.)* 그것은 너희 잘못이다. **2.** 〔*subst.*〕 *m.pl.* 너희 가족 · 시구 친구 · 부하 · 군인, 또는 vestri = vos; *n.sg.* 너희 · 특징 · 표 · 소유 · 본분 · 의무; *n.pl.* 너희 업적 · 이론 등. 「옷.

vestiárĭum, i, *n.* [vestis] 옷장, 탈의실, 의복,

vestiárĭus, a, um, *adj.* 옷의, 의복의, 옷과 관계있는; 〔*subst.*〕 *m.* 옷을 챙기는 노예, 옷장사.

vestíbŭlum, i, *n.* [vestis] **1.** 현관, 입구: ~ Sicíliæ*(C.)* *Sicília* 입구 / ~ castrórum*(L.)* 성의 입구, 전면. **2.** 시작.

véstĭceps, cĭpis, *adj.* [vestis + cápio[1]] 사춘기에 이른; 타락한. 「여제관.

Vestícola, æ, *f.* [Vesta + colo] *Vesta* 신전의

vesticontubérnĭum, i, **n.** [vestis + contubérnium] 같은 침대에 자는 것, 한 이불 속에서 자는 것.

vestícŭla, æ, *f. dim.* [vestis] 작은 의복[옷].

véstifex, ĭcis, [**–fícus,** i,] *m.* [**–fíca,** æ, *f.*] 의복 만드는 자, 재봉사, 옷 만드는 자.

vestificína, æ, [**–fícium,** i, *n.*] *f.* [vestis + fácio] 양복점, 옷 짓기.

vestífluus, a, um, *adj.* [vestis + fluo] 헐렁한 옷을 입은. 「연구할 수 있는.

vestigábilis, e, *adj.* [vestígo] 살필 수 있는,

vestigátor[–giátor], óris, *m.* [vestígo] 짐승몰이, 뒤쫓는 자, 추적자, 탐색자, 탐정, 스파이, 방문객, 수색하는 자, 찾는 자.

vestígĭum, i, *n.* **1.** 발바닥, **흔적**; 말의 편자, 신바닥. **2. 발자국**, 종적, 발자취, 형적(形跡): vestígia pónere*(C.)* 발자국을 남기다, 걸어가다 / léviter pressum ~ *(C.)* 가벼운 흔적 / glácie non recipiénte ~ *(L.)* 얼음판은 발자국을 안 남기기 때문에 / vestígia tenére*(L.)* 발자국을 따라가다 / vestígiis sequi hostem *(L.)* 발자국을 따라 적군을 추적하다 / vestígiis *alcjs* íngredi*(C.)* 누구를 뒤따라가다. **3.** 몸의 자국, 앉았던[누웠던] 자리: vestígia urbis*(C.)* 도시가 있던 자리, 폐허 / vestígia violátæ religiónis*(C.)* 신성모독한 흔적. **4.** 흔적, 남긴 표적: ~ libídinis*(C.)* 방종했던 표적. **5.** 순간, 잠깐: e vestígio*(C.)* 즉석에서.

vestígo, ávi, átum, áre, *tr.* [vestígium] **1.** 뒤따르다, 미행하다, 발자취를 따라가다. **2.** 구석구석 찾다, 수색하다: Vestíga óculis.*(V.)* 구석구석 살피며 찾아라. 「tum] 작은 옷.

vestimentícŭlum, i, *n. dim.* [vestimén-

vestiméntum, i, *n.* [vestis] **1.** 옷, 의복, 피복: nudo detráhere vestiménta〔격언〕 벗은 사람에게서 옷을 벗기다, 즉 불가능한 일을 하다. **2.** 침대보, 이불보, 덮개.

Vestíni, órum, *m.pl.* 중부 *Itália(mare Hadriáticum* 연안)의 한 종족; 〔*adj.*〕 **–stínus,** a, um.

véstĭo, ívi[ĭi], ítum, íre, *tr.* [vestis] **1.** 〔*alqm alqā re*〕 옷 입히다, 옷입다. **2.** 싸다, 덮다, 두르다, 장식하다: animántes vilis vestítæ*(C.)* 털로 덮인 동물 / terra vestíta flóribus*(C.)* 꽃으로 덮인 땅. 「예.

véstiplex, ĭcis, *m.* (=vestíplicus) 옷시중 노

vestíplĭca, æ, *f.* [**–plícus,** i, *m.*] [vestis + plico] 옷을 개키는 여자, 몸종, 침소여종.

vestis, is, *f.* **1.** 옷, 의복, 의상: a veste, ad vestem, supra vestem 옷을 챙기는 (노예) / ~ líbera = toga / mutáre vestem 1) 옷을 바꿔 입다. 2) (불행 · 재난을 당한 사람과 그 친지들이 슬픔과 동정의 표시로) 누더기 toga를 입고 다니다. **2.** 융단, 양탄자. **3.** 요; 잇. **4.** 옷감, 천. **5.** 껍질: ~ ovi 계란껍질.

vestíspex, ĭcis, *m.* = vestíspicus.

vestíspĭca, æ, *f.* [**–spĭcus,** i, *m.*] [vestis + spício] 옷시중 노예, 하녀.

vestítor, óris, *m.* [véstio] 옷 짓는 사람, 재단사, 옷입히는 자.

vestitúra, æ, *f.* 옷입히기, 장식.

vestítus[1], us, 〔*dat.* –tu,〕 *m.* [véstio] 옷, 의복, 의상, 덮는 것, 장식: ripárum ~ viridíssimi*(C.)* 강가를 덮은 푸르디 푸른 잔디.

vestítus[2], a, um, *p.p.* [véstio].

vestras, átis, [**–trátis,** e,] *adj.* [vester] 너희 집 사람들의, 너희 나라 사람들의.

vestrátim, *adv.* [vestras] 당신 집처럼, 편하신 대로.

Vesúbius, i, *m.* = Vesúvius. 「*Viso*).

Vésŭlus, i, *m.* *Ligúria*의 산(지금의 *Monte*

Vesuvínum, i, *n.* *Vesúvius*산 포도주.

Vesúvĭus[–svĭus], i, *m.* *Campánia*의 화산; 〔*adj.*〕 **–s(u)vínus,** a, um.

vetatívus, a, um, *adj.* [veto] 금지하는.

veter, is, *adj.* = vetus.

Vétera[1], um, (*sc.* castra) *n.pl.* *Gállia Bélgica*의 도시, *Rhenus* 강 왼쪽에 있는 도시(지금의 *Xanten*), *Germánia*의 요새.

vétĕra[2], um, *n.pl.* [vetus] **1.** 옛 것, 묵은 것, 낡은 것. **2.** (예로부터의) 전통, 고문서, 오랜 전설[역사].

veteramentárĭus, a, um, *adj.* [vetus] 고물(古物) 다루는, 수선하는: sutor ~ *(Suet.)* 구두 수선공.

veteránus, a, um, *adj.* [vetus] **1.** 고대의, 옛, 늙은, 노인된, 폐물된. **2.** 고참병의, 노병의: Legiónes vateránæ*(Cæs.)* 고참군단. **3.** 〔*subst.*〕 *m.pl.* 고참병, 노병. 「장고.

veterárĭum, i, *n.* [veterárius] 묵은 술 저

veterárĭus, a, um, *adj.* [vetus] 오래 된, 해묵은: vina veterária*(Sen.)* 오래된 포도주; 〔*subst.*〕 **–árĭa,** órum, *n.pl.* 묵은 포도주 저장.

veterásco[–résco], ĕre, *intr.* [vetus] 옛것이 되다, 헐다, 늙다, 고물[폐물]이 되어가다, 늙어가다.

veterátor, óris, *m. adj.* [vétero] **1.** 어떤 일

에 늙은 자, 오래 종사한 자, 능숙한 자, 숙달한 자. **2.** 노련가, 늙은 구렁이, 늙은 여우, 늙은 종.

veteratórĭus, a, um, *adj.* [veterátor] 노련한, 직업적 본능을 가진, 재주있는, 교묘(巧妙)한, 익숙한, 숙달한; 〔*adv.*〕 **–órĭe,** 능숙하게, 능통하게.

veterátrix, ícis, *f.* [veterátor] 능갈진 할머니, 마녀, 노회한 여자. ⌈된.

veterátus, a, um, *adj.* [vétero] 늙은, 고참이

vétĕres, um, *m.pl.* [vetus] **1.** 옛 사람들, 옛 어른들, 고대인, 선조. **2.** 고대[고전]의 작가. **3.** *f.pl.* = Véteres Tabérnæ, *Roma*의 고유한 장소; 물품 교환 상점가.

veterétum, i, *n.* 황무지(荒蕪地).

veterínæ, árum, *f.pl.* [**–rína,** órum, *n.pl.*] [veterínus] 짐바리 짐승.

veterinárĭus, a, um, *adj.* [veterínus] 짐바리 짐승의, 수의사의; 〔*subst.*〕 *m.* 수의사; *f.* 수의술(獸醫術); *n.* 동물병원.

veterínus, a, um, *adj.* [vetus, 늙어서 짐나르는 일만 한다는 데서] 짐바리 짐승의.

veternósitas, átis, *f.* 혼수상태, 마비상태.

veternósus, a, um, *adj.* [vetérnus] 혼수상태에 빠진, 빈사상태에 있는; 마비된, 숨넘어가는, 무감각의, 수면병의; 늙어빠진.

vetérnus, i, *m.* [vetus] **1.** 오래된 쓰레기, 오물; 노후, 폐물. **2.** 빈사상태, 가사상태, 혼수, 쇠약, 마비상태, 노후병; 침체상태, 나태, 무기력. ⌈헐게 하다.

vétĕro, ávi, átum, áre, *tr.* [vetus] 늙게 하다,

vetérulus, a, um, *adj.* [vetus] 늙어가는.

vétĭtum, i, *n.* [veto] 금지(된 것).

vétitus, a, um, *p.p., a.p.* [veto] 금지된.

vĕto, tŭi, tĭtum, áre, *tr.* **1.** 〔*alqm inf.*〕 금지하다, 못하게 하다; 〔ut, ne, quóminus, quin + *subj.*〕: Sive jubébat, ut fácerem quid, sive vetábat.*(H.)* 그는 내가 무슨 일을 하도록 명령하기도 하고 금지하기도 하였다 / edícto vétuit, ne …*(H.)* 그는 법령으로 …하지 못하게 금하였다 / Veto quóminus percutiátur.*(Sen.)* 그를 때리는 것을 나는 금지한다 / Nemo vetat quin emas.*(Pl.)* 네가 사는 것을 아무도 금하지 않는다 / 〔*subj.*〕 Sis mihi lenta veto.*(Tib.)* 제발 내게 무관심하지 말아 달라 / 〔*inf.*〕 Lex vetat delínquere.*(C.)* 법률은 죄악을 저지르는 것을 금한다. **2.** 반대하다, 방해하다: ~ bella.*(V.)* 전쟁을 반대하다. **3.** 반대표를 던지다. **4.** 흉조(凶兆)를 말하다.

Vettónes[Vect–], um, *m.pl. Hispánia Ultérior*에 있던 한 종족.

vétŭlus, a, um, *adj. dim.* [vetus] 좀 오래된, 좀 늙은, 묵은, 고인(古人)의; vétuli équi *(C.)* 이미 늙은 말; 〔*subst.*〕 *m.* 영감, 늙은 친구(애칭); *f.* 늙은 할미(경멸).

vétuo, *tr.* = veto.

vĕtus, tĕris, 〔*abl.sg.* –tĕre, –tĕri,〕 *adj.* 〔*comp.* –térĭor, –tústĭor; *superl.* –térrĭmus, –tustíssĭmus〕 **1.** 연륜이 쌓인, 젊지 않은, 늙은. **2.** 〔*gen.*〕 고물의, 오래 된, 묵은, 낡은, 옛날의, 새 것이 아닌: vinum ~ *(C.)* 오래 묵은 포도주 / amíci véteres 오랫동안 사귄 친구. **3.** 옛, 지난날의, 고대의, 과거의: véteres philósophi*(C.)* 고대 철학가 / scriptóres véteres*(C.)* 옛 저자들. ⌈늙은.

vetúscŭlus, a, um, *adj. dim.* [vetus] 약간

vetústas, átis, *f.* [vetústus] **1.** 연로함, 늙음; 고대, 태고: ~ possessiónis*(C.)* 오래된 소유재산 / familiárum vetustátes*(C.)* 오래된 가문 / história núntia vetustátis*(C.)* 과거를 알려주는 역사. **2.** 오랜 기간, 장기간, 시대 시간의 흐름: conjúncti vetustáte*(C.)* 오랜 기간 동안 맺어진 / hunc ~ oblivióne obruísset *(C.)* 오랜 시간이 그것을 망각속에 묻을 뻔했다. **3.** 선조; 아득한 장래, 후세: De me … nulla umquam obmutéscet vetústas.*(C.)* 나에 대해서 …후대는 그 어느 때도 침묵을 지키지 않을 것이다. ⌈sime 아주 오래 전부터.

vetúste, *adv.* 선조들 풍습대로: vetustís-

vetustésco[–stísco], ĕre, *intr. inch.* [vetústus] 헐다, 늙다, 개선되다.

vetústo, áre, *tr.* 늙게 하다, 헐게 하다.

vetústor, átus sum, ári, *dep., pass.* [vetústo] 늙다, 헐다.

vetústus, a, um, *adj.* [vetus] **1.** 오래 된, 늙은, 옛, 묵은, 고물의: vetústa opínio*(C.)* 벌써 오래 된 소문. **2.** 고대의, 태고의; 〔*subst.*〕 *n.pl.* 아주 오래된 일들. ⌈운, 귀찮은.

vexábĭlis, e, *adj.* 괴롭히는, 귀찮게 하는; 괴로

vexabíliter, *adv.* 괴롭게, 아주 힘들게.

vexámen, mĭnis, *n.* [vexo] 충격, 진동, 동요, 정신의 격동(激動).

vexátĭo, ónis, *f.* [vexo] **1.** 격렬한 충고, 충동, 동요. **2.** 괴롭게 함, 아픔, 고통, 곤욕, 번뇌. **3.** 학대, 박해. ⌈하는, 불편케 하는.

vexatívus, a, um, *adj.* 괴롭게 하는, 귀찮게

vexátor, óris, *m.* [**–trix,** ícis, *f.*] [vexo] 박해자, 학대자, 괴롭히는 자.

vēxi, *pf.* [veho].

vexillárĭus, i, *m.* [vexíllum] **1.** 기수(旗手), 기(旗) 만드는 자. **2.** 〔*pl.*〕 (제대 연한이 되어 ⟨exauctoráti⟩ 특수부대에 모인) 고참 병사(들); vexíllum 밑에 모인 분견대. **3.** 강도 두목.

vexillátĭo, ónis, *f.* [vexíllum] 고참부대, 기수부대; 기병대, 분견대.

vexíllĭfer, fĕra, fĕrum, *adj.* [vexíllum + fero] 군기(軍旗)를 든; 〔*subst.*〕 *m.* 기수(旗手).

vexíllum, i, n. *dim.* [velum] **1.** 기(旗), 군기, 깃발, 기병대의 문장, 부대기. **2.** 사령관기 (전투개시 신호의 붉은 기). **3.** 부대 군기 밑에 모인 군대; 기병대.

vexo, ávi, átum, áre, *tr. intens.* [veho] **1.** 격렬하게 흔들다, 뒤흔들다. **2.** 고통주다, 박해하다, 학대하다, 못살게 굴다, 모질게 다루다.

3. 사정없이 몰아대다, 괴롭히다, 공격하다, 번뇌케 하다: Sollicitúdo vexat ímpios.*(C.)* 불안은 못된 자들을 괴롭힌다.

vĭa, æ, *f.* [veho → veha → via] (운반하는 곳) **1. 길,** 통로, 도로. **2.** 운하. **3.** (극장의) 복도. **4.** 《解》 식도, 후부(喉頭), 기도(氣道). **5.** 공기통, 참호(塹壕). **6.** 여로(旅路), 행로(行路), 여행: in viam se dare*(C.)*, viæ se commíttere*(C.)* 여행 떠나다, 길을 떠나다 / ex via excédere*(Cæs.)*, de via decédere *(Suet.)* 길잃다, 길을 벗어나다 / viā ire*(L.)* 갈 길을 가다. **7.** (대화의) 궤도, 줄기: ~ rectā narráre*(T.)* 에두르지 않고 곧바로 말하다 / primā viā*(Pl.)* 시초부터. **8.** 경로, 행정(行程), **방법,** 방침, 규범: vitæ ~ *(C.)* 인생궤범. **9.** ratione et viā*(C.)* 이성적으로 그리고 방법론적으로 / viā et arte*(C.)* 방법론적으로 그리고 이론적으로.

viábilis, e, *adj.* [via] 통과할 수 있는, 갈 수 있는.

viabúndus, a, um, *adj.* [vio] 자기 길을 가는.

viális, e, *adj.* [via] 길의, 도로의.

viántes, ĭum, *m.pl.* [vio] 여행자.

viárĭus, a, um, *adj.* [via] 길과 관계있는, 도로에 관한, 길에 관한.

viásius, ii, *m.* 길가에 사는 사람.

viaticátus, a, um, *adj.* [viáticum] 여비를 가지고 있는, 여행수당을 받은.

viatículum, i, *n.* 여행비, 노자(路資).

viátĭcum, i, *n.* [viáticus] **1.** 여행에 필요한 것, 여행을 위한 준비물, 식량, 노자(路資), 여비, 하숙비, 자원. **2.** (군인) 비축금. **3.** 《가》 노자성체(路資聖體), 병자의 성체.

viátĭcus, a, um, *adj.* [via] 여행에 관한: ~ cena*(Pl.)* 환송만찬.

viátor, óris, *m.* [**–trix,** ícis, *f.*] *m.* [via] **1.** 길가는 사람, 길손, 행인(行人), 여행자, 나그네, 여객(旅客). **2.** 사령(使令), 명령전달자, 나라의 사자(使者), 송달리(送達吏).

viatórĭus, a, um, *adj.* 여행의, 여행에 관계되는, 송달리의.

vībex[–bix], bícis, *f.* 채찍자리, 매 맞은 흔적, 상처, 맞은 자리.

víbia, æ, *f.* 두꺼운 판자: Séquitur vara víbiam.〔격언〕 불행은 저절로 생기지 않는다.

Vibília, æ, *f.* 길의 여신.

Vibo, ónis, *f.* (= ~ Valéntia) *Brúttium* 서해안의 항구(지금의 *Bivona*); 〔*adj.*〕 **–bonénsis,** e; 그 주민은 **Valentíni,** órum, *m.pl.*

vibónes, um, *m.pl.* *Británnica*라 불리는 화초.

vibrábilis, e, *adj.* [vibro] 불을 뿜는, 불꽃 튕기는.

vibrabúndus, a, um, *adj.* 불꽃 튕기는.

vibrámen, ĭnis, *n.* (뱀의 혀와 같이) 날름거림, 내두름.

vibrátĭo, ónis, *f.* [vibro] 던지기, 흔들기, 진동(振動).

vibrátus¹, a, um, *adj.* 반짝이는, 불꽃 튕기는; 격렬한, 빠른.

vibrátus², us, *m.* = vibrátio.

víbrio, ónis, *f.* 《醫》 비부리오족(콜레라균과 같은 세균족).

vibríssæ, arum, *f.pl.* 콧구멍 털.

vibrísso, áre, *intr.* [vibro] 떨리는 소리로 노래하다, 전음(顫音)으로 연주하다.

vĭbro, ávi, átum, áre, **I.** *tr.* **1.** 동요시키다, 흔들다, 털다, **진동시키다;** 불안하게 하다, 왔다 갔다 하게 하다, 흥분시키다. **2.** 곱슬곱슬하게 하다: crines vibráti*(V.)* 곱슬머리. **3.** 던지다, 내두르다: vibrátus ab ǽthere fulgor*(V.)* 상공에서 내리친 번개.
II. *intr.* **1.** 흔들리다, 진동하다, 떨다, 전율하다: vibránti ictu*(V.)* 전율적인 타격으로. **2.** 소리가 흔들리다. **3.** 불꽃튀다, 반짝이다. **4.** orátio vibrans*(C.)* 찌르는 듯한[격렬한] 연설.

vibúrnum, i, *n.* 《植》 가막살나무, 마가목, 가는 나무, 작은 나무, 관목(灌木)숲.

Vica Pota, æ, *f.* *Victória*(승리) 여신; 일용할 양식의 여신.

vicánus, a, um, *adj.* [vicus] **1.** 마을의, 촌락의, 부락민의, 촌민의. **2.** *m.* 마을 주민.

vicárĭa, æ, *f.* 여자 대리인, 한 노예 밑에 있는 종년, 보좌관 직위.

vicariánus, a, um, *adj.* 부관(副官)의, 보좌관의, 대리자의.

vicariátus, us, *m.* [vicárius²] 《가》 대리교구: ~ apostólicus (포교지방의) 교황 대리교구, 감목구(監牧區).

vicaríetas, átis, *f.* 직무교환, 상호교환.

vicárĭus¹, a, um, *adj.* [vicis] 대리하는, 대표하는, 보좌의, 상호의(=in vicem).

vicárĭus², i, *m.* [vicis] **1.** 대표자, 대리인. **2.** 보조노예(한 노예 밑에 있는 노예). **3.** 보좌관. **4.** 《가》 보좌사제, 주교대리: ~ generális*(C.I.C.)* 총대리 / ~ apostólicus 감목.

vicátim¹, *adv.* [vicus] 구역에서 구역으로, 마을마다 샅샅이; 촌스럽게, 거리에, 가로에.

vicátim², *adv.* [vicis] = vicíssim.

vĭce, *adv.* [vicis] **1.** 위하여, 대신. **2.** …처럼, …모양으로.

vicecancellárius, i, *m.* 부서기.

vicedóm(ĭ)nus, i, *m.* **1.** 부왕(副王), 주인대리. **2.** 《가》 교황청 재무관.

vĭcem, *adv.* [vicis] **1.** …위하여, …대신에, …고려하여. **2.** 처럼, …모양으로.

vicenális, e, *adj.* 20을 포함한.

vicenárĭus, a, um, *adj.* [vicéni] 스물의, 20에 관한, 20세의.

vicéni[vigé–], æ, a, 〔*gen.pl.* –nórum, –num,〕 *num. distrib.* 20씩, 각 20마다, 20의.

vicennális, e, *adj.* [vicénnium] 20년의; 〔*subst.*〕 *n.pl.* **–nália,** órum, 20주년 기념.

vicénnĭum, i, *n.* [vícies + annus] 20년(의 기간).

vicens– = vices–.

vicénsumus = vicé(n)simus.

vĭces, ĭum, *f.pl.* [vicis].

vicesimáni, órum, *m.pl.* [vicésimus] 제20군단의 병사들.

vicesimárĭus, a, um, *adj.* [vicésimus] (노예 해방 때 그 값의) 20분의 1세의; 〔*subst.*〕 *m.* 20분의 1세 징수관.

vicesimátio, ónis, *f.* 20군인중 한 사람을 벌하는 사형선고.

vicésĭmus, a, um, *adj. num. ordin.* 스무번째의, 제 20; 〔*subst.*〕 20분의 1.

vicéssis, is, *m.* [viginti + as] 20 *as.*

Vicétĭa, æ, *f.* *Gállia Transpadána*의 도시 (지금의 *Vicence*); 〔*subst.*〕 **–tíni,** órum, *m.pl.* 그곳 주민.

vicevérsa [**vice versa**], 거꾸로, 역으로.

víci, *pf.* [vinco].

vícĭa[1], æ, *f.* 《植》 들완두(채소).

vícĭa[2], æ, *f.* [vinco] = victória.

viciálĭa, ĭum, *n.pl.* 완두(豌豆), 살갈퀴의 줄기.

viciárĭus, a, um, *adj.* [vícia[1]] 완두(豌豆)의.

vícĭe(n)s, *adv. num.* [vigínti] 스무번: ~ centéna mília*(Cæs.),* 혹 HS(sestértium) vicies*(C.),* 혹은 단순히 vícies*(Mart.)* 100,000 세스테르스 은화의 20배 = 2백만 은화.

Vicilínus, i, *m.* [vigil] *Júpiter* 신의 별명(늘 경계하는 자라는 뜻).

vicinális, e, *adj.* [vicínus] 이웃의, 이웃사람의, 인근의, 가까이 있는.

vicinántia, æ, *f.* [vicínor] 인근(隣近), 근처, 이웃.

vicinárius, a, um, *adj.* 인근의, 이웃의.

vicíne, *adv.* 〔*comp.* vicínius; *superl.* viciníssime만 사용〕 가까이.

vicínĭa, æ, [**–nĭtas,** átis,] *f.* [vicínus] **1.** 인근, 근처, 가까운 곳. **2.** 인근 주민들, 동네, 이웃. **3.** 밀접성, 유사성, 비슷함.

vicínitus, *adv.* 가까이.

vicínor, ári, *dep. intr.* **1.** 가까이 있다, 이웃하다: 〔*partic.*〕 vicínans(*dat.*) …와 가까이 있는. **2.** 접근하다, 비슷하다.

vicínus, a, um, *adj.* [vicus] **1.** 〔*dat.*〕 이웃의, 인근의, 이웃사람의, 인접한: vicínum bellum*(L.)* 이웃나라의 전쟁. **2.** 〔*gen., dat.*〕 …와 관련있는, 가까운, 비슷한. **3.** 임박한, (시간) 가까운. **4.** 〔*subst.*〕 *m. f.* 이웃사람; *n.* 인근, 부근, 근처; *n.pl.* **–na,** órum, 인접지역.

vĭcis, *gen.*(*nom.*는 없음), 〔*acc.* vicem; *abl.* vice; *pl.nom.* et *acc.* vices; *dat.* et *abl.* vícibus,〕 *f.* **1.** 연속(連續), 연계, 교대, 교체(交替), 계속적인 변화: annórum vices *(Plin.)* 연속되는 연년(年年). **2.** 번(番), 차례: mútua vice*(Col.)* 서로, 교대로 / versa vice*(Sen.)* 반대로, 거꾸로 / vícibus factis *(Ov.),* per vices*(Ov.),* in vices*(Ov.),* in vicem*(C.),* vicem*(L.)* 차례로 교대하여, 서로. **3.** 상호, 교환, 되돌림. **4.** 한 때, 어느날: vice quadam*(Sidon.)* 어느 날 한 번은. **5.** (자리, 직위) 대신: ad vicem *alcjs(C.)* 아무의 자리를 대신하여. **6.** 〔in, ad, *gen.*와 함께〕 in vicem, ad vicem, vicem *alcjs.* 아무 대신, 아무와 같이. **7.** vice + *gen.* …대신에, …와 같이. **8.** 운명, 운명의 변천.

vicissátim, *adv.* [vicis] = vicíssim.

vicíssim, *adv.* [vicis] **1.** 거꾸로, 반대로, 다음 차례로, 서로 번갈아, 교대하여, 교체하여, 번 차례로: accípere vicissímque réddere *(C.)* 받고 대신 갚다. **2.** 그 대신에, 반면에.

vicíssitas, átis, *f.* 변천.

vicissitudinális, e, *adj.* 상응하는.

vicissitúdo, dĭnis, *f.* [vicis] **1.** 교환, 교대, 둘이 번갈아 함, 서로 바꿈. **2.** 한 상태에서 다른 상태로 변함, 변화, 연계적 변화, 순환, 변천, 교체: diérum noctiúmque vicissitúdines *(C.)* 밤과 낮이 갈마듬 / fortúnæ vicissitúdines*(C.)* 운명의 변천.

vicomagíster, tri, *m.* (=magíster vici) 동장(洞長), 이장(里長), 구장(區長).

Victa = Vica Pota.

víctĭma[**–tŭma**], æ, *f.* 희생물, 희생, 제사에 쓰이는 동물, 제물.

victimárĭus, a, um, *adj.* [víctima] 희생물에 관계되는, 희생의; 〔*subst.*〕 *m.* 제관, 제물상인.

victimátor, óris, *m.* [víctimo] 희생동물을 죽이는 제관, 바치는 제관.

víctimo, áre, *tr.* 희생동물을 죽이다, 바치다.

víctĭto, ávi, áre, *intr. freq.* [vivo] 생활하다, 살아나가다, 생명을 이어가다.

victor[1], óris, *m.* [vinco] 〔*gen.*〕 **1.** 승리자, 승전자, 이긴 사람, 정복자: ómnium géntium ~ *(C.)* 세계를 정복한 사람. **2.** [V–] 승리자 *Hércules* 또는 *Júpiter*의 별칭.

victor[2], óris, *adj.* [victor[1]] 승리의: exércitus ~ *(Cæs.)* 승리한 군대 / ánimus libídinis ~ *(Sall.)* 정신은 정욕의 지배자.

Victor[3], óris, *m.* 로마인의 별명, 특히 S. Aurélius ~, 로마의 역사가(c. 360 P.C.).

victórĭa, æ, *f.* [victor[1]] **1.** 승리, 승전, 성과: 〔ab, de〕 victóriam reportáre ab *álqo(C.)* 누구를 이기고 돌아오다 / 〔in *acc.* in *abl.*〕 exércere víctóriam in *álqm(Sall.),* in *álqo (L.)* 승리의 공을 내세우다. **2.** 개선, 유리한 점: ~ penes patres fuit*(L.)* 원로들에게 유리한 점이 있었다. **3.** [V–] 승리의 여신.

victoriális, e, *adj.* 승리의, 승리에 관한.

victoriátus[1], a, um, *adj.* [victória] **1.** 승리에 상응한, 승리표 붙인, 승리로 얻은. **2.** 하찮은 값의: rhetóres victoriáti*(Sen.)* 하찮은 웅변가.

victoriátus[2], i, *m.* 〔*gen.pl.* –átum,〕 (*sc.* nummus) [victoria[1]] 승리의 여신상을 새긴 돈(5 *as*의 값).

Victoriólа, æ, *f. dim.* [victória] 승리의 작은 여신상.

victoriósus, a, um, *adj.* [victória] **1.** 승리한. **2.** 황제 *Probus*(재위 276-282 P.C.)의 별칭.

victrix[1], ícis, *f.* [victor[1]] 여승리자.

victrix[2], ícis, [*abl.sg.* –íci, *n.pl.* –trícĭa, –trícium] *adj.* [victrix[1]] 승리한, 승리의, 승리하는: victríces Athénæ*(C.)* 승리한 *Athénæ* / victríces lítteræ*(C.)* 전승보 / ~ causa

(*Lucan.*) 승리의 원인.

victuális, e, *adj.* [victus²] 식량, 양식에 관한; [*subst.*] *n.pl.* 식량, 양식.

victuárius, a, um, *adj.* = victúalis.

victumárius, i, *m.* = victimárius.

victúrus, a, um, *p.fut.* [vinco, vivo].

victus¹, a, um, *p.p., a.p.* [vinco, vivo].

victus², us, *m.* [vivo] **1.** 양식, 양곡, 식량, 생활필수품, 의식(衣食). **2.** 생활양식 · 방법 · 정도.

vícŭlus, i, *m. dim.* [vicus] 작은 마을, 작은 동네, 촌락, 골목.

vīcus, i, *m.* **1.** 촌락, 부락; 농장, 전답, 땅, 마을, 동네. **2.** 도시의 한 구역, 거리.

vidélĭcet, *adv.* [vidére의 명령법 + licet¹] 즉, 곧, 물론, 말할 것도 없이; [비웃는 뜻으로] 어련하시겠소, 아무렴, 분명히, 확실히, 의심없이: [*c. inf.*] ~ illum fuísse parcum.*(Pl.)* 그가 검소했다는 것이 확실하다.

vĭden = vidésne [vídeo].

vídĕo, vīdi, vīsum, ére, *tr.* **1. 보다,** 목도(目睹)하다, 목격하다, 감지하다, 바라보다, 지켜보다, 들여다보다: sensus vidéndi*(C.)*, videndi facúltas*(Cels.)* 시각 / ut te vidérem et víserem*(C.)* 너를 보고, 내 눈으로 확인하기 위하여 / ~ diem*(Sen.)* 살아있다. **2.** 지각(知覺)하다: ~ susúrros*(H.)* 수근거리는 소리를 듣다. **3.** 깨닫다, 알아차리다: ut quod víderit, non vidéret*(Pl.)* 그가 눈으로 보고도 깨닫지 못하게. **4.** 읽어 알다(+ *inf.*): in eo volúmine vídeo… …라는 것을 그 책을 읽고 알다. **5.** 바라다, 선망(羨望)하다: ~ glóriam *(L.)* 영광을 바라다 보다. **6.** 미리 알다, 내다보다: ~ ánimo*(C.)* 속으로 미리알다 / ~ in futúrum*(L.)* 미래를 내다보다. **7.** 검색하다, 알아보다, 재보다, 잘 생각하다: videas …quid agas*(C.)* 네가 무슨 짓을 하는지 잘 생각하라. **8.** [vide ne + *subj.*] …하지 않도록 조심하라. [vide ut + *subj.*] …하도록 힘쓰다.

vídeor, visus sum, vidéri, *pass.* [vídeo] **1.** 보이다, 눈에 띄다. **2.** …처럼 보이다, …것같다, 비슷하게 보이다: Illórum mors beáta vidétur.*(C.)* 그들의 죽음은 행복하게 보인다 / Vidére jam vídeor.*(C.)* 벌써 본 것처럼 느껴진다. **3.** (法) : "Vidétur" ínquam. *(Plin.)* 유죄라고 사료된다(가벼운 판결 선언).

vídua, æ, *f.* [víduus] 미망인, 과부(寡婦), 결혼하지 않은 여자.

viduális, e, *adj.* [víduus] 미망인의, 과부의.

viduátus, us, *m.* [víduo] 홀아비, 과부생활.

vidúbium = vidúvium.

viduértas, átis, *f.* [víduus] 궁핍, 재앙.

vidúĭtas, átis, *f.* [víduus] **1.** 빼앗긴 상태, 궁핍, 결핍, 부족. **2.** 홀아비, 환거, 과부생활, 과부 처지.

Viduláría, æ, *f.* [vídulus] *Plautus*의 희극 작품명: "여행가방"(분실되었음).

vídŭlus, i, *m.* [víeo] **1.** 가죽 가방. **2.** 물고기 바구니.

vídŭo, ávi, átum, áre, *tr.* [víduus] **1.** 과부되게 하다, 짝 잃게 하다. **2.** 벗기다, 빼앗다, 공허하게 하다, 비게 하다: ~ urbem cívibus *(V.)* 도시를 빈 상태로 만들다 / viduáta manúum*(Lucr.)* 손이 잘린 여자; [*p.p.*] **viduáta,** 과부된.

víduus, a, um, *adj.* **1.** 혼자 된, 과부의, 홀아비의, 짝잃은. **2.** …을 빼앗긴, 여윈, 없어진, 결핍한, 비게 한: ~ domus*(Ov.)* 주인을 잃은 집 / ~ manus*(Sen.)* 과부의 손. **3.** [*subst.*] *m.* 홀아비; *f.* 과부.

vidúvĭum, i, *n.* 과부살이, 홀아비 노릇, 환거(鰥居).

Viénna, æ, *f.* Gállia Narbonénsis의 *Rhódanus* 강가에 있던 *Allóbrogis*족의 수도(지금의 *Vienne*); [*adj.*] **–nnénsis,** e; [*subst.*] **–nnénses,** ĭum, *m.pl.* 그곳 주민.

viĕo, étum, ére, *tr.* 구부리다, 엮다, 짜다, 잡아매다, 잇다, 꼬다, 뜨다(編), 등(藤)으로 겯다.

viésco, ĕre, *intr.* 시들다, 마르다.

viétor, óris, [**viétrix,** ícis,] *m. f.* *V.* vitor.

viétus, a, um, *p.p., a.p.* [víeo] 나긋나긋한, 시든, 퇴색한, 과실이 너무 익은, 지나친, 뭉크러진; 엮은.

vigéni, æ, a, *adj. num. distrib.* 스물의, 스물씩의 = vicéni; *sg.* **vigénus,** a, um.

vigénti = vigínti.

vígĕo, gŭi, ére, *intr.* **1.** 원기왕성하다, 성(盛)하다, 힘있다, 건장하다, 건강하다; (초목이) 싱싱하다, 무성(茂盛)하다. **2.** 번성 · 번창 · 유행하다.

vigésco, ĕre, *intr. inch.* [vígeo] 힘내다, 건강하게 되다, 무성(茂盛)해지다, 성(盛)해지다.

vigésĭmus = vicésimus.

vigéssis = vicéssis.

vigésumus, a, um, *adj.* = vicésimus.

vigíduus, a, um, *adj.* [vígeo] 힘있는, 싱싱한, 생생한.

vĭgil, ĭlis, [*abl.* –ĭli, –ĭle,] *adj.* [vígeo] 잠자지 아니하는, 깨어있는, 잠 안자고 지키는, 주의를 기울이는, 수직(守直)하는: ~ ignis*(V.)* 밤낮 꺼지지 않게 간수하는 불 / vígilem noctém capéssere 철야 숙직하다; [*subst.*] *m.pl.* **–gĭles,** gĭlum, 수직꾼.

vigilábĭlis, e, *adj.* [vígilo] 깨어있는, 정신차리고 있는, 수직(守直)하는.

vígĭlans, ántis, *p.præs., a.p.* [vígilo] 깨어있는, 정신차리고 있는, 주의(注意)깊은, 경계하는, 끊임없는, 수직(守直)하는.

vigilánter[**–láte**], *adv.* [vígilans] 주의깊게, 조심스럽게, 경계하여, 끊임없이.

vigilántĭa, æ, *f.* [vígilans] **1.** 철야하는 습성. **2.** 경계, 끊임없는 주의, 수직(守直).

vigilátĭo, onis, *f.* 깨어있음, 수직(守直), 경계, 주의; 불면증.

vígĭlax, ácis, *adj.* [vígilo] **1.** 늘 조심하는. **2.** 늘 근심하는, 마음쓰는, 항상 깨어있는, 항상 경계하고 있는.

vigílĭa, æ, *f.* [**–lĭum,** i, *n.*] [vigil] **1.** 철야, 불침, 깨어있음. **2.** 야간숙직(자), 수직(守直), 보초, 야번, 야시(夜時 : 밤을 4시로 나눔): vigílias ágere ad ædes sacras*(C.)* 신전 근처를 야간숙직하다 / primā vigíliā *(L.)* 밤 제 1시에(저녁 6시) / de tértia ~ *(Cæs.)* 밤의 제 3 시에(자정). **3.** 전일(前日), 축제의 전야(제). **4.** 배려, 열의.

vigiliárĭum, i, *n.* [vigília] **1.** 파수막, 망루, 정찰소(偵察所), 감수(監守)의 집. **2.** 망루의 모양을 한 작은 무덤.

vígĭlo, ávi, átum, áre, [vigil] **I.** *intr.* **1.** 깨어있다, 불침번을 서다, 잠자지 아니하다, 수직(守直)하다: vigilántes curæ*(C.)* 잠 안자고 마음 씀 / óculi vigilántes*(V.)* 경계하는 눈. **2.** 〔*absol.;* ut, ne〕 보초서다, 경계하다, …하도록 […하지 않도록] 경계하다.

II. *tr.* 《詩》 **1.** noctes vigilántur 밤을 지새다 / vigilátum carmen*(Ov.)* 밤 새며 지은 노래, 정성들인 노래. **2.** 정성들여 …하다, 잠 안 자고 …하다.

vigínti, *indecl. num. card.* 스물, 20.

vigintiángulus, a, um, *adj.* 20각의.

vigintisevir[**–sexvir**], vĭri, *m.* 26인 위원회 회원.

vigintívĭr, vĭri, *m.* **1.** 20인 위원회 회원; *pl.* **–vĭri,** órum, 20인 위원회(*Cæsar*이 지방통치를 위하여 임명). **2.** 부관. **3.** 구역장. **4.** 경찰 위원회 회원. 「위원회; 그 직위.

vigintivirátus, us, *m.* [vigintíviri] 20인

vigo, ĕre, *intr.* = vígeo.

vĭgor, óris, *m.* [vígeo] 힘, 생명력, 기력, 생기, 원기, 활력, 정력, 열정, 정신력, 강장력.

vigóro, ávi, átum, áre, *tr.* 회복시키다, 강건하게 하다, 기운나게 하다. 「기왕성한.

vigorósus, a, um, *adj.* [vigor] 힘있는, 원

vigul, 〔*gen.pl.* –gŭlum〕 = vigil.

vila, æ, *f.* = villa.

vile, *adv.* [vilis] 싸게, 천하게. 「여기다.

vilefácio, ĕre, *tr.* 경시하다, 경멸하다, 하찮게

vilésco[**–lísco**], lŭi, ĕre, *intr. inch.* [vilis] 값이 싸지다, 가치를 잃다, 하찮게 되다, 천하게 되다. 「地).

vilicátĭo, ónis, *f.* [vílico] 농장관리, 도지(賭

vílĭco[1], ávi, átum, áre, [**–cor,** ári, *dep.*] *intr.* [vílicus] 농장 관리하다, 농장 관리인 노릇하다. 「지배인.

vílĭco[2], ónis, *m.* [vílicus] (농장의) 관리인,

vílĭcus, a, um, *adj.* [villa] **1.** 농장의, 도지의. **2.** 〔*subst.*〕 *m.* 소작인, 농장 관리인; *f.* 여자 농사꾼, 여자 농장 관리인, 여자 지배인.

vilífico, áre, *tr.* [vilis + fácio] 경멸하다, 얕보다. 「가하다, 얕보다.

vilipéndo, ĕre, *tr.* [vilis + pendo] 과소평

vīlis, e, *adj.* **1.** 싼, 헐값의, 염가의: fruméntum vílius*(C.)* 값싼 보리 / res vilíssimæ*(C.)* 헐값의 물건. **2.** 값어치 없는, 천한, 쓸모없는. **3.** 평범한, 흔한, 저속한, 야비한. **4.** 〔*adv.*〕 **–lĭter,** 싸게, 천하게.

vilisco, ĕre, *intr.* = vilésco.

vílĭtas, átis, *f.* [vilis] **1.** 염가, 싼 값. **2.** 무가치. **3.** 비천, 저속, …을 천하게 여김: ~ sui(Sen.) 자기 자신을 천하게 생각함. 「하다.

vílito, áre, *tr.* [vilis] 값을 낮추다, 과소평가

vīlla, æ, *f. dim.* [vicus] **1.** 별장, 농장, 소작지, 장원(莊園), 전장(田莊), 농막(農幕). **2.** 공공건물: ~ pública 1) 연병장에 있는 공공건물. 2) 대사들을 맞는 시골 영빈관.

villáris, e, [**–lánus, –látĭcus,** a, um,] *adj.* [villa] 농장, 별장의, 농막(農幕)의.

villátim, *adv.* [villa] 시골에서 시골로, 시골

villic... *V.* vilic... ⌊마다.

víllica, æ, *f.* 농사꾼(女), 시골여자.

villicátus, us, *m.* = villcátio.

Víllius, i, *m.* *Roma*인의 씨족명.

villósus, a, um, *adj.* [villus] 털많은, 털덮인: villosíssimus, arbor villósior*(Plin.)* 가지가 많은 나무.

víllŭla, æ, *f. dim.* [villa] 작은 별장, 소농원.

vīllum, i, *n. dim.* [vinum] 소량의 포도주 = vínulum.

villus, i, *m.* 털, 모발, 이끼, 양의 긴 털, 털뭉음.

vīmen, mĭnis, *n.* [víeo] 가는 나뭇가지, 버들가지, 굽은 나무; 버들 묘목, 등(藤)넝쿨; *Mercúrius*의 지팡이. 「사립짝.

viméntum, i, *n.* [víeo] 나뭇가지 숲, 울짱,

viminális[1], e, *adj.* [vimen] 버들가지의, 짜기에 좋은, 엮기에 알맞은, 잘 휘는, 잘 구부러지는. 「하나, 버들언덕.

Viminális[2] **Collis,** *m.* *Roma* 일곱 언덕중

viminárius, i, *m.* 버들광주리 장사. 「林).

viminétum, i, *n.* [vimen] 버들숲, 유림(柳

vimínĕus, a, um, *adj.* [vimen] 버들가지로 엮은, 등(藤)으로 만든, 왕골로 만든.

Vimínius, i, *m.* [Viminális[2]] *Viminális* 언덕에서 숭상되던 *Júpiter* 신의 별칭.

vĭn = visne? 원하느냐? *V.* volo[2].

vina medicáta, órum, *n.pl.* 《藥》주제(酒劑).

vinácĕa[**–cĭa**], æ, *f.* [vináceus] 포도찌꺼기.

vinácĕum[**–ĭum**], i, *n.* [vinum] **1.** 포도씨, 포도껍질, 단지, 병. **2.** *pl.* 포도찌꺼기.

vinácĕus, a, um, *adj.* [vinum] 포도주의, 술의, 술찌꺼기의, 포도의; 〔*subst.*〕 *m.* 포도씨, 포도찌꺼기, 껍질.

vinacíola, æ, *f.* (씨가 작은) 포도의 일종.

Vinálĭa, lĭum[liórum], *n.pl.* [vinum] 포도주 축제(4월 꽃필 때〈~ prima, áltera〉 *Júpiter* 신을; 8월 추수 때〈~ rústica〉에 *Venus* 신을 숭상하며 지냈음).

vinális, e, *adj.* [vinum] 포도주에 관한.

vinariárĭa, æ, *f.* [vinárius] 포도주 양조장; 포도주 양조기술.

vinariárĭus, i, *m.* [vinárius] 포도주 상인.

vinárĭum, i, *n.* [vinárius] 포도주그릇, 술

단지; *pl.* (같은 뜻).
vinárĭus, a, um, *adj.* [vinum] **1.** 술의, 포도주의, 포도주에 관한. **2.** 〔*subst.*〕 *m.* 포도주 장사, 주정뱅이. 「록관목, 다년생 자색 꽃나무.
vincapervínca, æ, *f.* 《植》 마삭나무과의 상
vincénter, *adv.* [vinco] 승리자 모양으로, 의기양양하게.
vincíbĭlis, e, *adj.* [vinco] 이길 수 있는, 승리의, 극복할 수 있는, 설득력 있는.
víncĭo, vinxi, vinctum, íre, *tr.* **1.** 매다, 엮다, 묶다, 결박하다: post terga manus vincíre*(V.)* 손을 뒤에 묶다 / ~ témpora novis flóribus*(H.)* 이마를 새 꽃으로 두르다. **2.** 졸라매다, 얽매다, 가두다, 투옥하다: ~ civem Románum*(C.) Roma* 시민을 투옥하다, **3.** 포위하다: vinctus somno*(L.)* 잠에 빠져서. **4.** 사로잡다, 홀리다, 마술걸다, 마비시키다, 정신빠지게 하다. 「자.
víncipes, pĕdis, *m.* [víncio + pes] 발묶인
vinco, vici, victum, ĕre, *tr.* **1.** (전쟁에서) **이기다,** 정복하다: ~Gálliam bello*(Cæs.)* 전쟁으로 *Gállia*를 이기다; 〔*pass.*〕 지다, 패배하다. **2.** (쟁의에서) 승소하다, 이기다: judícium ~*(C.)* 재판을 이기다. **3.** 이겨내다, 압도하다: Noctem flámmis funália vincunt.*(V.)* 횃불이 불꽃으로 밤을 밝힌다 / córpora victa sopóre*(Ov.)* 잠에 떨어진 육체. **4.** 능가하다: Opiniónem vicit ómnium.*(C.)* 모든 이들의 의견을 ~ / ~ muliérculam mollítia*(H.)* 부드러움에 있어서 여자를 능가하다. **5.** 제어하다, 극복하다: ~ iram*(Just.)* 분노를 참다. **6.** 〔*pass.*〕 굽히다, 누그러지다: Vincor ut credam.*(H.)* (내 의견을) 굽히고 믿게 되었다. **7.** 보여주다, 증명해 보이다: Esse ita vincam.*(Pl.)* 그렇다는 것을 증명해 보이겠다. **8.** 〔대화체에서〕: Vicísti. 네가 옳다 / Víncite, si ita vultis.*(Cæs.)* 너희 마음대로 해라.
vinctim, adv. [víncio] 하나로 꽁꽁 뭉쳐서.
vínctĭo, ónis, *f.* [víncio] 연계, 맺음, 뭉침, 매듭, 묶음, 결박, 구두끈, 질식, 압박.
vinctor, óris, *m.* [víncio] 합치는 자, 연결자.
vinctúra, æ, *f.* [víncio] **1.** 맺음, 묶음, 결박, 속박(束縛). **2.** 매듭; 연결.
vinctus, us, *m.* [víncio] 구속(拘束), 묶음, 묶는 것, 관계; 단속, 속박, 사슬; 실, 끈.
vinculátus, a, um, *adj.* [vínculo] 꼬인.
vínculo, átum, are, *tr.* 묶다, 잡아매다.
vínc(ŭ)lum, i, *n.* [víncio] **1.** 끈, 밧줄, 줄. **2.** 쇠사슬, 사슬, 족쇄, 포승줄; *pl.* 감옥: in víncula conjéctus*(Cæs.)* 감옥에 갇히다 / víncula pública*(N.)* 형무소, 감옥. **3.** 관계, 인연, 유대, 속박: córporis víncula*(C.)* 혈육유대, 신체의 속박 / víncula concórdiæ*(C.)* 단합을 유지하는 유대 / ~ ad astringéndam fidem *(C.)* 약속을 지키게 하는 결연.
Vindélĭci, órum, *m.pl.* 북부 *Germánia*의 *Rǽtia* 지방에 있던 한 종족(수도는 *Augústa Vindelicórum,* 지금의 *Augsbourg*).
vindémĭa, æ, *f.* [vinum + demo] **1.** 포도 추수, 포도 추수기. **2.** 포도알, 포도 송이. **3.** (올리브, 꿀 등의) 수확, 추수.
vindemiális, e, *adj.* 포도 수확의; *n.pl.* **–lĭa,** órum, 포도수확축제.
vindemiátor[–mĭtor], óris, *m.* [vindémio] **1.** 포도따는 자, 포도 수확인. **2.** 《天》처녀성좌의 한 별.
vindemiatórĭus, a, um, *adj.* [vindemiátor] 포도 수확하는 자의.
vindémĭo, áre, *intr., tr.* [vindémia] 포도를 따다[거두다 · 수확하다]; 학대하다, 부패시키다. 「포도 수확, 소량의 비축.
vindemíŏla, æ, *f. dim.* [vindémia] 소량의
vindex[1], dĭcis, *m. f.* [víndico] **1.** 보증인, 증인, 변호인. **2.** 보호자, 수호자, 구조자: ~ injúriæ*(L.)* 불의에 대한 보호자. **3.** 복수자, 처벌자.
vindex[2], dĭcis, *adj.* 복수하는, 복수의: fúriæ víndices scélerum*(C.)* 흉악범에 대한 광적인 복수.
Vindex[3], ĭcis, *m.* C. Július ~, *Gállia* 지방 세관으로 *Nero*에게 반기를 들었음.
vindicátĭo, ónis, *f.* [víndico[1]] **1.** 이의신청, 권리청구, 복권 요구. **2.** 복수, 응징, 방어(防禦), 원수갚음. **3.** 정당방위, 변호, 보호.
vindicatívus, a, um, *adj.* [víndico[1]] **1.** 복수하는, 보복하는. **2.** 징벌의: pœna ~ 징벌.
vindicátor[–trix], óris[–ícis], *m.[f.]* = vindex[1].
vindícĭæ, árum, *f.pl.* [víndico[1]] 청구, 이의신청, 청구권 허가, 대주측(貸主側)의 소송(訴訟): vindícias dare secúndum libertátem *(L.)* 자유에 대한 청구권을 허가하다 / injústis vindíciis fundos pétere*(C.)* 부당한 권리신청으로 토지를 빼앗으려고 하다.
víndico[1], ávi, atum, áre, *tr.* [vis[2] + dico[2]] **1.** 법적 권리를 요구하다, 주장하다. **2.** 소유를 주장하다, 횡령하다, 차지하다: decus belli ad se ~ *(L.)* 전쟁의 영광을 자신에게 돌리다. **3.** (자유를) 보장하다: in libertátem *alqm* ~ *(C.)* ~에게 자유를 주다. **4.** 안전케 하다, 구원하다, 보호하다: ~ a misériis *alqm(C.)* ~를 환란으로부터 구해주다. **5.** 벌하다, 복수하다: ~ fácinus in *alqo(C.)* 아무의 악행을 벌하다 / ~ se ab *alqo(Sen.)* ~ de *alqo(Plin.)* …를 복수하다.
víndico[2], víndicit, = víndico[1].
vindícta, æ, *f.* [víndico[1]] **1.** 복수, 처벌. **2.** (자유에 대한) 보장, 해방(작은 막대기를 종의 머리에 놓고 자유인임을 선언했음). **3.** 보호, 방위.
Víndili, órum, *m.* = Vándali.
Vindóbona, æ, *f.* 상부 *Pannónia*의 요새 (지금의 *Wien*).
Vindoníssa, æ, *f.* *Gállia Bélgica*에 있던

*Helvétii*인의 도시(지금의 *Windisch*).
vínĕa, æ, *f.* [vinum] **1.** 포도나무, 포도원. **2.** 포도나무 그루, 뿌리. **3.** 포도원 정자처럼 생긴 군사용 바퀴달린 바라크집: víneas ágere*(Cæs.)*, condúcere*(C.)* (아래와 같은) 접근가옥을 전진시키다.

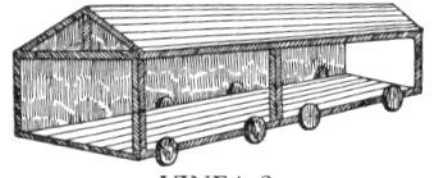
VINEA 3

vineális[-lius], e, *adj.* [vínea] 포도밭의: ~ terra 포도 재배에 적합한 땅.
vineárĭus[-átĭcus], a, um, *adj.* 포도밭의, 포도주의.
vineátus, a, um, *adj.* 포도밭으로 가꾼.
vinéola[viní-], æ, *f. dim.* [vínea] 작은 포도밭.
vinétum, i, *n.* [vinum] 포도나무를 심은 곳, 포도원: vinéta sua cædere〔격언〕 누워서 침뱉다.
vínĕus, a, um, *adj.* [vinum] 포도주의, 포도주의.
vínia, æ, *f.* = vínea.
vinibua, æ, *f.* [vinum + bibo¹] 술취한 여자.
vinifer, ĕra, ĕrum, *adj.* [vinum + fero] 포도주를 산출하는.
vinifúsor, óris, *m.* [vinum + fusor] (기사 임명식에서) 술따르는 자 = vini miníster.
vinipóllens, *V.* pollens.
vínĭto, áre, *tr.* 술을 주다, 술을 드리다.
vínĭtor, óris, *m.* [vinum] 포도 농사꾼, 포도 추수군, 포도 경작자.
vinitórĭus, a, um, *adj.* [vínitor] 포도 재배자의, 포도 경작자의.
vinívorax, ácis, *m.* [vinum + vorax] 술주정꾼, 술고래.
vín(n)ŭlus, a, um, *adj.* 얌전한, 양순한, 어여쁜, 귀여운, 부드러운.
vinoléntĭa[vinul-, -ties], æ[éi], *f.* [vinoléntus] 술취함, 폭음, 술주정.
vinoléntus[vinul-], a, um, *adj.* [vinum] **1.** 술취한, 음주가의, 주객의: ~ furor*(C.)* 술망나니. **2.** 술로 만든, 술이 포함된.
vinósus, a, um, *adj.* [vinum] **1.** 술 마시는 데 바친. **2.** 술에 중독된, 술취한, 폭음의. **3.** 술냄새 나는, 술의.
vínulum, i, *n. dim.* [vinum] 소량의 포도주.
vīnum, i, *n.* **1.** 포도주: vina*(C.)* 여러가지 술 / miníster a vinis*(Murat.)* 술창고지기 / in vino, per vinum*(C.)* 취중에 / vino infúsus, aspérsus*(Marc.)* 술취한 / in vinum tráhere *(L.)* 폭주하다 / ad ~ disérti*(C.)* 술기운의 웅변가. **2.** 포도, 포도나무. **3.** 과실주, 술. **4.** 음주, 명정(酩酊). **5.** 《藥》 약용술: ~ ferri 철주.
vinus, i, *m.* vinum의 속어.
vĭo, áre, *intr.* [via] 길가다[다니다], 여행하다.
viocúrus, i, *m.* [via + curo] 도로감시관, 도로감독.
víŏla, æ, *f. dim.* 《植》 제비꽃, 오랑캐꽃, 자주빛(꽃).
violábĭlis, e, *adj.* [víolo] 상해를 받을 수 있는, 상처입을 수 있는; 침범할 수 있는, 범(犯)할 만한, 위약(違約)하는.
violácĕus, a, um, *adj.* [víola] 자색의, 자주빛의; 〔*subst.*〕 *n.* 오랑캐꽃, 그 술.
violácium, i, *n.* 오랑캐꽃 술 = violátum.
violáris, e, *adj.* [víola] 제비꽃의, 자주색의: ~ dies 무덤에 오랑캐꽃다발을 놓는 날.
violárĭum, i, *n.* [víola] 《植》 바이올렛 화단, 오랑캐꽃밭.
violárius, i, *m.* [víola] 자주색 염색자.
violátĭo¹, ónis, *f.* [víolo] 신성모독, 모욕(侮辱), 능욕(凌辱), 위약(違約), 침범, 침해(侵害), 범접(犯接), 불경행위(不敬行爲), 독성(瀆聖).
violátio², ónis, *f.* [víola] (무덤에) 오랑캐꽃 장식.
violátor, óris, *m.* [**-trix,** ícis, *f.*] [víolo] **1.** 신성모독자; (법·조약 등의)위반자, 범법자(犯法者), 모욕(侮辱)하는 자, 독성죄(瀆聖罪) 범하는 자. **2.** *f.* 침해자: natrix violátor aquæ*(Lucan.)* 물에 독을 치는 *Hydra.*
violátum, i, *n.* [víola] 오랑캐꽃 술.
víŏlens, éntis, *adj.* [vis²] 과격한, 격렬한, 이성을 잃은, 상기된, 난폭한, 맹렬한, 험악한; 〔*adv.*〕 **-nter,** 격렬하게, 맹렬하게, 과격하게, 난폭하게, 포학하게.
violéntĭa, æ, *f.* [violéntus] **1.** 격렬, 과격, 난폭, 폭력, 난폭한 행동, 잔인(殘忍). **2.** (술, 열, 추위 등) 맹렬, 강력, 폭서, 폭한, 포학, 막심(莫甚); 강박(强迫).
violéntus, a, um, *adj.* [vis²] **1.** 과격한, 격렬한, 격분하는. **2.** 잔인한, 흉악한, 사나운, 포악한, 포학한. **3.** 맹렬한, 급격한, 난폭한, 폭군의: violentíssimæ tempestátes*(C.)* 가장 격렬한 폭풍우 / violéntior amnis*(V.)* 격랑의 강 / opes violéntæ*(C.)* 포악한 권한, 폭군의 권력. **4.** 강박(强迫)하는.
vióleus, a, um, *adj.* [víola] 자주색의.
víŏlo, ávi, átum, áre, *tr.* [vis²] **1.** 난폭하게 다루다, 상처입히다, 폭행하다: ~ hóspitem *(Cæs.)* 손님을 난폭하게 다루다. **2.** 침범하다, 모독하다; 위반하다, 위약(違約)하다, 어기다, 범하다: ~ poétæ nomen*(C.)* 시인을 모독하다 / ~ religiónem*(C.)* 신성을 모독하다 / jus violátum*(C.)* 범법. **3.** 변색시키다, 물들이다.
vípĕra, æ, *f.* [vivípara] **1.** 《動》 살무사, 독사. **2.** 뱀. **3.** (뱀같이) 음험한 자.
viperális, e, *adj.* 독사의: ~ herba*(Apul.)* 독사물린 데 바르는 약초 / ~ canis*(Ov.)* = Cérberus.
vipérĕus[-rínus], a, um, *adj.* [vípera] 독사의, 독사와 같은; 독사들에 에워싸인: vipérea ánima, 독기를 뿜는 입김 / Vipéreæ soróres*(Ov.)* = Fúriæ; 〔*subst.*〕 **-rína,** æ, *f.* 뱀물린데 효험있는 약초.
vípĭo, ónis, *m.* 《動》 작은 두루미, 학.
Vipsánĭus, i, *m.* *Roma*인의 씨족명; 특히

Agríppa 가문의 씨족명; 〔*adj.*〕 **–nus,** a, um.
Vipstánus, i, *m.* ~ Messála, 로마의 연설가이며 역사가(c. 70 P.C.).
vir, vĭri, *m.* **1.** 남자, 사나이〔여자, 아낙의 반어〕. **2.** 인간, 사람〔homo와 구별, 성숙한 인간, 일반적 의미의 인간〕, 사회에서 한 몫을 하는 사람 · 인물. **3.** 〔기타 용도〕 1) 사나이, 남편, 지아비, 〔짐승의 경우〕 숫컷; 2) 남자 어른 = 다 큰 사람〔아이의 반어〕; 3) 사나이다운 사람, 남아: virum se præbére*(C.)* 사나이임을 드러내다, 주체성을 보이다; 4) 병정*(L.)* 〔기마병과 대비〕; 〔비유〕 equis virisque*(C.)* 기병 보병을 다 동원하여 = 온갖 수단과 방법으로; 5) 머릿수, 개개인: in viros divídere*(Plin.)* 사람 수대로 나누다; 6) Vir virum legit. a) *(Suet.)* 원로원에서 각자 자기 사람을[동지를] 고르다; b) 〔또는〕*(L.)* 싸움터에서 동지를 택하다(첨예부대를 이루는 양상으로); c) 〔또는〕 *(V.)* 필적할 상대를 고르다.
vira, æ, *f.* [vir] fémina의 고형.
viráceus, a, um, *adj.* [vir] 남자같이 생긴.
virágo, gĭnis, *f.* [virgo[1]] **1.** 남자같은 여자, 여자용사, 여장부, 여걸. **2.** *Diána* 여신, *Amázones* 여걸.
virátus[1], a, um, *adj.* [vir] 건장한, 남자 성질을 가진.
virátus[2], us, *m.* **1.** 사내다움, 남자의 행동. **2.** (=sevirátus), 6인 위원직.
Vírbĭus, i, *m.* **1.** *Hippólytus*의 별칭. **2.** *Hippólytus*의 아들.
vird... *V.* virid...
Virdomárus[**Virdum–**], i, *m.* = Viridomárus.
viréctum[non virétum], i, *n.* [víreo[1]] 푸른 곳, 잔디밭, 녹음, 작은 숲, 풀밭, 꽃밭: Amœna virécta*(Prud.)* 낙원.
vĭrens, éntis, *p.præs., a.p.* [víreo[1]] 푸르른, 녹색의; 〔*subst.*〕 *m.* 청년.
viréntia, ĭum, *n.pl.* 초목, 식물.
víreŏ[1], rŭi, ére, *intr.* **1.** 푸르러 지다, 푸르르다: fronde virére nova*(V.)* 새 잎사귀로 푸르게 되다. **2.** 번창하다, 건전하다, 강하게 되다.
víreŏ[2], ónis, *m.* 《動》 장박새.
vires, ĭum, *f.pl.* [vis[2]] **1.** 힘, 체력, 기력, 세력. **2.** 병력, 군대. **3.** 구제책, 수단, 자력. **4.** 대량(大量), 군집(群集), 군중. **5.** 재능, 자질.
virésco, ĕre, *intr. inch.* [víreo[1]] **1.** 푸릇푸릇하여가다, 푸르게 되다, 풀밭이 되다. **2.** 번창하다, 강하게 되다.
virga, æ, *f.* [víreo[1]] **1.** 연한 가지, **잔가지,** 늘어진 가지. **2.** 꺾꽂이가지. **3.** 꽃꼭지, 화경(花梗). **4.** 지팡이, 막대기. **5. 회초리,** 매; 채찍. **6.** *pl.* 고대 *Roma*의 집정관 등 고관 권표(權標: fasces)의 다발로 묶은 막대기; *sg.* 고관의 권표, 지휘봉. **7.** 왕장(王杖). **8.** 요술막대기[지팡이]. **9.** 빗자루. **10.** 《解》 음경(陰莖). **11.** 보호자, 지주(支柱). **12.** 풀줄기, 주신(柱身). **13.** (옷감) 줄무늬, 무지개. **14.** 계보(系譜), 계통.
virgárius, i, *m.* [virga] 고관 선두에 가는 호위병(이들은 권표를 들었다).
virgátor, óris, *m.* [virga] 매질하는 자.
virgátus, a, um, *adj.* [virga] **1.** 작은 나무가지로 엮은, 버드나무로 엮은. **2.** 줄무늬있는.
virgétum, i, *n.* [virga] 버드나무 심은 곳, 버드나무숲, 유림(柳林).
vírgĕus, a, um, *adj.* [virga] 연한 버들가지의, 막대기의, 나무가지의: vírgea supéllex *(V.)* 버들가지로 엮은 바구니 / vírgea flamma*(V.)* 가는 가지의 불; 〔*subst.*〕 *n.pl.* 나무가지단, 새싹.
virgidémĭa, æ, *f.* [virga + vindémia] 도리깨질로 얻은 수확.
Virgílĭæ, árum, *f.pl.* = Vergíliæ.
Virgílĭus, i, *m.* *Vergílius*의 틀린 철자.
virginále, is, *n.* 동정(童貞), 처녀성.
virginális, e, [**–árĭus,** a, um,] *adj.* [virgo[1]] 처녀의, 소녀의, 동정녀의, 순진한, 순결한: ~ Fortúna = Virginénsis; 〔*adv.*〕 **–náliter.**
Virginénsis[**–niénsis**], is, *f.* 처녀들의 결혼을 관장하는 여신.
virginesvendónides, æ, *m.* [virgo[1] + vendo] 처녀매매상인.
virgínĕus, a, um, *adj.* [virgo[1]] 처녀에 관한, 소녀적, 동정녀(童貞女)의, 처녀의: virgínea favílla*(Ov.)* 처녀 화형(火刑) / virgínea sagítta*(H.)* *Diána* 여신의 화살 / virgíneæ urnæ*(Prop.)* *Danáides*들의 항아리(부왕 *Dánaus*의 50명의 딸들이 결혼초야에 신랑들을 다 죽였는데, 그 딸들은 지옥에서 밑빠진 독에 물을 채워야 하는 벌을 받았다. 여기서 만족하지 못하는 욕망을 이 항아리에 비유한다) / virgíneæ volúcres*(Ov.)* = Harpýiæ / virgíneum bellum*(Val. Fl.)* *Amázones*들의 전쟁 / virgínea ara*(Ov.)* Vesta 여신의 제단 / virgíneum áurum*(Mart.)* *Minérva* 여신 축제 경기에서 이긴 자에게 씌워준 금관.
Virgínia[1], æ, *f.* *Vergínius*의 딸(= *Vergénia*), 그의 죽음으로 10인 위원 *Appius Cláudius*의 몰락이 초래됨.
virgínia[2], æ, *f.* 새댁.
virgínĭtas, átis, *f.* [virgo[1]] 처녀성, 동정, 순결, 정결(貞潔), 소녀; 독신생활.
virgínius, a, um, *adj.* = virgíneus.
virgínor, ári, *intr.* = 처녀꼴이 나다
virgo[1], gĭnis, *f.* **1.** 처녀, 동정녀, 소녀: ~ béllica*(Ov.)* *Minérva* 여신의 희랍 명칭인 *Pallas*를 일컬음 / ~ Satúrnia*(Ov.)* 불의 여신 *Vesta* / Minérva ~ *(C.)* 순결한 *Minérva* / ~ dea *(Ov.)* *Diána* 여신 / ~ phœbea *(Ov.)* (*Appolo*가 *Daphne*를 변하게 한) 월계수. **2.** 젊은 여자. **3.** 《天》 처녀궁 성좌. **4.** 독신자(남 · 여). **5.** 《가》 **Virgo** 동정 마리아, 성처녀. **6.** 한 처녀가 발견한 샘(*Roma*의 수원지), 지금의 *Trevi* 샘.
virgo[2], gĭnis, *adj.* 처녀지(處女地)의.
virgósus, a, um, *adj.* [virga] 잔가지가 많은.
vírgŭla, æ, *f. dim.* [virga] **1.** 작은 나무가지, 작은 막대기, 신장(神杖). **2.** 《文》 구독점(句讀點), 반점(半點), 악센트 부호, 오류문장 표시부호(✓). **3.** 옷의 줄무늬.

virgulátus, a, um, *adj.* [vírgula] 줄이 있는, 얼룩무늬의, 선(線)친, 가시덤불 덮인.
virgúltum, i, *n.* [vírgula] 〔흔히 *pl.*〕 **1.** 풀숲, 총림. **2.** 삽목, 묘목. **3.** 새싹. **4.** 회초리, 나무가지. 「총림의, 가시덤불 덮인.
virgúltus, a, um, *adj.* [virgúltum] 숲의,
virgúncŭla, æ, *f. dim.* [virgo[1]] 어린 소녀,
virĭæ, árum, *f.pl.* 팔찌. ⌊어린 처녀.
Viriát(h)us, i, *m.* *Roma*인과 싸운 *Lusitánia*인의 유명한 장군; 〔*adj.*〕 **–t(h)ínus,** a, um.
viricŭlæ, árum, *f.pl. dim.* [vires] 미약한 힘.
viricŭlum, i, *n.* (=verículum) 조각용 칼, 끌, 쇠꼬챙이.
virĭdans, ántis, *p.præs., a.p.* [vírido] 초록의, 녹색의, 푸른 빛 도는, 정(精)한.
víride, is, *n.* [víridis] 녹색, 초록색; 〔*adv.*〕 **–e,** 푸르게.
viridésco, ĕre, *intr.* 푸르게 되다.
virídia, ĭum[órum], *n.pl.* 푸른 숲, 초원, 정원, 푸른 공원, 녹음, 나무, 녹엽(綠葉).
virid(i)árĭum, i, *n.* [víridis] 작은 숲, 나무 심은 공원, 녹엽(綠葉) 식물.
virid(i)árius, i, *m.* 공원 수직원.
virídico, áre, *intr.* [víridis] 푸르게 되다; 〔*p.præs.*〕 **–ídicans,** 푸르른, 초록빛 도는.
virĭdis, e, *adj.* [víreo[1]] **1.** 초록의, 푸른, 청청한, 녹색의: colles viridíssimi*(C.)* 푸른 언덕. **2.** 신선한, 싱싱한, 활기있는; 애띤, 젊은: viridióra præmiórum génera*(C.)* 더 싱싱한 보상 / ~ cáseus*(Col.)* 싱싱한 치즈. **3.** 남자의, 남자다운, 용맹한, 건장한.
virídĭtas, átis, *f.* [víridis] **1.** 푸르름, 초록색, 녹색. **2.** 원기, 활기, 싱싱함, 신선함. **3.** 성년, 장년. 「푸르다.
virĭdo, áre, *tr., intr.* [víridis] 푸르게 하다,
Vir(i)domárus, i, *m.* *Ædŭi*족의 한 수령.
víridor, ári, *dep. intr.* [víridis] 초록이 되다, 푸르게 되다.
Virídovix, ícis, *m.* *Venélli*족의 수령.
virílĭa, ĭum, *n.pl.* [virílis] **1.** 남자의 생식기. **2.** 남자다움, 용감.
virílis, e, *adj.* [vir] **1.** 남성적인, 남자의: viríle secus*(Sall.)* 남성. **2.** 사나이다운, 씩씩한, 성인의: ætas ~ *(H.)* 성년. **3.** 개성적인, 한 사람의, 각기, 각자의: pro ~ parte*(C.)*, ~ portióne*(Ta.)* 각자 자기 나름대로, 자기 수완껏. **4.** 건강한, 힘센, 굳은, 용감한; 〔*adv.*〕 **–lĭter,** 남자답게.
virílĭtas, átis, *f.* [virílis] **1.** 성년기. **2.** 남성. **3.** 남자다움. **4.** 청춘, 원기(元氣), 장년.
viríŏla, æ, *f.* [víriæ] 팔찌.
Virípŏtens[1], éntis, *adj.* [vis[2] + potens] 세력있는(*Júpiter*의 별명). 「적령의.
virípotens[2], éntis, *adj.* [vir + pótior[2]] 결혼
virísso, áre, *intr.* [vir] 남자답게 행동하다.
viritánus, a, um, *adj.* 각인(各人)에 분배(分配)된. 「사람, 각각, 각자 앞에.
virítim, *adv.* [vir] 머리수대로, 한 사람 한
Viromándŭi[Ver–], órum, *m.pl.* *Gállia Bélgica*의 한종족. 「녹색.
vĭror, óris, *m.* [víreo[1]] 초록색, 초원, 푸른 빛,
virósus[1], a, um, *adj.* [virus] 고약한[썩은] 냄새나는, 더러운, 독이 든.
virósus[2], a, um, *adj.* [vir] 남자를 사모하는.
virtuáliter, *adv.* [virtus] **1.** 힘으로, 꿋꿋하게. **2.** 사실상, 실질적으로; 잠재적으로.
virtuósus, a, um, *adj.* [virtus] **1.** 힘찬, 힘있는, 저력있는. **2.** 덕스러운.
virtus, útis, *f.* [vir] **1.** 남자의 품격, 품위, 남자로서의 가치, 고유한 공적, 특유의 성격: virtútes oratóris*(C.)* 연설가의 품격. **2.** 갖추어야 할 성격, 가치, 재능, 재질: tua divína ~ *(C.)* 너의 훌륭한 재질 / bellándi ~ *(C.)* 전사로서의 재질. **3. 덕성,** 덕, 도덕: virtútes continéntiæ, gravitátis, justítiæ*(C.)* 절제와 신중과 정의의 덕성. **4.** 강장(强壯), 효력(效力), 힘, **능력,** 사기, 결단성, 용맹, 용기, 씩씩함. **5.** 덕행, 윤리적 완전성: in virtúte summum bonum pónere*(C.)* 최고의 선을 덕행에 두다. **6.** 작용, 영적(靈跡).
Virtútes, um, *f.pl.* 《宗》 천신명(天神名), 능력의 천신, 능품(能品)천신*(Eph. 1,21)*.
virŭi, *pf.* [víreo[1], virésco].
viruléntĭa, æ, *f.* [viruléntus] 악취. 「한.
viruléntus, a, um, *adj.* [virus] 유독한, 유해
vīrus, i, *n.* **1.** 국물, 즙, 진. **2.** 독. **3.** 독기, 악취, 석은 냄새. **4.** 고됨, 쓴 것, 고초, 가혹, 쓰라림.
vis[1], 2a *pers. sg. ind. præs.* [volo[2]].
vis[2], 〔*acc.* vim; *abl.* vi; *pl.* vires, ĭum,〕 *f.* **1.** 힘, 권력, 세력. **2.** 용기, 정력, 활동력. **3.** 무력, 공격. **4.** 폭력, 압제, 강압: per vim*(Cæs.)* 강제로, 난폭하게. **5.** 효력, 효과, 영향력. **6.** 본질, 뜻: ~ verbi*(C.)* 말의 뜻. **7.** 다량, 충만: magna vis auri argentíque*(C.)* 다량의 금, 은. **8.** *pl.* 1) 능력, 재능, 재질: pro víribus *(C.)* 자기 능력껏. 2) 군대, 병력. 「사람.
viscárius, i, *m.* [viscum] 끈끈이로 새를 잡는
viscátus, a, um, *adj.* [viscum] **1.** 끈끈이를 바른. **2.** 속임수를 놓은, 올가미 · 함정 따위를 놓은. 「고기를 넣은.
viscelátus, a, um, *adj.* [viscéllum] 다진
viscéllum, i, *n.* [viscus[2]] 다진 고기.
víscĕra, um, *n.pl.* [viscus[2]] **1.** 《解》 내장. **2.** (통속적으로) 오장육부, 배알, 창자. **3.** 속마음.
viscerális, e, *adj.* [viscus[2]] 《解》 내장의; 복부의; 총애하는.
viscerátim, *adv.* [viscus[2]] 갈가리, 조각조각.
viscerátĭo, ónis, *f.* [víscera] 제물로 바친 고기를 백성에게 나누어 줌.
viscéreus, a, um, *adj.* [viscus[2]] 고기의.
víscĭdus, a, um, *adj.* = viscósus.
visco, ávi, átum, áre, *tr.* 풀칠하다, 바르다,

더럽히다. 「풀칠한.
viscósus, a, um, *adj.* [viscum] 끈적끈적한,
visculentus, a, um, *adj.* [viscum] = viscósus. 「일종. **2.** 겨우살이로 만든 끈끈이.
viscum, i, *n.* **1.** 《植》 겨우살이, 기생식물의
viscus[1], i, *m* = viscum.
vīscus[2], cĕris, *n.* 〔보통 *pl.*로〕 **1.** 살. **2.** 창자, 내장, 배, 마음. **3.** 자궁. **4.** 가까운 친척, 자식, 혈육. **5.** 중심부, 핵심, 심장부. **6.** 재력, 금전.
viséndus, a, um, *adj.* [viso] 볼만한; 〔*subst.*〕 *n.pl.* 구경거리, 진귀한 물품, 명소.
visíbĭlis, e, *adj.* [vídeo] **1.** 보이는, 볼 수 있는, 보일 만한, 유형(有形)한. **2.** 〔*subst.*〕 *n.* 보이는 것, 볼 수 있는 것. **3.** 〔*adv.*〕 **–lĭter,** 볼 수 있게, 보일 만하게, 유형(有形)하게, 명백하게.
visibílitas, átis, *f.* 눈에 보임, 가시성(可視性), 시계(視界).
visibúndus, a, um, *adj.* [viso] 쉽게 보이는.
visíficus, a, um, *adj.* [visus + fácio] 보게 하는, 시각(視覺)의.
Visigóthæ, árum, *m.pl.* *Germánia*의 대종족 *Gothi*족의 하나, 412년 *Gállia*를 점령, 8세기까지 *Hispánia*에 자리잡았다.
vísĭo[1], ónis, *f.* [vídeo] **1.** 보는 행위, 시각, 시력(視力). **2.** 지각, 인지; 개념형성. **3.** 계시(啓示), 보임(見), 환상, 환영, 환시(幻視), 묵시(默示), 현성(顯聖), 성현시(聖顯示).
vísio[2], íre, *intr.* 소리없이 방귀뀌다.
visitátĭo, ónis, *f.* [vísito] **1.** 봄, 보는 행위. **2.** 시찰, 순찰. **3.** 방문. **4.** 시련, 천벌.
visitátor, óris, *m.* [vísito] 방문자, 검사인, 감시자, 시찰관(視察官).
vísĭto, ávi, átum, áre, *tr. freq.* [viso] **1.** 자주 보다. **2.** 〔*alqm*〕 방문하다, 시찰하다, 찾아가 보다, 심방(尋訪)하다, 구경하다.
visivus, a, um, *adj.* [viso] 보는데 관한.
vīso, si, sum, ĕre, *tr. intens.* [vídeo] **1.** 유심히 보다, 헤아리다, 정관(靜觀)하다, 관찰하다, 검토하다. **2.** 가서[와서] 보다, 방문하다, 심방(尋訪)하다, 구경하다: ~ *alqm(C.)* …를 찾아가 보다 / ~ ad ægram*(T.)* 병자를 방문하다 / Vise ad portum.*(Pl.)* 항구에 가서 보라 / ~ signa*(C.)* 기념물을 구경가다. **3.** 치료하다.
visor, óris, *m.* 정관자(靜觀者).
visórium, i, *n.* [viso] 극장, 관람장소.
vispíllo = vespíllo.
Vístŭla, æ, *f.* *Germánia*(동쪽)와 *Sarmátia*의 국경의 강(지금의 *Weichsel*).
visuális, e, *adj.* 시각(視覺)의, 시력(視力)의; 〔*adv.*〕 **–lĭter,** 보이게.
visuálĭtas, átis, *f.* 시관(視官), 시각, 시력.
vīsum, i, *n.* [vídeo] 본 물건, 본 것, 보인 것, 광경(光景), 묵시(默示), 환상, 꿈: visa somniórum*(C.)* 꿈속에 보인 것. 「*Weser*).
Visúrgis, is, *m.* 북부 *Germánia*의 강(지금의
visus[1], a, um, *p.p.* [vídeo, víso].
visus[2], us, *m.* [vídeo] **1.** 보는 행위, 시각, 시관(視官), 시선, 전망, 광경, 외양, 바라봄: ~ oculórum*(Lucr.)* 시각. **2.** 《解》 눈; 시력. **3.** 보는 것, 보인 것, 환영(幻影).
vīta, æ, *f.* [vivo] **1. 삶,** 생존, **목숨,** 생명, 일생(一生), 정신: vitam agere, dégere 살다. **2.** 생활양식, 사는 모양, 생활, 이력: ~ rústica*(C.)* 농촌생활 / vitæ socíetas*(C.)* 사회생활. **3.** 먹고 사는 것. **4.** 살아있는 것, 현실: *alqd* e ~ ductum*(C.)* 산 것을 잡은. **5.** 귀중한 사람, 애지중지하는 것: mea ~ *(C.)* 나의 귀중한 영혼. **6.** 인간생활, 세상. **7.** 전기(傳記), 생애, 행적(行蹟), 행실(行實). **8.** *pl.* vitæ*(V.)* 영혼, 지하계의 인생들. 「만한.
vitábĭlis, e, *adj.* [vito] 피해야 할, 피(避)할
vitabúndus, a, um, *adj.* [vito] 〔*alqd, alqm*〕 기피하는, 피하려고 애쓰는, 도망치려는: ~ erúmpit*(Sall.)* 도망치려고 길을 개척하다.
vitále, is, *n.* [vitális] 식량.
vitálĭa, ĭum, *n.pl.* [vitális] **1.** 생명의 본질적인[요긴한] 기관. **2.** 수의(壽衣).
vitális, e, *adj.* [vita] 생명의, 생명에 관한, 생명을 주는, 생명을 유지하는, 생명있는, 활력적인, 생활(生活)한: vis ~ *(C.)* 생명력 / ~ spíritus*(C.)* 생명을 주는 김, 생기; 〔*adv.*〕 **–lĭter,** 생기있게, 살 수 있게. 「氣說).
vitalísmus, i, *m.* 활력설(活力說), 생기설(生
vitálĭtas, átis, *f.* [vitális] 생명의 근원, 활력, 생명력, 생기, 생명, 생활력, 활동력.
vitárĭfer, ĕra, ĕrum, *adj.* [vitis + áreo + fero] 포도나무를 마르게 하는.
vitátĭo, ónis, *f.* [vito] 기피, 도피, 회피, 면제.
vitátor, óris, *m.* 기피자. 「*Civitella*).
Vitéllĭa, æ, *f.* *Æqui*족의 옛 도시(지금의
vitellína, æ, *f.* [vitulínus] 송아지 고기.
Vitéllĭus, i, *m.* *Roma*인의 씨족명; 특히 Aulus ~, *Roma*의 제 8대 황제(방탕생활자); 〔*adj.*〕 **–lĭus**[**–liánus**], a, um.
vitellúm, i, *n.* 계란 노란자위.
vitéllus, i, *m. dim.* [vítulus] 송아지; (애칭으로) 귀염둥이.
vítĕus, a, um, *adj.* [vitis] 포도의, 포도주의, 포도밭: vítea pócula*(V.)* 포도주.
vĭtex, tĭcis, *f.* 《植》 버드나무. 「하는.
vitiábilis, e, *adj.* [vítio] 썩을, 부패할, 부패
vitiárĭum, i, *n.* [vitis] 포도묘목, 포도밭.
vitiátĭo, ónis, *f.* [vítio] 타락(墮落)함, 썩음, 부패, 불명예(不名譽)스러운 행동.
vitiátor, óris, *m.* [vítio] 반칙자, 잘못하는 자, 문란케 하는 자, 능욕하는 자, 유혹하는 자, 타락(墮落)케 하는 자, 부패케 하는 자.
vitiátus, a, um, *adj. p.p.* [vítio] 잘못된, 나빠진, 더러워진, 오염된, 부패한.
viticárpĭfer, era, ĕrum, *adj.* [vitis + karpos(희랍어) + fero] 포도밭을 비옥케 하는.
vitícŏla, æ, *m.* [vitis + colo[2]] 포도 경작인(耕作人). 「덩굴식물의 줄기.
vitícŭla, æ, *f. dim.* [vitis] **1.** 포도줄기. **2.**

vítĭfer, fĕra, fĕrum, *adj.* [vitis + fero] 포도를 생산하는, 포도를 심은.

vitígĕnus[**–gínĕus**], a, um, *adj.* [vitis + gigno] 포도의, 포도로 만든. 「악질 포주.

vitiléna, æ, *f.* [vítium + lena] 여자 뚜장이,

vitílĭa, ĭum, *n.pl.* [vítilis] 버들가지로 엮은 바구니.

vitilígo, gĭnis, *f.* [vítium] 《醫》 피부의 흰 반점, 수포진(水泡疹), 상피병(象皮病), 헌데, 창질(瘡疾), 천형병(天刑病), 나병(癩病).

vítĭlis, e, *adj.* [víeo] 버들가지로 엮은, 휠 만한, 부드러운. 「따지는 자.

vitilitigátor[**–ligátor**], óris, *m.* 꼬박꼬박

vitilítĭgo[**–lígo**], áre, *intr.* [vítium + lítigo] 이치에 맞지 않는 말로 논쟁하다, 미주알 고주알 따지다.

vitíneus, a, um, *adj.* = vitígenus.

vítĭo, ávi, átum, áre, *tr.* [vítium] **1.** 망치게 하다, 썩게 하다, 부패케 하다, 흠집 내다, 변질시키다: ~ auras*(Ov.)* 공기를 더럽히다. **2.** 명예를 훼손시키다, 손상(損傷)하다, 더럽히다. **3.** ~ comítia*(C.)* 선거 집회를 무효화시키다.

vitióse, *adv.* [vitiósus] (recte의 반대) 불완전하게, 틀리게; 규칙을 어겨서, 흠있게, 불규칙하게.

vitiósĭtas, átis, *f.* [vitiósus] 허물, 실수, 흠있는 것, 모자란 상태, 악습(惡習).

vitiósus, a, um, *adj.* [vítium] **1.** 썩은, 망가진. **2.** 나쁜, 온전치 못한: vitiosíssimus orátor*(C.)* 아주 잘 못하는 연설가 / quo nihil est vitiósius*(C.)* 그 이상 더 나쁠 수 없는 것. **3.** 허물있는, 흠있는, 규칙을 어긴, 불법의. **4.** (윤리적으로) 덕스럽지 못한, 결함있는, 악덕의, 부패한, 악습(惡習)있는, 그릇된.

vitipárra, æ, *f.* 《動》 방울새.

vītis, is, *f.* [víeo] **1.** 포도나무, 포도넝쿨, 포도줄기, 포도. **2.** 백인대장의 막대기.

vitísător, óris, *m.* [vitis + sator] 포도심는 자, *Bacchus* 신의 별명.

vítĭum, i, *n.* **1.** 악습(惡習), 흠, 결점, 폐풍(弊風). **2.** 불법, 과실, 범죄. **3.** 결손, 실책. **4.** 병(病). **5.** 흉조(凶兆).

vīto, ávi, átum, áre, *tr.* 〔*alqd, alqm;* ne, *inf.*〕 피하다, 회피하다, 기피하다, 면하다, 면제하다: ~ mortem fugā*(Cæs.)* 도망쳐서 죽음을 면하다.

vītor, óris, *m.* [víeo] 채롱[키 · 광주리] 제조인, viétor은 잘못된 철자. 「품.

vitrárium, i, *n.* [vitrum] 유리공장, 유리제

vítrĕa, órum, *n.pl.* [**–rĕum,** i, *n.*] [vítreus] 유리만드는 일, 유리공장.

vitreámĭna, um, *n.pl.* 유리그릇, 초자제기구(硝子製器具).

vitr(**e**)**árĭus,** a, um, *adj.* 유리의, 유리로 된; 〔*subst.*〕 *m.* 유리 제조인, 유리공, 유리제품 상인.

vitréolus, a, um, *adj. dim.* [vítreus] 섬세한 유리의.

vítrĕus, a, um, *adj.* [vitrum] **1.** 유리의, 컵[잔]의, 유리로 만든, 초자제(硝子製)의. **2.** 유리알처럼 맑은, 바다색의, 청록색의. **3.** 유리처럼 약한, 깨지기 쉬운.

vitriárius, a, um, *adj.* = vitreárius.

vítrĭcus, i, *m.* 장인(丈人), 시아버지, 이복 아버지, 의부, 계부(繼父).

vitrí(**n**)**us,** a, um, *adj.* = vítreus.

vĭtrum, i, *n.* **1.** 유리, 초자(硝子), 유리잔, 컵. **2.** 《植》 대청(大青), 송람(松藍), 청색 도료.

Vitrúvĭus, i, *m.* *Roma*인의 씨족명; 특히 M. ~ Póllio, *Cæsar*와 *Augústus* 시대의 건축기사, 건축에 관한 책을 저술함.

vitta, æ, *f.* [víeo] **1.** 끈, 대님. **2.** (제물의 희생으로 죽을 사람이나 제관이 띠던) 머리띠, (기도자, 시인들의) 띠. **3.** 머리띠, 댕기, 두건 (자유인 부인의 표시).

vittátus, a, um, *adj.* [vitta] 머리띠로[끈으로] 장식된, 띠맨, 깃발로 장식한, 끈맨.

vítŭla[1], æ, *f. dim.* [vítulus] 《動》 암송아지.

Vítŭla[2], æ, *f.* *Roma*의 승리의 여신, 승리축제의 여신. 「새싹.

vitulámen, mĭnis, *n.* [vítulus] 송아지 무리,

Vitulária via, æ, *f.* *Arpínum* 근처의 가도.

vitulátio, ónis, *f.* [vítulor] 승리축제, 환희의 축제.

vitulínus, a, um, *adj.* [vítulus] 송아지의; 〔*subst.*〕 **–lína,** æ, *f.* (*sc.* caro[2]) 송아지 고기.

vítŭlor, ári, *dep. intr.* 노래를 시작하다, 즐거워 용약(踊躍)하다, 축제지내다, 축하하다, 몹시 즐거워하다.

vítŭlus, i, *m. dim.* **1.** 《動》 송아지. **2.** 《動》 고래새끼, 코끼리새끼, 동물새끼.

Vitú(**m**)**nus,** i, *m.* [vita] 생명의 신.

vituperábĭlis, e, *adj.* [vitúpero[1]] 책망할 만한, 비난할 만한, 꾸짖을 만한; 〔*adv.*〕**–lĭter,** 비난 받게.

vituperátĭo, ónis, *f.* [vitúpero[1]] 비난, 꾸지람, 견책(譴責), 책망, 비판: in vituperatiónem veníre, cádere*(C.)* 책망을 받다 / esse *alci* laudi pótius quam vituperatióni*(C.)* 비난보다도 칭찬이 되다. 「비난하는.

vituperatívus, a, um, *adj.* [vitúpero[1]]

vituperátor, óris, *m.* [vitúpero[1]] 비평가, 평론가, 검열관, 비난자, 책망하는 자. 「경멸.

vitupérium, i, *n.* [vitúpero[1]] 비난, 힐책,

vitúpĕro[1], ávi, átum, áre, *tr.* [vítium + paro[1]] **1.** 비평하다, 비난하다, 책망하다, 꾸짖다, 견책(譴責)하다, 검열하다, 깎아내리다. **2.** 망가뜨리다, 더럽히다. **3.** 경멸하다.

vitúpĕro[2], ónis, *m.* = vituperátor. 「의 테.

vitus, us, 〔*abl.pl.* –ūbus, –ĭbus,〕 *m.* 수레 바퀴

vivácĭtas, átis, *f.* [vivax] 생명력, 장수, 긴 기간, 생명, 활력, 활동력, 쾌활.

vivácĭter, *adv.* [vivax] 활발하게, 활기있게, 발랄하게, 격렬하게. 「두는 어선.

vivárĭæ naves, *f.pl.* 물고기를 산채로 잡아

vivárĭum, i, *n.* [vivus] 동물사육장, 동물우리, 굴 양식처, 양어장(養魚場). 「물).

vivárius, a, um, *adj.* [vivus] 살아있는 (동

vivátus, a, um, *adj.* [vivus] 생기도는, 활기를 되찾은.

vivax, ácis, *adj.* [vivo] **1.** 오래 사는, 장수하는, 오래 지속하는. **2.** 활력있는, 활기있는, 생기있는; 쾌활한, (식물이) 잘 자라는: vivácia súlphura*(Ov.)* 불 잘 붙는 유황 / vivacíssimus cursus*(Gell.)* 빠른 걸음걸이 / discípuli paulo vivacióres*(Q.)* 패기있는[격정적인] 학생.

vīve, *adv.* [vivus] = vívide.

vivérra, æ, *f.* 《動》 흰담비. 「르는 곳.

viverrárium, i, *n.* [víverra] 흰 족제비 기

vivésco[**viví–**], vixi, ĕre, *intr. inch.* [vivo] **1.** 살기 시작하다, 출생하다, 나다. **2.** 생기돋다, 성장하다, 살아나다. 「화형(火刑).

vivicombúrĭum, i, *n.* [vivus + combúro]

vívĭde, *adv.* [vívidus] 생생하게, 활기차게, 힘있게, 격렬히. 「하다.

vívĭdo, áre, *tr.* [vívidus] 활력을 주다, 살게

vívĭdus, a, um, *adj.* [vivo] **1.** 생활한, 생명있는, 살아있는, 생기있는; (초상같은 것이) 살아있는 것처럼 보이는, 생생한. **2.** 활기 넘치는, 활발한, 힘찬, 열정적인, 격렬한, 튼튼한.

vivificátĭo, ónis, *f.* [vivífico] 활력을 줌, 생명을 줌, 살려냄.

vivificátor, óris, *m.* [**–trix,** ícis, *f.*] [vivífico] 생기[생명]를 주는 자, 살리는 자.

vivificatórĭus, a, um, *adj.* [vivificátor] 생명을 주는, 생기를 주는, 활력소가 되는.

vivífico, ávi, átum, áre, *tr.* [vivíficus] 활기를 주다, 생기를 넣다, 살리다, 생명을 주다, 살게 하다. 「싱싱한, 생명을 주는, 살게 하는.

vivíficus, a, um, *adj.* [vivus + fácio] 생생한,

vivípărus, a, um, *adj.* [vivus + pário[2]] 새 생명을 낳는, 새끼낳는.

viviradix, ícis, *f.* [vivus + radix] 싱싱한 묘목, 뿌리째 산 묘목, 뿌리있는 나무, 뿌리째 캔 나무. 「(지금의 *Bordeaux* 근처).

Vivísci, órum, *m.pl.* *Aquitánia*의 한 종족

vivísco = vivésco.

vīvo, vixi, victum, ĕre, *intr.* **1. 살다,** 생명(生命)있다, 생활(生活)하다, 처세(處世)하다: ad summam senectútem ~ *(C.)* 아주 늙을 때까지 살다 / Vivit vitis.*(C.)* 포도나무가 살아 있다. **2.** ~을 먹고 살다: lacte atque pécore ~ *(Cæs.)* 우유와 고기를 먹고 살다. **3.** 교제하다: familiáriter cum *alqo* ~ *(C.)* ~와 친하게 교제하다. **4.** 살아가다, 지내다: in agro coléndo ~ *(C.)* 밭을 갈며 지내다 / in paupertáte ~ *(C.)* 가난하게 살아가다. **5.** 생을 누리다, 만족하게 살다, 여유있게 살다. **6.** 대화체에서 (헤어질 때): Vive!, Vivéte!*(H., V.)* 잘 있어! / Vive valéque!*(H.)* 안녕!

vīvum, i, *n.* [vivus] **1.** 산 것. **2.** 산 고기, 살아있는 살, 생살. **3.** 원금, 자본.

vīvus, a, um, *adj.* [vivo] **1.** 산, 생명있는. **2.** 신선한, 원기있는, 활기찬. **3.** 자연 그대로의.

vix[1], *adv.* **1.** 겨우, 간신히: Vix ad quingéntos rédigi.*(Cæs.)* 겨우 오백명 정도만 되돌아왔다 / vix vixque*(L.)* 아주 어렵게. **2.** ~ …, cum, et, que …하자마자 곧: vix agmen novíssimum procésserat, cum Galli …*(Cæs.)* *Gállia*인들이 …하자마자 후미부대가 진격하였다. **3.** vix est quin, ut …간신히 …하다.

vix[2], vicis, *f. nom. inusit.* 교대 순번. *V.* vicis.

vixdum, *adj.* [vix[1] + dum] 하자마자, 곧, 겨우, 간신히, 그때서야: ~ …cum*(C.)*, ~ …et*(L.)* 하자마자 곧.

vixi, *pf.* [vivo, vivésco]. 「vobis.

vobis, *dat., abl.* [vos]; **vobíscum** = cum

vocábĭlis, e, *adj.* [voco] (=vocális[1]) 큰소리내는. 「어장.

vocabulárium, i, *m.* 사전, 자전(字典), 단

vocábŭlum, i, *n.* [voco] 명칭, 단어, 사물 이름, 용어, 핑계.

vocális[1], e, *adj.* [vox] **1.** 목소리를 내는, 목소리의, 발성의. **2.** 구두로 하는, 음성의: vocalíssimus*(Plin.)* 가장 아름다운 음성을 가진. **3.** 큰소리나는: Vocalióra sunt vácua quam plena.*(Sen.)* 빈 것은 가득찬 것보다 소리가 더 많이 난다. **4.** 소리지르는, 노래하는. 「(母音).

vocális[2], is, *f.* (*sc.* líttera) [vocális[1]] 모음

vocálĭtas, átis, *f.* [vocális[1]] 《音》 음향성(音響性), 화성(和聲), 음(音)의 조화(調和), 음성, 음조, 노래 목소리.

vocálĭter, *adv.* [vocális[1]] **1.** 큰 목소리로. **2.** 말로. **3.** 한 마디 한 마디, 같은 어조로.

vocámen, ĭnis, *n.* [voco] 명명(命名), 칭호(稱號), 물건의 명칭. 「었던 한 종족.

Vocátes, ĭum, *m.pl.* *Gállia Aquitánia*에 있

vocátĭo, ónis, *f.* [voco] **1.** 부름, 소환, 소집, 호출. **2.** 초대. **3.** 소명(召命), 천직, 《宗》 성소(聖召).

vocatíve, *adv.* [vocatívus] 《文法》 호격(呼格)으로, 부르는 격으로, 부르면서.

vocatívus, a, um, *adj.* [voco] **1.** 부르는데 쓰이는, 호칭의, 호격의. **2.** 〔*subst.*〕 *m.* 《文法》 호격. 「호소하는 사람, 소집자; 초청장.

vocátor, óris, *m.* [voco] 부르는 자, 초대자,

vocatórius, a, um, *adj.* [voco] 부르는, 호소하는, 초대하는. 「대된.

vocátus[1], a, um, *p.p., a.p.* [voco] 불린, 초

vocátus[2], us, *m.* [voco] **1.** 〔*abl.*만〕 소집, 호출: *alcjs* vocátu*(C.)* 누구의 호출로. **2.** 소환, 초대. **3.** 호소, 애소. **4.** 기도(祈禱).

vociferátĭo, ónis, *f.* [vocíferor] 큰소리로 부름, 소리지름, 고함, 노호, 울부짖음, 통곡(慟哭).

vociferátor, óris, *m.* [vocíferor] 부르는 자, 소리지르는 자. 「짖음, 큰소리지름, 큰소리.

vociferátus, us, *m.* [vocíferor] 크게 부르

vocífĕror, átus sum, ári, [**–fĕro,** áre,], *dep. intr., tr.* [vox + fero] 〔*absol.;* de *abl.;*

inf.; ut; *alqd*) 크게 소리지르다, 고함치다, 고래고래 소리지르다, 통곡(慟哭)하다: ~ pauca*(L.)* 큰소리로 몇 마디 말하다.
vocífico, áre, [vox + fácio] **1.** *intr.* (벌 따위가) 크게 붕붕대다. **2.** *tr.* 큰소리로 권하다, 들리게 하다, 일러주다, 알려주다.
vocíma pira, órum, *n.pl.* 《植》 배의 일종.
vócĭto, ávi, átum, áre, *freq.* [voco] **1.** *tr.* 습관적으로[자주] 부르다, 불러대다, 이름부르다, 부르다. **2.** *intr.* 큰소리로 부르다, 명칭하다.
vocívus = vacívus.
vŏco, ávi, átum, áre, *tr.* [vox] **1.** 부르다, 소집(召集)하다, 초대하다: ad cœnam ~ *(C.)* 저녁식사에 초대하다. **2.** 소환하다: in jus ~ 법정에 소환하다. **3.** …라고 부르다, 이름짓다. **4.** 불러내다, 충동하다, 자극하다. **5.** …하게 만들다. **6.** 간청하다, 호소하다.
Vocónĭus, i, *m.* *Arícia* 출신인 *Roma*인의 씨족명; 특히 Q. ~ Saxa, A.C. 169년에 호민관을 지냈음.
Vocóntĭi, órum, *m.pl.* *Rhódanus*와 *Alpes* 사이에서 거주하던 *Gállia Narbonénsis*의 한 종족; 〔*adj.*〕 **–tĭus,** a, um.
vócŭla, æ, *f. dim.* [vox] **1.** 가냘픈 목소리, 겨우 내는 목소리; 부드러운 억양. **2.** *pl.* 속삭임, 남의 흉봄, 시원치 않은 목소리, 저성(低聲), 약(弱)한 소리.
voculátĭo, ónis, *f.* [vócula] 음조, 억양, 액센트.
vocuus = vacuus.
Vogesus = Vosegus.
vol... *V.* vul...
vŏla, æ, *f.* 《解》 손바닥, 발바닥, 수장(手掌), 흔적.
volæm... *V.* volem...
volántes, ĭum, *m.pl.* [volo[1]] 날짐승, 새.
volária férula, æ, *f.* [vola] 손바닥 때리는 회초리.
voláris, e, *adj.* [vola] 손바닥의.
Volatérræ, árum, *f.pl.* *Etrúria*의 서북부의 주요 도시(지금의 *Volterra*); 〔*adv.*〕 **–ránus,** a, um; 〔*subst.*〕 **–ráni,** órum, *m.pl.* 그곳 주민.
volátĭcus, a, um, *adj.* [volo[1]] **1.** 나는, 날기 좋아하는, 날개달린. **2.** 왔다갔다하는, 우유부단한, 이랬다저랬다하는; 〔*subst.*〕 *f.* 요술쟁이 (새로 변한다고 믿는 데서).
volátĭle, is, *n.* [volátilis] 날짐승, 새.
volátĭlis, e, *adj.* [volo[1]] **1.** 나는, 날개달린, 빠른: volátile telum*(Lucr.)* 빨리 나는 화살. **2.** 하루살이의, 일시적인, 덧없는.
volátĭo, ónis, *f.* [volo[1]] 나는 것(飛), 비상(飛翔).
volatúra, æ, *f.* [volo[1]] **1.** 나는 행위, 날음, 날아다님, 비상(飛翔). **2.** 새, 조류.
volátus, us, *m.* [volo[1]] 날음, 비행, 한번에 나는 거리, 비상(飛翔), 신속(迅速), 달아남.
Volcæ, árum, *m.pl.* *Gállia Narbonénsis*의 유력한 한 종족(지금의 *Toulouse*와 *Nîmes* 지방).
Volcánus, *etc.* *V.* Vulcánus, *etc.*
Volci, órum, *m.* *Etrúria*의 도시.
voléma, órum, *n.pl.* [volémus] 《植》 큰 배의 일종(손 한 옴큼 만한); **volémum pĭrum,** i, *n.* 또는 **voléma pira,** *n.pl.*라고도 씀.
volémus, a, um, *adj.* 손 한 옴큼 만한.
vŏlens[1], éntis, *p.præs.* [volo[2]] 자원(自願)의, 자유의사의, 스스로 원하는; 마음 준비를 갖춘, …에 좋은.
volens[2], éntis, *m.* 원하는 자, 뜻있는 자, 자원자, 동의자.
volénter, *adv.* [volens[1]] 기꺼이, 마음으로부터.
voléntĭa, æ, *f.* [volo[2]] 의지, 원의(願意).
volg... *V.* vulg...
volgíŏlus, i, *m.* 땅[지면]을 평평하게 고르는 도구.
volit, *3 sg. praes. subj.* [volo[2]].
volitátĭo, ónis, *f.* [vólito] 빙빙돌며 날아다님, 여기저기 뜀.
volitátus, us, *m.* = volátus.
vólĭto, ávi, átum, áre, *intr. freq.* [volo[1]] **1.** 자주 날다, 여기저기 날아다니다, 왕래(往來)하다, 팔짝팔짝 날다. **2.** 이러저리 뛰어다니다, 왔다갔다하다, 설치다: homo vólitans glóriæ cupiditáte*(C.)* 명예를 좇아 날뛰는 사람. **3.** 신나다, 마음이 들뜨다.
vólnero, áre, *tr.* = vúlnero.
vŏlo[1], ávi, átum, áre, *intr.* **1.** 날다: Volásse eum, non iter fecísse díceres.*(C.)* 그는 여행한 것이 아니라 날았다고 말할 만하다. **2.** 빨리가다[오다], 빨리 달아나다.
vŏlo[2], vis, vult, vólŭi, velle, *tr. irreg.* 생략형: vin = visne; sis = si vis; sultis = si vultis; *subj.* volit. **1.** 〔*absol., inf., acc. c. inf., subj.* ut,〕 **원하다, …하고 싶다,** 좋아하다: Velit nolit scire diffícile est.*(C.)* 그가 원하는지 원치 않는지 알기가 어렵다 / Nummos volo.*(C.)* 나는 돈을 원한다 / Júdicem me esse, non doctórem volo.*(C.)* 나는 학자이기보다는 법관이기를 원한다 / Volo uti respóndeas.*(C.)* 나는 네가 대답하기를 바란다 / Visne hoc primum videámus?*(C.)* 너는 우리가 이것을 첫째로 보기를 원하느냐? / Regnári volébant.*(L.)* 그들은 왕을 원하였다 / Te salvum volunt.*(C.)* 그들은 네가 무사하기를 바란다. **2.** 결정하다, 지지하다, 주장하다, 생각하다. **3.** …을 의미하다, …뜻이다. (sibi): Quid sibi hoc vult? 이것은 무슨 뜻이냐? / Quid gládii volunt?*(C.)* 이 칼들은 무엇을 뜻하느냐? **4.** 〔생략형에서〕 제발, 부디: Ne sis(=si vis), plora.*(Pl.)* 제발 울지 말라 / Cave, sis.*(T.)* 부디 조심해라 / Adéste sultis (=si vultis).*(Pl.)* 제발, 와서 도와달라.
vŏlo[3], ónis, *m.* [volo[2]] 〔흔히 *pl.*〕 (국고금으로 노예를 사서 입대시킨) 자원병, 의용병.
Vologésus, i, [**–ses,** éis,] *m.* *Arsácidæ*에 속하는 *Párthia* 왕의 이름.
volpes, is, *f.* = vulpes.
Volsa, órum, *n.pl.* [vello] 손상, 왜곡.
Volsci, órum, *m.pl.* *Látium*의 *Liris* 강가에 있었던 한 종족; 〔*adj.*〕 **–scus,** a, um.
volsélla, æ, *f.* [vello] 족집게, 작은 집게, 핀셋.

Volsi, = vulsi.
Volsínĭi, órum, *m.pl.* *Etrúria*의 도시(지금의 *Bolsena*); 〔*adj.*〕 **–niénsis,** e; 〔*subst.*〕 **–niénses,** ĭum, *m.pl.* 그곳 주민.
volsus = vulsus.
volt = vult [volo²].
volt... *V.* vult...
volta, æ, *f.* 《*Etrúria*어》 괴물(怪物).
Voltúmna, æ, *f.* *Etrúria*인들의 수호여신.
volúbĭlis, e, *adj.* [volvo] **1.** 빙빙 도는, 선회하는, 소용돌이 치는. **2.** 말이 술술 나오는: orátio ~ *(C.)* 유창한 연설. **3.** 변천하는, 변하는, 불안정한; 신속(迅速)한, 빠른. **4.** 〔*adv.*〕 **–lĭter,** 빨리 돌면서, 쉽게, 풍부하게.
volubílĭtas, átis, *f.* [volúbilis] **1.** 회전, 소용돌이, 회오리침, 용이하게 회전함. **2.** 둥근 모양, 원형. **3.** 쾌속, 빠름. **4.** 변천, 불안정. **5.** 유창한 말.
vólŭcer, cris, cre, *adj.* [volo¹] **1.** 나는, 날개 달린. **2.** 빠른, 신속한, 가벼운: Nihil est tam vólucre quam maledíctum.*(C.)* 남을 비방하는 말보다 더 빠른 것은 없다. **3.** 도망치는, 지나가 버리는, 하루살이의, 덧없는. **4.** 〔*subst.*〕 **–cer,** cris, *m.* (빠른) 말(équus).
volúcra, æ, *f.* [**–re,** is, *n.*] [volvo] 포도나무 싹과 포도를 갉아 먹는 벌레, 명충. 「빠른.
volúcripes, pĕdis, *adj.* [vólucer + pes] 발
vólŭcris, is, *f.*[*m.*] [vólucer] 날짐승, 새, 날개 달린 곤충: ~ Junónis*(Ov.)* *Juno*의 새 즉 공작. 「빠름, 날램.
volúcrĭtas, átis, *f.* [vólucer] 비상(飛翔),
volúcrĭter, *adv.* [vólucer] 빨리, 신속하게.
vólui, *pf.* [volo²].
volúmen, mĭnis, *n.* [volvo] **1.** 원형(圓形), 두루마리 뭉치, 긴 표면에 쓴 것을 만 것: ~ explicáre*(C.)* 두루마리를 펴다 / evólvere ~ epistulárum*(C.)* 편지 뭉치를 펴다. **2.** = liber, 책의 권: volúmina confícere*(C.)* 책을 쓰다, 펴내다. **3.** 둘둘 만 것, 뱀의 튼 또아리, 소용돌이, 회전, 순환. **4.** 인간사의 부침(浮沈).
voluminósus, a, um, *adj.* [volúmen] **1.** 구불구불한, 구비진. **2.** 두꺼운 (책), 여러 권의.
Volúmnĭus, i, *m.* *Roma*인의 씨족명, 여성명 *Volúmnia*는 해방노예로서 *Volumnius*의 애첩이었고 후에 *Antónius*의 애첩이 되었다(= Cythéris). 「아기의 보호신과 여신.
Volumnus, i, *m.* et **Volúmna,** æ, *f.* 갓난
voluntárĭi, órum, *m.pl.* [voluntárius] 의용[지원]병.
voluntárĭus, a, um, *adj.* [volúntas] **1.** 자원하는, 자발적인, 자유의사의: voluntária auxília*(C.)* 자원병. **2.** 수의(隨意)의, 임의의, 스스로 한, 즐거운 마음으로 한: mors voluntária*(C.)* 자원해서 죽은 죽음. **3.** 고의의. **4.** 자연적인. **5.** 〔*adv.*〕 **–rĭe.**
volúntas, átis, *f.* [volo²] **1.** 의사(意思), 의지, 뜻: Mea voluntáte concédam.*(C.)* 기꺼이 승인하겠다. **2.** 희망, 요구. **3.** 목적, 의도, 의향, 계획, 결정: ~ scriptóris*(C.)* 저자의 의도. **4.** 호의, 친절. **5.** última ~ 유언. **6.** (말의) 뜻.
voluntáte, *adv.* 〔*abl.*〕 [volúntas] **1.** 자발적으로, 기꺼이. **2.** 동의로(*alcjs*).
voluntatíva verba, órum, *n.pl.* 원의를 표시하는 말. 「[의지]를 표시하는.
voluntativus, a, um, *adj.* [volúntas] 원의
vólup(원형 vólupe의 생략형), *indecl.* **1.** 〔*n.*〕 즐거운 것, 쾌락: Volup mihi est.*(Pl.)* 그것은 나의 즐거움이다. **2.** 〔*adj.*〕 쾌락적인, 기분좋은. **3.** 〔*adv.*〕 기꺼이, 즐거운 마음으로.
Volúpĭa, æ, *f.* 쾌락의 여신.
vólupis, e, *adj. inusit.* [volo²] 유쾌한, 즐거운. 「즐거운.
voluptábĭlis, e, *adj.* [volúptas] 쾌락적인,
voluptárĭus¹, a, um, *adj.* [volúptas] **1.** 쾌락[쾌감]을 자아내는, 기분좋은, 달콤한. **2.** 쾌락과 관계있는. **3.** 도락의, 일락(逸樂)의, 향락적, 방탕하는, 음탕한, 쾌락을 즐기는, 사치(奢侈)한, 육체적 쾌락의.
voluptárĭus², i, *m.* 관능을 좇는 자, 음탕자, 쾌락주의자.
volúptas, átis, *f.* [volup] 쾌락, 일락, 육체적 쾌락, 유쾌, 즐거움, 만족: cum voluptáte légere *alqd(C.)* 무엇을 탐독하다 / quod mihi magnæ voluptáti fuit*(C.)* 나를 크게 즐겁게 해준 것 / ex *alqā re* voluptátem cápere, percípere*(C.)* 어떤 일에서 즐거움을 얻다.
voluptatívus, a, um, *adj.* 오락(娛樂)의, 쾌락에 빠진. 「쾌락[오락]을 주는.
voluptíficus, a, um, *adj.* [volúptas + fácio]
voluptuárĭus, a, um, *adj.* [volúptas] 쾌락의, 쾌락을 즐기는, 오락(娛樂)의.
voluptuósus, a, um, *adj.* [volúptas] 유쾌한, 즐거운, 달콤한, 매혹적인, 마음에 드는, 매력에 찬, 쾌락의, 일락(逸樂)의; 〔*adv.*〕 **–tuóse,** 유쾌하게, 쾌락적으로.
volúta, æ, *f.* [volvo] 《建》 소용돌이 모양 장식, 와형(渦形), 와권(渦卷).
volutábilis, e, *adj.* [volúto] 빙빙돌 수 있는.
volutábrum, i, *n.* [volúto] 진흙 구덩이, 진창, 산돼지 집, 누추한 집, 어려운 일, 오예(汚穢).
volutabúndus, a, um, *adj.* [volúto] 진창에 뒹굴기 좋아하는, 뒹구는, 주색에 빠진, 회전하는.
volutátĭo, ónis, *f.* [**–tatus,** us, *m.*] [volúto] **1.** 회전운동, 회전, 뒹구는 행위: volutatiónes córporis*(C.)* 자기 몸을 뒹굴리는 것, 주색에 빠지는 행동. **2.** 흥분상태, 불안상태, (인생의) 부침. 「동.
volutátus, us, *m.* [volúto] 회전, 뒹구는 행
volútim, *adv.* [volvo] 회전하며, 굴러서, 굴려져서, 빨리 구르는 것처럼.
volúto, ávi, átum, áre, *tr. intens.* [volvo] **1.** 돌리다, 굴리다, (se) 딩굴다: ~ se in púlvere*(Plin.)* 먼지속에 딩굴다 / volutári in

luto*(C.)* 진흙속에 딩굴다. **2.** 널리 퍼뜨리다: ~ vocem per ampla átria*(V.)* 소리를 넓은 방에 퍼뜨리다. **3.** 골똘히 생각하다, 고려하다; 종사하다: ~ secum in ánimo*(L.)*, ~ *alqd* ánimo*(C.)* 깊이 생각하다.

volútus[1]**,** a, um, *p.p., a.p.* [volvo] 굴린, 회전된. 「비져 나감(뱀).

volútus[2]**,** us, *m.* [volvo] 감기, 말기(卷), 구

volva, æ, *f.* [volvo] = vulva.

volvo, volvi, volútum, ĕre, *tr.* **1.** 굴리다: Amnis volvit saxa.*(Lucr.)* 강물이 큰 바위들을 굴린다 / ~ óculos huc illuc*(V.)* 눈을 이리저리 굴리다. **2.** 〔재귀, 수동형〕 구르다, 돌다. **3.** (감긴 것을) 풀다, 두루말이를 펴다, (책을) 읽다: ~ libros Catónis*(C.) Cato*의 책을 읽다. **4.** 흥분시키다, 들끓게 하다: ~ ingéntes iras in péctore*(L.)* 마음에 분노를 일으키다. **5.** 생각하다, 품다: ~ *alqd* cum ánimo*(Sall.)*, sub péctore*(V.)*, in ánimo *(L.)* 곰곰히 생각하다. **6.** *intr.* 지나가다: volvéntibus annis*(V.)* 해가 지나감에 따라.

vólvola, æ, *f.* 《植》 메꽃.

volvox, ócis, *m.* 청충(靑蟲)과 같은 것.

vólvŭla, æ, *f. dim.* [volva] = vúlvula.

vŏmax, ácis, *adj.* [vomo] 잘 토하는.

vōmer[**-mis**]**,** ĕris, *m.* **1.** 보습(농기구), 쟁기, 호미. **2.** 서골(鋤骨). **3.** (글쓰기 위한) 첨필(尖筆). 「鼻)의.

vomeronasális, e, *adj.* 《解》 서골비(鋤骨

vomex, ĭcis, *m.* [vomo] 토하는 자.

vómĭca, æ, *f.* [vomo] **1.** 종기, 농양(膿瘍), 고름집, 부르틈. **2.** 재앙, 폐해, 염병.

vomicósus, a, um, *adj.* [vómica] 농양(膿瘍)이 많은, 헌데투성이의.

vomíficus, a, um, *adj.* [vomo + fácio] 구토기(嘔吐氣)를 주는, 토하게 하는, 오심(惡心)나는.

vomí(**có**)**fluus,** a, um, *adj.* [vómica + fluo] 고름이 흐르는: ~ pássio*(Cæl. Aur.)*; 〔*subst.*〕 *f.* **-flŭa,** æ, 《醫》 농양.

vómita, órum, *n.pl.* 토한 것, 오물.

vomítĭo, ónis, *f.* [vomo] 구토, 게움, 토함.

vomítĭvum, i, *n.* 《藥》 구토제(嘔吐劑) = vomítio. 「구토하다.

vómĭto, áre, *intr. freq.* [vomo] 자주 게우다,

vómĭtor, óris, *m.* [vomo] 토하는 자, 게우는 자. 「출구.

vomitórĭa, órum, *n.pl.* [vomitórius] 극장

vomitórĭus, a, um, *adj.* [vómitor] 토하는, 토하게 하는. 「운.

vómĭtus[1]**,** a, um, *p.p., a.p.* [vomo] 토한, 게

vómĭtus[2]**,** us, *m.* **1.** 구토, 토함, 게움. **2.** 토한 것, 오물.

vŏmo, mŭi, mĭtum, mĕre, **1.** *tr.* 토해내다: ~ sánguinem*(Plin.)* 피를 토하다. **2.** *intr.* 구토하다, 게우다.

vopa, æ, *f.* 일종의 가죽.

vopíscus, a, um, *adj.* 쌍동이 중 하나는 죽고 하나는 살아 나온.

vopte = vos ipsi.

vorácĭtas, átis, *f.* [vorax] 탐식, 폭식, 대식, 탐욕; 삼켜버리는 성질(불). 「스럽게.

vorácĭter, *adv.* 탐욕적으로, 탐식하여, 게걸

voraginósus, a, um, *adj.* [vorágo] 깊은 구렁이 가득찬, 구멍이 많은, 굴(洞) 많은.

vorágo, gĭnis, *f.* [voro] 물길이 도는 곳, 심연(深淵), 깊은 구렁, 소용돌이: équus submérsus voragínibus*(C.)* 소용돌이 물속에 빠진 말 / gurges et ~ patrimónii*(C.)* 네 유산을 삼켜버리는 깊은 구렁. 「먹는 자.

vorátor, óris, *m.* [voro] 탐식가, 대식가, 잡아

voratrína, æ, *f.* [voro] **1.** 주막, 음식점. **2.** 심연(深淵), 갈라진 틈.

vorátus, us, *m.* [voro] 포식, 폭음.

vŏrax, ácis, *adj.* [voro] 탐식하는, 집어 삼키는, 탐욕의, 잡아먹는, 포식하는.

vŏro, ávi, átum, áre, *intr., tr.* **1.** 탐식하다, 포식하다, 삼키다, 잡아먹다; 탕진하다, 폭음하다: Navem vorat vortex.*(V.)* 심연이 배를 집어 삼킨다. **2.** …에 탐닉하다, 빠지다: ~ lítteras*(C.)* 문예에 탐닉하다 / 〔격언〕 ~ hamum*(Pl.)* 낚시를 물다[잡히다].

vors... *V.* vers...

vort... *V.* vert... 「(旋毛).

vortex, tĭcis, *n.* **1.** = vertex. **2.** 《解》 가마

vorticósus, a, um, *adj.* [vortex] 가마털이 많은, 소용돌이가 많은.

vos, vestri(객어 2격) *vel* vestrum(분할 2격), vobis, *pron. pers.* 너희, 너희들, 당신들: ardens ódio vestri*(C.)* 너희에 대한 미움으로 불타 있는 / memor vestri*(C.)* 너희들을 생각하는 / nemo vestrum*(C.)* 너희 중 아무도 아니.

Vósĕgus[**-săgus**]**,** i, *m. Gállia*의 산맥(지금의 *Vosges*).

vosmet, *pron. pers.* [vos + met] 너희 자신.

voster = vester.

vótĭfer[**-ger**]**,** ĕra, ĕrum, *adj.* [votum + fero, gero[1]] 봉헌하는, 예물드리는, 축하(祝賀)하는.

votívitas, átis, *f.* [votívus] 성대한 맹세식, 선서한 의무, 지켜야 할 서원(誓願).

votívus, a, um, *adj.* [votum] 하늘에 서약한, 서원(誓願)한, 바친, 맹세한, 약속한; 축원하는: ludi votívi*(C.)* 신들에게 봉헌된 경기 / tábula votíva*(H.)* 서원판(誓願板: 파선당했을 때 신에게 하는 서원을 기록한 것); 〔*adv.*〕 **-tíve,** 맹세한대로, 선서를 따라서.

vōtum, i, *n.* [vóveo] **1.** 하느님 · 신에게 한 맹세 · 서약 · 기원 · 서원 · 허원(許願): vota fácere*(C.)* 신에게 …를 하겠다고 서약하다 / voti reus*(C.)*; voti damnátus 서약을 완수하라는 선고를 받음, 서약이 받아들여진 / voti liberári*(L.)* 서약을 지키지 않아도 좋게 되다 / ex voto 서약으로, 서약의 의무이행조로. **2.**

축복, 축원: Hoc erat in votis.*(H.)* 이것이 내가 서약하면서 축원하던 것이다 / voti potens *(Ov.)* 축원이 받아들여진. **3.** 간청, 희망. **4.** 결혼. **5.** 봉헌물.

vóvĕo, vōvi, vōtum, ére, *tr.* **1.** (신에게) 서원하다, 서약하다, 맹세하다: Sua cápita pro salúte pátriæ vovérunt.*(C.)* 그들은 자기 목숨을 조국을 위해 바치기로 맹세하였다. **2.** 원하다, 요구하다.

vox, vōcis, *f.* (*cf.* voco) **1. 목소리,** 음성, 소리: magna voce*(C.)* 큰 목소리로 / ~ rerum*(C.)* 사실의 소리 / *alcjs* ~ erudíta*(C.)* 어떤 사람의 현명한 소리 / rústica ~ et agréstis*(C.)* 시골 사람의 소리와 농사꾼의 소리. **2.** 《音》 음, 음조: hiúlcæ voces aut ásperæ*(C.)* 찢어지는 소리이거나 거친 소리. **3.** *sg.* 말, 언어, 말 마디, 단어: Neque ullam vocem exprímere póterat.*(Cæs.)* 말 한 마디 하지 못하였다 / illa tua vox "satis diu vixi"*(C.)* 이만하면 실컷 살았다 고 한 너의 말. **4.** *pl.* 주장, 누가 한 말, 제의, 화제, 좌담, 소문: voces habére*(C.)* …대한 말을 하다. **5.** 《詩》 언어, 말, 음률, 문체. **6.** 발음, 억양.

voxor = uxor.

Vulcánal, ális, *n.* *Vulcánus* 신에게 봉헌된 로마의 한 지역.

Vulcanálĭs, e, *adj.* *Vulcánus*의 ; 〔*subst.*〕 *n.pl.* **-lĭa,** ĭum(iórum), 고대 *Roma*의 화신제(火神祭, 8월 23일).

Vulcánĭus, a, um, *adj.* **1.** *Vulcánus*신의. **2.** 화산의, 불의, 화재의: Vulcániæ ínsulæ *(C.)* *Sicília* 근처의 화산섬들.

vulcanósus, a, um, *adj.* 불결에 사는, 화산 밑에 사는.

Vulcánus, i, *m.* **1.** 불의 신, 화신(火神), 대장간의 신, *Júpiter* 신과 *Juno* 여신의 아들, *Venus* 신의 남편, *Ætna* 산에 살면서 *Júpiter* 신의 번개를 만들었음.

vulga, æ, *f.* 가죽 주머니, 지갑, 전대 = bulga.

vulgáre, *adv.* [vulgáris] 대중적으로, 보통 방법으로, 저속하게, 통속적으로.

vulgáris, e, [**-gárĭus,** a, um,] *adj.* [vulgus] 평민에 관한, 민중적, 서민적, 일반적, 보통의, 공공(公公)의, 범상한, 평범한, 통속적인, 흔한, 저속한, 속된, 범속의, 야비한: ~ liberálitas*(C.)* 모든 이에게 베풀어지는 자비; 〔*adv.*〕 **-rĭter,** 일반적으로, 상식적으로, 평범하게, 통속적으로; 〔*subst.*〕 *m.pl.* 평민, 보통사람들.

vulgáritas, átis, *f.* 통속성, 저속함, 속됨, 야비함.

Vulgáta, æ, *f.* (=Edítio vulgáta) *Hierónymus*의 라틴어역 성서(382시작 384완성).

vulgáte, *adv.* [vulgátus] 평범하게, 대중용으로.

vulgátor, óris, *m.* [vulgo²] 일반에게 알리는 자, 퍼뜨리는 자, 공개자, 공포자, 전파하는 자.

vulgátus¹, a, um, *p.p., a.p.* [vulgo²] **1.** 늘 있는, 보통의, 평범한, 공공(公公)한. **2.** 대중에 퍼진, 다 알려진, 소문난: vulgátior fama est, …*(L.)* …는 더 널리 퍼진 소문이다. **3.** 누구나 할 수 있는, 가질 수 있는.

vulgátus², us, *m.* 공포, 발표, 폭로, 발행.

vulgívăgus, a, um, *adj.* [vulgus + vagor] 떠돌이, 방랑객의, 옮겨나니는, 변덕스러운.

vulgo¹[**vol-**], *adv.* [vulgus] **1.** 분별없이, 대중적으로, 터놓고, 공개적으로, 공공(公公)연하게, 일반적으로, 도처(到處)에, 보통(普通), 흔히: ~ loquebántur*(C.)* 흔히들 말했다. **2.** 우연히: ~ concépti 사생아.

vulgo², ávi, átum, áre, *tr.* [vulgus] **1.** 일반에게 퍼뜨리다, 공포하다, 공개하다, 발표하다, 전파하다, 폭로하다. **2.** (소문 · 소식) 퍼뜨리다, 널리 알리다. **3.** (책을) 출간하다: Cármina nondum vulgáta.*(Mart.)* 미간시(未刊詩). **4.** (몸을) 팔다, 내놓다.

vulgus[**vol-**], i, *n.*[*m.*] **1.** 백성, 평민, 서민, 군중, 민중, 대중: in vulgus, 대중에게, 민중속에 / in vulgus ignótus*(C.)* 민중에게 알려지지 않은. **2.** 대다수, 군대(졸병).

vulnerábĭlis, e, *adj.* [vúlnero] 상처입을 수 있는, 손상입을 수 있는, 범할 수 있는.

vulnerárĭus, a, um, *adj.* [vúlnero] **1.** 상처[부상]에 관한, 외과(外科)의, 수술의. **2.** 〔*subst.*〕 *m.* 외과의사.

vulnerátĭo, ónis, *f.* [vúlnero] 상처, 상해, 부상, 손상, 상함; 치욕, 명예훼손(名譽毁損).

vulnerátus, a, um, *adj.* [vúlnero] 상한, 상처입은, 손상된.

vúlnĕro, ávi, átum, áre, *tr.* [vulnus] 상처입히다, 부상시키다, 상해(傷害)하다, 훼손하다: vulneráta navis*(L.)* 손상입은 배 / ~ *alqm* voce*(C.)* 말로 상처를 입히다.

vulníficus[**-nĭfer, -nífĕrus**], a, um, *adj.* [vulnus + fácio, fero] 상해하는, 상처입히는, 죽이는, 살인하는.

vulnus[**vol-**], nĕris, *n.* **1.** 부상, 상해, 상처, 손상, 재난, 타격, 타박: multis et illátis et accéptis vulnéribus*(Cæs.)* 상처를 많이 입히기도 하고 입기도 한 후 / belli vúlnera sanáre *(C.)* 전쟁의 상처를 아물게 하다. **2.** 치욕, 명예손상, 체면상함. **3.** 고민, 고통, 아픔.

vulnúscŭlum, i, *n. dim.* [vulnus] 가벼운 상처, 경상.

vulpécŭla, æ, *f. dim.* [vulpes] 여우새끼 (간사함의 상징).

vulpes, pis, *f.* 《動》 여우, 상어.

vulpínor, átus sum, ári, *dep. intr.* [vulpes] 책략을[간계를] 꾸미다, 꾀를 쓰다.

vulpínus, a, um, *adj.* [vulpes] 여우의.

vúlpĭo, ónis, *m.* [vulpes] 여우같이 교활한 사람, 능구렁이.

vulpis = vulpes.

Vulsc... *V.* Volsc...

Vuls... *V.* Vols...

vulsi, *pf.* [vello].

vúlsĭo, ónis, *f.* [vello] 《醫》 경련, 수술, 도려냄.

vulso, áre, *intr.* [vulsus] 경련을 일으키다.

vulsúra, æ, *f.* [vello] 양털을 뽑음, 양모를 베어냄.
vulsus, a, um, *p.p., a.p.* [vello] **1.** 털빠진, 털뽑힌. **2.** 연한, 나약한, 여자같은. **3.** 경련일으키는.
vult, 3 *sg. præs. indic.* [volo[2]].
vultícŭlus, i, *m. dim.* [vultus] 표정, 얼굴, 외양, 얼굴빛, 안색.
vultuátus, a, um, *adj.* [vultus] 표정을 한.
vultum, i, *n.* = vultus.
vultuósus, a, um, *adj.* [vultus] 싫은 기색하는, 찡그린[불만의] 얼굴을 가진, 어두운 표정의; 〔*adv.*〕 **-tuóse,** 찌푸린 얼굴로.
vultur[1]**,** ŭris, *m.* **1.** 《動》 독수리, 매: profert córnua ~ 〔격언〕 독수리가 뿔을 내밀다 (불가능의 격언). **2.** 난폭한 자, 욕심쟁이, 고리대금업자.
Vultur[2]**,** ŭris, *m.* *Venúsia* 근처에 있는 *Apúlia*의 산(지금의 *Voltore*).
vulturínus, a, um, *adj.* [vultur[1]] 독수리의, 약탈(掠奪)하는.
vultúrĭus[1], i, *m.* [vultur[1]] **1.** 독수리. **2.** 난폭한 자, 약탈자, 탐욕자: togáti vultúrii*(Apul.)* 탐욕스러운 변호사들.
vultúrĭus[2], i, *m.* (*sc.* jactus) 주사위 놀이에서 나쁜 패.
Vultúrnum, i, *n.* 북부 *Campánia*의 도시(지금의 *Castel Volturno*).
Vultúrnus[1]**,** i, *m.* **1.** *Campánia*의 주요한 강(지금의 *Volturno*); 〔*adj.*〕 **-rnus,** a, um. **2.** *Campánia* 강의 신; 〔*adj.*〕 **-rnális,** e; 〔*subst.*〕 *n.pl.* **-rnálĭa,** ĭum, *Vulturnus* 강신제.
vultúrnus[2](ventus), i, *m.* [Vultur[2]] 동남풍(東南風).
vultus[vol-], us, *m.* **1.** 얼굴 표정, 안색: ~ hílaris atque lætus*(C.)* 명랑하고 즐거운 안색. **2.** 외모, 외견(外見), 자태. **3.** 얼굴, 초상. **4.** 성난 모습, 험상한 표정. **5.** (사물) 외양.
vulva, æ, *f.* (=volva) [volvo] **1.** 봉지. **2.** 《醫》 구(口), 공(孔); 음문(陰門), 외음(外陰).
vulvítis, ĭdis, *f.* [vulva] 《醫》 외음염(外陰炎).
vúlvŭla, æ, *f. dim.* [vulva] 봉투(封套), 작은 봉지.
vv. *f.pl.* venæ(vena의 *pl.*)의 약자(略字).

W

W, 현대어의 W자는 로마인들이 기원 114년 알파벳을 도입할 때 그리스어의 Υ (upsĭlon)을 꼬리를 떼고 V 또는 U로 표기한 데서 비롯된다. 1000년경 V자를 겹쳐서 vv 또는 uu로 사용하기 시작한 이래 프랑스어계는 W를 double V로, 영어계는 double U로 사용하였다. 따라서 라틴어에는 W로 시작하는 단어가 없다.

X

X, x, *n. indecl.* 라틴 자모의 스물 세번째 글자, cs 또는 gs의 발음: lux = luc-s; rex = reg-s; *decem*(10 = X)의 약자; *denárius(10 as)*의 약자.
Xanthíppe, es, *f.* *Sócrates*의 아내 이름.
Xanthíppus, i, *m.* **1.** *Péricles*의 아버지, *Mýcale*에서 페르샤군을 무찔렀다. **2.** *Carthágo*인, 1차 *Carthágo* 전쟁 때 *Roma*군을 격파한 장군(255 A.C.).
xánthium, i, *n.* 《植》 국화의 일종.
xanthóma, ătis, *n.* 《醫》 황색종기.
xanthos, i, 〔*gen.* -thom; *acc. f.* -then,〕 *m.* 황금색의 보석.
Xanthus[-os], i, *m.* **1.** *Troja*의 강명(*Scamánder* 강이라고도 함). **2.** *Lýcia*의 강 또는 도시 이름. **3.** *Epírus*의 강.

xeníŏlum, i, *n. dim.* [xénium] 작은 선물.
xénĭum, i, *n.* 초대받은 손님이 주인에게 바치는 선물; *n. pl.* 시인 *Martiális*의 풍자시 제13권의 제목; 변호사나 장관에게 바치는 선물.
Xĕno, ónis, *m. Epicúrus*파의 철학자, *Athénæ* 태생으로 *Cícero*와 동시대.
Xenócles, is, *m.* 유명한 웅변가(c. 100 A.C.).
Xenócrătes, is, *m. Chalcédon* 태생 철학자(406-314 A.C.), *Platon*의 제자, *Speusíppus*를 계승하여 *Académia*의 장이 됨.
xenodochíum[-chéum], i, *n.* **1.** 여관, 외국인용 가옥, 외국인을 위하여 지은 집. **2.** 병원.
xenódŏchus, i, *m.* **1.** 여관에서 손님을 접대하는 자. **2.** 간호감독, 병원장.
xĕnon, ónis, *m.* 병원.
xenopárŏchus, i, *m.* 외국 귀빈에게 소금과 음료수 등 필요한 것을 주선하는 관리, 외국 대사에게 시종(侍從)하던 관인(官人).
Xenóphănes, is, *m. Cólophon* 태생의 희랍 철학자(c. 520 A.C.), *Elĕa*파 철학의 창시자.
Xénŏphon, óntis, 〔*acc.pl.* –phantas,〕 *m. Sócrates*의 제자, 철학가이며 역사가이며 아테네의 장군(c. 440-354 A.C.); 〔*adj.*〕 **–phontéus[–phontíus],** a, um: Hércules Xenophontíus ille*(C.) Xénophon*이 언급한 *Hércules.*
xerampélĭnæ, árum, *f.pl.* 짙은색(마른 포도잎색)의 의복.
xerampélinus, a, um, *adj.* 마른 포도잎 빛깔의.
xerántĭcus, a, um, *adj.* 건조시키는, 건조한, 마른.
xerocollýrĭum, i, *n.* 고체 눈약.
xerómyron, i, *n.* **1.** 고약, 연고. **2.** 마른 향료.
xēron, i, *n.* 마른 향료, 가루약.
xerophágĭa, æ, *f.* **1.** 마른 음식 섭취, 마른 음식. **2.** 동방교회의 단식재.
xerophthálmĭa, æ, *f.* 눈병, 안구 건조증, 안질.
xerósis, is, *f.* 《醫》 건조증.
Xerxes[-ses], is[i], *m.* 〔*acc.* –en〕 *Daríus*의 아들, *Pérsia*의 왕, 백만 대군을 이끌고 희랍을 침공했다가 *Sálamis* 해전에서 대패함(480 A.C.).
xíphĭas, æ, 〔*acc.* –an,〕 *m.* **1.** (바다고기의 일종) 황새치. **2.** 칼 모양을 한 혜성.
xíphĭum[-ĭon], i, *n. gladíolus*의 일종, 수선창(水仙菖).
xístici, órum, *m.pl.* = Xýstici.
xuthos, i, *m.* 〔*acc.* –or〕 황색 보석.
Xuthus, i, *m. Troja*의 *Príamus*의 손자, *Hellénus*의 아들, 아버지가 죽은 다음 *Athénæ*로 감.
xylíglicon, i, *n.* 《植》 감초.
Xýline Come, es, *f. Pamphýlia*의 지명.
xýlĭnum, i, *n.* [xýlinus] 솜(綿).
xýlĭnus, a, um, *adj.* [xylon] 솜의, 나무의.
xylobálsămum, i, *n.* 향나무 일종, 호동(胡桐), 발삼나무숲.
xylocás(s)ia, æ, *f.* 계수나무숲.
xylocinnamómum[–cínnămum], i, *n.* 《植》 계수나무(숲), 육계수(肉桂樹).
xylolychnúchus[–os], i, *m.* 목제촛대.
xўlon, i, *n.* 《植》 목화나무(綿木)(숲).
xylóphyton[–tum], i, *n.* 《植》 지치과의 식물(약용).
Xýniæ, árum, *f.pl. Thessália* 서남쪽 도시.
xўris, ĭdis, 〔*acc.* –dim,〕 *f.* 《植》 수선창(水仙菖)의 일종, 붓꽃.
xystárcha[–ches], æ, *m.* **1.** 고대 *Roma* 동계 경기장의 장장(場長). **2.** 순교자의 사형 집행관.
xýstĭci, órum, *m.pl.* [xýsticus] 경기자(競技者).
xýstĭcus, a, um, *adj.* 고대 *Roma* 경기장의, 경기의; 〔*subst.*〕 *m.* 경기자.
xystra, æ, *f.* (=strígilis) 목욕할 때 때문지르는 도구, 말빗(馬櫛).
xystum, i, *n.* [**xystus,** i, *m.*] **1.** 지붕으로 덮인 희랍의 원주행랑, 여기서 운동가들이 운동연습을 했음. **2.** *Roma*의 나무를 심은 산책길, 고대 로마 동계 운동장.

Y

Y, y, *n. indecl.* 라틴 자모의 스물 네번째 글자: 본래 희랍 문자로서 나중에 라틴어로 도입됨, Y는 본래 V, U로 썼다가(P**y**rrhus를 B**u**rrus로), 나중에 **I**와(lácr**u**ma를 lácr**i**ma로) O로 대용했다(ánc**u**ra를 ánc**o**ra로). 그래서 i Græcum이라 부르고 희랍문자명 upsĭlon이라고도 한다. Y는 *Cícero* 때 이미 라틴 문자화했다.
ypogǽum, i, *n.* (=hypogǽum) 지하실; 동굴.
Yrcánia, æ, *f.* = Hyrcánia
yssópum, i, *n.* = hyssópum.

Z

Z, z, *n. indecl.* 라틴 자모의 스물 다섯번째 글자: 희랍어(Zeta)에서 차용, 외국어 표기 때 씀, 발음 [ds] 혹은 된 [s].

zabérna, æ, *f.* 두 갈래로 된 바랑, 동냥주머니.

zabólicus, a, um, *adj.* 악마적인 = diabólicus.

zábulus[**–bolus**] = diábolus.

Zachárias, æ, *m.* 즈가리야, 자카리아, 유다의 남자이름; 세례자 요한의 아버지.

zácon(**us**) = diácon(us).

Zacýnthus[**–os**], i, *f.* *Iónia*해의 섬(지금의 *Zante*); 〔*adj.*〕 **–thĭus,** a, um.

zæ(**u**)**s**[**zēus**], i, *m.* (動) 물고기의 일종.

zæta = zeta¹ = diǽta.

Zaléucus, i, *m.* 남부 *Itália*의 *Locri*의 입법자(c. 650 A.C.).

Zálmoxis, xis, 〔*abl.* –xi,〕 *m.* *Thrácia*의 철학자이며 입법자.

Zăma, æ, *f.* *Numídia*의 수도, A.C. 202년에 *Scípio*가 *Hánnibal*을 쳐부순 곳(지금의 *Zowarin*); 〔*adj.*〕 **–ménsis,** e; 〔*subst.*〕 **–ménes,** ĭum, *m.pl.* 그곳 주민.

zámĭa, æ, *f.* 손실, 손해.

zanca[**–cha**], æ, *f.* *Párthia*인들의 장화(長靴)의 일종 = tzanca.

Zancle, es, *f.* *Sicília*의 *Messána*의 옛 이름(지금의 *Messina*); 〔*adj.*〕 **–clǽus**[**–cléĭus**], a, um.

zaplútus, a, um, *adj.* 매우 부요한.

Zarath, *n. indecl.* *Cæsária*의 *Mauritánia*의 도시.

zathénes, is, *m.* 누런색 보석의 일종.

zĕa, æ, *f.* 밀, 독일밀, 나맥(裸麥).

Zela, æ, *f.* 서부 *Pontus*의 요새(要塞).

zelábilis, e, *adj.* [zelo] 선망의 대상이 되는.

zelánter, *adv.* 열심히, 열성적으로.

zelátor, óris, *m.* [zelo] 질투하는 자, 열망하는 자, 흠모하는 자, 열성적인 사람.

zelívĭra, æ, *f.* [zelus + vir] 질투하는 여자, 간음녀.

zēlo, ávi, átum, áre, [**–lor,** átus sum, ári, *dep.*] *tr.* 질투하다, 열망하다, 흠모하다.

zelósus, a, um, *adj.* 질투하는, 열성적인.

zelótes, æ, *m.* (=zelátor) 열성당원, 특히 하느님 사랑에 불타있는 사람.

zelóticus, a, um, *adj.* 질투심 많은, 열성적인.

zelótўpa, æ, *f.* 질투하는 여자.

zelotýpĭa, æ, *f.* 질투, 시기, 선망.

zelótўpus, a, um, *adj.* 질투하는, 선망하는; 〔*subst.*〕 *m.* 질투하는 자, 선망하는 자.

zēlus[**–os**], i, *m.* 질투, 열망, 갈망, 흠모, 열성, 열심: ~ animárum 영혼 구원의 열망.

zĕma¹, æ, *f.* 솥, 남비; (탕약 등) 다리기, 끓임.

zema², ătis, *n.* 지짐(煎), 지진 것, 다리기.

Zēno(**n**), ónis, 〔*acc.* –nóna; *acc.pl.* –nónas,〕 *m.* **1.** 남부 *Itália*의 *Elĕa* 학파의 철학자, *Péricles*의 스승(c. 460 A.C.). **2.** *Stoa* 철학의 창시자, *Cyprus* 섬의 *Cítium* 사람(c. 336-300 A.C.). **3.** *Epicúrus* 학파의 철학자, *Cícero*의 스승. **4.** 〔*adj.*〕 **–noniánus,** a, um.

Zenóbĭa, æ, *f.* *Arménia*의 *Mithridátes* 왕의 딸.

Zenónici, *órum, m.pl.* *Zeno*의 제자들.

Zephyrítis, ĭdis, *f.* **1.** (=Arsínŏē) *Venus Zephyrítis* 여신으로 존경받았다. **2.** *Zéphyrus*의 아내 *Flora.*

Zephýrĭum, i, *n.* **1.** *Brúttium*의 동쪽 해안의 갑각(岬角). **2.** *Cilícia* 해안의 요새.

zephýrĭus, a, um, *adj.* 바람같은, 헛된, 배자(胚子)·배종(胚種)없는: ~ ova*(Plin.)* 무정란. = ova úrina.

zéphyrus, i, 〔*gen.pl.* –phyrum,〕 *m.* *Zéphyrus* 바람, *Itália*의 서풍, 따뜻한 바람으로 눈이 녹고 봄을 예고하는 바람; *Zéphyrus* 신, 인격화한 서풍, 서풍, 바람.

zeros, i, *m.* 보석의 일종.

Zerýnthus, i, *f.* *Thrácia*의 도시; 〔*adj.*〕 **–thĭus,** a, um.

zēta¹, æ, *f.* = diǽta.

zēta², *n. indecl.* 희랍의 제 6문자: Z; *Homérus*의 *Ilias*시 제 6권.

zetárius = diætárius.

zetéma, ătis, *n.* [zetemátium] 연구, 문제점.

zetemátĭum, i, *n.* 작은 연구, 작은 문제.

Zētes, æ, [**–tus,** i,] *m.* *Bóreas*(북풍의 신)의 아들, *Cálais*의 형제, 날개가 있고 *Argonáutæ* 중 한 사람.

Zēthus, i, *m.* *Júpiter*와 *Antíope* 사이의 아들, *Amphíon*과 형제간, *Thebæ*시의 전설적 창건자.

Zetus, i, *m.* **1.** = Zetes. **2.** 유명한 수학자.

Zeugitána régio, ónis, *f.* *Afrĭca* 북부의 비옥한 지방.

zeugítes, æ, *m.* **1.** (植) 갈대의 일종. **2.** *Athénæ*의 제 3계단.

zeugma¹, ătis, *n.* (文) 연결어법(둘 이상의

어구가 표현될 때 거기에 걸리는 같은 말을 한번만 표시하고 나머지는 생략하여 문장을 연결시키는 어법), 액식어법(軛式語法).

Zeugma², ătis, *n.* *Sýria*의 *Euphrátes* 강변 도시.

zeunítor, óris, *m.* 말(馬)매는 사람.

zeus¹ (=zæus), 바다 물고기의 일종.

Zeus², i, *m.* 희랍신화의 으뜸신(主神), 라틴인들은 *Júpiter*와 동일시함.

Zeuxis, is[ĭdis, ĭdos], *m.* 〔*acc.* –xin, –xim; *abl.* –ĭde〕 *Heracléa* 태생의 희랍화가(c. 425 A.C.).

ziab... *V.* diab...

zincum, i, *n.* 《化》 아연(亞鉛): ~ chlorátum 염화아연 / ~ oxydátum 산화아연 / ~ purum 순아연(純亞鉛).

zindálum, i, *n.* 《植》 질이 좋은 인도산 아마(亞麻).

zíngĭber, ĕris, *n.* [**–gíberi**, *m. indecl.*] 《植》 생강.

zínzala, æ, *f.* 모기.

zinzílŭlo, ávi, átum, áre, *intr.* (새 따위가) 지저귀다, 노래하다.

zínzio et **zínzito** et **zínzilo**, áre, *intr.* (티티새가) 울다.

Zióbetis, is, *m.* 북부 *Párthia*의 강 이름.

zizánĭa, órum, *n.pl.* [**–a**, æ, *f.*] 잡초, 귀리(燕麥), 가라지.

zízĭphum[**–yphum**], i, *n.* 대추(열매·즙).

zízĭphus[**–yphus**], i, *f.* 대추나무.

zmarágdus = smaragdus.

zmécticus = sméctĭcus.

zmegma = smegma.

zmilax, ăcis, *f.* = smilax.

Zmíntheus = Smíntheus.

Zmyrna = Smyrna.

zodíăcus, i, [**–cos**, *acc.* –con,] *m.* 《天》황도 12궁, 수대(獸帶).

Zódĭum, ii, *n.* 《天》 황도대(黃道帶).

zōe, es, *f.* **1.** 생명력(*Valentínus*의 이단설 æon 중 하나). **2.** 갑각류(甲殼類)의 유생(幼生). **3.** 연인간의 애칭.

Zóĭlus, i, *m.* *Alexandría*의 문법가, *Homérus*를 혹평함(c. 250 A.C.); 혹평가, 모함하는 자.

zomotegánite, es, *f.* 생선요리.

zōna, æ, *f.* **1.** 대(帶), (여자) 허리띠, 정조(貞操); (남자) 허리띠, 돈전대, 금고. **2.** 옷깃. **3.** 보석의 무늬. **4.** 오리온 성좌. **5.** 기후에 따라 지구를 나눈 지대(열대, 한대 등). **6.** 지역, 지구(地區). **7.** 《醫》 대상포진(帶狀疱疹), 사반요(蛇班腰).

zonárĭus, a, um, [**–ális**, e,] *adj.* [zōna] 전대의, 띠의; 〔*subst.*〕 *m.* 전대·띠를 만드는 자.

zonátim, *adv.* [zōna] 원형으로.

zónŭla, æ, *f. dim.* [zōna] 작은 띠, 작은 전대.

Zonýsius, ii, *m.* = Dionýsius.

zoœ́cium, i, *n.* 《動》 충실(蟲室).

zoolátria, æ, *f.* 동물숭배.

zoológia, æ, *f.* 동물학.

z(o)óphorus, i, 〔*nom.pl.* –phorŏē,〕 *m.* **1.** 《建》 프리즈, 장식한 벽. **2.** = zodíacus.

zoophthálmos, i, *f.* [**–almon**, i, *n.*] 《植》 경천(景天), 꿩의 비름.

zopíssa, æ, *f.* 수지(樹脂)와 초의 혼합물(배〈船〉를 긁는데 씀).

Zópy̆rus, i, *m.* **1.** *Pérsia*의 귀족, 스스로 불구가 되어 *Daríus* 왕을 위해 *Bábylon*을 다시 찾았다. **2.** 유명한 관상장이, *Sócrates*와 동시대인.

Zoroástres, æ[is], *m.* 조로아스터, 고대 *Pérsia*의 한 지방 *Báctria*의 왕으로 *Pérsia* 조로아스터교의 창시자(c. 1000 A.C.).

zōster¹, éris, 〔*acc.* zostéra,〕 *m.* **1.** (고대 희랍의) 허리띠. **2.** 《醫》 대상복행진(帶狀匐行疹), 대상포진(帶狀疱疹), 사반요.

Zōster², éris, *m.* *Attĭca*의 항구도시.

zothéca, æ, *f.* 휴식실, 규수의 방, 사실(私室), 안방; 벽감(壁龕).

zothécŭla, æ, *f. dim.* [zothéca] 작은 휴게실, 사실(私室).

zugon, i, *n.* = jugum.

zŭma = zema.

zura, æ, *f.* 대추씨(전갈독, 기침에 약으로 씀).

zygǽna, æ, *f.* 《動》 상어(鮫), 귀상어.

zýgĭa, æ, *f.* 단풍나무.

zygis, gĭdis, *f.* 야생 백리향.

zýgius, a, um, *adj.* 멍에에 관한, 결혼의: Zýgia dea(*Apul.*) 결혼의 여신 = Juno.

zygomáticus, a, um, *adj.* 《解》 협골(頰骨)의, 광대뼈의.

zygostásĭum, i, *n.* 도량형 감독직.

zygóstates, æ, *m.* 도량형 감독.

zȳthum, i, *n.* 이집트 맥주.

부 록

부 록 I

로마제국 역사 개관

753 A.C. 전설적인 인물 Rómulus와 Remus 형제가 Palátium 언덕에 로마시를 창건, 이 형제는 신화의 인물 Aenéas의 후예로 알려져 있고 Troja인 Aenéas는 Troja 전쟁 후 이탈리아 Látium으로 피신하여 그곳 Latínus 왕의 딸 Lavínia와 결혼하고 Latíni 민족의 왕이 되었다. Latíni인들은 기원전 1,000년 경부터 Palátium 언덕을 중심으로 부족을 형성하고 살았다 한다.

c. 600 A.C. 로마와 Látium 인근 부락들은 Etrúria(현 Toscana)인들의 지배하에 들어갔다.

509 A.C. 로마인들이 Etrúria인들을 추방하고 로마 공화국을 건설. 공화국은 senátus를 창설하고 2인의 consul을 선출하여 정부의 통치권자가 되었다. 원로원 의원들은 귀족 계급을 이루어 Patrícii라 불린 반면 평민들은 Plebéji라 불리었다.

493-396 A.C. 로마는 인근의 Látium 여러 도시와 동맹을 이루어 주도자가 되어 실질적으로 이탈리아 반도를 장악하였다.

300 A.C. 이후 Etrúria를 정복, 이어서 이탈리아 북부를 침공하였던 Gállia인들을 패배시켰다.

290 A.C. 로마의 남부에 살던 Sámnium족을 정복.

287 A.C. 평민의 계급투쟁(400 A.C. - 300 A.C.)으로 하원격인 concílium plebis를 설정하고 3명의 tribúni(평민호민관)를 선출하였다.

200-100 A.C. 3차에 걸친 포에니 전쟁(Bellum Púnicum, 1차: 264-241; 2차: 218-201; 3차: 149-146 A.C.)의 결과 로마는 지중해 연안과 스페인, 북부 아프리카를 통제하였다.

140 A.C. Grǽcia와 Macedónia를 정복. 공화국내 빈부의 계급 투쟁으로 국력이 쇠퇴. 서민을 옹호하던 형제 호민관 Tibérius Gracchus와 Gajus Gracchus가 암살됨.

82 A.C. Pompéjus 장군이 Sýria와 Palestína를 정복, Július Cæsar와 Marcus Crassus와 함께 3두정치(Triumvirátus)체제를 시작했다.

55 A.C. Július Cæsar은 라인강 서쪽까지 이르는 Gállia를 정복. Pompéjus와 원로원은 그를 제재. Cæsar은 이에 불복 Itália와 Gállia의 경계선 Rúbicon 강을 건너 Itália를 장악.

45 A.C. Cæsar이 로마제국의 1인 통치권자가 되었으나 다음해 로마 공화국의 복귀를 원하는 귀족들에 의하여 살해되었다.

43 A.C. Cæsar의 양자 Octaviánus가 Marcus Antónius와 Marcus Lépidus와 함께 제 2의 3두정치 체제를 구축. 후에 Lépidus는 제거되었고 남은 두 사람 사이에 정권다툼이 일었으나 Antónius는 Ægýtus의 Cleopátra 여왕의 원조를 구하려다가 그녀와 사랑에 빠져 31 A.C.에 Actium 전투에서 패배하고 Ægýtus 마저 로마의 통치하에 들어갔다.

27 A.C. Octaviánus는 로마제국을 한 손에 넣고 '신성한 자' 란 뜻으로 Augústus라는 이름으로 로마제국의 첫 황제가 되었다. 그는 공화국 시대의 제도인 원로원, 집정관, 호민관 제도를 유지하고 국방과 행정을 튼튼히 하는 한편 예술, 학문 분야를 창달하는 등 로마제국의 번영의 기틀을 잡았다. 그의 통치시대를 Ætas Augustána라고 하고 이후 200년 동안의 로마 번영시대를 Pax Romána라고 한다.

14-68 P.C. Augústus 왕가시대, Július Claudiáni 시대라 한다. 43년 Cláudius 황제의 영국 침공.

68-96 P.C. Antoníni 왕가시대: Nerva 황제부터 Marcus Aurélius 황제까지. 이 시대에 로마는 최강, 최번영을 누렸다. 106년 Trajánus 황제의 Dácia(현 헝가리와 루마니아) 점령.

235-284 P.C. 60인의 장군들이 각기 황제임을 선포, 방대한 영토 통치 불능. 게르만족, 고트족의 로마 침공, 페르샤의 메소포타미아와 시리아 침공. 로마인들은 이 쇠퇴현상을 그리스도교 탓으로 돌렸다.

284 P.C. Diocletiánus가 황제가 되어 통치권을 바로 잡기 위하여 제국을 둘로 나누어 자기는 동로마의 황제가 되고 부하 Maximiánus에게 서쪽을 주어 서로마 황제가 되게 함. 303년 그리스도교 금지.

306 P.C. Constantínus 황제 등극. 313년 동로마 황제 Lucínius와 함께 그리스도교의 자유선포. 324년 동로마 황제를 무너뜨리고 수도를 Byzántium으로 이전하고 Constantinópolis라 하였다(330년).

300 년대 P.C. 후반 그리스도교가 로마제국의 국교가 됨.

395 P.C. Theodósius 1세가 죽은 후 로마제국은 동로마제국과 서로마제국으로 완전 분열됨.

400 P.C. 이후 게르만족 특히 Vándali족이 스페인, 갈리아, 북아프리카를 점령하고, Visígothæ족이 로마를 약탈하는 등 서로마는 쇠퇴 일로를 걷다가 476년 Rómulus Augústulus 황제를 끝으로 멸망함. 한편 동로마는 1453년까지 비잔틴제국의 이름으로 명맥을 유지하다가 터키에게 멸망했다.

고 대 로 마 세 계 의 판 도

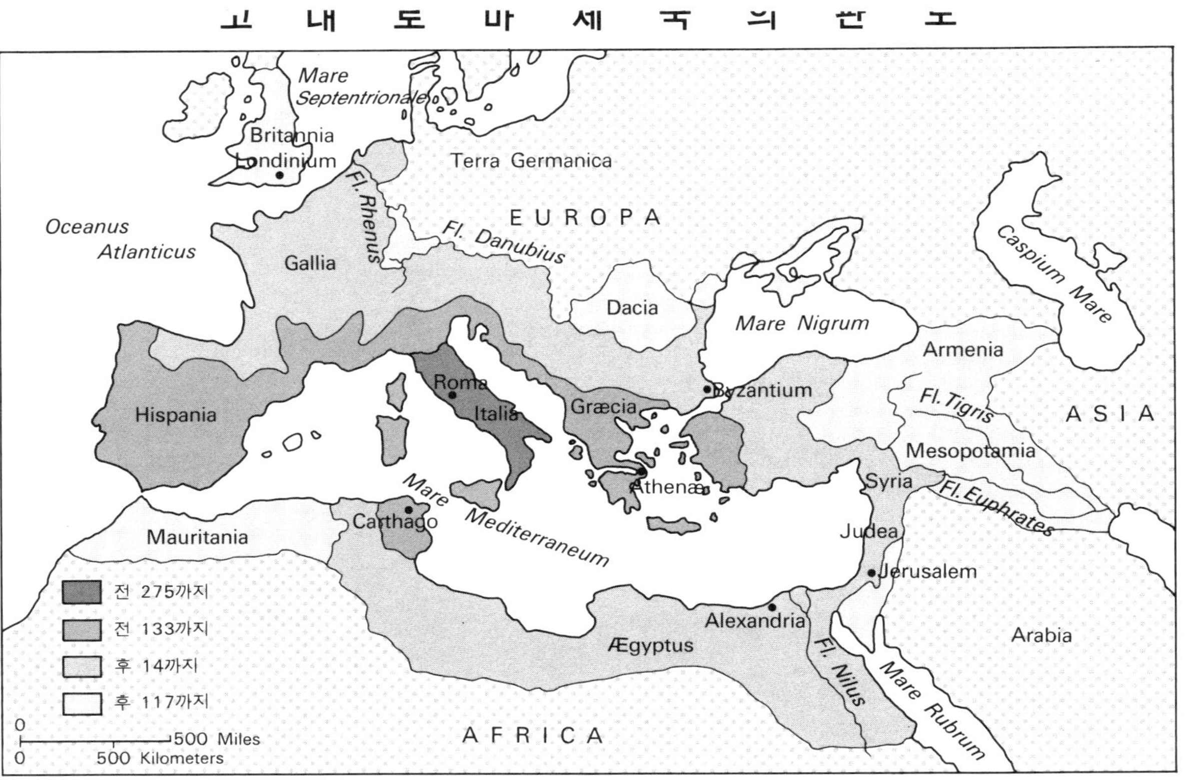
Mare Septentrionale
Britannia
Londinium
Terra Germanica
Fl. Rhenus
EUROPA
Oceanus Atlanticus
Fl. Danubius
Gallia
Caspium Mare
Dacia
Mare Nigrum
Armenia
Roma
Byzantium
Italia
Græcia
Fl. Tigris
ASIA
Hispania
Mesopotamia
Athenae
Syria
Mare Mediterraneum
Fl. Euphrates
Carthago
Mauritania
Judea
Jerusalem
Alexandria
Ægyptus
Arabia
Fl. Nilus
Mare Rubrum
AFRICA
전 275까지
전 133까지
후 14까지
후 117까지
0 500 Miles
0 500 Kilometers

부 록 Ⅲ

로마황제 연대표

이 름	치 세 기 간
Augústus	27 A.C. - P.C.14
Tibérius	14 - 37
Calígula	37 - 41
Claúdius	41 - 54
Nero	54 - 68
Galba	68 - 69
Otho	69
Vitéllius	69
Vespasiánus	69 - 79
Titus	79 - 81
Domitiánus	81 - 96
Nerva	96 - 98
Trajánus	98 - 117
Hadriánus	117 - 138
Antonínus Pius	138 - 161
Marcus Aurélius	161 - 180
Lúcius Verus	161 - 169
Cómmodus	180 - 192
Pértinax	193
Dídius Juliánus	193
Septímius Sevérus	193 - 211
Caracálla	211 - 217
Macrínus	217 - 218
Elagábalus	218 - 222
Sevérus Alexánder	222 - 235
Maximínus Thrax	235 - 238
Gordiánus I et Gordiánus II	238
Pupiénus	238
Balbínus	238
Gordiánus III	238 - 244
Philíppus	244 - 249
Décius	249 - 251
Gallus	251 - 253
Æmiliánus	253
Valeriãnus	253 - 260
Galliénus	253 - 268
Claúdius II	268 - 270
Aureliánus	270 - 275
Tácitus	275 - 276
Floriánus	276
Probus	276 - 282
Carus	282 - 283
Cárinus	283 - 285
Numeriánus	283 - 284
Diocletiánus(동)	284 - 305
Maximiánus(서)	286 - 305
Constántius I(서)	305 - 306
Galérius	305 - 311
Sevérus	306 - 307
Constantínus I	306 - 337
Licínius	308 - 324
Maximínus	310 - 313
Constántius II	337 - 361
Constantínus II	337 - 340
Constans	337 - 350
Juliánus	361 - 363
Joviánus	363 - 364
Valentiniánus I(서)	364 - 375
Valens(동)	364 - 378
Gratiánus(서)	367 - 383
Valentiniánus II(서)	375 - 392
Eugénius	392 - 394
Theodósius I	379 - 395

동서로마 분열후 서로마 황제

이 름	치 세 기 간
Honórius	395 - 423
Valentiniánus III	425 - 455
Petrónius Máximus	455 - 457
Majoriánus	457 - 461
Líbius Sevérus	461 - 467
Anthémius	467 - 472
Olýbrius	472 - 473
Glycérius	473 - 474
Július Nepos	474 - 475
Romulus Augústulus	475 - 476

로마 도량형과 화폐

I. 무게단위

1. as 또는 libra. 청동(æs) 1파운드의 무게.

úncia	= 1/12 as	1온스,
sextans	= 2/12 as	2온스,
quadrans	= 3/12 as	3온스,
triens	= 4/12 as	4온스,
quincunx	= 5/12 as	5온스,
semis	= 6/12 as	6온스,
septunx	= 7/12 as	7온스,
bes, bessis	= 8/12 as	8온스,
dodrans	= 9/12 as	9온스,
dextans, decunx	= 10/12 as	10온스,
deunx	= 11/12 as	11온스.

2. úncia는 semúncia(1/2 온스), duélla (1/3 온스), sicilicus 또는 –cum(1/4 온스), séxtula(1/6 온스), drachma(1/8 온스), hemiséscla 또는 semiséxtula(1/12 온스), trémissis 또는 scrúpulus 또는 scrúpulum 또는 scrípulum(1/24 온스)으로 나뉘었다.

   희랍인의 무게단위 :
   1 taléntum = 60 mina
   1 mina = 100 drachma
   1 mina = 로마의 1 libra

II. 화 폐

1. 아주 옛날 로마인들은 화폐(pecúnia signáta)가 따로 없고 물물교환에서 청동무게(æs rude) 지불방법을 썼다. 그래서 물건값을 치를 때 péndere(무게를 달다)라고 하였고 군인들의 월급은 stipéndium(stipe pendénda)이라고 하였다. 값비싼 물건의 매매는 양(agnus), 당나귀(ásinus), 망아지(equúleus) 등 동물을 값으로 치르기도 하다가 고대 로마 제 6대 왕 Sérvius Túllius(c. 578-534 A.C.)가 청동으로 돈을 주조하면서 소, 말, 돼지 등 가축(pécudes)을 부조로 새겨 넣었다. 여기서 pécunia(돈)라는 말이 나왔다. 1차 포에니 전쟁(264-241 A.C., Primum Bellum Púnicum) 5년전 은화가 주조되었고 그 60년후 금화가 주조되었다.
2. **명칭** : 청동을 돈으로 쓸 때에는 돈을 nummus 또는 numus æris(아마도 사용이란 뜻의 희랍어 nomos에서 온듯)라고 했고 그 기본단위를 æs 또는 as라고 하였는데 이 돈은 1파운드(libra) 무게의 청동이었다. 소액의 돈은 stips라 하여 희랍의 óbolus, 우리말로 한 푼에 해당한다. 거금은 census máximus라 하여 100,000 librae(centum mília æris, sc. ássium vel librárum)에 해당하였다. as외에 주화는 무게단위의 명칭대로 semísses, triéntes, quadrántes, sextántes 등으로 불렀다.

   1차 포에니 전쟁 중에는 1 as를 1/6 libra 무게로 줄였고(asses sextantárii pónderis) as 주화 양면에는 두 얼굴의 Janus 신상과 배의 고물 또는 이물을 부조하여 triens와 quadrans 주화를 ratíti(배의 그림이 새겨진 돈)라고 불렀다. 2차 포에니 전쟁시에는 1 as는 1 온스 무게로 줄여서 unciáles라고 불렀고 그후 반 온스 무게로 줄여 semiunciáles라고 불렀다. 3 as를 tressis, 10 as를 decússis, 20 as를 vicéssis, 100 as를 centússis라 부르기도 하였다.

   은화 : denárius를 기준으로 하여 10 as 또는 청동 10 librae(deniǽris, sc. asses)에 해당되며 글자 X로 표시하였고, 5 as는 quinárius 은전이라 하여 V자로 표시하였다. 2와 1/2 as는 sestértius라고 하여 글자 L.L.S (Libra livra semis)로 표시하면서 약자로는 H.S.를 썼다. 은화는 쌍두마차(bigæ) 또는 사두마차(quadrígæ)가 부조된 주화가 있어 이들을 bigáti 또는 quadrigáti(nummi)라 하였고 quinárii 은전과 같은 값이었다. 시대가 흐르면서 100 denárii짜리 은화를 찍는가 하면 아주 소액의 은화 libélla = 1 as; sembélla = 1/2 as; terúncius = 1/4 as짜리 은화도 찍었다.

   금화 : 2차 포에니 전쟁 때 금으로 돈을 찍어 áureus(nummus)라 하였고 금화와 은화의 가치 비율은 1 aureus 대 10 denárii였다. 그러나 후대에 와서는 áureus를 sólidus라고도 하여 그 가치는 훨씬 하락하였다. 금화는 시초에는 1/40 파운드의 무게의 금으로 주조했으나 Nero 시대에는 1/45 파운드, Constantínus 시대에는 1/72 파운드의 무게로 1 áureus를 주조하였다. 그리고 주화에는 황제의 초상을 새겼다. 돈은 Juno Monéta 신전에서 주조하였다. 여기서 오늘날 프랑스어 Monnaie, 영어 Money라는 말이 생겼다.

부 록 V

로마 숫자

고대 로마인들의 숫자는 7개의 기본적인 기호로 이루어졌다: I = 1, V = 5, X = 10, L = 50, C = 100, D = 500, M = 1,000.

이 기호들을 서로 붙이거나(오른쪽에 붙이면 더하기) 빼는(왼쪽에 붙이면 빼기) 조합으로 1에서 1,000까지의 기본수를 쓰고 그 이상의 수는 그 수를 1,000배하는 표로 ¯표를 쓴다. 예 $\bar{V}$ = 5,000.

1	I	100	C
2	II	101	CI
4	(IIII) 또는 IV	200	CC
5	V	400	(CCCC) 또는 CD
6	VI	500	D
9	(VIIII) 또는 IX	600	DC
10	X	611	DCXI
12	XII	800	DCCC
14	(XIIII) 또는 XIV	900	(DCCCC) 또는 CM
15	XV	999	CMXCIX
18	XVIII	1,000	(CIↃ) 또는 M
19	(XVIIII) 또는 XIX 또는 IXX	2,000	(CIↃCIↃ) 또는 MM
20	XX	4,000	(MMMM) 또는 M$\bar{V}$*
30	XXX	5,000	(IↃↃ) 또는 $\bar{V}$
40	(XXXX) 또는 XL	10,000	(CCIↃↃ) 또는 $\bar{X}$
50	L	25,000	$\bar{X}\bar{X}\bar{V}$
60	LX	50,000	(IↃↃↃ) 또는 $\bar{L}$
67	LXVII	100,000	(CCCIↃↃↃ) 또는 $\bar{C}$
80	LXXX	500,000	(IↃↃↃↃ) 또는 $\bar{D}$
90	(LXXXX) 또는 XC	1,000,000	(CCCCIↃↃↃↃ) 또는 $\bar{M}$
99	XCIX		

* 숫자 위에 ¯표는 1,000배의 뜻.

부 록 VI

고대로마력

(Calendárium Románum)

아래 달력은 Július Caesar의 고안으로 46 A.C.부터 1582 P.C.까지 Calendárium Juliánum이라는 이름으로 쓰였다.

dies / mensis	Jan. Aug. Dec. (31 dies)			Mart. Mai. Jul. Oct. (31 dies)			Apr. Jun. Sept. Nov. (30 dies)			Feb. (28 vel 29 dies)		
1	Caléndæ		Jan.* Aug. Dec.	Caléndæ		Mart. Mai. Jul. Oct.	Caléndæ		Apr. Jun. Sept. Nov.	Caléndæ		Feb.
2	a.d.IV**	Nonas	Jan. Aug. Dec.	a.d.VI	Nonas	Mart. Mai. Jul. Oct.	a.d.IV	Nonas	Apr. Jun. Sept. Nov.	a.d.IV	Nonas	Feb.
3	a.d.III	"	"	a.d.V	"	"	a.d.III	"	"	a.d.III	"	"
4	Prídie	"	"	a.d.IV	"	"	Prídie	"	"	Prídie	"	"
5	Nonæ		Jan. Aug. Dec.	a.d.III	"	"	Nonæ		Apr. Jun. Sept. Nov.	Nonæ		Feb.
6	a.d.VIII	Idus	Jan.*** Aug. Dec.	Pridie	"	"	a.d.VIII	Idus	Apr. Jun. Sept. Nov.	a.d.VIII	Idus	Feb.
7	a.d.VII	"	"	Nonæ		Mart. Mai. Jul. Oct.	a.d.VII	"	"	a.d.VII	"	"
8	a.d.VI	"	"	a.d.VIII	Idus	Mart. Mai. Jul. Oct.	a.d.VI	"	"	a.d.VI	"	"
9	a.d.V	"	"	a.d.VII	"	"	a.d.V	"	"	a.d.V	"	"
10	a.d.IV	"	"	a.d.VI	"	"	a.d.IV	"	"	a.d.IV	"	"
11	a.d.III	"	"	a.d.V	"	"	a.d.III	"	"	a.d.III	"	"
12	Prídie	Idus	"	a.d.IV	"	"	Prídie	Idus	"	Pridie	Idus	"
13	Idus		Jan. Aug. Dec.	a.d.III	"	"	Idus		Apr. Jun. Sept. Nov.	Idus		Feb.
14	a.d.XIX	Cal.	Feb. Sept. Jan.	Prídie	Idus	Mart. Mai. Jul. Oct.	a.d.XVIII	Cal.	Mai. Jul. Oct. Dec.	a.d.XVI	Cal.	Mart.
15	a.d.XVIII	"	"	Idus		Mart. Mai. Jul. Oct.	a.d.XVII	"	"	a.d.XV	"	"
16	a.d.XVII	"	"	a.d.XVII	Cal.	Apr. Jun. Aug. Nov.	a.d.XVI	"	"	a.d.XIV	"	"
17	a.d.XVI	"	"	a.d.XVI	"	"	a.d.XV	"	"	a.d.XIII	"	"
18	a.d.XV	"	"	a.d.XV	"	"	a.d.XIV	"	"	a.d.	"	"
19	a.d.XIV	"	"	a.d.XIV	"	"	a.d.XIII	"	"	a.d.	"	"
20	a.d.XIII	"	"	a.d.XIII	"	"	a.d.XII	"	"	a.d.X	"	"
21	a.d.XII	"	"	a.d.	"	"	a.d.XI	"	"	a.d.IX	"	"
22	a.d.XI	"	"	a.d.	"	"	a.d.X	"	"	a.d.VIII	"	"
23	a.d.X	"	"	a.d.X	"	"	a.d.IX	"	"	a.d.VII	"	"
24	a.d.IX	"	"	a.d.IX	"	"	a.d.VIII	"	"	a.d.VI (bis VI)****	"	"
25	a.d.VIII	"	"	a.d.VIII	"	"	a.d.VII	"	"	a.d.V	"	"
26	a.d.VII	"	"	a.d.VII	"	"	a.d.VI	"	"	a.d.IV	"	"
27	a.d.VI	"	"	a.d.VI	"	"	a.d.V	"	"	a.d.III	"	"
28	a.d.V	"	"	a.d.V	"	"	a.d.IV	"	"	Prídie	"	"
29	a.d.IV	"	"	a.d.IV	"	"	a.d.III	"	"			
30	a.d.III	"	"	a.d.III	"	"	Prídie	"	"			
31	Prídie	"	"	Prídie	"	"						

* Jan. Feb. 등 달 이름의 약자는 그 앞의 날짜의 성 수격과 같이 변화한다.

** a.d.IV은 ante diem quartum의 약자이고 quartus ante Nonas Januárias(약자: IV a.Non.Jan.)라고도 한다.

*** Octávus ante Idus Januárias (약자: VIII a.Id.Jan.)라고도 한다.

**** ( ) 안은 윤달(Feb. bissextílis)의 날짜로서 24일이 겹치면서 bisextus라고 한다.

대표편찬위원 · 허창덕(치로) 신부는
1919년 6월 5일 함북 경성군 승암리에서 태어나,
1940년 3월에 함남 덕원신학교 고등과를 졸업하고,
1945년 9월에 같은 신학교 신학과를 졸업했으며,
그 해 사제서품을 받았다. 서품 후
만주 8도구 천주교회 주임신부, 논산 대건중학교 교사,
성신대학 부속 중·고등학교 교사를 역임하고,
1959년부터 가톨릭대학 라틴어 교수로 있으면서
같은 대학 부설 라틴어연구소 소장을 지냈으며,
1984년 8월에는 국민훈장 모란장을 수상하였다.
1985년 9월부터 같은 대학 명예교수로 재직 중
1992년 7월 15일 선종하였다.

지은 책으로는 『구약성서(상)』(경향잡지사, 1957), 『라틴어 문장론』(경향잡지사, 1962), 『초급라전어』(가톨릭출판사, 1965), 『중급라틴어』(1966; 가톨릭대학교출판부, 1994), 『라전어 기초문법』(가톨릭대학, 1968) 등이 있고, 1971년에는 신·구교 공동번역 『신약성서』(대한성서공회) 편찬에 참여하였다.

라틴-한글 사전

Dictionárium Latíno-Coreánum

제1판 제1쇄 펴낸날/ 1995년 5월 25일
제2판 제1쇄 펴낸날/ 2004년 12월 22일
제2판 제9쇄 펴낸날/ 2022년 5월 20일

편찬자/ 가톨릭대학교 고전라틴어연구소
대표편찬위원: 허창덕
편찬위원: 백민관 · 최승룡 · 장익 · 성염
펴낸이/ 원종철
펴낸곳/ 가톨릭대학교출판부
주소 · 03083 서울시 종로구 창경궁로 296-12
전화 · 02-740-9718 전송 · 02-745-9793
전자우편 · cukpress@catholic.ac.kr
홈페이지 · http://press.catholic.ac.kr
찍은곳/ 분도인쇄소

등 록/ 제300-1989-1호(1989년 1월 13일)

ISBN 89-7108-152-X 91790

값 35,000원